Das Buch

»Die Bretter, die die Welt bedeuten...« In diesem biographischen Lexikon werden von A bis Z über 1500 Autoren, Regisseure, Schauspieler, Bühnenbildner, Dramaturgen und Kritiker vorgestellt, die das Theatergeschehen des deutschsprachigen Raumes im 20. Jahrhundert prägen. Rückblicke ins 19. Jahrhundert sind dabei ebenso gewollt wie der Schwerpunkt auf der Zeit nach 1945 und der Theaterszene heute. Gewürdigt werden die meistgespielten Stücke, wichtige Inszenierungen, Rollen und Bühnenbilder. Charakteristische Zitate aus Theaterkritiken ergänzen die Einordnung und Bewertung der Theaterarbeit der aufgenommenen Personen; Literaturangaben helfen bei der Suche nach weiteren Informationen.

Herausgeber und Autoren

C. Bernd Sucher ist verantwortlicher Redakteur für das Sprechtheater bei der ›Süddeutschen Zeitung‹ in München. Er studierte Germanistik, Romanistik und Theaterwissenschaft in Hamburg und München und promovierte über ›Martin Luther und die Juden‹. Seitdem arbeitet er als Theaterkritiker. Er unterrichtet außerdem an der Deutschen Journalistenschule in München und an der Universität Eichstätt, ist Mitarbeiter der Zeitschrift ›Theater heute‹ und Mitglied verschiedener Jurys. Veröffentlichungen u. a.: ›Theaterzauberer‹ (2 Bände 1988, 1990); ›Nichts als Theater‹ (Hrsg., 1991). Mehrere Fernsehfilme.
Christine Dössel, geb. 1967, besuchte die Deutsche Journalistenschule in München, studiert Theaterwissenschaft, Philosophie und Politik und schreibt als freie Mitarbeiterin für das Feuilleton der ›Süddeutschen Zeitung‹.
Jean-Claude Kuner, geb. 1954, ist Regisseur und Hörfunkautor. Er studierte Germanistik und Theaterwissenschaft in Berlin und arbeitete als Aufnahmeleiter und Hörspielregisseur. Nach Regieassistenzen am Baseler Theater und an den Staatlichen Schauspielbühnen Berlin gab er 1982 sein Regiedebüt am Stuttgarter Kammertheater. Weitere Inszenierungen u.a. in Berlin, Hamburg, Düsseldorf und München.

Theaterlexikon

Autoren, Regisseure, Schauspieler,
Dramaturgen, Bühnenbildner, Kritiker

Herausgegeben von C. Bernd Sucher

Von Christine Dössel, Jean-Claude Kuner
und C. Bernd Sucher
unter Mitarbeit von Marietta Piekenbrock,
Robert K. Brown und Katrin Zipse

Deutscher
Taschenbuch
Verlag

Redaktionsschluß: 1. November 1994

Benutzerhinweise

Als Abkürzungen haben wir verwendet:

DE für deutsche/deutschsprachige Erstaufführung
EA für Erstaufführung
UA für Uraufführung
R. für Regie
FAZ für Frankfurter Allgemeine Zeitung
SZ für Süddeutsche Zeitung
KLG für Kritisches Lexikon zur deutschsprachigen Gegenwartsliteratur
Nlg. für Nachlieferung

Der Abschnitt »Stücke«/«Weitere Stücke« bei den Artikeln über Autoren enthält im allgemeinen nur eine Werkauswahl.
Bei den Literaturangaben werden zuerst die autobiographischen Schriften aufgeführt (Memoiren, Erinnerungen, Biographien in Interviewform), dann folgen Primärschriften und schließlich die Sekundärliteratur (Bücher, Zeitschriften-Artikel, Interviews, Kataloge, Dissertationen), und zwar jeweils chronologisch geordnet.

Originalausgabe
Februar 1995
© Deutscher Taschenbuch Verlag, GmbH & Co. KG, München
  Umschlagfoto: Oda Sternberg (Sunnyi Melles in Shakespeares ›Troilus
  und Cressida‹, Münchner Kammerspiele, 1986)
  Umschlaggestaltung: Dieter Brumshagen
  Gesamtherstellung: C. H. Beck'sche Buchdruckerei, Nördlingen
  Printed in Germany · ISBN 3-423-03322-3

*(K)eine Überraschung
für W. A. R.
– für wen sonst?*

Vorwort

Noch ein Theaterlexikon! Es ist wahr, es gibt derer schon einige. Doch keines, das den professionellen Theatermachern, den Professoren und Studenten der Theaterwissenschaft und Theatergeschichte, den Kritikern und vor allem dem Publikum eine wirkliche Hilfe wäre.

Dieses auf zwei Bände angelegte Lexikon versucht, möglichst keine Frage unbeantwortet zu lassen und sich dabei nicht allein auf das eher gesicherte Terrain der Theatergeschichte zurückzuziehen. Schwerpunkt dieses ersten Bandes, in dem Autoren, Regisseure, Bühnen- und Kostümbildner, Dramaturgen, Bühnenkomponisten, Schauspielerinnen und Schauspieler sowie einige Kritiker versammelt sind, ist das deutschsprachige Schauspiel nach 1945. Neben den etablierten Künstlern finden sich junge Autoren, Schauspieler, Regisseure, die das Theatergeschehen der Zukunft bestimmen werden, ebenso wie die wichtigsten deutschsprachigen Künstler des 19. und 20. Jahrhunderts sowie bedeutende Regisseure, Bühnenbildner und Schauspieler des fremdsprachigen Auslands. Ihre Auswahl ist, naturgemäß, subjektiv. Allein, es gab ein Auswahlkriterium für die Franzosen, Engländer, Italiener, Russen etc.: Zumindest durch Bühnengastspiele oder Filme mußten sie in Deutschland bekannt geworden sein.

Für die Autoren-Artikel dieses Bandes zeichnet Jean-Claude Kuner verantwortlich, der Katrin Zipse und Robert K. Brown für ihre Mitarbeit dankt. Alle anderen Beiträge verfaßten Christine Dössel und C. Bernd Sucher. Die Bibliographien erstellte Marietta Piekenbrock. Gewiß werden die Benutzer manchen von ihnen geschätzten Autor, Schauspieler, Regisseur vermissen, aber bei der Vielzahl der deutschsprachigen Theater in der Bundesrepublik, in der Schweiz und in Österreich mußten wir uns beschränken. Jene Theatermacher (und Kritiker) aber, die uns wichtig sind – und das heißt: die die Entwicklung des Schauspiels beeinflußten, vorantrieben, sind ausnahmslos und ausführlich behandelt. So schwierig es war, von den Damen und Herren die Lebensdaten zu erhalten (und nicht alle waren bereit, sie zu veröffentlichen), viel komplizierter war es oft, die Zeiten von festen Engagements und die Gastspieltätigkeiten herauszufinden. Intendantenwechsel sind ja immer auch Ensemblewechsel. Nicht selten widersprachen die Künstler den Archiven oder umgekehrt.

Zu Recht erwarten die Benutzer nicht nur Daten, Fakten, sondern auch Einordnungen, Bewertungen. Wir entschlossen uns, Artikel aus ›Theater heute‹, der ›Zeit‹, der ›Frankfurter Allgemeinen Zeitung‹, der ›Frankfurter Rundschau‹, dem ›Berliner Tagesspiegel‹ und der ›Süddeutschen Zeitung‹ zu zitieren. Versteht sich, daß wir nicht nach Verrissen gesucht haben. Wichtig schienen uns bei der Auswahl treffliche Beschreibungen der Charakteristika.

Anzumerken ist außerdem, daß dieses Projekt 1987 begonnen wurde – damals eine Idee des Münchner Piper-Verlags. 1993, als die Hoffnung, dieses Werk je publizieren zu können, fast geschwunden war, engagierte sich der Deutsche Taschenbuch Verlag. Dem Verleger und der Lektorin Margit Ketterle, die nicht bloß sanftmütig an Termine erinnerte, sondern eher ernst – und trotzdem charmant – Druck ausübte, gilt mein besonderer Dank. Gleich danach aber müssen wir Franz Meidinger loben, der im Archiv der ›Süddeutschen Zeitung‹ nie müde wurde, nie mißgelaunt oder gar bayerisch-grantig, wenn wir ihn um seine tägliche Hilfe baten. Dank auch für die umsichtige Redaktion durch Gabriele Bonhoeffer und die Organisation durch Ingrid Bade.

Auch meine Kollegen in der ›Süddeutschen Zeitung‹ will ich bei meiner Danksagung nicht vergessen, die für den »Kleinen Sucher«, wie sie das Projekt liebevoll-spöttisch nennen, meine Abwesenheit in der Redaktion duldeten. Und schließlich danke ich Wolfgang Rehmann, unter dessen Apfelbaum ich einen Monat lang, fern der Großstadt mit ihren Reizen, arbeiten durfte. Und Christine Dössel weiß, welche Entbehrungen Jörg Sterzenbach erdulden mußte, während sie Biographien hinterherjagte.

Ich bin sicher, daß dieses Werk nicht fehlerlos sein wird. Wunder gibt es nur bei Wagner . . . Und deshalb würden sich Christine Dössel, Jean-Claude Kuner und ich über jegliche Korrektur-Vorschläge freuen. Wir drei widmen diesen Band (und den folgenden, der im Frühjahr 1995 erscheinen wird und Epochen, Ensembles, Figuren, Spielformen und Theatertheorien umfaßt) dem Theater, das uns – wir müssen es eingestehen – noch wichtiger ist als unser Lexikon.

München, im November 1994   C. Bernd Sucher

A

Achternbusch, Herbert, geb. 23. 11. 1938 in München. Autor, Film- und Schauspielregisseur, Schauspieler. Wuchs bei seiner Großmutter im Bayerischen Wald auf. Nach dem Abitur studierte er Malerei in der Nürnberger Akademieklasse von Gerhard Wendland. Bevor er sich als freischaffender Künstler in Ambach am Starnberger See niederließ, verdiente er sich seinen Unterhalt mit Gelegenheitsarbeiten. Achternbusch, der sich selbst als *poète maudit* versteht, produziert nahezu pausenlos. Er schreibt Prosa, Theaterstücke, Gedichtbände und Filmdrehbücher; er inszeniert die eigenen Texte; er malt; er dreht und produziert Filme. Alle seine Texte sind autobiographisch, ein einziges fortgeschriebenes, kaum verschlüsseltes, äußerst skurriles Lese-Lebensbuch. Er erhielt diverse Preise, darunter 1986 den Mülheimer Dramatikerpreis für sein Stück ›Gust‹ (Bayerisches Staatsschauspiel München), mit dem er im selben Jahr zum Berliner Theatertreffen eingeladen wurde. Im Programmheft zu ›Linz‹ (UA 1987, Münchner Kammerspiele) schrieb Hans-Joachim Ruckhäberle einen Aufsatz und zitierte Achternbusch: »›Über mich kann ich nicht schreiben, das hat Kafka erledigt, wie Hölderlin Gott. Jetzt gehört die Gesellschaft erledigt.‹ Auf die fidele Anarchie des frühen Achternbusch und den dämonischen Moralismus seiner letzten Filme folgt jetzt des Dichters späte Pubertät.« Über die Uraufführung von ›Auf verlorenem Posten‹ (UA 1990, Münchner Kammerspiele, R. der Autor) schrieb Joachim Kaiser (›SZ‹, 7. 4. 1990): »Ein klitzekleines Meisterwerk also. Nicht mehr monologische Passion – noch nicht optimistischer Kitsch. (. . .) Achternbusch hat die Uraufführung selber inszeniert. Und obwohl niemand auf der Welt das Stück besser kennen kann als er, ließe sich eine angemessenere Inszenierung sehr wohl denken.« Wenn Achternbusch Achternbusch inszeniert, dann verliert er manchmal sehr spielerisch das, was an ernster, genauer Welt-Sicht, an begründetem Welt-

Ekel, an schmerzhafter Welt-Trauer in seinen Texten steckt. Der Regisseur versteckt oft hinter (albernen) Bildern mit großen und vielen Aktionen die Qualität seiner Texte. Sie sind metaphern-assoziationsreiche, valentineske Variationen über den ganz normalen Irrsinn in der Welt. Andererseits beweist der Regisseur Achternbusch, wie genau er mit Schauspielern arbeitet. Selbst einen Darsteller wie Rolf Boysen (bei der Münchner UA 1993 von ›Der Stiefel und sein Socken‹) kann er noch verführen zu ungewohnten Figuren, zu einer antinaturalistischen, unpsychologischen Spielweise, zu Haltungen, die so absurd wie realitätsnah sind. Der Filmkritiker Peter Buchka bescheinigt dem Autor und Filmemacher (›SZ‹, 20./21. 6. 1987): Seine Werke seien »Teile einer grandiosen Lebensbilanz, die weit über die private des armen Herbert hinausgeht. (. . .) Achternbusch macht es seinen Rezipienten nicht leicht, wenn er sie spitzbübisch zu Kurzschlüssen verführt und dadurch verdeckt, wie komplex er in Wirklichkeit denkt und schreibt; wie bewußt seine Kunst trotz aller flüchtigen Spontaneität tatsächlich ist.«
Filme u. a.: ›Übernachtung in Tirol‹ (1973); ›Das Andechser Gefühl‹ (1974); ›Die Atlantikschwimmer‹ (1975); ›Bierkampf‹ (1976); ›Der junge Mönch‹ (1978); ›Der Kommantsche‹ (1979), ›Der Neger Erwin‹ (1981); ›Das letzte Loch‹ (1981); ›Rita Ritter‹ (1983); ›Blaue Blumen‹ (1984); ›Die Föhnforscher‹ (1984); ›Heilt Hitler!‹ (1985); ›Punch Drunk‹ (1987); ›Wohin?‹ (1988); ›Mix Wix‹ (1989); ›I know the way to the Hofbräuhaus‹ (1991); ›Ich bin da, ich bin da‹ (1992); ›Ab nach Tibet!‹ (1993).
Weitere Stücke: ›Ella‹ (UA 1978, Württembergisches Staatstheater Stuttgart); ›Susn‹ (UA 1980, Schauspielhaus Bochum); ›Kuschwarda City‹ (UA 1980, ebenda); ›Plattling‹ (UA 1982, Frankfurter Schauspiel); ›Der Frosch‹ (UA 1982, Bochum); ›Mein Herbert‹ (UA 1983, Graz); ›Sintflut‹ (UA 1984, Bochum); ›Weg‹ (UA 1985, Münchner Kammerspiele); ›Weißer

Achternbusch

Stier‹ (UA 1987, Schauspiel Bonn); ›An der Donau‹ (UA 1987, Akademietheater Wien); ›Der Stiefel und sein Socken‹ (UA 1993, Münchner Kammerspiele).
Literatur: H. Achternbusch: 1969. Schriften 1968–69; Die Alexanderschlacht. Schriften 1963–71; Die Atlantikschwimmer. Schriften 1973–79 – alle: Frankfurt a. M. 1986; Das Haus am Nil. Schriften 1980–81. Frankfurt a. M. 1987; Die Föhnforscher. Schriften 1984–85. Frankfurt a. M. 1990; Breitenbach/Ambacher Exil/Wohin? Trilogie. München 1991; J. Drews (Hrsg.): Herbert Achternbusch. Materialien. Frankfurt a. M. 1981; Herbert Achternbusch. Mit Beiträgen von W. Jacobsen u. a. München 1984; E. Krafka: Herbert Achternbusch. Werk und Rezeption. Diss. Wien 1988.

Achternbusch, Judit Antonia, geb. 16. 1. 1969 in Starnberg. Schauspielerin. Seit 1974 Filmschauspielerin in den Filmen ihres Vaters Herbert Achternbusch (u. a. ›Andechser Gefühl‹ (1974); ›Bierkampf‹ (1976); ›Servus Bayern‹ (1978); ›Der Kommantsche‹ (1979); ›Das Gespenst‹ (1983); ›Heilt Hitler!‹ (1985); ›Wohin?‹ (1988). Seit 1985 Ensemblemitglied der Münchner Kammerspiele. Rollen u. a. in H. Achternbuschs ›Linz‹ (1987, R. Achternbusch); Goethes ›Faust‹ (1982, R. Dieter Dorn).

Ackermann, Kathrin (eigtl. Kathrin Furtwängler), geb. 30. 1. 1939 in Wiesbaden. Schauspielerin und Regisseurin. Ausbildung an der Münchner Falckenberg-Schule. Erstes Engagement am Bayerischen Staatsschauspiel München (1959–1979). Seit 1979 vor allem Schauspielerin und Regisseurin an Münchner Privatbühnen, daneben Gastverpflichtungen an anderen Bühnen und Film- und Fernsehschauspielerin.

Acquart, André, geb. 12. 11. 1922 in Vincennes. Bühnenbildner. Arbeitete mit den führenden französischen Regisseuren (Jean Vilar, Roger Planchon, Roger Blin), in den sechziger Jahren auch in Deutschland (Essen).

Adalbert, Max, geb. 19. 12. 1874 in Danzig, gest. 7. 9. 1933 in Berlin. Schauspieler. Erfolgreicher Komiker im Berliner Theater der zwanziger Jahre. Spielte u. a. ›Monsieur Trullala‹ (1925, Künstlertheater Berlin) und die Titelrolle in Carl Zuckmayers ›Hauptmann von Köpenick‹ (1930, Deutsches Theater, R. Heinz Hilpert).
Literatur: A. Dreifuss: Deutsches Theater Berlin. Berlin 1983.

Adamberger, Antonie, geb. 31. 12. 1791 in Wien, gest. 25. 12. 1867 ebenda. Schauspielerin. 1807 Debüt am Burgtheater. Erstes Klärchen Österreichs in Goethes ›Egmont‹ im Jahr 1810. Verlobt mit Theodor Körner, der 1812 sein Drama ›Toni‹ nach ihr benennt. Bis 1817 die erste Tragödin des Burgtheaters.
Literatur: H. v. Jaden: Theodor Körner und seine Braut. Wien 1896; H. Zimmer: Theodor Körners Braut. Stuttgart 1918.

Adamov, Arthur, geb. 23. 8. 1908 in Kislowodsk, gest. 15. 3. 1970 in Paris. Französischer Dramatiker. . Adamov stammte aus vermögender armenischer Familie, die 1914, vom Krieg überrascht, in die Schweiz flüchtete. 1924 ging er nach Paris und fand Anschluß an den Kreis der Surrealisten. Bekanntschaft mit Artaud und Jarry. Adamov gehört zu den Mitbegründern des absurden Theaters. Seine Figuren, den Mächten hilflos ausgesetzt, verstrickt in groteske Situationen, scheitern auf ihrer Suche nach dem Lebenssinn. Adamov wandte sich in seinem späteren Werk einem politisch engagierten Theater zu, beschrieb den Aufstand der Pariser Kommune in ›Frühling 71‹ (1960) und das Trauma des Vietnamkrieges in ›Off limits‹ (1968). »Die Aussichtslosigkeit menschlichen Handelns und die Monotonie der Existenz bestimmen das Klima vieler Stücke Adamovs. Eine Art entsetzlicher Langeweile triumphiert selbst noch dort, wo die nackte Gewalt, wo Unterdrückung und Ausbeutung das Feld beherrschen. (. . .) Der Tod ist im Werk Adamovs ohne Größe. Er vollendet nur die stetig fortschreitende Reduktion des Individuums, indem er dem Untergang noch den Fluch der Lächerlichkeit hinzufügt.« (Franz Norbert

Mennemeier: Das moderne Drama des Auslandes. Düsseldorf 1965) **Weitere Stücke:** ›Der Appell‹ (1950); ›Ping-Pong‹ (1955); ›Paolo Paoli‹ (1957). **Literatur:** M. Esslin: Das Theater des Absurden. Frankfurt a. M. 1967; G. Svatos: Der Entwicklungsprozeß Adamovs. Diss. Wien 1977; R. Daus: Das Theater der Absurden in Frankreich. Stuttgart 1977.

Adorf, Mario, geb. 8. 9. 1930 in Zürich. Schauspieler. Studium der Theaterwissenschaft und Germanistik in Mainz und Zürich; 1953–1955 an der Otto-Falckenberg-Schule in München; 1955–1962 Ensemblemitglied der Münchner Kammerspiele. Seit den fünfziger Jahren fast ausschließlich Filmschauspieler; Ausnahmen u. a.: Figaro in Beaumarchais' ›Der tolle Tag oder Figaros Hochzeit‹ (1975, Bayerisches Staatsschauspiel München); Shakespeares ›Othello‹ (1982, Festspiele Bad Hersfeld); Huckleberry Finn in Sabath' ›Wiedersehen im Herbst‹ (1985/86, Tourneetheater, R. Gerhard Klingenberg). Christian Marquart schrieb über Adorf (›FAZ‹, 7. 1. 1993), er habe in seiner Laufbahn viele Typen verkörpern müssen, »einfach gestrickte Schurken, plump-komödiantische Schlitzohren, mangelhaft kultivierte Parvenüs, zigarrenrauchende Bosse. Adorf gab dann mit seiner breitflächigen Physiognomie und seiner massigen Statur diesen ›Typen‹ doch noch etwas mit, was über das reine Klischee hinausweis. Er war nie *nur* fies, *nur* schlitzohrig, *nur* kleinbürgerlich.« Wichtigste Filmrollen in ›Die verlorene Ehre der Katharina Blum‹ (1978, R. Volker Schlöndorff); ›Fedora‹ (1978, R. Billy Wilder); ›Der Hauptdarsteller‹ (1978, R. Reinhard Hauff); ›Die Blechtrommel‹ (1979, R. Schlöndorff); ›Lola‹ (1981, R. Rainer Werner Fassbinder). Besonders großen Erfolg hatte Adorf in der Titelrolle von Dieter Wedels Fernseh-Vierteiler ›Der große Bellheim‹. 1993 trat er mit einem ersten Soloabend ›Mario Adorf al dente‹ in mehreren Städten auf. **Literatur:** M. Adorf: Der Mäusetöter. Unrühmliche Geschichten. Köln 1992; ders.: Der Dieb von Trastevere. Köln 1994; M. Zurhorst/H. R. Blum: Mario Adorf, seine Filme, sein Leben. München 1992.

Affolter, Therese, geb. 28. 11. 1951 in Bern. Schauspielerin. Ausbildung am Reinhardt-Seminar in Wien (1971–1974). Von 1974 bis 1979 Engagement am Württembergischen Staatstheater Stuttgart. Wichtige Rollen in dieser Zeit u. a. Elsie in Gerlind Reinshagens ›Sonntagskinder‹ (UA 1976, R. Alfred Kirchner); über diese Rolle schrieb Jens Wendland in der ›Süddeutschen Zeitung‹ (31. 5. 1976): »Mit ungeschützt offenem, elementarem Ausdruck, mit einer fragenden, neugierig beobachtenden, sich vor Anstrengung immer mehr zusammenziehenden Miene zieht Therese Affolter das Spiel immer mehr an sich, obwohl sie darin oft nur wie ein Fragender erscheint«; danach Gretchen in Goethes ›Faust‹ (1977, R. Claus Peymann); Isabella in Shakespeares ›Maß für Maß‹ (1979, R. B. K. Tragelehn). 1979/80 Engagement am Schauspielhaus Bochum, wo sie 1979 die Titelrolle in Brechts ›Die heilige Johanna der Schlachthöfe‹ spielte (R. Kirchner). Von 1980 bis 1983 am Deutschen Schauspielhaus Hamburg, u. a. Polly in Brechts ›Dreigroschenoper‹ (1981, R. Christof Nel); Evchen in Kleists ›Der zerbrochene Krug‹ (1983, R. Ernst Wendt). Von 1983 bis 1985 am Bayerischen Staatsschauspiel München, u. a. Porzia in Shakespeares ›Kaufmann von Venedig‹ (1984, R. Kirchner); Mascha in Tschechows ›Die Möwe‹ (1984, R. Arie Zinger). 1985 arbeitete sie am Kölner Schauspielhaus, spielte in Jürgen Flimms Inszenierung die Titelrolle in Schillers ›Die Jungfrau von Orleans‹; darüber schrieb Heinrich Vormweg (›SZ‹, 18. 4. 1985): »Der zweite Glücksfall der Kölner Aufführung: Therese Affolter als die Jungfrau von Orleans. Zu rühmen ist nicht nur einfach die Spiel- und Sprechkunst dieser Schauspielerin, die sogar das Evergreen um ›Johanna geht und nimmer kehrt sie wieder‹ zu einem neuen Erlebnis macht, die sie in jeder Spiellage mit nuancierter Präzision präsent sein läßt. Schillers Johanna braucht, um überhaupt glaubwürdig zu sein, eine bis in den Zuschauerraum ausstrahlende Aura von Kraft, menschlicher, seelischer, die Menschen in Bewegung setzender Überzeugungskraft. Diese eher kleingewachsene Schauspielerin, die ihre Kunst längst zu einer erstaunlichen

Agatharchos 12

Einfachheit des Spiels gesteigert hat, besitzt diese Kraft.« Im selben Jahr wechselte Therese Affolter mit Flimm ans Hamburger Thalia Theater; sie spielte hier u. a. die Mae in Tennessee Williams' ›Die Katze auf dem heißen Blechdach‹ (1987, R. Zinger). Seit 1987 gehört sie zu Claus Peymanns Ensemble am Wiener Burgtheater. Wichtige Rollen u. a.: Ariel in Shakespeares ›Sturm‹ (1988); Hertha in Thomas Bernhards ›Heldenplatz‹ (UA 1988, R. jeweils Peymann); Isobel in David Hares ›Geheime Verzückung‹ (1989, R. Dieter Giesing); Shen Te/Shui Ta in Brechts ›Der gute Mensch von Sezuan‹ (1989, R. Manfred Karge); Babakina in Tschechows ›Iwanow‹ (1990, R. Peter Zadek); die Schwester in George Taboris ›Unruhige Träume‹ (1992, R. Tabori). Therese Affolter arbeitete auch für den Film, spielte u. a. in ›Grenzenlos‹ (1983, R. Josef Rödl); ›Stammheim – Baader-Meinhof vor Gericht‹ (1986, R. Reinhard Hauff); ›Komplizinnen‹ (1988, R. Margit Czenki).

Agatharchos, Bühnenbildner aus Samos. Durch Vitruv (Einleitung zum Buch 7) bekanntgewordener Szenograph. Begann 468 v. Chr. mit dem Bemalen der Skene.
Literatur: S. Melchinger: Das Theater der Tragödie. München 1974; M. Berthold: Weltgeschichte des Theaters. Stuttgart 1968.

Ahlsen, Leopold (eigtl. Helmut Alzmann), geb. 12. 1. 1927 in München. Regisseur, Schauspieler, Hörspiellektor und Autor. Ahlsen studierte nach dem Zweiten Weltkrieg in München Germanistik, Philosophie, Literatur- und Theaterwissenschaft. Daneben Besuch der Deutschen Schauspielschule in München. Von 1947 bis 1949 war er Schauspieler und Regisseur an verschiedenen süddeutschen Tourneetheatern. 1949–1960 arbeitete er als Lektor der Hörspielabteilung beim Bayerischen Rundfunk. Seit 1960 lebt Ahlsen, der zu den meistbeschäftigten Fernsehautoren der Bundesrepublik zählt, als freier Schriftsteller in München. Seit 1968 arbeitet er vorwiegend für das Fernsehen. 1981 erschien sein erster Roman ›Der Gockel vom Goldenen Sporn‹. 1984 schuf er für das Volks-

theater in München eine bayrische Fassung von Kleists ›Der zerbrochene Krug‹. Erfolgreichstes Theaterstück war ›Philemon und Baucis‹ (1956): »Als das Stück mit dem Hörspielpreis der Kriegsblinden 1955 ausgezeichnet wurde, hieß es in der Begründung, zunächst habe der ›ungewöhnlich konsequent dramatische Impetus‹ das Preisgericht zu seiner Entscheidung bewogen. ›Mehr noch der Beitrag zur Wiederentdeckung des Tragischen, hier aufgetan am Beispiel eines Ereignisses aus unserer Zeit.‹ Damit ist zu diesem Stück, das nach München, Berlin, Wuppertal und anderen Bühnen nun auch in Wiesbaden herausgekommen ist, das Entscheidende gesagt. ›Philemon und Baucis‹ ist einer der erfreulichsten Talentbeweise in der deutschen Nachkriegsdramatik.« (›FAZ‹, 4. 5. 1957, Kritik zu ›Philemon und Baucis‹, Staatstheater Wiesbaden. R. Detlef Krüger)
Weitere Stücke: ›Zwischen den Ufern‹ (1952); ›Pflicht zur Sünde‹ (1952); ›Wolfszeit‹ (1954); ›Sie werden sterben, Sir‹ (1964); ›Die Bäume stehen .draußen‹ (1955, zunächst Hörspiel, UA der Theaterversion 1956 in München; Film 1960 unter dem Titel ›Am Galgen hängt die Liebe‹); ›Der arme Mann Luther‹ (1967).
Literatur: L. Ahlsen: Schmährede an der Theatermauer. Theater heute, Heft 8, 1964.

Aillaud, Gilles, geb. 5. 6. 1928 in Paris. Französischer Maler, Bühnenbildner und Dramatiker. 1946/47 Studium der Philosophie. 1950 erste Ausstellung in der Galleria dell'Obelisco in Rom, danach Ausstellungen in Paris, Turin, Mailand, Brüssel und New York. 1961 trifft Aillaud Eduardo Arroyo, mit dem er seitdem häufig zusammenarbeitet. 1972 erstes Bühnenbild (und Kostüme) für Jean Jourdheuils Inszenierung von Bertolt Brechts ›Im Dickicht der Städte‹. 1973/74 Herausgabe der Zeitschrift ›Rebelote‹. Die wichtigsten Arbeiten für das Theater: Brechts ›Im Dickicht der Städte‹ (1972, Festival d'Avignon, R. Jean Jourdheuil/Jean-Pierre Vincent); unter der Regie von Klaus Michael Grüber: Euripides' ›Die Bakchen‹ (1974, Schaubühne Berlin); nach Goethe ›Faust-Salpêtrière‹ (1975, Chapelle de la Sal-

pêtrière); Goethes ›Faust‹ (1982, Freie Volksbühne Berlin); Shakespeares ›Hamlet‹ (1982, Schaubühne Berlin); Tschechows ›An der großen Straße‹ (1984, ebenda); Racines ›Bérénice‹ (1984, Comédie Française); Shakespeares ›König Lear‹ (1985, Schaubühne Berlin); Eduardo Arroyos ›Bantam‹ (1986, Bayerisches Staatsschauspiel München); Bruno Madernas ›Hyperion‹ (1991, Nederlandse Opera Amsterdam); J. M. R. Lenz' ›Catharina von Siena‹ (1992, Schaubühne Berlin); außerdem: Heiner Müllers ›Hamletmaschine‹ (1979, Théâtre Gérard Philipe, R. Jourdheuil). Aillaud weigert sich – wie sein Freund, der Bühnenbildner Arroyo –, die Bühne als ein Bild zu betrachten. Er versucht den Raum zu integrieren in die Inszenierung, die Dekorationen benutzbar zu machen für den Regisseur und die Schauspieler. Er versteht seinen Beruf als einen dramaturgischen: Es geht ihm weder um Effekte noch um Ausstattung, der Raum spielt mit. Deshalb ist ihm die Zusammenarbeit mit einem Regisseur seines Vertrauens, einem Künstler, der seine Auffassung vom Raum als wichtigem Interpreten des Textes teilt, wichtig.
Literatur: G. Aillaud: Œuvres complètes. Berlin 1980; ders.: Le Proche et le Lointain. Paris 1980; ders.: Ecrits 1965–1983. Paris 1987; B. Dahan-Constant (et autres): Gilles Aillaud, Eduardo Arroyo et le théâtre. Paris 1987; U. B. Carstensen: Klaus Michael Grüber. Regie im Theater. Frankfurt a. M. 1988.

Aischylos, geb. 525/524 v. Chr. in Eleusis, Attika, gest. 456/455 v. Chr. in Gela, Sizilien. Dichter. Aischylos stammte aus einem alten Adelsgeschlecht. Er kämpfte gegen die Perser bei Marathon (490) und Salamis (480). Unter den drei großen griechischen Tragikern war er (neben Sophokles und Euripides) der Älteste. Er begründete die klassische Form des Dramas, indem er den Chor zurücktreten ließ, einen zweiten, später einen dritten Schauspieler einführte, und damit – anstelle des früheren Dialoges zwischen Sprecher und Chor – einen Dialog zwischen Sprecher und Schauspieler ermöglichte. Zwischen 70 und 90 Dramen soll Aischylos geschrieben haben, von denen aber nur sieben erhalten sind.
Stücke: ›Die Perser‹ (472); ›Sieben gegen Theben‹ (467); ›Der gefesselte Prometheus‹ (470/465?); ›Die Schutzflehenden‹ (463); ›Die Orestie‹: ›Agamemnon‹, ›Die Choephoren‹, ›Die Eumeniden‹ (458).
Auf Aischylos gehen zahlreiche Adaptionen der Neuzeit zurück, u. a.: ›Die Fliegen‹ (1947) von Jean-Paul Sartre, ›Atriden-Tetralogie‹ (1941–1948) von Gerhart Hauptmann, ›Prometheus‹ (1968) von Heiner Müller.
Literatur: W. Bartow: Schauplatz und Bühnenvorgänge bei Aischylos. Diss. Jena 1951; A. J. Podlecki: The Political Background of Aischylos Tragedy. Ann Arbor 1966; J. Kott: Gott-Essen. Interpretationen griechischer Tragödien. München 1975; G. Thomson: Aischylos und Athen. Berlin 1976; C. Meier: Die politische Kunst der griechischen Tragödie. München 1988.

Aitmatow, Tschingis, geb. 12. 12. 1928 in Scheker (Kirgisien). Sowjetisch-kirgisischer Schriftsteller. Aitmatow verlor 1937 seinen Vater durch stalinistischen Terror. Er arbeitete als Zootechniker in der Viehzucht bis 1953. Danach Studium der Literatur in Moskau und journalistische Arbeiten. Seit 1958 zählt Aitmatow zu den bekanntesten sowjetischen Schriftstellern (Leninpreis 1963). Mit seiner Erzählung ›Djamila‹ (1960) wurde er auch international bekannt. Seine Romane und Erzählungen wurden mit Erfolg für die Bühne bearbeitet. Sein erstes Schauspiel ›Der Aufstieg auf den Fudschijama‹ entstand 1973. »Wie soll man leben? Was ist richtiges Leben? Diese Fragen ziehen sich seit einem Jahrhundert durch das russische Drama. Sie sind auch nach der Oktoberrevolution nicht verstummt. (...) In ›Der Aufstieg auf den Fudschijama‹ zeigt Aitmatow die Menschen (...) so fest eingeschnürt in gesellschaftlichen Normen und Zwängen und so stark unter Anpassungsverlangen, daß sie ihre Identität längst verloren haben. (...) Das Stück wurde schon 1973 in Moskau uraufgeführt. Seit 1986 geht es in der DDR über viele Bühnen. In der Bundesrepublik liegt seit

Akimow

fünfzehn Jahren eine Übersetzung vor, doch erst jetzt entschloß sich eine Bühne, das Bielefelder Theater, zur Aufführung dieses gut gmachten, wenn auch nicht sonderlich theatralischen Stücks.« (Werner Schulze-Reimpell, ›FAZ‹, 9. 6. 1988, zu ›Aufstieg auf den Fudschijama‹, Bielefeld. R. Bernd Rainer Krieger)

Weitere Stücke: ›Muttererde‹ (1963, nach der Erzählung ›Goldspur der Garben‹); ›Du mein Pappelchen mit dem roten Kopftuch‹ (1964, nach der gleichnamigen Erzählung); ›Abschied von Gulsary‹ (1974).

Literatur: U. Greiner: Der Fluch des Jägers. In: ›Die Zeit‹, 30. 6. 1989.

Akimow, Nikolai Palowitsch, geb. 1901 in St. Petersburg, gest. 7. 9. 1968. Bühnenbildner und Regisseur (seit 1932), spektakuläre Inszenierung von Shakespeares ›Hamlet‹ (1932 am Wachtangow-Theater in Moskau), in der er die höfische Dekadenz anprangerte. Von 1935 an Direktor des Komödientheaters in Leningrad.

Albach-Retty, Rosa, geb. 21. 12. 1874 in Hanau, gest. 26. 8. 1980 in Wien. Schauspielerin. Begann 1891 am Deutschen Theater Berlin, danach Lessing-Theater, Deutsches Volkstheater Wien (1895–1903), Burgtheater Wien (1903–1958). Galt als »Naive«, als jugendlich-unbekümmerte Schönheit. Die wichtigsten Rollen in diesem Fach: Franziska in Lessings ›Minna von Barnhelm‹ (1894); Rahel in Grillparzers ›Die Jüdin von Toledo‹ (1908); Mizzi in Arthur Schnitzlers ›Komtess Mizzi‹ (1927). Sie stand bis zu ihrem 84. Lebensjahr auf der Bühne.

Literatur: R. Albach-Retty: So kurz sind 100 Jahre. Erinnerungen. München, Berlin 1978; dies.: Porträt einer Schauspielerin. Wien Historisches Museum 1974 (Katalog).

Albach-Retty, Wolf, geb. 28. 5. 1908 in Wien, gest. 1. 2. 1967 ebenda. Sohn von Rosa Albach-Retty. Schauspieler. 1926–1932 am Burgtheater Wien engagiert. Danach arbeitete er vor allem als Filmschauspieler und wurde meist als Bonvivant besetzt. Er spielte aber auch als Gast am Burgtheater, so 1961 in Shakespeares ›Heinrich V.‹ den französischen König (R. Leopold Lindtberg). Vater von Romy Schneider.

Albee, Edward, geb. 12. 3. 1928 in Washington, D. C. Amerikanischer Dramatiker. Adoptivkind eines Theaterunternehmers. Albee arbeitete als Postbote und schrieb zunächst Gedichte. Bereits als Zwölfjähriger schrieb er sein erstes Stück ›Aliqueen‹. Von Billy Wilder gefördert, hatte er erste Erfolge mit Einaktern im Stil des absurden Theaters. Sein größter internationaler Erfolg wurde ›Wer hat Angst vor Virginia Woolf?‹ (1962), auch als Film mit Richard Burton und Elizabeth Taylor. In psychologisch-realistischen Dialogen zeichnete er – hinter scheinbarer Harmlosigkeit – das Chaos menschlicher Beziehungen und entlarvte in der sich bis ins Unerträgliche steigernden Handlung die Lebenslüge seiner Figuren. Ein zweiter großer Erfolg wurde ›Winzige Alice‹ (1964). Albees Vorbilder waren Ibsen, Strindberg, O'Neill und das Theater des Absurden (Ionesco). Für sein Stück ›Empfindliches Gleichgewicht‹ (1966) erhielt er 1967 den Pulitzerpreis, ebenso wie für sein Stück ›Three Tall Women‹ (1991).

Weitere Stücke: ›Die Zoogeschichte‹ (1959); ›Der Sandkasten‹ (1959/60); ›Der Tod der Bessie Smith‹ (1960); ›Der amerikanische Traum‹ (1961); ›Die Ballade vom traurigen Cafe‹ (1964, nach Carson McCullers); ›Alles im Garten‹ (1967, nach Cooper); ›Alles vorbei‹ (1971); ›See-Eskapade‹ (1975); ›Counting the Ways‹ (1977); ›Listening‹ (1977); ›Lolita‹ (1981).

Literatur: H. M. Braem: Edward Albee. Velber 1968; S. Westermann: Die Krise der Familie bei Edward Albee. Heidelberg 1974; C. W. E. Bigsby: Edward Albee – a Collection of Critical Essays. Englewood Cliffs 1975; A. M. Stenz: Edward Albee – The Poet of Loss. Den Haag 1978.

Albers, Hans, geb. 22. 9. 1892 in Hamburg, gest. 24. 7. 1960 in Kempfenhausen (Oberbayern). Schauspieler. Ausbildung bei Arthur Hellmer in Frankfurt a. M. Erste Engagements am Sommertheater in Bad Schandau, am Neuen Theater in Frankfurt

a. M., in Güstrow, am Schillertheater in Hamburg-Altona. Nach dem Krieg galt Albers als »Berlinischer Komiker«, spielte in Revuen u. a. am Deutschen Theater und am Hebbeltheater Berlin. 1929 ging er an das Berliner Theater in der Stresemannstraße, 1930 ans Berliner Theater und 1931 an die Berliner Volksbühne. Er spielte den Abenteurer, den Draufgänger und wurde als der deutsche Blonde mit den blauen Augen und der kernig-rauchigen Stimme ein Idol für das deutsche Filmpublikum. Er triumphierte als Siegernatur in den Filmen des Dritten Reichs, was ihm sein Comeback nach dem Krieg nicht eben leicht machte. Glanzrollen auf dem Theater: ›Liliom‹ von Molnar (1931 und wieder 1946); zuhälterischer Kellner in Ferdinand Bruckners ›Verbrecher‹ (UA 1928, Deutsches Theater); Mackie Messer in Brechts ›Dreigroschenoper‹ (1949). Filme u. a.: ›Der Blaue Engel‹ (1930), ›Der Draufgänger‹ (1931), ›Savoy-Hotel‹ (1936), ›Wasser für Canitoga‹ (1939), ›Große Freiheit Nr. 7‹ (1943), ›Der letzte Mann‹ (1955), ›Das Herz von St. Pauli‹ (1957), ›Der Mann im Strom‹ (1958). Brecht notierte 1948 in sein Arbeitsjournal: »Sah A. als Liliom gastieren, ein großer eleganter Kerl mit vulgärem Charme, nicht ohne Gewalttätigkeit.«

Literatur: O. Tötter (Hrsg.): Hans Albers. Hoppla, jetzt komm' ich. Zürich 1986; A. Rosenthal (Aros): Wie er ist und wie er wurde. Berlin 1931.

Alberti, Rafael, geb. 16. 12. 1902 in Puerto de Santa Maria, Cadiz. Spanischer Maler und Autor. 1917 zog Alberti nach Madrid und wandte sich dort als Maler dem Kubismus zu. Danach Beginn der literarischen Tätigkeit. Freundschaft mit García Lorca, Buñuel und Dalí. 1939 Emigration in die USA, lebte ab 1943 in Uruguay und Argentinien, von 1963 an in Rom. Nach dem Tode Francos 1977 Rückkehr nach Spanien. Alberti schrieb lyrisches Theater, inspiriert von volkstümlichen Themen und spanischen Klassikern.

Stücke u. a.: ›El adefesio‹ (1944); ›Blühender Klee‹ (1955); ›Kriegsnacht im Pradomuseum‹ (1956).

Alegría, Alonso, geb. 14. 7. 1940 in Santiago de Chile. Autor und Regisseur. Alegría studierte Kunstgeschichte an der Universität von Lima von 1958 bis 1962, und von 1962 bis 1966 Regie und Dramaturgie an der Yale School of Drama. 1968 wurde er Direktor des Universitätstheaters in Lima, wo mit großem Erfolg sein Stück ›Die Überquerung des Niagara-Falls‹ uraufgeführt wurde. Seit 1973 Leiter des Staatstheaters in Lima.

Weitere Stücke: ›Daniela Frank‹; ›Der weiße Anzug‹ (beide o. J.).

Aleotti, Giovan Battista (gen. L'Argenta), geb. 1546 in Argenta, gest. 12. 12. 1636 in Ferrara. Italienischer Baumeister und Bühnenarchitekt. Verwandte erstmals das Kulissensystem im Teatro dell'Accademia degli Intrepidi in Ferrara (1606). Die Bühne, die er in dem von ihm erbauten Teatro Farnese (1618/19) einrichtete, löste mit ihren Kulissen das bis dahin verwendete Telarissystem ab. Dadurch wurden die vielfältigen Verwandlungsmöglichkeiten der Barockbühne möglich.

Literatur: G. Schöne: Die Entwicklung der Perspektivbühne. Leipzig 1933; H. Tintelnot: Barocktheater und barocke Kunst. Berlin 1939.

Alexander, Sir George (eigtl. George Samson), geb. 19. 6. 1858 in Reading, gest. 16. 3. 1918 in London. Regisseur, Schauspieler und Theaterleiter. Schauspieler am Lyceum Theatre; danach gründete und leitete er von 1891 bis zu seinem Tod das St. James' Theatre, an dem die Stücke der von ihm geförderten jungen englischen Autoren uraufgeführt wurden, z. B. Oscar Wildes ›Lady Windermeres Fächer‹ (1892) und ›Bunbury‹ (1895). Als Schauspieler war er eine Wildesche Idealbesetzung: der arrogante, elegante englische Gentleman.

Literatur: A. E. Mason: Sir G. Alexander and the St. James' Theatre. London 1935; H. Pearson: The Last Actor-Managers. London 1974.

Allen, Woody (eigtl. Allen Stewart Königsberg), geb. 1. 12. 1935 in New York. Amerikanischer Filmemacher und Autor. Allen schrieb mit 16 Jahren bereits Witze

Alleyn

für die PR-Firma David O. Albert Association, die die Zeitungen mit Witzen versorgte. 1952 wurde er Autor für Fernsehshows der NBC; 1961 trat er erstmals in New Yorker Nachtclubs auf; 1964 spielte er seine erste Rolle im Film ›What's New Pussycat‹ (R. Clive Donner). Danach verfilmte er seine eigenen Drehbücher und übernahm oft auch die Hauptrolle: ›Was Sie schon immer über Sex wissen wollten – Aber bisher nicht zu fragen wagten‹ (1971); ›Mach's noch einmal Sam‹ (1972); ›Die letzte Nacht des Boris Gruschenko‹ (1975); ›Der Stadtneurotiker‹ (1976); ›Innenleben‹ (1978); ›Manhattan‹ (1978); ›Radio Days‹ (1988); ›Alice‹ (1991). 1970 entstanden die ersten Theaterstücke, ›Vorsicht Trinkwasser‹ und ›Play it Again, Sam‹, die zuerst am Broadway und 1971 auch in London erfolgreich gespielt wurden. In Deutschland gab es in den achtziger Jahren vor allem Aufführungen in Düsseldorf und München. »Gott, Tod und Sex, das sind die Themen, die Woody Allen seit seiner frühesten Kindheit beschäftigen. (...) In ›Manhattan‹ fragt ihn ein Freund, warum er immer wieder von Gott spräche. Isaac Davis, von Woody Allen gespielt, antwortet: ›Man muß sich doch schließlich an jemandem orientieren.‹ (...) In ›Die letzte Nacht des Boris Gruschenko‹ läuft folgender Dialog ab: Diane Keaton: ›Wie ist das – tot?‹ Woody Allen: ›Du kennst doch die Hühner in Tresky's Restaurant. Es ist schlimmer.‹ (...) ›Onanie ist Liebe mit jemand, den man sehr gern hat.‹ (Peter Lanz: Woody Allen. Bergisch Gladbach 1980).
Weitere Stücke: ›Eine Mitternachts-Sex-Komödie‹; ›Gott‹; ›Tod‹; ›Intermezzo mit Kugelmass‹; ›Der Tod klopft‹; ›Mister Big‹.
Literatur: B. Schulz: Was Sie schon immer über Woody Allen wissen wollten. Hamburg 1987.

Alleyn, Edward, geb. 1. 9. 1566 in London, gest. 25. 11. 1626 ebenda. Einer der berühmtesten Schauspieler des Elisabethanischen Theaters und Haupt-»Konkurrent« des Shakespeare-Schauspielers Richard Burbage. 1583 wurde er Mitglied der Earl of Worcester's Players und Geschäftspartner von Philip Henslowe, seinem Schwiegervater. Von 1587 an Erster Schauspieler der Admiral's Men, die vor allen anderen Marlowes Werke aufführten. Hier brillierte Alleyn als Marlowes Dr. Faustus und Jude von Malta. Von 1594 bis 1597 gehörte er zum Ensemble des Rose Theatre und von 1599 an zum Fortune.
Literatur: E. K. Chambers: The Elizabethan Stage. 4 Bde. London 1923.

Allio, René, geb. 3. 11. 1921 in Marseille. Bühnenbildner. Arbeitete bevorzugt mit Roger Planchon am Théâtre de la Cité in Villeurbanne, u. a. in Shakespeares ›Heinrich IV.‹ (1957); Molières ›Georges Dandin‹ (1961); Brechts: ›Schweyk im zweiten Weltkrieg‹ (1961); Molières ›Tartuffe‹ (1962); Racines ›Bérénice‹ (1970). Allio stattete aber auch Peter Zadeks Bochumer Inszenierung von Shakespeares ›Der Kaufmann von Venedig‹ aus (1973); dazu Volker Canaris (in: ›Peter Zadek – der Theatermann und Filmemacher‹): »Das Venedig der Kaufleute wird vor allem evoziert durch René Allios Bühnenbild: ein Labyrinth von grauen Stegen, bis in den Zuschauerraum vorgezogen, dazwischen die Kanäle, darauf das geschäftige Treiben.« Nach Allios Plänen wurden das Theater in Aubervilles und das Pariser Théâtre de la Ville umgebaut. 1965 machte er als Regisseur des Films ›L'Une et l'Autre‹ von sich reden.
Literatur: V. Canaris: Peter Zadek – der Theatermann und Filmemacher. München 1979.

Altman, Georg, geb. 15. 6. 1884 in Berlin, gest. 9. 6. 1962 in Los Angeles. Regisseur und Theaterleiter. Nach dem Studium in München Dramaturg und Regisseur in Mannheim (1907–1909), Direktor des Deutschen Theaters in Hannover (1910–1913), Direktor des Kleinen Theaters Berlin. Von 1927 bis 1933 Intendant der Städtischen Bühnen Hannover. 1933 Emigration in die USA.
Literatur: G. Altman: Vor fremden und eigenen Kulissen. Emsdetten 1964; ders.: Heinrich Laubes Prinzip der Theaterleitung. Dortmund 1908; ders.: Alt Nürnberg. Schwänke, Lieder und Tänze des Hans Sachs und seiner Zeitgenossen in einer

Bühneneinrichtung von Georg Altman. Berlin 1918; ders.: Ludwig Devrient. Leben und Werke eines Schauspielers. Berlin 1926.

Amann, Jürg, geb. 2. 7. 1947 in Winterthur. Schweizer Schriftsteller. Sohn eines Buchdruckers und Schriftstellers. Amann studierte Publizistik und Germanistik in Berlin und Zürich. Von 1974 bis 1976 war er Dramaturg am Schauspielhaus Zürich. Seit 1976 lebt er als freier Schriftsteller und Journalist. Amanns Werk ist beeinflußt von Kafka, über den er seine Dissertation verfaßt hat. Sein Thema ist die schwierige Wechselbeziehung von Kunst und Leben. Seine Romane beschäftigen sich u. a. mit Autoren wie Novalis (›Hardenberg‹, 1978), Robert Walser (›Verirren‹, 1978). Seinen Dramen, mit ähnlicher Thematik wie seine Prosa, war wenig Erfolg beschieden.

Stücke: ›Das Ende von Venedig‹ (1976); ›Die Korrektur‹ (1977); ›Der Traum des Seiltänzers vom freien Fall‹ (1978); ›Die deutsche Nacht‹ (1982); ›Der Rücktritt‹ (1989).

Ambesser, Axel von (eigtl. Axel Eugen Alexander von Oesterreich), geb. 22. 6. 1910 in Hamburg, gest. 6. 9. 1988 in München. Autor, Schauspieler und Regisseur. Von 1930 bis 1932 Schauspielunterricht bei Erich Ziegel, dem Direktor der Hamburger Kammerspiele. Stationen als Schauspieler: 1932–1934 Stadttheater Augsburg, 1935–1936 Münchner Kammerspiele, 1936–1941 und 1944/45 Deutsches Theater Berlin (unter Heinz Hilpert), 1941–1943 Theater in der Josefstadt Wien, 1943–1945 Preußische Staatstheater (unter Gustaf Gründgens), 1945–1965 als Ensemblemitglied und als Gast an den Münchner Kammerspielen, sowohl als Schauspieler als auch als Regisseur. Als Regisseur arbeitete er unter anderem auch in Berlin, bei den Salzburger Festspielen, am Hamburger Thalia Theater, am Schauspielhaus Zürich, am Bayerischen Staatsschauspiel München. Ambesser, den Fritz Kortner als »Charme-Pinkel« beschrieb, spielte und inszenierte auch für den Film und das Fernsehen. In seinem Nachruf beschrieb ihn Georg Hensel (›FAZ‹, 8. 9. 1988) als einen »Theatermann für die Großstädte und für das große Publikum. (. . .) Die Welten, in denen er sich als Schauspieler auf der Bühne auslebte, hatte er sich als sein eigener Stückeschreiber oft selbst gebaut. (. . .) Sein schauspielerisches Markenzeichen war ein kleines Lächeln. Er war ein hochgewachsener eleganter Herr mit allerbesten Manieren und einem weitverzweigten Delta von Lachfältchen neben den Augen. Wenn er diese Flußmündungen des inneren Vergnügens nur ein wenig bewegte, lachten seine Zuschauer los. Man kennt dieses gewisse Lächeln aus unzähligen Filmen.«

Stücke: ›Das Abgründige im Herrn Gerstenberg‹ (1946); ›Mirakel im Müll‹ (1958); ›Omelette Surprise‹ (1971).

Literatur: A. von Ambesser: Nimm einen Namen mit A. Berlin, Frankfurt a. M. 1985.

Anderson, Laurie, geb. 1947 in Chicago. Komponistin, Filmemacherin, Performance- und Multimedia-Künstlerin. Nach dem Studium der Kunstgeschichte und Bildhauerei begann Laurie Anderson in den siebziger Jahren in New York ihre künstlerische Arbeit mit Sprache, Photographie und Film. 1972 entstand ›Story Show‹, ein Kunstprodukt aus Photographien mit Textbegleitungen. Neben Ausstellungen präsentierte sie Performance-Abende, One-Woman-Shows und beteiligte sich an einer wandernden Gruppenausstellung: ›Frauen als begreifende Künstlerinnen‹. Die Medienmischung – Filme, Photographien, Songs, die Geschichten erzählen und in denen sich Rock'n'Roll-Rhythmen mit Blues-Elementen vereinigen – ist seit der Produktion von ›Instant Part 5‹ (UA 1977, New York) ihr Stil. Ihr bisheriges Hauptwerk, vierteilig und acht Stunden lang: ›United States‹ (UA 1983 an der Brooklyn Academy of Music in New York). Danach kamen ›Natural History‹ und ›Halcion Days‹ heraus. Ihr Platten-Album, ›Big Science‹, 1982 erschienen, wurde ein kommerzieller Erfolg, andere Schallplatten folgten. Die Single ›O Superman‹ machte sie weltberühmt. Laurie Andersons Performances zeichnen sich stets

Anderson

durch den Gebrauch verschiedener und eigenwillig kombinierter Medien aus, wobei die Künstlerin selbst immer mitspielt, spielerisch Geschichten erzählt, die Gegenwart kommentiert, die Kunst, die Literatur (Paul Klee und Walter Benjamin) interpretiert. Befragt, was Performance-Kunst denn sei, antwortete sie (›Münchner Abendzeitung‹, 17. 5. 1986):»Das weiß ich so genau nicht. Ich glaube nicht, daß das jemand weiß. Der Komiker Steve Martin hat einmal gesagt, über Musik zu sprechen ist wie über Architektur tanzen. Ein verrückter Satz. Aber vielleicht machen Performance-Künstler genau das: über Architektur tanzen.«
Literatur: L. Anderson: Laurie Anderson. Philadelphia 1983 (Katalog); dies.: Empty Places. New York 1991.

Anderson, Maxwell, geb. 15. 12. 1888 in Atlantic, Pennsylvania, gest. 28. 2. 1959 in Stanford, Connecticut. Amerikanischer Dramatiker. Sohn eines baptistischen Geistlichen. Anderson studierte in North Dakota und Stanford. Er arbeitete als Lehrer und Journalist in New York, verfaßte sozialkritische Gesellschaftsdramen, musikalische Komödien und Dramen, in denen historische Persönlichkeiten im Mittelpunkt stehen. In Deutschland wurde er bekannt mit dem von Zuckmayer übersetzten Stück ›Rivalen‹ (1929). In seinem Vortrag ›The Essence of Tragedy‹ (1939) erklärte sich Anderson einig mit der Auffassung Schillers vom Theater als moralischer Anstalt.
Stücke: ›Gods of Lightning‹ (1928); ›Elizabeth the Queen‹ (1930); ›Mary of Scotland‹ (1933); ›Winterset‹ (1935); ›Knickerbocker Holiday‹ (1938, Musik von Kurt Weill); ›Key Largo‹ (1940); ›Lost in the Stars‹ (1949, Musik von Kurt Weill); ›Barefoot in Athens‹ (1951).
Literatur: B. H. Clark: Maxwell Anderson. The Man and his Plays. New York 1933; M. D. Bailey: Maxwell Anderson. The Playwright as Prophet. New York, London 1957.

Andree, Ingrid, geb. 19. 1. 1931 in Hamburg. Schauspielerin. Nach dem Abitur Studium bei Eduard Marcks an der Staatlichen Hochschule für Musik und darstellende Kunst in Hamburg. Erste Rolle 1951 am Hamburger Thalia Theater in Turgenjews ›Ein Monat auf dem Lande‹. Danach Filmarbeit. Erst 1967 Rückkehr zum Theater. Engagement an den Münchner Kammerspielen (bis 1970). Spielte dort u. a. die Titelrollen in Strindbergs ›Fräulein Julie‹ (1967, R. Fritz Kortner) und Ibsens ›Hedda Gabler‹ (1968, R. Dieter Giesing). Von 1971 bis 1980 war Ingrid Andree Ensemblemitglied des Hamburger Thalia Theaters, arbeitete sehr häufig mit dem damaligen Intendanten Boy Gobert zusammen. Wichtige Rollen: Titelrolle in Wedekinds ›Lulu‹ (1971, R. Dieter Giesing); Kate in Harold Pinters ›Alte Zeiten‹ (1972, R. Hans Schweikart); Elisabeth in Schillers ›Maria Stuart‹ (1974, R. Gobert); Nora in Ibsens gleichnamigem Stück (1979, R. Nicolas Brieger). Über Ingrid Andrees Kate schrieb Benjamin Henrichs (›SZ‹, 2. 5. 1972):»Von Kate, die schweigend und zerstreut im Zentrum des Stücks steht, wird gesagt: ›Sie war immer eine Träumerin.‹ Daraus ließe sich schon eine simple Rollenpsychologie zusammenzimmern. Doch bei Ingrid Andree gab es keinen Moment konventionell-gefälliger Abwesenheit: Gesten, Töne, wie gefroren, wie hinter Glas. Dabei zeigte sie wie Gobert verblüffende Variationen mit kleinstem mimischen Aufwand: Ihr Gesicht, eben noch sphinxhaft schön, schrumpfte zusammen, sah plötzlich so armselig, so bekümmert aus wie ein zerzauster Vogelkopf.« 1980 wechselte Ingrid Andree mit Jürgen Flimm, der Intendant des Kölner Schauspielhauses wurde und mit dem sie 1972 (als Gräfin von Rathenow in Hartmut Langes gleichnamigem Stück) gearbeitet hatte, nach Köln. Wichtige Rollen hier: Sofja Aleksandrovna in Tschechows ›Onkel Wanja‹ (1980, R. Flimm); Narr in Shakespeares ›Lear‹ (1982, R. Flimm). 1984 feierte sie Triumphe als Alter Fritz in Robert Wilsons Kölner Teil der ›CIVIL WarS‹. Daneben zahlreiche Fernseh- und Filmrollen. Von 1985 an wieder (mit Flimm) am Hamburger Thalia Theater. Seit Anfang der neunziger Jahre gehört sie zu Günter Krämers Ensemble am Schauspiel Köln.

Literatur: G. Blasche/E. Witt: Boy Gobert, Hamburger Thalia Theater. Hamburg 1980; C. B. Sucher: Theaterzauberer. Schauspieler. 40 Porträts. München, Zürich 1988.

Anouilh, Jean, geb. 23. 6. 1910 in Bordeaux, gest. 2. 10. 1987 in Lausanne. Französischer Dramatiker und Regisseur. Sohn eines Schneiders. Anouilh studierte Jura an der Sorbonne und arbeitete nach Abbruch des Studiums zwei Jahre lang als Texter von Annoncen. 1931 wurde er Sekretär von Louis Jouvet. Von 1932 an lebte er als freier Schriftsteller. Einer der erfolgreichsten französischen Dramatiker, der in souveränem Umgang mit modernen und traditionellen Dramaturgien psychologisch scharfsinnige und unterhaltsame Stücke geschrieben hat. Ein Welterfolg wurde sein Stück ›Becket oder die Ehre Gottes‹ (1959), das mit Peter O'Toole und Richard Burton verfilmt wurde. Friedrich Luft schrieb zu ›Cher Antoine oder die verfehlte Liebe‹ (1970, Theater am Kurfürstendamm, R. Rolf Henniger):»Gerade das ist wieder Anouilhs Thema. Was treibt er diesmal, um die Vergänglichkeit des Schönen, die Brüchigkeit des Glücks nicht ohne glatte Tristesse zu dokumentieren? Er spielt wieder mit dem Spiel. Er treibt Vexierversuche mit der mehrfach gebrochenen Wirklichkeit. Er stellt immer mit einem Vorgang und Einfall Doppel-, ja sogar Mehrfachbelichtungen an. Er kopiert Wirklichkeit auf Visionen, Sein über Schein – und vice versa. Er tanzt wieder auf dem dünnen Seil zwischen Realität und Phantastik. Er ist der gleiche geblieben, seine Thematik auch.« (›Stimme der Kritik‹, Stuttgart 1979) 1964 wurde Anouilhs Inszenierung von Roger Vitracs ›Victor oder Die Kinder an der Macht‹ (Münchner Kammerspiele, Co-Regisseur Roland Pietri) zum Berliner Theatertreffen eingeladen.
Weitere Stücke: ›Reisende ohne Gepäck‹ (1937); ›Ball der Diebe‹ (1938); ›Leocadia‹ (1941); ›Eurydike‹ (1942), ›Antigone‹ (1944); ›Einladung ins Schloß‹ (1947); ›Ardèle oder Das Gänseblümchen‹ (1949); ›Colombe‹ (1950); ›Jeanne oder Die Lerche‹ (1953); ›Der Herr Ornifle oder Der er-zürnte Himmel‹ (1955); ›Der arme Bitos oder Das Diner der Köpfe‹ (1956); ›Wekken Sie Madame nicht auf‹ (1970).
Literatur: B. Beugnot (Hrsg.): Les critiques de notre temps et Anouilh. Paris 1977; H. G. McIntyre: The theatre of Jean Anouilh. London 1981; W. D. Howarth: Anouilh, Antigone. London 1983; Antigone, de la légende au mythe: de Sophocle à Anouilh. Lorient 1988; R. Joan: Le thème de l'évasion dans le théâtre de Jean Anouilh. Paris 1993.

Anschütz, Heinrich, geb. 8. 2. 1785 in Luckau, gest. 29. 12. 1865 in Wien. Schauspieler. Seit 1821 Engagement am Burgtheater. Spielte in den Grillparzer-Uraufführungen von ›König Ottokars Glück und Ende‹ (1825), ›Ein treuer Diener seines Herrn‹ (1828), ›Der Traum ein Leben‹ (1834), und ›Weh dem, der lügt‹ (1838). Übersetzte Racine.
Literatur: H. Anschütz: Erinnerungen. Wien 1866; E. Koberwein: Erinnerungen eines alten Hofburgtheaterkindes. Wien 1909; W. Drews: Die Großen des deutschen Schauspiels. Berlin 1941.

An-Ski, Scholom, geb. 8. 11. 1863 in Witebsk, gest. 8. 11. 1920 in Warschau. Russischer Schriftsteller und Ethnologe, der russische und jiddische Folklore erforschte und heute vor allem bekannt ist durch sein Stück ›Der Dybbuk oder Zwischen zwei Welten‹ (1920, verfaßt nach einer chassidischen Legende), das in den achtziger Jahren durch verschiedene Aufführungen in Deutschland wiederbelebt wurde. »Das Werk ist aus Tiefsinn und Aberglauben, aus Mystik und Volkstum eine ergreifende Mischung. Den populären jüdischen (nicht nur jüdischen) Konflikt zwischen Liebesbestimmung und Vernunftehe breitet er ins Weltall aus und verknüpft ihn mit allen Herzen, lebenden, gelebt habenden und leben werdenden. Das kleine Seelenunheil wächst an zur Weltunseligkeit. (. . .) Eine allerzarteste Idealität wird hier allgegenwärtig, grade weil sie mit Einfältig-Törichtem und Burlesk-Banalem so unsentimental-rührend verquickt ist.« (Berthold Viertel, Schriften zum Theater. Berlin 1970, S. 322)

Antoine

Antoine, André, geb. 31. 1. 1858 in Limoges, gest. 19. 10. 1943 in Le Pouliguan, Loire. Schauspieler, Regisseur und Theaterleiter. Gründete am 31. 3. 1887 das Théâtre Libre in Paris. Es ging Antoine – unterstützt von einer Gruppe von Literaten, zu denen auch Zola gehörte – darum, gegen die Konvention der Comédie Française anzutreten. Antoine spielte neben den Franzosen Balzac, Becque, Maupassant und Zola vor allen anderen Ibsen, Tolstoi, Hauptmann, Strindberg, Turgenjew, wobei ihm das natürliche Spiel in einem natürlichen Rahmen besonders wichtig war. Das heißt: Er arbeitete zunächst mit Amateuren, die er dann später zu Schauspielern ausbildete; und er ersetzte die künstlich-fade Bühnenmalerei durch Bühnenbauten. Das Théâtre Libre spielte nicht regelmäßig, weil es keinen eigenen Raum besaß, sondern gastierte (auch im Ausland). 1896 konnte Antoine dann sein eigenes Haus eröffnen, das seinen Namen trug. Die offizielle Anerkennung folgte 1906: Antoine wurde Direktor des Odéon. 1914 zog er sich vom Theatermachen zurück, schrieb Theaterkritiken und inszenierte Filme. Er setzte den Naturalismus in Frankreich durch, und er beeinflußte gewiß die Freie Bühne Berlin, die 1889, und das Independent Theatre in London, das 1891 gegründet wurde.
Literatur: A. Antoine: Mes souvenirs sur le Théâtre Libre. Paris 1921 (dt. 1960); ders.: Mes souvenirs sur le Théâtre Antoine et sur l'Odéon. Paris 1928; ders.: La troisième République de 1870 à nos jours. Le théâtre. Paris 1932; A. Thalasso: Le Théâtre Libre. Paris 1909; J. Bab: Das Theater der Gegenwart. Leipzig 1928; M. Rousson: André Antoine. Paris 1954; A.-P. Antoine: Antoine, père et fils. Paris 1962; J.-B. Sanders: André Antoine, directeur de l'Odéon. Paris 1978.

Anzengruber, Ludwig, geb. 29. 11. 1839 in Wien, gest. 10. 12. 1889 ebenda. Österreichischer Dramatiker. Sohn eines Wiener Hofbeamten. Anzengruber lernte Buchhändler von 1856 bis 1858. Von 1860 bis 1868 war er Schauspieler bei Wandertruppen – als Autodidakt und ohne besonderen Erfolg. Daneben erste Versuche als Maler und Dichter. Nach diversen Engagements an kleinsten Provinztheatern wurde er 1870 Kanzlist bei der Wiener Polizeidirektion. Im gleichen Jahr gelang ihm ein erster Erfolg als Dramatiker mit dem Text ›Pfarrer von Kirchfeld‹, der sich aber mit den nachfolgenden Arbeiten nicht mehr wiederholen ließ. Anzengruber war Dramatiker des ausgehenden Realismus, ein Vertreter des Wiener Volksstückes, der in Dorfkomödien und Bauerntragödien u. a. die Gier nach Besitz kritisierte. Er verstand seine Aufgabe als Dramatiker als eine moralische, beeinflußt von der Philosophie Ludwig Feuerbachs, mit der er sich ausführlich auseinandergesetzt hatte. »Er glaubt, eine Botschaft zu haben, die er einem Publikum mitteilen möchte (. . .). Was aber Anzengruber etwa von Raimund und Nestroy unterscheidet, ist der Umstand, daß Anzengruber die Probleme deutlich reflektiert, während Raimund und Nestroy durch ihr Verhalten als Autoren/Schauspieler darauf gewissermaßen pragmatisch reagieren. Für Raimund und Nestroy gab es im Grunde nur eine Form des Theaters und ein einziges Publikum, das ihre. Anzengruber dagegen sieht Theater und Publikum gespalten in Zweige mit völlig verschiedenen Funktionen und Bedürfnissen. Er stellt sich die Frage, für welche Art von Theater und für welches Publikum er schreiben will. (. . .) Anzengruber [versteht] das ›Volkstheater‹ auf überraschend moderne Weise (. . .): er sieht es als Lehrtheater, als Theater mit aufklärerischem Anspruch, zugleich aber auch als Oppositionstheater, das sich gegen die Profitinteressen einer Industriegesellschaft durchzusetzen hat.« (Gerd Müller: Das Volksstück von Raimund bis Kroetz. München 1979, S. 52f.)
Weitere Stücke: ›Der Meineidbauer‹ (1871); ›Elfriede‹ (1873); ›Die Tochter des Wucherers‹ (1873); ›Der G'wissenswurm‹ (1874); ›Der ledige Hof‹ (1877); ›Das vierte Gebot‹ (1878).
Literatur: A. Bettelheim: Die Zukunft des Volkstheaters. Berlin 1892; A. Klocke: Die religiöse und weltanschaulich-ethische Problematik bei L. Anzengruber. Diss. Freiburg 1955.

Arbusow

Appen, Karl von, geb. 12. 5. 1900 in Düsseldorf, gest. 1981 in Berlin. Bühnenbildner. Begann 1921, nach einem zweijährigen Volontariat bei Ludwig Sievert in Frankfurt a. M., am Frankfurter Künstlertheater (bis 1925); danach freischaffend. Von 1941 bis 1945 inhaftiert. Nach 1945 Ausstattungsleiter am Dresdner Staastheater. Von 1947 bis 1950 arbeitete er dort auch als Intendant. Von 1954 an Bühnenbildner am Berliner Ensemble, wo er die Räume schuf für Inszenierungen von Bertolt Brecht, Benno Besson, Peter Palitzsch und Manfred Wekwerth. Von Appens Stil zeichnet sich durch große Detailtreue aus, durch Realismus und extreme historische Genauigkeit.
Literatur: F. Dieckmann: Karl von Appens Bühnenbilder am Berliner Ensemble. Berlin 1971; ders. (Hrsg.): Bühnenbilder der DDR. Arbeiten aus den Jahren 1971–1977. Berlin 1978.

Appia, Adolphe von, geb. 1. 9. 1862 in Genf, gest. 29. 2. 1928 in Nyon. Bühnenbildner, Bühnenraumtheoretiker. Nach dem Musikstudium und dem ersten Bayreuth-Besuch Beschäftigung mit der Bühnenarchitektur. Veröffentlichungen: ›La Mise en scène du Drame wagnérien‹ (Paris 1895) und ›Die Musik und die Inszenierung‹ (München 1899). Appia wollte fort von der realistischen Bühnengestaltung und strebte eine Rhythmisierung, eine Stilisierung des Raumes an, wobei er als einer der ersten Bühnenbildner dem Licht eine besondere Funktion und gestalterische Aufgabe beimaß. Seine Räume hatten die Realität eines Traumes: »Der Traum, dieser kostbare Zeuge, gibt uns mehr Aufschluß über die wesentlichen Wünsche unserer Persönlichkeit, als es die genaueste und feinste Analyse imstande wäre.« (Appia, 1899) Die Inszenierungen (zusammen mit J. Dalcroze) fanden wenig Zustimmung. Erst Wieland Wagner konnte in Bayreuth Appias Idee umsetzen, den menschlichen Körper, die Musik und die »rhythmischen Räume« zu einem Ganzen zu vereinen.
Literatur: A. Appia: L'œuvre d'art vivant. Genf, Paris 1921; ders.: Art vivant ou nature morte? Mailand 1923; ders.: Goethes

Faust. Erster Teil. Als Dichtung dargestellt. Bonn 1929; ders.: Œuvres complètes. 3 Bde. Lausanne 1986–1988; H. C. Bonifas: Adolphe Appia. Zürich 1960; D. Bablet: Esthétique générale du décor de théâtre de 1870 à 1914. Paris 1965; Adolphe Appia 1862–1928. acteur-espace-lumière. Zürich 1978 (Katalog).

Arbusow, Alexej Nikolajewitsch, geb. 26. 5. 1908 in Moskau, gest. 20. 4. 1986 ebenda. Russischer Dramatiker. Arbusow studierte Schauspiel in Leningrad, wo er Mitglied in Gaideburows Truppe wurde. 1930 ging er nach Moskau, dort Mitarbeit in Agitpropgruppen, für die er erste Stücke schrieb. 1935 erster Erfolg auf einer professionellen Bühne mit ›Der weite Weg‹. 1939 zusammen mit Valentin Plutschek Gründung des Theaterstudios der Jugend (von 1941 bis 1944 als Fronttheater), das er bis 1944 leitete. 1959 weiterer großer Erfolg mit ›Irkutsker Geschichte‹, das in der Aufführung vom Moskauer Wachtangow-Theater über 20 Jahre im Spielplan blieb. Eines der Hauptthemen Arbusows ist die Formung der Persönlichkeit; in den jungen sowjetischen Menschen bemüht er sich, das Gute zu sehen und darzustellen. Die Verhaltensweisen seiner Figuren erklärt er aus der Vergangenheit und deutet im Gegenwärtigen bereits die Züge des Zukünftigen an. »Denkende Bewältigung der Aufgaben, die die Gesellschaft stellt – dieses Denken als dramatisches, widerspruchsreichen, dialektischen Prozeß künstlerisch zu gestalten ist vielleicht das Spezifikum der ›Handschrift‹ des Dramatikers Arbusow. Historische Konkretheit ist die Grundlage. Das umwälzende große Ereignis Krieg ist Gegenstand seiner Stückgruppierungen. (...) Argument und Gegenargument sind bei Arbusow meisterhaft als spannungsgeladene Handlung aufgebaut. Damit bieten uns diese Stücke die Chance, das Bedürfnis und die Fähigkeit, eigene Lebenssituationen gedanklich zu reflektieren und zu verändern, durch Vorspiel herauszufordern.« (Erika Stephan, 30. 9. 1973).
Weitere Stücke: ›Stadt im Morgenrot‹ (1940); ›Mein armer Marat‹ (1941/1959); ›Leningrader Romanze‹ (1965); ›Die

Arden

Wahl‹ (1971); ›In diesem netten alten Haus‹ (1972); ›Altmodische Komödie‹ (1976); ›Grausame Spiele‹ (1978); ›Erinnerung‹ (1982); ›Die Siegerin‹ (1983).

Arden, John, geb. 26. 10. 1930 in Barnsley, Yorkshire. Englischer Schriftsteller. Arden studierte Architektur in Cambridge und Edinburgh und war von 1955 bis 1957 Architekt in London. Er gehört zur Gruppe der »zornigen jungen Männer« und hatte seine erste Aufführung 1955 mit dem Stück ›All Fall Down‹ am Royal Court Theatre. Er arbeitete mit Verfremdungstechniken, indem er die theatralische Illusion ständig durch Ansprachen oder Lieder unterbrach, um damit den Zuschauer zu kritischem Mitdenken aufzufordern.

Weitere Stücke: ›Leben und leben lassen‹ (1958); ›Leben wie die Schweine‹ (1958); ›Der Packesel‹ (1964); ›Ars Longa, Vita Brevis‹ (1964); ›Armstrong sagt der Welt Lebewohl‹ (1965); ›Die Insel der Mächtigen‹ (1972); ›Vandaleurs Folly‹ (1981). **Literatur:** U. Hamberger: John Arden – ein intellektueller Marodeur? Diss. Salzburg 1976; F. Gray: John Arden. London 1982; M. Göring: Melodrama heute. Die Adaption melodramatischer Elemente im Werk von John Arden. Diss. München 1986.

Arens, Peter, geb. 18. 2. 1928 in Freiburg i. Br. Schauspieler und Regisseur. Debüt 1947 am Stadttheater Bern; 1950 am Deutschen Theater Göttingen, danach in festen Engagements oder als Gast an den Münchner Kammerspielen, dem Bayerischen Staatsschauspiel München, dem Burgtheater Wien, dem Theater in der Josefstadt Wien, den Staatlichen Schauspielbühnen Berlin und bei den Salzburger Festspielen (spielte 1970 den Tod in Hofmannsthals ›Jedermann‹). Seit 1963 am Schauspielhaus Zürich, u. a. in Dieter Giesings Inszenierung von Molières ›Tartuffe‹ (1989). Mehrere Fernseh- und Filmrollen.

Aristophanes, geb. um 445 v. Chr. in Kythaden, gest. 385 (?) v. Chr. Dichter. Lebte die meiste Zeit in Athen. Aristophanes gehört neben Krates, Kratinos und Eupolis zu den Hauptvertretern der alten attischen Komödie. Von 44 bekannten Stükken sind elf erhalten geblieben. Anfangs griff er, dem Anliegen der alten Komödie entsprechend, vor allem politische Themen auf, später dann soziale Themen. Aristophanes gilt heute als der bekannteste Komödiendichter der griechischen Antike.

Stücke: ›Die Acharner‹ (425); ›Ritter‹ (424); ›Wolken‹ (423); ›Die Wespen‹ (422); ›Frieden‹ (421); ›Die Vögel‹ (414); ›Lysistrata‹ (411); ›Die Thesmophoriazusen‹ (411); ›Die Frösche‹ (405); ›Die Weibervolksversammlung‹ (392); ›Plutos‹ (388). **Literatur:** A. Körte: Die griechische Komödie. Leipzig, Berlin 1930; E. Fraenkel: Beobachtungen zu Aristophanes. Rom 1962; M. Landfester: Handlungsverlauf und Komik in den frühen Komödien des Aristophanes. Amsterdam 1967; M. C. Marianetti: Religion and Politics in Aristophanes' Clouds. Hildesheim, New York 1992; A. M. Bowie: Aristophanes: Myth, Ritual and Comedy. Cambridge, New York 1993; L. K. Taaffe: Aristophanes and Women. London, New York 1993; J. Schechter: Satiric Impersonations: From Aristophanes to the Guerilla Girls. Carbondale 1994.

Arjouni, Jakob (Pseud.), geb. 8. 10. 1964 in Frankfurt a. M. Deutscher Schriftsteller. Arjouni ging nach dem Abitur nach Montpellier, dort von 1982 bis 1985 Gelegenheitsarbeiten, u. a. als Kellner und Verkäufer. Daneben schriftstellerische Tätigkeit an seinem ersten Theaterstück ›Garagen‹ (1983) und dem Kriminalroman ›Happy birthday Türke‹ (1987), der ihm zum internationalen Durchbruch verhalf; er wurde in neun Sprachen übersetzt und von Doris Dörrie 1991 verfilmt. 1985 zog Arjouni nach Berlin, dort diverse Gelegenheitsarbeiten. Für kurze Zeit Besuch einer Schauspielschule und Studium der Romanistik und Anglistik an der Freien Universität Berlin. Seit 1987 lebt er als freier Schriftsteller in Berlin. Sowohl in seinen Romanen, als auch in seinen Theaterstücken geht es Arjouni um die Untersuchung des individuellen Verhaltens in Extremsituationen oder in Gruppenzwängen: Jede Situation erzwingt neue Verhaltensregeln, es gibt keine Schemen, auf die man sich verlassen kann. Seine Figuren sind Außenseiter der deutschen Gesellschaft, deren Verlogenheit Arjouni beharrlich nachgeht und die er bloßlegt: der deutsch-türkische Privatdetektiv Kayankaya in seinen Kriminalromanen, der Jude Edelmann, der als Überlebender des Holocaust als Nazi Hinz im Nachkriegsdeutschland untertaucht. »(. . .) seine Texte haben Qualität. Sie sind ambitioniert, unaufdringlich-provokativ, höchst politisch. Dabei sind sie weder billig-appellativ noch vordergründig, besitzen in jeder Hinsicht Stringenz (. . .). Allen Texten dieses Schriftstellers ist gemeinsam, daß sie wie nette kleine Päckchen aussehen – die Lektüre ist spannend, kurzweilig, auch amüsant –, aber garantiert ist eine Portion Sprengstoff enthalten. Seine Themen: Leben in sozialen Randgruppen, zwielichtigen Quartieren und deutscher Spießerwelt; Mädchen- und Drogenhandel, Korruption bei den staatlichen Ordnungshütern, Korrumpierbarkeit in Erwartung von Macht, Rassismus.« (Barbara-M. Müller-Vahl, in: ›Bonner Generalanzeiger‹, 3./4. 10. 1992)

Weitere Stücke: ›Nazim schiebt ab‹ (1986); ›Edelmanns Tochter‹ (1992).

Arletty (eigtl. Arlette-Léonie Bathiat), geb. 15. 5. 1898 in Courbevoie, gest. 24. 7. 1992 in Paris. Schauspielerin in Revuen und Operetten. Wurde berühmt durch die Filme ›Hôtel du Nord‹ (1939) und ›Les enfants du paradis‹ (1944; dt. ›Kinder des Olymp‹), wo sie neben Jean-Louis Barrault die Rolle der Garance spielte. Ihre Grazie und zugleich ihre naive Unbekümmertheit (die man vor allem in ihren Chansons hört) sind die Charakteristika dieser Schauspielerin, die Kinder und Damen, sogar ›Madame Sans-Gêne‹ spielen konnte, aber nie ordinäre Frauen. Jacques Prévert dichtete für sie: ». . . Si vous lui demandez de jouer / Shakespeare, / elle le jouera exactement, / comme n'importe quel acteur anglais, / ou français, / dans son texte à elle, / aussi shakespearienne / que faubourienne . . . / Arletty, / elle est merveilleuse.« In seinem Nachruf schrieb Fritz Göttler (›SZ‹, 25./26. 7. 1992): »Eine magische Abwesenheit prägt ihren Blick, und ihr

zuzuschauen und zuzuhören konnte einen immer wieder schwindeln machen; sie verstand es, uns im gleichen Moment anzuziehen und auf Distanz zu halten. (. . .) Sie war ganz Aura, war ganz Atmosphäre.«
Literatur: Arletty: La Défense. Paris 1971; dies. (zus. mit Michel Souvais): Je suis comme je suis. Paris 1987; M. Perrin: Arletty. Paris 1952; C. Gilles: Arletty ou la liberté d'être. Avec un portrait-entretien. Paris 1988.

Arnold, Franz, geb. 23. 4. 1878 in Znim, gest. 29. 9. 1960 in London. Schauspieler und Autor. Debütierte 1897 in Eberswalde. 1907 engagiert am Friedrich-Wilhelmstädtischen Theater in Berlin, 1909 am Lustspielhaus. Gefeierter Komiker. Traf am Lustspielhaus Ernst Bach. Von nun an spielten beide zusammen in den gemeinsam verfaßten Schwänken. Die ersten großen Erfolge als Autor-Schauspieler: ›Die spanische Fliege‹ (1913), ›Die Fahrt ins Glück‹ (1916) und ›Die bessere Hälfte‹ (1917). 1917/18 traten Arnold und Bach in einem Armeetheater auf. Nach 1920 lieferte das Team jährlich einen Schwank; Arnold inszenierte ihn in Berlin, Bach in München.
Literatur: B. Wilms: Der Schwank. Diss. Berlin 1969; V. Klotz: Bürgerliches Lachtheater. München 1980.

Arnold, Victor, geb. 9. 10. 1873, gest. 16. 10. 1914 in Dresden. Schauspieler. Von 1902 bis zu seinem Freitod gehörte er zu Max Reinhardts Berliner Ensemble. Arnold galt als dessen bester Komiker, gerühmt von Alfred Kerr und Siegfried Jacobsohn. Wichtigste Rollen: Thisbe in Shakespeares ›Sommernachtstraum‹ (1905) und Polonius in ›Hamlet‹ (1913); Wolke in Sternheims ›Bürger Schippel‹ (UA 1913).
Literatur: S. Jacobsohn: Das Jahr der Bühne 1914/15. Berlin 1915.

Arps, Wolfgang, geb. 23. 2. 1926 in Hamburg. Schauspieler. 1944 Schauspielschule des Staatlichen Schauspielhauses Hamburg. 1948/49 Theater im Zimmer Hamburg, von 1949 bis 1955 Engagement am Deutschen Schauspielhaus Hamburg. Wichtige Rollen: Mortimer in Schillers

Arrabal

›Maria Stuart‹ (R. Hermine Körner); Tobias in Paul Claudels ›Tobias und Sara‹ (R. Heinrich Koch); Armand Duval in Dumas' ›Kameliendame‹ (R. Ludwig Berger). 1955/56 Württembergisches Staatstheater Stuttgart; seit 1956 am Düsseldorfer Schauspielhaus, unter den Intendanten K. H. Stroux (mit dem Arps sehr oft zusammenarbeitete), Ulrich Brecht, Günther Beelitz und Volker Canaris. Wichtige Rollen u. a.: Walter in Elfriede Müllers ›Glas‹ (UA 1990, R. Fred Berndt); Samponetta in Pirandellos ›Heute wird improvisiert‹ (1992, R. David Mouchtar-Samorai).

Arrabal, Fernando, geb. 11. 8. 1932 in Melilla (Spanisch-Marokko). Dramatiker. Zu Beginn des spanischen Bürgerkrieges am 17. Juli 1936 wurde Arrabals Vater verhaftet; seine Spur verlor sich 1941 in Burgos. Arrabal studierte zunächst Jura in Madrid. Wegen Schwierigkeiten mit der spanischen Zensur ging er 1955 nach Paris und studierte an der Sorbonne. Von diesem Zeitpunkt an schrieb er in französischer Sprache. Sein erstes Stück ›Picknick im Felde‹ (1952) wurde 1959 in Paris uraufgeführt und im selben Jahr in Frankfurt nachgespielt. Zu seinen erfolgreichsten Stücken gehört ›Der Architekt und der Kaiser von Assyrien‹ (1967, DE 1968 in Bochum, R. Niels-Peter Rudolph). In den achtziger und neunziger Jahren wurde es still um Arrabal, und seine Werke wurden in Deutschland selten gespielt. Arrabals Stücke gehören zum absurden Theater. Die Ausdrucksmittel seines »panischen Theaters« sind Provokation und offene Entblößung seiner innersten Konflikte, Ängste und Sehnsüchte. Die Themen umkreisen immer wieder seinen Mutterkomplex, Sexualität, Religion, seine Auseinandersetzung mit Krieg und Faschismus. In surrealen Situationen voll blasphemischer Anspielungen und symbolischer Chiffren, läßt Arrabal seine Figuren in einem Traumspiel agieren. Neben Theaterstücken entstanden eine Reihe von Romanen und Filmen, unter anderem ›Viva la muerte‹. »Fernando Arrabal hat die Schrecken seines Unterbewußtseins zu Schauerfiguren in einer öffentlichen Geisterbahn verarbeitet: das Publikum wird auf eine verwirrende Fahrt durchs Dunkel gejagt, wo es in den Kurven bei aufblitzendem Licht von heulenden Ungetümen erschreckt wird. Jedes neue Stück Arrabals ist seine alte Geisterbahn, in der nur die Horrorkomplexe in neuer Reihenfolge arrangiert sind.« (Georg Hensel, in: Theater der Zeitgenossen, Frankfurt 1972).

Weitere Stücke: ›Fando und Lis‹ (1958); ›Guernica‹ (1961); ›Der Garten der Lüste‹ (1969); ›Und sie legten den Blumen Handschellen an‹ (1969); ›Der Turm von Babel‹ (1976).

Literatur: B. Premer-Kayser: Das dramatische Werk F. Arrabals. Rüsselsheim 1977.

Arroyo, Eduardo, geb. 26. 2. 1937 in Madrid. Maler, Bühnenbildner, Autor. Übersiedelte 1958, nach Schule und Militärdienst, nach Paris. 1960 beteiligte er sich zum ersten Mal am »Salon de la Jeune Peinture«. 1961 erste Einzelausstellung in der Galerie Claude Lévin. Im selben Jahr traf er Gilles Aillaud. Weitere Ausstellungen in Florenz, Amsterdam, Mannheim. 1965 Gemeinschaftswerk von Arroyo, Aillaud und Antonio Recalcati: ›Une passion dans le désert‹, nach einer Novelle von Balzac. 1974 nominiert für die Biennale in Venedig 1976. Im selben Jahr Bühnenbild (zusammen mit Aillaud) für das ›Antikenprojekt‹ (Schaubühne Berlin, R. Klaus Michael Grüber). 1974 Bühnenbild (mit Aillaud) für Grübers ›Faust-Salpêtrière‹ (nach Goethe); 1976 Bühnenbild für Wagners ›Die Walküre‹ (Opéra de Paris, R. Grüber). 1977 Ausstellung in der Galerie Maeght in Barcelona, erste Arroyo-Ausstellung in Spanien seit 17 Jahren. Es folgen Ausstellungen in Italien, der Schweiz, den USA, Großbritannien und Japan. 1982 erscheint Arroyos Prosawerk ›Panama Al Brown 1922–1951‹, 1986 ›Bantam, Stück in zwei Akten‹, das im selben Jahr (in den Bühnendekorationen von Aillaud und Antonio Recalcati) am Bayerischen Staatsschauspiel München (R. Grüber) uraufgeführt wurde. 1992 stattete Arroyo Grübers Inszenierung von Janáčeks ›Totentanz‹ (Salzburger Festspiele) aus. Albrecht Roeseler schrieb in der ›Süddeutschen Zeitung‹: »Ein Totenhaus von

berückender Schönheit.« Arroyos Räume sind meist die Realität aufs äußerste abstrahierende Installationen, Environments, die Atmosphäre schaffen und dem Regisseur und den Schauspielern eine große Freiheit lassen, obwohl sie mit ihren wenigen Zeichen eingreifen in die Interpretation des Werkes. Wie Aillaud sieht Arroyo das Bühnenbild als Element der Deutung, nicht als eine zweckdienliche Dekoration.
Literatur: E. Arroyo: Sardinen in Öl. Frankfurt a.M. 1991; ders.: Panama. Das Leben des Boxers Al Brown. Düsseldorf 1984; ders.: Theater-Boxen-Figuration. München 1987 (Katalog); ders.: Bantam. Theaterstück. Frankfurt a.M. 1991; B. Dahan-Constant (et autres): Gilles Aillaud, Eduardo Arroyo et le théâtre. Avignon 1987; U.B. Carstensen: Klaus Michael Grüber. Regie im Theater. Frankfurt a.M. 1988.

Artaud, Antonin, geb. 4.9. 1896 in Marseille, gest. 4.3. 1948 in Ivry-sur-Seine. Regisseur und Theaterleiter. Artaud eröffnete 1927 mit dem eigenen Einakter ›Le Ventre brûlé ou La Mère folle‹ das Théâtre Alfred Jarry. Er inszenierte Roger Vitrac, Paul Claudel, Strindberg. 1933 gründete er sein eigenes ›Theater der Grausamkeit‹ (Théâtre de la cruauté). Er zeigte dort nur eine einzige Inszenierung: ›Les Cenci‹, eine Adaption eines von Stendhal und Shelley bearbeiteten Stoffes. Als Schauspieler trat Artaud im eigenen Haus und in Dullins Théâtre de l'Atelier auf. Wichtiger als seine praktische Theaterarbeit, die an unzureichenden Probenzeiten und fehlenden Geldmitteln scheiterte, ist seine Leistung als Theoretiker des Theaters.
Literatur: A. Artaud: Das Theater und sein Double. Frankfurt a.M. 1969; ders.: Briefe aus Rodez. Postsurrealistische Schriften. München 1979; ders.: Schluß mit dem Gottesgericht. Das Theater der Grausamkeit. Letzte Schriften zum Theater. München 1988; Antonin Artaud et le théâtre de notre temps (= Cahiers de la Compagnie Renaud-Barrault, Nr. 22–23, Mai 1958); M. Kesting: Antonin Artaud und das Körpertheater. Berlin 1975 (Kata-

log); M. Esslin: Artaud. Glasgow 1976; S. Sontag: A la rencontre d'Artaud. Paris 1976; E. Kapralik: Antonin Artaud. Eine Chronik 1896–1948. München 1977.

Artmann, H. C. (Hans Carl), geb. 12.6. 1921 in Wien. Österreichischer Schriftsteller. Artmann hatte seit 1953 enge Kontakte zu der in den fünfziger Jahren entstandenen ›Wiener Gruppe‹, zu der Konrad Bayer, Gerhard Rühm, Friedrich Achleitner und Oswald Wiener gehörten. Er ist experimenteller Dichter, dessen Stücke in ihrem Surrealismus und ihrer Phantastik nur schwer aufzuführen sind. Artmann veröffentlichte vor allem Prosa und Lyrik in selbsterfundener Lautschrift und in Wiener Mundart.
Stücke: ›Das Donauweibchen‹ (1961); ›Pfeffer für Czermak‹ (1961); ›Die Moritat vom Räuberhauptmann Grasel‹ (1967); ›Die Fahrt zur Insel Nantucket‹ (1969).
Literatur: G. Bisinger (Hrsg.): Über H.C. Artmann. Frankfurt a.M. 1972; J. Jung (Hrsg.): Album mit alten Bildern und neuen Texten. Salzburg, Wien 1986.

Asam, Werner, geb. 17.10. 1944 in Mallersdorf. Schauspieler. Studierte Malerei und Bildhauerei. Bühnendebüt (nach einem Fernsehfilm) 1975 am Staatstheater Darmstadt: Titelrolle in der Uraufführung von Franz Xaver Kroetz' ›Der liebe Fritz‹ (R. Kroetz); 1976/77 Engagement am Bayerischen Staatsschauspiel München. Danach freier Schauspieler, u.a. am Theater der Freien und Hansestadt Bremen, am Deutschen Theater Göttingen und am Münchner Volkstheater. Mitwirkung in mehreren Fernsehproduktionen und Spielfilmen, u.a. in Rainer Werner Fassbinders ›Lili Marleen‹ (1981) und ›Querelle‹ (1982.)

Aslan, Raoul, geb. 16.10. 1890 in Saloniki, gest. 18.6. 1958 in Litzlberg. Schauspieler und Theaterleiter. Seit 1920 Ensemblemitglied, von 1945 bis 1948 Direktor des Burgtheaters Wien. Er blieb dem Haus als Schauspieler verbunden, und wurde geschätzt, nicht nur von Friedrich Torberg: »Er zählte zu den letzten großen Demonstranten einer völligen Identität von

Asmodi

Tätigkeit und Existenz, von Tun und Sein« (zu Scribes ›Das Glas Wasser‹).

Literatur: R. Aslan: Tonio Riedl, Begegnung im Licht. Briefwechsel mit Tonio Riedl. Wien 1978; E. Buschbeck: Raoul Aslan und das Burgtheater. Wien 1946; D. Aslan: Nichts Menschliches ist mir fremd. Ein Lebensbericht über Raoul Aslan. Wien 1953; H. David: Aslans Direktionszeit am Burgtheater. Diss. Wien 1966.

Asmodi, Herbert, geb. 30. 3. 1923 in Heilbronn. Schriftsteller. Asmodi war von 1942 bis 1945 Soldat, dann bis 1947 in Kriegsgefangenschaft. Von 1947 bis 1952 studierte er Germanistik, Kunstgeschichte und Philosophie in Heidelberg. Seit 1952 lebt er als freier Schriftsteller in München. Neben Stücken veröffentlichte Asmodi auch Lyrik und Kinderbücher. 1954 erhielt er den Gerhart-Hauptmann-Preis. Er schrieb zeitkritische Stücke über die Nachkriegsjahre und Komödien mit grotesken Handlungen.

Stücke: ›Jenseits vom Paradies‹ (1954); ›Tigerjagd‹ (1958); ›Nachsaison‹ (1959); ›Die Menschenfresser‹ (1961); ›Mohrenwäsche‹ (1964); ›Geld‹ (1977).

Athayde, Roberto, geb. 1949. Brasilianischer Autor. Mit dem Einpersonen-Stück ›Der Auftritt der Doña Margarita‹ (1973, DE 1975) wurde er international bekannt und auch auf verschiedenen deutschsprachigen Bühnen gespielt, u. a. in Dortmund, Berlin und Basel. In dem Stück geht es um den Konflikt zwischen angepaßtem Verhalten und revolutionärem Aufbegehren, gezeigt am Beispiel der Lehrerin Doña Margarita und ihrer Schulklasse, die im Theater die Zuschauer sind.

Weitere Stücke: ›Im Landhaus‹ (1971); ›Handbuch des Überlebens im Urwald‹ (1971); ›Besuch von oben‹ (1971).

Atkinson, Brooks, geb. 28. 11. 1894 in Melrose, Massachusetts, gest. 13. 1. 1984 in Huntsville, Alabama. Amerikanischer Theaterkritiker. Studium in Harvard. Schrieb von 1918 bis 1922 für den ›Boston Transcript‹, von 1922 an Literatur- und Theaterkritiker der ›New York Times‹ (bis 1966). Auch Mitarbeiter des Londoner ›Daily Telegraph‹. Atkinson, der 1947 den Pulitzerpreis für Journalismus erhielt, zählte zu den schärfsten Kritikern des Broadway-Kommerzialismus und war von größtem Einfluß, vor allem in New York. Seit 1925 mehrere Buchveröffentlichungen, darunter: ›Brief Chronicles‹ (1966), ›Broadway‹ (1970), ›The Lively Years‹ (1973).

Atzorn, Robert, geb. 2. 2. 1945 in Bad Polzin. Schauspieler. Besuchte von 1967 bis 1969 die Neue Münchner Schauspielschule. Erstes Engagement 1969/70 an der Württembergischen Landesbühne Esslingen. Weitere Engagements: Schauspielhaus Zürich (1970/71), Städtische Bühnen Münster (1971/72), Bühnen der Stadt Köln (1972/73), Städtische Bühnen Dortmund (1973–1975), Städtebundtheater Solothurn (1976), Bayerisches Staatsschauspiel München (1977–1983); dort seine letzte wichtige Theater-Rolle: Helmer in Ingmar Bergmans Inszenierung von Ibsens ›Nora‹ (1981). Danach ist er vor allem als Fernseh-Schauspieler bekannt geworden, in mehreren erfolgreichen Serien (u. a. ›Oh Gott, Herr Pfarrer‹, 1989; ›Unser Lehrer Dr. Specht‹, 1992).

Au, Michael von, geb. 25. 9. 1964 in Berlin. Schauspieler. Schauspielstudium bei Maria Körber und Hilde Hessmann. Debüt 1987 an der Komödie am Kurfürstendamm in Berlin. Seit 1988 im Ensemble der Münchner Kammerspiele. Wichtige Rollen: Mister Sloane in Joe Ortons ›Seid nett zu Mr. Sloane‹ (1989, R. Helmut Griem); Juan d'Austria in Tankred Dorsts ›Karlos‹ (1990, R. Dieter Dorn), Benedikt in Shakespeares ›Viel Lärmens um nichts‹ (1992, R. Christian Stückl). Über diese Aufführung schrieb C. Bernd Sucher (›SZ‹, 2. 10. 1992): »Von Au und Bettina Hauenschild, die das emanzipierte Kratzbürste Beatrice zum Zentrum der äußerst amüsanten Aufführung spielt, entdecken, daß diese beiden Ausnahme-Twens, die sich so cool und überlegen geben, Sensibelchen sind. (. . .) Die beiden besitzen große Anmut.« Weitere Rollen: der Taubstumme in Marlene Streeruwitz' ›New York. New

Axer

York‹ (UA, 1993, R. Jens Daniel Herzog) und Spencer in Christopher Marlowes ›Edward II.‹ (1993, R. Stückl).

Auden, W. H. (Wystan Hugh), geb. 21. 2. 1907 in York, gest. 29. 9. 1973 in Wien. Englischer Dichter. Auden studierte in Oxford, lebte 1928/29 in Berlin und nahm 1937 am Spanischen Bürgerkrieg teil. 1935 heiratete er Erika Mann. 1939 Emigration nach Amerika, von 1956 bis 1961 Professur für Dichtkunst in Oxford, wo er 1972 auch lebte. Zwischen 1935 und 1938 verfaßte Auden zusammen mit Christopher Isherwood mehrere politisch-expressionistische Schauspiele, die als Zeitstücke Einflüsse aus Varieté und Zeitungsjargon aufnahmen im Versuch, neue Ausdrucksformen zu finden. Sein Interesse an Psychoanalyse vermischte er mit sozialkritischen Themen. Auden schrieb das Libretto zu ›The Rake's Progress‹ (1951) von Igor Strawinsky und zu ›Elegie für junge Liebende‹ (1961) von Hans Werner Henze. **Stücke u. a.:** ›The Dog beneath the Skin‹ (1935); ›The Ascent of F6‹ (1936); ›On the Frontier‹ (1938). **Literatur:** S. Hynes: The Auden Generation. London 1976; H. Carpenter: W. H. Auden. A Biography. London 1981; E. Callan: Auden. A Carnival of Intellect. New York 1983.

Audiberti, Jacques, geb. 25. 3. 1899 in Antibes, gest. 10. 7. 1965 in Paris. Französischer Dramatiker. Sohn eines Maurermeisters. Audiberti war von 1918 bis 1924 Gerichtsschreiber in Antibes, von 1925 bis 1940 Reporter. 1930 veröffentlichte er erstmals seine Lyrik, 1938 einen Roman und 1947 fand die Aufführung seines ersten Stückes ›Der Lauf des Bösen‹ (1945) statt. Grundthemen seiner Stücke sind der Widerspruch zwischen Eros und Sexus, gezeigt im ständigen Wechsel zwischen Realität und Fiktion, und die Unmöglichkeit erfüllter Liebe. Die groteske Phantasie bildet den bitterbösen Märchencharakter seiner Stücke. »Argot, Handwerkersprache, altertümliche, seltene Wendungen aus den Dialekten Südfrankreichs, italienische, spanische und lateinische Satzformen und Wortbildun-

gen, ferner eigene, neue Wortschöpfungen dienen Audiberti dazu, sich ein Medium prallen, von Sinnlichkeit und Witz überquellenden, trotz aller barocken Fülle spezifisch romanischen, genauen Ausdrucks zu schaffen.« (Franz Norbert Mennemeier: Das moderne Drama des Auslandes. Düsseldorf 1965) **Weitere Stücke:** ›Quoat-Quoat‹ (1946); ›Das schwarze Fest‹ (1948); ›Der Glapion-Effekt‹ (1959); ›Die Zimmerwirtin‹ (1960); ›Die Ameyß im Fleische‹ (1961); ›Die Frauen des Ochsen‹ (1962); ›Boutique fermée‹ (1962). **Literatur:** M. Giroud: Audiberti. Paris 1973.

Aufricht, Ernst Josef, geb. 31. 8. 1898 in Beuthen. Schauspieler und Theaterleiter. Debüt am Staatstheater Dresden (1920–23); 1923 Gründung des Schauspielerkollektivs Die Truppe; von 1927 bis 1931 Direktor des Theaters am Schiffbauerdamm. Zu Beginn seiner Intendanz (1928) kam die Uraufführung von Bertolt Brechts ›Die Dreigroschenoper‹ (R. Erich Engel) heraus. Weitere Uraufführungen unter seiner Intendanz: Marieluise Fleißers ›Pioniere in Ingolstadt‹ (1928), Ernst Tollers ›Feuer aus den Kesseln‹ (1929). Von 1931 an freier Produzent. 1933 Emigration nach Frankreich, dann USA. 1953 Rückkehr nach Berlin. **Literatur:** E. J. Aufricht: Erzähle, damit du dein Recht erweist. Berlin 1966.

Augustin, Elisabeth, geb. 3. 3. 1953 in Wien. Schauspielerin. Nach Abitur und Ballettschule Schauspielunterricht am Max-Reinhardt-Seminar. 1975 Engagement ans Burgtheater Wien, wo sie meist in kleineren Rollen auftrat, u. a. 1992 in der Uraufführung von Gabriel Baryllis ›Honigmond‹ (R. Barylli). Gastrollen: 1987 an den Münchner Kammerspielen: Jelena in Tschechows ›Onkel Wanja‹ (R. Hans Lietzau); Salzburger Festspiele: Leni Thal in Canettis ›Die Hochzeit‹ (1988, R. Axel Corti). Mitwirkung in Fernsehproduktionen und Filmen.

Axer, Erwin, geb. 1919 in Lemberg. Regisseur und Theaterleiter. Gründete

Ayckbourn

1949 das Zeitgenössische Theater in Warschau. Inszenierte polnische Klassiker und zeitgenössische polnische Autoren. Arbeitete als Gastregisseur auch an deutschsprachigen Bühnen, brachte zum Beispiel 1966 als deutsche Erstaufführung Slawomir Mrożeks ›Tango‹ am Düsseldorfer Schauspielhaus heraus. Weitere Inszenierungen in Deutschland und Österreich: Tschechows ›Onkel Wanja‹ (1972, Kammerspiele München); Thomas Bernhards ›Ein Fest für Boris‹ (1973, Burgtheater Wien); Becketts ›Endspiel‹ (1973, ebenda); Robert Musils ›Die Schwärmer‹ (1980, Akademietheater Wien); Max Frischs ›Triptychon‹ (1981, ebenda); August Strindbergs ›Nach Damaskus‹ (1983, Bayerisches Staatsschauspiel München); Musils ›Vinzenz‹ (1985, Akademietheater Wien). Drei Einladungen zum Berliner Theatertreffen: 1966 (Mrożeks ›Tango‹), 1973 (Tschechows ›Onkel Wanja‹), 1981 (Musils ›Die Schwärmer‹).

Ayckbourn, Alan, geb. 12. 4. 1939 in London. Englischer Dramatiker. Seit Schulabschluß arbeitete Ayckbourn am Theater, unter anderem als Schauspieler, Inspizient und Theaterdirektor. 1959 wurden seine ersten Stücke mit Erfolg aufgeführt. 1964 als Hörspielautor und Regisseur am BBC-Studio in Leeds, von 1970 an Leiter des Theaters in Scarborough, für das er jährlich zwei Stücke schrieb. Mehr als 40 Stücke sind entstanden, wobei vor allem ›Normans Eroberungen‹ (1974) bekannt wurde. In der Tradition des »wellmade play« geschrieben, beschäftigen sich seine Stücke thematisch vor allem mit Familien- und Ehegeschichten, psychologisch fein gezeichnet und komisch. Seine Stücke wurden lange Zeit zu Unrecht dem Boulevardtheater zugeordnet. In den siebziger Jahren vor allem durch die Aufführungen von Hans Lietzau in Berlin auch in Deutschland erfolgreich. »Fröhlich verpulvert Alan Ayckbourn auch Witze und komische Situationen, die mit seinem moralisierenden Thema nichts zu tun haben, sie machen nur Laune. Ungeniert steckt er einen Liebhaber in den Kleiderschrank, und die Liebhaber sind dann alle Italiener, fünf Brüder, gespielt von einem einzigen Schauspieler. (. . .) Man lacht über solche Scherze – manchmal mit schlechtem Gewissen. Doch wie oft hat man im Theater schon Gelegenheit, über aktuelle Analysen zu lachen, die unterhaltend, intelligent und witzig sind? (. . .) Er ist einer der meistgespielten Autoren der Welt. Es gibt wahrhaft keinen Grund, ihn von oben herab zu behandeln, doch gibt es auch keinen Grund, ihn – wie es Mode geworden ist – aus Mangel an spielbaren Autoren literarisch hochzustemmen. (. . .) Seine Stücke sind für den Boulevard geschrieben, dem sie manchmal entlaufen ins Ungeheure: Sie sind wie Fernsehfamilien, die Besuch von Harold Pinter haben.« (Georg Hensel, Kritik zu ›Familiengeschäfte‹, 1988, in: Spiel's noch einmal. Frankfurt a. M. 1991)
Weitere Stücke: Halbe Wahrheiten‹ (1967); ›Die bessere Hälfte‹ (1970); ›Im Kreise der Familie‹ (1971); ›Frohe Feste‹ (1972); ›Bedroom Farce‹ (1977); ›Woman in Mind‹ (1985); ›Kleines Familiengeschäft‹ (1987).
Literatur: U. Bartsch: Alan Ayckbourns Dramenfiguren. Charakterisierungen und Charakteristika. Diss. Hildesheim 1986.

Aymé, Marcel, geb. 29. 3. 1902 in Joigny, gest. 14. 10. 1967 in Paris. Französischer Schriftsteller. Sohn eines Schmieds. Aymé studierte kurz Medizin, danach Tätigkeit in verschiedenen Berufen. Nach langer und schwerer Krankheit wurde er schließlich Schriftsteller. Er verfaßte Stücke für das Boulevardtheater mit Tendenz zum Surrealen und Stücke mit sozialkritischer Tendenz.
Stücke: ›Lucienne und der Schlächter‹ (1948); ›Clérambard‹ (1950); ›Der Kopf der anderen‹ (1952); ›Die vier Wahrheiten‹ (1954); ›Die blaue Fliege‹ (1957); ›Louisiana‹ (1961).
Literatur: D. Brodin: Marcel Aymé. New York 1968; J. Dumont: Marcel Aymé et le Merveilleux. Paris 1970; R. Sparing: M. Aymé – ein vergessener Phantast. In: Volksbühnenspiegel, Jahrgang 16. Berlin April 1970.

B

Bab, Julius, geb. 11. 12. 1880 in Berlin, gest. 12. 2. 1955 in Roslyn Heights (USA). Studium in Berlin und Zürich. Dramaturg, Kritiker und Journalist. Bab war Dramaturg in Königsberg bei Jeßner, später in Berlin an der Volksbühne. Verfechter eines idealistischen Bildungstheaters im Sinne der deutschen Klassik. Er redigierte die ›Dramatischen Blätter der Volksbühne‹. Außerdem war er Mitarbeiter bei ›Die Schaubühne‹, ›Die Welt am Montag‹, ›Berliner Volkszeitung‹. 1933 Emigration in die USA. Von 1941 an Mitarbeiter der ›New Yorker Staatszeitung‹ und Theaterkritiker.
Werke: ›Chronik des deutschen Dramas‹ (5 Bde, 1911), ›Was ist uns Kainz?‹ (1905), ›Wege zum Drama‹ (1906), ›Kritik der Bühne‹ (1908), ›Sammlung deutscher Schauspieler‹ (1908), ›Der Mensch auf der Bühne‹ (1910, 2. Aufl. 1922), ›Shaw‹ (1910), ›Der Wille zum Drama‹ (1919), ›Schauspielkunst und Schauspieler‹ (1920), ›Goethe‹ (1921), ›G. Hauptmann‹ (1922), ›Hebbel‹ (1923), ›Shakespeare‹ (1925), ›Dehmel‹ (1926), ›Das Theater der Gegenwart‹ (1926), ›Das Theater im Lichte der Soziologie Berlin‹ (1930), ›Die Devrients‹ (1932), ›Amerikanische Dichter‹ (2 Bde, 1941–1951), ›Kränze dem Mimen‹ (1954).
Literatur: W. Huder: Bab und das Theater der Republik. Berlin 1967; Julius Bab 1880–1955. Ausstellung anläßlich des 100. Geburtstages von Julius Bab. Theater Freie Volksbühne. Berlin 1980 (Katalog).

Babel, Isaak, geb. 13. 7. 1894 in Odessa, gest. 17. 3. 1941 als Opfer der stalinistischen »Säuberungen«. Russischer Schriftsteller. Sohn eines jüdischen Kaufmanns. Babel besuchte eine Handelsschule und studierte gleichzeitig Hebräisch und den Talmud. 1916 Bekanntschaft mit Gorki, der zwei Erzählungen von ihm druckte. 1920 Beteiligung am Krieg gegen Polen in der Reiterarmee Marschall Budjonnyjs, von 1929 an von der sowjetischen Kritik angegriffen. Nach 1935 keine Veröffentlichungen mehr. 1939 wurde Babel verhaftet und 1941 hingerichtet. Erst 1954 wurde er rehabilitiert. International bekannt wurde Babel mit der Erzählsammlung ›Budjonnyjs Reiterarmee‹ (1926). Von seinen Stücken wird heute v.a. ›Maria‹ (1935) gespielt, das erst 1964 in Saarbrücken uraufgeführt worden ist. Die deutsche Erstaufführung von ›Sonnenuntergang‹ (1928) fand 1966 in Celle statt.
Literatur: M. Ehre: Isaak Babel. Boston 1986.

Bach, Ernst, geb. 10. 5. 1876 in Eger, gest. 1. 11. 1929 in München. Schauspieler und Theaterdirektor. Zunächst am Raimundtheater Wien, von 1903 an am Berliner Residenztheater und am Lustspielhaus in Berlin. 1917–1929 Direktor des Volkstheaters in München. Schrieb und spielte zusammen mit Franz Arnold Komödien und Schwänke.

Bahr, Hermann, geb. 19. 7. 1863 in Linz, gest. 15. 1. 1934 in München. Dramatiker, Regisseur und Kritiker. Der Sohn eines Notars studierte Philologie, Jura und Nationalökonomie in Wien und Berlin. Von 1889 an war er mit Otto Brahm Herausgeber der Zeitschrift ›Die Freie Bühne‹. Von 1891 an lebte er als freier Schriftsteller und Kritiker in Wien. Mitherausgeber der liberalen Wochenzeitung ›Die Zeit‹. Von 1898 an arbeitete er als Kritiker beim ›Neuen Wiener Tagblatt‹. 1906/07 wurde er Regisseur am Deutschen Theater in Berlin bei Max Reinhardt; 1918/19 Dramaturg am Wiener Burgtheater; von 1922 an lebte er in München. Bahr schrieb Lustspiele in der Art der Wiener Gesellschaftskomödie, mit denen er Erfolg hatte, besonders mit dem Stück ›Das Konzert‹ (1909). »Hermann Bahrs ›Prinzip‹ ist eine leichte und leichtnehmende Komödie, welche Weisheiten plaudert, Wahrheiten anregt und an einem Abgrund behaglich vorbeispaziert, ohne sich irritiert zu zeigen oder sich gefährlich lange aufzuhalten. (...) Es ist eine freundliche und vergnügte Herablassung aus der Welt des Denkens in die

Scheinwelt des Theaters. Als Resultat bleibt: ein Lustspiel, das mit seinen Figuren, seinen Situationen und seinen Aphorismen in Genre geistig bereichern will, das in Deutschland geradezu kärglich gedeiht.« (Berthold Viertel: Schriften zum Theater. München 1970)

Weitere Stücke: ›Die neuen Menschen‹ (1887); ›Die Mutter‹ (1891); ›Die Kinder‹ (1910); ›Die Stimme‹ (1916).
Literatur: H. Bahr: Prophet der Moderne. Tagebücher 1888–1904. Ausgew. u. kommentiert v. R. Farkas. Wien u. a. 1987; P. Wagner: Der junge Hermann Bahr. Diss. Gießen 1937; H. Kindermann: Hermann Bahr. Graz 1954; Hermann Bahr – der Herr aus Linz. Eine Dokumentation. Hrsg. G. Wacha. Linz Stadtmuseum 1984 (Katalog); R. Farkas: Hermann Bahr. Dynamik und Dilemma der Moderne. Wien, Köln 1989.

Bakst, Léon (eigtl. Lew Samojlowitsch B. Rosenberg), geb. 10. 5. 1866 in St. Petersburg, gest. 28. 12. 1924 in Paris. Bühnenbildner und Ausstatter. Studierte an den Akademien von Moskau und Paris. Wurde berühmt durch seine Ausstattungen für die Ballets Russes; außerdem u. a.: ›Shéhérazade‹ (1910, Choreographie: Michail Fokin); ›La Légende de Joseph‹ von Harry Graf Kessler, Hugo von Hofmannsthal und Richard Strauß (1914); ›Phèdre‹ von Gabriele D'Annunzio und Ildebrando Pizzetti (1923).
Literatur: L. Bakst: Bühnenbild- und Kostümentwürfe. Buchgrafik, Malerei und Grafik. Leningrad 1986; A. Alexandre: The decorative art of Léon Bakst. London 1913; A. Levinson: Zum Ruhme des Balletts. Léon Bakst in Wort und Bild. Mit einem Nachwort von E.-E. Fischer. Dortmund 1983.

Baldwin, James, geb. 2. 8. 1924 in New York, gest. 1. 12. 1987 an der Côte d'Azur. Amerikanischer Schriftsteller. Sohn eines Predigers, der selbst bis zu seinem 17. Lebensjahr predigte. Danach verdiente sich Baldwin seinen Lebensunterhalt mit diversen Gelegenheitsarbeiten. Er war einer der bedeutendsten Wortführer der amerikanischen Bürgerrechtsbewegung. 1964 Aufnahme in das Institute of Arts and Letters. Er lebte in Paris und Südfrankreich. International bekannt wurde der schwarze Autor mit seinem Roman ›Giovannis Zimmer‹ (1956). Baldwin beschäftigte sich in seinen Werken, die stark autobiographisch geprägt sind, u. a. mit Rassismus und Homosexualität. »Baldwin, vor zwei Jahren durch die Europatournee seines ›Amen Corner‹ auch auf unseren Bühnen bekannt geworden, beschäftigt sich als Farbiger, als Prediger und Sohn eines Predigers immer wieder mit dem Rassenkampf in den Südstaaten, den ungesühnten Verbrechen und der menschlichen Entwürdigung. Aber Schwarz und Weiß zeichnet er keineswegs schwarzweiß. Er versucht den Funken Verständnis anzufachen, ohne sich über die Erfolgschancen solcher Bemühung Illusionen zu machen.« (Otto F. Beer: ›SZ‹, 2. 11. 1968, Kritik zu ›Blues for Mister Charlie‹ im Wiener Volkstheater)
Weiteres Stück: ›Sie nannten ihn Malcolm X‹ (1972).
Literatur: F. M. Eckman: The furious passage of James Baldwin. New York 1966; R. Jenkins: Baldwin. London 1987.

Ballhausen, Günter, geb. 1930. Regisseur. Arbeitete in den sechziger Jahren vorwiegend an den Wuppertaler Bühnen, wo er von 1967 bis 1973 auch die Position des Oberspielleiters für das Schauspiel innehatte. In den siebziger und achtziger Jahren freier Regisseur an verschiedenen deutschsprachigen Bühnen, u. a. Theater Essen, Hessisches Staatstheater Wiesbaden, Staatstheater Kassel. Er setzte sich vor allem für das dramatische Werk von Arnolt Bronnen ein. Seine Inszenierung von Peter Hacks' ›Moritz Tassow‹ (Co-Regisseur Arno Wüstenhöfer) wurde 1968 zum Berliner Theatertreffen eingeladen.

Balser, Ewald, geb. 5. 10. 1898, gest. 17. 4. 1978. Schauspieler. Schauspielstudium 1916–1918. Erstes Engagement am Stadttheater Barmen-Elberfeld, danach Basel, Düsseldorf, Münchner Kammerspiele, von 1928 bis 1933 Burgtheater Wien, 1933–1935 Volksbühne Berlin, 1935–1945 Deutsches Theater, danach wieder Burgtheater Wien (1975 gepriesen als Pastor

Manders in Ibsens ›Gespenster‹, neben Paula Wessely). Boleslaw Barlog erinnert sich: »Das erste Mal begegnete ich ihm in meiner Regieassistentenzeit bei Hilpert, in der Volksbühne. Er spielte neben der Beatrice der Grete Mosheim den Benedikt in Shakespeares Lustspiel ›Viel Lärm um Nichts‹. Auf Anhieb war ich eingenommen von seiner Persönlichkeit. Ein Mann voller Kraft und Humor, hoch und breit gewachsen, mit einer volltönenden Stimme, und dazu ein herzlicher, lieber Mensch.« In seinem Nachruf schrieb Günther Rühle (›FAZ‹, 18. 4. 1978): »Die Epoche des Theaters ist zu Ende, zu der der Schauspieler Ewald Balser gehörte. Er zeigte noch einmal ihren Glanz, und seine Rollen durchleuchteten ihren imponierenden Untergang. Es war die Epoche der Helden, der starken Charaktere, der großen Männer, der historischen Gestalten auf der Bühne. (. . .) Es dürfte nun kein Schauspieler mehr zu finden sein, der so viele der edlen und schurkischen (aber mehr edlen) klassischen Figuren des Theaters in sich wachgerufen hat, wie er: Götz von Berlichingen, Florian Geyer, Karl Moor, König Ottokar, Egmont, Tellheim, den alten Galotti, den Marquis Posa, Othello, Macbeth, Wallenstein, den Großen Kurfürsten, Hannibal, Agamemnon, Orest, Kreon, Hamlet, Rülp, Prospero, den Lear und den Faust. (. . .) In mancher Erinnerung mag stehen, daß er es war, der als Marquis Posa 1937 im Deutschen Theater in Berlin den Satz ›Sir, geben Sie Gedankenfreiheit‹ wie ein persönliches Bekenntnis sprach und das Publikum zu lautem Beifall erregte.«
Literatur: H. Ihering: Von Josef Kainz bis Paula Wessely. Heidelberg, Berlin, Leipzig 1942; V. Reimann: Die Adelsrepublik der Künstler. Schauspieler an der »Burg«. Düsseldorf, Wien 1963; B. Barlog: Theater lebenslänglich. München 1981 (Frankfurt a. M., Berlin 1990, neue erweiterte Auflage).

Baltus, Gerd, geb. 29. 3. 1932 in Bremen. Schauspieler. Vier Semester Jura-Studium; ohne Schauspielausbildung debütierte er 1953 am Deutschen Schauspielhaus in Hamburg, dem er bis 1956 angehörte;

1956/57 Engagement an den Bühnen der Stadt Bonn; von 1956 bis 1961 gastierte er an den Staatlichen Schauspielbühnen Berlin und am Renaissance Theater Berlin, u. a. in Jean Genets ›Die Wände‹ (UA 1961, R. Hans Lietzau). Von 1959 bis 1966 gehörte er zum Ensemble der Münchner Kammerspiele, spielte dort u. a. Victor in Roger Vitracs ›Victor oder die Kinder an der Macht‹, (DE 1963, R. Jean Anouilh). Gastspiele am Hamburger Thalia Theater, bei den Salzburger Festspielen (1966), an den Münchner Kammerspielen (1972 in August Everdings Inszenierung von Harold Pinters ›Der Hausmeister‹). Danach ausschließlich Film- und Fernseharbeiten, u. a. in ›Die Einsteiger‹ (1985, R. Siggi Götz); ›Das Männerquartett‹ (1978, nach Leonhard Frank, R. Michael Verhoeven); in den Fernsehserien ›Die Lehmanns‹ (1984), ›Lorentz & Söhne‹ (1988); ›Oh Gott, Herr Pfarrer‹ (1988); ›Kleinstadtgeschichten‹ (1991).

Bantzer, Christoph, geb. in Marburg. Schauspieler. Nach der Schauspielausbildung Engagements in Wuppertal, Frankfurt a. M., Hamburg, Berlin. Auch als Gast an anderen Häusern. Von 1982 bis 1985 gehört er zum Ensemble des Zürcher Schauspielhauses, an dem er schon 1971 in Joseph Papps ›Hamlet‹-Inszenierung spielte. »Bravourös brachte er Shakespeares europäische Mythe in viele Rollen und Assoziationen heutiger Erscheinung. Weiße Hose, blaues Hemd, nervös, rattig, spitz, aufsässig, sportlich, ein Spieler, aus dem man nicht schlau wurde; er trieb und turnte den Witz der Handlung bis in den Irrwitz und rettete selbst im undichterischen Ambiente den Schmelz der Shakespeareschen Verse.« (Günther Rühle, ›FAZ‹, 26. 3. 1983) In Zürich spielte Bantzer 1982 den Tellheim in Lessings ›Minna von Barnhelm‹ (R. Jürgen Flimm). Seit 1985 arbeitet er am Hamburger Thalia Theater. Er spielte u. a. die Titelrollen in Ibsens ›Peer Gynt‹ (1985) und in Shakespeares ›Hamlet‹ (1986, R. jeweils Flimm); Gooper in Tennessee Williams’ ›Die Katze auf dem heißen Blechdach‹ (1987, R. Arie Zinger); Doktor in Büchners ›Woyzeck‹ (1990) und Narr in Shakespeares ›Was ihr wollt‹

Barlach

(1991, R. jeweils Flimm). Mitwirkung in mehreren Fernsehfilmen.

Barlach, Ernst, geb. 2. 1. 1870 in Wedel, gest. 24. 10. 1938 in Rostock. Bildhauer, Zeichner und Autor. Der Sohn eines Arztes besuchte 1888 die Kunstgewerbeschule in Hamburg und von 1891 bis 1895 die Kunstakademie in Dresden. 1895–1897 Paris-Aufenthalte, kurzzeitig an der Académie Julian. 1897–1901 lebte er in Hamburg. Arbeiten für die Zeitschriften ›Jugend‹ und ›Simplicissimus‹. Von 1910 an lebte er in Güstrow. 1912 erschien bei Cassirer sein erstes Drama ›Der tote Tag‹. 1924 Kleist-Preis. Für die Uraufführung seines Dramas ›Die Sündflut‹ entwarf er Bühnenbild und Kostüme (1924, Landestheater Stuttgart, R. Wolfgang Hofmann-Harnisch); 1926 folgte ›Der blaue Boll‹ (UA ebenda, R. Jürgen Fehling) und 1929 ›Die gute Zeit‹ (UA, Preußisches Theater Gera), beide Aufführungen mit Bühnenbild- und Kostümentwürfen Barlachs. 1933 erklärten die Nationalsozialisten Barlachs Werk für »entartet« und »ostisch«; er erhielt Ausstellungsverbot. Barlachs aus der norddeutsch-protestantischen Mystik kommende Dramen schildern in symbolischer Bildsprache und religiösen Gleichnissen die Leiden des Menschen und sein Hoffen auf Erlösung. »Welcher Teufel reitet die Theaterleiter, daß sie aus meinen Dramen immer Oratorien und Mysterien machen wollen statt unterhaltende Stücke! Es ist ein Berg Humor in der ›Sündflut‹, sollte ich denken, aber es wird zum Maulwurfshaufen gemacht. Dann dieses Dogma von ›Barlachscher Plastik‹, die Leute werden in Säcke gesteckt und zu Vogelscheuchen verkleidet. Man sieht nirgends langweiligere Bühnenbilder als bei meinen Stükken.« (Ernst Barlach, Brief vom 27. 12. 1927) »Barlach sah selten Aufführungen seiner Stücke, weil er sich darüber ärgerte, daß die Theaterleute Oratorien daraus machten. In den Inszenierungen der achtziger Jahre gingen die Regisseure, vor allem Michael Gruner in Hamburg, Rolf Winkelgrund in Ost-Berlin, auf Gegenkurs. Sie entdeckten den komischen, den Volkstheater-Barlach: ›Der blaue Boll‹ als Läuterungskomödie. Lietzau interessiert weder das Mysterienspiel noch die Posse, er bietet eine Faust-Variation im Kammerton, ein im Dämmerlicht angesiedeltes Konversationsstück, das durch Sprachmelodie und genaue Menschenzeichnung überzeugt.« (Renate Schostack, ›FAZ‹, 14. 3. 1991, Kritik zu ›Der blaue Boll‹, Münchner Kammerspiele)
Weitere Stücke: ›Der arme Vetter‹ (1918); ›Die echten Sedemunds‹ (1920); ›Der Findling‹ (1922); ›Der Graf von Ratzeburg‹ (1927–1936, erschienen 1951).
Literatur: E. Barlach: Ein selbsterzähltes Leben. Berlin 1928; E. Vietta/E. Wieser (Hrsg.): Ernst Barlach, Dramatiker, Bildhauer, Zeichner. Darmstadt 1951; A. Muschg: Der Dichter Barlach. Diss. Zürich 1961; H. Rischbieter (Hrsg.): Bühne und bildende Kunst im XX. Jahrhundert. Velber 1968; H. Kaiser: Der Dramatiker Ernst Barlach. München 1972; M. Heukänfer: Sprache und Gesellschaft im dramatischen Werk Ernst Barlachs. Heidelberg 1985; Die Maler und das Theater im 20. Jahrhundert. Hrsg. v. der Schirn Kunsthalle Frankfurt a. M. 1986 (Katalog); H. R. W. Pathe: Das Groteske in den Dramen Ernst Barlachs. Diss. Frankfurt a. M. u. a. 1990.

Barlog, Boleslaw, geb. 28. 3. 1906 in Breslau. Regisseur und Intendant. Zunächst Regieassistent von K. H. Martin und Heinz Hilpert an der Volksbühne Berlin (1930–1933), danach Arbeiten für den Film (bis 1945). 1945 übernahm Barlog das Schloßpark-Theater in Berlin, das er mit einer Inszenierung von Curt Goetz' ›Hokuspokus‹ am 3. 11. 1945 eröffnete (mit Hildegard Knef, Hans Söhnker, Winnie Markus). 1950 wurde Barlog zum Intendanten des Schiller-Theaters ernannt; er leitete das Theater, das zusammengeschlossen wurde mit dem Schloßpark-Theater (neuer Name von 1952 an: Staatliche Schauspielbühnen Berlin), bis 1972. 1951 erhielt Barlog den Titel Generalintendant; 1959 übernahm er auch die Werkstattbühne des Schiller-Theaters. Erste Inszenierung am Schiller-Theater: Schillers ›Wilhelm Tell‹ (1951); 1962 am selben Haus Lessings ›Nathan der Weise‹ (mit Ernst Deutsch in der Titelrolle). Barlog war einer der ersten, der Beckett für Deutschland entdeckte und Edward Albee förderte. Nach seinem Abschied, 1972, arbeitete er als Gastregisseur in Wien (Theater in der Josefstadt), Graz, Berlin (Renaissance-Theater, Staatliche Schauspielbühnen), Frankfurt a. M. und Ettlingen (Schloßfestspiele). Daneben arbeitete er an mehreren Opernhäusern und inszenierte Spielfilme. Barlog war der letzte Intendant, dem es gelang, die Riesen-Theaterfabrik Staatliche Schauspielbühnen Berlin über lange Jahre hindurch zu führen. Seine Nachfolger hatten es schwerer. Allerdings galt Barlog bei den überregionalen Kritikern nie als ein großer Regisseur, worüber er sich noch in seinen Lebenserinnerungen (›Theater lebenslänglich‹, S. 305 f.) erregte: »Spätestens als ich den Volkswagen Schloßpark-Theater um den Mercedes Schiller-Theater erweiterte, sah ich mich einer Phalanx von Gegnern gegenüber. Es gab nur einen wohlmeinenden Kritiker, von dem ich mich verstanden fühlte, und der unsere Arbeit anerkannte. Das war Johannes Jacobi (. . .). Leider starb er viel zu früh und ließ mich mit einer Meute von Widersachern. Ich möchte nicht falsch verstanden werden: Niemals habe ich etwas gegen einen berechtigten und begründeten Verriß gehabt. Aber gegen vorgefaßte Neinsager, die gar nicht bereit waren, etwas auf sich wirken zu lassen, sondern nur darauf lauerten, festzustellen, daß etwas ideologisch oder stilistisch nicht in ihren Kram paßte, und die sich an der Zeitschrift ›Theater heute‹ orientierten, gegen solches Nichtmitmachenwollen bin ich allergisch.« Wie wenige andere Regisseure vertraute Barlog bei seiner künstlerischen Arbeit mehr dem Schauspieler als sich selber. Das Theater, so sagte er, lebe vor allem vom Schauspieler: »Das geht so weit, daß ich den Schauspieler bei Inszenierungen immer vorangehen lasse, auch wenn er erst 18 ist. Der zweitwichtigste Mann ist der Beleuchter. Und dann braucht das Theater Publikum – alle anderen kommen später.« Barlog erreichte eine Einladung zum Berliner Thatertreffen: Im ersten Jahr des Festivals, 1964, wurde seine Inszenierung von Edard Albees ›Wer hat Angst vor Virginia Woolf?‹ nominiert.

Literatur: B. Barlog: Theater lebenslänglich. München 1981. (Frankfurt a. M., Berlin 1990, neue erweiterte Auflage.)

Barnay, Ludwig, geb. 11. 2. 1842 in Pest, gest. 31. 1. 1924 in Hannover. Schauspieler und Theaterdirektor. Debütierte in Trautenau. Weitere Stationen: Budapest, Graz, Wien. Ab 1847 bei den Meiningern; mit ihnen unternahm er Gastspielreisen durch Europa und in die USA. 1871 Mitbegründer der Genossenschaft der Deutschen Bühnenangehörigen; 1883 (neben Adolph L'Arronge) Mitbegründer des Deutschen Theaters in Berlin. Hier sollten die Errungenschaften der Meininger fortgeführt und zugleich weiterentwickelt werden: »Der Eindruck, den die Darstellungen der Meininger auf mich gemacht haben, ist ein bleibender geworden und der Wunsch, das, was sie mich gelehrt, weiter auszubauen, an solchem Werk meine eigene Kraft zu erproben, hat mir später den Mut gegeben, im Verein mit verschiedenen bedeutenden Bühnenkünstlern, die Begründung des ›Deutschen Theaters zu Berlin‹ zu wagen.« (Adolph L'Arronge, 1896) Bereits 1887 gründete Barnay ein Konkurrenzunternehmen, das Berliner Theater, engagierte Agnes Sorma und Josef Kainz; bis 1894 war er Direktor dieses Hauses, 1906 Direktor des Königlichen Schauspielhauses in Berlin, 1908–1912 Direktor des Hoftheaters in Hannover.
Literatur: G. Gellert/L. Barnay: Ein Künstlerleben. Berlin 1890; L. Barnay: Erinnerungen. 2 Bde. Berlin 1903; ders.: Über Theater und Anderes. Berlin 1963; A. Dreifuss: Deutsches Theater Berlin. Berlin 1983; M. Kuschnia (Hrsg.): 100 Jahre Deutsches Theater Berlin 1883–1983. Berlin 1983.

Barnay, Paul, geb. 27. 3. 1884 in Wien, gest. 1960 ebenda. Schauspieler, Regisseur und Theaterleiter. Von 1904 an Schauspieler in Danzig. Weitere Stationen (auch als Regisseur): Düsseldorf, Bremen, Wien. 1921–1933 Leitung des Lobe-Theaters in Breslau. 1933 verließ er Deutschland, arbeitete zunächst (1934–1936) am Raimundtheater in Wien. 1938 flüchtete er nach Budapest und kehrte 1945 nach Wien

Barnes

zurück. Von 1948 bis 1952 leitete er dort das Volkstheater. Er ist Mitbegründer der Volksbühnenorganisationen in Breslau und Wien.

Literatur: P. Barnay: Die Glocke ruft. Roman einer Schauspielerin. Wien 1947; 25 Jahre Theater. Paul Barnay. Festschrift. Breslau 1928; K. Weber: Geschichte des Theaterwesens in Schlesien. Dortmund 1980.

Barnes, Djuna, geb. 12. 6. 1892 in Cornwall-on-the-Hudson, New York, gest. 18. 6. 1982 in New York. Amerikanische Schriftstellerin. Sie war Mitglied der Theatre Guild, arbeitete als Journalistin und Schriftstellerin, lebte in Paris und war dort mit Gertrude Stein befreundet. 1939 Rückkehr nach New York. Barnes hinterließ kein umfangreiches Werk. Ihr Roman ›Nachtgewächs‹ (1936) ist ihr bekanntestes Buch, ihr schwieriges Theaterstück ›Antiphon‹ (1958) fand – mit umstrittenem Erfolg – eine deutsche Erstaufführung erst 1992 in Frankfurt (R. Peter Eschberg). Hierzu Verena Auffermann (›SZ‹, 7. 11. 1992):»Lob für den Mut, ›Antiphon‹ auf die Bühne zu bringen, das 1958, 22 Jahre nach dem ›Nachtgewächs‹ und 30 Jahre nach ›Ryder‹ in Amerika erschien und 1961 am Stockholmer Dramaten uraufgeführt wurde. Denn die sehr kurze Aufführungsgeschichte von ›Antiphon‹ ist eine Geschichte der Mißerfolge. Warum? Djuna Barnes wirft dem gierigen Theater nur Wörter, kaum eine Handlung in den Hals (. . .) Eine Offenbarung war Eschbergs Regie nicht. ›Antiphon‹ ruft, und das seit über 30 Jahren, nach dem radikalen Analytiker, der den Streit mit ihr, die ›Sitzung‹, wie es im Text heißt, aufnimmt. Wer legt sie endlich bloß? Zum Theaterplunder gehört sie nicht.«

Barnes, Peter, geb. 10. 1. 1931 in London. Englischer Filmkritiker, Fernsehautor und Dramatiker. Mit seinen Stücken versuchte Barnes den nachelisabethanischen Dramenstil wiederzubeleben.

Stücke: ›Die herrschende Klasse‹ (1968); ›Teufel am Mittag‹ (1969); ›Lulu‹ (1970, nach Wedekind); ›The Bewitched‹ (1974); ›Laughter‹ (1978); ›Red Noses‹ (1985).

Barnowsky, Victor, geb. 10. 9. 1875 in Berlin, gest. 9. 8. 1952 in New York. Schauspieler, Regisseur und Theaterleiter. Nach Wanderjahren in der Provinz leitete Barnowsky von 1905 bis 1913 das Kleine Theater unter den Linden in Berlin, als Nachfolger von Max Reinhardt. 1913 übernahm er als Nachfolger von Otto Brahm das Lessingtheater (bis 1924), danach das Theater in der Königgrätzer Straße, das heutige Hebbel-Theater. 1933 emigrierte er nach Österreich, 1937 in die USA, wo er eine Lehrtätigkeit für Dramaturgie und Schauspielkunst übernahm.

Literatur: V. Barnowsky: 25jähriges Bühnenjubiläum. Zwischenakt, Sonderheft, Heft 2, Berlin 1930; J. Berstl (Hrsg.): 25 Jahre Berliner Theater. Berlin 1930; S. Gulyás: Das Kleine Theater in Berlin unter der Direktion Victor Barnowskys. Berlin 1961; J. Berstl: Odyssee eines Theatermannes. Erinnerungen aus sieben Jahrzehnten. Berlin 1963.

Barrault, Jean-Louis, geb. 8. 9. 1910 in Le Vésinet, gest. 22. 1. 1994 in Paris. Schauspieler, Regisseur und Intendant. Barrault war Schüler von Charles Dullin, an dessen Théâtre de l'Atelier er von 1933 bis 1935 spielte. 1935 gab er dort sein Debüt als Regisseur. Mit einer Gruppe von jungen Schauspielern verließ er diese Bühne und gründete (noch im selben Jahr) das Studio Grenier des Augustins (hier Zusammenarbeit mit André Breton und Jacques Prévert). 1940 engagierte Jacques Copeau ihn an die Comédie Française, wo er bereits 1942 den Rang eines ›Sociétaire‹ einnahm. Er debütierte in der Comédie mit der Rolle des Rodrigo in Corneilles ›Le Cid‹ und trat danach in der Titelrolle von Shakespeares ›Hamlet‹ auf. 1942 inszenierte er an der Comédie Racines ›Phädra‹, 1943 Claudels ›Der seidene Schuh‹, 1945 Shakespeares ›Antonius und Cleopatra‹. 1946 verließ er aus Protest gegen die starren Formen des Staatstheaters das Haus und gründete ein Jahr später, zusammen mit seiner Frau, der Schauspielerin Madeleine Renaud, eine eigene Truppe, die Compagnie Madeleine Renaud-Jean-Louis Barrault. Zunächst wurde im Théâtre Martigny oder im Palais Royal gespielt, vorwiegend ein äußerst literarisches Programm. Diese Bühne galt lange Zeit als eine der besten von Paris. (Gezeigt wurde u. a. ›Hamlet‹ in der Übersetzung von André Gide; Kafkas ›Der Prozeß‹, bearbeitet von Gide und Barrault.) 1959 übernahm Barrault das Odéon als Théâtre de France, d. h. als zweites staatliches Schauspielhaus neben der Comédie. 1968 wurde Barrault von Kulturminister André Malraux (trotz größter Proteste) entlassen, weil er die Aktionen der Mai-Revolutionäre unterstützt und sie in das Odéon gelassen, das Theater zu einem Ort der permanenten Diskussion gemacht hatte. Im Mai 1974 gelang Renaud-Barrault eine Neugründung im damals leerstehenden Gare d'Orsay, mitfinanziert und unterstützt vom Centre international d'art dramatique, zu dessen Mitgliedern Max Ernst, André Masson und Guy de Rothschild zählten. 1978 übernahm Barrault für zwei Jahre das Théâtre Français de Vienne; 1981 mußte er den Gare d'Orsay räumen, weil der Bahnhof zum Museum des 19. Jahrhunderts umgebaut wurde. Doch sogleich errichtete der französische Staat der Compagnie ein neues Theater, das Rond Point, denn Barrault und Renaud genossen längst Weltruhm, die pantomimischen, stilisierten, mit ausdrucksstarker Gebärdensprache arbeitenden Inszenierungen Barraults waren hochgeschätzt. Das Rond Point an den Champs Élysées eröffnete Pierre Boulez, ein Freund Barraults, mit einem Konzert.

Im Film wurde Barrault, der in der Jugend auch bei dem Pantomimen Étienne Decroux gelernt hatte, berühmt durch die Darstellung des Pantomimen Debureau in Marcel Carnés ›Die Kinder des Olymp‹. Barrault war selbst jener Theatermensch, den er in einem seiner Bücher wie folgt beschrieb: »Wer bereit ist, aus Liebe zu einigen Quadratmetern Bretterboden und aus Begeisterung für das Stück Leben, das auf diesen Brettern entstehen kann, alles auf sich zu nehmen und jede Kleinigkeit und jede Schmutzarbeit mit der gleichen Liebe zu tun, mit der er eine große Rolle spielt oder eine faszinierende Regie führt – das ist ein Theatermensch. Wer sich nur auf sein Rollenfach beschränkt und sich

mit den unscheinbaren Nebensächlichkeiten des Theaterberufes bloß ›abfindet‹, kann ein hervorragender Theater*künstler* sein, aber niemals ein Theater*mensch*.«
Literatur: J.-L. Barrault: Mise en scène de Phèdre de Racine. Paris 1946; ders.: A propos de Shakespeare et du théâtre. Paris 1949; ders.: Ich bin ein Theatermensch. Zürich 1956; ders.: Betrachtungen über das Theater. Zürich 1962; ders.: Bühnenarbeit mit Paul Claudel. Zürich 1962; ders.: Nouvelles réflexions sur le théâtre. Paris 1962; ders.: Mein Leben mit dem Theater. Köln 1967; ders.: Erinnerungen für morgen. Frankfurt 1973; ders.: Saisir le présent. Paris 1984; W. A. Greinert: Die Pariser Theaterarbeit von Barrault 1946–59. Diss. Wien 1969.

Barrie, Sir John Matthews, geb. 9. 5. 1860 in Kirriemuir, gest. 19. 6. 1937 in London. Englischer Schriftsteller. Sohn eines Webers. Barrie lebte von 1885 an als freier Journalist in Dumfries und London. Von 1919 bis 1922 war er Rektor der St. Andrews Universität, von 1930 bis 1937 Kanzler der Universität Edinburgh. Er schrieb neben Romanen an die 40 bühnenwirksame Theaterstücke, u. a. das Märchenspiel ›Peter Pan‹ (1904).
Weitere Stücke: ›Walker‹ (1892); ›Zurück zur Natur‹ (1902); ›Was jede Frau weiß‹ (1908); ›Johannisnacht‹ (1917); ›Mary Rose‹ (1920); ›The Boy David‹ (1936).
Literatur: A. Birkin: J. M. Barrie and the Lost Boys. London 1979; L. Ormond: John Matthews Barrie. Edinburgh 1987.

Barsacq, Alberte, Bühnen- und Kostümbildnerin. Nach einem Kunststudium arbeitete sie zehn Jahre lang in Pariser Modehäusern (Dior, Hermès, Saint-Laurent, Ricci, Lanvin) und machte nebenher Werbegraphik und Zeichentrickfilme. 1976 kam sie zum Theater, stattete Werner Schroeters Bochumer Inszenierung von Strindbergs ›Fräulein Julie‹ aus. Seitdem kontinuierliche Zusammenarbeit mit Schroeter, auch im Film und in der Oper; Richard Wagners ›Lohengrin‹ (1979, Kassel); Horst Laubes ›Finale in Smyrna‹ (UA 1985, Bayerisches Staatsschauspiel); García Lorcas ›Doña Rosita bleibt ledig‹

Barsacq

(1986, Düsseldorf); Zimmermanns ›Ekklesiastische Aktion‹/Arnold Schönbergs ›Jakobsleiter‹ (1992, Düsseldorf). Ganz selten arbeitete Alberte Barsacq auch für andere Regisseure: Kurt Hübner, Frank Baumbauer, Ulrich Heising. Alberte Barsacqs Arbeiten sind aufwendig-schwülstig, nicht selten bombastisch und sentimental. Im Raum und in den Kostümen übersetzt sie Schroeters Lust am Melodram und der großen, übergroßen Geste: phantasiestark – bis zur Groteske, bis zur Karikatur.
Literatur: S. Dhein: Werner Schroeter. Regie im Theater. Frankfurt a. M. 1991.

Barsacq, André, geb. 24. 1. 1909 in Theodosia, gest. 1973. Regisseur und Bühnenbildner. Begann 1928 bei Charles Dullin im Théâtre de l'Atelier,· arbeitete später auch mit Jacques Copeau zusammen. 1937 gründete er seine eigene Truppe, die Compagnie des Quatres Saisons, und inszenierte in der selbst entworfenen Ausstattung Gozzis ›König Hirsch‹. 1940 übernahm er als Nachfolger von Dullin das Théâtre de l'Atelier, in dem er sich als Ausstatter und Regisseur vor allem der Werke Anouilhs annahm: ›Eurydice‹ (UA 1942), ›Antigone‹ (UA 1944), ›Roméo und Jeannette‹ (UA 1946), ›L'Invitation au château‹ (1947), ›Colombe‹ (UA 1950).
Literatur: A. Barsacq: Architecture et dramaturgie. Mit Beiträgen v. Jouvet, Baty u. a. Paris 1950; E. Labiche/E. Martin: Le voyage de Monsieur Perrichou. Inszeniert von André Barsacq. Paris 1954; M.-F. Christan/N. Giret: André Barsacq. 50 ans de théâtre. Bibliothèque Nationale, Département des Arts du Spectacle. Paris 1978 (Katalog).

Barth, Susanne, geb. 17. 8. 1944 in Groß-Karol (Ungarn). Nach dem Abitur drei Jahre Schauspielunterricht in Hannover. Von 1968 bis 1974 Engagement an den Städtischen Bühnen Frankfurt a. M.. Rollen u. a. Frau Gabor in Wedekinds ›Frühlings Erwachen‹ (R. Peter Palitzsch) und in Fleissers ›Fegefeuer in Ingolstadt‹ (R. Hans Neuenfels). Von 1974 an freiberuflich. Von 1976 bis 1985 Lehrauftrag an der Schauspielschule Stuttgart. Zugleich Gastrollen am Württembergischen Staats-

schauspiel: in Botho Strauß' ›Bekannte Gesichter gemischte Gefühle‹ (1977, R. Niels-Peter Rudolph), in Schnitzlers ›Komödie der Verführung‹ (1980, R. Hansgünther Heyme). In Stuttgart Beginn der Zusammenarbeit mit dem Regisseur Thomas Schulte-Michels, spielte u. a. 1983 die Martha in Albees ›Wer hat Angst vor Virginia Woolf?‹ In den folgenden Jahren Gastrollen in Köln: die Merteuil in Heiner Müllers ›Quartett‹ (R. Dimiter Gotscheff); Hippolita in John Fords ›Schade, daß sie eine Hure ist‹ (1992, R. Michael Bogdanov); in München am Bayerischen Staatsschauspiel: Mrs. Constable in Jane Bowles' ›In the summerhouse‹ (1977) und Inès in Sartres ›Geschlossene Gesellschaft (1988, R. jeweils Thomas Schulte-Michels); in Frankfurt a. M.: Blanche in Tennessee Williams' ›Endstation Sehnsucht‹ (1984, R. Adolf Dresen).

Bassermann, Albert, geb. 7. 9. 1867 in Mannheim, gest. 15. 5. 1952 (Flugzeugunglück). Schauspieler. Für Henning Rischbieter war Bassermann »der größte unter den realistischen Schauspielern der deutschen Sprache«, und Siegfried Jacobsohn nannte ihn in der ›Schaubühne‹ (Vorgänger der ›Weltbühne‹) den »Wundervollen«. Barlog schildert ihn als einen »ausgesprochenen Kavalier, der die Gagen der ersten und der letzten Vorstellung jeder Aufführungsserie der Souffleuse und dem Inspizienten schenkte«. Bassermann fing in Mannheim an und arbeitete von 1891 bis 1895 bei den Meiningern. Von 1895 bis 1900 war er am Berliner Theater engagiert, von 1900 an bei Otto Brahm am Deutschen Theater; von 1904 bis 1915 am Lessingtheater. Danach Gastspielreisen und als Gast Engagements an verschiedenen Theatern. 1933 emigrierte er, weil seine jüdische Frau, die Schauspielerin Else Bassermann, Auftrittsverbot bekam. Nach Aufenthalten in der Schweiz (1934 spielte er in Zürich die Titelrolle in Shakespeares ›Richard III.‹) und Österreich, ging Bassermann 1938 in die USA.1946 kehrte er nach Deutschland zurück und eröffnete in der Rolle des Attinghausen in Schillers ›Wilhelm Tell‹ am 6. 9. 1951 das Berliner Schiller-Theater. Dazu Boleslaw Barlog,

der Regisseur (und Intendant):»Ich sehe ihn noch in den Wartezeiten seiner ›Tell‹-Vorstellungen in seiner Garderobe sitzen und immerzu Kreuzworträtsel lösen. Auf die erste Probe erschien der Fünfundachtzigjährige mit vollständig gelerntem Text.« Bassermanns Kunst war das realistische Spiel, die Nähe zu seinen Rollen. Selbst jene der klassischen Literatur vermochte er durch seine Sprech- und Darstellungskunst zu (verstörenden) Zeitgenossen zu gestalten, glaubt man den damaligen Kritikern. Alfred Kerr über den Schulrektor in Holz' und Jerschkes ›Traumulus‹:»Man ist tief bewegt – und lange nachher bewundert man auch das Können, diese hundertfältige Zeichnungsmacht, diese farbige, malende, vieltönige.« Jacobsohn über Bassermanns Othello:»Man braucht nur zu wiederholen, daß Bassermann ihm in allen Höhen und Tiefen physisch und seelisch gewachsen ist. Aber von ergreifender Schaurigkeit ist's, wie er das Herz der Toten an sein Ohr, ihren Mund an seinen Mund drückt.« Und Leopold Jessner fehlen die Worte zu Bassermanns Darstellung des Oswald in Ibsens ›Gespenster‹ (R. Otto Brahm): »Unvergeßlich wie der junge Albert Bassermann als Oswald sich an die Mutter lehnt, die Elsa Lehmann hieß.«
Literatur: J. Bab: Albert Bassermann. Leipzig 1929; ders.: Kränze der Mimen. Emsdetten 1944; A. Bronnen: Albert Bassermann. Berlin 1977; Albert Bassermann (1867–1952) – Sonderschau anläßlich seines ersten Bühnenauftritts vor 100 Jahren in Mannheim. Städt. Reiß-Museum Mannheim 1987; H. Ihering: Albert Bassermann. Berlin, o.J.

Bauer, Hans, geb. 16.8.1914, gest. 4.11. 1970 in Binningen. Schauspieler und Regisseur. Nach der Schauspielschule von 1937 bis 1939 Schauspieler und Regisseur in Schleswig, 1939–1945 Soldat, 1945/46 Engagement am Staatstheater Braunschweig. Weitere Stationen: Thalia Theater Hamburg, Lüneburg (Intendanz), Baden-Baden (1949–1951 als Regisseur), 1951–1953 Bonn (inszenierte u.a. die UA von Hans Rehbergs ›Der Muttermord‹). Von 1953 bis 1961 arbeitete Hans Bauer vor allem in Köln und Hannover, danach Darmstadt, Bayerisches Staatstheater München und Stadttheater Basel. Fünf Einladungen zum Berliner Theatertreffen: 1965 mit Federico García Lorcas ›Doña Rosita oder Die Sprache der Blumen‹ (Landestheater Darmstadt); 1967 mit John Osbornes ›Blick zurück im Zorn‹ (Städtische Bühnen Frankfurt a.M.) und Else Lasker-Schülers ›Die Wupper‹ (Wuppertaler Bühnen); 1969 mit Else Lasker-Schülers ›Arthur Aronymus und seine Väter‹ (Wuppertaler Bühnen); 1970 mit Samuel Becketts ›Warten auf Godot‹ (Basler Theater).
Literatur: G.F. Hering/H.-J. Weitz: Hans Bauer. Regisseur. 2 Bde. Frankfurt a.M. 1974.

Bauer, Wolfgang, geb. 18.3. 1941 in Graz. Österreichischer Dramatiker. Bauer studierte Theaterwissenschaft, Romanistik, Philosophie und Jura in Graz und Wien, wo er seither auch lebt. 1970 war er Stipendiat in Berlin. Bauers erfolgreiche Dramen, angesiedelt im Bohème-Milieu Intellektueller, zeigen, wie Leere und Langeweile in Brutalität umschlagen können. Er experimentierte mit literarischen Formen und der Erwartungshaltung des Publikums. Seine Stücke wurden v.a. in den sechziger und siebziger Jahren viel gespielt. Mit seinem Stück ›Ach, armer Orpheus!‹ (1991) konnte er an die früheren Erfolge nicht mehr anknüpfen.
Weitere Stücke: ›Mikrodramen‹ (1964); ›Magic Afternoon‹, ›Party for Six‹, ›Change‹ (alle 1969); ›Katharina Doppelkopf und andere Eisenbahnstücke‹ (1973); ›Gespenster‹, ›Silvester oder Das Massaker im Hotel Sacher‹, ›Film und Frau‹ (alle 1974); ›Magnetküsse‹ (1975); ›Memory Hotel‹ (1980); ›Nacht Zettel. Sieben Theaterstücke nach Shakespeares »Ein Sommernachtstraum«‹ (1987).
Literatur: G. Melzer: Wolfgang Bauer. Königstein 1981.

Bauer, Wolfgang Maria, geb. 9.6. 1963 in München. Schauspieler und Autor. 1983–1988 Studium der Philosophie in München, in den Nebenfächern Germanistik und Theaterwissenschaft. 1988–1990 Studium an der Hochschule für darstellende Kunst in Stuttgart, wo er sein erstes

Baumann

Stück schrieb: ›Der Zikadenzüchter‹ (entstanden als Übungsstück für Schauspielschüler, UA 1992 im Münchner Marstalltheater, R. Kirsten Esch). 1990–1993 Engagement am Bayerischen Staatsschauspiel München; Rollen u. a.: Arnold Kramer in Hauptmanns ›Michael Kramer‹ (1992, R. Peter Palitzsch); Ferdinand in Horváths ›Der jüngste Tag‹; Erfolg als Mercutio in Shakespeares ›Romeo und Julia‹ (1993, R. Leander Haußmann): »Es gibt viele wundersame, schöne Szenen in dieser Aufführung, aber vielleicht ist diese die schönste: Mercutio, zu Tode getroffen, rennt aus dem Leben. Der großgewachsene Wolfgang Bauer, der bis dahin einen coolen Draufgänger herausgekehrt hatte, einen, der auf Leder steht und Ringe und Randale, verabschiedet sich von den Freunden, die an sein Sterben nicht glauben wollen. (. . .) Mit bloßem Oberkörper, eine rote Wunde links, läuft Bauer über die Bühne. Aus den Lautsprecherboxen dröhnt der ›GI-Blues‹ der Gruppe *Carter the Unstoppable Sex Machine*. Bauer wird nicht müde, wird nicht erschöpft. Jede Runde, die er dreht, entfernt ihn mehr von denen, die er liebte; jede Runde scheint ihm Erinnerung ans Leben zu sein. Der Lauf ist ein Kreis, in den er alle einbezieht: die Freunde der Montagues und die Capulets. Er ist ein stummes Abschiednehmen – und eine Liebeserklärung auch. Endlich setzt sich Mercutio auf den Boden, ruhig, gelassen, gefaßt. Er schaut nicht noch einmal auf; sein Abschiedswort heißt ›So!‹« (C. Bernd Sucher, ›SZ‹, 16./17. 1. 1993); ferner: Oberon in dem Teil ›Sommernachtstraum‹ in Robert Lepages Shakespeare-Traumtrilogie ›Rapid Eye Movement‹ (1993, Festival Theater der Welt München, R. Lepage); Eduard in Schnitzlers ›Im Spiel der Sommerlüfte‹ (1993, R. Günther Beelitz). Seit 1993 freier Schauspieler und Autor; spielte u. a. den Kasimir in Horváths ›Kasimir und Karoline‹ (1994, Volkstheater München, R. Ruth Drexel). 1993 schrieb er das Stück ›In den Augen eines Fremden‹, ein »Nocturne-Impromptu in zwölf Moll-Szenen von Abenddämmerung bis Morgengrauen, in denen sich eine Gesellschaft, die nichts miteinander zu tun hat, in einem alten vergessenen Badeort

versammelt wie zu einem Geisterreigen.« (Gerhard Stadelmaier). Die Uraufführung durch Leander Haußmann (1994, Residenztheater München) fiel bei der Kritik mehrheitlich durch. 1995 wechselt er zu Peter Brook nach Paris.
Literatur: P. v. Becker: ›Die Unvernünftigen sterben nicht aus‹. Ein Porträt des Münchner Schriftstellers und Schauspielers Wolfgang Maria Bauer. In: Theater heute, Heft 5, 1993, S. 30–35.

Baumann, Heinz, geb. 12. 2. 1928 in Oldenburg. Schauspieler. Erstes Engagement in Quedlinburg. Weitere Stationen: Vereinigte Bühnen Krefeld-Mönchengladbach, Städtische Bühnen Dortmund, Theater der Freien und Hansestadt Bremen, Bühnen der Stadt Köln, Städtische Bühnen Frankfurt a. M. Von 1957 bis 1966 war Baumann engagiert am Württembergischen Staatstheater in Stuttgart, an den Münchner Kammerspielen, am Bayerischen Staatsschauspiel München und an den Bühnen der Stadt Bonn. Wichtige Rollen (alle Münchner Kammerspiele): Titelrolle in Sternheims ›Der Snob‹ (R. Rudolf Noelte); Vetter Kurt in Dürrenmatts ›Play Strindberg‹ (R. Hans Schweikart); Robertowitsch in Nikolai Erdmans ›Der Selbstmörder‹ (R. August Everding). Heinz Baumann wirkte auch in vielen Filmen und Fernsehspielen mit, u. a. spielte er 1993 die Rolle des Herbert Wehner in Heinrich Breloers ›Wehner – die unerzählte Geschichte‹.

Baumann, Helmut, geb. 31. 1. 1939 in Berlin-Friedenau. Tänzer, Schauspieler, Regisseur und Theaterleiter. Von 1959 bis 1962 Ballettausbildung an der Hamburgischen Staatsoper, Bühnenreifeprüfung. 1962 Engagement an der Hamburgischen Staatsoper, 1963 Solotänzer, 1967 erster Solotänzer und Ballettmeister an der Oper der Stadt Köln. 1970 Mitbegründer und Direktor des ›Tanzforum Köln‹. 1972 erste Regiearbeit am Hamburger Thalia Theater, weitere folgten (›Kiss me, Kate‹, ›Sweet Charity‹, ›Chicago‹). Seit 1973 freier Regisseur und Choreograph am Bayerischen Staatsschauspiel München, am Opernhaus Zürich, an der Wiener Volksoper, am Theater an der Wien, an den Staatlichen

39

Schauspielbühnen Berlin. Baumann, inzwischen als ›Musical-Fachmann‹ anerkannt, übernahm 1984 als künstlerischer Direktor das Berliner Theater des Westens, inszenierte und spielte an diesem Haus (u. a. ›Der Käfig voller Narren‹, 1985; ›Cabaret‹, 1987; ›Eins zwei drei‹, 1989; ›Grand Hotel‹, 1991). Am 1. 8. 1993 wurde Baumann zum Intendant des Theaters des Westens berufen.

Baumbauer, Frank, geb. 2. 9. 1945 in München. Regisseur und Intendant. Studierte Germanistik, Theater- und Zeitungswissenschaft, Soziologie und Alte Geschichte an den Universitäten München und Düsseldorf. Während des Studiums Regieassistenzen, u. a. bei Schweikart, Hilpert, Everding, Stroux, Felsenstein. Von 1970 bis 1972 Regieassistent am Düsseldorfer Schauspielhaus, 1972 am Bayerischen Staatsschauspiel. Von 1973 an eigene Inszenierungen an diesem Haus. Von 1975 bis 1983 Leiter des Künstlerischen Betriebsbüros; von 1980 an persönlicher Mitarbeiter des Intendanten Kurt Meisel. Von 1983 bis 1986 Schauspieldirektor des Bayerischen Staatsschauspiels. 1986/87 Stellvertretender Intendant des Schauspiels am Württembergischen Staatstheater Stuttgart bei Ivan Nagel. Von 1987 bis 1992 (sehr erfolgreicher) Intendant des Basler Theaters, an dem er Regisseure wie Christoph Marthaler, Jossi Wieler, Werner Schroeter, Achim Freyer arbeiten ließ und sie förderte. Seit 1992 ist Baumbauer Intendant des Hamburger Schauspielhauses und arbeitet wiederum mit jenen Künstlern zusammen, mit denen er sich seit seiner Basler Arbeit verbunden fühlt.
Literatur: M. Faber/L. Weizert: . . . dann spielten sie wieder. Das Bayerische Staatsschauspiel 1946–1986. München 1986.

Baumeister, Bernhard, geb. 28. 9. 1828 in Posen, gest. 26. 10. 1927 in Baden. Schauspieler. Von 1852 an im Ensemble des Burgtheaters in Wien (unter Heinrich Laube). Spielte bis ins hohe Alter, u. a. Falstaff, Wilhelm Tell und den Richter von Zalamea (in Calderóns gleichnamigem Stück).

Baumgartner

Literatur: F. Gregori: Bernhard Baumeister. 50 Jahre Wiener Burgtheater. Berlin 1902; O. M. Fontana: Wiener Schauspieler. Wien 1948.

Baumeister, Willi, geb. 22. 1. 1889 in Stuttgart, gest. 31. 8. 1955 ebenda. Maler, Typograph und Bühnenbildner. Von 1905 bis 1907 Lehre als Dekorationsmaler; 1908 Ausbildung an der Akademie der bildenden Künste in Stuttgart; 1910 Meisterschüler bei Adolf Hölzel; 1911–1914 mehrere Reisen mit Oskar Schlemmer nach Paris. 1919 erste Arbeiten für das Theater, Szenenentwürfe für ›Gas‹ von Georg Kaiser. Seit 1920 Zusammenarbeit mit dem Regisseur Ferdinand Skuhra am Deutschen Theater in Stuttgart. 1928 wird Baumeister Lehrer in der Klasse »Werbegrafik und Buchgestaltung« an der Frankfurter Kunstgewerbeschule; 1933 Entlassung aus dem Lehramt; seine Werke galten als »entartet«. 1941 Ausstellungsverbot. 1946 Berufung als Professor an die Akademie der bildenden Künste Stuttgart. 1947 Wiederaufnahme der Theaterarbeit mit Entwürfen zu ›Liebeszauber‹ von Manuel de Falla. Seit 1949 enge Zusammenarbeit mit Gustav Rudolf Sellner am Staatstheater Stuttgart und am Landestheater Darmstadt. Wichtige Arbeiten für das Theater u. a.: Ernst Tollers ›Die Wandlung‹ (1920, R. Skuhra); Egon Cassinos ›Monte Cassino‹ (1949, R. Sellner); Jean Giraudoux' ›Judith‹ (1953, R. Sellner).
Literatur: W. Baumeister: Das Unbekannte in der Kunst. Stuttgart 1947; William Shakespeare: The Tempest. Mit Zeichnungen von W. Baumeister. Stuttgart 1947; F. Janssen: Bühnenbild und bildende Künstler. München 1957; Die Maler und das Theater im 20. Jahrhundert. Hrsg. v. der Schirn Kunsthalle. Frankfurt a. M. 1986 (Katalog).

Baumgartner, Monika, geb. 9. 5. 1951 in München. Schauspielerin. Besuch der Otto-Falckenberg-Schule. 1973 erstes Engagement am Nationaltheater Mannheim, dem sie fünf Jahre lang angehörte. 1978/79 Engagement am Thalia Theater Hamburg (u. a. Simba in Wedekinds ›Der Marquis von Keith‹). Freie Theaterarbeit, u. a. am

Baur

Theater rechts der Isar in München. Von 1983 bis 1986 im Ensemble der Münchner Kammerspiele, wo sie in der UA von Franz-Xaver Kroetz' ›Bauern sterben‹ zu sehen war. Danach Engagement am Münchner Volkstheater. Dort sah man sie u. a. als Julie in Franz Molnárs ›Liliom‹ (1987, R. Rolf Stahl). Wolfgang Höbel schrieb über ihre Darstellung (›SZ‹, 31.10./1. 11. 1987): »Monika Baumgartner ist das stille Ereignis dieses Theaterabends. Aber auch ein Fremdkörper in einer lärmenden Inszenierung. Mit bezaubernder Kleinmädchenkomik stampft sie durch ihr provisorisches Reich unter der Zeltplane (. . .) Die Worte kommen nur ruckweis aus ihr heraus, und wenn sie um ihren Liliom herumtänzelt, ein Tablett mit Bier und Wein vor der Brust, dabei mit plötzlich heller, flehender Stimme bittet, daß er doch hierbleiben soll, nur heute abend, dann ist für wenige Augenblicke eben doch das gelungen, was Molnár mit seinem ›Schlummermärchen‹ wollte: eine herzzerreißende Geschichte von zweien, die einander haben und doch nicht zusammenkommen können; ein Schauerdrama, dazu da, die Zuschauer zu Tränen zu rühren.« Weitere Rollen: Yvonne Humpler in Kurt-Achim Köwekers von Martin Sperr bearbeiteter Komödie ›8011 Aschheim‹ (1989, R. Christian Kohlmann). Daneben Fernseharbeit.

Baur, Hans, geb. 8. 8. 1910 in Eresing, gest. 1986. Schauspieler. Erstes Engagement 1934/35 an den Münchner Kammerspielen. Weitere Stationen: Städtische Bühnen Augsburg (1935–1937), Städtische Bühnen Münster (1937–1939), Theater der Stadt Essen (1941/42, 1946–1948), Städtische Bühnen Frankfurt a. M. (1942–1944). Von 1948 bis 1974 Ensemblemitglied des Bayerischen Staatsschauspiels München, hier vor allem in Inszenierungen von Ludwig-Thoma-Stücken aufgetreten. Arbeitete auch viel für das Fernsehen.

Bausch, Pina, geb. 1940 in Solingen. Choreographin. Im Alter von 15 Jahren Beginn des Studiums an der Folkwangschule in Essen (Leitung Kurt Joos), 1959 Abschlußprüfung. Anschließend Stipendium des Deutschen Akademischen Austauschdienstes für die USA, Special Student an der Juillard School of Music (New York), gleichzeitig Mitglied der Dance Company Paul Sanasardo und Donya Feuer. Engagement beim New American Ballet und an der Metropolitan Opera New York. 1962 Rückkehr nach Deutschland; erste Solistin im neugegründeten Folkwang-Ballett; seit 1968 eigene Choreographien. 1969 wird Pina Bausch Leiterin des Folkwang-Balletts, 1973 Direktorin des Tanztheaters Wuppertal. Wichtige Choreographien: 1974: ›Fritz‹, Tanzabend (Musik: Gustav Mahler und Wolfgang Hufschmidt), ›Iphigenie auf Tauris‹, Tanzoper (Musik: Christoph Willibald Gluck); 1975: ›Orpheus und Eurydike‹, Tanzoper (Musik: Gluck); 1976: ›Die sieben Todsünden‹, Tanzabend (Musik: Kurt Weill, Texte: Bertolt Brecht); 1977: ›Blaubart – Beim Anhören einer Tonbandaufnahme von Béla Bartóks Oper »Herzog Blaubarts Burg«‹; 1978: ›Ein nimmt sie an der Hand und führt sie in das Schloß, die anderen folgen‹ (realisiert am Schauspielhaus Bochum), ›Café Müller‹ (Musik: Henry Purcell); ›Kontakthof‹ (Musik: u. a. Schlager aus den 30er Jahren); 1979: ›Arien‹ (Musik: u. a. Beethoven, Comedian Harmonists, Mozart und altitalienische Arien, gesungen von Benjamino Gigli), ›Keuschheitslegende‹; 1980: ›1980 – Ein Stück von Pina Bausch‹ (jetzt ist die Autorin/Choreographin endlich im Titel aufgenommen), ›Bandoneon‹; 1982: ›Walzer‹ (UA im Theater Carré Amsterdam beim 35. Holland-Festival), ›Nelken‹; 1983: ›Komm, tanz mit mir‹ und ›Premiere‹; 1984: ›Tanzabend I‹; 1985: ›Tanzabend II‹; 1986: ›Viktor‹; 1987: ›Ahnen‹; 1988: ›Palermo, Palermo‹; 1990: ›Iphigenie auf Tauris‹ (Musik: Gluck); 1991: ›Tanzabend II‹, ›Orpheus und Eurydike‹ (Musik: Gluck); 1993: ›Tanzabend I‹. Über Pina Bauschs ›Palermo, Palermo‹ schrieb Eva-Elisabeth Fischer in der ›Süddeutschen Zeitung‹ (18. 6. 1991): »Das Wuppertaler Tanztheater brachte ein Stück Sizilien an die Seine. ›Palermo, Palermo‹, erkaltete Gefühle verstörter Menschen zwischen den Bruchstücken einer gestürzten Mauer, die Tristesse einer Insel gemengt mit der Verlorenheit

der heutigen Menschen im allgemeinen. Pina Bauschs Thema in Variationen also (. . .). Pina Bauschs Tanztheater zielt aufs Herz.« 1990 entstand ihr Film ›Die Klage der Kaiserin‹. Pina Bauschs Tanztheater, diese besondere Mischung aus Tanz und Sprechtheater, hat viele Choreographen und Regisseure beeinflußt. Drei Einladungen zum Berliner Theatertreffen: 1980 mit ›Arien‹; 1981 mit ›Bandoneon‹; 1985 mit ›Auf dem Gebirge hat man ein Geschrei gehört‹ (alle: Wuppertaler Bühnen).
Literatur: H. Müller/N. Servos: Pina Bausch. Wuppertaler Tanztheater. Von Frühlingsopfer bis Kontakthof. Köln 1979; U. Weiss/I. Chamier: Setz dich und lächle. Tanztheater v. Pina Bausch. Köln 1979; R. Hoghe/U. Weiss: Bandoneon – Für was kann Tango alles gut sein? Darmstadt, Neuwied 1981; R. Hoghe: Pina Bausch. Tanztheatergeschichten. Mit Photos v. U. Weiss. Frankfurt a. M. 1986; S. Schlichter: Tanz Theater. Traditionen und Freiheiten. Hamburg 1987; J. Schmidt: Tanztheater in Deutschland. Berlin 1992.

Bauschulte, Friedrich W., geb. 17. 3. 1923 in Münster. Schauspieler. 1943/44 Besuch der Schauspielschule des Deutschen Theaters Berlin. Erstes Engagement am Stadttheater Bremerhaven (1945/46); weitere Stationen: Städtische Bühnen Münster (1947/48), Theater der Freien Hansestadt Bremen (1948–1958), Wuppertaler Bühnen (1958–1963); von 1963 bis zur Schließung der Bühne 1993 an den Staatlichen Schauspielbühnen Berlin. Mitwirkung bei Spielfilmen und Fernsehproduktionen.

Bayer, Konrad, geb. 17. 12. 1932 in Wien, gest. 10. 10. 1964 Schloß Hagenberg (Freitod). Österreichischer Autor. Bayer studierte Psychologie, ehe diverse Tätigkeiten, darunter Barmusiker und Schauspieler. Er gehörte der Wiener Gruppe um H. C. Artmann an. Bayer schrieb avantgardistische Lyrik und Dramen, in denen er die Scheinwelt der Worte untersuchte und neue Ausdrucksmittel ausprobierte. »Bayer ist in den Jahren seit seinem Tod schon wieder halb vergessen, fröstelt sein Todesdasein allenfalls als ›Vorläufer‹

seines theatralisch zweifellos erfindungsreicheren und gedanklich umfassenderen Landsmannes Handke dahin.« (Karena Niehoff, ›SZ‹, 18. 9. 1972. Kritik zu ›Kasperl am elektrischen Stuhl‹, Werkstatt des Schiller-Theaters Berlin. R. Peter Fitzi) **Stücke:** ›die begabten zuschauer‹, ›der fliegende holländer‹, ›kosmologie‹, ›ein kriminalstück‹ (mit G. Rühm; alle 1961); ›bräutigam und anonymphe‹ (1963); ›kasperl am elektrischen stuhl‹ (UA 1968); ›der analfabet, der berg‹ (UA 1969); ›die boxer‹ (UA 1971); ›die pfandleihe‹ (UA 1988).
Literatur: U. Janetzki: Alphabet und Welt. Über Konrad Bayer. Frankfurt a. M. 1982; K. Strasser: Experimentelle Literaturansätze im Nachkriegs-Wien. Konrad Bayer als Beispiel. Stuttgart 1986; W. Ihrig: Literarische Avantgarde und Dandyismus. Von Carl Einstein bis Oswald Wiener. Frankfurt a. M. 1988.

Bayer, Veronika, geb. 4. 6. 1940. Schauspielerin. Engagements: Freie Volksbühne Berlin (1962), Düsseldorfer Schauspielhaus (1967–1972), Bayerisches Staatsschauspiel München (1972), Burgtheater Wien (1973), Bühnen der Stadt Köln (1973–1975), wieder Düsseldorfer Schauspielhaus (1976–1980), bevor sie 1981 – im Jahr der Gründung – zum Ensemble des Theaters an der Ruhr Mülheim/Ruhr stieß. Wichtige Rollen u. a.: Agnes in Strindbergs ›Traumspiel‹ (1976, Schauspielhaus Köln, R. Roberto Ciulli); Kunigunde in Kleists ›Käthchen von Heilbronn‹ (1979, Düsseldorfer Schauspielhaus, R. Johannes Schaaf); Titania in Shakespeares ›Sommernachtstraum‹ (1983, Theater an der Ruhr, R. Ciulli); Henning Rischbieter schrieb dazu in ›Theater heute‹ (Heft 2, 1983): »Sie ist das eigentliche Zentrum der Aufführung, ihr Erwachen aus dem, was ihr Oberon als Wahn- oder Wunscherfüllung verordnet, erschreckt und ergreift.« 1984 spielte Veronika Bayer die Nina in Ciullis Inszenierung von Tschechows ›Die Möwe‹, im selben Jahr die Winnie in seiner Inszenierung von Becketts ›Glückliche Tage‹; hierüber schrieb C. Bernd Sucher (›SZ‹, 22. 1. 1986): »Veronika Bayer bewegt sich wie der junge Barrault

Bayrhammer

in ›Les Enfants du Paradis‹. (...) Erlebt aber Winnie die Realität, fällt sie aus dem Spiel, dann bricht Veronika Bayers Stimme, ein trauriges Tremolo würgt ihre Sprache, man hört die Tränen, die diese Winnie sich zu weinen verbietet.« 1988 spielte sie die Celia Peachum in Brechts ›Dreigroschenoper‹, 1990 die Rosetta in Büchners ›Leonce und Lena‹ (Premiere in Schwäbisch Hall, danach Mülheim), 1991 die Olga in Tschechows ›Drei Schwestern‹ (R. jeweils Ciulli).

Bayrhammer, Gustl, geb. 12. 2. 1922 in München, gest. 24. 4. 1993 in Krailling. Schauspieler. Während des Krieges absolvierte er die Schauspielschule von Fridl Leonhard und nahm Unterricht im Schauspielstudio des Schiller-Theaters Berlin; 1944 Abschlußprüfung. Engagements: Sigmaringen (1945–1948), Tübingen (1949–1952), Augsburg (1952–1955), Karlsruhe (1955–1964) Landestheater Salzburg (1964–1966), Münchner Kammerspiele (1967–1971). Danach arbeitete er frei, u. a. am Bayerischen Staatsschauspiel München und am Münchner Volkstheater (seit 1983). Bayrhammers größter Erfolg auf der Bühne war der Petrus in Wilhelms ›Der Brandner Kaspar und das ewig' Leben‹ (von 1975 bis zu seinem Tod 742 Vorstellungen, Bayerisches Staatsschauspiel München). Bayrhammer wirkte in zahlreichen Hörspielproduktionen und vielen Fernsehfilmen mit (auch Serien). In seinem Nachruf schrieb Thomas Thieringer (›SZ‹, 26. 4. 1993): »Nach Walter Sedlmayrs und Beppo Brems Tod galt er als der letzte der großen bayerischen Volksschauspieler; aber er ließ sich nicht von Berufsbayern oder Parteien vereinnahmen. Als der ›Komödienstadl‹, den er mit berühmt gemacht hatte, ins Tümlich-Einfältige abrutschte, machte er nicht mehr mit; als ihm die Drehbücher für den ›Tatort‹ zu schlicht wurden, gab er die Rolle des Kommissars Veigl (die zu den populärsten des deutschen Fernsehens gehörte) auf; als mit seinem Namen Partei-Propaganda für das Privat-Fernsehen gemacht wurde, protestierte er heftig; er war einer der ersten, der sich gegen die aufkommende Ausländerfeindlichkeit stellte. (...) Oskar

Maria Graf gehörte zu seinen Lieblingsautoren und – natürlich auch – Ludwig Thoma; dessen ›Witiber‹ gehörte wie der Bauer in ›Magdalena‹ zu seinen (vielen) Glanzrollen. Da spielte er strenge, verhärtete Mannsbilder, die sich mit ihrer Unnachgiebigkeit selbst zu retten suchen. Seine andere Seite, die schlitzohrige Gelassenheit, die gütige Bestimmtheit zeigte er als Meister Eder in der ›Pumuckl‹-Verfilmung.«
Literatur: M. Faber/L. Weizert: ... dann spielten sie wieder. Das Bayerische Staatsschauspiel 1946–1986. München 1986.

Beaumarchais, Pierre Augustin Caron de, geb. 24. 1. 1732 in Paris, gest. 18. 5. 1799 ebenda. Französischer Schriftsteller. Sohn eines Uhrmachers. Beaumarchais führte ein abenteuerliches Leben, verwikkelte sich in Skandale und Prozesse. In Europa wurde er berühmt mit seinen Memoiren (1773/74), in denen er die französische Justiz der Korruptheit bezichtigte. Seine satirische Komödie ›Der Barbier von Sevilla‹ (1775) brachte ihm großen Erfolg (auch als Oper von Paesiello 1780, von Rossini 1816), während sein Stück ›Ein toller Tag oder Figaros Hochzeit‹ (1785) sechs Jahre lang von der Zensur verboten wurde (als Oper von Mozart 1786). Beaumarchais griff in seinen Stücken die Privilegien des Adels an und galt als geistiger Wegbereiter der Französischen Revolution.
Weitere Stücke: ›Eugénie‹ (1767); ›Die beiden Freunde oder Der Kaufmann aus Lyon‹ (1771); ›La mère coupable‹ (1792).
Literatur: J. B. Ratermanis/W. R. Irwin: The Comic Style of Beaumarchais. Washington 1961.

Becher, Johannes R., geb. 22. 5. 1891 in München, gest. 11. 10. 1958 in Berlin. Schriftsteller. Sohn eines Richters. Becher studierte Philosophie und Medizin in Jena und Berlin. 1919 Eintritt in die KPD, 1933 Emigration in die UdSSR. 1945 kehrte er nach Deutschland (Ost) zurück. Er wurde 1953 Präsident der Deutschen Akademie der Künste und 1954 Minister für Kultur der DDR. Becher schrieb v. a. Lyrik, daneben auch politische Dramen, in denen es um Revolution und Auseinandersetzung mit dem Faschismus geht, und er verfaßte die Nationalhymne der DDR. »Der subjektive Blick muß der Bühne, der der Sinn nicht nach historischer Wahrheit steht, keinen Abbruch tun, wie Frank-Patrick Steckels Inszenierung von Bechers Schauspiel ›Winterschlacht‹ beweist. Die ›deutsche Tragödie‹, die in der DDR zu den Pflichtübungen zählt und in der Bundesrepublik einmal, 1977 in Darmstadt, auf die Bühne kam, wird am Schauspielhaus Bochum nicht als ›ideologische Abrechnung mit der Nazizeit‹ (so Brecht, der sie 1955 zum Lehrstück schärfte), sondern als Erkundung ihrer psychischen Grundlagen interpretiert. (...) In den Momenten, da die Figuren als Einzelne und Leidende erkennbar werden, löst sich der ideologische Kleister des Textes auf – in subjektive Wahrheiten. Aufgespürt werden Zweifel, Zerrissenheiten, Ängste, Lähmungen, Wahnvorstellungen. Fragen der Schuld und des Gewissens, des sozialen und inneren Verhaltens werden gestellt, die heute, fast fünfzig Jahre danach, keineswegs erledigt sind.« (Andreas Rossmann, ›FAZ‹, 7. 4. 1988. Kritik zu ›Winterschlacht‹, Bochum, R. Frank-Patrick Steckel)

Weitere Stücke: ›Arbeiter Bauern Soldaten. Der Aufbruch eines Volkes zu Gott‹ (1921); ›Der große Plan‹ (1932); ›Schlacht um Moskau‹ (1942); ›Das Führerbild‹ (1946).

Literatur: N. Hopster: Das Frühwerk Johannes R. Bechers. Bonn 1969; M. Rohrwasser: Der Weg nach oben. Johannes R. Becher. Basel 1980.

Becher, Ulrich, geb. 2. 1. 1910 in Berlin, gest. 15. 4. 1990 in Basel. Schriftsteller. Sohn eines Anwalts und einer Schweizer Pianistin. Becher studierte in Genf und Berlin Jura. 1933 ging er nach Wien und heiratete die Tochter von Roda Roda. 1938 Emigration nach Genf, 1941 nach Brasilien, von 1944 bis 1948 in New York. Danach lebte er wieder in der Schweiz. In seinen höchst selten gespielten Dramen setzte sich Becher vornehmlich mit dem Nationalsozialismus auseinander.

Stücke: ›Niemand‹ (1934); ›Der Bockerer‹ (1946); ›Der Pfeifer von Wien‹ (1950); ›Samba‹ (1951); ›Feuerwasser‹ (1951); ›Mademoiselle Löwenzorn‹ (1953); ›Die Kleinen und die Großen‹ (1955); ›Spiele der Zeit‹, ›Der Herr kommt aus Bahia‹ (beide 1957); ›Biene, gib mir Honig‹ (1966).

Literatur: N. A. McClure Zeller: Ulrich Becher. A Computer-assisted Case Study of the Reception of an Exile. Bern 1983.

Bechtolf, Sven-Eric, geb. 13. 12. 1957 in Darmstadt. Schauspieler. Ausbildung am Mozarteum in Salzburg. Debütierte 1981 in Hamburg als Lefranc in Genets ›Unter Aufsicht‹ (TiK). Danach war er vier Jahre in Zürich engagiert; spielte dort u. a. den Mordred in Dorsts ›Merlin oder Das wüste Land‹ und Claudius in Shakespeares ›Hamlet‹. 1986–1988 Engagement am Schauspielhaus Bochum, dort u. a. Caesar in Shakespeares ›Antonius und Kleopatra‹; Riccaut in Lessings ›Minna von Barnhelm‹; in Koltès' ›Quai West‹. Seit 1988 gehört er zum Ensemble des Hamburger Thalia Theaters. Rollen in Inszenierungen von Jürgen Flimm: Dankwart in Hebbels ›Die Nibelungen‹ (1988); Sergej Pavlovic in Tschechows ›Platonow‹ (1989); Edmund in Shakespeares ›König Lear‹ (1992); ferner u. a.: Polizeipräfekt in Koltès' ›Rückkehr in die Wüste‹ (1988, R. Alexander Lang); Charles Fairchild in Brechts ›Mann ist Mann‹ (1989, R. Katharina Thalbach) und Arturo Ui in Brechts ›Der aufhaltsame Aufstieg des Arturo Ui‹ (1990, R. Siegfried Bühr); Robespierre in Büchners ›Dantons Tod‹ (1989, R. Ruth Berghaus) und Leonce in ›Leonce und Lena‹ (1991, R. Axel Manthey); Shlink in Brechts ›Im Dickicht der Städte‹ (1991, R. Berghaus); Hitler in Taboris ›Mein Kampf‹ (1992, R. Erwin Axer); Humpty-Dumpty in Wilson/Waits/ Schmidts ›Alice‹ (1992, R. Robert Wilson); Titelrolle in Shakespeares ›Othello‹ (1993, R. Guy Joosten); in Inszenierungen von Wolf-Dietrich Sprenger: Hamm in Becketts ›Endspiel‹ (1992) und Karl Moor in Schillers ›Die Räuber‹ (1994). Am Wiener Burgtheater gastierte er als Azdak in Brechts ›Der kaukasische Kreidekreis‹ (1994, R. Berghaus).

Beck

Beck, Heinrich, geb. 19. 12. 1760 in Gotha, gest. 6. 5. 1803 in Mannheim. Schauspieler und Regisseur. 1779 wurde er von Wolfgang Heribert Dalberg nach Mannheim verpflichtet. Er bildete zusammen mit Johann David Beil und August Wilhelm Iffland den »Kern der Mannheimer Kunstgenossenschaft« (Karl August Devrient). Er spielte den Kossinsky in der Uraufführung von Schillers ›Die Räuber‹ (1784) und war im selben Jahr der erste Ferdinand in Schillers ›Kabale und Liebe‹. Nach Ifflands Weggang führte er auch Regie in Mannheim. Von 1779 bis 1801 ging Beck als Schauspieler und Direktor ans Münchner Hoftheater, kehrte aber 1801 nach Mannheim zurück.
Stücke: ›Die Schachmaschine‹ (1797); ›Die Quälgeister‹ (1802, nach Shakespeares ›Viel Lärm um nichts‹).
Literatur: H. Knudsen: Heinrich Beck, ein Schauspieler aus der Blütezeit des Mannheimer Theaters im 18. Jahrhundert. Leipzig 1912.

Beck, Julian, geb. 31. 5. 1925 in New York, gest. 16. 9. 1985. Schauspieler, Bühnenbildner und Regisseur. Schüler von Erwin Piscator, in dessen Theatre Workshop in New York er lernte. 1947 gründete Beck zusammen mit Judith Malina die Living Theatre Productions, aus der 1951 das Living Theatre wurde, das danach im Cherry Lane Theatre New York spielte. Erste Produktionen: ›Doktor Faustus lights the lights‹ von Gertrude Stein, ›Ubu Roi‹ von Alfred Jarry. Von 1954 bis 1963 Aufführungen in verschiedenen Living Theatre Studios. 1961 erste Europatournee. 1963 Schließung des New Yorker Studios wegen Steuerschulden. 1964 Gefängnisstrafe, weil die Becks (Julian Beck und Judith Malina hatten inzwischen geheiratet) sich weigerten, Steuern zu zahlen. Die Produktionen der folgenden Jahre kamen in Paris (1964, ›Mysteries and Smaller Pieces‹), Berlin (1965, Jean Genets ›Die Zofen‹), Venedig und Avignon (1968, ›Paradise now‹) heraus. Von 1973 an arbeitete Julian Beck mit seiner Truppe wieder in den USA. Michael Skasa schrieb in seinem Nachruf (›SZ‹, 18. 9. 1985): »Er hat uns geärgert, und wir haben ihn liebgehabt; er hat die Menschen geliebt, und sie warfen ihn aus ihren Ländern oder in ihre Gefängnisse. Er wollte Frieden und Freundschaft, wenn möglich mit dem ganzen Kosmos – heute klingt das albern verkitscht, aber er lebte danach vor Jahrzehnten schon, mit seiner Frau Judith Malina; er so hager, lang und scharfgeschnitten, sie eine flinke Kleine, beide nicht nachlassend an Energie und Glaube, beide immerzu bespuckt und gefeiert, durch die Welt ziehend und ihr Theater spielend, ihres: Das war eines, das es zuvor nie gegeben hatte. (. . .) Ihr Theater nannten sie ›Living Theatre‹, es war ein Theater der Ekstase, der Improvisation, des Gruppen-Feelings, mit seinen Höhepunkten in der Zeit von Hasch und LSD, von Joga, Umarmung, Kommune, Studentenaufstand und Vietnam.«
Literatur: A. Rostagno/J. Beck/J. Malina (Hrsg.): We, The Living Theatre. New York 1970; J. Malina/J. Beck: Paradise Now. New York 1971; K. H. Brown: The Brig. With an Essay on the Living Theatre by Julian Beck and Director's Notes by Judith Malina. New York 1965; P. Biner: The Living Theatre. Lausanne 1968; J. Heilmeyer/P. Fröhlich: Now – Theater der Erfahrung. Köln 1971; T. Schank: American Alternative Theatre. London 1982.

Becker, Hans-Ulrich, geb. 1956. Regisseur. Studium »Medizinische Dokumentation« (Abschluß in Ulm), Germanistik, Theaterwissenschaft und Kulturanthropologie in Frankfurt a. M. Danach sieben Jahre freie Theaterarbeit in Frankfurt; anschließend Regieassistenz am Bayerischen Staatsschauspiel München, wo 1989 seine erste Inszenierung herauskam: Harold Pinters ›Bergsprache‹ (DE). Weitere wichtige Inszenierungen: Heiner Müllers ›Wolokolamsker Chaussee I-V (1989, Stadttheater Aachen); Kleists ›Der zerbrochene Krug‹ (1990, ebenda); Shakespeares ›Ein Sommernachtstraum‹ (1990, Stadttheater Heidelberg); Becketts ›Warten auf Godot‹ (1990 Theater Bremen); Thomas Bernhards ›Die Jagdgesellschaft‹ (1991, Aachen); Klaus Pohls ›Karate Billi kehrt zurück‹ (1991, Heidelberg); Grabbes

›Scherz, Satire, Ironie und tiefere Bedeutung‹ (1991, Aachen); Gombrowicz' ›Yvonne, Prinzessin von Burgund‹ (1992, Heidelberg; eingeladen zum Theatertreffen Berlin 1993). Seit 1992 regelmäßig Arbeit am Nationaltheater Mannheim (als Oberspielleiter). Wichtige Arbeiten: Tschechows ›Platonow‹ (1992); Kleists ›Die Familie Schroffenstein‹; Wenedikt Jerofejews ›Walpurgisnacht oder die Schritte des Komturs‹ (eingeladen zum Theatertreffen Berlin 1994). Über Beckers frühe ›Sommernachtstraum‹-Inszenierung schrieb Peter von Becker (›Theater heute‹, Heft 4, 1991): »Das ist ein kleines Theaterwunder. Denn die Inszenierung des begabten Hans Ulrich Becker hat etwas von der unermüdlichen Ausführlichkeit, von der durchgrübelten Schwermütigkeit einer frühen Ernst-Wendt/Andrea-Breth-Aufführung.« Und über seinen Jerofejew schrieb Jürgen Berger in der ›taz‹ (14. 1. 1994): »Man sieht Beckers Inszenierung die Mühe an, die auseinanderfliegenden Textteile atmosphärisch wieder einzufangen. Es gelingt ihm nur, weil er detailgenaue Studien der einzelnen Typen erarbeitet hat.«
Literatur: H.-U. Becker: Darum Theater. Erfahrungen und Überlegungen eines 35jährigen Regisseurs. In: Theater heute, Jahrbuch 1992.

Becker, Maria, geb. 28. 1. 1920 in Berlin. Schauspielerin und Regisseurin. Nach der Schule besuchte sie das Max-Reinhardt-Seminar in Wien. 1938 emigrierte sie in die Schweiz, dort, am Schauspielhaus Zürich debütierte sie 1939 als Elmire in Molières ›Tartuffe‹. Diesem Haus blieb sie bis 1965 fest verpflichtet (danach als Gast). 1960 gründete sie mit Will Quadflieg und Robert Freitag das Ensemble Die Schauspieltruppe Zürich, mit dem sie auf Tourneen ging und für das sie auch als Regisseurin arbeitete. Als Schauspielerin hatte Maria Becker auch Verpflichtungen am Deutschen Schauspielhaus Hamburg, am Schloßpark-Theater Berlin, am Schauspielhaus Düsseldorf, am Bayerischen Staatsschauspiel München, am Renaissancetheater Berlin, am Zürcher Theater am Hechtplatz. Wichtige Rollen u. a.: Martha in Edward Albees ›Wer hat Angst vor Virginia Woolf?‹ (DE 1963, Schloßpark-Theater Berlin, R. Boleslaw Barlog); Titelrolle in Hildesheimers ›Maria Stuart‹ (UA 1971, Düsseldorfer Schauspielhaus, R. Konrad Swinarski); Sarah Bernhardt in Murells ›Memoiren‹ (1980, Renaissance-Theater Berlin, R. Michael Degen); Irma in Jean Genets ›Der Balkon‹ (1984, Zürich, R. Werner Düggelin); Titelrolle in Esther Vilars ›Die amerikanische Päpstin‹ (DE 1984, Zürich, R. Leopold Lindtberg). Maria Becker arbeitete auch für den Film und das Fernsehen. Zu ihrem 70. Geburtstag gratulierte Friedrich Luft ihr in der ›Welt‹ (28. 1. 1990): »Ihr Talent, das immer auch geniale Züge hatte, ist keineswegs gealtert. Das zeitgenössische Theater aber scheint zu kleinmütig, sich ihrer Kraft und Herrlichkeit zu stellen. Eine große unersetzbare Tragödin ist einsam geworden.«
Literatur: S. Melchinger/R. Clausen: Schauspieler. 36 Porträts. Velber 1965.

Becker, Peter von, geb. 13. 11. 1947. Kritiker und Schriftsteller. Studierte Jura, Soziologie, Philosophie, Kunstgeschichte in Heidelberg und München; Promotion über Medienrecht. Zahlreiche Beiträge für ›Die Zeit‹, ›Der Spiegel‹, ›Süddeutsche Zeitung‹, ›Akzente‹, ›Merkur‹ sowie für Rundfunk und Fernsehen. Redakteur und Mitherausgeber der Zeitschrift ›Theater heute‹. Lebt in München und Berlin.
Literatur: P. von Becker: Der überraschte Voyeur. München 1982; ders. (Hrsg.): Georg Büchner, Dantons Tod. Frankfurt a. M. 1985; ders.: Die kopflose Medusa. Frankfurt a. M. 1989; ders.: Die andere Zeit. Frankfrut a. M. 1994.

Becker, Rolf, geb. 31. 5. 1935 in Leipzig. Schauspieler. Nach der Ausbildung an der Otto-Falckenberg-Schule in München erhielt er sein erstes Engagement 1958 am Landestheater Darmstadt, wo er bis 1961 blieb. Weitere Stationen: Ulmer Theater (1962/63); Theater der Freien und Hansestadt Bremen (1963–1969) – hier spielte er in den Jahren 1964 bis 1967 u. a. in Peter Zadeks Inszenierungen von Oscar Wildes ›Bunbury‹ (Jack) und Ibsens ›Nora‹ (Krogstadt); Deutsches Schauspielhaus

Beckett

Hamburg (1973/74 und 1979/80). Hier spielte er u. a. den Teresias in Shakespeares ›Troilus und Cressida‹ (R. Kurt Hübner), den Lionel in Schillers ›Die Jungfrau von Orleans‹ (R. Wilfried Minks). Seitdem freier Schauspieler, u. a. am Deutschen Schauspielhaus Hamburg in John Hopkins' ›Die Geschichte von ihnen‹ (1992, R. Peter Striebeck); in Film- und Fernsehproduktionen, u. a. in Schlöndorffs ›Die verlorene Ehre der Katharina Blum‹ (1976), in der Fernsehserie ›Leo & Charlotte‹ (1991).

Beckett, Samuel, geb. 13. 4. 1906 in Dublin, gest. 22. 12. 1989 in Paris. Irischer Schriftsteller und Regisseur. Beckett studierte Romanistik in Dublin und war bekannt mit James Joyce, der ihn nachhaltig beeinflußt hat. Von 1928 bis 1930 lehrte er Englisch an der École Normale Supérieure in Paris, von 1933 bis 1936 lebte er in London, 1936/37 in Deutschland und von 1937 an in Frankreich. 1941 nahm er am Widerstand teil und lebte nach dem Krieg bis zu seinem Tod in Paris. 1969 erhielt Beckett den Nobelpreis für Literatur. Beckett wurde erst nach dem Krieg mit seiner Romantrilogie ›Molloy‹ (1951), ›Malone stirbt‹ (1951) und ›Der Namenlose‹ (1953) und vor allem mit seinem Stück ›Warten auf Godot‹ (1952) international bekannt. Er schrieb in englischer, später in französischer Sprache. In karger, dichter und streng komponierter Sprache und mit tragischem Humor zeigt Beckett die Sinn- und Ziellosigkeit menschlicher Existenz, die Absurdität menschlichen Daseins, und er konfrontiert in Endzeitsituationen den Zuschauer und seine Figuren permanent mit dem Tod und dem Endzustand allen Seins. Beckett inszenierte mit großem Erfolg einige seiner Stücke selbst, an den Staatlichen Schauspielbühnen Berlins: ›Endspiel‹ (1967; eingeladen zum Berliner Theatertreffen 1968, ›Das letzte Band‹ (1969; eingeladen zum Berliner Theatertreffen 1970; 1989 als Film mit Curt Bois und Sunnyi Melles), ›Glückliche Tage‹ (1971), ›Warten auf Godot‹ (1975), ›Damals, Tritte‹ (1977). Über die Aufführung von ›Warten auf Godot‹ in Berlin unter der Regie des Autors

schrieb Georg Hensel (›FAZ‹, 10. 3. 1975): »Beckett hat ›Warten auf Godot‹ weginszeniert von der Clownsgroteske, weg von Musikhall, von Manege. Wladimirs und Estragons Streitfrage, wo sie nun eigentlich seien, im Theater, im Zirkus oder im Varieté, hat Beckett 1975 eindeutig entschieden: im Theater. (. . .) Auch jetzt (. . .) läßt Beckett nicht Philosophie, er läßt Theater spielen. Der Regisseur Beckett, der sich an das Theaterfleisch hält, an das Dreidimensionale, kann sich freilich fest darauf verlassen, daß ihm der Autor Beckett die vierte Dimension, die philosophische, die metaphysische, schon gratis dazuliefern wird, denn er spielt mit den Grundfragen des menschlichen Daseins. Da die Unlösbarkeit dieser Fragen nahelegt, auf Antworten zu verzichten und sich an das ›Spiel‹ zu halten, arbeiten sich Regisseur und Autor Beckett gegenseitig in die Hände.«
»Nicht nur Gott stirbt, und nicht nur der Mensch, sondern das Sein. Ein unerträgliches Drama, die Tragödie des Denkens, das dazu verdammt ist, das Undenkbare zu denken, den eigenen Tod zu denken, indem es ihn lebt; ein gepeinigtes Denken, das Denken des absoluten Schreckens, dem nur der Spott des Clowns zu begegnen vermag (. . .). Beckett hat nie etwas anderes getan, als ›solch spezifische Prozesse‹ zu beschreiben ›wie die Einengung des intellektuellen und geistigen Horizonts des Menschen, sein Herabsinken zum Tier – und sein Absterben noch vor dem eigentlichen Tod‹. Diese Worte schrieb nicht etwa ein Beckett-Spezialist über Beckett, sondern Solschenizyn über den Gulag.« (Alfred Simon: Beckett. Frankfurt a. M. 1991, S. 111)
Weitere Stücke: ›Cascando‹ (1963); ›Play‹ (1964); ›Not I‹ (1971); ›Rockaby‹ (1978); ›Katastrophe‹ (1982).
Literatur: K. Schoell: Das Theater Samuel Becketts. München 1967; K. Birkenhauer (Hrsg.): Samuel Beckett in Selbstzeugnissen und Bilddokumenten. Reinbek, 1971; J. Fletcher/J. Spurling: Samuel Beckett. A Study of his Plays. New York 1972; D. Bair: Samuel Beckett. A Biography. London 1978 (dt. Hamburg 1991).

Beckmann, Friedrich, geb. 13. 1. 1803 in Breslau, gest. 7. 9. 1866 in Wien. Schauspieler. Begann am Königstädtischen Theater in Berlin; wurde sehr rasch ein populärer Komiker. 1845 Ensemblemitglied des Theaters an der Wien, von 1846 bis 1866 am Burgtheater in Wien engagiert. Heinrich Laube über Beckmann: »Es gibt nichts Populäreres als einen wirklichen Komiker, Beckmann war einer. Er war ein komischer Künstler, er war ein komischer Schauspieler.« **Literatur:** J. Findeisen: Friedrich Beckmann. Lebensbild. Wien 1866; F. Kaiser: Friedrich Beckmann. Wien 1866.

Beek, Richard, geb. 17. 2. 1924 in Ulm. Schauspieler. Von 1940 bis 1941 Ausbildung an der Staatlichen Schauspielschule München; 1945–1955 Engagements an den Stadttheatern Ulm, Würzburg und Nürnberg, 1955–1960 Theater der Jugend München und seit 1961 Ensemblemitglied der Münchner Kammerspiele. Über seine Rollen befragt, schreibt er:»Ich habe mit vielen Regisseuren und Schauspielern gespielt, doch sie aufzuzählen, widerstrebt mir, habe es auch zum Teil vergessen, denn ich habe in den meisten Fällen kleine Rollen, Chargen, wie man sagt, gespielt.« Eine Hauptrolle gab es für Richard Beek (neben Maria Wimmer) 1990 in Ulla Berkewicz' ›Nur wir‹, inszeniert von Urs Troller. Daneben mehrere Arbeiten für das Fernsehen.

Beelitz, Günther, geb. 29. 9. 1939. Dramaturg und Intendant. Studium der Theaterwissenschaft, Germanistik, Kunstgeschichte in Marburg und Wien; Schauspielschule und Regieklasse am Max-Reinhardt-Seminar in Wien. 1965–1966 leitete er das Ateliertheater in Wien, 1968–1971 Leiter der Theaterabteilung der Universaledition Wien, 1971–1976 Intendant des Staatstheaters Darmstadt, 1976–1986 Generalintendant des Schauspielhauses Düsseldorf, 1986–1992 Intendant des Bayerischen Staatsschauspiels München. Von der Spielzeit 1994/95 an Intendant des Deutschen Nationaltheaters in Weimar. 1993 gab er sein Regiedebüt am Bayerischen Staatsschauspiel mit einer Inszenierung von Arthur Schnitzlers ›Im Spiel der Sommerlüfte‹. **Literatur:** Düsseldorfer Schauspielhaus 1976–1986. Dokumentation und Rückblick auf eine 10jährige Theaterarbeit. Düsseldorf 1986; Bayerisches Staatsschauspiel (Hrsg.): Blick zurück. 1986–1993. Eine Dokumentation. München 1993; H. Riemenschneider: Theatergeschichte der Stadt Düsseldorf. Bd. II. Düsseldorf 1987.

Beginnen, Ortrud, geb. 5. 2. 1938 in Hamburg. Schauspielerin, Sängerin, Autorin, Regisseurin. 1960 absolvierte sie die Eignungsprüfung zur Staatlichen Hochschule für Musik und darstellende Kunst in Hamburg. Ihr Vorsprech-Programm war außergewöhnlich und kennzeichnete bereits die spätere künstlerische Arbeit: Sie rezitierte das ›Vater unser‹ und sang ›Nur nicht aus Liebe weinen‹. 1965 Bühnendebüt in Berlin. 1971 begann sie im Berliner »Reichskabarett« von Paul Vasil. Hier arbeitete sie auch als Autorin und Regisseurin (bis 1974). Von 1976 bis 1980 gehörte sie zum Ensemble des Württembergischen Staatstheaters Stuttgart, von 1980 bis 1986 war sie Mitglied des Schauspielhauses Bochum. 1984 hatte ihr Stück ›Minna oder wie man dazu gemacht wird‹ in Bochum Premiere, sie selbst spielte die Titelrolle; 1985 folgte die Fortsetzung ›Minna II oder die Magd des Schicksals‹, 1985 der dritte Teil: ›Minna auf Mallorca‹. Wichtige Rollen in Bochum u. a.: Sittah in Lessings ›Nathan der Weise‹ (1981, R. Claus Peymann); Maria Concepta in Brendan Behans ›Richards Korkbein‹ (1983, R. Walter Bockmayer); Noahin in Herbert Achternbuschs ›Sintflut‹ (UA 1984, R. Axel Manthey). Seit 1986 arbeitet sie frei, auch bei Pina Bausch in Wuppertal und am Burgtheater in Wien, am Bochumer Schauspielhaus (1987: ›Die fromme Helene‹). Von 1990 bis 1992 war sie fest am Deutschen Schauspielhaus Hamburg engagiert; spielte in Frank Loessers ›Guys & Dolls‹ (1990, R. Michael Bogdanov); Klaus Pohls ›Karate-Billy kehrt zurück‹ (1991, R. der Autor); Werner Schwabs ›Volksvernichtung‹ (1992, R. Monika Steil). Ortrud Beginnen über ihre eigene Arbeit: »Ich stehe da, singe, spreche,

Behan

schreie mir die Seele aus dem Leib und das Hirn aus dem Kopf, kämpfe wirklich jeden Abend, weil ich denke, es muß doch möglich sein, daß diese Leute, du meine Güte, irgend etwas kapieren, aber die meisten reagieren eben dementsprechend, was sie über mich gehört oder gelesen haben. Für die bin ich die Ulknudel, und dabei bleibt es.« (›Die Zeit‹, 5. 9. 1980) Ortrud Beginnen spielte auch in Filmen und Fernsehspielen mit.

Literatur: O. Beginnen: Guck mal, schielt ja! Manuskripte aus dem Katastrophenkoffer. München u. a. 1976; H. Beil (u. a.) (Hrsg.): Das Bochumer Ensemble. Ein deutsches Stadttheater 1979–1986. Königstein 1986.

Behan, Brendan, geb. 9. 2. 1923 in Dublin, gest. 20. 3. 1964 ebenda. Irischer Dramatiker. Behan verbrachte seine Kindheit in den Slums von Dublin. 1936 Lehre als Maler. Er nahm an den Aufständen der IRA teil und wurde zu acht Jahren Gefängnis verurteilt. Von 1947 an lebte er in Paris; 1952 Rückkehr nach Dublin, wo er als Journalist und Schriftsteller arbeitete.

Behan schrieb aus seiner Erfahrung im Gefängnis und mit der IRA, seine Figuren sind Hochstapler, Huren, Henker und Gefängniswärter. Mit seinem Stück ›Die Geisel‹ (1958) erreichte er international große Beachtung. In Deutschland wurde das Stück durch die Inszenierungen von Peter Zadek bekannt: in Ulm (1963) und Berlin (1975) und durch eine Fernsehproduktion. Viel gespielt wird vor allem ›Richards Korkbein‹ (1965).

Weitere Stücke: ›Der Spaßvogel‹ (1956); ›Ein Gutshaus in Irland‹ (1957).

Beil, Hermann, geb. 1941 in Wien. Dramaturg und Co-Theaterdirektor. Studium der Literaturwissenschaft, Geschichte und Musik in Mainz und Frankfurt a. M. Von 1965 bis 1968 Dramaturgieassistent am Schauspiel Frankfurt (bei Peter Palitzsch); 1968–1974 Chefdramaturg am Basler Theater (bei Werner Düggelin). Seit 1974 kontinuierliche und ausschließliche Zusammenarbeit mit Claus Peymann in Stuttgart (1974–1979), Bochum (1979–1986) und Wien (seit 1986). Direktions-

mitglied am Schauspielhaus Bochum und am Burgtheater Wien. Beil, dem immer wieder Intendantenposten angeboten wurden, hält an der Zusammenarbeit mit Peymann fest.

Literatur: J. W. Goethe: Faust. Der Tragödie Erster Teil. Die Aufführung der Württembergischen Staatstheater Stuttgart. Eine Dokumentation. Hrsg. von H. Beil u. a. Stuttgart 1979; H. Beil (u. a.) (Hrsg.): Das Bochumer Ensemble. Ein deutsches Stadttheater 1979–1986. Königstein 1986; H. P. Doll (Hrsg.): Mein erstes Engagement. Stuttgart 1988.

Beilharz, Manfred Roy Erich, geb. 13. 7. 1938 in Böblingen. Regisseur und Intendant. Studium der Theaterwissenschaft in Jura. Promotion. 1967 Regieassistent an den Münchner Kammerspielen bei Hans Schweikart; 1968/69 Dramaturg und Regisseur in Castrop-Rauxel; 1970–1975 Intendant am Landestheater Tübingen; 1976–1983 Intendant der Städtischen Bühnen Freiburg; 1983–1990 Intendant des Staatstheaters Kassel; seit 1991 Intendant des Bonner Schauspiels. Auch Opernregisseur, u. a.: Prokowjews ›Die Liebe zu den drei Orangen‹ (1981, Städtische Bühnen Freiburg); Verdis ›Falstaff‹ (1987, Staatstheater Kassel). 1992 etablierte Beilharz die Bonner Biennale, ein Schauspieler-Festival, das sich der europäischen Gegenwartsdramatik annimmt, mit Gastspielen aus ganz Europa.

Beimpold, Ulrike, geb. 10. 5. 1965 in Wien. Schauspielerin. Mit 15 Jahren Engagement an das Burgtheater Wien, dem sie auch heute noch angehört. Wichtige Rollen: die Meroe in Kleists ›Penthesilea‹ (1991, R. Ruth Berghaus) und die Linda in Gabriel Baryllis ›Honigmond‹ (1992); Otto F. Beer nannte sie in dieser Aufführung (›SZ‹, 21. 1. 1992) »eine attraktive Sexbombe«.

Béjart, Maurice geb. 1. 1. 1927 in Marseille. Tänzer und Choreograph. Vetreter der freien Tanzkomposition. Debüt als Tänzer 1945 an der Oper Marseille; 1951/52 Engagement an der Königlichen Oper Stockholm. 1952 erstmals Choreograph (und Tänzer) in dem schwedischen Film ›Feuervogel‹. 1954 gründete Béjart seine eigene Ballett-Truppe, die Ballets de l'Étoile. 1957 Ballettdirektor am Théâtre de Paris. Der Durchbruch: Strawinskys ›Le Sacre du printemps‹ 1959 in Brüssel. 1960 wird Béjart Künstlerischer Direktor des Théâtre de la Monnaie in Brüssel. Gründung des Ballet du XXe Siècle. Mit diesem Ensemble Gastspiele in aller Welt. Seit 1987 mit seiner Truppe in Lausanne. Béjart machte auch mit Operninszenierungen auf sich aufmerksam, u. a. Strauß' ›Die Fledermaus‹; Verdis ›La Traviata‹; Offenbachs ›Hoffmanns Erzählungen‹. **Literatur:** M. Béjart: Ein Augenblick in der Haut eines anderen. Memoiren. München 1980; ders.: La mort subite. Journal intime. Paris 1991; M. Béjart/J. Franck: Béjart tanzt das 20. Jahrhundert. Antwerpen 1978; K. Geitel: Das Abenteuer Béjart. Berlin 1970; M. Colette/M. Gérard: Maurice Béjart. Paris 1991.

Béjart (Schauspielerfamilie), 1. Marie-Madeleine B., getauft 8. 1. 1618, gest. 17. 2. 1672, Geliebte Molières und Jungmädchendarstellerin in seinen Stücken: Lisette in ›Schule der Frauen‹, Frosine in ›Der Geizige‹, Dorine in ›Tartuffe‹. 2. Joseph B. (1616–1659), gehörte gleichfalls zu Molières Truppe. 3. Louis B. (1630–1678), gehörte gleichfalls zu Molières Truppe. 4. Geneviève B., genannt Mademoiselle Hervé, (1624–1675), gehörte auch zur Truppe. 5. Armande B. (1624–1700). Sie war die spätere Frau von Molière; spielte die wichtigsten Rollen in seinen Stücken, z. B. Elise in ›Kritik der Schule der Frauen‹, Célimène in ›Misanthrop‹, Angélique in ›Der eingebildete Kranke‹. **Literatur:** F. Hillemacher: Galérie historique de portraits des comédiens de la troupe de Molière. Lyon 1869.

Beld Geddes, Norman (eigtl. Norman Geddes), geb. 27. 4. 1893 in Adrian, gest. 1958. Bühnenbildner. Arbeitete vor allem für den amerikanischen Film und entwarf für Max Reinhardts spektakuläre ›Mirakel‹-Inszenierung in New York (1923) das Innere eines gotischen Doms.

Bevorzugte die monumentale Bühnengestaltung. **Literatur:** J. Gregor/R. Fülöp-Miller: Das amerikanische Theater und Kino. Leipzig 1931; E. Fuhrich-Leisler/G. Prossnitz: Reinhardt in Amerika. Salzburg 1976.

Bennent, Anne, geb. 13.10 1963 in Lausanne. Schauspielerin. Bereits als Zehnjährige wirkte sie mit dem Vater Heinz Bennent und dem Bruder David in Hans W. Geissendörfers Film ›Eltern‹ mit. 1979 spielte sie an den Staatlichen Schauspielbühnen Berlin, trat in Hans Lietzaus Inszenierung von Tschechows ›Der Kirschgarten‹ im Schiller-Theater auf. In der Spielzeit 1985/86 war sie am Bayerischen Staatsschauspiel engagiert, wo sie in Ingmar Bergmans Inszenierung von Ibsens ›John Gabriel Borkman‹ zu sehen war. Weitere Engagements: Schauspiel Stuttgart: in Strindbergs ›Traumspiel‹ (1987, R. Axel Manthey); Münchner Kammerspiele: in Hauptmanns ›Und Pippa tanzt!‹ (1988, R. Thomas Langhoff); eigener Chanson-Abend ›Pour Maman‹ (1989). Von 1991 bis 1993 gehörte sie zum Ensemble des Wiener Burgtheaters. Hier spielte sie 1991 in Ruth Berghaus' Inszenierung von Kleists ›Penthesilea‹ die Titelrolle und ein Jahr später die Titelrolle in Kleists ›Käthchen von Heilbronn‹ (R. Hans Neuenfels). Seit 1993 gehört sie zum Ensemble des Deutschen Schauspielhauses in Hamburg, wo sie 1993 in Leander Haußmanns Inszenierung von Shakespeares ›Troilus und Cressida‹ die weibliche Titelrolle übernahm. Bei den Salzburger Festspielen 1987 engagierte Thomas Langhoff sie für seine Inszenierung von Schnitzlers ›Der einsame Weg‹ und drei Jahre später für seine Inszenierung von Grillparzers ›Die Jüdin von Toledo‹, wo sie die Esther spielte. Über diese Rolle schrieb C. Bernd Sucher anläßlich der Wiederaufnahme 1991 (›SZ‹, 7. 8. 1991): »Anne Bennent scheint (. . .) stiller geworden, gealtert zu sein. Beinahe weise trägt Esther das Leid der Familie, das Leid ihres Volkes. Wenn Anne Bennent im Gebet klagt; wenn sie kindlichfreudig jiddisch singt und dabei ihre Finger in der Luft tanzen wie die der Juden in dem russischen

Bennent

Film ›Die Kommissarin‹ aus Angst vor dem drohenden Pogrom; wenn sie am Ende stumm den Hohn der Christen, ihren Hochmut erträgt, der Körper wie gelähmt unbewegt verharrt und nur der Schmerz sich von den trauernden Augen ausbreitet über das bleiche Gesicht: Dann ist's, als ob diese junge Frau die Verfolgungen erlebt hätte.«

Bennent, David, geb. 1966 in Lausanne. Schauspieler. Debütierte 12jährig in Volker Schlöndorffs Verfilmung von Günther Grass' ›Die Blechtrommel‹ (1979). 1984 Engagement an der Comédie Française; 1985 an der Schaubühne Berlin in Klaus Michael Grübers Inszenierung von Shakespeares ›Lear‹ als Narr. Hierzu schrieb Karena Niehoff in der ›Süddeutschen Zeitung‹ (13. 7. 1985): »Sprechen wir zuerst von David Bennent: Der kleinwüchsige junge Mann, vor Jahren der faszinierende Oskar in der verfilmten ›Blechtrommel‹, mit seinen riesigen, immer noch ins Ungewisse entfliehenden Augen, hat auch immer noch seine helle Knabenstimme, der Grüber den leicht französischen Akzent, das Schwimmende ausgetrieben hat zugunsten einer fast denaturiert überakzentuierten Schauspielschüleraussprache: Ein entsetzlich kluger, wunderlich ernster Bub ist er nun, der mit mürbe abgelagerten Endsilben seine tieftraurig doppelsinnigen Gedanken, seine Kommentare der Hoffnungslosigkeit wie auswendig gelernt herauspreßt, manchmal auch heraussprengt. Eine contradictio in adjecto, eigentlich, diese Besetzung (die sich nur ein großer Regisseur erlauben kann). Doch dieser Narr mit den ihm eigenen sperrigen Paradoxa nimmt sich eigentümlich nobel und rührend aus: diese Selbstvergessenheit, wenn er auf einem kleinen Ball ›spazieren‹ geht; diese kindlich-garstige Kälte, mit der er Shakespeares Schmährede auf sein Albion herauszischt.« 1986 spielte David Bennent in Grübers Inszenierung von Eduardo Arroyos ›Bantam‹ (Bayerisches Staatsschauspiel); 1987 in Robert Wilsons Inszenierung von Euripides' ›Alkestis‹ (Württembergisches Staatstheater Stuttgart); 1989 in Einar Schleefs Interpretation von Goethes ›Götz von Berlichingen‹. Seit 1990 gehört David Bennent dem Ensemble von Peter Brook an. 1990 war er der gefeierte Caliban in dessen Inszenierung des Shakespeareschen ›Sturm‹ (Zürich, Paris, Avignon); 1993 spielte er mehrere Rollen in Brooks Inszenierung von ›L'homme qui‹ nach Oliver Sacks. Über Bennents Caliban schrieb Peter von Becker (›Theater heute‹, Heft 10, 1990): »Der Tollste aber ist David Bennents Caliban. (. . .) Er spielt die Rolle als Irrwisch, mit immer leicht geöffnetem Mund, vorhängender Unterlippe, ein kurzgeschorener Jungenkopf voll ungeheurer Leidenschaft, in den Augen die Tollwut einer Ratte und die Sehnsucht eines gefangenen Kinds. Seit seinem Oskar Matzerath, dem Glaszersinger und Blechtrommelbuben in Volker Schlöndorffs Grass-Verfilmung, war der kleine David Bennent nie ein größerer Schauspieler als hier bei Peter Brook und William Shakespeare.«

Bennent, Heinz, geb. 18. 7. 1921 in Stolberg. Schauspieler. Vater von Anne und David Bennent. Nach dem Krieg Schauspielausbildung bei Felix Emmel. 1945 erstes Engagement am Badischen Staatstheater Karlsruhe. Seit 1947 arbeitet er frei und hat an allen bedeutenden deutschsprachigen Bühnen, aber auch in Frankreich und bei den Salzburger Festspielen gespielt (1987 in Thomas Langhoffs Inszenierung von Schnitzlers ›Der einsame Weg‹ die Rolle des Julian Fichtner). Einen Riesentriumph feierte er – nach vielen anderen Erfolgen, z. B. als Jerry in Pinters ›Betrogen‹ (1979, Staatliche Schauspielbühnen Berlin, R. Hans Lietzau), als Andersen in Enquists ›Aus dem Leben der Regenwürmer‹ (1984, Bayerisches Staatsschauspiel München, R. Ingmar Bergman), 1988 in der Uraufführungsinszenierung (Dieter Dorn) von Botho Strauß' ›Besucher‹ in der Rolle des Schauspielers Maximilian Steinberg. Hierüber schrieb C. Bernd Sucher in der ›Süddeutschen Zeitung‹ (8./9. 10. 1988): »Heinz Bennents Schauspieler-Schauspieler ist ein Ereignis. Manchmal singt er die Vokale wie Minetti, manchmal hört er den eigenen kunstvoll artikulierten Worten nach wie Will Quadflieg. (. . .) Bennent, ein Energiebündel, das selbst bei seinen Ausbrüchen noch alle Gliedmaßen und die Stimme unter Kontrolle hat. Ob er den Kopf zurückwirft, sich die Haare aus dem Gesicht streicht, ob er mit den Fäusten in den Hosentaschen rumort: Bennents Joseph weiß, was er tut und wie es ankommen soll. Und das, obgleich ihm die anderen herzlich egal sind.« 1992 spielte er den Narren in Dieter Dorns Inszenierung von Shakespeares ›Lear‹ (Münchner Kammerspiele); Joachim Kaiser schrieb (›SZ‹, 22./23. 2. 1992):»Sehr eindringlich und hochprofessionell meisterte Heinz Bennent die oft alberne Rolle des Narren. Er durfte manchmal jene melancholische Ruhe darbieten, die der Aufführung je länger je mehr, hektisch-grandguignolhaft verloren ging.« Heinz Bennent hat auch in zahlreichen Fernsehproduktionen mitgewirkt und in deutschen, französischen und Schweizer Filmproduktionen, u. a. in Volker Schlöndorffs ›Die verlorene Ehre der Katharina Blum‹ (1976); Hans W. Geissendörfers ›Die Wildente‹ (1976); Ingmar Bergmans ›Das Schlangenei‹ (1977); Schlöndorffs ›Die Blechtrommel‹ (1979, mit Sohn David); Margarethe von Trottas ›Schwestern oder Die Balance des Glücks‹ (1980); François Truffauts ›Die letzte Métro‹ (1980); Claude Gorettas ›Der Tod des Mario Ricci‹ (1982); Ute Wielands ›Im Jahr der Schildkröte‹ (1990); Silvio Maestranzis ›Im Schatten des Kreuzes‹ (1990).

Benning, Achim, geb. 20. 1. 1935 in Magdeburg. Regisseur und Intendant. 1955–1960 Philosophiestudium in München und Wien. Daneben Besuch des Max-Reinhardt-Seminars in Wien, Abschlußprüfung 1959. 1959 Engagement ans Burgtheater, erst als Schauspielereleve, dann als Schauspieler, später als Regisseur. 1976 wurde Benning Direktor des Burgtheaters (bis 1986). Von 1989 bis 1992 Direktor des Zürcher Schauspielhauses. Gastinszenierungen u. a. am Thalia Theater in Hamburg: Albees ›Empfindliches Gleichgewicht‹ (1987); am Bayerischen Staatsschauspiel München: Lessings ›Nathan der Weise‹ (1988). Die wichtigsten Benning-Inszenierungen in Wien: Strindbergs ›Der Vater‹ (1973); Gorkis ›Sommergäste‹ (1979; 1980 eingeladen zum Berliner

Theatertreffen); Büchners ›Dantons Tod‹ (1982); Klaus Pohls ›Das Alte Land‹ (1984); Turgenjews ›Ein Monat auf dem Lande‹ (1986) und als Gast unter Claus Peymanns Direktion 1989 Nestroys ›Der Zerrissene‹ und 1993 Nestroys ›Talisman‹. Hierüber schrieb Sigrid Löffler (›SZ‹, 27. 11. 1993):»Unter den Regisseuren ist Achim Benning der Bruder Schwerfuß – ein Spezialist für umständliche Verdeutlichungen, ein Unterstreicher und Hervorheber mit einem Hang zum politisch-didaktischen Zeigestab. Ein ›sic!‹ mit Ausrufezeichen ist quasi immer mitinszeniert.«
Literatur: R. Urbach/A. Benning (Hrsg.): Burgtheater Wien 1776–1986. Wien 1986; H. Mainusch: Regie und Interpretation. Gespräche. München 1985.

Benoin, Daniel, geb. 24. 10. 1947 in Mulhouse. Schauspieler, Regisseur und Intendant. Studium der Wirtschaftswissenschaften, der Musik und der Kunstgeschichte. Spielte und inszenierte am Pariser Studententheater. 1972 gründete er das ›Théâtre de l'Estrade‹, untergebracht im Théâtre Daniel Sorano in Vincennes. 1975 ernannte der damalige französische Kulturminister Michel Guy Daniel Benoin zum Leiter des ersten Centre Dramatique National von Frankreich, der Comédie de Sainte-Etienne, die er auch heute noch führt. Benoins wichtigste Inszenierungen: Shakespeares ›Lear‹ (1976); Ionescos ›Die kahle Sängerin‹ (1977); Roger Vaillants ›Héloïse und Abélard‹ (1977, Festival d'Avignon). Seit 1980 arbeitet Benoin auch in Deutschland: in Bochum, Köln (Sobols ›Ghetto‹, 1985), Berlin (Büchners ›Woyzeck‹, 1987, Staatliche Schauspielbühnen), Karlsruhe (Händels Oper ›Scipio‹, 1992).
Literatur: D. Benoin: Sigmaringen (Frankreich). Hamburg 1991; Sur le bord du théâtre. Bearb. v. Colette Fayard. Paris 1984.

Benrath, Martin, geb. 9. 11. 1926 in Berlin. Schauspieler und Regisseur. Nach dem Besuch des Gymnasiums und zwei Jahren Militärdienst nahm Benrath Schauspielunterricht bei Maria Loya in Berlin. 1947–1950 erstes Engagement am Berliner Theater am Schiffbauerdamm. 1950–1952 am

Berg

Berliner Hebbel-Theater, u.a. Karl Moor in Schillers ›Die Räuber‹, Petruccio in Shakespeares ›Der Widerspenstigen Zähmung‹, Hektor in Shakespeares ›Troilus und Cressida‹; am Theater am Kurfürstendamm und im Theaterclub des British-Centre in Berlin. 1953–1962 am Düsseldorfer Schauspielhaus (bei Gustaf Gründgens und Karl-Heinz Stroux), u.a. Bruno in Hauptmanns ›Die Ratten‹, Prinz in Lessings ›Emilia Galotti‹, Orpheus in Anouilhs ›Eurydike‹. Von 1961 bis 1969 gehörte Benrath dem Ensemble des Bayerischen Staatsschauspiels an. Hier 1967 als Don Camillo in Hans Lietzaus Inszenierung von Claudels ›Der seidene Schuh‹, von Joachim Kaiser (›SZ‹, 21. 2. 1967) gefeiert als »glänzend, eher intellektuell als triebhaft böse«, und 1968 als Franz Moor in Lietzaus ›Räuber‹-Inszenierung. Über Benraths Schiller-Interpretation schrieb Urs Jenny (›SZ‹, 9. 12. 1968): »Martin Benraths Franz Moor etwa ist gar nicht ganz denkbar ohne die Dimension des Chamäleonhaften, die dieses fleckige Licht seinen Kurvenbewegungen, seinen oft lauernd vorgekrümmten Haltungen gibt; er wächst förmlich in diesem Licht und holt – über die Bösewichtsbrillanz hinaus, die ihm ja liegt – im Streitgespräch mit dem etwas zu müden Pastor Moser, zugleich mit der Angst, die ihn aushölt, einen eigenwilligen Zug purer Brutalität aus der Rolle heraus.« Von 1976 bis 1987 war Benrath wieder Ensemblemitglied des Bayerischen Staatsschauspiels. Danach und auch während des Engagements als Gast, u.a. am Wiener Theater in der Josefstadt, am Schauspielhaus Zürich (1988 als Nathan in Achim Bennings Lessing-Inszenierung), am Hamburger Schauspielhaus und an den Staatlichen Schauspielbühnen Berlin. Seine größten Erfolge hatte Benrath in Inszenierungen von Lietzau, u.a. in Heiner Müllers ›Philoktet‹, Stoppards ›Travesties‹, Strindbergs ›Vater‹ und Shakespeares ›König Lear‹. 1986 hatte Benraths Thomas-Mann-Abend ›Fülle des Wohllauts‹ in München Premiere, mit dem der Schauspieler viele Tourneen unternahm. Nach seinem Abschied vom Bayerischen Staatsschauspiel arbeitete er u.a. am Wiener Theater in der Josefstadt (1988 in

O'Neills ›Fast ein Poet‹, R. Otto Schenk) und bei den Salzburger Festspielen; hier spielte er 1992 die Titelrolle in Shakespeares ›Julius Caesar‹ (R. Peter Stein) und 1993 den Christoph Groth in der Uraufführung von Botho Strauß' ›Gleichgewicht‹ (R. Luc Bondy). Benrath arbeitete auch für den Film und das Fernsehen, u.a. in Sinkel/Brustellins ›Berlinger – Ein deutsches Abenteuer‹ (1975), Sinkels ›Kaltgestellt‹ (1978), Ingmar Bergmans ›Aus dem Leben der Marionetten‹.
Literatur: M. Faber/L. Weizert: . . . dann spielten sie wieder. Das Bayerische Staatsschauspiel 1946–1986. München 1986; C. B. Sucher: Theaterzauberer. Schauspieler. 40 Porträts. München, Zürich 1988.

Berg, Jochen, geb. 25. 3. 1948 in Bleichenrode. Autor. Berg lebte von 1967 an in Erfurt. Von 1969 bis 1971 Studium an der Staatlichen Schauspielschule in Berlin, danach Gelegenheitsarbeiten als Krankenpfleger, Transportarbeiter, Dramaturg und Regisseur. Seit 1972 freischaffend. Anfang der achtziger Jahre wurden die Stücke des in der DDR wenig geschätzten Autors in Stuttgart bei Hansgünther Heyme aufgeführt: ›Die Phönizierinnen des Euripides‹ und die Tetralogie ›Iphigeneia‹, ›Niobe‹, ›Klytaimnestra‹ und ›Niobe am Sisyphos‹ (1978–1985). »Berg schreibt dicht, gedankenschwer, Lyrik und Prosa wechseln, subjektive Äußerung ist plötzlich Kommentar, Bericht. Zugleich liefert er reiches gestisches Material, provoziert Theater zur Versinnlichung, die nur gelingen kann, wenn die heutige Erfahrung gegenüber der alten Geschichte auf der Bühne transparent wird (. . .) Bergs Helden leben unter dem Verhängnis, nicht sie selber sein zu dürfen. Der Zwang bestimmt ihr Schicksal, Ausbrüche schlagen fehl.« (Christoph Funke, in: ›Der Tagesspiegel‹, 30. 8. 1992)
Weitere Stücke: ›Im Taurerland‹ (1976/77); ›Strephart‹ (1989); ›Fremde in der Nacht‹ (1991).

Berg, Wolf-Dietrich, geb. 17. 5. 1944 in Danzig. Schauspieler. 1964/65 Schauspielschule in Bochum. Erstes Engagement 1966 Städtische Bühnen Dortmund. Weite-

53

re Stationen: Theater der Stadt Essen, nochmals Städtische Bühnen Dortmund, von 1972 bis 1980 Deutsches Schauspielhaus Hamburg. Seitdem als freier Schauspieler, u. a. am Düsseldorfer Schauspielhaus und beim Fernsehen.

Berger, Ludwig, geb. 1892 in Mainz, gest. 19. 5. 1969 in Schlangenbad. Schauspieler und Regisseur. Stationen: Mainz, Hamburg, Volksbühne Berlin, 1919 am Deutschen Theater von Max Reinhardt, 1920–1925 am Staatstheater bei Jeßner. Berger spielte in der Uraufführung von Zuckmayers ›Kreuzweg‹. 1933 emigrierte er nach England, dann in die Niederlande; nach dem Krieg Rückkehr nach Deutschland. Arbeitete wieder für die Bühne, u. a. in Goethes ›Stella‹ (1947, Deutsches Theater Berlin); in Bechers ›Samba‹ (1952, Schloßpark-Theater Berlin); 1958 sechs Shakespeare-Lustspiele live im Fernsehen; 1963 in Goethes ›Torquato Tasso‹ (Staatliche Schauspielbühnen Berlin). **Literatur:** L. Berger: Wir sind vom gleichen Stoff, aus dem die Träume sind. Summe eines Lebens. Tübingen 1953; ders.: Spielgeist Phantasie. München 1920; ders.: Die Dramaturgie der Technik. Wien 1960; ders.: Theatermenschen. Velber 1962; J. Bab: Das Theater der Gegenwart. Leipzig 1928.

Berger, Senta, geb. 13. 5. 1941 in Wien. Schauspielerin. 1957/58 absolvierte sie das Max-Reinhardt-Seminar in Wien. Debütierte 1958 im Theater in der Josefstadt in Pirandellos ›Heinrich IV.‹. Danach mit wenigen Ausnahmen Mitwirkung in Spiel- und Fernsehfilmen. Die (wichtigen) Ausnahmen: Buhlschaft in Hofmannsthals ›Jedermann‹-Spiel (1974–1982, Salzburger Festspiele); in Molières ›Tartuffe‹ (1979, Burgtheater Wien, R. Rudolf Noelte); in Büchners ›Dantons Tod‹ (1981, Salzburger Festspiele, R. Noelte); Titelrolle in Pavel Kohouts ›Maria kämpft mit den Engeln‹ (1981, Thalia Theater Hamburg, R. der Autor). Einem großen Publikum wurde sie bekannt durch Fernsehreihen, z. B. mit ›Kir Royal‹ (1986) und dem Sechsteiler ›Die schnelle Gerdi‹ (1989, R. Michael Verhoeven).

Berghaus

Berger, Toni, geb. 27. 3. 1921. Schauspieler. 1937 Komparse an den Münchner Kammerspielen. Nach dem Kriegsdienst 1945 Engagement am Fürstlichen Hoftheater Sigmaringen. Weitere Stationen: Bielefeld (1948–1964), Nationaltheater Mannheim (1964–1967), Staatliche Schauspielbühnen Berlin (1967–1972). Seit 1972 gehört er zum Ensemble des Bayerischen Staatsschauspiels, wo er seinen größten Erfolg als Boandlkramer in Kurt Wilhelms ›Brandner Kaspar‹ hatte (von 1975 bis 1992, auch in der Wiederaufnahme der Inszenierung 1994). Viele Rollen in Film und Fernsehen.

Berghaus, Ruth, geb. 2. 7. 1927 in Dresden. Choreographin und Regisseurin. Nach der Palucca-Schule und der Deutschen Akademie der Künste in Ost-Berlin, wo sie Meisterschülerin war, von 1951 bis 1964 Engagements an verschiedenen Häusern, als Choreographin und Regieassistentin. Seit 1964 am Berliner Ensemble, Inszenierungen dort u. a.: Peter Weiss' ›Vietnam-Diskurs‹ (1968), Heiner Müllers ›Zement‹ (1973), Brechts ›Die Mutter‹ (1974). 1970 stellvertretende Intendantin neben Helene Weigel, von 1971 bis 1977 Intendantin des Berliner Ensembles. Schon vor der Wiedervereinigung als Gast (»Luxus-Dissidentin«, ›Der Spiegel‹, 9. 7. 1990) in der Bundesrepublik, in Belgien und in Österreich, auch als Opernregisseurin. Wichtige Arbeiten u. a. an der Frankfurter Oper: Wagners ›Der Ring des Nibelungen‹ (1985–1987), Richard Strauss' ›Der Rosenkavalier‹ (1992); an der Hamburgischen Staatsoper: Wagners ›Tristan und Isolde‹ (1988); an der Brüsseler Oper: Alban Bergs ›Lulu‹ (1988); bei den Wiener Festwochen: Schuberts ›Fierrabras‹ (1988); an der Freien Volksbühne Berlin: Schillers ›Die Braut von Messina‹ (1990); am Hamburger Thalia Theater: Brechts ›Im Dickicht der Städte‹ (1991); am Stadttheater Bonn: Goethes ›Die natürliche Tochter‹ (1992); am Burgtheater Wien: Kleists ›Penthesilea‹ (1991); am Basler Theater: Verdis ›Don Carlos‹ (1992); an der Leipziger Oper: Jörg Herchets ›Nachtwache‹ (UA 1993); an der Staatsoper Dresden: Puccinis ›Tosca‹ (1993). Zu Ruth Berghaus' Schu-

Bergman 54

bert-Inszenierung schrieb Wolfgang Schreiber in der ›Süddeutschen Zeitung‹ (11. 5. 1988): »Es sind nicht nur Bilder, die realistisch gezeigten Emotionen, die bei dieser Aufführung faszinieren, die perfekte Choreographie des Ganzen, es ist auch die Intelligenz der Gesamtdeutung, die das Werk endlich zu seinem Recht kommen läßt.« Und C. Bernd Sucher schrieb über die Bonner Aufführung von Goethes ›Die natürliche Tochter‹ (›SZ‹, 23. 1. 1992): »Ruth Berghaus ist – nach dem überraschend beglückenden Brecht in Hamburg – wieder zurück beim alten Stil. Legt wieder Zeichenfährten ohne Ziel. Die Schauspieler räkeln sich am Boden, hüpfen, tanzen, patrouillieren und wuseln umher. Gern gehen sie immer an der Wand lang, vorbei an kunstvoll beleuchteten Gaze-Raumteilern und hohen Gittern. Der Herzog haust aus unerfindlichen Gründen wie ein Maulwurf in einem goldenen Verlies in der Unterbühne. Eugenie kauert in einem schönen blauen Zelt. (. . .) Damit die Verwirrung der Zuschauer komplett werde (und damit das Thema nicht ganz verlorengeht), leuchtet während der Umbaupausen auf dem eisernen Vorhang die Trikolore und Liberté, Égalité, Fraternité. (. . .) Ruth Berghaus' Schauspielerdressuren haben wohl nur einen Zweck: Körperertüchtigung.« 1992 wurde ihre Brecht-Inszenierung ›Im Dickicht der Städte‹ (Hamburger Thalia Theater) zum Berliner Theatertreffen eingeladen.
Literatur: R. Berghaus: Das Theater der Ruth Berghaus. Berlin 1989; I. Pietzsch: Werkstatt Theater. Gespräche mit Regisseuren. Berlin 1975; S. Neef: Das Theater der Ruth Berghaus. Frankfurt a. M. 1989; K. Bertisch: Ruth Berghaus. Regie im Theater. Frankfurt a. M. 1990; M. Eggert: Magische Augenblicke. Inszenierungen von Ruth Berghaus und Robert Wilson. Deutsches Theatermuseum München 1991 (Katalog).

Bergman, Ingmar, geb. 14. 7. 1918 in Uppsala. Regisseur. 1940 Regieassistent an der Königlichen Oper Stockholm. 1943 Debüt als Regisseur; von 1944 bis 1946 leitete er das Stadttheater Helsingborg; dort inszenierte er als Demonstration gegen das faschistische Regime in Deutschland Shakespeares ›Macbeth‹. 1946–1950 Regisseur am Stadttheater Göteborg, wo er sich intensiv mit Strindberg beschäftigte: ›Gespenstersonate‹ (1954), ›Erik XIV.‹ (1956). Danach als Regisseur am Dramaten in Stockholm und am National Theatre in London. 1963–1966 Direktor des Dramaten; hier inszenierte er Peter Weiss' ›Die Ermittlung‹ (1965). Wichtige Inszenierungen am Dramaten nach seiner Intendanz: Büchners ›Woyzeck‹ (1969), Strindbergs ›Traumspiel‹ (1970), Ibsens ›Wildente‹ (1972), Strindbergs ›Gespenstersonate‹ (1973) und ›Nach Damaskus I und II‹ (1974). Von 1976 bis 1981 arbeitete Bergman kontinuierlich am Bayerischen Staatsschauspiel, inszenierte 1977 Strindbergs ›Traumspiel‹, 1978 Tschechows ›Drei Schwestern‹, 1980 Gombrowicz' ›Yvonne, Prinzessin von Burgund‹. 1981 inszenierte er gleichzeitig an drei verschiedenen Spielorten Ibsens ›Nora‹, Strindbergs ›Fräulein Julie‹ und sein eigenes Werk ›Szenen einer Ehe‹ – eine Trilogie. 1983 führte Bergman Regie bei den Salzburger Festspielen, interpretierte Molières ›Don Juan‹. 1984 und 1985 inszenierte er nochmals am Bayerischen Staatsschauspiel: Per Olov Enquists ›Aus dem Leben der Regenwürmer‹ und Ibsens ›John Gabriel Borkman‹. Bergman, der mit seinen Filmen (u. a. ›Durst‹, 1949; ›Wilde Erdbeeren‹, 1957; ›Jungfrauenquelle‹, 1960; ›Das Schweigen‹, 1963; ›Persona‹, 1966; ›Schreie und Flüstern‹, 1973; ›Szenen einer Ehe‹, 1974; ›Das Schlangenei‹, 1976; ›Herbstsonate‹, 1978; ›Fanny und Alexander‹, 1983) Weltruhm erlangte, interessiert das psychologische Drama, er versucht die Zerrissenheit der Personen als Metaphern einer zerstörten Gesellschafts-Ordnung darzustellen. Bergman schrieb mehr als zwanzig unveröffentlichte Theaterstücke; er inszenierte auch einige wenige Opern: Strawinskys ›The Rake's Progress‹ (1961, Stockholm) und zuletzt, wiederum in Stockholm, die Uraufführung von Daniel Börtz' ›Backanterna‹ (1991). Zu Bergmans 70. Geburtstag schrieb H. G. Pflaum (›SZ‹, 14. 7. 1988): »Bergmans Werk wird einmal als große Chronik der inneren Befindlichkeit Europas in den

Jahrzehnten nach dem Zweiten Weltkrieg gesehen werden. Er hatte den Mut, Alpträume und Depressionen auszusprechen, ohne Rücksicht darauf, ob er sie wirklich ausformulieren konnte. (. . .) Am intensivsten bleibt Bergman, wenn er die eigenen obsessiven Ängste in Bilder und Dialoge umsetzt, ohne sich mit der Frage von Stil, Modernität und Perfektion zu belasten.«
Literatur: I. Bergman: Mein Leben. Hamburg 1987; ders.: Bilder. Köln 1991; J. Siçlier: Ingmar Bergman. Hamburg 1965; W.D. Müller: Der Theaterregisseur Bergman, dargestellt an seiner Inszenierung ›Traumspiel‹. Mag. München 1980; C. B. Ketcham: The influence of existentialism on Ingmar Bergman: an analysis of the theolog. Lewiston u. a. 1986; L. Ahlander (Hrsg.): Gaukler im Grenzland. Ingmar Bergman. Berlin 1993.

Bergner, Elisabeth, geb. 22. 8. 1897 in Drogobycz (Galizien), gest. 1986. Schauspielerin, Regisseurin. Von ihr sagte Else Lasker-Schüler: »Sie geht eben ins Herz – aber sie steigt auch zu Kopf.« Elisabeth Bergner studierte am Wiener Konservatorium. Debüt 1915 als Rosalinde in ›Wie es euch gefällt‹ (die gleiche Rolle spielte sie 1917 in Zürich, 1920 in München, 1923 in Berlin). Engagements: 1916–1918 am Stadttheater Zürich, 1918 Barnowsky-Bühne Berlin, 1919/20 Neue Wiener Bühne, 1920–1922 Staatstheater und Kammerspiele München, von 1922 an bei Barnowsky und am Deutschen Theater, wo sie 1922 (neben Heinrich George) als Fräulein Julie in Strindbergs gleichnamigem Stück zu sehen war. Darüber Ihering: »Der Eindruck war der, daß Elisabeth Bergner, sobald sie durch einen Blick, durch einen verlorenen, hilflosen Ton, visionär die innere Situation der Rolle gestaltete, dann denselben Einfall sofort ins Private zurücknahm und mit ihm nicht mehr über Fräulein Julie, sondern Fräulein Bergner spielte.« Im selben Jahr spielte die Bergner die Königin Christine (in Strindbergs gleichnamigem Stück). Dazu Kerr: »Fräulein Bergner (man hat nun zu sagen: die Bergner)« habe »hundert Mannigfaltigkeiten aus der Rolle geholt, sie zieht nicht Register, sondern hat Zustände. (. . .) Das ist ein zartknochiges, ganz durchfeintes Geschöpf. Sie bringt die wechselnd vielen Unterschiedlichkeiten menschlicher Seelenwallung (. . .) im Angesicht; in der Haltung; in der Stimme. Was für eine Schmeichelstimme; was für eine sacht gliedernde Stimme; was für eine eigensinnige Stimme; was für eine furchtsame Stimme.« (›Berliner Tageblatt‹, 15. 12. 1922) 1927 arbeitete Elisabeth Bergner am Staatstheater in Berlin. In den Jahren zwischen 1923 und 1928 spielte sie in Inszenierungen von Max Reinhardt: Shaws ›Die heilige Johanna‹ (1924), Julia in Shakespeares ›Romeo und Julia‹ (1928); von Jürgen Fehling: Portia in Shakespeares ›Der Kaufmann von Venedig‹ (1927, mit Fritz Kortner in der Titelrolle) und von Heinz Hilpert: O'Neills ›Seltsame Zwischenspiele‹ (DE 1929). Hierzu Kurt Tucholsky (in ›Berliner Theater‹, Werke III., S. 246f.): ». . . Aber da ist die Elisabeth Bergner. Die war langsam auf dem Wege gewesen, Parodie ihrer selbst zu werden – dabei hat sie Nachahmerinnen genug. Bei diesem Leerlauf, dem sie zu verfallen drohte, traten leichte und dann schwere Mängel auf: Monotonie des Gemaunzes, Hysterie zum Hausgebrauch, und ein ganz leichter Buckel. Nichts mehr davon. Eine Schaumgeborene, nein: eine Erdgeborene stieg aus den Wellen. Und sie riskierte etwas. Wie sie den ersten Satz dieser dummen ›inneren Monologe‹ spricht, die in Wahrheit alte biedere Theatermonologe sind; wie sie starr dasteht, auf ihren schwatzhaften Vater sieht und sagt: ›Er soll nicht so viel reden‹; wie sie liebt und haßt, ihr Kind und ihre Liebe austrägt; wie das Einfachste und Gültigste in ihrem Mund zum Ausdruck eines Schicksals wird: Das hat uns wieder gezeigt, daß das Theater nicht tot ist«. 1933 heiratete Elisabeth Bergner den Filmregisseur Paul Czinner und emigrierte nach London, wo sie Theater spielte: ›Escape me never‹ von Margaret Kennedy (1933, Apollo Theatre) und filmte. 1936 Reise in die USA, mehrere Vorstellungsserien in New York und Tourneen, 1942 Übersiedlung nach New York, 1945 führte sie dort Regie: ›The Overtons or Married alive‹ von Vincent Lawrence (Forest Theatre). 1949, im

Berkoff

Goethe-Jahr, inszenierte Victor Barnowsky
›Iphigenie‹ (in deutscher Sprache) mit ihr,
im Barbizon-Plaza-Theatre. 1954 erstes
Auftreten der Bergner in Deutschland seit
1937, in T. Rattigans ›Tiefe blaue See‹;
anschließend Tournee. 1956 spielte sie die
Mary Tyrone in O'Neills ›Eines langen
Tages Reise in die Nacht‹ am Düsseldorfer
Schauspielhaus; 1959 erlebte man sie im
Renaissance-Theater Berlin in Jerome Kiltys ›Geliebter Lügner‹ (als Stella Patrick);
1963 trat sie im Theater am Kurfürstendamm auf in O'Neills ›Eines langen Tages
Reise in die Nacht‹ (wieder als Mary
Tyrone, R. Karl Heinz Stroux); 1964
spielte sie am Schauspielhaus Düsseldorf
Jean Giraudoux' ›Die Irre von Chaillot‹
(die Aurélie, R. Stroux). Hierzu Siegfried
Melchinger in ›Theater heute‹ (Heft 12,
1964): »Und nun also die Irre von Chaillot,
die kleinste, zarteste und heiterste, die es je
gegeben hat. Schon in der Art, wie sie sich
zurechtgemacht hat, zeigt sich das Entzük-
ken, das ihr dieses Bühnendasein bereitet.
(...) Sie braucht das Mädchen nicht
vorzutäuschen, das die Irre geblieben zu
sein glaubt, weil sie die Zeit aus ihrem
Leben verbannt hat: Wie jung sind ihre
Augen, wie köstlich frisch ihr Lachen – ja,
das sind die beiden einzigen Phänomene,
die in uns nicht altern, wenn sie einmal
jung gewesen sind.« 1970 inszenierte Elisabeth Bergner im Renaissance-Theater
Jean-Claude Carrières ›Ich suche Monsieur
Ferrand‹ und 1971 im Schauspielhaus Düsseldorf Christopher Hamptons ›Der Menschenfreund‹. Im selben Jahr stand sie
noch einmal auf einer deutschen Bühne: im
Renaissance-Theater als Deborah in
O'Neills ›Alle Reichtümer der Welt‹
(R. Stroux). Ihre letzte Rolle war die Mrs.
Orban in István Örkénys ›Catsplay‹
(Oktober 1973, im Londoner Greenwich
Theatre).
Sie spielte in zahlreichen Filmen mit, u. a.
in: ›Der Evangelimann‹ (1923), ›NJU‹
(1924), ›Der Geiger von Florenz‹
(1925/26), ›Liebe‹ (1926), ›Fräulein Else‹
(1928/29), ›Ariane‹ (1930), ›Der träumen-
de Mund‹ (1932), ›Catherine the Great‹
(1933), ›Escape me never‹ (1934), ›As you
like it‹ (1936), ›Dreaming Lips‹ (1937),
›Stolen Life‹ (1938/39), ›Forty-Ninth

Parallel‹ (1940/41), ›Paris Calling‹ (1941),
›Die glücklichen Jahre der Thorwalds‹
(1962), ›Der Fußgänger‹ (1973), ›Der
Pfingstausflug‹ (1978), ›Feine Gesellschaft
– Beschränkte Haft‹ (1981). Mitwirkung in
mehreren Hörfunk- und Fernsehsendun-
gen.
Literatur: E. Bergner: Bewundert viel und
viel gescholten. Elisabeth Bergners unor-
dentliche Erinnerungen. München 1978;
A. Eloesser: Elisabeth Bergner. Charlot-
tenburg 1927; S. Melchinger/R. Clausen:
Schauspieler. 36 Porträts. Velber 1965;
A. Bronnen: Elisabeth Bergner. Berlin
1977; A. Kerr: Mit Schleuder und Harfe.
München 1985; Elisabeth Bergner: Doku-
mente ihres Lebens. Akademie der Künste.
Berlin 1990; K. Völker: Elisabeth Bergner.
Das Leben einer Schauspielerin. Berlin
1990.

Berkoff, Steven, geb. in Stepney, London.
Englischer Schauspieler und Dramatiker.
Berkoff besuchte die Schauspielschule in
London und studierte Pantomime bei
Jacques Le Coq in Paris. Danach war er
Schauspieler an Repertoiretheatern in
England. 1968 gründete er die London
Theatre Group, mit der er in experimentel-
ler Theaterarbeit nach neuen Formen
außersprachlicher Mittel suchte. Neben
zahlreichen Bearbeitungen, die er auch
selbst inszenierte, spielte Berkoff in inter-
nationalen Filmen, u. a. in ›Clockwork
Orange‹, ›Octopussy‹ und ›Barry Lyndon‹.
Er inszeniert in England, den USA und
Deutschland.
Stücke und Bearbeitungen: ›Die Ver-
wandlung‹ (nach Kafka, 1967); ›Fräulein
Julie versus Expressionism‹ (nach Strind-
berg, 1972); ›Der Prozeß‹ (nach Kafka,
1973); ›East‹ (1974); ›Greek‹ (1980);
›West‹ (1983); ›Metamorphosis‹ (nach
Kafka, 1989).

Bernauer, Rudolf, geb. 20. 1. 1880 in
Wien, gest. 27. 11. 1953 in London. Schauspieler, Regisseur, Theaterleiter und Autor.
1900 Schauspielerdebüt am Deutschen
Theater von Otto Brahm, übernahm 1907
mit Carl Meinhardt das Berliner Theater,
1911 das Theater in der Königgrätzer
Straße (heute Hebbeltheater) und 1913 das

Komödienhaus Berlin, schließlich Eigentümer des Theaters am Nollendorfplatz. 1933 Emigration.

Literatur: R. Bernauer: Das Theater meines Lebens. Erinnerungen. Berlin 1955; ders.: Die Forderung der reinen Schauspielkunst. Ein erkenntnistheoretischer Versuch. Berlin 1920.

Berndl, Christa, geb. 18. 1. 1932 in München. Schauspielerin. 1939 Kinderballett Gärtnerplatztheater München; 1947 Theater der Jugend und Junges Theater München (Gretchen in Goethes ›Urfaust‹); 1948 Neues Theater Stuttgart; 1949–1951 Städtische Bühnen Augsburg. Weitere Stationen: Kiel (1951/52); Essen (1952–1954); Städtische Bühnen Nürnberg (1954–1956 und 1958–1960); Bochum (1956–1958); Münchner Kammerspiele (1961–1970), hier die Titelrolle in Thomas ›Maria Magdalena‹ (1967, R. Hans Schweikart); Schauspielhaus Hamburg (1971–1978), hier u. a. die Jenny in Brechts ›Dreigroschenoper‹ (R. Dieter Giesing), die Thérèse in Vitracs ›Victor oder Die Kinder an der Macht‹ (R. Giesing), Gina in Ibsens ›Die Wildente‹ (1975, R. Peter Zadek), Emilia in Zadeks aufsehenerregender ›Othello‹-Inszenierung von 1976, Schäferin und Paulina in Shakespeares ›Wintermärchen‹, (1978, R. Zadek); 1979 Düsseldorfer Schauspielhaus; 1980–1983 Städtische Bühnen Köln, u. a. Winnie in Becketts ›Glückliche Tage‹ (1981, R. Luc Bondy), in Botho Strauß' ›Kalldewey, Farce‹ (R. Ulrich Heising); hierzu schrieb Heinrich Vormweg in der ›Süddeutschen Zeitung‹ (15. 1. 1983): »Als ›Die Frau‹ zeigt Christa Berndl, daß sie bieder liebend, schüchtern suchend, träge selbstbewußt ebenso brillant da ist wie als Exzentrikerin oder Megäre oder fast klinischer Fall.« Von 1983 bis 1987 Engagement am Bayerischen Staatsschauspiel München, gleichzeitig: 1985–1987 am Staatstheater Stuttgart; 1986 Düsseldorfer Schauspielhaus; 1988 Deutsches Schauspielhaus Hamburg. Wichtige Rollen in dieser Zeit in München: Hedda in Strauß' ›Bekannte Gesichter, gemischte Gefühle‹ (1983, R. Giesing), Arkadina in Tschechows ›Die Möwe‹ (1984, R. Arie Zinger),

La Poncia in Federico Garcia Lorcas ›Bernarda Albas Haus‹ (1984, R. Wilfried Minks), Titelrolle in Dario Fos ›Zufällig eine Frau: Elisabeth‹ (1985, R. Heising); außerdem: Juno in Sean O'Caseys ›Juno und der Pfau‹ (1986, Stuttgart, R. Peter Palitzsch), Betzn in Tankred Dorsts ›Korbes‹ (UA 1988, Hamburg, R. Minks). Von 1990 an arbeitete Christa Berndl am Deutschen Schauspielhaus in Hamburg, spielte die Adelaide in Frank Loessers ›Guys & Dolls‹ (1990, R. Michael Bogdanov), Frau Loman in Millers ›Tod eines Handlungsreisenden‹ (1992, R. Charlotte Kleist). Zum sechzigsten Geburtstag der Künstlerin schrieb Gerhard Stadelmaier (›FAZ‹, 18. 1. 1992): »Wenn Christa Berndl die Bühne betritt, bedauert man noch mehr als sonst, daß die Theater das Rampenlicht abgeschafft haben. Im gängig gewordenen bombastischen Oberlicht, das sich gewöhnlich über ihre Köpfe ergießt, liegen die Augen der Schauspieler im Dunkel. Trotzdem sieht man, wenn man die Berndl sieht, immer zuerst ihre Augen. Sie drängen sich förmlich auf. Hell, scharf und auf eine wendig-ironische Weise wissend, scheinen ihre Blicke Dinge auf der Bühne zu entdecken, die sonst niemand wahrnimmt.« 1993 präsentierte sie zusammen mit Joachim Kuntzsch ihren ersten Liederabend (beim »Theater der Welt« in München). Christa Berndl arbeitete auch für das Fernsehen und den Film, spielte u. a. in ›Flüchtige Bekanntschaften‹ (1982, R. Marianne Lüdcke), ›Hab ich nur deine Liebe‹ (1989, R. Peter Kern), ›Erzählung der Magd Zerline‹ (1990, R. Margit Saad), ›Tote Briefe‹ (1991, R. Franz Rath).

Berndt, Fred, geb. 6. 8. 1944 in Cottbus, seit 1958 in Berlin. Bühnenbildner und Regisseur. 1964–1969 Bühnenbildstudium an der Hochschule für Bildende Künste Berlin bei Willi Schmidt. 1969–1970 Bühnenbildassistent an der Freien Volksbühne Berlin und der Schaubühne am Halleschen Ufer. Wichtigste Bühnenbilder: für George Taboris ›Pinkville‹ (DE 1971, Dreieinigkeitskirche Berlin, R. Tabori); Strindbergs ›Fräulein Julie‹ (1974, Nationaltheater Mannheim, R. Andras Fricsay); für Ulrich

Bernhard

Heisings Inszenierung von Lodewijk de Boers ›Family I-IV‹ (1974, Deutsches Schauspielhaus Hamburg); für Martin Walsers ›Das Sauspiel‹ (UA 1975, ebenda, R. Alfred Kirchner). 1976 führte Berndt zum ersten Mal Regie (im eigenen Bühnenbild): Beim Workshop des Norddeutschen Theatertreffens inszenierte er Brechts ›Der Brotladen‹. Erster großer Regie-Erfolg 1982 in der Schaubühne am Lehniner Platz: Eduardo de Filippos ›Die Kunst der Komödie‹ (Bühne: Karl-Ernst Hermann). Hierüber schrieb Karena Niehoff (›SZ‹, 22. 4. 1983): »Die Lektüre machte hier erst recht bewußt, was Fred Berndt (. . .) zu danken ist: das exakt, nie aus komödiantischer Gewinnsucht überdrehte Zusammenspiel der Menschen untereinander und ihr Spiel mit dem Widerstandswitz der Dinge; das ebenso genau springende Zeitgefühl für die Slapstick-Gags.« Weitere Inszenierungen und Bühnenbilder am Schauspiel Frankfurt a. M., Akademietheater Wien (1983 Hermann Brochs ›Die Erzählung der Magd Zerline‹), Städtische Bühnen Köln, Freie Volksbühne Berlin, Staatliche Schauspielbühnen Berlin, Schauspielhaus Zürich (1986 Horváths ›Figaro läßt sich scheiden‹), Düsseldorfer Schauspielhaus (1990 UA von Elfriede Müllers Text ›Glas‹) und Zürcher Opernhaus. 1992, kurz vor der Schließung der Freien Volksbühne Berlin, inszenierte Berndt an diesem Haus, an dem er u. a. 1983 Strauß' ›Bekannte Gesichter, gemischte Gefühle‹ herausgebracht hatte, Becketts ›Warten auf Godot‹ und bewies wieder einmal, daß er eine Schwäche hat für Komiker und traurige Clowns. 1988 wurde seine Inszenierung von Doris Lessings ›Jedem seine eigene Wildnis‹ (Schiller-Theater, Berlin) zum Berliner Theatertreffen eingeladen.

Bernhard, Thomas, geb. 10. 12. 1931 in Kloster Heerlen bei Maastricht, gest. 12. 2. 1989 in Gmunden, Oberösterreich. Österreichischer Schriftsteller. Sohn eines Tischlers. Bernhard besuchte bis 1947 ein Internat in Salzburg; von 1948 an schwere Lungenkrankheit und Aufenthalt in verschiedenen Sanatorien. Von 1951 an studierte er an der Hochschule für Musik und darstellende Kunst in Wien und Salzburg. Von 1957 an lebte er als freier Schriftsteller. Bernhard erhielt diverse Preise, darunter den Georg-Büchner-Preis (1970). Bernhards umfangreiches Werk umfaßt Romane und zahlreiche Dramen, die meisten wurden von Claus Peymann uraufgeführt. Geprägt von der eigenen Krankheit und Einsamkeit, zeichnen sich seine Themen und die Welt seiner Stücke durch Kälte und trostlose Atmosphäre aus. Monologisierende manische Figuren, in immer wiederkehrenden Wendungen sich wiederholend, finden sich in seinen Romanen und Theaterstücken. Die verzweifelte Hoffnung, die Sehnsucht nach Erlösung bestimmen sein Werk, das dennoch voller Humor ist. »Theater und Krankheit, Theater und Verbrechen, Theater und Tod, Rollenspiel als eine mögliche, groteske Haltung zu einer Wirklichkeit, die auf den Verfall zutreibt, als eine Einübung in den Tod, als ein Mittel für die äußersten Konzentration der Sinne. Ein Haß auf das Theater, wie es ist, und eine Vorstellung von einem Theater, das, wie die Pest, Kräfte mobilisiert, die sich dem Verfall entgegenstemmen könnten. Will Thomas Bernhard die Theatervorstellung Artauds, indem er ihren utopischen, vergeblichen Ansatz erkennt, erhalten, indem er sie ins Groteske weitertreibt? Indem er sie umfunktioniert und ihr jenes Element zurückerobert, das Artaud tendenziell eliminieren wollte: Sprache als ihrer Ohnmacht bewußte Widerstandswaffe? (. . .) Das Theater, das Artaud sich als eine heilsame Epidemie (. . .) denken wollte, ist bei Thomas Bernhard auf einen Endzustand reduziert, auf das Leiden, die durch Zerstörung erreichte Darstellung einer Krise, die mit dem Tod endet, weil es ›Erlösung‹, Aufhebung der Schmerzen, die die Wirklichkeit dem einzelnen zufügt, nur im Tode gibt.« (Ernst Wendt: Wie es euch gefällt geht nicht mehr. München 1985, S. 156)

Stücke: ›Ein Fest für Boris‹ (1970); ›Der Ignorant und der Wahnsinnige‹ (1972); ›Die Macht der Gewohnheit‹ (1974); ›Die Jagdgesellschaft‹ (1974); ›Der Präsident‹ (1975); ›Die Berühmten‹ (1976); ›Minetti‹ (1977); ›Immanuel Kant‹ (1978); ›Der Weltverbesserer‹ (1979); ›Vor dem Ruhestand‹ (1979); ›Über allen Gipfeln ist Ruh‹ (1981); ›Am Ziel‹ (1981); ›Der Schein trügt‹ (1983); ›Der Theatermacher‹ (1984); ›Ritter. Dene. Voss‹ (1985); ›Elisabeth II.‹ (1987); ›Der deutsche Mittagstisch‹ (1988); ›Heldenplatz‹ (1988). **Literatur:** M. Jurgensen (Hrsg.): Bernhard. Annäherungen. Bern, München 1981; K. Bartsch (Hrsg.): In Sachen Thomas Bernhard. Königstein 1983; J. Dittmar (Hrsg.): Thomas Bernhard. Werkgeschichte. Frankfurt 1990; M. Reich-Ranicki: Thomas Bernhard. Aufsätze und Reden. Zürich 1990; K. Fleischmann: Gespräche mit Thomas Bernhard. Wien 1991; S. Dreissinger (Hrsg.): Thomas Bernhard: Von einer Katastrophe in die andere. 13 Gespräche mit Thomas Bernhard. Weitra 1992; ders. (Hrsg.): Thomas Bernhard. Portraits. Bilder und Texte. Weitra 1992.

Bernhardt, Sarah (eigtl. Henriette-Rosine Bernard) geb. 20. 10. 1844 in Paris, gest. 26. 3. 1923 ebenda. Schauspielerin. Neben der Duse wohl die berühmteste Schauspielerin des 19. und beginnenden 20. Jahrhunderts. 1858 Ausbildung am Konservatorium in Paris. Begann ihre Karriere 1862 in einer kleinen Rolle in Racines ›Iphigénie‹ an der Comédie Française. Weitere Stationen der sehr zierlichen, ausdrucksstarken Schauspielerin: Das Théâtre du Gymnase; das Théâtre Portesaint-Martin, 1867 Engagement am Odéon. 1872 wieder an der Comédie Française; dort spielte sie den Cherubino in Beaumarchais' ›Die Hochzeit des Figaro‹, die Andromache in Racines ›Phädra‹, die Titelrolle in Voltaires ›Zaïre‹. Verließ die Comédie, um von 1881 an in England, Holland, Österreich, Ungarn, Rußland und den USA zu gastieren. 1881 spielte sie zum ersten Mal in London die Rolle, die ihren Erfolg besiegelte und in der sie danach überall auftrat: die Kameliendame (A. Dumas Sohn). 1900 übernahm sie das Theater der Nationen und taufte es um in Théâtre Sarah Bernhardt. Hier spielte sie die Magda in Sudermanns ›Heimat‹, Lorenzaccio in Mussets gleichnamigem Drama und den Hamlet von Shakespeare. 1914 mußte sie sich ein Bein amputieren lassen, kehrte aber schon ein Jahr später erfolgreich auf die Bühne

zurück. Victorien Sardou schrieb ebenso Stücke für sie (›Theodora‹, 1885; ›Tosca‹ 1887), wie Edmond Rostand (›L'Aiglon‹). **Literatur:** S. Bernhardt: Mein doppeltes Leben. München 1983; dies.: L'art du théâtre. Paris 1993 (Neuauflage); W. Emboden: Sarah Bernhardt. London 1974; A. Gold/R. Fizdale: Der eigensinnige Engel. München 1982; C. Simon Bacchi: Sarah Bernhardt. Mythe et réalité. Paris 1984; C. Otis Skinner: Madame Sarah. Das Leben der Schauspielerin Sarah Bernhardt. Frankfurt a. M. 1988; J. Richardson: Sarah Bernhardt. Leben, Karriere und Legende. München 1988; M. Müller: Sarah Bernhardt – Eleonora Duse. Die Virtuosinnen der Jahrhundertwende. In: R. Möhrmann (Hrsg.): Die Schauspielerin. Zur Kulturgeschichte der weiblichen Bühnenkunst. Frankfurt a. M. 1989, S. 228–260; J. Stoken/M. R. Booth/S. Bassnett: Sarah Bernhardt, Ellen Terry, Eleonora Duse. Ein Leben für das Theater. Weinheim, Berlin 1991; G. von Wysocki: Sarathustra. Die Zukunft von Sarah Bernhardt. In: Theater heute, Heft 9, 1991; C. Balk: Theatergöttinnen. Inszenierte Weiblichkeit. Clara Ziegler, Sarah Bernhardt, Eleonore Duse. Frankfurt a. M. 1994.

Bessel, Ehmi, geb. 11. 10. 1904 in Ludwigshafen, gest. 3. 2. 1988 in Hamburg. Schauspielerin. Schauspielunterricht bei Fritz Alberti. Debüt am Düsseldorfer Schauspielhaus; 1929–1932 an den Münchner Kammerspielen: Polly in Brechts ›Dreigroschenoper‹ (1929, R. Hans Schweikart), in Döblins ›Die Ehe‹ (UA 1930), Titelrolle in Ibsens ›Nora‹ (1931, R. beide Otto Falckenberg). 1932–1939 und wieder von 1960 an am Deutschen Schauspielhaus Hamburg: Eboli in Schillers ›Don Carlos‹ und Titelrolle in Lessings ›Minna von Barnhelm‹ (R. jeweils Jürgen Fehling). Am Deutschen Theater Berlin und am Berliner Ensemble arbeitete sie von 1947 bis 1950. Später (bis 1972) Gastrollen an den Hamburger Kammerspielen, am Deutschen Schauspielhaus Hamburg und am Schauspielhaus Zürich.

Bessler, Albert, geb. 15. 2. 1905 in Hamburg, gest. 4. 12. 1975. Dramaturg. Arbei-

Besson

tete in Wuppertal und Berlin. Von 1948 an Chefdramaturg am Schloßparktheater Berlin, von 1951 an gleiche Position an den Staatlichen Schauspielbühnen Berlin. Von 1957 bis 1972 auch Stellvertreter des Intendanten Boleslaw Barlog.

Besson, Benno, geb. 4. 11. 1922 in Yverdon. Schauspieler, Regisseur und Theaterleiter. 1943 Assistent am Zürcher Schauspielhaus; ging 1945 nach Paris und wurde Schüler von Roger Blin. 1949 Assistent und Schauspieler am Berliner Ensemble. Erste Regie dort: Anna Seghers' ›Prozeß der Jeanne d'Arc‹ (1952). 1958 verläßt Besson das Berliner Ensemble, nachdem er schon zuvor Gastinszenierungen in Stuttgart und Wien gemacht hatte. Von 1969 an am Deutschen Theater in Berlin, wo er seinen Stil, die absichtsvolle Übertreibung, die Über-Deutlichkeit perfektionierte. Von 1969–1974 Erster künstlerischer Leiter, 1974–1978 Intendant der Volksbühne Berlin. Gastinszenierungen auch an den Münchner Kammerspielen: Brechts ›Die heilige Johanna der Schlachthöfe‹ (1974); beim Festival d'Avignon: Brechts ›Der kaukasische Kreidekreis‹ (1980); am Burgtheater Wien. Seit 1982 Direktor der Comédie in Genf, inszenierte aber auch als Gast am Zürcher Schauspielhaus: Brechts ›Mann ist Mann‹ (1988), Max Frischs ›Jonas und sein Veteran‹ (UA 1989) und an den Staatlichen Schauspielbühnen Berlin. Hier zeigte er 1992 die deutsche Erstaufführung von Coline Serreaus ›Hase Hase‹. Rüdiger Schaper schrieb in der ›Süddeutschen Zeitung‹ (19. 5. 1992): »Der fast siebzigjährige Regisseur sprüht vor Witz und Spiellust. (. . .) Mit souveräner Ironie nimmt Besson die dramaturgische Steilkurve.« Und Gerhard Stadelmaier nannte Besson einen »der witzigen Grobiane des europäischen Theaters« (›FAZ‹, 4. 11. 1992). 1966 wurde Bessons Inszenierung von Jewgeni Schwarz' ›Der Drache‹ (Deutsches Theater Berlin) zum Berliner Theatertreffen gewählt, aber nicht im Westen der Stadt aufgeführt.
Literatur: B. Besson: Jahre mit Brecht. Hrsg. v. C. Neubert-Herwig. Willisan 1990; A. Müller: Der Regisseur Benno Besson. Berlin 1967; M. Kuschnia (Hrsg.): 100 Jahre Deutsches Theater Berlin 1883–1983. Berlin 1983; D. Kranz: Berliner Theater. 100 Aufführungen aus drei Jahrzehnten. Berlin 1990.

Bethencourt, João, Brasilianischer Autor ungarischer Abstammung. Bethencourt studierte an der Yale Universität und promovierte dort über Molière. Danach arbeitete er als Theater-, Opern- und Filmregisseur, als Schauspieler, Dozent, Autor und als Übersetzer von Thornton Wilder, Tennessee Williams, Bernhard Shaw und Molière. Bethencourt unterrichtet an der Universität in Rio de Janeiro, wo er auch lebt. Er schrieb hauptsächlich Komödien, von denen vor allem ›Der Tag, an dem der Papst gekidnappt wurde‹ ihm internationalen Erfolg brachte.
Weitere Stücke: ›Breschnews Tagebuch‹ (1985); ›Das gestohlene Verbrechen‹; ›Ölcinderella‹; ›In unserem Bett ist ein Analytiker‹; ›Der Bettlerpriester‹ (alle o. J.).

Betti, Ugo, geb. 4. 2. 1892 in Camerino, gest. 9. 6. 1953 in Rom. Italienischer Dramatiker und Lyriker. Betti studierte Jura und war Richter in Parma und Rom. Seine gesellschaftskritischen Stücke sind wie Prozesse aufgebaut, in denen es nach einer Untersuchung zur Anklage und schließlich zur Sühne kommt. Als sein bekanntestes Stück gilt ›Die Ziegeninsel‹ (1948).
Weitere Stücke: ›Die Königin und die Rebellen‹ (1950); ›Der Spieler‹ (1953); ›Die Flüchtende‹ (1953).
Literatur: E. Curetti: Zu den Dramen von Ugo Betti. Diss. Zürich 1966; E. Betti: Der Dichter Ugo Betti im Lichte seiner Lyrik, Erzählkunst und Dramatik. München 1968.

Beuther, Friedrich Christian, geb. 22. 4. 1777 in Kleeburg, gest, 21. 4. 1856 in Kassel. Bühnenbildner. Hauptvertreter des Weimarer Stils. 1812 Bühnenmaler in Bamberg; 1815–1818 (von Goethe engagiert) Bühnenmaler am Hoftheater in Weimar.
Literatur: R. Beuther: Werkkatalog der veröffentlichten und unveröffentlichten Bilder von F. C. Beuther. Emsdetten 1963; O. Jung: Der Theatermaler F. C. Beuther

(1777–1856) und seine Welt. Emsdetten 1963.

Bickel, Moidele, geb. 6. 3. 1937 in München. Kostümbildnerin. Arbeitet seit 1969 vor allem für die Regisseure Claus Peymann: Handkes ›Das Mündel will Vormund sein‹ (1969, TAT Frankfurt); Bernhards ›Ein Fest für Boris‹ (UA 1970, Deutsches Schauspielhaus Hamburg); Handkes ›Ritt über den Bodensee‹ (UA 1971, Schaubühne am Halleschen Ufer); Bernhards ›Der Ignorant und der Wahnsinnige‹ (1972, Salzburger Festspiele); Luc Bondy: Lasker-Schülers ›Die Wupper‹ und Strauß' ›Kalldewey, Farce‹ (1982, beides Schaubühne); Shakespeares ›Wintermärchen‹ (1988, Paris); Peter Stein: Ibsens ›Peer Gynt‹ (1970); Shakespeares ›Wie es euch gefällt‹ (1977); Kroetz' ›Nicht Fisch, nicht Fleisch‹ (1981); Genets ›Die Neger‹ (1983, jeweils Schaubühne); und Klaus Michael Grüber: Shakespeares ›Winterreise‹ (1977, Schaubühne/Olympiastadion) und ›Hamlet‹ (1982) und, ganz früh schon (1972), Horváths ›Geschichten aus dem Wienerwald‹ (jeweils Schaubühne). Georg Hensel schrieb über ihre Arbeiten (›FAZ‹, 21. 1. 1978):»Sie hat einen unmittelbaren Zugang zum Monströsen: bei ihr ist dies – wie in der Welt der bayerischen Masken – nicht dekadent, sondern elementar. (...) Moidele Bickel erzählt durch Stoffe, Schnitte und Farben. An ihrer Grammatik arbeiten Schauspieler und Schneider. (...) Ihr Realismus mit seiner bäuerlichen Poesie, seiner Selbstverständlichkeit des Alltäglichen und des Bizarren, des Grausamen und des Phantastischen reicht tief in unsere allerfrühesten Erfahrungen: es ist der Realismus der Märchen.« 1994 schuf Moidele Bickel für das Remake von Peter Steins ›Orestie des Aischylos‹ in Moskau neben den Kostümen auch das Konzept für den Raum. C. Bernd Sucher schrieb in der ›Süddeutschen Zeitung‹ (31. 1. 1994): »Moidele Bickel hat den Raum, den Karl Ernst Herrmann für die Schaubühne geschaffen hatte, geringfügig verändert, verschönt. Die ›Orestie‹ spielt also wieder vor dem großen schwarzen Tor des Königspalastes in Argos und in den Gängen des Zuschauerraums, zwischen dem Publikum, das diesmal aber nicht auf Stufen sitzen muß, sondern in bequemen Fauteuils Platz nimmt. Für die erste Szene der ›Eumeniden‹ wurde ein neuer, weißer, hoher Tempel gebaut; und Agamemnons Grabmal glänzt schwer und marmorn. Auch die Kostüme, für die Moidele Bickel schon in Berlin verantwortlich war, sind reicher geworden. Athene macht gar eine Modenschau.« **Literatur:** Schaubühne am Halleschen Ufer am Lehniner Platz 1962–1987. Frankfurt a. M. 1987.

Bierbichler, Annamirl, geb. 7. 12. 1949 in Ambach. Schwester von Sepp Bierbichler. Schauspielerin. Arbeitete von 1965 bis 1982 als Bedienung im elterlichen Gasthof ›Zum Fischmeister‹ in Ambach, wo sie Herbert Achternbusch kennenlernte, der sie 1976 in seinem Film ›Bierkampf‹ besetzte. Seitdem kontinuierliche Zusammenarbeit mit Achternbusch. Im Film: ›Servus Bayern‹ (1977), ›Der Kommantsche‹ (1979), ›Der Neger Erwin‹ (1981), ›Das letzte Loch‹ (1981), ›Der Depp‹ und ›Das Gespenst‹ (1982), ›Rita Ritter‹ und ›Die Olympiasiegerin‹ (1983), ›Wanderkrebs‹ (1984). Im Theater: 1985 spielte sie in Herbert Achternbuschs ›Weg‹ (UA Münchner Kammerspiele, R. der Autor) die Rolle der Oma: »Als Kontrapunkt dann Omas wuchernde Geschichten. In solchen Passagen taucht Annamirl Bierbichler in ein wunderbares Insich-Hineinhören – und Achternbusch hindert seine Schauspielerin nicht daran, zwischen sich und dem Publikum, je länger je mehr, förmlich eine Schranke schauspielerischer Verweigerung aufzurichten. Eine Haltung, die sich gegen die Verabredung von Theater richten muß.« (Ingrid Seidenfaden, ›AZ‹, 25. 11. 1985) 1986 spielte die Schauspielerin das Solo in Luisa Francias ›Fischmaul‹ (Münchner Kammerspiele, Werkraum).

Bierbichler, Sepp (eigtl. Josef Bierbichler), geb. 26. 4. 1948 in Ambach. Schauspieler. Nach dem Gymnasium absolvierte er die Otto-Falckenberg-Schule in München. Seit 1973 Engagements an den Münchner Kammerspielen, am Württembergischen Staatsschauspiel, an den Städti-

Biermann

schen Bühnen Frankfurt a. M., am Münchner Theater rechts der Isar und am Bayerischen Staatsschauspiel, am Deutschen Schauspielhaus Hamburg, an der Volksbühne Berlin. Rollen u. a.: Titelrolle in Achternbuschs ›Ella‹ (1978, Stuttgart), Titelrolle in Achternbuschs ›Gust‹ (1985, Bayerisches Staatsschauspiel, R. der Autor), Totengräber in Shakespeares ›Hamlet‹ (1985, ebenda, R. B. K. Tragelehn), Hinkemann in Franz Xaver Kroetz' ›Nusser‹ (1986, ebenda, R. der Autor), Alt-Nazi in Achternbuschs ›Linz‹ (1987, Münchner Kammerspiele, R. der Autor), Titelrolle in Tankred Dorsts ›Korbes‹ (1988, Deutsches Schauspielhaus Hamburg, R. Wilfried Minks). 1988 spielte Bierbichler an der Wiener Burg die Titelrolle in Schillers ›Wilhelm Tell‹ (R. Claus Peymann) und die Titelrolle in Goethes ›Urfaust‹ (Münchner Volkstheater, R. Peter Palitzsch); 1991 den Billi Kotte in der Uraufführung von Klaus Pohls ›Karate-Billi kehrt zurück‹ (Deutsches Schauspielhaus Hamburg, R. der Autor). Hierüber schrieb Werner Burkhardt in der ›Süddeutschen Zeitung‹ (16. 5. 1991): »Daß man an Parsifal, den reinen Toren denkt, liegt an Josef Bierbichler. Da er natürlich überhaupt nicht sächsisch, macht er schon durch den Tonfall klar, daß es hier nicht um Naturalismus geht, sondern um Exemplarisches. Er bringt seine eigene Lebensluft mit sich, und die ist entschieden süddeutsch, gibt ihm etwas Unberührbares, fast den lichten Glanz des Märtyrers. Er kann mit einer wie verwunschenen Grazie tänzeln, er bricht aus erloschener Stille in tosende Wut. Manchmal stellt man sich vor, daß er einen älteren und böseren Bruder hat, der Gerhard Polt heißt, und zu dem er sich verhält wie Fasolt zu Fafner. Sehr poetisch und sehr genau läßt er in der Schwebe, was er durchschaut, und wann der Wahn ihn wieder einholt.« 1992 sahen wir Bierbichler als Horn in Bernard-Marie Koltès' ›Der Kampf des Negers und der Hunde‹ (Münchner Kammerspiele, Werkraum, R. Armin Petras); 1993 spielte er den Faust in Christoph Marthalers Inszenierung von ›Goethes Faust, Wurzel aus 1 + 2‹ (Deutsches Schauspielhaus Hamburg) und 1994 den Prospero in Marthalers Variationen über Shakespeares ›Sturm‹ (Volksbühne Berlin). Sein Filmdebüt gab Bierbichler 1975. Berühmt wurde er durch seine Mitwirkung in den Filmen von Achternbusch: ›Die Atlantikschwimmer‹ (1975), ›Servus Bayern‹ (1977), ›Der Kommantsche‹ (1979), ›Der Neger Erwin‹ (1981), ›Das Gespenst‹ (1982), ›Wanderkrebs‹ (1984). 1988 kam der erste Bierbichler-Film heraus: ›Triumph der Gerechten‹ (mit Bierbichler), 1991 sah man ihn in Jo Baiers Film ›Wildfeuer‹. Auf die Bitte nach einer Vita, antwortete Bierbichler: ». . . das Wort Lexikon verbindet sich bei mir nach wie vor mit der Erinnerung an die mühselige Suche nach der Bedeutung des Unbekannten, das sich selbst immer als das Bekannte voraussetzte. Nur wenige Worte der Lexika zeigten sich so gnädig, in der Erinnerung zu bleiben, so daß mir die Mühsal des wiederholenden Suchens auch heute noch nicht erspart bleibt. Es widerstrebt mir aufzuklären für einen Bereich, der mich selbst bis ans Lebensende als Suchenden beherbergen wird. Was die persönlichen Dinge betrifft, hoffe ich, sie weiterhin so erfolgreich zu vergessen wie bisher, um nicht eines Tages dem Zwang zu unterliegen, Memoiren schreiben zu müssen. Was Sie selbst an Daten finden werden, wird dem Lexikon genügen und mich ehren. Es wird vielleicht sogar den Bauch meiner Nachkommen pinseln . . .«
Literatur: C. B. Sucher: Theaterzauberer. Schauspieler. 40 Porträts. München, Zürich 1988.

Biermann, Wolf, geb. 15. 11. 1936 in Hamburg. Autor und Liedermacher. Aus einer Arbeiterfamilie stammend. Biermann studierte in der DDR politische Ökonomie, dann Philosophie und Mathematik. Seit seiner Ausbürgerung 1976 lebt er im Westen. Vor allem als Lyriker und Sänger bekannt. Biermann schrieb ein Theaterstück ›Der Dra-Dra. Die große Drachentöterschau in acht Akten mit Musik‹ (1970) nach Jewgeni Schwarz, eine Abrechnung mit dem Stalinismus: »Wolf Biermanns ›Der Dra-Dra‹ ist kein schlechtes Stück, nur keines (. . .) Nicht auf Fabel und Dialoge, sondern auf Bilder und Töne kommt es hier an (. . .) Er benützt

Schwarz' Märchen von der Stadt, die einem Polit-Drachen unterworfen ist und sich ihm unterwirft, als Anlaß: Anlaß zu einer Schau- und Höraktion gegen alle möglichen Sorten von Tyrannei.« (Ivan Nagel, ›SZ‹, 24./25. 4. 1971, zu ›Der Dra-Dra‹, Münchner Kammerspiele. R. Hansgünther Heyme)

Bilabel, Barbara, geb. 21. 4. 1939. Bühnenbildnerin und Regisseurin. Bühnenbildstudium an der Hochschule für Bildende Künste Berlin bei Willi Schmidt. Erste Kostümentwürfe für die Deutsche Oper Berlin; 1976 für das Staatstheater Stuttgart, für Niels-Peter Rudolphs Inszenierung von Botho Strauß' ›Bekannte Gesichter, gemischte Gefühle‹. 1980 Regiedebüt am Deutschen Schauspielhaus Hamburg: Euripides' ›Medea‹; danach freie Regisseurin. Stationen u. a.: Bühnen der Stadt Wuppertal: Stefan Dähnerts ›Herbstball‹ (UA 1986); Theater Basel: Lina Wertmüllers ›Liebe und Magie in Mammas Küche‹ (1988), Edward Bonds ›Die See‹ (1990), Kleists ›Penthesilea‹ (1991); Bayerisches Staatsschauspiel: Molières ›Die Schule der Frauen‹ (1990) und Stadttheater Bonn: John Ardens ›Leben wie die Schweine‹ (1993); über die Arden-Interpretation schrieb Matthias Pees in der ›Süddeutschen Zeitung‹ (29. 12. 1993): »Herausragend an dieser Produktion ist, wie virtuos Barbara Bilabel und ihr Ensemble die naheliegenden, schon bei Arden ungewöhnlich gegeneinander variierten Klischees auf beiden Seiten außer Kraft setzen, ja geradezu mit ihnen jonglieren.«

Bildt, Paul, geb. 19. 5. 1885 in Berlin, gest. 13. 5. 1957. Schauspieler. Ausbildung an der Moestschen Theaterschule in Berlin. Debüt 1905 am Schiller-Theater (Engagement bis 1913). Weitere Stationen: Kleines Theater Unter den Linden (1913–1921), Deutsches Theater (1923–1925), Staatstheater (bei Jeßner, 1926–1944), Deutsches Theater (1945–1949). Von 1950 an Engagement an den Staatlichen Schauspielbühnen Berlin, daneben von 1954 bis 1957 auch an den Münchner Kammerspielen. Bildt arbeitete seit 1912 auch für den Film. Die wichtigsten Rollen am Theater: Spielgelberg in Schillers ›Die Räuber‹ (1926, R. Erwin Piscator), Schulmeister in Grabbes ›Scherz, Satire, Ironie und tiefere Bedeutung‹ (1930, R. Jürgen Fehling), Fairchild in Brechts ›Mann ist Mann‹ (1931, R. Brecht), Koch in Brechts ›Mutter Courage und ihre Kinder‹ (1929, R. Brecht/Engel). Über Bildts Ekart in Brechts ›Baal‹ (1926, Deutsches Theater Berlin, R. Brecht) schrieb Herbert Ihering (›Berliner Börsen-Courier‹, 15. 2. 1926): »Paul Bildt als Baals Freund Ekart gab in Maske, Haltung, Blick und Sprache den Ton, die Atmosphäre des Stückes vollendet wieder. Wer Bildt oft in konventionellen Stücken konventionell gesehen hat, weiß, daß sich hier Dichter und Darsteller gefunden haben.«
Literatur: P. Riemer: Paul Bildt. Berlin 1963; K. Voss (Hrsg.): Paul Bildt. Ein Schauspieler in seinen Verwandlungen. Starnberg 1963; A. Kerr: Mit Schleuder und Harfe. München 1985.

Bill-Bjelozerkowski, Wladimir Naumowitsch, geb. 9. 1. 1885, gest. 1970. Russischer Schriftsteller. Er kam 1901 als Schiffsjunge nach Amerika, arbeitete dort 16 Jahre lang als Matrose und kehrte 1917 nach Rußland zurück. Vor 1920 an schrieb er politische Theaterstücke, die in Deutschland von Erwin Piscator und Wolfgang Langhoff aufgeführt wurden. Zu seinem Stück ›Mond von links‹ schrieb Herbert Ihering (›Berliner Börsen-Courier‹, 29. 11. 1930): »Es fesselt an diesem Schwank, daß wir etwas kennenlernen, daß wir neugierig gemacht werden. Alte Probleme, angewandt auf die neue russische Welt. Alter Kitsch, hindurchgegangen durch den Filter der russischen Revolution.«
Weitere Stücke: ›Das blutige Beefsteak‹ (1920); ›Sturm‹ (1925); ›Der Westen wird nervös‹ (1931).

Billinger, Richard, geb. 20. 7. 1890 in St. Marienkirchen, Oberösterreich, gest. 7. 6. 1965 in Linz. Österreichischer Dramatiker. Sohn eines Bauern. Billinger studierte Literatur und Philosophie in Innsbruck, Kiel und Wien und wohnte in Berlin, München und in Starnberg-Niederpöcking. 1931 erhielt er den Kleist-Preis. Gefördert

Birgel

von Hofmannsthal, schrieb Billinger in der Tradition des österreichischen Bauern- und Barocktheaters mystifizierend-religiöse Dramen, die u. a. von Jürgen Fehling, Otto Falckenberg und Leopold Jeßner inszeniert wurden. »Mit kräftigem Talent belebt er Bauernspiele und Bauernlyrik. Er wurzelt im österreichischen Volkstum (...). Er sitzt fest in seinem Volkstum, in seiner Stammesdichtung. Die Bauernwelt, die er schildert, ist unnachgiebig gesehen und unnachgiebig dargestellt.« (Herbert Ihering, zu ›Rauhnacht‹, ›Berliner Börsen-Courier‹, 18. 12. 1931)

Weitere Stücke: ›Spiel vom Knecht‹ (1924); ›Rosse‹ (1931); ›Stille Gäste‹ (1934); ›Der Gigant‹ (1937); ›Der Galgenvogel‹ (1948); ›Ein Tag wie alle‹ (1952); ›Bauernpassion‹ (1960).

Literatur: H. Gerstinger: Billinger als Dramatiker. Diss. Wien 1947.

Birgel, Willy, geb. 19. 9. 1891 in Köln, gest. 29. 12. 1973. Schauspieler. Nach der Schauspielschule in Bonn debütierte er 1914 an dem dortigen Stadttheater. Weitere Stationen: Dessau, Koblenz, Aachen, Mannheim (1924–1936). Von 1933 an (bis 1945) arbeitete Birgel vor allem für den Film. Nach 1948/49 Engagement am Nationaltheater Mannheim, von 1959 bis zu seinem Tod am Zürcher Schauspielhaus. Die wichtigsten Filme (eine Auswahl): ›Ein Mann will nach Deutschland‹ (1934, R. Paul Wegner), ›Einer zuviel an Bord‹ (1935, R. Gerhard Lamprecht), ›Schwarze Rosen‹ (1935, R. Paul Martin), ›Ritt in die Freiheit‹ (1936, R. Karl Hartl), ›Menschen ohne Vaterland‹ (1937, R. Herbert Maisch), ›Zu neuen Ufern‹ (1937, R. Detlef Sierck), ›Hotel Sacher‹ (1939, R. Erich Engel), ›Kongo-Expreß‹ (1939, R. Eduard von Borsody), ›...reitet für Deutschland‹ (1941, R. Arthur Maria Rabenalt), ›Der Majoratsherr‹ (1944, R. Hans Deppe), ›Vom Teufel gejagt‹ (1950, R. Viktor Tourjonsky), ›Sterne über Colombo‹ (1953, R. Veit Harlan), ›Rosenmontag‹ (1955, auch R. Birgel), ›Geliebte Bestie‹ (1959, R. Rabenalt), ›Schonzeit für Füchse‹ (1966, R. Peter Schamoni).

Literatur: W. Herrmann: Willy Birgel. Leben und Dokumente. Reiss-Museum Mannheim 1987 (Katalog).

Birnbaum, Uta, geb. 1933. Regisseurin. 1956–1968 am Berliner Ensemble; 1973–1980 Schauspieldirektorin in Potsdam, wo sie 1974 Heiner Müllers ›Zement‹ inszenierte. Von 1980 bis 1982 arbeitete sie an den Wuppertaler Bühnen, inszenierte u. a. Stefan Schütz’ ›Heimkehrer‹ (1981) und ›Sappa‹ (1982).

Bissmeier, Joachim, geb. 22. 11. 1936 in Bonn. Schauspieler und Regisseur. Schauspielausbildung an der Folkwangschule in Essen. Debüt als Rodrigo in Shakespeares ›Othello‹ (1960, Wuppertaler Bühnen, R. Werner Kraut). Weitere Stationen: Contrakreis Bonn (1960–1962), Tübinger Zimmertheater (1963/64), Theater der Courage Wien (1964). Seit 1965 am Burgtheater Wien (daneben auch engagiert am Staatstheater Stuttgart und am Bayerischen Staatsschauspiel). In der Spielzeit 1978/79 inszenierte Bissmeier am Akademietheater drei Schnitzler-Einakter: ›Die letzten Masken‹, ›Die Gefährtin‹, ›Das Haus Delorme‹ und 1979/80 Grillparzers ›Sappho‹. Rollen (u. a.): Wetter vom Strahl in Kleists ›Käthchen von Heilbronn‹ (1973, R. Walter Felsenstein); Schriftsteller in der Uraufführung von Bernhards ›Die Jagdgesellschaft‹ (1974, R. Claus Peymann); Titelrolle in Schillers ›Don Carlos‹ (1974, Bayerisches Staatsschauspiel, R. Hans Schweikart); Titelrolle in Goethes ›Faust‹ (1975, ebenda, R. Michael Degen); Tesman in Ibsens ›Hedda Gabler‹ (1977, R. Peter Palitzsch); Roger in Max Frischs ›Triptychon‹ (1981, R. Erwin Axer); Thomas in Musils ›Schwärmer‹ (1981, Freie Volksbühne Berlin, R. Hans Neunfels); Robespierre in Büchners ›Dantons Tod‹ (1982, R. Achim Benning); Jago in Shakespeares ›Othello‹ (1983, R. Hans Lietzau); Scholtz in Wedekinds ›Marquis von Keith‹ (1988, Weilheimer Theatersommer, R. Rudolf Noelte); Hechingen in Hofmannsthals ›Der Schwierige‹ (1991, Salzburger Festspiele, R. Jürgen Flimm); Friedrich Hofreiter in Schnitzlers ›Das weite Land‹ (1992, Schauspiel Frankfurt a. M., R. Jürgen

Gosch). Über diese Aufführung schrieb Verena Auffermann (›SZ‹, 2. 11. 1992): »Bissmeier bündelt in nervöser Eleganz die Energien, man sieht den Reflex seiner Gedanken in kleinsten Bewegungen. (...) Er bestimmt ›Das weite Land‹ in Frankfurt a. M., er zieht das Ensemble mit, setzt sich von der Langatmigkeit von Jürgen Gosch ab, präsentiert die Ökonomie der Seele wie ein perlendes Stück, läßt alle spüren, wie nah der falsche Ton ist und erspielt scheinbar spielend dem Schauspiel Frankfurt a. M. einen schönen Erfolg.« Bissmeier arbeitet zuweilen auch für das Fernsehen.

Bissmeier, Stephan, geb. 1956 in Hannover. Schauspieler. Ausbildung an der Folkwangschule Essen (1977–1980). Danach Engagements in Bremen, Köln (1981–1985, vor allem in Inszenierungen von Jürgen Flimm und Jürgen Gosch), Stuttgart und Basel. Wichtige Rollen: Schriftsteller in Thomas Bernhards ›Am Ziel‹ (1982, Schauspiel Köln, R. Luc Bondy); Titelrolle in Büchners ›Woyzeck‹ (1986, Württembergisches Staatsschauspiel, R. Jossi Wieler); Friedrich Wetter, Graf vom Strahl in Kleists ›Käthchen von Heilbronn‹ (1988, Basler Theater, R. Cesare Lievi) und Angelo in Shakespeares ›Maß für Maß‹ (1991, ebenda, R. Harald Clemen). Hierzu bemerkte C. Bernd Sucher (›SZ‹, 12. 12. 1991): »Eleganter, gutaussehender Fiesemöp.«

Bitterli, Dieter, geb. 4. 5. 1941 in Langenthal (Schweiz). Schauspieler, Regisseur, Theaterleiter. Medizinstudium, Schauspielschule und Studium der Theaterwissenschaft in Wien. 1960 Studentenbühne Bern; 1963 Regieassistent bei Kai Braak in Ulm und erste Inszenierungen. 1966 am Staatstheater Kassel, dort inszenierte er u. a. Fernando Arrabals ›Zeremonie für einen ermordeten Neger‹ (DE 1966); Claus Bremers ›Hände weg von meinem Ferrari‹ (UA 1967). Von 1971 an freier Regisseur (auch für das Fernsehen und den Film). Schauspielinszenierungen in Pforzheim, Mannheim, Zürich, Köln, Frankfurt a. M. Von 1983 bis 1986 Leitung des Schauspiels der Städtischen Bühnen Freiburg. Wichtige Inszenierungen u. a.:

Botho Strauß' ›Der Park‹ (UA 1984, Freiburg); Calderóns ›Großes Welttheater‹ (1987, Einsiedeln).

Bjørnson, Bjørnstjerne, geb. 8. 12. 1832 in Kvikne, gest. 26. 4. 1910 in Paris. Norwegischer Dramatiker. Sohn eines Pfarrers. Von 1854 an journalistische und schriftstellerische Arbeiten, von 1857 bis 1859 war er Direktor des Norwegischen Theaters in Bergen und später Theaterdirektor in Oslo, von 1860 an hielt er sich viel im Ausland auf. 1903 wurde er der erste skandinavische Nobelpreisträger für Literatur. Etwas im Schatten Ibsens, mit dem er schon früh bekannt geworden war, gehörte Bjørnson dennoch zu den wesentlichen Kräften, die Einfluß auf das Entstehen einer norwegischen Theaterliteratur genommen haben. Er stritt für soziale Gerechtigkeit und Frieden und prägte international das Bild der norwegischen Literatur in seiner Zeit. Seine sozialkritischen Gesellschaftsstücke waren inspiriert von Dumas, Scribe und Sardou. Sie sind heute vergessen und werden nicht mehr gespielt.
Stücke: ›Die Neuvermählten‹ (1865); ›Der Redakteur‹ (1875); ›Ein Handschuh‹ (1883); ›Über unsere Kraft‹ (1886).

Blaha, Paul, geb. 17. 4. 1925 in Maribor (Ex-Jugoslawien). Autor, Kritiker, Theaterleiter. Nach dem Abitur Kriegsdienst; von 1946 an literarische Arbeiten, Veröffentlichungen u. a. in ›Stimmen der Gegenwart‹; sein Theaterstück ›Brüder im Tode‹ wurde im Linzer Kellertheater uraufgeführt. Seit 1954 Mitarbeiter deutschsprachiger Zeitungen und Zeitschriften u. a.: ›Express‹, ›Furche Wien‹, ›Basler Nachrichten‹, ›Weltwoche‹ (Zürich). Von 1961 an Theaterkritiker, später Kulturchef beim ›Kurier‹ (Wien). 1979–1987 Künstlerischer Leiter und Geschäftsführer des Wiener Volkstheaters.
Literatur: P. Blaha: Schöne freie Welt. München 1991.

Blech, Hans Christian, geb. 20. 2. 1915 in Darmstadt, gest. 5. 3. 1993 in München. Debüt am Theater Baden-Baden. Engagements vor 1940: Kiel, Freiburg und Altes

Bleibtreu

Theater Leipzig. Nach dem Krieg (Gefangenschaft) begann Blech 1947 an den Münchner Kammerspielen (unter Hans Schweikart), wo er bis 1954 blieb und u. a. in folgenden Rollen zu sehen war: Dr. Östermark in Strindbergs ›Der Vater‹ (1949, R. Fritz Kortner); Matti in Brechts ›Herr Puntila und sein Knecht Matti‹ (1949, R. Schweikart); Eilif in Brechts ›Mutter Courage und ihre Kinder‹ (1950, R. der Autor); Oswald in Ibsens ›Gespenster‹ (1959, R. Kortner); Proctor in Arthur Millers ›Hexenjagd‹ (DE 1954, R. Schweikart). Danach arbeitete Blech als Gast am Bayerischen Staatsschauspiel: dort u. a. Titelrolle in Büchners ›Dantons Tod‹ (1959, R. Kortner); an den Städtischen Bühnen Frankfurt a. M., am Schauspielhaus Zürich, am Burgtheater Wien, an der Freien Volksbühne Berlin: Dorland in Rolf Hochhuths ›Soldaten‹ (UA 1967, R. Schweikart) und am Württembergischen Staatstheater Stuttgart: Titelrolle in Shakespeares ›Richard III.‹ (1968) und den Werftbesitzer in der Uraufführung von Hochhuths ›Guerillas‹ (R. jeweils Peter Palitzsch). Seit 1948 auch Auftritte im Film, seit 1957 Arbeiten für das Fernsehen, u. a.: ›Cardillac‹ (1971, R. Edgar Reitz), ›Der scharlachrote Buchstabe‹ (1973, R. Wim Wenders), ›Falsche Bewegung‹ (1975, R. Wenders), ›Ansichten eines Clowns‹ (1976, R. Vojtech Jasny), ›Looping‹ (1981, R. Walter Bockmeyer und Rolf Bührmann), ›Zauberberg‹ (1982, R. Hans W. Geißendörfer). In seinem Nachruf schrieb Wilfried Wiegand (›FAZ‹, 6. 3. 1993): »Das Leid der Welt, meinte Fritz Kortner, sehe man diesem Schauspieler ›an der Fresse an‹, zudem sei er ›sehr begabt‹ und, am wichtigsten: ›Er ist blond und macht keinen Gebrauch davon‹. Hans Christian Blech nahm die Charakterisierung, wie sie von Kortner gemeint war, als Kompliment, und machte sein Gesicht, weit über die Ausstrahlung der Theaterrollen hinaus, zu einem Markenartikel der Medien: Im deutschen Fernsehen wurde er zu einem der besten, im Film gar zu einem international berühmten Schauspieler.«
Literatur: S. Melchinger/R. Clausen: Schauspieler. 36 Porträts. Velber 1965.

Bleibtreu, Hedwig, geb. 23. 12. 1868 in Linz, gest. 24. 1. 1958 in Wien. Schauspielerin. Studierte von 1882 bis 1886 am Wiener Konservatorium. Von 1886 bis 1893 Engagements an den Bühnen von Augsburg, Brünn, Berlin (Berliner Theater), Kassel, München und Wien (Carltheater). Von 1893 bis zu ihrem Tod war sie Ensemblemitglied des Wiener Burgtheaters.
Literatur: G. Doublier/W. Zellny: Hedwig Bleibtreu. Wesen und Welt einer großen Burgschauspielerin. Wien 1918; H. Ihering: Von Josef Kainz bis Paula Wessely. Heidelberg, Berlin, Leipzig 1942.

Bleibtreu, Monica, geb. 4. 5. 1944 in Wien. Schauspielerin. Absolvierte das Max-Reinhardt-Seminar. Erstes Engagement 1963 Bühnen der Stadt Bonn. Weitere Stationen: Burgtheater Wien, Theater in der Josefstadt (1964/65), Niedersächsisches Staatstheater Hannover (1965–1969), Münchner Kammerspiele (1969–1972), Schaubühne am Halleschen Ufer, Berlin (hier 1970 die Mascha in ›Die Mutter‹ von Brecht/Gorki, R. Peter Stein/Frank Patrick Steckel), Deutsches Schauspielhaus Hamburg (1972–1975), 1986 Freie Volksbühne Berlin, 1988 Salzburger Festspiele (in Axel Cortis Inszenierung von Elias Canettis ›Hochzeit‹) und im selben Jahr in Matthias Zschokkes ›Brut‹ (Theater Bonn). 1990 spielte sie am Deutschen Schauspielhaus in Hamburg die Cäcilie in Goethes ›Stella‹ (R. Frank Castorf). Seit den siebziger Jahren arbeitet Monica Bleibtreu mit wenigen Ausnahmen ausschließlich für das Fernsehen.

Blin, Roger, geb. 22. 3. 1907 in Neuilly-sur-Seine, gest. 21. 1. 1984 in Paris. Schauspieler, Regisseur. Debüt als Regieassistent bei Artauds ›Les Cencis‹ (1935). Danach trat er als Pantomime und Tänzer auf und arbeitete als Schauspieler bei Charles Dullin. Von 1949 bis 1951 übernahm er zusammen mit Christine Csingos die Leitung der Gaîté Montparnasse. Danach Inszenierungen an verschiedenen Pariser Häusern (u. a. Théâtre Babylone und Théâtre Récamier). Blin wurde berühmt und gefeiert als Beckett- und Ge-

net-Regisseur. 1953 inszenierte er die Uraufführung von Becketts ›Warten auf Godot‹ (und spielte den Pozzo), 1957 Becketts ›Endspiel‹, 1959 die Uraufführung von Genets ›Die Neger‹, 1960 Genets ›Der Balkon‹ und Becketts ›Das letzte Band‹, 1966 die französische Erstaufführung von Genets ›Die Wände‹. Genet über Blins ›Neger‹-Inszenierung: »Blin nachahmen? Sein Gelingen war vollkommen, ihn imitieren, das hieße ihn degradieren. Seine Inszenierung kann nur ein Beispiel sein für Kühnheit und Strenge.« In seinem Nachruf schrieb Georg Hensel (›FAZ‹, 24. 1. 1984):»Roger Blin prägte die avantgardistische Epoche der fünfziger und sechziger Jahre. Er nahm den antirealistischen Impuls Artauds auf, nicht aber dessen surrealistische Bilder- und Körpersprache, und richtete seine Bilder mit Spielpodien als eine vom Alltag völlig getrennte, autonome Kunstwelt ein. (...) Er scheute die politische Provokation nicht, doch war sie nie sein Ziel: Die poetische Provokation ist ihm immer wichtig gewesen.« Blins Inszenierung von Genets ›Die Wände‹ (Städtische Bühnen Essen) wurde 1968 zum Berliner Theatertreffen eingeladen.
Literatur: R. Blin: Souvenirs et propos. Paris 1986; J. Genet: Briefe an Roger Blin. Hamburg 1967; O. Aslan: Roger Blin and twentieth-century playwrights. Cambridge 1988; dies.: Roger Blin. Paris 1990.

Blumenthal, Oskar, geb. 13. 3. 1852 in Berlin, gest. 24. 4. 1917 ebenda. Sohn eines Kaufmanns. Lustspielautor. Blumenthal studierte Philologie in Berlin und Leipzig. Danach Arbeit als Journalist. Er begründete 1888 das Lessingtheater in Berlin, das er bis 1897 leitete. Er verfaßte Lustspiele, die in seiner Zeit viel gespielt wurden. Heute ist er nur noch mit seinem Singspiel ›Im weißen Rößl‹ (1898, Musik: Ralph Benatzky) bekannt.
Weitere Stücke: ›Frau Venus‹ (1893); ›Der blinde Passagier‹ (1902); ›Großstadtluft‹ (1905); ›Der schlechte Ruf‹ (1910).

Boal, Augusto, geb. 1931 in Brasilien. Autor, Regisseur und Theaterleiter. Begründer des Teatro do Oprimido (Theater der Unterdrückten). Von 1956 bis 1971 leitete er das Teatro de Arena in São Paulo; 1971 wurde er verhaftet und lebte bis 1976 im argentinischen Exil. Von 1976 bis 1978 arbeitete er in Portugal, von 1978 an in Paris, wo er das von ihm gegründete Centre d'étude et de diffusion des techniques actives d'expression (CEDITADE) leitete. Er arbeitete als Regisseur auch an deutschsprachigen Häusern, in Berlin und Basel. Seit 1986 lebt Boal wieder in Rio de Janeiro, leitet das Theaterzentrum C.T.O. (Centro do Teatro do Oprimido). Er schrieb mehrere Stücke, darunter ›Mit der Faust ins offene Messer‹ (1977). Boal erweiterte den Begriff des populären Theaters, indem er u. a. die Trennung zwischen Bühne und Zuschauerraum auflöste. In Workshops vermittelt er die Grundsätze seiner Theaterarbeit. Boal, der auch einen Sitz im Stadtparlament hat, spricht von seiner Arbeit als einem »Theaterkampf«, einem »politischen Kampf für eine bessere, gerechtere Welt« (›SZ‹, 25. 8. 1993).
Weitere Stücke: ›Revolution auf südamerikanisch‹ (1960); ›Kriegszeit‹ (1967); ›Torquemada‹ (1971).
Literatur: A. Boal: Stop! C'est magique: les techniques actives d'expression. Paris 1980; ders.: Theater der Unterdrückten. Frankfurt a.M. 1989; H. Thorau: Augusto Boals Theater der Unterdrückten in Theorie und Praxis. Rheinfelden 1982; H. Adler: Politisches Theater in Lateinamerika. Von der Mythologie über die Mission zur kollektiven Identität. Berlin 1982.

Bockmayer, Walter, geb. 1951 in Pirmasens. Filmemacher, Regisseur und Theaterleiter. Nicht abgeschlossene Lehre als Großhandelskaufmann. 1970 Garderobier an den Bühnen der Stadt Köln; 1975 eröffnete Bockmayer in Köln die Kneipe ›Filmdose‹. 1970 begann er (zusammen mit Rolf Bührmann) Trickfilme zu drehen. Schon bald haben die beiden Autodidakten Erfolge mit ›Gisela Wygman‹, ›La Traviata‹, ›Gay West‹, ›Rivalinnen unter griechischer Sonne‹ (1974), ›Jane bleibt Jane‹, ›Flammende Herzen‹ (1977). 1979 beginnt die Theaterarbeit Bockmayers: In der Oper Essen inszeniert er (als DE) die ›Rocky Horror Picture Show‹. Weitere Inszenierungen u.a.: 1980 (am Schauspielhaus

Bode

Köln) Peter Greiners ›Kiez‹; 1981 (ebenda) Ayckbournes ›Frohe Feste‹; 1982 (Schauspielhaus Bochum) Herbert Achternbuschs ›Der Frosch‹ (UA); 1987 David Mamets ›Edmond‹ (Bayerisches Staatsschauspiel); 1991 Brendan Behans ›Die Geisel‹ und ›Richards Korkbein‹ (Schauspiel Köln). Ein besonderer Erfolg (jahrelang) war Bockmayers Produktion ›Geierwally‹ in Bockmayers und Bührmanns eigenem Theater, dem Theater in der Filmdose (1987 verfilmt). 1992 kam, nach ›Sissi – Beuteljahre einer Königin‹ (1990) Bockmayers dritte Historien-Klamotte heraus: ›Cleopatra‹. Bockmayer arbeitete auch als Schauspieler, z. B. in Rainer Werner Fassbinders Filmen ›Die verlorene Ehre der Maria Braun‹ und ›In einem Jahr mit 13 Monden‹. 1981 wurde Bockmayers Inszenierung von Peter Greiners ›Kiez‹ (Schauspiel Köln) zum Berliner Theatertreffen eingeladen.

Bode, Elert, geb. 6. 4. 1934 in Breslau. Schauspieler und Regisseur. Gründer und Intendant (1957–1970) der Westfälischen Kammerspiele Paderborn; 1970–1976 Intendant der Württembergischen Landesbühne Esslingen; seit 1976 Intendant der Komödie im Marquardt Stuttgart, seit 1984 zugleich Intendant des Alten Schauspielhauses Stuttgart.

Böckmann, Gerd, geb. in Chemnitz. Schauspieler und Regisseur. Absolvierte die Otto-Falckenberg-Schule in München. Debüt am Theater der Stadt Heidelberg. Weitere Stationen: Bühnen der Hansestadt Lübeck, Staatliche Schauspielbühnen Berlin, Deutsches Schauspielhaus Hamburg, Burgtheater Wien. Wichtige Rollen: Major von Walter in Schillers ›Kabale und Liebe‹ (1969, Staatliche Schauspielbühnen Berlin, R. Hans Hollmann); Maurice in Heathcote Williams' ›Wechselstrom/Gleichstrom‹ (1973, Deutsches Schauspielhaus Hamburg, R. Wolfgang Bauer); Psychiater in Fritz Hochwälders ›Lazaretti oder Der Säbeltiger‹ (UA 1975, Salzburger Festspiele, R. Ernst Haeusserman); Guenther in Botho Strauß' ›Bekannte Gesichter, gemischte Gefühle‹ (1983, Bayerisches Staatsschauspiel, R. Dieter Giesing); Ras-

kolnikow in Juri Ljubimows Dostojewski-Version (1984, Burgtheater Wien). Über diese Rolle schrieb Otto F. Beer (›SZ‹, 15. 10. 1984): »Hinreißend Gerd Böckmann in der Hauptrolle: ein räsonierender Amoralist, der seine vielen Kämpfe mit großem Temperament vermittelte.« Böckmann inszenierte 1986 am Württembergischen Staatstheater David Mamets ›Edmond‹ und 1991 Arthur Schnitzlers ›Zwischenspiel‹. Er arbeitet auch viel für das Fernsehen.

Boehm, Franz, geb. 24. 6. 1938 in Ingolstadt, gest. 20. 7. 1989 in Freiburg. Schauspieler. Von 1970 bis 1977 Düsseldorfer Schauspielhaus; 1977 Städtische Bühnen Frankfurt a. M.. Von 1978 an arbeitete er frei, u. a. in Bochum, an der Freien Volksbühne Berlin, am Bayerischen Staatsschauspiel. Wichtige Rollen: Trileckij in Tschechows ›Platonov‹ (1977, Freie Volksbühne Berlin, R. Luc Bondy); Titelrolle in Ibsens ›Baumeister Solness‹ (1978, Städtische Bühnen Frankfurt a. M., R. Peter Palitzsch); Riccaut in Hansgünther Heymes Lessing-Inszenierung der ›Minna von Barnhelm‹ (1980, Württembergisches Staatstheater); Otto der Frisör in George Taboris ›Jubiläum‹ (1982, Schauspielhaus Bochum, R. Claus Peymann); Gloster in Shakespeares ›Lear‹ (1984, Bayerisches Staatsschauspiel München, R. Hans Lietzau); Carl Salter in Luigi Pirandellos ›Come tu mi vuoi‹ (1988, Piccolo Teatro Mailand, R. Giorgio Strehler). Boehm arbeitete auch für das Fernsehen und den Film, u. a. in der Fernsehserie ›Café Meineid‹ (1989). In seinem Nachruf schrieb Franz X. Bogner in der ›Süddeutschen Zeitung‹ (24. 7. 1989): »Ein Schwieriger, ein Zweifler, ein Unbequemer war Boehm, und genau das war die Rolle, die er in ›Café Meineid‹ auch ausfüllen sollte. (. . .) Er war ein besessener Arbeiter. Einer, der erst einmal alles in Frage stellte.«

Böken, Haitger M., geb. 23. 2. 1945 in Wittenberg. Bühnen- und Kostümbildner. Nach dem Gymnasium Lehre als Bau- und Möbelschreiner. 1966/67 Bühnenbildvolontariat an der Deutschen Oper am Rhein Düsseldorf; 1967–1972 Bühnenbild-Assistenz am Theater der Jugend in Wien; 1972–1974 Engagement am Stadttheater Pforzheim; 1975–1978 Ausstattungsleiter des Landestheaters Württemberg-Hohenzollern in Tübingen. Daneben freier Bühnenbildner in Wien, Dortmund, Zürich. 1981–1985 Engagement am Ulmer Theater, 1985–1988 an den Städtischen Bühnen Kiel. Daneben, und in der Zeit danach, Arbeiten u. a. für Dietrich Hilsdorf, Jossi Wieler, Volker Hesse in Frankfurt a. M., Düsseldorf und München (Bayerisches Staatsschauspiel).

Boer, Lodewijk de, geb. 11. 2. 1937 in Amsterdam. Holländischer Dramatiker und Regisseur. De Boer studierte am Amsterdamer Konservatorium von 1954 bis 1959. Von 1961 bis 1968 war er Bratschist im Concertgebouw Orchester Amsterdam und von 1958 bis 1969 Mitglied des Leonhard Consort. Von 1968 an Theaterarbeit, von 1972 bis 1974 mit der Gruppe ›The Family‹, von 1980 bis 1982 mit der Gruppe ›Baal‹. Seit 1983 Arbeit als freier Regisseur und Stückeschreiber. Seine Texte entstanden in Zusammenarbeit mit seinen Schauspielern, stilistisch unter dem Einfluß von Samuel Beckett und Harold Pinter. Bekannt geworden ist er v.a. mit einem tragikomischen, vier Teile umfassenden Zyklus ›The Family‹ (1972/73; auch als Film 1973). »Hits wie die vierteilige Theatersensation ›The Family‹ von dem Holländer Lodewijk de Boer altern eben rasch. Ihre Wirkung hängt vom unmittelbaren Ambiente ab. Dreihundertmal ging die Provo-Serie mit ihrem vor einigen Jahren noch so aufreizenden ›Plädoyer für unsoziales Verhalten‹ in Amsterdam über die Bühne, vor begeistertem Publikum. (. . .) Wenn die Zuschauer sich amüsieren und doch reserviert bleiben, liegt es in diesem Falle wohl daran, daß es inzwischen kaum mehr schockiert, auch keinen sonderlichen Symbol- und Nachrichtenwert mehr hat, wenn eine kleine Bande aus der unteren Unterschicht ein abbruchreifes Haus besetzt mit dem festen Willen, ohne jede Rücksicht auf die Umweltnormen nach dem eigenen gefühlten Gesetz zu leben.« (Heinrich Vormweg, ›SZ‹, 28. 9. 1974, zur DE, Düssel-

dorfer Schauspielhaus, R. Lodewijk de Boer) **Weitere Stücke:** ›Sieben Wege einen Fluß zu überqueren‹ (1972).

Boeser, Knut, geb. 28. 12. 1944. Autor, Dramaturg, Theaterleiter. Nach dem Studium der allgemeinen und vergleichenden Literaturwissenschaft in Berlin und Paris schrieb Boeser Theaterstücke, Drehbücher, Essays. Danach Chefdramaturg und Intendant am Renaissance-Theater Berlin, 1985–1989 Chefdramaturg an den Staatlichen Schauspielbühnen Berlin. 1988 arbeitete er mit Axel Corti zusammen, bei dessen Inszenierung von Elias Canettis ›Die Hochzeit‹ (Salzburger Festspiele); 1993 zeigte das ARD eine Verfilmung seines Buchs ›Duett‹. Sein Stück ›Die Menagerie von Sanssouci‹ wurde 1988 uraufgeführt.

Bötticher, Herbert, geb. 19. 12. 1928 in Hannover. Schauspieler. Schauspielschule Hannover. Debüt 1950 am Badischen Staatstheater Karlsruhe (dort bis 1954). Weitere Stationen: Städtische Bühnen Bielefeld (1954–1957), Kammerspiele München (1958–1969); danach als freier Schauspieler für deutsche Bühnen, das Fernsehen und den Film.

Böwe, Kurt, geb. 28. 4. 1929 in der Westprignitz, Mark Brandenburg. Schauspieler. 1950–1954 Studium der Germanistik und Theaterwissenschaft an der Ostberliner Humboldt-Universität. Er war dort von 1954 bis 1960 wissenschaftlicher Assistent am Institut für Theaterwissenschaft und von 1958 bis 1960 Leiter der Studentenbühne. 1961–1967 Engagement als Schauspieler am Maxim-Gorki-Theater in Ostberlin; 1967–1973 am Landestheater Halle. Wichtige Rollen in dieser Zeit: Puntila in Brechts ›Herr Puntila und sein Knecht Matti‹; Luka in Gorkis ›Nachtasyl‹; Titelrolle in Goethes ›Faust‹; Trullesand in Kants ›Aula‹. Seit 1973 gehört er zum Ensemble des Deutschen Theaters in Ostberlin. Rollen u. a.: Dr. Stockmann in Ibsens ›Ein Volksfeind‹; Titelrolle in Hauptmanns ›Michael Kramer‹; Kambyses in Hacks' ›Prexaspes‹; Bezirksschulrat in Bez' ›Jutta oder Die Kinder von Damutz‹

Bogdanov

(R. Friedo Solter). Häufig Zusammenarbeit mit Alexander Lang: mehrere Rollen in Büchners ›Dantons Tod‹ (1981); Soldatenkönig Wilhelm I. in Heinrich Manns Dramenfragment ›Die traurige Geschichte von Friedrich dem Großen‹ (1982); Orest in Goethes ›Iphigenie auf Tauris‹ (1984); Dankward Nickchen in Pohls ›Karate-Billi kehrt zurück‹ (1992, mit Jörg Gudzuhn); Don Diego in Corneilles ›Der Cid‹ (1994). Rollen in Inszenierungen von Rolf Winkelgrund: Boll in Barlachs ›Der blaue Boll‹ und der alte Sedemund in ›Die echten Sedemunds‹; Bruscon in Bernhards ›Der Theatermacher‹: »Schweigend, in knöchellangem Mantel, einen schmalkrempigen schwarzen Hut auf dem Schädel, das Gesicht, die ganze Gestalt ein einziger Ausdruck von Indignation, so taucht er durch die Hintertür herauf – und bricht in Verzweiflung aus: Hier, in dieser muffigen Atmosphäre solle er auftreten, er, der Staatsschauspieler Bruscon? Kurt Böwe, ein Staatsschauspieler schließlich auch er, was er in ironischer Süffisanz mitschwingen läßt, ist breitschultrig, gewölbten Leibes und begabt mit einer Stimme von eigentümlich vibrierendem Timbre auf baßbaritonaler Basis, aber auch zu tenoralen Höhen befähigt. Und die Bernhardschen Verquickungen von abstrusen Gedankenflügen und banalen Bedürfnissen sind ein gefundenes Fressen für Böwes immensen Humor.« (Jürgen Beckelmann, ›SZ‹, 14. 3. 1989) Rollen in Inszenierungen von Thomas Langhoff u. a.: Engstrand in Ibsens ›Gespenster‹; Georg Talbot in Schillers ›Maria Stuart‹ (1980); Theobald Friedeborn in Kleists ›Das Käthchen von Heilbronn‹ (1991/92); Woiwode von Lublin in Hofmannsthals ›Der Turm‹ (1992, mit Gudzuhn); Krüger in Hauptmanns ›Der Biberpelz‹ (1993). Unter der Regie von Michael Gruner spielte er 1994 die Titelrolle in Dorsts ›Herr Paul‹.

Bogdanov, Michael, geb. 15.12 1938 in London. Schauspieler, Regisseur und Theaterleiter. Bogdanov inszenierte 1968/69 Musicals und Revuen in Dublin bevor er 1970 als Regisseur an das Royal Shakespeares Theatre verpflichtet wurde, wo er (zusammen mit Peter Brook) Shakespeares ›Sommernachtstraum‹ inszenierte. Danach Engagements als Regisseur an verschiedenen Bühnen in Großbritannien, u. a. 1972–1973 am Tyneside Theatre, 1973–1977 Haymarket Theatre und Phoenix Theatre; 1978 am Londoner Young Vic, wo er mit seinen »originellen« Klassiker-Inszenierungen auffiel. 1980 wurde Bogdanov Co-Direktor des National Theatre und mit dem Zuständigkeitsbereich »Experimentelles« betraut. 1986 gründete er (zusammen mit dem Schauspieler Michael Pennington) das Shakespeare-Tournee-Theater, The English Shakespeare Company, für die er die sieben Rosenkriegs-Dramen inszenierte (1986/87). Von 1989 bis Dezember 1991 war er Intendant des Deutschen Schauspielhauses Hamburg. Er begann seine glücklose Hamburger Intendanz mit einer Inszenierung von Shakespeares ›Hamlet‹. Hierzu Georg Hensel (›FAZ‹, 30. 10. 1989): »Auf dieser Liste kurioser, extremer, fragmentarischer ›Hamlet‹-Deutungen hat Bogdanovs Versuch, die Geschichte komplett zu erzählen und sie als politischen Reißer abzuwickeln, einen ehrenvollen Platz, mag sie auch ein Beitrag sein, den Klassiker durch Anachronismen und Banalisierungen ›zeitlos‹ zu machen.« Weitere wichtige Inszenierungen in Hamburg: Schillers ›Maria Stuart‹ (1990), Frank Loesers ›Guys & Dolls‹ (1990), Shakespeares ›Romeo und Julia‹ (1991) und ›Der Sturm‹ (1991). 1991 inszenierte Bogdanov als Gast am Kölner Schauspiel John Fords ›Schade, daß sie eine Hure ist‹. Seitdem arbeitet er als freier Regisseur vor allem in London.

Bohm, Uwe, geb. 1962 in Hamburg. Schauspieler. 1973 wurde der elfjährige Junge von dem Filmregisseur Hark Bohm entdeckt und spielte in dessen Filmen ›Ich kann auch 'ne Arche bauen‹ und ›Nordsee ist Mordsee‹ (1975). Danach kam er in ein Heim für verhaltensgestörte Kinder, lernte Maler und Anstreicher. 1983 debütierte Bohm am Hamburger Kleckstheater in Gert Heidenreichs ›Strafmündig‹. 1984 spielte er am Deutschen Schauspielhaus Hamburg in Tschechows ›Die Möwe‹; 1986 sah man ihn an diesem Haus als

Diener Lucius in Michael Bogdanovs Inszenierung von Shakespeares ›Julius Cäsar‹. Werner Burkhardt nannte seine Leistung »sehr konzentriert, sehr präsent« (›SZ‹, 9. 6. 1986). In Hamburg entdeckte ihn Peter Zadek, der ihm 1987 die Titelrolle in dem Musical ›Andi‹ anvertraute (geschrieben von Zadek und Burkhard Driest). Darüber Werner Burkhardt in der ›Süddeutschen Zeitung‹ (9. 3. 1987): »Der junge Schauspieler spielt sich mit einer fast swingenden Mischung aus Lässigkeit und Intensität in das für ihn vorgesehene, freigehaltene Zentrum der Ereignisse. (. . .) Manchmal herrscht Identität zwischen Figur und Spieler, Andi und Uwe – beide scheinen stolz auf ihre körperliche Höchstform, freuen sich an der Aufmerksamkeit, die Handstand wie Handkantenschlag einbringen. Dann wieder, und sehr zum Vorteil der Sache, läßt Bohm offen, ob sein Held durch Soziales (Arbeitslosigkeit), Familiäres (versoffene Mutter mit fiesem Freier) oder ganz einfach durch die Pubertät in die Katastrophe gejagt wird.« Außerdem spielte Uwe Bohm am Hamburger Schauspielhaus: Jack the Ripper in Wedekinds ›Lulu‹ (1988, R. Zadek). 1990 wurde er Ensemblemitglied des Wiener Burgtheaters, spielte Parzival in der Uraufführung von Peter Handkes ›Spiel vom Fragen oder Die Reise zum sonoren Land‹ (1990, R. Claus Peymann); Borkin in Tschechows ›Iwanow‹ (1990, R. Zadek); Rudi Hoffmann in der Uraufführung von Peter Turrinis ›Tod und Teufel‹ (1990, R. Peter Palitzsch); Garceran in Grillparzers ›Die Jüdin von Toledo‹ (1991, Salzburger Festspiele, R. Thomas Langhoff). Weitere Filmrollen: in ›Yasemin‹ (1988), ›Herzlich willkommen‹ (1989, R. jeweils Hark Bohm), ›Der Mann nebenan‹ (1991, R. Petra Haffter).

Bohnet, Folker (eigtl. Folker B.-Waldraff), geb. 7. 8. 1937 in Berlin. Autor, Schauspieler und Regisseur. Als Schauspieler arbeitete er u. a. am Thalia Theater Hamburg, an der Freien Volksbühne Berlin und am Schauspiel Frankfurt a. M.. Als Regisseur an den Hamburger Kammerspielen, an der Landesbühne Rheinlandpfalz in Neuwied und am Theater Kleine Freiheit in München. 1977 wurde sein Stück ›Meine Mutter tut das nicht!‹ in Köln uraufgeführt (Theater am Dom); 1989 kam ›Morgenstund hat Gold im Mund‹ in München heraus (Kleine Freiheit). Bohnet arbeitet auch für Film und Fernsehen.

Bois, Curt, geb. 5. 4. 1901 in Berlin, gest. 25. 12. 1991 ebenda. Schauspieler. Kinderrollen am Theater des Westens und am Thalia Theater Berlin. 1914–1921 arbeitete Bois als ›Salonhumorist‹ an mehreren Variétés in Deutschland, Österreich, der Schweiz und Ungarn. 1920–1935 jugendlicher Operettenkomiker. 7. Juni 1925 Durchbruch als Charakterkomiker in der Uraufführung von Arnolt Bronnens Lustspiel ›Die Exzesse‹ (Lessing-Theater Berlin, R. Heinz Hilpert). Bis 1933 spielte er an allen großen Bühnen Berlins: Deutsches Künstlertheater, Junge Bühne, Komödie, Lessing-Theater, Komödienhaus, Theater am Kurfürstendamm, Volksbühne und Deutsches Theater. Als Gast auch im Theater in der Josefstadt Wien. Wichtige Rollen u. a. Charley in ›Olly-Polly‹ von Arnold und Bach (1925, Neues Theater am Zoo; Musik: Walter Kollo, R. Franz Arnold); Tanzlehrer in Somerset Maughams ›Victoria‹ (1926, Komödie, R. Max Reinhardt); Trebitsch-Lincoln in Leon Lanias ›Konjunktur‹ (1928, Lessing-Theater, Musik: Kurt Weill, R. Erwin Piscator); Lord Babberley in Brandon Thomas' ›Charley's Tante‹ (1928, Theater in der Josefstadt Wien und 1929 – mit anschließenden Gastspielen in Deutschland, der Schweiz und Dänemark – am Komödienhaus Berlin); Fredda Krah in Fritz v. Unruhs ›Phaea‹ (1930, Deutsches Theater, Musik: Friedrich Hollaender, R. Reinhardt); Chlestakow in Nikolai Gogols ›Der Revisor‹ (R. Heinz Hilpert). 1933 Exil in Prag, Wien, London, Paris, 1934 New York, 1937 Hollywood; Filmarbeit, u. a. in ›Romance in the Dark‹ (1938), ›Hotel Imperial‹ (1939), ›The Lady in Question‹ (1940), ›Blue, White and Perfect‹ (1941), ›Casablanca‹ (1942), ›Paris after Dark‹ (1943), ›The Woman in White‹ (1948), ›Caught‹ (1949). 1950 erste Rolle nach der Rückkehr nach Deutschland: wieder Chlestakow in Gogols ›Der Revisor‹ (Deutsches Thea-

Bollmann

ter Ostberlin, R. Wolfgang Langhoff).
Weitere Rollen an DDR-Theatern: Puntila
in Brechts ›Herr Puntila und sein Knecht
Matti‹ (1952, Berliner Ensemble, R. der
Autor); Frosch in Johann Strauß' ›Die Fle-
dermaus‹ (1975, Deutsche Staatsoper,
R. Ruth Berghaus). 1952 inszenierte Bois
am Deutschen Theater Werner Bernhardys
›Ein Polterabend‹. Von 1954 an lebte er in
Westberlin. Bis 1957 keine Rollenangebo-
te. 1957 spielte Bois in Fritz Kortners
Inszenierung von Shakespeares ›Was ihr
wollt‹ den Malvolio (Münchner Kammer-
spiele) und 1958 den Androklus in
G. B. Shaws ›Androklus und der Löwe‹
(Bayerisches Staatsschauspiel München,
R. Kortner). Von 1959 bis 1979 Engage-
ment an den Staatlichen Schauspielbühnen
Berlin. Hier u. a. nochmals Puntila (1965,
R. Boleslaw Barlog); Argan in Molières
›Der eingebildete Kranke‹ (1965, R. Kort-
ner); Sorin in Tschechows ›Die Möwe‹
(1968, R. Liviu Ciulei); Oppa Horatio in
F. Scott Fitzgeralds ›Der Präsident oder
Das Würstchen‹ (1973, R. Hans Holl-
mann); Doktor Bock in Elias Canettis
›Hochzeit‹ (1976, R. Günter Krämer);
Gonzalo in Shakespeares ›Der Sturm‹
(1978, R. Alfred Kirchner). 1978 Auftritt
im Programm zum 70. Bühnenjubiläum
(Theater im Palast, Ostberlin: ›Zu wahr,
um schön zu sein‹). 1982 sah man Bois in
Bruno Ganz' und Otto Sanders Film ›Gedächtnis‹, einer Hommage an Bernhard
Minetti und Curt Bois; 1987 spielte Bois in
Wim Wenders' ›Der Himmel über Berlin‹.
Er arbeitete auch für das Fernsehen: 1986
in der Serie ›Kir Royal‹; 1988 spielte er
den Krapp in Becketts ›Das letzte Band‹
(R. J. C. Kuner). In seinem Nachruf
schrieb Gerhard Stadelmaier (›FAZ‹, 6. 1.
1992): »Das Niveau des Curt Bois war für
die Deutschen zu hoch. Also stuften sie es
zu niedrig ein. Sie konnten wenig mit
diesem Schauspieler anfangen. Die kleine
zarte Bestie mit dem spitzen Gesicht, den
dunklen Augen, der gaumig rauhen Stimme und den präzisen Bewegungen war
ihnen zu einfach-kompliziert. (...) Seine
Rollen legte er nicht an, er legte sie beiseite, zog sie lässig, frech und mit hinterhälti-
ger Güte neben sich her. Er machte sich
einen Spaß daraus, größer, kleiner, trauri-

ger, gerührter oder böser zu wirken als sie.
Er machte nicht eigentlich lustiges Theater, es schien immer so, als mache er sich
übers Theater lustig. Sein Lebenstraum
war ein Kalauer-Festival.«
Literatur: C. Bois: Zu schön, um wahr zu
sein. Berlin 1980; ders.: Zu wahr, um
schön zu sein. Berlin 1982; ders.: So
schlecht war mir noch nie. Aus meinem
Tagebuch. Königstein 1984.

Bollmann, Horst, geb. 11. 2. 1925 in
Dessau. Schauspieler. Ausbildung an der
Folkwangschule in Essen. Danach literari-
sches Kabarett ›Musenstall‹ in Essen und
›Wäscheleine‹ in Düsseldorf. Weitere
Stationen: Städtische Bühnen Essen
(1949–1955), Nationaltheater Mannheim
(1955–1959), danach (bis 1987) Ensem-
blemitglied der Staatlichen Schauspielbüh-
nen Berlin. Wichtige Rollen u. a.: Clov in
Becketts ›Endspiel‹ (1967, R. der Autor);
Lehrer in Peter Nichols' ›Ein Tag im
Sterben von Joe Egg‹ (1968, R. Boleslaw
Barlog); Titelrolle in Shakespeares ›Julius
Cäsar‹ (1972, R. Hans Hollmann); Zettel in
Shakespeares ›Sommernachtstraum‹ (1981,
R. Klaus Emmerich); Jacques in Hans-
Magnus Enzensbergers Diderot-Bearbei-
tung ›Der Menschenfreund‹ (1984,
R. Hanns Zischler); Willy Loman in
Millers ›Der Tod des Handlungsreisenden‹
(1985, R. Gerhard Klingenberg). Hierüber
schrieb Karena Niehoff (›SZ‹, 29. 11.
1985): »Horst Bollmann verbot sich alle
Clownerien, nicht jedoch gelegentlich
einen Anflug von Komik; war ein Häuf-
chen Elend, doch mit querem Stolz;
verbarg auch nicht das Unangenehme, den
starrsinnigen Egoismus, die klägliche
Großtuerei dieses armseligen, armen
Menschleins. Im Zuschauerraum ging
Rührung um, schniefte es hörbar.« Bollmann arbeitete in den letzten Jahren vor
allem für das Fernsehen und den Film;
zuletzt spielte er einen Stasi-Pförtner in
Hartmut Griesmayrs ZDF-Fernsehspiel
›Geheimakte Lenz‹ (1992).

Bond, Edward, geb. 18. 7. 1934 in London. Englischer Dramatiker. Bond stammt
aus einer Arbeiterfamilie, arbeitete in der
Fabrik und begann schon mit 15 Jahren

Stücke zu schreiben. 1962 wurde sein erstes Stück aufgeführt: ›Die Hochzeit des Papstes‹. Bond beschreibt die Gewalttätigkeit des Alltags, die Beziehungslosigkeit der Menschen und eine Welt, in der die Figuren sprachlos und unfähig sind, sich zu artikulieren. Seine Stücke provozierten, wie ›Gerettet‹ (1966), das von der Zensur zunächst verboten wurde, ihn später aber über die Grenzen Englands hinaus bekannt gemacht hat. Darin steinigen Jugendliche ein Baby zu Tode, ein Zeichen für die Gleichgültigkeit und Brutalität der modernen Gesellschaft. Seit dem Stück ›Das Bündel‹ (1978) verweist Bond verstärkt auf die Möglichkeiten des Menschen zu Veränderung. »Bond zeigt, wie Menschen mit stetig schrumpfender Hoffnung, irgendwas noch könne sich ändern, von den Ordnungen verpflichtet werden, weiterzumachen, weiterzuleben, weiterzuarbeiten: reduzierte Geschöpfe, aneinander sich festhaltend, einander von sich stoßend, und vergeblich jene Wärme suchend, die die Ordnungen ihnen verweigern müssen.« (Ernst Wendt: Wie es euch gefällt geht nicht mehr. München 1985, S. 80) »Was Bond zeigen und sagen will, ist deutlich, nur allzu sehr. Gewalt, die Angst davor, die Trauer darüber, das ist auch hier wieder sein Thema. Wie und warum kommt es zu zerstörenden Handlungen oder auch nur zerstörerischen Gedanken? Fassungslos, erschöpft und unermüdlich starrt dieser Stückeschreiber auf diese eine Frage. Fassungslosigkeit –, ein produktiver Standpunkt für einen Dramatiker ist das kaum. In dieser Haltung ist Bonds ›Lear‹ in leere Welttrauergebärden versunken, Terrorbilder schon wie Fetische zitierend. Jetzt aber, am Modell einer englischen Kleinstadt im Jahr 1970, beginnt Bonds nie beruhigte Frage wieder konkret, realistisch zu greifen.« (Reinhard Baumgart, ›SZ‹, 3. 12. 1973, Kritik zu ›Die See‹, Münchner Kammerspiele, R. Luc Bondy)

Weitere Stücke: ›Trauer zu früh‹ (1968); ›Schmaler Weg in den tiefen Norden‹ (1968); ›Schwarze Messe‹ (1970); ›Passion‹ (1971); ›Lear‹ (1971); ›Bingo‹ (1974); ›Der Irre‹ (1975); ›A-A-America!‹ (1976); ›Steine‹ (1976); ›Der weiße Teufel‹ (nach Webster, 1976); ›Die Frau‹ (1978); ›Die Welten‹ (1979); ›Restoration‹ (1981); ›Sommer‹ (1982); ›Kriegsstücke‹ (1984); ›Ollies Gefängnis‹ (1992).
Literatur: M. Hay/P. Roberts: Edward Bond. A Companion to the Plays. London 1978; L. Lappin: The Art and Politics of Edward Bond. New York 1987.

Bondy, Luc, geb. 17. 7. 1948 in Zürich. Regisseur und Intendant. Nach dem Abitur absolvierte er in Paris eine zweijährige Ausbildung an der Schauspielschule des Pantomimen Jacques Lecoq. Debütierte, knapp zwanzigjährig, als Regisseur mit einer Inszenierung einer von ihm selbst dramatisierten Gombrowicz-Novelle (Internationale Theateruniversität Paris). 1969 Regieassistent am Hamburger Thalia Theater. Erste Inszenierung in Deutschland: Stanislaw Witkiewicz' ›Narr und Nonne‹ (1971, Junges Theater Göttingen). Weitere wichtige Inszenierungen u. a.: Shakespeares ›Was ihr wollt‹ (1973, Wuppertaler Bühnen); Goethes ›Stella‹, (1973, Hessisches Staatstheater Darmstadt); Edward Bonds ›Die See‹ (1973, Bayerisches Staatsschauspiel) und ›Die Hochzeit des Papstes‹ (1975, Schauspiel Frankfurt a. M.); Else Lasker-Schülers ›Die Wupper‹ (1976, Schaubühne am Halleschen Ufer Berlin); Alfred de Mussets ›Man spielt nicht mit der Liebe‹ (1977, ebenda); Henrik Ibsens ›Gespenster‹ (1977, Deutsches Schauspielhaus Hamburg). Dazu Friedrich Luft (›Berliner Morgenpost‹, 7. 7. 1977): »Luc Bondy legt das Wunder dieser dramatischen Konstruktion nur frei. Er läßt das Stück spielen. Er läßt die Rollen sich ergeben. Er spielt Ibsen. Er dient nur der Sache.« Weitere Inszenierungen: Alban Bergs ›Lulu‹ (1978, Hamburgische Staatsoper); Becketts ›Endspiel‹ (1980, Schauspiel Köln); Shakespeares ›Macbeth‹ (1982, ebenda). Dazu Sibylle Wirsing in der ›Frankfurter Allgemeinen Zeitung‹ (1. 2. 1982): »Die Stärke von Luc Bondy, welcher Art sie immer sein möge, ist jedenfalls die Geschiebe mit den großen dramatischen Blöcken.« 1983 inszenierte Bondy Bonds ›Sommer‹ (Münchner Kammerspiele); es folgten: Arthur Schnitzlers ›Terre Étrange‹ (›Das weite Land‹, 1984, Théâtre des Amandiers

Borchardt

Nanterre); Mozarts ›Cosí fan tutte‹ (1984, Théâtre Royal de la Monnaie, Brüssel); Marivaux' ›Triumph der Liebe‹ (1985, Schaubühne am Lehniner Platz, Berlin); Molières ›Menschenfeind‹ (1987, Schaubühne im Hebbel-Theater); Shakespeares ›Conte d'hiver‹ (›Wintermärchen‹, 1988, Théâtre des Amandiers Nanterre); Botho Strauß' ›Die Zeit und das Zimmer‹ (1989, Schaubühne Berlin). Dazu Georg Hensel (›FAZ‹, 10. 2. 1989): »Hier wie überall hat der Regisseur Luc Bondy dem sanfteren Botho Strauß auf die komischen Sprünge geholfen. Die romantische Mischung von Gefühl, Ironie und Schwank ist Luc Bondys Spezialität, er geht raffiniert mit ihr um und bringt dabei doch die Neigung des Autors, in einen manieristischen Himmel zu entschweben, herunter auf die Bühnenbretter.« Weitere Inszenierungen: Claudio Monteverdis ›Die Krönung der Poppea‹ (1989, Théâtre Royal de la Monnaie, Brüssel); Shakespeares ›Das Wintermärchen‹ (1990, Schaubühne Berlin); Strauß' ›Schlußchor‹ (1992, ebenda); Richard Strauss' ›Salome‹ (1992, Salzburger Festspiele); Ibsens ›John Gabriel Borkman‹ (1993, Lausanne). Hierzu schrieb C. Bernd Sucher in der ›Süddeutschen Zeitung‹ (28. 1. 1993) unter der Überschrift: »Brillantes Spiel von Liebe und Zufall«: »Diese Aufführung ist verstörend schön. Zum ersten Mal sind Ibsens Menschen nicht schon am Ende, wenn das Drama beginnt. Zum ersten Mal gönnt ein Regisseur den Figuren Entwicklungen. Zum ersten Mal äußern sie Emotionen, die den Worten widersprechen, mit denen sie herzlos scharf Wunden schlagen. Aus der geifernden Totenfeier macht Bondy ein Fest der Liebe und ein Fest des Theaters.« Danach inszenierte Bondy Philippe Boesmans' Oper ›Der Reigen‹ (1993, Brüssel), Strauß' ›Das Gleichgewicht‹ (UA 1993, Salzburger Festspiele) und Peter Handkes ›Die Stunde, da wir nichts voneinander wußten‹ (1994, Schaubühne Berlin). Von 1985 bis 1988 war Bondy auch Mitglied in der Direktion der Berliner Schaubühne, nach Steins Rücktritt. Bondys Filme: ›Die Ortliebschen Frauen‹ (1981); ›Das weite Land‹ (1987). Seit 1974 (›Die See‹) wurde Bondy zehnmal zum Berliner Theatertreffen eingeladen, zuletzt 1992 mit Strauß' ›Schlußchor‹. **Literatur:** P. Iden: Theater als Widerspruch. München 1984; W. Kässen/J. W. Gronius (Hrsg.): Theatermacher. Frankfurt a. M. 1987; Schaubühne am Halleschen Ufer am Lehniner Platz 1962–1987. Frankfurt a. M. 1987; C. B. Sucher: Theaterzauberer. Von Bondy bis Zadek. 10 Regisseure des deutschen Gegenwartstheaters. München, Zürich 1990.

Borchardt, Peter, geb. 28. 4. 1935 in Berlin. Regisseur und Theaterleiter. Studium der Germanistik, Publizistik und Theaterwissenschaft in Berlin und Wien (Promotion). 1961 Regieassistent an den Bühnen der Stadt Köln. Erste Inszenierungen in Frankfurt a. M. und Bonn. 1968 Oberspielleiter des Schauspiels und stellvertretender Intendant an den Städtischen Bühnen Dortmund. 1973–1979 Intendant in Ulm und seit 1979 Schauspieldirektor in Bern.

Borchert, Ernst Wilhelm, geb. 13. 3. 1907 in Berlin, gest. 1. 6. 1990 ebenda. Schauspieler. Studierte an der Reicherschen Hochschule für dramatische Kunst. 1927 erstes Engagement am Landestheater Ostpreußen. Weitere Stationen: Erfurt (1929–1934), Köln (1934–1938), Volksbühne Berlin (1938–1945), Deutsches Theater Berlin (1947–1950), Staatliche Schauspielbühnen Berlin (1950–1977). Wichtige Rollen u. a.: Titelrolle in Hauptmanns ›Florian Geyer‹ (1963, Burgtheater Wien, R. Heinz Hilpert); an den Staatlichen Schauspielbühnen Berlin: Titelrolle in Goethes ›Faust II‹ (1966, R. Ernst Schröder); Mander in Ibsens ›Gespenster‹ (1970, R. Boleslaw Barlog); Vater in Thomas Bernhards ›Der Ignorant und der Wahnsinnige‹ (1972, R. Dieter Dorn); Kurt in Strindbergs ›Totentanz‹ (1972, R. Rudolf Noelte). **Literatur:** B. Barlog: Theater lebenslänglich. München 1981. (Frankfurt a. M., Berlin 1990, neue erweiterte Auflage.)

Borchert, Wolfgang, geb. 21. 5. 1921 in Hamburg, gest. 20. 11. 1947 in Basel. Schauspieler und Autor. Borchert machte

eine Buchhändlerlehre; danach war er Schauspieler in Lüneburg. 1941 Soldat und – wegen antifaschistischer Äußerungen zum Tode verurteilt – zur Bewährung an die Ostfront versetzt; 1943 wegen Krankheit entlassen. Nach 1945 Regieassistent und Kabarettist. Er starb während eines Kuraufenthaltes in der Schweiz. Borchert wurde vor allem bekannt mit seinem Heimkehrer-Drama ›Draußen vor der Tür‹ (1947). In seinen Werken beschreibt er die Erfahrungen und Gefühle seiner Generation, die vom Krieg um ihre Hoffnungen und um ihr Leben gebracht worden ist. »Der Dialog Beckmanns mit dem anonymen Obersten in ›Draußen vor der Tür‹, wenige Seiten dieses kleinen Buches allein, dürfte mehr wiegen als jene humane Gelassenheit, als das müde Achselzucken des Pilatus, den man zum Schutzpatron der Memoirenschreiber ernennen sollte. In diesem Dialog wird Rechenschaft gefordert, Rechenschaft nur für elf, elf Väter, Söhne, Brüder, elf von vielen Millionen – aber Beckmann bekommt keine Antwort, die Last bleibt auf ihm, und er wird in die Geschichte verwiesen, in den kühlen Raum der Gelassenheit, wo die Blumen, die die Toten nicht mehr sehen, das Brot, das sie nicht mehr essen, keine Bedeutung hat. Stalingrad, Thermopylä, Dien-Bien-Phu – ein Ortsname bleibt und ein wenig Pathos, an dem sich die Überlebenden betrinken wie an schlechtem Wein.« (Heinrich Böll, Nachwort in: W. Borchert: Draußen vor der Tür. Reinbek 1956)
Literatur: C. B. Schröder: Wolfgang Borchert. Biografie. Reinbek 1985.

Borsche, Dieter, geb. 25. 10. 1909 in Hannover, gest. 5. 8. 1982 in Nürnberg. Schauspieler. Nach dem Schauspielstudium in Hannover Engagements in Weimar, Danzig, Breslau, Kiel (1947–1949 hier Oberspielleiter des Schauspiels). In den sechziger Jahren als Gast an der Freien Volksbühne Berlin, dort spielte er 1963 Papst Pius XII. in der Uraufführung von Rolf Hochhuths ›Der Stellvertreter‹ und 1964 in der Uraufführung von Heiner Kipphardts ›In der Sache J. Robert Oppenheimer‹ (R. jeweils Erwin Piscator). 1978 ging er mit dem Shaw-Stück ›Geliebter Lügner‹ (mit Barbara Rütting) auf seine letzte Deutschland-Tournee. Bekanntgeworden vor allem durch den Film, u. a. ›Alles für den Hund‹ (1937), ›Liebeslegende‹ (1938), ›Nachtwache‹ (1949), ›Fanfaren der Liebe‹ (1951), ›Fanfaren der Ehe‹ (1953), ›Zeit zu leben und Zeit zu sterben‹ (1958). In seinem Nachruf schrieb Peter Buchka (›SZ‹, 7. 8. 1982): »Schauspieler haben es schwer, ihre Persönlichkeit gegenüber den Rollen zu behaupten, die sie berühmt machten. Dieter Borsche (. . .) hing scheinbar für immer jenes Image an, das der deutsche Nachkriegsfilm in seiner Blütezeit von ihm verbreitete: das des gütigen bis melancholischen Liebhabers, des soignierten, etwas steifen Herren, den stets ein sanfter Hauch von Tragik umwehte. (. . .) Dabei war Borsche, wenn schon kein begnadeter Schauspieler, so doch ein tüchtiger Profi, der wohl insgeheim unter der Rollenbeschränkung litt. (. . .) Der Schauspieler Borsche mag durch verlogene Rollen berühmt geworden sein; den Respekt aber hat er sich durch ehrliche Arbeit erworben.«

Bosse, Jürgen, geb. 4. 11. 1939 in Quakenbrück. Regisseur und Intendant. Studierte Landwirtschaft. Regieassistent u. a. bei Fritz Kortner. Von 1975 an Regisseur in Mannheim, von 1977 an dort Schauspieldirektor (bis 1989), danach bis 1992 Intendant des Schauspiels Stuttgart. Seit der Spielzeit 1993/94 ist Bosse, als Nachfolger von Hansgünther Heyme, Intendant des Schauspiels Essen. Wichtige Inszenierungen u. a.: Rolf Hochhuths ›Die Ärztinnen‹ (UA 1980, Mannheim); Shakespeares ›Hamlet‹ (1986, ebenda). Hierzu C. Bernd Sucher (›SZ‹, 5. 3. 1986): »Jürgen Bosse bietet mit seiner Inszenierung keine aufsehenerregende neue, keine skandalsuchende unkonventionelle, schon gar keine gewaltsame Interpretation. Die Aufführung ist mit noblem Understatement schlicht.« Weitere Inszenierungen: Bernard-Marie Koltès’ ›Quai West‹ (1986, Mannheim, 1987 zum Berliner Theatertreffen eingeladen); Strauß’ ›Trilogie des Wiedersehens‹ (1987, ebenda); Strauß’ ›Die Zeit und das Zimmer‹ (1989, Stuttgart), Koltès’ ›Roberto Zucco‹ (1990, ebenda); Schön-

Bowles

thans ›Der Raub der Sabinerinnen‹ (1993, ebenda).

Bowles, Jane, geb. 22. 2. 1917 in New York, gest. 4. 5. 1973 in Malaga. Amerikanische Schriftstellerin. Bowles besuchte von 1931 an die Privatschule Stoneleigh; von 1935 an war sie schriftstellerisch tätig. 1937 Begegnung mit dem Komponisten Paul Bowles, den sie 1938 heiratete. 1947 Übersiedlung nach Marokko. 1953 wurde ihr einziges Theaterstück ›In the Summer House‹ in Ann Arbor, Michigan, uraufgeführt. 1957 erlitt sie einen Schlaganfall und mußte sich von 1967 an ständig in einer psychiatrischen Klinik aufhalten. »In diesem Winter 1951 arbeitete Jane an ›In the Summer House‹, dem Stück, das später so feinfühlig in New York inszeniert wurde. Ich bin gar nicht sonderlich versessen auf Theater; in den meisten Stücken kann ich schon bei der ersten Vorstellung nicht still sitzen bleiben. Trotzdem habe ich ›In the Summer House‹ dreimal gesehen, und das nicht aus Loyalität zur Autorin, sondern weil ein scharfer Witz darin steckt, das Aroma eines vor kurzem probierten, erfrischend bitteren Getränks (. . .).« (Truman Capote, Vorwort zu: Jane Bowles: The Collected Works. New York 1966). »Vielleicht weil die Welt ohnehin in Worten erstickt, verweigert Jane Bowles ihren Frauen Dialoge. Sie reden nur dann, wenn sie trunken sind (. . .) Statt der Worte haben diese Frauen Zeichen, Haltungen, die Jane Bowles genau beschreibt und die die Figuren erklären. Und das kann eine Aufführung spannend machen (. . .) Jane Bowles' Dramaturgie ist offen, die Geschichte unfertig (. . .) Gewiß kann man von ›In the Summer House‹ sagen (. . .) ›Es ist groß, aber ich weiß nicht, was das Ganze soll‹. Gewiß verwundert Schulte-Michels' Stückwahl, sieht man darin nicht nur das Wagnis, einmal auszuprobieren, ob aus diesem Unstück ein Schauspiel werden kann.« (C. Bernd Sucher, ›SZ‹, 19. 1. 1987. Kritik zur DE von ›Im Gartenhaus‹. Residenztheater München. R. Thomas Schulte-Michels)

Literatur: M. Dillon: A Little Original Sin. The Life and Work of Jane Bowles. New York 1981.

Boysen, Markus, geb. 3. 9. 1954 in Hannover. Schauspieler. Sohn von Rolf Boysen. 1974 Abitur in Hamburg. 1975/76 Schauspielunterricht an der Hochschule für Musik und Darstellende Kunst in Hamburg. Erstes Engagement 1976 am Thalia Theater Hamburg; 1976–1983 an den Münchner Kammerspielen, als Regieassistent und Schauspieler. Er spielte in Inszenierungen von Ernst Wendt: Ferdinand in Schillers ›Kabale und Liebe‹ (1978); Mortimer in Schillers ›Maria Stuart‹ (1979); Laertes in Shakespeares ›Hamlet‹ (1980); Jean in Strindbergs ›Fräulein Julie‹ (1980); Titelrolle in Goethes ›Tasso‹ (1981); Amiens in Shakespeares ›Wie es euch gefällt‹ (1982); Trofimow in Tschechows ›Der Kirschgarten‹ (1983). Hierüber schrieb Joachim Kaiser in der ›Süddeutschen Zeitung‹ (31. 5. 1983): »Noch verblüffender Markus Boysen. Als Trofimow mußte er sich nicht ›klassisch-pathetisch‹ übernehmen. Hier war er ein ewiger Student, von fast heiliger Naivität, fast prophetischer Strenge. Mischung aus Aljoscha und Gidon Kremer, wahrhaftig zukunftsahnend und lächerlich zugleich. Nahezu unvergeßlich – wenn auch am Ende vielleicht eine Spur zu vernünftig modern.« 1983–1985 war Markus Boysen am Deutschen Schauspielhaus in Hamburg engagiert, dort u. a.: Franz Moor in Schillers ›Die Räuber‹ (1983, R. Wendt); Anselm in Musils ›Die Schwärmer‹ (1984, R. Niels-Peter Rudolph). 1984/85 Staatliche Schauspielbühnen Berlin, u. a.: Oswald in Ibsens ›Gespenster‹ (R. Wendt). 1986/87 Theater in der Josefstadt Wien; 1987/88 Düsseldorfer Schauspielhaus, u. a. Orsino in Shakespeares ›Was ihr wollt‹ (1987), R. B. K. Tragelehn). Seit 1988 ist Markus Boysen am Burgtheater Wien, u. a. Hans in der Uraufführung von Turrinis ›Die Minderleister‹ (1988, R. Alfred Kirchner); Melchtal in Schillers ›Wilhelm Tell‹ (1989, R. Claus Peymann); Spitta in Hauptmanns ›Die Ratten‹ (1989, R. Peter Palitzsch); Schauspieler in Peter Handkes ›Spiel vom Fragen oder Die Reise zum sonoren Land‹ (UA 1990, R. Peymann); Zawisch in Grillparzers ›König Ottokars Glück und Ende‹ (1991, R. Wolfgang

Engel); Nick in Albees ›Wer hat Angst vor Virginia Woolf?‹ (1991, R. Hans Neuenfels); Titelrolle in der Uraufführung von Tankred Dorsts ›Fernando Krapp hat mir diesen Brief geschrieben‹ (1992, R. Wilfried Minks).

Boysen, Rolf, geb. 31. 3. 1920 in Flensburg. Schauspieler. 1939 Abitur in Hamburg. Kaufmännische Ausbildung, Kriegsdienst. Danach Besuch eines Schauspielstudios in Hamburg. 1948 erstes Engagement an den Städtischen Bühnen Dortmund, 1952–1954 am Theater in Kiel, 1954–1956 Niedersächsisches Staatstheater Hannover, 1956–1958 bei Hans Schalla am Bochumer Schauspielhaus. Unter Schallas Regie: Sigismund in Calderóns ›Das Leben ein Traum‹, Mark Anton in Shakespeares ›Julius Cäsar‹, Ekdal in Ibsens ›Wildente‹, Titelrolle in Shakespeares ›Macbeth‹. Von 1957 bis 1968 gehörte Boysen zum Ensemble der Münchner Kammerspiele. Er spielte u. a.: Herzog Alba in Schillers ›Don Carlos‹ (R. Erwin Piscator), Alkibiades in Shakespeares ›Timon von Athen‹, ›Othello‹, Jean in Strindbergs ›Fräulein Julie‹ (R. jeweils Fritz Kortner). 1968–1978 war Boysen am Deutschen Schauspielhaus Hamburg engagiert; hier spielte er u. a. 1969 die Titelrolle in Kortners Inszenierung von Schillers ›Don Carlos‹. Daneben gastierte er an anderen Häusern: Staatliche Schauspielbühnen Berlin (1974, als der Schriftsteller in Dieter Dorns Inszenierung von Bernhards ›Jagdgesellschaft‹); Burgtheater Wien (1975, Antonio Montecatino in Walter Felsensteins Inszenierung von Goethes ›Torquato Tasso‹) und Düsseldorfer Schauspielhaus. Seit 1978 gehört Boysen wieder zum Ensemble der Münchner Kammerspiele, wo er vor allem mit Dieter Dorn arbeitete, u. a.: Herzog in Shakespeares ›Was ihr wollt‹ (1980); Ulysses in Shakespeares ›Troilus und Cressida‹ (1986); Adam in Kleists ›Der zerbrochene Krug‹ (1986; 1991 auch als Film). Hierzu Joachim Kaiser in der ›Süddeutschen Zeitung‹ (16. 10. 1986): »Rolf Boysen ist ein aufregend reaktionsschneller Richter Adam. Eine Kunstfigur, gewiß nicht voll schlüssig, aus seltsamen Schichten zusammengesetzt. Also: keineswegs doof-tölpelhaft, sondern gewitzt, dreistherrschaftsgewohnt.« Andere wichtige Rollen: Nathan in Lessings gleichnamigem Stück (1984, R. Fritz Marquardt); Odoardo Galotti in Lessings ›Emilia Galotti‹ (1984); Filippo Strozzi in Mussets ›Lorenzaccio‹ (1985, R. jeweils Thomas Langhoff); Serbrjakow in Tschechows ›Onkel Wanja‹ (1987, R. Hans Lietzau); Wann in Hauptmanns ›Und Pippa tanzt!‹ (1988, R. Langhoff); John Gabriel Borkman in Ibsens gleichnamigem Stück (1989, R. Lietzau); Titelrolle in Shakespeares ›Lear‹ (1992, R. Dorn) und Fanny in Herbert Achternbuschs ›Der Stiefel und sein Socken‹ (UA 1993, R. der Autor). Er brillierte in dieser Rolle. Wohl nie zuvor war Boysen, der seine Rollen stets mit der eigenen Erfahrung auflädt, sie erfühlt und erfüllt mit seinem Leben – und deshalb sind seine Menschen so reich – so virtuoskomisch, so brillant. Boysen hat in vielen Fernsehinszenierungen klassischer und moderner Theaterstücke mitgewirkt. **Literatur:** H.-R. Müller/D. Dorn/E. Wendt: Theater für München. Ein Arbeitsbuch der Kammerspiele 1973–1983. München 1983; C. B. Sucher: Theaterzauberer. Schauspieler. 40 Porträts. München, Zürich 1988.

Braak, Kai, geb. 1933 in Kiel. Regisseur. Studium der Germanistik und Kunstgeschichte in Freiburg, Zürich und Heidelberg. 1960 Promotion. 1959–1961 Regieassistent bei Gustav Rudolf Sellner am Landestheater Darmstadt; dort 1960 erste Regie: Becketts ›Das letzte Band‹. 1962–1966 Spielleiter, später Oberspielleiter am Ulmer Theater; 1966–1972 Oberspielleiter, später Schauspieldirektor am Staatstheater Kassel; 1972–1976 Schauspieldirektor am Düsseldorfer Schauspielhaus. Seit 1976 freier Regisseur, u. a. am Staatstheater Karlsruhe, Staatstheater Braunschweig, Bühnen der Stadt Bielefeld, Staatstheater Hannover, Freiburger Theater. Wichtige Inszenierungen u. a.: Grabbes ›Herzog Theodor von Gothland‹ (1970, Düsseldorf), John Websters ›Die Herzogin von Malfi‹ (1972, ebenda); Franz Xaver Kroetz' ›Sterntaler‹ (UA 1977, Theater Braunschweig); Shakespeares ›Macbeth‹

Brahm

(1978, Schwäbisch Hall); Thomas Stritt-matters ›Polenweiher‹ (1988, Freiburg); Ludmilla Petruschewskjas ›Cinzano‹ (1989, Freiburg), Klaus Hoddenmüllers ›Monden-quarz‹ (1994, ebenda). Zwei Einladungen zum Berliner Theatertreffen: 1969 mit Sophokles' ›Antigone‹ (Staatstheater Kassel), 1987 mit Thomas Strittmatters ›Viehjud Levi‹ (Städtische Bühnen Freiburg).

Brahm, Otto, geb. 5. 2. 1856 in Hamburg, gest. 28. 11. 1928 in Berlin. Kritiker, Regisseur und Theaterleiter. Studium der Germanistik. Seit 1881 (neben Theodor Fontane) Kritiker der ›Vossischen Zeitung‹. 1889 Mitbegründer der Freien Bühne, pachtete 1894 von L'Arronge das Deutsche Theater für fünf Jahre. Wichtig sind seine Hauptmann- und Ibsen-Inszenierungen, in denen Brahm und sein Ensemble ›Lebenswahrheit‹ und ›Menschenkunst‹ vereinen wollten. Er schuf – so Kerr – eine »Bühne für heutige Menschen«. 1904 übernahm Brahm das Lessing-Theater in Berlin.
Literatur: O. Brahm: Briefe und Erinnerungen. Hrsg. v. G. Hirschfeld. Berlin 1925; ders.: Kritische Schriften. Hrsg. von P. Schlenther. 2 Bde. Berlin 1913–1915; ders.: Kritiken und Essays. Hrsg. v. F. Martini. Zürich, Stuttgart 1964; H. Henze: Otto Brahm und das Deutsche Theater Berlin. Berlin 1929; M. Liljeberg: Otto Brahm. Versuch einer kulturhistorischen Monographie. Diss. Berlin 1980.

Brandauer, Klaus Maria, geb. 22. 6. 1944 in Bad Aussee. Schauspieler und Regisseur. Studium an der Hochschule für Musik und darstellende Kunst in Stuttgart. Debüt 1962 als Claudio in Shakespeares ›Maß für Maß‹ (Landestheater Württemberg-Hohenzollern in Tübingen). Weitere Stationen: Landestheater Salzburg, Schauspielhaus Düsseldorf, Theater in der Josefstadt, hier: der Prinz in Lessings ›Emilia Galotti‹ (1970, R. Fritz Kortner); Bayerisches Staatsschauspiel, hier: Petrucchio in Shakespeares ›Der Widerspenstigen Zähmung‹ (1972). Seit 1972 Ensemblemitglied des Burgtheaters Wien. Wichtige Rollen u. a.: Titelrolle in Molières ›Tartuffe‹ (1981, R. Rudolf Noelte), Titel-

rolle in Shakespeares ›Hamlet‹ (1985, R. Hans Hollmann). Als Gast u. a. an den Münchner Kammerspielen, wo er 1976 den Dubedat spielte in Shaws ›Der Arzt am Scheideweg‹; hierzu Benjamin Henrichs in ›Theater heute‹ (Jahrbuch 1976):»Sein Bühnentemperament ist unverkennbar österreichischen Charakters: empfindlich, labil, doch auch strahlend und schnellflüssig. Bubencharme mit Abgründen und Zwielichtigkeiten.« Von 1984 bis 1988 spielte er bei den Salzburger Festspielen die Titelrolle in Hofmannsthals ›Jedermann‹; 1991 den George in Hans Neuenfels' Inszenierung von Albees ›Wer hat Angst vor Virginia Woolf?‹ am Burgtheater. Über »Brandauers Rückkehr (aus der Schmollecke) auf die Burgtheaterbühne« schrieb Wolfgang Höbel (›SZ‹, 17. 12. 1991):»Er kommt fast ohne die bewährten Brandauer-Gesten aus, jene manierierten Zornesausbrüche und Zähneknirsch-Grimassen (man könnte auch sagen: jene Burgtheater-Schmiere), sondern spielt einen zerbrechlichen Untergeher.« Eigene Inszenierungen am Theater in der Josefstadt Wien (1977), in Florenz, Rom, Salzburg (1992, UA von Felix Mitterers ›Das Spiel im Berg‹). Brandauer machte sich in den letzten Jahren international einen Ruf als Filmschauspieler, u. a. in ›Mephisto‹ (1981) und ›Oberst Redl‹ (1984, R. jeweils Istvàn Szabó), ›Jenseits von Afrika‹ (1986, R. Sidney Pollack), ›Hanussen‹ (1988, R. Szabó), ›Brennendes Geheimnis‹ (1989, R. Andrew Birkin), ›Das Spinnennetz‹ (1989, R. Bernhard Wicki). 1989 inszenierte er den Film ›Georg Eisler – Einer aus Deutschland‹ und spielte darin die Hauptrolle. Mitwirkung in zahlreichen Fernsehproduktionen.
Literatur: K. M. Brandauer: Bleiben tu' ich mir nicht. Wien 1991; P. Lanz: Klaus Maria Brandauer. Ein Porträt. Bergisch Gladbach 1986.

Brando, Marlon, geb. 3. 4. 1924 in Omaha. Schauspieler. Studium an der New Yorker School for Social Research (bei Erwin Piscator) und am Actors Studio von Lee Strasberg und Elia Kazan. 1946 Debüt am Broadway. 1947 als Kowalski in Kazans Uraufführung-Inszenierung von

Brauer

Tennessee Williams' ›A Streetcar Named Desire‹. Seit 1950 Filmschauspieler.
Literatur: Ch. Nickens: Brando. A biography in photographs. New York 1987; R. Schickel: Marlon Brando. Tango des Lebens. Eine Biographie. München 1992; L. Grobel: Gespräche mit Marlon Brando. Weinheim, Berlin 1993.

Brasch, Thomas, geb. 19. 2. 1945 in Westow, Yorkshire. Autor und Regisseur. Sohn jüdischer Emigranten. 1947 Rückkehr nach Deutschland (Ost), wo der Vater hoher SED-Funktionär und stellvertretender Minister für Kultur wurde. Brasch besuchte die Kadettenschule von 1956 bis 1960, danach studierte er Publizistik in Leipzig (1964), wurde dort exmatrikuliert und besuchte die Filmhochschule (1967/68) in Berlin. Auch dort wurde er exmatrikuliert und wegen »staatsfeindlicher Hetze« verhaftet. Von 1972 an lebte er als freiberuflicher Schriftsteller. 1976 Ausreise in den Westen. 1977 erhielt er den Gerhart-Hauptmann-Preis, 1987 den Kleist-Preis. Brasch lebt in Berlin und arbeitet als Autor, Film- und Theaterregisseur. Die Themen seiner Werke drehen sich um Auflehnung des Individuums gegen Einengung und um seine Ausbruchsversuche aus dem ihm auferlegten Rollenzwang. Formal experimentiert er mit neuen Ästhetiken und Dramaturgien. »Aus dem Zerfall der bürgerlichen Gesellschaft und dem damit einhergehenden Zerfall des Begriffs ›Individuum‹ ergibt sich für ihn (...) die Notwendigkeit, ›eine neue Art von Helden (...), Helden in Anführung‹ zu schaffen (...). An den einzelnen Figuren werden unterschiedliche Haltungen demonstriert, verschiedene Möglichkeiten des Handelns durchgespielt (...). So wenig wie der individuelle ›Held‹ in Braschs Stücken noch eine Rolle spielt, so reduziert sich auch deren Thematik (...). Alle Texte kreisen im wesentlichen um Arbeit (...) Brasch benutzt, gebraucht Vorgefundenes. Und in dieser Bedeutung ist auch der von ihm verwendete Begriff ›Arbeit‹ zu verstehen, der in seinen Texten mehr umfaßt als nur die Bezeichnung für einen ökonomischen Vorgang. Seine Figuren stellt er meist in Nullpositionen, in Situationen der ›Windstille‹, wie er sie nennt, um zu demonstrieren, wie sie die ihnen aufgezwungene, zur Verfügung gestellte oder sich selber geschaffene freie Zeit nutzen. (...) Arbeitslosigkeit im Sinne von Gebraucht- und Nichtgebrauchtwerden ist für Brasch die entscheidende und prägende Grunderfahrung von Menschen in modernen Gesellschaften.« (Richard Weber: Deutsches Drama der 80er Jahre. Frankfurt a. M. 1992, S. 319ff.)
Stücke.: ›Der Papiertiger‹ (1976); ›Lovely Rita‹ (1977); ›Rotter‹ (1977); ›Anton Tschechows Platonow‹ (1978); ›Lieber Georg‹ (1980); ›Mercedes‹ (1983); ›Frauen. Krieg. Lustspiel‹ (1989).

Brasseur, Pierre, geb. 22. 12. 1905 in Paris, gest. 16. 8. 1972 ebenda. Schauspieler. Wurde in Frankreich (am Théâtre des Champs-Elysées) berühmt als Darsteller im Boulevardtheater. 1945 schloß er sich der Truppe Renaud-Barrault an. Schrieb auch Komödien und arbeitete für den Film. Berühmt wurde er in Marcel Carnés Film ›Die Kinder des Olymp‹ (1943).
Literatur: P. Brasseur: Ma vie en vrac. Paris 1972.

Brauer, Charles, geb. 3. 7. 1935 in Berlin. Schauspieler. 1956–1976 Engagement am Deutschen Schauspielhaus in Hamburg, von 1976 bis 1983 an den Münchner Kammerspielen und dem Bayerischen Staatsschauspiel München. Danach arbeitete Brauer frei, auch für Film- und Fernsehproduktionen. Wichtige Rollen u. a.: Beeskow in Sternheims ›1913‹ (1973, R. Dieter Giesing); an den Münchner Kammerspielen unter Ernst Wendt: Hofmarschall Kalb in Schillers ›Kabale und Liebe‹ (1978), Kreon bei Hans Henny Jahnns ›Medea‹ (1981), Antonio in Goethes ›Tasso‹ (1981). Außerdem Konsul Casimir in Wedekinds ›Marquis von Keith‹ (1991, Staatstheater Hannover, R. Gerd Heinz). Hierüber Werner Burkhardt (›SZ‹, 28. 3. 1991): »Charles Brauer meisterte als Konsul Casimir souverän einen Balanceakt: Sehr erwachsen und wohlerzogen etablierte er eine Gegenwelt zu den bösen Buben und war doch zu Hause im selben Zwielicht der Geschäfte und Gefühle.«

Braun

Braun, Karlheinz, geb. 4. 7. 1932. Theaterleiter und Verleger. Studium der Literaturwissenschaft und Philosophie in Frankfurt a. M. und Paris. Promotion. Von 1953 bis 1959 Leiter der Neuen Bühne an der Universität Frankfurt a. M. 1959–1969 Leiter der Theaterabteilung des Frankfurter Suhrkamp Verlages. Seit 1969 Mitbegründer und Geschäftsführer des Verlags der Autoren. 1976–1979 Geschäftsführender Direktor am Schauspiel Frankfurt a. M.. Danach kehrte er in gleicher Position zum Verlag der Autoren zurück.
Literatur: G. Loschütz/H. Laube (Hrsg.): War da was? Theaterarbeit und Mitbestimmung am Schauspiel Frankfurt. 1972–1980. Frankfurt a. M. 1980; Das Buch vom Verlag der Autoren 1969–1989. Beschreibung eines Modells. Zusammengestellt v. P. Urban. Frankfurt a. M. 1989.

Braun, Pinkas, geb. 7. 1. 1923 in Zürich. Schauspieler, Regisseur und Übersetzer. 1944–1950 Engagement am Schauspielhaus Zürich; von 1950 an eigene Tourneetruppe; 1982/83 Schauspieler am Hamburger Thalia Theater. Braun inszenierte 1952 in Tel Aviv Pirandellos ›Sechs Personen suchen einen Autor‹; 1972 Edward Albees ›Alles vorbei‹, 1974 dessen ›Seascape‹ (beide Inszenierungen am Wiener Akademietheater). Pinkas Braun, der sich als Albee-Übersetzer einen Namen machte, arbeitet auch für Film, Fernsehen und Hörfunk.

Braun, Volker, geb. 7. 5. 1939 in Dresden. Dramatiker. Braun war Druckereiarbeiter und arbeitete im Tiefbau, bevor er von 1960 bis 1964 in Leipzig Philosophie studierte. 1965/66 war er Dramaturg am Berliner Ensemble, von 1972 an am Deutschen Theater. »Volker Braun, Jahrgang 1939, in Dresden geboren, hat seine Bleibe beim Staat der SED. Die Revolte und ihre Rücknahme gehen als Grundfigur durch alle seine Stücke. Von seiner ›Ballade vom Kipper Paul Bauch‹ (1962) bis zu seiner ›Übergangsgesellschaft‹ (1982) kritisiert er scharf Fehlentwicklungen in der DDR und läßt doch keinen Zweifel daran, daß er die DDR für das beste aller Länder hält. Er stimmt wohl auch darin mit seinem weisen alten Revolutionär Wilhelm überein: ›Die Literatur, die nur niedermacht, und die Ideologie, die etwas vormacht, sind gleich weit von der Wahrheit entfernt.‹« (Georg Hensel, Kritik zu: ›Die Übergangsgesellschaft‹, in: Spiel's noch einmal. Frankfurt a. M. 1991, S. 84)
Weitere Stücke: ›Großer Frieden‹ (1979); ›Schmitten‹ (1981); ›Dmitri‹ (1981); ›Siegfried. Frauenprotokolle, deutscher Furor‹ (1987); ›Transit Europa‹ (1987).
Literatur: H. Klunker: Zeitstücke und Zeitgenossen. Gegenwartstheater in der DDR. München 1975; R. Weber: Deutsches Drama der 80er Jahre. Frankfurt a. M. 1992, S. 87–106.

Brecht, Bertolt (eigtl. Eugen Berthold Friedrich Brecht), geb. 10. 2. 1898 in Augsburg, gest. 14. 8. 1956 in Berlin. Autor, Regisseur und Theaterleiter. Sohn des Direktors einer Papierfabrik. Brecht studierte Philosophie, Medizin und Literatur in München. 1920 war er Dramaturg an den Münchner Kammerspielen; 1924 wurde er Dramaturg am Deutschen Theater in Berlin. 1933 Flucht über Prag, Wien, die Schweiz und Frankreich nach Dänemark; 1940 über Schweden und Moskau in die USA. 1947 Rückkehr über Zürich nach Ost-Berlin, wo er das Berliner Ensemble im Theater am Schiffbauerdamm gründete und leitete. Brecht gilt als der bedeutendste sozialistische Dramatiker des 20. Jahrhunderts. 1922 erhielt Brecht den Kleist-Preis für sein Stück ›Trommeln in der Nacht‹ (1922), und damit gelang ihm der Durchbruch auf dem Theater. Einer seiner größten Erfolge wurde ›Die Dreigroschenoper‹ (1928) mit der Musik von Kurt Weill, die auch als Entwicklungsetappe in Richtung Systemanalyse des Kapitalismus und seiner Theorie des epischen Theaters anzusehen ist. In verschiedenen Schriften, u. a. ›Kleines Organon für das Theater‹ (1949), hat Brecht seinen Begriff »episches Theater« erläutert. Brecht arbeitete mit verschiedenen Komponisten zusammen, u. a. mit Kurt Weill, Paul Dessau und Hanns Eisler.
Weitere Stücke: ›Baal‹ (1918); ›Leben Eduards des II. von England‹ (1924); ›Im Dickicht der Städte‹ (1927); ›Mann ist

Mann‹ (1927); ›Aufstieg und Fall der Stadt Mahagonny‹ (1929, Musik Kurt Weill); ›Der Ozeanflug‹ (1929); ›Die heilige Johanna der Schlachthöfe‹ (1929/30); ›Die Mutter‹ (1932); ›Die Rundköpfe und die Spitzköpfe‹ (1933); ›Furcht und Elend des Dritten Reiches‹ (1935–38); ›Die Gewehre der Frau Carrar‹ (1937); ›Leben des Galilei‹ (1938/39); ›Flüchtlingsgespräche‹ (1940); ›Herr Puntila und sein Knecht Matti‹ (1940); ›Mutter Courage und ihre Kinder‹ (1941); ›Der aufhaltsame Aufstieg des Arturo Ui‹ (1941); ›Der gute Mensch von Sezuan‹ (1942); ›Schweyk im zweiten Weltkrieg‹ (1944); ›Der kaukasische Kreidekreis‹ (1949).
Literatur: H. Ihering: Bertolt Brecht und das Theater. Berlin 1959; M. Kesting (Hrsg.): Bertolt Brecht in Selbstzeugnissen und Bilddokumenten. Hamburg 1959; B. Schärer: Bertolt Brechts Theater. Zürich 1964; H. Rischbieter: Bertolt Brecht. Velber 1966; M. Wekwerth: Brecht? Berichte. Erfahrungen. Polemik. München 1976; K. Völker: Bertolt Brecht. Eine Biographie. München 1976; F. Buono: Bertolt Brecht 1917–1922. Jugend, Mythos, Poesie. Göttingen 1988; John Fuegi: Brecht & Company. Sex, Politics, and the Making of Modern Drama. New York 1994. Engl. Ausgabe: The Life und Lies of Bertolt Brecht. London 1994.

Brecht, Ulrich, geb. 8. 10. 1927 in Wertheim. Dramaturg, Regisseur und Intendant. Von 1949 bis 1951 Regieassistent, Schauspieler und Dramaturg in Kiel; 1951–1953 am Landestheater Darmstadt, 1953/54 Regisseur und Dramaturg am Staatstheater Wiesbaden, 1954–1957 Oberspielleiter der Oper und des Schauspiels, Chefdramaturg und stellvertretender Direktor am Stadttheater Luzern, 1957–1959 Oberspielleiter des Schauspiels am Staatstheater Oldenburg, 1959–1962 Oberspielleiter des Schauspiels und Regisseur der Oper am Stadttheater Lübeck. Intendantenposten: 1962–1966 Ulmer Theater, 1966–1972 Staatstheater Kassel, 1972–1976 (Generalintendant) Düsseldorfer Schauspielhaus, 1976–1983 Generalintendant der Städtischen Bühnen Essen, 1983–1989 Städtische Bühnen Freiburg. Wichti-

ge Inszenierungen u. a.: Brechts ›Der aufhaltsame Aufstieg des Arturo Ui‹ (1972, Düsseldorf), Pavel Kohouts ›Armer Mörder‹ (UA 1973, ebenda); Mussorgskys ›Boris Godunow‹ (1975, Nürnberger Oper); Otto Nicolais ›Die lustigen Weiber von Windsor‹ (1976, Theater am Gärtnerplatz München); Verdis ›Sizilianische Vesper‹ (1977, Deutsche Oper Berlin). Brechts Inszenierung von Sophokles/Hölderlins ›Antigone‹ (Staatstheater Kassel) wurde 1969 für das Berliner Theatertreffen nominiert.

Breidenbach, Tilli, geb. 2. 10. 1910 in Völklingen, Saar, gest. 23. 10. 1994 in München. Schauspielerin. 1947/48 und 1951/52 Staatstheater Darmstadt, 1948–1950 Schleswig-Holsteinisches Landestheater Kiel; 1950/51 Theater Essen. Gastrollen an der Freien Volksbühne Berlin, dem Schauspielhaus Zürich, in Kassel und am Münchner Theater am Sozialamt (TamS). Viele Arbeiten fürs Fernsehen; u. a. spielte sie die Oma Nolte in 103 Episoden der ›Lindenstraße‹, zuletzt im Januar 1993.

Brem, Beppo, geb. 11. 3. 1906 in München, gest. 5. 9. 1990 ebenda. Schauspieler. Debüt 1927 an der Reichenhaller Bauernbühne. Weitere Stationen: Ulm, Regensburg, Berlin und München (Bayerisches Staatsschauspiel). Spielte vor allem in bayerischen Lustspielen und Stücken von Ludwig Thoma. Hauptsächlich Film- und Fernsehschauspieler. In ihrem Nachruf schrieb Elisabeth Bauschmid (›SZ‹, 7. 9. 1990):»Paradebayer – unter diesem Etikett wurde der Schauspieler Beppo Brem, dieses Fastzwei-Meter-Mannsbild mit den kantigen, eigentlich eher griesgrämigen als komischen Gesichtszügen, bekannt. (. . .) Was in diesem Volksschauspieler steckte, das wurde spürbar auf der Bühne, wenn er Thoma spielte oder Anzengruber: ohne großen Aufwand, gelassen. Das wurden dann ›Lehrstunden auch für Nicht-Thomaner‹ (Joachim Kaiser), da zeigte er als Grillhofen im ›G'wissenswurm‹, daß Anzengruber dieses Volksstück als einen ins Alpenländische verpflanzten ›Tartuffe‹ verstanden haben wollte.«

Bremer, Claus, geb. 11. 7. 1924 in Hamburg. Autor, Regisseur und Dramaturg. Bremer studierte von 1945 bis 1949 Philosophie und Philologie in Freiburg, arbeitete von 1952 bis 1961 am Staatstheater Darmstadt als Regisseur und Dramaturg, von 1960 bis 1962 in Bern, und war von 1962 bis 1966 stellvertretender Direktor in Ulm. Danach in Zürich und Düsseldorf. Bremer setzte sich für die literarische Avantgarde ein. Er übersetzte und bearbeitete Stücke, schrieb Gedichte und Dramen, in denen der Alltag im Mittelpunkt steht. Zusammen mit Paul Pörtner entwickelte er das »Mitspiel« der Zuschauer (erläutert in der Schrift ›Das Mitspiel‹, 1965). Bremer ermöglichte das erste Happening Wolf Vostells und arbeitete mit Daniel Spoerri zusammen.
Stücke: ›Drei‹ (1962); ›Scherenschnitt‹ (1963); ›Entscheiden Sie sich!‹ (1965); ›Hände weg von meinem Ferrari‹ (1967).

Brenner, Hans, geb. 25. 11. 1938 in Innsbruck. Schauspieler. Ausbildung an der Schauspielschule in Innsbruck. Debütierte am Theater für Vorarlberg in Bregenz. Bühnenstationen: Theater der Stadt Heidelberg; Deutsches Theater Göttingen (1947); Schauspielhaus Zürich; Münchner Kammerspiele (1969–1971); hier: Abram in Martin Sperrs ›Jagdszenen aus Niederbayern‹ (1969, R. Ulrich Heising), Blasi in Wolfgang Bauers ›Change‹ (1970, R. August Everding); Bayerisches Staatsschauspiel (1975–1983). Seit 1983 am Münchner Volkstheater; enge Zusammenarbeit mit der Regisseurin Ruth Drexel. Wichtige Rollen u. a.: Mephisto in Goethes ›Urfaust‹ (1989, R. Peter Palitzsch), Titelrolle in Büchners ›Woyzeck‹ (1990, R. Ruth Drexel), Mackie Messer in Brechts ›Die Dreigroschenoper‹ (1990, R. Christoph Brück), Herr Suitner in Karl Schönherrs ›Frau Suitner‹ (1990, R. Klaus Rohrmoser), Narr in Felix Mitterers ›Das wunderbare Schicksal‹ (1992 Telfs, 1993 München, R. Drexel). Zuletzt sah man ihn in Brechts ›Der kaukasische Kreidekreis‹ (1993, R. Brück) als Richter Azdak, darüber schrieb Wolfgang Höbel (›SZ‹, 26. 11. 1993): »Nach der Pause gehört dieser Theaterabend dem Richter Azdak, und damit dem saftigsten, brechtversessensten Volkstheater.« Gastspiele bei den Tiroler Festspielen in Telfs. Brenner spielte in mehreren Filmen und Fernsehspielen mit.

Brenner, Peter, geb. 8. 5. 1930 in Freiburg. Regisseur und Theaterleiter. Studium der Rechtswissenschaften in Wien. Promotion. Musikstudium an der Staatsakademie für Musik und darstellende Kunst Wien, 1957 Reifeprüfung der Opernschule. 1961–1965 Schauspieler und Sänger an den Vereinigten Bühnen Krefeld-Mönchengladbach; 1965–1969 Assistent und Abendspielleiter an der Deutschen Oper am Rhein; 1969–1973 Oberspielleiter der Oper an den Städtischen Bühnen Freiburg; 1973–1984 Oberspielleiter der Oper an den Theatern der Freien und Hansestadt Bremen; seit 1984 Intendant des Hessischen Staatstheaters Darmstadt; dort blieb er bis 1991, als er das Staatstheater Mainz übernahm. Gastinszenierungen u. a. auch an der Bayerischen Staatsoper, der Hamburgischen Staatsoper, der Welsh National Opera und bei den Salzburger Festspielen (1988 Mozarts ›Clemenza di Tito‹).

Brenton, Howard, geb. 13. 12. 1942 in Portsmouth, Hampshire. Englischer Dramatiker. Brenton studierte in Cambridge, wo er seine Anfänge als Dramatiker am Amateurtheater machte. Später arbeitete er als Dramaturg am Royal Court Theatre in London. Hauptthema seines Werkes ist der Konflikt zwischen den grausamen und anarchischen Phantasien des Individuums und der Repression der Gesellschaft, die diese Phantasien nur umso mehr intensiviert. »Brenton (. . .) bolzt seit Beginn der siebziger Jahre in grobianischen Satiren gegen die heiligsten Güter des Vereinigten Königreichs: gegen Königshaus, Staatskirche, Soldaten-, Pfadfinder-, Sportsmanns- und Gentleman-Ethik, gegen jegliche Form von Helden und Heldenverehrung. Seine Spezialität sind für grobe Klötze die groben Keile: von der zum Knüppel hergerichteten Albernheit bis zum blanken Hohn.« (Georg Hensel, Kritik zu: ›Genius‹, in: Spiel's noch einmal. Frankfurt 1991)

Stücke: ›Zahn um Zahn‹ (1969); ›Christie in Love‹ (1969); ›Der Kinder Segen‹ (1969); ›Milchpulver‹ (1980); ›The Romans in Britain‹ (1980); ›Sleeping Policeman‹ (1984); ›Pravda‹ (1985); ›Berlin Bertie‹ (1992).

Breth, Andrea, geb. 31. 10. 1952 in Darmstadt. Regisseurin. Studium der Germanistik und Anglistik in Heidelberg; 1971–1973 Regieassistentin an den Städtischen Bühnen Heidelberg; 1973–1975 Regieassistentin am Bremer Theater; 1975–1977 erste Inszenierungen in Bremen, u. a. Schnitzlers ›Liebelei‹. Weitere Stationen: Staatstheater Wiesbaden; Schauspielhaus Bochum (1980); Freiburg (1982–1984), hier 1983 Inszenierung von García Lorcas ›Bernarda Albas Haus‹ (eingeladen zum Berliner Theatertreffen 1984); Schauspiel Bochum (1986–1990), hier inszenierte sie 1986 Pirandellos ›Die Riesen vom Berge‹, 1987 Edward Bonds ›Sommer‹. Über diese Aufführung schrieb Wolfgang Höbel in der ›Süddeutschen Zeitung‹ (25. 4. 1987):»Eine Aufführung, die trotz ihrer mitunter lähmenden Langsamkeit bis zuletzt spannend bleibt.(. . .) Natürlich ist Andrea Breth nicht nur eine beunruhigend sichere Regisseurin, sondern auch eine Mystikerin.« Danach arbeitete Andrea Breth am Wiener Burgtheater: Kleists ›Der zerbrochene Krug‹ (1990) und O'Caseys ›Ende vom Anfang‹ (1992) und an der Berliner Schaubühne, zu deren Direktion sie seit 1991 gehört. Wichtige Inszenierungen an diesem Haus: Schnitzlers ›Der einsame Weg‹ (1991), Gorkis ›Nachtasyl‹ (1992), Alexander Wampilows ›Letzten Sommer in Tschulimsk‹ (1992), Georg Kaisers ›Von morgens bis mitternachts‹ (1993) und Ibsens ›Hedda Gabler‹ (1993). Über diese Aufführung, die sehr unterschiedliche Kritiken erhielt – von staunender Bewunderung bis zu brüsker Ablehnung – schrieb C. Bernd Sucher (›SZ‹, 16. 12. 1993):»Gewiß, die Aufführung ist perfekt. Allein, Andrea Breth stellt immer wieder aus, wie gut sie gelang, wie stimmig. Dadurch wird sie manieriert. Alles bekommt, in größter Ruhe zelebriert, schicksalhafte Bedeutung. Eine düstere. (. . .) Leichtigkeit, Übermut – das stimmt –

waren Andrea Breths Sache (und Ehrgeiz) nie. Und deshalb ist man diesmal schon sehr froh, daß am Beispiel der Hedda Gabler nicht auch noch Evas Fall behandelt wird und Iphigeniens Pein. Aber ein bißchen mehr Gelassenheit, spielerischer Irrwitz, wie er Ulrich Matthes manchmal gelingt, ein wenig von Frank Castorfs Frechheit und Thomas Langhoffs kritischem Spürsinn hätten dieser ›Hedda Gabler‹ gutgetan.« Ab 1985 erhielt Andrea Breth sechs Einladungen zum Berliner Theatertreffen; zuletzt für ihre ›Hedda Gabler‹.

Literatur: G. Ahrends: Andrea Breth. Theaterkunst als kreative Interpretation. Frankfurt a. M. 1989; K. Dermutz: Andrea Breth. Regie im Theater. Frankfurt a. M. 1995.

Breuer, Jacques, geb. 20. 10. 1957 in München. Schauspieler. Gründete 1979 zusammen mit Andras Fricsay und Sissy Höfferer die Gruppe Zauberflöte. Von 1977 bis 1979 Ensemblemitglied des Bayerischen Staatsschauspiels. Seitdem arbeitet er frei. Wichtige Rollen u. a.: Ferdinand in Schillers ›Kabale und Liebe‹ (1981, Theater am Kirchplatz in Liechtenstein, R. Andras Fricsay); Ludovico in Brechts ›Leben des Galilei‹ (1985, Bayerisches Staatsschauspiel, R. Peter Löscher); Janek in Albert Camus' ›Die Gerechten‹ (1987, ebenda, R. Mario Andersen); Peter in Gabriel Baryllis ›Butterbrot‹ (1987, Team Theater München, R. Stefan Märki); Hauptrolle in Lloyd Webbers Musical ›Freudiana‹ (1991, Wien; Breuer übernahm die Rolle von Ulrich Tukur). Breuer arbeitete auch für das Fernsehen und den Film (u. a. in Franz X. Bogners ›Café Europa‹, 1990).

Bridie, James (eigtl. Osborne Henry Mavor), geb. 3. 1. 1888 in Glasgow, gest. 29. 1. 1951 in Edinburgh. Englischer Dramatiker. Sohn eines Ingenieurs. Bridie studierte Medizin in Glasgow und arbeitete als Arzt. Beeinflußt durch das Abbey Theatre fing er an, für die Bühne zu schreiben und gründete im Zuge der schottischen Nationaltheater-Bewegung das Glasgow Citizens' Theatre. Im Stile

Brieger

Shaws schrieb Bridie zahlreiche Stücke mit witzigen Dialogen und grotesker Situationskomik, mit denen er Zeitkritik üben wollte. Seine Stücke nannte er »Moral Plays«; sie sollten den Zuschauer zum Nachdenken zwingen.

Stücke: ›Robert Knox, der Anatom‹ (1930); ›Jona und der Wal‹ (1932); ›Sturm im Wasserglas‹ (1936); ›Die seltsamen Pläne der Dame Rimmel‹ (1938); ›Herr Bolfry‹ (1943); ›Daphne Laureola‹ (1949); ›Königinnenkomödie‹ (1950). **Literatur:** U. Gerber: James Bridies Dramen. Bern 1961; M. Nentwich: Der schottische Shaw. Frankfurt a. M. 1977.

Brieger, Nicolas, geb. 23. 5. 1945 in Berlin. Schauspieler und Regisseur. Erste Engagements (als Schauspieler) an den Staatlichen Schauspielbühnen, am Renaissancetheater und am Forumtheater Berlin. Von 1968 bis 1972 gehörte Brieger zum Ensemble der Städtischen Bühnen Nürnberg, wo seine ersten Regiearbeiten entstanden. Danach am Schauspiel Frankfurt a. M., u. a. Marieluise Fleißers ›Pioniere in Ingolstadt‹, Tschechows ›Onkel Wanja‹. 1978–1980 (zusammen mit Frank-Patrick Steckel) Leitung des Bremer Schauspiels; dort Inszenierung von Schillers ›Maria Stuart‹. Danach Gast-Inszenierungen am Düsseldorfer Schauspielhaus, den Münchner Kammerspielen, den Staatlichen Schauspielbühnen Berlin, dem Bochumer Schauspiel und als Opernregisseur am Nationaltheater Mannheim. Von 1988 dort Schauspieldirektor. Wichtige Inszenierungen u. a.: Wedekinds ›Lulu‹ (1981, Staatliche Schauspielbühnen Berlin); Kleists ›Amphitryon‹ (1982, Münchner Kammerspiele; Brieger als Jupiter); über diese Aufführung schrieb Joachim Kaiser (›SZ‹, 23. 12. 1982): »Höchstes Verdienst von Nicolas Briegers Inszenierung war sicherlich, daß Geist und Schönheit von Kleists Sprache immer wieder triumphieren durften. (. . .) Er ließ die Schauspieler, wo es ernst wurde, ganz langsam und vollkommen durchdacht sprechen. So erlebten wir eine Farce im Adagio, mit komödiantischbunten Zwischenspielen.« 1986 inszenierte Brieger in Bochum Bernard-Marie Koltès' ›Quai West‹; 1988 in Mannheim Kleists

›Käthchen von Heilbronn‹; 1989, ebenfalls in Mannheim, Büchners ›Leonce und Lena‹. Brieger arbeitete (als Schauspieler) auch für den Film. Briegers Inszenierung von Schillers ›Maria Stuart‹ (Bremer Theater) wurde 1979 zum Berliner Theatertreffen eingeladen.

Broch, Hermann, geb. 1. 11. 1886 in Wien, gest. 30. 5. 1951 in New Haven. Österreichischer Schriftsteller. Sohn eines Textilfabrikanten. Broch studierte Textiltechnologie und Versicherungsmathematik in Wien und Mühlhausen. Von 1935 an lebte er als freier Schriftsteller. 1938 Emigration über England nach New York. Bedeutender Essayist, Kulturphilosoph, Erzähler. Auf der Bühne hat er vor allem durch die Bearbeitung des Regisseurs Grüber wieder Beachtung gefunden: ›Die Erzählung der Magd Zerline‹ (1987, Paris, Hauptrolle Jeanne Moreau) aus dem Roman ›Die Schuldlosen‹ (1950). 1983 wurde bereits eine Bearbeitung von Fred Berndt in Wien gespielt (mit Hilde Krahl als Dienstmagd). 1994 wurde sein Stück ›Die Entsühnung‹ am Zürcher Schauspielhaus wiederentdeckt, das seit seiner Uraufführung (1934 am selben Haus) nirgends mehr gespielt worden war. »Sechzig Jahre später, bei seiner zweiten Inszenierung jetzt in Zürich, sieht Brochs Drama des Kapitalismus in vielem aus wie ein aktuelles Gegenwartsstück über Firmenpleiten, Börsenbewegungen, Lohnkampf und Arbeitslosigkeit. (. . .) Alles ist offen. Sozialistische Systeme haben inzwischen ebenso versagt wie die reine Lehre vom Kapitalismus. Deutsche Unternehmer und Gewerkschafter stehen sich ratlos gegenüber im internationalen Wettbewerb: Denn sie wissen nicht, was sie tun sollen.« (Christine Richard in: ›Theater heute‹, Heft 6, 1994, zu ›Die Entsühnung‹, Zürcher Schauspielhaus. R. Daniel Karasek) **Weitere Stücke:** ›Aus der Luft gegriffen oder Die Geschäfte des Herrn Laborde‹ (1934).

Bronnen, Arnolt (eigtl. Bronner), geb. 19. 8. 1895 in Wien, gest. 12. 10. 1959 in Berlin. Kritiker und Schriftsteller. Sohn eines Gymnasialprofessors, des naturalistischen Dramatikers Ferdinand Bronner. Bronnen studierte Jura und Germanistik in Wien, ging 1920 nach Berlin, wo er Brecht und Bruckner begegnete. Von 1928 bis 1933 war er Dramaturg am Berliner Rundfunk und bei der UFA. 1923/24 sympathisierte er mit dem Nationalsozialismus; Freundschaft mit Goebbels. Später ging er in die Opposition, was 1937 zum Berufsverbot und zum Ausschluß aus der Reichsschrifttumskammer führte. 1943 in der österreichischen kommunistischen Widerstandsbewegung, 1945 Bürgermeister in Goisern, Oberösterreich, Redakteur der ›Neuen Zeit‹ in Linz. 1955 Übersiedlung in die DDR, dort als Theaterkritiker der ›Berliner Zeitung‹ tätig. Die Entwicklung von Bronnens Dramen ging den stilistischen Weg vom Expressionismus zum Realismus. Mit seinem frühen Stück ›Vatermord‹ (1922, unter der Regiemitarbeit von Brecht) wurde er schnell bekannt. Auf Grund seines Lebensweges wurde Bronnen nach 1945 vom offiziellen literarischen Leben weitgehend ignoriert und erst in den siebziger und achtziger Jahren wiederentdeckt. Zu seiner Vergangenheit äußerte er sich in seinem Buch: ›arnolt bronnen gibt zu protokoll‹ (1954), und zu seiner kurzen, aber intensiven Freundschaft mit Bertolt Brecht in: ›Tage mit Bertolt Brecht. Geschichte einer unvollendeten Freundschaft‹ (Frankfurt a. M. 1976 und 1990). »Rüpelkomik und Blutsüchtigkeit im harten Nebeneinander. Bereits in den Anfängen, und noch in den beiden letzten Theaterstücken (...) Ambivalenz also der Gattungen; Gewalttätigkeit als scheinbar tragische Katharsis immer wieder eng benachbart der aggressiven Grobheit. Auch die Lustspielwelten Arnolt Bronnens kennen immer nur Kampf und Schwindeleien, Gewalttat und ein Obsiegen des angeblich Lebenskräftigsten (...) Auch die Diktion Bronnens blieb sich erstaunlich gleich. Sie ist fast immer hochfahrend und in fast rätselhafter Weise zugleich auch selbstsicher.« (Hans Mayer, Nachwort in: ›Arnolt Bronnen. Stücke.‹ Kronberg/Ts. 1977) Wiederentdeckt wurden die Stücke Bronnens vor allem in den siebziger Jahren durch Günter Ballhausen und in den achtziger Jahren durch Frank Castorf. Zu

dessen Inszenierung von ›Rheinische Rebellen‹ (Volksbühne Berlin) schrieb C. Bernd Sucher (›SZ‹, 24. 10. 1992): »Angekündigt waren Bronnens fünf Akte ›Rheinische Rebellen‹. Sie entstanden 1925; ein Jahr später trennten sich Johannes R. Becher und Bertolt Brecht von ihm. Die früheren Freunde wollten keinen Kontakt zum Vertrauten des Berliner Nazi-Gauleiters Joseph Goebbels. (...) Es ist eine seltsame Mischung aus sentimentalem Liebes-Rührstück und patriotischer Polit-Agitation. Bronnen, der niemals Distanz zu seinen Figuren hatte, fordert in all seinen Dramen vom Zuschauer entweder totale Identifikation oder totale Entfremdung, propagiert Liebe oder Haß. Nichts anderes geht. Argumentieren ist seine Sache nicht, differenzieren noch weniger. Alfred Kerr kritisierte den Dramatiker überrichtig: ›Bums ohne Inhalt. Knall an sich. Leere mit Tempo.‹«

Weitere Stücke: ›Die Geburt der Jugend‹ (1922); ›Die Exzesse‹ (1923); ›Anarchie in Sillian‹ (1924); ›Katalaunische Schlacht‹ (1924); ›Ostpolzug‹ (1926); ›Reparationen‹ (1926); ›Die Kette Kolin‹ (1950); ›Die jüngste Nacht‹ (1952).
Literatur: E. Klingner: Arnolt Bronnen. Werk und Wirkung. Hildesheim 1974; G. Scheit: Am Beispiel von Brecht und Bronnen. Krise und Kritik des modernen Dramas. Wien 1988; M. Krüger: Vom ordnenden Subjekt zur subjektgemäßen Ordnung. Studien zu Arnolt Bronnens Dramen. Frankfurt a. M. 1989.

Brook, Peter, geb. 21. 3. 1925 in London. Regisseur. 1942 Studium am Magdalen College in Oxford. 1944 beendete Brook sein Studium und drehte seinen ersten Film: ›A Sentimental Journey‹ (›Eine sentimentale Reise‹). 1945 erste Inszenierungen in London, darunter Shaws ›Pygmalion‹ für die E.N.S.A. (Entertainments National Service Association) und Shakespeares ›König Johann‹ am Birmingham Repertory Theatre. 1946 inszenierte er mit Alec Guiness Sartres ›Geschlossene Gesellschaft‹ am Arts Theatre London. 1948 erste Operninszenierung am Royal Opera House, Covent Garden: Mussorgskijs ›Boris Godunow‹. Es folgten Inszenie-

Brook

rungen von Puccinis ›La Bohème‹ (1948); Mozarts ›Le Nozze di Figaro‹ (1949); Strauss' ›Salome‹ (1949). In den fünfziger Jahren arbeitete Peter Brook in Belgien: Arthur Millers ›Tod eines Handlungsreisenden‹ (1951, Théâtre National de Belgique); Großbritannien, u. a. Shakespeares ›Wintermärchen‹ (1951, Phoenix Theatre London) und ›Titus Andronicus‹ (1955, Shakespeare Memorial Theatre, Stratford-upon-Avon); Frankreich, u. a. Tennessee Williams ›Die Katze auf dem heißen Blechdach‹ (1957, Théâtre Antoine Paris); Arthur Millers ›Blick von der Brücke‹ (1958, ebenda); Genets ›Der Balkon‹ (1960, Théâtre de Gymnase Paris – mit Roger Blin); den USA, u. a. Gounods ›Faust‹ (1953, Metropolitan Opera New York); Tschaikowskys ›Eugen Onegin‹ (1957, ebenda); Dürrenmatts ›Der Besuch der alten Dame‹ (1958, Lynn Fontanne Theatre New York). 1962 wird Brook zusammen mit Peter Hall Direktor der Royal Shakespeare Company. Gleichzeitig gründet er seine eigene experimentelle Gruppe, das Lambda Theatre. In der legendär gewordenen Inszenierung von Shakespeares ›King Lear‹ mit Peter Scofield in der Titelrolle (1962 am Royal Shakespeare Theatre) zeigt sich zum ersten Mal deutlich, was eine Brook-Inszenierung »im leeren Raum« auszeichnet: der Verzicht auf eine Bühnenbild*dekoration* und andere optische Effekte, die Hinwendung zum Schauspieler, als dem Zentrum der Aufführung. In den sechziger Jahren lernt Brook den polnischen Theaterexperimentellen Jerzy Grotowski kennen, und er beginnt, sich mit den Werken Antonin Artauds auseinanderzusetzen. Mit seinem Lambda Theatre erarbeitet Brook die Produktion ›Theater der Grausamkeit‹ (1964), Peter Weiss' ›Die Verfolgung und Ermordung Jean-Paul Marats, dargestellt durch die Schauspielergruppe des Hospizes zu Charenton unter Anleitung des Herrn de Sade‹ (1964), die Vietnam-Collage ›US‹ (1966) und Senecas ›Ödipus‹ (1968). 1968 erscheint auch Brooks Buch ›The Empty Space‹; und er inszeniert Shakespeares ›Der Sturm‹. 1969 Verfilmung des Shakespeareschen ›Lear‹, mit Paul Scofield. 1970 verabschiedet sich Brook mit einer Inszenierung von Shakespeares ›Sommernachtstraum‹ (im Royal Shakespeare Theatre in Stratford-upon-Avon) vom konventionellen Theaterbetrieb und gründet (zusammen mit Micheline Rozan) das Centre International de Recherches Théâtrales (C.I.R.T.) in Paris, wo er mit einer internationalen Gruppe von Schauspielern zusammenarbeitet und sprachunabhängige Kommunikationsformen, also die Zeichenhaftigkeit von Schauspiel erforscht. Die erste Produktion dieser Gruppe hat 1971 in Persepolis Premiere: ›Orghast‹ nach Texten von Ted Hughes. 1973 unternimmt Brook mit seiner Gruppe eine dreimonatige Reise nach Algerien, Niger, Nigeria, Dahomey und Mali; und von Juli bis Oktober eine Amerikareise. Währenddessen geht seine ›Sommernachtstraum‹-Inszenierung auf Reisen, nach Japan und den USA. 1974 ist die Zeit der Forschungen beendet; das Centre International de Recherches Théâtrales nennt sich nun Centre International de Créations Théâtrales (C.I.C.T.). Brook wählt die Pariser Bouffes du Nord zu seinem Spielort. Erste Inszenierung dort: Shakespeares ›Timon von Athen‹ (1974). Es folgen: ›Les Iks‹ nach ›The Mountain People‹ von Colin Turnbull (1975; 1976 auf Tournee in England, Lateinamerika, USA und Deutschland); ›Ubu aux Bouffes‹ nach Alfred Jarrys ›Ubu-Roi‹ (1977; 1978 auf Tournee in Europa und Lateinamerika); Shakespeares ›Maß für Maß‹ (1978); ›L'Os‹ nach einem Märchen von Birago Diop (1979, Premiere beim Festival d'Avignon; 1980 auf Tournee in Australien und in New York); Tschechows ›Der Kirschgarten‹ und ›La Tragédie de Carmen‹ nach George Bizet (1981); ›Mahabharata‹ (1985 beim Festival d'Avignon; 1987 die englische Fassung von ›Mahabharata‹); ›Woza Albert!‹, die Bearbeitung eines südafrikanischen Stückes einer Autorengruppe von Jean-Claude Carrière (1989); Shakespeares ›Sturm‹ (1990, Premiere in Zürich; 1991 beim Festival d'Avignon); Debussys ›Pelléas und Mélisande‹ (1992, in einer Bearbeitung von Brook) und ›L'Homme qui‹ nach Oliver Sacks (1993). Brook, der zu den besten Regisseuren dieses Jahrhunderts zählt, gelang ein 100minütiger faszinierender Abend. Er »inszeniert Gedächtnis und zugleich Gegenwart. Er inszeniert ein Traumspiel, in dem die Frage ›Was ist Realität?‹ ebenso wichtig wie völlig überflüssig ist. Er inszeniert eine Lehrstunde zu Ludwig Wittgensteins These, daß die wichtigsten Aspekte der Dinge durch ihre Einfachheit und Alltäglichkeit verborgen bleiben, weil dem Menschen die eigentlichen Grundlagen seines Lebens gar nicht mehr auffielen. (. . .) Peter Brook kehrt mit dieser Arbeit zu seinen theatralen Experimenten mit Taubstummen in den siebziger Jahren zurück, zurück auch zur ›Konferenz der Vögel‹. Er beweist, daß er weiterhin nicht nur an großen Inszenierungen interessiert ist (. . .), sondern daß seine Neugier hellwach geblieben ist. Immer aufs neue will er wissen: wie denn Theater, die Kommunikation zwischen Schauspielern und Zuschauern funktioniert. Und was Leben ist.« (C. Bernd Sucher, ›SZ‹, 13./14. 3. 1993)

Literatur: P. Brook: Der leere Raum. Berlin 1983; ders.: Wanderjahre. Schriften zu Theater, Film, Oper. 1946–1987. Berlin 1989; J. Courtenay Trewin: Peter Brook. A Biography. London 1971; A. C. H. Smith: Peter Brooks ›Orghast‹ in Persepolis. Ein Beispiel seiner Arbeit. Frankfurt a. M. 1974; J. Heilpern: Peter Brooks Theater-Safari. Hamburg 1979; D. Bablet: Lange Reise zum Wahrnehmungsvermögen. In: Kreativität und Dialog. Berlin 1983. G. Banu (Hrsg.): Le Mahabharata. In: Alternatives théâtrales, Nummer 24, Brüssel 1985; H. Mainusch: Regie und Interpretation. Gespräche. München 1985; O. Ortolani: Peter Brook. Regie im Theater. Frankfurt a. M. 1988; G. Banu: Peter Brook. De Timon d'Athénes à la Tempête ou le metteur en scène et le cercle. Paris 1991.

Bruckner, Ferdinand (eigtl. Theodor Tagger), geb. 26. 8. 1891 in Wien, gest. 5. 12. 1958 in Berlin. Theaterleiter und Dramatiker. Bruckner studierte Medizin, Philosophie, Musik und Jura in Wien und Paris. Er gründete und leitete von 1923 bis 1928 das Renaissance-Theater in Berlin. 1933 ging er in die Emigration, über Österreich und Frankreich 1936 in die USA. 1951 Rückkehr nach Deutschland; von 1953 bis zu seinem Tod Dramaturg am Schiller-Theater in Berlin. Bruckner war nach expressionistischen Anfängen in seiner Lyrik und Dramatik ein Vertreter der neuen Sachlichkeit und hatte mit den Stücken ›Krankheit der Jugend‹ (1926) und ›Die Verbrecher‹ (1928) großen Erfolg. In seinem späteren Werk wandte er sich mehr historischen Stoffen zu, ohne an den Erfolg der Vorkriegszeit anknüpfen zu können. »Der wahre Dramatiker ist der anschaulichste und packendste Historiker! (. . .) Ferdinand Bruckner hat sie (die Tiraden, Anm. d. A.) aus der nächsten Nähe erlauscht – und aufgeschrieben – mit der Kraft eines Mannes, der eine Chronik seiner Zeit schreibt – und dem auch das Entsetzen nicht die Feder aus der Hand reißt! Er war der Mann zu solcher Leistung. Hatte er doch schon früh gesehen und erkannt, was da herankam – die Zeichen gedeutet – die Diagnosen gestellt – als ein guter und getreuer Arzt seiner Zeit.« (Berthold Viertel: Schriften zum Theater. Berlin 1970, S. 101f.)

Weitere Stücke: ›Die Kreatur‹ (1930); ›Elisabeth von England‹ (1930); ›Die Rassen‹ (1933); ›Heroische Komödie‹ (1945); ›Die Befreiten‹ (1946); ›Früchte des Nichts‹ (1952); ›Der Tod einer Puppe‹ (1956); ›Der Kampf mit dem Engel‹ (1957).

Literatur: S. Selbmann: Die dramaturgischen Prinzipien Ferdinand Bruckners. Diss. Berlin 1971; Ch. Lehfeldt: Der Dramatiker Ferdinand Bruckner. Göppingen 1975.

Brüdern, Gerd, geb. Juni 1920, gest. 20. 1. 1968 in München. Schauspieler und Regisseur. Debüt (als Schauspieler) 1943 an den Münchner Kammerspielen. In den folgenden Jahren spielte er sowohl an diesem Haus als auch am Bayerischen Staatsschauspiel München, hier 1949 den Leonard in Jürgen Fehlings Inszenierung von Hebbels ›Maria Magdalena‹. Wichtigste Rollen: Apemantus in Shakespeares ›Timon von Athen‹ (1961, Münchner Kammerspiele, R. Fritz Kortner); Mulheim in Dürrenmatts ›Meteor‹ (1966, ebenda, R. Hans Schweikart); Maurerpolier John in

Bruncken

Hauptmanns ›Die Ratten‹ (1966, Bayerisches Staatsschauspiel, R. Helmut Henrichs). Brüdern war von 1952 bis 1968 Leiter der Otto-Falckenberg-Schule. **Literatur:** H. Ihering: Junge Schauspieler. München 1948; M. Faber/L. Weizert: . . . dann spielten sie wieder. Das Bayerische Staatsschauspiel 1946–1986. München 1986.

Bruncken, Thirza, geb. 1958 in Bonn. Regisseurin. 1978–1983 Studium der Germanistik, Kunstgeschichte und Publizistik in Münster. 1983–1985 Mitarbeiterin beim WDR, bei Tageszeitungen und Zeitschriften; Ensemble-Mitglied bei einem Off-Theater im Ruhrgebiet; außerdem Regie- und Dramaturgiehospitanzen, u. a. am Deutschen Schauspielhaus Hamburg und am Theater Essen. 1986–1993 Regisseurin und Dramaturgin am Stadttheater Koblenz; Aufbau und Leitung der probe-bühne 2 (für neue, ästhetisch und inhaltlich innovative Stücke deutschsprachiger Autoren). Inszenierungen in Koblenz: Heiner Müllers ›Quartett‹ (1986); Elfriede Jelineks ›Krankheit oder Moderne Frauen‹ (1987) und ›Wolken. Heim.‹ (1990); Ginka Steinwachs' ›George Sand‹ (1988); Rainald Goetz' ›Kolik‹ (1989); Barbara Strohscheins ›Lehrbegehrstück‹ (UA 1990); Lothar Schönes ›Bad Byron‹ (UA 1990); M. Winter/G. Steinwachs/B. Strohscheins ›Schlagende Herzen‹ (UA 1991); Michael Roes' ›Aufriß‹ (UA 1991); Mastrosimones ›Extremities‹ (1992); Mona Winters ›Gerne kannibalisch‹ (UA 1992); Margret Kreidls ›Auf die Plätze‹ (UA 1992); Heiner Müllers ›Bildbeschreibung‹ (1993). Seit 1993 arbeitet sie als freie Regisseurin u. a. am Schauspiel Köln, wo sie Roes' ›Cham‹ inszenierte (UA 1993). Anke Roeder schrieb in einem Porträt: »Thirza Bruncken sieht ihre Arbeit nicht als Interpretation des Textes, sondern als ›eigenständigen Lebensausdruck‹, der weniger darauf zielt, verständlich und erklärbar als erlebbar zu sein. (. . .) Thirza Bruncken ist die Extremste und Außenstehendste ihrer Generation, indem sie dem alten Konzept von Theater, das durch Situation, Handlung und Figurenführung geprägt ist, Texte entgegenstellt, ›die ein permanentes Ringen von Figuren zeigen, ein Sich-selbst-Behaupten durch Sprache in einer uneigentlichen Welt, die die eigene Substanz nicht mehr möglich macht. In einem Leben, das als schablonenhaft empfunden wird, können die Figuren ihr Dasein nur durch permanentes Sprechen behaupten.‹ (. . .) Ihre Aufgabe sieht Thirza Bruncken darin, sich ganz bewußt der eigenen Gegenwart zu stellen und sie mit ästhetischen Konzepten zu konfrontieren, die nicht der Vergangenheit entlehnt sind, sondern der philosophischen Reflexion, dem künstlerischen Bild der Jetztzeit, ja, dem unmittelbaren Leben selbst.« (›Junge Regisseure‹, S. 52 ff.) **Literatur:** A. Roeder/S. Ricklefs: Junge Regisseure. Regie im Theater. Frankfurt a. M. 1994.

Brunner, Lore, geb. 2. 10. 1950 in Möbling. Schauspielerin. Ausbildung an der Hochschule für Musik und darstellende Kunst in Graz. Engagements in Basel (1973 in Schnitzlers ›Liebelei‹, R. Hans Hollmann) und Stuttgart. Von 1979 bis 1983 gehörte sie zum Ensemble des Schauspielhauses Bochum, wo sie die Warja in Tschechows ›Kirschgarten‹ (1981) und Max/Ella in Manfred Karges ›Jacke wie Hose‹ spielte. Danach (auch als Gast) am Schauspiel Köln, am Wiener Burgtheater, am Schauspiel Frankfurt a. M., wo sie in Schillers ›Maria Stuart‹ die Titelrolle spielte (1991, R. Karge). Im selben Jahr spielte sie am Burgtheater Wien in Karges Inszenierung von Heiner Müllers ›Quartett‹. Über ihre Rolle in Horváths ›Glaube Liebe Hoffnung‹ (1987, Akademietheater Wien, R. Karge) schrieb Otto F. Beer (›SZ‹, 26. 6. 1987): »Lore Brunner ist das Fräulein, das zwischen die zermalmenden Paragraphen gerät: grell, mehr dem Expressionismus verpflichtet als der stillen Poesie Horváths. Sie hat große Momente, wenn sie in die Enge getrieben wird, aber menschliche Wärme war wohl nicht gefragt.« **Literatur:** H. Beil u. a. (Hrsg.): Das Bochumer Ensemble. Ein deutsches Stadttheater 1979–1986. Königstein 1986.

Buchegger, Christine, geb. in Wien. Schauspielerin. Ausbildung am Max-Reinhardt-Seminar in Wien. Erstes Engagement an den Vereinigten Bühnen Graz. 1972 kam sie ans Bayerische Staatsschauspiel nach München, wo sie mit Unterbrechungen bis heute arbeitet. Wichtige Rollen u. a.: Fontanelle in Edward Bonds ›Lear‹ (1973, R. William Gaskill); Margot in Thomas Valentins ›Familienbande‹ (1974, R. Bernd Fischerauer); Eliante in Molières ›Misanthrop‹ (1975, R. Frank Baumbauer); Orsina in Lessings ›Emilia Galotti‹ (1975, R. Günther Ballhausen); Cecily in Tom Stoppards ›Travesties‹ (1977, R. Hans Lietzau); Irina in Tschechows ›Drei Schwestern‹ (1978, R. Ingmar Bergman); Kassandra in Aischylos' ›Agamemnon‹ (1978, R. Franco Enriquez). Über diese Aufführung schrieb Joachim Kaiser (›SZ‹, 26. 9. 1978): »Einzig Christine Buchegger (...) wurde aus einer maskierten Figur zur großartig kraftvollen, unmittelbar agierenden Gestalt. Kassandra sagte einst immer nur Unheil voraus. In dieser Aufführung wies am meisten sie den Weg, wie wir nach zweieinhalbtausend Jahren einer fernen nicht unerreichbaren Tragödien-Welt habhaft werden können.« Weitere Rollen u. a.: Titelrolle in Ibsens ›Hedda Gabler‹ (1979, R. Bergman); Buhlschaft in Hofmannsthals ›Jedermann‹ (1979, Salzburger Festspiele). Nach einer mehrjährigen Pause wegen einer schweren psychischen Erkrankung begann Christine Buchegger 1984 wieder zu spielen und bewies abermals, daß sie eine äußerst sensible Darstellerin ist, die mit Artikulationsnuancen, also vor allem durch die Sprache, Menschen charakterisieren kann. Und sie zeigte eine neue, starke Kraft, ein bisher ungewohntes Körperspiel. Rollen in der letzten Zeit u. a.: Johanne Luise Heiberg in Per Olov Enquists ›Aus dem Leben der Regenwürmer‹ (1984, R. Bergman); Gertrude Eastmann in Jane Bowles' ›In the Summer House‹ (1987, R. Thomas Schulte-Michels); Mutter in Wedekinds ›Frühlingserwachen‹ (1992, R. Amélie Niermeyer).

Buchhammer, Kitty, geb 29. 10. 1945. Schauspielerin und Regisseurin. Ausbildung am Max-Reinhardt-Seminar in Wien, Abschluß 1966. Danach verschiedene Engagements als Schauspielerin in Deutschland und Österreich. Seit 1977 Inszenierungen, z. B. Franz-Xaver Kroetz' ›Das Nest‹ im Theater der Courage in Wien (1977). Arbeitete als Gast an den Theatern von Salzburg, Bregenz, Graz und Linz. Im Volkstheater Wien spielte sie in Friederike Roths ›Klavierspiele‹ (DE 1981). 1983 inszenierte sie die Uraufführung von Herbert Achternbuschs ›Mein Herbert‹ beim Steirischen Herbst. Seit 1984 arbeitet Kitty Buchhammer in Deutschland: am Stadttheater Augsburg: Bernhards ›Der Schein trügt‹ (1985); Hochhuths ›Ärztinnen‹ (1986); Ibsens ›Gespenster‹ (1987); am Landestheater Tübingen, in Braunschweig und am Volkstheater München.

Buchholz, Horst, geb. 4. 12. 1933 in Berlin. Schauspieler. Nach einigen Kinderrollen nahm Buchholz 1949 Schauspielunterricht bei Marlise Ludwig in Berlin. 1952–1955 spielte er an den Staatlichen Schauspielbühnen Berlin, erhielt Rollen u. a. in Shakespeares ›Troilus und Cressida‹ (1952 und 1954), in Shakespeares ›Julius Cäsar‹ (1952), in Schillers ›Die Räuber‹ (1953). Seit den fünfziger Jahren arbeitet er vor allem für das Fernsehen u. a. ›Astro-Show‹, 1981) und den Film, u. a.: Titelrolle in ›Die Bekenntnisse des Hochstaplers Felix Krull‹ (1957, R. Kurt Hoffmann); ›Endstation Liebe‹ (1957, R. Georg Tressler); ›Die glorreichen Sieben‹ (1960, R. John Sturges); ›Wenn ich mich fürchte‹ (1984, R. Christian Rischert). Man sah ihn aber auch auf der Bühne u. a. 1979 als Conférencier in Christopher Isherwoods ›Cabaret‹ (Theater des Westens, R. Karl Viebach). Über diese Aufführung schrieb Karena Niehoff (›SZ‹, 2. 1. 1979): »Horst Buchholz, einst unser erstes Halbstarkenmodell, ist neu gewonnen. Aber auch ein Gewinn? Er ist noch immer unverändert bubenhaft, wenn auch jetzt nur noch verschämt. (...) Unser Hotte hat überhaupt die Lektion fabelhaft gelernt, kopiert das Krächzen, das Falsett, die elegant aaligen Bewegungen seines Vorbildes perfekt. Doch (...) es wird trotzdem nichts daraus. Ein braver Bub, der, nicht

Buchrieser

ohne Geschick und Talent, sich als kunstseidener Mephisto versucht.«

Buchrieser, Franz, geb. 1938 in Graz. Österreichischer Dramatiker. Buchrieser besuchte die Schauspielschule in Graz und das Max-Reinhardt-Seminar in Wien, danach Arbeit als Schauspieler, Theaterund Fernsehautor. Diverse Preise, Auslandsstipendien nach Rom und London. Buchrieser gehört zu den Autoren aus dem Grazer Kreis.
Weiter Stücke: ›Mungo oder Lieb Mütterlein kannst ruhig sein‹; ›Das Produkt‹; ›Die lauten und die leisen Mörder‹; ›Hanserl‹; ›Promotion‹ (alle o. J.).

Buckwitz, Harry, geb. 13. 3. 1904 in München, gest. 27. 12. 1987 in Zürich. Schauspieler, Regisseur und Theaterleiter. Nach Engagements in Mainz, Bochum, Augsburg, Freiburg, Lodz, wurde Buckwitz 1947 (bis 1951) kaufmännischer Direktor der Münchner Kammerspiele, wo er auch Regie führte. 1951–1968 Generalintendant der Städtischen Bühnen Frankfurt a.M.; inszenierte dort vor allem Bertolt Brecht: ›Der gute Mensch von Sezuan‹ (1952), ›Der kaukasische Kreidekreis‹ (1955, jeweils zusammen mit Brecht), ›Die Gesichte der Simone Machard‹ (UA 1957), ›Mutter Courage‹ (1958, mit Therese Giehse in der Titelrolle), ›Schweyk im zweiten Weltkrieg‹ (UA 1959), ›Das Leben des Galileo Galilei‹ (1961). Von 1971 bis 1977 war Buckwitz Direktor des Schauspielhauses Zürich. Von 1977 bis 1979 arbeitete er als freier Regisseur. In seinem Geburtstagsgruß zu Buckwitz' 80. schrieb Günther Rühle (›FAZ‹, 31. 3. 1984):»Der Intendant Buckwitz war nie ein Gesinnungsdirektor. (. . .) Er wollte kein Kampftheater, sondern ein Theater der anregenden und nachdenkenden Beispiele. So dachte er an die Aktivierung des Publikums. Er wollte den zeitgenössischen Stoff aber nicht als aktivistische, sondern als künstlerische Provokation. (. . .) Vom Theater der siebziger Jahre trennte ihn immer mehr dessen Zug zur Selbstdarstellung, zum Schock, der Traditionszerstörung, zur negativen Ästhetik und zur Mitleidslosigkeit.« Buckwitz' Inszenierung

von Shakespeares ›Hamlet‹ (Städtische Bühnen Frankfurt a.M.) wurde 1965 zum 2. Berliner Theatertreffen eingeladen.
Literatur: H. Heym (Hrsg.): Frankfurt und sein Theater. Frankfurt a.M. 1963; Harry Buckwitz 1904–1987. Die Gedenkmatineen am Schauspielhaus Zürich und an den Städt. Bühnen Frankfurt. Gesellschaft d. Freunde des Schauspielhauses Zürich 1988.

Büchner, Georg, geb. 17. 10. 1813 in Goddelau bei Darmstadt, gest. 19. 2. 1837 in Zürich. Dichter. Sohn eines Arztes. Büchner studierte von 1831 an Medizin, Geschichte, Philosophie und Naturwissenschaften in Straßburg und Gießen und gründete 1834 die »Gesellschaft für Menschenrechte«. 1835 wurde er wegen seiner Schrift ›Der hessische Landbote‹ steckbrieflich gesucht, daraufhin Flucht nach Straßburg, 1836 nach Zürich; dort Habilitation als Privatdozent für vergleichende Anatomie. Er starb an Typhus. Büchner war einer der bedeutendsten Dramatiker zwischen Romantik und Realismus, der mit seinen Werken naturalistische und expressionistische Stilelemente vorwegnahm. Anfangs noch idealistischer Revolutionär, entwickelte er immer mehr ein pessimistische Weltschau und ein Geschichtsbild der Illusionslosigkeit. Seine drei Dramen wurden erst im 20. Jahrhundert aufgeführt.
Stücke: ›Dantons Tod‹ (1835); ›Leonce und Lena‹ (1836); ›Woyzeck‹ (1836/37).
Literatur: I. Strudthoff: Die Rezeption Georg Büchners durch das deutsche Theater. Berlin 1957; H. Krapp: Der Dialog bei Georg Büchner. München 1958; H. Mayer: Büchner und seine Zeit. Berlin 1960; V. Klotz: Geschlossene und offene Form im Drama. München 1970; E. Kobel: Georg Büchner. Das dichterische Werk. Berlin, New York 1974; H. Anton: Büchners Dramen. Topographie und Freiheit. Paderborn 1975; P. v. Becker: Dantons Tod. Die Trauerarbeit im Schönen. Frankfurt a.M. 1980; T. M. Mayer (Hrsg.): Georg Büchner. Frankfurt a.M. 1987.

Bühr, Siegfried, geb. 23. 3. 1943 in Hamburg. Schauspieler und Regisseur.

91

1962–1964 Ausbildung an der Staatlichen Hochschule für Musik in Hamburg. 1964–1969 Schauspieler und Regisseur, 1970–1978 Intendant am Westfälischen Kammertheater Paderborn; 1979–1984 Leiter des Tübinger Zimmertheaters; 1985 als freier Regisseur am Schauspiel Köln, am Stadttheater Konstanz, an der Württembergischen Landesbühne Esslingen. Von 1985 bis 1990 Spielleiter am Schauspiel Köln. Gastinszenierungen auch am Hamburger Thalia Theater. Wichtige Arbeiten u. a.: Schillers ›Don Carlos‹ (1988, Köln); Offenbachs ›Pariser Leben‹ (1990, Thalia Theater Hamburg); ›Wenn mit dem Neckar herab. Ein Abendspaziergang‹, eine Hommage an Hölderlin (1993, Tübingen).

Büttner, Wolfgang, geb. 1. 6. 1912 in Rostock. Schauspieler. Ausbildung an der Schauspielschule des Deutschen Theaters in Berlin (1932–1934). Erstes Engagement am Agnes-Straub-Ensemble (1934–1936). Danach Stadttheater Hamburg-Altona (1936/37), Städtische Bühnen Frankfurt a. M. (1937–1944). Nach dem Krieg erst ein Jahr am Jungen Theater München, dann 1948–1960 Ensemblemitglied des Bayerischen Staatsschauspiels, 1984/85 als Gast am Schauspiel Bonn. Büttner arbeitet vor allem für das Fernsehen. Wichtige Theaterrollen u. a.: Vater in Bernhards ›Der Ignorant und der Wahnsinnige‹ (1973, Münchner Kammerspiele, R. Jens Pesel); Gott in Molnárs ›Liliom‹ (1987, Münchner Volkstheater, R. Rolf Stahl). Büttner spielte auch in vielen Filmen und Fernsehproduktionen. Zu seinem 75. Geburtstag schrieb Joachim Kaiser (›SZ‹, 1. 6. 1987): »Er ist nie ein Aufschneider gewesen, ein Schäumender, ein Sieghaft-Extrovertierter. Sondern eher auffällig unauffällig: nämlich zurückhaltend, leise norddeutsch, scharf in der Diktion. Büttner war wegen seiner Verhaltenheit, seiner grüblerischen Nachdenklichkeit ein vielbeschäftigter und beliebter Fernsehdarsteller.«

Buhre, Traugott, geb. 21. 6. 1929 in Insterburg (Ostpreußen). Schauspieler. Schauspielschule in Hannover. Von 1952 an Engagements in Rheydt, Karlsruhe,

Buhre

Bremen und Köln; 1968–1972 Württembergisches Staatstheater, danach Frankfurter Schauspiel. Gast am Zürcher Schauspielhaus, längere Engagements am Württembergischen Staatstheater: in Claus Peymanns Inszenierungen von Bernhards ›Immanuel Kant‹ (1978) und ›Vor dem Ruhestand‹ (1979); am Thalia Theater Hamburg: Titelrolle in Hollmanns Inszenierung von Goethes ›Faust I und II‹ (1979); am Schauspielhaus Bochum: Titelrolle in Peymanns Inszenierung von Lessings ›Nathan‹ (1981). Über diese Rolle schrieb Gerhard Stadelmaier in ›Theater heute‹ (Heft 5, 1981): »Buhre wird aber auch schon mal wütend, wenn er den Tempelherrn bei dessen eiserner Rüstung packt, weil der ihn beim Patriarchen verraten hat. Buhre zeigt auch, wie einer Angst hat, wenn er spürt, daß seine Angelegenheiten ins Gedränge der Politik und der Religionspolitik geraten. Und Buhre zeigt das alles für sich und nacheinander und jeweils der Lage angepaßt.« In Köln sah man Buhre in Schillers ›Die Jungfrau von Orleans‹ (1985, R. Jürgen Flimm) und bei den Salzburger Festspielen als Bruscon in Thomas Bernhards ›Theatermacher‹ (UA 1985, R. Peymann). 1990 spielte Buhre den Richter Adam in Kleists ›Der zerbrochene Krug‹ (Burgtheater Wien, R. Andrea Breth), 1992 sah man ihn in Andrea Breths Inszenierung von Gorkis ›Nachtasyl‹ (Schaubühne Berlin) den Luka und 1993 in Peymanns Uraufführungs-Inszenierung von Peter Turrinis ›Alpenglühen‹ den Blinden spielen. Georg Hensel nannte Buhre (›FAZ‹, 21. 6. 1989) ein »empfindsames Ungeheuer« und schrieb: »In Köln war er noch eine zage Hoffnung, in Stuttgart und Frankfurt a. M. schon ein großes Versprechen, und in Bochum und Hamburg drang er in die erste Reihe der deutschen Schauspieler vor. Früher hätte man ihn, seiner Statur nach, im Fach der ›schweren Helden‹ untergebracht. Großgemacht hat ihn jedoch seine Empfindsamkeit. Auch seine Ungeheuer leiden unter einer verletzlichen Seele, und wenn es die Rolle verlangt, macht er seinen schweren Heldenkörper klein: mit einer Stimme auf Zehenspitzen.« Buhre arbeitet auch für das Fernsehen.

Bukowski

Literatur: H. Beil (u. a.) (Hrsg.): Das Bochumer Ensemble. Ein deutsches Stadttheater 1979–1986. Königstein 1986; C. B. Sucher: Theaterzauberer. Schauspieler. 40 Porträts. München, Zürich 1988.

Bukowski, Oliver, geb. 6. 10. 1961 in Cottbus. Autor. Bukowski studierte von 1985 bis 1990 Philosophie, danach Dissertationsvorhaben in motivationspsychologisch orientierter Medienwirkungsforschung, das 1991 abgebrochen wurde. Seit November 1989 erste Schreibversuche, seit 1990 gefördert durch den Dramaturgen Jörg Mihan vom Berliner Ensemble. Seither freischaffender Schriftsteller. Bukowski schrieb über Zweck- und Ziellosigkeit bürgerlichen Daseins eine Art nach-sozialistische Gesellschaftskritik. Seine Stücke will der Autor »als intelligente Unterhaltung« verstanden wissen. »Bukowski kennzeichnet die Stücke mit der gängigen Formel ›intelligente Unterhaltung‹, die aber angesichts der ernsten, mitunter schockierenden Inhalte eher unzutreffend ist. Figuren und Stoffe umkreisen immer wieder eine seelische Unterkühlung der Menschen, ihre Unfähigkeit zu Lebenssinn und befriedigenden Erfahrungen, die kompensatorische Suche und Anfälligkeit für ständig gesteigerte Reize, je gefährlicher, um so besser. Wie von selbst entsteht dabei Dramatik, die Menschen suchen Herausforderungen, befremdliche, lebensfeindliche, unfreiwillig komische. Bukowskis Form ist daher die Groteske, die lustige Tragödie. Da die Menschen an ihren falschen Zielen nur scheitern können, ist sein Stil die Ironie, der böse Humor.« (Berthold Rünger, ›taz‹, 26. 9. 1992)
Weitere Stücke: ›Die Halbwertzeit der Kanarienvögel‹ (1991); ›Inszenierung eines Kusses‹ (1992); ›Burnout, die Verweigerung des hohen Cehs‹ (1992); ›Londn – L. Ä. – Lübbenau‹ (1992).

Bulgakow, Michail, geb. 14. 5. 1891 in Kiew, gest. 10. 3. 1940 in Moskau. Russischer Schriftsteller. Sohn eines Professors. Bulgakow studierte bis 1916 Medizin in Kiew und arbeitete bis 1921 als Arzt. Danach Übersiedlung nach Moskau und Arbeit als Journalist und Dramaturg am Künstlertheater. Sein bekanntestes Werk ist der Roman ›Der Meister und Margarita‹ (1928–1940), der erstmals 1968 in Paris erschien und mit großem Erfolg in der Dramatisierung Ljubimows 1978 am Taganka Theater in Moskau aufgeführt wurde. Bulgakows Stücke und sein erzählerisches Werk waren bis in die siebziger Jahre Gegenstand der Zensur und konnten nur im Westen ohne Kürzungen veröffentlicht werden. »Die Turbins leben geistig in der Phantasiewelt ihrer Legende. Die Illusion erscheint ihnen real und die Realität wie eine Phantasmagorie. Deshalb ist ihre weise Aktion geschichtlich eine Farce, aber persönlich eine Tragödie. Und der plötzliche Wechsel, die Überschneidung von Komischem und Tragischem, von Phantastischem und Realem tendieren im Ansatz bereits zu der polyphonen Groteske, die das Wesentlichste werden sollte, was Bulgakow in die Literatur eingeführt hat.« (Ralf Schröder, Nachwort in: Michail Bulgakow. Stücke I. Berlin 1982)
Weitere Stücke: ›Die Tage der Turbins‹ (1926); ›Die Flucht‹ (1928); ›Iwan Wassiljewitsch‹ (1936); ›Die Kabale der Scheinheiligen oder Molière‹ (1930–1936); ›Die letzten Tage oder Puschkin‹ (1934/35); ›Don Quijote‹ (1938).
Literatur: J. Curtis (Hrsg.): Michail Bulgakow. Manuskripte brennen nicht. Eine Biographie in Briefen und Tagebüchern. Frankfurt a. M. 1991.

Burkhardt, Werner, geb. 1928 in Hamburg. Kritiker. Studium der Literaturwissenschaft und Anglistik in Hamburg. Von 1952 bis 1970 arbeitete er für ›Die Welt‹ (zuständig für den Jazz- und Rock-Bereich). Seit 1970 Mitarbeiter der ›Süddeutschen Zeitung‹ als Kulturkorrespondent in Hamburg. Mehrere Buchübersetzungen.

Burton, Richard (eigtl. Richard Jenkins), geb. 10. 11. 1925 in Pontrhydyfen (Süd-Wales), gest. 5. 4. 1984 in Genf. Schauspieler. Debütierte 1943 in Liverpool. Grandioses New Yorker Debüt als Richard in Christopher Frys ›Die Dame ist nicht fürs Feuer‹. Danach arbeitete er in führenden Theatertruppen in England und Ame-

rika. Wichtige Rollen: 1953 Titelrolle in Shakespeares ›Hamlet‹ und 1954 Caliban in Shakespeares ›Der Sturm‹ (beide Aufführungen im Londoner Old Vic); 1964 in New York erfolgreich als Hamlet in Gielguds Shakespeare-Inszenierung. Zu Weltruhm gelangte Burton durch seine Filmrollen, u. a. in ›The Desert Rats‹ (1953), ›Wer hat Angst vor Virginia Woolf?‹ (1965), ›Where Eagles Dare‹ (1968), ›Il Viaggio‹ (1974), ›Wild Geese‹ (1978).
Literatur: P. Ferris: Richard Burton. München 1983; F. Cashin u. a.: Richard Burton. London 1984; G. Jenkins: Richard Burton, my brother. New York 1988.

Bury, John, geb. 1925 in Aberystwyth (Wales). Bühnenbildner. Seit 1963 am Royal Shakespeare Theatre in Stratford. Er gestaltete u. a. die Bühnenräume für Peter Halls Shakespeare-Inszenierungen von 1962 bis 1964; arbeitete in Deutschland mit Hans Lietzau zusammen in Harold Pinters ›Betrogen‹ (1979, Berliner Hebbeltheater).

Busch, Ernst, geb. 22. 1. 1900 in Kiel, gest. 8. 6. 1980 in Berlin. Schauspieler. Nach Schauspiel- und Gesangsunterricht 1921 Engagement am Stadttheater Kiel; 1924–1926 in Frankfurt a. d. Oder; 1926/27 Pommersche Landesbühne; 1927–1928 Volksbühne Berlin (bei Erwin Piscator), wo er u. a. den Albert Kroll in Ernst Tollers ›Hoppla, wir leben‹ und den Raffael Schenk in Mühsams ›Judas‹ (R. Leopold Lindtberg) spielte. Nebenher trat er in Kabaretts auf und bei Parteiveranstaltungen mit Liedern von Hanns Eisler; außerdem in Filmen, z. B. in ›Kuhle Wampe‹. Von 1930 bis 1932 an der Volksbühne Berlin. 1933 emigrierte Busch; erst nach Holland, dann nach Belgien, schließlich nach London. Von 1935 bis 1937 lebte und arbeitete er in der Sowjetunion; 1937/38 war er im Spanischen Bürgerkrieg; 1938–1940 in Belgien; 1940–1942 im Internierungslager in Frankreich; 1942–1945 in deutscher Haft. Busch wird der »Vorbereitung zum Hochverrat« angeklagt, weil er »durch Gesangsvorträge den Kommunismus in Europa verbreitet« hätte. (Dank Gustaf Gründgens' Hilfe erhält er nur eine Zuchthausstrafe von 4 Jahren.) Im Mai 1945 Befreiung Buschs aus dem Zuchthaus Brandenburg. Von 1946 an wieder Schauspieler in Berlin, am Hebbeltheater, am Theater am Schiffbauerdamm, seit 1951 am Deutschen Theater und am Berliner Ensemble. Wichtige Rollen u. a.: Mephisto in Goethes ›Faust‹ (1954, Deutsches Theater, R. Wolfgang Langhoff); Semjon Lapkin in Brechts ›Die Mutter‹ (1951, Berliner Ensemble), Koch in Brechts ›Mutter Courage‹ (1951, ebenda), Azdak in Brechts ›Der kaukasische Kreidekreis‹ (1954, ebenda, R. jeweils Brecht).
Literatur: H. Eisler: Aufbau einer Rolle. Buschs Galilei. Berlin 1956; H. Fetting/ H. Ihering: Ernst Busch. Berlin 1965; K. Siebig: »Ich geh mit dem Jahrhundert mit.« Ernst Busch. Eine Dokumentation. Hamburg 1980; M. Kuschnia (Hrsg.): 100 Jahre Deutsches Theater Berlin 1883–1983. Berlin 1983; A. Kerr: Mit Schleuder und Harfe. München 1985; L. Hoffmann/K. Siebig: Ernst Busch. Eine Biographie. Berlin 1987.

C

Calder, Alexander, geb. 22. 7. 1898 in Philadelphia, gest. 11. 11. 1976 in New York. Bildhauer, Zeichner, Designer, Bühnenbildner. 1923–1926 Ingenieurstudium und Besuch der Art Student's League in New York. 1926–1934 Aufenthalt in Paris; konstruierte ›Le Cirque‹ aus Drahtfiguren. 1934 Rückkehr nach New York, 1936 erste Arbeiten für das Theater: Mobiles für ›Socrate‹ von Eric Satie und für ›Horizons‹ von Martha Graham. 1952 Mitarbeit an ›Nuclea‹ von Henri Pichette (Théâtre National Populaire Paris, R. Gérard Philipe); 1963 Ausstattung von Pierre Halets ›La Provocation‹ (Comédie de Bourges, R. Gabriel Monnet); 1966 phonetisches Mobile ›Chef d'orchestre‹ für Earl Browns ›Calder Piece‹ (Théâtre de l'Atelier, Paris); 1968 kreierte Calder ein eigenes Ballett (Teatro dell'Opera Rom, R. Giovanni Carandente): ›Work in Progress‹.
Literatur: A. Calder: An Autobiography with Pictures. New York 1966; H. Rischbieter (Hrsg.): Bühne und bildende Kunst im XX. Jahrhundert. Velber 1968; J. Lipmann (u. a.): Calder's Circus. New York 1972.

Calderón de la Barca, Pedro, geb. 17. 1. 1600 in Madrid, gest. 25. 5. 1681 ebenda. Spanischer Dramatiker. Stammte aus adliger Familie. Calderón besuchte von 1608 bis 1613 ein Jesuitenkolleg in Madrid, studierte 1615 bis 1620 Theologie und Jura, brach nach 1620 seine theologischen Studien ab und nahm an Dichterwettkämpfen teil. 1640 Teilnahme an Feldzügen; Auszeichnungen durch König Philipp IV. 1651 Priesterweihe, 1653 Kaplan von Toledo, 1663 Ehrenkaplan des Königs in Madrid. Calderón lebte die letzten Jahre abgeschieden und einsam und widmete sich nur noch seinem dramatischen Schaffen. Während der ältere Lope de Vega seine größten Erfolge im Volkstheater hatte, war Calderón der Dichter des königlichen Hoftheaters. Die geistige Grundlage seiner Werke ist der Katholizismus der Gegenreformation. Calderón gilt (zusammen mit Lope de Vega und Tirso de Molina) als einer der wichtigsten und produktivsten spanischen Dichter. Er hinterließ 120 comedias, 80 autos sacramentales und 20 kleinere Stücke. Zu seinen bis heute bekanntesten Stücken zählen: ›Das Leben ein Traum‹ (1635); ›Dame Kobold‹ (1636) und ›Das große Welttheater‹ (1645). Nachdichtungen, beeinflußt von Calderón, u. a.: ›Der Turm‹ und ›Salzburger Großes Welttheater‹ (beide von Hugo von Hofmannsthal), ›Der Traum ein Leben‹ (von Franz Grillparzer). Nach dem Tod Calderóns geriet sein Werk in Vergessenheit und wurde erst durch Lessing und durch die deutsche Romantik wiederentdeckt.
Literatur: J. Gregor: Das spanische Welttheater. Wien 1937; E. Schwarz: Hofmannsthal und Calderón. Cambridge, Massachusetts 1962; B. W. Wardropper (Hrsg.): Critical Essays on the Theatre of Calderón. New York 1965.

Campbell, Ken (Pseud. Henry Pilk), geb. 1941 in Ilford. Englischer Schauspieler, Regisseur und Dramatiker. Campbell nahm Schauspielunterricht und erhielt 1961 sein Diplom. 1967 war er am Victoria Theatre in Stoke on Trent als Schauspieler und Hausautor engagiert. 1973 schrieb er unter seinem Pseudonym eine Serie von Sketches (›Mr. Pilks Irrenhaus‹, 1973, DE 1979, Schauspiel Frankfurt a. M., R. Ken Campbell), die erfolgreich waren und viel nachgespielt wurden. 1980/81 war er Direktor des Everyman Theatre in Liverpool. Neben seiner Arbeit als Regisseur, Schauspieler und Stückeschreiber verfaßte Campbell mehrere äußerst erfolgreiche Kinderstücke, darunter eine Bearbeitung von Friedrich Karl Waechter: ›Ausflug mit Clowns‹ (UA 1985, Schauspielhaus Bochum, R. Ken Campbell). 1989 inszenierte er die deutsche Erstaufführung von ›Die Bekenntnisse eines heimlichen Nudisten‹ im Theater im Marstall in München, mit Rufus Beck als Nudist.
Weitere Stücke: ›Fazz und Zwoo‹ (1968); ›Weißt du, die Sache ist die‹, ›Der Abend,

95

Canetti

an dem ich mit Mr. Dalton tanzte‹, ›Frank & Stein‹ (alle o. J.).

Camus, Albert, geb. 7. 11. 1913 in Mondovi (Algerien), gest. 4. 1. 1960 in Villeblevin. Französischer Philosoph, Essayist und Dramatiker. Stammte aus einer Arbeiterfamilie. Camus studierte in Algier Philosophie und gründete dort mit 22 Jahren das Théâtre du travail. 1940, nach Kriegsausbruch, Übersiedlung nach Frankreich. Er arbeitete als Journalist; Mitarbeit in der Résistance, dort Freundschaft mit Sartre. 1957 erhielt Camus den Nobelpreis für Literatur. 1960 starb er an den Folgen eines Autounfalls. Camus' Philosophie: die These von der Absurdität menschlicher Existenz, die Forderung an den Menschen, daß er im Akzeptieren dieser absurden »condition humaine« sein Glücksverlangen dennoch befriedigen solle. Einen Schlüssel zu seinem gesamten schriftstellerischen Werk bilden die beiden Essays ›Der Mythos von Sisyphos‹ (1942) und ›Der Mensch in der Revolte‹ (1951). Camus ersetzte in seinen existentialistischen Bühnenwerken das psychologische Theater durch abstrakte Allegorien, die seine philosophischen Thesen transportieren sollten.
Stücke: ›Die Revolte in Asturien‹ (1936); ›Caligula‹ (1944); ›Das Mißverständnis‹ (1944); ›Der Belagerungszustand‹ (1948); ›Die Gerechten‹ (1949).
Literatur: H. R. Lottman: Camus. Eine Biographie. Hamburg 1986.

Canaris, Volker, geb. 22. 5. 1942 in Königsberg. Dramaturg, Kritiker und Intendant. Studium der Germanistik, Geschichte und der Vergleichenden Literaturwissenschaft in München, Berlin und Bonn, 1970 Promotion. 1969–1970 Theaterlektor im Suhrkamp Verlag in Frankfurt a. M.; 1970 bis 1979 Dramaturg in der Abteilung Fernsehspiel beim WDR in Köln; 1979 bis 1985 Schauspieldirektor und Stellvertreter des Intendanten am Schauspielhaus Köln (unter Jürgen Flimm); seit August 1986 Generalintendant des Düsseldorfer Schauspielhauses (Vertrag bis 1996). Seit 1966 Theaterkritiker (für ›Theater heute‹, ›Der Spiegel‹ und ›Die Zeit‹). Canaris, der nicht inszeniert, der »Altlinke« (E.-E. Fischer, ›SZ‹, 4. 9. 1993), formulierte sein Theaterverständnis bei seinem Düsseldorfer Antritt (›SZ‹, 6. 8. 1986): »Das Theater bietet eine Chance, die durch die Tendenzen der Gesellschaft drumherum immer einmaliger wird, denn diese Tendenzen gehen ganz eindeutig zur immer stärkeren Formulierung, zum Einengen von Freiheitsräumen. Das Fernsehprogramm wird immer ausgewogener, das ist vielleicht nicht unfrei, es ist aber ohne Ecken und Kanten, ohne Radikalität formuliert und gemacht. Und im Theater haben wir noch die Chance, uns – ich will nicht sagen ›oppositionell‹, wie Claus Peymann das gerne tut –, aber unangepaßt künstlerisch zu artikulieren.«
Literatur: V. Canaris: Anouilh. Hannover 1968; ders.: Peter Zadek. Der Theatermann und Filmemacher. München 1979; ders. (Hrsg.): Theaterstadt Köln. Köln 1986; H. Riemenschneider: Theatergeschichte der Stadt Düsseldorf. Bd. II. Düsseldorf 1987.

Canetti, Elias, geb. 25. 7. 1905 in Rustschuk (Bulgarien), gest. 14. 8. 1994 in Zürich. Schriftsteller. Stammte aus einer spanisch-jüdischen Kaufmannsfamilie. Canetti kam 1913 nach Wien, besuchte die Schule in Zürich von 1916 bis 1921; danach ging er nach Frankfurt und studierte von 1924 bis 1929 Naturwissenschaften in Wien. 1938 Emigration über Paris nach London. 1981 erhielt den Nobelpreis für Literatur. Er lebte in Zürich. Der Roman ›Die Blendung‹ (1931) gilt als sein Hauptwerk. Neben seinem Prosawerk und den Essays schrieb Canetti drei Dramen, in denen es ihm mehr um das Verfolgen eines Grundeinfalls ging, als um die Schilderung von Charakteren: In ›Hochzeit‹ (1932) geht ein Bürgerhaus in einer Orgie der Selbstzerstörung und Entlarvung zugrunde; in ›Komödie der Eitelkeit‹ (1934) verbietet der Staat bei Todesstrafe die Eigenliebe, und damit Spiegel, Photos und andere Formen der Selbstdarstellung; in ›Die Befristeten‹ (1956) zeigt Canetti eine Welt, in der alle Menschen ihr genaues Todesdatum kennen, bis auf einen, der seine Freiheit zum Unwissen einfordert.

Caninenberg

Caninenberg, Hans, geb. 15. 1. 1917 in Duisburg. Schauspieler. Ausbildung an der Folkwangschule in Essen. Erstes Engagement am Stadttheater Gießen. Weitere Stationen: Wuppertaler Bühnen (bis 1948, auch als Spielleiter), Württembergisches Staatstheater Stuttgart (1948–1953). Danach als Gast an mehreren Bühnen. Vor allem aber Arbeiten für den Film. Wichtige Rollen u. a.: Robespierre in Büchners ›Dantons Tod‹ (1970, Düsseldorfer Schauspielhaus, R. Karl Heinz Stroux); Wrangel in Schillers ›Wallenstein‹ (1972, Bayerisches Staatsschauspiel, R. Walter Felsenstein); Wehrhahn in Hauptmanns ›Biberpelz‹ (1974, Deutsches Theater München, R. Stroux). 1989 publizierte Caninenberg seinen autobiographischen Roman ›Mein unvergessener Traum‹. Populär wurde der Charakterdarsteller Caninenberg durch viele Fernsehfilme.

Canonica, Sibylle, geb. 1957 in Bern. Schauspielerin. Schauspielausbildung an der Folkwangschule Essen. 1980 Debüt am Oldenburgischen Staatstheater. Weitere Stationen: Württembergisches Staatstheater Stuttgart (1981/82), Düsseldorfer Schauspielhaus, Bregenzer Festspiele, Salzburger Festspiele (bis 1984). Wichtige Rollen in dieser Zeit: die Putzi in Edward Albees ›Wer hat Angst vor Virginia Woolf?‹ (1983, Stuttgart, R. Thomas Schulte-Michels); Nina in Tschechows ›Die Möwe‹ (1983, Stuttgart, R. Günter Krämer); Bolette in Ibsens ›Die Frau vom Meer‹ (1984, Bregenz, R. Schulte-Michels); Dona Proëza in Claudels ›Der seidene Schuh‹ (1984, Salzburg, R. Hans Lietzaus). Seit 1984 gehört Sibylle Canonica zum Ensemble der Münchner Kammerspiele, wo sie u. a. in Kleists ›Der zerbrochene Krug‹ die Eve spielte (Premiere bei den Salzburger Festspielen, 1986) und in Shakespeares ›Troilus und Cressida‹ (1986, R. jeweils Dieter Dorn) zu sehen war. Über ihre Kleist-Interpretation schrieb Joachim Kaiser in der ›Süddeutschen Zeitung‹ (16. 10. 1986): »Sibylle Canonica als beklemmend verbiesterte Eve war eine wunderbare Anwältin für das sonst so oft unterschlagene Ende. Sie formte die Mischung aus Kraft und dumpfer Verwirrung beeindruckend, mit oft grellen Bewegungen aus.« Weitere wichtige Rollen: Arikia in Racines ›Phädra‹ (1987, R. Alexander Lang); Marie in Brechts ›Im Dickicht der Städte‹ (1988, R. Hans-Joachim Ruckhäberle); Lena in Botho Strauß' ›Besucher‹ (UA 1988, R. Dorn); Königin in Grillparzers ›Die Jüdin von Toledo‹ (1990, Salzburger Festspiele, R. Thomas Langhoff); Grete in Ernst Barlachs ›Der blaue Boll‹ (1991, R. Lietzau); Titelrolle in Goethes ›Stella‹ (1991, R. Langhoff). 1990 spielte sie in Helmut Griems Inszenierung von Synges ›Der Held der westlichen Welt‹ die Pegeen; dabei glitt ihre Kunst beängstigend in den Manierismus. C. Bernd Sucher schrieb darüber (›SZ‹, 19. 3. 1990): »Sibylle Canonica gibt ein Remake ihrer Kleistschen Eve, spielt nur noch ein bißchen aufgekratzter, lauter, und artikuliert leider auch unverständlich. Was früher, in Stuttgart bei Thomas Schulte-Michels, bewußt gesetzte Zeichen waren – nämlich die Eckigkeit ihrer Bewegungen, die marionettenhafte Kälte, die Distanz zu ihren Figuren –, wird allmählich zur Manie(r). Ebenso wie das gegen den Sprechrhythmus herausgepreßte, forcierte, immer etwas atemlose Stakkato.«
Literatur: C. B. Sucher: Theaterzauberer. Schauspieler. 40 Porträts. München, Zürich 1988.

Čapek, Karel, geb. 9. 1. 1890 in Kleinschwadonitz (Böhmen), gest. 25. 12. 1938 in Prag. Tschechischer Schriftsteller. Sohn einer Arztfamilie. Čapek studierte in Berlin und Paris Philosophie und wurde 1925 promoviert. Danach war er Journalist und von 1921 bis 1923 Dramaturg am Prager Stadttheater. Čapek beschäftigte sich schon früh mit utopischen Stoffen, in denen er auf die Gefahr der Technisierung und auf die Entwicklung des Totalitarismus hinwies. Neben zahlreichen Romanen und Erzählungen schrieb er acht Theaterstücke, von denen ›R.U.R.‹ (1921) und ›Die weiße Krankheit‹ (1937) international bekannt geworden sind. »Die ›schwindelerregenden Möglichkeiten der modernen materiellen und geistigen Kräfte‹ betrachtete Čapek von Anfang an mit Skepsis. Er befürchtete, der Mensch könnte zum Anhängsel der

Maschinen degradiert und seiner Individualität beraubt werden. Und er sah die Gefahr, daß sich die Mächtigen des Erfindergeistes bedienen würden, um eine perfekte Diktatur aufzubauen und Eroberungskriege ungeahnten Ausmaßes zu führen. (...) Karel Čapeks Bedeutung liegt auf so vielen Feldern wie seine Begabung, die er mit einer unglaublichen Produktivität in Werke umsetzte. Ihnen allen eignet ein Geheimnis: die philosophische Wahrheitssuche, die er zu Literatur zu machen wußte. Nicht in Form von Denkspielen oder Sentenzen, obwohl er auch mit denen glänzte, sondern mit einer stets ins Grundsätzliche reichenden intellektuellen Positionsbestimmung. Dafür schuf er sich neue epische Strukturen, neue literarische Formen. Ihnen war eines gemeinsam: Sie mußten der ursprünglichen Lust am Erzählen dienen.« (Eckhard Thiele, ›Neues Deutschland‹, 10. 1. 1990).

Weitere Stücke: ›Die Sache Makropoulos‹ (1922; 1925 auch als Oper von Janáček); ›Aus dem Leben der Insekten‹ (1922); ›Die Mutter‹ (1938).
Literatur: W. E. Harkins: Karel Čapek. New York 1962.

Caragiale, Ion Luca, geb. 30. 1. 1852 in Haimanalele Prahova, gest. 9. 6. 1912 in Berlin. Rumänischer Dramatiker und Erzähler. Stammte aus einer Schauspielerfamilie. Caragiale verließ vorzeitig das Gymnasium und arbeitete als Souffleur, Journalist, Privatlehrer und kurze Zeit als Schulinspektor. 1888/89 leitete er das Bukarester Nationaltheater, danach war er Gastwirt des Bahnhofrestaurants in Bukarest. Anhänger verschiedener politischer Parteien; 1904 ging er freiwillig ins Exil nach Berlin. Seine satirischen Komödien verspotteten das politische Leben seiner Zeit. Der Verwaltungsapparat wurde ebenso karikiert wie das Erziehungssystem und die Scheinheiligkeit der Bukarester Bourgeoisie. Caragiale hatte großen Einfluß auf das Werk Ionescos.
Stücke: ›Stürmische Nacht‹ (1879); ›Herr Leonida und die Reaktion‹ (1880); ›Der verlorene Brief‹ (1884).
Literatur: E. D. Tappe: I. L. Caragiale. New York 1974; S. Minea: Das Drama des Alltags bei Caragiale und Ionesco. Diss. Wien 1977.

Carrière, Mathieu, geb. 2. 8. 1950 in Hannover. Schauspieler. 1965 erhielt er die Titelrolle in Schlöndorffs Film ›Der junge Törless‹. Danach Studium der Philosophie in Paris, Vincennes und St. Denis bei Deleuze, Lyotard und Foucault. 1974 erster Auftritt am Alkazar in Paris mit Travestie-Nummer. Seit 1975 am Théâtre National de Paris, dort 1975 Titelrolle in ›Portrait des Dorian Gray‹, nach Wilde; 1981 als Gast bei den Salzburger Festspielen als St. Just in Rudolf Noeltes Inszenierung von Büchners ›Danton‹. Im selben Jahr erschien sein vielbeachteter Essay ›Für eine Literatur des Krieges, Kleist‹. Berühmt wurde Carrière als Filmschauspieler u. a. in: ›Don Juan 73‹ (1973, R. Roger Vadim); ›India Song‹ (1975, R. Marguerite Duras); ›Der Fangschuß‹ (1976, R. Volker Schlöndorff); ›Wege in die Nacht‹ (1978, R. Krysztof Zanussi); Titelrolle in ›Egon Schiele – Exzesse‹ (1979, R. Herbert Vesely); ›Die Frau des Fliegers‹ (1980, R. Eric Rohmer); ›Die flambierte Frau‹ (1983, R. Robert von Ackeren); ›Rosamunde‹ (1990, R. Egon Günther); ›Malina‹ (1991, R. Werner Schroeter). 1986 gab Carrière sein Debüt als Opernregisseur: Verdis ›Rigoletto‹ in Spoleto; 1989 Debüt als Filmregisseur: ›Zugzwang‹.

Carstens, Lina, geb. 6. 12. 1892 in Wiesbaden, gest. 22. 9. 1978. Schauspielerin. Debütierte in Leipzig 1915 und blieb dort mit Unterbrechungen (Gastspiel am Deutschen Schauspielhaus Hamburg, an der Volksbühne Berlin und an Münchner Bühnen) bis 1942. Weitere Engagements: 1945–1949 Neues Theater Stuttgart, von 1949 an am Bayerischen Staatsschauspiel München. Wichtige Rollen u. a.: Frau Henschel (1940) und Frau Wermelkirch (1952) in Gerhart Hauptmanns ›Fuhrmann Henschel‹; Marthe in Goethes ›Faust‹ (1956, R. Fritz Kortner); Wirtin in Ardens ›Sergeant Musgrave‹ (DE 1962, R. A. Spalinger). Arbeitete auch für den Film, u. a. in ›Lina Braake‹ (R. Brustellin/ Sinkel).

Carstensen

Carstensen, Margit, geb. 29. 2. 1940 in Kiel. Schauspielerin. Ausbildung an der Hochschule für Musik in Hamburg. Anfängerjahre am Deutschen Schauspielhaus Hamburg. 1968 bis 1973 Theater in Bremen (unter Kurt Hübner). Beginn der Zusammenarbeit mit Rainer Werner Fassbinder im Theater: ›Das Kaffeehaus‹ (1969); ›Pre-Paradise sorry now‹, ›Das brennende Dorf‹ (1970); ›Das Blut am Hals der Katze‹ (1971); ›Die bitteren Tränen der Petra von Kant‹, ›Bremer Freiheit‹ (1973). Film- und Fernseharbeiten u. a.: ›Die bitteren Tränen der Petra von Kant‹, ›Bremer Freiheit‹ (1972); ›Nora Helmer‹, ›Martha‹ (1973); ›Angst vor der Angst‹ (1975); ›Satansbraten‹, ›Chinesisches Roulette‹ (1976); ›Die dritte Generation‹ (1978). 1974/75 gemeinsame Theaterarbeit mit Fassbinder am Theater am Turm in Frankfurt a. M.; 1977 am Deutschen Schauspielhaus Hamburg: in Fassbinders ›Frauen in New York‹; 1977 bis 1980 Engagement an den Staatlichen Schauspielbühnen Berlin; 1981 bis 1985 Württembergisches Staatstheater Stuttgart. 1985–1988 am Theater Essen (enge Zusammenarbeit mit Hansgünther Heyme und dem Bühnenbildner Wolf Münzner); in dieser Zeit spielte Margit Carstensen u. a. in Schillers ›Demetrius‹ (1982), Jochen Bergs ›Klytaimnestra‹ (1983), Aischylos' ›Die Perser‹ (1983), Schillers ›Die Braut von Messina‹ (1984), Aischylos' ›Orestie‹ (1988, R. jeweils Heyme). 1984 gastierte sie an den Münchner Kammerspielen in Thomas Langhoffs Inszenierung von Lessings ›Emilia Galotti‹ und als Ophelia/Horatio/Hamlets Mutter in Wolf Münzners und Wolf-Siegfried Wagners Inszenierung von Heiner Müllers ›Hamlet-Maschine‹. Danach als Gast vor allem am Bayerischen Staatsschauspiel. Wichtige Rollen: die Alice in Strindbergs ›Totentanz‹ (1989, R. Arie Zinger) und die Gertrud in Shakespeares ›Hamlet‹ (1985, R. B. K. Tragelehn). Hierzu schrieb Joachim Kaiser in der ›Süddeutschen Zeitung‹ (24. 12. 1985): »Zur aufregendsten Figur wurde die Königin: Margit Carstensen als strahlend verliebte, ziemlich junge Schlampe, die immerfort auf ein fast zwanghaft glückliches Lächeln umschaltet, wenn Schatten des Ernstes ihre Seele berühren.« Seit 1992 Zusammenarbeit mit dem Regisseur Leander Haußmann am Bayerischen Staatsschauspiel München: Frau Alving in Ibsens ›Gespenster‹ (1992); Amme in Shakespeares ›Romeo und Julia‹ (1992); Kreon in Sophokles' ›Antigone‹ (1993, Premiere bei den Salzburger Festspielen); Gratia in Wolfgang Maria Bauers ›In den Augen eines Fremden‹ (UA 1994).

Literatur: G. Erken: Hansgünther Heyme. Regie im Theater. Frankfurt a. M. 1989.

Carstensen, Uwe B., geb. 24. 4. 1955 in Mülhausen. Dramaturg, Regisseur, Lektor. Studium der Germanistik, Anglistik, Romanistik und Kunstgeschichte in Mainz, Aix-en-Provence und Hamburg. Von 1979 an Regieassistenzen am Staatstheater Stuttgart und am Thalia Theater Hamburg; 1983 Dramaturg am Bayerischen Staatsschauspiel (bis 1990). In dieser Zeit auch zwei Inszenierungen: Thomas Manns ›Fülle des Wohllauts‹ (1986, mit Martin Benrath), Gundi Ellerts ›Elena und Robert‹ (UA 1989, mit Joana Maria Gorvin). Seit 1990 ist Carstensen Leiter der Abteilung Theater, Film, Fernsehen im S. Fischer Verlag in Frankfurt a. Main.

Literatur: U. B. Carstensen: Klaus Michael Grüber. Regie im Theater. Frankfurt a. M. 1988.

Casarès, Maria, geb. 21. 11. 1922 in La Coruña. Schauspielerin. Bevor sie 1952 (bis 1954) an die Comédie Française kam, wurde Maria Casarès in Frankreich bekannt als Darstellerin in den frühen Stücken der Existentialisten, u. a. als Marthe in Camus' ›Le Malentendu‹ (UA 1943); als Jeanne in Anouilhs ›Roméo et Jeannette‹ (UA 1946); als Victoria in Camus' ›L'État de siège‹ (UA 1947); als Hilda in Sartres ›Le Diable et le Bon Dieu‹ (1951). Von 1954 an spielte sie am Théâtre National Populaire, in den sechziger Jahren an Barraults Théâtre de France und in den achtziger Jahren als Gast in Patrice Chéreaus Théâtre des Amandiers in Nanterre (1983 Mutter in Jean Genets ›Les paravents‹). Mit Chéreau hatte sie schon zuvor gearbeitet: die Ase in seiner Inszenierung von Ibsens ›Peer Gynt‹ (1981, Théâtre National

Populaire von Villeurbanne). Immer wieder sah man sie in den großen Inszenierungen des Festival d'Avignon; so 1991 in Jorge Lavellis Inszenierung von Ramon del Valle-Inclans ›Comédies barbares‹. Seit 1988 hat sich Maria Casarès an Bernard Sobels Théâtre de Gennevilliers gebunden; dort spielte sie 1988 die Titelrolle in Euripides' ›Hekuba‹; C. Bernd Sucher schrieb in der ›Süddeutschen Zeitung‹ (22. 3. 1988): »›Es war einmal eine Königin‹ überschrieb der Kritiker von ›Le Monde‹ seine Besprechung. Er meinte die euripeische Hekuba, aber in seiner Rezension machte er einer anderen Königin Elogen: Maria Casarès. In Bernard Sobels sehr schlichter, ruhiger, nur auf das Wort vertrauender Aufführung spielt die inzwischen legendäre Schauspielerin die Titelrolle. Was heißt: sie spielt? Sie erfühlt diese Figur und erfüllt sie mit Leben. Selten habe ich eine Schauspielerin erlebt, die sich (in dieser Rolle) so sehr dem verinnerlichten Schmerz hingegeben hat, daß man versucht ist, in den Disput, den Hekuba mit Agamemnon und den anderen führt, einzugreifen. (. . .) Die Casarès hat nicht nur den Schmerz für diese alte Frau, sondern auch Witz, Schalk, Ironie. Und sie ist eine große Verführerin. (. . .) Eine brillante Körperschauspielerin mit einem Stimmregister von ungewöhnlichem Umfang: Sie kann das Leid der Hekuba herauspressen mit kleinem, engem Sopran, kann Verachtung ausspucken mit tenoralem Geifer, und die Mittellage – ein Alt – vermag sie in viele Farben zu tauchen: kann gurren wie ein Kind und greinen wie eine Greisin.« Maria Casarès hat auch in vielen Filmen mitgespielt, u. a. in M. Carnés ›Les enfants du paradis‹ (1943), ›Les Dames du Bois de Boulogne‹ (1945, R. Robert Bresson), ›Orphée‹ und ›Le Testament d'Orphée‹ (1950 und 1960, R. jeweils Jean Cocteau).
Literatur: M. Casarès: Résidente privilégiée. Paris 1980.

Casona, Alejandro, geb. 23. 3. 1903 in Besullo, Asturien, gest. 17. 9. 1965 in Madrid. Spanischer Dramatiker. Casona studierte Philosophie und Literatur in Oviedo und Murcia. 1928 war er Landschullehrer in den Pyrenäen, gründete ein Kindertheater und leitete von 1931 an eine bedeutende Wanderbühne. 1937 ging er ins Exil nach Argentinien und war von 1939 an Dramaturg in Buenos Aires. 1962 kehrte er nach Spanien zurück. Casona gilt als einer der bedeutendsten Dramatiker Spaniens, der zusammen mit Garcia Lorca das zeitgenössische spanische Theater erneuerte. Seine Stücke wurden in den späten vierziger und Anfang der fünfziger Jahre in Deutschland gespielt.
Stücke: ›Die gestrandete Sirene‹ (1934); ›Unsere Natascha‹ (1936); ›Es ist verboten, sich im Frühling zu töten‹ (1938); ›Bäume sterben aufrecht‹ (1949); ›Der Schlüssel zur Bodenkammer‹ (1951).
Literatur: E. Schmidkonz: Die Dramen A. Casonas und die spanische Kritik der sechziger Jahre. Diss. München 1977.

Caspar, Horst, geb. 21. 1. 1913 in Radegast, gest. 27. 12. 1952 in Berlin. Schauspieler. Studium bei Lucie Höflich. Debüt 1933 am Bochumer Schauspielhaus, wo Saladin Schmitt ihn förderte. 1934 spielte er in der Schiller-Woche des Theaters den Karl Moor in ›Die Räuber‹, den Ferdinand in ›Kabale und Liebe‹, den Max in ›Wallenstein‹ und den Don Cesar in ›Die Braut von Messina‹. Diese Darstellungen begründeten seinen Ruf als idealer Schiller-Jüngling. 1938–1940 Engagement an den Münchner Kammerspielen, wo er 1939 die Titelrolle in Kleists ›Prinz Friedrich von Homburg‹ spielte und den Hamlet. 1940 gastierte Caspar an Heinrich Georges Schiller-Theater, wo er in Jürgen Fehlings Inszenierung von Kleists ›Prinz Friedrich von Homburg‹ (nochmals) die Titelrolle spielte. Dazu Florian Kienzl im Berliner ›12-Uhr-Blatt‹ (8. 2. 1940): »Der Prinz von Homburg ist Horst Caspar aus München. Ein Darsteller, der gewiß zu den schönsten Erwartungen berechtigt. Ein edel geschnittenes Gesicht mit ungewöhnlicher Ausdrucksfähigkeit, ein strahlendes Temperament. Unter der Zucht Fehlings ist er noch nicht ganz frei im Sprachlichen. Aber es gibt Szenen, wie die erste Liebesszene mit Natalie, die ich noch nie mit solcher Innigkeit gefüllt sah.« Ebenfalls 1940 spielte Caspar am selben Haus den Jacob Doorn in Max Halbes ›Der Strom‹ (R. Fehling). In

Cassavetes

den folgenden Jahren arbeitete er an verschiedenen Bühnen in München, Berlin, Wien, trat auch bei den Salzburger Festspielen auf: Leander in Grillparzers ›Des Meeres und der Liebe Wellen‹ (1948). 1949–1952 Engagement am Düsseldorfer Schauspielhaus bei Gustaf Gründgens: 1949 Tasso und Faust. In den fünfziger Jahren spielte Caspar unter Fritz Kortner den Posa in Schillers ›Don Carlos‹ (1950, Hebbel-Theater Berlin) und den Tellheim in Lessings ›Minna von Barnhelm‹ (1951, Münchner Kammerspiele). 1951 inszenierte Hans Schweikart mit Caspar in der Titelrolle Büchners ›Dantons Tod (Münchner Kammerspiele, danach Berlin). **Literatur:** H. Ihering: Von Josef Kainz bis Paula Wessely. Heidelberg, Berlin, Leipzig 1942; S. Melchinger/R. Clausen: Schauspieler. 36 Porträts. Velber 1965; K. L. Vortisch: Horst Caspar. Ein Schauspieler im Wandel seiner Epoche. Diss. Berlin 1965.

Cassavetes, John, geb. 9. 12. 1929 in New York, gest. 3. 2. 1989 in Los Angeles. Amerikanischer Filmemacher, Schauspieler und Dramatiker. Sohn griechischer Emigranten. Cassavetes besuchte die Schauspielschule in New York und war danach von 1950 bis 1952 Schauspieler in Providence. Seit Mitte der fünfziger Jahre arbeitete er für Film und Fernsehen und war 1959/60 Schauspiellehrer in New York. Von 1962 an machte er eigene Filme: als Drehbuchautor, Regisseur und Schauspieler, darunter: ›Husbands‹ (1970), ›Minnie and Moskowitz‹ (1971), ›A Woman under the Influence‹ (1974), und ›Gloria‹ (1980). 1981 gründete Cassavetes das Center Theatre in Hollywood, für das er drei Theaterstücke schrieb. Zwei seiner Drehbücher richtete er für die Bühne ein: ›Love Stream‹ und ›The Third Day Comes‹. **Weitere Stücke:** ›The East West Game‹ (1981); ›Knives‹ (1981); ›A Woman of Mystery‹ (1987).

Castorf, Frank, geb. 17. 7. 1951 in Berlin (DDR). Regisseur und Intendant. Studium der Theaterwissenschaft an der Ostberliner Humboldt-Universität; 1976–1979 Dramaturg in Senftenberg; Inszenierung von Brecht-Einaktern. 1979–1981 Regiearbeiten in Brandenburg, u.a. Karl Grünbergs ›Golden fließt der Stahl‹ und Stanislaw Lems ›Die Forschungsreise des Professor Tarantoga‹. Von 1981 bis 1985 arbeitete er mit einer festen Gruppe von Schauspielern und dem Bühnenbildner Hartmut Meyer am Theater in Anklam: Shakespeares ›Othello‹; Heiner Müllers ›Der Auftrag‹ und ›Die Schlacht‹ (eingeladen zum Holland-Festival); Ibsens ›Nora‹; Brechts ›Trommeln in der Nacht‹ (in einer verbotenen Fassung). Es folgten Regiearbeiten an verschiedenen DDR-Bühnen: Goethes ›Clavigo‹ (1986, Gera); Heiner Müllers ›Der Bau‹ (1986, Karl-Marx-Stadt) und ›Wolokolamsker Chaussee I-III‹ (1988, Frankfurt a.d. Oder); García Lorcas ›Bernarda Albas Haus‹ (1986/87, Halle); Ibsens ›Ein Volksfeind‹ (1988, Karl-Marx-Stadt). 1988 debütierte er an der Ostberliner Volksbühne mit einer gefeierten Inszenierung von Paul Zechs ›Das trunkene Schiff‹ (mit Henry Hübchen und Axel Wandtke). Am Deutschen Theater Berlin folgte ›Paris, Paris‹ nach Bulgakows ›Sojkas Wohnung‹. Nach der politischen Wende 1989 erste West-Inszenierungen: ›Hamlet‹ (nach Shakespeare, Köln); ›Aias von und nach Sophokles‹ (Basel, Gastspiel beim Holland-Festival). Avancierte schnell zum Shooting-Star mit dem Ruf eines »Extrem-Regisseurs und Klassiker-Schrecks« (Friedrich Luft). Destruktiver Umgang mit Texten und Geschichten; häufig Repetitions- und Performance- oder Comic-strip-Elemente; ein »Theater der fast permanenten Exaltation, des hemmungsfreien Radikalauers und der nervensägenden Schauspieler-Improvisation« (Wolfgang Höbel). Umstrittene Klassiker-Inszenierungen am Bayerischen Staatsschauspiel München: Lessings ›Miss Sara Sampson‹ (1989, Einladung zum Berliner Theatertreffen), Goethes ›Torquato Tasso‹ (1991); am Deutschen Schauspielhaus Hamburg: Goethes ›Stella‹ (1990). Von (bzw. frei nach) Schiller inszenierte er ›Die Räuber‹ (1990, Volksbühne Berlin) und ›Wilhelm Tell‹ (1991, Basel). 1990 wurde er Hausregisseur am Deutschen Theater Berlin; inszenierte dort Ibsens ›John Gab-

Castorf

riel Borkman‹ (1990/91) und Trolles ›Hermes in der Stadt‹ (UA 1992). Seit der Spielzeit 1992/93 ist er Intendant der Volksbühne am Rosa-Luxemburg-Platz Berlin; Zusammenarbeit mit dem Dramaturgen Matthias Lilienthal, den Bühnenbildnern Hartmut Meyer und Bert Neumann, den Regisseuren Christoph Marthaler, Andreas Kriegenburg und Christoph Schlingensief. Holte Johann Kresnik und dessen Tanzcompagnie an sein Haus. Zahlreiche eigene Inszenierungen: Shakespeares ›König Lear‹ (1992, Einladung zum Berliner Theatertreffen); Bronnens ›Rheinische Rebellen‹ (1992, mit Hübchen; ausgezeichnet mit dem neugestifteten Friedrich-Luft-Preis); Jochen Bergs ›Fremde in der Nacht‹ (1992); Burgess' ›Clockwork Orange‹ (1993, mit Herbert Fritsch und Silvia Rieger); Ibsens ›Die Frau vom Meer‹ (1993); Carl Laufs/Wilhelm Jacobys ›Pension Schöller‹ und Heiner Müllers ›Die Schlacht‹ (1994, Doppelprojekt, mit Hübchen); Gastinszenierungen: Euripides' ›Alkestis‹ (1993, Wiener Festwochen); Becketts ›Katastrophe‹ (1993, Basel). In der ›Theater heute‹-Kritikerumfrage wurde die Volksbühne zum Theater des Jahres 1993 gewählt; dazu Peter von Becker: »Gewiß nicht das beste, bestimmt aber das bemerkenswerteste Schauspielhaus weit und breit. Denn kein Theateranfang geriet furioser, spielwütiger, vielfältig erregender und verwirrender als die erste Saison des Intendanten Frank Castorf (...). Hier gab es nicht nur Theater, sondern Nacht-Rock, Diskussionen (...), Szene-Treffs, Gastspiele, Konzerte und Filme (...). Soviel Umtrieb (zu Eintrittspreisen ab 5 Mark) zog vor allem die studentischen oder arbeitslosen Kids aus Berlin Mitte und vom Prenzlberg an; gepocht wird auf eine ostdeutsche Spezialidentität, unscharf zwar, jedoch von keiner Nostalgie oder Larmoyanz wie andernorts getrübt. Eher waren aggressiver Spott und Ironie, auch Selbstverspottung die Sache der Theaterfirma Cas & Co. Beherrscht wird die Volksbühne als Erfolgsbühne dabei von ihrem Totalmator: F.C. wuchtete zwischen Oktober '92 und Mai 1993 fünf eigene Inszenierungen auf die Bretter (...). Wie immer verwandelte sich der Regisseur die angekündigten Stücke nur sehr frei an und schuf, ob zum Thema zerfallende Reiche (von Herrn Lear oder Herrn Honecker) oder gewaltig zerfetzte Jugendträume (›Clockwork Orange‹), jedesmal so etwas wie ein eklektisches Performance-Potpourri aus Stückfragmenten, Kalauern, Kommentaren, Verfremdungen. Dabei wirkt der Autor Castorf freilich schwächer als der szenische Animateur gleichen Namens. Der Gewinn: Ein Theater wird wieder zum Forum einer Gesellschaft, man fühlt an der Volksbühne allerhand Pulse der Zeit. Der Zweifel: Ob Theater als Arena für soviel aktionistischen Freistil auf Dauer mehr bedeutet als eine Mischung aus großem Kumpelkasten, kleiner Cliquenwirtschaft und dröhnender Freizeitindustrie.« (›Theater heute‹, Jahrbuch 1993) Castorf, der bis jetzt dreimal zum Berliner Theatertreffen eingeladen worden ist, über sein Verhältnis zu Theater und Werktreue: »Ich komme aus einer ganz anderen Zeit, aus dem Fußball, dem Rock 'n' Roll, aus dem rausgebrüllten Unmut, aus der Neurose. Da sind die Kategorien zerbrochen. Ich glaube nicht an einen ästhetischen Rettungsversuch über Werktreue, über Selbstbescheidung, über das tiefe Hineinhorchen in ein Kunstwerk, an diese Art der Intensität aus dem poetischen Detail. Ähnlich wie die Dadaisten in den 20er Jahren versuche ich auf dem zynischen Höhepunkt der Zeit zu bleiben. Ich muß meine Verletzbarkeiten und Schwächen kennen, muß wissen, wie die Kampfverhältnisse in dieser Welt sind. (...) Mich interessieren die seelischen Verwerfungen mehr als das originäre Kunstwerk. (...) Für mich geht es jedenfalls darum, daß der Zuschauer sich wieder positioniert. Durch Ja oder Nein. Und nicht Theater damit verwechselt, daß er meint, Theater muß prinzipiell langweilig sein.« (›Theater heute‹, Jahrbuch 1993)

Literatur: S. Wilzopolski: Theater des Augenblicks. Die Theaterarbeit Frank Castorfs. Eine Dokumentation. Berlin 1992; F. Castorf: ›Ich komme aus dem Fußball, dem Rock'n Roll, dem rausgebrüllten Unmut, aus der Neurose‹. In: Theater heute, Jahrbuch 1993, S. 97 f.

Caven

Caven, Ingrid, geb. 3. 8. 1938 in Saarbrücken. Schauspielerin. Nach einer Tätigkeit als Lehrerin kam sie 1968 ohne Schauspielausbildung zu Rainer Werner Fassbinders antitheater in München, wo sie in Anouilhs ›Antigone‹ debütierte. In der Folgezeit spielte sie in den meisten Fassbinder-Filmen mit, u.a.: ›Liebe ist kälter als der Tod‹ und ›Götter der Pest‹ (1969), ›Der amerikanische Soldat‹ (1970), ›Faustrecht der Freiheit‹ (1974), ›Mutter Küsters Fahrt zum Himmel‹ (1975), ›In einem Jahr mit 13 Monden‹ (1978). Seit 1976 tritt Ingrid Caven auch als Chansonsängerin auf, 1988 in Paris mit Piaf-Chansons. Über ihren Chanson-Abend schrieb Manuel Brug (›SZ‹, 4. 7. 1992): »Was ist ihr ›Etwas‹? Es ist das Changieren zwischen den Genres, es sind die Umwege, sich einem Ziel, einem Song von Wondratschek oder Enzensberger zu nähern. Es ist ihr ordinäres Tremolo, ihr verletzliches Flüstern, ihre verhuschten Gesten, ihre plötzliche Bitterkeit.«
Literatur: I. Caven (u.a.): Frauen bei Fassbinder. Eine Diskussion. In: Frauen und Film. Heft 35, 1983.

Cerf, Karl Friedrich, geb. 27. 2. 1771 in Unterreißheim, gest. 6. 11. 1845 in Berlin. Theaterleiter. 1822 erhielt er die Konzession zur Einrichtung eines Volkstheaters in Berlin; 1824 wurde unter seiner Leitung das Königstädtische Theater eröffnet, die einzige Bühne neben dem Königlichen Schauspiel.

Césaire, Aimé, geb. 25. 6. 1913 in Basse-Pointe (Martinique). Französisch-karibischer Schriftsteller. Sohn eines Kleinbeamten. Césaire studierte in Paris von 1932 bis 1939 Literaturwissenschaft und Philosophie und schloß sich dort dem Surrealistenkreis um André Breton an. 1945 wurde er Bürgermeister von Fort-de-France und später Abgeordneter Martiniques in der französischen Nationalversammlung. Seine vier Theaterstücke befassen sich alle mit dem Kolonialismusproblem und wurden v.a. in den sechziger Jahren im deutschsprachigen Theater gespielt.
Stücke: ›Und die Hunde schwiegen‹ (1941); ›Die Tragödie von König Christoph‹ (1962); ›Im Kongo. Ein Stück über Patrice Lumumba‹ (1967); ›Ein Sturm‹ (1969).
Literatur: C. Klaffke: Kolonialismus im Drama Césaires. Diss. Berlin 1979.

Charell, Eric, geb. 9. 4. 1894, gest. 1973 in München. Tänzer, Choreograph und Theaterleiter. 1924–1931 künstlerische Leitung des Großen Schauspielhauses in Berlin; Mitautor, Regisseur und Schauspieler bei den großen Ausstattungs-Revuen und Operettenproduktionen des Hauses, u.a. ›Mikado‹, ›Im weißen Rößl‹. 1933 Emigration, 1952 Rückkehr; arbeitete danach vor allem als Filmchoreograph.
Literatur: F. P. Kothes: Die theatralische Revue in Berlin und Wien 1900–1938. Wilhelmshaven 1977.

Charms, Daniil, geb. 12. 1. 1906 in St. Petersburg, gest. 2. 2. 1942 in Leningrad (im Gefängnis umgekommen). Russischer Schriftsteller. Von 1925 bis 1930 war er Mitglied der Gruppe OBERIU (Vereinigung für reale Kunst). Die nachfuturistischen Texte Charms' wurden unterdrückt. Er veröffentlichte zum Lebensunterhalt nur Kindergeschichten, seine etwa 320 Gedichte und 250 Prosastücke blieben ungedruckt. 1931 verhaftet und nach Kursk verbannt; 1941 wurde er erneut verhaftet und ein Jahr später in Leningrad hingerichtet. 1956 wurde er rehabilitiert. Charms gehörte zu den führenden Autoren der russischen absurden Literatur.
Stück: ›Jelisaweta Bam‹ (1926).
Literatur: D. Charms: Die Kunst ist ein Schwank. Aus den Notizbüchern 1924–1940. Berlin 1992; ders.: Eto prosto Erunda. Einfach Schnickschnack. (Russisch – deutsch). München 1995.

Chase, Mary, geb. 25. 2. 1907 in West Denver, Colorado, gest. 21. 10. 1981 ebenda. Amerikanische Schriftstellerin. Tochter eines Vertreters einer Weizenmühle. Chase studierte von 1922 bis 1924 an den Universitäten in Denver und Boulder. Danach Arbeit als Journalistin. 1937 erschien ihr erstes Theaterstück ›Me Three‹, das kein großer Erfolg wurde. 1944 erlebte sie ihren internationalen Durchbruch mit der Ko-

mödie ›Mein Freund Harvey‹ (1950 auch als Film), die sowohl in New York, als auch in Europa zum Dauerrenner wurde; die deutsche Übersetzung stammt von Alfred Polgar. 1944 erhielt sie den Pulitzerpreis.
Weitere Stücke: ›The Next Half Hour‹ (1945); ›Mrs. McThing‹ (1952); ›Lolita‹ (1954); ›Midgie Purvis‹ (1961); ›Cocktails with Mimi‹ (1974).

Chéreau, Patrice, geb. 1944. Regisseur und Theaterleiter. Bereits 1964 inszenierte er am Lycée Louis le Grand Victor Hugos ›L'Intervention‹. Danach Inszenierungen in Frankreich: Lope de Vegas ›Fuente ovejuna‹ (1965); Marivaux' ›L'Héritier‹ (1967); Labiches ›L'Affaire de la rue de Lourcine‹ (1967, Théâtre de Gennevilliers); Lenz' ›Soldaten‹ (1967, Théâtre de Sartrouville). Seit 1968 Zusammenarbeit mit dem Maler und Bühnenbildner Richard Peduzzi und dem Kostümbildner Jacques Schmidt. Von 1966 bis 1969 leitete er das Théâtre de Sartrouville. Wichtige Inszenierungen u. a.: Shakespeares ›Richard II.‹ (1969, Action culturelle du Sud-Est); Pablo Nerudas ›Glanz und Tod des Joaquin Murieta‹ (1970, Piccolo Teatro di Milano); Tankred Dorsts ›Toller‹ (1970, ebenda); Wedekinds ›Lulu‹ (1971, ebenda); Marlowes ›Das Massaker von Paris‹ (1971, TNP Villeurbanne); Marivaux' ›Der Streit‹ (1973, ebenda); Offenbachs ›Hoffmanns Erzählungen‹ (1974, Pariser Oper); Edward Bonds ›Lear‹ (1975, TNP Villeurbanne). Der deutschen Öffentlichkeit wurde er bekannt durch seine Inszenierung von Wagners ›Der Ring des Nibelungen‹ (1976–1980 in Bayreuth). 1981 inszenierte er am Théâtre de Villeurbanne Ibsens ›Peer Gynt‹; hierzu Georg Hensel (›FAZ‹, 9./10. 5. 1981): »Der Marivaux-Liebhaber Patrice Chéreau ist 1944 geboren, sieben Jahre jünger als Peter Stein; sein Weg von Wagners ›Ring‹ zu Ibsens ›Peer Gynt‹ ist der Weg vom Mythos zum Menschen. In Bayreuth, 1980, übertrug er Wagners Mythos ins Kostüm, aber auch ins Fleisch und in den großbürgerlichen Geist des 19. Jahrhunderts. (. . .)Am Mythos von ›Peer Gynt‹ interessiert ihn der Mensch, der für Himmel und Hölle, für Zustimmung und Ablehnung zu lau ist: ein Mensch wie fast alle. Wenn er sich selbst findet, so findet er wie beim Zwiebelschälen innen einen Hohlraum – das Nichts. (. . .) Patrice Chéreaus ›Peer Gynt‹, 1981, ist erfüllt vom Pathos einer Sensibilität, die man die ›neue‹ genannt hat – sie ist das wieder zugelassene Gefühl, man möchte es nur nicht gern das alte nennen.« 1983 übernahm Chéreau zusammen mit Catherine Tasca das Théâtre des Amandiers in Nanterre, wo er 1983 Bernard-Marie Koltès' ›Der Kampf des Negers und der Hunde‹ inszenierte. Weitere Inszenierungen von Koltès-Texten folgten. 1988 inszenierte er beim Festival d'Avignon Shakespeares ›Hamlet‹. 1989 verließ er das Théâtre des Amandiers, um von nun an frei zu arbeiten. Erste Arbeit danach: Botho Strauß' ›Die Zeit und das Zimmer‹ (Französische EA 1991, Festival d'Automne); Mozarts ›Don Giovanni‹ (1994, Salzburger Festspiele). Chéreau machte sich als Filmregisseur einen Namen: ›Das Fleisch der Orchidee‹ (1974); ›L'homme blessé‹ (1982); ›Die Bartholomäusnacht‹ (1994).
Literatur: J.-J. Nattiez: Tétralogies. Wagner, Boulez, Chéreau. Essai sur l'infidélité. Paris 1983; N. Treatt: Chéreau. Bildband. Paris 1984; Nanterre Amandiers. Mit Beiträgen von B. Dort, P. Chéreau u. a. In: Théâtre en Europe Nr. 17, Paris 1988: Regie International: Akademie-Gespräche mit Peymann, Chéreau u. a. . . . Berlin 1988; A. Müller: Im Gespräch mit . . . Hamburg 1989; S. de Nussac (Hrsg.): Nanterre-Amandiers. Les années Chéreau 1982–1990. Paris 1990.

Chevalier, Maurice, geb. 12. 9. 1888 in Paris, gest. 1. 1. 1972. Schauspieler, Tänzer und Sänger. Trat als Chansonnier und Tänzer in allen berühmten Revuetheatern auf (1906–1914 u. a. in den Follies-Bergères Paris). 1919 Debüt in London in der Revue ›Hallo America!‹ 1929 erster Auftritt in New York in einer Ziegfeld-Revue. Danach auf allen Bühnen Europas und in New York; daneben Filmarbeit.
Literatur: M. Chevalier: Chanson meines Lebens. Bern, Stuttgart 1961; ders.: Mein

Chodowiecki

glückliches Leben. München 1972; ders.: Ma route et mes chansons. Paris 1950–54; Maurice Chevalier. 1888–1972. Réalisation: André Fildier. Paris 1980.

Chodowiecki, Daniel, geb. 16. 10. 1726 in Danzig, gest. 7. 2. 1801 in Berlin. Zeichner und Kupferstecher. Schuf mehr als 2000 Radierungen, vorwiegend Illustrationen zu Almanach-Kalendern, u. a. Illustrationen zu Lessings ›Minna von Barnhelm‹ (1770), Shakespeares ›Hamlet‹ (1779), Schillers ›Kabale und Liebe‹ (1785).
Literatur: R. Badenhausen/H. Knudsen: Der Theaterberichterstatter Daniel Chodowiecki. Berlin 1937; Daniel Chodowiecki 1726–1801. Bürgerliches Leben im 18. Jahrhundert. Diss. Frankfurt a. M. 1978.

Christie, Agatha, geb. 15. 9. 1890 in Torquay, gest. 12. 1. 1976 in Wullingford. Englische Kriminalautorin. Nach dem Wunsch der Mutter sollte sie Sängerin werden. Sie studierte in Paris Musik. Während des Ersten Weltkrieges arbeitete sie beim Roten Kreuz. Christie schrieb über 70 Kriminalromane, die sie weltweit bekannt machten. Von ihren Theaterstücken war vor allem ›The Mousetrap‹ ein großer Erfolg. Seit der Uraufführung 1952 läuft dieses Stück täglich im Ambassadors Theater in London.
Weitere Stücke: ›Black Coffee‹ (1930); ›Akhnaton‹ (1937); ›Zehn kleine Neger‹ (Dramatisierung 1943); ›The Hollow‹ (1951).

Chundela, Jaroslav, geb. 10. 12. 1936 in Brno (Tschechoslowakei). Schauspieler und Regisseur. Ausbildung am Staatlichen Konservatorium Brno (1952–1955), an der Kunsthochschule Prag und der Staatlichen Theaterschule Moskau (1955–1959). 1960–1964 Schauspieler und Regisseur am Theater Neumann in Prag; 1964–1972 Inszenierungen an verschiedenen Bühnen der Tschechoslowakei und der DDR (u. a. Brünn, Dresden, Wittenberg); 1972–1975 Schauspieldirektor am Staatstheater Aussig; 1975–1978 Schauspieldirektor am Theater am Geländer Prag, Gastinszenierungen an der Staatsoper Berlin und der Staatsoper Dresden. 1978 Übersiedlung in die Schweiz und Oberspielleiter in Gelsenkirchen; Gastinszenierungen in Essen, Nürnberg, Mannheim. Seit 1980 arbeitet Chundela ausschließlich als freier Regisseur, inszenierte u. a.: Tankred Dorsts ›Die Villa‹ (UA 1980) und ›Merlin‹ (UA 1981, jeweils Düsseldorfer Schauspielhaus); Shakespeares ›Was ihr wollt‹ (1985, Thalia Theater Hamburg); Mozarts ›Die Entführung aus dem Serail‹ (1985, Gärtnerplatztheater München). Weitere Inszenierungen u. a.: Günter Bialas' Oper ›Der gestiefelte Kater oder Wie man das Spiel spielt‹ (1987, Gärtnerplatztheater); Gerd Kührs Oper ›Stallerhof‹ (1988, Deutsches Museum München, nach Kroetz); Wagners ›Meistersinger‹ (1988, Oper Essen); Dorsts ›Korbes‹ (1988, Bayerisches Staatsschauspiel München); Shakespeares ›Romeo und Julia‹ (1991, Schauspiel Bonn); Schillers ›Wallenstein‹-Trilogie (1992, ebenda); Richard Strauss' ›Die Frau ohne Schatten‹ (Stadttheater Augsburg). In der Strauss-Inszenierung zeigte sich wieder Chundelas Stil: Er ist kein wilder Umdeuter, er nähert sich Texten und Partituren vorsichtig, als verständnisvoller Interpret, der im Schauspiel dem Wort dient, in der Oper der Musik. Helmut Mauró schrieb in der ›Süddeutschen Zeitung‹ (23. 10. 1993) über diese Aufführung: »Jaroslav Chundela hat in seiner Augsburger Inszenierung eine erstaunlich sichere Balance gefunden zwischen den grundverschiedenen Genres, die hier zusammentreffen. Und er hat darauf verzichtet, sich mit vordergründigen Ideen der Oper aufzudrängen. Er hat sie atmen lassen und schlicht bebildert.«

Churchill, Caryl, geb. 3. 9. 1938 in London. Englische Dramatikerin. Churchill studierte Anglistik in Oxford und schrieb seit 1958 Hörspiele für die BBC. 1972 ging sie als Hausautorin ans Royal Court Theatre in London. Ihren ersten internationalen Erfolg hatte sie mit dem ausschließlich von Frauen gespielten Stück ›Top Girls‹ (1982). Die Themen ihrer Stücke sind geprägt von ihrem feministischen und sozialen Engagement. Sie entstanden oft in Zusammenarbeit mit den Schauspielern, wie zum Beispiel ›Fenn‹ (1983), ein Stück über das stückweise Verschachern von blühendem Ackerland an Industriekonzerne und das Schicksal der dort lebenden Dorfbewohner. Die Theaterwirksamkeit ihrer Stücke verdanken sie einer Mischung von Boulevardelementen und solchen des Experimentaltheaters. In Deutschland wurden vor allem ›Top Girls‹ und ›Fenn‹ von mehreren Bühnen nachgespielt.

Weitere Stücke: ›Siebter Himmel‹ (1979); ›Serious Money‹ (1987); ›A Mouthful of Birds‹ (1987); ›Icecream‹ (1989).

Ciulei, Liviu, geb. 1923. Schauspieler, Regisseur, Bühnenbildner und Theaterleiter. Architektur- und Schauspielstudium in Bukarest. 1946 wurde er an das Nationaltheater Bukarest berufen; von 1963 bis 1972 Intendant und Erster Spielleiter des Bukarester Theaters Lucia Sturdza. Seit 1972 Gastregisseur u. a. an den Staatlichen Schauspielbühnen Berlin: Büchners ›Dantons Tod‹ (1966 und 1968; spielte auch die Titelrolle); an der Freien Volksbühne Berlin: Jonsons ›Volpone‹ (1970); an den Münchner Kammerspielen: Ionescos ›Macbett‹ (1972), Gorkis ›Nachtasyl‹ (1976); am Theater Essen: Tschechows ›Der Kirschgarten‹ (1975) und beim Maggio Musicale in Florenz: Debussys ›Pelléas und Mélisande‹ (1989). Seine Inszenierung von Büchners ›Dantons Tod‹ (Schiller-Theater Berlin) wurde 1968 zum Berliner Theatertreffen eingeladen.

Ciulli, Roberto, geb. 1. 4. 1934 in Mailand. Regisseur und Theaterleiter. Philosophie-Studium in Mailand und Pavia; Promotion. 1960–1962 Gründung und Leitung des Theaters Il Globo in Mailand; 1965–1973 Regisseur am Deutschen Theater Göttingen; 1972–1979 Schauspieldirektor in Köln. Wichtige Inszenierungen in dieser Zeit: Shakespeares ›Was ihr wollt‹; Pirandellos ›Sechs Personen suchen einen Autor‹; Strindbergs ›Traumspiel‹; Goldonis ›Diener zweier Herren‹; Gorkis ›Nachtasyl‹; de Filippos ›Oh, diese Gespenster‹ und ›Der große Zauber‹; Euripides' ›Der Zyklop‹ (gezeigt und ausgezeichnet auch beim 13. BITEF Festival in Belgrad); Tschechows ›Kirschgarten‹. 1974–1977 Gastregisseur an der Freien Volksbühne

und den Staatlichen Schauspielbühnen Berlin; hier inszenierte er u. a. Büchners ›Leonce und Lena‹ und Brechts ›Mann ist Mann‹. 1979–1981 Regisseur am Düsseldorfer Schauspielhaus: Heinar Kipphardts ›März ein Künstlerleben‹ (UA) und Woody Allens ›Gott‹ (DE). 1980 Gründung des Theaters an der Ruhr in Mülheim, das er seitdem mit dem Dramaturgen Helmut Schäfer und dem Bühnenbildner Gralf-Edzard Habben leitet. »Es ist das ungewöhnlichste Nicht-Stadttheater der Republik: halb Wander-Landesbühne, halb feste freie Gruppe.« (›FAZ‹, 14. 1. 1993) Wichtigste Inszenierungen dort: Wedekinds ›Lulu‹ (1981); Botho Strauß' ›Groß und klein‹ (1983); Tschechows ›Die Möwe‹ (1984); Horváths ›Kasimir und Karoline‹ (1986); Becketts ›Glückliche Tage‹ (1986); Brechts ›Dreigroschenoper‹ (1988); Bekketts ›Warten auf Godot‹ (1989); Büchners ›Leonce und Lena‹ (1990); Tschechows ›Drei Schwestern‹ (1991). Über Ciullis und Schäfers Arbeit schrieb ›Der Spiegel‹ (16. 1. 1989): »Ciulli und Schäfer, die Entzauberer und Pessimisten, mögen das ganz richtig finden: das schäbige Äußere ihrer Visionen ist womöglich der Preis der kritischen Theatervernunft.« Gastinszenierungen in Belgrad. 1990 initiierte Ciulli eine ständige Zusammenarbeit mit dem Roma-Theater Pralipe, das 1992 zusammen mit Ciulli eine Deutschland-Tournee gegen den Rassismus machte; aufgeführt wurde García Lorcas ›Bluthochzeit‹. 1993 inszenierte Ciulli in Mülheim Shakespeares ›Macbeth‹ und das Doppelprojekt ›Teatro Comico und Veracruz‹ (nach Goldoni und Euripides). Im selben Jahr beschloß er eine enge Zusammenarbeit mit dem Türkischen Staatstheater Ankara. Ciulli sucht die multikulturellen Begegnungen, er will mit dem fremden Theater Vorurteile abbauen: »Die Deutschen müssen endlich anerkennen, daß sie längst in einer umkehrbar multikulturellen Gesellschaft leben. Und welchen Gewinn das bedeutet.« (›SZ‹, 9. 10. 1993) 1988 wurde Ciullis Inszenierung von Sartres ›Tote ohne Begräbnis‹ zum Berliner Theatertreffen eingeladen.

Literatur: Die Theatervisionen des Roberto Ciulli. Bruchstücke. Essen 1991;

Cixous

E. Wolf: Das Abendland versuchen. Theater an der Ruhr. Köln 1991.

Cixous, Hélène, geb. 5. 6. 1937 in Oran (Algerien). Französische Schriftstellerin. Cixous studierte Literaturgeschichte in Algier, promovierte über James Joyce und war danach Dozentin für englische Literatur in Nanterre und Vincennes. 1977 entstand der zwischen Roman und Wissenschaft stehende Text ›Angst‹, 1985 ihr erstes Theaterstück ›Dora‹, ein Gespräch zwischen Freud und Dora. 1988 schrieb Cixous den Text zu der Aufführung von Ariane Mnouchkines ›Die schreckliche, aber unvollendete Geschichte von Norodom Sihanouk, König von Kambodscha‹, einem Stück über Kambodscha, und darüber, wie es in den zwanziger Jahren zum Spielball der Großmachtinteressen wurde. »Die Frage nach der Qualität des Textes ist dabei weniger wichtig als die nach der Übertragbarkeit der Shakespearschen Prinzipien auf die Gegenwart: Ist der Realität des zwanzigsten Jahrhunderts, in Indochina oder anderswo, beizukommen mit einer theatralischen Technik, die diffuse politische Kräfte in Figuren konzentriert und komplizierte Entscheidungsprozesse zu pointierten Dialogen verknappt oder gar in die Atempause zwischen zwei Monologsätze verlegt? Man darf es mit guten Gründen bezweifeln.« (Jochen Schmidt, ›FAZ‹, 9. 5. 1988, Kritik zur DE von ›Die schreckliche, aber unvollendete Geschichte von Norodom Sihanouk, König von Kambodscha‹ in Essen, R. Hansgünther Heyme)
Weiteres Stück: ›Die meineidige Stadt‹ (UA 1994, Théâtre du Soleil in Paris. R. Ariane Mnouchkine).
Literatur: R. Michaelis: Böses Blut. In: ›Die Zeit‹, 3. 6. 1994.

Clarin, Hans, geb. 14. 9. 1929 in Wilhelmshaven. Schauspieler. 1948–1950 Schauspielunterricht in München. 1950 Debüt an den Münchner Kammerspielen als Attalus in Grillparzers ›Weh' dem, der lügt‹. Stationen: Münchner Kammerspiele (1950–1953), Bayerisches Staatsschauspiel München (1953–1967); danach freier Schauspieler, vor allem für Film und Fernsehen. Wichtige Rollen: Titelrolle in Ralph Maria Siegels Musical ›Charley's Tante‹ (1967, Deutsches Theater München); Valerio in Büchners ›Leonce und Lena‹ (1969, Ruhrfestspiele Recklinghausen); Andres in Büchners ›Woyzeck‹. Berühmt wurde er als Pumuckl-Stimme in der Fernsehserie ›Meister Eder‹. Zu Clarins 60. Geburtstag schrieb Gerhard Stadelmaier (›FAZ‹, 14. 9. 1989): »So wie er aussieht, hätte er eigentlich ein bedeutender Schauspieler werden müssen. Eine kleine, schmale Gestalt; ein zarter Kopf; glasklare, alles durchdringende Augen; eine helle Stimme. Das wäre genug Material fürs Geistige und schwierig Schwerelose gewesen. (...) Hans Clarin hat sich dagegen in dem Terrain ganz gut eingerichtet, durch das die sicheren Erdenwege führen und auch mancher Trampelpfad. (...) Er hielt und hält sich rundum zur Verfügung. Selbst für fünf Mark ist er dabei; bei den Spots der Fernsehlotterie. Man hat ihn oft gebraucht. Zu selten hat man ihn gefordert.«

Clarin, Irene, geb. 16. 5. 1955 in München. Tochter von Hans Clarin. Schauspielerin. Ausbildung an der Neuen Münchner Schauspielschule. Erstes Engagement am Theater der Jugend in München (1977). Seit 1979 Ensemblemitglied der Münchner Kammerspiele. Wichtige Rollen: die Grekowa in Tschechows ›Platonow‹ (1981, R. Thomas Langhoff); die Rosalinde in Shakespeares ›Wie es euch gefällt‹ (1982, R. Ernst Wendt); die »Frau in Weiß« in ›Golden Windows‹ (1982, R. Bob Wilson); die Recha in Lessings ›Nathan der Weise‹ (1984, R. Fritz Marquart); Herbert in Herbert Achternbuschs ›Weg‹ (1985, R. der Autor); Léone in Bernard-Marie Koltès' ›Der Kampf des Negers und der Hunde‹ (1992, R. Armin Petras); Tochter der Gußwerksbesitzerin in Thomas Bernhards ›Am Ziel‹ (1993, R. Martin Meltke). Irene Clarin arbeitete auch für das Fernsehen und den Film, u.a. in Margarete von Trottas ›Heller Wahn‹ und in den Serien ›Die Wiesingers‹ und ›Pfarrerin Lenau‹.

Clark, Brian, geb. 3. 6. 1932 in Bournemouth. Englischer Dramatiker. Mitglied der Schriftstellergruppe Lay By um Trevor Griffiths und Howard Brenton, und der Gruppe England's Ireland. Clark ist Dozent für Dramaturgie an der Universität in Hull. Internationalen Durchbruch fand er mit dem Stück ›Wessen Leben ist es eigentlich?‹ (1978), das von einem Unfall-Gelähmten handelt, der auf seinem Recht auf seinen Tod besteht. 1982 wurde dieses Stück mit Richard Dreyfuss in der Hauptrolle verfilmt. Clark schrieb sozialengagierte Stücke um würdevolles Sterben und um die Probleme der englischen Mittelschicht.

Weitere Stücke: ›Truth or Dare‹ (1972); ›Champion's Interview‹ (1976); ›Post Mortem‹ (1978); ›Can You Hear me at the Back‹ (1979); ›Switching in the Afternoon; or, As the Screw Turns‹ (1980); ›Kipling‹ (1984); ›Offener Brief‹ (1986).

Claudel, Paul, geb. 6. 8. 1868 in Villeneuve-sur-Fère, gest. 23. 2. 1955 in Paris. Französischer Schriftsteller. Sohn eines Verwaltungsjuristen; Bruder der Bildhauerin Camille Claudel. Claudel studierte Jura und Politik. 1886 Bekehrung und Rückkehr zum Katholizismus. Er war von 1898 bis 1934 Diplomat, unter anderem in den USA, China, Japan und Brasilien. Danach lebte er zurückgezogen im Schloß von Brangues. 1947 wurde er Mitglied der Académie Française. Claudel ist ein repräsentativer Vertreter des »Renouveau catholique«, verfaßte neben Lyrik, Essays und Prosa eine große Anzahl von Dramen, von denen vor allem ›Der seidene Schuh‹ (1919–1924) bekannt wurde, ein die Gesetze des herkömmlichen Dramas sprengendes Stück, das ein Abbild des christlich inspirierten Lebens im 16. Jahrhundert darstellt. Ebenso formal ungewöhnlich war sein Libretto zu ›Das Buch von Christoph Columbus‹ (1930, Musik Darius Milhaud). »Claudel kann man nicht verstehen, man kann nur an ihn glauben, wie er an seinen hausgemachten Gott glaubt. Unbegreiflich bleibt das Handeln seiner Personen, solange man sie psychologisch zu fassen versucht. Erst wenn man sie als Instrumente Gottes betrachtet, führt ihr Handeln zu einem sinnvollen Ziel: Die Sprünge in ihrem Charakter sind Gottes Sprünge. Sie stehen mit den Füßen im Salon und ragen mit dem Kopf in den Himmel (...). Ist dies die Stunde für Claudel? (...) Claudels Botschaften wurden diskutiert: Das Licht wird aus der Finsternis geboren. Die Sünde ist Voraussetzung der Gnade. Der Mensch entscheidet nicht durch Willensfreiheit, sondern Gott entscheidet durch Gnadenwahl über den Menschen. Der religiöse Liebestod führt zur sakramentalen Entsühnung.« (Georg Hensel, Kritik zu ›Mittagswende‹, in: Spiel's noch einmal. Frankfurt a. M. 1991).

Weitere Stücke: ›Die Schlummernde‹ (1883); ›Goldhaupt‹ (1890); ›Ein früher Tod‹ (1892); · ›Mittagswende‹ (1906). ›Verkündigung‹ (1912); ›Der Tausch‹ (1914); ›Der Bürge‹ (1914); ›Johanna auf dem Scheiterhaufen‹ (1938, Musik Arthur Honegger); ›Die Geschichte von Tobias und Sara‹ (1947).

Literatur: H. Dieckmann: Die Kunstanschauung Claudels. Bonn 1931; J. L. Barrault: Portrait de Claudel. Paris 1960.

Clausen, Andrea, geb. 1. 1. 1959 in Oldenburg, Oldenburg. Schauspielerin. Ausbildung an der Folkwang-Schule in Essen (1976–1981). Erstes Engagement am Theater in Oldenburg; 1985–1986 am Thalia Theater in Hamburg; 1986–1991 am Schauspiel Bochum; 1991–1993 Ensemblemitglied des Burgtheaters Wien. Seit 1993 an der Berliner Schaubühne. Wichtige Rollen: Ann in Edward Bonds ›Sommer‹ (1987, Schaubühne); Olivia in Shakespeares ›Was ihr wollt‹ (1989, Bochumer Schauspiel); Eve in Kleists ›Der zerbrochne Krug‹ (1990, Burgtheater Wien, R. jeweils Andrea Breth); Julia in der Uraufführung von Tankred Dorsts ›Fernando Krapp hat mir diesen Brief geschrieben‹ (1992, Akademietheater Wien, R. Wilfried Minks). Über ihre Leistung schrieb Joachim Kaiser (›SZ‹, 18. 5. 1992): »Andrea Clausen als temperamentvoll und trotzig verliebte Julia kam einer Idealbesetzung zumindest nahe. Ein wenig erinnert sie an die junge Gertrud Kückelmann. Ihre Ausbrüche hatten Stil und enormen Theaterschwung. Vielleicht führt Andrea Clausen zu sicher und zu demonstrativ vor, was sie kann.«

Clemen

Clemen, Harald, geb. 23. 1. 1947. Regisseur. Studium der Theaterwissenschaft und Germanistik in München. 1967 Hospitant bei Peter Steins ›Gerettet‹-Inszenierung (Edward Bond) und Fritz Kortners Inszenierung von August Strindbergs ›Fräulein Julie‹ (beides Münchner Kammerspiele). 1967–1979 Studium im Drama-Department Bristol (Großbritannien). 1970 und 1971 Assistent und Dramaturg bei Hans Lietzau am Deutschen Schauspielhaus Hamburg, danach an den Staatlichen Schauspielbühnen Berlin. Dort eigene Inszenierungen u. a. zwischen 1972 und 1975 Gerhart Hauptmanns ›Das Friedensfest‹, Molières ›George Dandin‹, Hebbels ›Maria Magdalena‹ (Bühnenbild jeweils Johannes Schütz); von 1976 bis 1980 Dramaturg und Regisseur an den Münchner Kammerspielen. Wichtige Inszenierungen: Tankred Dorsts ›Auf dem Cimborazzo‹ (1976); O'Neills ›Fast ein Poet‹ (1977) und Tschechows ›Die Möwe‹ (1978). Von 1980 bis 1984 freier Regisseur. Arbeiten am Düsseldorfer Schauspielhaus, am Schauspiel Bochum, an den Staatlichen Schauspielbühnen Berlin, am Bayerischen Staatsschauspiel (1981 Ostrowskis ›Der Wald‹), am Volkstheater München. 1982–1984 Dozent der Theaterwissenschaft (Regieseminar) an der Universität München. 1984–1986 Oberspielleiter am Nationaltheater Mannheim. Dort u. a.: Tschechows ›Onkel Wanja‹ (1984); Schillers ›Kabale und Liebe‹ (1985). Seit 1986 wieder freier Regisseur. Inszenierungen u. a. an den Münchner Kammerspielen, am Burgtheater Wien, am Thalia Theater Hamburg, am Münchner Volkstheater (1989 Wolfgang Bauers ›Change‹), am Basler Theater (dort u. a. 1990 Tankred Dorsts ›Korbes‹, 1991 Shakespeares ›Maß für Maß‹ und 1993 Lessings ›Minna von Barnhelm‹). Über Clemens ›Korbes‹-Inszenierung schrieb Thomas Thieringer (›SZ‹, 10. 11. 1990): »Harald Clemen verkürzt Dorsts Figuren (die etwas Kroetzhaftes haben) nicht auf eindimensionale Bösewichter, gibt ihnen bei aller Schlechtigkeit etwas pfiffig Lebenslustiges und einen Rest von Sehnsucht nach einem anderen Leben und rückt dieses Passionsspiel in die Nähe von Becketts Komödien. Mit dieser schnörkellosen Inszenierung erweisen sich weit mehr als in Chundelas kunstgewerblichem Bemühen im Münchner Prinzregententheater die außerordentlichen theatralischen Qualitäten von Tankred Dorsts Drama.« 1993 arbeitete Clemen erstmals am Deutschen Theater in Berlin, inszenierte Marlene Streeruwitz' ›Elysian Park‹. Zwei Clemen-Inszenierungen wurden bisher für das Berliner Theatertreffen nominiert: 1984 Tschechows ›Onkel Wanja‹ (Nationaltheater Mannheim) und 1991 Dorsts ›Korbes‹ (Basler Theater).

Clever, Edith, geb. 13. 12. 1940 in Wuppertal. Schauspielerin und Regisseurin. Schauspielausbildung an der Otto-Falckenberg-Schule in München. Debüt am Staatstheater Kassel. 1966–1970 Engagement am Theater der Freien und Hansestadt Bremen, wo sie mit Peter Stein und Kurt Hübner zusammenarbeitete, u. a.: Luise in Schillers ›Kabale und Liebe‹ (1967, R. Stein); Frau Solveig in Ibsens ›Peer Gynt‹ (1968, R. Hübner); Leonore San Vitale in Goethes ›Torquato Tasso‹, (1969, R. Stein); Eboli in Schillers ›Don Carlos‹ (1969, R. Hübner). 1968 und 1970 Gastrollen an den Münchner Kammerspielen: Isabella in Shakespeares ›Maß für Maß‹ und am Schauspielhaus Zürich: Beatrice in Middleton/Rowleys ›Changeling‹ (R. jeweils Peter Zadek); 1971–1984 Ensemblemitglied der Berliner Schaubühne; die wichtigsten Rollen: Henny Porten in Peter Handkes ›Der Ritt über den Bodensee‹ (UA 1971, R. Claus Peymann und Wolfgang Wiens); Aase in Ibsens ›Peer Gynt‹ (1971, R. Stein); Valerie in Horváths ›Geschichten aus dem Wiener Wald‹ (R. Klaus Michael Grüber); Nelly in Botho Strauß' ›Die Hypochonder‹ (R. Wilfried Minks); dazu Reinhard Baumgart in der ›Süddeutschen Zeitung‹ (16. 3. 1973): »Edith Clever als Nelly schleift ihre Figur elegisch, in den Trance-Roben Moidele Bickels, durch immer neue, welke Damenposen. Ihre nostalgischen Allüren erinnern an Munch, an Stummfilm-Morbidezza, an Josef von Sternberg. Doch plötzlich kann die Clever dann ihren Körper um den schüchtern auf dem Sofa thronenden Vladimir aggressiv, hilfesuchend herumschwingen wie zu einer Bauchwelle am Reck.« Weitere Rollen an der Schaubühne: Agaue in Euripides' ›Die Bakchen‹ (1974, R. Grüber); Warwara in Gorkis ›Die Sommergäste‹ (1974, R. Stein); Ruth in Strauß' ›Trilogie des Wiedersehens‹ (1978, R. Stein); Lotte in Strauß' ›Groß und klein‹ (1978, R. Stein); dazu Günther Grack in ›Der Tagesspiegel‹ (10. 12. 1978):»Für ein schauspielerisches Ereignis ohnegleichen sorgt Edith Clever: als Lotte trägt sie den ganzen langen Abend, in allen zehn Szenen gefordert, mit einer physischen Kraft, mit einer intellektuellen und emotionalen Präsenz, die aufs höchste bewundernswert sind. Was alles in dieser Lotte steckt, dieser ganz alltäglichen und ganz geheimnisvollen Person, holt die Clever mit einer Wandlungsfähigkeit hervor, die auf den Höhepunkt ihrer bisherigen künstlerischen Existenz führt.« 1980 spielte die Clever im Antikenprojekt II der Schaubühne die Klytaimnestra in der ›Orestie des Aischylos‹ (R. Stein); 1982 in Luc Bondys Uraufführungs-Inszenierung von Strauß' ›Kalldewey, Farce‹ die Frau; 1982 in Shakespeares ›Hamlet‹ die Gertrud (R. Grüber) und 1984 in Tschechows ›Drei Schwestern‹ die Olga (R. Stein). Danach arbeitete sie ausschließlich mit Hans Jürgen Syberberg in dessen Theater- und Film-Inszenierungen zusammen. Zuerst 1982 in Syberbergs ›Parsifal‹-Film (Wagner); 1984 präsentierten beide beim Pariser Festival d'Automne den Monolog ›Die Nacht‹; Anna Mohals schrieb (›SZ‹, 2. 10. 1984):»Welch humorlos-finstere Bildungs-Collage! (. . .) Edith Clever ist hervorragend. Man mag es bedauern, daß sie sich auf geradezu beängstigende Weise mit der elitären Sensibilität eines Autors identifiziert, der nur noch mit den Großen von Aischylos bis Beckett verkehrt.« (›Die Nacht‹ als Film 1985.) 1987 zelebrierten Edith Clever und Syberberg – wiederum in Paris – Kleists ›Penthesilea‹ als Monolog; 1989 präsentierten die beiden in Berlin Kleists ›Die Marquise von O‹. 1992 gab Edith Clever während des Festivals ›Szene Salzburg‹ ihr Debüt als Regisseurin: Sie inszenierte Goethes ›Stella‹. Dazu Wolfgang Höbel in der ›Süddeutschen Zeitung‹ (8. 8. 1992):»Nun hat sie zum ersten Mal

dirigiert. Weil aber nicht jedem die Kunst des Gesangs gegeben ist, ist das Ergebnis nur bedingt musikalisch: Oft genug ahmen ihre Schauspieler(innen) bloß die Gesten der Dirigentin nach.« 1994 spielte sie die Cleopatra in Shakespeares ›Antonius und Cleopatra‹ (Salzburger Festspiele, R. Stein).

Literatur: P. Iden: Die Schaubühne am Halleschen Ufer 1970–1979. München 1979; Die Schaubühne am Halleschen Ufer am Lehniner Platz. 1962–1987. Frankfurt a. M. 1987. C. B. Sucher: Theaterzauberer. Schauspieler. 40 Porträts. München, Zürich 1988; H.-J. Syberberg: Kleist: Penthesilea. Berlin 1988.

Cloos, Hans Peter, geb. 1949 in Stuttgart. Schauspieler und Regisseur. 1969–1972 Ausbildung an der Otto-Falckenberg-Schule in München. 1977 Gründung der Theater- und Filmproduktionsgesellschaft Scarabäus (München/Paris); hier entstand 1979 seine erste Inszenierung: Brechts ›Die Dreigroschenoper‹; 1980 verläßt Cloos Scarabäus und inszeniert fast ausnahmslos in Frankreich, seiner Wahlheimat: 1981 für das Théâtre d'Aubervilliers Herbert Achternbuschs ›Susn‹ (Premiere beim Festival d'Avignon); 1982 Fleissers ›Fegefeuer in Ingolstadt‹ und Horváths ›Kasimir und Karoline‹; 1983 Brechts ›Mahagonny‹; weitere Inszenierungen: Braschs ›Mercedes‹ (1985, Théâtre National Populaire, Villeurbanne); Heiner Müllers ›Quartett‹ (1985, Vereinigte Bühnen Krefeld-Mönchengladbach); Shakespeares ›Othello‹ (1986, MC 93 Bobigny); Shakespeares ›Richard II.‹ (1987, Staatliche Schauspielbühnen Berlin); Goethes ›Iphigenie‹ (1988, Vereinigte Bühnen Krefeld-Mönchengladbach); Achternbuschs ›Mein Herbert‹ (1988, Théâtre de l'Europe, Paris); Heiner Müllers ›Leben Gundlings Friedrich von Preußen Lessings Schlaf Traum Schrei‹ (1988, Wuppertaler Bühnen). Cloos' Aufführungen sind stets antirealistisch; er arbeitet auf der Bühne mit Medien wie Film und Video.

Cocteau, Jean, geb. 5. 7. 1889 in Maisons-Laffitte, gest. 11. 10. 1963 in Milly-la-Forêt. Französischer Dramatiker. Sohn

Congreve

eines wohlhabenden Juristen. Nach Besuch der Schule wurde Cocteau Journalist und Zeichner. Im Ersten Weltkrieg war er Sanitäter. Danach arbeitete er als Schriftsteller, Zeichner, Filmregisseur und Essayist, der entscheidenden Einfluß auf die Kunstströmungen seiner Zeit hatte. Zusammenarbeit mit Komponisten der Groupe des Six und mit Satie und Strawinsky; Freundschaft mit Radiguet, Gide, Rilke und Proust. 1955 Mitglied der Académie Française. Cocteaus Themen waren die Modernisierung antiker Mythen und gesellschaftskritische Handlungen. Er experimentierte humorvoll mit neuen Formen und wollte provozieren. Sein homosexuelles Leben machte er öffentlich, in seinen essayistischen Tagebüchern ›Die Schwierigkeit zu sein‹ (1947) verfocht er seine Art zu leben. Von seinen Filmen sind vor allem ›La belle et la bête‹ (1946) und ›Orphée‹ (1950) zu nennen. »Cocteau ist weder Moralist noch Zyniker, sondern absoluter Ästhet, Fanatiker der Form, des Scheins, des Ausdrucks, der Gebärde. Es gibt für ihn nur eine unverzeihliche Sünde: Stillosigkeit, Dilettantismus. Dieser unvergleichliche Virtuose unter den Poeten, dieser echte Poet unter den Virtuosen ist dem berüchtigten Elfenbeinturm ebenso fern wie der politischen Arena. Sein Abenteuer spielt sich in einer Höhe ab, die nicht weihevoll-olympisch ist, sondern eher an die Entrückung des Akrobaten denken läßt, der, weit über den Häuptern der entzückten Menge, am schwebenden Trapez oder auf straffem Seil seine prekäre Arbeit verrichtet.« (Klaus Mann: Der Wendepunkt. Ein Lebensbericht. Berlin 1974)

Stücke: ›Oedipus Rex‹ (1927, Opernlibretto, Musik Strawinsky); ›Die geliebte Stimme‹ (1930; 1958 auch als Oper von Poulenc); ›Die Höllenmaschine‹ (1932); ›Nein, diese Eltern‹ (1938); ›Die Schreibmaschine‹ (1941); ›Bacchus‹ (1951).

Literatur: P. Dubourg: Dramaturgie de Jean Cocteau. Paris 1954; K. G. Simon: Jean Cocteau oder Die Poesie im Film. Berlin 1958; J. J. Kihm u. a.: Jean Cocteau. Ein Leben – Ein Meisterwerk. München 1970; O. Wirtz: Das poetologische Theater Jean Cocteaus. Genf 1972; F. Brown: Ein Skandal fürs Leben. Jean Cocteau – seine Kunst, seine Männer, seine Frauen, seine Zeit. Bern, München 1980; J. Poetter (Hrsg.): Jean Cocteau. Köln 1989; M. Lange: Jean Cocteau. Prinz ohne Reich. Biographie. Freiburg 1991.

Congreve, William, geb. 1669 (getauft: 10. 2. 1670) in Bardsey, Yorkshire, gest. 19. 1. 1729 in London. Englischer Schriftsteller. Sohn eines Offiziers. Congreve studierte Jura in London. Er war befreundet mit Swift, Dryden, Gay und Steele und war Liebling am Hofe der Stuarts. Als 30jähriger brach er seine erfolgreiche schriftstellerische Laufbahn ab und bekleidete hochbezahlte Regierungsämter. Congreve ist einer der Hauptvertreter der »comedy of manners«, der englischen Sittenkomödie, die mit pointierten ironischen Dialogen das höfische Leben schildern. Diese Komödien beeinflußten die Entwicklung zur heutigen Boulevardkomödie, außerdem Schriftsteller wie Wilde und Shaw.

Stücke: ›Old Bachelor‹ (1690); ›Love for Love‹ (1695); ›The Mourning Bride‹ (1696); ›The Way of the World‹ (1700).

Literatur: A. Bennewitz: Congreve und Molière. Leipzig 1890.

Conrad, Paula, geb. 27. 2. 1860 in Wien, gest. 9. 8. 1938 in Berlin. Schauspielerin. 1877 Debüt in Baden bei Wien. 1877–1932 am Königlichen Schauspielhaus Berlin; spielte u. a. das Hannele in der Uraufführung von Hauptmanns ›Hanneles Himmelfahrt‹.

Literatur: R. Hoyer: Paula Conrad-Schlenther. 1860–1938. Vierzig Jahre Tätigkeit am Königlichen Schauspielhaus in Berlin. Berlin 1971.

Copeau, Jacques, geb. 4. 2. 1879 in Paris, gest. 20. 10. 1949 in Pernand-Vergelesses, Burgund. Regisseur. Copeau begann seine Laufbahn 1907 als Theaterkritiker und gründete 1911 (zusammen mit André Gide) die ›Nouvelle Revue Française‹. 1913 gründete er das Théâtre du Vieux-Colombier, das er mit Thomas Heywoods ›The Play of Love‹ eröffnete. 1917 ging Copeau mit seiner Truppe nach New York (bis 1919). Zurückgekehrt nach Paris, baute er eine eigene Theaterschule auf und

111

arbeitete eine Zeitlang mit Stanislawski am Moskauer Künstlertheater (1923). 1930 Gründung der Compagnie des Quinze in Pernand-Vergelesses, wo er als Regisseur und Schauspieler Farcen aufführte in der Tradition der Commedia dell'arte. Von 1937 bis 1940 inszenierte Copeau auch für die Comédie Française, deren Administration er für kurze Zeit innehatte. Wichtige Inszenierung des Regisseurs, der seine Arbeiten stets als Dienst an der Dichtung und gegen ein Star-Theater gerichtet sah: Racines ›Bajazet‹ (1937); Corneilles ›Le Cid‹ (1940).
Literatur: J. Copeau: Souvenirs du Vieux-Colombiers. Paris 1931 (1975 Neuauflage); ders.: Notes sur le métier de comédien. Paris 1955; M. Doisy: Jacques Copeau ou l'absolu dans l'art. Paris 1954; C. Borgal: Metteurs en scène. Jacques Copeau, Louis Jouvet u. a. Paris 1963.

Corinth, Lovis, geb. 21. 7. 1858 in Tapiau, gest. 17. 7. 1925 in Zandvoort. Maler, Zeichner und Bühnenbildner. 1876–1880 Besuch der Akademie in Königsberg, 1880–1884 Studium in München bei Ludwig von Löfftz. 1887–1891 ansässig in Königsberg; 1900 übersiedelt Corinth nach Berlin und wird Mitglied der Sezession. 1902–1903 Zusammenarbeit mit Max Reinhardt; 1902 entstehen Bühnenbild und Kostüme (zusammen mit Max Kruse) für Hans Oberlaenders Inszenierung von Oscar Wildes ›Salome‹; 1903 stattet Corinth (zusammen mit Leo Impekoven) Max Reinhardts Inszenierung von Maurice Maeterlincks ›Pelléas und Mélisande‹ aus (Neues Theater am Schiffbauerdamm) und (zusammen mit Max Kruse) Reinhardts Inszenierung von Hugo von Hofmannsthals ›Elektra‹ (Kleines Theater, Berlin). 1907 zeichnet Corinth Entwürfe und Figurinen für ›Der Dämon‹ und Lessings ›Minna von Barnhelm‹, die aber nicht realisiert werden. 1911 wendet er sich wieder verstärkt der Graphik und der Zeichnung zu. 1922 entsteht noch einmal eine Arbeit für das Theater: für Victor Barnowskys Inszenierung von Goethes ›Faust I‹ entwirft Corinth Bühnenbild und Kostüme (Lessing-Theater, Berlin).

Corneille

Literatur: F. Janssen: Bühnenbild und bildende Kunst. Frankfurt a. M. 1957; Die Maler und das Theater im 20. Jahrhundert. Schirn Kunsthalle Frankfurt 1986.

Cormann, Enzo, geb. 1953 in Paris. Französischer Regisseur und Autor von mehr als zwanzig Stücken. Cormann gehört in Frankreich zu den meistgespielten jungen Autoren. Er vermischt alte Theaterformen mit neuen Techniken, wie z. B. denen des Films. In seinem Stück mit Musik ›Sud‹ (1991) vereint er arabische Musiker mit einem Jazz-Trio. In Deutschland wurde er vor allem von kleineren Bühnen gespielt, u. a. in Köln, Dortmund, Saarbrücken und München. »Der 35-jährige Franzose, der in zehn Jahren rund ein Dutzend Theaterstücke schrieb, hat offensichtlich von Jean Anouilh gelernt. Mit ihm teilt er die Vorliebe für halbseidene Milieus, für die Entlarvung falschen Scheins und die Aufdeckung verdrängter Wahrheit. Auch bei ihm spielen die Personen ein Spiel, das tödlich enden kann. Vor allem aber übernahm Cormann die raffinierte Technik Anouilhs, die spannende Aufbereitung einer Story durch Brechungen, Rückblenden, harte Schnitte und Wechsel der Zeitebenen.« (›Schwabacher Tagblatt‹, 19. 4. 1989, Kritik zur DE von ›Palais Mascotte‹, Stadttheater Aachen. R. Rainer Delventhal)
Weitere Stücke: ›Credo‹ (1983); ›Corps perdus‹ (1985); ›Le Rodeur‹ (1985); ›Kabale‹ (1986); ›Morgen, flieg‹ (1986); ›Palais Mascotte‹ (1988); ›Sade‹ (1989); ›Berlin, dein Tänzer ist der Tod‹ (1989).

Corneille, Pierre, geb. 6. 6. 1606 in Rouen, gest. 1. 10. 1684 in Paris. Französischer Dramatiker. Corneille stammte aus einer Juristenfamilie, studierte von 1622 bis 1624 Jura; bis 1628 war er Advokat. Nach dem Erfolg seines ersten aufgeführten Werkes ›Die gefälschten Briefe‹ (1629) wurde Richelieu auf ihn aufmerksam. Von nun an gehörte er zu den fünf in seinem Auftrag dichtenden Autoren. Corneille schrieb Intrigenstücke, Tragödien und Komödien und politische Intrigendramen. Der jüngere Racine wurde sein Rivale, vor allem als beide den »Bérénice«-Stoff bearbeiteten und König Ludwig XIV. Racine

Corti

den Vorzug gab. Corneille gilt als der Erneuerer der Komödie vor Molière, indem er tragikomische Elemente aufnahm und den sozialen Stand der Figuren im Gegensatz zur traditionellen Farce anhob und damit auch die Bühnensprache verfeinerte. Seine Tragikomödie ›Le Cid‹ (1637) hatte großen Erfolg beim Publikum, stieß aber auf Kritik von Richelieu und der soeben gegründeten Académie Française.
Weitere Stücke: ›Clitandre‹ (1631); ›L'illusion comique‹ (1635); ›Horace‹ (1640); ›Oedipe‹ (1659); ›Tite et Bérénice‹ (1670).
Literatur: M.-O. Sweetser: Les conceptions dramatiques de Corneille. Genf 1962; P. Bürger: Die frühen Komödien Corneilles. Frankfurt a. M. 1971.

Corti, Axel, geb. 1933 in Paris, gest. 29. 12. 1993 in Oberndorf. Regisseur. Corti übernahm nach einigen Jahren Schauspielunterricht und Studium 1956 die Literatur- und Hörspielabteilung im Studio Tirol des Österreichischen Rundfunks (bis 1960). 1960 wurde er Regieassistent, 1962 Dramaturg und Regisseur am Burgtheater Wien; 1964 wechselte er als Oberspielleiter nach Oberhausen; 1967 übernahm er diese Aufgabe am Theater in Ulm. 1963 drehte er seinen ersten Spielfilm (mit Hans Moser): ›Kaiser Joseph und die Bahnwärterstochter‹. Danach drehte er Shows für das Fernsehen, adaptierte Opern für das Fernsehen. »Ich habe viele Sachen nur gemacht, um zu sehen, wie es geht. Das finde ich legitim. Ich habe Unterhaltung gemacht, um andere Dinge, die mir wichtig waren, machen zu dürfen.« (›SZ‹, 12. 8. 1988) Neben vielen Fernsehspielen und Filmen inszenierte Corti für die Bühne u. a. Mozarts ›Don Giovanni‹ (1987, Grazer Oper), Canettis ›Hochzeit‹ (1988, Salzburger Festspiele), Verdis ›La Traviata‹ (1991, Oper Frankfurt). In seinem Nachruf schrieb Thomas Thieringer (›SZ‹, 2. 1. 1994): »Die Suche nach der Wahrheit seiner Figuren ging für ihn nur über die Mühsal, sie mit der größtmöglichen Genauigkeit zu beschreiben. Womit er sich auch beschäftigte, alles stand unter dem Anspruch, Klarheit für sich und sein Leben zu gewinnen. Das machte ihn zum Schwieri-

gen. Moden mißtraute er, schnelles Einverständnis war ihm suspekt. (. . .) Daß er immer ein Unbestechlicher blieb, hat wohl mit den Erfahrungen seiner Kindheit zu tun. Seine Familie emigrierte nach Paris – Corti wurde dort im Jahr der Machtergreifung geboren; sein Vater engagierte sich im Widerstand gegen Hitler. Für Corti begannen die Wanderjahre durch die Schweiz, Italien und Österreich. Bis zuletzt war er immer auf der Reise, Heimat fand er nirgends.«

Courteline, Georges (eigtl. Georges Moineaux), geb. 25. 6. 1860 in Tours, gest. 25. 6. 1929 in Paris. Französischer Dramatiker. Sohn des Erzählers Jules Moineaux. Courteline war nach kurzem Militärdienst Beamter, in seinen letzten Jahren war er schwer krank und mußte sich beide Beine amputieren lassen. Courteline schrieb zunächst Romane und Kurzgeschichten, später erfolgreiche Lustspiele, in denen er Junggesellen, den Militärdienst, die Polizei oder das Finanzamt mit bitterer und grotesker Komik verspottete. »Georges Courteline kennt man; er versorgte das französische Vaudeville, das Pariser Knalltütentheater der Jahrhundertwende, fleißig mit Farcen. Er hat hundert davon geschrieben. Hin und wieder wird auch eine davon noch bei uns gespielt. Aber der Mann hat auch Kurzbrenner hergestellt. Er hat Black-outs geliefert. Er hat kurze, verrückte Bühnenmonologe erdacht. Er hat für das Vaudeville, für diese Art großstädtische Varietés, immer auch Füller, Zwischennummern, gespielte Witze, Lachdialoge, Kurzszenen von der schlagenden Art hergestellt.« (Friedrich Luft, zu ›Die ganz begreifliche Angst vor Schlägen‹, in: Stimme der Kritik. Stuttgart 1979)
Literatur: G. Pez: Das Komische bei Courteline. Diss. Heidelberg 1945; A. Dubeux: La curieuse vie de Courteline. Paris 1958; M. L. Richards: Le comique de Courteline. Montreal 1950.

Coward, Sir Noel (Pierce), geb. 16. 12. 1899 in Teddington, gest. 26. 3. 1973 in Port Maria (Jamaika). Englischer Schriftsteller. Sohn eines Musikers. Coward absolvierte eine Schauspielerausbildung und

arbeitete dann in Personalunion als Schauspieler, Regisseur, Autor und Komponist. Seine Komödien stehen in der Tradition der »comedy of manners«, sind Gesellschaftskomödien voll ironisch-frivolen Humors. Außerdem schrieb er zahlreiche Operetten und musikalische Komödien.
Stücke: ›Hay Fever‹ (1925); ›Bitter Sweet‹ (Operette, 1929); ›Private Lives‹ (1930); ›Calcade‹ (1931); ›Design for Living‹ (1933); ›Blythe Spirit‹ (1941); ›Nude with Violin‹ (1956). **Literatur:** S. Morley: A Talent to Amuse. London 1974; C. Lesley: The Life of Noel Coward. London 1976.

Craig, Edward Gordon, geb. 16. 1. 1872 in Harpenden, gest. 29. 7. 1966 in Vence. Schauspieler, Regisseur und Bühnenbildner. Begann als Schauspieler 1889 (in Kinderrollen) bei Henry I. Irvings Truppe am Londoner Lyceum. 1900–1903 einige Inszenierungen von Schauspielen und Opern (u. a. Purcell, Händel). 1904 verließ er England; er inszenierte noch fünfmal und demonstrierte damit sein Ideal vom ›théâtre pur‹: 1905 kam am Berliner Lessing-Theater seine Inszenierung von Hofmannsthals ›Das gerettete Venedig‹ heraus; 1906 in Florenz Ibsens ›Rosmersholm‹ (mit Eleonora Duse); 1911 am Künstlertheater in Moskau Shakespeares ›Hamlet‹; 1926 am Königlichen Theater in Kopenhagen Ibsens ›Die Kronprätendenten‹ und 1928 am Knickerbocker Theatre in New York Shakespeares ›Macbeth‹.
Literatur: E. G. Craig: Die Kunst des Theaters. Berlin, Leipzig 1905; ders.: The Theatre Advancing. London 1921; ders.: Ellen Terry and Her Secret Self. London 1931; ders.: Über die Kunst des Theaters. Berlin 1969; D. Bablet: Edward Gordon Craig. Köln, Berlin 1965; M. P. Löffler: Gordon Craigs frühe Versuche zur Überwindung des Bühnenrealismus. Bern 1969; J. Fiebach: Von Craig bis Brecht. Studien zu Künstlertheorien in der ersten Hälfte des 20. Jahrhunderts. Berlin 1975.

Csokor, Franz Theodor, geb. 6. 9. 1885 in Wien, gest. 2. 1. 1969 ebenda. Österreichischer Dramatiker. Csokor studierte Kunstgeschichte in Wien. 1913/14 war er

Dramaturg in St. Petersburg. Von 1915 bis 1918 Offizier. Von 1923 bis 1927 Dramaturg und Regisseur am Raimund-Theater und am Deutschen Volkstheater in Wien. 1938 ging er in die Emigration, über Polen, Rumänien nach Jugoslawien; dort Internierung. 1944 am BBC in Rom, 1946 Rückkehr nach Wien. Csokor war einer der produktivsten und erfolgreichsten expressionistischen Bühnenautoren Österreichs. Seine Werke sind stark von Strindberg beeinflußt: Die Mann-Frau-Problematik war ebenso sein Thema wie geschichtliche und zeitbezogene Themen. Er überhöhte das Zeitgeschehen ins Symbolische, benutzte die Dramaturgie des Traumspiels und Stationendramas. Heute noch bekannt sind sein Stück über Büchner ›Gesellschaft der Menschenrechte‹ (1929) und sein letztes expressionistisches Stück ›Ballade von der Stadt‹ (1922).
Weitere Stücke: ›Die rote Straße‹ (1918); ›Die Weibermühle‹ (1932); ›Medea postbellica‹ (1947); ›Alexander‹ (1969).
Literatur: P. Wimmer: Der Dramatiker Csokor. Innsbruck 1981.

Cueni, Claude, geb. 13. 1. 1956 in Basel. Schweizer Dramatiker. Nach vorzeitigem Schulabbruch diverse Gelegenheitsarbeiten, die der Materialbeschaffung für die schriftstellerische Arbeit dienten. Seit 1983 lebt Cueni als freier Schriftsteller in Ettingen bei Basel. Er veröffentlichte Romane, u. a. ›Weisser Lärm‹ (1983) und ›Schneller als das Auge‹ (1987), Hörspiele, Theaterstücke und vor allem Drehbücher für Film und Fernsehen, u. a. für die Krimiserie ›Eurocops‹ (1988–1990).
Stücke: ›Longitudinalstudie‹ (1984); ›U2 oder Die Katastrophe sind wir‹ (1985); ›Tie Break für Crazy Horse‹ (1990).

Cummings, Edward Estlin, geb. 14. 10. 1894 in Cambridge, Massachusetts, gest. 3. 9. 1962 in North Conway, New Hampshire. Amerikanischer Schriftsteller. Cummings studierte Anglistik und klassische Philologie an der Harvard Universität, lebte in den zwanziger Jahren in Paris; Bekanntschaft mit Gertrude Stein. Er ist vor allem bekannt als Lyriker und Romancier, hat aber auch drei Theaterstücke geschrie-

Czeslik

ben, die von Psychoanalyse und Surrealismus beeinflußt waren.

Stücke: ›Him‹ (1937); ›Anthropos‹, ›Santa Claus‹ (beide 1946).
Literatur: R. S. Kennedy: Dreams in the mirror. New York 1980.

Czeslik, Oliver, geb. 10. 12. 1964 in Hamburg. Autor. Sohn eines Offiziers. Czeslik studierte Theaterwissenschaft, Philosophie und Germanistik in Gießen und München (Magister 1990). Danach arbeitete er als Beleuchter, Schauspieler und Regisseur an verschiedenen Theatern, u. a. an der Studiobühne in München und an den Hamburger Kammerspielen. Seit 1984 veröffentlicht er Stücke und Prosa. Seinen Durchbruch als Autor fand Czeslik 1992 mit der Aufführung seines Stückes ›Heilige Kühe‹ durch die Schaubühne am Lehniner Platz in Berlin. Czeslik schreibt ein politisch engagiertes Theater, in dem er die verfestigten Wahrnehmungsgewohnheiten erschüttern will. »Czesliks Stück ist ein Angriff auf jene Form von Berichterstattung, die Wirklichkeit künstlich simuliert, weil sie nur so TV-gerecht aufbereitbar ist, und dabei über Rekonstruktion weit hinaus geht: Für einen Hunderter hebt einer aus dem Fähnlein der Skinheads schon mal vor den Kameras amerikanischer Networks frenetisch die Hand zum Hitler-Gruß, der ansonsten allenfalls ein kopfloser Mitmacher ist. Das Medium ist die Nachricht, aber nicht die Wahrheit. Das uralte Theater kann gegen diese Simplizität der vermeintlichen Allgegenwärtigkeit von Radio und Fernsehen, gegen die Welt der schnöden Bilder seine Langsamkeit und seine transitorische Zerbrechlichkeit setzen (. . .) Czeslik hat ein psychodramatisches Handlungsspiel erfunden, in dem am Ende alle Fragen offen sind. Auch, ob das Böse in den Bösen (un-)überwindbar ist.« (Michael Merschmeier, ›Theater heute‹, Heft 4, 1992, S. 42)
Weitere Stücke: ›Papirossy muß man knicken‹ (1984); ›Oblomov‹ (1985, nach Gontscharow); ›Ein Esel kommt selten allein‹ (1986, nach Plautus); ›Am Rande der Langeweile, oder ist der Hund endlich tot?‹ (1987/88); ›Schlammschlachten‹ (1989); ›Grenzenlos‹ (1990); ›Cravan‹ (1990/91); ›Geisterbahn‹ (1991); ›Byrons Erben‹ (1992).

Dähnert, Stefan, geb. 30. 5. 1961 in Bonn. Bühnenbildner, Regisseur, Autor. Bühnenbildassistenz bei Herbert Kapplmüller in Bonn und Düsseldorf; Regieassistenzen bei Ernst Wendt, Jürgen Gosch, Rolf Winkelgrund, Jürgen Flimm. Bühnenbilder für Edna O'Briens ›Virginia‹ (1984, R. Ina Korff); Pinters ›Genau/Noch einen Letzten‹ (1986, R. Peter Palitzsch); Ernst Jandls ›Aus der Fremde‹ (1986, R. Korff, jeweils Schauspiel Bonn). 1988 erste Inszenierung am Thalia Theater Hamburg: Rainer Werner Fassbinders ›Preparadise sorry now‹; es folgte, noch im selben Jahr, die Uraufführungs-Inszenierung von Dähnerts zweitem Stück (nach ›Erbe um Erbe‹) ›Frauenbad in Dieppe‹ (Staatstheater Kassel) und, 1988 (gleichzeitig in Köln und Wuppertal uraufgeführt), sein Stück ›Herbstball‹. Er erhielt 1985 den Gerhart-Hauptmann-Preis und 1988 den Staatspreis für Literatur des Landes Rheinland-Pfalz. »Dähnerts Komödiantik ist von der Groteske grundiert und eingefärbt, der junge Autor wartet genüßlich auf den Moment (das Warten natürlich forcierend), in dem sich die Figuren aus Fassung und Fassade schwatzen und zu handeln beginnen, dabei ihre entblätterten, komischen, alltagslächerlichen Charaktere bloßlegend: mit heiterem Sarkasmus in ›Erbe um Erbe‹, mit sardonischer Wut in ›Herbstball‹. Dähnert, Sohn eines Berufsoffiziers, hat in diesen beiden Stücken eigene Beobachtungen, Erfahrungen und Studien verarbeitet (während des Zivildienstes betreute er alte Menschen). ›Möglichst nah an die Gegenwart heranzukommen‹, so skizziert er (...) dann auch sein Interesse am Zeitstück, ›Dinge, die unmittelbar mit uns zu tun haben, möglichst genau zu beschreiben und dadurch etwas wie Authentizität zu erreichen‹.« (›Theater heute‹, Heft 2, 1989, S. 24f.)

Dagover, Lil (eigtl. Martha Maria Lilitts), geb. 30. 9. 1894 in Madiven (Java), gest. 24. 1. 1980 in München. Schauspielerin. Arbeitete an verschiedenen deutschen Bühnen, vor dem Krieg vor allem in Berlin, danach dort und in Hamburg, Wiesbaden und bei Tourneetheatern. Debüt 1926 bei den Salzburger Festspielen in Hofmannsthals ›Das große Welttheater‹. Weitere wichtige Rollen: Leda in Giraudoux' ›Amphitryon‹ (1930, Berliner Lessing-Theater, R. Victor Barnowsky); Ranjewskaja in Tschechows ›Kirschgarten‹ (1947, Komödie Berlin); Lady Milford in Schillers ›Kabale und Liebe‹ (1948, ebenda); Titelrolle in John Patricks ›Eine sonderbare Dame‹ (1960); Aurélie in Giraudoux' ›Die Irre von Chaillot‹ (1962). Die größten Erfolge feierte sie im Film, u. a. in ›Der Kongreß tanzt‹ (1931), ›Johannisnacht‹ (1933), ›Die Kreuzersonate‹ (1938), ›Bismarck‹ (1940), ›Man spielt nicht mit der Liebe‹ (1949), ›Die Buddenbrooks‹ (1959), ›Geschichten aus dem Wiener Wald‹ (1979).
Literatur: L. Dagover: Ich war die Dame. München 1979.

Dahlke, Paul, geb. 12. 4. 1904 in Streitz, gest. 23. 11. 1984 in Salzburg. Schauspieler. Ausbildung an der Max-Reinhardt-Schule des Deutschen Theaters (von 1927 an). Von 1931 bis 1945 Engagements an verschiedenen Berliner Bühnen. Wichtigste Rollen: Aufidius in Shakespeares ›Coriolan‹ (1937, Deutsches Theater, R. Wolfgang Engel); Rülp in Shakespeares ›Was ihr wollt‹ (1939) und Kent in Shakespeares ›König Lear‹ (1940, jeweils Deutsches Theater, R. Heinz Hilpert). Über Dahlkes Rülp schrieb K. H. Ruppel 1962 (in ›Großes Berliner Theater‹): »Paul Dahlkes herrlicher Rülp ist (...) ein sonniger, weinglänzender Schlemihl, von heiterem Dunst umnebelt, von der kolossalen Vitalität Falstaffs erfüllt – eine Gestalt von großartiger humoristischer Kraft und Laune, ein Monument grölenden Säufer- und fidelen Randalierertums.« Weitere wichtige Rollen: Antonius in Shakespeares ›Antonius und Cleopatra‹ und Karl Moor in Schillers ›Die Räuber‹ (1941, jeweils Deutsches Theater, R. Hilpert). Von 1946 bis 1948 arbeitete er

Dalberg

an den Münchner Kammerspielen, von 1949 an am Münchner Residenztheater. Mitwirkung in vielen Film- und Fernsehproduktionen. **Literatur:** P. Dahlke: Heiteres Sternbild. Stuttgart 1958.

Dalberg, Wolfgang Heribert Reichsfreiherr von, geb. 13. 11. 1750 in Herrnsheim bei Worms, gest. 27. 9. 1806 in Mannheim. Theaterleiter und Autor. 1778–1803 Intendant des (neueröffneten) Mannheimer Nationaltheaters. Holte Iffland, der auch seine ersten Stücke in Mannheim herausbrachte. Unter seiner Direktion mehrere Uraufführungen von Schiller-Texten: 1782 ›Die Räuber‹, 1783 ›Die Verschwörung des Fiesco zu Genua‹, 1784 ›Kabale und Liebe‹. 1783/1784 war Schiller als Theaterdichter am Haus angestellt. Dalberg schrieb auch Tragödien und Komödien und brachte in eigener Bearbeitung Shakespeares ›Julius Caesar‹ zum ersten Mal auf eine deutsche Bühne. **Literatur:** E. L. Stahl: Die klassische Zeit des Mannheimer Theaters. Mannheim 1940; G. Pieus: Der Mannheimer Nationaltheater-Ausschuß. Berlin 1955; H. Stubenrauch: Wolfgang Heribert von Dalberg. Lebensskizze. Mannheim 1957.

Dali, Salvador, geb. 11. 5. 1904 in Figueiras, gest. 23. 1. 1989 ebenda. Maler und Bühnenbildner. Stattete 1927 Garcia Lorcas ›Mariana Pineda‹ aus (Barcelona); 1939 und 1944 Ausstattung für zwei Wagner-Ballette an der Metropolitan Oper New York. Weitere wichtige Arbeiten für das Theater: Shakespeares ›Wie es euch gefällt‹ (1948, Teatro Eliseo Rom, R. Luchino Visconti); Richard Strauss' ›Salome‹ (1951, Covent Garden, London, R. Peter Brook). **Literatur:** H. Rischbieter (Hrsg.): Bühne und bildende Kunst im XX. Jahrhundert. Velber 1968.

Dallansky, Bruno, geb. 19. 9. 1928 in Wien. Schauspieler. Ausbildung am Max-Reinhardt-Seminar in Wien. Erste Engagements am Kellertheater Wien und am Theater für Vorarlberg in Bregenz. 1956 am Theater in der Josefstadt Wien; 1957–1959 Hebbeltheater Berlin. Danach als freier Schauspieler am Burgtheater Wien, am Deutschen Schauspielhaus Hamburg und bei den Salzburger Festspielen (u. a. 1981, in Rudolf Noeltes Inszenierung von Büchners ›Dantons Tod‹). In den letzten Jahren vor allem Film- und Fernsehrollen.

Damiani, Luciano, geb. 14. 7. 1923 in Bologna. Bühnenbildner und Regisseur. Arbeitete 1952–1966 am Piccolo Teatro in Mailand für Giorgio Strehler (u. a. 1965 Brechts ›Aufstieg und Fall der Stadt Mahagonny‹), an das er 1974 zurückkehrte (1974 Tschechows ›Kirschgarten‹, 1976 Jean Genets ›Balkon‹, 1978 Shakespeares ›Der Sturm‹). Für mehrere Operninszenierungen Strehlers (u. a. 1974, bei den Salzburger Festspielen, Mozarts ›Die Zauberflöte‹) schuf er gleichfalls die Bühnenbilder. Er arbeitete auch für Luca Ronconi und in Deutschland mit Peter Palitzsch: Brechts ›Der aufhaltsame Aufstieg des Arturo Ui‹ (1965, Bremer Theater); mit Strehler: Brechts ›Der gute Mensch von Sezuan‹ (1977, Hamburger Thalia Theater) und Claus Peymann: Schillers ›Wilhelm Tell‹ (1989, Wiener Burgtheater). Über diese Arbeit schrieb Otto F. Beer (›SZ‹, 26. 3. 1989): »Luciano Damiani hat eine höchst eindrucksvolle Schweiz auf die Bühne gestellt – so raffiniert wie einfach. Zwischen drohenden Gletschern rast vorschriftsmäßig der See und will seine Opfer haben. Im Vordergrund eine Quelle, aus der die Darsteller einander zeitweise anspritzen.« 1981 inszenierte Damiani an der Deutschen Oper Berlin Mozarts ›Idomeneo‹; Marianne Reißinger bemerkte in der Münchner ›Abendzeitung‹ (14. 12. 1981): »Die aufregendste, konsequenteste und kurzweiligste Inszenierung von Mozarts ›Idomeneo‹ (...). Der Strehler-Bühnenbildner Luciano Damiani führte Regie und entwarf die Dekorationen für einen ›Idomeneo‹, der endlich einmal nicht Griechendrama mit Rokokoschnörkeln war, sondern ein psychologisch-intellektueller Entwicklungsprozeß von Menschen, die wegen all ihrer schnellen Angstschwüre der Macht der Götter ausgeliefert sind. ›Idomeneo‹ wird bei Damiani zum Vorboten der ›Zauberflöte‹.« Damiani stattet auch Filme aus.

Literatur: P. Grassi/G. Strehler (Hrsg.): Piccolo Teatro 1947–58. Mailand 1958.

Darbes, Cesare, geb. um 1710 in Venedig, gest. 24. 2. 1778 ebenda. Schauspieler. Gilt als einer der letzten großen Pantaloni der Commedia dell'arte. Spielte in der Compagnia Medebach, die er 1749 verließ, die großen Goldoni-Rollen. Nach einem Aufenthalt in Deutschland schloß er sich Giovanni Antonio Sacchi an, dem Prinzipal einer berühmten venezianischen Wandertruppe.

de Chirico, Giorgio, geb. 10. 7. 1888 in Volo, gest. 20. 11. 1978 in Rom. Maler und Bühnenbildner. Besuch des Polytechnikums in Athen, 1905 Übersiedlung nach München, 1906–1909 Studium an der Münchner Akademie bei Max Klinger, 1911–1915 in Paris. 1917 wird Chirico Hauptvertreter der »Pittura metafisica«, 1918 schließt er sich der Gruppe der »Valori plastici« an; 1929 erscheint sein visionärer Roman ›Hebdomeros‹; 1930 Zuwendung zu einem pathetischen Realismus in der Malerei. Die ersten Arbeiten de Chiricos für das Theater entstanden 1924 für das Ballett ›La Jarre‹ (Théâtre des Champs-Elysées, Musik: Alfredo Casella, Choreographie: Jean Börlin). Weitere Arbeiten u. a.: ›La Morte di Niobe‹ (1925, Teatro Odelaschi, Rom, Musik: Alberto Savinio, Choreographie: Krohl); ›Das Leben des Orest‹ (1930, Staatsoper am Platz der Republik, Berlin, Musik: Ernst Krenek); ›I Puritani‹ (1933, Teatro Comunale, Florenz, Musik: Vincenzo Bellini, R. Guido Salvini); ›Anfione‹ (1944, Teatro alla Scala, Mailand, Musik: Paul Valéry und Arthur Honegger, Choreographie: Aurel von Miloss); ›Don Chisciotte‹ (1952, Teatro Comunale, Florenz, Musik: Frazzi, R. Corrado Pavolini).

Literatur: G. de Chirico: Memorie dalla mia vita. Rom 1945; H. Schmidt-Garré: Ballett. Vom Sonnenkönig bis Balanchine. Velber 1966; H. Rischbieter (Hrsg.): Bühne und bildende Kunst im XX. Jahrhundert. Velber 1968.

de Filippo, Eduardo, geb. 24. 5. 1900 in Neapel, gest. 31. 10. 1984 in Rom. Schauspieler, Regisseur und Autor. Begann 1916 in der Truppe von E. Scarpetta als Schauspieler, zusammen mit seinen Geschwistern Titina und Peppino. 1931 gründeten die drei ihre erste eigene Truppe: Il teatro umoristico, mit der sie durch Italien reisten. 1945 trennte sich Peppino von dem Theater, und Eduardo de Filippo begann Stücke zu schreiben (neapolitanisches Dialekttheater), in denen er auch selber auftrat. Mit Titina gründete er Il teatro di Eduardo. 1954 wurde ihm das restaurierte Teatro San Ferdinando von Neapel als eigene Spielstätte zur Verfügung gestellt. Als de Filippo 1981 den Titel Senator auf Lebenszeit verliehen bekam, schrieb Dietmar Polaczek (›FAZ‹, 30. 9. 1981): »De Filippo ist – besonders später, in der Nachkriegszeit – so etwas wie eine moralische Instanz als kritischer Heimatdichter geworden. Seine Komödien sind alles andere als Schlagsahnekunst, schildern Lebensgier und Korruption in der Stadt, mit der ihn auf immer eine Haßliebe verband, auch nachdem er sein Theater hatte aufgeben müssen und im Zorn Neapel verlassen hatte, als er für den Film arbeitete und an der Universität lehrte. (. . .) Er war einer der großen Protagonisten der Dialektdichtung und hat ihr einen respektierten Platz in der italienischen Literatur verschafft.«

Stücke: ›Filumena Marturano‹ (1946), ›Lügen haben lange Beine‹ (1948), ›Samstag, Sonntag, Montag‹ (1959); ›Der Bürgermeister des Stadtviertels Sanita‹ (1960); ›Die Kunst der Komödie‹ (1964).

Literatur: G. Maglinlo: Eduardo de Filippo. Bologna 1959; R. Raffeiner: Eduardo de Filippo. Diss. Wien 1978.

Debureau, Jean-Gaspard (genannt: Jean-Baptiste Debureau), geb. 31. 7. 1796 in Kolin (Böhmen), gest. 17. 6. 1846 in Paris. Pantomime. Trat von 1816 an im Théâtre des Funambules auf und wurde bekannt durch seine Rolle als Pierrot, die er für sich erfunden hatte. Mit seiner Person und seiner Kunst beschäftigten sich mehrere Dichter, u. a. Sacha Guitry. Marcel Carnés Film ›Les Enfants du paradis‹ (1943, mit

Degen

Jean-Louis Barrault) setzt Debureau ein Denkmal.

Literatur: J. Janin: Histoire du théâtre à quatre sous, pour faire suite à l'histoire du Théâtre Français. Paris 1832; J. Bab: Kränze der Mimen. Emsdetten 1944; T. Rémy: Jean-Gaspard Debureau. Paris 1954.

Degen, Michael, geb. 31. 1. 1932 in Chemnitz. Schauspieler und Regisseur. 1949/50 Schauspielausbildung. Erstes Engagement am Deutschen Theater Berlin. 1952–1954 Israel-Aufenthalt, spielte an den Kammerspielen in Tel Aviv, u. a. den Chlestakoff in Gogols ›Der Revisor‹. 1954 Engagement am Theater am Schiffbauerdamm in Berlin; 1955/56 an den Städtischen Bühnen Köln; hier spielte er u. a. den Studenten in Strindbergs ›Gespenstersonate‹ und den Jüngling in García Lorcas ›Sobald fünf Jahre vergehen‹ (R. jeweils Hans Bauer). Weitere Stationen: Nationaltheater Mannheim (1956–1963), Städtische Bühnen Frankfurt a. M. (1963/64). Von 1967 bis 1973 arbeitete er an den Staatlichen Schauspielbühnen Berlin, wo er 1972 zum ersten Mal Regie führte und Goethes ›Urfaust‹ inszenierte. 1973 Engagement am Bayerischen Staatsschauspiel in München, wo er 1977 Goethes ›Faust I‹ und Thomas Bernhards ›Der Präsident‹ inszenierte und in Strindbergs ›Fräulein Julie‹ den Jean spielte (R. Ingmar Bergman) und in Heinar Kipphardts ›In der Sache Robert Oppenheimer‹ den Edward Teller (R. Dieter Giesing). Bei den Salzburger Festspielen spielte er die Titelrolle in Molières ›Dom Juan‹ (1983, R. Rudolf Noelte); außerdem in Joshua Sobols ›Ghetto‹ (1984, Deutsches Schauspielhaus Hamburg, R. Peter Zadek). Von 1985 bis 1993 im Ensemble des Deutschen Schauspielhauses in Hamburg. Degen arbeitete auch für das Fernsehen und den Film. Ende 1987 sah man ihn in Wien in der Titelrolle von Schnitzlers ›Professor Bernhardi‹ (Theater in der Josefstadt, R. Otto Schenk). Otto F. Beer schrieb in der ›Süddeutschen Zeitung‹ (5./6. 1. 1988): »Die Titelrolle brachte erstmals Michael Degen nach Wien, wo er immer noch gegen die Erinnerung an Leopold Rudolf und Ernst Deutsch anzuspielen hat. Seine Intensität, seine Verle-

bendigung psychologischer Details faszinierten vom ersten Augenblick an. Dieser Kampf eines Einzelgängers gegen alle staatlichen und gesellschaftlichen Institutionen wurde zu einem packenden Paradeakt.« Und Gerhard Stadelmaier schrieb anläßlich von Degens 60. Geburtstag (›FAZ‹, 31. 1. 1993): »Michael Degen ist kein Gefühlsspieler, hat den Kopf präzise bei der Sache, die er könnerhaft bewältigt: beherrscht, hellwach, sonorgeschmeidig im Ton, leuchtend im Blick. In Film- und Fernsehrollen (›Diese Drombuschs‹, ›Geschwister Oppermann‹, ›Das Wahlergebnis‹, ›Die Bombe‹) wirkt er ohne das bühnensichere Terrain des Spiegel-Spiels manchmal merkwürdig partnerlos. Alleingelassen mit sich selbst und einer Kamera zeigt er sich weniger Raffinement, mehr Manier.«

Degischer, Vilma, geb. 17. 11. 1911 in Wien, gest. 3. 5. 1992 ebenda. Schauspielerin. Ausbildung am Max-Reinhardt-Seminar in Wien. Bis 1939 arbeitete sie an den Reinhardt-Bühnen in Wien (Theater in der Josefstadt) und Berlin (Deutsches Theater). Von 1939 bis zu ihrem Tod gehörte sie zum Ensemble des Theaters in der Josefstadt. Die wichtigsten ihrer über 400 Rollen: Viola in Shakespeares ›Was ihr wollt‹; Helene in Hofmannsthals ›Der Schwierige‹; Marie in Bahrs ›Das Konzert‹; Natalja in Tschechows ›Drei Schwestern‹; Königin in Grillparzers ›Die Jüdin von Toledo‹. Sie wirkte auch in zahlreichen Spielfilmen mit. In seinem Nachruf schrieb Otto F. Beer (›SZ‹, 5. 5. 1992): »Es war immer etwas sehr Wienerisches in ihrer Gestaltung, eine Beherrschung von Sprache und Bewegung, die heute schon nicht mehr selbstverständlich ist. So blieb sie bis zuletzt ein Denkmal jenes Josefstädter Stils, um den man sich heute vielleicht schon wieder ein wenig bemüht und der doch so schwer zu definieren ist. Noblesse und graziöse Leichtigkeit gehören dazu, und die hat Vilma Degischer virtuos verkörpert.«
Literatur: H. Ihering: Junge Schauspieler. München 1948.

119

Deichsel, Wolfgang, geb. 20. 3. 1939 in Wiesbaden. Dramaturg, Schauspieler, Regisseur und Autor. Deichsel studierte Kunstgeschichte, Germanistik und Psychologie in Mainz, Wien, Marburg und Berlin. Nach dem Studium war er Dramaturg an verschiedenen Theatern; Ko-Direktor am TAT (Theater am Turm) in Frankfurt von 1970–1974. Seine Mundart-Stücke entlarven die Figuren durch ihre Sprache: ›Bleiwe losse‹ (1971), ›Agent Bernd Etzel‹ (1968), ›Frankenstein‹ (1971), ›Loch im Kopp‹ (1976) und ›Zappzarapp‹ (1982). »Wolfgang Deichsels Thema sind die Katastrophen des Alltags, der Einbruch des Unbekannten, Unheimlichen in die Bürgerwelt, die plötzliche Irritation über eine bislang als normal akzeptierte Situation. Seine Figuren sind Kleinbürger, Angehörige der Mittelschicht, bei denen die tägliche Verdrängung nicht mehr funktioniert.« (Michael Töteberg, in: KLG, 33. Nlg., 1. 8. 1989) 1984 entstanden in Zusammenarbeit mit Curt Bois dessen Tagebuchnotizen ›So schlecht war mir noch nie‹. 1988 inszenierte er gemeinsam mit Uwe Lauffenberg sein eigenes Stück ›Midas‹ in Köln.
Literatur: W. Deichsel: Es muß mehr Unterhaltung in das Westdeutsche Theater. In: Spielplatz I. Berlin 1972. G. Hensel: Wolfgang Deichsel oder: Wohin mit einem Volksstück Talent. In: Theater heute, Jahrbuch 1972; B. Henrichs: Unser täglicher Irrsinn. In: ›Die Zeit‹, 21. 1. 1977.

Dejmek, Kazimierz, geb. 17. 5. 1924 in Kowel. Schauspieler, Regisseur und Theaterleiter. Begann als Schauspieler an den Theatern von Krakau (1945/46) und Lodz (1946–1949 am Theater der polnischen Armee). 1949 übernahm er, zusammen mit Warminski, das von ihnen gegründete Neue Theater Lodz. 1962–1969 war er Direktor des Nationaltheaters in Warschau; seit 1974 wiederum Leiter des Neuen Theater Lodz, das zu den renommiertesten Bühnen des Landes zählt. Dejmek ging auf mehrere Gastspielreisen und inszenierte auch in Deutschland, Österreich und der Schweiz, u. a. 1971 ›Spectacle Ionesco‹ (Burgtheater Wien), 1977 Friedrich Dürrenmatts ›Die Frist‹ (UA, Schauspielhaus Zürich).

Delaney, Sheila, geb. 25. 11. 1939 in Salford, Manchester. Englische Dramatikerin. Tochter eines Transportarbeiters. Delaney arbeitete als Verkäuferin, Platzanweiserin und Busschaffnerin. Mit 19 Jahren schrieb sie ihren größten Erfolg: ›Bitterer Honig‹ (1958), uraufgeführt im Theatre Workshop von Joanne Littlewood, später auch verfilmt. Die 17jährige Heldin Jo, ein von ihrer Mutter vernachlässigtes Kind, liebt einen Schwarzen und ist mit einem Homosexuellen befreundet. Delaney weist mit ihrem Stück die herrschende Moral als verlogen zurück. Ihre weiteren Stücke konnten den Erfolg ihres Erstlingswerkes nicht mehr einholen: ›Der verliebte Löwe‹ (1960) und ›Whiskey und Geld‹. Seither schrieb sie vor allem Prosa: ›Sweetly sings the Donkey‹ (1964) und ›The House that Jack built‹ (1977).

Delius, Friedrich Christian, geb. 13. 2. 1943 in Rom. Sohn eines evangelischen Pfarrers. Schriftsteller. Delius wuchs in Wehrda (Hessen) auf, studierte Germanistik an der Freien Universität und der Technischen Universität in Berlin; daneben Lektoratsvolontariat beim Fischer-Verlag. 1965 erste Veröffentlichung: der Gedichtband ›Kerbholz‹. 1970 Promotion. Danach arbeitete er als Schriftsteller und Lektor in Holland und Bielefeld. Seit 1984 lebt er in Berlin. In die Schlagzeilen kam Delius 1972 mit seiner Festschrift zum 125jährigen Bestehen von Siemens und dem von der Firma angestrengten Prozeß gegen das Buch und den Autor. Neben Lyrik und Prosa verfaßte Delius eine Anzahl von politischen Theaterstücken, die sich u. a. mit dem deutsch-deutschen Verhältnis und seinen Politikern beschäftigen. In ›Die Nummer Eins‹ (o. J.) entwarf Delius das Psychogramm eines alten Mannes, der schwankend zwischen Resignation und altem Machtanspruch die Welt nicht mehr versteht.
Weitere Stücke: ›Der Waschtag‹ (1988); ›Nacht der Rechner, Tag des Lächelns‹ (o.J.); ›Ein deutscher Gipfel‹ (o.J.); ›Die Birnen von Ribbeck‹ (1992).

Deltgen, René, geb. 30. 4. 1909 in Esch-sur-Alzette (Luxemburg), gest. 29. 1. 1979

Dene

in Köln. Schauspieler. Schauspielausbildung in Köln. Dort erhielt er 1929 (bis 1934) sein erstes Engagement. Weitere Stationen: Frankfurt a. M. (1934/35); Berlin 1936–1944 (Theater in der Saarlandstraße, Volksbühne, Schiller-Theater); Konstanz (1946), Köln (1947). Außerdem Gastrollen an verschiedenen Bühnen und Arbeiten für den Film. Wichtigste Rollen: Romeo in Shakespeares ›Romeo und Julia‹ (1936); Geßler in Schillers ›Wilhelm Tell‹ (1937); Gregers Werle in Ibsens ›Wildente‹ (1938); Gomez in Eliots ›Ein verdienter Staatsmann‹ (DE 1960, Köln, R. Oscar Fritz Schuh); Victor in Millers ›Der Preis‹ (1968, Münchner Kammerspiele, R. Hans Schweikart). 1967 inszenierte er an den Münchner Kammerspielen Pinters ›Heimkehr‹ und spielte darin die Rolle des Max. In seinem Nachruf schrieb Günther Rühle (›FAZ‹, 30. 1. 1979): »In dem harten Kerl steckte eine weiche Seele, und je mehr man von dieser sah, umso mehr glaubte man daran, daß er sich die harte Seite seiner Auftritte abgetrotzt hatte. Seine Vielseitigkeit war doch auch ein Vermögen, viele Seiten der Natur zu zeigen. Je älter er wurde, umso mehr entdeckte man in Deltgen einen reichen Schauspieler, der bald nicht mehr mit der Summe seiner Rollen als Alleskönner, sondern mit einer einzigen sich einprägen wollte. Wo er ehedem eher mitriß oder herausforderte, wirkte er nun leise, behutsam und weich durch genaue Ausarbeitung. Ehemals prägte es sich ein durch seinen schiebenden Gang, zuletzt durch ein Flackern und Fragen seiner Augen. In allen starken Verwandlungen blieb seine Stimme ein unverwandelbares Zeichen: Sie war belegt, rauh, konnte alles verschleifen.«

Dene, Kirsten, geb. 16. 3. 1943 in Hamburg. Schauspielerin. Absolvierte die Staatliche Hochschule für Musik und darstellende Kunst in Hamburg bei Eduard Marcks. 1961–1963 Engagement am Theater der Stadt Essen; 1963–1970 Städtische Bühnen Frankfurt a. M.; 1970–1972 Staatliche Schauspielbühnen Berlin und 1972 als Gast am Theater Bonn; von 1972 bis 1979 am Württembergischen Staatsschauspiel Stuttgart, sie gehörte zu Claus Pey-

manns Ensemble und wurde dessen und Alfred Kirchners Protagonistin. Hier u. a.: Dora in Camus' ›Die Gerechten‹ (1976, R. Peymann); Jim Boy in Paul Abrahams ›Die Blume von Hawaii‹ (1976, R. Alfred Kirchner); Titelrolle in Goethes ›Iphigenie‹ (1977) und Clara in Thomas Bernhards ›Vor dem Ruhestand‹ (1979, R. jeweils Peymann). 1979 wechselte Kirsten Dene mit Peymann (und dem größten Teil des Ensembles) ans Theater Bochum, wo sie 1981 in Alfred Kirchners Inszenierung von Brechts ›Mutter Courage und ihre Kinder‹ die Titelrolle spielte. Im selben Jahr sah man sie als Leonore Sanvitale in Goethes ›Torquato Tasso‹ (R. Peymann). 1982 spielte sie die Thusnelda in Peymanns Inszenierung von Kleists ›Hermannsschlacht‹. Während dieser Zeit Zusammenarbeit mit Peymann auch bei den Salzburger Festspielen, in den Uraufführungen von Thomas Bernhards ›Theatermacher‹ (1985) und ›Ritter, Dene, Voss‹ (1986). 1986 ging sie mit Peymann ans Wiener Burgtheater. Dort spielte sie 1987 in seiner Inszenierung von Shakespeares ›Richard III.‹ Weitere Rollen in Wien: Caliban in Shakespeares ›Sturm‹ (1988); Anna in der Uraufführung von Bernhards ›Heldenplatz‹ (1988, R. jeweils Peymann); Frau John in Hauptmanns ›Die Ratten‹ (1989, R. Peter Palitzsch); Lady Macbeth in Shakespeares ›Macbeth‹ (1992, R. Peymann). Über diese Darstellung schrieb C. Bernd Sucher in der ›Süddeutschen Zeitung‹ (17. 2. 1992): »Kirsten Dene, von Moidele Bickel in schöne, schlichte, schwarze und rote Roben gekleidet, traut sich weiter. Sie geht den Weg vom Machtwahn in den Zerstörungsirrsinn. Sie ist wundervoll machtgeil, wirft sich auf den Brief, der Ruhm und Herrschaft verheißt, wie auf einen Mann; sie rast und wütet, findet für die Verführungen die sadistischsten Töne und Gebärden, kanzelt ab wie eine Oberlehrerin, verstellt sich. Diese Lady gibt Macbeth, was er braucht: mal die fordernde Mutter, mal die beleidigte Geliebte, mal die herrische und zugleich verzeihende Königin. Ihre Tollheit: eine Arie. Kirsten Dene singt sie ohne Verdische Sentimentalität. Sie sucht gewaltsam das Ende. Sie sagt nicht, wie Macbeth, daß sie

›die Sonne langsam satt‹ habe, ›und will, daß diese Welt ihr Ende hat‹: Sie spielt diesen Endsieg-Gedanken, der nicht vor der Vernichtung halt macht.« 1993 spielte sie neben Traugott Buhre in der Uraufführung von Peter Turrinis ›Alpenglühen‹ (R. Peymann) die Frau – und die Kritiker lagen ihr wieder einmal zu Füßen. C. Bernd Sucher in der ›Süddeutschen Zeitung‹ (19. 2. 1993): »Kirsten Dene reißt den Abend raus, vor dem mir bei der Lektüre eher grauste. Sie ist Ereignis wie schon lange nicht mehr. Sie muß sich ja nur auf der Pritsche räkeln und mißmutig brummen, weil sie nicht aufgeweckt werden will, schon sind wir hellwach. Gierig warten wir auf neue Grunzlaute und hoffen, daß sie zu sprechen beginnt. Ihre Nutte protzt mit der Rotzigkeit von billigen Gassengören und glänzt mit der verführerischen Arroganz von hochdotierten Callgirls. (. . .) Sie schafft es, daß das Ordinäre erstrebenswert erscheint, das Billige teuer, das Bürgerliche fad. Wenn sie das Wort ›Benehmen‹ sagt, dann würgt sie Buchstabe um Buchstabe, als zwinge sie sich, die allergrößte Perversion auszusprechen. Und doch hören wir den Spaß an der Sauerei, ausgerechnet ›Benehmen‹ für Schweinkram zu halten.« Ebenfalls 1993 spielte die Dene die Porzellan-Geschäftsbesitzerin in der Uraufführung von Botho Strauß' ›Das Gleichgewicht‹ (Salzburger Festspiele, R. Luc Bondy). Kirsten Denes Mitwirkung im Film u. a.: 1983 in Walter Bockmayers ›Kiez‹, 1993 in Herbert Achternbuschs ›Ich bin da, ich bin da‹.
Literatur: H. Beil (u. a.) (Hrsg.): Das Bochumer Ensemble. Ein deutsches Stadttheater 1979–1986. Königstein 1986; C. B. Sucher: Theaterzauberer. Schauspieler. 40 Porträts. München, Zürich 1988.

Dermon, Anne-Marie, geb. 16. 6. 1944 in Zürich. Schauspielerin. Schauspielschule Zürich und Debüt am Zürcher Schauspielhaus. Weitere Stationen: Nationaltheater Mannheim (1964–1967); Bayerisches Staatsschauspiel München (1967–1972), hier u. a. als Donna Siebenschwert in Claudels ›Der ˉseidene Schuh‹ (R. Hans Lietzau), Virgilia in Shakespeares ›Coriolan‹ (R. Hans Hollmann). Seit 1972 En-

semblemitglied des Zürcher Schauspielhauses. Wichtige Rollen: Virginia in Brechts ›Das Leben des Galilei‹ (1972, R. Harry Buckwitz); Glafira in Gorkis ›Jegor Bulytschow und die anderen‹ (1973, R. Manfred Wekwerth); Rikke in Zuckmayers ›Der Rattenfänger‹ (UA 1975, R. Leopold Lindtberg); Gräfin Geschwitz in Wedekinds ›Lulu‹ (1976, R. Hans Neuenfels); Lotte in Botho Strauß' ›Groß und klein‹ (1979, R. Hollmann); Prothoe in Kleists ›Penthesilea‹ (1984, R. Hollmann); Lady Milford in Schillers ›Kabale und Liebe‹ (1988, R. Gerd Heinz); Frau Ill in Dürrenmatts ›Der Besuch der alten Dame‹ (1994).

Deutsch, Ernst, geb. 16. 11. 1890 in Prag, gest. 22. 3. 1969 in Berlin. Schauspieler. Erstes Engagement an der Wiener Volksbühne (1914), danach Dresdner Albert-Theater, schließlich an mehreren Berliner Bühnen (Deutsches Theater bei Max Reinhardt, Barnowsky Bühnen, Theater am Schiffbauerdamm). 1939–1946 Emigration; arbeitete an Bühnen der USA in deutsch- und englischsprachigen Aufführungen. Kehrte 1947 nach Deutschland zurück und spielte 1955 am Schiller-Theater die Titelrolle in Schnitzlers »Professor Bernhardi‹; 1954 bei den Ruhrfestspielen Recklinghausen (und danach am Schiller-Theater Berlin und am Düsseldorfer Schauspielhaus) die Titelrolle in Lessings ›Nathan der Weise‹; 1961 den Clausen in Hauptmanns ›Vor Sonnenuntergang‹ und den Shylock in Shakespeares ›Der Kaufmann von Venedig‹; 1967 Schnitzlers ›Professor Bernhardi‹ (Burgtheater Wien); 1968 nochmals Clausen in ›Vor Sonnenuntergang‹ (Luzerner Festwochen). Seit 1916 Mitwirkung in zahlreichen Filmen, u. a. in Pabsts ›Der Prozeß‹ und Carol Reeds ›Der dritte Mann‹. In seinem Nachruf schrieb Wolfgang Drews (›FAZ‹, 24. 3. 1969): »Nach der Rückkehr war der feurige Ephebe in das Charakterfach aufgestiegen, aber noch federte der schlanke Körper, noch leuchteten die Augen unter weißem Haar. Die reichen Gaben, geistig verfeinert und elegisch umschattet, kamen den großen Liebenden, Hassenden, Kämpfenden zugute. (. . .) Die noble Haltung, die den

Devrient

Schauspieler und Menschen Ernst Deutsch auszeichneten, rechtfertigte den unerbittlichen Dämon Shylock, der, ungebeugt in seiner Niederlage, die antisemitische Rotte besiegte. Der Weise Nathan, ein Philosoph mit praktischer Tüchtigkeit, ein Weltmann von Lessing-Format, beherrschte frei und klug, sehr herzlich und leicht ironisch ›unser geistreichstes Lustspiel‹, wie Hofmannsthal sagt.«
Literatur: H. Reinhardt (Hrsg.): Das bin ich. E. Deutsch, T. Durieux, W. Haas u. a. erzählen ihr Leben. München 1970; H. Zehder: Ernst Deutsch. Berlin 1960; G. Zirier: Ernst Deutsch und das deutsche Theater. Berlin 1966.

Devrient, Ludwig, geb. 15. 12. 1774 in Berlin, gest. 30. 12. 1832 ebenda. Schauspieler. 1804 bei einer Wandertruppe; 1805–1809 am Hoftheater Dessau; 1809–1814 Breslau. 1814 engagierte August Wilhelm Iffland ihn ans Königliche Schauspielhaus Berlin, wo er die größten Erfolge hatte als Shylock in Shakespeares ›Der Kaufmann von Venedig‹ (1815) und als Falstaff in Shakespeares ›Die lustigen Weiber von Windsor‹ (1817). Devrient besaß die seltene Gabe – auch als Franz Moor in Schillers ›Die Räuber‹, seiner Lieblingsrolle –, sich völlig mit seiner Figur zu identifizieren; er besaß eine Fähigkeit zur Selbstentäußerung.
Literatur: G. Altmann: Ludwig Devrient. Berlin 1926; J. Bab: Die Devrients. Berlin 1932; W. Drews: Die Großen des Deutschen Schauspiels. Berlin 1941; J. Bab: Kränze der Mimen. Emsdetten 1944.

Diamantstein, Eva, geb. 1954 in München. Regisseurin. 1975–1981 Studium der Malerei an der École des Beaux-Arts in Paris und an der Kunstakademie Stuttgart. 1982–1985 Regieassistenzen u. a. bei Achim Freyer und George Tabori. Erste eigene Inszenierungen 1982 am Theater Essen: Albees ›Die Zoogeschichte‹; Herbert Achternbuschs ›Die Olympiasiegerin‹. Danach am Freiburger Theater: 1985 Wolfgang Bauers ›Magic Afternoon‹ und Brechts ›Die Kleinbürgerhochzeit‹; 1986 Heinar Kipphardts ›Bruder Eichmann‹. 1988 am Stadttheater Konstanz Caryl Churchills ›Top

Girls‹ und am Zürcher Neumarkttheater Judith Hertzbergs ›Und/Oder‹. 1988/89 Arbeiten am Nationaltheater Mannheim; 1991–1994 vor allem Inszenierungen am Deutschen Theater Göttingen, u. a.: Taboris ›Kannibalen‹ (1991), Schillers ›Die Jungfrau von Orléans‹ (1992) und Lessings ›Nathan der Weise‹ (1994).

Diaz, Jorge, geb. 20. 2. 1930 in Rosario (Argentinien). Argentinischer Architekt, Maler, Schauspieler und Dramatiker. Diaz lebt seit 1965 in Spanien. Er verfaßte zahlreiche Dramen, von denen nur wenige ins Deutsche übersetzt sind. Mit schwarzem Humor beschreibt er in seinen Stücken die Absurdität der modernen Welt.
Stücke: ›Diese ganze lange Nacht‹; ›Glanz und Tod des Pablo Neruda‹ (beide o. J.).

Diderot, Denis, geb. 5. 10. 1713 in Langres, gest. 31. 7. 1784 in Paris. Französischer Dramatiker, Erzähler, Philosoph. Diderot widmete einen wesentlichen Teil seines Lebens der Verfassung der ›Enzyklopädie‹ (1751–1780), einer Geschichte des europäischen Denkens und Zusammenfassung des damaligen Wissens, für die er allein mehrere tausend Artikel schrieb; zuerst unter Mitarbeit von D'Alembert, vom 8. Band an allein. Neben diesem Monumentalwerk verfaßte Diderot zahlreiche weitere Schriften, von denen einige erst postum veröffentlicht wurden. Als berühmtestes Werk gilt ›Rameaus Neffe‹ (1760–62), das 1805 erstmals in Goethes Übersetzung erschien: ein Dialog, in dem die Anschauungen Diderots über Dichtung und Musik zum Ausdruck kommen; in den sechziger Jahren des 20. Jahrhunderts auch als Stück gespielt (1963 Bearbeitung von Tankred Dorst: ›Diderot, Rameaus Neffe‹). Diderot schrieb bürgerliche Dramen, die wenig erfolgreich waren: ›Der natürliche Sohn‹ (1757) und ›Der Familienvater‹ (1760), beide übersetzt von Lessing. Ergänzt wurden diese Stücke durch seine theoretischen Schriften über das Drama und die Schauspielkunst: ›Unterhaltungen über den »natürlichen Sohn«‹ (1757), ›Abhandlung über dramatische Dichtung‹ (1758), ›Paradox über den Schauspieler‹ (1778), sowie den von Goethe übersetzten

Essay ›Diderot's Versuch über die Mahlerey‹ (1765). Außerdem Erzählungen und Sittenromane, u. a. ›Jakob, der Fatalist, und sein Herr‹ (postum 1788).
Literatur: H. Dieckmann: Diderot und Goldoni. Krefeld 1961; ders.: Diderot und die Aufklärung. Stuttgart 1972.

Diebold, Bernhard, geb. 6. 1. 1886 in Zürich, gest. 9. 8. 1945 ebenda. Schauspieler, Dramaturg, Kritiker. Studium der Theaterwissenschaft in Berlin. Bevor er 1917 Kritiker der ›Frankfurter Zeitung‹ wurde, arbeitete er als Dramaturg und Schauspieler am Burgtheater Wien und am Münchner Schauspielhaus.
Literatur: B. Diebold: Der Denkspieler Georg Kaiser. Frankfurt a. M. 1924; ders.: Anarchie im Drama. Berlin 1928; ders.: Der Fall Wagner. Eine Revision. Frankfurt a. M. 1928; ders.: Das Reich ohne Mitte. Roman. Zürich, New York 1938; V. Hesse: Das theaterkritische Werk Bernhard Diebolds. Diss. Wien 1971.

Diedrich, Hans Jürgen, geb. 30. 4. 1923 in Stralsund. Schauspieler. Ausbildung an der Schauspielschule der Städtischen Bühnen Hamburg-Harburg, wo er 1947 debütierte (und bis 1954 blieb). Danach Arbeit als Kabarettist, zuerst in der Gruppe »Die Amnestierten« in Kiel (1955–1956); 1956 gehörte er zu den Gründungsmitgliedern der Münchner Lach- und Schießgesellschaft (mit Dieter Hildebrandt, Klaus Havenstein, Ursula Herking), blieb dort bis 1970. Von 1972 bis 1986 gehörte er zum Ensemble des Bayerischen Staatsschauspiels München, spielte u. a. in Kurt Wilhelms ›Der Brandner Kaspar‹ (1973); Peter Handkes ›Die Unvernünftigen sterben aus‹ (1975); den Hoperoft in Alan Ayckbourns ›Frohe Feste‹ (1975); den Fairchild in Brechts ›Mann ist Mann‹ (1977); die Titelrolle in Zuckmayers ›Der Hauptmann von Köpenick‹ (1980); Vater Bachelet in Marcel Pagnols ›Zinsen des Ruhms‹ (1983). Danach arbeitete Diedrich frei, spielte u. a. am Münchner Volkstheater nochmals den Schuster Voigt im ›Hauptmann von Köpenick‹ (1986) und in mehreren Fernsehfilmen. Zu seinem 70. Geburtstag schrieb Eva-Elisabeth Fischer (›SZ‹, 30. 4.

1993): »Es kommt einem vor, als habe er die wippende Knickbeinigkeit erfunden. Die Stirn wirft Falten und macht aus dem Rundkopf ein altes Kindergesicht. Den Oberkörper gerade nach vorn geneigt, den Blick von unten nach oben gerichtet und den Mund wie zum Pfiff gespitzt, so nähert sich Hans Jürgen Diedrich seinen Bühnenpartnern. Es liegt etwas Fragendes und zugleich Abwartendes in dieser Haltung, auch etwas Herausforderndes. Vom ›pfiffigen Kleinen‹ hat er sich mit den Jahren zum kleinen Mann der leisen Töne entwikkelt. In seinen Schauspielertraum ist er hineingereift, vom jungen, frechen Kabarettisten der 60er Jahre zum Schuster im ›Hauptmann von Köpenick‹.«
Literatur: K. P. Schreiner: Die Zeit spielt mit. Geschichte der Lach- und Schießgesellschaft. München 1976; K. Budzinski: Pfeffer ins Getriebe. Ein Streifzug durch 100 Jahre Kabarett. München 1984; ders.: Wer lacht denn da? Kabarett von 1945 bis heute. Braunschweig 1989.

Diekhoff, Marlen, geb. in Bremerhaven. Schauspielerin. Ausbildung an der Hochschule für Musik und Theater in Hannover. Debüt am Niedersächsischen Landestheater Hannover. Hier spielte sie die Jessica in Shakespeares ›Der Kaufmann von Venedig‹ (1963, R. Peter Palitzsch). Weitere Stationen: Württembergisches Staatstheater Stuttgart, Städtische Bühnen Frankfurt a. M. (1972–1978); hier spielte sie u. a. die Flamina in Luc Bondys Inszenierung von Marivaux' ›Unbeständigkeit der Liebe‹. 1979/ 80 Engagement am Theater Bremen, seit 1980 im Ensemble des Deutschen Schauspielhauses Hamburg, wo sie u. a. die Olga in Tschechows ›Drei Schwestern‹ (1980, R. Niels-Peter Rudolph) spielte, die Blanche in Tennessee Williams' ›Endstation Sehnsucht‹ (1982, R. Peter Löscher), die Verwalterin in Peter Handkes ›Über die Dörfer‹ (1982, R. Rudolph), die älteste Schwester in Brian Friels ›Lughnasa Tanz‹ (1991, R. Michael Bogdanov). 1992 sah man sie in Uwe Schraders Film ›Mau Mau‹.
Literatur: G. Loschütz/H. Laube (Hrsg.): War da was? Theaterarbeit und Mitbestimmung am Schauspiel Frankfurt a. M. 1972–1980. Frankfurt a. M. 1980.

Dieterle

Dieterle, Wilhelm (auch William), geb. 15. 7. 1899, gest. 10. 12. 1972 in Ottobrunn. Schauspieler und Regisseur. Arbeitete an den Bühnen von Heidelberg, Zürich, München (Residenztheater, 1919), Berlin (Volksbühne, 1919; Deutsches Theater 1920/21). Von 1930 bis 1958 in den USA. 1960 inszenierte er den Salzburger ›Jedermann‹ (Hofmannsthal); von 1961 bis 1965 leitete er die Festspiele in Bad Hersfeld; von 1968 bis zu seinem Tod leitete er das Tourneetheater Der grüne Wagen. Seit 1921 Filmrollen. 1932–1957 inszenierte er in Hollywood Filme, u. a.: ›Émile Zola‹ (1937); ›Der Glöckner von Notre-Dame‹ (1939); und in Deutschland: ›Herrin der Welt‹ (1959), ›Die Fastnachtsbeichte‹ (1960).

Dietrich, Marlene (eigtl. Maria Magdalena von Losch), geb. 27. 12. 1902 in Berlin, gest. 6. 4. 1992 in Paris. Schauspielerin. Ausbildung am Max-Reinhardt-Seminar in Wien. Spielte von 1922 bis 1929 an verschiedenen Berliner Bühnen. Seit 1929 arbeitete sie ausschließlich beim Film; enge Zusammenarbeit mit Willi Forst. Der Durchbruch gelang ihr mit der Rolle der Lola-Lola in ›Der blaue Engel‹ (1930, R. Josef von Sternberg). Danach ging sie mit von Sternberg in die USA, arbeitete aber auch mit Ernst Lubitsch, René Clair, Alfred Hitchcock und Fritz Lang. In seinem Nachruf schrieb Werner Burkhardt (›SZ‹, 8. 5. 1992): »›Selbst wenn sie nichts als ihre Stimme hätte, könnte sie einem damit das Herz brechen.‹ Von Marlene Dietrich (...) ist hier die Rede, und der Mann, der diese Worte sprach, war Ernest Hemingway. Ein solches Urteil, eine so rein akustisch gefaßte Liebeserklärung, verblüfft zunächst, weil man es sich angewöhnt hat, in diesem Vamp aller Vamps vor allem das Bild zu sehen, die Ikone einer fast hermetischen Künstlichkeit.«
Literatur: M. Dietrich: Ich bin, Gott sei Dank, Berlinerin. Frankfurt a. M. 1987; Marlene Dietrich: Porträts 1926–1960. München 1984; C. Zucker: The idea of the image. Josef Sternberg's Dieterich films. Diss. Madison 1988; S. Bach: Marlene Dietrich. Life and legend. New York 1992; F. Hessel: Marlene Dietrich. Ein Porträt.

Berlin 1992; F. Ostrowski (Hrsg.): Adieu Marlene. Ein Nachruf aus Deutschland. Berlin 1992; M. Riva: Meine Mutter Marlene. München 1992; D. Spoto: Marlene Dietrich. Biographie. München 1992.

Dingelstedt, Franz von, geb. 30. 6. 1814 in Halsdorf, gest. 15. 5. 1881 in Wien. Dramaturg, Regisseur und Theaterleiter. 1846–1851 Dramaturg am Hoftheater Stuttgart, 1852–1857 Intendant des Hoftheaters München; 1857–1867 Intendant des Hoftheaters Weimar; hier inszenierte er 1864 alle Shakespeareschen Königsdramen. 1867 Direktor der Hofoper Wien; 1870–1871 Direktor des Wiener Burgtheaters. Beschäftigte für seine prunkvollen, im historischen Stil gehaltenen Inszenierungen den Maler W. v. Kaulbach. Dingelstedt schrieb auch Lyrik und Novellen und übersetzte Shakespeare. Zu Dingelstedts Umzug von Stuttgart nach München dichtete Heine: »Mißgelaunt, sagt man, verließ er/ Stuttgart an dem Neckarstrand,/ Und zu München an der Isar/ Ward er Schauspielintendant.«
Literatur: F. Dingelstedt: Sämtliche Werke. 12 Bde. Berlin 1877; R. von Gottschall: Franz Dingelstedt. Porträt. Berlin 1885; H. Knudsen: Franz Dingelstedt (1814–1881). Marburg 1940; Ch. Chalaupka: Franz von Dingelstedt als Regisseur. Diss. Wien 1957.

Döblin, Alfred, geb. 10. 8. 1878 in Stettin, gest. 28. 6. 1957 in Emmendingen. Schriftsteller. Nach dem Medizinstudium war Döblin von 1914 bis 1918 Militärarzt, später Nervenarzt in Berlin. 1933 Verbot seiner Bücher, daraufhin ging er in die Emigration, zunächst nach Frankreich, 1940 in die USA. 1945 Rückkehr nach Deutschland, seit 1953 wieder in Frankreich. 1910 war Döblin Mitbegründer der expressionistischen Zeitschrift ›Der Sturm‹. Bekannt wurde er durch seinen sozialkritischen Roman ›Berlin Alexanderplatz‹ (1929) und ›Die drei Sprünge des Wang-lun‹ (1915), der Brecht zu seinem Stück ›Mann ist Mann‹ inspirierte. Seinen Theaterstücken war kein Erfolg beschieden.

Stücke: ›Lusitania‹ (1920); ›Die Nonnen von Kemnade‹ (1923); ›Das Wasser‹ (1930), ›Die Ehe‹ (1931).
Literatur: K. Müller-Salget: Alfred Döblin. Werk und Entwicklung. Bonn 1988; F. Mutschler: Alfred Döblin: Autonomie und Bindung. Untersuchung zu Werk und Person bis 1933. Frankfurt a. M. 1933.

Dohm, Gaby, geb. 23. 9. 1943 in Salzburg. Tocher von Heli Finkenzeller und Will Dohm. Schauspielerin. Unterricht bei Else Bongers in Berlin. Debüt am Düsseldorfer Schauspielhaus; 1964 spielte sie dort das Gretchen in Goethes ›Faust‹. Von 1966 bis 1984 am Bayerischen Staatsschauspiel; wichtige Rollen: Lucy in George Farquhars ›Werbeoffizier‹ (1966, R. Axel von Ambesser); Kathi in Nestroys ›Der Zerrissene‹ (1972, R. Gustav Manker); Gretchen in Goethes ›Faust‹ (1974, R. Michael Degen); Erna Wahl in Schnitzlers ›Das weite Land‹ (1974, R. Kurt Meisel); Dorine in Molières ›Tartuffe‹ (1979) und Frau Elvstedt in Ibsens ›Hedda Gabler‹ (1979, R. jeweils Ingmar Bergman). Einer größeren Öffentlichkeit wurde sie bekannt als Frau Dr. Brinkmann in der ›Schwarzwaldklinik‹-Fernsehserie.

Dohm, Will, geb. 8. 4. 1898 in Köln, gest. 28. 11. 1948 in München. Schauspieler. Debütierte am Theater in Mülhausen (Thüringen). Weitere Stationen: Aachen, Köln, Stuttgart. 1928–1937 an den Münchner Kammerspielen, hier: Leguerche in Georg Kaisers ›Oktobertag‹ (1928). 1937–1945 Staatstheater Berlin, u. a. als Sosias in Lothar Müthels Inszenierung von Kleists ›Amphitryon‹ (1937). Hierzu K. H. Ruppel in ›Großes Berliner Theater‹ (1962): »Sosias ist Will Dohm, bezaubernd in der Mischung aus Treuherzigkeit, Vorwitz, Eifer und Bekümmertheit.« Nach 1945 wieder an den Münchner Kammerspielen. Arbeitete viel für den Film.

Doll, Birgit, geb. 9. 3. 1956 in Wien. Schauspielerin. Ausbildung am Max-Reinhardt-Seminar in Wien, Regieassistenzen. Debüt 1976 am Landestheater Salzburg. Weitere Stationen: Theater in der Josefstadt Wien (1977), Ernst-Deutsch-Theater Hamburg (1978), Schauspielhaus Zürich (1979), Salzburger Festspiele: Erna in Maximilian Schells Inszenierung von Schnitzlers ›Das weite Land‹ (1979); 1981 Lucile in Rudolf Noeltes Inszenierung von Büchners ›Dantons Tod‹ (1981); Elvire in Ingmar Bergmans Inszenierung von Molières ›Dom Juan‹ (1983). Staatliche Schauspielbühnen Berlin: Eve in Kleists ›Der zerbrochne Krug‹ (1980, R. Hans Lietzau). Von 1980 bis 1988 gehörte sie zum Ensemble des Bayerischen Staatsschauspiels München; hier spielte sie u. a.: Karoline in Horváths ›Kasimir und Karoline (1980, R. Frank Baumbauer); Cordelia in Shakespeares ›König Lear‹ (1984, R. Lietzau); Ariel in Woody Allens ›A Midsummernight's Sex Comedy‹ (1986, R. Volker Hesse). 1990 spielte sie am Wiener Volkstheater die Titelrolle in Grillparzers ›Libussa‹. Birgit Doll arbeitet auch für das Fernsehen und den Film (u. a. in Gabi Kubachs ›Trauma‹, in Duccio Tessaris Simmel-Verfilmung ›Bitte laßt die Blumen leben‹, 1986).

Doll, Hans Peter, geb. 1925 in Offenbach, Main. Dramaturg und Theaterleiter. Studium der Literatur und Theatergeschichte in Frankfurt a. M.. Von 1947 bis 1961 Dramaturg u. a. an den Städtischen Bühnen Frankfurt a. M., am Staatstheater Braunschweig, am Bochumer Schauspiel und am Staatstheater Hannover. 1962–1966 Intendant der Städtischen Bühnen Heidelberg; 1967–1972 Generalintendant am Staatstheaters Braunschweig; 1972–1985 Generalintendant der Württembergischen Staatstheater Stuttgart; 1989–1991 Interimsintendant des Schauspielhauses Frankfurt a. M. Doll hat sich vor allem in seiner Heidelberger und Braunschweiger Zeit sehr um junge Regisseure, Schauspieler und Bühnenbildner gekümmert und schon früh zusammengearbeitet mit Claus Peymann, Niels-Peter Rudolph, Gert Voss, Ulrich Wildgruber und Karl-Ernst Herrmann.
Literatur: H. P. Doll: Hans Schalla. Hrsg. v. Schauspielhaus Bochum. Bochum 1983; ders.: Stuttgarter Theaterarbeit 1972–1985. Hrsg. v. den Württembergischen Staatstheatern Stuttgart. Stuttgart 1985; ders./G. Erken: Theater. Eine illustrierte Geschichte

Domin

des Schauspiels. Stuttgart, Zürich 1985;
H. P. Doll (Hrsg.): Mein erstes Engagement. Theaterleute erinnern sich. Stuttgart
1988; ders.: Vorhang zu! Geschichten eines Theatermachers. Stuttgart 1990;
W. Schwinger/R. Quati (Hrsg.): Hans Peter
Doll zum 60. Geburtstag. Württembergische Staatstheater Stuttgart. Stuttgart 1985.

Domin, Friedrich, geb. 15. 5. 1902 in
Beuthen, gest. 17. 12. 1961. Schauspieler
und Regisseur. Ausbildung an der Max-Reinhardt-Schule in Berlin. Debüt am
Neuen Theater Berlin, danach Theater
Kassel; von 1934 bis 1961 Schauspieler
und Regisseur an den Münchner Kammerspielen; wichtige Rollen: Prospero in
Shakespeares ›Der Sturm‹ (1946); Titelrolle in Goethes ›Faust‹ (1949); Titelrolle in
Lessings ›Nathan der Weise‹ (1957).
Wichtige Inszenierungen u. a.: Hebbels
›Maria Magdalena‹ (1936); Hauptmanns
›Der Biberpelz‹ (1938); Axel von Ambessers ›Lebensmut zu hohen Preisen‹ (1944);
Shakespeares ›Macbeth‹ (1945); Claudels
›Der seidene Schuh‹ (1947).

Domröse, Angelica, geb. 4. 4. 1941 in
Berlin. Schauspielerin. Von 1959 bis 1961
Schauspielausbildung an der Babelsberger
Film-Hochschule. 1961–1967 am Berliner
Ensemble, u. a. die Polly in Brecht/Weills
›Die Dreigroschenoper‹ (R. Erich Engel).
Von 1967 bis 1979 im Ensemble der
Volksbühne Berlin. Danach als Gast am
Thalia Theater in Hamburg; hier spielte sie
u. a. 1980 die Helena in Goethes ›Faust II‹
(R. Boy Gobert), und Joachim Kaiser
schrieb in der ›Südeutschen Zeitung‹
(21. 1. 1980):»Die marmorschöne Angelica Domröse stieg appetitlich Treppen auf
und nieder. Ihre Helena kam nicht aus euripideischer Klassizität, sondern aus Ostberlin. Sie sprach ihre berühmten antikisierenden Trimeter intelligentgenau, zielbewußt und mit brandenburgischem Pfiff.
Eine hübsche, flott-selbstbewußte DDR-Studienrätin, die sich sechstaktiger Verse
befleißigte, immer präsent blieb, eine interessante Gegenspielerin war und nur bei
ihren positiv vertraulichen Momenten ein
wenig ins Harmlose glitt.« 1980 kam die
Domröse in den Westen, engagiert von
Boy Gobert an die Staatlichen Schauspielbühnen Berlin. Hier spielte sie u. a. die Titelrolle in Wedekinds ›Lulu‹ (1981,
R. Nikolas Brieger); Frau Quangel in der
Savary-Zadek-Fallada-Revue ›Jeder stirbt
für sich allein‹ (1981, R. Zadek); Cäcilie in
Goethes ›Stella‹ (1982, R. Ernst Wendt).
1986 spielte sie im Schauspiel Bochum die
Charlotte in der deutschen Erstaufführung
von Lars Noréns ›Nachtwache‹ (R. Alfred
Kirchner); darüber schrieb C. Bernd Sucher (›SZ‹, 8. 4. 1986):»Die Domröse hat
für jede Haltung Töne, Bewegungen, Gesten. Sie ist lüstern, keck, geil, monströs,
abstoßend-widerlich. Sie baut diese Frau
zu einer griechischen Rachegöttin auf, um
gleich darauf zusammenzufallen, als sei
diese Heroinen-Tenue nur Verkleidung
gewesen. (...) Die Domröse verwandelt
sich rasch, wird binnen Minuten vom
Schulmädchen zur Nutte. (...) Sie ist zauberhaft.« Weitere Theaterrollen u. a.: Titelrolle in Gaston Salvatores ›Stalin‹ (1988,
Burgtheater Wien, R. George Tabori); Klara in Thomas Braschs ›Frauen. Krieg.
Lustspiel‹ (1988, Wiener Festwochen,
R. Tabori). 1992 gab Angelica Domröse
ihr Regie-Debüt am Meininger Theater.
Filmrollen in ›Effi Briest‹ (1972, R. Wolfgang Luderer), ›Paul und Paula‹ (1974,
R. Heiner Carow), ›Hurenglück‹ (1991,
R. Detlef Rönfeldt).
Literatur: C. Funke/D. Kranz: Angelica
Domröse. Berlin 1976; F. Blum: Angelica
mit C. Die Schauspielerin Angelica Domröse. Frankfurt a. M. 1992.

Dorfman, Ariel, geb. 6. 5. 1942 in Argentinien als Sohn eines Ingenieurs und Wirtschaftswissenschaftlers. Schriftsteller.
Dorfman wuchs in den USA auf, bevor die
Familie Mitte der fünfziger Jahre nach
Chile zog, wo Dorfman bis 1973 als Unterstützer der Politik Allendes lebte und
danach ins Exil gehen mußte. Als Professor für Lateinamerikanistik unterrichtete er
an der Duke University in Durham, North
Carolina, wo er auch lebt. Trat vor allem
als Essayist und Literaturkritiker in Erscheinung. In ›Wie man Donald Duck lesen muß‹ (Essay 1971) analysiert er die
Mechanismen der Manipulation durch die
Massenmedien in Lateinamerika. Erzäh-

lungen erschienen in diversen Zeitschriften, eine Auswahl auf deutsch: ›Der Tyrann geht vorüber‹ (1980); außerdem veröffentlichte Dorfman Romane, u. a. ›Mauren an der Küste‹ (1969). Internationalen Erfolg erzielte er mit seinem Stück ›Der Tod und das Mädchen‹ (1991), das in London und New York in Starbesetzung uraufgeführt wurde, in Deutschland jedoch trotz vieler Aufführungen umstritten blieb. »Auf die chilenische Situation zugeschnitten ist Ariel Dorfmans Stück (. . .), das der Renner der Saison wird. An die dreißig Theater wollen das Stück aufführen (. . .) Dorfman (. . .) stellt darin Fragen, die den politisch gebrannten Kindern dieses Jahrhunderts auf den Nägeln brennen: Wie leben Täter und Opfer miteinander? Welche Spätfolgen hat das Unrecht? Darf ein Opfer die Justiz selbst in die Hand nehmen? Aber Fragen stellen ist das eine; eine künstlerische Antwort darauf zu finden das andere. Dorfmans Drei-Personen-Stück ist ein wackeres, ausgeklügeltes Bewältigungsdrama, teils Polit-Thriller, teils Beziehungskiste, geschrieben in einem schlichten Realismus, den wir hierzulande längst dem Fernsehen überlassen haben.« (Renate Schostack, ›FAZ‹, 13. 10. 1992, zur DE ›Der Tod und das Mädchen‹, Residenztheater München. R. Volker Hesse)
Literatur: M. Merschmeier. Das Gespräch: Ariel Dorfman. In: Theater heute, Heft 10, 1992, S. 15ff.

Dorn, Dieter, geb. 31. 10. 1935 in Leipzig. Schauspieler, Regisseur, Intendant. 1954–1956 Studium der Theaterwissenschaften an der Theaterhochschule Leipzig. 1956–1958 Schauspielausbildung bei Hilde Körber und Lucie Höflich an der Max-Reinhardt-Schule in Berlin. 1958–1968 Schauspieler, Dramaturg und Regisseur am Landestheater Hannover; 1968–1970 Regisseur in Essen und Oberhausen; 1972–1975 Regisseur an den Staatlichen Schauspielbühnen Berlin; 1976–1983 Oberspielleiter an den Münchner Kammerspielen; seit 1983 dort Intendant. Die wichtigsten Inszenierungen: Christopher Hamptons ›Der Menschenfreund‹ (1971, Deutsches Schauspielhaus Hamburg); Thomas Bernhards ›Die Macht der Gewohn-

heit‹ (1974, Salzburger Festspiele); Tankred Dorsts ›Auf dem Chimborazo‹ (UA 1975, Schloßpark-Theater Berlin); Shakespeares ›Sommernachtstraum‹ (1978); Botho Strauß' ›Groß und klein‹ (1979), Goethes ›Iphigenie‹ (1981) und ›Tasso‹ (1985); Kleists ›Der zerbrochene Krug‹ (1986, Salzburger Festspiele). Hierüber schrieb C. Bernd Sucher (›SZ‹, 28. 7. 1986): »Dorns ›Zerbrochener Krug‹ ist derber, lauter, aufgekratzter als Hans Lietzaus großartige Inszenierung vor sechs Jahren in Berlin. Ist direkter. Hier verfertigt kaum jemand seine ›Gedanken beim Reden‹ (. . .). Hier werden Empörung, Bezichtigung und Rechtfertigung herausgeschrien, als bräche Lava aus Vulkanen. Diese Kraft ist der Mangel der Inszenierung, denn Kleists Sprache verliert dabei an Schönheit, an Genauigkeit, verliert auch viel von ihrem Witz. (. . .) Doch Dorns Interpretation ist deshalb keineswegs bloß eine hochbesetzte Volkstheater-Aufführung in der Nähe Dürrenmatts.« Weitere Inszenierungen u. a.: Goethes ›Faust I‹ (1987); Botho Strauß' ›Besucher‹ (1988) und ›Schlußchor‹ (UA 1991); dazu Joachim Kaiser in der ›Süddeutschen Zeitung‹ (4. 2. 1991): »Auf die heikle Frage, wie ›ernst‹ Botho Strauß genommen werden solle (. . .) hat Dieter Dorn in seiner Uraufführungs-Inszenierung eine ebenso skeptische wie plausible Antwort erteilt. Nicht bedeutsam aufgedonnertes Problem-Theater wollte er geben, das dann vielleicht blamabel zum überlangen Kabarett zusammensinkt, sondern lieber gleich hochbesetztes, durch Jürgen Roses vorzüglich bespielbare aseptische Bühnenräume verfremdetes Boulevardtheater, das sich womöglich unversehens mit Gewicht und mythologischer Gewalt belädt.« Weitere Arbeiten: Shakespeares ›Lear‹ (1992); Arthur Kopits ›Nirwana‹ (1992); Aischylos' ›Die Perser‹ (1993); Shakespeares ›Sturm‹ (1994). Operninszenierungen u. a.: Mozarts ›Die Entführung aus dem Serail‹ (1979, Staatsoper Wien); Richard Strauss' ›Ariadne auf Naxos‹ (1979, Salzburger Festspiele); Alban Bergs ›Wozzeck‹ (1982, Staatsoper München); Richard Wagners ›Der fliegende Holländer‹ (1990, Bayreuther Festspiele); Mozarts ›Così fan tutte‹

Dorsch

(1993, Münchner Opernfestspiele). Fünf Dorn-Inszenierungen wurden zum Berliner Theatertreffen eingeladen: 1971 Christopher Hamptons ›Der Menschenfreund‹ (Deutsches Schauspielhaus Hamburg); 1977 Lessings ›Minna von Barnhelm‹ (Münchner Kammerspiele); 1979 Botho Strauß' ›Groß und klein‹ (Münchner Kammerspiele); 1987 Shakespeares ›Troilus und Cressida‹ (Kammerspiele) und 1989 Strauß' ›Besucher‹ (Kammerspiele).
Literatur: H.-R. Müller/D. Dorn/E. Wendt: Theater für München. Ein Arbeitsbuch der Münchener Kammerspiele 1973–1983. München 1983; D. Dorn (u. a.): W. Shakespeare: Troilus und Cressida. Weinheim, Berlin 1987; H. Mainusch: Regie und Interpretation. Gespräche. München 1985; C. B. Sucher: Theaterzauberer. Von Bondy bis Zadek. 10 Regisseure des deutschen Gegenwartstheaters. München, Zürich 1990.

Dorsch, Käthe, geb. 29. 12. 1890 in Neumarkt (Oberpfalz), gest. 25. 12. 1957 in Wien. Schauspielerin. Debütierte 1906 am Theater Nürnberg; 1909 wurde sie an das Stadttheater Mainz engagiert, als Operettensoubrette; 1919 Residenztheater Berlin, dann Lessingtheater, Staatstheater, Künstlertheater, Volksbühne; 1935 Deutsches Theater, von 1936 bis 1938 wieder am Staatstheater, wo sie 1937 in Gustaf Gründgens' Inszenierung von Lessings ›Emilia Galotti‹ die Orsina spielte; dazu K. H. Ruppel in ›Großes Berliner Theater‹, 1962): »Es bleibt die Orsina Käthe Dorschs. Ein Ereignis des Theaters. Käthe Dorsch ist mit dieser Rolle die erste Charakterdarstellerin der deutschen Bühne geworden. Die ›tolle Orsina‹, die ›Närrin‹, heißt es von der verlassenen Geliebten des Prinzen. Gründgens hat den Mut, Käthe Dorsch die Rolle toll und närrisch spielen zu lassen. Sie kommt wie ein Bild von Gainsborough, in fließendem Gewand, mit bläulich schimmernder grauer Perücke und einem langen blauen Schleier, der, von ihren flatternden, zuckenden Händen gezerrt, wie eine Sturmwelle um sie flutet. Die Augen irren umher, ruhelos, lauernd, flehend, die ganze Gestalt bewegt sich manchmal wie in einem mänadischen Tanzschritt: das ist die Verzweifelte, Verstoßene, vor Eifersucht Wahnsinnige, in der schon die Furie tobt – in der Erscheinung eine große Dame des Rokoko, im Wesen eine Eumenide. Dazu der Klang der Stimme, mit einem hohen, künstlichen Ton wie zersprungenes Glas, mit einer in tollen Intervallen auf- und absteigenden Sprachmelodie, die ganz Exaltiertheit und Ekstase ist. So stellt diese Orsina eine Leistung dar, die ganz in der Intensität der schauspielerischen Phantasie wurzelt und niemals, auch nicht für einen Augenblick, in den Naturalismus einer pathologischen Studie absinkt: ein Wunder der Intuition, eine Offenbarung elementarer Gestaltungskraft.« Von 1939 an arbeitete Käthe Dorsch am Burgtheater Wien und am Schloßpark- und Schiller-Theater in Berlin.
Literatur: H. Ihering: Von Josef Kainz bis Paula Wessely. Heidelberg, Berlin, Leipzig 1942; ders.: Käthe Dorsch, München 1944; S. Melchinger/R. Clausen: Schauspieler. 36 Porträts. Velber 1965; A. Bronnen: Käthe Dorsch. Berlin 1977.

Dorst, Tankred, geb. 19. 12. 1925 in Oberlind bei Senneberg (Thüringen). Dramatiker und Filmemacher. Als 17jähriger wurde er zur Wehrmacht eingezogen, geriet in amerikanische Gefangenschaft und war in den USA, Belgien und England interniert. Nach der Rückkehr Studium der Germanistik, Theaterwissenschaft und Kunstgeschichte. Erste berufliche Tätigkeit in Verlagen, Film und Funk. »Theater ist für mich eine Art Experiment: der immer wieder unternommene Versuch, den jetzt lebenden Menschen mit dem, was ihn bewegt, was ihn ängstigt, was er schafft und was ihn begrenzt, auf der Bühne sichtbar zu machen. Die Mittel, deren ich mich bediene, sind (. . .) so alt wie das Theater selbst: die der Maske, der Verwechslung, der Vorspiegelung, des Spiels im Spiel – sie alle dienen dazu, (. . .) uns selbst, unsere Wertsetzungen, unsere gesellschaftlichen Normen, unsere Moral in Frage zu stellen.« (Zit. in: Peter Bekes, KLG, 24. Nlg.) Theatertheorie und Praxis sind in Dorsts Werk stark miteinander verbunden; in zahlreichen Essays und Interviews dokumentierte er sein theoretisches Interesse

am Theater. 1960 gewann er den Dramatikerpreis des Nationaltheaters in Mannheim mit dem Stück ›Gesellschaft im Herbst‹, dem weitere Erfolge aus seinem produktiven Schaffen folgten: ›Toller. Szenen einer deutschen Revolution‹ (1968); die Fallada-Dramatisierung ›Kleiner Mann – was nun?‹ (1972); ›Eiszeit‹ (1973), das unter der Regie von Peter Zadek mit O. E. Hasse und Hans Mahnke uraufgeführt wurde. Mit ›Merlin oder das wüste Land‹ (UA 1981, Düsseldorf) wandte sich Dorst einem anderen Stoff zu, in seinen Worten: »eine Geschichte aus unserer Welt: das Scheitern von Utopien«. Georg Hensel schrieb in seiner Kritik zur Uraufführung von ›Merlin‹ (Düsseldorfer Schauspielhaus, R. Jaroslav Chundela) in der ›FAZ‹ vom 26. 10. 1981: »Primär ist Dorst kein Denker, sondern ein theatralischer Erzähler, und das verbindet ihn mit allen Dramatikern, die Denkstücke geschrieben haben. Zu ihrer Größe gehört ihr Mut, Großes in der Banalsprache zu sagen, sei es im Knittelvers, sei es im Jargon. Kein anderer deutscher Stückeschreiber hat so viele Tonarten, eine so große (und manchmal auch ausufernde) Orgelbreite: sentimental, treuherzig, tolpatschig, gefühlvoll, humorvoll, ironisch, sarkastisch, zynisch, ordinär, hundsgemein – und immer taghell. ›Merlin‹ ist das erste große Theaterstück der achtziger Jahre.« Dorsts Prosastil wurde vom Film geprägt. Die Erzählungen zu einer ›Familienchronik aus der Provinz‹, ›Auf dem Chimborazo‹ (1974), ›Dorothea Merz‹ (1976), ›Die Villa‹ (1979) und ›Klaras Mutter‹ (1979) wurden zugleich auch als Drehbücher verfaßt.
Weitere Stücke: ›Große Schmährede an der Stadtmauer (1961); ›Heinrich, oder die Schmerzen der Phantasie‹ (1985); ›Ich, Feuerbach‹ (1986); ›Korbes‹ (1988); ›Karlos‹ (1990); ›Fernando Krapp hat mir diesen Brief geschrieben‹ (1991).
Literatur: H. Laube: Werkbuch über Tankred Dorst. Frankfurt a. M. 1974; G. Erken: Tankred Dorst. Frankfurt a. M. 1989.

Drache, Heinz, geb. 9. 2. 1924. Schauspieler. Spielte gelegentlich schon während seiner Soldatenzeit (1942–1945). 1946 ging er ans Deutsche Theater Berlin (Intendanz: Wolfgang Langhoff); von 1947 bis 1954 war er am Düsseldorfer Schauspielhaus bei Gustaf Gründgens engagiert. Danach freier Schauspieler mit Gastrollen u. a. an den Staatlichen Schauspielbühnen Berlin, dem Theater in der Josefstadt Wien und an den Boulevardtheatern in München. Drache arbeitete aber hauptsächlich für den Film und das Fernsehen. 1980 inszenierte er in Münchens Kleiner Komödie Jean Anouilhs ›Monsieur Ornifle‹.

Drese, Claus Helmut, geb. 25. 12. 1922 in Aachen. Regisseur, Schauspieler und Intendant. 1941 Studium der Germanistik, Geschichte, Theaterwissenschaft, Philosophie und Geographie an den Universitäten Köln, Bonn, Marburg, Lahn. 1946–1950 Dramaturg und Schauspieler, von 1948 an auch Regisseur am Marburger Schauspielhaus; 1950–1952 Dramaturg und Regisseur am Osnabrücker Theater am Domhof; 1952–1959 Chefdramaturg und Regisseur am Nationaltheater Mannheim; 1959–1962 Intendant des Theaters der Stadt Heidelberg; 1962–1968 Intendant des Hessischen Staatstheaters Wiesbaden, Leiter der Internationalen Maifestspiele Wiesbaden; 1968–1975 Generalintendant der Bühnen der Stadt Köln (Opern-, Schauspielhaus und Kammerspiele); hier Aufbau des Mozart-Zyklus’ mit Jean-Pierre Ponnelle. 1975–1986 Direktor des Opernhauses Zürich. Entwicklung des Monteverdi-Zyklus’ mit Ponnelle und Nikolaus Harnoncourt. Eröffnung des renovierten Zürcher Opernhauses mit Dreses Inszenierung von Wagners ›Die Meistersinger von Nürnberg‹ (2. 12. 1984). 1986–1991 Direktor der Wiener Staatsoper. Wichtige Inszenierungen: Puccinis ›La Bohème‹ (1976); Wagners ›Tristan und Isolde‹ (1980); Händels ›Saul‹ (1982); Wagners ›Das Rheingold‹ (1987) und ›Die Walküre‹ (1988); Mozarts ›La Clemenza di Tito‹ (1991). Zu Dreses 70. Geburtstag schrieb G. R. Koch in der ›Frankfurter Allgemeinen Zeitung‹ (24. 12. 1992): »›Der Kapitän gehört aufs Schiff‹, so lautete die Devise des Regisseurs und Intendanten Claus Helmut Drese, der vierzig Jahre lang als leitender Theatermann die Bühnenwelt beeinflußt und vor allem für die Oper Wichtiges geleistet hat. Er hat

Dresen

sich als Prinzipal verstanden, gewiß auch als ehrgeiziger Regisseur, aber immer als Hausherr, dem für seine Institution das Beste gerade genug sein kann. (...) Sein Wiesbadener ›Rosenkavalier‹ versuchte erstmals ganz entschieden vom Alfred-Roller-Vorbild abzurücken, den Hofmannsthalschen Hautgout gegen Strauss' Schwung und Süße widerständig zu machen, die Auflösungs-Thematik des fin de siècle in diffuse Bühnen-Morbidezza umzusetzen. Und Dreses ›Tristan‹ zielte, noch über Wieland Wagner hinausreichend, darauf, Adolphe Appias Visionen vom Licht als dem ›Agent actif‹ auf der Bühne zur ganz eigenständigen Macht werden zu lassen.«

Dresen, Adolf, geb. 31. 3. 1935 in Eggesin. Dramaturg und Regisseur. Studium der Germanistik an der Karl-Marx-Universität Leipzig. 1958/59 Dramaturg und Regisseur in Crimmitsch. Weitere Stationen: Magdeburg (1959–1962); Greifswald (1962–1964); Deutsches Theater Berlin (1964–1979). Hier inszenierte er u. a. Goethes ›Faust I‹ (1968); Goethes ›Clavigo‹ (1971); Kleists ›Der zerbrochne Krug‹ (1975). Seit 1974 Gastinszenierungen in der Bundesrepublik: 1974 an den Münchner Kammerspielen Else Lasker-Schülers ›Die Wupper‹; 1977 am Basler Theater Barlachs ›Der arme Vetter‹; 1979 am Burgtheater Wien Lessings ›Emilia Galotti‹; 1980 am Theater Bochum Strauß' ›Die Fledermaus‹. 1981 übernahm er die Leitung des Frankfurter Schauspiels. Am Ende der Spielzeit 1985/86 schied er vorzeitig aus dem Amt. Seitdem arbeitet er als freier Regisseur. Wichtige Inszenierungen u. a.: Gorkis ›Barbaren‹ (1981, Burgtheater Wien); Lessings ›Minna von Barnhelm‹ (1982, Frankfurt a. M.); Kleists ›Amphitryon‹ (1982, ebenda); Gorkis ›Wassa Schelesnowa‹ (1983, ebenda); Barrie Keefees ›Bastard Angel‹ (1985, ebenda); Mussorgskis ›Boris Godunow‹ (1986, Brüsseler Oper); Wagners ›Der Ring des Nibelungen‹ (1992/93, Staatsoper Wien). Über die ›Götterdämmerung‹-Inszenierung schrieb Wolfgang Schreiber (›SZ‹, 19. 5. 1993): »Der Verzicht auf überflüssige visuelle Rhetorik, auf kleinteilige Interpretations-angebote in dem komplizierten Stück befördert zwar die lapidare Einfachheit, einige Male auch die Monumentalität der Szene, gibt manchmal aber einer Bedeutungslosigkeit und Simplizität zuviel Raum, beschneidet die Wirkung. (...) Der (etwas böse gesagt: Passepartout)-Version von Dresen und Kapplmüller kann in ihrer (auch technischen) Einfachheit das beste Zeugnis für Praktikabilität, für Langlebigkeit ausgestellt werden. Sie ist im Verzicht auf differenzierte Deutungsangebote und komplexe Personenregie ideal geeignet für die Sänger.« 1979 wurde seine Inszenierung von Lessings ›Emilia Galotti‹ (Burgtheater Wien) zum Berliner Theatertreffen eingeladen.

Literatur: A. Dresen: Siegfrieds Vergessen. Kultur zwischen Konsens und Konflikt. Berlin 1992; I. Pietzsch: Werkstatt Theater. Gespräche mit Regisseuren. Berlin 1975; M. Kuschnia (Hrsg.): 100 Jahre Deutsches Theater Berlin 1883–1983. Berlin 1983; H. Mainusch: Regie und Interpretation. Gespräche. München 1985.

Drews, Berta, geb. 19. 11. 1904 (nach anderen Angaben 1901) in Berlin, gest. 10. 4. 1987 ebenda. Schauspielerin. Besuch der Max-Reinhardt-Schule in Berlin. Debütierte 1925 am Württembergischen Landestheater Stuttgart als Emmy Bernbach in Oskar Blumenthals und Gustav Kadelburgs Lustspiel ›Im weißen Rößl‹ (R. Max Marx). Von 1926 bis 1930 Engagement an den Münchner Kammerspielen, wo sie u. a. die Marion in Büchners ›Dantons Tod‹ (1926, R. Otto Falckenberg), die Titelrolle in Hauptmanns ›Dorothea Angermann‹ (1926, R. Julius Gellner), die Regine Engstrand in Ibsens ›Gespenster‹ (1927, R. Richard Révy), die Ilse in Wedekinds ›Frühlings Erwachen‹ (1928, R. Hans Schweikart), die Gräfin Trotzky in Wedekinds ›Der Liebestrank‹ (1928, R. Gustaf Gründgens), die Gräfin Geschwitz in Wedekinds ›Lulu‹ (1928, R. Falckenberg), die Spelunkenjenny in Brechts ›Die Dreigroschenoper‹ (1929, R. Hans Schweikart) und die Adelhaid von Walldorf in Goethes ›Geschichte Gottfriedens von Berlichingen mit der eisernen Hand‹ (1930, R. Ernst Legal) spielte. 1931–1948 an verschiedenen

Berliner Bühnen (Volksbühne, Staatstheater, Schiller-Theater) engagiert. Wichtige Rollen: Solveig in Ibsens ›Peer Gynt‹ (1931, Staatstheater, R. Leopold Jessner); Eve in Kleists ›Der zerbrochne Krug‹ (1934, Volksbühne, R. Heinz Hilpert); Elisabeth von Berlichingen in Goethes ›Geschichte Gottfriedens von Berlichingen mit der eisernen Hand‹ (1939, Schiller-Theater, R. Heinrich George); Fanny Wilton in Ibsens ›John Gabriel Borkman‹ (1940, ebenda); Gräfin Orsina in Lessings ›Emilia Galotti‹ (1944, Renaissance-Theater, R. jeweils Walter Felsenstein). Nach dem Krieg vor allem am Hebbel-Theater Berlin, am Schloßpark- und Schiller-Theater, in Inszenierungen von Willi Schmidt, Karl Heinz Stroux, Hans Schalla, Boleslaw Barlog, Hans Lietzau und Hans Neuenfels: Frau Keferstein in Barlachs ›Der arme Vetter‹ (1956, Schiller-Theater); Irma in Jean Genets ›Der Balkon‹ (1959, Schloßpark-Theater); Elyane in Genets ›Der Balkon‹ (1983, Staatliche Schauspielbühnen). Berta Drews arbeitete von 1933 an auch beim Film. Letzte Rolle die Oma Anna in Volker Schlöndorffs Grass-Verfilmung: ›Die Blechtrommel‹ (1979). In ihrem Nachruf schrieb Sibylle Wirsing (›FAZ‹, 13. 4. 1987):»Die Spannweite ihres Jugendrepertoires reichte von den sozialen Figuren bis zu den überkandidelten Salondamen. Die zeitgenössische Dramatik lag ihr näher als die Klassik. (. . .) Ihr Gesicht war die offene Sinnlichkeit, keine Mördergrube, sondern die sexuelle Dämonie frei heraus. (. . .) Dann kam die Lebenszeit mit Heinrich George und wurde zu einem Stück der umstrittenen und noch immer unerforschten hauptstädtischen Theatergeschichte im Dritten Reich. (. . .) In der Theater-Wirklichkeit ist Berta Drews nach Georges Tod zu einer Autorität an den West-Berliner Staatlichen Schauspielbühnen geworden. Ihre Weiblichkeit ging nicht sang- und klanglos in Alter hinüber. Das Fleisch blieb wollüstig in der Mutterrolle anwesend.«
Literatur: B. Drews: Wohin des Wegs? München, Wien 1986; dies.: Heinrich George. Ein Schauspielerleben. Mit Beiträgen von Fehling u. a. Hamburg 1959.

Drexel, Ruth, geb. 14. 7. 1930 in Vilshofen (Niederbayern). Schauspielerin, Regisseurin und Theaterleiterin. Ausbildung an der Otto-Falckenberg-Schule in München. Debüt 1953 an den Münchner Kammerspielen, wo sie (bis 1971) in Inszenierungen von Hans Schweikart, Ulrich Heising und Horst Siede auftrat. Weitere Stationen während ihrer Münchner Zeit und danach: Schaubühne am Halleschen Ufer Berlin: Balbina in Fleißers ›Der starke Stamm‹ (1966, R. Hagen Mueller-Stahl); Wuppertaler Bühnen; Württembergisches Staatstheater Stuttgart (1970/71); Staatstheater Darmstadt (1972–1975); Düsseldorfer Schauspielhaus (1976–1979) und Bayerisches Staatsschauspiel (1975 bis 1988). Wichtige Rollen an diesem Haus: Emma in Brechts ›Herr Puntila und sein Knecht Matti‹ (1975, R. Schweikart); Balbina in Marieluise Fleißers ›Der starke Stamm‹ (1979, R. Dieter Giesing); Titelrolle in Brechts ›Mutter Courage‹ (1982, R. Rolf Stahl). 1981 Münchner Regiedebüt mit Nestroys ›Talisman‹; weitere Inszenierungen am Bayerischen Staatsschauspiel u. a.: Wolfgang Deichsels ›Zappzarapp‹ (1982); Heinrich Lautensacks ›Hahnenkampf‹ (1984). Von 1981 an Inszenierungen für die Tiroler Volksschauspiele in Telfs, zu deren Mitbegründern sie 1980 zählte. Von 1983 an Inszenierungen für das Münchner Volkstheater, dessen Intendantin sie seit 1988 ist: Hermann Essigs ›Die Glückskuh‹ (1988); Lina Wertmüllers ›Liebe und Magie in Mammas Küche‹ (1990); Büchners ›Woyzeck‹ (1990); Horváths ›Italienische Nacht‹ (1991); Franz Helms ›Stein der Weisen‹ (1991); Schnitzlers ›Liebelei‹ (1992) und die Uraufführung von Felix Mitterers ›Das wunderbare Schicksal‹ (1992, zuerst in Telfs). Ruth Drexel arbeitet als Schauspielerin und Regisseurin auch für das Fernsehen.
Literatur: 10 Jahre Tiroler Volksfestspiele Telfs. Eine Chronik von Felix Mitterer. Innsbruck 1991.

Dreyer, Ernst-Jürgen, geb. 20. 8. 1934 in Oschatz. Autor. Studium der Musikwissenschaft, Kunstgeschichte und Philosophie in Weimar, Jena und Leipzig. 1959 Übersiedlung nach Frankfurt a.M. Seit 1964 arbeitet

Druten

er als Journalist u. a. bei der ›Frankfurter Allgemeinen‹ und dem Bayerischen Rundfunk. 1979 erschien nach 20jähriger Arbeit der Roman ›Die Spaltung‹, in dem Dreyer dramatische Elemente verwendete. ›Die goldene Brücke‹ (1985) wurde an den Münchner Kammerspielen von Harald Clemen mit wenig Erfolg uraufgeführt. »Wie war das doch? ›Die goldene Brücke‹, ein Stück über die deutsche Teilung sollte das sein. Doch was Ernst-Jürgen Dreyer (...) dem düpierten Publikum schließlich hinknallt, sind die Schwierigkeiten eines Autors, ein Stück über die deutsche Misere zu verfassen. Das Thema bräuchte an sich kein Handikap zu sein, aber daß man bis fünf vor zwölf keinen roten Faden sieht, daß man nicht begreift, worauf das alles hinaus soll, macht die Sache fatal. Dabei hat der Autor, der hier sein Bühnen-Debüt gibt, durchaus szenische Phantasie und Sinn für Komik, er kann Dialoge schreiben. Nur: Die Summe davon ergibt noch kein Theaterstück.« (Renate Schostack, ›FAZ‹, 15. 4. 1985. Kritik zur UA ›Die goldene Brücke‹, Münchner Kammerspiele. R. Harald Clemen)

Druten, John van, geb. 1. 6. 1901 in London, gest. 19. 12. 1957 in New York. Englischer Schriftsteller. Druten wurde bekannt mit ›Young Woddley‹ (1928). Später am Broadway mit ›Voice of the Turtle‹ (1943), ›I Remember Mama‹ (1944), ›Bell Book, and Candle‹ (1950) und vor allem ›I am a Camera‹ (1951) nach dem gleichnamigen Roman von Christopher Isherwood, auch als Musical und Film ›Cabaret‹. Weiterer Musical-Erfolg ›The King and I‹ (1953).

Dryden, John, geb. 9. 8. 1631 in Aldwinkle All Saints, Northhampton, gest. 1. 5. 1700 in London. Vielseitiger englischer Dichter, der großen Einfluß auf seine Epoche hatte und lange als der führende englische Dichter galt. Mit ›The Wild Gallant‹ begann seine Laufbahn als Bühnenautor, die sich bis 1693 fortsetzte: zehn Tragödien, zehn Komödien, fünf Tragikomödien, vier Libretti. Von 1657 an zeitweise Sekretär von Milton und Marvell. Konversion zum Katholizismus und des-

wegen nach 1688 Aberkennung von Titel und Pension. Er trug zur Wiederbelebung der dramatischen Dichtung Englands bei, die Zensur und puritanischer Geist verhindert hatten. Seine Komödien spiegeln die Sittenlosigkeit der Zeit wider. Er schrieb politische Satiren, Dramen nach französischem Vorbild (»Heroic Drama«), Essays: ›An Essay of Dramatic Poesy‹ (1688); ›Of Heroic Plays‹ (1672), und zwei von Händel vertonte Cäcilienoden.
Stücke: ›The Indian Queen‹ (1664); ›The Indian Emperor‹ (1665); ›Almanzor and Almahide or the Conquest of Granada‹ (1670/71); ›The Rehearsal‹ (1672); ›Amphitryon‹ (1690).
Literatur: D. Jungwirth: Die Komödien von John Dryden. Diss. Wien 1961.

Düggelin, Werner, geb. 7. 12. 1929 in Zürich. Regisseur und Intendant. 1952 Gründung der Compagnie des Sept im Pariser Vorstadttheater Asnières, danach Mitarbeiter von Roger Blin. 1954 Regisseur am Staatstheater Darmstadt; 1956 Engagement am Bayerischen Staatsschauspiel München; Gastinszenierungen: Schiller-Theater Berlin, Burgtheater Wien, Deutsches Schauspielhaus Hamburg, Münchner Kammerspiele (›Glückliche Tage‹ von Beckett mit Maria Wimmer), Düsseldorfer Schauspielhaus, Schauspielhaus Bochum, Zürcher Schauspielhaus und bei den Salzburger Festspielen (1972: UA von Dieter Fortes ›Cenoduxus‹). Von 1968 bis 1974 Direktor des Basler Theaters; Inszenierungen u. a.: Uraufführung von Dürrenmatts ›König Johann‹ (1968); Büchners ›Woyzeck‹ und ›Leonce und Lena‹; Joyces ›Verbannte‹; Botho Strauß' ›Trilogie des Wiedersehens‹ (1977). Weitere Inszenierungen u. a.: Tschechows ›Die Möwe‹ (1980, Schauspielhaus Zürich); Ibsens ›Baumeister Solness‹ (1992, Theater Basel). Düggelin inszenierte auch Opern, u. a. in Basel, Wien (Staatsoper), Stuttgart, Düsseldorf. Seit 1987 leitet er in Paris das Schweizer Kulturzentrum. In seinem Artikel zu Düggelins sechzigstem Geburtstag schrieb Georg Hensel (›FAZ‹, 7. 12. 1989): »Als Direktor brachte Düggelin zwischen 1968 und 1974 das Basler Theater auf eine Höhe, die es nach ihm nicht halten und nie mehr erreichen konnte. (. . .) Düggelin ist ein Kommunikationsgenie, ein Weltumarmer und Menschenfischer. (. . .) Als freier Regisseur in Zürich, Wien, Aix-en-Provence, Salzburg inszenierte er mit wechselndem Geschick und schwankendem Glück. (. . .) Düggelin ist ein gelernter Regisseur, aber ein geborener Theaterdirektor: ein Prinzipal zur Lust und Laune.«

Düren, Fred, geb. 2. 12. 1928 in Leverkusen. Schauspieler. Debüt 1928 in Ludwigslust. Weitere Stationen: Wismar (1949), Schwerin (1951), Berliner Ensemble (1953–1958), danach Deutsches Theater Berlin; dort u. a.: Andrea in Brechts ›Das Leben des Galilei‹ (1957, R. Erich Engels); die Titelrolle in Büchners ›Woyzeck‹ (1958, R. Wolfgang Langhoff); Lanz in Shakespeares ›Zwei Herren aus Verona‹ (1963, R. Benno Besson).
Literatur: A. Müller/K. H. Müller: Der Schauspieler Fred Düren. Berlin 1972; M. Kuschnia (Hrsg.): 100 Jahre Deutsches Theater Berlin 1883–1983. Berlin 1983.

Düringer, Annemarie, geb. 26. 11. 1925 in Basel. Schauspielerin. Ausbildung am Konservatorium Bern, Cours René Simon in Paris und 1947–1949 am Max-Reinhardt-Seminar in Wien. Seit 1949 im Ensemble des Burgtheaters (mit Gastrollen an anderen Theatern und für Film und Fernsehen in Deutschland, England, Frankreich und den USA). Wichtige Rollen: Winnie in O'Neills ›Trauer muß Elektra tragen‹ (1955, Theater am Kurfürstendamm Berlin, R. Oscar Fritz Schuh); Amalie in Schillers ›Die Räuber‹ (1959, Schiller-Theater Berlin, R. Fritz Kortner); die Tochter in Albees ›Alles vorbei‹ (1965, Münchner Kammerspiele, R. August Everding); über diese Rolle schrieb Joachim Kaiser (›SZ‹, 7. 1. 1972): »Annemarie Düringer wirkte zunächst, was ihre Haltung und ihren Tonfall betraf, wie ein Fremdkörper in diesem Sterbezimmer und in dieser Inszenierung. Aber bald stellte sich heraus, daß, daß genau dies sein sollte, daß sie den Generations- und Temperamentsunterschied zwischen einer gehässig, offen-expressiv redenden älteren Gruppe und den gewiß nicht edleren, aber konventio-

nelleren Jüngeren vorzuführen hatte.« Annemarie Düringer arbeitete am Burgtheater mit den Regisseuren Walter Felsenstein (Hedwig in Ibsens ›John Gabriel Borkman‹), Leopold Lindtberg, Bernhard Wikki, Peter Hall (Pinters ›Alte Zeiten‹, 1972), Peter Wood, Thomas Langhoff, Hans Neuenfels, Hans Lietzau (Titelrolle in García Lorcas ›Bernarda Albas Haus‹, 1986). 1983 spielte sie als Gast – neben Barbara Sukowa und Hans Michael Rehberg – in Peter Zadeks Inszenierung von Ibsens ›Baumeister Solness‹ (Bayerisches Staatsschauspiel). Über diese Rolle schrieb C. Bernd Sucher (›SZ‹, 25. 4. 1983): »Ebenso faszinierend (. . .): Annemarie Düringer als Aline, als trotzig-trauriges Unglück mit viel Pflichtbewußtsein. Eine hilfesuchende Frau, die gern einmal gestreichelt, angenommen werden will und die doch die Erfüllung dieses Wunsches mit ihrer Körperhaltung verhindert oder sich bei einer Annäherung sofort entrüstet, damit sie nicht lassen muß vom selbstgewählten Masochismus.« 1992 gab Annemarie Düringer am Theater in der Josefstadt Wien ihr Debüt als Regisseurin: Sie inszenierte James Saunders' ›Bessere Zeiten‹.
Literatur: C. B. Sucher: Theaterzauberer. Schauspieler. 40 Porträts. München, Zürich 1988.

Dürrenmatt, Friedrich, geb. 5. 1. 1921 in Konolfingen (Kanton Bern), gest. 14. 12. 1990 in Neuchâtel. Schweizer Dramatiker. Sohn eines protestantischen Pfarrers. Dürrenmatt studierte von 1941 bis 1945 Theologie, Literatur und Philosophie in Bern und Zürich. Danach arbeitete er als Graphiker und Maler. Theaterdebüt in Zürich mit ›Es steht geschrieben‹ (1947), das bei der Uraufführung zum Skandal führte. Er lebte als Schriftsteller in Neuchâtel, war 1968/69 Leitungsmitglied des Basler Theaters und von 1974 an am Zürcher Schauspielhaus. Zahlreiche Preise, unter anderem Prix Italia (1958) für ›Abendstunde im Herbst‹, Grillparzer-Preis (1968) für ›Der Besuch der alten Dame‹; Ehrendoktor der Universitäten in Beersheba, Philadelphia, Jerusalem und Nizza. Bekannt wurde Dürrenmatt zunächst mit seinen Kriminal-

Dullemen

geschichten, in denen weniger die Ermittlung des Täters im Mittelpunkt steht, als die Erhellung der psychologischen Ursachen und Motivationen: ›Der Richter und sein Henker‹ (1952); ›Die Panne‹ (1956); ›Das Versprechen‹ (1958). 1955 formulierte Dürrenmatt seine grundsätzlichen theoretischen Gedanken in dem Essay ›Theaterprobleme‹: Die Komödie bleibt im Zeitalter der Atombombe die einzige dramatische Form, die Welt darzustellen und gleichzeitig das Tragische erkennbar werden zu lassen. Dürrenmatts Mittel waren die der Groteske, der Satire und der Persiflage. Internationalen Erfolg fand er mit ›Der Besuch der alten Dame‹ (1956; 1971 als Oper von G. v. Einem) und ›Die Physiker‹ (1961). Sein Werk fand in den achtziger und neunziger Jahren nur noch wenig Interesse. »Das Theater der Nachkriegszeit verdankt Friedrich Dürrenmatt viel. Es war keine Überraschung, ihn bis in die sechziger Jahre als einen, wenn nicht den führenden deutschsprachigen Dramatiker zu schätzen. Er verlor diese Geltung allmählich. Zum einen, weil andere uns zeigten, daß dieser Welt auf dem Theater nicht allein mit überspitzter Ironie, mit der gigantischen Übertreibung, mit der Groteske beizukommen ist. Zum anderen, weil Dürrenmatt nicht davon ließ, alte Themen immer wieder aufs neue zu bearbeiten, also stets Varianten der Mitmacher- oder Nicht-Mitmacher-Problematik aufzuarbeiten, ähnliche Opfer mit ähnlichen Verfolgern zu konfrontieren, bekannte Menschen im bekannten Labyrinth zu zeigen.« (C. Bernd Sucher, ›SZ‹, 8. 10. 1983, zur UA ›Achterloo‹, Schauspielhaus Zürich, R. Gerd Heinz)
Weitere Stücke: ›Romulus der Große‹ (1948); ›Die Ehe des Herrn Mississippi‹ (1952); ›Ein Engel kommt nach Babylon‹ (1954); ›Frank der Fünfte‹ (1960); ›Herkules und der Stall des Augias‹ (1963); ›Der Meteor‹ (1966); ›Die Wiedertäufer‹ (1967); ›Titus Andronicus‹ (1970); ›Der Mitmacher‹ (1977).
Literatur: F. Dürrenmatt: Gedankenfuge. Essays. Zürich 1992; E. Brock-Sulzer: Friedrich Dürrenmatt. Stationen seines Werkes. Zürich 1960 bzw. 1970; H. Mayer: Dürrenmatt und Frisch. Pfullingen

1963; J. Knopf: Friedrich Dürrenmatt. München 1970; C. Kerr: Die Frau im roten Mantel. Sieben Jahre mit Friedrich Dürrenmatt. München u. a. 1992.

Dullemen, Inez van, geb. 1927 in Amsterdam. Holländische Schriftstellerin. Dullemen studierte Spanisch und lebte danach in England, Spanien und Paris. 1949 erschien ihr erster Roman ›Ontmoeting met de andere‹; Mitte der sechziger Jahre, während eines längeren Aufenthaltes in den USA, schrieb sie Reiseberichte, in denen sie auf die Zerstörung der Natur und den Untergang von Kulturen aufmerksam machte. Mit ›Schreib mich in den Sand‹ (UA 1990, DE 1991, Bayerisches Staatsschauspiel), einem Stück über sexuellen Mißbrauch von Kindern, wurde Dullemen über Holland hinaus bekannt. »Ein grauenvolles Stück, eine, wie man so sagt, ›erschütternde‹ Fallstudie. Aber deshalb auch schon ein Fall fürs Theater? Die Autorin findet für ihre realistischen Figuren keine Sprache, jedenfalls keine, die mehr ist als ein engagiertes Aufklärungsgerede, ein hin und wieder mit poetischen Traumbildern versetztes Fernsehreportagendeutsch. Das reale Grauen wird hier eins zu eins auf die Bühne übersetzt, und das Ergebnis ist weniger im Drama als eine, naturgemäß, bedrückende Demonstration: So geht es in der Welt außerhalb der Schauspielhäuser zu.« (Wolfgang Höbel, ›SZ‹, 22. 10. 1991)
Weitere Stücke: ›Gott auf Erde‹ (1972); ›Früher ist tot‹ (1987); ›Frau mit dem Vogelkopf‹ (1988); ›Labyrinth‹ (1992).

Dullin, Charles, geb. 12. 5. 1885 in Yenne, Savoyen, gest. 11. 12. 1949 in Paris. Schauspieler, Regisseur und Theaterleiter. Gilt als einer der Begründer des modernen Regietheaters. 1913 arbeitete er am Vieux-Colombier bei Copeau; 1921 gründete er seine Theaterschule École nouvelle du comédien. 1922 zog er ins Théâtre Montmartre, dem er den Namen Théâtre de l'Atelier gab, und in dem er eine Vielzahl großer Schauspieler spielend unterrichtete: Jean-Louis Barrault, Raimond Rouleau, Jean Marais, Jean Vilar (den Gründer des Festival d'Avignon), Marcel Marceau. 1940 gab er das Théâtre de l'Atelier an

135

seinen Nachfolger André Barsacq ab und inszenierte an großen Bühnen, u. a. 1943 am Théâtre de la Cité die Uraufführung von Sartres ›Les mouches‹ (›Die Fliegen‹).
Literatur: C. Dullin: Souvenirs et notes de travail d'un acteur. Paris 1946; J. Hort: Les théâtres du Cartel et leurs animateurs. Genf 1944; J. Sarment: Charles Dullin. Paris 1950; A. Arnoux: Charles Dullin. Portrait brisé. Paris 1951.

Dumas, Alexandre (Vater), geb. 24. 7. 1802 in Villars-Cotterets, gest. 5. 12. 1870 in Puys bei Dieppe. Französischer Schriftsteller. Sohn eines Generals der Revolutionsarmee. Dumas war Notariatsschreiber, dann Bibliothekar. 1830 Offizier der Nationalgarde. 1859 beteiligte er sich an Garibaldis Marsch nach Neapel und verfaßte 1860 dessen Erinnerungen. Nach dem Erfolg seines Dramas ›Heinrich III. und sein Hof‹ (1829) und ›Kean‹ (1836) schrieb Dumas unzählige komödiantische und historische Stücke und kreierte damit ein volkstümliches Drama. Große Popularität erreichte er vor allem mit seinen historischen Abenteuerromanen (z. T. in Zusammenarbeit mit A. Marquet): ›Die drei Musketiere‹ (1844) und ›Der Graf von Monte-Christo‹ (1845/46), die er auch dramatisierte.
Literatur: F. Bassan/S. Chevalley: Alexandre Dumas père et la Comédie Française. Paris 1972.

Dumas, Alexandre (Sohn), geb. 28. 7. 1824 in Paris, gest. 27. 11. 1895 in Marly-le-Roi. Französischer Schriftsteller. Dumas war der uneheliche Sohn von Dumas (Vater). Er lebte von seinem neunten Lebensjahr an in einem Heim. Von 1842 an führte er ein Vergnügungsleben, das 1845 mit 50 000 Francs Schulden endete. »Ne sachant rien faire, je fis de la littérature.« (Dumas) Einer seiner ersten Romane brachte ihm seinen größten Erfolg: ›Die Kameliendame‹ (1848; 1852 als Stück; 1866 als Oper von Verdi: ›La Traviata‹). Nach dem Erfolg der Dramatisierung schrieb Dumas fast nur noch Werke in der Art sozialkritischer Thesenstücke, die die Familienproblematik zum Mittelpunkt haben: die gesellschaftliche Stellung unehelicher Kinder

(›Der natürliche Sohn‹, 1858), die soziale Gleichberechtigung der Frauen (›Monsieur Alphonse‹, 1873), intime Eheprobleme (›Der Freund der Frauen‹, 1864).
Weiteres Stück: ›Halbwelt‹ (1855).
Literatur: H. Wilke: A. Dumas als Dramatiker. München 1927; A. C. Bell: A. Dumas. A Biography and Study. London 1950.

Dumont, Louise, geb. 22. 2. 1862 in Köln, gest. 16. 5. 1932 in Düsseldorf. Schauspielerin und Theaterleiterin. Debütierte 1884 am Deutschen Theater Berlin; 1887–1888 Burgtheater Wien; 1890–1895 Hoftheater Stuttgart; 1896 Lessingtheater Berlin; 1898–1901 wiederum Deutsches Theater Berlin. 1905 gründete sie zusammen mit ihrem Mann Gustav Lindemann das Düsseldorfer Schauspielhaus, das sie bis zu ihrem Tode leitete. Ihr Ziel: das Theater als feierliche Kunstübung, als Dienst an der Dichtung.
Literatur: L. Dumont: Vermächtnisse. Hrsg. v. G. Lindemann. Düsseldorf 1932; dies.: Lebensfeiertag. Briefe an Gustav Lindemann. Velber 1948; K. Loup (Hrsg.): Das festliche Haus. Das Düsseldorfer Schauspielhaus Dumont-Lindemann. Köln 1955; L. Wolff/L. Dumont: Ein Leben für das Theater. Hamburg, Düsseldorf 1971; H. Riemenschneider: Theatergeschichte der Stadt Düsseldorf. Bd. II. Düsseldorf 1987.

Duncan, Isadora, geb. 27. 5. 1878 in San Francisco, gest. 14. 9. 1927 in Nizza. Tänzerin. Vertreterin des sogenannten »freien« Tanzes. Arbeitete mit großem Erfolg daran, ohne Regeln, dafür mit Spontaneität, Natürlichkeit und Phantasie den Tanz aus den akademischen Zwängen zu befreien.
Literatur: I. Duncan: Memoiren. Zürich, Leipzig 1928; dies.: The art of the dance. New York 1977; M. Niehaus: Isadora Duncan. Leben, Werk, Wirkung. Wilhelmshaven 1981; A. v. Cessart: Isadora Duncan. Liebe der Tanzkunst. Köln 1986; M. Lever: Tanz und Leben der Isadora Duncan. München, Hamburg 1988.

Durang, Christopher, geb. 2. 1. 1949 in Berkley Heights, New Jersey. Amerikanischer Dramatiker. Sohn eines Architekten.

Duras

Durang wuchs in einer katholischen Familie auf; mit dreizehn wollte er in ein Kloster gehen. Er studierte stattdessen in Harvard und später an der Yale School of Drama, unter anderem bei Jules Feiffer. Zusammenarbeit mit der Schauspielerin Meryl Streep und der Autorin Wendy Wasserstein. 1975 ging er nach New York. Gefördert von dem Regisseur und Theaterleiter Robert Brustein erste Erfolge, vor allem mit ›Sister Mary Ignatius Explains It All For You‹, für das Durang 1980 an Obie Award erhielt. Durang schrieb satirische Komödien, deren Themen oft autobiographischen Ursprungs sind: Katholizismus und Schuld, Psychologie, Krankheit. Sein Stück ›Trotz aller Therapie‹ (1981) wurde 1986 von Robert Altman verfilmt.
Weitere Stücke: ›Der Alptraum des Schauspielers‹ (1981); ›Das Kind mit dem Bade‹ (1983); ›Betty, Boo und die Ehe‹ (o.J.); ›Gebrüllt vor Lachen‹ (o.J.).

Duras, Marguerite, geb. 4.4. 1914 in Giadinh (Indochina). Französische Schriftstellerin. 1932 Rückkehr aus Vietnam nach Frankreich. Sie studierte Mathematik, Jura, Politologie in Paris und arbeitete von 1936 bis 1939 im Kolonialministerium und als Verlagslektorin. Während des Zweiten Weltkrieges Engagement in der Résistance und Deportation nach Deutschland. Nach dem Krieg war sie, neben ihrer schriftstellerischen Arbeit, auch bei Film, Fernsehen und Presse tätig. Den internationalen Durchbruch erlebte sie mit dem Drehbuch und Film ›Hiroshima, mon Amour‹ (1959). Durchgängiges Thema ihrer Werke ist die Suche nach der verlorenen Vergangenheit.
Stücke: ›Seen und Schlösser‹ (1965); ›La Musica‹ (1965); ›India Song‹ (1974); ›Agatha‹ (1981); ›Atlantik Mann‹ (1982); ›Krankheit Tod‹ (1982).
Literatur: M. Duras: Gespräche. Frankfurt a.M. 1986; dies.: Die grünen Augen. Texte zum Kino. München 1987; H. Finter: Die Passionen der unmöglichen Leidenschaft. Eine Annäherung an das Universum der Marguerite Duras. In: Theater heute, Heft 1, 1986; I. Rakusa (Hrsg.): Marguerite Duras. Frankfurt a.M. 1988; M. Urban:

Das Text-Theater der Marguerite Duras. Die Repräsentation des Nicht-Darstellbaren auf der Bühne. Diss. Wien 1989.

Durieux, Tilla, geb. 18.8. 1880 in Wien, gest. 21.2. 1971 in Berlin. Schauspielerin. Debüt 1902 in Olmütz. Weitere Stationen: Breslau (1902/1903), Deutsches Theater Berlin (1903–1911), Lessing-Theater Berlin (1911–1914), Königliches Schauspielhaus (1915–1917). Von 1919 bis zu ihrer Emigration 1933 (Jugoslawien) am Staatstheater in Berlin; spielte u.a. die Gräfin Werdenfels in Wedekinds ›Der Marquis von Keith‹ (1920, R. Leopold Jeßner). 1952 Rückkehr nach Deutschland, wo sie als Gast in Berlin, Hamburg und in Tourneetheater-Produktionen auftrat. In seinem Nachruf schrieb George Salmony (›SZ‹, 22.2. 1971): »›Eine Hirschkuh, welche Paprika gefressen hat‹ nannte sie Alfred Kerr, als sie in der nebeligen Vorzeit von 1903 in Berlin auftauchte und das bürgerliche Establishment der Kaiserzeit mit ihrem animalischen Charme und ihrer intellektuellen Aggressivität wohlig schockierte. Sie sprang die großen und heiklen Rollen von Strindberg und Wedekind, von Shaw und Shakespeare an wie eine fette, ihr von Rechts wegen zustehende Beute, Amazone und Priesterin, Naturgeschöpf und königliche Mänade, der die Dichter der Zeit ihre eigenen Lorbeeren zu Füßen legten. (...) Seit 1952 spielte sie wieder in Deutschland und noch im biblischen Alter nicht nur die dekorativen, betulichen Mütterchen der Klassik und der Gesellschaftskomödie, sondern auch die verzwickten Partien modernen, unkonventionellen Stils wie die ›Irre von Chaillot‹ und die verschusselte Greisin in Ionescos grotesker Farce ›Die Stühle‹, sowie ein kunterbuntes Allerlei in Film und Fernsehen. Manche ihrer früheren (und auch späteren) Kollegen gingen am Krückstock. Sie brauchte ihn nur als Requisit, wenn es die Rolle erforderte.«
Literatur: T. Durieux: Eine Tür steht offen. Erinnerungen. Berlin 1954; dies.: Meine ersten 90 Jahre. Erinnerungen. München 1971; dies.: Eine Tür fällt ins Schloß. Roman. Berlin 1928. 8. Neuausgabe 1991; J. Bab: Schauspieler und Schauspielkunst.

Berlin 1926; M. Bier: Schauspielerporträts. 24 Schauspieler um Max Reinhardt. Berlin 1989.

Duse, Eleonora, geb. 3. 10. 1858 in Vigevano, gest. 21. 4. 1924 in Pittsburgh. Schauspielerin. Gilt als eine der größten Tragödinnen dieses Jahrhunderts. Ihr erster großer Erfolg: 1878 in Augiers ›Les Fourchambault‹; 1879 Erste Schauspielerin in der Theatertruppe von Ernesto Rossi. 1886 gründete sie ihr eigenes Theater, die Drammatica Compagnia della Città di Roma, mit der sie u. a. in Petersburg, Wien, Paris, London und den USA gastierte und als Schauspielerin Triumphe feierte. Entscheidend für ihre Arbeit wurde die Begegnung mit Gabriele D'Annunzio, dessen Stücke ›La Gioconda‹, ›Francesca da Rimini‹ und ›La Città morta‹ sie herausbrachte. Sie zog sich kurz vor dem Ersten Weltkrieg von der Bühne zurück, trat aber in Matinee-Vorstellungen noch 1923 in New York auf. *Literatur:* F. W. Nielsen: Eleonora Duse. Das Wortporträt einer großen Frau. Freiburg 1984; W. Weaver: Duse. A Biography. San Diego u. a. 1984; M. Müller: Sarah Bernhardt – Eleonora Duse. Die Virtuosinnen der Jahrhundertwende. In: R. Möhrmann (Hrsg.): Die Schauspielerin. Zur Kulturgeschichte der weiblichen Bühnenkunst. Frankfurt a. M. 1989, S. 228–260; J. Stokes/M.R. Booth/S. Bassnett: Sarah Bernhardt, Ellen Terry, Eleonora Duse. Ein Leben für das Theater. Weinheim, Berlin 1991; C. Balk: Theatergöttinnen. Inszenierte Weiblichkeit. Clara Ziegler, Sarah Bernhardt, Eleonora Duse. Basel, Frankfurt a. M. 1994.

Dux, Pierre, geb. 21. 10. 1908 in Paris, gest. 2. 12. 1990 ebenda. Schauspieler, Regisseur und Theaterleiter. Studium am Pariser Konservatorium. Debütierte 1929 als Figaro in Beaumarchais' ›Die Hochzeit des Figaro‹ (Comédie Française). Von 1935 an Sociétaire an der Comédie; 1944/45 Administrateur der Comédie; 1948–1952 Co-Direktor des Théâtre de Paris (zusammen mit K. Karsenty); 1970–1979 noch einmal Administrateur der Comédie Française. In seinem Nachruf schrieb C. Bernd Sucher (›SZ‹, 4. 12. 1990): »1986 spielte der feine alte Herr im Hof des Papstpalastes von Avignon den Prospero, Shakespeares Zauberer. Er sah aus wie Leonardo auf seinem letzten Selbstporträt, das Jan Kott in seinem Aufsatz so genau beschreibt. Dux spielte den Prospero als sei er Nathan: als aufgeklärten Noblen, ohne Rachegefühle, ohne Haß, der versuchte, die Welt zu verstehen und verständlich zu machen. Ein weiser Greis. Und Dux sprach bedächtig, überlegen, besonnen – nie aufgeregt. Wer sich stets wundert, warum Shakespeare in der französischen Sprache so elegant, so viel weniger brutal klingt als im Original, der hätte bei Dux das Staunen und Begreifen gelernt. Dux modellierte die Worte, sang sie; doch nie manieriert. Manchmal eben auch durchaus ruppig, im Stakkato. In Deutschland nahezu unbekannt, galt Dux in Frankreich zeitlebens als einer der ersten Schauspieler.«

E

Ebert, Carl, geb. 20. 2. 1887 in Berlin, gest. 14. 5. 1980 in Pacific Palisades. Schauspieler, Regisseur und Intendant. Schauspielerausbildung am Deutschen Theater Berlin bei Max Reinhardt. Im Ensemble des Theaters von 1909 bis 1914; 1917–1922 am Schauspielhaus Frankfurt a. M., wo er 1918 die Titelrolle in Goethes ›Urfaust‹ spielte, 1919 Stadler in der Uraufführung von Sternheims ›1913‹ und Kreon in Hasenclevers ›Antigone‹ (1919, R. Richard Weichert). Über diese Rolle schrieb Bernhard Diebold (›FAZ‹, 21. 2. 1919): »Ebert wuchs aus dem ›naiven‹ oder humorigen Helden seiner sonstigen Rollensphäre in den heroischen Charakterspieler erster Größe auf. Aus wutverzerrten Cäsarenzügen geißelte es, der Leib wurde zum Tiger, der Mund hauchte Verdammung, gellte laut vor vermessener Hybris – es blieb doch fürstliche Rasse. Ein unerklärliches Maßhalten bei aller Exaltation erhielt die Hoheit.« 1923 Wetter vom Strahl in Leopold Jeßners Inszenierung von Kleists ›Käthchen von Heilbronn‹, 1926 Karl Moor in Erwin Piscators Inszenierung von Schillers ›Die Räuber‹. 1927–1931 war er Intendant in Darmstadt, wo er sich vor allem für zeitgenössische Autoren einsetzte und Aufsehen erregte mit seinen Inszenierungen von Verdis ›Othello‹ und Bizets ›Carmen‹. 1931–1933 Intendant der Städtischen Oper Berlin-Charlottenburg. 1933 Emigration. Von 1933 bis 1936 arbeitete er in Buenos Aires bei den deutschen Operntemporada am Teatro Colón und als Schauspieler und Regisseur am Stadttheater Zürich; außerdem arbeitete er beim Maggio Musicale in Florenz (1933–1937) und an der Staatsoper und dem Burgtheater Wien (1937/38); 1938–1946 an der Türkischen Oper Ankara. 1934 zählte er zu den Mitbegründern des Glyndebourne Festivals, dessen Leitung er 1947 übernahm und für das er bis 1953 inszenierte. 1954 wurde er Intendant der Städtischen Oper Berlin, die kurz danach den Namen Deutsche Oper Berlin erhielt und die er bis 1962 leitete. Von 1948 bis 1954

hatte Ebert zugleich einen Lehrauftrag für Regie an der Universität von Southern California in Los Angeles. In ihrem Nachruf schrieb die ›Süddeutsche Zeitung‹ (17. 5. 1980): »Er war einer der ganz großen Opernintendanten, die entscheidend zum Weltruf der Musik- und Theaterstadt Berlin beitrugen (. . .). Ein Theatermann, einer der demonstrierte, was Oper ist, was sie sein kann, wenn sie mehr sein soll als Sänger-Wettstreit. Mozart und Verdi waren seine Götter – aber ebenso wichtig war Ebert, dem Reinhardt-Schüler, der als männlich-schöner Erster Held seine Theaterlaufbahn begann, bevor er (1927) als Intendant nach Darmstadt ging, die Durchsetzung der Moderne: Strawinsky, dessen ›The Rake's Progress‹ er in Venedig uraufführte, Berg, Hindemith, Schönberg, Henze.«

Eberth, Claus, geb. 21. 9. 1934 in Würzburg. Schauspieler. Schauspielerausbildung an der Schauspielschule der Hamburger Kammerspiele. Debüt 1957 am Fränkischen Theater Schloß Maßbach, dort bis 1961. Weitere Stationen: Staatliche Schauspielbühnen Berlin (1961–1968), Wuppertaler Bühnen (1968–1976). Seit 1976 zählt Eberth zum Ensemble der Münchner Kammerspiele; er spielte dort u. a.: Paul Werner in Lessings ›Minna von Barnhelm‹ (1976, R. Dieter Dorn); Roger in Jean Genets ›Der Balkon‹ (1976); die Titelrolle in Sophokles' ›Ödipus‹ (1977); Germania (und andere Rollen) in Heiner Müllers ›Germania Tod in Berlin‹ (1978, R. jeweils Ernst Wendt); Theseus/Oberon in Shakespeares ›Mittsommernachtstraum‹ (1978); Beaumarchais in Goethes ›Clavigo‹ (1979); Toby Rülps in Shakespeares ›Was ihr wollt‹ (1980); Titelrolle in Büchners ›Dantons Tod‹ (1980) und Orest in Goethes ›Iphigenie auf Tauris‹ (1981, R. jeweils Dorn); Meister Anton in Hebbels ›Maria Magdalena‹ (1981, R. Hans Lietzau); Lancelot in Tankred Dorsts ›Merlin oder Das wüste Land‹ (1982, R. Dorn); Titelrolle in Kleists ›Amphitryon‹ (1982,

R. Nicolas Brieger); General Irrigua in Georges Feydeaus ›Ein Klotz am Bein‹ (1983) und Meister Titorelli in Peter Weiss' ›Der neue Prozeß‹ (1983, R. jeweils Dorn); Pozzo in Becketts ›Warten auf Godot‹ (1984, R. George Tabori); Sultan Saladin in Lessings ›Nathan der Weise‹ (1984, R. Fritz Marquardt); Clov in Becketts ›Endspiel‹ (1985, R. Thomas Schulte-Michels); Achilles in Shakespeares ›Troilus und Cressida‹ (1986) und den Gerichtsrat Walter in Kleists ›Der zerbrochne Krug‹ (1986, R. jeweils Dorn); Titelrolle in Tschechows ›Onkel Wanja‹ (1987, R. Lietzau); Glashüttendirektor in Hauptmanns ›Und Pippa tanzt!‹ (1988) und Dr. Wangel in Ibsens ›Die Frau vom Meer‹ (1989, R. jeweils Thomas Langhoff); Gutsbesitzer Boll in Barlachs ›Der blaue Boll‹ (1991, R. Lietzau); hierüber schrieb Joachim Kaiser (›SZ‹, 11. 3. 1991): »Der größte Vorzug dieser Aufführung war die Musikalität der Dialogführung und des szenischen Rhythmus. Wahrscheinlich konnte sie entstehen, weil Claus Eberth den blauen Boll, der ja zunächst lärmender, versoffener Gutsbesitzer sein müßte, von allen ordinären Kraftmeiereien wegspielte. Er war von vornherein auffallend leise, fast zu nachdenklich. Eher magenkrank, versonnen als ›blau‹, versoffen, dröhnend. Eberth nahm der Rolle das Auftrumpfende, machte den Boll – eine Riesenrolle – zum Mittelpunkt, zum sympathischen Faust aus Güstrow, indem er ihn um eine Nuance zu leise anlegte.« In Dorns Shakespeare-Inszenierung ›König Lear‹ spielte er den Grafen Kent (1992, mit Rolf Boysen als Lear). Eberth arbeitete auch für das Fernsehen und den Film (u. a. in Christian Ziewers ›Liebe Mutter, mir geht es gut‹, 1972 und in Ziewers ›Der aufrechte Gang‹, 1976).
Literatur: C. B. Sucher: Theaterzauberer. Schauspieler. 40 Porträts. München, Zürich 1988.

Efros, Anatoli Wassiljewitsch, geb. 1925 in Charkow, gest. 1987 in Moskau. Schauspieler, Regisseur und Theaterleiter. Studium am Staatlichen Theaterinstitut (GITIS) in Moskau. Seit 1951 Regisseur an verschiedenen Theatern der UdSSR, meist in Moskau. 1963/64 Chefregisseur am Komsomoltheater Moskau; Direktor und Chefregisseur am Theater in der Malaja Bronnaja (neben Juri Petrowitsch Ljubimow und Georgi Alexandrowitsch Towstonogow). Zur gleichen Zeit Berufung als Lehrer am GITIS. Wichtige Inszenierungen: Tschechows ›Der Kirschgarten‹ (1977, Taganka-Theater Moskau); Shakespeares ›Othello‹ (1977); Tennessee Williams' ›Sommer und Rauch‹ (1980); Tschechows ›Drei Schwestern‹ (1982). 1984 wurde Efros Nachfolger von Juri Ljubimow als Direktor des Taganka-Theaters.
Literatur: A. W. Efros: Die Probe, meine Liebe. Berlin 1979.

Ehre, Ida, geb. 9. 7. 1900 in Prerau (Mähren), gest. 16. 2. 1989 in Hamburg. Schauspielerin, Regisseurin, Theaterleiterin. Ausbildung an der Akademie für Musik und darstellende Kunst in Wien (1916–1919). Debüt 1919 am Stadttheater Bielitz, dort bis 1920. Weitere Stationen: Deutsches Theater in Czernowitz und in Bukarest (1920–1921); Stadttheater Bonn (1922); Schauspielhaus Königsberg, bei Leopold Jeßner (1923–1925); Schauspielhaus Stuttgart (1925–1926); Nationaltheater Mannheim (1927–1931); Lessing-Theater Berlin (1931–1933). 1934 erhielt Ida Ehre Auftrittsverbot, lebte aber den ganzen Krieg über in Hamburg, wo sie noch 1945 ans Deutsche Schauspielhaus verpflichtet wurde. Am 10. 12. 1945 übernahm sie zusammen mit Erich Rohlffs die Direktion der neueröffneten Hamburger Kammerspiele, die sie bis zu ihrem Tod leitete. Wichtigste Rollen u. a.: die Titelfigur in Brechts ›Mutter Courage‹; 1983 spielte sie in der Uraufführung von Walter Jens' ›Der Untergang‹ (nach Euripides' ›Die Troerinnen‹) die Hekabe. In seinem Nachruf schrieb Walter Jens (›Die Zeit‹, 24. 2. 1989): »Ida Ehre war gütig, aber ungeduldig; energisch: also nicht sanft zielstrebig – und trotzdem freundlich; tolerant, aber, soweit es ihr Theater betraf, nicht gerade von demokratischer Langmut. (. . .) ein Wunder unter diesen Aspekten, daß es viele Menschen gab, Poeten, Dramaturgen, Schauspieler beiderlei Geschlechts, die Ida Ehre zunächst verfluchten, um sie hernach zu umarmen. (Womit sie übrigens von An-

Ehrhardt

fang an gerechnet hatte: An List und Charme kam niemand ihr gleich.) (...) In Ida Ehres Haus wurde, nach der Befreiung des Landes vom Nationalsozialismus, die Erziehung zur Republik geprobt, eine Erziehung, die konsequent, entschieden und sanft war.«

Literatur: I. Ehre: Gott hat einen größeren Kopf, mein Kind ... München, Hamburg 1985.

Ehrhardt, Kurt, geb. 23. 2. 1900 in Frankfurt, gest. 25. 4. 1971. Schauspieler und Intendant. Ausbildung an der Schauspielschule Frankfurt. Erstes Engagement an den Wuppertaler Bühnen (1922–1925). Weitere Stationen: Oberhausen (1925/26); Lobe Theater in Breslau (1926–1930), wo er sein Debüt als Regisseur gab; Hildesheim (1930/31); Theater der Stadt Essen (1935–1940); hier spielte er u.a. den Mephisto in Goethes ›Faust I und II‹; Deutsches Schauspielhaus Hamburg (1940–1943); Theater Hannover (1943–1944). Nach 1945 erst kommissarischer Leiter des Hannoverschen Schauspiels, von 1947 an Intendant, von 1950 bis 1965 Generalintendant des Landestheaters Hannover. Wichtige Rollen nach dem Krieg: Titelrolle in Brechts ›Leben des Galilei‹ (1962, R. Günther Fleckenstein); Shylock in Shakespeares ›Der Kaufmann von Venedig‹ (1963, R. Peter Palitzsch); Titelrolle in Shakespeares ›Lear‹ (1964, R. Heinz Hilpert). Wichtige Inszenierungen: O'Neills ›Der Eismann kommt‹ (1954); Tschechows ›Der Kirschgarten‹ (1962); Barlachs ›Die echten Sedemunds‹ (1963). Als Gast inszenierte Ehrhardt u.a. auch in Köln und Zürich.

Literatur: H. Rischbieter/G. Schulte: Kurt Ehrhardt. Schauspieler, Regisseur, Intendant. Velber 1965.

Ehrlich, Peter, geb. 25. 3. 1933 in Leipzig. Schauspieler und Regisseur. Schauspielunterricht bei Horst Caspar und Hildegard Klingspor. Debüt an der Studentenbühne der Freien Universität Berlin. Von 1952 bis 1956 Engagements an mehreren Berliner Bühnen, danach: Schleswig-Holsteinisches Landestheater Schleswig (1956/57); Ulmer Theater (1957/58); Hes-

sisches Staatstheater Wiesbaden (1958–1961). Seit 1961 im Ensemble des Zürcher Schauspielhauses; als Gast u.a. am Thalia Theater Hamburg, am Renaissance-Theater Berlin, bei den Ruhrfestspielen Recklinghausen, den Burgfestspielen in Jagsthausen. Er inszenierte u.a. 1969 am Zürcher Theater am Neumarkt Stoppards ›Der wahre Inspektor Hound‹. Wichtige Rollen: Kalle in der Uraufführung von Paul Burkhards Operette ›Feuerwerk‹ (1963, Zürich); hierzu schrieb Ossip Kalenter in der ›Süddeutschen Zeitung‹ (7. 1. 1963): »Als Kalle (...) hatte man den ›Gessler‹ des Hauses bemüht, Peter Ehrlich, der seine Prachtfigur auf die muskulösen Beine stellte, mit goldenem Herzen.« Gogher Gogh in der Uraufführung von Brechts ›Turandot oder der Kongreß der Weißwäscher‹ (1969, Zürich); Dr. Schön in Wedekinds ›Lulu‹ (1977, ebenda, R. Hans Neuenfels); Polonius in Shakespeares ›Hamlet‹ (1983, R. Benno Besson); Leicester in Schillers ›Maria Stuart‹ (1986, R. Gerd Heinz). Ehrlich arbeitete auch für Film und Fernsehen, z.B. in Volker Schlöndorffs ›Die Moral der Ruth Halbfass‹ (1972) und in Alf Brustellins ›Berlinger‹ (1975).

Eichendorff, Joseph Freiherr von, geb. 10. 3. 1788 Schloß Lubowitz bei Ratibor, gest. 26. 11. 1857 in Neiße. Lyriker und Erzähler der deutschen Romantik. Eichendorff stammte aus einer adligen preußischen Offiziersfamilie. Er studierte Jura und Philosophie. Von 1816 bis 1844 war er preußischer Staatsbeamter. Er schrieb wenige Dramen, von denen sich nur das Lustspiel ›Die Freier‹ (1833) auf der Bühne behaupten konnte. In dem literarhistorischen Spätwerk ›Zur Geschichte des Dramas‹ (1854) beschäftigte er sich theoretisch mit dem Theater. Er übersetzte die Geistlichen Schauspiele (›Autos Sacramentales‹) Calderóns (1846–52).

Weitere Stücke: ›Ezzelin von Romano‹ (1828); ›Der letzte Held von Marienburg‹ (1830).

Literatur: G. Möbus: Der andere Eichendorff. Osnabrück 1960.

Eichholz, Armin, geb. 19. 12. 1914 in Heidelberg. Kritiker. Nach dem Abitur Soldat (1935–1937 und 1939–1945). 1947 Mitarbeiter von ›Der Ruf‹; 1948 bei der Kunstzeitschrift ›Der Glanz‹; von 1949 bis 1954 bei ›Die Neue Zeitung‹ in München; von 1954 bis 1979 Feuilletonchef des ›Münchner Merkur‹. Danach Theaterkritiker der ›Welt‹. Publikationen: ›In flagranti‹, ›Per Saldo‹, ›Buch am Spieß‹, ›Ich traute meinen Augen‹, ›Heute abend stirbt Hamlet‹ und ›Kennen Sie Plundersweilern?‹ (Theaterkritiken)

Eickelbaum, Karin, geb. 10. 11. 1937 in Delmenhorst. Schauspielerin. Ausbildung an der Schauspielschule Hannover. Debüt an der Württembergischen Landesbühne Esslingen; danach Nationaltheater Mannheim, Württembergisches Staatstheater Stuttgart und Münchner Kammerspiele (1967–1973). Seit 1974 vor allem an Boulevardtheatern. Wichtige Rollen: Polly in Brechts ›Dreigroschenoper‹ (1968, Kammerspiele, R. Jan Grossman); Luise Maske in Sternheims ›Die Hose‹ (1972, ebenda, R. Gerhard F. Hering). Arbeitet auch für das Fernsehen.

Eisendle, Helmut, geb. 12. 1. 1939 in Graz. Schriftsteller. Studium der Zoologie, Biologie und Psychologie in Graz, 1970 Promotion. Er versucht in seinen Prosa- und Dramentexten eine Verbindung von Wissenschafts- und Sprachkritik. Mehrere Literaturpreise. Neben zahlreichen Essays, Prosa, Erzählungen und Romanen veröffentlichte Eisendle Stücke und Dialoge. **Stücke u. a.:** ›A violation study‹ (1972); ›Salongespräch‹ (1974); ›Der Umstimmer‹ (1976); ›Billard oder Das Opfer am grünen Tisch‹ (1977); ›Die Gaunersprache der Intellektuellen‹ (1986).

Eisler, Hanns, geb. 6. 7. 1898 in Leipzig, gest. 6. 9. 1962. Komponist. Kompositionsausbildung bei Arnold Schönberg in Wien.1924–1933 in Berlin. Schrieb Lieder (u. a. für Ernst Busch) und Filmmusiken. Von 1929 an enge Zusammenarbeit mit Bertolt Brecht: Musik zu ›Die Mutter‹ (1931). 1933 Emigration nach Österreich, Holland, Belgien, Frankreich, England, Dänemark. Dort wiederum Zusammenarbeit mit Brecht: Eisler komponierte die Musik zu ›Die Rundköpfe und die Spitzköpfe‹ (1936, Kopenhagen). 1935 in den USA; 1935/36 London; 1937 Spanien; 1938 USA. 1948 Rückkehr nach Europa (Wien); 1950 in Ostberlin, Berufung als Lehrer an die Hochschule für Musik. Nationalpreis für die Komposition der DDR-Nationalhymne. Die wichtigsten Bühnenmusiken Eislers: Zu Brechts ›Gesichte der Simone Machard‹ (1943), ›Furcht und Elend des Dritten Reiches‹ (1945), ›Leben des Galilei‹ (1947), ›Tage der Commune‹ (1956); zu J. R. Bechers ›Winterschlacht‹; zu Synges ›Ein Held der westlichen Welt‹. **Literatur:** H. Eisler: Komposition für den Film. Berlin 1949; ders.: Gesammelte Werke. Hrsg. v. S. Eisler, M. Grabs. Leipzig 1973; H. Bunge: Fragen Sie mehr über Brecht. H. Eisler im Gespräch. München 1975; H. Eisler: Das Argument. Argument-Sonderband 5. Berlin 1975; J. Allihn: Die Musik Hanns Eislers zu Stücken von B. Brecht. Diss. Berlin 1979; M. Grabs: Hanns Eisler. Kompositionen – Schriften – Literatur. Ein Handbuch. Leipzig 1984.

Ekhof, Konrad, geb. 12. 8. 1720 in Hamburg, gest. 16. 6. 1778 in Gotha. Schauspieler und Theaterleiter. Trat 1740 in die Truppe von Johann Friedrich Schönemann ein, blieb dort 17 Jahre lang und wurde einer der ersten Schauspieler. 1753 gründete er eine Akademie der Schauspieler, die sich aber nur vier Jahre lang hielt. Nach dem Ende des Schönemannschen Ensembles ging er mit anderen Schauspielern zu Georg Heinrich Koch, der zunächst noch in Leipzig, später in Hamburg arbeitete, und wechselte schließlich zu Konrad Ernst A. Ackermann (1764–1769). Lessing, Goethe und Iffland hielten Ekhof für einen der besten Schauspieler seiner Zeit. **Literatur:** J. Günther: Sturz der Masse. Lebensgeschichte Konrad Ekhofs. Berlin 1943; H. Fetting: Conrad Ekhof. Ein Schauspieler des 18. Jahrhunderts. Berlin 1954; G. Piens: Konrad Ekhof und die erste deutsche Theaterakademie. Berlin 1956.

Eliot

Eliot, Thomas Stearns, geb. 26. 9. 1888 in St. Louis, Missouri, gest. 4. 1. 1965 in London. Amerikanischer Schriftsteller. Studium in Harvard und an der Sorbonne. Eliot war Lehrer, Bankbeamter und Verlagsdirektor (Faber & Faber). 1914 übersiedelte er nach England, wo er 1927 englischer Staatsbürger wurde und zur anglikanischen Kirche konvertierte. 1948 erhielt er den Nobelpreis für Literatur. Mit ›The Waste Land‹ (1922) wurde er berühmt. In den nachfolgenden Werken beschäftigte sich Eliot mehr mit religiös-metaphysischen Themen, wie in ›Mord im Dom‹ (1935) und ›Der Familientag‹ (1939), mit denen er das englische Versdrama erneuerte. Die nachfolgenden Stücke orientierten sich am Londoner Westend-Stil und waren Konversationsstücke, in denen er aber auf symbolische und literarische Anspielungen nicht verzichtete.
Weitere Stücke: ›Die Cocktail Party‹ (1949); ›Der Privatsekretär‹ (1953); ›Ein verdienter Staatsmann‹ (1958).
Literatur: E. Beer: Eliot und der Antiliberalismus. Wien 1953; G. Schmidt: Struktur des Dramas bei Eliot. Salzburg 1978; T. Sharpe: T. S. Eliot – a Literary Life. New York 1991; J. D. Danzer: T. S. Eliot, Ezra Pound und der französische Symbolismus. Heidelberg 1992; R. Malamud: T. S. Eliot's Drama. A Research and Production Sourcebook. New York 1992.

Ellert, Gundi, geb. 8. 9. 1951 in Lengenfeld. Schauspielerin, Regisseurin, Autorin. Ausbildung an einer privaten Münchner Schauspielschule. Nach Auftritten in Berliner Kellertheatern (1976/77) Engagement am Bayerischen Staatsschauspiel (1977), danach eineinhalb Jahre (1978/79) an den Münchner Kammerspielen, wo sie u. a. 1978 als Hermia in Dieter Dorns Inszenierung von Shakespeares ›Mittsommernachtstraum‹ zu sehen war. Von 1978 bis 1986 wieder im Ensemble des Bayerischen Staatsschauspiels; von 1988 bis 1993 am Basler Theater, wo sie auch als Regisseurin arbeitete. Seit 1993 gehört sie zum Ensemble des Deutschen Schauspielhauses Hamburg. Wichtige Rollen: Titelrolle in Ludwig Thomas ›Magdalena‹ (1978, R. Rolf Stahl); Annerl in Marieluise Fleißers ›Der starke Stamm‹ (1979, R. Dieter Giesing); Dirne in Schnitzlers ›Der Reigen‹ (1982, R. Kurt Meisel); Klara Hühnerwadel in Wedekinds ›Musik‹ (1983, R. Stahl); Charlotte in Molières ›Dom Juan‹ (1983, Salzburger Festspiele, R. Ingmar Bergman); Titelrolle in Goethes ›Stella‹ (1980, R. Stahl); Liese in Franz-Xaver Kroetz' ›Nusser‹ (nach Tollers ›Hinkemann‹, 1986, R. Kroetz); dazu Michael Skasa in der ›Süddeutschen Zeitung‹ (17. 3. 1986): »Gundi Ellert (. . .) ist eine saftige, resche Person, die allerhand wegstecken kann und (. . .) wohl am ehesten dem Ideal des Toller-Menschen nahekommt (und doch hat ausgerechnet sie Kroetz dazuerfunden): freundlich und nicht eifernd, verständnisvoll und ideologiefrei – sie spielt das kräftig und warm.« Gertrud in Schillers ›Wilhelm Tell‹ (1991, Basel, R. Frank Castorf); Frau in Jelineks ›Wolken. Heim‹ (1993, Hamburg, R. Jossi Wieler). Seit 1987 veröffentlicht Gundi Ellert Stücke, in denen sie sich mit Fragen konfrontiert sehen möchte, die »ich selber allzugern verdränge, Zerstörung und Krieg, Angst, Krankheit, Alter, Sterben und Tod.« »Die Stärke der Schauspielerin Gundi Ellert, die zur Autorin geworden ist, sind die verknappten Phrasen und Aussprüche ihrer Figuren, in denen sich, ganz reduziert, ganz konzentriert, Stimmungen und Denkhaltungen abbilden.« (Eckhard Franke, ›Theater heute‹, Heft 8, 1990)
Stücke: ›Elena und Robert‹ (1987, UA Bayerisches Staatsschauspiel); ›Lenas Schwester‹ (1989, UA Staatstheater Kassel); ›Fräulein Else‹ (1990, nach Schnitzler); ›Josephs Töchter‹ (1992, UA 1994/95 Hamburger Schauspielhaus); ›Die Fremden‹ (1992); ›Jagdzeit‹ (1994, UA Bayerisches Staatsschauspiel).
Literatur: A. Roeder (Hrsg.): Autorinnen. Herausforderungen an das Theater. Frankfurt a. M. 1989; »Die grausamen Opfer«. Gundi Ellert über ihr Stück ›Jagdzeit‹. Stückabdruck. In: Theater Heute, Heft 9, 1994.

Emmerich, Klaus, geb. 1943 in Freital. Regisseur. Studium der Germanistik, Anglistik und der vergleichenden Literaturwissenschaft in Berlin; danach Besuch

143

Engel

der Münchner Hochschule für Fernsehen und Film. Seit 1971 freier Regisseur u. a. an den Münchner Kammerspielen, wo er u. a. Plenzdorfs ›Die neuen Leiden des jungen W.‹ (1973), Feydeaus ›Das Kind bekommt sein Abführmittel‹ (1975) und Hacks' ›Das Jahrmarktsfest zu Plundersweilern‹ (1976) inszenierte. Weitere Arbeiten am Stadttheater Wiesbaden (1977), am Hamburger Thalia Theater (1978/79), an den Staatlichen Schauspielbühnen Berlin (1982–1985), an der Freien Volksbühne Berlin (1989/90), am Wiener Theater in der Josefstadt (1986–1988), am Staatstheater Hannover: Goethes ›Clavigo‹ (1988) und Brechts ›Baal‹ (1992); am Bayerischen Staatsschauspiel München: Lenz' ›Soldaten‹ (1994). 1972 kam Emmerichs erster Spielfilm heraus (zuvor hatte er bereits fürs Fernsehen gearbeitet): ›Rosa und Lin‹; es folgten u. a.: ›Kreutzer‹ (1979), ›Erste Polka‹ (1979), ›Trokadero‹ (1981), die ARD-Serie ›Rote Erde‹ (1983), die ARD-Serie ›Reporter‹ (1989).

Ende, Michael, geb. 12. 11. 1929 in Garmisch-Partenkirchen. Schriftsteller und Regisseur. Sohn des surrealistischen Malers Edgar Ende. Bis 1950 besuchte Ende die Schauspielschule. Danach Regie und Verfassen eigener Texte für Funk, Filmkritik und Kabarett. Von 1958 an schrieb er vorwiegend Jugendbücher. Sein erster großer Erfolg war ›Jim Knopf und Lukas der Lokomotivführer‹ (1960), gefolgt von ›Momo‹ (1973) und ›Die unendliche Geschichte‹ (1979). Neben den Jugendbüchern verfaßte Ende einige Theatertexte und Libretti (u. a. vertont von Wilfried Hiller).

Stücke: ›Die Spielverderber‹ (1967); ›Das Gauklermärchen‹ (1980/82); ›Der Goggolori‹ (1982); ›Ophelias Schattentheater‹ (1988); ›Der Spielverderber oder das Ende des Narren. Commedia infernale‹ (1989).

Endres, Ria, geb. 12. 4. 1946 in Buchloe. Autorin. Studium der Germanistik, Philosophie und Geschichte in München, Würzburg und Frankfurt. 1978 Dissertation über Thomas Bernhard, 1980 als Buch ›Am Ende angekommen. Dargestellt am wahnhaften Dunkel der Männerporträts des Tho-

mas Bernhard‹. Seither Veröffentlichungen von Essays über Autoren und Philosophen, u. a.: ›Am Anfang war die Stimme. Zu Samuel Becketts Werk‹ (1986); ›Denken ohne Geländer. Hannah Arendt: Wege in die Philosophie und ins tätige Leben‹ (1988). Endres schrieb auch eine Anzahl von Hörspielen und Dramen. Von den Stücken wurde bisher nur ›Acht Weltmeister‹ (1987) aufgeführt, ein Stück über männlichen Leistungswahn, in dem acht Männer versuchen, den Weltrekord im Dauersitzen zu erreichen.

Weitere Stücke: ›Der Kongreß‹ (1985); ›Aus deutschem Dunkel‹ (1988).

Literatur: A. Roeder (Hrsg.): Autorinnen. Herausforderungen an das Theater. Frankfurt a. M. 1989.

Engel, Erich, geb. 14. 2. 1891 in Hamburg, gest. 10. 5. 1966 in Berlin. Schauspieler, Regisseur und Theaterleiter. Ausbildung an der Theaterschule von Leopold Jeßner in Hamburg. 1918–1921 Regisseur an den Kammerspielen in Hamburg; 1922–1924 am Staatstheater München, wo er 1923 zusammen mit Caspar Neher und Bertolt Brecht ›Im Dickicht der Städte‹ inszenierte. Arbeitete von 1924 an in Berlin, von 1925 an als Oberspielleiter am Deutschen Theater (Max Reinhardt). Daneben Arbeiten am Lessingtheater, am Staatstheater, am Theater am Schiffbauerdamm (1928/29); 1933–1945 Zusammenarbeit mit Heinz Hilpert am Deutschen Theater; 1945–1947 Intendant der Münchner Kammerspiele; von 1949 an (gelegentliche) Zusammenarbeit mit Brecht am Berliner Ensemble. Engels wichtigste Inszenierungen: Shaws ›Der Arzt am Scheideweg‹ (1927, Deutsches Theater Berlin); Brechts ›Dreigroschenoper‹ (1928, Theater am Schiffbauerdamm); Shakespeares ›Maß für Maß‹ (1935, Deutsches Theater), ›Coriolan‹ (1936, ebenda), ›Der Sturm‹ (1937, ebenda) und ›Othello‹ (1939, ebenda); Thorton Wilders ›Unsere kleine Stadt‹ (1945, Münchner Kammerspiele); Axel von Ambessers ›Das Abgründige in Herrn Gerstenberg‹ (UA 1946, Münchner Kammerspiele); Jean Anouilhs ›Eurydike‹ (1947, ebenda); Brechts ›Schweyk im zweiten Weltkrieg‹ (1963, Berliner En-

Engel 144

semble). Engels inszenierte von 1930 an auch Unterhaltungsfilme mit Jenny Jugo und nach Kriegsende bei der DEFA in Ostberlin. In seinem Nachruf schrieb Wolfgang Drews (›FAZ‹, 12. 5. 1966): »Er war ein Mann der geistigen Klarheit und der spielerischen Grazie. Erich Engel gehörte zu der Generation, die auf Max Reinhardt folgte, die das farbige, atmosphärische Theater der Schauspieler durch das knappe rationale Theater der Dramaturgen bekämpfte. Er setzte die Linie Otto Brahms und Leopold Jeßners fort, ohne naturalistische Prinzipien, ohne im Expressionismus lange zu verharren. Nicht aus dem Gefühl, aus der Phantasie solle man inszenieren, meinte er. (. . .) Niemand kann genau sagen, ob Bertolt Brecht seinen Freund Engel oder ob der Regisseur den Dramatiker stärker beeinflußt hat. Wer Brechts ›Praktische Übungen‹ liest, mag manche Inszenierung Engels vor Augen haben. Und bei Engels Vorstellungen dachte man an die Anwendbarkeit und Nützlichkeit der Brecht-Inszenierungen. (. . .) Fünfzig Jahre (. . .) wirkte Erich Engel als Vertreter und Verteidiger der Klarheit und Wahrheit, Feind allem Nebligem und Wolkigem.«
Literatur: E. Engel: Schriften. Über Theater und Film. Berlin 1971; ders.: Schriften. Über Theater und Marxismus. Berlin 1972; H. Ihering: Regie. Berlin 1943; R. Biedrzynski: Schauspieler, Regisseure, Intendanten. Heidelberg, Berlin, Leipzig 1944; F. Kortner: Aller Tage Abend. München 1959; K. H. Ruppel: Großes Berliner Theater 1935–1945. Berlin 1962; M. Kuschnia (Hrsg.): 100 Jahre Deutsches Theater Berlin 1883–1983. Berlin 1983; K. Völker: Fritz Kortner. Berlin 1987; M. Brauneck: Klassiker der Schauspielregie. Reinbek 1988.

Engel, Tina, geb. 6. 4. 1950 in Hannover. Schauspielerin. Ausbildung an der Staatlichen Hochschule für Musik und Theater in Hannover. Debütierte am Schleswig-Holsteinischen Landestheater in Rendsburg. Weitere Stationen: Stadttheater Bielefeld; Theater am Neumarkt in Zürich. Seit 1976 an der Berliner Schaubühne. Wichtige Rollen: Celia in Shakespeares ›Wie es euch

gefällt‹ (1977), Emmi in Kroetz' ›Nicht Fisch nicht Fleisch‹ (1981, R. jeweils Peter Stein); Lina in Franz Jungs ›Heimweh‹ (1990, R. Ernst Stötzner); Irene Herms in Schnitzlers ›Der einsame Weg‹ (1991, R. Andrea Breth); Adele in Cesare Lievis ›Sommergeschwister‹ (1992, R. der Autor). Tina Engel wirkte auch in Filmen mit, u. a. in Margarethe von Trottas ›Das zweite Erwachen der Christa Klages‹ (1978), Volker Schlöndorffs ›Die Blechtrommel‹ (1979).

Engel, Wolfgang, geb. 13. 8. 1943 in Schwerin. Schauspieler und Regisseur. Schauspielerausbildung am Mecklenburgischen Staatstheater Schwerin (1965 Schauspieler-Diplom). Im selben Jahr dort Debüt und 1973 Spielleiter, mit ersten Inszenierungen, u. a. Brechts ›Dreigroschenoper‹ und die DDR-Erstaufführung von Kroetz' ›Oberösterreich‹. Blieb in Schwerin bis 1974. 1974–1976 Spielleiter an den Landesbühnen Sachsen in Radebeul; 1976–1978 Spielleiter am Theater der Freundschaft in Berlin, einem Kinder- und Jugendtheater; 1978–1980 Dozent für Schauspiel an der Hochschule für Schauspielkunst ›Ernst Busch‹ in Berlin; 1980–1991 Spielleiter am Staatsschauspiel Dresden. Wichtige Inszenierungen in dieser Zeit: Schillers ›Maria Stuart‹ (1980); Goethes ›Iphigenie‹ (1981); ein Büchner-Projekt mit ›Woyzeck‹, ›Dantons Tod‹ und einer szenischen Adaption der ›Lenz‹-Novelle, einer Collage des ›Hessischen Landboten‹ und zwei Liederabenden (Spielzeit 1981/82); Hebbels ›Nibelungen‹ (1984/85), die 1988 auch in München, Wien, Düsseldorf und West-Berlin gezeigt wurden; Kleists ›Penthesilea‹ (1986, mit Cornelia Schmaus); Becketts ›Warten auf Godot‹ (1987, als DDR-EA); Heiner Müllers ›Anatomie Titus Fall of Rome. Ein Shakespearekommentar‹ (1987). 1983–1985 arbeitete Engel jährlich einmal am Saarländischen Staatstheater Saarbrücken: Lessings ›Minna von Barnhelm‹; Kleists ›Amphitryon‹ und Tschechows ›Die Möwe‹. 1984 Gastinszenierung an der Volksbühne Ostberlin: Ibsens ›Hedda Gabler‹. 1988 inszenierte er am Bayerischen Staatsschauspiel einen Abend mit Shakespeares

Sonetten und ›Wie es euch gefällt‹. Es folgten zwei Dresdner Arbeiten: Goethes ›Faust I. und II.‹ (1990) und ›Stella‹ (1991). 1991 inszenierte er als Gast am Zürcher Schauspielhaus Hebbels ›Judith‹ und seit der Spielzeit 1991/92 ist er fester Regisseur am Schauspielhaus Frankfurt a. M. Hier inszenierte er 1992 Shakespeares ›Der Kaufmann von Venedig‹; Ingrid Seidenfaden schrieb: »Auf leerer Bühnenschräge zaubert Engel Bilder von trauriger Frivolität. (...) Die leichtfüßig angezettelte Komödie kippt um in die schwarze Farce, manchmal auch ins besserwisserische Kabarett. (...) So eindringlich das ist, wirkt die Inszenierung, brillant im Entstehen und Verwehen der einzelnen Bilder, doch intellektuell angespannt.« (›Abendzeitung‹ München, 29. 2. 1992) Es folgte u. a. ›Don Carlos‹ von Schiller (1993). Im Januar 1994 wurde Engel von der Stadt Leipzig zum Intendanten des Leipziger Schauspiels berufen. Er wird sein Amt mit der Spielzeit 1995/96 antreten.

Literatur: M. Funke/D. Görne (Hrsg.): Wolfgang Engel inszeniert ›Penthesilea‹ von H. v. Kleist. Theaterarbeit in der DDR, Bd. 18. Hrsg. vom Verband der Theaterschaffenden und dem Brecht-Zentrum der DDR. Berlin 1989; T. Wellemeyer: Innenraum-Spielraum-Gesellschaftsraum. Über Wolfgang Engels Theaterarbeit in der Mitte der achtziger Jahre. In: Wissenschaftliche Beiträge, Theaterwissenschaftlicher Informationsdienst, Nr. 61, Leipzig 1989, Heft 1/89, S. 52–112; Wolfgang Engel inszeniert Goethes Faust am Staatstheater Dresden 1990. 2 Bde. Dokumentiert v. D. Görne. Zentrum für Theaterdokumentation u. -information Berlin 1991; M. Raab: Wolfgang Engel. Regie im Theater. Frankfurt a. M. 1991.

Engels, Heinz, geb. 8. 8. 1942 in Düsseldorf. Regisseur und Theaterleiter. 1962–1966 Regieassistent am Düsseldorfer Schauspiel und Hospitant bei der Royal Shakespeare Company in London und Stratford; 1966–1972 freier Regisseur in Düsseldorf, Amsterdam, Basel, Hamburg, New York; 1972–1976 Oberspielleiter am Staatstheater Braunschweig; danach (bis 1986) wieder freier Regisseur; seit 1986 Intendant des Deutschen Theaters in Göttingen.

Engeroff, Klaus, geb. 25. 10. 1938. Schauspieler, Dramaturg, Regisseur und Theaterleiter. Studium der Philosophie in Heidelberg (1958–1961); 1961–1963 Schauspielerausbildung an der ›Fritz-Kirchhoff-Schule‹ in Berlin. 1963–1971 Engagements in Paderborn, Baden-Baden, Schleswig und Hof: als Schauspieler (von 1963 an), Regisseur (von 1967 an) und Dramaturg (von 1969 an). 1971–1977 Chefdramaturg und Regisseur am Stadttheater Aachen; 1977–1985 Dramaturg und Regisseur bei Boy Gobert (Thalia Theater Hamburg und Staatliche Schauspielbühnen Berlin); 1986–1989 Dramaturg, Regisseur und stellvertretender Intendant am Alten Schauspielhaus Stuttgart (Komödie im Marquardt); seit 1990 Intendant des Stadttheaters in Hildesheim.

Enquist, Per Olov, geb. 23. 9. 1934 in Hjoggböle (Nordschweden). Autor. Nach Studien in Uppsala war Enquist Literaturkritiker für Zeitschriften. In seinen Romanen wählt er politisch brisante Themen, erzählt in experimenteller Technik. Seine Dokumentarromane wurden Vorbild dieses Genres in Skandinavien. International bekannt wurde Enquist als Dramatiker mit ›Die Nacht der Tribaden‹ (1975), ein Stück über Strindberg; und ›Vom Leben der Regenwürmer‹ (1981), ein Stück über H. C. Andersen. »Enquist führt immer nur Behauptungstheater vor. Die reden alle von ihren Seelen und Nöten. Sie beziehen sich auf Vorgänge jenseits des Stückes. Probleme, die jeder Lebendige heute wie gestern hat, die werden in Witze, Ausbrüche, Verzweiflungen übersetzt. Aber der Literat Enquist kann das nicht dramatisch entfalten (...) Wenn sich (...) hier zwischen den Figuren, und mit ihnen, nichts oder allzu wenig Veränderndes tut, dann gleicht Enquist diese nicht belehrende Leere mit Probewitzen, Genitalhumor, Spiel im Spiel aus. Er führt nichts Lebendiges vor, sondern läßt erinnern und bereden.« (Joachim Kaiser, ›SZ‹, 8. 2. 1977, Kritik zur DE

Enzensberger

›Die Nacht der Tribaden‹, Münchner Kammerspiele. R. Dieter Dorn)

Enzensberger, Hans Magnus, geb. 11. 11. 1929 in Kaufbeuren, Allgäu. Schriftsteller. Von 1949 bis 1954 studierte Enzensberger Philosophie und Literaturwissenschaft in Erlangen, Hamburg, Freiburg und an der Sorbonne in Paris; 1955 Promotion über Brentano. Danach Rundfunkredakteur, Gastdozent und Mitherausgeber von ›Kursbuch‹ und ›Transatlantik‹. 1963 erhielt er den Georg-Büchner-Preis. 1968 Aufenthalt in den USA und Kuba. Lebt seit 1965 abwechselnd in Berlin und München. Enzensberger veröffentlichte vor allem Lyrik, Prosa und Essays. Sein Debüt als Lyriker hatte er mit ›verteidigung der wölfe‹ (1957); weitere Gedichtsammlungen: ›landessprache‹ (1960); ›Mausoleum‹ (1975); ›Der Untergang der Titanic‹ (1978, auch als gleichnamiges Stück, UA 1980, Werkraumtheater der Münchner Kammerspiele). In seinen Dramen nahm sich Enzensberger politischer Themen an; die Revolution steht im Vordergrund: ›Das Verhör von Habana‹ (1970); ›Rahel la Cubana oder ein Leben für die Kunst‹ (1975); ›Die Tochter der Luft‹ (UA 1992, Essen, R. Hansgünther Heyme); hierzu Andreas Rossmann (›FAZ‹, 18. 1. 1992): »Enzensberger unterzieht Calderón einer Schlankheitskur. Wie er in seinen ›Drei Fußnoten zur »Tochter der Luft«‹ ausführt, hat er eine ›rücksichtslose Reduktion‹ vorgenommen: ›Ich habe den Wortlaut des Dramas Schicht für Schicht abgetragen, wie bei der Totalabnahme eines Bildes, um es dann, Szene für Szene, zu rekonstruieren.‹ (. . .) Der Gang der Handlung ist erhalten geblieben, Konflikte wurden zugespitzt, Motive neu eingefügt, Szenen kamen hinzu. Vor allem aber läßt Enzensberger den Stoff auf leichtem, federndem Versfuß daherkommen, einem drei- bis vierhebigen Jambus, der das Phantastische der Handlung unterlaufen soll. Ein Lesedrama, dicht und nuanciert, ein Sprechstück auch, brillant und biegsam, das, zumal Auseinandersetzungen nur exponiert und kaum durchgeführt werden, nicht unbedingt auf die Bühne drängt. Ein Text, der es der Regie schwermacht, ›dazwischen zu kommen‹.«

Weitere Stücke: ›Der Menschenfeind‹ (1979, nach Molière); ›Der Menschenfreund‹ (1984, nach Diderot); ›Requiem für eine romantische Frau‹ (1990).
Literatur: H. J. Schickel (Hrsg.): Über H. M. Enzensberger. Frankfurt a. M. 1970; H. L. Arnold (Hrsg.): H. M. Enzensberger. München 1976; A. Blumer: Das dokumentarische Theater der sechziger Jahre in der BRD. Meisenheim a. Gl. 1977; A. Wirth: Die Lust an der schwachen Lesung. In: Theater heute, Heft 6, 1980; R. Grimm: H. M. Enzensberger (mit Bibliogr.). Frankfurt a. M. 1984; F. Dietschreit/B. Heinze-Dietschreit: H. M. Enzensberger. Stuttgart 1986.

Eörsi, István, geb. 16. 6. 1931 in Budapest. Ungarischer Lyriker, Dramatiker und Prosaschriftsteller. Eörsi studierte von 1949 an Germanistik, Anglistik und Ästhetik bei Georg Lukács; danach Tätigkeit als Lehrer und Journalist. Im Dezember 1956 wegen Teilnahme an der ungarischen Revolution verhaftet und zu acht Jahren Gefängnis verurteilt; 1960 amnestiert. Von 1977 bis 1982 war er Dramaturg am Theater in Kaposvár. Von 1982 an hatte er Berufsverbot. Aufenthalt in den USA und in Berlin. 1986 Rückkehr nach Ungarn. 1983 Preis der Frankfurter Autorenstiftung für sein dramatisches Werk.
Stücke: ›Die gerettete Stadt‹ (1964); ›Das Verhör‹ (1965/1983); ›Hooligan Antigone‹ (1970); ›Das Opfer‹ (1975); ›Jolán die Männer‹ (1977); ›Der Kompromiß‹ (1981); ›Die Stimme seines Herrn‹ (1984); ›Die Wette‹ (1986); ›Variation auf Ödipus‹ (1990).

Epp, Leon, geb. 29. 5. 1905 in Wien, gest. 21. 12. 1968 ebenda. Schauspieler, Regisseur und Theaterleiter. Debütierte als Schauspieler in Teplitz-Schönau. Weitere Engagements: München, Nürnberg, Köln, Wien. 1937 gründete er in Wien das Theater Die Insel, das bereits nach der ersten Spielzeit wieder schließen mußte; danach als Gastregisseur an verschiedenen deutschsprachigen Häusern. 1952 übernahm er als Direktor das Wiener Volks-

theater, wo er durch einen Spielplan mit zeitgenössischen Autoren auffiel. Von 1958 bis 1960 war Epp gleichzeitig Intendant in Münster. In seinem Nachruf schrieb Otto F. Beer in der ›Süddeutschen Zeitung‹ (23. 12. 1968): »Dem Wiener Volkstheater prägte er bald das charakteristische Epp-Profil auf, mit seinem wachen Sinn für das Zeitnahe, für die dramatische Herausforderung. Als Regisseur trat er dort mit Inszenierungen von brennender Aktualität hervor, zuletzt mit der deutschsprachigen Erstaufführung von Baldwins ›Blues für Mr. Charlie‹. Eine ungewöhnliche und von künstlerischer und geistiger Unruhe bestimmte Persönlichkeit wie Leon Epp wird das Wiener Theaterleben schwer vermissen.«
Literatur: Das Wiener Volkstheater 1889–1966. In: Maske und Kothurn. 13. Jg., Heft 4, Wien 1967; E. Epp: Glück auf einer Insel. Leon Epp, Leben und Arbeit. Wien, Stuttgart 1974; E. Schreiner (Hrsg.): 100 Jahre Volkstheater. Theater. Zeit. Geschichte. Wien, München 1989.

Erdman, Nikolai Robertowitsch, geb. 16. 11. 1902 in Moskau, gest. 10. 8. 1970 ebenda. Russischer Dramatiker. In den zwanziger Jahren schrieb Erdmann satirische Revuen, in denen er das Spießbürgertum verspottete, u. a.: ›Das Mandat‹ (1925). Bekannt wurde er mit der Komödie ›Der Selbstmörder‹ (1928); das Stück wurde verboten und Erdman in die Verbannung geschickt. Später schrieb er Libretti, Drehbücher und Dramatisierungen, u. a.: ›Das Dorf Stepantschikow‹ (nach Dostojewski, 1957) und ›Ein Held unserer Zeit‹ (nach Lermontow, 1965).

Erfurth, Ulrich, geb. 22. 3. 1910 in Elberfeld, gest. 21. 9. 1986 in Hamburg. Tänzer, Schauspieler und Regisseur. Debüt 1931 in Wuppertal, wo er bis 1934 blieb. Weitere Stationen (als Regisseur und Schauspieler): 1934/35 Koblenz (als Oberspielleiter), 1935–1944 Staatstheater Berlin: inszenierte u. a. Lope de Vegas ›Der Ritter vom Mirakel‹; 1946–1949 Hamburger Kammerspiele; 1949–1955 Düsseldorfer Schauspielhaus (erst Oberspielleiter, 1951–1953 Schauspieldirektor); 1955–1963 Deutsches Schauspielhaus Hamburg (auch als Stellvertreter von Gustaf Gründgens); 1964 übernahm er die Leitung des Instituts Schauspiel an der Folkwang-Schule in Essen, 1965–1967 Vizedirektor am Burgtheater Wien, 1967–1972 Generalintendant der Städtischen Bühnen Frankfurt. Gleichzeitig (1966–1975) Intendant der Bad Hersfelder Festspiele; danach Gastregisseur an verschiedenen deutschsprachigen Bühnen. In seinem Nachruf schrieb C. Bernd Sucher (›SZ‹, 23. 9. 1986): »Seine Idee vom Theater, von Spielplan- und Ensemblepolitik war stets: die Ablehnung von Experimenten, die Hochschätzung von prominenten Darstellern, die (ungehemmte) Freude an perfekter Abendunterhaltung, was anregende – aber eben nicht aggressive, schwere – literarische Herausforderungen nicht ausschloß. Ein Theater für alle schwebte Erfurth vor, ein Morgensternsches ›Warenhaus fürs kleine Glück‹.«

Erler, Fritz, geb. 15. 12. 1868 in Frankenstein, gest. 1940. Maler und Bühnenbildner. Arbeitete 1908 zum ersten Mal für das Theater: entwarf die Dekorationen zu Goethes ›Faust‹ im Münchner Künstlertheater, wo Georg Fuchs seine Idee von der »Suggestion rhythmischer Gewalten« auf der Bühne zu realisieren versuchte. Ein Jahr später schuf er das Bühnenbild zu Max Reinhardts Inszenierung von Shakespeares ›Hamlet‹ (mit Alexander Moissi) am Deutschen Theater Berlin.
Literatur: G. Biermann: Fritz Erler und das Theater. Leipzig 1910; F. Janssen: Bühnenbild und bildende Kunst. Diss. Frankfurt a. M. 1957.

Eschberg, Peter, 20. 10. 1936 in Wien. Schauspieler, Regisseur, Intendant. Schauspiel- und Regiestudium am Max Reinhardt-Seminar in Wien. 1959–1965 Engagement als Schauspieler an den Münchner Kammerspielen; 1965–1968 am Theater in der Josefstadt Wien, Städtische Bühnen Frankfurt, Freie Volksbühne Berlin, Schaubühne am Halleschen Ufer Berlin; 1968–1980 Schauspieler und Regisseur am Schauspiel Köln, von 1976 an dort auch »Leitungsmitglied«; 1981–1986 Schauspieldirektor der Bühnen der Stadt Bonn;

Esrig

148

1986–1991 Intendant des Schauspiels Bonn. Seit Oktober 1991 Intendant der Städtischen Bühnen Frankfurt. Wichtige Inszenierungen: René Kaliskys ›Falsch‹ (DE 1985, Bonn); Joshua Sobols ›Die Palästinenserin‹ (DE 1986, ebenda); Edward Bonds ›Großer Frieden‹ (DE 1988, ebenda); Wedekinds ›Frühlings Erwachen‹ (1989, ebenda), Schnitzlers ›Professor Bernhardi‹ (1990, ebenda, mit Eschberg in der Titelrolle); über diese Aufführung schrieb Christian Thomas in der ›Süddeutschen Zeitung‹ (12. 9. 1990): »Mit seltsamer Diskretion erzählt Regisseur Eschberg heute, nach Auschwitz, eine Geschichte, die zu Beginn dieses Jahrhunderts in den besseren Wiener Kreisen spielt. Die Geschichte wird nicht demaskiert, sondern seziert – darunter die Täter, die Opfer, die Mitläufer. (...) Damit ist die Inszenierung viel näher an der Gegenwart, als man vordergründig meint – eine Inszenierung, die äußerlich auf Aktualisierungen verzichtet.« In Frankfurt inszenierte Eschberg 1992 Djuna Barnes' ›Antiphon‹. **Literatur:** H. Klunker/H. Rosenbauer/C. Thomas: Peter Eschberg Theatermacher. Bonn 1991.

Esrig, David, geb. 23. 9. 1935 in Haifa. Regisseur. 1938 Rückkehr nach Rumänien, dem Heimatland der Eltern. 1953–1958 Regiestudium am Institutul de Arta Teatrala si Cinematografica ›I.L. Caragiale‹ in Bukarest, Abschluß mit Diplom. 1957–1961 Regisseur beim Bukarester Fernsehen; 1959–1961 Leiter des Studios für Schauspielkunst am Jüdischen Staatstheater Bukarest; 1961–1968 Regisseur am Teatrul de Comedie in Bukarest: inszenierte Shakespeares ›Troilus und Cressida‹ (1965; als Gastspiel beim Festival du Théâtre des Nations in Paris). 1967 Promotion. 1968 erste Gastregie in Deutschland: Jewgeni Schwarz' ›Der Schatten‹ in Bonn. 1969 Habilitation. Es folgten Gastinszenierungen am Kölner Schauspielhaus und dem Bayerischen Staatsschauspiel München. 1973 Kündigung am Nationaltheater Bukarest; 1974 Übersiedlung nach Deutschland. Es folgten Gastinszenierungen am Stadttheater Bremen, am Bayerischen Staatsschauspiel München: Synges

›Ein wahrer Held‹ (1976); am Gärtnerplatztheater München; am Theater der Stadt Essen. 1979–1981 Schauspieldirektor am Stadttheater Bern; 1981–1984 Schauspieldirektor in Essen. Seit 1985 freier Regisseur und Lehrtätigkeiten. 1985 Gründung der Athanor-Fachakademie für darstellende Kunst in Fürstenfeldbruck. **Literatur:** D. Esrig (Hrsg.): Commedia dell'Arte – Eine Bildgeschichte der Kunst des Spektakels. Nördlingen 1985.

Esser, Barbara, geb. 7. 8. 1951 in Köln. Regisseurin. 1979–1985 Regieassistentin bei Hansgünther Heyme am Württembergischen Staatsschauspiel; 1982 erste Co-Regie mit Heyme: Kipphardts ›In der Sache J. Robert Oppenheimer‹. 1985 Wechsel mit Heyme ans Theater der Stadt Essen; dort gemeinsam mit ihrem Mann Jürgen Esser mehrere Inszenierungen, u. a. Dürrenmatts ›Die Physiker‹ (1984). 1986 Trennung von Heyme. Die Essers arbeiten seitdem als freies Regisseurspaar u. a. an der Württembergischen Landesbühne Tübingen, dem Theater der Stadt Trier, der Württembergischen Landesbühne Esslingen.

Esser, Jürgen, geb. 13. 10. 1950. Regisseur, arbeitet ausschließlich zusammen mit seiner Frau Barbara Esser (s. dort).

Essig, Hermann, geb. 28. 8. 1878 in Truchtelfingen, gest. 20. 6. 1918 in Berlin. Dramatiker. Sohn eines Pfarrers. Essig studierte an der Technischen Hochschule in Stuttgart. Wegen Lungenerkrankung 1902 Aufenthalt in der Schweiz. Erste Veröffentlichung 1909, Kleist-Preis 1913 und 1914; von 1913 an Mitarbeit bei der Zeitschrift ›Der Sturm‹ und Angehöriger des ›Sturm‹-Kreises. Von 1914 bis 1918 war er Soldat, mehrfach beurlaubt wegen seines Lungenleidens, an dem er 1918 starb. Die meisten seiner Stücke spielen im heimatlichen schwäbischen Milieu. Seine Grundthemen waren eine gegen das Bürgertum gerichtete Sozialkritik, die Isolation des Einzelnen und die Absurdität der menschlichen Existenz. Während der NS-Zeit blieb das Gesamtwerk von Essig verboten. Mitte der siebziger Jahre wurden seine

149

Stücke für kurze Zeit wiederentdeckt; Aufführungen u. a. in Stuttgart und Basel.
Stücke: ›Die Glückskuh‹ (1910); ›Furchtlos und treu‹ (1911); ›Der Frauenmut‹ (1912); ›Ihr stilles Glück!‹ (1912); ›Napoleons Aufstieg‹ (1912); ›Überteufel‹ (1912); ›Der Held vom Wald‹ (1913); ›Der Taubenschlag‹ (1913); ›Der Schweinepriester‹ (1915); ›Des Kaisers Soldaten‹ (1915); ›Pharaos Traum‹ (1916); ›Kätzi‹ (1922).

Eulenberg, Herbert, geb. 25. 1. 1876 in Mühlheim, gest. 4. 9. 1949 in Düsseldorf. Dramaturg und Schriftsteller. Eulenberg studierte Jura und Philosophie; arbeitete als Dramaturg am Berliner Theater, von 1905 bis 1909 am Düsseldorfer Schauspielhaus; danach freier Schriftsteller. Kriegsberichterstatter im Ersten Weltkrieg. Bis 1933 wurde er viel gespielt, von 1936 an hatte er Publikations- und Ausreiseverbot. 1912 Schillerpreis, 1949 Nationalpreis der DDR. Eulenberg galt als Vertreter romantischer Ideale und hatte vor allem vor dem Ersten Weltkrieg Erfolg mit seinen in Antithetik zum Naturalismus stehenden Dramen. Er publizierte zahlreiche Romane, Erzählungen, Biographien.
Stücke: ›Belinde‹ (1912); ›Der Morgen nach Kunersdorf‹ (1914); ›Der rote Mond‹ (1925); ›Industrie‹ (1927); ›Der Tod des Homer‹ (1939); ›Lyrisches Zwischenspiel‹ (1946).

Euripides, geb. um 484 v. Chr. (?) auf der Insel Salamis, gest. 406 v. Chr. (?) in Pella (Makedonien). Griechischer Tragödiendichter. Wenig ist bekannt vom Leben des Euripides. Er soll 92 Dramen geschrieben haben; 17 Tragödien und das Satyrspiel ›Der Kyklop‹ sind erhalten geblieben. Im Gegensatz zu seinen Vorgängern stand für Euripides anstelle der Götter nun der Mensch im Mittelpunkt. Der Widerstreit und die Gewalt menschlicher Seelenkräfte bilden den Kern seiner Dramen. Zu Lebzeiten umstritten, wurde er – von dem Aristoteles sagte, er sei der »tragischste« Dichter – von der Nachwelt am meisten gelesen und bearbeitet: von Corneille (›Medea‹) und Racine (›Phädra‹ nach ›Hippolytos‹); in der Klassik von Schlegel,

Wieland, Goethe und Schiller; in der Oper von Gluck (›Iphigenie auf Aulis/in Tauris‹); in der Neuzeit von Hofmannsthal, Hauptmann, H. H. Jahnn, Dürrenmatt, Giraudoux, Cocteau, Anouilh, Sartre, Eliot, O'Neill und Wilder.
Stücke: ›Alkestis‹ (438); ›Medea‹ (431); ›Hyppolytos‹ (428); ›Die Troerinnen‹ (415); ›Elektra‹ (413); ›Iphigenie in Aulis‹ und ›Die Bakchen‹ (405, beide postum aufgeführt).
Literatur: U. v. Wilamowitz-Moellendorff: Einführung in die griechische Tragödie. Berlin 1907; H. Diller: Die Bakchen und ihre Stellung im Spätwerk des Euripides. Mainz 1955; A. Lesky: Die tragische Dichtung der Hellenen. Göttingen 1964; D. J. Conacher: Euripidean Drama. Toronto 1967; E. R. Schwinge (Hrsg.): Euripides. Darmstadt 1968; J. Kott: Gott-Essen. Interpretationen griechischer Tragödien. München 1975.

Everding, August, geb. 31. 10. 1928 in Bottrop. Regisseur und Theaterleiter. Studium der Philosophie, Theologie, Germanistik und Theaterwissenschaften in Bonn und München. Begann 1953 als Regieassistent an den Münchner Kammerspielen (bei Fritz Kortner und Hans Schweikart); 1959 Oberspielleiter, 1960 Schauspieldirektor, 1963–1973 Intendant der Münchner Kammerspiele; 1973–1977 Intendant der Hamburgischen Staatsoper; 1977–1982 Intendant der Bayerischen Staatsoper; 1982–1993 Generalintendant der Bayerischen Staatstheater. Die wichtigsten Inszenierungen an den Kammerspielen: Brechts ›Herr Puntila und sein Knecht Matti‹ (1964); Max Frischs ›Biografie‹ (1968); Shaws ›Der Kaiser von Amerika‹ (1957); Hans José Rehfischs ›Affäre Dreyfus‹ (1958); Albees ›Empfindliches Gleichgewicht‹ (1966); Martin Sperrs ›Landshuter Erzählungen‹ (UA 1967). Seit 1970 widmet sich Everding vor allem der Operninszenierung; er inszenierte in Hamburg, München, Bayreuth: Wagners ›Der Fliegende Holländer‹ und ›Tristan und Isolde‹ (1974); Stuttgart, Berlin, Köln, Wien, Salzburg, Florenz, Zürich, London, Paris, Melbourne, Savonlinna, Orange, New York: u. a. Wagners ›Tristan und

Eysoldt

Isolde‹ (1971) und ›Lohengrin‹ (1976); Chicago: Mozarts ›Die Zauberflöte‹ (1986); San Francisco, Warschau: Wagners ›Ring des Nibelungen‹ (1988/89) und Augsburg: Orffs ›Die Bernauerin‹ (1993). 1993 Gründung der Bayerischen Theaterakademie, deren Präsident Everding ist. Seit 1993 trägt er den Titel Staatsintendant. Armin Eichholz beschrieb Everdings Schauspielarbeiten in Seidels Everding-Band als »solide Szenenarbeit«: »Es gibt keine manieristische Stilisierung, keine verselbständigten Showeffekte. Spürbar wird auf Logik und Intelligenz gebaut. Ein Stück wird vor allem mitentwickelt aus der Persönlichkeit der einzelnen Schauspieler.« Und Imre Fabian schrieb im selben Band über den Opernregisseur Everding: »Diesem Prinzip ist Everding in allen seinen Arbeiten treu geblieben. Eine Geschichte deutlich, intelligent und erkennbar zu erzählen, ihr nicht eine andere, den eigenen Kommentar aufzustülpen, war sein Anliegen. Der geborene Theaterpraktiker hat den eigentlichen Träger des Theaters, das Publikum, nie aus den Augen verloren, sondern mit ihm den Dialog gesucht.« Zwei Everding-Inszenierungen wurden zum Berliner Theatertreffen eingeladen: Brechts ›Herr Puntila und sein Knecht Matti‹ (1965) und Edward Albees ›Alles vorbei‹ (1972, jeweils Münchner Kammerspiele).
Literatur: A. Everding: Theater heute. Melle 1985; ders.: Mir ist die Ehre widerfahren. An-Reden, Mit-Reden, Aus-Reden, Zu-Reden. München, Zürich 1985; H. P. Doll (Hrsg.): Mein erstes Engagement. Theaterleute erinnern sich. Stuttgart 1988; K. J. Seidel (Hrsg.): Die ganze Welt ist Bühne – August Everding. München, Zürich 1988.

Eysoldt, Gertrud, geb. 30. 11. 1870 in Pirna, gest. 30. 1. 1950 in Ohlstadt. Schauspielerin. Erstes Engagement am Hoftheater in München. Weitere Stationen: Riga, Berlin (1902–1933 in Max Reinhardts Ensemble). Wichtige Rollen: Lulu in Wedekinds ›Erdgeist‹ (UA 1902); Titelrolle in Hofmannsthals ›Elektra‹ (UA 1903); Titelrolle in Oscar Wildes ›Salome‹ (1903); Puck in Shakespeares ›Sommernachtstraum‹ (1905–1921, in fünf Reinhardt-Inszenierungen). Die Eysoldt galt Kritikern und Zuschauern in der Jugend als äußerst erotisch, nervös und brillant; im Alter zeichnete sie eine Strenge und eine Klarheit aus, die mit ihren jugendlichen Rollen, ihren zuweilen grotesken, akrobatisch-eigenwilligen Darstellungen nichts mehr gemein hatte. Nach ihr benannt ist der Eysoldt-Ring, eine alljährlich vergebene Schauspieler-Ehrung.
Literatur: J. Bab/W. Handl: Deutsche Schauspieler. Berlin 1908; H. Ihering: Von Josef Kainz bis Paula Wessely. Heidelberg, Berlin, Leipzig 1942; M. Bier: Schauspielerporträts. 24 Schauspieler um Max Reinhardt. Berlin 1989.

F

Fabre, Jan, geb. 14. 12. 1958 in Antwerpen. Flämischer Maler, Dramatiker, Ausstatter, Regisseur und Choreograph. Ausbildung als Schaufensterdekorateur; danach Studium an der Kunstakademie Antwerpen und am City Institute for Fine Arts and Crafts. Trat ab 1979 mit zahlreichen Ausstellungen, Solo-Performances und Theaterspektakeln in eigener Regie und Ausstattung an die Öffentlichkeit. Berühmt wurde er vor allem als »Bic-Künstler«, der mit einem Kugelschreiber der Marke Bic Materialien jeglicher Art und zuweilen ganze Räume blau strichelte (Bic-Art). Anfang der achtziger Jahre machte er mit seinem strengen, exerzitienhaften Bilder- und Bewegungstheater auf sich aufmerksam. Theaterproduktionen u. a.: ›Theater mit K geschrieben ist ein Kater‹ (UA 1980); ›Das ist Theater, wie zu erwarten und vorauszusehen‹ (UA 1982, Paris, neunstündiges Bewegungstheater); ›Die Macht der theaterlichen Torheiten‹ (UA 1984, Biennale Venedig; 1985 Tournee durch Europa, die USA, Japan und Australien); ›Sie war und sie ist, sogar‹ (UA 1991, Monolog für und mit Els Deceukelier, 1992 am Frankfurter Theater am Turm). Am Frankfurter Theater am Turm (TAT) inszenierte er 1989 mehrere Jugendwerke, in denen jeweils Zwillinge im Mittelpunkt stehen: ›Das Interview das stirbt. . .‹; ›Der Palast um vier Uhr morgens . . . A. G.‹; ›Die Reinkarnation Gottes‹. Seit 1986 Arbeit an der Operntrilogie ›The Minds of Helena Troubleyn‹ (Komposition: Eugeniusz Knapik); erster Teil: ›Das Glas im Kopf wird vom Glas‹ (UA 1990, Oper Antwerpen); zweiter Teil: ›Silent Screams, Difficult Dreams‹ (UA 1992, documenta Kassel); der dritte Teil ist für 1995 geplant. Choreographische Arbeiten u. a.: ›Dance Sections‹ (UA 1987, documenta Kassel); ›The Sound of One Hand Clapping‹ (UA 1990, Frankfurt, mit der Tanzgruppe von William Forsythe), ›Sweet Temptations‹ (UA 1991, Wiener Festwochen, danach am TAT): »Die ›Sweet Temptations‹ dauern fürchterlich lang. Jan Fabre hat die neun Szenen akri-

bisch und mit einem sicheren Gespür für formale Proportionen inszeniert. Hell und dunkel, schnell und langsam, laut und leise, Chaos und Ordnung, Tiefsinn und Unsinn – alle Parameter sind wie in einer seriellen Partitur perfekt durchkomponiert. (. . .) ein starkes und grausames Stück Theater, eine schreckliche Hymne, voller Sarkasmus, aber auch voller Vitalität.« (Eckhard Roelcke, ›Die Zeit‹, 14. 6. 1991) 1993 folgte das Stück ›Da un'altra faccia del tempo‹ (TAT). Eva-Elisabeth Fischer schrieb über die Arbeit des Künstlers: »In Fabres Theater ist alles symmetrisch, die Kleidung uniform, egal, ob es sich um Ritterrüstungen, Unterwäsche, Trikots oder rauschende Kleider handelt. Seine Exekution von Symmetrie erklärt seine Vorliebe für Zwillinge (. . .). Symmetrie, Spiegelung, repetitive Gestik, wiederholter, zerstückelter Text – diese Reduktion bewirkt die eigentümliche Konzentration, die Fabres Stücke dem Zuschauer abverlangen und eine ungewohnte Art der Wahrnehmung. Je weniger passiert, desto leichter wird man von hinzukommenden auditiven oder visuellen Elementen abgelenkt. (. . .) Und je weniger passiert, je mehr Zeit für die einzelne Aktion, das einzelne Wort bleibt, desto einprägsamer haften diese Bilder noch über Jahre im Gedächtnis.« (›SZ‹, 4. 7. 1989) Fabres Protagonistin und Muse ist die Schauspielerin Els Deceukelier.

Literatur: The Power of Theatrical Madness – Jan Fabre. London 1986; Tekeningen, Modelle und Objekte. Jan Fabre. Galerie Ronny Van de Velde. Antwerpen 1989; Performance: Jan Fabre – vier Stükke, zwei Meinungen. In: Theater heute, Heft 8, 1989; Gert Mattenklott: Identität oder Ähnlichkeit? Ein Motiv in der Dramatik Jan Fabres. In: Jan Fabre: Texts in his theatre-work. Kaaitheater. Brüssel 1993; A. Müry: Die Junggesellenmaschine – Eine Annäherung an Els Deceukelier, Model und Muse des Tanztheaters von Jan Fabre. In: Theater heute, Heft 2, 1994; A. Wesemann: Jan Fabre. Regie im Theater. Frankfurt a. M. 1994.

Fabritius

Fabritius, Jürgen, geb. 1941. Regisseur und Intendant. Aufgewachsen in Duisburg; Studium der Germanistik, Theaterwissenschaft und Kunstgeschichte in Berlin und Köln. Über Wiesbaden (1965) kam er 1968 nach Köln; wurde dort 1974 persönlicher Referent des Intendanten Claus-Helmut Drese und später – nach Teilung der Bühne in Opern- und Schauspielhaus – Referent des Kölner Schauspieldirektoriums. 1979 holte ihn Hans Peter Doll als seinen persönlichen Referenten und als Operndramaturgen nach Stuttgart. In der Spielzeit 1983/84 wurde er – für viele überraschend – Generalintendant in Wuppertal (sein Nachfolger wurde 1988/89 Holk Freytag). 1988 wechselte er wieder ans Staatstheater Stuttgart, wo er bis Ende 1990 Mitglied der Direktion war. Im Februar 1991 ging er als Intendant ans Landestheater Eisenach, das er allerdings am Ende der Spielzeit 1992/93 vorzeitig wieder verließ. Der Kreistag Eisenach hatte entschieden, das Schauspiel an dem Drei-Sparten-Haus vom Herbst 1993 an zu schließen, woraufhin sich Fabritius weigerte, den betroffenen Schauspielern zu kündigen.

Literatur: Elf Jahre Schauspiel Köln 1968–1979. Eine Dokumentation, zusammengestellt und redigiert von Jürgen Fabritius. Köln 1979.

Fäh, Beat, geb. 3. 4. 1952 in Zürich. Schauspieler, Regisseur und Autor. Besuchte nach dem Abitur die Schauspielakademie Zürich (1973–1977); erste Engagements als Schauspieler in Marburg, Zürich, St. Gallen und Bern; außerdem Engagements in freien Gruppen und als Clown im Circus Medrano; Film- und Fernseharbeiten mit Alain Tanner, Erwin Keusch und Xavier Koller. Mit dem Kinderstück ›Max‹ debütierte er 1982 als Autor und Regisseur (Stadttheater Bern, er spielte auch selbst); danach schrieb und inszenierte er bis 1987 alljährlich ein weiteres Kinderstück (mit wechselnden Partnern). Seit 1984 Gastinszenierungen am Theater der Jugend in München; 1988–1990 Regie- und Autorenarbeit am Theater Spilkischte Basel; 1989 Soloperformance ›Der Transatlantiksurfer‹; 1991 Lehrtätigkeit an

der Otto-Falckenberg-Schule München. Inszenierungen u. a.: ›Rose und Regen, Schwert und Wunde‹ (Kurzfassung von Shakespeares ›Ein Sommernachtstraum‹, 1989, Theater der Jugend München); Thomas Strittmatters ›Der Polenweiher‹ und Shakespeares ›Was ihr wollt‹ (beide 1990, Esslingen); ›Die zween edlen Veroneser‹ (1991, nach Shakespeare, Otto-Falckenberg-Schule München); am Ulmer Theater: Shakespeares ›Othello‹ (1991); Tschechows ›Drei Schwestern‹ (1992); Euripides' ›Medea‹ (1992); am Schauspiel Bonn: Büchners ›Leonce und Lena‹ (1993): »Mit seiner Inszenierung trägt er dick auf (. . .). Büchner: eine Vorlage für Kenner der Karikatur. Hier nun sieht man in vielen Wilhelm Buschs Witzfiguren. Das Publikum hat sein Plaisir. Die gezeigte Welt kennt nicht Tragik und Komik, sie ist schlicht komisch, urkomisch.« (Christian Thomas, ›SZ‹, 3. 4. 1993) Sein Debüt als Opernregisseur gab er 1992 mit Violeta Dinescus ›Eréndira‹ (UA, Staatsoper Stuttgart). Seit der Spielzeit 1993/94 ist er leitender Regisseur am Freiburger Theater; dort u. a. Goethes ›Urfaust‹ und Kleists ›Amphitryon‹ (1993/94).

Falár, Hans, geb. 1. 6. 1944 in Wien. Schauspieler und Regisseur. Begann nach der Hauptschule als Eleve an der Wiener Staatsoper, wo er anschließend als Tänzer engagiert wurde; spielte und inszenierte in verschiedenen Wiener Kellertheatern; erstes Engagement in Deutschland am Stuttgarter Altstadttheater; danach in Freiburg. Anfang der siebziger bis Anfang der achtziger Jahre war er in Mannheim engagiert. Rollen in Inszenierungen von Jürgen Bosse: Narr in Fos ›Zufälliger Tod eines Anarchisten‹ (1978); Walter Fessel in Bronnens ›Vatermord‹ (1979); George Garga in Brechts ›Im Dickicht der Städte‹ (1982, Burgtheater Wien); auch eigene Inszenierungen (u. a. Ionescos ›Die Stühle‹). Gastspiele u. a. am Staatstheater Stuttgart: Höfgen in Mann/Mnouchkines ›Mephisto‹ (1981, R. Hansgünther Heyme). Mitte der achtziger Jahre wechselte er nach Bremen; spielte in Inszenierungen von Günter Krämer die Gräfin Geschwitz in Wedekinds ›Lulu‹, den Mephisto in beiden Teilen von

Goethes ›Faust‹ (1985/86) sowie die Titelrolle in Shakespeares ›Richard III.‹ (1987). Eigene Inszenierungen in Bremen u. a.: Fos ›Zufälliger Tod eines Anarchisten‹; Bekketts ›Endspiel‹; Wedekinds ›Frühlings Erwachen‹ (1989/90). Gast war er häufig am Schauspiel Bonn, u. a. als Grillparzers ›König Ottokar‹ (1989, R. Volker Hesse) und als Dorsts ›Karlos‹ (1991, R. Peter Palitzsch).

Falckenberg, Otto, geb. 5. 10. 1873 in Koblenz, gest. 25. 12. 1947 in Starnberg. Autor, Regisseur und Intendant. 1891 Lehre in der väterlichen Musikalienhandlung; Fortsetzung der Lehre in Berlin; 1894/95 Studium der Literatur- und Kunstgeschichte, Philosophie und Geschichte in Berlin; 1896 Fortsetzung des Studiums in München. Schrieb mehrere Stücke, u. a. das symbolistische Drama ›Erlösung‹, das 1899 vom Akademisch-Dramatischen Verein (A.D.V.) im Münchner Schauspielhaus uraufgeführt wurde; fortan Mitarbeit im A.D.V. als Regisseur; 1901 Mitbegründung des literarischen Kabaretts »Die elf Scharfrichter«, dem er bis 1903 als Texter, Darsteller und Regisseur angehörte. Seit 1903 freier Schriftsteller und Regisseur im Neuen Verein. 1908 wurde sein Stück ›Doktor Eisenbart‹ in Mannheim uraufgeführt. 1914 inszenierte Falckenberg erstmals an den Münchner Kammerspielen (sein eigenes Stück ›Ein Deutsches Weihnachtsspiel‹); anschließend durchschlagender Erfolg mit den Strindberg-Inszenierungen ›Rausch‹ und ›Gespenstersonate‹ (beide 1915 als Abschluß eines neunteiligen Strindberg-Zyklusses). 1915 verpflichtete ihn Erich Ziegel als Oberspielleiter und Dramaturgen fest an das Haus. Es folgten weitere Strindberg-Inszenierungen: ›Advent‹ (UA 1915); ›Nach Damaskus‹ (Teil II und III, UA 1916); ›Der Pelikan‹ (1916); ›Die Brandstätte‹ (DE 1917); großer Erfolg mit Shakespeares ›Wie es euch gefällt‹ (1917). Im September 1917 übernahm Falckenberg schließlich die Leitung der Kammerspiele (damals noch in der Münchner Augustenstraße; 1926 Umzug ins Schauspielhaus an der Maximilianstraße). Während seiner langjährigen Intendanz (bis 1944) brachte er immer wieder Shakespeare auf die Bühne: ›Das Wintermärchen‹ (1917 und 1936); ›Ein Sommernachtstraum‹ (1920, 1925 und 1940); ›Wie es euch gefällt‹ (1920 und 1933); ›Was ihr wollt‹ (1923); ›Troilus und Cressida‹ (1925 und 1936); ›Liebes Leid und Lust‹ (1927); ›Hamlet‹ (1930 und 1939); ›Komödie der Irrungen‹ (1933); ›Cymbeline‹ (1934); ›Othello‹ (1942, mit Friedrich Domin). Weitere Klassiker-Inszenierungen u. a.: Lessings ›Philotas‹ (1918, mit Erwin Kaiser) und ›Minna von Barnhelm‹ (1931 und 1937); Schillers ›Die Verschwörung des Fiesco zu Genua‹ (1921), ›Die Räuber‹ (1934) und ›Kabale und Liebe‹ (1938); Kleists ›Der zerbrochne Krug‹ (1922) und ›Prinz Friedrich von Homburg‹ (1938, mit Horst Caspar); Goethes ›Urfaust‹ (1931, mit Ewald Balser, Kurt Horwitz, Käthe Gold, Therese Giehse) und ›Torquato Tasso‹ (1939, mit Caspar); Hebbels ›Gyges und sein Ring‹ (1941). Ferner inszenierte er viele zeitgenössische Stücke und Uraufführungen, u. a.: Kaisers ›Von morgens bis mitternachts‹ und ›Die Koralle‹ (beide UA 1917); Johsts ›Der Einsame‹ (1918) und ›Der König‹ (1920); Feuchtwangers ›Der Amerikaner oder Die entzauberte Stadt‹ (UA 1920); Bronnens ›Vatermord‹ (1922); Brechts ›Trommeln in der Nacht‹ (UA 1922); Barlachs ›Der tote Tag‹ (1924); Pirandellos ›Sechs Personen suchen einen Autor‹ (1924); Klaus Manns ›Anja und Esther‹ (UA 1925); Ortners ›Meier Helmbrecht‹ (UA 1928); Billingers ›Rauhnacht‹ (UA 1931) und ›Der Gigant‹ (1937). Gastinszenierungen am Deutschen Theater Berlin: Hebbels ›Herodes und Mariamne‹ (1921, mit Werner Krauß und Agnes Straub); Brechts ›Trommeln in der Nacht‹ (1922, mit Alexander Granach); am Salzburger Landestheater: Beaumarchais/Mozarts ›Figaros Hochzeit‹ (1941). Viele Schauspieler, die später zu Ruhm gelangten, fingen bei Falckenberg an und erhielten durch ihn eine entscheidende Förderung (außer den oben genannten u. a. Berta Drews, Elisabeth Flickenschildt, Maria Nicklisch, Will Dohm, O. E. Hasse, Heinz Rühmann, Carl Wery). 1944 wurden die Kammerspiele – wie alle deutschen Bühnen – geschlossen, die Schauspieler zwangsverpflichtet. Nach der Wiedereröff-

Fallada

nung 1945 durch die amerikanische Besatzungsbehörde erhielt Falckenberg zwar Inszenierungsverbot, wurde jedoch 1947 rehabilitiert. In seinen letzten Lebensjahren erteilte er privaten Schauspielunterricht in Starnberg.
Literatur: O. Falckenberg: Mein Leben – Mein Theater. Nach Gesprächen u. Dokumenten aufgezeichnet v. W. Petzet. München, Wien, Leipzig 1944; H. Gebhardt: Über die Kunst des Schauspielers. Gespräche mit Otto Falckenberg. München 1949; W. Petzet: Theater. Die Münchner Kammerspiele 1911–1972. München 1973; F. Euler: Der Regisseur und Schauspielerpädagoge Otto Falckenberg. Diss. München 1975; M. Reinhard/A. Waldek (Hrsg.): Otto Falckenberg. 25 Jahre Regisseur u. Künstler. Leiter an den Münchener Kammerspielen. München o. J.

Fallada, Hans (eigtl. Rudolf Ditzen), geb. 21. 7. 1893 in Greifswald, gest. 5. 2. 1947 in Berlin. Schriftsteller. Fallada arbeitete als Verlagslektor und später als freier Schriftsteller in Berlin. Er veröffentlichte Romane und Erzählungen, die zum Teil verfilmt worden sind (u. a. ›Kleiner Mann, was nun?‹ und ›Der eiserne Gustav‹). Auf der Bühne wurde er erst durch Dramatisierungen seiner Romane bekannt: ›Kleiner Mann – was nun?‹ (1932; 1972, Bearb. Dorst) und ›Jeder stirbt für sich allein‹ (1947; 1981, Bearb. Greiffenhagen), beide inszeniert von Peter Zadek. »Peter Zadeks und Gottfried Greiffenhagens Theatralisierung eines 400seitigen Romans kann die Mechanismen und Entstehungen von Wünschen und Taten nicht vorführen, sondern immer nur (. . .) Ergebnisse. Informations-Episoden. (Gewalt-)Akte (. . .) So kann man als Theaterkritiker natürlich siegessicher räsonieren – bis zur nicht unmäßig aufregenden Schlußfolgerung, daß ein Roman, der eine wahre Geschichte ausbreitet, auf der Bühne alles mögliche ist: nur eben nicht mehr so wie der Roman.« (Joachim Kaiser, ›SZ‹, 12. 1. 1981, zur UA ›Jeder stirbt für sich allein‹, Staatliche Schauspielbühnen Berlin, R. Peter Zadek)
Literatur: M. Skasa: Wo die Not am größten ist, lacht man sich tot. In: Theater heute, Heft 2, 1981 S. 27ff.

Fassbinder, Rainer Werner (RWF), geb. 31. 5. 1946 in Bad Wörishofen, gest. 10. 6. 1982 in München. Schauspieler, Regisseur, Filmautor, Produzent und Theaterleiter. Verließ die Schule kurz vor dem Abitur; arbeitete als Statist an den Münchner Kammerspielen und nahm von 1964 bis 1966 Schauspielunterricht, zuletzt in dem privaten Münchner Schauspielstudio Leonhard, wo er Hanna Schygulla kennenlernte. 1967 wurde er Mitglied im Münchner Action Theater; debütierte dort mit Büchners ›Leonce und Lena‹ als Regisseur, bearbeitete Texte und führte im April 1968 sein eigenes Stück ›Katzelmacher‹ auf (1969 auch als Film). Im Mai 1968 wurde im Zuge der Studentenbewegung das Action Theater aufgelöst. Unter Fassbinders Initiative gründeten zehn aus der alten Gruppe – darunter Schygulla, Peer Raben und Kurt Raab – das Münchner antiteater, ein vom antiautoritären Geist der außerparlamentarischen Opposition geprägtes Schauspieler-Kollektiv. Beeinflußt vom Living Theatre und von Artauds Theater der Grausamkeit, setzte die Truppe dem bürgerlichen Theaterverständnis eine neue Ästhetik entgegen: Mit politisch-aufklärerischem Impetus reagierte das antiteater direkt auf aktuelles Zeitgeschehen. Durch Verfremdungen, extreme Stilisierungen und die Anwendung von Montage- und Collageverfahren wurden die Inszenierungen zu Mischformen aus Theater und Film. Über die Aufführung von Goethes ›Iphigenie auf Tauris‹, 1968 bearbeitet und inszeniert von Fassbinder, schrieb Yaak Karsunke: »Fassbinders Iphigenie saß in einem Hollywoodschaukel-Käfig aus Mannesmannrohren und Maschendraht – ein rothaariger Lockvogel, der die (von Peer Raben vertonten) affirmative Arien Goethens sang und damit zwei junge Homosexuelle anlockte: Orest und Pylades. Deren Dialoge mit dem König Thoas gingen ziemlich bald in jenen Wortwechsel über, den kurz zuvor Fritz Teufel und Rainer Langhans im Westberliner Kommuneprozeß mit dem Landgerichtsdirektor Schwerdtner geführt hatten; eine Liste mit mehrmonatigen Gefängnisstrafen aus den beginnenden politischen Prozessen folgte. Szenische Zitate aus *comic strip* oder *liv-*

Fassbinder

ing theatre waren ebenso funktional einmontiert wie Texte von Mao und Paul McCartney: die Aufführung fügte dem Stück all das zu, was es in seiner sonst üblichen Verwendung vergessen machen soll.« (›R.W. Fassbinder‹, Reihe Film 2, S. 13)
Weitere Bearbeitungen Fassbinders u. a.: ›Orgie Ubuh‹ nach Jarry (1968, R. RWF); ›Ajax‹ nach Sophokles (1968, R. RWF); ›Die Bettleroper‹ nach Gay/Pepuch (1969, R. RWF). Für das antiteater schrieb er auch eigene Stücke: ›Der amerikanische Soldat‹ (UA 1968, R. Raben/RWF); ›Pre-Paradise Sorry Now‹ (UA 1969, R. Raben); ›Anarchie in Bayern‹ (UA 1969 im Werkraum der Kammerspiele, R. Raben/ RWF); ›Werwolf‹ (gemeinsam mit Harry Baer, UA 1969, Forum-Theater Berlin, R. RWF); ›Blut am Hals der Katze‹ (UA 1971, Städtische Bühnen Nürnberg, R. Raben/RWF); ›Die bitteren Tränen der Petra von Kant‹ (1971, Experimenta Frankfurt a. M., R. Raben; 1972 auch als Film mit Margit Carstensen).
Breite Anerkennung erhielt Fassbinder für seine Bearbeitung von Goldonis ›Das Kaffeehaus‹, die er im September 1969 gemeinsam mit Raben in Bremen inszenierte; darüber Peter Iden:»Fassbinder hebt die soziale Definition der Figuren auf (...) und macht aus dem Don Marzio eine wehmütige, fast: eine Schnitzler-Gestalt, deren Trauer und Morbidität im Zentrum der Aufführung steht. (...) Die Inszenierung ist sehr langsam, alles ist wie aus einer tiefen Lähmung entworfen, die Figuren gleiten ineinander, ranken sich umeinander, verlieren sich an die kleinen Spiele der Veränderung einer Haltung, einen sachten Gang, eine vage Erinnerung. Fassbinder zitiert Bewegungen und Posen aus Steins ›Tasso‹, Einstellungen aus seinen eigenen und den Filmen Straubs, er zitiert Haltungen von Gary Cooper und Bruno Ganz. (...) Alles ist an dieser Bearbeitung und ihrer Aufführung Spiel aus anderen Spielen, Vorstellung von anderen Vorstellungen.« (›R.W. Fassbinder‹, Reihe Film 2, S. 21 f.) Am Bremer Theater (unter Kurt Hübner) inszenierte Fassbinder auch seine Bearbeitung von Fleißers ›Pioniere in Ingolstadt‹ (1971) sowie sein eigenes Stück

›Bremer Freiheit‹ (UA 1971). Außerdem kam in Bremen seine Adaption von Lope de Vegas ›Das brennende Dorf‹ auf die Bühne (1970, R. Raben). Anfang der siebziger Jahre löste sich das antiteater auf, ein Großteil des Ensembles arbeitete aber weiterhin mit Fassbinder zusammen. Hauptsächlich mit seinen Filmprojekten beschäftigt, inszenierte er nur noch selten am Theater: Molnárs ›Liliom‹ (1972, Schauspiel Bochum); Heinrich Manns ›Bibi‹ (1973, ebenda); Ibsens ›Hedda Gabler‹ (1973, Freie Volksbühne Berlin); Handkes ›Die Unvernünftigen sterben aus‹ (1974, Schauspielhaus Frankfurt a. M.). In der Spielzeit 1974/75 leitete Fassbinder das Frankfurter Theater am Turm (TAT), scheiterte jedoch an finanziellen und künstlerischen Querelen. Sein umstrittenes Stück ›Der Müll, die Stadt und der Tod‹, entstanden 1976, blieb bis 1985 (R. Hilsdorf, Schauspiel Frankfurt) unaufgeführt und brachte Fassbinder den Vorwurf des Antisemitismus ein. Später wurde das Stück von dem Schweizer Daniel Schmid unter dem Titel ›Schatten der Engel‹ verfilmt. In seinen Stücken nahm er sich kritisch der Kleinbürgermentalität an, indem er Kleinstadtbeschreibungen von Marieluise Fleißer und die Hollywood-Melodramen von Douglas Sirk miteinander verband und daraus eine neue Realität zu collagieren suchte. Fassbinders Inszenierung seines Textes ›Bremer Freiheit‹ (Theater der Freien Hansestadt Bremen) wurde 1972 zum Berliner Theatertreffen eingeladen.
Als Filmregisseur brachte es Fassbinder zu weltweiter Anerkennung; er galt als der Retter, der Star und die Hoffnung des neuen deutschen Films. Arbeitswütig bis zur Selbstzerstörung, hat er in 17 Jahren (seit 1965) mehr als 40 Kino- und Fernsehfilme gedreht, darunter: ›Liebe ist kälter als der Tod‹ (1969); ›Der Händler der vier Jahreszeiten‹ (1971); ›Wildwechsel‹ (1972, nach Kroetz); ›Angst essen Seele auf‹ (1973); ›Effi Briest‹ (1974, nach Fontane); ›Die Ehe der Maria Braun‹ (1978); ›Die dritte Generation‹ (1979); ›Berlin Alexanderplatz‹ (1980, TV-Serie nach Döblin); ›Lili Marleen‹ (1980); ›Lola‹ (1981, mit Barbara Sukowa); ›Die Sehnsucht der Veronika Voss‹ (1981/82); ›Querelle‹ (1982, nach

Faulkner

dem Roman von Genet). Fassbinder starb mit 36 Jahren – vermutlich durch die gleichzeitige Einnahme von Kokain und Schlaftabletten.

Literatur: R. W. Fassbinder: Sämtliche Stücke. Frankfurt a. M. 1992; P. W. Jansen/W. Schütte (Hrsg.): Rainer Werner Fassbinder. München 1974 und 1985; K. Raab/K. Peters: Die Sehnsucht des Rainer Werner Fassbinder. München 1982; H. Baer: Schlafen kann ich, wenn ich tot bin. Das atemlose Leben des Rainer Werner Fassbinder. Köln 1982; M. Töteberg: Fassbinders Theaterarbeit. Chaos macht Spaß. In: Theater heute, Heft 10, 1985; G. Rühle: Fassbinder ohne Ende. Eine Dokumentation anläßlich der deutschen Uraufführung von R. W. Fassbinders Theaterstück ›Der Müll, die Stadt und der Tod‹ im Kammerspiel des Schauspiels Frankfurt am 31. Oktober 1985. Frankfurt a. M. 1985; H. L. Arnold (Hrsg.): Rainer Werner Fassbinder. Edition Text und Kritik, Heft 103, München 1989; M. Schmid: Dichter, Schauspieler, Filmemacher: R. W. Fassbinder Werkschau 28.5.-19. 7. 1992. Hrsg. v. der R. W. Fassbinder Foundation. Berlin 1992 (Katalog); H. Spaich: R. W. Fassbinder – Leben und Werk. Weinheim 1992.

Faulkner, William, geb. 25. 9. 1897 in New Albany, Mississippi, gest. 6. 7. 1962 in Oxford, Mississippi. Amerikanischer Romanschriftsteller. Hauptthema seiner Werke ist der geistig-kulturelle Untergang des amerikanischen Südens. Nobelpreis für Literatur 1949. Sein Roman ›Requiem for a Nun‹ (1951) hat drei szenische Teile, wurde als Lesedrama konzipiert und in den USA für unaufführbar gehalten. Seit der Inszenierung von Albert Camus (1956) wurde es in Frankreich und Deutschland gelegentlich aufgeführt.

Literatur: J. P. Couch: Camus and Faulkner. The Search for the Language of modern Tragedy. In: Yale French Studies 25 (1960), S. 120–25; I. Malin: William Faulkner. An Interpretation. Stanford, Cal. 1957; A. Camus: Preface. In: William Faulkner, Requiem pour une nonne. Paris 1956.

Fehling, Jürgen, geb. 1. 3. 1885 in Lübeck, gest. 14. 6. 1968 in Hamburg. Schauspieler und Regisseur. 1903–1908 Studium der Theologie und Rechtswissenschaft in Berlin; 1909 Schauspielunterricht bei Paul Wegener und Friedrich Kayßler in Berlin; 1910 erstes Engagement am Neuen Schauspielhaus am Nollendorfplatz in Berlin; danach am Märkischen Wandertheater, wo man ihn als Leicester in Schillers ›Maria Stuart‹ und als Franz Moor in den ›Räubern‹ sah. 1912 Engagement an der Neuen Freien Volksbühne Berlin; 1913/14 an der Volksbühne Wien; 1916–1918 an den Wiener Kammerspielen (u. a. als Frank in Shaws ›Frau Warrens Gewerbe‹). 1918–1922 Engagement an der Berliner Volksbühne am Bülowplatz (unter Kayßler); spielte u. a. Trofimow in Tschechows ›Der Kirschgarten‹ (1918); lernte hier Lucie Mannheim kennen, die bis 1933 seine Lebens- und Arbeitspartnerin war. 1919 gab er sein Regiedebüt mit Gogols ›Heirat‹ (mit Lucie Mannheim als Tichonowa); Durchbruch als Regisseur mit Shakespeares ›Komödie der Irrungen‹ (1921) und v.a. mit Tollers ›Masse Mensch‹ (UA 1921). Weitere Inszenierungen u. a.: Tiecks ›Der gestiefelte Kater‹ (1921); Shakespeares ›König Lear‹ (1921, mit Kayßler); Raimunds ›Der Verschwender‹ (1922).

Leopold Jeßner holte ihn 1922 ans Berliner Staatstheater, wo er bis Mai 1944 kontinuierlich arbeitete und damit eine theatergeschichtliche Ära prägte. Von Ernst Barlach inszenierte er die Stücke ›Der arme Vetter‹ (1923), ›Die Sündflut‹ (1925) und ›Der blaue Boll‹ (1930; alle mit Heinrich George in der Hauptrolle). Zu seinen frühen Shakespeare-Inszenierungen zählen ›Viel Lärm um nichts‹ (1923), ›Romeo und Julia‹ (1925), ›Maß für Maß‹ (1927) und ›Der Kaufmann von Venedig‹ (1927, mit Fritz Kortner als Shylock und Elisabeth Bergner als Porzia). Weitere Regiearbeiten am Staatstheater u. a.: Kleists ›Das Käthchen von Heilbronn‹ (1923, in Caspar Nehers erstem Bühnenbild); Lessings ›Minna von Barnhelm‹ (1923); Hebbels ›Nibelungen‹ (1924, mit George und Alexander Granach); Marlowe/Brechts ›Leben Eduards II. von England‹ (1924, mit Werner Krauß); Jahnns ›Medea‹ (1926);

Tschechows ›Drei Schwestern‹ (1926); Lasker-Schülers ›Die Wupper‹ (1927); Goethes ›Clavigo‹ (1928, mit Lothar Müthel in der Titelrolle); Schnitzlers ›Liebelei‹ (1931); Billingers ›Rauhnacht‹ (1931, mit Krauß als Kreuzhalter); Bibo/Rameaus ›Die göttliche Jette‹ (1931); Wedekinds ›Liebestrank‹ (1932, mit George als Mogoschin); Schillers ›Wilhelm Tell‹ (1932, mit Krauß in der Titelrolle und Bernhard Minetti als Geßler). 1933/34 inszenierte Fehling fünf Gesinnungsstücke der Nazis: Zieses ›Siebenstein‹; Paul Ernsts ›Der heilige Crispin‹; Grieses ›Mensch aus Erde gemacht‹; Johsts ›Propheten‹; Bluncks ›Land der Dämmerung‹. Unter der Intendanz von Gustaf Gründgens (seit 1934) inszenierte Fehling u.a.: Scribes ›Ein Glas Wasser‹ (1934, mit Gründgens und Käthe Gold); Grabbes ›Don Juan und Faust‹ (1936, mit Gründgens, Minetti und Käthe Dorsch); Shakespeares ›König Richard III.‹ (1937): »(...) das gehört in die Geschichte des Welttheaters. Fahl, bleiern, unheimlich erschien Richard (Werner Krauß) in der unendlichen Tiefe der Bühne und füllte ein kahles, gigantisches Rechteck mit dem Grauen und den Verbrechen einer aus den Fugen gegangenen blutigen Zeit. Die Sprache stieg auf wie ein apokalyptisches Ungeheuer. Sie belebte mit den Bildern des Schreckens einen mathematischen Raum.« (Herbert Ihering, ›Theater heute‹, Heft 3, 1965) Außerdem von Shakespeare: ›König Richard II.‹ (1939, mit Gründgens) und ›Julius Cäsar‹ (1941, mit Krauß); ferner: Kleists ›Das Käthchen von Heilbronn‹ (1937, mit Käthe Gold); Hebbels ›Maria Magdalena‹ (1938); Hamsuns ›Abendröte‹ (1942); Hauptmanns ›Der Biberpelz‹ (1942, mit Elisabeth Flickenschildt). Während seines langjährigen Engagements am Berliner Staatstheater inszenierte Fehling als Gast auch an anderen Bühnen, u.a.: Wagners ›Der fliegende Holländer‹ (1929, Berliner Krolloper) und ›Tannhäuser‹ (1933, Berliner Staatsoper); am Hamburger Schauspielhaus u.a.: Schillers ›Don Carlos‹ (1935) und Hebbels ›Kriemhilds Rache‹ (1936); am Berliner Schiller-Theater u.a.: Kleists ›Prinz Friedrich von Homburg‹ (1940, mit George und Horst Caspar) und Halbes ›Der Strom‹ (1940, mit Paul Wegener). Letzte Inszenierung am Berliner Staatstheater: Sudermanns ›Johannisfeuer‹ (1944, mit seiner neuen Lebensgefährtin Joana Maria Gorvin). 1945 Gründung der Jürgen-Fehling-Theater-Gesellschaft in Berlin-Zehlendorf; nach nur zwei Produktionen (Goethes ›Urfaust‹ und Raynals ›Grabmal des unbekannten Soldaten‹) machte er das Theater 1946 wieder zu. Ein Vertrag mit dem Deutschen Theater Berlin scheiterte. 1948 inszenierte er am Berliner Hebbeltheater mit großem Erfolg Sartres ›Die Fliegen‹ (mit der Gorvin als Elektra und Kurt Meisel als Orest); die Pläne, ihm die Direktion des Hauses zu übergeben, zerschlugen sich. 1948 Weggang nach München; inszenierte dort im Brunnenhoftheater der Residenz Hebbels ›Maria Magdalena‹ (1949): »Jede Szene hat eine sinnfällige Bildgewalt. Jeder Auftritt hat ein Tempo, das dem Bewegungszustand der dramatischen Situation entspricht. Selbst die stumme Gruppe ist schon dramatisch durch ihre räumliche Aufteilung. Bei der Gestaltung der Figuren setzt er überall vom innersten Wesen her ein. Von der Herzkammer aus wird die Breite erreicht, wird der Akzent erzielt, wird die gesteigerte Temperatur hergestellt. Deshalb sind Fehlings Breiten keine Längen und seine Akzente keine Effekte. Überhaupt kennt er keine Effekte des Effektes wegen.« (Hans Christian Feiler, ›Münchner Merkur‹) Weitere Inszenierungen in München: Ibsens ›Nora‹ (1950); García Lorcas ›Doña Rosita bleibt ledig‹ (1950); Tiecks ›Ritter Blaubart‹ (1951, Theaterskandal). Fehlings letzte Regiearbeit war im September 1952 Schillers ›Maria Stuart‹ am Berliner Schiller-Theater (mit der Gorvin in der Titelrolle und der Flickenschildt als Elisabeth). Weitere Arbeitsversuche mußten abgebrochen werden; Fehling verfiel zunehmend in Depressionen. »Fehlings leere, häufig kastenartige Bühnenräume waren weit und leer um der Menschen willen, die er darin agieren ließ – und um der Zuschauer willen, denen diese Aktion eindringlich werden sollte. (...) Theater jenseits der Ismen: Fehling hat die wirksamsten Aufführungen der Stücke Barlachs und der Lasker-Schüler inszeniert (...), aber er exekutierte

Feiffer

nicht den literarischen Expressionismus auf dem Theater, sondern wollte Menschen zeigen, aufgerissen, gesteigert. Ein sehr deutsches Theater, dem Tragischen geöffnet. Kein politisches Theater, sondern der Gegenentwurf zur Bühne Brechts und Piscators.« (›Theater heute‹, Heft 8, 1968)
Literatur: J. Fehling: Die Magie des Theaters. Äußerungen u. Aufzeichnungen m. einem Essay v. S. Melchinger. Velber 1965; J. Bab: Das Theater der Gegenwart. Leipzig 1928; K. H. Ruppel: Großes Berliner Theater. Velber 1962; G. Rühle (Hrsg.): Theater für die Republik 1917–1933. Im Spiegel der Kritik. Frankfurt a. M. 1967; Jürgen Fehling. Der Regisseur. Akademie der Künste. Berlin 1978 (Katalog); G. Ahrens (Hrsg.): Das Theater des deutschen Regisseurs Jürgen Fehling. Berlin 1985; M. Faber/L. Weizert: . . . dann spielten sie wieder. Das Bayerische Staatsschauspiel 1946–1986. München 1986.

Feiffer, Jules, geb. 26. 1. 1929 in New York. Amerikanischer Cartoonist und Dramatiker. Feiffers Komödien beziehen ihren Witz aus der Besessenheit, mit der sich die amerikanische Mittelschicht bei jedem noch so kleinen Problemchen an den Psychiater wendet. Seine Stücke wurden u. a. in New York, London und Berlin (Schloßpark-Theater) aufgeführt.
Stücke: ›Little Murders‹ (1968); ›God Bless‹ (1968); ›The White House Murder Case‹ (1970); ›Knock Knock‹ (1976); ›Hold me!‹ (1977).

Feik, Eberhard, geb. 23. 11. 1943 in Chemnitz, gest. 18. 10. 1994 im Schwarzwald. Schauspieler. Abgebrochenes Studium der Germanistik, Anglistik und Theaterwissenschaft an der Universität Köln; 1966/67 Ausbildung an der Schauspielschule des Kölner Theaters Der Keller; 1966–1969 Auftritte auf Studentenbühnen in Köln und Bonn; erstes Engagement 1969/70 an den Vereinigten Städtischen Bühnen Krefeld-Mönchengladbach (spielte u. a. Valentin in Goethes ›Faust‹). 1970–1972 Engagement am Württembergischen Staatstheater Stuttgart; spielte unter der Regie von Peter Palitzsch in Brechts ›Mutter Courage‹ sowie in Peter Weiss'

›Hölderlin‹ (UA 1971). Danach wechselte er für eine Spielzeit an die Städtischen Bühnen Frankfurt a. M., wo man ihn – wieder unter der Regie von Palitzsch – als Hogan in Behans ›Richards Korkbein‹ sah. 1973–1978 Engagement an der Berliner Schaubühne am Halleschen Ufer; spielte in Inszenierungen von Luc Bondy: Gorkis ›Sommergäste‹; Mussets ›Man spielt nicht mit der Liebe‹; Lasker-Schülers ›Die Wupper‹. Unter der Regie von Klaus Michael Grüber spielte er den Teiresias in den ›Bakchen‹ des Euripides (1974) und einen Reisenden in Hölderlins ›Empedokles‹ (1975, mit Bruno Ganz). Rollen übernahm er auch in Inszenierungen von Peter Stein, z. B. Heinz in Kroetz' ›Oberösterreich‹. Seit 1978 war er freischaffend tätig; arbeitete vorwiegend für Film und Fernsehen. Gastspiele u. a. am Theater Bremen: Burleigh in Schillers ›Maria Stuart‹ (1978). Eine seiner wichtigsten Fernsehrollen war über Jahre hinweg der Kommissar Thanner in der Krimiserie ›Tatort‹ (mit Götz George).

Fellner, Ferdinand, geb. 19. 4. 1847 in Wien, gest. 22. 3. 1916 ebenda. Theaterarchitekt. Gehörte mit seinem Partner Hermann Helmer (1849–1919) zu den bekanntesten und meistbeschäftigten Theaterbaumeistern Ende des 19. Jahrhunderts (mit zentralem Büro in Wien). Beide arbeiteten mit standardisierten Entwürfen, sich wiederholenden Elementen und Schmuckformen. Zunächst Theaterbauten im Stil der Hochrenaissance, später zeigte sich der Einfluß von Barock und Rokoko und schließlich auch des Jugendstils. Insgesamt 60 Theaterbauten, darunter: Stadttheater Wien (1872); Augsburg (1876); Brünn und Reichenberg (1881); Preßburg und Karlsbad (1882); Deutsches Landestheater Prag (1886); Deutsches Volkstheater Wien (1889); Stadttheater Zürich (1890); Theater unter den Linden Berlin (1892); Hoftheater Wiesbaden und Opernhaus Graz (1894); Deutsches Schauspielhaus Hamburg (1900, erbaut in der Rekordzeit von zehn Monaten).
Literatur: A. v. Wurm-Ankreuz: Architekt Ferdinand Fellner und seine Bedeutung für den modernen Theaterbau. Wien

1919; H.-Chr. Hoffmann: Die Theaterbauten von Fellner und Helmer. München 1966.

Felmy, Hansjörg, geb. 31. 1. 1931 in Berlin. Schauspieler. Verließ das Gymnasium noch in der Untertertia und begann eine Schlosser- und eine Buchdruckerlehre; spielte nebenher an einer Wanderbühne. 1947–1949 Schauspielunterricht bei Hella Kaiser am Staatstheater Braunschweig; debütierte dort 1949 als Arbeiter in Zuckmayers ›Des Teufels General‹ und blieb bis 1953 im Ensemble. 1953/54 und 1961/62 spielte er unter Paul Mundorf am Stadttheater Aachen, u. a. die Titelrolle in Shakespeares ›Hamlet‹ (1961). Von 1954 bis 1956 war er an den Städtischen Bühnen Köln engagiert (unter Herbert Maisch). Am Berliner Hebbeltheater sah man ihn 1957 in García Lorcas ›Bis fünf Jahre vergehen‹. An der Landesbühne Hannover spielte er die Titelrolle in Kaisers ›Soldat Tanaka‹ (1959, R. Günther Fleckenstein). Es folgten Gastspiele an der Kleinen Komödie München und bei zahlreichen Tournee-Inszenierungen. Rollen u. a.: Orin in O'Neills ›Trauer muß Elektra tragen‹; Peter Quilpe in Eliots ›Cocktail-Party‹; Freddy Page in Rattigans ›Lockende Tiefe‹; Leutnant Moore in Sheridans ›Rivalen‹; Georg in Steinbecks ›Von Mäusen und Menschen‹; Dominic in Frys ›Venus im Licht‹; Kapitän Queeg in Wouks ›Die Caine war ihr Schicksal‹; Titelrolle in Ibsens ›Der Volksfeind‹. Felmys Filmkarriere begann 1956 mit der Rolle des heldenhaften Fliegerleutnants in Alfred Weidenmanns ›Der Stern von Afrika‹. Es folgten zahlreiche weitere Filme, in denen Felmy v.a. den Prototyp des anständigen Deutschen verkörperte, z. B. in Kurt Hoffmanns Satire ›Wir Wunderkinder‹ (1958). Seit den sechziger Jahren auch Fernsehrollen, u. a. Kommissar Haferkamp in der Krimiserie ›Tatort‹ (1974–1980). Überzeugt davon, daß das »Fernsehen irrsinnig Gesichter verschleißt«, zog sich Felmy immer wieder für längere Zeit aus dem Geschäft zurück.

Fels, Ludwig, geb. 27. 11. 1946 in Treuchtlingen. Autor. Nach Grund- und Berufsschule machte Fels eine Lehre als Maler und arbeitete dann als Hilfsarbeiter. Seit 1973 lebt er als freier Schriftsteller. 1974 erhielt er den Kulturpreis der Stadt Nürnberg, 1979 den Leonce-und-Lena-Preis, 1983 den Hans-Fallada-Preis; 1985 wurde er Stadtschreiber von Bergen-Enkheim; 1986/87 war er Stipendiat der Villa Massimo. Seit 1983 lebt er in Wien. Erste Veröffentlichungen: ›Anläufe‹ (Gedichte, 1973); ›Platzangst‹ (Erzählungen, 1974). Fels, der selbst nicht als Arbeiterdichter bezeichnet werden will, bezieht in seinen Werken Stellung für die Deklassierten, für die Menschen am Rande der Gesellschaft. »Dieser Autor macht in seinen literarischen Arbeiten so zornig wie leidenschaftlich auf die Gleichgültigkeit aufmerksam, mit der unsere Gesellschaft denen zu begegnen pflegt, die am Rande stehen oder die es ins Abseits verschlagen hat. Er liefert anschauliche Bilder, die provozierend zum Ausdruck bringen, was ihn ängstigt und bedrückt, was seine Wut und seinen Widerstand erregt.« (Begründung der Jury Bergen-Enkheim)
Stücke: ›Lämmermann‹ (1983); ›Der Affenmörder‹ (1985); ›Lieblieb‹ (1986); ›Soliman‹ (1991); ›Sturmwarnung‹ (1993).
Literatur: Programmbuch zu ›Lieblieb‹, Staatstheater Darmstadt 1986; ›Lieblieb‹. Stückabdruck und Bericht. In: Theater heute, Heft 6, 1986; ›Soliman‹. Stückabdruck und Bericht. In: Theater heute, Heft 10, 1991.

Felsenstein, Walter, geb. 30. 5. 1901 in Wien, gest. 8. 10. 1975 in Berlin. Schauspieler, Regisseur und Theaterleiter. 1921–1923 Schauspielausbildung bei Ernst Arndt vom Wiener Burgtheater; erstes Engagement 1923/24 am Stadttheater Lübeck; danach am Nationaltheater Mannheim; 1925–1927 Schauspieler, Dramaturg und Spielleiter am Theater Beuthen (Bytom); Spielleiter in Basel (1927–1929) und in Freiburg (1929–1932); Oberspielleiter der Oper Köln (1932–1934) und der Oper an den Städtischen Bühnen Frankfurt a. M. (1934–1936); zahlreiche Operninszenierungen (u. a. Werke von Wagner, Verdi und Richard Strauss; häufig im Bühnenbild von Caspar Neher). Von 1938 bis 1940

Fendel

arbeitete er am Stadttheater Zürich, wo er Opern und Operetten inszenierte. 1940–1944 am Berliner Schiller-Theater u. a.: Forsters ›Rheinsberg‹ (1940); Ibsens ›John Gabriel Borkman‹ (1940); Jüngsts ›Achill unter den Weibern‹ (1942); Goethes ›Clavigo‹ (1942); Schillers ›Die Braut von Messina‹ (1943); außerdem Gastinszenierungen in Aachen, Düsseldorf, Straßburg und Metz sowie bei den Salzburger Festspielen (1942: Mozarts ›Die Hochzeit des Figaro‹). Nach dem Krieg war er zunächst Spielleiter am Hebbeltheater Berlin; Aufsehen erregte 1945 seine Inszenierung von Offenbachs ›Pariser Leben‹; Erfolg auch mit Schillers ›Die Räuber‹ (1946; 1949 auch am Wiener Burgtheater). Von 1947 bis zu seinem Tod war er Intendant der Komischen Oper in Ostberlin. Er galt als der führende Regisseur des zeitgenössischen Musiktheaters, wurde 1959 zum Professor ernannt und erhielt zahlreiche Auszeichnungen, u. a. den Karl-Marx-Orden sowie mehrmals den Nationalpreis der DDR. Seit 1951 war er Mitglied der Akademie der Künste der DDR, seit 1959 deren Vizepräsident. Von 1966 an war er jahrelang Präsident des Internationalen Theaterinstituts (ITI) der DDR. Als Schauspiel-Regisseur arbeitete er mehrmals am Burgtheater Wien: Giraudoux' ›Die Irre von Chaillot‹ (1948); Ibsens ›John Gabriel Borkman‹ (1950); Shakespeares ›Der Widerspenstigen Zähmung‹ (1950); Kleists ›Das Käthchen von Heilbronn‹ (1974); Goethes ›Torquato Tasso‹ (1975; 1949 bereits im Schloßparktheater Berlin). Weitere Gastinszenierungen u. a.: Kleists ›Prinz Friedrich von Homburg‹ (1958, Schauspielhaus Düsseldorf); Verdis ›La Traviata‹ (1960, Staatsoper Hamburg); Webers ›Freischütz‹ (1967, Staatsoper Stuttgart); Schillers ›Wallenstein‹ (1972, Staatstheater München). Wichtigste Arbeiten an der Komischen Oper Berlin: Bizets ›Carmen‹ (1949; 1969 auch in Moskau); Smetanas ›Die verkaufte Braut‹ (1950); Mozarts ›Die Zauberflöte‹ (1954); Janáčeks ›Das schlaue Füchslein‹ (1956; 1958 auch an der Mailänder Scala); Verdis ›Othello‹ (1959); Brittens ›Sommernachtstraum‹ (1961) sowie die Offenbach-Inszenierungen ›Pariser Leben‹ (1951), ›Hoffmanns Erzählungen‹

(1958) und ›Ritter Blaubart‹ (1963). Über Felsensteins Inszenierung von Mozarts ›Don Giovanni‹ (1966) schrieb Joachim Kaiser: »Felsenstein hat, ohne tendenziöse Pointierung, die scharfsinnigste und genaueste Inszenierung geboten, die Mozarts ›Don Giovanni‹ meines Wissens seit Jahr und Tag widerfahren ist. Nie, fast nie, läßt er falsch illusionierende und darum desillusionierende Sängerposen durchgehen. Vorgänge, die man sonst immer nur glauben mußte, werden endlich szenisch ›bewiesen‹. Opernregie als analytisches Fest . . .« (›SZ‹, 7. 12. 1966) Mit seinen Inszenierungen gastierte Felsenstein u. a. in Moskau, Paris, Prag, Warschau, Weimar, Leipzig, Stuttgart, Stockholm, Venedig und Wien. Außerdem Vortragsreisen, Seminare, Bücher und Verfilmungen von Opern.
Literatur: W. Felsenstein: Schriften zum Musiktheater. Berlin 1976; ders./S. Melchinger: Musiktheater. Bremen 1961; G. Friedrich: Walter Felsenstein. Weg und Werk. Berlin 1961; D. Kranz: Gespräche mit Felsenstein. Berlin 1977; I. Kobán (Hrsg.): Walter Felsenstein. Theater muß immer etwas Totales sein. Briefe, Reden, Aufzeichnungen, Interviews. Berlin 1986; dies. (Hrsg.): Walter Felsenstein. Theater. Gespräche, Briefe, Dokumente. Berlin 1991.

Fendel, Rosemarie, geb. 25. 4. 1927 in Metternich (bei Koblenz). Schauspielerin und Regisseurin. Aufgewachsen in Böhmen. Nach dem Abitur nahm sie privaten Schauspielunterricht bei Maria Koppenhöfer. 1946 Debüt an den Münchner Kammerspielen als Blumenmädchen in Giraudoux' ›Die Irre von Chaillot‹; gehörte bis 1950 fest zum Ensemble. Rollen u. a.: Kuhmädchen in Brechts ›Herr Puntila und sein Knecht Matti‹ (R. Hans Schweikart); Molly in Brecht/Weills ›Die Dreigroschenoper‹; Leontine in Hauptmanns ›Der Biberpelz‹. Von 1950 bis 1953 war sie am Landestheater Tübingen engagiert, wo man sie u. a. als Gretchen in Goethes ›Faust‹ und als Klärchen in ›Egmont‹ sah. 1954–1956 Engagement am Schauspielhaus Düsseldorf; spielte dort unter der Regie des Intendanten Gustaf Gründgens die Thekla in Schillers ›Wallenstein‹. Nach einem kurzen Engagement in Darmstadt (1957) zog sie sich für einige Jahre von der Bühne zurück und arbeitete als Synchronsprecherin für Film und Fernsehen (synchronisierte u. a. die Stimmen von Elizabeth Taylor und Jeanne Moreau). Es folgten Engagements am Bayerischen Staatsschauspiel (1961/62) und am Theater Die Kleine Freiheit (1963) in München. Von 1973 bis 1977 gehörte sie erneut zum Ensemble der Münchner Kammerspiele. Rollen u. a.: Amanda Pius in Lasker-Schülers ›Die Wupper‹; Mari-Gaila in Valle-Incláns ›Worte Gottes‹ (R. Johannes Schaaf); Zina in Grumbergs ›Dreyfus‹; Martha Vockerat in Hamsuns ›Einsame Menschen‹; Frau Gabor in Wedekinds ›Frühlings Erwachen‹; Tante in García Lorcas ›Doña Rosita bleibt ledig‹ (R. Ernst Wendt). Seit 1980 Ensemblemitglied der Städtischen Bühnen Frankfurt a. M.; dort u. a.: Frau Loman in Millers ›Tod eines Handlungsreisenden‹ (1984); Puffmutter in Genets ›Die Wände‹ (1984); Gutsbesitzerin in Tschechows ›Der Kirschgarten‹ (1986, R. Schaaf); Xenia in Bonds ›Sommer‹; Madame Sonntag in Lasker-Schülers ›Die Wupper‹ (1988, R. Michael Gruner). Seit Mitte der achtziger Jahre inszeniert sie auch selbst, u. a.: Yukio Mishimas ›Madame de Sade‹ (1987, Schiller-Theater-Werkstatt Berlin); Ayckbourns ›Einer für alles‹ (1988, Schloßparktheater Berlin); Shaffers ›Amadeus‹ (1991, Theater in der Josefstadt Wien, mit Otto Schenk als Salieri). Ihr Lebensgefährte Johannes Schaaf drehte mit ihr mehrere Filme, u. a. ›Trotta‹ (1971, nach Joseph Roths ›Kapuzinergruft‹). Fernseharbeit seit den sechziger Jahren, zuletzt auch als Drehbuchautorin und Regisseurin (›Der Heuler‹, 1982). Peter Iden schrieb über die Künstlerin: »Wer sie auf der Bühne sieht, spürt bald die Träumerin; immer aber auch eine disziplinierte Professionalität, mit der sie den Jüngeren Vorbild ist und gewinnendes Beispiel.« (›Frankfurter Rundschau‹, 26. 3. 1988)

Fenneker, Josef, geb. 6. 12. 1895 in Bocholt, gest. 9. 1. 1956 in Frankfurt a. M. Bühnenbildner. Ausbildung in Düsseldorf, München und Berlin (bei Emil Orlik). Erste Arbeiten am Schauspielhaus und an der Staatsoper Berlin; schuf u. a. die Kulissen für Leopold Jeßners Berliner ›Othello‹-Inszenierung (1932). Entwarf Bühnenbilder vor allem für Opern, u. a. in Duisburg, Berlin, Wien, Stockholm, Mailand (Scala), Hamburg und München. Wichtigste Arbeiten am Berliner Schiller-Theater (1937–1944): Schillers ›Kabale und Liebe‹ (1938, R. Heinrich George), ›Don Carlos‹ (1939) und ›Maria Stuart‹ (1941); für Inszenierungen von Ernst Legal: Calderóns ›Der Richter von Zalamea‹ (1938); Hauptmanns ›Veland‹ (1941); Kleists ›Das Käthchen von Heilbronn‹ (1942); für Inszenierungen von Jürgen Fehling: Kleists ›Prinz Friedrich von Homburg‹ (1940); Götz’ ›Kampf ums Reich‹ (1940); für Inszenierungen von Walter Felsenstein: Ibsens ›John Gabriel Borkman‹ (1940); Jüngsts ›Achill unter den Weibern‹ (1942); Goethes ›Clavigo‹ (1942); Schillers ›Die Braut von Messina‹ (1943). Von 1945 bis 1954 arbeitete er an der Städtischen Oper Berlin (West); 1948–1950 auch bei Felsenstein an der Komischen Oper in Ostberlin. Am Berliner Hebbeltheater gestaltete er u. a. die Bühne für Kaisers ›Floß der Medusa‹ (1948) und Giraudoux’ ›Undine‹ (1949, R. Karl Heinz Stroux). Zuletzt war er Ausstattungsleiter an den Städtischen Bühnen Frankfurt a. M. (Oper und Schauspiel); arbeitete hier häufig mit Lothar Müthel zusammen, u. a. bei Kleists ›Prinz Friedrich von Homburg‹ (1953) sowie in beiden Teilen von Goethes ›Faust‹ (1954).

Fernandes, Augusto, geb. 1945 in Argentinien. Regisseur. Arbeitete in Argentinien mit einer eigenen Theatergruppe; erstes Gastspiel in Europa 1972 mit Ibsens ›Peer Gynt‹. Inszenierte danach am Schauspiel Frankfurt a. M. u. a.: ›Traum und Leben des Prinzen Sigismund‹ (1973, nach Calderón, mit Peter Roggisch); ›Barbarische Komödie‹ (1974, nach Valle-Inclán); Pirandellos ›Heinrich IV.‹ (1975, mit Roggisch). Inszenierungen am Schauspiel Bochum bei Peter Zadek u. a.: García Lorcas ›Doña Rosita bleibt ledig‹ (1974, mit Hannelore Hoger); Calderóns ›Die große Zenobia‹ (1975); Produktionen, die aus Gruppen-Improvisationen entstanden (be-

Feuchtwanger

einflußt durch das Actors Studio): ›Atlantis‹ (1976); ›Der Admiral von der traurigen Gestalt‹ (1978). Anfang der achtziger Jahre arbeitete er am Deutschen Schauspielhaus Hamburg; kehrte nun wieder zum literarischen Theater zurück, ohne allerdings auf allegorische Elemente und Improvisationen zu verzichten: Shakespeares ›Perikles‹ (1981); Goethes ›Groß-Cophta‹ (1982); Tschechows ›Die Möwe‹ (1984, Koproduktion mit der Freien Volksbühne Berlin, mit Hannelore Hoger). Im Herbst 1979 initiierte er zusammen mit Lew Bogdan das »Institut Européen de l'Acteur« in Nancy, das erste europäische Institut, das sich ausschließlich mit Fortbildung und Training professioneller Schauspieler beschäftigt. Lebte und arbeitete zwischenzeitlich wieder in Argentinien (Buenos Aires). Arbeiten in jüngerer Zeit u. a.: Calderóns ›Das große Welttheater (1988, Schiller-Theater Berlin, mit Walter Schmidinger); Ibsens ›Die Kronprätendenten‹ (1993, Schauspielhaus Hamburg, mit Josef Bierbichler). Zwei seiner Inszenierungen wurden zum Berliner Theatertreffen eingeladen: García Lorcas ›Doña Rosita‹ (1975) und ›Atlantis – Ein Gruppenprojekt‹ (1977, beide Schauspielhaus Bochum).

Feuchtwanger, Lion, geb. 7. 7. 1884 in München, gest. am 21. 12. 1958 in Pacific Palisades (USA). Schriftsteller. Aus einer jüdischen Fabrikantenfamilie stammend. Feuchtwanger studierte Philosophie, Germanistik und Anthropologie in München und Berlin. Er schrieb Theaterkritiken für die ›Schaubühne‹ von Siegfried Jacobsohn. 1908 gründete er die Kulturzeitschrift ›Der Spiegel‹. 1919 begann die Zusammenarbeit mit Bertolt Brecht. 1933 ging er in die Emigration, zuerst nach Frankreich, dann in die USA. Er trat mit historischen Romanen an die Öffentlichkeit: ›Die häßliche Herzogin Margarete Maultasch‹ (1923) und ›Jud Süß‹ (1925). Diesen Werken lag der aus der zeitgenössischen Philosophie entnommene weltanschauliche Antagonismus (Handeln oder Betrachten; Macht oder Erkenntnis) zugrunde. »Wenn damals eine gemeinsame Grundanschauung in dem, was ich schrieb, durchbrach, so ist es die Problemstellung: Tun und Nichttun, Macht und Verzicht, Asien und Europa, Buddha und Nietzsche. Ein Problem, hinter dem das aktuellere der soziologischen Neuordnung der Welt augenscheinlich zurücktrat.« (Lion Feuchtwanger 1927, in: Schauspielführer in drei Bänden. Berlin-Ost 1963) Diese Konfliktstellung ist am besten sichtbar in den Stücken: ›Warren Hastings‹ (1916) und ›Der Holländische Kaufmann‹ (1923). Spätere wichtige Romane – z. T. verfilmt – sind der Romanzyklus ›Der Wartesaal‹, ›Erfolg‹ (1930), ›Die Geschwister Oppermann‹ (1933), ›Exil‹ (1939). 1927 bearbeitete Feuchtwanger zusammen mit Brecht Marlowes ›Edward der Zweite‹ als Verfremdung der Vorlage zum aktuellen Lehrstoff; Titel der Bearbeitung: ›Leben Eduards II. von England‹. Mit seinem Roman ›Simone‹ (1944) inspirierte er Brecht zu dessen Stück ›Die Gesichte der Simone Machard‹ (1941–1943), an dem er auch selbst mitarbeitete. In den dreißiger Jahren schrieb Feuchtwanger hauptsächlich Romane, nach 1946 nochmals Dramen: ›Wahn oder der Teufel in Boston‹ (1948), ›Waffen für Amerika‹ (1947/48), ›Die Witwe Capet‹ (1956), die kaum auf deutschen Bühnen gespielt wurden. 1986 versuchte sich Hans Hollmann an einer Dramatisierung des Romans ›Erfolg‹ am Bayerischen Staatsschauspiel in München: »Feuchtwanger montierte den Bilderbogen seines Romans aus 124 Einzelszenen. Seine Technik der Parallel- und Kontrast-Schnitte ist dem Film näher als dem Theater. Der Dramaturg Thomas Petz (...) hat den Roman als üppiges Materiallager benutzt, hat viele Szenen gestrichen, umgestellt, verkürzt, manchmal auch erweitert und aus Beschreibungen und Gedankengängen dekuvrierende Dialoge gemacht. Dialoge kommen bei Feuchtwanger kaum vor. Seinen Roman kann und muß man vergessen. Aus ihm ist unter Mithilfe des Regisseurs Hans Hollmann die selbständige Revue geworden.« (Georg Hensel, ›FAZ‹, 31. 5. 1986, zur UA ›Erfolg‹, Bayerisches Staatsschauspiel. R. Hans Hollmann)

Literatur: M. Feuchtwanger: Nur eine Frau. München 1981; K. Modick: Lion Feuchtwanger im Kontext der zwanziger

163

Jahre: Autonomie und Sachlichkeit. Kronberg/Ts. 1981; H. L. Arnold (Hrsg.): Lion Feuchtwanger ›Text und Kritik‹). München 1983; R. Jaretzky: Lion Feuchtwanger in Selbstzeugnissen und Bilddokumenten. Reinbek 1984; V. Skierka: Lion Feuchtwanger. Eine Biographie. Berlin 1984; W. v. Sternburg: Lion Feuchtwanger. Ein deutsches Schriftstellerleben, Kronberg/Ts. 1984; W. Müller-Funk (Hrsg.): Jahrmarkt der Gerechtigkeit. Studien zu Lion Feuchtwangers zeitgeschichtlichem Werk. Tübingen 1987.

Feydeau, Georges, geb. 8. 12. 1862 in Paris, gest. 6. 6. 1921 in Rueil, Seine-et-Oise. Französischer Dramatiker. Sohn des Schriftstellers Ernest Feydeau. Feydeau schrieb Stücke, die ihm zunächst nur Achtungserfolge einbrachten, u. a. ›Tailleur pour Dames‹ (1887). Der erste wirkliche Erfolg kam mit dem Stück ›Monsieur Chasse‹ (1892). In den folgenden Jahren feierte ihn das Boulevard-Theater stürmisch. Jedes Jahr erschien mindestens ein Stück. Seine Komik basiert auf Irrungen und Intrigen, auf unbeabsichtigten und beabsichtigten Verwechslungen, Überraschungen oder dem Ertapptwerden in erotisch verfänglichen Situationen. Zielscheibe seines Witzes ist das Kleinbürger-Ehepaar, dessen Pseudomoral er entlarvt. Seine Stücke wurden auch in Deutschland immer wieder gerne gespielt.
Weitere Stücke: ›Das Hotel des Freihandels‹ (1894); ›Die Dame von Maxim‹ (1899); ›Floh im Ohr‹ (1907); ›Gib acht auf Amelie‹ (1908); ›Das Kind bekommt sein Abführmittel‹ (1910); ›Lauf bloß nicht splitternackt herum‹ (1912).
Literatur: E. D. Yahiel: Feydeau et son œuvre. Diss. Michigan 1956; N. R. Shapiro: Topical Allusions in the Theatre of Feydeau. Diss. Harvard 1958; E. Bentley: The Life of the Drama. New York 1967; H. Gidel: La dramaturgie de Georges Feydeau. Paris 1978.

Fieber, Pavel, geb. 30. 9. 1941 in Krnov (ehemalige ČSSR). Schauspieler, Regisseur und Intendant. Nach dem Krieg aufgewachsen in Bayern und Wien; 1960–1964 Studium der Psychologie in Erlangen und Wien; 1962–1964 Schauspiel- und Regiestudium am Wiener Max-Reinhardt-Seminar; gleichzeitig Gesangsausbildung an der Akademie für Musik und darstellende Kunst u. a. bei Leoni Rysanek, später auch in Wiesbaden bei Karl Liebl. 1965 erstes Engagement als Schauspieler am Theater der Courage und am Theater im Centrum in Wien; 1967 an den Städtischen Bühnen Lübeck u. a. Dunois in Shaws ›Die heilige Johanna‹ (R. Harald Benesch). 1968–1972 Schauspieler, Regisseur und zuletzt kommissarischer Oberspielleiter an den Städtischen Bühnen Mainz; gleichzeitig Leitung der Opernschule am Peter-Cornelius-Konservatorium Mainz (1969–1972) und Gründung des Theaters in der Mainzer Universität. Wichtigste Inszenierung in dieser Zeit: Taboris ›Die Kannibalen‹ (1969). 1972–1974 Oberspielleiter am Theater in Oberhausen; 1974–1978 Oberspielleiter in Ingolstadt; mehrere Erst- und Uraufführungen von Pavel Kohout und Vaclav Havel. 1970 wurde er in der Tschechoslowakei zur Persona non grata erklärt und erhielt keine Einreisegenehmigung mehr, bis sich die politischen Verhältnisse änderten. 1978–1985 freier Schauspieler und Regisseur u. a. in Wuppertal, Bonn, am Schauspielhaus Düsseldorf, am Theater des Westens in Berlin, an der Staatsoper Hamburg sowie an den Staatstheatern Karlsruhe, Darmstadt und Stuttgart. Von 1985 bis 1991 war er Intendant in Ulm; Inszenierungen u. a.: Lessings ›Nathan der Weise‹; Becher/Preses’ ›Der Bockerer‹; Shakespeares ›Hamlet‹; auch Opern und Musicals. Seit 1991 ist er Intendant am Pfalztheater in Kaiserslautern. Inszenierungen dort u. a.: Shakespeares ›Romeo und Julia‹ und ›Othello‹; Alban Bergs ›Wozzeck‹. Seine Paraderolle, den Professor Higgins in Lerner/Loewes ›My Fair Lady‹, spielte er weit über tausendmal an verschiedenen Theatern in der Bundesrepublik; 1993 inszenierte er das Musical am Salzburger Landestheater. Auch zahlreiche Fernsehrollen.

Fierstein, Harvey, geb. 6. 6. 1954 in Bensonhurst, Brooklyn. Amerikanischer Schauspieler und Schriftsteller. Fierstein studierte am Pratt Institute und arbeitete

Finck

u. a. mit Andy Warhol, Woody Allen und Tom O'Horgan, bis er 1973 zu schreiben begann. Internationalen Erfolg erzielte er mit ›Torch Song Trilogy‹ (›Einesteils und andrerseits und außerdem‹, 1981), drei Stücke über den Homosexuellen Arnold Beckoff, die 1978/79 einzeln an Off-Broadway-Theatern aufgeführt wurden, bis sie 1983 zusammen am Broadway herauskamen. Danach schrieb er das Buch zu dem Erfolgs-Musical ›La Cage aux Folles‹. **Weitere Stücke:** ›Spookhouse‹; ›Freaky Pussy‹; ›Flatbush Tosca‹; ›Cannibals Just Don't Know Better‹ (o.J.); ›Safe Sex‹ (auch dt.; o.J.). **Literatur:** J. Leverett: Vorwort zu ›The Torch Song Trilogy‹. New York 1981.

Finck, Werner, geb. 2. 5. 1902 in Görlitz, gest. 31. 7. 1978 in München. Schauspieler und Kabarettist. Studium an der Kunstschule in Dresden und Volontariat bei einer Zeitung; zog danach als Märchenerzähler durchs Land und arbeitete bei Laienspieltruppen. Erstes Bühnenengagement 1925 im schlesischen Bunzlau; danach am Landestheater Darmstadt. Kam 1929 nach Berlin, wo er zunächst in den Kabaretts »Die Unmöglichen«, »Larifari« und im legendären »Küka« (Künstlerkaffee) auftrat. Der Durchbruch gelang ihm Ende 1929 in dem neugegründeten Kabarett »Katakombe«, dessen Leiter er später wurde. Finck, ein Meister des skurrilen Halbsatzes und der camouflierten Rede, gab sich als stammelnder Conférencier scheinbar linkisch. Seine Attacken gegen die Nationalsozialisten verpackte er in kunstvolle Radebrechereien, mit denen die Zensoren von der Gestapo oft ihre liebe Not hatten. »Kommen Sie mit – oder muß ich mitkommen?«, fragte er die mitschreibenden Polizeispitzel im Publikum, und als einmal ein Zuschauer »Judenlümmel!« rief, konterte Finck: »Sie irren sich, ich sehe nur so intelligent aus.« Nach der kurzzeitigen Schließung des Kabaretts sagte Finck bei der Wiedereröffnung: »Gestern waren wir zu. Heute sind wir wieder offen. Wenn wir morgen zu offen sind, sind wir übermorgen wieder zu.« 1935 wurde die »Katakombe« endgültig geschlossen und Finck ins Konzentrationslager Esterwegen deportiert.

Durch die Hilfe von Freunden bald wieder entlassen, erhielt er 1936 Berufsverbot. Vor erneuter Haft bewahrte ihn 1939 die Meldung als Kriegsfreiwilliger. Nach dem Krieg Solo-Auftritte im In- und Ausland. Von 1948 bis 1951 betrieb er in Stuttgart das Kabarett »Die Mausefalle«; 1950 Gründung der Anti-Partei »Radikale Mitte«; 1952 erfolgreiche Tournee durch Südamerika; seither Solo-Kabarettist (auch in Italien, Amerika und Kanada). Zu seinen erfolgreichsten Solo-Programmen zählen: ›Kritik der reinen Unvernunft‹; ›Sie werden lachen – mir ist es ernst‹; ›Am besten nichts Neues‹; ›Sire, geben Sie Gedanken . . .‹; ›Der Stilvertreter‹. Mit dem Programm ›Der brave Soldat schweigt‹ feierte er Anfang der sechziger Jahre große Erfolge in Berlin, Hamburg und v.a. in München (als Star der »Lach- und Schießgesellschaft«). Gastrollen an Theatern u.a.: Polonius in Shakespeares ›Hamlet‹ (1956, Theater in der Josefstadt Wien); Professor Higgins in Shaws ›Pygmalion‹ (1956, ebenda); Ziffel in Brechts ›Flüchtlingsgespräche‹ (UA 1962, Münchner Kammerspiele). Auch zahlreiche Film- und Fernsehrollen sowie mehrere Veröffentlichungen als Schriftsteller. **Literatur:** W. Finck: Witz als Schicksal, Schicksal als Witz. Hamburg 1966; ders.: Alter Narr, was nun? Die Geschichte meiner Zeit. München, Berlin 1972; ders.: Der brave Soldat Finck. München, Berlin 1975; ders.: Zwischendurch. Ernste Versuche mit dem Heiteren. München, Berlin 1975; ders.: Heiter auf verlorenem Posten. München 1979. ders.: Spaßvogel – vogelfrei. Memoiren. Hrsg. von H. Schneider/ W. Wessig. Frankfurt a. M. 1993.

Fink, Agnes, geb. 14. 12. 1919 in Frankfurt a. M., gest. 28. 10. 1994 in München. Schauspielerin. 1936 – 1938 Ausbildung am Hochschen Konservatorium in Frankfurt a. M. 1938 debütierte sie am Stadttheater Heidelberg, wo sie rasch wieder entlassen wurde, weil der Direktor sie für »das Untalentierteste« hielt, was ihm je begegnet sei. Von 1939 bis 1943 war sie am Theater in Leipzig verpflichtet, wo sie häufig an der Seite von Peter Lühr spielte. Rollen u. a.: Isabella in Shakespeares ›Maß für Maß‹;

Marie in Goethes ›Clavigo‹ und Klärchen in ›Egmont‹; Panthea in Hölderlins ›Empedokles‹; Titelrolle in Lessings ›Miss Sara Sampson‹; in Stücken von Schiller: Beatrice in ›Die Braut von Messina‹; Thekla in ›Wallenstein‹; Amalia in ›Die Räuber‹. Noch während des Krieges wechselte sie an das Bayerische Staatsschauspiel München, wo man sie wieder als Miss Sara Sampson sah. Im Februar 1945 heiratete sie den Schauspieler und späteren Regisseur Bernhard Wicki und ging mit ihm in die Schweiz. Bis 1949 spielte sie am Schauspielhaus Zürich: Marei in Hauptmanns ›Florian Geyer‹ (R. Leopold Lindtberg); Mee Lan in Frischs ›Die Chinesische Mauer‹ (UA 1947); Laura in Williams' ›Die Glasmenagerie‹ (1947, mit Therese Giehse, R. Kurt Horwitz). Unter der Regie von Heinz Hilpert war sie die Tochter in Frischs ›Santa Cruz‹ (UA 1946) und die Perdita in Shakespeares ›Wintermärchen‹. In Inszenierungen von Leonard Steckel spielte sie u. a. die Doña Juana in Tirso de Molinas ›Don Gil von den grünen Hosen‹ und die Grüne in Ibsens ›Peer Gynt‹. 1948/49 Gastrollen am Stadttheater Basel, u. a.: Titelrolle in Goethes ›Iphigenie‹; Célimène in Molières ›Der Misanthrop‹ (R. Horwitz). 1949 kehrte sie ans Bayerische Staatsschauspiel zurück; blieb bis 1956 im Ensemble und verkörperte viele wichtige Frauenfiguren, u. a. in Stükken von Shakespeare: Rosalinde in ›Wie es euch gefällt‹ (1949), Viola in ›Was ihr wollt‹ (1950), Portia in ›Julius Cäsar‹ (1955); ferner u. a.: Alkmene in Kleists ›Amphitryon‹ (1950); Amalia in Schillers ›Die Räuber‹ (1953, mit Ernst Ginsberg, R. Fritz Kortner) und Titelrolle in ›Maria Stuart‹ (1955, R. Rudolf Noelte). 1950/51 Gastrollen an den Münchner Kammerspielen, u. a. Celia in Eliots ›Cocktail-Party‹ (R. Peter Lühr). Am Staatstheater Stuttgart spielte sie u. a. die Desdemona in Shakespeares ›Othello‹ (1952) und Temple Stevens in Faulkners ›Requiem für eine Nonne‹ (1956). Seit 1957 freischaffende Schauspielerin. Zahlreiche Gastspiele am Schauspielhaus Zürich, u. a. als Cleopatra in Shakespeares ›Antonius und Cleopatra‹ (1968, R. Bernhard Wicki) und in mehreren Inszenierungen von Gerd Heinz: He-

kuba in Bonds ›Die Frau‹ (1979); Ranjewskaja in Tschechows ›Der Kirschgarten‹ (1981); Mary in O'Neills ›Eines langen Tages Reise in die Nacht‹ (1984, mit Will Quadflieg); Schillers ›Maria Stuart‹ (1986). An den Münchner Kammerspielen feierte sie einen großen Erfolg als Irma in Genets ›Der Balkon‹ (1976, R. Ernst Wendt). Verpflichtungen hatte sie u. a. auch am Hamburger Thalia Theater und am Schiller-Theater Berlin (u. a. 1983 als Marthe in Bonds ›Sommer‹). Von 1973 bis 1977 spielte sie bei den Salzburger Festspielen den Glauben im ›Jedermann‹. 1985 sah man sie am Schloßparktheater Berlin als Frau Alving in Ibsens ›Gespenster‹ (R. Wendt); 1987 am Münchner Residenztheater als Agrippina in Racines ›Britannicus‹ (R. Volker Hesse). Zuletzt stand sie wieder im Hamburger Thalia Theater auf der Bühne, u. a. als Amme in Strindbergs ›Der Vater‹ (1993, R. Guy Joosten). Filmrollen hatte sie u. a. in Margarethe von Trottas ›Schwestern oder Die Balance des Glücks‹ (1979, mit Jutta Lampe) sowie in Wickis ›Das falsche Gewicht‹ (1971) und ›Das Spinnennetz‹ (1989). Fernsehrollen u. a.: Olga in ›Die schmutzigen Hände‹ (1956, nach Sartre); ›Der schöne Gleichgültige‹ (1956, nach Cocteau); Titelrolle in ›Maria Stuart‹ (1962, R. Hans Lietzau); ›Bei Tag und bei Nacht‹ (1964, nach Lope de Vega); ›Graf Oederland‹ (1968, nach Frisch); ›Karpfs Karriere‹ (1970, R. Wicki). C. Bernd Sucher schrieb über die große Tragödin: »(. . .) was auch immer diese Schauspielerin nicht können mag, für den hohen Ton *und* die große Leidenschaft (selbst wenn sie in der Gosse sich ihre Opfer sucht) hat die Fink die richtigen Töne, Gesten, die manieristisch groß, auch künstlich wirken, aber doch stets verweisen auf das Zentrum der Rolle. Sie findet in den Königinnen und in den Puffmüttern (man erinnere sich an ihre Madame Irma in Ernst Wendts ›Balkon‹-Inszenierung) Menschlichkeit.« (›SZ‹, 14. 12. 1989)

Literatur: B. Landes: Besuch bei der großen alten Dame Agnes Fink. In: M. Bissinger (Hrsg.): Thalia Theater. Merian Sonderheft, Hamburg 1993.

Finkenzeller

Finkenzeller, Heli (eigtl. Helene Finkenzeller), geb. 17. 11. 1914 in München, gest. 14. 1. 1991 ebenda. Schauspielerin. Nach der Schule besuchte sie in München das Konservatorium, um Opernsängerin zu werden, wechselte jedoch bald ins Schauspielfach über. Otto Falckenberg nahm sie 1933 in die neugegründete Schauspielschule der Münchner Kammerspiele auf, wo sie u. a. bei Therese Giehse und Bertolt Brecht lernte. An den Münchner Kammerspielen erhielt sie auch ihr erstes Bühnenengagement; spielte v. a. in Komödien wie Shakespeares ›Das Wintermärchen‹, Thomas' ›Charleys Tante‹, Lenz' ›Heimliche Brautfahrt‹ oder Shaws ›Festgefahren‹. Großen Erfolg hatte sie 1935 als Bäuerin in Ludwig Thomas ›Josef Filser‹. In dieser Rolle sah sie auch der Ufa-Filmregisseur Karl Ritter und übertrug ihr kurzerhand eine Hauptrolle in seiner Tonfilm-Komödie ›Ehestreik‹. Von da an gehörte Heli Finkenzeller lange Zeit zu den populärsten Darstellerinnen des deutschen Unterhaltungsfilms. Neben ihrer Filmarbeit spielte sie weiterhin Theater. Engagements u. a. an den Staatlichen Schauspielbühnen Berlin (unter Gustaf Gründgens), an der Tribüne und an der Komödie Berlin (1951/52), erneut an den Münchner Kammerspielen, an der Kleinen Komödie München (1957 und 1967), am Berliner Renaissance-Theater (1969) sowie am Berliner Theater des Westens, wo sie an der Seite von Johannes Heesters in Loewes ›Gigi‹ spielte. 1973/74 sah man sie im Deutschen Theater München und im Hamburger Operettenhaus in Schönthans ›Der Raub der Sabinerinnen‹ (R. Axel von Ambesser, mit Gert Fröbe). Filme wie ›Boccaccio‹ (1936), ›Der Mustergatte‹ (1937, mit Heinz Rühmann), ›Opernball‹ (1939), ›Kohlhiesels Töchter‹ (1943) oder ›Münchnerinnen‹ (1945) machten sie zu einem der großen Ufa-Stars. Seit den sechziger Jahren übernahm sie auch Fernsehrollen, zuletzt in der Serie ›Lorentz & Söhne‹ (1988). Zum Tode von Heli Finkenzeller schrieb die ›Frankfurter Allgemeine Zeitung‹ (21. 1. 1991): »Der unwiderstehliche Charme dieser Schauspielerin (. . .) gründete zum einen auf ihrem liebenswürdig-bayerischen Tonfall, zum anderen auf dem Heiter-Damenhaften, das um sie schon als junge Frau war und das sie bis ins Alter lebendig halten konnte. (. . .) Sie verkörperte München und das, wofür die Stadt gerne steht, von der unverstellt herzlichsten Seite.«

Fischer, Hannes, geb. 1925. Schauspieler, Regisseur und Intendant. 1947–1949 Ausbildung an der Schauspielschule des Deutschen Theaters Berlin; arbeitete dort 1948 als Regieassistent und bis 1950 als Schauspieler. 1950–1953 am Mecklenburgischen Staatstheater Schwerin, zunächst als Schauspieler, später als Oberspielleiter und stellvertretender Intendant. Von 1953 bis 1962 stand er am Staatstheater Dresden unter Vertrag (als Schauspieler, Regisseur und zuletzt als Schauspieldirektor). Inszenierungen u. a.: Brechts ›Der Kaukasische Kreidekreis‹ (1953) und ›Leben des Galilei‹ (1957); García Lorcas ›Bernarda Albas Haus‹ (1954); Goethes ›Faust I und II‹ (1955); Schillers ›Wallenstein‹ (1955); Shakespeares ›Troilus und Cressida‹ (1962; 1965 auch in Leipzig; 1969 an der Volksbühne). Von 1962 bis 1972 arbeitete er als Schauspieler und Regisseur an der Volksbühne und am Deutschen Theater Berlin; inszenierte u. a. Matusches ›Die Dorfstraße‹ (UA 1966, Deutsches Theater) sowie Brechts ›Herr Puntila und sein Knecht Matti‹ (1970). Seine wichtigsten Rollen: Schweizerkas in Brechts ›Mutter Courage und ihre Kinder‹ (1949, R. Bertolt Brecht, mit Helene Weigel) und Pierpont Mauler in ›Die heilige Johanna der Schlachthöfe‹ (1961, eigene Regie; 1971 auch in Rumänien); Pierre Besuchow in Tolstois ›Krieg und Frieden‹ (1958); de Sade in Weiss' ›Marat/Sade‹ (1967); Patriarch in Lessings ›Nathan der Weise‹ (1966, R. Friedo Solter). 1972 inszenierte er u. a. in Santiago de Chile die amerikanische Erstaufführung von Brechts ›Die Tage der Commune‹. Danach wechselte er wieder nach Dresden, wo er als Direktor des Staatsschauspiels fungierte; inszenierte u. a. Baierls ›Die Lachtaube‹ (UA 1975). Als Schauspieler sah man ihn hier u. a. als Kambyses in Hacks' ›Prexaspes‹ (1976, R. Klaus-Dieter Kirst).
Literatur: I. Pietzsch: Werkstatt Theater. Gespräche mit Regisseuren. Berlin 1975.

Fischer, Helmut, geb. 15. 11. 1926 in München. Schauspieler. Brach die Oberrealschule nach der siebten Klasse ab, um Schauspielunterricht bei Otto Falckenberg zu nehmen. Debütierte erst 1954 in der Rolle des Herzog Albrecht in Hebbels ›Agnes Bernauer‹ am Stadttheater Würzburg, wo er bis 1956 unter Vertrag stand. Gastspiele gab er u. a. am Ulmer Theater und an der Kleinen Komödie München (1964 in Lindsay/Crouses ›Die großen Sebastians‹). Von 1964 bis 1970 sah man ihn öfters an den Münchner Kammerspielen, u. a. in Nestroys ›Der Zerrissene‹ (1965/66, mit Romuald Pekny) und in Sperrs ›Jagdszenen aus Niederbayern‹ (1969/70). Mehr als zehn Jahre lang übernahm er Gastrollen am Bayerischen Staatsschauspiel, u. a. in Gastinszenierungen von Fritz Kortner und in O'Neills ›Fast ein Poet‹ (1959, R. Rudolf Noelte). Gastspiele gab er auch am Hebbeltheater und an der Freien Volksbühne Berlin. Am Münchner Volkstheater sah man ihn in Stücken von Thoma: Xaver in ›Waldfrieden‹ und Jakob Elfinger in ›Die Brautschau‹ (1984/85, R. Hanns Christian Müller). Seine Popularität verdankt Fischer dem Fernsehen, vor allem der Serie ›Monaco Franze‹ von Helmut Dietl (1983), in der er als charmant-windiger »Stenz« weit über München hinaus bekannt wurde. Zahlreiche weitere Fernsehrollen (bereits seit 1960), u. a. in den Serien ›Die Hausmeisterin‹ (1987) und ›Der Unschuldsengel‹ (1990).

Fischer, O.W. (eigtl. Otto Wilhelm), geb. 1. 4. 1915 in Klosterneuburg, Niederösterreich. Schauspieler. Nach der Matura (1933) studierte er in Wien einige Semester Germanistik, Anglistik und Kunstgeschichte. Erhielt 1936 nach nur dreimonatiger Schauspielausbildung am Max-Reinhardt-Seminar sein erstes Engagement am Theater in der Josefstadt Wien; debütierte dort als Fritz in Schnitzlers ›Liebelei‹. 1937 wurde er an die Münchner Kammerspiele verpflichtet. Von 1938 bis 1944 spielte er am Deutschen Volkstheater Wien; brillierte vor allem in der Rolle der Bonvivants. Von 1946 bis 1952 gehörte er zum Ensemble des Wiener Burgtheaters. Rollen u. a.: Osvald in Ibsens ›Gespenster‹

(1946); Anatol in Schnitzlers ›Frage an das Schicksal‹ (1946); Saint Just in Büchners ›Dantons Tod‹ (1947); Prinz in Lessings ›Emilia Galotti‹; Titelrolle in Hauptmann/Zuckmayers ›Herbert Engelmann‹ (UA 1952). Im Wechsel mit seinen Theaterengagements arbeitete Fischer seit 1936 beim Film. Den ersten großen Erfolg hatte er 1950 in ›Erzherzog Johanns große Liebe‹. Von 1952 bis 1967 widmete er sich ausschließlich der Filmarbeit; avancierte neben Curd Jürgens zum höchstbezahlten Star des bundesdeutschen Kinos der fünfziger Jahre; gefeiert wurde er vor allem als jugendlicher Liebhaber an der Seite von Maria Schell und Ruth Leuwerik. Große Erfolge mit Filmen wie ›Napoleon‹ (1954), ›Ludwig II.‹ (1955), ›El Hakim‹ (1957), ›Peter Voss, der Millionendieb‹ (1958) oder ›Menschen im Hotel‹ (1959). Eine Hollywood-Karriere scheiterte 1956 an Differenzen mit der Filmgesellschaft. Mitte der sechziger Jahre zog er sich mehr und mehr aus dem Filmgeschäft zurück; trat gelegentlich im Fernsehen auf und spielte wieder Theater, u. a. bei den Salzburger Festspielen 1967 die Titelrolle in Hofmannsthals ›Der Schwierige‹. Nach zehnjähriger Pause stand er 1986–1988 noch einmal für die Fernsehfilme ›Auferstehung in Lugano‹ und ›Herbst in Lugano‹ vor der Kamera. Heute lebt er zurückgezogen am Luganer See und beschäftigt sich mit Philosophie.
Literatur: O. W. Fischer: »... was mich ankommt, als Gesicht, Traum und Empfindung ...« Das denkwürdige Interview von O. W. Fischer. Zürich 1977; H. Holba: O. W. Fischer. Phänomen einer schauspielerischen Persönlichkeit. Wien 1964; D. Popa: O. W. Fischer. Seine Filme – sein Leben. München 1989.

Fischer, Torsten, geb. 1958. Regisseur. Wollte eigentlich Maler werden, studierte dann aber Biologie und Chemie (Lehramt). Besuchte häufig Theaterproben und kam schließlich über eine Regieassistenz ans Theater. Anfang der achtziger Jahre holte ihn Günter Krämer ans Bremer Schauspiel, was 1986 für großen Streit sorgte: Der Bremer Generalintendant Tobias Richter wollte Fischer nicht länger beschäftigt wis-

Fischer-Dieskau

sen. Krämer, damals Schauspielchef in Bremen, hielt jedoch zu seiner »Entdeckung« Fischer und setzte durch, daß dieser als fester Gastregisseur am Haus bleiben konnte. Regiearbeiten u. a.: Müllers ›Verkommenes Ufer/Medeamaterial/ Landschaft mit Argonauten‹; Shakespeares ›Komödie der Irrungen‹ (1987, Theater in der Josefstadt Wien); Schillers ›Jungfrau von Orleans‹ (1988, Volkstheater Wien). Als Krämer 1990 Intendant am Kölner Schauspiel wurde, berief er Fischer zum Oberspielleiter. Zum Einstand inszenierte Fischer ein Tabori-Projekt; darüber Christian Thomas: »Fischer beschleunigte die Farce ›Mein Kampf‹ geschickt bis an den Rand des überdrehten Spiels. Was er tags darauf, mit ›Die Kannibalen‹, durch Horror-Bilder wieder auffing. Eine stark stilisierte Inszenierung, die den Spiel-Charakter der Vorlage betonte, erhob Widerspruch gegen das forcierte Witzeln. Fischer interessierte sich für Menschen. Für das Kreatürliche. Immer wieder – als Leitmotiv – Leiber. Fischers Aufmerksamkeit galt der Choreographie von nackten Körpern. Er inszenierte Knäuel von Menschen, verwirbelte Menschen zur Fleischmasse – um daraus das geschundene Individuum herauszuschälen.« (›SZ‹, 20. 9. 1990) Weitere Inszenierungen in Köln u. a.: Schillers ›Die Räuber‹ (1991); Kroetz' ›Bauerntheater‹ (1991); Hebbels ›Maria Magdalena‹ (1992, mit Hans Michael Rehberg); Shakespeares ›Was ihr wollt‹ (1993); Racines ›Phädra‹ (1993). Er förderte die Dramatikerin Marlene Streeruwitz, von der er mehrere Stücke uraufführte: ›Waikiki-Beach‹ und ›Sloane Square‹ (beide 1991/92); ›Ocean Drive‹ (1993). Als Gastregisseur arbeitet er v. a. in Wien; 1992 inszenierte er dort an der Volksoper Janáčeks ›Das schlaue Füchslein‹. Fischer, ausgezeichnet mit dem Wiener Förderpreis der Kainzmedaille, soll in der Spielzeit 1995/96 gemeinsam mit Hans Michael Rehberg die Leitung des Kölner Schauspiels übernehmen (Krämer wird dann Generalintendant der Städtischen Bühnen Köln).

Fischer-Dieskau, Mathias, geb. 10. 2. 1951 in Berlin. Bühnen- und Kostümbildner, Musiker und Komponist. War Ende der sechziger Jahre Drummer in einer Beat-Gruppe und Pianist in einem Jazztrio; später entwarf er Jazzrock-Formationen, auch Soundcollagen für New-Wave-Bands; seit 1988 Computermusik. 1971/72 Studium der Architektur in Berlin bis zum Vordiplom; 1972–1974 technischer Assistent am Basler Theater; Bühnenbildassistenzen u. a. bei Jörg Zimmermann, Hans-Georg Schäfer und Karl Kneidl. 1974 erste eigene Bühnenbilder; 1974–1976 aufbauendes Studium der Germanistik, Geschichte und Politologie in Heidelberg; zahlreiche Arbeiten mit freien Theatergruppen, u. a. mit dem Jungen Ensemble für Musiktheater, dessen Mitbegründer er war. Er entwarf (seit 1979) die Ausstattung für mehrere Uraufführungen im Grips Theater Berlin, u. a. für die Stücke ›Alles Plastik‹ (1981), ›Linie 1‹ (1986, auch im Film) und ›Max und Milli‹ (1987) von Volker Ludwig. Weitere Arbeiten als Bühnen- und Kostümbildner u. a.: Massenets ›Manon‹ (1981, Staatstheater Darmstadt); Brechts ›Kleinbürgerhochzeit‹ (1982, Landesbühne Wilhelmshaven); Riehms ›Lenz‹ (1983, Deutsche Oper Berlin); Shakespeares ›Macbeth‹ (1984, Gießen); Kleists ›Amphitryon‹ (1985, Staatstheater Saarbrücken); Dähnerts ›Erbe um Erbe‹ (UA 1985, Köln, auch Komposition der Theatermusik). Am Münchner Residenztheater gestaltete er die Bühne für Mastrosimones ›Extremities‹ (1984), am Staatstheater Stuttgart für Harald Müllers ›Totenfloß‹ (UA 1986). Mehrere Bühnenbilder für das Heidelberger Theater, u. a.: Kroetz' ›Nicht Fisch nicht Fleisch‹ (1984, auch Kostüme und Theatermusik); Schillers ›Maria Stuart‹ (1985); Bernhards ›Der Theatermacher‹ (1987); Mozarts ›Titus‹ (1987).

Fitz, Lisa, geb. 15. 9. 1951 in Zürich. Schauspielerin, Sängerin und Kabarettistin. Tochter des Schauspielers, Komponisten, Texters und Produzenten Walter Fitz. Aufgewachsen in München, wo sie sehr früh schon Ballett- und Gitarrenunterricht nahm. Verließ das Gymnasium nach der siebten Klasse; 1970–1973 Ausbildung an einer Münchner Schauspielschule. Karriere machte sie zunächst als Sängerin bayerischer Pop-Musik (u. a. ›I bin bled‹, 1972);

zahlreiche Fernsehauftritte und Show-Erfolge. Als Schauspielerin arbeitet sie seit 1974; zunächst nur im Fernsehen (u. a. in ›Der Wittiber‹), seit 1980 auch am Theater. Gastierte u. a. an den Münchner Kammerspielen als Emmi in Kroetz' ›Nicht Fisch nicht Fleisch‹ (1984) und an den Städtischen Bühnen Bonn als Susanne in Horváths ›Figaro läßt sich scheiden‹ (1984). Am Münchner Volkstheater sah man sie als Rottin in Schönherrs ›Glaube und Heimat‹ (1983, R. Ruth Drexel), bei den Luisenburg-Festspielen Wunsiedel als Titania in Shakespeares ›Sommernachtstraum‹ und als Elizabeth in Millers ›Hexenjagd‹ (1985). Seit 1983 tritt sie mit eigenen Kabarett-Programmen auf, u. a. im Münchner Volkstheater: ›Die heilige Hur‹ (1983/84, Soloprogramm); ›Ein Perser kommt selten allein‹ (1985, mit ihrem Ehemann Ali Halmatoglu); ›Ladyboss‹ (1987, Rock-Show zum Thema Frau); ›Geld macht geil‹ (1989); ›Heil‹ (1993).

Fitz, Peter, geb. 8. 8. 1931 in Kaiserslautern. Schauspieler. Ausbildung an der Schauspielschule des Hamburger Schauspielhauses; Debüt an den Städtischen Bühnen Mainz; danach Engagements an den Theatern in Schleswig und Rendsburg, an den Städtischen Bühnen Osnabrück und am Thalia Theater Hamburg. Von 1960 bis 1970 gehörte er zum Ensemble der Städtischen Bühnen Frankfurt a. M. (unter der Leitung von Harry Buckwitz); glänzte in Inszenierungen von Erwin Piscator als Elia in Jahnns ›Der staubige Regenbogen‹ und als Mönch in Sartres ›Der Teufel und der liebe Gott‹. Außerdem u. a.: Neoptolemos in Müllers ›Philoktet‹ (1969); Titelrollen in Forsters ›Tom Paine‹ (1962) und in Langes Shakespeare-Adaption ›König Johann‹ (1970). 1970 wechselte er an die Schaubühne Berlin, wo er in mehreren Inszenierungen von Peter Stein mitwirkte: Anarchisten-Anführer in Wischnewskis ›Optimistische Tragödie‹ (1973); Jacques in Shakespeares ›Wie es euch gefällt‹ (1977); Moritz in Botho Strauß' ›Trilogie des Wiedersehens‹ (1978); Aigisthos in der ›Orestie‹ des Aischylos (1981). Großer Erfolg als Dichter in Jandls ›Aus der Fremde‹ (DE 1980, R. Ellen Hammer); darüber Mi-

chael Skasa: »Und Peter Fitz dreht und wendet sich, ist ganz Hast und Unrast vor lauter Angst, hat sich eine beengende Wohnhöhle eingerichtet, in der alles raffiniert stört, die keinen geraden Weg mehr zuläßt, keinen unverkrümmten Knochenbau. Aber er beherrscht jedes Abbremsen, jedes ›Ausweichmanöver‹ wie im Schlaf (. . .). Ein Mensch, der *außer sich* ist, angstgebeutelt, zum Heulen komisch.« (›SZ‹, 27. 2. 1980) Unter der Regie von Klaus Michael Grüber spielte Fitz den Kadmos in Euripides' ›Die Bakchen‹ (1974) und den König in Shakespeares ›Hamlet‹ (1982). In einer Grüber-Inszenierung sah man ihn 1982 auch an der Freien Volksbühne Berlin: als Mephisto in Goethes ›Faust I‹ (mit Bernhard Minetti). Außerdem an der Freien Volksbühne: Titelrolle in Tschechow/Braschs ›Platonow‹ (1979, R. Luc Bondy); Teufel in Hans Neuenfels' Doppel-Inszenierung ›Die Frösche‹ und ›IchundIch‹ von Aristophanes und Lasker-Schüler (1990). 1982 gründete Fitz mit Otto Sander die Zweiergruppe »rent-a-face«, die mit Becketts ›Mercier und Camier‹ und ›Ohio Impromptu‹ umjubelte Gastspiele gab. Am Wiener Burgtheater spielte er u. a. in Inszenierungen von Claus Peymann: Stauffacher in Schillers ›Wilhelm Tell‹ (1989); Spielverderber in Handkes ›Spiel vom Fragen oder Die Reise zum sonoren Land‹ (UA 1990). Niels-Peter Rudolph holte ihn 1989 für seine Shakespeare-Inszenierung ›Maß für Maß‹ ans Berliner Schiller-Theater (als Angelo). Danach sah man Fitz wieder an der Berliner Schaubühne: als Beethoven in Gert Jonkes ›Sanftwut oder Der Ohrenmaschinist‹ (1990, R. Klaus Metzger) und als Mann in Robert Wilsons Duras-Inszenierung ›Die Krankheit Tod‹ (1991, mit Libgart Schwarz).

Fleckenstein, Günther, geb. 13. 1. 1924 in Mainz. Regisseur und Intendant. Studium der Philosophie und Theaterwissenschaft u. a. an der Universität Mainz (1946–1948); 1948/49 Regieassistent und stellvertretender Dramaturg an den Kammerspielen Mainz, wo er 1949 zum Spielleiter berufen wurde. Erste Inszenierung: Borcherts ›Draußen vor der Tür‹ (1949).

Fleißer

Von 1951 bis 1954 war er Spielleiter des Mainzer Schauspiels sowie Hilfsspielleiter der Oper und Operette am Großen Haus. Spielleiter war er auch in Ulm (1954), Gelsenkirchen (1955) und Essen (1956); danach Oberspielleiter in Münster. 1959 wechselte er an das Landestheater Hannover, wo er 1962 Oberspielleiter wurde. Zu seinen aufsehenerregendsten frühen Inszenierungen zählen ›Die letzten Tage der Menschheit‹ von Karl Kraus und ›Mutter Courage‹ von Brecht. 1966/67 wurde er als Nachfolger von Heinz Hilpert Intendant am Deutschen Theater in Göttingen, wo er bis 1986 blieb. Von 1976 bis 1981 war er außerdem Intendant der Festspiele Bad Hersfeld. Neben einem umfangreichen Antiken-Zyklus (u. a. mit sieben Komödien von Aristophanes) inszenierte er in Göttingen viele Stücke von Zuckmayer und neueren Autoren; auch zahlreiche Uraufführungen, z. B. Renke Korns ›Die Überlebenden‹ (1967), Deichsels ›Agent Etzel‹ (1968), Hochhuths ›Juristen‹ (1980) oder Schütz' ›Laokoon‹ (1983). Mit besonderer Vorliebe nahm er sich der Stücke von Peter Hacks an, u. a.: ›Amphitryon‹ (1969, Gastinszenierung am Münchner Staatsschauspiel); ›Margarete in Aix‹ (1969); ›Polly‹ (1971, im Bühnenbild von Wolf Münzner); ›Der Frieden‹ (1972, Tournee-Inszenierung im Auftrag des Goethe-Instituts); ›Pandora‹ (UA 1982). Außerdem engagierte er sich konsequent für polnische Autoren. 1986 verabschiedete er sich mit Claudels ›Der seidene Schuh‹. Seither lebt er im bayerischen Germering; inszeniert ab und zu für Tourneetheater (1990: Zuckmayers ›Katharina Knie‹). Fleckenstein hat mehrere Bühnenbearbeitungen verfaßt, u. a. Sartres ›Das Spiel ist aus‹ (UA 1958) und Bergengruens ›Der Großtyrann und das Gericht‹ (UA 1962). Auszeichnungen: Carl-Zuckmayer-Medaille (1979); Mérite pour Faveur de la Culture Polonaise (1986, die höchste kulturelle Auszeichnung Polens).
Literatur: N. Baensch (Hrsg.): Festschrift für Günther Fleckenstein zum 13. Januar 1984. Deutsches Theater Göttingen 1984; H. P. Doll (Hrsg.): Mein erstes Engagement. Theaterleute erinnern sich. Stuttgart 1988.

Fleißer, Marieluise, geb. 23. 11. 1901 in Ingolstadt, gest. 1. 2. 1974 ebenda. Schriftstellerin. Nach dem Abitur (1919) studierte Fleißer Theaterwissenschaft und Germanistik in München. Daneben erste literarische Arbeiten und Bekanntschaft mit Feuchtwanger und Brecht, der ihr die Erstaufführung von ›Fegefeuer in Ingolstadt‹ (1926) vermittelte: ein Stück über Repressionen und Zwänge in der Provinz, in dem die Figuren eine Sprache sprechen, die ihre psychischen Deformationen zum Ausdruck bringt. 1928 entstand das Stück ›Pioniere in Ingolstadt‹, das in Berlin zum Skandal wurde. Während der Nazi-Zeit hatte sie eingeschränktes Schreibverbot. Nach dem Krieg blieb ihr zunächst ein Comeback verwehrt. Die Stücke ›Karl Stuart‹ (1946), ›Der Tiefseefisch‹ (1930/1972) und ›Der starke Stamm‹ (1950) brachten ihr keinen Erfolg. Zwischen 1968 und 1971 begann ihre Wiederentdeckung durch Rainer Werner Fassbinder, Franz Xaver Kroetz und Martin Sperr, die die Volksstücke der Fleißer als Vorläufer ihres eigenen kritischen Theaters, mit dem Ziel die Gesellschaft zu verändern, ansahen. Fleißer schrieb neben ihren Stücken mehrere Romane, Erzählungen und Artikel, u. a.: ›Mehlreisende Frieda Geier‹ (1931), später als: ›Eine Zierde für den Verein‹ (1972). »Marieluise Fleißer hat eine Sprachkraft (. . .). Diese Frau ist ein Besitz. Sie macht hier auch kostbar jenes Leersprechen in mancher Tiefenschicht, voll inhaltsarmer Wiederholung und Nichtweiterkönnen. Alles von ihr wie am Zipfel gepackt.« (Alfred Kerr, 1929, in: Mit Schleuder und Harfe. München 1985)
Literatur: G. Rühle (Hrsg.): Materialien zu Leben und Schreiben der Marieluise Fleißer. Frankfurt a. M. 1973; A. Spindler: Marieluise Fleißer. Eine Schriftstellerin zwischen Selbstverwirklichung und Selbstaufgabe. Diss. Wien 1980; E. Pfister: Unter dem fremden Gesetz. Zu Produktionsbedingungen, Werk und Rezeption der Dramatikerin Marieluise Fleißer. Diss. Wien 1981.

Fletcher, John, geb. Dezember 1579 in Rye, Sussex, gest. 28. 8. 1625 in London. Englischer Dramatiker. Sohn eines Bischofs. Autor des Elisabethanischen Thea-

ters. Seine Stücke entstanden in Zusammenarbeit mit Beaumont, Massinger, Middleton, Rowley, Field und, wie vermutet wird, auch mit Shakespeare. Er benutzte Mittel des Volkstheaters. Eine Folioausgabe von 1679 enthält 50 Tragödien und Komödien.
Stücke: ›The Maid's Tragedy‹ (ca. 1608); ›Der Ritter vom brennenden Stössel‹ (ca. 1610); ›A King and No King‹ (1611).
Literatur: W. A. Appleton: Beaumont and Fletcher. London 1956.

Flickenschildt, Elisabeth, geb. 16. 3. 1905 in Hamburg-Blankenese, gest. 26. 10. 1977 in Stade. Schauspielerin. Ausbildung in Hamburg; debütierte am Deutschen Schauspielhaus als Armgard in Schillers ›Wilhelm Tell‹. 1933 sprach sie bei Otto Falckenberg an den Münchner Kammerspielen vor und wurde sofort engagiert. 1936 holte sie Heinz Hilpert ans Deutsche Theater Berlin. Danach arbeitete sie von 1941 bis 1945 bei Gustaf Gründgens am Berliner Staatstheater; spielte u. a. Frau Hurtig in Shakespeares ›Die lustigen Weiber von Windsor‹ (1941) und Marthe Schwerdtlein in Goethes ›Faust‹ (1941, mit Gründgens als Mephisto). Die Marthe spielte sie später auch in Gründgens' ›Faust‹-Inszenierungen in Düsseldorf (1949) und Hamburg (1957). Seit 1936 zahlreiche Filmrollen, u. a. in Gustav Ucickys Kleist-Verfilmung ›Der zerbrochne Krug‹ (1937), in den NS-Filmen ›Robert Koch‹ (1939) und ›Rembrandt‹ (1942) und in Helmut Käutners ›Romanze in Moll‹ (1942). Nach Kriegsende zunächst Engagements an kleineren Bühnen, dann erneut in München. 1947–1955 Engagement am Düsseldorfer Schauspielhaus, wo sie wieder unter der Regie von Gründgens spielte: Klytämnestra in Sartres ›Die Fliegen‹ (DE 1947); Arkadina in Tschechows ›Die Möwe‹ (1948); Lady Amy in Eliots ›Familientag‹ sowie Julia in ›Cocktail-Party‹ (beide 1950); Gräfin Terzky in Schillers ›Wallensteins Tod‹ (1953; 1955 auch in Hamburg unter Ulrich Erfurth). Weitere Rollen u.a: Jokaste in Sophokles' ›König Ödipus‹ (1947, R. Karl Heinz Stroux); Königin in Shakespeares ›Hamlet‹ (1949, R. Erfurth); Rosabell in Frys

›Venus im Licht‹ (1951); Titelrolle in Grillparzers ›Medea‹ (1952); Frau John in Hauptmanns ›Die Ratten‹ (1953). 1952 spielte sie als Gast am Berliner Schiller-Theater die Elisabeth in Schillers ›Maria Stuart‹ (die letzte Inszenierung von Jürgen Fehling). 1955 wechselte sie mit Gründgens, ihrem Freund und Förderer, an das Deutsche Schauspielhaus Hamburg, wo sie eine der gefeierten Protagonistinnen war. Rollen u. a.: Claire Zachanassian in Dürrenmatts ›Der Besuch der alten Dame‹ (1956, R. Erfurth) und Mathilde von Zahnd in ›Die Physiker‹ (1962); Titelrollen in Racines ›Phädra‹ (1956) und Durrells ›Sappho‹ (UA 1959, R. Gründgens). Außerdem mehrere Gastspiele, u. a. am Staatstheater Stuttgart (1957 als Lady Macbeth), an den Kammerspielen München (1957 als Klytämnestra in Giraudoux' ›Elektra‹) und am Schauspielhaus Düsseldorf (1958 als Brechts Mutter Courage). Nach Gründgens' Tod 1963 fühlte sie sich künstlerisch heimatlos und ging kein festes Engagement mehr ein. Sie arbeitete nun vor allem für Film und Fernsehen, übernahm aber immer wieder auch Bühnenrollen, u. a.: Anastasia in Dürrenmatts ›Die Ehe des Herrn Mississippi‹ (1964, Münster); Atossa in Aischylos' ›Die Perser‹ (1965, Stuttgart; 1967 auch in Münster in eigener Regie); Hekuba in Euripides/Sartres ›Die Troerinnen‹ (1966, Thalia Theater Hamburg); Frau Képes in Hays ›Haben‹ (1967, Bayerisches Staatsschauspiel München); Königinmutter in Shakespeares ›Richard III.‹ (1972, Düsseldorf, R. Stroux); Arsinoe in Molières ›Der Menschenfeind‹ (1973, Salzburger Festspiele, R. Rudolf Noelte). Letzte Bühnenrolle: Volumnia in Shakespeares ›Coriolan‹ (1977, Ruhrfestspiele Recklinghausen und Thalia Theater Hamburg, R. Hans Hollmann). Die Flickenschildt gilt als eine der bedeutendsten Tragödinnen der Gründgens-Ära. Sie liebte die großen Gesten und ausladenden Attitüden, spielte bewußt manieriert. In wallende Kleider und Schleier gehüllt, oft düster und kühl wirkend, schuf sie um ihre Frauengestalten eine geheimnisvolle Aura. Siegfried Melchinger nannte sie die »magic lady« des deutschen Theaters.

Flimm

Literatur: E. Flickenschildt: Kind mit roten Haaren. Ein Leben wie im Traum. Hamburg 1971; dies.: Pony und der liebe Gott. Geschichten. Reinbek 1982; S. Melchinger/R. Clausen: Schauspieler. 36 Porträts. Velber 1965; N. Neumann/J. Voss: Elisabeth Flickenschildt. Hamburg 1978.

Flimm, Inge, geb. 1938 (als Inge Jansen). Regisseurin. Heiratete nach dem Abitur und wurde Mutter von fünf Kindern; 1966 Scheidung und Besuch der Schauspielschule in Köln; 1968 Regieassistentin an den Münchner Kammerspielen. 1969 heiratete sie den Regisseur Jürgen Flimm; nach Geburt und Tod des gemeinsamen Sohnes langjährige Berufspause. 1975 arbeitete sie als Regieassistentin am Hamburger Schauspielhaus u. a. bei Ernst Wendt, Dieter Giesing, Wolfgang Wiens, Manfred Karge, Matthias Langhoff. 1976/77 erste eigene Inszenierungen im Malersaal des Hamburger Schauspielhauses und an den Kammerspielen Frankfurt a. M. 1978 inszenierte sie in Basel García Lorcas ›Bernarda Albas Haus‹; 1979 mehrere Arbeiten als feste Spielleiterin am Schauspiel Wuppertal (u. a. Büchners ›Leonce und Lena‹ und Ibsens ›Die Frau vom Meer‹). 1980 erarbeitete sie mit Schauspielern und Tänzern eine Textcollage für das Theaterfestival in München. In Nürnberg inszenierte sie Strindbergs ›Fräulein Julie‹ (1981) und Lessings ›Minna von Barnhelm‹ (1982), an der Otto-Falckenberg-Schule in München Fleißers ›Fegefeuer in Ingolstadt‹ (1982). Ihre Inszenierung von Botho Strauß' ›Kalldewey, Farce‹ im Werkraum der Münchner Kammerspiele wurde 1983 wegen Mißstimmigkeiten mit der Intendanz kurz vor der Premiere abgesetzt; die Probenleitung übernahm daraufhin u. a. Dieter Dorn. Es folgten Regiearbeiten u. a. in Oldenburg (Ibsens ›Gespenster‹) und am Schauspielhaus Zürich (1987 Kleists ›Amphitryon‹). Seit Anfang 1993 ist sie Schauspieldirektorin am Volkstheater in Rostock.

Flimm, Jürgen, geb. 17. 7. 1941 in Gießen. Regisseur und Intendant. Studium der Germanistik, Soziologie und Theaterwissenschaft in Köln. 1968 Regieassistent an den Münchner Kammerspielen, u. a. bei Fritz Kortner. 1972 wurde er Spielleiter am Nationaltheater Mannheim; Erfolg mit Büchners ›Leonce und Lena‹. 1973/74 Oberspielleiter am Thalia Theater Hamburg (unter Boy Gobert); inszenierte hier u. a. Horváths ›Geschichten aus dem Wiener Wald‹ (1973), Jarrys ›König Ubu‹ (1974) und Marlowe/Brechts ›Leben Eduards II. von England‹ (1975). Arbeitete als freier Regisseur in München, Hamburg, Bochum, Frankfurt a. M., Harvard (USA) und New York. Inszenierungen u. a.: Bernhards ›Ein Fest für Boris‹ (1973, Cuvilliéstheater München); Babels ›Marija‹ (1976, Residenztheater München); Büchners ›Dantons Tod‹ (1976, Schauspielhaus Hamburg); Heinrich Manns ›Der Untertan‹ (1977, Schauspielhaus Bochum); Ionescos ›Die Stühle‹ (1977, Schauspiel Köln, Einladung zum Berliner Theatertreffen); Lasker-Schülers ›Die Wupper‹ (1978, Schauspielhaus Hamburg). 1978 debütierte er als Opernregisseur mit Luigi Nonos ›Al gran sole carico d'amore‹ (DE 1978, Oper Frankfurt a. M.). 1979 wurde er als Nachfolger von Hansgünther Heyme Intendant des Kölner Schauspiels; inszenierte mit großem Erfolg Kleists ›Das Käthchen von Heilbronn‹ (1979, Einladung zum Berliner Theatertreffen) und Brechts ›Baal‹ (1981). Gefeiert wurde 1981 auch seine Version von Büchners ›Leonce und Lena‹: »Flimm bebilderte die Sehnsucht einer Generation und die Trauer über ein Leben, das man wahrscheinlich vertun wird; er entdeckte in den Schranzen am Hof des Königs Peter die lächerlichen Torfköppe, als die er Politiker so gern bezeichnet. Ihm gelang es, der Betonlandschaft unserer Städte, der Enge unserer reglementierten Gesellschaft den Traum von einem anderen, freieren, glücklicheren Leben entgegenzusetzen. Artistisch, geradezu karnevalistisch.« (C. Bernd Sucher, ›Theaterzauberer‹, S. 60) Weitere Regiearbeiten in Köln: Kleists ›Amphitryon‹ (1982); Shakespeares ›König Lear‹ (1982); Goethes ›Faust I‹ (1983); Klaus Pohls ›Das Alte Land‹ (1984); Gastinszenierungen u. a.: Offenbachs ›Hoffmanns Erzählungen‹ (1981, Staatsoper Hamburg); Lessings ›Minna von Barnhelm‹ (1982) und ›Emilia

Galotti‹ (1984, jeweils Schauspielhaus Zürich). Mit der Schiller-Inszenierung ›Die Jungfrau von Orleans‹ verabschiedete er sich 1985 aus Köln. Seit der Spielzeit 1985/86 ist Flimm Intendant am Hamburger Thalia Theater (als Nachfolger von Peter Striebeck). Seinen erfolgreichen Einstand gab er mit Ibsens ›Peer Gynt‹; aus Köln übernahm er seine Inszenierungen von ›Faust‹ und ›Das Alte Land‹ sowie Jürgen Goschs Sophokles-Inszenierung ›Ödipus‹. 1986 inszenierte er den ›Hamlet‹. Weitere Regiearbeiten in Hamburg (meist, wie auch schon in den Jahren zuvor, in der Ausstattung von Rolf und Marianne Glittenberg oder Erich Wonder): Goldonis ›Diener zweier Herren‹ (1986); Hebbels ›Nibelungen‹ (1988); Schnitzlers ›Liebelei‹ (1988); Kleists ›Familie Schroffenstein‹ (1989); Shakespeares ›Was ihr wollt‹ (1991) und ›König Lear‹ (1992; mit Will Quadflieg); Pohls ›Die schöne Fremde‹ (1993); Shakespeares ›König Richard III.‹ (1993/94, mit Hans Christian Rudolph). Seinen wohl größten Triumph feierte er 1989 mit Tschechows ›Platonow‹ (in der Kritiker-Umfrage der Zeitschrift ›Theater heute‹ zur besten Inszenierung des Jahres gewählt und 1989 zum Berliner Theatertreffen eingeladen). Bei den Salzburger Festspielen inszenierte er Raimunds ›Der Bauer als Millionär‹ (1987) und Nestroys ›Das Mädl aus der Vorstadt‹ (1989). Opern u.a.: Mozarts ›Così fan tutte‹ (1990, Amsterdam); Beethovens ›Fidelio‹ (1992, Zürich). Flimm ist einer der erfolgreichsten deutschen Theaterleiter. Unter seiner Intendanz hat sich das vormals krisengebeutelte Thalia Theater wieder konsolidiert. Flimm holte Regisseure wie Alexander Lang und Robert Wilson und bescherte seinem Haus viele Publikumserfolge. Anfang 1987 erhielt er das Angebot, nach dem Weggang von Peter Zadek die Intendanz des Hamburger Schauspielhauses zu übernehmen. Flimm lehnte ab. In einer Ensembleversammlung seiner Bühne sagte er: »Man bezieht nicht ein Haus und wechselt gleich wieder.« Für das Fernsehen inszenierte er u.a. ›Polly‹ (1975, nach Peter Hacks), ›Turandot oder Der Kongreß der Weißwäscher‹ (1975, nach Brecht), ›Die Geburtstagsfeier‹

(1978, nach Pinter) und ›Wer zu spät kommt – Das Politbüro erlebt die deutsche Revolution‹ (1990, Drehbuch: Cordt Schnibben). Er ist verheiratet mit der Regisseurin Inge Flimm.
Literatur: H. u. C. Baus: ... zum Augenblick sagen, verweile doch! Bilder v. H. u. C. Baus aus sechs Jahren Theaterarbeit für Köln unter d. Leitung v. Jürgen Flimm 1979–1985. Köln 1985; W. Kässens/J. W. Gronius: Theatermacher. Gespräche mit Luc Bondy, Jürgen Flimm u. a.: Frankfurt a. M. 1987; H. P. Doll (Hrsg.): Mein erstes Engagement. Theaterleute erinnern sich. Stuttgart 1988; C. B. Sucher: Theaterzauberer: Von Bondy bis Zadek. 10 Regisseure des deutschen Gegenwartstheaters. München 1990; J. Flimm: Trauer allein wird mir nicht helfen. Ein Gespräch mit I. Flimm. Von P. Iden. In: ›Frankfurter Rundschau‹, 17. 10. 1992; M. Bissinger (Hrsg.): Thalia Theater. Merian Sonderheft. Hamburg 1993.

Flügge, Jürgen, geb. 24. 5. 1944 in Darmstadt. Dramaturg, Regisseur und Intendant. Zog 1965 von Darmstadt nach München, wo er Theaterwissenschaft und Germanistik studierte (1967–1971). 1971 Regieassistent und Dramaturg am Münchner Theater der Jugend; 1972/73–1974 Dramaturg am Theater am Turm (TAT) in Frankfurt (unter der künstlerischen Leitung von Wolfgang Wiens und Wolfgang Deichsel); danach Dramaturg bei Peter Palitzschs Inszenierung von Müllers ›Zement‹ am Schauspiel Frankfurt. In der Spielzeit 1976/77 wechselte er als Dramaturg zu Claus Peymann ans Stuttgarter Theater. Im Herbst 1977 war er Spielleiter und Mitautor bei dem Stück ›Was heißt hier Liebe‹ am Berliner Theater Rote Grütze (Verfilmung 1978). Bis 1979 freier Regisseur und Dramaturg in Kiel, Landshut, Bern. 1980 übernahm er die Intendanz des Münchner Theaters der Jugend (TdJ), das er bis 1989 erfolgreich leitete. Durch die Organisation dreier internationaler Kinder- und Jugendtheatertreffen, durch anspruchsvolle Produktionen und häufige Zusammenarbeit mit Theatermachern aus anderen Ländern verhalf Flügge dem TdJ zu überregionalem Ansehen. Dem poli-

Fo

tisch-emanzipatorischen Zeigefingertheater des Berliner Grips-Theaters setzte er ein »Theater der Phantasie« entgegen; zahlreiche Märchenbearbeitungen sowie Ur- und Erstaufführungen; kontinuierliche Zusammenarbeit mit dem Autor Wilfrid Grote und mit den Regisseuren Hansjörg Betschart und Beat Fäh. Eigene Inszenierungen u. a.: Andreas Schmidts Clownsstück ›Jonas in der Wüste‹ (1980); Herfurtners ›Café Star-Traum‹ (1982); Shakespeares ›Romeo und Julia‹ in der Fassung Betscharts (1983, Co-Regie); Ad de Bont/Allan Zipsons ›Das besondere Leben der Hilletje Jans‹ (1987, Theater Nürnberg); ›Die Schöne und die Bestie‹ (1987, nach dem Film von Cocteau). In der Spielzeit 1989/90 wurde er (als Nachfolger von Friedrich Schirmer) Intendant an der Württembergischen Landesbühne Esslingen, wo er mit mutigen Spielplänen viel wagte – und viel gewann. Christoph Müller schrieb: »Intendanten-Glück in Esslingen (...). Jürgen Flügge ist als Neuerer auf mehreren Ebenen angetreten. Sein Hauptverdienst bleibt der Nachweis, daß ein integriertes Erwachsenen- und Jugendtheater funktioniert: Es müssen also nicht getrennte Ensembles und Stücke und Regisseure sein, und auch bei den Zuschauern können die Alterstrennschranken fallen. (...) Am Ende standen in Esslingen ausschließlich Stücke von lebenden Autoren auf dem Programm. (...) Sechs Uraufführungen, neun deutsche Erstaufführungen, so die stolze Bilanz nach vier Jahren.« (›Theater heute‹, Heft 8, 1993) Seit der Spielzeit 1993/94 ist Flügge Generalintendant am Staatstheater Braunschweig.

Fo, Dario, geb. 24. 3. 1926 in Sangiano, Varese (Italien). Schauspieler, Regisseur und Autor. Studierte zunächst Architektur in Mailand; wandte sich 1952 der Theater- und Filmarbeit zu. Für den italienischen Rundfunk schrieb er seit 1951 Satiren und Kabarettexte; in Zusammenarbeit mit Franco Parenti und Giustino Durano gestaltete er politisch-satirische Revuen: ›Il dito nell'occhio‹ (1953); ›I sani da legare‹ (1954). 1958 begann er gemeinsam mit seiner Frau Franca Rame, volkstümliche Farcen zu schreiben, meist mit sozialkriti-

schem Unterton. 1959 gründete er die Theatergruppe La compagnia Dario Fo – Franca Rame; war dort bis 1967 Schauspieler, Regisseur und Autor. In seine grotesken Volkskomödien und Farcen verpackte er stets auch politische Polemik. Eine Auswahl: ›La Marcolfa‹ und ›Die drei Braven‹ (1958/59); ›Isabella, drei Karavellen und ein Scharlatan‹ (1963, DE 1979); ›Siebentes: Stiehl ein bißchen weniger‹ (1964/65, DE 1978 an der Ostberliner Volksbühne); ›Das ist immer die Schuld des Teufels‹ (1966); ›Die Sonntagspromenade‹ (1967, nach Georges Michel). 1968 zog sich Fo vom Publikum des »aufgeklärten Bürgertums« zurück und wandelte sich, wie er es selbst ausdrückte, von einem »Hofnarren der Bourgeoisie« in einen »fahrenden Sänger des Volkes«. Als solcher gründete er die der Kommunistischen Partei Italiens nahestehende Theatergruppe La Nuova Scena (Neue Szene), mit der er bis 1970 in Vorstädten, Fabriken und Gefängnissen gastierte. Aus dieser Zeit stammen seine Farcen ›Große Pantomime mit Fahnen und kleinen und mittleren Hampelmännern‹ (1968) und ›Mistero buffo‹ (1969; Fo spielte nach dem alten Vorbild der »giulari« sämtliche Rollen alleine; DE 1975 Mainz). 1970 gründete er mit Franca Rame in Mailand das Theaterkollektiv La Comune, dessen Zielpublikum vor allem die Arbeiterschicht ist. Ihr Credo formulierte die Gruppe so: »Wir sind überzeugt, daß im Gelächter, im Grotesken der Satire, der höchste Ausdruck des Zweifels liegt, die wichtigste Hilfe der Vernunft.« Stücke von und mit Fo u. a.: ›Zufälliger Tod eines Anarchisten‹ (1970, DE 1978 Mannheim); ›Tod und Auferstehung eines Popanzes‹ (1971); ›Ordnung für die Geld-Götter‹ (1972/73); ›Bezahlt wird nicht‹ (1974, DE 1976 Frankfurt a. M.); ›Mama hat den besten Shit‹ (1976, DE 1978 Wiesbaden); ›Kinder, Küche, Kirche‹ (1977, zusammen mit Franca Rame, DE 1979, Frankfurt a. M.); ›Geschichte einer Tigerin‹ (1979, DE 1982, Berlin); ›Hohn der Angst‹ (1981, DE 1981, Bochum); ›Offene Zweierbeziehung‹ (1983, zusammen mit Franca Rame); ›Zufällig eine Frau: Elisabeth‹ (1985, DE 1985, Kassel); ›Der Papst und die Hexe‹ (1990); ›Ruhe, wir sind im

Absturz‹ (1991); ›Johann vom Po entdeckt Amerika‹ (1992).

Fo hat mit seinen Stücken (und wegen seiner politischen Einstellung) seit jeher Anstoß erregt. Er handelte sich Prozesse, Polemiken und Auftrittsverbote im Fernsehen ein, 1980 und 1983 sogar ein Einreiseverbot in die USA. Mit seinen Produktionen ist Fo an den verschiedensten italienischen Bühnen zu Gast; hin und wieder inszeniert er auch im Ausland (u. a. 1990 zwei Molière-Farcen an der Pariser Comédie Française). Georg Hensel schrieb:»Dario Fo, Schauspieler, Kabarettist, Pantomime und Possenschreiber, ist der talentierteste Polit-Clown Europas: ein moralisierender Grimasseur, der sich aus allen aktuellen Problemen eine Fratze schneidet. Als Italiener verfügt er über drei Vorzüge, die für seine Profession von unschätzbarem Wert sind. Erstens, eine ungebrochene Volkstheatertradition, sie reicht von der durch Goldoni noch nicht gezähmten Commedia dell'arte bis zum ›Avantspettacolo‹, dem Varieté-Vorspiel, das in manchen Kinos vor dem Film gezeigt wurde. (...) Fos Temperament und Schlagfertigkeit sind – zweitens – so groß, daß sie auch dem primitivsten Klamauk seiner Solo-Auftritte noch einen gewissen Charme verleihen. Drittens hat er ein riesiges proletarisches Vorstadt-Publikum, während das deutsche Proletariat nie ins Theater geht. So kommt es, daß seine Politpossen auf dem Weg von Italien nach Deutschland ihre direkte Beziehung zu ihrem Publikum, ihren aktuellen Biß und ihren romanischen Charme verlieren.« (›FAZ‹, 24. 3. 1986)

Literatur: D. Fo: Kleines Handbuch des Schauspielers. Frankfurt a. M. 1989; R. Klett: Die Satire ist die Waffe des Volkes. In: Theater heute, Heft 8, 1977; H. Jungblut: Das politische Theater Dario Fos. Frankfurt a. M. 1978; M. Baumgarten/W. Schulz: Die Freiheit wächst auf keinem Baum. Theaterkollektive zwischen Volkstheater und Animation. Berlin 1979; H. Heer (Hrsg.): Dario Fo über Dario Fo. Köln 1980; R. Ladurner: Das Theater von Dario Fo. Diss. Wien 1980; D. Kranz (Hrsg.): Positionen. Strehler, Planchon, Koun, Dario Fo u. a. – Gespräche mit Regisseuren des europäischen Theaters. Berlin 1981; S. Martin (Hrsg.): Dario Fo. Il teatro dell'occhio. Florenz 1985; O. Ortolani/Dario Fo: Theater und Politik. Eine Monographie. Berlin 1985; B. Gysi: Dario Fo. Theater, Politik, Kultur. Berlin 1990.

Fontheim, Joachim, geb. 3. 5. 1922 in Leipzig. Regisseur und Intendant. Begann als Schauspieler an den Städtischen Bühnen Leipzig; erste Inszenierungen Anfang der fünfziger Jahre in Kassel, Stuttgart und Krefeld. 1959–1966 Oberspielleiter an den Städtischen Bühnen Essen; wichtigste Regiearbeiten in dieser Zeit: Brechts ›Die heilige Johanna der Schlachthöfe‹; Pinters ›Der Hausmeister‹; Majakówskis ›Die Wanze‹; Ionescos ›Die Stühle‹; O'Neills ›Die Marco-Millionen‹; Gattis ›Die zweite Existenz des Lagers Tatenberg‹ (DE 1965); Weiss' ›Marat/Sade‹. Fast zwei Jahrzehnte lang, von 1966 bis 1985, war Fontheim Generalintendant der Vereinigten Städtischen Bühnen Krefeld und Mönchengladbach. Inszenierungen dort u. a.: Büchners ›Woyzeck‹ und ›Dantons Tod‹; Erdmanns ›Der Selbstmörder‹; Falladas ›Jeder stirbt für sich allein‹; Goethes ›Faust I‹; Horváths ›Der jüngste Tag‹ und ›Geschichten aus dem Wiener Wald‹; Kohouts ›August August, August‹; Klima/Kohouts ›Amerika‹ (UA); Turrinis ›Rozznjogd‹ (1971); Vitracs ›Victor oder Die Kinder an der Macht‹; außerdem mehrere Stücke von Brecht und Shakespeare. An den Städtischen Bühnen Frankfurt a. M. inszenierte er Hartmut Langes ›Marski‹ (UA 1966); weitere Gastinszenierungen u. a. in Bochum, Dortmund, Gelsenkirchen und Köln. 1979 wurde er Intendant der Kreuzgangspiele Feuchtwangen.

Fontheim, Matthias, geb. 30. 11. 1956 in Krefeld. Schauspieler, Regisseur. Seit 1972 Rock- und Jazz-Musiker. Besuchte nach dem Abitur die Regie- und Schauspielklasse der Schauspielakademie Zürich (1978–1981). Erstes Engagement als Schauspieler am Schauspielhaus Düsseldorf (1982–1984). Rollen hatte er u. a. in Heiner Müllers ›Die Schlacht‹ und ›Macbeth‹ (1982/83, R. jeweils B. K. Tragelehn). 1984–1989 freier Regisseur. Inszenierungen an den Städtischen Bühnen Freiburg: Friederike Roths ›Klavierspiele‹ (1984); Büchners ›Leonce und Lena‹ (1985); Strauß' ›Kalldewey, Farce‹ (1986); Ibsens ›Hedda Gabler‹ (1987); Musils ›Die Schwärmer‹ (1987); Goethes ›Stella‹ (1988); am Staatstheater Kassel: Heins ›Schlötel oder was soll's‹ (1986); Dreyers ›Das Double‹ (UA 1988); außerdem Inszenierungen in Darmstadt, Kiel und Tübingen. Eberhard Witt holte ihn an das Niedersächsische Staatstheater Hannover, wo er von 1989 bis 1993 fest engagiert war. Inszenierungen u. a.: Picard/Schillers ›Der Parasit‹ (1990); Handkes ›Das Spiel vom Fragen oder die Reise zum sonoren Land‹ (1990); Joyces ›Verbannte‹ (1991); O'Neills ›Gier unter Ulmen‹ (1991, inszeniert im fast leeren Raum); Thomas Ernsts ›Factory Blues‹ (UA 1992); Brecht/Weills ›Die Dreigroschenoper‹ (1992); Tschechows ›Onkel Wanja‹ (1993). In der Spielzeit 1993/94 wechselte er mit Witt ans Bayerische Staatsschauspiel München, wo er seither fest engagiert ist. Erste Inszenierungen in München: Tschechows ›Der Kirschgarten‹ (1993, mit Elisabeth Rath); Dorsts ›Herr Paul‹ (1994). Charakteristisch für seine Arbeiten ist die »Suche nach einem poetischen Realismus«. Fontheim: »Ich lege Wert auf Texte. Ich lege Wert auf Literatur. Ich lese gern, und ich mag auch gern, daß darin anders gesprochen wird, in einer komponierten Form. Ich brauche das ›He-du-Theater‹ nicht, das – um es platt zu sagen – ›Fick-dich-Theater‹. Ich suche eher eine poetische Literatur. Ebenso wie bei den Bildern suche ich sprachlich eine Gegenwelt gegen den Sud des Alltags, das Gebrodel, das Geraune, gegen – um ein Handke-Wort zu zitieren – das ›Gerede der Fußgängerzonen‹. Dem Geschrei, der Fernsehbedröhnung, dem Jargon, der unsere Alltagswelt beherrscht, etwas auf der Bühne entgegenzusetzen, das finde ich schön.« (›Junge Regisseure‹, S. 79)

Literatur: A. Roeder/S. Ricklefs: Junge Regisseure. Regie im Theater. Frankfurt a. M. 1994.

Ford, John, geb. 17. 4. 1586 in Islington, gest. um 1655. Englischer Dramatiker.

Von Fords Leben ist nur wenig bekannt. Er studierte in Oxford, arbeitete vermutlich als Advokat und schrieb vor allem Theaterstücke in Zusammenarbeit mit Webster, Rowley und Dekker. Er galt als der letzte und gleichzeitig modernste Stückeschreiber des Elisabethanischen Theaters. Er analysierte die Leidenschaft, vor allem die Liebe, mit einer fast morbiden Raffinesse und Psychologie, inspiriert von Burtons ›Anatomy of Melancholy‹ (1621). Sein Stück ›Schade, daß sie eine Hure ist‹ wird auf deutschen Bühnen noch heute gespielt.

Weitere Stücke: ›The Lover's Melancholy‹ (1628); ›The Broken Heart‹ (1633); ›Love's Sacrifice‹ (1633); ›Tis a Pity She's a Whore‹ (1633); ›Perkin Warbeck‹ (1634).

Literatur: M. E. Cochnower: John Ford. Princeton 1933; M. J. Sargeaunt: J. Ford. Oxford 1935 und 1966; G. F. Sensabaugh: The Tragic Muse of J. Ford. Stanford 1944; T. S. Eliot: Elizabethan Dramatists. London 1963, S. 120–133.

Foreman, Richard, amerikanischer Autor und Regisseur. Begann 1968 mit Inszenierungen seiner eigenen Stücke; stark stilisierter Aufführungsstil, meist mit Laiendarstellern, denen er jede Bewegung bis ins Detail genau vorschrieb. Foreman schreibt »phänomenologische« Stücke, in denen er sich mit den Strukturen des Bewußtseins auseinandersetzt, u. a.: ›Total Recall‹ (1968); ›Pandering to the Masses: A Misrepresentation‹ (1975). Zu seinen wichtigsten Arbeiten zählen: ›Le Livre des splendeurs‹ (1976, Paris); ›Boulevard de Paris‹ (1978, New York, mit Kate Manheim); ›Penguin Tonquest‹ (1981, Public Theatre New York); ›Café amérique‹ (1981, Paris); ›Egyptology‹ (1983); ›Dr. Faustus lights the lights‹ (nach Gertrude Stein, 1983, Berlin und Paris). Er inszenierte auch Stücke wie Brecht/Weills ›Die Dreigroschenoper‹ (1976) und Botho Strauß' ›Trilogie des Wiedersehens‹ (1982). Seine bilderreichen, von einem starken Ästhetizismus geprägten Inszenierungen stellt er unter den Titel »Ontological-Hysteric-Theatre«.

Literatur: R. Foreman: Plays and Manifestos. New York 1976; R. Foreman: War-

177

Forster

um ich so gute Bücher schreibe. Berlin 1982.

Fornes, Maria Irene, geb. 14. 5. 1930 in Havana. Amerikanische Schriftstellerin und Regisseurin. Seit den sechziger Jahren eine herausragende Persönlichkeit am Off-Broadway in New York. Fornes erhielt dreimal den Obie Award und war von 1973 an Präsidentin der »New York Theatre Strategy«. Ihr erstes Stück war ›Tango Palace‹ (1963), danach u. a. ›Promenade‹ (1965) und ihr größter Erfolg ›Fefu and her Friends‹ (1977).

Forster, Friedrich (eigtl. Waldfried Burggraf), geb. 11. 8. 1895 in Bremen, gest. 1. 3. 1958 ebenda. Dramatiker und Theaterleiter. Begann als Schauspieler in Meiningen, Würzburg und Nürnberg und war als Dramaturg tätig. Von 1933 bis 1938 war er Intendant am Bayerischen Staatsschauspiel München; danach freier Schriftsteller. Sein Jugendstück ›Robinson soll nicht sterben‹ (UA 1932, Altes Theater Leipzig) wurde viel gespielt und 1956 auch verfilmt (mit Romy Schneider und Horst Buchholz).
Weitere Stücke: ›Der Graue‹ (1931); ›Alle gegen einen – einer für alle‹ (1933); ›Die Weiber von Redditz‹ (1935); ›Gastspiel in Kopenhagen‹ (1939 in Berlin von Gustaf Gründgens inszeniert; 1941 verfilmt unter dem Titel ›Die schwedische Nachtigall‹); ›Rheinsberg‹ (1939).

Forster, Rudolf, geb. 30. 10. 1889 (nach anderen Angaben 1884 oder 1890) in Gröbning (Steiermark), gest. 26. 10. 1968 in Bad Aussee (Steiermark). Schauspieler. Arbeitete zunächst an Wander- und Provinzbühnen und wirkte schon vor dem Ersten Weltkrieg in Berlin. Seine große Karriere begann 1913/14 an der Wiener Volksbühne, wo er in Inszenierungen von Berthold Viertel erste Erfolge feierte. Von 1920 bis 1932 arbeitete er wieder in Berlin, wo man ihn anfangs sehr kritisch aufnahm. Am Staatstheater übernahm er Rollen in Inszenierungen von Leopold Jeßner: Buckingham in Shakespeares ›Richard III.‹ (1920), Cassio in ›Othello‹ (1921) und Banquo in ›Macbeth‹ (1922, alle mit Fritz

Kortner in der Titelrolle); Grude in Barlachs ›Die echten Sedemunds‹ (1921, mit Lothar Müthel); Gianettino in Schillers ›Die Verschwörung des Fiesco zu Genua‹ (1921) und Großinquisitor in ›Don Carlos‹ (1922). In Viertels Inszenierungen im Berliner Lustspielhaus sah man ihn als Schieber in Kaisers ›Nebeneinander‹ (UA 1923) und als Vinzenz in Musils ›Vinzenz und die Freundin bedeutender Männer‹ (UA 1923). Rollen in Inszenierungen von Max Reinhardt u. a.: Dauphin in Shaws ›Die heilige Johanna‹ (1924, Deutsches Theater); Antonio in Shakespeares ›Der Kaufmann von Venedig‹ (1924, Theater in der Josefstadt Wien); Mann in Bruckners ›Kreatur‹ (1930, Komödie Berlin). 1924 spielte er unter Jürgen Fehling in Marlowe/Brechts ›Leben Eduards II. von England‹ (Staatstheater); 1925 in Heinz Hilperts Zuckmayer-Inszenierung ›Pankraz erwacht‹. Herbert Ihering schrieb darüber im ›Berliner Börsen-Courier‹ (16. 2. 1925): »Schauspielerisch stand Rudolf Forster als kalter, zynischer Graf im Mittelpunkt. Noch niemals war dieser immer exponiert spielende und deshalb so oft überschärfte Darsteller so vollkommen, so faszinierend. Rolle und Gestaltungsmittel deckten sich völlig. Rudolf Forster brachte dabei schauspielerisch oft absolut Neues. Die erste Liebesszene mit Judith, jenseits aller Brunst gespielt, kalt, überlegen, und doch mit unterhöhlter Willenskraft, in wenigen Silben, im geringen Zucken des Gesichts ausgedrückt – glänzend. Rudolf Forster macht die Mittel des Varietés für die Bühne künstlerisch fruchtbar.«
1925 spielte und inszenierte er im Deutschen Theater Sternheims ›Oscar Wilde‹. Rollen am Berliner Theater in der Königgrätzer Straße u. a.: Don Juan in Grabbes ›Don Juan und Faust‹ (1925); Weinberl in Nestroys ›Einen Jux will er sich machen‹ (1926, mit Elisabeth Bergner); Titelrolle in Rehfischs ›Der Frauenarzt‹ (1928); außerdem u. a.: Herzog von Enghien in Unruhs ›Bonaparte‹ (1927, Deutsches Theater); Warren Hastings in Feuchtwangers ›Kalkutta, 4. Mai‹ (1928, Staatstheater); Titelrollen in Shakespeares ›König Johann‹ (1929) und Strindbergs ›Gustav Adolf‹ (1930, beide am Staatstheater, R. Jeßner);

Forte

Darvell in O'Neills ›Seltsames Zwischenspiel‹ (DE 1929, Deutsches Künstlertheater, mit E. Bergner, R. Hilpert). Filmrollen hatte er u.a. in ›Ariane‹ (1930, mit E. Bergner) und in G. W. Pabsts ›Dreigroschenoper‹ (1931). 1937–1940 Theater- und Filmarbeit in den USA (Broadway und Hollywood). 1940 sah man ihn wieder am Deutschen Theater Berlin: als Shakespeares ›Richard II.‹. Er zog sich dann lange Jahre nach Aussee ins Salzkammergut zurück. Nach dem Zweiten Weltkrieg war er Gast an verschiedenen Theatern: Marschall in Ustinovs ›Ein Auge der Wahrheit‹ (1952, Schiller-Theater Berlin); Franz Augustin in Bechers ›Samba‹ (1952, Schloßparktheater Berlin); Komtur in Shaws ›Don Juan in der Hölle‹ (1953); Philipp in Bruckners ›Elisabeth von England‹ (1955, Deutsches Schauspielhaus Hamburg). Zu seinen unvergeßlichen Altersrollen zählen der Diener Firs in Tschechows ›Kirschgarten‹ und der Bildhauer im Vorspiel von Hochhuths ›Soldaten‹. Zuletzt sah man ihn als Professor Dühring in Wedekinds ›Der Kammersänger‹ (1967, Thalia Theater Hamburg) und als ersten Schauspieler in Shakespeares ›Hamlet‹ (Deutsches Theater München, R. Maximilian Schell). Forster war ein sensibler Darsteller, der seinen Bühnenfiguren stets den Stempel seiner starken Persönlichkeit aufdrückte und Sätze genau zu punktieren wußte. Arnolt Bronnen schrieb:»Forsters Bedeutung liegt darin, daß er innerhalb des darstellerischen Stilprinzips der Neuen Sachlichkeit eine spezielle österreichische Note vertrat. Als kluger und bewußter Künstler wußte er dies, pflegte er seine Sprach- und Sprech-Nuancen, die aus österreichischen Wurzeln gesprossen waren. In Zeiten der Sprachverschluderung, wie sie der Nazismus über die deutschen Bühnen brachte, war er einer der wenigen Felsen exakter Artikulierung (. . .). Bleibende Rollenbilder hat er weniger geschaffen. Aber der Rudolf-Forster-Klang in Rudolf-Forster-Sätzen wird allen Weggefährten des zeitgenössischen deutschen Theaters ihr Leben lang im Ohr bleiben – und im Gedächtnis.« (›Begegnungen mit Schauspielern‹, S. 107 f.)

Literatur: R. Forster: Das Spiel mein Leben. Berlin 1967; H. Ihering: Von Josef Kainz bis Paula Wessely. Heidelberg, Berlin, Leipzig 1942; A. Bronnen: Begegnungen mit Schauspielern. Berlin 1967; A. Kerr: Mit Schleuder und Harfe. München 1985; M. Bier: Schauspielerporträts. 24 Schauspieler um Max Reinhardt. Berlin 1989.

Forte, Dieter, geb. 14. 6. 1935 in Düsseldorf. Autor. Forte arbeitete zunächst als Werbefachmann, dann zwei Jahre als freier Mitarbeiter des NDR-Fernsehens in Hamburg, seit 1970 als freier Schriftsteller. Er lebt in Basel. Sein erstes Theaterstück wurde heftig diskutiert: ›Martin Luther & Thomas Münzer oder die Einführung der Buchhaltung‹ (1970). Dort hat Forte das Verhältnis Luthers zur Macht und zur Revolution, für die Münzer einsteht, untersucht. Georg Hensel über die Uraufführung in Basel (R. Kosta Spaic): »Autor Dieter Forte (. . .) kommt aus der Werbe- und Hörspielbranche. Seine Stärken sind die bündige Formulierung, der zynische Witz, die zugespitzte Mini-Szene. Das Stück, das ungestrichen acht Stunden dauern dürfte, repetiert unermüdlich die immergleiche Pointe: Alle Menschen, sofern sie sich nicht als Revolutionäre betätigen, sind Knechte des Kapitals. (. . .) Da alle Personen ausschließlich durch ihr Verhältnis zum Geld oder zur Revolution definiert werden, handelt es sich mehr um Texte als um Rollen, doch werden ihnen von den durchweg fülligen und typengenauen Schauspielern Lebensfarben kunstvoll angeschminkt.« (›FAZ‹, 8. 12. 1970)

Weitere Stücke: ›Weiße Teufel‹ (nach Webster, 1972); ›Cenodoxus‹ (nach J. Bidermann, 1972); ›Jean Henry Dunant oder Die Einführung der Zivilisation‹ (1978); ›Kaspar Hausers Tod‹ (1979); ›Das Labyrinth der Träume‹ (1983).

Franck, Walter, geb. 16. 4. 1896 in Hüttensteinach, gest. 10. 8. 1961 in Garmisch. Schauspieler. Ausbildung bei Albert Steinrück in München; erstes Engagement 1916/17 am Hoftheater München. Weitere Engagements hatte er in Nürnberg (1917/18 und 1921–1923), Frankfurt a.M. (1918/19) und am Lobetheater Breslau (1919–1921). Leopold Jeßner holte ihn

1923 an das Berliner Staatstheater, wo er bis 1944 viele tragende Rollen übernahm. Zwischenzeitlich, von 1924 bis 1927, war er am Deutschen Theater Berlin engagiert; dort u. a.: George Garga in Brechts ›Im Dickicht der Städte‹ (1924); Grand in Bronnens ›Anarchie in Sillian‹ (UA 1924, R. Heinz Hilpert); Herbert Ihering schrieb im ›Berliner Börsen-Courier‹ (7. 4. 1924): »Die Aufführung stand unter dem Bann der phänomenalen Leistung von Walter Franck als Grand. (. . .) Selten hat man, seitdem Krauß nach Amerika gegangen ist, eine Leistung gesehen, in der die Fülle gesammelt ist und die Natur sich so durch Gestaltung legitimiert. Franck gehört schon heute zu den ersten Berliner Schauspielern.« Rollen in Jeßner-Inszenierungen am Staatstheater: Titelrolle in Hauptmanns ›Florian Geyer‹ (1927); Milliardärssohn in Kaisers ›Gas I‹ (1928, Schiller-Theater); Brackenburg in Goethes ›Egmont‹ (1928, mit Eugen Klöpfer als Egmont); Kreon in Sophokles' ›Ödipus‹ (1929, mit Fritz Kortner); Scott in Goerings ›Die Südpolexpedition des Kapitän Scott‹ (1930); Octavio in Schillers ›Wallenstein‹ (1931, mit Werner Krauß) und Karl in ›Die Räuber‹ (1932, mit Bernhard Minetti als Franz); Knecht in Billingers ›Rosse‹ (1933). Außerdem am Staatstheater u. a.: Titelrolle in Büchners ›Woyzeck‹ (1927); Karl in Bronnens ›Die katalaunische Schlacht‹ (1928); Brutus in Shakespeares ›Julius Cäsar‹ (1930); Hauptmann in Graff/Hintzes ›Die endlose Straße‹ (1932); Titelrolle in Goethes ›Faust II‹ (1933); Erzherzog Matthias in Grillparzers ›Ein Bruderzwist in Habsburg‹ (1942); in Inszenierungen von Jürgen Fehling: Friedeborn in Kleists ›Das Käthchen von Heilbronn‹ (1937); Eduard IV. in Shakespeares ›Richard III.‹ (1938) und Cassius in ›Julius Cäsar‹ (1941). Nach dem Zweiten Weltkrieg arbeitete er am Hebbel- und Renaissancetheater Berlin; spielte u. a. den Jean in Strindbergs ›Fräulein Julie‹ (1946). Seit 1948 Gastspiele in Hamburg, München und bei den Ruhrfestspielen Recklinghausen. Von 1952 an stand er im Berliner Schiller- und Schloßparktheater auf der Bühne. Rollen u. a.: Philipp in Bruckners ›Elisabeth von England‹ (1953); Cäsar in Shaws ›Cäsar und Cleopatra‹ (1955); Philipp in Schillers ›Don Carlos‹ (1955); Porphyri in Dostojewski/Ahlsens ›Raskolnikoff‹ (UA 1960, R. Willi Schmidt); ferner in Stücken von Strindberg, Sartre und Beckett. Franck war einer der großen Charakterdarsteller der zwanziger und dreißiger Jahre. Friedrich Luft schrieb über ihn: »Er war anzusehen wie ein intelligenter Waldschrat, stämmig, mittelgroß, das Gesicht umdüstert und von faszinierender Häßlichkeit. Es blitzte dunkel um ihn, wenn er auftrat. Hier kam einer, mit dem nicht gut Kirschen essen war. Hier war einer, der sich's schwer werden ließ. Immer war eine alerte Gereiztheit, war Gefahr um ihn. Walter Franck schien geschaffen, alle Übeltäter, alle Brunnenvergifter, alle Schubjaks und Teufel der großen Weltliteratur zu spielen. Und er spielte sie ziemlich alle – und spielte sie grandios.« (›Theater heute‹, Heft 9, 1961)
Literatur: L. Ihering: Von Reinhardt bis Brecht. Kritiken von 1909–1932. Berlin 1958–1961; W. Karsch: Walter Franck. Berlin 1962; G. Rühle: Theater für die Republik (im Spiegel der Kritik). 1917–1933. 2 Bde. Frankfurt a. M. 1967 und 1988; A. Kerr: Mit Schleuder und Harfe. München 1985.

Frank, Bruno, geb. 13. 6. 1887 in Stuttgart, gest. 20. 6. 1945 in Beverly Hills. Schriftsteller. Sohn eines Bankiers. Frank studierte Jura in Tübingen, München, Straßburg und Heidelberg; nach der Promotion lebte er bis 1933 in München. Emigration nach England, danach Kalifornien. Bekannt wurde Frank mit Dramen, die zu den Salonstücken zu rechnen sind, allerdings von namhaften Regisseuren wie Max Reinhardt und Otto Falckenberg uraufgeführt wurden. Franks Hauptwerk sind Romane und Erzählungen.
Stücke: ›Die treue Magd‹ (1916); ›Bibikoff‹ (1918); ›Die Schwestern und der Fremde‹ (1918); ›Die Trösterin‹ (1919); ›Das Weib auf dem Tiere‹ (1921); ›Zwölftausend‹ (1927); ›Perlenkomödie‹ (1928); ›Sturm im Wasserglas‹ (1930); ›Nina‹ (1931).
Literatur: H. Günther: Bruno Frank. In: Die Literatur 32, 1929/30, S. 511–516; Th.

Frank

180

Mann: In memoriam Bruno Frank. In: Die Neue Rundschau 56/57, 1945/46, S. 110–112; M. Gregor-Dellin: Bruno Frank. Gentleman der Literatur. In: ders.: Im Zeitalter Kafkas. München, Zürich 1979.

Frank, Leonhard, geb. 4.9. 1882 in Würzburg, gest. 18. 8. 1961 in München. Schriftsteller. Frank machte zunächst eine Mechanikerlehre, danach studierte er Malerei in München und lebte nach 1910 in Berlin. 1915 wegen seiner pazifistischen Haltung Emigration in die Schweiz. Nach seiner Rückkehr 1918 lebte er als freier Schriftsteller in München und Berlin. 1918 erhielt er den Kleist-Preis für seine Erzählung ›Die Ursache‹ (1916, auch als Drama, 1929). 1933 Emigration über die Schweiz, Frankreich, Lissabon in die USA. 1950 Rückkehr nach München. Berühmt wurde Frank mit seinem ersten Roman ›Die Räuberbande‹ (1914), der bereits sein soziales Engagement zeigte, das auch in seinen späteren Werken zum Tragen kam, z.B. in der Novellensammlung ›Der Mensch ist gut‹ (1917), ein Manifest der Kriegsgegnerschaft. Frank arbeitete z.T. seine Erzählungen zu Stücken um. Erfolgreich war vor allem ›Karl und Anna‹ (1929, nach der Erzählung von 1927). Seine Stücke sind heute fast alle vergessen. Nur ›Die Ursache‹ wurde 1988 in Münster aufgeführt (R. Wolfram Mehring); Andreas Rossmann schrieb (›FAZ‹, 2. 7. 1988): »Kein Drama für die Ewigkeit – im Gegenteil. Seine Absicht und seine Selbst-Entwertung konvergierten. Mit der Beseitigung der Mißstände, gegen die es sich wandte, war es überholt, vergilbt, Makulatur. Ein Zeitstück wie viele Stücke jener Zeit: sehr wichtig damals, fast nichtig heute. Das Kriterium, es zu spielen, kann jedenfalls nicht mehr das originale sein (...) Die Wiederentdeckung eines Dramatikers ist nicht zu vermelden; der Hinweis auf Leonhard Frank erinnert vielmehr auch daran, wie schnell die Zeit über die Literatur hinweggehen kann: Der Weltautor aus Würzburg ist fast schon vergessen.«
Weitere Stücke: ›Hufnägel‹ (1930, überarb. ›Die Kurve‹ 1955); ›Der Außenseiter‹ (1937, überarb. ›Die Hutdynastie‹ 1955); ›Maria‹ (1939); ›Baccarat‹ (1957).

Literatur: G. Schröder: Die Darstellung der bürgerlichen Welt im Werk L. Franks. Diss. Potsdam 1957; M. Glaubrecht: Studien zum Frühwerk L. Franks. Bonn 1965.

Franke, Peter, geb. 19. 7. 1941 in Breslau. Schauspieler. Ausbildung an einer privaten Schauspielschule in Düsseldorf; Gesangsstudium an der Folkwangschule Essen; 1961–1968 freier Schauspieler und Regisseur bei Zimmer- und Kellertheatern. 1969–1972 Engagement am Schauspielhaus Düsseldorf; danach am Schauspiel Köln. 1974 wechselte er ans Schauspiel Frankfurt a.M., wo er in Inszenierungen von Luc Bondy spielte: Titelrolle in Laubes ›Der Dauerklavierspieler‹ (UA 1974); Arlequin in Marivaux' ›Die Unbeständigkeit der Liebe‹ (1976). Weitere Rollen u.a.: Ekart in Brechts ›Baal‹ (1974, R. Hans Neuenfels); Sohn in Strindbergs ›Mit dem Feuer spielen‹ (1975, R. Peter Löscher); Hans Iver in Barlachs ›Der arme Vetter‹ (1977, R. Frank-Patrick Steckel). 1978 wechselte er an das Bremer Theater; dort u.a.: Tyrell in Jahnns ›Richard III.‹ (1979, R. Steckel); Leicester in Schillers ›Maria Stuart‹ (1979, R. Wilfried Minks). 1980 wechselte er an das Deutsche Schauspielhaus Hamburg, wo er u.a. Sternheims ›Bürger Schippel‹ spielte (1981). In Inszenierungen des Hausherrn Niels-Peter Rudolph war er der Andrej in Tschechows ›Drei Schwestern‹ (1980) und Antonio/ Agnelli in Fos ›Hohn der Angst‹ (1983). Unter Ernst Wendt spielte er 1982 den Kandaules in Hebbels ›Gyges und sein Ring‹; Werner Burkhardt schrieb darüber: »Seine Körpersprache mischt sich aus den verschiedensten, die Figur genau bezeichnenden Dialekten, ist ein bißchen Hauffs Affe in Grünwiesel, manchmal so, als hätte man den Caliban mit Yul Brunner besetzt, dann wieder dealende Jive-Typen auf der 42. Straße. Die verdruckst-gutturale Intonation erzählt von den Sehnsüchten und Unsicherheiten eines Mannes, der das Alte nicht mehr will und das Neue noch nicht kennt. Den bärbeißigen Humoren, die Hebbel um diese Gestalt wetterleuchten läßt, bleibt er nichts schuldig, und manchmal, in den Szenen mit Gyges, im Gerangel wie im Wettkampf, gewinnt er den

Vorgängen sogar etwas entspannt Fabulierendes ab.« (›SZ‹, 29. 11. 1982) Von 1985 bis 1988 war er am Berliner Schiller-Theater verpflichtet; spielte u. a. den Truffaldino in Goldonis ›Der Diener zweier Herren‹ und die Titelrolle in Büchners ›Woyzeck‹ (1987, R. Daniel Benoin). Seit der Spielzeit 1988/89 gehört er zum Ensemble des Hamburger Thalia Theaters; spielt häufig in Inszenierungen des Intendanten Jürgen Flimm (1992: Titelrolle in Shakespeares ›König Lear‹). Weitere Rollen u. a.: in J. M. R. Lenz' ›Der Hofmeister‹ (1989, R. Alexander Lang); in Robert Schneiders Monolog ›Dreck‹ (UA 1993); Miller in Schillers ›Kabale und Liebe‹ (1993/94, R. Nicolai Sykosch).

Frayn, Michael, geb. 8. 11. 1933 in Mill Hill bei London. Englischer Dramatiker. Frayn studierte Romanistik und Russisch in Cambridge, später Philosophie. Von 1957 bis 1962 war er Reporter beim ›Manchester Guardian‹, von 1962 bis 1968 beim ›Observer‹ in London; außerdem machte er Dokumentarfilme und Fernsehspiele für die BBC. 1965 erschien sein erster Roman ›Blechkumpel‹; 1970 wurde sein erstes Bühnenwerk uraufgeführt, die vier Einakter ›Wir zwei‹. Seinen größten Erfolg am Broadway und international hatte Frayn 1982 mit der Farce ›Der nackte Wahnsinn‹ (›Noises Off‹), die auch in Deutschland viel gespielt u. wurde. »›Der nackte Wahnsinn‹ ist allerdings nicht schlicht eine weitere Farce. Das Stück ist die gedankliche Weiterentwicklung eines Themas, das den Dramatiker Frayn schon in früheren Stücken beschäftigte. In ›Clouds‹ (1976) ging es um die Wahrnehmung der Welt; in ›Alphabetical Order‹ (1975) darum, wie wir die Welt um uns ordnen und neuordnen. ›Make and Break‹ (1980) handelt davon, wie wir unsere Welt nutzen, benutzen und abnutzen. ›Noises Off‹ zeigt schließlich, wie wir versuchen, mit den beiden konfligierenden Mächten in unserer Welt – mit Ordnung und Unordnung – fertig zu werden.« (Albert-Reiner Glaap, in: Programmheft zu ›Der nackte Wahnsinn‹, Düsseldorfer Schauspielhaus, März 1986)

Weitere Stücke: ›Der Macher‹ (1980); ›Wohltäter‹ (1984); ›Wilder Honig‹ (1984); ›Der Nabel‹ (1985).

Freed, Donald, geb. 1932 in Chicago. Amerikanischer Dramatiker. Freed studierte am Goodman Theatre und zog Mitte der fünfziger Jahre nach Kalifornien, wo er ein Theater in Los Angeles leitete. 1970 entstand sein erstes Theaterstück ›Inquest‹, ein Dokumentarstück über die Angeklagten Ethel und Julius Rosenberg, die der Spionage bezichtigt wurden. Sein politisches Dokumentartheater hatte Auswirkungen bis in höchste Regierungskreise. Präsident Nixon ließ Freed auf die Liste der Staatsfeinde setzen, und die Zeitschrift ›L.A. Weekly‹ schrieb:»Wenn die Zensur in Amerika ebenso streng wäre wie in den Ländern, die die amerikanische Regierung unterstützt, säße Donald Freed im Gefängnis.« Heute gehört Freed zu den renommierten Theaterautoren Amerikas. Er verfaßte auch Drehbücher, u. a. für den Film ›Executive Action‹ (1973). Sein Stück ›Secret Honor‹ wurde 1984 von Robert Altman verfilmt.

Weitere Stücke: ›Der weiße Rabe‹ (1985); ›Alfred und Victoria‹ (o.J.); ›Geheime Ehre‹ (1984/1987); ›Die Gräfin‹ (o.J.); ›Circe & Bravo‹ (1985); ›The Quartered Man‹ (1987); ›Veteran's Day‹ (1988).

Freitag, Robert Peter (eigtl. Freytag), geb. 7. 4. 1916 in Wien. Schauspieler und Regisseur. Nach dem Besuch des Realgymnasiums absolvierte er das Max-Reinhardt-Seminar in Wien. Von 1932 bis 1938 arbeitete er in verschiedenen Berufen, u. a. als Bergführer. 1941–1952 Engagement am Schauspielhaus Zürich; seit 1949 Gastspiele bei den Salzburger Festspielen. Weitere Engagements hatte er am Deutschen Schauspielhaus Hamburg, an der Kleinen Komödie München und an den Hamburger Kammerspielen (1975). Anfang der sechziger Jahre gründete er zusammen mit seiner ersten Ehefrau Maria Becker und Will Quadflieg die Schauspieltruppe Zürich, ein Tourneetheater, das er gemeinsam mit Maria Becker leitete. Zahlreiche eigene Inszenierungen. Als Bühnenschauspieler verkörperte er bekann-

Freitag

te Rollen aus dem klassischen und modernen Repertoire. Als Filmschauspieler debütierte er 1941 in ›Bider der Flieger‹ und wirkte seither in ca. 50 Produktionen mit. Seit 1966 auch Fernseharbeit, u. a.: Goethe in ›Euch darf ich's wohl gestehen‹ (1982, R. Egon Günther); ›Blaubart‹ (1984, nach Frisch, R. Krzysztof Zanussi); ›Streng vertraulich‹ (1985, R. John Goldschmidt). Freitag ist in zweiter Ehe mit der Schauspielerin Maria Sebaldt verheiratet.

Freitag, Thomas, geb. 17. 6. 1950 in Alsfeld. Schauspieler und Kabarettist. Besuchte das Gymnasium und eine Wirtschaftsoberschule; danach Lehre als Bankkaufmann. 1974 Schauspielausbildung bei Carlo Fuß in Stuttgart; anschließend Engagement am Stuttgarter Renitenz-Theater; 1975–1977 Engagement am Stadttheater Gießen. 1976 machte er erstmals als Solokabarettist auf sich aufmerksam. 1977 holte ihn Kay Lorentz als Ensemblemitglied ans Düsseldorfer »Kom(m)ödchen«, wo er als Partner von Lore Lorentz auftrat und mehrere Soloprogramme gestaltete. Bekannt geworden ist er vor allem durch seine gelungenen Parodien deutscher Spitzenpolitiker wie Franz Josef Strauß, Helmut Kohl, Herbert Wehner oder Hans Dietrich Genscher. Anfang der achtziger Jahre galt er als der begabteste Nachwuchskabarettist in Deutschland. Wichtigste Soloprogramme: ›Strauß und Kabarett im Kleinen Haus‹ (1980, als Gastspiel auch unter dem Titel ›Er liest jetzt Schiller‹); ›... und sie bewegt sich doch‹ (1982); ›Wer kommt mit durchs Nadelöhr?‹ (1985); ›Was sind denn das für Leute‹ (1986). 1988 stand er zusammen mit Horst-Gottfried Wagner in dem Programm ›Bitte auslachen lassen‹ auf der Bühne. Im Fernsehen sah man ihn u. a. in einer eigenen Reihe mit dem Titel ›Freitags Abend – Medienkunde für Anfänger‹ (1984–1986) sowie in der Aufzeichnung seines Programms ›Die Riesenpackung‹ (1991).
Literatur: K. Lorentz: Das Kom(m)ödchen-Buch. Düsseldorf 1955.

Frey, Erik, geb. 1. 3. 1908 in Wien, gest. 2. 9. 1988 ebenda. Schauspieler. Nach dem Abitur Schauspielausbildung bei Albert Heine in Wien; debütierte 1927 am Deutschen Volkstheater Wien; Engagements in Bremen, Hamburg (Deutsches Schauspielhaus und Thalia Theater), an den Preußischen Staatstheatern Berlin und am Deutschen Theater in Prag. Von 1935 bis zu seinem Tod gehörte er zum Ensemble des Wiener Theaters in der Josefstadt. Verkörperte vom jugendlichen Liebhaber bis zum Helden viele bekannte Rollen des klassischen und modernen Repertoires, darunter in den letzten zwanzig Jahren: Serebrjakow in Tschechows ›Onkel Wanja‹ (1967, R. Heinrich Schnitzler); Odoardo in Lessings ›Emilia Galotti‹ (1970, R. Fritz Kortner); Bischof in Daneks ›Ich kehre nach Prag zurück‹ (1971); Anouilhs ›Operndirektor‹ (1975); Fabrikant in Nabls ›Schichtwechsel‹ (1977); Vater in Kotzebues ›Die beiden Klingsberg‹ (1978); Amtsgerichtsrat in Horváths ›Glaube, Liebe, Hoffnung‹ (1978, R. Johannes Schaaf); Vater in Hauptmanns ›Michael Kramer‹ (1986). Gastspiele bei den Salzburger Festspielen, u. a. in Rudolf Noeltes Büchner-Inszenierung ›Dantons Tod‹ (1981). Frey war einer der populärsten Schauspieler Wiens und wirkte seit den dreißiger Jahren in zahlreichen Filmen mit, u. a.: ›Burgtheater‹ (1936, R. Willi Forst); ›Der Postmeister‹ (1940); ›Es geschah am 20. Juli‹ (1955); ›Kronprinz Rudolfs letzte Liebe‹ (1955); ›Nachtschwester Ingeborg‹ (1958); ›Im Prater blühn wieder die Bäume‹ (1958). Wichtigste Fernseh-Produktionen: Nestroys ›Lumpazivagabundus‹ (1962); ›An der schönen blauen Donau‹ (1965); ›Ringstraßenpalais‹ (1981). Auf der Bühne sah man ihn zuletzt 1988 als Partner von Siegfried Lowitz in Neil Simons ›Sunny Boys‹.

Freyer, Achim, geb. 30. 3. 1934 in Berlin. Bühnenbildner, Regisseur und Maler. 1951–1955 Studium der Gebrauchsgraphik in Ostberlin; 1954–1956 Meisterschüler bei Bertolt Brecht an der Akademie der Künste; von 1956 an freischaffender Maler; seit 1976 Professor an der Hochschule der Künste Berlin (West). In der DDR arbeitete er als Bühnen- und Kostümbildner für Ruth Berghaus: in den Ballettstücken ›Flug zur Sonne‹ (UA 1959), ›Hände weg!‹

Freyer

(UA 1962) und ›Das Katzenhaus‹ (UA 1964, alle Dresden), sowie in Rossinis ›Der Barbier von Sevilla‹ (1968, Staatsoper Berlin). Ausstatter war er auch bei Benno Besson (1970: Brechts ›Der gute Mensch von Sezuan‹, Volksbühne Berlin) und bei Adolf Dresen (1971: Goethes ›Clavigo‹, Deutsches Theater; die Aufführung wurde verboten). 1972 setzte er sich bei einer Italien-Tournee der Volksbühne in die Bundesrepublik ab. In Köln entwarf er die Bühnenbilder für mehrere Operninszenierungen von Hans Neugebauer: Hindemiths ›Cardillac‹ (1973; 1977 auch an der Deutschen Oper Berlin); Debussys ›Pelléas et Mélisande‹ (1975); Bergs ›Wozzeck‹ (1975; 1981 auch in Brüssel); Schönbergs ›Moses und Aron‹ (1978). Mit Mauricio Kagel gestaltete er 1976 in Köln den vielbeachteten Opernabend ›Musiktheater‹. Weitere wichtige Ausstattungsarbeiten: Bonds ›Lear‹ (1973, Schiller-Theater Berlin, R. Hans Lietzau); Beethovens ›Fidelio‹ (1976, Oper Frankfurt a. M., R. Christoph von Dohnányi). In Stuttgart entwarf er Bühnenbilder für Inszenierungen von Claus Peymann: Schillers ›Die Räuber‹ (1975); Kleists ›Das Käthchen von Heilbronn‹ (1975); Goethes ›Faust I und II‹ (1977); Bernhards ›Immanuel Kant‹ (1978). Georg Hensel schrieb über Freyers Arbeit als Bühnenbildner:»Freyers Materialien, oft vom Trödelmarkt, sind, isoliert betrachtet, nicht kunstwürdig, sie sind banal. In ihrer Kombination und Funktion aber werden sie zu raffiniert ästhetischen Kunstgebilden. In ihnen verrät sich der bildende Künstler, der Freyer von Hause aus ist. Für ihn existieren reines Theater und reine Malerei nebeneinander her, er aber sucht in ihren Zwischenregionen und Grenzbereichen nach einer Symbiose von bildender Kunst und theatralischer Aktion.« (›FAZ‹, 4. 6. 1977) Sein Debüt als Schauspielregisseur gab er 1974 mit Kroetz' ›Maria Magdalena‹ (Schloßparktheater Berlin). 1979 inszenierte er erstmals eine Oper: Glucks ›Iphigenie auf Tauris‹ (Nationaltheater München, im eigenen Bühnenbild):»Ein Weihespiel war furios entweiht, ein staubbedeckter Klassiker freigelegt worden. Glucks ›Iphigenie auf Tauris‹, bei deren bloßem Namen den

Kundigen bereits Gähnen anwandelt, nahm durch die Münchner Interpreten die wilde Gebärde eines Extremfalls an, die aufregenden Züge eines bis in die Nähe des Grand Guignol vorgetriebenen Schauderspiels (...). Achim Freyer erstrebt totales Theater aus dem Geist einer Malerei, der keine Farb- und Kompositionswirkung zwischen Hieronymus Bosch, dem Expressionismus und Dali fremd geblieben ist.« (Karl Schumann, ›SZ‹, 31. 10. 1979) Glucks ›Iphigenie‹ inszenierte er 1991 noch einmal in Basel und Amsterdam. Weitere Operninszenierungen (alle im eigenen Bühnenbild): Webers ›Der Freischütz‹ (1980, Stuttgart); Mozarts ›Die Zauberflöte‹ (1982, Staatsoper Hamburg); Glucks ›Orpheus und Eurydike‹ (1982, Deutsche Oper Berlin) und ›Alceste‹ (1993, Wiener Festwochen); Händels ›Messias‹ (1985, Deutsche Oper Berlin). Aufsehen erregte sein Philip-Glass-Zyklus in Stuttgart, bestehend aus den Opern ›Satyagraha‹ (DE 1981), ›Echnaton‹ (UA 1984, Ausstattung: Ilona Freyer, seine Frau) und ›Einstein on the Beach‹ (Glass/ Robert Wilson, 1988). Seine eigenen Stücke, Werkstattprojekte und Stückbearbeitungen sind bilderreiche Traum- und Rätselspiele, in denen er Malerei und Richtung zu verbinden sucht: ›Der gestreckte Blick oder Die Krümmung der Fläche zum Raum‹ (1987, Staatstheater Kassel im Rahmen der documenta 8); ›So wie eine Art Fisch, dessen Kopf herzzerreißend dem einer Heuschrecke gleicht (Dali)‹ (1988, Hebbel-Theater Berlin); ›Jowaegerli‹ nach Johann Peter Hebel und ›Chili‹ nach Kleist (1991, Staatsoper Hamburg, Komposition: Dieter Schnebel); ›Liebe von Kopf bis konfus‹ nach Marivaux (1993, TAT Frankfurt); ›Rolling‹/›Kids‹ (UA 1993, Berliner Volksbühne). Außerdem Environments, Monumente, Aktionen und Ausstellungen. Inszenierungen am Wiener Burgtheater: ›Metamorphosen des Ovid oder die Bewegung von den Rändern zur Mitte hin und umgekehrt‹ (1987, ein Projekt von Freyer, Dieter Schnebel und Urs Troller):»Rätselhaft, fremd, schwierig, aber betäubend schön ist alles an diesem Wiener Burgtheater-Abend. Die langsam vorübergleitenden Bilder und die leise, langsam

Freyer

fließende oder stockende Musik. (...) Es geht ums Erleben einer hochkomplizierten Gesamtkunstwerk-Einheit. Sie wird durch das Prinzip der Langsamkeit hergestellt, einer schneckenhaften Langsamkeit, mit der sich Bühnenwände, die einzelnen Segmente und Requisiten, alle diese skurrilen Figuren und Menschen über die Bühne hinwegbewegen. (...) Und das alles verschmilzt mit der Musik und mit Texten, die teils nur banal-alltägliche Formeln sind und schließlich kaum mehr semantisch gehört werden, sondern zunehmend als gesprochene Musik, tatsächlich zu einer Einheit.« (Wolfgang Schreiber, ›SZ‹, 30. 3. 1987); Büchners ›Woyzeck‹ (1989, mit Martin Schwab); ›Phaethon‹ nach Euripides (1991). Als Bilder-Träumer und radikaler Grenzgänger zwischen den Künsten hat Freyer dem Theater neue Raum- und Traumlandschaften erschlossen. »Für mich«, sagte er in einem Interview, »ist die Dichtung eine Herausforderung, den Ausdruck, das Klima, die inhaltliche Dimension zu begreifen und dann auf der Bühne eine Dichtung zu entwickeln, die ganz Bühne ist – eine Bühnensprache, in der das Wort gleichberechtigte Bedeutung hat zur Bewegung, zur Farbe, zum Zeitablauf, zum Klang.« (›Frankfurter Rundschau‹, 10. 10. 1987) Zwei Freyer-Inszenierungen wurden zum Berliner Theatertreffen eingeladen: ›Der Messias‹ von Charles Jennens/Händel (1985, Deutsche Oper Berlin) und Freyer/Schnebel/Trollers ›Metamorphosen des Ovid‹ (1988, Burgtheater Wien).
Literatur: G. Rühle: Die Bilderwelt des Achim Freyer – Stationen einer Entwicklung. In: Theater heute, Jahrbuch 1977, S. 62–70; P. Simhandl: Achim Freyer. Regie im Theater. Frankfurt a. M. 1991; T. Delekat/M. Horn: Die vertrackte Welt des Achim Freyer. In: Geo, Heft 11, 1992; H. Klotz (Hrsg.): Bühnenbild heute – Bühnenbild der Zukunft. Eine Ausstellung des Zentrums für Kunst und Medientechnologie Karlsruhe. Karlsruhe 1993 (Katalog).

Freyer, Ilona, geb. 1943 in Dessau, gest. 1. 12. 1984 in Berlin. Bühnen- und Kostümbildnerin. Nach dem Studium in Weißensee (DDR) begann sie als Bühnenbildnerin in Magdeburg. Ihre nächsten Stationen waren das Deutsche Theater und das Berliner Ensemble in Ostberlin. 1972 setzte sie sich mit ihrem Ehemann Achim Freyer in den Westen ab; arbeitete hier häufig mit dem Regisseur Niels-Peter Rudolph zusammen, u. a.. 1975 in Wolfs ›Cyankali‹ am Staatstheater Stuttgart; Jens Wendland schrieb: »Die Bühne Ilona Freyers ist offen, die Übergänge sind fließend. Milieu stellt sich ein, wenn unbestimmte Geräusche von Straßenlärm, Leierkasten, Fabrikgeratter und Kindergebrüll von außen hereindringen. Die kahle Wohnküche ist von Wäschestrippen durchzogen. Hinter den Laken verbergen sich die Schauplätze der Erniedrigung des Mädchens Hete (...). Die Demütigung der Menschen wird gerade durch dieses Nebeneinander von stumpfer Lebenserhaltung, Putzen, Kochen und verzweifelter, sinnloser Rettungsversuche herausgehoben.« (›SZ‹, 12. 4. 1975) Mit Rudolph arbeitete sie auch an Berliner Bühnen, u. a.: Tschechows ›Onkel Wanja‹ (1976, Schloßparktheater); Braschs ›Lovely Rita‹ (UA 1978, Schiller-Theater-Werkstatt); Reinshagens ›Leben und Tod der Marilyn Monroe‹ (UA 1978, Schiller-Theater). Am Schauspielhaus Düsseldorf stattete sie u. a. Tolstois ›Macht der Finsternis‹ aus (1976, R. Hansjörg Utzerath). In Stuttgart entwarf sie die Bühnenbilder für mehrere Inszenierungen von Claus Peymann: Camus' ›Die Gerechten‹ (1976); Goethes ›Iphigenie auf Tauris‹ (1977); Tschechows ›Drei Schwestern‹ (1978); außerdem in Stuttgart u. a.: Büchners ›Woyzeck‹ (1974); Shakespeares ›Sommernachtstraum‹ (1977, R. Alfred Kirchner); Achternbuschs ›Ella‹ (1978, R. der Autor); Genets ›Der Balkon‹ (1979, R. Christof Nel). Zuletzt entwarf sie die Kostüme für Achim Freyers Inszenierung der ›Echnaton‹-Oper von Philip Glass (1984, Stuttgart). Sie war Gastprofessorin an der Berliner Hochschule der Künste.

Freytag, Holk, geb. 29. 9. 1943 in Tübingen. Regisseur und Intendant. Nach der Gymnasialzeit in Moers besuchte sie 1960/61 die Grover Cleveland High-School in Queens, New York. 1961–1963 Studium am Washington Square College in New York sowie Kammermusikstudium an der Brooklyn Music School; 1963 Rückkehr nach Deutschland, wo er 1964 das Abitur nachholte; danach Studium der Theater- und Musikwissenschaft in Köln. 1968/69 Leitung des Theater-Kellers Neuß; 1969–1975 Aufbau des Schloßtheaters Moers, dessen Leitung er mit der Eröffnung 1975 übernahm. 1977–1979 Chefdramaturg, Regisseur und Stellvertreter des Intendanten am Stadttheater Hildesheim; die Geschäftsführung am Theater Moers übernahm in dieser Zeit Thomas Schulte-Michels. 1979 Rückkehr nach Moers. Mit aufsehenerregenden Projekten verhalf er dem kleinsten Stadttheater der Bundesrepublik zu überregionaler Anerkennung. Seine Inszenierung der ›Bacchantinnen‹ von Euripides wurde 1980 zum Berliner Theatertreffen eingeladen. Weitere Inszenierungen u. a.: Schillers ›Die Räuber‹; Shakespeares ›Romeo und Julia‹; Sophokles' ›Antigone‹ und ›Ödipus‹; Jarrys ›König Ubu‹; Lope de Vegas ›Das brennende Dorf‹; Maeterlincks ›Pelleas und Melisande‹; außerdem mehrere Brecht-Stücke, seine Inszenierung von ›Leben des Galilei‹ wurde 1988 zum Berliner Theatertreffen eingeladen. Seit 1981 auch Gastinszenierungen außerhalb von Moers, u. a. am Israelischen Nationaltheater in Tel Aviv. Seit der Spielzeit 1988/89 ist er Generalintendant der Wuppertaler Bühnen. Seinen Einstand gab er mit einem vierteiligen ›Projekt Deutschland‹ (mit Kleist, Heiner Müller, Hölderlin und einer Apo-Revue). Inszenierungen u. a.: Kleists ›Prinz Friedrich von Homburg‹ (1988); Jochen Bergs Tetralogie ›Tantalos' Erben‹ (1989); Goethes ›Torquato Tasso‹ (1989, Beitrag zum Projekt ›Kunst-Stücke‹) sowie beide Teile des ›Faust‹ (1990 und 1992); Shakespeares ›Julius Caesar‹ (1993): »Differenzierte Menschendarstellung ist Holk Freytags Sache nicht, aber eine kühn zupakkende Konzeption, die die politische Problematik in theatralische Konstellationen umsetzt, gelingt ihm.« (Gerhard Preußer, ›Theater heute‹, Heft 19, 1993)

Fricke, Peter, geb. 26. 8. 1939 in Berlin. Schauspieler. Aufgewachsen in Berlin und in Murnau am Staffelsee. Nach dem Abitur Ausbildung an der Otto-Falckenberg-Schule in München (u. a. bei Ernst Fritz Fürbringer); 1960 erstes Engagement am Heidelberger Theater: Lysander in Shakespeares ›Sommernachtstraum‹. 1961/62 gehörte er zum Ensemble der Städtischen Bühnen Frankfurt a. M. unter der Leitung von Harry Buckwitz. 1962/63 Engagement bei Oskar Fritz Schuh am Kölner Schauspielhaus; spielte u. a. Tom in Williams' ›Die Glasmenagerie‹. Von 1964 bis 1973 war er am Bayerischen Staatsschauspiel München engagiert, wo er schnell zum Publikumsliebling avancierte. Rollen in Inszenierungen des Intendanten Helmut Henrichs: Spitta in Hauptmanns ›Die Ratten‹ (1966); Pylades in Goethes ›Iphigenie auf Tauris‹ (1966); Hämon in Anouilhs ›Antigone‹ (1966); Tempelherr in Lessings ›Nathan der Weise‹ (1967); Mortimer in Schillers ›Maria Stuart‹ (1970). Weitere Rollen u. a.: Stiefbruder in Saunders' ›Ein Duft von Blumen‹; Andres in Büchners ›Woyzeck‹ (1966, R. Hans Lietzau; 1969 auf Tournee in New York); Worthy in Farquhars ›Der Werbeoffizier‹ (1966, R. Axel von Ambesser); Clitandre in Molières ›George Dandin‹ (1968, R. Niels-Peter Rudolph); Bleichenwang in Shakespeares ›Was ihr wollt‹ (1970, R. Johannes Schaaf); außerdem Ferdinand in Schillers ›Kabale und Liebe‹ und Schufterle in ›Die Räuber‹ (1969 auch auf Tournee in Moskau und Leningrad). Gastspiele u. a.: Romeo in Shakespeares ›Romeo und Julia‹ (1970, Festspiele Schwäbisch-Hall); Prinz in Shakespeares ›Heinrich IV.‹ (1971, Luisenburg-Festspiele Wunsiedel): »Prinz Heinrich, in der zerbrechlichen, blondschopfigen Gestalt des bravourös sprechenden Peter Fricke, erschien von Anfang an als die künftige Majestät, als der von der Thronfolge bereits zu latenter Melancholie versehrte Heinrich V., der sich die Maske des Junkers Liederlich nur vorgebunden hat, um das flotte Leben rasch kennenzulernen, damit ihn später keine Versuchung anfechte, sich in Kaschemmen und bei derben Weibern (. . .) zu suhlen.« (Karl Schumann, ›SZ‹, 28. 7. 1971) Seit 1974 arbeitet er freischaffend; gastierte u. a. wieder am Bayerischen Staatsschauspiel: Titelrolle in Ayckbourns ›Normanns Eroberungen‹ (1977). Spielte in mehreren

Fricsay

Inszenierungen von Rudolf Noelte: Gregers Werle in Ibsens ›Die Wildente‹ (1979, Freie Volksbühne Berlin); Titelrolle in Goethes ›Egmont‹ (1982, Düsseldorf); in Hauptmanns ›Schluck und Jau‹ (1983, Bonn). Im Berliner Theater des Westens sah man ihn als Higgins in Lerner/Loewes ›My Fair Lady‹ (1984), in Regensburg als Hofmannsthals ›Jedermann‹ (1989, Freilichtaufführung). Außerdem zahlreiche Tourneen, so 1989/90 mit Goldonis ›Der Lügner‹. Fernsehrollen u. a.: Julien in ›Colombe‹ (1958, nach Anouilh); Pierre in ›Die Irre von Chaillot‹ (1958, nach Giraudoux); Naukleros in ›Des Meeres und der Liebe Wellen‹ (1965, nach Grillparzer); Joe Hansen in ›L.D. Trotzki – Tod im Exil‹ (1965, nach Mommertz); Amiens in ›Wie es euch gefällt‹ (1968, nach Shakespeare); Dunois in ›Die heilige Johanna‹ (1969, nach Shaw).

Fricsay, Andras (Kali Son), geb. 1942 in Sceged (Ungarn). Regisseur und Schauspieler. Sohn des Dirigenten Ferenc Fricsay. Studierte Malerei in Genf, bevor er sich für den Schauspielerberuf entschloß. Die Ausbildung an einer Berliner Schauspielschule brach er 1966 ab, um endlich auf die Bühne zu gehen. Engagements hatte er u. a. in Bremen, Mannheim, Berlin und Hamburg. 1971 spielte er an den Münchner Kammerspielen den Münzer in Fortes ›Martin Luther & Thomas Münzer oder Die Einführung der Buchhaltung‹ (R. Paul Verhoeven). Sein erfolgreiches Regiedebüt gab er 1971 mit Melfis Off-Broadway-Stück ›Vogelbad‹ im Modernen Theater München. Es folgten dort die Inszenierungen von Buchrieser ›Hanserl‹ (1973) und Williams' ›Glasmenagerie‹ (1975). Sein Debüt als Opernregisseur gab er 1974 in Frankfurt a. M. mit Mozarts ›Cosí fan tutte‹ (1981 auch in Bremen). Regiearbeiten am Bayerischen Staatsschauspiel München: Reinshagens ›Himmel und Erde‹ (1975, mit Elfriede Kuzmany); H. L. Wagners ›Kindermörderin‹ (1976); Gombrowicz' Fragment ›Geschichte: eine Operette‹ (1977); Brechts ›Mann ist Mann‹ (1977). 1977 sah man ihn in Bernhard Wickis Film ›Die Zitadelle‹. Fricsay lehnte mehrere Oberspielleiter-

Posten ab, um 1979/80 die freie Theatergruppe Zauberflöte zu gründen (mit Sissi Höfferer, Jeanette Mühlmann, Jacques Breuer, Mario Andersen und Thomas Schücke). Die Truppe, die bis 1987 bestand, ging mit vielbeachteten, unkonventionellen Produktionen auf Tournee (alle in der Regie von Fricsay und mit ihm als Darsteller): Osbornes ›Blick zurück im Zorn‹ (1980); Schillers ›Kabale und Liebe‹ (1981) und ›Don Carlos‹ (1987); Mark Medoffs ›Red Ryder‹ (1982); Murrells ›Memories‹ (1984, Modernes Theater München, mit Gundel Thormann). Einen enormen Publikumserfolg hatte Fricsay 1989 mit seiner rabiaten ›Räuber‹-Inszenierung am Bayerischen Staatsschauspiel München, in der er Schillers Stück im Punker- und Rockermilieu ansiedelte. Wolfgang Höbel schrieb (›SZ‹, 8./9. 4. 1989): »Das Licht geht aus, die Türen klappen zu – und schon bricht das Höllenspektakel los. Stiefel patschen gegen Stahltüren, Fäuste fliegen und Köpfe krachen gegen die Spanten, aus alberner Balgerei wird nackte Gewalt. Ächz, Brüll, Keuch (...). Der ganze Theaterabend ist voll von grellen Effekten, ätzenden Kalauern und glorreichen Einfällen. (...) Doch, und daraus entsteht der staunenswerte Zauber dieser wahrlich tollwütigen Theaterarbeit, trotz dieses Einfälle-Feuerwerks zerbröselt das Ganze nicht in lauter krude Einzelaktionen.« Die Aufführung hielt sich bis 1993 im Spielplan und erreichte 111 Vorstellungen. Von 1989/90 bis 1992 war Fricsay Oberspielleiter am Schauspiel Bremen. Inszenierungen u. a.: Wertmüllers ›Liebe und Anarchie‹ (1989); Shakespeares ›Was ihr wollt‹ (1990) und ›Hamlet‹ (1991); seither freier Regisseur. Gastinszenierungen u. a.: Rossinis ›Der Barbier von Sevilla‹ (1992, Leipzig); Kleists ›Amphitryon‹ (1993, Residenztheater München). 1994 inszenierte er das Musical-Spektakel ›Tabaluga und Lilli‹ von und mit Peter Maffay. Fricsay gilt als »Regie-Rocker« und pflegt dieses Image auch äußerlich: durch Leder-Outfit, Glatze, Totenkopfring und eine Vorliebe für heiße Öfen. Er gab sich den Beinamen Kali Son.

Friedrich

Friedl, Loni von (eigtl. Leontine Anna Maria von Liebentreu), geb. 24. 7. 1943 in Wien. Schauspielerin. Spielte schon früh Kinderrollen auf der Bühne und im Funk; ihr Filmdebüt gab sie mit sieben Jahren. 1958 sah sie Ulrich Bettac in einer Fernsehinszenierung und engagierte sie für ein Burgtheater-Gastspiel von Curt Goetz. Nach der mittleren Reife Tanzausbildung bei Pia Lucca in Wien; danach drei Jahre Schauspielunterricht bei Vera Balser-Eberle. 1958–1965 Engagement am Wiener Burgtheater. Rollen u. a.: Polyxena in Giraudoux' ›Der trojanische Krieg findet nicht statt‹; Hermia in Shakespeares ›Ein Sommernachtstraum‹; häufig in Stücken von Curt Goetz. An den Städtischen Bühnen Köln sah man sie 1958/59 in Lawlers ›Sommer der siebzehnten Puppe‹ und als Emily in Wilders ›Unsere kleine Stadt‹. Bei den Festspielen Bad Hersfeld übernahm sie die Titelrollen in Kleists ›Das Käthchen von Heilbronn‹ (1960) und in Shaws ›Die heilige Johanna‹ (1976, R. Gerd Heinz). Weitere Gastspiele gab sie u. a. an der Kleinen Komödie München (1961 als Abigail in Scribes ›Das Glas Wasser‹) und am Renaissance-Theater Berlin (1962). Von 1973 bis 1975 und in der Spielzeit 1980/81 gehörte sie zum Ensemble der Staatlichen Schauspielbühnen Berlin; spielte u. a. in Williams' ›Die Katze auf dem heißen Blechdach‹ (1980/81). Von 1976 bis 1980 war sie am Hamburger Thalia Theater verpflichtet; wichtigste Rollen: Susanne in Beaumarchais' ›Der tolle Tag oder Figaros Hochzeit‹; Titelrollen in Lessings ›Minna von Barnhelm‹ und in Strindbergs ›Fräulein Julie‹. Zahlreiche Tourneen, u. a. 1977 mit Goldonis ›Mirandolina‹. Sie wirkte in mehreren Filmen mit, u. a. in Robert Siodmaks ›Mein Schulfreund‹ (1960, mit Heinz Rühmann). Fernsehrollen u. a. in: ›Der Unbestechliche‹ (1968, nach Hofmannsthal, R. Gerhard Klingenberg); ›Sterben‹ (1971, nach Schnitzler); ›Wecken Sie Madame nicht auf‹ (1974, nach Anouilh, mit Elisabeth Flickenschildt); ›Klotz am Bein‹ und ›Floh im Ohr‹ (1978/79, beide nach Feydeau). Bis 1976 war sie mit Götz George verheiratet.

Friedrich, Karl, geb. 7. 5. 1929 in Graz. Schauspieler und Regisseur. Nach dem Realgymnasium besuchte er die Schauspielschule Graz. 1950–1957 erstes Engagement an den Vereinigten Bühnen Graz. Seit 1957 lebt er in der Bundesrepublik. 1957–1959 Engagement in Köln: Muley Hassan in Schillers ›Die Verschwörung des Fiesco zu Genua‹; Bärli in Musils ›Vinzenz und die Freundin bedeutender Männer‹; Cosme in Calderóns ›Dame Kobold‹. Weitere Bühnenstationen: Nationaltheater Mannheim (1959–1962); Staatstheater Darmstadt (1962–1966; u. a. Titelrolle in Büchners ›Woyzeck‹); Städtische Bühnen Frankfurt a. M. (1966–1972). 1972/73 am Schauspielhaus Bochum: Ficsur in Molnárs ›Liliom‹; Reich in Horváths ›Kasimir und Karoline‹; Oskar Schuster in Kroetz' ›Dolomitenstadt Lienz‹ (UA 1972, R. Istvan Bödy); Chambourcy in Labiches ›Abenteuer in Paris‹ (DE 1972, R. Jean-Pierre Vincent); Reich in Dorsts ›Eiszeit‹ (UA 1972, mit O. E. Hasse, R. Peter Zadek). In Bremen sah man ihn u. a. als Wladimir in Becketts ›Warten auf Godot‹ (1973, R. Samy Molcho); außerdem Verpflichtungen in Stuttgart, Ingolstadt und Wiesbaden. 1975 übernahm er mehrere Rollen am Deutschen Schauspielhaus Hamburg: Oronte in Molières ›Der Menschenfeind‹ (R. Rudolf Noelte); Dorfpfarrer in O'Caseys ›Kikeriki‹; Malvolio in Shakespeares ›Was ihr wollt‹ (R. Wilfried Minks). An den Bühnen der Stadt Bonn sah man ihn zwischen 1973 und 1984 in Inszenierungen von Hans-Joachim Heyse, u. a. als Holzapfel in Shakespeares ›Viel Lärm um nichts‹ und als Habakuk in Raimunds ›Der Bauer als Millionär‹. Er gastierte außerdem bei den Ruhrfestspielen Recklinghausen (1964 und 1978), bei den Luisenburg-Festspielen Wunsiedel (1962–1986), am Rheinischen Landestheater Neuss (1980–1983), an den Städtischen Bühnen Münster (1981), am Theater Ulm (1988/89) und am Bayerischen Staatsschauspiel München (1990/91). Seit 1973 eigene Regiearbeiten. Er spielte in mehr als 70 Fernsehproduktionen mit, u. a. in Frank Guthkes ›Audienz‹ (1977, nach Václav Havel) und in Jörg Grasers ›Irrenwärter‹ (1980).

Friedrichsen

Friedrichsen, Uwe, geb. 27. 5. 1934 in Hamburg. Schauspieler und Regisseur. Nach der Mittleren Reife machte er eine kaufmännische Lehre und spielte bei der Laiengruppe der Hamburger Volkshochschule. 1953 gründete er mit Freunden das Hamburger Theater 53, wo er drei Jahre lang in selbstarrangierten Kurzgeschichten von Autoren wie Borchert, Cocteau oder Hemingway spielte. Von 1956 bis 1968 gehörte er zum Ensemble des Deutschen Schauspielhauses in Hamburg; dort Zusammenarbeit mit den Regisseuren Hans Schweikart, Leopold Lindtberg und Fritz Kortner. In der Anfangszeit spielte er in mehreren Inszenierungen von Gustaf Gründgens, u. a. in Jahnns ›Thomas Chatterton‹ (UA 1956), in Goethes ›Faust‹ (den Schüler) und in Tirso de Molinas ›Don Gil von den grünen Hosen‹. Weitere Rollen hatte er u. a. in Shakespeares ›Der Sturm‹ (1960, mit Gründgens als Prospero, R. Gustav Rudolf Sellner), in Lessings ›Minna von Barnhelm‹ und in Oscar Fritz Schuhs Goethe-Inszenierung ›Egmont‹. An der Freien Volksbühne Berlin spielte er in Inszenierungen von Hansjörg Utzerath: Titelrolle in Dumas/Sartres ›Kean‹ (1968); Krogstad in Ibsens ›Nora‹ (1969); Werner Sturm in Sternheims ›Tabula rasa‹ (1970); außerdem: Jean in Strindbergs ›Fräulein Julie‹ (1970, R. Karl Fruchtmann). 1975/76 bei den Festspielen Bad Hersfeld: Matti in Brechts ›Herr Puntila und sein Knecht Matti‹ (R. Ulrich Erfurth); Illo in Schillers ›Wallenstein‹; Titelrolle in Molnárs ›Liliom‹. Rollen in Inszenierungen von Peter Zadek: Phil Murray in Griffith' ›Komiker‹ (DE 1978, Thalia Theater Hamburg); Oronte in Enzensbergers ›Molières Menschenfeind‹ (UA 1979, Freie Volksbühne Berlin, mit Ulrich Wildgruber); Mike in Hopkins' ›Verlorene Zeit‹ (1984, Schauspielhaus Hamburg). Rollen am Hamburger Thalia Theater u. a.: Wedekinds ›Marquis von Keith‹; Elwood P. Dowd in Chases ›Mein Freund Harvey‹ (1980/81); Titelrolle in Anouilhs ›Becket oder die Ehre Gottes‹ (1982/83). Am Thalia Theater arbeitete er auch als Regisseur; inszenierte u. a. Pinters ›Die Geburtstagsfeier‹ (1980) und Odets' ›Das große Messer‹ (1985). In Tournee-Inszenierungen sah man ihn u. a.

als Shakespeares ›Othello‹ und als Beckmann in Borcherts ›Draußen vor der Tür‹. Herbert von Karajan engagierte ihn als Rezitator für den Liederzyklus ›Gurre-Lieder‹ von Arnold Schönberg; Gastspiele u. a. an der Mailänder Scala und in der Royal Albert Hall London. Friedrichsen wirkte in Musicals sowie in zahlreichen Hörspielen und Fernsehserien mit.

Friel, Brian, geb. 9. 1. 1929 in County Tyrone (Irland). Irischer Dramatiker. Friel arbeitete als Lehrer. Seit 1960 lebt er als freier Schriftsteller. Er gründete mit dem Schauspieler Stephen Rea die Field Day Theatre Company, die seit 1981 alle seine Stücke uraufführt. Friel schrieb bühnenwirksame Dramen in sprachmächtiger Poesie, die durch soziale Genauigkeit und eigenständige Theatralik bestachen. Trotz spezifisch irischer Thematik konnten sich seine Stücke, wie die seiner Kollegen Synge und O'Casey, auch international durchsetzen. In Deutschland wurde er zunächst viel in der DDR gespielt, in den neunziger Jahren dann auch in der BRD: in Inszenierungen von Michael Bogdanov in Hamburg und von Harald Clemen in Stuttgart. Zu seinem Stück ›Aristokraten‹ (1979, DE 1991, Staatstheater Stuttgart, R. Harald Clemen) schrieb Wolfgang Höbel (›SZ‹, 31. 1. 1991): »Brian Friels Theaterstück ›Aristokraten‹ erzählt davon, wie die zurechtgelegten Geschichten plötzlich Risse bekommen, wie die Fassade der bloß gespielten Harmonie gründlich zerbröckelt (. . .). ›Ist das Leben nicht voll von kleinen Frustrationen?‹ heißt es einmal im Stück. Das ist glatt untertrieben. Hier ist es eine einzige große Katastrophe. Was zugleich die Schwächen von Brian Friels Vorlage andeutet. Denn mit Tschechowscher Wehmut und Strindbergscher Unbedingtheit zerbrechen seine Figuren an ihren Konflikten, lauter Kirschgartenzwerge im Banne eines tyrannischen Strindberg-Patriarchen.«
Weitere Stücke: ›Philadelphia, ich bin da!‹ (1965); ›Die Liebesaffären der Cass McGuire‹ (1967); ›Liebespaare‹ (1968); ›Sprachstörungen‹ (1981); ›Die Notbremse‹ (1983); ›Der Wunderheiler‹ (1989).

Frigerio, Ezio, geb. 16. 7. 1930 in Erba, Como (Italien). Bühnenbildner. Begann als Maler; arbeitete von 1955 an bei Giorgio Strehler am Piccolo Teatro Mailand, zuerst nur als Kostümbildner, seit 1958 auch als Bühnenbildner. Er entwarf die Kostüme für Strehlers Brecht-Inszenierungen ›Die Dreigroschenoper‹ (1956) und ›Der gute Mensch von Sezuan‹ (1958) sowie für Pirandellos ›Die Riesen vom Berge‹ (1958 Düsseldorf, 1966 Mailand). Bühnenbilder u. a. für: Goldonis ›Der Diener zweier Herren‹ (1958); Seghers/Brechts ›Der Prozeß der Jeanne D'Arc zu Rouen‹ (1968, R. Klaus Michael Grüber); Gorkis ›Nachtasyl‹ (1970, Gruppo Teatro e Azione). Wesentlich beeinflußt wurde er durch die Malerei und durch die Zusammenarbeit mit seinem Kollegen Luciano Damiani. Zahlreiche Bühnenbilder für Strehler-Inszenierungen, u. a.: Brechts ›Die heilige Johanna der Schlachthöfe‹; Shakespeares ›König Lear‹; Strindbergs ›Wetterleuchten‹ (1980); Becketts ›Glückliche Tage‹ (1982); Lessings ›Minna von Barnhelm‹ (1983); Pirandellos ›Come tu mi vuoi‹ (1989, Wiener Festwochen). Er stattete auch mehrere Opern aus, u. a. Strehlers Wagner-Inszenierung ›Lohengrin‹ an der Mailänder Scala (1981): »Schwarz glänzende Säulen ragen drohend in die Höhe und füllen die riesenhafte Bühne, sie stellen – ohne genauer lokalisierbar zu sein – ein machtvolles, pompöses, vielleicht präfaschistisch gedachtes deutsches Mittelalter dar. Von der Natur, der lieblichen ›Aue am Ufer der Schelde‹, findet man keine Spur, es herrscht die kriegerische Welt König Heinrichs.« (Wolfgang Schreiber, ›SZ‹, 9. 12. 1981) Frigerio arbeitete mit bedeutenden italienischen Regisseuren wie Eduardo de Filippo, Luigi Squarzina und Virginio Puecher zusammen. Mehrere Arbeiten im Ausland, u. a. in Zürich: Lessings ›Emilia Galotti‹ (1974, R. Friedrich Dürrenmatt); in Hamburg: Bonds ›Die See‹ (1973) und Goldonis ›Die Heiratslustige‹ (1975); außerdem am Burgtheater Wien.

Frisch, Max, geb. 15. 5. 1911 in Zürich, gest. 3. 4. 1991 ebenda. Schweizer Schriftsteller. Frisch studierte von 1936 bis 1940 Architektur in Zürich. Von 1944 bis 1955 arbeitete er als Architekt; danach als freier Schriftsteller; viele Reisen und Auslandsaufenthalte, vor allem in den USA. Von 1961 bis 1965 lebte er in Rom, danach überwiegend im Tessin. Zahlreiche Preise und mehrfacher Ehrendoktor.

Grundlage seines Schaffens war das ›Tagebuch‹ (1946–1949), in dem bereits Situationen und Bilder festgehalten wurden, aus denen er Jahre später seine Werke entwickelte, z. B. sein berühmtestes Drama ›Andorra‹ (1961). Frisch setzte sich in seinen Werken mit weltpolitischen Themen auseinander, in seinen Essays immer wieder auch mit der Schweiz: ›Achtung: Die Schweiz‹ (1955); ›Dienstbüchlein‹ (1974); ›Schweiz ohne Armee? Ein Palaver‹ (1989). In seinen Tagebüchern finden sich Reflexionen über das Theater, über Politik, über literarische Vorhaben und Begegnungen mit führenden Zeitgenossen wie Bertolt Brecht und Thornton Wilder. Zum Theater: ›Dramaturgisches. Ein Briefwechsel mit W. Höllerer‹ (1969). »Wir machen Theater aus Lust am Theater, nichts weiter, und Artisten, die wir sind, lassen wir uns vom Tag nicht verwirren, Kunst ist absolut. (. . .) Wir erstellen auf der Bühne nicht eine bessere Welt, sondern eine spielbarveränderbare Welt.« (Max Frisch, Rede in Frankfurt a. M. 1964) Frisch wurde international bekannt, sowohl mit seinen Romanen, als auch mit seinen Dramen; er wurde vor allem in den sechziger und siebziger Jahren in Deutschland viel gespielt. Wichtigste Romane: ›Stiller‹ (1954); ›Homo Faber‹ (1957); ›Mein Name sei Gantenbein‹ (1964); ›Montauk‹ (1975); ›Der Mensch erscheint im Holozän‹ (1979).

Weitere Stücke: ›Nun singen sie wieder‹. Versuch eines Requiems (1945); ›Die chinesische Mauer‹ (1947); ›Als der Krieg zu Ende war‹ (1949); ›Graf Öderland‹ (1951); ›Don Juan oder die Liebe zur Geometrie‹ (1953); ›Biedermann und die Brandstifter‹ (1958); ›Die große Wut des Philipp Hotz‹ (1958); ›Biografie. Ein Spiel‹ (1968); ›Triptychon‹ (1978/80).

Literatur: H. Bänziger: Frisch und Dürrenmatt. Bern 1976; M. Jurgensen: M. Frisch, Die Dramen. Bern 1968;

Fritsch

M. Reich-Ranicki: Max Frisch. Aufsätze. Zürich 1991.

Fritsch, Herbert, geb. 20. 1. 1951 in Augsburg. Schauspieler. Ausbildung an der Otto-Falckenberg-Schule in München. Erste Rollen an den Münchner Kammerspielen und am Theater in Heidelberg; weitere Engagements am Staatstheater Stuttgart, am Schauspielhaus Düsseldorf und am Bayerischen Staatsschauspiel München. Rollen u. a.: Checker in Harald Muellers ›Totenfloß‹ (1986, Stuttgart, R. Henning Rühle); Beaumarchais in Goethes ›Clavigo‹ (1986, ebenda, R. Daniel Karasek); Dichter in Strindbergs ›Traumspiel‹ (1987, ebenda, R. Axel Manthey); Mellefont in Lessings ›Miss Sara Sampson‹ (1989, München, R. Frank Castorf); Marinelli in Lessings ›Emilia Galotti‹ (1991, R. Werner Schroeter). In Düsseldorf sah man ihn in mehreren Inszenierungen von David Mouchtar-Samorai, u. a. als Puck in Shakespeares ›Sommernachtstraum‹ (1992/93). Seit 1993 gehört er zum Ensemble der Volksbühne am Rosa-Luxemburg-Platz Berlin; Rollen in Castorf-Inszenierungen: Alex in Burgess' ›Clockwork Orange‹ (1993); Arnholm in Ibsens ›Die Frau vom Meer‹ (1993/94); Bernhardy in ›Pension Schöller/Die Schlacht‹ (1994, nach Carl Laufs/Wilhelm Jacoby und Heiner Müller): »Die kühnste, verblüffendste und zugleich gruseligste Nummer dieses an Kühnheit nicht gerade armen Theaterabends beginnt mit einem der ältesten, abgestandensten Komikertricks aus Opas Klamottenkiste: Ein Mann zieht sich aus. Es ist der bekannte Volksbühnenkomödiant Herbert Fritsch (. . .): Ganz gelb ist der Kerl im Gesicht (. . .), und als er nun vor glucksendem Publikum (und mit dem koketten Hüftwackeln eines Striptease-Profis) Kleidungsstück für Kleidungsstück ablegt, kommt bald seine lange Unterhose zum Vorschein. (. . .) Bernhardy hat seine beiden wuchtigen Reisetaschen geöffnet und zaubert daraus zwei garantiert echte Riesenschlangen hervor, die sich sogleich um seinen nackten Oberkörper winden. So wankt der Schlangenbeschwörer nun über die Bühne, ein Herr der eigentlich unmöglichen Wunder und des

schönsten Gruselwitzes.« (Wolfgang Höbel, ›SZ‹, 25. 4. 1994) Sein Regiedebüt gab er an der Volksbühne mit Becketts ›Nicht ich‹ und Daniil Charms' ›Die rausfallenden alten Weiber‹. Auch Performances, szenische Lesungen und Filmarbeiten.

Fritsch, Werner, geb. 1960 in Waldsassen, Oberpfalz. Dramatiker. Als Autor, Darsteller und Regisseur Mitarbeit an einem Aktionstheater in Weiden, Berlin und München. 1982 Regieassistenz bei Herbert Achternbusch. Studium der Philosophie, Germanistik und Völkerkunde in München. 1987 erschien der erste Roman ›Cherubim‹, der ihm den Robert-Walser-Preis und den Preis des Landes Kärnten einbrachte. 1988 entstand der Film ›Das sind die Gewitter in der Natur‹. Zur Uraufführung von ›Fleischwolf‹ (1992, Bonn, R. Jaroslav Chundela) schrieb Gerhard Stadelmaier:»›Fleischwolf‹ gehört zur Gattung der Kloaken- oder Fäkalien-Dramen, die zur Zeit in Mode kommen. Der Grazer Stückebastler Werner Schwab (. . .) ist der Mode-Star. ›Fleischwolf‹ protokolliert den Alltag in einer Bar, in der ein Abschaum von Bundeswehr in Gewaltwortmanöver zieht (. . .) Fritsch wirft nicht mit Dreck. Er steht bis zum Hals in ihm. Er berichtet aus Augenhöhe über ihn. Er redet nicht über ihn. Er läßt ihn reden.«
Weitere Stücke: ›Wondreber Totentanz‹, ›Life is Timing‹ (beide 1986); ›Jetzt/Hinabgestiegen in das Reich der Toten‹ (1992); ›Sense‹ (1992).

Froboess, Cornelia, geb. 28. 10. 1943 in Wriezen, Oder. Schauspielerin. Tochter des Komponisten und Verlegers Gerhard Froboess. Stand 1951 als »kleine Cornelia« in einer öffentlichen RIAS-Sendung erstmals auf der Bühne und sang sich mit dem Lied ›Pack die Badehose ein‹ (komponiert von ihrem Vater) in die Herzen der Zuhörer. Es folgten zahlreiche Rundfunksendungen, Tourneen, Plattenaufnahmen und Kinderrollen in Filmen wie ›Die große Starparade‹ oder ›Laß die Sonne wieder scheinen‹ (beide 1953). Ihre zweite Karriere startete sie 1958 als Teenager »Conny« mit Rock'n'Roll-Schlagern wie ›Diana‹ und ›I love you Baby‹. Sang und spielte an der Seite von Peter Kraus in vielen Unterhaltungsfilmen. Mit Liedern wie ›Zwei kleine Italiener‹ (1962) oder ›Verliebt, verlobt, verheiratet‹ (1963, mit Peter Alexander) stürmte sie die Hitparaden. Neben ihrer Schlagerkarriere absolvierte sie von 1959 bis 1961 ein Schauspielstudium bei Marlies Ludwig in Berlin. 1963 debütierte sie am Landestheater Salzburg als Dienstmädchen in Frantisek Langers ›Peripherie‹. 1964 folgte sie dem Salzburger Intendanten Hellmuth Matiasek, ihrem späteren Ehemann, ans Staatstheater Braunschweig, wo sie bis 1966 kontinuierlich arbeitete. Rollen u. a.: Lessings ›Emilia Galotti‹; Puck in Shakespeares ›Ein Sommernachtstraum‹; Célimène in Molières ›Der Menschenfeind‹ (alle 1964). 1966 spielte sie am Berliner Schloßparktheater in García Lorcas ›Bernarda Albas Haus‹. Weitere Gastspiele: Julia in Shakespeares ›Romeo und Julia‹ (1969, Luisenburg-Festspiele Wunsiedel); Anja in Tschechows ›Der Kirschgarten‹ (1970, Schauspielhaus Hamburg, R. Hans Lietzau); Edrita in Grillparzers ›Weh dem, der lügt‹ (1971, Grillparzer-Festwochen in Forchtenstein; auch im Fernsehen); Eve in Kleists ›Der zerbrochne Krug‹ (1971, Deutsches Theater München, R. Karl Heinz Stroux); Klara Hühnerwadel in Wedekinds ›Musik‹ (1972, Junges Theater Hamburg, R. Matiasek). 1972 wurde sie an die Münchner Kammerspiele engagiert, zu deren Ensemble sie noch heute gehört. Rollen in den siebziger Jahren u. a.: Lucile in Büchners ›Dantons Tod‹ (1972, R. Stroux); Sonja in Tschechows ›Onkel Wanja‹ (1972, R. Erwin Axer); Piperkarcka in Hauptmanns ›Die Ratten‹ (1972, R. August Everding); Recha in Lessings ›Nathan der Weise‹ (1973, R. Hans Schweikart); Titelrolle in Schillers ›Maria Stuart‹ (1979, R. Ernst Wendt). 1973 gastierte sie am Wiener Burgtheater als Barberina in Gozzis ›Das schöne grüne Vögelchen‹ (R. Roberto Guicciardini). Einen großen Erfolg feierte sie 1976 unter der Regie von Dieter Dorn als Lessings ›Minna von Barnhelm‹: »Cornelia Froboess' Ausdeutung der Minna ist nicht etwa ein Akt toller Bravour, sondern eine leise, zärtliche Entlarvung aller früheren Minna-Klischees mit dem wogenden Busen voller Gefühle. Diese Minna ist ein launisches Mädchen, witzig, manchmal sogar pampig, liebevoll sächselnd und tapfer dabei, sich mit allen Tricks den Mann zu angeln, den sie sich einmal vorgestellt hat. Hinter ihrer Geschmeidigkeit liegt Trotz, hinter dem leichten Spiel verbirgt sich das nervöse Chaos eines ungeordneten Mädchengemüts – eine der schönsten Frauenrollen, die man in den letzten Jahren sehen konnte (. . .).« (Thomas Petz, ›SZ‹, 13. 9. 1976) Weitere Rollen in Dorn-Inszenierungen u. a.: Marie Caroline in Enquists ›Nacht der Tribaden‹ (1977); Titelrolle in Wedekinds ›Lulu‹ (1977); Viola in Shakespeares ›Was ihr wollt‹ (1980); Lucette Gautier in Feydeaus ›Klotz am Bein‹ (1983); Fräulein Bürstner in Peter Weiss' ›Der neue Prozeß‹ (1983); Marthe Schwerdtlein in Goethes ›Faust I‹ (1987); in Dorns Strauß-Inszenierungen: Lotte in ›Groß und klein‹ (1979); Helen in ›Der Park‹ (1984); Edna in ›Besucher‹ (UA 1988); Sie in ›Sieben Türen‹ (1988). In Bonds ›Sommer‹ sah man sie 1983 als Xenia (R. Luc Bondy), in Achternbuschs ›Mein Herbert‹ als Herbert (1985, R. George Tabori). 1984/85 machte sie einen Ausflug ins Musical und spielte am Münchner Gärtnerplatztheater die Eliza Doolittle in ›My Fair Lady‹ (R. Everding). Wichtige Rollen hatte sie auch in den Münchner Gastinszenierungen von Thomas Langhoff: Sofia in Tschechows ›Platonow‹ (1981); Irene Herms in Schnitzlers ›Der einsame Weg‹ (1989, Salzburger Festspiele); Ellida Wangel in Ibsens ›Die Frau vom Meer‹ (1989): »In der Münchner Inszenierung (. . .) stellt Cornelia Froboess die fast film-realistische Studie einer Depression vor, Stimme und Gebärden wie halb gelähmt, der Blick am Verdämmern. Ein Exempel hochprofessioneller Kammerspiel-Psychologie.« (Peter von Becker, ›Theater heute‹, Jahrbuch 1990); Cäcilie in Goethes ›Stella‹ (1991).

Hinzu kommen viele Fernsehrollen. Vom Film hatte sie sich nach Kurt Hoffmanns Tucholsky-Verfilmung ›Rheinsberg‹ (1967, Rolle: Claire) lange Zeit zurückgezogen. 1981 engagierte sie Rainer Werner Fassbinder für seinen Film ›Die Sehnsucht der Veronika Voss‹; 1986 spielte sie in Hans

Fröbe

Christoph Blumenbergs ›Sommer des Samurai‹. C. Bernd Sucher schrieb in einem Porträt: »Die verborgenen Verzweiflungen will die Froboess finden. Immer. (...) Verletzte, Untergeherinnen, Frauen mit ver-kehrten Gefühlen, häßliche, verachtete, verlorene Wesen: Cornelia Froboess gibt ihnen Leben. Diese Frauen mögen dann auf der Bühne aufgedonnert, zu laut, zu exzessiv, zu exaltiert erscheinen, auch zu froboessisch-direkt; aber wir müssen über sie nachdenken. Cornelia Froboess zwingt uns dazu. Denn nie spielt sie ihre Gestalten teilnahmslos, harmlos. Und nie verrät sie sie.« (›Theaterzauberer‹, S. 76) Sie erhielt zahlreiche Auszeichnungen, u. a. den Gertrud-Eysoldt-Ring (1990, für ihre Darstellung der ›Frau vom Meer‹).
Literatur: H.-R. Müller/D. Dorn/E. Wendt: Theater für München. Ein Arbeitsbuch der Kammerspiele 1973–1983. München 1983; H. P. Doll (Hrsg.): Mein erstes Engagement. Theaterleute erinnern sich. Stuttgart 1988; C. B. Sucher: Theaterzauberer. Schauspieler. 40 Porträts. München, Zürich 1988.

Fröbe, Gert (eigtl. Karl-Gerhart Fröbe), geb. 25. 2. 1913 in Planitz bei Zwickau, Sachsen, gest. 5. 9. 1988 in München. Schauspieler. Nach dem Besuch des Realgymnasiums in Zwickau arbeitete er als Stehgeiger und Maler. Von 1933 bis 1935 machte er eine Lehre als Bühnenmaler am Staatstheater Dresden, wo Erich Ponto ihn für das Theater entdeckte und ihm Schauspielunterricht gab. Nach einer weiteren Schauspielausbildung bei Paul Günther in Berlin erhielt er 1937 sein erstes Engagement in Wuppertal. 1938 wechselte er an die Städtischen Bühnen Frankfurt a. M., 1939 an das Volkstheater Wien. Seine Verpflichtung an das Wiener Burgtheater scheiterte 1944 nach Ausrufung des »totalen Krieges« an der Schließung aller deutschen Bühnen. Nach Kriegsende ging Fröbe zu Erich Engel an die Münchner Kammerspiele, danach ans Kabarett »Simpl« und an andere Münchner Kleinkunstbühnen. Auftritte hatte er auch in der Hamburger »Bonbonniere«. Stellte als Vortrags- und Pantomimekünstler sein komisches Talent unter Beweis und glänzte als Mor-

genstern-Rezitator. Spielte 1948 die Rolle des Otto Normalverbraucher in der Filmsatire ›Berliner Ballade‹ und wurde dadurch zur Symbolfigur des Nachkriegsdeutschen. Der Durchbruch zur großen Filmkarriere gelang ihm 1955 in dem französischen Erfolgsfilm ›Die Helden sind müde‹. Von da an gehörte Fröbe zu den meistbeschäftigten deutschen Darstellern des internationalen Films. Er war der Bösewicht vom Dienst, verkörperte die wilhelminischen Offiziere und Hitler-Soldaten, die bösen Teutonen und Wirtschaftswunder-Deutschen. Insgesamt hat er in weit mehr als hundert Filmen mitgespielt, u. a.: ›Das Mädchen Rosemarie‹ (1958); ›Es geschah am hellichten Tag‹ (1958); ›Die tausend Augen des Dr. Mabuse‹ (1961); ›Der längste Tag‹ (1961); ›Goldfinger‹ (1964); ›Die tollkühnen Männer in ihren fliegenden Kisten‹ (1964). Im Fernsehen sah man ihn u. a. als ›Räuber Hotzenplotz‹ (1974). Seine große Liebe gehörte den Kleinkunstbühnen, auf die er immer wieder zurückkehrte. Großen Erfolg hatte er Mitte der siebziger Jahre mit seinem Morgenstern-Solo ›Durch Zufall frei‹. Unter der Regie von Axel von Ambesser spielte er in Schönthans ›Der Raub der Sabinerinnen‹ den Theaterdirektor Striese – eine Rolle, die ihm auf den mächtigen Leib geschrieben war (1973, Deutsches Theater München). Kurz vor seinem Tod gab er noch einmal einen Erich-Kästner-Abend in Ambach.
Literatur: G. Fröbe: Auf ein Neues, sagte er – und dabei fiel ihm das Alte ein. München 1988; G. Ball: Gert Fröbe. Seine Filme – sein Leben. München 1988.

Fröhlich, Gustav, geb. 21. 3. 1902 in Hannover, gest. 22. 12. 1987 in Lugano. Schauspieler. Nach Abschluß des Realgymnasiums in Berlin-Friedenau begann er ein Zeitungsvolontariat in Celle. 1919 arbeitete er bei einer Wandertruppe und stand in Celle in einem Einakter auf der Bühne. 1920 kam er an ein Bauerntheater in Südschwaben, anschließend zur Schwäbischen Volksbühne. Der Schauspieler Paul Henckels holte ihn 1921 nach Berlin, wo er an der Volksbühne am Bülowplatz (1921–1924) erste Erfolge feierte. Rollen

193

Froscher

hatte er u.a. in Kleists ›Der zerbrochene Krug‹, in Grillparzers ›Die Ahnfrau‹, in Büchners ›Dantons Tod‹ und in O'Neills ›Unterm karibischen Mond‹. Am Deutschen Theater Berlin sah man ihn u.a. in Rehfischs ›Wer weint um Juckenack‹ (1925) und als Kleists ›Prinz Friedrich von Homburg‹ (1932). Weltberühmt wurde er als jugendlicher Held in Fritz Langs legendärem Stummfilm ›Metropolis‹ (1926). Als Liebhaber und Bonvivant war er der Star des deutschen Films in den dreißiger Jahren. Insgesamt wirkte er in ca. 125 Stumm- und Tonfilmen mit, darunter: ›Der unsterbliche Lump‹ (1930); ›Oberwachtmeister Schenke‹ (1935); ›Barcarole‹ (1935); ›Gleisdreieck‹ (1937); ›Frau Sixta‹ (1938); ›Clarissa‹ (1938); ›Das Konzert‹ (1944); ›Die Sünderin‹ (1950). Nach dem Krieg wieder Theaterarbeit; zunächst am Düsseldorfer Schauspielhaus, wo er u.a. Pastor Morell in Shaws ›Candida‹ spielte (1953). 1954 am Renaissance-Theater Berlin u.a.: Tellheim in Lessings ›Minna von Barnhelm‹; 1956–1960 bei den Festspielen Bad Hersfeld u.a.: Titelrolle in Hofmannsthals ›Jedermann‹; Muley Hassan in Schillers ›Die Verschwörung des Fiesco zu Genua‹. Am Schauspielhaus Zürich war er der Partner von Lil Dagover in Wildes ›Eine Frau ohne Bedeutung‹; an den Münchner Kammerspielen spielte er 1962 den Gajev in Tschechows ›Der Kirschgarten‹. Des weiteren sah man ihn an zahlreichen Boulevardbühnen und bei Gastspielen in Österreich und der Schweiz. Er verfaßte Drehbücher und führte auch selbst Regie. Volker Baer schrieb im Berliner ›Tagesspiegel‹ (29. 12. 1987): »Fröhlich, der heitere und meist unproblematische Bursche, hatte, sei es durch die Unruhe der Zeit, sei es durch das Klischeedenken des Kinos, sei es durch eigenen Verzicht, nicht die Möglichkeit, sich zu einem Charakterkomiker oder gar zu einem Charakterdarsteller zu wandeln in reiferen Jahren. So blieb er immer der nette, sympathische Zeitgenosse. (...) Er war und blieb der blonde, offene Typ, dem keiner gram sein kann, den jeder liebhaben muß. Und diesem seinem Wesen entsprach denn auch sein Aussehen.«

Literatur: G. Fröhlich: Waren das Zeiten – Mein Film-Heldenleben. Memoiren. München, Berlin 1983.

Froscher, George, geb. 6. 2. 1927 in Berlin. Regisseur, Bühnenbildner und Theaterleiter. Besuchte in Berlin eine private Schauspielschule und spielte nach dem Krieg an kleinen Stadttheatern. Anfang der fünfziger Jahre Tanzausbildung an der Folkwangschule Essen und Tänzer bei Kurt Joos. Eine Zeitlang arbeitete er in der Truppe von Jean-Louis Barrault in Paris, danach als Choreograph in Bonn, Krefeld und Biel-Solothurn. 1959–1962 Aufenthalt in New York, wo er u.a. beim Living Theatre mitarbeitete. Zurück in Deutschland, inszenierte er in Ingolstadt, Münster und am Zimmertheater in Tübingen. 1970 gründete er zusammen mit Kurt Bildstein das Freie Theater München (FTM), mittlerweile die wohl älteste kontinuierlich arbeitende freie Gruppe in Deutschland. Zahlreiche Auslandsgastspiele u.a. in Breslau, Budapest, Edinburgh, Caracas, Bogota, Panama, Nairobi, Wien, Verona, Brüssel; in Zusammenarbeit mit dem Goethe-Institut Inszenierungen und Workshops in Brasilien, Lima und Amerika. Auch Straßentheater, Paraden und Prozessionen, Improvisationen und Stück-Collagen. Das FTM gehört aufgrund seiner spannenden, sinnlich-visuellen Produktionen zu den wichtigen Gruppen der internationalen Freien Theaterszene. Inszenierungen u.a.: Handkes ›Kaspar‹ (1971) und ›Das Mündel will Vormund sein‹ (1974); Brechts ›Kleinbürgerhochzeit‹ (1972 und 1975) und Collage ›After Brecht‹ (1973); Collage ›German Evergreens‹ (1974); ›Unser Valentin; Firmling & Co‹ (nach Valentin, 1976); Becketts ›Spiel‹ (1971), ›Endspiel‹ (1975) und ›Warten auf Godot‹ (1979); Ionescos ›Die kahle Sängerin‹ (1986); ›Molière meets Louis in Louisiana‹ (1987); Euripides' ›Medea‹ (1991); Stücke von Heiner Müller: ›Hamletmaschine‹ (1980); ›Verkommenes Ufer/Medeamaterial/Landschaft mit Argonauten‹ (1992); ›Leben Gundlings Friedrich von Preußen Lessings Schlaf Traum Schrei‹ (1993). Eine der erfolgreichsten FTM-Inszenierungen war Shakespeares ›Macbeth‹ (1988);

Michael Merschmeier schrieb darüber: »Das Schönste am FTM-›Macbeth‹: Die Form ist immer deutlich gewollt, immer deutlich ausgestellt – doch oft selbstironisch, manchmal hübsch-albern gebrochen. So wird, was leicht auch zum exerzierreglementierten Weihespiel mit viel Wut, Schweiß und Dröhnen mißraten könnte, zu einer kunstvoll unterhaltsamen Mischung aus Tanz- und Schauspieltheater, die mit ihren akustisch durchchoreographierten Sprechgesängen – Soli, Duette, Kanons – eine antikisch-tragische Kraft erlangt. (. . .) Was den FTM-›Macbeth‹ überdies von so vielen Produktionen der Freien Szene unterscheidet: Präzision, Präsenz und Prägnanz der Form, Lust an Handwerk und Genauigkeit.« (›Theater heute‹, Jahrbuch 1991)

Literatur: M. Merschmeier: Die Freiheit und ihr Preis. George Froscher, Kurt Bildstein und ihre Truppe. In: Theater heute, Jahrbuch 1991, S. 90–98.

Fry, Christopher (eigtl. Ch. Hammond), geb. 18. 12. 1907 in Bristol. Englischer Regisseur, Schauspieler und Schriftsteller. Fry arbeitete zuerst als Lehrer; wurde dann Schauspieler und Theaterleiter. Er schrieb u. a. Stücke für kirchliche Feste: ›Der Erstgeborene‹ (1938). Seine späteren Dramen, voll kühner Bilder und geistreicher Ironie, wurden von John Gielgud, Laurence Olivier u. a. gespielt. Er galt neben Eliot als Erneuerer des poetischen Dramas in England. Fry bearbeitete auch Stücke von Anouilh und Giraudoux.

Weitere Stücke: ›Ein Phoenix zuviel‹ (1946); ›Die Dame ist nicht fürs Feuer‹ (1948); ›Thor mit Engeln‹ (1948).

Literatur: K.-H. Rösler: Die Versdramen C. Frys gedeutet aus ihrem metaphorischen Stil. Diss. Marburg 1955; R. Fricker: Das moderne englische Drama. Göttingen 1964; E. Roy: C. Fry. Carbondale 1968.

Fuchs, Enzi, geb. 28. 1. 1937 in Regensburg. Schauspielerin. Schauspielunterricht in München bei Ernst Fritz Fürbringer und Oscar von Schab. 1959–1966 erstes Engagement am Münchner Volkstheater in der Sonnenstraße. Danach arbeitete sie bis 1970 an der Berliner Schaubühne am Halleschen Ufer; spielte u. a. Zenta in Sperrs ›Jagdszenen aus Niederbayern‹ (1966) und Maria Lukjanowna in Erdmanns ›Der Selbstmörder‹ (1970). 1972–1977 Engagement am Deutschen Schauspielhaus Hamburg. Rollen u. a.: Mutter in Kroetz' ›Stallerhof‹ (1972, R. Ulrich Heising); Maria in Shakespeares ›Was ihr wollt‹ (1974, R. Wilfried Minks); Irene Prantl in Horváths ›Glaube, Liebe, Hoffnung‹ (1974, R. Luc Bondy); Frau Sörby in Ibsens ›Die Wildente‹ (1975, R. Peter Zadek). 1980/81 an den Münchner Kammerspielen u. a.: Mutter in Mitterers ›Kein Platz für Idioten‹ (1981, R. Wolfgang Gropper); Amme in Jahnns ›Medea‹ (1981, R. Ernst Wendt). 1983 trat sie dem Ensemble des neueröffneten Münchner Volkstheaters bei; spielte hier u. a. in Stücken von Martin Sperr: Barbara in ›Jagdszenen aus Niederbayern‹ (1984, R. Harald Clemen); Titelrolle in ›Koralle Meier‹ (1985, R. Gropper); Mutter in ›A Rua is, Bua‹ (nach Kusz, R. Heising). Weitere Rollen u. a.: Maria in Turrinis ›Josef und Maria‹ (1983); Burgl in Leopold Ahlsens bayerischer Fassung von Kleists ›Der zerbrochne Krug‹ (1984); Mariann in Thomas ›Magdalena‹ (1988). 1986 sah man sie wieder an den Kammerspielen: als Anni in Kroetz' ›Weihnachtstod‹ (R. der Autor). Seit 1960 auch zahlreiche Fernsehrollen, u. a. in: ›Die Kleinbürgerhochzeit‹ (1968, nach Brecht); ›D'Rumplhanni‹ (1981, nach Lena Christ); ›Irgendwie und sowieso‹ (1985/86); ›Die Dachserin‹ (1988, nach Thoma).

Fuchs, Matthias, geb. 3. 11. 1939 in Hannover. Schauspieler. Stand bereits mit neun Jahren in Hannover auf der Bühne und kam später über Arbeiten in der Statisterie, Requisite und Beleuchtung zu seinem Beruf. Nahm privaten Schauspielunterricht u. a. bei Peter Lühr und gab 1955 sein Filmdebüt. Erstes Bühnenengagement 1962–1964 am Theater in der Josefstadt Wien; spielte dort u. a. Romeo in Shakespeares ›Romeo und Julia‹ und Ferdinand in Schillers ›Kabale und Liebe‹. 1965–1967 am Niedersächsischen Staatstheater Hannover u. a.: Mercutio in Shakespeares ›Romeo und Julia‹; Titelrolle in Schillers ›Don Carlos‹. In Köln, wo er von 1968 bis

1970 unter Vertrag stand, sah man ihn als Handkes ›Kaspar‹ und in Rudolf Noeltes Tschechow-Inszenierung ›Drei Schwestern‹. Von 1971 bis 1979 gehörte er zum Ensemble der Städtischen Bühnen Frankfurt a. M.; spielte in Inszenierungen von Hans Neuenfels den Troilus in Shakespeares ›Troilus und Cressida‹ und die Titelrolle in Wedekinds ›Der Marquis von Keith‹. Rollen hatte er u. a. auch in Inszenierungen von Peter Löscher (Bleichenwang in Shakespeares ›Was ihr wollt‹) und Peter Palitzsch (in Wedekinds ›Frühlings Erwachen‹). Seit 1981 ist er Ensemblemitglied des Deutschen Schauspielhauses Hamburg. 1982 spielte er unter Ernst Wendt die Titelrolle in Hebbels ›Gyges und sein Ring‹: »Matthias Fuchs als Gyges: Ihm gelingt das Kunststück, etwas Lichtes und Leichtes auszustrahlen, ohne darüber farblos zu werden. Er steigert sich, wenn er in Momenten der Bedrängnis die urgriechische Freude am schnell und treffend gefundenen Argument, an der apologetischen Virtuosität aufblitzen läßt. Er fesselt sehr, wenn er gegen Schluß, wo's um Kopf und Kragen geht, nur noch tänzelt und lächelt, als gebe es auch für ihn nur noch das, was Richard Wagner – wie Büchner Hebbels Jahrgangsgenosse von 1813 – den ›lachenden Tod‹ genannt hat.« (Werner Burkhardt, ›SZ‹, 29. 11. 1982) Weitere Rollen u. a.: Shakespeares ›Perikles‹; Argan in Molières ›Tartuffe‹ (R. Wendt); Malcolm in Carrs ›Sofortige Erleuchtung‹; Eduard Schwarz in Wedekinds ›Lulu‹ (1988, UA der Urfassung, mit Susanne Lothar und Ulrich Wildgruber, R. Peter Zadek); Jupiter in Kleists ›Amphitryon‹ (1990, R. Christof Nel); in Ibsens ›Die Kronprätendenten‹ (1993, R. Augusto Fernandes). An der Freien Volksbühne Berlin gastierte er als Rakitin in Turgenjews ›Ein Monat auf dem Lande‹ (1984, R. Fred Berndt). Filmrollen u. a. in: ›Buddenbrooks‹ (1959, nach Thomas Mann, R. Alfred Weidenmann); ›Der Engel, der seine Harfe versetzte‹ (1959, R. Kurt Hoffmann); ›Lola‹ (1981, R. Rainer Werner Fassbinder); ›Die flambierte Frau‹ (1983). Seit 1960 auch umfangreiche Fernseharbeit, u. a.: ›Romeo und Julia auf dem Dorfe‹ (1974); ›Berlin Alexander-platz‹ (1980, R. Fassbinder); ›Mascha‹ (1984, mit Rosel Zech).

Fürbringer, Ernst Fritz, geb. 27. 7. 1900 in Braunschweig, gest. 30. 10. 1988 in München. Schauspieler. Nach Besuch des Realgymnasiums war er Fähnrich bei der Marine; später gehörte er dem Freikorps im Baltikum an. Nach dem Ersten Weltkrieg machte er eine landwirtschaftliche Lehre und wurde »zweiter Beamter« auf einem Gut in Ostpreußen; wechselte später als Gutsinspektor nach Schleswig-Holstein. Nach einer kaufmännischen Lehre arbeitete er schließlich als Stahlkaufmann in Hamburg und entdeckte seine Begeisterung fürs Theater. 1924/25 Schauspielausbildung bei Carl Zistig in Hamburg; debütierte 1925 als Oberpriester in Grillparzers ›Des Meeres und der Liebe Wellen‹ in einer Schauspielschüler-Aufführung an den Hamburger Kammerspielen, woraufhin er sofort engagiert wurde (1925–1935). Rollen u. a.: Käptn Flagg in Zuckmayers ›Rivalen‹; Graf Z in Klabunds ›XYZ‹; Ferdinand in Schillers ›Kabale und Liebe‹; Wetter vom Strahl in Kleists ›Das Käthchen von Heilbronn‹. Von 1935 bis 1942 war er am Bayerischen Staatsschauspiel München engagiert, an das er nach dem Krieg als Gast zurückkehrte. Von 1950 an spielte er auch an den Münchner Kammerspielen, deren Ensemble er von 1954 bis 1959 angehörte. Gastspiele u. a. an der Kleinen Komödie München, an den Städtischen Bühnen Frankfurt a. M. und an der Komödie Berlin. In Stücken von Schiller glänzte er als Philipp II. in ›Don Carlos‹, als Piccolomini in ›Wallensteins Tod‹ (Kammerspiele München, R. Hans Schweikart) und als Burleigh in ›Maria Stuart‹ (1966, Deutsches Theater München). Rollen in Stücken von Shakespeare u. a.: Jago in ›Othello‹; Bleichenwang in ›Was ihr wollt‹; Bolingbroke in ›König Richard II.‹; außerdem u. a.: Friedrich der Große in Rehbergs ›Der Siebenjährige Krieg‹; Laslo in Schulenburgs ›Schwarzbrot und Kuppel‹; Cauchon in Anouilhs ›Jeanne oder Die Lerche‹. In Darmstadt spielte er 1975 den Faust in Istvan Bödys Kurzfassung des Goethe-Dramas; in Ingolstadt war er Lessings ›Nathan der Wei-

Fugard

196

se‹ (1976). Auf dem Boulevard begeisterte er als Bonvivant und Père noble. Seine erste große Filmrolle hatte er 1936 als Garvin in ›Truxa‹. Es folgten ca. 50 weitere Filme und mehr als 140 Fernsehproduktionen, darunter viele Klassikerverfilmungen. Fürbringer erschien stets als der Inbegriff des hanseatischen Herrn: nobel, charmant, beherrscht und präzise.

Fugard, Athol, geb. 11. 6. 1932 in Middelburg (Südafrika). Regisseur und Dramatiker. Väterlicherseits ist er englischer, mütterlicherseits burischer Abstammung. Aufgewachsen in Port Elizabeth; Ausbildung am Technical College (Maschinenbau); danach abgebrochenes Studium der Philosophie und Sozialwissenschaften; Reisen durch Afrika und – als Arbeiter bei der Handelsmarine – nach Fernost. Ende der fünfziger Jahre arbeitete er sechs Monate lang beim Fordsburg-Gericht für Bantu-Angelegenheiten in Johannesburg, wo er die Apartheid-Praxis aus nächster Nähe kennenlernte. In dieser Zeit kam er durch eine Schauspielerin, seine spätere Frau, erstmals mit dem Theater in Berührung, schrieb sein erstes Stück und gründete mit Freunden aus den Townships eine eigene Theatergruppe. Seither arbeitet er ausschließlich als Dramatiker, Schauspieler und Regisseur. 1960 ging er nach Europa, wo er hauptsächlich am englischen Theater tätig war. Nach seiner Rückkehr gründete er 1962 in Port Elizabeth die Amateur-Theatergruppe Serpent Players, zu deren prominentesten Mitgliedern die schwarzen Schauspieler John Kani und Winston Ntshona zählen (beide wurden mit dem Tony-Award des New Yorker Broadway ausgezeichnet). Die Gruppe konnte trotz vieler Schwierigkeiten und Verhaftungen überleben, nicht zuletzt wegen ihrer Erfolge im Ausland. Anfang der sechziger Jahre appellierte der Apartheid-Gegner Fugard in einem offenen Brief an die englischsprachigen Dramatiker, die Vergabe von Aufführungsrechten nach Südafrika vom Einlaß eines gemischtrassigen Publikums ins Theater abhängig zu machen. Der Appell löste heftige Diskussionen aus und führte einerseits zu einem Boykott der südafrikanischen Theater durch fast alle Auto-

ren, andererseits zur Legalisierung der bis dato nur inoffiziell praktizierten Apartheid im Theater. Fugard, vom offiziellen Theaterbetrieb ausgeschlossen, setzte sich daraufhin für die Aufhebung des Boykotts ein. 1967 wurde ihm der Reisepaß entzogen; erst 1971 erhielt er ihn, nach in- und ausländischen Protesten, wieder zurück (allerdings mit Auflagen und eingeschränkter Gültigkeitsdauer). Fugard inszeniert seine Stücke meist selbst (fast alle wurden in Südafrika uraufgeführt) und übernimmt häufig auch Rollen. Wichtigste Arbeiten: ›The Blood Knot‹ (›Blutsband‹, UA 1963, DE 1976 Köln); ›Hello and Goodbye‹ (›Hallo and Adieu‹, UA 1965, DE 1975 Köln); ›People are living there‹ (›Da leben Leute‹, UA 1969 in London, DE 1976 Darmstadt); ›Boesman and Lena‹ (›Buschmann und Lena‹, UA 1969, DE 1975 Köln); ›Statements After an Arrest Under the Immorality Act‹ (›Aussagen nach einer Verhaftung auf Grund des Gesetzes gegen Unsittlichkeit‹, UA 1974, DE 1975 Düsseldorf); ›Sizwe Bansi is Dead‹ (›Sizwe Bansi ist tot‹, UA 1972 in Kapstadt, DE 1977 Ulm); ›The Islands‹ (›Die Insel‹, UA 1973, DE 1976 Hamburg); ›Dimetos‹ (UA 1975, DE 1980 Basel); ›A Lesson from Aloes‹ (›Aloen‹, UA 1980 am Broadway, DE 1982 Kiel); ›Master Harold . . . and the Boys‹ (UA 1982 in New York); ›The Road to Mecca‹ (›Der Weg nach Mekka‹, UA 1984 in den USA, DE 1986 Wuppertal); ›My Children! My Africa!‹ (UA 1989 in Johannesburg). Fugard schrieb die Romane ›Tsotsi‹ (1980) und ›The Killing Fields‹ (1983). Seit den achtziger Jahren enge Zusammenarbeit mit dem Yale Repertory Theatre in den USA. In einem Interview sagte er über seine Arbeit: »Ich beschäftige mich mehr mit den Gesichtern und den unterschiedlichen Erfahrungen der Individuen als mit einer Analyse des Systems. Ich hasse nicht. Ich glaube, und das ist mein Problem, ich liebe die Opfer mehr, als ich die Unterdrücker hasse. (. . .) Ich möchte nur, daß die Leute lernen, stehenzubleiben und in die Gesichter der Menschen zu sehen, anstatt sie zu kategorisieren, nach ihrer Hautfarbe oder nach sonst einer Unterscheidung.« (›Die Zeit‹, 15. 7. 1977)

Literatur: A. Fugard: Notebooks 1960–1977. London 1983; D. Walder: Athol Fugard. Basingstoke u. a. 1984; M. Seidenspinner: Exploring the Labyrinth. Athol Fugard's approach to South African Drama. Essen 1986.

Fulda, Ludwig (eigtl. Ludwig Anton Salomon), geb. 15. 7. 1862 in Frankfurt a. M., gest. 30. 9. 1939 in Berlin (Selbstmord wegen NS-Verfolgung). Schriftsteller. Fulda studierte Philosophie und Philologie in Berlin, Heidelberg und Leipzig; 1883 Promotion mit einer Arbeit über Christian Weise. 1884 in München im Umkreis von Paul Heyse. Fulda setzte sich vor allem für das Werk Ibsens ein. Von 1896 an hielt er sich in Berlin im Kreise der Naturalisten auf. Er wurde durch Gerhart Hauptmann und Hermann Sudermann beeinflußt. 1926 wurde er Vorsitzender des Senats der Sektion für Dichtkunst in der Preußischen Akademie der Künste Berlins, aus der er 1933 wieder ausgeschlossen wurde. Fulda schrieb 47 Dramen, die Konversationsstücke waren und einigen Erfolg hatten. Er übersetzte auch Molière, Beaumarchais, Ibsen und Shakespeare.
Stücke: ›Die Aufrichtigen‹ (1883); ›Das Recht der Frau‹ (1884); ›Der Talisman‹ (1893); ›Die verlorene Tochter‹ (1917); ›Filmromantik‹ (1926); ›Die Karriere‹ (1932).
Literatur: A. Klaar: L. Fulda. Leben und Lebenswerk. Stuttgart 1922.

Furttenbach, Josef, geb. 30. 12. 1591 in Leutkirch, gest. 12. 1. 1667 in Ulm. Theaterarchitekt. Studium bei Parigi in Italien; lernte dort die Telaribühne (Vorform der Kulissenbühne) kennen und führte sie später in Deutschland ein. 1641 erbaute er in Ulm das Theater am Binderhof, das erste deutsche Stadttheater (mit einem Telarisystem, das zu dieser Zeit schon wieder überholt war, denn Giovanni Battista Aleotti hatte 1618 im neu erbauten Teatro Farnese in Parma die Kulissenbühne eingeführt). Furttenbach veröffentlichte theoretische Schriften und Musterbücher, in denen er vor allem die architektonischen Leistungen Italiens vorstellte, u. a.: ›Architectura civilis‹ (1628); ›Architectura recreationis‹ (1640); ›Architectura privata‹ (1641); ›Mannhafter Kunstspiegel‹ (1663).
Literatur: M. Berthold: Josef Furttenbach von Leutkirch. Architekt und Ratsherr in Ulm. Diss. München 1951; W. Reinking: Die sechs Theaterprojekte des Architekten Josef Furttenbach. Frankfurt a. M. 1984.

Galin, Alexander Michailowitsch, geb. 10. 9. 1947 in Alekseevka, Rostow. Russischer Schriftsteller. Galin arbeitete als Fräser, war Schauspieler an verschiedenen Provinztheatern und arbeitete später als Regisseur am Theaterstudio der Leningrader Universität. Seit 1975 schreibt er für Theater und Film. In der Tradition Tschechows verfaßte er Geschichten über die »Erniedrigten und Beleidigten« der sowjetischen Gegenwartsgesellschaft, immer ausgehend von der Individualität seiner dramatischen Helden. Sein Stück ›Einmal Moskau und zurück‹ machte ihn 1978 schlagartig bekannt. Das Stück, das auch im Ausland häufig nachgespielt wurde, erzählt die Geschichte eines Witwers vom Lande, der zu seinen Kindern in die Stadt zieht. Um ihn wieder loszuwerden, organisieren die Kinder eine Brautschau mit drei älteren Damen. Zu Galins jüngsten Stükken zählt ›Sorry‹, das am Moskauer Lenkom-Theater uraufgeführt wurde (R. Gleb Panfilow). C. Bernd Sucher schrieb darüber:»Die Frage war also, ob Galin gelingen würde, was Botho Strauß oft vermochte: die gesellschaftliche Wirklichkeit nicht nur zu spiegeln, sondern zu reflektieren – in einer Kunst-Form, in einer eigenen Sprache. Man erwartete von Galin endlich das Gegenwartsstück, das über den Tag hinaus Geltung beanspruchen kann (...) Galins Text ist eine schlichte, ein wenig politisch aufgemotzte Beziehungskiste. Sie wirkt schnell hingeworfen und kaum bedacht. Damit läßt sich wenig anstellen (...) Auf der Suche nach dem neuen Thema, der neuen Form hat er nichts gefunden. Er hat sich bloß geschickt der veränderten gesellschaftlichen Situation angepaßt.« (›SZ‹, 8. 8. 1992).

Weitere Stücke: ›Das Loch‹ (1973); ›Die Wand‹ (1974); ›Die Versuchung‹ (1978), ›Tribüne-Ost‹ (1979), ›Der Tamada‹ (1980); ›Sterne am Morgenhimmel‹ (1982); ›Shanna‹ (1985); ›Der Bibliothekar‹ (1988), ›Die Gruppe‹ (1990).

Ganz, Bruno, geb. 22. 3. 1941 in Zürich. Schauspieler. Verließ das Gymnasium kurz vor dem Abitur. Schauspielausbildung am Zürcher Bühnenstudio. Erste Filmrollen in ›Der Herr mit der schwarzen Melone‹ (1960), ›Chikita‹ (1961, R. jeweils Karl Suter) und ›Es Dach überem Chopf‹ (1962, R. Kurt Früh). Kam 1962 in die Bundesrepublik. Erstes Bühnenengagement am Jungen Theater in Göttingen. 1964–1969 Ensemblemitglied am Bremer Theater, wo er in Inszenierungen von Peter Zadek spielte: Moritz Stiefel in Wedekinds ›Frühlings Erwachen‹ (1965); Jochen Rull in Valentin/Mullers ›Die Unberatenen‹ (UA 1965); Franz Moor in Schillers ›Die Räuber‹ (1966). Unter der Regie von Kurt Hübner spielte er 1965 (als Vierundzwanzigjähriger) Shakespeares ›Hamlet‹ und 1967 den ›Macbeth‹. Bekannt wurde Ganz vor allem durch seine Zusammenarbeit mit Peter Stein. Unter Steins Regie spielte er in Bremen den Wurm in Schillers ›Kabale und Liebe‹ (1967) und die Titelrolle in Goethes ›Torquato Tasso‹ (1969); Georg Hensel schrieb:»Bruno Ganz, der Tasso, führt ein ungewöhnlich reiches Repertoire von Trotzvarianten vor, vom infantilen Schmollen bis zur übertriebenen Servilität – er drückt, Hintern hoch, das Gesicht in die Erde und gestikuliert von da unten nach oben, hoffnungslos und nicht mehr als entrüstet. (...) Wenn er Degen und Kranz zurückgibt, dann mit solchem Aufwand an Beleidigtsein, daß er sogar in dieser Situation Gelächter auslöst, ein Komiker noch beim antiautoritären Akt.« (›Darmstädter Echo‹, 9. 6. 1969) In einer Stein-Inszenierung war Ganz 1969 auch an den Münchner Kammerspielen zu sehen: als George Garga in Brechts ›Im Dickicht der Städte‹. 1969/70 arbeitete er mit Stein am Schauspielhaus Zürich (in Bonds ›Early Morning‹ und in Middleton/Rowleys ›Changeling‹). 1972 spielte er bei den Salzburger Festspielen den Arzt in Thomas Bernhards ›Der Ignorant und der Wahnsinnige‹ (UA, R. Claus Peymann). Von 1970 bis 1975 war Ganz Mitglied der

Berliner Schaubühne am Halleschen Ufer. Hier arbeitete er wieder eng mit Stein zusammen: Peer Nr. 3/Peer Nr. 8 in Ibsens ›Peer Gynt‹ (1971); Prinz Friedrich von Homburg in ›Kleists Traum vom Prinzen Homburg‹ (1972, Fassung von Botho Strauß); Dichter Jakob Schalimow in Gorki/Strauß' ›Sommergäste‹ (1974; auch in Steins Verfilmung 1975). In Berlin arbeitete er auch mit Klaus Michael Grüber: Oskar in Horváths ›Geschichten aus dem Wiener Wald‹ (1972); Pentheus in den ›Bakchen‹ des Euripides (Antikenprojekt, 1974); Titelheld in Hölderlins ›Empedokles‹ (1975). Von 1975 an arbeitete er mehrere Jahre lang ausschließlich für den Film. 1982 kehrte er an die Berliner Schaubühne zurück und übernahm die Titelrolle in Grübers ›Hamlet‹-Inszenierung. Weitere Rollen: Oberon in Strauß' ›Der Park‹ (1985, R. Stein) und Martin in ›Die Fremdenführerin‹ (UA 1986, R. Luc Bondy); Titelrolle in Molières ›Der Misanthrop‹ (1987, R. Bondy). 1986 sah man ihn bei den Salzburger Festspielen als Prometheus in Handkes Aischylos-Bearbeitung ›Der gefesselte Prometheus‹ (R. Grüber): »Ganz, an den Felsen geschmiedet, die Haare aus dem Gesicht gekämmt, nur ein Tuch um den nackten Leib geworfen, er mußte ohne Körperzeichen auskommen. Alles, was er äußerte, war Sprache. Alles, was wir in seinem weißgeschminkten Gesicht sahen, war der Wille, sich dem Gott zu widersetzen. Ganz kam ohne falsche Innerlichkeit aus, er verließ sich nicht auf seine erprobten Mittel, sondern wagte sich weit vor: in eine neue Dimension des Sprechens. Wahrscheinlich ist er einer der wenigen jüngeren Schauspieler, die noch sprechen können und so wie Benrath darauf bestehen, daß der Schauspieler nicht nur Körper-, sondern vor allem ein Sprech-Instrument ist.« (C. Bernd Sucher, ›Theaterzauberer‹, S. 85 f.) 1993 übernahm er bei den Salzburger Festspielen die Titelrolle in Shakespeares ›Coriolan‹ (R. Deborah Warner). Ganz hat sich auch als Hölderlin-Rezitator einen Namen gemacht. Als Leinwanddarsteller war er weitgehend auf das Rollenfach des verschlossenen Grüblers festgelegt. Filmrollen u. a. in: ›Die Marquise von O.‹ (1975, R. Eric Rohmer);

›Lumière‹ (1975, R. Jeanne Moreau); ›Die Wildente‹ (1976, R. Hans W. Geissendörfer); ›Der amerikanische Freund‹ (1977, R. Wim Wenders); ›Die linkshändige Frau‹ (1977, R. Peter Handke); ›Nosferatu‹ (1978, R. Werner Herzog); ›Der Erfinder‹ (1980, R. Kurt Gloor); ›Die Fälschung‹ (1981, R. Volker Schlöndorff); ›In der weißen Stadt‹ (1983, R. Alain Tanner); ›Der Himmel über Berlin‹ (1987) und ›In weiter Ferne, so nah!‹ (1993, R. jeweils Wenders). Fernsehrollen hatte er u. a. in Wolfgang Petersens ›Schwarz und weiß wie Tage und Nächte‹ (1978), in Bernhard Sinkels Vierteiler ›Väter und Söhne‹ (1986) und als Privatdetektiv in der Serie ›Tassilo – ein Fall für sich‹ (1991, nach Walser). 1991 wurde er mit dem Hans-Reinhart-Ring der Schweizerischen Gesellschaft für Theaterkultur ausgezeichnet.
Literatur: P. Iden: Die Schaubühne am Halleschen Ufer 1970–1979. München, Wien 1979; P. v. Becker: Das Portrait: Bruno Ganz. In: Theater heute, Heft 2, 1983; Schaubühne am Halleschen Ufer am Lehniner Platz 1962–1987. Frankfurt a. M. 1987; C. B. Sucher: Theaterzauberer. Schauspieler. 40 Porträts. München, Zürich 1988.

García Lorca, Federico, geb. 15. 6. 1898 in Fuentevaqueros, gest. 19. 8. 1936 bei Granada (erschossen von Falangisten). Spanischer Lyriker und Dramatiker. García Lorca studierte Philosophie, Literatur und Jura in Madrid. Freundschaft mit Dalí, de Falla, Alberti und Buñuel. Von 1929 bis 1930 hielt er sich in New York und Kuba auf. 1936 gründete er den Bund Antifaschistischer Intellektueller. García Lorca gilt als bedeutender Schöpfer des poetischen Theaters. In seinen Dramen erscheint meist als Grundsituation der Konflikt zwischen Autorität und Freiheit, konkretisiert am Thema Liebe und Tod. Er schrieb in der Tradition des spanischen Volksstückes – der Zarzuela – in Versen und bezeichnete seine Stücke selbst als »Romanzen in Aktion«. Er war der Ansicht, daß Theater »soziale Aktion« sein müsse. »Ein empfindliches und in allen seinen Gattungen gut ausgerichtetes Theater kann in wenigen Jahren die Empfind-

Gardner

samkeit eines Volkes verändern (. . .). Ein Volk, das seinem Theater nicht hilft und es nicht fördert, ist, wenn nicht tot, so doch todkrank: so auch das Theater, das nicht den sozialen Pulsschlag der Geschichte aufnimmt, das Drama ihrer Menschen, die unverfälschte Eigenart ihrer Landschaft und ihres Geistes, ihr Lachen und ihr Weinen; solch ein Theater hat nicht das Recht, sich Theater zu nennen, sondern muß Spielsaal heißen oder Ort, wo man das Abscheuliche tut, was mit Zeitvertreib bezeichnet wird.« (García Lorca, ›Plauderei über Theater‹, 1935) In Deutschland wurde er vor allem durch Inszenierungen von Heinz Hilpert, Jürgen Fehling und Gustav Rudolf Sellner bekannt. In den achtziger Jahren bedeutende Inszenierungen von Andrea Breth (›Bernarda Albas Haus‹, 1985 Freiburger Theater) und Peter Zadek (›Yerma‹, 1985 Deutsches Schauspielhaus Hamburg).

Stücke: ›Mariana Pineda‹ (1925); ›Die wundersame Schustersfrau‹ (1925); ›In seinem Garten liebt Don Perlimplin Belisa‹ (1931); ›Sobald fünf Jahre vergehen‹ (1931); ›Bluthochzeit‹ (1933); ›Yerma‹ (1934); ›Doña Rosita bleibt ledig oder die Sprache der Blumen‹ (1935); ›Bernarda Albas Haus‹ (1936).

Literatur: G. W. Lorenz: F. García Lorca. Karlsruhe 1961; R. Linz: The theatre of F. García Lorca. New York 1963; H. Meier und P. Ramirez (Hrsg.): F. García Lorca. Bilder und Texte. Frankfurt a. M. 1986; I. Gibson: F. García Lorca. Eine Biographie. Frankfurt a. M. 1991.

Gardner, Herb, geb. 28. 12. 1934 in Brooklyn, New York. Amerikanischer Maler, Cartoonist, Bildhauer und Dramatiker. Gardner lebt in New York. Bekannt geworden ist er mit seinem Stück ›Ich bin nicht Rappaport‹ (1985), das erfolgreich am Broadway und im Londoner Westend lief und auch in Deutschland gespielt wurde. »Aber sowohl in Mannheim wie in Berlin ging das Stück reichlich unverstanden über die Bühne (. . .). Es liegt etwas sehr Deutsches in diesem Mißverständnis. Daß man hierzulande nämlich immer meint, das Triviale wäre wirklich trivial, und die hohe Kunst ganz woanders. Des-

wegen ist die hohe Kunst auch immer so hoch, daß sie keinen Einfluß nehmen kann auf das Leben, das sich fern von ihr abspielt. Dagegen offenbart sich noch immer die tief demokratische Seele der Amerikaner in der Art und Weise, wie sie es verstehen, ganz brennende Themen uns, den Zuschauern, so zu erzählen, daß wir gleich wissen, was gespielt wird. Und dabei oft noch unseren Spaß haben.« (Esther Slevogt, ›Theater heute‹ Heft 8, 1987)

Weitere Stücke: ›A Thousand Clowns‹ (1962); ›The Goodbye People‹ (1968); ›Thieves‹ (1974).

Gassman, Vittorio, geb. 1. 9. 1922 in Genua. Schauspieler und Regisseur. Studierte zunächst Rechtswissenschaften in Rom und wollte Journalist werden; dann Schauspielstudium an der Accademia d'Arte Drammatica in Rom. 1943 debütierte er erfolgreich bei der Mailänder Theatergruppe Alda Borello in Niccodemis ›La Nemica‹. Schon bald gehörte der ehemalige Basketball-Nationalspieler mit der hünenhaften Gestalt zu den Stars der italienischen Theaterszene. Er spielte in den Ensembles von Merlini, Adani und Maltagliatti; arbeitete 1947/48 auch mit dem Regisseur Luigi Squarzina (in Millers ›Alle meine Söhne‹ und in ›Antony‹ von Dumas père). Zu Gassmans Lehrmeistern und Förderern zählte vor allem Luchino Visconti, unter dessen Regie er 1948/49 mit großem Erfolg den Orlando in Shakespeares ›Wie es euch gefällt‹, den Kowalski in Williams' ›Endstation Sehnsucht‹ und den ›Oreste‹ von Alfieri spielte. 1950/51 inszenierte Gassman am Teatro Nazionale Ibsens ›Peer Gynt‹ und Ugo Bettis ›Il Giocatore‹ und übernahm beide Hauptrollen. 1951 gründete er mit Squarzina eine eigene Theatergruppe, die Compagnia del Teatro di Arte Italiano, der er 1954 als Direktor vorstand; Tournee nach Lateinamerika. Zu Gassmans Paraderollen in den fünfziger Jahren gehörten (neben ›Oreste‹ und ›Peer Gynt‹) Shakespeares ›Hamlet‹, Sartres ›Kean‹ (nach Dumas père) sowie Othello und Jago in Shakespeares ›Othello‹ (1956/57 alternierend mit Salvo Randone); vor allem auf diesen Rollen beruht Gassmans Ruf als großarti-

ger Charakterdarsteller mit außerordentlich komödiantischem Talent. Gassman unternahm verschiedene Versuche, das Theater zu popularisieren. So gründete er ein mobiles Zelttheater (Teatro Popolare Italiano), mit dem er 1960/61 durchs Land zog. 1967/68 brillierte er als Shakespeares ›Richard III.‹ (Teatro Stabile Turin). Eine Zeitlang arbeitete er fast ausschließlich für den Film. Mitte der siebziger Jahre kehrte er auf die Bühne zurück: mit dem selbstgeschriebenen Stück ›O Cesare o nessuno‹ (1974) und dem Soloprogramm ›Gassman sette giorni all'asta‹ (1977). 1980 gründete er eine eigene Schauspielschule (La Bottega Teatrale); Mitte der achtziger Jahre Tournee als ›Macbeth‹ durch Italien (eigene Bearbeitung des Shakespeare-Textes). 1984/85 triumphaler Erfolg mit dem Tournee-Programm ›Evening with Vittorio Gassman‹ (Italien, Spanien, Frankreich, USA). 1987 Europa-Tournee mit einer Bearbeitung von Pasolinis ›Affabulazione‹. Gassmans Liebe gehörte zwar immer dem Theater, seinen internationalen Ruhm verdankt er jedoch vor allem dem Film. Seit seinem Leinwand-Debüt 1946 (›Preludio d'amore‹) wirkte er in mehr als 100 Produktionen mit, u. a.: ›Bitterer Reis‹ (1949); ›Man nannte es den großen Krieg‹ (1959); ›Diebe haben's schwer‹ (1958, R. Monicelli). In Hollywood u. a.: ›Schrei der Gehetzten‹ (1953); ›Symphonie des Herzens‹ (1954); ›Krieg und Frieden‹ (1956). Großer Erfolg als erblindeter Hauptmann in Dino Risis ›Der Duft der Frauen‹ (1975) und als Familienoberhaupt in Ettore Scolas ›Die Familie‹ (1986). In einigen Filmen führte er selbst Regie, z. B. 1956 in ›Kean‹. Gassman wurde mehrmals als bester italienischer Theaterschauspieler und als bester Filmschauspieler des Jahres ausgezeichnet. Kritiker, darunter Giorgio Strehler, warfen ihm vor, sich auch für zweit- und drittklassige Filme hergegeben zu haben. Der Schauspieler konterte 1990 mit einer Grundsatzkritik an den italienischen Theatern; diese seien fade und mutlos geworden.
Literatur: V. Gassmann: Un grande avvenire dietro alle spalle (Eine große Zukunft hinter sich). 1982.

Gatti, Armand, geb. 26. 1. 1924 in Monaco. Französischer Dramatiker. 1942 in der Résistance; er wurde verhaftet, zum Tode verurteilt, wegen seiner Minderjährigkeit aber begnadigt und in ein KZ bei Hamburg eingeliefert, aus dem er nach England floh, um als Fallschirmspringer wieder am Krieg teilzunehmen. Nach dem Krieg war Gatti Journalist in Lateinamerika und Asien und machte Dokumentarfilme zusammen mit Chris Marker. Seit 1983 leitet Gatti das Atelier de Création Populaire in Toulouse. Er schrieb politisch engagiertes Theater. Die Stücke verzichten auf eine lineare Erzähltechnik. Die bildlich umgesetzten Visionen und Erinnerungen, die wie im Film geschnittenen Szenen und die simultan ablaufenden Handlungsstränge sollen dem Zuschauer Einblicke in die Mechanismen geschichtlicher Abläufe ermöglichen und ihn zu politischem Handeln engagieren. Erste Erfolge waren: ›Die zweite Existenz des Lagers Tatenberg‹ (1962) und ›Das imaginäre Leben des Straßenkehrers Auguste Gatti‹ (1962). »Sein politisches Theater ist so phantastisch im Ganzen wie real im Detail, und er ist stolz darauf, für jedes Detail Dokumente zitieren zu können. Er füllt die Bühne mit Pathos und Pantomimen, Licht und Lichtspielen, Lyrik und Prosa (. . .). Wer die öffentlichen Angelegenheiten, je mehr sie hysterisiert werden, um so rationaler und pragmatischer behandelt sehen möchte, der wird sich allerdings von Gattis phantastischen und emotionalen Aufladungen der Politik eher belästigt fühlen.« (Georg Hensel, ›Theater der Zeitgenossen‹, S. 201ff.)
Weitere Stücke: ›Berichte von einem provisorischen Planeten‹ (1962); ›Die Schlacht der sieben Tage und der sieben Nächte‹ (1965); ›Öffentlicher Gesang vor zwei elektrischen Stühlen‹ (1966); ›Die Geburt‹ (1966).
Literatur: G. Hensel: A. Gatti. Politik und Imaginäres. In: Theater der Zeitgenossen, Frankfurt a. M. 1972, S. 201–211; M. Corvin: Le Théâtre nouveau en France. Paris 1963.

Gay, John, geb. 10. 9. 1685 in Barnstaple, gest. 4. 12. 1732 in London. Englischer Dramatiker und Lyriker. Sein bedeutendstes Werk war ›The Beggars Opera‹ (1728), das als Vorlage für Brechts ›Dreigroschenoper‹ diente. Gay schrieb auch das Libretto zu ›Acis und Galatea‹ (1773), vertont von Händel. **Literatur:** C. E. Pearce: Polly Peachum. The Story of Polly and the Beggars Opera. London 1915; H. Höhne: John Gays Bühnenwerke im Verhältnis zum zeitgenössischen Dramenschaffen. Diss. Berlin 1962.

Gellner, Julius, geb. 1900 in Böhmen. Schauspieler und Regisseur. Aufgewachsen in Prag. Begann 1918 als Schauspieler in München; gab dort 1923 sein Regiedebüt mit Wedekinds ›Frühlings Erwachen‹. 1925–1933 stellvertretender Direktor und Regisseur an den Münchner Kammerspielen. Inszenierungen u. a.: Hauptmanns ›Dorothea Angermann‹ (UA 1926); Neumanns ›Der Patriot‹ (1927); Bruckners ›Krankheit der Jugend‹ (1927); Karl Kraus' ›Traumstück‹ (UA 1928, mit Therese Giehse); Shaws ›Pygmalion‹ (1928); Lampels ›Revolte im Erziehungshaus‹ (1929); Zuckmayers ›Der Hauptmann von Köpenick‹ (1931); Nestroys ›Lumpazivagabundus‹ (1931); Forsters ›Robinson soll nicht sterben‹ (1932, mit der Giehse als Mrs. Cantley); Hirschfelds ›Das schwedische Zündholz‹ (1933, mit der Giehse als Johanna). Von 1933 bis 1938 war er Oberspielleiter am Deutschen Theater in Prag. Ging 1939 nach London, wo er u. a. Shakespeares ›Othello‹ inszenierte (1942, Old Vic); von 1959 an am Mermaid Theatre. Inszenierungen u. a.: Shakespeares ›Heinrich V.‹ und ›Macbeth‹; Ibsens ›John Gabriel Borkman‹; Molières ›Der eingebildete Kranke‹ und ›Der Geizige‹ (1966); Lessings ›Nathan der Weise‹ (1967). Seit 1949 auch zahlreiche Inszenierungen in Israel, darunter ›Die Besessenen‹ von Dostojewski/Camus (1962, Habima Theater Tel Aviv).

Genet, Jean, geb. 19. 12. 1910 in Paris, gest. 15. 4. 1986 ebenda. Französischer Schriftsteller. Elternlos wuchs Genet in Heimen auf. Er brach als Sechzehnjähriger aus und vagabundierte durch Europa. 1942 im Gefängnis, wo die ersten Gedichte entstanden. Als er zu lebenslänglicher Haft verurteilt wurde, setzten sich Cocteau, Sartre, Gide und Mauriac für ihn und seine Begnadigung ein. Die Romane Genets drehen sich um die Themen Gewalt, Verbrechen, Homosexualität und Verrat: ›Querelle de Brest‹ (1944; Verfilmung von R. W. Fassbinder 1982) und ›Tagebuch eines Diebes‹ (1949). Die Figuren seiner Theaterstücke sind aus der Gesellschaft Ausgestoßene, die sich in feierlichen Ritualen übersteigern. In scharfer Konfrontation stehen sich Mächtige und Verworfene gegenüber. Erster großer Erfolg mit dem Stück ›Die Zofen‹ (1947), uraufgeführt von Louis Jouvet. Häufig wurden seine Stücke zuerst im Ausland gezeigt, bevor sie in Frankreich gespielt werden durften. Die Uraufführung von ›Der Balkon‹ fand im April 1957 in London statt, die französische Erstaufführung erst im Mai 1960 (R. Peter Brook). In Deutschland wurde Genet viel gespielt: in Inszenierungen von Peter Zadek, Hans Neuenfels, Peter Stein: ›Die Neger‹ (1983, Schaubühne am Lehniner Platz), und Klaus Michael Grüber: ›Splendid's‹ (UA 1994, ebenda). **Weitere Stücke:** ›Unter Aufsicht‹ (1949); ›Sie‹ (1955, UA 1990); ›Wände überall‹ (1961); ›Die Neger‹ (1962). **Literatur:** O. F. Pucciani: Tragedy, Genet and ›The Maids‹. In: Tulane Drama Review 7, Heft 3, 1963, S. 42–59; M. Esslin: Das Theater des Absurden. Frankfurt a. M. 1964; H. Fichte: Jean Genet. Ein Gespräch. Frankfurt a. M., Paris 1981; A. Dichy/ P. Fouché: Jean Genet. Versuch einer Chronologie 1910–1941. Gitkendorf 1993; E. White: Jean Genet. Biographie. München 1993.

George, Götz, geb. 23. 7. 1938 in Berlin. Schauspieler. Sohn von Heinrich George und Berta Drews. Seinen Vornamen verdankt er Goethes ›Götz von Berlichingen‹, der Lieblingsrolle seines berühmten Vaters. Stand schon mit elf Jahren auf der Bühne des Berliner Hebbeltheaters (als Hirtenjunge in Saroyans ›Mein Herz ist im Hochland‹). Bei der Wiedereröffnung des Berliner Schiller-Theaters 1951 sah man ihn in Schillers ›Wilhelm Tell‹. Nach der Mittleren Reife Schauspielausbildung am Ufa-Nachwuchsstudio bei Else Bongers

(1955–1958); 1958–1963 Engagement am Deutschen Theater Göttingen (unter Heinz Hilpert). Danach gehörte er keinem festen Ensemble mehr an, kehrte aber bei Gastspielen und Tourneen immer wieder auf die Bühne zurück. Wichtigste Theaterrollen: Orest in Sartres ›Die Fliegen‹; Eugene in Wolfes ›Herrenhaus‹; Troilus in Shakespeares ›Troilus und Cressida‹; Martin Luther in Fortes ›Martin Luther & Thomas Münzer oder Die Einführung der Buchhaltung‹; Mitch in Williams' ›Endstation Sehnsucht‹; Titelrolle in Büchners ›Dantons Tod‹ (1981, Salzburger Festspiele, R. Rudolf Noelte); Titelrollen in Gogols ›Der Revisor‹ (1987) und Tschechows ›Platonow‹ (1990). Zahlreiche Film- und Fernsehrollen. Filme wie ›Jacqueline‹ (1959) oder ›Der Teufel spielte Balalaika‹ (1960) brachten ihm frühe Auszeichnungen ein. Seine große Popularität verdankt George vor allem seiner Rolle als Kommissar Schimanski in der Krimi-Serie ›Tatort‹ (29 Folgen, 1981–1991). Spielfilme u. a.: ›Der Schatz im Silbersee‹ (1962); ›Aus einem deutschen Leben‹ (1977); ›Abwärts‹ (1984); ›Die Katze‹ (1987, R. Dominik Graf); ›Der Bruch‹ (1988, R. Frank Beyer); ›Blauäugig‹ (1989, R. Reinhard Hauff). Sein komödiantisches Talent bewies er vor allem in der Fernsehkomödie ›Schulz und Schulz‹ (1989) und als Sensationsreporter Willié in Helmut Dietls Kinohit ›Schtonk‹ (1992). Bis 1976 war er mit der Schauspielerin Loni von Friedl verheiratet.
Literatur: B. Schulz (Hrsg.): Götz George. Schauspieler und Superstar. Bergisch Gladbach 1988; H. R. Blum: Götz George. Seine Filme – sein Leben. München 1989; K. Villwock: Schimanski – in der Fernsehserie, im Kinofilm, im Roman. Bardowick 1991.

George, Heinrich (eigtl. Heinz Georg Schulz), geb. 9. 10. 1893 in Stettin, gest. 28. 6. 1946 in Sachsenhausen bei Berlin (in sowjetischer Haft). Schauspieler, Regisseur und Intendant. Debütierte 1912 in Kolberg. Im Ersten Weltkrieg schwer verwundet. Von 1917 an wieder Theaterarbeit, zunächst am Albert-Theater in Dresden (Hauptrolle und Regie bei der UA der Kokoschka-Einakter 1917). 1919/20 am Schauspielhaus Frankfurt, wo er vor allem in expressionistischen Stücken spielte. Rollen u. a.: Teiresias in Hasenclevers ›Antigone‹ (1919); Maske in Sternheims ›1913‹ (UA 1919, R. Gustav Hartung); Schleich in Unruhs ›Platz‹ (UA 1920). 1921 spielte er in Darmstadt die Titelrolle in Unruhs ›Louis Ferdinand‹ (UA). 1922 ging er nach Berlin, wo man ihn am Deutschen Theater als Holofernes in Hebbels ›Judith‹ sah. Am Staatstheater spielte er u. a. den Siebenmark in Barlachs ›Der arme Vetter‹ (1923), den Hagen Tronje in Hebbels ›Nibelungen‹ (1924) und die Titelrolle in Hauptmanns ›Fuhrmann Henschel‹ (1924, R. jeweils Jürgen Fehling). 1923 gründete er mit Elisabeth Bergner und Alexander Granach das Schauspielertheater. Von 1925 bis 1929 spielte er vorwiegend an der Berliner Volksbühne; in Inszenierungen von Erwin Piscator u. a.: Titelrolle in Rehfischs ›Wer weint um Jukkenack?‹ (1925); Satin in Gorkis ›Nachtasyl‹ (1926); Störtebeker in Ehm Welks ›Gewitter über Gottland‹ (UA 1927). 1926 spielte er Goethes ›Faust‹ (R. Fritz Holl), 1928 den Galy Gay in Brechts ›Mann ist Mann‹ (R. Erich Engel). Herbert Ihering schrieb: »Heinrich George als Galy Gay: wundervoll. Er spielt Schwere mit einer himmlischen Leichtigkeit. Er ist der Elefant, der ins Laufen kommt. Welche Liebenswürdigkeit, welche Zartheit! Lange hat man George nicht so ohne Sentiment gesehen, so befreit und hingegeben komödiantischer Beweglichkeit.« (›Berliner Börsen-Courier‹, 5. 1. 1928) 1929 wechselte George ans Berliner Staatstheater, wo er wieder häufig in Inszenierungen von Fehling spielte, u. a.: Titelrolle in Barlachs ›Der blaue Boll‹ (1930); Mogoschin in Wedekinds ›Der Liebestrank‹ (1932); Luther in Johsts ›Propheten‹ (1933); Organist in Hauptmanns ›Musik‹ (1933); Hans Biermann in Grieses ›Mensch aus Erde gemacht‹ (1933). Unter der Regie von Leopold Jeßner spielte er die Titelrolle in Shakespeares ›Othello‹ (1932, mit Werner Krauß als Jago). George, der vor 1933 als Vertreter des linken, progressiven Theaters galt, war unter den Nationalsozialisten ein dem Regime angepaßter »Staatsschauspieler«, der

Gerstner

in vielen Propagandafilmen mitwirkte, was ihm nach Kriegsende viel Kritik einbrachte. 1938 wurde er Intendant des Schiller-Theaters, 1943 Generalintendant der Berliner Bühnen. Triumphe feierte er in seiner Paraderolle als schwergewichtiger ›Götz von Berlichingen‹ (1936). Weitere Rollen u.a.: Titelheld in Calderóns ›Der Richter von Zalamea‹ (1936); Kurfürst in Kleists ›Prinz Friedrich von Homburg‹ (1940, R. Fehling); Falstaff in Shakespeares ›Heinrich IV.‹. Seine große Popularität verdankte George v.a. dem Film; Rollen u.a.: Emile Zola in Richard Oswalds ›Dreyfus‹ (1930); Franz Biberkopf in Phil Jutzis ›Berlin-Alexanderplatz‹ (1931); der (sehr negativ gezeichnete) kommunistische Arbeiter in Hans Steinhoffs ›Hitlerjunge Quex‹ (1933); Titelrolle in Gustav Ucickys Puschkin-Adaption ›Der Postmeister‹ (1940); Herzog von Württemberg in ›Jud Süß‹ (1940); Bürgermeister Nettelbeck in ›Kolberg‹ (1945).

Jürgen Fehling schrieb über George (in ›Die Magie des Theaters‹): »Er war in nichts schön. Anmut, männliche Würde waren ihm versagt. Seine Stimme quietschte wie ein rostiges Rad, er war unbeholfen in jeder Beziehung. Ein ganz und gar verqueres Wesen. Aber aus diesem Nichtwesen, aus dieser häßlichen Banalität, aus Georg Schulz aus Stettin baute sich unterm Sturm der Worte und Bewegungen etwas auf, das einmalig war. Ich habe in meiner Erinnerung das achte Bild des ›Homburg‹ – Kurfürst und seine Nichte. Man kann sich nichts Zarteres, Lieblicheres vorstellen. Seine Stimme klang seidenweich, sein Gang, seine Haltung waren behutsam, sorglich elegant. Im ›König Hahnrei‹ spielte er im Smoking einen phantasieschweifenden Lord mit einem Monet-Strohhut. Auch hier war er ganz piano umschattet. Allerliebst und tieftraurig, schmorend in einer merkwürdigen Grandezza. Er war unbegreiflich. (...) Er war eine Tonne und tanzte im ›Postmeister‹ wie ein Gott. (...) Er konnte klein und unscheinbar sich verbergen. Er war mittelgroß, sehr beleibt, ohne Grazie, aber er war zugleich die Kraft, der Körperelan selber, er hob sich fürstlich und spannte sich in totale Gewalt. Er war kindlich und greisenhaft. Er hatte die Mitte, wo er sie brauchte, er hatte den Schlaf mitten in der wüstesten Schlacht.«
Literatur: H. Ihering: Von Josef Kainz bis Paula Wessely. Heidelberg, Berlin, Leipzig 1942; R. Biedrzynski: Schauspieler, Regisseure, Intendanten. Heidelberg, Berlin, Leipzig 1944; B. Drews (Hrsg.): Heinrich George. Ein Schauspielerleben. Hamburg 1959; A. Bronnen: Begegnungen mit Schauspielern. Zwanzig Porträts. Berlin 1967; E. M. Berger: George im Film seiner Zeit. Wiesbaden-Breckenheim 1975; A. Kerr: Mit Schleuder und Harfe. München 1985; P. Laregh: Heinrich George. Komödiant seiner Zeit. München 1992; J. Gregor: Meister deutscher Schauspielkunst. Bremen, Wien o.J. u. 1993.

Gerstner, Günther, geb. 1955 in der DDR. Regisseur. Ausbildung zum Elektriker; danach verschiedene Gelegenheitsarbeiten. Wurde 1975 wegen »staatsfeindlicher Verbindungen und Verdachts auf Republikflucht« zu zwei Jahren Gefängnis verurteilt und 1977 in die Bundesrepublik abgeschoben. Arbeitete als Beleuchter an der Berliner Schaubühne; dort erste Regieassistenz bei Jürgen Kruses Shakespeare-Inszenierung ›Romeo und Julia‹ (1982, Garagen-Projekt). Danach Regieassistent bei O'Caseys ›Purpurstaub‹ am Hamburger Thalia Theater (R. Karl Fruchtmann). 1983 kam er an die Münchner Kammerspiele, wo er bei Peter Zadek (›Yerma‹), Harald Clemen und bei vielen Inszenierungen von Dieter Dorn assistierte. Dort auch erste eigene Regiearbeiten: Shepards ›Fool for Love‹ (1986, mit Lambert Hamel und Franziska Walser); Brechts ›Mann ist Mann‹ (1987). In Bonn inszenierte er Rainald Goetz' ›Schlachten‹ (1988); in Wiesbaden Molières ›Der Geizige‹ (1989). Friedrich Schirmer holte ihn als festen Gastregisseur ans Freiburger Theater; dort u.a. Euripides' ›Orestes‹ (1989): »Euripides' Drama als fetziger, comic-bunter Strip, ein Schlagzeuger trieb und hetzte den lemurischen Weiberchor von Argos, das Terroristen-Trio Orest/Elektra/Pylades immer wieder durch Bilder von kühl virtuoser Theatralik, makabrer Komik und greller Ironie.« (Gerhard Jörder); Pirandellos ›Sechs Personen suchen einen Autor‹ (1989/90); Einar Schleefs ›Schauspieler‹ (1990); Grillparzers ›König Ottokars Glück und Ende‹ (1992). Weitere Inszenierungen u. a. in Berlin.

Literatur: G. Jörder: ›Nun laßt uns mal ran!‹. Ein Porträt der Regisseure Jürgen Kruse und Günther Gerstner. In: Theater heute, Jahrbuch 1990, S. 123–127.

Gessner, Adrienne, geb. 23. 7. 1896 in Maria Schutz, gest. 23. 6. 1987 in Wien. Schauspielerin. Debütierte 1916 an den Münchner Kammerspielen; 1919–1924 Engagements am Volkstheater und am Raimundtheater in Wien; 1924–1938 am Wiener Theater in der Josefstadt bei Max Reinhardt. Von 1938 bis 1945 lebte sie in den USA, wo sie sich am Broadway und auf Tourneen einen Namen machte. Nach dem Krieg wurde sie zu einer der differenziertesten Charakterdarstellerinnen des deutschsprachigen Theaters. 1947–1955 wieder Engagement am Wiener Theater in der Josefstadt; Rollen u. a.: Frau Antrobus in Wilders ›Wir sind noch einmal davongekommen‹ (1947); Baronin Suttner in Ertls ›Bertha Suttner‹ (1951); Lady Markby in Wildes ›Ein idealer Gatte‹ (1952; 1961 auch am Burgtheater); Prinzessin Beatrix in Molnárs ›Der Schwan‹ (1955; 1961 auch am Akademietheater). Sie wirkte lange Jahre bei den Salzburger Festspielen mit, u. a. als Millerin in Schillers ›Kabale und Liebe‹ (1955) und als Mutter in Hofmannsthals ›Jedermann‹ (1953–1959 sowie 1975–1977). Seit 1955 am Wiener Burgtheater; Rollen u. a.: Daja in Lessings ›Nathan der Weise‹ (1957); Lina in Molnárs ›Olympia‹ (1957); Frau Wahl in Schnitzlers ›Das weite Land‹ (1959); Crescence in Hofmannsthals ›Der Schwierige‹ (1959; 1962 auch am Schauspielhaus Zürich); Titelrolle in Marceaus ›Madame Princesse‹ (1966); Großmutter in Horváths ›Geschichten aus dem Wiener Wald‹ (1966, Kammerspiele München; 1974 am Burgtheater); Anfissa in Tschechows ›Drei Schwestern‹ (1976; 1977 auch im Fernsehen); Greisin in Frischs ›Triptychon‹ (1981). Filme u. a.: ›Der Engel mit der Posaune‹ (1948); ›Hannerl‹ (1952, R. Ernst Marischka); ›No time for flowers‹ (1952, USA, R. Don Siegel); ›An der schönen blauen Donau‹ (1955, R. Hans Schweikart); ›Ich denke oft an Piroschka‹ (1955, R. Kurt Hoffmann); ›Kronprinz Rudolfs letzte Liebe‹ (1956); ›Ich heirate Herrn Direktor‹ (1960); ›Der Verschwender‹ (1964, nach Raimund, R. Kurt Meisel); ›Geschichten aus dem Wiener Wald‹ (1979, nach Horváth, R. Maximilian Schell). Ihre Memoiren veröffentlichte sie unter dem Titel ›Ich möchte gern was Gutes sagen . . .‹ (Wien, München 1985).

Ghelderode, Michel de (eigtl. Ademar Adolphe Louis Martens), geb. 3. 4. 1898 in Ixelles, gest. 1. 4. 1962 in Brüssel. Belgischer Dramatiker. Von 1915 bis 1917 studierte Ghelderode am Conservatoire in Brüssel. 1919 trat er in die Armee ein. Von 1921 an neben verschiedenen Tätigkeiten Arbeit als Schriftsteller. Er begann mit phantastischen historischen Erzählungen, entwickelte sich dann zum expressionistischen und mystischen Dramatiker. Ghelderode war äußerst produktiv, er hinterließ mehr als 50 Stücke. Seine Texte sind inspiriert von der flämischen Folklore und der Bilderwelt Breughels, z. B. die ›Ballade vom großen Makabren‹ (1934, auch als Oper von Ligeti).

Weitere Stücke: ›Christophe Colomb‹ (1928); ›Noyade des Songes‹ (1928); ›Barrabas‹ (1931); ›Pantagleize‹ (1934); ›L'Ecole de Bouffons‹ (1942).

Literatur: Jean Decock: Le Théâtre de M. de Ghelderode. Une dramaturgie de l'antithéâtre et de la cruauté. Paris, Nizet 1969; R. Beyen: M. de Ghelderode ou la hantise du masque. Essai de biographie critique. Brüssel 1980; A. M. Beckers: M. de Ghelderode. Brüssel 1987.

Gide, André Paul Guillaume, geb. 22. 11. 1869 in Paris, gest. 19. 2. 1951 ebenda. Französischer Schriftsteller. Sohn eines Professors. Gide stellte sich seiner Homosexualität auf einer Reise nach Afrika 1893, beschrieben in dem Roman ›L'immoraliste‹ (1901), zwei Jahre später heiratete er seine Cousine. 1909 Mitbegründer der ›Nouvelle Revue Française‹. 1947 Nobelpreis für Literatur. Er schwankt in seinem Werk zwischen absoluter Freiheit und puritanischem Konformismus. Hauptthema

Giehse

ist das Recht des Individuums auf uneingeschränkte Freiheit und Verwirklichung, ohne die Einschränkung durch Konventionen oder Institutionen. Am bedeutendsten sind seine autobiographische Schriften sowie sein Briefwechsel mit Claudel (seinem geistigen Antipoden), Rilke, Proust u. a. Gide hatte mit seinen Schriften großen Einfluß auf das geistige Leben der zwanziger Jahre in Europa. Seine Theaterstücke werden heute kaum mehr gespielt.

Stücke: ›Saul‹ (1896); ›Der schlecht gefesselte Prometheus‹ (1899); ›Die Rückkehr des verlorenen Sohnes‹ (1907); ›Oedipe‹ (1931); ›Der Prozeß‹ (nach Kafka, 1947).

Literatur: E. R. Curtius: Literarischer Wegbereiter des neuen Frankreich. Potsdam 1923; Paul Souday: A. Gide. Paris 1927; M. Hofmann: Der Moralist A. Gide. Diss. Würzburg 1934; J. C. McLaren: The Theatre of A. Gide. Baltimore 1953; W. W. Holdheim: Gide und Nietzsche. Diss. Yale Univ. 1956; P. Bermbach: Die Gestaltung persönlicher Erlebnisse in Gides autobiographischen Schriften und in seinen Erzählungen. Diss. Hamburg 1958.

Giehse, Therese, geb. 6. 3. 1898 in München, gest. 3. 3. 1975 ebenda. Schauspielerin. Aufgewachsen in einer jüdischen Kaufmannsfamilie. 1918–1920 Schauspielunterricht in München; ab 1920/21 jeweils für eine Saison in Siegen, Gleiwitz, Landshut, an der Bayerischen Landesbühne und am Schauspielhaus München. 1926–1933 Engagement an den Münchner Kammerspielen bei Otto Falckenberg, wo sie sich als großartige Menschenbildnerin profilierte. Rollen in Falckenberg-Inszenierungen u. a.: Gräfin Geschwitz in Wedekinds ›Lulu‹ (1928); Königin in Shakespeares ›Hamlet‹ (1930); Marthe in Goethes ›Urfaust‹ (1931); Gina in Ibsens ›Die Wildente‹ (1932); Frau John in Hauptmanns ›Die Ratten‹ (1932). Rollen in Inszenierungen von Richard Révy u. a.: Emmy in Shaws ›Der Arzt am Scheideweg‹ (1927, mit Alexander Moissi); Aase in Ibsens ›Peer Gynt‹ (1928, mit Hans Schweikart in der Titelrolle); Mutter Wolffen in Hauptmanns ›Der Biberpelz‹ (1928) und Frau Peters in ›Vor Sonnenuntergang‹

(1932). In der Uraufführung von Heinrich Manns ›Das gastliche Haus‹ übernahm sie die Rolle der Schieberin (1927, R. Erwin Piscator). Unter Schweikarts Regie spielte sie die Celia Peachum in Brecht/Weills ›Die Dreigroschenoper‹ (1929, bei den Endproben lernte sie Bertolt Brecht persönlich kennen). Rollen hatte sie auch in mehreren Inszenierungen von Julius Gellner; außerdem viele Possen- und Lustspielrollen. Am 1. 1. 1933 eröffnete sie zusammen mit Erika Mann in München das antifaschistische Kabarett »Pfeffermühle«; im März Flucht aus München in die Schweiz; am 30. 9. 1933 Neueröffnung der »Pfeffermühle« in Zürich; 1934–1936 Europa-Tournee. Von 1937 an war sie am Schauspielhaus Zürich engagiert, wo man sie wieder als Marthe, Frau John und als Mutter Wolffen sah. Die Giehse, eine Meisterin ihres Handwerks, übernahm bis zu zwölf Rollen pro Saison, darunter: Titelrolle in Shaws ›Frau Warrens Gewerbe‹ (1938); Katharina in Shaws ›Helden‹ (1939, R. jeweils Wolfgang Heinz); das Hohe Alter in Raimunds ›Der Bauer als Millionär‹ (1940, R. Leopold Lindtberg); Amme in Shakespeares ›Romeo und Julia‹ (1941, R. Max Ophüls); Ella Rentheim in Ibsens ›John Gabriel Borkman‹ (1941, R. Karl Paryla); Frau Gabor in Wedekinds ›Frühlings Erwachen‹ (1942, R. Lindtberg); Amanda Wingfield in Williams' ›Die Glasmenagerie‹ (1947, R. Kurt Horwitz); Titelrolle in Gorkis ›Wassa Schelesnowa‹ (DE 1947, R. Claude Maritz). Rollen in Inszenierungen von Leonard Steckel u.a: Marina in Tschechows ›Onkel Wanja‹ (1941); Mutter in García Lorcas ›Bluthochzeit‹ (DE 1944); Titelrolle in Giraudoux' ›Die Irre von Chaillot‹ (DE 1946). Unter der Regie von Oskar Wälterlin u.a.: Jokaste in Sophokles' ›König Ödipus‹ (1938); Mrs. Gibbs in Wilders ›Unsere kleine Stadt‹ (1939) und Mrs. Antrobus in ›Wir sind noch einmal davongekommen‹ (DE 1944); Amy in Eliots ›Familienfeier‹ (DE 1945). Wichtige Rollen hatte sie in den Zürcher Brecht-Uraufführungen (die Giehse war selbst eine Verfechterin des Sozialismus): Titelrolle in ›Mutter Courage und ihre Kinder‹ (UA 1941, R. Lindtberg; auch 1945); Mi Tzü in ›Der gute Mensch von Sezuan‹ (1943, R. Steckel); Schmuggleremma in ›Herr Puntila und sein Knecht Matti‹ (1948, R. Brecht). Von 1949 bis 1952 spielte sie an Brechts Berliner Ensemble. Hier sah man sie wieder als Gorkis ›Wassa Schelesnowa‹ (1949, R. Berthold Viertel), als Mutter Wolffen/Frau Fielitz in Hauptmanns ›Der Biberpelz‹/›Der rote Hahn‹ (1950, R. Egon Monk) sowie als Marthe Rull in Kleists ›Der zerbrochne Krug‹ (1952 in einer eigenen Inszenierung). Als Gast spielte sie weiterhin am Schauspielhaus Zürich. Seit 1949 auch wieder Auftritte an den Münchner Kammerspielen, u. a. in ihrer Paraderolle als Mutter Courage (1950 in einer Inszenierung des Autors). Brecht schrieb darüber in seinem Modellbuch: »In der Münchener Aufführung nach dem Berliner Modell zeigte die Giehse, die die Rolle der Courage während des Weltkriegs in Zürich kreiert hatte, wie ein großer Schauspieler das Arrangement und theatralische Material einer Modellaufführung zur Ausgestaltung einer eigenen und unverwechselbaren Figur benutzen kann. Sie erfand dabei immerzu schöne Änderungen, die auch für das Modell Bereicherungen darstellen.« Die Rolle der Courage spielte sie 1958 auch in Frankfurt und 1960/61 noch einmal in Zürich. Seit ihrer Rückkehr nach München sah man sie in wichtigen Rollen an den Kammerspielen, u. a. wieder als Mutter Wolffen (1949), Frau John (1952) und Marthe Rull (1953). In Zürich spielte sie bei der Uraufführung von Max Frischs ›Don Juan oder Die Liebe zur Geometrie‹ die Kupplerin Celestina (1953, R. Wälterlin). Glanzrollen hatte sie in den Zürcher Dürrenmatt-Uraufführungen: Gemüsefrau in ›Es steht geschrieben‹ (1947, R. Horwitz); Claire Zachanassian in ›Der Besuch der alten Dame‹ (1956, R. Wälterlin); Ottilie in ›Frank V.‹ (1959, R. Wälterlin); Mathilde von Zahnd in ›Die Physiker‹ (1962, R. Horwitz); Frau Nomsen in ›Der Meteor‹ (1966, R. Lindtberg); dieselben Rollen übernahm sie auch in München (meist unter der Regie von Schweikart). In Stücken von Ostrowski: Mursawjetzkaja in ›Wölfe und Schafe‹ (1951, Zürich; 1964, München); Raissa in ›Der Wald‹ (1956, München); Glafira in ›Eine Dummheit

macht auch der Gescheiteste‹ (1963, Zürich). An den Münchner Kammerspielen sah man sie außerdem in den Stücken des jungen Martin Sperr: als Martha in ›Landshuter Erzählungen‹ (UA 1967) und als Barbara in ›Jagdszenen aus Niederbayern‹ (1969). Aus Sympathie für Peter Stein und sein Kollektiv-Theater spielte sie bei der Neueröffnung der Berliner Schaubühne am Halleschen Ufer die Titelrolle in Gorki/Brechts ›Die Mutter‹ (1970). Vielgerühmt wurden ihre Münchner Brecht-Abende (1966, 1968 und 1971; Gastspiele in Hamburg und am Berliner Ensemble). Filme u. a.: ›Die letzte Chance‹ (1945); ›Kinder, Mütter und ein General‹ (1955); ›Mädchen in Uniform‹ (1958); ›Sturm im Wasserglas‹ (1960); ›Julien‹ (1973, R. Louis Malle). Im Fernsehen sah man sie u. a. in Egon Monks Gorki-Verfilmung ›Wassa Schelesnowa‹ (1963), in Kroetz' ›Weitere Aussichten‹ (1974, R. der Autor) und – ihre letzte Rolle – als Frau Perez in Brechts ›Die Gewehre der Frau Carrar‹ (1975, R. Monk, gesendet am Tag ihres Todes). Benjamin Henrichs schrieb über Therese Giehse: »Sie hat die Schreckensweiber gespielt und die tapferen Mütter, die Kröten und die Buddhas. Sie ist eine intellektuelle Volksschauspielerin, eine sachliche Hedonistin. Das Brechtische und das Bayerische, die Lust an der Bosheit und die Liebe zur Vernunft: das ist die Giehse-Dialektik. (...) Nie fielen dieser Schauspielerin Haltungen ein, die Mitleid erbetteln, die fürs Lesebuch taugten. (...) Deshalb ist das Theater der Giehse Theater ohne Wehleidigkeit.« (›SZ‹, 3./4. 3. 1973)
Literatur: T. Giehse: Ich hab nichts zum Sagen. Gespräche mit Monika Sperr. München u. a. 1973; W. Drews: Die Schauspielerin Therese Giehse. Velber 1965; Zur Erinnerung: Therese Giehse, Paul Verhoeven, Carl Wery. München, Kammerspiele 1975.

Gielen, Josef, geb. 20. 12. 1890 in Köln, gest. 19. 10. 1968 in Wien. Schauspieler, Regisseur und Intendant. Studium der Kunstgeschichte, Philosophie und Theaterwissenschaft in Bonn und München; 1914–1918 Soldat. Debütierte 1913 als Schauspieler. 1919–1921 Engagement am

Gielgud 208

Neuen Schauspielhaus in Königsberg; 1921–1923 bei Gustav Hartung in Freiburg, wo er einer der führenden Charakterdarsteller war und erstmals auch selbst inszenierte: Eichendorffs ›Die Freier‹ (1923); Hauptmanns ›Schluck und Jau‹ (1923). 1924–1936 Regisseur, dann Oberregisseur am Staatlichen Schauspielhaus Dresden; 1934–1936 auch an der Staatsoper Dresden (dort Zusammenarbeit mit Richard Strauss bei ›Ariadne auf Naxos‹, ›Arabella‹ und ›Die schweigsame Frau‹). 1936/37 arbeitete er an der Berliner Staatsoper und von 1937 bis 1939 am Wiener Burgtheater. 1939 Emigration nach Südamerika; war bis 1948 Chefregisseur in Buenos Aires am Teatro Colón, wo er u.a. Mozarts ›Die Zauberflöte‹ inszenierte. 1948–1954 Direktor des Wiener Burgtheaters (damaliges Domizil war das ehemalige Varieté Ronacher). Gielen versuchte, die Tradition zu bewahren; verschaffte dem Haus wieder hohe Anerkennung im internationalen Theaterbetrieb. Inszenierungen u.a.: Bruckners ›Elisabeth von England‹ (1948, mit Maria Eis, Werner Krauß); Shakespeares ›Was ihr wollt‹ (1953) und ›Julius Caesar‹ (1953, mit Krauß). Als das Burgtheater 1954 in das wiederaufgebaute Stammhaus zog, gab er die Direktion ab, blieb dem Haus aber als Oberspielleiter weiter verbunden. Legendär ist seine Schiller-Inszenierung ›Don Carlos‹ mit Oskar Werner in der Titelrolle und Werner Krauß als König Philipp (1955 zur Wiedereröffnung der Burg). Er inszenierte außerdem an der Staatsoper Wien (dort Oberregisseur) bei den Salzburger Festspielen und im Ausland (u.a. Mailand, London, Paris).
Literatur: M. Kluth: Josef Gielen. Diss. Wien 1966; F. Hennings: Heimat Burgtheater. 3 Bde. Wien 1972–74; E. Haeussermann: Das Wiener Burg-Theater. Wien, München, Zürich 1980.

Gielgud, Sir John, geb. 14. 4. 1904 in London. Schauspieler und Regisseur. Stammt aus der britischen Schauspielerfamilie Terry; 1953 geadelt. Schauspielausbildung an der Lady Benson's School und an der Royal Academy of Dramatic Art. Debütierte 1921 am Old Vic als Herold in Shakespeares ›Heinrich V.‹; arbeitete als Inspizient am Regent Theatre und spielte dort u. a. den Schmetterling Felix in Karel Čapeks ›Insekten‹ (1923) sowie den Romeo in Barry Jacksons Adaption von ›Romeo und Julia‹ (1924). Rollen übernahm er u. a. auch am Oxford Playhouse und in Noel Cowards Komödien im Londoner Westend. 1928 Gastspiel in New York; 1929 Rückkehr ans Old Vic, wo er große Shakespeare-Rollen übernahm, darunter: Romeo in ›Romeo und Julia‹; Marcus Antonius in ›Julius Caesar‹; Titelrollen in ›König Richard II.‹, ›Macbeth‹ und ›Hamlet‹. Zahlreiche Rollen auch an anderen Londoner Bühnen; erster großer Erfolg als Richard II. in Daviots ›Richard of Bordeaux‹ (1932, New Theatre). Seit 1933 auch Regie. Ein Triumph wurde 1934 seine ›Hamlet‹-Inszenierung am New Theatre, in der er mit Bravour die Titelrolle übernahm (in 155 aufeinanderfolgenden Vorstellungen; 1936 auch in New York). 1935 spielte er – alternierend mit Laurence Olivier – Romeo und Mercutio in Shakespeares ›Romeo und Julia‹ (in eigener Regie). 1937 übernahm er für eine Saison die Leitung des Londoner Queen's Theatre; spielte dort u. a. den Surface in Sheridans ›The School for Scandal‹ und den Werschinin in Tschechows ›Drei Schwestern‹; er spielte und inszenierte außerdem Shakespeares ›Richard II.‹ und den ›Kaufmann von Venedig‹. Weitere Rollen in eigenen Inszenierungen u. a.: John Worthing in Wildes ›Bunbury‹ (1939, Globe Theatre; u. a. auch in New York 1947); Titelrolle in ›Macbeth‹ (1942, Piccadilly); Valentin in Congreves ›Love for Love‹ (1943, Phoenix). 1944/45 leitete er die Repertoire-Saison am Haymarket Theatre, wo er auch wieder als Valentin und in seiner Paraderolle als Hamlet auftrat. 1947 Gastspiele in Kanada und den USA; 1949 Hauptrolle und Regie in Frys ›Die Dame ist nicht fürs Feuer‹ (Globe Theatre; 1950 auch in New York). Von 1949 an arbeitete er häufig am Shakespeare Memorial Theatre in Stratford-upon-Avon; spielte dort u. a. Angelo in ›Maß für Maß‹ (1950), Benedikt in ›Viel Lärm um nichts‹ (1950), ›König Lear‹ (1950) und Prospero in ›Der Sturm‹ (1957); inszenierte u. a. ›Macbeth‹ (1951)

und ›Was ihr wollt‹ (1955). Zu seinen unvergeßlichen Rollen in den sechziger und siebziger Jahren zählen: Titelrolle in Shakespeares ›Othello‹ (1961, Royal Shakespeare Company); Gajew in Tschechows ›Der Kirschgarten‹ (1961, Aldwych Theatre); Julian in Albees ›Tiny Alice‹ (1964, New York); Titelrolle in Senecas ›Ödipus‹ (1968, Nationaltheater London, R. Peter Brook); Cäsar in Shaws ›Cäsar und Cleopatra‹ (1971, Chichester Festival); wieder Prospero in Shakespeares ›Der Sturm‹ (1974, Nationaltheater London, R. Peter Hall); Spooner in Pinters ›Niemandsland‹ (UA 1975, ebenda, mit Ralph Richardson, R. Hall); außerdem zahlreiche Auslandsgastspiele. Nach einer fast zehnjährigen Theaterpause kehrte er 1988 wieder auf die Bühne zurück – als Sydney Cockerell in Hugh Whitemores ›The Best of Friends‹ (Apollo Theatre). Gielgud, ein Meister der Sprechtechnik und der subtilen Menschenzeichnung, zählt neben Laurence Olivier und Ralph Richardson zu den bedeutendsten Darstellern des englischen Theaters. Fritz Thorn schrieb: »Gielgud war ›schön‹ als junger Mann, und er bewegt sich noch im Alter mit unbeschreiblicher Grazie. Er hatte und bewahrte die edelste aller Sprechstimmen im englischen Theater und spricht Verse mit solcher Klarheit, daß ihre innere Logik die lyrische Form zu rechtfertigen scheint. Nichts ist Ornament, alles ist Aussage.« (›SZ‹, 14./15. 4. 1984) Gielgud war auch in verschiedenen Filmen zu sehen, u. a.: Cassius in ›Julius Caesar‹ (1953, R. Joseph L. Mankiewicz); Butler in ›Arthur‹ (1981); Titelrollen in Andrzej Wajdas ›Der Dirigent‹ (1981) und in Peter Greenaways ›Prosperos Bücher‹ (1991, nach Shakespeares ›Sturm‹).
Literatur: J. Gielgud: Early Stages. London 1939; ders.: Stage Directions. London 1965; ders.: An actor and his time. In collab. with J. Miller und J. Powell. Harmondsworth 1981; R. Hayman: John Gielgud. London 1971.

Giesing, Dieter, geb. 21. 5. 1934 in Memel. Regisseur. Studium der Romanistik, Germanistik und Kunstgeschichte in Tübingen und München; Leiter der Tübinger Studentenbühne. 1961 Regieassistent an den Münchner Kammerspielen bei Erwin Piscator und Hans Schweikart. 1964 gab er ein bemerkenswertes Regiedebüt mit Pinters ›Kollektion‹ im Werkraum der Kammerspiele. Es folgten dort weitere erfolgreiche Inszenierungen, darunter Pinters ›Heimkehr‹ und Mrozeks ›Tango‹ (beide 1966); 1967 Preis zur Förderung der interpretierenden Kunst. 1968–1971 Oberspielleiter an den Münchner Kammerspielen (unter August Everding); Inszenierungen u. a.: Ibsens ›Hedda Gabler‹ (1968, mit Ingrid Andree); Pinters ›Die Geburtstagsfeier‹ (1969); Feydeaus ›Die Dame vom Maxim‹ (1970); Wedekinds ›Der Marquis von Keith‹ (1970); Sternheims ›Bürger Schippel‹ (1971, mit Klaus Löwitsch); am Thalia Theater Hamburg: Wedekinds ›Lulu‹ (1971, mit Andree); am Schauspielhaus Zürich: Storeys ›Home‹ (1972); darüber Benjamin Henrichs: »Zweifellos kommt ›Home‹ den Talenten Giesings sehr entgegen. Man weiß, daß er ein Regisseur glänzend organisierter Abläufe ist – verblüffende Einsichten über Figuren vermitteln seine Inszenierungen nur selten. Dies – der Mangel an realistischer Phantasie – neutralisiert viele Szenen bei Giesing zu steriler, wesenloser Schönheit. In einem Stück aber, das nur Oberflächen (Sprache, Haltungen), nicht aber deren psychologische Begründungen zeigt, werden die Schwächen Giesings (die vielleicht auch nur Skrupel sind) zu direkten, positiven Qualitäten. Wer wissen wollte, welchen Platz denn nun Giesing in der Theatergeschichte einnehmen wird (. . .): ihm gab die Zürcher Aufführung keine Auskunft. Wohl aber bewies sie erneut: Intelligenz und Können eines Theatermanns.« (›SZ‹, 10. 1. 1972) 1972–1976 Oberspielleiter am Schauspielhaus Hamburg bei Ivan Nagel; Inszenierungen u.a.: Brecht/Weills ›Die Dreigroschenoper‹ (1972); Vitracs ›Victor oder Die Kinder an der Macht‹ (1972); Gorkis ›Die Barbaren‹ (1972); Sternheims ›1913‹ (1973, mit Werner Hinz); Mißfolg mit Bonds ›Die See‹ (DE 1973, mit Marianne Hoppe); Tschechows ›Die Möwe‹ (1974). Seit 1976 arbeitet er als freier Regisseur (meist mit Hans Michael Rehberg in tragenden Rollen), u. a. wieder am

Gillar 210

Hamburger Schauspielhaus: Kipphardts ›In der Sache J. Robert Oppenheimer‹ (1977; 1981 am Münchner Residenztheater); Strauß’ ›Trilogie des Wiedersehens‹ (UA 1977). Am Münchner Residenztheater u. a.: Horváths ›Geschichten aus dem Wiener Wald‹ (1978); Kipphardts ›Bruder Eichmann‹ (UA 1983); Strauß’ ›Bekannte Gesichter, gemischte Gefühle‹ (1983). Am Burgtheater Wien u. a.: Wedekinds ›Frühlings Erwachen‹ (1980) und ›Musik‹ (1985, mit Susanne Lothar); Lars Noréns ›Dämonen‹ (1985); Hares ›Geheime Verzückung‹ (DE 1989); Babels ›Sonnenuntergang‹ (1993): »Es gelingt dem Regisseur Dieter Giesing, die ganze Vielschichtigkeit dieses selten gespielten Stücks ebenso kraftvoll wie behutsam zum Vorschein zu bringen – die leuchtend-bunte Oberfläche und alles Tiefersitzende, Abseitige, Nächtige. Giesing inszeniert den Reichtum und die vitale Farbigkeit des Ostjudentums – samt Rebbe, Schammes und Schadchen. (...) Und Giesing läßt immer auch den archetypischen Konflikt, den Menschheitsmythos mit durchschimmern, den uranoshaften Göttersturz, den Urfrevel – den Urmord der Urhorde am Urvater.« (Sigrid Löffler, ›Theater heute‹, Heft 6, 1993) Am Schauspielhaus Zürich u. a.: Molières ›Tartuffe‹ (1989). Ferner inszenierte er die Ayckbourn-Stücke ›Familiengeschäfte‹ (DE 1988, Staatstheater Stuttgart) und ›Der Held des Tages‹ (DE 1990, Schauspielhaus Hamburg) sowie Stücke von David Mamet: ›Hanglage Meerblick‹ (1986, Stuttgart; Doppelaufführung mit Pinters ›Noch einen letzten‹); ›Die Gunst der Stunde‹ (DE 1988, Freie Volksbühne Berlin); ›Oleanna‹ (DE 1993, Akademietheater Wien, mit Susanne Lothar und Ulrich Mühe). Drei Giesing-Inszenierungen wurden zum Berliner Theatertreffen eingeladen: 1985 Lars Noréns ›Dämonen‹ (Burgtheater Wien), 1986 David Mamets ›Hanglage Meerblick‹ (Staatstheater Stuttgart), 1994 Isaak Babels ›Sonnenuntergang‹ (Akademietheater Wien).

Gillar, Jaroslav, geb. 1942 in Jaromer (ČSSR). Regisseur. Studium der Theaterwissenschaften an der Karls-Universität in Prag. Künstlerischer Leiter der Schauspielgruppe des Theaters am Geländer in Prag; Gastregisseur am Nationaltheater Prag (Opernhaus). Teilnahme an Theaterfestivals in Paris, London, Helsinki, Venedig, Belgrad und Berlin sowie an den Berner Kunstwochen und den Zürcher Junifestwochen (1970 und 1972). Zahlreiche Gastinszenierungen in Bern, Zürich, Hamburg, Helsinki; auch Fernsehfilme, Drehbücher und eigene Theaterstücke. Von 1983 bis 1988 Hausregisseur am Stadttheater St. Gallen.

Ginsberg, Ernst, geb. 1. 2. 1904 in Berlin, gest. 3. 12. 1964 in Zürich. Schauspieler und Regisseur. Nach nur wenigen Wochen Schauspielunterricht Engagement bei der jugendbewegten Holtorf-Truppe in Heide/Holstein. 1925/26 spielte er an den Münchner Kammerspielen u. a. den Wurm in Schillers ›Kabale und Liebe‹ und den Orest in Goethes ›Iphigenie auf Tauris‹. 1926–1928 am Düsseldorfer Schauspielhaus u. a.: Mortimer in Schillers ›Maria Stuart‹; Paulus in Werfels ›Paulus unter den Juden‹. 1928–1932 in Berlin (Volksbühne, Theater am Schiffbauerdamm, Deutsches Theater); machte hier in kleineren Rollen auf sich aufmerksam, u. a. als Goldenring in Ehm Welks ›Kreuzabnahme‹ (1929) und als Octavius in Shakespeares ›Antonius und Cleopatra‹ (1931, R. Heinz Hilpert). Herbert Ihering schrieb 1932 über den Schauspieler: »Ernst Ginsberg ist einer der sichersten Ensemblespieler der deutschen Bühne. Ein Schauspieler, der den Dialog glänzend disponiert und durchfeilt. (Manchmal fast zuviel.) Ein Darsteller, der immer von der Solidität des Handwerks ausgeht, ohne originelle Faxereien. Ein Gewinn für jedes Theater. Eine Stütze des Zusammenspiels. Ein Schauspieler, der nie Rätsel aufgibt, der stets die Rolle klarmacht und übersichtlich geordnet vor dem Zuschauer ausbreitet und zusammenhält.« (›Von Reinhardt bis Brecht‹, S. 21) 1932/33 wechselte er an das Landestheater Darmstadt, wo er u. a. den Geßler in Schillers ›Wilhelm Tell‹ spielte. 1933 Entlassung und Emigration; gehörte nun bis 1962 zum Schauspielhaus Zürich. Rollen u. a.: Franz Moor in Schillers ›Die Räuber‹ und Titelrolle in ›Don Carlos‹;

Dauphin in Shaws ›Die heilige Johanna‹; Titelrolle in Shakespeares ›Hamlet‹; Mephisto in beiden Teilen von Goethes ›Faust‹; Ubbelohe in Dürrenmatts ›Die Ehe des Herrn Mississippi‹; Alceste in Molières ›Der Misanthrop‹. Von 1946 bis 1950 arbeitete er außerdem in Basel; von 1952 bis 1961 auch am Staatsschauspiel München; außerdem bei den Salzburger Festspielen (Teufel im ›Jedermann‹). Unter der Regie von Erwin Piscator spielte er Rolands ›Robespierre‹ (1963, Freie Volksbühne Berlin). Ginsberg inszenierte auch selber, u. a. Dürrenmatts ›Der Blinde‹ und ›Romulus der Große‹ (UA 1949) sowie Stücke von Shakespeare, Schiller, Molière. Ginsberg, von der Jugendbewegung beeinflußt und politisch linksstehend, galt als ein technisch perfekter und außergewöhnlich intelligenter Schauspieler. Zu seinen wichtigsten Rollen zählten der Mephisto und die Figuren in den Stücken Molières.
Literatur: E. Ginsberg: Abschied. Erinnerungen, Theateraufsätze, Gedichte. Hrsg. v. E. Brock-Sulzer. Zürich 1965; H. Ihering: Von Reinhardt bis Brecht. Bd. III, 1930–1932. Berlin 1961; E. Brock-Sulzer: Ernst Ginsberg. Velber 1963 u. Zürich 1965.

Giraudoux, Jean, geb. 29. 10. 1882 in Bellac, gest. 31. 1. 1944 in Paris. Französischer Dramatiker und Erzähler. Giraudoux studierte Germanistik (1903/04); als Stipendiat 1905 Erzieher im Haus des Herzogs von Sachsen-Meiningen in Deutschland; 1906 schrieb er für den Pariser ›Matin‹; von 1910 an im diplomatischen Dienst und literarische Tätigkeit. Giraudoux veröffentlichte ohne viel Erfolg Novellen und Romane, bis ihm mit seinem ersten Stück ›Siegfried‹ (1928, R. Louis Jouvet) der Durchbruch gelang; erfreut sich seither durch seine Lustspiele wie auch seine Tragödien beim Publikum einer fast ununterbrochenen, großen Beliebtheit. Giraudoux gehört zu den bedeutendsten modernen Dramatikern Europas. Seine Vorlagen waren antike Mythen, biblische Geschichten und Handlungen anderer Autoren. Sein Stil voller Witz, Anmut und Phantasie faszinierte die Zuschauer, die er aus seiner mittelmäßigen Alltäglichkeit

herausholen wollte. »Einfälle, bezaubernde, durchwachsen dies alles. (. . .) Er zeigt wieder, daß man (. . .) auch das Ernsteste lustig, das Tiefste verständlich, das Physische fast gewichtfrei äußern kann (. . .). Wenn man unsere ganze neuere Dramatik auf den Kopf stellt, schwenkt, stößt, pufft, schüttelt: so fällt kein Werk von ähnlich überlegener Geistigkeit, von solcher Durcharbeitung, Anmut und holder Ballung heraus. Hier schafft noch einmal jemand, der die Ulkfähigkeit eines Volks zusammenholt, sie steigert; der nicht nur reizvoll ist, wie etwa vormals Maurice Donny, sondern eben nachdenklich dabei.« (Kerr, Kritik zu ›Amphitryon 38‹. 17. 1. 1931. In: Mit Schleuder und Harfe, München 1985) Giraudoux wurde in Deutschland nach 1945 viel gespielt, seit den sechziger Jahren seltener.
Weitere Stücke: ›Der trojanische Krieg findet nicht statt‹ (1935); ›Elektra‹ (1937); ›Die Irre von Chaillot‹ (1945).
Literatur: G. Fink: Giraudoux. Glück und Tragik. Diss. Basel 1947; H.M.Sörensen: Le théâtre de J. Giraudoux. Kopenhagen 1950; G. Meister: Gestalt und Bedeutung der Frau im Werk J. Giraudoux' Diss. Basel 1951; G. Hessler: Die doppelte Moral im Werke Giraudoux. Berlin 1956.

Giskes, Heinrich, geb. 3. 4. 1946 in Krefeld. Schauspieler und Regisseur. Verließ das Gymnasium vor dem Abitur; Schauspielausbildung in Zürich und Berlin. Peter Zadek engagierte ihn als Barry für seine Bond-Inszenierung ›Gerettet‹ (1968, Freie Volksbühne Berlin). 1968/69 Engagement an den Münchner Kammerspielen, wo er in Weiss' ›Vietnam Diskurs‹ erstmals mit Peter Stein arbeitete (1968); außerdem: Rovo in Sperrs ›Jagdszenen aus Niederbayern‹ (1969, R. Ulrich Heising). Danach arbeitete er mit Stein am Schauspielhaus Zürich in Bonds ›Trauer zu früh‹ (DE 1969, mit Bruno Ganz, Edith Clever, Jutta Lampe). 1970/71 und 1974 gehörte er zu Steins Ensemble an der 1970 gegründeten Schaubühne am Halleschen Ufer Berlin: Sohn in Gorki/Brechts ›Die Mutter‹ (1970, Steins Eröffnungsinszenierung, mit Therese Giehse); Peer Nr. 1 in Ibsens ›Peer Gynt‹ (1971, R. Stein); 1974 spielte er in

Glatzeder

beiden Teilen des ›Antiken-Projekts‹ (R. Stein/Klaus Michael Grüber). 1972 sah man ihn in den Bochumer Zadek-Inszenierungen: Pinneberg in Dorst/Zadeks ›Kleiner Mann, was nun?‹ (nach Fallada, mit Hannelore Hoger); Bassanio in Shakespeares ›Der Kaufmann von Venedig‹ (mit Hans Mahnke). Außerdem unter Zadeks Regie: Soldat in Behans ›Die Geisel‹ (1975, Freie Volksbühne Berlin); Jago in Shakespeares ›Othello‹ (1976, Schauspielhaus Hamburg, mit Ulrich Wildgruber); Georg Hensel schrieb:»Heinrich Giskes, dem Hamburger Jago, fällt alles scheinbar mühelos zu: ein lässiger, gutgelaunter Satan mit mephistophelischer Hahnenfeder am Offizierskäppi, ein Seelenmörder mit dem Charme eines Liebhabers. Er allein, gegen den Stil des Ensembles gestellt, hält mit seiner altmodischen Spielweise die Aufführung zusammen: Ohne ihn zerfiele sie in isolierte Gags.« (›FAZ‹, 27. 9. 1976) Weitere Rollen am Hamburger Schauspielhaus, wo er bis 1979 engagiert war (unter der Intendanz Ivan Nagels): Flieger in Brechts ›Der gute Mensch von Sezuan‹ (1977, R. Giorgio Strehler); Titelrollen in Kleists ›Prinz Friedrich von Homburg‹ und Brechts ›Fatzer‹ (1978, Doppelprojekt, R. Manfred Karge/Matthias Langhoff); Jimmy Porter in Osbornes ›Blick zurück im Zorn‹ (1978, R. Arie Zinger). 1980–1991 Engagement am Schauspiel Frankfurt; dort u. a.: Titelrolle in Büchners ›Dantons Tod‹ (1980, R. Johannes Schaaf); Kowalski in Williams' ›Endstation Sehnsucht‹ (1984, R. Adolf Dresen); Gregers in Ibsens ›Die Wildente‹ (1987, R. Michael Gruner); Alfred in Horváths ›Geschichten aus dem Wiener Wald‹ (1991, R. Fred Berndt); außerdem in Inszenierungen von Horst Dankler und Einar Schleef. Gastspiele u. a. in Bonn (1984/85); am Theater in der Josefstadt Wien: Dave in Doris Lessings ›Spiel mit dem Tiger‹ (1988, R. Klaus Emmerich); am Staatstheater Hannover: Anselm in Musils ›Die Schwärmer‹ (1989/90, R. Gerd Heinz). Seit 1991 arbeitet er freiberuflich, u. a. am Schauspielhaus Düsseldorf: Prochor in Gorkis ›Wassa Schelesnowa‹ (1993, R. Fred Berndt). Seit Anfang der achtziger Jahre auch eigene Inszenierungen, u. a. Dorsts ›Ameley‹ (DE 1982), Strauß' ›Kalldewey, Farce‹ und Goethes ›Stella‹ (1984, alle Frankfurt). Wichtigste Filmrolle: Kleist in Helma Sanders ›Heinrich‹ (1977).

Glatzeder, Winfried, geb. 26. 4. 1945 in Zoppot (bei Danzig). Schauspieler. Nach dem Abitur Ausbildung zum Maschinenbaufacharbeiter. 1965–1969 Studium an der Deutschen Hochschule für Filmkunst in Potsdam-Babelsberg (u. a. bei Fritz Marquardt und B. K. Tragelehn); Abschluß 1969 mit einer Diplomarbeit über die Gestalt des Clowns. 1969–1971 Engagement am Hans-Otto-Theater in Potsdam; spielte u. a. den Probstein in Shakespeare/Müllers ›Wie es euch gefällt‹ (1969, R. Tragelehn). 1971–1982 Engagement an der Ostberliner Volksbühne; dort Zusammenarbeit mit Benno Besson: Flieger Sun in Brechts ›Der gute Mensch von Sezuan‹ (1971); Jacques in Shakespeares ›Wie es euch gefällt‹ (1977). Mit Marquardt arbeitete er in Heiner Müllers ›Weiberkomödie‹ (1971) und ›Die Bauern‹ (UA 1975) zusammen, spielte außerdem den Oronte in Molières ›Der Misanthrop‹. Unter der Regie von Manfred Karge: Merken in Goethes ›Der Bürgergeneral‹ (1977). Bekannt wurde Glatzeder in der DDR vor allem durch Film und Fernsehen. Er wirkte in mehr als 20 Filmen mit, darunter: ›Die Legende von Paul und Paula‹ (1972, Buch: Ulrich Plenzdorf); ›Till Eulenspiegel‹ (1973); ›Die Flucht‹ (1976); ›Die Kolonie‹ (1980). 1982 Ausreise in die Bundesrepublik, wo er sich zunächst der Film- und Fernseharbeit verschrieb. Filmrollen hatte er u. a. in ›Vergeßt Mozart‹ (1985, R. Slavo Luther) und in Margarethe von Trottas ›Die Geduld der Rosa Luxemburg‹ (1985). Im Fernsehen u. a.: ›Bali‹ (1983/84); ›Heirat nicht ausgeschlossen‹ (1985); ›Brücke am schwarzen Fluß‹ (1986). Seit 1987 auch wieder Bühnenrollen, u. a. in Düsseldorf: Malvolio in Shakespeares ›Was ihr wollt‹ (1987) und Sganarell in Müllers Molière-Bearbeitung ›Don Juan‹ (1988, R. jeweils Tragelehn); Clov in Becketts ›Endspiel‹ (1991, R. Herbert König):»Winfried Glatzeder [macht] auf komische Weise eine traurige Figur. Ein Buster Keaton, der mit starrem Gesicht vom Schrecken draußen in der Welt erzählt.« (Christian Thomas, ›SZ‹, 16. 10. 1991)

Glittenberg, Marianne, geb. 1. 1. 1943 in Gumbinnen, Ostpreußen. Kostümbildnerin. 1963–1969 Studium der Germanistik, Musikwissenschaft und Religionsphilosophie. Wurde 1976 von Wilfried Minks ans Theater geholt und entwarf die Kostüme für dessen Inszenierung von Genets ›Der Balkon‹ am Schauspielhaus Bochum. Seither ist sie freischaffend tätig, meist in Produktionen, in denen ihr Mann, Rolf Glittenberg, die Bühne ausstattet. Sie entwarf u. a. die Kostüme für Inszenierungen von Luc Bondy: Bergs ›Lulu‹ (1978, Staatsoper Hamburg); Becketts ›Glückliche Tage‹ (1980, Schauspiel Köln); Gombrowicz’ ›Yvonne, Prinzessin von Burgund‹ (1980, Köln); Bergs ›Wozzeck‹ (1981, Staatsoper Hamburg); Shakespeares ›Macbeth‹ (1982, Köln). Kostüme für Inszenierungen von Arie Zinger u. a.: An-Skis ›Der Dybbuk‹ (1979, Schauspielhaus Hamburg); Fraynes ›Wilder Honig‹ (1985, Staatstheater Stuttgart). Seit den achtziger Jahren regelmäßige Mitarbeit bei Inszenierungen von Jürgen Flimm, darunter: Offenbachs ›Hoffmanns Erzählungen‹ (1981, Staatsoper Hamburg); Lessings ›Minna von Barnhelm‹ (1982, Schauspielhaus Zürich); Tschechows ›Der Kirschgarten‹ (1983, Schauspiel Köln); Schillers ›Die Jungfrau von Orleans‹ (1985, ebenda); Ibsens ›Peer Gynt‹ (1985, Thalia Theater Hamburg); Shakespeares ›Hamlet‹ (1986, ebenda); Raimunds ›Der Bauer als Millionär‹ (1987) und Nestroys ›Das Mädl aus der Vorstadt‹ (1989, jeweils Salzburger Festspiele); Hebbels ›Die Nibelungen‹ (1988, Thalia Theater); Shakespeares ›Was ihr wollt‹ (1991, ebenda); Beethovens ›Fidelio‹ (1992, Zürich); Pohls ›Die schöne Fremde‹ (1993, Thalia Theater).

Glittenberg, Rolf, geb. 27. 7. 1945 in Melle. Bühnenbildner. Studium bei Teo Otto und Wilfried Minks. Seit 1979 Professor für Bühnenbild in Köln. Engagements u. a. in München, Hamburg, Bochum, Köln, Zürich und an der Oper Frankfurt. Arbeitet meist im Team mit seiner Frau, der Kostümbildnerin Marianne

Glittenberg. Entwarf häufig die Bühnenbilder für Inszenierungen von Luc Bondy, u. a.: Bonds ›Die See‹ (1973, Residenztheater München); Ibsens ›Gespenster‹ (1977, Schauspielhaus Hamburg); Bergs ›Lulu‹ (1978, Staatsoper Hamburg); Bekketts ›Glückliche Tage‹ (1980, Schauspiel Köln); Gombrowicz’ ›Yvonne, Prinzessin von Burgund‹ (1980, ebenda); Bergs ›Wozzeck‹ (1981, Staatsoper Hamburg); Shakespeares ›Macbeth‹ (1982, Köln). Er arbeitete u. a. mit den Regisseuren Arie Zinger, Dieter Giesing, Niels-Peter Rudolph und Johannes Schaaf; u. a. in An-Skis ›Der Dybbuk‹ (1979, Schauspielhaus Hamburg, R. Zinger), Eliots ›Die Cocktail-Party‹ (1987, Residenztheater München, R. Rudolph) und in Mozarts ›Die Zauberflöte‹ (1991, Salzburger Festspiele, R. Schaaf).

Seit 1986 ist er Ausstattungsleiter bei Jürgen Flimm am Hamburger Thalia Theater. Mit Flimm arbeitet Glittenberg schon seit Mitte der siebziger Jahre zusammen, u. a. in: ›Der Untertan‹ (1977, Schauspielhaus Bochum, nach Heinrich Mann); Kleists ›Das Käthchen von Heilbronn‹ (1979, Schauspiel Köln); Brechts ›Baal‹ (1981, ebenda); Offenbachs ›Hoffmanns Erzählungen‹ (1981, Staatsoper Hamburg): »Rolf Glittenberg hat einen seiner hohen Räume mit den Schießscharten für den Einfall von Licht gebaut, diesmal mit einer Wendung ins Klinische. Ein riesiges Fenster öffnet ihn nach hinten. Überlebensgroße Zeichnungen E. T. A. Hoffmanns, Manuskriptreste, Glasvitrinen, (...) all das deutet auf Spurensicherung und literarischmusikalische Bestandsaufnahme, aber auch auf die Säle der Pathologie, auf eine Versuchsstation, in der die Figuren der Phantasie ihre Überlebenskraft beweisen müssen.« (Werner Burkhardt, ›SZ‹, 27. 5. 1981); Lessings ›Minna von Barnhelm‹ (1982, Schauspielhaus Zürich); Tschechows ›Der Kirschgarten‹ (1983, Köln); Schillers ›Die Jungfrau von Orleans‹ (1985, ebenda); Ibsens ›Peer Gynt‹ (1985, Thalia Theater Hamburg); Shakespeares ›Hamlet‹ (1986, ebenda); Raimunds ›Der Bauer als Millionär‹ (1987, Salzburger Festspiele); Nestroys ›Das Mädl aus der Vorstadt‹ (1989, ebenda): »Die Räume

Glowna

sind zauberhaft, so schön, daß selbst die Nähstube von Madame Storch, ein langer schmaler Zimmerschlauch, beklebt mit vielen bedruckten Tapetenresten, sich noch hübsch macht. Das Antichambre bei der vornehmen Frau von Erbsenstein (...) kann mondäner und geschmackvoller wohl kein anderer Bühnenbildner gestalten.« (C. Bernd Sucher, ›SZ‹, 11. 8. 1989); Büchners ›Woyzeck‹ (1990, Thalia Theater); Mozarts ›Così fan tutte‹ (1990, Amsterdam); Shakespeares ›Was ihr wollt‹ (1991, Thalia Theater); Beethovens ›Fidelio‹ (1992, Zürich); Pohls ›Die schöne Fremde‹ (1993, Thalia Theater).

Glowna, Vadim, geb. 26. 9. 1941 in Eutin. Schauspieler und Regisseur. Aufgewachsen in Hamburg. Nach einem abgebrochenen Theologiestudium arbeitete er als Seemann, Hotelboy, Schlagzeuger und Taxifahrer, um seine Schauspielausbildung bei Hildgurd Frese zu finanzieren. Von 1961 bis 1963 spielte er unter Gustaf Gründgens am Deutschen Schauspielhaus Hamburg. 1963–1968 Engagement am Bremer Theater bei Kurt Hübner; spielte hier unter der Regie von Peter Zadek den Melchior in Wedekinds ›Frühlings Erwachen‹ (1965) und den Karl Moor in Schillers ›Die Räuber‹ (1966). Ferner u. a.: Abram in Sperrs ›Jagdszenen aus Niederbayern‹ (UA 1966, R. Rolf Becker); Leonce in Büchners ›Leonce und Lena‹. 1970/71 an den Münchner Kammerspielen u. a.: Stolzius in Lenz/Kipphardts ›Die Soldaten‹ (UA 1970, R. Heinar Kipphardt); Gouverneur in Biermanns ›Der Dra-Dra‹ (UA 1971, R. Hansgünther Heyme); Luther in Fortes ›Martin Luther & Thomas Münzer oder Die Einführung der Buchhaltung‹ (1971, R. Paul Verhoeven). 1972/73 wieder am Hamburger Schauspielhaus; spielte u. a. den Vindice in Tourneurs ›Tragödie der Rächer‹ (1972, R. Claus Peymann) und die beiden Herzöge in Shakespeares ›Wie es euch gefällt‹ (1972, R. Niels-Peter Rudolph). Mit Ann Jellicoes ›Was ist an Tolen so sexy?‹ gab er 1973 in Hamburg sein Regiedebüt; seither kaum mehr Theaterarbeit. Filmrollen hatte er u. a. in Sam Peckinpahs ›Steiner – Das Eiserne Kreuz‹ (1976), in der Böll-Verfilmung ›Gruppen-

bild mit Dame‹ (1977), in Maximilian Schells ›Geschichten aus dem Wiener Wald‹ (nach Horváth, 1978), in dem Autorenfilm ›Deutschland im Herbst‹ (1978) sowie in Taverniers ›Death Watch – Der gekaufte Tod‹ (1979). In Fernsehproduktionen arbeitete er u. a. mit den Regisseuren Wolfgang Staudte, Jürgen Flimm und George Tabori zusammen. 1981 sah man ihn in Egon Günthers Verfilmung von Feuchtwangers ›Exil‹; 1983 als ›Blaubart‹ (nach Max Frisch); 1985 als Oberstudienrat Halm in ›Ein fliehendes Pferd‹ (nach Walser). Erster eigener Spielfilm: ›Desperado City‹ (1981); es folgten ›Das rigorose Leben‹ (1983) und ›Des Teufels Paradies‹ (1989).

Gmelin, Gerda, geb. 23. 6. 1919 in Braunschweig. Schauspielerin, Regisseurin und Intendantin. Tochter des Schauspielers und späteren Theaterleiters Helmuth Gmelin. Nach der Mittleren Reife besuchte sie von 1937 bis 1939 die Schauspielschule im Hamburger Schauspielhaus. Erstes Engagement an den Landesbühnen Rheinland-Pfalz in Koblenz, an die sie nach einer durch den Krieg bedingten Berufspause 1950 zurückkehrte. 1955 wechselte sie an das Hamburger Theater im Zimmer, das ihr Vater 1948 gegründet hatte. Nach dem Tod Helmuth Gmelins im Oktober 1959 übernahm sie selbst die Leitung der Bühne. Rollen u. a.: Anna Mos in Hauptmanns ›Einsame Menschen‹ (1957); Madeleine in Ionescos ›Amédée oder Wie wird man ihn los‹ (1960); Martha in Camus' ›Das Mißverständnis‹ (1964); Miss P. Puffy-Picque in Billetdoux' ›Tschin Tschin‹ (1965); Linda in Millers ›Der Tod des Handlungsreisenden‹ (1968); Winnie in Becketts ›Glückliche Tage‹ (1968); Meg in Pinters ›Die Geburtstagsfeier‹ (1970); Die Frau in Kohouts ›Krieg im dritten Stock‹ (1972); Kathrin in Ortons ›Seid nett zu Mr. Sloane‹ (1975); Marie in O'Neills ›Eines langen Tages Reise in die Nacht‹ (1982); Tramp Davies in Pinters ›Der Hausmeister‹ (1984); Werner Burkhardt schrieb: »Wenn Gerda Gmelin sich in den purpurnen Morgenmantel hüllt, pfauengleich, wie eine groteske Diva in der Bude auf und ab schreitet; wenn der nörgelnde Tramp sich dem Typ ›zänkische Alte‹ nähert und die Unbehausten vom Zauber der Häuslichkeit schwärmen, entdeckt man staunend, wie viel weibliche Züge diese Pinterschen Macho-Typen tragen. (. . .) Gerda Gmelin mischt aus nervender Herablassung, Clowns-Groteske und steinerner Einsamkeit eine bannende Figur.« (›Theater heute‹, Heft 12, 1984) Zahlreiche eigene Inszenierungen; häufig auch Fernseharbeit. Sie wirkte u. a. in dem Film ›Randale‹ mit (1983, mit Angelica Domröse).

Gobert, Boy, geb. 5. 6. 1925 in Hamburg, gest. 30. 5. 1986 in Wien. Schauspieler, Regisseur und Intendant. Schauspielunterricht bei Helmuth Gmelin, in dessen Hamburger Theater im Zimmer er 1947 sein Debüt gab (als Oswald in Ibsens ›Gespenster‹). Es folgten Verpflichtungen am Theater in Karlsruhe (1947–1950), an den Fritz-Rémond-Bühnen in Frankfurt (1950–1952), an den Städtischen Bühnen Frankfurt (1953/54) und am Schauspielhaus Hamburg (1954/55); außerdem Gastspiele und Filmarbeit. Am Schauspielhaus Zürich: Eisenring in Max Frischs ›Biedermann und die Brandstifter‹ (UA 1958). 1960–1969 Engagement am Wiener Burgtheater; dort u. a.: Neuhoff in Hofmannsthals ›Der Schwierige‹ (1960); Malvolio in Shakespeares ›Was ihr wollt‹ (1960); Thomas Becket in Frys ›König Kurzrock‹ (1961); Sosias in Kleists ›Amphitryon‹ (1963); Franz Moor in Schillers ›Die Räuber‹ (1965). Am Renaissancetheater Berlin spielte er 1964 die Titelrolle in Sternheims ›Der Snob‹ (R. Rudolf Noelte). Die Snobs und Dandys verkörperte der »Sunny-Boy« häufig auch im Film. Rollen hatte er u. a. in ›Meine Kinder und ich‹ (1955), ›Der Mustergatte‹ (1956), ›Monpti‹ (1957), ›Der Rest ist Schweigen‹ (1959) und ›Kriminaltango‹ (1960). Von 1969 bis 1980 war er Intendant am Hamburger Thalia Theater, »wo er mit der steigenden Gunst, ja, der Liebe des Publikums den Vielfach-Gobert glanzvoll hervorkehrte« (Sibylle Wirsing, ›FAZ‹, 31. 5. 1986). Gobert war als Direktor, Schauspieler und Regisseur gleichermaßen erfolgreich. Einen »Theaterkönig« nannte ihn Friedrich Luft. In Inszenierungen von Hans Hollmann spielte er die Shakespeare-Helden ›Richard III.‹ (1972/73) und ›Coriolan‹ (1977). Umjubelt wurde er vor allem als Rostands ›Cyrano de Bergerac‹ (1975/76; auch im Fernsehen). Gobert holte die Regisseure Jürgen Flimm, Hans Neuenfels und Peter Zadek an sein Haus. Er selbst inszenierte u. a. Shaws ›Haus Herzenstod‹ (1971) und Schillers ›Maria Stuart‹ (1974/75). Seinen Abschied gab er 1980 als Mephisto in beiden Teilen von Goethes ›Faust‹ (R. Hans Hollmann). Mit Beginn der Spielzeit 1980/81 übernahm er die schwierige Leitung der Staatlichen Schauspielbühnen Berlin (als Nachfolger von Hans Lietzau). Er arbeitete wieder mit Zadek und Neuenfels und führte auch selbst Regie, u. a. in Zuckmayers ›Der Hauptmann von Köpenick‹. Als Schauspieler brillierte er vor allem als Salieri in Shaffers ›Amadeus‹ (1981). Trotz solcher Erfolge wurde er als Intendant zunehmend kritisiert. Verbitterung, als sein Fünf-Jahres-Vertrag 1985 nicht verlängert wurde. In der Titelrolle von Schillers ›Wallenstein‹ verabschiedete er sich aus Berlin (Nachfolger wurde Heribert Sasse). Gobert starb kurz vor Antritt seines neuen Postens als Direktor des Wiener Theaters in der Josefstadt an Herzversagen. In seinem Nachruf schrieb Friedrich Luft: »Er war, wenn es das überhaupt heute noch gibt, ein Liebling des Publikums, war von Natur aus ein Star. (. . .) Er hatte Gründgens-Töne.« (›Die Welt‹, 31. 6. 1986) Jürgen Flimm schrieb in der ›Zeit‹ (6. 6. 1986): »Boy. Der Name schien mir immer gut zu ihm zu passen. Hinter all dem vornehmen Gehabe (. . .) verbarg sich doch eine unsichere und fast kindliche Seele. Ein Junge war er für uns, seine Freunde, immer geblieben, mit einer fast traurig stimmenden, unstillbaren Sehnsucht nach Zuneigung und Anerkennung, nach Nähe und Liebe.«
Literatur: G. Blasche/E. Witt: Hamburger Thalia Theater. Boy Gobert. Hamburg 1980; H. Mainusch: Regie und Interpretation. Gespräche mit Regisseuren. München 1985.

Göbel, Heini (eigtl. Heinrich Göbel), geb. 15. 5. 1910 in Frankfurt a. M. Schauspieler. 1934–1936 Ausbildung an der Hochschule für Theater und Musik in Frankfurt a. M.;

Gönnenwein

216

erste Engagements in Gießen, Bremerhaven und Darmstadt. 1939–1948 Engagement am Deutschen Schauspielhaus Hamburg. Danach war er von 1948 bis 1956 am Bayerischen Staatsschauspiel München engagiert, wo er u.a. den Schreiber Licht in Kleists ›Der zerbrochne Krug‹ und den Truffaldino in Goldonis ›Der Diener zweier Herren‹ spielte. Von 1956 an gehörte er 16 Jahre lang zum Ensemble der Münchner Kammerspiele. Hier sah man ihn u.a. in Shakespeares ›Macbeth‹, Brechts ›Leben des Galilei‹ und ›Die Dreigroschenoper‹, in Horváths ›Glaube, Liebe, Hoffnung‹, Feydeaus ›Der Floh im Ohr‹, Henkels ›Eisenwichser‹ sowie in mehreren Dürrenmatt-Stücken. Kleinere Rollen hatte er außerdem in Amerys ›Ich stehe zur Verfügung‹ (1967), Wolf Biermanns ›Der Dra-Dra‹ (UA 1971, R. Hansgünther Heyme) und in Molières ›Don Juan‹ (1971, R. Oscar Fritz Schuh). 1973 kehrte er ans Bayerische Staatsschauspiel zurück, wo er bis Anfang der neunziger Jahre zum Ensemble gehörte. Rollen u.a.: Staatsrat in Bonds ›Lear‹ (1973); Schwiegervater in Labiches ›Der Florentinerhut‹ (1980); Pastor in Strindbergs ›Der Vater‹ (1980, R. Hans Lietzau); Kurator Priuli in Brechts ›Leben des Galilei‹ (1985); Diener in Gontscharow/Kroetz' ›Oblomow‹ (1989). In Tournee-Inszenierungen u.a.: Diener Victor in Dorins Komödie ›. . . na und?‹ (1990). Göbel ist ein findiger Charakterdarsteller mit besonderer Begabung für die kleinen, koboldischen, komischen Rollen. Er spielte in zahlreichen Filmen der fünfziger Jahre; mehrere Fernsehengagements.
Literatur: M. Faber/L. Weizert: . . . dann spielten sie wieder. Das Bayerische Staatsschauspiel 1946–1986. München 1986.

Gönnenwein, Wolfgang, geb. 29. 1. 1933 in Schwäbisch Hall. Dirigent, Musikpädagoge und Intendant. Studium der Musikwissenschaft und Germanistik in Heidelberg und Tübingen; Musiklehrer in Michelbach a.d. Bilz; übernahm 1959 die Leitung des Süddeutschen Madrigalchores. 1968 wurde er Professor für Chorleitung an der Stuttgarter Hochschule für Musik und darstellende Kunst, deren Rektor er von 1972 bis 1983 war. Seit 1972 Leitung

der Ludwigsburger Schloßfestspiele (heute: Internationale Festspiele Baden-Württemberg), für die er ein eigenes Orchester aufbaute; zahlreiche Gastspiele im Ausland. Gastdirigent in Nord- und Südamerika, Japan und China. 1985 übernahm er die Generalintendanz der Württembergischen Staatstheater Stuttgart; verpflichtete Ivan Nagel als Schauspieldirektor (bis 1988, danach Jürgen Bosse); Umbau des Barockschlosses auf der Stuttgarter Solitude zur Künstlerakademie (eröffnet im November 1990). Sein Freund und Förderer, der damalige baden-württembergische Ministerpräsident Lothar Späth, berief ihn 1988 als ehrenamtlichen Staatsrat in sein Kabinett, was vielfach kritisiert wurde. Zunehmende Kritik auch an Gönnenweins Führungsstil und seiner Entscheidung, das Stuttgarter Kammertheater zu schließen (Stuttgarter Theaterkrise, Rücktritt Jürgen Bosses). Im November 1992 trat Gönnenwein als Generalintendant zurück. (Kurz zuvor war sein Vertrag um vier Jahre verlängert worden.)

Goering, Reinhard, geb. 23. 6. 1887 Schloß Bieberstein bei Fulda, gest. 14. 10. 1936 Flur Bucha bei Jena (Selbstmord). Autor. Studium der Medizin. 1912 Heirat mit der Malerin H. Gurowitsch. Wegen Tuberkulose hielt sich Goering von 1914 bis 1918 in Davos auf; dort Niederschrift seiner Tragödie ›Seeschlacht‹ (1917), die ein Schlüsselstück des deutschen Expressionismus wurde (Kleistpreis 1918). »Die Besatzung im Panzerturm eines der Schlacht entgegenfahrenden deutschen Kriegsschiffes versperrt sich den über die tatsächliche Gebundenheit hinaus zumindest ethisch-moralische Erlösung verheißenden Formeln des fünften Matrosen, der mit dem Hinweis auf das, ›was sein kann zwischen Mensch und Mensch‹, einen Ausweg aus dem Wahnsinn des Krieges weisen möchte und schließlich selbst von der übermächtigen Wirklichkeit der Schlacht überwältigt und fortgerissen wird. (. . .) es geht lediglich um die Erlösung des Menschen aus dem selbstverschuldeten Verhängnis des Krieges, die ihn jedoch nicht nur als Zivilisten restituieren, sondern als Menschen schlechthin befreien

217

Goethe

soll.« (Horst Denkler, Drama des Expressionismus. München 1979)

Weitere Stücke: ›Der Erste‹ (1918); ›Der Zweite‹ (1919); ›Die Retter‹ (1919); ›Die Südpolexpedition des Kapitäns Scott‹ (1929); ›Prost Helga‹ (1930).
Literatur: A. Soergel: Dichtung und Dichter der Zeit. Bd.2. Leipzig 1921.

Goernemann, Rainer, geb. in Hamburg. Schauspieler. Ausbildung an der Schauspielschule Hamburg; debütierte 1971 am dortigen Schauspielhaus. 1973 am Stadttheater Bremerhaven: Titelrolle in Kleists ›Prinz Friedrich von Homburg‹. 1974–1977 Engagement am Theater der Stadt Essen; Rollen u.a.: Cecil in Fosters ›Elisabeth I.‹ (1974, R. Liviu Ciulei; auch im Fernsehen); Ferdinand in Schillers ›Kabale und Liebe‹ (1976); Frank Butler in Berlins ›Annie get your gun‹ (1977). Am Schauspielhaus Zürich sah man ihn als Karl-Heinz in Langes ›Frau von Kauenhofen‹ (1979, in eigener Regie); dieselbe Rolle spielte er 1980 auch am Münchner Staatsschauspiel (R. Rudolf Steinboeck). In Inszenierungen von Rudolf Noelte: Richard in Goethes ›Egmont‹ (1982, Düsseldorf); Malmenstein in Hauptmanns ›Schluck und Jau‹ (1983, Bonn; auch im Fernsehen). Weitere Rollen u.a.: Marchbanks in Shaws ›Candida‹ (1981, Tournee, R. Karl Heinz Stroux); Wegener in Bernhards ›Über allen Gipfeln ist Ruh‹ (1982, Freie Volksbühne Berlin, R. Kurt Hübner); Appiani in Lessings ›Emilia Galotti‹ (1984, Münchner Kammerspiele, R. Thomas Langhoff).

Goethe, Johann Wolfgang, geb. 28. 8. 1749 in Frankfurt a.M., gest. 22. 3. 1832 in Weimar. Regisseur, Intendant, Dichter, Dramatiker u.v.m. 1765–1768 Studium der Rechte in Leipzig; 1770/71 Studium in Straßburg und Promotion zum Lizentiaten der Rechte; Begegnung mit Johann Gottfried Herder, der ihn für Shakespeare begeistert; August 1771 Rückkehr nach Frankfurt und Zulassung als Rechtsanwalt; 1771–1775 »Frankfurter Geniezeit«: Unter dem Einfluß des Sturm und Drang entsteht der ›Urgötz‹ (erste Fassung 1771; 1832 aus dem Nachlaß veröffentlicht); zweite Fassung: ›Götz von Berlichingen mit der eisernen Hand‹ (1773; UA 1774 in Berlin durch die Truppe von Gottfried Heinrich Koch); die dritte Fassung bearbeitet Goethe 1804 für die Bühne in Weimar. Es folgen: ›Clavigo‹ (1774; UA 1774, Hamburg); ›Stella‹ (1775; UA 1776, Hamburg); ›Egmont‹ (begonnen 1775 in Frankfurt, beendet 1787 in Italien; UA 1789 in Mainz durch die Kochsche Truppe). November 1775 Ankunft in Weimar und Bekanntschaft mit Charlotte von Stein; 1776 Eintritt in den Weimarer Staatsdienst und Ernennung zum Geheimen Legationsrat; 1779 Leitung der Kriegs- und Wegebaukommission und Ernennung zum Geheimen Rat; 1776–1783 Mitarbeit am Weimarer Liebhabertheater als Schauspieler, Regisseur und Organisator. Rollen in eigenen Stücken: Alcest in ›Die Mitschuldigen‹ (UA 1777) und Orest in ›Iphigenie auf Tauris‹ (UA der Prosafassung 1779; Versfassung 1786). In den folgenden Jahren mehrere Reisen (Harz, Schweiz u.a.); 1785/86 in Karlsbad; 1786–1788 Italienreise. 1788 Entlastung von fast allen Regierungsgeschäften; September 1788 erstes Zusammentreffen mit Friedrich Schiller. 1791–1817 Leitung des Weimarer Hoftheaters (im Komödien- und Redoutenhaus): Zahlreiche Aufführungen publikumswirksamer Stücke von Iffland, Kotzebue und Schröder. Im Repertoire sind Singspiele und Opern ebenso stark vertreten wie Lust- und Trauerspiele, Sittengemälde und Märchen. Anfangs nur selten eigene Stücke: ›Der Groß-Cophta‹ (1791); ›Clavigo‹ (1792); ›Die Geschwister‹ (1792); ›Der Bürgergeneral‹ (1793); relativ wenige Shakespeare-Aufführungen; von Schiller spielt er u.a. ›Don Carlos‹ (1792). Im Sommer jährliche Gastspiele in Bad Lauchstädt, Erfurt und Rudolstadt. 1794 Beginn der Freundschaft mit Schiller. 1796 bearbeitet Schiller Goethes Drama ›Egmont‹ für das Gastspiel von August Wilhelm Iffland in Weimar; Ifflands reduzierte Spielweise wird wesentlich für Goethes »Weimarer Stil«: weg vom Sturm und Drang und Naturalismus hin zum »Idealischen«. Im Gegensatz zur Forderung nach Wahrheit und Natürlichkeit der Hamburger Schule (Friedrich Ludwig Schröder/Konrad Ekhof) strebte Goethe

Goetz

Schönheit, Harmonie und klassische Strenge an: Besonnenheit und ruhige, fast statische Haltung der Schauspieler, symmetrische Gruppierungen etc. Arbeit am Faust-Stoff: ›Faust, ein Fragment‹ (1788–1790); ›Faust I‹ (1897–1801; veröffentlicht 1808); ›Faust II‹ (1825–1831; veröffentlicht 1832); Aufführungen: 1819 Privataufführung einiger ›Faust I‹-Szenen in Berlin unter Fürst Radziwill; 1829 UA von ›Faust I‹ in Braunschweig, danach auch in Weimar; 1854 UA von ›Faust II‹ in Hamburg (stark gekürzt); 1876 Gesamtaufführung beider Teile am Weimarer Hoftheater durch Otto Devrient. 1798 Eröffnung des umgebauten Hoftheaters mit Schillers ›Wallensteins Lager‹ in Goethes Regie; damit beginnt die wichtigste Phase der Intendanz Goethes in Weimar (die »klassische Epoche« im eigentlichen Sinn). 1799 Umzug Schillers nach Weimar. Goethe bringt nun alle neuen Dramen Schillers zur Uraufführung, meist in gemeinsamer Regie mit dem Autor: ›Piccolomini‹ und ›Wallenstein‹ (beide 1799); ›Maria Stuart‹ (1800, R. Schiller); ›Turandot‹ (1802, nach Gozzi); ›Die Braut von Messina‹ (1803); ›Die Jungfrau von Orleans‹ (1803; UA war 1801 in Leipzig); ›Wilhelm Tell‹ (1804). Eigene Stücke: ›Iphigenie auf Tauris‹ (1779; UA der Versfassung 1802, R. Schiller); ›Die natürliche Tochter‹ (1803); mehrmals ›Götz von Berlichingen‹ (ab 1804); auch frühe Stücke wie ›Die Laune des Verliebten‹ (1767) oder ›Stella‹. Bestrebungen, die »Weltliteratur« auf die Bühne zu bringen: Stücke von Terenz, Voltaire, Gozzi, Molière, Marivaux, Racine, Calderón. 1804 Ernennung zum wirklichen Geheimen Rat; 1805 Tod Schillers; 1806 Hochzeit mit Christiane Vulpius (gest. 1816). 1815 Übernahme sämtlicher kultureller Institute des neugeschaffenen Großherzogtums Sachsen-Weimar-Eisenach und Ernennung zum Staatsminister. **Weitere Stücke:** ›Die Mitschuldigen‹ (1768); ›Torquato Tasso‹ (1789). **Literatur:** H. Pyritz: Goethe-Bibliographie. 2 Bde. Heidelberg 1965–1968; H. Nicolai (Bearb.): Goethe-Bibliographie 1951–1969 (jährlich). In: Goethe. Jahrbuch der Goethe-Gesellschaft, 14/15 (1952/53) bis 33 (1971); H. Henning (Bearb.): Goe-

the-Bibliographie 1970-lfd. In: Goethe, Jahrbuch 89 (1972) bis lfd.; J. Wahle: Das Weimarer Hoftheater unter Goethes Leitung. Weimar 1892; H. Kindermann: Theatergeschichte der Goethezeit. Wien 1948; W. Flemming: Goethes Gestaltung des klassischen Theaters. Köln 1949; H. Knudsen: Goethes Welt des Theaters. Berlin 1949; G. Ziegler: Theater-Intendant Goethe. Leipzig 1954; G. Sichardt: Das Weimarer Liebhabertheater unter Goethes Leitung. Weimar 1957; G.Marahrens: Goethes Theaterreden. Diss. Freiburg 1958; W. Kalde: Die dramaturgischen Bearbeitungen des Faust II. Diss. München 1966; W. Flemming: Goethe und das Theater seiner Zeit. Stuttgart 1968; R. Friedenthal: Goethe – Sein Leben und seine Zeit. München 1968; R. Friedenthal: Goethe – Sein Leben und seine Zeit. München 1968; V. Canaris (Hrsg.): Goethes Tasso. Regiebuch der Bremer Inszenierung. Frankfurt a.M. 1970; H. Beil (u.a.): Faust, Der Tragödie erster und zweiter Teil. Die Aufführung der Württembergischen Staatstheater. Stuttgart 1979; W. Hinck: Goethe: Mann des Theaters. Göttingen 1982; H. L. Arnold (Hrsg.): Johann Wolfgang Goethe. Sonderband edition text und kritik. München 1982; J. Linder: Ästhetische Erziehung. Goethe und das Weimarer Hoftheater. Bonn 1991; V. Müller-Harany: Das Weimarer Theater zur Zeit Goethes. Weimar 1991.

Goetz, Curt, geb. 17. 11. 1888 in Mainz, gest. 12. 9. 1960 in Grabs bei St. Gallen (Schweiz). Schauspieler, Regisseur und Dramatiker. Begann 1907 als Schauspieler in Rostock. Über Nürnberg (1909) kam er nach Berlin an das Kleine Theater, wo er u. a. in Shaws ›Fannys erstes Stück‹ auftrat. Von 1911 bis 1922 war er bei Victor Barnowsky am Berliner Lessing-Theater engagiert; spielte in Stücken von Ibsen, Shakespeare, Sudermann, Strindberg, Kaiser; erfolgreich v. a. in der Rolle des charmanten Bonvivants. Über seinen Lubin in Shaws ›Zurück zu Methusalem‹ (1925, Theater in der Königgrätzer Straße) schrieb Herbert Ihering: »Köstlich die Leichtigkeit seiner Dialogführung, die Zartheit seines Witzes. Außerordentlich die absolute Einheit von Ton und Gebärde. Goetz ist heute immer noch der beste deutsche Shaw-Darsteller: Er charakterisiert aus der Sprache.« (›Berliner Börsen-Courier‹, 22. 9. 1925) Erstes Theaterstück: ›Der Lampenschirm‹ (1911). Es folgten Grotesken: ›Nachtbeleuchtung‹; ›Lohengrin‹; ›Tobby‹; ›Minna Magdalena‹; ›Der fliegende Geheimrat‹; vier »Übungen« unter dem Titel ›Menagerie‹: ›Der Spatz vom Dache‹, ›Die Taube in der Hand‹, ›Der Hund im Hirn‹ und ›Der Hahn im Korbe‹ (1920, Deutsches Künstlertheater Berlin). Seit 1915 auch Schauspieler, Drehbuchautor und Co-Regisseur beim Film. Als er 1923 am Wiener Theater in der Josefstadt sein Stück ›Ingeborg‹ inszenierte, lernte er die Schauspielerin Valerie von Martens kennen, die er wenig später heiratete. Die beiden bildeten ein Schauspieler-Duo, das bestens aufeinander eingespielt war. Seit 1924 fast ausschließlich gemeinsame Auftritte (auch im Film); zahlreiche Tourneen mit und in Stücken von Goetz: ›Die tote Tante‹ (UA 1925, Kammerspiele Berlin); ›Hokuspokus‹ (1926/27, Stettin); ›Der Lügner und die Nonne‹ (1929, Thalia Theater Hamburg); ›Zirkus Aimée‹ (1932, Stadttheater Basel); ›Dr. med. Hiob Prätorius‹ (1932, Stuttgart); ›Mitternachtsdichter‹ (1933, Komödienhaus Berlin). 1933 Übersiedlung in die Schweiz; 1939–1946 Theater- und Filmarbeit in den USA; danach u. a.: ›Dann lieber nach Afrika‹ (1949, nach Coward, Theater in der Josefstadt Wien); ›Das Haus in Montevideo‹ (1926, Bearbeitung der ›Toten Tante‹; auch verfilmt); ›Nichts Neues aus Hollywood‹ (1956, Schauspielhaus Hamburg, Gustaf Gründgens als Regisseur und Darsteller).

Literatur: C. Goetz: Die Memoiren des Peterhans v. Binningen. Berlin 1960; V. v. Martens: Das große Curt Goetz-Album. Stuttgart 1968; A. Knecht: Curt Goetz. Diss. Wien 1970.

Goetz, Rainald Maria, geb. 24. 5. 1954 in München. Autor. Studium der Geschichte und Medizin, 1978 Promotion in Geschichte, 1982 in Medizin. Diverse Preise, darunter Mülheimer Dramatikerpreis (1988). Er trat erstmals mit dem Buch ›Irre‹ (1983) an die Öffentlichkeit. Neben Romanen, Erzählungen und theoretischen Schriften auch Dramen, mit denen er Erfolg hatte. »›Krieg‹ ist drei Theaterstücke. Krieg als Festungskrieg in Aktion ist ›Heiliger Krieg‹: Welt, Revolution, Bier. Der Kampf geht weiter. Krieg in der Nacht ist ›Schlachten‹: Familie, Kunst, Haß. Der Kampf hält an. Krieg zum Schluß heißt schließlich und endlich hier Traktat Gegen Den Widerstand Des Materials Ergibt Weder Material Noch Widerstand Sondern Summa Summarum Traktat Genannt Von Herzen Kolik: Ich, Wort, Tod.« (Goetz, 1986) »Sprache und Gesellschaft hetzt er aufeinander, bis die Fetzen fliegen. Kein Wunder, daß der trümmerfrohe Mann, der gern in Gegensätzen denkt und jeden Standpunkt ins Extrem führt, vor allem als Dramatiker reüssierte. Sein, in der Bonner Version, neunstündiges ›Krieg‹-Spektakel wurde zum Stück des Jahres 1988. Goetz hat wenig zu sagen, aber viel zu reden. Unter einer Trilogie tut er das nicht, und so besteht auch sein jüngstes Werk, genannt ›Festung‹, wieder aus drei Teilen, die miteinander nicht mehr verbindet als die sprachmächtige Wut über den Zerfall der Sprache, die Sprachlosigkeit, den Tod.« (Siegfried Diehl, ›FAZ‹, 23. 12. 1992, Kritik zur UA ›Festung‹ und ›Katarakt‹ in Frankfurt, R. Hans Hollmann)

Gogol, Nikolai Wassiljewitsch, geb. 1. 4. 1809 in Welikije, gest. 4. 3. 1852 in Moskau. Russischer Erzähler und Dramatiker. Sohn eines adligen Gutsbesitzers. Seit 1828 in St. Petersburg, versuchte Gogol vergeblich eine Karriere im Staatsdienst. Von 1835 an ausschließlich als Schriftsteller tätig. Er lebte von 1836 bis 1848 vorwiegend in Westeuropa (Italien, Frankreich, Schweiz). 1848 kehrte er nach Rußland zurück; starb in Armut und geistiger Umnachtung. Mit seiner realistischen Dramatik und den Mitteln der Ironie und Groteske entlarvte Gogol die banale Existenz der russischen Landadels, z. B. in dem Erzählband ›Mirgorod‹ (1835). Es folgten die meisterlichen ›Petersburger Novellen‹. Als sein literarisches Hauptwerk gilt der Roman ›Die toten Seelen‹ (1842/46), an dem er 17 Jahre gearbeitet

Gold

hat. Dramatisches Hauptwerk ist ›Der Revisor‹ (1836), nach einer Anregung von Puschkin geschrieben, eine der bedeutendsten realistischen Komödien der Weltliteratur: »Die Aufführung des Stükkes wird zu einem denkwürdigen Ereignis im gesellschaftlichen Leben seines Landes; kein russischer Schriftsteller vor Gogol hatte den korrupten bürokratischen Apparat der zaristischen Selbstherrschaft in derart vernichtender Weise der Lächerlichkeit preisgegeben.« (Michael Wegner, 1978) **Weitere Stücke:** ›Die Heirat‹ (1833, 1954 Oper von B. Martinu); ›Die Spieler‹ (1834). **Literatur:** F. Thiess: N. Gogol und seine Bühnenwerke. Berlin 1922; V. Nabokov: N. Gogol. Norfolk, Connecticut 1944; H. Wiens: Die Geschichte einer Komödie. Die Entstehung von Gogols Revisor. Diss. Göttingen 1946; W. Storch: N. Gogol. Velber 1967.

Gold, Käthe, geb. 11. 2. 1907 in Wien. Schauspielerin. Ausbildung an der Wiener Schauspielakademie. Erstes Engagement 1926/27 in Bern als Naive und Naiv-Sentimentale; debütierte als Bianca in Shakespeares ›Der Widerspenstigen Zähmung‹. 1927/28 Engagement in Mönchengladbach; 1928–1931 am Breslauer Lobe-Theater: Gretchen in Goethes ›Faust‹; Ibsens ›Nora‹. Von 1931 bis 1935 war sie an den Münchner Kammerspielen engagiert, wo sie in mehreren Inszenierungen von Otto Falckenberg spielte: Gretchen in Goethes ›Faust‹ (1932); Kreszens in Billingers ›Rauhnacht‹ (1932); Hedwig in Ibsens ›Die Wildente‹ (1932, mit Therese Giehse); Rosalinde in Shakespeares ›Wie es euch gefällt‹ (1933). In dieser Zeit auch Auftritte am Wiener Theater in der Josefstadt. 1934 empfahl sie Werner Krauß ans Staatstheater Berlin, wo sie ihre größten Erfolge feierte. Unter der Regie von Lothar Müthel spielte sie 1932 das Gretchen in Goethes ›Faust‹ (mit Krauß als Faust und Gustaf Gründgens als Mephisto); Alfred Kerr schrieb: »Die Darstellerin, Käthe Gold, weckt bei alledem das Gefühl: sie ist eine Begabung, – todsicher kein Gretchen. Vielleicht für scharfe Sachen bestimmt. Ihr Antlitz (etwas längliche Nase, vorstehende Backenknochen . . . denn der Zufall einer Gesichtsbildung spricht selbstverständlich in der Schauspielkunst mit) weist auf Rollen von entschloßner Kraßheit. Wie etwa die Koppenhöfer sie übernimmt. Oder auf Humor. Was für eine Marthe kann sie künftig sein.« (›Berliner Tageblatt‹, 3. 12. 1932) Weitere Rollen unter Müthel u. a.: Ludovika in Hauptmanns ›Die Jungfern vom Bischofsberg‹ (1934/35); Schwester in Ortners ›Meier Helmbrecht‹ (1935); Ophelia in Shakespeares ›Hamlet‹ (1936). In Inszenierungen von Gründgens u. a.: Cordelia in Shakespeares ›König Lear‹ (1934, mit Krauß in der Titelrolle); Klärchen in Goethes ›Egmont‹ (1935) und wieder Gretchen in ›Faust‹ (1941, mit Paul Hartmann in der Titelrolle und Gründgens als Mephisto). In Inszenierungen von Jürgen Fehling: Königin in Scribes ›Ein Glas Wasser‹ (1934); Phantasie in Raimunds ›Die gefesselte Phantasie‹ (1936); Anna in Billingers ›Gigant‹ (1937); Titelrolle in Kleists ›Käthchen von Heilbronn‹ (1937); Klara in Hebbels ›Maria Magdalena‹ (1938); Titelrolle in Wolffs ›Preciosa‹ (1938/39); Gabriele Dambrone in Billingers ›Am hohen Meer‹ (1939); Titelrolle in Shaws ›Die heilige Johanna‹ (1942/43). 1944 wechselte sie an das Schauspielhaus Zürich, wo sie bis 1946 zum Ensemble gehörte (danach oft als Gast). Sie spielte u. a. die Titelrollen in Hauptmanns ›Rose Bernd‹, Lessings ›Minna von Barnhelm‹, Schillers ›Maria Stuart‹ und in Giraudoux' ›Undine‹. Seit 1947 am Wiener Burgtheater, wo sie in mehreren Inszenierungen von Berthold Viertel spielte, darunter: Laura in Williams' ›Die Glasmenagerie‹ (1949) und Blanche in ›Endstation Sehnsucht‹ (1951); Kersti in Strindbergs ›Die Kronbraut‹ (1950); Nina in Tschechows ›Die Möwe‹ (1952) und Ranjewskaja in ›Der Kirschgarten‹; Berta/Bianca in Schnitzlers ›Anatol‹ (1965). Weitere Rollen u. a.: Titelrolle in Sardous ›Cyprienne‹ (1950, R. Hans Thimig); Mutter in Millers ›Der Tod des Handlungsreisenden‹ (1961, R. Paul Hoffmann); Orsina in Lessings ›Emilia Galotti‹ (1961); Stella in Shaw/Kiltys ›Geliebter Lügner‹ (1963). Außerdem Gastspiele bei den Salzburger Festspielen sowie bei den Festspielen in Bad Hersfeld und Bregenz.

Am Schauspielhaus Zürich spielte sie in den sechziger Jahren u. a. die Juliane in Hamsuns ›Vom Teufel geholt‹ (1961, R. Leopold Lindtberg) und die Frau in O. F. Walters ›Elio‹ (1965, R. Werner Düggelin). Filmrollen u. a.: Alkmene in Reinhold Schünzels ›Amphitryon‹ (1935, nach Kleist); Audrey in ›Die andere Welt‹ (1937, R. Marc Allégret); Pauline in ›Die unheimlichen Wünsche‹ (1938, R. Heinz Hilpert); Titelrolle in ›Das Fräulein von Barnhelm‹ (1940, nach Lessing, R. Hans Schweikart); Henriette Flamm in ›Rose Bernd‹ (1957, nach Hauptmann, R. Wolfgang Staudte). Fernseharbeit seit 1962, u. a. in: ›Der Tod des Handlungsreisenden‹ (1968, nach Miller); ›Der Wald‹ (1971, nach Ostrowski); ›Karl May‹ (1977, R. Hans Jürgen Syberberg); ›Einmal Moskau und zurück‹ (Theater-Aufzeichnung 1984, nach Galin, R. Helmut Polixa). Herbert Ihering schrieb:»Es ist das Geheimnis der Künstlerin Käthe Gold, daß sie allen Gestalten ihr warmes, strömendes, unmittelbares Gefühl mitteilt und doch eine artistische Meisterin bleibt, sie ist echt und komödiantisch, elementar und verspielt zugleich. (. . .) Käthe Gold verändert sich, ohne zu ›charakterisieren‹, ohne Unterscheidungsmerkmale festzulegen oder Kennzeichen auszuklügeln. Sie hat die Rolle in der Eingebung oder vielmehr: Die Rolle ergreift Besitz von ihr und durchströmt sie, formt das menschliche Schicksal und den Stil.« (›Von Josef Kainz bis Paula Wessely‹, S. 223 ff.) Auszeichnungen: Staatsschauspielerin (1936, Berlin) Kammerschauspielerin (1952, Wien); Hans-Reinhart-Ring (1960); Kainz-Medaille (1965).

Literatur: R. Bach: Die Frau als Schauspielerin. Tübingen 1937; H. Ihering: Von Josef Kainz bis Paula Wessely. Heidelberg, Berlin, Leipzig 1942; E. Wurm: Käthe Gold. Eine Monographie. Graz 1951; K. Hirschfeld/P. Löffler (Hrsg.): Schauspielhaus Zürich 1938–1958. Zürich 1958; V. Reimann: Die Adelsrepublik der Künstler. Schauspieler an der »Burg«. Düsseldorf, Wien 1963.

Goldoni, Carlo, geb. 25. 2. 1707 in Venedig, gest. 6. 2. 1793 in Paris. Italienischer Komödiendichter. Sohn eines reisenden Arztes. Studierte Philosophie und Rechte; 1744–1748 Anwalt in Pisa. 1748–1753 war er Hausdichter am Teatro Sant'Angelo; 1753–1756 am Teatro San Luca. 1762 folgte er einem Ruf an das Théâtre des Italiens in Paris. Die Revolution strich Goldoni die vom König gewährte Pension; der Dichter starb in Armut, einen Tag, bevor der Konvent seine Ansprüche wieder anerkennen wollte. Goldoni gilt als der bedeutendste Komödiendichter Italiens. Er ersetzte die traditionelle Stegreifkomödie durch einen von Molière inspirierten, die Gesellschaft und seine Zeit widerspiegelnden Komödienstil. Im bewußten Gegensatz zur Commedia dell'arte strebte Goldoni nach psychologisch motivierter Charakterzeichnung und realistischer Handlungsführung in volkstümlichem Milieu unter Einbeziehung der Alltagssprache. 1787 erschienen die auf französisch geschriebenen Memoiren, ein Dokument der Zeit und des Theaterschaffens Goldonis: ›Meine Helden sind Menschen‹ (dt. 1949/1987).

Stücke: ›Diener zweier Herren‹ (1746); ›Das Kaffeehaus‹ (1750); ›Mirandolina‹ (1753); ›Der Impresario von Smyrna‹ (1760); ›Trilogie der Sommerfrische‹ (1761/62); ›Der Fächer‹ (1765).

Literatur: A. E. Maurer: C. Goldoni. Seine Komödien und ihre Verbreitung im deutschen Sprachraum des 18. Jahrhunderts. Bonn 1982.

Goll, Ivan (eigtl. Isaac Lang; Pseud. Iwan Lazang, Jean Longeville, Tristan Thor, Tristan Torsi), geb. 29. 3. 1891 in Saint-Dié, gest. 27. 2. 1950 in Neuilly. Schriftsteller. Goll studierte in Straßburg und Lausanne und wurde zum Dr. jur. und Dr. phil. promoviert. 1919 ging er nach Paris und schloß sich dort den Surrealisten um Apollinaire an. 1939 emigrierte er nach New York; 1947 Rückkehr nach Paris. Mit der Schriftstellerin Claire Goll verheiratet. Er begann als expressionistisch-pazifistischer Dichter. Später Entwicklung zu großem surrealistischem Bilderreichtum. Goll schrieb hauptsächlich Lyrik, wenige Romane, und galt mit seinem Stück ›Methusalem oder Der ewige Bürger‹

Gombrowicz 222

(1924) als ein Wegbereiter des absurden Theaters.

Weitere Stücke: ›Die Unsterblichen‹ (1920); ›Die Chapliniade‹ (1920); ›Melusine‹ (1922); ›Der Stall des Augias‹ (1924); 1926 entstand das Libretto zu ›Royal Palace‹, zu dem Kurt Weill die Musik schrieb.
Literatur: K. Spriegel: Untersuchungen zum dramatischen Werk I. Golls. Diss. Salzburg 1970; W. Hauck: Die Bildwelt bei I. Goll. Diss. München 1965.

Gombrowicz, Witold, geb. 4. 8. 1904 in Maloszyce, gest. 26. 7. 1969 in Vence. Polnischer Dramatiker, Essayist und Romancier. Gombrowicz studierte in Warschau und Paris. Auf einer Weltreise vom Krieg überrascht, blieb er 1939 in Argentinien. 1963 ging er nach Paris und Berlin und lebte von 1964 bis zu seinem Tod in Vence. Das intellektuelle Grundmuster vieler seiner Werke ist der Konflikt zwischen vorgeformten Verhaltensweisen, die als gesellschaftliche Norm gelten, und einer sinnvollen Existenz. Internationale Anerkennung brachten ihm seine Romane ›Ferdydurke‹ (1938), der als Vorläufer des »Antiromans« gilt, und ›Trans-Atlantik‹ (1953). In Deutschland bekannt geworden ist Gombrowicz vor allem mit den Aufführungen von ›Die Trauung‹ (1968) und ›Operette‹ (1972, beide Staatliche Schauspielbühnen Berlin, R. Ernst Schröder) sowie ›Yvonne, Prinzessin von Burgund‹ (1980, Köln, R. Luc Bondy; Bayerisches Staatsschauspiel, R. Ingmar Bergman).
Stücke: ›Yvonne, Prinzessin von Burgund‹ (1938); ›Geschichte, eine Operette‹ (1951, Fragment, UA 1977); ›Die Trauung‹ (1953); ›Operette‹ (1966, UA 1969).
Literatur: R. Georgin: Gombrowicz. Lausanne 1977.

Gorki, Maxim (eigtl. Aleksej Maksimowitsch Peschkow), geb. 23. 3. 1868 in Nishni-Nowgorod (1932–1990 Gorki), gest. 18. 6. 1936 in Moskau. Russischer Dramatiker. Gorki hatte eine schwere Jugend, er lernte die sozialen Verhältnisse seines Landes auf Wanderungen kennen. 1906 – wegen Unterstützung der Revolution – mußte er Rußland verlassen; er lebte von 1913 bis 1917 auf Capri, dann Rückkehr. In seiner Prosa schildert Gorki die Lebensbedingungen der unteren Schichten. Als bewußter Marxist (Freundschaft mit Lenin) schrieb er mit ›Die Mutter‹ (1907) den ersten Roman des russischen revolutionären Proletariats. In seinen Stücken setzte er sich – angeregt durch Tschechow und das Moskauer Künstlertheater – mit der Isolierung der Intelligentsija vom Volk auseinander: ›Die Kleinbürger‹ (1902) und ›Sommergäste‹ (1904). Viele seiner Romane und Dramen behandeln den Verfall der russischen Gesellschaft in den Jahrzehnten vor der Revolution. In Deutschland viel gespielt, vor allem ›Nachtasyl‹ (1902) und ›Wassa Schelesnowa‹ (1910/ 1935); 1974 entstand die legendäre Aufführung der ›Sommergäste‹ (DE 1971) von Peter Stein an der Schaubühne am Hallenschen Ufer Berlin (auch als Film).
Weitere Stücke: ›Kinder der Sonne‹ (1905); ›Feinde‹ (1906); ›Die Letzten‹ (1910); ›Komische Käuze‹ (1910); ›Die Sykows‹ (1912); ›Die falsche Münze‹ (1912/13); ›Der Alte‹ (ca. 1914); ›Jegor Bulytschow und die anderen‹ (1932).
Literatur: F. M. Borras: M. Gorkij the Writer. An Interpretation. Oxford 1967.

Gorvin, Joana Maria, geb. 30. 9. 1922 in Hermannstadt (Siebenbürgen), gest. 2. 9. 1993 in Wien. Schauspielerin. Nach dem Abitur Ausbildung an der Schauspielschule des Berliner Staatstheaters (1939); danach mehrere Gastspiele. 1941–1943 Engagement am Potsdamer Stadttheater. 1943 holte sie Jürgen Fehling, ihr späterer Lebensgefährte, an das Staatstheater Berlin, wo sie gleich in ihrer Antrittsrolle triumphierte: als Zoe in Fehlings Caragiale-Inszenierung ›Ein verlorener Brief‹ (in der Übersetzung der Gorvin). Erfolg hatte sie auch als Trude in Sudermanns ›Johannisfeuer‹ (1944). Nach dem Krieg spielte sie 1945/ 46 an Fehlings Zehlendorfer Künstlertheater im Berliner Westen: Gretchen in Goethes ›Urfaust‹ und Aude in Raynals ›Das Grabmal des unbekannten Soldaten‹. 1946–1948 Engagement am Hebbeltheater Berlin; dort u. a.: Sabine in Wilders ›Wir sind noch einmal davongekommen‹ (1946, R. Karl Heinz Stroux); Helena in Giraudoux' ›Der Trojanische Krieg findet nicht statt‹ (1947); Elektra in Sartres ›Die Fliegen‹ (1948, R. Fehling). Danach spielte sie am Münchner Staatsschauspiel die Titelrollen in Fehlings Altersinszenierungen: Ibsens ›Nora‹ (1949); Hebbels ›Maria Magdalena‹ (1949); García Lorcas ›Doña Rosita bleibt ledig‹ (1950). Von 1952 an am Schiller- und Schloßparktheater Berlin u. a.: Adela in García Lorcas ›Bernarda Albas Haus‹ (1952); Titelrollen in Schillers ›Maria Stuart‹ (1952, Fehlings letzte Inszenierung) und in Giraudoux' ›Elektra‹ (1954); Viola in Shakespeares ›Was ihr wollt‹ (1954); Temple Stevens in Faulkners ›Requiem für eine Nonne‹ (1955). 1955 gastierte sie erstmals am Wiener Theater in der Josefstadt (in Hans Schuberts ›Verlorenen‹). Nach einem Gastspiel in Zürich arbeitete sie von 1957 bis 1959 unter Gustaf Gründgens in Düsseldorf. 1955 folgte sie Gründgens ans Deutsche Schauspielhaus Hamburg, wo sie eine der führenden Schauspielerinnen war (auch unter Gründgens Nachfolger Ivan Nagel). Einen großen Erfolg feierte sie in der Titelrolle von Durrells ›Actis‹ (UA 1961, R. Gründgens); Henning Rischbieter schrieb: »Ihre genaue und lichte Intensität gab den Ton an. Sie ließ auch bei heiklen und platten Stellen nicht locker, brachte die schlanke, spitze Leidenschaft, die Bitternis, die Kühle, die extreme Empfindungsart der Gestalt zur Bühnenerscheinung. Die Blindheit zeigte sie nicht als gelegentlichen Effekt, sondern durchgehend und mit erstaunlicher Selbstverständlichkeit. Sie ›sang‹ die lyrischen Stellen allein mit den Mitteln der Sprechstimme. (. . .) die Unnachgiebigkeit ihrer künstlerischen Mittel zersetzte den Inhalt: die Rolle, das Stück. Sie deklassierte die Figur, die sie zu spielen hatte. Ein irritierender, ein faszinierender Vorgang.« (›Theater heute‹, Heft 1, 1962) Weitere Rollen u. a.: Strindbergs ›Fräulein Julie‹ (1960); Eboli in Schillers ›Don Carlos‹ (1963); Alice in Strindbergs ›Totentanz‹ und Indras Tochter in ›Traumspiel‹ (beide 1963); Alice in Albees ›Winzige Alice‹ (DE 1966); Annette in Frischs ›Biografie: Ein Spiel‹ (1968); Ranjewskaja in Tschechows ›Der Kirschgarten‹ (1970, R. Hans Lietzau); Claire Zachanassian in Dürren-

matts ›Der Besuch der alten Dame‹ (1971); Mutter in Strindbergs ›Der Pelikan‹ (1973, R. Claus Peymann). Nach Auseinandersetzungen mit Nagel verließ sie 1974 das Hamburger Schauspielhaus. Seither war sie freischaffend tätig, vor allem in Wien und Zürich; auch eigene Regiearbeiten. Erfolgreiche Tournee mit O'Neills ›Eines langen Tages Reise in die Nacht‹ (1982/83). Bei den Salzburger Festspielen sah man sie von 1977 bis 1982 als Glauben im ›Jedermann‹. Außerdem u. a.: Titelrolle in Alfred Uhrys ›Driving Miss Daisy‹ (1990, Kammerspiele Hamburg); Frau von Schastorf in Strauß' ›Schlußchor‹ (1992, Schaubühne Berlin, R. Luc Bondy). Die Gorvin – Fehling nannte sie eine »erotische Nachtigall« – gehörte lange Zeit zur Elite der deutschen Schauspielkünstler. Vielgerühmt ist ihre helle, kristallklare Stimme. »Der Stimmklang der Gorvin und ein geschmeidiges, bis in die letzte Faser beherrschtes Körperspiel formten die Figuren, die Joanna Maria Gorvin darstellte: Es waren immer Kunstfiguren, doch in der Genauigkeit der Zeichnung, des mimischen und gestischen Ausdrucks verwandelten sie sich auf der Bühne wie selbstverständlich in ›Natur‹, in eine stilisierte, eine gestaltete Natur. Die Gorvin beherrschte diese Kunst der Verwandlung mit einer heute kaum noch anzutreffenden Perfektion.« (Gerhard Rohde, ›FAZ‹, 30. 9. 1992)
Literatur: H. Ihering: Junge Schauspieler. München 1948; S. Melchinger/R. Clausen: Schauspieler. 36 Porträts. Velber 1965; G. Ahrens (Hrsg.): Das Theater des deutschen Regisseurs Jürgen Fehling. Berlin 1985.

Gosch, Jürgen, geb. 9. 9. 1943 in Cottbus. Schauspieler und Regisseur. 1962–1964 Studium an der Schauspielschule in Ostberlin. Erstes Engagement in Parchim, wo man ihn u. a. als Doktor in Büchners ›Woyzeck‹ sah (R. Fritz Marquardt). 1967–1970 Engagement in Potsdam. 1975 spielte er, wieder unter der Regie von Marquardt, Molières ›Menschenfeind‹ an der Ostberliner Volksbühne. Dort inszenierte er auch Büchners ›Leonce und Lena‹ (1978). Danach bekam er kaum mehr Ar-

Gotscheff

beitsmöglichkeiten; übersiedelte in die Bundesrepublik. In Hannover inszenierte er 1978 Kleists ›Prinz Friedrich von Homburg‹, in Bremen 1981 Shakespeares ›Hamlet‹ (mit dem Bühnenbildner Axel Manthey und dem Dramaturgen Wolfgang Wiens). Mit Manthey und Wiens arbeitete er auch in seinen Kölner Inszenierungen zusammen, u. a.: Büchners ›Woyzeck‹ (1982); Molières ›Der Menschenfeind‹ (1983, Einladung zum Berliner Theatertreffen); Shakespeares ›Ein Sommernachtstraum‹ (1983, in einer Übersetzung von ihm und Wiens); Becketts ›Warten auf Godot‹ (1984). Erfolg mit ›Ödipus‹ von Sophokles (1984, mit Ulrich Wildgruber). Diese Inszenierung (1985 ausgezeichnet mit dem Europäischen Theaterpreis auf der Theater-Biennale in Venedig) brachte er auch im Hamburger Thalia Theater auf die Bühne, wo er seit der Spielzeit 1984/85 als Regisseur arbeitete (Intendant: Jürgen Flimm). Er inszenierte u. a. Kleists ›Penthesilea‹ (1985) und nochmals Molières ›Menschenfeind‹ (1986, wieder im Bühnenbild von Manthey). Goschs Inszenierungen hatten häufig etwas von großen Ritualen an sich:»Schwarz und Weiß sind die dominierenden Farben. (. . .) Hier sucht einer einen neuen Mythos, ein zusammenfassendes Bild, eine Art gemeinsamer Andacht, die gleichwohl das Hirn nicht arbeitslos macht.« (›Die Welt‹, 16. 5. 1987) 1987 stellte sich Gosch als Opernregisseur vor: mit Mozarts ›Die Hochzeit des Figaro‹ (Frankfurt) und Wagners ›Tristan und Isolde‹ (Amsterdam). Mit Becketts ›Warten auf Godot‹ verabschiedete er sich 1987 aus Hamburg und trat mit Beginn der Spielzeit 1988/89 in die künstlerische Leitung der Berliner Schaubühne ein (als Nachfolger von Luc Bondy). Seinen Einstand gab er mit einer Inszenierung von Shakespeares ›Macbeth‹, die vernichtende Kritiken erhielt. Hellmuth Karasek sprach im ›Spiegel‹ (28. 11. 1988) von einem »Desaster«. Rüdiger Schaper schrieb in der ›Süddeutschen Zeitung‹ (23. 11. 1988): »Jeder handlichen Interpretation verweigert sich seine Einstandsinszenierung, sie läßt sich nur mit negativen Attributen belegen: unsinnlich, unpolitisch, blutleer. Und zeitlos häßlich.« Nach diesem Debakel ließ sich

Gosch Ende Februar 1989 von der Mitarbeit in der Direktion und damit von der künstlerischen Leitung freistellen; seine Direktoriumsaufgaben übernahm Wiens. Nach zwei weiteren Inszenierungen – Rohmers ›Trio in Es-Dur‹ und Corneilles ›Horace‹ – verließ Gosch Ende 1989 das Haus am Lehniner Platz, um frei zu arbeiten. Seither mehrere Gastinszenierungen in Bochum und Frankfurt. 1993 triumphierte er in Bochum mit Handkes ›Die Stunde da wir nichts voneinander wußten‹ (Bühne: Johannes Schütz): »Mit musikalischem Rhythmus verzahnt Regisseur Jürgen Gosch die Auftritte und Abgänge, folgen auf eilige Männer langsame Schreiter, auf ernste Geher lapidare Schlurfer, fügt sich eine Komposition aus Schritten, Läufen und Hüpfern, formen sich tableaux vivants und fallen auseinander. (. . .) Mit gleichmütiger Selbstverständlichkeit wird der Alltagsverstand außer Kraft gesetzt, flunkern luftig-leichte Paradoxa über die Szene, und einmal dreht das Theater seinem Publikum auch eine Nase.« (Franz Wille, ›Theater heute‹, Heft 5, 1993) Seit der Spielzeit 1993/94 ist Gosch Regisseur am Deutschen Theater Berlin (Intendant: Thomas Langhoff); er inszenierte dort 1993 Kleists ›Amphitryon‹. Neben dem ›Menschenfeind‹ wurden noch zwei weitere Gosch-Arbeiten zum Berliner Theatertreffen eingeladen: Sophokles' ›Oedipus‹ (1986, Thalia Theater Hamburg) und Becketts ›Endspiel‹ (1992, Schauspielhaus Bochum).

Gotscheff, Dimiter, geb. 26. 4. 1943 in Parvomei (Bulgarien). Regisseur. Ging Anfang der sechziger Jahre nach Ostberlin, um dort an der Humboldt-Universität Veterinärmedizin zu studieren; wechselte zur theaterwissenschaftlichen Fakultät über. Schüler und Mitarbeiter von Benno Besson am Deutschen Theater und an der Volksbühne in Ostberlin; außerdem Assistent von Fritz Marquardt an der Schauspielschule Babelsberg. Erste Inszenierung: Heiner Müllers ›Weiberkomödie‹ in Nordhausen. 1979 verließ er – im Zusammenhang mit der Ausbürgerung Wolf Biermanns – die DDR und kehrte nach Bulgarien zurück. Regiearbeiten an den Theatern

225

Gottsched

von Russe, Sofia und Vratsa; außerdem Übersetzungen von Theatertexten aus dem Deutschen ins Bulgarische. Er inszenierte u. a. Brechts ›Kleines Mahagonny‹, Büchners ›Leonce und Lena‹, Lessings ›Emilia Galotti‹ sowie mehrere bulgarische Gegenwartsstücke wie Jaborovs ›Wenn der Donner schlägt‹ oder Stratievs ›Der Maximalist‹. Mit seiner Inszenierung von Heiner Müllers ›Philoktet‹ am Theater in Sofia (1983) wurde er schlagartig bekannt. Heiner Müller schrieb in einem Brief: »In der Körpersprache eurer Aufführung am Theater Sofia habe ich diese Übersetzung von Text in Theater gesehen, die Transformation der Fabel vom Stellplatz der Widersprüche zur Zerreißprobe für die Beteiligten, den Widerstand der Körper gegen die Notzucht durch den Sachzwang der Ideen.« Von Klaus Pierwoß zu einer Gastinszenierung an das Kölner Schauspiel eingeladen, inszenierte Gotscheff dort 1985/86 H. Müllers ›Quartett‹. Seither arbeitet er ausschließlich im Westen. Inszenierungen in Köln u. a.: Lessings ›Emilia Galotti‹ (1986); Euripides' ›Die Troerinnen‹ (1988); Strindbergs ›Fräulein Julie‹ (1991, Einladung zum Berliner Theatertreffen); H. Müllers ›Der Auftrag‹ (1992); Tschechows ›Die Möwe‹ (1993); am Theater Basel: H. Müllers ›Philoktet‹ (1987) und Sophokles/Müllers ›Ödipus‹ (1988); am Staatstheater Hannover: Ostrowskis ›Gewitter‹ (1989) und ›Der Wald‹ (1990); Shakespeare/Müllers ›Macbeth‹ (1990). Seit 1990 regelmäßige Zusammenarbeit mit dem Düsseldorfer Schauspielhaus; seit der Spielzeit 1993/94 ist er dort fester Hausregisseur. Regiearbeiten in Düsseldorf: Georg Seidels ›Carmen Kittel‹ (1990); Pohls ›Die schöne Fremde‹ (1992); Büchners ›Leonce und Lena‹ (1992) und ›Woyzeck‹ (1993); Ekaterina Tomowas ›Die vom Himmel Vergessenen‹ (UA 1994). Christian Thomas schrieb: »Zerreißprobe Körpertheater: In Gotscheffs Inszenierungen verfolgt das Publikum den Panthersprung der Körper in die Geschichte – und siehe, diese Geschichte ist eine Löwengrube. Geschichte als fortwährender Zerfleischungsprozeß. (...) Gotscheffs Theater, häufig unterstützt durch den Dramaturgen Frank Raddatz,

zeigt den Zustand der Zivilisation anhand von Leidenschaften. Obwohl Gotscheff niemals näher mit dem Tanztheater in Berührung kam, sprechen seine Arbeiten von der Schönheit und den Schmerzen der Körper.« (›SZ‹, 8. 4. 1992)

Gottsched, Johann Christoph, geb. 2. 2. 1700 in Juditten bei Königsberg, gest. 12. 12. 1766 in Leipzig. Gelehrter und Schriftsteller. Studierte Theologie und Philosophie in Königsberg. Beeinflußt vom Philosophen der deutschen Aufklärung Christian Wolff. Bemühte sich um die Erneuerung des deutschen Theaters, über dessen Repertoire und Aufführungspraxis er urteilte: »Lauter schwülstige und mit Harlekins Lustbarkeiten untermengte Haupt- und Staatsaktionen, lauter unnatürliche Romanstreiche und Liebeswirrungen, lauter pöbelhafte Fratzen und Zoten waren dasjenige, so man daselbst zu sehen bekam.« In ›Die deutsche Schaubühne nach den Regeln der alten Griechen und Römer eingerichtet‹ (6 Bände, 1741–1745) sammelte er die seinen Grundsätzen entsprechenden Stücke. Er nahm sich die Dramen des französischen Klassizismus zum Vorbild, weil er überzeugt war, daß die »Regeln und Exempel der Alten« darin vorbildlich befolgt seien. Künstlerisch bedeutend ist keines dieser in der ›Deutschen Schaubühne‹ veröffentlichten Dramen. Für die Literatur- und Theatergeschichte des 18. Jahrhunderts ist die Sammlung jedoch wichtig und aufschlußreich. Gottsched fand kongeniales Verständnis bei Caroline Neuber und deren Leipziger Schauspielgesellschaft, die sich bei ihren Aufführungen an seinen Vorschlägen orientierte. Auf ihrer Bühne wurde sogar der Possenreißer und Hanswurst 1737 in direkter Aktion vom deutschen Theater vertrieben. Auch Gottscheds eigenes Drama ›Der sterbende Cato‹ (1732) wurde von der Neuberin erfolgreich inszeniert. Schon 1730 (1751 4., »sehr vermehrte« Auflage) hatte Gottsched seine Gedanken zur Reform der deutschen Sprache und Dichtung niedergelegt in: ›Versuch einer critischen Dichtkunst vor die Deutschen; darinnen erstlich die allgemeinen Regeln der Poesie, hernach alle besonderen Gattungen der Gedichte, abge-

Gozzi

handelt und mit Exempeln erläutert werden, überall aber gezeigt wird: Daß das innere Wesen der Poesie in einer Nachahmung der Natur bestehe‹. Seine vor allem in französischen Vorbildern entwickelten Vorstellungen von Tragödie und Komödie brachten ihm Lessings vernichtenden Angriff in den ›Literaturbriefen‹ (1759) ein. Um Gottscheds Wirkung jedoch gerecht zu werden, sollte man ihn nicht nur mit seinen zeitlichen Nachfolgern vergleichen: mit Lessing und der deutschen Klassik, sondern sollte auch berücksichtigen, welche Situation auf deutschen Bühnen er antraf. Die Bemühung um die Verbesserung der verkommenen Sprache und die Erneuerung des Schauspiels bleiben sein Verdienst.
Literatur: H. Brüggemann (Hrsg.): Gottscheds Lebens- und Kunstreform. Leipzig 1935; A. Nivelle: Kunst- und Dichtungstheorien zwischen Aufklärung und Klassik. Berlin 1960.

Gozzi, Carlo, geb. 13. 12. 1720 in Venedig, gest. 4. 4. 1806 ebenda. Italienischer Dramatiker. Stellte gegen die realistische Komödie Goldonis eine Komödie der ungebundenen Phantasie. Zwischen 1761 und 1765 schrieb er in Venedig zehn Märchenspiele, u. a.: ›Die Liebe zu den drei Orangen‹ (1761; als Oper von Prokofjew 1921); ›Der Rabe‹ (1761); ›König Hirsch‹ (1762; als Oper von Henze 1956); ›Turandot‹ (1764; Bearbeitung von F. Schiller 1802; als Oper von Busoni 1918; von Puccini 1926).
Literatur: H. Rusack: Gozzi in Germany. New York 1966.

Grabbe, Christian Dietrich, geb. 11. 12. 1801 in Detmold, gest. 12. 9. 1836 ebenda. Dichter. Grabbe studierte Jura in Leipzig und Berlin. Vergeblich bemühte er sich, am Theater Fuß zu fassen. 1822 ging er nach Berlin. Danach wurde er Beamter in Detmold. 1834 ging er auf Einladung Immermanns nach Düsseldorf als Rezensent und Dramaturg. 1836 starb Grabbe, nicht ganz 35 Jahre alt, an Rückenmarksschwindsucht. »Was er zeichnete, wurde ihm zur Fratze. Liebe, Glanz, Licht, Adel, Anmut, Ordnung kommen in seinem wie mißmutig hervorgestoßenen Werk nicht

vor. Der hungrige Unfriede, in dem er mit sich selbst lebte, geht durch fast jede seiner Zeilen. Eines von den Halbgenies, tragisch, unvollendet, unersättlich, dämonisch umwittert, wie sie in der Historie unserer Dichtung nicht selten sind.« (Friedrich Luft, zu ›Scherz, Satire, Ironie und tiefere Bedeutung‹, 1955, Schloßparktheater, R. Heinrich Koch. In: Berliner Theater 1945– 1961. Velber 1961)
Stücke: ›Herzog Theodor von Gothland‹ (1822); ›Scherz, Satire, Ironie und tiefere Bedeutung‹ (1822); ›Don Juan und Faust‹ (1829); ›Napoleon oder Die hundert Tage‹ (1831); ›Hannibal‹ (1835); ›Die Hermannsschlacht‹ (1836).
Literatur: A. Bergmann: Grabbe. Chronik seines Lebens. Detmold 1954; W. Hegele: Grabbes Dramenform. München 1970; L. Ehrlich: Rezeption und Wirkungsgeschichte Grabbes. Diss. Halle 1980.

Graetz, Paul, geb. 1890 in Glogau, Schlesien, gest. 1937 in den USA. Schauspieler und Kabarettist. Begann um 1910 als Frauenimitator in einer Berliner Singspielhalle; dann in Frankfurt a.M. im literarisch-avantgardistischen Neuen Theater bei Arthur Hellmer. Spielte in Stücken von Schnitzler, René Schickele sowie in Georg Kaisers ›Bürger von Calais‹ (UA 1917) und ›Koralle‹ (UA 1917). Anfang der zwanziger Jahre kehrte er nach Berlin zurück, wo er zunächst wieder in Kabaretts auftrat (»Schall und Rauch«, »Kabarett der Komiker«). Arnolt Bronnen beschreibt Graetz als »kabarettistisches Großmaul, dessen Stärke, zum Unterschied von den Wiener Stotterern und Pointensuchern, die ungebrochene, rauschende, unaufhaltsame Tirade war« (›Begegnungen mit Schauspielern‹, S. 127). Die Berliner liebten seinen Mutterwitz und nannten ihn »Paule«. Auf den Berliner Theaterbühnen bewies er sein Talent als Chargenspieler. Rollen u. a.: Babusch in Brechts ›Trommeln in der Nacht‹ (1922, Deutsches Theater, R. Otto Falckenberg); Milliardär in Max Mohrs ›Improvisationen im Juni‹; Baumert in Hauptmanns ›Die Weber‹; Pickel in Tollers ›Hoppla, wir leben!‹ (1927, Piscator-Bühne, R. Erwin Piscator); Antiquar in Hamsuns ›Vom Teufel geholt‹ (1929, Ko-

mödie Berlin, R. Max Reinhardt). 1933 emigrierte er in die USA und versuchte sich dort trotz sprachlicher Schwierigkeiten als Schauspieler zu behaupten.
Literatur: A. Bronnen: Begegnungen mit Schauspielern. Berlin 1967.

Graham, Burton, geb 10. 7. 1911 in Perth (West-Australien). Australischer Autor. Graham studierte Volkswirtschaft und arbeitete dann in der »Housing Industry of Australia«. Daneben, von 1928 bis 1932, Ausbildung zum Schauspieler im Five Arts Club's Playbox Theatre. Er spielte klassische Rollen von Ibsen, Strindberg und Schnitzler. Seit seinem sechzehnten Lebensjahr schrieb Graham Novellen, die ihm beachtlichen Erfolg einbrachten. 1962 erschien das Lustspiel ›Frühstück mit Julia‹, mit dem er internationale Anerkennung erlangte. Seine Stücke sind leichte Boulevardkomödien mit Verwechslungen und spannenden Kriminalgeschichten.
Weitere Stücke: ›Solche Frauen sind gefährlich‹ (1967); ›Sitting Ducks‹ (1969); ›Nightfall‹ (1973); ›Killer‹ (o.J.).

Gramss, Eike, geb. 2. 1. 1942 in Twistringen. Regisseur und Intendant. Schauspielausbildung bei Eduard Marks an der Hamburger Hochschule für Musik und Theater. 1962–1967 Schauspieler an der Landesbühne Wilhelmshaven, danach bis 1969 am Schloßtheater Celle; 1969/70 Regisseur am Staatstheater Braunschweig; 1970–1972 Oberspielleiter an den Städtischen Bühnen Heidelberg; 1972/73 erneut in Wilhelmshaven (erster Spielleiter). Von 1973 bis 1981 war er Oberspielleiter des Augsburger Schauspiels; inszenierte hier u. a. Goethes ›Faust I‹ (1977) und gab 1978 mit Mascagnis ›Cavalleria rusticana‹ und Leoncavallos ›Bajazzo‹ sein Debüt als Opernregisseur. 1981–1985 Oberspielleiter des Schauspiels am Staatstheater Darmstadt. Von 1985 bis 1991 war er Generalintendant der Vereinigten Städtischen Bühnen Krefeld-Mönchengladbach. Mehrere Operninszenierungen, u. a. Reimanns ›Lear‹ und ›Troades‹, Matthus' ›Judith‹ und Cerhas ›Baal‹. Gastinszenierungen u. a. in London und an der Linden-Oper Berlin (Puccinis ›Madame Butterfly‹, 1991). In der Spielzeit 1991/92 übernahm er die Leitung des Stadttheaters Bern.

Granach, Alexander (eigtl. Jessaja Granach), geb. 1890 in Werbowitz (Galizien), gest. 1949 in New York. Schauspieler. Nach einer Bäckerlehre schloß er sich einem Wandertheater an; trat in jüdischen Vereinen in Lemberg auf. 1908 kam er nach Berlin, lernte Deutsch und besuchte die Schauspielschule bei Max Reinhardt. Seit 1910 kleinere Rollen am Deutschen Theater. 1914–1918 Soldat; Gefangenschaft in einem süditalienischen Lager; von dort aus Flucht nach Österreich. 1919/20 engagierte ihn Hermine Körner an ihr Münchner Schauspielhaus, wo er u. a. den Shylock in Shakespeares ›Der Kaufmann von Venedig‹ spielte (später auch an der Volksbühne Berlin). 1921 zog er nach Berlin, wo er bis 1933 an verschiedenen Bühnen spielte, u. a. am Deutschen Theater: Vater in Bronnens ›Vatermord‹ (UA 1922, Junge Bühne, R. Berthold Viertel). Arnolt Bronnen schrieb: »Ich konnte mir damals (...) keinen besseren Vater denken, als diesen kleinen, schlecht gewachsenen Mann; denn er war schlecht gewachsen durch das soziale Elend seiner Väter und Vorväter, die in einer durchhungerten Generationenreihe die Spanne zwischen Geburt und Tod nur mit krummen Rücken und verdrehten Beinen hatten verlängern können. In den Dimensionen seiner Stimme schwang mit die Klage um zwei Jahrtausende des Exils und des Unrechts.« (›Begegnungen mit Schauspielern‹, S. 76) Bei der Eröffnung des Schauspielertheaters 1923: Lightborn in Marlowes ›Eduard II.‹ (mit Heinrich George); am Lessing-Theater 1923: Titelrolle in Sternheims ›Bürger Schippel‹: »(...) Granach spielte den mit Sprengstoff geladenen Proletarier. Seine scharfen, schneidenden, aufbegehrenden Töne waren seit dem ›Vatermord‹ nicht so variiert. Eine schauspielerische Gestaltung, ebenso faszinierend durch die Stoßkraft wie durch den Reichtum des Ausdruckes. (...) Eine Leistung, strotzend von elementarer Komödiantenleidenschaft.« (Herbert Ihering, ›Börsen-Courier‹, 18. 2. 1923) Leopold Jeßner holte Granach an das Berliner Staatstheater, wo er unter der Regie

Graser

von Jürgen Fehling den Etzel in Hebbels ›Nibelungen‹ spielte (1924). Rollen in Jeßner-Inszenierungen u. a.: Wedekinds ›König Nicolo‹ (1924); Isolani in Schillers ›Wallenstein‹-Trilogie (1924); Schreiber in Kaisers ›Gas‹ (1928); Hirte in Sophokles' ›Ödipus‹ (1929, mit Fritz Kortner); Bastard in Shakespeares ›König Johann‹ (1929). An der Berliner Volksbühne sah man ihn u. a. als Mohr Muley Hassan in Schillers ›Die Verschwörung des Fiesco zu Genua‹ (1925) und als Mephisto in Goethes ›Faust‹ (1926, R. Fritz Holl, mit George in der Titelrolle). An der Volksbühne begann auch die Zusammenarbeit mit Erwin Piscator, in dessen Inszenierungen Granach wichtige Rollen übernahm: Gad in Paquets ›Sturmflut‹ (UA 1926, mit George); Luka in Gorkis ›Nachtasyl‹ (1926); Asmus in Ehm Welks ›Gewitter über Gottland‹ (UA 1927, Granach in Lenin-Maske). Bei der Eröffnung der Piscator-Bühne am Nollendorfplatz spielte er den Karl Thomas in Tollers ›Hoppla, wir leben!‹ (1927); danach sah man ihn als Lenin in Piscators Tolstoi-Inszenierung ›Rasputin‹ (1927). Am Staatstheater spielte er 1931 einen der Soldaten in Brechts ›Mann ist Mann‹ (mit Peter Lorre, R. Bertolt Brecht); ferner u. a.: Franz Lerse in Goethes ›Die Geschichte Gottfriedens von Berlichingen mit der eisernen Hand‹ (1930, mit George, R. Ernst Legal) und Mephisto in ›Faust II‹ (1933, Übernahme der Rolle von Gustaf Gründgens, R. Gustav Lindemann). Seit den zwanziger Jahren auch Filmrollen, u. a. in F. W. Murnaus ›Nosferatu‹ (1922), in Robert Wienes ›I.N.R.I.‹ (1923) und in Hans Behrendts ›Danton‹ (1931, mit Gründgens und Kortner). Nach der nationalsozialistischen Machtergreifung verließ er Deutschland. Am Kaminski-Theater in Warschau spielte er Wolfs ›Professor Mamlock‹ (UA 1933, in jiddischer Sprache), in Kiew noch einmal den Shylock (1936), am Schauspielhaus Zürich den ›Macbeth‹ (1937/38). Danach emigrierte Granach in die USA, wo er in mehreren Filmen mitwirkte, darunter: ›Ninotschka‹ (1939, mit Greta Garbo in der Titelrolle, R. Ernst Lubitsch); ›Wem die Stunde schlägt‹ (1943, R. Sam Wood); ›Das siebte Kreuz‹ (1944, R. Fred Zinnemann).

Literatur: A. Granach: Da geht ein Mensch. Lebensroman eines Schauspielers. München 1973 u. 1982; H. Ihering: Von Reinhardt bis Brecht. 3 Bde. Kritiken von 1909–1932. Berlin 1958–1961; A. Bronnen: Begegnungen mit Schauspielern. Berlin 1967; W. Huder: Alexander Granach und das jiddische Theater des Ostens. Akademie der Künste Berlin 1971 (Katalog).

Graser, Jörg, geb. 1951 in Heidelberg. Autor und Regisseur. Graser studierte Politologie, danach Studium an der Filmhochschule in München. Bekannt geworden ist er vor allem als Drehbuchautor und als Film- und Fernsehregisseur. Für den Kinofilm ›Der Mond is nur a nackerte Kugel‹ (1980) erhielt er den Bundesfilmpreis; für ›Abrahams Gold‹ (1990, mit Hannah Schygulla) wurde er mit dem Publikumspreis der Filmfestspiele in Cannes 1990 ausgezeichnet. Für das Drehbuch zu Xaver Schwarzenbergers ›Rausschmeißer‹ bekam er den Grimme-Preis. 1980 wurde sein erstes Theaterstück ›Witwenverbrennung‹ am Düsseldorfer Schauspielhaus uraufgeführt, gefolgt von ›Die buckelige Angelika‹ (1983). **Weitere Stücke:** ›Die Wende‹ (1987); ›Zahngold‹ (1990); ›Rabenthal‹ (1992).

Grashof, Christian, geb. 1943. Schauspieler. Aufgewachsen in einer Arbeiterfamilie im sächsischen Löbau. 1964–1967 Studium an der Staatlichen Schauspielschule in Ostberlin. 1967–1970 Engagement am Theater Karl-Marx-Stadt; Rollen u. a.: Ferdinand in Schillers ›Kabale und Liebe‹; Titelrolle in Kleists ›Prinz Friedrich von Homburg‹; Franz in Horváths ›Kasimir und Karoline‹. Seit 1970 am Deutschen Theater Berlin: Beaumarchais in Goethes ›Clavigo‹ (1971, R. Adolf Dresen); Merkur in Hacks' ›Amphitryon‹ (1972, R. Friedo Solter). Durchbruch 1975 in der Titelrolle von Goethes ›Torquato Tasso‹ (R. Solter); 1976 erster gemeinsamer Auftritt mit Alexander Lang in Fugards ›Die Insel‹. Weitere Rollen: Odysseus in Müllers ›Philoktet‹ (1977, Schauspieler-Projekt mit Lang und Kaminski); Arnold Kramer in Hauptmanns ›Michael Kramer‹ (1978, R. Wolfgang Heinz). Seither enge Zusammenarbeit mit Lang, in dessen Inszenierungen Grashof der wichtigste Protagonist war: Titelrolle in Tollers ›Der entfesselte Wotan‹ (1979); Danton/Robespierre in Büchners ›Dantons Tod‹ (1981); Grundling in Heinrich Manns ›Die traurige Geschichte von Friedrich dem Großen‹ (1982); in Brechts ›Die Rundköpfe und die Spitzköpfe‹ (1983); Titelheld in Grabbes ›Herzog Theodor von Gothland‹ (1984); Kapitän Edgar in Strindbergs ›Totentanz‹ (1986). Esther Slevogt resümierte: »Grashof treibt seine Figuren in eine grelle Künstlichkeit, scharf an die Grenze der Karikatur. Auf dem Höhepunkt ihrer Dramatik begeben sie sich in eine Lächerlichkeit, an der sie manchmal zu zerbrechen drohen. Aber Grashof verrät seine Figuren nicht. Liefert sie nicht ans Messer seiner Schauspielkunst. Und in ihrem Unglück bleibt ihnen die Lächerlichkeit als letzte Größe.« (›Die Zeit‹, 24. 3. 1989) Für ihre Theaterarbeit bekamen Lang und Grashof 1986 den Nationalpreis der DDR. Jürgen Flimm holte Grashof als Gast ans Hamburger Thalia Theater. Dort spielte er an der Seite von Elisabeth Schwarz den Adrien in Koltès' ›Rückkehr in die Wüste‹ (DE 1988, R. Lang) und den Arzt in Tschechows ›Platonow‹ (1989, R. Flimm). Peter von Becker schrieb über seinen Adrien: »Grashof, im ›Platonow‹ eher häßlich, hier nun: der wirbelnde, schlängelnde, schwebende Existentialclown, ein feuriger Melancholiker, seine Glut so heiß wie Eis.« (›Theater heute‹, Jahrbuch 1989) Von 1990 bis 1992 am Berliner Schiller-Theater: Titelrolle in Alfred Kirchners mißglückter ›Faust‹-Inszenierung (1990, Festpremiere des neuen Intendantenteams); Regierungsrat Dittchen in Arnold/Bachs ›Weekend im Paradies‹ (1991, R. Günther Gerstner); Toinette in Molières ›Der eingebildete Kranke‹ (1991, R. Lang); Vater in Coline Serreaus ›Hase Hase‹ (DE 1992, R. Benno Besson). 1991 Gastspiel an den Münchner Kammerspielen als Fernando in Goethes ›Stella‹ (R. Thomas Langhoff). In der Spielzeit 1992/93 kehrte er wieder ans Deutsche Theater Berlin zurück, wo er unter Langhoffs Regie den Melankolow in Ostrowskis ›Der Wald‹ spielte (1992, mit Ignaz Kirchner).

Literatur: M. Kuschnia (Hrsg.): 100 Jahre Deutsches Theater Berlin 1883–1983. Berlin 1983; A. Lang: Abenteuer Theater Hrsg. v. M. Linzer. Berlin 1987.

Grass, Günter, geb. 16. 10. 1927 in Danzig. Erzähler, Lyriker, Dramatiker und Graphiker. Flakhelfer und Soldat, bis 1946 in amerikanischer Gefangenschaft. Von 1949 bis 1953 Studium der Bildhauerei an der Kunstakademie Düsseldorf und Berlin. Von 1956 bis 1960 als Bildhauer und Graphiker in Paris. Grass lebt seit 1960 in Berlin. Erster literarischer Erfolg mit dem Roman ›Die Blechtrommel‹ (1959; als Film 1978, R. Volker Schlöndorff); danach ›Katz und Maus‹ (1961); ›Hundejahre‹ (1963); ›Der Butt‹ (1977); ›Kopfgeburten oder Die Deutschen sterben aus‹ (1980); ›Totes Holz‹ (1990). Seine frühen Dramen gehören dem »absurden Theater« an; sie fanden – wie auch seine anderen Stücke – im Vergleich zu den Romanen weniger Anklang. Das Stück »Die Plebejer proben den Aufstand« (1966) setzt sich mit Bert Brecht auseinander; zu Hans Lietzaus Münchner Inszenierung (1967, Residenztheater) schrieb Ingrid Seidenfaden: »Viel Mißfälliges in letzter Zeit auch manches Apologetische ist über das Grass-Stück geschrieben worden. Eines muß man ihm, dem Dichter, der ohne Zögern in die politische Arena springt, hoch honorieren: Er hat versucht, die Sache des Ostberliner Arbeiteraufstandes als Parabel ›einer deutschen, also gescheiterten Revolution‹ (Grass) in den Griff zu bekommen, ohne sich auf Fakten und Akten des Dokumentartheaters einzulassen. Er hat eine Dichtung schreiben wollen, ein ›deutsches Trauerspiel‹, das zu großen Teilen mühelos und nicht selten spöttisch in Jamben daherkommt, mit Schuldigen (der Chef und seine Theaterleute, einige blindwütige Arbeiterfunktionäre) und Opfern (treuherzigen Revolutionären, die mit dem Frühstücksbrot in der Tasche demonstrieren und es nicht glauben wollen, daß Panzer trotzdem schießen) (. . .). Daß der Beifall nur artig tröpfelte, bei Erscheinen von Grass in heftiges Buhrufen umkippte, mag bekräftigen, daß die Ehrenrettung des Stückes trotz aller Anstrengung nicht ge-

Grassi

lungen ist.« (›Bayerische Staatszeitung‹, 28. 4. 1967).

Weitere Stücke: ›Noch zehn Minuten bis Buffalo‹ (1954); ›Hochwasser‹ (1957); ›Zweiunddreißig Zähne‹ (1958); ›Onkel, Onkel‹ (1958); ›Die bösen Köche‹ (1961); ›Davor‹ (1969).

Literatur: G. Loschütz: Von Buch zu Buch. Neuwied und Berlin 1968; H. L. Arnold: G. Grass. Dokumente seines politischen Wirkens. München 1971; ders.: Als Schriftsteller leben. Gespräche mit G. Grass u. a. München 1975.

Grassi, Paolo, geb. 30. 10. 1919 in Mailand, gest. 1980 in London. Regisseur, Kritiker und Intendant. Theaterarbeit seit 1937. Gründete 1941 die avantgardistische Theatergruppe ›Palcoscenico‹, mit der er vor allem zeitgenössische Stücke inszenierte. 1945–1947 Theaterkritiker; Herausgeber zweier Theaterbuchreihen. Gründete am 14. 5. 1947 zusammen mit Giorgio Strehler das Piccolo Teatro in Mailand, das erste und wichtigste »teatro stabile« Italiens. Im Repertoire der ersten Jahre standen Stücke von Shakespeare und Goldoni, später auch von Tschechow und Brecht. Als Strehler 1968 das Piccolo Teatro verließ, war Grassi bis 1972 der alleinige Direktor. Er arbeitete mit jungen Regisseuren zusammen und organisierte ein lebendiges, vielgestaltiges Theater. Regisseure wie Patrice Chéreau und Klaus Michael Grüber begannen unter Grassi mit ersten Inszenierungen. Grassi errichtete ein Theaterzelt in den Außenbezirken und ließ dort freie Truppen wie die Compagnia La Rocca spielen (bei freiem Eintritt). 1972 wurde er Direktor der Mailänder Scala; Zusammenarbeit mit Claudio Abbado und erstrangigen Regisseuren wie Ronconi und Strehler. 1976 wurde er zum Präsidenten der RAI, der italienischen staatlichen Rundfunkgesellschaft, berufen.

Literatur: P. Grassi/G. Strehler (Hrsg.): Piccolo Teatro. Mailand 1958; S. Melchinger: Das Beispiel Grassi. In: Theater heute, Jahrbuch 1970, S. 45.

Gratzer, Hans, geb. 16. 10. 1941 in Wiener Neustadt. Schauspieler, Regisseur und Intendant. Nach dem Abitur Aufenthalt in Los Angeles. 1960 begann er eine Ausbildung am Wiener Max-Reinhardt-Seminar, die er nach 18 Monaten »wegen zu großer Bürgerlichkeit und zu geringer Genialität« abbrach. 1963 Gründung des Kammertheaters in der Wiener Piaristengasse; dort Regiedebüt mit Marivaux' ›Das Spiel von Liebe und Zufall‹. Arbeitete als Schauspieler in München und Hamburg und seit 1966 wieder in Wien (Theater in der Josefstadt und Volkstheater); 1971 am Schauspielhaus Zürich, von 1972 an Wiener Burgtheater. 1973 gründete er die Werkstatt im Theater im Kärntnertor. Seine Inszenierung von Fosters ›Elisabeth I.‹ wurde 1976 in Wien zum Theaterereignis; Gastspiele u. a. in München, Hamburg, Berlin. Als die Werkstatt 1976 obdachlos wurde, zog Gratzer mit seinem Ensemble in ein umgebautes Kino in der Porzellangasse und eröffnete dort 1977 das Wiener Schauspielhaus (Gegenwartsdramatik, modernes, experimentelles Theater). Erfolge mit eigenwilligen Inszenierungen wie Shermans ›Bent‹ (1980; Neuinszenierung 1981 am Berliner Schiller-Theater) oder Shakespeares ›König Lear‹ (1981). 1982 Gastinszenierungen am Münchner Residenztheater: Hofmannsthals ›Der Schwierige‹; am Berliner Schiller-Theater: Shakespeares ›Othello‹; am Schauspielhaus Zürich: Dorsts ›Merlin oder Das wüste Land‹. 1986 inszenierte er die so gut wie unbekannte Johann-Strauß-Operette ›Cagliostro in Wien‹ (im Wiener Varieté Ronacher, um dessen Leitung sich Gratzer vergeblich bemühte). Noch im selben Jahr verließ er das Wiener Schauspielhaus, um 1991 jedoch – nach einem längeren Aufenthalt in Spanien und Amerika – als Intendant dahin zurückzukehren. In der Zwischenzeit hatte George Tabori die Bühne in der Porzellangasse betrieben (Theater Der Kreis). Gratzers neues Konzept sieht vor, am Wiener Schauspielhaus soweit möglich nur noch Ur- und Erstaufführungen zu zeigen. Erfolg mit Werner Schwabs ›Übergewicht Unwichtig Unform‹ (UA 1991). Außerdem u. a.: Ernst Moldens ›Basilisk‹ (UA 1991); Djuna Barnes' ›Ann Portuguese‹ (UA 1992); Hervé Guiberts ›Blinde‹ (DE 1992, Co-Regie Philippe Arlaud); Rodgers/Hammersteins ›The

231

Greene

Sound of Music‹ (1993, Co-Regie Barbara Spitz).

Gratzik, Paul, geb. 30. 11. 1936 in Lindenhof (Polen). Autor. Gratzik absolvierte eine Lehre als Tischler. Danach machte er eine Weiterbildung als Erzieher von 1963 bis 1966 und arbeitete bis 1971 als Heimerzieher. Von 1971 bis 1973 lebte er als freischaffender Schriftsteller, danach als Arbeiter. Er zeigt in seinen Stücken die Alltags-Konflikte des Arbeiterlebens und die gesellschaftliche Problematik in einer sozialistischen Gesellschaft.
Stücke: ›Unruhige Tage‹ (1965); ›Malwa‹ (nach Gorkij, 1968); ›Warten auf Maria‹ (1969); ›Umwege – Bilder aus dem Leben des jungen Motorenschlossers Michael Runna‹ (1970); ›Der Kniebist‹ (1972); ›Handbetrieb‹ (1975); ›Märchen von einem, der auszog, das Fürchten zu lernen‹ (1975); ›Lisa‹ (1977).

Gray, Simon, geb. 21. 10. 1936 in Hayling (Island). Englischer Roman- und Stückeschreiber. Gray wurde nach dem Studium in Cambridge Englischlehrer in London und machte 1967 auf sich aufmerksam mit dem Stück ›Kluges Kind‹ (1972), in dem Alec Guiness in einer Frauenrolle zu sehen war. Neben Harold Pinter und Christopher Hampton entwickelte Gray eine zeitgenössische Form der englischen Gesellschaftskomödie, der »Sophisticated Comedy«, in der humorvoll die Neurosen, Frustrationen und Egoismen der Intellektuellen beschrieben werden.
Weitere Stücke: ›Dutch Uncle‹ (1969); ›Butley‹ (1971); ›Spoiled‹ (1971); ›Leider nicht erreichbar‹ (1975); ›Quartermaine's Terms‹ (1981).

Green, Julien, geb. 6. 9. 1900 in Paris. Französischer Schriftsteller amerikanischer Abstammung und Nationalität. Green konvertierte 1915 zum Katholizismus. Bis zum Zweiten Weltkrieg durchlitt er verschiedene Glaubenskrisen, die er in seinen Tagebüchern (1928 –72) festgehalten hat. 1940 emigrierte er in die USA und beteiligte sich dort an der Organisation des französischen Widerstands. 1945 Rückkehr nach Frankreich. Seit 1971 Mitglied der Académie Française. Lebt in Paris. 1926 erschien sein erster Roman ›Mont-Cinère‹, gefolgt von ›Adrienne Mesurat‹ (1927) und ›Leviathan‹ (1929), in denen die Hauptthemen seines Schaffens bereits anklingen: die Leidenschaft, die von Schuldgefühlen begleitet wird; die nicht auslebbare Freude; die Sehnsucht, die der Reinheit im Wege steht. »Meine Bücher sind die eines Gefangenen, der von der Freiheit träumt.« (Green) Neben Romanen, Essays und Tagebüchern schrieb Green Stücke, die in den späten achtziger Jahren wiederentdeckt und in Deutschland aufgeführt wurden; herausragend die Inszenierung von ›Süden‹ (1953) am Schauspielhaus Bochum durch Andrea Breth (1988).
Weitere Stücke: ›Der Feind‹ (1954); ›Der Schatten‹ (1956).
Literatur: P. Broden: Julien Green. Paris 1963; R. de Saint-Jean: Julien Green par lui-même. Paris 1967; J. Petit: Julien Green, l'homme qui venait d'ailleurs. Paris 1970.

Greene, Graham, geb. 2. 10. 1904 in Berkhamsted, gest. 3. 4. 1991. Englischer Romancier und Dramatiker. Greene studierte in Oxford. Danach war er Journalist, Film- und Literaturkritiker. 1926 konvertierte er zum Katholizismus. Im Zweiten Weltkrieg war er Mitarbeiter im Foreign Office, danach Verlagsdirektor. Seine Romane, oft mit den Mitteln der Kriminalliteratur erzählt, haben meist einen religiösen Hintergrund. Bekannt wurde Greene mit ›Orient Express‹ (1932), einem psychologischen Thriller mit politischem Hintergrund. 1949 entstand das Drehbuch zu dem Film ›Der dritte Mann‹. Neben Romanen schrieb Greene auch mehrere Dramen.
Stücke: ›Das Herz aller Dinge‹ (1950); ›Der letzte Raum‹ (1952); ›Am Abgrund des Lebens‹ (1957); ›Das Geheimnis‹ (1957); ›Der verbindliche Liebhaber‹ (1959); ›Arbeit an einer Statue‹ (1964).
Literatur: E. Charvat: Die Religiosität und das Thema der Verfolgung in sechs Romanen von G. Greene. Bern 1973.

Greene, Robert, geb. 8. 7. 1558 in Norwich, gest. 3. 9. 1592 in London. Engli-

Greenspan 232

scher Schriftsteller. 1578 reiste Greene nach Frankreich, Spanien und Italien, wo er angeblich alle Laster kennenlernte. Rückkehr nach England 1580. Schrieb Romane, Lyrik, Dramen und Novellen. Sein Stück ›Friar Bacon‹ soll Shakespeare die Anregung zum ›Sommernachtstraum‹ (1595) gegeben haben. **Weitere Stücke:** ›Orlando Furioso‹ (ca. 1591); ›Honorable History of Friar Bacon and Friar Bungay‹ (1589). **Literatur:** W. Senn: Studies in the Dramatic Construction of R. Greene and G. Peele, Bern 1973.

Greenspan, David, geb. 1956 in Los Angeles. Amerikanischer Dramatiker, Schauspieler und Regisseur. Greenspan studierte an der University of California in Irvine. 1978 zog er nach New York und schrieb, inszenierte und spielte seit 1980 eigene Stücke. 1990 wurde Greenspan, der vor allem in Off-Broadway-Theatern seine Werke zur Aufführung gebracht hatte, von Joseph Papp entdeckt als Hausautor und Regisseur ans Public Theatre in New York verpflichtet; ›Tote Mutter oder Shirley nicht alles umsonst‹ wurde 1991 dort uraufgeführt. Die Themen seiner Stücke sind meist autobiographisch; es geht um die Identitätsfindung eines jungen Homosexuellen, um Familie und Mutterbeziehung. Greenspan spielt mit den Möglichkeiten und Unmöglichkeiten des Geschichtenerzählens im Theater. Seine Sprache und seine Dramaturgie sprengen die Darstellungsmöglichkeiten des Theaters und stellen sie gleichzeitig humorvoll in Frage. In Deutschland wurden seine Stücke von der Gruppe ›Stücke für die Großstadt‹ in Berlin erstaufgeführt: ›Tote Mutter‹ (1993), ›Ein Hund in der Tanzstunde‹ (1994). **Weitere Stücke:** ›Jack‹ (1987); ›Principia‹ (1988); ›The Home Show Pieces‹ (1988); ›2 Samuel II. Etc.‹ (1990); ›Ghost Pieces‹ und ›Dog in a Dancing School‹ (1992).

Greiff, Ulrich, geb. 1941. Regisseur. Studium der Germanistik und Philosophie in Frankfurt und Berlin. Regieassistent am Staatstheater Wiesbaden und an den Städtischen Bühnen Köln. Regiedebüt in Köln

mit Brechts ›Mann ist Mann‹; es folgten dort u.a. Grabbes ›Scherz, Satire, Ironie und tiefere Bedeutung‹ und Wedekinds ›Frühlings Erwachen‹. Ende der siebziger Jahre gehörte er zwei Spielzeiten lang zur künstlerischen Leitung des Theaters zuidelijk toneel Globe in Amsterdam. Von 1983 bis 1988 war er Regisseur und – ab 1985 – Schauspieldirektor in Wuppertal. Inszenierungen u.a.: De Filippos ›Die Kunst der Komödie‹; Büchners ›Woyzeck‹ und ›Dantons Tod‹; Lessings ›Nathan der Weise‹; Ibsens ›Gespenster‹ (in eigener Übersetzung); Kroetz' ›Stallerhof‹. Gastinszenierungen u.a. in Wilhelmshaven und Gelsenkirchen (dort Debüt als Opernregisseur mit Cimarosas ›Die heimliche Ehe‹). Seit 1991 Regiearbeiten in den neuen Bundesländern, u.a. in Eisenach (›Dantons Tod‹ und ›Woyzeck‹) und in Bautzen (Schillers ›Kabale und Liebe‹, Gastspiel in Alma Ata).

Greiffenhagen, Gottfried, geb. 9.2. 1935 in Bremen. Dramaturg. Ausbildung zum Volljuristen und Promotion. Begann 1966 am Bremer Theater als persönlicher Referent von Kurt Hübner. Ging 1968 als Chefdisponent an die Freie Volksbühne Berlin (unter Hansjörg Utzerath) und 1969 als Dramaturg ans Staatstheater Stuttgart (unter Peter Palitzsch). Von 1971 bis 1977 war er am Schauspielhaus Bochum Chefdramaturg und Stellvertreter des Intendanten Peter Zadek. Seither freiberuflicher Dramaturg, Bearbeiter und Übersetzer. Arbeitete als Produktionsdramaturg eng mit Zadek zusammen, u.a. in: Ibsens ›Hedda Gabler‹ (1979) und ›Baumeister Solness‹ (1983); Falladas ›Jeder stirbt für sich allein‹ (1981); Sobols ›Ghetto‹ (1984). Mit Jürgen Bosse u.a.: Ibsens ›Peer Gynt‹; mit Niels-Peter Rudolph u.a.: Tschechows ›Der Kirschgarten‹; Schillers ›Don Carlos‹; mit Dieter Giesing u.a.: Hares ›Geheime Verzückung‹ (1989); Ayckbourns ›Der Held des Tages‹ (DE 1990); mit David Mouchtar-Samorai u.a.: Pirandellos ›Heute abend wird aus dem Stegreif gespielt‹. Bearbeitungen für die Bühne u.a.: ›Das kunstseidene Mädchen‹; ›Der lange Abschied‹; ›Giovannis Zimmer‹. Zahlreiche Übersetzungen (häufig zusammen mit sei-

Griem

ner Frau Inge), u. a. Stücke von Sophokles, Ibsen, Philip King, Alan Ayckbourn, Tennessee Williams, Arthur Miller.

Greiner, Peter, geb. 20. 4. 1939 in Rudolstadt (Thüringen). Autor. Nach dem Abitur 1957 studierte Greiner Mathematik und Chemie in Freiburg und Hamburg; 1966 Staatsexamen. Aus gesundheitlichen Gründen mußte er den Lehrerberuf aufgeben. Seit 1970 lebt er als freier Schriftsteller. 1977 erhielt er das Suhrkamp-Dramatiker-Stipendium, 1981 den Mühlheimer Dramatikerpreis. Die Figuren seiner Stükke sind meistens Außenseiter der Gesellschaft: Ganoven, Zuhälter, Gastarbeiter. In kurzen Szenen werden Verhaltensweisen dargestellt, wie am Rande der Gesellschaft zu überleben sei. Den größten Erfolg hatte Greiner mit seinem Stück ›Kiez‹ (1974), einem unbürgerlichen Trauerspiel um Ganovenehre und Ganovenkälte, das 1983 auch verfilmt wurde; zur Uraufführung (1980, Köln, R. Walter Bockmayer) schrieb Georg Hensel:»Peter Greiner hat sich vermutlich ein welthaltiges soziales Thema vorgestellt im Stil einer Groteske, das Thema aber bleibt ihm im klebrigen Material stecken. Es sind nur Kurzbrenner geworden über die kleinbürgerlichen Sehnsüchte großmäuliger Krimineller. Kein zentrales Bild von der Gesellschaft, nur Genrebilder vom Rand der Gesellschaft. Keine Legende, bestenfalls eine Moritat; keine Metapher, nicht einmal Kritik. Nichts Exemplarisches, nur der Einblick in eine Subkultur – vermischte St.-Pauli-Nachrichten. Dem Zuschauer mag's zur externen Reifeprüfung als Loddel auf dem dritten Bildungsweg reichen.« (›FAZ‹, 19. 5. 1980)
Weitere Stücke: ›Roll over Beethoven‹ (1977); ›Fast ein Prolet‹ (1978); ›Die Torffahrer‹ (1983).

Griem, Helmut, geb. 6. 4. 1932 in Hamburg. Schauspieler und Regisseur. Studium der Philosophie und Literaturwissenschaft in Hamburg. Erste Auftritte in einer Laienspieltruppe, dann im literarischen Kabarett »Hamburger Buchfinken«. Bei einem Gastspiel der »Buchfinken« sah ihn Christian Mettin, der Intendant der Lübecker Bühnen, und engagierte ihn 1956 an sein Haus. Ende der fünfziger Jahre holte ihn Oskar Fritz Schuh ans Schauspiel Köln, wo er 1960 zum ersten Mal mit dem Regisseur Hans Lietzau, seinem späteren Mentor, zusammenarbeitete (in O'Neills ›O Wildnis‹). Von 1963 an arbeitete Griem an verschiedenen Häusern und wirkte bei Festspielproduktionen mit, u. a. bei den Ruhrfestspielen Recklinghausen als Ferdinand in Schillers ›Kabale und Liebe‹ (1963, R. Willi Schmidt). An den Münchner Kammerspielen sah man ihn erstmals 1966 als Kostja in Tschechows ›Die Möwe‹ (R. Schmidt). Immer wieder arbeitete Griem mit seinem Förderer Lietzau zusammen: 1966 im Renaissancetheater Berlin: Sloane in Joe Ortons ›Seid nett zu Mr. Sloane‹; 1968 im Schiller-Theater Berlin: Rosenkranz in Tom Stoppards ›Rosenkranz und Güldenstern‹; 1968 im Münchner Residenztheater: Titelrolle in Heiner Müllers ›Philoktet‹ (UA, Einladung zum Berliner Theatertreffen). In derselben Spielzeit, wieder im Residenztheater, spielte er mit großem Erfolg den Karl Moor in Lietzaus Schiller-Inszenierung ›Die Räuber‹. Am Deutschen Schauspielhaus Hamburg spielte er unter Lietzaus Regie den John Grass in Kopits ›Indianer‹ (DE 1970), den Lopachin in Tschechows ›Der Kirschgarten‹ (1970) und die Titelrolle in Shakespeares ›König Richard II.‹ (1970). In Hamburg begann auch die Zusammenarbeit mit Dieter Dorn: Griem übernahm die Titelrolle in Christopher Hamptons ›Der Menschenfreund‹ (DE 1971). 1972 folgte er Lietzau nach Berlin. Dort sah man ihn in der Titelrolle von Kleists ›Prinz Friedrich von Homburg‹ (1972, Schiller-Theater, R. Lietzau), als Claire in Genets ›Die Zofen‹ (1973, Schloßparktheater, R. Dorn) und als Ferdinand in Feydeaus ›Klotz am Bein‹ (1974, Schloßparktheater, R. Dorn; 1983 auch an den Münchner Kammerspielen). Mitte der siebziger Jahre war er Gast an den Münchner Kammerspielen: als Tellheim in Dorns gefeierter Inszenierung von Lessings ›Minna von Barnhelm‹ (1976, Einladung zum Berliner Theatertreffen) und als Strindberg in Enquists ›Die Nacht der Tribaden‹ (1977, R. Dorn). Danach arbeitete

Griffiths

er eine Zeitlang ausschließlich für Film und Fernsehen. Als Dorn 1983/84 Intendant der Münchner Kammerspiele wurde, holte er Griem fest an sein Haus und gab ihm die Hauptrolle in ›Der neue Prozeß‹ von Peter Weiss. 1984 machte Griem einen Ausflug ins Musical und spielte an der Seite von Cornelia Froboess den Higgins in ›My Fair Lady‹ (Münchner Gärtnerplatztheater, R. Everding). Danach sah man ihn wieder in herausragenden Inszenierungen an den Münchner Kammerspielen: als Thersites in Shakespeares ›Troilus und Cressida‹ (1986, R. Dorn); als ›Faust‹ in Dorns Goethe-Inszenierung (1987, 1988 als Film); als Astrow in Tschechows ›Onkel Wanja‹ (1987, R. Lietzau). 1989 spielte er den Ed in seiner eigenen Inszenierung von Joe Ortons ›Seid nett zu Mr. Sloane‹ (im Werkraum). Seither führt Griem an den Kammerspielen immer häufiger selbst Regie: Synges ›Der Held der westlichen Welt‹ (1990); Gurneys ›Love Letters‹ (1990, Werkraum, mit Thomas Holtzmann und Gustl Halenke); Pohls ›Die schöne Fremde‹ (1992, mit Franziska Walser). Am Wiener Theater in der Josefstadt inszenierte er 1992 Ariel Dorfmanns ›Der Tod und das Mädchen‹. Sein Filmdebüt gab der blonde Beau 1960; seither wirkte er in zahlreichen deutschen und internationalen Kino-Produktionen mit, u. a.: ›Die Verdammten‹ (1968, R. Luchino Visconti); Maximilian von Heune in ›Cabaret‹ (1971, mit Liza Minelli, Joel Gray, Michael York, R. Bob Fosse); ›Die Moral der Ruth Halbfass‹ (1972, R. Volker Schlöndorff); Dürkheim in ›Ludwig II.‹ (1972, mit Helmut Berger, Romy Schneider und Gert Fröbe, R. Visconti); ›Ansichten eines Clowns‹ (1975, nach Böll, R. Vojtech Jasny); ›Steiner – das eiserne Kreuz‹ (1978, mit Richard Burton, R. Andrew V. MacLaglen); ›Die gläserne Zelle‹ (1978, mit Bernhard Wicki, R. Hans W. Geissendörfer); ›Deutschland im Herbst‹ (1978, R. Autorenteam, u. a. Rainer Werner Fassbinder und Alexander Kluge); ›Kaltgestellt‹ (1980, R. Bernhard Sinkel); ›Die Spaziergängerin von Sanssouci‹ (1981, mit Romy Schneider und Maria Schell, R. Jacques Rouffio); ›Die Wahlverwandtschaften‹ (1982, nach Goethe, R. Claude Chabrol);

›Caspar David Friedrich‹ (1986, R. Peter Schamoni). Im Fernsehen u. a.: Titelrolle in ›Bel Ami‹ (1968, nach Maupassant, R. Helmut Käutner); ›Blick von der Brükke‹ (1969, mit Hans Christian Blech); Hauptmann Kunze in ›Der Leutnant und sein Richter‹ (1984, nach Maria Fagyas, R. John Goldschmidt). C. Bernd Sucher schrieb: »Helmut Griem, der seine größten Bühnenerfolge mit Hans Lietzau schuf, (...) achtet seinen Beruf wie ein Handwerk. Obwohl er nie Schauspielunterricht genommen hat, (...) geht er mit seinem Körper so bewußt um wie wenige andere. Deshalb schätzten ihn die Filmregisseure. (...) er ist ein Schauspieler, der seine Figuren nicht entwirft, nicht nach einem Bild gestaltet, sich wohl ebensowenig vom Regisseur in eine bestimmte Erfindung der jeweiligen Menschen drängen läßt. Er arbeitet an deren Psyche, versucht ihr Verhalten aus dem Unbewußten heraus zu erfassen. Er begründet mit seinen Haltungen und dem Sprechrhythmus seelische Vorgänge, selbst jene, die das Verhalten der Figuren früh schon, also vor Beginn des Stücks, geprägt haben. Griem nimmt seine Figuren nicht ein, er identifiziert sich mit ihnen. Er versteht sie. Sein Spiel ist vor allem eine intellektuelle Annäherung.« (›Theaterzauberer‹, S. 89/93 f.)

Literatur: C. B. Sucher: Theaterzauberer. Schauspieler. 40 Porträts. München, Zürich 1988.

Griffiths, Trevor, geb. 4. 4. 1935 in Manchester. Englischer Dramatiker. Griffiths studierte in Manchester; arbeitete von 1965 bis 1972 als BBC Education Officer. Seit 1972 lebt er als freier Schriftsteller. Er schrieb für Bühne und Fernsehen. In Deutschland wurde er vor allem bekannt mit dem Stück ›Komiker‹ (1975, DE 1978, Thalia Theater Hamburg, R. Peter Zadek). **Weitere Stücke:** ›The Wages of Thin‹ (1969); ›Occupations‹ (1970); ›Lay By‹ (1971); ›Sam, Sam‹ (1972); ›The Party‹ (1973); ›Deeds‹ (1978).

Grillparzer, Franz, geb. 15. 1. 1791 in Wien, gest. 21. 1. 1872 ebenda. Österreichischer Dramatiker. Sohn eines Hof- und Gerichtsadvokaten. Von 1808 bis 1811 studierte Grillparzer Rechts- und Staatswissenschaft. Von 1815 an arbeitete er im Finanzministerium. Von 1818 bis 1823 war er nebenher Theaterdichter des Burgtheaters. Nach Ablehnung seines Stückes ›Weh dem, der lügt‹ (1838) verzichtete er auf weitere Veröffentlichungen seiner Dramen. 1856 wurde er mit dem Titel Hofrat pensioniert. Grillparzer gilt als einer der bedeutendsten Dramatiker Österreichs. Er vereinigte Elemente des österreichischen und spanischen Barocktheaters mit dem Wiener Volkstheater und stand unter dem Einfluß von Shakespeare, Calderón und Lope de Vega. Überall in seinem dramatischen Werk erscheint der Grundkonflikt zwischen Gewissen und Handeln und zwischen Kunst und Leben. Die späten Werke zeigen Resignation und Ahnung vom Verfall gesellschaftlicher Ordnungen: ›Ein Bruderzwist in Habsburg‹ (UA 1872) und ›Libussa‹ (UA 1874).

Weitere Stücke: ›Die Ahnfrau‹ (1817); ›Medea‹ (1821); ›König Ottokars Glück und Ende‹ (1825); ›Ein treuer Diener seines Herrn‹ (1828); ›Das Leben ein Traum‹ (1834); ›Die Jüdin von Toledo‹ (1816–1860, UA 1872).
Literatur: K. Vancsa: F. Grillparzer. Bild und Forschung. Wien 1941; N. Fürst: Grillparzer auf der Bühne. Wien, München 1958; D. Lorenz: Grillparzer, Dichter des sozialen Konflikts. Wien 1986; R. Geissler: Ein Dichter der letzten Dinge, Grillparzer heute: Subjektivismuskritik im dramatischen Werk. Wien 1987; H. Fink: Franz Grillparzer. Innsbruck 1990; J. Hein (u.a.): Grillparzer heute, wiederentdeckt oder vergessen? Wien 1993.

Grock (eigtl. Adrian Wettach), geb. 10. 1. 1880 in Reconvilliers, gest. 14. 7. 1959 in Imperia (Italien). Clown. Begann als Partner seines Vaters im Kabarett; war schon mit 14 Jahren Akrobat. 1903 gab er als Partner eines Musikclowns Gastspiele in Europa und Südamerika; 1907 Auftritte mit dem berühmten Clown Antonet. Seit 1907 Solist; erfolgreich in den Cabarets und Music-halls in Paris und London und auf zahlreichen Gastspielreisen. Grock baute seine Clownsnummern zu halbstündigen, später sogar ganzstündigen Auftritten aus, die durch mimische Brillanz und musikalische Virtuosität beeindruckten. Von 1951 bis 1954 leitete er einen eigenen Zirkus.
Literatur: Grock: Ich lebe gern! Bearb. v. E. Behrens. 2. Aufl., München 1931; ders.: Ein Leben als Clown. Meine Erinnerungen. Zirkus Grock 1951; ders.: Nit mö-ö-ö-glich. Die Memoiren des Königs der Clowns. Berlin 1960 u. 1992; H. Bemmann (Hrsg.): Das Leben großer Clowns von ihnen selbst erzählt. Berlin 1972; M. Van Embden: Im Schatten eines Clowns. Berlin 1978.

Grönemeyer, Herbert, geb. 12. 4. 1956 in Göttingen. Schauspieler und Musiker. Aufgewachsen in Göttingen und Bochum. Nahm seit 1966 Klavierunterricht und gründete 1968 seine erste Band; schrieb schon als Gymnasiast Kompositionen für das Schauspielhaus Bochum. Nach dem Abitur (1975) holte ihn Peter Zadek als musikalischen Leiter an das Schauspielhaus Bochum. Bühnenmusiken schrieb er u. a. für Shakespeares ›Wintermärchen‹ und ›Wie es euch gefällt‹, Behans ›Die Geisel‹ und Strauß' ›Groß und klein‹; nebenher Studium der Rechts- und Musikwissenschaft. Trotz fehlender Schauspielausbildung bekam er bald auch Bühnenrollen, u. a. in Zadek-Inszenierungen: Gitarrist/Sänger in Behans ›Die Geisel‹ (1975/76); Melchior in Wedekinds ›Frühlings Erwachen‹ (1976); Florizel in Shakespeares ›Wintermärchen‹ (1978). Von 1975 bis 1981 spielte er – außer in Bochum – am Schauspielhaus Hamburg, an der Freien Volksbühne Berlin, am Staatstheater Stuttgart und am Schauspielhaus Köln. Rollen u. a.: Lorenzo in Shakespeares ›Der Kaufmann von Venedig‹; Prinz Orlowski in der Strauß-Operette ›Die Fledermaus‹. Seit 1977 Fernsehengagements. Bekannt wurde er als Leutnant Werner in Wolfgang Petersens Buchheim-Verfilmung ›Das Boot‹ (1981, Fernseh- und Spielfilmfassung). Danach sah man ihn als Robert Schumann in Peter Schamonis ›Frühlingssinfonie‹ (1983). Langspielplatten seit 1979; Grönemeyers Durchbruch als Rocksänger kam 1984 mit der LP ›4630 Bochum‹ und dem Hit ›Män-

Gropius

ner‹. Seither hat er sich ganz auf das Musikgeschäft verlegt und wird als Popstar gefeiert.

Literatur: A. Corbijn: Grönemeyer. Photographien. München 1993.

Gropius, Walter, geb. 18. 5. 1883 in Berlin, gest. 5. 7. 1969 in Boston (USA). Architekt. Studium bei Peter Behrens. Wurde 1911 durch das Fagus-Werk in Alfeld bekannt, das als wegweisend für die Glas-Beton-Bauweise galt. 1918 wurde er nach Weimar berufen, wo er als Direktor der Kunstakademie und der Schule für angewandte Künste das Staatliche Bauhaus gründete. Das Bauhaus (1926 verlegt nach Dessau) leitete er bis 1928; danach arbeitete er in Berlin und London; seit 1938 in den USA, wo er als Professor an der Harvard-Universität lehrte. Für Erwin Piscator entwarf er 1927 das sogenannte Totaltheater, das die Distanz zwischen Schauspielern und Publikum aufheben und ein neues Raumbewußtsein bewirken sollte. Das Projekt wurde nie realisiert. Der Konzeption nach handelte es sich um eine neue Art des Massentheaters mit einer raffinierten Maschinerie. Vom Grundriß her eine Ellipse, läßt sich das Totaltheater so verändern, daß es alle drei klassischen Bühnenformen ermöglicht: Tiefenbühne (Guckkastenbühne), Proszeniumsbühne (mit halbkreisförmig angeordneten Zuschauerreihen wie im griechischen Amphitheater) und Rundbühne (Arena-Form). Während der Aufführung kann das Spielzentrum unerwartet verlagert werden; die Arena-Form ergibt sich durch eine Drehung der Parkettscheibe um 180 Grad. Die Deckenkuppel und die Seitenwände waren als Projektionsflächen für Filmaufnahmen gedacht.

Literatur: W. Gropius: Die neue Architektur und das Bauhaus. Mainz, Berlin 1964; ders.: Theaterbau. In: ders.: Apollo in der Demokratie. Cambridge, Mass. 1967; E. Piscator: Totaltheater und totales Theater. In: ders.: Theater, Film, Politik. Ausgewählte Schriften. Berlin 1980; S. Woll: Das Totaltheater. Ein Projekt von Walter Gropius und Erwin Piscator. Berlin 1984.

Gropper, Wolfgang, geb. 15. 6. 1944 in Prien am Chiemsee. Regisseur. Jurastudium in München; Assessorexamen 1975; Schauspielunterricht u. a. bei Ellen Mahlke und Else Lang. Begann als Schauspieler am Fränkischen Theater in Maßbach (1975/76) und am Stadttheater Würzburg (1976/77). 1977–1979 Regieassistent mit Schauspielverpflichtungen an den Münchner Kammerspielen. Danach arbeitete er als Regisseur u. a. in München, Krefeld, Saarbrücken, Hannover und Braunschweig. Inszenierungen an den Münchner Kammerspielen: Genets ›Die Zofen‹ (1979); Bernhards ›Vor dem Ruhestand‹ (1980); Mitterers ›Kein Platz für Idioten‹ (1981). Am Theater Krefeld u. a.: Kusz' ›Schweig, Bub‹ (1979); Strauß' ›Groß und klein‹ (1981); am Staatstheater Saarbrücken: Shakespeares ›Was ihr wollt‹ (1980). Seit 1981 Regisseur am Staatstheater Hannover, wo er 1983/84 von Alexander May zum Oberspielleiter berufen wurde. Inszenierungen u. a.: Shakespeares ›Hamlet‹ (1981); Grasers ›Witwenverbrennung‹ (1982); Roths ›Ritt auf die Wartburg‹ (1984); ›Selbstauslöser‹ (von Wolfgang Bauschmid, Groppers Chefdramaturgen, UA 1984); Walsers ›Eiche und Angora‹ (1985). Inszenierungen am Münchner Volkstheater u. a.: Kleists ›Der zerbrochne Krug‹ (1984, bayerische Fassung von Leopold Ahlsen, mit Gustl Bayrhammer); Sperrs ›Koralle Meier‹ (1985); Ludwig Thomas ›Wittiber‹ (1986, mit Bayrhammer) und ›Moral‹ (1988). In der Spielzeit 1988/89 Oberspielleiter und ab November 1989 Schauspieldirektor am Staatstheater Braunschweig; inszenierte u. a. Hacks' ›Fredegunde‹ (UA 1989) und Grasers ›Zahngold‹ (UA 1989). Seit der Spielzeit 1991/92 ist er Generalintendant der Vereinigten Bühnen Krefeld-Mönchengladbach (als Nachfolger von Eike Gramss). Seither inszenierte er u. a. Tschechows ›Der Kirschgarten‹ (1992), Mitterers ›Ein Jedermann‹ (DE 1992) und Behans ›Richards Korkbein‹ (1993).

Groß, Reiner, geb. 1. 5. 1957 in Moers. Schauspieler und Autor. Sohn eines Bergmanns. Groß brach kurz vor dem Abitur das Gymnasium ab und arbeitete 1976/77 als Matrose. Nach seiner Rückkehr nach Deutschland arbeitete er in einer anthroposophischen Heilstätte für Fixer. Von 1979 bis 1981 besuchte er die Schauspielschule in Bochum. Von 1981 bis 1985 war er als Schauspieler am Schauspielhaus Bochum engagiert und von 1985 bis 1987 in Zürich. Seit 1987 lebt er als freischaffender Autor in Berlin. In der Inszenierung von Alexander Lang kamen 1991 am Schiller-Theater in Berlin zwei Stücke mit zwiespältigem Erfolg zur Uraufführung: ›Nacht‹ (1989) und ›Nördliche Stadt‹. »Aus den beiden Stücken ›Nacht‹ und ›Nördliche Stadt‹ könnte ein kundiger Dramaturg ohne viel Mühe ein einziges machen: Nächtliche Stadt. Denn Reiner Groß' Szenen sind weniger dramatische Gebilde als lyrische Gespinste – wortreiche, redetrunkene Wanderungen durch die nächtliche Wildnis einer namenlosen, ortlosen Metropole, Berlin am Meer oder Kalkutta in der Wüste (. . .). Nun fehlen nur noch die Worte, um die kurzen Szenen in große Nachtmusik und wüste Schauerballade zu verwandeln. Und an Worten, wahrlich, fehlt es unserem Dichter nicht. ›Der Mond geht auf‹, sagt einer namens Wolke. ›Zeit der Wölfe‹ (. . .) Jede Figur muß ein Dichter sein (also ein Doppelgänger ihres Dichters); jeder Held ist auch ein Maulheld, jeder Auftritt eine Rezitation. Groß' Texte scheinen süchtig zu sein nach roher Wirklichkeit – und sind doch nur vollgepumpt mit Literatur.« (Benjamin Henrichs, ›Die Zeit‹, 17. 4. 1991)

Weiteres Stück: ›Bello Horizonte‹ (o.J.).

Grotowski, Jerzy, geb. 11. 8. 1933 in Rzeszów. Regisseur. 1951–1955 Studium an der Schauspielschule in Krakau; 1955/ 56 am Institut für Theaterkunst in Moskau. 1956 Assistent an der Theaterhochschule Krakau; Abschluß mit Regie-Diplom 1960. Regiedebüt 1957 mit Ionescos ›Die Stühle‹. 1959 übernahm er zusammen mit dem Literaturkritiker Ludwik Flaszen das Theater 13 Rzedóws (13 Reihen) in Opole und machte daraus ein Laboratorium für experimentelles Theater. 1965 wurde die Bühne von Opole nach Wroclaw verlegt und hieß nun Theater Laboratorium der 13 Reihen, Forschungsinstitut für Schauspielerische Methode (seit 1975 nur noch Institut Laboratorium). Für seine Inszenierungen schrieb Grotowski eigene Szenarien nach literarischen Vorlagen, u.a.: ›Kain‹ (nach Byron, 1960); ›Die Totenfeier‹ (nach Mickiewicz, 1961); ›Kordian‹ (nach Slowacki, 1962); ›Akropolis‹ (nach Wyspianski, 1962; neue Fassungen 1964 und 1967); ›Dr. Faustus‹ (nach Marlowe, 1963); ›Studie über Hamlet‹ (nach Shakespeare und Wyspianski, 1964); ›Der standhafte Prinz‹ (nach Calderón und Slowacki, 1965; zweite Fassung 1968); ›Apocalypsis cum Figuris‹ (nach Texten aus der Bibel, Dostojewski u. a., 1968). Beeinflußt wurde Grotowskis Arbeitsstil durch Charles Dullin, Konstantin Stanislawski, Wsewolod E. Meyerhold, Delsarte sowie von den Techniken des asiatischen Theaters (Peking Oper, Kathakali, No-Theater). Wollte Grotowski den Zuschauer anfangs noch in das Theatererlebnis miteinbeziehen und ihn bewußt manipulieren, galt sein Interesse seit 1962 vor allem der Kunst des Schauspielers. Eine dritte Phase seines Schaffens, von T. Burzynski als »paratheatralische Suche« bezeichnet, setzte Ende der sechziger Jahre ein. Theater wird nun (zumindest für die Schauspieler) zu einem rituellen Akt der Selbstfindung, zu einer »neuen Form des Gottesdienstes« (Peter Brook). Den Anspruch seiner Arbeit erläuterte Grotowski in seiner Programmschrift ›Das arme Theater‹ wie folgt: »Zum ersten wollen wir Eklektizismus vermeiden, wir wollen uns gegen die Auffassung, daß Theater eine Kombination verschiedener Kunstgattungen sei, wehren. Wir wollen den Versuch einer Definition unternehmen, wodurch Theater gekennzeichnet ist (. . .). Zum zweiten sind unsere Produktionen detaillierte Erforschungen der Beziehung zwischen Schauspieler und Publikum. Das heißt, wir halten die personale und szenische Technik des Schauspielers für den Kern des Theaters.« Grotowski beschreitet in seiner Arbeit die »via negativa« (gemeint ist vor allem der Abbau aller Widerstände, die einer direkten Umsetzung psychischer Impulse entgegenstehen); er geht zurück auf archaische Situationen, auf Magie und Ritual. Er will weg vom »reichen Theater«, das mit technischen Mitteln Film und Fernsehen nachzueifern versucht. Stattdessen fordert er das »arme«, von al-

Grüber

lem Unwesentlichen befreite Theater (Verzicht auf Maschinerie, Staffage, Kostümierung; Aufhebung der Trennung zwischen Bühne und Zuschauerraum). Vom Schauspieler verlangt er absolute Hingabe, körperliche und seelische Offenbarung: »Der Akt des Schauspielers – der Halbherzigkeit ausschließt, der entblößend, offenbarend wirkt, der aus ihm herausströmt statt ihn zu verschließen – ist eine Einladung an den Zuschauer. Man könnte diesen Akt mit dem zutiefst empfundenen, wahren Liebesakt zwischen zwei Menschen vergleichen (. . .). Diesen Akt, Paradox und Grenzfall, nennen wir den totalen Akt.« (›Das arme Theater‹, S. 237f.) Seit 1966 zahlreiche Auslandstourneen, die Grotowskis Methode weltweit bekannt machten. 1970 private Indien-Reise mit bleibenden Eindrücken; außerdem Gastspiele in Schiras, Beirut, Teheran und Berlin. In den folgenden Jahren neben Tourneen auch Vorträge und Seminare in verschiedenen Ländern. Seit 1975 neue Phase in Grotowskis Arbeit: Konsequente Abwendung von den Grundstrukturen einer Theateraufführung; stattdessen sogenannte »special projects«, paratheatralische Aktionen mit dem Charakter von Selbsterfahrungspraktika; meist unter Einbeziehung anderer Disziplinen (Philosophie, Soziologie, Psychologie usw.). Von nun an Aufspaltung des Laboratoriums in verschiedene Projektgruppen, u. a.: Laboratorium für Theorie und Gruppenanalyse (Leitung: Flaszen); Laboratorium für Methodik des Ereignisses (Leitung: Zbieniew Cynkutis); Laboratorium für Arbeitstreffen (Leitung: Stanislaw Scierski); Internationales Studio (Leitung: Zbigniew Spychalski). Grotowski selbst beschäftigt sich mit der Erforschung von Ritualen und spirituellen Techniken in ihrer transkulturellen Bedeutung (»Theater der Quellen«). Wachsender Einfluß auf Theatergruppen in Westeuropa und den USA. 1984 Auflösung des Theater Laboratoriums.
Literatur: J. Grotowski: Das arme Theater. Mit e. Vorwort v. P. Brook. Velber 1970; ders.: Nacktheit auf dem Theater – sittlich oder obszön?. In: Theater heute, Heft 8, 1971, S. 1–3; ders.: Jour saint et autres textes. Paris 1974; R. Temkine: Grotowski. New York 1972; T. Burzyn-

ski/Z. Osinski: Das Theater-Laboratorium Grotowskis. Warschau 1979; B. Schwerin von Krosigk: Der nackte Schauspieler. Die Entwicklung der Schauspieltheorie Jerzy Grotowskis. Berlin 1985; J. Kumiega: The Theatre of Grotowski. London u. a. 1987; S. Mitter: Systems of rehearsal. Stanislavsky, Brecht, Grotowski and Brook. London u. a. 1992.

Grüber, Klaus Michael, geb. 4. 6. 1941 in Neckarelz. Regisseur. Studium an der Schauspielschule Stuttgart, u. a. bei Siegfried Melchinger. 1964 zog er nach Italien und war vier Jahre lang Regieassistent und Mitarbeiter von Giorgio Strehler und Paolo Grassi am Piccolo Teatro in Mailand. Sein Regiedebüt gab er 1967 in Freiburg (auf Einladung Hans-Reinhardt Müllers) mit Goldonis ›Der Impresario von Smyrna‹. Erste Regie am Piccolo Teatro: Brecht/Seghers' ›Der Prozeß der Jeanne d'Arc zu Rouen‹ (1968). 1969 inszenierte er, ebenfalls in Mailand, Adamovs ›Off limits‹ (im Bühnenbild von Eduardo Arroyo, mit dem er künftig eng zusammenarbeitete). 1969 holte ihn Kurt Hübner ans Bremer Theater, wo er mit beachtlichem Erfolg Shakespeares ›Der Sturm‹ inszenierte (im Bühnenbild von Wilfried Minks). Weitere Arbeiten in Bremen: Bergs ›Wozzeck‹ (1971); Chotjewitz/Majakowskis ›Weltmeisterschaft im Klassenkampf‹ (1971); Händels ›Julius Cäsar‹ (1972); Becketts ›Das letzte Band‹ (1973, mit Bernhard Minetti). Inszenierungen an anderen Theatern u. a.: Kleists ›Penthesilea‹ (1970, Stuttgart); Horváths ›Geschichten aus dem Wiener Wald‹ (1972, erste Arbeit an der Schaubühne Berlin bei Peter Stein); Adamovs ›Off Limits‹ (DE 1972, Düsseldorf); Brechts ›Im Dickicht der Städte‹ (1973, Frankfurt); Bartóks ›Herzog Blaubarts Burg‹ und Schönbergs ›Erwartung‹ (1974, Frankfurt). In den siebziger Jahren war Grüber regelmäßig an der Berliner Schaubühne am Halleschen Ufer zu Gast, wo er bemerkenswerte, oft auch verstörende Inszenierungen herausbrachte (in Zusammenarbeit mit den Malern Arroyo, Gilles Aillaud und Antonio Recalcati): ›Die Bakchen‹ von Euripides (1974, ›Antikenprojekt‹, Spielort: Berliner Messehallen);

Hölderlins ›Empedokles‹ (1975, mit Bruno Ganz); ›Die Winterreise‹ nach Hölderlins ›Hyperion‹ (1977, Spielort: Olympiastadion); ›Rudi‹ nach Brentano (1979, Spielort: Hotel Esplanade). Eine Sensation wurde seine erste Regiearbeit in Paris: ›Faust Salpêtrière‹ nach Goethe (1975, inszeniert in einer Kirche). Aufsehen (und Protest) erregte auch seine düster-poetische ›Faust‹-Adaption an der Freien Volksbühne Berlin (1982, eine auf drei Personen reduzierte Fassung mit Minetti in der Titelrolle). Zuvor hatte er an der Volksbühne bereits Pirandellos ›Sechs Personen suchen einen Autor‹ inszeniert (1981, nach längerer Abwesenheit vom deutschen Theater). Es folgten u. a.: Shakespeares ›Hamlet‹ (1982, Schaubühne Berlin, mit Ganz); Tschechows ›An der großen Straße‹ (1984, ebenda); Franz Jungs ›Nostalghia‹ (1984, Piccolo Teatro Mailand). Als erster Deutscher inszenierte Grüber 1984 an der Pariser Comédie Française: Racines ›Bérénice‹, ein überwältigender Erfolg. Grüber über seine Arbeit:»Ich weiß jetzt, daß man in Alexandrinern weinen kann ... Bérénice hat mich umgebracht, das ist großartig. (...) Mein Traum vom Theater ist wahrhaftig die Ergriffenheit. (...) im Theater müssen Tränen vergossen werden ... wir brauchen diese Hingabe. (...) Der Regisseur ist ein Mensch, der von der Schönheit erzählt ... jemand, der die Angst der Schauspieler tilgt – sie sind voller Angst –, doch ist die Angst einmal genommen, werden sie dermaßen schön ... Man braucht viel Wärme, um diese Angst zu nehmen. Da ich das Glück habe, ein sehr schwacher Mensch zu sein, wissen sie, daß ich nichts vortäusche ...« (zit. nach Carstensen: Klaus Michael Grüber, S. 64) Weitere Inszenierungen in den achtziger Jahren u.a: Shakespeares ›König Lear‹ (1985, Schaubühne Berlin, mit Minetti); Arroyos ›Bantam‹ (UA 1986, Residenztheater München); Handkes Aischylos-Bearbeitung ›Prometheus, gefesselt‹ (UA 1986, Salzburger Festspiele, mit Ganz); ›Le récit de la servante Zerline‹ nach Hermann Broch (1986, Théâtre Bouffes du Nord Paris, mit Jeanne Moreau); Becketts ›Das letzte Band‹ (1987, Frankfurt, mit Minetti). Ein Triumph wurde seine Inszenierung von Labiches ›Die Affäre Rue de Lourcine‹ (1988, Schaubühne Berlin, mit Udo Samel). Großer Erfolg auch mit Büchners ›Dantons Tod‹ (1989, Festival d'Automne Paris) und mit Marina Zwetajewas ›Phönix‹ (1990, Schaubühne Berlin, mit Minetti). 1991 inszenierte er, wieder an der Schaubühne: Kleists ›Amphitryon‹ (mit Samel, Jutta Lampe, Peter Simonischek, Otto Sander):»Grüber, der Visionär, erzählt die Geschichte einer großen Liebe. In einem Tempo, das andere Regisseure ihren Zuschauern nicht zuzumuten trauen, langsam, leise. In einer Klarheit, die an ein Weihe-, ein Mysterienspiel erinnert. (...) In all seinen Arbeiten spricht Grüber von der vergänglichen, vergangenen Schönheit; komponiert er aus Seufzern – aus ›ach‹ und ›hélas‹ – Oratorien, Messen. Immer wieder vertraut er dabei allein auf seine Schauspieler. Ihnen läßt er die allergrößte Freiheit, verführt sie zu den wunderlichsten Leistungen. Im leeren Raum, ohne Requisiten, finden sie in sich diesmal Kleists Welt.« (C. Bernd Sucher, ›SZ‹, 22. 3. 1991) Es folgten u. a.: Hölderlins ›Hyperion‹ in der Vertonung Bruno Madernas (1991, Amsterdam, mit Ganz); Leos Janáčeks ›Aus einem Totenhaus‹ (1992, Salzburger Festspiele); ›Catharina von Siena‹ nach einem Fragment von J. M. R. Lenz (1992, Schaubühne Berlin); Verdis ›La Traviata‹ (Châtelet Paris, 1993); Genets ›Splendid's‹ (UA 1994, Schaubühne Berlin). Dreimal hat Grüber auch Wagner-Opern inszeniert: ›Die Walküre‹ (1976, Paris), ›Tannhäuser‹ (1983, Florenz) und ›Parsifal‹ (1990, Amsterdam). Der Zugang zu Grübers eigenwilliger Bildersprache fällt nicht immer leicht. So manchem sind seine Inszenierungen zu fad, zu hermetisch, zu intellektuell. Günther Rühle schrieb über Grübers Werk: »Das Zusehen wird in seinen Inszenierungen zu einer physischen Leistung, zu einer dauernden Anstrengung des Gehirns, obwohl doch so viel über die Sinne, über Empfindung und Gefühl aufgenommen wird. (...) Das Grübersche Verfahren schließt eines aus, was auf dem Theater sonst üblich ist, daß eine Inszenierung mit ihrem Ende auch zu Ende ist. Alle Inszenierungen Grübers haben eine große

Gründgens 240

Nachbrennkraft. Je länger man von ihnen weg ist, um so deutlicher werden sie.« (›Theater heute‹, Heft 2, 1976) Sieben Grüber-Inszenierungen wurden bisher zu den Berliner Theatertreffen eingeladen. **Literatur:** B. Mauer/B. Krauss (Hrsg.): Spielräume – Arbeitsergebnisse. Theater Bremen 1962–1973. Theater der Freien Hansestadt Bremen. Programmheft Nr. 15, 1972/73; P. Iden: Die Schaubühne am Halleschen Ufer 1970–1979. München, Wien 1979; ders.: Theater als Widerspruch. Plädoyer für die zeitgenössische Bühne. München 1984; U. B. Carstensen: Klaus Michael Grüber. Regie im Theater. Frankfurt a. M. 1988; C. B. Sucher: Theaterzauberer. Von Bondy bis Zadek. 10 Regisseure des deutschen Gegenwartstheaters. München, Zürich 1990; K. M. Grüber: ... il faut que le théâtre passe à travers les larmes. Portrait proposé par G. Banu et M. Blezinger. Editions du Regard – Académie Experimentale des théâtres – Festival d'Automne. Paris 1993.

Gründgens, Gustaf, geb. 22. 12. 1899 in Düsseldorf, gest. 7. 10. 1963 in Manila. Schauspieler, Regisseur und Intendant. 1906–1916 am Comenius-Gymnasium in Düsseldorf-Oberkassel; mit 17 Jahren Kriegsfreiwilliger an der Westfront. 1917 Mitglied des Soldatentheaters Saarlouis. Nach dem Umzug des Theaters nach Thale im Harz übernahm er 1918 die Leitung der Truppe (später Umbenennung in Bergtheater). 1919/20 Schauspielausbildung an der Düsseldorfer Hochschule für Bühnenkunst unter der Leitung von Louise Dumont und Gustav Lindemann. 1920/21 erstes Engagement in Halberstadt. Danach war er eine Spielzeit lang in Kiel, wo er u. a. als Mephisto in Goethes ›Faust‹ auftrat (1922). 1923 holte ihn Erich Ziegel an die Hamburger Kammerspiele, wo er bis 1928 zum Ensemble gehörte. Insgesamt 71 Rollen (häufig in eigenen Inszenierungen) u. a.: Titelrolle in Kornfelds ›Palme oder Der Gekränkte‹ (1924); Bleichenwang in Shakespeares ›Was ihr wollt‹ (1924, R. Ziegel); Bluntschli in Shaws ›Helden‹ (1925, R. Gründgens); Gonzaga in Lessings ›Emilia Galotti‹ (1925, R. Ziegel); Titelrolle in Sternheims ›Oscar Wilde‹

(1925, R. Friedrich Brandenburg); Christian Maske in Sternheims ›Der Snob‹ (1925, R. Brandenburg); Leonce in Büchners ›Leonce und Lena‹ (1925, R. Gründgens); Angelo in Shakespeares ›Maß für Maß‹ (1925, R. Ziegel); Moritz Stiefel in Wedekinds ›Frühlings Erwachen‹ (1926, R. Gründgens); Titelrollen in Shakespeares ›Hamlet‹ (1927, R. Hanns Lotz), Schnitzlers ›Anatol‹ (1927) und in Büchners ›Dantons Tod‹ (1928, R. jeweils Gründgens). Von Klaus Mann inszenierte er die Stücke ›Anja und Esther‹ (1925) und ›Revue zu Vieren‹ (1927); in beiden Inszenierungen spielten neben Gründgens auch Pamela Wedekind, Klaus und Erika Mann. 1926 heiratete Gründgens Erika Mann; die Ehe wurde 1928 geschieden. 1926 Gastauftritt im Wiener Theater in der Josefstadt (als Florindo in Hofmannsthals ›Cristinas Heimreise‹). Begegnung mit Max Reinhardt, der ihn 1928 ans Deutsche Theater Berlin holte. Rollen u. a.: Ottfried in Brruckners ›Die Verbrecher‹ (UA 1928, R. Heinz Hilpert); Frederick in Maugham/Zoffs ›Victoria‹ (1930, R. Reinhardt); Bacon in Brruckners ›Elisabeth von England‹ (1930); Orest in Goethes ›Iphigenie auf Tauris‹ (1930). Gründgens war in dieser Zeit auch als Komödien-Regisseur, Kabarettist und Operettendarsteller erfolgreich. Mit Ernst Busch und Grethe Weiser sang und spielte er in der Nelson-Revue ›Glück muß der Mensch haben‹ (1930). Opern-Inszenierungen: Mozarts ›Die Hochzeit des Figaro‹ (1931, Berliner Kroll-Oper) und ›Così fan tutte‹ (1931, Staatsoper Berlin); Strauss' ›Der Rosenkavalier‹ (1932, ebenda). Seit den dreißiger Jahren auch Filmrollen, darunter: Schränker in Fritz Langs ›M‹ (1931); Baron Eggersdorf in Max Ophüls' ›Liebelei‹ (1933); Professor Higgins in Erich Engels ›Pygmalion‹ (1935, nach Shaw). In einigen Filmen führte er auch selbst Regie. 1932 wechselte Gründgens an das Berliner Staatstheater (Intendant: Heinz Tietjen), wo er einen triumphalen Erfolg als Mephisto in Goethes ›Faust I‹ feierte (mit Werner Krauß in der Titelrolle und Käthe Gold als Gretchen, R. Lothar Müthel). Herbert Ihering schrieb: »Eins kann man nicht leugnen: Spannung erzeugt ein

Schauspieler wie Gustaf Gründgens, wo immer er auftritt. (. . .) Gründgens spielt den Agenten Fausts, einen Manager Schmelings, einen Stellenvermittler der Hölle. Er agitiert und treibt an, ein Demagoge, ein Unterhändler. (. . .) Er ist Kabarettsänger und Charleys Tante, Kavalier und zierige Dame. Er blitzt und funkelt. Er spielt ein naives Zaubermärchen mit lächelndem Snobismus. Er spielt hundert Variationen über das Thema Mephisto, aber niemals das Thema selbst. Er spielt Bemerkungen zum Mephisto, witzige Fußnoten gegen die Goethe-Philologen, aber niemals den neuen, modernen Mephisto selbst.« (›Berliner Börsen-Courier‹, 3. 12. 1932) Den Mephisto spielte Gründgens auch im zweiten Teil des ›Faust‹ (1933, R. Lindemann). Im Oktober 1933 überwältigender Erfolg als Dr. Jura in Hermann Bahrs ›Das Konzert‹ (mit Emmy Sonnemann, der späteren Ehefrau Görings). Göring, als preußischer Ministerpräsident für die Staatstheater zuständig, beauftragte Gründgens im März 1934 mit der kommissarischen Leitung und im September mit der Intendanz des Berliner Staatstheaters. 1936 heiratete Gründgens die Schauspielerin Marianne Hoppe (die Ehe wurde 1946 geschieden). 1937 Ernennung zum Generalintendanten und Staatsschauspieler. Wichtigste Rollen am Staatstheater: Shakespeares ›Hamlet‹ (1936, R. Müthel); Don Juan in Grabbes ›Don Juan und Faust‹ (1936, R. Jürgen Fehling); Louis Dubedat in Shaws ›Der Arzt am Scheideweg‹ (1938, R. Wolfgang Liebeneiner); Shakespeares ›Richard II.‹ (1939, R. Fehling); Titelrolle in Schillers ›Die Verschwörung des Fiesco zu Genua‹ (1940, R. Karl Heinz Stroux); Shakespeares ›Julius Cäsar‹ (1941, R. Fehling); Orest in Goethes ›Iphigenie auf Tauris‹ (1943, R. Müthel). Eigene Inszenierungen (in denen er oft auch mitspielte) u. a.: Lessings ›Minna von Barnhelm‹ (1934, Gründgens als Riccaut, Emmy Sonnemann in der Titelrolle und Paul Hartmann als Tellheim); Shakespeares ›König Lear‹ (1934, mit Krauß in der Titelrolle); Goethes ›Egmont‹ (1935, mit Hartmann); Shakespeares ›Was ihr wollt‹ (1937); Lessings ›Emilia Galotti‹ (1937, mit Gründgens als Gonzaga und

Marianne Hoppe als Emilia); Rehbergs ›Der Siebenjährige Krieg‹ (1938, Gründgens als Friedrich II.); Mozarts ›Die Zauberflöte‹ (1938, Dirigent: Herbert von Karajan); Goethes ›Faust I‹ (1941, Gründgens als Mephisto, Hartmann als Faust) und ›Faust II‹ (1942, Gründgens wieder als Mephisto); Schillers ›Die Räuber‹ (1944, Gründgens als Franz Moor). Als Intendant (bis 1944) war Gründgens darauf bedacht, parteipolitische Inanspruchnahme soweit wie möglich zu vermeiden. Nationalsozialistische Propaganda-Literatur verstand er abzuwehren, indem er die Pflege der europäischen Klassiker als die wichtigste Aufgabe eines Staatstheaters definierte. Gründgens schützte »jüdisch verheiratete« und »halbjüdische« Bühnenangehörige und wurde wegen dieser Hilfeleistungen 1946 – nach neunmonatiger Haft – »entnazifiziert«. 1946/47 Engagement am Deutschen Theater Berlin; spielte dort u. a. Sternheims ›Snob‹ (1946) und inszenierte das Stück ›Der Schatten‹ von Jewgenij Schwarz (DE 1947). In der Spielzeit 1947/48 übernahm er die Generalintendanz der Städtischen Bühnen Düsseldorf mit den Abteilungen Oper, Schauspiel, Operette und Ballett. Hier inszenierte er neben Klassikern auch zahlreiche neue Stücke. Seine Antrittsrolle war der ›König Ödipus‹ von Sophokles (1947, R. Stroux). 1951 erzwang er die Trennung von Oper und Schauspiel und übernahm (bis 1955) die Leitung des Düsseldorfer Schauspielhauses (als GmbH mit Gründgens als Geschäftsführer). 1952 unterschrieb er das ›Düsseldorfer Theatermanifest‹, das sich gegen die »willkürliche Interpretation der Klassiker« aussprach und »Werktreue« einforderte. Insgesamt inszenierte er in Düsseldorf 35 Stücke, darunter: Sartres ›Die Fliegen‹ (1947, mit Marianne Hoppe und Elisabeth Flickenschildt); Sternheims ›Der Snob‹ (1948, Gründgens als Christian Maske); Goethes ›Torquato Tasso‹ (1949, Gründgens als Tasso) sowie ›Faust I‹ (1949, Gründgens wieder als Mephisto, Hartmann als Faust); Eliots ›Familientag‹ (DE 1950) und ›Die Cocktailparty‹ (DE 1950, Gründgens als Sir Henry); Kafka/Gides ›Der Prozeß‹ (DE 1950, Gründgens als Josef K.); Schillers ›Die Räuber‹ (1951 zur Eröffnung des

Grützke

neuen Schauspielhauses, Gründgens als Franz Moor); Raimunds ›Der Alpenkönig und der Menschenfeind‹ (1952, mit Fritz Kortner); Pirandellos ›Heinrich IV.‹ (1952, Gründgens in der Titelrolle); Cocteaus ›Bacchus‹ (1952, Gründgens als Kardinal); Wolfes ›Herrenhaus‹ (UA 1953, Gründgens als General Ramsay). In Inszenierungen von Ulrich Erfurth übernahm er die Titelrollen in Shakespeares ›Hamlet‹ (1949) und in Schillers ›Wallensteins Tod‹ (1953). 1955 wechselte er als Intendant an das Deutsche Schauspielhaus Hamburg, wo er wieder in seiner Paraderolle als Mephisto brillierte (1957 in ›Faust I‹ und 1958 in ›Faust II‹, eigene Inszenierungen, mit Will Quadflieg als Faust). Sein ›Faust I‹ wurde bei Gastspielen im Ausland gefeiert und 1961 verfilmt. Weitere Rollen in eigenen Inszenierungen u. a.: Cäsar in Shaws ›Cäsar und Cleopatra‹ (1959); wieder Titelrolle in Schillers ›Wallensteins Tod‹ (1959); Kandaules in Hebbels ›Gyges und sein Ring‹ (1960); Heink in Bahrs ›Das Konzert‹ (1962); Philipp II. in Schillers ›Don Carlos‹ (1962). Sonstige Inszenierungen u. a.: Zuckmayers ›Das kalte Licht‹ (UA 1955); Hans Henny Jahnns ›Thomas Chatterton‹ (UA 1956); Grabbes ›Don Juan und Faust‹ (1959); Brechts ›Die heilige Johanna der Schlachthöfe‹ (UA 1959); Lawrence Durrells ›Sappho‹ (UA 1959, mit der Flickenschildt) und ›Actis‹ (UA 1961, mit Joanna Maria Gorvin); Strindbergs ›Totentanz‹ (1963); Shakespeares ›Hamlet‹ (1963, mit Maximilian Schell). Unter der Regie von Heinz Hilpert spielte Gründgens die Titelrolle in Osbornes ›Der Entertainer‹ (1957), unter Gustav Rudolf Sellner den Prospero in Shakespeares ›Der Sturm‹ (1960). 1963 legte er seine Hamburger Intendanz nieder und trat eine Weltreise an, auf der er noch im selben Jahr starb. Gründgens, Vorbild für den Schauspieler Hendrik Höfgen in Klaus Manns Roman ›Mephisto‹, ist die wohl schillerndste Figur im deutschen Theater der dreißiger bis fünfziger Jahre. Seine Position im »Dritten Reich« wird bis heute kontrovers beurteilt. Unbestreitbar aber ist seine herausragende Bedeutung als Theatermann, der die Talente eines Schauspielers, Regisseurs und Intendanten genial in sich vereinigte. Als Schauspieler verfügte Gründgens über eine vielgerühmte Faszinationskraft; seine Mephisto-Darstellungen sind legendär. Als Regisseur zählte er zu den eher konservativen Verfechtern eines repräsentativen Klassizismus. Oberstes Inszenierungsprinzip war ihm stets die Werktreue. Gründgens in seiner Schrift ›Wirklichkeit des Theaters‹ (S. 32 ff.): »Regie als theatralische Ausdrucksform ist niemals und darf niemals Selbstzweck sein, sondern immer nur Mittel zum Zweck. Der Regisseur ist der natürliche Vermittler zwischen dem Dichter und dem Publikum. (. . .) Der gute Regisseur darf keine eigene Auffassung vom Werk haben, sondern es muß sein Talent ausmachen, daß er die Auffassung des Dichters wiedergeben kann.«

Literatur: G. Gründgens: Wirklichkeit des Theaters. Frankfurt a. M. 1954; ders.: Briefe, Aufsätze, Reden. Hrsg. v. R. Badenhausen u. P. Gründgens-Gorski. Hamburg 1967 (Neuausg. München 1970); ders.: Laßt mich ausschlafen. Hrsg. v. R. Badenhausen. München 1982; A. Mühr: Großes Theater. Begegnungen mit Gustaf Gründgens. Berlin 1952; S. Melchinger: Modernes Welttheater. Lichter und Reflexe. Bremen 1956; F. Luft: Gustaf Gründgens. Berlin 1958; H. Rischbieter (Hrsg.): Gründgens – Schauspieler, Regisseur, Theaterleiter. Velber 1963; C. Riess: Gustaf Gründgens – Eine Biographie. Hamburg 1965; E. Kühlken: Die Klassiker-Inszenierungen von Gustaf Gründgens. Meisenheim a. G. 1972; Katalog zur Gustaf-Gründgens-Ausstellung. Hrsg. v. Dumont-Lindemann-Archiv. Düsseldorf 1980; A. Mühr: Mephisto ohne Maske. München, Wien 1981; H. Goertz: Gustaf Gründgens in Selbstzeugnissen und Bilddokumenten. Reinbek 1982; E. Spangenberg: Karriere eines Romans. Mephisto, Klaus Mann und Gustaf Gründgens. München 1982; H. Riemenschneider: Theatergeschichte der Stadt Düsseldorf. Bd. II. Düsseldorf 1987; M. Brauneck: Klassiker der Schauspielregie. Reinbek 1988.

Grützke, Johannes, geb. 1937 in Berlin. Maler, Graphiker und Bühnenbildner. 1957–1964 Studium an der Kunsthoch-

schule Berlin; Bühnenarbeiter an der Freien Volksbühne (1958–1962) und am Theater des Westens (1963) in Berlin. 1973 Mitbegründer der Schule der Neuen Prächtigkeit. Ausstellungen u. a. in Berlin, Köln, Karlsruhe, Hannover, Hamburg, Paris, Chicago. 1971 Uraufführung der Grützke-Revue ›Die Schaukel‹ am Metropoltheater Berlin (er spielte die Rolle des Erfinders und Darstellers); Bühne und Kostüme entwarf er zusammen mit Barbara Naujok. 1973 malte er für die Nürnberger Oper das Gemälde ›Die Komponisten der Spielzeit 1972/73‹ und gestaltete die Titelbilder für mehrere Programmhefte des Theaters. 1978 entwarf er das Bühnenbild für Gerhard Lampersbergers Musikdramolett ›Dornröschen‹ (nach Robert Walser) für das Metamusikfestival in Berlin; 1980 Uraufführung von Grützkes und Tilmann Lehnerts Oper ›Im Fundbüro‹ im Café Einstein Berlin. Peter Zadek engagierte ihn 1980 für seine Inszenierung von Falladas ›Jeder stirbt für sich allein‹ (1981, Schiller-Theater Berlin, Fassung: Zadek/Gottfried Greiffenhagen); Grützke malte 15 riesige Hintergrundprospekte (Bühnenausstattung gemeinsam mit Dieter Flimm). Seither entwarf er mehrere Bühnenbilder für Zadek: Mozarts ›Hochzeit des Figaro‹ (1983, Staatstheater Stuttgart, auch Kostüme); Sobols ›Ghetto‹ (1984, Freie Volksbühne Berlin); am Deutschen Schauspielhaus Hamburg: Shakespeares ›Wie es euch gefällt‹ (1986, auch Kostüme); Driest/Raben/Zadeks ›Andi‹ (1987, Musical); Wedekinds ›Lulu‹ (1988, auch Kostüme); in Paris: Shakespeares ›Maß für Maß‹ (1991, Théâtre Odéon). Grützkes Bühnengemälde, meist große bemalte Prospekte, dominieren in den meisten Inszenierungen. Sie sind bombastisch schön, lenken aber nicht vom Geschehen auf der Bühne ab. In einem Gespräch mit Mechthild Lange sagte Grützke:»Ich diene (. . .) ganz furchtbar, ich passe mich unglaublich an. Zadek will das zwar nicht hören, aber es ist so. Ich stehe ihm richtig zur Verfügung. Das Bühnenbild und alles, was ich so mache, dient der Regie.« (in: ›Peter Zadek‹, S. 98)
Literatur: L. Grisebach (Hrsg.): Johannes Grützke. Unser Fortschritt ist unaufhörlich.

Berlin 1984; M. Lange: Peter Zadek. Regie im Theater. Frankfurt a. M. 1989; J. C. Jensen (Hrsg.): Johannes Grützke. Neue Bilder 1988–1990. Kunsthalle Kiel 1990. (Katalog)

Grumberg, Jean-Claude, geb. 26. 7. 1939 in Paris. Französischer Dramatiker. Sohn rumänischer Juden, die vor dem Zweiten Weltkrieg nach Frankreich geflüchtet waren. Wegen finanzieller Schwierigkeiten vorzeitiger Abbruch der Schule. Von 1953 bis 1957 absolvierte er eine Schneiderlehre, später nahm er Schauspielunterricht; daneben schriftstellerische Tätigkeit. 1974 gelang ihm der Durchbruch mit dem Stück ›Dreyfus‹, das nicht von der bekannten Affäre handelt, sondern von einer Schauspieltruppe in einer polnischen Kleinstadt, die ein Stück über Dreyfus probiert und sich darüber streitet, wie es gespielt werden soll, während in Deutschland Hitler längst an der Macht ist. Grumberg behandelte autobiographische Themen: Antisemitismus, Auswirkungen der Politik auf das Individuum und die Geschichte einer Schneiderwerkstatt zwischen 1945 und 1952. ›Dreyfus‹ wurde 1974 an den Münchner Kammerspielen von Hans Schweikart inszeniert, 1981 fand die DDR-Erstaufführung am Deutschen Theater Berlin statt (R. Ulrich Engelmann).
Weitere Stücke: ›Michu‹ (1967); ›Demain une fenêtre sur rue‹ (1968); ›Rixe‹ (1968); ›Mathieu Legros‹ (1969); ›Amorphe d'Ottenburg‹ (1971); ›L'Atelier‹ (1979); ›Freie Zone‹ (1990).

Gruner, Michael, geb. 1. 1. 1945 in Falkenstein, Voigtland. Schauspieler und Regisseur. Aufgewachsen in Berlin und Frankfurt a. M.; 1963 Beginn des Schauspielstudiums in Frankfurt. 1965 Engagement als Schauspieler am Staatstheater Darmstadt; lernte dort Hans Bauer kennen, dessen poetisches Theater seine weitere Entwicklung wesentlich beeinflußte. Danach wechselte er an das Frankfurter Theater am Turm (TAT), wo er u. a. in Handkes ›Publikumsbeschimpfung‹ mitwirkte (UA 1966, R. Claus Peymann). 1970–1972 Engagement am Schauspielhaus Düsseldorf bei Karl Heinz Stroux;

Gryphius   244

danach wieder am TAT, wo er mit Büchners ›Woyzeck‹ sein Regiedebüt gab. Es folgten Inszenierungen in Darmstadt, u. a. Fleißers ›Fegefeuer in Ingolstadt‹ und Else Lasker-Schülers ›Die Wupper‹. 1976 wechselte er mit Günther Beelitz ans Düsseldorfer Schauspielhaus; dort u. a.: Calderóns ›Das Leben ein Traum‹ (1983 auch am Wiener Burgtheater); Horváths ›Der jüngste Tag‹; Schnitzlers ›Das weite Land‹; Lasker-Schülers ›IchundIch‹ (UA 1979): »Michael Gruners Düsseldorfer Inszenierung ist eine einleuchtende und animierende Vergegenwärtigung dieses Spiels. Höchst beeindruckend, wie sie ohne Überstürzung den Einstieg mit den einsamen Worten und Versen der alten Dichterin entwickelt und dann über die aus ihnen sich langsam verdeutlichenden Vorstellungen bis in die Höllen- und Himmelsaktionen ausspielt. Drehorgel mit ›Muß i denn . . .‹ und ›Freut euch des Lebens . . .‹, Schaubudenbühne mit Brecht-Vorhang, und in der Hölle zu den tiefen Fragen naiver Operettenglanz und Feuerwerk und Maskenspektakel – alle Maschinen in Aktion.« (Heinrich Vormweg, ›SZ‹, 14. 11. 1979) 1980/81 wurde er für zwei Inszenierungen pro Saison ans Hamburger Thalia Theater verpflichtet; dort u. a.: Büchners ›Woyzeck‹ (1980, mit dem Intendanten Peter Striebeck als Woyzeck); Barlachs ›Der arme Vetter‹ (1981) und ›Der blaue Boll‹ (1983). Am Bayerischen Staatsschauspiel: Schillers ›Kabale und Liebe‹ (1986). 1987–1989 Regisseur an den Städtischen Bühnen Frankfurt; dort u. a.: Lasker-Schülers ›Die Wupper‹ (1988); O'Neills ›Eines langen Tages Reise in die Nacht‹ (1989); J. Greens ›Ein Morgen gibt es nicht‹ (UA 1990). Gastinszenierungen in Bonn: Ibsens ›Gespenster‹; Pirandellos ›Heinrich IV.‹. 1989 wurde er Oberspielleiter am Staatstheater Stuttgart. Dort sollte er nach dem Willen des Generalintendanten Wolfgang Gönnenwein in der Spielzeit 1993/94 gemeinsam mit Peter Iden und Cesare Lievi ein Dreierdirektorium bilden (in der Nachfolge des Intendanten Jürgen Bosse); die Pläne scheiterten jedoch. Inszenierungen in Stuttgart u. a.: Horváths ›Geschichten aus dem Wiener Wald‹; Ibsens ›Nora‹; Tschechows ›Drei Schwestern‹; Gastinszenierungen u. a.: Horváths ›Der jüngste Tag‹ (1992, Residenztheater München) und ›Don Juan kommt aus dem Krieg‹ (1993, Deutsches Theater Berlin); Jahnns ›Thomas Chatterton‹ (1993, Schloßparktheater Berlin); Dorsts ›Herr Paul‹ (1994, Deutsches Theater Berlin). Gruners besonderes Interesse gilt den Dichtern des Expressionismus. In jüngerer Zeit inspirierten ihn vor allem die Regiearbeiten von Anatolij Wassiljew und die Filme von Tarkowski. Gruners Inszenierung von Calderóns ›Das Leben ein Traum‹ (Düsseldorfer Schauspielhaus) wurde 1983 zum Berliner Theatertreffen eingeladen.

Gryphius, Andreas (eigtl. Greif), geb. 2. 10. 1616 in Glogau, gest. 16. 7. 1664 ebenda. Lyriker und Dramatiker. Gryphius studierte von 1638 an alte und neue Weltsprachen, Philosophie, Jura und Medizin in Leyden. Er hielt dort Vorlesungen über Philosophie, Naturwissenschaften und Geschichte. 1644 Reise nach Den Haag, Paris, Marseille, Florenz, Rom, Venedig und Straßburg. Er zählt zu den wichtigsten Dichtern des Hochbarock. Seine Dramen sind in der Form beeinflußt vom antiken und vom holländischen Drama sowie von Shakespeare. Sie werden heute nicht mehr gespielt.
Stücke: ›Leo Armenius oder Fürsten-Mord‹ (entst. 1646, gedr. 1650); ›Cattarina von Georgien oder Bewährte Beständigkeit‹ (entst. 1646/47, gedr. 1657); ›Cardenio und Celinda‹ (entst. um 1650, gedr. 1657); ›Ermordete Majestät oder Carolus Stuardus, König von Großbritannien‹ (entst. 1646/47, gedr. 1657); ›Absurda Comica oder Herr Peter Squentz‹ (1658); ›Horribilicribrifax‹ (»Scherz-Spiel«, entst. um 1650, gedr. 1663).
Literatur: W. Flemming: A. Gryphius und die Bühne. Halle 1921; H. Steinhagen: Wirklichkeit und Handeln im barocken Drama. Tübingen 1977; K. H. Habersetzer: Politische Typologie und dramatisches Exemplum. Stuttgart 1985.

Guare, John, geb. 5. 2. 1938 in New York. Amerikanischer Dramatiker. Erster großer Erfolg mit ›The House of Blue

245

Leaves‹ (1970), wofür er den »New York Drama Critics Circle Award« für das beste amerikanische Stück 1971 bekam. Er schrieb das Drehbuch zu ›Atlantic City‹ von Louis Malle, wofür er eine Oscar-Nominierung erhielt, und arbeitete an dem Film ›Taking Off‹ (1971) zusammen mit Milos Forman und Jean-Claude Carrière. 1989 wurde Guare in die American Academy of Arts and Letters gewählt. Er arbeitet kontinuierlich zusammen mit dem Regisseur und Theaterleiter Gregory Mosher in Chicago und am Vivian Beaumont Theatre im Lincoln Center in New York.
Weitere Stücke: ›Muzeeka‹ (1967); ›Bosoms and Neglect‹ (1979); ›Lydie Breeze‹ (1982); ›Six Degrees of Separation‹ (1990).

Gubarew, Wladimir Stepanowitsch, geb. 1938 in Mogilew. Russischer Schriftsteller und Journalist. Von Beruf Ingenieur, kam Gubarew 1976 als Wirtschaftsreporter zur ›Prawda‹. Er schrieb mehrere wissenschaftliche Publikationen und fünf Dramen, die in der UdSSR aufgeführt worden sind. International bekannt wurde er mit einem der ersten Stücke der Perestroika: ›Sarcophagus‹ (1986), ein Stück über den Reaktorunfall in Tschernobyl: »Gubarews ›Sarkophag‹ mag, als erstes zeit- und systemkritisches Opus dieser Art, auf sowjetischen Bühnen eine Sensation darstellen – bei uns wirkt es wie ein gutgemeinter Leitartikel mit verteilten Rollen. Brisant nur als Dokument der neuen Diskussionsoffenheit in Gorbatschows Sowjetunion – ein Stück über Glasnost also weit mehr als über Tschernobyl.« (Gerhard Jörder, ›Theater heute‹, Heft 11, 1987)
Weitere Stücke: ›Die schwarze Kugel‹; ›Auf geht's!‹; ›Sonderflug‹ (alle o.J.); ›Stalins Datscha‹ (1990); ›Billard‹ (1990).

Gudzuhn, Jörg, geb. 1945. Schauspieler. Nach dem Abitur Malerlehre; 1966–1970 Ausbildung an der Staatlichen Schauspielschule in Ostberlin; erste Engagements in Karl-Marx-Stadt (1970–1974) und Potsdam (1974–1976). Von 1976 bis 1987 war er am Ostberliner Maxim-Gorki-Theater engagiert. Seit 1987 ist er Ensemblemitglied des Deutschen Theaters in Ostberlin, zu dessen wichtigsten Protagonisten er

Gudzuhn

zählt. Einen seiner großen Erfolge feierte er als Dorfrichter Adam in Thomas Langhoffs Kleist-Inszenierung ›Der zerbrochne Krug‹ (1990); Michael Merschmeier schrieb: »Vor allem Jörg Gudzuhn brachte ein Kunst-Stück fertig: den Dorfrichter Adam ganz neu zu sehen, sehen zu lassen. Der war plötzlich kein grapschender Greis mehr, sondern ein drahtiger mittelalter Junggeselle, in dem ein Teufel lauert und narrt, der Teufel des Triebs.« (›Theater heute‹, Heft 3, 1992) Weitere Rollen in Langhoff-Inszenierungen: Spigeliski in Turgenjews ›Ein Monat auf dem Lande‹; Leicester in Schillers ›Maria Stuart‹; Burggraf von Freiburg in Kleists ›Das Käthchen von Heilbronn‹ (1991); König Basilius in Hofmannsthals ›Der Turm‹ (1992, Ko-Produktion mit den Wiener Festwochen); Jacques Le Coeur in Strauß' ›Das Gleichgewicht‹ (1994). Weitere Rollen (häufig an der Seite von Dagmar Manzel) u.a.: Saladin in Lessings ›Nathan der Weise‹ (R. Friedo Solter); Grude in Barlachs ›Die echten Sedemunds‹ und Mesa in Claudels ›Mittagswende‹ (R. jeweils Rolf Winkelgrund); Claudius in Shakespeare/Müllers ›Hamlet/Hamletmaschine‹ (1990, mit Ulrich Mühe, R. Heiner Müller); Valmont in Müllers ›Quartett‹ (1991, im Rahmen von Müllers ›Mauser‹-Projekt); Titelrolle in Pohls ›Karate-Billi kehrt zurück‹ (1992, R. Alexander Lang); Hickey in O'Neills ›Der Eismann kommt‹ (R. Winkelgrund); Don Rodrigo in Corneilles ›Der Cid‹ (1993/94, R. Lang): »Alexander Lang bricht die Figur ins Realistische – und dadurch Komische –, indem er sie von dem zwar virtuosen, aber rauhstimmigen, charaktervoll grobgesichtigen, dem ganz und gar unadligen Jörg Gudzuhn spielen läßt. Der hält zwar seine (das Rohe und Wüste mitumfassenden) Kräfte diszipliniert in den Grenzen der Standbein-Spielbein-Haltungen und seines torerohaften Kostüms; erst bei der Erzählung, wie er die Mauren abschlachtete, darf er seine größeren Möglichkeiten zeigen: Da rast eine Mordbestie, die im Grunde – in tiefstem Schmerz – gegen sich selbst wütet.« (Henning Rischbieter, ›Theater heute‹, Heft 1, 1994) Bei den Salzburger Festspielen gastierte er als Mammon in Hofmannsthals ›Jedermann‹

Guinness

(1992/93). Filmrollen u. a. in Langhoffs ›Drei Schwestern‹ und in Bernhard Wickis ›Die Grünstein-Variante‹. Er erhielt u. a. den Kritikerpreis der ›Berliner Zeitung‹, den Kunstpreis der DDR und den Goethe-Preis der Stadt Berlin.

Guinness, Sir Alec, geb. 2. 4. 1914 in Marylebone bei London. Schauspieler. Ausbildung am Londoner Fay Compton Studio of Dramatic Art. Debüt 1934 am Playhouse Theatre. Übernahm an John Gielguds New Theatre kleine, komische Rollen, u. a. Osric in Shakespeares ›Hamlet‹ (1935). Kam 1936 ans Old Vic, wo er kleine Rollen in Stücken von Shakespeare spielte, u. a.: Boyet in ›Verlorene Liebesmüh‹; Le Beau und Wilhelm in ›Wie es euch gefällt‹; Reinhold und Osrick in ›Hamlet‹; Exeter in ›Heinrich V.‹. Im September 1937 wechselte er zu Gielgud ans Queen's Theatre; 1938 wieder am Old Vic, wo er in einer aufsehenerregenden Inszenierung von Tyron Guthrie den ›Hamlet‹ spielte (in moderner Kleidung). In Sheridans ›Rivalen‹ übernahm er die Rolle des Bob Acres. 1939 Tournee mit der Old Vic Company durch Europa und Ägypten. 1941 meldete er sich freiwillig zur Royal Navy. 1946 Rückkehr auf die Bühne als Mitja in Dostojewskis ›Die Brüder Karamasow‹ (eigene Adaption); danach spielte er den Garcin in Sartres ›Huis clos‹ (1946, Arts Theatre, R. Peter Brook). 1946–1948 wieder im Ensemble des Old Vic: großer Erfolg als Narr in Shakespeares ›König Lear‹ (1946, mit Laurence Olivier in der Titelrolle); außerdem u. a.: Comte de Guiche in Rostands ›Cyrano de Bergerac‹; Abel Drugger in Ben Jonsons ›Der Alchemist‹; Chlestakow in Gogols ›Der Revisor‹; Titelrolle in Shakespeares ›Richard II.‹ und Menenius Agrippa in ›Coriolan‹. Seit 1946 beim Film. Weiterhin große Bühnenrollen: Shakespeares ›Hamlet‹ (1951, New Theatre London, in eigener Regie); Titelrolle in Bolands ›The Prisoner‹ (1954, Globe Theatre London); T. E. Lawrence in Rattigans ›Ross‹ (1960, Haymarket Theatre); Behringer in Ionescos ›Der König stirbt‹ (1963, Royal Court Theatre); Dylan Thomas in Sidney Michaels' ›Dylan‹ (1964, Plymouth Theatre New York); Shakespeares ›Macbeth‹ (1966, Royal Court London, mit Simone Signoret als Lady Macbeth); Harcourt-Reilly in Eliots ›Die Cocktail-Party‹ (eigene Produktion, 1968 beim Chichester Festival, danach am Wyndhams und am Haymarket Theatre); Dr. Wicksteed in Alan Bennetts ›Habeas Corpus‹ (1973, Lyric Theatre); Jonathan Swift in ›Yahoo‹ (1976, Queen's Theatre). Von 1977 an längere Bühnenpause. 1984 sah man ihn wieder als Shylock in Shakespeares ›Der Kaufmann von Venedig‹ (Chichester Festival), 1985 als ›König Lear‹ (ebenda), 1988 als Diplomat in Lee Blessings ›A walk in the woods‹ (Comedy Theatre London). Guinness, 1959 in den Adelsstand erhoben, ist einer der bedeutendsten britischen Charakterschauspieler; vor allem als Shakespeare-Darsteller machte er Theatergeschichte. Zu Weltruhm gelangte der »Mann mit den hundert Gesichtern« durch den Film, wo er seine außergewöhnliche Verwandlungskunst stets aufs neue unter Beweis stellte. Unvergeßliche Rollen hatte er u. a. in: ›Oliver Twist‹ (1947); ›Adel verpflichtet‹ (1949, Guinness in acht Rollen); ›Der Mann im weißen Anzug‹ (1951); ›Ladykillers‹ (1955); ›Der Gefangene‹ (1955); ›Die Brücke am Kwai‹ (1957, für die Darstellung des Oberst Nicholson erhielt er einen Oscar); ›Unser Mann in Havanna‹ (1959); ›Lawrence von Arabien‹ (1962); ›Dr. Schiwago‹ (1966); ›Oliver Cromwell‹ (1969); ›A Passage to India‹ (1984). Gerühmt wurde auch seine Darstellung des George Smiley in der Fernsehserie ›Dame, König, As, Spion‹ nach dem Roman von John Le Carré (1978/79).
Literatur: A. Guinness: Das Glück hinter der Maske (Blessings in Disguise). Autobiographie. München 1986; S. Melchinger/R. Clausen: Schauspieler. 36 Porträts. Velber 1965; A. Missler: Alec Guinness. Seine Filme – sein Leben. München 1987; K. von Gunden: Alec Guiness: the films. Jefferson, N.C. u. a. 1987.

Guitry, Sacha, geb. 21. 2. 1885 in St. Petersburg, gest. 24. 7. 1957 in Paris. Französischer Dramatiker, Schauspieler, Theater- und Filmregisseur. Sohn des Schauspielers Lucien Guitry. Guitry schrieb leichte Komödien in der Tradition des Pariser Boulevardtheaters um Liebe, Theaterleben und historische Persönlichkeiten. Insgesamt entstanden über 130 Stücke. Zu Lebzeiten enorm erfolgreich; heute sind seine Stücke in Deutschland vollkommen vergessen.

Stücke: ›Nono‹ (1905); ›Béranger‹ (1920); ›L'Illusioniste‹ (1924); ›Une Folie‹ (1953).

Literatur: J. Harding: Sacha Guitry. The Last Boulevardier. New York 1968; J. Lorcey: Sacha Guitry. L'homme et l'œuvre. Paris 1982.

Gustafson, Lars, geb. 17. 5. 1936 in Västerås. Schwedischer Lyriker, Dramatiker und Kritiker. Gustafson studierte Philosophie, Ästhetik, Soziologie und Literaturgeschichte, 1961 Promotion in Uppsala. Von 1966 bis 1972 war er Chefredakteur der führenden Literaturzeitschrift ›Bonniers Litterära Magasin‹. Gustafson konvertierte zum Judentum. Er lebt als Gastprofessor in Austin, Texas. Sein Text ›Die nächtliche Huldigung‹ wurde 1970 am Schauspielhaus Zürich in der Regie von Max P. Ammann uraufgeführt.

Guthrie, Sir Tyrone, geb. 2. 7. 1900 in Tunbridge Wells, Kent, gest. im Mai 1971 in Newbliss (Republik Irland). Schauspieler, Regisseur und Theaterleiter (geadelt 1961). Studium in Oxford; erste Bühnenauftritte 1924 am Oxford Playhouse. 1926–1928 Regisseur bei den Scottish National Players in Glasgow; 1929/30 Regiearbeiten beim Festival Theatre Cambridge; 1931 erste Inszenierung in London (Bridies ›The Anatomist‹). 1933/34 arbeitete er als Regisseur am Londoner Old Vic, dessen Leitung er von 1936 bis 1945 und dann wieder 1951/52 übernahm. Gleichzeitig leitete er von 1939 bis 1945 die Sadler's Wells Company (Opernbühne des Old Vic); machte sich vor allem als Shakespeare-Regisseur einen Namen, u.a. mit ›Maß für Maß‹ (1933 und 1937), ›Timon von Athen‹ (1952), ›Troilus und Cressida‹ (1956). Aufsehen erregte 1938 seine ›Hamlet‹-Inszenierung mit Alec Guinness in moderner Kleidung; später inszenierte er das Stück mit Laurence Olivier in konventioneller Ausstattung. Nach Kriegsende

längerer USA-Aufenthalt; bemühte sich um die Durchsetzung des Ensembletheaters in Nordamerika. 1953 rief er das Shakespeare-Festival im kanadischen Stratford, Ontario, ins Leben; er inszenierte dort u.a. ›Ende gut, alles gut‹ (1953) und ›Der Widerspenstigen Zähmung‹ (1954); außerdem Inszenierungen in Helsinki, Tel Aviv und New York. 1962 gründete er in Minneapolis eines der ersten ständigen Repertoiretheater in den USA. Als leidenschaftlicher Anhänger des elisabethanischen Theaters inszenierte Guthrie am Old Vic auch Stücke von Ben Jonson, darunter ›Der Alchemist‹ (1963) und ›Volpone‹ (1968). Er bearbeitete u.a. Marlowe (›Tamburlaine der Große‹, gemeinsam mit Donald Wolfit) und schrieb selbst Theaterstücke, z.B. ›Top of the Ladder‹ (1950).

Literatur: T. Guthrie: A Life in the Theatre. London 1960; ders: Theatre Prospect. London 1932; ders. (u.a.): Opera in English. London 1946; ders.: In Various Directions. A View of Theatre. New York, London 1965; ders.: Tyrone Guthrie on Acting. London 1971.

Gutzkow, Karl, geb. 17. 3. 1811 in Berlin, gest. 16. 12. 1878 in Sachsenhausen (bei Frankfurt a.M.). Kritiker, Dramaturg und Autor. Studium der Philosophie und Theologie, dann Philologie in Berlin. Von 1831 an Kritiker und Zeitschriftenherausgeber. Gehörte neben Heinrich Laube zu den führenden Autoren des ›Jungen Deutschland‹; setzte sich in seinen Romanen und Dramen gegen reaktionäre Tendenzen in Religion, Gesellschaft und Politik zur Wehr. 1835 Schreib- und Druckverbot; sein Frauenroman ›Wally, die Zweiflerin‹ (1835) handelte ihm zehn Wochen Gefängnis ein. 1842–1846 Aufenthalt in Frankreich; 1848/49 Dramaturg am Dresdner Hoftheater (dort auch Bühnenbearbeitungen); 1861–1864 Sekretär der Deutschen Schillerstiftung in Weimar. Seine zahlreichen Bühnenstücke (vom historischen Drama bis hin zum Lustspiel) wurden in der zweiten Hälfte des 19. Jahrhunderts oft gespielt, u.a.: ›Richard Savage‹ (UA 1839, Frankfurt); ›Zopf und Schwert‹ (UA 1844, Dresden); ›Das Urbild

Gutzkow

des Tartüffe‹ (UA 1844, Oldenburg; 1845 auch in Dresden); ›Uriel Acosta‹ (UA 1846, Dresden; 1895 auch in Moskau unter der Regie von Stanislawski); ›Der Königsleutnant‹ (UA 1849, Frankfurt).

Literatur: K. Gutzkow: Unter dem schwarzen Bären. Erlebtes 1811–1848. Hrsg. v. F. Böttger. Berlin 1971; ders.: Dramatische Werke. 3., vermehrte u. neu durchges. Gesamtausgabe. Jena 1872; ders.: Werke. Auswahl in zwölf Teilen. Hrsg. v. R. Gensel. Berlin, Leipzig, Wien, Stuttgart o. J.; H. Houben: Studien über die Dramen Karl Gutzkows. Düsseldorf 1898; P. Weiglin: Gutzkows und Laubes Literaturdramen. Diss. Berlin 1910; O. Baumgard: Gutzkows dramaturgische Tätigkeit am Dresdener Hoftheater unter bes. Berücksichtigung seiner Bühnenbearbeitungen. Diss. Bonn 1915; H. Gerrig: Karl Gutzkow. Der Roman des Nebeneinander. Bern 1954; E. W. Dobert: Karl Gutzkow und seine Zeit. Bern, München 1968.

H

Haack, Käte, geb. 11. 8. 1897 in Berlin, gest. 5. 5. 1986 ebenda. Schauspielerin. Schauspielunterricht bei Seraphine Détschy und Hans Kaufmann in Berlin; erstes Engagement 1914/15 in Göttingen. Danach Rückkehr nach Berlin, wo sie an den Bühnen von Victor Barnowsky spielte. Weitere Verpflichtungen in Berlin: Theater am Kurfürstendamm; Theater in der Königgrätzer Straße; Theater am Schiffbauerdamm; Hebbeltheater; Volksbühne; Deutsches Theater (unter Max Reinhardt). Rollen u. a.: Johanna in Schnitzlers ›Der einsame Weg‹; Anni in Molnárs ›Spiel im Schloß‹; Klärchen in Zuckmayers ›Der fröhliche Weinberg‹ (UA 1925) sowie Bürgermeisterin Gülstorff in ›Der Hauptmann von Köpenick‹ (UA 1931, Deutsches Theater, R. Heinz Hilpert). Alfred Kerr schrieb begeistert im ›Berliner Tageblatt‹: »In jedem Fall bleibt Kätchen Haack die holdeste von allen Bürgermeisterinnen, so je dagewesen sind. Etwas, wovon der Mensch weiß, ja, genau überzeugt ist, daß er sich bis zum Schluß (nicht nur dieses Stücks) daran erinnern wird. Kätchen. O Kätchen (...) Von allen Bürgermeisterinnen dieses Planeten ... Gipfel ihrer Laufbahn ... Gipfel unserer Wonne.« 1935–1944 Engagement am Preußischen Staatstheater Berlin unter Gustaf Gründgens; Zusammenarbeit u. a. mit den Regisseuren Jürgen Fehling und Lothar Müthel. Auch nach dem Krieg blieb sie den Berliner Bühnen treu; spielte u. a. an Viktor de Kowas Tribüne, am Hebbel- und am Schiller-Theater. Großer Erfolg als Mrs. Antrobus in Wilders ›Wir sind noch einmal davongekommen‹ (1946, Hebbeltheater, R. Karl Heinz Stroux). Rollen am Renaissance-Theater u. a.: Gina Ekdal in Ibsens ›Die Wildente‹ (1948); Luise Maske in Sternheims ›Der Snob‹ (1966); Veta Louise Simons in Chases ›Mein Name ist Hase‹; Maria Innocentia von Zierndorf in Lingens ›Johann‹. 1961/62 sah man sie in Ludwig Bergers Dramatisierung von Goethes ›Hermann und Dorothea‹ (Tournee). Große Popularität brachte ihr die Rolle der Mrs.

Higgins in Lerner/Loewes ›My Fair Lady‹ (1963 in Berlin, München und auf Tournee, ca. 1500 Vorstellungen). Glänzende Erfolge in vielen Boulevardstücken; Gastspiele u. a. an der Kleinen Komödie München. Ihr Filmdebüt gab sie 1915 in dem Stummfilm ›Der Katzensteg‹; es folgten zahlreiche Film- und seit 1956 auch Fernsehrollen. 1967 wurde ihr der Titel einer Staatsschauspielerin verliehen.

Haag, Ansgar, geb. 5. 7. 1955 in Schwäbisch Gmünd. Regisseur und Intendant. Studium der Theaterwissenschaft, Amerikanistik und Psychologie in München. 1975–1977 Regieassistent an den Münchner Kammerspielen bei Ernst Wendt; 1978 Gaststudium am Dramatic-Art-Institute in Berkeley (USA); 1979–1981 Dramaturg am Theater Bonn (unter Hans Joachim Heyse); 1981–1985 Dramaturg und seit 1983 auch Regisseur am Staatstheater Darmstadt; 1985/86 Spielleiter an den Vereinigten Bühnen Krefeld-Mönchengladbach; 1986–1989 Spielleiter in Darmstadt; danach Oberspielleiter am Landestheater Salzburg. Im Sommer 1994 wurde er als Nachfolger von Bernd Wilms Intendant am Ulmer Theater. Inszenierungen in Darmstadt u. a.: Ibsens ›Hedda Gabler‹ (1983); Schwarz' ›Die verzauberten Brüder‹ (1983); Enquists ›Verdunklung‹ (DE 1985, mit Christiane Pauli als Fedra): »Ansgar Haag läßt ruhige und immer auf den Effekt bedachte Bilder aufeinander folgen. (...) Ansgar Haag führt vor, daß die Verwandtschaft von Macht und Leidenschaft aus dem Wunsch der Menschen, wahrgenommen zu werden, wächst. Das kann im Mord enden und in pervertierter Liebe, im Fiasko im Bett und im Beruf. (...) Aus einem Schwedenhäppchen wurde ein elegantes Menü. Phädra ist aus Fedra auferstanden.« (Verena Auffermann, ›SZ‹, 30. 1. 1985); Tschechows ›Der Kirschgarten‹ (1986); Walsers ›Die Ohrfeige‹ (UA 1986); Wedekinds ›Frühlings Erwachen‹ (1987); Sophokles/Schottlaenders ›König Ödipus‹/›Ödipus auf Kolonos‹/›Antigone‹

Haas

(1988); Raphael Limas ›El Salvador‹ (DE 1988); außerdem u.a.: Tschechows ›Die Möwe‹ (1988, Ulm); Shakespeares ›Hamlet‹ (1988, Salzburg).

Haas, Jörg-Dieter, geb. 10. 11. 1938 in Rosenheim. Dramaturg, Regisseur und Intendant. 1955–1958 Studium der Theaterwissenschaft, Germanistik und Kunstgeschichte in Erlangen bei Professor Baumgardt. 1958 Wechsel nach Berlin; dort Arbeit an der Studentenbühne der Freien Universität mit Dieter Sturm, Jürgen Schitthelm und Klaus Weiffenbach. Aus der Studentenbühne ging 1962 die Schaubühne am Halleschen Ufer hervor; Haas war dort bis 1972 als Schauspieler, Regieassistent, Dramaturg und Regisseur tätig. Zusammenarbeit mit Konrad Swinarski, Karl Paryla, Claus Peymann, Hartmut Lange, Hansgünther Heyme. Wichtigste Inszenierung: Brechts ›Baal‹. 1972 wechselte er als Dramaturg an das Bayerische Staatsschauspiel München (unter der Intendanz von Kurt Meisel); von 1979 bis 1982 war er dort Chefdramaturg. Zusammenarbeit mit den Regisseuren Luc Bondy, Ingmar Bergman, Jürgen Flimm, Hans Hollmann und wieder Paryla. Er selbst inszenierte Ludwig Thomas ›Die Medaille/Brautschau‹. Übersetzungen: Antonio Collaltos ›Die Drillinge von Venedig‹; Shakespeares ›Troilus und Cressida‹ (R. David Esrig); Strindbergs ›Nach Damaskus‹ (R. Erwin Axer); Textneuerarbeitung: Gombrowicz' ›Yvonne, Prinzessin von Burgund‹. Von 1983 bis 1988 war er Intendant und Geschäftsführer des Münchner Volkstheaters. Er inszenierte dort Hamiks ›Der verkaufte Großvater‹ und J. M. Lutz' ›Birnbaum und Hollerstauden‹ in eigenen Bearbeitungen. Seine Nachfolgerin wurde Ruth Drexel.
Literatur: B. Ruhwinkel: Kurt Meisel und sein Beitrag zur modernen Münchener Theatergeschichte. Diss. München 1991.

Habben, Gralf-Edzard, geb. 13. 6. 1934 in Moers. Bühnenbildner. Studium an der Werkkunstschule Krefeld und an der Ecole des Beaux Arts in Toulouse. Bühnenstationen: Junges Theater und Deutsches Theater Göttingen; Schauspiel Frankfurt; Freie Volksbühne und Schiller-Theater Berlin; Staatstheater Karlsruhe und Saarbrücken; Thalia Theater Hamburg; Schauspiel Köln; Düsseldorfer Schauspielhaus; Wuppertaler Bühnen; Freilichtspiele Schwäbisch-Hall; Festspiele Bad Hersfeld. Seit 1968 kontinuierliche Zusammenarbeit mit dem Regisseur Roberto Ciulli. 1980 gründete er zusammen mit Ciulli und Helmut Schäfer das Theater an der Ruhr in Mülheim; dort auch Zusammenarbeit mit dem Roma-Theater Pralipe. Er arbeitete außerdem mit Pina Bausch, Kai Braak, Eva Diamantstein, Günther Fleckenstein, Hansgünther Heyme, Kurt Hübner, Valentin Jeker, Hartmut Lange, Hans Lietzau, Claus Peymann und Achim Plato.

Habeck, Michael, geb. 23. 4. 1944 in Grönenbach, Allgäu. Schauspieler. Nach dem Abitur Schauspiel- und Gesangsausbildung in München (1963–1965); 1966–1970 Engagement an den Städtischen Bühnen Frankfurt unter Harry Buckwitz und Ulrich Erfurth. Er wirkte in Weiss' ›Vietnam-Diskurs‹ mit, war das Fritzchen in Adriens ›Sonntags am Meer‹ und Sancho Pansa/Nursie in Williams' ›Camino Real‹. 1970–1982 Ensemblemitglied der Münchner Kammerspiele. Rollen u.a.: Rice ap Howel in Marlowe/Brechts ›Leben Eduards II. von England‹ (R. Hans Hollmann); Rammler in Lenz/Kipphardts ›Die Soldaten‹; Schwarz in Fortes ›Martin Luther & Thomas Münzer oder Die Einführung der Buchhaltung‹ (R. Paul Verhoeven); Sammy in O'Caseys ›Ein Pfund abheben‹; Malosco in Langes ›Die Gräfin von Rathenow‹; Gervasius in Fleißers ›Fegefeuer in Ingolstadt‹; in Inszenierungen von Dieter Dorn: Puck in Shakespeares ›Ein Sommernachtstraum‹ (1978): »Fett, lustig und sehr originell imponierte die Amoralität des tapfer eingesprungenen Michael Habeck, der den Puck als wienerische Panoptikum-Episoden-Figur einstudiert hatte.« (Joachim Kaiser, ›SZ‹, 2. 10. 1978); Parzival in Dorsts ›Merlin oder Das wüste Land‹ (1982). Gastspiele u.a. bei den Ruhrfestspielen Recklinghausen: Lennox in Shakespeare/Müllers ›Macbeth‹ (1974, R. Hansgünther Heyme). Seit 1982 freischaffend, u.a. als Schauspieler und

Regisseur am Modernen Theater München. Am Münchner Volkstheater sah man ihn als Baloun in Brechts ›Schweyk im Zweiten Weltkrieg‹ (1985, R. Ruth Drexel) und in Reinshagens ›Doppelkopf‹ (1986). Zahlreiche Fernsehrollen. Heute arbeitet er als Synchronsprecher.

Habich, Matthias, geb. 12. 1. 1940 in Danzig. Schauspieler. Nach dem Abitur Ausbildung an der Schauspielschule Hamburg, am Conservatoire de Paris und in den USA. Erste Engagements an den Wuppertaler Bühnen und am Basler Theater; ab 1967 am Schauspielhaus Zürich. 1970/71 spielte er an den Münchner Kammerspielen: Desportes in Lenz/Kipphardts ›Die Soldaten‹ (R. Heinar Kipphardt); Coringnon in Feydeaus ›Die Dame vom Maxim‹ (R. Dieter Giesing); Siegfried in Wagner/Enzensbergers ›Der Ring des Nibelungen‹ (R. Ulrich Heising); Papst in Fortes ›Martin Luther & Thomas Münzer oder Die Einführung der Buchhaltung‹ (R. Paul Verhoeven). 1971–1976 Engagement an den Staatlichen Schauspielbühnen Berlin (später dort als Gast); seit 1977 wieder am Schauspielhaus Zürich, wo er in Inszenierungen von Werner Düggelin spielte: Titelrolle in Schillers ›Wilhelm Tell‹; Hector in Shakespeares ›Troilus und Cressida‹. Weitere Rollen u. a.: Simon Harford in O'Neills ›Alle Reichtümer dieser Erde‹ (R. Gerhard Klingenberg); Orest in Sophokles' ›Elektra‹; Jason in Euripides' ›Medea‹; Fernando in Goethes ›Stella‹; unter der Regie von Hans Gratzer: Augustin in Schneiders ›Lieber Augustin‹; König Artus in Dorsts ›Merlin oder Das wüste Land‹. Gastspiele u. a.: Hettore Gonzaga in Lessings ›Emilia Galotti‹ (1980, Freie Volksbühne Berlin, R. Andrea Breth); Jason in Grillparzers ›Das goldene Vlies‹ (1983/84, Burgtheater Wien). Filmrollen hatte er u. a. in: ›Fluchtgefahr‹ (1974); ›Der Fangschuß‹ (1976, R. Volker Schlöndorff); ›Die Reinheit des Herzens‹ (1980); im Fernsehen u. a.: Titelrollen in ›Die merkwürdige Lebensgeschichte des Friedrich Freiherrn von der Trenck‹ (1973) und in ›Des Christoffel von Grimmelshausen Abenteuerlicher Simplicissimus‹ (1975, beide von Ahlsen).

Hackl, Karlheinz, geb. 16. 5. 1949 in Wien. Schauspieler und Regisseur. Abgeschlossenes Studium der Betriebswirtschaft; Schauspielausbildung in Wien. Debütierte 1972/73 am Wiener Theater Die Courage; danach Stückvertrag am Theater in der Josefstadt. 1974–1976 Engagement am Volkstheater Wien; spielte dort u. a. den Satanael in Hacks' ›Adam und Eva‹ und die Titelrolle in Lauckners ›Der Kommandant‹. 1976–1978 Engagement am Thalia Theater Hamburg (Direktion: Boy Gobert); dort u. a.: Melchior in Nestroys ›Einen Jux will er sich machen‹: »eine ganz frische Gestalt von klassenbuchführerhafter Altklugheit« (Werner Burkhardt, ›SZ‹, 15. 7. 1977); Darlington in Wildes ›Lady Windermeres Fächer‹; Rosenkranz in Shakespeares ›Hamlet‹ (R. Hans Neuenfels). Seit 1978 gehört er fest zum Ensemble des Wiener Burgtheaters. Rollen u. a.: Jerry in Pinters ›Betrogen‹ (R. Peter Wood); Karl Moor in Schillers ›Die Räuber‹; Jaromir in Hofmannsthals ›Der Unbestechliche‹ (R. Rudolf Steinboeck); Dichter in Schnitzlers ›Der Reigen‹; Alfredo in de Filippos ›Gespenster, Gespenster‹; Anselm in Musils ›Die Schwärmer‹ (1980, R. Erwin Axer); Desmoulins in Büchners ›Dantons Tod‹ (1982, R. Achim Benning); Titelrolle in Horváths ›Don Juan kommt aus dem Krieg‹ (auch im Fernsehen); Ernst Scholz in Wedekinds ›Der Marquis von Keith‹ (1982, R. Lindtberg); Lehrer in Gorki/Brechts ›Die Mutter‹ (1986); Alfred in Horváths ›Geschichten aus dem Wiener Wald‹ (1987, R. Alfred Kirchner): »Viel goldenes Wiener Herz wird in dieser Figur bravourös vorgeführt.« (Otto F. Beer, ›SZ‹, 10. 12. 1987); Personalchef in Turrinis ›Die Minderleister‹ (UA 1988, R. Kirchner); Dr. Thomas Stockmann in Ibsens ›Ein Volksfeind‹ (1990, R. Claus Peymann); Titelrolle in Molnárs ›Liliom‹ (1993, R. Paulus Manker); mehrere Nestroy-Rollen. Bei den Salzburger Festspielen sah man ihn u. a. in der Titelrolle von Hofmannsthals ›Der Schwierige‹ (1991, R. Jürgen Flimm). Seit 1988 ist er auch als Regisseur tätig, u. a. am Wiener Volkstheater: Ibsens ›Nora‹; am Theater in der Josefstadt Wien: Schnitzlers ›Liebelei‹

Hacks

(1993); Horváths ›Geschichten aus dem Wiener Wald‹ (1994). Filmrollen hatte er u.a. in ›Sophies Entscheidung‹ (1982, mit Meryl Streep, R. Alan Pakula) und ›Ein anderer Liebhaber‹ (1990, R. Xaver Schwarzenberger). Fernseharbeit u.a. mit Axel Corti. Hackl ist Kammerschauspieler und Träger der Kainz-Medaille.

Hacks, Peter, geb. 21. 3. 1928 in Breslau. Schriftsteller. Sohn eines Anwalts. Hacks studierte in München Soziologie, Philosophie, Germanistik und Theaterwissenschaft (Promotion 1951). Er arbeitete für Theater und Funk; übersiedelte 1955 nach Ost-Berlin und ging ans Berliner Ensemble; danach, bis 1963, Dramaturg am Deutschen Theater. Seither freier Schriftsteller. Mehrere Essays zu Theater und Literatur: ›Das realistische Theaterstück‹ (1957); ›Aristoteles, Brecht oder Zwerenz‹ (1957); ›Das Poetische‹ (1972). Ernst Wendt schrieb über den Autor:»Hacks ist von den Stückeschreibern drüben sicher der begabteste, auch der sprachmächtigste, einer der Tendenz und Poesie zusammenzwingen will, einer der wenigen, die mit Formwillen und Formkraft sich gegenüber der starr durchformulierten Doktrin des sozialistischen Realismus zu behaupten versuchen. Er ist auf die große Form aus und darauf, Klassizität und Alltäglichkeit, jedermann und die ›großen Umstülpungen‹ der Gesellschaft zusammenzubringen. Er will die Welt im großen Ausschnitt fassen, in der Historie – nur derart, scheint ihm, ist Wahrheit aufzuspüren.« (Moderne Dramaturgie, Frankfurt a.M. 1974)
Stücke: ›Die Schlacht von Lobositz‹ (1956); ›Die Kindermörderin‹ (1957/63); ›Polly oder die Bataille am Bluewater Creek‹ (nach J. Gay), 1965; ›Das Jahrmarktsfest zu Plundersweilern‹ (1975); ›Ein Gespräch im Hause Stein über den abwesenden Herrn von Goethe‹ (1976); ›Senecas Tod‹ (1978); ›Fredegunde‹ (1985).
Literatur: H. Klunker: Zeitstücke und Zeitgenossen. München 1975; A. Jäger: Der Dramatiker Peter Hacks. Vom Produktionsstück zur Klassizität. Marburg 1986; R. M. Schernikau: Dann hätten wir noch eine Chance. Briefwechsel mit Peter Hacks. Hamburg 1992.

Hämer, Therese, geb. 6. 2. 1962 in Kassel. Schauspielerin. Tochter der Schauspielerin Elisabeth Schwarz. Nach dem Abitur (1980) Italien-Aufenthalt; von 1982 an Studium der Germanistik, Philosophie und Romanistik in Berlin. 1983 Regieassistentin, Dolmetscherin und Aufnahmeleiterin beim Film; Schauspielerin in Filmen von Lilly Grote, Constanze Binder und Ulla Stöckl (›Der Schlaf der Vernunft‹). 1985 Assistenz bei Hans Neuenfels an der Freien Volksbühne Berlin bei der Inszenierung von Joyces ›Verbannte‹; 1986 erstes Engagement an der Freien Volksbühne Berlin: Chormitglied in Euripides' ›Elektra‹. 1987–1989 Schauspielstudium an der Otto-Falckenberg-Schule in München; gleichzeitig erste kleinere Rollen an den Münchner Kammerspielen, wo sie 1989 als Bolette in Ibsens ›Die Frau vom Meer‹ auffiel (R. Thomas Langhoff); sie wurde dafür in ›Theater heute‹ (Jahrbuch 1990) zur besten Nachwuchsschauspielerin gewählt. Außerdem an den Münchner Kammerspielen: Die Frau in Achternbuschs ›Auf verlorenem Posten‹ (UA 1990, R. der Autor). 1990–1992 am Schiller-Theater Berlin: Gretchen in Goethes ›Faust‹ (R. Alfred Kirchner); Hedy Raisch in Ulrich Wallers ›Davon geht die Welt nicht unter‹ (R. Elke Lang); Lisette in Marivaux' ›Das Vermächtnis‹ (R. Günther Gerstner); Raja in Volker Brauns ›Böhmen am Meer‹ (UA, R. Langhoff); Walburga in Hauptmanns ›Die Ratten‹ (R. Kirchner); Klawdia in Gorkis ›Die falsche Münze‹ (R. Alexander Lang). Seit 1993 gehört sie zum Ensemble des Schauspiels Bonn; dort u.a.: Monachowa in Gorkis ›Die Barbaren‹ (R. Jaroslav Chundela); Helena in Shakespeares ›Ein Sommernachtstraum‹ (R. Frank Hoffmann); Warja in Tschechows ›Der Kirschgarten‹ (R. Valentin Jeker). In Silvana Abbrescia-Raths Film ›Wiederkehr‹ spielte sie die Rolle der Marianne Albert (1994).

Haeusserman, Ernst (eigtl. Häussermann), geb. 3. 6. 1916 in Leipzig, gest. 11. 6. 1984 in Wien. Regisseur und Intendant. Sohn des Burgschauspielers Reinhold Häussermann; aufgewachsen in Wien. 1933–1935 Besuch der Wiener Staatsakademie für Musik und darstellende Kunst; 1933–1939 Schauspieler am Wiener Burgtheater (vor allem als jugendlicher Liebhaber); daneben erste Regiearbeiten für Theater, Film und Funk. 1939 Emigration in die USA; 1939–1943 persönlicher Assistent von Max Reinhardt in Hollywood. 1943 nahm er die amerikanische Staatsbürgerschaft an. Nach dem Zweiten Weltkrieg Rückkehr nach Wien als Kulturoffizier (Staff Sergeant); bis 1949 US-Programmdirektor des Senders Rot-Weiß-Rot in Salzburg; außerdem 1948–1953 Leiter der Film-, Theater- und Musikabteilung der US-Botschaft in Wien; daneben Regiearbeiten für Theater, Film und Rundfunk. 1953–1959 Direktor des Theaters in der Josefstadt Wien (zusammen mit Franz Stoß); schloß dem Theater ein Kleines Haus für avantgardistische Werke an. 1954–1961 Lehrbeauftragter an der Akademie für Musik und darstellende Kunst (Reinhardt-Seminar); 1962–1966 holte er Abitur, Studium und Promotion nach. 1959–1968 Direktor des Wiener Burgtheaters; befriedigte mit seinem Spielplan das Bedürfnis eines konservativen Publikums nach klassischem Bildungstheater: Antiken-Zyklus (R. Gustav Rudolf Sellner, Bühne: Fritz Wotruba); Zyklus der Shakespeareschen Königsdramen (R. Leopold Lindtberg); Raimund-Zyklus (R. Rudolf Steinboeck, z. T. ausgestattet von Oskar Kokoschka). Pflege von Nestroy, Grillparzer, Schnitzler und Hofmannsthal; zahlreiche Klassiker der Weltliteratur; auch Stükke von Zuckmayer, Priestley, Miller, Anouilh. Der Moderne begegnete er jedoch mit Vorsicht; Stücke von Pinter, Ionesco, Camus oder Weiss ließ er lieber erst in der Bundesrepublik erproben, bevor er sie auf den Spielplan setzte. Trotz der vielen Erfolge war seine Intendanz nicht unumstritten; am Ende warf man ihm ein konzeptloses Repertoire und finanzielle Mißwirtschaft vor. 1969 kehrte er wieder zu Franz Stoß in die Direktion des Theaters in der Josefstadt zurück; 1972 offiziell Ko-Direktor, seit 1977 alleiniger Direktor. Immer häufiger eigene Inszenierungen, u. a. Stücke von Schnitzler und bei den Burgenländischen Festspielen mehrere Grillparzer-Dramen; am Burgtheater u. a.

Schönthans ›Der Raub der Sabinerinnen‹ (1974). Bei den Salzburger Festspielen, deren Direktorium er als Leiter der Abteilung Schauspiel angehörte, inszenierte er jahrelang Hofmannsthals ›Jedermann‹ (seit 1973). Haeusserman war Hochschulprofessor, Leiter des Instituts für kulturelles Management (seit 1975), Gründer und Vorsitzender der Wiener Dramaturgie und Präsident des Internationalen Theaterinstituts Wien. Veröffentlichungen u. a.: ›Die Burg, Rundhorizont eines Welttheaters‹ (1964); ›Herbert von Karajan‹ (1968); ›Von Sophokles bis Grass‹ (1969); ›Das Wiener Burgtheater‹ (1975).

Hagen, Carla, geb. in Hamburg. Schauspielerin. 1950–1952 Schauspielunterricht bei Eduard Marcks an der Hochschule für Musik und darstellende Kunst in Hamburg; danach Elevenvertrag am Deutschen Schauspielhaus; 1953 Engagement beim literarischen Kabarett Die Globetrotter; 1955–1958 Mitwirkung in zahlreichen Filmen, vor allem in Heimatfilmen; auch mehrere Fernsehrollen. 1959 arbeitete sie an der Berliner Komödie am Kurfürstendamm u. a. mit Leonard Steckel. 1960 erstes Engagement am Schiller-Theater Berlin unter Boleslaw Barlog; dort Zusammenarbeit mit Helmut Käutner und mit ihrem Ehemann, dem Regisseur Hans Lietzau. 1961 erstes Engagement an den Münchner Kammerspielen; 1962 sah man sie bei den Ruhrfestspielen Recklinghausen in Lietzaus Camus-Inszenierung ›Belagerungszustand‹. 1962 holte sie Fritz Kortner an das Berliner Schiller-Theater zurück, wo sie mit großem Erfolg die Marie in Shakespeares ›Was ihr wollt‹ spielte (R. Kortner). Dort sah man sie auch als Dorine in Molières ›Tartuffe‹ (bis 1965). Parallel dazu arbeitete sie von 1963 bis 1965 am Hamburger Schauspielhaus, wo sie – wieder unter Kortner – die Toinette in Molières ›Der eingebildete Kranke‹ spielte. In Kortners Münchner Strindberg-Inszenierung ›Fräulein Julie‹ war sie die Christine (1967, Kammerspiele). 1968/69 Gastspiele am Bayerischen Staatsschauspiel München: Witwe Begbick in Brechts ›Mann ist Mann‹; Claire in Genets ›Die Zofen‹; in Anouilhs ›Das Orchester‹. 1970 wieder am Hamburger Schauspielhaus: in Hans Bauers Inszenierung von Ortons ›Was der Butler sah‹. 1971–1981 erneutes Engagement am Schiller-Theater Berlin; spielte u. a. die Gina in Ibsens ›Wildente‹ (1971, R. Barlog). Unter Lietzaus Regie war sie die Mutter Wolffen in Hauptmanns ›Der Biberpelz‹ und Marthe Rull in Kleists ›Der zerbrochne Krug‹. Außerdem Zusammenarbeit mit den Regisseuren Dieter Dorn, Hans Hollmann, Otto Schenk und Harry Buckwitz. 1982 Engagement am Schauspielhaus Zürich; 1983 spielte sie in Stuttgart die Arkadina in Tschechows ›Die Möwe‹ (R. Günter Krämer). Es folgten wieder zahlreiche Rollen in Lietzau-Inszenierungen: Narr in Shakespeares ›König Lear‹ (1984/85, Residenztheater München, mit Martin Benrath); Engel in Claudels ›Der seidene Schuh‹ (1985, Salzburger Festspiele); Poncia in García Lorcas ›Bernarda Albas Haus‹ (1986, Burgtheater Wien); Ella in Ibsens ›John Gabriel Borkman‹ (1989, Münchner Kammerspiele); Titelrolle in Gorkis ›Wassa Schelesnowa‹ (1990, Theater in der Josefstadt Wien). In Lietzaus letzter Inszenierung, Barlachs ›Der blaue Boll‹, war sie die Frau des Titelhelden (1991, Münchner Kammerspiele):»Hinreißend komisch, wie in der Rolle ihres Lebens, spielte Carla Hagen die Frau Boll. Es gelang ihr, die Dame herrlich hausfraulich platt erscheinen zu lassen und doch nicht denunziatorisch zu verraten, weil Frau Boll auch nicht nur Gesellschaftskuh ist, sondern ein Mensch mit Seele und Leidensfähigkeit.« (Joachim Kaiser, ›SZ‹, 11. 3. 1991) Carla Hagen war bis 1994 Ensemblemitglied der Münchner Kammerspiele; zuletzt sah man sie als Mutter in Coline Serreaus ›Hase Hase‹ (1993, R. Harald Clemen). C. Bernd Sucher schrieb:»Die Hagen ist in jeder Rolle auf eigenwillige Weise immer bürgerlich. (. . .) Damen der Gesellschaft – und sei es auch nur der Demimonde – liegen ihr so wenig wie Königinnen oder Himmelswesen. Nicht etwa, weil sie zu plump wäre, sondern weil sie zuviel Witz, Schalk, Schläue besitzt und ein wenig dreist ist. Sie hat Charme, aber kein Herrschaftsgebaren (. . .). Carla Hagen ist eine Komödiantin.« (›Theaterzauberer‹, S. 99 f.)

Literatur: C. B. Sucher: Theaterzauberer. Schauspieler. 40 Porträts. München, Zürich 1988.

Halbe, Max, geb. 4. 10. 1865 in Güttland bei Danzig, gest. 30. 11. 1944 in Burg bei Neuötting. Schriftsteller. Sohn eines Gutsbesitzers. 1883 studierte Halbe Jura in Heidelberg, 1884 Germanistik und Geschichte in München und Berlin (1888 Promotion). Danach lebte er als freier Schriftsteller zunächst in Berlin, dann in München. Befreundet mit Wedekind, Keyserling und Ludwig Thoma. 1924 erwarb er den Landsitz Burg. Bekannt wurde Halbe mit seinen naturalistischen Dramen. An den großen Erfolg seines Stückes ›Jugend‹ (1893) konnte er mit seinen späteren Werken nicht mehr anknüpfen. Seine frühen Stücke waren eindrucksvolle Darstellungen von Menschen in ihrem Milieu, geprägt von der Atmosphäre der westpreußischen Landschaft. Er wandte sich um 1910 mehr dem realistischen Roman zu. Seine Annäherung an realistische Heimatliteratur und Blut-und-Boden-Mystik machte ihn den Nationalsozialisten genehm.

Weitere Stücke: ›Freie Liebe‹ (1890); ›Eisgang‹ (1892); ›Mutter Erde‹ (1897); ›Die Heimatlosen‹ (1899); ›Der Strom‹ (1904); ›Freiheit‹ (1913).
Literatur: F. Zillmann: M. Halbe. Wesen und Werk. Würzburg 1959.

Halenke, Gustl, geb. in Düsseldorf. Schauspielerin. Begann bei Gustaf Gründgens in Düsseldorf. Über Engagements in Schleswig, Saarbrücken, Baden-Baden und am Staatstheater Stuttgart kam sie in den sechziger Jahren an das Bayerische Staatsschauspiel München. Sie arbeitete dort unter Helmut Henrichs, später unter Kurt Meisel. Daneben häufig auch Verpflichtungen am Schloßpark- und am Schiller-Theater Berlin. Zusammenarbeit mit den Regisseuren Hans Lietzau und Rudolf Noelte. 1985/86 spielte sie in Inszenierungen von Hans Neuenfels an der Freien Volksbühne Berlin: Brigid in Joyces ›Verbannte‹; Herzogin in Wedekinds ›Franziska‹. Gastspiele u. a. an den Münchner Kammerspielen: Kaufmannsfrau in

255

O'Neills ›Fast ein Poet‹ (1977, mit Peter Pasetti, R. Harald Clemen); Freundin in Jandls ›Aus der Fremde‹ (1980, mit Thomas Holtzmann). Gemeinsam mit Holtzmann, mit dem sie seit 1956 verheiratet ist, stand sie 1990 auch in Gurneys ›Love Letters‹ auf der Bühne (Werkraum der Kammerspiele, R. Helmut Griem): »Wenn es in Deutschland welche gäbe, dann wären Gustl Halenke und Thomas Holtzmann Stars. Sie kneten wie nebenbei unsere Tränendrüsen, aber wir würden uns nicht schämen, vor ihnen zu weinen. Mehr kann ein Schauspieler nicht erreichen.« (Robin Detje, ›SZ‹, 7. 12. 1990)

Hall, Sir Peter, geb. 22. 11. 1930 in Bury St. Edmunds, Suffolk. Englischer Regisseur und Intendant. Sohn eines Eisenbahnbeamten. Stipendien ermöglichten ihm eine Gymnasialbildung und ein Anglistik-Studium in Cambridge. Erste Inszenierungen am Studententheater, ab 1953 an Provinztheatern in Windsor, Worthing und Oxford. 1954 wechselte er an das Londoner Arts Theatre, wo er 1955 die Direktion übernahm; großer Erfolg mit Becketts ›Warten auf Godot‹ (1955); außerdem u. a.: García Lorcas ›Bluthochzeit‹ (1954); Stücke von Anouilh, Giraudoux und Williams. In den folgenden Jahren arbeitete er vor allem am West End in London; 1957 leitete er eine eigene Theatergruppe. Erfolgreiche Shakespeare-Inszenierungen in Stratford-upon-Avon: ›Verlorene Liebesmüh‹ (1956); ›Cymbeline‹ (1957); ›Was ihr wollt‹ (1958); ›Coriolan‹ (1959, mit Charles Laughton und Laurence Olivier). 1960–1968 künstlerischer Leiter des Shakespeare Memorial Theatre in Stratford (seit 1961 Royal Shakespeare Theatre): Um für dieses Theater, das nur in den Sommermonaten arbeitete, ein festes Ensemble zu schaffen, gründete er die Royal Shakespeare Company und bezog das Aldwych Theatre als Londoner Haus. Spielte Stücke der europäischen Avantgarde und förderte junge englische Autoren wie Whiting, Shaffer, Mortimer oder Ayckbourn. Hall setzte durch, daß die Stadt London dem Ensemble im Barbican District (Nähe St. Paul's Cathedral) ein neues Theater baute. Zu seinen herausra-

genden Produktionen zählt der Zyklus ›The Wars of the Roses‹ (1963/64, Shakespeares ›Henry VI.‹, dessen drei Teile in ein ›Heinrich‹-Stück und in einen ›Eduard IV.‹ aufgeteilt wurden, sowie ›Richard III.‹); ferner u. a.: Shakespeares ›Macbeth‹ (1967, Stratford, mit Paul Scofield): »Ströme von rot fließendem, schwarz gerinnendem Blut überschwemmen die Bühne, bezeichnen die Welt dieses ›Macbeth‹ als ein Schlachthaus. (. . .) Blut rinnt über den Kopf des Boten, Blut rinnt aus den Wunden von Banquos Geist, Blut, am Ende, aus dem abgeschlagenen Kopf des Usurpators; blutig rot ist das Gewand der Lady, blutig leuchten die Hände und Dolche des Mörderpaares. Eine Welt des Mordens, bezeichnet durch Ströme von Blut – Peter Hall hat seinen Jan Kott gelesen. (. . .) ›Macbeth‹ wird zum Drama der Welt nach dem Sündenfall.« (Volker Canaris, ›Theater heute‹, Heft 10, 1967) 1971 war er kurzzeitig Ko-Direktor der Covent-Garden-Oper, wo er Wagners ›Tristan und Isolde‹ inszenierte. 1973–1988 Direktor des Londoner National Theatre (als Nachfolger von Olivier). 1976 Umzug der Bühne vom Old Vic in das neue Haus am südlichen Themse-Ufer. Inszenierungen (meist in Zusammenarbeit mit seinem Bühnenbildner John Bury) u. a.: Ibsens ›John Gabriel Borkman‹ (1974, mit Ralph Richardson); Becketts ›Glückliche Tage‹ (1975); Marlowes ›Tamerlan der Große‹ (1976); Jonsons ›Volpone‹ (1977); Tschechows ›Der Kirschgarten‹ (1978); Shakespeares ›Macbeth‹ (1978) und ›Othello‹ (1980, mit Paul Scofield). Hall hat viele Stücke von Harold Pinter zur Uraufführung gebracht, darunter ›Niemandsland‹ (1975, mit Richardson und John Gielgud), ›Betrogen‹ (1978) und ›An anderen Orten‹ (1982). Als Intendant war Hall nicht unumstritten; häufig Vorwürfe der autokratischen Willkür, der finanziellen Bereicherung u. a.; sein Nachfolger am National Theatre wurde 1988 Richard Eyre. Von 1984 bis 1990 war Hall künstlerischer Leiter der Opernfestspiele im südenglischen Glyndebourne, wo er zahlreiche Opernwerke inszenierte, u. a.: Mozarts ›Don Giovanni‹ (1977); Glucks ›Orfeo ed Euridice‹ (1982); Verdis ›Falstaff‹ (1988).

Hallhuber

Gastinszenierungen u. a. an der Metropolitan Opera New York, in Wien und Genf. 1983 inszenierte er bei den Wagner-Festspielen in Bayreuth einen umstrittenen neuen ›Ring des Nibelungen‹ (am Pult: Georg Solti). Nach seinem Weggang vom National Theatre gründete Hall eine eigene Truppe, mit der er in London und am Broadway u. a. Shakespeares ›Der Kaufmann von Venedig‹ in Szene setzte (1989, mit Dustin Hoffman als Shylock). Gina Thomas konstatierte: »Hall ist ein konservativer Regisseur. Er hat stets gegen die Tendenz vieler seiner Kollegen argumentiert, die dem Dramatiker auf der Bühne ein Konzept verpassen, das nicht zum Autor paßt. Peter Hall sucht auf dem Theater nach Klarheit. Jede Form von Prätention meidet er. Sein Streben richtet sich auf den dramatischen Kern des jeweiligen Werkes.« (›FAZ‹, 22. 11. 1990) Hall ist auch als Filmregisseur hervorgetreten, u. a. mit ›Work is a Four Letter Word‹ (1966), ›Three into Two Won't Go‹ und ›She's been away‹ (1990). 1984 veröffentlichte er seine Tagebücher über die Zeit von 1972 bis 1980 (Untertitel: ›The Story of a Dramatic Battle‹).

Literatur: C. W. Thomsen: Das Englische Theater der Gegenwart. Düsseldorf 1980; S. Beaumann: The Royal Shakespeare Company. A History of Ten Decades. London 1982; H. Lahrmann: Shakespeare-Inszenierungen in England. Die Royal Shakespeare Company (1960–1982). Frankfurt a. M. u. a. 1988.

Hallhuber, Erich, geb. 14. 7. 1951 in München. Schauspieler. Nach dem Abitur Schauspielausbildung an der Otto-Falckenberg-Schule München. Erstes Engagement 1974–1979 an den Bühnen der Stadt Köln, wo man ihn in Inszenierungen von Hansgünther Heyme sah: Cäsar in Shakespeares ›Antonius und Cleopatra‹ (1975); Titus Feuerfuchs in Nestroys ›Talisman‹ (1976). Unter Roberto Ciulli war er der Orlando in Shakespeares ›Wie es euch gefällt‹. 1979–1986 Engagement am Bayerischen Staatsschauspiel München. Rollen u. a.: Orest in der ›Orestie‹ des Aischylos (1979, R. Franco Enriquez); Ken Harrison in Brian Clarks ›Ist das nicht

mein Leben?‹ (1979); Schlettow in Zuckmayers ›Der Hauptmann von Köpenick‹ (1980, R. Horst Sachtleben); Johan in Bergmans ›Szenen einer Ehe‹ (1981, R. Ingmar Bergman; 1987 auch in Düsseldorf und Hamburg); Bill Cracker in Lane/Brecht/Weills ›Happy End‹ (1981); Cassio in Shakespeares ›Othello‹ (1982, mit Hans-Michael Rehberg, R. Peter Palitzsch) und Graziano in ›Der Kaufmann von Venedig‹ (1984, mit Walter Schmidinger, R. Alfred Kirchner); Roul in Mastrosimones ›Extremities‹ (DE 1984); Sekretär in de Filippos ›Kunst der Komödie‹ (1985, R. Frank Baumbauer); Nick in Albees ›Wer hat Angst vor Virginia Woolf?‹ (1985, auch Bregenzer Festspiele, R. August Everding); oft auch in musikalischen Programmen. Seit 1986 ist er freischaffend tätig; häufig Fernseharbeit (auch in amerikanischen, englischen und italienischen TV-Produktionen). 1991 sah man ihn am Münchner Gärtnerplatztheater als Bäcker in Sondheims Musical ›Into the Woods‹ (R. Hellmuth Matiasek).

Hallwachs, Hans-Peter, geb. 10. 7. 1938 in Jüterbog, Mark Brandenburg. Schauspieler und Regisseur. Nach einem abgebrochenen Jura-Studium Ausbildung an der Fritz-Kirchhoff-Schauspielschule Berlin; 1962/63 erstes Engagement in Rheydt. 1963–1967 Engagement in Bremen bei Kurt Hübner. Rollen in Inszenierungen von Peter Zadek: Colin in Jellicoes ›Was ist an Tolen so sexy‹ (DE 1963); Ernst Robel in Wedekinds ›Frühlings Erwachen‹ (1965); Groenewold in Valentin/Mullers ›Die Unberatenen‹ (UA 1965); Spiegelberg in Schillers ›Die Räuber‹ (1966); Alfred Redl in Osbornes ›Ein Patriot für mich‹ (DE 1966); Torvald Helmer in Ibsens ›Nora oder Ein Puppenheim‹ (1967, mit Edith Clever). Außerdem in Bremen u. a.: Sohn in Doris Lessings ›Jedem seine eigene Wildnis‹; Romeo in Shakespeares ›Romeo und Julia‹; Titelrolle in Goethes ›Clavigo‹; Sergius in Shaws ›Helden‹; Cornelius Christ in Donleavys ›New Yorker Geschichten‹. 1967–1969 am Staatstheater Stuttgart (teilweise als Gast) u. a.: Martin in Horváths ›Italienische Nacht‹; Rittmeister in Babels ›Marija‹; Muley Hassan in

Schillers ›Die Verschwörung des Fiesco zu Genua‹; Leviné in Dorsts ›Toller‹. Danach Gastspiele an verschiedenen Bühnen, u.a. wieder in Zusammenarbeit mit Zadek: Schogo in Bonds ›Schmaler Weg in den tiefen Norden‹ (DE 1969, Münchner Kammerspiele); George McBrain in Griffith' ›Komiker‹ (DE 1978, Thalia Theater Hamburg). Unter der Regie von Hans Hollmann spielte er die Titelrolle in Peter Weiss' ›Hölderlin‹ (1971, Schiller-Theater Berlin). Georg Hensel schrieb:»Mitten in manieristischen Regie-Orgien macht Hans-Peter Hallwachs aus dem Hölderlin eine menschlich bewegende, große Figur. Sein Hölderlin hat den Schüler-Beinamen ›Klotz‹ (...) redlich verdient: ein breitknochiger, schwerfälliger, manchmal sogar plumper und bäuerlicher Kerl, ein langsamer Denker, der sich in der Erregung in Finger und Fäuste beißt, wenn er sich nicht gar in Krämpfen windet. Alternd mampft er zahnlos, wirkt mißtrauisch, listig und in scheinbarer Naivität verschlagen und böse ironisch.« (›Darmstädter Echo‹, 9.10. 1971) Weitere Rollen in Hollmann-Inszenierungen u.a.: Titelrolle in Shakespeares ›Coriolan‹ (1970, Staatsschauspiel München); Gysar in Schnitzlers ›Komödie der Verführung‹ (1984, Schiller-Theater Berlin). Bei den Salzburger Festspielen u.a.: Klavierspieler in Bernhards ›Die Macht der Gewohnheit‹ (UA 1974, R. Dieter Dorn); Jacques Le Coeur in Strauß' ›Das Gleichgewicht‹ (UA 1993, R. Luc Bondy). Weitere Gastspiele u.a. bei den Luisenburg-Festspielen Wunsiedel als Mephisto in Goethes ›Faust‹ (1990). Den Mephisto spielte er in Vertretung für Romuald Pekny auch in Dorns Münchner ›Faust‹-Inszenierung (1990 beim Gastspiel in Tokio und bei der Wiederaufnahme 1993/94 an den Münchner Kammerspielen). Zum Teil auch eigene Regiearbeiten, u.a. Stoppards ›Dirty Linnen‹ (DE 1979, Thalia Theater Hamburg) und Feydeaus ›Hypnose‹ (Bremen). Filmrollen. u.a.: Titelrollen in ›Fabian‹ (1980, nach Kästner) und ›Der Sommer des Samurai‹ (1986, R. Hans-Christoph Blumenberg); Ingenieur Scheiner in ›Nie im Leben‹ (1991, R. Helmut Berger). Zahlreiche Fernsehrollen.

Hamel, Lambert, geb. 7.6. 1940 in Ludwigshafen. Schauspieler. 1960–1962 Studium der Germanistik, Philosophie und Theaterwissenschaft in Heidelberg und Köln; Ausbildung an der Westfälischen Schauspielschule Bochum. Noch während der Ausbildung wurde er von Oscar Fritz Schuh an das Deutsche Schauspielhaus Hamburg geholt; debütierte dort unter der Regie von Fritz Kortner als Thomas Diaforius in Molières ›Der eingebildete Kranke‹ (1963). 1964 erstes festes Engagement am Schauspielhaus Bochum bei Hans Schalla. 1964–1968 Engagement am Schauspielhaus Köln; dort u.a.: Dauphin in Shaws ›Die heilige Johanna‹; Sempronius in Rojas ›Celestina‹; Artur in Mrożeks ›Tango‹. 1968–1972 Engagement am Bayerischen Staatsschauspiel München (unter Helmut Henrichs). Rollen u.a.: Galy Gay in Brechts ›Mann ist Mann‹; Titelrollen in Molières ›George Dandin‹ (R. Niels-Peter Rudolph) und ›Tartuffe‹ (R. Hans Michael Rehberg); Rülp in Shakespeares ›Was ihr wollt‹ (R. Johannes Schaaf); erste Zusammenarbeit mit Hans Lietzau in Schillers ›Die Räuber‹. In der Spielzeit 1972/73 war er Gast bei Ivan Nagel am Schauspielhaus Hamburg. Von 1973 bis 1982 gehörte er zum Ensemble der Münchner Kammerspiele (unter Hans-Reinhard Müller). Rollen in Inszenierungen von Ernst Wendt u.a.: Bischof in Genets ›Der Balkon‹ (1976); Clown/Hitler/Hagen u.a. in Heiner Müllers ›Germania Tod in Berlin‹ (UA 1978); Wurm in Schillers ›Kabale und Liebe‹ (1978); Titelrolle in Shakespeares ›Hamlet‹ (1980); Graf in Pirandellos ›Die Riesen vom Berge‹ (1980); Jason in Jahnns ›Medea‹ (1981, mit Doris Schade). In Inszenierungen von Dieter Dorn u.a.: Wirt in Lessings ›Minna von Barnhelm‹ (1976); Viggo Schiwe in Enquists ›Die Nacht der Tribaden‹ (DE 1977); Zettel in Shakespeares ›Ein Sommernachtstraum‹ (1978); Carlos in Goethes ›Clavigo‹ (1979); Valerio in Büchners ›Leonce und Lena‹ (1981); Gawain in Dorsts ›Merlin oder Das wüste Land‹ (1982). Außerdem u.a.: Osvald in Ibsens ›Gespenster‹; mehrere Rollen in Goethe/Hacks' ›Das Jahrmarktsfest zu Plundersweilern‹ (1975/76); Hjalmar Ekdal in Ib-

Hamel

sens ›Die Wildente‹ (1979). 1982 löste er seinen Vertrag und arbeitete freischaffend, u. a. an den Städtischen Bühnen Frankfurt: Shlink in Brechts ›Im Dickicht der Städte‹ (1983, R. Adolf Dresen); am Münchner Gärtnerplatztheater: Mr. Doolittle in Lerner/Loewes ›My Fair Lady‹ (1984, mit Cornelia Froboess, R. August Everding); bei den Salzburger Festspielen: Don Camillo in Claudels ›Der seidene Schuh‹ (1985, R. Lietzau): »Was für ein klugfinsteres Heilsverlangen! Was für eine Demonstration, daß der grausam Gewalttätige eben nicht Herr, sondern erlösungssüchtig Abhängiger seines Opfers ist! Nie sah man Hamel besser.« (Joachim Kaiser, ›SZ‹, 29. 7. 1985) Seit der Spielzeit 1985/86 gehört Hamel wieder zum Ensemble der Münchner Kammerspiele. Wichtige Rollen hatte er in Inszenierungen von Alexander Lang: Theramenes und Odysseus in Racine/Kleists ›Phädra‹ und ›Penthesilea‹ (1987, Doppelprojekt); Dealer in Koltès’ ›In der Einsamkeit der Baumwollfelder‹ (1987); Moritz Meister in Bernhards ›Über allen Gipfeln ist Ruh’‹ (1993, mit Rosel Zech). Ferner u. a.: Eddie in Shepards ›Fool for Love‹ (1986, R. Günther Gerstner); Ajax in Shakespeares ›Troilus und Cressida‹ (1986) und Trinculo in ›Der Sturm‹ (1994, R. jeweils Dorn). Seinen größten Triumph feierte er als Bruscon in Bernhards ›Der Theatermacher‹ (1988, R. Lietzau): »Hamel zeigt den gescheiterten Zweifler, den fanatischen Künstler. (. . .) wenn er laut darüber nachdenkt, wie sinnlos, geradezu pervers es ist, in dieser Welt weiter Theater zu machen, Schauspiele zu geben, überhaupt zu leben, dann beginnt Hamel einen intellektuellen Diskurs, wird nachdenklich, ernsthaft. Dann findet dieser Bruscon zu sich (. . .). Diese Momente ähneln Rezitativen in einer großen Arie, die Hamel, wahrlich brillant, ins Prestissimo treibt. Er strukturiert den Text, spielt das Unwichtige (. . .) herunter, indem er Sprechgeschwindigkeit und Lautstärke forciert, und wertet Bruscons Theater- und Lebensmaximen auf, wird nachdenklich, leise, langsam. Dieser Schauspieler liefert keine Nummern ab, er entwirft das Psychogramm eines von Kritikern und Kollegen mißverstandenen, gedemütigten

Künstlers, dessen Los es ist zu wissen, welche Aufgaben das Theater hat und wie es sie erfüllen könnte, aber von niemandem gehört zu werden.« (C. Bernd Sucher, ›SZ‹, 20. 12. 1988) Gefeiert wurde er auch als Mann aus der DDR in Achternbuschs ›Auf verlorenem Posten‹ (UA 1990, R. der Autor). Zahlreiche Fernsehrollen.

Literatur: I. Seidenfaden: »Jetzt sucht er die Löcher in seinen Figuren«. Porträt des Schauspielers Lambert Hamel. In: Theater heute, Jahrbuch 1979, S. 12 ff.

Hamel, Peter Michael, geb. 15. 7. 1947 in München. Komponist. Kompositionsstudium bei Günter Bialas an der Musikhochschule München; außerdem Studium der Psychologie und Soziologie. Mitarbeit bei multimedialen und live-elektronischen Projekten des Environment-Spezialisten Josef A. Riedl; in Westberlin Mitarbeit bei einer Mixed-Media-Gruppe nach Art des Living Theatre; 1970 Gründung der Improvisationsgruppe ›Between‹; starker Einfluß durch die Schriften Jean Gebsers. Auf mehreren Asienreisen lernte er die klassische indische Musik und die tibetanische Sakralmusik kennen; seither Bemühungen um eine ›integrale Musik‹ (Gleichzeitigkeit von magischem, mythischem und mentalem Bewußtsein; Verbindung von Elementen östlicher und westlicher Kulturen); 1978 Mitbegründung des Freien Musikzentrums München. Mehrere Orchesterwerke; erste Oper: ›Ein Menschentraum‹ (UA 1981, Kassel); außerdem u. a.: Musiktheater ›Kassandra‹ (UA 1987, Frankfurt a. M.); Song-Oper ›Radio Sehnsucht‹ (UA 1992, Ulm). Bühnenmusiken u. a. für Peter Stein: Shakespeares ›Wie es euch gefällt‹ (1977, Schaubühne am Halleschen Ufer Berlin). Bühnenkompositionen für die Münchner Kammerspiele, u. a. für Dorsts ›Merlin oder Das wüste Land‹ (1982, R. Dieter Dorn).

Literatur: P. M. Hamel: Durch Musik zum selbst. Bern, München 1976.

Hammacher, Christiane, geb. in Mannheim. Schauspielerin. Tochter eines Schauspieler-Ehepaars; aufgewachsen in Berlin, Karlsruhe und Bern. Schauspielunterricht bei ihren Eltern. Erste Engagements am

Atelier-Theater Bern (1960–1962), in Oberhausen (1962–1964) und Luzern (1964/65). Von 1965 bis 1973 war sie am Schauspielhaus Düsseldorf engagiert, wo sie u. a. in Inszenierungen von Jean-Pierre Ponnelle spielte: Susanne in Beaumarchais' ›Der tolle Tag oder Figaros Hochzeit‹; Mara in Claudels ›Die Verkündigung‹; Marie in Lenz/Kipphardts ›Die Soldaten‹. Unter der Regie von Erwin Axer sah man sie in Mrożeks ›Tango‹ (DE 1966) und in Dürrenmatts ›Portrait eines Planeten‹ (UA 1970). Ferner u. a.: Maria in Shakespeares ›Was ihr wollt‹; Titelrolle in Strindbergs ›Fräulein Julie‹; Damis in Molières ›Tartuffe‹. Von 1973 bis 1983 gehörte sie zum Ensemble der Münchner Kammerspiele. Rollen u. a.: Fanny Krull in Sternheims ›Die Kassette‹ und Dorffrau in Valle-Incláns ›Worte Gottes‹ (R. jeweils Johannes Schaaf); Beatrice in Shakespeares ›Viel Lärm um nichts‹; Esther und weitere Rollen in Goethe/Hacks' ›Das Jahrmarktsfest zu Plundersweilern‹ (R. Klaus Emmerich). Unter der Regie von Dieter Dorn: Franziska in Lessings ›Minna von Barnhelm‹ (1976, mit Cornelia Froboess); Sophie in Goethes ›Clavigo‹ (1979); Julie in Büchners ›Dantons Tod‹ (1980); unter Wolfgang Gropper: Gnädige Frau in Genets ›Die Zofen‹ (1979); Clara in Bernhards ›Vor dem Ruhestand‹ (1980); unter Hans-Reinhard Müller: Gina Ekdal in Ibsens ›Die Wildente‹ (1979); Mätresse in Sternheims ›Der Snob‹ (1983); unter Ernst Wendt: Haushälterin in García Lorcas ›Doña Rosita bleibt ledig‹ (1977); Frau in Braschs ›Lovely Rita‹ (1978); Charlotta Iwanowa in Tschechows ›Der Kirschgarten‹ (1983). Seither ist sie freischaffend. 1983/84 Tournee mit der Bühnenshow ›Chan-Songs‹; Erfolg an der Seite von Johannes Heesters in Karl Gassauers ›Casanova auf Schloß Dux‹ (1987, Berliner Komödie am Kurfürstendamm und Tournee, R. Rudolf Steinboeck); Gastspiele mit dem Auschwitz-Monolog ›Gebranntes Kind sucht das Feuer‹ (1991, nach Cordelia Edvardson). Weitere Gastspiele u. a. an der Komödie im Bayerischen Hof München, z. B. in Cocteaus ›Die schöne Gleichgültige‹ (1992). Auch Fernsehrollen.

Hammel, Claus, geb. 4. 12. 1932 in Parchim, Mecklenburg. Autor und Kritiker. Sohn eines Sattlermeisters. Hammel zog 1949 nach Berlin. Nach einem Gesangsstudium arbeitete er in der Kulturabteilung der FDJ (1950–1955). Von 1955 bis 1957 war er Theaterkritiker für das ›Neue Deutschland‹ und bis 1968 für den ›Sonntag‹. Danach künstlerischer Mitarbeiter am Volkstheater Rostock. Hammel schrieb sozialistische Komödien, ironische Beschreibungen der Verfallserscheinungen der bürgerlichen Gesellschaft, und – wie in ›Dies Land – und ein anderes‹ (1986) – über Nicaragua und die Frage nach dem Internationalismus der damaligen DDR.
Weitere Stücke: ›Frau Jenny Treibel‹ (1964); ›Um neun an der Achterbahn‹ (1964); ›Morgen kommt der Schornsteinfeger‹ (1967); ›Ein Yankee an König Artus' Hof‹ (1967, nach M. Twain); ›Humboldt und Bolivar‹ (1980); ›Die Preußen kommen‹ (1981); ›Der Nachbar‹ (1987/88).

Hampton, Christopher, geb. 26. 1. 1946 in Fayal (Azoren). Englischer Dramatiker. Hampton studierte in Oxford. Von 1968 bis 1970 war er Dramaturg am Royal Court Theatre und übersetzte Tschechow und Horváth. Viele seiner Stücke wurden erfolgreich in Deutschland aufgeführt, u. a. von Peter Zadek, Peter Palitzsch und Dieter Dorn. Über die deutsche Erstaufführung seines Dramas ›Die Wilden‹ (1973, Bochum, R. Peter Zadek) schrieb Michael Skasa:»Nun haben wir endlich ein feinmaschiges politisches Theaterstück, bilderreich, bunt, breitfacettiert und von Martin Walser ausgezeichnet übersetzt – und da macht ausgerechnet Zadek wieder ein flachgeschnibbeltes Hörspiel draus.« (›SZ‹, 21. 12. 1973)
Stücke: ›Sonnenfinsternis‹ (1968); ›Der Menschenfreund‹ (1970); ›Die Wilden‹ (1973); ›Herrenbesuch‹ (1976); ›Geschichten aus Hollywood‹ (1982); ›Gefährliche Liebschaften‹ (1985).

Hamsun, Knut (eigtl. Knut Pedersen), geb. 4. 8. 1859 in Lom, Gudbrandsdal, gest. 19. 2. 1952 in Nørholm bei Grimstadt. Schriftsteller. Sohn eines armen

Handke

Schneiders. Verschiedene Gelegenheitsarbeiten, u.a. in Nordamerika. 1890 erster literarischer Erfolg mit dem autobiographischen Roman ›Sult‹ (1890). 1920 erhielt Hamsun den Nobelpreis für Literatur. Seine Amerika-Aufenthalte hinterließen einen Haß auf die angloamerikanische Kultur, was ihn – zusammen mit seinem Mißverstehen des nationalsozialistischen Blut-und-Boden-Mythos – nach 1945 in Norwegen in Schwierigkeiten brachte. Hamsun, der als größter Romanschriftsteller Norwegens gilt, verfaßte sechs Dramen, unter dem Einfluß von Ibsen und Strindberg. In den achtziger Jahren wurden sie in Deutschland wiederentdeckt. Alfred Kerr schrieb über das Drama ›Vom Teufel geholt‹ (1929): »Der Kern in diesem Schauspiel ist nicht: Vergänglichkeit. Sondern: Abnutzung. Der Inhalt ist nicht: Entgötterung. Sondern: Verbiesterung. Ein Schmerzbeklommener, dennoch Trockner schrieb es – voll Haß. Ein Strindhügel.« (Mit Schleuder und Harfe, München 1985)

Stücke: ›An des Reiches Pforten‹ (1896); ›Spiel des Lebens‹ (1896); ›Abendröte‹ (1898); ›Mönch Vendt‹ (1902); ›Königin Tamara‹ (1903); ›Vom Teufel geholt‹ (1910).

Literatur: M. Beheim-Schwarzbach: K. Hamsun in Selbstzeugnissen und Bilddokumenten. Reinbek 1958; A. Uecker (Hrsg.): Auf alten und neuen Pfaden. Eine Dokumentation zur Hamsun-Forschung. Frankfurt a. M. 1983; G. Schulte: Hamsun im Spiegel der deutschen Literaturkritik 1890–1975. Frankfurt 1986; R. E. Ferguson: Enigma: The Life of K. Hamsun. London 1987.

Handke, Peter, geb. 6. 12. 1942 in Griffen, Kärnten. Österreichischer Autor. Handke studierte von 1961 bis 1965 Jura in Graz, wo er erste Texte in der Zeitschrift ›Manuskripte‹ des Forums Stadtpark veröffentlichte. Von 1966 an lebte er als freier Schriftsteller in Düsseldorf, Berlin, Paris und von 1979 an in Salzburg. Handke erhielt diverse Literaturpreise, darunter den Büchner-Preis (1973) und den Grillparzer-Preis (1991). In seinen frühen Werken ging es ihm deutlich um sprachkritische Erkenntnisse. Seine Sprachkritik ist gleichzeitig Gesellschaftskritik. Dies zeichnet seine Stücke von ›Kaspar‹ bis ›Ritt über den Bodensee‹ aus. Handke gehört mit seinen Erzählungen und Romanen zu den erfolgreichsten deutschen Autoren der Nachkriegsgeneration: ›Die Hornissen‹ (1966), ›Die Angst des Tormanns beim Elfmeter‹ (1970), ›Der kurze Brief zum langen Abschied‹ (1972), ›Die linkshändige Frau‹ (1976). 1987 schrieb er das Drehbuch zu dem Film ›Himmel über Berlin‹ (R. Wim Wenders). 1992 entstand ein Stück ohne Text ›Die Stunde da wir nichts voneinander wußten‹. C. Bernd Sucher schrieb über die Aufführung des Stückes an der Berliner Schaubühne (R. Luc Bondy): »Die Überraschung ist nicht klein. So haben wir Peter Handkes ›Die Stunde da wir nichts voneinander wußten‹, dieses stumme ›Schauspiel‹ auf dem Platz, dieses Kommen und Gehen von Männern und Frauen, mythischen und biblischen Figuren; dieses organisierte, auch mächtig pathetisch stilisierte Durcheinander noch nie gesehen. Weder bei Claus Peymann, der 1992 in Wien die Uraufführung von Handkes literarischen Szenenanweisungen inszenierte, noch bei Jürgen Gosch, dem ein knappes Jahr später in Bochum die deutsche Erstaufführung überraschend munter gelang (. . .) Beschriebe man diese Aufführung Szene für Szene, es entstünde ein anderer Text als der, den Handke in seinem Schweigestück niedergeschrieben hat (. . .) Die Bedenken gegenüber diesem Text aber bleiben. Er ist nicht unaufführbar, wie Handke vermutet (. . .) Aber luxuriös überflüssig.« (›SZ‹, 5./6. 2. 1994)

Weitere Stücke: ›Weissagung‹; ›Selbstbezichtigung‹; ›Publikumsbeschimpfung‹ (alle 1966); ›Kaspar‹ (1968); ›Das Mündel will Vormund sein‹ (1968); ›Quodlibet‹ (1970); ›Der Ritt über den Bodensee‹ (1970); ›Die Unvernünftigen sterben aus‹ (1973); ›Über die Dörfer‹ (1981); ›Das Spiel vom Fragen oder Die Reise zum Sonoren Land‹ (1989).

Literatur: M. Scharang (Hrsg.): Über Peter Handke (mit Bibl.). Frankfurt a. M. 1972; P. Pütz: Peter Handke. Frankfurt a. M. 1982; R. G. Renner: Peter Handke. Stuttgart 1985; G. Melzer, J. Tükel (Hrsg.):

Peter Handke: Die Arbeit am Glück. Königstein 1985.

Hare, David, geb. 5. 6. 1947 in Bexhill, Sussex. Englischer Dramatiker. 1968 Mitbegründer des Portable Theatre. Hare war 1970/71 Dramaturg am Royal Court Theatre und von 1975 bis 1980 Direktor der Joint Stock Company. Er schrieb realistische und sehr erfolgreiche Stücke mit aktuellen Themen wie Kritik am politischen Establishment und am Kapitalismus. **Stücke:** ›Slag‹ (1971); ›The Great Exhibition‹ (1972); ›Plenty‹ (1978); ›Pravda‹ (1985); ›A Map of the World‹ (1985); ›Hurlyburly‹ (1985); ›The Absence of War‹ (1992/93).

Hartmann, Matthias, geb. 1963 in Osnabrück. Regisseur. Schulzeit in einem englischen Internat. Nach zwei abgebrochenen kaufmännischen Lehren besuchte er 1983 die Schauspielschule in Stuttgart, brach die Ausbildung jedoch ab. 1985 Abitur in Osnabrück und Gründung eines Jugendtheaters; 1985–1988 Regieassistent am Schiller-Theater Berlin; 1988/89 Regieassistent und Regisseur in Kiel; 1990–1993 Regisseur am Niedersächsischen Staatstheater Hannover (unter der Intendanz von Eberhard Witt). In der Spielzeit 1993/94 folgte er seinem Förderer Witt ans Bayerische Staatsschauspiel München, wo er seither Hausregisseur ist. Erste Inszenierungen: Mastrosimones ›Tagträumer‹ (1989, Kiel); Dürrenmatts ›Play Strindberg‹ (1989, Mainz); Nigel Williams' ›Klassenfeind‹ (1990, Krefeld-Mönchengladbach); Jakob Arjounis ›Nazim schiebt ab‹ (1990, Mainz). Aufgefallen ist er durch seine Inszenierungen in Hannover: Lessings ›Minna von Barnhelm‹ (1990); Büchners ›Leonce und Lena‹ (1991); Marivaux' ›Das Spiel von Liebe und Zufall‹ (1991, im eigenen Bühnenbild); Erfolg mit Lessings ›Emilia Galotti‹ (1992, eingeladen zum Berliner Theatertreffen); Werner Burkhardt schrieb darüber: »In Hannover hat Matthias Hartmann (. . .) bewiesen, daß er längst mehr ist als ein Versprechen. Die gut zwei, ohne Pause durchgespielten Stunden reißen einen hinein in ihr Tempo, machen einen staunen durch den Reichtum ihrer Erfindungen, ihrer szenischen Phantasie. Hartmann macht ständig Entdeckungen – und er findet sie im Text. Man hört von den spielenden Menschen Schreie des Außersichseins, die man nur deshalb noch nie gehört hat, weil sie von anderen Regisseuren unterdrückt worden sind. Vielleicht ist das das Aufregendste: Hartmann wittert in der hohen, so berühmten wie berüchtigten Klassizität der ›Emilia Galotti‹ schon Sturm und Drang und allerlei Unbotmäßigkeiten der Seele, die an den Fesseln dieses wohlproportionierten Fünfakters rütteln.« (›SZ‹, 14. 2. 1992) Es folgten in Hannover: Wedekinds ›Lulu‹ (1992); Goldonis ›Krach in Chioggia‹ (1993); Schwabs ›Volksvernichtung oder meine Leber ist sinnlos‹ (1993). Erste Arbeiten am Residenztheater München: Shakespeares ›Der Widerspenstigen Zähmung‹ (1993); Sartres ›Die Eingeschlossenen‹ (1994); Gundi Ellerts ›Jagdzeit‹ (UA 1994); Gastinszenierung am Deutschen Schauspielhaus Hamburg: Kleists ›Das Käthchen von Heilbronn‹ (1994). Hartmann, ein vielfach gelobter Nachwuchsregisseur, versteht Theater als eine »phantasiebildende Waffe«. Der Video-, Fernseh- und Filmwelt will er ein Theater der »Abstraktion und Reduktion« entgegensetzen: »Das ist ein Theater, das versucht, gültige und dabei unverbrauchte Zeichen zu finden, die sich erst durch das Spiel mit ihnen, auf der Folie der Phantasie des Zuschauers, dechiffrieren lassen. In den Klischeebildern der anderen Medien wird nur der kleinste gemeinsame Nenner erreicht zwischen dem, was ich als Regisseur zeigen kann, und dem, was der Zuschauer versteht. Ich aber will eine aktive Kommunikation zwischen den zwei Phantasien, in der dann allgemeingültige und dennoch neue Welten entstehen, im Spiel der Zeichen.« (›Junge Regisseure‹, S. 18)
Literatur: A. Roeder/S. Ricklefs: Junge Regisseure. Regie im Theater. Frankfurt a. M. 1994.

Hartmann, Paul, geb. 8. 1. 1889 in Fürth, gest. 30. 6. 1977 in München. Schauspieler. Nach dem Abitur Schauspielausbildung; erste Rollen an den Stadttheatern Zwickau, Stettin und Zürich. 1914 holte

Hartmann

ihn Max Reinhardt an das Deutsche Theater Berlin, wo er im Rollenfach der jugendlichen und der schweren Helden glänzte. Erster großer Erfolg als Schillers Max Piccolomini in Reinhardts ›Wallenstein‹-Inszenierung (1914). Weitere wichtige Schiller-Rollen: Ferdinand in ›Kabale und Liebe‹; Karl Moor in ›Die Räuber‹; Marquis Posa in ›Don Carlos‹; Dunois in ›Die Jungfrau von Orleans‹. Außerdem u. a.: Gyges in Hebbels ›Gyges und sein Ring‹ (1916); Posthumus in Shakespeares ›Cymbeline‹ (1919); Herold in der ›Orestie‹ des Aischylos (1919 zur Eröffnung des Großen Schauspielhauses, R. Reinhardt); Titelrollen in Goethes ›Urfaust‹ (1920, R. Reinhardt) und in Unruhs ›Louis Ferdinand, Prinz von Preußen‹ (1921, R. Gustav Hartung); Dunois in Shaws ›Die heilige Johanna‹ (1924, mit Elisabeth Bergner, R. Reinhardt): »Paul Hartmann als Dunois ist prächtig frisch, strahlt nur nicht wie sonst als herziger Held junger Mädchen.« (Norbert Falk); Wetter vom Strahl in Kleists ›Das Käthchen von Heilbronn‹ (1925, auch 1927 und 1937). Außer am Deutschen Theater (1914–1926) sah man ihn auch am Staatstheater Berlin (1924/25), so z. B. in der Titelrolle von Kleists ›Prinz Friedrich von Homburg‹. Herbert Ihering schrieb darüber: »Es gibt heute keinen Prinzen von Homburg. Wahrscheinlich ist Hartmann der einzige, der ihn darstellen kann. Aber er spielt menschlich und künstlerisch Schiller. Hartmanns physische Natur, seine natürliche Atemführung schon widerspricht den Kleistischen Perioden. (. . .) Hartmann reißt Bild und Folgerung auseinander. Dabei wirkt er fabelhaft. Er ›trägt‹ für das Publikum. Aber die seelische Führung, die musikalische Linie wird irritiert. Hartmann spielt Schiller im Zickzack, nicht Kleist in geordneter Vielfalt.« (›Berliner Börsen-Courier‹, 4. 2. 1925) Von 1924 an spielte er auch am Theater in der Josefstadt Wien (unter Reinhardts Leitung) und von 1926 bis 1934 am Wiener Burgtheater. Rollen in Wien u. a.: Ferdinand in Schillers ›Kabale und Liebe‹ (1924, mit Helene Thimig, R. Reinhardt); Tellheim in Lessings ›Minna von Barnhelm‹ (1926); Titelrollen in Goethes ›Egmont‹ (1926), Büchners ›Dantons Tod‹ (1929 im Arkadenhof des Rathauses, R. Reinhardt) und in Schillers ›Die Verschwörung des Fiesco zu Genua‹ (1930); Kreon in Sophokles' ›Ödipus‹ (1930); Siegfried in Hebbels ›Nibelungen‹ (1933); Gastspiele bei den Salzburger Festspielen. 1934–1944 Engagement am Berliner Staatstheater bei Gustaf Gründgens. Hier sah man ihn wieder als Tellheim (1934); ferner u. a.: Jupiter in Kleists ›Amphitryon‹ (1937); Titelrollen in Ibsens ›Peer Gynt‹ (1938) und in Shakespeares ›Othello‹ (1944). In Gründgens Berliner ›Faust‹-Inszenierung spielte er die Titelrolle (Teil I: 1941, Teil II: 1942, mit Gründgens als Mephisto). Von 1942 bis 1945 war er Präsident der Reichstheaterkammer, eine Funktion, die ihm nach Kriegsende ein Auftrittsverbot einbrachte. Erst im März 1948 kehrte er in einem Gastspiel als Faust auf die Bühne zurück. Den Faust spielte er auch wieder in Gründgens' Düsseldorfer Inszenierung von 1949. 1955/56 sah man ihn in Stücken von O'Neill am Theater am Kurfürstendamm Berlin: Mannon in ›Trauer muß Elektra tragen‹; Tyrone in ›Eines langen Tages Reise in die Nacht‹. Wieder Rollen am Wiener Burgtheater, u. a. Meister Anton in Hebbels ›Maria Magdalena‹ (1957). Weitere Gastspiele u. a.: in Goethe/Bergers ›Hermann und Dorothea‹ (1961, Renaissancetheater Berlin); Herzog Alba in Schillers ›Don Carlos‹ (1962, Schauspielhaus Hamburg, R. Gründgens); Großer Kurfürst in Kleists ›Prinz Friedrich von Homburg‹ (1963/64, Residenztheater München) sowie Gerichtsrat Walter in ›Der zerbrochne Krug‹ (1966, Ruhrfestspiele Recklinghausen, R. Rudolf Noelte). Hartmann hat in rund 150 Filmen mitgewirkt: von ›Bismarck‹ (Titelrolle, 1940) über den Euthanasie-Propagandafilm ›Ich klage an‹ (1941, R. Wolfgang Liebeneiner) bis zu kritischen Nachkriegsfilmen wie ›Rosen für den Staatsanwalt‹ (1959, R. Wolfgang Staudte). Er spielte auch in zahlreichen Lessing-, Fontane- und Operettenverfilmungen.

Literatur: H. Ihering: Von Josef Kainz bis Paula Wessely. Heidelberg, Berlin, Leipzig 1942; ders.: Von Reinhardt bis Brecht. Kritiken 1909–1932. Berlin 1958–1961;

M. Bier: Schauspielerporträts. 24 Schauspieler um Max Reinhardt. Berlin 1989.

Hasenclever, Walter, geb. 8. 7. 1890 in Aachen, gest. 21. 6. 1940 in Les Milles (Frankreich). Schriftsteller. Hasenclever studierte in Oxford Jura, dann Literaturwissenschaft und Philosophie in Lausanne und Leipzig. Von 1910 an hauptsächlich schriftstellerische Arbeit. Von 1914 bis 1916 Kriegsfreiwilliger; später Pazifist. Von 1924 bis 1928 war er Korrespondent in Paris. 1933 Ausbürgerung aus Deutschland; bis zum Ausbruch des Krieges lebte er in Frankreich. Er wurde interniert und nahm sich aus Angst vor den heranrückenden Deutschen 1940 das Leben. Hasenclever schrieb fünf Gedichtbände, zwei Romane, achtzehn Dramen und an die dreihundert Essays. Seinen ersten großen Erfolg feierte er mit dem Stück ›Der Sohn‹ (1914), das erstmals den expressionistischen Bühnenstil und die damit verbundenen Themenkreise (Menschheitsverbrüderung und Generationskonflikt) auf die Bühne brachte.
Weitere Stücke: ›Der Retter‹ (1916); ›Die Menschen‹ (1918); ›Die Entscheidung‹ (1919); ›Ein besserer Herr‹ (1926); ›Napoleon greift ein‹ (1929); ›Christoph Kolumbus‹ (mit Tucholsky, 1932); ›Münchhausen‹ (1934).
Literatur: H. Denkler: Drama des Expressionismus. München 1979; A. Wilder: Die Komödien W. Hasenclevers. Frankfurt a. M. 1983.

Hasse, O. E. (Otto Eduard), geb. 11. 7. 1903 in Obersitzko (Posen), gest. 12. 9. 1978 in Berlin. Schauspieler und Regisseur. Begann in Berlin ein Jurastudium und besuchte die Max-Reinhardt-Schule am Deutschen Theater. Seine Ausbildung setzte er bei Otto Falckenberg an den Münchner Kammerspielen fort, wo er 1924 sein erstes Engagement erhielt. Weitere Bühnenstationen: 1925/26 Deutsches Theater Berlin; 1927–1929 Lobetheater Breslau, dort u. a. Riccaut in Lessings ›Minna von Barnhelm‹ (1929, R. Max Ophüls); 1927–1930 Deutsches Volkstheater Berlin. Von 1930 bis 1939 war er erneut an den Münchner Kammerspielen engagiert; Rollen in Inszenierungen von Otto Falckenberg u. a.: Horatio in Shakespeares ›Hamlet‹ (1930, mit Ewald Balser) und Thersites in ›Troilus und Cressida‹ (1936); Schüler in Goethes ›Urfaust‹ (1931, mit Ewald Balser und Kurt Horwitz); Spitta in Hauptmanns ›Die Ratten‹ (1932, mit Therese Giehse); Spiegelberg in Schillers ›Die Räuber‹ (1934) und von Kalb in ›Kabale und Liebe‹ (1938); Titelrolle in Beaumarchais' ›Figaros Hochzeit oder Der tolle Tag‹ (1937, mit Maria Nicklisch); St. Just in Büchners ›Dantons Tod‹ (1937, mit Friedrich Domin). Weitere Rollen u. a.: von Schlettow in Zuckmayers ›Der Hauptmann von Köpenick‹ (1931); Lynun in Hamsuns ›Vom Teufel geholt‹ (1932); Chlestakow in Gogols ›Der Revisor‹ (1933); Teufel in Grabbes ›Scherz, Satire, Ironie und tiefere Bedeutung‹ (1936). 1939/40 Engagement am Deutschen Schauspielhaus Prag, wo er Lessings ›Minna von Barnhelm‹ inszenierte (eigene Rolle: Riccaut). 1940–1945 Luftwaffensoldat, Fallschirmjäger und Ordonnanz in der Hauptfilmstelle der Luftwaffe. Hasses große Karriere begann erst nach dem Krieg, als er sich als virtuoser Charakterschauspieler bewies. Durchschlagender Erfolg als Mephisto in Jürgen Fehlings Inszenierung von Goethes ›Urfaust‹ (1945 in Fehlings Experimentiertheater in Berlin-Zehlendorf). 1946–1950 am Hebbeltheater Berlin u. a.: Mr. Antrobus in Wilders ›Wir sind noch einmal davongekommen‹ (1946, R. Karl Heinz Stroux); Odysseus in Giraudoux' ›Der trojanische Krieg findet nicht statt‹ (1947, in eigener Regie) und Lumpensammler in ›Die Irre von Chaillot‹ (1950, mit Hermine Körner, R. Stroux); Jupiter in Sartres ›Die Fliegen‹ (1948, R. Fehling); außerdem in Berlin: General Harras in Zuckmayers ›Des Teufels General‹ (1948, Schloßparktheater); in Sartres ›Die schmutzigen Hände‹ (1949, Renaissancetheater, in eigener Regie); 1950–1954 am Schiller-Theater u. a.: Bolingbroke in Scribes ›Ein Glas Wasser‹ (1951); Schigolch in Wedekinds ›Lulu‹ (1952); danach kein festes Engagement mehr. Gastspiele u. a.: Thomas Mendip in Frys ›Die Dame ist nicht fürs Feuer‹ (1951, Münchner Kammerspiele, R. Hans

Hatheyer

Schweikart); Teufel in Hofmannsthals ›Jedermann‹ (1954, Salzburger Festspiele); Titelrolle in Rehfischs ›Oberst Chabert‹ (UA 1955, Theater am Besenbinderhof Hamburg und Tournee, R. Schweikart); König Magnus in Shaws ›Der Kaiser von Amerika‹ (1958, Renaissancetheater Berlin, R. Willi Schmidt). Einen seiner größten Erfolge feierte er an der Seite von Elisabeth Bergner als G. B. Shaw in Shaw/Kiltys ›Geliebter Lügner‹ (1959, R. Jerome Kilty; Gastspiele in Deutschland, Österreich, in der Schweiz und den USA). Zu seinen Glanzrollen zählten auch Napoleon/Ludwig XVIII. in Anouilhs ›Majestäten‹ (1960, Ruhrfestspiele) und Rameau in Diderot/Goethes ›Rameaus Neffe‹ (1963, Renaissancetheater Berlin). Ferner: Cäsar in Shaws ›Cäsar und Cleopatra‹ (1965, Düsseldorf, R. Stroux); Schwitter in Dürrenmatts ›Der Meteor‹ (1966, Thalia Theater Hamburg, R. Hans Lietzau); Churchill in Hochhuths ›Soldaten‹ (UA 1967, Freie Volksbühne Berlin, R. Schweikart); Titelrollen in Schillers ›Wallenstein‹ (1968, Düsseldorf und Tournee, R. Stroux) und in Shakespeares ›Julius Cäsar‹ (1971, Burgtheater Wien). In Inszenierungen von Peter Zadek: der Alte in Dorsts ›Eiszeit‹ (UA 1973, Bochum; auch im Fernsehen); Musjö in Behans ›Die Geisel‹ (1975, Freie Volksbühne Berlin; 1977 auch im Fernsehen). Letzte Bühnenrolle: Shunderson in Goetz' ›Dr. med. Hiob Prätorius‹ (1978, Komödie am Kurfürstendamm Berlin).

Hasse ist vor allem als Filmschauspieler berühmt geworden. Alfred Hitchcock holte ihn für ›I confess‹ (1952) nach Hollywood. Weitere Rollen hatte er u. a. in: ›Canaris‹ (1954); ›Alibi‹ (1954); ›08/15‹ (1954/55); ›Arsène Lupin, der Millionendieb‹ (1957); ›Der Arzt von Stalingrad‹ (1958); ›Frau Warrens Gewerbe‹ (1959); ›Lulu‹ (1962). Wolfgang Drews schrieb über den Künstler: »Eine rauhe Eleganz ist ihm zu eigen geblieben, im Lumpendreß oder Hermelin, im tragikomischen zeitgenössischen oder im tragischen klassischen Repertoire. Die Faszination, die dieser Schauspieler der Ambivalenz ausstrahlt, beruht auf dem männlichen Erscheinungsbild, hinter dem sich eine gewisse produktive Sensibilität

verbirgt, dem unwahrscheinlich hellen Auge, das seine Rollen und die Zuschauer zu durchdringen scheint, der markanten Stimme, die sonor aus dem Rauchfang rollt. Oft war es Humphrey Bogarts, Charles Laughtons, Spencer Tracys Stimme (wenn die Hollywoodhelden deutsch sprechen), doch stets und unverkennbar ist es O. E. Hasses gescheit pathetische, geschickt gliedernde, eindringlich pointierende Stimme.« (›FAZ‹, 10. 7. 1973)
Literatur: O. E. Hasse: O. E. Unvollendete Memoiren. München 1979; H. Knudsen: O. E. Hasse. Berlin 1960.

Hatheyer, Heidemarie, geb. 8. 4. 1919 in Villach, Kärnten, gest. 11. 5. 1990 in Zollikon (Schweiz). Schauspielerin. Begann am Wiener Kabarett »Literatur am Naschmarkt«; 1936/37 Engagement am Theater an der Wien, wo man sie in kleinen Operettenrollen sah. 1937–1941 Engagement an den Münchner Kammerspielen bei Otto Falckenberg, unter dessen Regie sie mit Erfolg die Anuschka in Billingers ›Gigant‹ und die Luise in Schillers ›Kabale und Liebe‹ spielte (1937/38). Außerdem u. a.: Rosaura in Goldonis ›Der Lügner‹; Titelrolle in Shaws ›Die heilige Johanna‹. 1941–1944 Engagement bei Gustaf Gründgens am Staatstheater Berlin. Hier war sie die Hero in Grillparzers ›Des Meeres und der Liebe Wellen‹ und die Desdemona in Shakespeares ›Othello‹. Friedrich Luft erinnerte sich: »Ihr Typ war neu und frappierend. Schön im üblichen Sinne war sie nicht, eher herb und fast derb. Aber sie dampfte schier vor Leben. Sie war eine Natur. Sie fackelte nie sentimental. Sie war zugreifend und von einer tragischen Heftigkeit. Sie war wunderbar ehrlich immer und ist es geblieben.« (›Die Welt‹, 8. 4. 1984) Seit Mitte der dreißiger Jahre auch zahlreiche Filmrollen, u. a. Titelrolle in ›Die Geierwally‹ (1940); Rolle der Hanna Heyt in dem Euthanasie-Propagandafilm ›Ich klage an‹ (1941, R. Wolfgang Liebeneiner). Nach dem Krieg arbeitete sie zunächst am Bayerischen Staatsschauspiel München (1946–1949); danach wieder Gastspiele in Berlin, u. a.: Titelrolle in Zuckmayers ›Barbara Blomberg‹ (1949, Hebbeltheater); Titelrollen in Hauptmanns

›Rose Bernd‹ (1952, Schiller-Theater) und in García Lorcas ›Yerma‹ (1952, Schloßparktheater). Am Schauspielhaus Düsseldorf spielte sie zunächst wieder unter Gründgens, ab 1955 unter Karl Heinz Stroux, u. a.: Schillers ›Maria Stuart‹ (1957); Brechts ›Mutter Courage‹ (1968); Mutter Wolffen in Hauptmanns ›Der Biberpelz‹ (1970; 1974 auch am Deutschen Theater München, R. Stroux). Seit 1955 Verpflichtungen am Schauspielhaus Zürich, u. a.: Temple Stevens in Faulkners ›Requiem für eine Nonne‹ (1955); Frau John in Hauptmanns ›Die Ratten‹ (1965). Rollen am Wiener Burgtheater u. a.: Grillparzers ›Medea‹ (1960); Josie Hogan in O'Neills ›Ein Mond für die Beladenen‹ (1960); Lady Macbeth in Shakespeares ›Macbeth‹ (1964); Mrs. Antrobus in Wilders ›Wir sind noch einmal davongekommen‹ (1966). Gastspiele in Hamburg u. a.: Genia Hofreiter in Schnitzlers ›Das weite Land‹ (1965) und Titelrolle in Bruckners ›Elisabeth von England‹ (1967, beide am Deutschen Schauspielhaus); Toilettenfrau in Dürrenmatts ›Der Meteor‹ (1966, Thalia Theater, R. Hans Lietzau). Gastspiele am Schauspielhaus Zürich 1972–1983: Titelrollen in Hochhuths ›Die Hebamme‹ (UA 1972), in Dürrenmatts ›Der Besuch der alten Dame‹ und in Brechts ›Mutter Courage‹ (1974); Hekabe in Euripides' ›Die Troerinnen‹; Daja in Lessings ›Nathan der Weise‹. 1981/82 sah man sie als Frau Alving in Ibsens ›Gespenster‹ (Staatliche Schauspielbühnen Berlin); 1984 in Grillparzers ›Medea‹ (Burgtheater Wien, mit Elisabeth Orth); mehrere Tourneen. Seit 1952 war sie mit dem Schriftsteller Curt Riess verheiratet. Auszeichnungen: Kainz-Medaille (1961); Berliner Staatsschauspielerin (1963); Grillparzer-Ring (1967); Filmband in Gold (1984).

Hauenschild, Bettina, geb. 16. 7. 1964 in Stade bei Hamburg. Schauspielerin. Studierte einige Semester Germanistik, Theaterwissenschaft und Philosophie in München; 1985–1988 Ausbildung an der Neuen Münchner Schauspielschule. Seit Juli 1989 gehört sie zum Ensemble der Münchner Kammerspiele. Fiel zunächst in kleineren Rollen auf: Hilde Wangel in Ibsens ›Die Frau vom Meer‹ (1989, R. Thomas Langhoff); Ysabel in Dorsts ›Karlos‹ (UA 1990); Die Unbedachte in Botho Strauß' ›Schlußchor‹ (UA 1991, R. jeweils Dieter Dorn). Ihre ersten größeren Erfolge feierte sie in Inszenierungen von Christian Stückl: als Bianca Kovacic in Werner Schwabs ›Volksvernichtung oder Meine Leber ist sinnlos‹ (UA 1991) und als Beatrice in Shakespeares ›Viel Lärmens um nichts‹ (1992, mit Michael von Au); C. Bernd Sucher schrieb: »Von Au und Bettina Hauenschild, die die emanzipierte Kratzbürste Beatrice zum Zentrum der äußerst amüsanten Aufführung spielt, entdecken, daß diese beiden Ausnahme-Twens, die sich so cool und überlegen geben, Sensibelchen sind. (. . .) Bettina Hauenschild kann wunderbar tough tun; der Spott blitzt ihr in den Augen, der Hohn, den diese Beatrice erdenkt, befeuert ihren Körper schon, bevor er im Mund explodiert und Sekunden später dem Gegner Benedikt trifft.« (›SZ‹, 2. 10. 1992) Weitere Rollen: Lucie in Coline Serreaus ›Hase Hase‹ (1992/93, R. Harald Clemen); Bliss White in Beth Henleys ›Debütantinnenball‹ (1993, R. Jens-Daniel Herzog); in Wilsons ›Der Mond im Gras‹ (UA 1994, R. Robert Wilson). Mit Herbert Achternbusch arbeitete sie in den Filmen ›I know the way to the Hofbrauhaus‹ und ›Ich bin da, ich bin da‹.

Haugk, Dietrich, geb. 12. 5. 1925 in Ellrich, Südharz. Regisseur. Schulbesuch in Bielefeld, ab 1941 Schauspielunterricht (Abschlußprüfung 1943 in Berlin). Nach dem Abitur Arbeits- und Kriegsdienst; 1944/45 Volontär in der Musikabteilung der Reichs-Rundfunk-Gesellschaft (RRG) Berlin; 1945/46 Sprecher beim Berliner Rundfunk; 1946–1948 Chefsprecher bei Radio Bremen; 1948–1950 Schauspieler bei der Jungen Bühne Hamburg; 1950–1952 Schauspieler am Theater am Schiffbauerdamm und am Hebbeltheater in Berlin; 1952–1954 Regisseur und Mitdirektor am Hamburger Theater im Zimmer; 1954–1957 Oberspielleiter am Schauspiel Basel; außerdem Regiearbeiten in München, Wien, Zürich, Frankfurt, Stuttgart, Bochum, Düsseldorf und Berlin. Von 1957 bis 1961 war er Direktor am Württembergischen Staatsschauspiel Stuttgart; dort u. a.: Shakespeares ›Ein Sommernachtstraum‹; Goethes ›Götz von Berlichingen‹; Calderóns ›Der Richter von Zalamea‹; Gogol/Adamovs ›Die toten Seelen‹. Seit 1961 freier Fernseh-, Schauspiel- und Opernregisseur. 1971 wurde er ordentlicher Professor für Schauspiel und Regie am Salzburger Mozarteum. Inszenierungen am Bayerischen Staatsschauspiel München u. a.: Shakespeares ›Macbeth‹ (1977, mit Klausjürgen Wussow und Ursula Lingen) und ›König Richard II.‹ (1978, mit Walter Schmidinger); Kleists ›Der zerbrochne Krug‹ (1979, mit Hans Korte); Sartres ›Die schmutzigen Hände‹ (1980); außerdem zahlreiche Regiearbeiten in Wien (Burgtheater, Theater in der Josefstadt, Theater an der Wien). Anfang der achtziger Jahre inszenierte er in San Francisco Wagners ›Tristan und Isolde‹. Weitere Operninszenierungen u. a. in München: Wagners ›Parsifal‹ (1973, Nationaltheater, Dirigent: Wolfgang Sawallisch); Egks ›Der Revisor‹ (1976, Cuvilliéstheater; Egk legte die musikalische Leitung aus Protest gegen die »possenhafte Inszenierung« nieder); Aubers ›Fra Diavolo‹ (1976, Gärtnerplatztheater, Dirigent: Peter Falk); Mozarts ›Don Giovanni‹ (1991, Gärtnerplatztheater, Dirigent: Reinhard Schwarz). Seit 1985 vorwiegend Fernsehinszenierungen.

Haupt, Ullrich, geb. 30. 10. 1915 in Chicago, gest. 22. 11. 1991 in München. Schauspieler und Regisseur. Aufgewachsen in Chicago und Los Angeles. Die Eltern, beide Schauspieler, waren aus Pommern in die USA ausgewandert. Haupt wollte Maler werden; begann 1931 ein Studium an der Berliner Kunstakademie und an der Raimann-Schule. Als er Gustaf Gründgens als Mephisto sah, entschied er sich für den Schauspielerberuf, sprach Gründgens vor und wurde dessen Schüler an der Staatlichen Schauspielschule Berlin. Debütierte 1936 in Danzig als Romeo in Shakespeares ›Romeo und Julia‹; 1937–1940 Engagement am Staatsschauspiel München; 1940 holte ihn Gründgens nach Berlin, wo er bis 1945 zum Ensemble des Staatstheaters gehörte. Rollen u. a.: Karl

Moor in Schillers ›Die Räuber‹; Leander in Grillparzers ›Des Meeres und der Liebe Wellen‹ und Leopold in ›Ein Bruderzwist in Habsburg‹; Titelrolle in Shakespeares ›Macbeth‹; sowohl Jago als auch Titelrolle in ›Othello‹. Es heißt, Gründgens habe den »Halbjuden« (so die Nazi-Terminologie) vor der Verhaftung durch die Nazis bewahrt. Nach dem Krieg lebte Haupt einige Jahre in Amerika, wo er mit einem Tourneetheater durch die Lande zog. 1951 holte ihn Gründgens zurück nach Deutschland, zunächst ans Schauspielhaus Düsseldorf (bis 1955), dann ans Deutsche Schauspielhaus Hamburg (bis 1964). Haupt war einer der wichtigsten Protagonisten des Gründgens-Ensembles. Er spielte die Titelrollen in Schillers ›Fiesco‹, Büchners ›Dantons Tod‹ und in Leonhardts ›Stephen Daedalus‹; ferner u. a.: Mephisto in Goethes ›Faust‹; Heinrich in Anouilhs ›Becket oder die Ehre Gottes‹ (1961); Horatio in Shakespeares ›Hamlet‹ (1963, R. Gründgens); Lord Windermere in Wildes ›Lady Windermeres Fächer‹ (1964). 1967–1970 Engagement am Schauspielhaus Zürich, wo man ihn als Kürmann in Frischs ›Biografie: Ein Spiel‹ sah (UA 1968, R. Leopold Lindtberg). Weitere Bühnenstationen waren die Münchner Kammerspiele (1970: Wedekinds ›Der Marquis von Keith‹) und das Thalia Theater Hamburg (1970–1973 sowie 1982–1984). 1974–1981 wieder Engagement am Staatsschauspiel München, dort u. a.: Titelrollen in Goethes ›Faust‹ (1974) und in Dürrenmatts ›König Johann‹; Argan in Molières ›Der eingebildete Kranke‹ (1980); Talbot in Schillers ›Maria Stuart‹ (1981); häufig Gastspiele bei den Ruhrfestspielen Recklinghausen sowie Engagements bei Film und Fernsehen. Eigene Regiearbeiten seit 1959 u. a.: Goldonis ›Mirandolina‹; Goethes ›Götz von Berlichingen‹; Ibsens ›Hedda Gabler‹; Kipphardts ›In der Sache J. Robert Oppenheimer‹; Becketts ›Warten auf Godot‹. Hans-Dieter Seidel schrieb in seinem Nachruf: »Unter den Charakterdarstellern alter Schule fiel Haupt als besonders alert, sprunghaft, ja fast sportiv aus dem Rahmen. Seine Stimme konnte er in fistelnde Höhen schrauben und zur Schärfe von Messerschneiden pressen, seine Diktion ließ die Silben heiser explodieren. (...) Immer unter Dampf, konnte er, wenn es die Rolle verlangte, kraftstrotzend bis zur Einfalt sein, derb und grimassierend in der Pose eines Jahrmarktschreiers. (...) Ullrich Haupt: das hieß auf jeden Fall Haltung – und die hatte mit Vorliebe Stiefel und Breeches des Rittmeisters angelegt, sichtbar oder nur metaphorisch.« (›FAZ‹, 26. 11. 1991)

Hauptmann, Gerhart, geb. 15. 11. 1862 in Ober-Salzbrunn, gest. 6. 6. 1946 in Agnetendorf. Dichter. Sohn eines Gastwirts. 1880 begann Hauptmann ein Bildhauerstudium in Breslau. 1882/83 Studium der Naturwissenschaften und Philosophie in Jena. 1883/84 Mittelmeerreise und Aufenthalt als Bildhauer in Rom. 1884/85 Studium in Berlin, daneben Schauspielunterricht, von 1885 an freier Schriftsteller in Berlin. 1912 Nobelpreis für Literatur. Einer der bedeutendsten Dramatiker Deutschlands und herausragender Vertreter des Naturalismus, beeinflußt von Zola, Ibsen und Tolstoj. Seine Themen sind menschliche Not, Zerfall des Kleinbürgertums, Problematik des Künstlertums. Der Hauptantrieb seines Schreibens war, Mitleid für die sozial Unterdrückten zu erwekken. Berühmt wurde Hauptmann mit seinem ersten, damals stark umstrittenen Stück ›Vor Sonnenuntergang‹ (1889) und mit der Novelle ›Bahnwärter Thiel‹ (1892). »Alles, was man über Hauptmanns ›Naturalismus‹ gesagt hat und womit man früher die sehr törichte Vorstellung einer möglichst wirklichkeitsgetreuen Sach- und Sprachbehandlung als Zweck verband, all das hat nur Sinn, wenn wir darunter eine sehr zweckmäßige, sehr streng stilisierende Behandlung der Sprache verstehen, die den Endzweck hat, ein naturalistisches Gefühl auszudrücken, das heißt das Gefühl der Abhängigkeit und Gebundenheit, der Hingegebenheit des Menschen an die Gewalt der Natur.« (Julius Bab, in: Neue Wege zum Drama. Berlin 1911)
Weitere Stücke: ›Einsame Menschen‹ (1891); ›Die Weber‹ (1892); ›Der Biberpelz‹ (1893); ›Hanneles Himmelfahrt‹ (1893/96); ›Florian Geyer‹ (1896); ›Fuhrmann Henschel‹ (1898); ›Schluck und Jau‹

(1900); ›Michael Kramer‹ (1900); ›Der rote Hahn‹ (1901); ›Rose Bernd‹ (1903); ›Und Pippa tanzt!‹ (1906); ›Die Ratten‹ (1911); ›Atriden-Tetralogie‹ (1941–48); ›Herbert Engelmann‹ (vollendet von C. Zuckmayer, 1952).
Literatur: N. E. Alexander: Studien zum Stilwandel im dramatischen Werk G. Hauptmanns. Stuttgart 1964; H. Mayer: G. Hauptmann. Hannover 1977; R. Mittler: Theorie und Praxis des sozialen Dramas bei G. Hauptmann. Hildesheim 1985; S. Hoefert: Internationale Bibliographie zum Werk G. Hauptmanns. Berlin 1986; E. Hitscher: Essays: G. Hauptmann, H. Mann, Th. Mann, H. Hesse, R. Musil, L. Feuchtwanger, E. Canetti. Berlin 1992; Henry J. Schmidt: How dramas end: essays on the German Sturm und Drang, Büchner, Hauptmann and Fleisser. Ann Arbor 1992.

Hausner, Xenia, geb. 7. 1. 1951 in Wien. Bühnenbildnerin. Studierte in Wien und London Bühnenbild. Erstes Engagement am Burgtheater Wien, wo sie für die Regisseure Achim Benning und Otto Schenk ihre ersten Ausstattungen entwarf. Danach arbeitete sie als freie Bühnenbildnerin, u. a. wieder für Benning: Albees ›Empfindliches Gleichgewicht‹ (Thalia Theater Hamburg). In Wien entwarf sie das Bühnenbild für Hans Gratzers Strauß-Inszenierung ›Groß und klein‹ und wurde dafür mit der Kainz-Medaille ausgezeichnet. Filmausstattungen für Axel Corti (›Das eine Glück und das andere‹) und Dieter Berner (›Alpensaga‹). Weitere wichtige Arbeiten u. a. mit Heribert Sasse: Brechts ›Der aufhaltsame Aufstieg des Arturo Ui‹ und Horváths ›Kasimir und Karoline‹ (1983, beide Renaissancetheater Berlin); Schillers ›Die Verschwörung des Fiesco zu Genua‹ (Schiller-Theater Berlin); mit Günter Krämer: Roths ›Das Ganze ein Stück‹ (Bremen); ›Die Gezeichneten‹ (Deutsche Oper am Rhein); ›Patt‹ (Schloßparktheater Berlin/Bregenzer Festspiele); mit Johannes Schaaf: Lessings ›Nathan der Weise‹ (1984, Salzburger Festspiele); Mozarts ›Die Hochzeit des Figaro‹ (1987, Covent Garden Opera London); mit Hans Hollmann: Jelineks ›Krankheit‹ (UA 1987, Bonn); mit Schenk: Schnitzlers ›Professor

Haußmann

Bernhardi‹ (1988, Theater in der Josefstadt Wien); mit Elke Lang: ›Inszenierte Räume‹ (Collage 1989, TAT Frankfurt). Bei den Salzburger Festspielen 1988 entwarf sie für Corti die Bühne zu Elias Canettis ›Hochzeit‹: »Xenia Hausner schafft mit ihrem aufwendigen Drehbühnenbild Corti, dem Filmemacher, alle Möglichkeiten, in vielen Räumen zu spielen, Szenen aneinander zu reihen, als seien sie durch Schnitte voneinander getrennt. Canettis Apokalypse wird so zu einem klitzekleinen realistischen Fernsehspiel reduziert, das engagiert ist und ein bißchen verrucht. (...) Und immer dreht sich die schwarze Trommel von Xenia Hausner, zeigt um den runden Saal, in dem drunter und drüber alles geht, einen Salon, ein gekacheltes Bad, einen Flur, eine Terrasse. Bis die Welt einstürzt.« (C. Bernd Sucher, ›SZ‹, 16. 8. 1988) Bühnenbilder für Dietmar Pflegerls Tschechow-Inszenierungen in Wien: ›Die Möwe‹ und ›Onkel Wanja‹ (am Volkstheater); ›Der Kirschgarten‹ (1992, Theater in der Josefstadt).

Literatur: X. Hausner: Rätselraum Fremde Frau. Heidelberg 1990.

Haußmann, Leander, geb. 1959 in Berlin (Ost). Schauspieler und Regisseur. 1979 Abitur; 1979–1982 Druckerlehre; 1982–1986 Schauspielstudium an der Schauspielschule Ernst Busch in Ostberlin. 1986–1988 Schauspieler an den Bühnen der Stadt Gera; dort Zusammenarbeit mit Frank Castorf, unter dessen Regie er den Carlos in Goethes ›Clavigo‹ spielte. 1988/89 Engagement als Schauspieler und Regisseur am Mecklenburgischen Landestheater Parchim. Inszenierungen: Ibsens ›Hedda Gabler‹ (1989); Alfred Matusches ›Kap der Unruhe‹ (1989, die Aufführung wurde abgesetzt). 1989–1992 Engagement am Nationaltheater Weimar, zunächst als Schauspieler, dann als Regisseur; spielte u. a. die Titelrolle in Dorsts ›Ich, Feuerbach‹ und inszenierte Büchners ›Leonce und Lena‹ (1990). Gastinszenierungen: Schillers ›Kabale und Liebe‹ (1990, Kleist-Theater Frankfurt/Oder); Fos ›Offene Zweierbeziehung‹ (1990, Leipzig). Überregional bekannt wurde er mit seiner Weimarer Ibsen-Inszenierung ›Nora – Ein

Puppenheim‹ (1990, mit Steffi Kühnert als Nora). Die Aufführung wurde 1991 zum Berliner Theatertreffen eingeladen, Haußmann zum besten Nachwuchsregisseur der Saison 1990/91 gekürt. Weiterer Erfolg mit Schillers ›Verschwörung des Fiesco zu Genua‹ (1990/91). Peter Iden schrieb: »Erstaunlicher Auftritt einer Begabung, an einer Schnittstelle der politischen Entwicklung: Aufgewachsen und ausgebildet noch in der DDR, ist der 31jährige Haußmann doch nicht so nachdrücklich geprägt von ihr wie andere, ältere Theatermacher aus dem Osten. Er nimmt sich die Freiheit zu einer waghalsig eigenen Sicht auf die Stücke, die Menschen und die Verhältnisse darin. Das ist sicher auch eine Reaktion des Aufbegehrens gegen die Erfahrung gesellschaftlicher Verfestigung und ideologischer Erstarrung – man spürt aber bei Haußmann als einen wichtigen Impuls vor allem die Lust an neuen Möglichkeiten, ein Hochgefühl (das er merklich auskostet), das Metier des Regisseurs so heftig ergreifen zu können. Es steckt in Haußmanns Aufführungen immer auch ein Vergnügen an der eigenen Kraft – die manchmal durchaus überschießt, außer Kontrolle gerät. Aber er hat dann auch eine diesen Überschuß korrigierende, eher instinktive als intellektuelle Klugheit, ein Empfinden für Menschen (und damit auch Schauspieler), das seine Erzählungen auf der Bühne verführerisch belebt.« (›Theater heute‹, Jahrbuch 1991) Erste Regiearbeit im Westen: Strindbergs ›Fräulein Julie‹ (1991, Frankfurt); ferner u. a.: Botho Strauß' ›Angelas Kleider‹ (UA 1991, Steirischer Herbst/Graz); Shakespeares ›Ein Sommernachtstraum‹ (1992, Weimar); am Schiller-Theater Berlin: Goethes ›Clavigo‹ (1992) und Schillers ›Don Carlos‹ (1993). Erfolg mit Shakespeares ›Romeo und Julia‹ am Münchner Residenztheater (1993): ». . . eine Theaterunternehmung, deren Reichtum an Poesie und Phantasie, an Musikalität und atmosphärischen Valeurs, auch an schauspielerischer Frische und Originalität ihresgleichen sucht« (Gerhard Jörder, ›Theater heute‹, Heft 3, 1993); ferner am Residenztheater München: Ibsens ›Gespenster‹ (1992, mit Margit Carstensen); Wolfgang M. Bauers ›In den Augen

Hebbel

eines Fremden‹ (UA 1994); bei den Salzburger Festspielen: Sophokles' ›Antigone‹ (1993, mit Margit Carstensen als Kreon); am Hamburger Schauspielhaus: Shakespeares ›Troilus und Cressida‹ (1993/94). 1993 wurden zum Berliner Theatertreffen zwei Haußmann-Inszenierungen eingeladen: Shakespeares ›Romeo und Julia‹ (Bayerisches Staatsschauspiel) und Shakespeares ›Ein Sommernachtstraum‹ (Deutsches Nationaltheater Weimar). In der Spielzeit 1995/96 soll er als Nachfolger von Frank-Patrick Steckel die Intendanz des Schauspielhauses Bochum übernehmen. Haußmann über seine Arbeit:»Ich kann mich nicht reduzieren auf einen Handlungsstrang. Wenn ich einen Satz höre, habe ich zu viele Assoziationen, lasse mich ablenken von anderen Geschichten, kann und will den Kernpunkt, wenn es ihn denn gibt, nicht so schnell fassen. Ich würde es als eine Art Verspieltheit bezeichnen, vielleicht auch eine Unkonzentriertheit auf den Gegenstand selbst. Ganz sicher ist es eine Liebe zu den Details, den Abzweigungen, die in einer Geschichte stecken. (. . .) Wenn ich etwas hasse, dann ist es die Botschaft, die Message auf dem Theater. Der Regisseur ist kein Engel der Botschaft. Fünfzig Prozent meiner Inszenierungen gelten der Verteidigung der Schönheit von Theater.« (›Junge Regisseure‹, S. 117 u. 120)

Literatur: M. Merschmeier/F. Wille: Nerv und Herz treffen. Gespräch mit Leander Haußmann. In: Theater heute, Jahrbuch 1991, S. 112 ff; A. Roeder/S. Ricklefs: Junge Regisseure. Regie im Theater. Frankfurt a. M. 1994.

Havel, Václav, geb. 5. 10. 1936 in Prag. Tschechischer Schriftsteller. Havel war Chemielaborant und besuchte das Abendgymnasium. Danach Studium an der TH Prag von 1955 bis 1957. 1960 wurde er Dramaturg, Hausautor, Beleuchter und Regieassistent am Theater am Geländer in Prag. Seit 1968 hatte Havel Publikations- und Aufführungsverbot in der ČSSR. Er war Sprecher der Charta 77, wurde 1978 zu vierzehn Monaten, und im Oktober 1979 erneut zu viereinhalb Jahren Gefängnis verurteilt. Havel erhielt diverse ausländische Auszeichnungen, darunter 1982 den Dr. h.c. in Toronto. Nach dem Zusammenbruch der Sowjetunion war er von 1989 bis 1992 tschechoslowakischer Staatspräsident. Seit 1993 Präsident der tschechischen Republik. Er lebt in Prag. Aufsehen erregten seine ›Briefe an Olga. Identität und Existenz – Betrachtungen aus dem Gefängnis‹. Er schrieb satirische Grotesken, in denen er das Phrasenhafte und die Beschränktheit des Kleinbürgertums durch Steigerung ins Absurde deutlich macht.»V. Havel macht in seinem mit marionettenhaften Personen bevölkerten Stück ›Das Gartenfest‹ (1963) die Entwürdigung der Sprache durch den Menschen und die Entwürdigung des Menschen durch die zur Phrase herabgewürdigten Sprache zum Motor einer grotesken Handlung (. . .) im Dienst einer begrenzten politischen Satire.« (Georg Hensel, Spielplan, Frankfurt a.M. 1978). In seinem Vorwort zu ›Largo Desolato‹ (1985) schrieb Siegfried Lenz:»Wie der Autor dieser Welt noch Komik abgewinnt, das bleibt sein Geheimnis. Es ist eine Komik, die aus der Verzweiflung kommt. Wir lächeln angesichts eines mehrfach überforderten Helden, während das ahnbare politische Drama die Furcht aufsteigen läßt. Belustigt nehmen wir unsere eigene Bedrohung zur Kenntnis. Es ist der Augenblick, in dem wir den letzten Versuch machen sollten, die Vernunft zu Wort kommen zu lassen.«

Weitere Stücke: ›Die Benachrichtigung‹ (1965); ›Erschwerte Möglichkeit der Konzentration‹ (1968); ›Die Audienz‹ (1975); ›Vernissage‹ (1975); ›Protest‹ (1976); ›Berghotel‹ (1981).

Hebbel, Christian Friedrich, geb. 18. 3. 1813 in Wesselburen (Dithmarschen), gest. 13. 12. 1863 in Wien. Dramatiker, Erzähler und Lyriker. Sohn eines Tagelöhners. Von 1836 an studierte Hebbel erst Jura, dann Geschichte, Literatur und Philosophie in Heidelberg und München. 1839 zu Fuß nach Hamburg; große Armut. Beginn des dramatischen Schaffens. 1842/43 war Hebbel in Kopenhagen, wo er mit Andersen und Thorwaldsen bekannt wurde; 1843/44 war in Paris, danach in Rom; 1845 ging er nach Wien. Hebbel war der größte deutsche Tragiker des 19. Jahrhunderts. Er schrieb bürgerliche Trauerspiele, in denen die Hauptthemen das Verhältnis von Ich und Welt, der Geschlechterkampf und die seelische Einsamkeit sind. In ›Mein Wort über das Drama‹ (1843) und ›Vorwort zur »Maria Magdalene«‹ (1843, UA 1846) setzte er sich theoretisch mit der Gattung Tragödie auseinander. Georg Hensel schrieb: »Hebbel ist der Dramatiker der Tragik ohne Schuld, des von Geburt an vorbestimmten Unterganges, der notwendigen Dissonanzen einer gnadenlosen Welt, in der ein Mensch nur als Bestandteil, nicht aber als einzelner wichtig ist.« (Spielplan. Frankfurt a. M. 1978)

Weitere Stücke: ›Judith‹ (1840); ›Genoveva‹ (1843); ›Herodes und Mariamne‹ (1850); ›Agnes Bernauer‹ (1852); ›Gyges und sein Ring‹ (1856); ›Die Nibelungen‹ (1855–1860); ›Demetrius‹ (1864).

Literatur: H. Frisch: Symbolik und Tragik in Hebbels Dramen. Bonn 1963; W. Benjamin: Ursprung des deutschen Trauerspiels. Frankfurt a. M. 1963; N. Müller: Der Rechtsdenker Friedrich Hebbel. Bonn 1974; H. Kaiser: Friedrich Hebbel. Geschichtliche Interpretation des dramatischen Werkes. München 1983; H. Kreuzer (Hrsg.): Friedrich Hebbel. Darmstadt 1989.

Heerdegen, Edith, geb. 2. 7. 1913 in Dresden, gest. 13. 7. 1982 in Dachsberg, Schwarzwald. Schauspielerin. Nach dem Abitur nahm sie Schauspielunterricht und debütierte 1933 als Statistin in Schillers ›Wilhelm Tell‹. Jahrelang zog sie mit kleinen Wanderbühnen durch Deutschland, bis sie bei Erich Ponto am Staatstheater Dresden ein festes Engagement bekam. Mit Ponto, ihrem Freund und Lehrmeister, kam sie 1947 ans Staatstheater Stuttgart und gehörte dort 32 Jahre lang zum Ensemble; für kurze Zeit arbeitete sie auch mit Heinz Hilpert in Göttingen und mit Helmut Henrichs am Münchner Residenztheater. Rollen u. a.: Marchesa in Pirandellos ›Heinrich IV.‹ (1957); Frau Flamm in Hauptmanns ›Rose Bernd‹ (1961); Mary Tyrone in O'Neills ›Eines langen Tages Reise in die Nacht‹ (1961); Mafalda in Walsers ›Überlebensgroß Herr Krott‹ (UA 1964,

R. Peter Palitzsch); Cäcilie in Goethes ›Stella‹ (1965); Elisabeth in Schillers ›Maria Stuart‹ (1965); Eleonore in Mrożeks ›Tango‹ (1967, R. Hans Bauer); Margarethe in Shakespeares ›Richard III.‹ (1968, R. Palitzsch); Ranjewskaja in Tschechows ›Der Kirschgarten‹ (1968, R. Peter Zadek); Frau Alving in Ibsens ›Gespenster‹ (1970); Ida in Vitracs ›Victor oder Die Kinder an der Macht‹ (1970) und Rosa La Tatula in Valle-Incláns ›Worte Gottes‹ (1972, R. jeweils Hans Neuenfels); Frau in Dorsts ›Eiszeit‹ (1973); Großmutter in Horváths ›Geschichten aus dem Wiener Wald‹ (1975) sowie Ada von Stetten in ›Zur schönen Aussicht‹ (1976, R. jeweils Horst Zankl); Titelrolle in Gorki/Brechts ›Die Mutter‹ (1978): »Als gutbürgerliche, feine Schauspielerin steht sie total gegen die Tradition dieser Rolle, sie setzt gegen die klassische Form der schwarzgekleideten, wortkargen und hartknochigen Revoluzzerin ein schwatzhaftes, schlaues Mütterchen, das seine Dialektik auf dem Markt beim Feilschen gelernt hat und nicht im Schulungsunterricht der Partei. Frau Heerdegen ist als Brecht-Schauspielerin unverbraucht und naiv: mißtrauisch und mißmutig (nicht etwa neugierig) sieht sie dem revolutionären Treiben zu, trotzig, kindlich und ohne Gejammer (. . .). Sie verwandelt Brechts oft wehleidige Klage in heiter-hinterlistiges Theater.« (Thomas Petz, ›SZ‹, 25. 2. 1978) Außerdem u. a.: Titelrollen in Lessings ›Minna von Barnhelm‹ und in Shaws ›Die heilige Johanna‹; Mathilda von Zahnd in Dürrenmatts ›Die Physiker‹; in Inszenierungen von Claus Peymann u. a.: Brigitte in Kleists ›Das Käthchen von Heilbronn‹ (1975); Präsidentin in Bernhards ›Der Präsident‹ (UA 1975); Amme Anfissa in Tschechows ›Drei Schwestern‹ (1978). In der Spielzeit 1979/80 wechselte sie mit Peymann nach Bochum; dort großer Erfolg an der Seite von Bernhard Minetti in Thomas Bernhards ›Der Weltverbesserer‹ (UA 1980, R. Peymann). In Film und Fernsehen u. a.: Rosa Luxemburg in der TV-Dokumentation ›Der Fall Liebknecht-Luxemburg‹; Maria Behrend in Vojtech Jasnys ›Traumtänzer‹; in Luc Bondys Erstlingsfilm ›Die Ortliebschen Frauen‹

(1981). Edith Heerdegen zählt zu den großen Schauspielerinnen des deutschsprachigen Nachkriegstheaters. Besonders stark war sie in den Rollen älterer Frauen. Hans-Dieter Seidel schrieb:»Ihre schauspielerische Einbildungskraft, emotional reagierend, hält bald nach der ersten Lektüre ein plastisches Rollenbild parat – und das braucht sie dann ›nur noch‹ zu verkörpern. Ein komplizierter Vorgang des Umsetzens von Gehörtem, Gesehenem, Gefühltem, dessen Ablauf ihr vorkommt ›wie von selbst‹. Was aber wäre Edith Heerdegen ohne ihr bedeutendstes Ausdrucksmittel, die Stimme? Duftig ist die, aber nicht dünn; durchdringend, aber nicht rauh; voller Festigkeit, und doch leise schwingend. Verzweifelt und gebrochen kann diese Stimme sein, boshaft-spitz und giftig, oder einschmeichelnd lieb. Daß Edith Heerdegen immer die richtigen, die eine Figur exakt bestimmenden Töne findet, geschieht wieder ›wie von selbst‹.« (›FAZ‹, 1. 7. 1978)
Literatur: S. Melchinger/R. Clausen: Schauspieler. 36 Porträts. Velber 1965.

Heesters, Johannes, geb. 5. 12. 1903 in Amersfoort (Holland). Schauspieler und Operettentenor. Banklehre; danach Gesangs- und Schauspielausbildung in Amsterdam. Erste Engagements an Sprechbühnen in Amsterdam, Den Haag, Brüssel und Rotterdam; wechselte dann als Tenor ins Operettenfach: Debüt 1934 an der Volksoper Wien. Seine eigentliche Karriere begann in Berlin, wo er seit 1935 an der Komischen Oper, am Metropoltheater und im Admiralspalast auftrat und schnell zum Publikumsliebling avancierte und sich mit dem Nazi-Regime sehr gut arrangierte, was nach dem Krieg zu einiger Kritik führte. 1934 Filmdebüt in ›Die Leuchter des Kaisers‹; seither zahlreiche Filmrollen, auch während der Kriegsjahre. Nach dem Krieg arbeitete er zunächst am Theater in der Josefstadt Wien; 1948 sah man ihn dort als William Page in John van Drutens ›Lied der Taube‹. Engagements hatte er außerdem am Theater an der Wien, an der Kleinen Komödie und am Gärtnerplatztheater München, am Theater des Westens in Berlin, in Nürnberg, Frankfurt a. M. und Hamburg. Zu seinen Glanzrollen zählten der Honoré Lachailles in Lerner/Loewes Musical ›Gigi‹ und v.a. der Graf Danilo in Lehárs ›Die lustige Witwe‹ (erstmals 1938 im Münchner Gärtnerplatztheater). Erfolg in der Titelrolle von Karl Gassauers ›Casanova auf Schloß Dux‹ (Tournee 1986/87, mit Christiane Hammacher, R. Rudolf Steinboeck). Im Film wie auf der Bühne war Johannes Heesters (»Jopie«) stets der große Charmeur und Herzensbrecher. Bevorzugte Arbeitskleidung: Frack, Zylinder, Seidenschal. Gerhard Rohde schrieb:»Johannes Heesters (...) ist weniger ein physiologisches als ein künstlerisches Phänomen. Die Konstitution war immer nur Voraussetzung für etwas, was in unserem Theater, vom Schauspiel bis zur Oper, in neueren Zeiten gern als zweitrangig angesehen wird: Disziplin und Beherrschung der Mittel. Heesters zeichnete sich stets durch das aus, was man Präzision nennt – man kann darin so etwas wie einen zeitlosen künstlerischen Wert sehen.« (›FAZ‹, 5. 12. 1983) 1978 erschien die von Willibald Eser aufgezeichnete Biographie ›Es kommt auf die Sekunde an‹. Seit 1992 ist er mit der Schauspielerin Simone Rethel verheiratet.
Literatur: J. Heesters: Ich bin gottseidank nicht mehr jung. Autobiographie. Aufgezeichnet von W. Eser. München 1993; J. Dombrowski/R. Borchert: Johannes Heesters. Bergisch Gladbach 1993.

Heesters, Nicole, geb. 14. 2. 1937 in Potsdam. Schauspielerin. Tochter des Schauspielers Johannes Heesters und der Operettensängerin Louisa H. Gluss. Ausbildung am Max-Reinhardt-Seminar Wien u. a. bei Helene Thimig; 1953 Filmdebüt in ›Ich und meine Frau‹; seither mehrere Filmrollen. Ihr Bühnendebüt gab sie 1954 am Wiener Volkstheater in der Titelrolle von Lerner/Loewes ›Gigi‹. Arbeitspause wegen eines schweren Autounfalls. 1954 verpflichtete sie Karl Heinz Stroux an das Düsseldorfer Schauspielhaus. Sie gehörte dort bis 1972 zum Ensemble und bewies in zahlreichen klassischen Rollen ihr Talent als Charakterschauspielerin. Wichtige Titelrollen: Schillers ›Die Jungfrau von Orleans‹; Kleists ›Penthesilea‹; Hebbels

Heidenreich

›Judith‹; Shaws ›Die heilige Johanna‹; ferner u. a.: Katharina in Shakespeares ›Der Widerspenstigen Zähmung‹ und Lady Macbeth in ›Macbeth‹; Mascha in Tschechows ›Drei Schwestern‹; Sarah in O'Neills ›Fast ein Poet‹. 1972–1980 Engagement bei Boy Gobert am Hamburger Thalia Theater; dort u. a.: Maria in Schillers ›Maria Stuart‹; Hauptrolle in dem Musical ›Sweet Charity‹ (1976); Charlotte von Stein in Hacks' ›Gespräch im Hause Stein über den abwesenden Herrn von Goethe‹ (1978); Jeléna in Tschechows ›Onkel Wanja‹ (1978, R. Dieter Giesing); Mutter in García Lorcas ›Bernarda Albas Haus‹ (1979, R. Hans Neuenfels); bei den Salzburger Festspielen: Genia Hofreiter in Schnitzlers ›Das weite Land‹ (1979, R. Maximilian Schell). 1980 wechselte sie mit Gobert an die Staatlichen Schauspielbühnen Berlin, wo sie bis 1985 arbeitete. Rollen u. a.: Heather Jones in Cryer/Fords Musical ›Ich steig aus und mach 'ne eigene Show‹ (1980); Asteria in Kleists ›Penthesilea‹ (1981, mit Elisabeth Trissenaar, R. Neuenfels); Titania in Shakespeares ›Ein Sommernachtstraum‹ (1981, R. Klaus Emmerich). 1985/86 am Münchner Residenztheater: Martha in Albees ›Wer hat Angst vor Virginia Woolf?‹ (Premiere bei den Bregenzer Festspielen, mit Martin Benrath, R. August Everding); Kassiererin in Eduardo Arroyos ›Bantam‹ (UA 1986, R. Klaus Michael Grüber); am Münchner Nationaltheater: Athene in Reimanns Oper ›Troades‹ (UA 1986, R. Jean-Pierre Ponnelle). 1987 wechselte sie ans Schauspielhaus Bochum, wo man sie in mehreren Inszenierungen von Andrea Breth sah: Mrs. Strong in Julien Greens ›Süden‹; Xenia in Bonds ›Sommer‹: »Eine Frau von überschäumender Lebensgier, e ne Spur zu stark geschminkt, zu laut, zu selbstgerecht; eine nervtötende One-Woman-Show, auf die der bevorstehende Tod der Rivalin wie ein Aufputschmittel wirkt. Als David die Besucherin über den Zustand seiner Mutter informiert, stürzt sich diese Xenia mit schauerlichem Übereifer in die Rolle der Krankenschwester – ein hektisches Mitleidsmonster ohne Mitleid.‹ (Wolfgang Höbel, ›SZ‹, 25./26. 4. 1987); Belinda in Ayckbourns ›Schöne Bescherungen‹

(1987/88). In den letzten Jahren Gastspiele und häufig Fernseharbeit.
Literatur: G. Blasche/E. Witt: Boy Gobert. Hamburger Thalia Theater. Hamburg 1980.

Heidenreich, Gert, geb. 30. 3. 1944 in Eberswalde. Autor. Seit 1966 lebt Heidenreich als freier Schriftsteller und Journalist. Er veröffentlichte Lyrik, Dramen und Romane. 1985 erhielt er den Dramatiker-Preis der Akademie der Darstellenden Künste, 1986 den Adolf-Grimme-Preis. Heidenreichs prägnante Stimme machte ihn auch beim Funk als Sprecher beliebt. Seit 1991 ist er Präsident des PEN-Clubs. Seine Werke beschäftigen sich immer wieder mit den politischen Verhältnissen in der Bundesrepublik und den Problemen der Wohlstandsgesellschaft, sowie mit der Schuld und ihrer Verdrängung. Sein Stück ›Strafmündig‹ (1981) wurde 1981 in Braunschweig durch Maria Reinhard uraufgeführt und seither öfters gespielt.
Weitere Stücke: ›Beim Arsch des Krebses‹ (1970); ›Aufstand der Kardinäle‹ (1971); ›Siegfried‹ (1980); ›Der Wetterpilot‹ (1984); ›Rampe‹ (1985).

Heigl, Alois Michael, geb. 1938. Regisseur. Studium und Ausbildung in München. Regiearbeiten in Bonn, Essen, Mannheim, Hannover, Kassel und Frankfurt. An den Münchner Kammerspielen inszenierte er u. a. Turrinis ›Sauschlachten‹ (UA 1972). Unter der Intendanz von Hans Lietzau, der sein Lehrer war, inszenierte er mehrere Stücke für das Schiller-Theater Berlin, darunter Poliakoffs ›City Sugar‹. Von 1979 bis 1985 war er Schauspieldirektor am Staatstheater Wiesbaden; gab dort mit Mozarts ›Don Giovanni‹ sein Debüt als Opernregisseur. Weitere Arbeiten in Wiesbaden u. a.: Hürlimanns ›Großvater und Halbbruder‹ (DE 1982); Henzes ›Das verratene Meer‹ (1990). Seit 1985 arbeitet er wieder als freier Regisseur. Zu seinen jüngsten Arbeiten zählen: Webers ›Der Freischütz‹ (1992, Staatstheater Darmstadt); Bernhards ›Über allen Gipfeln ist Ruh‹ (1992, Staatstheater Stuttgart); Roger Lilles ›Himmel auf Erden‹ (UA 1993) und Dürrenmatts ›Der Besuch der alten Dame‹ (1994, jeweils Schauspielhaus Zürich).

Hein, Christoph, geb. 8. 4. 1944 in Heinzendorf. Autor. Hein lebte in einer sächsischen Kleinstadt und besuchte das Gymnasium in Westberlin. Er war Regieassistent von Benno Besson; studierte von 1967 bis 1971 Philosophie in Leipzig und Berlin. 1974 wurde er Dramaturg und Autor an der Volksbühne in Ostberlin. Seit 1979 lebt er als freier Schriftsteller. Während der Demonstrationen im Oktober 1989 trat er öffentlich für die Freiheit ein. Seine Stücke handeln vom Überleben der Revolution und der sozialistischen Utopie. Im Westen wurde er mit seinem Roman ›Drachenblut‹ (in der DDR ›Der fremde Freund‹ 1982) schlagartig berühmt; es folgten ›Horns Ende‹ (1985) und ›Der Tangospieler‹ (1989).
Stücke: ›Cromwell‹ (1977); ›Die wahre Geschichte des Ah.Q.‹ (1982); ›Lasalle fragt Herrn Herbert nach Sonja‹ (1984); ›Passage‹ (1988); ›Die Ritter der Tafelrunde‹ (1989).

Heine, Albert, geb. 16. 11. 1867 in Braunschweig, gest. 13. 4. 1949 in Westerland. Schauspieler, Regisseur und Theaterleiter. 1891–1900 und 1905/06 Schauspieler am Königlichen Schauspielhaus Berlin. Zu seinen Glanzrollen zählten: Shylock in Shakespeares ›Der Kaufmann von Venedig‹ und die Titelrolle in ›Richard III.‹; Mephisto in Goethes ›Faust‹; Spiegelberg in Schillers ›Die Räuber‹. 1906–1908 Engagement am Hoftheater München; dort auch Inszenierungen: Grabbes ›Scherz, Satire, Ironie und tiefere Bedeutung‹ (1907, Wiederentdeckung); Goethes ›Faust I‹ (1908, Akademischer Verein München, Bühne: Fritz Erler); Ibsens ›Peer Gynt‹ (DE 1908). 1908 Regisseur am Berliner Theater; von 1910 an Regisseur und Schauspieler am Burgtheater Wien, dessen Leitung er von 1918 bis 1921 übernahm: forderte vergeblich zwei kleine Häuser und ein verkleinertes Ensemble; Sparzwang führte zu vereinfachten Bühnen aus Vorhängen und Projektionen. Er stürzte als Burgtheater-Direktor, weil er ein Wahlmanifest der Sozialisten unterstützte. Wichtige Inszenierungen: Shakespeares ›Hamlet‹ (1920, mit Raoul Aslan, Bühne: Alfred Roller) und ›Coriolan‹ (1922, Bühne: Roller); Goethes ›Torquato Tasso‹ (1932, Gastspiel in Weimar).
Literatur: A. Heine (Hrsg.): Blätter des Burgtheaters. Wien 1919/20; O. M. Fontana: Wiener Schauspieler. Wien 1948; K. Kahl: Die Wiener und ihr Burgtheater. Wien, München 1974; E. Haeussermann: Das Wiener Burg-Theater. Wien, München, Zürich 1980.

Heinz, Gerd, geb. 21. 9. 1940 in Aachen. Schauspieler, Regisseur und Intendant. Studium der Philosophie und Germanistik in Köln; dort Ausbildung zum Schauspieler und Regisseur. 1962 folgte er dem Angebot des Aachener Theaters, dort »alles zu spielen und alles zu inszenieren«. Danach arbeitete er als Schauspieler und Regisseur in Kiel (1965–1967) und in Essen (1967/68). Zu seinen Rollen zählten u. a. Büchners ›Woyzeck‹, der Wurm in Schillers ›Kabale und Liebe‹ und Angelo in Shakespeares ›Maß für Maß‹. 1968 wechselte er an das Deutsche Schauspielhaus in Hamburg, wo er unter der kurzen Intendanz von Egon Monk den Karl Moor in Schillers ›Die Räuber‹ spielte (R. Monk). Gründete danach eine eigene Theatergruppe und lehrte als Dozent an der Hamburger Hochschule für Musik und darstellende Kunst. 1970–1972 Engagement am Schauspielhaus Bochum; spielte u. a. den Marquis Posa in Schillers ›Don Carlos‹; inszenierte Shakespeares ›Hamlet‹ und Wolfgang Bauers ›Change‹. 1972–1975 Schauspieldirektor und stellvertretender Intendant am Staatstheater Darmstadt, wo er mehrere Uraufführungen inszenierte. Von 1975 an freier Regisseur, u. a. bei Boy Gobert am Hamburger Thalia Theater: Müller-Buchow/de Rojas' ›Celestina‹ (UA 1975); Nestroys ›Einen Jux will er sich machen‹ (1977, mit Michael Heltau); Bonds ›Der Irre‹ (DE 1977). Seit 1978 Arbeiten am Schauspielhaus Zürich; von 1982 bis 1989 war er dort Intendant. Zusammenarbeit mit Gastregisseuren wie Ernst Wendt, Gerhard Klingenberg, Jürgen Flimm, Arie Zinger, Matthias Langhoff; mehrere mutige Ausgrabungen und Uraufführungen trotz eines konservativen Publikums und des hohen Einspielsolls. Günther Fässler befand: »(. . .) in den vergangen-

Heinz

16 Jahren hatte Zürich keinen wendigeren und einfallsreicheren Intendanten« (›SZ‹, 13. 1. 1987). Eigene Inszenierungen u. a.: Bonds ›Das Bündel oder Neuer schmaler Weg in den tiefen Norden‹ (DE 1978) und ›Die Frau‹ (DE 1979); Dürrenmatts ›Achterloo‹ (UA 1983); Schillers ›Maria Stuart‹ (1986, mit Agnes Fink und Maria Becker); Goldonis ›Trilogie der Ferienzeit‹ (1989). Seither Gastinszenierungen, u. a. bei Eberhard Witt am Staatstheater Hannover und am Bayerischen Staatsschauspiel München.
Literatur: Aller Tage Abend. Eine Rückschau. Schauspielhaus Zürich 1982–1989. Direktion Gerd Heinz. Schauspielhaus Zürich, 1989.

Heinz, Wolfgang, geb. 18. 5. 1900 in Pilsen, gest. 30. 10. 1984 in Berlin (Ost). Schauspieler, Regisseur und Theaterleiter. Begann ohne Ausbildung 1917/18 am Theater in Eisenach; 1918/19 am Volkstheater Wien; 1919–1922 am Deutschen Theater bei Max Reinhardt und am Staatstheater Berlin u. a.: Mortimer in Schillers ›Maria Stuart‹ (zweite Besetzung nach Fritz Kortner). 1922/23 am Theater Hamborn u. a.: Büchners ›Woyzeck‹ und Franz Moor in Schillers ›Die Räuber‹; 1923/24 am Theater Hagen in Westfalen; 1924/25 an den Kammerspielen Hamburg. Von 1926 bis 1933 arbeitete er erneut am Berliner Staatstheater; dort Zusammenarbeit mit Leopold Jeßner: Schmiedemeister in Hauptmanns ›Die Weber‹ (1928); in Shakespeares ›König Johann‹ (1929) und in Harlans ›Das Nürnbergisch Ei‹ (1931). Rollen in Inszenierungen von Jürgen Fehling: Salarino in Shakespeares ›Der Kaufmann von Venedig‹ (1927); Buenco in Goethes ›Clavigo‹ (1928); Mollfels in Grabbes ›Scherz, Satire, Ironie und tiefere Bedeutung‹ (1930); außerdem u. a.: Soldat in Brechts ›Mann ist Mann‹ (1931, R. Bertolt Brecht); Schatzmeister in Goethes ›Faust II‹ (Januar 1933, R. Gustav Lindemann). 1933 mußte Heinz, der 1930 unter dem Einfluß seines Freundes Hans Otto der KPD beigetreten war, aus Deutschland emigrieren. 1934–1947 Engagement am Schauspielhaus Zürich, wo er in mehr als 100 Rollen zu sehen war,

u. a. in Stücken von Shakespeare: ›Heinrich IV.‹ (1934/35); Claudius in ›Hamlet‹ (1936/37); Jago in ›Othello‹ (1943/44); ›Timon von Athen‹ (1945/46); ›König Lear‹ (1946/47). Weitere Rollen: Odoardo in Lessings ›Emilia Galotti‹ (1939/40) und Just in ›Minna von Barnhelm‹ (1936/37); Verrina in Schillers ›Fiesco‹ (1942/43); Antonio in Goethes ›Torquato Tasso‹ (1941/42); Melchior in Nestroys ›Einen Jux will er sich machen‹ (1941/42); Pastor Manders in Ibsens ›Gespenster‹ (1941/42); Advokat in Strindbergs ›Traumspiel‹ (1945/46); Mr. Gibbs in Wilders ›Unsere kleine Stadt‹ (1938/39) und Mr. Antrobus in ›Wir sind noch einmal davongekommen‹ (1943/44); General Mannon in O'Neills ›Trauer muß Elektra tragen‹ (1945/46). Außerdem spielte er den Koch in der Uraufführung von Brechts ›Mutter Courage und ihre Kinder‹ (1941, mit Therese Giehse, R. Lindtberg), den Danton und den Don Carlos, Ibsens ›Volksfeind‹ und den Kreon in Anouilhs ›Antigone‹. Zusammen mit Wolfgang Langhoff und Karl Paryla bildete er den linken Flügel im Schauspielhaus; eignete sich als überzeugter Kommunist die Theorie von Konstantin Stanislawski in der dogmatischen Fassung des sozialistischen Realismus an. 1948 gründete er mit Paryla und anderen das Neue Theater in der Scala Wien, dessen Direktor er bis 1956 war; inszenierte dort mehrere Stücke von Gorki: ›Die Feinde‹ (1948); ›Die Kleinbürger‹ (1950); ›Nachtasyl‹ (1952); ›Kinder der Sonne‹ (1954); außerdem u. a.: Shakespeares ›Hamlet‹; Brechts ›Leben des Galilei‹ (1956). Spielte wichtige Titelrollen: Shakespeares ›Othello‹ (1949) und ›Macbeth‹ (1955); Jonsons ›Volpone‹ (1953); Calderóns ›Der Richter von Zalamea‹ (1955). Das Neue Theater Wien wurde als kommunistische Bühne heftig angegriffen. Nach der Schließung der Bühne 1956 wechselte Heinz an das Deutsche Theater in Ostberlin, wo er bereits seit 1951 Gastregisseur war. 1958 wurde er dort Oberspielleiter. In der Spielzeit 1962/63 war er Direktor der Ostberliner Volksbühne; danach wechselte er wieder an das Deutsche Theater und übernahm dort als Nachfolger Langhoffs die Intendanz (1963–1969).

275

Wieder viele Gorki-Inszenierungen: ›Somow und andere‹ (1954); ›Die Kleinbürger‹ (1957, eigene Rolle: Teterew, Ko-Regie: Paryla); ›Sommergäste‹ (1959); ›Die Feinde‹ (1967); ›Kinder der Sonne‹ (1977); am Maxim-Gorki-Theater: ›Die Letzten‹ (1975). Weitere Regiearbeiten u. a.: Tschechows ›Der Kirschgarten‹ (1961); Shaws ›Haus Herzenstod‹ (1962); Shakespeares ›Hamlet‹ (1964); Tolstoi/Piscators ›Krieg und Frieden‹ (1965); Goethes ›Faust I‹ (1968, zusammen mit Adolf Dresen); Goldonis ›Sommerfrische‹ (1974, Bühne: Karl von Appen). Wichtigste Rollen: Schillers ›Wallenstein‹ (1959); Wolfs ›Professor Mamlock‹ (1960); Lessings ›Nathan der Weise‹ (1966). In den siebziger Jahren arbeitete er außer am Deutschen Theater auch am Berliner Ensemble; spielte dort u. a. die Titelrolle in Brechts ›Leben des Galilei‹ (1972). Heinz' Theaterarbeit war den Zielsetzungen des Sozialismus verpflichtet. Er betrachtete das Theater als einen Teil im gesellschaftlichen Entwicklungsprozeß, als ein Instrument der Humanisierung. Mit ästhetisch oder politisch gewagten Experimenten trat er nicht hervor. Künstlerisch geprägt von den Werken Tschechows und Gorkis, pflegte er einen genauen, den Schwerpunkt auf die menschlichen Charaktere legenden Realismus. Von 1966 bis zu seinem Tod war er Präsident des Verbandes der Theaterschaffenden in der DDR, galt jedoch nicht als überzeugter Dogmatiker oder Funktionär.
Literatur: W. Heinz: Die Kunst der Menschendarstellung. Berlin 1979; U. Pietzsch/D. Alvermann: Wolfgang Heinz inszeniert Gorki. Berlin 1969; I. Pietzsch: Werkstatt Theater. Gespräche mit Regisseuren. Berlin 1975; R. Waack: Wolfgang Heinz. Denken, Handeln, Kämpfen. Berlin 1980.

Heising, Ulrich, geb. 15. 4. 1941 in Königsberg. Regisseur. Studium der Theaterwissenschaft in Köln und Berlin; 1964/65 Regieassistent an den Städtischen Bühnen Köln; 1965–1968 Regieassistent bei Fritz Kortner und Hans Schweikart an den Münchner Kammerspielen; 1968 Regieassistent bei Egon Monk am Hamburger Schauspielhaus. Sein Regiedebüt gab er

Heising

1969 mit Albees ›Box-Mao-Box‹ an den Münchner Kammerspielen (Werkraum); weitere Inszenierungen dort: Sperrs ›Jagdszenen aus Niederbayern‹ (1969); Wagner/Enzensbergers ›Der König des Nibelungen‹ (1971); am Schauspielhaus Zürich: O'Caseys ›Kikeriki‹ (1969). 1972–1979 Regisseur am Deutschen Schauspielhaus Hamburg unter der Intendanz von Ivan Nagel; Inszenierungen u. a.: Kroetz' ›Stallerhof‹ (UA 1972): »Regisseur Ulrich Heising hat eine Aufführung zustandegebracht, in der sekundengenau alles so geschieht, als könne es gar nicht anders geschehen. Jede Geste ist der Realität entnommen und doch alles andere als Naturalismus: eine knappe Chiffre für höchst komplizierte Seelenzustände.« (Georg Hensel, ›Darmstädter Echo‹, 22. 5. 1973); Valentins ›Zwangsvorstellungen‹ (1975); Hauptmanns ›Der Biberpelz‹ (1977); W. C. Schröders ›Traum-Mörder – Edgar Poe meets Peter Kürten‹ (UA 1978). Seit 1979 freier Regisseur, häufig am Schauspielhaus Düsseldorf: Schillers ›Maria Stuart‹ (1980, mit Christa Berndl in einer Doppelrolle); Kortners ›Donauwellen‹ (1980); Strauß' ›Bekannte Gesichter, gemischte Gefühle‹ (1981); Laubes ›Der Dauerklavierspieler‹ (1988). Weitere Arbeiten u. a.: Sperrs ›Hunting Scenes From Lower Bavaria‹ (1981/82, Manhattan Theatre Club New York); Strauß' ›Kalldewey, Farce‹ (1983, Köln); an den Münchner Kammerspielen: Heiner Müllers ›Quartett‹ (1983, mit Romuald Pekny und Doris Schade); Ludwig Fels' ›Der Affenmörder‹ (UA 1985); am Münchner Residenztheater: Fos ›Zufällig eine Frau‹ (1985); am Münchner Volkstheater: Kusz' ›A Rua is, Bua!‹ (1984); Reinshagens ›Doppelkopf‹ (1986); Herzmanovsky-Orlandos ›Wiesenhendl‹ (1987); an der Freien Volksbühne Berlin: Rosenows ›Kater Lampe‹ (1979); Lenz/Brechts ›Der Hofmeister‹ (1988): »(. . .) ein scharf gezeichneter Bilderbogen intellektueller Verbiegung und Sklaverei« (Rüdiger Schaper, ›SZ‹, 2. 12. 1988); Bernhards ›Ein Fest für Boris‹ (1989); am Ulmer Theater: Ligetis ›Le Grand Macabre‹ (1991). Zahlreiche Hörspielarbeiten. Theaterpädagogische Tätigkeiten: 1967–1970 Lehrer an der Otto-Falckenberg-

Held

Schule München; 1975–1979 Lehrer an der Hochschule für Musik und Theater in Hamburg; außerdem Gastprofessur an der Hochschule für Musik und darstellende Kunst in Graz sowie Lehraufträge am theaterwissenschaftlichen Institut der Universität München; 1991–1994 Gastprofessur an der Universität Hamburg (Institut für Schauspiel, Theaterregie, Fach Konzeptionserarbeitung). Im Mai 1994 wurde er zum neuen Leiter der Münchner Otto-Falckenberg-Schule berufen. Zwei Einladungen zum Berliner Theatertreffen: 1973 mit Kroetz' ›Stallerhof‹ (Co-Regisseur: Karl Kneidl, Deutsches Schauspielhaus Hamburg), 1977 mit Karl Valentins ›Zwangsvorstellungen‹ (Deutsches Schauspielhaus Hamburg).

Held, Martin, geb. 11. 11. 1908 in Berlin, gest. 31. 1. 1992 ebenda. Schauspieler. Besuchte die Berliner Gauß-Schule und absolvierte seinem Vater zuliebe eine Lehre als Elektrotechniker; danach Praktikant bei Siemens. 1929–1931 Ausbildung an der Staatlichen Schauspielschule Berlin bei Leopold Jeßner. 1932/33 Engagement bei der Wanderbühne Königsberg/Tilsit in Ostpreußen. Weitere Bühnenstationen: Albert-Theater Dresden (1933/34); Stadttheater Elbing (1934/35); Theater Bremerhaven (1935–1937); Landestheater Darmstadt (1937–1941). 1941 wechselte er an die Städtischen Bühnen Frankfurt, wo er zehn Jahre unter Vertrag stand; wichtigste Rolle: General Harras in Zuckmayers ›Des Teufels General‹ (1947). 1951 holte ihn Boleslaw Barlog an die Staatlichen Schauspielbühnen Berlin, deren Ensemble er bis Mitte der achtziger Jahre angehörte. Rollen in Inszenierungen von Barlog u. a.: Malvolio in Shakespeares ›Was ihr wollt‹ und Jacques in ›Wie es euch gefällt‹ (1954). Rollen in Inszenierungen von Fritz Kortner u. a.: Titelrolle in Molières ›Don Juan‹ (1960); Lehrer in Frischs ›Andorra‹ (1962); Erich Mehnert in Kortners ›Zwiesprache‹ (UA 1964, mit Marianne Hoppe, Gastspiel an den Münchner Kammerspielen); Prospero in Shakespeares ›Der Sturm‹ (1968). Weitere wichtige Rollen: Wehrhahn in Hauptmanns ›Der Biberpelz‹ (1951, mit Käthe Dorsch,

R. Karl Heinz Stroux); Leicester in Schillers ›Maria Stuart‹ (1952, R. Jürgen Fehling); in Stücken von Anouilh: Titelrollen in ›Der Herr Ornifle‹ (1956) und in ›General Quixote oder Der verliebte Reaktionär‹ (1957) sowie General in ›Walzer der Toreros‹ (1959); ferner u. a.: Titelrolle in Osbornes ›Der Entertainer‹ (1958); Lumpensammler in Giraudoux' ›Die Irre von Chaillot‹ (1959); Sam Kinsdale in Ustinovs ›Endspurt‹ (DE 1963); Titelrolle in Hauptmanns ›Michael Kramer‹ (1964); Puntila in Brechts ›Herr Puntila und sein Knecht Matti‹ (1964); Siegfried Melchinger schrieb darüber: »Er genoß die Fleisches- und Sinnenlust, mit der Brecht den betrunkenen Puntila ausgestattet hat. Er torkelte und lallte. Er quietschte und grölte sein Lachen. Unwiderstehlich war das Tempo, mit dem er die Bühne in Besitz nahm, Schleier vor den Augen, Fuder von Aquavit in Hirn und Blut, und dennoch ein toller Mannskerl (. . .). Mit einer kulinarischen Lust spielte Held den Rückfall Puntilas in der Szene, die mit der ›Besteigung des Hatelmabergs‹ endet, diese wahrhaft grandiose Komödienszene. (. . .) Und wie er die wackligen Bretter betrat und den Gipfel erstieg, das grenzte wieder an einen artistischen Balanceakt. Oben angelangt, hatte Held auch einen Gipfel seiner ironischen Schauspielkunst erklommen. (. . .) Wie ging ihm das Herz auf, es war eine Pracht! Und wie verstand er, darin die Lüge mitklingen zu lassen, die falschen Männerchortöne, die Leere in der Scheintiefe, die Mördergruben-Hohlheit dort, wo das Herz sitzt. Ganz Puntila, genoß er die Identität mit der Figur *und* deren Entlarvung.« (›Theater heute‹, Heft 1, 1965) Zu seinen bedeutendsten Rollen zählte der Krapp in Becketts ›Das letzte Band‹, 1969 inszeniert von Samuel Beckett selbst. Ferner u. a.: Theobald Maske in Sternheims ›Die Hose‹ (1965, R. Hans Lietzau); Titelrolle in Brechts ›Leben des Galilei‹ (1965, R. Hansjörg Utzerath); Erster Schauspieler in Stoppards ›Rosenkranz und Güldenstern‹ (1967); Zahnarzt in Grass' ›Davor‹ (UA 1969); Sir Falstaff in Shakespeares ›Heinrich IV.‹ (1970, R. Ernst Schröder); Codger Sleehaun in O'Caseys ›Das Freudenfeuer für den Bischof‹ (1973, R. Wil-

fried Minks); Clark in Simons ›Sunny Boys‹ (1973, mit Bernhard Minetti, R. Peter Matič); Hirst in Pinters ›Niemandsland‹ (1975, mit Minetti); Big Daddy in Williams' ›Die Katze auf dem heißen Blechdach‹ (1980); Schigolch in Wedekinds ›Lulu‹ (1981, mit Angelica Domröse); Titelrolle in Ibsens ›John Gabriel Borkman‹ (1982). Letzte Paraderollen waren der alte Tschmutin in Alexander Galins ›Einmal Moskau und zurück‹ (1983, zu Helds 75. Geburtstag, mit Berta Drews) und der Patriarch in Lessings ›Nathan der Weise‹ (1985, mit Walter Schmidinger). Mitte der achtziger Jahre zog sich Held allmählich von der Bühne zurück; trat noch gelegentlich als Rezitator auf. Held war ein Bühnenzauberer ersten Ranges: Erzkomödiant, souveräner Charakterdarsteller, meisterhafter Menschenbildner. In den fünfziger Jahren, als seine große Zeit an den Berliner Staatlichen Bühnen begann, wurde er über Nacht berühmt als SS-Obergruppenführer Heydrich in Alfred Weidenmanns Film ›Canaris‹ (1954). Es folgten Filme wie ›Vor Sonnenuntergang‹ (1956), ›Der Hauptmann von Köpenick‹ (1956, mit Heinz Rühmann), ›Rosen für den Staatsanwalt‹ (1959) und ›Die Ehe des Herrn Mississippi‹ (1961). Zahlreiche Auszeichnungen, u. a. Ernennung zum Berliner Staatsschauspieler (1963). Andreas Rossmann schrieb in seinem Nachruf:»Den Respekt, den er seinen Partnern zollte, brachte er auch seinen Rollen entgegen: Weder nahm er sie ganz in Besitz noch ließ er sich von ihnen ganz in Besitz nehmen. Vielmehr erfaßte er sie im Kern und hielt zugleich eine ironische, genießerisch auskostende Distanz zu ihnen. (. . .) Seine Stimme war phänomenal, ein orales Orchester, das von zwitschernden Piccoloflötentönen bis zu brummigem Tubagrollen reichte. Aber auch seinen Gang beherrschte der kräftige, hochgewachsene Mann wie ein Instrument: Wenn er erst einmal heraus hatte, wie die Figur ging, wie sie schlurfte oder schlenderte, latschte oder lahmte, war sie auch schon unverwechselbar geworden.« (›FAZ‹, 3. 2. 1992)
Literatur: F. Luft: Stimme der Kritik. Velber 1965; S. Melchinger/R. Clausen: Schauspieler. 36 Porträts. Velber 1965;

S. Melchinger: Martin Held. Das Porträt. In: Theater heute, Heft 1, 1965, S. 25–28; V. Canaris (Hrsg.): Samuel Beckett. Das letzte Band. Regiebuch der Berliner Inszenierung. Mit Beiträgen von M. Held u. a. Frankfurt a. M. 1970; R. Michaelis: Prospero ist tot. Nachruf auf Martin Held. In: Theater heute, Heft 3, 1992, S. 18 f.

Hellman, Lilian, geb. 20. 6. 1905 in New Orleans, gest. 30. 6. 1984 in Boston. Amerikanische Dramatikerin. Hellman studierte an der Columbia University in New York. Danach war sie Dramenlektorin und Dramaturgin bei Metro-Goldwyn-Mayer. Sie war die Lebensgefährtin des bekannten Kriminalschriftstellers Dashiel Hammett. Hellman schrieb sozialkritische, bühnenwirksame Problemstücke in der Tradition von Ibsen. Auch Drehbücher und Libretti.
Stücke u.a.: ›Die Stunde der Kinder‹ (1934); ›Die kleinen Füchse‹ (1939, als Film 1941); ›Wacht am Rhein‹ (1941); ›Herbstgarten‹ (1950/51); ›Candide‹ (1956, mit L. Wilbur, nach Voltaire); ›Mutter, Vater und Ich‹ (1963).
Literatur: M. M. Riordan: L. Hellman. A Bibliography 1926–1978, Metuchen, NJ 1980; W. Wright: L. Hellman: The Image, the woman. New York 1986.

Hellmer, Arthur, geb. 29. 6. 1880 in Wien, gest. 12. 1. 1961 in Hamburg. Schauspieler, Regisseur und Intendant. Studium am Konservatorium Wien; 1901/02 Engagement als Schauspieler in Barmen; danach in Lübeck (1902–1904) und am Schauspielhaus Frankfurt (1904–1910). In Frankfurt gründete er 1910 zusammen mit Max Reimann das Neue Theater, das er bis 1935 leitete. 1925/26 war er gleichzeitig Direktor des Lessing-Theaters und des Kleinen Theaters in Berlin. Unter Hellmers Direktion war das Neue Theater Frankfurt eines der besten Provinztheater der Weimarer Republik; Schauspieler wie Theo Lingen und Günther Lüders schafften von hier aus den Sprung nach Berlin. Hellmer inszenierte viele zeitgenössische Stücke, brachte z. B. fast alle Werke von Georg Kaiser zur Uraufführung (daher der Spitzname »Kaiser-Theater«) u. a.: ›Die Bürger von Calais‹

Heltau

278

(UA 1917); ›Die Koralle‹ (UA 1917); ›Gas I‹ (UA 1918); ›Hölle, Erde, Weg‹ (UA 1919); ›Gas II‹ (UA 1920); ›Kolportage‹ (UA 1924, Lessing-Theater Berlin); ›Lederköpfe‹ (UA 1928). Weitere Uraufführungen u. a.: René Schickeles ›Hans im Schnakenloch‹ (1916); Kokoschkas ›Orpheus und Eurydike‹ (1921); außerdem Stücke von Hasenclever, Schnitzler, Shaw, Galsworthy u. a.; 1935 Emigration nach Österreich; 1936–1938 Direktor des Theaters an der Wien; 1938 Emigration nach England. Nach dem Krieg kehrte er nach Deutschland zurück und übernahm von 1946 bis 1949 die Intendanz des Deutschen Schauspielhauses Hamburg; inszenierte dort u. a. Zuckmayers ›Des Teufels General‹ (UA 1946) und Büchners ›Dantons Tod‹ (1946).

Heltau, Michael, geb. 5. 7. 1933 in Ingolstadt. Schauspieler und Sänger. Bei einer Schüleraufführung fiel er der Schauspielerin Käthe Dorsch auf. Nach dem Abitur Ausbildung am Wiener Max-Reinhardt-Seminar (1951–1953), wo Helene Thimig seine wichtigste Lehrerin und Förderin wurde. 1953/54 Engagement in Würzburg und erste Filmarbeiten. Fritz Kortner holte ihn 1954 als jugendlichen Helden und Liebhaber an das Münchner Residenztheater. 1957 wechselte er nach Wien an das Theater in der Josefstadt; Gastspiele bei den Ruhrfestspielen Recklinghausen (1959–1961) und seit 1964 bei den Salzburger Festspielen; außerdem am Schiller-Theater und am Theater am Kurfürstendamm Berlin sowie am Deutschen Schauspielhaus Hamburg. Am Wiener Volkstheater feierte er Erfolge als Shakespeares ›Hamlet‹ (1969) und als Romeo in ›Romeo und Julia‹ (1970). 1967 debütierte er am Wiener Burgtheater, wo er seit 1972 fest zum Ensemble gehört. 1969–1972 Gesangsstudium an der Musikakademie Wien. Erfolg als Hauptmann Bluntschli in Udo Jürgens' Musical ›Helden, Helden‹ (1972, nach Shaw, Theater an der Wien); damit begann Heltaus Karriere als Chansonnier. Es folgten zahlreiche Schallplattenaufnahmen, Show-Programme und Tourneen; großer Erfolg mit den Chansons von Jacques Brel; daneben weiterhin Theaterarbeit. Wichtig wurde für ihn die Zusammenarbeit mit Giorgio Strehler; er spielte unter dessen Regie König Heinrich VI. in der Shakespeare-Collage ›Spiel der Mächtigen‹ (1973, Salzburger Festspiele), den Ferdinando in Goldonis ›Trilogie der Sommerfrische‹ (Salzburg und Wien) und den Mackie Messer in Brecht/Weills ›Die Dreigroschenoper‹ (1986, Théâtre Musical de Paris; mit Milva und Barbara Sukowa). Gastspiele u. a.: in Nestroys ›Einen Jux will er sich machen‹ (1977, Thalia Theater Hamburg); Jago in Shakespeares ›Othello‹ (1982, Bayerisches Staatsschauspiel in München, mit Hans Michael Rehberg, R. Peter Palitzsch). Wichtigste Rollen am Wiener Burgtheater: Tzara in Stoppards ›Travesties‹ (1976, R. Peter Wood); Lenny in Pinters ›Heimkehr‹ (1977, R. Palitzsch); Titelrollen in Hofmannsthals ›Der Schwierige‹ (1978) und in Schillers ›Wallenstein‹ (1983); Mozart in Shaffers ›Amadeus‹ (DE 1981, R. Wood); Stephan von Sala in Schnitzlers ›Der einsame Weg‹; Protasov in Gorkis ›Kinder der Sonne‹ (1988, R. Achim Benning); Titelrolle in Pirandellos ›Heinrich IV.‹ (1989, R. Cesare Lievi); Rappelkopf in Raimunds ›Alpenkönig und Menschenfeind‹ (1990, R. Hans Hollmann). Im Fernsehen präsentierte er u. a. den ›Liedercircus‹. Seit 1969 ist Heltau österreichischer Staatsbürger. »Heltaus größte schauspielerische Leistung im Leben besteht wohl darin, daß die Wiener ihn gegen den kränkenden Vorwurf, Deutscher zu sein, energisch verteidigen würden. Denn längst ist der gebürtige Ingolstädter zum idealtypischen ›homo viennensis‹ geworden, der die einschränkende Beifügung ›honoris causa‹ bloß aufgrund außergewöhnlicher Kultiviertheit verdient. (. . .) Im Haus am Ring [Burgtheater] zählte er nie zu den, wie es heißt, unersetzlichen Stützen des Ensembles, bald schon nahm der Solist den Rang einer eigenen, allgemein anerkannten Institution ein.« (›FAZ‹, 5. 7. 1993) Auszeichnungen u. a.: Karl-Skraup-Preis (1971); Josef-Kainz-Medaille (1973); Ernennung zum Kammerschauspieler (1986).

Henckels, Paul, geb. 9. 9. 1885 in Hürth (Rheinland), gest. 27. 5. 1967 auf Schloß

Henrichs

Hugenpoet bei Kettwig/Ruhr. Schauspieler und Regisseur. 1905–1907 Ausbildung bei Louise Dumont und Gustav Lindemann an der Düsseldorfer Schauspielschule; 1907–1920 Engagement am Düsseldorfer Schauspielhaus, zunächst als Schauspieler, später auch als Regisseur und Ko-Direktor (zusammen mit Fritz Holl). Seine erste Glanzrolle war der Tischler Engstrand in Ibsens ›Gespenster‹. Er war der Mephisto in Goethes ›Faust‹ und der Arzt in Büchners ›Woyzeck‹. Große Erfolge feierte er in den Titelrollen von Müller-Schlössers ›Schneider Wibbel‹ (UA 1913 in eigener Regie) und Niebergalls ›Datterich‹. Inszenierungen u. a.: Strindbergs ›Traumspiel‹ (1918/19); Schillers ›Wallenstein‹ (1919). 1920 von Max Reinhardt nach Berlin geholt, gründete er mit Freunden das Schloßparktheater (Eröffnung mit Shakespeares ›Timon von Athen‹); Henkkels war dort 1920/21 Direktor und blieb dem Haus lange Jahre als Schauspieler und Regisseur verbunden. Von 1921 bis 1936 arbeitete er an verschiedenen Berliner Bühnen, u. a. an den Reinhardt-Bühnen. In Reinhardts Hauptmann-Inszenierungen sah man ihn als Dr. Weiß in ›Dorothea Angermann‹ (UA 1926, Premiere im Theater in der Josefstadt Wien) und als Pastor in ›Vor Sonnenaufgang‹ (UA 1932). Rollen an der Volksbühne u. a.: Spieß in Paquets ›Fahnen‹ (UA 1924, R. Erwin Piscator); Clemenceau in Herzog/Rehfischs ›Die Affäre Dreyfus‹ (UA 1929, R. Heinz Kenter). Gustaf Gründgens engagierte Henckels 1936 an das Berliner Staatstheater, um ihn und seine Frau Thea Grodtczinsky vor »rassischer« Verfolgung zu schützen. Rollen u. a.: Spitzweg in Impekovens ›Das kleine Hofkonzert‹ (1936); Botho von Schmettau in Thomas ›Moral‹ (1941, R. Jürgen Fehling). Nach 1945 war er Gast an verschiedenen Bühnen, u. a. bei Gründgens in Düsseldorf: Charles Piper in Eliots ›Familientag‹ (1950); wieder Erfolg als ›Schneider Wibbel‹. Henckels wurde vor allem als Filmschauspieler populär. In Filmen wie ›Napoleon ist an allem schuld‹, ›Feuerzangenbowle‹, ›Der Maulkorb‹ oder ›Das Bad auf der Tenne‹ entfaltete er seinen kauzigen rheinländischen Humor. Wolfgang Drews schrieb: »Paul Henckels

entwickelte ein spezifisches Talent für Kleinmalerei, ohne kleinlich zu werden. Er spielte die Schrulligen, die Eigensinnigen, die Wunderlichen, verwinkelt und vermenschlicht zugleich. Äußerlich ein bißchen zerknittert, innerlich immer glatt gebügelt; ironisch und wohlwollend, cholerisch und sanftmütig; mitunter verliebt in ein üppiges Schnörkelwesen, stets aber klar und präzise und sehr rheinländisch.« (›FAZ‹, 30. 5. 1967)

Literatur: P. Henckels: Ich war kein Musterknabe. Berlin 1956; ders.: Heiter bis wolkig. Ein Lebens-Wetterbericht. Düsseldorf 1960; ders.: Allerlei Heiteres. Hobelspäne von den Brettern, die die Welt bedeuten. Berlin 1966.

Henkel, Heinrich, geb. 12. 4. 1937 in Koblenz. Autor. Malerlehre, seit 1955 Malergeselle in der Industrie und im Schiffbau. 1964 ging Henkel nach Basel; seit dem Erfolg des ersten Stückes ›Eisenwichser‹ (1970) lebte er als freier Schriftsteller. Von 1970 bis 1975 Hausautor am Basler Theater. Diverse Preise. Seit 1975 gelegentlich wieder Arbeit als Maler. Seine ersten Stücke spielen in der Arbeiterwelt, die er mit realistischer Akribie beschreibt. ›Eisenwichser‹ wurde viel gespielt; diesen Erfolg zu wiederholen, gelang Henkel nicht mehr.

Weitere Stücke: ›Spiele um Geld‹ (1971); ›Olaf und Albert‹ (1973); ›Die Betriebsschließung‹ (1975); ›Still Ronnie‹ (1981); ›Altrosa‹ (1982); ›Frühstückspause‹ (1982); ›Zweifel‹ (1985).

Henrichs, Benjamin, geb. 1946 in Stuttgart. Kritiker. Sohn des Regisseurs und Intendanten Helmut Henrichs. Aufgewachsen in München, wo er auch studierte. Begann 1969 als Kritiker der ›Süddeutschen Zeitung‹ und bei ›Theater heute‹; seit 1973 Feuilletonredakteur und Kritiker der Hamburger Wochenzeitung ›Die Zeit‹. Für seine Besprechung der Uraufführung von Bernhards ›Der Theatermacher‹ (1985, Burgtheater Wien) wurde er 1986 mit dem Salzburger Kritikerpreis ausgezeichnet. Weitere Auszeichnungen: Österreichischer Staatspreis für Kulturpublizistik (1989); Johann-Heinrich-Merck-Preis für literari-

sche Kritik (1992). Gerhard Stadelmaier schrieb über den Kollegen: »Henrichs (...) ist so etwas wie der erste Poet der deutschen Theaterkritiker. (...) Seine Kritiken sind Novellen, Erzählungen, Prosa-Gedichte, poetisch, aber sachlich, süffig, verständlich, kulinarisch: Benjamin Henrichs teilt mit allen großen Theaterkritikern den ständigen Skandal der Lesbarkeit. Seine guten Pointen sind besser als die beste aller schlechten Inszenierungen. Seine besseren Pointen sind kleine Meisterwerke.« (›FAZ‹, 22. 5. 1992)
Literatur: B. Henrichs: Beruf: Kritiker. Rezensionen, Polemiken, Liebeserklärungen. München, Wien 1973; P. v. Bekker/M. Merschmeier: Auch wir sind Mitspieler im Theater. Gespräch mit Benjamin Henrichs. In: Theater heute, Jahrbuch 1992, S. 66–76.

Henrichs, Helmut, geb. 13. 4. 1907 in Elberfeld (bei Wuppertal), gest. 1. 10. 1975 in München. Kritiker, Regisseur und Intendant. Studium der Literatur-, Kunst- und Theaterwissenschaft. 1930–1932 Regieassistent am Schauspielhaus Düsseldorf; 1932–1937 Theaterkritiker bei der Düsseldorfer Zeitung ›Der Mittag‹; 1938 Hauptschriftleiter der ›Deutschen Theaterzeitung‹ in Berlin; 1939–1942 Dramaturg bei Heinz Hilpert am Deutschen Theater Berlin; 1942–1950 Oberspielleiter am Staatstheater Stuttgart; 1950–1953 Oberspielleiter am Deutschen Theater Göttingen (wieder bei Hilpert). 1953–1958 Generalintendant in Wuppertal; beschäftigte sich als Regisseur vor allem mit den Realisten und den großen Klassikern. Zuletzt war er von 1958 bis 1972 Intendant am Bayerischen Staatsschauspiel München (als Nachfolger von Kurt Horwitz); zu seinen Verdiensten zählt die Bildung eines hervorragenden Ensembles Er machte Hans Lietzau zum Oberspielleiter, arbeitete mit den Dramaturgen Ernst Wendt und Urs Jenny, holte die Regisseure Rudolf Noelte, Johannes Schaaf und Niels-Peter Rudolph. Trotzdem war Henrichs als Theaterleiter und Regisseur heftiger Kritik ausgesetzt. Wolfgang Drews schrieb: »Die großen Klassiker, die einer hochsubventionierten staatlichen Bühne geziemen,

blieben unbehelligt oder behelligten in vager, diffuser Fassung die Zuschauer. Problem der Regie. Der Staatsintendant selber, ein Mann des ruhigen Temperaments, der ausgleichenden Vernunft, der diplomatischen Vorsicht und einer realistischen Haltung, die bequem zu nennen kaum übertrieben sein dürfte, setzte als Inszenator auf die Nummer Sicher der Weltliteratur, deren Emanationen bei ihm durchweg etwas Bieder-Behagliches, Unerregend-Gleichgültiges, Betulich-Konventionelles bekamen.« (›FAZ‹, 6. 5. 1972) Abschiedsinszenierung: Goethes ›Urfaust‹ (1972). Sein Nachfolger wurde Kurt Meisel.
Literatur: B. Henrichs: Mein Vater. In: ders.: Beruf: Kritiker. München, Wien 1978, S. 185–187; M. Faber/L. Weizert: ... dann spielten sie wieder. Das Bayerische Staatsschauspiel 1946–1986. München 1986.

Hensel, Georg, geb. 13. 7. 1923 in Darmstadt. Kritiker. Abitur 1941; vier Jahre Soldat. Journalistische Ausbildung beim ›Darmstädter Echo‹, wurde dort Theaterkritiker und Feuilletonchef (bis 1974); freier Mitarbeiter u. a. bei der Zürcher ›Weltwoche‹ und seit 1960 bei ›Theater heute‹; 1975–1989 Redakteur und Kritiker der ›Frankfurter Allgemeinen Zeitung‹. Für sein Hauptwerk ›Spielplan‹, einen zweibändigen Schauspielführer von der Antike bis zur Gegenwart (seit 1966 in mehreren Auflagen), erhielt er 1968 den Merck-Preis der Deutschen Akademie für Sprache und Dichtung. Weitere Auszeichnungen: Julius-Bab-Kritikerpreis (1982); Carl-Zuckmayer-Medaille (1982); Egon-Erwin-Kisch-Preis (1983). Veröffentlichungen u. a.: ›Nachtfahrt‹ (1949, Erzählung); ›Samuel Beckett‹ (1968/1977); ›Stierkampf‹ (1970); ›Das Theater der siebziger Jahre‹ (1980); ›Theaterskandale und andere Anlässe zum Vergnügen‹ (1983). Mitglied des PEN-Clubs seit 1958. Gerhard Stadelmaier schrieb über seinen Kollegen: »Der Kritiker Hensel gehörte immer einzig und allein zum Publikum. Der erste Zuschauer, Vorkoster seiner Leser. Eine Hensel-Kritik fängt mit dem *amuse gueule* des Mottos an, seinem Markenzeichen schlechthin. Sie endet mit dem

281

Dessert der Schlußpointe. Dazwischen ist sie durchkomponierte Kulinarik (. . .). Mit seinem Wissen prunkt er nicht. Er verwandelt es in pures Vergnügen. Hensels Stil-Ideal bestand immer darin, in vollkommen lobenden Worten einen totalen Verriß zu schreiben – weil sich schöne Wörter schöner genießen lassen.« (›FAZ‹, 13. 7. 1993) **Literatur:** G. Hensel: Wider die Theaterverhunzer. 13 polemische Predigten. Zürich 1972; ders.: Spiel's noch einmal. Das Theater der achtziger Jahre. Frankfurt a. M. 1990; ders.: Spielplan. Der Schauspielführer von der Antike bis zur Gegenwart. Erw. u. überarb. Aufl. 2 Bde. München 1992; ders.: Glück gehabt. Szenen aus einem Leben. Frankfurt a. M. 1994.

Hering, Gerhard F., geb. 28. 10. 1908 in Rogasen (Posen). Kritiker, Regisseur und Intendant. Studium in Heidelberg; 1934 – 1937 Feuilletonchef und Theaterkritiker der ›Magdeburger Zeitung‹; 1937–1941 Feuilletonchef der ›Kölnischen Zeitung‹; 1941 Berufsverbot als Journalist (Hering hatte Gedichte und Artikel abgedruckt, die den Nazis nicht genehm waren), bis 1943 schrieb er unter einem Pseudonym weiter. Der Essener Intendant Karl Bauer lud ihn 1943 zu einer Regiearbeit ein. Hering inszenierte Goethes ›Die natürliche Tochter‹; die Aufführung wurde wegen ihrer machtkritischen Tendenz nach der Premiere verboten. Nach dem Zweiten Weltkrieg wurde Hering Chefdramaturg bei Heinz Hilpert in Konstanz. 1950–1952 Direktor der Münchner Otto-Falckenberg-Schule; Dramaturg in Magdeburg und Köln; seit Mitte der fünfziger Jahre Regiearbeiten am Staatstheater Stuttgart, u. a. Kaisers ›Rosamunde Floris‹ (UA 1955). Von 1961 bis 1971 war er Intendant am Landestheater Darmstadt (als Nachfolger von Gustav Rudolf Sellner); inszenierte dort einen Lessing-Zyklus: ›Emilia Galotti‹ (1961); ›Minna von Barnhelm‹ (1962); ›Miss Sara Sampson‹ (1965); ›Nathan der Weise‹ (1968); ferner u. a.: Grillparzers ›Ein Bruderzwist in Habsburg‹ (1963); Genets ›Die Neger‹ (1964) und ›Der Balkon‹ (1967). Seitdem wieder Gastregie; theaterwissenschaftliche Vorlesungen an der Universität Gießen; Aufsätze über Drama und Theater (›Der

Ruf zur Leidenschaft‹, 1959). Hering hat den Nachlaß Alfred Kerrs ediert.

Herking, Ursula (eigtl. Ursula Klein), geb. 28. 1. 1912 in Dessau, gest. 17. 11. 1974 in München. Kabarettistin und Schauspielerin. Erstes Engagement am Friedrichstheater in Dessau. Anfang der dreißiger Jahre ging sie nach Berlin. Nachdem sie dort durch die Aufnahmeprüfung an der Max-Reinhardt-Schule gefallen war, nahm sie Leopold Jeßner in seine Schauspielschule auf. Auftritte als Kabarettistin u. a. bei Werner Finck in der »Katakombe«. Nach dem Krieg kam sie nach München, wo sie in der Schaubude mit Erich-Kästner-Programmen sehr schnell bekannt wurde. 1948 war sie Mitbegründerin des Theaters Die kleine Freiheit; später war sie an der Gründung der »Münchner Lach- und Schießgesellschaft« beteiligt. Bühnenauftritte u. a. am Hebbeltheater und an der Komödie Berlin, am Landestheater Castrop-Rauxel und seit Anfang der siebziger Jahre am Landestheater Tübingen und am Ernst-Deutsch-Theater Hamburg. Rollen u. a.: Präsidentin in Devals ›Eine Venus für Milo‹ (1966) und June Buckridge in Frank Marcus' ›Schwester George muß sterben‹ (1967, beide am Theater Die kleine Freiheit München); Titelrollen in Gorki/Brechts ›Die Mutter‹ (1968, Castrop-Rauxel) und in Hochhuths ›Die Hebamme‹ (1972, Junges Theater Hamburg); auch zahlreiche Tourneen. Sie hat in ca. 120 Filmen mitgewirkt. 1973 veröffentlichte sie ihre Autobiographie ›Danke für die Blumen‹. Die ›Süddeutsche Zeitung‹ schrieb: »Mit ihrer dragonerhaften Urnatur, mit ihrer rauhkehligen Forschheit hat sie dem Nachkriegskabarett auf die Sprünge geholfen. Nach einer Ära der feinen, preziösen Diseusen, die ein Chanson, eine Anekdote, vielleicht sogar eine Anekdote mit verschämtem Esprit und divahaften Allüren ins Parkett hinuntersäuselten, war sie die burschikose, die marketenderhafte Fürsprecherin resoluten Mutterwitzes.« (18. 11. 1974)
Literatur: K. P. Schreiner: Die Zeit spielt mit. Die Geschichte der Lach- und Schießgesellschaft. München 1976; K. Budzinski: Pfeffer ins Getriebe. Ein Streifzug durch

Hermann

100 Jahre Kabarett. München 1984; ders.: Wer lacht denn da? Kabarett von 1945 bis heute. Braunschweig 1989.

Hermann, Irm, geb. 4. 10. 1942 in München. Schauspielerin. Volksschulabschluß; 1965 Bekanntschaft mit Rainer Werner Fassbinder, dessen Gruppe sie sich anschloß. 1968 war sie zusammen mit Fassbinder, Peer Raben, Kurt Raab, Hanna Schygulla u.a. Gründungsmitglied des Münchner antiteaters; spielte dort u.a. die Titelrolle in Goethes ›Iphigenie auf Tauris‹. Später sah man sie in Strindbergs ›Fräulein Julie‹ (1974, TAT Frankfurt, mit Margit Carstensen) und in Clare Boothe Luces Satire ›Frauen in New York‹ (1976, Schauspielhaus Hamburg, R. jeweils Fassbinder). Bis 1980 wirkte sie auch in vielen Filmen von Fassbinder mit, darunter: ›Liebe ist kälter als der Tod‹ (1969); ›Katzelmacher‹ (1969); ›Pioniere in Ingolstadt‹ (1970, nach Fleißer); ›Der Händler der vier Jahreszeiten‹ (1971; für ihre Rolle der Frau Hirschmüller erhielt sie den Bundesfilmpreis); ›Die bitteren Tränen der Petra von Kant‹ (1972); › Effi Briest‹ (1972–1974, nach Fontane); ›Angst essen Seele auf‹ (1973). Seit den achtziger Jahren Verpflichtungen an der Freien Volksbühne Berlin: Gletzenbichlerin in Rosenow/Heisings ›Kater Lampe‹ (1979, R. Ulrich Heising); in Weiss' ›Die Ermittlung‹ (1980, R. Thomas Schulte-Michels); Telefonistin in Brechts ›Herr Puntila und sein Knecht Matti‹ (1985, R. Peter Fitz); Estrella in Calderóns ›Das Leben ein Traum‹ (1986, R. Kurt Hübner); Faustina Setti in Lina Wertmüllers ›Liebe und Magie in Mammas Küche‹ (DE 1987, mit Elisabeth Trissenaar, R. Peter Palitzsch); Gräfin Montague in Shakespeares ›Romeo und Julia‹ (1988, R. Christof Nel) und Charmion in ›Antonius und Cleopatra‹ (1989, R. Hans Neuenfels); La Poncia in García Lorcas ›Bernarda Albas Haus‹ (1989); Baldur von Schirach in Aristophanes/Lasker-Schülers ›Die Frösche und IchundIch‹ (1990, R. Neuenfels); in Inszenierungen von Frank Hoffmann: Madame Helseth in Ibsens ›Rosmersholm‹ (1991): »Irm Hermann kann einem das Blut gefrieren lassen; eine rabenschwarze Unglücksbotin, eine Kassandra mit sadistischen Zügen.« (Rüdiger Schaper, ›SZ‹, 15. 3. 1991); Friederike in Schönthans ›Der Raub der Sabinerinnen‹ (1992); Cäcilia in Kleists ›Robert Guiskard‹ (1992). Am Berliner Ensemble spielte sie die Dame in Turrinis ›Grillparzer im Pornoladen‹ (1993, R. Palitzsch): »Irm Hermann, die auch in reiferen Jahren noch kühlfrisch lyzeumshafte Unberührbarkeit verbreiten kann, jagt mit strenger, leicht brüchiger Stimme durch den Text, als ob ihr die ganze Veranstaltung unendlich unangenehm sei, und Volker Spengler assistiert ihr zuvorkommend mit zuweilen süffisantem Grinsen. Die verzweifelt komischen Situationen gegenseitigen Abtastens an dem zugleich schlüpfrigen und geschäftsneutralen Ort, die gegenseitige Furcht und ihre Urgründe, rasen im Zeitraffertempo vorbei.« (Franz Wille, ›Theater heute‹, Heft 4, 1993) Filmrollen hatte sie u.a. in: Percy Adlons ›Fünf letzte Tage‹ (1982, Bundesfilmpreis) und ›Die Schaukel‹ (1983); Tankred Dorsts ›Eisenhans‹ (1982); Bernhard Wickis ›Spinnennetz‹ (1986); Thomas Braschs ›Welcome, Mr. Germany‹ (1987); Christian Wagners ›Wallers letzter Gang‹ (1987); Ulrike Ottingers ›Johanna d'Arc of Mongolia‹ (1988). Zahlreiche Fernsehrollen.

Herrmann, Karl-Ernst, geb. 12. 8. 1936 in Neukirch (Oberlausitz). Bühnenbildner. Ging bereits als Vierzehnjähriger nach Berlin, um dort drei Jahre bei einem Graphiker zu arbeiten; 1953–1957 Besuch der Meisterschule für Kunsthandwerk; 1957–1962 Studium an der Hochschule für Bildende Künste Berlin (in der Bühnenbildklasse von Willi Schmidt); 1962 Arbeit bei Kurt Hübner am Ulmer Theater, dort Assistent von Wilfried Minks; 1963–1969 bei Hübner am Theater Bremen, dort Beginn der Zusammenarbeit mit Peter Stein. Für Stein entwarf er 1968 das Bühnenbild zu Brechts ›Im Dickicht der Städte‹ (Münchner Kammerspiele). 1969/70 Ausstattungsarbeiten am Theater Braunschweig: Shakespeares ›Richard III.‹ (R. Claus Peymann); Hacks' ›Amphitryon‹ (R. Niels-Peter Rudolph). 1970 ging er mit Stein nach Berlin an die Schaubühne am Halleschen Ufer; war dort lange Zeit der prägende Bühnenbildner. Mitarbeit bei Steins Eröffnungsinszenierung von Gorki/Brechts ›Die Mutter‹ (1970) und Bühnenbild für Peymanns Handke-Inszenierung ›Der Ritt über den Bodensee‹ (UA 1971). Besonderer Raumentwurf für Steins Ibsen-Inszenierung ›Peer Gynt‹ (1971):»Er ließ in das Theatergehäuse ein rechteckiges Stadion bauen, das nur noch 380 Zuschauer erlaubte; sie saßen auf steilen Tribünen an den Längsseiten, sie erblickten an der einen Schmalseite eine Häusergruppe, an der anderen Schmalseite hochgetürmte Berge, und dazwischen erstreckte sich der Weg Peer Gynts, ein langes Feld von Erdhökkern und Mulden. Wer hier spielte, der mußte lange Wege zurücklegen, rennen, springen, purzeln und klettern, und aus der Notwendigkeit, sich auf dieser buckligen Erde körperlich abzurackern, strömte der Aufführung ein rüdes reales Leben zu.« (Georg Hensel, ›FAZ‹, 17. 4. 1976) Weitere Bühnenentwürfe für die Berliner Stein-Inszenierungen: ›Kleists Traum vom Prinzen Homburg‹ (1972); Fleißers ›Fegefeuer in Ingolstadt‹ (1972); Labiches ›Das Sparschwein‹ (1973, in der Bearbeitung von Botho Strauß); ›Antiken-Projekt, 1. Abend: Übungen für Schauspieler‹ (1973, im Berliner Messepavillon); Gorkis ›Sommergäste‹ (1974, mit einem realen Birkenwald im Hintergrund); ›Shakespeares Memory‹ (Revue 1976, in einem Filmatelier in Berlin-Spandau); Shakespeares ›Wie es euch gefällt‹ (1977); Strauß' ›Trilogie des Wiedersehens‹ (1978), ›Groß und klein‹ (UA 1978) und ›Der Park‹ (1984); Aischylos' ›Orestie‹ (1981); Williams' ›Klassenfeind‹ (DE 1981); Genets ›Die Neger‹ (1983); Tschechows ›Drei Schwestern‹ (1984). Weitere Arbeiten an der Schaubühne u. a.: Hofmannsthals ›Das gerettete Venedig‹ (1971, R. Kauenhoven/Frank-Patrick Stekkel); Horváths ›Geschichten aus dem Wiener Wald‹ (1972, R. Klaus Michael Grüber); Brechts ›Der Untergang des Egoisten Fatzer‹ (1976, R. Steckel, auf der Bühne ein originalgetreu nachgebauter Tank); in Zusammenarbeit mit Luc Bondy: Lasker-Schülers ›Die Wupper‹ (1976); Strauß' ›Kalldewey, Farce‹ (1982); Marivaux' ›Triumph der Liebe‹ (1985). Arbeiten mit Peymann am Staatstheater Stuttgart: Reins-

hagens ›Himmel und Erde‹ (1974); Bernhards ›Der Präsident‹ (1975), ›Minetti‹ (UA 1976) und ›Vor dem Ruhestand‹ (UA 1979); außerdem in Stuttgart: Braschs ›Rotter‹ (UA 1977, R. Christof Nel); mit Peymann in Bochum u. a.: Goethes ›Torquato Tasso‹ (1980) und Lessings ›Nathan der Weise‹ (1981); Bernhards ›Am Ziel‹ (UA 1981, Salzburger Festspiele). Bühnenbilder für Peymann am Wiener Burgtheater u. a.: Shakespeares ›Der Sturm‹ (1988); Bernhards ›Heldenplatz‹ (UA 1988); Handkes ›Das Spiel vom Fragen oder Die Reise zum sonoren Land‹ (UA 1990) und ›Die Stunde da wir nichts voneinander wußten‹ (UA 1992); Turrinis ›Alpenglühen‹ (UA 1993):»Karl-Ernst Herrmanns naturgetreues Bergmassiv enttarnt die Alpen endgültig als eine Erfindung der Österreichischen Bundestheaterwerkstätten. Das schnürbodenhohe, majestätisch-schroffe Bühnengestein, dessen Anblick noch im müdesten Theatergänger den Steilwandenthusiasten weckt, wandelt sich sekundenschnell aus einer malerischen Kulisse in bedrohliche Naturgewalt. Eben noch liegt strahlender Sonnenglanz über den Graten und Schründen, plötzlich steigen Bodennebel auf, brechen Gewitter und Regenschauer los, bis spät am Abend ein romantischer Sternenhimmel aufleuchtet.« (Franz Wille, ›Theater heute‹, Heft 4, 1993) Arbeiten mit George Tabori: Shakespeares ›Othello‹ (1990); Taboris ›Requiem für einen Spion‹ (UA 1993, jeweils Wien); bei den Salzburger Festspielen u. a.: Strauß' ›Das Gleichgewicht‹ (UA 1993, R. Bondy). Opernausstattung u. a.: Nonos ›Al Gran Sole Carico d'Amore‹ (1978, Frankfurt); Tschaikowskys ›Eugen Onegin‹ (1979, Hamburg, R. Adolf Dresen); Mozarts ›Così fan tutte‹ (1984, Brüssel, R. Bondy); Debussys ›Pelleas und Melisande‹ (1992, Welsh National Opera Cardiff, R. Stein, Dirigent: Pierre Boulez). Seit 1982 arbeitet er selbst als Opernregisseur (häufig in Zusammenarbeit mit seiner Frau Ursel); vielbeachtete Inszenierungen an der Nationaloper Brüssel: Mozarts ›La Clemenza di Tito‹ (1982; 1992 auch bei den Salzburger Festspielen), ›Die Gärtnerin aus Liebe‹ (1986) und ›Don Giovanni‹ (1987); Verdis ›La Traviata‹ (1987);

Glucks ›Orpheus und Euridice‹ (1988). Herrmann gilt vielen als der König der Bühnenbildner. »Wohin soll der Blick geführt werden?« – mit dieser Frage fangen bei ihm alle Überlegungen an. Brigitte Landes schrieb in einem Porträt: »Die Perspektive einer Zeit studieren. Mit der Geschichte eines Stücks arbeiten. Herrmann denkt seine Räume und Bilder dramaturgisch. (. . .) Herrmann gibt die Perspektive nicht vor, sondern er lenkt dem Zuschauer den Blick, setzt ihn mit ins Bild: Er muß sich bewegen oder wird sich irgendwann des eigenen Blickwinkels gewahr. (...) Herrmanns Bilder erschließen sich nicht auf den ersten Blick, sie entfalten sich im Laufe eines Theaterabends; sie haben ein Geheimnis.« (›Die Zeit‹, 30. 5. 1983) In der ›Theater heute‹-Kritikerumfrage wurde er mehrmals zum Bühnenbildner des Jahres gewählt, zuletzt 1993.

Literatur: Inszenierte Räume. Kunstverein Hamburg. Hamburg 1979 (Katalog); P. Iden: Die Schaubühne am Halleschen Ufer 1970–1979. München, Wien 1979; H. Beil (u. a.) (Hrsg.): Das Bochumer Ensemble. Ein deutsches Stadttheater 1979–1986. Königstein 1986; Schaubühne am Halleschen Ufer am Lehniner Platz 1962–1987. Frankfurt a. M. 1987.

Herrmann, Max, geb. 14. 5. 1865 in Berlin, gest. 17. 11. 1942 im Konzentrationslager Theresienstadt. Theaterwissenschaftler. Neben Artur Kutscher einer der Begründer der Theaterwissenschaft als eine von der Germanistik unabhängige Disziplin. Gründete an der Humboldt-Universität Berlin das Institut für Theaterwissenschaft. Weil er Jude war, wurde er 1933 seines Amtes enthoben und 1942 nach Theresienstadt deportiert. Werke: ›Forschungen zur deutschen Theatergeschichte des Mittelalters und der Renaissance‹ (1914, neu 1955); ›Die Entstehung der berufsmäßigen Schauspielkunst im Altertum und in der Neuzeit‹ (postum herausgegeben 1962).

Literatur: M. Herrmann: Die Bühne des Hans Sachs. Berlin 1923; ders.: Das theatralische Raumerlebnis. Stuttgart 1931; B. Th. Satori-Neumann: Die theatergeschichtlichen und dramaturgischen Schrif-

ten aus der Berliner theaterwissenschaftlichen Schule Max Herrmanns. Berlin 1935.

Herzberg, Judith (Pseud. Vera de Vries, Christine de Hondt), geb. 4. 11. 1934 in Amsterdam. Holländische Autorin. Tochter des Schriftstellers Abel Jacob Herzberg. Ihre Eltern, nach Bergen-Belsen deportiert, überlebten den Krieg. Sie selbst wurde während der Kriegszeit bei verschiedenen Familien versteckt gehalten. 1961 erschienen ihre ersten Gedichte, später folgten Theaterstücke und Drehbücher. Ihr erfolgreichstes Stück war ›Auf dem Tanzboden‹ (1982, auch unter dem Titel ›Schadenfreude‹ und ›Leas Hochzeit‹), für das sie 1982 den niederländischen Kritikerpreis und 1988 den Charlotte-Köhler-Preis erhielt. Die essentiellen Motive Herzbergs: »Frauen – ob als Geliebte und Liebhaberinnen, als Bräute oder Witwen – und dazu die Schatten des großen Tötens bis 1945« (Peter von Becker, ›Theater heute‹, Heft 11, 1990). »Die empfindliche Balance, das scheinbar schwerelose Gewicht der oft nur kurz angerissenen Auftritte, die delikate Struktur dieser fast ohne Szenenanweisungen in den leeren Raum geschriebenen Konversationen erfordern allererste Schauspieler und Regisseure, die besten Theater.« (Peter von Becker, ebenda)

Weitere Stücke: ›Und/Oder‹ (1985), ›Mark‹ (1986); ›Der Karakal‹ (1988); ›Tohuwabohu‹ (1988); ›Frühling, ach ja‹ (1993).

Herzmanovsky-Orlando, Fritz Ritter von, geb. 30. 4. 1877 in Wien, gest. 27. 5. 1954 Schloß Rematz bei Meran. Österreichischer Schriftsteller. Er studierte Architektur, gab den Beruf 1917 aus gesundheitlichen Gründen auf und lebte danach als freier Schriftsteller und Maler auf dem Familiensitz Schloß Rematz. Zu seinen Lebzeiten wurden nur zwei seiner Werke veröffentlicht: Der Roman ›Der Gaulschreck im Rosennetz‹ (1928) und das Drama ›Der Kommandant von Kalymnos‹ (1926). Beim Verfassen seiner Dramen kümmerte er sich wenig um die Realisierbarkeit. Mit großer Fabulierfreude und skurrilem Humor parodierte er die k.u.k.-Monarchie. Die Stücke wurden in den achtziger und neunziger Jahren durch die Aufführungen von Hans Hollmann wiederentdeckt: 1984 inszenierte er die Uraufführung von ›Prinz Hamlet‹ am Schauspielhaus in Zürich und 1990 die Uraufführung von ›Apoll von Nichts oder Exzellenzen ausstopfen – ein Unfug‹ im Prinzregententheater in München (Bayerisches Staatsschauspiel).

Weitere Stücke: ›Kaiser Franz Joseph und die Bahnwärterstochter‹; ›Zerbinettas Befreiung‹; ›Sellawie oder Hamlet der Osterhase‹ (alle o. J.).

Herzog, Jens-Daniel, geb. 12. 7. 1964 in Berlin. Regisseur. Abgeschlossenes Philosophiestudium in Berlin. Regieassistent bei Dieter Dorn und Hans Lietzau an den Münchner Kammerspielen; machte dort mit seinen Erstlingsinszenierungen im Werkraum auf sich aufmerksam: Marlene Streeruwitz' ›New York. New York.‹ (UA 1993); Beth Henleys ›Debütantinnenball‹ (1993); »Der Regisseur als Zauberer: (...) Jens-Daniel Herzog (...) jagt Beth Henleys Text über die Bühne, als wäre dieser für den Boulevard geschrieben, als müsse sich daraus auch so etwas wie eine ›Volksvernichtung‹ heraustreiben lassen. Er tat gut daran; für drei Stunden entfacht er mit seinen Schauspielern einen turbulenten Theaterspaß.« (Thomas Thieringer, ›SZ‹, 27. 9. 1993) Erfolg mit Mamets ›Oleanna‹ am Schauspielhaus Zürich (1994, mit Leslie Malton und Edgar Selge, Einladung zum Berliner Theatertreffen 1994).

Herzog, Peter, geb. 9. 12. 1929 in Breslau. Schauspieler. Schauspielunterricht bei Marlise Ludwig in Berlin; 1958/59 erstes Engagement an der Berliner Vaganten-Bühne; 1958–1963 Film- und Fernseharbeit. Von 1963 bis 1969 arbeitete er (mit Unterbrechungen) an der Schaubühne am Halleschen Ufer Berlin; Rollen u. a.: Christian in Gattis ›Das Leben der Angst‹; Scherer in Hacks' ›Die Schlacht bei Lobositz‹; Vizepräparator in Horváths ›Glaube, Liebe, Hoffnung‹; in Weiss' ›Gesang vom lusitanischen Popanz‹ (R. Karl Paryla); in Brechts ›Baal‹ und ›Im Dickicht der Städte‹; in Shakespeares ›König Jo-

hann‹ (R. Hartmut Lange). Gleichzeitig arbeitete er von 1965 bis 1967 beim »Reichskabarett« Berlin, u. a. in dem Programm ›Bombenstimmung‹ (1965, R. Frank-Patrick Steckel). 1970–1972 am Deutschen Schauspielhaus Hamburg u. a.: Scrope in Shakespeares ›König Richard II.‹ (R. Hans Lietzau); Bote in Aristophanes' ›Lysistrate‹ (R. Dieter Dorn); Ausrufer in Horváths ›Kasimir und Karoline‹ (R. Kollektiv). 1972–1976 Engagement an den Staatlichen Schauspielbühnen Berlin; dort wieder Zusammenarbeit mit Dorn: Chorführer in Aristophanes' ›Die Vögel‹ (1973); Tillmann in Dorsts ›Auf dem Chimborazo‹ (UA 1975). In Inszenierungen von Lietzau: Rittmeister Stranz in Kleists ›Prinz Friedrich von Homburg‹; Thomas in Bonds ›Lear‹; außerdem u. a.: Sekretär in Hebbels ›Maria Magdalena‹ (R. Harald Clemen); Pirah in Hamptons ›Die Wilden‹. Seit 1977 ist er Ensemblemitglied der Münchner Kammerspiele. Rollen in Inszenierungen von Ernst Wendt: Bote aus Korinth in Sophokles' ›Ödipus auf Kolonos‹; Kellner in Brechts ›Trommeln in der Nacht‹ (1979); Zwerg Quaquèo in Pirandellos ›Die Riesen vom Berge‹ (1980); Horatio in Shakespeares ›Hamlet‹ (1980, mit Lambert Hamel) und Adam in ›Wie es euch gefällt‹ (1982). In Dorn-Inszenierungen u. a.: Philippeau in Büchners ›Dantons Tod‹ (1980); Fabian in Shakespeares ›Was ihr wollt‹ (1980) sowie Menelaos in ›Troilus und Cressida‹ (1986); Bouzin in Feydeaus ›Klotz am Bein‹ (1983); in Stücken von Botho Strauß: Alf in ›Groß und klein‹ (1979); Erstling in ›Der Park‹ (1984); Wurfbudenmann in ›Besucher‹ (UA 1988); in Dorns Dorst-Inszenierungen: Sir Kay in ›Merlin oder Das wüste Land‹ (1982); Koch in ›Karlos‹ (UA 1990). Außerdem u. a.: in Heiner Müllers ›Wolokolamsker Chaussee I–V‹ (1989, R. Hans-Joachim Ruckhäberle); in Barlachs ›Der blaue Boll‹ (1991, R. Lietzau); Ulrich Maul in Pohls ›Die schöne Fremde‹ (1992, R. Helmut Griem); Professor Chrobath in Marlene Streeruwitz' ›New York. New York.‹ (UA 1993, R. Jens-Daniel Herzog).

Hesse

Hesse, Volker, geb. 30. 12. 1944 »im Moselgebiet«. Regisseur. Studierte Theaterwissenschaft, Germanistik und Philosophie in Köln und Wien; Promotion. Assistenzen bei Leopold Lindtberg, Heinrich Koch und Hans Hollmann. Seit 1972 Regisseur; arbeitete lange Zeit mit freien Gruppen in Wien und Zürich. Danach Inszenierungen für die Stadttheater Trier, Bern und Basel. 1978 inszenierte er an den Münchner Kammerspielen Becketts ›Endspiel‹. Seit 1978 regelmäßig Inszenierungen am Düsseldorfer Schauspielhaus (unter Günther Beelitz) u. a.: Bernhards ›Immanuel Kant‹ (1978); Grasers ›Witwenverbrennung‹ (UA 1980); Lessings ›Nathan der Weise‹ (1983); Dorsts ›Heinrich oder die Schmerzen der Phantasie‹ (UA 1985; 1986 auch am Münchner Residenztheater). Großer Erfolg mit Schnitzlers ›Professor Bernhardi‹ (1985, mit Wolfgang Hinze; 1986 Übernahme nach München ins Bayerische Staatsschauspiel, 1987 zum Berliner Theatertreffen eingeladen); C. Bernd Sucher schrieb darüber: »Diese Aufführung, die schon in Düsseldorf auffiel, wird sicher zu den Erfolgsstücken auch in München zählen. Hesse hat es vermocht, fast allen Schauspielern auch noch in ihrem stummen Dabeisein Konzentration abzuverlangen. (. . .) Keiner chargierte, keiner floh in den weit einfacher darstellbaren *Typ* seiner Figur. Also gibt es keine antisemitischen Popanze, keine Musterjuden, keine lächerlichen Assimilierten oder Getauften. Das ist Hesses Leistung; eine, die durchaus als Aufklärung im Sinne Adornos gelten darf. (. . .) Hesse hat eine ästhetische Haltung gefunden, eine Theaterposition eingenommen gegen das antisemitische Potential unserer Zeit mit einem Text der Vergangenheit.« (›SZ‹, 6. 10. 1986). Weitere Regiearbeiten am Bayerischen Staatsschauspiel München (unter Beelitz): Dorsts ›Ich, Feuerbach‹ (UA 1986); Racines ›Britannicus‹ (1987, mit Agnes Fink); Woody Allens ›Midsummer Night's Sex Comedy‹ (1988); Lautensacks ›Pfarrhauskomödie‹ (1989); Dorfmans ›Der Tod und das Mädchen‹ (DE 1992). Gastinszenierungen u. a. am Schauspiel Bonn: Grillparzers ›König Ottokars Glück und Ende‹ (1989); Susan Sontags ›Alice im Bett‹ (UA 1991); am

Berliner Maxim-Gorki-Theater: Taboris ›Weisman und Rotgesicht‹ (1991). Seit 1993 ist er Co-Direktor am Theater am Neumarkt in Zürich; im September 1993 inszenierte er dort die deutschsprachige Erstaufführung von Tony Kushners ›Angels in America‹.

Hey, Richard, geb. 15. 5. 1926 in Bonn. Schriftsteller und Dramaturg. Hey studierte Theater- und Musikwissenschaft und Philosophie in Frankfurt. 1947/48 war er Regieassistent beim Film. Von 1949 bis 1951 arbeitete er als Musikkritiker und Journalist; von 1952 an auch beim Rundfunk. Von 1975 bis 1977 war er Dramaturg in Wuppertal. Er schrieb Hörspiele, Dramen, Kriminalromane und Science Fiction. Seine tragikomischen Stücke haben eine Neigung zum symbolischen Realismus mit surrealistischen Zügen.
Stücke: ›Revolutionäre‹ (1953); ›Lysiane oder Auf den Flügeln des Abschieds‹ (1955); ›Thymian und Drachentod‹ (1956); ›Rival oder Der Fisch mit dem goldenen Dolch‹ (1957); ›Margaret oder Das wahre Leben‹ (1958); ›Weh dem, der nicht lügt‹ (1962); ›Ein permanenter Dämmerschoppen‹ (1969); ›Kandid‹ (1972); ›Das Ende des friedlichen Lebens der Else Reber‹ (1976).

Heyme, Hansgünther, geb. 22. 8. 1935 in Bad Mergentheim. Schauspieler, Regisseur und Intendant. Studierte zwei Semester lang Architektur in Karlsruhe; 1956 Beginn des Studiums der Germanistik, Philosophie und Soziologie in Heidelberg. 1956/57 Regieassistenz bei Erwin Piscator in Berlin und Mannheim; 1957/58 Engagement in Mannheim: mehrere Regieassistenzen und kleinere Rollen. 1958–1963 Engagement in Heidelberg, zuletzt als Spielleiter. Beginn der langjährigen Zusammenarbeit mit dem Bühnenbildner Frank Schultes. Erste wichtige Inszenierung: Tollers ›Hinkemann‹ (1959); außerdem u. a.: Camus' ›Die Besessenen‹ (1960); Walsers ›Eiche und Angora‹ (1962); Gastinszenierungen in Lübeck, Münster, Neuss. 1963 wechselte er ans Staatstheater Wiesbaden, wo er von 1964 bis 1968 Oberspielleiter des Schauspiels war; Beginn der Auseinandersetzung mit Schiller: ›Wilhelm Tell‹ (1965), ›Die Räuber‹ (1966), ›Der Parasit‹ (1967, nach Picard). Weitere Inszenierungen u. a.: Bréals ›Das große Ohr‹ (1963); Shakespeares ›Romeo und Julia‹ (1963); überregionaler Erfolg mit Weiss' ›Marat/ Sade‹ (1964); Jahnns ›Medea‹ (1964); Ibsens ›Ein Volksfeind‹ (1966) und ›Stützen der Gesellschaft‹ (1967). Gastinszenierungen u. a.: Julius Hays ›Haben‹ (1966, Schauspielhaus Zürich, mit Therese Giehse und Hanne Hiob); Langes ›Marski‹ (1966/67, Freie Volksbühne Berlin) sowie ›Hundsprozeß/ Herakles‹ (UA 1968, Schaubühne Berlin). Politisches Bewußtsein, aktuelle Deutungen und historische Analysen bildeten von Anfang an die Grundmotivation von Heymes Theaterarbeit. 1968 wechselte er als Oberspielleiter an das Schauspiel Köln, 1972 wurde er dort Schauspieldirektor (Dreier-Direktorium), 1975 »Intendant« des Schauspiels (bis 1979). Zusammenarbeit mit dem Bühnenbildner Bert Kistner; mehrere Antiken-Projkte: Sophokles' ›König Ödipus/Ödipus auf Kolonos‹ (1968), ›Die Frauen von Trachis‹ (1976) sowie ›Antigone‹ (1979); Aischylos' ›Sieben gegen Theben‹ und Sophokles' ›Antigone‹ (1970, Doppelprojekt); ›Die Bakchen‹ des Euripides und ›Die Frösche‹ des Aristophanes (1973, Doppelprojekt). Schiller-Inszenierungen: ›Wallenstein‹ (1969), ›Fiesko‹ (1970; 1969 bereits in Stuttgart; 1971 in Buenos Aires), ›Die Jungfrau von Orleans‹ (1974); auch mehrere Goethe- und Ibsen-Inszenierungen. Großer Erfolg mit Hebbels ›Maria Magdalena‹ (1972, Gastspiele u. a. in Wuppertal und beim Berliner Theatertreffen). Außerdem in Köln u. a.: Dorsts ›Toller‹ (1969); Langes ›Die Gräfin von Rathenow‹ (UA 1969); Fortes ›Martin Luther & Thomas Münzer oder Die Einführung der Buchhaltung‹ (1971). Daneben mehrere Gastinszenierungen, u. a. Wolf Biermanns ›Der Dra-Dra‹ (UA 1971, Münchner Kammerspiele). Opernszenierungen u. a.: Bergs ›Wozzeck‹ (1975) und ›Lulu‹ (1977); Wagners ›Rheingold‹ (1978, alle Nürnberg). 1979 verabschiedete er sich aus Köln mit einer umstrittenen ›Hamlet‹-Inszenierung (Ausstattung und Medien-

konzept: Wolf Vostell; mit Wolfgang Robert und Heyme als Doppel-Hamlet). Volker Canaris resümierte: »Die Stücke der deutschen Klassik, Schillers, Goethes, Hebbels, wurden zum Zentrum von Heymes Kölner Arbeit. Glanz und Elend dieser Arbeit lassen sich daran genau ablesen. Der Glanz: Die Klassiker wurden auf der Bühne einer ideologiekritischen Untersuchung unterzogen (...); deutsche Misere, im Auseinanderfallen von individuellen Bedürfnissen und gesellschaftlichen Bedingungen, sich an Theatergeschichten erweisend, wurde sichtbar gemacht (...). Das Elend: Heyme hat seine Methode zwar immer weiter perfektioniert, aber nie wirklich, unter sich verändernden gesellschaftlichen und also auch theatralischen Voraussetzungen, verändert (...). Der Begriff vom politischen Theater als moralischer Anstalt erstarrte, wurde selbst zur Ideologie ...« (›Der Spiegel‹, 26. 2. 1979) 1979–1985 Schauspieldirektor am Staatstheater Stuttgart (als Nachfolger von Claus Peymann); Zusammenarbeit mit dem Ausstatter Wolf Münzner, seit 1981 mit der Schauspielerin Margit Carstensen. Viele umstrittene, von der Lokalpresse vernichtend verrissene Inszenierungen, u. a. wieder Werke von Schiller: ›Don Carlos‹ (1979), ›Demetrius‹ (1982), ›Die Braut von Messina‹ (1984), ›Wilhelm Tell‹ (1984). Außerdem u. a.: Aristophanes' ›Die Vögel‹ (1980); Lessings ›Minna von Barnhelm‹ (1980) und ›Nathan der Weise‹ (1982); Mnouchkines ›Mephisto‹ (DE 1981, nach Klaus Mann); Büchners ›Leonce und Lena‹ / ›Dantons Tod‹ und Heiner Müllers ›Der Auftrag‹ (1981, alle an einem Abend); Jochen Bergs ›Iphigenie‹ (UA 1982) und ›Niobe‹ (UA 1983); Aischylos' ›Die Perser‹ (1983 zur Eröffnung des Neuen Kammertheaters). Zahlreiche Beiprogramme, Diskussionen etc.; Inszenierungen mit dem »Jugendclub Kritisches Theater« (JKT): Müllers ›Prometheus‹ (1978 in einer Fabrikhalle); Shakespeares ›Troilus und Cressida‹ (1983). 1985–1992 Schauspieldirektor in Essen; dort u. a.: Euripides' ›Iphigenie in Aulis‹ und ›Die Troerinnen‹ (beide 1986); Heins ›Cromwell‹ (1986) und ›Passage‹ (UA 1987); Goethes ›Faust I‹ (1987, Premiere bei den Ruhrfestspielen); ›Nathan im Tiergarten‹ (1987, u. a. nach Lessing, Koproduktion mit den Berliner Festspielen); Hélène Cixous' ›Die schreckliche, aber unvollendete Geschichte von Norodom Sihanouk, König von Kambodscha‹ (DE 1988, Doppelabend); Aischylos' ›Die Orestie‹ (1988); Shakespeares ›Ein Sommernachtstraum‹ (1990); Enzensbergers ›Tochter der Luft‹ (UA 1992, nach Calderón). Durchsetzung eines Theaterumbaus (»Grillo«-Theater); 1987 Professur und Leitung der Schauspielabteilung an der Folkwang-Hochschule Essen. Koproduktionen mit dem Schauspielhaus Düsseldorf: Homers ›Ilias‹ (1989, dramatisiert von Heyme); Hölderlins ›Empedokles‹ (1990, mit Heyme in der Titelrolle). Inszenierungen bei den Ruhrfestspielen Recklinghausen, deren Leiter er seit 1991 ist: Goethes ›Ur-Götz‹ (1990); Tariq Ali/ Howard Brentons ›Moskauer Gold‹ (DE 1991); Porters ›Kiss me Kate‹ (1992). 1991, drei Jahre vor Vertragsende, kündigte er in Essen, um zu Beginn der Spielzeit 1992/93 die Generalintendanz am Bremer Theater zu übernehmen. Ein stand in Bremen mit Euripides' ›Helena‹. Bereits im August 1993 legte Heyme »aus künstlerischen Gründen« sein Amt wieder nieder, was allgemeine Kritik auslöste. Vorausgegangen war ein Streit mit der Kultursenatorin Helga Trüpel, die Heyme vorwarf, den Etat von mehr als 40 Millionen Mark »in Millionenhöhe« überschritten zu haben. Bis Ende der Spielzeit 1993/94 leitete er noch die Sparte Schauspiel. Heyme ist ein konsequenter Vertreter des politischen Theaters; ein engagierter Kämpfer, der das Theater als »subventionierte Opposition« und Stücke als »Material« betrachtet. C. Bernd Sucher: »Nicht wenige Kritiker weigern sich, Heyme-Aufführungen anzusehen und zu besprechen. Der Vorwurf lautet: unbelehrbarer, politischer Langweiler, der die Bühne mit dem Katheder verwechselt. Das ist wahr – und zugleich falsch. Richtig: Heyme macht gesellschaftskritisches Theater, benutzt, manipuliert klassische Texte, um mit ihnen unsere Gegenwart zu kommentieren, aber er versucht immer wieder, sich spielerisch seinen Themen zu nähern. Se ne aggressiven Modernisierungen, in denen die Men-

schen brüllen, auf der Bühne zwischen Monitoren kopulieren und in den komischsten Kostümen die irrwitzigsten Körper- und Sprachverrenkungen machen, um die Zuschauer das (Nach-)Denken zu lehren, mögen manchem Zuschauer zu platt, zu fad sein, doch das ändert nichts daran, daß Heyme mit seinen Interpretationen ›unterhalten‹ will. Zur Not gewaltsam. Sein Credo: Theater als aufklärerische Anstalt.« (›SZ‹, 3. 7. 1991) Fünf seiner Inszenierungen wurden zum Berliner Theatertreffen eingeladen, zuletzt 1985 sein ›Wilhelm Tell‹ (Württembergisches Staatstheater Stuttgart).
Literatur: H. Heyme: Antigone in Calcutta. Köln 1980; F. Schiller/H. Heyme: Wallenstein. Regiebuch der Kölner Inszenierung. Hrsg. v. V. Canaris. Frankfurt a. M. 1970; J. Fabritius (Red.): Elf Jahre Schauspiel Köln 1968–1979. Köln 1979; P. Iden: Theater als Widerspruch. München 1984; H. P. Doll: Stuttgarter Theaterarbeit 1972–1985. Hrsg. v. den Württembergischen Staatstheatern Stuttgart. Stuttgart 1985; V. Canaris (u. a.) (Hrsg.): Theaterstadt Köln 1986; W. Kässens/J. W. Gronius: Theatermacher. Gespräche mit Luc Bondy u. a. Frankfurt a. M. 1987; G. Erken: Hansgünther Heyme. Regie im Theater. Frankfurt a. M. 1989; C. B. Sucher: Theaterzauberer. Von Bondy bis Zadek. 10 Regisseure des deutschen Gegenwartstheaters. München, Zürich 1990.

Heyse, Hans-Joachim, geb. 29. 6. 1929 in Liegnitz (Niederschlesien). Schauspieler und Regisseur. 1947 Abitur in Magdeburg; 1948–1950 Ausbildung an der Schauspielschule im Studio der Städtischen Bühnen Magdeburg; 1950–1953 Engagements als Schauspieler am Theater der Stadt Zeitz und am Meininger Theater. Nach Übersiedelung in die Bundesrepublik war er von 1953 bis 1956 Assistent am Schauspielhaus Bochum (unter Hans Schalla); dort erste eigene Inszenierung: Gert Weymanns ›Generationen‹; danach verschiedene Gastinszenierungen. 1959/60 Oberspielleiter am Städtebundtheater Hof; 1960–1964 wieder in Bochum (als erster Spielleiter und Leiter des Nachwuchsstudios); Erfolg mit Büchners ›Woyzeck‹ und Shakespeares ›Ende gut – alles gut‹; 1964–1966 Oberspielleiter in Bonn. 1966 kehrte er nach Bochum zurück, wo er bis 1970 Oberspielleiter war; Erfolg mit Wedekinds ›Musik‹ (1967). Von 1970 bis 1981 war er Generalintendant in Bonn und zugleich künstlerischer Leiter des Schauspiels; außerdem: 1979–1984 Leitung der Luisenburg Festspiele Wunsiedel; 1983–1985 Professor an der Folkwang-Hochschule Essen (Leiter der Regieklasse). Danach frei arbeitend als Regisseur und Schauspieler; Gastinszenierungen an fast allen führenden deutschen Bühnen (auch Musiktheater). 1988 übernahm er die Intendanz und die künstlerische Leitung der Burgfestspiele Mayen. Zu seinen wichtigsten Arbeiten zählen die Shakespeare-Inszenierungen ›Ein Sommernachtstraum‹, ›Romeo und Julia‹, ›Macbeth‹, ›Julius Cäsar‹, ›Richard III.‹ und ›Richard II.‹. Weitere Klassiker-Inszenierungen u. a.: Goethes ›Faust I‹; Kleists ›Das Käthchen von Heilbronn‹; Tschechows ›Drei Schwestern‹ und ›Die Möwe‹; mehrere Stückbearbeitungen, Übersetzungen und kritische Beiträge zur Theatersituation.

Higgins, Colin, geb. 26. 7. 1941 in Noumea (New Caledonia), gest. 5. 8. 1988 in Los Angeles. Amerikanischer Schriftsteller. Higgins verbrachte seine Kindheit in Australien und Kalifornien, 1959 studierte er an der Stanford University, später am Actor's Studio in New York, an der Sorbonne in Paris und an der University of California in Los Angeles. Seinen Durchbruch als Drehbuchautor schaffte er mit ›Harold and Maude‹ (1971), dem Stück, das ihm internationalen Erfolg einbrachte. Auf Anregung von Jean-Louis Barrault und Madeleine Renaud bearbeitete Higgins, zusammen mit Jean-Claude Carrière, das Drehbuch für die Bühne. 1973 fand die Uraufführung in Paris in der Regie von Jean-Louis Barrault statt. Higgins schrieb danach vor allem für den Film, u. a. ›Silver Streak‹ (1976), ›Foul Play‹ (1978) und ›9 to 5‹ (1980). Er starb 1988 an den Folgen von Aids.

Hikmet, Nâzim, (eigtl. Nâzim Hikmet Ran), geb. 20. 1. 1902 in Saloniki, gest.

3. 6. 1963 in Moskau. Türkischer Dramatiker, Lyriker, Erzähler und Publizist. Aus aristokratischer Familie; Sohn eines Arztes. Von 1921 bis 1928 studierte Hikmet in Moskau. Von 1924 an war er Mitglied der illegalen türkischen KP. In der Türkei mehrfach verhaftet und 1937 zu 28 Jahren Gefängnis verurteilt; 1950 begnadigt unter Verlust der türkischen Staatsbürgerschaft. Er lebte danach im Exil in Moskau. In den zwanziger Jahren Kontakt zu Majakowski und Meyerhold.
Stücke: ›Der Schädel‹ (1932); ›Von allen vergessen‹ (1934/35); ›Legende von der Liebe‹ (1948); ›Hat es Iwan Iwanowitsch überhaupt gegeben?‹ (1956); ›Ein komischer Mensch‹ (1954); ›Unterwegs‹ (postum 1968).

Hildebrand, Hilde, geb. 10. 9. 1897 in Hannover, gest. 27. 5. 1976 in Berlin. Schauspielerin. Trat ab 1924 an verschiedenen Berliner Bühnen auf, u. a. an den Barnowsky-Bühnen. In ihrer großen Zeit war sie ein gefeierter Star, bekannt durch Stummfilme wie ›Der Trödler von Amsterdam‹ (1925) oder Kinoschlager wie Helmut Käutners ›Große Freiheit Nr. 7‹ (1943/44, mit Hans Albers). Auf der Bühne glänzte sie vor allem im Fach der Salondame, spielte aber auch viele klassische Rollen; großer Erfolg als Ibsens ›Nora‹ (1939, Renaissancetheater) und ›Hedda Gabler‹. Nach 1945 arbeitete sie zunächst in München, später kehrte sie nach Berlin zurück, wo man sie u. a. als Mrs. Towe in Behrmanns ›Jane‹ sah (1954). Verpflichtungen hatte sie auch am Schauspielhaus Frankfurt, u. a.: Titelrolle in Giraudoux' ›Die Irre von Chaillot‹ (1952, R. Harry Buckwitz); Raissa in Ostrowskis ›Der Wald‹ (1954); Ottilie Frank in Dürrenmatts ›Frank V.‹ (1960, R. Buckwitz). Wichtigste Nachkriegsrolle: Claire Zachanassian in Dürrenmatts ›Der Besuch der alten Dame‹ (über 500mal, in den fünfziger Jahren unter der Regie des Autors in Basel, später u. a. in Hildesheim). Dürrenmatt selbst soll gesagt haben: »Die beste Alte Dame, die ich sah, war Hilde Hildebrand.« In den siebziger Jahren sah man sie als verschlagene Gutsbesitzerin in Ostrowskis ›Wölfe und Schafe‹ und – an der Freien Volks-

Hildebrandt

bühne Berlin – als Eugenia in Mrożeks ›Tango‹ (1971, R. Hansjörg Utzerath). Für ihr langjähriges Wirken im deutschen Film erhielt sie 1964 das Filmband in Gold des deutschen Filmpreises.

Hildebrandt, Dieter, geb. 23. 5. 1927 in Bunzlau, Niederschlesien. Schauspieler und Kabarettist. Kriegsgefangenschaft, danach Abitur; 1950–1955 Studium der Kunstgeschichte und Theaterwissenschaft in München; daneben verschiedene Jobs, u. a. als Platzanweiser in Trude Kolmans Kabarett-Theater Die kleine Freiheit, wo er sein großes Vorbild Werner Finck kennenlernte. Bühnendebüt am Studententheater; Tournee mit einer Laienaufführung von Molières ›Die Schelmenstreiche des Scapin‹ (R. August Everding). 1955 gründete er das Studentenkabarett »Die Namenlosen«, für das er die Texte schrieb. 1956 brach er sein Studium ab und gründete zusammen mit Sammy Drechsel, Ursula Herking, Hans Jürgen Diedrich und Klaus Havenstein die Münchner Lach- und Schießgesellschaft, neben dem Düsseldorfer Kom(m)ödchen das bekannteste und erfolgreichste Polit-Kabarett Deutschlands. Hildebrandt hat als Autor, Ensemblemitglied und mit seinen Solo-Nummern wesentlich zum legendären Ruf des Ensembles beigetragen. 1972 Abschied von der Lach- und Schießgesellschaft und Auflösung des Gründungsensembles (1976 Neugründung mit anderer Besetzung); nach dem Tode des Leiters Sammy Drechsel (1986) übernahm Hildebrandt erstmals die Regie (›Der Mustermann‹). 1974–1982 Zusammenarbeit mit dem Kabarettisten Werner Schneyder. Erfolgreich als Fernsehkabarettist in ›Notizen aus der Provinz‹ (1972–1979) und vor allem in der Reihe ›Scheibenwischer‹ (seit 1980). An der Seite von Gerhard Polt, Gisela Schneeberger, Otto Grünmandl und der Biermösl Blosn sah man ihn in den satirischen Stücken ›München leuchtet‹ (1984) und ›Diri-Dari‹ (1988, Münchner Kammerspiele, R. jeweils Hanns-Christian Müller). Mit dem Team Polt/Schneeberger/Müller spielte er auch in den Filmen ›Kehraus‹ (1983) und ›Man spricht deutsh‹ (1989). Fernsehrollen hatte er u. a. in ›Dr. Murkes gesammeltes

Schweigen‹ (1964, nach Böll) und in Helmut Dietls ›Kir Royal‹ (1986, mit Franz Xaver Kroetz). 1991 stellte er nach langer Zeit wieder ein eigenes Programm in der Lach- und Schießgesellschaft vor: ›Wippchen oder die Schlacht am Metaphernberge‹ (mit Renate Küster). Der Name Dieter Hildebrandt ist mit der Geschichte des deutschen Nachkriegskabaretts verbunden wie kaum ein zweiter. Als unerschrockener Kritiker und Spötter der Nation ist Hildebrandt eine Institution. Seine Domäne ist die aus Gestotter und Versprechern zusammengestellte Conférence, das assoziative, scheinbar improvisierte Solo. Sein Kollege Bruno Jonas nannte ihn den »Pointenpapst Deutschlands«.
Literatur: D. Hildebrandt: Was bleibt mir übrig. Anmerkungen zu (meinen) 30 Jahren Kabarett. München 1986; ders.: Denkzettel. München 1992; K. P. Schreiner: Die Zeit spielt mit. Geschichte der Lach- und Schießgesellschaft. München 1976; K. Budzinski: Pfeffer ins Getriebe. Ein Streifzug durch 100 Jahre Kabarett. München 1984; ders.: Wer lacht denn da? Kabarett von 1945 bis heute. Braunschweig 1989.

Hildesheimer, Wolfgang, geb. 9. 12. 1916 in Hamburg, gest. 21. 8. 1991 in Poschiavo (Schweiz). Schriftsteller. Hildesheimer ging in Mannheim und England zur Schule. Von 1933 bis 1936 lernte er Innenarchitektur und Tischler in Palästina. Von 1937 bis 1939 studierte er Malerei und Graphik in London. Er war von 1940 bis 1945 englischer Informationsoffizier in Palästina; danach Dolmetscher bei den Nürnberger Prozessen. Von 1950 an lebte er als freier Schriftsteller. 1957 Übersiedlung nach Poschiavo (Schweiz). Diverse Preise, 1983 Bundesverdienstkreuz; Mitglied der Akademie der Künste. Viel Beachtung fand seine Biographie ›Mozart‹ (1977). Sein Werk ist beeinflußt von Strindberg, Joyce, Beckett, Ionesco und Pirandello. Er übersetzte Barnes und Shaw und bearbeitete Goldoni und Sheridan.
Stücke: ›Der Drachenthron‹ (1955); ›Landschaft mit Figuren‹ (1959); ›Die Eroberung der Prinzessin Turandot‹ (1961); ›Die Verspätung‹ (1961); ›Nachtstück‹ (1963); ›Pastorale‹ (1965).

291

Literatur: H. Puknus: Wolfgang Hildesheimer. München 1978; H. L. Arnold (Hrsg.): Wolfgang Hildesheimer. ›Text + Kritik‹, 89/90. München 1986; J. Hermann (Hrsg.): Wolfgang Hildesheimer: Ich werde nun schweigen. Gespräche. Göttingen 1993.

Hilpert, Heinz, geb. 1. 3. 1890 in Berlin, gest. 25. 11. 1967 in Göttingen. Schauspieler, Regisseur und Intendant. Studium in Berlin; Ausbildung zum Lehrer; 1914–1918 Soldat im Ersten Weltkrieg. 1919 engagierte ihn Friedrich Kayßler an die Volksbühne Berlin. Hilpert spielte realistische Rollen, darunter den alten Miller in Schillers ›Kabale und Liebe‹ und den Bruno Mechelke in Hauptmanns ›Die Ratten‹ (1922, R. Jürgen Fehling); 1922 Regiedebüt mit L'Arronges ›Mein Leopold‹. Matinee-Inszenierungen mit der Jungen Bühne: Bronnens ›Anarchie in Sillian‹ (UA 1924) und ›Die Exzesse‹ (UA 1925); Zuckmayers ›Pankraz erwacht‹ (UA 1925). Es folgten Regiearbeiten bei Richard Weichert in Frankfurt und bei Louise Dumont in Düsseldorf. 1926 engagierte ihn Max Reinhardt an das Deutsche Theater Berlin, wo er bis 1932 arbeitete. Inszenierungen u. a.: Wolfgang Goetz' ›Neidhardt von Gneisenau‹ (UA 1926, mit Werner Krauß); Edgar Wallaces ›Der Hexer‹ (1927); Shakespeares ›Troilus und Cressida‹ (1927); Bruno Franks ›Zwölftausend‹ (1928); entscheidender Durchbruch mit Bruckners ›Die Verbrecher‹ (UA 1928, mit Hans Albers): »Schon in dieser Aufführung (...) war zu erkennen, daß Hilpert (...) ein anderes Prinzip vertrat: keine individuelle Auffassung, sondern ein ordnendes, ein erzieherisches Prinzip. Der frühere Lehrer setzte sich künstlerisch auch auf der Bühne durch. Nur dann, wenn er entgegen dieser grundsätzlichen Einstellung arbeitete und ›interessant‹ oder ›artistisch‹ werden wollte, verirrte er sich (...).« (Herbert Ihering, ›Theater heute‹, Heft 3, 1965) Erfolgreich waren auch die Uraufführungen von Bruckners ›Elisabeth von England‹ (1930) und Zuckmayers ›Der Hauptmann von Köpenick‹ (1931, mit Krauß); ferner am Deutschen Theater: Horváths ›Geschichten aus dem Wiener Wald‹ (UA 1931, mit Hans Moser, Lucie Höflich, Peter Lorre); Shakespeares ›Antonius und Cleopatra‹ (1931, mit Alexander Moissi); Bruckners ›Timon‹ (1932, mit Oskar Homolka). Inszenierungen am Deutschen Künstlertheater: Sheriffs ›Die andere Seite‹ (1929); O'Neills ›Seltsames Zwischenspiel‹ (DE 1929, mit Elisabeth Bergner). 1932, als er bereits ein führender Regisseur der Theaterstadt Berlin war, wurde Hilpert Direktor der Berliner Volksbühne (bis 1943). Von 1934 bis 1944 war er gleichzeitig Intendant des Deutschen Theaters Berlin und von 1938 bis 1944 Intendant des Theaters in der Josefstadt Wien (beides in der Nachfolge von Reinhardt). Obwohl Hilpert – anders als Gustaf Gründgens am Berliner Staatstheater – direkt dem Propagandaministerium unterstellt war, führte er nur selten nationalsozialistische Stücke auf. Inszenierungen u. a.: Shaws ›Die heilige Johanna‹ (1934/35, mit Paula Wessely); Molières ›George Dandin‹ (1934/35, mit Heinz Rühmann) sowie ›Der Bürger als Edelmann‹ (1938/39, Salzburg, mit Moser); Nestroys ›Der böse Geist Lumpazivagabundus‹ (1934/35, mit Rühmann, Albin Skoda, Otto Wernicke); Goethes ›Iphigenie auf Tauris‹ (1935/36, mit Käthe Dorsch); Hauptmanns ›Hamlet in Wittenberg‹ (1936/37), ›Elga‹ (1937/38) sowie ›Dorothea Angermann‹ (1938/39, mit Wessely und Wernicke); Hebbels ›Maria Magdalena‹ (1939/40, Wien, mit Hilde Krahl); Johsts ›Der Einsame‹ (1939/40); Kleists ›Amphitryon‹ (1941/42, mit Ewald Balser und Gisela von Collande); Ibsens ›Nora‹ (1942/43, Wien, mit Krahl und Helene Thimig); Stücke von Shakespeare: ›König Richard II.‹ (1940, Wien, mit Rudolf Forster), ›Der Widerspenstigen Zähmung‹ (1940, mit Balser), ›König Lear‹ (1941, mit Balser, Bühne: Caspar Neher), ›Antonius und Cleopatra‹ (1943, Bühne: Neher). Hilpert sah sich der Tradition Reinhardts, v.a. aber dem geistigen Erbe Otto Brahms verpflichtet: »Das Wort wichtiger als die noch so raffiniert zugerüstete Szene, das Ensemble wichtiger als der noch so talentierte Virtuose, der Geist dominierend gegen den Betrieb, gegen das Geschäft. Bei allem schließlich, so rein wie

Hilsdorf

möglich, niemals die Person, immer: die Sache selbst. Hilpert, als ein ›Prinzipal‹ im Sinne der Väter des Theaters, ein Hausherr, ein Brotherr, ein Lehrherr, ein Erwecker nötigster, allzu leicht einschlafender Wahrheiten: Das hat er auch, auf jedes Risiko hin, als Vorleser bewiesen, vor allem inmitten der braunen Horden und so abseits wie möglich von ihrer sogenannten Reichskulturkammer! – Der Vorleser Heinz Hilpert, damals, m Deutschen Theater zu Berlin, das Wort als Waffe unerschrocken führend, er bleibt eine der zentralen Gestalten des geistigen Widerstandes, der in jenen Jahren nicht zuletzt in einigen deutschen Theatern ein äußerstes Asyl gefunden hatte.« (Gerhard F. Hering, ›Theater heute‹, Heft 3, 1965) Nach 1945 inszenierte er zunächst am Schauspielhaus Zürich, u. a.: Frischs ›Santa Cruz‹ (UA 1946); Zuckmayers ›Des Teufels General‹ (UA 1946, mit Gustav Knuth). Von Herbst 1947 bis Februar 1948 war er Generalintendant in Frankfurt. 1948 wechselte er nach Konstanz, wo er ein Deutsches Theater gründete; inszenierte dort Zuckmayers ›Barbara Blomberg‹ (UA 1949). Von 1950 bis 1966 war er Intendant des Deutschen Theaters Göttingen; dort wieder Zuckmayer-Uraufführungen: ›Gesang im Feuerofen‹ (1950) und ›Ulla Winblad‹ (1953, mit Brigitte Horney, Carl Raddatz); außerdem u. a.: Kleists ›Der zerbrochne Krug‹ (1951); Stücke von Hofmannsthal: ›Der Turm‹ (1951), ›Der Unbestechliche‹ (1955), ›Das Bergwerk zu Falun‹, ›Cristinas Heimreise‹; von Shakespeare: ›Wie es euch gefällt‹, ›Viel Lärm um nichts‹, ›Das Wintermärchen‹, ›Was ihr wollt‹ (1963, mit Hilpert als Narr): von Hauptmann: ›Elga‹, ›Hanneles Himmelfahrt‹, ›Der Bogen des Odysseus‹. Gastinszenierungen u. a.: Osbornes ›Der Entertainer‹ (1957, Deutsches Schauspielhaus Hamburg, mit Gründgens); Tschechows ›Drei Schwestern‹ (1958, Deutsches Theater Berlin/Ost); Zuckmayers ›Die Uhr schlägt eins‹ (UA 1961, Burgtheater Wien). 1966 übergab er die Intendanz an Günther Flekkenstein, unter dessen Regie er seine letzte Rolle spielte: den Teiresias in Sophokles' ›Antigone‹. »Woran glaubte Heinz Hilpert? Daß das Theater den Menschen hilf-

reich sei, weil es sie mit der Tragik und Komik des Lebens in der Form der Kunst konfrontiert. Was liebte er am Theater? Daß es an seinen besten Abenden ganz ohne ›Theater‹ sein konnte: nichts als Wahrheit und Kunst, Kunst der Wahrheit, die wahre Kunst. Hilpert war kein Neuerer, obwohl er einige berühmte Stücke zur Uraufführung gebracht hat. Aber er war auch nicht konservativ: Er empfand es als seine tiefste Aufgabe, Altes und Neues von den Ablagerungen der Vorurteile, der liebgewordenen Gewohnheiten, der billigen Effekte, vor allem aber der uneingestandenen und anmaßenden Eitelkeiten zu reinigen.« (Siegfried Melchinger, ›Theater heute‹, Heft 1, 1968)

Literatur: H. Hilpert: Liebe zum Theater. Erinnerungen. Stuttgart 1963; Heinz Hilpert erzählt sein Leben. In: Theater heute, Heft 1, 1968, S. 6–11; ders.: Formen des Theaters. Wien 1940; ders.: Vom Sinn und Wesen des Theaters in unserer Zeit. Hamburg 1947; R. Biedrzynski: Schauspieler, Regisseure, Intendanten. Heidelberg, Berlin, Leipzig 1944; K. H. Ruppel: Großes Berliner Theater. Velber 1962; H. G. Falkenberg: Heinz Hilpert. Das Ende einer Epoche. Göttingen 1968; J. Wondra: Heinz Hilpert 1919–1934. Diss. Wien 1971; M. Kuschnia (Hrsg.): 100 Jahre Deutsches Theater Berlin 1883–1983. Berlin 1983; M. Dillmann: Heinz Hilpert. Leben und Werk. Berlin 1990.

Hilsdorf, Dietrich, geb. 1948 in Darmstadt. Regisseur. Studium an der Hochschule für Musik und darstellende Kunst in Frankfurt a. M., u. a. bei Günther Rühle; Regieassistent bei Peter Palitzsch und Hans Neuenfels am Frankfurter Schauspiel. Danach Hausregisseur und Oberspielleiter am Ulmer Theater, wo er wegen seiner oftmals exotischen Bühnenüberraschungen von den einen kritisiert, von den anderen als Nachwuchstalent gepriesen wurde. Insgesamt 17 Inszenierungen, darunter: Schillers ›Kabale und Liebe‹ (1981); Wedekinds ›Frühlings Erwachen‹ (1982); Millers ›Tod eines Handlungsreisenden‹ (1982) und ›Hexenjagd‹ (1985); Shakespeares ›Was ihr wollt‹ (1982); Brechts ›Baal‹ (1983); Tschechows ›Drei Schwestern‹ (1983); Kroetz' ›Nicht Fisch nicht Fleisch‹ (1983); Kleists ›Der zerbrochne Krug‹ (1984); Vitracs ›Die Geheimnisse der Liebe‹ (1984: »Hilsdorf, der sich in Ulm schon häufig als aufregender, bildersüchtiger Regisseur erwies, hat in Vitracs ›Die Geheimnisse der Liebe‹ eine Vorlage gefunden, an der er seine theatralische Phantasie austoben kann. Was in anderen seiner Inszenierungen gelegentlich als Gefahr auftaucht, daß seine kritische Deutung von Figuren in die Nähe von Karikaturen gerät, hier stößt er die Bürgerkarikaturen wieder in eine andere Dimension zurück, ins Tragische.« (Thomas Thieringer, ›SZ‹, 30. 10. 1984) Als Rühle 1985 die Leitung des Frankfurter Schauspiels übernahm, holte er Hilsdorf an sein Haus. November 1985: Skandal um Hilsdorfs Uraufführungs-Inszenierung von Fassbinders ›Der Müll, die Stadt und der Tod‹ (die Aufführung des umstrittenen Stücks wurde durch Proteste der Jüdischen Gemeinde verhindert; es fand nur eine geschlossene Premiere für die überregionale Kritik statt). Weitere Arbeiten in Frankfurt u. a.: Niebergalls ›Datterich‹ (1985/86); Giraudoux' ›Die Irre von Chaillot‹ (1986); Goethes ›Egmont‹ (1986); Kuhlmanns ›Wünsche und Krankheiten der Nomaden‹ (UA 1987); Harald Muellers ›Totenfloß‹ (1987); Hauptmanns ›Die Ratten‹ (1987); Kleists ›Das Käthchen von Heilbronn‹ (1988); Sophokles' ›Ödipus‹ (1989, mit Thomas Thieme): »Daß Dietrich Hilsdorf mit getragener Seriosität nichts am Hut hat, wissen seine Freunde und Verächter längst. Nach ›Rilke‹ sollen – meint er – die Chöre nicht klingen, den ›Konfirmandenton‹ haßt er (. . .). Der Regisseur hat zunächst dem alten Stoff, dem tragischen Transport allzusehr mißtraut. Darum konzipierte er Zirkus, darum verengte er seinen Star ins Absurde, darum war man lieber albern als antik (. . .). Aber viele dieser oft gar nicht unbrillanten Einfälle, die dazu dienten, an das Riesig-Ferne wieder heranzukommen, hätte man wieder tilgen sollen. Spätestens, als offenkundig wurde, daß die zurückhaltenden Effekte viel eindringlicher herauskamen: Die Direktheit der Iokaste, die Beklommenheit des Hirten und des Boten (. . .), die Intensität der Choristen, ja nicht

zuletzt das Flüstern während der tragischen Momente.« (Joachim Kaiser, ›SZ‹, 28. 2. 1989) Am Stadttheater Wiesbaden trat er auch als Opernregisseur hervor: Massenets ›Werther‹ (1987, neue Fassung unter dem Titel ›Charlotte. Werther. Sophie. Albert‹); Lortzings ›Undine‹ (1991); Janáčeks ›Katja Kabanowa‹ (1991); Hans Gefors' ›Der Park‹ (UA 1992, nach Botho Strauß).
Literatur: G. Rühle: Fassbinder ohne Ende. Eine Dokumentation anläßlich d. Uraufführung von R. W. Fassbinders Theaterstück ›Der Müll, die Stadt und der Tod‹ im Kammerspiel des Schauspiels Frankfurt am 31. Okt. 1985. Frankfurt a. M. 1985.

Hinz, Werner, geb. 18. 1. 1903 in Berlin, gest. 10. 2. 1985 in Hamburg. Schauspieler. 1920–1922 Ausbildung an der Max-Reinhardt-Schule Berlin; 1922 Debüt als Melchior Gabor in Wedekinds ›Frühlings Erwachen‹ am Deutschen Theater Berlin; dort war er bis 1924 als jugendlicher Liebhaber engagiert. 1924/25 Engagement bei Erich Ziegel an den Hamburger Kammerspielen, wo er seine spätere Frau, die Schauspielerin Ehmi Bessel, kennenlernte. Zahlreiche Rollen als jugendlicher Held, Bonvivant und Buffo; erste Zusammenarbeit mit Gustaf Gründgens. Weitere Bühnenstationen: Wilhelmshaven (1925/26); Oldenburg (1926–1928); Zürich (1928/29). Wichtige Lehrjahre verbrachte er in Darmstadt (1929–1932); dort u. a.: Mackie Messer in Brecht/Weills ›Die Dreigroschenoper‹ (mit Bernhard Minetti); Zettel in Shakespeares ›Ein Sommernachtstraum‹; Hjalmar Ekdal in Ibsens ›Die Wildente‹ (1935 auch in Hamburg; 1940 in Berlin; 1954 in Zürich). Von 1932 bis 1939 war er am Deutschen Schauspielhaus Hamburg engagiert, wo man ihn u. a. in Inszenierungen von Jürgen Fehling sah: Tellheim in Lessings ›Minna von Barnhelm‹ (1935); Marquis von Posa in Schillers ›Don Carlos‹ (1935); Gunther in Hebbels ›Kriemhilds Rache‹ (1936). 1939–1944 Engagement an der Volksbühne Berlin; wichtigste Rollen: Wehrhahn in Hauptmanns ›Der Biberpelz‹; Shakespeares ›Hamlet‹. 1945–1947 wieder am Hamburger Schauspielhaus; spielte dort unter der Regie von Heinrich Koch den

Kreon in Sophokles' ›Antigone‹ und den Prospero in Shakespeares ›Der Sturm‹ (beide 1945). Außerdem u. a.: Calan in Barlachs ›Die Sündflut‹ (1946); Herzog in Shakespeares ›Zweierlei Maß‹ (1947); Brant in O'Neills ›Trauer muß Elektra tragen‹ (1947). 1947–1950 am Deutschen Theater Berlin: Schuster Voigt in Zuckmayers ›Der Hauptmann von Köpenick‹ (1947, R. Ernst Legal; 1971 auch am Wiener Burgtheater, R. Hans Schweikart); Prinz in Lessings ›Emilia Galotti‹ (1949); Titelrolle in Goethes ›Faust I‹ (1949, R. Wolfgang Langhoff); Krull in Sternheims ›Die Kassette‹. Gastspiele u. a. am Berliner Schloßparktheater; am Berliner Hebbeltheater: Jago in Shakespeares ›Othello‹ (1949, R. Karl Heinz Stroux). Am Berliner Ensemble spielte er den Feldprediger in Bertolt Brechts denkwürdiger Inszenierung des Stücks ›Mutter Courage und ihre Kinder‹ (1949). Es folgten Engagements am Münchner Residenztheater (1951–1953) und am Schauspielhaus Zürich (1953–1955). Unter der Intendanz von Gründgens kehrte er 1955 ans Deutsche Schauspielhaus in Hamburg zurück, wo er ohne Unterbrechungen bis 1978 zum Ensemble gehörte. Rollen in Gründgens-Inszenierungen u. a.: Faust in Grabbes ›Don Juan und Faust‹ (1959); Graham in Brechts ›Die heilige Johanna der Schlachthöfe‹ (UA 1959, mit Hanne Hiob); Nero in Durrells ›Actis‹ (UA 1961); Edgar in Strindbergs ›Totentanz‹ (1963). In Inszenierungen von Fritz Kortner: Rittmeister in Strindbergs ›Der Vater‹ (1967); Felix in Walsers ›Die Zimmerschlacht‹ (UA 1967, Münchner Kammerspiele). Außerdem u. a.: Willy Loman in Millers ›Der Tod des Handlungsreisenden‹ (1960, R. Ulrich Erfurth); Behringer in Ionescos ›Der König stirbt‹ (1963, R. Hans Lietzau); Odoardo in Lessings ›Emilia Galotti‹ (1965, R. Schweikart); Kardinal in Albees ›Winzige Alice‹ (1966, R. Koch); Puntila in Brechts ›Herr Puntila und sein Knecht Matti‹ (1969, R. Schweikart); Harry in Storeys ›Home‹ (1971); Christian Maske in Sternheims ›1913‹ (1973) und Evens in Bonds ›Die See‹ (1973, R. jeweils Dieter Giesing); Philipp II. in Schillers ›Don Carlos‹ (1975, R. Koch); Pirckheimer in

Walsers ›Sauspiel‹ (UA 1976, R. Alfred Kirchner); Henschke in Salvatores ›Freibrief‹ (1978). In Salzburg gastierte er u. a. als Eric Smith in O'Neills ›Hughie‹ (DE 1960, R. Oscar Fritz Schuh). Gastspiele am Burgtheater Wien: Vater in Storeys ›Zur Feier des Tages‹ (1972); General in Bernhards ›Die Jagdgesellschaft‹ (UA 1974, R. Claus Peymann). Von 1978 an arbeitete er frei für Bühne und Fernsehen.

Auf kein Fach festgelegt, beherrschte Hinz ein ungewöhnlich breites Rollenrepertoire. Friedrich Luft schrieb begeistert in der ›Welt‹: »Was hat dieser wunderbar vielseitige Mann nicht alles gespielt – und wie hat er es gespielt! (. . .) Er kann, scheint's, alles.« (18. 1. 1973) Seine Wandlungsfähigkeit hat Hinz auch in zahlreichen Filmen bewiesen. Schon 1935 spielte er den jungen Friedrich in ›Der alte und der junge König‹, später war er der alte Konsul in der Thomas-Mann-Verfilmung ›Die Buddenbrooks‹ (1959) und der Feldmarschall Rommel in ›Der längste Tag‹ (US-Produktion 1961). Georg Hensel schrieb in seinem Nachruf: »Ein Herr mit einem zivilen Gesicht: bei seiner Beschreibung sind die gewandtesten Theaterkritiker gescheitert. Keiner hat es vermocht, ihn auf eine Formel zu bringen. Wer zu beschreiben versuchte, was er auf der Bühne vollbrachte, der war rasch dabei, über Schillers König Philipp oder Ionescos König Behringer, über Goethes Mephisto und Faust zu schreiben: Werner Hinz führte weg von sich, hin zu den dramatischen Personen. Er präsentierte ihre Eigenheiten, nicht seine eigenen. Er paßte die Rollen nicht sich, er paßte sich den Rollen an. Und so wurde er, der so sehr ein geprägter Typus zu sein schien, immer wieder ein anderer.« (›FAZ‹, 12. 2. 1985)

Hinze, Wolfgang, geb. 25. 2. 1935 in Leipzig. Schauspieler. 1953–1955 Ausbildung an der Max-Reinhardt-Schule Berlin. Erste Engagements als jugendlicher Held in Krefeld, Heilbronn, Saarbrücken, Koblenz und Essen; 1960–1963 am Schiller-Theater Berlin; 1963–1966 am Hessischen Staatstheater Wiesbaden: Beginn der Zusammenarbeit mit Hansgünther Heyme, unter dessen Regie er 1965 Strindbergs

›Gustav Adolf‹ spielte. 1966–1969 Engagement in Frankfurt unter Harry Buckwitz. 1970–1980 am Schauspiel Köln, wo er in mehreren Inszenierungen von Roberto Ciulli zu sehen war: Malvolio in Shakespeares ›Was ihr wollt‹ (1973); Offizier in Strindbergs ›Traumspiel‹ (1975); Schauspieler in Gorkis ›Nachtasyl‹ (1976); Pasquale in de Filippos ›Oh, diese Gespenster‹ sowie Calogero in ›Der große Zauber‹ (beide 1977); Christian Maske in Sternheims ›Der Snob‹ (1978). Rollen in Heyme-Inszenierungen u. a.: Vansen in Goethes ›Egmont‹ (1974); Brown in Brecht/Weills ›Die Dreigroschenoper‹ (1975); Enobarbus in Shakespeares ›Antonius und Cleopatra‹ (1975) sowie Polonius in ›Hamlet‹ (1979). 1980–1983 Engagement bei Heyme am Staatstheater Stuttgart; dort Zusammenarbeit mit dem Regisseur Günter Krämer: Kurt in Strindbergs ›Totentanz‹ (1980); Kurz in Dorsts ›Die Villa‹ (1981); Dr. Schön in Wedekinds ›Lulu‹ (1982). 1983–1986 am Schauspielhaus Düsseldorf (unter der Leitung von Günther Beelitz); Erfolg als Schnitzlers ›Professor Bernhardi‹ (1985/86, R. Volker Hesse): »Hinze verkörpert den Bernhardi erkennbar, aber keineswegs zur Karikatur überzeichnet, als assimilierten österreichischen Juden. In Gebärde, Gestik, Haltung: der Jude. Im Gespräch, im Disput: der aufgeklärte Intellektuelle, der Zyniker. Hinze besitzt eine ungewöhnliche Schärfe und Direktheit im Ausdruck. Kein Ton, kein Blick, kein Gang wirkt zufällig. (. . .) Dieser Bernhardi verliert nie das Gefühl für seine Stärke, seinen Verstand. Unverschämt nett und unverschämt kalt geht er seinen Weg.« (C. Bernd Sucher, ›SZ‹, 18. 4. 1986) In der Spielzeit 1986/87 wechselte Hinze mit Beelitz an das Bayerische Staatsschauspiel München, wo er bis heute zum Ensemble gehört. Rollen u. a.: Papst in Hochhuths ›Der Stellvertreter‹ (1988, R. David Levine); Titelrollen in Rostands ›Cyrano de Bergerac‹ (1990, R. Thomas Schulte-Michels) und in Hauptmanns ›Michael Kramer‹ (1992, R. Peter Palitzsch); Pastor Manders in Ibsens ›Gespenster‹ (1992) und Capulet in Shakespeares ›Romeo und Julia‹ (1993, R. jeweils Leander Haußmann); Gajew in

Tschechows ›Der Kirschgarten‹ (1993/94, R. Matthias Fontheim); Pinon in Wolfgang M. Bauers ›In den Augen eines Fremden‹ (UA 1994, R. Haußmann). Hin und wieder führt Hinze selbst Regie, so inszenierte er in Aachen Müllers ›Philoktet‹ und in Dortmund Plenzdorfs ›Die neuen Leiden des jungen W.‹.

Hiob, Hanne, geb. 12. 3. 1923 in München. Schauspielerin. Tochter von Bertolt Brecht und der Opernsängerin Marianne Zoff. Nach der Trennung ihrer Eltern blieb sie bei ihrer Mutter, die 1928 den Schauspieler Theo Lingen heiratete. Tanz- und Schauspielunterricht in Wien; 1941 Ballettelevin an der Wiener Staatsoper; 1942–1944 Tänzerin und Schauspielerin am Landestheater Salzburg. Von 1945 bis 1947 hatte sie ein Engagement am Wiener Volkstheater, wo man sie u. a. als Leontine in Hauptmanns ›Der Biberpelz‹ sah. Nach einer Verpflichtung am Stadttheater Straubing mußte sie krankheitsbedingt mehrere Jahre pausieren. 1953–1958 Engagement am Theater am Kurfürstendamm Berlin (unter Oscar Fritz Schuh); dort u. a.: Prinzessin in Frischs ›Die chinesische Mauer‹ (1955); Lisa in Tolstois ›Das Licht scheint in der Finsternis‹ (1957); Lena in Büchners ›Leonce und Lena‹ (1957); Gerda in Strindbergs ›Der Scheiterhaufen‹ (1958). Am Deutschen Schauspielhaus Hamburg spielte sie die Titelrolle in der Uraufführung von Brechts ›Die heilige Johanna der Schlachthöfe‹ (1959, R. Gustaf Gründgens). In derselben Rolle sah man sie 1968 am Berliner Ensemble und 1971 bei den Ruhrfestspielen Recklinghausen. Weitere Brecht-Rollen: Grusche in ›Der kaukasische Kreidekreis‹ (1964, Schauspielhaus Zürich); Titelrolle in ›Die Gewehre der Frau Carrar‹ (1975, Münchner Kammerspiele). Am Berliner Schiller-Theater sah man sie in Becketts ›Nicht Ich‹ (DE 1973). 1976 zog sie sich als Schauspielerin von der Bühne zurück und wurde politisch aktiv; mehrere Lesungen, Brecht-Programme und pazifistisch-antifaschistische Veranstaltungen (›Der anachronistische Zug‹). Gastspiele mit politisch-literarischen Programmen wie ›Die Beute bleibt deutsch‹ (1990) und ›Haifische und andere Men-

Hirschfeld

schen‹ (1993). Peter von Becker schrieb: »Hanne Hiob ist unverkennbar eine von Brechts Frauen. So tritt sie wohl meistens auf: Schwarzer Pullover und Hose, die vollen, dunklen, kaum grauen Haare in der Mitte gescheitelt, am Hinterkopf zusammengesteckt, bißchen puritanisch, klein, schlank (. . .). Schön, wenn sie klar, mit einer weichen, doch ganz unsentimentalischen Stimme die ›Ballade von der Judenhure Marie Sanders‹ vorträgt. Singt oder spricht sie Brechttexte (. . .), dann schwingt in ihrem satireszuren, koboldtrotzigen Lachen doch auch etwas Kompliziertes, Angestrengtes.« (›Theater heute‹, Heft 4, 1983)
Literatur: A. Müller: »Ich bin ein alleiniger Mensch«. Gespräch mit Brechts Tochter Hanne Hiob. In: Die Zeit, 4. Juli 1980; P. v. Becker: »Ich muß über meine Sachen am meisten lachen«. Begegnungen mit der Tochter Brechts. In: Theater heute, Heft 4, 1983, S. 8–13.

Hirschfeld, Kurt, geb. 10. 3. 1902 in Lehrte bei Hannover, gest. 8. 11. 1964 in Tegernsee. Dramaturg, Regisseur und Intendant. Studium der Literaturwissenschaft in Frankfurt, Heidelberg und Göttingen. 1930–1933 Dramaturg und Regisseur am Landestheater Darmstadt (unter Carl Ebert, dann unter Gustav Hartung); 1933 Entlassung und Emigration in die Schweiz. 1933/34 und von 1938 bis 1960 arbeitete er am Schauspielhaus Zürich (unter der Intendanz von Oskar Wälterlin). Er war dort Chefdramaturg und Regisseur, später Vizedirektor. Nach Wälterlins Tod übernahm er 1961 die Direktion des Schauspielhauses. Wichtigste Inszenierungen (alle Zürich): Brechts ›Herr Puntila und sein Knecht Matti‹ (UA 1948) und ›Im Dickicht der Städte‹ (1960); O’Neills ›Der Eismann kommt‹ (1950); Sophokles’ ›König Ödipus‹ (1954); Lessings ›Emilia Galotti‹ (1959) und ›Nathan der Weise‹ (1964); T. S. Eliots ›Ein verdienter Staatsmann‹ (1960); Frischs ›Andorra‹ (UA 1961); Wedekinds ›Lulu‹ (1962, mit Elfriede Irrall, Gustav Knuth, Ernst Ginsberg); K. H. Ruppel schrieb darüber: »wie sie [die Inszenierung] den blutigen Ernst des Stückes mit der Genauigkeit eines

Rapports zutage brachte, wie sie seinen Realismus (auf dem Boden des absolut Irrealen) stilisierte, das war hervorragend und beispielgebend dafür, wie man Wedekind heute inszenieren muß: demonstrierend, ohne die Affekte zu unterspielen, plakatierend, ohne das Expressive zu übergehen.« (›Theater heute‹, Heft 7, 1962) Als Dramaturg entwickelte Hirschfeld für das Schauspielhaus Zürich ein Spielplankonzept, das offen war für die zeitgenössischen Dramen der Weltliteratur. Schon vor 1945 wurden hier Stücke von Wilder, O’Neill, Giraudoux, Claudel, García Lorca, Eliot und Sartre gespielt. Auf dem Spielplan standen außerdem wichtige Brecht-Uraufführungen. Nach dem Krieg war das Zürcher Schauspielhaus die Uraufführungsbühne für die Stücke von Friedrich Dürrenmatt und Max Frisch. Hirschfeld arbeitete eng mit beiden Dramatikern zusammen. Auch als Regisseur war er in erster Linie Dramaturg: Ihm ging es vor allem um die inhaltliche Aussage eines Stückes.
Literatur: G. Schoop: Das Zürcher Schauspielhaus im Zweiten Weltkrieg. Zürich 1957; K. Hirschfeld/P. Löffler (Hrsg.): Schauspielhaus Zürich 1938–1958. Zürich 1958.

Hochhuth, Rolf, geb. 1. 4. 1931 in Eschwege. Schriftsteller. Sohn eines Fabrikanten. Nach Abschluß einer Buchhändlerlehre war Hochhuth von 1951 bis 1956 Gasthörer in Heidelberg und München. Danach Verlagslektor. Seit 1963 lebt er als freier Schriftsteller in Basel. Diverse Preise. Er schrieb Stücke dokumentarischen Inhalts, setzte sich immer wieder mit der nationalsozialistischen Vergangenheit Deutschlands auseinander, sowohl in seinen Dramen, als auch in seinen Romanen. Seine Stücke waren oft umstritten und bekamen teilweise aus politischen Gründen Aufführungsverbote. Vor allem ›Der Stellvertreter‹ (1963/67), ein Stück über die mögliche Mitschuld des Vatikans an der Vernichtung der Juden, führte zu heftigen Protesten. Dieses Stück wurde in den letzten dreißig Jahren in 86 Städten der Welt nachgespielt. Renate Schostack schrieb: »Hochhuths Stück, am 20. Februar 1963

unter der Regie von Erwin Piscator uraufgeführt, traf die Adenauer-Ära bis ins
Mark. Warum? Weil sie mit Aufbauen,
Wiederherstellen, Herausputzen beschäftigt, der Nazi-Vergangenheit auswich. Mit
der Juden-Vernichtung befaßte man sich
metaphorisch: Max Frischs ›Andorra‹ hatte
den Stoff als Fabel verarbeitet. Hochhuth
gab ihm seine geschichtliche Direktheit
und Nähe zurück.« (›FAZ‹, 25. 4. 1988,
Kritik zu ›Der Stellvertreter‹, Bayerisches
Staatsschauspiel München, R. David Levine) »Ich finde Hochhuths Fragestellung,
seinen unerschütterlichen Glauben an das
Moralische, einfach großartig. Diese Dinge
zu erörtern nach dem Gesichtspunkt, was
man in der Bundesrepublik darüber
quatscht, was man dort tut oder nicht tut,
ist völlig unerheblich. Das ist ein Welt-
problem, und wenn die Deutschen wieder
ihre Dummheiten daraus ziehen, dann mögen sie das tun.« (Karl Jaspers, in:
R. Hochhuth, Soldaten. **Weitere Stücke:** ›Soldaten‹ (1967); ›Die
Hebamme‹ (1971/73); ›Juristen‹ (1979);
›Ärztinnen‹ (1980); ›Unbefleckte Empfängnis‹ (1988); ›Wessis in Weimar‹
(1993). **Literatur:** F. J. Raddatz (Hrsg.): Summa
iniuria. Hamburg 1963; **H. L. Arnold**
(Hrsg.): Rolf Hochhuth (›Text und Kritik‹,
58). München 1978; W. Hinck (Hrsg.):
R. Hochhuth – Eingriff in die Zeitgeschichte. Reinbek 1981; R. Wolff (Hrsg.):
Rolf Hochhuth. Werk und Wirkung. Bonn
1987.

Hochwälder, Fritz, geb. 28. 5. 1911 in
Wien, gest. 20. 10. 1986 in Zürich.
Schriftsteller. Seine Eltern wurden von den
Nazis deportiert und umgebracht, Hochwälder konnte 1938 in die Schweiz flüchten, wo er auch nach dem Krieg lebte. Dort
Freundschaft mit Georg Kaiser. Hochwälder schrieb zeitkritische Stücke über
Macht, individuelle Schuldverstrickung
und Themen der Vergangenheitsbewältigung. Seine nach klassischem Muster ge-
bauten Stücke nahmen Traditionen des
Wiener Volkstheaters auf und verdichteten
sie zu satirischen Zeitstücken anhand
historischer oder weltanschaulicher Su-
jets.

Stücke: ›Jehr‹ (1932); ›Das heilige Experiment‹ (1943); ›Der öffentliche Ankläger‹
(1948); ›Donadieu‹ (1955); ›Die Herberge‹
(1956); ›Der Befehl‹ (1967/68); ›Die Prin-
zessin von Chimay‹ (1982). **Literatur:** W. Bortenschlager: Der Dramatiker F. Hochwälder. Innsbruck 1979.

Höffer, Donata, geb. 29. 9. 1949 in Berlin. Schauspielerin. 1966–1968 Ausbildung an der Max-Reinhardt-Schule Berlin;
1969–1971 Engagement an den Wuppertaler Bühnen; dort u. a.: Titelrolle in Wedekinds ›Lulu‹; Axinja in Ostrowskis ›Der
Wald‹; Sasa in Tschechows ›Iwanow‹; Doreen in Ardens ›Leben und leben lassen‹;
Polly in Brecht/Weills ›Die Dreigroschenoper‹ (1973, als Gast). Gastspiele
u. a.: Lena in Büchners ›Leonce und Lena‹
(1969, Ruhrfestspiele Recklinghausen); in
Nelly Sachs' ›Eli‹ (1970, Akademie der
Künste und Schiller-Theater Berlin);
Gretchen in Goethes ›Faust‹ (1972, Tour-
nee); Titelrolle in Lessings ›Miss Sara
Sampson‹ (1972, Freie Volksbühne Berlin,
R. Gerhard F. Hering). 1975–1980 Enga-
gement am Deutschen Schauspielhaus
Hamburg; Rollen u. a.: Käthe Vockerath in
Hamsuns ›Einsame Menschen‹; Lucile in
Büchners ›Dantons Tod‹. Am Bremer
Theater gastierte sie in den Titelrollen von
Ibsens ›Nora‹ (1982) und Shaws ›Candida‹
(1984). Zahlreiche Tourneen und umfang-
reiche Fernseharbeit.

Höfferer, Sissy, geb. 23. 4. 1955 in Klagenfurt. Schauspielerin. Nach dem Abitur
Ausbildung am Wiener Max-Reinhardt-
Seminar; 1976–1980 am Münchner Residenztheater u. a.: Franchette in Beaumarchais' ›Der tolle Tag oder Figaros Hochzeit‹; Jill in Shaffers ›Equus‹; Alice/
Ballettmädchen in Strindbergs ›Traumspiel‹ (R. Ingmar Bergman); in Inszenierungen von Karl Paryla: Areusa in de Rojas ›Celestina‹; Maria Antonowa in Gogols
›Der Revisor‹; Betty in Nestroys ›Der böse
Geist Lumpazivagabundus‹. Zusammen
mit Andras Fricsay und ihrem Mann
Jacques Breuer gründete sie 1979 die freie
Münchner Theatergruppe Zauberflöte, der
sie bis 1984 angehörte. Rollen (alle unter
der Regie von Fricsay): Alison in Osbornes

Höflich

›Blick zurück im Zorn‹ (1980); Luise in Schillers ›Kabale und Liebe‹ (1981); Angel in Mark Medoffs ›Red Ryder‹ (1982). Danach Gastspiele an verschiedenen Münchner Bühnen: Connie in Neil Simons ›Barfuß im Park‹ (1986, Teamtheater); Elmire in Molières ›Tartuffe‹ (1987) und Adrian in Woody Allens ›A Midsummer Night's Sex Comedy‹ (1988, R. Volker Hesse, jeweils Residenztheater München); Antonia in Barillet/Gredys ›Kaktusblüte‹ (1990, Kleine Komödie). Zahlreiche Fernsehrollen, u. a. Sava in dem Vierteiler ›Mathias Sandorf‹ (1979, nach Jules Verne) und Hanna in Tom Toelles ›Via Mala‹ (1985).

Höflich, Lucie, geb. 20. 2. 1883 in Hannover, gest. 9. 10. 1956 in Berlin. Schauspielerin, Theaterleiterin und Schauspiellehrerin. Von 1903 bis 1932 arbeitete sie vorwiegend am Deutschen Theater Berlin bei Max Reinhardt. 1933/34 Direktorin der Staatlichen Schauspielschule Berlin, Eröffnung eines eigenen Schauspielstudios; bis 1940 Gastspielverträge an der Volksbühne und am Schiller-Theater Berlin. Von 1946 bis 1950 war sie Schauspieldirektorin in Schwerin; gelegentliche Gastspiele an verschiedenen Berliner Bühnen. Rollen in Reinhardt-Inszenierungen u. a.: Chrysothemis in Hofmannsthals ›Elektra‹ (1905); Cordelia in Shakespeares ›König Lear‹ (1908); Gretchen in Goethes ›Faust‹ (1909); Titelrolle in Schönherrs ›Der Weibsteufel‹ (1915); Mutter in Pirandellos ›Sechs Personen suchen einen Autor‹ (1924, Komödie); Königsjuliane in Hamsuns ›Vom Teufel geholt‹ (1929, ebenda); ferner am Deutschen Theater u. a.: Kleists ›Das Käthchen von Heilbronn‹ (1905); Viola in Shakespeares ›Was ihr wollt‹ (1907); Regine in Ibsens ›Gespenster‹ (1907) und Titelrolle in ›Nora‹ (1917); Klara in Hebbels ›Maria Magdalena‹ (1912); Titelrollen in Lessings ›Emilia Galotti‹ (1913) und in Hauptmanns ›Rose Bernd‹ (1916); Frau John in Hauptmanns ›Die Ratten‹ (1916, Volksbühne, R. Felix Hollaender); Julie in Molnárs ›Liliom‹ (1922, Theater am Kurfürstendamm); Köchin Ernestine in Bruckners ›Die Verbrecher‹ (UA 1928, Deutsches Theater,

R. Heinz Hilpert): »Blond der Scheitel, stämmig die Gestalt, argwöhnisch der Blick, aber das Zucken der Hingabe in allen Gliedern – so sieht sie ihrem Gustav in die Augen. Mitleid mit der Kindsmörderin, Aufruhr des Instinkts vor Gericht, Tumult aller Sinne im Schicksalsgespräch mit der Rivalin (...). Ein kleines, boshaftes Lächeln der Schadenfreude mitten in der versteinerten Qual der Gerichtsszene, gehört zu jenen Wundern der Inspiration, die einen verhüllten Menschen plötzlich durchsichtig werden lassen. Ein Denkmal für Lucie Höflich in diesem Moment!« (Monty Jacobs, ›Vossische Zeitung‹, 24. 10. 1928); ferner: Rosa in Schönthans ›Der Raub der Sabinerinnen‹ (1932); in Horváths ›Geschichten aus dem Wiener Wald‹ (UA 1931, R. Hilpert). Am Staatstheater u. a.: Titelrolle in Schillers ›Maria Stuart‹ (1919, R. Leopold Jeßner); Gräfin Geschwitz in Wedekinds ›Lulu‹ (1926, R. Erich Engel); Frau Sonntag in Lasker-Schülers ›Die Wupper‹ (1927, R. Jürgen Fehling); Frau Alving in Ibsens ›Gespenster‹ (1928) und Gunhild in ›John Gabriel Borkman‹ (1940). Nach dem Krieg sah man sie u. a. als Frau Hilse in Hauptmanns ›Die Weber‹ (1952) und als Maria Josefa in García Lorcas ›Bernarda Albas Haus‹ (1952). Lucie Höflich war eine der großen realistischen Charakterdarstellerinnen, gefördert von Reinhardt, gefeiert von Publikum und Kritik. Herbert Ihering: »Lucie Höflich war es, die damals die sentimentalen Fachrollen des klassischen Theaters vom Schema des Hoftheatergebrauchs befreite und auf menschliche Einfachheit zurückführte. (...) In den ›Räubern‹ war sie Amalia von Edelreich und brachte dieser, in der Theaterrede ›undankbar‹ genannten, Rolle Schicksal und Bedeutung zurück. Trotz der hochgestiegenen Sprache des jungen Schiller schien dieses Schloßfräulein mehr zu verschweigen als auszusagen, und wenn sie am Spinett saß und sang, dann ging das Geheimnis um in den Räumen des alten Moor. So war Lucie Höflich auch die erste Cordelia, die den Zorn des Königs Lear wirklich herausforderte. (...) Als Klara in Hebbels ›Maria Magdalena‹ ließ sie die Gefühle nur stockend und zögernd in die Worte strömen, wahrhaft die

Tochter des Meisters Anton, schwerblütig wie er, nachdenkend wie er, spintisierend und spökenkiekend wie er.« (›Von Kainz bis Wessely‹, S. 116 f.)

Literatur: F. Thiess: Lucie Höflich. Berlin 1920; H. Ihering: Von Josef Kainz bis Paula Wessely. Heidelberg, Berlin, Leipzig 1942; A. Kerr: Mit Schleuder und Harfe. München 1985; M. Bier: Schauspielerporträts. 24 Schauspieler um Max Reinhardt. Berlin 1989.

Höper, Wolfgang, geb. 15. 3. 1933 in Braunschweig. Schauspieler. Ausbildung an der Staatlichen Hochschule für Musik und Theater in Hannover; 1956–1958 Engagement am Stadttheater Hildesheim. Rollen u. a.: Hauptmann in Shaws ›Androklus und der Löwe‹; Jim in Williams' ›Die Glasmenagerie‹; Kosinsky in Schillers ›Die Räuber‹ (1957, R. Erwin Piscator). 1958–1964 am Nationaltheater Mannheim u. a.: Melchtal in Schillers ›Wilhelm Tell‹ (1958, R. Piscator); Ludovico Marsili in Brechts ›Leben des Galilei‹ (1959); Edgar in Frys ›Venus im Licht‹ (1959); Graf von Warwick in Anouilhs ›Jeanne oder die Lerche‹ (1960); Mellefont in Lessings ›Miss Sara Sampson‹ (1960); Nestor le Fripé in Breffort/Monnots ›Irma la Douce‹ (1961); Fred Graham in Porter/Spewacks ›Kiss me, Kate‹ (1964). 1964–1966 am Staatstheater Wiesbaden u. a.: Ed in Ortons ›Seid nett zu Mr. Sloane‹; Oronte in Molières ›Der Menschenfeind‹. Seit 1966 gehört er zum Ensemble des Württembergischen Staatstheaters Stuttgart (mit Ausnahme der Spielzeit 1972/73, als er am Schauspielhaus Düsseldorf arbeitete). Rollen in Inszenierungen von Peter Palitzsch u. a.: Herzog von Somerset in Shakespeares ›König Heinrich VI.‹ (1967); Kenneth Baxter in Hopkins' ›Diese Geschichte von Ihnen‹ (1969); in Inszenierungen von Alfred Kirchner u. a.: Malvolio in Shakespeares ›Was ihr wollt‹ (1974) sowie Theseus/Oberon im ›Sommernachtstraum‹ (1977); Mr. Martin in Ionescos ›Die kahle Sängerin‹ (1974/75); Dr. Relling in Ibsens ›Die Wildente‹ (1977). Außerdem u. a.: Valère in Molière/Dorsts ›Der Menschenfeind‹ (1967, R. Peter Zadek); Lenny in Pinters ›Die Heimkehr‹ (1967, R. Fritz

Zecha); Licht in Kleists ›Der zerbrochene Krug‹ (1968, R. Günther Rennert); Antoine Magneau in Vitracs ›Victor oder Die Kinder an der Macht‹ (1970, R. Hans Neuenfels); Harry in Storeys ›Home‹ (1971, R. Niels-Peter Rudolph); Sultan Saladin in Lessings ›Nathan der Weise‹ (1976, R. Karl Heinz Stroux); Strasser in Horváths ›Zur schönen Aussicht‹ (1976, R. Horst Zankl); Wehrhahn in Hauptmanns ›Der Biberpelz‹ (1976); Kulygin in Tschechows ›Drei Schwestern‹ (1978, R. Claus Peymann); Chandebise/Poche in Feydeaus ›Floh im Ohr‹ (1981, R. Thomas Schulte-Michels); Hiob in Schillers ›Demetrius‹ (1982, R. Hansgünther Heyme); Dave Moss in Mamets ›Hanglage Meerblick‹ (DE 1986) und Jack McCracken in Ayckbourns ›Familiengeschäfte‹ (1988, R. jeweils Dieter Giesing); Rauch in Horváths ›Kasimir und Karoline‹ (1989, R. Wolf-Dietrich Sprenger); Kanonikus Burren in O'Caseys ›Das Freudenfeuer für den Bischof‹ (1990, R. Jürgen Bosse). Erfolg als Solist in Becketts ›Das letzte Band‹ und in Süßkinds ›Kontrabaß‹. 1976 wurde er zum Staatsschauspieler ernannt; seit 1976 ist er Lehrbeauftragter an der Staatlichen Hochschule für Musik und darstellende Kunst in Stuttgart. Zahlreiche Fernsehspiele, Lesungen und Rezitationsabende.

Höpfner, Ursula, geb. 19. 12. 1949 in Hannover. Schauspielerin. 1967–1971 Ballettausbildung bei Yvonne Georgi an der Hochschule für Musik und Theater Hannover. 1971/72 Engagement am Staatstheater Hannover; 1973–1976 bei Hans Kresnik in Bremen. In Bremen begann die enge Zusammenarbeit mit George Tabori, den sie heiratete und in dessen neugegründetem Theaterlabor sie mitwirkte: Maxime in ›Sigmunds Freude‹ (1975, nach Fritz Perls ›Gestalttherapie‹); in ›Die Troerinnen‹ (1976, nach Euripides); Panther in ›Hungerkünstler‹ (1977, nach Kafka); Ophelia in Shakespeares ›Hamlet‹ (1978). Mit Tabori arbeitete sie von 1978 bis 1981 auch an den Münchner Kammerspielen: Lanzelot Gobbo in ›Ich wollte, meine Tochter läge tot zu meinen Füßen und hätte die Juwelen in den Ohren‹ (1978, Shylock-Improvisationen); ferner in ›Der

Hörbiger

Untergang der Titanic‹ (1980, Szenen nach Enzensberger) und in Becketts ›Nicht ich‹ (1981). Weitere Arbeiten mit Tabori u. a.: Beckett-Abend (1981/82, Bochum); Rosinda in Taboris ›Der Voyeur‹ (1982, Produktion für das Berliner Theatertreffen); Mizzi in Taboris ›Jubiläum‹ (UA 1983) und Amme in ›Peepshow‹ (UA 1984, jeweils Bochum). 1985/86 wieder mit Tabori an den Münchner Kammerspielen: Die Frau in ›M‹ (nach Euripides' ›Medea‹); Kassandra in Euripides' ›Die Troerinnen‹ (in der Bearbeitung von Walter Jens); Winnie in Becketts ›Glückliche Tage‹: »Die zierlich-schöne Ursula Höpfner stürzt sich vehement, den tragikomischen Nonsens nicht verachtend, in eine augenrollende Soubretten-Winnie – eine im Kleintäglichen gefangene Dreigroschenmegäre (Maria Wimmers Hintergrund wird hier zum Vordergrund).« (Ingrid Seidenfaden, Münchner ›Abendzeitung‹, 15. 4. 1986); Beauty in Harald Muellers ›Totenfloß‹. 1986–1990 Ensemblemitglied in Taboris Theater Der Kreis in Wien; dort u. a.: Mitarbeit in ›Schuldig geboren‹ (1987, nach Peter Sichrovsky); Rosa in Braschs ›Frauen-Krieg-Lustspiel‹ (UA 1988); Rollen in Taboris Shakespeare-Projekten: in ›Verliebte und Verrückte‹ (1989); Gonaril/Edgar in ›Lears Schatten‹ (1989); Titelrolle in ›Hamlet‹ (1990). Sie wirkte auch in zahlreichen Hörspielen von Tabori mit. Seit der Spielzeit 1990/91 gehört sie zum Ensemble des Wiener Burgtheaters; dort wieder Zusammenarbeit mit Tabori: Verschiedene Rollen in ›Babylon Blues‹ (UA 1991) und in ›Goldberg-Variationen‹ (UA 1991, mit Gert Voss, R. jeweils Tabori); Maggie in ›Requiem für einen Spion‹ (UA 1993, mit Voss und Branko Samarovski); Dr. Greenberg in ›Die 25. Stunde‹ (1993/94); Rollen in Inszenierungen von Claus Peymann: Kammerfrau/Hexe in Shakespeares ›Macbeth‹ (1992); in Handkes ›Die Stunde da wir nichts voneinander wußten‹ (UA 1992); Lucrezia in Goldonis ›Der Impresario von Smyrna‹ (1992); ferner u. a.: Missena in Brechts ›Die Rundköpfe und die Spitzköpfe‹ (1993, R. Manfred Karge); Mariedl in Schwabs ›Die Präsidentinnen‹ (1993/94, R. Peter Wittenberg). 1989 wurde sie mit der Kainz-

Medaille ausgezeichnet (für ihre Leistung in der Shakespeare-Collage ›Verliebte und Verrückte‹).

Hörbiger, Attila, geb. 21. 4. 1896 in Budapest, gest. 27. 4. 1987 in Wien. Schauspieler. Kindheit in Budapest; 1903 Umzug der Familie nach Wien; Freiwilliger im Ersten Weltkrieg. 1919 begann er ein Landwirtschaftsstudium in Wien, fing jedoch noch im selben Jahr als Autodidakt mit der Schauspielerei an. Debüt am Theater in der Wiener Neustadt (1919); erstes festes Engagement an der Schwäbischen Volksbühne Stuttgart (1919/20). Weitere Bühnenstationen: Theater Bozen (1920/21); Raimundtheater Wien (1921/22); Theater Reichenberg (1922/23); Lustspieltheater Wien (Jarno-Bühnen, 1923–1925); Deutsches Theater Brünn (1925/26); Neues Deutsches Theater Prag (1926–1928), dort Bekanntschaft mit Paula Wessely, die er 1935 heiratete. 1928 kehrte er wieder nach Wien zurück, wo er bis 1949 am Theater in der Josefstadt engagiert war und vor allem die kraftvollen Naturburschen spielte. Max Reinhardt wurde sein großer Lehrmeister. Rollen u. a.: Hektor in Offenbachs ›Die schöne Helena‹ (1932); Lünk in Schureks ›Straßenmusik‹ (1936); Titelrolle in Hasenclevers ›Ein besserer Herr‹; Hektor in Giraudoux' ›Der trojanische Krieg findet nicht statt‹ (1936); Petruchio in Shakespeares ›Der Widerspenstigen Zähmung‹ (1938) und Markgraf Ulrich in Hauptmanns ›Griselda‹ (1942, beide mit Paula Wessely); Mr. Antrobus in Wilders ›Wir sind noch einmal davongekommen‹ (1947; 1962 auch in Düsseldorf). Von 1933 bis 1944 spielte er außerdem am Deutschen Theater Berlin; dort Zusammenarbeit mit Heinz Hilpert, unter dessen Regie er u. a. Zuckmayers ›Schinderhannes‹ spielte (1933). Bei den Salzburger Festspielen hatte er triumphale Erfolge als Hofmannsthals ›Jedermann‹ (1935–1937 unter Reinhardt und 1947–1951). Seit 1950 gehörte er zum Wiener Burgtheater, wo er schließlich die großen, anspruchsvollen Partien eroberte. Wichtigste Nestroy-Rollen: Schuster Knieriem im ›Lumpazivagabundus‹ (ab 1962, zuerst Salzburger

Festspiele, dann Kammerspiele München und Wien); Gabriel Brunner in ›Kampl‹ (1978). Große Erfolge feierte er ferner als Melody in O'Neills ›Fast ein Poet‹ (1957, Salzburg und Wien), als Goethes ›Faust‹ (1961, Salzburg) und Lessings ›Nathan der Weise‹ (1975). Ferner u. a.: Ibsens ›Peer Gynt‹ (1952); Benedikt in Shakespeares ›Viel Lärm um nichts‹ (1953); Sarynzew in Tolstois ›Das Licht leuchtet in der Finsternis‹ (1953); James Tyrone in O'Neills ›Eines langen Tages Reise in die Nacht‹ (1956); Schillers ›Wilhelm Tell‹ (1959, Gastspiel in Düsseldorf, R. Karl Heinz Stroux); Hofreiter in Schnitzlers ›Das weite Land‹ (1959, mit der Wessely) und Moser in ›Der Ruf des Lebens‹ (1977); Odoardo in Lessings ›Emilia Galotti‹ (1961); Kaiser Rudolf II. in Grillparzers ›Ein Bruderzwist in Habsburg‹ (1963); Puntila in Brechts ›Herr Puntila und sein Knecht Matti‹ (1969); Diener Firs in Tschechows ›Der Kirschgarten‹ (1983); in Stücken von Raimund: Rappelkopf in ›Der Alpenkönig und der Menschenfeind‹ (1965, mit seinem Bruder Paul Hörbiger); Hohes Alter in ›Der Bauer als Millionär‹ (1979); Der Winter in ›Der Diamant des Geisterkönigs‹ (1984, seine letzte Rolle, R. Hans Hollmann). Auch beim Film feierte Hörbiger große Erfolge, häufig an der Seite seiner berühmten Frau. (Beide wirkten auch in dem NS-Propagandafilm ›Heimkehr‹ mit.) Zu seinen bekanntesten Filmen zählen: ›Die große Liebe‹ (1931); ›Die Julika‹ (1936); ›Der Engel mit der Posaune‹ (1948); ›Oberst Redl‹ (1955).

Attila Hörbiger, der anfangs im Schatten seines älteren Bruders Paul stand, wurde zum Doyen des Burgtheaters, vom Publikum geliebt und gefeiert als »der Attila«. Für Hilde Spiel war er »ein Genie des Humors wie Chaplin«. Karin Kathrein schrieb in einem Nachruf: »Seine Traumrolle, die er nie gespielt hat, war der Liliom. Ein Kraftlackl mit einer zarten Seele, ein Mann, der sich in Ausweglosigkeiten verheddert, der schlägt, weil er liebt. Diesem Paradox im Menschen war Attila Hörbiger auf der Spur und gab ihm Gestalt. Er suchte nach dem verschütteten, von den Narben unzählbarer Verletzungen verkrusteten Wesenskern, der das Gute, das Schöne, das Wahre eines Menschen hätte ausmachen können, wäre er nicht ein Ausgelieferter. (...) Das Eigentliche eines Menschen im Kampf mit seinem Wahn, seinen Begierden und Illusionen wie mit den Zwängen dieser Welt wurde durch die Kunst dieses begnadeten Schauspielers spürbar. (...) Dabei wurde er niemals sentimental. Zwar konnte er das wienerische Selbstmitleid hinreißend vermitteln, doch war er ein herber, verhaltener, ›moderner‹ Schauspieler. Die Magie, die von seinen besten Figuren ausging, wurde nicht ausladend oder pathoserfüllt, sondern mit knappen, eindringlichen Zeichen vermittelt. Nie äußerlich, sondern aus dem vollen eines reichen Gefühls schöpfend, wahrhaftig und zugleich von subtiler Hintergründigkeit.« (›Die Presse‹, 29. 4. 1987) Hörbiger hat alle Auszeichnungen erhalten, die ein Schauspieler in Österreich erhalten kann. Seine Töchter Elisabeth Orth, Christiane und Maresa Hörbiger sind ebenfalls Schauspielerinnen.

Literatur: O. M. Fontana: Wiener Schauspieler. Wien 1948; V. Reimann: Die Adelsrepublik der Künstler. Schauspieler an der ›Burg‹. Düsseldorf, Wien 1963; H. Weigel: Der Schauspieler Attila Hörbiger. Velber 1963; E.-M. Klinger: Attila Hörbiger. Diss. Wien 1969; E. Orth: Märchen ihres Lebens. Meine Eltern Paula Wessely und Attila Hörbiger. Wien, München 1975; E. Fuhrich/G. Prossnitz (Hrsg.): Paula Wessely – Attila Hörbiger. Ihr Leben – ihr Spiel. München 1985.

Hörbiger, Christiane, geb. 13. 10. 1938 in Wien. Schauspielerin. Tochter des Schauspielerehepaares Attila Hörbiger und Paula Wessely; Schwester der Schauspielerinnen Maresa Hörbiger und Elisabeth Orth. Schauspielausbildung am Max-Reinhardt-Seminar Wien; daneben Tanz- und Gesangsausbildung. Gefördert wurde sie von Alma Seidler und Leopold Lindtberg. Erste Filmrolle bereits 1955. Ihr Debüt am Wiener Burgtheater als Recha in Lessings ›Nathan der Weise‹ (1959) wurde ein Mißerfolg. 1960/61 an den Städtischen Bühnen Heidelberg: Klärchen in Goethes ›Egmont‹; Titelrolle in Goldonis ›Mirandolina‹; Christopherl in Nestroys ›Einen Jux

Hörbiger

will er sich machen‹. 1961–1966 wieder am Wiener Burgtheater, wo sie mehrere Nestroy-Rollen spielte; ferner u. a.: Hero in Grillparzers ›Des Meeres und der Liebe Wellen‹; Inken Peters in Hauptmanns ›Vor Sonnenuntergang‹. An den Münchner Kammerspielen gastierte sie als Luise in Fritz Kortners Schiller-Inszenierung ›Kabale und Liebe‹. Seit 1961 auch Gastrollen bei den Salzburger Festspielen, u. a.: Lottchen in Raimunds ›Der Bauer als Millionär‹ (mit Paula Wessely); Antoinette Hechingen in Hofmannsthals ›Der Schwierige‹ sowie Buhlschaft im ›Jedermann‹; Flora Baumscheer in Nestroys ›Talisman‹ (1976, R. Otto Schenk); Genia Hofreiter in Schnitzlers ›Das weite Land‹ (1980, R. Maximilian Schell). Seit 1967 gehört sie zum Ensemble des Schauspielhauses Zürich. Rollen u. a.: Lu in Molnárs ›Die Fee‹; Elisabeth in Schillers ›Maria Stuart‹; Kate in Spewack/Porters ›Kiss me Kate‹; Dorine in Molières ›Tartuffe‹ (1981, R. Jean-Pierre Ponnelle); unter der Regie von Werner Düggelin u. a.: Arkadina in Tschechows ›Die Möwe‹; Alte in Ionescos ›Die Stühle‹; Alice in Strindbergs ›Totentanz‹ (1985); ferner u. a.: nochmals Genia Hofreiter in Schnitzlers ›Das weite Land‹ (1988, R. Hans Hollmann); Marie in Bahrs ›Das Konzert‹ (1992, Tournee). Populär wurde sie als Gräfin in der Fernsehserie ›Das Erbe der Guldenburgs‹ (ab 1986). Filmerfolge hatte sie u. a. als Judith in Xaver Schwarzenbergers ›Donauwalzer‹ (1985) und als Freya von Hepp in Helmut Dietls ›Schtonk‹ (1992). Sigrid Löffler: »Sie ist eine Wessely auf blond. Sie hat ihr klassisches Profil, den weichen Blick, den gewissen, geschmerzten Wehezug um den Mund, der Mutters Markenzeichen war und ist. Die Damenhaftigkeit, die Noblesse, die vollendete Tenue ist ihr zur zweiten Natur geworden. Das wohlbekannte Wessely-Lachen sitzt auch ihr glucksend in der Kehle. Und so extra dry, wie das die Mutter konnte, kann auch Christiane die Pointen setzen. Sie verkörpert, virtuos, den Salondamen-Aspekt ihrer Mutter.« (›Die Zeit‹, 13. 3. 1992)

Literatur: G. Tötschinger: Christiane Hörbiger. Ein Porträt aus der Nähe. München 1993.

Hörbiger, Maresa, geb. 1944 in Wien. Schauspielerin. Tochter des Schauspielerehepaars Attila Hörbiger und Paula Wessely. Spielte an den Staatlichen Schauspielbühnen Berlin und kam Anfang der siebziger Jahre an das Wiener Burgtheater; dort u. a.: Gretchen in Goethes ›Faust I‹ (1976, R. Otomar Krejča); Titelrolle in Ibsens ›Nora‹ (1979, R. Adolf Dresen); in Gorkis ›Sommergäste‹ (1979, R. Achim Benning); in Frischs ›Triptychon‹ (1981, R. Erwin Axer); Klärchen in Goethes ›Egmont‹ (1982, R. Peter Palitzsch); Kellnerin in Turrinis ›Die Minderleister‹ (UA 1988, R. Alfred Kirchner); in Congreves ›Der Lauf der Welt‹ (1989, R. Gerd Heinz); Soubrette Ritterbusch in Hauptmanns ›Die Ratten‹ (1989/90, R. Palitzsch); Ludowika in Brechts ›Der kaukasische Kreidekreis‹ (1994, R. Ruth Berghaus). Ihre Schwestern sind die Schauspielerinnen Elisabeth Orth und Christiane Hörbiger. Sigrid Löffler schrieb: »Maresa ist die wienerischste von den dreien und das wirbeligste – eine Expertin für die Konfusionen und Kopflosigkeiten bürgerlicher Frauen.« (›Die Zeit‹, 13. 3. 1992)

Hörbiger, Paul, geb. 29. 4. 1894 in Budapest, gest. 5. 3. 1981 in Wien. Schauspieler. Begann ein Chemiestudium an der Technischen Hochschule Wien; im Ersten Weltkrieg Offizier an der Alpenfront; danach Ausbildung an der Theaterschule Otto in Wien. 1919 erstes Engagement in Reichenberg (Böhmen), wo er den Schneider Zwirn in Nestroys ›Lumpazivagabundus‹ spielte. 1920–1925 erste Erfolge am Neuen Deutschen Theater in Prag. Von 1926 bis 1940 arbeitete er in Berlin am Lessingtheater und am Deutschen Theater; seit 1927 auch Filmarbeit. Rollen in Inszenierungen von Heinz Hilpert (alle am Deutschen Theater): Kaiser Franz in Wolfgang Goetz' ›Neidhardt von Gneisenau‹ (1926, mit Werner Krauß); Nestor in Shakespeares ›Troilus und Cressida‹ (1927); Minister in Franks ›Zwölftausend‹ (1928, mit Albert Steinrück); Rittmeister in Horváths ›Geschichten aus dem Wiener Wald‹ (1931): »Wer Wien kennt, kann nur immer wieder Paul Hörbiger bewundern, der mit denselben leisen Mitteln eine Figur

aus dem Sympathischen ins Unsympathische und wieder ins Sympathische gleiten läßt, wie hier den Rittmeister. Das ist Wien. Das ist Girardi. Wundervoll.« (Herbert Ihering, ›Berliner Börsen-Courier‹, 3. 11. 1931) In Inszenierungen von Max Reinhardt u. a.: Toni in Langers ›Peripherie‹ (1926); Graf Hechingen in Hofmannsthals ›Der Schwierige‹ (1930, Komödie); Frederic in Maughams ›Victoria‹ (1930, Salzburger Festspiele). 1940 kehrte er nach Wien zurück, wo er zunächst bis 1946 und dann wieder von 1963 an zum Ensemble des Burgtheaters gehörte. Er spielte u. a.: Titelrollen in Bahrs ›Franzl‹ (1940) und in Molnárs ›Liliom‹ (1945); Schnoferl in Nestroys ›Das Mädel aus der Vorstadt‹ (1940); Lorenzo in Shakespeares ›Romeo und Julia‹ (1941). Große Erfolge feierte er in Raimund-Stücken: In ›Der Bauer als Millionär‹ spielte er 1943 den Wurzel, 1966 das Hohe Alter; in ›Der Alpenkönig und der Menschenfeind‹ stand er 1965 gemeinsam mit seinem Bruder Attila Hörbiger auf der Bühne. In den sechziger Jahren sah man ihn an der Burg in mehreren Shakespeare-Stücken, ferner in Hasenclevers ›Napoleon greift ein‹ und in Rostands ›Cyrano de Bergerac‹. Weitere Rollen u. a.: Bischof Gregor in Grillparzers ›Weh dem, der lügt‹; Hausfaktotum in Mussets ›Man spielt nicht mit der Liebe‹ (1972/73); Dienstmann in Canettis ›Komödie der Eitelkeit‹ (1979). Gastspiele gab er u. a. am Renaissancetheater Berlin (1952) und am Theater in der Josefstadt Wien. Paul Hörbiger verkörperte den Urtypus des alten, grantigen Wieners mit dem goldenen Herzen. Dutzende von Heurigenliedern hat er populär gemacht. Er spielte in mehr als 300 Filmen mit (häufig an der Seite von Theo Lingen und Hans Moser), darunter: ›Der Kongreß tanzt‹ (1931); ›Wiener G'schichten‹ (1940); ›Schrammeln‹ (1944); ›Der fidele Bauer‹ (1951); ›Hallo Dienstmann‹ (1952); ›Lumpazivagabundus‹ (1956). Auszeichnungen u. a.: Kammerschauspieler und Bundesfilmpreis/Filmband in Gold (1969); Girardi-Ring (1972); Ehrenring der Stadt Wien (1974).
Literatur: P. Hörbiger: Ich hab für euch gespielt. München 1979; H. Ihering: Von

Josef Kainz bis Paula Wessely. Heidelberg, Berlin, Leipzig 1942.

Hoerrmann, Albert, geb. 22. 4. 1899 in München, gest. 1980. Schauspieler. Spielte Ende der zwanziger Jahre in Berlin, u. a. am Theater am Schiffbauerdamm: Pionier Karl in Fleißers ›Pioniere in Ingolstadt‹ (1929, R. Jakob Geis): »echt (. . .), mit der Bosheit dessen, der einen ›Fluch‹ auf sich hat, im schielenden Blick, und dem langsamen Hochdeutsch eines Schwalanscher von Thoma« (Paul Wiegler); der Mann in Lampels ›Wir sind Kameraden‹ (1930); ferner u. a.: in Gorki/Brechts ›Die Mutter‹ (UA 1932, Gruppe Junger Schauspieler im Komödienhaus, mit Helene Weigel, R. Bertolt Brecht/Emil Burri). 1939–1944 Engagement am Staatsschauspiel München; 1945–1956 in Oldenburg. Danach wechselte er zu Harry Buckwitz ans Schauspiel Frankfurt, wo er jahrelang einer der wichtigsten Protagonisten war. Rollen u. a.: Golls ›Methusalem‹ (1961, R. Heinrich Koch/Günther Ballhausen); Tischler in Frischs ›Andorra‹ (1962); Vater Borowzow in Ostrowskis ›Der Abgrund‹ (1973); Hauptmanns ›Michael Kramer‹ (1979). Häufig Zusammenarbeit mit Peter Palitzsch u. a.: Puntila in Brechts ›Herr Puntila und sein Knecht Matti‹ (1962, Wuppertal); Vater Max in Pinters ›Heimkehr‹ (1975) und Domingo in Schillers ›Don Carlos‹ (1979, jeweils Frankfurt). Gastspiele u. a. in Bad Hersfeld: Bürgermeister in Dürrenmatts ›Der Besuch der alten Dame‹ (1969).

Hofer, Johanna, geb. 30. 7. 1896 in Berlin, gest. 30. 6. 1988 in München. Schauspielerin. Ausbildung an der Theaterakademie Matteus-Strackosch; 1916–1918 Engagement in Frankfurt a. M., wo sie bereits als Zwanzigjährige Schillers ›Jungfrau von Orleans‹ spielte. Außerdem u. a.: Solveig in Ibsens ›Peer Gynt‹ (1917); Luise in Kornfelds ›Verführung‹ (UA 1917). Seit 1919 spielte sie an der Berliner Volksbühne, seit 1920 am Staatstheater und an anderen Berliner Theatern. 1924 heiratete sie in zweiter Ehe Fritz Kortner, dem sie später ihre Karriere weitgehend unterordnete. Rollen in Inszenierungen von

Hoffman

Leopold Jeßner (alle Staatstheater): Anna in Shakespeares ›Richard III.‹ (1920, mit Kortner, Lothar Müthel, Rudolf Forster) und Desdemona in ›Othello‹ (1921, mit Kortner in der Titelrolle); Frau Grude in Barlachs ›Die echten Sedemunds‹ (1921); Elisabeth in Schillers ›Don Carlos‹ (1922). Außerdem u. a.: Frl. Isenbarn in Barlachs ›Der arme Vetter‹ (1923, mit Heinrich George, R. Jürgen Fehling); Lucile in Büchners ›Dantons Tod‹ (1924, Deutsches Theater); Eva in Shaws ›Zurück zu Methusalem‹ (1925, Tribüne). 1933 ging sie mit Kortner in die Emigration (Wien, Prag, London und ab 1938 USA). Nach ihrer Rückkehr im Jahr 1948 gastierte sie an verschiedenen Bühnen. An den Münchner Kammerspielen sah man sie in Inszenierungen ihres Mannes: Frau Alving in Ibsens ›Gespenster‹ (1953); Gräfin Ostenburg in Frys ›Das Dunkel ist licht genug‹ (1955). Großer Erfolg als Klara in Dorsts ›Auf dem Chimborazo‹ (1975, Schloßparktheater Berlin, R. Dieter Dorn, auch im Fernsehen); Friedrich Luft schrieb: »Sie versteht eigentlich gar nicht, diese Klara, was da Falsches, halb oder total Verlogenes gespielt wird. Indem sie es aber so emsig mitmacht, macht sie die fatale Unwahrhaftigkeit des ganzen patriotischen Familienausfluges unversehens erst richtig evident. (. . .) Sie bewirkt Einsicht, und sie bewirkt, indem sie eben Einsicht bewirkt, ständig Komik. Wir wußten, daß die Hofer eine bedeutende, mütterliche Schauspielerin ist. (. . .) Daß sie nun in eine wunderbar unaufdringliche, eine wie fast über sich selbst erstaunte Alterskomik eingeht, daß sie in einer Art schusseliger Zärtlichkeit füglich humorvoll zu sein versteht, das ist neu – wenigstens auf diese wunderbar behutsame Weise.« (›Theater heute‹, Jahrbuch 1975); ferner u. a.: Frl. Tesman in Ibsens ›Hedda Gabler‹ (1977, Bochum, R. Peter Zadek, auch im Fernsehen). Peter Stein holte sie an die Berliner Schaubühne – für kleine, unvergessene Partien wie die der alten Anfissa in Tschechows ›Drei Schwestern‹ (1984). Filme u. a.: ›Der Ruf‹ (1949, R. Kortner); ›Der Verlorene‹ (1951, R. Peter Lorre); ›Die Sehnsucht der Veronika Voss‹ (1982, R. Rainer Werner Fassbinder). Joachim Kaiser schrieb über die

Künstlerin: »Sie half ihrem Mann, beriet ihn, sie focht notfalls für ihn, und sie versuchte gar nicht erst, dem Leben an der Seite eines Genies eine eigenständige Theaterkarriere abzutrotzen. Dabei ist sie, die Nichte von Käthe Kollwitz, immer eine außerordentlich gute, herzliche Schauspielerin gewesen. Ob unter der Regie ihres Gatten (›eigentlich hat in meinem Leben Kortner schon immer Regie geführt‹), ob beim künstlerischen Fremdgehen.« (›SZ‹, 30. 7. 1986)

Hoffman, William M., geb. 1939 in New York. Amerikanischer Theaterautor, Dichter, Librettist und Herausgeber einiger Bücher über Theater und die Anfänge des Off-Off-Broadway in New York. Hoffman gehörte Mitte der sechziger Jahre zu den Begründern des legendären Caffe Cino, wo er u. a. Marshal Mason und Sam Shepard kennenlernte. Später arbeitete er zusammen mit Marshal Mason an dem von ihm gegründeten Circle Repertory Theatre, das auch seine Stücke uraufführte. International bekannt wurde Hoffman mit seinem Aids-Stück ›As is‹ (›Wie du‹, 1985). »Ich selbst begreife mich als traditionellen Schriftsteller, obwohl meine Stücke nicht traditionell aussehen. Ich benutze das Alte, um etwas Neues daraus zu machen, ich baue auf der Vergangenheit, weil ich die Vergangenheit liebe und respektiere. Die Avantgarde interessiert mich überhaupt nicht, ich finde sie langweilig, altmodisch, überholt (. . .) Mir macht es Spaß, etwas aus der Vergangenheit zu nehmen und damit etwas Neues zu konstruieren, aber das Neue interessiert mich nur, wenn es gut ist.« (William M. Hoffman, ›Theater heute‹, Heft 12, 1985, S. 14)
Weiteres Stück: ›The Cherry Orchard – Part Two‹ (o.J.).

Hoffmann, Frank, geb. 23. 2. 1954 in Luxemburg. Regisseur. Studium der Germanistik, Romanistik und Philosophie in Luxemburg und Heidelberg; 1979–1983 wissenschaftlicher Assistent an der Universität Heidelberg; 1981/82 Regieassistent am Theater Heidelberg; erste Inszenierungen: Genets ›Die Zofen‹ (1979) und Enquists ›Die Nacht der Tribaden‹ (1980); 1983

Promotion (Dissertation über eine von Michel Foucault ausgehende Philosophie des Theaters); von 1983 an freier Regisseur in Deutschland, Luxemburg und in der Schweiz. Seit 1991 ist er fester Regisseur am Schauspiel Bonn. Er inszenierte mehrere Stücke von Rewenig, darunter: ›Frai Nuecht oder den Ufank vum Enn‹ (UA 1985, Esch); ›Die Maikäfer überfallen ein Landhaus‹ (UA 1989, Luxemburg); ›Eisefresser‹ (UA 1994, Esch). Stücke von Horváth: ›Kasimir und Karoline‹ (1987, Basel); ›Zur schönen Aussicht‹ (1989, Kassel); ›Glaube, Liebe, Hoffnung‹ (1990, Köln); ›Geschichten aus dem Wiener Wald‹ (1993, Bonn). Inszenierungen in Luxemburg u. a.: Fassbinders ›Bremer Freiheit‹ (1983); Schillers ›Demetrius‹ (1983; 1984 auch in Basel); Ibsens ›Wenn wir Toten erwachen‹ (1985); Schönbergs ›Pierrot lunaire‹ (1988; auch in Karlsruhe); Becketts ›Das letzte Band‹ (1990); Stefan Schütz’ ›Orestobsession‹ (UA 1991); Kafka/Fröses ›Blumfelds Hund‹ (UA 1992); Goethes ›Faust‹ (1993); in Basel u. a.: Müller/Lessings ›Mauser/Philotas‹ (1985); Seidels ›Jochen Schanotta‹ (1987, eingeladen zu den Mülheimer Theatertagen); in Köln u. a.: Sartres ›Die Eingeschlossenen von Altona‹ (1988); Heiner Müllers ›Wolokolamsker Chaussee I–V‹ (1989); Rodrigues’ ›Der Mann mit dem goldenen Gebiß‹ (1989); Büchners ›Woyzeck‹ (1990, auch in Luxemburg); in Kassel u. a.: Gundi Ellerts ›Lenas Schwester‹ (UA 1990); Cabrujas ›Der Tag, an dem du mich lieben wirst‹ (DE 1991). 1991/92 Gastinszenierungen an der Freien Volksbühne Berlin, u. a. Ibsens ›Rosmersholm‹. Dazu Rüdiger Schaper (›SZ‹, 15. 3. 1991): »Hoffmann rückt Ibsen in die Nähe von Edgar Allan Poes Schauergeschichten: Der Untergang des Hauses Rosmer. Gleichzeitig erzählt er ein Drama von Intellektuellen am Anbruch einer neuen Zeit. Und es ergeben sich so in der Aufführung plötzliche Anklänge an Musils ›Schwärmer‹ oder die ›Verbannten‹ von Joyce. Das ist vielleicht die schönste Qualität dieser Theaterarbeit: Sie setzt Assoziationen frei. Sie wälzt sich nicht im Seelenstaub der Ibsenschen Enge. Hoffmanns Verfahren gleicht mehr einer Freilegung als der Zerreißprobe auf das über-

kommene psychologische Exempel.« Regiearbeiten am Schauspiel Bonn u. a.: Kleists ›Das Käthchen von Heilbronn‹ (1991); Herzbergs ›Tohuwabohu‹ (DE 1992); Shakespeares ›Ein Sommernachtstraum‹ (1993); Fornes’ ›Die Donau‹ (1994). Hoffmann ist Autor dreier Theaterstücke: ›Die Beteiligten oder ein sauberes Land‹ (UA 1982, Heidelberg, R. Hoffmann); ›Die Arbeit der Frauen‹; ›Die Verlorenheit des Bauern auf dem Feld‹. Die Stücke sind unter dem Titel ›Trilogie der Wut‹ 1985 in Luxemburg erschienen. Filme in Ko-Regie mit Paul Kieffer: ›Die Reise das Land‹ (1987); ›Schacko Klak‹ (1991); Essays: ›Der Kitsch bei Max Frisch‹ (Bad Honnef u. Zürich 1979); ›Genet – Der gebrochene Diskurs. Jean Genets Theater im Licht der Philosophie Michel Foucaults‹ (Bad Honnef 1984).

Hoffmann, Jutta, geb. 3. 3. 1941 in Halle. Schauspielerin. 1959–1962 Ausbildung an der Filmhochschule Babelsberg; 1962–1965 sowie 1967–1973 Engagement am Maxim-Gorki-Theater in Ostberlin; Rollen u. a.: Donna Elvira in Molières ›Don Juan‹ (1967); Titelrolle in Lessings ›Minna von Barnhelm‹ (1972). In der Zwischenzeit (1965–1967) war sie am Deutschen Theater engagiert. 1973 wechselte sie an das Berliner Ensemble, wo sie mit den Regisseuren Manfred Wekwerth, Ruth Berghaus und B. K. Tragelehn arbeitete. Rollen u. a.: Vivie in Shaws ›Frau Warrens Gewerbe‹ (1973); Titelrolle in Strindbergs ›Fräulein Julie‹ (1975, mit Jürgen Holtz, R. Tragelehn/Einar Schleef; die Aufführung wurde verboten). Seit 1979 arbeitet sie in der Bundesrepublik, u. a. an der Freien Volksbühne Berlin: Sofia in Tschechows ›Platonow‹ (1979, R. Luc Bondy). Unter der Regie von Dieter Dorn spielte sie die Leonore von Este in Goethes ›Torquato Tasso‹ (1982 Salzburger Festspiele; 1984 Münchner Kammerspiele); Joachim Kaiser schrieb: »Zentrum der Aufführung war Jutta Hoffmann. Wird so Theater gespielt, dann ist es eine Kunst, für die keinerlei Äquivalent existiert, die über Menschliches und Seelisches Dinge vermittelt, wie sie in anderer Weise nie und nimmer zu haben sind. Jutta Hoffmann vermochte

Hoffmann

nämlich die Krankheit, die Melancholie, das liebende Unglücklich-Sein der Leonore von Este mit erhabener Zurückhaltung zu verinnerlichen. Jener berlinische Tonfall, der früher (...) in ihrer Sprechmelodie störend vernehmlich war, ist verschwunden, ein würziges, zartes Melos geblieben. Langsam, gleichwohl unmaniert die Bewegungen. Wunderbar dekadent (und doch nicht leidensaffektiert) die Haltung. (...) Sie bot eine Studie, wie man dergleichen in München seit einigen unvergessenen Gestalten der Grete Mosheim nicht mehr gesehen hat.« (›SZ‹, 24. 12. 1984) Weitere Rollen in Dorn-Inszenierungen (alle Münchner Kammerspiele): Frl. Montag in Weiss' ›Der neue Prozeß‹ (1983); Olivia in Shakespeares ›Was ihr wollt‹ (1983, Übernahme der Rolle von Gisela Stein); Helma in Strauß' ›Der Park‹ (1984, auch im Fernsehen). Großer Erfolg in der Titelrolle von Lorcas ›Yerma‹ (1984, Münchner Kammerspiele, R. Peter Zadek); sie wurde dafür in der ›Theater heute‹-Kritikerumfrage zur Schauspielerin des Jahres gewählt. Ulrike Kahle schrieb: »Jutta Hoffmann als Yerma, sie war einfach da, ganz da, in jeder Haltung, wenn sie am Boden kauert wie ein verschrecktes Tier, als sie Gefühle für den jungen Mann Victor spürt, wie sie die Hand an den Kopf hebt, als sie verlegen wird, wie sie flehend die Hände ausstreckt nach Juan, ihrem Mann. Und wie sie steht! Fest und gerade auf beiden Beinen, in flachen Schuhen, barfuß, sie spürt den Boden, nimmt ihre Kraft aus dem Boden (...). Sie hofft, sie drängt, sie fordert, sie wird unerträglich in ihrer Beharrlichkeit, ihrem Nichtloslassen, auch wenn sie kühl bleibt noch im heftigsten Ausbruch, ihre Sprache leicht und trocken ist, märkischer Sand.« (›Theater heute‹, Jahrbuch 1984) 1985/86 wechselte sie an das Deutsche Schauspielhaus Hamburg, wo sie wieder mit Zadek arbeitete: Titelrolle in Websters ›Die Herzogin von Malfi‹ (1985); Mutter in Driest/Raben/Zadeks ›Andi‹ (1987); Gräfin Geschwitz in der Urfassung von Wedekinds ›Lulu‹ (1988, mit Susanne Lothar); unter der Regie von Wilfried Minks: Lady Macbeth in Shakespeares ›Macbeth‹ (1987, mit Ulrich Wildgruber). Ferner u. a.: Ruth in Pinters ›Heimkehr‹ (1986, Münchner Kammerspiele, R. Thomas Schulte-Michels); Julia in Volker Brauns ›Böhmen am Meer‹ (UA 1992, Schiller-Theater Berlin, R. Thomas Langhoff). Seit 1991 ist sie Professorin für darstellende Kunst an der Hochschule für Musik und Theater in Hamburg. Zahlreiche Fernseh- und Kinofilme, darunter: ›Lotte in Weimar‹ (1975); ›Fleur Lafontaine‹ (1978); ›Das Versteck‹ (1978, R. Frank Beyer); mit Thomas Langhoff: ›Hedda Gabler‹ (1980, nach Ibsen) und ›Stella‹ (1982, nach Goethe); ›Der Angriff der Gegenwart auf die übrige Zeit‹ (1985, R. Alexander Kluge). 1993 sah man sie als Edith in Wolfgang Menges satirischer TV-Serie ›Motzki‹ (mit Jürgen Holtz).

Literatur: U. Kahle: »Ich hab daran einen Genuß, weil ich das für wahr halte.« Über Jutta Hoffmann, die Schauspielerin des Jahres. In: Theater heute, Jahrbuch 1984, S. 53–62; C. B. Sucher: Theaterzauberer. Schauspieler. 40 Porträts. München, Zürich 1988.

Hoffmann, Paul, geb. 25. 3. 1902 in Wuppertal-Barmen, gest. 2. 12. 1990 in Wien. Schauspieler, Regisseur und Intendant. Aufgewachsen in Düsseldorf. Studium der Germanistik, Kunstgeschichte und Philosophie in Marburg, Köln und Würzburg. Kam 1924 ohne Ausbildung ans Würzburger Theater; danach Engagements in Aachen und Gera. 1927 wurde er an das Dresdner Schauspielhaus verpflichtet, dem er bis 1946 angehörte. Rollen u. a.: Mephisto in Goethes ›Faust‹; Shakespeares ›Hamlet‹ und Jago in ›Othello‹; Riccaut in Lessings ›Minna von Barnhelm‹; Schillers ›Fiesco‹ und Franz Moor in ›Die Räuber‹; Molières ›Don Juan‹. Unter Heinz Hilpert spielte er den Antonius in Shakespeares ›Antonius und Cleopatra‹ (1942, Deutsches Theater Berlin). 1946 wechselte er an das Staatstheater Stuttgart, wo er ab 1950 künstlerischer Leiter und von 1952 bis 1957 Schauspieldirektor war. Zu seinen großen Rollen in Stuttgart zählten: General Harras in Zuckmayers ›Des Teufels General‹; Titelrolle in Camus' ›Caligula‹; Kreon in Anouilhs ›Antigone‹; Gettner in Frys ›Das Dunkel ist licht genug‹; Titelrollen in Pirandellos ›Heinrich IV.‹ (1952) und in

Dumas/Sartres ›Kean‹ (1955). 1946/47 am Zürcher Schauspielhaus: Erfolg als Thomas Becket in Eliots ›Mord im Dom‹ (R. Leonard Steckel). Gastspiele in München: Mephisto in Goethes ›Faust II‹ (1949, Kammerspiele, R. Hans Schweikart); Jupiter in Kleists ›Amphitryon‹ (Residenztheater); General in Kipphardts ›Der Hund des Generals‹ (UA 1962, Kammerspiele); seit 1955 Gastspiele am Wiener Theater in der Josefstadt. Als Schauspieldirektor in Stuttgart setzte er auf großes Schauspielertheater. Zum Ensemble gehörten u. a. Hermine Körner, Elisabeth Flikkenschildt, Gisela von Collande, Edith Heerdegen, Erich Ponto, Theodor Loos, Hans Mahnke und Hans Caninenberg. Eigene Inszenierungen u. a.: Millers ›Tod eines Handlungsreisenden‹; Kafka/Brods ›Das Schloß‹; Lessings ›Nathan der Weise‹ (alle Stuttgart); Shakespeares ›Hamlet‹ (1955, Hersfelder Festspiele). 1957 Streitigkeiten mit der lokalen Presse und Demission als Direktor. Seit 1959 Schauspieler am Wiener Burgtheater; von 1968 bis 1971 war er dort Direktor (als Nachfolger von Ernst Haeusserman); Antrittsrolle: Octavio Piccolomini in Schillers ›Wallenstein‹ (R. Leopold Lindtberg); ferner u. a.: Kreon in Grillparzers ›Medea‹ (1960); Shaw in Kiltys ›Geliebter Lügner‹ (1963, mit Käthe Gold); Graf Moor in Schillers ›Die Räuber‹ (1965); Schauspieler in Stoppards ›Rosenkranz und Güldenstern‹ (1967); Striese in Schönthans ›Der Raub der Sabinerinnen‹ (1975); General von Beeskow in Sternheims ›Das Fossil‹ (1982, R. Angelika Hurwicz); Goethe in Walsers ›In Goethes Hand‹ (UA 1982); Attinghausen in Schillers ›Wilhelm Tell‹ (1989, R. Claus Peymann); am Münchner Residenztheater: General in Babels ›Marija‹ (1976, R. Jürgen Flimm); Major Sedlitz in Langes ›Frau von Kauenhofen‹ (1979, mit Marianne Hoppe, R. Rudolf Steinboeck); bei den Salzburger Festspielen u. a.: Patriarch in Lessings ›Nathan der Weise‹ (1984, R. Johannes Schaaf); auch Film- und Fernsehrollen. Joachim Kaiser schrieb in seinem Nachruf: »Paul Hoffmann ist ein hochintelligenter, vernünftiger und differenzierter Künstler gewesen. Ein Mann, der das gesamte Metier des Schauspiel-

theaters beherrschte, vom Intendant-sein-Können übers Inszenieren bis zur trefflichen, oft sehr gebrochenen Rollen-Verkörperung. Vielleicht war er nicht das, was man ein Genie nennt – doch dafür besaß dieser stets schwungvoll argumentierende Künstler auch nicht die geringste Neigung zur aufgeblasenen Pose, zum Genie-Simulantentum. (...) Gerade die ›unsympathischen‹ Figuren, zwielichtige Generäle, verquere Dichter, den charakterschwachen Leicester aus Schillers ›Maria Stuart‹, hat Hoffmann nie dämonisiert, in Untiere verwandelt, effektvoll zu entsetzlichen Fratzen verzerrt, sondern mit einer gewissen Kühle als Menschen vorgeführt, als zugleich verirrte und unbeirrte Unselige, die ihr Schicksal herausfordern (und keineswegs unbegreiflich sind).« (›SZ‹, 4. 12. 1990) Auszeichnungen u. a.: Albin-Skoda-Ring; Kainz-Medaille; Grillparzer-Ring; Ehrentitel Kammerschauspieler und Hofrat.

Literatur: E. Haeusserman: Das Wiener Burg-Theater. Wien, München, Zürich 1980.

Hoffmann, Reinhild, geb. 1. 11. 1943 in Schlesien. Choreographin und Ballettdirektorin. 1965–1970 Ausbildung bei Kurt Jooss an der Folkwang-Hochschule Essen; Tanzerzieherexamen. 1969 und 1970 Engagement als Tänzerin bei den Schwetzinger und Salzburger Festspielen; 1971–1973 Engagement am Bremer Theater; 1974 Rückkehr an die Folkwang-Hochschule, wo sie von 1975 bis 1977 zusammen mit Susanne Linke das von Jooss gegründete Tanzstudio leitete. Erste eigene Choreographie: ›Trio‹ (1975, zur Musik von Ligeti); weitere Stücke u. a.: ›Fin al punto‹ (Musik: Killmayer); ›Solo mit Sofa‹ (Musik: Cage); ›Clowns‹ (Musik: Kagel). 1978 schrieb sie für das Tanzforum Köln das Stück ›Chimäre‹ (Auftragsmusik: Barry Pheloung). 1978–1986 Leiterin des Bremer Tanztheaters (bis 1981 zusammen mit Gerhard Bohner; Zusammenarbeit mit dem Bühnenbildner Johannes Schütz. Über ihr Tanzstück ›Hochzeit‹ zur Musik von Strawinsky/Tamchina schrieb Jochen Schmidt: »Es kommt zu grandiosen szenischen Bildern. In einer irre komischen

Hofmann

Brautwerbung passen die Männer den Mädchen nach der Aschenputtel-Methode Schuhe an die nackten Füße (. . .). Da ist eine beispiellos abstrahierte Vergewaltigungsszene (. . .). Da artet die Hochzeitsfeier, eine kleine Opera buffa (. . .), zum monströsen Bacchanal aus, in dessen Mitte das Brautpaar gleichsam zu erstarren scheint unter der Last der von den Hochzeitsgästen aufgetischten Zoten. Alles das verleugnet seine Verwandtschaft mit dem Wuppertaler Tanztheater der Pina Bausch keinen Augenblick. Aber es ist eine Verwandtschaft, keine Abhängigkeit. Reinhild Hoffmann (. . .) entwickelt eine völlig eigene Bilder- und Bewegungssprache (. . .), entwickelt eine große szenische Phantasie, deren Ergebnisse sich zu runderen, zwar düsteren, aber ›heileren‹ Bildwelten fügen, als sie dem Wuppertaler Tanztheater noch möglich scheinen.« (›FAZ‹, 22. 2. 1980) Weitere Arbeiten u.a.: ›Fünf Tage, fünf Nächte‹ (1979, Musik: Ligeti); ›Unkrautgarten‹ (1980, Musik: Barry); ›Erwartung/ Pierrot Lunaire‹ (1982, Musik: Schönberg); ›Könige und Königinnen‹ (1982, Musik: Peer Raben); ›Callas‹ (1983); ›Dido und Aeneas‹ (1984, Musik: Purcell); ›Föhn‹ (1985); ›Verreist‹ (1986, zu Klanginstallationen von Christina Kubisch). In der Spielzeit 1986/87 wechselte sie mit einem Großteil ihres Tanzensembles zu Frank-Patrick Steckel an das Schauspielhaus Bochum; Versuch einer »Begegnung des Tanztheaters mit dem Schauspiel«. Stücke u.a.: ›Machandel‹ (1987); Soloabend (1988); ›Ich schenk mein Herz‹ (Operettenabend 1989); ›Zeche Eins‹ (1992, nach einer Orestie-Bearbeitung von Robinson Jeffers, Musik: Elena Chernin); ›Zeche Zwei‹ (1994). Reinhild Hoffmann gilt neben Pina Bausch als die kreativste und innovativste Künstlerin des modernen deutschen Tanztheaters. In den meisten ihrer Choreographien variiert sie ihr Lieblingsthema, den Kampf der Geschlechter um die Vorherrschaft in der Gesellschaft. Drei Reinhild-Hoffmann-Choreographien wurden zum Berliner Theatertreffen eingeladen: 1983 ›Könige und Königinnen‹; 1984 ›Callas‹; 1986 ›Föhn‹ (alle: Bremer Tanztheater).

Literatur: K. Lefebre: Bremer Tanztheater Reinhild Hoffmann. 1978–1986. Theater der Freien Hansestadt Bremen 1986; S. Schlichter: Tanztheater. Tradition und Freiheiten. Hamburg 1987; J. Schmidt: Tanztheater in Deutschland. Berlin 1992.

Hofmann, Gert, geb. 29. 1. 1932 in Limbach (Sachsen), gest. 1. 7. 1993 in Erding bei München. Schriftsteller. Hofmann studierte Germanistik, Soziologie und Philosophie in Leipzig, Paris und Freiburg. Promotion in Anglistik. Er war Gastdozent an verschiedenen Universitäten, unter anderem in Paris, Yale und Ljubljana. Er erhielt diverse Preise, unter anderem den Ingeborg-Bachmann-Preis (1979) und den Alfred-Döblin-Preis (1982). Seit 1982 lebte er in Erding bei München. Er trat mit Erzählungen und Hörspielen an die Öffentlichkeit, in denen er zeitkritische Themen in grotesk-skurriler Überhöhung behandelte. Romane: ›Die Denunziation‹ (1979), ›Gespräch über Balzacs Pferd‹ (1981); ›Auf dem Turm‹ (1982) und ›Der Kinoerzähler‹ (1990); Hörspiele: ›Die Überflutung‹ (1979, Prix Italia 1980), ›Autorengespräch‹ (1972), ›Der lange Marsch‹ (1973). Hofmann wollte eine möglichst direkte Verbindung zwischen Autor und Publikum erzielen, die sich im Hörspiel besser realisieren ließ als im Theater. Den über 25 Hörspielen stehen deshalb nur zehn Stücke gegenüber, die zum Teil Bearbeitungen von Hörspielen sind.

Stücke: ›Der Bürgermeister‹ (1963); ›Der Sohn‹ (1965); ›Tod in Miami‹ (1974); ›Der Austritt des Dichters Robert Walser aus dem literarischen Verein‹ (1981).

Literatur: H. C. Kosler (Hrsg.): Auskunft für Leser/G. Hofmann. Darmstadt 1987.

Hofmannsthal, Hugo Laurenz August (Hofmann Edler) von (Pseud. Loris, Loris Melikow, Theophil Morren), geb. 1. 2. 1874 in Wien, gest. 15. 7. 1929 in Rodaun. Bedeutender österreichischer Lyriker, Dramatiker, Erzähler und Essayist. Sohn eines Bankdirektors und Juristen. Hofmannsthal studierte Jura und Romanistik. Von 1901 an lebte er als freier Schriftsteller. Von 1903 an enger Kontakt zu Max Reinhardt.

Mit ihm und Richard Strauss gründete er 1920 die Salzburger Festspiele. Zusammenarbeit an Stücken: ›Jedermann‹ (1911), ›Das Salzburger große Welttheater‹ (1922), und Opern: ›Elektra‹ (1909); ›Der Rosenkavalier‹ (1911); ›Ariadne auf Naxos‹ (1912/16); ›Frau ohne Schatten‹ (1916); ›Die ägyptische Helena‹ (1928) und ›Arabella‹ (posth. 1933). »Allzugenau war es ihm sichtbar, daß er allüberall auf verlorenem Posten stand: aussichtslos war der Weiterbestand der österreichischen Monarchie, die er geliebt hatte und nie zu lieben aufhörte; aussichtslos war die Hinneigung zu einem Adel, der nur noch ein karikaturhaftes Scheindasein führte; aussichtslos war die Einordnung in den Stil eines Theaters, dessen Größe nur mehr auf den Schultern einiger überlebender Schauspieler ruhte; aussichtslos war es, all das, diese schwindende Erbschaft aus der Fülle des mariatheresianischen 18. Jahrhunderts, nun im Wege einer barock-gefärbten großen Oper zur Wiedergeburt bringen zu wollen. Sein Leben war Symbol, edles Symbol eines verschwindenden Österreichs, eines verschwindenden Theaters –, Symbol im Vakuum, doch nicht des Vakuums.« (Hermann Broch, Hofmannsthal und seine Zeit, Zürich 1955)

Seine Stücke werden heute nur noch selten gespielt. 1992 inszenierte Thomas Langhoff das seit 1959 nicht mehr gespielte Trauerspiel ›Der Turm‹ (Co-Produktion Burgtheater Wien/Deutsches Theater Berlin). Ulrich Weinzierl schrieb über die Aufführung bei den Wiener Festwochen: »Hofmannsthals ›Turm‹ ist auch unter Thomas Langhoffs kundigen Händen nicht zum Reißer mutiert, aber wir wurden Zeugen einer großen Kunstleistung: der Wiedergeburt eines bloß scheintoten Trauerspiels aus dem Geist einer feinen und bösen politischen Boulevardtragödie auf sehr hohem Niveau. In Hermann Brochs Essay ›Hofmannsthal und seine Zeit‹ steht die Zauberformel, mit der Langhoff den symbolverschlossenen ›Turm‹ öffnete: ›Die fröhliche Apokalypse‹.« (›FAZ‹, 12. 6. 1992)

Weitere Stücke: ›Der Schwierige‹ (1921); ›Der Unbestechliche‹ (1923).

Literatur: W. Volke (Hrsg.): Hofmannsthal in Selbstzeugnissen und Bilddokumenten. Reinbek 1967; G. Pickerodt: Hofmannsthals Dramen. Stuttgart 1968; B. Rech: Hofmannsthals Komödien. Bonn 1971; K. F. Stock: Hofmannsthal-Bibliographien. Graz 1992; J. P. Strelka (Hrsg.): Wir sind aus solchem Zeug wie da zu träumen – Hofmannsthals Werk. Bern 1992; W. E. Yates: Schnitzler, Hofmannsthal and the Austrian Theatre. New Haven 1992.

Hoger, Hannelore, geb. 20. 8. 1941 in Hamburg. Schauspielerin. Ihr Vater war Schauspieler und Inspizient am Hamburger Ohnsorg-Theater. Nach Abschluß der Realschule Ausbildung bei Eduard Marcks an der Staatlichen Hochschule für Musik und darstellende Kunst in Hamburg. Kurt Hübner holte sie 1961 an das Ulmer Theater, wo ihre Zusammenarbeit mit Peter Zadek begann. Weitere Bühnenstationen: Theater Bremen (1965–1967); Staatstheater Stuttgart (1968–1972); Schauspielhaus Bochum (1972–1980); Deutsches Schauspielhaus Hamburg (1980–1985). Rollen in Zadek-Inszenierungen u. a.: Isabella in Shakespeares ›Maß für Maß‹ (1960) und Maria in ›Was ihr wollt‹ (1961, beide Ulm); Teresa in Behans ›Die Geisel‹ (DE 1961, Ulm; 1962 in Bremen); Hermia in Shakespeares ›Ein Sommernachtstraum‹ (1963, Bremen); Elise in Molières ›Der Geizige‹ (1967, Stuttgart); in Bochum: Emma Mörschel in Fallada/Dorst/Zadeks ›Kleiner Mann, was nun?‹ (1972); Vera in Dorsts ›Eiszeit‹ (1973); Narr in Shakespeares ›König Lear‹ (1974); Rosa Fröhlich in Zadek/Greiffenhagens ›Professor Unrat‹ (1974, nach Heinrich Mann); Meg in Behans ›Die Geisel‹ (1976; zuvor auch an der Freien Volksbühne Berlin). Rollen in den Stuttgarter Inszenierungen von Peter Palitzsch u. a.: Anna in Shakespeares ›Richard III.‹ (1968); Polly in Brecht/ Weills ›Die Dreigroschenoper‹ (1968); Elisabeth in Horváths ›Glaube, Liebe, Hoffnung‹ (1969). In Stuttgart sah man sie auch in Bonds ›Trauer zu früh‹ und in Lenz' ›Die Soldaten‹ (1970/71, R. jeweils Wilfried Minks). In Bochum arbeitete sie häufig mit Augusto Fernandes zusammen: Titelrollen in García Lorcas ›Doña Rosita bleibt ledig‹

Hohenemser

(1974) und in Calderóns ›Die große Zenobia‹ (1975); Emma in ›Atlantis‹ (1976, Gruppenprojekt); Anna Specht in ›Der Admiral von der traurigen Gestalt‹ (1976, Gruppenprojekt nach Ibsen und Kafka); La Poncia in García Lorcas ›Bernarda Albas Haus‹ (1978/79); in Fernandes-Inszenierungen am Schauspielhaus Hamburg u. a.: Marquise in Goethes ›Der Groß-Cophta‹ (1982); Irina in Tschechows ›Die Möwe‹ (1984, Ko-Produktion mit der Freien Volksbühne Berlin). Unter der Regie von Jérôme Savary spielte sie die Titelrolle in ›Courage, die Zigeunerin‹ (1977, Bochum, nach Brecht und Grimmelshausen). Außerdem sah man sie in den Uraufführungen von Achternbuschs ›Susn‹ (1980, Bochum, R. Vera Sturm) und von Strauß' ›Kalldewey, Farce‹ (1982, Schauspielhaus Hamburg, R. Niels-Peter Rudolph). Seit 1986 arbeitet sie freischaffend und steht nur noch selten auf der Bühne; Erfolg als Monica in Noréns ›Nachtwache‹ (DE 1986, Bochum und Burgtheater Wien, mit Angelica Domröse, R. Alfred Kirchner). Weitere Rollen u. a.: Johanna Segenreich in Canettis ›Die Hochzeit‹ (1988, Salzburger Festspiele, R. Axel Corti); Irma in Genets ›Der Balkon‹ (1989, Düsseldorf, R. Axel Manthey); Jasmine in Turrinis ›Alpenglühen‹ (1993, Schloßparktheater Berlin, mit Harald Juhnke, R. Kirchner). Seit 1986 eigene Inszenierungen u. a.: Hebbels ›Maria Magdalena‹ (1986) und Bernhards ›Am Ziel‹ (1988, beide in Darmstadt); Wedekinds ›Frühlings Erwachen‹ (1989, Theater in der Josefstadt Wien). Eckhard Franke schrieb über die Künstlerin: »Sie ist rigide selbstbewußt, wohl nur schwer zu haben fürs weniger Attraktive (was sie, die sich als Ensemblespielerin versteht, heftig bestreitet); sie gilt als ›schwierig‹, eine intelligente Diva. (. . .) Als Schauspielerin ist die Hoger eine Entdeckerin, Verführerin, deren wache Neugier auf Figuren ansteckt. Anstiftet. (. . .) Sie blieb als Regisseurin die erfindungsfreudige Beobachterin, die neugierige Entdeckerin, die sie als Schauspielerin war und ist, eine Phantasie freisetzende, anspornende Virtuosin des Schauspiel(er)handwerks.« (›Theater heute‹, Jahrbuch 1988) Auch im Film interessiert sie sich vor allem das Experiment; so drehte sie häufig mit Alexander Kluge: ›Die Artisten in der Zirkuskuppel: ratlos‹ (1969); ›Der große Verhau‹ (1971), ›Die Patriotin‹ (1979); ›Die Macht der Gefühle‹ (1982). Weitere Filmrollen: in Volker Schlöndorffs ›Die verlorene Ehre der Katharina Blum‹ (1976, nach Böll); in dem Autorenfilm ›Deutschland im Herbst‹ (1977); in Zadeks ›Eiszeit‹ (1977, nach Dorst); in Dorsts ›Eisenhans‹ (1983). Fernsehfilme u. a.: ›Tag für Tag‹ (1965, nach Wesker, R. Peter Beauvais); ›Der Pott‹ (1970, nach O'Casey, R. Zadek); ›Der Marquis von Keith‹ (1976, nach Wedekind, R. Hans Lietzau); ›Die Bertinis‹ (1989, R. Egon Monk); Fräulein Cerphal in ›Die zweite Heimat‹ (1993, R. Edgar Reitz); Titelrolle in dem Kriminalfilm ›Bella Block‹ (1994, R. Max Färberböck).

Literatur: E. Franke: Drei Schwestern? Gabriele Jakobi, Elke Lang und Hannelore Hoger. In: Theater heute, Jahrbuch 1988, S. 103–110 sowie H. Hoger über ihre Arbeit im Theater, ebd., S. 110–112.

Hohenemser, Henri, geb. 6. 10. 1946 in München. Regisseur. Nach dem Abitur (1967) Regieassistent am Schiller-Theater Berlin bei Boleslaw Barlog, Samuel Beckett, Fritz Kortner und Hans Schweikart; von 1971 an Regieassistent am Hamburger Thalia Theater bei Jürgen Flimm, Boy Gobert, Hans Hollmann, Otto Schenk und George Tabori. 1974/75 Regisseur und Dramaturg am Stadttheater Bremerhaven; Gastinszenierungen in Oberhausen und Ingolstadt. 1975–1979 Regisseur am Schauspielhaus Essen und Gastinszenierungen in Darmstadt; 1979–1984 Oberspielleiter am Stadttheater Gießen; daneben Inszenierungen in Augsburg, Essen, Zürich. 1985 wurde er Oberspielleiter des Schauspiels an den Städtischen Bühnen Augsburg. Inszenierungen u. a.: J. M. R. Lenz' ›Der neue Menoza‹ (1985); Hauptmanns ›Einsame Menschen‹ (1986); Ibsens ›Ein Volksfeind‹ (1987); Büchners ›Leonce und Lena‹ (1987); Schillers ›Die Räuber‹ (1987); Tschechows ›Der Kirschgarten‹ (1988); de Laclos/Hamptons ›Gefährliche Liebschaften‹ (1988, Auszeichnung mit dem Thurn-und-Taxis-Förderpreis bei den Bayerischen Theatertagen); Millers ›Tod eines Handlungsreisenden‹ (1988) und ›Hexenjagd‹ (1990).»Henri Hohenemser gehört zu den ruhigen, zurückhaltenden Theatermachern. (...) Wenn er für sein Theater eine Linie, Schwerpunkte auszumachen hat, obwohl er ›Rote-Faden-Spielpläne‹ nicht mag, dann hebt er die Themen ›Frieden‹ und ›Frauen‹ hervor. Was ihn, der sich als konservativ bezeichnet, zur Zeit aber am meisten beschäftigt, ist ›wie wir uns treiben lassen in einer Zeit, in der die Welt gigantische Veränderungen erfährt‹.« (Thomas Thieringer, ›SZ‹, 10./11. 12. 1988)

Holberg, Ludvig, (Pseud. Hans Mikkelsen), geb. 3. 12. 1684 in Bergen (Norwegen), gest. 28. 1. 1754 in Kopenhagen. Dänischer Dichter und Historiker. Sohn eines hohen Offiziers. Studium in Kopenhagen, 1717 Professor für Metaphysik, 1720 für Rhetorik, 1730 für Geschichte. Holberg ist ein Hauptvertreter der skandinavischen Aufklärung und begründete die dänische Nationalliteratur. In seinen Stükken benutzte er Traditionen der griechischen und römischen Komödie und war von Molière beeinflußt. Er hatte großen Einfluß auf deutsche Dramatiker wie z. B. Kotzebue.»Er bevölkerte seine Komödien mit Typen aus den unteren Ständen. (...) Dabei sind ihm Figuren gelungen, die über den Schematismus seiner dramatischen Form und ihrer belehrenden Absicht hinauswachsen. Werden auch oft die Vertreter ihres Standes, die über ihre soziale Stellung hinauswollen, wieder in ihren Stand zurückverwiesen, so ist doch zu spüren, daß das Herz Holbergs, der aus dem Volk stammt, insgeheim auf ihrer Seite ist.« (Georg Hensel, Spielplan. Frankfurt a. M. 1978)
Stücke: ›Der politische Kannegießer‹ (1722); ›Jette vom Berge‹ (1723); ›Die Wochenstube‹ (1724).
Literatur: K. Jensen: Moral und Politik. Frankfurt a. M. 1986.

Hollaender, Felix, geb. 1. 11. 1867 in Leobschütz (Oberschlesien), gest. 29. 5. 1931 in Berlin. Kritiker, Schriftsteller, Dramaturg und Regisseur. War schon in jungen Jahren Mitarbeiter der Zeitschrift ›Freie Bühne‹ und wurde als Romanautor bekannt. Seine Tragikomödie ›Ackermann‹ wurde 1903 von Max Reinhardt am Kleinen Theater Berlin uraufgeführt. Als Reinhardt in Berlin das Deutsche Theater übernahm, holte er Hollaender als engen Mitarbeiter an seine Seite. Hollaender war Dramaturg, Pressechef und Reinhardts Stellvertreter; auch Regiearbeiten: Hauptmanns ›Die Ratten‹ (1916, Volksbühne, mit Lucie Höflich; die Rehabilitierung des bei der UA verkannten Stücks); Kaisers ›Die Koralle‹ (1918, mit Paul Wegener, Werner Krauß, Ernst Deutsch) und ›Von morgens bis mitternachts‹ (1919, mit Max Pallenberg); Hasenclevers ›Der Sohn‹ (1918). Als Reinhardt nach Wien ging, leitete Hollaender von 1920 bis 1923 dessen Berliner Bühnen, gewann jedoch kein eigenes Profil. 1923 wurde er Theaterkritiker beim Berliner ›8-Uhr-Abendblatt‹. Für das moderne zeitgenössische Theater hatte er kaum Verständnis, auch Bertolt Brecht blieb dem überzeugten Reinhardt-Jünger fremd.
Literatur: F. Hollaender: Lebendiges Theater. Eine Berliner Dramaturgie. Berlin 1932.

Hollmann, Hans, geb. 4. 2. 1933 in Graz. Regisseur und Intendant. Jurastudium in Graz, 1956 Promotion; Schauspiel- und Regiestudium am Wiener Max-Reinhardt-Seminar; 1958 Diplomabschluß als Schauspieler; 1958–1968 Schauspieler, Regieassistent und Regisseur am Theater in der Josefstadt Wien; seit 1968 freier Regisseur; 1975–1978 Direktor des Basler Theaters (Zusammenarbeit mit dem Dramaturgen Klaus Völker); seit 1963 zahlreiche Fernsehfilme, Bearbeitungen und Übersetzungen. Als einen Schwerpunkt seiner Arbeit bezeichnet er »die systematische Pflege des dramatischen Werkes von Arthur Schnitzler, Karl Kraus und Elias Canetti«. Versuche, Schnitzlers Werke unnaturalistisch und nicht psychologisierend zu inszenieren: ›Liebelei‹ (1973, Basel), ›Agonie‹ (1980, ORF), ›Komödie der Verführung‹ (1984, Schiller-Theater Berlin), ›Das weite Land‹ (1988, Schauspielhaus Zürich). Als eine seiner erfolgreichsten und

Hollmann

schönsten Inszenierungen gilt Kraus'
Mammutdrama ›Die letzten Tage der
Menschheit‹ (1974, an zwei Abenden im
Foyer des Basler Theaters; 1980 bei den
Wiener Festwochen). Seine Canetti-Insze-
nierungen entstanden nach ausführlichen
Gesprächen mit dem Autor: ›Die Hochzeit‹
(1975, Akademietheater Wien), ›Komödie
der Eitelkeit‹ (1978, Basel; 1979, Burgtheater Wien), ›Die Befristeten‹ (1983,
Staatstheater Stuttgart). Auseinandersetzung mit den Stücken Horváths: ›Italienische Nacht‹ (1967, Stuttgart), ›Kasimir
und Karoline‹ (1968, Basel), ›Geschichten
aus dem Wiener Wald‹ (1970, Düsseldorf;
1972, Basel); Stücke von Raimond Rous-
sel: ›Stern auf der Stirn‹ (DE 1977, Basel),
›Sonnenstaub‹ (DE 1981, Schiller-Theater
Berlin); Jelinek-Uraufführungen: ›Clara S.‹
(1982) und ›Krankheit oder Moderne
Frauen‹ (1987, jeweils Schauspiel Bonn);
Ausgrabung der Stücke von Herzmanovsky-Orlando: ›Baby Wallenstein oder
Prinz Hamlet der Osterhase‹ (UA 1984,
Zürich), ›Apoll von Nichts‹ (UA 1990,
Residenztheater München); Uraufführung
der Stücke von Rainald Goetz: ›Krieg‹
(1987) und ›Kolik‹ (1988, jeweils Bonn),
›Festung‹ und ›Katarakt‹ (1992, Frankfurt).
Weitere Inszenierungen (alle Basel): Hand-
kes ›Quodlibet‹ (UA 1970); Heiner Müllers ›Macbeth‹ (1972); Shakespeares
›Othello‹ (1976): »Früheren Shakespeare-
Inszenierungen Hollmanns wurde manchmal ihre kalkulierte Kühle nachgesagt.
Jetzt herrscht überall Frost. Fast alles
Menschliche hat Hollmann aus seinen Figuren getrieben und einen Haufen Thea-
terdomestiken gezaubert, die Oper teils
spielen, teils parodierend deklamieren, dazu mit monströsen Gebärden zucken. Lauter perfekte und deshalb langweilige
Kunstgeschöpfe, die, manchmal von Mu-
sik- und Scheinwerfereinsätzen ähnlich
wie bei Hollmanns ›Letzten Tagen der
Menschheit‹ erfaßt, pompöse Auf- und
Abtritte hatten, um sich Sätze gleich Arien
über wahre Sängerdistanzen zuzuwerfen.«
(Peter von Becker, ›SZ‹, 28. 9. 1976, zu
›Othello‹); ferner in Basel: ›Die Buddenbrooks‹ (1976, nach Thomas Mann); Victor Hugos ›Lucretia Borgia‹ (1993). Inszenierungen am Staatstheater Stuttgart:

Sternheims ›Die Hose‹ (1968); Brechts
›Die Tage der Kommune‹ (1970); am
Schiller-Theater Berlin: Schillers ›Kabale
und Liebe‹ (1970); Weiss' ›Hölderlin‹
(1971, mit Hans-Peter Hallwachs); Offenbachs ›Pariser Leben‹ (1979); Shakespeares ›Ein Sommernachtstraum‹ (1993,
mit Bernhard Minetti als Puck); am Bayerischen Staatsschauspiel München: Mar-
lowe/Brechts ›Leben Eduards II. von England‹ (1970); Shakespeares ›Coriolan‹
(1970, eigene Bearbeitung; 1977 auch bei
den Ruhrfestspielen); Kipphardts ›März,
ein Künstlerleben‹ (1982, mit Klaus Löwitsch); Feuchtwangers ›Erfolg‹ (1986, an
zwei Abenden, Fassung: Hollmann/Tho-
mas Petz); am Thalia Theater Hamburg:
Shakespeares ›Richard III.‹ (1973); Goethes ›Faust I und II‹ (1980, mit Traugott
Buhre als Faust und Boy Gobert als Mephisto); am Schauspielhaus Zürich: Schillers ›Die Verschwörung des Fiesco zu Genua‹ (1981); Goethes ›Stella‹ (1983);
Kleists ›Penthesilea‹ (1984); Strauß' ›Die
Zeit und das Zimmer‹ (1991); am Schauspielhaus Düsseldorf: Goldonis ›Trilogie
der Sommerferien‹ (1988); Büchners ›Dantons Tod‹ (1989); am Burgtheater Wien:
Shakespeares ›Hamlet‹ (1985/86, mit
Klaus Maria Brandauer); Raimunds ›Der
Diamant des Geisterkönigs‹ (1984) und
›Der Alpenkönig und der Menschenfeind‹
(1990, mit Michael Heltau); Strauß'
›Schlußchor‹ (1991); Dürrenmatts ›Der
Besuch der alten Dame‹ (1992). Opernin-
szenierungen u. a.: Mozarts ›Die Hochzeit
des Figaro‹ (1976, Nürnberg) und ›Don
Giovanni‹ (1977, Frankfurt); Wagners
›Rheingold‹ (1977) und ›Die Walküre‹
(1978, beide Basel) sowie ›Tristan und
Isolde‹ (1983, Kassel); Kelterborns ›Ophelia‹ (UA 1984, Schwetzinger Festspiele);
Henzes ›König Hirsch‹ (1985, Stuttgart).
Hollmann, ein Perfektionist, zählt zu den
eigenwilligsten Regisseuren des deutschsprachigen Theaters. Seine Inszenierungen
sind häufig geprägt von einem starken Ri-
gorismus und dem Willen zur Künstlichkeit. Georg Hensel schrieb: »Hinter ihm
liegt ein dickes Album großer Themen,
übersteigerter Gesten, universaler Metaphern, ein forensisches Spiel voller Künst-
lichkeiten, die Hollmann zur ersten Natur

geworden sind. Seine Neugier, Pointenlust und Tollkühnheit machen unsere Bühnen provokanter, farbiger und witziger, nun schon dreißig Jahre lang.« (›FAZ‹, 4. 2. 1993) Auszeichnungen u. a.: Josef-Kainz-Medaille (1969). Acht Hollmann-Inszenierungen wurden zum Berliner Theatertreffen eingeladen, zuletzt 1988 Rainald Goetz' ›Krieg. Teil 1‹ (Schauspiel Bonn). **Literatur:** H. Mainusch: Regie und Interpretation. Gespräche. München 1985.

Holtz, Jürgen, geb. 1932 in Berlin. Schauspieler. 1952–1955 Schauspielausbildung am Theaterinstitut in Weimar und an der Theaterhochschule Leipzig. Erste Engagements in Erfurt (1955–1957) und in Brandenburg/Havel (1957–1960). Von 1960 bis 1964 war er am Theater in Greifswald engagiert, wo er unter der Regie von Adolf Dresen Shakespeares ›Hamlet‹ spielte (1964). Danach an der Ostberliner Volksbühne: Titelrolle in Hacks' ›Moritz Tassow‹ (UA 1965, R. Benno Besson; die Aufführung wurde nach einigen Vorstellungen abgesetzt). 1966–1974 Engagement am Deutschen Theater in Ostberlin; dort u. a.: Angelo in Shakespeares ›Maß für Maß‹ (R. Dresen); Sultan Saladin in Lessings ›Nathan der Weise‹. Von 1974 bis 1977 war er am Berliner Ensemble engagiert; er spielte dort den Diener Jean in B. K. Tragelehns und Einar Schleefs skandalträchtiger Strindberg-Inszenierung ›Fräulein Julie‹ (1975, mit Jutta Hoffmann; die Aufführung wurde verboten). 1977–1983 wieder an der Berliner Volksbühne; wichtige Rollen in Stücken von Heiner Müller: Belfert in ›Der Bau‹ (UA 1980, R. Fritz Marquardt); Debuisson in ›Der Auftrag‹ (UA 1980, R. Heiner Müller; 1982 auch in Bochum). 1978 gastierte er am Hamburger Schauspielhaus in der Titelrolle von Brechts ›Fatzer‹ (R. Manfred Karge/Matthias Langhoff). 1983 kam er in die Bundesrepublik; 1983–1985 am Bayerischen Staatsschauspiel in München: Philinte in Molières ›Der Menschenfeind‹ (1984, R. Tragelehn); Graf Lasca in Goldoni/Laubes ›Finale in Smyrna‹ (1985, R. Werner Schroeter). Seit 1985 gehört er zum Ensemble des Frankfurter Schauspiels. Rollen in Schleef-Inszenierungen

u. a.: Bote in Schleefs ›Mütter‹ (UA 1986) und erster Schauspieler in ›Die Schauspieler‹ (UA 1988); Alfred Loth in Hauptmanns ›Vor Sonnenaufgang‹ (1987). In Stücken von Shakespeare: Claudius in ›Hamlet‹ (1985); Gloster in ›König Lear‹ (1990, mit Marianne Hoppe als Lear, R. Robert Wilson); Shylock in ›Der Kaufmann von Venedig‹; ferner u. a.: Arzt Dorn in Tschechows ›Die Möwe‹ (1991, Bochum); Onkel in García Lorcas ›Doña Rosita bleibt ledig‹ (1992); Titelrolle in Bernhards ›Der Weltverbesserer‹ (1994, R. Wolfgang Engel). Triumphaler Erfolg als Alter in Rainald Goetz' Monolog ›Katarakt‹ (UA 1992, R. Hans Hollmann); er wurde dafür in der ›Theater heute‹-Kritikerumfrage zum Schauspieler des Jahres 1993 gewählt. Franz Wille schrieb: »Jürgen Holtz verzichtet auf alles, womit sich virtuos-routinierte Akteure sonst sperrige Texte gefügig machen. Er brilliert nicht, zieht keine Mimen-Register, sondern geht – ein wenig – und spricht. (. . .) Jürgen Holtz, mal grimmig erbost über die eigene Beschränktheit, mal selig ergriffen auf unerwarteten Geisteshöhen, findet die Wahrheit im scheinbaren Gelaber, setzt aus der Summe der vermeintlichen Zufälligkeiten, der Masse des auf den ersten Blick nur Beliebigen etwas Eigenes, Spezifisches, Individuelles zusammen: Er formt aus dem Gerede einen Menschen.« (›Theater heute‹, Jahrbuch 1993) Im Fernsehen glänzte er als ewig nörgelnder Ossi-Hasser ›Motzki‹ in Wolfgang Menges gleichnamiger Satire-Serie (1993, mit Jutta Hoffmann). **Literatur:** J. Holtz: Der Schmierenkomödiant ist der letzte Souverän. In: Theater heute, Jahrbuch 1993, S. 110–112; H. Rischbieter: Kraft und Klarheit. Über Szenen, Momente mit dem Schauspieler Jürgen Holtz. Ebd. S. 113 f.

Holtzmann, Thomas, geb. 1. 4. 1927 in München. Schauspieler. 1947–1949 Schauspielunterricht bei Paul Wagner in München; Studium der Theaterwissenschaft bei Artur Kutscher. Debütierte als Jason in Anouilhs ›Medea‹ (1949, Ateliertheater München). Es folgten Engagements am Landestheater Schleswig (1952), an den Städtischen Bühnen Nürnberg

Holz 314

(1953), am Staatstheater Saarbrücken (1954) und an den Städtischen Bühnen Köln (1954–1959). Den Durchbruch schaffte er am Berliner Schiller-Theater in der Titelrolle von Kleists ›Prinz Friedrich von Homburg‹ (1961, R. Boleslaw Barlog); dort sah man ihn u. a. auch als Grandier in Huxley/Whitings ›Die Teufel‹ (1962, R. Hans Lietzau). Seit 1961 Rollen am Bayerischen Staatsschauspiel München, darunter: Titelrolle in Sophokles' ›Ödipus auf Kolonos‹ (1962, R. Rudolf Noelte); Tellheim in Lessings ›Minna von Barnhelm‹ (1963). Seit 1964 Gast bei den Salzburger Festspielen, u. a. als Goethes ›Faust‹ (1964, R. Leopold Lindtberg). Am Burgtheater Wien sah man ihn als Orest in Sartres ›Die Fliegen‹ (1965), am Schauspielhaus Hamburg als Prospero in Shakespeares ›Der Sturm‹ (1976, R. Wilfried Minks). In Inszenierungen von Fritz Kortner: Antonius in Shakespeares ›Antonius und Cleopatra‹ (1969, Schiller-Theater Berlin); Titelrolle in Goethes ›Clavigo‹ (1970, Schauspielhaus Hamburg). Seit 1966 Verpflichtungen an den Münchner Kammerspielen, seit 1977 gehört er dort fest zum Ensemble. Triumphaler Erfolg als Malvolio in Dieter Dorns Shakespeare-Inszenierung ›Was ihr wollt‹ (1980): »(. . .) der Atem brodelt in ihm wie in der Brust eines zum eiligsten Lebenslauf gepeitschten Asthmatikers, die Augen stieren wie einem Gewürgten hervor, Kopfadern schwellen wie zum Platzen. Auf einmal ist da zu ahnen, wie Shakespeare mit dem blanken Entsetzen Scherz treibt (. . .). Und trotzdem: Es ist auch nur Theater, darüber will Holtzmann nicht trügen. So nötigt er eine Schmierenkomödie immer fort in die Zwergriesentragödie, und sein märchenhafter Furor ist dabei so erstaunlich komisch, weil er sich furios über jede übliche Ökonomie der Mittel hinwegsetzt, hinweghetzt.« (Peter von Becker, ›Theater heute‹, Jahrbuch 1980) Weitere Rollen in Dorn-Inszenierungen u. a.: Dr. Schön in Wedekinds ›Erdgeist‹ und ›Die Büchse der Pandora‹ (1977); Thoas in Goethes ›Iphigenie auf Tauris‹ (1981) und Antonio in ›Torquato Tasso‹ (1982, Premiere bei den Salzburger Festspielen); König Artus in Dorsts ›Merlin oder Das wüste Land‹

(1982) und König Felipe in ›Karlos‹ (UA 1990); Agamemnon in Shakespeares ›Troilus und Cressida‹ (1986), Graf von Gloucester in ›König Lear‹ (1992) sowie Prospero in ›Der Sturm‹ (1994). Außerdem u. a.: Holofernes in Hebbels ›Judith‹ (1983, R. Frank-Patrick Steckel); Wladimir in Becketts ›Warten auf Godot‹ (1984, mit Peter Lühr, R. George Tabori); Theseus in Racines ›Phädra‹ (1987, R. Alexander Lang). 1990 stand er gemeinsam mit seiner Frau Gustl Halenke in Gurneys ›Love Letters‹ auf der Bühne (R. Helmut Griem). Gastspiele u. a.: Titelrolle in Goethes ›Faust II‹ (1979, Residenztheater München, R. Lindtberg); Bassa Selim in Mozarts ›Die Entführung aus dem Serail‹ (1980, Nationaltheater München); großer Erfolg als Hermokrates in Marivaux' ›Triumph der Liebe‹ (1985, Schaubühne Berlin, R. Luc Bondy); Brutus in Shakespeares ›Julius Caesar‹ (1992, Salzburger Festspiele, R. Peter Stein). Der 1,90 Meter große Schauspieler mit dem markant zerfurchten Gesicht und dem hageren Körper gehört seit Jahren zu den bedeutendsten Protagonisten des deutschen Theaters. C. Bernd Sucher: »Noch bei den simpelsten Gemütern der Weltliteratur entdeckt er hinter der glatten Oberfläche den Knacks, den Bruch, die Nahtstelle – hinter der Maske das Gesicht.« (›Theaterzauberer‹, S. 117) 1989 wurde ihm der Fritz-Kortner-Preis verliehen.

Literatur: H.-R. Müller/D. Dorn/E. Wendt: Theater für München. Ein Arbeitsbuch der Kammerspiele 1973–1983; München 1983; C. B. Sucher: Theaterzauberer. Schauspieler. 40 Porträts. München, Zürich 1988; G. Ohngemach: George Tabori. Regie im Theater. Frankfurt a. M. 1989.

Holz, Arno (Pseud. Bjarne P. Holmsen), geb. 26. 4. 1863 in Rastenburg (Ostpreußen), gest. 26. 10. 1929 in Berlin. Dramatiker. Sohn eines Apothekers. Holz arbeitete als Redakteur, dann als freier Schriftsteller. Er war Mitglied des Naturalistenvereins Durch! und Mitarbeiter der Zeitschrift ›Freie Bühne‹. Holz zählt zu den Begründern des konsequenten Naturalismus und beeinflußte entscheidend u. a. Gerhart Hauptmann. 1888/89 Literarische Zusam-

315

menarbeit und Freundschaft mit Johannes Schlaf.

Stücke: ›Die Familie Selicke‹ (1890); ›Neue Gleise‹ (1892, beide mit J. Schlaf); ›Sozialaristokraten‹ (1896); ›Traumulus‹ 1905, mit O. Jerschke); ›Sonnenfinsternis‹ (1908); ›Ignorabimus‹ (1913).

Literatur: G. Schulz: Arno Holz. Dilemma eines bürgerlichen Dichterlebens. München 1974; H. G. Brands: Theorie und Stil des sogenannten konsequenten Naturalismus. Bonn 1978; R. Burns: The Quest for Modernity. Frankfurt a. M. 1981.

Holzmeister, Clemens, geb. 27. 3. 1886 in Fulpmes, Tirol, gest. 12. 6. 1983 in Hallein, Tirol. Architekt und Bühnenbildner. Architekturstudium in Wien; 1919–1924 Dozent an der Staatsgewerbeschule Innsbruck. 1924 wurde er als Professor an die Wiener Kunstakademie berufen, wo er eine Meisterschule leitete (bis 1938, dann wieder ab 1953); von 1933 bis 1937 war er dort Rektor; außerdem Professor an der Kunstakademie Düsseldorf (1928–1932). 1938–1948 Emigration in die Türkei. Er baute u. a. das Freilichttheater Istanbul und das Regierungsviertel in Ankara. In Salzburg leitete er den Umbau des alten und den Bau des neuen Festspielhauses: 1926 erster Umbau; 1937 Umbau nach den Vorstellungen Arturo Toscaninis; 1960 Einweihung des Großen Hauses; 1970 Umgestaltung der Felsenreitschule. Ferner baute er das Landestheater in Linz sowie zahlreiche Kirchen. Für Max Reinhardts Salzburger ›Faust‹-Inszenierung entwarf er 1933 in der Felsenreitschule die »Fauststadt«. Weitere Bühnenbilder für Salzburg u. a.: Beethovens ›Fidelio‹ (1927; 1955 auch zur Eröffnung der Staatsoper Wien); Raimunds ›Der Verschwender‹ (1950); Mozarts ›Don Giovanni‹ (1953).

Literatur: C. Holzmeister: Das neue Festspielhaus in Salzburg. Nürnberg 1961; H. M. Greisenegger: Clemens Holzmeister. Architekt in der Zeitwende. Sakralbau Profanbau Theater. Salzburg 1976.

Holzmeister, Judith, geb. 14. 2. 1920 in Innsbruck. Schauspielerin. Tochter des Architekten Clemens Holzmeister. Ausbildung am Max-Reinhardt-Seminar Wien;

Holzmeister

erstes Engagement 1938–1941 in Linz; 1942–1944 am Volkstheater Wien: Titelrollen in Schillers ›Die Jungfrau von Orleans‹ und in Hofmannsthals ›Elektra‹. Von 1947 bis 1985 gehörte sie zum Ensemble des Wiener Burgtheaters. Shakespeare-Rollen u. a.: Titania im ›Sommernachtstraum‹ (1947); Olivia in ›Was ihr wollt‹; Portia in ›Julius Cäsar‹; Beatrice in ›Viel Lärm um nichts‹ (1953); in Stücken von Schiller u. a.: Titelrolle in ›Maria Stuart‹; Marina in ›Demetrius‹; Thekla in ›Wallenstein‹; Eboli in ›Don Carlos‹ (1955); Frau Miller in ›Kabale und Liebe‹ (1975); in Stücken von Lessing: Sittah in ›Nathan der Weise‹; Titelrollen in ›Emilia Galotti‹ und ›Minna von Barnhelm‹. Ferner u. a.: Elmire in Molières ›Tartuffe‹; Klytaimnestra in Aischylos' ›Die Orestie‹ (1976, R. Luca Ronconi); Frau Peachum in Brecht/Weills ›Die Dreigroschenoper‹ (1978); Jokaste in Sophokles' ›Ödipus‹ (1980); in Stücken von Thomas Bernhard: die Gute in ›Ein Fest für Boris‹ (UA 1973, Schauspielhaus Hamburg) und die Generalin in ›Die Jagdgesellschaft‹ (1974, R. jeweils Claus Peymann). Gastspiele bei den Salzburger Festspielen u. a.: Buhlschaft in Hofmannsthals ›Jedermann‹; Kunigunde in Grillparzers ›König Ottokars Glück und Ende‹ sowie Hero in ›Des Meeres und der Liebe Wellen‹; auch Filmarbeit. Vielen galt sie als die »schönste Frau des Burgtheaters«. Nach langjähriger Pause kehrte sie 1992 in Joyce Carol Oates' ›Mondfinsternis‹ auf die Bühne zurück: »Sie ist von grandioser Bühnenpräsenz, stattet die schrullige Mutter mit wahnhaften Zügen aus, ist schreckhaft und komisch zugleich. Sie, die einst die Schönen und Königlichen quer durchs klassische Repertoire gespielt hat, kehrt nun als verhutzelte und verwirrte Alte wieder, und dies wurde zu einem schauspielerischen Triumph.« (Otto F. Beer, ›SZ‹, 10. 11. 1992) Verheiratet ist sie mit dem Schauspieler Bruno Dallansky. Ihr erster Mann war Curd Jürgens. Auszeichnungen u. a.: Kainz-Medaille (1974).

Literatur: V. Reimann: Die Adelsrepublik der Künstler. Schauspieler an der ›Burg‹. Düsseldorf, Wien 1963.

Home

Home, William Douglas, geb. 3. 6. 1912 in Edinburgh. Schottischer Dramatiker. Sohn des 13. Earl of Home. Home studierte in Oxford und an der Royal Academy of Dramatic Art. Er war bis 1933 Schauspieler. Während des Zweiten Weltkriegs diente er als Offizier und wurde 1945 wegen Insubordination zu einem Jahr Gefängnis verurteilt: Home weigerte sich, den Feuerbefehl auf Le Havre zu geben, da die Zivilbevölkerung nicht evakuiert worden war. In der Haft entstand eines der ersten Stücke ›Now Barrabas‹ (1947), das mit großem Erfolg in London lief und auch verfilmt wurde. Später schrieb Home vor allem Gesellschaftskomödien, die in besseren Kreisen spielen. **Weitere Stücke:** ›Die eiserne Herzogin‹ (1957); ›Sein bester Freund‹ (1966); ›Handicap‹ (1967); ›Wann sag ich's meinem Mann?‹ (1968); ›Laßt mir meine Bäume stehen‹ (1972); ›Der Eisvogel‹ (1977).

Homolka, Oskar, geb. 12. 8. 1901 in Wien, gest. 29. 1. 1978 in Sussex (England). Schauspieler. Ausbildung an der Akademie für Musik und darstellende Kunst in Wien. Debütierte 1918 am Wiener Komödienhaus; danach Engagements an verschiedenen Wiener Bühnen. 1924 spielte er unter der Regie von Bertolt Brecht den Mortimer in Marlowe/Brechts ›Leben Eduards II. von England‹ (UA, Münchner Kammerspiele); Herbert Ihering urteilte:»Herr Homolka ist gewiß eine Begabung. Sie zeigte sich auch hier an der Mischung von Pfiffigkeit und Brutalität, mit der (sichtbar unter dem Einfluß von Brecht) die Gestalt angelegt war. Aber Begabung verpflichtet. Und so elementar scheint sie nicht zu sein, daß sie diese Exzesse der körperlichen Betrunkenheit rechtfertigte. Herr Homolka taumelte auf offener Bühne, wenn er nicht einzuschlafen schien. Der Text entglitt ihm. Er säuselte oder brüllte. Es war das Dreisteste, was ich jemals auf der Bühne gesehen habe. (. . .) Herr Homolka kann vorläufig noch nichts. Vom Sprechen hat er keine Ahnung.« (›Berliner Börsen-Courier‹, 22. 3. 1924) 1924 kam er nach Berlin, wo er in einer Aufführung der »Truppe« die Titelrolle in O'Neills ›Kaiser Jones‹ spielte

(1924, Lustspielhaus, R. Berthold Viertel). Max Reinhardt holte ihn 1926 an das Deutsche Theater; dort wieder Zusammenarbeit mit Brecht: Titelrolle in dessen Stück ›Baal‹ (UA 1926, Junge Bühne). Ferner u. a.: Hulin in Fritz von Unruhs ›Bonaparte‹ (1927, R. Gustav Hartung); Arzt in Shaws ›Der Arzt am Scheideweg‹ (1927, R. Erich Engel); Thersites in Shakespeares ›Troilus und Cressida‹ (1927, R. Heinz Hilpert); Schlächtergeselle in Kaisers ›Oktobertag‹ (1928, Kammerspiele); Titelrolle in Bruckners ›Timon‹ (1932, R. Hilpert). Unter der Regie von Max Reinhardt spielte er den Koch in Hauptmanns ›Dorothea Angermann‹ (UA 1926, Theater in der Josefstadt Wien; 1927 Neuinszenierung in Berlin mit Helene Thimig und Werner Krauß); Alfred Kerr schrieb:»Homolka: skeptisch-ordinäre Selbstgefälligkeit, bei frecher Parodierlust; anziehend-abstoßendes Stück Pöbel; zwinkernd, funkelnd; halbbewußt – und in vollem Saft. Der Koch. Er ist hier so hinreißend wie vor einem Jahr in Wien. Ein Spielgipfel des (reichen) Abends.« (›Berliner Tageblatt‹, 19. 10. 1927); außerdem unter Reinhardts Regie: Alexander Blumenschön in Hamsuns ›Vom Teufel geholt‹ (1929, Komödie Berlin, mit Lucie Höflich). Rollen an anderen Berliner Bühnen: Bill Cracker in Lane/Brechts ›Happy End‹ (UA 1929, Theater am Schiffbauerdamm); Trotzki in Rehfischs ›Brest-Litowsk‹ (1930, Theater des Westens); Higgins in Shaws ›Pygmalion‹ (1932, Lessing-Theater, in eigener Regie); Mephisto in Goethes ›Faust‹ (1932, Künstlertheater); seit 1926 Filmarbeit. 1933 Emigration nach London, wo er seine Bühnen- und Filmtätigkeit fortsetzte. 1937 Emigration nach Amerika: erfolgreich als Filmschauspieler in Hollywood und als Charakterdarsteller auf den Bühnen New Yorks; spielte u. a. den Edgar in Strindbergs ›Totentanz‹ (1948, Belasco Theatre) und Ibsens ›Baumeister Solness‹ (1955, Phoenix Theatre). Gastspiele in Europa: Dorfrichter Adam in Kleists ›Der zerbrochne Krug‹ (1950, Burgtheater Wien); Götz in Sartres ›Der Teufel und der liebe Gott‹ (1951, Schauspielhaus Zürich). Zu seinen bekanntesten Filmen zählen: ›Der Schinderhannes‹ (1928); ›Die Affäre Dreyfus‹ (1930); ›Das verflixte siebte Jahr‹ (1955, R. Billy Wilder); ›Das Haus der sieben Sünden‹ (1940); ›Krieg und Frieden‹ (1956); zuletzt drehte er u.a. in England. Homolka, ein breiter, slawisch wirkender Mann, faszinierte durch Vitalität und körperliche Wuchtigkeit; er wirkte »wuchtverkommen« (Alfred Kerr). Brecht versuchte 1950 vergeblich, ihn an sein Theater zu holen. In erster Ehe war Homolka mit Grete Mosheim verheiratet.

Hopkins, John, geb. 27. 1. 1931 in London. Englischer Fernseh- und Bühnenautor. 1962/63 Mitarbeit an einer erfolgreichen Polizeiserie mit 57 Folgen für den BBC. Sein Stück ›Diese Geschichte von Ihnen‹ (1969) wurde viel in Deutschland gespielt. »Das Vierpersonenstück des Engländers John Hopkins ›Diese Geschichte von Ihnen‹ ist ein psychologischer Reißer, ein aufklärerisches Melodrama von wirkungsvoll-greller, aber auch unbeherrscht-schlampiger Machart – gewiß nichts Besseres. In Peter Palitzschs Inszenierung wird aber mehr daraus: ein nicht nur aufregender, sondern auch beispielgebender Theaterabend.« (Ivan Nagel, ›SZ‹, 16. 11. 1970, zur DE ›Diese Geschichte von Ihnen‹, Staatstheater Stuttgart, R. Peter Palitzsch)
Weitere Stücke: ›A Place of Safety‹ (1968); ›Find Your Way Home‹ (1970); ›Next of Kin‹ (1974); ›Loosing Time‹ (1979).

Hoppe, Edgar, geb. 18. 12. 1937 in Hannover. Schauspieler. 1954–1956 Schauspielausbildung an der Hochschule für Musik und Theater in Hannover. Debütierte 1956 am Nachwuchsstudio des Schauspielhauses Bochum, dessen Ensemble er von 1957 bis 1959 angehörte. 1959–1963 Engagement am Staatstheater Wiesbaden; 1963–1969 erneut in Bochum; dort u.a.: Rodrigo in Wedekinds ›Lulu‹ (R. Hans Schalla); Valentin in Goethes ›Faust‹; Ansager in Brechts ›Der aufhaltsame Aufstieg des Arturo Ui‹ (R. Helmut Käutner); danach freier Schauspieler; häufig Fernseharbeit. 1973–1976 am Thalia Theater Hamburg u.a.: Baldoc in Marlowes ›Ed-

ward II.‹ und Montfleury in Rostands ›Cyrano de Bergerac‹ (R. jeweils Jürgen Flimm). 1984 wechselte er an das Deutsche Schauspielhaus Hamburg; spielte dort u.a. Sacco in Schillers ›Die Verschwörung des Fiesco zu Genua‹ (R. Niels-Peter Rudolph).

Hoppe, Marianne, geb. 26. 4. 1911 in Rostock. Schauspielerin. Aufgewachsen auf dem elterlichen Gut in der Mark Brandenburg. 1924–1926 am Königin-Luise-Stift in Berlin; danach besuchte sie eine Handelsschule in Weimar. Mit 17 Jahren kam sie an die Schauspielschule des Deutschen Theaters Berlin, gleichzeitig nahm sie privaten Schauspielunterricht bei Lucie Höflich. 1928 debütierte sie an der Berliner Bühne der Jugend; anschließend gehörte sie bis 1930 zum Ensemble des Deutschen Theaters (unter der Leitung von Max Reinhardt). 1930–1932 Engagement bei Arthur Hellmer am Neuen Theater Frankfurt, wo sie zahlreiche Hauptrollen übernahm. 1932/33 an den Münchner Kammerspielen: Piperkarcka in Hauptmanns ›Die Ratten‹ (mit Therese Giehse); Adriana in Shakespeares ›Komödie der Irrungen‹ (R. jeweils Otto Falckenberg). 1933 kehrte sie nach Berlin zurück, wo sie bis 1945 bei Gustaf Gründgens am Staatlichen Schauspielhaus arbeitete. Mit Gründgens war sie von 1936 bis 1946 verheiratet. Rollen in Gründgens-Inszenierungen u.a.: Lucile in Büchners ›Dantons Tod‹ (1936); Viola in Shakespeares ›Was ihr wollt‹ (1937); Titelrollen in Lessings ›Emilia Galotti‹ (1937, mit Gründgens als Hettore Gonzaga) und in ›Minna von Barnhelm‹ (1939); Juliane in Rehbergs ›Königin Isabella‹ (UA 1939). In Inszenierungen von Lothar Müthel u.a.: Ophelia in Shakespeares ›Hamlet‹ (1936, mit Gründgens als Hamlet); Titelrolle in Schillers ›Die Jungfrau von Orleans‹ (1939); in Inszenierungen von Karl Heinz Stroux u.a.: Titelrollen in Sophokles' ›Antigone‹ (1940) und in Schillers ›Turandot‹ (1941); Katharina in Shakespeares ›Der Widerspenstigen Zähmung‹ (1943); unter der Regie von Jürgen Fehling: Vivie in Shaws ›Frau Warrens Gewerbe‹ (1938); Marikke in Sudermanns ›Johannisfeuer‹ (1944, mit Joana Maria

Hoppe

318

Gorvin). Seit 1933 zahlreiche Filmrollen; große Erfolge feierte sie als Effi Briest in Gründgens' Film ›Der Schritt vom Wege‹ (1939, nach Fontane) und in der Hauptrolle von Helmut Käutners ›Romanze in Moll‹ (1942, nach Maupassant); ferner u. a.: ›Der Schimmelreiter‹ (1933); ›Eine Frau ohne Bedeutung‹ (1936); ›Capriolen‹ (1937).

Nach dem Krieg arbeitete sie von 1947 bis 1955 bei Gründgens am Schauspielhaus Düsseldorf: Elektra in Sartres ›Die Fliegen‹ (DE 1947, mit Elisabeth Flickenschildt); Leonore von Este in Goethes ›Torquato Tasso‹ (1949); Celia in Eliots ›Die Cocktail-Party‹ (1950, R. jeweils Gründgens); daneben Gastspiele in Hamburg und Berlin. Nach 1955 ging sie kein festes Engagement mehr ein. Rollen am Berliner Schiller-Theater u. a.: Kassandra in Euripides/Brauns ›Die Troerinnen‹ (1958, R. Hans Lietzau); Margarethe von Parma in Goethes ›Egmont‹ (1960, R. Gustav Rudolf Sellner); Frau Boll in Barlachs ›Der blaue Boll‹ (1961, R. Lietzau). Am Deutschen Schauspielhaus Hamburg sah man sie in Gründgens' letzten Inszenierungen: Marie in Bahrs ›Das Konzert‹ (1962, mit Gründgens als Heink); Königin Gertrude in Shakespeares ›Hamlet‹ (1963, mit Maximilian Schell); ferner u. a.: Winnie in Becketts ›Glückliche Tage‹ (1972, R. Hans Schweikart); Herzogin in Tourneurs ›Tragödie des Rächers‹ (1972, R. Claus Peymann); Lady Rafi in Bonds ›Die See‹ (1973, R. Dieter Giesing). Rollen am Münchner Residenztheater (Bayerisches Staatsschauspiel): Iokaste in Sophokles' ›Ödipus‹ (1962, R. Rudolf Noelte); Gnädige Frau in Genets ›Die Zofen‹ (1969, R. Lietzau); Titelrolle in Langes ›Frau von Kauenhofen‹ (1979, mit Paul Hoffmann, R. Rudolf Steinboeck). In Stücken von Thomas Bernhard, mit dem sie befreundet war: Generalin in ›Die Jagdgesellschaft‹ (1974, Schiller-Theater Berlin, R. Dieter Dorn); Mutter in ›Am Ziel‹ (UA 1981, Salzburger Festspiele) und Professorenwitwe in ›Heldenplatz‹ (UA 1988, Burgtheater Wien, R. jeweils Peymann); häufig Lesungen (Texte von Bernhard, Goethe, Kleist). Große Altersrollen hatte sie als Madeleine in Marguerite Duras' ›Savannah Bay‹ (1986, Schiller-

Theater Berlin, R. Heribert Sasse) und als Lear in Robert Wilsons Shakespeare-Inszenierung ›König Lear‹ (1990, Frankfurt a. M.). Marianne Hoppe, von Kritikern als »preußische Duse« bezeichnet, zählt zu den großen Charakterdarstellerinnen des deutschen Theaters. Auf der Bühne und im Film waren es meist die zerrissenen Figuren, die sie mit Leben füllte; sie selbst nennt diese Frauengestalten liebevoll »meine Knacksdamen«. Friedrich Luft schrieb: »Sie kann so viel. (. . .) Ihre reine Stimme kann sie plötzlich bedrohlich modulieren. Sie kann lustig sein und manchmal sogar schrill. (. . .) Sie kann Verwirrung, kann Hilflosigkeit, kann Bedrohung aus sich selbst verkörpern. Ihre Bühnengestalten sind aus dem Schmerz geboren fast alle. Sie leuchtet herrlich. Aber ihr ist gegeben, auch tragische Verdunklungen anzuzeigen. Sie kennt die Angst. Sie weiß, so zupackend und lebenstapfer sie immer noch scheint, um die Not, die die Menschenseele befällt. Sie ist eine große, blonde Tragödin.« (›Die Welt‹, 26. 4. 1986) 1975 erhielt sie nach Roma Bahn als zweite Trägerin auf Lebenszeit den Hermine-Körner-Ring der Abteilung Darstellende Kunst der Berliner Akademie der Künste. 1986 wurde sie mit dem Großen Kunstpreis Berlin ausgezeichnet. Die Jury rühmte »die sprachliche Kraft ihrer preußisch-nüchternen Diktion« und nannte sie »eine Darstellerin in einsamer Höhe über dem flächigen Routinebetrieb des Theaters«.

Literatur: S. Melchinger/R. Clausen: Schauspieler. 36 Porträts. Velber 1965; H. P. Doll (Hrsg.): Mein erstes Engagement. Theaterleute erinnern sich. Stuttgart 1988; C. B. Sucher: Theaterzauberer. Schauspieler. 40 Porträts. München, Zürich 1988.

Hoppe, Rolf, geb. 6. 12. 1930 in Ellrich, Harz. Schauspieler. Ausbildung am Staatlichen Konservatorium Erfurt; erstes Engagement ebenfalls in Erfurt. Wegen einer Stimmbandlähmung mußte er 1950 die Schauspielerei vorübergehend aufgeben; arbeitete als Tierpfleger im Zirkus Aeros. Neuanfang am Theater Junge Garde in Halle; 1952/53 am Theater in Greifswald.

319

Es folgten Engagements in Leipzig (1953–1955) und Gera (1955–1961). Seit 1961 gehört er zum Ensemble des Staatstheaters Dresden (mit einer Unterbrechung 1970–1975). Wichtigste Rollen: Galy Gay in Brechts ›Mann ist Mann‹ und Flieger Sun in ›Der gute Mensch von Sezuan‹; Dorfrichter Adam in Kleists ›Der zerbrochne Krug‹; Seneca in Hacks' ›Senecas Tod‹; Titelrollen in Shakespeares ›König Lear‹ und in Schillers ›Die Verschwörung des Fiesco zu Genua‹; Helmer in Ibsens ›Nora‹; Jacques in Shakespeares ›Wie es euch gefällt‹; Möbius in Dürrenmatts ›Die Physiker‹. Bei den Salzburger Festspielen übernahm er mehrmals die Rolle des Mammons in Hofmannsthals ›Jedermann‹ (1983 unter der Regie von Ernst Haeusserman, 1988 unter der Regie von Gernot Friedel, jeweils mit Klaus Maria Brandauer). Im Film und im Fernsehen (auch Westproduktionen) spielte er häufig Außenseiter oder Bösewichter. In István Szábos ›Mephisto‹ sah man ihn als gefährlich funkelnden preußischen Ministerpräsidenten (1980, mit Brandauer), in Peter Schamonis ›Frühlingssinfonie‹ als Friedrich Wieck (1983). Ferner spielte er in Franz Antels ›Johann Strauß – König ohne Krone‹ (1986), in Rolf von Sydows ›Siamesische Hunde‹ (1988) und in Helmut Dietls ›Schtonk‹ (1992).

Horney, Brigitte, geb. 29. 3. 1911 in Berlin, gest. 27. 7. 1988 in Hamburg. Schauspielerin. 1928–1930 Ausbildung an der Ilka-Grüning-Schule Berlin und Tanzunterricht bei Mary Wigman. Nachdem sie einen Nachwuchspreis der Max-Reinhardt-Schule erhalten hatte, holte Robert Siodmak sie 1930 für seinen Film ›Abschied‹ vor die Kamera. Nach Engagements in Würzburg (1930/31) und am Deutschen Theater Berlin (1931/32) kam sie an die Berliner Volksbühne (1932–1934); dort Zusammenarbeit mit Heinz Hilpert, ihrem eigentlichen Entdecker und Förderer. 1934–1945 vorwiegend Filmarbeit; Durchbruch als Rubby in ›Liebe Tod und Teufel‹ (1934, R. Hilpert); weitere Filme u. a.: ›Savoy Hotel 217‹ (1936); ›Anna Favetti‹ (1938); ›Verklungene Melodie‹ (1938); ›Du und ich‹ (1938); ›Eine Frau wie du‹

(1939); ›Das Mädchen von Fanö‹ (1941, R. Hans Schweikart); ›Illusion‹ (1941); ›Münchhausen‹ (1943, mit Hans Albers). Kurz vor Kriegsende kam sie in die Schweiz; 1946–1949 am Schauspielhaus Zürich u. a.: Elvira in Frischs ›Santa Cruz‹ und Agnes in ›Als der Krieg zu Ende war‹; Olga in Sartres ›Die schmutzigen Hände‹ (1948/49). 1952, nach dem Tod ihrer Mutter, der bekannten Psychoanalytikerin Karen Horney, übersiedelte sie an deren Wohnsitz nach Boston/USA. Regelmäßig Gastspiele in Deutschland: 1953–1956 am Deutschen Theater Göttingen bei Hilpert u. a.: Titelrolle in Zuckmayers ›Ulla Windblad‹; Alkmene in Kleists ›Amphitryon‹. Letzte Bühnenrolle: Giraudoux' ›Die Irre von Chaillot‹ (1975, Schauspielhaus Zürich, R. Harry Buckwitz). Beliebt war sie auch als Fernsehschauspielerin, vor allem als Adele in der Episoden-Reihe ›Jakob und Adele‹ (seit 1982, mit Carl Heinz Schroth) sowie in den Serien ›Des Teufels Großmutter‹ (1985–1987) und ›Das Erbe der Guldenburgs‹ (1987). Die hagere Schauspielerin saugte jede Figur in sich auf: »Ich mache mich leer, so daß nur noch eine Hülle von mir da ist. Da packe ich dann alles rein – das ist doch der Witz an der Schauspielerei.«
Literatur: B. Horney: So oder so ist das Leben. Eine unvergeßliche Schauspielerin erzählt ihr Leben. Aufgezeichnet von G. H. Heyerdahl. München 1992; H.-J. Schlamp: Brigitte Horney. Berlin 1939.

Horváth, Ödön von, geb. 9. 12. 1901 in Susak bei Fiume, gest. 1. 6. 1938 in Paris. Schriftsteller. Sohn eines Diplomaten. Horváth studierte Philosophie, Theaterwissenschaft und Germanistik in München. Von 1923 an lebte er als freier Schriftsteller in Murnau. 1934 ging er in die Emigration nach Wien; 1938 in die Schweiz. In Paris wurde er während eines Gewitters von einem herabstürzenden Ast erschlagen. Horváths Werk wurde erst in den sechziger Jahren wieder entdeckt und wird seither viel gespielt. Horváth schrieb Volksstücke, in denen er das Bewußtsein seiner kleinbürgerlichen Figuren durch ihre Sprache zu demaskieren verstand und ihre Anfälligkeit für den Faschismus kenntlich

Horwitz 320

machte. Horváth veröffentlichte neben seinen Stücken Romane und Erzählungen, u. a.: ›Der ewige Spießer‹ (1930); ›Ein Kind unserer Zeit‹ (1938). »Die Bühne Horváths: Eine Gesellschaft im Vorfeld der Gewalt, im Vorfeld ihrer eigenen – möglichen – Deformation zum Faschismus. Ein Staat, angesiedelt im Herzen Europas, voller landschaftlicher und gemüthafter Reize, reich versehen mit seelischen Werten und traulichen Traditionen, darübergebreitet eine Art von leicht faßlichem Humor. Die Menschen darin bewegt von jener Form süddeutscher Herzigkeit, die eine besonders mörderische Variante des Deutschen ist. Denn ihre Sprache verrät sie. Nicht in Beschreibung und Schilderung, sondern durch ihre besondere Art, sich selber auszudrücken.« (Peter Wapnewski, in: T. Krischke (Hrsg.), Materialien zu Ö. v. Horváths ›Geschichten aus dem Wiener Wald‹, Frankfurt a. M. 1972)

Stücke: ›Zur schönen Aussicht‹ (1926/27); ›Revolte auf 3018‹ (1927); ›Sladek, der schwarze Reichswehrmann‹ (1929); ›Italienische Nacht‹ (1931); ›Geschichten aus dem Wiener Wald‹ (1931); ›Kasimir und Karoline‹ (1932); ›Hin und Her‹ (1934); ›Glaube, Liebe, Hoffnung‹ (1936); ›Figaro läßt sich scheiden‹ (1935); ›Don Juan kommt aus dem Krieg‹ (entst. 1935, UA 1952 Wien); ›Der jüngste Tag‹ (1936).

Literatur: T. Krischke: Ö. v. Horváth – Kind seiner Zeit. München 1980; ders.: Materialien zu Ö. v. Horváth. Frankfurt a. M. 1970; A. Fritz: Ö. v. Horváth als Kritiker seiner Zeit. Stockholm 1971; G. Müller: Das Volksstück von Raimund bis Kroetz. S. 92–104, München 1979.

Horwitz, Dominique, geb. 23. 4. 1957 in Paris. Schauspieler. Die Eltern waren vor den Nazis nach Paris geflüchtet und hatten dort die französische Staatsbürgerschaft angenommen. 1971 zog die Familie nach Berlin. Nach dem Abitur arbeitete Horwitz als Verkäufer im KaDeWe. 1976 stand er erstmals in einem Fernsehfilm vor der Kamera (›Eine Jugendliebe‹); 1978 engagierte ihn Peter Lilienthal für seinen Film ›David‹. 1978/79 Kabarett im Berliner »Ca De We« (Cabaret des Westens); 1979 – 1983 Engagement am Tübinger Zimmer-

theater bei Siegfried Bühr. 1983 holte ihn Frank Baumbauer ans Münchner Residenztheater, wo er bis 1985 kleinere Rollen übernahm, darunter: Lorenzo in Shakespeares ›Der Kaufmann von Venedig‹ (R. Alfred Kirchner); Andrea Sarti in Brechts ›Leben des Galilei‹ (R. Peter Löscher). Großen Erfolg hatte er mit seinem Jacques-Brel-Abend (1984, Marstall-Theater). Von 1985 bis 1988 war er fest am Hamburger Thalia Theater engagiert, danach spielte er dort als Gast. Rollen u. a.: Hermann Kasimir in Wedekinds ›Der Marquis von Keith‹ (R. Thomas Langhoff); Laertes in Shakespeares ›Hamlet‹ (R. Jürgen Flimm); Assistent in Dorsts ›Ich, Feuerbach‹ (1987, R. der Autor). Einen triumphalen Erfolg feierte er als Teufel in Burroughs/Waits/Wilsons ›The Black Rider‹ (1990, R. Robert Wilson): »Der fragile Teufel mit dem graziös gewinkelten und so unirdisch leicht auf Zehenspitzen nachgeschleiften Hinkefüßchen, mit der geschmeidig geschmierten, bös verführerischen Stimme, dem liebevoll stechenden Blick, der kein Opfer entkommen läßt, mit der rot und sündig herausschnellenden spitzen Zunge, mit einem Charme, der funkelt und sprüht, sticht und beißt und erbarmungslos verführt – dieser unwiderstehlichste und abgefeimteste aller Teufel ist Dominique Horwitz. (. . .) Er wirkt ganz außerordentlich, jeder Auftritt geht durch und durch, sein Gang von links nach rechts wurde ein Meisterstück an Expressivität und Ausstrahlung.« (Ulrike Kahle, ›Theater heute‹, Jahrbuch 1990) Am Hamburger Schauspielhaus gastierte er in Ilan Hatsors ›Die Vermummten‹ (1992, R. Arie Zinger). Filmrollen hatte er u. a. in Peter Zadeks ›Die wilden Fünfziger‹ (1983) und in Joseph Vilsmaiers ›Stalingrad‹ (1992).

Literatur: U. Kahle: Die Vier vom Thalia. Ein Gruppenporträt junger Schauspieler, die nicht nur im ›Black Rider‹ glänzen. In: Theater heute, Jahrbuch 1990.

Horwitz, Kurt, geb. 21. 12. 1897 in Neuruppin, Mark Brandenburg, gest. 14. 2. 1974 in München. Schauspieler, Regisseur und Intendant. Begann 1919 eine Schauspielausbildung bei Ferdinand Gregori in

Berlin; wechselte noch im selben Jahr zu Otto Falckenberg an die Münchner Kammerspiele, wo er bis 1933 engagiert war. Rollen in Falckenberg-Inszenierungen u.a.: Schreiber Licht in Kleists ›Der zerbrochne Krug‹ (1922); Thersites in Shakespeares ›Troilus und Cressida‹ (1925) und Claudius in ›Hamlet‹ (1930, mit Ewald Balser); St. Just in Büchners ›Dantons Tod‹ (1926); General Möllendorf in Wolfgang Goetz' ›Neidhardt von Gneisenau‹ (1926); Dr. Schön in Wedekinds ›Lulu‹ (1928); Kuckuck in Wolfs ›Cyankali‹ (1930); Riccaut in Lessings ›Minna von Barnhelm‹ (1931); Mephisto in Goethes ›Urfaust‹ (1931, mit Balser als Faust und Käthe Gold als Gretchen); Bruno Mechelke in Hauptmanns ›Die Ratten‹ (1932, mit Therese Giehse). Außerdem u.a.: Romains' ›Dr. Knock‹ (1925, R. Erich Engel); Mackie Messer in Brecht/Weills ›Die Dreigroschenoper‹ (1929, R. Hans Schweikart); daneben erste eigene Inszenierungen. An der Berliner Volksbühne gastierte er als Esterhazy in Rehfischs ›Die Affäre Dreyfus‹ (UA 1929); Herbert Ihering schrieb:»Ich habe von München her wiederholt auf Horwitz hingewiesen. Jetzt hat er mit der leichten und sicheren Linienführung, mit einfacher und selbstverständlicher Beherrschung des schauspielerischen Handwerks *den* Erfolg. Jetzt wird man auf ihn hören.« (›Berliner Börsen-Courier‹, 26. 11. 1929) 1933 Emigration in die Schweiz. 1933–1938 und 1940–1946 Engagement als Schauspieler und Regisseur am Schauspielhaus Zürich; 1938–1940 am Theater Basel. Von 1946 bis 1950 war er in Basel Direktor; danach kehrte er für drei Jahre erneut ans Zürcher Schauspielhaus zurück. Wichtige Titelrollen: Wolfs ›Professor Mamlock‹ (1934, R. Leopold Lindtberg); Shakespeares ›Julius Caesar‹ und ›König Johann‹ (beide 1941); Schillers ›Wallenstein‹ (1943); ferner u.a.: Kreon in Sophokles' ›Antigone‹; Helmer in Ibsens ›Nora‹ (1944); Jupiter in Sartres ›Die Fliegen‹ (1944). Inszenierte wichtige Ur- und Erstaufführungen: Claudels ›Der seidene Schuh‹ (DE 1944) und Frischs ›Nun singen sie wieder‹ (UA 1945, beide Zürich); Williams' ›Die Glasmenagerie‹ (DE 1946, Basel); Dürrenmatts ›Es steht geschrieben‹

(UA 1947, Zürich); ferner u.a.: Cowards ›Fröhliche Geister‹ (1945); Camus' ›Die Gerechten‹ (1950). Zahlreiche Molière-Inszenierungen: ›Der Menschenfeind‹ (1943 Zürich, 1948 Basel, 1952 München, 1959 Wien); ›Tartuffe‹ (erstmals 1951); ›Der Geizige‹ (erstmals 1952); ›Die Schule der Frauen‹ (erstmals 1954) – alle mit seinem Freund Ernst Ginsberg in der Hauptrolle. Von 1953 bis 1958 war er Intendant des Bayerischen Staatsschauspiels München. Er engagierte Fritz Kortner für große Klassiker-Inszenierungen und holte die jungen Regisseure Werner Düggelin und Rudolf Noelte an sein Haus. Seinen Entschluß, die Intendanz Ende August 1958 aufzugeben, begründete er mit der schwierigen Lage des deutschen Repertoire-Theaters und den Problemen der Ensemblebildung. Horwitz blieb als Schauspieler und Regisseur ohne feste Bindung in München. 1962 inszenierte er in Basel die Uraufführung von Dürrenmatts ›Die Physiker‹ (mit der Giehse als Dr. Mathilde von Zahnd). Altersrollen an den Münchner Kammerspielen u.a.: Teiresias in Wilders ›Alkestiade‹ (1957); Titelrolle in Dürrenmatts ›Frank V.‹ (1960) und Kardinal in ›Die Wiedertäufer‹ (1967); Nono in Williams' ›Die Nacht des Leguan‹ (1963).

Literatur: M. Faber/L. Weizert: ... dann spielten sie wieder. Das Bayerische Staatsschauspiel. 1946–1986. München 1986.

Hube, Jörg, geb. 22. 11. 1943 in Neuruppin, Mark Brandenburg. Schauspieler, Kabarettist und Regisseur. Aufgewachsen in Dießen und München. Ausbildung an der Otto-Falckenberg-Schule München und am Mozarteum Salzburg; 1968/69 Engagement am Theater Trier, dort u.a.: Titelrolle in Kleists ›Prinz Friedrich von Homburg‹; Affe in Kafkas ›Bericht für eine Akademie‹; Stepan in Camus' ›Die Gerechten‹. Von 1971 bis 1973 gehörte er neben Helmut Ruge zum Münchner Kabarett »Die Hammersänger«. 1973–1975 Engagement am Münchner Theater der Jugend; Erfolg als Arbeitgebervertreter in Werner Geifrigs ›Stifte mit Köpfen‹. Es folgten Gastspiele an verschiedenen Bühnen, u.a.: Danton in

Hübchen

Büchners ›Dantons Tod‹ (1977, Festspiele Gandersheim); Ollie in Urs Widmers ›Stan und Ollie in Deutschland‹ (1979, Theater am Sozialamt (TamS) München, mit Philip Arp); Bürgermeister in Gogols ›Der Revisor‹ (1980, Heidelberg). Seit 1973 gastiert er regelmäßig an den Münchner Kammerspielen: Dieter in Plenzdorfs ›Die neuen Leiden des jungen W.‹ (1973); Viehzüchter in Brechts ›Die heilige Johanna der Schlachthöfe‹ (1974); Heizer Paul in Wolfs ›Cyankali‹ (1976); Hans in Urs Widmers ›Nepal‹ (1978, mit Arp); Wirt in Mitterers ›Kein Platz für Idioten‹ (1981); Rabensteiner in Weiss' ›Der neue Prozeß‹ (1983, R. Dieter Dorn); Edgar in Kroetz' ›Nicht Fisch nicht Fleisch‹ (1983) und Sohn in ›Bauern sterben‹ (UA 1985, R. der Autor); Höfling in Strauß' ›Der Park‹ (1984, R. Dorn); Guy in Topors ›Leonardo hat's gewußt‹ (DE 1985, R. der Autor). Große Erfolge feierte er in der Titelrolle seiner Kabarettprogramme ›Herzkasperls Altstadtfunk‹ (ab 1975), ›Herzkasperls Salto Normale‹ (ab 1981) und ›Herzkasperls Abermakaber‹ (1986, jeweils unter Mitarbeit seiner Frau, Elisabeth Fall). Sein Regiedebüt gab er 1986 mit Kroetz' ›Nicht Fisch nicht Fleisch‹ in Salzburg. Von 1991 bis 1993 war er Leiter der Münchner Otto-Falckenberg-Schule, an der er bereits seit 1984 unterrichtete. Im Fernsehen sah man ihn u. a. als ›Andreas Vöst‹ (1979, nach Thoma) sowie in mehreren Serien: ›Der Gerichtsvollzieher‹ (1981); ›Rote Erde‹ (1983, R. Klaus Emmerich); ›Heimat‹ (1984, R. Edgar Reitz); ›Löwengrube‹ (1990). »Sein radikales und fast beängstigend wirkendes Bemühen um Authentizität ist ebenso typisch für ihn wie die – von außen so zu deutende – ängstliche Flucht vor jeder Festlegung, die da lauten könnte: Jörg Hube ist nur ein Kabarettist; er ist auch ein äußerst sensibler Komiker oder ein vorzüglich intelligenter Funksprecher, ein profunder Volkstheater-Darsteller oder einfach ein um der Sache willen schwieriger, kämpferischer, privat eher scheu zurückhaltender Mensch.« (Thomas Thieringer, ›SZ‹, 2. 7. 1979) Auszeichnungen u. a.: Ernst-Hoferichter-Preis (1982); Deutscher Kleinkunstpreis (1982); Ludwig-Thoma-Medaille (1985).

Hübchen, Henry, geb. 20. 2. 1947 in Berlin. Schauspieler. Ausbildung an der Staatlichen Schauspielschule in Ostberlin (bis 1970); erstes Engagement in Magdeburg (1970–1974); dort u. a.: Berry in O'Caseys ›Das Ende vom Anfang‹ (1971, R. Bernd Renne); Karl Moor in Schillers ›Die Räuber‹ (1972) und Saint Just in Büchners ›Dantons Tod‹ (1973, R. jeweils Konrad Zschiedrich); Sosias in Hacks' ›Amphitryon‹ (1973). Seit 1974 Engagement an der Ostberliner Volksbühne, wo er in mehreren Stücken von Heiner Müller spielte: ›Die Schlacht‹ (1975, R. Manfred Karge/Matthias Langhoff); Siegfried in ›Die Bauern‹ (1976) und Klamann in ›Der Bau‹ (1980, R. jeweils Fritz Marquardt); außerdem u. a.: Titelrolle in Racines ›Britannicus‹ (1975, R. Brigitte Soubeyran); Rosenkranz in Shakespeares ›Hamlet‹ (1977, R. Benno Besson); Truffaldino in Gozzis ›Der Rabe‹ (1981, R. Renne). Seit 1985 Zusammenarbeit mit Frank Castorf, zu dessen wichtigsten Protagonisten er zählt: Torvald Helmer in Ibsens ›Nora‹ (1985, Theater Anklam); Claudius in Shakespeares ›Hamlet‹ (1989, Bühnen der Stadt Köln); Fernando in Goethes ›Stella‹ (1990, Deutsches Schauspielhaus Hamburg); in Castorf-Inszenierungen an der Berliner Volksbühne: Verlaine in Paul Zechs ›Das trunkene Schiff‹ (1988); Franz Moor in Schillers ›Die Räuber‹ (1990); Occe in Bronnens ›Rheinische Rebellen‹ (1992): »Henry Hübchens melancholischer Existenzclown trägt eine deutsche demokratische Republik als Vergangenheit. Den schlecht sitzenden Anzug ordentlich zugeknöpft, stopft er gleich zu Beginn gierig eine Banane in sich hinein, die ihm jedoch nicht in den Schlund will, sondern widerspenstig zwischen den Zähnen herausquillt. Kaum ist die anzügliche Frucht endlich ausgekotzt, rutscht der Möchtegern-Separatist im eigenen Schleim aus. (...) Dem leidensstarken Tolpatsch mißrät fast alles. Bronnens zackige Befehle stottert er zerstreut ins Telefon, und als ihn seine attraktiv-patriotische Gegenspielerin Gien mit donnernden Worten und Granaten vom Podium fegt, erstickt ihn fast der Bühnenqualm. Bei seiner unbeholfenen Rede voll widersprüchlich geistesvernebelter Schlagworte gestikuliert er so ungeschickt im Scheinwerferlicht, daß der Schattenriß seines Armgefuchtels von Ferne an den Hitlergruß gemahnt.« (Franz Wille, ›Theater heute‹, Heft 12, 1992); Dr. Wangel in Ibsens ›Die Frau vom Meer‹ (1993); Onkel Klapproth in Laufs/Jacobys ›Pension Schöller‹/H. Müllers ›Die Schlacht‹ (1994, Doppelprojekt). Eigene Regiearbeiten: O'Caseys ›Das Ende vom Anfang‹ und ›Abschied vier Uhr früh‹ (beide 1986, Kleine Bühne Friedrichspalast Berlin); Horváths ›Glaube, Liebe, Hoffnung‹ (1988); Goethes ›Clavigo‹ (1990); Molières ›Der Menschenfeind‹ (1991, alle Volksbühne Berlin). Er wirkte in vielen Fernseh- und Spielfilmen mit, darunter: ›Jakob der Lügner‹ (1975); ›Moral der Banditen‹ (1976); ›Dantons Tod‹ (1977); ›Jörg Ratgeb – Maler‹ (1978); ›Das Idol von Mordassow‹ (1979); ›Johann Sebastian Bachs vergebliche Reise in den Tod‹ (1980); ›Der Bastard‹ (1983); ›Frau Jenny Treibel‹ (1984); ›Es steht der Wald so schweigend‹ (1985); ›Selbstversuch‹ (1989); ›Ein Mann für jede Tonart‹ (1992); ›Ihr letzter Wille gilt‹ (1993); ›Zahltage‹ (1994).

Hübner, Bruno, geb. 26. 8. 1899 in Langenbruck (Böhmen), gest. 22. 12. 1983 in München. Schauspieler und Regisseur. Begann 1919 an der Neuen Wiener Bühne. Es folgten Engagements am Lessingtheater Berlin (1922), in Bonn, Karlsruhe, Neuß, Koblenz und Düsseldorf. 1933–1944 Engagement am Deutschen Theater Berlin bei Heinz Hilpert; seit 1938 auch am Theater in der Josefstadt Wien. Wichtige Rollen in Hilpert-Inszenierungen: Mephisto in Goethes ›Faust I‹ (1938/39, mit Ewald Balser als Faust); Narr in Shakespeares ›König Lear‹ (1940). In Inszenierungen von Erich Engel sah man ihn u. a. in Shakespeares ›Maß für Maß‹ und als Don Luis in Calderóns ›Dame Kobold‹ (1939/40). Außerdem u. a.: Titus Feuerfuchs in Nestroys ›Der Talisman‹ und Krautkopf in ›Der Zerrissene‹; Wurm in Schillers ›Kabale und Liebe‹; Valentin in Raimunds ›Der Verschwender‹. 1946 holte ihn Engel an die Münchner Kammerspiele. In den fünfziger Jahren spielte und inszenierte er auch

am Bayerischen Staatsschauspiel, wo er Oberspielleiter war. Rollen u. a.: Tod in Paul Osborns ›Tod im Apfelbaum‹ (1946, R. Friedrich Domin); Rappelkopf in Raimunds ›Der Alpenkönig und der Menschenfeind‹ (1946/47, eine seiner erinnerungswürdigsten Raimund-Rollen); Titelrolle in Jules Romains' ›Dr. Knock‹ (1947, R. Engel); Squenz in Shakespeares ›Ein Sommernachtstraum‹ (1954); Eggersen in Eliots ›Der Privatsekretär‹ (1954). Gastspiele u. a.: Alfred Doolittle in Shaws ›Pygmalion‹ (1951, Kleine Komödie München); Ignatius von Loyola in Calderóns ›Die Welt ist Trug‹ (UA 1959, Theater an der Wien); William Rutledge in Wolfes ›Willkommen in Altamonte‹ (1963, Frankfurt, R. Harry Buckwitz); Kammerdiener in Schillers ›Kabale und Liebe‹ (1963, Ruhrfestspiele, R. Willi Schmidt); Joxer in O'Caseys ›Juno und der Pfau‹ (1965, R. Peter Palitzsch); Varro in Hays ›Gáspár Varros Recht‹ (1966, Wuppertal); Ullmann in Grasers ›Witwenverbrennung‹ (UA 1980, Düsseldorf). Zahlreiche eigene Inszenierungen, u. a. am Deutschen Theater Berlin: Goethes ›Stella‹; Mells ›Das Spiel von den deutschen Ahnen‹ (1939/40) und ›Sieben gegen Theben‹ (1941/42); Goldonis ›Das Kaffeehaus‹ (1940/41) und ›Der Diener zweier Herren‹ (1944); Raimunds ›Der Verschwender‹ (1941/42); Kleists ›Das Käthchen von Heilbronn‹ (1941/42). An den Münchner Kammerspielen u. a.: Frischs ›Nun singen sie wieder‹ (1946); Sartres ›Geschlossene Gesellschaft‹ (1950); am Bayerischen Staatsschauspiel u. a.: Nestroys ›Der konfuse Zauberer‹ (1954, mit Hübner als Schmafu); Raimunds ›Die gefesselte Phantasie‹ (1954, mit Hübner als Nachtigall); Gogols ›Heiratskomödie‹ (1955); Raffalts ›Gold von Bayern‹ (UA 1966); außerdem u. a.: Farquhars ›Der Werbeoffizier‹ (DE 1966, Wuppertal); Tschechows ›Der Kirschgarten‹ (1967, ebenda). Im ›Kirschgarten‹ spielte er auch seine letzte Rolle: den alten Diener Firs (1981, Frankfurt, R. Johannes Schaaf). Hübner, der sich Ende der sechziger Jahre fast ganz von der Bühne zurückgezogen hatte, war ein Erzkomödiant, ein spinnenbeiniger, verkauzt-gütiger Chargen- und Charakterspieler von knorziger

Hübner

Gestalt. Für den Kritiker Karl Schumann war er »ein Irrwisch und Schrat, an dem Spitzweg und Kubin zu gleichen Teilen gezeichnet haben, ein bizarrer und konfuser Zauberer aus Raimunds Gefolge, ein vom Theaterfeuer versengter, zungenakrobatischer Anwalt Nestroys und ein zwischen Hof- und Gegenwartstheater vermittelnder Spezialist für süß lächelnde Schurken und biedermännisch salbungsvolle Hauptbuchhalter der Gemeinheit«. (›SZ‹, 30. 12. 1983)

Hübner, Kurt, geb. 30. 10. 1916 in Hamburg. Schauspieler, Dramaturg, Regisseur und Intendant. Nach dem Abitur Ausbildung an der Schauspielschule des Deutschen Theaters Berlin. Nach dem Krieg zunächst Rundfunkarbeit, dann Schauspieler und Regieassistent am Deutschen Schauspielhaus Hamburg. Regiedebüt 1948 am Landestheater Hannover mit Büchners ›Woyzeck‹; es folgte dort u. a. Hebbels ›Maria Magdalena‹. Danach war er Regisseur in Göttingen, Ingolstadt und Freiburg; 1953–1955 Chefdramaturg beim Süddeutschen Rundfunk in Stuttgart; 1955–1957 Chefdramaturg und Regisseur am Landestheater Hannover und Leiter der Hörspielabteilung im Landesfunkhaus des NDR. 1957–1959 Chefdramaturg am Staatstheater Stuttgart unter der Intendanz von Walter Erich Schäfer. 1959–1962 Intendant der Städtischen Bühnen Ulm; Zusammenarbeit mit den Regisseuren Peter Zadek und Peter Palitzsch. 1962–1973 Generalintendant in Bremen; weiterhin Zusammenarbeit mit Zadek und Palitzsch, außerdem mit den Bühnenbildnern Wilfried Minks, Jürgen Rose und Karl-Ernst Herrmann, später auch mit Erich Wonder. Unter Hübners Leitung entwickelte sich das Bremer Theater zur avanciertesten und mutigsten Bühne in der Bundesrepublik der sechziger Jahre. Hübner beschäftigte herausragende Schauspieler wie Traugott Buhre, Margit Carstensen, Edith Clever, Bruno Ganz, Vadim Glowna, Hannelore Hoger, Jutta Lampe, Bernhard Minetti, Walter Schmidinger und Martin Sperr. Er engagierte und förderte u. a. die Regisseure Klaus Michael Grüber, Rainer Werner Fassbinder, Peter Stein und Hans Neuen-

fels. Sie alle prägten den berühmt gewordenen, dabei nie klar definierten »Bremer Stil«. Befragt nach diesem Stil, erklärte Hübner in einem Interview: »Wir haben immer darüber gerätselt, was das sein sollte: ›Bremer Stil‹. Zadek sagt ja, er sei damals in siebzehn Richtungen gleichzeitig losgerast. Andere rannten in die entgegengesetzten Richtungen. Auf einen ›Stil‹ konnten wir uns jedenfalls nie einigen. Der Begriff ›Bremer Stil‹ entstand wohl mehr aus der Verblüffung, der Erschrockenheit heraus, die wir erzeugten, aus unserer Überzeugung, daß das Theater verletzen, Konventionen in Frage stellen muß. Sprechen wir also lieber von Bremer Stillosigkeit.« (›Theater heute‹, Heft 11, 1991) Zu den legendären Inszenierungen dieser Zeit zählen Shakespeares ›Maß für Maß‹ unter der Regie von Zadek (1967), Goethes ›Torquato Tasso‹ unter der Regie von Stein (1969) und Becketts ›Das letzte Band‹ unter der Regie von Grüber (1973). Eigene Inszenierungen von Hübner u. a.: Shakespeares ›Romeo und Julia‹ (1964), ›Hamlet‹ (1965) und ›Macbeth‹ (1967); Sophokles' ›Antigone‹ (1966); Ibsens ›Peer Gynt‹ (1968, mit Michael König). Trotz der vielen Erfolge sollte Hübners Vertrag 1973 nicht verlängert werden, was für einigen Aufruhr sorgte (der Bremer Kulturbeauftragte Moritz Thape vermißte »richtige« Klassikerinszenierungen). Hübner verzichtete schließlich auf eine erneute Bewerbung und wechselte zu Beginn der Spielzeit 1973/74 an die Freie Volksbühne Berlin, die er bis 1986 unter erschwerten Bedingungen leitete (kein festes Ensemble, begrenzter Etat). Weiterhin Zusammenarbeit mit Zadek, Grüber, Minks und Neuenfels; außerdem mit Rudolf Noelte, Werner Schroeter, Roberto Ciulli. Eigene Inszenierungen u. a.: Shaffers ›Equus‹ (1974); Nestroys ›Höllenangst‹ (1976); Kleists ›Das Käthchen von Heilbronn‹ (1976); Deichsels ›Loch im Kopp‹ (1977); Lessings ›Nathan der Weise‹ (1977); Hochhuths ›Ärztinnen‹ (1980); Molières ›Tartuffe‹ (1981); Bernhards ›Über allen Gipfeln ist Ruh‹ (1983); Calderóns ›Leben ein Traum‹ (1986). Seit 1986 arbeitet er frei (Nachfolger an der Volksbühne wurde Neuenfels); 1989 inszenierte er wieder in

Bremen: Shakespeares ›Der Kaufmann von Venedig‹. Hübner ist Dozent an der Otto-Falckenberg-Schule in München. Auszeichnungen u.a.: Professorentitel (1983); Fritz-Kortner-Preis (1991).

Literatur: B. Mauer/B. Krauss (Hrsg.): Spielräume – Arbeitsergebnisse. Theater Bremen 1962–1973. Theater der freien Hansestadt Bremen. Programmheft Nr. 15, 1972/73; H. P. Doll (Hrsg.): Mein erstes Engagement. Theaterleute erinnern sich. Stuttgart 1988; M. Lange: Peter Zadek. Regie im Theater. Frankfurt a. M. 1989; G. Rühle: Der Menschensammler. Laudatio auf Kurt Hübner. In: Theater heute, Heft 11, 1991, S. 1 ff. sowie K. Hübner: Weisheit ist kein Verrat. Gespräch mit Moritz Rinke. Ebd., S. 6–14.

Hürlimann, Thomas, geb. 21. 12. 1950 in Zug. Schweizer Schriftsteller. Sohn eines Schweizer Bundesrates. Hürlimann besuchte das Gymnasium an der Stiftsschule Einsiedeln. Danach Studium der Philosophie in Zürich und an der FU Berlin. Drei Jahre arbeitete er als Regieassistent und Produktionsdramaturg am Schiller-Theater in Berlin. Er schrieb Prosa und Theaterstücke. 1981 wurde sein erstes Stück ›Großvater und Halbbruder‹ uraufgeführt, das vom Verhalten von Schweizer Dorfbewohnern gegenüber einem Emigranten handelt: »Hürlimanns Text jedenfalls ist nicht nur (wenn überhaupt) eine Auseinandersetzung mit den Kriegsjahren damals, sondern eine Fallstudie zum Wesen der Vereisung und Verzwergung jeder Zeit (. . .) Sein Stück ist auch eines über den Generationskonflikt. Denn auch dieser hat zur Grundlage Vereisung. Abkapselung.« (Michael Skasa, zu ›Großvater und Halbbruder‹. ›Theater heute‹ Heft 1, 1982) In seinem zweiten Stück ›Stichtag‹ (1985) wurde ein persönliches Erlebnis, das vierjährige Krebssterben des Bruders, verarbeitet. Sein Stück ›De Franzos im Ybrig‹ (UA 1991, Kloster Einsiedeln) wurde von Lorenz Gutmann für die Volksschauspiele in Telfs in Tiroler Dialekt übertragen: ›Der Franzos in Ötz‹ (1994, R. Ruth Drexel). Hürlimann lebt seit 1985 in Ebmatingen bei Zürich.

Weitere Stücke: ›Der letzte Gast‹ (1991); ›Der Gesandte‹ (1991).

Hugo, Victor, geb. 26. 2. 1802 in Besançon, gest. 22. 5. 1885 in Paris. Französischer Schriftsteller. Sohn eines Generals. Seit 1819 lebte er als Schriftsteller. Er erhielt 1822 eine Pension von Ludwig XVIII. 1841 wurde er Mitglied der Académie Française. Danach engagierte er sich politisch und wurde wegen Opposition gegen Louis Napoléon verfolgt. 1851 Flucht nach Belgien. 1870 Rückkehr nach Paris. Er wurde im Panthéon beigesetzt. Hugo war einer der populärsten romantischen Dichter Frankreichs, mit großem Einfluß auf die Literatur des 19. Jahrhunderts. In der Vorrede zu seinem Stück ›Cromwell‹ (1827) faßte er programmatisch die Ziele des romantischen Theaters zusammen, die er vor allem in seinem antiklassizistischen Schauspiel ›Hernani‹ (1830) realisierte. Hugos Romane zeigen die sozialen Probleme des Volkes in romantischem Licht: ›Der Glöckner von Notre-Dame‹ (1831); ›Les Misérables‹ (1862).

Weitere Stücke: ›Der König amüsiert sich‹ (1832, Vorlage für die Oper ›Rigoletto‹ von Verdi); ›Lucrecia Borgia‹ (1833); ›Ruy Blas‹ (1838).

Literatur: Hugo v. Hofmannsthal: Versuch über Victor Hugo. München 1925; D. Gasiglia: Victor Hugo, sa vie, son oeuvre. Paris 1984; J. Guadon: Victor Hugo et le théâtre: strategie e dramaturgie. Paris 1985; E. Ionesco: Hugoliad, or, the grotesque and tragic life of Victor Hugo. New York 1987; A. Wild: Victor Hugo und Deutschland: Zeichnungen, Bücher, Dokumente. Mainz 1990.

Hunstein, Stefan, geb. 27. 7. 1957 in Kassel. Schauspieler. Nach dem Abitur Schauspielausbildung an der Hochschule für Musik und darstellende Kunst in Stuttgart (1979–1982). Erste Engagements: Theater der Stadt Essen (1982); Freiburger Theater (1982–1986); Schauspielhaus Bochum (1986–1990). Spielte in mehreren Inszenierungen von Andrea Breth: Wurm in Schillers ›Kabale und Liebe‹; David in Bonds ›Sommer‹; Clive in Ayckbourns ›Schöne Bescherung‹. Weitere Rollen u. a.:

Huonder

Charly in Bauers ›Magic Afternoon‹ (R. Eva Diamantstein); Adam in Stoppards ›Stürmische Überfahrt‹ (R. B. K. Tragelehn); Mercutio in Shakespeares ›Romeo und Julia‹ (R. Wolf Redl); Freund in Brechts ›Die Kleinbürgerhochzeit‹ (R. Diamantstein); Titelrolle in Kleists ›Amphitryon‹ (R. Urs Troller). 1989 spielte er im Münchner Cuvilliéstheater Goethes ›Clavigo‹ (R. Hans-Dieter Jendreyko). Seit 1990 gehört er zum Ensemble der Münchner Kammerspiele; dort u. a.: Der bittere Mann in Strauß' ›Schlußchor‹ (UA 1991) und Edgar in Shakespeares ›König Lear‹ (1992, R. jeweils Dieter Dorn); Pierrot in Molières ›Don Juan‹ (1991, R. Hans Joachim Ruckhäberle); Jeannot in Coline Serreaus ›Hase Hase‹ (1992/93, R. Harald Clemen); Der dramatische Schriftsteller in Bernhards ›Am Ziel‹ (1993, mit Doris Schade, R. Martin Meltke): »Stefan Hunstein ist ein sehr heutiger, laut in sich hineinlachender Poet unter Genieverdacht, ein lederbejackter Parvenü, der sich in die Welt der beiden Frauen bloß einschleicht, um ein wenig Material für die nächste dramatische Großtat zu sammeln. Unterm strähnigen langen Haar ist ein breites Grinsen in seinem Gesicht festgefroren. So einer ist nicht kleinzukriegen.« (Wolfgang Höbel, ›SZ‹, 25. 10. 1993)

Huonder, Guido, geb. 16. 7. 1942 in Chur (Schweiz). Regisseur und Intendant. 1968–1972 Mitarbeiter von Peter Stein, Klaus Michael Grüber und Peter Palitzsch; 1974/75 Regisseur am Schauspielhaus Bochum (unter der Intendanz von Peter Zadek); 1975–1977 Spielleiter in Dortmund. Von 1979 bis 1982 war er Oberspielleiter in Ulm; Inszenierungen: Strauß' ›Groß und klein‹; Reinshagens ›Himmel und Erde‹ und ›Eisenherz‹ (beide 1983); Gastinszenierungen u. a. in Graz, Heidelberg, Stuttgart und Frankfurt a. M. 1985 wechselte er wieder nach Dortmund, wo er bis 1991 Schauspieldirektor war (in den ersten Jahren mit großem Erfolg, Kritiker sprachen von einem »kleinen Theaterwunder«). Als Oberspielleiterin engagierte er Annegret Ritzel. Inszenierungen u. a.: Pasolinis ›Affabulazione‹ (1985); Ar-

royos ›Bantam‹ (1986); Taboris ›Mein Kampf‹; Wertmüllers ›Liebe und Magie in Mammas Küche‹ (1988); Enzo Cormanns ›Sade, Höllenkonzert‹ (DE 1989); Auseinandersetzung mit Klassikern wie Shakespeares ›Hamlet‹, Kleists ›Käthchen von Heilbronn‹ oder Grillparzers ›Medea‹. 1991/92 wurde er Intendant am Hans-Otto-Theater in Potsdam; inszenierte zum Einstand Oleg Jurjews ›Kleiner Pogrom im Bahnhofsbuffet‹ (DE 1992). Er kündigte 1993 mit der Begründung, die Stadt habe seinen Intendantenvertrag fortlaufend verletzt. 1994 wurde er zum neuen Generalintendanten des Kieler Theaters berufen (mit Wirkung ab 1995).

Hurwicz, Angelika, geb. 29. 4. 1922 in Berlin. Schauspielerin und Regisseurin. 1939–1941 Schauspielunterricht bei Lucie Höflich; debütierte am böhmischen Wandertheater. 1945–1949 am Deutschen Theater Berlin: Schulmeisterin in Hays ›Haben‹ (1948); Lehrersfrau in Brechts ›Furcht und Elend des Dritten Reiches‹ (1948, R. Wolfgang Langhoff); Daja in Lessings ›Nathan der Weise‹. Von 1949 bis 1958 gehörte sie zu Bertolt Brechts Berliner Ensemble. Sie verlieh ihren Figuren eine deutlich herausgestellte Naivität und Frische. Rollen in Brecht-Stücken: Kattrin in ›Mutter Courage und ihre Kinder‹ (1949, mit Helene Weigel, R. Brecht/Erich Engel); Frau Blitzer in ›Der Hofmeister‹ (1950, nach Lenz, R. Brecht/Caspar Neher); Grusche in ›Der kaukasische Kreidekreis‹ (UA 1954, R. Brecht); Frau Sarti in ›Leben des Galilei‹ (1957, R. Brecht/Engel); ferner u. a.: Anna in Gorkis ›Wassa Schelesnowa‹ (1949, R. Berthold Viertel); Marthe Rull in Kleists ›Der zerbrochne Krug‹ (1952, R. Therese Giehse); Marthe in Goethes ›Urfaust‹ (1952, R. Egon Monk); Frau Kleinschmidt in Erwin Strittmatters ›Katzgraben‹ (1953, R. Brecht); Kommissar in Wischnewskis ›Optimistische Tragödie‹ (1958, R. Peter Palitzsch/Manfred Wekwerth). Sie selbst inszenierte Ostrowskis ›Die Ziehtochter‹ (1955). Regiearbeiten in Hannover u. a.: Tolstois ›Und das Licht scheint in der Finsternis‹ (1967); Bonds ›Gerettet‹ (1968); Shakespeares

›Wie es euch gefällt‹ (1970); in Wuppertal u. a.: Sperrs ›Landshuter Erzählungen‹ (1969); Goethes ›Torquato Tasso‹ (1969); David Rudkins ›Vor der Nacht‹ (1970, mit Bernhard Minetti); Tschechows ›Iwanow‹ (1970). An den Städtischen Bühnen Köln bildete sie 1973/74 zusammen mit Hansgünther Heyme und Roberto Ciulli ein Dreierdirektorium. Inszenierungen in Köln u. a.: Ostrowskis ›Ein heißes Herz‹ (1973); Kleists ›Der zerbrochne Krug‹ (1974);

Fleißers ›Der starke Stamm‹ (1974). Seit Mitte der siebziger Jahre Inszenierungen am Burgtheater Wien, darunter: Sternheims ›Tabula rasa‹ (1978), ›1913‹ und ›Das Fossil‹ (1982); Camus' ›Die Besessenen‹ (1983).

Literatur: A. Hurwicz: Brecht inszeniert. Der kaukasische Kreidekreis. Velber 1964; dies.: Der darstellende Künstler. Frankfurt a. M. 1972.

I

Ibsen, Henrik (Pseud. Brynjolf Bjarne), geb. 20. 3. 1828 in Skien, gest. 23. 5. 1906 in Oslo. Norwegischer Dramatiker. Sohn eines Kaufmanns. Von 1844 bis 1850 Apothekerlehre; 1850 Medizinstudium in Oslo. 1851 wurde Ibsen zum künstlerischen Leiter des Theaters in Bergen berufen. Zahlreiche Reisen ins Ausland. Ibsen lebte vier Jahre in Rom, wo er seine beiden großen Ideendramen ›Brand‹ (1866) und ›Peer Gynt‹ (1867) schrieb; bis 1891 in München und Dresden. Ibsen begründete das gesellschaftskritische realistische Drama, in dem er die Lebenslüge, Verlogenheit und Kunstfeindlichkeit der bürgerlichen Gesellschaft angriff. Er wurde zum Bahnbrecher des Naturalismus in Skandinavien und in Deutschland. Schon zu seinen Lebzeiten wurde er viel gespielt und auch in Deutschland bekannt, vor allem durch die Inszenierungen von Otto Brahm und Max Reinhardt. Hugo von Hofmannsthal schrieb: »Alle diese Menschen leben ein schattenhaftes Leben; sie erleben fast keine Taten und Dinge, fast ausschließlich Gedanken, Stimmungen und Verstimmungen. Sie wollen wenig, sie tun fast nichts. Sie denken übers Denken, fühlen sich, fühlen und treiben Autopsychologie.« (In: Die Menschen in Ibsens Drama. 1893) Unter den Neudeutungen der letzten Jahrzehnte sind die ›Peer Gynt‹-Aufführungen von Peter Stein und Patrice Chéreau zu erwähnen, ›Baumeister Solness‹ und ›Wenn wir Toten erwachen‹ (1991, Münchner Kammerspiele) von Peter Zadek sowie die Aufführungen von ›John Gabriel Borkman‹ durch Hans Lietzau, Luc Bondy, Frank Castorf und Günter Krämer; ›Hedda Gabler‹ (1993, Schaubühne am Lehniner Platz) von Andrea Breth; außerdem ›Die Frau vom Meer‹ von Thomas Langhoff (1989, Münchner Kammerspiele) und Frank Castorf (1993, Volksbühne Berlin). Ein großer Theatererfolg wurde Luc Bondys Inszenierung von ›John Gabriel Borkman‹ in Lausanne (1993, mit Michel Piccoli; Gastspiel beim Festival Theater der Welt in München). C. Bernd Sucher schrieb darüber: »Zum ersten Mal sind Ibsens Menschen nicht schon am Ende, wenn das Drama beginnt. Zum ersten Mal gönnt ein Regisseur den Figuren Entwicklungen. Zum ersten Mal äußern sie Emotionen, die den Worten widersprechen, mit denen sie herzlos und scharf einander Wunden schlagen. Aus der geifernden Totenfeier des alten Ibsen macht Bondy ein Fest der Liebe und ein Fest des Theaters.« (›SZ‹, 17. 6. 1993).

Weitere Stücke: ›Die Stützen der Gesellschaft‹ (1877); ›Nora oder Ein Puppenheim‹ (1879); ›Gespenster‹ (1881); ›Ein Volksfeind‹(1882); ›Rosmersholm‹ (1886); ›Die Wildente‹ (1887); ›Die Frau vom Meer‹ (1888); ›Hedda Gabler‹ (1890); ›Baumeister Solness‹ (1892); ›Klein Eyolf‹ (1894); ›John Gabriel Borkman‹ (1896); ›Wenn wir Toten erwachen‹ (1899).

Literatur: C. Stuyver: Ibsens dramatische Gestalten. Amsterdam 1952; H. Bien: H. Ibsens Realismus. Berlin 1970; G. E. Rieger: Ibsen in Selbstzeugnissen und Bilddokumenten. Reinbek 1981.

Iden, Peter, geb. 11. 9. 1938 in Meseritz (Brandenburg). Kritiker. Studium der Philosophie, Geschichte und Theaterwissenschaft. Mitarbeiter bei ›Theater heute‹ und eine Zeitlang bei der ›Süddeutschen Zeitung‹, München. Seit Anfang der sechziger Jahre Theater- und Kunstkritiker bei der ›Frankfurter Rundschau‹, seit Herbst 1993 Feuilletonchef. Von 1966 bis 1971 war er gemeinsam mit Karlheinz Braun Leiter und Hauptinitiator des Frankfurter Theaterfestivals Experimenta. 1991 wurde er gemeinsam mit Michael Gruner und Cesare Lievi in ein Dreierdirektorium berufen, das in der Spielzeit 1993/94 die Nachfolge Jürgen Bosses am Staatstheater Stuttgart übernehmen sollte. Nach Gruners Ausstieg war Iden als Stuttgarter Schauspieldirektor (Lievi als Kodirektor) vorgesehen; die Pläne scheiterten jedoch. Veröffentlichungen: ›Neues deutsches Theater‹ (1971, hrsg. mit Braun); ›Die Schaubühne am Halleschen Ufer‹ (1978).

Literatur: P. Iden: Edward Bond. Velber 1973; ders.: Theater als Widerspruch. Plädoyer für die Zeitgenössische Bühne. München 1984; ders. (Hrsg.): Meine liebste Rolle. Schauspieler über sich selbst. Frankfurt a. M. 1993.

Iffland, August Wilhelm, geb. 19. 4. 1759 in Hannover, gest. 22. 9. 1814 in Berlin. Schauspieler, Regisseur, Dramatiker und Intendant. Begann 1777 am Hoftheater Gotha, wo Konrad Ekhof sein Vorbild, Lehrer und Freund wurde. 1779, ein Jahr nach Ekhofs Tod, übernahm Heribert von Dalberg, der Leiter des Mannheimer Nationaltheaters, das Gothaer Ensemble fast geschlossen an sein Haus. Iffland wurde dort einer der führenden Schauspieler und prägte die »Mannheimer Schule« entscheidend mit. Als Ekhof-Schüler hing er, ebenso wie seine Schauspielerkollegen David Beil und Heinrich Beck, dem Ideal der »Natürlichkeit« an. Durch einen möglichst realistischen Darstellungsstil wollte er die »ungeschminkte Wahrheit« auf die Bühne bringen und sprach sich damit gegen den deklamatorischen Stil Weimars aus. Seinen größten Erfolg feierte er als Franz Moor in Schillers ›Die Räuber‹ (UA 1782); Schiller schrieb begeistert: »Herr Iffland, der den Franz vorstellte, hat mir (. . .) am vorzüglichsten gefallen. Ihnen gesteh ich es, diese Rolle, die gar nicht für die Bühne ist, hatte ich schon für verloren gehalten, und nie bin ich noch so angenehm betrogen worden. Iffland hat sich in den letzten Szenen als Meister gezeigt. (. . .) Sie hätten ihn sollen sehen, auf den Knieen liegen, und bethen, als um ihn schon die Gemächer des Schlosses brannten – Wenn nur Herr Iffland seine Worte nicht so verschlänge, und sich nicht im Declamiren so überstürzte! Teutschland wird in diesem jungen Mann noch seinen Meister finden.« Weitere Rollen in Stücken von Schiller: Verrina in ›Die Verschwörung des Fiesco zu Genua‹ (1784); Wurm in ›Kabale und Liebe‹ (1784); Philipp in ›Don Carlos‹ (1788); ferner u. a.: Harpagon in Molières ›Der Geizige‹; Carlos in Goethes ›Clavigo‹; Shakespeares ›König Lear‹; häufig auch komische Rollen in seinen eigenen Stücken. Seinen ersten Erfolg als Dramatiker hatte er mit ›Verbrechen aus Ehrsucht‹ (1784). Weitere Stücke u. a.: ›Die Jäger‹ (1785); ›Mittelweg ist Tugendprobe‹ (1788); ›Reue versöhnt‹ (1789); ›Die Kokarden‹ (1791); ›Die Hagestolzen‹ (1793); ›Der Vormund‹ (1795); ›Die Advokaten‹ (1796); ›Der Spieler‹ (1798). Neben den Werken August Kotzebues beherrschten Ifflands bürgerliche Schauspiele über Jahrzehnte hinweg die Bühne: wertkonservative, rührselig-komische Stücke, in denen das Publikum seine Alltagsprobleme wiederfinden konnte und moralisch belehrt wurde. Auch als Regisseur war für Iffland die Erziehung des Publikums oberstes Gebot. 1796 erfolgreiche Tournee durch Deutschland; mehrere Gastvorstellungen am Hoftheater Weimar, wo er in 14 verschiedenen Rollen zu sehen war. Goethe versuchte, ihn in Weimar zu halten. Iffland folgte jedoch 1796 dem Ruf Königs Friedrich Wilhelm II. an das Berliner Nationaltheater, wo er bis 1813 Direktor war (seit 1811 Generaldirektor der königlichen Schauspiele). Unter Ifflands Leitung wurde das Berliner Nationaltheater sehr bald zur führenden deutschen Bühne. Zum Ensemble zählten u. a. Ferdinand Fleck, Auguste Crelinger und Ludwig Devrient. Iffland setzte den Neubau des Theaters am Gendarmenmarkt durch und eröffnete ihn 1802 mit Kotzebues ›Kreuzfahrern‹. Der Weimarer Schule folgend, brachte er die Dramen Schillers und Goethes nun auch in Berlin auf die Bühne; ferner Stücke von Corneille, Molière, Voltaire und Lessing sowie mehrere Shakespeare-Dramen. Den Schwerpunkt des Repertoires bildeten jedoch die zeitgenössischen Bühnenrenner, was bisweilen kritisiert wurde. Häufig führte er seine eigenen Stücke auf (41 Inszenierungen), noch öfter die von Kotzebue (86). Als Direktor überwachte er die dramaturgische Einrichtung der Stücke; er war Proben- und Ausstattungsleiter und stand weiterhin selbst auf der Bühne. Große Erfolge feierte er mit Schiller-Inszenierungen, darunter: ›Die Piccolomini‹ und ›Wallensteins Tod‹ (1799); ›Maria Stuart‹ und ›Die Jungfrau von Orleans‹ (1801); ›Die Braut von Messina‹ (1803); ›Wilhelm Tell‹ (1804). Zu seinen Goethe-Inszenierungen zählten: ›Egmont‹ (1801)

Ihering

und ›Götz von Berlichingen‹ (1805, beide in der Bearbeitung Schillers); ›Iphigenie auf Tauris‹ (1802); ›Die natürliche Tochter‹ (1803); ›Die Laune der Verliebten‹ (1813); zahlreiche Gastspiele. Die Stücke Kleists lehnte er ab.

Stücke: ›Die Jäger‹ (1785); ›Verbrechen aus Ehrsucht‹ (1784); ›Figaro in Deutschland‹ (1790); ›Die Hagestolzen‹ (1793); ›Der Spieler‹ (1798); ›Der Oheim‹ (1807).
Literatur: A. W. Iffland: Meine theatralische Laufbahn. Leipzig 1798; W. Koffka: Iffland und Dalberg. Leipzig 1865; E. A. Regener: Iffland. Berlin, Leipzig 1905; W. Drews: Die Großen des deutschen Schauspiels. Berlin 1941; G. Höcker: Die Vorbilder der deutschen Schauspielkunst. Schröder, Iffland u. Ludwig Devrient. Glogau o. J.; K. Braun: Ifflands Schauspielkunst. Diss. München 1956; K. H. Klingenberg: Iffland und Kotzebue als Dramatiker. Weimar 1962; H. Fetting: Das Repertoire des Berliner Kgl. Nationaltheaters unter der Leitung Ifflands. Diss. Greifswald 1978; S. Salehi: A. W. Ifflands dramatisches Werk. Versuch einer Neubewertung. Frankfurt a. M., Bern, New York, Paris 1990.

Ihering, Herbert, geb. 29. 2. 1888 in Springe bei Hannover, gest. 15. 1. 1977 in Berlin. Kritiker und Dramaturg. Studium in Freiburg, München und Berlin. Schrieb seit 1909 Theaterkritiken für Siegfried Jacobsohns Berliner ›Schaubühne‹ und für die ›Vossische Zeitung‹. Von 1914 bis 1918 war er Dramaturg und Regisseur an der Berliner Volksbühne, von 1918 bis 1933 Feuilletonredakteur und Kritiker des ›Berliner Börsen-Couriers‹. In den zwanziger Jahren führte er eine leidenschaftliche Auseinandersetzung mit seinem Antipoden Alfred Kerr, dessen pointierter, impressionistischer Kritik er das sachlich argumentierende Analyse entgegensetzte. Nach Kerrs Emigration 1933 wurde er dessen Nachfolger beim ›Berliner Tageblatt‹. 1935 mit Schreibverbot belegt, arbeitete er zunächst bei der Tobis-Filmproduktion als Besetzungschef und von 1942 bis 1944 als Chefdramaturg am Wiener Burgtheater. 1945–1954 Chefdramaturg am Deutschen Theater Berlin. In den fünfziger Jahren

schrieb er für ›Sinn und Form‹ und ›Die andere Zeitung‹ (Hamburg). Ihering vertrat eine aktiv ins Theatergeschehen eingreifende Kritik: »Die Fähigkeit eines Kritikers beweist sich darin, mit seinen kritischen Argumenten den Regisseur zu überzeugen, ihn zu befruchten, damit er für seine nächste Arbeit daraus Nutzen ziehen kann.« Er beurteilte eine Aufführung meist nicht nur aus sich selbst heraus, sondern auch unter dem Aspekt der Forderungen an ein künftiges Theater. Er kritisierte das Kommerztheater, trat für ein künstlerisches, der Zeit entsprechendes »geistiges« Theater ein. Ihering wurde so zum Förderer und Entdecker der progressiven Kräfte im Theater. Er trug dazu bei, den jungen Bertolt Brecht durchzusetzen, machte sich für neue Autoren wie Ernst Barlach und Arnolt Bronnen stark, protegierte Fritz Kortner, Erich Engel, Erwin Piscator. Heftig attackierte er hingegen die ausufernde Betriebsamkeit und das »rauschhafte Illusionstheater« Max Reinhardts. Eine dreibändige Sammlung seiner Kritiken erschien unter dem Titel ›Von Reinhardt bis Brecht‹ (Ost-Berlin, 1958–1961). Weitere Veröffentlichungen: ›Regisseure und Bühnenmaler‹ (1921); ›Albert Bassermann‹ (1921); ›Der Kampf ums Theater‹ (1922); ›Aktuelle Dramaturgie‹ (1924); ›Die vereinsamte Theaterkritik‹ (1928); ›Der Volksbühnen-Verrat‹ (1929); ›Reinhardt, Jessner, Piscator, oder Klassikertod?‹ (1929); ›Die getarnte Reaktion‹ (1931); ›Emil Jannings‹ (1941); ›Von Josef Kainz bis Paula Wessely‹ (1942); ›Regie‹ (1942); ›Berliner Dramaturgie‹ (1947); ›Vom Geist und Ungeist der Zeit‹ (1947); ›Die zwanziger Jahre‹ (1948); ›Begegnungen mit Zeit und Menschen‹ (1963); ›Theater der produktiven Widersprüche 1945–1949‹ (1967); ›Der Kampf ums Theater 1918–1933‹ (1974).
Literatur: H. Ihering: Theater in Aktion. Kritiken aus 2 Jahrzehnten 1913–1933. Hrsg. v. E. Krull u. H. Fetting. Berlin 1987; E. Krull: Herbert Ihering. Berlin 1964; U. Krechel: Information und Wertung. Diss. Köln 1972.

Immermann, Karl Leberecht, geb. 24. 4. 1796 in Magdeburg, gest. 25. 8. 1840 in

331

Düsseldorf. Regisseur, Dramatiker und Theaterleiter. Ausbildung als Offizier und Jurist; 1827 Landgerichtsrat in Düsseldorf; 1832 Gründung eines Theatervereins, der im Düsseldorfer Stadttheater »Mustervorstellungen« aufführte. Von 1835 bis 1837 war er Direktor des Düsseldorfer Theaters: Nach dem Vorbild Goethes versuchte er, einen Spielplan des »Welttheaters« aufzustellen – mit Stücken von Shakespeare (›Macbeth‹, ›Hamlet‹, ›Was ihr wollt‹), Calderón (›Das Leben ein Traum‹), Goethe (›Stella‹, ›Clavigo‹), Schiller (›Wallensteins Tod‹), Kleist, Lessing u. a., häufig in eigenen Bearbeitungen. Bemüht um eine dem jeweiligen Werk angemessene Ausstattung, ließ er z. B. für Shakespeare-Stücke eine »Raumbühne« mit großem Podium bauen. Christian Dietrich Grabbe war bei ihm als Dramaturg angestellt. Als Autor sah er sich selbst als einen Epigonen der deutschen Klassik und Romantik.

Stücke: ›Das Thal von Ronceval‹ (1820); ›Cardenio und Celinde‹ (1826); ›Trauerspiel in Tirol‹, später: ›Andreas Hofer, der Sandwirt von Passeyer‹ (1828); ›Die Schule der Frommen‹ (1829); ›Merlin‹ (1832, inspiriert von Goethes ›Faust‹).
Literatur: R. Wittsack: Immermann als Dramaturg. Diss. Greifswald 1914; W. E. Thormann: Immermann und die Düsseldorfer Musterbühne. Innsbruck 1920; C. Niessen: Theater und Immermanns Vermächtnis. Emsdetten 1940; B. v. Wiese: Karl Immermann: Sein Werk und sein Leben. Bad Homburg 1969; R. Fellner: Geschichte einer deutschen Musterbühne. Karl Immermanns Leitung des Stadttheaters zu Düsseldorf. Stuttgart 1988; P. Hasubek (Hrsg.): Widerspruch, du Herr der Welt. Neue Studien zu K. Immermann. Bielefeld 1990.

Innaurato, Albert, geb. 2. 6. 1947 (1948?) in Philadelphia. Amerikanischer Dramatiker. Sohn eines Druckers. Innaurato studierte an der Temple University, am California Institute of the Arts und an der Yale School of Drama, wo er unter anderem mit Christopher Durang zusammen Stücke schrieb. Sein Durchbruch gelang ihm 1976 mit dem Stück ›Gemini‹, das vier Jahre am

Ionesco

Broadway lief und ihm einen Obie Award einbrachte. Danach war er am Public Theatre und am Circle Repertory Theatre tätig, arbeitete als Regisseur und Drehbuchautor und unterrichtete an der Columbia Universität in New York. Beeinflußt von Edward Albee und Harold Pinter, schrieb Innaurato hauptsächlich Farcen oder »Black Comedies«, in denen er autobiographische Themen verarbeitete. Er gehört zu den wichtigen Autoren des Off-Broadway-Theaters in New York. In Deutschland wurde bisher nur ›Gus und Al‹ (1987) in der Übersetzung von Ursula Tabori-Grützmacher gespielt.
Weitere Stücke: ›The Transfiguration of Benno Blimpie‹ (1973); ›Ulysses in Traction‹ (1977); ›Passione‹ (1980); ›Coming of Age in SoHo‹ (1984).

Ionesco, Eugène, geb. 26. 11. 1912 in Slatina (Rumänien), gest. 27. 3. 1994 in Paris. Französischer Dramatiker. Wuchs in Paris auf; studierte dort und in Bukarest Literatur; danach arbeitete er als Theater- und Literaturkritiker. Seit 1938 lebte er in Frankreich, zu dessen Kultur er sich bekannte. Ionesco war Mitglied der Académie Française (seit 1970). Seine Stücke hatten internationalen Erfolg. Wie Adamov und Beckett galt Ionesco als ein Vertreter des »Anti-Theaters«. Er glaubte, daß die Welt zu akzeptieren sei, wie sie ist. Die Absurdität der Welt müsse in einem absurden Theater ihren Ausdruck finden. Er hat sich stets gegen ein sozial engagiertes Theater gewendet, besonders gegen Brecht. Max Frisch schrieb: »Je absurder es auf der Bühne zugeht, um so natürlicher und verdaulicher erscheint uns die Wirklichkeit, was natürlich ein Vergnügen ist, man braucht sich mit der Wirklichkeit beispielsweise unserer politischen Verhältnisse gar nicht zu befassen. Wenn ich Diktator wäre, würde ich nur Ionesco spielen lassen.« (In: Georg Hensel, Spielplan. Frankfurt a. M. 1978)
Stücke: ›Die kahle Sängerin‹ (1950); ›Die Unterrichtsstunde‹ (1951); ›Die Stühle‹ (1952); ›Amédée oder Wie wird man ihn los‹ (1954); ›Die Nashörner‹ (1959); ›Der König stirbt‹ (1962); ›Macbett‹ (1972); ›Welch gigantischer Schwindel‹ (1973);

Irl

›Der Mann mit den Koffern‹ (1975); ›Reise zu den Toten. Themen und Variationen‹ (1981).
Literatur: E. Wendt: E. Ionesco. Hannover 1967; J. Jacobsen/W. R. Mueller: Ionesco and Genet: Playwrights of Silence. New York 1968; M. Esslin: The Theatre of the Absurd. New York 1969; H. Hanstein: Studien zur Entwicklung von Ionescos Theater. Heidelberg 1971; F. Bondy: E. Ionesco in Selbstzeugnissen und Bilddokumenten. Reinbek 1975.

Irl, Peter-Pius, geb. 10. 9. 1944 in Kaufbeuren. Schauspieler. Berufsausbildung als Kirchenmaler, Restaurator und Vergolder; Schauspielunterricht bei Ellen Mahnke in München. 1970–1977 Engagement in Ingolstadt: Mephisto in Goethes ›Faust‹; Möbius in Dürrenmatts ›Die Physiker‹; Claudius in Shakespeares ›Hamlet‹. 1979 ging er an das Bayerische Staatsschauspiel München, wo er bis Ende der achtziger Jahre zum Ensemble gehörte. Dort sah man ihn u. a. als: Simmerl in Wilhelms ›Der Brandner Kaspar und das ewig' Leben‹ (nach Kobell, R. Kurt Wilhelm); Davison in Schillers ›Maria Stuart‹; Vendicello II. in Shaffers ›Amadeus‹; in Brechts ›Mutter Courage und ihre Kinder‹ (mit Ruth Drexel, R. Rolf Stahl); Albert Zenger in Kipphardts ›März – ein Künstlerleben‹

(1982, R. Hans Hollmann); Henri Bachelet in Pagnols ›Zinsen des Ruhms‹ (1983, R. Kurt Meisel); Salerio in Shakespeares ›Der Kaufmann von Venedig‹ (1984, R. Alfred Kirchner); in Lautensacks ›Hahnenkampf‹ (1984, R. Drexel); Polizist Brofy in Kesselrings ›Arsen und Spitzenhäubchen‹ (R. Stahl); in Polt/Müllers ›Exoten‹ (mit Gerhard Polt); Großknecht Bast in Mitterers ›Stigma‹ (1987, R. Franz Xaver Kroetz); Rummelpuff in Nestroys ›Traum in Krähwinkel‹ (UA 1988); Jegor in Gorkis ›Kinder der Sonne‹ (1989). Rezitationsabende und Tourneen.

Itallie, Jean-Claude van, geb. 25. 5. 1936 in Brüssel. Amerikanischer Dramatiker. Itallie wuchs in New York auf und studierte an der Harvard University. 1958 ging er nach New York zurück und arbeitete in Verlagen und für Funk und Fernsehen. Seine Stücke, beeinflußt von Antonin Artaud und Marshall McLuhan, entstanden in Zusammenarbeit mit dem Open Theatre von Joseph Chaikin, dem La Mama und anderen Off-off-Broadway-Theatern in den sechziger Jahren. Itallie experimentiert mit der Form. Seine Stücke sind nahezu handlungslos; dem Klang der Worte wird mehr Bedeutung beigemessen als dem Inhalt.
Stücke: ›Amerika Hurra‹ (1966); ›Die Schlange‹ (1968); ›Mystery Play‹ (1973).

Jacob, Astrid, geb. in Dresden. Schauspielerin, Kabarettistin und Sängerin. 1962–1964 Ausbildung an der Schauspielschule Bochum und Gesangsunterricht. Es folgten Engagements in Gelsenkirchen/Bochum, an den Städtischen Bühnen Saarbrücken, in Krefeld, Nürnberg und Frankfurt. Rollen u. a.: Clarice in Goldonis ›Der Diener zweier Herren‹; Kay in Priestleys ›Die Zeit und die Conways‹; Dorine in Molières ›Tartuffe‹ (jeweils Bochum und Musiktheater im Revier Gelsenkirchen); Titelrolle in Schillers ›Maria Stuart‹ und Lady Macbeth in Shakespeares ›Macbeth‹ (jeweils Saarbrücken); Titelrolle in Lessings ›Minna von Barnhelm‹ (Nürnberg); Fanny Krull in Sternheims ›Die Kassette‹ und Frau Perella in Pirandellos ›Der Mann, das Tier, die Tugend‹ (beide Frankfurt); Gouverneursfrau in Brechts ›Der kaukasische Kreidekreis‹ und Beatrice in Goldonis ›Der Diener zweier Herren‹ (Festspiele Bad Hersfeld). Gesangsrollen u. a.: Titelrolle in Meilhac/Halévy/Hacks' ›Die schöne Helena‹; Sonja in Simon/Hamlischs ›Sie spielen unser Lied‹ (1983/84, zur Eröffnung des Münchner Boulevard Theaters); Jenny in Brecht/Weills ›Mahagonny‹ (1984, Bad Hersfeld). Von 1978 bis 1982 gehörte sie zum Ensemble der Münchner Lach- und Schießgesellschaft; Mitwirkung in den Programmen ›Deutsch für Anfänger‹ (1979), ›High-Land‹ (1980) und ›Umzingelt‹ (1981, jeweils auch im Fernsehen und auf Tournee). Seit 1982 arbeitet sie frei. Eigene Soloprogramme u. a.: ›Mascha Kaléko‹ (1979); ›Mit der Kindheit fing es an‹ (1981); ›Lach mal andersrum‹/›Lieder, die uns angehen‹ (1984); ›Gute Witwen weinen nicht oder Tucholsky und Gertrude – eine Liebe im Exil‹ (1987/88, Ko-Autor: Gerhard Zwerenz); ›Der unbekannte Brecht und seine bekannten Songs‹ (1988/89).
Literatur: K. P. Schreiner: Die Zeit spielt mit. Die Geschichte der Lach- und Schießgesellschaft. München 1976; K. Budzinski: Wer lacht denn da? Kabarett von 1945 bis heute. Braunschweig 1989.

Jacob, P. Walter, geb. 26. 1. 1905 in Duisburg, gest. 20. 7. 1977 in Schwäbisch-Hall. Schauspieler, Dramaturg, Regisseur und Intendant. Ausbildung an der Berliner Max-Reinhardt-Schule; Studium an der Musikhochschule und der Universität Berlin. 1925–1928 Assistent am Berliner Staatstheater; danach Dramaturg und Schauspieler in Koblenz, Lübeck, Wuppertal und Essen. 1933 Emigration, zunächst nach Amsterdam, später nach Paris und Prag; 1936–1938 in Teplitz-Schönau. Flucht nach Buenos Aires, wo er 1940 die Freie Deutsche Bühne gründete, das einzige deutsche Emigrationstheater mit festem Ensemble und kontinuierlicher Spielzeit. Er leitete die Bühne bis 1949; danach Rückkehr nach Deutschland, wo er von 1950 bis 1962 Generalintendant in Dortmund war. In den letzten Jahren arbeitete er frei als Regisseur und Schauspieler, auch für Film und Fernsehen. Rollen u. a.: Prof. Evans in Kipphardts ›In der Sache J. Robert Oppenheimer‹ (UA 1964, Freie Volksbühne Berlin, R. Erwin Piscator); Titelrolle in Shakespeares ›Julius Cäsar‹ (1966, Wiesbaden, R. Claus Helmut Drese); Krull in Sternheims ›Die Kassette‹ (1968, Köln, R. Fritz Zecha); Goldenthal in Schnitzlers ›Professor Bernhardi‹ (Thalia Theater Hamburg). Mehrere Publikationen, u. a. ›Richard Wagner und sein Werk‹.
Literatur: P. W. Jacob: Rampenlicht. Köpfe der Literatur u. des Theaters. Buenos Aires 1945; ders. (Hrsg.): Theater 1940–1950. 10 Jahre Freie Deutsche Bühne in Buenos Aires. Buenos Aires 1950; ders.: Im Rampenlicht. Essays u. Kritiken aus fünf Jahrzehnten. Hamburg 1985; H. Chr. Wächter: Theater im Exil. Sozialgeschichte des deutschen Exiltheaters 1933–1945. München 1973.

Jacobi, Ernst, geb. 11. 7. 1933 in Berlin. Schauspieler. Nach dem Abitur Schauspielstudium an der Berliner Max-Reinhardt-Schule (1951–1953); Kurse bei Jacques Lecoq in Paris. Begann an ver-

Jacobsohn

schiedenen Berliner Bühnen (Hebbeltheater, Theater am Kurfürstendamm, Tribüne, Schiller-Theater). Weitere Bühnenstationen: Städtische Bühnen Frankfurt; Bühnen der Stadt Köln; Hamburger Theater im Zimmer; Nordmark-Landestheater Schleswig; Deutsches Schauspielhaus Hamburg (1968/69); Kammerspiele und Residenztheater München (1969/70); Burgtheater Wien (ab 1977); auch wieder an Berliner Bühnen. Seit Ende der achtziger Jahre arbeitet er freischaffend, häufig als Hörfunksprecher. Rollen u. a.: Schüler in Goethes ›Urfaust‹; Geoffrey in Delaneys ›Bitterer Honig‹; Lanzelot in Shakespeares ›Der Kaufmann von Venedig‹; Andri in Frischs ›Andorra‹ (1962); Franz Moor in Schillers ›Die Räuber‹ (1968, Hamburg, R. Egon Monk); Andreij in Tschechows ›Drei Schwestern‹ (1969) und Trofimow in ›Der Kirschgarten‹ (1970, R. jeweils Rudolf Noelte); Benjamin Henrichs schrieb:»Die Ranjewskaja sagt einmal zu Trofimow: ›Warum sind Sie so häßlich geworden? Warum so gealtert?‹ Noelte hat das gestrichen. Aber bei Ernst Jacobis Trofimow scheint diese Äußerung zum Sichtbaren objektiviert. (...) Das hier ist ein ziemlich ratloser Rumsitzer. Selbst seine Gescheitheiten, seine Bosheiten haben etwas Schütteres, Spitzes, Altjüngferliches. Ein Mensch, den man beinahe vergessen hat, weil er immer da ist, und der doch allen etwas sehr Schönes schenkt: zärtliche, aufmerksame Anwesenheit.« (›Theater heute‹, Jahrbuch 1970); ferner u. a.: Teddy in Pinters ›Heimkehr‹ und Lövborg in Ibsens ›Hedda Gabler‹ (R. jeweils Peter Palitzsch); Wehrhahn in Hauptmanns ›Der Biberpelz‹ (1977, Schauspielhaus Hamburg, R. Ulrich Heising); Schlimov in Gorkis ›Sommergäste‹ und Redillon in Feydeaus ›Einer muß der Dumme sein‹ (R. jeweils Achim Benning); Titelrolle in Tschechows ›Onkel Wanja‹ (R. Heribert Sasse); Kruk in Sobols ›Ghetto‹ (1984, Freie Volksbühne Berlin, R. Peter Zadek); auch Tourneen, zuletzt in Neil Simons ›Das zweite Kapitel‹ (1993). Jacobi ist vor allem als Fernsehschauspieler bekannt. Für die Titelrolle in ›Das Leben des schizophrenen Dichters Alexander März‹ (1975, nach Kipphardt) wurde er 1976 mit dem Großen Berliner Kunstpreis und dem Prix Italia ausgezeichnet. Weitere Fernsehrollen u. a.: Thieme in ›Der Angestellte‹ (1971, nach Sanders); Tredup in ›Bauern, Bonzen, Bomben‹ (1973, Serie nach Fallada) und Pater in ›Die Gewehre der Frau Carrar‹ (1975, nach Brecht, R. jeweils Monk); Läuffer in ›Der Hofmeister‹ (1976, nach Lenz); Goldberg in ›Die Geburtstagsfeier‹ (1978, nach Pinter); Loth in ›Vor Sonnenaufgang‹ (1978, nach Hauptmann); Geyer in Franz Seitz' Feuchtwanger-Verfilmung ›Erfolg‹ (1991).

Jacobsohn, Siegfried, geb. 28. 1. 1881 in Berlin, gest. 3. 12. 1926 ebenda. Theaterkritiker. Begann 1901 als Kritiker für die ›Welt am Montag‹; erlebte den Aufstieg Max Reinhardts, für dessen Theater er anfangs begeistert eintrat. 1905 gründete er in Berlin die Theaterzeitschrift ›Schaubühne‹, zu deren Autoren Alfred Polgar, Herbert Ihering, Julius Bab und Kurt Tucholsky zählten. Unter dem Eindruck des Ersten Weltkrieges wandelte er die ›Schaubühne‹ 1918 in die ›Weltbühne‹ um (nun auch politisch). Jacobsohn galt zu seiner Zeit vielen als der schärfste und bedeutendste Berliner Fachkritiker. Günther Rühle betont Jacobsohns (zumindest sachliche) Verwandtschaft mit Otto Brahm: »Wie Brahm verband Jacobsohn selbstkritisches literarisches Urteilsvermögen mit plastischem Sinn für szenische Vorgänge und glänzender sprachlicher Ausdruckskraft. Seine Kritiken haben darüber hinaus einen musikalischen Klang. Sie sind reif, ruhig, das reiche Wissen wird in unmittelbarer Reflexion mit der Betrachtung der Aufführung verknüpft. Sie scheinen frei von dem Zeitdruck der Tageskritiken und der Sensationsluft der großen Premieren, die er immer bewußter mied. So wurden sie zu kurzen Essays. Dabei war Jacobsohn streitbar, voller Leidenschaft und hartem Witz.« (›Theater für die Republik‹, Bd. 2, S. 1169) Jacobsohn rühmte Reinhardts Shakespeare-Inszenierungen, distanzierte sich jedoch mehr und mehr von dessen Ausschweifungen ins Massentheater. Kritikensammlung: ›Jahr der Bühne‹ (10 Bände, Berlin 1912–1921); ferner: ›Das Theater der Reichshauptstadt‹ (München 1904);

335

›Max Reinhardt‹ (1910; Neuausgabe Berlin 1921).

Literatur: S. Jacobsohn: Der Fall Jacobsohn. Charlottenburg 1913; ders. (Hrsg.): Die Schaubühne. Berlin 1905–1933; R. Schulze: Der Theaterkritiker Jacobsohn. Diss. Leipzig 1964; G. Rühle: Theater für die Republik im Spiegel der Kritik. 1917–1925 und 1926–1933. 2 Bde. Frankfurt a. M. 1967; R. Michaelis: Von der Bühnenwelt zur Weltbühne. S. Jacobsohn und die Schaubühne. Königstein 1980.

Jäger, Gerd, geb. 1945 in Ellwangen, Württemberg. Kritiker und Dramaturg. Studium der Germanistik, Philosophie und Romanistik in Tübingen, Genf und Freiburg. 1972–1977 Redakteur und Theaterkritiker bei ›Theater heute‹; 1975–1977 Mitglied der Jury des Berliner Theatertreffens; 1977–1986 Leitender Dramaturg am Düsseldorfer Schauspielhaus (unter der Intendanz von Günther Beelitz); 1986–1993 Chefdramaturg am Bayerischen Staatsschauspiel München (wieder unter Beelitz).

Jäger, Hanns Ernst, geb. 1. 1. 1910 in Wien, gest. August 1973 in München. Schauspieler. Debütierte 1937 am Scala-Theater Wien. Erste Engagements in Linz, Graz, Chemnitz, Darmstadt (1941–1944), Bochum (1951–1955) und am Wiener Burgtheater (1955–1958). Danach arbeitete er freischaffend, u. a. in Essen, Karlsruhe, Mannheim, Frankfurt, München und Wien. Jäger war einer der profiliertesten Brecht-Darsteller der deutschen Bühne. Er spielte mehrmals Herrn Puntila und den Schweyk; er war Brechts Galilei, der Koch in ›Mutter Courage und ihre Kinder‹ und gut ein dutzendmal der Dorfschreiber Azdak im ›Kaukasischen Kreidekreis‹. Zusammenarbeit mit renommierten Brecht-Regisseuren wie Peter Palitzsch, Harry Buckwitz und Manfred Wekwerth. Weitere Rollen u. a.: Shylock in Shakespeares ›Der Kaufmann von Venedig‹ (Bochum); Dorfrichter Adam in Kleists ›Der zerbrochne Krug‹; Theodor in Hofmannsthals ›Der Unbestechliche‹ (1961, Theater am Kurfürstendamm Berlin); unter der Regie von Palitzsch am Staatstheater Stuttgart: Diener

in Walsers ›Überlebensgroß Herr Krott‹ (1964); Xanter in Asmodis ›Stirb und werde‹ (UA 1967); Käsebier in Rolf Schneiders ›Dieb und König‹ (1969). Gastspiele bei den Ruhrfestspielen Recklinghausen, u. a. als Pastor Parish in Millers ›Hexenjagd‹ (1966) und in seiner Paraderolle als ›Schweyk im zweiten Weltkrieg‹ (1967, R. Palitzsch).

Jäkel, Gisbert, geb. 11. 3. 1954 in Aachen. Bühnenbildner. Bühnenbildstudium an der Kunsthochschule Köln bei Rolf Glittenberg; danach Bühnenbildassistent am Schauspielhaus Köln; weitere Assistenzen in Brüssel und an der Staatsoper Hamburg. 1984–1986 Bühnenbildner an den Städtischen Bühnen Freiburg; 1986–1990 Ausstattungsleiter am Schauspielhaus Frankfurt; daneben Arbeiten am Schauspielhaus Bochum, am Akademietheater Wien, am Teatro Stabile di Bolzano und am Schauspielhaus Zürich. 1990–1992 Arbeiten als freier Bühnenbildner am Burgtheater Wien, an der Berliner Schaubühne sowie am Opern- und Schauspielhaus Graz. Seit 1992 ist er fester Bühnenbildner an der Berliner Schaubühne. Wichtige Ausstattungsarbeiten: Strindbergs ›Fräulein Julie‹ und Molières ›Dom Juan‹ (beide Schauspielhaus Frankfurt, R. Benjamin Korn); Bernhards ›Die Macht der Gewohnheit‹ (Frankfurt, R. Marco Bernardi); Lasker-Schülers ›Die Wupper‹ (Frankfurt, R. Michael Gruner); Schnitzlers ›Professor Bernhardi‹ (Schauspielhaus Zürich, R. Achim Benning). Bühnenbilder für Inszenierungen von Andrea Breth: García Lorcas ›Bernarda Albas Haus‹ und Schillers ›Kabale und Liebe‹ (jeweils Freiburg); Julian Greens ›Süden‹, Shakespeares ›Was ihr wollt‹ und Gorkis ›Die Letzten‹ (alle Bochum); Benjamin Henrichs schrieb: »In den Szenerien, die Gisbert Jäkel in Bochum für Maxim Gorkis ›Die Letzten‹ erfunden hat, stoßen die Figuren und Gegenstände hart und schmerzend aufeinander. Eine labyrinthisch verwinkelte Wohnung (Rußland, 1907), vollgestopft mit Möbeln, überfüllt mit Menschen. Ein Haus der blinden Fenster, der verstellten Türen, eine finstere Festung (. . .).« (›Theater heute‹, Jahrbuch 1990);

Jahnn

Kleists ›Der zerbrochne Krug‹ (Burgtheater Wien). Fortsetzung der Zusammenarbeit mit Andrea Breth an der Schaubühne Berlin: Schnitzlers ›Der einsame Weg‹; Gorkis ›Nachtasyl‹; Wampilows ›Letzten Sommer in Tschulimsk‹; Kaisers ›Von morgens bis mitternachts‹; Ibsens ›Hedda Gabler‹.

Jahnn, Hans Henny, geb. 17. 12. 1894 in Stellingen, Hamburg, gest. 29. 11. 1959 in Hamburg. Schriftsteller. Sohn eines Schiff- und Instrumentenbauers. Jahnn lebte von 1915 bis 1918 als Kriegsgegner in Norwegen. 1921 gründete er einen Musikverlag und erwies sich als Orgelbauer von Weltrang. 1933 Emigration in die Schweiz, dann nach Bornholm. 1950 Rückkehr nach Hamburg. Mit seinem ersten Drama ›Pastor Ephraim Magnus‹ (1919; dafür Kleist-Preis 1921) rechnete er mit dem Christentum und seiner Moral ab. Außerdem richtete er sich unter Berufung auf heidnische Traditionen gegen »die Gewalttätigkeit der bürgerlichen Ordnung«. ›Medea‹, eines seiner dramatischen Hauptwerke, wurde 1926 durch Jürgen Fehling am Staatstheater Berlin uraufgeführt. Neben seinen Dramen veröffentlichte Jahnn wichtige Romane: ›Perrudja‹ (1929/58); ›Fluß ohne Ufer‹ (1949); ›Die Nacht aus Blei‹ (1956). Wichtige zeitgenössische Aufführungen durch Hansgünther Heyme in Stuttgart und Ernst Wendt (1981 ›Medea‹, Münchner Kammerspiele).

»Er war ein Heide, weil er in der Triebverengung des Christentums eine lebensfeindliche Macht sah. Aber man könnte sich ihn ebensogut als glühenden Christen vorstellen, denn das Christentum verkündet, was er nicht zu hoffen wagte: die Auferstehung des Fleisches.« (Heinrich Schirmbeck, Die Formel und die Sinnlichkeit. München 1964)

Weitere Stücke: ›Die Krönung Richards III.‹ (1921); ›Medea‹ (1926); ›Straßenecke. Ein Ort. Eine Handlung‹ (1931); ›Armut, Reichtum, Mensch und Tier‹ (1948); ›Spur des dunklen Engels‹ (1952); ›Thomas Chatterton‹ (1955); ›Der staubige Regenbogen‹ (1961).
Literatur: W. Muschg: Gespräche mit H. H. Jahnn. Frankfurt a. M. 1967; W. Emrich: Das Problem der Form in H. H. Jahnns Dichtungen. Wiesbaden 1968; M. Maurenbrecher: Subjekt und Körper. Bern 1983.

Janatsch, Helmut, geb. 12. 10. 1918 in Braunau (Österreich). Schauspieler. Aufgewachsen in Österreich, Ungarn, Siebenbürgen und der Tschechoslowakei. Nach dem Abitur besuchte die Hochschule für Welthandel und das Max-Reinhardt-Seminar in Wien. Seit 1950 Engagement am Wiener Burgtheater; Gastspiele bei den Grazer Festwochen, am Wiener Theater in der Josefstadt, bei den Salzburger und den Bregenzer Festspielen. Rollen in Stücken von Schiller u. a.: Ferdinand in ›Kabale und Liebe‹; Mortimer in ›Maria Stuart‹; Titelrolle in ›Don Carlos‹; La Roche in ›Der Parasit‹; in Shakespeare-Stücken: Titelrolle in ›Hamlet‹ (1957, Graz); Buckingham in ›König Richard III.‹ und Pistol in ›Heinrich IV.‹ (R. jeweils Leopold Lindtberg); außerdem u. a.: Franz in Goethes ›Götz von Berlichingen‹; Gregers Werle in Ibsens ›Die Wildente‹; Tempelherr in Lessings ›Nathan der Weise‹ (1957, Theater in der Josefstadt, mit Ernst Deutsch); Oberstleutnant Ludoltz in Csokors ›Dritter November 1918‹ (R. Rudolf Steinboeck); Johannes in Mells ›Apostelspiel‹; Rebolledo in Calderóns ›Der Richter von Zalamea‹ (R. Josef Gielen); Dr. Stark in Hochwälders ›Der Unschuldige‹ (R. Hans Thimig); Don Marzio in Goldonis ›Das Kaffeehaus‹. Film- und Fernsehengagements; Autor literarischer Dramatisierungen (u. a. für den Hörfunk). Auch eigene Regiearbeiten. 1975 wurde er zum Kammerschauspieler ernannt.

Jandl, Ernst, geb. 1. 8. 1925 in Wien. Österreichischer Autor. Nach dem Studium der Germanistik und Anglistik in Wien wurde Jandl Gymnasiallehrer. 1973 Mitglied der Grazer Autorenversammlung. 1984 war er Gastdozent für Poetik in Frankfurt a. M. Er erhielt mehrere Preise, darunter den Trakl-Preis (1974) und den Büchner-Preis (1984). In den fünfziger Jahren fand Jandl zu der ihm gemäßen Form des Sprechgedichtes, einer veränderten Form des Lautgedichtes, mit Betonung des klanglichen Elements. Experimentelle Sprachbehandlung und Geräuschpoesie kennzeichnen seine witzig-komischen Hörspiele und Theaterstücke. »›Aus der Fremde‹ ist die dramatische Arbeit eines vorwiegend Gedichte Schreibenden. Der Autor ist insofern nicht von seiner Generallinie abgewichen, als er den Dialog gedichtartig strafft und die Sprache des Stückes von der Normalsprache eindringlich und konsequent abgerückt hat, ohne die Verständlichkeit zu beeinträchtigen. Durch diese dem Gedicht zu dankenden Kunstgriffe erhöht sich die Lesbarkeit und Sprechbarkeit dieses ebenso realistischen wie exemplarischen Stückes – exemplarisch nicht zuletzt für die Bedrängnis, in der unzählige Einzelne heute ratlos und mundtot verharren.« (Programmbuch zu ›Aus der Fremde‹, Schaubühne am Halleschen Ufer, Berlin 1980)

Weitere Stücke, Hörspiele: ›Spaltungen‹ (1970); ›Gemeinsame Kindheit‹ (1970); ›die auswanderer‹ (1970); ›Fünf Mann Menschen‹ (1971).

Literatur: W. Schmidt-Dengler (Hrsg.): Ernst Jandl. Materialienbuch. Darmstadt, Neuwied 1982; K. Pfoser-Schewig (Hrsg.): Für Ernst Jandl. Texte zum 60. Geburtstag. Werkgeschichte. Wien 1985; K. Siblewski: Erst Jandl. Texte, Daten, Bilder. Frankfurt a. M. 1990.

Jannings, Emil, geb. 23. 7. 1884 in Rorschach (Schweiz), gest. 2. 1. 1950 in Strobl, Wolfgangsee. Schauspieler. Arbeitete nach dem Gymnasium als Schiffsjunge und kam 1900 als Assistent ans Stadttheater Görlitz; danach Schauspieler bei einer Wanderbühne und an Provinztheatern. Arbeitete seit 1914 in Berlin, zunächst am Kleinen Theater unter den Linden, dann am Deutschen Theater bei Max Reinhardt. Rollen u. a.: Schulmeister in Grabbes ›Scherz, Satire, Ironie und tiefere Bedeutung‹ (1915, Kleines Theater); in Reinhardt-Inszenierungen am Deutschen Theater: Sir Douglas in Hauptmanns ›Winterballade‹ (UA 1917): »Phantasiestark, wie ein Höllenhund, wie ein Wesen aus Dantischen Infernos« (Julius Hart); Mäzen in Sorges ›Der Bettler‹ (UA 1917): »knirschendes Fleisch« (Alfred Kerr); Matrose in Goerings ›Seeschlacht‹ (1918): »von einer Echtheit des Kolorits, die nach Matrosenkneipen roch« (Emil Faktor). 1918 spielte er am Königlichen Schauspielhaus am Gendarmenmarkt den Dorfrichter Adam in Kleists ›Der zerbrochne Krug‹ und schaffte damit den endgültigen Durchbruch zum gefeierten Menschendarsteller. Weitere Rollen u. a.: Rodrigo in Wedekinds ›Lulu‹ (1918, Kleines Schauspielhaus, mit Gertrud Eysoldt, R. Karl Heine); Huhn in Hauptmanns ›Und Pippa tanzt‹ (1919, Deutsches Theater); im Großen Schauspielhaus: Kreon in Hasenclevers ›Antigone‹ (1920, mit G. Eysoldt, R. Karl-Heinz Martin); Cortez in Hauptmanns ›Der weiße Heiland‹ (UA 1920, R. Martin); Casca in Shakespeares ›Julius Caesar‹ (1920, mit Werner Krauß, R. Reinhardt). 1920 verließ er das Deutsche Theater, um sich ganz dem Film zu widmen, für den er bereits seit 1914 arbeitete. Populär wurde er durch die Rolle des Königs Louis XV. in Ernst Lubitschs Film ›Madame Dubarry‹ (1919). Unter der Regie von F. W. Murnau spielte er den Hotelportier in dem Stummfilmdrama ›Der letzte Mann‹ (1924) und die Titelrolle in ›Tartüff‹ (1926). Von 1926 bis 1929 arbeitete er in Hollywood; spielte dort die Hauptrolle in Josef von Sternbergs ›The Last Command‹ (›Sein letzter Befehl‹) und erhielt dafür den ersten Darsteller-Oscar der Filmgeschichte (1928). In Sternbergs berühmtem Film ›Der blaue Engel‹ (1930, nach Heinrich Mann) brillierte er an der Seite von Marlene Dietrich als Professor Unrat. Neben seiner Filmtätigkeit kehrte er hin und wieder auf die Bühne zurück, u. a. als Mephisto in Goethes ›Faust‹ (1926, R. Victor Barnowsky). 1932 spielte er mit Erfolg zwei große Hauptmann-Rollen: den ›Fuhrmann Henschel‹ und den Geheimrat Clausen in ›Vor Sonnenuntergang‹. Den Clausen spielte er während der NS-Zeit auch in Veit Harlans ideologischer Verfilmung des Dramas unter dem Titel ›Der Herrscher‹ (1937). Jannings war einer der repräsentativen Schauspieler des nationalsozialistischen Films; so spielte er u. a. Friedrich Wilhelm I. in Hans Steinhoffs ›Der alte und der junge König‹ (1935, mit Werner Hinz). 1936 wurde er zum Staats-

schauspieler, 1937 zum Kultursenator ernannt. 1936 wurde er Mitglied des Aufsichtsrats und 1938 Aufsichtsratsvorsitzender der Tobis-Filmgesellschaft. Seine Memoiren veröffentlichte er unter dem Titel ›Theater, Film – das Leben und ich‹ (1951, 1979).
Literatur: W. Martini (Hrsg.): Das Filmgesicht. München 1928; R. Bie: Emil Jannings. Berlin 1936; J. Gregor: Meister deutscher Schauspielkunst. Bremen 1939; H. Ihering: Emil Jannings. Heidelberg 1941; A. Bronnen: Emil Jannings. Berlin 1977.

Jaray, Hans, geb. 24. 6. 1906 in Wien, gest. Januar 1990 ebenda. Schauspieler und Regisseur. Nach der Volksschule absolvierte er die Theresianische Akademie und die Akademie für Musik und darstellende Kunst in Wien. 1925 debütierte er am Wiener Volkstheater, wo er bis 1930 zum Ensemble gehörte. 1930–1938 erstes Engagement am Theater in der Josefstadt; Zusammenarbeit mit Max Reinhardt und Ernst Lothar. Von 1938 bis 1948 lebte und arbeitete er in den USA; filmte in Hollywood und trat an New Yorker Bühnen auf: Hauptrolle in Thompson/Kortners ›Another Sun‹ (National Theatre); Titelrolle in Goethes ›Egmont‹ (Deutsches Theater N.Y.). Nach seiner Rückkehr gehörte er bis 1950 wieder zum Wiener Volkstheater und von 1950 bis 1960 erneut zum Theater in der Josefstadt. 1955–1965 Lehrer für dramatischen Unterricht und Regie am Max-Reinhardt-Seminar; 1960–1970 freischaffend, u. a. am Residenztheater München und am Hamburger Thalia Theater; 1970–1978 wieder am Volkstheater Wien; seit 1979 erneut am Josefstädter Theater. Wichtigste Rollen am Volkstheater Wien: Titelrolle in Shakespeares ›Hamlet‹ und Orsino in ›Was ihr wollt‹ (mit Alexander Moissi); Titelrollen in Anzengrubers ›Der Pfarrer von Kirchfeld‹ und Schnitzlers ›Der junge Medardus‹; Higgins in Shaws ›Pygmalion‹; Prof. Heink in Bahrs ›Das Konzert‹. Am Theater in der Josefstadt (häufig in eigener Regie): Lord Goring in Wildes ›Ein idealer Gatte‹; Baron in Gorkis ›Nachtasyl‹; Spielansager in Wilders ›Unsere kleine Stadt‹; Colonel Howard in Denker/Berkeys ›Zeitgrenze‹; Titelrolle in Maughams ›Mein Freund Jack‹; Korth in Molnárs ›Spiel im Schloß‹; Leutnant Fisby in Patricks ›Das kleine Teehaus‹; Prof. Pilgram in Schnitzlers ›Die Gefährtin‹. Gastspiele bei den Salzburger Festspielen, u. a. als Carlos in Goethes ›Clavigo‹ und als Flottwell in Raimunds ›Der Verschwender‹ (R. jeweils Lothar). Jaray hat häufig selbst Regie geführt. Am Theater in der Josefstadt inszenierte er Stücke von Schnitzler: ›Professor Bernhardi‹, ›Die letzten Masken‹, ›Die Gefährtin‹, ›Komtesse Mizzi‹; ferner u. a.: Molnárs ›Liliom‹ und ›Der Schwan‹; Wildes ›Lady Windermeres Fächer‹; Pagnols ›Die Tochter des Brunnenmachers‹; Shaws ›Die heilige Johanna‹. Am Volkstheater inszenierte er u. a.: Wilders ›Unsere kleine Stadt‹; Molnárs ›Olympia‹; Kaisers ›Kolportage‹; am Theater an der Wien: Brecht/Weills ›Die Dreigroschenoper‹. Jaray schrieb selber Stücke, die am Volkstheater und in der Josefstadt uraufgeführt wurden: ›Ist Geraldine ein Engel?‹, ›Ein feiner Herr‹, ›Christiano zwischen Himmel und Hölle‹, ›Liebesheirat‹, ›Ping Pong‹. Ulrich Weinzierl schrieb über den vielseitigen Künstler: »Er sah fabelhaft aus, zu blendend jedenfalls für die interessanten Finsterlinge, all die faszinierenden Bösewichte und Schwarzalben der Dramenliteratur. Also verkehrte er vornehmlich mit dem Lustspieladel, lieh Ärzten und Anwälten in Gesellschaftsstücken seinen soignierten Charme, markierte auf dem Boulevard den tadellosen Bonvivant. (. . .) Nicht die Tiefe war seiner Kunst Bezirk, sondern der feinschattierte Glanz der Oberfläche, in der er wissende Melancholie versteckte.« (›FAZ‹, 8. 1. 1990) Zahlreiche Auszeichnungen; 1956 wurde er zum Professor, 1981 zum Kammerschauspieler ernannt. Er veröffentlichte den Roman ›Es fehlt eine Seite‹.
Literatur: H. Jaray: Was ich kaum erträumen konnte . . . Ein Lebensbericht. Wien, München 1990; O. M. Fontana: Wiener Schauspieler. Wien 1948.

Jarocki, Jerzy, geb. 1929 in Polen. Regisseur. Regiestudium in Krakau und Moskau. 1957 Regisseur am Slaski-Theater Kattowitz, dann am Zeitgenössischen Theater

Breslau; inszenierte zahlreiche Stücke von Rosewicz: ›Die Entblößung‹, ›Auf allen vieren‹, ›Er ging aus dem Haus‹, ›Mein Töchterchen‹; ferner u. a.: Witkiewicz' ›Die Schuster‹ und ›Die Mutter‹; Babels ›Sonnenuntergang‹; Majakowskis ›Das Schwitzbad‹. Inszenierungen am Alten Theater Krakau u. a.: Majakowskis ›Die Wanze‹; Kajzars ›Paternoster‹; Tschechows ›Der Kirschgarten‹ und ›Drei Schwestern‹. Häufig nahm er sich auch der Stücke Mrożeks an, inszenierte z. B. ›Zu Fuß‹ (UA 1981, Krakau und Warschau) und ›Der Buckel‹. Weitere Arbeiten u. a.: Eliots ›Mord im Dom‹ (1982, St. Johannes Kathedrale Warschau; Krönungskathedrale Warschau); Calderóns ›Das Leben ein Traum‹ (1983, Teatr Stary Krakau); Gastspiele u. a. in Köln (Theater der Welt 1981) und Berlin (1983). Gastinszenierungen im Westen u. a.: Gombrowicz' ›Die Trauung‹ (1973, Zürich); Witkiewicz' ›Die Mutter‹ (1975, Kammerspiele München); Gogols ›Der Revisor‹ (1983, Wuppertal): »Jarocki entwickelt eine geschärften, pointierten Realismus, den er ins Satirisch-Groteske steigert, ohne die Figuren an die Karikatur auszuliefern. Es ist erstaunlich, wie Jarocki dieses Ensemble zu motivieren wußte, wie seine Konzeption erkennbar wird, auch wenn die angestrebte Präzision nicht immer erreicht werden konnte.« (Heinz Klunker, ›Theater heute‹, Heft 1, 1983) Jarocki ist einer der bekanntesten und renommiertesten Regisseure Polens.
Literatur: A. Grodzicki: Regisseure des polnischen Theaters. Warschau 1979.

Jarry, Alfred, geb. 8. 9. 1873 in Laval, gest. 1. 11. 1907 in Paris. Französischer Dramatiker. 1895 starben innerhalb einer Woche beide Eltern; mit der Erbschaft lebte Jarry bis 1903 als freier Schriftsteller in Paris. In dieser Zeit entstanden seine Hauptwerke, u. a.: ›L'Amour en Visites‹ (1898), ›L'Amour absolu‹ (1899) und ›Messaline‹ (1901). Jarry gilt als Begründer des surrealistischen Theaters. Seine dramaturgischen Konzeptionen legte er in der Schrift ›Theaterfragen‹ (1897) dar. Bekannt wurde er mit dem Skandalerfolg des Stückes ›Ubu Roi‹ (1897), in dem mit satirischen Mitteln die bürgerliche Schein-

moral entlarvt wird. Dieses Stück wurde auch in Deutschland viel gespielt. Wichtigste Aufführung der jüngsten Zeit war die Pariser Inszenierung von Peter Brook 1978.
Weitere Stücke: ›César Antéchrist‹ (1895); ›Ubu Cocu‹ (1896/97); ›Ubu Enchaîné‹ (1900); ›Ubu sur la Butte‹ (1906).
Literatur: C. Chasse: Sous le masque d'A. Jarry? Les sources d'Ubu Roi. Paris 1921; C. Giedion-Welcker: A. Jarry. Eine Monographie. Zürich 1960; E. Krumm: Die Gestalt des Ubu im Werk Jarrys. Köln 1976.

Jefremow, Oleg Nikolajewitsch, geb. 1. 10. 1927. Sowjetischer Schauspieler, Regisseur und Theaterleiter. Ausbildung bei Nemirowitsch-Dantschenko am Moskauer Künstlertheater (MChAT); ab 1945 Schauspieler am Zentralen Kindertheater Moskau; 1955 Debüt als Regisseur. 1956 gründete er das Studio junger Schauspieler, aus dem 1958 das Sowremennik-Theater (Theater der Zeitgenossen) hervorging, dessen Leitung Jefremow übernahm. Zahlreiche Inszenierungen sowjetischer Gegenwartsstücke, u. a.: Rosows ›Die ewig Lebenden‹ (1957 und 1961, eigene Rolle: Boris) und ›Auf der Suche nach Freude‹ (1957, Rolle: Fjodor; Wolodins ›Fünf Abende‹ (1959, Rolle: Iljin) und ›Die Bestimmung‹ (1963); Satz/Kusnezows ›Zwei Farben‹ (1959, Rolle: Boris); Simonows ›Der Vierte‹ (1961, Titelrolle); Schatrows ›Bolschewiki‹ (1967); ferner u. a.: de Filippos ›Niemandsland‹ (1963); Rostands ›Cyrano de Bergerac‹ (1964). Seit 1971 ist er künstlerischer Leiter des traditionsreichen Moskauer Künstlertheaters. Inszenierungen u. a.: Gorkis ›Die Letzten‹ (1971); Bokarjews ›Stahlschmelzer‹; Gelmans ›Protokoll einer Sitzung‹ (1977, Rolle: Potapow) und ›Allein mit allen‹ (1982, Rolle: Golubjow); Tschechows ›Iwanow‹ (1977) und ›Die Möwe‹ (1980, nach dem Modell der Stanislawski-Inszenierung; 1991 auch in Peking; ferner Stücke von Gribojedow, Puschkin, Lermontow u. a.; Engagement für zeitgenössische russische Autoren wie Solschenizyn oder Ludmilla Petruschewskaja (›Cinzano‹). Jefremow ist einer der berühmtesten Schauspieler Rußlands (auch im Film). Als Regisseur sieht er sich bis heute seinem künstlerischen Vorbild Konstantin Stanislawski verpflichtet. Er wurde u. a. mit dem Staatspreis ausgezeichnet und zählt zu den obersten Theaterfunktionären der ehemaligen Sowjetunion.

Jeker, Valentin, geb. 26. 10. 1934 in Olten (Schweiz). Schauspieler und Regisseur. Nach dem Abitur Studium an der Schauspielschule Zürich (1957–1960). 1961–1963 Schauspieler und Regieassistent in Ulm bei Kurt Hübner, Peter Palitzsch und Peter Zadek. 1963–1965 Schauspieler und Assistent am Staatstheater Stuttgart; danach wieder in Ulm (unter Ulrich Brecht). 1966/67 folgte er Brecht nach Kassel. Danach war er einige Jahre bei Palitzsch in Stuttgart engagiert; inszenierte dort Fleißers ›Pioniere in Ingolstadt‹ und Horváths ›Kasimir und Karoline‹; Gastinszenierungen in Pforzheim und Ingolstadt. 1972 wechselte er mit Palitzsch nach Frankfurt; dort Bekanntschaft mit Klaus Michael Grüber, an dessen Brecht-Inszenierung ›Im Dickicht der Städte‹ er mitarbeitete. 1973 holte ihn Manfred Beilharz an das Landestheater Tübingen; dort u. a.: Schillers ›Kabale und Liebe‹ (1973); Molières ›George Dandin‹ (1974); Brechts ›Turandot‹ und ›Trommeln in der Nacht‹ (1975/76); außerdem Arbeiten in Köln und Düsseldorf. In Stuttgart inszenierte er Dario Fos ›Einer für alle, alle für einen‹ (DE 1977) und Molières ›Tartuffe‹ (1978). 1977 wechselte er mit Beilharz nach Freiburg. Viel Beachtung fand seine Theatercollage ›Transit‹ nach dem Roman von Anna Seghers (1980, im alten Wiehre-Bahnhof): »Der Regisseur hat in den letzten Jahren an so vielen verschiedenen Orten gearbeitet (. . .), daß die Öffentlichkeit kaum wahrnehmen konnte, wie konsequent er seinen theatralischen Stil entwickelte – ein Stil, der mit eindrucksvoller Beharrlichkeit alles Realistische, alles scheinbar ›Nachvollziehbare‹ ausmerzt und statt dessen vorgegebene Rollen- wie Handlungszusammenhänge aufbricht, um sie dann zu bewußt künstlichen Montagen wieder zusammen- und gegeneinanderzusetzen. (. . .) Aufgelöst wird in Freiburg (. . .) nicht nur der Er-zählkontext der Fabel, sondern auch der optisch und akustisch erfahrbare Zusammenhang der Bühnenhandlung. Spieler wie Zuschauer bewegen sich durch die Räume des Bahnhofs, die von Bernd Holzapfel zu einem Museum des Exils ausstaffiert wurden (. . .). Jeker und sein Freiburger Ensemble treiben mit eben dieser Situation ihr Spiel, indem sie das Publikum nicht nur durch die Bahnhofsräume, sondern zugleich durch ein fast unerträgliches Wechselbad von Empfindungen jagen.« (Rainer Stephan, ›SZ‹, 18. 9. 1980); ferner u. a.: Horváths ›Geschichten aus dem Wiener Wald‹ (1977) und ›Glaube, Liebe, Hoffnung‹ (1979); Kleists ›Prinz Friedrich von Homburg‹ (1982). Gastinszenierungen am Schloßparktheater Berlin, in Basel und Bremen. 1983/84 folgte er Beilharz nach Kassel; dort u. a.: Kleists ›Familie Schroffenstein‹ (1985); Becketts ›Warten auf Godot‹ (1986, mit Jeker als Pozzo). Regiearbeiten am Schauspielhaus Bochum u. a.: Horváths ›Italienische Nacht‹; Becketts ›Glückliche Tage‹; Molières ›Der Geizige‹ (1987); Schleefs ›Die Schauspieler‹ (1989); Kleists ›Der zerbrochne Krug‹ (1990); als Gast am Burgtheater Wien: Hochhuths ›Der Stellvertreter‹ (1988). Fortsetzung der Zusammenarbeit mit Beilharz am Schauspiel Bonn: Koltès' ›Das Erbe‹ (1991/92); Büchners ›Woyzeck‹ (1993, mit Rudolf Kowalski): »Valentin Jekers Inszenierung (. . .) meidet beide Irrwege: den, der zu akademischer Anämie und den, der zu theatralischer Überhitzung führt. Jekers Büchner-Arbeit ist so unspektakulär wie außerordentlich; sie ist weit entfernt von blutleerer Abstraktion oder phantasieloser Konvention, sie schafft sich eine ganz eigene, suggestive Bilderwelt (. . .). Es geht ihm um Menschen, die verlieren, nicht um Kunst, die auftrumpft.« (Gerhard Jörder, ›Theater heute‹, Heft 3, 1993); Dorsts ›Eiszeit‹ (1993); Strauß' ›Bekannte Gesichter, gemischte Gefühle‹ (1993/94).

Jelinek, Elfriede, geb. 20. 10. 1946 in Mürzzuschlag, Steiermark. Österreichische Schriftstellerin. Tochter eines Chemikers und einer Ökonomin. Jelinek wuchs in Wien auf; Besuch der Klosterschule. Nach einem psychischen Zusammenbruch mit 18 Jahren erste Schreibversuche. Studierte Klavier und Komposition am Wiener Konservatorium, dazu Theaterwissenschaft und Kunstgeschichte. Neben Theaterstücken veröffentlichte sie Gedichte, Romane und Hörspiele. Ihre Werke, Sprachkompositionen, die einem musikalischen Rhythmus folgen, sind gekennzeichnet durch eine hochverdichtete Sprache, die mit Alliterationen, Wortspielen und Kalauern durchsetzt ist. Rolf Michaelis schrieb über ihr Stück ›Totenauberg‹: »Die ehemalige Kompositionsstudentin, die ihre Texte nach musikalischen Regeln gliedert, baut die scheinbar uferlosen Monologe wie Gedichte. Kein Kalauer wird verschmäht, wenn er, wie im Feuer des Blitzes, eine neue Einsicht schenken kann (...) Ein Stück großer Sprach-Musik, mal rauschhaft, mal klirrend, immer trotzig böse. (Die Zeit‹, 25. 9. 1992)

Stücke: ›Was geschah, nachdem Nora ihren Mann verlassen hatte oder Stützen der Gesellschaft‹ (1977); ›Clara S.‹ (1982); ›Burgtheater‹ (1985); ›Krankheit oder Moderne Frauen‹ (1987); ›Wolken. Heim.‹ (1988); ›Totenauberg‹ (1990/91); ›Raststätte oder Sie machens alle‹ (1994).
Literatur: H. Beth: E. Jelinek. In: H. Puknus (Hrsg.): Neue Literatur der Frauen. München 1980, S. 133–137; A. M. Mattis: Sprechen als theatralisches Handeln? Studien zur Dramaturgie der Theaterstücke Elfriede Jelineks. Diss. Wien 1987; A. Roeder (Hrsg.): Autorinnen. Herausforderungen an das Theater. Frankfurt a. M. 1989; M. Janz: Falsche Spiegel. Über die Umkehrung als Verfahren bei Elfriede Jelinek. In: Rowohlt Literaturmagazin, 23. 4. 1989, S. 135–148; K. Bartsch, G. A. Höfler: Dossier 2: Elfriede Jelinek. Graz 1991; Corinna Carduff: Ich gedeihe inmitten von Seuchen. Elfriede Jelinek – Theatertexte. (Diss. Zürich). Bern u. a. 1991; D. Boecker/R. Hüser/G. Stanitzek: Gelegenheit. Diebe. 3 x Deutsche Motive. Bielefeld 1991.

Jendreyko, Hans-Dieter, geb. 1937 in Berlin. Schauspieler und Regisseur. Abgebrochenes Studium der Germanistik und Theaterwissenschaft; 1959–1961 Ausbildung an der Otto-Falckenberg-Schule München. Erste Engagements in Schleswig und Gelsenkirchen; danach bei Kurt Hübner in Bremen; dort Zusammenarbeit mit Peter Zadek, Peter Palitzsch und Hans Hollmann. 1969/70 arbeitete er mit der Gruppe um Peter Stein am Schauspielhaus Zürich. Seit 1970 Schauspieler am Basler Theater; Zusammenarbeit mit Werner Düggelin, Hans Bauer und wieder mit Hollmann. Bei der Uraufführung von Fortes ›Martin Luther & Thomas Münzer oder Die Einführung der Buchhaltung‹ spielte er den Münzer (1970, R. Kosta Spaic): »Hans-Dieter Jendreyko versucht, die Peinlichkeiten eines positiven Helden in Schlichtheit aufzulösen, doch leuchtet er von innen, und mit dem Gewehr in der Hand wird er vollends zur heraldischen Figur: ein Schiller-Jüngling im Guerilla-Look.« (Georg Hensel, ›SZ‹, 8. 12. 1970) Seit 1977 eigene Regiearbeiten, u. a. in Düsseldorf: Joyces ›Verbannte‹; Horváths ›Mord in der Mohrengasse‹; Laubes ›Erster Tag des Friedens‹ (UA 1978). Am Schauspiel Frankfurt u. a.: Horváths ›Die Unbekannte aus der Seine‹ (1982); Kleists ›Familie Schroffenstein‹ (1985). Unzufrieden mit dem subventionierten Theaterbetrieb, gründete er 1986 in Basel das Od-Theater, dessen künstlerische Leitung er übernahm. Daneben arbeitete er frei als Schauspieler und Regisseur. Od-Produktionen: Enzensbergers ›Untergang der Titanic‹ (1986, in einem Basler Badehaus); Calderóns ›Das Leben ein Traum‹ (1987, in einem Gewächshaus): »Die Utopie vom klugen, selbstlosen, gerechten Herrscher, der nicht Gleiches mit Gleichem vergilt. Jendreyko denunziert sie. Er mißtraut dem Glück am Ende und zeigt (...), wie unnatürlich aufgesetzt dieser Theatercoup ist. (...) Keine spektakuläre Aufführung, aber Calderóns moralisaures Lehrstück (...) gewinnt in diesem Raum, in dieser Kargheit (auch der Sprache) eine Aktualität. Wir sehen den Überwachungsstaat, wenn draußen im Dunkel lemurenhafte Gestalten das Geschehen verfolgen, verraten, denunzieren. Wir erkennen das Spiel der Mächtigen, die Gott und Orakel zu Hilfe nehmen (...), um mißliebige Gegner auszuschalten. Jendreyko erfindet Bilder von

Jenny

großer Schönheit (. . .).« (C. Bernd Sucher, ›SZ‹, 9. 4. 1987); ferner: ›Die Bakchen‹ nach Euripides (1988, in einer Färberei-Halle).

Jenny, Urs, geb. 26. 4. 1938 in Essen. Kritiker und Dramaturg. 1957 Abitur in Solothurn (Schweiz); Studium der Germanistik, Romanistik und Theatergeschichte u. a. in München (ohne Abschluß); 1964–1969 Theater-, Film- und Literaturkritiker bei der ›Süddeutschen Zeitung‹ in München; 1970–1972 Chefdramaturg am Bayerischen Staatsschauspiel München (Intendant: Helmut Henrichs); 1972–1979 Chefdramaturg am Deutschen Schauspielhaus Hamburg (Intendant: Ivan Nagel). Seit 1979 arbeitet er in der Kulturredaktion des Hamburger Nachrichtenmagazins ›Der Spiegel‹.

Jensen, Uwe Jens, geb. 1941 in Hamburg. Dramaturg, Regisseur und Autor. Studium der Literatur, Geschichte und Theaterwissenschaft in Hamburg, Tübingen und Wien; 1967 Promotion; ab 1967 Dramaturg in Köln, Tübingen und Oberhausen; 1972–1979 Dramaturg an den Württembergischen Staatstheatern Stuttgart. Seit 1974 als Ko-Direktor, Dramaturg und Regisseur Zusammenarbeit mit Claus Peymann in Stuttgart, am Schauspielhaus Bochum (1979–1986) und am Wiener Burgtheater (1986–1989); in dieser Zeit auch eigene Regiearbeiten. Seit 1989 arbeitet er als freier Regisseur. Inszenierungen eigener Stücke und Projekte (meist in Zusammenarbeit mit dem Musiker Hansgeorg Koch): ›Elvis Presley Memorial‹ (UA 1977, Stuttgart); ›Unsere Republik‹ (UA 1980, Bochum, Revue zur Geschichte der Bundesrepublik 1945–1980, nachgespielt an zahlreichen Bühnen); ›John Lennon‹ (UA 1986, Bochum); ›Elvis und John‹ (UA 1987, Burgtheater Wien); ›Tana in New York‹ (UA 1990, Bochum). Weitere Regiearbeiten u. a.: Bernhards ›Der deutsche Mittagstisch‹ (UA 1982, Bochum); Franz Schuberts ›Winterreise‹ (1985, Bochum); Detlef Michel/Volker Ludwigs ›Ab heute heißt du Sara‹ (UA 1989, Berlin); Manfred Karges ›MauerStücke‹ (DE 1990, Bochum); Hauptmanns ›Die Weber‹ (1992,

Mysore, Indien); Brecht/Weills ›Die Dreigroschenoper‹ (1993, Turku, Finnland); weitere Arbeiten am Schauspiel Frankfurt und in Salzburg. Er schrieb zwei Kinderbücher, Kinderstücke und übersetzte verschiedene Shakespeare-Dramen, u. a. ›Der Kaufmann von Venedig‹ (Residenztheater München) und ›Ein Sommernachtstraum‹ (Burgtheater).
Literatur: P. Iden: Theater als Widerspruch. Plädoyer für die zeitgenössische Bühne. München 1984.

Jesserer, Gertraud, geb. 13. 2. 1943 in Wien. Schauspielerin. Stand bereits mit 14 Jahren in Rolf Thieles Film ›Die Halbzarte‹ vor der Kamera. 1959 verließ sie vorzeitig das Wiener Max-Reinhardt-Seminar. 1960 debütierte sie in Molnárs ›Liliom‹ am Theater in der Josefstadt Wien, wo sie bis 1969 zum Ensemble gehörte (1973 als Gast). Nebenher arbeitete sie beim Film; 1969–1973 Engagement am Deutschen Schauspielhaus Hamburg (unter Ivan Nagel). Seit der Spielzeit 1973/74 gehört sie zum Wiener Burgtheater. Rollen u. a.: Marianne in Horváths ›Geschichten aus dem Wiener Wald‹ (1974, R. Otto Schenk) und Karoline in ›Kasimir und Karoline‹; Iris in Bauers ›Magnetküsse‹ (UA 1976); Marie in Schnitzlers ›Der Ruf des Lebens‹ (1977, R. Johannes Schaaf); Polly in Brecht/Weills ›Die Dreigroschenoper‹ (1978, R. Adolf Dresen); Dichterin in Gorkis ›Sommergäste‹ (1979, R. Achim Benning); Laura in Williams' ›Die Glasmenagerie‹; Maria in Musils ›Die Schwärmer‹ (1981, R. Erwin Axer); Sonja in Dostojewski/Ljubimows ›Verbrechen und Strafe‹ (1984, R. Juri P. Ljubimow); Jenna in Noréns ›Dämonen‹ (1985, R. Dieter Giesing): »Sie offenbart das schäbige Leben einer Mißbrauchten, einer Gebärmaschine, spielt nicht bloß das heiter-blöde Hausmütterchen, das zuweilen in Depressionen fällt. Die Jesserer besitzt eine ungeheure Kraft, eine tierhaft-starke Ausstrahlung, die im schönsten Moment dieser Aufführung – als die Schwachen Jenna und Frank sich für nur wenige Minuten glücklich finden (. . .) – zugleich rührt, erschreckt und viel erklärt: Da macht sich eine Frau, die fürsorglich liebt, die sich ihrem Mann verpflichtet und verantwortlich fühlt, unbeliebt, nur weil sie sich bedingungslos hingibt.« (C. Bernd Sucher, ›SZ‹, 20. 2. 1985); ferner: Titelrolle in García Lorcas ›Doña Rosita bleibt ledig‹ (1988, R. Alfred Kirchner); Tochter in Oates' ›Mondfinsternis‹ (1992, mit Judith Holzmeister); Frau Muskat in Molnárs ›Liliom‹ (1993, R. Paulus Manker). Am Staatstheater Stuttgart gastierte sie u. a. in Mamets ›Edmond‹ (1986, R. Gerd Böckmann) und in Henleys ›Debütantinnenball‹ (DE 1990). Weitere Gastspiele u. a.: Maja in Millers ›Im Palais des Erzbischofs‹ (DE 1987, Cuvilliéstheater München, R. Niels-Peter Rudolph); Titelrolle in Nestroys ›Das Mädl aus der Vorstadt‹ (1989, Salzburger Festspiele, R. Jürgen Flimm); häufig auch Fernsehrollen.

Jeßner, Leopold, geb. 3. 3. 1878 in Königsberg, gest. 30. 10. 1945 in Hollywood. Schauspieler, Regisseur und Intendant. Begann 1895 als Schauspieler in Graudenz; 1897/98 Engagement am Stadttheater Cottbus; 1898/99 am Berliner Gesamt-Gastspiel (Wandertheater); 1899–1901 am Deutschen Theater Breslau; 1901/02 am Ibsen-Theater (Tourneetheater, Leitung: Gustav Lindemann), dort Zusammenarbeit mit Louise Dumont und Carl Heine, den er später als seinen Lehrmeister bezeichnete. 1902/03 am Deutschen Theater Hannover, dort erste Inszenierungen; 1903/04 Schauspieler und Regisseur am Residenztheater Dresden. 1904–1915 Regisseur (ab 1908 Oberregisseur) am Hamburger Thalia Theater: Inszenierungen zahlreicher gesellschaftskritischer Dramen der Moderne (Ibsen, Hauptmann, Wedekind, Tschechow, Gorki, Tolstoi, Maeterlinck, Strindberg); Entwicklung eines symbolischen, antinaturalistischen Regiestils, der vor allem in den Wedekind-Aufführungen zum Tragen kam: ›Erdgeist‹ (1906); ›Frühlings Erwachen‹ (1907); ›König Nicolo‹ (1911); ›Der Marquis von Keith‹ (1914). Zu seinen wenigen Hamburger Klassiker-Inszenierungen zählten: Schillers ›Kabale und Liebe‹ (1905); Büchners ›Dantons Tod‹ (1910); Molières ›Tartuffe‹ (1912); Hebbels ›Maria Magdalena‹ (1913); Shakespeares ›Maß für Maß‹ (1913). Gleichzeitig leitete er von 1911 bis 1914 die von der Gewerkschaft gegründeten Volksschauspiele in Hamburg-Altona, wiederum mit Schwerpunkt auf den zeitgenössischen Autoren. 1915–1919 Leiter des Neuen Schauspielhauses Königsberg; hier auch Klassiker: Schillers ›Don Carlos‹ (1915) und ›Wilhelm Tell‹ (1916); Kleists ›Robert Guiskard‹ (1916); Goethes ›Faust‹ (1918). Von 1919 bis 1930 war er Intendant des Preußischen Staatstheaters Berlin; prägte in dieser Funktion eine bedeutende theatergeschichtliche Ära. Nach seiner Demission blieb er dem Haus bis 1933 als Regisseur verbunden. In seinen ersten Berliner Jahren pflegte Jeßner seinen konsequent entwickelten antirealistischen Regiestil: extreme szenische Verknappung und Konzentration; exakte Choreographie; symbolische Gesten und Arrangements; geballte, rhythmisierte Sprache; kahle, streng gegliederte Räume, häufig entworfen von Emil Pirchan. In seinen späteren Regiearbeiten ließ er auch realistische Tendenzen zu. Jeßner machte zeitgemäßes politisches Theater, lehnte aber jede Politisierung des Theaters ab:»Das Theater im Sinne der heutigen Staatsauffassung führen heißt nicht Parteipolitik treiben. In seinen Spielplan gehört ebenso Kleists ›Prinz Friedrich von Homburg‹ wie Büchners ›Dantons Tod‹. Nicht um einer nationalen oder revolutionären Richtung gerecht zu werden, sondern weil sich in beiden Fällen eine menschlich-politische Idee in Dichtung umgesetzt hat. Und dies ist die erste und letzte Frage, die ein Theaterleiter an ein Werk zu richten hat.« (›Schriften‹, S. 90) Seine legendäre Antrittsinszenierung von Schillers ›Wilhelm Tell‹ am 12. 12. 1919 (mit Albert Bassermann als Tell und Fritz Kortner als Geßler) verabschiedete ein für allemal den Hoftheaterstil und verursachte Tumulte im Schauspielhaus. Die Aufführung war »unzweideutig revolutionär und antinationalistisch« (Kortner); Jeßner selbst sprach von einem »Freiheitsschrei«, Felix Ziege vom »Anfang einer neuen Epoche der Theatergeschichte«. Wie im ›Tell‹ ließ Jeßner auch in den meisten nachfolgenden Inszenierungen Treppen auf die Bühne bauen. Die Stufenbühne bedeutete für ihn »die resolute Wandlung des theatralischen Erlebnisses. Denn jene ›Treppe‹, die bis-

John

344

lang nur als integrierender Teil einer Dekoration und nicht als selbständiger architektonischer Aufbau existierte, erwies sich bald über jede spekulative Sensation hinaus als systematisches Mittel, die Bühne von den Zufälligkeiten eines illusionsschaffenden äußerlichen Dekors zu befreien, und von nun an – als raum- und zeitlosen Schauplatz – einer Darstellung dienstbar zu machen, die ihre Gesetze lediglich aus dem innerlich Wesenhaften der Dichtung empfängt.« (›Schriften‹, S. 155 f.) Zahlreiche Klassiker-Inszenierungen; von Schiller u. a.: ›Die Verschwörung des Fiesco zu Genua‹ (1921, mit Ernst Deutsch als Fiesco und Kortner als Verrina); ›Wallenstein‹ (1924 und 1931, jeweils mit Werner Krauß); ›Don Carlos‹ (1922 und 1929); ›Die Jungfrau von Orleans‹ (1930); ›Die Räuber‹ (1932, mit Bernhard Minetti als Franz, Bühne: Caspar Neher); von Shakespeare u. a.: ›Richard III.‹ (1920, mit Kortner); ›Othello‹ (1921, mit Kortner als Othello, Albert Steinrück als Jago und Johanna Hofer als Desdemona; 1932 mit Heinrich George als Othello und Krauß als Jago); ›Macbeth‹ (1922) und ›Hamlet‹ (1926, beide mit Kortner in der Titelrolle). Emil Faktor schrieb über den ›Hamlet‹: »Jeßner spielt nun das ›Opfer der Verhältnisse‹. (...) Drum schafft er das Prunkstück von ehemals nicht ab, sondern erhitzt es durch sinnliche Bilder, die unseren Vorstellungskreisen näher liegen. Er spielt Gewaltmonarchie und Militarismus. Der Hofstaat des Königs steht in soldatisch straffen Gruppen, der Monarch liest Ansprachen mit der Umgebung vom geschriebenen Papier, die Szene gliedert sich in feierliche Momente der Aufstellung, der Gruppenlösungen folgen. Rücksprachen mit einzelnen sind ins Vertrauliche gerückt, die Mahnungen an Hamlet sind ein moderner Vordergrundvorgang zwischen Eltern und Sohn.« (›Berliner Börsen-Courier‹, 4. 12. 1926) Weitere Regiearbeiten u. a.: Wedekinds ›Der Marquis von Keith‹ (1920, mit Kortner als Keith); Barlachs ›Die echten Sedemunds‹ (1921, mit Kortner und Lothar Müthel); Goethes ›Faust I‹ (1923, mit Carl Ebert als Faust, Eugen Klöpfer als Mephisto); Hebbels ›Maria Magdalena‹ (1924) und ›Herodes

und Mariamne‹ (1926, mit Kortner und Lina Lossen); Bronnens ›Rheinische Rebellen‹ (1925); Kleists ›Amphitryon‹ (1926); Hauptmanns ›Florian Geyer‹ (1927, mit Walter Franck) sowie ›Die Weber‹ (1928); Kaisers ›Gas I‹ (1928); Sophokles' ›Ödipus‹ (1929); Strindbergs ›Gustav Adolf‹ (1930); Kornfelds ›Jud Süß‹ (1930); Shaws ›Haus Herzenstod‹ (1931); außerdem Gastinszenierungen am Stadttheater Hamburg-Altona. Letzte Inszenierung am Staatstheater: Billingers ›Rosse‹ (1933). Als Jude und Sozialdemokrat war Jeßner seit Beginn seiner Intendanz den Angriffen antisemitischer Kreise und der rechten Presse ausgesetzt. Den Nationalsozialisten galt er als Inbegriff der »Verjudung« und »Bolschewisierung« des Berliner Theaterlebens. Im März 1933 ging er in die Emigration; gründete ein Tournee-Ensemble, mit dem er 1933/34 in Belgien, Holland und England gastierte. 1936 Gastregisseur an der Habima in Tel Aviv; danach Emigration in die USA, wo er sich in Los Angeles niederließ. Nach zwei erfolglosen Inszenierungen zog er sich dort resigniert vom Theater zurück.
Literatur: L. Jeßner: Schriften. Theater der zwanziger Jahre. Berlin 1979; J. Bab: Das Theater der Gegenwart. Leipzig 1928; K. Th. Bluth: L. Jeßner. Berlin 1928; F. Ziege: L. Jeßner und das Zeit-Theater. Berlin 1928; H. M. Müllenmeister: L. Jeßner – Geschichte eines Regiestils. Diss. Köln 1958; F. Kortner: Aller Tage Abend. München 1959; K. H. Ruppel: Großes Berliner Theater. Velber 1962; G. Rühle: Theater für die Republik. 1917–1933. Frankfurt a. M. 1967; ders.: Theater in unserer Zeit. Frankfurt a. M. 1980; M. Brauneck: Klassiker der Schauspielregie. Reinbek 1988.

John, Gottfried, geb. 29. 8. 1942 in Berlin. Schauspieler. Nahm privaten Schauspielunterricht bei Marlise Ludwig in Berlin; debütierte noch während seiner Ausbildung am Berliner Schiller-Theater; 1963–1965 Engagement an der Landesbühne Hannover; 1965–1967 an den Vereinigten Bühnen Krefeld-Mönchengladbach; dort Zusammenarbeit mit Hans Neuenfels in Handkes ›Publikumsbeschimpfung‹ und Bonds ›Gerettet‹. 1974/75 Mitarbeit im Team von Rainer Werner Fassbinder am Frankfurter Theater am Turm (TAT); auch Film- und Fernseharbeit mit Fassbinder: ›Acht Stunden sind kein Tag‹ (1972, 5 Teile, mit Luise Ullrich); ›Eine Reise ins Licht – Despair‹ (1977); ›In einem Jahr mit 13 Monden‹ (1978); ›Die Ehe der Maria Braun‹ (1978) und ›Lili Marleen‹ (1981, jeweils mit Hanna Schygulla); ›Berlin Alexanderplatz‹ (1980, nach Döblin, 14 Teile, mit Günter Lamprecht). Großer Erfolg als Bruno Mechelke in Hauptmanns ›Die Ratten‹ (1977, Freie Volksbühne Berlin, R. Rudolf Noelte); Sibylle Wirsing schrieb: »Gottfried John, der (...) von Hauptmanns Typenskizze eines stiernackigen, athletischen Menschen stark abweicht – der, Haut und Knochen, als langes Elend dasteht und statt der geforderten Brutalität eine kindlich unversierte Seele hervorkehrt, hat sich auf das Gastspiel mit dem inneren Vorbehalt eingelassen, daß eine bloße Killer-Rolle für ihn nicht in Frage komme. (...) Gottfried Johns Bruno ist ein düpiertes und resigniertes Kind, verkörpert in einem alten Jüngling, einem Milieukrüppel, der in der Schule des Lebens frühzeitig sitzengeblieben ist und aus eigenem Elan nur ganz notdürftig erwachsen werden konnte. Als Seelenstotterer, schlenkernd in seinem Existenzgehäuse, schlotternd in den durchgebeulten Anziehsachen, kommt er auf die Bühne und macht uns ohne irgend eine bösartige Absicht allein durch die Haltlosigkeit angst.« (›Theater heute‹, Jahrbuch 1978) Gastspiele u. a. bei den Festspielen Bad Hersfeld: Jago in Shakespeares ›Othello‹ (1982, Auszeichnung mit dem Großen Bad-Hersfeld-Preis) sowie Bastard in ›König Johann‹ (1984). Filmengagements u. a.: Titelrollen in ›Jaider – der einsame Jäger‹ (1970, R. Volker Vogeler) und in ›Don Carlos‹ (1971, nach Schiller, R. Hans W. Geissendörfer); ›Super‹ (1984, R. Adolf Winkelmann); ›Schön war die Zeit‹ (1988); ›Die Verfehlung‹ (1992); im Fernsehen u. a.: ›Theodor Chindler‹ (1979, nach Brentano, 8 Teile, mit Hans Christian Blech, R. Geissendörfer); ›Pattbergs Erbe‹ (1987); ›Drehort Pfarrhaus‹ (1990).

John, Monika, geb. 31. 5. 1935 in Berlin. Schauspielerin. Schauspielunterricht in Berlin und München; debütierte 1953 in Greens ›Süden‹ am Münchner Residenztheater; 1953–1955 Engagement in Osnabrück. Danach arbeitete sie freischaffend, u. a. an der Freien Volksbühne Berlin und an verschiedenen Münchner Bühnen. 1973–1979 Engagement an den Münchner Kammerspielen; danach gehörte sie bis Ende der achtziger Jahre zum Ensemble des Bayerischen Staatsschauspiels. Rollen u. a.: Hanna in Adriens ›Sonntags am Meer‹ (1968, R. Claus Peymann) und Gertrud Deuter in Sternheims ›Die Hose‹ (1972, R. Horst Balzer, jeweils Volksbühne Berlin); in Cowards ›Der gefallene Engel‹ (1964) und in Flatows ›Vater einer Tochter‹ (1966, jeweils Kleine Komödie München); an den Münchner Kammerspielen: Plörösenmieze in Zuckmayers ›Der Hauptmann von Köpenick‹; in Lasker-Schülers ›Die Wupper‹ (R. Adolf Dresen); in Brechts ›Die heilige Johanna der Schlachthöfe‹ (R. Benno Besson); in Braschs ›Lovely Rita‹ (R. Ernst Wendt). Am Staatsschauspiel München sah man sie in Inszenierungen von Ingmar Bergman und Frank Baumbauer; ferner u. a.: Magd in Molières ›Der eingebildete Kranke‹ (1980, R. Helmut Baumann); in Serreaus ›Herzeleid einer englischen Katze‹ (1982, R. Ernst Seiltgen); in Pagnols ›Zinsen des Ruhms‹ (1983, R. Kurt Meisel); in Martins ›Hören Sie mal‹ (DE 1984, R. Walter Bockmayer). Ein großes Solo hatte sie als Ella in Manfred Karges Monologstück ›Jacke wie Hose‹ (1987, R. Dieter Kraft). Zahlreiche Gastspiele und umfangreiche Fernseharbeit.

Johnson, Terry, geb. 1955. Englischer Dramatiker. Johnson ging in Watford zur Schule und studierte Drama an der Universität in Birmingham. Erste Inszenierungen in Gemeindesälen; daneben trat er als Schauspieler am Science Fiction Theatre in Liverpool auf. Sein internationaler Durchbruch – auch in Deutschland – gelang ihm 1982 mit der Farce ›Bedeutende Leute‹, einer fiktiven Begegnung zwischen Marilyn Monroe und Albert Einstein in einem New Yorker Hotelzimmer. Er erhielt für

Johst

dieses Stück 1982 den Preis der Theaterzeitschrift ›Plays and Players‹ und 1983 den ›Evening Standard‹–Preis als bester Nachwuchsdramatiker. Johnson arbeitet als Regisseur, Theater- und Drehbuchautor in England.

Weitere Stücke: ›Amabel‹ (1979); ›Days here so dark‹ (1981); ›Bellevue‹ (1982); ›Insuitable for Adults‹ (1984); ›Cries from the Mammal House‹ (1984); ›Tuesday's Child‹ (1986); ›Stell Dir vor, Du ertrinkst‹ (1991).

Johst, Hanns, geb. 8. 7. 1890 in Seershausen, Sachsen, gest. 23. 11. 1978 in Ruhpolding. Dramatiker und Dramaturg. Johst verbrachte seine Jugend in Leipzig; studierte dort Medizin; danach Philologie und Kunstwissenschaft in München, Wien und Berlin. 1914 als Freiwilliger im Krieg. Von 1918 an freier Schriftsteller. 1933 für kurze Zeit Dramaturg am Schauspielhaus Berlin. Von 1935 bis 1945 Präsident der Reichsschrifttumskammer und der Deutschen Akademie der Dichtung, NS-Parteimitglied, SS-Brigadeführer, Reichskultursenator. Nach 1945 interniert und verurteilt. Brecht betrachtete sein Stück ›Baal‹ als Gegenentwurf zu Johsts Drama ›Der Einsame‹, das 1917 in München uraufgeführt wurde. Johst wurde zum repräsentativen Dramatiker des Nationalsozialismus, sein Stück ›Schlageter‹ (1933) trug die Widmung »Für Adolf Hitler in liebender Verehrung und unwandelbarer Treue« und wurde 1933 zu Hitlers Geburtstag uraufgeführt und danach mehr als vierzig Mal von anderen Bühnen nachgespielt.

Weitere Stücke: ›Der junge Mensch – Ein ekstatisches Szenarium‹ (1916); ›Der Ausländer‹ (1916); ›Fritz Todt, Requiem‹ (1943).

Literatur: H. F. Pfanner: H. Johst, Vom Expressionismus zum Nationalismus. Den Haag 1970; G. Rühle: Zeit und Theater. Bd. 3. Frankfurt a. M. 1974.

Jonasson, Andrea (eigtl. Andrea Stumpf), geb. 29. 6. 1945 in Freiburg. Schauspielerin. Nach ihrer Ausbildung in München begann sie 1962 als Elevin bei Gustaf Gründgens in Hamburg. Es folgte ein Engagement in Heidelberg; dort u. a.: Julia in Shakespeares ›Romeo und Julia‹ (1965, R. Hans Hollmann); Gretchen in Goethes ›Faust I‹; Nina in Tschechows ›Die Möwe‹. Ab 1966 am Schauspielhaus Zürich u. a.: Viola in Shakespeares ›Was ihr wollt‹; Lena in Büchners ›Leonce und Lena‹; in Dürrenmatts ›Der Mitmacher‹ (UA 1973). In Hamburg sah man sie als Nelly in Botho Strauß' ›Die Hypochonder‹ (UA 1973, Deutsches Schauspielhaus, R. Claus Peymann) und als Mascha in Tschechows ›Drei Schwestern‹ (Thalia Theater). Erste Arbeit mit Giorgio Strehler, ihrem späteren Ehemann: Königin Margarethe in ›Das Spiel der Mächtigen‹ (1973, Salzburger Festspiele, Shakespeare-Collage). Später spielte sie unter Strehlers Regie die Doppelrolle der Shen Te/Shui Ta in Brechts ›Der gute Mensch von Sezuan‹ (1977, Schauspielhaus Hamburg; 1981 auch am Piccolo Teatro Mailand in italienischer Sprache). Rollen am Burgtheater Wien, dessen Ensemble sie seit 1974 angehört: Cressida in Shakespeares ›Troilus und Cressida‹ (1978, R. Terry Hands); Ruth in Stoppards ›Night and Day‹ (DE 1980) sowie Annie in ›Das einzig Wahre‹ (DE 1984, R. jeweils Peter Wood); Titelrolle in Schillers ›Maria Stuart‹ (1984, R. Rudolf Noelte); Alpha in Musils ›Vinzenz und die Freundin bedeutender Männer‹ (1985/86). An der Staatsoper München gastierte sie in der Titelrolle von Claudel/Honeggers ›Johanna auf dem Scheiterhaufen‹ (1984, R. August Everding). In Inszenierungen von Strehler am Piccolo Teatro Mailand u. a.: Titelrolle in Lessings ›Minna von Barnhelm‹ (1983); die Unbekannte in Pirandellos ›Come tu mi vuoi‹ (1988; 1989 auch in Frankfurt und in Wien); Helena in Goethes ›Faust – frammenti parte seconda‹ (1992). Sigrid Löffler schrieb in einem Porträt: »Andrea Jonasson ist des Burgtheaters Augenweide vom Dienst. Nur allzugern verlassen sich Regisseure und Kostümbildner auf die betörende Optik – auf die aparte Mischung von graziler Hochgewachsenheit und Feingliedrigkeit, von tizianroter Haarmähne und porzellanblassem Teint, von vielversprechender Verlockung und distanzierender Kühle. Sie neigen dazu, auf die Attraktionskraft einer glänzenden Erscheinung zu bauen und im übrigen die spezifische Jonasson-Akustik für sich arbeiten zu lassen – diese wie mit Edelrost überzogene heisere Stimme, deren belegtes Timbre auch den geheimnislosesten Bühnendialogen ein Flair der Verheißung verleiht. (. . .) Es ist nicht unfair, sie Strehlers Geschöpf zu nennen. Er hat ihr schauspielerisches Temperament italianisiert (und aus ihrer züchtigen braunen Aufsteckfrisur die hennarote Mähne erlöst). Er hat Leidenschaften, Sinnlichkeit, Gier (auch Machtgier) und allerlei Gelüste in ihr aufgerufen und ihnen Plastizität und zwingende Form aufgeprägt (. . .).« (›Theater heute‹, Heft 2, 1986)

Jonson, Ben, geb. 11. 6. 1573 (?) in London, gest. 6. 8. 1637 ebenda. Englischer Dramatiker. Stammte von einer schottischen Familie ab. Bis 1592 war Jonson Soldat, danach wenig erfolgreicher Schauspieler. 1616 Ernennung zum Ersten Hofpoet. 1623 verlor er durch ein Feuer alle unveröffentlichten Werke. Er galt als der bedeutendste Zeitgenosse Shakespeares, vor allem wegen seiner realistischen zeitkritischen Komödien. Er begründete die »comedy of humours«, in der die Figuren nicht differenziert gezeichnet, sondern – mit einer dominierenden, kunstvoll überhöhten Grundeigenschaft (Geiz oder Eifersucht) ausgestattet – der Lächerlichkeit preisgegeben wurden. Er schrieb auch zahlreiche Maskenspiele. Heute werden vor allem ›Der Alchimist‹ und ›Volpone‹ (auch in der Bearbeitung von Stefan Zweig) gespielt.
Stücke: ›Jeder hat seine Schwächen‹ (1598); ›Jeder ohne seine Schwächen‹ (1599); ›Volpone oder Der Fuchs‹ (1605/06); ›Der Alchimist‹ (1610); ›Epicoene oder Die schweigsame Frau‹ (ca. 1609, Vorlage für die Oper ›Die schweigsame Frau‹ von R. Strauss und St. Zweig, 1935).
Literatur: R. E. Knoll: B. Jonson's Plays. Lincoln, Nebraska 1964; A. Barton: Ben Jonson, dramatist. New York 1984; K. A. Preuschen: Ben Jonson als humanistischer Dramatiker. Frankfurt a. M. 1989.

Joosten, Guy, geb. 1963 in Genk (Belgien). Regisseur. Besuch der Schauspielschule (ab 1981) und Studium der Theaterwissenschaft (1983) in Antwerpen; 1984 Gründung der Blauwe Maandag Compagnie in Antwerpen. Wichtigste Inszenierungen: Shakespeares ›Othello‹ (1986, Brüssel); Sophokles/Joosten/Percevals ›König Ödipus/Kommentar‹ (1987, Brüssel); Lars Noréns ›Nachtwache‹ (1989, Antwerpen und Eindhoven, ausgezeichnet mit dem Theaterfestival-Preis in Rotterdam); Hopkins' ›Verlorene Zeit‹ (1990, Groningen); Strindbergs ›Totentanz‹ (1990, Brüssel); Gorkis ›Sommergäste‹ (1990, Eindhoven, ausgezeichnet mit dem belgischen Thalia-Preis); Gombrowicz' ›Yvonne, Prinzessin von Burgund‹ (1991, Amsterdam); Rossinis ›La Cenerentola‹ (1991, Oper Gent und Antwerpen); Noréns ›Nacht – Mutter des Tages‹ (1991/92, Wiener Akademietheater). Seit 1992 ist er Oberspielleiter am Hamburger Thalia Theater. Inszenierungen dort: Tschechows ›Die Möwe‹ (1992); Strindbergs ›Der Vater‹ (1993): »Nachdrücklich empfiehlt sich mit seiner zweiten Inszenierung (. . .) Guy Joosten, der neue Oberspielleiter am Thalia Theater. Er inszeniert Strindbergs ›Vater‹ so detailfreudig, realistisch genau wie witzig, unheimlich. Hat man je einen so jungen Vater gesehen wie Wolf-Dietrich Sprenger, der sich denn auch immer wieder wie ein kleines Kind in Arme und Schoß der Amme flüchten darf, aus der Agnes Fink eine gar nicht märchenhafte, sondern mythisch große, lockende, drohende Mutter-Gestalt macht?« (Rolf Michaelis, ›Theater heute‹, Heft 4, 1993); Shakespeares ›Othello‹ (1993, mit Sven-Eric Bechtolf); Labiches ›Die Affäre Rue de Lourcine‹ (1994).

Jouvet, Louis, geb. 24. 12. 1887 in Crozon, Finistère, gest. 16. 8. 1951 in Paris. Schauspieler, Bühnenbildner, Regisseur und Intendant. 1905–1909 Apothekerlehre, danach Studium der Pharmazie in Paris (bis 1913) und Schauspielunterricht. Gründete 1908 mit Freunden das Theater Groupe d'Action d'Art. 1910 gehörte er zunächst zur Theatergruppe von Léon Noël, dann zum Théâtre des Arts von Jacques Rouché. 1912 mietete er für kurze Zeit ein eigenes Theater. 1913 engagierte ihn

Joyce   348

Jacques Copeau (1879–1949) an seine
neugegründete Reformbühne, das Théâtre
du Vieux-Colombier. Jouvet arbeitete eng
mit Copeau zusammen und entwarf für
dessen Inszenierungen häufig das Bühnenbild; Ablehnung des Kommerz- und
des naturalistischen Illusionstheaters, statt
dessen Versuch eines »theatralischen
Theaters«, das sich auf seine ursprünglichen Mittel besinnt. 1914–1917 Kriegsdienst; 1917–1919 Amerika-Tournee mit
Copeaus Truppe. Jouvet entwickelte sich
zum Molière-Spezialisten. Wichtige Molière-Rollen: Macroton in ›L'Amour Médecin‹ (1913); Maître Simon in ›L'Avare‹
(1913); Durchbruch als Le Docteur in ›La
Jalousie du Barbouillé‹ (1914); Géronte in
›Les Fourberies de Scapin‹ (1917); Sganarelle in ›Le Médecin Malgré Lui‹ (1918);
Philinte in ›Le Misanthrope‹ (1919); außerdem u. a.: Uladislas in Mussets
›Barberine‹ (1913); Brid'Oison in Beaumarchais' ›Le Mariage de Figaro‹ (1918);
Brendel in Ibsens ›Rosmersholm‹ (1918);
Prinz in Tolstois ›L'Amour Livre d'or‹
(1922). 1922 trennte sich Jouvet von seinem Lehrmeister Copeau und übernahm
die technische Direktion des Théâtre des
Champs-Elysées. Zahlreiche Regiearbeiten
in der Comédie des Champs-Elysées; großer Erfolg mit Romains' ›Dr. Knock‹
(1923, Jouvet in der Titelrolle); weitere
Stücke von Romains: ›La Scintillante‹
(1924, Jouvet als Vicomte); ›Le Mariage
de M. Le Trouhadec‹ und ›Démétrios‹
(1925, beidemal Jouvet in der Titelrolle);
›Le Dictateur‹ (1926). Weitere Inszenierungen (meist mit Jouvet in tragenden
Rollen und häufig im eigenen Bühnenbild): Mazards ›La Folle Journée‹ (1924);
Quinteros ›L'Amour qui passe‹ (1925);
Crommelyncks ›Tripes d'or‹ (1925); Gogols ›Revisor‹ (1927); Passeurs ›Suzanne‹
(1929); Achards ›Domino‹ (1932); Savoirs
›La Margrave‹ (1932); Cocteaus ›La Machine infernale‹ (1934). 1934 trennte er
sich von der Comédie des Champs-Elysées
und übernahm das Athénée Théâtre, an
dem er – unterbrochen vom Zweiten Weltkrieg – bis zu seinem Lebensende wirkte.
Höhepunkt seiner Karriere war die Zusammenarbeit mit Jean Giraudoux, den er
1926 kennenlernte. Jouvet inszenierte fast

alle Stücke von Giraudoux, darunter:
›Siegfried‹ (1928); ›Amphitryon 38‹ (1929
und 1934); ›Intermezzo‹ (1933); ›Judith‹
(1933); ›Tessa‹ (1934); ›L'Impromptu‹
(1937); ›Ondine‹ (1939). Zusammenarbeit
mit dem Bühnenbildner Christian Bérard.
Einfacher, auf das Wesentliche reduzierter
Inszenierungsstil; kontrollierte Gestik;
Musikalisierung der Sprache. 1941–1945
Südamerikatournee; 1945 Neueröffnung
des Athénée-Theaters mit der Wiederaufnahme von Molières ›L'Ecole des Fem-
mes‹ aus dem Jahr 1936 (Jouvet als Arnolphe; neben Dr. Knock seine erfolgreichste
Rolle); anschließend triumphaler Erfolg
mit Giraudoux' ›La Folle de Chaillot‹ (UA
1945, Jouvet als Chiffonnier). In den
Nachkriegsjahren konzentrierte er sich auf
die Klassik; inszenierte große Molière-
Komödien wie ›Dom Juan‹ (1947) oder
›Le Tartuffe‹ (1950). Jouvet ist bis heute
eine Kultfigur des französischen Theaters.
Von 1933 bis 1951 arbeitete er auch für
den Film. 1934 wurde er Professor am Pariser Konservatorium, 1937 Vorsitzender
der Société d'Histoire du Théâtre. Zahlreiche Schriften.

Literatur: L. Jouvet: Réflexions du
Comédien. Paris 1951; ders.: Témoignages
sur le Théâtre. Paris 1952; ders.: Ecoute,
Mon Ami. Paris 1952 u. Hamburg 1955; C.
Cézan: Louis Jouvet et le Théâtre d'Au-
jourd'hui. Paris 1948; B. L. Knapp: Louis
Jouvet. Man of the Theatre. New York
1957; J.-M. Loubier: Louis Jouvet. Bio-
graphie. Paris 1986; L. Jouvet. Exposition.
Bibliothèque Nationale. Paris 1986;
M. Brauneck: Klassiker der Schauspielre-
gie. Reinbek 1988.

Joyce, James Augustin Aloisius, geb.
2. 2. 1882 in Dublin, gest. 13. 1. 1941 in
Zürich. Irischer Dichter. Erzogen im Jesui-
ten-College, wo er sich bereits gegen den
religiösen Zwang auflehnte. 1902 ging er
nach Paris und studierte dort Medizin und
Naturwissenschaft. Joyce ist einer der bedeutendsten Schriftsteller des 20. Jahrhunderts. Veröffentlichungen von Romanen
und Kurzgeschichten: ›Dubliners‹ (1914);
›Ulysses‹ (1922) u. a. Früh schon setzte
sich Joyce theoretisch mit der Form des
Dramas auseinander, auch in seinem Essay

›Drama und Leben‹ (1900, veröffentlicht 1959). Später fand er die ihm adäquate Ausdrucksform vor allem im Prosatext. Neben Übersetzungen von Hauptmanns ›Vor Sonnenaufgang‹ und ›Michael Kramer‹ (um 1900), ist nur ein einziges dramatisches Werk von Joyce erhalten: ›Verbannte‹ (1914/18).

Literatur: Joyce's ›Exiles‹. In: Hudson Review, 5, 1952; D. J. F. Aitken: Dramatic Archetypes in Joyce's ›Exiles‹. In: Modern Fiction Studies, 4, 1958.

Jürgens, Curd, geb. 13. 12. 1915 in München, gest. 18. 6. 1982 in Wien. Schauspieler. Begann als Reporter beim Berliner ›8-Uhr-Abendblatt‹; nahm dann Schauspielunterricht bei Walter Janssen. Willi Forst entdeckte ihn 1935 für den Film ›Königswalzer‹; seither umfangreiche Filmtätigkeit. 1936/37 war er als singender Bonvivant am Berliner Metropoltheater engagiert. Weitere Bühnenstationen waren das Theater am Kurfürstendamm und die Komödie Berlin (1937–1939 und 1940–1942) sowie das Deutsche Volkstheater Wien (1938–1941). Dem Wiener Burgtheater gehörte er von 1941 bis 1953, dann von 1965 bis 1968 und wieder ab 1973 an. Rollen u. a.: Pylades in Hauptmanns ›Iphigenie in Delphi‹ (1942); in Hamiltons ›Gaslicht‹ (1946/47); Kowalski in Williams' ›Endstation Sehnsucht‹ (1951, R. Berthold Viertel); in Osbornes ›Richter in eigener Sache‹ (1965); Titelrolle in Brechts ›Leben des Galilei‹ (1966); Clarence Darrow in Rintels ›Im Zweifel für den Angeklagten‹ (1975, Komödie Berlin, R. Willi Schmidt). Bei den Salzburger Festspielen sah man ihn in der Titelrolle von Hofmannsthals ›Jedermann‹ (1973). Im Film konnte er sich erst nach 1945 durchsetzen; großer Erfolg in der Titelrolle von Helmut Käutners Zuckmayer-Verfilmung ›Des Teufels General‹ (1954). Weitere Filme u. a.: ›Die Ratten‹ (1955); ›Und immer lockt das Weib‹ (1956, mit Brigitte Bardot); ›Der Kurier des Zaren‹ (1956); ›Jakobowski und der Oberst‹ (1958, mit Danny Kaye); ›Der Schinderhannes‹ (1958, mit Maria Schell, R. Käutner); ›Schachnovelle‹ (1960). Häufig wirkte er in reinen Kommerzfilmen mit. Sein Debüt

als Filmregisseur gab er 1949 mit der Verfilmung seines selbstverfaßten Stücks ›Prämien auf den Tod‹. Jürgens verkörperte den Typus des rauhbeinigen Helden, oftmals mit einem verletzlichen Kern unter der harten Schale. In Frankreich hat man ihn den »normannischen Kleiderschrank« genannt. Jürgens selbst sagte einmal: »Mir liegt nicht am Bonvivant oder am geleckten Liebhaber, der seine eigenen Worte nicht glaubt. Ich will Männer spielen, richtige Kerle.« Seine Memoiren erschienen unter dem Titel ›. . . und kein bißchen weise‹ (1976).

Literatur: G. Ball: Curd Jürgens: Seine Filme – sein Leben. München 1982.

Juhnke, Harald, geb. 10. 6. 1929 in Berlin. Schauspieler und Entertainer. Nahm nach dem Abitur Schauspielunterricht in Berlin; erstes Engagement 1950 am Theater Neustrelitz bei Schwerin; danach an der Freien Volksbühne Berlin (meist in Liebhaberrollen). Engagements als freischaffender Schauspieler u. a.: Renaissance-Theater, Theater am Kurfürstendamm und Komödie Berlin; Theater am Dom in Köln; Komödie Düsseldorf; Kleine Komödie und Theater in der Briennerstraße München; Kleine Komödie Hamburg; Bernhard-Theater Zürich; zahlreiche Tourneen. Seit Anfang der siebziger Jahre umfangreiche Fernseharbeit als Schauspieler, Moderator (›Musik ist Trumpf‹) und Entertainer. Auf der Bühne sah man ihn vor allem in Boulevardstücken. Am Münchner Residenztheater spielte er 1981 den Bill Cracker in Brecht/Weills ›Happy End‹ (R. Helmut Baumann). Seit 1987 ist er fest am Berliner Renaissance-Theater engagiert; dort Wechsel ins Charakter-Fach. Erfolg als Archie Rice in Osbornes ›Der Entertainer‹ (1987, R. Gerhard Klingenberg): »Harald Juhnke überrascht sie alle – seine Bewunderer, die ihn als fidelen Fernsehfritzen sehen wollen, ebenso wie kritische Beobachter, die ihm den Osborneschen ›Entertainer‹ nicht zugetraut haben. Tatsächlich steht er die Rolle des heruntergekommenen Music-Hall-Matadors Archie Rice mit großem Einsatz, Witz und Kaltschnäuzigkeit durch, frei auch von jenen koketten Spielchen, die er sonst mit dem Publikum der Kudamm-

Jung

Amüsierbühnen treibt. Juhnke hat intensive Momente in den Familienszenen der bitteren *backstage comedy*, und die – vorsätzlich schlechten – Revuenummern zeigen ihn einmal als Charakterdarsteller.« (Rüdiger Schaper, ›SZ‹, 29. 9. 1987) Außerdem u. a.: Titelrollen in Molières ›Tartuffe‹ (1988, R. Jean-Pierre Ponnelle/Peter Lotschak) und ›Der Geizige‹ (1990); James Tyron in O'Neills ›Eines langen Tages Reise in die Nacht‹ (1990, alle Renaissance-Theater); Der Blinde in Turrinis ›Alpenglühen‹ (1993, Schloßparktheater Berlin, mit Hannelore Hoger, R. Alfred Kirchner). Er wirkte in zahlreichen Kino- und Fernsehfilmen mit, zuletzt u. a. in ›Schtonk‹ (1992, mit Götz George, R. Helmut Dietl) und ›Der Papagei‹ (1992, R. Ralf Huettner). Seine Memoiren erschienen unter dem Titel ›Die Kunst, ein Mensch zu sein‹. München 1980. Weitere Veröffentlichungen: ›Alkohol ist keine Lösung‹ (1982); ›Na, wenn schon‹ (1987).

Jung, Franz, geb. 26. 11. 1888 in Neiße, Schlesien, gest. 21. 1. 1963 in Stuttgart. Schriftsteller und Dramaturg. Jung studierte von 1907 bis 1911 Jura und Volkswirtschaft in Breslau, Jena, Berlin und München. Von 1912 an lebte er als freier Schriftsteller in Berlin; 1915 im Krieg; desertierte und wurde mehrfach verhaftet; 1938 Emigration über Prag, Wien nach Budapest, dort im Widerstand; 1945 verhaftet. Aus dem KZ von den Amerikanern befreit, lebte Jung von 1945 bis 1948 in Italien, danach in den USA. Er arbeitete als Dramaturg in New York, San Francisco und Los Angeles und lebte nach 1960 in Paris und Deutschland. Jung war ein frühexpressionistischer Dichter und Dramatiker. In seinen Bühnenwerken, die nur noch höchst selten aufgeführt werden, befaßt er sich mit dem Elend der Arbeiter.

Stücke: ›Saul‹ (1916); ›Die Kanaker‹ (1916); ›Wie lange noch?‹ (1921); ›Annemarie‹ (1922); ›Geschäfte‹ (1927); ›Heimweh‹ (1928).
Literatur: W. Rieger: Glückstechnik und Lebensnot. Leben und Werk F. Jungs (mit Bibl.). Freiburg 1987.

Jungbluth, Robert, geb. 5. 1. 1928 in Wien. Intendant. Begann in kleinen Rollen am Wiener Burgtheater; 1945–1949 Studium an der Hochschule für Leibesübungen in Wien; verschiedene Theaterengagements. 1948 wurde er Leiter des Schulgemeindereferats der Wiener Berufsschulen, 1950 Geschäftsführer des Instituts für Jugendkunde, 1960 persönlicher Referent von Egon Hilpert, dem Intendanten der Wiener Festwochen, später Referent von Ulrich Baumgartner. Er war u. a. Produzent der Uraufführung von Bergs ›Lulu‹. 1964 übernahm er die Direktion des Theaters an der Wien, wo er als Produzent vieler Musicals hervortrat. 1969 wurde er Direktor und Geschäftsführer der Wiener Stadthalle; Produzent von zahlreichen Theater- und Sportveranstaltungen, Kongressen und Messen. 1971–1988 Generalsekretär des österreichischen Bundestheaterverbandes, verantwortlich für die Wiener Staats- und Volksoper, für das Burg- und Akademietheater. Seit 1988 Geschäftsführer und Direktor des Theaters in der Josefstadt Wien, gemeinsam mit Otto Schenk.

Käutner, Helmut, geb. 25. 8. 1908 in
Düsseldorf, gest. 20. 4. 1980 in Castellina,
Toskana. Schauspieler und Regisseur.
Studierte u. a. Germanistik in München.
1931 gründete er in München zusammen
mit Kommilitonen das Kabarett »Die vier
Nachrichter«, wo er bis 1935 Texter und
Schauspieler war (1935 Verbot durch die
Nationalsozialisten); danach war er für
kurze Zeit beim »Kabarett der Komiker« in
Berlin tätig. 1936–1938 Schauspieler und
Regisseur in Leipzig; 1938–1942 an den
Münchner Kammerspielen. Seit 1939
hauptsächlich Filmarbeit; blieb dem Thea-
ter aber treu. 1942–1944 Regiearbeiten in
Berlin (Theater am Schiffbauerdamm, Komödie, Staatstheater). Nach 1945 inszenierte er zunächst an Hamburger Bühnen:
Shakespeares ›Der Widerspenstigen Zähmung‹ (1946, Deutsches Schauspielhaus);
Wilders ›Wir sind noch einmal davongekommen‹ (1948, Hamburger Kammerspiele; 1966 auch in Bochum); Ambessers
›Das Abgründige in Herrn Gerstenberg‹
(UA 1948, Kammerspiele). Es folgten Inszenierungen an den Staatlichen Schauspielbühnen Berlin: Scribes ›Ein Glas
Wasser‹ (1951); Ustinovs ›Die Liebe der
vier Obersten‹ (1952); Cocteaus ›Bacchus‹
(1953); Walsers ›Eiche und Angora‹ (UA
1962); am Schauspielhaus Bochum u. a.:
Brechts ›Der aufhaltsame Aufstieg des
Arturo Ui‹ (1964); an der Freien Volksbühne Berlin: Dürrenmatts ›Porträt eines
Planeten‹ (1971); Kohouts ›August August, August‹ (1973, im eigenen Bühnenbild); Grumbergs ›Dreyfus‹ (1975, mit Harald Juhnke). Berühmt geworden ist er vor
allem als Filmregisseur. Während des
Zweiten Weltkrieges drehte er ideologie-
freie, zeitlose Unterhaltungsfilme, darunter: ›Wir machen Musik‹ (1942, mit Ilse
Werner); ›Romanze in Moll‹ (1942, mit
Marianne Hoppe); ›Große Freiheit Nr. 7‹
(1943/44, mit Hans Albers); ›Unter den
Brücken‹ (1944/45, mit Hannelore Schroth
und Gustav Knuth; ausgestrahlt erst nach
1945). Große Erfolge feierte er nach dem
Krieg mit seinen Zuckmayer-Verfil-
mungen: ›Des Teufels General‹ (1954, mit
Curd Jürgens); ›Der Hauptmann von Köpenick‹ (1956, mit Heinz Rühmann); ›Schinderhannes‹ (1958, mit Curd Jürgens). Weitere Filme u. a.: ›Der Apfel ist ab‹ (1948);
›Die letzte Brücke‹ (1953, mit Maria
Schell); ›Ludwig II.‹ (1954, mit O. W. Fischer und Ruth Leuwerik). 1960 verfilmte
er mit großem Erfolg Scribes ›Ein Glas
Wasser‹ (mit Gustaf Gründgens); Wilfried
Wiegand schrieb: »›Ein Glas Wasser‹ – das
ist noch einmal die Trivialkunst Film bruch-
los zusammengefügt mit den Traditionen
des Theaters, es ist die Freude am vorge-
schriebenen, nach festen Regeln ablaufenden Genrestück, bei dem gerade deshalb
die kleinste Verschiebung der Gewichte
plötzlich so bedeutungsvoll wirkt, es ist die
ewige Lust des Komödianten, das Schwere
leicht zu sagen.« (›FAZ‹, 22. 4. 1980) In
seinen letzten Lebensjahren lebte er zurückgezogen in Berlin und in der Toskana.

Kafka, Franz, geb. 3. 7. 1883 in Prag,
gest. 3. 6. 1924 in Kierling bei Wien. Sohn
eines jüdischen Kaufmanns. Bedeutender
österreichischer Erzähler. Kafkas Stil ist
keiner literarischen Strömung zuzuordnen.
Grundthemen seiner Werke sind die
menschliche Beziehungslosigkeit, die Pa-
radoxie des Daseins sowie der Kampf des
einzelnen gegen verborgene, anonyme
Mächte; so beschreibt er etwa das unter-
schwellige, ungewisse Grauen vor dem
seelenlosen Staatsmechanismus. Er schrieb
selbst keine dramatischen Werke, wurde
aber in den Bearbeitungen von Max Brod
auf der Bühne viel gespielt, vor allem:
›Bericht für eine Akademie‹ und ›Der
Hungerkünstler‹.
Die Bearbeitungen: ›Der Prozeß‹ (bearb.
von A. Gide und J. L. Barrault 1947); ›Das
Schloß‹ (von M. Brod 1953); ›Amerika‹
(M. Brod 1957); ›Bericht für eine Akademie‹ (von Willi Schmidt 1962); ›Der Hungerkünstler‹ (von George Tabori 1977).
Literatur: E. Ludl: Die Bühnenbearbeitungen der Romanfragmente F. Kafkas.
Diss. Wien 1975.

Kainz, Josef, geb. 2. 1. 1858 in Wiesel-
burg (Ungarn), gest. 20. 9. 1910 in Wien.
Schauspieler. Trat 1873 erstmals in einer
österreichischen Schmiere auf. Erste Erfolge feierte er bei den Meiningern (1877–
1880) als Ferdinand in Schillers ›Kabale
und Liebe‹ und in der Titelrolle von
Kleists ›Prinz Friedrich von Homburg‹.
1880–1883 Engagement am Münchner
Hoftheater (Leitung: Ernst von Possart);
Freund und Günstling von Ludwig II., in
dessen Separatvorstellungen er spielte.
1883 wurde er von Adolf L'Arronge an
das neugegründete Deutsche Theater Berlin verpflichtet, wo sein eigentlicher Aufstieg begann; spielte wieder Ferdinand und
den Prinzen von Homburg, ferner u. a.:
Romeo in Shakespeares ›Romeo und Julia‹
sowie Titelrollen in ›Hamlet‹ und ›Richard
II.‹; Franz Moor in Schillers ›Die Räuber‹
und Titelrolle in ›Don Carlos‹; Leon in
Grillparzers ›Weh dem, der lügt‹; Titelrolle
in Goethes ›Torquato Tasso‹. 1889 wechselte er zu Ludwig Barnay an das Berliner
Theater, dem Konkurrenzunternehmen
zum Deutschen Theater. Ein Vertragsbruch
handelte ihm ein Auftrittsverbot an allen
dem deutschen Bühnenverein angeschlos-
senen Theatern ein. Gastspiele, Lesungen,
Tourneen in Europa und den USA. 1892
kehrte Kainz an das Deutsche Theater zurück (L'Arronge war aus dem Bühnenverein ausgetreten, um Kainz engagieren zu
können). Als Otto Brahm 1895 das Theater
übernahm und es in den Dienst des Realismus stellte, kam es zur allmählichen
Trennung von Kainz. Rollen in Stücken
von Hauptmann: Hilse in ›Die Weber‹;
Heinrich in ›Die versunkene Glocke‹ (UA
1896; 1899 auch in Wien). Von 1899 bis
zu seinem Tod gehörte er zum Ensemble
des Wiener Burgtheaters; dort u. a.: Henri
in Schnitzlers ›Der grüne Kakadu‹; Marc
Anton in Shakespeares ›Julius Cäsar‹; Titelrolle in Molières ›Tartuffe‹. Er schrieb
Bühnenbearbeitungen von Byrons ›Sarda-
napal‹ (1897) und Beaumarchais' ›Der
Barbier von Sevilla‹ (1907). Kainz galt
vielen als der beste deutsche Schauspieler
seiner Zeit. Triumphe feierte er vor allem
als Hamlet und Don Carlos. Äußerlich
schmal und knabenhaft wirkend, verlieh er
seinen Rollen Grazie, Sensibilität und

Poesie. Vielgerühmt wurde seine melodiö-
se, ausdrucksvolle Stimme. »Er sprach, als
hätte er der Welt die Sprache gebracht wie
Prometheus das Feuer.« (Jürgen Fehling)
Herbert Ihering schrieb: »Diese Throner-
hebung der Sprache war ein Ereignis, das
weit über die Wirkung eines Schauspielers
hinausging. Ein Ereignis ebenso der Gei-
stesgeschichte wie der Theatergeschichte.
(. . .) Kainz sprach Blitze. Sie überraschten
und überrumpelten mit dem grellen Strahl
einzelner herausgeschleuderter Worte den
Zuhörer, wenn Kainz schlechte Abende
hatte und die Sätze teilnahmslos abschnur-
ren ließ. Sie entluden eine gewittrige, in
elektrischer Spannung knisternde Atmosphäre, wenn Kainz innerlich geladen war.
Dann riß er die Verse empor, dann gab ein
Wort die Fackel an das andere weiter. Die
Sprache eine Flammenkette. Die Sprache
ein Olympialauf des Lichtes.« (›Von Josef
Kainz bis Paula Wessely‹, S. 9 ff.)
Literatur: H. Bahr: Josef Kainz. Wien
1906; O. Brahm: Kainz. Gesehenes und
Gelebtes. Berlin 1910; H. Bahr: Briefe von
Josef Kainz. Wien 1922; W. Drews: Die
Großen des Deutschen Schauspiels. Berlin
1941; H. Ihering: Von Josef Kainz bis
Paula Wessely. Heidelberg, Berlin, Leipzig
1942; J. Bab: Kränze der Mimen. Emsdet-
ten 1954; A. Bronnen: Josef Kainz. Berlin
1977; M. Kuschnia: 100 Jahre Deutsches
Theater Berlin 1883–1983. Berlin 1983.

Kaiser, Georg, geb. 25. 11. 1878 in Magdeburg, gest. 4. 6. 1945 in Ascona. Dramatiker. Sohn eines Kaufmanns. Nach einer Kaufmannslehre war Kaiser von 1898
bis 1901 Kontorist in einem AEG-Büro in
Buenos Aires; danach in Spanien und Itali-
en. Nach seiner Rückkehr 1901 lebte er als
freier Schriftsteller in Magdeburg, später in
Berlin. 1933 erhielt er Aufführungs- und
Publikationsverbot. 1938 folgte die Emigration über Holland in die Schweiz, wo er
nahezu mittellos und vergessen 1945 starb.
Bis 1933 war Kaiser einer der meistgespielten Autoren. Er gehörte zu den wesentlichen Repräsentanten des deutschen Expressionismus und schrieb 74 Dramen in
verschiedenen Stilformen. Seine Hauptthemen waren die Mechanisierung und
Technisierung des Lebens und die Entper-

Kaiser

sönlichung des Menschen. Die meisten seiner Stücke wurden von Arthur Hellmer am Neuen Theater Frankfurt (›Kaiser-Theater‹) uraufgeführt. »Er ist der Mann, der (...) eine damals – und heute noch – neue Art von Drama geschaffen oder zumindest entworfen hat; neu in Form und Inhalt, wobei der neue Inhalt die Form zwangsläufig erneuerte. (...) Diese Dramen im Telegrammstil verdichteten die ethischen Forderungen, welche die Epoche der Technik und des Monopolkapitalismus an den Menschen aller Klassen stellte. Georg Kaiser sah die Problematik der Zeit und ihren Ablauf mit einer erschütternden Ernsthaftigkeit und Genauigkeit, sich asketisch auf das Wesentlichste beschränkend; er sah, mit einem Röntgen-Blick, das dramatische Skelett der neuen, unserer Welt.« (Berthold Viertel, 1938).

Stücke: ›Von morgens bis mitternachts‹ (1912); ›Die Bürger von Calais‹ (1912/13); ›Die Koralle‹ (1916/17); ›Gas‹ (1917/18); ›Gas. Zweiter Teil‹ (1918/19); ›Der Brand im Opernhaus‹ (1917/18); ›Kanzlist Krehler‹ (1921); ›Nebeneinander‹ (1923); ›Kolportage‹ (1923/24); ›Der Zar läßt sich photographieren‹ (1927, Musik Kurt Weill); ›Zwei Krawatten‹ (1929, Musik von Mischa Spoliansky); ›Der Silbersee‹ (1933, auch als Oper von Kurt Weill); ›Der Soldat Tanaka‹ (1939/40); ›Das Floß der Medusa‹ (1940–43); ›Die Spieldose‹ (1943).
Literatur: B. Diebold: Der Denkspieler G. Kaiser. Frankfurt a. M. 1924; M. Freyhan: G. Kaisers Werk. Berlin 1926; V. Fürdauer: G. Kaisers dramatisches Gesamtwerk. Diss. Wien 1950; H. A. Pausch/E. Reinhold (Hrsg.): G. Kaiser. Eine Aufsatzsammlung nach einem Symposium in Edmonton (Kanada). Berlin, Darmstadt 1980; A. Arnold (Hrsg.): G. Kaiser. Stuttgart 1980; P. K. Tyson: The Reception of G. Kaiser 1915–1945. Texts and Analysis. New York 1984; P. Raabe: Die Autoren und Bücher des literarischen Expressionismus. Ein bibliographisches Handbuch. Stuttgart 1985.

Kaiser, Joachim, geb. 18. 12. 1928 in Milken, Ostpreußen. Literatur-, Musik- und Theaterkritiker. Studium der Musikwissenschaft, Germanistik, Philosophie und Soziologie in Göttingen, Frankfurt und Tübingen; Promotion in Tübingen. Seine Lehrer waren u. a. Theodor W. Adorno, O. F. Bollnow, Rudolf Gerber, Nicolai Hartmann, Kurt May und Klaus Ziegler. Journalistischer Start bei den ›Frankfurter Heften‹ und der ›Frankfurter Allgemeinen Zeitung‹; Mitarbeiter bei verschiedenen Zeitschriften und Rundfunkanstalten; seit 1959 Kritiker und leitender Feuilletonredakteur der ›Süddeutschen Zeitung‹ in München; seit 1977 Professor an der Hochschule für Musik und Darstellende Kunst in Stuttgart. Er ist Mitglied der Bayerischen Akademie der Schönen Künste (München) und der Deutschen Akademie für Sprache und Dichtung (Darmstadt). Marcel Reich-Ranicki nannte ihn einen »menschenfreundlichen Kritiker« mit »pädagogischem Eros« und einer Sprache, die »Sinnlichkeit« vermittle. Auszeichnungen: Theodor-Wolff-Preis (1966); Johann-Heinrich-Merck-Preis (1970); Salzburger Kritikerpreis (1973); Ludwig-Börne-Preis (1993). Buchveröffentlichungen: ›Grillparzers dramatischer Stil‹ (München 1961 u. 1969); ›Große Pianisten in unserer Zeit‹ (München 1965 u. 1972); ›Kleines Theater-Tagebuch‹ (Hamburg 1965); ›Beethovens 32 Klaviersonaten und ihre Interpreten‹ (Frankfurt a. M. 1975); ›Erlebte Musik‹ (Hamburg 1977); ›Mein Name ist Sarastro‹ (München 1984); ›Wie ich sie sah . . . und wie sie waren‹ (Porträts, München 1985 u. 1987); ›Den Musen auf der Spur – Reiseberichte aus drei Jahrzehnten‹ (München 1986); ›Leonard Bernsteins Ruhm‹ (München 1988); ›Erlebte Literatur‹ (München 1988); ›Leben mit Wagner‹ (München 1990); ›Vieles ist auf Erden zu thun‹ (München 1991 und 1994).

Kaiser, Wolf, geb. 26. 10. 1916 in Frankfurt a. Main, gest. 22. 10. 1992 in Berlin (Selbstmord). Schauspieler. Aufgewachsen in der Schweiz. Studium der Chemie und Physiologie, nebenbei jobbte er als Kellner. 1941 nahm er Schauspielunterricht; spielte kurze Zeit am Iglauer Stadttheater. 1942–1945 Engagement an der Volksbühne Berlin. Es folgten Verpflichtungen in Frankfurt a. M., München und Leipzig.

1950 holte ihn Bertolt Brecht ans Berliner Ensemble, wo er bis 1970 einer der wichtigsten Protagonisten war. Zahlreiche Rollen in Brecht-Stücken, darunter: Titelrolle in ›Der Tag des großen Gelehrten Wu‹ (1955, R. Brecht/Peter Palitzsch/Carl Weber); Kardinal Barberini in ›Leben des Galilei‹ (1957, R. Erich Engel); Giri in ›Der aufhaltsame Aufstieg des Arturo Ui‹ (1959); Mackie Messer in ›Die Dreigroschenoper‹ (1960, R. Engel); Père Joseph in ›Die Tage der Commune‹ (1962, R. Manfred Wekwerth/Joachim Tenschert); Schauspieler in ›Der Messingkauf‹ (UA 1963, R. Manfred Karge/Matthias Langhoff); Menenius Agrippa in ›Die Tragödie des Coriolan‹ (1964, nach Shakespeare, R. Wekwerth/Tenschert). Kaiser war einer der bedeutendsten Schauspieler des ostdeutschen Theaters; bekannt wurde er vor allem in der Rolle des Mackie Messer. Seit 1969 gehörte er zum Schauspielerensemble des DDR-Fernsehens; auch zahlreiche Filmrollen. Gastspiele u. a. am Schauspielhaus Zürich: Pozzo in Becketts ›Warten auf Godot‹ (1980); Jupiter in Offenbachs ›Orpheus‹ (1982, R. Hans Hollmann): »Die Zürcher Entdeckung des Jahrzehnts (...): der Schauspieler Wolf Kaiser (...). Ein herrliches Theatergesicht, eine Landschaft von Ohr zu Ohr, und dieser komisch faltige, auf Würde bedachte Jupiter beherrscht die müde olympische Belegschaft (...) wie ein donnernder Theaterregisseur.« (Reinhardt Stumm, ›SZ‹, 14. 4. 1982); ferner u. a.: Shylock in Shakespeares ›Der Kaufmann von Venedig‹ (1984, Festspiele Schwäbisch Hall, R. Kurt Hübner); Titelrolle in Zuckmayers ›Der Hauptmann von Köpenick‹ (1986, Nürnberg, R. Hansjörg Utzerath). Er erhielt den Kunstpreis (1961) und dreimal den Nationalpreis der DDR (1965, 1967 und 1968).

Kalser, Erwin, geb. 22. 2. 1883 in Berlin, gest. 26. 3. 1958 ebenda. Schauspieler. Studium und Promotion in Berlin. Seine Theaterlaufbahn begann an den Münchner Kammerspielen, wo er von 1910 bis 1923 engagiert war; Rollen u. a.: Kassierer in Kaisers ›Von morgens bis mitternachts‹ (UA 1917, R. Otto Falckenberg); Titelrollen in Johsts ›Der Einsame‹ (1918) und ›Der König‹ (1920, R. jeweils Falckenberg); Dichter in Sorges ›Der Bettler‹ (1920). Von 1923 bis 1933 arbeitete er in Berlin, u. a. am Staatstheater: Marchbanks in Shaws ›Candida‹ (1923); Hans Iversen in Barlachs ›Der arme Vetter‹ (1923, mit Heinrich George, R. Jürgen Fehling). Er war ein Anhänger Erwin Piscators, in dessen Inszenierungen er spielte; zunächst an der Volksbühne am Bülowplatz: Oberst in Paquets ›Sturmflut‹ (UA 1926); in Gorkis ›Nachtasyl‹ (1926); in Welks ›Gewitter über Gottland‹ (UA 1927); dann an der Piscator-Bühne am Nollendorfplatz: Zar in Tolstoi/Schtschegolew/Piscators ›Rasputin‹ (UA 1927, mit Tilla Durieux): »Schwäche wurde körperhaft. Jeder Ton, jede Bewegung (das Greifen zum Bart) charakteristisch und einprägsam. Kalsers beste Rolle.« (Herbert Ihering, ›Berliner Börsen-Courier‹, 11. 11. 1927); in Mehrings ›Der Kaufmann von Berlin‹ (UA 1929). 1933 emigrierte er in die Schweiz, wo er bis 1939 am Schauspielhaus Zürich arbeitete; war dort u. a. der Spielleiter in Wilders ›Unsere kleine Stadt‹ (1938). Von 1939 bis 1946 lebte er in Hollywood; danach gehörte er bis 1951 wieder zum Zürcher Schauspielhaus. Von 1952 bis zu seinem Tod war er Ensemblemitglied der Staatlichen Schauspielbühnen Berlin; dort u. a.: Shrewsbury in Schillers ›Maria Stuart‹ (1952, R. Fehling) und Großinquisitor in ›Don Carlos‹ (1955); Arnolphe in Molières ›Die Schule der Frauen‹ (1955); Philemon in Ahlsens ›Philemon und Baucis‹ (1956); Polonius in Shakespeares ›Hamlet‹ (1957, R. Fritz Kortner); Kaiser in Kleists ›Käthchen von Heilbronn‹ (1957).
Literatur: L. Lindtberg: Reden und Aufsätze. Zürich, Freiburg 1972.

Kamm, Volkmar, geb. 3. 1. 1940 in Roßla, Harz. Dramaturg und Regisseur. Studierte einige Semester Germanistik, Publizistik und Theaterwissenschaft in Berlin. Regieassistent am Berliner Renaissancetheater und am Hamburger Thalia Theater. Seit 1969 zahlreiche Regiearbeiten am Stadttheater Regensburg, wo er bis 1974 Dramaturg und Spielleiter war; eine Auswahl: Ustinovs ›Halb auf dem Baum‹ (1969);

Bonds ›Gerettet‹ (1969/70); Shakespeare/ Bergers ›Hamlet 1603‹ (1970); Queneaus ›Autobus S‹ (1971); Hochhuths ›Guerillas‹ (1970) und ›Die Hebamme‹ (1973); Schillers ›Kabale und Liebe‹ (1972); Weiss' ›Marat/Sade‹ (1972); Becketts ›Glückliche Tage‹ (1973); Sophokles' ›König Ödipus‹ (1973/74, in eigener Bearbeitung); Vitracs ›Victor oder Die Kinder an der Macht‹ (1974). Von 1974 bis 1980 war er Oberspielleiter am Theater Bremerhaven; Inszenierungen u. a.: Langes ›Jenseits von Gut und Böse oder Die letzten Stunden der Reichskanzlei‹ (1975/76); Shakespeares ›Sommernachtstraum‹ (1975/76) und ›König Richard III.‹ (1978/79, beide in eigenen Fassungen); Brechts ›Der aufhaltsame Aufstieg des Arturo Ui‹ (1977); Hebbels ›Maria Magdalena‹ (1977/78); Ibsens ›Peer Gynt‹ (1979, in eigener Bearbeitung); Gastinszenierungen u. a. in Marburg. 1980–1982 Oberspielleiter in Ingolstadt; 1982/83 freischaffend; seither mehrere Inszenierungen am Hamburger Theater im Zimmer. Von 1983 bis 1988 abeitete er erneut in Regensburg, nun als Oberspielleiter; mehrere Uraufführungen: Ehls ›Die kupferne Zunge‹ (1984); Berlingers ›Eisenbarth‹ (1986); Horst W. Müllers ›Schedelhöfen‹ und Benno Hurts ›Freies Geleit‹ (beide 1986/87); Michelsens ›Von der Maas bis an die Memel‹ (1988); eigene Bearbeitungen: ›Die drei Musketiere‹ (1982/83, nach Dumas); ›Der Ring des Nibelungen im Lichte des deutschen Strafrechts‹ (1983/84, nach Wagner/Pidde). Weitere Regiearbeiten u. a.: Bruckners ›Die Rassen‹ (1983/84, Fernsehaufzeichnung); Brecht/Weills ›Die Dreigroschenoper‹ (1985): »Ein mit Witz ausgedachtes Arrangement, gut für hübsche ›Bilder‹« (Thomas Thieringer); Aischylos' ›Die Orestie‹ (1985/86); Büchners ›Woyzeck‹: »Volkmar Kamm zeigt Büchners fiebriges Fragment als böses Traumspiel zwischen Folklore und Expressionismus. Kinder in zeitgenössischen Kostümen tollen über die Bühne, das Ringen ums Darmstädter Idiom mündet in allgemeiner Sprachverwirrung, und nach Woyzecks Mord steigt ein halbes Dutzend rotgewandeter Frauen, mit ebenso roten Luftballons gewappnet, aus der Gruft. Rätselvoll, für-

wahr.« (Wolfgang Höbel, ›SZ‹, 10. 10. 1986); L'Arronges ›Hasemanns Töchter‹ (1987); Horváths ›Geschichten aus dem Wiener Wald‹ (1988). Seit der Spielzeit 1988/89 ist er Oberspielleiter am Stadttheater St. Gallen.

Kammer, Klaus, geb. 15. 1. 1929 in Hannover, gest. 8. 5. 1964 in Berlin (Selbstmord). Schauspieler. Ausbildung in Hannover, wo er 1948 debütierte. 1949/50 Engagement in Witten, Ruhr; 1950/51 in Schleswig: Hugo in Sartres ›Die schmutzigen Hände‹; Melchior in Wedekinds ›Frühlings Erwachen‹. Nach einem kurzen Engagement in Essen (1951/52) gehörte er von 1952 bis 1955 zum Hamburger Thalia Theater; spielte dort u. a. den Wurm in Schillers ›Kabale und Liebe‹. Von 1955 bis zu seinem frühen Tod war er Ensemblemitglied der Staatlichen Schauspielbühnen Berlin. Seinen Durchbruch erlebte er als Jimmy Porter in Osbornes ›Blick zurück im Zorn‹ (DE 1957, R. Boleslaw Barlog). Grandios war er in der Titelrolle von Ahlsens ›Raskolnikoff‹ (1960, nach Dostojewski) und als Affe in Kafkas ›Bericht für eine Akademie‹ (1962, Berliner Festwochen, R. jeweils Willi Schmidt). Weitere Rollen u. a.: Artur in Adamovs ›Ping-Pong‹ (1955); Peter in Goodrich/ Hacketts ›Das Tagebuch der Anne Frank‹ (1956); Laertes in Shakespeares ›Hamlet‹ (1957, mit Erich Schellow, R. Fritz Kortner); Emile Magis in Marceaus ›Das Ei‹ (1958); Chlestakow in Gogols ›Der Revisor‹ (1962); Andri in Frischs ›Andorra‹ (1962, R. Kortner); Titelrolle in Goethes ›Clavigo‹ (1962, R. Schmidt); Orin in O'Neills ›Trauer muß Elektra tragen‹ (1963, Burgtheater Wien). Henning Rischbieter schrieb: »Kammer war zu einer merkwürdigen, denkwürdigen Sphärenberührung, Sphärenverschmelzung fähig: zu intellektueller Trance. Geistigkeit, Nervosität und Sensibilität vereinigten sich in seiner Schauspielerei zum unverwechselbaren Ganzen. Seine hochentwikkelte Artistik reichte in die Bezirke des Unfaßbaren.« (›Theater heute‹, Heft 6, 1964)
Literatur: H. Rischbieter: Der Schauspieler Klaus Kammer. Velber 1964; S. Mel-

Kantor

chinger/R. Clausen: Schauspieler. 36 Porträts. Velber 1965.

Kantor, Tadeusz, geb. 6. 4. 1915 in Wielopole bei Krakau, gest. 8. 12. 1990 in Krakau. Polnischer Maler, Autor, Bühnenbildner, Regisseur und Intendant. Sein Vater war Jude, seine Mutter Katholikin. Studium der Malerei und Szenographie an der Akademie der Künste in Krakau (bis 1939). Sein Regiedebüt gab er 1937 mit Maeterlincks ›Der Tod des Tintagiles‹. Während des Zweiten Weltkrieges gründete er in Krakau ein Untergrundtheater (Teatr Niezalezny), wo er mit befreundeten Malern, Künstlern und Schriftstellern arbeitete (1942–1944). Nach dem Krieg übernahm er in Krakau eine Professur an der Akademie der Schönen Künste (1948/49) und arbeitete als Bühnenbildner am Teatr Stary. 1955 gründete er in Krakau das experimentelle Theater Cricot 2, das an die Tradition des avantgardistischen polnischen Amateurtheaters Cricot (1933–1939) anknüpfte; Fortsetzung der im Untergrundtheater begonnenen Arbeit: autonomes Theater mit musikalischen und rituellen Elementen; Befreiung des Theaters von der Dominanz des Textes; Einbeziehung von Formen abstrakter Kunst (Tachismus, Informel, geometrische Abstraktion, Pop-art) und Techniken des Happenings (Materialanhäufung, Wechsel zwischen exzessiven und meditativen Phasen, Einbeziehung des Publikums). Für seine Inszenierungen benutzte er vorwiegend die surrealistischen Stücke von Stanislaw Ignacy Witkiewicz: ›Tintenfisch‹ (1955), ›Im kleinen Landhaus‹ (1958), ›Der Narr und die Nonne‹ (1963), ›Der Schrank‹ (1966), ›Das Wasserhuhn‹ (1968), ›Anmutige und Vogelscheuchen‹ (1973). Mit seiner Arbeit stellte sich Kantor der offiziellen Theaterkunst entgegen: »In einem Repertoiretheater kann nichts entstehen.« Aufführungsorte waren Bahnhöfe, Wartesäle, Lagerhallen etc.; zahlreiche Gastspiele. 1965 veranstaltete er das erste Happening in Polen (zuerst in Warschau und Krakau; später auch in westeuropäischen Städten). Mit seinem berühmt gewordenen Stück ›Die tote Klasse‹ begann er 1975 sein »Theater des Todes«:

»Eine leere Schulklasse, alte Bankreihen. Greise kehren am Ende ihres Lebens an diesen Schreckensort zurück. Ihre Gebärden und Schritte sind unsicher, die Bitterkeit des Lebens steht ihnen ins Gesicht geschrieben. Mit blicklosen Augen starren sie in die Ferne, dann umrunden sie ihre ehemaligen Schulbänke. (...) Kantors ›Die tote Klasse‹ erzählte von einem Leben in grauer Monotonie, beschrieb das Leid der inneren Leere. Und die alten, gebrechlichen Schüler schienen ihren kindlichen Ebenbildpuppen, die sie mit sich schleppten, ins Ohr zu flüstern: Wir sind durch uns und unser Leben hindurchgegangen, ohne zu wissen, warum und wozu.« (Klaus Dermutz, ›Die Zeit‹, 14. 12. 1990) Das Stück – von Andrzej Wajda verfilmt – wurde auf Gastspielreisen 1400 mal gespielt und begründete Kantors internationalen Ruhm. In seinem nächsten Stück ›Wielopole, Wielopole‹ (UA 1980, Florenz) verband er Kriegs- und Todesvisionen mit Szenen aus seiner Familiengeschichte. Gerhard Stadelmaier schrieb:»In ›Wielopole, Wielopole‹, benannt nach Kantors Geburtsort, läßt Kantor die Revolution auftreten als Dame in schwarzem Slip, schwarzer Weste, schwarzem Bowlerhut und mit einer schwarzen Fahne in der Faust. (...) *Madame la révolution* ist zu *Madame la mort* geworden. Alle Verheißungen gehen unter im Schwarz des Todes. (...) Tod, Gelächter, Wahnsinn und Slapstick gingen da ineinander auf (...). Es vollzog sich in einer gespannten, konzentrierten Ruhe, in heiterster Feierlichkeit. Kantors Theater hatte immer etwas von einer Messe, einer Liturgie – aber gefeiert in einer Kirche der Ungläubigen.« (›FAZ‹, 10. 12. 1990) Mit dem Tod und mit Kindheitserinnerungen beschäftigte Kantor sich auch in seinen folgenden Stükken (alle mit dem Ensemble Cricot 2): ›Die Künstler sollen krepieren‹ (UA 1985, Nürnberg); ›Die Liebes- und Todesmaschine‹ (UA 1987 bei der documenta 8; »Cricotage« in Anlehnung an seine Inszenierung ›Der Tod des Tintagiles‹ von 1937). ›Ich kehre hierher nicht mehr zurück‹ (UA 1988, Akademie der Künste Berlin). Zuletzt arbeitete er an dem Stück ›Heute ist mein Geburtstag‹, dessen Uraufführung 1991 in Paris er nicht mehr erlebte. Theater war für Kantor Reflexion des eigenen Lebens, war Erinnerungs- und Trauerarbeit. Alle seine Stücke, Bilder und Plastiken kreisten stets um ihn selbst. Die Aufgabe der Kunst sah er darin, »öffentlich zu machen, was im Leben eines Individuums am intimsten war, was in sich den höchsten Wert verbirgt, was der ›Welt‹ als Lächerlichkeit, Nichtigkeit, als etwas Elendes erscheint. Die Kunst bringt dieses ›Elend‹ ans Tageslicht«. Bei allen Aufführungen stand Kantor selber als eine Art Szenen-Magier auf der Bühne. Immer wiederkehrende Inszenierungselemente waren Emballagen (Särge, Totensäcke), Kreuzesmetaphern und lebensgroße Ebenbildpuppen, die zur Verdoppelung der Figuren dienten. Er veröffentlichte mehrere theoretische Schriften, darunter: ›Theater des Todes‹ (1976); ›Meine Begegnungen mit dem Tod‹ (1988); ›Ein Reisender – seine Texte und Manifeste‹ (1989).

Literatur: D. Bablet (u. a.): Le Théâtre de Tadeusz Kantor. Paris 1983; dies.: Tadeusz Kantor. Le Théâtre de la mort. Lausanne 1985; K. Völker: Das Theater des Todes lebt. In: Theater heute, Jahrbuch 1985, S. 146–151; Die Maler und das Theater im 20. Jahrhundert. Hrsg. v. der Schirn Kunsthalle. Frankfurt a. M. 1986 (Katalog).

Kappen, Norbert, geb. 1. 2. 1928 in Gelsenkirchen, gest. 29. 8. 1984 in Klosterneuburg bei Wien (Selbstmord). Schauspieler. Debütierte in Köln und kam Ende der fünfziger Jahre nach Ulm, wo er u. a. mit Peter Zadek und Peter Palitzsch arbeitete. Wichtigste Rolle: Shylock in Shakespeares ›Der Kaufmann von Venedig‹ (1961, R. Zadek). Danach an den Münchner Kammerspielen u. a.: Csymek in Kipphardts ›Der Hund des Generals‹ (1962, R. August Everding); Nick in Albees ›Wer hat Angst vor Virginia Woolf?‹ (1964, R. Hans Schweikart): »Den besten, weil unheimlichsten, fiesesten Nick sieht man in München. Norbert Kappens Gesicht, verzogen in einem krampfhaften Lächeln, gekräuselt die Nase, gerunzelt die Stirn, glättet sich einmal: wenn er stottert: ›Ich glaube, ich begreife ...‹ (...) Vorher ein widerlicher, die Vorteile jugendlicher Kraft rücksichtslos ausspielender Spießer. Jetzt ein Mensch, der die Möglichkeit hätte, seine Mitmenschen, sich selbst anders zu sehen. Auch ihn entläßt Albee in jenes zwielichtige ›Vielleicht‹ – und der jäh aufgewachte, behutsam sprechende, scheu sich bewegende Kappen deutet das schön an.« (Rolf Michaelis, ›Theater heute‹, Heft 6, 1964) An der Freien Volksbühne Berlin gastierte er als Martin in Horváths ›Italienische Nacht‹ (1968, R. Hansjörg Utzerath). Am Schauspielhaus Zürich sah man ihn u. a. in den Titelrollen von Aischylos/Müllers ›Prometheus‹ (1969) und Erdmanns ›Der Selbstmörder‹ (DE 1970). Von 1972 bis zu seinem Tod gehörte er zum Ensemble des Wiener Burgtheaters; Rollen u. a.: Astrow in Tschechows ›Onkel Wanja‹ (1972) und Trigorin in ›Die Möwe‹ (1977, R. jeweils Erwin Axer); in Stoppards ›Akrobaten‹ (Auszeichnung mit der Kainz-Medaille 1975); Tjetjerew in Gorkis ›Die Kleinbürger‹ (1976, R. Dieter Dorn); Achilles in Shakespeares ›Troilus und Cressida‹ (1978, R. Terry Hands); Stadthauptmann in Gogols ›Der Revisor‹ (1979); Bassow in Gorkis ›Sommergäste‹ (1980) und Danton in Büchners ›Dantons Tod‹ (1982, R. jeweils Achim Benning). Zu seinen letzten Rollen zählten Shakespeares ›Othello‹ (1983, R. Hans Lietzau) und der Stawrogin in Camus’ ›Die Besessenen‹ (1983/84, R. Angelika Hurwicz). Kappen feierte am Burgtheater viele Erfolge. Er galt als genialischer, aber schwieriger Künstler. Depressionen und Alkoholexzesse hatten ihn häufig dazu gezwungen, Rollen bzw. Auftritte abzusagen. Er hat sich erschossen.

Kapplmüller, Herbert, geb. 1941 in Linz. Bühnenbildner. Germanistikstudium in Salzburg und Wien; Schüler von J. Avramidis (Bildhauerei), G. Hessing (Malerei) und L. Egg (Bühnenbild) an der Akademie der bildenden Künste in Wien. Zusammenarbeit mit den Regisseuren Achim Benning, Jürgen Bosse, Harald Clemen, Adolf Dresen, August Everding, Dieter Giesing, Hans Hollmann, Thomas Langhoff und Peter Palitzsch u. a. in: Berlin (Schiller-Theater und Freie Volksbühne), Wien (Staatsoper, Burgtheater, Thea-

ter in der Josefstadt), München (Nationaltheater und Bayerisches Staatsschauspiel),
Hamburg (Staatsoper), Stuttgart und
Mannheim (jeweils Oper und Schauspiel),
Zürich (Schauspielhaus), Düsseldorf,
Frankfurt, Graz, Kassel, Bregenz (Festspiele). 1983 erhielt er die Kainz-Medaille,
1984 einen Lehrauftrag für Theaterwissenschaft an der Universität Wien.

Karasek, Daniel, geb. 4. 9. 1959. Autor
und Regisseur. Sohn von Hellmuth Karasek. Aufgewachsen in Hamburg. Arbeitete nach dem Abitur und dem Zivildienst als
Regieassistent am Schauspiel Frankfurt
und in Köln (bei Jürgen Flimm); erste
dramatische Versuche mit zwei Kinder-
stücken. 1985 verfaßte er für den Regisseur Peter Löscher das Stück ›Mord am
Mondsee‹. Nach seinen ersten Inszenierungen ließ er die Theaterarbeit eine Zeitlang ruhen, um als Journalist zu arbeiten
(u. a. für ›Theater heute‹). Ivan Nagel holte
ihn 1985 an das Staatstheater Stuttgart, wo
er u. a. Goethes ›Clavigo‹ inszenierte (er
verlagerte den Klassiker ins heutige Jour-
nalistenmilieu). Am Hamburger Thalia
Theater debütierte er 1987 mit Molières
›Tartuffe‹. Es folgten Regiearbeiten an den
Städtischen Bühnen Nürnberg, u. a.: Tschechows ›Die Möwe‹ (1987/88); Shakespeares ›Hamlet‹ (1988); Ibsens ›Nora‹
(1990, eigene Übersetzung zusammen mit
Gottfried Greiffenhagen): »Karasek stellt
Haltungen aus und karikiert sie. Er inszeniert Ibsen als Komödie in einer Sprache
von heute, also frei vom Muff der zurück-
liegenden 120 Jahre.« (Thomas Thieringer,
›SZ‹, 23. 2. 1990) Weitere Inszenierungen
u. a.: Schnitzlers ›Liebelei‹ (1989, Mannheim); Williams' ›Vieux Carré‹ und
Schillers ›Don Carlos‹ (beide 1990,
Staatstheater Darmstadt). Seit 1991 zahlreiche Regiearbeiten am Hamburger Thalia
Theater: Ludwigs ›Otello darf nicht platzen‹ (1991); Ayckbourns ›Schöne Bescherung‹ (1991); Horváths ›Glaube, Liebe,
Hoffnung‹ (1992); Dorfmans ›Der Tod und
das Mädchen‹ (1992); Marivaux' ›Das
Spiel von Liebe und Zufall‹ (1993). Erfolg
mit Hermann Brochs ›Die Entsühnung‹ am
Zürcher Schauspielhaus (1994): »Daniel
Karasek schafft etwas Ungewöhnliches mit

seinem Ensemble: Aus Brochs Ideenträ-
gern (...); aus den starrsinnigen Reichen
und den ebenso starrsinnigen Armen, die
alle eher Haltungen beschwören als Leben
– werden Menschen. Menschen mit Leidenschaften und Ängsten und Sehnsüchten. Ein Stück über eine Krisenzeit in einer
Krisenzeit: Analogien sind möglich, und
auch deshalb wurde diese Ausgrabung gewagt. Doch diese Inszenierung will nicht
besserwisserisch kommentieren, sie zeigt,
was ist. Zeigt, daß Zeiten wie diese – 1930
und 1994 – gefährlich sind (...). Karasek
fordert den Zuschauer auf, genau hinzuse-
hen und hinzuhören.« (C. Bernd Sucher,
›SZ‹, 14. 4. 1994)

Karasek, Hellmuth, geb. 4. 1. 1934 in
Brünn. Autor und Kritiker. Studium der
Germanistik, Geschichte und Anglistik in
Tübingen; 1958 Promotion. 1959–1962
Redakteur und Theaterkritiker der ›Stutt-
garter Zeitung‹; danach Dramaturg am
Staatstheater Stuttgart; 1966 wurde er
Feuilletonchef der ›Stuttgarter Zeitung‹;
1968 wechselte er als Kritiker zur Ham-
burger Wochenzeitung ›Die Zeit‹. Von
1974 bis 1991 war er leitender Kulturre-
dakteur beim Hamburger Nachrichtenma-
gazin ›Der Spiegel‹; seit 1991 ist er dort
Autor mit Redakteurstatus; schreibt neben
Theater- auch Literatur- und Filmkritiken.
Unter dem Pseudonym Daniel Doppler hat
er drei Theaterstücke geschrieben: ›Die
Wachtel‹ (satirische Boulevardkomödie,
UA 1985, Osnabrück); ›Hitchcock. Eine
Komödie‹ (UA 1988 in Konstanz); ›Innere
Sicherheit‹ (politische Farce, UA 1990,
Osnabrück, R. Goswin Moniac). Frank
Busch urteilte darüber: »(...) das Ganze
entwickelt sich aus einer Mischung aus
Schwachsinn und Tiefsinn, bei der es ein
Temperament wie Dario Fo bräuchte, um
die Falltüren zwischen doppelten Böden
und Doppelmoral so rasend schnell zu öffnen, daß man besinnungslos in die Tiefe
stürzte. Doch der Verfasser (...) heißt
nicht Dario Fo, sondern Daniel Doppler.
Ein Wortkünstler, der für eine Pointe selbst
seinen Namen verkauft. Denn der arme
D. D., dessen Komödien immer an den
kleinen Theatern in der Provinz uraufgeführt werden, ist niemand anderes als der

prominente Kritiker Hellmuth Karasek, der im Spiegel immer über die spektakulären Aufführungen an den großen Häusern schreibt.« (›SZ‹, 21. 4. 1990) Zusammen mit Marcel-Reich-Ranicki und Sigrid Löffler sowie einem Gast bestreitet er seit 1988 die ZDF-Literaturreihe ›Das literarische Quartett‹. Veröffentlichungen u. a.: ›Carl Sternheim‹ (1962); ›Max Frisch‹ (1966); ›Bertolt Brecht. Der jüngste Fall eines Theaterklassikers‹ (München 1978); ›Karaseks Kulturkritik‹ (1988); ›Billy Wilder. Eine Nahaufnahme‹ (Hamburg 1992).

Karge, Manfred, geb. 1938 in Brandenburg, Havel. Schauspieler, Dramatiker und Regisseur. 1958–1961 Ausbildung an der Staatlichen Schauspielschule Berlin. Von 1961 bis 1968 arbeitete er am Berliner Ensemble, wo er im Team mit Matthias Langhoff erfolgreiche ›Brecht-Abende‹ schuf: ›Über die großen Städte‹ mit dem Songspiel ›Mahagonny‹ (1963); ›Der Messingkauf‹ (1963, mit Ekkehard Schall); ›Der Brotladen‹ (UA 1967); ferner: Aischylos' ›Sieben gegen Theben‹ (1969). In Brechts ›Mann ist Mann‹ sah man ihn als Polly Baker (1967, R. Uta Birnbaum). Von 1969 bis 1978 arbeitete er an der Berliner Volksbühne bei Benno Besson; wieder gemeinsame Inszenierungen mit M. Langhoff: Ostrowskis ›Der Wald‹ (1969; 1976 auch in Zürich); Schillers ›Die Räuber‹ (1971): »Wir hatten vorher mit etwa fünfhundert Jugendlichen deren Probleme anhand des Schillerschen Textes diskutiert, denn die behütete Jugend der DDR war durch die westliche Apo-Aktivitäten verunsichert: Einerseits mißtraute man der Revolte ›außerhalb‹ der gesellschaftlichen Möglichkeiten, andererseits verspürte man einen Mangel an Aktivität und Selbstbestimmung. Die Stimulanz des Fragwürdigen bis hin zum Sinnlosen war das aktuelle Problem. (. . .) Unser Konzept bestand darin, die Räuberbande insgesamt zu der wichtigsten Figur des Stückes werden zu lassen.« (›Theater heute‹, Jahrbuch 1978); ferner: Shakespeares ›Othello‹ (1972, mit Karge als Othello und Rolf Ludwig als Jago); Ibsens ›Die Wildente‹ (1973, Karge als Hjalmar Ekdal); Rolf Michaelis schrieb: »Nicht im schauspielerischen Rang, wohl aber in der Genauigkeit der kritischen Darstellung und in der Schönheit der szenischen Zurichtung kann sich die Aufführung mit Ingmar Bergmans Inszenierung messen, mit der die Stockholmer durch Europa gereist sind. Nach den ›Räubern‹, ›Othello‹ und Ostrowskis ›Wald‹ hat das Tandem Karge/Langhoff den Ruf gefestigt, zur Regiespitze (nicht nur) der DDR zu zählen.« (›SZ‹, 14. 12. 1973); Heiner Müllers ›Die Schlacht‹/›Traktor‹ (UA 1975); Goethes ›Der Bürgergeneral‹ (1976). Ihren größten Publikumserfolg feierten sie 1975 bei einer improvisierten ›Zehn-Tage-Aktion‹ mit Pereira da Silvas Volksspektakel ›Der Speckhut‹ und dem ›Spektakel 2‹ (zwölf Zeitstücke; vier davon in der Regie von Karge/Langhoff). In Bessons Shakespeare-Inszenierung ›Hamlet‹ spielte Karge 1977 die Titelrolle (Übersetzung: Müller/Langhoff). 1978 inszenierte das Regieduo erstmals im Westen: Kleists ›Prinz Friedrich von Homburg‹ und Brechts ›Fatzer‹-Fragment (Doppelabend, Deutsches Schauspielhaus Hamburg; 1984 auch in Avignon); Aischylos/Müllers ›Der gefesselte Prometheus‹ (Genf). Es folgten gemeinsame Regiearbeiten in Bochum (unter der Intendanz von Claus Peymann) u. a.: Braschs ›Lieber Georg‹ (UA 1980, mit Karge als Georg Heym); Tschechows ›Der Kirschgarten‹ (1981, mit Anneliese Römer); Brentons ›Milchpulver‹ (1981); ferner die Stücke von Heiner Müller: ›Verkommenes Ufer/Medeamaterial/Landschaft mit Argonauten‹ (UA 1983, mit Kirsten Dene als Medea und Karge als Jason) und ›Anatomie Titus Fall of Rome‹ (UA 1985, mit Karge als Aaron). Alleinige Inszenierungen Karges in Bochum: Müllers ›Die Schlacht‹/›Der Auftrag‹ (1982, mit Schauspielschülern); Brechts ›Die Mutter‹ (1982, mit Lore Brunner; 1986 auch am Wiener Burgtheater) und ›Mahagonny‹ (1983); eigene Stücke: ›Jacke wie Hose‹ (UA 1982, Monolog, mit L. Brunner); ›Die Eroberung des Südpols‹ (UA 1986). 1985 inszenierte er die Uraufführung seines gemeinsam mit Stanley Walden verfaßten Musicals ›Claire‹ (über Claire Waldoff, mit vielen parodistischen Nazi-Nummern). Seit 1986 Gastregie am Schau-

Karl-Lory

spiel Köln, u. a.: Hauptmanns ›Die Ratten‹ (1986); Sternheims ›Die Kassette‹ (1987); Erfolg mit Jahnns ›Medea‹ (1988, mit Lore Brunner; 1990 auch in Wien). 1986 wechselte Karge mit Peymann ans Wiener Burgtheater, wo er bis 1993 Hausregisseur war. Inszenierungen u. a.: Horváths ›Glaube, Liebe, Hoffnung‹ (1987); Franz Fühmanns Monolog ›Der Sturz des Engels‹ (UA 1988, dramatisiert von Manfred Weber; Karge spielte selbst); Puschkins ›Mozart und Salieri‹ (1989, in eigener Übersetzung); Brechts ›Der gute Mensch von Sezuan‹ (1989) und ›Baal‹ (1991); Müllers ›Quartett‹ und ›Herzstück‹ (1991, mit L. Brunner); Jelineks ›Totenauberg‹ (UA 1992). In Wien inszenierte er auch wieder eigene Stücke (jeweils mit L. Brunner): ›Lieber Niembsch‹ (UA 1989; Revolutionsstück über den Dichter Nikolaus Lenau); ›MauerStücke‹ (UA 1990, Farce auf die DDR). Sein Stück ›Killerfische‹, eine kleine Groteske über zwei deutsche Männer im Ausland, wurde 1992 in Essen uraufgeführt (R. Günter Overmann). Mit Brechts ›Die Rundköpfe und die Spitzköpfe‹ verabschiedete er sich 1993 aus Wien, um künftig wieder in Berlin zu arbeiten. Karges Theater ist komödiantisch und volksnah, sucht die Effekte.

Sechs Karge/Langhoff-Inszenierungen wurden zum Berliner Theatertreffen eingeladen: 1968: Brechts ›Der Brotladen‹ (Berliner Ensemble); 1978: Kleists ›Prinz Friedrich von Homburg‹ (Deutsches Schauspielhaus Hamburg); 1980: Thomas Braschs ›Lieber Georg‹ (Schauspielhaus Bochum); 1981: Büchners ›Marie-Woyzeck‹ (Schauspielhaus Bochum); 1982: Tschechows ›Der Kirschgarten‹ (Schauspielhaus Bochum); 1984: Müllers ›Verkommenes Ufer‹/›Medeamaterial‹/›Landschaft mit Argonauten‹ (Schauspielhaus Bochum).

Literatur: C. Müller: Die Regisseure Manfred Karge und Matthias Langhoff. In: Theater heute, Jahrbuch 1978, S. 46–59; D. Kranz: Berliner Theater. 100 Aufführungen aus drei Jahrzehnten. Berlin 1990.

Karl-Lory, Johanna, geb. 15. 2. 1902 in Leipzig. Schauspielerin. Spielte bereits mit 14 Jahren Märchenrollen bei Wanderbühnen. Nach privatem Schauspielunterricht wurde sie 1918 ans Stadttheater Halberstadt verpflichtet. Es folgten Engagements in Konstanz-Lindau, Köslin, Leipzig, Aussig und am Münchner Tourneetheater (bis 1922); häufig in Stücken von Shakespeare, Schiller, Hauptmann und Wedekind. Nach ihrer Heirat zog sie sich von der Bühne zurück; erst 1972 nahm sie die Theaterarbeit wieder auf. Engagements hatte sie u. a. am Stadttheater Konstanz. An der Schaubühne Berlin arbeitete sie 1979 mit Robert Wilson in dessen Inszenierungen von ›Death, Destruction & Detroit‹. Zusammenarbeit mit Rudolf Noelte in Büchners ›Dantons Tod‹ (1981, Salzburger Festspiele, mit Götz George) und in Hauptmanns ›Michael Kramer‹ (1983, Thalia Theater Hamburg, mit Will Quadflieg). An der Freien Volksbühne Berlin: Annina Anna Bonazzi in Wertmüllers ›Liebe und Magie in Mammas Küche‹ (DE 1987, R. Peter Palitzsch); Arzt in Vitracs ›Victor oder die Kinder an der Macht‹ (1988, R. Klaus Emmerich); Priesterin/Luise von Linkersdorf in Neuenfels' Kleist-Projekt ›Der tollwütige Mund – Stationen eines Europäers‹ (UA 1988, R. Neuenfels); außerdem Verpflichtungen an den Staatlichen Schauspielbühnen Berlin. Sie wirkte in vielen Kino- und Fernsehfilmen mit, u. a. in ›Der Zauberberg‹ (1981, nach Thomas Mann, R. Hans W. Geissendörfer).

Karlstadt, Liesl (eigtl. Elisabeth Wellano), geb. 12. 12. 1892 in München, gest. 20. 7. 1960 in Garmisch. Schauspielerin. Sie war die kongeniale Bühnenpartnerin von Karl Valentin und Mitautorin seiner Stücke. Von Beruf Verkäuferin, lernte sie in der Bauernkapelle und Singspielgesellschaft von Adalbert Meier das Handwerk der Volkssänger; später trat sie abends als Soubrette auf einer Münchner Volkssängerbühne auf. Im »Frankfurter Hof« lernte sie Karl Valentin kennen, mit dem sie sich 1911 zusammenschloß. An seiner Seite feierte sie große Erfolge in Sketchen wie ›Der Firmling‹, ›Die Orchesterprobe‹, ›Im Photoatelier‹ oder ›Der reparierte Scheinwerfer‹; häufig in Hosenrollen. Ria Endres schrieb: »Sie wuchs auf der Bühne in ihre Rollen hinein; privat war ihre Rolle festgelegt. Da ihre Sehnsucht, sich im Leben in eine Frau zu verwandeln, nicht erfüllt wurde, erfüllte sich die Sehnsucht auf der Bühne: Sie betritt als Komikerin alle Terrains der Verwandlung. Dabei konzentriert sie sich auf die naiv-komplizierte Clownerie. (. . .) Valentin, der ihr Spiel sehr entscheidend mitbestimmte, mutete ihr oft häßliche, verschrumpelte, vollbärtige und milchgesichtige Masken zu, und Liesl Karlstadt imitierte Männer aller Altersstufen in oft virtuoser, naturalistischer Grausamkeit. Der technische Höhepunkt der Verwandlungskünstlerin ist die ›Gerichtsverhandlung‹, wo sie fünf konträre Personen darstellt.« (›Die Zeit‹, 18. 7. 1980) Nach mehreren Nervenzusammenbrüchen und einem Selbstmordversuch emanzipierte sie sich Mitte der dreißiger Jahre allmählich von Valentin; gelegentlich spielte sie in Theaterstücken. 1940 gaben die beiden noch ein Gastspiel, danach standen sie jahrelang nicht mehr gemeinsam auf der Bühne. In der Nachkriegszeit fand sich das Duo wieder zu einigen Auftritten im Münchner »Simpl« und in Pasing zusammen. Nach Valentins Tod (1948) startete sie in München eine zweite Karriere als Volksschauspielerin (auch im Film). Sie spielte u. a. die Balbina in Fleißers ›Der starke Stamm‹ sowie Rollen in Stücken von Ludwig Thoma; Erfolg in Franks ›Sturm im Wasserglas‹ (Münchner Kammerspiele). Große Popularität genoß sie als Mutter Brandl in der Hörfunkserie ›Familie Brandl‹.

Literatur: Das Karl Valentin Buch. München 1932; Th. Riegler: Liesl Karlstadt-Buch. München 1961; G. Köhl: Liesl Karlstadt, unsterbliche Partnerin Karl Valentins. Ein Lebensbild. München 1980; W. Till (Hrsg.): Karl Valentin – Volkssänger? Dadaist? München 1982 (Katalog).

Karsunke, Yaak, geb. 4. 6. 1934 in Berlin. Autor. Sohn eines Fabrikdirektors. Karsunke studierte zunächst Jura; danach von 1955 bis 1957 Schauspielausbildung an der Max-Reinhardt-Schule in Berlin. 1965 war er Mitbegründer der literarisch-politischen Zeitschrift ›Kürbiskern‹ und arbeitete als Journalist. Seit 1970 freier Schriftsteller. Seit 1981 Gastprofessor an der Hochschule der Künste in Berlin. Er verfaßte vor allem politische Lyrik und wurde damit bekannt. Außerdem Veröffentlichungen von Hörspielen und Drehbüchern: ›Hier kein Ausgang – nur Übergang‹ (1977) und ›Bares Geld‹ (1978). In seinen Stücken griff Karsunke auf historische Begebenheiten zurück, schrieb aber keine historisierende Dramatik, sondern versuchte die aktuellen Bezüge zur Gegenwart aufzuzeigen.

Stücke: ›Germinal‹ (1971, nach Zola); ›Bauernoper‹ (1973); ›Ruhrkampf-Revue‹ (1975); ›Des Colhas' letzte Nacht‹ (1978); ›Großer Bahnhof‹ (1983).

Karusseit, Ursula, geb. 1939. Schauspielerin. Nach dem Besuch der Wirtschaftsschule arbeitete sie als Stenotypistin und war Sachbearbeiterin in einem Geraer Großbüro; Auftritte als Laienkabarettistin; 1960–1963 Ausbildung an der Staatlichen Schauspielschule Berlin. 1963/64 Engagement an der Ostberliner Volksbühne, wo sie unter der Regie von Benno Besson die rote Rosa in Hacks' ›Moritz Tassow‹ spielte (UA 1964); 1964–1970 Engagement am Deutschen Theater Berlin (Ost); wieder Zusammenarbeit mit Besson: Elsa in Schwarz' ›Der Drache‹ (1966). Sie avancierte zu einer der bedeutendsten Protagonistinnen des DDR-Theaters. Von 1970 an gehörte sie erneut zum Ensemble der Berliner Volksbühne; spielte mit großem Erfolg die Shen Te in Bessons Brecht-Inszenierung ›Der gute Mensch von Sezuan‹ (1970): »Die Naivität und schöne Derbheit, die Bessons Inszenierung im Stil des Volkstheaters hat, geht auch von Ursula Karusseits Shen Te aus. Hinter aller kräftigen Vulgarität bewahrt sie dieser Gestalt einer jungen liebenden Frau Zartheit, Zärtlichkeit, Zauber.« (Rolf Michaelis, ›Theater heute‹, Jahrbuch 1970) Außerdem u. a.: Titelrollen in Hacks' ›Margarete in Aix‹ (1973) und Brechts ›Die heilige Johanna der Schlachthöfe‹ (1974, Kammerspiele München, R. jeweils Besson); Agrippina in Racines ›Britannicus‹ (1975); Hekabe in Euripides' ›Die Frauen

Kaufmann

von Troja‹ (1980, R. Berndt Renne); Hexe in Heiner Müllers ›Macbeth‹ (1982). Mit Synges ›Der Held der westlichen Welt‹ gab sie 1985 ihr erfolgreiches Regiedebüt. In jüngerer Zeit sah man sie u. a. in Gabriel García Marquez' Monolog ›Liebestirade gegen einen sitzenden Mann‹ (DE 1989, Schauspiel Köln, R. Klaus Pierwoß) und als Mutter in Coline Serreaus ›Hase Hase‹ (DE 1992, Schiller-Theater Berlin, R. Besson): »Ursula Karusseit hat die Schnauze der Mutter Ubu und das Herz der Courage.« (Rüdiger Schaper, ›SZ‹, 19. 5. 1992) Seit Herbst 1993 arbeitet sie am Berliner Ensemble, wo sie zum Einstand die Baronin in Serreaus ›Weißalles und Dickedumm‹ spielte (Übernahme vom Schiller-Theater, R. Besson).

Kaufmann, Christine, geb. 11. 1. 1945 in Gröbming, Steiermark. Schauspielerin. Im Alter von sieben Jahren kam sie an die Ballettschule des Münchner Gärtnerplatztheaters und an das Bayerische Staatsballett. Der Regisseur Viktor Tourjansky entdeckte sie 1953 für den Zirkusfilm ›Salto mortale‹. Durch die Hauptrolle in dem Film ›Rosen-Resli‹ (1954, R. Harald Reinl) avancierte sie zum Kinderstar. 1960 gelang ihr der Sprung nach Hollywood, wo sie bis 1968 in sieben Produktionen mitwirkte; danach wieder in Deutschland. Zusammenarbeit mit Werner Schroeter im Film und erstmals auch im Theater: Titelrolle in Lessings ›Emilia Galotti‹ (1972, Deutsches Schauspielhaus Hamburg): »Die Hoftheatergesten, die bei den Profis so ausgeklügelt, so glattgebügelt wirkten: Bei Christine Kaufmann gewannen sie wieder Unschuld und brüchige Schönheit. Wenn sie deklamierend die Arme ausbreitete, kam die Geste nicht aus dem Lexikon, sondern aus einem großen Melodram: So ruckhaft und verschreckt sah diese Gebärde aus wie der Flügelschlag einer Fledermaus. Wie Christine Kaufmann dastand, den Text im Tone eines ängstlich leiernden Schulmädchens aufsagend, jeder Schritt schwankend, jede Geste ein bißchen zittrig und zerbröckelnd: Da verband sich (...) die Geschichte eines unbeholfenen kleinen Bürgermädchens mit der schwindsüchtigen, ohnmachtsnahen Schönheit großer

Operntragödien.« (Benjamin Henrichs, ›SZ‹, 31. 5. 1972) Danach spielte sie unter Schroeters Regie die Titelrolle in Wildes ›Salome‹ (1973, Schauspielhaus Bochum). Weitere Theaterrollen u. a.: in Fords ›Schade, daß sie eine Hure ist‹ (1982, Bonn, R. Jérôme Savary); Mätresse in Websters ›Die Herzogin von Malfi‹ (1985, Schauspielhaus Hamburg, R. Peter Zadek); Buhlschaft in Hofmannsthals ›Jedermann‹ (1988, Festspiele Bad Hersfeld). Filmrollen hatte sie u. a. in Schroeters ›Der Tod der Maria Malibran‹ (1971), ›Willow Springs‹ (1972/73) und ›Tag der Idioten‹ (1981); ferner in Fassbinders ›Lili Marleen‹ (1980, mit Hanna Schygulla) und ›Lola‹ (1981, mit Barbara Sukowa), in Percy Adlons ›Die Schaukel‹ (1983) und Zadeks ›Die wilden Fünfziger‹ (1983). Von 1963 bis 1968 war sie mit dem amerikanischen Filmschauspieler Tony Curtis verheiratet. 1989 erschien ihre Autobiographie ›Normal müßte man sein‹.

Kayßler, Friedrich, geb. 7. 4. 1874 in Neurode, Schlesien, gest. 24. 4. 1945 bei Berlin. Schauspieler, Regisseur und Intendant. Begann 1895 bei Otto Brahm am Deutschen Theater Berlin. Es folgten Engagements in Görlitz und Breslau; 1900 kehrte er nach Berlin zurück, wo er einer der bedeutendsten Schauspieler und Regisseure der ersten Jahrhunderthälfte wurde. Am Kabarett »Schall und Rauch« begann seine Zusammenarbeit mit Max Reinhardt. Seinen ersten großen Erfolg feierte er in der Titelrolle von Kleists ›Prinz Friedrich von Homburg‹ (1907, Deutsches Theater, R. Reinhardt). Weitere wichtige Rollen am Deutschen Theater: Gyges in Hebbels ›Gyges und sein Ring‹ (1907); Titelrolle in Goethes ›Faust I‹ (1909) und ›Faust II‹ (1911, R. jeweils Reinhardt); am Lessingtheater: Ibsens ›Peer Gynt‹ (1913). Von 1918 bis 1923 war er als Nachfolger Reinhardts Direktor der Berliner Volksbühne: eröffnete mit einer eigenen Inszenierung von Immermanns ›Merlin‹; engagierte die damals noch unbekannten Regisseure Ludwig Berger und Jürgen Fehling. Rollen u. a.: Schillers ›Wilhelm Tell‹ (1918); Shakespeares ›König Lear‹ (1921, R. Fehling); John in Hauptmanns ›Die Ratten‹

Kazan

(1922, mit Kayßlers Frau, Helene Fehdmer, als Frau John, R. Fehling). Er selbst inszenierte Strindbergs ›Nach Damaskus‹ und spielte darin den Unbekannten (mit seiner Frau in der Rolle der Dame). Nach 1923 spielte er an verschiedenen Berliner Theatern, u. a.: Faust in Grabbes ›Don Juan und Faust‹ (1925, Theater in der Königgrätzer Straße, mit Rudolf Forster und Fritz Kortner, R. Viktor Barnowsky); Herbert in Hauptmanns ›Dorothea Angermann‹ (UA 1926, Theater in der Josefstadt Wien; 1927 Deutsches Theater Berlin, R. jeweils Reinhardt); Osborne in Sheriffs ›Die andere Seite‹ (1929, Deutsches Künstlertheater, R. Heinz Hilpert):»Man begreift kaum seine pathetischen Irrwege, wenn man diesen leisen Humor, diese einfache, unbetonte, menschliche Kraft sieht.« (Herbert Ihering, ›Berliner Börsen-Courier‹, 30. 8. 1929); Oberst Engel in Rehfisch/Herzogs ›Die Affäre Dreyfus‹ (1930, Lessingtheater). Gastspiele an den Münchner Kammerspielen: Kent in Marlowe/Brechts ›Leben Eduards II. von England‹ (UA 1924, R. Bertolt Brecht); Clausen in Hauptmanns ›Vor Sonnenuntergang‹ (1932, R. Richard Revy):»Was Kunst ist an seinem Spiel, ist gar nicht mehr zu definieren; so sehr ist es Natur geworden. (...) Man erlebte wieder einmal, was Theater sein kann.« (Hanns Braun, ›Münchener Zeitung‹, 19. 4. 1932) Ab 1933 arbeitete er bei Gustaf Gründgens am Berliner Staatstheater; wichtigste Rollen dort: Odoardo in Lessings ›Emilia Galotti‹ (1937, R. Gründgens); Meister Anton in Hebbels ›Maria Magdalena‹ (1938, mit Käthe Gold, R. Fehling). Kayßler ist auch als Dramatiker hervorgetreten: ›Simplicius‹ (1905); ›Jan der Wunderbare‹ (1917); ›Der Brief‹ (1927). Er wirkte in mehreren Filmen mit. Veröffentlichungen: ›Schauspielernotizen‹ (drei Bände, 1910–1929); ›Von Menschentum zu Menschentum‹ (1933, Vorträge über die Schauspielkunst); ›Wandlung und Sinn‹ (1940).
Literatur: J. Bab: Friedrich Kayßler. Berlin 1920; K. Witte: Kunstwollen und Schauspielkunst Friedrich Kayßlers. Diss. Greifswald 1940; H. Ihering: Von Josef Kainz bis Paula Wessely. Heidelberg, Berlin, Leipzig 1942; M. Bier: Schauspielerporträts. 24 Schauspieler um Max Reinhardt. Berlin 1989.

Kazan, Elia (eigtl. Elia Kazanjoglous), geb. 7. 9. 1909 in Konstantinopel. Schauspieler, Schriftsteller und Regisseur. Die Familie zog 1912 nach Berlin und wanderte 1913 in die USA aus. 1930–1932 Studium an der Theaterabteilung der Yale-Universität. Begann 1932/33 als Bühnenarbeiter am New Yorker Group Theatre und debütierte dort in Odets' ›Waiting for Lefty‹ als Schauspieler. Seine erste Regiearbeit war Ardreys ›Casey Jones‹ (1938); ab 1942 arbeitete er nur noch als Regisseur. Er war neben Lee Strasberg Mitbegründer des Actor's Studio in New York (1947) und wirkte dort bis 1962 als Lehrer; entwickelte einen expressiven, vom System Stanislawskis und den Erkenntnissen der Psychoanalyse beeinflußten Darstellungsstil. Absolventen der Kazan-Schule waren u. a. Marlon Brando, James Dean, Karl Malden und Paul Newman. In New York inszenierte er zahlreiche Uraufführungen, darunter: Wilders ›Wir sind noch einmal davongekommen‹ (1942; New Yorker Kritikerpreis); S. N. Behrmans ›Jakobowski und der Oberst‹ (1944, nach Werfel); Millers ›Alle meine Söhne‹ (1947) und ›Tod des Handlungsreisenden‹ (1949); von Tennessee Williams: ›Endstation Sehnsucht‹ (1947), ›Camino Real‹ (1953), ›Die Katze auf dem heißen Blechdach‹ (1955), ›Süßer Vogel Jugend‹ (1959). Seit 1945 als Hollywood-Regisseur tätig, feierte er mit zahlreichen Filmen Welterfolge (häufig sozialkritische Stoffe). Zu seinen berühmtesten Filmen zählen: ›Gentlemen's Agreement‹ (1947); ›Pinky‹ (1949); ›Endstation Sehnsucht‹ (1951, nach Williams, mit Marlon Brando); ›Viva Zapata‹ (1952); ›Die Faust im Nacken‹ (1954, mit Brando); ›Jenseits von Eden‹ (1955, nach Steinbeck, mit James Dean); ›Baby Doll‹ (1956, mit Karl Malden, Carroll Baker); ›Die Besucher‹ (1971, über die seelischen Folgen des Vietnam-Krieges); ›Der letzte Tycoon‹ (1977, nach F. Scott Fitzgerald, mit Robert de Niro). Seit Anfang der sechziger Jahre arbeitet er hauptsächlich als Schriftsteller; schrieb u. a. die Romane ›America, America‹ (1961) und

Kean

›Das Arrangement‹ (1967), die er beide verfilmte. 1988 erschien seine Biographie ›A Life‹ (New York).

Literatur: H. Clurmann: The Fervent Years. The Story of the Group Theatre and the thirties. New York 1945; M. Lloyd: Elia Kazan. A guide to references and recources. Biographie. Boston 1985; D. R. Jones: Great directors at work: Stanislavsky, Brecht, Kazan, Brook. Berkeley 1986; B. Murphy: Tennessee Williams and Elia Kazan. A collaboration in the theatre. Cambridge 1992.

Kean, Edmund, geb. 4. 11. 1787 in London, gest. 15. 5. 1833 in Richmond, Surrey. Einer der bedeutendsten Schauspieler der Theatergeschichte. Sohn der Schmierenschauspielerin Ann (Nance) Carey; der Vater war möglicherweise der Schreiber Edmund Kean. Wuchs als herrenloses Kind bei Seiltänzern und Wandergruppen auf; übernahm bereits mit acht Jahren kleine Rollen am Drury-Lane-Ballett und zog später als Schmierenschauspieler durch die Lande. Der Durchbruch gelang ihm als Shylock in Shakespeares ›Der Kaufmann von Venedig‹ (1814, Drury Lane Theatre London). Keans Darstellung bedeutete einen entscheidenden Wendepunkt in der Rezeption des Stückes: Er spielte die Rolle als erster ohne die traditionelle rote Perükke und den roten Bart. Erstmals gelang es einem Schauspieler, durch eine differenzierte Darstellung der widersprüchlichen Gefühle Shylocks die Sympathie des Publikums für diese Figur zu gewinnen. Seine schauspielerische Leistung galt als sensationell. In Stücken von Shakespeare glänzte er ferner als ›König Richard III.‹, ›Othello‹, ›König Lear‹ und ›Macbeth‹; weniger gut gelangen ihm ›Hamlet‹ und ›Coriolan‹. Weitere wichtige Rollen: Sir Giles Overreach in Massingers ›Eine neue Weise, alte Schulden zu bezahlen‹; Barrabas in Marlowes ›Der Jude von Malta‹. Kean war ein Mann von ungestümem Temperament, führte ein exzessives Privatleben. Seine Wildheit und Leidenschaft prädestinierten ihn für Rollen, die Dunkles und Abgründiges offenbaren, Rollen wie Macbeth oder Othello. Er konnte nicht komisch sein, nicht die Edelmütigen und Anständigen verkörpern. Kean war vielmehr der Prototyp des romantischen Schauspielers, dämonisch, exzentrisch, ausschweifend. Sein virtuoses Spiel beruhte auf einer analytischen Zerstückelung der Rolle, wobei er völlig abrupt den Ausdruck wechselte und starke Akzente setzte. Sartre widmete ihm das Stück ›Kean oder Unordnung und Genie‹ (UA 1953, nach einer Vorlage von Alexandre Dumas père).

Sein Sohn, **Charles John Kean,** geb. 18. 1. 1811 in Waterford, gest. 22. 1. 1868 in London, war ebenfalls Schauspieler. An der Seite seines Vaters spielte er kurz vor dessen Tod den Jago im ›Othello‹ (1833). Von 1850 bis 1859 leitete er das Princess's Theatre, wo er in Zusammenarbeit mit seiner Frau, der Schauspielerin Ellen Tree, seine berühmten »Revivals« herausbrachte: historisch getreu ausgestattete Prachtinszenierungen v.a. der Königsdramen und romantischen Komödien Shakespeares. Er inspirierte dadurch die Reform der Meininger (Herzog Georg II. kannte Keans Arbeit von seinen London-Aufenthalten).

Literatur: J. W. Cole: The life and theatrical times of Charles Kean. 2 Bde. London 1859; H. N. Hillebrand: Edmund Kean. New York 1933; G. W. Playfair: Kean. New York 1939; J. Bab: Kränze der Mimen. Emsdetten 1944; A. S. Downer (Hrsg.): King Richard III.: Edmund Kean's Performance. London 1958.

Keeffe, Barrie, geb. 31. 10. 1945 in London. Englischer Schriftsteller. Arbeitete nach Abbruch der Schule als Gelegenheitsarbeiter, 1964 als Sportjournalist. 1969 erschien sein erster Roman ›Gadabout‹ über das soziale Umfeld seiner Jugendzeit; daneben schrieb er für das Fernsehen. 1977 schaffte Keeffe seinen Durchbruch auf der englischen Bühne mit ›Gimme Shelter‹ und ›Barbaren‹. Die Themen seiner Werke fand Keeffe in den persönlichen Erfahrungen seiner Jugend im East End. Es geht in seinen Theatertexten um die desillusionierende Situation arbeitsloser Jugendlicher, um Minderheiten und um die sozial Schwachen in England.

Weitere Stücke: ›Helden ohne Hoffnung‹ (1977); ›Ein Tollhaus Eure Welt, Ihr Herren‹ (1977); ›Frozen Assets‹ (1978); ›SUS:

Keller

Unter Verdacht‹ (1979); ›Bastard Angel‹ (1980).

Kehlmann, Michael, geb. 21. 9. 1927 in Wien. Autor und Regisseur. 1945–1952 Studium der Germanistik und Philosophie an der Universität Wien. Seit 1948 freier Regisseur und Autor; 1950–1953 Leiter des Kleinen Theaters im Konzerthaus Wien. Er inszenierte viele Stücke von Horváth und wies sich dadurch als Realismus-Spezialist aus, u. a. mit ›Geschichten aus dem Wiener Wald‹ (1983, Theater in der Josefstadt Wien; 1984 auch fürs Fernsehen). Mehrere Regiearbeiten am Wiener Burgtheater, darunter: Sternheims ›Der Kandidat‹ (1979); Havels ›Die Benachrichtigung‹ (1983); Zuckmayers ›Der Hauptmann von Köpenick‹ (1985, mit Heinz Reincke); außerdem Inszenierungen am Schauspielhaus Zürich sowie an Theatern in Frankfurt, München, Hamburg und Basel. Einem breiteren Publikum wurde er als Fernsehregisseur bekannt. Er verfilmte zahlreiche Bühnenwerke, darunter mehrere von Horváth: ›Kasimir und Karoline‹ (1959), ›Der jüngste Tag‹ (1961), ›Italienische Nacht‹ (1966), ›Die Unbekannte aus der Seine‹ (1967); außerdem u. a.: ›Einen Jux will er sich machen‹ (1961, nach Nestroy); ›Der Tod des Handlungsreisenden‹ (1963, nach Miller); ›Don Juan oder die Liebe zur Geometrie‹ (1965, nach Frisch); ›Das Trauerspiel von Julius Cäsar‹ (1969, nach Shakespeare). Für viele seiner Fernsehinszenierungen schrieb er selber das Drehbuch, u. a.: ›Radetzkymarsch‹ (1965), ›Ende eines Leichtgewichts‹ (1969), ›Hiob‹ (1987), ›Loch an der Donau‹ (1980). 1966 wurde er mit der Kainz-Medaille ausgezeichnet. 1964 wurde Kehlmanns Inszenierung von Horváths ›Geschichten aus dem Wiener Wald‹ (Schauspielhaus Zürich) zum ersten Berliner Theatertreffen eingeladen.

Keller, Inge, geb. 15. 12. 1923 in Berlin. Schauspielerin. Debütierte 1942 am Theater am Kurfürstendamm Berlin. Weitere Bühnenstationen: Stadttheater Freiberg (1943/44 sowie 1945–1947); Städtische Bühnen Chemnitz (1944/45); Hebbeltheater Berlin (1947/48). Von 1948 bis 1950 spielte sie am Schloßparktheater Berlin, u. a.: Pützchen in Zuckmayers ›Des Teufels General‹ (1948); Leni in Kafka/Brods ›Das Schloß‹ (1950). Seit 1950 gehört sie zum Ensemble des Deutschen Theaters Berlin (Ost). Den ersten großen Erfolg feierte sie dort als Eliza Doolittle in Shaws ›Pygmalion‹. Weitere Rollen u. a.: Eboli in Schillers ›Don Carlos‹ (1952); Emilia in Shakespeares ›Othello‹ (1954, R. Wolfgang Heinz); Mascha in Tschechows ›Drei Schwestern‹ (1958, R. Heinz Hilpert); Titelrolle in Goethes ›Iphigenie auf Tauris‹ (1963, R. Wolfgang Langhoff); Elmire in Molières ›Tartuffe‹ (1963, R. Benno Besson); Julie/Grisette in Büchners ›Dantons Tod‹ (1981, mit Christian Grashof, R. Alexander Lang); Vera in Bernhards ›Vor dem Ruhestand‹ (1985, R. Friedo Solter/Michael Jurgons). 1989 gastierte sie bei den Wiener Festwochen als Frau Alving in Ibsens ›Gespenster‹ (R. Thomas Langhoff). Inge Keller ist die Grand Old Lady des Deutschen Theaters Berlin. Ihren Bühnenfiguren verleiht sie mitunter eine geradezu militante Strenge, aber auch Lässigkeit und Ironie. Ilse Galfert, Dramaturgin am Deutschen Theater, schrieb: »Inge Keller ist (. . .) etwas sehr Rares. Sie hat den handfesten Umgang mit sich selber zwar gelernt. Aber das nobel Formvollendete, das sie als ihr spezielles Lebenselement nie aus den Augen läßt, gibt eine Art von Schmelz über alles, was sie darstellt, den sie den unvermittelter sich zeigenden Theaterkönnerinnen auf immerdar voraus hat.«
Literatur: M. Kuschnia (Hrsg.): 100 Jahre Deutsches Theater Berlin 1883–1983. Berlin 1983.

Keller, Krista, geb. 1931 in Hamburg, gest. 8. 10. 1988 in München. Schauspielerin. War lange Zeit an den Münchner Kammerspielen engagiert, wo sie 1958 als Anne Frank in ›Das Tagebuch der Anne Frank‹ ihren ersten großen Erfolg feierte. Außerdem u. a.: in Millers ›Blick von der Brücke‹; in Lessings ›Nathan der Weise‹; Molly in Wedekinds ›Der Marquis von Keith‹. Anfang der sechziger Jahre heiratete sie den sizilianischen Fürsten Rosso di Cerami; kehrte danach nur noch gelegent-

Keller

lich auf die Bühne zurück. Nach dem Tod ihres Mannes (1973) lebte sie in London. Gastspiele in Deutschland an verschiedenen Bühnen, u. a.: Lady Milford in Schillers ›Kabale und Liebe‹ (1965, Münchner Kammerspiele); Helena in Euripides/Sartres ›Die Troerinnen‹ (1966, Thalia Theater Hamburg, R. Horst Balzer); Antoinette in Frischs ›Biografie, ein Spiel‹ (DE 1968, Münchner Kammerspiele, R. August Everding): »Sie blieb gläsern-kühl, gleichwohl undurchschaubar, ein wenig pariserisch-affektiert.« (Joachim Kaiser, ›SZ‹, 5. 2. 1968); Königin in Schillers ›Don Carlos‹ (1969, Deutsches Theater München); Marie in Goethes ›Clavigo‹ (1969, Deutsches Schauspielhaus Hamburg, R. Fritz Kortner); Elektra in O'Neills ›Trauer muß Elektra tragen‹ (1971, Festspiele Bad Hersfeld); Königin der Nacht in Bernhards ›Der Ignorant und der Wahnsinnige‹ (1973, Münchner Kammerspiele); auch Fernsehrollen. 1979 erste eigene Inszenierung im Münchner Off-Off-Theater: Büchners ›Leonce und Lena‹ (mit Jutta Wachsmann als Valerio). Georg Hensel schrieb in seinem Nachruf: »Sie sah sehr gut aus: eine zierliche, aber selbstbewußte Schönheit mit einem Stich ins Hoheitsvolle, auch ins Mondäne. In diesen Bereich war Krista Keller aus zerbrechlichen Anfängen gewachsen. (. . .) ihre Schönheit, ihr angeheirateter Titel einer Principessa waren geadelt durch ihre zupackende Intelligenz.« (›FAZ‹, 11. 10. 1988)

Keller, Marcel, geb. 1960 in Düren, Rheinland. Bühnenbildner. Nach dem Abitur (1979) war er bis 1982 Bühnenbild- und Kostümassistent bei Jürgen Rose in Hamburg, München und Paris. 1983–1985 Assistent für Bühnen- und Kostümgestaltung an den Münchner Kammerspielen; seither arbeitet er freischaffend. Er entwarf die Ausstattung für mehrere Inszenierungen von Günther Gerstner: Shepards ›Fool for Love‹ (1986, Münchner Kammerspiele); Brechts ›Mann ist Mann‹ (1987, ebenda); Goetz' ›Schlachten‹ (1987/88, Schauspiel Bonn). Arbeiten mit der Regisseurin Sigrid Herzog: Savarys ›Vom dicken Schwein, das dünn werden wollte‹ (1985/86, Musical, Bremer Theater); Ach-

ternbuschs ›Der Frosch‹ (1986/87, Atlanta/USA); Elie Wiesels ›Der Prozeß von Schamgorod‹ (1986/87, Freiburg); ferner u. a.: Strauß' ›Trilogie des Wiedersehens‹ (1986/87, Mannheim, R. Jürgen Bosse); Brechts ›Mutter Courage und ihre Kinder‹ (1987, Mannheim) und ›Im Dickicht der Städte‹ (1988, Münchner Kammerspiele, R. Hans-Joachim Ruckhäberle).

Keller, Marthe, geb. 28. 1. 1945 in Basel. Schauspielerin. Nahm mit acht Jahren Ballettunterricht und tanzte bereits als Teenager am Stadttheater Basel; danach Schauspielunterricht in Basel und München. Erste Engagements hatte sie in Heidelberg und am Berliner Schiller-Theater. 1976 kam sie nach Paris, wo sie am Gaieté-Montparnasse spielte. Einen großen Erfolg feierte sie 1978 als Mascha in Tschechows ›Drei Schwestern‹ am Théâtre de la Ville in Paris; 1982 spielte sie in dem Zwei-Personen-Stück ›Embalage Perdu‹ (Théâtre des Mathurins Paris, R. Nelly Borgeaud). Ferner u. a.: Buhlschaft in Hofmannsthals ›Jedermann‹ (1983/84, Salzburger Festspiele, mit Klaus Maria Brandauer, R. Ernst Haeusserman); Gertrud in Shakespeares ›Hamlet‹ (1988, Avignon, R. Patrice Chéreau). Bekannt geworden ist die hübsche Schweizerin als Filmschauspielerin; internationale Erfolge feierte sie in Filmen wie ›Toute une vie‹ (1974, R. Claude Lelouch), ›Der Marathon-Mann‹ (1976, mit Dustin Hoffman, R. John Schlesinger), ›Fedora‹ (1978, mit Hildegard Knef, R. Billy Wilder) oder ›Die Kartause von Parma‹ (1982, R. Mauro Bolognini).

Keller, Max, geb. 24. 4. 1945 in Basel. Beleuchtungsmeister. 1964–1968 Beleuchter am Basler Stadttheater; 1968 bei den Bayreuther Festspielen. 1968/69 Seminar für Theatertechnik in Recklinghausen; 1969 Beleuchtungsmeisterprüfung in Hamburg; 1970–1978 Beleuchtungsinspektor an den Staatlichen Schauspielbühnen Berlin. Seit 1978 arbeitet er an den Münchner Kammerspielen (Abteilungsleiter der Beleuchtung, Lichtgestalter); Dozent für Lichtgestaltung an der Münchner Otto-Falckenberg-Schule. Zusammenarbeit mit den

Regisseuren Hans Lietzau, Dieter Dorn, Ernst Wendt, Rudolf Noelte, Thomas Langhoff, George Tabori, Achim Freyer, Luc Bondy, André Heller u. a.; ferner mit Bühnenbildnern wie Wilfried Minks, Jürgen Rose, Achim Freyer, Johannes Schütz oder Erich Wonder. Er ist Autor des Fachbuches ›Bühnenbeleuchtung‹ (1985).

Kelling, Gerhard, geb. 14. 1. 1942 in Bremen. Autor. Kelling studierte Soziologie und Politologie in Frankfurt, danach nahm er Schauspielunterricht in Salzburg. Er schrieb Stücke, mit denen er modernen Klassenkampf und Ideologiekritik auf die Bühne brachte; es sind Lehrstücke, formal inspiriert von Brecht.
Stücke: ›Arbeitgeber‹ (1970); ›Die Auseinandersetzung‹ (1971); ›Der Bär geht auf den Försterball‹ (1973); ›Die Massen von Hsunhi‹ (1975); ›Heinrich‹ (1981).

Kemp, Lindsay, englischer Bühnenbildner, Tänzer, Schauspieler und Regisseur. Ausbildung als Maler und Bühnenbildner am Bradford College of Art; Tänzer und Pantomime bei Marcel Marceau; Auftritte in Musicals, Cabarets und Strip-Shows. 1962 gründete er seine eigene Gruppe; nebenbei arbeitete er als Choreograph, Tänzer, Schauspieler, Bühnenbildner sowie als Opern- und Showregisseur. Anfang der siebziger Jahre verließ er England; die Lindsay Kemp Company ist seither in Rom zu Hause. Kemp macht ein bewußt eklektizistisches Theater. Elemente von Tanz, Theater, Zirkus, Pantomime, Nô-Theater, Music-hall- und Striptease-Shows werden vermischt zu einem artifiziellen Ganzen; häufig schwülstig, viele orientalische Einflüsse. Kemp hat kein literarisches Konzept, die Stücktexte dienen meist nur als Grundlage für individuelle Ausdrucksformen und Improvisationen. Die Inszenierungen bleiben lange im Repertoire und werden – mit immer neuen Variationen – auf internationalen Gastspielreisen gezeigt, häufig auf Theaterfestivals. Produktionen: ›Woyzeck‹ (nach Büchner); ›Die Zofen‹ (nach Genet); ›Flowers‹ (Hommage an Jean Genet und seinen Roman ›Notre dame des fleurs‹); ›Salome‹ (nach Wilde); ›The Clowns‹.

Kempers, Cornelia, geb. 30. 9. 1954 in Eschwege. Schauspielerin. 1974–1976 Studium der Theaterwissenschaft in Berlin; 1976–1979 Schauspielausbildung an der Hochschule der Künste Berlin. Roberto Ciulli holte sie 1979/80 nach Düsseldorf; dort sah man sie u. a. als Arbeiterin in Ciullis ›Dekamerone‹-Inszenierung (1980/81, nach Boccaccio) und als Nerissa in Shakespeares ›Der Kaufmann von Venedig‹ (1981, R. Peter Palitzsch). 1982 wechselte sie an das Staatstheater Stuttgart; Rollen u. a.: Ida in Friederike Roths ›Ritt auf die Wartburg‹ (UA 1982, R. Günter Krämer); Titelrolle in Lessings ›Emilia Galotti‹ (1983, R. Ulrich Greiff); Oi in Braschs ›Mercedes‹ (1984); Marie in Büchners ›Woyzeck‹ (Übernahme der Rolle 1986, R. Jossi Wieler); in Inszenierungen von Hansgünther Heyme: Chormitglied in Aischylos' ›Die Perser‹ (1983); Daja in Lessings ›Nathan der Weise‹ (Übernahme der Rolle 1984); Hedwig in Schillers ›Wilhelm Tell‹ (1984). Seit 1985/86 freischaffend. An der Stuttgarter Oper sah man sie u. a. in Mauricio Kagels ›Der mündliche Verrat‹ (1985, R. Brian Michaels) sowie in Glass/Wilsons ›Einstein on the Beach‹ (1988, R. Achim Freyer). Mit Freyer arbeitete sie auch in dem Projekt ›Metamorphosen des Ovid‹ (1987, Burgtheater Wien).

Kern, Peter, geb. 13. 2. 1949 in Wien. Schauspieler und Regisseur. Nach einer kaufmännischen Lehre nahm er Schauspielunterricht bei Polly Kügler in Wien. Debütierte an der Burgenländischen Landesbühne als Gluthammer in Nestroys ›Der Zerrissene‹ und war 1970/71 in dem Musical ›Hair‹ auf Tournee. Danach Zusammenarbeit mit Ruth Drexel und Hans Brenner in Nestroy-Aufführungen der Edelweißgruppe in Darmstadt und Mannheim. Zusammenarbeit mit Rainer Werner Fassbinder am Schauspielhaus Bochum: Wolf Beifeld in Molnárs ›Liliom‹ (1972); in Heinrich Manns ›Bibi‹ (1973); Zusammenarbeit mit Wilfried Minks am Hamburger Schauspielhaus: Poggio in Fords ›Schade, daß sie eine Hure ist‹; Narr in Shakespeares ›Was ihr wollt‹ (1974). Gastrollen an der Freien Volksbühne Berlin:

Solinus/Kurtisane in Shakespeares ›Komödie der Irrungen‹ (1983, R. Werner Schroeter); Chassid in Sobols ›Ghetto‹ (1984, R. Peter Zadek); am Residenztheater München: Carluccio in Goldoni/Laubes ›Finale in Smyrna‹ (UA 1985, R. Schroeter). Seither regelmäßige Zusammenarbeit mit Schroeter am Düsseldorfer Schauspielhaus: Bräutigam in García Lorcas ›Doña Rosita bleibt ledig‹ (1986): »Es ist kein Latin Lover wie Rudolph Valentino, kein Draufgänger wie Götz George, es ist Peter Kern, schwergewichtig und rundgesichtig. Mit hängenden Schultern steckt er in einem graugestreiften Gehrock (...). Ein Trauerkloß, ein Muttersöhnchen, ein obskures Objekt der Begierde.« (Frank Busch, ›SZ‹, 26. 11. 1986); Vater in Mishimas ›Der tropische Baum‹ (1987); Vagin in Gorkis ›Kinder der Sonne‹ (1988); Graf von Gloucester in Shakespeares ›König Lear‹ (1990). Eigene Regiearbeiten u. a.: Eyens ›Frauen hinter Gittern‹ (DE 1985, Münchner Boulevardtheater); Horváths ›Kasimir und Karoline‹ (1985, Manila, Philippinen); in Düsseldorf: Sharman MacDonalds ›Als junges Mädchen hab ich ständig geschrien‹ (DE 1988); Simons ›Broadway, wir kommen‹ (1989); Linckes ›Frau Luna‹ (1990/91). Kern, ein Schauspieler von stattlicher Leibesfülle, wirkte in zahlreichen Spielfilmen mit, darunter: ›Faustrecht der Freiheit‹ (1974, R. Fassbinder); ›Falsche Bewegung‹ (1975, R. Wim Wenders); ›Die Wildente‹ (1976, Rolle: Hjalmar, R. Hans W. Geissendörfer); ›Hitler – Ein Film aus Deutschland‹ (1977, R. Hans Jürgen Syberberg); ›Flammende Herzen‹ (1978, R. Walter Bockmayer/Rolf Bührmann); ›Die wilden Fünfziger‹ (1983, nach Simmel, R. Zadek); häufig auch Fernseharbeit, u. a. mit Peter Lilienthal, Fassbinder, Peer Raben. Er ist selber Spielfilmproduzent; eigene Filme (nach eigenem Buch) u. a.: ›Crazy Boys‹ (1987), ›Hab ich nur deine Liebe‹ (1989), ›Gossenkind‹ (1991).
Literatur: S. Dhein: Werner Schroeter. Regie im Theater. Frankfurt a. M. 1991.

Kerr, Alfred (eigtl. Alfred Kempner), geb. 25. 12. 1867 in Breslau, gest. 12. 10. 1948 in Hamburg. Kritiker. Studium der Germanistik in Berlin; Dissertation über Brentanos Roman ›Godwi‹. Schrieb von Berlin aus für Zeitungen in Breslau, Königsberg und Frankfurt. 1909 wurde er (neben Julius Hart) Kritiker beim Berliner ›Tag‹; 1912/13 Herausgeber der Wochenschrift ›Pan‹. 1919 wechselte er zum ›Berliner Tageblatt‹, dem er bis 1933 angehörte. 1933 Emigration nach Paris; 1935 nach London, wo er britischer Staatsbürger wurde; attackierte das Hitler-Regime in Publikationen und Rundfunkbeiträgen. Günther Rühle schrieb: »Alfred Kerr war die meistbewunderte und meistgehaßte Erscheinung unter den deutschen Kritikern. Eigenwillig, temperamentvoll, energisch, eitel (Eitelkeit aber auch bewußt als Antrieb zur Produktivität benutzend), voll Ironie und Sarkasmus (auch gegen sich selbst): so war und spielte er dreißig Jahre lang den ›Star‹ unter den Kritikern.« (›Theater für die Republik‹, S. 1170) Kerr engagierte sich für Otto Brahm und dessen Ensemble, später für Leopold Jeßner und Erwin Piscator. Dem Theater Max Reinhardts stand er äußerst skeptisch gegenüber, ebenso dem Expressionismus. Er setzte sich für Ibsen und Hauptmann ein, erkannte früh das Talent Marieluise Fleißers und wetterte gegen die Überbewertung Sudermanns; Brecht jedoch hat er weitgehend unterschätzt. In den zwanziger Jahren führte er eine heftige Auseinandersetzung mit seinem Kritiker-Antipoden Herbert Ihering, dessen Forderung nach einem »systematischen Aufbau des neuen Theaters« er ebenso ablehnte wie dessen Brecht-Begeisterung. In der Tradition Lessings und Fontanes stehend, vertrat er die sprachmächtige, literarische Kritik; wollte die (eigene) Theaterkritik zur selbständigen Kunstgattung erheben. Er beschrieb keine Inszenierungen, referierte keine Stücke; er stellte fest und »beklopfte«.
»Seine Kritiken waren kleine Naturereignisse des Schreibens – vulkanische Eruptionen, Geysir-Ausbrüche, Springfluten. Er war der große Impressionist des Erlebens und Wiedergebens, der ein Stück, eine Szene, eine Geste, die ganze Wesensnatur eines Schauspielers schlagartig in eine elementare Bildsprache übersetzen konnte. Ein Artist des Wortes, der auch mit Klam-

mern, Ausrufungszeichen, Gedankenstrichen und Punktreihen wie mit Varietékeulen und -reifen jonglierte. Ein Liebhaber mit hymnischem Schwärmergeist – und ein Racheengel, dem ein Gott gab zu sagen, was er nicht leiden konnte.« (George Salmony, ›SZ‹, 23. 12. 1967) Veröffentlichungen u. a.: ›Die Welt im Drama‹ (5 Bände, 1917); ›Die Welt im Licht‹ (2 Bände, 1920); ›Was wird aus Deutschlands Theater?‹ (1932); auch Gedichtsammlungen und Reiseberichte. Eine Sammlung seiner wichtigsten Kritiken erschien unter dem Titel ›Mit Schleuder und Harfe‹ (Berlin 1982, hrsg. v. Hugo Fetting; auch München 1985). **Literatur:** H. Kirnig: Alfred Kerr – Alfred Polgar. Diss. Wien 1950; M. Th. Körner: Zwei Formen des Wertens. Die Theater-Kritiken Theodor Fontanes und Alfred Kerrs. Diss. Bonn 1952; G. Rühle: Theater für die Republik (im Spiegel der Kritik). 1917–1925 und 1926–1933. 2 Bde. Frankfurt a. M. 1967; J. Biener: Alfred Kerr und Herbert Ihering. Diss. Berlin 1973; M. Reich-Ranicki: Des Jahrhunderts mächtigster Kritiker. In: ›FAZ‹, 13. 8. 1983; H. Schneider: Alfred Kerr als Theaterkritiker. Diss. Rheinfelden 1984; H. Haarmann: Alfred Kerr. Lesebuch zu Leben und Werk. Berlin 1987; J. Herskovics: Alfred Kerr als Kritiker des Berliner Tageblattes. 1919–1933. Diss. Berlin 1990.

Kerst, Alexander (eigtl. Alexander Kerszt), geb. 23. 2. 1924 in Kralup (Böhmen). Schauspieler. Nach dem Kriegsdienst nahm er Schauspielunterricht bei Fred Liewehr am Wiener Max-Reinhardt-Seminar (ab 1946); gleichzeitig studierte er Theaterwissenschaft und Kunstgeschichte und arbeitete beim Hörfunk. Nach ersten Engagements am Burgtheater und am Volkstheater Wien kam er 1954 an das Staatstheater Kassel und danach an die Wuppertaler Bühnen. Von 1957 bis 1960 gehörte er zum Ensemble der Münchner Kammerspiele. Weitere Engagements hatte er u. a. am Renaissancetheater Berlin und bei Tourneetheatern. Wichtigste Rollen an den genannten Bühnen: Faust in Goethes ›Urfaust‹; Hector in Shakespeares ›Troilus und Cressida‹; Tempelherr in Lessings ›Nathan der Weise‹; Phryxus in Grillparzers ›Das goldene Vlies‹; Tambourmajor in Büchners ›Woyzeck‹; Grigorejew in Camus’ ›Die Besessenen‹ (DE 1959, R. Hans Schweikart); Baron Neuhoff in Hofmannsthals ›Der Schwierige‹ (1967, Salzburger Festspiele, mit O. W. Fischer); Minister in Rattigans ›Olivia‹ (1976, Kleine Komödie München); in Budjuhn/Roses ›Die zwölf Geschworenen‹ (1984, R. Heribert Sasse). 1993/94 spielte er die Titelrolle in Goetz’ ›Dr. med Hiob Prätorius‹ (Tournee). Den eigentlichen Durchbruch als Schauspieler schaffte er in Filmen wie ›Morgengrauen‹ (1954), ›Hunde, wollt ihr ewig leben‹ (1959) oder ›Mein Schulfreund‹ (1960, mit Heinz Rühmann). Fernsehrollen u. a.: Sir Robert Chiltern in ›Ein idealer Gatte‹ (1965, nach Wilde); Tom in ›Das Arrangement‹ (1967, nach Meichsner); General de Boisdeffre in Matray/Krügers ›Die Affäre Dreyfus‹ (1968); Baron Arne in ›Unwiederbringlich‹ (1969, nach Fontane); Sir Claude in ›Der Privatsekretär‹ (1977, nach Eliot).

Kersten, Anne, geb. 26. 11. 1895 in Mannheim, gest. 23. 2. 1982 in München. Schauspielerin. Begann in Darmstadt, wo sie Shaws ›Heilige Johanna‹ und Wedekinds ›Lulu‹ spielte (1923–1925); 1933/34 in Mannheim. Seit 1934 gehörte sie zum Ensemble des Bayerischen Staatsschauspieles in München, wo sie auch im hohen Alter noch auftrat. Rollen u. a.: Herzogin in Schillers ›Die Braut von Messina‹ (1951); Jo in Aischylos’ ›Der gefesselte Prometheus‹ (1951); Lady Waynflete in Shaws ›Kapitän Brassbounds Bekehrung‹ (1954; W. M. Guggenheimer schrieb damals: »Lady Kersten – welche Rettung!«); Elisabeth in Schillers ›Maria Stuart‹ (1955, mit Maria Wimmer); Hure in Genets ›Die Wände‹ (1968, R. Hans Lietzau); Mutter in Shakespeares ›Coriolan‹ (1970, R. Hans Hollmann); in Becketts ›Endspiel‹ (1971, R. Urs Jenny): »Daß die sogenannte Reduktion nicht etwa *Nichts* ist, sondern *negierte Energie*, machte Anne Kersten klar, die, obwohl sie wenig ›machte‹, einfach deshalb zur Königin des Abends wurde, weil hinter ihrem ›Nichts‹ die kraftvolle Psyche einer bedeutenden Schauspielerin

Kesselring

spürbar wurde.« (Joachim Kaiser, ›SZ‹, 21. 5. 1971); Madame Pernelle in Molières ›Tartuffe‹ (1971, R. Hans Michael Rehberg); Großmutter in Büchners ›Woyzeck‹ (1972); Königin Eleonore in Dürrenmatts ›König Johann‹ (1974, R. Hans Korte) und Claire Zachanassian in ›Der Besuch der alten Dame‹ (1975, R. Ernst Schröder); Amme in Euripides' ›Medea‹ (1976, mit Lola Müthel, R. Franco Enriquez). Armin Eichholz nannte sie »die Meisterin einer raumgreifenden Anwesenheit«; Joachim Kaiser bescheinigte ihr eine »große Allüre«, eine »damenhafte, königliche Geste« und einen »hinreißenden Ton«.

Kesselring, Joseph, geb. 21. 6. 1902 in New York, gest. 5. 11. 1967 ebenda. Amerikanischer Autor. Verfaßte sehr erfolgreiche Kriminalkomödien. International berühmt wurde sein Stück ›Arsen und Spitzenhäubchen‹ (1943, auch als Film).

Kilger, Heinrich, geb. 8. 3. 1907 in Heidelberg, gest. 1969. Maler und Bühnenbildner. 1928/29 Studium an der Kunstgewerbeschule München; danach war er als Maler tätig. Begann erst 1946 mit Bühnenbildentwürfen; 1947 wurde er Professor für Bühnengestaltung an der Hochschule für Bildende Künste Berlin (Ost). Arbeiten am Berliner Hebbeltheater: Weisenborns ›Die Illegalen‹ (UA 1946); Giraudoux' ›Der trojanische Krieg findet nicht statt‹ (1947/48); Sartres ›Die Fliegen‹ (1948, R. Jürgen Fehling). Seit 1948 Chef-Bühnenbildner am Deutschen Theater Berlin; wichtigste Arbeiten dort: Brechts ›Mutter Courage und ihre Kinder‹ (1949, R. Bertolt Brecht/Erich Engel; Übernahme des Modells von Teo Otto aus der Zürcher UA); in Zusammenarbeit mit dem Regisseur Wolfgang Langhoff: Goethes ›Faust I‹ (1949 und 1954) und ›Egmont‹ (1951); Schillers ›Don Carlos‹ (1952) und ›Kabale und Liebe‹ (1955); Wolfs ›Thomas Münzer, der Mann mit der Regenbogenfahne‹ (UA 1953); Shakespeares ›König Lear‹ (1954); Hacks' ›Die Schlacht bei Lobositz‹ (UA 1956) und ›Die Sorgen und die Macht‹ (1962); Lessings ›Minna von Barnhelm‹ (1960); Goethes ›Iphigenie auf Tauris‹

(1963); in Zusammenarbeit mit Wolfgang Heinz: Tschechows ›Der Kirschgarten‹ (1961); Shakespeares ›Hamlet‹ (1964); Kiltys ›Geliebter Lügner‹ (1964/65); in Zusammenarbeit mit Benno Besson: Hacks' ›Der Frieden‹ (1962, nach Aristophanes) und ›Die schöne Helena‹ (1964). Er bevorzugte schwere plastische Formen und dunkle Farben.
Literatur: H. Kilger: Mostra delle scenografie teatrali. Venedig 1967; C. Funke: Der Bühnenbildner Heinrich Kilger. Berlin 1975.

Kindermann, Heinz, geb. 8. 10. 1894 in Wien, gest. 3. 10. 1985 ebenda. Theaterwissenschaftler. Studium der Germanistik, Romanistik, Skandinavistik und Philosophie in Wien und Berlin; 1926 Professor für Literaturgeschichte und Ästhetik an der Wiener Akademie der Bildenden Künste; etablierte sich als Germanist an der Technischen Hochschule Danzig (ab 1927) und an der Universität Münster (ab 1936). 1943 gründete er in Wien das Theaterwissenschaftliche Institut, als dessen Leiter er von den nationalsozialistischen Behörden berufen wurde. Bis 1945 war er maßgebend an der Durchsetzung der NS-Ideologie in der Germanistik und Theaterwissenschaft beteiligt und mußte deshalb 1945 seinen Posten verlassen. Von 1954 bis 1966 war er dennoch erneut Direktor des Instituts, danach wirkte er dort als Emeritus. Er rief die Österreichische Theatertage und, zusammen mit Ernst Haeusserman, die Wiener Dramaturgie ins Leben; war u. a. Mitbegründer der Zeitschrift ›Maske und Kothurn‹ und der Max-Reinhardt-Forschungs- und Gedenkstätte in Salzburg. Er war als Forscher international angesehen. Sein Hauptwerk ist die zehnbändige ›Theatergeschichte Europas‹ (Salzburg 1957–1974); unvollendet blieb sein letztes großes Werk, die ›Geschichte des Theaterpublikums‹ (3 Bände, Salzburg 1979 ff.).
Literatur: H. Kindermann: Das Burgtheater. Erbe und Sendung eines Nationaltheaters. Leipzig 1939; ders.: Theater und Nation. Leipzig 1943; ders.: Theatergeschichte der Goethezeit. Wien 1948; ders.: Meister der Komödie. Von Aristophanes bis Shaw. München 1952; ders.: Hermann

Bahr. Graz 1954; ders.: Das europäische Theater der Jahrhundertwende. Wien 1955; ders. (Hrsg.): Fernöstliches Theater. Stuttgart 1966; ders.: Max Reinhardts Weltwirkung. Wien u. a. 1969; ders.: Die Funktion des Publikums im Theater. Wien u. a. 1971.

Kinski, Klaus (eigtl. Nikolaus Günther Nakszynski), geb. 18. 10. 1926 in Zoppot, gest. 23. 11. 1991 in Lagunitas (USA). Schauspieler. Ohne Schauspielerausbildung erstes Engagement am Theater Tübingen, später Baden-Baden. 1946 holte ihn Boleslaw Barlog ans Berliner Schloßparktheater. Weitere Stationen: Theater in der Kaiserallee Berlin (1947/48), Deutsches Theater Berlin (1952), danach als Gast an verschiedenen deutschsprachigen Theatern. Ende der fünfziger Jahre sah man ihn als Prinz Heinz in Shakespeares ›Heinrich IV.‹ (Residenztheater München). 1953 ging er mit einem äußerst erfolgreichen Rezitationsabend (Villon, Rimbaud, Schiller) auf Tournee; andere Soloabende folgten, u. a. 1971 ›Das Neue Testament‹. Über die Premiere in Berlin schrieb Rolf Michaelis in der ›Frankfurter Allgemeinen Zeitung‹ (22. 11. 1971): »Klaus Kinski ist da. Das heißt: der nervös-begabte Exzentriker und Skandal-Garant ist da. Also sind die Krachmacher da. Also ist die Polizei da. Also ist der Tumult da. Nach zehn Minuten eilt Klaus Kinski in der Ein-Mann-Rolle des ›Jesus Christus Erlöser‹ bei der Premiere seines neuen Tournee-Programms ›Das Neue Testament‹ in Berlin zum ersten Mal vom Podium der Deutschlandhalle, nachdem er sein Publikum mit den in der Heiligen Schrift nicht überlieferten Worten ›Dumme Säue‹ und ›Scheißgesindel‹ bedacht hat. (...) Selbst der Kinski-Knatsch zeigt, wie Jesus Christus der Welt zu schaffen macht, auch wenn man an Kinski und andere Jünger die Frage richten darf, die der Apostel Paulus an den Kämmerer aus dem Morgenland gerichtet hat: ›Verstehst du auch, was du liesest??‹« Danach arbeitete Kinski ausschließlich als Filmschauspieler, wobei die Zusammenarbeit mit Werner Herzog besonders fruchtbar war: ›Aguirre, der Zorn Gottes‹ (1972), ›Nosferatu – Phantom der Nacht‹ (1978), ›Woyzeck‹ (1978 nach Büchner), ›Fitzcarraldo‹ (1981), ›Cobra Verde‹ (1987). 1975 erschien sein Buch ›Ich bin so wild nach deinem Erdbeermund‹, das K. H. Kramberg in der ›Süddeutschen Zeitung‹ rezensierte (11. 10. 1975): »Das Fremdwort Pornographie trifft auf Kinskis Verfahren mit dem Leser nicht zu. Denn seine Darstellung spekuliert nicht auf den Lusteffekt, den sie bei Zweiten und Dritten erzielen könnte. Sie gilt, man merkt's immer wieder, primär dem Selbstgenuß des Schreibenden.« In seinem Nachruf schrieb Peter Buchka (›SZ‹, 27. 11. 1991): »Für Schlagzeilen in der Klatschpresse war er immer gut, Klaus Kinski, das enfant terrible, der Bösewicht, der Erotomane, der Rücksichtslose, der Besessene. (...) Man mag von dem Kinski, wie er nicht ohne eigenes Zutun von den Medien dargestellt wurde, halten, was man will, eins muß man dem Künstler auf jeden Fall zugute halten: daß er für seine Kunst kämpfte. (...) So war Kinski: rätselhaft und unberechenbar, arrogant und hingebungsvoll. Darum ist er als Schauspieler nur den Abenteuergestalten vergleichbar, die er bei Herzog spielte.«

Kinski, Pola (eigtl. Pola Nakszynski), geb. 23. 3. 1952. Schauspielerin. Älteste Tochter des Schauspielers Klaus Kinski. Aufgewachsen in Berlin und München; Schauspielausbildung an der Münchner Otto-Falckenberg-Schule. Debütierte 1974 am Deutschen Schauspielhaus Hamburg, wo sie bis 1976 zum Ensemble gehörte. Rollen hatte sie u. a. in Walsers ›Sauspiel‹ (UA 1975, R. Alfred Kirchner), in Müllers ›Die Schlacht‹ (1975, R. Ernst Wendt) und in Fassbinders ›Frauen in New York‹ (1975/76, R. Rainer Werner Fassbinder). In Zusammenarbeit mit Peter Zadek: Bianca in Shakespeares ›Othello‹ (1976, Deutsches Schauspielhaus Hamburg); Eliante in Enzensbergers ›Molières Menschenfeind‹ (UA 1979, Freie Volksbühne Berlin). Es folgten Gastspiele und Tourneen; Fernseharbeit seit 1977. Ihr Kinodebüt gab sie 1978 in Wolfgang Staudtes ›Zwischengleis‹.

Kipphardt

Kipphardt, Heinar, geb. 8. 3. 1922 in Heidersdorf, gest. 18. 11. 1982 in Angelsbruck bei Erding. Studierte Medizin, Philosophie und Theaterwissenschaft. Als Soldat in Rußland. 1949 Assistenzarzt in Düsseldorf und Berlin. Von 1950 bis 1959 Dramaturg am Deutschen Theater in Berlin, von 1960 an freier Schriftsteller in München. 1970/71 war er Chefdramaturg an den Münchner Kammerspielen, dann Arzt in einer Münchner Nervenklinik. Er erhielt mehrere Preise, darunter den Gerhart-Hauptmann-Preis und den Adolf-Grimme-Preis. Kipphardt schrieb Dokumentarstücke mit politischem Gehalt, in denen der Widerspruch zwischen historisch Vergangenem und der Gegenwart erhellt werden sollte. Neben den Stücken verfaßte er Romane und Erzählungen, von denen vor allem ›März‹ (1976) viel Aufmerksamkeit erregte (auch als Bühnenfassung mit dem Titel ›März, ein Künstlerleben‹, UA 1980). International bekannt wurde Kipphardt mit dem Stück ›In der Sache J. Robert Oppenheimer‹ (1964). Das Stück wurde 1964 an den Münchner Kammerspielen uraufgeführt (R. Paul Verhoeven): Urs Jenny schrieb darüber: »In der Sache J. Robert Oppenheimer‹ ist, nach Hochhuth und Peter Weiss, innerhalb sehr kurzer Zeit das dritte Stück eines deutschen Dramatikers, dessen internationaler Erfolg als gesichert gelten kann, das zweite überdies, das eine Persönlichkeit der Zeitgeschichte unverschlüsselt auf die Bühne bringt. Kipphardt tut das aber nicht um einer polemischen These willen, er hält nicht hochmütig über die Zeit Gericht, sondern beugt sich der Wirklichkeit aus der Einsicht heraus, daß den bedrängendsten Konflikten unserer Welt nicht mit Fiktionen, nicht mit Modellen beizukommen ist, und daß die persönlichen Ansichten eines Schriftstellers zu deren Lösung kaum allgemeines Interesse beanspruchen können. Von Kipphardt stammt nur die Form, nicht die Substanz. Urheber, Held und Opfer des Dramas ist J. Robert Oppenheimer.« (›SZ‹, 13. 10. 1964)

»Kipphardt war ein politisch engagierter Schriftsteller, der an die Veränderbarkeit der Welt glaubte und mit seiner Arbeit zu Emanzipationsprozessen ermuntern wollte. Die Literatur sollte ein Abbild der Realität sein und deren Struktur freilegen, ohne durch zu einfache Antworten die Widersprüche zu verdecken. Kipphardt zeigte den Menschen in wechselseitiger Abhängigkeit: als Objekt und Subjekt der Geschichte, er wollte ›zu Kausalitäten vorstoßen, ohne die fragende Haltung aufzugeben‹.« (Heinrich Peters, Michael Töteberg: in: KLG, 14. Nlg., 1. 1. 1992, S. 15)

Weitere Stücke: ›Shakespeare dringend gesucht‹ (1954); ›Die Geschichte von Joel Brand‹ (1965); ›Sedanfeier‹ (1970); ›Bruder Eichmann‹ (1982).

Kirchhoff, Bodo, geb. 6. 7. 1948 in Hamburg. Schriftsteller. Studierte Psychologie und Pädagogik in Frankfurt (Promotion 1986/87). Stipendiat der Villa Massimo. In seinen Romanen und Stücken finden sich psychoanalytische Problemstellungen menschlicher Identität und Isolation, Sprachspiele und Chiffren des absurden Theaters. »In ›Wer sich liebt‹ begegnen sich mehrere Personen, am Rande eines literarischen Ereignisses, in einem Kongreß- und Freizeitzentrum. Mehr oder weniger Zugehörige im Hinblick auf ihre unterschiedlichen Beziehungen zu abwesenden Berühmtheiten – zum Imaginären. (...) Die Unterhaltungen, Gespräche und Szenen, die sich aus den laufenden Begegnungen ergeben, sind Variationen über ein Begehren nach demselben, Variationen über das Konservative; sie ergänzen sich in einem Text, der immer wieder auf eine Komödie zusteuert.« (Bodo Kirchhoff, ›Wer sich liebt‹. Frankfurt a. M. 1981)

Weitere Stücke: ›Das Kind oder die Vernichtung von Neuseeland‹ (1978); ›Bodybuilding‹ (1979); ›Glücklich ist, wer vergißt‹ (1982); ›An den Rand der Erschöpfung, weiter‹, ›Marie‹ (beide 1986).

Kirchhoff, Corinna, geb. 1958 in Düsseldorf. Schauspielerin. 1979–1983 Ausbildung an der Schauspielschule Berlin. Seit der Spielzeit 1983/84 gehört sie zum Ensemble der Schaubühne am Lehniner Platz. Einen großen Erfolg feierte sie gleich zu Beginn als Irina in Peter Steins umjubelter Tschechow-Inszenierung ›Drei Schwestern‹ (1984, mit Jutta Lampe und Edith

Clever); für Hellmuth Karasek war sie die »Entdeckung der Aufführung«. Weitere Rollen u. a.: Mädchen in Strauß' ›Der Park‹ (1984, R. Stein) und Titelrolle in ›Die Fremdenführerin‹ (1986, R. Luc Bondy); Regan in Shakespeares ›König Lear‹; Mildred Douglas in O'Neills ›Der haarige Affe‹ (1986, R. Stein); Anna Balicke in Brechts ›Trommeln in der Nacht‹ (1987, R. Herbert König); Die elegante Dame in Koltès' ›Roberto Zucco‹ (UA 1990, R. Stein); Hermione in Shakespeares ›Das Wintermärchen‹ (1990, R. Bondy); Wassilissa Karpowna in Gorkis ›Nachtasyl‹; Dame in Kaisers ›Von morgens bis mitternachts‹ (1993) und Titelrolle in Ibsens ›Hedda Gabler‹ (1993/94, R. jeweils Andrea Breth). Michael Merschmeier schrieb: »Hinter der Tragödin lauert (. . .) bei Corinna Kirchhoff auch der Clown, hinterm Mänadenantlitz das des Alltagsmenschen. In Steins ›Park‹-Inszenierung fetzte sie als No-future-Mädchen durch die Büsche, schrillte mit Punk-Power ätzende Lieder runter – (. . .) eine handwerkliche Grenzgängerlust, die aus grauem Schubladendenken entwischt. Keine ›Verstellerin‹, die Schauspielerin Corinna Kirchhoff; aber mehr als die gängigen Selbstfindungsversuche mit den immer gleichen, immer schmalen Mitteln des blassen Ich-Ausdrucks führt sie vor.« (›Theater heute‹, Jahrbuch 1986)

Literatur: M. Merschmeier: Ihr Wunderkinder? Über sieben Schauspieler der Saison. In: Theater heute, Jahrbuch 1986.

Kirchlechner, Dieter, geb. 21. 1. 1932 in Pinkafeld (Österreich). Schauspieler. Ausbildung an der Otto-Falckenberg-Schule München. 1953–1955 erstes Engagement in Essen; 1955–1962 sowie 1975–1978 am Bayerischen Staatsschauspiel München. Von 1962 bis 1971 arbeitete er an den Münchner Kammerspielen, gleichzeitig von 1964 bis 1968 an der Schaubühne am Halleschen Ufer Berlin. Weitere Gastspiele gab er an der Freien Volksbühne Berlin, am Hamburger Thalia Theater und am Schauspielhaus Wien. Seine größten Erfolge hatte er an den Münchner Kammerspielen, wo er u. a. in Inszenierungen von Fritz Kortner spielte: Cassio in Shakespeares ›Othello‹ (1962); Leonce in Büchners ›Leonce und Lena‹ (1963, mit Gertrud Kückelmann); in Shakespeares ›König Richard III.‹ (1963); außerdem u. a.: Lenny in Pinters ›Die Heimkehr‹ (1966, R. Dieter Giesing): »An Dieter Kirchlechners Lenny war ausgezeichnet, daß man die späte Offenbarung, dieser freche, ein bißchen geschniegelte, nichtstuerische Bursche sei Zuhälter, sofort annahm; er konnte nichts anderes sein.« (Hanns Braun, ›SZ‹, 28. 2. 1966); Knecht in Thomas ›Magdalena‹ (1967, R. Hans Schweikart); Subtle in Jonsons ›Der Alchimist‹ (1967, R. Peter Lühr); Sohn in Sperrs ›Landshuter Erzählungen‹ (UA 1967, R. August Everding); in Dürrenmatts ›Die Wiedertäufer‹ (1967, R. Schweikart); in Weiss' ›Vietnam-Diskurs‹ (1968, R. Peter Stein); Tesman in Ibsens ›Hedda Gabler‹ (1968, mit Ingrid Andree, R. Giesing); Mao in Albees ›Kiste – Worte des Vorsitzenden Mao Tse-tung – Kiste‹ (DE 1969, R. Ulrich Heising); Kasimir in Horváths ›Kasimir und Karoline‹ (1969, mit G. Kückelmann, R. Otto Schenk); Kaplan Wirsching in Siegfried Sommers ›Marile Kosemund‹ (UA 1969). Rollen am Bayerischen Staatsschauspiel u. a.: Boris in Bernhards ›Ein Fest für Boris‹ (1973, R. Jürgen Flimm); Horatio in Shakespeares ›Hamlet‹ (1976, mit Michael Degen); in Babels ›Marija‹ (1976, R. Flimm); eigene Inszenierung: Shaffers ›Equus‹ (1977, mit Jacques Breuer, Marstalltheater). Gastspiele u. a. am Schauspielhaus Zürich: in Brochs ›Die Entsühnung‹ (1994). Seit den sechziger Jahren umfangreiche Fernseharbeit.

Kirchner, Alfred, geb. 1937 in Göppingen. Regisseur und Co-Direktor. Ausbildung an der Berliner Max-Reinhardt-Schule. 1964–1971 Assistent von Peter Zadek am Bremer Theater; Inszenierungen u. a.: Hall/Waterhouses ›Lügen-Billy‹ (DE 1965); Hill/Hawkins' ›Canterbury Tales‹ (1970, Musical); ferner Zusammenarbeit mit Peter Palitzsch; 1970 Erfolg mit Vitracs ›Der Coup von Trafalgar‹ in Bochum. Es folgten u. a.: Walsers ›Ein Kinderspiel‹ (UA 1971, Stuttgart); Offenbachs ›Die schöne Helena‹ (1971, Nürnberg); Gorkis

Kirchner 374

›Die falsche Münze‹ (1972, Bochum); Shakespeares ›Was ihr wollt‹ (1972, Bremen); Joachim Kaiser schrieb: »Kirchner (...) ist ein kraftvolles, lustiges und listiges Talent. Er kann das Wichtigste: Wenn zwei Menschen auf der Bühne, zwei Verliebte gar, miteinander sprechen, dann geht zwischen ihnen was vor, dann drückt sich Leidenschaft oder Angst, oder leidenschaftliche oder ängstliche Befangenheit aus zwischen ihnen. Es wird nicht nur aufgesagt, abgeliefert, vorgeführt, mitgeteilt, ge-klassikert.« (›SZ‹, 19. 6. 1972) 1972 wechselte er als Oberspielleiter an das Staatstheater Stuttgart; war dort unter der Intendanz von Claus Peymann Mitglied im Direktorium (1974–1979). Über sein Regiekonzept sagte er: »Es gibt kein Theater ohne gesellschaftspolitischen Bezug. Ich lehne aber politisches Theater, dem die Theatralik und die Sinnlichkeit fehlen, ab.« Inszenierungen u. a.: Shakespeares ›Romeo und Julia‹ (1972); Storeys ›Die Umkleidekabine‹ (1972); Ionescos ›Die kahle Sängerin‹ (1974); Essigs ›Die Glückskuh‹ (1975); Holberg/Langes ›Jeppe vom Berge‹ (1975); Behans ›Die Geisel‹ (1975); Reinshagens ›Sonntagskinder‹ (UA 1976); Büchners ›Woyzeck‹, zwei Fassungen an einem Abend); Shakespeares ›Sommernachtstraum‹ (1977): »Kirchners erdennaher, aller Tändelsucht und artistischen Brillanz aus dem Weg gehender Inszenierung gelingt ein erstaunliches Kunststück: Magie und Wahn aus theaterplundriger Befrachtung zu lösen und in ihrer Eigengesetzlichkeit selbstverständlich werden zu lassen.« (H. D. Seidel, ›Theater heute‹, Heft 7, 1977); Brechts ›Furcht und Elend des Dritten Reiches‹ (1978); Becketts ›Endspiel‹ (1978, mit Branko Samarovski und Peter Sattmann); Gastinszenierungen u. a.: Handkes ›Die Unvernünftigen sterben aus‹ (1975, Residenztheater München); Walsers ›Sauspiel‹ (UA 1975, Hamburger Schauspielhaus). Von 1979 bis 1986 war er Peymanns Mitdirektor am Bochumer Schauspielhaus; Fortsetzung der erfolgreichen Zusammenarbeit. Kirchner inszenierte mehrere Uraufführungen: Lodemanns ›Ahnsberch‹ (1980); Achternbuschs ›Susn‹/›Kuschwarda City‹ (1980, zusammen mit Vera Sturm); Zahls ›Johann Georg Elser‹ (1982, mit Martin Schwab); Bernhards ›Über allen Gipfeln ist Ruh‹ (1982, UA bei den Festspielen Ludwigsburg); Stücke von Brecht: ›Die heilige Johanna der Schlachthöfe‹ (1980); ›Mutter Courage und ihre Kinder‹ (1981, mit Kirsten Dene); ›Herr Puntila und sein Knecht Matti‹ (1985, mit Buhre und Samarovski); ferner u. a.: Fos ›Hohn der Angst‹ (1981); Hauptmanns ›Die Weber‹ (1983); Molières ›Der eingebildete Kranke‹ (1983); Shakespeares ›Der Kaufmann von Venedig‹ (1984, Residenztheater München, mit Walter Schmidinger); großer Erfolg mit Norèns ›Nachtwache‹ (DE 1986, mit Angelica Domröse und Hannelore Hoger). Von 1986 an gehörte er zu Peymanns Team am Wiener Burgtheater, war hier als Regisseur jedoch weniger erfolgreich. Er inszenierte u. a.: Shakespeares ›Sommernachtstraum‹ (1986); Brechts ›Der aufhaltsame Aufstieg des Arturo Ui‹ (1987, mit Franz Morak); Achternbuschs ›An der Donau‹ (UA 1987); Turrinis ›Die Minderleister‹ (UA 1988). 1989 wurde er in das neue Viererdirektorium der Staatlichen Schauspielbühnen Berlin berufen (zusammen mit Alexander Lang, Volkmar Clauß und Vera Sturm). Das Quartett löste mit Beginn der Spielzeit 1989/90 den Intendanten Heribert Sasse ab, drohte jedoch bald schon auseinanderzubrechen (Vertragskündigung August 1993). Arbeiten in Berlin u. a.: Schiller-Abend und Goethes ›Faust I‹ (1990, mißglückte Eröffnungsinszenierung); Turrinis ›Tod und Teufel‹ (1991) und ›Alpenglühen‹ (1993, mit Hoger und Harald Juhnke). Kirchner hat sich auch als Opernregisseur einen Namen gemacht, u. a. an der Oper Frankfurt: Janáčeks ›Jenufa‹ (1979); B. A. Zimmermanns ›Soldaten‹ (1981); Verdis ›Maskenball‹ (1982); Tschaikowskys ›Eugen Onegin‹ (1984); Zenders ›Stephen Climax‹ (UA 1986); ferner u. a.: Udo Zimmermanns ›Die wundersame Schustersfrau‹ (UA 1982, nach Lorca, Schwetzingen); Mussorgskis ›Chowanschtschina‹ (1989, Wien); Neuinszenierung von Wagners ›Ring des Nibelungen‹ (1994, Bayreuther Festspiele, Dirigent: James Levine). Drei seiner Inszenierungen wurden zum Berliner Theatertreffen eingeladen: 1975: Ionescos ›Die kahle Sängerin‹ und Tristan Rémys ›Clownnummern‹ (Württembergisches Staatstheater Stuttgart); 1987: Noréns ›Nachtwache‹; 1988: Brechts ›Der aufhaltsame Aufstieg des Arturo Ui‹ (beide Burgtheater Wien). **Literatur:** H. Beil (u. a.) (Hrsg.): Das Bochumer Ensemble. Ein deutsches Stadttheater 1979–1986. Königstein 1986; M. Merschmeier/F. Wille: »Ensemblegeist! Wahrheitssuche! Pragmatismus . . .« Gespräch mit Alfred Kirchner und Alexander Lang. In: Theater heute, Jahrbuch 1990, S. 34–40.

Kirchner, Ignaz, geb. 13. 7. 1948 in Andernach. Schauspieler. Buchhändlerlehre, danach Ausbildung an der Schauspielschule Bochum. 1971, noch als Schauspielschüler, erhielt er eine erste Rolle in Alfred Kirchners Vitrac-Inszenierung ›Der Coup von Trafalgar‹. 1973/74 spielte er an der Freien Volksbühne Berlin in zwei Inszenierungen von Wilfried Minks: Le Bret in Rostands ›Cyrano von Bergerac‹ und Don Alegrito in García Lorcas ›Mariana Pineda‹. 1974–1978 Engagement am Staatstheater Stuttgart; spielte dort u. a. in Claus Peymanns Kleist-Inszenierung ›Das Käthchen von Heilbronn‹ (1975). 1978–1981 Engagement in Bremen bei Frank-Patrick Steckel; Rollen u. a.: Achternbuschs ›Ella‹; Shakespeares ›Hamlet‹ (1981, R. Jürgen Gosch); Damis in Molières ›Tartuffe‹ (1981, R. Ernst Wendt). 1982–1986 an den Münchner Kammerspielen: Wilhelm Reichs ›Rede an den kleinen Mann‹ (UA 1982, R. Peter Mussbach); Mordred in Dorsts ›Merlin oder Das wüste Land‹ (1982, R. Dieter Dorn); Orlando in Shakespeares ›Wie es euch gefällt‹ (1982, R. Wendt); in O'Caseys ›Freudenfeuer für den Bischof‹ (1982) und Mussets ›Lorenzaccio‹ (1985, R. jeweils Thomas Langhoff). In München arbeitete er erstmals mit George Tabori: Poseidon in Euripides/Jens' ›Die Troerinnen‹ (1985) und Itai in Harald Muellers ›Totenfloß‹ (1986). 1983/84 am Kölner Schauspielhaus: Fürst in Marivaux' ›Der Streit‹ (R. Benjamin Korn); Lopachin in Tschechows ›Der Kirschgarten‹ (R. Jürgen Flimm); Estragon in Becketts ›Warten auf Godot‹ (mit Klaus

Pohl, R. Gosch). 1987 wurde er Ensemblemitglied des Wiener Burgtheaters; großer Erfolg in seiner Antrittsrolle als Schlomo Herzl in Taboris ›Mein Kampf‹ (UA 1987, R. Tabori): »Ignaz Kirchner schlurft wie der ewige Jude. Einer, der an 2000 Jahren Verfolgung leidet, seinen Stolz jedoch nicht verloren hat (. . .). Kirchner zerknittert sein Gesicht immer wieder neu: Ekel und Langeweile, Enttäuschung, Zynismus, Trauer, Geilheit und Zuneigung werfen verschiedene Falten. Seine Hände kommentieren, wenn der Mund schweigt. Spricht er, dann hören wir den schon besiegten Juden trotzig, aufmüpfig murmeln. Und wenn er weint, dann glaubt man diesem Schlomo, daß er seit 2000 Jahren nichts anderes tut.« (C. B. Sucher, ›SZ‹, 8. 5. 1987) Umjubelt wurde er auch als Jago in Taboris ›Othello‹-Inszenierung (1990, Gert Voss als Othello): »Dieser ›teigige Mensch mit den hungrigen Augen im verwüsteten Gesicht‹ (Sigrid Löffler in ›Theater heute‹, Heft 3, 1990) ist ein Meister der Andeutungen, die er mit oft nur fahrig, nachlässig wirkenden Gebärden und im Ton der eher privaten Konversation verstreut wie Giftbröckchen aus einer löchrigen Hosentasche.« (Peter von Becker, ›Theater heute‹, Jahrbuch 1990) In Taboris ›Goldberg-Variationen‹ brillierte er, wieder an der Seite von Voss, als Assistent Goldberg (UA 1991, R. Tabori); Kirchner und Voss wurden dafür zum Schauspielerpaar des Jahres gewählt (›Theater heute‹, Jahrbuch 1992). Weitere Rollen am Burgtheater: Titelrolle in Sophokles/Müllers ›Ödipus, Tyrann‹ (1988, R. Matthias Langhoff); in Inszenierungen von Peter Zadek: Antonio in Shakespeares ›Der Kaufmann von Venedig‹ (1988, Voss als Shylock) und Doktor Lwow in Tschechows ›Iwanow‹ (1990, Voss als Iwanow); Macduff in Shakespeares ›Macbeth‹ (1992, Voss als Macbeth, R. Peymann). In der Spielzeit 1992/93 wechselte er an das Deutsche Theater Berlin; dort u. a.: in Ostrowskis ›Der Wald‹ (1992, mit Christian Grashof, R. Thomas Langhoff); Sosias in Kleists ›Amphitryon‹ (1993, R. Gosch). **Literatur:** C. B. Sucher: Theaterzauberer. Schauspieler. 40 Porträts. München, Zürich 1988; P. v. Becker: »Willst du mich einen Virtuosen schimpfer?« Gert Voss und Ignaz Kirchner – ein freundschaftliches Streitgespräch über Kunst und Wahnsinn des Theaters. In: Theater heute, Jahrbuch 1992, S. 38–51.

Kirchstein, Rüdiger, geb. 11. 1. 1941 in Breslau. Schauspieler. Nach der Mittleren Reife ging er zur See; danach Schauspielausbildung an der Folkwangschule Essen. 1968/69 bei Peter Palitzsch am Staatstheater Stuttgart; 1969/70 bei Peter Löffler am Schauspielhaus Zürich. 1970 gehörte er neben Peter Stein u. a. zur Gründungsgruppe der Schaubühne am Halleschen Ufer Berlin. Es folgten Gastspiele am Schauspielhaus Bochum und bei den Ruhrfestspielen Recklinghausen. Rollen u. a. Titelrolle in Ibsens ›Peer Gynt‹; in Gork /Brechts ›Die Mutter‹ und Wischnewskis ›Optimistische Tragödie‹ (jeweils Schaubühne, R. Stein); in Hauptmanns ›Der Biberpelz‹; Titelrolle in Sternheims ›Bürger Schippel‹; in Calderóns ›Die große Zenobia‹. Seit den achtziger Jahren ist er hauptsächlich beim Fernsehen tätig.

Kishon, Ephraim (eigtl. Ferenc Hoffmann), geb. 23. 8. 1924 in Budapest. Schriftsteller, Journalist und Regisseur. Studium der Kunstgeschichte in Budapest. War im und nach dem Zweiten Weltkrieg in ungarischen, deutschen und russischen Lagern inhaftiert. 1949 übersiedelte er nach Israel, wo er zunächst in einem Kibbuz als Schlosser, Kfz-Mechaniker, Maler und Installateur arbeitete. 1952 begann er, politisch-satirische Glossen für die Tageszeitung ›Ma 'Ariv‹ zu schreiben. Kishon lebt als freier Schriftsteller in Tel Aviv, wo er Leiter der Kleinkunstbühne Die grüne Zwiebel war. Seit 1981 hat er einen zweiten Wohnsitz in der Schweiz. Sein schriftstellerisches Werk umfaßt mehr als 50 Bände, übersetzt in ca. 33 Sprachen, mit einer Gesamtauflage von 36 Millionen Exemplaren; hinzu kommen Filme, Hörspiele und Bühnenwerke. Seine Bühnenstücke sind humoristische Situationskomödien, in denen sich Kishon über Bürokratie, Ehe, typische Verhaltensweisen seiner Landsleute und allgemein menschliche Schwä-

chen satirisch lustig macht. Viele eigene Regiearbeiten, u. a. auch an den Hamburger Kammerspielen.
Stücke: ›Der Blaumilchkanal‹ (1974; zuvor bereits als Hörspiel und Film); ›Es war die Lerche‹ (1977, groteske Fortschreibung der Shakespeare-Tragödie ›Romeo und Julia‹); ›Der Trauschein‹ (1983); ›Zieh den Stecker raus, das Wasser kocht‹ (1986); ›Kein Wort zu Morgenstern‹ (UA der Neubearbeitung 1992 im Stadttheater St. Pölten in eigener Regie).
Literatur: E. Kishon: ›Nichts zu lachen‹. München 1993.

Kislinger, Harald, geb. 6. 3. 1958 in Linz. Österreichischer Dramatiker. Sohn eines Verwaltungsdirektors einer psychiatrischen Anstalt. Nach Abbruch des Stiftsgymnasiums in Schlierbach arbeitete er als Einkäufer einer Kinderklinik. 1979 wurde sein erstes Theaterstück ›Television‹ im Linzer Kellertheater uraufgeführt. Der Durchbruch gelang Kislinger 1992, als seine Stücke an fünf verschiedenen Bühnen gespielt wurden: ›A liebs Kind‹ am Bayerischen Staatsschauspiel; ›Heimatstöhnen‹ am Schauspielhaus in Wien; ›Moldaublick‹ am Landestheater in Linz und an zwei kleineren Theatern in Linz und Sommerhausen. Wenzel Müller schrieb: »Kislingers Theaterstücke besitzen denn auch nicht die sensationell neue Form, doch sie stellen eine gewisse Herausforderung für den Regisseur und die sogenannten Sehgewohnheiten des Publikums dar. ›Heimatstöhnen‹ springt zwischen den Schauplätzen Mühlviertel, New York und Wiener Opernball hin und her. In ›Steinigung einer nackten Frau‹ sitzen Mann und Frau nebeneinander, beide ergehen sich in endlosen Monologen, als wäre der andere gar nicht da. In ›A liebs Kind‹ wird eine alte Frau im Pensionistenheim schwanger. Szenen und Bilder, die nicht aus dem unmittelbaren Leben geschöpft scheinen. Ihnen haftet etwas Künstliches an. Ganz eigene Bilderwelten (...) Charakteristisch ist Kislingers bilderreiche Sprache, auffallend seine vielen Worterfindungen (...) So unterschiedlich in der Form, haben sie doch (...) so etwas Altmodisches wie eine Moral. Diese ›Botschaft‹ haben fast alle Stük-

ke: bekennt euch zu euren intimen Wünschen, führt ein natürliches Leben, jenseits aller neuzeitlichen Verkünstelungen.« (›Wiener Zeitung‹, 28. 2. 1992)
Stücke: ›Vom Fleischhacken und Liebhaben‹ (1992); ›Die Vollblutstars‹ (1992); ›Christihimmelfahrtskommando‹ (1992).

Klabund (eigtl. Alfred Henschke), geb. 4. 11. 1890 in Crossen, gest. 14. 8. 1928 in Davos. Dichter. Sohn eines Apothekers. Klabund verbrachte seine Kindheit in Crossen und Frankfurt a. d. O., studierte Literatur und Philosophie in München und Lausanne, bevor er sich als freier Schriftsteller zunächst in München, Berlin und dann in der Schweiz niederließ. Er war verheiratet mit der Schauspielerin Carola Neher. Klabund stand als Lyriker und Dramatiker zwischen Impressionismus und Expressionismus, inspiriert von Villon, Wedekind, Heine und der Bänkelgesang-Tradition. Seine Vorliebe galt stark erotischen Themen. Erfolgreich war sein Eulenspiegel-Roman ›Bracke‹ (1918). Von seinen Stücken hat sich nur ›Der Kreidekreis‹ (1925) behaupten können, der Brecht zu seinem Stück ›Der kaukasische Kreidekreis‹ (1949) inspiriert hat. »Ja, das oft liebliche Klabundstück – mit Möglichkeiten für Gesang, angenehme Rollen und Ausstattung – will mitnichten die Schererei um das Drama der Gegenwart mitmachen: sondern sie freundlich unterbrechen. Hübße Trauer, kindlicher Smerz und ein Fremdreiz um die süße-süße-süße Destalt der armen tleinen Haitang, die zuletzt belohnt, aber vorher kardätscht wird. (. . .) Alles arglos: so umsungen-umklungen; umtönt-umsehnt (. . .) und am Sluß verßönt.« (Alfred Kerr 1925, in: Mit Schleuder und Harfe. München 1985)
Weitere Stücke: ›Die Nachtwandler‹ (1920); ›Das lasterhafte Leben des weiland weltbekannten Erzzauberers Christoph Wagner‹ (1925); ›Das Kirschblütenfest‹ (1927); ›XYZ‹ (1928).
Literatur: G. Kaulla: »und verbrenn' in seinem Herzen«. Die Schauspielerin Carola Neher und Klabund. Freiburg 1984.

Klaus, Johannes, geb. 1949 in Bottrop. Schauspieler und Regisseur. Begann als

Schauspieler in Bochum, Göttingen, Dortmund, Bremen und an der Freien Volksbühne Berlin. 1981–1984 erste Regiearbeiten in Kassel; 1984–1987 Oberspielleiter am Landestheater Tübingen; von 1987 an freier Regisseur in Wiesbaden, Nürnberg, Dortmund, Kassel und bei den Ruhrfestspielen Recklinghausen. Häufig Auseinandersetzung mit Stücken zum Thema Judentum und Nazi-Terror. 1992/93 war er fester Regisseur am Nationaltheater Mannheim, wo er u. a. Shakespeares ›Komödie der Irrungen‹ und Sobols ›Ghetto‹ inszenierte. Seit 1993 ist er Schauspieldirektor am Theater Basel; inszenierte u. a. Babels ›Sonnenuntergang‹ und Horváths ›Die Bergbahn‹.

Kleen, Tebbe Harms, geb. 4. 5. 1932 in Düsseldorf. Schauspieler, Regisseur und Intendant. Nach dem Abitur (1951) studierte er Germanistik, Kunstgeschichte, Theaterwissenschaft und Philosophie in Köln, München und Bonn; Dissertation über Hugo von Hofmannsthal. Seine Theaterlaufbahn begann er als Schauspieler in Bonn, Neuss, Bielefeld und am Schloßtheater Celle; danach Regiearbeiten und Tätigkeit als Dramaturg u. a. in Kiel. 1970–1974 Chefdramaturg und Oberspielleiter des Schauspiels am Stadttheater Würzburg; erste Operninszenierungen. 1974–1976 Oberspielleiter in Lübeck; 1976–1979 frei arbeitender Regisseur u. a. in Darmstadt, Lübeck, Würzburg und Graz. Von 1979 bis 1988 war er Intendant am Landestheater Coburg. Seit 1988 ist er Intendant in Würzburg. Kleen hat insgesamt mehr als 120 Inszenierungen gemacht, darunter in den letzten Jahren: Gorkis ›Sommergäste‹ und ›Barbaren‹; Schillers ›Maria Stuart‹ und ›Kabale und Liebe‹; Shakespeares ›Hamlet‹ und ›Maß für Maß‹; Heiner Müllers ›Hamletmaschine‹; Tschechows ›Onkel Wanja‹; zuletzt (1994) Goldonis ›Trilogie der Ferienzeit; Opern u. a.: Mozarts ›Don Giovanni‹; W. Rihms ›Jakob Lenz‹; Wagners ›Tannhäuser‹; Bergs ›Lulu‹.

Kleist, Heinrich Wilhelm von, geb. 18. 10. 1777 in Frankfurt a. d. O., gest. 21. 11. 1811 in Berlin (Freitod). Dichter.

Klett

Sohn eines peußischen Offiziers. Kleist trat 1792 in die Armee in Potsdam ein und schied 1799 freiwillig wieder aus. Er studierte drei Semester Philosophie, Physik und Staatswissenschaften in Frankfurt a. d. O. 1800 kehrte er nach Berlin zurück. Nach einem psychischen Zusammenbruch Vernichtung seiner Papiere und des ›Guiskard‹-Manuskripts. 1805 Wiedereintritt in den preußischen Dienst, den er 1806 endgültig verließ. 1808 gab er, zusammen mit Adam Müller, die Monatsschrift ›Phöbus‹ heraus, 1810 die ›Berliner Abendblätter‹. Ebenfalls 1808 wurde ›Der zerbrochne Krug‹ in Weimar durch Goethe uraufgeführt. Kleist, unter dem Eindruck seines Scheiterns als Dichter sowie der Niederlage der Nation, nahm sich 1811 zusammen mit Henriette Vogel am Wannsee in Berlin das Leben. Kleist ist der bedeutendste Dramatiker und Erzähler zwischen Klassik und Romantik. Zu seinen herausragenden Novellen gehört der ›Michael Kohlhaas‹ (1805), zu seinen wichtigsten Essays: ›Über das Marionettentheater‹ (1810). ›Der zerbrochne Krug‹ gehört zu den wenigen hervorragenden deutschen Komödien. Seine Werke wurden in den verschiedensten Interpretationen gezeigt. Die Nationalsozialisten vereinnahmten Kleist für sich und ihre Propaganda, vor allem die Stücke ›Prinz Friedrich von Homburg‹ und ›Hermannsschlacht‹. In den siebziger Jahren wurde der ›Prinz von Homburg‹ »unter dem Eindruck der Studentenbewegung aufs neue aktualisiert und als Parabel eines politischen Traums gespielt«. (Klaus Kanzog) Zur Berliner Inszenierung (Schaubühne am Halleschen Ufer, R. Peter Stein) schrieb Joachim Kaiser: »(. . .) diesmal wird alles anders verlaufen. Eine vaterländische Militärklamotte wird es nicht geben (. . .). Sondern was? Die Transposition des Kleistschen Dramas in eine Mischung aus Traum und Utopie. Peter Stein war viel zu klug, um den denunziatorischen Weg gehen zu wollen, der sich ja anböte, wenn ein ›linkes‹ Theater das bedeutendste Preußen-Drama unserer Literatur erprobt. Er übertreibt vielmehr die, aus dem Zusammenhang, keineswegs aus den Einzelszenen hervorgehende, idealisierende Tendenz Kleists zu jenem Punkt, wo diese Tendenz sich zum preußischen Traumspiel oder zur Weiheoper mit eingebauter Opferhandlung abstrahiert. Er gönnt Kleist und den Preußen nicht, daß auch ›Wirklichkeit‹ mit im Spiel sein könne (. . .) Peter Stein reinigte das Kriegsstück zum Traum.« (›SZ‹, 6. 11. 1972)

Weitere Stücke: ›Die Familie Schroffenstein‹ (1803); ›Amphitryon‹ (1805/06); ›Penthesilea‹ (1808); ›Das Käthchen von Heilbronn‹ (1808); ›Robert Guiskard‹ (1808); ›Hermannsschlacht‹ (1808).

Literatur: C. Hohoff: H. Kleist in Selbstzeugnissen und Dokumenten. Reinbek 1958. R. Michaelis: H. v. Kleist. Velber 1965; S. Streller: Das dramatische Werk H. v. Kleists. Berlin 1966; H. Reske: Traum und Wirklichkeit im Werke H. v. Kleists. Stuttgart 1969; K. Gerlach: H. v. Kleist. Sein Leben und Schaffen in neuer Sicht. Dortmund 1971; S. Bartels: Vermittlung der Gegensätze in der Dichtung H. v. Kleists. Waldacker 1973; K. Kanzog: H. v. Kleist. München 1977; H. L. Arnold (Hrsg.): H. v. Kleist. München 1993; W. C. Reeve: Kleist on stage: 1804–1987. Buffalo 1993; G. Weinholz: H. v. Kleist. Deutsches Dichtergenie, kämpfender Humanist, preußisches Staatsopfer. Essen 1993.

Klett, Johannes, Regisseur. 1970–1974 Regieassistent am Staatstheater Stuttgart und am Schauspiel Frankfurt u. a. bei Peter Palitzsch, Claus Peymann, Hans Neuenfels, Augusto Fernandes und Valentin Jeker; 1974/75 Mitarbeiter von Klaus Michael Grüber in Paris bei der Inszenierung von ›Faust Salpêtrière‹ (nach Goethe); 1976–1978 fester Mitarbeiter des künstlerischen Stabes von Peter Stein an der Schaubühne am Halleschen Ufer Berlin: Regie-Mitarbeit bei Steins Theaterprojekt ›Shakespeare's Memory‹ und bei Grübers ›Winterreise‹ (im Olympiastadion, nach Hölderlins ›Hyperion‹). Es folgten erste eigene Inszenierungen am Schauspiel Frankfurt, an der Berliner Schaubühne und der Hamburgischen Staatsoper. 1979/80 inszenierte er am Théâtre National de Strasbourg das Projekt ›Lenz – Jour et nuit sur la cathédrale de Strasbourg‹ (nach Büchners Novelle ›Lenz‹). In der Stuttgarter Wilhelma inszenierte er das Projekt ›Wem sonst als Dir – Ein Spaziergang bei Tag und Nacht durch das Wilhelmatheater und den botanisch-zoologischen Garten‹ (1980/81, im Zentrum stand Hölderlins Gedicht ›Mnemosyne‹). 1982 war er Ko-Regisseur von Wim Wenders bei der Uraufführung von Handkes ›Über die Dörfer‹ (Salzburger Festspiele, Felsenreitschule). Beckett-Abende in Stuttgart: ›Das letzte Band‹; ›Damals‹/›Tritte‹ (1984). Zusammen mit dem Maler Hans Laun drehte er den Film ›Andenken‹ (1986/87, mit Textfragmenten von Hölderlin); mit Hölderlin beschäftigte er sich auch in dem Projekt ›So kam ich unter die Deutschen‹ (1988, Wuppertal, basierend auf ›Hyperion‹). 1990 inszenierte er in Stuttgart Büchners ›Leonce und Lena‹: »Klett, (...) vor Jahren in Straßburg ein aufsehenerregender Bühnenstürmer, sieht Büchners an Shakespeares Komödien orientierten Text als ›dichterische Versuchsanordnung‹. Büchners Figuren sind ihm geisterhafte ›Automaten‹, die ihre ›leere Geschäftigkeit in einer in sich sinnlos gewordenen Welt‹ seelenlos, emotionslos wiederholen. (...) Johannes Klett ist an ›Leonce und Lena‹ alles nur noch Zitat, eben die oben genannte ›dichterische Versuchsanordnung‹, die er frei (durch Umstellungen und Textergänzungen) assoziierend, collagierend nutzt. (...) Johannes Kletts Stuttgarter ›Leonce und Lena‹-Inszenierung rückt Büchners Lustspiel weit weg und holt es in seiner Melancholie in eine raffiniert assoziativ-zerbrechlich stimmungsvolle Kunstwelt doch ganz nah an ein heutiges Lebensgefühl.« (Thomas Thieringer, ›SZ‹, 29. 11. 1990) Inszenierungen am Schauspiel Nürnberg u.a.: Gao Xingjians ›Die Flucht‹ (DE 1992); Gombrowicz' ›Yvonne, Prinzessin von Burgund‹ (1994).

Klimek, Bruno, geb. 9. 2. 1958 in Stuttgart. Autor und Regisseur. Aufgewachsen in Tübingen. 1976–1979 Techniker, Beleuchter, Kascheur, Inspizient, Schauspieler und Regieassistent am Tübinger Zimmertheater. Es folgten Regieassistenzen in München und Bochum; 1980–1985 Regieassistent und Regisseur in Nürnberg; Gastinszenierungen in Münster und Mün-

chen. 1985–1988 Spielleiter an den Vereinigten Städtischen Bühnen Krefeld-Mönchengladbach; Inszenierungen u.a.: Weiss' ›Marat/Sade‹; Molières ›Der eingebildete Kranke‹; Hauptmanns ›Die Ratten‹; Kipphardts ›Bruder Eichmann‹. 1988–1992 Oberspielleiter am Nationaltheater Mannheim; war dort der prägende Regisseur während der Intendanz Nicolas Briegers. Inszenierungen u.a.: Taboris ›Mein Kampf‹ (1988); Lenz' ›Der Hofmeister‹ (1989, Urfassung); Büchners ›Woyzeck‹ (1989); Bonds ›Die See‹ (1990); Koltès' ›Der Kampf des Negers und der Hunde‹ (1991); Shaws ›Haus Herzenstod‹ (1991); Fleißers ›Fegefeuer in Ingolstadt‹ (1991); Molières ›Tartuffe‹ (1992). Seit 1992 arbeitet er als freier Regisseur: Wedekinds ›Musik‹ (1993, Köln); Dorsts ›Fernando Krapp hat mir diesen Brief geschrieben‹ (1993, Schiller-Theater Berlin); am Schauspielhaus Düsseldorf: Dorfmans ›Der Tod und das Mädchen‹ (1992); Turrinis ›Alpenglühen‹ (1994); Sobols ›Schöner Toni‹ (UA 1994). Er verfaßte mehrere Hörspiele und das Theaterstück ›Dorian Gray‹ (nach Wilde). Klimek ist »ein strenger Stilist mit der Neigung zu düsteren, ›unfertigen‹ Stücken, dem Hang zu harten Schnitten, schrillen Tönen und expressiver Gestik.« (Michael Buselmeier, ›Theater heute‹, Heft 9, 1992)

Klingenberg, Gerhard, geb. 11. 5. 1929 in Wien. Schauspieler, Regisseur und Intendant. Nach dem Schauspielunterricht in Salzburg studierte er 1946 Dramatik am Wiener Konservatorium. Begann 1948 in Klagenfurt mit der Theaterarbeit (als damals jüngster Theaterregisseur Österreichs); es folgten Engagements in St. Pölten und Innsbruck (jeweils als Oberspielleiter). 1956 wechselte er an das Berliner Ensemble (auch als Schauspieler); arbeitete bis 1961 auch für das Ostberliner Fernsehen; 1961 Rückkehr in die Bundesrepublik; 1962/63 Engagement bei Oscar Fritz Schuh in Köln und am Schauspielhaus Frankfurt a. Main; 1963–1969 Engagement am Deutschen Schauspielhaus Hamburg, gleichzeitig war er von 1965 bis 1967 am Schauspielhaus Zürich tätig. An den Münchner Kammerspielen inszenierte

Klinger

er Carl Amerys ›Ich stehe zur Verfügung‹
(UA 1967). 1968 wurde er von Paul Hoffmann als ständiger Regisseur an das Wiener Burgtheater verpflichtet; Inszenierungen u. a.: Beaumarchais' ›Der tolle Tag oder Figaros Hochzeit‹ (1968); O'Neills ›Alle Reichtümer der Welt‹ (1969); Shakespeares ›Sommernachtstraum‹ (1970) und ›Julius Cäsar‹ (1971, mit O. E. Hasse); 1969/70 Gastinszenierungen in Düsseldorf. Von 1971 bis 1977 war er als Nachfolger Hoffmanns Direktor des Wiener Burgtheaters; er modernisierte den Spielplan und holte bekannte europäische Regisseure an sein Haus, darunter Peter Hall, Jean-Louis Barrault, Peter Wood, Roberto Guicciardini und Giorgio Strehler. Eigene Inszenierungen u. a.: Schnitzlers ›Liebelei‹ (1972) und ›Anatol‹ (1974); Ionescos ›Macbett‹ (DE 1972); Hebbels ›Judith‹ (1973): »Gerhard Klingenbergs ›Judith‹-Inszenierung, wahrscheinlich seine bisher überhaupt beste Regie-Leistung, (...) war vorzüglich, wo sie das Ideen-Drama bot, und dann eher konventionell verlegen, wenn sie theatralische Wirkungen erreichen wollte. (...) Klingenberg führte Rolf Boysen (den Holofernes) so, daß der schwere Held kein schwerfälliger Held war, sondern vielmehr ein vereinsamter, am Rande des Selbstmordes stehender Autokrat. Sein Problem: Er braucht einen Menschen oder auch einen Gott, der ihm gewachsen, der ihm Partner ist. Und seine Tragödie: Er ist völlig unfähig, einen ›Gleichberechtigten‹ zu ertragen. Klingenberg zeigte, daß genau an diesem Punkt Judiths Tragödie ansetzt.« (Joachim Kaiser, ›SZ‹, 29. 5. 1973); Grillparzers ›König Ottokars Glück und Ende‹ (1976). Von 1977 bis 1982 war er als Nachfolger von Harry Buckwitz Intendant am Schauspielhaus Zürich; Zusammenarbeit mit Werner Düggelin als Co-Direktor; inszenierte zum Einstand Schillers ›Wilhelm Tell‹, ferner u. a.: Saunders' ›Bodies – Leib und Seele‹ (DE 1978); Dürrenmatts ›Romulus der Große‹ (1981); Schillers ›Don Carlos‹ (1981). 1982–1985 freier Regisseur; inszenierte u. a.: Shakespeares ›Der Widerspenstigen Zähmung‹ (1982, Burgtheater Wien); Wagners ›Die Walküre‹ (1983, Nürnberg); Millers ›Der Tod des Handlungsreisenden‹ (1985, Schiller-Thea-

ter Berlin). Seit der Spielzeit 1985/86 ist er Intendant am Berliner Renaissance-Theater; spielte Stücke von Feydeau, Sartre, Voltaire, Tschechow und Molière; Erfolg mit Osbornes ›Der Entertainer‹ (1987, mit Harald Juhnke); ferner u. a.: Dorfmans ›Der Tod und das Mädchen‹ (1993). Erfolge feierte er auch als Fernsehregisseur, vor allem mit dem Film ›Der Fall Oppenheimer‹ (1963/64). Seine große Liebe gilt Shakespeare, dessen Stücke er zum Teil selbst übersetzte.

Klinger, Friedrich Maximilian von, geb. 17. 2. 1752 in Frankfurt a. M., gest. 9. 3. 1831 in Dorpat. Dichter. Aufgewachsen in armen Verhältnissen. Klinger studierte von 1774 bis 1776 Jura, Theologie und Literatur in Gießen. 1776 hielt er sich in Weimar bei Goethe auf. 1776/77 reiste er als Schauspieler und Dichter mit der Seylerschen Theatertruppe; 1780 gelangte er über Hamburg nach St. Petersburg, wo er Militärdienst leistete und in Staatsämter aufstieg. Von 1803 bis 1817 war er Kurator der Universität Dorpat. Sein Stück ›Sturm und Drang‹ (1776, ursprünglich ›Der Wirrwarr‹) gab der Epoche ihren Namen, deren bedeutendster Vertreter er neben J. M. R. Lenz war. Die Fülle des Herzens und die Freiheit des Gefühls sind die Losungsworte dieser bürgerlich-jugendlichen Erneuerungsbewegung, die sich an Rousseau orientierte. Im Drama eiferten die Stürmer und Dränger in ungebundener Sprache und sich überstürzenden Schauplatzwechseln ihrem Vorbild Shakespeare nach. Klingers spätere Werke waren von ausgeglichener Sprache und sorgfältigem Aufbau.

Weitere Stücke: ›Otto‹ (1775); ›Das leidende Weib‹ (1775); ›Die Zwillinge‹ (1776); ›Der Derwisch‹ (1780); ›Stilpo und seine Kinder‹ (1780); ›Konradin‹ (1784).

Literatur: W. Kurz: Klingers Sturm und Drang. Walluf bei Wiesbaden 1913; M. Lanz: Klinger und Shakespeare. Diss. Zürich 1941; F. Osterwalder: Die Überwindung des Sturm und Drang im Werk F. M. Klingers. Berlin 1979; Th. J. Salmmets: F. M. Klinger: Zur Interpretation und Edition seiner Werke. Diss. Princeton 1985; M. Wacker: Sturm und Drang. Darmstadt 1985.

381

Klinger, Kurt, geb. 11. 7. 1928 in Linz. Dramatiker, Lyriker, Hörspielautor und Essayist. Klinger studierte Theaterwissenschaft und Germanistik in Wien. Danach war er Chefdramaturg in Frankfurt (1964–1968), Hannover (1970–1973), Graz (1973) und Zürich (1975–1977). Von 1979 bis 1990 war er Herausgeber der Zeitschrift ›Literatur und Kritik‹. Der Durchbruch als Theaterautor gelang ihm mit seinem Heimkehrerdrama ›Odysseus muß wieder reisen‹ (1954), das formal vom Symbolspiel bis zum Moralitätenstück reicht.

Weitere Stücke: ›Der goldene Käfig‹ (1952); ›Das kleine Weltkabarett‹ (1958); ›Die neue Wohnung‹ (1960); ›La sera‹ (1965); ›Helena des Euripides‹ (1969); ›Schauplätze‹ (1971).

Knabl, Rudolf Gregor, geb. 11. 4. 1951 in München. Komponist. Aufgewachsen in einer Musikerfamilie; begann früh, verschiedene Instrumente zu spielen und Musikstücke zu komponieren; Studium der Komposition (bei Wilhelm Killmayer) und Klarinette an der Musikhochschule München. Während des Studiums arbeitete er u. a. als Arrangeur und Komponist für Film- und Fernsehproduktionen. Beschäftigte sich (als Autor wie als Instrumentalist) mit Neuer Musik und Jazz; Komposition von Orchester- und Kammermusikwerken. Nach dem Studium wurde er als Komponist und musikalischer Leiter an das Bayerische Staatstheater München engagiert. Als Gast arbeitete er u. a. am Wiener Burgtheater, am Düsseldorfer Schauspielhaus, am Deutschen Theater Göttingen sowie an den Bühnen in Freiburg und Kassel. Wichtigste Arbeiten am Bayerischen Staatsschauspiel: Bühnenmusiken für Inszenierungen von Ingmar Bergman u. a.: Gombrowicz' ›Yvonne, Prinzessin von Burgund‹ (1979); Ibsens ›Nora‹ (1981); Molières ›Don Juan‹ (1983); für Inszenierungen von Arie Zinger: Vinavers ›Flug in die Anden‹ (DE 1983); Tschechows ›Die Möwe‹ (1984); ferner u. a. für Kohouts ›Armer Mörder‹ (1979, R. Frank Baumbauer); ›Illusionen: Texte und elektrische Musik‹ (1981) und O'Neills ›Trauer muß Elektra tragen‹ (1982, R. je-

weils Klaus Löwitsch); Brechts ›Mutter Courage und ihre Kinder‹ (1982, R. Rolf Stahl); Shakespeares ›Othello‹ (1982, R. Peter Palitzsch) und ›Hamlet‹ (1986, R. B. K. Tragelehn); Goldoni/Laubes ›Finale in Smyrna‹ (UA 1985, R. Werner Schroeter); Feuchtwangers ›Erfolg‹ (1986, Teil I und II, R. Hans Hollmann); Racines ›Britannicus‹ (1987, R. Volker Hesse); Lessings ›Nathan der Weise‹ (1988, R. Achim Benning). Zusammenarbeit mit Ruth Drexel u. a. in Nestroys ›Der Talisman‹ (1981, Residenztheater München); außerdem Bühnenkompositionen für Inszenierungen von Ruth Drexel am Münchner Volkstheater.

Knef, Hildegard, geb. 28. 12. 1925 in Ulm. Schauspielerin. Aufgewachsen in Berlin. Mit 15 Jahren nahm sie erstmals Schauspielunterricht; 1942 Ausbildung als Zeichnerin in der Trickfilmabteilung der Ufa; danach besuchte sie die Filmschule in Babelsberg. 1944/45 erste Filmrollen. Das Kriegsende erlebte sie in Gefangenenlagern und auf der Flucht. Victor de Kowa, der ihr das Leben gerettet hatte, holte sie noch 1945 an seine Kurfürstendamm-Tribüne in Berlin. Es folgte ein Engagement bei Boleslaw Barlog am Berliner Schloßparktheater (1945–1947); Rollen u. a.: Fanny in Pagnols ›Zum goldenen Anker‹; Celia in Shakespeares ›Wie es euch gefällt‹; Mabel in Abbott/Holms ›Drei Mann auf einem Pferd‹. 1946 drehte sie ihren ersten Nachkriegsfilm (›Die Mörder sind unter uns‹, R. Wolfgang Staudte); seither zahlreiche weitere Filme (auch in Amerika, Frankreich und England). Von 1954 bis 1956 spielte sie am New Yorker Broadway die Ninotschka in Cole Porters Musical ›Seidenstrümpfe‹ (nach Lubitschs Film ›Ninotschka‹) und schaffte damit den internationalen Durchbruch. 1959–1960 Theatertournee in Deutschland; 1960/61 Gastspiele in Marceaus ›Der Nerz‹ am Schloßparktheater und in Kanins ›Die ist nicht von gestern‹ am Theater am Kurfürstendamm Berlin (auch Tournee). 1964/65 spielte sie die Titelrolle in Hanleys ›Mrs. Dally‹ (Tournee); Siegfried Melchinger schrieb: »Dieses unverwechselbare Gesicht hat nichts von seiner Anziehungskraft ein-

Kneidl

gebüßt, das Temperament nichts von seiner Sprungkraft, das Lachen des breiten Mundes nichts von seinem ein wenig proletarischen Charme. Und wie sprach sie diesen Dialog, wippend, federnd, schleudernd – eine einzige tadellose Virtuosität, die vom frechen Presto bis zum samtenen Largo alle Möglichkeiten der Dynamik des Timbres ausschöpfte.« (›Theater heute‹, Heft 3, 1965) 1963 begann sie eine zweite Karriere als Chansonsängerin. 1987 sah man sie am Berliner Theater des Westens als Zimmerwirtin in dem Musical ›Cabaret‹. Filme u. a.: Titelrolle in ›Die Sünderin‹ (1951, R. Willy Forst); ›Es geschehen noch Wunder‹ (1951); ›Entscheidung vor Morgengrauen‹ (USA 1951, R. Anatole Litvak); ›Schnee am Kilimandscharo‹ (USA 1952); ›Alraune‹ (1952, R. Arthur Maria Rabenalt); ›Lulu‹ (1962, nach Wedekind, R. Rolf Thiele); Jenny in ›Die Dreigroschenoper‹ (1963, nach Brecht/Weill, R. Staudte); ›Jeder stirbt für sich allein‹ (1975, nach Fallada, R. Alfred Vohrer); ›Fedora‹ (1978, R. Billy Wilder); auch Fernseharbeit. 1993 wurde sie mit dem Helmut-Käutner-Preis ausgezeichnet. Buchveröffentlichungen u. a.: ›Der geschenkte Gaul‹ (1970); ›Ich brauch' Tapetenwechsel‹ (1972); ›Das Urteil‹ (1975); ›So nicht‹. Autobiographie (1982). **Literatur:** S. Melchinger/R. Clausen: Schauspieler. 36 Porträts. Velber 1965; H. Knef/B. Barlog: Hildegard Knef. Tournee, Tournee . . . Die Schauspielerin, der Filmstar, die Autorin, der Showstar. München 1980.

Kneidl, Karl, geb. 22. 8. 1940 in Nürnberg. Bühnenbildner und Regisseur. 1956 wurde er Schüler des Malers und Bühnenbildners Ambrosius Humm; Lehre als Bau- und Möbelschreiner; 1959 Engagement als Bühnentechniker an den Städtischen Bühnen Nürnberg. Seit 1959 arbeitet er als Bühnen- und Kostümbildner an Theatern in der Bundesrepublik, der Schweiz, in Österreich, Frankreich und den Niederlanden. 1962 Bühnenbildner und Assistent von Max Fritzsche am Schauspielhaus Bochum; dort Bekanntschaft mit Niels-Peter Rudolph, für den er mehrere Bühnenbilder entwarf: Arabals ›Der Archi-

tekt und der Kaiser von Assyrien‹ (DE 1968, Bochum); Molières ›George Dandin‹ und Fleißers ›Pioniere in Ingolstadt‹ (1968/69, jeweils Staatsschauspiel München); Tschechows ›Onkel Wanja‹ (1970, Staatstheater Stuttgart); Euripides' ›Ödipus‹ (1973, Basel). 1970/71 entwarf er die Bühne für Peter Steins O'Casey-Inszenierung ›Kikeriki‹ am Schauspielhaus Zürich. Bühnenbilder für Inszenierungen von Dieter Giesing u. a.: Pinters ›Der Liebhaber‹ (1970, Thalia Theater Hamburg); Wedekinds ›Lulu‹ (1971, ebenda): »Kneidls Bilder lösen sich nie in purer Schönheit auf: Immer bleiben da Reste von Billigkeit, von verstörender Häßlichkeit. Eine weiße Monumentaltreppe sieht im ersten Moment ungemein dekorativ aus – doch bald entdeckt man, wie klobig und asymmetrisch sie gebaut ist. Die Schönheit von Giesings Arrangements fand in dieser Bühne effektvolle Widerstände. So entstanden szenische Bilder, die wirklich mit Wedekind zu tun hatten: Bilder nicht von dekorativer, sondern von schmerzend greller Schönheit.« (Benjamin Henrichs, ›SZ‹, 24. 5. 1971); Storeys ›Home‹ (1972, Schauspielhaus Zürich); Brecht/Weills ›Die Dreigroschenoper‹ (1975, Deutsches Schauspielhaus Hamburg). Am Hamburger Schauspielhaus arbeitete er u. a. mit dem Regisseur Ulrich Heising zusammen: Kroetz' ›Stallerhof‹ (UA 1972, auch Ko-Regie); Behans ›Die Geisel‹ (1973, auch Ko-Regie); Hauptmanns ›Einsame Menschen‹ (1975); ferner: Strindbergs ›Der Scheiterhaufen‹ (1973, R. Claus Peymann). 1973 erste eigene Regiearbeit in Stuttgart: Schwarz' ›Die Schneekönigin‹ (Ausstattung: Ilona Freyer). 1974 wurde er als Professor für Bühnenbild an die Kunstakademie Düsseldorf berufen. Ausstattungsarbeiten an verschiedenen Theatern, u. a.: Hauptmanns ›Die Weber‹ (1974, Düsseldorf, R. Hansjörg Utzerath); Ibsens ›Gespenster‹ und Euripides' ›Medea‹ (1976, Schauspiel Frankfurt, R. jeweils Hans Neuenfels); Hauptmanns ›Rose Bernd‹ (1977, Nürnberg, R. Utzerath); in Zusammenarbeit mit Alfred Kirchner: Schillers ›Kabale und Liebe‹ (1979, Finnland); Brechts ›Die heilige Johanna der Schlachthöfe‹ (1979, in der Heinzmannhütte Bochum); Achternbuschs ›Kuschwarda City‹ (UA 1980, Bochum); Alois Zimmermanns ›Soldaten‹ (1981, Oper Frankfurt); ferner u. a.: Smetanas ›Die verkaufte Braut‹ (1981, Oper Frankfurt, R. Christof Nel); Karges ›Jacke wie Hose‹ (UA 1982, Bochum, R. der Autor); Kleists ›Prinz Friedrich von Homburg‹ (1984, Villeurbanne und Avignon, R. Karge/Matthias Langhoff); Kroetz' ›Bauern sterben‹ (UA 1985) und ›Weihnachtstod‹ (UA 1986, jeweils Münchner Kammerspiele, R. der Autor); Ibsens ›Klein Eyolf‹ (1986, Bochum) und Heiner Müllers ›Germania Tod in Berlin‹ (1989, Berliner Ensemble, R. jeweils Fritz Marquardt). Häufig Bühnenbilder für Inszenierungen von Peter Palitzsch, u. a.: Weiss' ›Hölderlin‹ (1971, Stuttgart); Ibsens ›Hedda Gabler‹ (1978, Burgtheater Wien); Ann Devlins ›Wir ganz allein‹ (DE 1987, Schauspielhaus Hamburg); Becketts ›Warten auf Godot‹ (1990, Schauspiel Frankfurt); Joyces ›Verbannte‹ (1991) und Pinters ›Party Time‹ (DE 1992, beide Schauspielhaus Zürich); Dorsts ›Karlos‹ (1991) sowie ›Fernando Krapp hat mir diesen Brief geschrieben‹ (1994, beide Schauspiel Bonn); mit Palitzsch am Berliner Ensemble: Shakespeares ›Perikles‹ (1993); Brechts ›Baal‹ (1993); Bonds ›Ollys Gefängnis‹ (DE 1994). Eigene Inszenierungen u. a.: Bruckners ›Krankheit der Jugend‹ (1976, Theater am Neumarkt Zürich); Brechts ›Trommeln in der Nacht‹ (1979, Frankfurt) und ›Im Dickicht der Städte‹ (1980, Arnheim/Holland; 1987 an der Freien Volksbühne Berlin); Heiner Müllers ›Die Schlacht‹ (1985, Schauspielschule Arnheim); Bruckners ›Die Rassen‹ (1994, Staatstheater Hannover). Mit Glucks ›Alkestis‹ gab er 1982 in Frankfurt sein Debüt als Opernregisseur. Es folgten u. a.: Strawinskys ›The Rake's Progress‹ (1984, Frankfurt, eigene Ausstattung); Kaiser/Weills ›Der Silbersee‹ (1989, Gelsenkirchen); Bergs ›Lulu‹ (1990, Darmstadt, eigene Ausstattung). 1986 erhielt er den Kulturpreis der Stadt Nürnberg.

Knudsen, Hans, geb. 2. 12. 1886 in Posen, gest. 4. 2. 1971 in Berlin. Theaterwissenschaftler. Studium der Philosophie und Literaturwissenschaft in Greifswald und Berlin; 1908 Promotion mit einer Arbeit über ›Schiller und die Musik‹. 1912 erschien sein erstes theaterwissenschaftliches Werk: ›Heinrich Beck, ein Schauspieler in der Blütezeit des Mannheimer Theaters‹. 1918 trat er in den Vorstand der ›Vereinigung künstlerischer Bühnenvorstände‹ ein und übernahm die Redaktion der Zeitschrift ›Die Scene‹. Von 1920 an war er Theaterkritiker für die ›Preußischen Jahrbücher‹, die ›Rheinisch-Westfälische Zeitung‹ und die ›Deutsche Tageszeitung‹ Berlin. 1923–1931 Assistent bei Max Herrmann am Institut für Theaterwissenschaft in Berlin; 1923–1945 Generalsekretär der ›Berliner Gesellschaft für Theatergeschichte‹; 1923 wurde er außerdem in den künstlerischen Ausschuß der Freien Volksbühne Berlin berufen. 1935–1938 Schriftleitung der Zeitschrift ›Die Bühne‹ (im nationalsozialistischen Sinn); ab 1943 außerordentlicher Professor an der Universität Berlin; 1948–1956 ordentlicher Professor für Theaterwissenschaft und Leiter des theaterwissenschaftlichen Instituts an der Freien Universität Berlin. In jahrzehntelanger Forschungsarbeit und Lehrtätigkeit hat er entscheidend zur Anerkennung und Sicherung der Theaterwissenschaft als Universitätsdisziplin beigetragen. Veröffentlichungen u. a.: ›Schiller und die Musik‹. Diss. (1908); ›Das Studium der Theaterwissenschaft in Deutschland‹ (1926); ›Theaterkritik‹ (1928); ›Goethes Welt des Theaters‹ (1949); ›Theaterwissenschaft. Werden und Wertung einer Universitätsdisziplin‹ (1950); ›Theaterwissenschaft und lebendiges Theater‹ (1951); ›Deutsche Theatergeschichte‹ (1959); ›O. E. Hasse‹ (1960); ›Methodik der Theaterwissenschaft‹ (1969). Er war u. a. Herausgeber der Reihe ›Theater und Drama‹ (1931–1966).
Literatur: Hans Knudsen zum 50. Geburtstage am 2. Dezember 1936. Berlin 1936; Zwanzig Jahre Theaterwissenschaft an der Freien Univ. Berlin bei Prof. Dr. Hans Knudsen (1948–1968). Hrsg. v. seinen Schülern. Berlin 1968.

Knuth, Gustav, geb. 7. 7. 1901 in Braunschweig, gest. 1. 2. 1987 in Zürich. Schauspieler. Nach der Volksschule machte er

Knuth

eine Schlosserlehre und nahm Schauspielunterricht bei dem Braunschweiger Hofschauspieler Casimir Paris. Von zu Hause ausgerissen, trat er 1918 sein erstes Engagement am Stadttheater Heidelberg an. Über Engagements in Harburg (1919–1922) und Basel (1922–1925) kam er an das Stadttheater Altona (1925–1933); dort u. a.: Titelrollen in Ibsens ›Peer Gynt‹ (1928, R. Leopold Jeßner) und in Büchners ›Woyzeck‹; Jago in Shakespeares ›Othello‹; Moritz Jäger in Hauptmanns ›Die Weber‹. 1933–1936 Engagement am Deutschen Schauspielhaus Hamburg, wo er u. a. in Inszenierungen von Jürgen Fehling spielte: Großinquisitor in Schillers ›Don Carlos‹ (1935); Just in Lessings ›Minna von Barnhelm‹ (1935); Hagen in Hebbels ›Kriemhilds Rache‹ (1936). 1936/37 spielte er an der Volksbühne Berlin. 1937 engagierte ihn Gustaf Gründgens an das Berliner Staatstheater, wo er bis 1944 zum Ensemble gehörte; wieder Zusammenarbeit mit Fehling: Marc Anton in Shakespeares ›Julius Cäsar‹ (1941); Zigeunerhauptmann in P. A. Wolffs ›Preziosa‹ (1941, mit Maria Koppenhöfer); Baudricourt in Shaws ›Die heilige Johanna‹; ferner u. a.: Danton in Büchners ›Dantons Tod‹ (1939, R. Gründgens); Petruchio in Shakespeares ›Der Widerspenstigen Zähmung‹ (1938, Heidelberger Festspiele; 1942 Staatstheater Berlin, R. Karl Heinz Stroux). Von 1945 bis 1949 arbeitete er erneut am Hamburger Schauspielhaus, wo er wieder den Petruchio spielte (R. Helmut Käutner); ferner u. a. Titelrolle in Molnárs ›Liliom‹. Seit 1946 Rollen am Schauspielhaus Zürich, wo er 1949 ständiges Mitglied wurde, u. a.: Titelrollen in Zuckmayers ›Des Teufels General‹ (UA 1946, R. Heinz Hilpert) und in Kleists ›Amphitryon‹ (1947); Titelrolle in Ibsens ›Peer Gynt‹ (1948); Matti in Brechts ›Herr Puntila und sein Knecht Matti‹ (UA 1948, R. Bertolt Brecht/Kurt Hirschfeld); Staatsanwalt in Frischs ›Graf Öderland‹ (UA 1951); Orgon in Molières ›Tartuffe‹ (1951); Jago in Shakespeares ›Othello‹ (1954); Adam in Kleists ›Der zerbrochne Krug‹ (1955); Melody in O'Neills ›Fast ein Poet‹ (1958); Rodrigo Quast in Wedekinds ›Lulu‹ (1962, R. Kurt Hirschfeld); Bür-

germeister in Gustafssons ›Die nächtliche Huldigung‹ (UA 1970). Wichtige Rollen hatte er in den Zürcher Dürrenmatt-Uraufführungen: in ›Es steht geschrieben‹ (1947); Akki in ›Ein Engel kommt nach Babylon‹ (1954); Ill in ›Der Besuch der alten Dame‹ (1956); Newton in ›Die Physiker‹ (1962); Muheim in ›Der Meteor‹ (1966); Knipperdollinck in ›Die Wiedertäufer‹ (1967). Gastspiele u. a. am Thalia Theater Hamburg: Käptn Shotover in Shaws ›Haus Herzenstod‹ (1971, R. Boy Gobert): »Eine gewisse komödiantische Bühnenpräsenz, die der Rolle ja nicht fehlen darf, wurde anrührend, ja erschütternd gebändigt. Wenn er poltert und ständig an den Leuten vorbeisieht, die er eigentlich meint, wenn er spricht, dann steuert er gleich mit den ersten Sätzen auf den Kern der Figur los: raunzende Grobheit, die sich auf unerwiderte Liebe und Vereinsamung gründet; Humor, der aus Menschenhaß wächst, und schließlich eine zerstreute Hellsichtigkeit, die auf den Konsum von sehr viel Rum zurückzuführen ist.« (Werner Burkhardt, ›SZ‹, 9. 3. 1971); ferner u. a.: Matthias Clausen in Hauptmanns ›Vor Sonnenuntergang‹ (1974, Schweizer Tournee-Theater). Knuth wirkte seit 1935 in vielen Filmen mit, darunter: ›Der Ammenkönig‹ (1935); ›Große Freiheit Nr. 7‹ (1944, mit Hans Albers) und ›Unter den Brücken‹ (1944/45, R. jeweils Käutner); ›Der fröhliche Weinberg‹ (1952, nach Zuckmayer, R. Erich Engel); Karl John in ›Die Ratten‹ (1955, nach Hauptmann, mit Maria Schell, R. Robert Siodmak); ›Ich denke oft an Piroschka‹ (1956, mit Liselotte Pulver); in Ernst Marischkas ›Sissi‹-Trilogie (1955–1957, mit Romy Schneider); ›Buddenbrooks‹ (1959, nach Thomas Mann). Richtig populär wurde er durch das Fernsehen, für das er seit Mitte der sechziger Jahre arbeitete. Er spielte in beliebten Serien wie ›Alle meine Tiere‹ (als Dr. Hofer), ›Salto Mortale‹ (1969–1971), ›Die Powenzbande‹ (ab 1974) oder ›Der eiserne Gustav‹ (1979). Ivan Nagel schrieb: »Gustav Knuths schauspielerische Größe wird fast verdeckt von seiner immensen Volkstümlichkeit. Das Volk, das ihn liebt, reagiert auf das Quantum Volk, das in ihm lebt. (. . .) Wenige Schauspieler gibt es, die kontrollierter spielen als dieses Naturtalent, die mehr Nuancen in einem einzigen Augenblick unmißverständlich verdeutlichen können als dieser einfache Mensch, die Hintergründigeres auszudrücken vermögen als dieser Prototyp von einem gütigen Liebhaber einst, von einem gütigen Familienvater heute.« (›SZ‹, 7. 7. 1971) Veröffentlichungen: ›Mit einem Lächeln im Knopfloch‹ (Autobiographie 1974); ›Darüber hab' ich sehr gelacht‹ (1978). **Literatur:** H. Ihering: Junge Schauspieler. München 1948.

Koch, Gottfried Heinrich, geb. 1703 in Gera, gest. 3. 1. 1775 in Berlin. Schauspieler und Theaterprinzipal. Debütierte 1728 bei der Truppe der Neuberin; war dort auch Dekorationsmaler und Bearbeiter; 1748 in Wien; 1749–1756 Prinzipal einer eigenen Schauspielgesellschaft (mit Privileg als »Hofkomödiant«), Hauptspielort war Leipzig. 1756 kam Konrad Ekhof mit den restlichen Schauspielern der Schönemannschen Truppe zu ihm; 1758–1764 vorwiegend in Hamburg. 1771 übernahm er das von Franz Schuch d. J. errichtete Theater in der Behrenstraße Berlin; Eröffnung mit Lessings ›Miss Sara Sampson‹; 1774 folgte Goethes ›Götz von Berlichingen‹; ansonsten vorwiegend Lustspiele und komische Opern. 1772 führte er das Singspiel in Deutschland ein; trat selber in mehreren Molière-Rollen auf. Koch gilt als Reformer des deutschen Bühnenkostüms; er vermied das gängige französische Kleid und versuchte, die Kostüme passend zum jeweiligen Stück zu gestalten. Nach seinem Tod übernahm Carl Theophil Döbbelin das Theater in der Behrenstraße. **Literatur:** E. Prick: Koch und seine Schauspiel-Gesellschaft. Diss. Frankfurt 1923; E. Pies: Prinzipale. Zur Genealogie des deutschsprachigen Berufstheaters vom 17. bis 19. Jahrhundert. Düsseldorf 1973.

Koch, Hansgeorg, Komponist und Arrangeur von Bühnenmusiken. Studium der Philosophie und der Musik in Köln und Salzburg. 1968–1970 Kapellmeister und Schauspielmusiker am Theater der Stadt Heidelberg. Seit 1971 freiberuflicher Komponist und Arrangeur. Ständige Zusammenarbeit mit dem Schauspiel Frankfurt (1972–1975 und wieder seit 1980), dem Württembergischen Staatstheater Stuttgart (1974–1979), dem Schauspiel Bochum (1972–1986) und dem Burgtheater Wien (seit 1978); vor allem mit den Regisseuren Hans Neuenfels, Peter Palitzsch, Claus Peymann, Alfred Kirchner, Dieter Giesing und Adolf Dresen. Wichtigste Arbeiten: Goethes ›Faust I und II‹ (1977, Stuttgart, R. Peymann); Shakespeares ›Der Sturm‹ (1978, Schiller-Theater Berlin, R. Kirchner); Tschechows ›Der Kirschgarten‹ (1981, Bochum, R. Manfred Karge/Matthias Langhoff); ferner Operetten und Liederabende mit Schauspielern; Filme (Neuenfels' ›Europa und der zweite Apfel‹); Revuen als Ko-Autor mit Uwe Jens Jensen: ›Unsere Republik‹ und ›Elvis & John‹.

Koch, Heinrich, geb. 22. 11. 1911 in Bad Godesberg. Regisseur. 1933–1937 Regieassistent (bei Heinz Hilpert und Erich Engel) und Dramaturg am Deutschen Theater Berlin; 1937–1939 Oberspielleiter in Göttingen; 1939–1942 Regisseur am Deutschen Theater Berlin und am Theater in der Josefstadt Wien; 1943/44 Schauspieldirektor in Hannover bei Gustav Rudolf Sellner; 1944/45 Soldat; 1946/47 Regiearbeiten am Hamburger Schauspielhaus: Giraudoux' ›Undine‹; Shakespeares ›Der Sturm‹; Sophokles' ›Antigone‹. 1947–1950 Schauspielstudio München; danach wieder Regiearbeiten am Deutschen Schauspielhaus Hamburg, z. T. auf dekorationsloser Bühnenscheibe (»Koch-Platte«): Ibsens ›Peer Gynt‹ (1952); Shakespeares ›Macbeth‹ (1953); Claudels ›Tobias und Sarah‹ (1953) und ›Mittagswende‹ (1954; 1960 in Frankfurt); Calderóns ›Das Leben ein Traum‹ (1953) und ›Über allen Zauber Liebe‹ (1955); Kleists ›Penthesilea‹ (1954). Gastinszenierungen u. a. am Berliner Schiller-Theater und bei den Ruhrfestspielen Recklinghausen. Von 1957 bis 1968 war er Schauspieldirektor bei Harry Buckwitz an den Städtischen Bühnen Frankfurt a. M.; Inszenierungen u. a.: Grabbes ›Hannibal‹ (1957); Shakespeares ›Othello‹ (1958); Byrons ›Kain‹ (1958); O'Neills ›Der Eismann kommt‹

Koczian

(1959) und ›Trauer muß Elektra tragen‹ (1966); Ionescos ›Die Nashörner‹ (1960); Büchners ›Woyzeck‹ (1961); Dürrenmatts ›Der Besuch der alten Dame‹ (1962); Shakespeare/Brechts ›Coriolan‹ (UA 1962); Hebbels ›Herodes und Mariamne‹ (1963); Goethes ›Faust I und II‹ (1964); H. G. Michelsens ›Lappschiess und Helm‹ (UA 1965); Kleists ›Prinz Friedrich von Homburg‹ (1966); Schillers ›Don Carlos‹ (1966, wurde im selben Jahr zum Berliner Theatertreffen eingeladen); bei den Ruhrfestspielen Recklinghausen u. a.: Schillers ›Die Verschwörung des Fiesco zu Genua‹ (1964) und ›Die Räuber‹ (1965); Shakespeares ›Troilus und Cressida‹ (1968); wieder am Hamburger Schauspielhaus: Albees ›Winzige Alice‹ (1966); Frischs ›Biografie – ein Spiel‹ (1969); in Bad Hersfeld: Ibsens ›Peer Gynt‹ (1971).

Koczian, Johanna von (eigtl. Johanna von Koczian-Miskolezy), geb. 30. 10. 1933 in Berlin. Schauspielerin. Aufgewachsen in Zagreb und Salzburg; Ausbildung im Schauspielseminar des Salzburger Mozarteums; debütierte 1950 als Audrey Townbridge in Abbott/Holms ›Drei Mann auf einem Pferd‹. Es folgten Rollen bei den Salzburger Festspielen: Magdalena in Mells ›Das Apostelspiel‹; Erfolg in Shakespeares ›Wie es euch gefällt‹ (1951/52); am Landestheater Tübingen 1952/53: Titelrollen in Hauptmanns ›Hanneles Himmelfahrt‹ und Anouilhs ›Leocadia‹; Rosa in Williams' ›Die tätowierte Rose‹. 1953–1956 Engagement bei Helmut Henrichs in Wuppertal; dort u. a.: Titelrollen in Goetz' ›Ingeborg‹ und Lessings ›Miss Sara Sampson‹; Thekla in Schillers ›Wallenstein‹; Viola in Shakespeares ›Was ihr wollt‹; Agafja in Gogols ›Die Heirat‹. Von 1956 bis 1959 gehörte sie zum Ensemble von Boleslaw Barlog an den Staatlichen Schauspielbühnen Berlin, wo sie ihre größten Bühnenerfolge feierte. Friedrich Luft schrieb damals:»Sie hat jene Zaubermischung aus Weisheit und Grazie, die das reizvoll-kluge Persönchen zur Traumfigur macht.« Rollen u. a.: Angelina in Hugo/Weissenborns ›Lofter oder Das verlorene Gesicht‹ (UA); Jugend in Raimunds ›Der Bauer als Millionär‹; Ophelia in Shakespeares ›Hamlet‹; Franziska in Lessings ›Minna von Barnhelm‹; Titelrollen in Kleists ›Das Käthchen von Heilbronn‹, in Giraudoux' ›Undine‹ und in Goodrich/Hacketts ›Das Tagebuch der Anne Frank‹ (sie erhielt dafür den Berliner Kunstpreis 1958). Es folgten Engagements am Bayerischen Staatsschauspiel München (1959 – 1961) und am Theater in der Josefstadt Wien (1961–1965); 1965 am Theater am Besenbinderhof Hamburg und am Theater in der Leopoldstraße München. Filmrollen seit 1957; seit 1960 Fernseharbeit; seit den siebziger Jahren Erfolge als Schlager- und Chansonsängerin. Bühnengastspiele u. a.: Titelrollen in Anouilhs ›Antigone‹ (1965, Salzburger Festspiele, R. Gustav Rudolf Sellner) und in Lessings ›Minna von Barnhelm‹ (1970, Bregenzer Festspiele, Inszenierung des Wiener Burgtheaters); Juana in de Molinas ›Don Gil von den grünen Hosen‹ (1976, Deutsches Theater München); Stella Patrick Campbell in Shaw/Kiltys ›Geliebter Lügner‹ (1994, Komödie im Bayerischen Hof München, mit Alexander Kerst); Tournee u. a. mit dem Programm ›Lieder und Fabeln‹ (1983). Filmrollen hatte sie u. a. in: ›Victor und Victoria‹ (1957); ›Wir Wunderkinder‹ (1958, R. Kurt Hoffmann; für ihre Rolle erhielt sie den Bundesfilmpreis); ›Jacqueline‹ (1959, R. Wolfgang Liebeneiner); ›Die Ehe des Herrn Mississippi‹ (1961, nach Dürrenmatt, mit O. E. Hasse, R. Hoffmann). Im Fernsehen sah man sie als Dr. Cora in der satirischen Reihe ›Fragen Sie Frau Dr. Cora‹ (ARD 1989). Sie schrieb Jugendbücher, ein Märchen und den Roman ›Sommerschatten‹ (1989). Von 1957 bis 1961 war sie mit dem Regisseur Dietrich Haugk verheiratet.

König, Herbert, geb. 1944 in Magdeburg. Regisseur. Abgebrochenes Chemiestudium; Volontär, dann Kulturredakteur beim Magdeburger SED-Bezirksblatt ›Volksstimme‹. Hans-Dieter Meves holte ihn als Pressedramaturgen an das Magdeburger Theater; assistierte bei vielen Inszenierungen; nebenbei Fernstudium der Theaterwissenschaft an der Leipziger Theaterhochschule Hans Otto. Sein Regiedebüt gab er 1973 mit Strindbergs ›Fräulein Julie‹; danach wechselte er mit einer Gruppe von Schauspielern nach Brandenburg; Inszenierungen dort u. a.: Synges ›Der Held der westlichen Welt‹; Kroetz' ›Oberösterreich‹; Horváths ›Glaube, Liebe, Hoffnung‹; Wassiljews ›Im Morgengrauen ist es noch still‹; Fugards ›Hallo und Goodbye‹; Hacks' ›Schuhu‹. Seine Inszenierung von García Lorcas ›Yerma‹ wurde kurz vor der Premiere abgesetzt, gegen König ein Parteiverfahren eingeleitet; man warf der Inszenierung »Biologismus« und konterrevolutionäre Ideen vor; Königs Vertrag wurde beendet. Es folgten Gastinszenierungen in der Provinz (u. a. in Zittau, Greifswald, Anklam), darunter einige DDR-Erstaufführungen, z. B. Hildesheimers ›Die Eroberung der Prinzessin Turandot‹ in Dessau. Andreas Roßmann schrieb: »Wer zu seinen Inszenierungen fährt, lernt die DDR kennen.« (›Theater heute‹, Heft 1, 1983) Seine analytisch genauen Arbeiten wurden häufig kritisiert und zum Teil auch abgesetzt. 1983 Ausbürgerung aus der DDR; erste West-Inszenierungen am Schauspielhaus Düsseldorf bei Günther Beelitz: Büchners ›Leonce und Lena‹ (1984) und ›Woyzeck‹ (1986); Goldonis ›Der Impresario von Smyrna‹ (1984); Sophokles' ›Die Frauen von Trachis‹ (1984/85, in der Fassung von Ezra Pound; 1986 in München); Heins ›Die wahre Geschichte des Ah Q‹ (1984/85); Ibsens ›Wenn wir Toten erwachen‹ (1985/86). Es folgten Inszenierungen am Bayerischen Staatsschauspiel München (wieder bei Beelitz): Heiner Müllers ›Der Auftrag‹ (1986); Feydeaus ›Einer muß der Dumme sein‹ (1987); an der Berliner Schaubühne: Brechts ›Trommeln in der Nacht‹ (1987); H. Müllers ›Philoktet‹ (1988). 1990 inszenierte er in Düsseldorf Koltès' ›Roberto Zucco‹; C. Bernd Sucher schrieb: »Ruhig, effektlos und mit sicherem Gefühl für das richtige Tempo, für eine spannungsvolle Stille, entwickelt er das Drama; führt seine Schauspieler zu den sparsamsten, leisesten Zeichen; zeigt, daß Koltès Leidensstationen nachzeichnet. (. . .) In dieser Aufführung wird deutlich, daß Koltès auf Genets Spuren ebenso wie auf denen Dantes wandelt – und mittelalterliche Stationenmoralitäten kennt.«

(›SZ‹, 28. 9. 1990) Weitere Arbeiten in Düsseldorf u. a.: Pirandellos ›Heinrich IV.‹ (1988); Becketts ›Endspiel‹ (1991); Tschechows ›Platonow‹ (1992); Arroyos ›Bantam‹ (1993, Spielort: Kunstsammlung Nordrhein-Westfalen).

Literatur: H. Klunker: ›Kulissen sind überall Kulissen‹. Der Regisseur Herbert König. Ein Portrait und ein Gespräch. In: Theater heute, Heft 2, 1986, S. 26–31.

König, Michael, geb. 26. 3. 1947 in München. Schauspieler und Regisseur. Ausbildung an der Otto-Falckenberg-Schule München. Debütierte 1966 in Nestroys ›Der Zerrissene‹ an den Münchner Kammerspielen, wo er bis 1967 engagiert war. Unter der Regie von Peter Stein spielte er den Len in Bonds ›Gerettet‹ »großartig in seiner sanften Standfestigkeit, seiner leichten Art, aus dem Knabenhaft-Unsicheren eine Haltung zu machen, in seiner wortarmen Traurigkeit auch (. . .)« (Urs Jenny, ›SZ‹, 17. 4. 1967) Es folgten Rollen am Bremer Theater: Ferdinand in Schillers ›Kabale und Liebe‹ (1968, R. Stein); Titelrolle in Ibsens ›Peer Gynt‹ (1968, R. Kurt Hübner). 1970 wechselte er mit Stein an die Berliner Schaubühne, wo er seither zum Ensemble gehört. Rollen in Stein-Inszenierungen u. a.: in Gorki/Brechts ›Die Mutter‹ (1970, mit Therese Giehse); Peer Nr. 2 in Ibsens ›Peer Gynt‹ (1971, mit Bruno Ganz); Wlas in Gorkis ›Sommergäste‹ (1974); Orlando in Shakespeares ›Wie es euch gefällt‹ (1977); Herrmann in Kroetz' ›Nicht Fisch nicht Fleisch‹ (1981); in Inszenierungen von Klaus Michael Grüber u. a.: Alfred in Horváths ›Geschichten aus dem Wiener Wald‹ (1972); Dionysos in Euripides' ›Die Bakchen‹ (1974); in ›Die Winterreise‹ (1977, nach Hölderlin); in Inszenierungen von Luc Bondy u. a.: Mann ohne Uhr in Strauß' ›Die Zeit und das Zimmer‹ (UA 1989, mit Libgart Schwarz); Polixenes in Shakespeares ›Das Wintermärchen‹ (1990). Weitere Rollen u. a.: Kuli in Brechts ›Die Ausnahme und die Regel‹ (1974, R. Frank-Patrick Steckel); Franz Moor in Schillers ›Die Räuber‹ (1979, R. Roland Schäfer); Macduff in Shakespeares ›Macbeth‹ (1988, R. Jürgen Gosch); Ingenieur Rudolf in

Köper

Franz Jungs ›Heimweh‹ (1990, R. Ernst Stötzner); Bote in Sophokles' ›Antigone‹ (1991, R. Jean-Marie Straub/Danièle Huillet). Eigene Inszenierungen: Achternbuschs ›Ella‹ (er spielte selbst); Büchners ›Woyzeck‹ (1981, mit Paul Burian). Gastspiele in München: Prinz in Lessings ›Emilia Galotti‹ (1984, Kammerspiele, R. Thomas Langhoff); Herakles in Heiner Müllers ›Herakles 5‹ (1985, Marstall, R. B. K. Tragelehn). Er spielte die Titelrollen in den Filmen ›Lenz‹ (1971, nach Büchner, R. George Moorse) und ›Mann ohne Gedächtnis‹ (1983, R. Kurt Gloor).
Literatur: Schaubühne am Halleschen Ufer am Lehniner Platz 1962–1987. Frankfurt a. M. 1987.

Köper, Carmen-Renate, geb. 24. 3. 1927 in Dortmund. Schauspielerin. Besuchte die Frauenfachschule in Gelsenkirchen; arbeitete dann als Hausangestellte in Recklinghausen und nahm Einzelunterricht an der Bochumer Schauspielschule. 1948 Engagement beim Tourneetheater Die Werkstatt; spielte die Berta in Strindbergs ›Der Vater‹. Es folgten (ab 1949) Engagements in Itzehoe, Oberhausen, Kaiserslautern, Dortmund, Wiesbaden, Bochum (bei Hans Schalla), Düsseldorf (Karl Heinz Stroux), Frankfurt (Harry Buckwitz) und Köln (Hansgünther Heyme/Jürgen Flimm). In den achtziger Jahren arbeitete sie in Bonn. Sie heiratete den Regisseur Peter Eschberg. Rollen in Zusammenarbeit mit Heyme am Kölner Schauspiel: Titelrolle in Hartmut Langes ›Die Gräfin von Rathenow‹ (UA 1969); Leonore in Schillers ›Die Verschwörung des Fiesco zu Genua‹ (1970); Margarete von Parma in Goethes ›Egmont‹ (1974) und Marthe im ›Urfaust‹ (1975); Titania in Shakespeares ›Ein Mitsommernachtstraum‹ (1976); Deianeira in Sophokles' ›Die Frauen von Trachis‹ (1976); ferner in Köln u. a.: Minna Klages/Dorothea Hörauf in Ginka Steinwachs' ›Tränende Herzen‹ (UA 1978, R. Eschberg); Xenia in Bonds ›Sommer‹ (1983, R. Walter Adler); Gastrollen in München u. a.: Antoinette in Frischs ›Biografie – ein Spiel‹ (1968, Kammerspiele, R. August Everding); Chorführerin in der Reimann-Oper ›Troades‹ (UA 1986, Nationaltheater, R. Jean-

Pierre Ponnelle); am Schauspiel Bonn u. a.: Jelineks ›Clara S.‹ (UA 1982, R. Hans Hollmann): »In der Titelrolle zeigt Carmen-Renate Köper, wie breit die Palette ihrer Mittel ist, wie präzis sie ihre Mittel einzusetzen vermag.« (Heinrich Vormweg, ›SZ‹, 13. 10. 1982); Mutter in Bonds ›Der große Frieden‹ (DE 1988, R. Eschberg); Mutter in Bernhards ›Am Ziel‹ (1989, R. Hollmann). Mit Eschberg wechselte sie 1991 wieder an das Schauspiel Frankfurt, wo man sie u. a. als Augusta in Djuna Barnes' ›Antiphon‹ sah:»Carmen-Renate Köper zeigt in dieser Rolle das große Panorama einer Frau, die ihre Ungerechtigkeit liebt, die mit den Jahren alles andere als weise geworden ist und zurück will aus dem Gefängnis des Alters in den Laufstall der Kindheit. Augusta – die Köper zeigt das herrisch und wollüstig, ein Lachen, verschobene Mundwinkel genügen ihr dazu – will unverschämt, zügellos sein.« (Verena Auffermann, ›SZ‹, 7. 11. 1992)

Körber, Hilde, geb. 3. 7. 1906 in Wien, gest. 31. 5. 1969 in Berlin. Schauspielerin. Kinderrollen am Wiener Burgtheater; 1920–1922 Ausbildung an der Akademie für Musik und darstellende Kunst in Wien. Über Anfängerengagements in Oldenburg, Stuttgart, Magdeburg und Zürich kam sie 1924 nach Berlin, wo sie an fast allen Bühnen spielte; Rollen u. a.: Tochter in Sternheims ›Das Fossil‹ (1927, Renaissancetheater); Durchbruch als Lucie in Bruckners ›Krankheit der Jugend‹ (1928, ebenda); Berta in Fleißers ›Pioniere in Ingolstadt‹ (UA 1929, Theater am Schiffbauerdamm): »Hilde Körber als Berta, traumdumpf, instinktschwer, schon in der ›Krankheit der Jugend‹ auserwählt für die Mädchenfiguren Marieluise Fleißers. Sie wird wundervoll werden, wenn sie eine leichte Monotonie überwindet.« (Herbert Ihering, ›Berliner Börsen-Courier‹, 2. 4. 1929); Isolde in Kaisers ›König Hahnrei‹ (1931) und Ursula in Zieses ›Siebenstein‹ (1933, jeweils Staatstheater, R. Jürgen Fehling); Titelrolle in Hebbels ›Agnes Bernauer‹ (1938). Nach dem Zweiten Weltkrieg war sie als Berliner CDU-Abgeordnete politisch aktiv (1946–1951), spielte jedoch bis Anfang der fünfziger

Jahre weiterhin Theater. Wichtigste Rollen: Lady Macbeth in Shakespeares ›Macbeth‹ (1945, Hebbeltheater); Aline Solness in Ibsens ›Baumeister Solness‹ (1948, Renaissancetheater). Anfang der sechziger Jahre kehrte sie erneut auf die Bühne zurück: in Osbornes ›Epitaph für George Dillon‹ und als Linda Loman in Millers ›Der Tod des Handlungsreisenden‹ (1961, Theater am Kurfürstendamm). Von 1951 bis 1969 war sie Leiterin der neugegründeten Max-Reinhardt-Schule in Berlin, der 1965 die Hochschule für Musik angegliedert wurde. 1965 erhielt sie eine Professur für darstellende Kunst. Sie war eine Zeitlang mit Veit Harlan verheiratet, in dessen Film ›Maria, die Magd‹ sie 1936 ihren ersten Filmauftritt hatte. Weitere Filmrollen u. a. in: ›Robert Koch‹ (1939); ›Ein Blick zurück‹ (1944); ›Via Mala‹ (1945, R. Josef von Baky); ›Sauerbruch – Das war mein Leben‹ (1954, mit Ewald Balser); ›Ich werde dich auf Händen tragen‹ (1958, R. Harlan).

Körner, Hermine, geb. 30. 5. 1878 in Berlin, gest. 14. 12. 1960 ebenda. Schauspielerin und Theaterleiterin. Nach einem kurzen Musikstudium am Konservatorium in Wiesbaden wurde sie 1898 ohne Schauspielausbilung an das Wiener Burgtheater verpflichtet. 1899–1904 Engagement am Stadttheater Wien; 1904/05 am Residenztheater Berlin. Von 1905 bis 1909 arbeitete sie bei Louise Dumont am Düsseldorfer Schauspielhaus, wo sie ihre eigentlichen Lehrjahre verbrachte. Sie spielte vor allem Salondamen, aber auch schon Lessings ›Minna von Barnhelm‹, die Porzia in Shakespeares ›Der Kaufmann von Venedig‹ und Königin Elisabeth in Schillers ›Maria Stuart‹ (mit der Dumont in der Titelrolle). Von 1909 bis 1915 war sie am Hoftheater Dresden engagiert, wo sie große Erfolge feierte: Titelrolle in Ibsens ›Hedda Gabler‹; Lady Milford in Schillers ›Kabale und Liebe‹ und Gräfin Terzky in ›Wallenstein‹; Leonore Sanvitale in Goethes ›Torquato Tasso‹; Gräfin Werdenfels in Wedekinds ›Der Marquis von Keith‹. 1915 brach sie ihren Vertrag in Dresden, um zu Max Reinhardt nach Berlin zu wechseln; Reinhardt trat deswegen aus

dem Bühnenverein aus. Rollen u. a.: Sidonie Knobbe in Hauptmanns ›Die Ratten‹ (1916, Volksbühne, mit Lucie Höflich, R. Felix Hollaender); Lady Macbeth in Shakespeares ›Macbeth‹ (1916, R. Reinhardt); Racines ›Phädra‹ (1918); Gräfin Geschwitz in Wedekinds ›Die Büchse der Pandora‹ (1918, Kleines Schauspielhaus, mit Gertrud Eysoldt als Lulu). Höchst umstritten bei den Berliner Kritikern, wechselte sie 1919 nach München, wo sie die Direktion des Schauspielhauses übernahm (1919–1925); spielte Salondamen in Stükken von Dumas, Wilde und Maugham, aber auch Heroinen wie die Mariamne in Hebbels ›Herodes und Mariamne‹. Eigene Regiearbeiten u. a.: Wedekinds ›Die Büchse der Pandora‹ (1919, erste öffentliche Aufführung, mit Tilly Wedekind als Lulu); Lautensacks ›Das Gelübde‹ (UA 1919); Shakespeares ›Der Kaufmann von Venedig‹ (1920); Schnitzlers ›Der Reigen‹ (1921, nach wenigen Aufführungen verboten); Lessings ›Emilia Galotti‹ (1922); Hamsuns ›Vom Teufel geholt‹ (1925, mit Körner als Juliane). 1925 übernahm sie die Direktion des privat betriebenen Albert-Theaters in Dresden. 1926 leitete sie die Komödie Dresden, von 1927 bis 1929 erneut das Albert-Theater; inszenierte und spielte Goethes ›Iphigenie auf Tauris‹, ferner Brecht/Weills ›Die Dreigroschenoper‹ (1929). Aufgrund der Wirtschaftskrise mußte sie 1929 die Leitung des Theaters aufgeben. Bei Reinhardts Eröffnung des Berliner Theaters am Kurfürstendamm sah man sie wieder als Salondame in Bourdets ›Das schwache Geschlecht‹ (1931). Gustaf Gründgens engagierte sie 1934 an das Berliner Staatstheater; Rollen u. a.: Königin Elisabeth in H. Schwarz’ ›Rebell in England‹ (1934); Herzogin von Marlborough in Scribes ›Ein Glas Wasser‹ (mit Gründgens als Bolingbroke); Claudia in Lessings ›Emilia Galotti‹ (1937); Titelrolle in Shaws ›Frau Warrens Gewerbe‹ (1937, R. Jürgen Fehling): »Sie ist mit den verfeinertsten Mitteln großer virtuoser Schauspielkunst von einer rauschenden Ordinärheit.« (K. H. Ruppel); Titelrollen in Rehbergs ›Die Königin Isabella‹ (1938), in Hauptmanns ›Iphigenie in Delphi‹ (UA 1941, R. Fehling) und in Ibsens ›Frau Inger auf Östrot‹ (1942). Nach dem Zweiten Weltkrieg spielte sie zunächst am Staatstheater Stuttgart (1945–1949): Frau Alving in Ibsens ›Gespenster‹; Andersons ›Mary von Schottland‹; Mutter in García Lorcas ›Bluthochzeit‹. Von 1946 bis 1948 trat sie außerdem in Berlin an der Komödie und am Theater am Kurfürstendamm auf. Gefeiert wurde sie in der Titelrolle von Giraudoux' ›Die Irre von Chaillot‹ (1950, Hebbeltheater Berlin; dann in Hamburg und Düsseldorf; zahlreiche Gastspiele mit dem Hamburger Ensemble; 1959 noch einmal am Schiller-Theater Berlin). 1951–1953 Schauspielerin und Regisseurin am Deutschen Schauspielhaus in Hamburg; danach Gastspiele, u. a. in Düsseldorf als Claire Zachanassian in Dürrenmatts ›Der Besuch der alten Dame‹ (1956). Ihre beiden letzten großen Rollen spielte sie am Berliner Schiller-Theater in Inszenierungen von Hans Lietzau: Hekuba in Euripides' ›Die Troerinnen‹ (1958) und Atossa in Aischylos' ›Die Perser‹ (1960, beide Dramen in der Bearbeitung von Matthias Braun). Hermine Körner zählt zu den größten Tragödinnen des deutschen Theaters. »Sie war mit ihrer, wenn sie wollte, metallisch harten, rauhen Stimme, das gebieterische, das königliche Weib schlechthin und ihre Stellung auch dadurch einzigartig, daß dieses große Format von Frau heute auf den Bühnen immer seltener angetroffen wird (. . .). Aber daneben war sie in Gesellschaftsstücken die Dame von Welt, immer mit einem Zug ins Großartige und Verkappt-Heroische, mochte dieser Zug auch bloß ins Hochstaplerische münden – sie nahm diesen Rollen den kitschigen Beigeschmack, die ranzige Sentimentalität, auf die sie häufig genug angelegt sind, und eigentlich entfaltete sie gerade in solchen Stücken ihre bezauberndsten Mittel, ihre raffiniertesten und gekonntesten.« (Hanns Braun) Kurz vor ihrem Tod stiftete sie den Hermine-Körner-Ring für deutsche Schauspielerinnen.

Literatur: Hermine Körner. Gastspiel-Tournee. Pressestimmen. München 1928; H. Ihering: Von Josef Kainz bis Paula Wessely. Heidelberg, Berlin, Leipzig 1942; M. Braun: Die Schauspielerin Hermine Körner. Velber 1964; S. Melchinger/ R. Clausen: Schauspieler. 36 Porträts. Velber 1965; F. M. Bilstein: Hermine Körner 1878–1960. Eine Schauspielerin im Wandel der Stilepochen. Diss. Berlin 1970; A. Smith: Hermine Körner. Berlin 1970.

Köstler, Gabriele, geb. in Passau. Schauspielerin. Arbeitete während der Schulzeit als Statistin am Stadttheater Regensburg; 1968–1970 Schauspielausbildung am Wiener Max-Reinhardt-Seminar (u. a. bei Otto Schenk). Erstes Engagement am Staatstheater Hannover, dort u. a.: Marie in Büchners ›Woyzeck‹; Elsie in Reinshagens ›Sonntagskinder‹; Deirdre in Behans ›Richards Korkbein‹; Anni in Kroetz' ›Oberösterreich‹. Von 1977 bis 1984 war sie am Düsseldorfer Schauspielhaus engagiert; arbeitete u. a. mit Otomar Krejča und spielte die Emmi in Kroetz' ›Nicht Fisch, nicht Fleisch‹ (UA 1981, R. Volker Hesse). Ihren größten Erfolg feierte sie als Marilyn Monroe in Terry Johnsons ›Bedeutende Leute‹ (DE 1983, R. Arie Zinger; 1989 auch in München). 1984–1988 Engagement am Schiller-Theater Berlin; danach gehörte sie bis 1993 zum Ensemble von Günther Beelitz am Bayerischen Staatsschauspiel München. Ihre Antrittsrolle war die Estelle in Sartres ›Geschlossene Gesellschaft‹ (1988, R. Thomas Schulte-Michels): »Eine in der Tat fabelhaft fleischliche Gespielin (. . .) im wogenden, wippenden Ballkleid mit wogend wippendem Dekolleté; blondlockig mit rotprallen Lippen und weich fließenden Gliedern, eine wuschelige Sünde, hockt sie in ihrem Tüll, als sei sie eine Seerose. Nie ist man sicher, ob sie Dummchen oder Durchtriebene ist, Barbie-Teepuppe oder Miststück.« (Michael Skasa, ›SZ‹, 18. 1. 1988) Rollen in den umstrittenen Gastinszenierungen von Frank Castorf: Marwood in Lessings ›Miss Sara Sampson‹ (1989); Leonore von Este in Goethes ›Torquato Tasso‹ (1991): »Gabriele Köstler, sicher die erste Schauspielerin in Günther Beelitz' Ensemble, hat Stimmen und Bewegungen für ein Dutzend Frauen: Schlampe, Hetäre, Schlange, Xanthippe.« (C. B. Sucher, ›SZ‹, 28. 10. 1991); außerdem u. a.: Roxane Puygparadinez in Herzmanovsky-Orlandos ›Apoll von Nichts oder Exzellenzen ausstopfen‹

(UA 1990, R. Hans Hollmann); Titelrolle in Lessings ›Minna von Barnhelm‹ (1992); Stadtstreicherin in Bettina Fless' ›Asyl‹ (UA 1992); Gräfin Capulet in Shakespeares ›Romeo und Julia‹ (1993, R. Leander Haußmann); Zusammenarbeit mit Peter Eschberg am Schauspiel Frankfurt in Gorkis ›Kinder der Sonne‹ (1993/94). Eigene Inszenierungen u. a. am E.T.A.-Hoffmann-Theater Bamberg.

Kogge, Imogen, geb. 1957 in Berlin. Schauspielerin. 1976–1980 Schauspielausbildung an der Hochschule der Künste Berlin. 1980–1984 Engagement am Deutschen Schauspielhaus Hamburg unter der Intendanz von Niels-Peter Rudolph; dort u. a.: Thekla in Sternheims ›Bürger Schippel‹ (1981, R. Roland Schäfer); in Savarys ›Weihnachten an der Front‹ (1981/82, R. Jérôme Savary); Rosetta in Büchners ›Leonce und Lena‹ (1984); Mascha in Tschechows ›Die Möwe‹ (1984, R. Augusto Fernandes). 1985 Gastvertrag am Schauspielhaus Bochum. Seit der Spielzeit 1985/86 gehört sie zum Ensemble der Berliner Schaubühne am Lehniner Platz. Rollen u. a.: Aricia in Racines ›Phädra‹ (1986, R. Peter Stein); Norine in Labiches ›Die Affäre Rue de Lourcine‹ (1988, R. Klaus Michael Grüber): »blaß, zerbrechlich, hübsch (. . .) ein verzogenes, verklemmtes Hätschelkind« (C. Bernd Sucher); Charis in Kleists ›Amphitryon‹ (1991, mit Jutta Lampe und Peter Simonischek, R. Grüber); Johanna Wegrat in Schnitzlers ›Der einsame Weg‹ (1991, mit Simonischek, R. Andrea Breth); in Strauß' ›Schlußchor‹ (1992, R. Luc Bondy); Frau Elvsted in Ibsens ›Hedda Gabler‹ (1994, R. Breth): »Imogen Kogge als kompakt mütterlicher Wärmestrahler, in dessen engerem Gefühlsradius alles menschliche Leben zerschmilzt.« (Franz Wille, ›Theater heute‹, Heft 2, 1994) Auszeichnung: Boy-Gobert-Preis (1982).

Kohout, Pavel, geb. 20. 7. 1928 in Prag. Tschechischer Autor. Kohout studierte Literatur und Philosophie in Prag, bevor er 1949/50 zum Kulturattaché in Moskau berufen wurde. Seit 1956 arbeitet er als freier Schriftsteller. Nach dem Prager Frühling Ausreise- und Publikationsverbot. Seit 1978 lebt er in Wien. Kohout bearbeitete Vorlagen von Jules Verne und Karel Čapek und schrieb gesellschaftssatirische Parabelstücke, die er selbst exemplarisch inszenierte.

Stücke: ›So eine Liebe‹ (1957); ›Reise um die Erde in 80 Tagen‹ (1962); ›Krieg der Molche‹ (nach Čapek, 1962); ›Josef Schwejk‹ (nach Hašek, 1963); ›August, August, August‹ (1967); ›Armer Mörder‹ (1973); ›Roulette‹ (1975); ›Maria kämpft mit den Engeln‹ (1981); ›Play Macbeth‹ (1981).

Literatur: P. Kohout: Aus dem Tagebuch eines Konterrevolutionärs. München 1969; V. Ambros: Pavel Kohout und die Metamorphosen des sozialistischen Realismus. New York 1993.

Kokoschka, Oskar, geb. 1. 3. 1886 in Pöchlarn, Niederösterreich, gest. 22. 2. 1980 in Villeneuve (Schweiz). Maler, Graphiker, Autor und Bühnenbildner. Stammte väterlicherseits aus einer Prager Künstlerfamilie; von 1905 an Studium an der Wiener Kunstgewerbeschule; Mitarbeiter bei den Wiener Werkstätten. Zu seinen frühen Förderern gehörte der Architekt Adolf Loos. 1910 kam er nach Berlin, dort Mitarbeit bei Herwarth Waldens Kunstzeitschrift ›Der Sturm‹; 1912 Teilnahme an der zweiten Ausstellung des ›Blauen Reiters‹; 1915 Kriegsfreiwilliger; 1919–1923 Professur an der Dresdner Akademie der Bildenden Kunst; 1924–1931 Aufenthalt in verschiedenen Städten Europas, im Orient und in Nordafrika; 1931–1934 in Wien und Paris; ab 1934 in Prag. Seine Werke wurden von den Nationalsozialisten als »entartete Kunst« degradiert. 1938 Emigration nach London; von 1953 bis zu seinem Tod lebte er in der Schweiz. Kokoschka wurde vor allem als Maler berühmt; er zählte zu den Hauptvertretern eines aus leidenschaftlichem Erlebnis- und Gestaltungsdrang geborenen Expressionismus. Als Dramatiker hat er mit den Themen Eros, Trieb und Geschlechterkampf Skandale provoziert. Seine frühen Stücke waren Vorboten des szenischen Expressionismus; die wichtigsten: ›Mörder, Hoffnung der Frauen‹ (1907, UA 1908

Koltès

in Wien, von Paul Hindemith vertont 1920); ›Sphinx und Strohmann‹ (1907, UA 1917 unter dem Titel ›Hiob‹); ›Der brennende Dornbusch‹ (1911, UA 1917); ›Orpheus und Eurydike‹ (1915, umgearbeitet 1917, UA 1921, von Ernst Krenek 1923 vertont). Die (Ur-)Aufführung der ersten drei Stücke 1917 am Albert-Theater Dresden gehörte zu den ersten expressionistischen Bühnendarbietungen; Kokoschka führte selbst Regie (in eigenen Bühnenbildern); es spielten u. a. Heinrich George und Ernst Deutsch. Die Stücke ›Mörder, Hoffnung der Frauen‹ und ›Hiob‹ wurden 1919 unter der Regie von George auch am Neuen Theater Frankfurt gespielt. Ebenfalls in Frankfurt inszenierte George die Uraufführung von ›Orpheus und Eyridike‹ (1921, Schauspielhaus, mit George und Gerda Müller in den Titelrollen). Kokoschka selbst kehrte erst im Alter wieder ans Theater zurück. Als Bühnenbildner malte er farblich üppige Kulissen u. a. für Mozarts ›Zauberflöte‹ (1955, Salzburger Festspiele) und für den Raimund-Zyklus am Wiener Burgtheater: ›Moisasurs Zauberfluch‹ (1960); ›Die unheilbringende Krone‹ (1961); ›Die gefesselte Phantasie‹ (1962). Seine Erinnerungen erschienen unter dem Titel ›Mein Leben‹ (München 1971). 1972 beendete er sein 1936 begonnenes Drama ›Comenius‹ über Johann Amos Komensky, den Bischof der böhmischen Bürgergemeinde zur Zeit des Dreißigjährigen Krieges (Fernsehinszenierung 1975).

Literatur: O. Kokoschka: Das schriftliche Werk. Hrsg. v. H. Spielmann. 3 Bde. Hamburg 1973–1976; ders.: Briefe I (1905–1919), Briefe II (1919–1934), Briefe III (1934–1953), Briefe IV (1953–1976). Hrsg. v. Olda Kokoschka u. H. Spielmann. Düsseldorf 1984–1989; F. T. Csokor: Oskar Kokoschka im Bühnenbild. In: Das Kunstwerk, Heft 4, Baden-Baden. Jg. 1955/56; H. M. Wingler: O. Kokoschka. Salzburg 1956; ders. (Hrsg.): Ein Lebensbild in zeitgenössischen Dokumenten. München 1956; O. Kamm: Kokoschka und das Theater. Diss. Wien 1958; J. Hoffmann: Die Anfänge Kokoschkas. In: J. P. Hodin: Bekenntnisse zu Kokoschka. Berlin, Mainz 1963; R. Brandt: Figuration und Komposition in den Dramen O. Kokoschkas. München 1968; H. Rischbieter (Hrsg.): Bühne und bildende Kunst im XX. Jahrhundert. Velber 1968.

Koltès, Bernard-Marie, geb. 9. 4. 1948 in Metz, gest. 15. 4. 1989 in Paris. Französischer Dramatiker. Besuch der Regieklasse der Theaterschule in Straßburg (1968–1970). Dort führte das Théâtre du Quai 1970/71 seine drei ersten Stücke auf: ›Les amertumes‹, ›La Marche‹ und ›Procès ivre ou un coup de pied dans la lune‹. Koltès unternahm danach diverse Reisen nach Nord- und Südamerika, in die Sowjetunion und nach Afrika. In Guatemala entstand das Stück ›Der Kampf des Negers und der Hunde‹, das, von Patrice Chéreau uraufgeführt, Koltès den Durchbruch brachte. Es entstanden weitere Stücke in Zusammenarbeit mit Chéreau. Sie alle handeln von Außenseitern, vom Raubtier im Menschen, von der Fremdheit, Benutzbarkeit und Ausbeutung des Menschen durch den Menschen als endgültiges Prinzip dieser Zivilisation. 1989, nach Irrfahrten zwischen Mexiko, Guatemala, Lissabon und Paris, starb Koltès an den Folgen von Aids. »Koltès' Theater ist ein Theater der Randgruppen. Koltès ist kein Autor, der den Guckkasten im Kopf hat, wenn er ein Stück schreibt, er ist kein Dramaturg als Stückeschreiber. Weit mehr ist er ein Filmfreak, der sich ins Theater verirrt hat (. . .). Koltès' Sprache ist poetisch und politisch. Aber Politik ist nicht das Hauptanliegen. Im ›Kampf des Negers und der Hunde‹ mit NS-Konflikt, in ›Rückkehr in die Wüste‹ ist es der Algerienkrieg und Frankreichs Umgang mit den ehemaligen Kolonien. ›Koltès' Stücke‹, sagt der ostdeutsche Dramatiker Heiner Müller, ›haben eine Arienstruktur, ist das Neue an ihnen. Dieser Autor verweigert sich der üblichen Ping-Pong-Dramaturgie. Koltès ist ein Autor, der mit Steinen wirft.‹« (Robert Weichinger, in: Literaturmagazin ORF, 24. 4. 1989) Koltès Stücke wurden in Deutschland viel gespielt, vor allem ›Der Kampf des Negers und der Hunde‹. Über die Inszenierung an den Münchner Kammerspielen (1992, R. Armin Petras) schrieb Wolfgang Höbel: »Wie die Werke des 1989 erst

41jährig verstorbenen Franzosen ist das Stück ein Innendrama aus blendend schöner (manchmal auch bloß blendender) Rhetorik, eine Exkursion in die Nachtseite der Vernunft. Koltès kennt keine Furcht vor Schwulst und großen Worten, dem rätselhaften Sog seiner Stücke jedoch kann all dies nichts anhaben (. . .) Der Verrat ist das zentrale Thema, doch zugleich handelt es auch von seinem Gegenteil, von der Verschleierung. Das Geheimnis, das jede der Figuren besitzt, wird durch die Sprache nicht preisgegeben, sondern bloß angedeutet, umschrieben.« (›SZ‹, 10. 2. 1992) ›Roberto Zucco‹ wurde 1990 von Peter Stein an der Schaubühne am Lehniner Platz uraufgeführt, die deutsche Erstaufführung von ›In der Einsamkeit der Baumwollfelder‹ (R. Alexander Lang) fand an den Münchner Kammerspielen statt.

Weitere Stücke: ›Le jour des meurtres dans l'histoire de Hamlet‹ (1975); ›La fuite à cheval très loin dans la ville‹ (1976); ›La nuit juste avant les forêts‹ (1977); ›Quai West‹ (1985); ›Taba-Taba‹ (1986); ›In der Einsamkeit der Baumwollfelder‹ (1987); ›Rückkehr in die Wüste‹ (1988); ›Roberto Zucco‹ (1989).

Literatur: P. Pavis: Malaise dans la civilisation. In: Zeitgenössisches Theater in Deutschland und Frankreich. Tübingen 1989; C. B. Sucher: Macht kein politisches Theater, sondern macht es politisch. Ebd. Tübingen 1989; Chéreau/Guibert/Stein/ Werle (u. a.): Koltès. Alternatives Théâtrales Nr. 35/36. Brüssel, Paris 1990; P. Duquenet-Krämer: Das poetische Theater von B. M. Koltès. In: K. Schoell (Hrsg.): Literatur und Theater im gegenwärtigen Frankreich. Tübingen 1991.

Kopit, Arthur, geb. 10. 5. 1937 in New York. Amerikanischer Dramatiker. Kopit studierte bis 1959 Technologie an der Harvard University; danach unternahm er zahlreiche Reisen. Kopit, der in New York lebt, wurde bekannt mit einfallsreichen Parodien auf das absurde Theater, vor allem in seinem ersten Stück ›Oh, Vater, armer Vater, Mutter hing dich in den Schrank, und ich bin ganz krank‹ (1960), mit dem Untertitel: ›Eine pseudoklassische

Tragifarce in einer pseudofranzösischen Tradition in 3 Szenen‹. In Deutschland hat sich Hans Lietzau für Kopit eingesetzt und 1970 das Stück ›Indianer‹ mit großem Erfolg am Deutschen Schauspielhaus Hamburg herausgebracht. Joachim Kaiser schrieb darüber: »Kopit führt am Rahmen einer Revue vor, mit welchen Mitteln der weiße Mann die Indianer beraubte, ermordete oder in ihr totenstarres Reservations-Getto trieb.« (›SZ‹, 7./8. 3. 1970) Über das Stück ›Nirvana‹ schrieb Michael Merschmeier: »Arthur Kopits ›Nirvana‹ (. . .) ist ein wellmade-play mit höchst merkwürdigen Untiefen. Unterm Strich eine psychorealistische Farce. In rüden Dialogen (. . .) ersteht die blutgraue Kehrseite von Hollywood-Babylon (. . .) Das Stück trifft die Realität unserer sekundären und tertiären Wahrnehmungswelten. Es trifft krud-komisch einen Nerv der Zeit und ins Herz jenes medialen Spiegelkabinetts, als das wir Wirklichkeit mehr und mehr erfahren – nicht erst seit dem Golfkrieg samt seinen gefälschten echten Fernsehbildern.« (›Theater heute‹, Heft 11, 1992).

Weitere Stücke: ›Als die Huren auszogen, Tennis zu spielen‹ (1965); ›Indianer‹ (1968); ›Schwingen‹ (1978); ›Das Ende der Welt mit anschließender Diskussion‹ (1984); ›Nirvana‹ (1991).

Kopp, Mila, geb. 20. 10. 1904 in Wien, gest. 14. 1. 1973 in Stuttgart. Schauspielerin. Studierte an der Lehrerbildungsanstalt in Wien und wurde staatlich geprüfte Volksschullehrerin. Über erste Engagements in Pilsen (1923/24) und Prag (1924/25) kam sie 1925 an das Staatstheater Stuttgart, wo sie bis 1936 fest zum Ensemble gehörte. Sie heiratete dort den Schauspieler Christian Kayßler (Sohn von Friedrich Kayßler), mit dem sie häufig zusammen auf der Bühne stand. Rollen u. a.: Gretchen in Goethes ›Faust‹ sowie Marie in ›Clavigo‹; Titelrollen in Shaws ›Die heilige Johanna‹ und Hauptmanns ›Rose Bernd‹; Luise in Schillers ›Kabale und Liebe‹. 1938–1941 an den Münchner Kammerspielen: Königin Gertrud in Shakespeares ›Hamlet‹ (1939, mit Horst Caspar als Hamlet, R. Otto Falckenberg);

Koppendorfer

Titelrolle in Schillers ›Maria Stuart‹ (1940). Es folgte ein Engagement am Schiller-Theater Berlin (1941–1944). Von 1946 bis zu ihrem Tod gehörte sie wieder zum Ensemble des Staatstheaters Stuttgart. Von 1950 bis 1955 arbeitete sie außerdem am Deutschen Theater Göttingen: spielte die Courage in Brechts ›Mutter Courage und ihre Kinder‹, Mutter Wolffen in Hauptmanns ›Der Biberpelz‹ und Frau John in ›Die Ratten‹. Zu ihren letzten Rollen in Stuttgart zählten: Elfchen in Walsers ›Überlebensgroß Herr Krott‹ (UA 1963); Anfissa in Tschechows ›Drei Schwestern‹ (1963, R. Rudolf Noelte); in Inszenierungen von Peter Palitzsch: Oberzigeunerin Krächze in Ardens ›Leben und leben lassen‹ (DE 1966); Herzogin von York in Shakespeares ›Richard III.‹ (1968, mit Hans Christian Blech, sie selbst spielte im Rollstuhl); Irene Prantl in Horváths ›Glaube, Liebe, Hoffnung‹ (1969); in Hochhuths ›Guerillas‹ (UA 1970); in Inszenierungen von Peter Zadek: Frosine in Molières ›Der Geizige‹ (1967, mit Günther Lüders); Mutter Heegan in O'Caseys ›Der Preispokal‹ (1970, mit Hans Mahnke). Gastspiele u. a.: Frau Nomsen in Dürrenmatts ›Der Meteor‹ (UA 1966, Schauspielhaus Zürich, R. Leopold Lindtberg); Marthe Rull in Kleists ›Der zerbrochne Krug‹ (1966, Ruhrfestspiele Recklinghausen, R. Noelte). Sie gastierte mehrmals bei den Salzburger Festspielen in Hofmannsthals ›Jedermann‹, zuletzt 1970 als Mutter. Mila Kopp war eine weit über Stuttgart hinaus bekannte und verehrte ›Staatsschauspielerin‹. Ihr ehemaliger Kollege Rudolf Fernau verglich ihr Antlitz mit dem einer »Südtiroler Bauernmadonna« und nannte sie »ein schauspielerisches Reserl von Konnersreuth«. In ihren letzten Lebensjahren stand sie nur noch selten auf der Bühne, ein schweres Hüftleiden fesselte sie fast immer an den Rollstuhl. K. H. Ruppel schrieb in seinem Nachruf: »Sie war eine Schauspielerin von einer stillen, aber ungeheuer intensiven Präsenz. Sie hatte in ihrer kleinen, eher ein wenig untersetzten Gestalt die Kraft zu größten ›Ausbrüchen‹, aber sie liebte mehr die leisen, in die Wellen ihres Gefühlsstroms eingebetteten Töne. Ihre Stimme war von einer melodischen Wärme ohnegleichen, aber sie verschmähte es, auf die Popularität ihrer heimischen Wiener Sprachmelodie zu bauen. Sie imitierte auch nicht andere Dialekte, um ›Kolorit‹ vorzutäuschen – ihre Mutter John in Hauptmanns ›Ratten‹ war berlinisch aus der Kraft ihrer figuralen Intuition; dazu brauchte sie nicht zu ›berlinern‹. Mütter, das war überhaupt ihre große Domäne.« (›SZ‹, 16. 1. 1973)

Literatur: S. Melchinger/R. Clausen: Schauspieler. 36 Porträts. Velber 1965.

Koppendorfer, Franz, geb. 1946 in Feldbach, Südsteiermark. Bühnenbildner. Besuchte die Bühnenbildklasse an der Wiener Kunstakademie (bis 1971). 1975/76 Bühnenbilder zu Fugards ›Buschmann und Lena‹ (R. Nicolas Brieger) und Horváths ›Kasimir und Karoline‹ (R. Christof Nel) am Kölner Schauspiel. 1978–1980 am Basler Theater u. a.: Kleists ›Der zerbrochne Krug‹ (R. Brieger); Shakespeares ›Wie es euch gefällt‹ (R. Valentin Jeker); an der Berliner Schaubühne: Schillers ›Die Räuber‹ (1979, R. Roland Schäfer); in Nürnberg: Massenets ›Werther‹ (1980, R. Peter Mussbach); an den Münchner Kammerspielen: Strindbergs ›Totentanz‹ (1979, R. Harald Clemen); Heiner Müllers ›Quartett‹ (1983, R. Ulrich Heising). 1980–1984 am Düsseldorfer Schauspielhaus u. a.: Schillers ›Kabale und Liebe‹ (R. Schäfer) und ›Maria Stuart‹ (R. Heising); Molières ›Tartuffe‹ (R. Volker Hesse). Am Theater am Neumarkt Zürich entwarf er die Bühnenbilder für die freien Projekte ›Ich sitze auf einem Stuhl‹ und ›Tag Traum Nacht‹ (R. Andrea Breth). Es folgten Arbeiten in Bochum, Bonn, Basel und Köln, u. a. wieder in Inszenierungen von Breth, Jeker und Hesse. In Zusammenarbeit mit Heising u. a.: Reinshagens ›Doppelkopf‹ (1986, Volkstheater München); Vitracs ›Victor oder Die Kinder an der Macht‹ (1987, Köln); Laubes ›Der Dauerklavierspieler‹ (1988, Düsseldorf); Bernhards ›Ein Fest für Boris‹ (1989, Freie Volksbühne Berlin); ferner u. a.: Strindbergs ›Fräulein Julie‹ (1988, Staatliche Bühnen Berlin, R. G. H. Seebach); Tschechows ›Platonow‹ (1992, Düsseldorf, R. Herbert König). In einem Interview

395 Koppenhöfer

sagte er: »Bühnenbild: das sind Räume, sind Menschen im Raum. Mich interessieren auch keine dekorativen Bühnenbilder, sondern Assoziativ-Räume. Ich würde mich lieber als Raum-Mensch bezeichnen, ein Wändchen- oder Kästchenbauer bin ich nicht.« (Münchner ›Abendzeitung‹, 12. 10. 1978)

Koppendorfer, Margit, Kostümbildnerin. 1970–1976 Assistentin an den Theatern Kassel, Darmstadt, Köln und Frankfurt, u. a. bei Axel Manthey, Erich Wonder und Nina Ritter. 1977–1980 Kostümbildnerin am Schauspiel Frankfurt; entwarf u. a. die Kostüme für Brechts ›Die Tage der Commune‹ (R. Niels-Peter Rudolph), Pirandellos ›Heinrich IV.‹ (R. Augusto Fernandes) und Heiner Müllers ›Leben Gundlings Friedrich von Preußen Lessings Schlaf Traum Schrei‹ (UA 1979, R. Horst Laube). Von 1980 an Engagement am Deutschen Schauspielhaus Hamburg; wichtige Arbeiten u. a.: Tschechows ›Drei Schwestern‹ (R. Rudolph); Shakespeares ›Perikles‹ (R. Fernandes) und ›Titus Andronicus‹ (R. Christof Nel); Becketts ›Endspiel‹ (R. Peter Löscher). Als Gast arbeitete sie u. a. an den Münchner Kammerspielen: Müllers ›Quartett‹ (1983, R. Ulrich Heising). 1983 wurde sie Lehrbeauftragte für Kostüm an der Wiener Hochschule für angewandte Kunst (in Wonders Klasse für Bühnengestaltung); 1986 wechselte sie in derselben Funktion an die Wiener Akademie der Bildenden Künste. Seit 1986 Kostümbildnerin am Burgtheater Wien; Zusammenarbeit mit Alfred Kirchner in Shakespeares ›Ein Sommernachtstraum‹ (1986), Achternbuschs ›An der Donau‹ (UA 1987) und Turrinis ›Die Minderleister‹ (UA 1988).

Koppenhöfer, Maria, geb. 11. 12. 1901 in Stuttgart, gest. 29. 11. 1948 in Heidelberg. Schauspielerin. Begann 1922 an den Münchner Kammerspielen, wo man sie in Inszenierungen von Otto Falckenberg sah: Mutter in Bronnens ›Vatermord‹ (1922); Marthe Rull in Kleists ›Der zerbrochne Krug‹ (1922); Mutter in Barlachs ›Der tote Tag‹ (1924); außerdem u. a.: Königin Anna in Marlowe/Brechts ›Leben Eduards II.

von England‹ (UA 1924, R. Bertolt Brecht); Gastspiel am Münchner Residenztheater als Marie in Brechts ›Im Dikkicht der Städte‹ (UA 1923, R. Erich Engel). 1925 wechselte sie an das Deutsche Theater Berlin, wo sie die Hauptfrau in Klabunds ›Der Kreidekreis‹ spielte (R. Max Reinhardt). Monty Jacobs schrieb, sie sei »im Frauentyp Tilla Durieux ähnlich, schwarz und schlank, federnd in der Sprungkraft geschmeidiger Glieder. Eine für Berlin neue Erscheinung, die gleich im ersten Ansprunge interessiert und auf Rollen aus der Strindbergwelt neugierig gemacht hat.« (›Vossische Zeitung‹, 21. 10. 1925) Von 1926 bis 1944 gehörte sie zum Ensemble des Berliner Staatstheaters. Rollen u. a.: Amalia in Schillers ›Die Räuber‹ (1926, R. Erwin Piscator); in Inszenierungen von Leopold Jeßner: Gertrud in Shakespeares ›Hamlet‹ (1926, mit Fritz Kortner): »die beste Königin (. . .), die ich bisher gesehen habe. Ihr Körper strahlt Wollust und Geilheit aus, und zugleich gibt ihr Gesicht alle Ängste eines verlorenen und verirrten Herzens wieder.« (Felix Hollaender); Frau Hilse in Hauptmanns ›Die Weber‹ (1928); Orsina in Lessings ›Emilia Galotti‹ (1931); Emilia in Shakespeares ›Othello‹ (1932, mit Heinrich George); ferner u. a.: Titelrolle in Kleists ›Penthesilea‹ (1928, R. Lothar Müthel); Elisabeth in Goethes ›Götz von Berlichingen‹ (1930) und Sorge in ›Faust II‹ (1933, erst mit Gustaf Gründgens, dann mit Alexander Granach als Mephisto, R. Gustav Lindemann); Magd in Billingers ›Rauhnacht‹ (1931) und Maruschka in ›Der Gigant‹ (1937, R. jeweils Jürgen Fehling); Kunigunde in Kleists ›Das Käthchen von Heilbronn‹ (1937); Marion in Büchners ›Dantons Tod‹ (1939); Viarda in P. A. Wolffs ›Preziosa‹ (1941, R. Fehling); Marthe in Goethes ›Faust I‹ (1941, R. Gründgens) und Titelrolle in ›Iphigenie auf Tauris‹ (1943). Von 1945 bis zu ihrem Tod war sie am Bayerischen Staatsschauspiel München engagiert. Zuletzt sah man sie in der Titelrolle von Giraudoux' ›Die Irre von Chaillot‹ (1948, Münchner Kammerspiele). »Maria Koppenhöfer (. . .) hatte eine dunkle Glocke als Zentrum ihrer poetischen Gewalt. Eine mystische Frau,

Korn

vielleicht die Größte seit der Réjane, der Yvette und der Duse. Sie schluchzte wie dunkles Gestein und hatte nicht geweinte Tränen, die unsäglich zu erschüttern vermochten. Sie war ganz naiv, ganz unintellektuell, Hotelierstochter, zugleich aus dunklem, mystischem Blut.« (Fehling) **Literatur:** H. Ihering: Von Josef Kainz bis Paula Wessely. Heidelberg, Berlin, Leipzig 1942; W. Stemans: Maria Koppenhöfer. Diss. München 1958; K. H. Ruppel: Großes Berliner Theater. Velber 1962; G. Rühle: Theater für die Republik (im Spiegel der Kritik). 1917–1925 und 1926– 1933. Frankfurt a. M. 1967.

Korn, Benjamin, geb. 1946 in Lublin. Regisseur. Aufgewachsen in Frankfurt als Sohn strenggläubiger polnischer Juden. Studium der Soziologie in Frankfurt; Diplomarbeit über »Feudalismus und Bürgertum im Werk Shakespeares«. 1975 Regieassistent bei Michael Gruner in Frankfurt und Wiesbaden; seit 1976 erste eigene Regiearbeiten in Wiesbaden; fiel dort 1978 mit seiner Goethe-Inszenierung ›Stella‹ auf. Jürgen Bosse holte ihn daraufhin nach Mannheim, wo er Goethes ›Clavigo‹ inszenierte (1979); Erfolg mit Hebbels ›Maria Magdalena‹ in Wiesbaden (1980): »eine geduldig Text und Figuren entwikkelnde Inszenierung. Sie beginnt leise, zeitlupenhaft und bleibt bis zum Tod der Mutter fast heiter gelöst. Zunächst scheint sie die Figuren nur beobachten zu wollen; in Wirklichkeit ist sie dann schon dabei, von außen nach innen zu deren Kern vorzustoßen. Beklemmend spürbar wird in Korns Inszenierung der Druck, unter dem diese deutsche Unheilsfamilie steht und vergeht.« (Christoph Müller, ›Theater heute‹, Heft 8, 1980) In der Spielzeit 1980/81 wurde er von Peter Striebeck ans Hamburger Thalia Theater verpflichtet; Inszenierungen: Fleißers ›Fegefeuer in Ingolstadt‹ (1980, eingeladen zum Berliner Theatertreffen); Lessings ›Nathan der Weise‹ (1981, mit Susanne Lothar als Recha); Büchners ›Leonce und Lena‹ (1982). Es folgten u. a.: Marivaux' ›Der Streit‹ (1983, eigene Übersetzung, Schauspielhaus Köln); Erfolg mit Büchners ›Woyzeck‹ (1984, Kammerspiele München, mit Peter Fitz, Fassung: Korn/Bernd Wilms, 1985 zum Berliner Theatertreffen eingeladen); Molières ›Tartuffe‹ (1987, Bayerisches Staatsschauspiel München, mit Edgar Walther); am Schauspiel Frankfurt: Strindbergs ›Fräulein Julie‹ (1985); Molières ›Dom Juan‹ (1985); am Schauspielhaus Bochum: Horváths ›Glaube, Liebe, Hoffnung‹ (1988): »Horváths Stück basiert auf einer wahren Geschichte, Benjamin Korns Bochumer Inszenierung auf der Kraft expressionistischer Gesten und Symbole. (. . .) Der Regisseur zeigt ein Gruselkabinett entmenschlichter Fratzen, doch nur, um uns hinter diesen Masken um so verblüffendere Entdeckungen machen zu lassen.« (Frank Busch, ›SZ‹, 25./26. 6. 1988); Genets ›Sie‹ (DE 1991). Korn lebt in Paris.

Kornfeld, Paul, geb. 11. 12. 1889 in Prag, gest. Jan. 1942 im Ghetto Lodz. Dramatiker. Kornfeld verbrachte seine Jugend in Prag und verkehrte im Prager Dichterkreis um Franz Werfel, Max Brod und Franz Kafka. 1916 ging er als freier Schriftsteller nach Frankfurt a. M.; 1925 arbeitete er als Dramaturg bei Max Reinhardt in Berlin. 1933 Emigration nach Prag. 1941 wurde er aus seinem Versteck heraus verhaftet und im Ghetto Lodz umgebracht. Kornfeld schrieb anfänglich expressionistische, lyrisch-ekstatische Erlösungsdramen, später leichtere psychologische Komödien, Charakterstücke und Historiendramen. »Paul Kornfelds Tragödie ›Himmel und Hölle‹ erschloß dem Autor der deutschen Bühnen und sicherte ihm seinen durchschlagendsten Erfolg als Schriftsteller für das Theater bei der Kritik wie beim Publikum. Das hat folgende Gründe: In diesem Stück sind Gehalt und Form, Erlösungsthematik, Stimmenspiel und ›barocke‹ Maschinendramaturgie komplex gebunden und von einem Text aufgefangen, in dem der Vorrang der gesprochenen Sprache als Medium des Dichters beachtet und bestätigt ist.« (Horst Denkler, Drama des Expressionismus. München 1979) **Stücke:** ›Die Verführung‹ (1916); ›Himmel und Hölle‹ (1919); ›Palme oder Der Gekränkte‹ (1924); ›Sakuntala‹ (1925); ›Kilian oder Die gelbe Rose‹ (1926); ›Jud Süß‹ (1931).

397 Korte

Literatur: M. Maren-Grisebach: Weltanschauung und Kunstform im Frühwerk P. Kornfelds. Diss. Hamburg 1960; H. Denkler: Drama des Expressionismus. München 1979.

Korte, Hans, geb. 8. 4. 1929 in Bochum. Schauspieler und Regisseur. Kinderrollen am Schauspielhaus Bochum; 1945 Regieassistent bei Saladin Schmitt; nach dem Abitur Musikstudium in Köln und Detmold. 1950 wurde er ohne Schauspielausbildung an das Augsburger Theater engagiert; erste Inszenierung: Schönthans ›Der Raub der Sabinerinnen‹. 1953–1959 Engagement am Staatstheater Kassel; dort erste Operninszenierungen. 1959–1965 Engagement bei Harry Buckwitz an den Städtischen Bühnen Frankfurt; Rollen u. a.: König Heinrich in Anouilhs ›Becket oder die Ehre Gottes‹; Götz in Sartres ›Der Teufel und der liebe Gott‹ und Krey in Sternheims ›1913‹ (R. jeweils Erwin Piscator); Macheath in Brecht/Weills ›Die Dreigroschenoper‹ (R. Buckwitz). Gastspiele u. a.: Pest in Camus' ›Belagerungszustand‹ (1961, Ruhrfestspiele Recklinghausen); Titelrollen in Shakespeares ›Richard III.‹ (1963, Hersfelder Festspiele) und in Sternheims ›Der Snob‹ (1966, Wuppertal). Von 1965 bis 1972 gehörte er zum Ensemble der Münchner Kammerspiele; Rollen in Inszenierungen von Dieter Giesing: Augustin Ferraillon in Feydeaus ›Der Floh im Ohr‹ (1968); Goldberg in Pinters ›Die Geburtstagsfeier‹ (1969); Tilmann Hicketier in Sternheims ›Bürger Schippel‹ (1970, mit Klaus Löwitsch; ferner u. a.: Face in Jonsons ›Der Alchimist‹ (1967, R. Peter Lühr); Shlink in Brechts ›Im Dickicht der Städte‹ (1968, R. Peter Stein); unter der Regie von Hans Schweikart: Walter in Millers ›Der Preis‹ (1968); Edgar in Dürrenmatts ›Play Strindberg‹ (1969, mit Maria Nicklisch): »Ganz da und zwar dreidimensional, fleischlich war auf der Bühne nur Hans Korte. Er starb und starb und starb, mit solchem Genuß und derbem Können, nach jeder Absence und jedem Schlagfluß nur immer kregeler, daß er die Balance des Stückes bald endgültig aus den Angeln gehoben hatte.« (Reinhard Baumgart, ›SZ‹, 10. 10. 1969); Theobald

Maske in Sternheims ›Die Hose‹ (1972, R. Gerhard F. Hering): »ein Höhepunkt in der Karriere dieses vorzüglichen Schauspielers« (Joachim Kaiser); Fürst Rogoschin in Wedekinds ›Der Liebestrank‹ (1972, R. August Everding). Am Münchner Theater am Gärtnerplatz gastierte er als Max in Hassencamp/Wimbergers satirischer Revue ›Lebensregeln‹ (UA 1972). 1973–1980 am Bayerischen Staatsschauspiel (Residenztheater) u. a.: Mephisto in Goethes ›Faust I‹ (1974, mit Ullrich Haupt als Faust, R. Michael Degen); Wilhelm Ständer in Sternheims ›Tabula rasa‹ (1977, R. Wolfgang Spier); Galy Gay in Brechts ›Mann ist Mann‹ (1977, R. Andras Fricsay); Dorfrichter Adam in Kleists ›Der zerbrochne Krug‹ (1979, R. Dietrich Haugk). Gastrollen in Inszenierungen von Ulrich Brecht: Titelrolle in Molières ›Der Geizige‹ (1973) und Nathan in Lessings ›Nathan der Weise‹ (1975, jeweils Düsseldorf); Wallenstein in Schillers ›Wallenstein‹-Trilogie (1981, Grugahalle Essen). Eigene Regiearbeiten u. a.: mehrere Kabarettabende; Dürrenmatts ›König Johann‹ (1974); Nestroys ›Lohengrin‹ (1979/80, alle Residenztheater München); Hartmanns ›Simplicius Simplicissimus‹/Strawinskys ›Die Geschichte vom Soldaten‹ (1976, Münchner Gärtnerplatztheater); Sternheims ›Die Hose‹ (1975, Düsseldorf, Korte als Maske); Udo Zimmermanns ›Schuhu und die fliegende Prinzessin‹ (1979, nach Hacks) sowie ›Die wundersame Schustersfrau‹ (1982, nach García Lorca, jeweils Bielefeld); Verdis ›Maskenball‹ (1980, Bremen); Strindbergs ›Der Vater‹ (1992, Tournee, Korte in der Titelrolle). Korte wirkte in vielen Fernsehfilmen mit, darunter: ›Frank V.‹ (1967, nach Dürrenmatt); ›Der Friede von Locarno‹ (1978, Rolle: Gustav Stresemann); ›Der Heiratsantrag‹ (1983, nach Tschechow); ›Tod eines Schaustellers‹ (1984, R. Haugk); ›Der Vater eines Mörders‹ (1985, nach Andersch); mit Dieter Wedel drehte er u. a. ›Der große Bellheim‹ (1993, vier Teile, mit Mario Adorf). Hans-Dieter Seidel schrieb: »Das Feiste als Charaktereigenschaft, sollte es so etwas geben, ist bei keinem Schauspieler besser aufgehoben als bei Hans Korte. Schneidend in der Stimme, aufbrausend im

Kortner

Wesen, rotgesichtige Tücke in joviale Bonhomie gekleidet: Er läßt den Typus des Spießbürgers mit Abitur und Embonpoint in allen seinen Spielarten aufmarschieren.« (›FAZ‹, 8. 4. 1989)

Kortner, Fritz, geb. 12. 5. 1892 in Wien, gest. 22. 7. 1970 in München. Schauspieler und Regisseur. 1908–1910 Ausbildung an der Wiener Akademie der darstellenden Künste (bei Ferdinand Gregori); 1910/11 Engagement am Hof- und Nationaltheater Mannheim; 1911–1913 kleinere Rollen am Deutschen Theater Berlin bei Max Reinhardt. 1913 engagierte ihn Berthold Viertel an die Wiener Volksbühne, wo er seinen ersten größeren Erfolg als Vinzenz in Eulenbergs ›Alles ums Geld‹ feierte. Es folgten Verpflichtungen am Lessingtheater Berlin und am Albert-Theater Dresden. 1916/17 Engagement bei Carl Wallner an der Wiener Volksbühne; dort u. a.: Franz Moor in Schillers ›Die Räuber‹ und Philipp II. in ›Don Carlos‹; Shylock in Shakespeares ›Der Kaufmann von Venedig‹; Durchbruch als König Herodes in Hebbels ›Herodes und Mariamne‹ (1917). 1918/19 Engagement an den Hamburger Kammerspielen bei Erich Ziegel. Zusammen mit seinem Freund, dem Regisseur Karl Heinz Martin, ging er 1919 nach Berlin, wo er als sprach- und ausdrucksmächtiger Schauspieler große Triumphe feierte. Aufmerksamkeit erregte er gleich 1919 als Friedrich in Martins neuer Typus-Inszenierung ›Die Wandlung‹ (Tribüne). Leopold Jeßner holte ihn noch im selben Jahr an das Staatstheater, wo er zunächst bis 1923 und dann wieder von 1926 bis 1930 engagiert war. Seine Antrittsrolle war der Geßler in Jeßners legendärer Inszenierung von Schillers ›Wilhelm Tell‹ (1919, mit Albert Bassermann). Jeßner schrieb: »(. . .) hier hatte Berlin nicht nur einen Protagonisten mehr, sondern ein neuer Typ des Schauspielers stand auf der Bühne als Exponent der neuen Spielweise, die sich an jenem ›Tell‹-Abend auszuwirken versuchte. (. . .) Wenn Kortner als Geßler seine Worte schneidend in die Masse der Umstehenden warf und diese Worte lediglich mit kurzen Zuckungen seiner Reitpeitsche begleitete, so machte diese Darstellung in ihrem sachlichen Fa-

natismus das ganze Geschehen: die Erhebung eines unterdrückten Volkes auf eine Art verständlich, die das Alpenglühn und das Kuhgeläut nur als etwas Sekundäres anerkennen konnte. Es war der Typ des Zeitschauspielers, der in Fritz Kortner seinen ersten Darsteller gefunden hatte.« (›Schriften‹, S. 189 f.) Titelrollen in Jeßners Shakespeare-Inszenierungen: ›König Richard III.‹ (1920); ›Othello‹ (1921, mit Albert Steinrück als Jago); ›Macbeth‹ (1922); ›Hamlet‹ (1926); außerdem unter Jeßners Regie: Titelrolle in Wedekinds ›Der Marquis von Keith‹ (1920); alter Sedemund in Barlachs ›Die echten Sedemunds‹ (1921); Alexander in Bronnens ›Ostpolzug‹ (1926); Herodes in Hebbels ›Herodes und Mariamne‹ (1926, mit Lina Lossen); Titelrolle in Sophokles' ›König Ödipus‹ (1929); Philipp II. in Schillers ›Don Carlos‹ (1929). Unter der Regie von Jürgen Fehling spielte er 1927 wieder den Shylock im ›Kaufmann von Venedig‹; Alfred Kerr schrieb: »Es gibt in Deutschland keinen Sprecher, der das Wort von dem blutenden Menschen, wenn man ihn sticht, so hinreißend, so einfach, so dringlich, so tief erlebensvoll herausbrächte wie dieser Kerl. Etwas einziges –; über Schildkraut, über Krauß, über Bassermann, über . . . Ich sah keinen, der ihm gleicht.« (›Berliner Tageblatt‹, 18. 11. 1927) In Inszenierungen von Erich Engel u. a.: Titelrollen in Büchners ›Dantons Tod‹ (1924) und Shakespeares ›Coriolan‹ (1925, Deutsches Theater); Osvald in Ibsens ›Gespenster‹ (1928, Staatstheater). Kortner nahm als Schauspieler auf die Inszenierungskonzepte wesentlichen Einfluß, war de facto häufig Ko-Regisseur. Seit 1915 arbeitete er mit großem Erfolg auch beim Film. Kortner war Jude; engagierte sich für die Sozialdemokratie; 1933 Emigration: zunächst Wien, dann London, 1937 New York, 1941 Hollywood. In den USA arbeitete er als Filmschauspieler, Drehbuchautor und politischer Berater; erste eigene Inszenierung: ›Another Sun‹ (1940, New York, Text: Kortner/Dorothy Thompson). Nach seiner Rückkehr nach Deutschland (1949) begann seine zweite Karriere als Regisseur. Nur noch wenige Rollen: Willy Loman in Millers ›Der Tod des Handlungsreisenden‹ (1950, Hebbeltheater Berlin, R. Helmut Käutner); Rappelkopf in Raimunds ›Der Alpenkönig und der Menschenfeind‹ (1952, Düsseldorf, R. Gustaf Gründgens); Krapp in Becketts ›Das letzte Band‹ (1961, Münchner Kammerspiele, R. Hans Schweikart); Shylock in Otto Schenks Fernseh-Inszenierung ›Der Kaufmann von Venedig‹ (1969). Als Regisseur entwickelte er in langwieriger, intensiver Probenarbeit einen gesten- und detailreichen Realismus, dessen höchstes Ziel die Offenbarung von Wahrheit war. Er ging den Texten auf den Grund, verlangte absolute Genauigkeit, ließ kleinste Nuancen ausspielen (durch forcierte Gestik und Diktion, mimische Überbetonungen); schaffte somit in den fünfziger und sechziger Jahren ein wegweisendes Gegenmodell zum Klassizismus eines Gründgens und zum repräsentativen Stil-Theater regieführender Intendanten wie Karl Heinz Stroux oder Hans Schalla. Seine erste Regiearbeit in Deutschland war sein Stück ›Donauwellen‹ an den Münchner Kammerspielen (1949); es folgten: Strindbergs ›Der Vater‹ (1949, mit Kortner als Rittmeister; 1950 auch in Berlin); Schillers ›Don Carlos‹ (1950, Hebbeltheater Berlin; Proteste wegen anti-totalitärer Aktualisierung). Von da an pendelte er zwischen Berlin und München; schuf infolge seiner zeitaufwendigen Arbeitsweise insgesamt nur 43 Inszenierungen. Arbeiten an den Münchner Kammerspielen: Lessings ›Minna von Barnhelm (1951, mit Horst Caspar und Maria Wimmer); Hebbels ›Herodes und Mariamne‹ (1952, mit Wimmer); Williams' ›Die tätowierte Rose‹ und Ibsens ›Gespenster‹ (1953, beide wieder mit Wimmer); Becketts ›Warten auf Godot‹ (1954, mit Heinz Rühmann und Ernst Schröder); Frys ›Das Dunkel ist Licht genug‹ (1955); Stücke von Shakespeare: ›Was ihr wollt‹ (1957); ›Timon von Athen‹ (1961, mit Romuald Pekny); ›Othello‹ (1962, mit Rolf Boysen); ›König Richard III.‹ (1963); ferner: Büchners ›Leonce und Lena‹ (1963); ›Zwiesprache‹ (UA 1964, eigenes Stück, mit Martin Held und Marianne Hoppe); Schillers ›Kabale und Liebe‹ (1965, mit Helmut Lohner und Christiane Hörbiger); Strindbergs ›Fräulein Julie‹ (1967, mit

Ingrid Andree); Walsers ›Die Zimmerschlacht‹ (UA 1967). Das zweite Zentrum seiner Arbeit war das Berliner Schiller-Theater (Staatliche Schauspielbühnen); dort: O'Caseys ›Der Preispokal‹ (1953); Shakespeares ›Hamlet‹ (1957, mit Erich Schellow als Hamlet, Held als Claudius) und ›Was ihr wollt‹ (1962); Schillers ›Die Räuber‹ (1959); Molières ›Don Juan‹ (1960, mit Held); Frischs ›Andorra‹ (1962, mit Klaus Kammer); Hebbels ›Maria Magdalena‹ (1966, mit Carl Raddatz und Berta Drews); Shakespeares ›Der Sturm‹ (1968, mit Held) sowie ›Antonius und Cleopatra‹ (1969, mit Wimmer und Thomas Holtzmann). Gastinszenierungen am Münchner Residenztheater u. a.: Shakespeares ›Julius Caesar‹ (1955, Bühne: Caspar Neher) und ›Heinrich IV.‹ (1956); Goethes ›Faust I‹ (1956, mit Gerd Brüdern als Faust, Karl Paryla als Mephisto, Bühne: Neher); Büchners ›Dantons Tod‹ (1959, mit Hans Christian Blech); am Schauspiel Frankfurt: Frischs ›Graf Öderland‹ (1956, mit Bernhard Minetti); am Wiener Burgtheater: Ibsens ›John Gabriel Borkman‹ (1964, mit Ewald Balser, Paula Wessely); Shakespeares ›Othello‹ (1966). Am Hamburger Schauspielhaus inszenierte er 1969 Goethes ›Clavigo‹ (mit Holtzmann); die Inszenierung fiel beim Publikum durch, wurde jedoch beim Berliner Theatertreffen 1970 ein Triumph. Letzte Arbeit: Lessings ›Emilia Galotti‹ (1970, Theater in der Josefstadt Wien). Außerdem zum Theatertreffen eingeladen: 1968 Strindbergs ›Der Vater‹ (Deutsches Schauspielhaus Hamburg) und 1971 Lessings ›Emilia Galotti‹ (Theater in der Josefstadt Wien). Kortner war ein Arbeits- und Wahrheitsfanatiker. Er selbst nannte sich einen »Schwierigen«; leicht machte er es weder sich noch seinen Schauspielern, aus denen er oft Erstaunliches herausholte. Ivan Nagel schrieb in seinem Nachruf: »(...) als ich zum erstenmal einen Abend mit ihm verbringen durfte, erfuhr ich, was das alte, fast sinnlos gewordene Wort ›Genie‹ bedeutet. Denn von dem höflichen und gebildeten Siebzigjährigen im dunkelgrauen Flanellanzug strömte eine beinahe wilde, durch keine Zivilisation verstellte Präsenz der Gedanken und Leidenschaften aus. Genie, das

Kott

war also: Menschliches in einem plastischen, unausgesetzt zur Erscheinung drängenden Übermaß. (. . .) Sein Mißtrauen gegen die Menschen, das ihm neue, verblüffende Lesarten ruhmgepanzerter klassischer Texte eingab (und seine Inszenierungen mit tausend augenblicklichen Nuancen der argwöhnisch-erhellenden Beobachtung belebte) – dieses Mißtrauen nährte sich von einem größeren Vertrauen. Kortners Inszenierungen waren wohl ein Gericht über den Zustand der Welt. Aber er war dort nicht nur Richter, sondern auch Anwalt der Menschen. (. . .) Kortner war nach und mit Brecht der größte deutsche Regisseur der letzten Jahrzehnte.« (›SZ‹, 23. 7. 1970) Kortner war mit der Schauspielerin Johanna Hofer verheiratet.
Literatur: F. Kortner: Aller Tage Abend. Autobiographie. München 1951; ders.: Die Sendung der Lysistrata. München 1961; ders.: Die Zwiesprache. Schauspiel. München 1964; ders. (Hrsg.): Letzten Endes. Fragmente. München 1971. ders.: Theaterstücke. Nacht und Nebel. Donauwellen. Hrsg. v. M. Brand. Köln 1981; H. Ludwigg (Hrsg.): Fritz Kortner. Berlin 1928; J. Bab: Kränze der Mimen. Emsdetten 1944; C. Landsittel (Hrsg.): Kortner anekdotisch. München 1967; G. Rühle: Theater für die Republik (im Spiegel der Kritik). 1917–1925 und 1926–1933. 2 Bde. Frankfurt a. M. 1967; A. Bronnen: Fritz Kortner. Berlin 1977; L. Jeßner: Schriften. Theater der zwanziger Jahre. Hrsg. v. H. Fetting. Berlin 1979; M. Brand: Fritz Kortner in der Weimarer Republik. Rheinfelden 1981; K. Völker: Fritz Kortner. Schauspieler und Regisseur. Berlin 1987; M. Brauneck: Klassiker der Schauspielregie. Reinbek 1988; I. Nagel: Kortner, Zadek, Stein. München, Wien 1989.

Kott, Jan, geb. 1914 in Polen. Kritiker und Schriftsteller. War anfangs überzeugter Marxist; wandelte sich durch die Erfahrung des Stalinismus zum Kritiker von Machtsystemen. Lebte eine Zeitlang in Paris. Stark beeindruckt von Peter Brooks Inszenierung des ›Titus Andronicus‹ (1955), gewann er eine neue Sicht auf die Dramen Shakespeares, mit denen er sich intensiv auseinandersetzte. Stellte in den Königsdramen einen unaufhörlichen Mechanismus von Machtwechseln und damit viele aktuelle Bezüge fest. Seine Shakespeare-Essays faßte er in dem Buch ›Shakespeare unser Zeitgenosse‹ zusammen; das zu weltweiter Berühmtheit gelangte Buch erschien in Deutschland 1964 unter dem Titel ›Shakespeare heute‹ (Neuauflage 1980); Rückwirkung auf moderne Shakespeare-Inszenierungen: Kotts These, daß der ›König Lear‹ die Entsetzens-Choreographie von Becketts ›Endspiel‹ vorwegnehme, beeinflußte z. B. die ›Lear‹-Inszenierung Peter Brooks von 1963. Kott emigrierte nach Amerika, wo er seit 1969 eine Professur an der State University New York hat. Achim Benning holte ihn 1977 als Konsulenten ans Wiener Burgtheater; dramaturgischer Berater war er u. a. auch in Mailand bei Giorgio Strehler. Seine Autobiographie erschien unter dem Titel ›Leben auf Raten‹ (1991). Weitere Veröffentlichungen u. a.: ›Spektakel-Spektakel. Tendenzen des modernen Welttheaters‹ (1972); ›Gott-Essen. Interpretationen griechischer Tragödien‹ (1975).
Literatur: J. Kott: Die Schule der Klassiker. Berlin 1954.

Kotzebue, August von, geb. 3. 5. 1761 in Weimar, gest. 23. 3. 1819 in Mannheim. Dramatiker. Sohn eines Legationsrats. Kotzebue studierte von 1777 bis 1779 Jura in Duisburg und Jena. Von 1780 an hatte er verschiedene Justizposten in Weimar; 1781 wurde er Sekretär des Generalgouverneurs in St. Petersburg; von 1797 bis 1799 war er Hofdichter in Wien; 1799 Rückkehr nach Weimar; 1800 wieder nach Rußland, wo er verhaftet und nach Sibirien verschickt wurde; von Zar Paul zurückberufen, wurde er zum Direktor des Deutschen Theaters in St. Petersburg ernannt; 1817 persönlicher Berichterstatter von Zar Alexander I.; Aufenthalt in Berlin, Weimar, München und Mannheim, wo er 1819 ermordet wurde. Kotzebue gehörte neben Iffland zu den erfolgreichsten Dramatikern der Goethezeit. Er schrieb mehr als 200 bürgerliche Rührstücke, historische Dramen und Komödien. Er war auch im europäischen Ausland erfolgreich mit den Stücken ›Menschenhaß und Reue‹ (1787)

und ›Indianer in England‹ (1787). Das Lustspiel ›Der Rehbock‹ diente Albert Lortzing als Libretto für seine Oper ›Der Wildschütz‹ (1842). Heute wird Kotzebue kaum mehr gespielt.
Weitere Stücke: ›Adelheid von Wulfingen‹ (1788); ›Die edle Lüge‹ (1792); ›Die deutschen Kleinstädter‹ (1803).
Literatur: K. H. Klingenberg: Iffland und Kotzebue als Dramatiker. Weimar 1962; F. Stock: Kotzebue im literarischen Leben der Goethezeit. Düsseldorf 1971; P. Kaeding: A. v. Kotzebue: Auch ein deutsches Dichterleben. Berlin 1985.

Kowa, Victor de, geb. 8. 3. 1904 in Hochkirch bei Görlitz, gest. 8. 4. 1973 in Berlin. Schauspieler, Regisseur und Theaterleiter. War zunächst sächsischer Kadett, dann Student der Malerei in Dresden. Schauspielunterricht erhielt er bei Erich Ponto am Staatstheater Dresden, wo er von 1918 bis 1923 engagiert war. Es folgten Engagements in Lübeck (1924), am Neuen Theater Frankfurt a. M. (1925/26) und an den Hamburger Kammerspielen (1926–1928). Von 1928 an arbeitete er in Berlin an den Reinhardt-Bühnen; spielte u. a. den Offizier in Weisenborns ›U-Boot S 4‹ (UA 1928, Volksbühne). Von 1935 bis 1943 war er am Berliner Staatstheater engagiert (bei Gustaf Gründgens); Rollen u. a.: Figaro in Beaumarchais' ›Ein toller Tag oder Figaros Hochzeit‹ (1935); Bleichenwang in Shakespeares ›Was ihr wollt‹ (1936); Dauphin in Shaws ›Die heilige Johanna‹ (1943, R. Jürgen Fehling): »Plötzlich warf dieser Sunny Boy des Boulevards schwere Schatten. Er nahm den ganzen Abend aus einer Nebenrolle an sich. Er war gespenstisch und vermochte eine eigene Tragödie des unselig Gekrönten vorzuspielen. Grandios.« (Friedrich Luft, ›Die Welt‹, 9. 4. 1973) Von 1945 bis 1949 war er Direktor der Tribüne in Berlin; führte dort auch Regie. Danach war er freischaffend tätig, häufig auf Tourneen und an Boulevardtheatern, aber auch am Wiener Burgtheater (u. a. 1959 als Mephisto in Goethes ›Faust‹). Am Berliner Schiller-Theater sah man ihn u. a. als Gettner in Frys ›Das Dunkel ist Licht genug‹ (1955, R. Karl Heinz Stroux). In den sechziger Jahren spielte er häufig am Hamburger Thalia Theater und am Renaissancetheater Berlin. Regiearbeiten u. a.: Anouilhs ›Ball der Diebe‹ (1958, Akademietheater Wien); Popplewells ›Brave Diebe‹ (1959, Renaissancetheater); Mozarts ›Die Hochzeit des Figaro‹ (1966, Staatsoper Ost-Berlin); Sagans ›Das ohnmächtige Pferd‹ (DE 1967, Thalia Theater, mit de Kowa als Lord; danach auch am Renaissancetheater); Ustinovs ›Halb auf dem Baum‹ (1967, Thalia Theater); Tinneys ›Scher dich zum Teufel, mein Engel‹ (UA 1967, Berliner Theater); Rayburns ›Geliebtes Scheusal‹ (DE 1969, Renaissancetheater, de Kowa in der Hauptrolle).
Victor de Kowa war ein Charmeur, der blendend aussah. Er spielte auf der Leinwand vor allem die Bonvivants und Liebhaber. Insgesamt wirkte er in rund 150 Filmen mit, darunter: ›Kleiner Mann, was nun?‹ (1933); ›Der junge Baron Neuhaus‹ (1934); ›Wenn ich König wär‹ (1934); ›Versprich mir nichts‹ (1937, mit Luise Ullrich); ›Ich liebe dich‹ (1938, mit L. Ullrich); ›Wir machen Musik‹ (1942, R. Helmut Käutner); ›Altes Herz wird wieder jung‹ (1943, mit Emil Jannings, R. Erich Engel); ›Intimitäten‹ (1944); ›Peter Voß, der Millionendieb‹ (1945/46); ›Melodie des Schicksals‹ (1950, R. Hans Schweikart); ›Des Teufels General‹ (1954, nach Zuckmayer, mit Curd Jürgens, R. Käutner); ›Musik im Blut‹ (1955); ›Das Mädchen aus Flandern‹ (1955, mit Nicole Berger, Maximilian Schell, R. Käutner).
Victor de Kowa engagierte sich für den Weltfrieden. Er ist auch als Maler und Autor hervorgetreten. Er bearbeitete Stücke und schrieb u. a. die Komödien ›Schön ist die Welt‹ (UA 1938, Berlin) und ›Eifersucht ist eine Leidenschaft‹ (UA 1940, Görlitz). Er war in zweiter Ehe mit Luise Ullrich verheiratet, danach (seit 1941) mit der japanischen Sängerin Michi Tanaka.
Literatur: V. de Kowa: Allerlei mit Pinsel und Blei. Berlin 1941; ders.: Als ich noch Prinz war in Arkadien. Nürnberg 1955; ders.: ›Ach du liebe Zeit. Aus dem Libretto meines Lebens‹. 1971.

Kraehkamp, Heinz Werner, geb. 26. 12. 1948 in Wixhausen bei Darmstadt. Schauspieler. Ausbildung an der Cascadeur-

Krämer

Schule Paris (Stuntman); arbeitete als Akrobatikclown bei einem belgischen Wanderzirkus. 1967 besuchte er die Hochschule für Musik und darstellende Kunst in Frankfurt a. Main. 1967/68 Engagement in Dortmund: Spiegelberg in Schillers ›Die Räuber‹; 1968/69 am Landestheater Schleswig. Von 1969 bis 1976 war er am Frankfurter Theater am Turm (TAT) engagiert; Rollen u. a.: in Molière/Deichsels ›Die Schule der Frauen‹ (UA, in hessischem Dialekt, R. Michael Altmann); in Gay/Fassbinders ›Die Bettleroper‹; in Brechts ›Mann ist Mann‹ und ›Furcht und Elend des Dritten Reiches‹; Bürgermeister in Jewgenij Schwarz' ›Der Drache‹; Muley Hassan in Schillers ›Die Verschwörung des Fiesco zu Genua‹ (R. Hermann Treusch); Heinrich George in Handkes ›Ritt über den Bodensee‹. Rollen am Schauspiel Frankfurt u. a.: in ›Schule mit Clowns‹ (1975, Projekt u. a. mit Treusch, Altmann, Barbara Sukowa und F. K. Waechter); in Marivaux' ›Spiel von Liebe und Zufall‹ (1977/78); in Büchners ›Dantons Tod‹ (1981, R. Johannes Schaaf). Gastspiele u. a.: Narr in Büchners ›Woyzeck‹ (Bremer Theater); Mephisto in Goethes ›Urfaust‹ (1979, Aufführung des Volkstheaters Frankfurt auf dem Römerberg); Valerio in Büchners ›Leonce und Lena‹ (1981/82, Köln, R. Jürgen Flimm); Kaminski in Wolf-Dietrich Sprengers ›Null zu Null oder die Wiederbelebung des Angriffspiels‹ (UA 1982, Köln): »Kraehkamp ist ein Komiker von Gnaden, in jeder Situation einfallsreich und immer ganz neu präsent.« (Heinrich Vormweg, ›SZ‹, 8. 6. 1982); Lopachin in Tschechows ›Der Kirschgarten‹ (1983, Burgtheater Wien, mit Helmut Lohner, R. Achim Benning). In der Spielzeit 1983/84 wechselte er an das Bayerische Staatsschauspiel München, wo er sich zusammen mit seinem langjährigen Partner Michael Altmann in Campells ›Hartmann & Braun‹ als glänzender Komiker vorstellte. Gemeinsam mit Altmann stand er auch in Friedrich Karl Waechters ›Kiebich und Dutz‹ (1983) und ›Nach Aschenfeld‹ (UA 1984) auf der Bühne, jeweils in Inszenierungen des Autors. Weitere Rollen: Dieter in Strauß' ›Bekannte Gesichter, gemischte Gefühle‹

(1983/84, R. Dieter Giesing); Tigerkatze in Arroyos ›Bantam‹ (UA 1986, R. Klaus Michael Grüber); Darry in O'Caseys ›Das Ende vom Himmel‹ (1986, mit Altmann als Barry, R. B. K. Tragelehn). 1987 wechselte er an die Staatlichen Schauspielbühnen Berlin, wo man ihn als Banquo in Katharina Thalbachs Version von Shakespeares ›Macbeth‹ sah: »Der witzigste, der traurigste der Ritter ist Heinz Werner Kraehkamps Banquo. Kraehkamp setzt immer neue Glanzpunkte. Wie er, Banquos Geist, Macbeth verrückt macht, wie er dann wiederum – scheinbar – die Fronten wechselt und in der Rolle des letzten Macbeth-Gefolgsmanns Seyton vor Schadenfreude schier platzt, ist grausig und komisch zugleich.« (Rüdiger Schaper, ›SZ‹, 12. 12. 1987) An der Freien Volksbühne Berlin sah man ihn als Wladimir in Becketts ›Warten auf Godot‹ und als Clov im ›Endspiel‹ (1992, an einem Abend zusammen mit ›Das letzte Band‹, alle mit Altmann, R. Fred Berndt). Häufig Fernseharbeit; mit der Gruppe »Bastarde« arbeitet er auch als Kabarettist.

Krämer, Günter, geb. 2. 12. 1940 in Neustadt, Weinstraße. Regisseur und Intendant. Studium der Germanistik; erste Bühnenerfahrungen am Studententheater Freiburg. Arbeitete als Gymnasiallehrer, bevor er Regieassistent in Wiesbaden wurde. 1972 inszenierte er in Köln u. a. O'Neills ›Fast ein Poet‹. 1973–1975 Regisseur am Staatstheater Hannover: Tschechows ›Onkel Wanja‹ (1973); Strindbergs ›Fräulein Julie‹ (1974); Goldonis ›Krach in Chioggia‹ (1974); Gombrowicz' ›Yvonne, Prinzessin von Burgund‹ (1974); Büchners ›Woyzeck‹ (1974). Von 1975 bis 1977 arbeitete er bei Hans Lietzau an den Staatlichen Schauspielbühnen Berlin, wo er 1977 nochmals ›Krach in Chioggia‹ inszenierte; außerdem u. a.: Mrozeks ›Emigranten‹ (1975); Canettis ›Hochzeit‹ (1976); Schillers ›Maria Stuart‹ (1977); Bernhards ›Ein Fest für Boris‹ (1977); Horváths ›Glaube, Liebe, Hoffnung‹ (1978). Hansgünther Heyme holte den vielfach gelobten Regisseur 1979 als Oberspielleiter an das Staatstheater Stuttgart; dort u. a.: Magdalanys ›Section Nine‹ (1979); Strindbergs

403   Krahl

›Totentanz‹ (1980, mit Gisela Stein); Dorsts ›Die Villa‹ (UA 1980); Wedekinds ›Lulu‹ (1981); Schillers ›Maria Stuart‹ (1982); Senecas ›Ödipus‹ (1982); Friederike Roths ›Ritt auf die Wartburg‹ (UA 1982); Tschechows ›Die Möwe‹ (1983, mit Sibylle Canonica und Carla Hagen); C. Bernd Sucher schrieb: »Krämers ›Möwe‹-Inszenierung ist die beste Arbeit, die ich von ihm kenne. (. . .) Sie zeichnet sich durch einen Rhythmus aus, durch eine Spannung, welche die vier Akte zusammenhält, wie es nicht häufig zu erleben ist. Und es wird demonstriert, daß Tschechows Menschen, still und manchmal ein bißchen aufsässig, nicht allein leiden an Langeweile oder wechselseitigem Miß- und Verachten, nicht, schuldlos verstrickt, in ihren Trieben gefangen, im dunkeln tappen (. . .), sondern daß diese Unglücklichen mutwillig, aggressiv einander zerstören.« (›SZ‹, 12. 10. 1983) An den Münchner Kammerspielen inszenierte er als Gast Söderbergs ›Gertrud‹ (1981). In der Spielzeit 1984/85 wechselte er nach Bremen, wo er bis 1989 Leiter des Schauspiels war. Er förderte u. a. den Regisseur Torsten Fischer. Lothar Schmidt-Mühlisch schrieb in einem Porträt: »Günter Krämer (. . .) ist, auch wenn er es selbst nicht wahrhaben will, alles andere als ein realistischer Regisseur. Seine Inszenierungen balancieren auf jenem schmalen Grat, von dem aus die Wirklichkeit wie ein Spiel aussieht und das Spiel wie eine schrecklich-schöne Möglichkeit des Wirklichen. Krämer selbst, der sich in den letzten Jahren ganz unspektakulär und ohne laute Verkündigungen in die vorderste Reihe der deutschen Theaterregisseure gearbeitet hat, liebt vor allen Dingen eines nicht: sich festlegen zu lassen auf Programme, Erklärungen, Theorien.« (›Die Welt‹, 3. 7. 1987) Zu seinen Bremer Inszenierungen zählen: Friederike Roths ›Die einzige Geschichte‹ (UA 1985) und ›Das Ganze ein Stück‹ (UA 1986); Goethes ›Faust I‹ (1985, ungekürzte Fassung an zwei Abenden, mit Fritz Lichtenhahn als Faust, Hans Falár als Mephisto) und ›Faust II‹ (1986); Tschechows ›Die Möwe‹ (1987); Shakespeares ›Richard III.‹ (1987, mit Falár); Camus' ›Die Pest‹ (1988); Barlachs ›Der arme Vetter‹ (1988/89). Ein

Erfolg wurde seine Inszenierung von Brecht/Weills ›Die Dreigroschenoper‹ im Theater des Westens Berlin (1987; 1990 Übernahme nach Köln). Seit der Spielzeit 1990/91 ist er Intendant des Kölner Schauspiels (Nachfolger von Klaus Pierwoß); in der Spielzeit 1995/96 soll er als Generalintendant der Städtischen Bühnen Köln zusätzlich die Leitung von Oper und Ballett übernehmen. Inszenierungen in Köln u. a.: Goethes ›Stella‹ (1990); Strindbergs ›Totentanz‹ und Albees ›Wer hat Angst vor Virginia Woolf?‹ (1992, beide mit Ingrid Andree und Hans-Michael Rehberg); Heiner Müllers ›Anatomie Titus Fall of Rome‹ (1993, mit Gerd Kunath); Brechts ›Der gute Mensch von Sezuan‹ (1994). Krämer machte auch mit Operninszenierungen auf sich aufmerksam: Korngolds ›Die tote Stadt‹ (1986) und Schrekers ›Die Gezeichneten‹ (1987, jeweils Deutsche Oper am Rhein/Düsseldorf); Janáčeks ›Katja Kabanova‹ (1986, Deutsche Oper Berlin); Webers ›Der Freischütz‹ (1989, Komische Oper Ostberlin); Wagners ›Ring des Nibelungen‹ (1992/93, Hamburg); Verdis ›La Traviata‹ (1993, Opernfestspiele München).

Krahl, Hilde, geb. 10. 1. 1917 in Brod an der Save (Jugoslawien). Schauspielerin. Kam mit zehn Jahren nach Wien, wo sie 1935 das Abitur machte. Besuchte kurze Zeit die Wiener Musikakademie und nahm Schauspielunterricht bei Marianne Lamberg-Offer. Ihr Debüt gab sie 1936 am Wiener Kabarett »Literatur am Naschmarkt«. 1936–1945 Engagement am Theater in der Josefstadt Wien; von 1938 bis 1944 arbeitete sie außerdem am Deutschen Theater Berlin (Intendant an beiden Bühnen war Heinz Hilpert). Rollen in Hilpert-Inszenierungen u. a.: Klara in Hebbels ›Maria Magdalena‹ (1939/40, Wien; 1942/43 auch Berlin); Luise in Schillers ›Kabale und Liebe‹ (1943, Wien); Ibsens ›Nora‹ (1944, Wien). Von 1945 bis 1954 gehörte sie zum Ensemble der Hamburger Kammerspiele; dort u. a.: Katharina in Shakespeares ›Der Widerspenstigen Zähmung‹ (1945); Vivie in Shaws ›Frau Warrens Gewerbe‹ (1946); Sabina in Wilders ›Wir sind noch einmal davongekommen‹

Kraus

(1947); Titelrolle in Schillers ›Maria Stuart‹ (1948). In den fünfziger Jahren spielte sie wieder häufig am Wiener Theater in der Josefstadt, u. a.: Jennet in Frys ›Die Dame ist nicht fürs Feuer‹ (1953/54); García Lorcas ›Mariana Pineda‹ (1954/55); Alice in Strindbergs ›Totentanz‹ (1961). Gastspiele am Schauspielhaus Zürich und seit 1957 in Düsseldorf; häufig auch bei den Festspielen Bad Hersfeld: Titelrolle in Robinson Jeffers' ›Medea‹ (1958); Hekuba in Euripides/Sartres ›Die Troerinnen‹ (DE 1966, R. Ulrich Erfurth); Courage in Brechts ›Mutter Courage und ihre Kinder‹ (1967):»Unübersehbar, daß sie vielleicht die beste Mutter Courage dieser Jahre sein könnte: weil die schneidende Kälte, die sie in ihre Stimme zu legen vermag, und die auftrumpfende Kraft, mit der sie auf ihrem Wagenthron herumkommandiert, das billige Mitleid mit dem ›Muttertier‹ fast höhnisch abweisen; weil sie das Räsonnierende der Figur glänzend herausbringt und nicht nur gut, sondern auch intelligent singen kann.« (Urs Jenny, ›SZ‹, 14. 7. 1967) Unter der Regie ihres Ehemannes Wolfgang Liebeneiner spielte sie u. a. die Titelrolle in Grillparzers ›Libussa‹ (1964, Wiener Festwochen). Seit Mitte der sechziger Jahre am Wiener Burgtheater u. a.: Elisabeth in Schillers ›Maria Stuart‹ (1967, R. Rudolf Steinboeck); Kleopatra in Shakespeares ›Antonius und Kleopatra‹ (1969, R. Gerhard Klingenberg); Titelrolle in Hildesheimers ›Mary Stuart‹ (1971, R. Achim Benning); Nancy in Albees ›Seascape‹ (DE 1974, R. Pinkas Braun); in Aischylos' ›Die Orestie‹ (1976, R. Luca Ronconi); Alice in Strindbergs ›Totentanz‹ (1977, mit Hans Christian Blech, R. Benning); Zerline in Brochs ›Die Erzählung des Mädchens Zerline‹ (UA 1983, R. Fred Berndt). 1984 sah man sie wieder als Mutter Courage (Tournee mit der Münchner Schauspielbühne). Bekannt wurde sie vor allem als Filmschauspielerin. Bereits 1937 stand sie in ›Lumpazivagabundus‹ und in Willy Forsts ›Serenade‹ vor der Kamera. Aufsehen erregte sie als Partnerin von Heinrich George in der Puschkin-Verfilmung ›Der Postmeister‹ (1940, R. Gustav Ucicky); mit ihrem Mann drehte sie ›Liebe 47‹ (1949, nach Borcherts ›Draußen

vor der Tür‹). Ihren größten Leinwand-Erfolg hatte sie in Helmut Käutners ›Ein Glas Wasser‹ (1960, nach Scribe, mit Gustaf Gründgens). Friedrich Luft schrieb:»Sie hat mühelos theatralische Größe, und sie hat immer noch eine kunstvoll ins Feld geführte Sicherheit und jene zauberische Natürlichkeit, die sie schon früh außerordentlich gemacht hatten.« (›Die Welt‹, 9. 1. 1982) Auszeichnungen u. a.: Bundesfilmpreis/ Filmband in Gold (1961 und 1980); Hersfeld-Preis (1966); Josef-Kainz-Medaille (1964 und 1984).

Kraus, Karl, geb. 28. 4. 1874 in Gitschin (Böhmen), gest. 12. 6. 1936 in Wien. Schriftsteller, Kritiker und Rezitator. Sohn eines Papierfabrikanten. Kraus konvertierte vom jüdischen Glauben zum Katholizismus, trat aber 1918 wieder aus der Kirche aus. Abgebrochenes Jura- und Philosophiestudium in Wien; machte sich als Literaturkritiker bei der Wiener ›Neuen Freien Presse‹ einen Namen. 1899 gründete er in Wien die Zeitschrift ›Die Fackel‹, die er bis zu seinem Tod herausgab. Er veröffentlichte darin kunst-, kultur- und gesellschaftskritische Essays, Polemiken und Aufsätze. Anfangs zählten u. a. Frank Wedekind, August Strindberg und Georg Trakl zu den Mitarbeitern der ›Fackel‹; ab 1912 war Kraus der alleinige Verfasser. Kraus war Pazifist und ein scharfer satirischer Polemiker gegen die Sprache der »Journaille«, gegen Krieg und Günstlingswirtschaft in Politik und Kultur. Er bekämpfte das Theater Max Reinhardts ebenso wie das von Erwin Piscator. Sein Hauptanliegen galt der Reinheit der Sprache, in deren Verfall er den Verfall der menschlichen Kultur sah. Er trat für Wedekind und Brecht ein, pries Gerhart Hauptmann, förderte Oskar Kokoschka, Franz Werfel, Else Lasker-Schüler. Er bearbeitete und kürzte klassische Bühnenwerke und trug sie meisterhaft als Einmann-Schauspiel in seinem Theater der Dichtung vor. Durch seine Rezitationsabende erschloß er ein neues Verständnis für die Werke Shakespeares, Nestroys und Offenbachs; das Werk des letzteren übersetzte er neu. Sein bedeutendstes Bühnenwerk ist das satirische Antikriegsdrama

Krauß

›Die letzten Tage der Menschheit‹ (1919), ein Mammutwerk von fast 800 Seiten über die politischen, wirtschaftlichen, kulturellen und gesellschaftlichen Ereignisse, die zum Ersten Weltkrieg führten (gedruckt erstmals 1922); der groteske Bilderbogen, der sich aus mehr als 200 kabarettistischen, phantastischen und grausigen Szenen zusammensetzt, wurde in einer stark gekürzten Fassung 1964 in Wien uraufgeführt (Theater an der Wien, R. Leopold Lindtberg); Hans Hollmann inszenierte das Drama 1974 mit großem Erfolg an zwei Abenden in Basel und 1980 noch einmal bei den Wiener Festwochen. Reinhard Baumgart schrieb über die Basler Aufführung:»Und doch summierten sich diese unzähligen gespannten oder nur angerissenen oder auch leerlaufenden Szenen zu einer großen, beileibe nicht nur imponierenden Gesamtwirkung. Vom üblichen linken Bildungs-, diesem Aufklärungs- und Informationstheater war das alles denkbar weit entfernt (. . .) Dieses totale Achselzucken, diese auch selbstzufriedene Hohn- und Ohnmachtsgeste, im Text von Kraus wie in dieser Basler Aufführung, wird vielen Zuschauern unbequem und vielen nur allzu bequem sein.« (›SZ‹, 18. 12. 1974)

Weitere Stücke: ›Literatur oder Man wird doch da sehn‹ (1921); ›Wolkenkuckucksheim‹ (1923, nach Aristophanes; UA 1982 im Schloßpark Hellbrunn/Wien, R. Oscar Fritz Schuh); ›Traumstück‹ (1923); ›Traumtheater‹ (1924); ›Die Unüberwindlichen‹ (1928). (Seine Dramen finden sich im Band 14 der Werkausgabe von Heinrich Fischer. Bd. 1–10: München 1952–1962; Bd. 11–14: München, Wien 1963–1967.)

Literatur: K. Kraus: Frühe Schriften 1892–1900. 2 Bde. Hrsg. v. Braakenburg, München 1979; H. Hahnl: Karl Kraus und das Theater. Diss. Wien 1948; P. Schick: Karl Kraus in Selbstzeugnissen und Bilddokumenten. Reinbek 1965; H. Weigl: Karl Kraus oder Die Macht der Ohnmacht. Wien 1968; J. M. Fischer: Karl Kraus. Studien zum ›Theater der Dichtung‹ und Kulturkonservatismus. Kronberg/Ts. 1973; ders.: Karl Kraus. Stuttgart 1974; G. Melzer: Das Phänomen des Tragikomischen. Diss. Kronberg/Ts. 1976;. Mayer-König: Kraus als Theaterkritiker und Schauspieler. Wien 1978; E. Sander: Gesellschaftliche Struktur und literarischer Ausdruck. Über ›Die letzten Tage der Menschheit‹ v. Karl Kraus. Königstein/Ts. 1979; K. Grimstad: Masks of the Prophet. The Theatrical World of Karl Kraus. Toronto 1982; S. P. Scheichl/E. Timms (Hrsg.): Karl Kraus in neuer Sicht. München 1986; M. Horowitz (Hrsg.): Karl Kraus und seine Nachwelt. Ein Buch des Gedenkens. Wien 1986; ders.: Karl Kraus. Bildbiographie. Wien 1986.

Krauß, Werner, geb. 23. 6. 1884 in Gestungshausen bei Coburg, gest. 20. 10. 1959 in Wien. Schauspieler. Begann ohne Schauspielausbildung an der Wanderbühne Wagner in Breslau. Es folgten verschiedene Provinzengagements u. a. an den Stadttheatern Bromberg (1905/06), Aachen (1907–1910) und Nürnberg (1910–1912); 1912/13 am Künstlertheater München. Von Alexander Moissi empfohlen, engagierte ihn Max Reinhardt 1913 an das Deutsche Theater Berlin. Dort gelang ihm der Durchbruch in einem Wedekind-Zyklus (1914), u. a. als Professor Dühring in ›Der Kammersänger‹, als ›Marquis von Keith‹ und als Schigolch in ›Lulu‹. Weitere Rollen (alle unter Reinhardt): Pfarrer Arnesohn in Hauptmanns ›Winterballade‹ (UA 1917); Vierter Matrose in R. Goerings ›Die Seeschlacht‹ (1918); Agamemnon in Aischylos' ›Die Orestie‹ (1919, Eröffnung des Großen Schauspielhauses, mit Moissi als Orest, Agnes Straub als Klytämnestra); Robespierre in Rollands ›Danton‹ (UA 1920); Polonius in Shakespeares ›Hamlet‹ (1920, mit Moissi als Hamlet), Titelrolle in ›Julius Caesar‹ (1920) sowie Shylock in ›Der Kaufmann von Venedig‹ (1921); ferner u. a.: König in Hebbels ›Herodes und Mariamne‹ (1921, R. Otto Falckenberg); Hilse in Hauptmanns ›Die Weber‹ und Franz Moor in Schillers ›Die Räuber‹ (beide 1921, R. Karl-Heinz Martin). Krauß' virtuose Schauspielkunst, seine häufig als unheimlich empfundene Verwandlungskraft und geistige Energie machten ihn zum Prototyp des »neuen Schauspielers«. Herbert Ihering schrieb 1918 in der ›Weltbühne‹:»Werner Krauß

Krauß

ist so besessen von seinen innern Erfahrungen, daß er mit vertauschten Sinnen spielt. Es ist, als ob er die Töne sähe und die Gebärden hörte. Brennende Intensität des Gestaltens läßt Klänge körperhaft und Bewegungen klingend werden. Die Phantasie hat letzte Stoßkraft: dämonische Gesichte werden formelhaft zusammengedrängt. (...) Werner Krauß hat ohne Absicht und Programm aus seiner schauspielerischen Persönlichkeit heraus das Pathos und den Rhythmus der modernen Dichtung und Malerei. (...) Wenn Expressionismus letzte Konzentration ist, gibt es eine expressionistische Schauspielkunst.« 1923 feierte Krauß Erfolge in den Titelrollen von Rostands ›Cyrano de Bergerac‹ und Shakespeares ›König Lear‹ (im Großen Schauspielhaus) sowie als Higgins in Shaws ›Pygmalion‹ (Deutsches Theater, mit Käthe Dorsch). 1924–1926 Engagement bei Leopold Jeßner am Berliner Staatstheater; dort u.a.: Titelrollen in Schillers ›Wallenstein‹ (1924) und in Grabbes ›Hannibal‹ (1925, R. jeweils Jeßner); Mortimer in Brechts ›Leben Eduards II. von England‹ (1924, R. Jürgen Fehling). Von 1926 bis 1931 gehörte er wieder zum Ensemble des Deutschen Theaters, wo er in der Titelrolle von Wolfgang Goetz' ›Gneisenau‹ Triumphe feierte (1926, R. Heinz Hilpert). Glanzrollen hatte er in Reinhardts Hauptmann-Aufführungen: Pastor Angermann in ›Dorothea Angermann‹ (1927, mit Helene Thimig); Geheimrat Clausen in ›Vor Sonnenuntergang‹ (UA 1932): »Kein Wort der Bewunderung aber ist stark genug für Werner Krauß. Die Bezeichnung: meisterhaft ist oft abgenutzt und als bloßes Klischee verwendet worden. Werner Krauß führt sie auf den ursprünglichen Sinn zurück. Es ist meisterhaft im höchsten Sinne des Handwerks und der Kunst, wie Werner Krauß den Geheimrat anlegt, ohne daß man hinter die Mittel seiner Charakteristik kommt. Meisterhaft, wie er einmalig und doch endgültig spielt. Wie er zugleich gestaltet, ausrundet und sprachlich formuliert; wie er einfach und stark, diskret und wirksam ist. (...) Diese Rolle steht über allem, was jemals die größten Schauspieler in unserer Zeit gespielt haben. (...) Eine historische Leistung.« (Herbert Ihering, ›Berliner Börsen-Courier‹, 17. 2. 1932) Ferner u.a.: Titelrollen in Ibsens ›Peer Gynt‹ (1928, R. Berthold Viertel) und in Shaws ›Der Kaiser von Amerika‹ (DE 1929, R. Reinhardt); Philipp in Bruckners ›Elisabeth von England‹ (UA 1930, R. Hilpert); Titelrolle in Zuckmayers ›Der Hauptmann von Köpenick‹ (UA 1931, R. Hilpert; Zuckmayer empfand Krauß' Spiel als das »größte Glück, seit ich Stücke schreibe«). Von 1931 bis 1944 war er wieder am Berliner Staatstheater engagiert. Spielte an der Seite von Heinrich George den Jago in Shakespeares ›Othello‹ (1932, R. Jeßner): »Der Jago wird bei Krauß zu einem gefirren, hurtigen, tänzerischen Schandmaul. Ein mephistophelischer, frohsinniger Verbrecherling – aus Lust an der Sache. (...) Wie aber Krauß Sätze zerlegt, Worte bringt, Schatten hebt, Schnitte teilt, Wendungen zehrt, Strecken meistert, kurz, Charakterverse zu Arien macht: das ist allerersten Ranges.« (Alfred Kerr, ›Berliner Tageblatt‹, 20. 1. 1932) Neben Gustaf Gründgens als Mephisto spielte er die Titelrolle in Goethes ›Faust I‹ (1932, mit Käthe Gold als Gretchen, R. Lothar Müthel) und ›Faust II‹ (1933, R. Gustav Lindemann). Rollen in Fehling-Inszenierungen u.a.: Kreuzhalter in Billingers ›Rauhnacht‹ (1931); Titelrollen in Schillers ›Wilhelm Tell‹ (1932), Shakespeares ›Richard III.‹ (1937) und ›Julius Caesar‹ (1941); Ivar Kareno in Hamsuns ›Abendröte‹ (1942); Wehrhahn in Hauptmanns ›Der Biberpelz‹ (1942). Neben seinen Engagements in Berlin arbeitete er 1928/29 und von 1933 bis 1944 auch am Burgtheater Wien. 1943 spielte er dort – ganz im Sinne des Antisemitismus – den Shylock als jüdische Schauergestalt. 1940 wirkte er in Veit Harlans antisemitischem Propagandafilm ›Jud Süß‹ mit, weshalb er nach 1945 zunächst Auftrittsverbot erhielt. Von 1948 bis zu seinem Tod gehörte er dem Wiener Burgtheater an, zuletzt als Ehrenmitglied. Ferner spielte er am Schiller- und Schloßparktheater Berlin (seit 1954) und am Schauspielhaus Düsseldorf. Altersrollen u.a.: Philipp II. in Schillers ›Don Carlos‹ (1955); Rudolf II. in Grillparzers ›Ein Bruderzwist in Habsburg‹ (1958, beide Wien). Krauß hat seit

1919 in vielen Stummfilmen mitgewirkt; international bekannt wurde er 1920 durch seinen Caligari in Robert Wienes Film ›Das Cabinet des Dr. Caligari‹.
Literatur: A. Mühr: Das Schicksal auf der Bühne. Berlin 1933; J. Gregor: Meister deutscher Schauspielkunst. Bremen 1939; J. Bab: Kränze der Mimen. Emsdetten 1944; W. Goetz: Werner Krauss. Hamburg 1954; S. Melchinger/R. Clausen: Schauspieler. 36 Porträts. Velber 1965; A. Kerr: Mit Schleuder und Harfe. München 1985; M. Bier: Schauspielerporträts. 24 Schauspieler um Max Reinhardt. Berlin 1989.

Kraußneck, Arthur, geb. 9. 4. 1856 in Ballethen (Ostpreußen), gest. 21. 4. 1941 in Berlin. Schauspieler. Begann in der Provinz, u. a. in Stettin, Königsberg, Meiningen und Karlsruhe. Adolf L'Arronge holte ihn 1882 an das Deutsche Theater Berlin; dort feierte er große Erfolge als Schillers ›Wilhelm Tell‹ und als Karl Moor in ›Die Räuber‹. 1889 wechselte er zu Ludwig Barnay an das Berliner Theater. In der ersten Aufführung der Freien Bühne spielte er 1889 den Pastor Manders in Ibsens ›Gespenster‹; ab 1894 wieder am Deutschen Theater. Von 1897 bis zu seinem Rückzug vom Theater 1932 spielte er am Königlichen Schauspielhaus Berlin (seit 1919 Staatstheater). Wichtige Titelrollen: Schillers ›Wallenstein‹; Shakespeares ›Julius Caesar‹; Goethes ›Götz von Berlichingen‹; Lessings ›Nathan der Weise‹. Rollen in Inszenierungen von Leopold Jeßner: Attinghausen in Schillers ›Wilhelm Tell‹ (1919, mit Fritz Kortner): »Dieser Attinghausen ging durch die Welt und aus der Welt mit dem Klang, dem Blick eines Erfahrenen, Gütig-Wissenden, Echten. Herrlich.« (Alfred Kerr, ›Berliner Tageblatt‹, 13. 12. 1919); Andrea Doria in Schillers ›Die Verschwörung des Fiesco zu Genua‹ (1921) und Gordon in ›Wallenstein‹ (1924 und 1931, mit Werner Krauß); Blücher in Grabbes ›Napoleon oder die Hundert Tage‹ (1922) und Konsul in ›Hannibal‹ (1925); Teiresias in Sophokles' ›Ödipus‹ (1929, mit Kortner); in Jeßners Shakespeare-Inszenierungen: Lodovico in ›Othello‹ (1921); Duncan in ›Macbeth‹ (1922); Erster Schauspieler in ›Hamlet‹

(1926, alle mit Kortner in der Titelrolle). Rollen in Inszenierungen von Jürgen Fehling: Gottschalk in Kleists ›Das Käthchen von Heilbronn‹ (1923); Rüdiger in Hebbels ›Die Nibelungen‹ (1924); ferner u. a.: Kottwitz in Kleists ›Prinz Friedrich von Homburg‹ (1925, R. Ludwig Berger): »Ein zuversichtlicher, fröhlich beglänzter alter Haudegen, dessen Darsteller die Figur nicht einmal besonders charakteristisch auszumalen braucht, weil er alles mit seiner Stimme, mit seiner meisterlichen, seiner majestätischen, seiner stets empfindungsgesättigten Sprechkunst vermag.« (Siegfried Jacobsohn, ›Die Weltbühne‹); Kaiser in Goethes ›Geschichte Gottfriedens von Berlichingen mit der eisernen Hand‹ (1930, mit Heinrich George, R. Ernst Legal); Gottvater in Goethes ›Faust I‹ (1932, mit Gustaf Gründgens als Mephisto und Krauß als Faust, R. Lothar Müthel). »Welche Theaterzeiten gingen an Kraußneck vorüber! In seiner künstlerischen Jugend wurden die Kämpfe um den Naturalismus geführt. Kraußneck bewährte sich mühelos, denn seine gehobene Sprache war auf die Festigkeit seines männlichen Wesens gegründet. Er konnte zu gleicher Zeit Ibsen und Schiller spielen. Als Kraußneck auf der Höhe seines Wirkens stand, wurde der Naturalismus von einer stilisierten, farbigen Neuromantik abgelöst. Was damals gefördert und problematisch erstrebt wurde: Die Rückkehr zur Sprache hatte er als selbstverständlichen Ausdruck seiner Natur. Als Kraußneck in die meisterliche Weisheit des Alters trat, kam der Expressionismus. Wieder behauptete sich Kraußneck, der sogar als ein Vorbild moderner Sprechkunst hingestellt werden konnte. Kraußnecks männliches Pathos war wahrhaft, deshalb konnte es der Naturalismus nicht widerlegen, formsicher, deshalb tat ihm das stilisierte Theater nichts an, gesteigert, deshalb mußte er dem Expressionismus es gelten lassen, fest und bestimmt, deshalb durfte die Sachlichkeit es nicht enttthronen.« (Herbert Ihering)
Literatur: H. Ihering: Von Josef Kainz bis Paula Wessely. Heidelberg, Berlin, Leipzig 1942; G. Rühle: Theater für die Republik (im Spiegel der Kritik). 1917–1925 und 1926–1933. 2 Bde. Frankfurt a. M. 1967.

Kreindl

Kreindl, Werner, geb. 20. 10. 1927 in Wels (Österreich), gest. 6. 6. 1992 in Wagrein (Österreich). Schauspieler und Regisseur. Abgebrochenes Studium der Theaterwissenschaft und Germanistik in Wien; privater Schauspielunterricht. 1946 war er Mitbegründer eines Studententheaters in Wien; 1948 wurde er an die Vereinigten Bühnen Graz verpflichtet. Nach einem Gastspiel am Wiener Burgtheater war er von 1950 bis 1962 am Theater Bonn engagiert; dort u. a.: Franz Moor in Schillers ›Die Räuber‹; Titelrollen in Shakespeares ›Hamlet‹ und ›König Richard III.‹; Mephisto in Goethes ›Faust‹ (1959). Danach am Staatstheater Darmstadt u. a.: Jean in Kaisers ›Zwei Krawatten‹ (1967); Titelrollen in Schillers ›Wallenstein‹ und in Shakespeares ›Othello‹ (R. jeweils Gerhard F. Hering). An den Münchner Kammerspielen sah man ihn als Franz in Horváths ›Sladek oder die schwarze Armee‹ (1972). Kurt Meisel holte ihn 1972 an das Bayerische Staatsschauspiel München; dort u. a.: Titelrolle in Bonds ›Lear‹ (1973, R. William Gaskill); Friedrich Hofreiter in Schnitzlers ›Das weite Land‹ (1974, mit Ursula Lingen, R. Meisel); Sohn in Thomas Valentins ›Familienbande‹ (UA 1974). Entscheidend gefördert wurde er durch Rudolf Noelte, in dessen Inszenierungen er seine größten Bühnenerfolge feierte: Lopachin in Tschechows ›Der Kirschgarten‹ (1970, Residenztheater München); Philinte in Molières ›Der Menschenfeind‹ (1973, Salzburger Festspiele, mit Romuald Pekny; 1975 auch am Schauspielhaus Hamburg); Helmer in Ibsens ›Nora‹ (1976, Renaissancetheater Berlin, mit Cordula Trantow, Gastspiele u. a. in München): »Werner Kreindl sahen wir nie besser: dieser Thorvald Helmer erwies sich als ziemlich üblicher, unüblicher Fall von Ehemann – lustig, keineswegs lieblos, nur eben als Partner nie völlig präsent, wenn die Frau letzte menschliche Dinge erörtern will und sich doch nicht traut.« (Joachim Kaiser, ›SZ‹, 20. 11. 1978); Hjalmar Ekdal in Ibsens ›Die Wildente‹ (1979, Freie Volksbühne Berlin, mit Kurt Hübner und Peter Fricke): »Hjalmar Ekdal (. . .) wird von Noelte gegen den Typ mit dem Energiepaket Werner Kreindl besetzt, und siehe, Kreindl verwendet seine unübersehbare Energie nur dazu, sich auf ihr auszuruhen. (. . .) Er ist eine Fernseh-Natur vor Erfindung des Fernsehens.« (Georg Hensel, ›FAZ‹, 19. 2. 1979) Bühnenrollen in den achtziger Jahren u. a.: Titelrolle in Brechts ›Leben des Galilei‹ (1981, Volkstheater Wien); Eichmann in Kipphardts ›Das Protokoll‹ (1983, Bonn, R. Dieter Wedel; auch im Fernsehen); Dusterer in Anzengrubers ›Der Gwissenswurm‹ (1987, Volkstheater München, mit Beppo Brem). Eigene Inszenierungen u. a.: Reinshagens ›Leben und Tod der Marilyn Monroe‹ (1971, Darmstadt); Hamptons ›Der Menschenfreund‹ (1971) und Feydeaus ›Einer muß der Dumme sein‹ (1973, jeweils Staatsschauspiel München); Lessings ›Emilia Galotti‹ (1980, Tournee, mit Kreindl als Marinelli). Seit den siebziger Jahren war er fast ausschließlich fürs Fernsehen tätig; spielte häufig die Karrieristen, Zyniker und Machtmenschen; ferner u. a.: Jean in ›Fräulein Julie‹ (1967, nach Strindberg); Göring in ›Der Reichstagsbrandprozeß‹ (1967, R. Tom Toelle); Spion Leopold Trepper in ›Die Rote Kapelle‹ (1972, 7 Teile). Populär wurde er als Kommissar in der Krimi-Serie ›SOKO 5113‹ (1978 – 1991).

Kreisler, Georg, geb. 18. 7. 1922 in Wien. Österreichischer Kabarettist und Autor. Sohn eines Rechtsanwalts. 1938 emigrierte Kreisler mit seinen Eltern nach Amerika, wo er an der Universität von Los Angeles Musik studierte. Von 1942 bis 1945 diente er in der amerikanischen Armee und als Dolmetscher in Europa. Nach 1945 wurde er Arrangeur in Hollywood, von 1951 bis 1955 verdiente er sich seinen Unterhalt als Nachtclubsänger in New York. 1955 Rückkehr nach Österreich. Er wurde berühmt als Kabarettist mit seinen makabren Chansons voll schwarzen Humors (›Zwei alte Tanten tanzen Tango‹). Er schrieb aber auch Lyrik, musikalische Komödien und Stücke.

Stücke: ›Sodom und Andorra. Eine Parodie‹ (1963); ›Polterabend‹ (1966); ›Hölle auf Erden‹ (1967).

409

Krejča, Otomar, geb. 1921 in Skrysov (Tschechoslowakei). Schauspieler, Regisseur und Intendant. Studierte sechs Semester Philosophie an der Karls-Universität in Prag; 1940–1942 Mitglied der Nadherova Theatergesellschaft; 1942–1945 Schauspieler am Stadttheater Kladno. Nach dem Zweiten Weltkrieg holte ihn Emil F. Burian an sein Theater D 34 in Prag, wo er in der Titelrolle von Rostands ›Cyrano de Bergerac‹ brillierte. Danach war er an den Städtischen Bühnen auf den Weinbergen bei Jiri Frejka engagiert. 1951 kam er an das Prager Nationaltheater: war dort bis 1956 Schauspieler, dann Regisseur und Schauspieldirektor; seither enge Zusammenarbeit mit dem Dramaturgen Karel Kraus und dem Bühnenbildner Josef Svoboda. Inszenierungen u. a.: Tschechows ›Die Möwe‹ (1960); Shakespeares ›Romeo und Julia‹ (1963); Josef Topols ›Faschingsende‹ (UA 1964). In der Meinung, die großen Staatstheater seien zu sehr bürokratisiert und den Anforderungen moderner Theaterarbeit nicht mehr gewachsen, schied er 1965 aus dem Nationaltheater aus und gründete mit Karel Kraus und einem kleinen Ensemble das Theater vor dem Tor; Eröffnung im November 1965 mit Josef Topols ›Die Katze auf dem Gleis‹. In langer, minuziöser Vorbereitungsarbeit entstanden Inszenierungen, die den Regisseur und sein Ensemble international bekannt machten. Andreas Razumovsky schrieb:»Nur im Ambiente dieses Ensembles von fanatisch ergebenen Akteuren und seit Jahren eingespielten Gefolgsleuten beginnt man den Arbeitsstil Otomar Krejčas zu begreifen, der zu den langsamsten, angespanntesten, geistig anspruchsvollsten gehört, die in Stanislawskijs Nachfolge je anvisiert worden sind. Schon äußerlichtechnisch sind von jenem russischen Großmeister viele Prozeduren übernommen: lange vor der ersten Probe einer neuen Inszenierung zum Beispiel kennt jeder Schauspieler das Regiebuch des ganzen Stückes; auf dessen Seiten die sorgfältigst ausgearbeiteten und begründeten Regieanweisungen wesentlich mehr Raum einnehmen als der Text des gesprochenen Dialogs auf der rechten. Dieses Regiebuch ist das Ergebnis eines äußerst sorgfältigen,

Krečja

monatelang vorausgeplanten dramaturgischen Teamworks. ›Die Dramaturgie erfüllt ihre Funktion nur dann‹, meint Krejča, ›wenn sie bis zur Untrennbarkeit mit den Ergebnissen der Inszenierungsarbeit verbunden ist. (. . .) Die Dramaturgie soll ins Innerste des Theaters hineinzielen.‹« (›FAZ‹, 26. 1. 1967) Krejčas Theater galt als Inbegriff für die Neuerungen des Prager Frühlings. Dessen anti-ideologischen, poetischen Inszenierungen waren einem akribisch ausgearbeiteten psychologischen Realismus verpflichtet. Gefeiert wurde vor allem seine Version von Tschechows ›Drei Schwestern‹. Ferner u. a.: Schnitzlers ›Der grüne Kakadu‹; ›Der Strick mit einem Ende‹ (Nestroy-Collage); Mussets ›Lorenzaccio‹; Sophokles’ ›Ödipus/Antigone‹; seit 1966 viele erfolgreiche Auslandstourneen. Während des Prager Frühlings setzte sich Krejča für die Politik Dubčeks ein. Nach der Besetzung seiner Heimat durch die sowjetischen Truppen sah er sich zahlreichen Schikanen ausgesetzt (auch in seiner Funktion als Präsident des Verbandes der Theaterschaffenden). Gastinszenierungen im Ausland: Tschechows ›Die Möwe‹ (1970, Stockholm); Becketts ›Warten auf Godot‹ (1970, Salzburger Festspiele, mit Kurt Sowinetz, Siegfried Lowitz, Ullrich Haupt und Bernhard Wicki). Im April 1971 wurde er als Direktor des Theaters vor dem Tor abgesetzt; letzte Inszenierung: Tschechows ›Die Möwe‹; 1972 wurde das Theater zwangsweise geschlossen. Krejča erhielt zunächst Arbeitsverbot; 1974 inszenierte er am Prager S. K. Neumann-Theater Tschechows ›Platonow‹. Inszenierungsangebote aus dem Ausland mußte er abschlagen, weil er keine Ausreisegenehmigung erhielt. 1975/76 gelang es Gerhard Klingenberg, ihn als Gastregisseur für Goethes ›Faust I‹ an das Wiener Burgtheater zu holen. Krejča blieb im Westen und wurde 1976/77 Schauspieldirektor in Düsseldorf; seine Inszenierungen dort erreichten jedoch nicht die frühere Perfektion: Tschechows ›Der Kirschgarten‹ (1976) und ›Platonow‹ (1977); Shakespeares ›Hamlet‹ (1977). In der Spielzeit 1978/79 wechselte er als Regisseur an das Staatstheater Karlsruhe; Gastinszenierungen in Belgien, Italien und Frankreich; in Paris

Krempel

inszenierte er Strindbergs ›Der Vater‹ (1982, Théâtre National de Chaillot), in Wien Giraudoux' ›Intermezzo‹ (1985). Im Westen eher glücklos, kehrte er 1986 nach Prag zurück. Ende 1990 bekam er sein Theater zurück, in dem die Laterna Magica untergebracht war.

Krempel, Wolfram, geb. 6. 7. 1936 in Chemnitz. Regisseur. Nach dem Abitur (1954) Ausbildung an der Staatlichen Schauspielschule Berlin; 1959 Schauspieler und Regieassistent am Hans-Otto-Theater Potsdam. 1960 Regieassistent am Deutschen Theater Berlin (Ost); arbeitete dort zunächst mit Wolfgang Heinz und Langhoff. 1965 Regievertrag am Maxim-Gorki Theater Berlin; inszenierte Frischs ›Don Juan oder Die Liebe zur Geometrie‹ (mit Alexander Lang in der Titelrolle) und Kerndls ›Die seltsame Reise des Alois Fingerlein‹ (UA 1967, mit Klaus Manchen; später auch in Karl-Marx-Stadt). 1967 wurde er Schauspieldirektor an den Städtischen Bühnen Karl-Marx-Stadt; Inszenierungen u. a.: Schatrows ›Bolschewiki‹; Schillers ›Kabale und Liebe‹ (mit Christian Grashof und Jutta Wachowiak); Weisenborns ›Die Illegalen‹. Seit 1970 arbeitet er wieder am Maxim-Gorki-Theater; Inszenierungen u. a.: ›Wenn Knospen knallen‹ (Jugendrevue); J. Schwarz' ›Das gewöhnliche Wunder‹ (1973, später auch in Augsburg); Kerndls ›Die lange Ankunft des Alois Fingerlein‹ und ›Der Georgsberg‹ (UA); Roehrichts ›Familie Birnchen‹ (UA); Hacks' ›Ein Gespräch im Hause Stein über den abwesenden Herrn von Goethe‹ und ›Rosie träumt‹ (UA 1975); Horváths ›Kasimir und Karoline‹; I. Gross' ›Match‹ und ›Geburtstagsgäste‹ (jeweils UA); Arbusows ›Altmodische Komödie‹ (mit Manja Behrens und Jochen Thomas); Galins ›Testamente‹ (mit Lotte Loebinger). Gastinszenierungen in Augsburg u. a.: Tschechows ›Die Möwe‹ (1984); Gorkis ›Wassa Schelesnowa‹ (1987); Friedrich Wolfs ›Beaumarchais‹ (1989); seit 1986 auch Gastinszenierungen in Bern (u. a. Gorkis ›Kleinbürger‹). Krempel schreibt in seiner Vita: »Die Begegnung mit Wolfgang Heinz und Wolfgang Langhoff war bestimmend für meine Entwicklung. Das Deutsche Theater war damals für mich ›bürgerlich‹, und mit Skepsis hörte ich anfangs die Theorien von Heinz, inspiriert von Stanislawski, Jeßner und Reinhardt. Damals begriff ich langsam, was Schauspielkunst sein kann. (. . .) In meiner Arbeit habe ich mich immer für neue, unausprobierte Literatur auf dem Theater eingesetzt, inhaltliche Provokationen der Gegenwart waren beabsichtigt.« 1980 wurde er mit dem Kunstpreis der DDR ausgezeichnet.

Kresnik, Johann, geb. 1939 in St. Margarethen (Kärnten). Tänzer, Choreograph, Regisseur und Balletdirektor. Sohn eines Bergbauern. 1955–1958 Lehre als Werkzeugschlosser; ab 1958 Statist an den Vereinigten Bühnen Graz und Tanzausbildung bei Rein Esté; 1959 erster Vertrag als Gruppentänzer bei Jean Deroc in Graz. 1960 wechselte er mit Deroc an das Bremer Theater; 1962 Engagement in Köln bei der Ballettkompanie von Aurel von Milloss; Training bei Leon Wojcikowsky; 1964–1968 Solotänzer in Köln (klassisch und modern) und Gasttänzer in New York bei Georges Balanchine; 1967 erste eigene choreographische Arbeiten im Ballett-Studio der Kölner Bühnen. Von 1968 bis 1978 war er Chefchoreograph und Ballettmeister am Bremer Tanztheater; auch choreographische Mitarbeit und Ko-Regie am Bremer Schauspiel (Intendant: Kurt Hübner). In Bremen entwickelte er seinen sehr eigenen, radikalen, das klassische Ballett verabschiedenden Stil, den er seit 1973 als »Choreographisches Theater« bezeichnet. 1980–1989 Choreograph und Regisseur in Heidelberg; 1989–1994 wieder in Bremen; seit 1994 an der Volksbühne am Rosa-Luxemburg-Platz Berlin. Häufig Regiemitarbeit und Choreographien für Schauspiel und Oper, u. a. für Shakespeares ›Viel Lärm um nichts‹ (1980, Heidelberg, R. David Mouchtar-Samorai), Berlioz' ›Fausts Verdammnis‹ (1983, Deutsche Oper Berlin, R. Götz Friedrich), Sobols ›Ghetto‹ (1984, Freie Volksbühne Berlin, R. Peter Zadek). Kresnik macht politisches Tanztheater, kämpferisch und provokativ. Seine Themen: Aufarbeitung des Faschismus, Unterdrückung in Familie und Ge-

Kresnik

sellschaft, Sexualität und Gewalt, das Schicksal von Außenseitern, Selbstmördern, Kranken. Frühe Choreographien: ›O sela pei‹ (UA 1967, Köln, Musik: Heinz Pauels/Hans-Joachim Michaletz); ›Paradies?‹ (UA 1968, Köln, Stück über das Attentat auf Rudi Dutschke, Toncollage: Michaletz); ›Susi Cremecheese‹ (UA 1969, Deutsche Oper Berlin, Musik: Dieter Behne nach Frank Zappa); ›Jaromir‹ (UA 1971, Akademie der Künste Berlin, Buch: Kresnik/Günter Demin, Toncollage: Behne, Bühne: Erich Wonder). Choreographien am Theater Bremen: ›Ballett-Uraufführung‹ (1970, Musik: M. Niehaus); ›Kriegsanleitung für jedermann‹ (UA 1970, Musik: Behne, Ausstattung: Wonder); ›Frühling wurd'...‹ (UA 1970, Musikcollage: Kresnik/Behne, Bühne: Wonder); ›PIGasUS‹ (UA 1970, Libretto: Yaak Karsunke, Musik: Behne, Bühne: Wonder); ›Schwanensee AG‹ (UA 1971, Libretto: Karsunke, Musik: Behne); ›Traktate‹ (UA 1973, Libretto: Gerd-Peter Eigner, Musik: Behne); ›Die Nibelungen‹ (UA 1974, Musik: Kresnik/Dierk Nagel); ›Romeo & Julia‹ (UA 1975, Musik: Peer Raben); Arrabals ›Bilder des Ruhmes‹ (1976, Musik: Graziano Mandozzi); Prokofjews ›Peter und der Wolf‹ (1976); ›Jesus GmbH‹ (UA 1977, Libretto nach Adolf Holls ›Jesus in schlechter Gesellschaft‹, Musik: Mandozzi); ›Magnet‹ (UA 1978, Libretto: Wolfgang Bauer, Musik: Raben); am Theater an der Wien: ›Masada‹ (UA 1977, Libretto: Israel Eliraz, Musik: Mandozzi). In Heidelberg inszenierte er gleich zu Beginn einen seiner berühmtesten Abende: ›Familiendialog‹ (UA 1980, Libretto: Helm Stierlin, Musik: Gustav Mahler u. a., Ausstattung: Kresnik); ferner u. a.: Debussy/Maeterlincks ›Pelleas und Melisande‹ (1980); Heiner Müllers ›Hamletmaschine‹ (1980, in eigener Ausstattung); Brechts ›Der aufhaltsame Aufstieg des Arturo Ui‹ (1981); ›Sacre‹ (1982, nach Strawinskys ›Le Sacre du Printemps‹); ›Mars‹ (UA 1983, Libretto: Kresnik/Walter Wigand nach dem Buch von Fritz Zorn, Musik: Walter Haupt; 1993 Neuinszenierung in Basel); ›Ausverkauf‹ (UA 1984, nach einer Idee von Heiner Müller, Musik: Haupt); ›Sylvia Plath‹ (UA 1985, Musik: Haupt):

»Der Tanz ist bei Hans Kresnik inzwischen zu expressiven Bewegungsrudimenten geschrumpft. Die Menschen winden sich, bespringen sich, robben, kriechen, krümmen sich unter Materialien, die bei Kresnik ihr bedrohliches Eigenleben bekommen. Da bäumt sich die schöpferische Aggression eines Triebtäters in Sachen Tanztheater auf.« (Eva-Elisabeth Fischer, ›SZ‹, 4. 2. 1985); ›Pasolini – der Traum von einem Menschen‹ (UA 1986, Musik: Haupt); ›Mörder Woyzeck‹ (UA 1987, Musik: Haupt); ›Macbeth‹ (UA 1988, Musik: Kurt Schwertsik, Ausstattung: Gottfried Helnwein); ›Ödipus‹ (UA 1989, Musik: Werner Pirchner, Bühne: Helnwein). Sprechtheater-Inszenierungen u. a.: Heiner Müllers ›Germania Tod in Berlin‹ (1988, Mannheim); Jarrys ›König Ubu‹ (1989) und Weiss' ›Marat/Sade‹ (1990, beide Staatstheater Stuttgart). Ein Triumph wurde sein choreographisches Theater ›Ulrike Meinhof‹, mit dem er nach Bremen zurückkehrte (UA 1990, Musik: Serge Weber, Bühne: Penelope Wehrli); er erhielt dafür den Berliner Theaterpreis. Renate Klett schrieb: »Es sind Bilder, geboren aus Haß und Ekel, dröhnend, gefährlich, denen an Zorn und giftgalliger Bosheit nichts gleichkommt im gegenwärtigen deutschen Theater. (. . .) Das Stück ist eine visuelle und akustische Höllenfahrt, deren hämmernder Rhythmus an Mahlermusik und Baustellenkrach verbotene Erinnerungen befreit: kalt-grausame Alpträume von Lager und Zwangsarbeit, von schon wieder mächtigen Tätern und noch immer stummen Opfern. In endloser Folge übereinanderstürzend, erdrücken sie den Sohn, der sich voller Verzweiflung das Symbol des fleißigen Neubeginns, den Preßluftbohrer, in den Leib rammt. (. . .) Während die eine Darstellerin der Meinhof an Fleischerhaken aufgehängt und mit langen silbernen Greifzangen gequält wird, wird die andere zwischen zwei Plexiglasscheiben verschraubt: Ikone einer Märtyrerin.« (›Der Spiegel‹, 29. 10. 1990) Weitere Arbeiten in Bremen: ›König Lear‹ (1991, nach Shakespeare); ›Frida Kahlo‹ (UA 1992, Bremen, Libretto: Irmgard Wierichs, Bühne: Wehrli); ›Wendewut‹ (UA 1993, nach der gleichnamigen Erzählung von Günter Gaus, Bühne:

Kriegenburg

Wehrli). An der Berliner Volksbühne inszenierte er auf Einladung Frank Castorfs ›Rosa Luxemburg – Rote Rosen für Dich‹ (UA 1993, nach George Tabori); seit 1994 ist er dort fester Regisseur. Michael Merschmeier schrieb:»Johann Kresnik ist der Trauerarbeiter des deutschen Theaters. Jedoch: Seine Trauerspiele sind nicht trist, sondern wild zupackend und verstörend und mitunter ohrenbetäubend laut. Wer nicht hören will, muß sehen: Der Tanz auf dem Trauma ist ein heftiger Taumel durch Geschichte und Geschichten. (. . .) Eine gemeinsame Überschrift für sein choreographisches Theater könnte lauten: Zeigt her Eure Wunden! – damit Ihr jene Wunden zu sehen vermögt, die Ihr andern zugefügt habt und noch immer zufügt. Ein – scheint's – ewig zeitgemäßer Aufruf an die Deutschen. (. . .) Der Choreograph ist auf seine Weise ein Fotograf der Bundesrepublik.« (›Theater heute‹, Jahrbuch 1990) Kresnik erhielt vier Einladungen zum Berliner Theatertreffen: 1988: ›Macbeth‹ (Theater der Stadt Heidelberg); 1990: ›Ulrike Meinhof‹; 1992: ›Frida Kahlo‹; 1993: ›Wendewut‹ (alle Bremer Theater).
Literatur: W. Schulz: Johann Kresnik – Choreographisches Theater. Hrsg. v. Theater der Stadt Heidelberg. Heidelberg 1985; S. Schlicher: Tanztheater. Tradition und Freiheiten. Hamburg 1987; H. Kraus: Johann Kresnik. Regie im Theater. Frankfurt a.M. 1990; M. Merschmeier: ›Der Gesellschaftstanz‹. Johann Kresnik oder Ein Lobpreis der politischen Choreographie. In: Theater heute, Jahrbuch 1990, S. 76–79.

Kriegenburg, Andreas, geb. 15. 11. 1963 in Magdeburg. Regisseur. Nach der Oberschule Ausbildung als Modelltischler; 1982–1984 Arbeit am Magdeburger Theater als Tischler und Techniker; 1984–1987 Regieassistent in Zittau. Sein Regiedebüt gab er 1984 mit J. Schwarz' ›Rotkäppchen‹. 1988–1991 Regieassistent und Regisseur am Kleist-Theater in Frankfurt a.d. Oder. Inszenierungen: ›Feuer/Vogel‹ (1988, Tanzabend in eigener Choreographie); Strindbergs ›Fräulein Julie‹ (1989); Lothar Trolles ›Barackenbewohner‹ (1989); Rasumowskajas ›Liebe Jelena Sergejewna‹ (1990); ›Medea/Medeamaterial‹ (1991,

nach Euripides und Heiner Müller); Kleists ›Amphitryon‹ (1991). Seit 1991 ist er Regisseur an der Berliner Volksbühne am Rosa-Luxemburg-Platz (bei Frank Castorf); Erfolg mit Büchners ›Woyzeck‹ (1991):»Woyzeck ist in dieser Inszenierung nicht der Schuldlose, nicht der ›arme Woyzeck‹, sondern ein allein triebgesteuertes Wesen, dessen dumpfe Widerstandslosigkeit ihn durchaus schuldig macht. Aber er ist auch der verzweifelt Suchende nach Kontakt, nach dem Du im anderen, ein immer erneuter Versuch, der immer wieder scheitert. (. . .) Büchners Woyzeck, in einer zutiefst skeptischen Interpretation, die zugleich die Grundmotive des Regisseurs offenlegt: die Suche nach Gemeinsamkeit und die gleichzeitige Überzeugung, daß Harmonie unmöglich ist, der grundsätzliche Zweifel also an der Fähigkeit zur Gemeinschaft. Viele Szenen der Konfrontation zweier Figuren sind in den Inszenierungen von Andreas Kriegenburg geprägt von dem verzweifelten Versuch, sich zu begegnen, zu berühren, und dem schmerzhaften Bewußtsein des naturgemäßen Scheiterns.« (Sven Ricklefs, ›Junge Regisseure‹, S. 97 f.) Weitere Inszenierungen: Lew Lunz' ›Die Stadt der Gerechtigkeit‹ (1992); García Lorcas ›In seinem Garten liebt Don Perlimplin Belisa‹ (1992); Shakespeares ›Othello‹ (1993/94); Brechts ›Der gute Mensch von Sezuan‹ (1994); am Theater Basel: Fassbinders ›Katzelmacher‹ (1993). Kriegenburg über seine Arbeit: »Das letzte, was ich will, ist, daß sich der Zuschauer von der Aufführung mitgetragen fühlt, sondern ich habe das Bedürfnis, auch ihn in seinem Sitz zu vereinzeln. Ich möchte ihn mit Versuchen von Intimität, Bitterkeit oder Traurigkeit konfrontieren, die auf sich selbst zurückwerfen und es ihm unmöglich machen, sich mit seinem Nachbarn während der Aufführung zu verständigen oder zu solidarisieren.« (›Junge Regisseure‹, S. 108)
Literatur: A. Roeder/S. Ricklefs: Junge Regisseure. Regie im Theater. Frankfurt a.M. 1994.

Krleza, Miroslav, geb. 7. 7. 1893 in Zagreb, gest. 29. 12. 1981 ebenda. Kroatischer Schriftsteller. Besuch der Militärakademie

413

in Budapest, Teilnahme am Ersten Weltkrieg. Von 1919 an gab er die linke Zeitschrift ›Plamen‹ heraus. Während der deutschen Okkupation wurde er mehrmals verhaftet. Nach 1945 freier Schriftsteller, Direktor des Lexikographischen Instituts in Zagreb und Vizepräsident der Südslavischen Akademie. Krleza gilt als der bedeutendste Schriftsteller Kroatiens; er wurde auch im Ausland bekannt, vor allem mit seiner Lyrik. Sein berühmtestes Drama ist die Glembay-Trilogie, in der er Kritik an den Idealen und Lebensformen der Bourgeoisie übt; der Untergang der dekadenten Hocharistokratie, sowie das armselige Leben der kroatischen Bauern während des Krieges sind weitere Themen.

Stücke: ›Golgota‹ (1922); ›Die Glembays‹ (1928); ›In Agonie‹ (1928); ›Leda‹ (1930/58); ›Aretej‹ (1959).

Kroetz, Franz Xaver, geb. 25. 2. 1946 in München. Schauspieler, Regisseur und Dramatiker. Aufgewachsen in Niederbayern, lebt heute in Kirchberg und München. Verließ mit 15 Jahren das Wirtschaftsgymnasium, um Schauspielunterricht zu nehmen: zuerst an der Neuen Münchner Schauspielschule (1961–1963), dann am Wiener Max-Reinhardt-Seminar, wo er 1964 ohne Abschluß entlassen wurde. Danach in München als Gelegenheitsarbeiter; Schauspieler an kleinen Theatern, v. a. am Büchner-Theater (1967/68). Unter der Regie von Rainer Werner Fassbinder spielte er den Leutnant in Fleißers ›Pioniere in Ingolstadt‹. 1969 kam er als Schauspieler und Regisseur an die Tegernseer Ludwig-Thoma-Bühne in Rottach-Egern. Angeregt von den dramatischen Werken seiner Vorbilder Marieluise Fleißer und Ödön von Horváth, begann er Ende der sechziger Jahre Dialekt-Stücke zu schreiben (in der Tradition des bayerischen Bauerntheaters). Bereits Anfang der siebziger Jahre war er der meistgespielte deutschsprachige Dramatiker nach Brecht. Seine frühen Stücke zeichnen sich durch knappe Form, hermetische Struktur und nüchternen Realismus aus. Die Figuren gehören zur Schicht der sozial Schwachen, sind Handwerker und Ungelernte, Bau- oder Hilfsarbeiter. Kroetz beschreibt ihre

beengten Lebensverhältnisse, ihre Sprachohnmacht, ihre fehlende Einsicht in die gesellschaftlichen Verhältnisse, ihre Ausbrüche in Gewalttaten. Stücke der frühen Phase: ›Hilfe, ich werde geheiratet!‹ (Bauernschwank, UA 1969, Ludwig-Thoma-Bühne); Durchbruch mit den Einaktern ›Heimarbeit‹ und ›Hartnäckig‹ (UA 1971, Kammerspiele München, mit Walter Schmidinger als Willi, R. Horst Siede); ›Michis Blut‹ (UA 1971, proT München, R. der Autor); ›Wildwechsel‹ (UA 1971, Schauspiel Dortmund; 1973 als Film von Fassbinder, mit Eva Mattes); ›Männersache‹ (UA 1972, Landestheater Darmstadt, R. Rolf Stahl); ›Stallerhof‹ (UA 1972, Deutsches Schauspielhaus Hamburg, mit Eva Mattes, R. Ulrich Heising; 1988 als Oper, vertont von Gerd Kühr); ›Oberösterreich‹ (UA 1972, Heidelberg, R. Dieter Braun); ›Wunschkonzert‹ (UA 1973, Staatstheater Stuttgart, R. Istvan Bódy). 1972 trat Kroetz in die DKP ein, der er bis 1980 als aktives Mitglied angehörte. Begann in dieser Zeit, sich mit der Ästhetik und Dramaturgie Brechts auseinanderzusetzen. Distanzierte sich zunächst von seinen frühen Stücken, bezeichnete sie als Werke des Mitleids und als bloße Zustandsbeschreibungen. In einem Interview mit Thomas Thieringer sagte er: » (. . .) ich bin bewußter geworden, habe in der Politik, in der Gesellschaft einen klaren Standort bezogen. (. . .) ich möchte nicht in die Utopie ausweichen. Was geändert werden muß: In meinen früheren Stücken habe ich keinen Ausweg gezeigt – die waren zu fatalistisch. Was nötig sein wird: Menschen zu zeigen, die hinuntergetreten wurden, die das nicht hinnehmen, sondern sich wehren, mit Phantasie und Energie.« (›SZ‹, 14. 5. 1974) Schrieb in dieser Zeit mehrere Agitations-Stücke (z.T. angelehnt an die Lehrstücke Brechts): ›Globales Interesse‹ (satirische Komödie, UA 1972, Staatsschauspiel München); ›Dolomitenstadt Lienz‹ (Posse mit Gesang über drei Kriminelle in Untersuchungshaft, UA 1972, Kammerspiele Bochum); ›Münchner Kindl‹ (Agitpropstück gegen Mietwucher, UA 1973 anläßlich einer DKP-Veranstaltung, theater k München). Es folgten zwei Hebbel-Bearbeitungen, die

Kroetz 414

auf wenig Resonanz stießen: ›Maria Magdalena‹ (UA 1973, Heidelberg, R. Dieter Braun); ›Agnes Bernauer‹ (UA 1977, Leipzig, R. Karl Kayser; Agnes Bernauer als Parabelfigur im Brechtschen Sinne). Eine neue Phase seines Schaffens begann mit dem Stück ›Das Nest‹ (UA 1975, Modernes Theater München); Kroetz gelangt hier endgültig zu einer neuen Art des kritisch-realistischen Volksstücks. Benjamin Henrichs schrieb: »Der dritte Kroetz ist das bereits: nach den Stücken des Mitleids und denen der Agitation nun die Synthese – die Verbindung von realistischer Genauigkeit und kommunistischer Zuversicht. Kroetz bei der Entdeckung des sozialistischen Realismus: eine Entwicklungsgeschichte, so überschaubar, so mustergültig – reif für das Literaturlexikon. Ein Glück nur, daß die Wirklichkeit, auch Kroetz' Wirklichkeit, viel konfuser aussieht. Denn nach wie vor bleibt es höchst zweifelhaft, ob diese Vermählung zwischen Realismus (wie Kroetz ihn praktiziert) und Sozialismus (wie Kroetz ihn definiert) überhaupt möglich ist. (. . .) Kroetz ist ein oftmals fanatischer Kommunist, ein orthodoxer ist er niemals. Noch immer schreibt er viel mehr (und viel besser) über Geisteszustände als über Besitzverhältnisse. Noch immer teilt er über Liebe viel Genaueres mit als über Politik.« (›Die Zeit‹, 5. 9. 1975) Weitere Stücke: ›Weitere Aussichten‹ (UA 1975, Karl-Marx-Stadt; fürs Fernsehen von Kroetz inszeniert, mit Therese Giehse); ›Geisterbahn‹ (Fortsetzung von ›Stallerhof‹, UA 1975, Atelier Theater Wien); ›Lieber Fritz‹ (Urfassung 1971; UA 1975, Darmstadt, R. der Autor); ›Herzliche Grüße aus Grado‹ (UA 1976, Schauspielhaus Düsseldorf, R. Rolf Stahl; 1971 bereits als Hörspiel unter dem Titel ›Inklusive‹; 1972 als Fernsehspiel); ›Reise ins Glück‹ (UA 1976, Theater am Neumarkt Zürich); ›Sterntaler‹ (UA 1977, Braunschweig, R. Kai Braak); ›Mensch Meier‹ (versehentliche UA 1978 in Brasilien; erste Aufführungen in Deutschland 1978 am Schauspielhaus Düsseldorf, R. Stahl, und in Tübingen, R. Peter Kock); ›Bilanz‹ (UA 1980, Torturmtheater Sommerhausen, R. Veit Relin; 1973 bereits als Hörspiel erschienen); ›Der stramme Max‹ (UA 1980, Ruhrfestspiele Recklinghausen, R. Wolf Seesemann); ›Wer durchs Laub geht‹ (Überarbeitung der ›Männersache‹, UA 1981, Magdeburg). Großer Erfolg mit ›Nicht Fisch nicht Fleisch‹ (UA 1981, Düsseldorf, R. Volker Hesse): »Kroetz ist mit diesem Stück (. . .) aus seinen Sackgassen herausgekommen: keine sympathischen Debilen mehr, keine exotischen Heimarbeiter oder andere sozialen Randgruppen; keine ideologische Bevormundung mehr und keine politische Agitation. Kroetz steht in unserem Alltag und will nichts mehr beweisen. (. . .) Kroetz zeigt, daß sich Menschen ändern können. Seine Personen, die in früheren Stücken geradewegs in einen Abgrund marschierten, haben mehr Lebensmöglichkeiten bekommen.« (Georg Hensel, ›FAZ‹, 2. 6. 1981); Peter Stein inszenierte das Stück wenig später an der Berliner Schaubühne. Es folgten u. a.: ›Furcht und Hoffnung der BRD‹ (Szenen aus dem deutschen Alltag des Jahres 1983, UA 1984, Düsseldorf, R. Peter Palitzsch, gleichzeitig in Bochum, R. Siede); ›Bauern sterben‹ (UA 1985) und ›Weihnachtstod‹ (UA 1986, Münchner Kammerspiele, R. jeweils der Autor); ›Der Nusser‹ (nach Tollers ›Hinkemann‹, UA 1986, Residenztheater München, R. der Autor); ›Heimat‹ (UA 1987, Freiburg); ›Zeitweh‹ (UA 1988, Singen); ›Bauerntheater‹ (UA 1991, Köln, R. Torsten Fischer). 1989 inszenierte er am Münchner Residenztheater (Bayerisches Staatsschauspiel) sein frühes Stück ›Oblomow‹ nach dem Roman von Iwan Gontscharow. Weitere Inszenierungen u. a.: Kafkas ›Bericht für eine Akademie‹ (1986, Münchner Kammerspiele, mit Peter Radtke); Mitterers ›Stigma‹ (1987, Residenztheater München). Einen großen schauspielerischen Erfolg feierte er 1986 als Gesellschaftsreporter Baby Schimmerlos in Helmut Dietls satirischer Fernsehserie ›Kir Royal‹. Daß er diese Rolle auch im wirklichen Leben adaptierte und als Kolumnist für den einst von ihm bekämpften Springer-Konzern tätig wurde (›Bild‹, ›Welt‹), hat ihm viel Kritik eingehandelt. Als Dramatiker in einer Krise, hat er sich Ende der achtziger Jahre vom Theater zurückgezogen; mehrere Reisen und erste Versuche als Lyriker.

415

1994 erfolgreiches Comeback mit dem Stück ›Der Drang‹ (Neufassung von ›Lieber Fritz‹, UA an den Münchner Kammerspielen, R. der Autor). Zwei Kroetz-Inszenierungen wurden zum Berliner Theatertreffen eingeladen: ›Nicht Fisch nicht Fleisch‹ (1984, Münchner Kammerspiele) und ›Der Nusser‹ (1987, Schauspielhaus Bochum). **Literatur:** F. X. Kroetz: Weitere Aussichten. Ein Lesebuch. Berlin 1976; E. Panzner: Franz Xaver Kroetz und seine Rezeption. Stuttgart 1976; R.-P. Carl: Franz Xaver Kroetz. München, Edition Text + Kritik 1978; B. Henrichs: Beruf: Kritiker. München, Wien 1978; G. Müller: Das Volksstück von Raimund bis Kroetz. München 1979; P. v. Becker/M. Merschmeier: »Ich habe immer nur von mir geschrieben. Dem Volk hab' ich nie aufs Maul geschaut. Das Volk hat mich nie wirklich interessiert.« Gespräch mit Franz Xaver Kroetz. In: Theater heute, Jahrbuch 1985, S. 72–87.

Kronlachner, Hubert, geb. 21. 10. 1923 in Attnang-Puchheim (Österreich). Schauspieler. Ausbildung am Max-Reinhardt-Seminar in Wien. Engagements in Salzburg, Bremerhaven, Oberhausen, Bremen (unter Kurt Hübner), Basel (unter Werner Düggelin) und am Schauspielhaus Zürich (unter Gerhard Klingenberg, Gerd Heinz); Gastspiele u. a. am Schauspielhaus Düsseldorf (bei Günther Beelitz), am Staatstheater Stuttgart (bei Claus Peymann), bei den Salzburger Festspielen und den Wiener Festwochen. Rollen in Inszenierungen von Hans Hollmann u. a.: Merkl Franz in Horváths ›Kasimir und Karoline‹ (1968); Meister Fior in Gombrowicz' ›Operette‹ (1971); Sganarell in Molières ›Der Arzt wider Willen‹ (1972); Fluth in Shakespeares ›Die lustigen Weiber von Windsor‹ (1973); Weiring in Schnitzlers ›Liebelei‹ (1973); Zauberkönig in Horváths ›Geschichten aus dem Wiener Wald‹ (1974): »Ihm läßt Hollmann am meisten von seiner Forderung auf demonstrativ ausgestelltes Sprechen nach, vielleicht weil er die diffizile Sicherheit nicht stören wollte, mit der hier eine Menschengestalt getroffen wurde (getroffen in einem doppelten Sinn

Kruczkowski

des Wortes: genau beschrieben *und* aufgespießt, kritisiert).« (Henning Rischbieter); Hauptmann in Kraus' ›Die letzten Tage der Menschheit‹ (1974): »Hubert Kronlachner ist als Hauptmann fähig, einem Vater zu sagen: ›Sie ham jetzt sechs Wochen von Ihrem Sohn nix gehört, nehmen Sie also getrost an, daß er tot is‹, und dabei einen liebenswerten Eindruck zu machen. (. . .) daß dieses gefühllose Stück Vieh in Uniform eben ein Mensch ist, das kann nur ein Schauspieler vorführen, das kann in Basel nur Hubert Kronlachner.« (Georg Hensel, ›Darmstädter Echo‹, 18. 12. 1974); Knieriem in Nestroys ›Lumpazivagabundus‹ (1976); Trezel in Roussels ›Der Stern auf der Stirn‹ (1977); Podkoljossin in Gogols ›Die Heirat‹ (1979). Weitere Rollen u. a.: Jago in Shakespeares ›Othello‹ (1955, R. Peter Stranchina); Titelrolle in Brechts ›Der aufhaltsame Aufstieg des Arturo Ui‹ (1967); Estragon in Becketts ›Warten auf Godot‹ (1969) und Ubu in Jarrys ›Vater Ubu‹ (1970, R. jeweils Hans Bauer); Onkel in García Lorcas ›Doña Rosita bleibt ledig‹ (1975, R. Gustav Rudolf Sellner); Excellenz in Dürrenmatts ›Die Frist‹ (1977, R. Hans Neuenfels); Gajev in Tschechows ›Der Kirschgarten‹ (1976, R. Otomar Krejča); Duffeck in Kortners ›Donauwellen‹ (1980, R. Ulrich Heising); Herr von Lips in Nestroys ›Der Zerrissene‹ (1980, R. Alfred Kirchner); Malvolio in Shakespeares ›Was ihr wollt‹ (1981, R. Heinz); Wirt in Lessings ›Minna von Barnhelm‹ (1982, R. Jürgen Flimm); Don Marzio in Goldonis ›Das Kaffeehaus‹ (1984, R. Jiri Menzel); Odoardo in Lessings ›Emilia Galotti‹ (1984, R. Flimm); Shylock in Shakespeares ›Der Kaufmann von Venedig‹ (1985, R. Heinz); Bruscon in Bernhards ›Der Theatermacher‹ (1987, R. Hans Lietzau); Einstein in Dürrenmatts ›Die Physiker‹ (1987, R. Achim Benning).

Kruczkowski, Leon, geb. 28. 6. 1900 in Krakau, gest. 1. 8. 1962 in Warschau. Polnischer Dramatiker. Studierte Chemie in Krakau, verbrachte die Kriegsjahre in deutscher Gefangenschaft, 1945–1948 stellvertretender Minister für Kultur und Kunstangelegenheiten, 1949–1956 Vorsitzender des Schriftstellerverbandes. Krucz-

Krüger

kowski war einer der wichtigsten polnischen Dramatiker der Nachkriegszeit, der in seinen von der Sowjetliteratur beeinflußten Dramen und Romanen im Stile des sozialistischen Realismus die Verantwortung des einzelnen in der Gesellschaft untersuchte. International bekannt wurde er mit dem Stück ›Die Sonnenbrucks‹ (1949), in dem anhand der inneren Emigration von Prof. Sonnenbruck die Frage der Mitschuld am Faschismus gestellt wird.

Weitere Stücke: ›Rebell und Bauer‹ (Dramatisierung seines gleichnamigen Romans, 1935); ›Vergeltung‹ (1948); ›Julius und Ethel‹ (1954); ›Der Besuch‹ (1955); ›Der erste Tag der Freiheit‹ (1959); ›Der Tod des Gouverneurs‹ (1961).

Literatur: C. Milosz: Geschichte der polnischen Literatur. Köln 1981.

Krüger, Jost, geb. 1944 in Altastenberg. Dramaturg, Autor und Regisseur. Studium der Germanistik, Philosophie und Kunstgeschichte; war bis 1974 Lehrer an einer englischen Schule; ab 1976 Dramaturg am Frankfurter Theater am Turm (TAT). 1979 wurde er geschäftsführender Dramaturg am Westfälischen Landestheater Castrop-Rauxel. 1982 wechselte er als Dramaturg und Regisseur an das Schauspiel Dortmund; war dort 1984/85 kommissarischer Leiter des Schauspiels; 1985 wurde er zum Stellvertreter des Schauspieldirektors Guido Huonder berufen. Krüger verfaßte Hörspiele, Fernseh-Dokumentationen, Songtexte sowie Drehbücher für Kino und Fernsehen. Theaterstücke: ›Teufel, Langhans & Co‹; ›Zwei, drei Dinge, die man nicht vergißt‹; ›Plutoville‹.

Kruse, Jürgen, geb. 1959 in Hamburg. Regisseur. Hospitierte nach der Realschule bei seinem Cousin Roland Schäfer am Zimmertheater Münster; danach Regieassistent in Düsseldorf, Köln und Frankfurt u. a. bei Hansgünther Heyme und Christof Nel. 1978–1981 Assistent von Peter Stein an der Berliner Schaubühne am Halleschen Ufer; 1981 Ko-Regie mit Stein bei Nigel Williams' ›Klassenfeind‹; 1982 Regiedebüt mit Shakespeares ›Romeo und Julia‹ (Aufführung der Schaubühne in einer Garage). Es folgten u. a.: Pinters ›Die Ge-

burtstagsfeier‹ (1985) und Shepards ›Die unsichtbare Hand‹ (DE 1987, beide an der Schaubühne); Bonds ›Gerettet‹ (1986, Dortmund); Millers ›Tod eines Handlungsreisenden‹ (1987, Luzern, mit Wolf-Dietrich Sprenger); Handkes ›Die Unvernünftigen sterben aus‹ (1988, Basel). Von 1989 bis 1993 war er Oberspielleiter des Schauspiels am Freiburger Theater; Inszenierungen dort u. a.: Hebbels ›Judith‹, O'Neills ›Eines langen Tages Reise in die Nacht‹ und Albees ›Wer hat Angst vor Virginia Woolf?‹ (alle 1989/90); Kleists ›Prinz Friedrich von Homburg‹ und García Lorcas ›Die wundersame Schustersfrau‹ (1990/91); Shakespeares ›Timon von Athen‹ (1991/92); Pinters ›Die Heimkehr‹ und Camus' ›Das Mißverständnis‹ (1992/93). Seit 1992 ist er Regisseur am Schauspiel Frankfurt: Hauptmanns ›Hanneles Himmelfahrt‹ (1992); Lothar Trolles ›Wstawate, Lizzy, Wstawate oder Manege frei für eine ältere Dame‹ (1993); Ibsens ›Hedda Gabler‹ (1993): »Jürgen Kruse will in dieser Inszenierung einen Dreh zuviel. Er will Kino machen und Kammeroper. Er will die Gesellschaft vorführen und die Soap-Opera, die das gemeine Leben ist. Er persifliert Gefühle durch unterlegte Pop-Hits. Er bewegt zuviele Räder und verzögert dadurch die in seiner Regie angelegte mögliche Qualität. Jürgen Kruse ist das eindeutigste Talent am schleppenden Frankfurter Haus. Er ist der tief traurige Zeitgenosse, dem Zynismus als Lebenseinstellung nicht fremd ist.« (Verena Auffermann, ›Theater heute‹, Heft 7, 1993); Aischylos' ›Die Perser‹ (1994). Bei den Salzburger Festspielen 1993 inszenierte er Aischylos' ›Sieben gegen Theben‹: »Kruse präsentiert eine *Äktschn*-versessene Tobwütbrüll-Nummer, die als Menetekel auf aktuelle Menschenschlächterei verstanden werden will. Über der Bühne kreisen Spielzeugflugzeuge, während der herbeieilende Bote sein Kriegsherr sich an einem Schafsblut-Fetisch für den Kampf präpariert; die Frauen werden in Art einer Hühnerhorde von den ächzenden Helden umhergescheucht. (. . .) Man mag Kruses blutige Séance nervenzerfetzend, prahlerisch und allzu effekthascherisch finden – der Reiz seines Terror-Theaters aber liegt

gerade in der Konsequenz, mit der er den Kriegshorror lebendig macht.« (Wolfgang Höbel, ›SZ‹, 9. 8. 1993)
Literatur: G. Jörder:»Nun laßt uns mal ran!« Ein Porträt der Regisseure Jürgen Kruse und Günther Gerstner. In: Theater heute, Jahrbuch 1990, S. 123–127.

Kückelmann, Gertrud, geb. 3. 1. 1929 in München, gest. 17. 1. 1979 ebenda (Selbstmord). Schauspielerin. Kam schon früh in die Ballettschule; 1942–1946 Ballettelevin an der Münchner Staatsoper; 1946–1949 Tänzerin an der Münchner Staatsoperette. Nach einer weiteren Tanzausbildung nahm sie privaten Schauspielunterricht bei Friedrich Domin in München. Von 1949 bis 1969 war sie an den Münchner Kammerspielen engagiert; dort u. a.: Titelrolle in Anouilhs ›Jeanne oder die Lerche‹ (1955); Salome in Nestroys ›Der Talisman‹ (1957); Barblin in Frischs ›Andorra‹ (1962); Lena in Büchners ›Leonce und Lena‹ (1963, R. Fritz Kortner); Agnes in Molières ›Die Schule der Frauen‹ (1965, R. Hans Schweikart); Nina in Tschechows ›Die Möwe‹ (1966, R. Willi Schmidt); Angelika in Congreves ›Liebe für Liebe‹ (DE 1966, R. Paul Verhoeven); Marianne in Horváths ›Geschichten aus dem Wiener Wald‹ (1966, R. Otto Schenk):»Überhaupt ist sie erstaunlich; am heiteren Beginn befangen in vertrauten Kückelmann-Tönen, in hell perlender, fast etwas spitzer Schalkhaftigkeit; dann desto besser, je schlechter es Marianne geht; blüht im Jammer überwältigend auf.« (Urs Jenny, ›SZ‹, 5. 12. 1966); Karoline in Horváths ›Kasimir und Karoline‹ (1969, R. Schenk). Nach ihrem Weggang von den Kammerspielen arbeitete sie eine Zeitlang als Krankenschwester. Rollen am Münchner Residenztheater u. a.: Leonore von Este in Goethes ›Torquato Tasso‹ (1968, mit Thomas Holtzmann, R. Helmut Henrichs); Frau Stockmann in Ibsens ›Ein Volksfeind‹ (1972); Johanna in Bernhards ›Ein Fest für Boris‹ (1973, R. Jürgen Flimm); in Erdmanns ›Das Mandat‹ (1973, R. Dietrich Haugk); Jessica in Bonds ›Die See‹ (1973, mit Walter Schmidinger, R. Luc Bondy). Außerdem Film- und Fernsehrollen. Joachim Kaiser

schrieb:»Gertrud Kückelmanns außerordentliche Beliebtheit rührte wohl daher, daß ihre Person, ihr Typ Kontraste zusammenfaßte, die normalerweise nicht in einer Schauspielerin vereint sind. Wie konnte sie, falls nötig, blitzschnell soubrettenhaft, graziös und anmutig sein! Aber dies nicht in Richtung Gefälligkeit, glokkenheller Unproblematik, kätzchenhafter Brillanz, sondern ein wenig verdüstert, Augen und Stimme wirkten eher dunkel. (. . .) Zu alledem traf bei Gertrud Kückelmann eine hohe, gewiß eigensinnige Intelligenz, sowie eine manchmal beinahe erschreckende Professionalität zusammen. Sie *konnte* sehr viel.« (›SZ‹, 19. 1. 1979) Trotz ihrer Erfolge blieb sie scheu und äußerst selbstkritisch.

Kühn, Dieter, geb. 1. 2. 1935 in Köln. Schriftsteller. Er studierte Germanistik und Anglistik in Freiburg, München und Bonn (1964 Promotion). Kühn erhielt diverse Auszeichnungen, unter anderen den Hermann-Hesse-Preis (1977) und den Großen Literaturpreis der Bayerischen Akademie der Künste (1989). Kühn, der in Düren lebt, schrieb dokumentarische und fiktive Prosa, halbdokumentarische literarische und historische Biographien, zahlreiche Hörspiele, Kinderbücher und einige zeitkritische Dramen, die sich allerdings auf dem Theater nicht durchsetzen konnten.
Stücke: ›Präparation eines Opfers‹ (1970); ›Simulation‹ (1972); ›Ein Schrank wird belagert‹ (1974); ›Herbstmanöver‹ (1977); ›Separatvorstellung‹ (1978); ›Gespräche mit dem Henker‹ (1979); ›Im Zielgebiet‹ (1982); ›Ein Tanz mit Mata Hari‹ (1983); ›Zehntausend Bäume‹ (1983).

Kuhlmann, Harald, geb. 1. 12. 1943 in Lautenthal, Harz. Schauspieler und Autor. Kuhlmann besuchte die Max-Reinhardt-Schule in Berlin. Danach erhielt er unter dem Namen Harald Oslender Engagements als Schauspieler in Wien, Basel und Zürich. 1967 ging er nach Berlin und arbeitete als Buchhändler. Von 1968 bis 1973 war er Schauspieler an der Schaubühne am Halleschen Ufer in Berlin; von 1973 bis 1975 lebte er in München als freier Schau-

Kuhlmann

spieler. Dort Filmarbeiten unter anderem mit Volker Schlöndorff und Edgar Reitz. Seit 1977 freier Schauspieler und Autor in Köln.

Stücke: ›Pfingstläuten‹ (1977); ›Wünsche und Krankheiten der Nomaden‹ (1984); ›Engelchens Sturmlied‹ (1990).

Kuhlmann, Ulrich, geb. 1938 in Friedland, Mecklenburg. Schauspieler. Abgebrochene Ausbildung zum Textilingenieur; 1959–1962 Studium an der Hochschule für Musik und Theater in Hannover; 1962–1964 erstes Engagement in Wuppertal; Begegnung mit Peter Palitzsch, unter dessen Regie er den Mortimer in Schillers ›Maria Stuart‹ spielte. 1964–1966 am Nationaltheater Mannheim u. a.: Camille in Büchners ›Dantons Tod‹; Antipholus aus Syrakus in Shakespeares ›Komödie der Irrungen‹; Clos Martin in Billetdoux' ›Durch die Wolken‹. 1966/67 in Heidelberg; danach war er bis 1969 freischaffend tätig, u. a. am Theater am Neumarkt Zürich, in Bregenz und Celle; Rollen u. a.: Prinz in Gombrowicz' ›Yvonne, Prinzessin von Burgund‹ (R. Jorge Lavelli); Titelrollen in Handkes ›Kaspar‹ und Shakespeares ›Hamlet‹; Frederic/Horace in Anouilhs ›Einladung ins Schloß‹. Von 1969 bis 1972 war er bei Palitzsch am Staatstheater Stuttgart engagiert; dort u. a.: Percy Heißsporn in Shakespeares ›Heinrich IV.‹; Algernon in Wildes ›Bunbury‹; Leonce in Büchners ›Leonce und Lena‹ (mit Elisabeth Schwarz); in Strindbergs ›Gespenstersonate‹ (R. Hans Neuenfels) und in O'Caseys ›Der Preispokal‹ (R. Peter Zadek); Osvald in Ibsens ›Gespenster‹ (alternierend mit Peter Roggisch). 1972–1977 Engagement am Schauspielhaus Zürich; dort u. a.: Henrik in Gombrowicz' ›Die Trauung‹ und Tusenbach in Tschechows ›Drei Schwestern‹ (R. jeweils Jerzy Jarocki); Advokat in Strindbergs ›Traumspiel‹ (R. Roger Blin); Alcibiades in Shakespeares ›Timon von Athen‹ (R. Bernard Sobel); Alwa in Wedekinds ›Lulu‹ (mit Elisabeth Trissenaar, R. Neuenfels); Bulanow in Ostrowskis ›Der Wald‹ (R. Manfred Karge/Matthias Langhoff); Tristan Tzara in Stoppards ›Travesties‹ (R. Leopold Lindtberg). Von 1977 bis 1980 gehörte er zum Ensemble des Hamburger Thalia Theaters. 1980 wechselte er mit Boy Gobert an die Staatlichen Schauspielbühnen Berlin; spielte u. a. Chlestakow in Gogols ›Der Revisor‹. Von 1985/86 bis 1992 arbeitete er an der Freien Volksbühne Berlin, wo er in vielen Inszenierungen von Neuenfels spielte: Albert in Bonds ›Trauer zu früh‹ (1987); Odoardo in Lessings ›Emilia Galotti‹ (1987); Duce in Dorsts ›Der verbotene Garten‹ (1988); Anselm in Musils ›Die Schwärmer‹ (1988); in Neuenfels' Kleist-Projekt ›Der tollwütige Mund – Stationen eines Europäers‹ (UA 1988); Dionysos/Joseph Goebbels in Aristophanes/Lasker-Schülers ›Die Frösche und IchundIch‹ (1990); ferner u. a.: Geheimer Rat von Berg in Lenz/Brechts ›Der Hofmeister‹ (1988, R. Ulrich Heising); König Peter in Büchners ›Leonce und Lena‹ (1989, R. Christof Nel); Ansager in Weiss' ›Marat/Sade‹ (1989, R. Klaus Emmerich); Ferneze in Marlowes ›Der Jude von Malta‹ (1991, R. Michael Klette); in Inszenierungen von Frank Hoffmann: Rektor Kroll in Ibsens ›Rosmersholm‹ (1991); Striese in Schönthans ›Der Raub der Sabinerinnen‹ (1992): »Der Regisseur Frank Hoffmann hat den Striese mit Ulrich Kuhlmann gegen den Typ besetzt. Er ist kein autoritärer Theaterpatriarch, vielmehr ein verhuschtes Männlein. Um so mehr verblüffen seine Schlagfertigkeit und Überrumpelungsstrategie. Frechheit siegt.« (Ellen Brandt, SFB); Der Greis in Kleists ›Robert Guiskard‹ (1992). 1993/94 spielte er am Schauspiel Bonn den Stefan in Strauß' ›Bekannte Gesichter, gemischte Gefühle‹ (R. Valentin Jeker).

Kuner, Jean-Claude, geb. 30. 12. 1954 in Basel. Regisseur. Nach dem Abitur war er von 1974 bis 1976 Regieassistent am Basler Theater, u. a. bei Hans Hollmann, Werner Düggelin, Maximilian Schell. 1976–1978 Regieassistent an den Staatlichen Schauspielbühnen Berlin, u. a. bei Roberto Ciulli, Otto Schenk, Alfred Kirchner. 1978–1982 Studium der Germanistik und Theaterwissenschaft in Berlin; Magisterarbeit: ›Jeder stirbt für sich allein. Die Fallada-Revue von Peter Zadek‹. Während des Studiums Hörspielregie und Aufnahmeleiter beim Sender Freies Berlin. Sein Regiedebüt gab er 1982 im Stuttgarter Kammertheater mit Arrabals ›Der Architekt und der Kaiser von Assyrien‹; Gerhard Stadelmaier schrieb:»Die simple, schöneinfache Geschichte, die Kuner aus Arrabals komplexen Komplexen zieht, besteht im Untergang einer Jugend, einer jungen Natur, die gerade dadurch verschwindet, daß sie siegt. Und Jean-Claude Kuner setzt das hin: mit leichter Hand, deliziös, mit dem Charme distinguierter Geschmackssicherheit, kühl auch, und ohne jede Larmoyanz.« (›Stuttgarter Zeitung‹, 20. 9. 1982) Weitere Inszenierungen: Gert Hofmanns ›Der Austritt des Dichters Robert Walser aus dem literarischen Verein‹ (1983, Staatliche Schauspielbühnen Berlin); Schillers ›Kabale und Liebe‹ (1984, Roundabout Theatre New York); Sobols ›Weiningers Nacht‹ (DE 1985, Schauspielhaus Düsseldorf, 1986 Übernahme an das Staatsschauspiel München); Ludwig Fels' ›Lieblieb‹ (1986, Darmstadt); Horváths ›Kasimir und Karoline‹ (1986, Heidelberg); O'Neills ›Hughie‹ (1987, Mannheim); Marlowes ›Der Jude von Malta‹ (1989, freie Produktion, Gasteig München):»Er inszeniert das Schauspiel als Parabel auf jegliche Diskriminierung, Machtgier und Rachlust. Die Geschichte des reichen Juden von Malta (. . .) wird so zur allgemeingültigen Metapher. (. . .) Die Entindividualisierung hat Methode. Kuner geht sogar so weit, die Titelfigur (. . .) von sechs verschiedenen Schauspielern verkörpern zu lassen. Jeder kann mal Jude sein – der schwarze Hut wird weitergereicht wie ein Schwarzer Peter. (. . .) zweieinhalb Stunden intelligentes, unverkrampftes, oft erstaunlich humorvolles Theater.« (M. O. C. Doepfner, ›Die Weltwoche‹, 26. 1. 1989) Arbeiten an den Städtischen Bühnen Augsburg: Bernhards ›Vor dem Ruhestand‹ (1990); Gubarews ›Stalins Datscha‹ (1991); Brechts ›Im Dickicht der Städte‹ (1991); ferner: Ambroise Thomas' ›Mignon‹ (1992, Musiktheater im Revier Gelsenkirchen); Becketts ›Das letzte Band‹ (1992, Thalia Theater Hamburg, mit Fritz Lichtenhahn); Gaetano Donizettis ›Don Pasquale‹ (1993, Musiktheater im Revier Gelsenkirchen). Seit 1980 Autorentätigkeit

als freier Mitarbeiter für den Hörfunk. Mit Curt Bois drehte er den Videofilm ›Das letzte Band‹ (1988, nach Beckett).

Kunz, Nicole, geb. 9. 12. 1954 in Wien. Schauspielerin. Nach dem Abitur am Französischen Lyzeum Wien absolvierte sie die Sekretärinnen-Akademie. 1976 arbeitete sie bei der österreichischen Außenhandelsvertretung Montreal; 1977 in London; Ausbildung an der Dolmetscher-Schule u. a. in Florenz. 1978 nahm sie privaten Schauspielunterricht und erhielt ihren ersten Stückvertrag am Wiener Volkstheater. Seit 1979 Engagement am Theater in der Josefstadt Wien; dort u. a.: Anni in Schnitzlers ›Anatol‹ und Mizi Schlager in ›Liebelei‹; Anna in Bahrs ›Die Kinder‹ und Marie in ›Wienerinnen‹; Antoinette Hechingen in Hofmannsthals ›Der Schwierige‹; Lydia in Molnárs ›Eins, zwei, drei‹; in Horváths ›Figaro läßt sich scheiden‹. An den Wiener Kammerspielen sah man sie in Ayckbourns ›Treppauf – Treppab‹ (1984, R. Heinz Marecek). Fernseharbeit u. a. mit Dietrich Haugk.

Kupke, Peter, geb. 1. 5. 1932 in Kreuzburg, Schlesien. Schauspieler, Regisseur und Intendant. 1951–1956 Schauspielausbildung und Studium der Theaterwissenschaft am Theaterinstitut und an der Theaterhochschule in Weimar. 1956–1960 Schauspieler und Dramaturg am Stadttheater Döbeln (ab 1958 auch Oberspielleiter); 1960–1963 Schauspieler und Regieassistent am Deutschen Theater Berlin; 1963–1968 Oberspielleiter und 1968–1971 Intendant am Hans-Otto-Theater Potsdam; 1971–1980 Regisseur und Mitglied der Theaterleitung am Berliner Ensemble; 1982–1984 Oberspielleiter im Musiktheater im Revier Gelsenkirchen. Von 1985 bis 1991/92 war er Schauspieldirektor am Staatstheater Wiesbaden; seitdem arbeitet er als freischaffender Regisseur (u. a. in Dänemark).
Literatur: I. Pietzsch: Werkstatt Theater. Gespräche mit Regisseuren. Berlin 1975.

Kusenberg, Klaus, geb. 10. 7. 1953 in Oberhausen. Regisseur. 1972–1978 Studium der Germanistik, Philosophie, Theater-

Kushner

und Filmwissenschaft in Münster und Köln. 1979–1981 Regieassistent und Dramaturg bei Hansjörg Utzerath am Schauspiel Nürnberg. 1981–1985 Regieassistent am Schauspielhaus Bochum; dort Zusammenarbeit mit Manfred Karge/Matthias Langhoff, Alfred Kirchner und Claus Peymann (u. a. bei Kleists ›Hermannsschlacht‹). Sein Regiedebüt gab er 1984 in Bochum mit dem Rote-Grütze-Stück ›Was heißt hier Liebe?‹ (Einladungen zu Festivals in Düsseldorf, Frankfurt und München). Seit 1985 arbeitet er als freier Regisseur. In Aachen inszenierte er 1985 Strauß' ›Trilogie des Wiedersehens‹: »›Der Spiegel der Realität ist zu klar, nicht verzerrt genug‹, schrieb die örtliche Kritik (. . .). Doch das ist es gerade: der geschärfte Blick. Mit kleinen Gesten entlarven die Schauspieler das Selbstinszenierungstheater, das die Kulturbetriebsamen sich in Strauß' Stück vorspielen: Während sie kunstsinnige Gespräche führen, sind sie damit beschäftigt, ihren Körper möglichst vorteilhaft in Pose zu setzen, auf den Partner oder Rivalen zu schielen oder ganz ungeniert Speisereste aus den Zähnen zu pulen. Das Wechselspiel von Selbstinszenierungen und gesellschaftlichen Zwängen, das die Aufführung zeigt, hat keinen Peymann-Touch, es ist offenbar aus Kusenbergs Arbeit mit den Schauspielern entstanden.« (Frank Busch, ›Die Zeit‹, 19. 6. 1986) Weitere Inszenierungen u. a.: Ibsens ›Ein Volksfeind‹ (Mannheim); Heidenreichs ›Strafmündig‹ (Göttingen); Goldonis ›Der Diener zweier Herren‹ (Düsseldorf). Regiearbeiten im Ausland: Hofmannsthals ›Jedermann‹ (1986, Colombo/Sri Lanka); Brechts ›Der gute Mensch von Sezuan‹ (1988, Lahore/Pakistan).

Kushner, Tony, geb. 16. 7. 1956 in New York. Amerikanischer Dramatiker und Regisseur. Kushner wuchs in Louisiana auf. Er studierte Theater an der Columbia und an der New York University, daneben war er Mitarbeiter der Zeitschrift ›American Theatre‹. Seine Bearbeitung von Goethes ›Stella‹ wurde von der deutschen Regisseurin Ulli Stephan in New York mit großem Erfolg aufgeführt. 1991 wurde in New York am Public Theatre sein Stück ›A Bright Room Called Day‹ mit geteilter Meinung aufgenommen. 1993 kam der erste Teil von ›Angels in America‹ in London und am Broadway heraus, was Kushner zum Durchbruch verhalf und ihm den Pulitzer-Preis einbrachte. Nach der deutschen Erstaufführung durch Werner Schröter am Schauspielhaus Hamburg wurde das Stück von vielen Theatern nachgespielt, unter anderem in Essen (R. Jürgen Bosse), in Frankfurt (R. Thomas Schulte-Michels) und in Wien (R. Hans Gratzer). »›Angels in America‹ ist ein berührendes und komisches politisches Stück, eine Rarität mithin. Es setzt den dramatischen Schlußakkord der Reagan-Ära. ›Engel in Amerika‹ ist für die deutschen Theater nicht nur ein Stück Zeitgeschichte aus dem fern-nahen ›Dallas‹ & ›Denver‹-Kontinent, sondern es füllt auch eine Leerstelle aus: Es verhandelt ein Thema, dem unsere ›moralischen Anstalten‹ bislang meist geflissentlich ausweichen, das schwierige Alltagsleben in den Zeiten von Aids. Damit hat es sein universelles Thema, denn das Virus kennt bekanntlich keine Grenze und keine Moral. Dabei ist ›Engel in Amerika‹ nie zeigefinger-didaktisch, auch kein selbstmitleidiges schwules Agitations-Melodram (. . .), sondern ein selbstbewußtes und selbstironisches, gnadenlos ehrliches Spiegelbild auch unschöner Realitäten – und ein gewagter Versuch, noch einmal den dramatischen Bilderbogen einer Nation zu entfalten.« (Michael Merschmeier, ›Theater heute‹, Heft 1, 1993)

Kusz, Fitzgerald, geb. 17. 11. 1944 in Nürnberg. Dramatiker. Studierte in England und arbeitete danach zunächst als Studienrat. Später ließ er sich als freier Schriftsteller in Nürnberg nieder. Er erhielt diverse Preise, u. a. den Förderpreis des Landes Bayern (1984). Kusz wurde bekannt mit seinen Mundart-Stücken; das erfolgreichste war das Volksstück ›Schweig, Bub!‹ (1985). Kusz versuchte Sprach- und Denkklischees mit Hilfe des Dialektes aufzubrechen und durchschaubar zu machen. »Kusz hat sich in den letzten Jahren vor allem mit seinen Volkskomödien einen Namen erschrieben: mit ›Schweig, Bub!‹, ›Stinkwut‹, ›Saupreißn‹, ›Derhamm is derhamm‹. In ›Burning love‹ verzichtet er auf die komische Entlarvung seiner Leute, denen er gewöhnlich aufs Maul schaut; da beobachtet er nüchtern, wie sich diese Liebesgeschichte entwickelt, wie sie schnell zu einem Ende kommt. Die Konzentration auf diese beiden Figuren kommt der differenzierten Charakterisierung zugute. Kusz gibt auch an, in welche Richtung er sich entwickeln will; er hat seinem Stück ein Zitat vorangestellt – ›Und die Liebe höret nimmer auf‹ –: Horváth also und die Fleißer.« (Thomas Thieringer, ›Theater heute‹, Heft 12, 1984)

Weitere Stücke: ›Bloss ka Angst‹ (1976); ›Selber schuld‹ (1977); ›Stinkwut‹ (1978); ›Sooch halt wos‹ (1981); ›Saupreißn‹ (1981); ›Derhamm is derhamm‹ (1982); ›Unkraut‹ (1983); ›Burning Love‹ (1984).

Kutscher, Artur, geb. 17. 7. 1878 in Hannover, gest. 29. 8. 1960 in München. Theaterwissenschaftler. Kam 1908 als Privatdozent für neuere deutsche Literatur nach München; seit 1916 außerordentlicher Professor an der Universität München (zuerst für Literaturgeschichte, dann für Theaterwissenschaft). Er sah im Mimus den Ursprung aller Theaterkunst und suchte von daher die Theaterwissenschaft zu begründen. Viele seiner Studenten wurden später als Regisseure, Theaterleiter oder Kritiker bekannt; zu seinen Schülern zählten u. a. Bertolt Brecht, Hanns Johst, Ernst Toller, Berthold Viertel, Erwin Piscator, Helmut Käutner und Hans Schweikart. Kutscher war bei seinen Studenten beliebt für seine unorthodoxen Lehrmethoden, seine Autorenabende und die Theateraufführungen des ›Kutscher-Kreises‹. Werke u. a.: ›Das Salzburger Barocktheater‹ (München 1924); ›Grundriß der Theaterwissenschaft‹ (München 1949); ›Wedekind. Leben und Werk‹ (Neuauflage München 1964); Memoiren: ›Der Theaterprofessor‹ (München 1960). **Literatur:** H. Günther (Hrsg.): Erfülltes Leben. Festschrift für Artur Kutscher zu seinem 75. Geburtstag. Bremen 1953.

Kutschera, Franz, geb. 25. 3. 1909 in Wien, gest. 27. 10. 1991 in München. Schauspieler. Schauspielunterricht bei Theodor Danegger in Wien. Erste Bühnenstationen: Breslau, Darmstadt, verschiedene Bühnen in Wien, Tiroler Landestheater Innsbruck, Leipzig. 1947 kam er nach Berlin, wo er zunächst am Deutschen Theater und von 1948 bis 1953 am Theater am Schiffbauerdamm arbeitete. Rollen u. a.: Lorenz in Raimunds ›Der Bauer als Millionär‹ (1950, R. Ernst Legal); in Inszenierungen von Fritz Wisten u. a.: Gianettino in Schillers ›Die Verschwörung des Fiesco zu Genua‹ (1951); Konz in Wolfs ›Der arme Konrad‹ (1952). 1954–1961 Engagement an der Ostberliner Volksbühne; dort u. a.: Lips in Nestroys ›Der Zerrissene‹ und Pedro Crespo in Calderóns ›Der Richter von Zalamea‹ (1954, R. jeweils Wisten); Muley Hassan in Schillers ›Die Verschwörung des Fiesco zu Genua‹ (1955); Graf Almaviva in Beaumarchais' ›Ein toller Tag oder Figaros Hochzeit‹ (1957). 1961, im Jahr des Mauerbaus, wechselte er an das Schauspiel Frankfurt a. M. unter der Leitung von Harry Buckwitz; Rollen u. a.: in Claudels ›Der Tausch‹; in Dürrenmatts ›Der Besuch der alten Dame‹; Arthur Henderson in Bowens ›Nach der Flut‹ (DE 1968, Frankfurt); Pierpont Mauler in Brechts ›Die heilige Johanna der Schlachthöfe‹ (1970, Bad Hersfeld, R. Ulrich Brecht): »Nicht als Clown (. . .), sondern als massiger Manager praktiziert Kutschera – grollend und genüßlich je nach Laune – die Meisterschaft wirtschaftlicher Brutalität.« (Uwe Schultz, ›SZ‹, 15. 7. 1970) Von 1972 bis 1982 gehörte er zum Ensemble des Bayerischen Staatsschauspiels München; Rollen u. a.: Isolani in Schillers ›Wallenstein‹ (1972, R. Walter Felsenstein); Tambourmajor in Büchners ›Woyzeck‹ (1972, R. Bernd Fischerauer); Gluthammer in Nestroys ›Der Zerrissene‹ (1972, mit Walter Schmidinger, R. Gustav Manker) sowie Zangler in ›Einen Jux will er sich machen‹ (1973, R. Kurt Meisel); Müller in Horváths ›Zur schönen Aussicht‹ (1973); Großinquisitor in Schillers ›Don Carlos‹ (1974, R. Hans Schweikart); Ratsherr in O'Caseys ›Freudenfeuer für den Bischof‹ (1974, R. Horst Sachtleben); König von Frankreich in Dürrenmatts ›König Johann‹ (1974, R. Hans Korte); Titelrolle in

Kuzmany

Hauptmanns ›Michael Kramer‹ (1976, R. Karl Paryla); Arzt in Tschechows ›Drei Schwestern‹ (1978) und Frau Pernelle in Molières ›Tartuffe‹ (1979, R. jeweils Ingmar Bergman); Gefängnisdirektor in Zuckmayers ›Der Hauptmann von Köpenick‹ (1980); Operndirektor in Shaffers ›Amadeus‹ (DE 1981, mit Schmidinger und Herbert Rhom, R. Meisel); Karl Fuchs in Kipphardts ›März, ein Künstlerleben‹ (1982, R. Hans Hollmann); Martinot in Pagnols ›Zinsen des Ruhms‹ (1983, R. Meisel). Gert Gliewe schrieb: »Auch wenn er manchmal nur die Entourage der großen Helden spielte, war er stets unübersehbar, schon von seiner gewaltigen körperlichen Präsenz bühnenfüllend. (...) Trotz seiner sehr direkten Schauspielkunst gab er seinen Figuren immer auch eine schillernde Ambivalenz.« (Münchner ›Abendzeitung‹, 30. 10. 1991)

Kuzmany, Elfriede, geb. 29. 9. 1915 in Rokitnitz (Ostböhmen). Schauspielerin. Studierte zunächst Malerei und Graphik an der Wiener Kunstakademie, wechselte dann an die Wiener Akademie für Musik und darstellende Kunst. 1938–1944 Engagement am Theater in der Josefstadt Wien; Gastspiele am Deutschen Theater und an den Kammerspielen Berlin; 1947–1949 Engagement an den Kammerspielen Bremen. 1949 wechselte sie an das Bayerische Staatsschauspiel München, wo sie bis 1979 zum Ensemble gehörte; Rollen u. a.: Rosalinde in Shakespeares ›Wie es euch gefällt‹ (1952) und Titania im ›Sommernachtstraum‹ (1954); Titelrolle in Shaws ›Die heilige Johanna‹ (1952) und Lavinia in ›Androklus und der Löwe‹ (1958, R. Fritz Kortner); Lope de Vegas ›Dame Kobold‹ (1958); Kunigunde in Kleists ›Das Käthchen von Heilbronn‹ (1961); Titelrolle in Sophokles’ ›Elektra‹ (1963, Gastspiel in Freiburg, R. Hans Reinhard Müller); Ariel in Shakespeares ›Der Sturm‹ (1965, R. Detlef Sierck); Titelrolle in García Lorcas ›Doña Rosita bleibt ledig‹ (1966, R. Hans Bauer); Sidonie Knobbe in Haupt-

manns ›Die Ratten‹ (1966, Gastspiel in New York, R. Helmut Henrichs); darüber Alan Rich in der ›Herald Tribune‹: »Kurz vor der Pause tritt eine Schauspielerin namens Elfriede Kuzmany auf und elektrisiert die Bühne. Miss Kuzmanys Spiel ist ein Triumph der flatternden Verzweiflung. (...) Auch ohne ein Wort Deutsch zu verstehen, weiß man, daß sich großes Theater ereignet. Dramatische Funken von solcher Brillanz haben sich in dieser Saison nirgends, in keiner Sprache entzündet.« Olga in Tschechows ›Drei Schwestern‹ (1967, mit Elisabeth Orth und Annemarie Dermont, R. Heinz Hilpert); Leonore Sanvitale in Goethes ›Torquato Tasso‹ (1968) und Elisabeth in Schillers ›Maria Stuart‹ (1970, R. jeweils Henrichs); Madame Knorr in Nestroys ›Einen Jux will er sich machen‹ (1973, R. Kurt Meisel); Stella in Kiltys ›Geliebter Lügner‹ (1974, mit Hans Quest); Frau Fröhlich in Bernhards ›Der Präsident‹ (1976, mit Maria Becker); Mutter in Gombrowicz' ›Geschichte, eine Operette‹ (UA 1977, R. Andras Fricsay). Seit 1979 arbeitet sie hauptsächlich fürs Fernsehen. Bühnengastspiele u. a.: Anne Meister in Bernhards ›Über allen Gipfeln ist Ruh‹ (1983, Freie Volksbühne Berlin, R. Kurt Hübner); Anita von Schastorfs Mutter in Strauß’ ›Schlußchor‹ (UA 1991, Münchner Kammerspiele, R. Dieter Dorn). Gert Gliewe schrieb in der Münchner ›Abendzeitung‹: »Elfriede Kuzmany entdeckt ihre Figuren zuerst in deren Sprache; unverwechselbar im Ohr, ihr zarter, heller, immer ein wenig gebrochener Ton. Mit flirrender Nervosität, zwischen stillem Leiden und penetranter Selbstbehauptung gestaltet sie ihre Frauenfiguren vom klassischen Repertoire über Bond bis zu Bernhard.« Auszeichnungen u. a.: Staatsschauspielerin (1959); Bad-Hersfeld-Preis (1981, für die Rolle des Narren in Shakespeares ›König Lear‹). Sie veröffentlichte das Buch ›Der Anti-Antifaust‹, eine kritische Abrechnung mit dem heutigen Regietheater (München 1985).

Labiche, Eugène-Marie, geb. 5. 5. 1815 in Paris, gest. 23. 1. 1888 ebenda. Französischer Dramatiker. Labiche absolvierte ein Jura-Studium. Er lebte abwechselnd in Paris und in Sologne auf dem Land, wo er 1870 Bürgermeister wurde. 1880 Mitglied der Académie Française. Seine größten Erfolge verdankte er seinen possenhaften und psychologischen Komödien, in denen er die komische Wirkung dadurch erzielte, daß er das Zusammenbrechen des Lügennetzes der Konvention durch Täuschungen und Verwechslungen herbeiführte. »Was Labiche in seinen Stücken behandelt und sichtbar macht, ist die Bourgeoisie. Besser noch: die französische Bourgeoisie im Zweiten Kaiserreich. Er selbst gehört dieser Klasse an, auch wenn er ihre Lächerlichkeit und Fehler aufzeigt. (. . .) Er beobachtet, er urteilt aber nicht. Er malt, reformiert aber nicht. Er ist ein Mann der Ordnung, der die Welt als eine unbewegliche sieht. Sein Humor ist der der guten Laune.« (Hubert Juin, Théâtre de Labiche, Paris 1971. Übers. d. A.) Dennoch ließen die Texte Neudeutungen zu, wie ›Das Sparschwein‹, 1973 inszeniert von Peter Stein, oder ›Die Affäre Rue de Lourcine‹ von Klaus Michael Grüber (1988) zeigten – beide an der Berliner Schaubühne am Lehniner Platz. Zur Grüber-Inszenierung schrieb C. Bernd Sucher (›SZ‹, 22. 6. 1988): »Emile Augier (. . .) nannte seinen Freund (. . .) ›den bedeutendsten Lachgashersteller Frankreichs‹. Lachgas betäubt vor einer Operation, ist Mittel zur Genesung. Das Spiel ein Traum. Der Schlaf – Labiches Logik des Unwahrscheinlichen – offenbart die Wahrheit. Oder: (. . .) Unter Lachgas reißt sich der Mensch die Masken vom Gesicht und von der Seele (. . .) Das Spiel beginnt. Wieder sehen und hören wir, was Grübers ganzes Schaffen auszeichnete. Seine Sicht auf die Welt und die Menschen verdichtet sich in einem Wort, das beinahe in allen Texten, die er inszeniert hat, gesprochen wird und auch diesmal in Elfriede Jelineks Übersetzung nicht fehlt: Hélas, Ach.«

Stücke: ›Der Florentinerhut‹ (1851); ›Die Affäre Rue de Lourcine‹ (1857); ›Die Reise des Monsieur Perrichon‹ (1860); ›Alle lieben Célimare‹ (1863); ›Das Sparschwein‹ (1864).
Literatur: H. Falter: Die Technik der Komödien von E. Labiche. Diss. Leipzig 1908; E. Gschladt: Gesellschaft und Charaktere in den Lustspielen von E. Labiche. Diss. Wien 1949.

Lackmann, Gottfried, geb. 1948 in Büren. Schauspieler. Schauspielschule in Hamburg; danach Engagements am Thalia Theater Hamburg, am Stadttheater Konstanz und am Staatstheater Hannover. Ende der siebziger bis Mitte der achtziger Jahre gehörte er zum Ensemble des Bochumer Schauspielhauses. Wichtige Rollen: AHQ in Lu Hsüns ›AHQ‹ (1978, R. Lew Bogdan); Tod in Brechts ›Mutter Courage und ihre Kinder‹ (1979, R. Alfred Kirchner); Titelrolle in Achternbuschs ›Der Frosch‹ (UA 1982, R. Walter Bockmayer) und Noah in ›Sintflut‹ (UA 1984, R. Axel Manthey); Rosinski in Reinshagens ›Eisenherz‹ (1983, R. Andrea Breth); Lucius in Heiner Müllers ›Anatomie Titus Fall of Rome‹ (1985, R. Manfred Karge/Matthias Langhoff); Oberregierungsrat in Arnold/Bachs ›Weekend im Paradies‹ (1985, R. Kirchner). 1986/87 spielte er am Staatstheater Stuttgart u. a. den Gajew in Tschechows ›Der Kirschgarten‹ (R. Niels-Peter Rudolph). Von 1988 bis 1992 gehörte er zum Ensemble der Freien Volksbühne Berlin. In Inszenierungen von Hans Neuenfels spielte er D'Annunzio in Dorsts ›Der verbotene Garten‹ (1988) und Enobarbus in Shakespeares ›Antonius und Cleopatra‹ (1989). Außerdem u. a.: Antoine Magneau in Vitracs ›Victor oder Die Kinder an der Macht‹ (1988); Barabas in Marlowes ›Der Jude von Malta‹ (1991).

Laederach, Jürg, geb. 20. 12. 1945 in Basel. Schweizer Autor. Laederach studierte Anglistik, Romanistik und Musikwissenschaft. Er lebt als freier Schriftsteller in

Lampe 424

Basel. 1974 trat er mit Kurzprosa an die Öffentlichkeit: ›Einfall der Dämmerung‹. Er schrieb einige Stücke, die größtenteils unaufgeführt nur als Bühnenmanuskripte vorliegen.

Stücke: ›Fahles Ende kleiner Begierden. Vier minimale Stücke‹ (1979); ›Körper können brennen‹ (1986); ›Nacht Zettel. Sieben Theatertexte nach Shakespeares »Ein Sommernachtstraum«‹ (1987).

Lampe, Günther, geb. 7. 8. 1931 in Hannover. Schauspieler. Ausbildung an der Schauspielschule Hannover; debütierte 1949 als Knabe Wagenlenker in Goethes ›Faust II‹ am Staatstheater Hannover. Weitere Bühnenstationen: Theater Bielefeld (1950/51); Schauspielhaus Bochum; Schleswig-Holsteinisches Landestheater Flensburg; Städtische Bühnen Freiburg; Städtische Bühnen Münster und Augsburg (1952–1965); wieder Bochum (1967–1969); Schauspielhaus Zürich (1969/70). 1970 wechselte er zu Peter Stein an die Berliner Schaubühne am Halleschen Ufer, wo er bis 1977 zum Ensemble gehörte. Wichtige Rollen: Lehrer in Gorki/Brechts ›Die Mutter‹ (1970, R. Stein); Strohheim in Handkes ›Der Ritt über den Bodensee‹ (UA 1971, R. Claus Peymann); Doppelpunkt in Gorkis ›Sommergäste‹ (1974, R. Stein):»Lampe zeigt, wie eine scheinbar unverbindliche Haltung, in einen konkreten Zusammenhang gestellt und den Forderungen der Realität ausgesetzt, ihre Wertigkeit ändert und Wirkungen zeitigt. Diese Figur mit dem treffend komischen Namen Doppelpunkt spaziert Pfeife rauchend, lächelnd und Komplimente verteilend mit seinem Stöckchen durch die Landschaft. Ein freundlicher älterer Herr, belächelt von den anderen wegen seiner Naivität, belauert wegen seines Geldes, scheinbar kraftlos und nutzlos, allenfalls benutzbar zum Zwecke des Amüsements. Doch (...) Doppelpunkt ist es, der die Veränderung am Ende möglich macht.« (Volker Canaris, ›Theater heute‹, Jahrbuch 1975); Pfarrer in Mussets ›Man spielt nicht mit der Liebe‹ (1977, R. Luc Bondy). Nach einem kurzen Engagement in Bremen (1978/79) wechselte er 1980 ans Heidelberger Theater, wo er in mehreren Insze-

nierungen von David Mouchtar-Samurai spielte: Benedikt in Shakespeares ›Viel Lärm um nichts‹; Mortimer in Marlowes ›Edward II.‹; Harry Hope in O'Neills ›Der Eismann kommt‹. 1982–1984 Schauspieler am Deutschen Schauspielhaus und am Thalia Theater Hamburg; Rollen u. a.: Basil Stoke in O'Caseys ›Purpurstaub‹ (mit Peter Striebeck); Ein Herr in Barlachs ›Der blaue Boll‹; Gefängnisdirektor in Wedekinds ›Musik‹; König Alfons II. in Goethes ›Torquato Tasso‹. Danach am Theater Bonn u. a.: Benno Hundekoffer in Jelineks ›Krankheit oder Moderne Frauen‹ (UA 1987, R. Hans Hollmann); König Felipe in Dorsts ›Karlos‹ (1991, R. Peter Palitzsch). Seit Anfang der neunziger Jahre arbeitet er am Schauspiel Frankfurt, wo er in zahlreichen Inszenierungen von Peter Eschberg spielte, darunter: Onkel in Barnes' ›Antiphon‹ (1992); Protasov in Gorkis ›Kinder der Sonne‹ (1993): »ein bißchen fahrig, ein bißchen tütelig, fast ein Woody Allen des Heimlabors« (Eckhard Franke); Titelrolle in Kipphardts ›In der Sache J. Robert Oppenheimer‹ (1993); außerdem u. a.: Prior in Tony Kushners ›Angels in America‹ (1994, R. Thomas Schulte-Michels).

Lampe, Jutta, geb. 1943 in Flensburg. Schauspielerin. Schauspielausbildung bei Eduard Marks in Hamburg. Erste Engagements am Staatstheater Wiesbaden und am Nationaltheater Mannheim. Danach war sie bis 1969 am Bremer Theater, wo sie unter der Regie von Kurt Hübner die Elisabeth in Schillers ›Don Carlos‹ spielte (1969). In Bremen arbeitete sie auch erstmals mit Peter Stein zusammen, der ihre Laufbahn stark geprägt hat. Sie war seine Lady Milford in Schillers ›Kabale und Liebe‹ (1967) und Leonore in Goethes ›Torquato Tasso‹ (1969). 1969 spielte sie die Florence Nightingale in Steins Bond-Inszenierung ›Early Morning‹ am Zürcher Schauspielhaus. Seit 1971 gehört sie zum Ensemble der Berliner Schaubühne am Halleschen Ufer (später am Lehniner Platz), wo sie eine der führenden Schauspielerinnen ist. Rollen in Stein-Inszenierungen u. a.: Solveig in Ibsens ›Peer Gynt‹ (1971); Natalie in ›Kleists Traum vom

Prinzen Homburg‹ (1972); Leonida in La-
biche/Strauß' ›Das Sparschwein‹ (1973);
Ärztin in Gorkis ›Sommergäste‹ (1974,
verfilmt 1975); Rosalind in Shakespeares
›Wie es euch gefällt‹ (1977); Athene in der
›Orestie‹ des Aischylos (1981); Vertu in
Genets ›Die Neger‹ (1983); Mascha in
Tschechows ›Drei Schwestern‹ (1984);
Titelrolle in Racines ›Phädra‹ (1987):
»Jutta Lampe führt vor, was geschieht,
wenn eine einzige Vorstellung, ein einziges Begehren sich alles Leben unterwirft.
Das Gefühl wühlt in ihren Sätzen wie es
ihren Körper erschüttert, erzeugt die ge-
gensätzlichsten Äußerungen – es zertrennt
ihre Rede, hetzt die Wörter aufeinander;
aber ihr Klagen kann auch ein Singen werden, so, als könnte Heilung kommen aus
dem melodischen Klang. Den Körper
manchmal niederduckend bis in ein Kriechen, dann aber, in Momenten einer Anstrengung zur Besinnung auch sich straf-
fend, sich aufrichtend mit allen verbliebe-
nen Energien des Widerstands – die Schauspielerin, im langen Gewand, sich verhül-
lend und sich zeigend, projiziert die Über-
macht der Empfindung Phädras auf das
ganze Ausdrucksvokabular eines Menschen. Die Gebärden kommen aus weiter
Ferne; und doch ist darin auch ein heutiges
Leid.« (Peter Iden, ›Theater heute‹, Jahrbuch 1988) Weitere Rollen u. a.: Elisabeth
Bergner in Handkes ›Der Ritt über den
Bodensee‹ (UA 1971, R. Claus Peymann);
Aquilina in Hofmannsthals ›Das gerettete
Venedig‹ (1971, R. Frank-Patrick Steckel);
Vera in Strauß' ›Die Hypochonder‹ (1973,
R. Wilfried Minks); Titelrolle in Achtern-
buschs ›Ella‹ (1978, R. Michael König). In
Inszenierungen von Klaus Michael Grüber
u. a.: Marianne in Horváths ›Geschichten
aus dem Wiener Wald‹ (1972); Ophelia in
Shakespeares ›Hamlet‹ (1983); Alkmene in
Kleists ›Amphitryon‹ (1991). In Zusam-
menarbeit mit Luc Bondy u. a.: Charlotte
Sonntag in Lasker-Schülers ›Die Wupper‹
(1976); Phokion/Leonida in Marivaux'
›Triumph der Liebe‹ (1985). Unter Bondys
Regie spielte sie auch in mehreren Stücken
von Botho Strauß: Katrin in ›Kalldewey,
Farce‹ (1982); Anita von Schastorf in
›Schlußchor‹ (1992); Lilly Groth in ›Das
Gleichgewicht‹ (UA 1993, Salzburger

Festspiele). 1990 spielte sie an der Schau-
bühne mit großem Erfolg die Titelrolle in
Robert Wilsons ›Orlando‹-Inszenierung
(nach Virginia Woolf); sie wurde dafür –
zum zweiten Mal – zur Schauspielerin des
Jahres gewählt. Filmrollen hatte sie u. a. in
›Schwestern oder Die Balance des Glücks‹
(1979) und ›Die bleierne Zeit‹ (1981) von
Margarethe von Trotta. 1992 wurde ihr der
Berliner Theaterpreis verliehen. Benjamin
Henrichs schrieb über die Schauspielerin:
»Sie kann wunderbar großäugig verwundert schauen; sie kann mit ihrer Stimme
die schönsten, leisesten Sprechgesänge
machen. Sie kann, sie kann. Sie kann überhaupt alles, beherrscht ihre Mittel wie
sonst niemand an der Schaubühne. Und sie
setzt diese Mittel ja keineswegs primadon-
nenhaft eitel ein, sondern mit aller Klugheit.« (›Die Zeit‹, 30. 9. 1977) 1994 spielte
sie die Gräfin in Lucca Ronconis Inszenierung von Luigi Pirandellos ›Die Riesen
vom Berge‹ (Salzburger Festspiele).
Literatur: P. Iden: Die Schaubühne am
Halleschen Ufer 1970–1979. München,
Wien 1979; Die Schaubühne am Halleschen Ufer am Lehniner Platz 1962–1987.
Frankfurt a. M. 1987; C. B. Sucher: Theaterzauberer. Schauspieler. 40 Porträts.
München, Zürich 1988; P. Stoltzenberg:
›Die Gesichter des Lebens‹. Über die
Kunst der Schauspielerin Jutta Lampe. In:
Theater heute, Jahrbuch 1992, S. 111–113.

Lampel, Peter Martin (eigtl. Joachim
Friedrich Martin Lampel, geb. 15. 5. 1894
in Schönborn, Schlesien, gest. 22. 2. 1965
in Hamburg. Schriftsteller. Sohn eines
Pfarrers. 1914 Kriegsfreiwilliger. Von
1920 an Studium der Philosophie, Staatswissenschaft und Jura in Breslau, München
und Berlin; gleichzeitig Besuch der Akademie der Bildenden Künste in München.
Danach arbeitete er als Sportlehrer, Film-
statist, Journalist und Jugendhelfer. 1933
Verbot seiner Werke. 1935 emigrierte er
zunächst in die Schweiz, dann über Indien,
Bali und Australien 1939 in die USA. Von
1949 an lebte Lampel in Hamburg. Er hatte
vor seiner Emigration vor allem mit jenen
Werken Erfolg, in denen er die Probleme
von Jugendlichen in den zwanziger Jahren
behandelte und damit eine Reform der Für-

Lamprecht 426

sorgeerziehung bewirkte: u.a. seine Romane ›Jungen in Not‹ (1928) und ›Verratene Jungen‹ (1929) und sein Stück ›Revolte im Erziehungsheim‹ (1928/54).

Weitere Stücke: ›Giftgas über Berlin‹ (1929); ›Verschwörer‹ (1929); ›Putsch‹ (1929); ›Pennäler‹ (1929); ›Vaterland‹ (1931); ›Familie Schulz in Yorkville‹ (1942); ›Flucht vor uns selber‹ (1949); ›Kampf um Helgoland‹ (1952); ›Schwierige Heimkehr‹ (1958); ›Drei Söhne‹ (1959).

Lamprecht, Günter, geb. 21.1. 1930 in Berlin. Schauspieler. Nach nur viereinhalb Jahren Grundschule begann er eine Dachdeckerlehre, die er bald wieder abbrach, um in einer Fabrik zu arbeiten. Danach machte er eine Ausbildung zum Orthopädiehandwerker und arbeitete einige Jahre in diesem Beruf. 1953 nahm er Schauspielunterricht bei Else Bongers und besuchte die Max-Reinhardt-Schule in Berlin (dort Unterricht bei Lucie Höflich). Sein Debüt gab er 1954 am Berliner Schiller-Theater, wo er 1954/55 zum Ensemble gehörte und in Erwin Piscators Tolstoi-Inszenierung ›Krieg und Frieden‹ mitwirkte. Weitere Bühnenstationen: Schauspielhaus Bochum (1955–1959); Städtische Bühnen Oberhausen (1959/60 und 1963/64); Staatstheater Wiesbaden (1961/62); Theater Heidelberg (1962/63); Theater Essen (1964–1966). Von 1968 bis 1971 war er an den Städtischen Bühnen Köln engagiert; dort u.a.: Astrov in Tschechows ›Onkel Wanja‹ und Andrej in ›Drei Schwestern‹; Kowalski in Williams' ›Endstation Sehnsucht‹. Seither arbeitet er freischaffend; u.a. am Deutschen Schauspielhaus Hamburg (1971/72) und wieder in Bochum (1972/73). An der Freien Volksbühne Berlin spielte er erfolgreich den John in Hauptmanns ›Die Ratten‹ (1977/78, R. Rudolf Noelte). Gastspiele bei den Ruhrfestspielen Recklinghausen: Azdak in Brechts ›Der kaukasische Kreidekreis‹ (1981, R. Peter Palitzsch); Dorfrichter Adam in Kleists ›Der zerbrochne Krug‹ (1983); weitere Gastspiele u.a. bei den Festspielen Schwäbisch Hall und in Tournee-Inszenierungen. Seit 1968 umfangreiche Fernseharbeit; später auch beim Film. Internationale Anerkennung erhielt er für die eindringliche Darstellung des Franz Biberkopf in Rainer Werner Fassbinders Fernsehserie ›Berlin Alexanderplatz‹ (1980, nach Döblin, 14 Folgen).

Lang, Alexander, geb. 24.9. 1941 in Erfurt. Schauspieler und Regisseur. Nach dem Abitur machte er 1961/62 eine Ausbildung als Plakat- und Schriftenmaler; 1962–1964 Bühnenarbeiter in Erfurt; 1964–1966 Studium an der Staatlichen Schauspielschule Berlin (Ost). 1966/67 erstes Engagement am Maxim-Gorki-Theater; 1967–1969 am Berliner Ensemble (unter Helene Weigel). Von 1969 bis 1986 arbeitete am Deutschen Theater in Ostberlin; zunächst als Schauspieler, dann als Regisseur. Rollen u.a.: Ferdinand in Schillers ›Kabale und Liebe‹ (1972); Johnny Boyle in O'Caseys ›Juno und der Pfau‹ (1972, R. Adolf Dresen); Caliban in Shakespeares ›Der Sturm‹ (1974); Titelrolle in Kleists ›Prinz Friedrich von Homburg‹ (1975) und Ruprecht in ›Der zerbrochne Krug‹ (1975, R. Dresen). 1977 erarbeitete er mit seinen Kollegen Roman Kaminski und Christian Grashof Heiner Müllers ›Philoktet‹ (Schauspielerprojekt ohne Regisseur). Danach zahlreiche Inszenierungen in neuem, ästhetisch radikalem Stil, u.a.: Tollers ›Der entfesselte Wotan‹ (1979); Shakespeares ›Ein Sommernachtstraum‹ (1980); Heinrich Manns Dramenfragment ›Die traurige Geschichte von Friedrich dem Großen‹ (1982); Brechts ›Die Rundköpfe und die Spitzköpfe‹ (1983); Heins ›Die wahre Geschichte des Ah Q‹ (1984). Aufsehen erregte er 1981 mit einer Inszenierung von Büchners ›Dantons Tod‹, in der er Danton und Robespierre von ein und demselben Schauspieler (Grashof) darstellen ließ: »Danton und Robespierre, zwei Figuren aus historischem Vorgangs, sind also vereint im theatralischen Modell zu einer antithetischen Figur. Das Ergebnis vermittelt, wie gering der Anteil des Individuums ist, sieht es sich in einem politischen Feld placiert. (...) So manches wird in dieser geistvollen, unangestrengten Aufführung, die seidig und rigoros, deftig und ätherisch ist, erhellt. Sie gehört mit Sicherheit zu den Glanzpunkten der Saison.« (Irene Böhme, ›SZ‹, 5.5.

427

1981) Lang erarbeitete seine Inszenierungen mit einer festen künstlerischen Gruppe, zu der u. a. seine Frau Katja Paryla und der Bühnenbildner Volker Pfüller zählten. In einem Doppelprojekt, das Furore machte, koppelte er 1984 Goethes ›Iphigenie‹ mit Grabbes ›Herzog Theodor von Gothland‹. 1986 inszenierte er unter dem Titel ›Trilogie der Leidenschaft‹ die ›Medea‹ des Euripides gemeinsam mit Goethes ›Stella‹ und Strindbergs ›Totentanz‹; er erhielt dafür 1986 den Kritikerpreis der Berliner Akademie der Künste. 1985 gab er an den Münchner Kammerspielen sein West-Debüt mit Schillers ›Don Carlos‹. Es folgte 1987 am selben Haus das Doppelprojekt ›Phädra‹/›Penthesilea‹ nach Racine und Kleist; Michael Skasa schrieb darüber: »Gelächter allenthalben, große Einfälle, viel Staunen ob der Kühnheit mancher Lösungen, auch wegen der Tollkühnheit, ein Äußerstes an strengem Stil ständig zu zerbrechen durch Drôlerien, Slapsticks, Kaspereien, als wär's ein Stummfilm der allzu düsteren Art, dessen übersteigerte Dramatik heute das Lachen reizt. So tut man sich schwer, ein ›Urteil‹ über die beiden Abende zu fällen, ob das nun richtig oder albern inszeniert war – es waren doch zwei gewaltige Abende voll Schönheiten und Verblüffungen, voll Bluff ganz sicher auch.« (›Die Zeit‹, 3. 4. 1987) 1988 holte ihn Jürgen Flimm ans Hamburger Thalia Theater, wo er 1988/89 als Schauspielleiter in die Direktion eintrat (als Nachfolger von Jürgen Gosch). Inszenierungen: Goethes ›Clavigo‹; Koltès' ›Rückkehr in die Wüste‹ (DE 1988, wieder mit Grashof); J. M. R. Lenz' ›Der Hofmeister‹ (1989). Bereits 1989 verließ er Hamburg wieder, um 1990 gemeinsam mit Alfred Kirchner, Vera Sturm und Volkmar Clauß die Leitung der Staatlichen Schauspielbühnen Berlin zu übernehmen. Inszenierungen (alle am Schiller-Theater): Schillers ›Die Räuber‹ (1990); ›Märchen aus Deutschland‹ nach den Gebrüdern Grimm (1990, mit Bernhard Minetti); ›Nacht‹/›Nördliche Stadt‹ von Reiner Groß (UA 1991); Goethes ›Iphigenie auf Tauris‹ (1991); Molières ›Der eingebildete Kranke‹ (1991, ein Flop); Gorkis ›Die falsche Münze‹ (1992/93). Im Sommer 1992 brach das vierköpfige Direktorium am Berliner Schiller-Theater auseinander. Inszenierungen am Deutschen Theater Berlin: Pohls ›Karate Billi kehrt zurück‹ (1992, mit Jörg Gudzuhn); Corneilles ›Der Cid‹ (1993/94, mit Gudzuhn und Dagmar Manzel, Bühne: Pfüller); Henning Rischbieter schrieb über den ›Cid‹: »Der Schlußbeifall bei der Premiere erschien mir freundlich, moderat. Nichts vom Jubel damals, in den Achtzigern. Funktioniert das, was ich ideologiekritisches, doch ganz und gar theatralisches Verfahren genannt habe, nicht mehr oder nur nicht mehr bei diesem Stück? (...) Was die Lang/Pfüllersche Beschäftigung damit betrifft, vermute ich vor allem eins: Die Arbeiten der beiden in den frühen achtziger Jahren hatten ihren gesellschaftlichen, ihren intellektuellen Resonanzboden – auch ihren Gegenstand und Widerpart – im Spätzustand der DDR; sie untersuchten skeptisch-kritisch das, was offiziell immer noch als ›humanistisches Erbe‹ deklariert wurde – und sie zeigten es als gemeinsam deutsches, als moroses Erbe (besser: als Erblast) beider Staaten und Gesellschaften. Mit den damals von Lang/Pfüller entwickelten Mitteln ist dem heutigen, na sagen wir mal: diffusen Gesellschaftszustand, der heutigen (Un)Bewußtseinslage nicht mehr beizukommen. Ein ästhetisches System der theatralischen Wirklichkeitsuntersuchung verliert seine Brauchbarkeit mit deren Veränderung.« (›Theater heute‹, Heft 1, 1994) An der Comédie Française inszenierte er 1994 Kleists ›Prinz Friedrich von Homburg‹. Fünf seiner Inszenierungen wurden zum Berliner Theatertreffen eingeladen: Schillers ›Don Carlos‹ (1985); Racines ›Phädra‹ (1988, beide Münchner Kammerspiele); Koltès' ›Rückkehr in die Wüste‹ (1989, Thalia Theater Hamburg); Schillers ›Die Räuber‹ und ›Märchen in Deutschland‹ nach Jacob und Wilhelm Grimm (1991, beide Staatliche Schauspielbühnen Berlin).

Literatur: M. Kuschnia (Hrsg.): 100 Jahre Deutsches Theater Berlin 1883–1983. Berlin 1983; A. Lang: Abenteuer Theater. Hrsg. v. M. Linzer. Berlin 1987; C. Brachwitz: Trilogie der Leidenschaft. Ein Photobuch. Berlin 1988; D. Kranz: Berliner

Lang

Theater. 100 Aufführungen aus drei Jahrzehnten. Berlin 1990; M. Merschmeier/F. Wille: »Ensemblegeist! Wahrheitssuche! Pragmatismus . . .« Gespräch mit Alfred Kirchner und Alexander Lang. In: Theater heute, Jahrbuch 1990, S. 34–40.

Lang, Elke, Schauspielerin und Regisseurin. 1973 Ausbildung an der Otto-Falckenberg-Schule in München; 1975 erstes Engagement in Augsburg; danach in Landshut, wo sie u. a. die Brünhild in Plogstedts ›Nibelungen‹ spielte (1975). Hans Hollmann holte sie nach Basel, wo man sie als Ida in Gerhard Roths ›Sehnsucht‹ sah (1977). Es folgte ein kurzes Engagement am Hamburger Thalia Theater; dort war sie u. a. die Marie in Büchners ›Woyzeck‹ (1980, R. Michael Gruner). 1982 gastierte sie am Staatstheater Stuttgart als Maria in Schillers ›Maria Stuart‹ (R. Günter Krämer). Ihr Regiedebüt gab sie 1981 mit dem Projekt ›Laure‹ in einer Hamburger Fabrik. Es folgten Inszenierungen in Stuttgart: Friederike Roths ›Klavierspiele‹; Genets ›Unter Aufsicht‹; Bauers ›Das kurze Leben einer Schneewolke‹. 1982 debütierte sie mit Becketts ›Katastrophe‹ am Frankfurter Theater am Turm (TAT), wo sie später Hausregisseurin wurde. Am Frankfurter Schauspiel inszenierte sie 1983 Reinshagens ›Eisenherz‹ und Braschs ›Mercedes‹. Danach wieder am TAT u. a.: ›Shelley‹ (1985, nach Joyce Carol Oates); ›Nur Du‹ (Ensembleprojekt 1987); Choderlos de Laclos/Braatens ›Gefährliche Liebschaften‹ in Verbindung mit Müllers ›Quartett‹ (1988, mit Elke Lang als Merteuil); Tschechows ›Die Möwe‹ (1988); ›Inszenierte Räume‹ (Collage 1989); ›immer von dir . . . immer von mir‹ (1991, nach Roland Barthes); Duras' ›Die Krankheit Tod‹ (1992/93). Am Wiener Schauspielhaus inszenierte sie 1985 Pasolinis ›Orgia‹ (mit Elke Lang als Frau). Gemeinsam mit Ulrich Waller erarbeitete sie u. a. die Projekte ›Küsse, Bisse, Risse‹ (Studie über Männer, 1986, Wiener Festwochen) und ›Davon geht die Welt nicht unter‹ (Musical, 1991, Ballhaus Rixdorf Berlin). Eckhard Franke schrieb über die Künstlerin: »Sie ist die große Stilisierende, Manierierende. Mildherb und glühend. Sie bezaubert, wo sie geht und steht. Auch sich selbst. (. . .) Ihr Wille zur Kunst mündet noch oft in Künstlichkeit. Die Regisseurin orientiert sich an der Schauspielerin Elke Lang: Und die besitzt eine expressive Körpersprache, präzis, scharf, ausdrucksstark, eine Körpersprache, die genau beobachtete Riten und (Körper-)Signale wiedergeben kann, lakonisch mitunter, ›unverschmiert‹, mit einem so hohen Ernst, der leicht in die unfreiwillige Ironie, in die Karikatur zu driften droht; gefährdet auch von demonstrierender Posen-Äußerlichkeit; wo der ›Kunstwille‹ durchschlägt, gar dominiert, dort eben lauert bei dieser (Selbst-)Darstellungskünstlerin vom starken Ego eine manchmal schwer erträgliche Manier. Formelsprache, Figuren-Klischees – so sehen's die Ablehnenden. Déjà vus der uns umgebenden (Beziehungs-)Realität, so sieht sie es selbst.« (›Theater heute‹, Jahrbuch 1988)
Literatur: E. Franke: ›Drei Schwestern?‹ Über die Regisseurinnen Gabriele Jakobi, Elke Lang und Hannelore Hoger. In: Theater heute, Jahrbuch 1988, S. 103–110.

Lange, Hartmut, geb. 31. 3. 1937 in Berlin. Schriftsteller und Regisseur. Lange studierte von 1957 bis 1960 an der Filmhochschule Babelsberg, bevor er Dramaturg am Deutschen Theater in Berlin wurde. 1965 gelangte er über Jugoslawien in den Westen und arbeitete dort an der Schaubühne am Halleschen Ufer. 1975 Engagement an den Staatlichen Schauspielbühnen Berlin als Regisseur und Dramatiker. Aus der Brecht-Schule kommend, schrieb er zunächst materialistisch-dialektische Geschichtsdeutungen in Parabelform, ähnlich wie Heiner Müller und Peter Hacks. An den Erfolg seines Stückes ›Die Gräfin von Rathenow‹ (1969) konnte er nicht mehr anknüpfen und wandte sich daher in den letzten Jahren mehr der Prosa zu: ›Das Konzert‹ (1986); ›Tagebuch eines Melancholikers‹ (1987); ›Die Ermüdung‹ (1988). »Fern von Tendenzliteratur wie von stilistischen Experimenten (. . .) will er mit seinem Realismus viel gegenwärtige ›Welt im poetischen Bild‹ einfangen und ›durchschaubar machen‹, indem er sie als geschichtliche Kontinuität begreift. Er will

429

die poetische Formung der geschichtsphilosophischen Synthese aus Aktuellem und Überliefertem erreichen.« (Franz Lennartz, Deutsche Schriftsteller der Gegenwart. Stuttgart 1978)

Weitere Stücke: ›Senftenberger Erzählungen oder Die Enteignung‹ (1960); ›Marski‹ (1962/63); ›Frau von Kauenhofen‹ (1977); ›Pfarrer Koldehoff‹ (1977); ›Requiem für Karlrobert Kreiten‹ (1988).

Literatur: H. Klunker: Zeitstücke und Zeitgenossen. Gegenwartstheater in der DDR. München 1975; W. Schivelbusch: Sozialistisches Drama nach Brecht. Darmstadt 1974.

Langer, František, geb. 3. 3. 1888 in Prag, gest. 2. 8. 1965 ebenda. Tschechischer Autor. Langer war Arzt. Im Ersten Weltkrieg in russischer Gefangenschaft. Danach Dramaturg und literarischer Direktor am Stadttheater auf den Weinbergen in Prag. Während der deutschen Okkupation lebte er im Exil in Paris und London. Nach 1945 Rückkehr nach Prag. Er veröffentlichte Romane und Dramen und wurde auf vielen europäischen Bühnen gespielt. Seine Stücke sind realistische psychologische Schauspiele, in denen mit Humor der Alltag des kleinen Mannes dargestellt wird.

Stücke: ›Ein Kamel geht durch ein Nadelöhr‹ (1923); ›Peripherie‹ (1925); ›Die Läuterung des Ferdl Pištora‹ (1929); ›Engel unter uns‹ (1931); ›Zweiundsiebzig‹ (1937).

Langhoff, Matthias, geb. 1941 in Zürich. Regisseur, Bühnenbildner und Theaterdirektor. Sohn von Wolfgang Langhoff; Bruder von Thomas Langhoff. Aufgewachsen in der DDR. Kam 1961 als Regieassistent ans Berliner Ensemble, wo die enge Zusammenarbeit mit Manfred Karge begann (u. a. in ›Sieben gegen Theben‹ von Aischylos, 1968). Von 1969 bis 1978 arbeitete er mit Karge an der Volksbühne in Ost-Berlin. Herausragende Inszenierungen des Regie-Duos in dieser Zeit: Ostrowskis ›Der Wald‹ (1969); Schillers ›Die Räuber‹ (1971); Ibsens ›Die Wildente‹ (1973); Heiner Müllers ›Die Schlacht‹ (UA 1975). Seit 1978 arbeiten die beiden unkonventionellen Regisseure im Westen, vor allem in der Bundesrepublik, in Österreich und Frankreich. Inszenierungen im Team u. a.: Kleists ›Prinz Friedrich von Homburg‹ (1978, Deutsches Schauspielhaus Hamburg; 1984, Avignon); Shakespeares ›König Lear‹ (1979, Rotterdam); am Schauspielhaus Bochum u. a.: Büchners ›Woyzeck‹ (1980); Müllers ›Anatomie Titus Fall of Rome‹ (UA 1985). Eigenständige Regiearbeiten (meist im eigenen Bühnenbild) u. a.: Braschs ›Mercedes‹ (UA 1983, Schauspielhaus Zürich); Hürlimanns ›Stichtag‹ (1985, ebenda); Brenton/Hares ›Prawda‹ (1986, Hamburger Schauspielhaus); Shakespeares ›König Lear‹ (1986, Straßburg) und ›Macbeth‹ (1990, Théâtre National de Chaillot Paris); Müllers ›Ödipus, Tyrann‹ (1988, Wiener Burgtheater); O'Neills ›Gier unter Ulmen‹ (1992, Théâtre National de Bretagne in Rennes). Gastinszenierungen beim Festival d'Avignon u. a.: Müllers ›Der Auftrag‹ und Schnitzlers ›Der grüne Kakadu‹ (1989); C. Bernd Sucher schrieb darüber: »Langhoff hauchte Müllers eher papiernem Text nicht bloß Leben ein – er blies die Wortgewalt vom Podest, überspielte mit seinem Ensemble äußerst junger Schauspieler Müllers dialektische Kopfgeburt, zauberte Varieté und nutzte dieses Werk als ein Vorspiel auf dem Theater für Schnitzlers Theater der Revolution, in dem, wie bei Pirandello, Realität und Schein miteinander kopulieren. Langhoffs rasante Inszenierung, amüsant, grell, obszön manchmal, karikiert die Revolution als ein Geschäft und das Geschäft mit der Revolution als die Macht der Herrschenden.« (›SZ‹, 2. 8. 1989) Sechs seiner Gemeinschaftsproduktionen mit Karge sind zum Berliner Theatertreffen eingeladen worden. 1987 sollte Langhoff die Direktion des Genfer Schauspielhauses übernehmen. Er sagte ab, weil die Stadt den von ihm geforderten Etat nicht gewährte. 1989 wurde er Direktor am Théâtre de Vidy in Lausanne, trat jedoch die Leitung 1991 vorzeitig wieder ab. In der Spielzeit 1992/93 gehörte er neben Fritz Marquardt, Heiner Müller, Peter Palitzsch und Peter Zadek zum neuen Leitungsteam des Berliner Ensembles, schied jedoch Ende der Spielzeit wieder aus. Einen großen Erfolg feierte er mit seiner

Langhoff

Tschechow-Inszenierung ›Drei Schwestern‹ am Théâtre de la Ville in Paris (1993/94, Koproduktion mit dem Nationaltheater der Bretagne); er wurde dafür im Juni 1994 mit dem französischen Kritikerpreis ausgezeichnet.

Literatur: H. Beil (u. a.) (Hrsg.): Das Bochumer Ensemble. Ein deutsches Stadttheater 1979–1986. Königstein 1986; D. Kranz: Berliner Theater. 100 Aufführungen aus drei Jahrzehnten. Berlin 1990.

Langhoff, Thomas, geb. 8. 4. 1938 in Zürich. Schauspieler, Regisseur und Intendant. Sohn des Regisseurs und Intendanten Wolfgang Langhoff; Bruder von Matthias Langhoff; Langhoffs Sohn Tobias ist Schauspieler. Aufgewachsen in Zürich und (ab 1948) in Ostberlin. Ausbildung an der Theaterhochschule in Leipzig; 1963–1971 Engagement in Potsdam, wo er u. a. Tellheim in Lessings ›Minna von Barnhelm‹ und Luka in Gorkis ›Nachtasyl‹ spielte. Seine ersten Regieversuche – Goldonis ›Venezianische Zwillinge‹ und Goethes ›Clavigo‹ – mißlangen so gründlich, daß er bis 1976 keine Bühneninszenierungen mehr wagte. Von 1971 an arbeitete er beim DDR-Fernsehen. Er drehte mehrere Filme, darunter: ›Die Forelle‹ (1975); ›Die Befragung der Anna O.‹ (1977); ›Stine‹ (1978); ›Guten Morgen, du Schöne‹ (1980); ›Stella‹ (1982, nach Goethe). Mitte der siebziger Jahre ging er ans Ostberliner Maxim-Gorki-Theater; inszenierte dort mit wachsendem Erfolg u. a. Hauptmanns ›Einsame Menschen‹ (1978), Tschechows ›Drei Schwestern‹ (1979) und Shakespeares ›Sommernachtstraum‹ (1980); spätere Erfolge: Brauns ›Übergangsgesellschaft‹ (1988); Taboris ›Mein Kampf‹ (1990). Außerdem zahlreiche Regiearbeiten am Deutschen Theater Berlin, darunter: Schillers ›Maria Stuart‹ (1980); Shakespeares ›Kaufmann von Venedig‹ (1985); Shaws ›Haus Herzenstod‹ (1990); Kleists ›Der zerbrochne Krug‹ (1990, mit Jörg Gudzuhn). Seit 1980 Gastinszenierungen in der Bundesrepublik, wo er schnell in die Riege der ersten Regisseure aufrückte. Arbeiten u. a. in Frankfurt, Wien und am Hamburger Thalia Theater. Über seine umjubelte Inszenierung von Mussets ›Loren-

zaccio‹ an den Münchner Kammerspielen schrieb Joachim Kaiser: »Trotz seiner bunten, psychologisch-realistischen Theatralik ging Langhoff auch über den großen Staatstheaterstil der fünfziger Jahre hinaus. Dies aber keineswegs, indem er die Figuren ›kritisch‹-soziologisch denunzierte oder in lächerliche, böse Popanze verwandelte. Nicht mit Mussets weltschmerzumflortem Blick, sondern kühl und nur knapp mitleidsvoll schaute er auf die Personen. Romantische Ironie schlug um in unwiderstehlichen Realismus. Wir erkannten die Schwäche der ›Helden‹, der ›positiven‹ Figuren.« (›SZ‹, 4. 10. 1985) Ferner an den Münchner Kammerspielen: Tschechows ›Platonow‹ (1981); O'Caseys ›Freudenfeuer für den Bischof‹ (1982); Lessings ›Emilia Galotti‹ (1984, mit Sunnyi Melles); Hauptmanns ›Und Pippa tanzt!‹ (1988, mit Anne Bennent); Ibsens ›Die Frau vom Meer‹ (1989, mit Cornelia Froboess); Goethes ›Stella‹ (1991, mit Froboess und Christian Grashof). Bei den Salzburger Festspielen inszenierte er mit großem Erfolg Schnitzlers ›Der einsame Weg‹ (1987) und Grillparzers ›Jüdin von Toledo‹ (1990). Sein Operndebüt gab er 1989 in Frankfurt mit Brittens ›Sommernachtstraum‹. Im August 1991 übernahm Langhoff die Intendanz des Deutschen Theaters in Berlin, wo auch sein Vater einst Direktor war (1946–1963). Er inszenierte dort seither u. a.: Kleists ›Das Käthchen von Heilbronn‹ (1991); Ostrowskis ›Der Wald‹ (1992, mit Ignaz Kirchner); Hauptmanns ›Der Biberpelz‹ (1993, mit Jutta Wachowiak); Strauß' ›Das Gleichgewicht‹ (1994). Erfolgreiche Gastinszenierungen bei den Wiener Festwochen: Hofmannsthals ›Der Turm‹ (1993); Hebbels ›Kriemhilds Rache‹ (1994). Langhoff ist bekannt für sensible, politisch wache Inszenierungen. C. Bernd Sucher: »Der Regisseur Langhoff (. . .) hat stets mit seinen Inszenierungen Stellung bezogen. (. . .) wer Langhoffs Interpretationen verfolgte, machte selbst bei Grillparzer, Lessing, Hauptmann verstörende Entdeckungen. Bei ›Und Pippa tanzt!‹ stieß er gar auf die unselige Entwicklung von Wagner zu Hauptmann zu Hitler. Er ist hellhörig und weitsichtig, tritt an gegen Rechtsruck, Antisemitismus, Rassismus – gegen Ungerechtigkeit.« (›SZ‹, 7. 9. 1990) Thomas Langhoff erreichten sechs Einladungen zum Berliner Theatertreffen.

Langhoff, Tobias, geb. 28. 11. 1962 in Brandenburg a.d. Havel. Schauspieler. Sohn von Thomas Langhoff. 1981 Abitur, danach Wehrdienst; 1983–1987 Studium an der Hochschule für Schauspielkunst Ernst Busch in Ostberlin. 1987–1990 Engagement am Deutschen Theater in Ostberlin; dort u. a.: Tempelherr in Lessings ›Nathan der Weise‹ (R. Friedo Solter); Leslie in Behans ›Die Geisel‹ und Reinhold in Sudermanns ›Sturmgeselle Sokrates‹ (R. jeweils Thomas Langhoff). Eigene Inszenierungen: Pinters ›Der stumme Diener‹ (Deutsches Theater); Büchners ›Lenz‹ (Berliner Arbeitertheater). Am Hamburger Thalia Theater übernahm er als Gast die Titelrolle in Büchners ›Woyzeck‹ (1990, R. Jürgen Flimm). 1990–1992 Engagement am Burgtheater Wien; dort u. a.: Ruprecht in Kleists ›Der zerbrochne Krug‹ (R. Andrea Breth):»Tobias Langhoff wertet den Tölpel zum Charakter um. Dieser Ruprecht Tümpel, der, wenn er denkt, am Kopf sich kratzt und lange sinniert, die Augen überall hinwendet, hilfesuchend, bevor er ein Wort herausbringt, er ist nicht tumb, sondern ihn trifft die Lüge, die die Welt regiert, am härtesten.« (C. Bernd Sucher, ›SZ‹, 24. 12. 1990); Odysseus in Kleists ›Penthesilea‹ (R. Ruth Berghaus); Franz Kafka in Taboris ›Unruhige Träume‹ (R. der Autor). Seit 1992 gehört er zum Ensemble der Münchner Kammerspiele. Rollen u. a.: Bébert in Coline Serreaus ›Hase Hase‹ (1992/93, R. Harald Clemen); Bote in Aischylos/ Brauns ›Die Perser‹ (1993, R. Dieter Dorn); Lloyd in Maria Irene Fornes' ›Schlamm‹ (DE 1994, R. Katja Ott). Er spielte die Titelrolle in Hans Werner Honerts Defa-Film ›Ein brauchbarer Mann‹ (1988); 1989 sah man ihn in dem Fernsehfilm ›Der Aufstand der Fischer von Santa Barbara‹ (nach Anna Seghers, R. Thomas Langhoff).

Langhoff, Wolfgang, geb. 6. 10. 1901 in Berlin, gest. 25. 8. 1966, ebenda. Schauspieler, Regisseur und Intendant. Nach

dem Schauspielunterricht erste Engagements in Königsberg, Hamburg (Thalia Theater), Wiesbaden, Düsseldorf (1928–1933). 1928 Eintritt in die KPD; 1933/34 Haft in den Konzentrationslagern Börgermoor und Lichtenburg (hierüber veröffentlichte er das Buch ›Die Moorsoldaten‹); 1934 Flucht in die Schweiz, wo Langhoff bis 1945 als Schauspieler am Zürcher Schauspielhaus arbeitete. Rollen u. a.: Karl Moor in Schillers ›Die Räuber‹ (1934); Titelrollen in Schillers ›Die Verschwörung des Fiesko zu Genua‹ (1935) und Ibsens ›Peer Gynt‹ (1936); Tellheim in Lessings ›Minna von Barnhelm‹ (1944). Von November 1945 bis Juli 1946 war Langhoff Generalintendant in Düsseldorf; von 1946 bis 1963 Intendant des Deutschen Theaters in Berlin. Er trat nach einer heftigen, diffamierenden Debatte um seine Inszenierung von Peter Hacks' ›Die Sorgen und die Macht‹ (1962) als Leiter der Bühne zurück. Wichtige Inszenierungen u. a.: Goethes ›Faust‹ (1949 und 1954); Schillers ›Don Carlos‹ (1952); Lessings ›Minna von Barnhelm‹ (1960) sowie die Uraufführungen von Hacks' ›Die Schlacht bei Lobositz‹ (1956) und ›Der Müller von Sanssouci‹ (1958). Als Schauspieler sah man ihn häufig in eigenen Inszenierungen und in Produktionen von Leopold Lindtberg, Wolfgang Heinz und Heinz Hilpert. Langhoff galt als realistischer Regisseur, der Stanislawski-Methode folgend.

Literatur: W. Langhoff: Die Moorsoldaten. Autobiographie. München 1946; E. Krull: Wolfgang Langhoff. Berlin 1962; C. Funke/D. Kranz (Hrsg.): W. Langhoff. Schauspieler, Regisseur, Intendant. Berlin 1969; M. Kuschnia (Hrsg.): 100 Jahre Deutsches Theater Berlin 1883–1983. Berlin 1983; Chr. Neubert-Herwig (Hrsg.): Wolfgang Langhoff. Schauspieler, Regisseur, Intendant. Berlin 1991; W. Meiszies (Hrsg.): Wolfgang Langhoff – Theater für ein gutes Deutschland. Düsseldorf 1992 (Katalog).

L'Arronge, Adolf, geb. 8. 3. 1838 in Hamburg, gest. 25. 5. 1908 in Kreuzlingen. Dramatiker und Intendant. Zunächst Kapellmeister an der Krollschen Oper Berlin, von 1874 bis 1878 Direktor des Lobe-

Laser

Theaters. 1883 gründete er das Deutsche Theater Berlin, das er bis 1894 leitete. Sein Nachfolger wurde Otto Brahm. Als Autor rührseliger Volksstücke und Possen war L'Arronge um die Jahrhundertwende höchst populär. Zu seinen vielgespielten Stücken zählen: ›Mein Leopold‹ (UA 1873); ›Hasemanns Töchter‹ (UA 1877); ›Wohltätige Frauen‹ (UA 1879); ›Kompagnon‹ (UA 1881), ›Der Weg zum Herzen‹ (UA 1885).
Literatur: A. L'Arronge: Gesamtausgabe der dramatischen Werke. Berlin 1908; J. Bab: Das Theater der Gegenwart. Leipzig 1928; K. Raeck: Das Deutsche Theater zu Berlin unter der Direktion Adolph L'Arronge. Berlin 1928.

Laser, Dieter, geb. 17. 2. 1942 in Kiel. Schauspieler. Aufgewachsen in Hamburg. Nach Abbruch des Schauspielunterrichts arbeitete er als Statist am Deutschen Schauspielhaus Hamburg. 1961 wurde er von Gustaf Gründgens entdeckt, der ihm kleinere Rollen anbot. Nach einem Gastspiel an den Deutschen Kammerspielen in Santiago de Chile (1962/63) kam er durch die Förderung von Peter Stein an die Münchner Kammerspiele (1967–1969); spielte dort u. a. in Sperrs ›Landshuter Erzählungen‹ (1967, R. August Everding) und in Steins Brecht-Inszenierung ›Im Dickicht der Städte‹ (1968). Mit Stein arbeitete er 1969 auch am Schauspielhaus Zürich: Prinz George in Bonds ›Trauer zu früh‹. 1970 wechselte er mit Stein an die Berliner Schaubühne am Halleschen Ufer, wo er von 1971 bis 1973 Mitglied des Direktoriums war. Unter Steins Regie spielte er den Peer Nr. 5 in Ibsens ›Peer Gynt‹: »›Ein Yankee in der Wüste‹, gespielt von dem schwarzbärtigen Dieter Laser mit dunkel funkelnden Augen, großen Besitzergesten, mit Kapitalistenlaunen und Abenteurer-Ungeniertheit. (. . .) Der platte, witzelnde Text wird in den klappernden Reimen der Morgensternschen Übersetzung mit Lust und Laune, frivolem Übermut vorgetragen, scharf tritt in der Knallkomik der Reime und Pointen das politisch-satirische Element hervor: Peer, der Sklavenhändler; Peer, der Lieferant der Waffen (. . .).« (Henning Rischbieter,

›Theater heute‹, Heft 6, 1971); ferner u. a.: Zauberkönig in Horváths ›Geschichten aus dem Wiener Wald‹ (1972, R. Klaus Michael Grüber). Seit 1973 ist er freiberuflich tätig; häufig am Berliner Schiller-Theater: Brazil in Poliakoffs ›City Sugar‹; Freder in Bruckners ›Krankheit der Jugend‹; Westerhaus in Schnitzlers ›Komödie der Verführung‹ (1984, R. Hans Hollmann); Glumow in Ostrowskis ›Eine Dummheit macht auch der Gescheiteste‹ (1984); am Schloßparktheater: Laurenz in Fleißers ›Tiefseefisch‹ (DE 1980). Außerdem u. a.: Shakespeares ›Macbeth‹ (1973, Freie Volksbühne Berlin, R. Kurt Hübner); Erzähler in Marini/Sciarrinos Kammeroper ›Aspern‹ (nach Henry James, 1981, Stuttgart, R. Hansgünther Heyme); Prinz von Gonzaga in Lessings ›Emilia Galotti‹ (1981, Schauspiel Bonn); Titelrolle in Wedekinds ›Marquis von Keith‹ (1988, Theatersommer Weilheim, R. Rudolf Noelte); Adam Rolnik in Sobols ›Adam‹ (DE 1989, Bonn, R. David Mouchtar-Samurai); Afric/ Faust in Slobodan Snajders ›Der kroatische Faust‹ (1993, Burgtheater Wien, R. Hollmann). Vorwiegend arbeitet er für Film und Fernsehen. Wichtige Rollen hatte er u. a. in den Filmen ›John Glückstadt‹ (1975), ›Die verlorene Ehre der Katharina Blum‹ (1975, nach Böll, R. Volker Schlöndorff) und ›Die Elixiere des Teufels‹ (1976, nach E. T. A. Hoffmann).

Lasker-Schüler, Else, geb. 11. 2. 1869 in Wuppertal, gest. 22. 1. 1945 in Jerusalem. Lyrikerin und Dramatikerin. Tochter eines jüdischen Bankiers; 1894 Heirat des Arztes B. Lasker und Umzug nach Berlin, wo sie im eigenen Atelier zeichnete. Nach der Scheidung (1903) lebte Lasker-Schüler in der Berliner Bohème, später heiratete sie H. Walden (1912 Scheidung). 1933 Emigration in die Schweiz, von 1939 an in Jerusalem. Lasker-Schüler wurde vor allem durch ihre Lyrik bekannt, in der sich eine schweifende Phantasie mit jüdisch-mystischer Religiosität vereint. Ihre drei Dramen hatten zu ihrer Zeit wenig Erfolg; erst in den siebziger Jahren wurden sie u. a. durch die Regisseure Jürgen Flimm und Luc Bondy wiederentdeckt. Zu Bondys Inszenierung der ›Wupper‹ (Schaubühne am

Halleschen Ufer Berlin) schrieb Jens Wendland (›SZ‹, 9. 6. 1976):»Man begreift auch, daß sich in den jüngsten Versuchen die Regisseure jeweils auf Teil-Ansichten konzentrierten. Adolf Dresen verlor sich 1974 in München an das farbige, weiche Märchen, Michael Gruner hielt sich kürzlich in Darmstadt an einem sezierend genauen, aber auch kleinlichen Realismus fest. Luc Bondys Inszenierung an der Berliner Schaubühne vertraut vor allem nicht der vielbeschworenen Atmosphäre, dem Klima der Wupper. Nichts schwankt, schwappt oder raunt. Kargheit und Künstlichkeit wollen verhindern, daß sich das labile Drama unversehens ins märchenhafte Nirgendwo fortstiehlt.« Seit 1992 vergibt die Stadt Kaiserslautern den Else-Lasker-Schüler-Dramatiker-Preis.

Stücke: ›Die Wupper‹ (1909/19); ›Arthur Aronymus und seine Väter‹ (1932/36); ›IchundIch‹ (1943, UA 1979).

Literatur: S. Bauschinger: Die Symbolik des Mütterlichen im Werk E. Lasker-Schülers. Diss. Frankfurt a.M. 1960; E. Klüsener: E. Lasker-Schüler in Selbstzeugnissen und Bilddokumenten. Reinbek 1980; Bibl. und ausführliche Literatur in: G.Brinker-Gabler (Hrsg.), Lexikon deutschsprachiger Schriftstellerinnen 1800–1945. München 1986, S. 182–87.

Laube, Heinrich, geb. 18. 9. 1806 in Sprottau, Schlesien, gest. 1. 8. 1884 in Wien. Kritiker, Dramatiker und Theaterleiter. Laube gilt neben Karl Gutzkow als der Hauptrepräsentant des »Jungen Deutschland«. Redakteur der ›Zeitung für die elegante Welt‹. 1849–1867 künstlerischer Leiter des Wiener Burgtheaters, wo er sich um einen literarisch höchst anspruchsvollen Spielplan bemühte. 1871–1873 und 1876–1879 Direktor des von ihm gegründeten Wiener Stadttheaters. Laube, der 1884 Mitglied der Frankfurter Nationalversammlung war, trat später für eine konstitutionelle Monarchie ein und begriff das Theater als »nationale Sache«. Er formulierte seine Theatertheorie in zahlreichen Kritiken und Aufsätzen.

Literatur: H. Laube: Schriften über das deutsche Theater. Leipzig 1846/47; ders.: Das Burgtheater. Leipzig 1868; ders.: Das Wiener Stadttheater. Leipzig 1875; ders.: Schriften über das Theater. Berlin 1959; G. Altmann: Heinrich Laubes Prinzip der Theaterleitung. Jena 1908; E. Ziemann: Heinrich Laube als Theaterkritiker. Diss. Emsdetten 1934; G. Zobel: Heinrich Laubes Dramaturgie des Architekturstücks. Köln 1967.

Laube, Horst, geb. 21. 1. 1939 in Brüx (Böhmen). Dramaturg und Autor. Kam 1946 nach Kassel; 1959–1963 Studium der Germanistik, Kunstgeschichte und Theaterwissenschaft in Marburg, München und Wien; ab 1963 Feuilleton-Redakteur bei der ›Westdeutschen Rundschau‹ in Wuppertal; 1968–1972 Dramaturg an den Wuppertaler Bühnen; 1972–1980 Dramaturg am Schauspiel Frankfurt, anschließend kurze Zeit in Köln, danach bis 1985 erneut in Frankfurt. Zusammenarbeit u. a. mit Peter Palitzsch und Peter Löscher; 1979 inszenierte er in Frankfurt die Uraufführung von Heiner Müllers ›Leben Gundlings Friedrich von Preußen Lessings Schlaf Traum Schrei‹. Von 1985 bis Herbst 1986 war er Dramaturg am Thalia Theater Hamburg. Nach einem schweren Unfall zog er sich aus dem Berufsleben zurück. Theaterstücke: ›Der Dauerklavierspieler‹ (UA 1974, Schauspiel Frankfurt, R. Luc Bondy; zusammen mit Tankred Dorst: ›Goncourt oder Die Abschaffung des Todes‹ (UA 1977, Frankfurt, R. Palitzsch); ›Der erste Tag des Friedens‹ (UA 1978, Düsseldorf, R. Hans-Dieter Jendreyko); ›Endlich Koch‹ (UA 1980, Thalia Theater Hamburg, R. Löscher); Klaus Wagner schrieb:»Horst Laube (. . .) bleibt als Autor auch in seinem dritten Stück ›Endlich Koch‹ bei seinen Leisten, seinem bisherigen Rezept: aus der Realität gegriffener Ansatz zu einem Vexierbildspiel (wie es auch sein an Gottfried Benn orientierter erster Roman ›Ella fällt‹ vorführt); auf schmaler Basis die schemenhafte Aufquellung; mit Metaphern überladener Vordergrund, der ältere Motive dieses Autors lediglich umarrangiert. Die Lokalität seines Erstlings ›Der Dauerklavierspieler‹ firmiert nunmehr als Hotel im Thüringer Wald nahe der Zonengrenze. Die Situation der Eingeschlossenen seines folgenden

Laufenberg

Stücks ›Der erste Tag des Friedens‹ wird neuerlich durchgespielt. Und beide Vorläufer enthielten bereits, was Laube mit ›Endlich Koch‹, einer Selbsterklärung zufolge, in den Mittelpunkt rücken möchte, das Gleichnis vom leergelaufenen Kulturbetrieb. (. . .) Im Thüringer-Wald-Hotel nahe dem Todesstreifen als einem Symbol existentieller Grenzsituation (nach Laubes Erläuterung) läuft in der Form eines monströs banal bemusterten Nachtstücks ein Gruppenprozeß kollektiver Selbstzerstörung ab (. . .). Ein Filmtrupp zerstreitet sich, ›man schreit herum, und das Hotel zerfällt‹. Zwei Eingeschlossene bleiben, schwerbeschädigt und realitätsflüchtig, zurück: der verkrüppelte Hotelbesitzer und sein saucenkundiger Sohn, der ihn künftig allein bekochen wird.« (›FAZ‹, 27. 10. 1980) Es folgte die Komödie ›Finale in Smyrna‹ nach Motiven aus Goldonis ›Der Impresario von Smyrna‹ (UA 1985, Bayerisches Staatsschauspiel München, R. Werner Schroeter). Mehrere Übersetzungen, Stück-Bearbeitungen und Prosa-Veröffentlichungen, u. a. ›Zwischen den Flüssen. Reisen zu Joseph Conrad‹ (Frankfurt a. M. 1983).
Literatur: G. Loschütz/H. Laube (Hrsg.): War da was? Theaterarbeit und Mitbestimmung am Schauspiel Frankfurt 1972–1980. Frankfurt a. M. 1980.

Laufenberg, Uwe Eric, geb. 1960 in Köln. Schauspieler und Regisseur. Absolvierte nach dem Abitur die Folkwangschule in Essen und begann als Schauspieler am Staatstheater Darmstadt; 1985–1990 Schauspieler und Regisseur am Schauspiel Frankfurt; erste Inszenierung: ›Pfingstläuten‹ von Harald Kuhlmann. Es folgten: Bruckners ›Krankheit der Jugend‹ (1988/89); Camus' ›Die Gerechten‹ (1988/89); Rainald Goetz' ›Krieg‹ (1989); Wedekinds ›Der Marquis von Keith‹ (1989/90); in Mannheim: Frischs ›Andorra‹ (1988/89). 1990–1993 Regisseur am Kölner Schauspiel: Dorsts ›Merlin‹ (1990); Ulrich Woelks ›Liebe Tod Verklärung‹ (UA 1993, Ko-Regie Woelk); Goethes ›Clavigo‹ (1993): »Uwe Eric Laufenberg (. . .) brachte auf einer Probebühne im Türkenviertel des Stadtteils Ehrenfeld Goethes ›Clavigo‹ heraus (. . .). Die bei Goethe gefährdeten Fremden, die Franzosen in Spanien, sind nun Muselmanen in der westlichen Industriewelt, die sogar Arabisch sprechen – vielleicht knapp zwanzig Prozent des Textes (. . .). Laufenbergs Trick besteht darin, die (formal) geographische Entrückung der Vorlage mit ihrer historischen Aktualisierung zu verbinden, dieser ›Clavigo‹ spielt bis zum bitteren Ende in der Gegenwart (. . .). Das ist, streng nach Goethe, ›mit jugendlichem Leichtsinn, fröhlicher Mordlust‹ gespielt, es hat Witz, Feuer und Spannung, belustigt zu Anfang und macht am Ende betroffen.« (Ulrich Schreiber, ›Theater heute‹, Heft 8, 1993) Gastinszenierungen in Zürich und Innsbruck (dort erste Opernregie). Seit der Spielzeit 1993/94 ist er am Schauspielhaus Zürich engagiert; inszenierte dort Schillers ›Die Räuber‹ und Kuhlmanns ›Engelchens Sturmlied‹.

Laughton, Charles, geb. 1. 7. 1899 in Scarborough, Yorkshire, gest. 16. 12. 1962 in Hollywood. Schauspieler. Studium an der Royal Academy of Dramatic Arts in London. Debüt 1926 als Ossip in Gogols ›Revisor‹ (Barnes Theatre), 1927 Engagement am Court Theatre, wo er die ersten Erfolge als Charakterdarsteller erringen konnte. 1933 am Old Vic, 1936 als erster englischer Schauspieler an der Comédie Française in Paris (Sganarelle in Molières ›Médecin malgré lui‹). Seit 1929 auch als Filmschauspieler erfolgreich, 1932 zum ersten Mal in Hollywood. 1947 spielte er in Los Angeles die Hauptrolle in Brechts ›Leben des Galilei‹, das er zusammen mit dem Autor bearbeitet hatte. Brecht widmete ihm eine ausführliche Beschreibung: ›Aufbau einer Rolle: Laughtons Galilei‹ (1955). Laughton, befragt, warum er Theater spiele, antwortete: »Weil die Leute nicht wissen, wie sie sind, ich aber glaube, es ihnen zeigen zu können.«
Literatur: K. Singer: The Charles Laughton Story. London 1954; B. Brecht: Aufbau einer Rolle: Laughtons Galilei. Berlin 1956; C. Higham: Charles Laughton. Biography. London 1976.

Lause, Hermann, geb. 7. 2. 1939 in Meppen, Ems. Schauspieler. Studium der Archäologie und Philosophie; 1963–1965 Schauspielausbildung bei Ellen Mahlke in München. Debütierte 1965 am Berliner Schiller-Theater, wo er bis 1968 unter Vertrag stand. Rollen u. a.: Writzky in Zuckmayers ›Des Teufels General‹ (1966, R. Heinz Hilpert); Francisco in Shakespeares ›Der Sturm‹ (1968, R. Fritz Kortner). Es folgten Engagements in Essen (1968–1971) und Oberhausen (1971/72). Von 1972 bis 1977 gehörte er zum Schauspielhaus Bochum, wo er erstmals in Inszenierungen von Peter Zadek spielte: Alter Gobbo in Shakespeares ›Kaufmann von Venedig‹ (1972) und Claudius in ›Hamlet‹ (1977); Treplew in Tschechows ›Die Möwe‹ (1973); Tesman in Ibsens ›Hedda Gabler‹ (1977). Außerdem u. a.: Bischof in Genets ›Der Balkon‹ (1976, R. Wilfried Minks): »Wäre nicht für Augenblicke das ängstliche, verklemmte Schlottern des in seinen grauen Gasmannsanzug zurückgestiegenen Lause: man sähe hier nirgends die menschlichen Dimensionen.« (Günther Rühle); Franz in Augusto Fernandes' Gruppenprojekt ›Atlantis‹ (1976). Peter von Becker schrieb begeistert: »Welches über ein Routinerepertoire hinausschießende Interesse an Erfindungen, an Phantasieentwürfen und körperlichen Selbstbildern durch theatralische Animatoren (statt Dompteuren) wie Zadek und Fernandes im Bochumer Ensemble geschürt wird, zeigte für mich dabei am erstaunlichsten der Schauspieler Hermann Lause: Am Abend zuvor im ›Hamlet‹ noch ein knöchrig beherrschter Mensch, der als König Claudius den Eichmann und den Biedermann übereinander zu kopieren schien, ein Spieler, dem man bei aller Virtuosität in seiner Rolle anderes als eine sehr kopfkühle Spröde zutrauen möchte. Nun, in ›Atlantis‹, entschlüpft Lause erst der Haut eines vom eigenen Vater(land)bild terrorisierten Soldaten, um sich dann scheinbar unendlich weit zurückfallen zu lassen in kindischste, körperlich zarte Ausdrucksformen. Er spielt einen Menschen vom Baby bis zum Greis, und, ob er vor sich hin sabbert oder jählings hochfahrend eine Frau bespringt, die Gelenke, die Blicke, die Stimme und alle Empfindungen sind da wieder weich und sehr verletzbar geworden, da ist ein großer hagerer Mann von 40 Jahren in beinahe schamloser Demut ganz in sich eingefallen und wie nochmals neugeboren, in schier unglaublicher Verwandlung tief von innen wieder aus sich herausgefahren.« (›SZ‹, 26. 10. 1977) Von 1977 bis 1979 war er am Deutschen Schauspielhaus Hamburg engagiert, wo er erneut in Zadek-Inszenierungen spielte: Polyxenes in Shakespeares ›Wintermärchen‹ (1978); Sven in Ayckbourns ›Spaß beiseite‹ (1979). Danach Stückverträge, u. a. am Schauspiel Köln: Shylock in Shakespeares ›Der Kaufmann von Venedig‹ (1979, R. Arie Zinger) und Titelrolle in ›Macbeth‹ (1982, R. Luc Bondy). Wieder Zusammenarbeit mit Zadek: Jack Worthing in Wildes ›Bunbury‹ (1980) und Bauchredner in Sobols ›Ghetto‹ (1985, beide an der Freien Volksbühne Berlin); Kardinal in Websters ›Die Herzogin von Malfi‹ (1985) und Jacques in Shakespeares ›Wie es euch gefällt‹ (1986, beide am Schauspielhaus Hamburg). Außerdem am Hamburger Schauspielhaus u. a.: Domherr in Goethes ›Der Groß-Cophta‹ (1983, R. Fernandes); Karl Moor in Schillers ›Die Räuber‹ (1983, R. Ernst Wendt); Thomas in Musils ›Die Schwärmer‹ (1984, R. Niels-Peter Rudolph); Polonius in Shakespeares ›Hamlet‹ (1989, R. Michael Bogdanov); Willy Loman in Millers ›Tod eines Handlungsreisenden‹ (1992); Doug in Ayckbourns ›Der Held des Tages‹ (DE 1990, R. Dieter Giesing). Am Düsseldorfer Schauspielhaus sah man ihn in der Titelrolle von Shakespeares ›König Lear‹ (1990, R. Werner Schroeter). Seit 1993 wieder Zusammenarbeit mit Zadek, nun am Berliner Ensemble: Rappi in Vittorio de Sicas ›Das Wunder von Mailand‹ (1993); Studienrat in Brechts ›Der Jasager und der Neinsager‹ (1993/94). Mit Zadek arbeitete er auch in Film- und Fernsehproduktionen zusammen, u. a. in ›Kleiner Mann, was nun?‹ (1973, nach Fallada), ›Die Geisel‹ (1977, nach Behan) und ›Die wilden Fünfziger‹ (1983). Häufig auch Filmarbeit mit dem Regisseur Adolf Winkelmann.

Lavelli

Lavelli, Jorge, geb. 1932 in Buenos Aires. Schauspieler, Regisseur und Theaterleiter. Nach einem Studium der Wirtschaftswissenschaften Schauspieler in mehreren freien Theatergruppen von Buenos Aires. 1956–1960 Leiter des Theaters OLAT. 1961 Studium an den Schulen Charles Dullin und Jacques Lecoq in Paris. Seit 1970 erste aufsehenerregende Inszenierungen: Ionescos ›Jeux de massacre‹, für die er den Pariser Kritikerpreis erhielt. In der Folgezeit nahm er sich besonders der Werke von Witold Gombrowicz und Arrabal an. 1970 inszenierte er am Bochumer Schauspielhaus Gombrowicz' ›Operette‹. 1973 bekannte sich Lavelli öffentlich zu seinem »Bruder« und damit zu seiner Homosexualität und inszenierte Copis ›L'Homosexuel ou la Difficulté de s'exprimer‹ (Théâtre de la Cité universitaire Paris). Mehrere andere Copi-Inszenierungen folgten: 1988 zeigte Lavelli im Pariser Théâtre de la Colline, das er seit 1987 leitet, Copis letztes Stück, die Aids-Farce ›Une visite inopportune‹. Lavelli, der durchaus am Schock auf der Bühne interessiert ist, setzt sich engagiert für die Gegenwartsdramatik ein. Seit 1975 inszeniert er auch an französischen Opernhäusern, an der Met in New York, an der Mailänder Scala, am Théâtre de la Monnaie in Brüssel, wobei er sich zum Ziel gesetzt hat, die Werke zu »entstauben und zu reaktualisieren«.
Literatur: A. Satgé/J. Lavelli: Opéra et mise à mort. Paris 1979; D. Nores/C. Godard: Lavelli. Paris 1971.

Lawrence, David Herbert, geb. 11. 9. 1885 in Eastwood, gest. 2. 3. 1930 in Vence. Englischer Romancier und Lyriker. Sohn eines Bergarbeiters. Ausbildung als Lehrer und Arbeit im Bergarbeiterdistrikt. Ab 1912 freier Schriftsteller in London. Lawrence reiste viel, lebte zuletzt in Italien und Neu-Mexiko. Er wurde international vor allem bekannt durch seine Romane: ›Söhne und Liebhaber‹ (1913); ›Women in Love‹ (1921); ›Lady Chatterly's Lover‹ (1928). Seine acht Stücke wurden zu seinen Lebzeiten nicht aufgeführt. Erst in den sechziger Jahren entdeckte man sein dramatisches Werk wieder. Es konnte sich allerdings nicht länger auf der Bühne behaupten.
Stücke: ›A Collier's Friday Night‹ (1909); ›The Fight for Barbara‹, ›The Daughter-in-Law‹, ›The Widowing of Mrs. Holroyd‹ (alle 1912); ›David‹ (1926).
Literatur: A. Burgess: Flame into Being. London 1985; K. Sagar (Hrsg.): A D. H. Lawrence-Handbook. o. O. 1982.

Lazzarini, Giulia, geb. 1934 in Mailand. Schauspielerin. Erste Schauspielerin am Piccolo Teatro in Mailand. Wichtigste Rollen: Virginia in Brechts ›Leben des Galilei‹ (1963); Polly in Brechts ›Dreigroschenoper‹ (1972); Ariel in Shakespeares ›Sturm‹ (1978); Winnie in Becketts ›Glückliche Tage‹ (1982; R. jeweils Giorgio Strehler); Gretchen in Strehlers ›Faust‹-Projekt (Mailand 1989; ›Faust II‹ 1991).

Lechtenbrink, Volker, geb. 18. 8. 1944 in Cranz, Ostpreußen. Schauspieler, Regisseur und Sänger. Aufgewachsen in Bremen und Hamburg; übernahm Kinderrollen bei Funk und Theater und spielte 1959 den Schuljungen Klaus Hager in Bernhard Wickis Film ›Die Brücke‹. Nach der Mittleren Reife Schauspielausbildung an der Staatlichen Hochschule für bildende Künste und im Schauspielstudio Hiltgard Freese in Hamburg. Debütierte 1963 als Prinz von Arragon in Shakespeares ›Der Kaufmann von Venedig‹ an der Landesbühne Hannover, wo er bis 1967 zum Ensemble gehörte. Es folgten Engagements in Köln und am Bayerischen Staatsschauspiel München (1969). 1970 wechselte er ans Deutsche Schauspielhaus Hamburg; danach arbeitete er als Schauspieler und Regisseur am Hamburger Ernst-Deutsch-Theater. Ab 1963 Gastspiele bei den Festspielen Bad Hersfeld, wo er 1970 den Hauptpreis für die Titelrolle in Kleists ›Prinz Friedrich von Homburg‹ erhielt. Weitere Bühnenrollen u. a.: Bleichenwang in Shakespeares ›Was ihr wollt‹ sowie Narr in ›König Lear‹; Damis in Molières ›Tartuffe‹; Spitta in Hauptmanns ›Die Ratten‹; Schweizerkas in Brechts ›Mutter Courage und ihre Kinder‹; Arthur in Mrożeks ›Tango‹. Seit 1972 eigene Regiearbeiten, u. a.: Brentons ›Der Kinder Segen‹ (1972); Thomas' ›Charleys Tante‹ (1972); Kohouts ›Armer Mörder‹ (1976). Fernsehengagements seit 1962. 1976 stellte er sich mit der Langspielplatte ›Der Macher‹ als Schlagersänger vor; seither mehrere Platten und Konzerte. Kehrte immer wieder ans Theater zurück, vor allem ans Ernst-Deutsch-Theater Hamburg: Titelrolle in Goethes ›Clavigo‹ (1982); Bruno in Hauptmanns ›Die Ratten‹ (1990, R. jeweils Karl Paryla). 1993 sah man ihn als Kowalsky in einer Tournee-Inszenierung von Baryllis ›Butterbrot‹.

Ledl, Lotte, geb. in Wien. Schauspielerin. Ausbildung am Max-Reinhardt-Seminar in Wien. Erstes Engagement am Wiener Volkstheater. Seit 1963 Ensemblemitglied des Burgtheaters. Erfolgreich in Inszenierungen von Hans Hollmann und Leopold Lindtberg. 1988 als Gast am Zürcher Schauspielhaus in Hollmanns Inszenierung von Schnitzlers ›Das weite Land‹. Mitwirkung in sehr vielen Fernsehfilmen und -serien.

Legal, Ernst, geb. 2. 5. 1881 in Schlieben, gest. 26. 9. 1955 in Berlin. Schauspieler, Regisseur und Theaterleiter. Ausbildung an der Musik- und Theaterschule in Weimar. Engagements u. a.: Schiller-Theater Berlin (1907–1910), Weimar (1910–1912), Wiesbaden (1912–1920, hier auch Regisseur und Intendant), Staatliches Schauspielhaus Berlin (auch als Dramaturg bei Leopold Jeßner). 1924–1927 Intendant in Darmstadt, 1927/28 in Kassel, 1928–1932 an der Berliner Kroll-Oper, 1933–1936 am Hebbeltheater; 1938–1944 Schauspieler und Regisseur am Berliner Schiller-Theater; 1945–1952 Intendant der Deutschen Oper Berlin. Wichtige Inszenierungen u. a.: Shakespeares ›Heinrich IV.‹ (1937/38); Barlachs ›Die echten Sedemunds‹; Zuckmayers ›Der Hauptmann von Köpenick‹ (1947); Rostands ›Cyrano de Bergerac‹ (1950); Molières ›Der eingebildete Kranke‹ (1951). Wolfgang Langhoff schrieb in seinem Nachruf: »In seiner trefflichen Mischung aus echter Poesie und trockner Selbstironie, von Kunst und Komödiantentum, Romantik und Altväter-

lichkeit erschien mir der alte Fabler Ernst Legal immer als eine der anziehendsten und merkwürdigsten Personen der jüngeren Theatergeschichte.«
Literatur: H. Barkhoff: Ernst Legal. Berlin 1965; C. Anft: Ernst Legal. Diss. Berlin 1981.

Lehmann, Else, geb. 27. 6. 1866 in Berlin, gest. 6. 3. 1940 in Prag. Schauspielerin. Sie debütierte 1889 am Berliner Lessingtheater; 1891 engagierte L'Arronge sie ans Deutsche Theater; 1905 ging sie mit Otto Brahm wieder ans Lessingtheater zurück und wurde Brahms erste Charakterdarstellerin: Sie spielte die Hanne Schäl in Hauptmanns ›Fuhrmann Henschel‹ (1898), Frau John in ›Die Ratten‹ (1911), Frau Vockart in ›Einsame Menschen‹ (1920) und Mutter Wolffen in ›Der Biberpelz‹. Dem Kritiker Alfred Kerr galt sie als Ausnahme-Schauspielerin: »Die Frau ist ein Genie.« Else Lehmanns Ziel war eine größtmögliche Natürlichkeit, die sie auch in der Darstellung der Ibsenschen Frauengestalten erreichte: als Ella Rentheim in ›John Gabriel Borkman‹ und Frau Alving in ›Gespenster‹. 1933 emigrierte sie.
Literatur: J. Bab/W. Handl: Deutsche Schauspieler. Berlin 1908; H. Ihering: Von Josef Kainz bis Paula Wessely. Heidelberg, Berlin, Leipzig 1942; J. Bab: Kränze den Mimen. Emsdetten 1954; M. Kuschnia (Hrsg.): 100 Jahre Deutsches Theater Berlin 1883–1983. Berlin 1983.

Leibelt, Hans, geb. 11. 3. 1885 in Volkmarsdorf bei Leipzig, gest. 3. 12. 1974. Schauspieler und Regisseur. Er debütierte 1903 in Weimar. Engagements: Schauspielhaus Leipzig (1905–1920), Darmstadt (1920–1922), Münchner Kammerspiele (1922–1925), Staatstheater Berlin (1928–1944), Hebbeltheater Berlin (1945), danach u. a. am Deutschen Theater Berlin. Wichtige Rollen u. a.: Friedrich Murk in Brechts ›Trommeln in der Nacht‹ (UA 1922, Münchner Kammerspiele, R. Jürgen Fehling); Herzog in Jürgen Fehlings Inszenierung von Shakespeares ›Zwei Herren aus Verona‹ (1935); Dr. Walpole in Shaws ›Der Arzt am Scheideweg‹ (1938); Lick-

Leifeld

cheese in Shaws ›Die Häuser des Herrn Sartorius‹ (1941, R. Karl Heinz Stroux). Die Darstellung dieses Agenten beschrieb K. H. Ruppel als »eine schauspielerische Meisterleistung«. Leibelt übernahm auch zahlreiche Filmrollen.

Leifeld, Bernd, geb. 27. 6. 1949 in Heggen, Nordrhein-Westfalen. Dramaturg, Regisseur und Intendant. Studium der Germanistik, Pädagogik und Theaterwissenschaft in Köln und Berlin; 1975 Staatsexamen für das Lehramt an Gymnasien. Engagements: Renaissance-Theater Berlin (1971); Theater Coom Köln (1974); Wuppertaler Bühnen (1975–1979); Ruhrfestspiele Recklinghausen (1980; Dramaturg bei Hansjörg Utzerath). Danach arbeitete er als Dramaturg und Regisseur am Staatstheater Kassel, das er von 1981 bis 1983 als Schauspieldirektor leitete. 1984 wurde er als Nachfolger von Klaus Pierwoß Intendant am Landestheater Tübingen. Leifeld setzt sich vor allem für zeitgenössische Autoren ein, inszenierte u. a. die Uraufführungen von Hubert Fichtes ›Hans Eppendorfer, der Ledermann spricht mit Hubert Fichte‹ und Richard Heys ›Das Ende des friedlichen Lebens der Else Reber‹ (Ko-Regie: der Autor).

Lenkeit, Antje, geb. 1953 in Düsseldorf. Regisseurin. Nach einer Friseurlehre machte sie von 1971 bis 1975 ein Volontariat in der Maskenbildnerei des Hamburger Schauspielhauses, wo auch ihre Eltern arbeiteten. 1976/77 Hospitantin und Regieassistentin am Schauspielhaus Hamburg, u. a. bei Wilfried Minks (›Der Sturm‹, ›Stella‹) und Dieter Giesing (›Trilogie des Wiedersehens‹). Minks nahm sie mit an das Schauspiel Frankfurt, wo sie u. a. bei Peter Palitzsch und Hans Neuenfels assistierte. 1981/82 war sie Regieassistentin am Schauspiel Köln (u. a. bei Jürgen Gosch und Luc Bondy); gab dort in der Schlosserei ihr Regiedebüt mit Bonds ›Gerettet‹ (1982). Anschließend wechselte sie als Regieassistentin zu Frank Baumbauer ans Münchner Residenztheater. Eigene Regiearbeiten in München: Sternheims ›Die Marquise von Arcis‹ (1984) und Schillers ›Maria Stuart‹ (1986, beide im Theater in der Kreide, TIK, in Neuperlach); Fassbinders ›Katzelmacher‹ (1985, Theater im Marstall). Es folgten Inszenierungen in St. Gallen (Kroetz' ›Nicht Fisch nicht Fleisch‹), am Tübinger Zimmertheater (Ibsens ›Die Frau vom Meer‹) und in Konstanz (Goethes ›Urfaust‹). Über ihre Inszenierung von Ibsens ›Nora‹ (1987 in St. Gallen) schrieb Reinhardt Stumm: »Wieder kann man eine Regisseurin an der Arbeit sehen, die einen wundervollen Instinkt hat für die Körperlichkeit von Schauspielern und ein sicheres Verständnis dafür, daß Gemütsbewegungen sich im veränderten Habitus, in jeder Bewegung ausdrücken (. . .). Und auch hier die Kunst, private Vorgänge durch einfache Zeichen öffentlich zu machen, das heißt zu zeigen, daß draußen nicht folgenlos bleibt, was in den vier Wänden geschieht. (. . .) So arbeitet sie immer – ohne Furcht vor Übertreibung, vor Deutlichkeit. (. . .) Die Kunst liegt in der Beherrschung der Mittel. Das Ziel ist: Verschärfung der Konturen, höhere Plastizität. Antje Lenkeit hat beim Zielen ein gutes Auge.« (›Theater heute‹, Jahrbuch 1988) In der Spielzeit 1988/89 holte sie Baumbauer als Hausregisseurin ans Basler Theater; dort u. a.: Schillers ›Die Räuber‹ (1988); Ibsens ›Hedda Gabler‹ (1990). Weitere Inszenierungen u. a. am Volkstheater Wien: Hebbels ›Judith‹ (1991); Schillers ›Maria Stuart‹ (1992); in Kiel: Strindbergs ›Erik XIV.‹ (1993); am Staatstheater Hannover: Dea Lohers ›Leviathan‹ (UA 1993).
Literatur: R. Stumm: Eine Spannende. Arbeitsportrait der Regisseurin Antje Lenkeit. In: Theater heute, Jahrbuch 1988, S. 118–120.

Lenya, Lotte (früher: Lenja, eigtl. Karoline Blauer), geb. 18. 10. 1900 in Wien, gest. im November 1981. Schauspielerin. Ballett- und Schauspielunterricht in Zürich. 1931 errang sie den ersten großen Erfolg als Jenny in der Uraufführung des Singspiels ›Aufstieg und Fall der Stadt Mahagonny‹ von Bert Brecht und Kurt Weill. Mit Weill war sie (in erster Ehe) auch verheiratet. Weitere wichtige Rollen u. a.: Polly in Brecht/Weills ›Dreigroschenoper‹ (UA 1928, Theater am Schiffbauer-

damm); Anna in Marieluise Fleißers ›Pioniere in Ingolstadt‹ (UA 1929, ebenda); Ismene in Sophokles ›Ödipus‹ (1929, Staatstheater Berlin, R. Leopold Jeßner). 1933 Emigration nach Frankreich. Sie gab Konzerte in Paris und London (bis 1937). Danach arbeitete sie in den USA, wo sie u. a. die Miriam in Max Reinhardts New Yorker Inszenierung von Werfels ›The Eternal Road‹ spielte. 1965 sah man sie in Brecht/Weills ›Dreigroschenoper‹ bei den Ruhrfestspielen in Recklinghausen. Lotte Lenya hat auch in zahlreichen Filmen mitgewirkt und mehrere Schallplatten besungen.
Literatur: R. Sanders: Kurt Weill. München 1980; D. Spoto: Die Seeräuber-Jenny. München 1990.

Lenz, Jakob Michael Reinhold, geb. 12. 1. 1751 in Seßwegen (Livland), gest. 24. 5. 1792 in Moskau. Dramatiker. Sohn eines Predigers. Lenz studierte von 1768 bis 1771 Theologie in Dorpat und Königsberg. 1771 wurde er Hofmeister der Barone von Kleist in Straßburg; Bekanntschaft mit Goethe, den er sehr bewunderte. 1778 Beginn einer Geisteskrankheit. 1781 Reisen nach St. Petersburg und Moskau. Neben Klinger gehörte Lenz zu den wichtigsten Dramatikern des Sturm und Drang. Inspiriert von Shakespeare, sprengte Lenz den herkömmlichen Aufbau des Dramas. Die offene Form der Stationentechnik und seine Behandlung von Zeit und Raum wurden später von Büchner, Grabbe und Brecht wieder aufgegriffen. Lenz schrieb seine Gedanken zu Dramaturgie und Ästhetik in den ›Anmerkungen übers Theater‹ (1774) nieder.
Stücke: ›Der Hofmeister oder Vorteile der Privaterziehung‹ (1774); ›Das leidende Weib‹ (1775); ›Die Freunde machen den Philosophen‹ (1776); ›Der neue Menoza‹ (1776); ›Die Soldaten‹ (1776); ›Die beiden Alten‹ (1776); ›Der Engländer‹ (1777).
Literatur: W. Wien: Lenz' Sturm-und-Drang-Dramen innerhalb seiner religiösen Entwicklung. Diss. Göttingen 1935; G. Unger: Lenz Hofmeister. Diss. Göttingen 1949; H. G. Winter: Ein vorübergehender Meteor? Lenz und seine Rezeption in Deutschland. o. O. 1984.

Lenz, Siegfried, geb. 17. 3. 1926 in Lyck (Masuren). Erzähler, Dramatiker und Hörspielautor. Sohn eines Beamten. Während des Zweiten Weltkriegs war Lenz bei der Marine; er studierte danach in Hamburg Philosophie, Literatur und Anglistik; Redakteur bei der ›Welt‹; von 1951 an freier Schriftsteller. Lenz beschreibt in seinen Werken die politischen und gesellschaftlichen Konflikte der Kriegs- und Nachkriegsjahre. Bekannt wurde er durch seine Romane: ›Brot und Spiele‹ (1959); ›Deutschstunde‹ (1968) und ›Heimatmuseum‹ (1978). Seinen Theaterstücken war kein Erfolg beschieden.
Stücke: ›Zeit der Schuldlosen‹ (1961); ›Der falsche Schwan‹ (1965); ›Die Augenbinde. Nicht alle Förster sind froh‹ (1970).
Literatur: C. Russ (Hrsg.): Der Schriftsteller S. Lenz. o. O. 1973; H. Wagener: S. Lenz. München 1979.

Lessing, Doris, geb. 22. 10. 1919 in Kermanshah (Iran). Englische Schriftstellerin. Tochter eines britischen Kolonialoffiziers. Lessing lebte von 1924 bis 1949 auf einer Farm in Südrhodesien, wo sie sich politisch in der Kommunistischen Partei engagierte. Seit 1933 Gelegenheitsarbeiten als Kindermädchen, Telefonistin und Schreibkraft. 1949 Übersiedlung nach England, wo 1950 ihr erster Roman ›Afrikanische Tragödie‹ erschien. Lessing hat neben ihrem umfangreichen Prosawerk mehrere Theaterstücke geschrieben, aber nur zwei für die Bühne freigegeben: ›Jedem seine eigene Wildnis‹ (1959) und ›Spiel mit einem Tiger‹ (1962), das sie aus Episoden des Romans ›Das goldene Notizbuch‹ (1962) entwickelt hatte.

Lessing, Gotthold Ephraim, geb. 22. 1. 1729 in Kamenz, Oberlausitz, gest. 15. 2. 1781 in Braunschweig. Schriftsteller. 1746 Studium der Medizin, 1748 der Theologie in Leipzig, kurze Zeit später freier Schriftsteller und Journalist in Berlin. Von 1760 bis 1765 Sekretär des Generals von Tauentzien in Breslau. 1767 wurde Lessing Dramaturg am Deutschen Nationaltheater Hamburg. Dort schrieb er die ›Hamburgische Dramaturgie‹ (1767–1769), in der er sich mit den Regeln des französischen

Leutenegger

Klassizismus und der Poetik von Aristoteles auseinandersetzte. Er war einer der bedeutendsten Vertreter der Aufklärung in der deutschen Literatur und der Begründer des deutschen bürgerlichen Trauerspiels. Neudeutungen der jüngsten Zeit: ›Nathan der Weise‹ von Claus Peymann (1981, Bochum), Hansgünther Heyme (1982, Stuttgart) und Fritz Marquardt (1984, München); die Bearbeitung ›Nathans Tod‹ von George Tabori (UA 1991, München); ›Emilia Galotti‹ von Thomas Langhoff (1984) und ›Miss Sara Sampson‹ von Frank Castorf (1989, jeweils München).

Stücke: ›Der junge Gelehrte‹ (1747); ›Der Freigeist‹ (1749); ›Die Juden‹ (1749); ›Miss Sara Sampson‹ (1755); ›Philotas‹ (1758); ›Minna von Barnhelm‹ (1767); ›Emilia Galotti‹ (1772); ›Nathan der Weise‹ (1779).

Literatur: M. Kommerell: Lessing und Aristoteles. Frankfurt a. M. 1960; K. Wölfel (Hrsg.): Lessings Leben und Wirken in Daten und Bildern. o. O. 1967; H. Rempel: Tragödie und Komödie im dramatischen Schaffen Lessings. Darmstadt 1967; F. J. Lamport: Lessing and the Drama. Oxford 1981; G. Ter-Nedden: Lessings Trauerspiele. Stuttgart 1986.

Leutenegger, Gertrud, geb. 7. 12. 1948 in Schwyz. Schweizer Autorin. Von 1976 bis 1979 Regiestudium in Zürich; 1978 Regieassistentin in Hamburg. Leutenegger erhielt diverse Preise, darunter den Ingeborg-Bachmann-Preis (1978). Sie lebt als freie Schriftstellerin in der Schweiz. Zu ihrem Stück ›Lebewohl, Gute Reise‹ (1980) schrieb Verena Auffermann: »Gertrud Leutenegger zieht es zu den Mythen des alten Landes zwischen Euphrat und Tigris. Ein Comedian-Harmonists-Schlager ›Lebewohl, Gute Reise‹ lieferte den Titel für ihr ›dramatisches Poem‹, das im übrigen frei mit dem Gilgamesch-Epos schaltet (. . .). Gertrud Leutenegger hat nun den Versuch unternommen, diese, liest man sie heute, so zarte und wunderbare Dichtung als Grundstock für ihr ›Poem‹ zu benützen. Sie tat es leider mit einer zu pathetischen Vehemenz, einer zu schwelgerischen Bildhaftigkeit, auch mit zu schönen Sätzen.« (›Theater heute‹, Heft 7, 1984)

Lichtenhahn, Fritz, geb. 6. 5. 1932 in Arosa (Schweiz). Schauspieler. 1952 Beginn eines Germanistikstudiums in Zürich; 1953–1956 Ausbildung an der Zürcher Schauspielschule u. a. bei Gustav Knuth und Walter Richter; Anfängerengagements in Graz (1956/57) und Essen (1957–1960). Von 1960 bis 1969 war er am Schauspielhaus Bochum engagiert, wo er u. a. in Inszenierungen des Intendanten Hans Schalla spielte: Alwa Schön in Wedekinds ›Lulu‹; Kulygin in Tschechows ›Drei Schwestern‹; Malvolio in Shakespeares ›Was ihr wollt‹. In den letzten Bochumer Jahren begann die Zusammenarbeit mit Niels-Peter Rudolph, unter dessen Regie er u. a. den Architekten in Arrabals ›Der Architekt und der Kaiser von Assyrien‹ spielte: »Fritz Lichtenhahn als Architekt faszinierte durch eine intensive Gelassenheit, in der Unschuld und potentielle Geworfenheit gleichermaßen virulent waren.« (Heinrich Vormweg, ›SZ‹, 21. 2. 1968) Von 1969 bis 1972 gehörte er zum Ensemble des Deutschen Schauspielhauses Hamburg; dort u. a.: Lord Cherwell in Hochhuths ›Soldaten‹; Titelrolle in Büchners ›Woyzeck‹ (R. Rudolph); Trofimow in Tschechows ›Der Kirschgarten‹ (1979, R. Hans Lietzau); Titelrolle in Weiss’ ›Hölderlin‹ und Vladimir in Strauß’ ›Die Hypochonder‹ (UA 1972, R. jeweils Claus Peymann); Victor in Vitracs ›Victor oder Die Kinder an der Macht‹ (R. Dieter Giesing); Gastrollen am Theater Basel: Narr in Shakespeares ›Was ihr wollt‹ (1972, R. Werner Düggelin) und Titelrolle in Lenz’ ›Der Hofmeister‹ (1973). Von 1973 bis 1987 gehörte er mit Unterbrechungen zum Ensemble der Staatlichen Schauspielbühnen Berlin. Wichtige Rollen dort: Leonce in Büchners ›Leonce und Lena‹ (mit Heidemarie Theobald, R. Roberto Ciulli); Titelrolle in Tschechows ›Onkel Wanja‹ (R. Rudolph) und Gajew in ›Der Kirschgarten‹ (R. Lietzau); Titelrollen in Hartmut Langes ›Pfarrer Koldehoff‹ (UA 1979, R. Lange) und in Strindbergs ›Der Vater‹ (R. Günter Krämer); Robert in Pinters ›Betrogen‹; Trinculo in Shakespeares ›Der Sturm‹; Titelrollen in Erdmanns ›Der Selbstmörder‹ und in Ibsens ›Ein Volksfeind‹. Gastspiele u. a. bei den Salzburger

Festspielen: Jongleur in Bernhards ›Die Macht der Gewohnheit‹ (UA 1974, R. Dieter Dorn); an den Städtischen Bühnen Frankfurt: Goncourt in Dorst/Laubes ›Goncourt oder Die Abschaffung des Todes‹ (UA 1977, R. Peter Palitzsch); am Staatstheater Stuttgart 1980–1982: Edgar in Strindbergs ›Totentanz‹ und Malvolio in Shakespeares ›Was ihr wollt‹ (R. jeweils Krämer); Kreon in Jochen Bergs ›Die Phoenizierinnen des Euripides‹ (UA 1981, R. Hansgünther Heyme); am Schauspielhaus Zürich: Großvater in Hürlimanns ›Großvater und Halbbruder‹ (UA 1981, R. Düggelin); an der Freien Volksbühne Berlin: Direktor in Deichsels ›Zappzarapp‹ (1984, R. Fred Berndt); 1983 Deutschland-Tournee als Richard in Joyces ›Verbannte‹ (R. Dieter Wedel). 1984–1986 Gastspiele in Bremen in Inszenierungen von Günter Krämer: Christian Maske in Sternheims ›Der Snob‹ und in ›1913‹; Titelrolle in beiden Teilen von Goethes ›Faust‹ (mit Hans Falár als Mephisto). Seit 1987 gehört er zum Ensemble des Hamburger Thalia Theaters; er spielte dort u. a.: Zettel in Shakespeares ›Ein Sommernachtstraum‹ und Wladimir in Becketts ›Warten auf Godot‹ (1987, R. jeweils Jürgen Gosch); Titelrolle in Molières ›Tartuffe‹ (1987, R. Daniel Karasek); Gagoliew in Tschechows ›Platonow‹ und Hauptmann in Büchners ›Woyzeck‹ (1989/90, R. jeweils Jürgen Flimm); Schreiber Licht in Kleists ›Der zerbrochne Krug‹ (1989, mit Traugott Buhre, R. Siegfried Bühr); König Peter in Büchners ›Leonce und Lena‹ (R. Axel Manthey); Lobkowitz in Taboris ›Mein Kampf‹ (R. Erwin Axer); Krapp in Becketts ›Das letzte Band‹ (1992, R. Jean-Claude Kuner): »Vor dem Eisernen nimmt ein wunderlicher alter Clown Abschied von einem Leben, das längst zerflattert ist. Behutsam, ohne Hast und Aufbegehren, zeichnet Lichtenhahn einen Menschen, dessen Resignation nicht erst von heute ist. Schon auf dem Band, das er abhört, klingt die Stimme, als müsse sie sich die Lebenspartikel aus tiefer Vergangenheit hervorholen.« (Werner Burkhardt, ›SZ‹, 8. 5. 1992); Graf von Gloster in Shakespeares ›König Lear‹ (1992, R. Flimm); Riccaut in Lessings ›Minna von Barnhelm‹ (1993,

R. Wolf-Dietrich Sprenger); Gastrollen bei den Salzburger Festspielen: Gall in Elias Canettis ›Hochzeit‹ (1988, R. Axel Corti); Der Mann vom Grünstreifen in Strauß' ›Das Gleichgewicht‹ (UA 1993, R. Luc Bondy). Filmrollen hatte er u. a. in ›Gruppenbild mit Dame‹ (1977, nach Böll) und ›Deutschland, bleiche Mutter‹ (1979). Großer Erfolg im Fernsehen als Familienvater Bruno Semmeling in Dieter Wedels Dreiteilern ›Einmal im Leben‹ (1973) und ›Alle Jahre wieder: Die Familie Semmeling‹ (1976).

Liebeneiner, Wolfgang, geb. 6. 10. 1905 in Liebau (Schlesien) gest. 28. 11. 1987 in Wien. Schauspieler und Regisseur. Nach dem Studium in Innsbruck, Berlin und München (an der Otto-Falckenberg-Schule) Engagement an den Münchner Kammerspielen (1928–1932). Weitere Engagements als Schauspieler und Regisseur: Deutsches Theater Berlin (1931–1934); Staatstheater Berlin (1936–1944); Kammerspiele Hamburg (1945–1954); seit 1954 arbeitete er vor allem am Wiener Theater in der Josefstadt. Wichtige Inszenierungen u. a.: Shaws ›Pygmalion‹ (1941); Calderóns ›Das Leben ein Traum‹ (1942); Borcherts ›Draußen vor der Tür‹ (UA 1947, mit Hans Quest). Liebeneiner war von 1931 an Filmschauspieler, nach 1937 auch Filmregisseur (›Ich klage an‹); von 1942 bis 1945 arbeitete er als Produktionschef der Ufa.
Literatur: R. Biedrzynski: Schauspieler, Regisseure, Intendanten. Heidelberg, Berlin, Leipzig 1944.

Lieffen, Karl (eigtl. Karel Frantisek Lifka), geb. 17. 5. 1926 in Ossek (Tschechoslowakei). Schauspieler. Er debütierte 1946 an den Städtischen Bühnen Freiburg. Weitere Stationen: Staatstheater Wiesbaden (1947/48); Münchner Kammerspiele (1949–1951); Städtische Bühnen Frankfurt a. M. (1951–1957); Bayerisches Staatsschauspiel München (1957–1993). Lieffen wurde immer besetzt, wenn es um miese, zwielichtige Typen ging. 1992 lobte Joachim Kaiser anläßlich der Aufführung von Peter Flannerys ›Singer‹ (R. Thomas Schulte-Michels): »Karl Lieffen bot einen

Lier 442

lustvollen Sadisten erträglicherweise als Nicht-Monster.« (›SZ‹, 21. 5. 1992) Zwischen dem Frankfurter und dem Münchner Engagement arbeitete Lieffen für Film und Fernsehen.

Literatur: K. Lieffen: Was fällt Ihnen ein, Lieffen. Percha am Starnberger See 1974.

Lier, Wolfried, geb. 1. 2. 1917 in Berlin, gest. 14. 12. 1993 in München. Schauspieler. Debüt 1938 am Stadttheater Neisse. Weitere Stationen: Landestheater Gotha-Sondershausen (1939–1943); Theater am Kurfürstendamm Berlin (1950–1952); Tribüne Berlin (1951/52); Bayerisches Staatsschauspiel München (1953 und 1959–1961); anschließend Münchner Kammerspiele (bis 1983). Viele Fernseh- und Filmrollen, u.a. in Helmut Käutners ›Ludwig II. – Glanz und Elend eines Königs‹; ›Des Teufels General‹ (nach Zuckmayer), »Ein Mädchen aus Flandern‹. In ihrem Nachruf schrieb Eva-Elisabeth Fischer (›SZ‹ 15. 12. 1993): »Er war einer von denen, die einen Theaterabend rund werden ließen. Er glänzte nicht als einsamer Solitär (. . .), sondern trug durch seine konzentrierte Präsenz in kleineren Rollen zum Gelingen einer Aufführung bei. (. . .) Seine Kunst war das Ensemblespiel, obgleich ihm immer etwas Einzelgängerisches anhaftete.«

Lietzau, Hans, geb. 2. 9. 1913 in Berlin, gest. 29. 11. 1991 ebenda. Schauspieler, Regisseur, Theaterleiter. Studium der Theater- und Zeitungswissenschaft in Berlin. Danach Schauspielschule des Preußischen Staatstheaters. Debüt als Loreno in Erwin Guido Kolbenheyers ›Heroische Leidenschaften‹ (1934, Staatstheater). Erstes Engagement als Schauspieler am Nordmark-Landestheater Kiel (1935–1937). Danach Theater Leipzig (1937–1939) und Burgtheater Wien (1939–1946), dort bereits als Regisseur, u.a. von Hebbels ›Der Rubin‹ (1943). Von 1946 bis 1949 war Lietzau Spielleiter in Bern, danach bis 1951 Regisseur am Hamburger Thalia Theater. Weitere Stationen: Darmstadt (1951–1954), als Chefregisseur am Schiller- und Schloßpark-Theater Berlin (1954–1964), sowie von 1964 bis 1969 am

Bayerischen Staatsschauspiel München. In Berlin inszenierte er erfolgreich u.a. Shakespeares ›Ende gut, alles gut‹ (1951); Barlachs ›Der arme Vetter‹ (1956); Hasenclevers ›Ein besserer Herr‹ (1957); in München zeigte er Claudels ›Der seidene Schuh‹ (1966); Schillers ›Die Räuber‹ (1968) und Büchners ›Woyzeck‹. 1969/70 war Lietzau Intendant des Deutschen Schauspielhauses in Hamburg. Da ihm besonders die Gegenwartsdramatiker wichtig waren, was zuvor schon u.a. die Inszenierungen von Dürrenmatts ›Meteor‹ (DE 1966, Thalia Theater Hamburg) und Tieck/Dorsts ›Der gestiefelte Kater‹ (UA 1965, Deutsches Schauspielhaus) bewiesen hatten, inszenierte er als Intendant Arthur Kopits ›Indianer‹ (DE 1970) und Joe Ortons ›Was der Butler sah‹ (DE 1970). 1972 übernahm Lietzau als Nachfolger von Boleslaw Barlog die Staatlichen Schauspielbühnen Berlin (Schiller- und Schloßpark-Theater). Inszenierungen dort u.a.: Edward Bonds ›Lear‹ (1973); Heiner Müllers ›Der Horatier‹ (UA 1973); Simon Grays ›Butley‹ (1974); Pinters ›Niemandsland‹ (1975), Tschechows ›Kirschgarten‹ (1979). Mit einer glanzvollen Inszenierung von Kleists ›Der zerbrochne Krug‹ (1980) nahm Lietzau – nach Querelen mit der Berliner Presse und den dortigen Kulturpolitikern – Abschied von Berlin und kehrte nach München zurück. Am Bayerischen Staatsschauspiel knüpfte er mit seinen Inszenierungen von Strindbergs ›Der Vater‹ (1980) und Shakespeares ›König Lear‹ (1984) an die früheren Erfolge an diesem Ort wieder an. 1981 inszenierte er an den Münchner Kammerspielen Hebbels ›Maria Magdalena‹ und band sich fortan fester an dieses Haus: 1987 inszenierte er dort Tschechows ›Onkel Wanja‹; 1988 Bernhards ›Der Theatermacher‹; 1989 Ibsens ›John Gabriel Borkman‹; 1991 Barlachs ›Der blaue Boll‹, eine Aufführung, die zum Berliner Theatertreffen 1992 eingeladen wurde, nicht als posthume Ehrung, sondern weil diese letzte Lietzau-Arbeit noch einmal alle Stärken dieses Regisseurs aufwies. Lietzau, der seine Aufgabe darin sah, das Publikum intelligent zu unterhalten – und das hieß für ihn auch, es wachzurütteln, zu brüskieren –, hatte in diesem

443

äußerst schwierigen Text sehr sensibel unsere Gegenwart entdeckt. Der Prozeß der Veränderung interessierte ihn. Und wie in all seinen großen Inszenierungen war die Aufführung von einer großen Einfachheit. Lietzaus Stil war das bedingungslose Vertrauen in Texte. Stücken ein Konzept aufzuzwingen, sie modisch-effektvoll zu garnieren, war ihm zutiefst zuwider. Lietzau-Inszenierungen waren stets Beweis dafür, daß er kein Jota abwich von seinem Credo: »Den Stil hat der Text.« Vier Einladungen zum Berliner Theatertreffen – für seine Inszenierungen von Ionescos ›Die Stühle‹ (1967); Schillers ›Die Räuber‹ (1969); Heiner Müllers ›Philoktet‹ (1969, alle Bayerisches Staatsschauspiel München); Barlachs ›Der blaue Boll‹ (postum 1992, Münchner Kammerspiele).
Literatur: E. Wendt: Wie es euch gefällt geht nicht mehr. München, Wien 1985; C. B. Sucher: Theaterzauberer. Von Bondy bis Zadek. 10 Regisseure des deutschen Gegenwartstheaters. München, Zürich 1989.

Lievi, Cesare, geb. 1953 in Gargnano am Gardasee. Regisseur. Begann in enger Zusammenarbeit mit seinem Bruder, dem Bühnenbildner **Daniele Lievi,** der im November 1990 im Alter von 36 Jahren starb. Cesare studierte in Rom und Bologna und promovierte in Philosophie; Daniele besuchte die Kunstakademie und studierte Architektur. Theaterworkshops u. a. bei Grotowski und Robert Wilson. 1979 gründeten sie in Gargnano das kleine Teatro dell'Acqua, wo sie u. a. Stücke von Trakl und Hölderlin und das Projekt ›Orme di Ariele‹ inszenierten. In Brescia, Mailand und Rom brachten sie – erstmals in Italien – Goethes ›Torquato Tasso‹ auf die Bühne, im sizilianischen Gibellina Hölderlins ›Der Tod des Empedokles‹ (1987). Seit 1985 gemeinsame Produktionen in Deutschland, wo sie mit tänzerisch leichten, poetisch verträumten Inszenierungen das Publikum begeisterten und als die »Zauberer vom Gardasee« gefeiert wurden. Daniele Lievi schuf für seinen Bruder, den Regisseur, klar strukturierte Traumlandschaften, in denen er mit Licht- und Spiegeleffekten spielte und die Bilderwelten

eines de Chirico oder Magritte weiterdachte. Peter Iden schrieb:»Oft drängt Natur in diese Bühnenräume: als Wasser, das immer auch Spiegelfunktion hat (. . .); als Beschwörung ferner Himmel und Landschaften (. . .). Bewegung kommt in die Räume Daniele Lievis nicht erst durch die Schauspieler. Vielmehr enthalten sie schon selbst dramatische Dynamik, indem sie immer wieder den Wechsel zwischen Öffnung und Verschluß, einem Weitwerden und einer Verengung der Szene zu thematisieren scheinen. (. . .) Die Veränderung der Perspektiven paraphrasiert ein für das Theater der Lievis entscheidendes Motiv: Die Menschen im Drama sind ihnen allemal Grenzgänger zwischen Licht und Dunkel, Tag und Nacht, einem Sosein und einer Sehnsucht, die darüber hinauswill; immer ist ihre Wirklichkeit, wie die von Kleists Käthchen, verkörperte Imagination, sehr konkret und traumgeleitet zugleich.« (›Theater heute‹, Jahrbuch 1989) Arbeiten in Frankfurt: Hofmannsthals ›Das Bergwerk zu Falun‹ (1985, an der Hochschule für Musik); Mozarts ›Titus‹ (1989) und Verdis ›Macbeth‹ (1990, beide an der Oper). In Heidelberg: Ibsens ›Die Frau vom Meer‹ (1986); Hofmannsthals ›Christinas Heimreise‹ (1987); Ionescos ›Der neue Mieter‹ (1988). In Basel triumphierten sie 1988 mit Kleists ›Das Käthchen von Heilbronn‹: »Cesare Lievi und sein Bruder, der Bühnenbildner Daniele, glauben, zweifeln nicht an dem Werk. Ähneln Kindern, die staunend vor einem Geschenk stehen und sofort beginnen, damit zu spielen, zu improvisieren. (. . .) Sie, die Jungens vom Gardasee, (. . .) Tagträumer beide, entdeckten uns das Schreckliche, das Lustige, das Weiche: das Leben.« (C. Bernd Sucher, ›SZ‹, 3./4. 12. 1988) Claus Peymann holte die Brüder an das Wiener Burgtheater; dort inszenierten sie Strindbergs ›Gespenstersonate‹ (1988), Pirandellos ›Heinrich IV.‹ (1989, mit Michael Heltau) und Strauß' ›Die Zeit und das Zimmer‹ (1990). Seit Danieles Tod arbeitet Cesare Lievi mit wechselnden Bühnenbildnern (u. a. Peter Laher und Paul Lerchbaumer). Inszenierungen u. a. an der Mailänder Scala: Wagners ›Parsifal‹ (1991); am Wiener Burgtheater: Becketts

Liewehr

›Warten auf Godot‹ (1991); Pirandellos ›Sechs Personen suchen einen Autor‹ (1993); Goethes ›Torquato Tasso‹ (1994). 1992 inszenierte er an der Berliner Schaubühne die Uraufführung seines eigenen Stücks ›Die Sommergeschwister‹. Das Angebot, 1993/94 gemeinsam mit Michael Gruner und Peter Iden als Nachfolger von Jürgen Bosse das Stuttgarter Staatsschauspiel zu leiten, lehnte er – ebenso wie die beiden anderen Kandidaten – 1991 ab. Zwei Einladungen zum Berliner Theatertreffen: Kleists ›Das Käthchen von Heilbronn‹ (1989, Basler Theater) und Trakls ›Blaubart‹ (1992, Burgtheater Wien).
Literatur: D. Lievi: Spuren in ein Theater. Frankfurt a. M. 1987 (Dt. Architekturmuseum).

Liewehr, Fred, geb. 1909 in Neutitschein (Mähren), gest. 19. 7. 1993 in Wien. Schauspieler. Begann bei Max Reinhardt am Wiener Theater in der Josefstadt; 1933 wechselte er an das Wiener Burgtheater, dem er ein Leben lang angehörte (zuletzt als Ehrenmitglied). Seit 1949 brillierte er auch als Operetten- und Musicalstar an der Wiener Volksoper. Er gastierte bei den Salzburger Festspielen, war Professor am Max-Reinhardt-Seminar in Wien und wirkte in zahlreichen Fernseh- und Spielfilmen mit. Zu seinem 50jährigen Bühnenjubiläum wünschte er sich 1983/84 die Rolle des Generals Plata-Ettin in Molnárs ›Olympia‹; Otto F. Beer schrieb: »(. . .) man darf bei dieser Gelegenheit zurückdenken, wie das halbe Burgtheaterjahrhundert Liewehrs angefangen hat: Wie er als feuriger Schillerheld, als Mortimer, als Carlos, rasch ein Liebling der Wiener wurde; wie er später ins Singen kam, als das Akademietheater jene preziösen musikalischen Komödien Steinbrechers aus der Taufe hob; und wie er dann eines Tages ein echter Sänger wurde und an die Volksoper ausbrach, ein gefragter Operettendarsteller wurde, aber auch beim ersten in Wien gezeigten Musical dabei war, bei ›Kiss me, Kate‹. Und inzwischen ist er der Doyen des Burgtheaters geworden.« (›SZ‹, 26. 1. 1984) Liewehr war u.a. Träger des Grillparzer-Rings.

Lillo, George, geb. 4. 2. 1693 in London, gest. 3. 9. 1739 ebenda. Englischer Dramatiker. Besaß ein Juweliergeschäft und schrieb in der Freizeit Dramen. Bedeutend als Vorläufer des bürgerlichen Trauerspiels. Beeinflußte Diderot, Lessing und Zacharias Werner.
Stücke: ›The London Merchant‹ (1731); ›The Christian Hero‹ (1735); ›Fatal Curiosity‹ (1737).
Literatur: G. Vospernik: G. Lillo und die Anfänge des deutschen Trauerspiels. Diss. Innsbruck 1962.

Lindemann, Gustav, geb. 24. 8. 1872 in Danzig, gest. 6. 5. 1960. Regisseur und Intendant. Ausbildung an der Schauspielschule Berlin. Nahm an Carl Heines Literarischer Gesellschaft teil, wo er seine spätere Frau, die Schauspielerin Louise Dumont kennenlernte. 1905 gründete er mit ihr zusammen das Düsseldorfer Schauspielhaus, das er als Chefregisseur bis zur Schließung 1932 leitete. Nach 1945 arbeitete er wieder am Düsseldorfer Haus, das nun den Namen Deutsches Theater am Rhein trug und 1957 der Stadt Düsseldorf übergeben wurde. Er initiierte auch das Düsseldorfer Dumont-Lindemann-Archiv. Als Regisseur setzte er auf Werktreue. Er sah im Theater »eine Stätte der Sehnsucht nach freier Größe und schöner Form«. Henning Rischbieter schreibt, Lindemanns über 150 Inszenierungen gingen »von szenischer Vereinfachung, Stilisierung, Dominanz der Sprache aus« und zielten auf »Überzeitlichkeit« durch »Werktreue«.
Literatur: L. Dumont/G. Lindemann: Deutsches Theater am Rhein. Düsseldorf 1930; L. Dumont: Lebensfeiertag. Briefe an Gustav Lindemann. Velber 1948; K. Loup (Hrsg.): Das festliche Haus. Das Düsseldorfer Schauspielhaus Dumont-Lindemann. Köln 1955; M. Linke: Gustav Lindemann, Regie am Düsseldorfer Schauspielhaus. Düsseldorf 1969; H. Riemenschneider: Theatergeschichte der Stadt Düsseldorf. Bd. II. Düsseldorf 1987.

Lindinger, Hugo, geb. 1. 9. 1911 in Raab (Österreich), gest. 10. 1. 1988 in München. Schauspieler. Er absolvierte ein Gesangsstudium am Mozarteum in Salzburg und

445

war zunächst an mehreren Bühnen als Opernsänger engagiert. Stationen als Schauspieler: Gera, Salzburg, Göttingen (bei Heinz Hilpert), Düsseldorf (bei Gustaf Gründgens), Münchner Kammerspiele, Württembergisches Staatstheater Stuttgart, Schauspielhaus Bochum, Bayerisches Staatsschauspiel München. Lindinger war ein prächtiger Komödiant, der mit seinem plumpen, schweren Körper großartige Verwandlungskunststücke vollbrachte. Seine wichtigsten Rollen: Pozzo in Becketts ›Warten auf Godot‹ (1971, Stuttgart, R. Peter Palitzsch); Monsignore Rosentreter in Hochhuths ›Die Hebamme‹ (1972); der Wirt in Bernhards ›Der Theatermacher‹ (UA 1985, Salzburger Festspiele, R. Claus Peymann); der Koch in George Taboris ›Mein Kampf‹ (1987, Burgtheater Wien, R. der Autor). Lindinger wirkte in vielen Filmen und Fernsehproduktionen mit. **Literatur:** C. B. Sucher: Theaterzauberer. Schauspieler. 40 Porträts. München, Zürich 1988.

Lindner, Marianne, geb. 11. 12. 1922 in Bad Blankenburg. Schauspielerin. Schauspielstudium in Salzburg und München. 1948 gründete sie zusammen mit ihrem Mann Siegfried ein Bauerntheater, die Siegfried Lindner-Bühne am Tegernsee (bis 1968). Tourneen mit ›Komödienstadl‹-Produktionen, Rollen in Aufführungen des Münchner Theaters rechts der Isar und des Münchner Volkstheaters. 1985/86 spielte sie in der Uraufführung von Kroetz' ›Bauern sterben‹ an den Münchner Kammerspielen die Rolle der Bäuerin (R. der Autor). Viele Fernsehrollen.

Lindtberg, Leopold, geb. 1. 6. 1902 in Wien, gest. 18. 4. 1984 in Sils-Maria, Oberengadin. Schauspieler, Regisseur und Intendant. Nach dem Besuch des Realgymnasiums in Wien studierte er eine Zeitlang Germanistik, Kunstgeschichte und Musikwissenschaft. Schauspielunterricht bei Josef Danegger und Hans Kirchner in Wien; Debüt 1922. Wilhelm Dieterle holte ihn 1924 an das Dramatische Theater Berlin. Es folgten Engagements in Düsseldorf (1925/26) und Bielefeld (1926/27 als Regisseur). Von 1927 bis 1929 arbeitete er als

Schauspieler und Regisseur an der Piscator-Bühne Berlin, wo er mit der Uraufführung von Mühsams ›Judas‹ (1928) seinen ersten größeren Erfolg feierte. Danach Regiearbeiten in Koblenz (1928/29), Breslau (1929/30), am Staatstheater Berlin (1930–1932) und in Düsseldorf (1932/33). Nach der erfolgreichen Premiere von Graff/Hintzes ›Die endlose Straße‹ am Schiller-Theater Berlin schrieb Alfred Kerr: »Leopold Lindtberg; Ehrenname« (›Berliner Tageblatt‹, 24. 2. 1932). 1933 emigrierte Lindtberg nach Zürich, das ihm zur zweiten Heimat wurde. Am Zürcher Schauspielhaus brachte er zwischen 1933 und 1945 insgesamt 118 Inszenierungen heraus, darunter 14 Werke von Shakespeare (u. a. ›König Lear‹ 1936), zehn von Schiller und sieben von Goethe (u. a. ›Faust I und II‹ 1940). Seine wichtigste Arbeit in dieser Zeit war die Uraufführung von Brechts ›Mutter Courage und ihre Kinder‹ (1941, mit Therese Giehse). Außerdem u. a.: Wolfs ›Professor Mamlock‹ (UA 1934); Lasker-Schülers ›Arthur Aronymus‹ (UA 1936); Zuckmayers ›Bellman‹ (UA 1938); Bruckners ›Napoleon I.‹ (UA 1938); Büchners ›Dantons Tod‹ (1940); Kaisers ›Zweimal Amphitryon‹ (UA 1944); seit 1934 Gastinszenierungen am Habima Theater in Tel Aviv. Das Schauspielhaus Zürich blieb auch nach dem Krieg das Zentrum seiner Arbeit; von 1965 bis 1968 war er dort Direktor. Zu seinen wichtigsten Zürcher Inszenierungen nach 1945 zählen: Sartres ›Der Teufel und der liebe Gott‹ (DE 1951); Kafka/Brods ›Das Schloß‹ (1953); Faulkners ›Requiem für eine Nonne‹ (UA 1955); Wilders ›Alkestiade‹ (1957); Dürrenmatts ›Der Meteor‹ (UA 1966, 1967 zum Berliner Theatertreffen eingeladen); Frischs ›Biografie: Ein Spiel‹ (UA 1968); Zuckmayers ›Der Rattenfänger‹ (UA 1975). Seit 1948 inszenierte er auch regelmäßig am Burgtheater Wien, u. a.: Hofmannsthals ›Der Turm‹ (1948, UA der Erstfassung); Grillparzers ›Der Traum ein Leben‹ (1956); Schillers ›Maria Stuart‹ (1956); Camus' ›Die Besessenen‹ (1959); Kraus' ›Die letzten Tage der Menschheit‹ (UA 1964, stark gekürzte Fassung); Kohouts ›Attest‹ (UA 1981); Wedekinds ›Der Mar-

Lingen

quis von Keith‹ (1982). Große Beachtung fand sein Zyklus der Königsdramen von Shakespeare (1960–1964 am Burgtheater). Gastinszenierungen u. a. bei den Salzburger Festspielen, am Wiener Theater in der Josefstadt, am Hamburger Thalia Theater und am Schloßparktheater Berlin. Immer wieder, zuletzt 1979 am Münchner Residenztheater, bemühte er sich um Goethes ›Faust II‹. Seine große Liebe galt jedoch Nestroy, von dem er in Wien und Zürich zahlreiche Stücke inszenierte. Auch Opernregie: von Monteverdis ›Orfeo‹ (mit Paul Hindemith) über die Mozart-Zyklen in Frankfurt und Zürich bis hin zur Strauß-Operette ›Die Fledermaus‹ in Wien (mit Herbert von Karajan) und in London (mit Zubin Mehta). Als Filmregisseur verhalf er dem Schweizer Film zu internationaler Anerkennung, vor allem mit ›Die letzte Chance‹ (1944/45) und ›Die Vier im Jeep‹ (1951). Günther Rühle schrieb über den Regisseur: »Dies waren seine Prinzipien: den Sinn für die Kraft der Dichter erhalten, ihre Gültigkeit beweisen, ihre Sprache vernehmbar machen, sie begreifen als sittliche und sittigende Macht. Er sah in den Theater-Figuren der Gegenwart immer ihre Herkünfte. Ihm galt die Geschichte und die Geschichte der Menschheit schon als lange geschrieben. Darum sagte er auch, es komme nicht darauf an, neue Geschichten zu erfinden, wohl aber darauf, die alten richtig zu erzählen. (. . .) Lindtberg war als Regisseur ein nachbildender Gestalter. Kein Perspektivist, kein Konfronteur. Er liebte Gruppierungen, Darstellen von Situationen und Konstellationen, er hatte gern eine volle Bühne zum Betrachten und zum Erklären. (. . .) Zu den Besonderheiten seiner Auffassung von Theater gehörte ein Vertrauen in die Kraft des Naiven. Der selbst hochgebildete Mann hatte sich so gegen die Komplizierungen in den Ausdrucksmitteln des Theaters gewehrt.« (›FAZ‹, 21. 4. 1984)

Literatur: L. Lindtberg: Shakespeares Königsdramen. Wien u. a. 1962; ders.: Reden und Aufsätze. Freiburg i. Br. 1972; Regiearbeit Leopold Lindtbergs. Texte von Leopold Lindtberg u. a. St. Gallen, Stuttgart 1962; H. Dumont: Leopold Lindtberg und der Schweizer Film 1935–1953. Ulm 1981.

Lingen, Theo (eigtl. Franz Theodor Schmitz), geb. 10. 6. 1903 in Lingen, Ems, gest. 10. 11. 1978 in Wien. Schauspieler und Regisseur. Aufgewachsen in Hannover, wo er nach dem Besuch des Gymnasiums auf Drängen seiner Mutter Schauspielunterricht bei Friedrich Holthaus nahm. Als Achtzehnjähriger debütierte er an der Schauburg Hannover; 1922 wechselte er ans Residenztheater Hannover. Es folgten Engagements in Halberstadt (1923), Münster (1924) und Recklinghausen (1926). Seine entscheidenden Lehrjahre verbrachte er anschließend bei Arthur Hellmer am Neuen Theater Frankfurt a. M.; er spielte dort u. a. in Stücken von Kaiser, Shaw und Bruckner; wurde stark geprägt durch das expressionistische Theater. 1928 heiratete er die Opernsängerin Marianne Zoff, die ehemalige Frau von Bertolt Brecht, mit dem er befreundet war. 1929 wechselte er nach Berlin ans Theater am Schiffbauerdamm, wo er u. a. in der neubesetzten Uraufführungsinszenierung von Brecht/Weills ›Die Dreigroschenoper‹ mitwirkte. 1930/31 Engagement am Staatstheater Berlin; dort u. a.: Soldat in Brechts ›Mann ist Mann‹ (1931, R. der Autor). Von 1932 bis 1936 arbeitete er an der Komödie, der Volksbühne und anderen Bühnen in Berlin; spielte u. a. den Kommissar in Gorki/Brechts ›Die Mutter‹ (UA 1932, Komödienhaus Berlin, R. Brecht/Emil Burri). Von 1936 bis 1944 arbeitete er wieder am Staatstheater, wo er das Publikum nicht nur als begnadeter Komiker, sondern auch als präziser Charakterdarsteller begeisterte. Wichtige Rollen: Schauspieler Albert in Apels ›Hans Sonnenstößers Höllenfahrt‹ (1936, R. Gustaf Gründgens); Malvolio in Shakespeares ›Was ihr wollt‹ (1936/37). 1944 übersiedelte er nach Österreich und nahm 1945 die österreichische Staatsbürgerschaft an. Von 1948 an gehörte er für fast zwei Jahrzehnte zum Ensemble des Wiener Burgtheaters; Rollen u. a.: Sir Hugh Evans in Shakespeares ›Die lustigen Weiber von Windsor‹ (1964, R. Hans Jaray); Jupiter in Sartres ›Die Fliegen‹ (1965, R. Gustav Rudolf Sellner); Prof. Begriffenfeldt in Ibsens ›Peer Gynt‹ (1965); Philip in Ayckbourns ›Halbe Wahrheiten‹ (1967; 1968 auch in eigener Regie an der Kleinen

Komödie München); Titelrolle in Dorins ›Ein unausstehlicher Egoist‹ (DE 1970). Häufig Gastspiele an deutschen Bühnen, u. a. in Hamburg, Düsseldorf und Berlin. Großer Erfolg als Oberlehrer Heinrich Krull in Sternheims ›Die Kassette‹ (1959/60, Theater am Kurfürstendamm Berlin, R. Rudolf Noelte; auch im Fernsehen). Unter der Regie von Kurt Horwitz brillierte er als Einstein in Dürrenmatts ›Die Physiker‹ (UA 1962, Schauspielhaus Zürich, mit Therese Giehse) und als Wehrhahn in Hauptmanns ›Der Biberpelz‹ (1962, Residenztheater München). Erfolgreich war er auch als Riccaut in Lessings ›Minna von Barnhelm‹ (1963/64, auch im Fernsehen) und als Styx in Offenbachs ›Orpheus in der Unterwelt‹ (1972, Staatsoper Hamburg). Lingen schrieb Bühnenstücke (u. a. ›Theophanes‹, ›Römischer Karneval‹, ›Johann‹), verfaßte Drehbücher und führte hin und wieder selbst Regie (auch im Film). Seine Markenzeichen waren eine penibel gescheitelte Frisur und seine näselnde Stimme. Als Komiker wurde er vor allem durch den Film populär, wo er häufig an der Seite von Hans Moser spielte. Insgesamt wirkte er in ca. 200 Filmen mit, darunter viele billige Klamotten. Friedrich Luft schrieb über Lingen: »Jede Generation entdeckte ihn neu, und jeder Theaterkritiker wurde, wenn Lingen endlich wieder einmal Theater spielte, inne, welch ein grandioser Darsteller er war. Mein Gott!, sagten wir, warum filmt denn der Mann? Der ist doch für manchen Quatsch, den er im Kino oder auch im Fernsehen machen muß, viel zu schade! Und dann lag man ihm wieder zu Füßen. Komiker, wirklich vitale, so perfekte Komiker, wie Lingen einer war, sind in Deutschland immer rar gewesen. Theo Lingen hatte das, was man ›die komische Präsenz‹ nennt. (...) Er spielte so genau und fehlerlos wie eine abgefeimt geführte Marionette. Man mußte immer wieder an Heinrich von Kleist und dessen Theorie von der Marionette als den idealen Schauspieler denken, sah man Lingen und seinen gezirkelten Darstellergängen zu.« (›Die Welt‹, 13. 11. 1978)

Literatur: T. Lingen: Ich über mich. München 1963; ders.: Ich bewundere ...

– Liebeserklärungen an das Theater. München 1969; W. Eser: Theo Lingen – Komiker aus Versehen. München 1986.

Lingen, Ursula (eigtl. Ursula Meisel, geb. Schmitz), geb. 9. 2. 1928 in Berlin. Schauspielerin. Tochter des Schauspielers und Regisseurs Theo Lingen und der Sängerin Marianne Zoff. Aufgewachsen zunächst in Berlin, später in Wien, wo sie das Gymnasium besuchte und Schauspielunterricht nahm. Begann nach dem Krieg mit Kinderrollen an österreichischen Tourneetheatern. Erste Engagements am Volkstheater (1947) und am Neuen Theater in der Scala Wien (1948–1950). Von 1950 bis 1958 stand sie an verschiedenen Berliner Bühnen unter Vertrag. Von 1958 an arbeitete sie hauptsächlich in München; zunächst an den Kammerspielen, wo sie u. a. in Inszenierungen von Hans Lietzau und Hans Schweikart auftrat. Danach (mit Unterbrechungen bis 1984) am Bayerischen Staatsschauspiel, wo ihr Ehemann Kurt Meisel als Oberspielleiter und später als Intendant wirkte. Rollen in Meisel-Inszenierungen u. a.: Genia Hofreiter in Schnitzlers ›Das weite Land‹ (1974) und Schauspielerin in ›Der Reigen‹ (1982); Emma in Pinters ›Betrogen‹ (1979); Elisabeth in Schillers ›Maria Stuart‹ (1981); Joachim Kaiser schrieb: »Ursula Lingen spielt eine souveräne Souveränin: zum Lächeln, zu lächelnder Machtausübung bereit. Und im Bewußtsein, von der ›anderen‹ bedroht zu werden, eiskalt, imperialistisch, nur auf den Schein, nicht auf die Gerechtigkeit bedacht.« (›SZ‹, 13. 1. 1981); Beatrice in Shakespeares ›Viel Lärm um nichts‹ (1983). Weitere Rollen u. a.: Célimène in Molières ›Menschenfeind‹ (1975, R. Frank Baumbauer); Paula Tax in Handkes ›Die Unvernünftigen sterben aus‹ (1975, R. Alfred Kirchner); Gräfin in Beaumarchais' ›Der tolle Tag oder Figaros Hochzeit‹ (1976); Olga in Tschechows ›Drei Schwestern‹ (1978, R. Ingmar Bergman); Helena in Goethes ›Faust II.‹ (1979, R. Leopold Lindtberg); Mutter in O'Neills ›Trauer muß Elektra tragen‹ (1982, R. Klaus Löwitsch). In München sah man sie auch als Lady Macbeth und als Klytämnestra. Gastspiele gab sie am Theater

Lippert

in der Josefstadt und am Volkstheater Wien. Anfang der siebziger Jahre arbeitete sie fünf Jahre lang bei Boy Gobert am Hamburger Thalia Theater; Rollen u. a.: Frau Hushabye in Shaws ›Haus Herzenstod‹ (1971, R. Gobert); Gräfin Geschwitz in Wedekinds ›Lulu‹ (1971, R. Dieter Giesing); Anna in Pinters ›Alte Zeiten‹ (1972, R. Schweikart). 1984–1990 freischaffende Schauspielerin, häufig in Tournee-Inszenierungen. In der Spielzeit 1990/91 übernahm sie als Nachfolgerin von Ida Ehre die Leitung der Hamburger Kammerspiele. Ihre Erfolge als Intendantin konnten allerdings die Überschuldung und den Konkurs der Bühne nicht aufhalten. Am 16. Juli 1991 trat sie als Direktorin zurück. Im Fernsehen sah man sie u. a. in Kurt Meisels ›Requiem für eine Nonne‹ (1965, nach Faulkner) und ›Haus Herzenstod‹ (1968, nach Shaw) sowie in Karin Brandauers ›Der Weg ins Freie‹ (1984, nach Schnitzler). Sie wirkte auch in einigen Filmen mit, z. B. in ›Hin und her‹ (1948) unter der Regie ihres Vaters.

Lippert, Albert, geb. 17. 12. 1901 in Oldenburg, gest. 21. 2. 1978 in Schlehdorf am Kochelsee. Schauspieler, Regisseur und Intendant. Schauspielunterricht am Hoftheater Oldenburg; arbeitete danach als Schauspieler in seiner Heimatstadt; 1922–1927 Engagements in Stettin, Graz und Nürnberg. Von 1927 bis 1945 arbeitete er als Schauspieler und Regisseur am Bayerischen Staatsschauspiel München. Er spielte die jugendlichen Helden und die weichen, schwankenden Charaktere (u. a. Orest in Goethes ›Iphigenie auf Tauris‹ und Shakespeares ›König Richard II.‹); inszenierte Lustspiele und Jugendstücke (u. a. Forsters ›Robinson soll nicht sterben‹). Nach dem Krieg leitete er für kurze Zeit das Landestheater Oldenburg; danach wurde er Intendant am Deutschen Schauspielhaus Hamburg (1948–1955). Zu den Höhepunkten seiner Hamburger Intendanz gehörten die deutsche Erstaufführung von Brechts ›Herr Puntila und sein Knecht Matti‹, die Uraufführung von Claudels ›Tobias und Sarah‹ sowie Giraudoux' ›Die Irre von Chaillot‹ in der Inszenierung von Karl Heinz Stroux (1950, mit Hermine

Körner). Von 1955 bis 1962 war er Generalintendant in Bremen; trat hier auch als Opernregisseur hervor: Wagners ›Tristan und Isolde‹ und ›Der Ring des Nibelungen‹; Hindemiths ›Harmonie der Welt‹; Fortners ›Bluthochzeit‹ (UA). Als solider Theatermann vertrat er »den Typus des feinfühligen Gentleman-Intendanten, der mit ruhiger Bestimmtheit auf kontinuierliche Arbeit drang« (›SZ‹, 23. 2. 1978). Von 1962 bis zu seinem Tod arbeitete er als freischaffender Regisseur und Schauspieler (auch in der Schweiz und in Österreich). Seine letzte Bühnenrolle war Lessings ›Nathan der Weise‹ (1977, Tournee).

Ljubimow, Juri Petrowitsch, geb. 17. 9. 1917 in Jaroslawl (Rußland). Schauspieler, Regisseur und Theaterleiter. Nach dem Studium Schauspielausbildung im Studio des Moskauer Wachtangow-Theaters (bis 1940); 1940–1947 Dienst in der Roten Armee; seit 1947 Mitglied der KPdSU. 1947 kehrte er wieder ans Wachtangow-Theater zurück; war dort von 1953 bis 1963 Dozent an der Schauspielschule im Studio. Rollen u. a.: Oleg Koschewoi in Fadejews ›Die junge Garde‹; Chris in Millers ›Alle meine Söhne‹; Benedikt in Shakespeares ›Viel Lärm um nichts‹; Tjatin in Gorkis ›Jegor Bulytschow‹ (1951). In den fünfziger Jahren wandte er sich der Regiearbeit zu; inszenierte Anfang der sechziger Jahre auch am Puschkin Theater und war 1964 Chefregisseur am Moskauer Dramen- und Komödientheater. 1964 gründete er mit einer Gruppe von Schauspielschülern das Theater an der Taganka (einem Nebenfluß der Moskwa). Er eröffnete die Bühne mit Brechts ›Der gute Mensch von Sezuan‹, einem Stück, das er 1963 bereits mit Erfolg im Wachtangow-Studio inszeniert hatte. Unter Ljubimows Leitung wurde das Taganka-Theater die experimentierfreudigste und mutigste Bühne der Sowjetunion und erlangte internationale Anerkennung. Ljubimow, einer der radikalsten Vertreter des Regietheaters, sieht sich der Idee des totalen Theaters und der Tradition W. E. Meyerholds verpflichtet. Beeinflußt wurde er auch durch Bertolt Brecht, an dessen Durchsetzung im sowjetischen Theater er maßgeblich beteiligt

Ljubimow

war. Das berühmteste Mitglied seines Ensembles war der sowjetische Liedsänger und Volksdichter Wladimir Wissotzki; die Bühne gestaltete in der Regel David Borowskij. Zu Ljubimows wenigen Dramen-Inszenierungen am Taganka-Theater zählen Brechts ›Leben des Galilei‹ (1966), Shakespeares ›Hamlet‹ (jeweils mit Wissotzki in der Titelrolle) und Molières ›Tartuffe‹ (1968). Hauptsächlich inszenierte er Bühnenfassungen von Romanen und Reportagebüchern oder szenische Collagen aus Gedichten und Chansons (meist in revueartigem, stark rhythmisiertem Stil): ›Antiwelten‹ (1964, szenische Darbietung der Lyrik Wosnessenskis; 400 Aufführungen, 1971 mit Wosnessenski selbst); ›Zehn Tage, die die Welt erschütterten‹ (1965, Revolutions-Revue nach der Reportage von John Reed); ›Die Gefallenen und die Lebenden‹ (1965, Gedichte, Briefe und Erinnerungen von Kriegsteilnehmern); ›Hören Sie zu!‹ (1967, nach Majakowski); ›Pugatschow‹ (1967, nach Jessenin); ›Freund sei getrost‹ (Gedichte, Lieder und Szenen von Puschkin); ›Die Mutter‹ (1969, nach dem Roman von Gorki, mit Sinaidi Slawina); ›Im Morgengrauen ist es noch still‹ (nach Wassiljew); ›Was tun?‹ (1970, nach dem Roman von Tschernyschewski); ›Das Haus an der Moskwa‹ (nach Trifonow); ›Schuld und Sühne‹ (1979, nach Dostojewski; später auch in Budapest und mit großem Erfolg am Lyric Theatre London). Eine Sensation wurde 1977 seine Bearbeitung von Bulgakows Roman ›Der Meister und Margarita‹, in dem das stalinistische Moskau satirisch-kritisch beleuchtet wird. Rudolph Chimelli schrieb darüber: »Aus dieser Vorlage haben der Regisseur Juri Ljubimow und sein Kollege Wladimir Djatschin ein vier Stunden dauerndes Spektakel von hoher Werktreue gemacht. Sparsamer Umgang mit Requisiten erzielt dichteste Wirkungen: Ein über die Bühne in allen Richtungen schwenkbarer Vorhang, beliebtes Mittel aus früheren Inszenierungen Ljubimows, ist Szenenwechsel oder zeitlicher Abstand, lärmende Volksmenge oder stille Geborgenheit (. . .). Lichteffekte, unterlegte Tonbänder mit Musik und elektronischen Schwingungstönen, Tanz, Varietéelemente, Einbeziehung

des Zuschauerraumes machen aus der aktuell gebliebenen Persiflage auf Stalinismen Avantgardetheater, wie es die Sowjetunion noch nicht gesehen hat. Die Satire auf den neuen Menschen, der nach Satans zufrieden-melancholischer Feststellung genau wie der alte oder etwas schlechter ist (. . .), wird mit ihren fast 100 auftretenden Personen zum halb komischen, halb abgründigen Medium für Wahrheiten, die sonst so keiner ausspricht. Das Publikum hält den Atem an, versteht, ist enthusiastisch.« (›SZ‹, 2. 6. 1977) Wegen seiner avantgardistischen, oftmals systemkritischen Theaterarbeit geriet Ljubimow immer wieder in Konflikt mit den Moskauer Kulturbehörden. Im Westen durfte seine Truppe erstmals 1977 gastieren; zuvor hatte Ljubimow bereits an der Mailänder Scala Luigi Nonos ›In der Sonne Liebesbrand‹ uraufgeführt (1975, mit Claudio Abbado am Pult). 1978 mußte er eine Inszenierung von Tschaikowskys ›Pique Dame‹ an der Pariser Oper abbrechen. Eine Gedächtnisaufführung für den 1980 verstorbenen Wissotzki wurde ebenso untersagt wie eine moderne Fassung von Puschkins ›Boris Godunow‹. 1982 erhielt er überraschend die Genehmigung für weitere Gastinszenierungen im Ausland, u. a.: Wolf-Ferraris ›Die vier Grobiane‹ (1982, Nationaltheater München); Bergs ›Lulu‹ (1983, Turin); Wagners ›Tristan und Isolde‹ (1983, Bologna); übte im Westen Kritik an der Kulturpolitik des Kreml und machte seine Rückkehr nach Moskau davon abhängig, ob man ihn in Zukunft unbehindert arbeiten ließe. Daraufhin wurde er 1984 – unter Generalsekretär Tschernenko – als Direktor des Taganka-Theaters entlassen, aus der KPdSU ausgeschlossen und aus der Sowjetunion ausgebürgert. Sein Nachfolger am Taganka-Theater wurde zunächst Anatoli Efros, später Nikolai Gubenko. Ende 1984 übernahm Ljubimow für zwei Jahre die Leitung des neueröffneten Teatro Arena del Sole in Bologna; zahlreiche Operninszenierungen u. a. in Stuttgart, Zürich, Bonn, Mailand und Chicago. Am Wiener Akademietheater inszenierte er 1984 noch einmal seine Dostojewski-Bearbeitung ›Schuld und Sühne‹, die den Titel ›Verbrechen und Strafe‹ trug

Loebinger 450

und 1985 zum Berliner Theatertreffen eingeladen wurde. In London und Paris kam eine Dramatisierung der ›Dämonen‹ (1985) heraus. Weitere Inszenierungen u. a.: ›Tote Seelen‹ (1986, Gogol-Collage, Burgtheater Wien); Babels ›Vor Sonnenuntergang‹ (1987, Habimah Theater Tel Aviv); Shakespeares ›Hamlet‹ (1988, Haymarket Theatre Leicester). 1985 Auszeichnung mit der Kainz-Medaille; 1987 ließ er sich in Jerusalem nieder und wurde israelischer Staatsbürger. Unter dem sowjetischen Staatschef Michail Gorbatschow wurde ihm im Mai 1989 die sowjetische Staatsbürgerschaft wieder zuerkannt. Seit Dezember 1989 ist er wieder Leiter des Taganka-Theaters. Inszenierungen seither u. a.: ›Lebendig‹ (1989, nach Boris Moschajew); ›Boris Godunow‹ (Wiederaufnahme der verbotenen Inszenierung von 1982, mit Gubenko); ›Wladimir Wissotzki‹ (1990, Lieder-Collage mit Gubenko; die Hommage war bereits im Juli 1981 herausgekommen, damals ohne Ljubimow). Hauptsächlich Regiearbeiten im Ausland, u. a. in Hamburg und München; zuletzt Alfred Schnittkes Oper ›Hommage an Schiwago‹ in Wien (UA 1993, nach Pasternak, dramatisiert von Ljubimow).
Literatur: J. P. Ljubimow: Le Feu sacré. Memoiren. Paris 1985; J. Fiebach (Hrsg.): Sowjetische Regisseure über ihr Theater. Berlin 1976.

Loebinger, Lotte, geb. 10. 10. 1905 in Kattowitz, Oberschlesien. Schauspielerin. Begann als Schauspielerin in Breslau; wichtige Lehrjahre 1926/27 an der Volksbühne Berlin. Von 1927 bis 1931 spielte sie an der Bühne von Erwin Piscator und im Piscator-Kollektiv, u. a. Eva in Tollers ›Hoppla, wir leben!‹ (1927). 1931 Tournee mit Piscator durch die Sowjetunion; 1934 Polen; danach Emigration über Prag in die Sowjetunion, wo sie für Film und Funk arbeitete. 1950 wechselte sie ans Deutsche Theater in Ostberlin. Seit 1951 gehört sie zum Ensemble des Ostberliner Maxim-Gorki-Theaters; spielte dort zunächst in vielen Inszenierungen des Intendanten Maxim Vallentin, u. a.: Charitonowa in Lawrenjows ›Für die auf See‹ (1952); Titelrolle in Dostigajews ›Melania‹ (1954);

Tante Frieda in Bechers ›Der Weg nach Füssen‹ (UA 1956). Außerdem u. a.: Baruska in Stehlíks ›Bauernliebe‹ (1957); Camela in de Filippos ›Lügen haben lange Beine‹ (1958); Großmutter in Blazeks ›Und das am Heiligabend‹ (mit Albert Hetterle, dem späteren Intendanten des Maxim-Gorki-Theaters); Sergejewna in Rosows ›Am Tage der Hochzeit‹ (1965, R. Horst Schönemann); Mutter Ninfa in Pirandellos ›Liolà‹ (1968); alte Frau in O'Caseys ›Der Stern wird rot‹ (1968); Kinderfrau in Gorkis ›Die Letzten‹ (1975, R. Wolfgang Heinz); Narr in Shakespeares ›Was ihr wollt‹ (1991, R. Martin Meltke): »Der Spaßmacher ist eine Obdachlose, die Lumpen aufsammelt, eine alte, weise, zynische, schlagfertige Charakterperson. Ein Diogenes, der seine Tonne im großstädtischen Bahnhof hat. Lotte Loebinger nimmt die kaputte Rolle als Geschenk − wie ein kostbares Fundstück aus dem Müll.« (Rüdiger Schaper, ›SZ‹, 20. 6. 1991) Auch zahlreiche Filmrollen, vor allem in Defa-Produktionen.

Löffler, Peter, geb. 1926 in Zürich. Regisseur und Intendant. Begann seine Laufbahn nach dem Studium am Schauspielhaus Zürich, zunächst als Schüler von Oskar Wälterlin und Kurt Hirschfeld, dann als zweiter Dramaturg (1948–1951); von 1955 bis 1961 war er dort erster Dramaturg und Regisseur; von 1962 bis 1964 Vizedirektor. 1965 ging er nach Berlin, wo er Präsidialsekretär der Akademie der Künste wurde. 1967 übernahm er außerdem die Leitung der Berliner Festwochen. 1969 wurde er als Nachfolger von Leopold Lindtberg Direktor am Schauspielhaus Zürich; als Chefdramaturgen holte er sich Klaus Völker aus Berlin. Löfflers progressiver Spielplan (u. a. Heiner Müllers ›Prometheus‹) erregte von Anfang an Anstoß. Viele befürchteten einen radikalen Linksruck des Theaters, zumal Löffler mit der Gruppe um Peter Stein zusammenarbeitete. Steins Inszenierung von Bonds ›Trauer zu früh‹ (mit Jutta Lampe und Joana Maria Gorvin) geriet vollends zum Theaterskandal. Bereits drei Monate nach ihrem Amtsantritt wurden die Verträge von Löffler und Völker gekündigt. Der Verwaltungsrat der Neuen Schauspiel AG warf der Direktion »eine konstante und monoton wirkende Überbetonung der in den ausgewählten Stücken enthaltenen gesellschaftlichen Komponenten« vor, mit welcher »der Versuch einer politischen Gleichschaltung des Ensembles einherging« (›SZ‹, 15. 12. 1969). In der Spielzeit 1972/73 übernahm Löffler die Intendanz am Staatstheater Kassel.

Literatur: K. Hirschfeld/P. Löffler (Hrsg.): Schauspielhaus Zürich 1938–1958. Zürich 1958; P. Löffler: Gordon Craigs frühe Versuche zur Überwindung des Bühnenrealismus. Bern 1969; ders.: F. Dürrenmatts ›Besuch der alten Dame‹ in New York. Basel u.a. 1976; ders.: Schweizer Theaterplakate 1900–1925. Basel u.a. 1988.

Löscher, Peter, geb. 1938 in Dresden. Regisseur. Studium der Germanistik und Theaterwissenschaft in Ostberlin; Regie- und Schauspielunterricht in Frankfurt a. d. Oder; 1926 Studium in Los Angeles; 1966–1969 Dramaturg in Wuppertal und Hospitant bei der Royal Shakespeare Company in London; 1969 freie Produktionen u.a. am Keller-Theater Wuppertal. Frühe Inszenierungen: Horváths ›Zur schönen Aussicht‹ (1970, Landestheater Tübingen); Barnes' ›Teufel am Mittag‹ (DE 1971, Wuppertal); Work-in-progress-Produktionen am Theater am Turm (TAT) in Frankfurt: ›Die Jakobsgeschichte‹ (1973); Schauspielerübungen nach Motiven von Beckett (1975). Regiearbeiten am Schauspiel Frankfurt (in enger Zusammenarbeit mit dem Dramaturgen Horst Laube): Lampels ›Revolte im Erziehungsheim‹ (1973); Strindbergs ›Mit dem Feuer spielen‹ (1975); Rudkins ›Vor der Nacht‹ (1976); Shakespeares ›Was ihr wollt‹ (1977). Am Schauspiel Düsseldorf: Becketts ›Damals/Tritte‹ (1976) und ›Warten auf Godot‹ (1978); Bruckners ›Krankheit der Jugend‹ (1976). In Düsseldorf inszenierte er 1979 mit einer eigenen Truppe, die zum Schauspielhaus gehörte, Schillers ›Die Räuber‹ und das Projekt ›Mit tränenüberströmtem Gesicht‹ (beide aufgeführt in einer Halle der Alten Messe). Über die gefeierte ›Räuber‹-Inszenierung schrieb Heinrich Vorm-

weg: »Was Sturm und Drang in diesem monströsen Spektakel ist, (...) das tat Löscher sozusagen ab, indem er seine eher in Lumpen verkleidete Truppe nach zögernder Annäherung ein paar Mal quer über die riesige Spielfläche stürmen ließ, die ihm die Messehalle bietet. Danach begann ein Spiel, das sich wohl am besten als szenisch-bildhaftes Nachdenken über Schillers Räuber charakterisieren läßt, ein ungemein plausibles und sachliches und anregendes Nachdenken, das weiterwirkt. (...) Löscher und seine Truppe nutzen fesselnd die überdimensionale Spielfläche (...); nutzen sie eindringlich selbst in der punktuellen Isolierung einzelner Sequenzen. Dazu Einfälle, die – ganz anders als Regieeinfälle gewöhnlich – bestimmte Elemente des Spiels präzis von heute her auf den Begriff bringen.« (›SZ‹, 4. 1. 1979) Ende 1979 wurde ihm von Günther Beelitz gekündigt. Es folgten Inszenierungen in Hamburg: am Thalia Theater Laubes ›Endlich Koch‹ (UA 1980); am Deutschen Schauspielhaus Becketts ›Endspiel‹ (1981) und Williams' ›Endstation Sehnsucht‹ (1982). Am Schauspiel Frankfurt u.a.: Kipphardts ›Bruder Eichmann‹ (1983); seit Mitte der achtziger Jahre auch wieder Regiearbeiten am TAT. Arbeiten am Bayerischen Staatsschauspiel München: Brechts ›Leben des Galilei‹ (1985); Schnitzlers ›Zwischenspiel‹ (1990). Anfang der neunziger Jahre inszenierte er wieder regelmäßig am Hamburger Schauspielhaus: Bernhards ›Der Theatermacher‹ (1990, mit Ulrich Wildgruber); Lessings ›Emilia Galotti‹ (1992); Feydeaus ›Der Floh im Ohr‹ (1993, mit Wildgruber); am Schauspiel Bonn: Pirandellos ›Sechs Personen suchen einen Autor‹ (1994). Drei Einladungen zum Berliner Theatertreffen: Peter Martin Lampels ›Revolte im Erziehungsheim‹ (1974); David Rudkins ›Vor der Nacht‹ (1976, beide Aufführungen: Schauspiel Frankfurt a. M.); Schillers ›Die Räuber‹ (1979, Düsseldorfer Schauspielhaus).

Löwinger, Paul, geb. 10. 11. 1904 in Tulln (Österreich), gest. 17. 12. 1988 in Wien. Schauspieler und Theaterleiter. Entstammte einer Schauspielerfamilie und stand schon als Kind in dem von seinen

Löwitsch

Eltern betriebenen Lustspieltheater in Wien auf der Bühne. Nach dem Gymnasium Schauspielausbildung. 1947 eröffnete er die Löwinger-Bühne in Wien, die er gemeinsam mit seiner Schwester Gretl leitete. Zu dem Familienbetrieb gehörten Löwingers Frau Liesl und seine Kinder Paul, Josef (Sepp) und Sissy Löwinger. Bekannt wurde das Theater vor allem durch Fernsehübertragungen. Löwinger schrieb für seine Bühne zahlreiche Lustspiele und Bauernschwänke und gehörte zu den beliebtesten Volksschauspielern in Österreich (auch im Film).

Löwitsch, Klaus, geb. 8. 4. 1936 in Berlin. Schauspieler. Aufgewachsen in Berlin und Wien. Nach dem Realgymnasium Ausbildung an der Akademie für Musik und darstellende Kunst sowie am Max-Reinhardt-Seminar in Wien. Begann 1955 als Gruppentänzer an der Wiener Volksoper und wirkte dort in mehreren Musicals mit. 1961 gastierte er am Wiener Theater in der Josefstadt u. a. als Lothar in Cocteaus ›Bacchus‹ (Tournee, mit Werner Krauß). 1961–1972 Engagement an den Münchner Kammerspielen, wo er vor allem als Edek in Mrożeks ›Tango‹ glänzte (1966, R. Dieter Giesing). Rollen hatte er u. a. in Congreve/Gillners ›Liebe für Liebe‹ (DE 1966, R. Paul Verhoeven), in Molières ›Die Schelmenstreiche des Scapin‹ (1966, R. Jean-Pierre Ponnelle) und in Jonsons ›Der Alchimist‹ (1967, R. Peter Lühr). Außerdem: Titelrolle in Sternheims ›Bürger Schippel‹ (1970, R. Giesing) und St. Just in Büchners ›Dantons Tod‹ (1972, R. Karl Heinz Stroux). Es folgten Engagements in Konstanz, Köln, Hamburg und Zürich. Ende der siebziger Jahre wechselte er ans Bayerische Staatsschauspiel München, wo er bis 1983 als Schauspieler und Regisseur arbeitete. In Inszenierungen von Kurt Meisel spielte er den Jerry in Pinters ›Betrogen‹ (1979) und Shakespeares ›Richard III.‹ (1980). Unter Hans Hollmann war er 1982 der Titelheld in Kipphardts ›März – ein Künstlerleben‹; C. Bernd Sucher schrieb: »Löwitsch zeigt alle Verhaltensformen des Schizophrenen, den Kipphardt gezeichnet hat. Löwitsch verkörpert sie ohne Übertreibungen, ohne Peinlichkeiten. Löwitsch als Wundermaschine (. . .). Löwitsch als der hellwache Gesunde, der seinen Irrsinn zuweilen nur als Maske benutzt, der wie Hamlet ›mad in craft‹ ist.« (›SZ‹, 18. 1. 1982) Eigene Inszenierungen: Saunders' ›Leib und Seele – Bodies‹ (1980, Ko-Regie Udo Schön, mit Löwitsch als Mervyn); ›Illusionen – Sounds and Words‹ (1981, Programm mit Texten von Brecht, Villon und dem Apostel Paulus); O'Neills ›Trauer muß Elektra tragen‹ (1982). Seitdem vorwiegend Fernseharbeit, u. a. als Titelheld der Serie ›Peter Strohm‹ (1989–1991). Seit 1957 zahlreiche Filmrollen, u. a. in Filmen von Rainer Werner Fassbinder: ›Der Händler der Vierjahreszeiten‹ (1971), ›Despair – Eine Reise ins Licht‹ (1977), ›Die Ehe der Maria Braun‹ (1978).

Lohenstein, Daniel Casper von (eigtl. Daniel Casper), geb. 25. 1. 1635 in Nimptsch (Schlesien), gest. 28. 4. 1683 in Breslau. Dichter. Sohn eines Zolleinnehmers. Lohenstein studierte Jura in Leipzig und Tübingen. Er gilt als bedeutender Dichter des Spätbarock. Als Dramatiker schrieb er unter dem Einfluß von Seneca und Gryphius blutrünstige Stücke nach historischen oder pseudohistorischen Stoffen.
Stücke: ›Ibrahim Bassa‹ (1653); ›Cleopatra‹ (1661); ›Agrippina‹ (1665); ›Sophonisbe‹ (1669); ›Ibrahim Sultan‹ (1673).
Literatur: F. Schaufelberger: Das Tragische in Lohensteins Trauerspielen. Frauenfeld und Leipzig 1945; K. G. Just: Die Trauerspiele Lohensteins. Berlin 1961.

Lohner, Helmut, geb. 24. 4. 1933 in Wien. Schauspieler. Nach einer Lehre im graphischen Gewerbe holte er an der Arbeiterhochschule das Abitur nach und nahm privaten Schauspielunterricht. Debütierte am Theater Baden bei Wien; danach Operetten-Buffo am Stadttheater Klagenfurt. 1954 wechselte er ans Theater in der Josefstadt Wien, wo er u. a. den Hamlet in Rices ›Spur der Leidenschaft‹ spielte (1961, R. Leonard Steckel). Sein Filmdebüt gab er 1955 in Josef von Bakys ›Hotel Adlon‹; seither zahlreiche Film- und Fernsehrollen. In den sechziger Jahren spielte er an Theatern in Berlin (Theater am Kurfürstendamm), Hamburg und München. Rollen an den Münchner Kammerspielen: Ferdinand in Schillers ›Kabale und Liebe‹ (1965, R. Fritz Kortner); Richard in Pinters ›Der Liebhaber‹ (DE 1965, R. Franz Peter Wirth); Alfred in Horváths ›Geschichten aus dem Wiener Wald‹ (1967). Am Thalia Theater Hamburg u.a.: Prisipkin in Erdmanns ›Der Selbstmörder‹ (1971); Färber in Nestroys ›Der Färber und sein Zwillingsbruder‹ (1973). In Hamburg sah man ihn auch am Deutschen Schauspielhaus, u.a. als Henri in Schnitzlers ›Der grüne Kakadu‹ (1966, R. Oskar Fritz Schuh). In den Düsseldorfer Inszenierungen von Karl Heinz Stroux spielte er die Titelrollen in Shakespeares ›Hamlet‹ und ›König Richard III.‹ sowie den Mephisto in Goethes ›Faust‹ (alle 1972). Rollen am Schauspielhaus Zürich u.a.: Orin in O'Neills ›Trauer muß Elektra tragen‹ (1971, R. Stroux); Grilo in Suassunas ›Das Testament des Hundes‹ (1971); Mosca in Jonsons ›Volpone‹ (1973); wieder ›König Richard III.‹ (1974, R. Manfred Wekwerth); Bunting in Zuckmayers ›Der Rattenfänger‹ (UA 1975, R. Leopold Lindtberg); Flieger in Brechts ›Der gute Mensch von Sezuan‹ (1976, R. Wekwerth). Seit den achtziger Jahren gehört er zum Ensemble des Wiener Burgtheaters; übernahm dort u.a. die Titelrolle in Otto Schenks ›Faust‹-Inszenierung (1982). Unter Schenks Regie spielte er auch häufig bei den Salzburger Festspielen, u.a.: Bleichenwang in Shakespeares ›Was ihr wollt‹ (1972); Titus Feuerfuchs in Nestroys ›Der Talisman‹ (1976) und Titelrolle in ›Der Zerrissene‹ (1984, auch im Fernsehen). 1987/88 glänzte er in zwei Schnitzler-Rollen: als Hofreiter in ›Das weite Land‹ (Schauspielhaus Zürich) und als Stephan von Sala in ›Der einsame Weg‹ (Salzburg); er wurde dafür in ›Theater heute‹ zum besten Schauspieler des Jahres 1988 gewählt (stimmengleich mit Ulrich Wildgruber). Großen Erfolg hatte er auch als Archie Rice in Osbornes ›Der Entertainer‹ (1992, Thalia Theater Hamburg). Bei den Salzburger Festspielen war er zuletzt der ›Jedermann‹ (an der Seite von Sunny Melles). Lohner ist einer der beliebtesten

Schauspieler Österreichs. Im Herbst 1993 wurde er mit Wirkung zum 1. September 1997 zum Intendanten des Wiener Theaters in der Josefstadt berufen. Ulrich Weinzierl schrieb über den Schauspieler: »Ihm eignen zauberische Bühnenpräsenz und Unverwechselbarkeit trotz ausgeprägtem Verwandlungstalent, er hat Perfektionswahn und artistische Intelligenz. (...) Auf dem Theater ist Helmut Lohner keineswegs infolge bubenhafter Aura allein, der ewige Gymnasiast, der die Reifeprüfung mit Auszeichnung bestanden hat und gerade deshalb vom Versagen träumen muß. Die stets gegenwärtige Furcht gibt Lohners komischen und tragischen Gestalten etwas kostbar Gebrochenes, sie läßt durch Ritzen und Spalten ins weite Land der Seele blicken.« (›FAZ‹, 24.4. 1993)

Loos, Theodor, geb. 18.5. 1883 in Zwickau, gest. 27.6. 1954 in Stuttgart. Schauspieler. Engagements in Leipzig, Danzig und Frankfurt. 1913 ging er zu Victor Barnowsky nach Berlin (Lessingtheater, Deutsches Künstlertheater und ab 1925 auch Theater in der Königgrätzer Straße); Rollen in Barnowsky-Inszenierungen u.a.: Spaziergänger in Kaisers ›Hölle, Weg, Erde‹ (1920); Adolphe in Strindbergs ›Der Rausch‹ (1923, mit Fritz Kortner); Arnold Kramer in Hauptmanns ›Michael Kramer‹ (1923): »Er war jedoch ein Menschenstiefsohn. Einer mit dem Blick. Scheel und schiech – dennoch überlegen! Einer ohne Zugeständnis. Ein Verdammter ... mit dem Funken. Ein uneinnehmbarer Teufel – als armes, schächerhaftes, grauenvolles Opfer.« (Alfred Kerr, ›Berliner Tageblatt‹, 1.12. 1923) Weitere Rollen u.a.: de la Gardie in Strindbergs ›Königin Christine‹ (1922, mit Elisabeth Bergner, R. Fritz Wendhausen); Gurnemanz in O'Neills ›Seltsames Zwischenspiel‹ (DE 1929, R. Heinz Hilpert); am Staatstheater u.a.: Henlein in Harlans ›Das Nürnbergisch Ei‹ (1931, R. Leopold Jeßner). 1934–1944 Engagement bei Hilpert am Deutschen Theater Berlin. Unter der Regie von Erich Engel spielte er den Herzog in Shakespeares ›Maß für Maß‹ (1935) und den Prospero in ›Der Sturm‹ (1938).

In Inszenierungen von Hilpert u. a.: Titelrolle in Rehbergs ›Friedrich I.‹ (1937);
Malvolio in Shakespeares ›Was ihr wollt‹
(1939); Niebergalls ›Datterich‹ (1941).
Nach dem Zweiten Weltkrieg sah man ihn
in Tübingen und am Staatstheater Stuttgart.
Literatur: G. Rühle: Theater für die Republik (im Spiegel der Kritik). 2 Bde.
1917–1925 und 1926–1933. Frankfurt
a. M. 1967.

Lorentz, Kay, geb. 17. 2. 1920 in Chemnitz, gest. 29. 1. 1993 in Düsseldorf. Kabarettist. Studierte in Köln und Berlin u. a.
Politische Wissenschaft und Arabisch, um
Diplomat zu werden. In einem Seminar
über »Publizistik in den USA« lernte er
seine spätere Frau Lore Lorentz kennen,
mit der er 1947 ein eigenes Kabarett gründete: das Düsseldorfer »Kom(m)ödchen«;
erstes Programm unter dem Titel ›Positiv
dagegen‹. Lorentz war bis zu seinem Tod
Leiter, Autor und Regisseur der Bühne, die
schon früh zu den ersten Adresssen in der
deutschen Kabarettszene gehörte. Zahlreiche Fernsehübertragungen, Auslandsgastspiele und Preise. Virtuose Interpretin seiner Texte war von Anfang an seine Frau.
Jochen Schmidt schrieb: »Wenn Lore
Lorentz das Herz der kleinen Düsseldorfer
Künstler- und Literatenbühne, des ältesten,
bekanntesten und wohl auch besten politischen Kabaretts der Bundesrepublik, gewesen ist, so war Kay Lorentz der Kopf.
(. . .) Sein Tod markiert einen Abschnitt,
setzt einen Schlußpunkt nicht nur hinter
die große Zeit der Kleinkunstbühnen, die
mit ihren Nadelstichen die Politik heraus-
forderten und gelegentlich wohl auch zum
Positiven reizten. Ein Stück der alten Bundesrepublik – etwas von ihrem besten
Teil – ist mit Kay Lorentz, dem streitbaren
Demokraten und Idealisten, dahingegan-
gen.« (›FAZ‹, 2. 2. 1993)
Literatur: K. Lorentz: Das Kom(m)öd-
chen-Buch. Düsseldorf 1955; K. Budzinski: Pfeffer ins Getriebe. Ein Streifzug
durch 100 Jahre Kabarett. München 1984;
H. Riemenschneider: Theatergeschichte
der Stadt Düsseldorf. Bd. II. Düsseldorf
1987; K. Budzinski: Wer lacht denn da?
Kabarett von 1945 bis heute. Braunschweig 1989.

Lorentz, Lore, geb. 12. 9. 1920 als Lore
Schirmer in Mährisch-Ostrau (heute Ostra-
va), gest. 23. 2. 1994 in Düsseldorf. Kabarettistin und Schauspielerin. Studium der
Geschichte, Germanistik und Philosophie
in Wien und Berlin. Lernte während des
Studiums Kay Lorentz kennen, den sie
1944 heiratete. 1947 gründete das Ehepaar
das Düsseldorfer »Kom(m)ödchen«, das
älteste politische Kabarett in Deutschland.
Während ihr Mann im Hintergrund arbeitete (Texte und Regie), wurde Lore Lorentz
als spitzzungige Vortragskünstlerin zum
Star der Bühne, zur »First Lady des deutschen Kabaretts«. Thomas Thieringer
schrieb: »Ihr Blick ist streng. Wie von einer Lehrerin, die alle Schliche ihrer Pro-
banden kennt. Wenn sie doziert, dann blitzen ihre Augen hinter der Brille. Ihr
kommt niemand aus. (. . .) Sie kämpft darum, verstanden zu werden, auch mit
Charme, mit Liebenswürdigkeit. Selbst
scharfe Attacken trägt sie mit Würde vor –
immer Grande Dame, intellektuell. Das
Seichte ist ihr zuwider, Anbiederei ist ihr
fremd. Lore Lorentz ist zu einer Institution
geworden, wie Dieter Hildebrandt.« (›SZ‹,
12. 9. 1990) Namhafte Kabarettautoren
wie Eckart Hachfeld, Werner und Wolfgang Franke, Martin Morlock oder Volker
Ludwig schrieben für sie die Texte. Gastspiele u. a. in London, Zürich, Holland und
den USA. 1976 erhielt sie einen Lehrauftrag an der Folkwang-Hochschule Essen;
1978 wurde sie zur Professorin ernannt.
Am Düsseldorfer Schauspielhaus sah man
sie u. a. als Goldonis ›Mirandolina‹ und als
Jenny in Brecht/Weills ›Die Dreigroschenoper‹. Nach dem Tod ihres Mannes übernahm sie 1993 als alleinige Besitzerin die
Leitung des »Kom(m)ödchens«. In den
letzten Jahren beschränkte sie sich auf So-
lo-Programme mit Texten von Tucholsky,
Kästner oder Heine.
Literatur: K. Lorentz: Das Kom(m)öd-
chen-Buch. Düsseldorf 1955; K. Budzinski: Pfeffer ins Getriebe. Ein Streifzug
durch 100 Jahre Kabarett. München 1984;
H. Riemenschneider: Theatergeschichte
der Stadt Düsseldorf. Bd. II. Düsseldorf
1987; K. Budzinski: Wer lacht denn da?
Kabarett von 1945 bis heute. Braunschweig 1989.

Lorre, Peter, geb. 26. 6. 1904 in Rosenberg (Ungarn), gest. 23. 3. 1964 in Hollywood. Schauspieler. Nach einer abgebrochenen Banklehre schloß er sich dem Wiener Stegreiftheater von Jakob Moreno an. Es folgten Engagements am Lobe- und am Thalia Theater in Breslau, am Schauspielhaus Zürich sowie an den Kammerspielen und am Carl-Theater in Wien. 1929 kam er nach Berlin, wo er sich als Fabian in Fleißers ›Pioniere in Ingolstadt‹ durchsetzte (1929, Theater am Schiffbauerdamm, R. Bertolt Brecht alias Jacob Geis). Herbert Ihering schrieb damals: »Peter Lorres Fabian, mit Glotzaugen, beschränkt, ein geduckter, gehemmter, unterdrückter Kleinstadtgymnasiast. Mit einem Ausdruck, immer auf der Grenze zwischen Tragik und Komik, hysterisch und doch gestaltet, ungewöhnlich, mit einfachsten Mitteln arbeitend. Wunderbar.« (›Berliner Börsen-Courier‹, 2. 4. 1929) Danach spielte er an verschiedenen Berliner Theatern, u. a. an der Volksbühne: Moritz in Wedekinds ›Frühlings Erwachen‹ (1929); St. Just in Büchners ›Dantons Tod‹ (1930). Brecht, der in dem kleinen Mann mit den hervorstehenden Augen einen vorbildlichen »epischen« Schauspieler sah, inszenierte mit Lorre als Galy Gay sein Stück ›Mann ist Mann‹ (1931, Staatstheater, mit Helene Weigel). Am Deutschen Theater sah man ihn als Alfred in Horváths ›Geschichten aus dem Wiener Wald‹ (1931, R. Heinz Hilpert). Berühmt wurde er durch seine Mörderrolle in Fritz Langs Meisterwerk ›M‹ (1931). Danach emigrierte Lorre in die USA, wo er es als Filmschauspieler in Hollywood zu Starruhm brachte. Der Versuch, 1951 in Deutschland wieder Fuß zu fassen, scheiterte. Brecht bemühte sich vergeblich, ihn für sein Berliner Ensemble zu gewinnen. Ihering schrieb in seinem Nachruf: »Lorre fiel auf. Seine untersetzte Gestalt, sein rundes, dickes Gesicht mit den hervorquellenden Augen machte die Entdeckung seiner Begabung leicht, zu leicht. Man wollte ihn auf Unterwelt- und Verbrechertypen, auf Nervenkranke und Irrsinnige festlegen. Lorre aber war mehr. Er konnte charakterisieren.« (›Theater heute‹, Heft 5, 1964)

Literatur: H. Ihering: Von Reinhardt bis Brecht. Kritiken von 1990–1932. Berlin 1958–1961; F. Beyer: Peter Lorre. München 1987.

Loschütz, Gert, geb. 9. 10. 1946 in Genthin. Autor. 1957 Umsiedlung in die BRD, wo er Geschichte, Philosophie und Soziologie an der FU Berlin studierte. Bereits als Schüler Veröffentlichungen von Gedichten in Anthologien und Zeitschriften. Loschütz lebt seit 1977 in Buchschlag bei Frankfurt a. M. Heidrun Kerstein schrieb: »Seine gegenwartsbezogenen Theaterstücke, die immer auch eine starke Neigung zum Grotesken haben, sind sprachsensible Parabeln über die Befindlichkeit einer Gesellschaft, die an Kommunikationsverlust, kleinbürgerlicher Ignoranz und Vorurteilen krankt. Loschütz verzichtet durchweg auf eine psychologische Zeichnung der Figuren, er will keine individuellen Einzelschicksale, sondern zugrundeliegende Muster gesellschaftlichen Verhaltens zeigen. Seine Personen leiden unter psychischen Defekten, den Indikatoren für die Verfaßtheit unserer Zeit, sind bloß Träger vorgefaßter Meinungen.« (in: KLG, 22. Nlg., 1. 1. 1986, S. 3).

Stücke: ›Lokalzeit oder Die Tage nach Annas Tod‹ (1976); ›Chicago spielen‹ (1980); ›Die Verwandten‹ (1981); ›Maria kämpft mit den Engeln‹ (1981); ›Armer Cyrano‹ (1982); ›Morast‹ (1982); ›Der kleine August‹ (1982); ›Der Spieler‹ (1983).

Lossen, Lina, geb. 7. 10. 1878 in Dresden, gest. 30. 1. 1959 in Berlin. Schauspielerin. Nach der Schauspielausbildung debütierte sie 1898 am Stadttheater Düsseldorf. Es folgten Engagements in Karlsruhe (1899–1902), Chemnitz (1902/03), Köln (1903–1905) und am Hoftheater München (1905–1910). Von 1910 bis 1921 arbeitete sie am Lessingtheater Berlin; zunächst noch bei Otto Brahm (u. a. Anna Mahr in Hauptmanns ›Einsame Menschen‹ und Titelrolle in Ibsens ›Die Frau vom Meer‹); ab 1912/13 unter der Leitung von Victor Barnowsky, in dessen Inszenierungen sie wichtige Rollen übernahm, u. a.: Solveig in Ibsens ›Peer Gynt‹; Titelrolle in Goethes

Lothar

›Iphigenie auf Tauris‹; Dame in Strindbergs ›Nach Damaskus‹ (mit Friedrich Kayßler); Klärchen in Goethes ›Egmont‹ (1915 zur Eröffnung des Deutschen Künstlertheaters). Von 1922 bis 1944 arbeitete sie am Staatstheater Berlin, wo sie als sehr ernsthafte und sensible Charakterdarstellerin geschätzt wurde. Wichtige Rollen: Shaws ›Candida‹ (1923); Olga in Tschechows ›Drei Schwestern‹ (DE 1926, mit Lucie Höflich und Lucie Mannheim, R. Jürgen Fehling); Frau Alving in Ibsens ›Gespenster‹ (1928). In Inszenierungen von Leopold Jeßner u. a.: Hortense in Grabbes ›Napoleon oder Die hundert Tage‹ (1922); Herzogin von Friedland in Schillers ›Wallenstein‹ (1924, mit Werner Krauß); Mariamne in Hebbels ›Herodes und Mariamne‹ (1926, mit Fritz Kortner): »Die Lossen beginnt ihre Laufbahn zum zweitenmal. Konservatoristin im Anfang. (Kiemen.) Hernach kein Karpfenschwanz mehr, sondern ein Menschenleib. Sie wächst und wächst. Einsam geht sie noch an dem Hebbelschen Kortner vorbei; wie an ihm hin, nicht zu ihm. Um neun Uhr hat sie Lungen; ein wirkliches Herz, Augen, Lippen, Hände. Nun hebt sie diese Augen, nun lächelt erkenntnisvoll dieser Mund. Nun weicht sie ... nicht vor Herodes. Vielmehr vor allem, was niedrig ist – und doch hienieden schön. Was schmerzlich ist ... und am besten doch vermeidbar. Nun gibt sie, was heut' keine Andre geben kann – soweit die deutsche Zunge klingt.« (Alfred Kerr, ›Berliner Tageblatt‹, 27. 3. 1926); Alkmene in Kleists ›Amphitryon‹ (1926); Regentin in Goethes ›Egmont‹ (1928). Nach 1945 Gastspiele, zuletzt am Deutschen Theater Berlin.
Literatur: H. Ihering: Von Reinhardt bis Brecht. Kritiken von 1909–1932. Berlin 1958–1961; L. Berger: Theatermenschen. So sah ich sie. Velber 1962; E. Schoof: Lina Lossen. Eine Schauspielerin aus der Zeit des Bühnenrealismus. Diss. Berlin 1969.

Lothar, Ernst (eigtl. Lothar Müller), geb. 25. 10. 1890 in Brünn (Österreich), gest. 30. 10. 1974 in Wien. Regisseur, Theaterleiter und Schriftsteller. Jurastudium und Promotion in Wien; 1914–1925

Staatsanwalt und später Hofrat im Handelsministerium; ab 1925 freier Schriftsteller und Kritiker der ›Neuen Freien Presse‹ in Wien. Sein Regiedebüt gab er 1932 am Burgtheater mit Grillparzers ›Ein Bruderzwist in Habsburg‹. Es folgten weitere Grillparzer-Inszenierungen, u. a. ›König Ottokars Glück und Ende‹ (1933). Von 1935 bis 1938 war er Direktor des Wiener Theaters in der Josefstadt (als Nachfolger von Max Reinhardt). 1938 Emigration in die USA; lehrte als Professor für vergleichende Literatur und Drama an der Universität von Colorado; 1945 Rückkehr nach Wien. Inszenierungen bei den Salzburger Festspielen u. a.: Goethes ›Clavigo‹; Hofmannsthals ›Der Turm‹ und ›Jedermann‹; Schillers ›Kabale und Liebe‹. Von 1953 bis 1962 war er Oberspielleiter am Wiener Burgtheater, wo er vor allem Stükke von österreichischen Autoren inszenierte, u. a.: Schnitzlers ›Liebelei‹ (1954), ›Das weite Land‹ (1960) und ›Anatol‹ (1960); Grillparzers ›Die Jüdin von Toledo‹ (1956) und ›Des Meeres und der Liebe Wellen‹ (1958); Hofmannsthals ›Der Unbestechliche‹ (1957) und ›Der Schwierige‹ (1969). Außerdem Stücke von Anouilh, Wilde und Miller. Lothar veröffentlichte Gedichtbände, Novellen, Essays und Romane, darunter: ›Die Mühlen der Gerechtigkeit‹ (1932); ›Der Engel mit der Posaune‹ (1943; 1947 verfilmt mit Paula Wessely); ›Heldenplatz‹ (1944); ›Die Tür geht auf‹ (Erzählungen 1945). Er war in zweiter Ehe mit der Schauspielerin Adrienne Gessner verheiratet.
Literatur: E. Lothar: Wunder des Überlebens. Wien 1960; ders.: Macht und Ohnmacht des Theaters. Reden, Regeln, Rechenschaft. Wien 1968; E. Haeusserman: Das Wiener Burg-Theater. München 1980.

Lothar, Hanns (eigtl. Hans Lothar Neutze), geb. 10. 4. 1929 in Hannover, gest. 11. 3. 1967 in Hamburg. Schauspieler. Stand 1941 erstmals in dem Weihnachtsmärchen ›Der standhafte Zinnsoldat‹ auf der Bühne. Erstes Engagement 1945 am Landestheater Hannover, wo er an der Seite seiner Brüder Horst Michael und Günther Neutze in Shakespeares ›Komödie der Irrungen‹ debütierte. Nach einem Engagement an den Städtischen Bühnen Frankfurt arbeitete er 1954 erneut in Hannover. Friedrich Schütter engagierte ihn 1955 ans Hamburger Thalia Theater, wo man ihn u. a. in Hays ›Ein Tag wie jeder andere‹, in Williams' ›Süßer Vogel Jugend‹ und in Marceaus ›Das Ei‹ sah. Weitere Rollen u. a.: Dr. Jura in Bahrs ›Das Konzert‹; Marius in Pagnols ›Fanny‹; Titelrolle in Sternheims ›Bürger Schippel‹. Es folgten viele Fernseh- und Filmrollen, u. a. in ›Buddenbrooks‹ (1960, nach Thomas Mann), ›Der letzte Zeuge‹ (1960, R. Wolfgang Staudte) und in ›Schloß Gripsholm‹ (1963, nach Tucholsky). Bei den Proben zu seiner ersten Regiearbeit, Wouks ›Meuterei auf der Caine‹, erlitt er eine Nierenkolik, an deren Folgen er starb. Lothar war ein sensibel wirkender Charakterkomiker, der durch Charme und schauspielerische Präzision überzeugte. In erster Ehe war er mit der Schauspielerin Ingrid Andree verheiratet. Ihre gemeinsame Tochter ist die Schauspielerin Susanne Lothar.

Lothar, Susanne, geb. 1960 in Hamburg. Schauspielerin. Tochter des Schauspielerehepaars Hanns Lothar und Ingrid Andree. Verließ das Gymnasium vor dem Abitur und besuchte die Hochschule für Musik und darstellende Kunst in Hamburg. Nach drei Semestern bekam sie ein Engagement als Elevin am Hamburger Thalia Theater; debütierte dort mit Erfolg als Hermine in Fleißers ›Fegefeuer in Ingolstadt‹ und machte als Recha in Lessings ›Nathan der Weise‹ auf sich aufmerksam (1981, R. Benjamin Korn). Für beide Rollen erhielt sie 1981 den Boy-Gobert-Preis. 1982/83 wechselte sie nach Köln zu Jürgen Flimm, unter dessen Regie sie das Gretchen in Goethes ›Faust‹ und die Cordelia in Shakespeares ›König Lear‹ spielte. An der Seite ihrer Mutter sah man sie als M in Strauß' ›Kalldewey, Farce‹ (1983, R. Ulrich Heising). Gerühmt wurde ihre Darstellung der debilen Marga in Tankred Dorsts Film ›Eisenhans‹ (1983). Wieder zurück in Hamburg, spielte sie am Thalia Theater die Viola in Shakespeares ›Was ihr wollt‹ (1985, R. Jaroslav Chundela). Am Wiener Burgtheater gastierte sie als Klara Hühnerwadel in Wedekinds ›Musik‹ (1986, R. Dieter Giesing); für ihre Darstellung erhielt sie die Josef-Kainz-Medaille; 1987 wurde sie außerdem mit dem O.E.-Hasse-Preis ausgezeichnet. 1986 gastierte sie bei Ivan Nagel in Stuttgart: May in Shepards ›Liebestoll‹ (1986, mit Ulrich Tukur, R. Arie Zinger); Marie in Büchners ›Woyzeck‹ (1986, R. Jossi Wieler). In der Spielzeit 1986/87 wechselte sie an das Deutsche Schauspielhaus Hamburg zu Peter Zadek, unter dessen Regie sie die Rokkerbraut in dem Musical ›Andi‹ spielte (1987). Ihren bislang größten Erfolg feierte sie 1988 als Lulu in Zadeks umjubelter Inszenierung von Wedekinds ›Die Büchse der Pandora‹ (sie wurde dafür zur besten Schauspielerin des Jahres gewählt). Georg Hensel schrieb:»Was in Hamburg Susanne Lothars Lulu spricht, ist von gestern, doch wie sie es spricht, ist von heute. Die vollkommene Schamlosigkeit ihrer meist partiellen, manchmal auch totalen Nacktheit, die Selbstverständlichkeit und Geschwindigkeit, mit der sie sich – schlupp! – entkleidet, ist drollig und naiv. (. . .) Susanne Lothars Lulu genießt den raschen Wechsel von Verlocken und Verweigern, diese sexuelle Katzbalgerei, bei der sie sich immer wieder dem männlichen Zugriff entzieht, wie ein Schulmädchen, das Fangen spielt. Tilly Wedekind hielt sich für den von Frank gemeinten Lulu-Typ: ›Jung, naiv und doch voll Erotik . . . nicht raffiniert, sondern jenseits von Gut und Böse.‹ Das darf auch Susanne Lothar für sich in Anspruch nehmen.« (›FAZ‹, 15. 2. 1988) In den Hamburger Inszenierungen von Giesing sah man sie in David Mamets ›Edmond‹ (1986) und in Ayckbourns ›Der Held des Tages‹ (DE 1990); ferner unter Giesings Regie: Studentin Carol in Mamets ›Oleanna‹ (DE 1993, Akademietheater Wien, mit Ulrich Mühe):»Susanne Lothar, mit Schildmütze und in schwarzer Plastikjacke eher als naseweiser Kobold denn als rächende Furie gekennzeichnet, behält trotz aller Militanz einen Hauch von lausbübischer Pfiffigkeit, wenn sie an Professors Schreibtisch mal auskostet, wie die Macht schmeckt. Die Lothar hält ihre Carol frei von allen vorschnellen Charakterisierungen, von allen billigen Hinweisen

Lowitz

auf seelische oder körperliche Makel, die ihre Kampagne mehr denunzieren als erklären würden.« (Sigrid Löffler, ›Theater heute‹, Heft 11, 1993) 1990/91 gastierte sie bei den Salzburger Festspielen als Rahel in Thomas Langhoffs erfolgreicher Grillparzer-Inszenierung ›Die Jüdin von Toledo‹. Filmrollen u. a. in Jan Schüttes ›Winckelmanns Reisen‹ (1991) und Markus Imhoofs ›Der Berg‹ (1991).
Literatur: C. B. Sucher: Theaterzauberer. Schauspieler. 40 Porträts. München, Zürich 1988; P. Zadek: Lulu Lothar, eine deutsche Frau. In: Theater heute, Jahrbuch 1988.

Lowitz, Siegfried (eigtl. Siegfried Wodo-Lowitz), geb. 22. 9. 1914 in Berlin. Schauspieler. Besuchte das Gymnasium in Mainz und die Staatliche Schauspielschule in Frankfurt a. M.; erste Engagements in Mainz und Gießen. Entscheidend wurde für ihn die Begegnung mit Heinz Hilpert, mit dem er nach Konstanz und ans Deutsche Theater Göttingen ging. 1950–1956 und 1962–1968 Engagement an den Münchner Kammerspielen; Rollen in Inszenierungen von Hans Schweikart u. a.: Legendre in Büchners ›Dantons Tod‹ und Andres in ›Woyzeck‹; der Andere in Dürrenmatts ›Der nächtliche Besuch‹; Bruno Mechelke in Hauptmanns ›Die Ratten‹; Licht in Kleists ›Der zerbrochne Krug‹; Parris in Millers ›Hexenjagd‹; Queeg in Wouks ›Meuterei auf der Caine‹; Gines Affonso in Hacks' ›Eröffnung des indischen Zeitalters‹ (UA 1955); Friedländer in Zuckmayers ›Das kalte Licht‹; Voss in Dürrenmatts ›Die Physiker‹ (1962/63); unter der Regie von Friedrich Domin: Drogist in Giraudoux' ›Intermezzo‹; Phelippes in Rehbergs ›Maria und Elisabeth‹ (1952/53). Weitere Rollen u. a.: Joab in Hebbels ›Herodes und Mariamne‹ (1951/52, R. Fritz Kortner); Ajaxerle in Raimunds ›Der Bauer als Millionär‹ (1953, R. Hilpert); Osrick in Shakespeares ›Hamlet‹ (1954, R. Leopold Lindtberg); Karl in Ahlsens ›Philemon und Baucis‹ (UA 1956, R. Dietrich Haugk); Harry in Pinters ›Die Kollektion‹ (1964, R. Dieter Giesing); Marks in Kipphardts ›In der Sache J. Robert Oppenheimer‹ (UA 1964, R. Paul Verhoeven); Inquisitor in Shaws ›Die heilige Johanna‹ (1965, R. August Everding); Graf in Anouilhs ›Ardèle oder Das Gänseblümchen‹ (1966, R. Peter Lühr); Dr. Dorn in Tschechows ›Die Möwe‹ (1966); Tiger Brown in Brecht/Weills ›Die Dreigroschenoper‹ (1968). In den fünfziger Jahren wirkte er in zahlreichen Filmen mit. Von 1968 bis 1978 gehörte er zum Ensemble des Bayerischen Staatsschauspiels München; dort u. a.: Octavio Piccolomini in Schillers ›Wallenstein‹ (1972, R. Walter Felsenstein); Minister Flint in Schnitzlers ›Professor Bernhardi‹ (1972, R. Kurt Meisel); Evans in Bonds ›Die See‹ (1973, R. Luc Bondy); Vater in Valentins ›Familienbande‹ (UA 1974). Bei den Salzburger Festspielen sah man ihn als Gloster in Giorgio Strehlers Inszenierung ›Das Spiel der Mächtigen‹ (1973, nach Shakespeare). Zahlreiche Fernsehengagements; seit seinem großen Erfolg als Kommissar Erwin Köster in der Krimiserie ›Der Alte‹ (1977–1986) steht er nur noch selten auf der Bühne. Am Münchner Volkstheater war er Willy Loman in Millers ›Der Tod des Handlungsreisenden‹ (1986). Seit 1989 spielt er mit dauerhaftem Erfolg an der Seite von Karl Schönböck den Al Lewis in Neil Simons ›Sunny Boys‹ (Tournee-Inszenierung, R. Hellmuth Matiasek).

Ludwig, Rolf, geb. 28. 7. 1925 in Stockholm. Schauspieler. Begann 1947 am Theater in Lübeck. Es folgten Engagements an der Volksbühne Dresden (1947–1950) und am Metropoltheater in Ostberlin (1950–1952). Von 1954 bis 1965 stand er an der Ostberliner Volksbühne unter Vertrag; dort u. a.: Truffaldino in Goldonis ›Der Diener zweier Herren‹ (1955); Figaro in Beaumarchais' ›Der tolle Tag oder Figaros Hochzeit‹ (1957); Mosca in Jonsons ›Volpone‹ (1960). 1965–1970 Engagement am Deutschen Theater Ostberlin; spielte hier unter der Regie von Benno Besson in ›Der Drache‹ von Schwarz (1965) sowie den Sganarelle in Molières ›Don Juan‹ (1968). Von 1970 bis 1975 war er erneut an der Ostberliner Volksbühne verpflichtet, wo er in Bessons Brecht-Inszenierung ›Der gute Mensch von Sezuan‹ den Yang

Sun spielte (1970). In Inszenierungen von Manfred Karge und Matthias Langhoff: Gennadi in Ostrowskis ›Der Wald‹ (1969/70); Jago in Shakespeares ›Othello‹ (1972). Seither u. a.: Wagin in Gorkis ›Kinder der Sonne‹ (1977, Deutsches Theater Berlin); Darry in O'Caseys ›Das Ende vom Anfang‹ (1992, Akademietheater Wien, R. Andrea Breth); in Zusammenarbeit mit Thomas Langhoff u. a.: Isaak in Grillparzers ›Die Jüdin von Toledo‹ (1990, Salzburger Festspiele); Amtsdiener Mitteldorf in Hauptmanns ›Der Biberpelz‹ (1993, Deutsches Theater Berlin). Auch Filmrollen, u. a. in der Defa-Verfilmung von Thomas Manns ›Lotte in Weimar‹ (1974, R. Egon Günther).

Ludwig, Volker (eigtl. Eckart Hachfeld), geb. 13. 6. 1937 in Ludwigshafen. Intendant und Dramatiker. Sohn des Schriftstellers Eckart Hachfeld. Aufgewachsen in Thüringen; seit 1952 in Westberlin. Studierte Germanistik und Kunstgeschichte in Berlin und München; nebenbei veröffentlichte er Kurzgeschichten und Satiren und textete für Funk und Kabarett. Von 1962 an arbeitete er als freier Schriftsteller, u. a. als Autor beim Düsseldorfer »Kom(m)ödchen«. 1965 gründete er das »Reichskabarett Berlin«, wo er bis 1971 künstlerischer Leiter und Haupttexter war. 1966 gründete er das »Theater für Kinder im Reichskabinett«, das seit 1972 »Grips Theater« heißt und sich zum wichtigsten deutschsprachigen Kinder- und Jugendtheater der Nachkriegszeit entwickelte. Auf dem Programm stehen fast ausschließlich Eigenproduktionen (im politisch-aufklärerischen, emanzipatorischen Stil). Ludwig ist bis heute Leiter und Hauptautor der Bühne. Seine Stücke wurden in ca. 40 Sprachen übersetzt und in mehr als 30 Ländern nachinszeniert. Einer seiner größten Erfolge war die musikalische Revue ›Linie 1‹ (UA 1986, Musik: Birger Heymann; verfilmt von Reinhard Hauff). Das Stück wurde an vielen Theatern nachgespielt, u. a. am Schauspiel Frankfurt (1988, R. Anna Vaughan); Dieter Römer schrieb über die Aufführung: »In der episodenhaften Schilderung dieses Aufeinandertreffens völlig verschiedener Welten liegt zweifellos die Stärke dieses Musicals. Volker Ludwig hat hier eine Milieustudie großartig und mit viel Liebe zum Detail umgesetzt. Die Sympathie gehört von Beginn an den Nachtschwärmern und hoffnungslosen Fixern, den jungen Arbeitslosen und Pennern, den Säufern, Schwulen, Schnorrern und Huren, den Außenseitern abseits der (klein-)bürgerlichen Welt eben.« (›FAZ‹, 22. 12. 1988) Zahlreiche Auszeichnungen, Gastspiele und Tourneen.

Weitere Stücke: ›Stokkerlok und Millipilli‹ (1969, zus. mit Rainer Hachfeld); ›Trummi kaputt‹ (1971); ›Doof bleibt doof‹ (1973, zus. mit Reiner Lücker und Ulrich Gressieker); ›Das hältste ja im Kopf nicht aus‹ (1975, zus. mit Detlef Michel); ›Max und Milli‹ (1978); ›Alles Plastik‹ (1980, zus. mit Michel); ›Ab heute heißt du Sara‹ (1989, zus. mit Michel); ›Himmel Erde Luft und Meer‹ (1990); ›Die Moskitos sind da‹ (1994).

Literatur: W. Kolneder: Das Grips Theater. Geschichte und Geschichten, Erfahrungen und Gespräche aus einem Kinder- und Jugendtheater. Berlin 1979.

Lüders, Günther, geb. 5. 3. 1906 in Lübeck, gest. 1. 3. 1975. Schauspieler, Regisseur und Intendant. Ausbildung und Debüt in Lübeck. Es folgten Engagements in Dessau (1925–1930) und am Neuen Theater in Frankfurt (1930–1934); danach arbeitete er in Berlin an Kabarettbühnen und beim Film. 1947 holte ihn Gustaf Gründgens ans Düsseldorfer Schauspielhaus, wo er bis 1954 zum Ensemble gehörte. Rollen u. a.: Polonius in Shakespeares ›Hamlet‹ (1949); Titorelli in Kafka/Gides ›Der Prozeß‹ (1950); Thomas Payne in Büchners ›Dantons Tod‹ (1952); Higgins in Shaws ›Pygmalion‹ (1953). Auch eigene Inszenierungen, darunter Hauptmanns ›Die Ratten‹ (1953) und Hasenclevers ›Ein besserer Herr‹ (1954). Von 1958 bis 1963 war er Schauspieldirektor am Staatstheater Stuttgart; Rollen dort u. a.: Stockmann in Ibsens ›Ein Volksfeind‹ (1962); Titelrolle in Schnitzlers ›Professor Bernhardi‹ (1962); Kulygin in Tschechows ›Drei Schwestern‹ (1965, R. Rudolf Noelte). Unter der Regie von Peter Zadek spielte er in Stuttgart den Gajew in Tschechows ›Der

Lühr

Kirschgarten‹ (1968) und die Titelrolle in Molières ›Der Geizige‹ (1967). Mit Zadek arbeitete er später auch in Bochum zusammen: Antonio in Shakespeares ›Der Kaufmann von Venedig‹ (1972); Titelrolle in ›Professor Unrat‹ (1974, nach Heinrich Mann, mit Hannelore Hoger): »Szenenweise hatte Günther Lüders Mühe, den verklemmten Eifer, den tyrannischen Hader gegen die Schüler anders als durch stimmliche Forciertheit herzustellen – doch wie sich später zeigte, waren das nur Passagen des Umkippens von selbstsicherer Skurrilität in die haßerfüllte Attacke, die er in den letzten Szenen – kahlköpfig fast, hochragend, mit sardonischem Grinsen – gegen die ›gute‹ Gesellschaft und ihre so wenig guten Mitglieder focht. Doch die Figur erschöpfte sich in Lüders' Darstellung nicht in dem Heinrich-Mannschen-Umschlag von Tyrannei in Anarchie, von verengter Herrschsucht in wütenden Angriff gegen alle Herrschaft. Lüders ließ die Figur nicht von dem einen in den anderen Zustand umbrechen, er spannte dazwischen, als menschlichen und menschenfreundlichen Vorgang, den Prozeß, das Wachstum der zarten und zärtlichen Beziehung zur ›Künstlerin‹, zur Kaschemmensängerin Rosa Fröhlich.« (Henning Rischbieter, ›Theater heute‹, Jahrbuch 1975)
Literatur: S. Melchinger/R. Clausen: Schauspieler. 36 Porträts. Velber 1965.

Lühr, Peter, geb. 3. 5. 1906 in Hamburg, gest. 15. 3. 1988. Schauspieler und Regisseur. Schauspielunterricht bei Arnold Marlé in Hamburg. Erstes Engagement 1925–1938 in Dessau; danach am Staatstheater Kassel, am Schauspielhaus Düsseldorf (dort Titelrolle in Shakespeares ›Hamlet‹, 1938) und am Alten Theater Leipzig (von 1945 bis 1947 auch Oberspielleiter). Von 1947 an gehörte er zum Ensemble der Münchner Kammerspiele, wo er seine größten Erfolge feierte. Rollen in Inszenierungen von Hans Schweikart u. a.: König von Frankreich in Shakespeares ›Ende gut, alles gut‹ (1949) und Jacques in ›Wie es euch gefällt‹ (1961/62); Graf Übelohe in Dürrenmatts ›Die Ehe des Herrn Mississippi‹ (UA 1952) und Lehrer

in ›Der Besuch der alten Dame‹ (1956, mit Therese Giehse); Inquisitor in Brechts ›Leben des Galilei‹ (1959); George in Albees ›Wer hat Angst vor Virginia Woolf?‹ (1963, mit Maria Nicklisch) und Jack in ›Alles im Garten‹ (1968/69). Unter der Regie von Bruno Hübner spielte er u. a. den Ferdinand in Schillers ›Kabale und Liebe‹ (1948), den Orest in Goethes ›Iphigenie auf Tauris‹ (1949) und den Garcin in Sartres ›Hinter geschlossenen Türen‹ (1950). Unter Bertolt Brecht spielte er den Feldprediger in Brechts ›Mutter Courage und ihre Kinder‹ (1950, mit Therese Giehse), unter Leopold Lindtberg die Titelrolle in Shakespeares ›Hamlet‹ (1954). In Inszenierungen von Paul Verhoeven: Figaro in Beaumarchais' ›Der tolle Tag oder Figaros Hochzeit‹ (1958); Titelrolle in Kipphardts ›In der Sache J. Robert Oppenheimer‹ (UA 1964). Weitere Rollen u. a.: Sebrejakov in Tschechows ›Onkel Wanja‹ (1972) und Sorin in ›Die Möwe‹ (1978); Kurfürst in Kleists ›Prinz Friedrich von Homburg‹ (1972, Gastspiel an der Berliner Schaubühne am Halleschen Ufer, R. Peter Stein); Hilse in Müllers ›Germania Tod in Berlin‹ (1978, R. Ernst Wendt); Cotrone in Pirandellos ›Die Riesen vom Berge‹ (1980, R. Wendt); Mann auf der Bank in Wilsons ›Die goldene Fenster‹ (1982, R. Robert Wilson); Estragon in Becketts ›Warten auf Godot‹ (1983/84, R. George Tabori); Großinquisitor in Schillers ›Don Carlos‹ (1985, R. Alexander Lang). In Inszenierungen von Dieter Dorn u. a.: Narr in Shakespeares ›Was ihr wollt‹ (1979) und Pandarus in ›Troilus und Cressida‹; Titelrolle in Dorsts ›Merlin oder Das wüste Land‹ (UA 1982); Oberon in Strauß' ›Der Park‹ (1984). Eigene Regiearbeiten u. a.: Hauptmanns ›Der Biberpelz‹ (1949); Guitrys ›Nicht zuhören, meine Damen‹ (1950); Barlachs ›Die Sintflut‹ (1958); Tschechows ›Der Kirschgarten‹ (1961); Anouilhs ›Ardèle oder Das Gänseblümchen‹ (1966); Jonsons ›Der Alchimist‹ (1967).

Filmrollen u. a. in: ›Wir Wunderkinder‹ (1958); ›Die Buddenbrooks‹ (1959, nach Thomas Mann); ›Sturm im Wasserglas‹ (1960, nach Frank); ›Die Marquise von O.‹

(1975, nach Kleist, R. Eric Rohmer). Fernsehrollen u. a. in: ›Baumeister Solness‹ (1966, nach Ibsen, R. Schweikart); ›Als wär's ein Stück von mir‹ (1976, nach Zuckmayer, R. August Everding); ›Prosperos Traum‹ (1977, nach Shakespeares ›Der Sturm‹, R. Peter Greenaway). C. Bernd Sucher nannte den Schauspieler einen Zauberer: »(...) Weil Lühr mit seinen Händen zaubert. Lühr zeigt nicht bloß mit dem Zeigefinger auf Menschen und Probleme, er nimmt in gravierenden Fällen den kleinen Finger hinzu, der bei ihm so lang und schön ist wie bei anderen Männern der Ringfinger. (...) Und Lührs blaue Augen! Flinker als der Gedanke, als das Erschrecken, als die Freude, rascher als alle Worte spiegeln sie wider, was seine Figuren erleben, empfinden. Keck können sie sein, schamlos offen, kupplerisch geil, wie wir es bei seinem Shakespeareschen Pandarus gesehen haben, gierig flimmernd und manchmal ganz matt, aus Abgründen aufsteigend, von schmerzvoll verkrampften Lidern eingeengt, damit die Pupillen nicht mehr erkennen müssen, was der Verstand nicht zu ertragen vermag. Und dann Lührs Gang. (...) dieses Fliegen durch den Raum, das man zugleich fürchtet und ersehnt, hofft, dieser Mann werde abheben, fortschweben, sich lösen vom Boden, von keinerlei Schwerkraft mehr gehalten.« (›Theaterzauberer‹, S. 153 ff.)
Literatur: C. Haberlik: Peter Lühr. Ein Porträt. Berlin 1989; H.-R. Müller/ D. Dorn/E. Wendt: Theater für München. Ein Arbeitsbuch der Kammerspiele 1973 – 1983. München 1983; H. P. Doll (Hrsg.): Mein erstes Engagement. Schauspieler erinnern sich. Stuttgart 1988; C. B. Sucher: Theaterzauberer. Schauspieler. 40 Porträts. München, Zürich 1988.

Lüönd, Walo, geb. 13. 4. 1927 in Zug (Schweiz). Schauspieler. Ausbildung am Bühnenstudio Zürich. Nach einem mehrjährigen Engagement beim Kabarett »Federa« kam er 1951/52 an das Basler Theater. Von 1952 bis 1954 arbeitete er an den Münchner Kammerspielen und am Bayerischen Staatsschauspiel München; u. a. in Dürrenmatts ›Ein Engel kommt nach Babylon‹ (UA 1953, R. Hans Schweikart). Nach einem Engagement in Essen (1954 –1959) arbeitete er u. a. an der Freien Volksbühne Berlin (bei Erwin Piscator); 1972–1977 am Schauspielhaus Zürich. Gastspiele u. a. bei den Ruhrfestspielen Recklinghausen sowie am Hebbeltheater und am Theater am Kurfürstendamm in Berlin. Spielte in mehreren Goldoni-Stücken, in Sperrs ›Koralle Meier‹ sowie in Rudolf Noeltes Schnitzler-Inszenierung ›Der grüne Kakadu‹. Weitere Rollen u. a.: Spiegelberg in Schillers ›Die Räuber‹; Titus Feuerfuchs in Nestroys ›Der Talisman‹; Sosias und Merkur in Kleists ›Amphitryon‹; Titelrolle in Molières ›Die Schelmenstreiche des Scapin‹. 1978 kehrte er an das Theater Basel zurück. Dort sah man ihn u. a. als Etzel in Hebbels ›Nibelungen‹, in Kroetz' ›Mensch Meier‹, in Cocteaus ›Orpheus‹ und als Willy Loman in Millers ›Tod eines Handlungsreisenden‹. Filme u. a.: ›Dellebach Karry‹ (1971, R. Kurt Früh); ›Der Erfinder‹ (1981, R. Kurt Gloor); ›Der schwarze Tanner‹ (1985). Fernsehrollen seit 1960; u. a. in ›Die Mission‹ (1967, nach Halbe, mit Marianne Hoppe und Martin Held) und ›Die Konsequenz‹ (1977, R. Wolfgang Petersen). Lüönds Sohn Daniel ist ebenfalls Schauspieler.

Lüttge, Martin, geb. 7. 7. 1943 in Hamburg. Schauspieler und Regisseur. Zunächst Ausbildung in der Landwirtschaft; danach privater Schauspielunterricht in München. Erstes Engagement 1967–1970 an den Münchner Kammerspielen, wo er als exzellenter Komiker auffiel. Rollen u. a. in Inszenierungen von Dieter Giesing: Camille in Feydeaus ›Der Floh im Ohr‹ (1967); Arthur in Mrożeks ›Tango‹ (1968); Rosenkranz in Stoppards ›Rosenkranz und Güldenstern‹ (1968); Polizist in Kesselrings ›Arsen und Spitzenhäubchen‹ (1969). Unter der Regie von Peter Zadek spielte er den Priester Kiro in Bonds ›Schmaler Weg in den tiefen Norden‹ (DE 1969); außerdem sah man ihn in der Uraufführung von Harald Muellers ›Großer Weg‹ (1970, R. Claus Peymann). 1970–1974 Engagement in Düsseldorf; dort u. a.: Doc in de Boers ›The Family‹ (DE 1974, R. Lodewijk de Boer). Danach wechselte er an das

Luft

Staatstheater Stuttgart (1975–1977), wo er mit großem Erfolg in Peymann-Inszenierungen spielte: Graf Wetter vom Strahl in Kleists ›Das Käthchen von Heilbronn‹ (1975); Annenkow in Camus' ›Die Gerechten‹ (1976):»Nervosität, ausreichend für ein halbes Dutzend Reißer, produziert Martin Lüttge, der als Chef der Gruppe und Vermittler im übrigen von einer schönen, scheinbar mühelosen Souveränität ist.« (Georg Hensel, ›FAZ‹, 5. 5. 1975); Titelrolle in Goethes ›Faust I und II‹ (1977). Im Film spielte er u. a. die Titelrolle in ›Der Lord von Barmbeck‹ (1974, R. Ottokar Runze); auch mehrere Fernsehengagements. 1978 gab er seine steile Karriere auf und zog sich auf einen Bauernhof in der Nähe von Burghausen zurück. Dort gründete er mit Freunden den Theaterhof Priessental, ein fahrendes Zelttheater-Kollektiv, das modernes Volkstheater macht (nach dem Vorbild Dario Fos). Produktionen u. a.: Fugards ›Sizwe Bansi ist tot‹ (1979); Thomas ›Magdalena‹ (1982, Dorftheater in Mehring). Zahlreiche eigene Stücke, u. a.: ›Wir Nibelungen‹ (1980); ›Goldwetter‹ (1983); ›Rattenfänger‹ (1990); häufig unter Lüttges Regie. Seit 1991/92 ist er als Nachfolger Götz Georges der ›Tatort‹-Kommissar des WDR. Das Zelttheater wurde vorläufig aufgelöst.

Luft, Friedrich, geb. 24. 8. 1911 in Berlin, gest. 24. 12. 1990 ebenda. Kritiker und Schriftsteller. Besuch des Gymnasiums in Berlin-Friedenau; Studium der Anglistik, Germanistik und Geschichte in Berlin und Königsberg. Erlebte als begeisterter Zuschauer die große Zeit des Berliner Theaters, in der Regisseure wie Max Reinhardt, Leopold Jeßner, Jürgen Fehling, Bertolt Brecht, Erwin Piscator und Gustaf Gründgens auf der Bühne wirkten. 1936 brach er das Studium ab und wurde Journalist; arbeitete als Essayist und Kulturfilmautor, später bei der Heeresfilmstelle. 1945 wurde er Feuilletonchef, Film- und Theaterkritiker bei der Berliner Ausgabe der ›Neuen Zeitung‹. Er war Glossator beim Berliner ›Tagesspiegel‹ (unter dem Pseudonym »Urbanus«); ab 1955 Chefkritiker der ›Welt‹; außerdem schrieb er von 1955

bis 1962 Theaterkritiken für die ›Süddeutsche Zeitung‹ und ab 1978 für die ›Berliner Morgenpost‹. Populär wurde er als Autor und Sprecher der wöchentlichen RIAS-Sendung ›Stimme der Kritik‹, in der er 44 Jahre lang (seit 1946) seine unkonventionellen, mit Witz formulierten Rezensionen und Glossen zum besten gab. Von 1951 bis 1974 hörte man ihn außerdem in der monatlichen Rundfunksendung ›Mit Friedrich Luft ins Theater‹. Veröffentlichungen u. a.: ›Luftballons‹ (1939, Essays); ›Tageblätter von Urbanus‹ (1948); ›Vom großen, schönen Schweigen – Arbeit und Leben des Charles Spencer Chaplin‹ (1957); ›Luftsprünge – Heitere Skizzen und Zeitgespräche‹ (1962); auch mehrere Hörspiele. Georg Hensel schrieb über den Kollegen:»Friedrich Luft fühlte sich nie, wie er sich einmal brieflich ausdrückte, in der ›Oberklasse der deutschen Klugscheißer‹. Sein erfrischender Tonfall mochte darüber hinwegtäuschen, wieviel solide Kenntnis hinter seinem Parlando steckte. Er war ein gelehrter Herr, seit 1976 ein Professor gar, doch ließ er seine Vorstudien nie erkennen. Mochte das verarbeitete Material noch so gewichtig sein, seine Prosa schwitzte nicht. Daß die Schwerarbeit mühelos aussehe, gehört zur Ehre des Artisten und es gehörte zur Ehre Friedrich Lufts.« (›FAZ‹, 27. 12. 1990)
Literatur: F. Luft: 10 Jahre Theater. Berlin 1955; ders.: Gustaf Gründgens. Berlin 1958; ders.: Berliner Theater 1945–1961. Hrsg. v. H. Rischbieter. Hannover 1961; ders.: Stimme der Kritik. Theaterereignisse seit 1965. Sammelband. Berlin 1979; Theaterbilder. 20 Jahre Theater Berlin 1963–1983. Texte: F. Luft u. H. Koschenreuther. Berlin 1983; Friedrich Luft, die Stimme der Kritik. Hrsg. v. I. Hermann. Göttingen 1991.

Lunin, Hanno, geb. 19. 9. 1934 in Dorpat (Estland). Regisseur, Dramaturg, Theaterleiter und Autor. Ab 1953 Studium der Germanistik, Skandinavistik, Theaterwissenschaft, Kunstgeschichte u. a. in Göttingen und Köln (Promotion); Schauspielunterricht bei Adolf Dell (Schauspielhaus Düsseldorf); Hospitant bei Heinz Hilpert in Göttingen; Regieassistent am Schiller-

Theater Berlin (u. a. bei Erwin Piscator, Hans Lietzau, Boleslaw Barlog). Seit 1959 arbeitet er als Regisseur. Erste Engagements in Pforzheim (1959–1962; ab 1960 als stellvertretender Intendant) und Braunschweig (1962–1964). Regisseur und Chefdramaturg war er ferner in Wiesbaden (1964–1968), an den Bühnen der Stadt Köln (1968–1970) und am Hamburger Thalia Theater (1969–1975, unter Boy Gobert). Gastinszenierungen am Berliner Schiller-Theater, am Staatstheater Darmstadt und an den Hamburger Kammerspielen sowie bei Fernsehen und Funk. 1975 wurde er Generalintendant der Wuppertaler Bühnen. Nach Unstimmigkeiten mit dem Ensemble und dem städtischen Ratsausschuß legte er sein Amt 1978 vorzeitig nieder. Seit 1959 zahlreiche Übersetzungen (u. a. Stücke von Stoppard, Duncan, Aymé). Er schrieb u. a. das Stück ›Paternoster‹ (UA 1959, Freie Volksbühne Berlin) und war Ko-Autor der Revue ›Erst ne Weile rechts‹ (UA 1972, Thalia Theater Hamburg). Lunin ist Autor mehrerer Fernsehspiele, u. a. ›Mutschmanns Reise‹ (1981), ›Das Wahlergebnis‹ (1985) und ›Super. Oder?‹ (1987).

Lutz, Regine, geb. 22. 12. 1928 in Basel. Schauspielerin. Während der Gymnasialzeit besuchte sie das Konservatorium in Basel. Nach einem Vorsprechtermin am Schauspielhaus Zürich engagierten sie Oskar Wälterlin und Kurt Hirschfeld sofort an die Bühne, wo sie 1947 als Arabella in Lessings ›Miss Sara Sampson‹ debütierte. In Zürich lernte sie Bertolt Brecht kennen, in dessen Stück ›Herr Puntila und sein Knecht Matti‹ sie das Kuhmädchen spielte (UA 1948). Brecht holte sie 1949 an sein Berliner Ensemble, wo sie bis 1960 blieb. Rollen in Inszenierungen von Brecht u. a.: Gustchen in Lenz/Brechts ›Hofmeister‹ (UA 1950); Eva in Brechts ›Herr Puntila und sein Knecht Matti‹ (1951); Yvette in Brechts ›Mutter Courage und ihre Kinder‹ (1952); Eve in Kleists ›Der zerbrochne Krug‹ (1952). 1955 spielte sie die Victoria in Farquhars Stück ›Der Werbeoffizier‹,

das Brecht unter dem Titel ›Pauken und Trompeten‹ für sie bearbeitete. Letzte Arbeit mit Brecht: Virginia in ›Leben des Galilei‹, eine Regiearbeit, die nach Brechts Tod 1956 Erich Engel weiterführte. Rollen hatte sie auch in Inszenierungen von Benno Besson. Außerdem u. a.: Ludmilla in Gorkis ›Wassa Schelesnowa‹ (1949, mit Therese Giehse, R. Berthold Viertel); Betty Dullfeet in Brechts ›Der aufhaltsame Aufstieg des Arturo Ui‹ (1959, R. Manfred Wekwerth/Peter Palitzsch); Polly in Brecht/Weills ›Die Dreigroschenoper‹ (1960, R. Engel). 1960 spielte sie erstmals in Westberlin: Lydia in Rudolf Noeltes Inszenierung von Sternheims ›Die Kassette‹ (Theater am Kurfürstendamm; danach auf Tournee und 1961 am Residenztheater München). Seit 1962 Gastspiele an verschiedenen Theatern in der Bundesrepublik, u. a. an der Schaubühne Berlin und am Theater Bremen. 1968/69 hatte sie ein festes Engagement in Basel, wo sie unter der Regie von Hans Hollmann die Erna in Horváths ›Kasimir und Karoline‹ und die Vittoria in Goldonis ›Trilogie der schönen Ferienzeit‹ spielte. Außerdem u. a.: Alice in Dürrenmatts ›Play Strindberg‹ (UA 1969, R. Friedrich Dürrenmatt/Erich Holliger); Sonja in Tschechows ›Onkel Wanja‹ (1969, R. Hans Bauer). Nach ihrer Heirat 1970 längere Theaterpause. 1978 spielte sie am Münchner Residenztheater unter Hans Lietzau die Nadja in Stoppards ›Travesties‹. 1979 ging sie ans Hamburger Thalia Theater und spielte dort Marthe Schwerdtlein in Hollmanns ›Faust‹-Inszenierung. 1980 folgte sie Boy Gobert ans Berliner Schiller-Theater, wo sie bis 1985 zum Ensemble gehörte. Sie selbst bezeichnet diese Zeit, in die der Tod ihres Mannes fiel, als »glücklos« und ihre Kündigung durch Heribert Sasse als »berechtigt«. Seither arbeitet sie als freischaffende Schauspielerin, u. a. in Frankfurt, Zürich, Freiburg und Berlin sowie beim Fernsehen. **Literatur:** R. Lutz: Schauspieler – der schönste Beruf. Einblicke in die Theaterarbeit. München 1993.

M

Maassen, Michael, geb. 26. 6. 1942 in Berlin. Schauspieler und Hörspielautor. Engagements: Niedersächsisches Staatstheater Hannover (1968–1971); Theater am Neumarkt Zürich und andere Schweizer Bühnen (1971–1979); Schaubühne Berlin (1980–1985); hier spielte er u. a. den Vikar Diouff in Jean Genets ›Die Neger‹ (1983, R. Peter Stein). 1985 spielte er am Bayerischen Staatsschauspiel in München den Polonius in Shakespeares ›Hamlet‹ (R. B. K. Tragelehn) und zeigte den Soloabend ›Ich habe mitgedacht‹, eine Adolf-Eichmann-Collage, die 1985 an der Berliner Schaubühne herausgekommen war. Es folgten Gastspielverpflichtungen vor allem in der Schweiz. Hörspiele u. a. ›Die ersten Männer‹ (1983); ›Ich habe mitgedacht‹ (1985).

MacDonald, Sona, geb. 1961 in Wien. Schauspielerin. Studium an der London Academy of Music and Dramatic Art. 1980 entdeckte Peter Zadek die Schauspielerin und engagierte sie als Cecily Cardew für seine Inszenierung von Oscar Wildes ›Bunbury oder Wie wichtig es ist, ernst zu sein‹ (Freie Volksbühne Berlin). Danach arbeitete Sona MacDonald an verschiedenen deutschsprachigen Bühnen: an den Staatlichen Schauspielbühnen Berlin, am Wiener Theater in der Josefstadt und am Bayerischen Staatsschauspiel München. Wichtige Rollen u. a.: Roxane in Edmond Rostands ›Cyrano de Bergerac‹ (1990, München); Stieftochter in Pirandellos ›Sechs Personen suchen einen Autor‹ (1990, ebenda, R. jeweils Thomas Schulte-Michels). 1987 erarbeitete sich Sona MacDonald zusammen mit Udo Samel und dem Musiker Alan Mark einen Rezitationsabend: ›Lost in Stars and Stripes‹, den die drei erstmals bei den Berliner Festwochen zeigten; danach gastierten sie damit im In- und Ausland.

Machiavelli, Niccolò, geb. 3. 5. 1469 in Florenz, gest. 22. 6. 1527 ebenda. Italienischer Staatstheoretiker, Historiker und Schriftsteller. Hauptwerk war seine Staatstheorie über Machtpolitik ›Der Fürst‹ (1513). Machiavelli schrieb mehrere Dramen, von denen ›Mandragola‹ (1520) als eine der besten Komödien der Renaissance gilt. Sie wird auch heute noch zuweilen gespielt.

Maeterlinck, Maurice Polydore Marie Bernard, geb. 29. 8. 1862 in Gent, gest. 6. 5. 1949 in Orlamonde bei Nizza. Belgischer Dichter und Dramatiker. Maeterlinck besuchte zunächst eine Jesuitenschule, später studierte er Jura, von 1886 an lebte er in Paris. 1911 erhielt er den Nobelpreis für Literatur. Von 1940 bis 1946 war er im Exil in den USA. 1947 wurde er Präsident des PEN-Clubs. Maeterlinck gilt als herausragender Vertreter des Theaters des Symbolismus und als Vorläufer des Surrealismus. In seinen Dramen ist die äußere Handlung weniger wichtig als Stimmung und Atmosphäre. Seine Stücke werden heute nur noch selten aufgeführt.
Stücke: ›Prinzeß Maleine‹ (1889); ›Der Eindringling‹ (1891); ›Die Blinden‹ (1891); ›Pelléas et Mélisande‹ (1893, 1902 als Oper von Debussy); ›Monna Vanna‹ (1902); ›Der blaue Vogel‹ (1909).
Literatur: M. Daniels: The French Drama of the Unspoken. Edinburgh 1953; B. Vedder: Das symbolische Theater M. Maeterlincks. Frankfurt a. M. 1978.

Mahnke, Hans, geb. 22. 4. 1905 in Stralsund, gest. 29. 5. 1978 in Stuttgart. Schauspieler. Ausbildung bei Albert Bassermann in Berlin. Bevor er 1950 ans Staatstheater Stuttgart kam (bis 1978), arbeitete Mahnke als Schauspieler in Köslin (1925/26), Dessau (1928–1931), Stralsund (1932–1934), Mainz (1936–1938), Hamburg (1939–1948) und Frankfurt (1948–1950, Kleines Theater am Zoo). Wichtige Rollen in Stuttgart u. a.: Caliban in Shakespeares ›Der Sturm‹ (1953) sowie Falstaff in ›Heinrich IV.‹ (1954); Mauler in Brechts ›Heilige Johanna der Schlachthöfe‹ (1961, R. Benno Besson); Edgar in

Strindbergs ›Totentanz‹ (1962, R. Günther Lüders); Bürgermeister in Schwarz' ›Der Drache‹ (1963, R. Peter Palitzsch); Vater Maske in Sternheims ›Der Snob‹ (1964, R. Rudolf Noelte); Adam in Kleists ›Der zerbrochene Krug‹ (1966, Ruhrfestspiele Recklinghausen, R. Noelte); Titelrolle in Molières ›Der eingebildete Kranke‹ (1969, R. Palitzsch/Valentin Jeker); Shylock in Shakespeares ›Der Kaufmann von Venedig‹ (1973, Bochum, R. Peter Zadek). Über Mahnkes Darstellung schrieb der Regisseur Palitzsch in seinem Nachruf (›Theater heute‹, 1978): »Mahnkes Shylock war ein häßlich gewordener, ins Böse getriebener Mensch.« Weitere Rollen: Sorin in Tschechows ›Die Möwe‹ (1973, Bochum, R. Zadek). »Es war der Balanceakt eines reifen Darstellers, der den Zuschauer in den beglückenden Schwebezustand versetzt, eine vollendete Kunstfigur und einen Menschen ›wie du und ich‹ getrennt und dennoch gleichzeitig verfolgen zu können, eine dialektische Einheit also.« (Palitzsch, ebd.) 1974 spielte Mahnke unter Zadeks Regie den Gloster in Shakespeares ›König Lear‹ (Bochum); 1975 den Ekdal in Ibsens ›Die Wildente‹ (Deutsches Schauspielhaus Hamburg); in Stuttgart spielte er 1976 den Müsjö in Brendan Behans ›Die Geisel‹ (R. Alfred Kirchner) und 1978 den Arkas in Goethes ›Iphigenie auf Tauris‹ (R. Claus Peymann). In seinem Nachruf schrieb Joachim Kaiser (›SZ‹, 30. 5. 1978): »Um das Gesicht dieses großartig sicheren und stets zurückhaltend agierenden Schauspielers geisterte immer etwas seltsam Verbiestertes. Etwas Natur-Dämonisches, etwas Norddeutsch-Spökenkiekeriges. (. . .) Er fraß Widerstände und Seltsamkeiten in sich hinein, machte aus seinen Rollen den verschwiegenen Abglanz dessen, was er erfahren hatte – wollte lieber zu leise, zu unauffällig sein als auch nur einmal zu laut, zu derb, zu aufgedonnert (wodurch ja alle Wahrheit verdirbt).«

Mai, Wolfgang, geb. 28. 3. 1942. Bühnenbildner. Studium der freien Malerei an der Akademie der Bildenden Künste Berlin (1960–1964). Bühnenbildassistenzen an den Städtischen Bühnen Frankfurt und an den Bundestheatern in Wien (1964–1968).

Von 1968 bis 1977 Bühnenbildner und Ausstattungsleiter am Basler Theater (unter den Direktoren Werner Düggelin und Hans Hollmann). Seit 1978 Chefbühnenbildner des Zürcher Schauspielhauses. Zusammenarbeit vor allem mit den Regisseuren Hans Hollmann, Werner Düggelin, Gerd Heinz, Horst Zankl und Arie Zinger. Wichtige Arbeiten u. a.: Shakespeares ›Was ihr wollt‹ (1971, R. Düggelin); Karl Kraus' ›Die letzten Tage der Menschheit‹ (1974 in Basel, 1980 in Wien, R. Hollmann); Schillers ›Die Verschwörung des Fiesco zu Genua‹ (1981, R. Hollmann); Dürrenmatts ›Achterloo‹ (1984, R. Heinz); Shakespeares ›Maß für Maß‹ (1985, R. Zinger); Schnitzlers ›Das weite Land‹ (1988, R. Hollmann); Herzmanovsky-Orlandos ›Apoll von Nichts oder Exzellenzen ausstopfen – Ein Unfug‹ (1990, Bayerisches Staatsschauspiel, R. Hollmann); Lessings ›Minna von Barnhelm‹ (1992, ebenda, R. Roland Schäfer).

Maisch, Herbert, geb. 10. 12. 1890 in Nürtingen, gest. 10. 10. 1974 in Köln. Dramaturg und Regisseur. Offizier im Ersten Weltkrieg. 1919 volontierte er als Dramaturg und Regisseur am Stadttheater Ulm; 1920–1924 Regisseur am Staatstheater in Hannover; von 1924 bis 1933 leitete er als Intendant die Württembergische Volksbühne, das Theater der Stadt Koblenz, das Erfurter Stadttheater, das Nationaltheater Mannheim und das Preußische Theater der Jugend in Berlin. 1933 wurde er wegen »politischer Unzuverlässigkeit« entlassen und drehte bis 1945 einige Filme. Nach dem Krieg übernahm Maisch die Leitung der Komödie in Berlin; 1946 berief ihn die Stadt Köln zum Generalintendanten der Städtischen Bühnen; diese Position hatte er bis 1959 inne. Von 1960 an war er Leiter der Schauspielklasse an der Staatlichen Hochschule für Musik in Frankfurt. Wichtige Inszenierungen u. a.: Schillers ›Wallenstein‹ (1959, Mannheim); Hauptmanns ›Biberpelz‹ (1959, Berlin); Shaws ›Pygmalion‹ (1960, Hamburger Thalia Theater).
Literatur: H. Maisch: Helm ab – Vorhang auf. 70 Jahre eines ungewöhnlichen Lebens. Emsdetten 1968.

Majakowski

Majakowski, Wladimir Wladimirowitsch, geb. 19. 7. 1893 in Bagdady (Georgien), gest. 14. 4. 1930 in Moskau (Freitod). Russischer Dichter und Dramatiker. Sohn eines verarmten Adligen. Majakowski lebte von 1906 an in Moskau; 1910 Besuch der Moskauer Kunstschule; 1912 Veröffentlichung des ersten futuristischen Manifestes ›Ein Schlag ins Gesicht des öffentlichen Geschmacks‹. Er agitierte mit seinen Werken für den sowjetischen Staat. Majakowski verwendete in seinen Dramen Techniken (Pantomime, Musik, Filmprojektionen, Chöre), die später richtungsweisend für Eisenstein, Piscator und Brecht wurden. »Majakowski ist stets ungemein knapp. Er weiß immer, was er lächerlich macht, wozu er es lächerlich macht, und immer weiß er, für wen er das Schauspiel schafft. Es gibt nichts Überflüssiges bei ihm. Er ist der erste Autor, den ich nie umgearbeitet habe. Nie habe ich einmal gewagt, bei ihm nur ein einziges Wort zu streichen oder eine Umstellung der Episoden vorzunehmen. (...) Er ist ungemein bündig und karg.« (Wsewolod Meyerhold, 1929, in: ›Theaterarbeit‹)
Stücke: ›Mysterium buffo‹ (1918); ›Die Wanze‹ (1929); ›Das Schwitzbad‹ (1929).
Literatur: R. Tietze (Hrsg.): W. Meyerhold. Theaterarbeit 1917–1930. München 1974, S. 146 ff.

Malina, Judith, geb.1926 in Kiel. Schauspielerin und Regisseurin. Studierte bei Erwin Piscator an dessen Dramatic Workshop in New York. Debüt 1946. 1951 gründete sie, zusammen mit ihrem 1985 gestorbenen Mann Julian Beck, das Living Theatre. Zu den wichtigsten Produktionen dieser kollektiv arbeitenden Gruppe zählten: Strindbergs ›Gespenstersonate‹ (1954); Pirandellos ›Heute abend wird aus dem Stegreif gespielt‹ (1955); Racines ›Phädra‹ (1955, mit Judith Malina in der Titelrolle); Sophokles/Brechts ›Antigone‹ (1967, Judith Malina in der Titelrolle); ›Paradise lost‹ (1968, Premiere beim Festival d'Avignon). 1980 inszenierte Judith Malina als Auftragsproduktion für das Münchner Theaterfestival Ernst Tollers ›Masse Mensch‹; 1987 in Frankfurt a.M. die Uraufführung von Peter Michael Hamels Musiktheater ›Kassandra‹; 1989 produzierte sie in New York Hannon Reznikovs ›Poland 1931‹ und spielte die Rolle der Esther; 1990 gastierte die Regisseurin mit ihrer Living-Theatre-Gruppe in Augsburg und zeigte dort ihre eigene Inszenierung von Else Lasker-Schülers ›Ichundich‹. 1991 hielt sie während des Theatertreffens in Berlin einen Vortrag in der Reihe ›Berliner Lektionen‹; in einem Interview mit der ›taz‹ antwortete sie auf die Frage, ob sie sich als Erbin Piscators verstehe:»Piscator hat uns zwei Sachen beigebracht. Erstens das Engagement: Man muß etwas zu sagen haben, wenn man auf der Bühne steht. Zweitens das totale Theater. Das Living Theatre hat natürlich andere Aspekte der Allumfassendheit des Theaters erforscht und praktiziert als Piscator. Nicht die technischen Medien wie Film, Musik, Licht, sondern die totale Präsenz des Theaters war und ist für uns wichtig.«
Literatur: J. Malina/J. Beck: Paradise Now. New York 1971. K. H. Brown: The Brig. With an Essay on the Living Theatre by Julian Beck and Directors Notes by Judith Malina. New York 1965; I. Buchholz: Judith Malina. Von einer, die auszog, das Leben zu lernen. Linden 1980.

Malton, Leslie, geb. 1959. Schauspielerin. Ausbildung in amerikanischen Workshops. Arbeitete vor allem mit George Tabori zusammen; sie spielte in dessen Inszenierung von Jean-Claude Carrières ›Zum zweiten Mal‹ (1988, Wiener Theater Der Kreis) und in den Tabori-Stücken (inszeniert vom Autor): ›Mein Kampf‹ (1987, Rolle: Gretchen), ›Weisman und Rotgesicht‹ (1990, Wiener Akademietheater), ›Nathans Tod‹ (1991, Bayerisches Staatsschauspiel, Rolle: Sittah und das Mädchen), ›Der Großinquisitor‹ (1993, ebenda, Rolle: Gruschenka). Über ihre Rolle in ›Weisman und Rotgesicht‹ schrieb Joachim Kaiser (›SZ‹, 21. 7. 1990):»Die schöne Leslie Malton spielte mit Hingabe und enormer physischer Konzentration ein schrecklich krankes junges Mädchen (...) Am Ende, wenn Ruth infolge von irdischer Liebe und männlichem Vertrauen gesundet, war Frau Malton noch überzeugender. Da bot sie sozusagen Eng-Umrissenes, während vorher ihre breite Skala, Behinderungen vorzuführen, auch etwas effektvoll Beliebiges hatte.« 1985 spielte sie in Hans Hollmanns Inszenierung von Shakespeares ›Hamlet‹ die Ophelia; 1993 war sie die Crevette in Feydeaus ›Die Dame vom Maxim‹ (Zürcher Schauspielhaus, R. Achim Benning). Film- und Fernsehrollen u. a. in ›Eine kleine Nachtmusik‹ (1976); ›Der große Bellheim‹ (1992); ›Die Umarmung des Wolfes‹ (1993).

Mamet, David, geb. 30. 11. 1947 in Chicago. Amerikanischer Dramatiker und Regisseur. Mamet wurde international bekannt mit dem Stück ›American Buffalo‹ (1975), für das er 1976 den Obie Award erhielt. Er arbeitete lange mit dem Goodman Theatre in Chicago und dem Regisseur Gregory Mosher zusammen. Er schrieb neben Dramen auch Drehbücher, u. a. ›The Untouchables‹ (1987, für Brian de Palma). 1984 erhielt er den Pulitzerpreis für sein Stück ›Hanglage Meerblick‹. In Deutschland wurden vor allem ›Hanglage Meerblick‹ und ›Oleanna‹ öfters nachgespielt. Zur deutschen Erstaufführung von ›Oleanna‹ (1993, Akademietheater Wien, R. Dieter Giesing) schrieb C. Bernd Sucher:»Der Dialog ist eher dürftig, das Thema ist keines in Europa. Natürlich möchte Mamet mit ›Oleanna‹ das Thema Macht und Machtmißbrauch diskutieren; selbstverständlich will er darauf aufmerksam machen, daß wir unfähig geworden sind zu kommunizieren. Aber ›Oleanna‹ ist keine Auseinandersetzung mit den westlichen Gesellschaften am Ende dieses Jahrhunderts, bloß eine schnelle, pointierte Reaktion auf aktuelle amerikanische Vorfälle. Ein journalistisches Gebrauchsstück.« (›SZ‹, 9. 10. 1993) »Selbstverständlich ist David Mamet ein Provokateur (. . .) Er versteht es, als Dramatiker und Polemiker, ein Thema so zu besetzen, daß – zumindest für den aktuellen Moment – keiner an ihm vorbei kann. Sein Talent beruht auf Scharfmacherei. Seine Fertigkeit – man zögert, sie ›Kunst‹ zu nennen – ist die Aufreizung (und Ausreizung) des Streit- und Widerspruchspotentials eines Themas.« (Sigrid Löffler, ›Theater heute‹, Heft 11, 1993).

Weitere Stücke: ›Sexual Perversity in Chicago‹ (1974); ›Edmond‹ (1982); ›Die Gunst der Stunde‹ (1988).

Mangold, Lisi, geb. in Böckten (Schweiz), gest. 4. 1. 1986 ebenda. Schauspielerin. War von 1974 bis zu ihrem Tod im Alter von 35 Jahren Ensemblemitglied der Münchner Kammerspiele und war *die* Protagonistin in den Inszenierungen von Ernst Wendt, u. a.: Rita in Thomas Braschs ›Lovely Rita‹ (1978); in der Uraufführung von Heiner Müllers ›Germania Tod in Berlin‹ (1978); Luise in Schillers ›Kabale und Liebe‹ (1978); Titelrolle in Kleists ›Käthchen von Heilbronn‹ (1979); Titelrolle in Strindbergs ›Fräulein Julie‹ (1980); Prinzessin Leonore in Goethes ›Torquato Tasso‹ (1981); Celia in Shakespeares ›Wie es euch gefällt‹ (1982); Titelrolle in Lessings ›Minna von Barnhelm‹ (1984). Arbeiten mit anderen Regisseuren: Käthe in Hauptmanns ›Einsame Menschen‹ (1975, R. Peter Palitzsch); Hero in Shakespeares ›Viel Lärm um nichts‹ (1975, R. Friedrich Beyer); Elisabeth in Horváths ›Glaube Liebe Hoffnung‹ (1975, R. Michael Verhoeven); Natascha in Gorkis ›Nachtasyl‹ (1976, R. Liviu Ciulei); zweite Susn in Herbert Achternbuschs ›Susn‹ (1980, R. Nikol Voigtländer). Film: ›Trokadero‹ (R. Klaus Emmerich und Jörg Graser). In einem »Gedenkblatt« für die Schauspielerin schrieb Ernst Wendt in der ›Frankfurter Rundschau‹ (25. 1. 1986): »Er hatte sie, der liebende Gott, fürs Fragen begabt, fürs verwunderte Suchen, eines, das immer schon gleich ein verwundetes war – für eine grenzenlose Neugier, was sich denn hinter dem schnellen Spuk des Lebens, hinter seligem Lieben und hinter dem Freude-Strahlen des Augen-Blicks an Abgründen verbergen möchte. Deshalb hat sie mit dem ›vernünftigen‹ Lachen der altklugen Minna natürlich mehr Schwierigkeiten gehabt als mit dem geheimnisvollen Lächeln des ›kleinen‹ Käthchens von Heilbronn, welches im Traum ja erfuhr, was Lieben wirklich ist, und welches deshalb der Wirklichkeit so unbefangen staunend, eigentlich ungläubig begegnen konnte. (. . .) Wo andere ihre Techniken schützend um sich tragen, hat sie allerdings ihr Leben

Manker

verzehrt. Man spielt ja nicht immer volles Risiko – man müßte denn eine Heilige sein und zugleich eine Närrin. Im Grunde ihres Herzens wollte sie das auch, da war sie verdammt schön maßlos.«
Literatur: H.-R. Müller/D. Dorn/E. Wendt: Theater für München. Ein Arbeitsbuch der Kammerspiele 1973–1983. München 1983.

Manker, Paulus, geb. 1958 in Wien. Schauspieler und Regisseur. Ausbildung am Max-Reinhardt-Seminar in Wien. Engagements: Burgtheater Wien (1979/89), Schauspielhaus Frankfurt (1980/81), Thalia Theater Hamburg (1981/82), Bayerisches Staatsschauspiel München (1983/84), Deutsches Schauspielhaus Hamburg (1986–1989). Seit 1990 gehört er zum Ensemble des Wiener Burgtheaters. Wichtige Rollen u.a.: Conti in Lessings ›Emilia Galotti‹ (1981, Frankfurt, R. Fritz Schediwy); Otto Weininger in Sobols ›Weiningers Nacht‹ (1986, Hamburg, R. Jaroslav Chundela); Casti-Piani in Wedekinds ›Lulu‹ (1988, Hamburg, R. Peter Zadek); Bassanio in Shakespeares ›Der Kaufmann von Venedig‹ (1990, Wien; 1994, Berliner Ensemble, R. Peter Zadek); Carlos in Goethes ›Clavigo‹ (1991, Wien, R. Claus Peymann). Manker arbeitet auch als Regisseur, inszenierte 1988 Sobols ›Weiningers Nacht‹ am Volkstheater Wien und 1993 Franz Molnárs ›Liliom‹ am Burgtheater. Neben der Mitwirkung in zahlreichen Filmen, drehte er bisher auch vier eigene: ›Schmutz‹ (1985), ›Weiningers Nacht‹ (1989), ›Das Auge des Taifun‹ (1992), ›Der Kopf des Mohren‹ (1993/94).

Mann, Dieter, geb. 20. 6. 1941 in Berlin. Schauspieler und Intendant. 1955–1957 Berufsausbildung zum Spitzendreher; ab 1958 Facharbeiter im VEB Schleifmaschinenwerk Berlin und Studium an der Arbeiter- und Bauernfakultät Friedrich Engels. 1961 holte er das Abitur nach und ging als Praktikant an die Ostberliner Volksbühne; 1962–1964 Ausbildung an der Staatlichen Schauspielschule Ostberlin, u.a. bei Friedo Solter und Wolfgang Heinz. Debütierte 1964 am Deutschen Theater in Ostberlin als Wolodja in Viktor Rosovs ›Unterwegs‹

(R. Solter/Dieter Meves); wurde noch im selben Jahr an das Deutsche Theater engagiert, dem er bis heute ununterbrochen angehört. Von 1984 bis 1991 war er dort Intendant (als Nachfolger des Theaterwissenschaftlers Rolf Rohmer). Große Erfolge feierte er als Edgar Wibeau in Plenzdorfs ›Die neuen Leiden des jungen W.‹ (1972–1978) und als Kellner Jean in Kaiser/ Spolianskys Revue ›Zwei Krawatten‹ (1976, auch im Fernsehen). Weitere Rollen u.a.: Tempelherr in Lessings ›Nathan der Weise‹; Titelrolle in Goethes ›Clavigo‹ und Montecatino in ›Torquato Tasso‹; Ariel in Shakespeares ›Der Sturm‹ und Demetrius in ›Ein Sommernachtstraum‹; Illo in Schillers ›Wallenstein‹; Lopachin in Tschechows ›Der Kirschgarten‹ (1984, R. Solter); Johannes Hörder in Bechers ›Die Winterschlacht‹ (1985, R. Alexander Lang); Waldemar Sedemund in Barlachs ›Die echten Sedemunds‹ (1988, R. Rolf Winkelgrund); Truffaldino in Goldonis ›Der Diener zweier Herren‹ (1991, R. Niels-Peter Rudolph); Julian in Hofmannsthals ›Der Turm‹ (1992, R. Thomas Langhoff); Wehrhahn in Hauptmanns ›Der Biberpelz‹ (1993, mit Jutta Wachowiak, R. Langhoff): »Mit schleichenden Schritten stiehlt sich Dieter Mann durch die riesige Amtsstube, sein grauer Anzug Ton in Ton mit den Wänden, daß er bei jedem Schritt in der Mauer zu verschwinden droht. (. . .) Wenn er von Erfolgen träumt und die freidenkerischen Ortshonoratioren schon erfolgreich verleumdet sieht, verzerrt sich das blutleer maskenhafte Gesicht in krampfhaften Blähungen, als ob eine Schicht Gemütsgips jeden Moment abplatzen möchte. Die tonlos trockene Stimme wird dann metallisch hart, daß selbst der schusselige Amtsschreiber aus dem Aktenschlaf schreckt.« (Franz Wille, ›Theater heute‹, Heft 7, 1993); Odysseus in Euripides' ›Der Kyklop‹. Eigene Inszenierungen u.a.: ›Die Marulas‹ (1969, nach Heiduczeks Roman ›Abschied von den Engeln‹); Fos ›Zufälliger Tod eines Anarchisten‹ (1978). Beim breiten Publikum wurde er durch seine zahlreichen Rollen im DDR-Fernsehen und in Defa-Filmen bekannt. Zu DDR-Zeiten war er gesellschaftspolitisch engagiert; 1975 wurde er

Mitglied des Zentralvorstands der Gewerkschaft Kunst. Ursula Meves schrieb im ›Neuen Deutschland‹: »Er verfügt über bestes Komödiantentum, das starken Intellekt einschließt.« Auszeichnungen u. a.: Kunstpreis der DDR (1975); Johannes R. Becher-Medaille in Gold (1981).

Mann, Klaus, geb. 18. 11. 1906 in München, gest. 22. 5. 1949 in Cannes (Freitod). Schriftsteller. Ältester Sohn Thomas Manns. Er gründete mit seiner Schwester Erika und Gustaf Gründgens zunächst ein Theaterensemble. Von 1925 an arbeitete er als Kritiker und Schauspieler in Berlin. 1933 Emigration nach Amsterdam, dort Herausgeber einer Emigrantenzeitschrift; danach ging er nach Zürich, Prag, Paris und 1936 in die USA. 1938 war Mann Beobachter im Spanischen Bürgerkrieg; 1943 trat er in die amerikanische Armee ein. Er war eine der herausragenden Persönlichkeiten im Einsatz gegen den Faschismus und nach dem Krieg für eine neue Friedensordnung in Staat und Gesellschaft: ›Die Heimsuchung des europäischen Geistes‹ (1949). Die Dramatisierung des Romans ›Mephisto‹ von Ariane Mnouchkine (1979), als Film von Istvan Szabó (1982), führte zu einer späten Wiederentdeckung seiner Werke. »Mit unerbittlicher Liebe zeigt er seine Generation in all ihrer wissenden Unwissenheit, ihrer gehemmten Hemmungslosigkeit, ihrer reinen Verworfenheit (. . .). Er ist nicht nur ein Schilderer der neuen Jugend, er ist vielleicht berufen, ihr Wegweiser zu werden.« (Gustaf Gründgens, 1925)
Stücke: ›Anja und Esther‹ (1925); ›Revue zu Vieren‹ (1927); ›Gegenüber von China‹ (1930); ›Geschwister‹ (1930); ›Athen‹ (1932, unter dem Pseud. Vincenz Hofer); ›Der siebente Engel‹ (1945/46).
Literatur: U. Naumann (Hrsg.): K. Mann in Selbstzeugnissen und Bilddokumenten. Reinbek 1984; M. Grunewald: K. Mann. Bern, Frankfurt, New York 1984.

Mannheim, Lucie, geb. 30. 4. 1899 in Berlin, gest. 19. 7. 1976 in Braunlage. Schauspielerin. Debütierte in Königsberg und spielte von 1918 bis 1922 an der Volksbühne Berlin. Anschließend (bis 1933) arbeitete sie kontinuierlich mit dem Regisseur Jürgen Fehling am Preußischen Staatstheater, spielte in seinen Inszenierungen u. a.: Tichonowa in Gogols ›Die Heirat‹ (1919 und 1931); Cordelia in Shakespeares ›König Lear‹ (1921); Titelrolle in Kleists ›Käthchen von Heilbronn‹ (1923); Franziska in Lessings ›Minna von Barnhelm‹ (1923); Christine in Schnitzlers ›Liebelei‹ (1925); Irina in Tschechows ›Drei Schwestern‹ (1926); Lieschen in Lasker-Schülers ›Die Wupper‹ (1927); Marie in Büchners ›Woyzeck‹ (1927). In Ibsens ›Nora‹ (1930) und in Bibo/Rameaus ›Die göttliche Jette‹ (1931) spielte sie die Titelrollen; Anna Gerst in Tollers ›Die blinde Göttin‹ (UA 1932). 1933 emigrierte Lucie Mannheim nach England; sie trat 1935 in London in Ibsens ›Nora‹ auf (Titelrolle). Nach 1949 gab sie Gastspiele in Deutschland, vorwiegend in Berlin, wo man sie 1958 in Thomas Wolfes ›Schau heimwärts, Engel!‹ als Elisa sah (Schiller-Theater). Lucie Mannheim wirkte auch in Fernsehproduktionen und Filmen mit, u. a.: in ›Nachts auf den Straßen‹ (1953), ›Ich und du‹ (1954), ›Der Eiserne Gustav‹ (1958), ›Arzt aus Leidenschaft‹ (1959), ›Der letzte Zeuge‹ (1960). In seinem Nachruf schrieb Friedrich Luft (›Die Welt‹, 26. 7. 1976): »Sie inkorporierte zu ihren besten Zeiten das Herz Berlins. Sie hatte eine Art pfiffig kompakter Schönheit. Das Auge hell. Der Mund war berlinisch keck beweglich. Sanftheit war ihre Sache nicht. Die großen morbiden Rollen spielten in den zwanziger Jahren an der Spree immer die anderen. (. . .) Fehling hat sie geführt und geliebt. Ihre besten Rollen spielte sie bei ihm. Sie konnte herrlich heiter sein, ansteckend vital. Und sie konnte Angst, Schicksal oder Wehmut spielen, daß man den Atem anhielt. Sie konnte die Ungeduld und Verlorenheit der Mädchen und Frauen bei Tschechow dartun wie in ihrer Generation keine.«

Manthey, Axel geb. 10. 4. 1945 in Güntersberge. Bühnenbildner und Regisseur. Studium der Malerei an der Hochschule für bildende Künste Berlin. Arbeitet seit 1970 als Bühnenbildner. Wichtige Arbeiten in

Manzel

Stuttgart u. a.: Wedekinds ›Frühlings Erwachen‹ (1974, R. Alfred Kirchner); Ionescos ›Die kahle Sängerin‹ und ›Clownsspiele‹ (1975, R. Kirchner); Brechts ›Trommeln in der Nacht‹ (1976, R. Christof Nel); Hans Werner Henzes Oper ›Boulevard Solitude‹ (1976, R. Jean-Pierre Ponnelle); Gerlind Reinshagens ›Sonntagskinder‹ (1976, Stuttgart, R. Kirchner); Henze/Bond/Forsythes Ballett ›Orpheus‹ (1979, Stuttgart); Forsythes ›Time Cycle‹ (1979); an der Frankfurter Oper Wagners ›Parsifal‹ (1982). Über Mantheys Raum schrieb Jens Wendland (›SZ‹, 30. 11. 1982): »Axel Manthey ließ dazu in seiner Bühne Chagall und Rauschenberg, Märchen-Malerei und Pop-Signale aufeinanderprallen. Er hat, mit dem Zug zu den wuchtigen Innenräumen großer expressionistischer Schauspiel-Inszenierungen der zwanziger Jahre und der beginnenden Stummfilmära, die ›Parsifal‹-Welt wenn nicht ganz aus den Fugen gebracht, so doch kubistisch versetzt.« Weitere Arbeiten an der Frankfurter Oper u. a.: Webers ›Freischütz‹ (1983); Wagners ›Der Ring des Nibelungen‹ (1985–1987); am Thalia Theater Kleists ›Penthesilea‹ (1985, R. Jürgen Gosch). 1984 führte Manthey zum ersten Mal Regie (daneben Bühnenbild und Kostüme): Er inszenierte die Uraufführung von Herbert Achternbuschs ›Sintflut‹ in Bochum. Es folgten Strindbergs ›Traumspiel‹ (1987, Stuttgart, 1988 zum Berliner Theatertreffen eingeladen); Gisela von Wysockis ›Schauspieler, Tänzer, Sängerin‹ (1988, Frankfurt). Über diese Aufführung schrieb Verena Auffermann (›SZ‹, 10. 5. 1988) unter der Überschrift »Großartiges von Axel Manthey«: »Axel Mantheys präziser Umgang mit asketisch-ästhetischen Mitteln entwickelt sein Spiel mit Hilfe einer geometrischen Mangelform, mit der Ellipse. Ihr Schatten wird zum Kreis, das Spiel von ›Schauspieler, Tänzer, Sängerin‹ bekommt im Lichtkegel ein Double. Die Bewegungen unter dem Schild, auf das Bein, Hals und Clownsmaske gemalt sind, verraten sich im Schatten. (...) Axel Mantheys Ausformungen haben Gisela von Wysockis Text eingepaßt, besser könnte er nicht sitzen zwischen zwei Stimmen und einem Körper.« 1989 inszenierte Manthey Genets

›Der Balkon‹ (Düsseldorfer Schauspielhaus) und Aristophanes' ›Die Vögel‹ (Burgtheater Wien); 1990 Wagners ›Lohengrin‹ (Stuttgarter Oper); 1991 Büchners ›Leonce und Lena‹ (Thalia Theater Hamburg); 1992 Richard Strauss' ›Ariadne auf Naxos‹ (Stuttgart); Mozarts ›Zauberflöte‹ (Ludwigsburger Schloßfestspiele) und Monteverdis ›Il ritorno d'Ulisse‹ (Stuttgart).

Literatur: H. P. Doll (Hrsg.): Mein erstes Engagement. Stuttgart 1988; K. Bertisch: Ruth Berghaus. Regie im Theater. Frankfurt a. M. 1990.

Manzel, Dagmar, geb. 1. 9. 1958 in Berlin. Schauspielerin. Nach dem Abitur Studium an der Staatlichen Schauspielschule in Ostberlin (1977–1980). Von 1980 bis 1983 war sie am Staatstheater Dresden engagiert; dort u. a.: Titelrolle in Schillers ›Maria Stuart‹ und Eboli in ›Don Carlos‹; Rosalind in Shakespeares ›Wie es euch gefällt‹; Marion in Büchners ›Dantons Tod‹. Seit 1983 gehört sie zum Ensemble des Deutschen Theaters Berlin, wo sie viele große Erfolge feierte. Wichtige Rollen u. a.: Portia in Shakespeares ›Der Kaufmann von Venedig‹; Rosaura in Calderóns ›Das Leben ein Traum‹; Elektra in Sartres ›Die Fliegen‹ (R. Friedo Solter); Titelrolle in Lessings ›Emilia Galotti‹; Gertrud in Shakespeare/Müllers ›Hamlet/Hamletmaschine‹ (R. Heiner Müller) und Merteuil in Müllers ›Quartett‹ (1991, im Rahmen von Müllers ›Mauser‹-Trilogie, mit Jörg Gudzuhn); Antonia in Rame/Fos ›Offene Zweierbeziehung‹ (R. Carlos Medina); Rita Marchetti in Sternheims ›Der Nebbich‹ (R. Niels-Peter Rudolph); Alkmene in Kleists ›Amphitryon‹ (R. Jürgen Gosch); Chimène in Corneilles ›Der Cid‹ (1993/94, mit Gudzuhn als Rodrigo, R. Alexander Lang): »Im Gefühls-Zentrum der Inszenierung: Dagmar Manzel als Chimène, hellblondgelockt erst im weißen, dann im schwarzen Abendkleid. Sie muß immer neue Schübe von Rache- und Ehrargumentationen gegen Rodrigo wenden, selbst als der schon ein siegreicher Feldherr ist. Glanzvoll und unerschöpflich legen ihre Tonfälle und Gesten dar, wie sie die Forderungen nach Rache, nach Tötung des Geliebten ihrer anhaltenden, tiefen Liebe zu ihm abringt.« (Henning Rischbieter, ›Theater heute‹, Heft 1, 1994); Lilly Groth in Strauß' ›Das Gleichgewicht‹ (1994, R. Thomas Langhoff). Bei den Salzburger Festspielen sah man sie 1992 als Rachel in Wyspianskis ›Wesele – Das Hochzeitsfest‹ (DE, R. Andrzej Wajda). Sie spielte u. a. in Heiner Carows Defa-Filmen ›So viele Träume‹ und ›Coming out‹; auch Fernsehrollen.

Marais, Jean (eigtl. Jean Alfred Villain-Marais), geb. 11. 12. 1913 in Cherbourg. Schauspieler, Regisseur, Autor. Von 1933 bis 1937 Mitarbeit als Dramaturg und Schauspieler beim Film. 1937 lernte er Jean Cocteau kennen. Der Dichter schrieb für ihn das Stück ›Die schrecklichen Eltern‹ (1938). Marais spielte in Cocteaus ›Oedipe Roi‹ und ›Les Chevaliers de la table ronde‹; er inszenierte (und spielte) Cocteaus Texte ›Renaud und Armide‹ und ›Der Doppeladler‹ (1946); er spielte u. a. die Titelrolle in (seiner eigenen Inszenierung von) Racines ›Britannicus‹ (1941) und den Cléanthe in Molières ›Der Geizige‹ (immer in Paris). 1981 sah man ihn in Shaws ›Geliebter Lügner‹ und in René de Obaldias ›Wind in den Zweigen des Sassafras‹ (Paris). 1983 präsentierte er seine Cocteau-Collage ›Cocteau-Marais‹, mit der er jahrelang in Europa gastierte, auch in Deutschland, z. B. in Karlsruhe und München. 1972 tanzte Marais in Maurice Béjarts Ballett ›Cocteau‹ (Brüssel). Über Marais' Cocteau-Collage schrieb C. Bernd Sucher (›SZ‹, 30. 3. 1984): »Liebevoll nähert sich Marais seinem Vorbild. Doch seine Eitelkeit verhindert, daß er erreicht, was er sich wünscht: auf der Bühne Cocteau zu werden. Marais spielt ihn bloß. (. . .) Nur einmal ahnte man, welche Fähigkeiten in diesem Schauspieler (noch immer) stecken: Als er mit seinen großen wasserblauen Augen, das weiße Haar verwuschelt, mit fistelnder Stimme ein kleines dummes Kind imitierte, schuf er witzig, ironisch eine Figur – und stilisierte nicht nur sich selbst zum Genius.« Filmrollen u. a. in: ›Voyage sans retour‹ (›Reise ohne Wiederkehr‹, 1943); ›L'Éternel Retour‹ (›Der ewige Bann‹, 1942); ›La belle et la bête‹ (›Die Schöne und das Biest‹, 1946); ›Ruy Blas‹ (›Der Geliebte einer Königin‹, 1948); ›L'aigle à deux têtes‹ (›Der Doppeladler‹, 1948); ›Orphée‹ (1950); ›Le Comte de Monte Cristo‹ (›Der Graf von Monte Cristo‹, 1953); ›Capitaine Fracasse‹ (›Fracasse, der freche Kavalier‹, 1961); ›Fantomas‹ (1964); ›Fantomas contre Interpol‹ (›Fantomas gegen Interpol‹, 1965); ›Fantomas contre Scotland Yard‹ (›Fantomas bedroht die Welt‹, 1966); ›Le Lien de Parenté‹ (›Verwandtschaftsbande‹, 1986).
Literatur: J. Marais: Spiegel meiner Erinnerung. München 1975; J. Cocteau: Jean Marais. Paris 1951; ders.: Briefe an Jean Marais. Hamburg 1989.

Marceau, Marcel, geb. 22. 3. 1923 in Straßburg. Pantomime. Ausbildung an der Schauspielschule des Pariser Sarah-Bernhardt-Theaters. 1947 entwickelte Marceau seine weißgesichtige Kunstfigur Bip, einen tragikomischen Clown. Mit seinem Solo-Programm gab er Gastspiele in der ganzen Welt. 1948 gründete er in Paris seine eigene Gruppe, die Compagnie de Mimes Marcel Marceau, die 26 Mimodramen aufführte und mit diesen Produktionen auf Welt-Tournee ging. 1969 wurde er Ballettdirektor an der Hamburgischen Staatsoper; dort zeigte er sein Mimodrama ›Candide‹. 1978 eröffnete Marceau seine Mimodrama-Schule in Paris, eine »Schule der Sensibilität«, wie er selber sein Unternehmen, die École Internationale du Mimodrame Marcel Marceau, definierte. Filme u. a.: ›Barbarella‹ (1968, R. Roger Vadim); ›The Mummy Fish‹ (1972, Sprechrolle!). Zu Marceaus 70. Geburtstag schrieb Jochen Schmidt in der ›Frankfurter Allgemeinen Zeitung‹ (22. 3. 1993): »Wer Marceau und Bip einmal gesehen hat, vergißt sie nie mehr: wie ihnen das Starten eines Drachens zu einem lebensgefährlichen Abenteuer wird; wie sie die von den Händen des Pantomimen geschaffenen Glaswände enger und enger einschließen: ein Gefängnis, dem Bip nicht entkommen kann. Die perfekte Körperbeherrschung wurde in solchen Fällen zur Basis für die totale Technik des Pantomimen, seine totale Imagination des Zuschauers.«

Marijnen

Literatur: M. Marceau: Die Weltkunst der Pantomime. Zürich 1961; ders.: Die Geschichte von BIP. München 1976; Théâtre l'Ambigu. 1769–1956 Compagnie de Mime Marcel Marceau. Paris 1956.

Marijnen, Franz, geb. 1943 in Mechelen (Belgien). Regisseur. Ausbildung in Brüssel, anschließend Aufenthalt bei Jerzy Grotowski in Wroclaw (1968). Nach seiner Rückkehr entwickelte er am Théâtre Laboratoire Vicinalte Schaarbeck eine neue Spielmethodik. Von 1969 bis 1977 arbeitete Marijnen in den USA, wo er 1970 Direktor der Theatertruppe La Mama wurde. Lehrte in den folgenden zwei Jahren an amerikanischen Universitäten und gründete 1973 in Jamestown seine eigene Truppe, die Camera Obscura. Nach seiner Rückkehr gründete Marijnen 1977 in Rotterdam sein eigenes Ensemble, das Ro Theater, dessen künstlerischer Leiter er bis 1983 blieb. Seit 1984 arbeitet Marijnen als freier Regisseur, u. a. am Deutschen Schauspielhaus Hamburg: Panizzas ›Liebeskonzil‹ (1977); Shakespeares ›Sommernachtstraum‹ (1978); Offenbachs ›Die Großherzogin von Gerolstein‹ (1984); am Bochumer Schauspiel: Gruppenprojekt ›Die Bibel‹ (1977); an den Staatlichen Schauspielbühnen Berlin: Offenbachs ›Périchole‹ (1987); an der Hamburgischen Staatsoper: Donizettis ›Don Pasquale‹ (1988); ferner Inszenierungen an der Niederländischen Oper in Amsterdam.

Marivaux, Pierre Carlet de Chamblain de, geb. 4. 2. 1688 in Paris, gest. 12. 2. 1763 ebenda. Französischer Dramatiker. Sohn eines Bankiers. Studierte Jura in Paris; 1720 durch Bankrott zum Schreiben gezwungen. Seine feinsinnigen Analysen der Liebe, seine psychologischen Seelenspiele, in denen erstmals Zofen und Diener die Vertrautenrolle spielten, ließen Marivaux zum größten Dramatiker des 18. Jahrhunderts werden. »Die Liebe steht im Vordergrund – das ist neu, denn bis dahin hatte sie in der Komödie nur eine Nebenrolle. Tragische Leidenschaften sucht man bei Marivaux vergeblich. (. . .) Die Liebespläne werden nicht durch äußere Hindernisse durchkreuzt, sondern durch menschliche Verwirrungen: Eifersucht, Ehrgeiz, Eitelkeit und Scham. Alles stellt sich der Liebe entgegen, und sie triumphiert dennoch. Ihr größter Feind ist die Liebe selbst. (. . .) Durch seine scharfe Beobachtungsgabe für die Reaktionen Verliebter erhielt Marivaux den Ruf, der beste Analytiker geheimer Schwingungen des menschlichen Herzens zu sein.« (Gilbert Schricke in: ›Leben und Werk‹). Wichtige Inszenierungen waren in den siebziger Jahren die von Patrice Chéreau und Luc Bondy. In den neunziger Jahren wurde Marivaux von verschiedenen jungen Regisseuren wiederentdeckt.
Stücke: ›Die Überraschung durch die Liebe‹ (1722); ›Unbeständigkeit auf beiden Seiten‹ (1723); ›Das Spiel von Liebe und Zufall‹ (1730); ›Die falschen Vertraulichkeiten‹ (1736); ›Die Probe‹ (1740).
Literatur: K. N. McKee: The Theatre of Marivaux. New York 1958; B. Alsleben: Marivaux' Lustspiel auf der deutschen Bühne des 18. Jahrhunderts. Diss. Göttingen 1966; G. Schricke (Hrsg.): Leben und Werk des P. C. de Marivaux. Düsseldorf 1968.

Marlowe, Christopher, getauft 26. 2. 1564 in Canterbury, gest. 1. 6. 1593 in Deptford bei London. Englischer Dramatiker. Sohn eines Schuhmachers. Marlowe erwarb 1584 und 1587 akademische Grade. Über sein Leben wurde wenig bekannt. Er lebte seit 1586 in London, schrieb Verse und Dramen. Bei einem Streit wurde er erstochen. Marlowe war der bedeutendste Dramatiker vor Shakespeare. Sein ›Jude von Malta‹ (1589) galt als Vorbild für Shakespeares ›Kaufmann von Venedig‹ (1600) und wurde in Deutschland nach 1945 aus Angst, der Figur des Juden nicht gerecht zu werden, kaum gespielt. Zur Aufführung in München (1989, Gasteig, R. Jean-Claude Kuner) schrieb M. O. C. Doepfner: »Er inszeniert das Schauspiel als Parabel auf jegliche Diskriminierung, Machtgier und Rachlust. Die Geschichte des reichen Juden von Malta, der von dem Gouverneur brutal enteignet wird und sich für diese Ungerechtigkeit rächt, indem er sogar die eigene Tochter Abigail zum Mordinstrument seiner Intrigen macht, wird so zur allgemeingültigen Metapher.

Die Brisanz der tumultträchtigen Frage, ob das Werk nun antisemitisch sei oder ob es den Antisemitismus nur (abschreckend) vorführe, ist dadurch relativiert (...) Der ›Jude von Malta‹ (...) wird hier gelesen und gespielt, als sei's ein Stück von heute, das auch gestern oder morgen stattfinden könnte. Und als solches ist es eindeutig nicht antisemitisch.« (›Die Weltwoche‹, 26. 1. 1989)

Weitere Stücke: ›Tamerlan der Große‹ (1587/88); ›Die tragische Geschichte vom Doktor Faustus‹ (1588–92); ›König Eduard II.‹ (1592; Bearbeitung von Bertolt Brecht: ›Leben Eduards II. von England‹, 1924).

Literatur: F. P. Wilson: Marlowe and the early Shakespeare. Oxford 1954; H. Mayer: Außenseiter. Frankfurt a. M. 1975.

Marquardt, Fritz, geb. 1928. Regisseur. Studium der Philosophie und der Ästhetik in Berlin (1953–1958). Danach (1961–1963) dramaturgischer Mitarbeiter an der Volksbühne Berlin (Ost); 1963–1965 Chefdramaturg am Theater in Parchim; von 1965 bis 1969 Dozent für Schauspiel an der Hochschule für Film und Fernsehen in Babelsberg. 1969–1983 Regisseur an der Berliner Volksbühne; inszenierte dort u. a.: Molières ›Misanthrop‹ (1975); Heiner Müllers ›Weiberkomödie‹ (1971), ›Die Bauern‹ (UA 1975) sowie ›Der Bau‹ (UA 1980). Seit 1983 arbeitet Marquardt am Berliner Ensemble, wo er 1991 die Uraufführung von Georg Seidels ›Villa Jugend‹ inszenierte und 1992 Barlachs ›Der arme Vetter‹. Marquardt inszenierte auch im Ausland und in der alten Bundesrepublik, u. a.: Kleists ›Penthesilea‹ (1973, Rotterdam); Kroetz' ›Nicht Fisch nicht Fleisch‹ (1982, Mannheim); Lessings ›Nathan der Weise‹ (1984, Münchner Kammerspiele).

Literatur: I. Pietzsch: Werkstatt Theater. Gespräche mit Regisseuren. Berlin 1975.

Martersteig, Max, geb. 11. 2. 1853 in Weimar, gest. 3. 11. 1926 in Köln. Schauspieler, Regisseur, Theaterleiter. Schauspielerdebüt 1873 in Döbeln. Weitere Stationen: Aachen (1880, Dramaturg und Regisseur), Kassel (1882, Regisseur), Nationaltheater Mannheim (1885–1890, Ober-

regisseur und artistischer Leiter), Riga (1890–1896, Regisseur), Berlin (1897–1905, Regisseur), Köln (1905–1911, Intendant), Leipzig (1912–1918, Intendant). In seinem 1904 erschienenen Werk ›Das deutsche Theater im 19. Jahrhundert‹ unternahm er den Versuch einer methodischen Geschichte des deutschen Theaters.

Literatur: W. Greiner: M. Martersteig, der Bühnenleiter und Schriftsteller. Emsdetten 1938.

Marthaler, Christoph, geb 1951 in Erlenbach (Schweiz). Komponist und Regisseur. Studium der Musik, Besuch der Theaterschule Lecoq in Paris. Mitte der siebziger Jahre ging er zu Horst Zankl an das Zürcher Theater am Neumarkt, wo er als Theatermusiker arbeitete, aber auch eigene Liederabende und Choreographien herausbrachte. In dieser Zeit komponierte er Bühnenmusiken u. a. für das Deutsche Schauspielhaus Hamburg, das Burgtheater Wien, das Düsseldorfer Schauspielhaus, für das Württembergische Staatstheater in Stuttgart, das Bayerische Staatsschauspiel München, das Schauspiel Bonn und das Schauspielhaus Zürich. 1980 beteiligte er sich mit ›Indeed‹, einem Projekt für Schauspieler und Musiker, am ersten Zürcher Theaterspektakel. 1985 präsentierte er beim Zürcher Minimal-Festival die Aufführung von Eric Saties ›Vexations‹ – Dauer 24 Stunden. 1988 inszenierte er mit Schauspielern und Musikern am Zürcher Schauspielhaus den Kurt-Schwitters-Abend ›Ribble Bubble Pimlico‹. Von 1988 bis 1993 arbeitete er kontinuierlich am Basler Theater, wo er gleich in seinem ersten Jahr in den Räumen des Badischen Bahnhofs ein Projekt zum 50. Jahrestag der Pogromnacht zeigte: ›Ankunft Bad. Bahnhof‹. Es folgten die Produktionen: ›Wenn das Alphirn sich rötet, tötet, freie Schweizer, tötet ... ein Abend über Soldaten, Serviertöchter und ihre Lieder‹ (1989); ›Stägeli uf, Stägeli ab, juhee!‹ (1990); Eugène Labiches ›Die Affäre Rue de Lourcine‹ (1991); die deutschsprachige Erstaufführung von Fernando Pessoas ›Faust‹-Fragment (1992); ›Prohelvetia‹ (1993). Seit 1993 inszeniert Marthaler am Deutschen Schauspielhaus Hamburg, wo-

Martin

474

hin er mit Frank Baumbauer zog, der nach seiner Basler Intendanz das Hamburger Haus übernahm. Außerdem Arbeiten an der Volksbühne Berlin (bei Frank Castorf). Inszenierungen: ›Murks den Europäer! Murks ihn! Murks ihn! Murks ihn! Murks ihn!‹ (Berlin 1993); ›Goethes Faust, Wurzel aus 1 + 2‹ (Hamburg 1993); Shakespeares ›Sturm‹ (Berlin 1994). Über Marthalers ›Murks den Europäer‹ schrieb C. Bernd Sucher (›SZ‹, 18. 1. 1993) unter der Überschrift »Deutsche Treue und deutscher Sang«: »Es geht Marthaler wirklich nur um Deutschland und die Deutschen. Was er dazu zu sagen hat, läßt er von den Schauspielern sprechen, singen, skandieren, stammeln, pfeifen, summen. Wie schon in ›Stägeli uf, Stägeli ab, juhee!‹ (. . .) benutzt Marthaler Wörter, Silbenfetzen und Melodien, um daraus ein Impromptu zu komponieren. Witzig ist es, frech, schön. Und es verlangt vom Zuschauer jene Freude an der Langsamkeit, die dem Regisseur zu eigen ist. Dazu die Bereitschaft, Wort-, Szenen-, Musikwiederholungen nicht als Überflüssiges, Langweiliges, Bekanntes abzutun, sondern lustvoll die Unterschiede darin entdecken zu wollen. Dann nämlich erkennt er, daß Marthaler seine Themen, seine Motive bearbeitet, daß er sie orchestriert, daß er Durchführungen erdenkt.« Diese Aufführung und Marthalers ›Faust‹-Verschnitt, in dem er mit den gleichen Stilmitteln arbeitete, wurden zum Berliner Theatertreffen 1993 und 1994 eingeladen.

Martin, Karl Heinz, geb. 6. 5. 1888 in Freiburg, gest. 13. 1. 1948 in Berlin. Schauspieler, Regisseur und Intendant. Debüt als Schauspieler 1904/05 in Kassel. Weitere Stationen: Hannover, Mannheim (1907–1909, Regieassistenz). 1910/11 leitete er das Komödienhaus in Frankfurt a. M.; von 1912 bis 1917 war er Oberspielleiter der Städtischen Bühnen Frankfurt; dort inszenierte er u. a.: Georg Kaisers ›Von morgens bis mitternachts‹ (1918); Fritz von Unruhs ›Ein Geschlecht‹ (1919); Shakespeares ›Hamlet‹ (1918). 1918 veröffentlichte er sein Werk ›Bühne und Expressionismus‹. 1919 gründete er zusammen mit Rudolf Leonhardt Die Tribüne in

Berlin, wo er 1919 Ernst Tollers ›Die Wandlung‹ uraufführte (mit Fritz Kortner); im selben Jahr Gründung und Aufgabe des Kollektiv-Theaters Das proletarische Theater. Von 1920 bis 1922 war Martin Regisseur am Deutschen Theater Berlin, wo er 1921 Hauptmanns ›Florian Geyer‹ und ›Die Weber‹ sowie Schillers ›Räuber‹ inszenierte; danach Arbeit als Regisseur in Breslau und am Wiener Raimundtheater (1923–1926); 1926–1929 Oberspielleiter an den Saltenburg-Bühnen; 1929–1932 künstlerischer Leiter der Volksbühne Berlin; von 1932 bis Anfang 1933 Mitdirektor des Deutschen Theaters Berlin. Von 1939 bis 1944 Regisseur mehrerer Unterhaltungsfilme; außerdem Gastspielregisseur an den Kammerspielen München (Grabbes ›Hannibal‹, 1940), am Berliner Schiller-Theater und der Berliner Volksbühne. Von 1945 bis 1948 war Martin Direktor des Hebbeltheaters in Berlin und inszenierte dort u. a. Brecht/Weills ›Dreigroschenoper‹ (1945), Molnárs ›Liliom‹ (1946) und Gorkis ›Nachtasyl‹ (1946).
Literatur: R. Biedrzynski: Schauspieler, Regisseure, Intendanten. Heidelberg, Berlin, Leipzig 1944.

Martinelli, Jean-Louis, Regisseur und Theaterleiter. Gründete 1977 in Lyon seine eigene Schauspieltruppe, das Théâtre du Réfectoire. Inszenierte dort u. a. Horváths ›Italienische Nacht‹ (1977), Büchners ›Lenz‹ (1978), Brecht/Weills ›Dreigroschenoper‹ (1983), Enzo Cormanns ›Corps perdus‹ (1985). Gastierte mit seinen Arbeiten an allen wichtigen Theatern in Frankreich, auch in Paris. 1985 übernahm er die Direktion des Théâtre de Lyon, wo er unter anderem Heiner Müllers ›Quartett‹ inszenierte (1988, 1989 auch in Karlsruhe gezeigt) und Jean Eustaches ›La Maman et la Putain‹ (1990).

Mastrosimone, William, geb. 19. 8. 1947 in Trenton, New Jersey. Amerikanischer Dramatiker. Mastrosimone studierte an der Rutgers University; danach schrieb er hauptsächlich Theaterstücke. 1983 gelang ihm der Durchbruch mit einem Stück über Vergewaltigung ›Bis zum Äußersten‹, das am Off-Broadway ein großer Erfolg wur-

de. 1986 in der Regie von Robert M. Young verfilmt, löste es eine heftige Diskussion über Gewalt gegen Frauen in den USA aus. »Was Mastrosimone fraglos beherrscht: aus akuten, beunruhigenden Zeitproblemen fiktive Sozialreportagen zu destillieren – spannend, präzis im Dialog, ohne poetische Stilisierung oder allzuviel literarische Überhöhung.« (Heiko Postma, ›Theater heute‹, Heft 8, 1989)
Stücke: ›Tagträumer‹ (1980); ›Kastanien im Feuer‹ (1986); ›Sunshine‹; ›Die Verständigung‹ (beide o. J.).

Matiasek, Hellmuth, geb. 15. 5. 1931 in Wien. Regisseur und Intendant. Ausbildung am Max-Reinhardt-Seminar in Wien, Studium der Theaterwissenschaft, Germanistik und Psychologie an der Wiener Universität. Verheiratet mit Cornelia Froboess. 1953 gründete er das avantgardistische Theaterkaleidoskop in Wien, das er auch leitete. Von 1955 bis 1960 war er Regisseur am Landestheater in Salzburg; 1960 – 1962 Regisseur an den Städtischen Bühnen in Köln; 1962 wurde er Intendant des Landestheaters Salzburg; 1964 Generalintendant des Staatstheaters Braunschweig; von 1972 bis 1979 war er Direktor der Otto-Falckenberg-Schule in München. 1979 wurde er zum Generalintendanten der Städtischen Bühnen Wuppertal berufen, die er bis 1983 leitete. Seit 1983 Intendant des Münchner Staatstheaters am Gärtnerplatz. Wichtige Inszenierungen u. a.: Jacques Audibertis ›Jungfrau‹ (1966, Braunschweig); Mozarts ›Ascanio in Alba‹ (1967, Salzburger Festspiele); Shakespeares ›Sommernachtstraum‹ (1971, Bayerisches Staatsschauspiel München); O'Neills ›Alle Reichtümer dieser Welt‹ (1971, ebenda); Edward Albees ›Alles vorbei‹ (1973, Württembergisches Staatstheater); Nestroys ›Die beiden Nachtwandler‹ (1973, Münchner Kammerspiele); am Gärtnerplatztheater: Orffs ›Die Bernauerin‹ (1976); Otto Nicolais ›Die lustigen Weiber von Windsor‹ (1981); Dallapiccolas ›Hiob‹ und ›Der Gefangene‹ (1984); Lortzings ›Zar und Zimmermann‹ (1984); Zemlinskys ›Kleider machen Leute‹ (1985); Udo Zimmermanns ›Der Schuhu‹ (1986); Verdis ›Rigoletto‹ (1987). Über

diese Aufführung schrieb Werner Burkhardt (›SZ‹, 1. 6. 1987): »Einen kühnen, äußerst spannenden Einstieg riskiert Hellmuth Matiasek (. . .); und sehr, sehr lange kann er ihn kosequent weiterführen. Wenn das Geschehen aus der Perspektive der Hauptfigur wahrgenommen wird, rückt es nahe heran ans Publikum und erinnert nicht nur an Shakespeares Behauptung, daß die ganze Welt Bühne sei, sondern auch an das Wort des TV-Gewaltigen, an den Quiz-Master: ›Die Show muß immer von dir ausgehen und immer zu dir zurückkommen.‹« Weitere Inszenierungen: Günther Bialas' ›Der gestiefelte Kater‹ (1987, Gärtnerplatz); Verdis ›Luise Miller‹ (1988, ebenda); Neil Simons ›Sunny Boys‹ (1989, Münchner Volkstheater und Tournee, mit Siegfried Lowitz und Karl Schönböck); Monteverdis ›Die Heimkehr des Odysseus‹ (1991, Gärtnerplatz); Molnárs ›Schwan‹ (1991, Theater in der Josefstadt, Wien); Richard Strauss' ›Ariadne auf Naxos‹ (1993, Gärtnerplatz).

Matkowsky, Adalbert (eigtl. Adalbert Matzkowsky), geb. 6. 12. 1857 in Königsberg, gest. 16. 3. 1909 in Berlin. Schauspieler. Sohn einer Näherin. Ausgebildet in Berlin. Debütierte 1877 am Hoftheater in Dresden und spielte an diesem Haus bis 1886 u. a.: Ferdinand in Schillers ›Kabale und Liebe‹; Romeo in Shakespeares ›Romeo und Julia‹; die Titelrollen in Schillers ›Don Carlos‹ und ›Die Verschwörung des Fiesco zu Genua‹; Sigismund in Calderóns ›Das Leben im Traum‹; Heinz in Shakespeares ›Heinrich IV.‹. Von 1886 bis 1889 Engagement am Stadttheater Hamburg, dort u. a.: Karl Moor in Schillers ›Die Räuber‹; Titelrolle in Shakespeares ›Coriolan‹. Von 1889 bis zu seinem Tod spielte er am Königlichen Schauspielhaus Berlin, u. a.: Herodes in Hebbels ›Herodes und Mariamne‹ sowie Kandaules in ›Gyges und sein Ring‹; Titelrolle in Schillers ›Wilhelm Tell‹.
Literatur: J. Bab: Theater der Gegenwart. Leipzig 1928; W. Drews: Die Großen des deutschen Schauspiels. Berlin 1941; H. Ihering: Von Josef Kainz bis Paula Wessely. Heidelberg 1944; J. Bab: Kränze der Mimen. Emsdetten 1954.

Mattes, Eva, geb. 14. 12. 1954 in Tegernsee. Schauspielerin. Eine erste kleine Rolle 1967 in Curt Goetz' ›Dr. med. Hiob Prätorius‹ an der Kleinen Komödie in München. Danach arbeitete sie als Synchronsprecherin. 1970 erhielt sie ihre erste große Filmrolle in Michael Verhoevens Anti-Vietnam-Film ›o.k.‹; 1971 wirkte sie mit in Reinhard Hauffs ›Mathias Kneißl‹. Im selben Jahr wieder auf der Bühne: in Peter Turrinis ›Rozznjagd‹ (Modernes Theater München, R. Michael Hoffmann). 1972 errang sie am Deutschen Schauspielhaus in Hamburg einen großen Erfolg als Beppi in Franz Xaver Kroetz' ›Stallerhof‹ (R. Ulrich Heising). Darüber schrieb Reinhard Baumgart in der ›Süddeutschen Zeitung‹ (26. 6. 1972): »Eva Mattes aber brachte es fertig, nicht nur eine Figur, sondern, wo immer sie hockte, maulte, strahlte oder kurzsichtig hinblickte, auch die ganze Umgebung dieser Figur herzustellen, einen Rummelplatz oder Biergarten, einen Kirchgang bei Regen oder Preiselbeerpflücken im schwülen Hochsommer. Da war jemand, dem die Sprache eben nicht nur fehlte, sondern den Sprache auch nicht daran hinderte, in jedem Augenblick und ohne Umweg offen zu sein für jeden Eindruck und Ausdruck. Diese Schauspielerin stand eine halbe Szene lang vollkommen nackt auf der Bühne, mit einem schweren, plumpen Körper, ohne daß sich auch nur einen Augenblick lang die übliche peinliche Zweideutigkeit aus Scham und ihrer demonstrativen Verdrängung einschaukelte. (...) Und während man so vorläufig, nur schwärmend und viel zu ungenau über die bis in jeden Fußtritt genaue Leistung einer Schauspielerin spricht, merkt man schon, daß also diese Beppi der Eva Mattes in Hamburg eine Aura gewonnen hat, eine Poesie noch in aller Häßlichkeit, die ihr Kroetz wahrscheinlich gar nicht gegönnt hat.« Von 1972 bis 1979 gehörte Eva Mattes zum Ensemble des Deutschen Schauspielhauses in Hamburg, spielte u. a.: Titelrolle in Schillers ›Die Jungfrau von Orleans‹ (1973, R. Wilfried Minks); Hedwig in Ibsens ›Die Wildente‹ (1975, R. Peter Zadek); Desdemona in Shakespeares ›Othello‹ (1976, R. Zadek); Frau in Claire Boothes ›Frauen in New York‹ (1976, R. Rainer Werner Fassbinder). Mit Zadek arbeitete Eva Mattes auch nach ihrem Abschied vom Deutschen Schauspielhaus (1979) zusammen, spielte in dessen Inszenierungen von Shakespeares ›Hamlet‹ (1977, Schauspiel Bochum, Rolle: Gertrud) sowie ›Der Widerspenstigen Zähmung‹ (1981, Freie Volksbühne Berlin, Rolle: Katharina); im Deutschen Schauspielhaus Hamburg: Joanne in John Hopkins' ›Verlorene Zeit‹ (1984); Rosalinde in Shakespeares ›Wie es euch gefällt‹ (1986); Lehrerin in Burkhard Driest/Zadeks ›Andi‹ (1987); Portia in Shakespeares ›Der Kaufmann von Venedig‹ (1988, Burgtheater Wien); Guste (später die Titelrolle) in Tankred Dorsts ›Der blaue Engel‹ (1992, Theater des Westens, Co-Regie Jérôme Savary). Bühnenrollen mit anderen Regisseuren: Marie in Büchners ›Woyzeck‹ (1984, Münchner Kammerspiele, R. Benjamin Korn); Josie in Anne Devlins ›Wir ganz allein‹ (DE 1987, Deutsches Schauspielhaus Hamburg, R. Peter Palitzsch); Titelrolle in Schillers ›Maria Stuart‹ (1990, ebenda, R. Michael Bogdanov). Darüber schrieb C. Bernd Sucher (›SZ‹, 9. 4. 1990): »Eva Mattes gefiel sich als moderne Ausgabe einer aufopfernd-lieben, sehr katholischen Florence Nightingale, spielte im ersten stummen, von Bogdanov hinzuphantasierten Bild mit kleinen Kindern Ringelreihen und verabschiedete sich bei ihrem letzten Auftritt, todchic in einem weißen Designer-Leichenhemdchen, so töricht rein, als empfehle sie sich mit diesem Abgang zugleich Gottvater und dem Stellvertreter Christi auf Erden. Das Kruzifix in der Hand, die letzten Vergebungen vornehm verhaucht, schreitet Eva Mattes aus dem Raum. Langsam, majestätisch. Eine Lady, eine Märtyrerin – diese Maria gehört auf die Bühne eines katholischen Gemeindehauses.« 1990 inszeniert Klaus Pohl am Deutschen Schauspielhaus Hamburg die Uraufführung seines Stücks ›Karate-Billi kehrt zurück‹ mit Eva Mattes als Greta: »Eva Mattes vollbringt ein Wunder inspiriertester Ökonomie, wenn sie nur durch das Abnehmen der Brille, das Öffnen des Haares eine moralinsaure Karrierefrau in die fließende, ambivalente Glamour-Pose ›Und ewig lockt das Weib‹ verwandelt.«

(Werner Burkhardt, ›SZ‹, 18. 5. 1991) Eva Mattes trat auch als Chansonsängerin auf, 1987 mit dem Programm ›Von Ulm nach Metz‹. Filmrollen u. a. ›Wildwechsel‹ (nach Kroetz, 1973, R. Rainer Werner Fassbinder); ›Supermarkt‹ (1974, R. Roland Klick); ›Deutschland bleiche Mutter‹ (1981, R. Helma Sanders-Brahms); ›Céleste‹ (1982, R. Percy Adlon); ›Ein Mann wie Eva‹ (1984, R. Radu Gabrea); ›Auf immer und ewig‹ (1986, R. Christel Buschmann); ›Felix‹ (1988, R. Heike Sander). Sie spielte auch in zahlreichen Fernsehfilmen.
Literatur: C. B. Sucher: Theaterzauberer. Schauspieler. 40 Porträts. München, Zürich 1988; M. Lange: Peter Zadek. Regie im Theater. Frankfurt a. M. 1989.

Matthes, Ulrich, geb. 9. 5. 1959 in Berlin. Schauspieler. Studium der Germanistik und Anglistik an der Freien Universität Berlin, von 1982 an privater Schauspielunterricht bei Else Bongers in Berlin. Debüt an den Vereinigten Bühnen Krefeld/Mönchengladbach; dort u. a.: Titelrolle in Kleists ›Prinz Friedrich von Homburg‹. 1985 holte ihn Günther Beelitz ans Düsseldorfer Schauspielhaus, wo er im selben Jahr die Titelrolle in der Uraufführung von Tankred Dorsts ›Heinrich oder Die Schmerzen der Phantasie‹ spielte, und Otto Weininger in Joshua Sobols ›Weiningers Nacht‹. 1986 ging Matthes mit Beelitz, der zum Intendanten des Bayerischen Staatsschauspiels ernannt worden war, nach München, spielte u. a.: Valère in Molières ›Tartuffe‹ (1987, R. Benjamin Korn); Orlando in Shakespeares ›Wie es euch gefällt‹ (1988, R. Wolfgang Engel). Joachim Kaiser schrieb über diesen Abend (›SZ‹, 1. 10. 1988): »Ulrich Matthes war in jeder Weise Held des Abends. Er hat Charme, wirkt scheu, macht innere Verlegenheit und seelische Unsicherheit zum Ereignis. Ist also ein jugendlicher Künstler, wie ihn viele Bühnen suchen und nur wenige haben.« 1988 wechselte Matthes an die Münchner Kammerspiele. Hier sah man ihn u. a. als Michel in Hauptmanns ›Und Pippa tanzt!‹ (1988, R. Thomas Langhoff); darüber C. Bernd Sucher (›SZ‹, 25. 11. 1988): »Ulrich Matthes hätte sich für sein

Debüt an den Münchner Kammerspielen keine geeignetere Rolle wünschen können. Matthes spielt Hans-guck-in-die-Luft und Siegfried, Muttersöhnchen und Hitlerjunge. Braust auf, hochmütig aus Angst und fehlendem Selbstvertrauen, ist lieb und gefährlich und schwach. Matthes kann blitzschnell die Rollen dieses Knaben, der nicht weiß, wer er ist, vielleicht ahnt, wer er sein möchte, wechseln. Und wenn er blöde, selig sich hinträumt in sein Venedig, dann sehen wir Michel, die Augen aufgerissen, die Ferne fixierend, wankend, glücklich, als schwebe er durch die Luft oder über die Lagunen.« Weitere Rollen an diesem Haus: Titelrolle in Peter Handkes ›Kaspar‹ (1989, R. Hans-Joachim Ruckhäberle); Erhart in Ibsens ›John Gabriel Borkman‹ (1989, R. Hans Lietzau); Titelrolle in Tankred Dorsts ›Karlos‹ (UA 1990, R. Dieter Dorn). 1993 spielte er die 100. und letzte ›Kaspar‹-Aufführung an den Kammerspielen. Schon zuvor (1992) hatte er sich von diesem Haus getrennt und ein Engagement an der Berliner Schaubühne angenommen, wo er 1992 in Andrea Breths Inszenierung von Gorkis ›Nachtasyl‹ auftrat (in der Rolle des Barons). Matthes veranstaltet auch Lesungen, arbeitet in Film- und Fernsehproduktionen.
Literatur: C. B. Sucher: Theaterzauberer. Schauspieler. 40 Porträts. München, Zürich 1988.

Mauer, Burkhard, geb, 1941 in Angerburg. Dramaturg und Theaterleiter. Studium der Germanistik, Philosophie und Mathematik in Berlin. Stationen als Chefdramaturg: Bremer Theater (1966–1972); Städtische Bühnen Nürnberg (1972–1973); Freie Volksbühne Berlin (1974–1981); Bayerisches Staatsschauspiel München (1982–1985); Städtische Bühnen Nürnberg (Generalintendant, 1986–1991); Rheinisches Landestheater Neuss (Intendant, seit 1992).
Literatur: B. Mauer: Stadttheater geht nicht mehr. Berlin 1972; B. Mauer/B. Krauss (Hrsg.): Spielräume – Arbeitsergebnisse. Theater Bremen 1962–1973. Theater der Freien Hansestadt Bremen. Programmheft Nr. 15, 1972/73.

Maugham

Maugham, William Somerset, geb. 25. 1. 1874 in Paris, gest. 16. 12. 1965 in Nizza. Englischer Schriftsteller. Sohn eines Beamten der britischen Botschaft in Paris. Von 1892 bis 1897 studierte Maugham Medizin in London und Philosophie in Heidelberg. Ausgedehnte Reisen. Von 1930 an Wohnsitz in Cap Ferrat. Von 1903 bis 1933 schrieb Maugham mit Erfolg an die 30 Bühnenstücke, die sich meist um Liebes- und Eheprobleme drehen. Nach dem Mißerfolg seines Stückes ›Sheppey‹ (1933) schrieb er keine weiteren mehr. »Reinhardt hat mich erlöst. Er inszenierte ›Victoria‹ von Somerset Maugham. Victorias Gatte fiel auf dem Feld der Ehre. Sein bester Freund ist am Leben geblieben und heiratet die Hinterlassene. Doch der Tote kehrt zurück und findet seine Lady statt in Trauer, in Freundesarmen. Bevor der Hahnenkampf richtig losgeht, hat Victoria ihr Herz einem reichen Kriegsschieber verkauft. Ein Krieg mit 8 Millionen Toten war Mr. Maugham gerade gut genug für ein seichtes Konversationsstück. Aber Reinhardt stellte es auf den Kopf, und heraus kam absolutes Theater!« (Curt Bois, Zu wahr, um schön zu sein. Berlin 1980)
Weitere Stücke: ›Ein Ehrenmann‹ (1903); ›Lady Frederick‹ (1907); ›Jack Straw‹ (1908); ›Victoria‹ (1923).
Literatur: R. Mander: Theatrical Companion to Maugham. o. O. 1955; F. Raphael: William Somerset Maugham and his World. London 1977.

May, Alexander, geb. 8. 7. 1927 in Görlitz. Dramaturg, Schauspieler, Regisseur, Theaterleiter. Debütierte 1948 als Schauspieler in Gießen. Weitere Stationen: Schauspielhaus Bochum (1949–1959, als Regisseur); Theater Oberhausen (1954–1959, als Regisseur); Münchner Kammerspiele (1959/60, als Dramaturg); Bavaria-Film (1960–1964 als Dramaturg); Intertel (1964–1969, als Redakteur und Produzent). Von 1978 bis 1988 war May Schauspielintendant des Niedersächsischen Staatstheaters Hannover. Wichtige Inszenierungen u. a.: Harold Brighouses ›Herr im Haus bin ich‹ (1970, Münchner Volkstheater); ›Zweiter Karl-Valentin-Abend‹ (1971, Münchner Kammerspiele); Crista und Gerhard Wolfs ›Till

Eulenspiegel‹ (UA 1982, Hannover); ›Ein Fest mit F.G. Händel‹ (1985, Hannover). Spielte u. a. in den Filmen: ›Tätowierung‹ (1967, R. Johannes Schaaf); ›Ansichten eines Clowns‹ (1975, R. Vojtech Jasny); ›Der Durchdreher‹ (1978, R. Helmut Dietl); ›Stachel im Fleisch‹ (1984, R. Heidi Genée). May spielte auch in zahlreichen Fernseh-Produktionen.

May, Gisela, geb. 31. 5. 1924 in Wetzlar. Schauspielerin. Ausbildung an der Theaterschule in Leipzig (1940–1942). Debütierte in Ludwig Thomas ›Moral‹ am Komödienhaus Dresden (1942). Weitere Stationen: Danzig, Görlitz, Leipzig, Schwerin (1947–1950), Halle (1950/51), Berlin (1951–1962, Deutsches Theater). Seit 1962 Engagement am Berliner Ensemble. Wichtige Rollen u. a.: Eboli in Schillers ›Don Carlos‹ (1952, R. Wolfgang Langhoff); Regan in Shakespeares ›Lear‹ (1957, R. Langhoff); Zwetajewa in Gorkis ›Die Kleinbürger‹ (1957, R. Wolfgang Heinz); Marie in Büchners ›Woyzeck‹ (1958, R. Langhoff); in Stücken von Brecht: Madame Cabet in ›Die Tage der Commune‹ (1962, R. Manfred Wekwerth); Kopecka in ›Schweyk im zweiten Weltkrieg‹ (1962, R. Erich Engel); Celia Peachum in der ›Dreigroschenoper‹ (1966); Titelrolle in ›Mutter Courage und ihre Kinder‹ (1978). Bekannt wurde Gisela May durch ihre Tournee (Europa, USA) mit Chanson- und Brechtabenden, als Sängerin, Diseuse und Rezitatorin (u. a. Kästner, Tucholsky, Mehring, Hacks). Der ›Stern‹ stellte sie als »Die sozialistische Nachtigall« vor (5. 12. 1974); und Elisabeth Bauschmid schrieb in der ›Süddeutschen Zeitung‹ (10. 6. 1974): »Kein Zweifel: Gisela May ist immer noch Deutschlands beste Diseuse, sie gibt sich ernst und keß und komisch, klopft sich auch mal auf den Po, setzt ihre Pointen unmißverständlich und hilft dem Publikum auf die Sprünge: Singt sie vom Geld, schon ist es da, das Daumen-Zeigefinger-Reiben. Was sie wirklich kann: Brecht . . .« Gisela May wirkte auch in vielen Film- und Fernseh-Produktionen mit.
Literatur: W. Carlé: Gisela May. Berlin 1960; D. Kranz: Gisela May. Schauspielerin und Diseuse. Berlin 1973.

McBurney, Simon geb. 1957 in Cambridge. Schauspieler, Regisseur, Theaterdirektor. Nach dem Studium der englischen Literatur in Cambridge zwei Jahre lang Schauspielausbildung bei Jacques Lecoq in Paris (1980–1982). 1983/84 Schauspieler in der Truppe von Jérôme Deschamps. 1983 Gründung des Touring-Theaters Théâtre de Complicité, in London, das bis 1994 mit großem Erfolg 23 Aufführungen herausbrachte. 1992 wurde McBurneys Bearbeitung von Bruno Schulz' ›Zimtläden‹ herausgebracht; sie trug den Titel ›The Street of Crocodiles‹; 1993 gastierte das Theater damit beim Festival »Theater der Welt« in München und reiste später damit durch die Welt. Diese Aufführung begründete Simon McBurneys Ruhm außerhalb Großbritanniens. 1994 inszenierte der Regisseur, der zugleich der Artistic Director der Gruppe ist, eine szenische Bearbeitung von John Bergers Erzählung ›The 3 Lives of Lucie Cabrol‹ in London. Über diese Aufführung schrieb C. Bernd Sucher (›SZ‹, 26. 2. 1994): »McBurney arbeitet – wie Peter Brook – mit Schauspielern aus England, Frankreich, Österreich und der Schweiz; er setzt – wie Brook – auf Einfachheit in den Mitteln und die absolute Dominanz der Darsteller; er entfesselt – wie Brook – die Phantasie der Schauspieler. Bei aller Verehrung für den Meister: Simon McBurney, der in seinem Heimatland schon längst von der Kritik ausgezeichnet wurde und vom Publikum gefeiert wird, könnte der Brook-Nachfolger werden.«

Medoff, Mark, geb. 18. 3. 1940 in Mt.Carmel, Illinois. Amerikanischer Dramatiker, Schauspieler und Regisseur. Medoff studierte an den Universitäten in Miami und Stanford. Seit 1966 ist er Professor und Dramatist-in-residence an der University of New Mexico in Las Cruces. Er wurde bekannt mit dem Stück ›Wann kommst du wieder, roter Reiter?‹ (1973), über einen Jungen, der die Besucher einer Imbißstation terrorisiert. Die deutsche Erstaufführung fand 1975 in Frankfurt statt, in der Übersetzung von Martin Walser (R. Traugott Buhre). Georg Hensel schrieb über die Aufführung: »Den roten

Reiter kennt in Amerika jedes Kind: Er ist der Westernheld in einem Comic-Strip von Fred Harman. Der deutsche Zuschauer, dem diese amerikanische Trivialmythe fremd ist, hat einige Verständnisschwierigkeiten (. . .). ›Wann kommst du wieder, roter Reiter?‹ ist zwar zusammengesetzt aus Kinoklischees, lebendig aber kann dies Stück nur werden, wenn die Schauspieler die Klischees zerbrechen und individualisieren. In Frankfurt mühen sie sich vergeblich ab, auch nur die Klischees zu erreichen.« (›FAZ‹, 1. 12. 1975)
Weitere Stücke: ›The Kramer‹ (1972); ›The Odyssey of Jeremy Jack‹ (1974); ›The Wager‹ (1975); ›Children of a Lesser God‹ (1979).

Mehring, Walter, geb. 29. 4. 1896 in Berlin, gest. 3. 10. 1981 in Zürich. Dramatiker und Lyriker. Sohn des Schriftstellers Sigmar Mehring. Walter Mehring studierte Kunstgeschichte in Berlin und München und war 1914/15 Mitbegründer des Berliner Dada. Von 1915 bis 1917 Mitglied des Sturm-Kreises. 1920 gründete er das »Politische Kabarett« und schrieb Texte für Max Reinhardts »Schall und Rauch«. 1938 Emigration über Frankreich in die USA. Lebte nach seiner Rückkehr in Ascona und Zürich. Er schrieb anfangs expressionistische Gedichte und Dramen, unter anderem das Stück ›Die Frühe der Städte‹, das 1918 in Herwarth Waldens Zeitschrift ›Der Sturm‹ herauskam. Später entstanden satirisch-politische Stücke über Kriegs- und Inflationsgewinnler, zum Beispiel ›Der Kaufmann von Berlin‹ (1929), das er für Erwin Piscator schrieb. »Mehring sucht offenbar die strengste Objektivität. Ein seltener Vogel. Er erspart keiner Rasse die Satire: Semiten und Antisemiten dürfen sich gleicherweise bedanken (. . .). In diesem Drama teilen sich als Spieler und Gegenspieler nicht Juden und Antisemiten, sondern nur noch fressende Inflationsbrecher und das arme deutsche Hungervolk, das vor den Bäckerläden die unvergeßlichen Polonaisen steht. In dieser fast tendenzlosen Souveränität über den Rassen liegt die große Bedeutung von Mehrings Drama. Hier kann der Rechtser und der Linkser einigen Unterricht genießen über

die rassische Neutralität – der Habsucht.«
(Bernhard Diebold, ›Frankfurter Zeitung‹,
11. 9. 1929)
Weitere Stücke: ›Die Frühe der Städte‹
(1916); ›Die höllische Komödie‹ (1932).
Literatur: H. Rischbieter: Kaufmann von
Berlin. In: Theater heute, Heft 10, 1979;
H. L. Arnold (Hrsg.): Text und Kritik 78.
München 1983.

Meier, Herbert, geb. 29. 8. 1928 in Solothurn. Schweizer Schriftsteller. Meier studierte Germanistik, Philosophie, Geschichte, Kunstgeschichte und Theaterwissenschaft in Basel, Wien und Fribourg; er
promovierte über die Dramen von Ernst
Barlach. Neben dem Studium nahm er
auch Schauspielunterricht bei Ernst Ginsberg. 1950 Lektor in Paris und Poitiers,
von 1950 bis 1952 Dramaturg und Schauspieler am Städtebundtheater Biel/So-
lothurn. 1954 wurde sein erstes Stück ›Die
Barke von Gwados‹ mit Erfolg am Schauspielhaus Zürich uraufgeführt. Seither lebt
er als freier Schriftsteller in Zürich. Von
1977 bis 1982 war er Chefdramaturg am
Schauspielhaus Zürich, 1986 Writer-in-
residence an der University of Southern
California in Los Angeles. Meier wurde
mit mehreren Preisen ausgezeichnet, u. a.
mit dem Bremer Literaturpreis (1955), dem
Conrad-Ferdinand-Meyer-Preis (1964) und
dem Preis der Schillerstiftung (1965). Meier schrieb neben Theaterstücken Romane,
Gedichte, Hör- und Fernsehspiele und Libretti. In den fünfziger Jahren gehörte er zu
den Repräsentanten des poetischen Theaters, später wandte er sich Stoffen der hel-
vetischen Gesellschaftsgeschichte zu. Mit
dem Komponisten Rudolf Kelterborn entstand 1984 die Oper ›Ophelia‹, uraufgeführt von Hans Hollmann. Zwischen 1977
und 1982 entstanden eine Reihe Übersetzungen und Bearbeitungen klassischer
Stücke für das Schauspielhaus Zürich.
Stücke: ›Kallondji‹ (1955); ›Jonas und der
Nerz‹ (1959); ›Die Vorstellung‹ (1965);
›Rabenspiele‹ (1971); ›Stauffer-Bern‹
(1974); ›Dunant‹ (1976); ›Bräker‹ (1978);
›Zanin‹ (1987); ›Bei Manesse‹ (1988);
›Leben ein Traum nach Calderón‹ (1990).

Meinrad, Josef, geb. 21. 4. 1913 in Wien.
Schauspieler. Ausbildung an der Wiener
Akademie für Musik und darstellende
Kunst. Debüt 1936 an der Komödie Wien.
Nach Auftritten in verschiedenen kleinen
Theatern in Wien und einem Engagement
am Deutschen Theater in Metz seit 1947
Ensemblemitglied des Burgtheaters in
Wien. Wichtige Rollen dort u. a.: This-
be/Flaut in Shakespeares ›Sommernachts-
traum‹ (1947); Fabian in Nestroys ›Die
beiden Nachtwandler‹ (1949); Valentin in
Raimunds ›Der Verschwender‹ (1950);
Bleichenwang in Shakespeares ›Was ihr
wollt‹ (1950); Johann in Nestroys ›Zu ebe-
ner Erde und im ersten Stock‹ (1951); Ki-
lian/Hermann Blau in Nestroys ›Der Färber und sein Zwillingsbruder‹ (1951);
Holzapfel in Shakespeares ›Viel Lärm um
nichts‹ (1953); Weinberl in Nestroys
›Einen Jux will er sich machen‹ (1956);
Titelrolle in Hofmannsthals ›Der Schwierige‹ (1959); Teiresias in Sophokles'
›Antigone‹ (1961); Schnoferl in Nestroys
›Das Mädl aus der Vorstadt‹ (1962); Jour-
dain in Molières ›Der Bürger als Edelmann‹ (1963, R. Jean-Louis Barrault).
Meinrad gehört zu den großen Wiener
Volksschauspielern. Mit Witz, Komik und
mit großem Temperament erfüllte er vor
allem die Raimund- und Nestroy-Rollen
mit Leben, gab ihnen aber auch durchaus
tragische Dimensionen.
Literatur: H. Weigel (u. a.): Versuch über
Josef Meinrad. Velber 1962; V. Reimann:
Die Adelsrepublik der Künstler. Schauspieler an der »Burg«. Düsseldorf, Wien
1963; S. Melchinger/R. Clausen: Schauspieler. 36 Porträts. Velber 1965.

Meisel, Kurt, geb. 18. 8. 1912 in Wien,
gest. 5. 4. 1994 ebenda. Schauspieler, Regisseur, Intendant. Studierte kurze Zeit Jura, begann dann als Volontär am Volkstheater Wien, wo er auch sein Debüt als
Schauspieler gab. 1933 Engagement an
den Münchner Kammerspielen, unter Otto
Falckenberg, wo er in Shakespeares ›Wie
es euch gefällt‹ spielte. Weitere Stationen:
Altes Theater Leipzig (1934–1937); Staatstheater Berlin (1937–1944). Hier spielte er
u. a.: Toni in Richard Billingers ›Der Gigant‹ (1937); Anderlan in Billingers ›Am

Meisel

hohen Meer‹ (1939); Schüler in Goethes ›Faust I‹ (1941, R. Gustaf Gründgens). Von 1946 bis 1948 Engagement am Berliner Hebbeltheater; danach spielte Meisel in Berlin als Gast am Schiller-Theater, am Renaissancetheater, am Theater am Kurfürstendamm, in Wien am Burgtheater, am Theater in der Josefstadt; außerdem an den Münchner Kammerspielen. Während dieser Zeit arbeitete er vorwiegend für den Film. Beginn seiner Filmarbeit 1935 in ›Der Ehestreik‹. In eigener Regie drehte er: ›Verspieltes Leben‹ (1949); ›Tragödie einer Leidenschaft‹ (1949); ›Liebe auf Eis‹ (1951); ›Das Sonntagskind‹ (1956); ›Das Kriegsgericht‹ (1959) und ›Die rote Hand‹ (1960). 1961 wurde Meisel zum Oberspielleiter ans Bayerische Staatsschauspiel München verpflichtet (bis 1964), inszenierte dort u. a.: Shakespeares ›Lear‹ (1962); Lessings ›Minna von Barnhelm‹ (1963). Von 1966 bis 1972 war er Oberregisseur und stellvertretender Direktor des Wiener Burgtheaters. Wichtige Arbeiten an diesem Haus u. a.: Schnitzlers ›Professor Bernhardi‹ (1966 für das Berliner Theatertreffen nominiert, aber nicht in Berlin gezeigt); Brechts ›Leben des Galilei‹ (1966); Günter Grass' ›Die Plebejer proben den Aufstand‹ (1966); Grillparzers ›Die Jüdin von Toledo‹ (1968). 1970 wurde Meisel als Nachfolger von Helmut Henrichs zum neuen Intendanten des Bayerischen Staatsschauspiels berufen und kehrte in dieser Funktion 1972 nach München zurück, jener Stadt, die er nach heftigen Konflikten mit der Theaterkritik 1964 verlassen hatte. Diese Intendanz behielt er bis 1983. In den dreizehn Jahren inszenierte er und trat auch als Schauspieler auf. Wichtige Arbeiten u. a.: Schnitzlers ›Professor Bernhardi‹ (1972); Jaroslav Hašek/Friedrich Torbergs ›Die Abenteuer des braven Soldaten Schwejk‹ (1973); Nestroys ›Einen Jux will er sich machen‹ (1973); Schnitzlers ›Das weite Land‹ (1974). Weitere Inszenierungen u.a: Szenen aus Schnitzlers ›Anatol‹-Zyklus (1975); Molnárs ›Liliom‹ (1975); Thomas ›Lokalbahn‹ (1976); Schnitzlers ›Liebelei‹ (1978); Pinters ›Betrogen‹ (1979); Shakespeares ›Richard III.‹ (1980); Schillers ›Maria Stuart‹ (1981). Hierüber Joachim Kaiser (›SZ‹, 13. 1. 1981):

»Offenbar knüpft Kurt Meisel beim Inszenieren etwas bei der Burgtheatertradition an, an eine Überlieferung, die ein Drama nicht gegen den Strich kämmen, sondern aus seinen Spannungen heraus vorführen will. Meisel stellte die Szenen nicht um, sondern beließ ihnen ihren Rhythmus. Er erleichterte seinen Schauspielern auch die Aufgabe nicht, indem er umdeutete, etwa den Leicester zum Oscar-Wilde-Dandy oder den Pauler zum preußischen Haudegen machte. Wenn jemand freilich derart bar zahlt, sieht man, wie reich oder arm der Betreffende ist.« Weitere Inszenierungen: Peter Shaffers ›Amadeus‹ (1981); Thomas ›Moral‹ (1981); Schnitzlers ›Reigen‹ (1982); Pagnols ›Zinsen des Ruhms‹ (1983); Shakespeares ›Viel Lärm um nichts‹ (1983, Münchner Abschiedsvorstellung). Hierüber schrieb C. Bernd Sucher (›SZ‹, 20. 5. 1983):»Der mit dieser Arbeit scheidende Intendant hat nie verheimlicht, daß ihm Regietheater, wie es seine jüngeren Kollegen anderswo machen, nicht liegt. Radikale Auseinandersetzungen lehnt er ab, schätzt Werktreue und kann modische Mätzchen nicht leiden. (. . .) Kurt Meisels Abschied vom Residenztheater ist munter. Nicht mit einem lachenden und einem weinenden Auge scheidet er, sondern aufgeräumt, konsequent selbstzufrieden, unbekümmert.« Während seiner Intendanz spielte Meisel u. a.: Titelrollen in Molières ›Der Misanthrop‹ (1975, R. Frank Baumbauer) und in Bernhards ›Der Präsident‹ (1976, R. Michael Degen); Schustergeselle in Nestroys ›Lumpazivagabundus‹ (1976, R. Karl Paryla); Fleischhauergeselle in Horváths ›Geschichten aus dem Wiener Wald‹ (1978, R. Dieter Giesing); Moritz Meister in Thomas Bernhards ›Über allen Gipfeln ist Ruh‹ (1983, R. Horst Sachtleben). Ein Verdienst seiner Intendanz: Er engagierte Ingmar Bergman für mehrere Inszenierungen. Nach 1983 spielte Meisel u. a. in Hans Lietzaus Inszenierung von Claudels ›Der seidene Schuh‹ (1985, Salzburger Festspiele); in Clifford Odets' ›Wachet auf und rühmet‹ (1987, Württembergisches Staatsschauspiel Stuttgart, R. Arie Zinger); in Thomas Bernhards ›Elisabeth II.‹ (UA 1989, Staatliche Schauspielbüh-

Melles

nen Berlin, R. Niels-Peter Rudolph). Zum 80. Geburtstag gratulierte ihm Gerhard Stadelmaier in der ›Frankfurter Allgemeinen Zeitung‹ (18. 4. 1992):»Er schuf seinen Theatern wenig Aufregung, gab ihnen Ruhe, manchmal auch Windstille. Er schätzte das Handwerkliche, Wohlgeformte, sich mit seinen Möglichkeiten und Beschränkungen Versöhnende in der Theaterkunst mehr als das Gewagte, groß Gewollte – das trug ihm in aufgeregten Zeiten den Vorwurf des Reaktionären ein. Als Schauspieler pflegte Meisel in späteren Jahren das sensibel-nobel Konventionelle, das ihm manchmal ins Plakative verrutschen konnte. Als Regisseur reüssierte er kaum. Als Theaterdirektor spielte er die glücklichste Rolle dann, wenn er als Ermöglicher auftrat, anderen Temperamenten, wie Ingmar Bergman oder Hans Lietzau, Raum gab, ein glänzendes Ensemble klug zusammenhielt.«
Literatur: M. Faber/L. Weizert: . . . dann spielten sie wieder. Das Bayerische Staatsschauspiel 1946–1986. München 1986; B. Ruhwinkel: Kurt Meisel und sein Beitrag zur modernen Münchner Theatergeschichte. Diss. München 1991.

Melles, Sunnyi, geb. 7. 10. 1958 in Luxemburg. Seit ihrer Heirat Sunnyi Prinzessin zu Sayn-Wittgenstein-Sayn. Schauspielerin. Besuchte die Otto-Falckenberg-Schule in München. Seit 1980 gehört sie zum Ensemble der Münchner Kammerspiele. Wichtige Rollen u. a. : Lucile in Büchners ›Dantons Tod‹ (1980, R. Dieter Dorn), Audrey in Shakespeares ›Wie es euch gefällt‹ (1982, R. Ernst Wendt); M in Botho Strauß' ›Kalldewey, Farce‹ (1983, R. Dorn); Titelrolle in Lessings ›Emilia Galotti‹ (1984, R. Thomas Langhoff); Königin Elisabeth in Schillers ›Don Carlos‹ (1985, R. Alexander Lang). Über diese Rolle schrieb Joachim Kaiser in der ›Süddeutschen Zeitung‹ (2. 2. 1985):»Sunnyi Melles als Königin bezwang. Ihre Stimme ›sitzt‹ mittlerweile vollkommen richtig. Sie war aber nicht nur ›schön‹ und ›königlich‹, sondern bot darüber hinaus – in der Auseinandersetzung mit dem Gatten, in der Beziehung zum liebenden Sohn – eine treffliche, reiche Charakterzeichnung.«

Weitere Rollen u. a.: Cressida in Shakespeares ›Troilus und Cressida‹ (1986, R. Dorn); Gretchen in Goethes ›Faust‹ (1987, R. Dorn); Delia in der Uraufführung von Botho Strauß' ›Schlußchor‹ (1991, R. Dorn); Maja in Ibsens ›Wenn die Toten erwachen‹ (1991, R. Peter Zadek); Titelrolle in Arthur Kopits ›Nirwana‹ (1992, R. Dorn). 1990 spielte sie bei den Salzburger Festspielen zum ersten Mal die Buhlschaft in Hofmannsthals ›Jedermann‹; C. Bernd Sucher schrieb (›SZ‹, 31. 7. 1990):»Die schöne Sunnyi Melles zeigt unter der Zerrlupe, wer die Buhlschaft ist und wie sie funktioniert. Kein Zweifel, dieses Mädchen ist eine Kurtisane. Sie interessiert Geld, und sie mag Männer. Aber sie liebt nur sich. Lüstern liebkost Sunnyi Melles ihren Leib, der, in violette Seide eingesperrt, gierig darauf wartet, genommen zu werden. Ich erinnere mich nicht, je eine so heißblütige Buhlschaft vor dem Salzburger Dom gesehen zu haben und keine, die so offen Männer anmachte und mit ihnen spielte. Sich so wenig für ihren Jedermann interessierte. Wenn sie endlich schreiend hinausrennt, weil ihr Geliebter stirbt, so nicht aus Trauer um diesen Mann, sondern weil sie, ein böses, verwöhntes Kind, dem Tod nicht begegnen will.« Sunnyi Melles spielte auch in einigen Filmen mit, u. a. in: ›Paradies‹ (1986, R. Doris Dörrie), ›Der wilde Clown‹ (1986, R. Josef Rödl), ›Geld‹ (1989, R. Doris Dörrie).
Literatur: C. B. Sucher: Theaterzauberer. Schauspieler. 40 Porträts. München, Zürich 1988; L. Birnbaum: Vier Frauen. Porträts. Heidelberg 1993.

Menander, geb. 342/341 v. Chr. in Kephisia, gest. 293/290 v. Chr. in Piräus. Griechischer Komödiendichter. Schrieb über 100 Komödien, von denen nur eine vollständig erhalten blieb: ›Dyskolos‹ (›Menschenfeind‹; 316 aufgeführt). In Nachdichtungen von Plautus und Terenz sind neun Stücke erhalten.
Literatur: A. Körte: Die Menschen Menanders. Leipzig 1937; E. Papamichael: Studien zur Charakterzeichnung bei Menander. Köln 1976.

Mendel, Deryk, geb. 1922 in England. Schauspieler, Regisseur, Choreograph. Mendel wurde bekannt durch seine Zusammenarbeit mit Samuel Beckett, der für den Schauspieler ›Spiel ohne Worte I und II‹ schrieb. Mit Mendel hat Beckett zweimal sein ›He Joe‹ als Fernsehfilm inszeniert (1966 und 1978); dazu Mendel in einem Interview (Münchner ›Abendzeitung‹, 12. 4. 1966):»Sam und ich haben einmal über die Möglichkeiten des Fernsehens gesprochen, daß das menschliche Gesicht die interessanteste Landkarte sei. Nach ein paar Wochen sagte mir Sam dann: ›Ich habe mein Stück fertig.‹ ›Welches Stück?‹, fragte ich. ›Mein Fernsehstück – ein Stück für Stimme und Gesicht.‹« Inszenierungen Mendels: Becketts ›Spiel‹ (1963, Ulm); Peter Weiss' ›Nacht mit Gästen‹ (UA 1965, Staatliche Schauspielbühnen Berlin); Becketts ›Warten auf Godot‹ (1965, ebenda, als Co-Regisseur neben Beckett; im selben Jahr für das Berliner Theatertreffen nominiert); Becketts ›Endspiel‹ (1965, Ulm); Roman Haubenstock-Ramatis Oper ›Amerika‹ (1966, Deutsche Oper Berlin); Racine/Schillers ›Phädra‹ (1969, Darmstadt); Konrad Bayers drei Stücke ›Der Analfabet‹, ›Der Berg‹ und ›Kasperl am elektrischen Stuhl‹ (1969, Darmstadt); Severo Saruys ›Strand‹ (UA 1971, Kassel).

Mendl, Michael Schauspieler. Arbeitete Anfang der achtziger Jahre am Württembergischen Staatstheater und spielte dort u. a. Tilmann in Tankred Dorsts ›Die Villa‹ (UA 1980, R. Günter Krämer); Lambacher in Hans Henny Jahnns ›Der staubige Regenbogen‹ (1982, R. Hansgünther Heyme); George in Albees ›Wer hat Angst vor Virginia Woolf?‹ (1983, R. Thomas Schulte-Michels); Hauptmann in Büchners ›Woyzeck‹ (1986, R. Jossi Wieler); Itai in Harald Muellers ›Totenfloß‹ (UA 1986, R. Henning Rühle). 1981 gastierte Mendl an den Münchner Kammerspielen, in Thomas Langhoffs Inszenierung von Tschechows ›Platonow‹ (Rolle: Ossip). Von 1988 bis 1993 gehörte er zum Ensemble des Bayerischen Staatsschauspiels München. Er spielte dort vor allem in Inszenierungen von Thomas Schulte-

Michels, u. a.: Garcin in Sartres ›Geschlossene Gesellschaft‹ (1988); Marat in Peter Weiss' ›Marat/Sade‹ (1988); Boris in Gorkis ›Kinder der Sonne‹ (1989); Vater in Pirandellos ›Sechs Personen suchen einen Autor‹ (1990); Saranieff in Wedekinds ›Marquis von Keith‹ (1991); Burleigh in Schillers ›Maria Stuart‹ (1991); Marco in Julien Greens ›Ein Morgen gibt es nicht‹ (1991); Titelrolle in Peter Flannerys ›Singer‹ (1992). Über Mendls Darstellung des Burleigh schrieb C. Bernd Sucher (›SZ‹, 22. 4. 1991): »Mendl ist stark, zeichnet mit sparsamsten Mitteln den kalten, klugen Staatsvordenker, der immer kontrolliert, analysiert und redet. Dem passiert kein unbedachtes Wort, nicht mal ein versehentliches Stirnrunzeln oder ein besorgter Blick.« Mendl arbeitete auch für das Fernsehen.

Mensching, Herbert, geb. 1928 in Hannover, gest. 29. 9. 1981 in Hamburg. Schauspieler. Ausbildung in Hannover. Erstes Engagement an der Landesbühne Hannover. Weitere Stationen: Schleswig, Baden-Baden, Augsburg, Frankfurt (Kleines Theater am Zoo), Köln. 1959 kam er ans Schauspiel Frankfurt, wo er u. a. in der deutschen Erstaufführung von Thornton Wilders ›Alkestiade‹ und in Büchners ›Woyzeck‹ (1961) spielte. 1965 kam Mensching ans Bayerische Staatsschauspiel München. Hier spielte er u. a. Fluther Good in O'Caseys ›Der Pflug und die Sterne‹ (1966, R. Gerd Brüdern); Mascarille in Molières ›Der Unbesonnene‹ (1966, R. Paul Vasil); Harry Berlin in Murray Schisgals ›Liiiebe‹ (1967, R. Paul Verhoeven); Said in Jean Genets ›Die Wände‹ (1968, R. Hans Lietzau); Touchstone in Shakespeares ›Wie es euch gefällt‹ (1968, R. Lietzau); Torvald Helmer in Ibsens ›Nora‹ (1969, R. Helmut Henrichs); Conférencier in Genets ›Die Zofen‹ (1969, R. Lietzau); in Tschechows Monolog ›Die Schädlichkeit des Tabaks‹ (1969, R. Henrichs); Malvolio in Shakespeares ›Was ihr wollt‹ (1970, R. Johannes Schaaf); Zettel in Shakespeares ›Sommernachtstraum‹ (1971, R. Hellmuth Matiasek). Joachim Kaiser schrieb unter der Überschrift »Herbert Menschings Meisterstück« in der

Mercer

›Süddeutschen Zeitung‹ (19. 7. 1971): »Ich habe den ›Zettel‹ schon oft gesehen, (. . .): aber daß die Figur zu den großen Shakespeare-Rollen gehört, zu jenem Typus der seelenerhellenden Erprobungen gleichsam amoklaufender Individuen (man darf da an die Prüfungen denken, die einem Malvolio, einem Shylock, aber auch einem Macbeth und einem Hamlet bereitet werden), das hat erst Mensching vorgeführt. (. . .) Mensching gab keinen ›Trottel‹, sondern einen bedächtigen Sektierer, einen ungeheuer komischen Dilettanten, der sich zu allem seine Gedanken macht und nach sorgfältigem Abwägen findet, daß er wirklich alles am besten kann: auch den Löwen spielen. Wie sich dieser Zettel dann allmählich in einen Esel verwandelt, über die Beine, den Tonfall, das Verrückt-Werden: Seit Klaus Kammer Kafkas Affen (im ›Bericht für eine Akademie‹) verkörpert hat, habe ich ein solches tiefsinniges Virtuosenstück nicht mehr erlebt.« Weitere Rollen: Hofmarschall in Schillers ›Kabale und Liebe‹ (1972, Deutsches Schauspielhaus Hamburg, R. Hans-Peter Kaufmann); Thersites in Shakespeares ›Troilus und Cressida‹ (1972, Bayerisches Staatsschauspiel München, R. David Esrig); Hauptrolle (Einzelhändler) in Edward Bonds ›Die See‹ (DE 1973, Deutsches Schauspielhaus Hamburg, R. Dieter Giesing); Robespierre in Büchners ›Dantons Tod‹ (1976, ebenda, R. Jürgen Flimm); Titelrolle in Molières ›Der eingebildete Kranke‹ (1979, ebenda, R. Hans Michael Rehberg); Ankläger in Kipphardts ›In der Sache J. Robert Oppenheimer‹ (1981, Bayerisches Staatsschauspiel, R. Giesing). Mensching spielte auch in vielen Fernsehproduktionen mit. In seinem Nachruf schrieb Benjamin Henrichs (›Die Zeit‹, 9. 10. 1981): »Er war ein puritanischer Schauspieler und hatte (kein Widerspruch, sondern Logik) einen Sinn und Instinkt für Abgründe und Exzesse. Man konnte, ihm zusehend, tief erschrecken: wie da unvermittelt, katastrophenhaft, aus einem mittleren Schauspieler mittlerer Menschen ein extremer Darsteller verzweifelter, verzweifelt liebender, verzweiflungsvoll lustiger Figuren wurde. Ordentliche Übergänge, klare psychologische Entwicklungen sah man bei Mensching

nicht, sondern steile Aufschwünge, tiefe Abstürze; ein Zwischenreich zwischen Alltäglichkeit und Panik, irgendeine mittlere Theaterleidenschaft gab es bei ihm nicht.«

Mercer, David, geb. 27. 6. 1928 in Wakefield, gest. 8. 8. 1980 in Haifa. Englischer Dramatiker. Sohn eines Lokomotivführers. Mercer beschäftigte sich in seinen Stücken zum einen mit dem Versuch des Menschen, sich trotz der Widerstände von außen zu verwirklichen, und zum andern mit den damit verbundenen psychischen und emotionalen Problemen, die zwischen den verschiedenen Generationen und Gesellschaftsschichten entstehen. »›Duck Song‹ (. . .), den ›Entengesang‹, nicht den ›Schwanengesang‹, betrachtete Mercer als die ihm angemessene Musik auf dem unaufhaltsamen Weg der Gesellschaft in die Konfusion und in den Ruin: er ist vom aktiven Marxisten zum totalen Skeptiker geworden. Sein Erfolg in England ist wohl deshalb so groß, weil er unverblümt und grob den Pessimismus des Tages ausspricht.« (Georg Hensel, Spielplan. Frankfurt a. M. 1978)

Stücke: ›Hoppe hoppe Reiter‹ (1965); ›Belchers Glück‹ (1966); ›Flint‹ (1970); ›After Haggerty‹ (1970); ›Duck Song‹ (1974).

Mérimée, Prosper (Pseud. Clara Gazul), geb. 28. 9. 1803 in Paris, gest. 23. 9. 1870 in Cannes. Französischer Schriftsteller. Sohn eines Malers und Kunstkritikers. Mérimée studierte zunächst Philologie und Archäologie; 1831 wurde er Inspektor für historische Denkmäler; 1853 Senator. Er unternahm ausgedehnte Reisen und war ständiger Gast des Kaiserpaares. Er half Napoleon III. bei der Abfassung seiner historischen Schriften. Seine letzten Lebensjahre verbrachte er in Einsamkeit. Mérimée schrieb Novellen und Romane zwischen Romantik und Realismus, er übersetzte Puschkin, Gogol und Turgenjew. Seine Dramen waren wenig erfolgreich. Nur die Bearbeitung seiner Novelle ›Carmen‹ (1840) durch Meilhac und Halévy für die gleichnamige Oper von Bizet blieb von Bedeutung.

Stücke: ›Théâtre de Clara Gazul‹ (1825); ›La Jacquerie‹ (1828); ›La famille de Carvajal‹ (1828); ›La carosse du Saint-Sacrement‹ (1829).
Literatur: P. Leon: Mérimée et son temps. Paris 1962.

Merschmeier, Michael, geb. 17. 12. 1953 in Münster. Kritiker. Studium der Germanistik, Theaterwissenschaft, Kommunikationswissenschaft und Linguistik in Bonn, Köln und Berlin. Promotion. Mitarbeit in einer psychotherapeutischen Praxis, in einem Theaterverlag und an der Freien Volksbühne Berlin (Regieassistenz). Redakteur und Mitherausgeber der Zeitschrift ›Theater heute‹.
Literatur: M. Merschmeier: Aufklärung – Theaterkritik – Öffentlichkeit. Diss. Berlin 1985.

Mertz, Franz, geb. 1897 in Köln, gest. Januar 1966 in Frankfurt. Bühnenbildner. Studium an der Kunstakademie in Düsseldorf. Von 1924 an Bühnenbildner am Düsseldorfer Schauspielhaus. Er entwickelte zusammen mit dem Regisseur Heinrich Koch die sog. »Koch-Platte«, eine scheibenförmige Einheitsbühne. Von 1948 an kontinuierliche Zusammenarbeit mit dem Regisseur Gustav Rudolf Sellner in Kiel (1948–1950), Essen (1950/51) und Darmstadt (1951–1961), u. a. für die Inszenierungen von Barlachs ›Der Graf von Ratzeburg‹ (1951); Sophokles’ ›Ödipus‹ (1952); Shakespeares ›Troilus und Cressida‹ (1954, Staatliche Schauspielbühnen Berlin); Goethes ›Iphigenie‹ (1956, Ruhrfestspiele Recklinghausen). Von 1961 bis 1966 arbeitete Mertz an den Städtischen Bühnen Frankfurt, schuf dort u. a. den Bühnenraum für Erwin Piscators Uraufführung von Jahnns ›Der staubige Regenbogen‹ (1961). Im Nachruf der ›Welt‹ hieß es (25. 1. 1966): »Mertzsche Szenenbilder hatten etwas ungemein Schwereloses. Seine Lieblingsentwürfe brachten raumgliedernde Schwebestücke zu Häupten der Darsteller. Gliederung, Fügung, die Elevation der massiven Blöcke – das war sein Stichwort. Franz Mertz war außerordentlich zart, ein Poet der Bühnenarchitektur, einschmiegsam vor dem Text, hellhörig für die geheimsten Wünsche des Regisseurs, Archaiker und Modernist – einer der ganz wenigen (unnaturalistischen) Szenenbildner, die sich vor dreitausend Jahren Rechenschaft zu geben wußten.«

Messemer, Hannes, geb. 17. 5. 1924 in Dillingen, gest. 2. 11. 1991 in Aachen. Schauspieler. 1947 schloß sich Messemer einer Schauspieltruppe an, der u. a. Rudolf Fernau, Elisabeth Flickenschildt und Theodor Loos angehörten. Debüt als Mercutio in einer Freilichtaufführung von Shakespeares ›Romeo und Julia‹ in Tübingen. Von 1947 bis 1950 war er an den Landesbühnen Hannover engagiert; von 1950 bis 1957 am Bochumer Schauspielhaus bei Hans Schalla. Während dieser Zeit gastierte er auch an den Münchner Kammerspielen. Danach arbeitete Messemer vor allem für Film und Fernsehen, gastierte aber auch als Bühnenschauspieler an verschiedenen Häusern. Wichtige Rollen u. a.: Titelrolle in Shakespeares ›Macbeth‹ (1957, Münchner Kammerspiele); Franz Moor in Schillers ›Die Räuber‹ (1965, Ruhrfestspiele Recklinghausen, R. Heinrich Koch); Titelrolle in Joe Ortons ›Seid nett zu Mr. Sloane‹ (1966, Schaubühne München, R. Hans Dieter Schwarze); Leicester in Schillers ›Maria Stuart‹ (1966, Deutsches Theater München, R. Christian Dorn); Titelrolle in Schillers ›Wallenstein‹ (1968, Schauspielhaus Bochum); Mephisto in Goethes ›Faust I und II‹ (1972, Düsseldorfer Schauspielhaus, R. Karl Heinz Stroux). Filmrollen u. a. in: ›Vor hundert Jahren begann es‹ (1956); ›Rose Bernd‹ (1957); ›Taiga‹ (1958); ›Menschen im Netz‹ (1959); ›Il General della Rovere‹ (1959, R. Rosselini), ›Gesprungene Ketten‹ (1963); ›Brennt Paris?‹ (1966); ›Die Akte Odessa‹ (1974); ›Flüchtige Bekanntschaften‹ (1982). Mitwirkung in vielen Fersehproduktionen. In seinem Nachruf schrieb Gerhard Stadelmaier: »Die Figuren, die er verkörperte, stimmte er auf einen unnachahmlichen Ton ein, den man überall, auch noch aus dem rosa Rauschen seichterer Stücke, brillant heraushörte, obwohl oder gerade weil Messemer so leise sprach, mit heiser-rauher Kontur, aber hinreißend melodisch in seiner Tonlosigkeit. Die Person, die sich dadurch ausdrückte, blieb dem, was sie sprach und spielte, scheinbar fern: keine Seelenfühlung, kein Herzschmus, kein Nervengezupfe; dafür aber eine geradezu abenteuerliche Fertigkeit, die Gedanken einer Figur, noch die geheimsten und abgründigsten, hervorzutreiben. Dann sortierte er sie, leise, überlegen, kalt. (...) Er richtete nicht über das, was er in den Kunstfiguren fand. Hannes Messemer war kein moralischer Schauspieler. Den Zeigefinger besaß er nicht zum Emporstrecken. Er war ein herrlicher Verstehensspieler: skeptisch-kühl, mißtrauisch-neugierig, aber auch erregtfedernd.« **Literatur:** S. Melchinger/R. Clausen: Schauspieler. 36 Porträts. Velber 1965.

Mettin, Christian, geb. 25. 11. 1910 in Berlin, gest. 28. 9. 1980 in München. Dramaturg, Regisseur und Theaterleiter. Nach dem Studium der Theaterwissenschaft zunächst Verlagslektor. Danach Dramaturg am Burgtheater Wien (1933–1937, 1939–1943), am Heildelberger Theater (1945/46), in Kaiserslautern (1946/47) und in Wiesbaden (1947–1950). Von 1951 bis 1959 Intendant in Lübeck; von 1950 bis 1968 Intendant der Städtischen Bühnen Oberhausen, wo er auch als Regisseur arbeitete; von 1964 bis 1978 Intendant der Luisenburg-Festspiele in Wunsiedel. **Literatur:** C. Mettin: Weil der Himmel so angenehm und die Luft so heiter. Hof 1980; ders.: Der politische Schiller. Berlin 1937; ders.: Die Situation des Theaters. Wien 1942; ders.: Grillparzer. Berlin 1943.

Meyer, Conny Hannes, geb. 18. 6. 1931 in Wien. Regisseur und Theaterleiter. Gründete 1956 in Wien sein eigenes Ensemble: Die Komödianten am Börseplatz. 1971, nach vielen erfolgreichen Inszenierungen, u. a. auch am Landestheater Tübingen und am Wiener Burgtheater (hier 1973 Handkes ›Ritt über den Bodensee‹), stellte die Stadt Wien dem Theatermacher ein eigenes luxuriöses Haus zur Verfügung, eine neue Bühne in einem Seitenflügel des Künstlerhauses. Dieses »Theater im Künstlerhaus« eröffnete er 1973 mit Konrad Wünsches ›Jerusalem Jerusalem‹.

Wichtige Inszenierungen u. a.: Jarrys ›Ubu Roi‹ (1957); Büchners ›Leonce und Lena‹ (1967); Gorki/Brechts ›Die Mutter‹ (1975); Jonsons ›Volpone‹ (1977, Nationaltheater Mannheim); Brechts ›Der gute Mensch von Sezuan‹ (1980, Landestheater Tübingen); Braschs ›Lovely Rita‹ (1980); Brechts ›Der aufhaltsame Aufstieg des Arturo Ui‹ (1982); Dürrenmatts ›Die Physiker‹ (1982, Schauspiel Nürnberg). **Literatur:** C. H. Meyer: Angelo Soliman oder Die schwarze Bekanntschaft (1981–1983). Wien, München 1983; ders.: Karl ist krank. Wien 1986.

Meyer, E.Y. (Peter) (eigtl. Peter Meyer), geb. 11. 10. 1946 in Liestal (Schweiz). Schriftsteller. Meyer studierte Germanistik und Philosophie in Bern, nach Abbruch des Studiums Besuch eines Lehrerseminars, danach Grundschullehrer in Ittingen. Er lebt seit 1973 als freier Schriftsteller in Bern. Verschiedene Preise, darunter den Gerhart-Hauptmann-Preis (1983) und den Preis der schweizerischen Schillerstiftung (1984) für sein Gesamtwerk. Meyer schrieb hauptsächlich Prosa und Hörspiele. »›Sundaymorning‹, das Stück in Mundart, nennt er im Nachwort ein ›Künstlerdrama‹, und in den Künstlern sieht er den ›Prototyp des modernen Helden schlechthin‹, weil dieser sich nicht damit begnügen kann, traditionelle Mythen wieder aufzufrischen oder den Weg des Wissenschaftlers zu gehen. Er muß im Dschungel der nachindustriellen Welt Ausschau nach dem Verlorenen halten, den Kampf mit den Ungeheuern und Dämonen aufnehmen und eine neue Sicherheit finden. Die Hauptfiguren in ›Sundaymorning‹ sind ein Maler und ein Schriftsteller. Während sie den Sonntag mit einem Ausflug zu Freunden aufs Land verbringen, zu Scherzen aufgelegt zuerst, ernst und grüblerisch nach ihrer Rückkehr ins Atelier, verdichtet sich der Dialog immer mehr, bis er zuletzt in der Leere und Verlorenheit endet (...) Natur und Mensch sind sich fremd geworden, die Zerrissenheit sitzt tief in jedem der vielen Gleichen. Das schöpferische Individuum ist in Gefahr, die Vielfalt droht der Einfalt zu unterliegen.« (Anton Krättli, in: KLG, Nlg. Nr. 14, 1. 4. 1983)

487

Meysel

Stücke: ›Sundaymorning‹; ›Das System‹ (beide 1982).
Literatur: B. v. Matt: E. Y. Meyer. Materialien. Frankfurt a. M. 1983.

Meyerhold, Wsewolod Emiljewitsch (eigtl. Karl Theodor Kasimir Meiergold), geb. 28. 1. 1874 in Pensa, gest. 2. 2. 1940 in Moskau. Schauspieler, Regisseur und Theaterleiter. Studierte 1895/96 Jura an der Moskauer Universität. 1896–1898 Schüler an der Theaterschule der Philharmonischen Gesellschaft in Moskau, bei Nemirowitsch-Dantschenko. 1898–1902 Schauspieler am Moskauer Künstlertheater (MChAT); spielte u. a. Kostja in Tschechows ›Die Möwe‹; Tusenbach in Tschechows ›Drei Schwestern‹; Malvolio in Shakespeares ›Was ihr wollt‹. 1903 gründete Meyerhold ein eigenes Ensemble: die Gesellschaft des Neuen Dramas, mit dem er Gastspielreisen durch Rußland unternahm. 1905 Aufbau eines Studios im MChAT, wo er u. a. Maeterlincks ›Der Tod des Tintagiles‹ und Hauptmanns ›Schluck und Jau‹ inszenierte. Nach Differenzen mit Stanislawski, der das MChAT leitete, ging Meyerhold nach Tbilissi. 1906 wurde er als Chefregisseur an das Petersburger Kommissarschewskaja Theater verpflichtet, aus dem er Anfang des Jahres 1908 schon wieder ausschied. 1908–1917 arbeitete er an verschiedenen Petersburger Theatern, inszenierte auch Opern. 1914 gründete er ein neues Theaterstudio. Gleich nach der Oktober-Revolution 1917 wurde er Mitglied der Kommunistischen Partei, 1918 Politkommissar der Roten Armee. 1920 Leiter der Theaterabteilung in Moskau; 1921 übernahm er wieder sein Moskauer Studio, das nun Erstes Theater der RSFSR hieß; von 1922 bis 1924 arbeitete er außerdem am Theater der Revolution, das 1923 seinen Namen erhielt und das er von 1924 bis zur Zwangsschließung 1938 leitete. Hier inszenierte er u. a. Erdmans ›Das Mandat‹ (1925); Tretjakows ›Brülle China‹ (1926); Gogols ›Der Revisor‹ (1926); Majakowskis ›Die Wanze‹ (UA 1929); Majakowskis ›Das Schwitzbad‹ (1930); Dumas' ›Die Kameliendame‹ (1934); Ostrowski/Meyerholds ›Wie der Stahl gehärtet wurde‹ (1936). 1939 wurde er aufgrund falscher Beschuldigungen verhaftet, 1940 starb er im Gefängnis, 1955 wurde er rehabilitiert. »Piscator und Brecht machten Furore mit dem, was Meyerhold erfunden hatte. Meyerhold, der Lieblingsschüler Stanislawskis, begann als Rebell gegen den Psychologismus seines Lehrers, gegen den ›hypnotischen‹ Schauspieler, und führte doch die Erkenntnisse Stanislawskis fort. (. . .) Meyerhold arbeitete mit Pantomime, Tanz, Gestik, Akrobatik und schuf aus System der ›Biomechanik‹, eine konstruktivistische Schauspieltheorie, die auf dem körperlichen Ausdruck beruht. (. . .) Meyerhold ›filmisierte‹ die Bühne und erfand – das epische Theater. (. . .) Er erfand das antiillusionistische Theater, das dem Zuschauer Einblick in das Zustandekommen der Inszenierung gewährt, und den ›rationalen‹, distanzierten Schauspieler – den Verfremdungseffekt; er erfand die hell ausgeleuchtete Bühne, die Brecht zum Prinzip erhob; er setzte bewußt die Maske politisch ein als Kennzeichnung der herrschenden Klasse, mit welchem Kunstgriff in seiner Inszenierung des ›Kaukasischen Kreidekreises‹ noch Brecht die westlichen Zuschauer ärgerte; auch Meyerhold ließ nur dem revolutionären Proletariat ein ›menschliches Gesicht‹.« (Marianne Kesting, ›Die Zeit‹, 22. 3. 1974)
Literatur: W. Meyerhold: Theaterarbeit 1917 bis 1930. Hrsg. v. R. Tietze. München 1974; A. W. Fewralski (Hrsg.): Wsewolod E. Meyerhold. Schriften. Aufsätze. Briefe. Reden. Gespräche. 2 Bde. Berlin 1979; J. Rühle: Theater und Revolution. München 1963; H. Ihering: Von Reinhardt bis Brecht. Hamburg 1967; Les voies de la création théâtrale VII. Mis en scène années 20 et 30. Hrsg. v. D. Bablet. Paris 1979; M. Brauneck: Klassiker der Schauspielregie. Reinbek 1988; Entfesselt. Die russische Bühne 1900–1930. Hrsg. v. O. G. Bauer. Bayer. Akademie der Schönen Künste. München 1994 (Katalog).

Meysel, Inge, geb. 30. 5. 1910 in Berlin. Schauspielerin. Schauspielunterricht in Berlin. Debüt 1930 in Zwickau. Weitere Stationen: Schauspielhaus Leipzig (1931–1933), Renaissancetheater Berlin (1932/33). 1933 als »Halbjüdin« Auftrittsverbot.

Michaelis

Von 1945 bis 1955 spielte sie am Hamburger Thalia Theater. Danach arbeitete sie – abgesehen von einigen Auftritten in Tournee-Produktionen (u. a. in der Titelrolle von Gorkis ›Wassa Schelesnowa‹, 1983/84) – vor allem für das Fernsehen, gelegentlich auch für den Film. Zu Inge Meysels 80. Geburtstag schrieb Hans Scherer in der ›FAZ‹ (30. 5. 1990): »Man muß Inge Meysel auf der Bühne gesehen haben. Gewiß hat sie im Fernsehen die größere Popularität erlangt, sie ist zum Bildschirmstar geworden, zu einer gleichermaßen geliebten und gehaßten Identifikationsfigur: der kleine Mensch, der sich, allen widrigen Umständen zum Trotz, gegen die großen behauptet. Das ist der Schlüssel zu allen Figuren, die sie in Hunderten von Fernsehfilmen gespielt hat. Sie verkörperte auf unvergleichliche Weise die Heldin im Volkstheater – und scheute auch vor den Klischees nicht zurück, die offensichtlich der Preis für die Popularität sind und vielen ihrer Figuren anhingen wie ein Kostüm. Auf der Bühne war das anders. (. . .) Ob sie witzig und elegant als Heiratsvermittlerin in Thornton Wilders gleichnamiger Komödie oder als ›Frau im Morgenrock‹ auftrat, sie war eine Königin der Bühne – überlegen, durchtrieben, gütig. Sie konnte da hellwach und schlampig zugleich sein.« **Literatur:** I. Meysel: Frei heraus – mein Leben. Weinheim, Berlin 1991; M. Pacher: Inge Meysel. Die verborgenen Jahre. Die nicht autorisierte Biographie. Frankfurt a. M. 1991.

Michaelis, Rolf, geb. 8. 8. 1933 in Hall. Kritiker. Studium der Germanistik. Begann in der Feuilleton-Redaktion der ›Stuttgarter Zeitung‹. Danach leitete er von 1964 bis 1968 das Literaturblatt der ›Frankfurter Allgemeine Zeitung‹ und wurde anschließend der Berliner Kultur-Korrespondent dieser Zeitung. Seit 1973 ist er Redakteur, Theater- und Buchkritiker der ›Zeit‹ in Hamburg. Veröffentlichungen: ›Die Struktur von Hölderlins Oden‹ (Diss.); ›Der schwarze Zeus. Hauptmanns weiter Weg‹ (1962); ›Kleist‹ (1965); ›García Lorca‹ (1969); ›Von der Bühnenwelt zur Weltbühne. S. Jacobsohn und die Schaubühne‹. Königstein 1980.

Michelsen, Hans Günter, geb. 21. 9. 1920 in Hamburg. Schriftsteller. Sohn eines Berufsoffiziers. Während des Zweiten Weltkriegs geriet Michelsen in Gefangenschaft (bis 1949). 1952/53 war er Dramaturg in Trier, von 1960 bis 1962 Öffentlichkeitsarbeit am Schiller-Theater in Berlin. Danach arbeitete er als freier Schriftsteller und von 1973 bis 1976 als Schauspieler in Bremerhaven. 1965 erhielt er den Gerhart-Hauptmann-Preis. Die Stücke von Michelsen wurden in den sechziger Jahren viel gespielt und gerieten danach in Vergessenheit. Die Themen waren Vergangenheitsbewältigung und Konfrontation mit der Selbstzufriedenheit der deutschen Wohlstandsgesellschaft. Über die Uraufführung seines Stücks ›Helm‹ (1965, Frankfurt, R. Heinrich Koch) schrieb Günther Rühle: »Von Michelsen war seit geraumer Zeit nur noch wenig zu berichten. ›Lappschieß‹ steht im Streit der Meinungen, ›Feierabend 1 und 2‹ und ›Drei Akte‹ haben ihre Untergänge (mit Hilfe der Regisseure) bereits hinter sich. Wer noch auf Michelsen setzen wollte, mußte hoffen, dieser Autor – der noch mit seinen Niederlagen erreicht hat, daß er den unverwechselbarsten Stil im heutigen Drama schreibt – fände wieder eine Verbindung zu dem Personen- und Gedankenfeld seines Erstlings: zu ›Stienz‹. ›Helm‹ ist diese Verbindung. Michelsens Grunderlebnis ist: die Gefangenschaft der Gegenwart in der Vergangenheit. ›Helm‹ ist also wieder die Welt der Offiziere, der ›Überlebenden‹.« (›FAZ‹, 20. 9. 1965) **Stücke:** ›Stienz‹ (1962); ›Feierabend 1 und 2‹ (1963); ›Helm‹ (1965); ›Kein schöner Land‹ (1967); ›Frau L.‹ (1967); ›Planspiel‹ (1970); ›Sein Leben‹ (1977); ›Kindergeburtstag‹ (1981); ›Terror‹ (1985); ›Von der Maas bis an die Memel‹ (1988).

Milberg, Axel, geb. 1. 8. 1956 in Kiel. Schauspieler. Ausbildung an der Otto-Falckenberg-Schule in München (1979–1981). Seit 1981 gehört Milberg zum Ensemble der Münchner Kammerspiele. Wichtige Rollen u. a.: Leutnant Reiligan in O'Caseys ›Ein Freudenfeuer für den Bischof‹ (1982, R. Thomas Langhoff); Kalldewey in Strauß' ›Kalldewey, Farce‹ (1983, R. Dieter Dorn); Tempelherr in

489

Lessings ›Nathan der Weise‹ (1984, R. Fritz Marquardt); Ruprecht in Kleists ›Der zerbrochne Krug‹ (1986, R. Dieter Dorn); Wagner in Goethes ›Faust‹ (1987, R. Dorn); Max in Botho Strauß' ›Besucher‹ (UA 1988, R. Dorn). Über diese Darstellung schrieb C. Bernd Sucher in der ›Süddeutschen Zeitung‹ (8./9. 10. 1988): »Axel Milberg war noch nie so gut, so konzentriert wie an diesem Abend. Er offenbarte den Jämmerling und den Egozentriker, den bleich verhuschten Kunststümper und den renitenten Narziß, der unfähig ist zur Erkundung anderer Menschen. (. . .) Milberg zeigt das Sensibelchen, den DDR-Schauspieler im Westen, der endlich mit seinem Idol, dem Schauspieler Karl Joseph (. . .), gemeinsam auf der Bühne stehen darf und scheitert, ebenso wie den aufsässigen jungen Mann, der alles haben und nichts geben will; der fordert, geliebt zu werden, aber sich weigert, Liebe zu schenken.« 1991 spielt Milberg in Hans-Joachim Ruckhäberles Inszenierung von Molières ›Don Juan‹ den Sganarelle und erwies sich als »der einzige anwesende Komiker«, als ein Schauspieler, »der sich mit Vergnügen dem Gelächter preisgibt. Das zu sehen, macht Spaß.« (Joachim Kaiser, ›SZ‹, 22. 3. 1991) Silvester 1992 spielte er den Hase in Coline Serreaus ›Hase Hase‹ (R. Harald Clemen). Joachim Kaiser schrieb, daß sich Milbergs »heimlicher Charme wandelte in unheimlichen, sein Augenausdruck faszinierte«. (›SZ‹, 2. 1. 1993) 1987 schrieb Milberg zusammen mit Georg Weber das Stück ›Die scharfsinnigen Ritter‹, in dem die beiden Schauspieler improvisierten (R. Weber). Milberg wirkte in mehreren Spielfilmen mit.

Miller, Arthur, geb. 17. 10. 1915 in New York. Amerikanischer Dramatiker. Sohn eines Textilfabrikanten in Harlem. Die Familie verarmte während der Depression. Miller arbeitete zwei Jahre lang in einer Autofabrik, um an der University of Michigan studieren zu können. Er begann dort unter dem Eindruck des Spanischen Bürgerkrieges und des entstehenden Faschismus zu schreiben. 1938 Mitarbeit am Federal Theatre Project. Miller war von 1956 bis 1960 mit Marilyn Monroe verhei-

Millowitsch

ratet. Er schrieb hauptsächlich Drehbücher (darunter ›The Misfits‹, 1961) und Theaterstücke. Dem psychologischen Realismus verpflichtet, schrieb er Dramen über die Frage der moralischen Integrität von Menschen. 1987 veröffentlichte er seine Memoiren unter dem Titel ›Timebends‹. Seine Stücke wurden in Deutschland in den achtziger und neunziger Jahren wieder vermehrt gespielt.

Stücke: ›All my Sons‹ (1947); ›Tod des Handlungsreisenden‹ (1949); ›Hexenjagd‹ (1953); ›A Memory of Two Mondays‹ (1955); ›Blick von der Brücke‹ (1955); ›Nach dem Sündenfall‹ (1964); ›Zwischenfall in Vichy‹ (1965); ›Der Preis‹ (1968); ›Die Erschaffung der Welt und andere Geschäfte‹ (1972); ›Im Palais des Erzbischofs‹ (1977); ›The American Clock‹ (1980).
Literatur: H. Weber: Untersuchungen zu ›Blick von der Brücke‹ und ›Der Preis‹. Diss. Saarbrücken, 1974; R. A. Martin (Hrsg.): A. Miller: New Perspectives. Englewood Cliffs, N.J. 1982.

Millowitsch, Willy, geb. 8. 1. 1909 in Köln. Schauspieler und Theaterleiter. Sein Großvater Wilhelm Josef Millowitsch (1854–1909) wagte es, 1896, auf der familieneigenen Kölner Puppenbühne auch Schauspieler auftreten zu lassen. Seitdem gibt es die Millowitschbühne in Köln, die Willy Millowitsch seit 1940 leitet. Millowitsch ist ein kraftvoll-derber Volksschauspieler, dessen Popularität über Köln hinauswuchs, als 1953 das deutsche Fernsehen begann, Theateraufführungen des Ensembles zu übertragen. Um von dem Klischee des »Klamottenkomikers« wegzukommen, übernahm Millowitsch 1980 am Landestheater Neuss die Hauptrolle in Molières ›Der Bürger als Edelmann‹. Ein Jahr später spielte er in Rudolf Noeltes Inszenierung von Shakespeares ›Hamlet‹ (Schauspiel Bonn) den Totengräber. Über diese Rolle schrieb Reinhardt Beuth in der ›Welt‹ (7. 1. 1984): »Da war er endlich angekommen bei jenem stillen, traurigen Humor voll Todesahnung, der in Wahrheit derjenige des Rheinländers ist. Und wenn ein Zweifel an diesen seinen schauspielerischen Leistungen blieb, dann lag das we-

Minetti

niger an ihm als am Zuschauer, der solche Wandlungen des Kölschen Willy doch nicht leicht mitvollziehen konnte.« Millowitsch spielte auch in Filmen und vielen Fernsehproduktionen.

Literatur: W. Millowitsch: Heiter währt am längsten. Bayreuth 1988; Willy Millowitsch mit 80. Hrsg. v. I. v. Schönermark/P. Millowitsch. Köln 1989.

Minetti, Bernhard, geb. 26. 1. 1905 in Kiel. Schauspieler und Theaterleiter. Ausbildung an der Staatlichen Schauspielschule in Berlin bei Leopold Jeßner. Erstes Engagement am Preußischen Staatstheater in Gera (1927–1928), danach am Hessischen Landestheater in Darmstadt (1929–1930) und von 1930 bis 1945 am Berliner Staatstheater. Hier spielte er u. a.: Franz Moor in Schillers ›Die Räuber‹ (1932, R. L. Jeßner); Geßler in Schillers ›Wilhelm Tell‹ (1932, R. Jürgen Fehling); Kurprinz Friedrich in Hans Rehbergs ›Der große Kurfürst‹ (1936, R. Fehling); Marinelli in Lessings ›Emilia Galotti (1937, R. Gustaf Gründgens); Leonhard in Hebbels ›Maria Magdalena‹ (1938, R. Fehling); Robespierre in Büchners ›Dantons Tod‹ (1939, R. Gründgens); Brutus in Shakespeares ›Julius Cäsar‹ (1941, R. Fehling); Kardinal Wolsey in Rehbergs ›Heinrich und Anna‹ (1942, R. Fehling). Über Minettis Brutus schrieb K. H. Ruppel in der ›Kölnischen Zeitung‹:»Der Brutus von Minetti hat die Einsamkeit einer großen Seele, die als einzige unter allen Römern nicht von Cäsar (als Person oder als Staatsprinzip) bestimmt wird. (. . .) Minettis Brutus ist herrlich, wenn er, in der großen Nachtszene des zweiten Aktes, den Kampf zwischen den Zweifeln seines Gefühls und den Einsichten seiner republikanischen Redlichkeit durchkämpft.« Und über Minettis Marinelli schrieb Ruppel:»Auch Bernhard Minetti spricht den Marinelli anders, als man es gewohnt ist. Nicht unterwürfig, schmeichlerisch und gedämpft, sondern hart, mit der bösen Kälte einer vollkommen gewissenlosen Natur. Vorbei die Mätzchen des eitlen Schurken, des selbstgefälligen Intriganten, vorbei die Mischung aus Mephisto und Wurm mit einem Zusatz Kalb, als die alle Marinellis nach

Bassermann erschienen. Minettis kalte Farbigkeit schillert nicht in Nuancen. Sie verzichtet auf die funkelnden ›Lichter‹. Ihr Wesen ist Ironie und Hochmut.« (›Großes Berliner Theater‹. Velber 1962, S. 28 u. S. 78) Nach dem Krieg war Minetti zunächst Schauspieldirektor in Kiel. Danach spielte er am Deutschen Schauspielhaus in Hamburg (1947–1949), gastierte bei den Ruhrfestspielen in Recklinghausen (1949) und an den Theatern von Bochum, Hannover, Essen, Aachen und Bonn. Von 1952 bis 1956 gehörte er zum Ensemble der Städtischen Bühnen Frankfurt, wo er u. a. die Titelrolle in Frischs ›Graf Oederland‹ spielte (1956, R. Fritz Kortner). Von 1958 bis 1965 arbeitete er am Düsseldorfer Schauspielhaus, u. a. Cotrone in Pirandellos ›Die Riesen vom Berge‹ (1958, R. Giorgio Strehler). Seit 1965 gehörte Minetti zum Ensemble der Staatlichen Schauspielbühnen Berlin (bis zu deren Schließung 1993), spielte aber als Gast auch an anderen Bühnen, vor allem in Inszenierungen von Claus Peymann und Klaus Michael Grüber. Wichtige Rollen u. a. (ohne Ort: stets Staatliche Schauspielbühnen Berlin): Major in Joseph Hellers ›Wir bombardieren Regensburg‹ (DE 1968, R. Hans Schweikart); David Mercers ›Flint‹ (DE 1971, R. Hans Lietzau); Edgar in Strindberg/Noeltes ›Der Totentanz‹ (1971, R. Rudolf Noelte); Titelrolle in Shakespeares ›Lear‹ (1972, Wuppertaler Bühnen, R. Peymann); Kurfürst in Kleists ›Prinz Friedrich von Homburg‹ (1972, R. Lietzau); Krapp in Becketts ›Das letzte Band‹ (1973, Bremer Theater, R. Grüber); Al in Neil Simons ›Sunny Boys‹ (1973, mit Martin Held, R. Peter Matič); Caribaldi in der Uraufführung von Thomas Bernhards ›Macht der Gewohnheit‹ (1974, Salzburger Festspiele, R. Dieter Dorn); Spooner in Pinters ›Niemandsland‹ (1975, R. Lietzau); Titelrolle in Bernhards ›Minetti‹ (UA 1976, Württembergisches Staatstheater Stuttgart, R. Peymann). Darüber schrieb Benjamin Henrichs (›Die Zeit‹, 10. 9. 1974):»Minetti ist ein realistischer Schauspieler. Allein durch Genauigkeit vernichtet er das Rührstück, das ›Minetti‹ auch sein könnte. Er spielt nicht die wehleidige Version der Rolle (den großen, von einem empfindungslosen Publikum verachteten Künstler), sondern die wahrscheinliche: Er zeigt Minettis Kunst als eine zweifelhafte und macht es so zumindest denkbar, daß das Publikum mit seiner Verachtung recht hatte. (...) Doch so eindeutig-bitter (was auch wieder sentimental wäre) läßt Minetti die Figur nicht bleiben. Altmänner-Elend und Grazie, verwegene Gedanken und verworrenes Gerede verbinden sich zu unzähligen Widersprüchen, zu einer immer präzisen, doch niemals völlig definierbaren Figur. Minettis Spiel verhindert eindeutige Gefühle; verhindert, daß man es sich bequem macht beim Zuschauen.« Weitere Rollen u.a.: Teiresias in Hölderlins ›Antigonae‹ (1979, R. Niels-Peter Rudolph); Walter in Kleists ›Der zerbrochne Krug‹ (1980, R. Lietzau); Titelrolle in Bernhards ›Der Weltverbesserer‹ (UA 1980, Schauspiel Bochum, R. Peymann); Titelrolle in Goethes ›Faust‹ (1982, Freie Volksbühne Berlin, R. Grüber); Gesandter in Genets ›Der Balkon‹ (1983, R. Hans Neuenfels); Karl in Bernhards ›Der Schein trügt‹ (UA 1984, Schauspiel Bochum, R. Peymann); Titelrolle in Shakespeares ›Lear‹ (1985, Schaubühne Berlin, R. Grüber); Solo in Bernhards ›Einfach kompliziert‹ (UA 1986, R. Klaus André); Greis in Herb Gardners ›Ich bin nicht Rappaport‹ (DE 1987, R. André); Krapp in Becketts ›Das letzte Band‹ (1987, Frankfurter Schauspiel, R. Grüber); Chefarzt in Hochhuths ›Unbefleckte Empfängnis‹ (UA 1989, R. Heribert Sasse); Casanova in Marina Zwetajewas ›Phoenix‹ (1990, Berliner Schaubühne, R. Grüber); Solo in ›Märchen aus Deutschland‹ (1992, R. Alexander Lang); Puck in Shakespeares ›Sommernachtstraum‹ (1993, R. Neuenfels). Zwischen 1930 und 1940 spielte Minetti auch in Filmen, nach dem Krieg ist nur seine Mitwirkung in ›Die linkshändige Frau‹ (1978, R. Peter Handke) erwähnenswert. Zu Minettis 85. Geburtstag gratulierte Günther Rühle dem Schauspieler in der ›Frankfurter Allgemeinen Zeitung‹ (25. 1. 1985): »Der Mensch Minetti ist eine gewaltige Landschaft. Das Gesicht: wie ein Gebirge mit Gipfeln und Abgründen, Augen, berggeisterhaft leuchtend aus verborgenen Winkeln, dunkel, aber sich glättend und erhellend im Staunen über eine Einsicht. Dann ist es besonnt von Freundlichkeit. Die Stimme ist hart und rauh und sänftigt sich zur Güte. Der Kopf ist cäsarisch, gut im Diskutieren und Urteilen. Das Lachen steigt ihm wie mit einem Urton aus der breiten Brust und hüpft – zu Portionen gepreßt – über die schmalen Lippen. Öffnen sie sich über dem vorstürmenden Kinn, furcht sich die Haut, sieht man ihn: picassohaft. Minetti ist ein Herr und ein Klotz, ein Charmeur und ein Räsonneur; ein Solitär in der Welt der Schauspieler und nun auch der verehrte Patriarch einer neuen Schauspielerdynastie: Stammvater der Minettis in Ost und West.«

Literatur: B. Minetti: Erinnerungen eines Schauspielers. Hrsg. v. G. Rühle. Stuttgart 1985; A. Rainer: Theater, Minetti. Eine Ausstellung. M, Galerie für Film, Foto, Neue konkrete Kunst und Video. Bochum 1985; C. B. Sucher: Theaterzauberer: Schauspieler. 40 Porträts. München, Zürich 1988.

Minetti, Hans-Peter, geb. 21. 4. 1926 in Berlin. Sohn von Bernhard Minetti. Schauspieler. Studierte nach 1945 Philosophie und Kunstgeschichte an den Universitäten Kiel, Hamburg und Berlin. Gehörte zur Studentenbühne der Humboldt-Universität. 1949 Schauspielschüler am Weimarer Theaterinstitut. Von 1952 bis 1956 spielte er am Maxim-Gorki-Theater in Ostberlin; von 1956 bis 1959 am Deutschen Theater in Ostberlin und arbeitete für den Film. 1975 wurde Minetti Direktor der Schauspielschule Ostberlin; 1980 Vizepräsident des DDR-Verbandes der Theaterschaffenden; 1981 Rektor der Hochschule für Schauspielkunst in Ostberlin und 1984 Präsident des Verbandes der Theaterschaffenden; 1989 trat er von dieser Position zurück. 1987 trat Minetti zum ersten (und bisher letzten) Mal außerhalb Ostberlins auf: bei den Salzburger Festspielen sah man ihn als Bassa Selim in Johannes Schaafs Inszenierung von Mozarts ›Die Entführung aus dem Serail‹. Über Minettis Rolle als Kaiser in Brechts ›Turandot‹ (1981), einer Aufführung des Berliner Ensembles (R. Manfred Wekwerth), schrieb

Minetti

Jürgen Bockelmann (›SZ‹, 1. 4. 1981):
»Wenn Hans-Peter Minetti als chinesischer
Kaiser mit dem Gehabe eines sozialistischen Staatsmannes auftritt, unelegant und
in seiner Leutseligkeit auch ein bißchen
unsicher, so wirkt das unverfroren und
wunderbar frech.«
Literatur: L. Creutz: Hans-Peter Minetti.
Berlin 1962.

Minetti, Jennifer, geb. 8. 1. 1940 in Berlin. Tochter von Bernhard Minetti. Schauspielerin. Schauspielunterricht bei Herma
Clement. Debüt am Landestheater Hannover (1958–1960). Weitere Stationen: Theater der Stadt Essen (1960–1962), Wuppertaler Bühnen (1962–1964), Staatstheater
Kassel (1964–1966), Stadttheater Aachen
(1966–1968), Bühnen der Stadt Bonn
(1968–1970), Deutsches Theater Göttingen (1970–1977). Seit 1977 gehört sie
zum Ensemble der Münchner Kammerspiele. Wichtige Rollen u. a.: Frau Miller in
Schillers ›Kabale und Liebe‹ (1978); Mut-
ter Balicke in Brechts ›Trommeln in der
Nacht‹ (1979, R. jeweils Ernst Wendt);
Marceline Gautier in Feydeaus ›Klotz am
Bein‹ (1983, R. Dieter Dorn); Zweite Gei-
ge in Anouilhs ›Orchester‹ (1984, R. Ralph
Schaefer); Hauswirtsgattin in Ernst-Jürgen
Dreyers ›Die goldene Brücke‹ (UA 1985,
R. Harald Clemen); Mutter in Brechts ›Im
Dickicht der Städte‹ (1988, R. Hans-
Joachim Ruckhäberle); Frau Bruscon in
Bernhards ›Der Theatermacher‹ (1988,
R. Hans Lietzau); Frau Kovacic in Werner
Schwabs ›Volksvernichtung oder Meine
Leber ist sinnlos‹ (UA 1991, R. Christian
Stückl). Über Jennifer Minetti schrieb
C. Bernd Sucher: »Jennifer Minetti (. . .)
spielt auch im Ensemble die zweite Geige.
Aber welche Freude, wenn sie erklingt.
Denn ob Lebedame oder frustrierte Jung-
fer, ob Bardame mit Papphütchen (in
Klaus Pohls ›Balkona Bar‹), ob züchtig
stumme Elfe (im ›Sommernachtstraum‹):
Jennifer Minetti befreit Typen aus ihrer
Rollen-Enge. Sie erschafft in noch so kur-
zen Auftritten Menschen. Sie spielt Chargen, Nebenrollen, präzis und pointiert, ohne sie je zu überladen. Effekthascherei ist
dieser Schauspielerin fremd.‹ (›Theaterzauberer‹, S. 194)

Literatur: C. B. Sucher: Theaterzauberer.
Schauspieler. 40 Porträts. München, Zürich 1988.

Minks, Wilfried, geb. 21. 2. 1931 in Binai
(Tschechoslowakei). Bühnenbildner und
Regisseur. Ausbildung an der Kunstgewerbeschule in Leipzig, an der Berliner Akademie der Bildenden Künste Berlin und –
von 1955 bis 1957 – bei Willi Schmidt.
1958 Assistent in Stuttgart; 1959–1962 am
Stadttheater Ulm, hier Zusammenarbeit
mit Kurt Hübner, Peter Zadek und Johannes Schaaf. Mit Hübner ging er 1962 zum
Theater der Stadt Bremen. Wichtige Arbeiten in dieser Zeit als Bühnenbildner mit
Zadek : ›Die Geisel‹ von Behan (1961,
Ulm); ›Held Henry‹ nach Shakespeares
›Heinrich V.‹ (1964, Bremen); ›Die Räuber‹ von Schiller (1966, Bremen); ›Maß
für Maß‹ nach Shakespeare (1967, Bremen). Zusammenarbeit mit Kurt Hübner
u. a. in: Shakespeares ›Hamlet‹ (1964,
Bremen); Schillers ›Don Carlos‹ (1959,
Ulm; 1969, Bremen). Weitere wichtige
Arbeiten als Bühnenbildner u. a.: Shake-
speares ›Rosenkriege‹ (1967, Stuttgart,
R. Peter Palitzsch); Kleists ›Prinz Friedrich
von Homburg‹ (1972, Staatliche Schau-
spielbühnen Berlin, R. Hans Lietzau). Über
diesen Raum schrieb Reinhard Baumgart
(›SZ‹, 11. 11. 1972): »Minks hatte offensichtlich nachgedacht über Kleist, über
Pathos und Ironie dieses szenischen
Traums von Gefühl, Ordnung und Tod.
(. . .) Vorlaut natürlich war diese Erfindung
von Minks. Sie drückt in einer visionären
Collage wie ein monumentales Aperçu
schon das ganze Stück aus und erdrückt
damit leicht jeden Versuch, eben dieses
Stück erst langsam zu entfalten.« Weitere
Arbeiten: Gorkis ›Barbaren‹ (1972, Deutsches Schauspielhaus Hamburg, R. Dieter
Giesing); Büchners ›Leonce und Lena‹
(1975, Salzburger Festspiele, R. Schaaf).
1971 begann Minks seine Arbeit als Regisseur und inszenierte J. M. R. Lenz' ›Die
Soldaten‹ am Württembergischen Staatstheater Stuttgart. Weitere Inszenierungen
u. a.: Molières ›Der Geizige‹ (1971, Deutsches Schauspielhaus Hamburg); Schillers
›Maria Stuart‹ (1972, Bremen); O'Caseys
›Ein Freudenfeuer für den Bischof‹ (DE

493

1972, Staatliche Schauspielbühnen Berlin); Botho Strauß' ›Die Hypochonder‹ (1973, Berliner Schaubühne); Schillers ›Jungfrau von Orleans‹ (1973, Deutsches Schauspielhaus Hamburg); Genets ›Balkon‹ (1976, Bochum). Hierüber schrieb Heinrich Vormweg in der ›Süddeutschen Zeitung‹ (6. 5. 1976):»In seiner Bochumer Inszenierung ist es Wilfried Minks geglückt, die ›Verherrlichung des Bildes und des Widerscheins‹ in diesem Stück, die Genet von einer Inszenierung gefordert hat, in seinen Bildern und dem Spiel mit den Bildern anregend zu verwirklichen.« Weitere Inszenierung u. a.: Shakespeares ›Sturm‹ (1976, Deutsches Schauspielhaus Hamburg). 1980 wurde Wilfried Minks neben Johannes Schaaf Co-Direktor des Frankfurter Schauspiels. Hier inszenierte er 1980 Kleists ›Penthesilea‹. 1981, nach einer großen Krise im Frankfurter Theater und dem Scheitern des Mitbestimmungsmodells, schied er aus und inszenierte als freier Regisseur an verschiedenen Häusern: am Bayerischen Staatsschauspiel München: 1984 Achternbuschs ›Plattling‹; Calderóns ›Das Leben ein Traum‹; García Lorcas ›Bernarda Albas Haus‹; 1985 Peter Schneiders ›Totoloque‹ (UA); am Deutschen Schauspielhaus in Hamburg: 1987 Shakespeares ›Macbeth‹; 1988 Tankred Dorsts ›Korbes‹ (UA); am Hamburger Thalia Theater: 1989 Botho Strauß' ›Besucher‹ (1990 zum Berliner Theatertreffen eingeladen); am Nürnberger Opernhaus: 1990 Strauß' ›Salome‹; am Düsseldorfer Schauspielhaus: 1990 Nelson Rodrigues' ›Familienalbum‹. In seinem Geburtstagsartikel schrieb Gerhard Stadelmaier über Minks (›FAZ‹, 21. 2. 1991):»Bis dahin waren die Bühnen des deutschen Nachkriegstheaters meist leer: Resonanzkörper für Worte. Mit der Ulmer ›Geisel‹ wurden sie geöffnet: Projektionsräume für Bilder. Derjenige, der das neue Theater ins Offene baute, war der damals dreißigjährige Bühnenbildner Wilfried Minks. Die Ulmer Nebelschwaden wurden zu seinem Flaggenzeichen.«
Literatur: Die neue Bühne. Leverkusen 1967 (Katalog); Die Schaubühne am Halleschen Ufer am Lehniner Platz 1962–1987. Frankfurt a. M. 1987; M. Lange:

Peter Zadek. Regie im Theater. Frankfurt a. M. 1988.

Minyana, Philippe, geb. 1946 in Sochaux-Belfort, Montbéliard. Französischer Dramatiker. Schullehrer von 1971 bis 1979. Mit dem Wunsch, Schauspieler zu werden, siedelte er 1980 nach Paris um und schrieb dort in fünf Jahren ein Dutzend Theaterstücke, die zum Teil mit Erfolg uraufgeführt wurden. Die Theaterwelt Minyanas bewegt sich zwischen Poesie und Musik, mit Figuren, die wie Akrobaten zwischen Leere und Abwesenheit balancieren. Er experimentierte mit Sprache und Theatermitteln. Das Stück ›Inventaires‹ (1987–1989) wurde wie zeitgenössische Musik komponiert: aus Interviews mit Straßenpassanten, versetzt mit eigenen Texten. Das Publikum saß im Licht, die vierte Wand wurde abgeschafft. Auf deutschen Bühnen war seinen Stücken bisher kein Erfolg beschieden.
Weitere Stücke: ›Premier trimestre‹ (1979); ›Cartaya‹ (1980); ›Ariakos‹ (1983); ›Titanic‹ (1983); ›Le dîner de Lina‹ (1984); ›Quatuor‹ (1984); ›Exposition‹ (1985); ›France et Akim‹ (1985); ›Fin d'été à Baccarat‹ (1985); ›Chambres‹ (1986); ›Les Guerriers‹ (1988).

Mira, Brigitte, geb. 20. 4. 1915 in Hamburg. Schauspielerin. Gesangs- und Ballettausbildung in Hamburg. Debüt als Esmeralda in Smetanas ›Die verkaufte Braut‹ (1929); 1930 holte sie Franz Léhar für die Uraufführung seiner Operette ›Giuditta‹ nach Hamburg. Weitere Stationen als Soubrette: Bremerhaven; Kiel; Komische Oper Ost-Berlin bei Walter Felsenstein, dort spielte sie u. a. in Strauß' ›Fledermaus‹ (1947) und in Offenbachs ›Pariser Leben‹ (1951). 1948 übernahm sie zum ersten Mal eine Filmrolle; wurde in weiteren Filmen als Charge eingesetzt. 1973 kam der Durchbruch zur Charakterdarstellerin mit ihrer Rolle als Putzfrau in Rainer Werner Fassbinders Film ›Angst essen Seele auf‹. Weitere Fassbinder-Filme folgten: ›Wie ein Vogel auf dem Draht‹ (1974); ›Mutter Küsters Fahrt zum Himmel‹ (1975); ›Chinesisches Roulette‹ (1977); ›Berlin Alexanderplatz‹ (1980). Brigitte Mira ar-

Mishima

beitete auch mit Werner Herzog (›Jeder für sich und Gott gegen alle‹, 1974). Bühnenrollen: in Fassbinders Eröffnungsvorstellung des Frankfurter TAT (1974) und in Yaak Karsunkes ›Germinal‹; Großmutter in Colettes ›Gigi‹ (1975, Kleine Freiheit München); Köchin in Brechts ›Herr Puntila und sein Knecht Matti‹ (1985, Berlin, R. Peter Fitz); in Sondheims Musical ›Follies‹ (1991, R. Helmut Baumann/ Jürgen Burth). In einem Mira-Porträt für ›Die Zeit‹ (11. 7. 1986) schrieb Barry Graves: »Vermutlich wäre sie gern ein Typ wie Marlene Dietrich gewesen, hat sich aber früh auf eine mittlere Karriere einrichten müssen. Nicht einmal zur Fernsehmutter der Nation ist sie geworden, wie in den sechziger Jahren Inge Meysel, die dabei sogar noch ›ihre Figur halten‹ konnte. Brigitte Mira (. . .) hat sich selbst in anspruchslosen Fernsehserien den Respekt erarbeitet, der einer Frontkämpferin in der jahrzehntelangen Schlacht um die Publikumsgunst gebührt. Nun möchte sie wenigstens im Alter auch noch Heldin sein, aber durchaus kontrovers: ›Wenn ich so eine langweilige Kuh wäre, daß ich allen gefalle, das wäre doch nicht zum Aushalten, da müssen doch auch welche dabei sein, die sagen: Entsetzlich, hör mir bloß auf mit der!‹«
Literatur: B. Mira: Kleine Frau – was nun? Aufgezeichnet von B. Lubowski. München 1988.

Mishima, Yukio (eigtl. Hiraoka Kimitake), geb. 14. 1. 1925 in Tokio, gest. 25. 11. 1970 ebenda (durch Harakiri). Japanischer Schriftsteller. Sohn einer Beamtenfamilie. Mishima studierte von 1944 bis 1947 Jura in Tokio, arbeitete danach kurze Zeit im Finanzministerium, anschließend literarische Tätigkeit. 1968 Gründung einer paramilitärischen Vereinigung, aus jungen Studenten bestehend, mit dem Ziel, das Kaiserreich gegen den Kommunismus zu verteidigen. Mishima schrieb Romane, in denen er offen über Homosexualität redete: ›Kinjiki‹ (›Verbotene Liebe‹, 1951). Erfolgreiche Theaterstücke, inspiriert vom traditionellen japanischen wie vom modernen Theater. Er trug wesentlich zur Emanzipierung der japanischen Literatur bei. In seinen letzten Lebensjahren tendierte er zu einer nationalistischen und faschistoiden Haltung.
Stücke: ›Sechs moderne Nô-Spiele‹ (1962); ›Madame de Sade‹ (1967); ›Der Tropische Baum‹ (DE 1987).
Literatur: M. Yourcenar: Mishima oder Die Vision der Leere. o. O. 1985.

Mitterer, Felix, geb. 6. 2. 1948 in Achenkirch, Tirol. Österreichischer Schriftsteller. Sohn einer Bäuerin. Mitterer besuchte eine Lehrerbildungsanstalt in Innsbruck, arbeitete danach beim Zoll und schließlich von 1977 an als freier Schriftsteller. Schrieb Kinderbücher und Volksstücke, in denen er Partei ergriff gegen die Unterdrückung von Sexualität durch Religion und gegen die Diskriminierung Andersdenkender und alter Menschen. »Mitterer ist ein Experte für machtlose Figuren in einer unbegriffenen Welt. Ihrer Ohnmacht stünde seine Allmacht als Autor entgegen, verleugnete er diese nicht: Er macht sich fast so klein, wie seine kleinen Leute sind. Kaum erhebt er sich aus dem engen Gesichtskreis seiner Figuren: Diesen zu verlassen, hielte er für überheblich; in diesem hält ihn, was er für Solidarität hält. So begöttert er seine Figuren, ohne es recht zu merken. Er möchte sich ihnen zuneigen, ohne sich herablassen zu wollen. Er stellt sich so arglos und menschenfreundlich, wie er ist (. . .). Die Gesellschaft ist bei Mitterer eine Gegebenheit. Seine Figuren leiden an ihr, und er leidet mit ihnen. Nach dem Warum und Woran wird nicht gefragt (. . .). Dieser Realismus beschränkt sich, ganz im Sinne Mitterers, auf die Wirklichkeitsimitation: Jede Szene wie aus dem Leben gegriffen, jeder Zungenschlag wie dem Leben abgelauscht.« (›Theater heute‹, Heft 9, 1985)
Stücke: ›Kein Platz für Idioten‹ (1979); ›Besuchszeit‹; ›Die wilde Frau‹ (o. J.); ›Stigma. Eine Passion‹ (1982); ›Sibirien. Ein Monolog‹ (1989); ›Die Kinder des Teufels‹ (1989); ›Ein Jedermann‹ (1991); ›Das wunderbare Schicksal‹ (1992).

Mitterwurzer, Friedrich, geb. 16. 10. 1844 in Dresden, gest. 13. 2. 1897 in Wien. Schauspieler. Debütierte 1862 in Meissen;

weitere Stationen: Stadttheater Hamburg, Graz (1866); Leipzig (1869–1871); Burgtheater Wien (1871–1874; 1875–1880). Von 1880 an arbeitete Mitterwurzer am Wiener Stadttheater (auch als Co-Direktor), am Ring- und am Carltheater. 1892–1894 war er am Wiener Volkstheater engagiert; 1894–1896 folgt sein drittes Burgtheaterengagement. Wichtige Rollen u. a.: Derwisch in Lessings ›Nathan der Weise‹; Titelrolle in Shakespeares ›Julius Cäsar‹; Alba in Goethes ›Egmont‹; Shylock in Shakespeares ›Der Kaufmann von Venedig‹; Franz Moor in Schillers ›Die Räuber‹; Marinelli in Lessings ›Emilia Galotti‹. Henning Rischbieter sieht in Mitterwurzer einen »der großen Helden- und Charakterdarsteller des deutschen Theaters«.

Literatur: M. Burckhardt: Anton Friedrich Mitterwurzer. Wien, Leipzig 1906; W. Drews: Die Großen des deutschen Schauspiels. Berlin 1941; O. M. Fontana: Wiener Schauspieler. Wien 1948; J. Bab: Kränze der Mimen. Emsdetten 1954.

Mnouchkine, Ariane, geb. 3. 3. 1939 in Boulogne-sur-Seine. Regisseurin und Theaterleiterin. Arbeitete zunächst mit verschiedenen Laienbühnen. 1964 gründete sie in Paris das Theater-Kollektiv Théâtre du Soleil, das zuerst in einem Zirkus spielte, dann in einem Revuetheater am Montmartre und schließlich – seit 1970 – in der Cartoucherie von Vincennes. Wichtige Inszenierungen u. a.: Gorkis ›Die Kleinbürger‹ (1964); Weskers ›Die Küche‹ (1967); Shakespeares ›Mitsommernachtstraum‹ (1968); Mnouchkines ›Les Clowns‹ (1969). Ihren internationalen Durchbruch schaffte Ariane Mnouchkine mit der Produktion ›1789‹ (UA 1970 in Mailand; 1974 als Film). Anläßlich des Gasttspiels bei den Berliner Festwochen schrieb Karena Niehoff in der ›Süddeutschen Zeitung‹ (12. 10. 1971): »Das Gros der Berliner übersah oder überhörte vielleicht die Skepsis, die intellektuelle Gebrochenheit des Schauspieles, die ironische und verzweifelte Elegie auf die Vergeblichkeit der Revolution, den beschwörenden und verschwörerischen Aufruf, sie trotzdem unendlich und gerade jetzt fortzusetzen. Aber woran sich jeder halten konnte: an den drängenden Impetus, die frechen und dringlichen und wie von ungefähr schönen ›Bilder‹, den enormen Oberflächenreiz.« 1972 brachte die Mnouchkine die nächste Revolutions-Produktion heraus: ›1793‹; 1975 folgte ›L'Age d'Or‹. Über diese Inszenierung schrieb Renate Klett (›Die Zeit‹, 16. 5. 1975): »›L'Age d'Or‹, das neue Stück, ist ein Spektakel über Frankreich im Jahre 1974. In sieben Szenen werden die Erlebnisse verschiedener Figuren aus der heutigen Zeit erzählt. Der Zusammenhang zwischen den einzelnen Geschichten ist lose, die Form ist episch-breit und antiillusionistisch. Eine Art Spielleiterin in arabischem Gewand, die an eine orientalische Märchenerzählerin denken läßt, greift in die Szenen ein, sagt sie an, stellt die Schauspieler vor. Diese sitzen während der ganzen Aufführung als Chor am Rande der Spielfläche; wenn sie aufgerufen werden, verwandeln sie sich vor den Augen der Zuschauer in die darzustellenden Personen. Es ist ein Zeigetheater, das klarmacht, daß die vorgeführten Szenen auch anders sein könnten, wenn die Realität anders wäre.« 1978 verfilmte Ariane Mnouchkine das Leben Molières in ihrem Opus ›Molière‹, mit Philippe Caubère in der Titelrolle. Jürgen Flimm, damals Co-Direktor des Kölner Schauspiels, schrieb im ›Spiegel‹ (4. 12. 1978): »Ach, dieser Film kommt uns zur rechten Zeit, dieser Film mit seiner hemmungslosen Liebeserklärung ans Theater und seinen unerfüllten Träumen, dieser sehnsüchtige Film über das Glück so eines Theateraugenblicks und über die Qual der Wirklichkeit.« 1979 zeigte die Mnouchkine ›Mephisto‹, eine Theateradaption von Klaus Manns Schlüssel-Roman über Gustaf Gründgens, dessen Publikation zu dieser Zeit in Deutschland immer noch verboten war. 1981 und 1982 folgten zwei Shakespeare-Projekte: ›Richard II.‹ und ›Was ihr wollt‹. Beide Inszenierungen wurden 1982 beim Festival d'Avignon gezeigt; C. Bernd Sucher schrieb (›SZ‹, 23. 7. 1982): »Beiden Werken nähert sie sich auf ähnliche Weise. Sie will die schöne, ungewöhnliche Form, die Überraschung durch neuartige, rituelle Bilder- und Bewegungsabläufe, will – so

Moholy-Nagy

nennt sie es selber – ›Hyperrealismus‹. Das bedeutet nun in der Aufführung: ausschließlich direkt zum Publikum orientiertes Spielen und Sprechen; die Verwendung von Masken, fremdartigen Kostümen und einer unmöblierten, großen Spielfläche. Für ›Was ihr wollt‹ werden Anleihen beim Marionettentheater und Tausendundeiner Nacht genommen, für ›Richard II.‹ Nô und Kabuki verwertet. Bei der Komödie führt diese Arbeitsweise ausschließlich zu Verlusten. (...) Doch ›Richard II.‹ hielt Mnouchkines extremes Experiment aus.« Dagegen schrieb Benjamin Henrichs (›Die Zeit‹, 3. 6. 1983): »Je länger man ihnen fassungslos zuschaut, Ariane Mnouchkines weltberühmten Automaten, desto deutlicher sieht man: Es sind Shakespeares Menschen.« 1984 kam Mnouchkines Shakespeare-Zyklus ›Heinrich IV.‹ heraus; 1985 inszenierte sie Hélène Cixous' ›Die schreckliche, aber unvollendete Geschichte von Norodom Sihanouk, König von Kambodscha‹; 1987 Cixous' ›L'Indiade ou l'Inde de leurs rêves‹. 1989 entstand Mnouchkines erster Fernsehfilm: ›Die wunderbare Nacht‹. 1990 beginnt Ariane Mnouchkine ihr Atriden-Projekt mit Euripides' ›Iphigenie in Aulis‹ und Aischylos' ›Agamemnon‹. Während die französische Kritik diese Produktionen wohlwollend zur Kenntnis nimmt, übertreffen sich die Kritiker der ›Zeit‹, der ›Frankfurter Allgemeinen Zeitung‹ und der Zeitschrift ›Theater heute‹ in ihren Lobeshymnen. 1991 folgt die Produktion der ›Choephoren‹ von Aischylos und 1992 wird das Projekt mit dessen ›Eumeniden‹ abgeschlossen. Die Reaktionen in Frankreich und Deutschland sind die nämlichen.
Literatur: D. Bablet: Le théâtre du soleil. Paris 1979; A. Neuschäfer: Das Théâtre du Soleil. Commedia dell'arte und Création collective. Diss. Rheinfelden 1983; ders./ F. Serror: Le Théâtre du Soleil: Shakespeare. Köln 1984; J. Lecoq: Le théâtre du geste. Mimes et acteurs. Paris 1987; S. Seym: Das Théâtre du Soleil. Ariane Mnouchkines Ästhetik des Theaters. Stuttgart 1992; A. Kiernader: Ariane Mnouchkine and the Théâtre du Soleil. Cambridge 1993.

Moholy-Nagy, Laszlo, geb. 20. 7. 1895 in Bacsbarsod (Ungarn), gest. 24. 11. 1946 in Chicago. Bauhaus-Künstler und Bühnenbildner. Anfang der zwanziger Jahre schloß sich Moholy-Nagy den Berliner Dadaisten um Kurt Schwitters und Hannah Höch an. Erste Arbeiten und Entwürfe wurden in Herwarth Waldens ›Sturm‹ und in der ungarischen Emigrantenzeitschrift ›Ma‹ veröffentlicht. 1923 holte ihn Gropius ans Weimarer Bauhaus, als Nachfolger von Johannes Itten. Wenn es ein zentrales Thema im Schaffen Moholy-Nagys gibt, dann ist es die Gestaltung von Lichtquellen und Lichtspuren. Mit seinen beim Konstruktivisten-Kongreß 1922 in Weimar erstmals vorgestellten Photogrammen hatte er ein Verfahren gefunden, direkt mit dem »Lichtpinsel« zu malen. Parallel zu diesen Arbeiten entstanden Moholy-Nagys »Lichtrequisiten«, mit denen ein auf der Spannung von Licht-, Schatten- und Farbeffekten aufgebautes Theater geschaffen werden sollte. Diesen Ideen folgend, schuf er 1929 und 1930 drei Bühnenräume: für die Krolloper in Berlin Offenbachs ›Hoffmanns Erzählungen‹ (1929) und Puccinis ›Madame Butterfly‹ (1930), sowie für Walter Mehrings ›Der Kaufmann von Berlin‹ (1929, Piscator-Bühne Berlin, R. Erwin Piscator).
Literatur: L. Moholy-Nagy: Wie soll das Theater der Totalität verwirklicht werden. In: Bauhaus, Heft 3, 1924; O. Schlemmer/L. Moholy-Nagy/F. Molnár: Die Bühne im Bauhaus. Berlin 1925; L. Moholy-Nagy: Laszlo Moholy-Nagy. Ein Totalexperiment. Mainz, Berlin 1982; H. Rischbieter (Hrsg.): Bühne und bildende Kunst im XX. Jahrhundert. Velber 1968; Die Maler und das Theater im 20. Jahrhundert. Schirn Kunsthalle Frankfurt a. M. 1986 (Katalog).

Moissi, Alexander, geb. 2. 4. 1880 (oder 1879) in Triest, gest. 23. 3. 1935 in Lugano. Schauspieler. Moissi stammte aus einer albanischen Familie und begann seine Karriere als Statist und Darsteller von Nebenrollen am Wiener Burgtheater, wo Max Reinhardt auf ihn aufmerksam wurde. Er setzte den ekstatisch psalmodierenden Sprecher gegen die Kritiker durch, die das

497

Tremolo dieses »männlichen Soprans« verspotteten und sich lustig machten über den »Mignon unter den deutschen Histrionen«. Von 1906 an spielte Moissi im Ensemble von Reinhardt am Deutschen Theater Berlin. Wichtige Rollen an diesem Haus (R. jeweils Reinhardt) u. a.: Oswald in Ibsens ›Gespenster‹ (1906); Titelrolle in Sophokles' ›Ödipus‹ (1909); Tyrsis in Molières ›George Dandin‹ (1912); Fedja in Tolstois ›Der lebende Leichnam‹ (1913, Moissis größter Erfolg). Weitere Rollen u. a.: Moritz in Wedekinds ›Frühlings Erwachen‹ (1906); Romeo in Shakespeares ›Romeo und Julia‹ (1907); Franz Moor in Schillers ›Die Räuber‹ (1908); Titelrolle in Shakespeares ›Hamlet‹ (1912) und in Goethes ›Torquato Tasso‹ (1913). Fritz Kortner schrieb in seinen Memoiren (›Aller Tage Abend‹) über Moissi: »Seine Sprache schien eine viele Menschen und auch mich berückende Tonfallsynthese aus dem österreichischen und italienischen Singsang. Die große Mehrheit des deutschen Theaterpublikums war in das ihm Wesensfremde, ja ihm Entgegengesetzte vernarrt.« In den zwanziger Jahren verblühte Moissis Ruhm; er spielte nur noch auf Star-Tourneen.
Literatur: J. Bab/W. Handl: Deutsche Schauspieler. Berlin 1908; E. Faktor: Alexander Moissi. Berlin 1920; H. Böhm (Hrsg.): Moissi. Der Mensch und der Künstler in Worten und Bildern. Berlin 1927; A. Bronnen: Alexander Moissi. Berlin 1977; A. Kerr: Mit Schleuder und Harfe. München 1985.

Molcho, Samy, geb. 1936 in Tel Aviv. Pantomime und Regisseur. Begann als Tänzer im israelischen Nationaltheater ›Habima‹ (bis 1956). 1956 gab er seinen ersten Pantomimen-Soloabend, mit dem er dann auf Tournee ging. 1963 kreierte er die erste ›Mimo-Vision‹ für das Österreichische Fernsehen. 1964 inszenierte er am Landestheater Darmstadt die deutschsprachige Erstaufführung von Jean Genets ›Die Neger‹; 1966 am selben Haus zwei weitere Regiearbeiten: Ionescos ›Die Stühle‹ und Gogols ›Der Spieler‹. 1980 inszenierte er in München die Wittelsbacher-Hofoper ›I Trionfi di Baviera‹. Seit Anfang der siebziger Jahre arbeitet Molcho vor allem als Pantomimelehrer, gibt aber auch Kurse für Körpersprache. 1987 gab er seine Abschieds-Tournee.
Literatur: S. Molcho: Magie der Stille. Mein Leben als Pantomime. München 1988; ders.: Körpersprache. München 1983; ders.: Partnerschaft und Körpersprache. München 1990; ders. Körpersprache der Kinder. München 1992; K. G. Simon: Samy Molcho – Meister der Pantomime. Velber 1965.

Molière (eigtl. Jean-Baptiste Poquelin), geb. 15. 1. 1622 in Paris, gest. 17. 2. 1673 ebenda. Komödiendichter, Schauspieler, Regisseur, Theaterleiter. Rechtsstudium (1636), Notar (1641); entschloß sich 1643 für eine Theater-Karriere. Er gründete mit der Schauspielerin Madeleine Béjart eine eigene Truppe und eröffnete in Paris das Illustre Théâtre, das bald darauf wegen Schulden geschlossen werden mußte. Von 1645 bis 1658 arbeitete er in der Schauspielertruppe von Dufresne. 1654 Zusammentreffen mit Schauspielern der Comédie Italienne. Molière entwarf die ersten Szenarios nach dem Muster der Commedia dell'arte und schrieb sein erstes Stück: ›Der Unbesonnene‹. 1658 spielte er vor dem König im Louvre; danach Einzug ins Théâtre du Petit-Bourbon. 1660 Übersiedlung der Truppe ins Palais Royal. Ab 1665 stand seine Truppe unter dem Schutz von Ludwig XIV. Aus ihr entstand später die Comédie Française. Molière starb während einer Vorstellung von ›Der eingebildete Kranke‹. »Molière hat in der Form der Komödie die schwärzesten Theaterstücke der Literatur aller Zeiten geschrieben. Molière hat das Tier Mensch wie ein Insekt aufgespießt und löst mit feiner Pinzette seine Reflexe aus. Und das Insekt Mensch zeigt nur den einen, immer gleichen Reflex, der bei der geringsten Berührung aufzuckt: den des Egoismus. Dank Molière ist das wahre französische Theater das einzige, in dem keine Messen gelesen werden. Vielmehr lacht man – wie die Männer im Krieg lachen – die Füße im Dreck, die warme Suppe im Bauch und die Waffe in der Hand – lacht über unser Elend und unser Entsetzen.« (Jean Anouilh, Rede

Molnár

in der Comédie Française, 15. Januar 1959)
Weitere Stücke: ›Die lächerlichen Preziösen‹ (1660); ›Sganarell‹ (1660); ›Die Schule der Frauen‹ (1662); ›Don Juan‹ (1665); ›Der Misanthrop‹ (1667); ›Der Arzt wider Willen‹ (1668); ›George Dandin‹ (1668); ›Der Geizige‹ (1668); ›Tartuffe‹ (1669); ›Die gelehrten Frauen‹ (1669–72); ›Der Bürger als Edelmann‹ (1670); ›Schelmenstreiche des Scapin‹ (1671); ›Der eingebildete Kranke‹ (1673).
Literatur: E. Auerbach: La Cour et la Ville. In: ders.: Vier Untersuchungen zur Geschichte der franz. Bildung. Bern 1951; J. Audiberti: Molière Dramaturge. Paris 1954; R. Bray: Molière, homme de théâtre. Paris 1959; J. v. Stackelberg (Hrsg.): Das französische Theater vom Barock bis zur Gegenwart. Bd. 1. Düsseldorf 1968; S. W. Dreierkauf-Holsboer: Le Théâtre de l'Hôtel de Bourgogne. 2 Bde. Paris 1968–70; R. Jasinski: Molière. Paris 1970; M. Bulgakow: Das Leben des Herrn Molière. München 1971; L. Fiedler: Max Reinhardt und Molière. Salzburg 1972; W. Matzat: Dramenstruktur und Zuschauerrolle. Theater in der franz. Klassik. München 1982; E. Köhler: Vorlesungen zur Geschichte der franz. Literatur. Stuttgart 1983; N. Elias: Die höfische Gesellschaft. Frankfurt a. M. 1983; J. v. Stackelberg: Molière. Eine Einführung. München, Zürich 1986; J. Hösle: Molière. Sein Leben, sein Werk, seine Zeit. München, Zürich 1987.

Molnár, Ferenc, geb. 12. 1. 1878 in Budapest, gest. 1. 4. 1952 in New York. Ungarischer Schriftsteller. Sohn eines Arztes. Zunächst absolvierte Molnár ein Jurastudium in Genf und Budapest. Während des Ersten Weltkriegs war er Berichterstatter für Tageszeitungen. 1940 emigrierte er in die USA. Molnár veröffentlichte seit 1907 nahezu 30 Bühnenstücke, von denen vor allem ›Liliom‹ (1909) international großen Erfolg hatte und auch heute noch gespielt wird; Molnár erlaubte Puccini nicht, aus dem Stoff eine Oper zu machen. Er schrieb geistreiche, bühnenwirksame Konversations- und Gesellschaftskomödien, die die Bühnen der Welt eroberten.

Weitere Stücke: ›Das Märchen vom Wolf‹ (1912); ›Der Schwan‹ (1920); ›Spiel im Schloß‹ (1926); ›Die Fee‹ (1930).

Monk, Egon, geb. 18. 5. 1927 in Berlin. Regisseur und Intendant. 1945 Ausbildung an der Schauspielschule in Berlin. Arbeitete an Wanderbühnen und verschiedenen kleinen Theatern, bevor er 1949 als Assistent von Bertolt Brecht, Erich Engel und Berthold Viertel ans Berliner Ensemble kam. Als selbständiger Regisseur arbeitete er in Rostock. 1953 übersiedelte er in die Bunderepublik und wurde 1957 Hörspieldramaturg beim Norddeutschen Rundfunk in Hamburg; 1960 übernahm Monk die Leitung der Hauptabteilung Fernsehspiel beim NDR, produzierte und inszenierte Fernsehspiele, die deutlichen Bezug zur Gegenwart und zur jüngsten Vergangenheit aufwiesen; und er arbeitete die Modellinszenierungen des Berliner Ensembles zu Fernsehfilmen um: Brechts ›Leben des Galileï‹ (1962); Gorkis ›Wassa Schelesnowa‹ (1963). 1968 wurde Monk zum Intendanten des Deutschen Schauspielhauses bestellt, als Nachfolger von Oscar Fritz Schuh. Nach 75 Tagen, zwei durchgefallenen Premieren (darunter seine Inszenierung von Schillers ›Die Räuber‹) und einer abgesetzten, erklärte Monk seinen Rücktritt, unter Hinweis auf die politische Drahtzieherei von rechts. Seit 1969 arbeitete er wieder für das Fernsehen, wo er sich weiter mit Verfilmungen für die Werke Brechts und Lion Feuchtwangers einsetzte.

Monk, Meredith Jane, geb. 20. 11. 1942 in Lima. Komponistin, Choreographin, Sängerin und Regisseurin. Studierte am Sarah Lawrence College in New York Volksmusik, Komposition und Choreographie. Anschließend lehrte sie an der School of Arts, am Goddard und am Lawrence College in New York. Meredith Monk ist eine exponierte Vertreterin der amerikanischen Minimal-Art und Multimedia-Künstlerin. Lange Zeit arbeitete sie nur für die von ihr gegründete New Yorker Gruppe The House. 1980 arbeitete Meredith Monk erstmals mit einer fremden Truppe und inszenierte mit dem Ensemble der

Berliner Schaubühne ihr Stück ›Vessel‹. Über die Aufführung schrieb Sibylle Wirsing in der ›Frankfurter Allgemeinen Zeitung‹ (15. 1. 1980): »An grundsätzlicher Information bedarf es allenfalls der zwei Hinweise, daß diese Oper, wie sie ihre musikalische Erscheinung allein mit einem Tonband und ohne Sänger bestreitet, auch auf die Kontinuität einer theatralischen Handlung verzichtet und daß sie allein als Assoziationsgefüge rund um die Mädchen-und-Soldaten-Gestalt der heiligen Johanna, der französischen Patriotin und Ketzerin, verstanden oder hingenommen werden will. (...) Die Beimischung der verkitschten Historienzitate (...) gehört nach amerikanischem Verständnis wohl dazu. Wer viel fragt, bekommt hier keine Antwort und führt umsonst die Welten ins Feld, die Meredith Monks transportable Comic-Oper von den Berliner Epen des Regisseurs Klaus Michael Grüber trennen. Wer hingegen glaubt, daß es nur auf Illusion ankommt, egal wie abgenutzt des Kaisers neue Kleider inzwischen sein mögen, wird ungeniert selig.« 1983 inszenierte Monk, wiederum an der Schaubühne, die Uraufführung ihres Stücks ›Games‹. Dazu Benjamin Henrichs (›Die Zeit‹, 9. 12. 1983): »Wer Meredith Monk kennenlernen möchte, sollte nicht in die Schaubühne gehen, sondern in den Schallplatten-Laden. ›Songs from the Hill‹, ›Dolmen Music‹, ›Turtle Dream‹: ein Paradies der Stimmen, der Klänge, der Schreie und des Flüsterns, eine wahre Sirenen-Musik.« 1991 wurde Monks Oper ›Atlas‹ in Houston uraufgeführt. Darüber Eva-Elisabeth Fischer (›SZ‹, 4. 3. 1991): »›Atlas‹ ist ein Monktypisches Bühnenopus, in dem sich unter der Dominanz von Musik Theaterspiel, Tanz und Film mixen. Es hat kein ausgeformtes Libretto, denn Monks Sprache besteht nicht aus lexigraphischen Begriffen, sondern aus Emotionen, die sich zu Vokalisen in vielzüngig beredten Melodiebögen runden.«
Literatur: M. Monk/P. Chong: Games. Erinnerung an heute. Berlin. Schaubühne am Lehniner Platz 1983.

Montherlant, Henry de, geb. 21. 4. 1896 in Neuilly, gest. 21. 9. 1972 in Paris (Freitod). Französischer Schriftsteller.

Sohn katholischer Adliger. Freiwilliger im Ersten Weltkrieg, im Zweiten Weltkrieg Korrespondent. Montherlant schrieb hauptsächlich Romane über Möglichkeiten eigener Verwirklichungen, getragen von Stolz und aristokratischem Zynismus. 1934 erhielt er den großen Literaturpreis der Académie Française für sein Gesamtwerk. 1960 Mitglied der Académie Française. »Ein antifemininer Herren-Mensch im Kielwasser Nietzsches; ein tiefgekühlter Pathetiker, den seine Gegner für einen eitlen Poseur halten. Als Dramatiker ein Klassizist; Verfechter der Einheit von Ort, Zeit und Handlung; seine Bühnenfiguren sind Funktionäre seiner Spracharchitektur, unwichtig als Menschen, wichtig als Sprecher von Sentenzen.« (Georg Hensel, Spielplan. Frankfurt a. M. 1978) Auf deutschen Bühnen sind Montherlants Werke nie heimisch geworden.
Stücke: ›L'exil‹ (1929); ›Die tote Königin‹ (1942); ›Der Ordensmeister‹ (1945); ›Le maître de Santiago‹ (1947); ›Die Stadt, deren König ein Kind ist‹ (1951); ›Port Royal‹ (1954); ›Der Bürgerkrieg‹ (1965).
Literatur: J. de Laprade: Le théâtre de Montherlant. Paris 1950; M. Kasseroller: Die didaktische Darstellung in den Dramen Montherlants. Diss. Wien 1976.

Moreau, Jeanne, geb. 23. 1. 1928 in Paris. Schauspielerin. Ausbildung am Pariser Konservatorium. Begann 1948 an der Comédie Française (bis 1952) und wechselte dann an Jean Vilars Théâtre National Populaire (TNP). 1949 spielte sie zum ersten Mal in einem Film und wurde durch ihre Rolle in Louis Malles ›Fahrstuhl zum Schafott‹ (1957) zum Star. Peter Brook drehte mit ihr 1960 ›Moderato Cantabile‹; Michelangelo Antonioni ›La Notte‹ (1960, mit Oskar Werner); François Truffaut ›Jules und Jim‹ (1961), ›Agentin H 21‹ (1966) und ›Die Braut trug Schwarz‹ (1968); Orson Welles ›Der Prozeß‹ (1962, nach Kafka), ›Falstaff‹ (1966); Joseph Losey ›Eva‹ (1962); Luis Buñuel ›Tagebuch einer Kammerzofe‹ (1963); Louis Malle ›Viva Maria‹ (1966); Rainer Werner Fassbinder ›Querelle‹ (1982); Wim Wenders ›Bis ans Ende der Welt‹ (1991); Laurent

Heynemann ›Die Dame, die im Meer spazierte‹ (1992). Wichtige Bühnenrollen u. a.: Hofdame in Mussets ›Lorenzaccio‹ (1952, Festival d'Avignon, R. Gérard Philipe); Sphinx in Cocteaus ›Die Höllenmaschine‹ (1954, Paris); Zerline in ›Die Erzählung der Magd Zerline‹ nach Hermann Brochs ›Die Schuldlosen‹ (1986, Bouffes du Nord Paris, R. Klaus Michael Grüber); Titelrolle in Fernando de Rojas ›Célestine‹ (1989, Festival d'Avignon, R. Antoine Vitez). Über diese Aufführurng schrieb C. Bernd Sucher (›SZ‹, 22. 7. 1989):»Wenn Jeanne Moreau, die weißen Haare zu einem Knoten gebunden, von den ›choses sensuelles‹ spricht, den Gefühlsdingen, dann wiegt sie sich in der Hüfte, die rotbestrumpften Beine in den schwarzen Stiefelchen werden unruhig; die linke Hand, die wippenden Finger, alles verheißt künftige Freuden, Liebkosungen; die Stimme, hell, wach, gurrt verführerisch; die Augen blitzen, Witz und Lust vereinigen sich darinnen, zeugen Amor.« 1977 inszenierte die Moreau einen eigenen Film: ›Im Scheinwerferlicht‹.

Literatur: J. Moreau: Une femme, une actrice. Quimper 1986; G. Lauermann: Jeanne Moreau. München 1989; J.-C. Moireau: Jeanne Moreau. München 1990.

Moretti, Tobias, geb. 1959. Schauspieler. 1984/85 gehörte Moretti zum Ensemble des Bayerischen Staatsschauspiels München, seit 1986 ist er Ensemblemitglied der Münchner Kammerspiele. Er spielte u. a. die Titelrolle in Shakespeares ›Troilus und Cressida‹ (1986, R. Dieter Dorn); Ritter Niklas in Felix Mitterers ›Drachendurst oder Der rostige Ritter oder Schwarz und Weiß, Geld und Brot, Leben und Tod‹ (1986, Volksschauspiel Telfs); Frosch in Achternbuschs ›Frosch‹ (1988, R. Sigrid Herzog); Feruccio in Bernhards ›Der Theatermacher‹ (1988, R. Hans Lietzau); Lutter in Klaus Pohls ›Die schöne Fremde (1992, R. Helmut Griem); Herr Sellner in Marlene Streeruwitz' ›New York, New York‹ (UA 1993, R. Jens-Daniel Herzog). Als Gast am Wiener Theater in der Josefstadt und am Münchner Volkstheater.

Morgenroth, Daniel, geb. 7. 7. 1964 in Berlin. Schauspieler. Wirkte seit seinem achten Lebensjahr in einer Kinder-Laienspielgruppe mit; besuchte die Schule bis zur zehnten Klasse. 1981/82 Tischlerausbildung in einer Theaterschreinerei; 1983 Bühnentischler in der Komischen Oper Berlin; 1984 Bühnenbildassistent im Metropol; 1985/86 Bausoldat; 1986–1990 Studium an der Hochschule für Schauspielkunst Ernst Busch in Ostberlin. 1989 spielte er die Titelrolle in einer Studioinszenierung von Schillers ›Don Carlos‹ (R. Ulrich Engelmann). Seit der Spielzeit 1989/90 gehört er zum Ensemble des Deutschen Theaters in Ostberlin. Große Erfolge feierte er vor allem in der Titelrolle von Ibsens ›Peer Gynt‹ (1991, R. Friedo Solter) und als Sigismund in Hofmannsthals ›Der Turm‹ (1992, Wien und Berlin, mit Jörg Gudzuhn, R. Thomas Langhoff). Für die Darstellung des Sigismund wurde ihm 1993 der Alfred-Kerr-Preis verliehen. C. Bernd Sucher schrieb: »Morgenroths wundersam verstörter Sigismund verweigert sich nicht nur, als Symbol des Neuen herzuhalten für das Alte, er sieht auch ein, daß Nähe nicht möglich ist, wenn es um Königreiche und Vermögen geht. Es kann kaum ein schöneres Bild dafür geben als jenes, das Langhoff beim Treffen des Vaters mit dem Sohn inszeniert hat. Gudzuhn (...) reicht Morgenroth die Hand zum Kuß. Doch der Junge, der nach über zwanzigjähriger Gefangenschaft zum ersten Mal dem Vater gegenüberkniet, will nicht unterworfen sein. Er möchte sich angenommen fühlen. Langsam, furchtsam, windet Morgenroth seinen Kopf unter die offene Hand, wartet darauf, gestreichelt zu werden. Vergebens. Der Liebesentzug bedingt den Aufruhr, der Sohn fällt über den Vater her.« (›SZ‹, 12. 6. 1992) Weitere Rollen u. a.: Jakob in Latchínians ›Berlin‹ und Wasska Pepel in Gorkis ›Nachtasyl‹ (R. jeweils Solter); Florindo in Goldonis ›Der Diener zweier Herren‹ (R. Niels-Peter Rudolph); Leslie in Behans ›Die Geisel‹ und Graf Wetter vom Strahl in Kleists ›Das Käthchen von Heilbronn‹ (R. jeweils Langhoff); Axel in Strindbergs ›Der Pelikan‹ (R. Johanna Schall); Titelrolle in Kleists ›Amphitryon‹

und Wilhelm in Hauptmanns ›Das Friedensfest‹ (R. jeweils Jürgen Gosch); Helm in Dorsts ›Herr Paul‹ (R. Michael Gruner). Projekte in Zusammenarbeit mit dem Komponisten Christoph Schambach: Erich-Mühsam-Abend (Bearbeitung: Morgenroth); ›Die Leichenoper‹ (Text: Morgenroth, R. Peter Dehler).

Mortier, Gérard, geb. 25. 11. 1943 in Gent. Kulturmanager und Intendant. Jurastudium an der Universität Gent. Nach dem Studium Arbeit beim Flandern Festival (1968–1972); danach künstlerischer Betriebsleiter an der Deutschen Oper am Rhein in Düsseldorf (1972/73), an der Frankfurter Oper (1973–1977) und an der Hamburgischen Staatsoper (1977–1979). 1979 bis 1981 künstlerischer Programmchef an der Pariser Oper. 1981 übernahm Mortier die Direktion der Belgischen Nationaloper, des Théâtre de la Monnaie. Das Haus wurde unter seiner Direktion »ein Mekka des neuen Musiktheaters« (›FAZ‹, 30. 8. 1989), mit Inszenierungen von Karl-Ernst Herrmann, Peter Stein, Luc Bondy, Peter Sellers, Patrice Chéreau, Ruth Berghaus und Peter Mussbach. 1989 wurde er als Nachfolger Herbert von Karajans zum künstlerischen Leiter der Salzburger Festspiele berufen; diese Aufgabe nimmt er seit 1991 wahr. Schon 1992 zeigte sich das »neue Salzburg« mit einem Reformkonzept; mit Werken, die unbekannt sind oder selten aufgeführt werden; mit Regisseuren wie Bondy, Herrmann und Klaus Michael Grüber; mit einem erweiterten Schauspielprogramm unter der Direktion von Peter Stein.

Mortimer, John (Pseud. Geoffrey Lincoln), geb. 21. 4. 1923 in London. Englischer Schriftsteller. Mortimer studierte in Oxford Jura und war im Zweiten Weltkrieg Regieassistent und Autor von Dokumentarfilmen; er arbeitete aber auch als Anwalt in London. Er schrieb Hör- und Fernsehspiele und unterhaltsame Stücke, in denen die Figuren sich aus ihrer Illusionswelt erst befreien müssen, wollen sie zu zwischenmenschlichen Beziehungen fähig sein. Mit dem Hörspiel ›Das Pflichtmandat‹ (1958, auch als Stück) wurde er schnell bekannt.

Weitere Stücke: ›Der Privatdetektiv‹ (1958); ›Wie sagen wir es Caroline?‹ (1958); ›Mittagspause‹ (1960); ›Die Schattenseite‹ (1960); ›Das Geständnis‹ (1967); ›Auf den Spuren meines Vaters‹ (1971).

Mosbacher, Peter, geb. 17. 11. 1914 in Mannheim, gest. 9. 10. 1977. Schauspieler. Schauspielunterricht am Mannheimer Konservatorium. Debüt am Mannheimer Nationaltheater. Weitere Stationen: Theater Gießen, Hessisches Landestheater Darmstadt, Städtische Bühnen Düsseldorf, Deutsches Theater Berlin (1941–1944), Thalia-Theater Hamburg (1946–1949). Von 1949 bis zu seinem Tod arbeitete er an den Staatlichen Schauspielbühnen Berlin. Wichtige Rollen u. a.: Kowalski in Williams' ›Endstation Sehnsucht‹ (1950, Berlin, R. Berthold Viertel); Marat in Peter Weiss' ›Marat/Sade‹ (UA 1964, Berlin, R. Konrad Swinarski); Fouché in Grabbes ›Napoleon oder Die hundert Tage‹ (1967, Ruhrfestspiele Recklinghausen, R. August Everding); Almaviva in Beaumarchais' ›Der tolle Tag oder Figaros Hochzeit‹ (1976, Bayerisches Staatsschauspiel, R. Franco Enriquez). Mosbacher arbeitete auch für Film und Fernsehen. In seinem Nachruf schrieb Joachim Kaiser (›SZ‹, 12. 10. 1977): »Wenn man das Gesicht, die innere Spannung und die ›Rasse‹ dieses Künstlers sich vergegenwärtigt, dann wird nur zu klar, daß der deutsche Schauspieler Peter Mosbacher etwas besaß und verkörperte, worüber viele deutsche Schauspieler sonst nicht verfügen: etwas Französisches. etwas Fertiges, etwas (. . .) Knappes, Charakteristisches. (. . .) Ein richtiger, temperamentvoller, gefaßter Mann stand auf der Bühne, wenn Mosbacher spielte. Ein intelligenter Kerl.«

Moser, Hans, geb. 1. 8. 1880 in Wien, gest. 18. 6. 1964 ebenda. Schauspieler. Erstes Engagement 1897 in Friedek-Mistek an der Ostrawitza. Von 1897 bis 1902 Lehrjahre an Wander- und Provinzbühnen. 1903 Engagement am Theater in der Josefstadt Wien (bis 1907). Danach Rückkehr zu Wanderbühnen. 1912–1914 Ensemblemitglied des Budapester Orpheums.

Mosheim

Nach dem Krieg verdiente er sich sein Geld als Possenreißer in Wien, bei den »Budapestern«, in der Rolandbühne, im Reklam-Varieté, im Zirkus Zentral. 1924 – 1926 Erfolge als »Dritter-Akt-Komiker« in Operetten am Theater an der Wien. Dort entdeckte ihn Max Reinhardt und engagierte ihn in seine Ensembles in Berlin, Wien und für die Salzburger Festspiele (1925 – 1931). Wichtige Komiker-Rollen unter Reinhardts Regie: Vorwitz in Hofmannsthals ›Das Große Salzburger Welttheater‹ (1925, Salzburg); Tartaglia in Gozzis ›Turandot‹ (1926, Salzburg); Vincenz in Hofmannsthals ›Der Schwierige‹ (1927, Theater in der Josefstadt Wien); Zettel in Shakespeares ›Sommernachtstraum‹ (1927, Salzburg); Zauberkönig in Horváths ›Geschichten aus dem Wiener Wald‹ (UA 1931, Deutsches Theater Berlin, R. Heinz Hilpert). Rollen nach 1933 u. a.: Probstein in Shakespeares ›Wie es euch gefällt‹ (1938, Theater in der Josefstadt Wien); Titelrolle in Raimunds ›Der Bauer als Millionär‹ (1938, Deutsches Theater Berlin, R. jeweils Hilpert). Während dieser Zeit wirkte Moser bereits in zahlreichen Filmen mit und war in den folgenden Jahren ausschließlich Filmschauspieler. Erst 1954 fand er zur Bühne zurück, spielte in Wien am Burgtheater und am Theater in der Josefstadt. Wichtige Rollen u. a.: Weiring in Schnitzlers ›Liebelei‹ (1954, Akademietheater, R. Ernst Lothar); Melchior in Nestroys ›Einen Jux will er sich machen‹ (1959, Münchner Kammerspiele, R. Karl Paryla); Hohes Alter in Raimunds ›Der Bauer als Millionär‹ (1961, Salzburger Festspiele, R. Rudolf Steinboeck); der himmlische Polizeikonzipient in Molnárs ›Liliom‹ (1963, Theater an der Wien und Burgtheater, R. Kurt Meisel). Filmrollen u. a. in: ›Geld auf der Straße‹ (1930); ›Hannerl und ihre Liebhaber‹ (1936); ›Der Herr im Haus‹ (1940); ›Hallo Dienstmann‹ (1951); ›Kaiser Joseph und die Bahnwärterstochter‹ (1963). Zu Mosers 100. Geburtstag schrieb Hans Weigel in der ›Frankfurter Allgemeinen Zeitung‹ (6. 8. 1980): »Er war unter den Komödianten dieses Jahrhunderts wie Chaplin der große kleine Mann, der mit den banalen, seit Goldoni und Molière gleichen Lazzi und Gags höchste Höhen erreichte. (. . .) Mosers Weg hatte in Friedek-Mistek (Österreich-Schlesien) begonnen und am Burgtheater geendet; er hat sich nie verwandelt, er hat kaum je Maske gemacht, er hat immer ausgesehen und gesprochen wie Hans Moser, und er hat als Achtzigjähriger, Gebrechlicher, der kaum mehr hören konnte, den großen Bogen seiner Kunst vollendet: Er ist als Komiker zum Theater gekommen und hat es als Tragöde verlassen.«

Literatur: H. Ihering: Von Josef Kainz bis Paula Wessely. Leipzig 1942; H. Schulz: Hans Moser. Der große Volksschauspieler, wie er lebte und spielte. Wien, München, Zürich, New York 1980; W. Eser: Hans Moser, »habe die Ehre«. Sein Leben, seine Filme. München 1981; M. Bier: Schauspielerporträts. 24 Schauspieler um Max Reinhardt. Berlin 1989; G. Markus: Hans Moser. Der Nachlaß. Wien 1989.

Mosheim, Grete, geb. 8. 1. 1905 in Berlin, gest. 29. 12. 1986 in New York. Schauspielerin. Ausbildung an der Schauspielschule des Deutschen Theaters in Berlin. Hier Debüt und erstes Engagement (1922–1931). Rollen u. a.: Bonny in Watters/Hopkins' ›Artisten‹ (1928); Fanny Norman in Hamsuns ›Vom Teufel geholt‹ (1929, R. jeweils Max Reinhardt). Darüber Alfred Kerr (Mit Schleuder und Harfe, S. 489): »Mittendrin die Mosheim ersten Ranges. Verzicht auf Holdes. Kleinbürgerpute – doch mit fern hindurchschimmerndem Hauch eines . . . ja: eines jungen Mädels. Ohne mehr. Ersten Rangs.« Weitere Rollen: Gretchen in Goethes ›Faust‹ (1932, Deutsches Künstlertheater); Elisa in Shaws ›Pygmalion‹ (UA 1932, Metropoltheater). 1933 verließ Grete Mosheim (»Halbjüdin«) Deutschland, spielte zunächst in Klagenfurt und emigrierte dann nach London. 1938 übersiedelte sie mit ihrem Mann, dem Multimillionär Howard Gould, in die USA und zog sich völlig von der Bühne zurück. Im Mai 1952 feierte sie am Berliner Schloßparktheater in John van Drutens Komödie ›Ich bin eine Kamera‹ ein triumphales Comeback. Weitere Rollen u. a.: Claire Zachanassian in Dürrenmatts ›Besuch der alten Dame‹ (1962, Schauspiel

Frankfurt, R. Heinrich Koch); Winnie in Becketts ›Glückliche Tage‹ (1961, Köln); Mrs. Tyrone in O'Neills ›Eines langen Tages Reise in die Nacht‹ (1956, Freie Volksbühne Berlin); Hannah in Williams' ›Die Nacht des Leguan‹ (1962, Köln); dritte Stimme in Edward Albees ›Kiste – Mao – Kiste‹ (1969, Werkraum der Münchner Kammerspiele, R. Ulrich Heising). Weitere Rollen: Tante Abby in Joseph Kesselrings Komödie ›Arsen und Spitzenhäubchen‹ (1969, Münchner Kammerspiele, R. Dieter Giesing); Witwe in Albees ›Alles vorbei‹ (1972, ebenda, R. August Everding); Titelrolle in Hartmut Langes ›Frau von Kauenhofen‹ (1977, Staatliche Schauspielbühnen Berlin, R. der Autor). In seinem Nachruf schrieb Joachim Kaiser (›SZ‹, 31. 12. 1986): »In New York starb nicht nur eine 81jährige jüdische Schauspielerin, die uns gezeigt hat, wie herrlich Theater sein kann. Allmählich stirbt ein ganz spezifischer Frauen-Typus aus, der nirgendwo nachwachsen kann, und doch für uns, unsere Welt, so wichtig, so erlebens- und liebenswert war. Denken wir, beispielsweise, an Katja Mann, die Grete Mosheim, die Elisabeth Bergner, ja an manche älteren Damen, an alle diese körperlich kleinen Vertreterinnen einer Art kulturellen Großbürgertums, in deren Daseins-Stil unauffälliges, jüdisches Selbstbewußtsein, Potsdam, sowie eine merkwürdige Melange aus Naivität und Realismus sich mischten!«

Mouchtar-Samorai, David, geb. 1942 in Bagdad. Regisseur. Aufgewachsen in Israel und Großbritannien. Erste Arbeiten in Deutschland seit 1975. Wichtige Inszenierungen u. a.: O'Caseys ›Juno und der Pfau‹ (1979, Stadttheater Heidelberg); Shakespeares ›Viel Lärm um nichts‹ (1980, Heidelberg); Gogols ›Der Revisor‹ (1980, Heidelberg, zum Berliner Theatertreffen eingeladen); Ionescos ›Die Nashörner‹ (1980, Basler Theater); O'Neills ›Der Eismann kommt‹ (1982, Heidelberg); Wedekinds ›Frühlings Erwachen‹ (1982, Heidelberg); Marlowes ›Eduard II.‹ (1982, Heidelberg, zum Berliner Theatertreffen eingeladen). Ende 1982 wechselte Mouchtar-Samorai ans Schauspiel Frankfurt, wo er u. a. Shakespeares ›Timon von Athen‹ (1983) und Jean Genets ›Die Wände‹ (1984) inszenierte. Danach arbeitete er an verschiedenen Bühnen. Wichtige Inszenierungen u. a.: Lessings ›Miss Sara Sampson‹ (1986, Schauspiel Bonn); Joshua Sobols ›Die Palästinenserin‹ (1987, Deutsches Schauspielhaus Hamburg); Herbert Achternbuschs ›Weißer Stier‹ (UA 1987, Bonn); Schillers ›Die Räuber‹ (1987, Bonn); Shakespeares ›Ende gut, alles gut‹ (1988, Bonn) und ›Heinrich IV.‹ (1988, Heidelberg); Canettis ›Hochzeit‹ (1989, Düsseldorf); Hauptmanns ›Einsame Menschen‹ (1989, Bonn); Sobols ›Adam‹ (UA 1989, Bonn); Strindbergs ›Traumspiel‹ (1990, Düsseldorf); Ibsens ›Peer Gynt‹ (1991, Düsseldorf); Pirandellos ›Heute wird improvisiert‹ (1992, Düsseldorf); Shakespeares ›Sommernachtstraum‹ (1992, Düsseldorf); Gorkis ›Sommergäste‹ (1993, ebenda). 1981, als Mouchtar-Samorais Ruhm begann, schrieb Gerhard Stadelmaier im ›Spiegel‹ (6. 7. 1981): »Genau hier liegt der Charme, liegt auch die gegenwärtig hohe Notierung dieses Regisseurs Mouchtar-Samorai begründet. Er zeigt und bebildert alleweil in seinen Theaterarbeiten das, was sonst niemand mehr deutlich zeigt auf der Bühne: die Umgebung, das ›gesellschaftliche Umfeld‹ eines Stücks; er deckt auf, treibt hervor, entfaltet, was da verborgen ist. Aber: Er tröstet jeden Zuschauer (manchen Kritiker) und alle seine Schauspieler sofort auch wieder; er bringt sie alle, wie ein Reiter auf dem Bodensee, über die Tiefen und Klüfte dessen hinweg, was er da entdeckt hat an Untergründigem.«
Literatur: P. Iden: Theater als Widerspruch. München 1984.

Mrożek, Slawomir, geb. 26. 6. 1930 in Borzęcin bei Krakau. Polnischer Schriftsteller. Sohn eines Postbeamten. Mrożek studierte Malerei, Architektur und Orientalistik in Krakau, danach arbeitete er als Journalist und Karikaturist. Er lebte bis 1964 in Warschau, danach in Italien und seit 1968 im Exil in Paris. Mrożek schrieb Satiren mit politischem und sozialkritischem Hintergrund, in denen er sich mit den Mitteln des absurden Theaters gegen

Mühe

Bürokratie, Dogmatik, Ideologie und den Terror des totalitären Systems wehrte. **Stücke:** ›Die Polizei‹ (1958); ›Karol‹ (1961); ›Auf hoher See‹ (1961); ›Tango‹ (1964); ›Nochmal von vorn‹ (1968); ›Watzlaff‹ (1970); ›Emigranten‹ (1974); ›Buckel‹ (1975); ›Der Schlachthof‹ (1976); ›Der Schneider‹ (1979); ›Der Botschafter‹ (1981); ›Ein Vertrag‹ (1986); ›Das Porträt‹ (1987). **Literatur:** J. Klossowicz: Mrożek. Warschau 1980.

Mühe, Ulrich, geb. 20. 6. 1953 in Grimma. Schauspieler. Ausbildung an der Leipziger Theaterhochschule Hans Otto (1975–1979); während dieser Zeit spielte er kleinere Rollen am Städtischen Theater Karl-Marx-Stadt (heute Chemnitz); 1979 dort erstes Engagement. 1982 holte ihn Heiner Müller für seine ›Macbeth‹-Inszenierung (Shakespeare) an die Volksbühne Berlin. 1983 wurde Mühe Ensemblemitglied des Deutschen Theaters in Ostberlin. Im selben Jahr spielte er dort den Osvald Alving in Ibsens ›Gespenster‹ (R. Thomas Langhoff): »Seine Rolle ist der kaputte Junge, der bei der Flucht nach Hause zur Mutter auf das Gespenst des Vaters stößt: Osvald, eine Schlüsselfigur wie Hamlet, in der sich die illustre Schauspieler-Vergangenheit des Deutschen Theaters verewigt. Der Neue spielt sie mit einer aktuellen Modernität. (...) Ulrich Mühe nimmt in der Gestalt des Kranken die Züge eines jungen Tyrannen an: Nietzsche-Caligula.« (Sibylle Wirsing, ›FAZ‹, 6. 8. 1983) Weitere Rollen: Sigismund in Calderóns ›Das Leben ein Traum‹ (1985); Titelrolle in Goethes ›Egmont‹ (1986); Hauptdarsteller in Lessings ›Philotas‹, Settiner in Heiner Müllers ›Der Lohndrücker‹ (1988); Titelrolle in Shakespeare/Müllers ›Hamlet/Hamletmaschine‹ (1990, R. Müller). Darüber C. Bernd Sucher in der ›Süddeutschen Zeitung‹ (26. 3. 1990): »Mühe ist ein ungewöhnlich talentierter Schauspieler, der, ohne je zu forcieren, selbst die wahnwitzigsten, eben nicht psychologisch begründbaren Veränderungen seiner Figur mit aller Leichtigkeit entwickelt, sich seiner Rolle zugleich mit der größten intellektuellen Distanz nähert und sie andererseits beherzt emotionell einnimmt. Er offenbart das Kind und den Liebhaber, den zornigen Revolutionär und den Mitmacher.« Weitere Rollen: Alfonso von Kastilien in Grillparzers ›Die Jüdin von Toledo‹ (1990, Salzburger Festspiele, R. Langhoff); Titelrolle in Goethes ›Clavigo‹ (1991, Burgtheater Wien, R. Claus Peymann); Professor in David Mamets ›Oleanna‹ (DE 1993, Akademietheater Wien, mit Susanne Lothar, R. Dieter Giesing). Filme u. a.: ›Das Spinnennetz‹ (1989, R. Bernhard Wicki); ›Schtonk‹ (1992, R. Helmut Dietl). Mühe spielte auch in mehreren Fernsehproduktionen.

Mühl, Karl-Otto, geb. 26. 2. 1923 in Nürnberg. Dramatiker. Kindheit in Wuppertal, Lehre als Industriekaufmann, Soldat in Afrika. 1947 Rückkehr aus der Gefangenschaft. Schon während seiner Anstellung als Exportkaufmann begann Mühl in Wuppertal seine schriftstellerische Tätigkeit. Er schrieb Stücke über Angestellte, über das spannungsgeladene Verhältnis von Beruf und Privatleben, und wurde vor allem bekannt mit ›Rheinpromenade‹ (1972), einem Stück über die Begegnung eines einsamen Rentners mit einem jungen Mädchen und der Zerstörung dieser ungleichen Freundschaft durch die Intrigen der Umwelt. »Mühl zeigte das beschädigte Leben der kleinen Leute, ihre Sehnsüchte und Ängste, den Druck der Arbeitswelt auf die private Existenz, Dumpfheit und Enge der Welt von sogenannten Normalbürgern.« (Michael Töteberg, in: KLG, 13. Nlg., 1. 1. 1983) **Weitere Stücke:** ›Rosenmontag‹ (1974); ›Die Reise der alten Männer‹ (1975); ›Wanderlust‹ (1976); ›Hoffmanns Geschenke‹ (1976); ›Kur in Bad Wiessee‹ (1977); ›Kellermanns Prozeß‹ (1980); ›Am Abend kommt Crispin‹ (1988); ›Verbindlichen Dank‹ (1994).

Mühsam, Erich, geb. 6. 4. 1878 in Berlin, gest. 10./11. 7. 1934 im KZ Oranienburg. Schriftsteller. Sohn eines Apothekers. Mühsam wuchs in Lübeck auf. Von 1901 an freier Schriftsteller im Umkreis der Dichtergruppe Neue Gemeinschaft. 1902 lernte er Peter Hille und Frank Wedekind kennen. Von 1909 an lebte er in München, gab Zeitschriften heraus und beteiligte sich nach 1918 an sozialrevolutionärer und pazifistischer Agitation. Nach Niederwerfung der bayerischen Revolution wurde er verhaftet und war bis 1924 im Gefängnis. Danach zahlreiche Vorträge und Publikationen für eine anarchistische Politik; 1926–1931 gab er die Zeitschrift ›Fanal‹ heraus. Mühsam schrieb Essays, Texte für das Kabarett, Lieder, satirische Verse u. a. für den ›Simplicissimus‹, und politische Dramen, denen aber nie ein rechter Erfolg beschieden war.

Stücke: ›Die Hochstapler‹ (1906); ›Die Freivermählten‹ (1914); ›Judas‹ (1921); ›Staatsräson. Ein Denkmal für Sacco und Vanzetti‹ (1928); ›Alle Wetter‹ (postum 1977).

Literatur: R. Kauffeldt: Literatur und Anarchie. München 1983; C. Hirte: E. Mühsam. Berlin 1985.

Müller, Elfriede, geb. 22. 3. 1956 in Dippenweiler a. d. Saar. Dramatikerin. Aufgewachsen auf einem Bauernhof. Von 1973 bis 1976 Ballettausbildung in Frankfurt a. M.; von 1976 bis 1978 Abendgymnasium; von 1978 bis 1982 Besuch der Schauspielschule der HdK in Berlin; 1983 Mitbegründerin des Theaters zum Westlichen Stadthirschen. Seit 1984 arbeitet Elfriede Müller kontinuierlich mit der Choreographin Vivienne Newport zusammen. 1990 erhielt sie den Preis der Frankfurter Autorenstiftung. »Elfriede Müller ist, immer der Sehnsucht nach, vom Berggasthof in die Theaterwelt gekommen, immer der Sehnsucht vom Tanz zum Theater und vom Tanztheater zum Schreibtisch. In ihren Stücken sucht sie nach einer Offenheit, die dem Zeitstück seine Poesie läßt und den Handlungen ihre Ambivalenz. ›Eine gradlinige Geschichte zu schreiben, würde mich nicht interessieren, zum einen, weil es mir zu nah am Fernsehen ist, zum anderen, weil ich nicht glaube, daß man damit auf dem Theater noch einen Ausdruck für die Welt und ihre heutigen Probleme finden kann.‹« (Eva Pfister, in: Die deutsche Bühne, Heft 4, 1991)

Stücke: ›Die Bergarbeiterinnen‹ (1988); ›Damenbrise‹ (1989); ›Glas‹ (1990); ›Goldener Oktober‹ (1991); ›Herrengedeck‹ (1992).

Müller, Gerda, geb. 1895 in Ostpreußen, gest. 1951. Schauspielerin. Ausbildung an der Schauspielschule des Deutschen Theaters in Berlin. 1917–1922 Engagement am Schauspielhaus Frankfurt; danach am Staatlichen Schauspielhaus Berlin, wo sie u. a. die Berta Launhart in Wedekinds ›Hidalla oder Sein und Haben‹ (1922) und die Lady Macbeth in Shakespeares ›Macbeth‹ (1922, R. Leopold Jeßner) spielte. Hierüber Alfred Kerr (Mit Schleuder und Harfe, S. 236): »Sie bedeutet, was es an der Spree kaum in dieser Art gibt: eine wilde Kraft, die aber zugleich eine Frau ist. Ein Intellekt – aber sie hat auch eine Pratze. Ja, eine Frauenpratze ... die Macbethin spricht nicht zwecklos von ihrer kleinen Hand. In Schleiern kommt sie; fast wie eine Schicksalsschwester; fast ein Urwesen – mit Urlauten ... Behend. Katzlsicher. Sinnlich packt sie ihren Ehekerl. Ein Dämonenduo bricht an. Kortner ...« Weitere Rollen u. a.: Johanna in Hermann Essigs ›Überteufel‹ (UA 1923, R. Jeßner); hierzu Kerr: »Gerda Müller mit tollen Fluoreszenzen der Sinnlichkeit und Kraft; herrlich.« Marie in Brechts ›Im Dickicht der Städte‹ (1924, Deutsches Theater, R. Erich Engel); Pola in Bronnens ›Rheinische Rebellen‹ (1925, Lessing-Theater Berlin, R. Heinz Hilpert); Titelrolle in Wedekinds ›Lulu‹ (1926, Staatstheater, R. Engel). Während der Nazizeit verzichtete sie freiwillig auf Theaterarbeit und war erst nach dem Krieg wieder zu sehen. Im Deutschen Theater Berlin spielte sie dort u. a.: Daja in Lessings ›Nathan der Weise‹ (1945, R. Gustav von Wangenheim); Jokaste in Sophokles' ›König Ödipus‹ (1946, R. Karl Heinz Stroux); Maria Kabanowa in Ostrowskis ›Gewitter‹ (1951).

Literatur: A. Bronnen: Gerda Müller. Berlin 1977; A. Kerr: Mit Schleuder und Harfe. München 1985.

Müller, Hanns-Christian, geb. 14. 4. 1949 in München. Regisseur. Studium der Geschichte, Psychologie und Philosophie in München und Ausbildung an der Otto-Falckenberg-Schule. 1973–1975 musikali-

Müller

sche Leitung des Landestheaters Schwaben; 1975/76 dieselbe Position am Landestheater Tübingen. 1976–1978 Regieassistent und dramaturgischer Mitarbeiter an den Staatlichen Schauspielbühnen Berlin. Hier wird 1978 Gerhard Polts ›Da schau her‹ uraufgeführt (R. und Musik: Müller). Seit 1979 arbeitet er vor allem für die Münchner Kammerspiele, immer zusammen mit Polt (auch als Co-Autor). 1979 wurde dort ›Kehraus‹ uraufgeführt (1983 als Film). 1984 kam an diesem Haus das Kabarett-Spektakel ›München leuchtet‹ heraus, das Müller mitgeschrieben und inszeniert hat. 1984 inszenierte er erstmals einen fremden Text: Thomas ›Waldfrieden‹ und ›Brautschau‹ (Münchner Volkstheater). Ein Jahr später zeigten Polt und Müller am Bayerischen Staatsschauspiel ihre ›Exoten‹ (R. Müller), und Müller inszenierte dort Nicolas Nancey/Paul Armonts ›Théodore Cie‹. 1988 wurde an den Münchner Kammerspielen Polt/Müllers ›DiriDari‹ uraufgeführt, 1993 folgte ›Tschurangrati‹ (beide mit dem bayerischen Trio Biermösl Blosn). Am Münchner Volkstheater inszenierte er, ebenfalls 1993, einen Abend mit Polt/Müller-Sketchen. Filme mit Polt: ›Man spricht deutsh‹ (1988); ›Herr Ober‹ (1992) und – ohne Polt – ›Langer Samstag‹ (1992); darüber schrieb Fritz Göttler in der ›Süddeutschen Zeitung‹ (30. 10. 1992): »Wenig Ruhe wird uns in diesem ›Langen Samstag‹ gegönnt: Weil Müller Angst hat, sein Tempo zu drosseln, gewinnt sein Film keinen Rhythmus. (. . .) Was als behutsame Alltagsstudie begann, entwickelt sich schnell zur Auflistung von Symptomen, verzettelt sich als Satire.« Müller ist mit der Schauspielerin Gisela Schneeberger verheiratet, die in fast allen seinen Kabarett-Stücken und Filmen mitwirkte.

Müller, Hans-Reinhard, geb. 15. 1. 1922 in München, gest. 5. 3. 1989 ebenda. Schauspieler, Regisseur und Theaterleiter. Schauspielunterricht in München. Erstes Engagement in Klagenfurt. Von 1945 bis 1948 Studium der Philosophie, der neueren Literaturgeschichte und mittelalterlichen Geschichte in München. Schon während des Studiums spielte er am Theater der Jugend und an den Münchner Kammerspielen. Von 1948 bis 1960 war Müller Mitglied des Bayerischen Staatsschauspiels, von 1954 an auch Regisseur. 1957 wurde er zum Koordinator der drei Bayerischen Staatstheater berufen. Von 1960 bis 1969 Intendant der Städtischen Bühnen Freiburg; von 1969 bis 1973 Direktor der Otto-Falckenberg-Schule in München. Von 1973 bis 1984 Intendant der Münchner Kammerspiele. Danach arbeitete er zuweilen noch als Gastregisseur an anderen Häusern und trat – wie zuvor – in zahlreichen Fernsehproduktionen auf. Obwohl Müller viele Inszenierungen herausgebracht hat, gewann er vor allem als Intendant Profil. In seinem Nachruf schrieb C. Bernd Sucher (›SZ‹, 7. 3. 1989): »Er wollte nicht als Regisseur, nicht als Schauspieler sich in den Vordergrund manövrieren, sondern mit Menschen, die er schätzte, seine (christliche) Vision vom Theater als moralische Anstalt verwirklichen; wollte für Künstler einen Freiraum der Arbeit schaffen. Hans-Reinhardt Müller verdanken Dieter Dorn und Ernst Wendt viele ihrer Erfolge. Müller, ein integrer, gebildeter, nobler Konservativer, ließ an seinem Hause Aufführungen zu, die seinem Verständnis wohl manchmal zuwider waren; er stritt für sie in der Öffentlichkeit, ja gar gegen die katholische Kirche. Er sah in all diesen Produktionen, für die er einstand, eine Qualität: ›Wir sind gegen Moden angerannt.‹«
Literatur: H.-R. Müller: Ein deutsches Stadttheater. Freiburg im Breisgau 1866–1966. Freiburg o. J.; ders./D. Dorn/ E. Wendt: Theater für München. Ein Arbeitsbuch der Kammerspiele 1973–1983. München 1983; H. Mainusch: Regie und Interpretation. Gespräche. München 1985; M. Faber/L. Weizert: . . . dann spielten sie wieder. Das Bayerische Staatsschauspiel 1946–1986. München 1986.

Mueller, Harald Waldemar, geb. 18. 5. 1934 in Memel. Dramaturg und Schriftsteller. Mueller verbrachte seine Jugend in Schleswig-Holstein, lebte von Gelegenheitsarbeiten als Berg- und Hafenarbeiter. Danach besuchte er die Schauspielschule in München; später diverse Engagements. Seit 1968 arbeitete er auch als Dramaturg, von 1972 bis 1974 am Schiller-Theater Berlin; danach als freier Schriftsteller. Mueller schrieb in einer aggressiven Kunstsprache, zunächst über Randfiguren der Gesellschaft. Seinen Durchbruch hatte er nach der Atomkatastrophe von Tschernobyl mit ›Totenfloß‹ (1986), einem Endzeitstück über eine unbewohnbar gewordene Welt mit wenigen Überlebenden. Uraufgeführt wurde das Stück 1986 am Staatstheater Stuttgart (R. Henning Rühle); zugleich in Basel und Düsseldorf. Andreas Rossmann schrieb:»In den Dramaturgien unserer Theater wird derzeit kein Name so hoch gehandelt wie der von Harald Mueller. Seine Horrorshow ›Totenfloß‹, ein Greuelmärchen aus dem Supermarkt der Katastrophen, avancierte – Tschernobyl, Tabori und Theater heute sei Dank – zum Hit der Saison; mehr als zehn Bühnen haben das Stück schon herausgebracht, etwa zehn weitere wollen noch in dieser Spielzeit folgen. Da heißt es, die Gunst der Stunde nutzen und die Schreibtischschubladen ausmisten (. . .) Es war ein langer, auch mühsamer Weg bis zu dem Erfolg mit ›Totenfloß‹: Von den Rändern der bundesdeutschen Gesellschaft hatte sich Mueller Stück für Stück in deren Mitte geschrieben, von asozialen Milieus in den Kleinbürgermief.« (›FAZ‹, 28. 2. 1987)

Weitere Stücke: ›Großer Wolf‹, ›Halbdeutsch‹ (beide 1970); ›Stille Nacht‹, ›Strandgut‹ (beide 1974); ›Winterreise‹ (1976); ›Henkersmahlzeit‹ (1977); ›Frankfurter Kreuz‹ (1978); ›Die Trasse‹ (1980); ›Kohlhaas‹ (1981); ›Ein seltsamer Kampf um die Stadt Samarkand‹ (1986); ›Bolero‹ (1987); ›Doppeldeutsch‹ (1992).

Müller, Heiner, geb. 9. 1. 1929 in Eppendorf. Schriftsteller und Regisseur. Müller war im Krieg und in Gefangenschaft; er arbeitete danach in einer Bücherei und als Journalist; 1954/55 Mitarbeiter des Schriftstellerverbandes; 1958 Mitarbeiter am Maxim-Gorki-Theater. Von 1959 bis 1972 freier Schriftsteller; 1972 freier Mitarbeiter beim Berliner Ensemble. Sein Debüt als Regisseur gab Müller 1980 an der Volksbühne Ostberlin, wo er seinen Text ›Der Auftrag‹ inszenierte. Seit den achtziger Jahren Zusammenarbeit mit Robert Wilson. Weitere Inszenierungen eigener Stücke u. a.: ›Der Auftrag‹ (1982, Bochumer Schauspielhaus), ›Macbeth‹ (nach Shakespeare, 1982, Volksbühne Berlin), Heiner-Müller-Projekt des HOT-Theaters in Den Haag (1983), ›Lohndrücker‹ (1988, Deutsches Theater, 1989 zum Berliner Theatertreffen eingeladen). 1990 inszenierte Müller an einem Abend im Deutschen Theater in Berlin Shakespeares ›Hamlet‹ und seinen Text ›Hamletmaschine‹ (1991 zum Berliner Theatertreffen eingeladen). Seit 1990 bis zu deren Auflösung war Müller Präsident der Akademie der Künste in Ostberlin. 1991 wurde Müller zu einem der fünf Direktoren des Berliner Ensembles berufen; dem Direktorium, das seine Arbeit mit der Spielzeit 1992/93 aufnahm, gehörten neben Müller Peter Palitzsch, Peter Zadek, Matthias Langhoff (der rasch wieder ausstieg) und Fritz Marquardt an. 1991 kam im Deutschen Theater eine weitere Regiearbeit heraus: eine Heiner-Müller-Trilogie mit den Stücken ›Mauser‹, ›Quartett‹ und ›Findling‹ an einem Abend. Im Juli folgte dann Heiner Müllers Debüt als Opernregisseur. Bei den Bayreuther Festspielen inszenierte er Wagners ›Tristan und Isolde‹, eine Aufführung, die ein Teil der Kritik hymnisch feierte, während der andere sie ablehnte. Im selben Jahr begann seine Arbeit am Berliner Ensemble: Müller inszenierte eine eigene Bearbeitung des ›Fatzer‹-Fragments von Brecht und nannte die Collage ›Duell Traktor Fatzer‹; 1994 folgte eine zweite Inszenierung von ›Quartett‹, ebenfalls am Berliner Ensemble, mit Marianne Hoppe und Martin Wuttke. Müller war der bedeutendste Dramatiker der DDR. Er begann mit Stücken, in denen er die Probleme des sozialistischen Aufbaus, der Revolution und des Klassenkampfes behandelte. Oft unter Verwendung mythischer Stoffe, in offener, fragmentarischer Dramaturgie. In den sechziger Jahren stießen seine Stücke auf heftigen Widerstand in der DDR, bis zu Aufführungsverboten. Seit den achtziger Jahren häufige Zusammenarbeit mit Robert Wilson. Ernst Wendt schrieb: »Wenn man die Stücke (. . .) entsprechend ordnete, würden sie über weite Strecken die gesellschaftlichen Entwicklungen der

Müller

DDR von 1945 bis etwa hin zum Mauerbau spiegeln. Müller weist sich da als ein Geschichtsschreiber aus, der die Zeit des Unvollendeten, die – noch nicht beendeten – Jahre ›zwischen Eiszeit und Kommune‹, die Konflikte einer Gesellschaft, welche mit ihrer Utopie noch längst nicht übereinkommt, mit Sprach-Lust und Sprach-Mächtigkeit poetisch fixiert.« (›Wie es euch gefällt geht nicht mehr‹, S. 114f.) Über die Uraufführung des Stücks ›Germania Tod in Berlin‹ an den Münchner Kammerspielen (1978, R. Ernst Wendt) schrieb Peter von Becker: »Müller hat dazu gelernt aus der Zerstörung einer Welt durch die (deutsche) Welt:geschichte, und er betrachtet die Spuren dieser Geschichte – die Narben und Ruinen. Auch die Toten, die manchmal wie Untote fortgeistern hüben und drüben in ›diesem unseren Land‹, wie das bei Zeitgeschich:skandidaten so hertönt. Heiner Müller erzählt Fragmente (oder zeichnet: Ruinen- und Gespensterbilder) einer fragmentarischen, unvollendeten Geschichte. Heimatgeschichte – keine schöne Geschichte.« (›SZ‹, 22./23. 4. 1978)

Weitere Stücke: ›Die Umsiedlerin oder das Leben auf dem Lande‹ (1961); ›Philoktet‹ (1966); ›Herakles 5‹ (1966); ›Prometheus‹ (1968); ›Weiberkomödie‹ (1969); ›Der Horatier‹ (1972); ›Zement‹ (1973); ›Die Schlacht‹ (1951/74); ›Leben Gundlings Friedrich von Preußen Lessings Schlaf Traum Schrei‹ (1976); ›Germania Tod in Berlin‹ (1977); ›Verkommenes Ufer Medeamaterial Landschaft mit Argonauten‹ (1983); ›Bildbeschreibung‹ (1985); ›Wolokolamsker Chaussee I-V‹ (1987). **Literatur:** H. Müller: Gesammelte Irrtümer – Interviews und Gespräche. Frankfurt a. M. 1986; T. Girshausen: Hamletmaschine – Materialien. Köln 1978; E. Wendt: Wie es euch gefällt geht nicht mehr. München 1985.

Müller, Traugott, geb. 1895, gest. 29. 2. 1944 in Berlin. Bühnenbildner und Regisseur. Nach wenig beachteten ersten Arbeiten wurde Müller durch die Zusammenarbeit mit Erwin Piscator bekannt. Für diesen schuf er die Räume zu Schillers ›Die Räuber‹ (1926); Ehm Welks ›Gewitter über

Gottland‹ (1927); Tollers ›Hoppla, wir leben!‹ (1927). Von 1933 an am Staatlichen Schauspielhaus Berlin, Zusammenarbeit mit Jürgen Fehling (Shakespeares ›Richard III.‹, 1937; ›Richard II.‹, 1939) und Gustaf Gründgens (Lessings ›Emilia Galotti‹, 1937). Auch Arbeiten mit Karl Heinz Stroux, z.B. Gozzi/Schillers ›Turandot‹ (1941). Über Müllers Bühnenraum zu ›Richard II.‹ schrieb K. H. Ruppel (›Großes Berliner Theater‹, S. 15): »Wieder ist die Bühne in riesige Tiefen geöffnet, von weißen Wänden umspannt, die keinerlei ›reale‹ oder gar illusionistische Raumvorstellung vermitteln. (. . .) Gewaltige Deckenbalken aus hellem Holz (. . .), ein paar Felsblöcke. (. . .) Ist dieses Bühnenbild primitiv? Vergewaltigt es das Werk? Widerspricht es dem Illusionsbedürfnis des Zuschauers? Nein. Es ist asketisch, weil es die prangende Fülle des dichterischen Wortes aufzunehmen hat. Es bindet die Wahrheit von Shakespeares Geist- und Seelensprache nicht an die Lüge einer vorgetäuschten Gegenständlichkeit. Es verweigert dem Zuschauer die Illusion, weil es ihn unmittelbar vor das Symbol stellt. Die Dynamik, das Melos, das Zeitmaß dieser Aufführung wären in einem anderen Bühnenbild nicht möglich.« **Literatur:** G. Gründgens: Wirklichkeit des Theaters. Frankfurt a. M. 1953; K. H. Ruppel: Großes Berliner Theater. Velber 1962.

Mueller-Stahl, Armin, geb. 17. 12. 1930 in Tilsit. Schauspieler. Studium der Musikwissenschaft am Städtischen Konservatorium in Ostberlin. Ein Jahr lang arbeitete er als Musikdozent; er spielte Geige, Klavier, komponierte Lieder und machte sich als Chansoninterpret einen Namen. Anfang der fünfziger Jahre wechselte er in den Beruf des Schauspielers, den auch sein älterer Bruder Hagen ausübte. 1952 erhielt er ein erstes Engagement am Ostberliner Theater am Schiffbauerdamm. 1954 wechselte er an die Ostberliner Volksbühne, wo er einer der beliebtesten Charakterdarsteller war. Einige wichtige Rollen: Marquis von Posa in Schillers ›Don Carlos‹ und Wurm in ›Kabale und Liebe‹; Menelaos in Hacks' ›Die schöne Helena‹; Spitta in Hauptmanns ›Die Ratten‹; Bruder Martin in

Mueller-Stahl

Shaws ›Die heilige Johanna‹; Narr in Shakespeares ›Was ihr wollte‹ und Mercutio in ›Romeo und Julia‹. Seine erste Filmrolle hatte er 1956 in Gustav von Wangenheims ›Heimliche Ehen‹. 1960 wurde er in der DDR-Serie ›Flucht aus der Hölle‹ auch als Fernsehschauspieler bekannt. In rund 60 Kino- und Fernsehfilmen wurde er zum populärsten und bestbezahlten Charakterdarsteller der DDR, ausgezeichnet mit dem Nationalpreis und dem ›Banner der Arbeit‹. Fünf Jahre hintereinander wurde er vom Publikum zum »beliebtesten Schauspieler der DDR« gewählt. 1976 unterzeichnete er die Biermann-Resolution aus Protest gegen die Ausbürgerung des Liedermachers. Er erhielt daraufhin keine Rollenangebote mehr. »Als Befreiung von den Dingen, die danebenliefen, aber auch als ein Stück Selbstentdeckung« verfaßte Mueller-Stahl in dieser Zeit Essays, führte Tagebuch und schrieb den Roman ›Verordneter Sonntag‹, der erst 1981 in der Bundesrepublik veröffentlicht wurde. Im Januar 1980 übersiedelte er mit seiner Frau und seinem Sohn Christian von Ost- nach Westberlin, wo er zunächst viel fürs Fernsehen arbeitete. Mit Rainer Werner Fassbinder drehte er die Filme ›Lola‹ (1981, mit Barbara Sukowa) und ›Die Sehnsucht der Veronika Voss‹ (1982, mit Rosel Zech). Niklaus Schilling schrieb ihm die Rolle des DDR-Agenten Harald Liebe in ›Der Westen leuchtet!‹ (1981/82) auf den Leib. Mueller-Stahl wurde nun auch in der Bundesrepublik ein begehrter Filmschauspieler für anspruchsvolle Rollen. Wichtige Filme: ›Eine Liebe in Deutschland‹ (1983, mit Hanna Schygulla, R. Andrzej Wajda); ›Bittere Ernte‹ (1984, R. Agnieszka Holland); ›Oberst Redl‹ (1985, mit Klaus Maria Brandauer und Gudrun Landgrebe, R. István Szábo); ›Der Angriff der Gegenwart auf die übrige Zeit‹ (1985, mit Jutta Hoffmann, R. Alexander Kluge); ›Vergeßt Mozart‹ (1985, R. Slavo Luther); ›Momo‹ (1986, nach dem Roman von Michael Ende, R. Johannes Schaaf); ›Das Spinnennetz‹ (1989, R. Bernhard Wicki). Im Fernsehen sah man ihn u. a. als Privatdetektiv Dold in Peter Schulze-Rohrs preisgekröntem Fernsehspiel ›Hautnah‹ (1985). 1989 startete Mueller-Stahl eine dritte Karriere als Filmschauspieler in Hollywood. In Costa-Gavras Film ›Music Box‹ spielte er einen ungarischen Emigranten, dem – drei Jahrzehnte nach dem Hitler-Regime – wegen Naziverbrechen in den USA der Prozeß gemacht wird. Der Film wurde bei der Berlinale 1990 mit einem Goldenen Bären ausgezeichnet. 1990 spielte er den polnischen Juden Sam Krichinsky in Barry Levinsons Familienchronik ›Avalon‹. Weitere Hollywood-Filme: ›Im Glanz der Sonne‹ (1991/92, R. John G. Avildsen); ›Kafka‹ (1992, mit Jeremy Irons, R. Steven Soderbergh); ›Das Geisterhaus‹ (1993, nach dem Roman von Isabel Allende, mit Jeremy Irons, Meryl Streep, Glenn Close, R. Bille August). Hans-Dieter Seidel schrieb in einem Porträt: »Das Geheimnis von Armin Mueller-Stahls im Film kaum je ähnlich intensiv zu erlebender Präsenz beruht auf einer Verdichtung, die sich konzentrierte Einfachheit nennen ließe, und auf einer Kunst der Beobachtung, die sich vielleicht an einer anderen Begabung des kunstsinnigen Mannes schulte, dem Malen. (. . .) Figuren, die das Abgründige in sich erkennen lassen, ohne es eitel auszustellen, sind bei diesem Schauspieler mit der aufgerauhten Stimme, dem blitzenden Blick, der das Gegenüber ebenso bannt wie den Zuschauer im Kino, und mit den schnauzerbewehrten Lippen, die gerne ein mokantes Lächeln spielt, hervorragend aufgehoben. Aber auf welche Weise er das macht, in jeder Pose und Positionierung glaubwürdig zu sein wie kaum ein zweiter, ist den Figuren nicht mehr anzusehen – worauf erst eigentlich deren Wahrhaftigkeit beruht. (. . .) Aus der Neigung zum Unterspielen, zum charakteristisch Beiläufigen holt der Schauspieler Mueller-Stahl seinen suggestivsten Ausdruck.« (›FAZ‹, 23. 1. 1993)

Literatur: A. Mueller-Stahl: Drehtage. Neuwied 1991; G. Hölzl/T. Lassonczyk: Armin Mueller-Stahl. Seine Filme – sein Leben. München 1992.

Mueller-Stahl, Hagen, geb. 21. 9. 1926 in Tilsit. Regisseur. Studium der Germanistik und Theaterwissenschaft an der Humboldt-Universität Berlin (1947–1952). Ab 1952

Dramaturg und Regisseur am Theater am Schiffbauerdamm und an der Volksbühne Berlin. Von 1970 an fester Regisseur an der Berliner Schaubühne; arbeitete aber auch an vielen anderen Bühnen und inszenierte eine Vielzahl von Fernsehspielen. Engagements: Toneelgroup Centrum Amsterdam (1969–1971); Nationaltheater Mannheim (1972/73); Staatstheater Kassel (1976–1978, Schauspieldirektor). Wichtige Inszenierungen u. a.: Marieluise Fleißers ›Der starke Stamm‹ (1966, Schaubühne Berlin); Ibsens ›Ein Volksfeind‹ (1972, Bayerisches Staatsschauspiel München); Elfriede Müllers ›Bergarbeiterinnen‹ (UA 1988, Freiburg); über diese Inszenierung schrieb Wolfgang Höbel in der ›Süddeutschen Zeitung‹ (24. 2. 1988): »Hagen Mueller-Stahls Inszenierung gelingt es, den Schwebezustand der Vorlage auf die Bühne zu übertragen. Ohne derben Realismus, ohne grelle Ausbrüche zeigt er Menschen, die vor sich hinwursteln. (. . .) Im ganzen aber bleibt dieser Theaterabend eine seltsam ferne, fast literarische Veranstaltung (. . .), weil Mueller-Stahl eher einen Bilderbogen als ein Drama inszeniert.«

Münch, Richard, geb. 10. 1. 1916 in Gießen, gest. 6. 6. 1987 in Malaga. Schauspieler und Regisseur. Studium an der Hochschule für Theater in Frankfurt a. M. Stationen: Münchner Kammerspiele (1948–1952); Hamburger Kammerspiele (1952/53); Düsseldorfer Schauspielhaus und Deutsches Schauspielhaus Hamburg, bei Gustaf Gründgens (1953–1962); danach arbeitete Münch an verschiedenen Häusern. 1970/71 war er für kurze Zeit Schauspieldirektor an den Städtischen Bühnen Frankfurt. Er arbeitete auch für Film und Fernsehen. Wichtige Rollen u. a.: Fredriksen in Hamsuns ›Vom Teufel geholt‹ (1963, Deutsches Schauspielhaus Hamburg); Kurt in Strindbergs ›Totentanz‹ (1963, ebenda, R. jeweils Gründgens); Titelrolle in Peter Weiss' ›Trotzki im Exil‹ (1970, Düsseldorfer Schauspielhaus, R. Harry Buckwitz); Titelrolle in Edward Bonds ›Lear‹ (1973, Burgtheater Wien, R. Bond); Graf Klattwald in Grillparzers ›Weh dem, der lügt‹ (1976, Thalia Theater Hamburg, R. Klaus Maria Brandauer).

Wichtige Inszenierungen u. a.: Siegfried Lenz' ›Parabel von der Augenbinde‹ (1970, Düsseldorf); Hauptmanns ›Florian Geyer‹ (1971, Frankfurt, Münch in der Titelrolle).

Müthel, Lola, geb. 9. 3. 1919 in Darmstadt. Schauspielerin. Ausbildung an der Staatlichen Schauspielbühne Berlin. Entdeckt wurde sie von Gustaf Gründgens, der sie von 1936 bis 1944 ans Staatstheater in Berlin verpflichtete; Rollen dort u. a.: Anna in Hans Rehbergs ›Heinrich und Anna‹ (1942); Helena in Goethes ›Faust II‹ (1942) und Rosaura in Calderóns ›Das Leben ein Traum‹ (1943). Weitere Bühnenstationen: Deutsches Theater Berlin (1946–1949), Staatstheater Stuttgart (1950–1952), Städtische Bühnen Frankfurt (1952–1964). Während dieser Jahre als Gast am Berliner Schiller-Theater. Danach am Bayerischen Staatsschauspiel München (1973–1984) und Gast-Verpflichtungen. Wichtige Rollen u. a.: Elisabeth in Schillers ›Maria Stuart‹ (1959, Berlin) sowie Titelrolle in diesem Stück (1966, Deutsches Theater München); Joachim Kaiser schrieb (›SZ‹, 13. 7. 1966): »Lola Müthel war die Königin des Abends«; Titelrolle in Jerry Hermans Musical ›Hallo Dolly‹ (1968, Deutsches Theater München, R. Jean-Pierre Ponnelle); die Gute in Thomas Bernhards ›Ein Fest für Boris‹ (1973, Bayerisches Staatsschauspiel München, R. Jürgen Flimm); Mrs. Rafi in Edward Bonds ›Die See‹ (1973, ebenda, R. Luc Bondy); Marceline in Beaumarchais' ›Der tolle Tag oder Figaros Hochzeit‹ (1976, ebenda); Titelrolle in Euripides' ›Medea‹ (1976, ebenda, R. jeweils Franco Enriquez); Frau Marthe in Kleists ›Der zerbrochne Krug‹ (1979, ebenda, R. Dietrich Haugk); Titelrolle in Shaws ›Frau Warrens Gewerbe‹ (1979, ebenda, R. Horst Sachtleben); Raissa in Ostrowskis ›Der Wald‹ (1981, ebenda, R. Harald Clemen); Duse in Tankred Dorsts ›Der verbotene Garten‹ (1988, Freie Volksbühne Berlin, R. Hans Neuenfels); Frau Tod in Taboris ›Mein Kampf‹ (1990, Bayerisches Staatsschauspiel, R. Martin Fried). Lola Müthel wirkte auch in zahlreichen Fernsehproduktionen mit. Zu ihrem 70. Geburtstag schrieb C. Bernd Sucher in

der ›Süddeutschen Zeitung‹ (9. 3. 1989):
»Lola Müthel hat eine besondere Vorliebe
für die ›extremen Weiber‹, wie sie die
Heldinnen nennt, für die Regisseure just
diese Schauspielerin immer wieder ver-
pflichten. Und sie hat Mut zum Pathos,
zum großen Gefühl. Sie ist eine Tragödin.
(. . .) Die Müthel sieht in der Sprechkunst
das wichtigste Instrument des Darstellers.
Sie ist konservativ, aber wenn sie auf der
Bühne steht, spürt man, wie sehr ihre Art
zu arbeiten, eine Rolle zu ergründen und
zu offenbaren, schwachen Regisseuren
hilft, eine eigene, neue Interpretation zu
wagen. Die Müthel kann niemand benutzen, für ein Konzept ausnutzen, sie selbst
bestimmt den Weg, den ihre Frauen gehen,
bestimmt ihre Gefühlsmacht und ihre
Sinnlichkeit.«
Literatur: H. Ihering: Junge Schauspieler.
München 1948.

Müthel, Lothar, geb. 18. 2. 1896 in Berlin, gest. 9. 4. 1965 in Frankfurt a.M.
Schauspieler und Regisseur. Ausbildung in
der Schauspielschule des Deutschen Theaters. Bühnenstationen: Deutsches Theater
Berlin (1913–1917); Theater in Bukarest
(1917); Theater Darmstadt (1918–1919);
Staatstheater München (1919/20). Von
1920 bis 1924 und von 1928 bis 1929 gehörte Müthel zum Ensemble des Staatstheaters in Berlin, wo er sich von 1928 an
neben Jürgen Fehling und Gustaf Gründgens als Regisseur etablierte. Wichtige
Rollen u.a.: Scholz in Wedekinds ›Marquis von Keith‹ (1920); Richmond in
Shakespeares ›Richard II.‹ (1920); Malcolm in Shakespeares ›Macbeth‹ (1922, R.
jeweils Leopold Jeßner); Titelrolle in
Goethes ›Clavigo‹ (1928, R. Fehling); Posa in Schillers ›Don Carlos‹ (1929, R. Jeßner); Rank in Ibsens ›Nora‹ (1930, R. Fehling). Inszenierungen u.a.: Hans Rehbergs
›Cecil Rhodes‹ (1930/31); Shakespeares
›Was ihr wollt‹ (1932/33); Kleists ›Die
Hermannsschlacht‹ (1934/35); Shakespeares ›Hamlet‹ (1935/36 mit Gründgens
in der Titelrolle); Knut Hamsuns ›An des
Reiches Pforten‹ (1936/37); Hauptmanns
›Und Pippa tanzt!‹ (1936/37); Schillers
›Die Jungfrau von Orleans‹ (1938/39). Von
1939 an arbeitete Müthel am Burgtheater

Wien. Inszenierungen u.a.: Hans Schwarz'
›Prinz von Preußen‹ (1939/40); Grillparzers ›Ein Bruderzwist in Habsburg‹ (1941/
42); Shakespeares ›Der Kaufmann von
Venedig‹ (1942/43; Müthels Blick auf
Shylock war dabei durchaus antisemitisch). Von 1947 bis 1950 war Müthel
Schauspieler und Regisseur in Weimar,
arbeitete aber auch am Schloßparktheater
und am Theater am Schiffbauerdamm in
Berlin. Von 1951 bis 1958 war er unter
Harry Buckwitz' Intendanz Schauspieldirektor an den Städtischen Bühnen Frankfurt a.M. Über Lothar Müthels Inszenierung von Shakespeares ›Maß für Maß‹
(1940) schrieb K.H. Ruppel: »Bei dem
Spielleiter Lothar Müthel setzt sich die
Sprache nicht, wie bei Fehling, in erster
Linie in Raum um, sondern in Musikalität.
Das bewegende Prinzip der Szene ist bei
ihm die steigende und fallende Melodik,
nicht die an- und abschwellende Dynamik.
Der Raum bleibt im besten Sinne Konvention, ›Übereinkunft‹, wie sich die Gestalten
zueinander bewegen, miteinander zu grup-
pieren haben. Für jeden Regisseur, der zuerst Sprachdynamiker ist, ist es bezeich-
nend, daß er die Schauspieler nach vorn
zieht. Der Raum bleibt bei ihm Auftritts-
bahn, auf der die Schauspieler ›in Stellung
gehen‹, er wird nicht aktiviert als Spiel-
feld.« (›Großes Berliner Theater‹, S. 43)
Literatur: J. Günther: Der Schauspieler
Lothar Müthel. Berlin 1934; R. Biedrzynski: Schauspieler, Regisseure, Intendanten. Heidelberg, Berlin, Leipzig 1944;
E.I. Dunser: Lothar Müthel und das Burgtheater. Diss. Wien 1959; K.H. Ruppel:
Großes Berliner Theater. Velber 1962;
A. Kerr: Mit Schleuder und Harfe. München 1985.

Muliar, Fritz, geb. 12. 12. 1919 in Wien.
Schauspieler und Regisseur. Ausbildung
am Konservatorium Wien. Von 1937 bis
1938 hatte Muliar Engagements an verschiedenen kleinen Bühnen und Kabaretts
in Wien. Weitere Stationen: Landestheater
Innsbruck; Theater Graz; Raimund-Theater
Wien (1947–1952); Simpl und Wiener
Volkstheater (1951–1963). 1964 wurde
Muliar Ensemblemitglied des Theaters in
der Josefstadt Wien; von 1974 bis 1986

Munch

gehörte er zum Ensemble des Wiener Burgtheaters. Wichtige Rollen u. a.: Dicker Vetter in Hofmannsthals ›Jedermann‹ (1973, Salzburger Festspiele); Gerichtsvollzieher in Molières ›Tartuffe‹ (1979, Burgtheater, R. Rudolf Noelte); Melchior in Nestroys ›Einen Jux will er sich machen‹ (1980, ebenda, R. Leopold Lindtberg); Krautkopf in Nestroys ›Der Zerrissene‹ (1982, Salzburger Festspiele, R. Otto Schenk); Knieriem in Nestroys ›Lumpazivagabundus‹ (1986, Burg-Abschiedsrolle). 1990 spielte er das Solo in Felix Mitterers ›Sibirien‹. Zu seinem 60. Geburtstag gab Muliar sein Debüt als Regisseur: am Wiener Volkstheater inszenierte er Feydeaus ›Floh im Ohr‹ (1979); 1991 inszenierte er am Landestheater Salzburg Nestroys ›Frühere Verhältnisse‹. Über Österreichs Grenzen hinaus wurde er bekannt als braver Soldat in der ZDF/ORF-Fernsehserie ›Die Abenteuer des braven Soldaten Schwejk im Ersten Weltkrieg‹ (1972); 1977 entstanden weitere sieben Folgen der Schwejk-Abenteuer. »Muliar wurde so etwas wie eine österreichische Institution«, schrieb Thomas Thieringer zum 70. Geburtstag des Schauspielers, »ein Volksschauspieler mit der besonderen Liebe zum Jiddischen.« (›SZ‹, 12. 12. 1989)

Munch, Edvard, geb. 12. 12. 1863 in Loeiten, gest. 13. 1. 1944 auf Ekely. Maler und Bühnenbildner. Schuf mehrere Bühnenbilder zu Ibsen-Aufführungen. Schon im Jahr 1895, als Ibsen (während der schlimmsten öffentlichen Beschuldigungen gegen den jungen Maler) im Atelier Munchs auftauchte, begann die gegenseitige Beeinflussung. Munch sah sich in den Personen Ibsens widergespiegelt, und Ibsen bezog aus den symbolistischen Figurengruppen Munchs Anregungen für seine Stücke. Munchs Arbeiten für die Bühne: ›Peer Gynt‹ (1896, Théâtre de l'Oeuvre, Paris); ›John Gabriel Borkman‹ (1897, ebenda); ›Gespenster‹ (1906, Eröffnungsvorstellung der Kammerspiele des Deutschen Theaters Berlin, R. Max Reinhardt); ›Hedda Gabler‹ (1907, Kammerspiele Berlin).
Literatur: Lugné-Poe: Acrobatics. Paris 1931; H. Rischbieter (Hrsg.): Bühne und bildende Kunst im XX. Jahrhundert. Velber 1968; F. Janssen: Bühnenbild und bildende Künstler. Frankfurt a. M. 1957.

Muschg, Adolf, geb. 13. 5. 1934 in Zollikon. Schweizer Schriftsteller. Studierte Germanistik, Anglistik und Philosophie in Zürich und Cambridge, 1959 Promotion bei Emil Staiger. Von 1964 an Dozent an verschiedenen Universitäten in Japan, Deutschland und den USA. Seit 1970 Professor an der Eidgenössischen Technischen Hochschule (ETH) in Zürich. Muschg schrieb Romane, Erzählungen und Dramen. Er beschäftigte sich in seinen Romanen mit der Frage nach der Verantwortung Intellektueller in der heutigen Gesellschaft, mit der Entfremdung der Menschen durch Machtstrukturen, die sie in Sprachlosigkeit, Flucht und Resignation treiben. Seine selten gespielten Theaterstücke kreisen um dieselben Themen.
Stücke: ›Die Aufgeregten von Goethe‹ (1970); ›Kellers Abend‹ (1975); ›Watussi‹ (1976).
Literatur: M. Dierks (Hrsg.): A. Muschg. Frankfurt a. M. 1989.

Musil, Robert (Edler von), geb. 6. 11. 1880 in Klagenfurt, gest. 15. 4. 1942 in Genf. Österreichischer Schriftsteller. Sohn eines Waffenfabrikdirektors. Musil studierte Maschinenbau und wurde 1901 Ingenieur. Von 1902 bis 1908 studierte er Philosophie, Mathematik, Psychologie und Physik (Promotion 1908). 1911 bis 1914 Bibliothekar an der Technischen Hochschule in Wien, 1914 Redakteur der ›Neuen Rundschau‹, dann Soldat, von 1918 bis 1922 Beamter, danach freier Schriftsteller und Theaterkritiker, von 1931 bis 1933 in Berlin, danach in Wien. 1938 Emigration in die Schweiz. Lebte die letzten Lebensjahre einsam und nahezu mittellos. Musil wurde vor allem bekannt mit seinen Romanen ›Die Verwirrungen des jungen Törleß‹ (1906) und ›Der Mann ohne Eigenschaften‹ (1930–1943). Sein Stück ›Die Schwärmer‹ wurde 1985 von Hans Neuenfels verfilmt. Henning Rischbieter schrieb über den Film: »(. . .) und was auf dem Theater schon durch emotionalen, lauten, grellen Überdruck des Spiels

513

nur noch selten erreicht worden war: das Musil ganz eigene Ineinander von Gefühl und Gedanke, der andauernde Diskurs über Wechsel und Wandel der Empfindung (des Einzelnen für sich selbst, zweier füreinander, der vier Hauptfiguren Thomas, Anselm, Regine, Maria untereinander), diese äußerste, schwebend-genaue Akribie in der Beobachtung und tastenden Erörterung der Aggregatzustände des einen Kontinuums, bei dem Denken und Fühlen, Ratio und Emotion nur die jeweils äußersten Enden bezeichnen – dies eigentlich Musilsche kam bei all dem, was da heftig und exzessiv und tollköpfig in die Kamera agiert wurde, nicht mehr vor.« (›Theater heute‹, Heft 4, 1985)

Stücke: ›Die Schwärmer‹ (1921); ›Vincenz und die Freundin bedeutender Männer‹ (1924).

Literatur: M. Scharang: Musil – Dramaturgie und Bühnengeschehen. Diss. Wien 1965; G. Schneider: Untersuchungen zum dramatischen Werk R. Musils. Bern 1973.

Mussbach, Peter, geb. 3. 7. 1949 in Schwabach. Regisseur. Studierte zunächst Musik- und Theaterwissenschaft, dann Jura (bis zum ersten Staatsexamen) und Soziologie (Diplom); wandte sich schließlich der Medizin zu (Promotion); außerdem Gesangs- und Dirigentenausbildung. Arbeitete bis 1987 hauptberuflich als Psychiater an der Münchner Universitätsklinik. Begann seine Theaterkarriere Anfang der siebziger Jahre als Assistent bei Jean-Pierre Ponnelle in München; debütierte als Opernregisseur mit Cornelius' ›Der Barbier von Bagdad‹ (1973, Augsburg). Bereits 1974 erhielt er das Angebot, an der Frankfurter Oper Wagners ›Ring des Nibelungen‹ zu inszenieren. Seine Inszenierung der ›Götterdämmerung‹, die er an den Anfang setzte, wurde ein Fiasko (1975). Als Intendant Christoph von Dohnányi die Inszenierung »überarbeiten« wollte, klagte Mussbach vor Gericht auf das Urheberrecht für Regisseure; die Aufführung wurde abgesetzt. Eine geplante ›Salome‹-Inszenierung in Ulm wurde von den Strauss-Erben verhindert. Nach einer Bühnenpause rehabilitierte er sich als Regisseur mit der Mozart-Inszenierung von ›Figaros Hoch-

zeit‹ (1977, Ulm). Mussbach zählt seither zu den eigenwilligsten und interessantesten Opernregisseuren Deutschlands. Auch Schauspiel-Regie: Goethes ›Stella‹ (1979, Bremen, mit Marlen Diekhoff); Wilhelm Reichs ›Rede an den kleinen Mann‹ (UA 1982, Werkraum der Münchner Kammerspiele, mit Ignaz Kirchner); Molières ›Der eingebildete Kranke‹ (1984, Düsseldorf); Sophokles' ›Antigone‹ (1988, Bochum). Wichtige Opern-Inszenierungen: Schönberg-Abend (1983, Hamburg); Mozarts ›Die Zauberflöte‹ (1982) und ›Idomeneo‹ (1984, jeweils Kassel); Wagners ›Parsifal‹ (1989, Théâtre de la Monnaie Brüssel); Strauss' ›Ariadne auf Naxos‹ (1989, Frankfurt); Hans Zenders ›Stephen Climax‹ (1990, Brüssel); Manfred Trojahns ›Enrico‹ (UA 1991, Schwetzingen, dann München; Libretto: C. H. Henneberg nach Pirandello); Wolfgang Rihms ›Die Eroberung von Mexiko‹ (UA 1992, Hamburg); Mozarts Jugendoper ›Lucio Silla‹ (1993, Mozartwoche Salzburg, Ausstattung: Robert Longo); Bergs ›Wozzeck‹ (1993, Frankfurter Oper); über diese Inszenierung schrieb Wolfgang Schreiber (›SZ‹, 11. 10. 1993): »Ingeniös gelingen Mussbach große szenische Projektionen und hochvirtuos einige szenische Übergänge. Da Mussbach keine äußere Welt abbildet, sondern sich eine neue Szenenwelt in Schachteln erfindet, die wie leere Gefäße für das Erschütternde, das Unsagbare offen sind, kann die Musik aus dem Orchestergraben umso tiefer greifen.« Seine Bühnenbilder entwirft er zum Teil selbst; häufig auch Zusammenarbeit mit dem Bühnenbildner Johannes Schütz.

Musset, Alfred de, geb. 11. 12. 1810 in Paris, gest. 2. 5. 1857 ebenda. Französischer Schriftsteller. Sohn einer adligen Familie. Musset studierte kurze Zeit Jura und Medizin, von 1831 an schriftstellerische Tätigkeit. Von 1833 bis 1835 Verhältnis mit George Sand; nach dem qualvollen Trennung produktivste dichterische Phase bis 1840. Die Erfahrung der Trennung fand als Weltschmerzstimmung, als romantische Krankheit ihren Niederschlag in seinem Gedichtzyklus ›Die Nächte‹ (1835/37) und in dem Roman ›Beichte eines Kindes sei-

Musset

ner Zeit‹ (1836). Musset lebte ausschweifend als Dandy, er erhielt seit 1836 eine Pension vom Herzog von Orléans; 1852 Mitglied der Académie Française. Er schrieb Schauspiele, die er als Lesedramen verstanden wissen wollte. Immer wiederkehrendes Thema waren die von Erziehung fehlgeleiteten Jugendlichen und ihre Suche nach Glück und Liebe in der Ehe. Wichtige Aufführungen in Deutschland waren in letzter Zeit: ›Man spielt nicht mit der Liebe‹ (1977, Schaubühne am Halleschen Ufer, R. Luc Bondy); ›Lorenzaccio‹ (1985, Münchner Kammerspiele, R. Thomas Langhoff) und ›Marianne‹ (1991, Thalia Theater Hamburg, R. Werner Schroeter).

Stücke: ›Die venezianische Nacht‹ (1830); ›Schauspiel vom Lehnsessel aus‹ (1832); ›Les caprices de Marianne‹ (1833); ›Man spielt nicht mit der Liebe‹ (1834); ›Lorenzaccio‹ (1834); ›Un caprice‹ (1837).

Literatur: H. S. Gochberg: The Dramatic Art of Musset. Genf 1967; L. Lafoscade: Le théâtre de Musset. Genf 1973; C. Affron: A Stage for Poets. Princeton 1971.

Nagel, Ivan, geb. 28. 6. 1931 in Budapest. Kritiker, Dramaturg und Intendant. Kam 1948 in die Schweiz und machte 1950 in Zürich das Abitur; Studium der Germanistik und Philosophie in Paris und Heidelberg sowie 1954–1958 in Frankfurt a. M. bei Theodor W. Adorno und Max Horkheimer. 1958–1962 Theaterkritiker der ›Deutschen Zeitung‹ in Stuttgart; 1962–1968 Chefdramaturg bei Hans Schweikart, dann bei August Everding an den Münchner Kammerspielen; 1968–1971 Theaterkritiker bei der ›Süddeutschen Zeitung‹ in München. Im Januar 1972 wurde er als Nachfolger von Hans Lietzau Intendant des Hamburger Schauspielhauses, das er bis 1979 leitete. Zusammenarbeit mit den Regisseuren Luc Bondy, Dieter Giesing, Jérôme Savary und Peter Zadek sowie mit den Bühnenbildnern Rolf Glittenberg und Erich Wonder. Nagel selbst war stets ein überzeugter »Nicht-Regisseur«. Wichtige Uraufführungen während seiner Intendanz: ›Die Hypochonder‹ (1972) und ›Trilogie des Wiedersehens‹ (1977) von Botho Strauß; ›Stallerhof‹ von Franz Xaver Kroetz (1972). Angriffe wegen Etatüberziehung. Zum Abschluß seiner Hamburger Theaterarbeit organisierte er 1979 das Festival »Theater der Nationen«; 1981 war er in Köln Mitbegründer und Leiter des Festivals »Theater der Welt« (1979 auch in Stuttgart). Sein Nachfolger am Schauspielhaus Hamburg wurde Niels-Peter Rudolph. 1980–1984 Kulturkorrespondent für die ›Frankfurter Allgemeine Zeitung‹ in New York. 1985–1988 Intendant des Staatsschauspiels Stuttgart (als Nachfolger Hansgünther Heymes); Zusammenarbeit mit dem Dramaturgen Gottfried Greiffenhagen, nach dessen Weggang mit Frank Baumbauer; zeitgenössisch ausgerichteter Spielplan; Zusammenarbeit mit den Regisseuren Rudolph, Giesing, Arie Zinger, Peter Palitzsch, Jossi Wieler, Robert Wilson. Zadek und Bondy mußten absagen, wichtige Schauspieler wie Ulrich Wildgruber und Gert Voss wanderten ab. 1987 erhielt er das Angebot, als Nachfolger von Zadek

erneut die Leitung des Hamburger Schauspielhauses zu übernehmen, lehnte jedoch ab, um einem Ruf an die Berliner Hochschule der Künste zu folgen; seit 1988 ist er dort Professor für »Ästhetik und Geschichte der darstellenden Künste«. 1988 erhielt er den Johann-Heinrich-Merck-Preis für literarische Kritik und Essay.
Literatur: I. Nagel: Gedankengänge als Lebensläufe. Versuche über das 18. Jahrhundert. München, Wien 1987; ders.: Autonomie und Gnade. Über Mozarts Opern. München, Wien 1988; ders.: Kortner, Zadek, Stein. München, Wien 1989.

Neher, Caspar, geb. 11. 4. 1897 in Augsburg, gest. 30. 6. 1962 in Wien. Bühnenausstatter. Seit der Schulzeit in Augsburg Freundschaft mit Bertolt Brecht; 1918–1922 Studium in München; erstes Bühnenbild für Kleists ›Das Käthchen von Heilbronn‹ (1923, Staatstheater Berlin, R. Jürgen Fehling); danach arbeitete er abwechselnd in Berlin und am Residenztheater München. Ausstattung von Brecht-Stücken in Inszenierungen des Autors: ›Leben Eduards II. von England‹ (UA 1923, München); ›Baal‹ (1926, Junge Bühne im Deutschen Theater Berlin). Für Erich Engel stattete er Brechts ›Im Dickicht der Städte‹ aus (UA 1923, München; 1924 Deutsches Theater Berlin): »Räume, von denen man nie so recht weiß, ob sie eigentlich Innenräume oder Straßen sind. Himmel und Luft sind mit Steinen zugebaut, und diese bröckeligen Wände sind doch nicht stark genug, um den Menschen wie eine Heimat von der Außenwelt abzuschneiden – es ist alles nur Straße.« (Julius Bab, ›Berliner Volks-Zeitung‹, 31. 10. 1924) Weitere Arbeiten mit Engel (alle Berlin): Shakespeares ›Coriolan‹ (1925, Deutsches Theater); Wedekinds ›Lulu‹ (1926, Staatstheater); Feuchtwangers ›Kalkutta 4. Mai‹ (1928, Staatstheater); Brecht/Weills ›Die Dreigroschenoper‹ (UA 1928, Theater am Schiffbauerdamm, die berühmteste Aufführung der Trias Brecht-Engel-Neher). Brechts ›Mann ist Mann‹ stattete

Neher

er sowohl in Darmstadt (UA 1926, R. Jakob Geis) als auch in den beiden Berliner Aufführungen aus (1928, Volksbühne, R. Engel; 1931 am Staatstheater, R. Brecht). Herbert Ihering schrieb begeistert:»Seine Dekorationen gehören zu dem Fabelhaftesten, was ich je gesehen habe. Diese sachliche, spielgemäße Aufteilung des Raumes, und diese malerische Versinnbildlichung! Es gibt eine Zeitbewegung. Es gibt Künstler, die zusammengehören.« (›Berliner Börsen-Courier‹, 5. 1. 1928) Arbeiten mit Leopold Jessner am Berliner Staatstheater u. a.: Shakespeares ›Hamlet‹ (1926) und ›König Johann‹ (1929); mit Max Reinhardt: Hamsuns ›Vom Teufel geholt‹ (1929, Komödie Berlin). Neben seiner Tätigkeit in Berlin war er von 1927 bis 1932 Ausstattungsleiter in Essen. In den dreißiger Jahren kunsthistorische Studien und erstmals Opernausstattungen; 1934–1941 Arbeiten in Frankfurt a. M. und am Deutschen Theater Berlin (bis 1944); in Berlin mehrere Shakespeare-Stücke: ›Coriolan‹ (1937), ›Der Sturm‹ (1938) und ›Othello‹ (1939, R. jeweils Engel); ›König Lear‹ (1940) und ›Antonius und Cleopatra‹ (1943, R. jeweils Heinz Hilpert). 1940 Beginn der Zusammenarbeit mit Oscar Fritz Schuh in Wien, später auch in Salzburg und ab 1941 in Hamburg; viele bedeutende Mozart-Inszenierungen. 1946–1949 Bühnenbildner am Schauspielhaus Zürich; dort wieder Zusammenarbeit mit Brecht: gemeinsame Inszenierung des ›Antigone-Projekts‹ (1948); ab 1949 mit Brecht am Berliner Ensemble: ›Herr Puntila und sein Knecht Matti‹ (1949); ›Der Hofmeister‹ (1950, nach Lenz, R. Brecht/ Neher); ›Die Mutter‹ (1951, nach Gorki); ›Leben des Galilei‹ (1957, R. Engel). 1953–1958 Zusammenarbeit mit Oskar Fritz Schuh am Theater am Kurfürstendamm Berlin und 1959–1962 an den Städtischen Bühnen Köln. Brecht nannte Neher den »größten Bühnenbauer unserer Zeit«, wobei sich der »Bühnenbauer« im Brechtschen Sinn deutlich von einem dekorativ arbeitenden »Bühnenbildner« unterscheidet (vgl. Brechts Anmerkungen ›Über den Bühnenbau der nichtaristotelischen Dramatik‹). Das Grundprinzip der Neherschen Bühne war die Raumintegration: Bühne als anti-illusionistischer, offener, Transparenz und Auswege zulassender Handlungs- und Schicksalsraum des Menschen, demonstriert als Modell für eine sinnlich erfahrbare und veränderbare Welt. Neher verwendete z. T. historische Dekorationen als Zitat; Betonung der Theatersituation durch bewußt bühnenhafte Elemente. Brecht schrieb:»Seine Dekorationen sind bedeutende Aussagen über die Wirklichkeit. Er verfährt dabei groß, ohne durch unwesentliches Detail oder Zierat von der Aussage abzulenken, die eine künstlerische und denkerische Aussage ist. (. . .) Unser Freund geht bei seinen Entwürfen immer von ›den Leuten‹ aus und von dem, ›was mit ihnen und durch sie passiert‹. Er macht keine ›Bühnenbilder‹, Hintergründe und Rahmen, sondern er baut das Gelände, auf dem ›Leute‹ etwas erleben. (. . .) Er benutzt oft eine Erfindung, die seither zu internationalem Gemeingut geworden und ihres Sinnes gemeinhin beraubt worden ist. Es ist die Zweiteilung der Bühne, eine Anordnung, durch die vorn ein Zimmer, ein Hof, eine Arbeitsstätte halbhoch aufgebaut ist und dahinter projiziert oder gemalt eine weitere Umgebung, wechselnd mit jeder Szene oder stehend durch das ganze Stück. Dieses weitere Milieu kann auch aus dokumentarischem Material bestehen oder einem Bild oder Teppich. Eine solche Anordnung bereichert natürlich die Erzählung, und zugleich erinnert sie die Zuschauer ständig, daß der Bühnenbauer eine Bühne gebaut hat; er bekommt die Dinge anders zu sehen als außerhalb des Theaters.« (›Theater heute‹, Heft 8, 1962)

Literatur: C. Neher: Das moderne Bühnenbild. In: H. Rutz: Neue Oper. Wien 1947; H. Ragaller/H. J. Weitz (Bearb.): Bertolt Brecht. Caspar Neher. Darmstadt 1963 (Katalog); G. v. Einem/S. Melchinger (Hrsg.): Caspar Neher. Velber 1966; B. Brecht: Über den Bühnenbau der nichtaristotelischen Dramatik. In: ders.: Schriften zum Theater 1. Frankfurt a. M. 1967, S. 439ff. (Gesammelte Werke 15); F. Hadamowsky: Caspar Nehers szenisches Werk. Wien 1972; M. Högel: Caspar Neher. Weißenhorn 1973.

517

Nel, Christof, geb. 1944 in Stuttgart. Schauspieler und Regisseur. Sohn eines Musikers. Kurzes Studium der Theaterwissenschaft und Kunstgeschichte in München; Ausbildung an einer Münchner Schauspielschule. Arbeitete sechs Jahre lang als Schauspieler an verschiedenen Bühnen, u. a. in Münster und Bremen; 1970 an der Berliner Schaubühne: Gefängniswärter in Gorki/Brechts ›Die Mutter‹ (R. Peter Stein). Erste Inszenierungen am Schauspiel Köln: Kroetz' ›Stallerhof‹ und Dumas' ›Kameliendame‹ (1973); es folgten dort u. a.: Griffiths ›Occupations – Roter Sonntag in Turin‹ (DE 1973); García Lorcas ›Bluthochzeit‹ (1975); Horváths ›Kasimir und Karoline‹ (1975, mit Rotraut de Neve); Heiner Müllers ›Mauser‹ (DE 1980, mit Hildegard Schmahl und Peter Franke); am Theater Bremen: Büchners ›Woyzeck‹ (1974). Vielgelobte Inszenierungen am Schauspiel Frankfurt a. M. u. a.: Goethes ›Clavigo‹ (1974); Kellings ›Lkw‹ (1975); Deichsels ›Loch im Kopp‹ (UA 1977); Schillers ›Kabale und Liebe‹ (1977); Horváths ›Glaube, Liebe, Hoffnung‹ (1977); Erfolg mit Sophokles/Hölderlins ›Antigone‹ (1979, mit Rotraut de Neve, 1979 zum Berliner Theatertreffen eingeladen). Regiearbeiten am Staatstheater Stuttgart u. a.: Brechts ›Trommeln in der Nacht‹ (1976); Braschs ›Rotter‹ (UA 1977, mit Therese Affolter, Peter Sattmann, Peter Brombacher, 1978 zum Berliner Theatertreffen eingeladen); Genets ›Der Balkon‹ (1979). Jens Wendland schrieb: »Christof Nel hat sich (...) mit einigen Arbeiten bereits einen Namen gemacht als Schauspiel-Trivial-Experte. (...) Nel inszeniert nicht Stücke, sondern deren Abstand zu uns; er reichert deshalb seine Arbeiten vorzugsweise mit Trivialmythen an, geht am Text vorbei, streift ihn allenfalls. Genets ›Balkon‹ ist ein neuer Beleg für diese Methode oder – nun wohl leider auch schon – Masche.« (›SZ‹, 19. 4. 1979) Arbeiten am Schauspielhaus Hamburg u. a.: Lenz' ›Der Hofmeister‹ (1980); Friederike Roths ›Klavierspiele‹ (UA 1981); Brecht/Weills ›Die Dreigroschenoper‹ (1981); Shakespeares ›Titus Andronicus‹ (1982, Malersaal). An der Freien Volksbühne Berlin: Shakespeares ›Romeo

und Julia‹ (1988); Büchners ›Leonce und Lena‹ (1989, Mitarbeit: Thomas Brasch); Aischylos' ›Die Perser‹ (1991). Am Theater am Turm (TAT) Frankfurt inszenierte er u. a. das Kleist-Experiment ›Wortpest‹ (1990, mit Studenten) und gemeinsam mit Ulrich Wallert die Deutschland-Revue ›Das Gedächtnis mißt sich an der Geschwindigkeit des Vergessens‹ (1991); Verena Auffermann: »Der tollkühne Christof Nel erfindet mit jeder Inszenierung das Theater für sich neu. Mit seinen unerhörten Fragen entkleidet er die Texte der Weltliteratur. (...) Keine Frage, daß Nels und Wallerts Exkursion in das private und öffentliche Gedächtnis eine moralische Rutschpartie über Berg und Tal beider Deutschlands ist. (...) Voller Musikalität, verbaler Trivialität, Alltagshohn und durchsetzt mit wirklich urkomischem Slapstickhumor.« (›SZ‹, 1. 7. 1991) Auch Opernregie: Webers ›Der Freischütz‹ (1983, Frankfurt a. M.); Verdis ›Falstaff‹ (1985, ebenda); Nonos ›Intolleranza 1960‹ (1992, Stuttgart, Bühne: Alfred Hrdlicka); Wagners ›Meistersinger‹ (1993, Frankfurt a. M.).

Nemirowitsch-Dantschenko, Wladimir Iwanowitsch, geb. 11. 12. 1858 in Ozurgety (Georgien), gest. 25. 4. 1943 in Moskau. Autor, Dramaturg, Regisseur und Intendant. Künstlerischer Partner von Konstantin Stanislawski. 1876–1879 Studium der Mathematik und Physik in Moskau; ab 1877 Theaterkritiker bei verschiedenen Zeitungen. Um 1880 begann er, Erzählungen und Bühnenstücke zu schreiben; seine Komödien wurden zum Teil am Mali Theater aufgeführt. 1891 Theaterdozent; 1897 Begegnung mit Stanislawski, mit dem er 1898 das Moskauer Künstlertheater gründete (MChT, seit 1919 MChAT); gemeinsame Leitung der Bühne bis 1938; nach dem Tod Stanislawskis war er alleiniger Direktor. Nemirowitsch-Dantschenko war vor allem für Organisation und Dramaturgie verantwortlich; förderte Schauspieler und Autoren; überredete z. B. Tschechow, sein in Petersburg durchgefallenes Stück ›Die Möwe‹ für das Künstlertheater freizugeben. Durch die Aufführung der ›Möwe‹ (Dezember 1898) erlang-

Nestroy

te das MChAT Weltruhm. Nemirowitsch-Dantschenko war bei vielen Inszenierungen Co-Regisseur, blieb dabei aber meist im Schatten Stanislawskis. Dem schauspieltheoretischen »System« Stanislawskis stand er, vor allem in der Frage der Identifikation, nicht ganz kritiklos gegenüber. Auch Einzelinszenierungen, häufig Opern. 1919 Gründung eines »musikalischen Studios«, in dem er die Ästhetik des Künstlertheaters für das Musiktheater nutzbar machte; 1926 ging daraus ein selbständiges Theater hervor, das seinen Namen trägt. **Literatur:** L. Frejdkina: Die Regie W. J. Nemirowitsch-Dantschenkos und das Stanislawskij-System. Weimar 1952.

Nestroy, Johann Nepomuk, geb. 7. 12. 1801 in Wien, gest. 25. 5. 1862 in Graz. Dramatiker, Schauspieler, Regisseur und Intendant. Jura- und Philosophiestudium ohne Abschluß; 1822 Engagement als Sänger an der Wiener Hofoper, debütierte als Sarastro in Mozarts ›Zauberflöte‹. 1823–1825 am Deutschen Theater Amsterdam, wo er zum Teil auch Sprechrollen übernahm; 1825 Sänger und Schauspieler in Brünn; ab 1826 in Graz und Preßburg, wo man ihn immer häufiger in komischen Rollen sah; Durchbruch als Sansquartier in Louis Angelys ›Zwölf Mädchen in Uniform‹ (1827); 1829 Gastspiel am Theater in der Josefstadt Wien. 1831 engagierte ihn Karl Carl an sein Theater an der Wien; dort 1833 Durchbruch als Dramatiker mit der Zauberposse ›Der böse Geist Lumpazivagabundus‹ (mit Nestroy als Schuster Knieriem, zeitlebens eine seiner erfolgreichsten Rollen). Seit 1845 spielte er am Carl-Theater (dem von Carl umgebauten Theater in der Leopoldstadt), dessen Leitung er nach Carls Tod im Jahr 1854 übernahm. Nestroy blieb bis 1860 Direktor; danach zog er sich von der Bühne zurück, gab nur noch gelegentlich Gastspiele. Von Nestroy sind 83 Stücke erhalten: Zauberspiele, Quodlibets, Parodien, u. a. auf Grillparzer, Hebbel und Wagner, v.a. aber Possen »mit Gesang«, mit Couplets und Duetten (Musik meist von Adolf Müller); viele davon gehörten zu Nestroys Lebzeiten fest zum Wiener Repertoire. Anders als sein Antipode Ferdinand Raimund, der mit einer fast schon kindlichen Naivität schrieb und die Welt romantisch verklärte, war Nestroy ein scharfer Satiriker, ein ironischer Kritiker seiner Zeit. Mit funkelndem Wortwitz und galligem Humor stellte er den Menschen in seiner Schwäche bloß. Nestroy schrieb stets eine Hauptrolle für sich selbst und ab 1832 meist eine zweite tragende Rolle für seinen Freund und Partner, den dicken Schauspieler Wenzel Scholz (gestorben 1857). Während Scholz die einfältigen Tölpel verkörperte, spielte Nestroy die gewitzten, zynischen Typen. Nestroy war um die Jahrhundertwende fast vergessen; in Wien wurden vor allem die harmloseren Stücke aufgeführt. Seit 1922 Nestroy-Abende von Karl Kraus; nach 1945 wurden seine Stücke auch im Norden bekannter; steigende Aufführungszahlen in den siebziger Jahren in Österreich, der Bundesrepulik und in der Schweiz (ca. 30 Inszenierungen pro Spielzeit). **Stücke:** ›Der böse Geist Lumpazivagabundus‹ (1835); ›Zu ebener Erde und im ersten Stock‹ (1835); ›Das Mädl aus der Vorstadt‹ (1841); ›Der Talisman‹ (1843); ›Einen Jux will er sich machen‹ (1844); ›Der Zerrissene‹ (1845); ›Freiheit in Krähwinkel‹ (1849); ›Höllenangst‹ (1849); ›Judith und Holofernes‹ (Parodie, 1849); ›Tannhäuser‹ (Parodie, 1852); ›Häuptling Abendwind‹ (1862, Musik von Jacques Offenbach). **Literatur:** A. Hämmerle: Komik, Satire und Humor bei Nestroy. Diss. Fribourg 1947; H. Hübner: Nestroys Werke an der Wiener Bühne. Diss. Wien 1965; O. Basil: Johann Nestroy in Selbstzeugnissen und Bilddokumenten. Reinbek 1967; H. Weigel: Johann Nestroy. Hannover 1967; R. Preisner: Nestroy, der Schöpfer der tragischen Posse. München 1968; J. Hein: Spiel und Satire in der Komödie Nestroys. Bad Homburg 1970; K. Kraus: Nestroy und die Nachwelt. Zum 50. Todestag. Frankfurt a. M. 1975 (neu aufgelegt); H. Rössler: K. Kraus und Nestroy. Diss. Stuttgart 1981; H. Ahrens: Bis zum Lorbeer versteig' ich mich nicht. J. Nestroy – sein Leben. Frankfurt a. M. 1982; J. Hein: Das Wiener Volkstheater. Raimund und Nestroy. Darmstadt 1991.

Neuber, Friederike Caroline (geb. Weissenborn), geb. 9. 3. 1697 in Reichenbach im Vogtland, gest. 30. 11. 1760 in Laubegast (bei Dresden). Schauspielerin, Prinzipalin und Reformerin, genannt »die Neuberin«. Tochter eines Notars. Brannte 1717 mit dem Studenten Johann Neuber (1697–1759) durch. Beide debütierten bei der Spiegelbergschen Schauspieltruppe, heirateten 1718 in Braunschweig und schlossen sich der Haak-Hoffmannschen Gesellschaft an, deren Leitung die Neuberin 1727 übernahm. Bis 1737 war Leipzig das Standquartier der Truppe; Gastspiele in Dresden, Hamburg, Hannover, Braunschweig und Nürnberg. Seit 1727 künstlerische Freundschaft mit Johann Christoph Gottsched, mit dem zusammen sie das »verwilderte« Theater der Wandertruppen reformierte: weg vom damals gängigen Zauber- und Possenspektakel hin zu einem literarischen, lehrhaften Theater. Die blutrünstigen Haupt- und Staatsaktionen mit ihren zotigen, derb-komischen Stegreifspielen wurden ersetzt durch Texte des »neuen Geschmacks«: klassizistische französische Stücke u. a. von Racine und Corneille, ins Deutsche übersetzt von Gottsched und seiner »Deutschen Gesellschaft«; auch Stücke von deutschen Autoren wie Gellert, Weiße, J. E. Schlegel; 1731 Gottscheds ›Der sterbende Cato‹; 1748 Lessings ›Der junge Gelehrte‹; die Neuberin verfaßte eigene Vor- und Schäferspiele. Bei aller berechtigten Kritik an der vehementen Unterdrückung der Volkstheaterelemente war die Reform der Neuberin von entscheidender Bedeutung für die weitere Entwicklung des deutschsprachigen Theaters. Von der Neuberin gingen wichtige Impulse für die Anerkennung des Schauspielerstandes aus. Sie schulte ihre Truppe moralisch wie künstlerisch, trat selbst in vielen Hauptrollen auf und zog herausragende Darsteller wie Gottfried Heinrich Koch oder Johann Friedrich Schönemann heran. Im Oktober 1737 verbannte sie – ganz im Sinne Gottscheds – den Harlekin von der Bühne (symbolische Verbrennung einer Puppe im Hanswurstkostüm; zunächst mit wenig Erfolg). Gastspiele in ganz Deutschland und Rußland (Petersburg). 1741 Zerwürfnis mit Gottsched, nachdem sie ihn in einem Vorspiel als »Tadler«, der mit einer Laterne nach Fehlern sucht, verhöhnt hatte. In ihren letzten Jahren blieb die Neuberin erfolglos, ihr Stil galt als überholt; 1753 Mißerfolg in Wien; mehrmals Auflösung der Truppe. Sie starb im Elend. G. Weisenborn widmete ihr das Stück ›Die Neuberin‹ (1935).

Literatur: E. Devrient: Geschichte der deutschen Schauspielkunst. 5 Bde. Leipzig 1848; H. Welcker: Frau Caroline Neuber. Roman eines Künstlerlebens. Leipzig 1935; H. Sasse: Friederike Caroline Neuber. Versuch einer Neuwertung. Diss. Freiburg 1937; W. Drews: Die Großen des deutschen Schauspiels. Berlin 1941; H. Wendland: Komödiantin ohne Maske. Berlin 1957; E. Pies: Prinzipale. Zur Genealogie des deutschsprachigen Berufstheaters vom 17. bis 19. Jahrhundert. Düsseldorf 1973; P. Oelker: Nichts als eine Komödiantin. Die Lebensgeschichte der F. C. Neuber. Weinheim, Basel 1993.

Neuenfels, Hans, geb. 31. 5. 1941 in Krefeld. Regisseur und Intendant. Veröffentlichte schon früh zwei Lyrikbände und eine Schallplatte mit Gedichten; Regiestudium am Wiener Max-Reinhardt-Seminar. Wichtig wurde für ihn die Bekanntschaft mit dem Surrealisten Max Ernst, den er als seinen »geistigen Vater« bezeichnet. Erste Inszenierung 1964 am Wiener Theater am Naschmarkt; 1965 Oberspielleiter und Chefdramaturg in Trier; erwarb sich mit plakativ inszenierten, vom Living Theatre beeinflußten Bühnenhappenings den Ruf eines »provozierenden Regisseurs rebellischer Jugend«. Vom Intendanten Rudolf Meyer fristlos entlassen, wechselte er 1966 nach Krefeld. Inszenierungen u. a.: Handkes ›Publikumsbeschimpfung‹ (1966); Bonds ›Gerettet‹ (1967); Claudels ›Der seidene Schuh‹ (1968, Beginn der Zusammenarbeit mit Elisabeth Trissenaar, seiner Frau). 1968–1970 Spielleiter in Heidelberg; dort Durchbruch mit aufsehenerregenden, heftig umstrittenen Inszenierungen: Weiss' ›Marat/Sade‹ (1968); Tersons Fußballrevue ›Zicke Zacke‹ (1969); Büchners ›Dantons Tod‹ (1969, gespielt in weißen Totenlaken); Strindbergs ›Fräulein

Neuenfels   520

Julie‹ (1970). Er arbeitete u. a. mit den Schauspielern Gottfried John und Ulrich Wildgruber. 1970–1972 Inszenierungen in Stuttgart bei Peter Palitzsch u. a.: Vitracs ›Victor oder Die Kinder an der Macht‹ (1970; 1977 auch in Wien); Strindbergs ›Gespenstersonate‹ (1971); Valle-Incláns ›Worte Gottes‹ (DE 1971); großer Erfolg mit Ibsens ›Nora‹ (1972, mit Trissenaar und Peter Roggisch); Reinhard Baumgart schrieb: »Seine Stuttgarter ›Nora‹ pochte wild, riskant und auch virtuos auf die unverminderte Aktualität dieser Geschichte, und es gelang ihr, ein ziemlich rücksichtslos und hoch gefordertes Publikum davon zu überzeugen, fast restlos, fast so vollkommen, daß man sich fragt, ob nach diesem Abend dieser Ibsen je noch behutsamer gespielt werden kann, ja darf.« (›SZ‹, 31. 1. 1972) Weitere Arbeiten: Weiss’ ›Die Versicherung‹ (UA 1971, Essen); Schillers ›Die Räuber‹ (1971, Mannheim); Wedekinds ›Der Marquis von Keith‹ (1972, Köln). 1972 wechselte er mit Palitzsch nach Frankfurt a. M., wo er bis 1976 wichtigster Hausregisseur war (Mitsprachemodell). Zahlreiche umjubelte und umstrittene Inszenierungen, darunter: Shakespeares ›Troilus und Cressida‹ (1972); Ibsens ›Hedda Gabler‹ (1973); Hauptmanns ›Die Ratten‹ (1973; auch im Fernsehen); Brechts ›Baal‹ (1974); Gombrowicz’ ›Operette‹ (1975); Gorkis ›Nachtasyl‹ (1975). Erfolgreiches Debüt als Opernregisseur mit Verdis ›Troubadour‹ (1974, Nürnberg); seither zahlreiche Operninszenierungen u. a. an der Oper Frankfurt a. M.: Schrekers ›Die Gezeichneten‹ (1979); Busonis ›Faust‹ (1980); an der Deutschen Oper Berlin: Verdis ›Macht des Schicksals‹ (1982) und ›Rigoletto‹ (1986). Von 1976 bis 1986 arbeitete er als freier Regisseur; inszenierte als Gast weiterhin in Frankfurt, u. a.: Ibsens ›Gespenster‹ (1976); Euripides’ ›Medea‹ (1976); Sophokles’ ›Ödipus‹ (1979); Goethes ›Iphigenie auf Tauris‹ (1980; 1981 am Schiller-Theater Berlin). Weitere Gastinszenierungen u. a. am Thalia Theater Hamburg: Shakespeares ›Hamlet‹ (1978); García Lorcas ›Bernarda Albas Haus‹ (1979); am Akademietheater Wien: Wedekinds ›Franziska‹ (1978; 1985 auch an

der Volksbühne Berlin); an den Staatlichen Schauspielbühnen Berlin: Kleists ›Penthesilea‹ (1981); Musils ›Die Schwärmer‹ (1981); Genets ›Der Balkon‹ (1983). Zahlreiche Inszenierungen an der Freien Volksbühne Berlin, wo er von 1986 bis 1990 Intendant war (als Nachfolger von Kurt Hübner) u. a.: Euripides’ ›Elektra‹ und Bonds ›Gerettet‹ (1986, Doppelpremiere); Lessings ›Emilia Galotti‹ (1987); Dorsts ›Der verbotene Garten‹ (DE 1988); Musils ›Die Schwärmer‹ (1988); Kleistprojekt ›Der tollwütige Mund – Stationen eines Europäers‹ (UA 1988); Shakespeares ›Antonius und Cleopatra‹ (1989); Aristophanes/Lasker-Schülers ›Die Frösche‹/ ›IchundIch‹ (1990). Der Versuch, mit einem jungen Ensemble und einem mutigen Spielplan die Volksbühne zu einem neuen Theaterzentrum in Berlin zu machen, scheiterte an Neuenfels’ defizitärem Haushalt, schwindenden Besucherzahlen und an Auseinandersetzungen mit Politikern. Inszenierungen seit 1990 u. a.: Goethes ›Torquato Tasso‹ (1990, Schauspielhaus Zürich); am Wiener Burgtheater: Albees ›Wer hat Angst vor Virginia Woolf?‹ (1991); Kleists ›Das Käthchen von Heilbronn‹ (1992, mit Anne Bennent); am Berliner Schiller-Theater: Shakespeares ›Ein Sommernachtstraum‹ (1993, mit Bernhard Minetti als Puck). Er setzte sich in mehreren Filmen mit Kleist auseinander: ›Heinrich Penthesilea von Kleist‹ (1982/83); ›Die Familie oder Schroffenstein‹ (1983/84); ›Europa und der zweite Apfel‹ (1988). Weitere Filme u. a.: ›Reise in ein verborgenes Leben‹ (1983, über Jean Genet); ›Die Schwärmer‹ (1985, nach Musil). Neuenfels ist ein Einzelgänger unter den Regisseuren, ein »genialischer Egomane« (C. Bernd Sucher), häufig kritisiert als Chaot und Rabauke. Sein Bestreben ist es, »das Unsichtbare sichtbar zu machen«. Er versucht dies mittels einer surrealistischen, nicht immer leicht zu dechiffrierenden Zeichensprache. Seine Inszenierungen sind wildwuchernde Bildercollagen, aggressiv und verstörend, häufig auch obszön. Günther Rühle: »Mit jeder Inszenierung beginnt ein Abenteuer. Man weiß nicht, wo man ankommt. Seine Freunde schätzen seine im Theater selten

521

Neve

gewordene Verwegenheit. Seine Feinde verwerfen diese; sie sitzen links, rechts oder in der Mitte. (...) Es wurde an Neuenfels' Arbeiten immer sichtbarer, daß er alles Kausal-Psychologische verwirft zugunsten der Eingriffe aus den analysierten Tiefen der Psyche. Weil er sich mit dem Nachvollzug der Stücke nicht begnügte, wurde er ein übersetzender Regisseur, der unter der realen Handlung die verborgene sucht, unter dem Text den Subtext, unter dem Oberflächenbild das subkutane. (...) Seine Schauspieler geben keine Spiegelbilder der Zuschauer, sondern vergrößerte Schaubilder. Seine besten Inszenierungen steigern sich zu Denk-Bildern. Denkbilder sind die höchste Form, die das Theater erreichen kann.« (›FAZ‹, 11. 4. 1981) Er veröffentlichte den größtenteils autobiographischen Roman ›Isaakaros‹ (Salzburg 1991). Sieben Inszenierungen von Neuenfels wurden zu den Berliner Theatertreffen eingeladen, zuletzt im Jahr 1982 Kleists ›Penthesilea‹ und Musils ›Die Schwärmer‹ (beide Staatliche Schauspielbühnen Berlin).
Literatur: G. Loschütz/H. Laube (Hrsg.): War da was? Theaterarbeit und Mitbestimmung am Schauspiel Frankfurt 1972–1980. Frankfurt a. M. 1980; P. Iden: Theater als Widerspruch. Plädoyer für die zeitgenössische Bühne. München 1984; W. Kässens/J. W. Gronius: Theatermacher. Frankfurt a. M. 1987; C. B. Sucher: Theaterzauberer. Von Bondy bis Zadek. 10 Regisseure. München, Zürich 1990.

Neuss, Wolfgang, geb. 3. 1. 1923 in Breslau, gest. 5. 5. 1989 in Berlin. Schauspieler und Kabarettist. Nach dem Krieg arbeitete er in der Landwirtschaft und als Metzger; versuchte sich dann als Parodist und Conférencier und trat schließlich als Kabarettist auf. Seit 1950 beliebter Chargendarsteller im deutschen Film, u. a. in Kurt Hoffmanns ›Das Wirtshaus im Spessart‹ (1957) und ›Wir Wunderkinder‹ (1958). 1949 lernte er Wolfgang Müller kennen, mit dem er bis zu dessen Unfalltod im Jahr 1960 zahlreiche Kabarettprogramme bestritt, u. a. ›Zwischen Tür und Angel‹ (1953) und ›Schieß mich, Tell‹ (1955). Gemeinsam mit Müller drehte er auch mehrere Filme, der bekannteste war ›Wir Kellerkinder‹ (1960, mit Neuss als Hauptdarsteller). Von 1952 an inszenierte er u. a. am Kabarett »Die Stachelschweine« in Berlin; auch Inszenierungen eigener Theaterstücke: ›Tu's nicht ohne Liebe‹ (1958, Bayerisches Staatsschauspiel München); ›Zwei Berliner in Paris‹ (1959, Komödie Berlin). Bekannt wurde er vor allem durch sein politisches Nachtkabarett ›Das jüngste Gerücht‹ (1963) und seine Solo-Show ›Der Mann mit der Pauke‹. Mehrere Gastspiele an Berliner Bühnen u. a.: Gangster in Spewack/Porters ›Kiss me Kate‹ (1955, Theater am Kurfürstendamm); Narr in Shakespeares ›Was ihr wollt‹ (1953, Hebbeltheater, R. Kurt Meisel); in Wittlingers ›Kennen Sie die Milchstraße?‹ (1958, Komödie); in Budjuhn/Roses ›Die zwölf Geschworenen‹ (1959, Komödie, R. Rudolf Noelte). An der Freien Volksbühne sah man ihn u. a. in Hochhuths ›Der Stellvertreter‹ (1963) und in Kipphardts ›In der Sache J. Robert Oppenheimer‹ (1964, R. jeweils Erwin Piscator); am Schauspielhaus Hamburg: Thersites in Shakespeares ›Troilus und Cressida‹ (1966). 1968/69 Mitarbeit in Weiss' ›Vietnam-Diskurs‹ (Kammerspiele München und Schaubühne Berlin, R. Peter Stein/W. Schwiedrzik). In den siebziger Jahren zog sich Neuss aus der Öffentlichkeit zurück. Gezeichnet vom Drogenkonsum, stand er in den achtziger Jahren gelegentlich wieder vor der Kamera.
Literatur: R. Ulrich/J. Herbst/Thierry: Die Stachelschweine. Berlin 1956; G. Salvatore/W. Neuss: Ein faltenreiches Kind. Frankfurt a. M. 1974; V. Kühn: Das Wolfgang Neuss Buch. Köln 1981; K. Budzinski: Wer lacht denn da? Kabarett von 1945 bis heute. Braunschweig 1989.

Neve, Rotraut de, geb. 1944. Schauspielerin und Theaterleiterin (Bremer Tanztheater). Ausbildung an der Schauspielschule Berlin; Engagements in Luzern und Münster; Anfang der siebziger Jahre am Theater Bremen, wo sie vor allem Boulevardstücke spielte. 1975 an den Städtischen Bühnen Köln: Lena in Fugards ›Buschmann und Lena‹ und Braut in García Lorcas ›Bluthochzeit‹; in Stuttgart:

Nicklisch

Anna Balicke in Brechts ›Trommeln in der Nacht‹ (1976). Danach Engagement am Schauspiel Frankfurt a. M.; dort u. a.: Helena in Shakespeares ›Sommernachtstraum‹ (1978, R. Wilfried Minks); Meroe in Kleists ›Penthesilea‹ (1978, R. Frank-Patrick Steckel); Karoline in Horváths ›Kasimir und Karoline‹ (1980, R. Peter Palitzsch); häufig in Inszenierungen von Christof Nel: Elisabeth in Horváths ›Glaube, Liebe, Hoffnung‹ (1977); Tochter in Deichsels ›Loch im Kopp‹ (UA 1977). In der Spielzeit 1979/80 sah man sie in zwei verschiedenen Aufführungen von Sophokles' ›Antigone‹: in Nels Frankfurter Inszenierung spielte sie die Titelrolle, in Niels-Peter Rudolphs Berliner Version den auf eine Person reduzierten Chor (1980, Schiller-Theater). Peter Iden schrieb: »Auf der Frankfurter Bühne ein Mädchen immer am Rande des Dunkels, der Nacht, des Grabes; Widerstand eine Weile, auf der Grenzlinie zwischen dem Leben, über das Kreon herrscht (. . .) und dem Tod, der der Preis ist, schrecklich und verlockend doch auch, für die Einhaltung, Erfüllung des höheren Gebots. – Der Berliner Chor fügte der Geschichte von Antigone und Kreon noch die einer anderen Lebensspanne hinzu: Der Chor war jung, alterte, verbrauchte sichtbar seine Kräfte unter dem Druck der Vorgänge (. . .). Er behauptete sich in der Aufführung, zog die Aufmerksamkeit auf sich durch angestrengt artistische Haltungen und Bewegungen der Darstellerin. Das war auch der Versuch, eine komplizierte Textstruktur körperlich zu erfassen und zu bedeuten. (. . .) So werden viele lange noch an sie denken.« (›Theater heute‹, Jahrbuch 1979) Rollen am Hamburger Schauspielhaus u. a.: Sie in Friederike Roths ›Klavierspiele‹ (UA 1981) und Königin Tamora in Shakespeares ›Titus Andronicus‹ (1982, R. jeweils Nel); Regine in Musils ›Die Schwärmer‹ (1984, R. Rudolph); ›Der letzte Schrei‹ (UA 1983, Szenencollage von und mit de Neve/Imogen Kogge/Heidrun Vielhauer); ›Zwei Weiber‹ (1985, Frauenprojekt von und mit de Neve/Vielhauer, Kampnagelfabrik). Von 1986 bis 1989 leitete sie zusammen mit der Choreographin Heidrun Vielhauer das Bremer Tanztheater; verschiedene Versuche, Tanz und Sprache zu verbinden, u. a. in dem Projekt ›Rituale‹ (1989). Ihr Nachfolger wurde Hans Kresnik.

Nicklisch, Maria, geb. 26.1. ca. 1914 in Luckenwalde bei Potsdam. Schauspielerin. Ihre Schauspielkarriere begann 1934 am Münchner Staatsschauspiel. Seit 1935 ist sie Ensemblemitglied der Münchner Kammerspiele. Rollen in Inszenierungen von Otto Falckenberg u. a.: Cressida in Shakespeares ›Troilus und Cressida‹ (1936) und Ophelia in ›Hamlet‹ (1939, mit Horst Caspar); Susanne in Beaumarchais' ›Der tolle Tag oder Figaros Hochzeit‹ (1937, mit O. E. Hasse). In Inszenierungen von Paul Verhoeven u. a.: Liddy in Grabbes ›Scherz, Satire, Ironie und tiefere Bedeutung‹ (1936); Blanche in Williams' ›Endstation Sehnsucht‹ (1951); Mrs. Frail in Congreve/Gillners ›Liebe für Liebe‹ (DE 1966). In Inszenierungen von Harry Buckwitz u. a.: Lady Milford in Schillers ›Kabale und Liebe‹ und Polly in Brecht/Weills ›Die Dreigroschenoper‹ (1948/49). In Inszenierungen von Hans Schweikart u. a.: Catherine in Goetz' ›Die Erbin‹ (1951); Katharina in Shakespeares ›Der Widerspenstigen Zähmung‹ (1952); Abigail in Millers ›Hexenjagd‹ (1954) und Esther Franz in ›Der Preis‹ (1968); Titelrollen in Bruckners ›Elisabeth von England‹ (1955/56) und in Terrons ›Die schwarze Witwe‹ (1961/62); Alice in Dürrenmatts ›Play Strindberg‹ (1969). In Inszenierungen von Leonard Steckel u. a.: Miranda in Frischs ›Don Juan oder Die Liebe zur Geometrie‹ (1953); Julia in Shakespeares ›Komödie der Irrungen‹ (1960). In Inszenierungen von August Everding u. a.: Amanda in Shaws ›Der Kaiser von Amerika‹ (1956/57); Claire in Albees ›Empfindliches Gleichgewicht‹ (1967) sowie Geliebte in ›Alles vorbei‹ (DE 1972). In Stücken von Tschechow: Ranjewskaja in ›Der Kirschgarten‹ (1962); Arkadina in ›Die Möwe‹ (1966); Maria Wassiljewna in ›Onkel Wanja‹ (1987, R. Hans Lietzau); ferner u. a.: Eleonore in Mrozeks ›Tango‹ (1966, R. Dieter Giesing); Gräfin Laroche in Lenz/Kipphardts ›Die Soldaten‹ (1970, R. Heinar Kipphardt; Ivan Nagel bescheinigte ihr in seiner ›SZ‹-Kritik »schauspie-

lerische Klugheit und Meisterschaft«);
Prostituierte in Behans ›Richards Kork-
bein‹ (1974); Titelrolle in Witkiewicz'
›Die Mutter‹ (1975); Dorothea Merz in
Dorsts ›Auf dem Chimborazo‹ (1976);
großer Erfolg als Fonsia in Coburns ›Gin-
Rommé‹ (1978, mit Peter Lühr, R. Hans-
Reinhard Müller); Frau im schwarzen
Kleid in Wilsons ›Die goldenen Fenster‹
(UA 1982, R. Robert Wilson). In Inszenierungen von Dieter Dorn u. a.: Baronin Du-
verger in Feydeaus ›Klotz am Bein‹
(1983); Titania in Strauß' ›Der Park‹
(1984); Hexe in Goethes ›Faust I‹ (1987).
Maria Nicklisch ist die *grande dame* der
Münchner Kammerspiele. C. Bernd Sucher
schrieb:»Diese kleine, zierliche Frau mit
der unverwechselbaren Stimme gibt selbst
den einfachsten Frauen (...) einen großbürgerlichen Touch. Sie beherrscht den
überlegenen, ein wenig ironisch-hochnäsi-
gen Ton. Sie hat Grazie und Arroganz. Sie
hat sehr viel Humor. Der ist diskret, weshalb sie die Geschöpfe, denen sie Leben
verleiht, mit Distanz spielt. Das heißt, sie
bricht sie. Maria Nicklisch entwickelt
Menschen in ihrer ganzen Komplexität,
also auch mit ihren Widersprüchen.« (›SZ‹,
26. 1. 1989) 1985 wurde sie mit dem Kulturellen Ehrenpreis der Stadt München
ausgezeichnet.
Literatur: H.-R. Müller/D. Dorn/E. Wendt:
Theater für München. Ein Arbeitsbuch der
Kammerspiele 1973–1983. München 1983;
C. B. Sucher: Theaterzauberer. Schauspieler. 40 Porträts. München, Zürich 1988.

Niehaus, Ruth, geb. 11. 7. 1928 in Kre-
feld, gest. 24. 9. 1994 in Hamburg. Schau-
spielerin. Nach dem Abitur Ausbildung bei
Peter Esser an der Schauspielschule Düs-
seldorf. Erste Engagements am Stadtthea-
ter Krefeld (1947/48), am Deutschen
Schauspielhaus Hamburg (1948/49) und
am Stadttheater Oldenburg (1949/50).
Wichtige Rollen in dieser Zeit: Luise in
Schillers ›Kabale und Liebe‹ und Johanna
in Shaws ›Die heilige Johanna‹ (jeweils
Schauspielhaus Hamburg); Ophelia in
Shakespeares ›Hamlet‹ und Titelrolle in
Kleists ›Käthchen von Heilbronn‹ (jeweils
Oldenburg). Ihr Filmdebüt gab sie 1951 als
Atlanta in Curt Goetz' ›Das Haus von

Montevideo‹. 1952 sah man sie als
Gretchen in Goethes ›Faust‹ (Festspiele
Schwäbisch Hall) und als Solveig in Ibsens
›Peer Gynt‹ (Schauspielhaus Hamburg). In
den Jahren 1952 und 1953 arbeitete sie bei
Gustaf Gründgens am Düsseldorfer Schauspielhaus. Sie spielte dort u. a. die Desdemona in Shakespeares ›Othello‹ und die
Lucile in Büchners ›Dantons Tod‹. Im
deutschen Nachkriegsfilm verkörperte sie
die frische, ein wenig frivole Blondine von
nebenan. Ihre Bewunderer nannten sie die
»deutsche Rita Hayworth«. Zu ihren bekanntesten Filmen zählen: ›Rosen blühen
auf dem Heidegrab‹ (1952); ›Weg ohne
Umkehr‹ (1953); ›Am Anfang war es Sünde‹ (1954); ›Rosenmontag‹ (1955); ›Auferstehung‹ (1958). In den fünfziger Jahren
gastierte sie an verschiedenen Bühnen,
u. a.: Pippa in Hauptmanns ›Und Pippa
tanzt!‹ (1953, Schauspielhaus Hamburg);
Johanna in Maulniers ›Prozeß der Jeanne
d'Arc‹ (1954, Festspiele Schwäbisch Hall,
auch in Heilbronn und bei der Europäischen Festwoche Echternach, Luxemburg;
1957 erneut in Schwäbisch Hall); Gretchen
in Goethes ›Urfaust‹ (1954, Deutschor-
denshof-Spiele, Heilbronn); Titelrolle in
Colettes ›Gigi‹ (1955, Städtische Bühnen
Wuppertal); Titelrolle in Kleists ›Käthchen
von Heilbronn‹ (1957, Luisenburg-Festspiele Wunsiedel); Titelrolle in Colette
Audrys ›Soledad‹ (1957, Tribüne Berlin);
Nathalie in Kleists ›Prinz Friedrich von
Homburg‹ (1959, Burgtheater Wien); wieder Gretchen im ›Faust‹ (1959, Festspiele
Bad Hersfeld). Von 1964 bis 1968 gehörte
sie wieder fest zum Ensemble des Deutschen Schauspielhauses Hamburg. Sie
spielte dort in zahlreichen Inszenierungen
von Oscar Fritz Schuh: Alarica in Audibertis ›Lauf des Bösen‹ (1964); Chinesische Prinzessin in Frischs ›Die chinesische
Mauer‹ (1965); Belisa in García Lorcas ›In
seinem Garten liebt Don Perlimplín Belisa‹
(1965); Titania in Shakespeares ›Sommernachtstraum‹ (1965); Zoe in Saunders'
›Ein Duft von Blumen‹ (1965); Titelrolle
in Giraudoux' ›Undine‹ (1966); Cressida
in Shakespeares ›Troilus und Cressida‹
(1966); Klärchen in Goethes ›Egmont‹
(1967); Lucile in Büchners ›Dantons Tod‹
(1967); Palastaufseherin in Saunders'

›Opus‹ (1968); Martha in Claudels ›Der Tausch‹ (1968). Von 1969 an arbeitete sie als freie Schauspielerin, häufig Tourneen, Rezitationsabende, Fernseh- und Hörfunkarbeit. Seit Mitte der achtziger Jahre machte sie eigene Inszenierungen, privat mit der Videokamera (als Dokumentarfilmerin) und öffentlich im Theater. Ihr Debüt als Theaterregisseurin gab sie 1984 mit Anouilhs ›Eurydike‹ an den Westfälischen Kammerspielen Paderborn. 1987 inszenierte sie am Theater Kleine Freiheit in München Daphne du Mauriers ›Rebecca‹. Susanne Robbert schrieb in einem Porträt über die Künstlerin (›Die Zeit‹, 23. 10. 1987): »Ruth Niehaus hätte ein toller Exportschlager werden können. Ein flotter, deutscher Hit im Ausland. Frisch und natürlich, die blonden Haare unter einem Kopftuch, war sie das lachende Covergirl vom ›Heideboten‹ und vom ›Deutschen Hausschatz‹. Zwar waren die Augen braun, nicht blau, aber in den fünfziger Jahren sah man das nicht mehr so eng. Auch als Vamp in Abendkleid und mit Klunkern machte sie auf den Titelbildern von Illustrierten wie ›stern‹ und ›Film und Frau‹ eine gute Figur. Orson Welles war von der jungen Mimin so hingerissen, daß er sie gleich für drei Filme und obendrein auch noch für Heim und Herd in Hollywood engagieren wollte. Da war Ruth Niehaus aber schon in Ivar Lissner verliebt, (...) wurde schwanger, Hollywood kam nicht in Frage. (...) Warum zog es sie auf die Bühne und vor die Kameras? Sie habe sich da eine Theorie zusammengedacht, antwortet sie. ›Ich möchte in meinem Leben mehr Leben leben, als es mir in Wirklichkeit vergönnt ist. All die Tode und die Liebesgeschichten, die ich auf der Bühne erlebt habe, hätte ich doch in Wirklichkeit nie erleben können. Das wäre auch ganz schrecklich, denn ich habe ein Interesse an Mörderinnen. Und wenn ich so etwas tatsächlich rauslassen würde, säße ich nur noch im Gefängnis. Aber im Theater lasse ich meine Phantasie laufen.‹«

Niermeyer, Amélie, geb. 14. 10. 1965 in Bonn. Regisseurin. 1983 High School Diplom in St. Louis (USA); 1984 Abitur in Bonn; 1984–1986 Hospitanzen am Schauspiel Bonn u. a. bei Rudolf Noelte, Peter Palitzsch und Peter Eschberg; erste Regiearbeiten mit der Pädagogium-Theatergruppe Bonn; Reise durch Südostasien und Australien; Kurse an der Drama-School in Sydney und Regieassistenz am New Theatre Sydney. 1986–1989 Grundstudium der Germanistik in Bonn und München; Regieassistentin in Bonn und am Bayerischen Staatsschauspiel München (u. a. bei David Mouchtar-Samorai, Arie Zinger, Franz Xaver Kroetz, Hans Dieter Jendreyko). 1990–1992 Regisseurin am Bayerischen Staatsschauspiel (unter der Intendanz von Günther Beelitz). Ihre Inszenierung des Stücks ›Memmingen‹ von Bettina Fless, in dem es um die Abtreibungsproblematik geht, wurde ein überraschender Publikumserfolg (1991). Weitere Arbeiten in München: Rasumowskajas ›Liebe Jelena Sergejewna‹ (1990); Inez van Dullemens ›Schreib mich in den Sand‹ (DE 1991); Wedekinds ›Frühlings Erwachen‹ (1992); Goethes ›Iphigenie auf Tauris‹ (1993, als Gast); außerdem: Phil Youngs ›Kissing God‹ (1991, Nürnberg); Goethes ›Laune der Verliebten‹ (1991, Deutsches Theater Alma-Ata, Kasachstan). 1992/93 war sie Regisseurin und Oberspielleiterin am Theater Dortmund, wo sie Aristophanes’ ›Lysistrate‹ und Goethes ›Clavigo‹ inszenierte. Christian Thomas schrieb: »Wenn die Lysistrate der Katharina Voss die Frauen in dieser pazifistischen Komödie zum Beischlaf-Boykott aufruft, (...) dann steht in Dortmund eine junge Frau auf der Bühne, die sich in Muskel-Spielen, Macho-Posen übt. Das ist gewiß ein böser Einfall: Zur Überwindung des Krieges, also zur Entwaffnung der Männer, bedarf es typisch männlicher Gesten, um die Solidarität der Frauen zu bewirken. (...) Amelie Niermeyer spielt als neue Oberspielleiterin nicht nur mit dem Stück. Nicht nur mit den Erwartungen des Publikums, seinen Vorurteilen, der prüden Dortmunder Moral. Sondern merkwürdigerweise genauso wie ihre Protagonistin Lysistrate mit den Muskeln. Eine forsche Regisseurin, ohne ein Fitzelchen Furcht.« (›SZ‹, 21. 10. 1992) Seit der Spielzeit 1993/94 arbeitet sie wieder am Münchner Staatsschauspiel (im Team von Eberhard

525

Witt): Marivaux' ›Der Streit‹ (1993); Ostrowskis ›Gewitter‹ (1994); Gastregie am Nationaltheater Mannheim: ›Zauber der Hölle‹ (1994, Schiller-Collage). 1992 erhielt sie den Förderpreis für »Frauenforschung und Frauenkultur« der Stadt München.
Literatur: A. Roeder/S. Ricklefs: Junge Regisseure. Regie im Theater. Frankfurt a. M. 1994.

Niessen, Carl, geb. 7. 12. 1890 in Köln, gest. 6. 3. 1969 in Troisdorf. Theaterwissenschaftler. Zählt neben Max Herrmann und Artur Kutscher zu den Begründern der Theaterwissenschaft in Deutschland. Studium der Kunst- und Kulturgeschichte in Heidelberg, Bonn, München, Berlin und Rostock; 1914 Promotion; arbeitete während des Studiums als Schauspieler, später als Regisseur. 1919 Habilitation als Privatdozent für deutsche Literatur- und Theatergeschichte an der Universität Köln; gründete dort das theaterwissenschaftliche Institut, das er bis zuletzt leitete. 1936 Extraordinarius für Theaterwissenschaft in Köln; lehrte bis 1960. Verschiedene Arbeiten über Geschichte und Wesen des Theaters u. a.: ›Frau Magister Velten verteidigt die Schaubühne‹ (1940); ›Die deutsche Oper der Gegenwart‹ (1944); Hauptwerk: ›Handbuch für Theaterwissenschaft‹ (1949 ff.; unvollendet). Erwarb sich internationalen Ruf durch seine Sammlung theatergeschichtlicher Dokumente und durch Ausstellungen. Seine Sammlung verkaufte er an die Universität Köln; mit dem Erlös errichtete er eine Studienstiftung.
Literatur: C. Niessen: Rezensionen. Hrsg. v. J. Niessen. Kastellaun 1980; Carl Niessen, dem Nestor der Theaterwissenschaft zum 70. Geburtstag am 7. Dez. 1960. Emsdetten 1960; Bibliographie Carl Niessen. Zusammengestellt und hrsg. v. G. Hansen. Emsdetten 1965.

Noack, Max, geb. 24. 1. 1905 in Berlin, gest. 13. 5. 1971 in Darmstadt. Schauspieler. Begann seine Bühnenlaufbahn am Alten Theater Leipzig; ab 1935 Engagement in Frankfurt a. M., wo er sich den Ruf eines erstklassigen Chargenspielers erwarb.

Nach dem Krieg großer Erfolg als Jude Jakobowski in Werfels ›Jakobowski und der Oberst‹ (Theater Essen). 1951 engagierte ihn Gustav Rudolf Sellner an das Landestheater Darmstadt, wo er bis zu seinem Tod als führender Protagonist zum Ensemble gehörte. Wichtige Rollen in Sellner-Inszenierungen: Shakespeares ›König Lear‹, (Eröffnungsinszenierung 1951); Barlachs ›Graf von Ratzeburg‹ (1951); Sophokles' ›König Ödipus‹ (1952) und Kreon in ›Antigone‹ (1957); Lessings ›Nathan der Weise‹ (1956); Prospero in Shakespeares ›Der Sturm‹ (1959); Jupiter in Sartres ›Die Fliegen‹ (1960). Löste in Ionescos ›Opfer der Pflicht‹ einen Theaterskandal aus, als er im Papierkorb sitzend dem Publikum zurief: »Kauen! Runterschlucken!« Rollen in Inszenierungen von Gerhard F. Hering: Adam in Kleists ›Der zerbrochene Krug‹ (1963); Rudolf in Grillparzers ›Ein Bruderzwist in Habsburg‹ (1963); Arkas in Goethes ›Iphigenie auf Tauris‹ (1966); Titelrolle in Lessings ›Nathan der Weise‹ (1968); Vater in Sartres ›Die Eingeschlossenen‹ (1969); in Inszenierungen von Hans Bauer u. a.: Vicomte Turenne in Audibertis ›Die Ameyß im Fleische‹ (1961); Alonzo Ghonorez in Kleists ›Familie Schroffenstein‹ (1962); Herr in Barlachs ›Der Blaue Boll‹ (1967) und Engholm in ›Der arme Vetter‹ (1970); Meister Anton in Hebbels ›Maria Magdalena‹ (1968). Georg Hensel schrieb über Noack: »Was er seine ›Fresse‹ nannte, das war sein ausdrucksvolles Gesicht mit dem ungewöhnlich breiten Mund, der so scharf, so bitter und so gütig sein konnte. (...) Er beherrschte Dürrenmatts grotesken Stil, Zuckmayers Gemütshumor, die Drastik Molières und die Psychologie und Dialektik Jean-Paul Sartres. Er war einer der großen deutschen Schauspieler, er hatte Darmstadt nicht mehr verlassen, weil er hier alles spielen konnte, was ein großer Schauspieler spielen will.« (›Theater heute‹, Heft 7, 1971)

Noelte, Rudolf, geb. 20. 3. 1921 in Berlin. Regisseur. Studium der Germanistik, Philosophie, Theaterwissenschaft und Kunstgeschichte in Berlin. Begann 1945 als Regieassistent und Schauspieler am Hebbel-

Noelte

theater Berlin; Zusammenarbeit mit Karl Heinz Martin, Walter Felsenstein, Erich Engel und vor allem mit Jürgen Fehling; Durchbruch als Regisseur mit Borcherts ›Draußen vor der Tür‹ (1948). Weitere frühe Erfolge waren Camus' ›Belagerungszustand‹ und Kafka/Brods ›Das Schloß‹ (1953, Schloßparktheater Berlin); 1968 verfilmte er ›Das Schloß‹. In der Spielzeit 1959/60 war er für einige Monate Intendant des Berliner Theaters am Kurfürstendamm; inszenierte dort 1960 ›Die Kassette‹ und leitete damit eine Sternheim-Renaissance ein. Nach Auseinandersetzungen um den Etat wurde er im Januar 1960 fristlos entlassen. Zuvor und danach Regiearbeiten am Münchner Residenztheater: Schillers ›Maria Stuart‹ (1955); O'Neills ›Fast ein Poet‹ (1959); Sternheims ›Die Kassette‹ (1961); Sophokles' ›König Ödipus‹ (1962). Erfolg an den Münchner Kammerspielen mit Ostrowskis ›Wölfe und Schafe‹ (1963). Vielbeachtete Inszenierungen am Staatstheater Stuttgart: Sternheims ›Der Snob‹ (1964); Tschechows ›Drei Schwestern‹ (1965); bei den Ruhrfestspielen Recklinghausen: Kleists ›Der zerbrochene Krug‹ (1966). In den sechziger Jahren wurde Noelte zum »unübertrefflichen Meister des psychologischen Realismus« (Georg Hensel). In den siebziger Jahren hat er seine früheren Inszenierungen mehrfach wiederholt, z. B. Tschechows ›Drei Schwestern‹ 1970 in Köln. Ein großer Erfolg wurde seine Tschechow-Inszenierung ›Der Kirschgarten‹ 1970 am Residenztheater München: »Noeltes Größe beruht (...) nicht allein auf einem perfekt beherrschten Theaterhandwerk – das ist nur die Voraussetzung. Getragen wird die Aufführung von Noeltes fanatischem Interesse für jede einzelne Figur. Das ist kein sentimentales, verklärendes Interesse. Alle diese Menschen zeigt er mit rigorosem Pessimismus als hilflos, als zukunftslos. Doch eines ist diesen unnützen Menschen geblieben: Zartheit und Schönheit. Bei Noelte bedingen Zärtlichkeit und Pessimismus einander. Nur wer Menschen nicht an einem utopischen Idealbild mißt, kann ihre Schwächen und Beschränktheiten so objektiv, so mitfühlend schildern.« (Benja-

min Henrichs, ›Theater heute‹, Jahrbuch 1970) Es folgten u. a.: Strindbergs ›Totentanz‹ (1971, Schloßparktheater Berlin, mit Bernhard Minetti); Molières ›Der Menschenfeind‹ (1973, Salzburger Festspiele; 1975 auch am Schauspielhaus Hamburg; beide mit Will Quadflieg); O'Neills ›Eines langen Tages Reise in die Nacht‹ (1975, Schauspielhaus Hamburg, mit Quadflieg); Shaws ›Arzt am Scheideweg‹ (1975, Münchner Kammerspiele); Ibsens ›Nora oder Ein Puppenheim‹ (1976, Renaissance-Theater Berlin; 1980 in Hamburg). An der Freien Volksbühne Berlin inszenierte er mit großem Erfolg Hauptmanns ›Die Ratten‹ (1977). Es folgten dort Ibsens ›Die Wildente‹ (1979) und Bruckners ›Elisabeth von England‹ (1982, mit Maria Schell). Außerdem u. a.: Molières ›Tartuffe‹ (1979, Burgtheater Wien); Büchners ›Dantons Tod‹ (1981, Salzburger Festspiele); Shakespeares ›Hamlet‹ (1982, Bonn); Hauptmanns ›Michael Kramer‹ (1983, Thalia Theater Hamburg); auch Opernregie. Noelte, ein Genauigkeits-Fanatiker, den vor allem das Bürgerlich-Dekadente reizt, gilt als der »große Schwierige« unter den deutschen Regisseuren. Joachim Kaiser schrieb: »Möglicherweise hängt seine ›Schwierigkeit‹ (. . .) zusammen mit seiner Ausnahmestellung in der Theaterlandschaft. Als es üblich, modisch, richtig schien, ›links‹ zu sein, Stücke ›aufzubrechen‹, politische Botschaften in ferne Verse zu pumpen – da wollte Noelte alles das um keinen Preis. Seine Position wurde alsbald zur Anti-Position. (. . .) Aber auch der Haß auf den Zeitgeist macht die Stimme nicht bloß leiser (gegen alles von ihm verachtete ›Brülltheater‹), sondern heiser. Noelte verschloß sich immer mehr in ein Reich subtiler, realistischer Kunst.« (›SZ‹, 20. 3. 1991) An seine früheren Erfolge vermochte Noelte in den letzten zehn Jahren nicht mehr anzuknüpfen. Immer häufiger wurden seine Arbeiten als »erstarrt«, »leblos« und »leer« kritisiert. Zuletzt mehrere Inszenierungen für den Weilheimer Theatersommer, den seine geschiedene Frau Cordula Trantow seit 1988 in der oberbayerischen Provinz veranstaltet: Molières ›Gelehrte Frauen‹ (1988) und ›Tartuffe‹ (1989); Kleists ›Der zerbrochne

Norman

Krug‹ (1989); Regnards ›Der Spieler‹ (1990); mehrere Operninszenierungen im Ausland. Noelte hat zahlreiche Stücke fürs Fernsehen verfilmt. Neun Noelte-Inszenierungen wurden von 1964 bis 1984 für die Berliner Theatertreffen nominiert.
Literatur: P. Iden: Theater als Widerspruch. München 1984.

Noller, Alfred, geb. 14. 3. 1898 in Pforzheim, gest. 14. 3. 1967. Schauspieler, Regisseur und Intendant. 1918–1920 Ausbildung an der Schauspielschule München; 1920–1925 Schauspieler und Regisseur bei Hermine Körner am Schauspielhaus München; danach Engagements am Albert-Theater Dresden (1925/26) und in Frankfurt a. M. (1926/27). Am Staatstheater Oldenburg war er Oberspielleiter (1927–1931), später Schauspieldirektor (1931–1933). Von 1933 bis 1940 war er Intendant in Essen; inszenierte dort u. a.: Johsts ›Schlageter‹ (1933); Goethes ›Götz von Berlichingen‹ (1933) und ›Faust I und II‹ (1939, mit Kurt Ehrhardt als Mephisto); Schillers ›Die Räuber‹ (1934); Hebbels ›Nibelungen‹ (1934); Kolbenheyers ›Gregor und Heinrich‹ (1935); Ibsens ›Peer Gynt‹ (1937); Kleists ›Robert Guiscard‹ (1937). 1940–1944 Generalintendant der Staatsoper Hamburg; 1947–1950 Regisseur am Landestheater Hannover; inszenierte dort u. a. Shakespeares ›Hamlet‹ (mit Hannes Messemer) sowie mehrere Stücke mit Ehrhardt in Hauptrollen, u. a.: O'Neills ›Trauer muß Elektra tragen‹ (1948); erneut Goethes ›Faust I und II‹ (1949, Ehrhardt als Mephisto); Millers ›Der Tod des Handlungsreisenden‹ (1950). Von 1950 bis 1955 war er Generalintendant in Kiel, wo er u. a. Molières ›Tartuffe‹ inszenierte.

Norén, Lars, geb. 9. 4. 1944 in Stockholm. Schwedischer Schriftsteller. Sohn eines Hoteliers. Norén beschäftigte sich während der Gymnasialzeit intensiv mit Literatur, hauptsächlich mit Hölderlin, Rilke und Paul Celan, was seinen Niederschlag in seinen Gedichten fand. In den sechziger Jahren arbeitete er als Regieassistent am Dramaten Theater in Stockholm, in den siebziger Jahren entstanden seine ersten Theaterstücke. Bekannt wurde er vor allem durch sein Stück ›Dämonen‹ (1984), das im selben Jahr in Wien und Bochum aufgeführt worden ist. Zur deutschen Erstaufführung von ›Dämonen‹ (1984, Schauspielhaus Bochum, R. Claus Pegmana) schrieb Georg Hensel: »Lars Norén (. . .) hat das Instrumentarium seines Landsmanns August Strindberg perfektioniert und dem gegenwärtigen Unterbewußtseinsstand angepaßt. Sein Stück ›Dämonen‹ ist eine glücklich gelungene Darstellung unglücklicher Ehen. Über ihr Sexualleben reden Noréns Personen wie andere Leute über Kartoffeln. Neben ihren zerfetzenden Seelenschlachten aber sind die blutigen Mahlzeiten der Zombies ein blutleeres Vergnügen (. . .) Lars Norén ist ein Großmeister des Dialogs. Die Banalitäten seiner ausgeleierten Alltagswendungen sind so raffiniert verwoben und mit seelischen Energien aufgeladen, daß sie die unausgesprochenen Aggressionen bis in die feinsten Abschattungen verlautbaren. Die dramatischen Spannungen finden hinter dem Gelächter über zynische Sätze statt. Nichts bleibt so, wie es endgültig gesagt scheint. Alles ist möglich: Mord, Selbstmord, Wahnsinn oder auch nichts.« (›FAZ‹, 23. 11. 1984)
Weitere Stücke: ›Der Fürstenlecker‹ (1973); ›Orestes‹ (1980); ›Der Mut zu töten‹ (1980); ›Ein furchtbares Glück‹ (1981); ›Das Lächeln des Unterirdischen‹ (1982); ›Nacht, Mutter des Tages‹ (1982); ›Nachtwache‹ (1982); ›Eintagswesen‹ (1987); ›Hebriana‹ (1987); ›Herbst und Winter‹ (1989); ›Unter den Sternen des Schicksals‹ (1990); ›Rachearie‹ (1990); ›Blätterschatten‹ (1992, UA 1994 Schauspielhaus Bonn, R. Heinz Kreidl).

Norman, Marsha, geb. 1948 in Louisville. Amerikanische Dramatikerin. Tochter eines Versicherungsvertreters und Immobilienmaklers. Marsha Norman studierte Philosophie und arbeitete danach zwei Jahre in einer Kinderklinik in Atlanta. Sie kehrte später nach Louisville zurück und arbeitete im Central State Hospital mit verhaltensgestörten Kindern und unterrichtete an einer Schule für begabte Kinder. Auf Anregung des Actor's Theatre in Louisville schrieb sie ein Stück über ein gestörtes

Novarina

Mädchen, das sie im Central Hospital kennengelernt hatte: ›Draußen‹ wurde ihr erster großer Erfolg. 1983 gelang ihr der Durchbruch am Broadway mit ›Nacht Mutter‹, einem Stück über eine Mutter-Tochter-Beziehung, die mit dem Selbstmord der Mutter endet; dafür erhielt sie 1983 den Pulitzerpreis.

Weiteres Stück: ›Ecke Lindenstraße. Der Waschsalon. Die Billardhalle‹ (o.J.).

Novarina, Valère, geb. 1942 in Savoyen. Französischer Schriftsteller. Novarina, der sich selbst als Gesamtkünstler bezeichnet, ist Dramaturg, Maler und Autor. 1977 erschien sein erstes Buch. Seine wortgewaltigen, szenischen Lautgedichte vereinigen, wie in ›Le drame de la vie‹ (1984), bis zu 2587 Figuren. Sie sind ein gewaltiges witzig-abstruses Welttheater, eine Reaktion auf die Überinformation und geistige Armut der heutigen Zivilisation. »Novarinas Texte sind kompliziert, schwer zugänglich. Doch selbst derjenige, der nicht alles versteht – versteht doch genug, denn er hört. (Wie im Deutschen hat auch das französische ›entendre‹ diese doppelte Bedeutung.) Novarinas Texte sind Sprach-Feste. Er schafft Wort-Musiken; er rhythmisiert Sätze, spannt von Buchstabe zu Buchstabe Melodiebögen. Er verblüfft mit immer neuen Neologismen, mit denen er den Leser und den Zuhörer auf Wurzeln vergessener Worte aufmerksam macht (...). Novarina, der Interpreten mißtraut, die eine gesellschaftliche Botschaft in seinen Werken suchen, reflektiert mit der Sprache nicht die Welt wie sie ist, noch verrät er mit Sprache, was ihm an der Welt, wie sie ist, mißfällt. Er schafft eine neue Welt mit Sprache.« (C. Bernd Sucher, ›SZ‹, 28. 12. 1992)

Stücke: ›Brief an die Schauspieler‹ (1979); ›Für Louis de Funès‹ (1986); ›Les discours aux animaux‹ (1987); ›Vous qui habitez les temps‹ (1989).

Nüsse, Barbara, geb. 17. 2. 1943 in Essen. Schauspielerin. Ausbildung an der Otto-Falckenberg-Schule München; erstes Engagement am Ateliertheater Bern. 1967–1971 Engagement am Bayerischen Staatsschauspiel München; dort u. a.: Celia in

Shakespeares ›Wie es euch gefällt‹ (1968, R. Hans Lietzau) und Olivia in ›Was ihr wollt‹ (1970, R. Johannes Schaaf); Titelrolle in Lessings ›Minna von Barnhelm‹ (1970, R. Niels-Peter Rudolph). 1972–1976 Schauspielerin in Köln; großer Erfolg als Klara in Hebbels ›Maria Magdalena‹ (1972, R. Hansgünther Heyme): »Wie diese Schauspielerin falsche Töne und Naturton in eins bringt, wie sie in Dialog und Geste den gewaltigen Überrest an Menschlichkeit in Klara spüren läßt (...), das ist eine ganz außergewöhnliche Leistung. Bewußtes, verfremdendes Spiel bestätigt sich als das hier einzig natürliche Spiel. Dabei ist Barbara Nüsses Artikulationsskala erstaunlich breit, erstaunlicher aber noch ist, was sie an spielerischer Substanz einbringt. Schon immer eine imponierende Schauspielerin, hat sie mit dieser Rolle noch einmal einen ganz großen Sprung getan.« (Heinrich Vormweg, ›SZ‹, 4. 10. 1972) Weitere erfolgreiche Rollen in Heyme-Inszenierungen: Schillers ›Jungfrau von Orleans‹ (1974); Klärchen in Goethes ›Egmont‹ (1975); Cleopatra in Shakespeares ›Antonius und Cleopatra‹ (1975). 1976–1978 am Staatstheater Stuttgart u. a.: Ruth in Strauß’ ›Trilogie des Wiedersehens‹ (1977, R. Rudolph); Mascha in Tschechows ›Drei Schwestern‹ (1978, R. Claus Peymann). 1978–1980 am Schauspielhaus Bochum u. a.: Leonore in Goethes ›Torquato Tasso‹ (1979, R. Peymann); Lotte in Strauß’ ›Groß und klein‹ (1979, R. Rudolph). Von 1980 bis 1985 war sie am Schauspielhaus Hamburg engagiert, wo sie wieder mit Rudolph arbeitete: Natalia in Tschechows ›Drei Schwestern‹ (1980); Leonore in Schillers ›Die Verschwörung des Fiesco zu Genua‹ (1981); M in Strauß’ ›Kalldewey, Farce‹ (UA 1982); Maria in Musils ›Die Schwärmer‹ (1984); unter der Regie von Ernst Wendt: Rhodope in Hebbels ›Gyges und sein Ring‹ (1982). 1985/86 an den Staatlichen Schauspielbühnen Berlin u. a.: Alberta in Svevos ›Alberta und Alice‹. Danach ging sie mit einer szenischen Umsetzung des Molly-Bloom-Monologs aus Joyces ›Ulysses‹ auf Tournee (freie Produktion unter dem Titel ›Penelope‹). Michael Merschmeier schrieb darüber: »Ein Naturereignis. Ein Kunstereignis. Barbara Nüsse gelingt die schwierigste, die genaue Grenzziehung zwischen der Spontaneität des Erzählens und der deutlich sichtbar geleisteten Erinnerungsarbeit (. . .). Die alchimistische Verbindung von Unterhaltung und Aufklärung – hier ist sie Wirklichkeit.« (›Theater heute‹, Heft 10, 1989) In Basel sah man sie in Inszenierungen von Barbara Bilabel: Leonarda in Wertmüllers ›Liebe und Magie in Mammas Küche‹ (1988); Kleists ›Penthesilea‹ (1991). Am Schauspielhaus Düsseldorf u. a.: Jahnns ›Medea‹ unter der Regie von Werner Schroeter sowie Medea in Heiner Müllers ›Verkommenes Ufer/ Medeamaterial/Landschaft mit Argonauten‹ unter der Regie von B. K. Tragelehn (1989); Mutter in Rodrigues' ›Familienalbum‹ (1990, R. Wilfried Minks); Warwara in Gorkis ›Sommergäste‹ (1993, R. David Mouchtar-Samorai).

Literatur: M. Merschmeier: Die Lady ist ein Tramp. Ein Portrait der Schauspielerin Barbara Nüsse. In: Theater heute, Heft 10, 1989, S. 4-8.

Oates, Joyce Carol, geb. 16. 6. 1938 in Lockport, New York. Amerikanische Schriftstellerin. Tochter eines Fabrikarbeiters. Joyce Carol Oates wuchs bei den Großeltern auf einer Farm auf, studierte Philosophie und Anglistik an der Syracuse University und an der University of Wisconsin. Von 1961 bis 1967 war sie Dozentin für Anglistik an der University of Detroit; von 1967 an unterrichtete sie an der University of Windsor in Ontario (Canada); 1978 Professorin an der Princeton University. Oates veröffentlichte über 20 Romane, an die 300 Kurzgeschichten und zwölf Theaterstücke. Ihr Werk beschäftigt sich mit dem Scheitern der Menschen auf der Suche nach dem Glück und mit dem Anspruch und der Wirklichkeit des »amerikanischen Traums«. Sie zählt zu den wichtigsten zeitgenössischen Schriftstellerinnen der USA. Ihre Stücke wurden nur selten in Deutschland gespielt. ›Beute‹ wurde 1986 in Konstanz uraufgeführt (R. Winfried Lachauer).

Weitere Stücke: ›Tone Clusters‹ (1990); ›Die Mondfinsternis‹ (1990); ›I Stand Before You Naked‹ (1990); ›Greensleeves‹ (1991); ›The Key‹ (1991); ›American Holiday‹ (1991); ›The Secret Mirror‹ (1991).

Obaldia, René de, geb. 22. 10. 1918 in Hongkong. Französischer Schriftsteller. Wuchs in Paris auf. Im Zweiten Weltkrieg Soldat; von 1940 bis 1945 in deutscher Kriegsgefangenschaft. Obaldia schrieb surrealistische Prosa und Komödien, voll von schwarzem Humor. Er erhielt diverse Preise, darunter 1960 einen Kritikerpreis und 1962 den Prix Italia für sein Hörspiel ›Le Damné‹. Mit seinem Stück ›Du vent dans les branches de Sassafras‹ (dt. ›Wind in den Zweigen des Sassafras‹) gelang ihm der internationale Durchbruch (mehr als 20 Übersetzungen).

Weitere Stücke: ›Sept Impromptus à loisir‹ (1961); ›Komödien zum Nachdenken‹ (1968).

Literatur: K. Zein: Le théâtre de Obaldia. Diss. Stanford 1980.

O'Casey, Sean, geb. 30. 3. 1880 in Dublin, gest. 18. 9. 1964 in Torquay. Irischer Dramatiker. O'Casey verbrachte seine Kindheit in einem Dubliner Slum, ging nur drei Jahre zur Schule, danach Gelegenheitsarbeiten; gewerkschaftlich engagiert. Seit dem 17. Lebensjahr schriftstellerisch tätig. Nach ersten Fehlschlägen wurden 1923 zwei seiner Stücke vom Abbey Theatre in Dublin aufgeführt. O'Casey schrieb in sozialkritischer, revolutionärer und pazifistischer Haltung Stücke über die Dubliner Unterschicht. Er ist der bedeutendste Dramatiker seiner Generation. »Was bewirkt O'Casey, dieser irische Sänger der Gosse und Lobpreiser der verkrüppelten Menschheit? Er bewirkt Menschenliebe und Lachen. Er hat den gesegneten Griff ins volle Menschenleben. Er kann die kleine, muffige Umwelt mit dem Silberstaub tätigen Mitleids überwerfen. Er versteht es, was er übel, schlimm und leidend findet, dabei nicht zu beschönigen oder gar dichterisch zu unterdrücken. O'Casey gibt, Rebell der er ist, den Mächtigen und Ungerechten Saures. Aber er selbst und seine Stücke werden vor falschem Veränderungseifer darüber selbst nicht sauer. O'Casey predigt nicht. Er läßt seine Figuren wohl murren. Aber alle seine Stücke bleiben Lobpreisungen des Menschen, des wunderlichen ›kleinen Mannes‹ zumal.« (Friedrich Luft, zu ›Ein Freudenfeuer für den Bischof‹, Staatliche Schauspielbühnen Berlin, R. Hans Lietzau. In: Stimme der Kritik. Stuttgart 1979)

Stücke: ›Der Schatten eines Rebellen‹ (1923); ›Juno und der Pfau‹ (1925); ›Der Pflug und die Sterne‹ (1926); ›Der Preispokal‹ (1928); ›Das Ende vom Anfang‹ (1937); ›Purpurstaub‹ (1940); ›Rote Rosen für mich‹ (1942); ›Ein Freudenfeuer für den Bischof‹ (1955).

Literatur: K. Völker: S. O'Casey. München 1972; P. Stapelberg: O'Casey und das deutschsprachige Theater (1948–74). Frankfurt a. M. 1979.

Odermatt, Susanne-Giulietta, geb. 15. 12. 1957 in Solothurn. Schauspielerin. Studium an der Hochschule für Musik und darstellende Kunst in Graz und an der Otto-Falckenberg-Schule in München. Debüt 1978 am Theater in Ulm; von 1981–1985 am Schauspiel Köln; von 1986 an am Düsseldorfer Schauspielhaus. Wichtige Rollen u. a.: Rosetta in Büchners ›Leonce und Lena‹ (1981, Köln, R. Jürgen Flimm); Célimène in Molières ›Menschenfeind‹ (1982, ebenda); Hermia in Shakespeares ›Sommernachtstraum‹ (1983, R. Gosch); Viola in Shakespeares ›Was ihr wollt‹ (1987, Düsseldorf, R. B. K. Tragelehn); Ilse in Elfriede Müllers ›Glas‹ (UA 1990, Düsseldorf, R. Fred Berndt).

Odets, Clifford, geb. 18. 7. 1906 in Philadelphia, gest. 14. 8. 1963 in Hollywood. Amerikanischer Dramatiker. Odets verbrachte seine Kindheit in der Bronx, 1921 Schauspielschule, 1928 Mitglied der Theatre Guild New York. Zusammen mit Harold Clurman gründete er das Group Theatre, für das er einige Stücke verfaßte, in denen er soziale und politische Probleme behandelte. Später ging er nach Hollywood und schrieb bis 1949 Drehbücher. Danach Rückkehr nach New York. »Odets, ein Dramatiker von Geblüt, ist ein unbestechlicher Sozialkritiker des amerikanischen Lebens, ein Upton Sinclair der Bühne, der erklärte, daß alle Dramen, wie alle Literatur überhaupt, im wesentlichen Propaganda seien.« (Franz Lennartz: Ausländische Dichter und Schriftsteller. Stuttgart 1960) **Stücke:** ›Warten auf Lefty‹ (1935); ›Wach auf und sing‹ (1935); ›Das verlorene Paradies‹ (1935); ›Golden Boy‹ (1937); ›Rocket to the Moon‹ (1938); ›Zwischenfall in Hollywood‹ (1949); ›The Country Girl‹ (1950). **Literatur:** M. Brenman-Gibson: C. Odets. American Playwright. New York 1981.

Olivier, Sir Laurence (eigtl. Laurence Kerr Olivier), geb. 22. 5. 1907 in Dorking, gest. 11. 7. 1989 in Brighton. Schauspieler, Regisseur und Theaterleiter. Stand schon als 15jähriger auf der Bühne des Theaters in Stratford-upon-Avon und spielte die Katharina in Shakespeares ›Der Wider-

spenstigen Zähmung‹ (1922). Nach dem Schulabschluß nahm er Schauspielunterricht bei Else Fogerty und besuchte anschließend die London Central School of Dramatic Art. Debüt 1924 im Londoner Century Theatre. Von 1926 bis 1928 gehörte er zum Ensemble des Birmingham Repertory Theatre; 1929 spielte er zum ersten Mal in den USA; seit 1929 an mehreren Bühnen im Londoner Westend. 1935 spielte er am New Theatre (alternierend mit John Gielgud) Romeo und Mercutio in Shakespeares ›Romeo und Julia‹. Von 1937 an gehörte er zum Ensemble des Old Vic, trat dort auf als Hamlet, Toby Belch in ›Was ihr wollt‹, Heinrich IV., Macbeth (alle von Shakespeare). 1944 (bis 1949) wurde er zum Ko-Direktor des Old Vic berufen (neben Ralph Richardson). 1950– 1951 leitete er das St. James' Theatre in London. 1952 inszenierte Olivier zum ersten Mal am Phoenix Theatre London. Von 1963 bis 1973 leitete er das National Theatre im Old Vic. Von 1962 bis 1965 war er zugleich Direktor des Chichester Festival Theatre. Wichtige Rollen u. a.: Behringer in Ionescos ›Die Nashörner‹, Astrow in Tschechows ›Onkel Wanja‹ (1963); Titelrolle in Shakespeares ›Othello‹ (1964); Edgar in Strindbergs ›Totentanz‹ (1967). Erste Filmrolle 1931 in ›The Temporary Widow‹; es folgten Rollen u. a. in ›Rebecca‹ (1940); ›Pride and Prejudice‹ (›Stolz und Vorurteil‹, 1940); ›That Hamilton Woman‹ (›Lord Nelsons letzte Liebe‹, 1941); ›The Beggar's Opera‹ (1952); ›Sleuth‹ (›Mord mit kleinen Fehlern‹, 1973); ›The Marathon Man‹ (1976). Von 1944 an produzierte und inszenierte Olivier Shakespeare-Verfilmungen, u. a. ›Heinrich IV.‹ (1944); ›Hamlet‹ (1948); ›Richard III.‹ (1966). Berühmt wurde Oliviers Verfilmung von Terence Rattigans ›Schlafender Prinz‹, die den Titel trug ›The Prince and the Showgirl‹ (›Der Prinz und die Tänzerin‹, 1957) und in der er neben Marilyn Monroe die Hauptrolle spielte. Zum letzten Mal vor seinem Tod trat Olivier in Derek Jarmans ›War Requiem‹ (1988) auf. Er spielte auch mehrere Rollen in Fernsehproduktionen.
In ihrem Nachruf auf den Schauspieler, der sich in seiner Heimat vor allem einen Na-

O'Neill

men als genialer Shakespeare-Interpret
gemacht hatte, schrieb Barbara Sichter-
mann in der ›Zeit‹ (21. 7. 1989): »Laurence Olivier war der Revolutionär des
englischen Theaters, und er war sein Bewahrer. Kaum einer hatte so viel Feuer wie
er, kaum einer war so beherrscht: als
Theatermann und Schauspieler. Wie er
privat war, das wissen wir nicht recht.
Denn er selbst wußte es nicht recht. Eigenarten, selbst Eigenschaften – hätten die
nicht seine Fähigkeit gestört, sich ständig
zu verwandeln? ›Mein Traum‹, sagte er,
›war es immer, auf die Bühne zu kommen,
zu spielen und dann Minuten später zu hören, wie die da unten einander bei den
Händen fassen und flüstern: Goodness, ist
er das?‹«
Literatur: Sir L. Olivier: On acting. New
York 1986; S. Melchinger/R. Clausen:
Schauspieler. 36 Porträts. Velber 1965;
K. Tynan: Othello. The National Theatre
Production. New York 1966; R. Tanitch:
Olivier. The complete career. New York
1985; M. Holden: Olivier. New York
1988; L. Haill (Hrsg.): Olivier at work.
The National Years. An illustrated memoir
compiled by the Royal National Theatre.
London 1989; D. Spoto: Sir Laurence
Olivier. Eine Biographie. München 1992.

O'Neill, Eugene (Gladstone), geb. 16. 10.
1888 in New York, gest. 27. 11. 1953 in
Boston. Amerikanischer Dramatiker. Sohn
eines Schauspielers. O'Neill studierte
1906/07 in Princeton; danach Gelegenheitsarbeiten, u. a. als Matrose. 1912/13
Lungensanatorium; 1914/15 an der Harvard University im Theater Workshop 47
von G. P. Baker; 1922 Zusammenarbeit
mit den Provincetown Players, danach mit
der Theatre Guild. 1936 erhielt er den Nobelpreis für Literatur und den Pulitzerpreis.
O'Neill schrieb, beeinflußt von Ibsen,
Strindberg und dem deutschen Expressionismus, frühe Dramen, in denen er seine
Erfahrungen auf See verarbeitete. Er verwendete verschiedene neuartige Techniken, wie in dem Stück ›Strange Interlude‹
(1928), in dem neben dem Dialog innere
Monologe gesprochen werden. Sein bekanntestes Stück ist ›Eines langen Tages
Reise in die Nacht‹ (UA 1956), in dem es

um O'Neills eigene Familiengeschichte
geht. Alfred Kerr schrieb:

I.

»Ich komme mir vor wie O'Neills Pate –
denn ich sprach in diesen Blättern, ha,
vielleicht in Europa zuerst von ihm.
Doch er hätte mir das danken müssen ...
und hindern, daß man ›Anna Christie‹ als
erstes Werk in unserem abgelebten
(immerhin dramatisch recht verschmitzten)
Erdteil gab.
Der Mammuts-Erfolg, den Anna jetzt in
London hat, ändert nichts an der Undank-
barkeit des Firmlings.

II.

Wenn du etwa denkst, Gevatterboy, daß
ich die Bürgschaft für dich in jeder Hin-
sicht übernehme, bist du auf dem Teak-
Mahagoni-Weg.
Es steht schon in ›New York und London‹,
daß du auch Talmihaftes bringst – aber
doch eine Kraft bist. (. . .). Aber der ›Hairy
Ape‹ ist bisher ein Gipfeldrama – (. . .).«
(Mit Schleuder und Harfe. 1985)
Weitere Stücke: ›Anna Christie‹ (1921);
›Emperor Jones‹ (1921); ›Gier unter Ul-
men‹ (1925); ›Der große Gott Brown‹
(1926); ›Seltsames Zwischenspiel‹ (1928);
›Trauer muß Elektra tragen‹ (1931); ›O
Wildnis‹ (1932); ›Der Eismann kommt‹
(1946); ›Ein Mond für die Beladenen‹
(1947); ›Fast ein Poet‹ (1957); ›Hughie‹
(1958).
Literatur: B. H. Clark: E. O'Neill – The
Man and his Plays. New York 1929;
G. Ahrens: Traumwelt und Wirklichkeit im
Spätwerk O'Neills. o.O. 1978.

Ophüls, Max, geb. 6. 5. 1902 in Saarbrükken, gest. 26. 3. 1957 in Hamburg. Schauspieler und Regisseur. Debütierte 1909 in
Saarbrücken und ging danach nach Aachen, wo er bereits Regie führte. Weitere
Stationen: Burgtheater Wien (1926); Neues
Theater Frankfurt (1927); Theater Breslau
(1928/29); Schauspielhaus Zürich
(1940/41). In den Jahren 1930–1932 arbeitete er vor allem für den Rundfunk und
schrieb gelegentlich für das Kabarett
»Katakombe«. 1933 emigrierte er nach
Paris; von 1941 bis 1949 arbeitete er als
Filmregisseur in den USA; 1950 wieder in
Frankreich. Wichtige Bühneninszenierun-

gen u.a.: Shakespeares ›Der Kaufmann von Venedig‹ (1928, Breslau), ›Was ihr wollt‹ (1929, Breslau), ›Romeo und Julia‹ (1941, Zürich); Beaumarachais' ›Die Hochzeit des Figaro‹ (1957, Deutsches Schauspielhaus Hamburg). Wichtige Filme u.a.: ›Die verkaufte Braut‹ (1932); ›Liebelei‹ (1933); ›Ohne ein Morgen‹ (1939); ›Gefangen‹ (1948); ›Schweigegeld für Liebesbriefe‹ (1949); ›Der Reigen‹ (1950); ›Le Plaisir‹ (1952); ›Madame de . . .‹ (1952); ›Lola Montez‹ (1955).
Literatur: M. Ophüls: Spiel im Dasein. Eine Rückblende. Dillingen 1981; C. Beylie: Max Ophüls. Paris 1984; W. K. Guerin: Max Ophüls. Paris 1988; Max Ophüls. Mit Beiträgen v. H.G. Asper u.a. München 1989.

Orth, Elisabeth, geb. 1938 in Wien. Schauspielerin. Tochter der Schauspieler Paula Wessely und Attila Hörbiger. Ausbildung am Max-Reinhardt-Seminar in Wien. Während des Studiums Engagement am Wiener Kellertheater; danach spielte sie die Sophie in einer Tourneetheater-Produktion von Schillers ›Kabale und Liebe‹ (mit Oscar Werner). Arbeitete zunächst am Ulmer Theater, dann in Bad Hersfeld und am Kölner Theater. 1966 Engagement am Bayerischen Staatsschauspiel. Hier spielte sie u.a.: Marie in Büchners ›Woyzeck‹ (1966, R. Hans Lietzau); Nora in O'Caseys ›Der Pflug und die Sterne‹ (1966, R. Gerd Brüdern); Titelrolle in Goethes ›Iphigenie auf Tauris‹ (1966, R. Helmut Henrichs); über ihre Darstellung schrieb Joachim Kaiser (›SZ‹, 3. 11. 1966): »Elisabeth Orths Iphigenie war nicht frei von Hochmut. Iphigenie aus besseren Kreisen. Die will einfach keinen Barbarenkönig heiraten. Manchmal schien die Sprache für sie überhaupt mehr ein Instrument, ein ›Wollen‹ zum Ausdruck zu bringen, und nicht Melodie. (. . .) Hoffentlich wird Frau Orth schon in den nächsten Aufführungen die Freiheit finden, mehr zu wagen. Immerhin hatte sie für den Bezirk, den sie sich gestattete, eine Fülle bewegender Nuancen.« Weitere Rollen am Münchner Haus: Doña Proëza in Claudels ›Der seidene Schuh‹ (1967, R. Hans Lietzau); Mascha in Tschechows ›Drei Schwestern‹

(1967, R. Hans Hilpert); Ommu in Jean Genets ›Die Wände‹ (1968, R. Lietzau). Seit 1970 gehört Elisabeth Orth zum Ensemble des Wiener Burgtheaters. Wichtige Rollen an diesem Haus: Eboli in Schillers ›Don Carlos‹ (1972, R. Otto Schenk); Elektra in Aischylos' ›Orestie‹ (1976, R. Luca Ronconi); Titelrolle in Goethes ›Iphigenie auf Tauris‹ (1977, R. Adolf Dresen); Francine in Max Frischs ›Triptychon‹ (1981, R. Erwin Axer); Julie in Büchners ›Dantons Tod‹ (1982, R. Achim Benning); Gertrud in Shakespeares ›Hamlet‹ (1985, R. Hans Hollmann); Titelrolle in Brechts ›Mutter Courage und ihre Kinder‹ (1986, R. Christoph Schroth); Xenia in Edward Bonds ›Sommer‹ (1987, R. Harald Clemen); Margreth und Doktor in Büchners ›Woyzeck‹ (1989, R. Achim Freyer); Emilia in Shakespeares ›Othello‹ (1990, R. George Tabori); Sawischna in Tschechows ›Iwanow‹ (1990, R. Peter Zadek); über ihre Darstellung schrieb C. Bernd Sucher (›SZ‹, 11. 6. 1990): »Muß sie Einladungen geben, so spuckt Elisabeth Orth ihr ›Setzen Sie sich bitte‹ den Gästen ins Gesicht als wollte sie brüllen ›Nun hauen Sie doch endlich ab!‹ Die Orth überzeichnet diesen Charakter sehr vorsichtig, das heißt: Sie wird nie zur Karikatur.« 1992 spielte sie in Andrea Breths Inszenierung von O'Caseys ›Das Ende vom Anfang‹ die Lizzie. 1987 war Elisabeth Orth bei den Salzburger Festspielen in Thomas Langhoffs Inszenierung von Schnitzlers ›Der einsame Weg‹ als Frau Wegrat zu sehen.
Literatur: E. Orth: Märchen ihres Lebens – Meine Eltern Paula Wessely und Attila Hörbiger. Wien 1975.

Orton, Joe (eigtl. John Kingsley), geb. 1. 1. 1933 in Leicester, gest. 9. 8. 1967 in London (ermordet von seinem Lebensgefährten Kenneth Halliwell). Englischer Schauspieler und Dramatiker. Ortons Durchbruch kam 1964, als die BBC sein Hörspiel ›The Ruffian on the Stair‹ sendete und im selben Jahr sein erstes Stück ›Entertaining Mr. Sloane‹ (1964) am New Arts Theatre in London uraufgeführt wurde (dt. 1967: ›Seid nett zu Mr. Sloane‹; erfolgreiche Inszenierung von Helmut

Griem, Münchner Kammerspiele; 1989). Orton schrieb Komödien voll bizarren schwarzen Humors. »Er hat erwiesen, wie elend unschuldig, wie trist, wie trostlos unergiebig, wie trübsinnig hilflos Laster sei, auch wenn es gleich in Massen daherkommt. Das Schlimme, wird es potenziert, nullt sich, löst sich auf, verliert Attraktion oder Abscheu. (...) Und das extrem Böse wird (...) komisch, wird von Humor zersetzt, genießbar und schier gelächterwürdig. Mit herkömmlichem ›Schwarzen Humor‹ hat das nur den Ausgangspunkt der Schockfreude gemein. Diese Art von Komik ist viel radikaler und harmloser zugleich.« (Friedrich Luft 1966, Stimme der Kritik. Stuttgart 1979)

Stücke: ›Beute‹ (1967); ›Crimes of passion‹ (1967); ›Was der Butler sah‹ (1969); ›Funeral Games‹ (1970); ›The Good and Faithful Servant‹ (1970).
Literatur: J. Lahr: Prick up your ears. London 1978.

Osborne, John, geb. 12. 12. 1929 in London. Englischer Dramatiker. Osborne arbeitete als Journalist, bevor er 1948 in Sheffield als Schauspieler auftrat. 1956 Durchbruch als Dramatiker mit ›Blick zurück im Zorn‹, das der Gruppe »der zornigen jungen Männer« den Namen gab, einer losen Gruppe von jungen Dramatikern und Romanautoren, die in den fünfziger Jahren gegen die Gesellschaft rebellierten. Osborne schrieb auch Drehbücher und erhielt 1964 einen Oscar für den Film ›Tom Jones‹. Er stellt in den meisten seiner Dramen einen aufbegehrenden Helden in den Mittelpunkt und beschreibt anhand dieser Figur die Kommunikationslosigkeit und den Konflikt eines nonkonformen Individuums mit dem verlogenen Establishment.
Weitere Stücke: ›Der Entertainer‹ (1957); ›Luther‹ (1961); ›Plays for England‹ (1962); ›Richter in eigener Sache‹ (1965); ›Ein Patriot für mich‹ (1966); ›Time present‹ (1968); ›The Hotel in Amsterdam‹ (beide 1968); ›West of Suez‹ (1971); ›The picture of Dorian Gray‹ (1973); ›You're not watching me, Mummy, and try a little tenderness‹ (1978).

Literatur: J. Taylor: Zorniges Theater. o. O. 1965; G. Klotz: Englisches Drama der Gegenwart. o. O. 1982.

Ostermayer, Christine, geb. Ende der dreißiger Jahre in Wien. Schauspielerin. Ausbildung am Max-Reinhardt-Seminar, auch als Tänzerin. Debüt als Julia in Shakespeares ›Romeo und Julia‹ am Theater Essen (R. Dietrich Kenter). Weitere Stationen: Luisenburger Festspiele und Wuppertaler Bühnen. Von 1963 bis 1983 Ensemblemitglied des Bayerischen Staatsschauspiels in München. Wichtige Rolle u. a.: Zoë in James Saunders' ›Ein Duft von Blumen‹ (1965, R. Hans Lietzau); über diese Darstellung schrieb Hanns Braun (›SZ‹ 25. 5. 1965): »Christine Ostermayer spielte das Mädchen Zoë, und es ist das Beste, was sich über ihre Leistung sagen läßt: Sie hat nirgends outriert, sie war immer ganz einfach, und doch hat man ihr den tiefgreifenden Herzenskummer, dessen eigentliches Objekt ja nie auf die Bühne kommt, ebenso geglaubt wie ihre vitale Heiterkeit und letzte Gefaßtheit.« Weitere Rollen u. a.: Piperkarcka in Gerhart Hauptmanns ›Die Ratten‹ (1966); Titelrolle in Anouilhs ›Antigone‹ (1966, R. jeweils Helmut Henrichs); Mari in Julius Hays ›Haben‹ (1967, R. Rudolf Wessely); Laila in Jean Genets ›Die Wände‹ (1968); Rosalind in Shakespeares ›Wie es euch gefällt‹ (1968, R. jeweils Hans Lietzau); Titelrolle in Ibsens ›Nora‹ (1969, R. Henrichs); Viola in Shakespeares ›Was ihr wollt‹ (1970, R. Johannes Schaaf); Berta in Marieluise Fleißers ›Pioniere in Ingolstadt‹; Gretchen in Goethes ›Urfaust‹ (1972, R. Henrichs); Viola in Shakespeares ›Was ihr wollt‹ (1972, Salzburger Festspiele, R. Otto Schenk); Isabella in Shakespeares ›Maß für Maß‹ (1973, R. Rudolf Heinrich); Polly in Brechts ›Die Dreigroschenoper‹ (1974); Titelrolle in George Bernard Shaws ›Die heilige Johanna‹ (1975, R. jeweils Merlin Fried); Julie in Molnárs ›Liliom‹ (1975, R. Kurt Meisel); hierüber schrieb Joachim Kaiser in der ›Süddeutschen Zeitung‹ (12. 12. 1975): »Wir haben Christine Ostermayer selten so sorgfältig, ernsthaft, ja meisterlich ihre schauspielerischen Mittel und ihre Empfindungskraft einsetzen sehen wie hier, als Lilioms Julie. Wie sie Verlegenheit und Unbedingtheit sorgsam nuanciert in ihr Wegschauen, Zu-Boden-Blicken, in ihre erschrocken-unerschrockene Bereitschaft fügte, alles hinzunehmen, hinzugeben – das hatte großes Format.« Weitere Rollen: Titelrolle in Schillers ›Maria Stuart‹ (1981, R. Meisel), die Dame in Strindbergs ›Nach Damaskus‹ (1983, R. Erwin Axer). Nach ihrem Abschied vom Bayerischen Staatsschauspiel arbeitete Christine Ostermayer am Wiener Theater in der Josefstadt (1988–1993) und am Münchner Volkstheater (1988; zuletzt wieder 1994 in der Titelrolle von Gorkis ›Wassa Schelesnowa‹).

Ostrowski, Alexander Nikolajewitsch, geb. 12. 4. 1823 in Moskau, gest. 14. 6. 1886 in Schtschelykowo. Russischer Dramatiker. Sohn eines Beamten und Anwalts. Ostrowski studierte ohne Abschluß Jura von 1840 bis 1843 und arbeitete danach als kleiner Beamter am Schieds- und Handelsgericht. Von 1849 an Veröffentlichung seiner erfolgreichen Bühnenwerke. Insgesamt entstanden 48 Dramen und Komödien. Von 1885 an leitete er das Moskauer Kaiserliche Theater. Ostrowski siedelte seine Stücke meist in Moskau an. Begabt mit einem Blick für tragikomische Szenen und einem untrüglichen Sinn für die wesentlichen kleinen Verschiebungen im Verhalten der Menschen und den seit den 1860er Jahren sich vollziehenden gesellschaftlichen Veränderungen in Rußland, gelangen ihm bedeutende Komödien. Ostrowski wurde vor allem bekannt mit seiner noch immer viel gespielten Komödie ›Der Wald‹ (1871). »Ostrowskis Theater lebt weniger vom spannenden Aufbau als von Charakteren und Zuständen. Es ist mehr episch als dramatisch. Seine Charaktere entwickeln sich nicht, sie enthüllen sich; die Zustände verändern sich nicht, sie werden durchleuchtet. In seinen gesellschaftskritischen Komödien kritisiert Ostrowski nicht durch das Pathos einer Anklage, durch eine ausgesprochene Moral, sondern durch die unpathetische, realistische Darstellung der Gesellschaft und ihrer amoralischen Gewohnheiten.«

(Georg Hensel, Spielplan. Frankfurt a. M. 1978)
Weitere Stücke: ›Das Gewitter‹ (1859); ›Eine Dummheit macht auch der Gescheiteste‹ (1868); ›Ein heißes Herz‹ (1868); ›Tolles Geld‹ (1870); ›Wölfe und Schafe‹ (1875); ›Talente und Verehrer‹ (1881).

O'Toole, Peter, geb. 2. 8. 1932 in Connemara (Irland). Schauspieler. Ausbildung an der Londoner Akademie für dramatische Kunst. Erstes Engagement: Old Vic Theatre Company (bis 1958); Rollen u. a.: Duke of Cornwall in Shakespeares ›King Lear‹ (1956); Alfred Doolittle in Shaws ›Pygmalion‹ (1957); Titelrolle in Shakespeares ›Hamlet‹ (1958). 1960 gehörte er zum Ensemble des Shakespeare Memorial Theatre in Stratford-upon-Avon (Shylock in ›Der Kaufmann von Venedig‹, Thersites in ›Troilus und Cressida‹); 1963 spielte er am Old Vic die Titelrollen in Brechts ›Baal‹ und in Shakespeares ›Hamlet‹; 1969 am Abbey Theatre in Dublin Wladimir in Becketts ›Warten auf Godot‹; 1973 am Bristol Old Vic die Titelrolle in Tschechows ›Onkel Wanja‹. 1971 sah man ihn in ›Ride a Cock Horse‹, einem Stück, das David Mercer für ihn geschrieben hatte; 1980 spielte er am Old Vic die Titelrolle in Shakespeares ›Macbeth‹; über diese Aufführung schrieb F. Thorn in der ›Süddeutschen Zeitung‹ (26. 9. 1980): »Peter O'Toole, neuerdings Mitdirektor des Old Vic Theaters, kehrte nach einer Pause von siebzehn Jahren zu Shakespeare zurück. (. . .) Offiziell zeichnet der sehr erfolgreiche Filmregisseur Brian Forbes für die Inszenierung verantwortlich, es war aber kein Geheimnis, daß Peter O'Toole alles machte, was ihm – und nur ihm gut erschien. (. . .) Nun hätte sich für die Idee, Shakespeare und speziell eines seiner düstersten Dramen als Melodrama zu zeigen, einiges ins Treffen führen lassen, wenn O'Toole die Idee nicht selbst ad absurdum führte: Er hat sich auf eine Art monotoner Deklamation ohne Modulation der Stimme festgelegt (. . .), versagt sich als moderner Schauspieler aber die Effekte, die seinen Vorgängern und Vorbildern im 19. Jahrhundert (Kean zum Beispiel) zur Verfügung standen, nämlich die gar nicht so bil-

Otto

ligen des Flüsterns, Zischens und Ächzens, die das Publikum erwartete – die Überhöhung ins Irreale mit einem Wort.« 1987 gab O'Toole sein Broadway-Debüt in Shaws ›Pygmalion‹. Der Durchbruch als Filmschauspieler gelang O'Toole 1962 (erste Rollen bereits 1959): Er spielte die Titelrolle in David Leans ›Lawrence von Arabien‹. Weitere wichtige Filme u. a.: ›What's new Pussycat?‹ (1965); ›Katharina die Große‹ (1969, R. Gordon Flemyng); ›Unternehmen Rosebud‹ (1975, R. Otto Preminger); ›Der letzte Kaiser‹ (1986, R. Bernardo Bertolucci); ›High Spirits‹ (1989, R. Neil Jordan); ›King Ralph‹ (1991, R. David S. Ward).
Literatur: S. Melchinger/R. Clausen: Schauspieler. 36 Porträts. Velber 1965; M. Freedland: Peter O'Toole. New York 1982; N. Wapshott: Peter O'Toole. Sevenoaks, Kent 1983.

Otto, Hans, geb. 10. 8. 1900 in Dresden, gest. 24. 11. 1933 in Berlin. Schauspieler. Debütierte 1920 am Frankfurter Künstlertheater als Ferdinand in Schillers ›Kabale und Liebe‹. Weitere Stationen u. a.: Preußisches Hoftheater in Gera (1924–1926); Deutsches Schauspielhaus Hamburg (1926–1930). 1930 wurde er ans Preußische Staatstheater in Berlin engagiert. Rollen u. a.: Titelfigur in Kleists ›Prinz Friedrich von Homburg‹ (1930); Beaumarchais in Goethes ›Clavigo‹ (1930); Kaiser in Goethes ›Faust II‹ (1933). Weil Otto von 1924 an Mitglied der KPD war, wurde er nach der Machtübernahme der Nationalsozialisten 1933 entlassen, der illegalen politischen Tätigkeit angeklagt, verhaftet und während der Haft ermordet.
Literatur: A.-G. Kuckhoff: Hans Otto. Gedenkbuch. Berlin 1948; C. Trepte/J. Wardetzky: Hans Otto. Schauspieler und Revolutionär. Berlin 1970; U. Liebe: verehrt verfolgt vergessen. Schauspieler als Naziopfer. Berlin 1992.

Otto, Teo, geb. 4. 2. 1904 in Remscheid, gest. 9. 6. 1968 in Frankfurt a. M. Bühnenbildner. Studium an der Kunstakademie in Kassel, Assistent an der Bauhochschule Weimar. Debüt als Bühnenbildner 1924 mit der Ausstattung zu Lion Feuchtwan-

gers ›Vasantasea‹ (Staatstheater Kassel). Weitere Stationen: Staatsoper Berlin (Assistent); Preußisches Staatstheater Berlin (Ausstattungschef, 1928–1933). 1933 Emigration in die Schweiz, wo er vor allem für das Zürcher Schauspielhaus tätig war. Nach dem Krieg arbeitete er für das Berliner Ensemble, das Burgtheater Wien, für die Opern- und Schauspielhäuser in Bern, Luzern, München, Düsseldorf, Hamburg, Berlin, Stuttgart, Köln, Mailand, New York und für die Salzburger Festspiele. Er war der bevorzugte Bühnenbildner der Regisseure Leopold Lindtberg, Harry Buckwitz, Berthold Viertel, Karl Heinz Stroux, Gustaf Gründgens (›Faust‹ am Deutschen Schauspielhaus Hamburg, 1957/58), Leonard Steckel, Kurt Horwitz, Günther Rennert, Gustav Rudolf Sellner und Herbert von Karajan. Wichtige Arbeiten u. a.: Brechts ›Mutter Courage und ihre Kinder‹ (1940, Zürich; 1948, Deutsches Theater Berlin); Max Frischs ›Nun singen sie wieder‹ (UA 1945, Zürich, R. K. Horwitz) und ›Biedermann und die Brandstifter‹ (UA 1958, ebenda, R. Oskar Faelterlin); Schillers ›Die Räuber‹ (1958/59, Staatliche Schauspielbühnen Berlin, R. Fritz Kortner); Ionescos ›Fußgänger der Luft‹ (UA 1962, Düsseldorf, R. Stroux); Giacomo Meyerbeers ›Der Prophet‹ (1966, Deutsche Oper Berlin, R. Bohumil Herlischka); Shakespeares ›Othello‹ (1966, Düsseldorf, R. Stroux); Janáčeks ›Jenufa‹ (1967, Hamburgische Staatsoper, R. Oscar Fritz Schuh); Alban Bergs ›Lulu‹ (1967, Münchner Opernfestspiele, R. Günther Rennert); Richard Strauss' ›Der Rosenkavalier‹ (1969, Salzburger Festspiele, R. Rudolf Hartmann); Max Frischs ›Biografie. Ein Spiel‹ (1968, Zürcher Schauspielhaus, R. Leopold Lindtberg); Else Lasker-Schülers ›Arthur Aronymus‹ (1968, Wuppertaler Bühnen, R. Hans Bauer). In seinem Nachruf auf Otto würdigte Günther Rühle die Arbeit des Bühnenbildners (›FAZ‹, 11. 7. 1968): »Teo Otto hat die Welt wiedererbaut. Sein Genie führte ihn über das bloße Nachahmen hinaus. Und Genie haben heißt in seinem Metier, das Verhältnis von Mensch und Welt immer gegenwärtig zu haben und vor Augen zu halten. (. . .) In Teo Ottos Welt war und begab sich immer das Notwendige als das Charakteristische. Er setzte die Welt zusammen, indem er Fragmente schuf. Wer das verkannte, konnte von Eklektizismus sprechen, der sich aus dem Ramschkasten der Geschichte bediente. (. . .) Otto kannte wie nur wenige Bühnenbildner die Verletzlichkeit des Schauspielers. Er nannte sie ›die verwundbarsten Kinder der Kunst‹. (. . .) Den Geist des Zürcher Schauspielhauses, das ihm zwischen 1933 und 1960 so zum Zentrum der Arbeit wurde, daß wir Teo Otto, den Mann aus Remscheid, nicht mehr anders als einen Schweizer sehen konnten, diesen Geist hat er oft zu definieren versucht. Er sprach dann von einem ›Grundnenner‹. (. . .) Er bestand auf dem Theater, das eine Geschichte zeigt, damit man sich selber einen Vers darauf machen könne. Das verlangte er von der Kunst an Freiheit.«

Literatur: T. Otto: Nie wieder: Tagebuch in Bildern, m. einem Vorwort von B. Brecht. Zürich 1950; ders.: Meine Szene. Köln 1966; ders.: Skizzen eines Bühnenbildners, m. Texten von Max Frisch. St. Gallen 1964; J. Mayerhöfer (Hrsg.): Der Bühnenbildner Teo Otto. Inszenierungen in Österreich. Ausstellung Theatermuseum Wien. Salzburg 1977.

Pagnol, Marcel, geb. 28. 2. 1895 in Aubagne, gest. 18. 4. 1974 in Paris. Französischer Dramatiker. Sohn eines Lehrers. Pagnol war von 1915 an Englischlehrer in Südfrankreich und Paris; nebenher schriftstellerische Arbeit; seit 1930 auch Drehbuchautor und Filmregisseur. Seit 1946 war er Mitglied der Académie Française. Pagnol griff in seinen Werken hauptsächlich volkstümliche Themen aus seiner südfranzösischen Heimat auf. Als sein Hauptwerk gilt die Trilogie ›Zum goldenen Anker‹ über den Marseiller Hafen: ›Marius‹ (1929), ›Fanny‹ (1931) und ›César‹ (1931), die auch verfilmt wurde und ihn weltberühmt machte. Die Verfilmung von ›La femme du boulanger‹ (1940) galt als Vorläufer des Neorealismus. Seine Stücke wurden in Deutschland nur selten gespielt.
Stücke: ›Das große ABC‹ (1928); ›Die schöne Müllerin‹ (1948); ›Der Rosenstock der Madame Husson‹ (1949); ›Judas‹ (1956).
Literatur: R. Castans: Il était une fois . . . Pagnol. Paris 1978.

Palitzsch, Peter, geb. 11. 9. 1918. Regisseur und Intendant. Palitzsch kam erst nach dem Krieg zum Theater. Erstes Engagement an der Volksbühne Dresden. 1948 holte Brecht ihn als Dramaturg an das Berliner Ensemble. Dort debütierte er 1949 als Regisseur mit Synges ›Der Held der westlichen Welt‹. In der Folgezeit arbeitete er als Ko-Regisseur mit Manfred Wekwerth (u.a. Wischnewskis ›Optimistische Tragödie‹, 1958; Brechts ›Der aufhaltsame Aufstieg des Arturo Ui‹, 1959). Nach dem Bau der Mauer (13. 8. 1961) erklärte er im Oktober 1961 in Oslo, daß er nicht mehr in die DDR zurückkehren wolle. Schon zuvor hatte Palitzsch in der Bundesrepublik inszeniert: u. a. Brechts ›Das Leben Eduards des Zweiten von England‹ (1957, Staatstheater Stuttgart); Shakespeares ›Der Widerspenstigen Zähmung‹ (1960, Ulmer Theater). Im Februar 1962 folgte am Württembergischen Staatstheater in Stuttgart Büchners ›Dantons Tod‹; danach ar-

beitete Palitzsch eine Zeitlang am Kölner Schauspielhaus. 1967 wurde er Schauspieldirektor des Württembergischen Staatstheaters und inszenierte zum Einstand Shakespeares Trilogie der ›Rosenkriege‹ (1967/68). 1972, nach längeren Querelen mit den Stuttgarter CDU-Politikern, trat er von seinem Amt zurück, mit einer äußerst umstrittenen Inszenierung von Shakespeares ›Hamlet‹. Im selben Jahr wurde Palitzsch Vorsitzender des neugegründeten Schauspieldirektoriums der Städtischen Bühnen Frankfurt a. M.. Hier inszenierte er zur Eröffnung Edward Bonds ›Lear‹ (DE 1972). Es folgten u. a.: Lessings ›Emilia Galotti‹ (1973); Gorkis ›Barbaren‹ (1973); Wedekinds ›Frühlings Erwachen‹ (1973); Shakespeares ›Viel Lärm um nichts‹ (1974); Hauptmanns ›Einsame Menschen‹ (1975, Münchner Kammerspiele); Heiner Müllers ›Zement‹ (1975); Pinters ›Heimkehr‹ (1977, Akademietheater Wien); Dorst/Laubes ›Goncourt oder Die Abschaffung des Todes‹ (UA 1977); Ibsens ›Hedda Gabler‹ (1978, Akademietheater Wien); Ibsens ›Baumeister Solness‹ (1978), Schillers ›Don Carlos‹ (1979) und Horváths ›Kasimir und Karoline‹ (1980). 1980 schied Palitzsch vom Frankfurter Schauspiel und inszenierte bis 1992, als er zum Mitglied der neuen Direktion des Berliner Ensembles berufen wurde, als Gast an verschiedenen in- und ausländischen Bühnen, u. a. am Hamburger Schauspielhaus: Hjalmar Söderbergs ›Gertrud‹ (1980); am Düsseldorfer Schauspielhaus: Shakespeares ›Kaufmann von Venedig‹ (1981); Tschechows ›Onkel Wanja‹ (1982); Kroetz' ›Furcht und Hoffnung der BRD‹ (1984); am Bayerischen Staatsschauspiel München: Shakespeares ›Othello‹ (1982); Pinters ›Hausmeister‹ (1986); am Wiener Burgtheater: Goethes ›Egmont‹ (1982). 1984 gab Palitzsch sein Debüt als Opernregisseur: Er inszenierte an der Stuttgarter Staatsoper Aribert Reimanns ›Gespenstersonate‹; weitere Opern-Inszenierungen folgten. 1989 inszenierte er Goethes ›Urfaust‹ am Münchner Volkstheater; im selben Jahr am Burgtheater Hauptmanns ›Die Ratten‹; 1990 die späte Uraufführung von Gerhart Hauptmanns ›Christine Lawrenz‹ (Zürcher Schauspielhaus); im selben Jahr Peter Turrinis ›Tod und Teufel‹ (UA, Burgtheater); 1991 am Bonner Schauspiel Tankred Dorsts ›Karlos‹. Auch 1991 zeigte Palitzsch drei Szenen von Pinter: ›Party Time‹; darüber schrieb C. Bernd Sucher in der ›Süddeutschen Zeitung‹ (7. 12. 1991): »Pinter meint es gut; Palitzsch meint es besser. (. . .) Die Bösewichter leben unter uns!, schreien Pinter und Palitzsch. Aber die beiden Alten sind nicht mehr zornig, nur sehr, sehr enttäuscht und verbittert. So sehr, daß vor lauter Betroffenheit ihr ehemals klarer Blick sich vernebelt.« 1993 inszenierte Palitzsch – inzwischen Ko-Direktor des Berliner Ensembles – Shakespeares ›Perikles‹ und Turrinis ›Grillparzer im Pornoladen‹ (UA). Acht Inszenierungen von Peter Palitzsch wurden zum Berliner Theatertreffen eingeladen, zuletzt 1974 seine Inszenierung von Wedekinds ›Frühlings Erwachen‹ (Städtische Bühnen Frankfurt). Zu Palitzschs 70. Geburtstag schrieb Joachim Kaiser (›SZ‹, 10. 9. 1988): »In gewisser Weise inszenierte Peter Palitzsch weniger kulinarisch als noch sein Lehrer und Vorbild Bertolt Brecht. Brechts Verschmitztheit, auch Brechts List und Brechts Freude an theatralischer Virtuosität interessieren einen Palitzsch weniger als die strenge, gesellschaftskritische oder zumindest die Gesellschaft präzis beschreibende Art verantwortlicher Theatergestaltung. Es ist darum nicht erstaunlich, daß Peter Palitzsch oft auf Bewunderung und Mißtrauen zugleich stößt: Bewundert man die intellektuelle und moralische Instanz, zu der sein Scharfsinn und seine Kunst ihn im Lauf der Jahrzehnte werden ließen, so haben es Schauspieler und Publikum mit seiner Strenge und seiner ›Anti-Liederlichkeit‹ natürlich oft schwer.« Palitzsch drehte auch Filme, u. a. ›Sand‹ (1971). **Literatur:** P. Palitzsch/M. Wekwerth: Licht unter der Tür. Ein Krimi. Berlin 1956; H. Weigel (Hrsg.): Theaterarbeit. Berlin 1953; R. Berry/C. Jauslin (Hrsg): Shakespeare inszenieren. Gespräche mit Regisseuren. Basel 1978; G. Loschütz/H.

Laube (Hrsg.): War da was? Theaterarbeit und Mitbestimmung am Schauspiel Frankfurt 1972–1980. Frankfurt a. M. 1980; W. Hinck (Hrsg.): Geschichte als Schauspiel. Frankfurt a. M. 1981; W. Kässens/J. W. Gronius: Theatermacher. Frankfurt a. M. 1987; P. Iden: Laudatio zur Verleihung des Berliner Theaterpreises 1991 an Peter Palitzsch. In: ›Theater heute‹, Heft 7, 1991; R. Mennicken: Peter Palitzsch. Regie im Theater. Frankfurt a. M. 1993.

Pallenberg, Max, geb. 18. 12. 1877 in Wien, gest. 26. 6. 1934 in Karlsbad. Schauspieler. Nach Engagements an österreichischen Provinztheatern, arbeitete Pallenberg 1909 am Theater an der Wien, 1911 am Deutschen Volkstheater Wien. 1914 holte ihn Max Reinhardt ans Deutsche Theater Berlin. Wichtige Rollen u. a.: Harpagon in Molières ›Der Geizige‹ (1919), Titelrolle in Molnárs ›Liliom‹; Galy Gay in Brechts ›Mann ist Mann‹; Titelrolle in Goethes ›Faust‹ (1933, R. Reinhardt). Den Kritikern Kerr und Ihering galt Pallenberg als wahrer und wahrhaftiger Repräsentant des Volkstheaters. 1931 spielte Pallenberg in Fritz Kortners Film ›Der brave Sünder‹ nach Alfred Polgars Komödie ›Defraudanten‹. **Literatur:** J. Bab: Kränze der Mimen. Emsdetten 1944; U. Ahrens: Max Pallenberg. 1877–1934. Diss. Berlin 1972; A. Bronnen: Max Pallenberg. Berlin 1977; I.-L. Schack: Max Pallenberg. Ein großer Schauspieler von Gnaden der Natur. Frankfurt a. M. 1980.

Panizza, Oskar, geb. 12. 11. 1853 in Kissingen, gest. 30. 9. 1921 in Bayreuth. Dramatiker. Studierte von 1876 bis 1880 Medizin in München. Von 1882 an war er dort Arzt. 1895 und 1901 Prozesse wegen Blasphemie und Majestätsbeleidigung, 1904 Einweisung in eine Irrenanstalt in München. Panizza schrieb gehässige, satirische und schonungslose Dramen. »Panizza gehört nicht zu den Engeln der Verzweiflung, deren Himmel der Abgrund von morgen ist; er bleibt Fußgänger, seine bevorzugte Kampfweise der Clinch, die Watschentanz die Technik seiner Dialoge.« (Heiner Müller, in: O. Panizza, Dialoge im Geiste

Parmeggiani 540

Huttens. München 1979) ›Das Liebeskonzil‹ (1895) wurde in den siebziger und achtziger Jahren in Deutschland auf verschiedenen Bühnen gegeben; zur Inszenierung von Franz Marijnen (Schauspielhaus Hamburg) schrieb Klaus Wagner (›FAZ‹, 21. 1. 1977): »Aber schon Otto Julius Bierbaum hatte am ›Liebeskonzil‹ früh eine Schwäche des Satirikers herausgefunden. ›Er sieht nicht weit genug.‹ Die deutsche Erstaufführung in Hamburg vor dreieinhalb Jahren schien diesen Eindruck zu bestätigen. Über das Kleinformat eines lästerlich gemeinten Weihnachtsmärchens kam dieser Versuch kaum hinaus. Ein Lesedrama, so lautete der Befund, interessant für die einschlägig Interessierten, aber kein Fall für die Schaubühne. Marijnen widerlegt wenigstens stellenweise solche Mutmaßungen über die betagte Vorlage, indem er sie so rüde wie radikal theatralisiert.«
Weitere Stücke: ›Der heilige Staatsanwalt‹ (1894); ›Dialoge im Geiste Huttens‹ (1897); ›Nero‹ (1899).
Literatur: F. Lippert: in memoriam o. panizza. München 1926; H. Ruch: Wer ist O. Panizza? München 1914; H. Galle: O. Panizza. In: Magazin für Utopie und Phantastik, Nr. 25, Berlin 1970, S. 200–228.

Parmeggiani, Frida, geb. in Meran. Kostümbildnerin. Assistenz an der Berliner Schaubühne, der Deutschen Oper Berlin und am Württembergischen Staatstheater Stuttgart. Danach freie Kostümbildnerin, u. a. am Deutschen Schauspielhaus in Hamburg; an der Bayerischen Staatsoper in München: Wagners ›Rienzi‹ (1983, R. Hans Lietzau); Wagners ›Ring des Nibelungen‹ (1987, R. Nikolaus Lehnhoff); in Graz: Friedrich Cerhas ›Rattenfänger‹ (UA 1987, R. Hans Hollmann); an den Münchner Kammerspielen: Tschechows ›Schwanengesang‹ (1989); an der Hamburgischen Staatsoper: Wagners ›Parsifal‹ (1991, R. jeweils Robert Wilson); am Hamburger Thalia Theater: Tom Waits/Robert Wilsons ›Black Rider‹ (1989); Tom Waits/Robert Wilsons ›Alice in Wonderland‹ (1992, R. jeweils Wilson). »Frau Parmeggiani ist bekannt dafür, beinahe niemals Figurinen zu zeichnen, die Gewänder entstehen viel-

mehr in Zusammenarbeit mit den Schauspielern. (. . .) Sie läßt sich von der Begegnung mit den Akteuren inspirieren, von ihrer Physis, ihrem Bewegungsapparat, ihrer Persönlichkeit mitunter leiten.« (›FAZ‹, Magazin, 26. 4. 1991) Die Kostümbildnerin über ihre Arbeit: »Mich interessiert die Künstlichkeit am Theater. Ich will nicht das sehen, was auf der Straße herumläuft.«

Paryla, Karl, geb. 12. 8. 1905 in Wien. Schauspieler und Regisseur. Ausbildung an der Akademie für Musik und darstellende Kunst in Wien (1922–1924). Erste Engagements: Raimund- und Volkstheater in Wien; Mannheim; Düsseldorf; Breslau; Darmstadt. 1933 fristlose Entlassung aus Darmstadt als politisch Verfolgter, Flucht nach Österreich. 1933–1938 Engagement am Theater in der Josefstadt Wien (unter Max Reinhardt); 1938–1945 Engagement am Zürcher Schauspielhaus, wo er u. a. Orgon in Molières ›Tartuffe‹ (1939) spielte ferner u. a.: St. Just in Büchners ›Dantons Tod‹ (1940); Schweizerkas in Brechts ›Mutter Courage und ihre Kinder‹ (UA 1941); Lips in Nestroys ›Der Zerrissene‹ (1944). In Zürich begann Paryla auch zu inszenieren, u. a.: Strindbergs ›Königin Christine‹; Ibsens ›John Gabriel Borkmann‹; Schnitzlers ›Liebelei‹. 1945–1947 arbeitete er am Wiener Theater in der Josefstadt; 1948 gründete er zusammen mit anderen Künstlern das Neue Theater in der Scala in Wien, wo er bis 1956 spielte und inszenierte. Danach inszenierte er am Deutschen Theater in Berlin, u. a.: Tolstois ›Auferstehung‹ (1957) und Schillers ›Wallenstein‹-Trilogie (1959). Von 1956 bis 1970 gehörte er zum Ensemble der Münchner Kammerspiele. Wichtige Rollen in dieser Zeit (R. jeweils Fritz Kortner) u. a.: Mephisto in Goethes ›Faust‹ (1956, Bayerisches Staatsschauspiel); Narr in Shakespeares ›Was ihr wollt‹ (1958, Kammerspiele); Emigrant in Kortners ›Zwiesprache‹ (1964, ebenda); Miller in Schillers ›Kabale und Liebe‹ (1965, ebenda). An den Münchner Kammerspielen zeigte Paryla auch eine Reihe von Nestroy-Inszenierungen: ›Der Talisman‹ (1958); ›Einen Jux will er sich machen‹ (1960);

›Lumpazivagabundus‹ (1964). Seit den sechziger Jahren arbeitet Paryla vor allem als Regisseur an verschiedenen deutschsprachigen Theatern. Wichtige Inszenierungen u. a.: de Roja/ Carlo Terrons ›La Celestina‹ (DE 1966, Kölner Schauspiel, 1967 zum Berliner Theatertreffen eingeladen); Peter Weiss' ›Gesang vom Lusitanischen Popanz‹ (DE 1967, Schaubühne Berlin); Harald Muellers ›Halbdeutsch‹ (UA 1970, Münchner Kammerspiele); Sperrs ›Landshuter Erzählungen‹ (1971, Freie Volksbühne Berlin); Shakespeares ›Der Sturm‹ (1971, Städtische Bühnen Nürnberg); Hauptmanns ›Michael Kramer‹ (1976, Bayerisches Staatsschauspiel); Nestroys ›Lumpazivagabundus‹ (1977, ebenda); de Rojas/Carlo Terrons ›La Celestina‹ (1978, ebenda); Nestroys ›Talisman‹ (1987, Münchner Volkstheater); Turrinis ›Die Minderleister‹ (1989, Zürcher Schauspielhaus); Schillers ›Kabale und Liebe‹ (1990, Theater in der Josefstadt). Karl Paryla arbeitete auch beim Film als Regisseur und Schauspieler. Parylas Sohn Nikolaus ist ebenfalls Schauspieler. Zu Karl Parylas 85. Geburtstag schrieb Joachim Kaiser (›SZ‹, 11. 8. 1990): »Der große Volksschauspieler, Nestroy-Spezialist und Kortner-Kollege war gewiß zeitlebens alles andere als ein Leisetreter. (...) Dieser Schauspieler und Regisseur, dem feine Kritiker gern vorwarfen, er sei doch etwas zu stürmisch, zu stampfend, wurde auf seine alten Tage bemerkenswerterweise gerade nicht zum Berserker, dem bloß noch das eigene Wohlergehen kümmert. Er wirkt wie jemand, den die Sorge um unser deutsches Schauspieltheater viel mehr berührt als alles Nur-Persönliche. (...) Er ärgert sich darüber, daß die eigentlichen Stärken der Theaterkunst – nämlich Inhalt und Form großer Dramen – auf unseren Bühnen für Effekte veräußert werden, die andere Medien besser können. So wandelte sich ein temperamentvoller Teufelskerl zum temperamentvollen Konservativen!«

Literatur: E. Deutsch-Schreiner: Karl Paryla, ein Unbeherrschter. Salzburg 1992.

Paryla, Katja, geb. 1940 in Zürich. Aufgewachsen in Wien. Besuchte nach einer Ausbildung als Diplom-Modegestalterin an der Kunsthochschule Weißensee die Schauspielschule Ernst Busch in Ostberlin. Schauspielerin. Ausbildung an der Staatlichen Schauspielschule Berlin (1961–1963). Von 1963 bis 1967 Engagement an der Volksbühne in Ostberlin; von 1967 bis 1976 am Maxim-Gorki-Theater in Ostberlin, wo sie u. a. die Rachel spielte in Gorkis ›Wassa Schelesnowa‹ (1967, R. Maxim Vallentin) und die Ljuba in Gorkis ›Die Letzten‹ (1975). Von 1976 bis 1990: Engagement am Deutschen Theater Berlin. Wichtige Rollen u. a.: Klytämnestra in Sophokles' ›Elektra‹ (1980, R. Friedo Solter); Königin Sophie Dorothee in Heinrich Manns ›Die traurige Geschichte von Friedrich dem Großen‹ (1982); Alice in Strindbergs ›Totentanz‹ (1986); Titelrolle in Euripides' ›Medea‹ (1986, R. jeweils Alexander Lang). 1991 ging Katja Paryla an die Staatlichen Schauspielbühnen Berlin, wo sie als Schauspielerin und als Regisseurin arbeitete: Nach Ionescos ›Die kahle Sängerin‹ inszenierte sie am Deutschen Theater Shakespeares ›Heinrich VI.‹; 1992 am selben Haus Nick Whitbys ›Dirty Dishes‹; über diese Arbeit schrieb Rüdiger Schaper in der ›Süddeutschen Zeitung‹ (18. 2. 1992), Katja Paryla habe dieses Fast-food-Stück adäquat »vorgelegt: schnell, laut, schmuddelig. (...) Ihre Inszenierungen zeichnen sich besonders durch homogenes Ensemblespiel aus. Bei Katja Paryla haben die Schauspieler Lust am Text, an der Aktion. Und das teilt sich den Zuschauern sofort mit«. Zuletzt arbeitete sie am deutschen Nationaltheater Weimar, wo sie zur neuen Oberspielleiterin berufen wurde (1994/95).

Paryla, Nikolaus, geb. 1940 in Zürich. Schauspieler und Regisseur. Sohn von Karl Paryla. Ausbildung am Reinhardt-Seminar in Wien. Erste Bühnenstation: Theater Potsdam. Danach am Theater in der Josefstadt Wien (1966) und an den Münchner Kammerspielen (1968). 1968 Engagement am Bayerischen Staatsschauspiel München, wo er im selben Jahr in Lietzaus Inszenierung von Schillers ›Die Räuber‹ den Spiegelberg spielte. Weitere wichtige Rollen an diesem Haus u. a.: Titus Feuerfuchs

Pasetti

in Nestroys ›Talisman‹ (1969, R. Michael Hampe); Mosca in Ben Jonsons ›Volpone‹ (1970, R. Arno Assmann); Fischkoch Peter in Arnold Weskers ›Die Küche‹ (1971, R. Axel von Ambesser). 1972/73 arbeitete Paryla frei, spielte u. a. den Rappelkopf in Raimunds ›Alpenkönig und Menschenfeind‹ (1972, Staatliche Schauspielbühnen Berlin, R. Hans Hollmann). Von 1974 bis 1986 wiederum Engagement am Bayerischen Staatsschauspiel, wo er 1975 in Peter Handkes ›Die Unvernünftigen sterben aus‹ auftrat (R. Alfred Kirchner). Peter von Becker lobte ihn in der ›Süddeutschen Zeitung‹ (8. 7. 1975): »Hervorragend gefiel mir Nikolaus Paryla, der Quitts Diener ein bißchen slapstickend ganz das Tragikomische eines Karrieresüchtigen der ›zukünftigen Angestelltenkultur‹ (Mitscherlich) verlieh.« 1977 spielte er den Oberdada in Tom Stoppards ›Travesties‹ (R. Hans Lietzau). Ferner u. a.: Titelrolle in Gogols ›Revisor‹ (1978, R. Karl Paryla); Tusenbach in Tschechows ›Drei Schwestern‹ (1978); Titelrolle in Molières ›Tartuffe‹ (1979, R. jeweils Ingmar Bergman); Joseph II. in Peter Shaffers ›Amadeus‹ (1981); Soldat in Schnitzlers ›Der Reigen‹ (1982, R. jeweils Kurt Meisel); Oreste Campese in de Filippos ›Die Kunst der Komödie‹ (1985, R. Frank Baumbauer); Clodomir in Nicolas Nancey/Paul Armonts ›Théodore & Cie‹ (1985, R. Hanns Christian Müller); Jacques Tüverlin in Feuchtwanger/Hollmanns ›Erfolg‹ (1986, R. Hollmann). Mit dieser Rolle verabschiedete sich Paryla vom Bayerischen Staatsschauspiel; er behielt aber eine Rolle in seinem Repertoire und gastierte damit: den Kontrabassisten in Patrick Süskinds ›Der Kontrabaß‹ (Premiere 1981, R. Karl Paryla). Von 1987 an spielte Paryla am Münchner Volkstheater. 1992 inszenierte er in der Münchner Komödie im Bayerischen Hof Goldonis ›Der Diener zweier Herren‹ (und spielte die Hauptrolle). Nikolaus Paryla arbeitete auch für den Film; 1983 sah man ihn in Gerhard Polts ›Kehraus‹ als windigen Versicherungsangestellten Mehling.

Pasetti, Peter, geb. 8. 7. 1916 in München. Schauspieler. Ausbildung bei Magda Lena in München (1934–1946); außerdem Musikausbildung bei Rudolf Hindemith (Cello) und Hermann Bischler (Klavier). 1936/37 erstes Engagement an der Bayerischen Landesbühne. Weitere Stationen: Theater Ingolstadt (1937/38); Kiel (1938/39); Bayerisches Staatsschauspiel München (1939–1945); Münchner Kammerspiele (1946–1979); danach als Gast an Berliner Bühnen, am Zürcher Schauspielhaus und bei den Salzburger Festspielen. Wichtige Rollen u. a.: Antonio in Goethes ›Torquato Tasso‹ (1968, als Gast am Bayerischen Staatsschauspiel, R. Helmut Henrichs), Gregory Salomon in Arthur Millers ›Der Preis‹ (1968, R. Hans Schweikart). Über die Rolle schrieb Urs Jenny (›SZ‹, 7. 6. 1968): »Peter Pasetti in der Bombencharge des 89jährigen jiddischen Ramschhändlers Gregory Salomon reißt alles heraus. Mag sein, daß Miller auch diese Figur tragischer, ahasverischer gemeint hat (...), aber wenn schon: Wie Pasetti sich in Szene setzt, seine Register zieht, den auf der Bühne gestapelten Ramsch (...) taxiert, das ist einfach schön.« Weitere Rollen u. a.: Hassenreuter in Hauptmanns ›Die Ratten‹ (1972, R. August Everding); Titelrolle in Ben Jonsons ›Volpone‹ (1974, R. Hans-Michael Rehberg); Chierici in Italo Svevos ›Ein Mann wird jünger‹ (1975, R. Hans-Ulrich Heyse); Cornelius Melody in O'Neills ›Fast ein Poet‹ (1977, R. Harald Clemen); Hamm in Becketts ›Endspiel‹ (1978, R. Volker Hesse). In seiner Laudatio zu Pasettis 75. Geburtstag schrieb C. Bernd Sucher (›SZ‹, 8. 7. 1991): »Was Pasetti vor anderen auszeichnet, ist wahrscheinlich seine Leichtigkeit, mit der er auch noch die unsympathischsten Rollen charmant macht. Dabei agiert er mit einer aberwitzigen Selbstsicherheit, die man vielleicht für ölige Eitelkeit halten könnte. Sie ist es nicht. (...) Als abgetakelten Filmschauspieler sah ich Pasetti 1980 zum letztenmal. In der ›Champagnerkomödie‹ von Samuel Taylor. Der Titel war Programm. Ein Grandseigneur sprudelte (über) und zeigte, was es heißt, als Schauspieler Entertainer zu sein.« Pasetti wirkte auch in mehreren Fernsehspielen und Filmen mit.

Pasolini, Pier Paolo, geb. 5. 3. 1922 in Bologna, gest. 1. 11. 1975 in Rom. Autor und Filmregisseur. Pasolini studierte Literatur in Bologna und arbeitete eine Zeitlang als Lehrer. 1961 wurde sein erster Film ›Accatone‹ in Venedig ausgezeichnet, 1971 erhielt er bei den Internationalen Filmfestspielen in Berlin den Silbernen Bären für seinen Film ›Decamerone.‹ 1975 wurde Pasolini ermordet. Er hat neben seinen Filmen sechs Theaterstücke geschrieben. Sie sind formal eigenwillige Auseinandersetzungen mit der modernen atheistischen Welt. Als kontinuierliches Thema seiner Werke nannte Pasolini »die Unmöglichkeit, das Natürliche als natürlich zu begreifen«. »Die sechs Tragödien (. . .) drehen sich um die konfliktbeladene Vater-Sohn-Beziehung, um die politischen Utopien der Jugend und um die Massenkultur, die ins Autoritäre abzurutschen droht. Die Gestik tritt hinter essayistischen Elementen zurück, ruht wie stehendes Wasser. Die Personen, die konzentrierenden Stimmen, splittern ihre vitale Erfahrung auf und erleben sie Stück für Stück von neuem.« (Enzio Siciliano: Pasolini. Weinheim, Basel 1980)
Stücke: ›Orgia‹ (1968); ›Affabulazione oder der Königsmord‹ (1972); ›Calderon‹ (UA 1973); ›Pilade‹ (UA 1976); ›I Turchi in Friuli‹ (1978); ›Der Schweinestall‹ (o.J.).
Literatur: J. Linder: Pasolini als Dramatiker. Frankfurt a. M. 1981.

Paulmann, Annette, geb. 1964. Schauspielerin. Aufgewachsen auf einem Bauernhof in Ertinghausen bei Göttingen. Nach dem Abitur Ausbildung an der Hamburger Schauspielschule. 1986 spielte sie mit den Schauspielschülern ihrer Klasse als Statistin in Robert Wilsons Inszenierung von Heiner Müllers ›Hamletmaschine‹ (Thalia Theater Hamburg); 1987 folgte eine weitere Wilson-Produktion: Dorst/Wilsons ›Parzival‹. Seit Dezember 1987 ist sie fest am Hamburger Thalia Theater engagiert – »eine der herrlichen, reichsten Begabungen des Ensembles« (Rolf Michaelis). Ihre erste Rolle dort war die Marie in Goethes ›Clavigo‹ (1988, R. Alexander Lang). Es folgten u. a.: Die Angestellte Quelou in Koltès' ›Rückkehr

in die Wüste‹ (1988, R. Lang); Leokadja Begbick in Brechts ›Mann ist Mann‹ (1989, R. Katharina Thalbach); Rosi in Karges ›Die Eroberung des Südpols‹ (1990); Das Mädchen in Koltès' ›Roberto Zucco‹ (1990, R. Wilfried Minks); Desdemona in Shakespeares ›Othello‹ (1993, R. Guy Joosten); Amalia in Schillers ›Die Räuber‹ (1994, R. Wolf-Dietrich Sprenger); in Inszenierungen des Intendanten Jürgen Flimm: Sascha in Tschechows ›Platonow‹ (1989); Viola in Shakespeares ›Was ihr wollt‹ (1991) und Cordelia in ›König Lear‹ (1992); Jean Rice in Osbornes ›Der Entertainer‹ (1991). Ihren bislang größten Erfolg feierte sie als Käthchen in Robert Wilsons Bühnenspektakel ›The Black Rider‹ (1990, Musik: Tom Waits, Text: William S. Burroughs). 1992 spielte sie, wieder unter Wilsons Regie, die Titelrolle in Wilson/Waits/Schmidts ›Alice‹. Ulrike Kahle schrieb in einem Porträt: »Sie singt glokkenhell oder auch bezaubernd kokett wie einst Marilyn, oder sie quietscht wie eine Quetschkommode. Sie hat die schrillsten, grellsten Töne ganz selbstverständlich zu ihrer Verfügung. Kein Wunder, daß Robert Wilson mit seiner Passion für Töne, für spitze Schreie, Urlaute, Vogelstimmen, so gern mit ihr arbeitet. Die tonal schier unbegrenzten Möglichkeiten entsprechen bei Annette Paulmann ihrer wach-verträumten Phantasie: Wie aus einem Bilderbuch meiner Großmutter, wie Gänseliesel, die auf blühender Wiese im Reigen sich dreht und ganz bestimmt vom nächsten Prinzen auf sein Schloß geholt wird, so betritt sie die Szene, mit festem, ländlichem Schritt, doch umweht von Poesie.« (›Theater heute‹, Jahrbuch 1990) Auszeichnung: Boy-Gobert-Preis für Nachwuchskünstler (1990).

Peduzzi, Richard, geb. 1943 in Argentan. Bühnenbildner. Ausbildung an der Académie de la rue Malebranche in Paris. Begann als Maler. Von 1967 an Zusammenarbeit mit Patrice Chéreau, die seine Karriere bestimmte. Arbeiten für Chéreau u. a.: Molières ›Dom Juan‹ (1969); Marlowes ›Massaker in Paris‹ (1972); Marivaux' ›La Dispute‹ (1973, Villeurbanne); Wagners ›Der Ring des Nibelungen‹ (1976, Bay-

Pekny

reuth); Ibsens ›Peer Gynt‹ (1981, Villeurbanne); Marivaux' ›La Fausse Suivante‹ (1985, Nanterre); Koltès' ›Combat de nègre et de chiens‹ (1983, Nanterre), ›Quai Ouest‹ (1986, ebenda), ›Dans la solitude des champs de coton‹ (1987, ebenda) und ›Le Retour au désert‹ (1988, Paris); Shakespeares ›Hamlet‹ (1988, Festival d'Avignon). Peduzzi arbeitete auch für andere Regisseure, u. a. für Luc Bondy: Shakespeares ›Wintermärchen‹ (1988, Paris); Schnitzlers ›Der einsame Weg‹ (1989, ebenda). Peduzzis Stil ist »architektonisch«; er stellt unfertige Häuser auf die Bühne (Marlowe), riesige Säulen, ein Stauwerk (Wagner), aber seine Architektur-Teile sind immer unvollendet, wollen nur Zeichen sein. Peduzzi will »daß der Raum bereits die Geschichte der Menschen erzählt, die in ihm agieren«. Er wählt sich nicht nur realistische Vorbilder für seine Bühnen-Erfindungen, auch Gemälde dienen ihm häufig als Vorlagen für seine Raum-Assoziationen. Seine Räume sollen »funktionell sein, so daß die Schauspieler und Sänger sie den Notwendigkeiten der Inszenierung entsprechend benutzen können«.

Literatur: E. Daydé: La peinture au pied du mur. In: Théâtre en Europe n° 17. Paris 1988.

Pekny, Romuald, geb. 1. 7. 1920 in Wien. Schauspieler. Ausbildung an der Wiener Akademie für Musik und darstellende Kunst und am Max-Reinhardt-Seminar. Erste Engagements: Landestheater Linz (1948–1951); Stadttheater Basel (1952–1953); Bühnen der Stadt Köln (1953–1958). Seit 1959 gehört Pekny ununterbrochen zum Ensemble der Münchner Kammerspiele; daneben arbeitet er am Wiener Burgtheater und bei den Salzburger Festspielen. Wichtige Rollen an den Münchner Kammerspielen u. a.: Kardinal Barberini in Brechts ›Leben des Galilei‹ (1959); Jerry in Edward Albees ›Die Zoo-Geschichte‹ (1960, R. jeweils Hans Schweikart); Titelrolle in Shakespeares ›Timon von Athen‹ (1961); Jago in Shakespeares ›Othello‹ (1962); Titelrolle in Shakespeares ›König Richard III.‹ (1963, R. jeweils Fritz Kortner); Berkutow in Ostrowskis ›Wölfe und

Schafe‹ (1963, R. Rudolf Nolte); Adolf Eichmann in Heiner Kipphardts ›Joel Brand‹ (1965, R. August Everding); Assessor Brack in Ibsens ›Hedda Gabler‹ (1968, R. Dieter Giesing); Titelrolle in Brechts ›Leben Eduards des Zweiten von England‹ (1970, R. Hans Hollmann); der Polizeipräsident Georges in Jean Genets ›Der Balkon‹ (1976); Cromo in Pirandellos ›Die Riesen vom Berge‹ (1980, R. jeweils Ernst Wendt); Alfons in Goethes ›Torquato Tasso‹ (1982, R. Dieter Dorn, Premiere bei den Salzburger Festspielen); Valmont in Heiner Müllers ›Quartett‹ (1983, R. Ulrich Heising); Cyprian Puck in Botho Strauß' ›Der Park‹ (1984, R. Dorn); Philipp in Schillers ›Don Carlos‹ (1985, R. Alexander Lang); Mephisto in Goethes ›Faust I‹ (1987, R. Dorn, 1988 auch als Film); Großinquisitor in Tankred Dorsts ›Karlos‹ (1990, R. Dorn). Wichtige Rollen an anderen Bühnen u. a. Theseus/Oberon in Shakespeares ›Ein Sommernachtstraum‹ (1966, Salzburger Festspiele, R. Leopold Lindtberg); Jago in Shakespeares ›Othello‹ (1966, Burgtheater Wien, R. Kortner); Titelrolle in Horváths ›Figaro läßt sich scheiden‹ (1970, Salzburger Festspiele, R. Oscar Fritz Schuh); Alceste in Molières ›Der Misanthrop‹ (1973, ebenda, R. Rudolf Nolte); Salieri in Peter Shaffers ›Amadeus‹ (1981, Burgtheater Wien); Tod in Hofmannsthals ›Jedermann‹ (1983–1985, Salzburger Festspiele). Über seinen Edgar in Strindbergs ›Totentanz‹ schrieb Thomas Petz (›SZ‹, 14. 10. 1978): »Großer Meister ist hier Romuald Pekny, ein Schauspieler, dem Vorsicht und Zurückhaltung weniger gegeben sind als Leidenschaft und Hingabe. Er gestaltet seinen Edgar hemmungslos tragisch, manchmal erheiternd, bisweilen überrascht er mit unerwarteter Verhaltenheit – dann war er am besten.« Und 1987 schrieb Joachim Kaiser über Peknys Mephisto: »Gegenüber diesem Faust [Helmut Griem] hatte es der Mephisto des Romuald Pekny leicht, interessanter und sogar menschlicher zu sein! (...) Dabei war Romuald Pekny keineswegs nur ein eleganter Skeptiker, sondern durchaus auch schneidend böse. Sein Mephisto war der Höhepunkt einer Schauspieler-Karriere.« (›SZ‹, 2. 5. 1987)

Pekny, Thomas, geb. 28. 9. 1951 in Linz. Bühnenbildner. Sohn von Romuald Pekny. Ausbildung an der Akademie der bildenden Künste in München. Wichtige Arbeiten u. a.: Shaws ›Helden‹ (1982, Kleine Komödie München, R. Rolf von Sydow); Mozarts ›Die Hochzeit des Figaro‹ (1984, Städtische Bühnen Augsburg, R. Michael Temme); Emmerich Kálmáns ›Csárdásfürstin‹ (1982, Gärtnerplatztheater München, R. Gerhart Hofer); Hofmannsthals ›Christinas Heimreise‹ (1982, Theater in der Josefstadt Wien, R. Franz Winter); Brian Friels ›Die Notbremse‹ (1984, Städtische Bühnen Augsburg, R. Roland Bertschi); Hochhuths ›Ärztinnen‹ (1986, Städtische Bühnen Augsburg, R. Kitty Buchhammer); Nestroys ›Talisman‹ (1987, Münchner Volkstheater, R. Karl Paryla); Eugen d'Alberts ›Tiefland‹ (1991, Gärtnerplatztheater München, R. Winter); Philip Glass' ›Orphee‹ (1993, Weikersheim, R. Brigitta Trommler); Manuel Brug schrieb über Peknys Bühnenbild (›SZ‹, 6. 8. 1993): »In Weikersheim kontrastiert Thomas Peknys verwegene Bühnenkonstruktion aus Stahlrohren und blauen Blechplatten, die über durchbrochene Sandsteinbalustraden und um den Treppenturm gebaut ist, wirkungsvoll mit dem Renaissance-Schloßhof derer von Hohenlohe-Langenburg.«

Penzoldt, Ernst, geb. 14. 6. 1892 in Erlangen, gest. 27. 1. 1955 in München. Bildhauer und Autor. Sohn eines Professors. Penzoldt studierte an der Kunstakademie in Weimar und Kassel, danach Bildhauer, seit den zwanziger Jahren auch Schriftsteller. Kleist-Preis 1930. Der Durchbruch gelang ihm mit seinem Schelmenroman ›Die Powenzbande‹ (1930). 1953 war er dramaturgischer Berater am Residenztheater München. Penzoldt war ein formgewandter, phantasievoller Schriftsteller, der – nach dem Vorbild von Jean Paul – den unauflösbaren Widerspruch zwischen dem Ideal eines freien schöpferischen Lebens und den bedrückenden Niederungen spießbürgerlichen Daseins schilderte.
Stücke: ›Etienne und Luise‹ (1930); ›Die Portugalesische Schlacht‹ (1931); ›So war Herr Brummel‹ (1933); ›Die verlorenen Schuhe‹ (1946); ›Der gläserne Storch‹ (1950); ›Squirrel‹ (1955).
Literatur: U. Lentz-Penzoldt: Leben und Werk von E. Penzoldt. o. O. 1962.

Perten, Hanns-Anselm, geb. 1917. Schauspieler, Regisseur und Theaterleiter. Erstes Engagement am Volkstheater in Hamburg (1945/46). Weitere Stationen: Intendant in Schwerin (1948–1950), dann in Wismar (1950–1952); Generalintendant in Rostock (1952–1970); Intendant am Deutschen Theater in Berlin (1970–1972). 1972–1989 wiederum Generalintendant in Rostock. Wichtige Inszenierungen u. a.: Brechts ›Herr Puntila und sein Knecht Matti‹ (1950); Peter Weiss' ›Marat/Sade‹ (1965), ›Die Ermittlung‹ (1965) und ›Viet-Nam-Diskurs‹ (1968); Hochhuths ›Lysistrate und die Nato‹ (1975). Perten inszenierte auch Opern und Filme.
Literatur: I. Pietzsch: Werkstatt Theater. Gespräche mit Regisseuren. Berlin 1975.

Pesel, Jens, geb. 17. 8. 1945. Regisseur. Studium in Kiel, Berlin und München. Regieassistent an den Münchner Kammerspielen (1970–1974), wo er 1973 seine erste Inszenierung zeigte: Thomas Bernhards ›Der Ignorant und der Wahnsinnige‹ (Werkraum). Von 1974 bis 1976 arbeitete er an der Volksbühne in Berlin und inszenierte an verschiedenen Häusern der ehemaligen DDR. Von 1978 bis 1981 freier Regisseur, u. a. an den Städtischen Bühnen Augsburg, wo er 1979 Strindbergs ›Kameraden‹, 1980 Kipphardts ›März‹ inszenierte. Von 1981 an arbeitete er am Staatstheater in Darmstadt; hier wurde er 1984 Oberspielleiter. Inszenierte u. a. Gerhard Kelings ›Heinrich‹ (UA). Weitere Arbeiten: Goethes ›Faust‹ (1991, Nürnberger Theater); Brechts ›Leben des Galilei‹ (1992, Dortmunder Theater).

Pesenti, François-Michel, geb. 8. 6. 1954 in Savoyen. Regisseur. Gründete 1977 zusammen mit Hervé Perard das Théâtre du Point Aveugle. Mit dieser unabhängigen, nicht subventionierten Gruppe arbeitete Pesenti bis 1984 zusammen; sie erhielten in Frankreich große Anerkennung. 1983 war Pesentis Inszenierung von Euripides'

Petritsch

›Bakchen‹ zu Gast beim Festival »Perspectives« in Saarbrücken. Daraufhin lud ihn das Nürnberger Theater für die Inszenierung von Racines ›Phädra‹ ein (1985); 1986 inszenierte er am Düsseldorfer Schauspielhaus Aischylos' ›Die Perser‹ und 1989 am selben Haus Bernard-Marie Koltès' ›Le retour au désert‹. 1993 inszenierte er am Bremer Theater Marlow/Brechts ›Das Leben Eduards des Zweiten‹.

Petritsch, Barbara, Schauspielerin. Ausbildung an der Akademie für Musik und darstellende Kunst in Graz. Erste Engagements in Klagenfurt, Hildesheim, Nürnberg. Weitere Stationen: Städtische Bühnen Frankfurt a. M., Münchner Kammerspiele, Bremer Theater, Staatliche Schauspielbühnen Berlin, Salzburger Festspiele. Wichtige Rollen u. a.: Lore in Heinrich Laubes ›Dauerklavierspieler‹ (UA 1974, Frankfurt, R. Luc Bondy); Titelrolle in Rolf Hochhuths ›Lysistrate‹ (UA 1974, Wien, R. Peter Lotschak); Siri in Per Olov Enquists ›Nacht der Tribaden‹ (DE 1977, Münchner Kammerspiele, R. Dieter Dorn); Titelrolle in García Lorcas ›Doña Rosita bleibt ledig‹ (1977, Münchner Kammerspiele, R. Ernst Wendt); Olga in Marieluise Fleißers ›Fegefeuer in Ingolstadt‹ (1977, ebenda, R. Harald Clemen); Titelrolle in Schillers ›Maria Stuart‹ (1978, Bremen, R. Nicolas Brieger); Gräfin Ilse in Pirandellos ›Die Riesen vom Berge‹ (1980, Münchner Kammerspiele, R. Wendt); über ihre Darstellung schrieb C. Bernd Sucher (›SZ‹, 9. 12. 1980): »Barbara Petritsch liefert sich aus, den Lachern und den Unverständigen. Unbeirrbar ist sie das kämpfende, wohl auch den Tod suchende Weib, das liebt und lebt für jemanden, den zu lieben sie sich nicht traute: den Dichter der Fabel.« Im selben Jahr spielte Barbara Petritsch die Titelrolle in Euripides' ›Medea‹ (Alte Messe in Düsseldorf, R. Brieger); und Heinrich Vormweg schwärmte: »Entscheidendes Moment ist, daß Barbara Petritsch mit einer Genauigkeit und Intensität spricht, die alles Geschehende im gesprochenen Text konkretisiert und diesen doch nicht an die Stelle des Spiels rückt. Ihre in den Gesten zurückgenommene, doch immer kraftvolle Gegenwärtigkeit wiegt das Gesprochene auf. Kein Sprechtheater also, sondern von vielen Worten und Sätzen getragenes, in ihnen sich sammelndes Theater.« (›SZ‹, 3. 4. 1981) Weitere Rollen u. a.: Alkmene in Kleists ›Amphitryon‹ (1982, Münchner Kammerspiele, R. Brieger); Titelrolle in Hebbels ›Judith‹ (1983, ebenda, R. Frank-Patrick Steckel); Sittah in Lessings ›Nathan der Weise‹ (1984, Salzburger Festspiele, R. Johannes Schaaf); Cleopatra in Shakespeares ›Antonius und Cleopatra‹ (1987, Schauspiel Bochum, R. Steckel); Anne-Marie in Marguerite Duras' ›La Musica Zwei‹ (1989, Staatliche Schauspielbühnen Berlin, R. G. H. Seebach).
Literatur: H.-R. Müller/D. Dorn/E. Wendt: Theater für München. Ein Arbeitsbuch der Kammerspiele 1973–1983. München 1983.

Petruschewskaja, Ljudmila Stefanowna, geb. 26. 5. 1938 in Moskau. Russische Dramatikerin. Petruschewskaja studierte Publizistik in Moskau, arbeitete bei Rundfunk, Fernsehen und Zeitschriften, veröffentlichte Anfang der siebziger Jahre ihre erste Prosa. Vor der Ära Gorbatschow blieben ihre Stücke mit Ausnahme des Einakters ›Liebe‹ unaufgeführt. 1985 wurde in einer vielbeachteten Inszenierung von Mark Sacharow ein erstes abendfüllendes Stück am Moskauer Theater gezeigt: ›3 Mädchen in Blau‹ (1980). Mit ihrem Stück ›Cinzano‹ (1988) wurde sie international bekannt. Zur deutschen Erstaufführung in Freiburg (R. Kai Braak) schrieb Hubert Spiegel (›FAZ‹, 21. 2. 1989): »Alkoholismus, Generationskonflikte, hohe Scheidungsraten, Mißstände des politischen und wirtschaftlichen Systems, diese übergeordneten gesellschaftlichen Themen verbindet Ljudmila Petruschewskaja mit Einzelschicksalen der an diesen Zuständen Gescheiterten. (. . .) Ihre Aufführung wird in der Sowjetunion zur Zeit schrittweise erleichtert. Man wird wohl auch in Deutschland mehr von dieser Autorin sehen.« In der Zwischenzeit liegen mehr als dreißig Stücke vor, die in zahlreiche Sprachen übersetzt worden sind. Die Petruschewskaja gehört neben Alexander Galin zu den wichtigsten zeitgenössischen Dramatikern der russischen »Neuen Welle«. Viele ihrer Stücke haben keine konventionelle Erzählstruktur, sie sind oft auch handlungsarm und werfen Fragen auf, zu denen sie keine Antworten liefern mag. **Weitere Stücke:** ›Lieder des 20. Jahrhunderts‹ (o.J.); ›Das dunkle Zimmer‹ (o.J.). **Literatur:** Soviet Theatre under Glasnost. In: Theatre, Yale School of Drama, Bd. XX, Nr. 3, Herbst 1989, S. 50ff.

Peymann, Claus, geb. 7. 6. 1937 in Bremen. Regisseur und Intendant. Beginn am Studententheater in Hamburg. Von 1966 bis 1969 Oberspielleiter am Frankfurter Theater am Turm (TAT); hier inszenierte er u. a. Walsers ›Der Schwan‹ (1965); Handkes ›Publikumsbeschimpfung‹ (1966); Gerlind Reinshagens ›Doppelkopf‹ (UA 1968); Handkes ›Das Mündel will Vormund sein‹ (UA 1969). 1970 inszenierte er an den Münchner Kammerspielen (Werkraum) die Uraufführung von Harald Muellers ›Großer Wolf‹ und am Deutschen Schauspielhaus Hamburg die Uraufführung von Thomas Bernhards ›Ein Fest für Boris‹; hierüber schrieb Hellmuth Karasek in der ›Süddeutschen Zeitung‹ (1. 7. 1970): »Höhepunkt dieser letalen Beziehung: das Fest für Boris, die Hauptszene, die in Peymanns eindrucksvoller Hamburger Inszenierung an Buñuels pervertiertes Abendmahl erinnerte. (. . .) Obwohl böse und zynisch zugleich, hat weder das Stück noch seine Hamburger Aufführung etwas mit dem vielbeschworenen schwarzen Humor zu schaffen.« Im selben Jahr war Peymann Mitbegründer der Berliner Schaubühne, inszenierte hier 1971 die Uraufführung von Peter Handkes ›Ritt über den Bodensee‹ und verließ das Haus wieder. Er begründete seinen Schritt damit, daß seine Arbeitsvorstellungen und seine persönlichen Perspektiven sich wesentlich von denen der Mehrzahl der Schaubühnenmitglieder unterschieden. Danach freier Regisseur u. a. am Staatstheater Stuttgart: Peter Weiss' ›Hölderlin‹ (UA 1971); Shakespeares ›Lear‹ (1972, Wuppertal); bei den Salzburger Festspielen: Bernhards ›Der Ignorant und der Wahnsinnige‹ (UA 1972); am Deutschen Schauspielhaus Hamburg: Botho Strauß' ›Die Hypochonder‹ (UA 1973) und Strindbergs ›Der Peli-

kan‹ (1973); am Burgtheater Wien: Bernhards ›Jagdgesellschaft‹ (UA 1974); am Schauspiel Frankfurt a. M.: Bonds ›Die See‹ (1973). Von 1974 bis 1979 Schauspieldirektor am Württembergischen Staatstheater in Stuttgart. Wichtige Inszenierungen hier u. a.: Gerlind Reinshagens ›Himmel und Erde‹ (UA 1974); Schillers ›Die Räuber‹ (1975); Bernhards ›Der Präsident‹ (1975); Kleists ›Käthchen von Heilbronn‹ (1975); Camus' ›Die Gerechten‹ (1976); Goethes ›Faust I und II‹ (1977) und ›Iphigenie auf Tauris‹ (1977); Bernhards ›Immanuel Kant‹ (UA, 1978); Tschechows ›Drei Schwestern‹ (1979); Bernhards ›Vor dem Ruhestand‹ (UA 1979). Peymann verzichtete bereits im September 1977 auf eine Verlängerung seines 1979 auslaufenden Vertrages, nachdem es zu einem Konflikt mit der Landesregierung gekommen war, weil er zu einer Spendenaktion für die zahnärztliche Behandlung von Baader-Meinhof-Häftlingen aufgerufen hatte. Von 1979 bis 1986 war Peymann Mitglied des Direktoriums des Schauspielhauses Bochum (neben Hermann Beil, Uwe Jens Jensen, Alfred Kirchner und Rolf Paulin). Er inszenierte Goethes ›Torquato Tasso‹ (1980); über diese Aufführung schrieb Georg Hensel in der ›Frankfurter Allgemeine Zeitung‹ (14. 1. 1980): »Claus Peymann hat diese politische Horror Picture Show aus Goethes ›Tasso‹ herausgeholt. Der Jubel des Premierenpublikums war groß, der Beifall lang für dieses Meisterstück der Manipulation. Falschmünzerei ist es nicht: Die Falschmünzer machen es umgekehrt, sie täuschen Edelmetall durch minderwertige Materialien vor.« Weitere Inszenierungen in Bochum u. a.: Bernhards ›Der Weltverbesserer‹ (UA 1980) und ›Am Ziel‹ (UA 1981, Salzburger Festspiele); Lessings ›Nathan der Weise‹ (1981); Kleists ›Hermannsschlacht‹ (1982); über diese Aufführung schrieb C. Bernd Sucher (›SZ‹, 12. 11. 1982): »Nichts ist in dieser Inszenierung noch übrig von Kleists Zeitgebundenheit. Peymann gelingt es (wieder einmal), die hehre Fürstensphäre durch alltägliche Bürgerlichkeit zu ersetzen. (. . .) Im Theater also wird die Lüge, wird der Politiker, der Heuchler, der ehrgeizige

Peymann

Mörder gemordet. Nie leugnet Peymann in seiner Inszenierung, daß er die bürgerliche Institution Stadttheater braucht, um sich zu artikulieren; daß er die Vieldeutigkeit bürgerlicher Kunst schätzt. Das Theater ist ihm (und seinem Ensemble) Ort, jene Affekte, jene Verletzungen von Empfindungen umzusetzen: Krieg zu führen. Doch daß dieser Krieg mit den Waffen der Kunst erfolgreich sein wird auf einem Schlachtfeld der Politik, daran glaubt er nicht. Und auch nicht mehr an den Erfolg von List und Klugheit. Auf die Fragen, wer uns, was uns noch retten kann, weiß Peymann keine Antworten. Er hat sie bei Kleist gestrichen.« Weitere Inszenierungen: Shakespeares ›Wintermärchen‹ (1983); Bernhards ›Der Schein trügt‹ (UA 1984); Lars Noréns ›Dämonen‹ (1984); Büchners ›Leonce und Lena‹ (1985); Bernhards ›Der Theatermacher‹ (UA 1985, Salzburger Festspiele) und ›Ritter, Dene, Voss‹ (UA 1986, ebenda). Seit 1986 ist Peymann Direktor des Burgtheaters in Wien. Hier inszenierte er: Shakespeares ›Richard III.‹ (1987) und ›Sturm‹ (1988); hierzu Joachim Kaiser (›SZ‹, 8. 2. 1988): »Peymann, als reichsdeutscher Burgtheater-Direktor um einen Wiener Erfolg bemüht, hat vorsätzlich und gut gelaunt den österreichischsten Shakespeare geboten, den ich je sah: virtuos, harmonisierend, kulinarisch bis zur Langeweile und Überdruß, heiter brillant im Detail, aber nahezu ohne gewichtigschwarze Magie, ohne lastende Schuldbeschwörung und leider auch ohne jenen strengen Ästhetizismus, mit dem die Berliner Schaubühne sich das Leben so entsetzlich schwermacht.« Trotz einiger Turbulenzen am Burgtheater, Krächen mit dem Ensemble und den Politikern, inszenierte Peymann weiter (1988 die Uraufführung von Bernhards ›Heldenplatz‹) und entschloß sich zu einer Vertragsverlängerung und Wien auch. Weitere Inszenierungen: Schillers ›Wilhelm Tell‹ (1989); Handkes ›Spiel vom Fragen oder Die Reise zum sonoren Land‹ (UA 1990); Ibsens ›Volksfeind‹ (1990); Goethes ›Clavigo‹ (1991); Shakespeares ›Macbeth‹ (1992); darüber Benjamin Henrichs (›Die Zeit‹, 21. 2. 1992): »Daß die Aufführung niemals zeitgenössisch tut und witzelt, ist aller Ehren wert. Aber muß deshalb die Formensprache der Inszenierung so deprimierend altbacken, so geradezu altväterlich sein? Und, viel wichtiger: Müßte nicht so etwas wie ein zeitgenössisches Bewußtsein, ein Zeitgenossenzorn spürbar sein hinter all diesen Darbietungen aus dem schottischen Mittelalter? (...) Das Theater umkreist in viereinhalb Stunden gemächlich einmal sich selber – Shakespeares Insel kommt so nicht in Sicht. Und Shakespeare selber, der größte Geist des Welttheaters und sein ärgstes Schreckgespenst, ist heute abend im Burgtheater wieder einmal nur: das Phantom der Sprechoper.« 1992 wurde Peymanns Vertrag erneut verlängert (bis 1996). 1992 inszenierte der Regisseur wieder einmal Peter Handke, zeigte die Uraufführung des stummen Spiels ›Die Stunde da wir nichts voneinander wußten.‹ Im selben Jahr kam seine Interpretation von Goldonis ›Der Impresario von Smyrna‹ heraus, ein Fest für Schauspieler. »Der Charme der Schmiere«, titelte ›Theater heute‹. Und 1993 zeigte Peymann die Uraufführung von Peter Turrinis ›Alpenglühen‹; darüber C. Bernd Sucher (›SZ‹, 18. 2. 1993): »Dem Autor konnte wirklich nichts Besseres passieren als just diese Uraufführung. Claus Peymann hielt sich – wie schon bei Peter Handkes Pantomimenspiel ›Die Stunde da wir nichts voneinander wußten‹ – akribisch genau an die ausführlichen Szenenanweisungen. Mit leichter Hand führte er die Schauspieler, die, naturgemäß, die größte Lust haben an diesem Rollenspiel und Maskenwechsel.« 1994 inszenierte Peymann Ibsens ›Peer Gynt‹. Bis 1994 15 Einladungen zum Berliner Theatertreffen und zwei Einladungen für Ko-Regie (mit Freyer und Wiens).

Literatur: C. Peymann (u. a.) (Hrsg.): Johann Wolfgang Goethe: Faust. Die Aufführung der Württembergischen Staatstheater Stuttgart. Dokumentation. Stuttgart, Zürich 1979; V. Canaris: Claus Peymann. London 1975; P. Iden: Theater als Widerspruch. München 1984; H. Mainusch: Regie und Interpretation. Gespräche. München 1985; H. P. Doll: Stuttgarter Theaterarbeit 1972–1985. Hrsg. v. den Württembergischen Staatstheatern. Stuttgart 1985; W. Kässens/J. W. Gronius (Hrsg.): Theatermacher. Frankfurt a.M. 1987; André Müller: Im Gespräch mit ... Hamburg 1989; C. B. Sucher: Theaterzauberer. Von Bondy bis Zadek. 10 Regisseure des Deutschen Gegenwartstheaters. München, Zürich 1990; Stuttgarts Faust und seine Kritiker: Rezensionen, Briefe, Meinungen. Württembergische Staatstheater Stuttgart o.J.

Pfüller, Volker, geb. 7. 6. 1939 in Leipzig. Graphiker, Buchillustrator, Bühnenbildner. Arbeitet seit Ende der siebziger Jahre kontinuierlich mit Alexander Lang; er schuf die Kostüme und Räume u.a. für Langs Inszenierungen von Büchners ›Dantons Tod‹ (1981, Deutsches Theater Berlin); Schillers ›Don Carlos‹ (1984, Münchner Kammerspiele); Racines ›Phädra‹ (1987, ebenda); Bernard-Marie Koltès' ›In der Einsamkeit der Baumwollfelder‹ (1987, ebenda). 1992 arbeitete er mit Thomas Langhoff, der an den Staatlichen Schauspielbühnen Berlin Volker Brauns ›Böhmen am Meer‹ inszenierte. Über seine Bühnenarbeiten sagt Pfüller:»Der Schauspieler ist für mich das Zentrum der Bühne. Das Kostüm ist am nächsten dran an seinem Körper, dann kommen die Requisiten. Und dann eben der Raum – das Gefäß, in dem die Schauspieler spielen. Farben spielen für mich eine sehr wesentliche Rolle: ein großer Farbklang, der sich durchzieht durch eine Aufführung und bis in alle Details hineinspielt.«
Literatur: F. Dieckmann (Hrsg.): Bühnenbildner der DDR. Arbeiten aus den Jahren 1971–1977. Berlin 1978; C. Brachwitz (u.a.): Trilogie der Leidenschaft. Berlin 1988; I. Pietzsch (u.a.) (Hrsg.): Bild und Szene. Bühnenbildner der DDR 1978 – 1986. Berlin 1988; D. Kranz: Berliner Theater. 100 Aufführungen aus drei Jahrzehnten. Berlin 1990.

Philipe, Gérard, geb. 4. 12. 1922 in Cannes, gest. 25. 11. 1959 in Paris. Schauspieler und Regisseur. Jura-Studium in Paris, danach Studium am Konservatorium für darstellende Kunst in Paris. Debüt in Cannes, danach Engagement an einer Wanderbühne. Bei deren Gastspiel in Berlin von Jacques Hébertot entdeckt. 1943 spielte er am Hébertot-Theater in Paris den Engel in Giraudoux' ›Sodom und Gomorrha‹, neben Edwige Feuillière. Daraufhin bekam er die ersten Filmangebote: ›Les Petites du Quai aux Fleurs‹ (1943); ›Der Idiot‹ (1944); ›Teufel im Leib‹ (1947); ›Die Kartause von Parma‹ (1948); ›Der Reigen‹ (1950); ›Fanfan der Husar‹ (1951); ›Rot und Schwarz‹ (1954); ›Monsieur Ripos‹ (1954). 1951 begann Philipes Zusammenarbeit mit Jean Vilar am Théâtre National Populaire (TNP). Hier spielte er u.a die Titelrolle in Kleists ›Prinz Friedrich von Homburg‹ (1951, französische EA beim 5. Festival d'Avignon›), Rodrigue in Pierre Corneilles ›Le Cid‹ (1951), Eilif in Brechts ›Mutter Courage und ihre Kinder‹ (1951, französische EA, R. jeweils Vilar), Callimaque in Jean Vauthiers ›La Nouvelle Mandragore‹ (R. Gérard Philipe, seine Debütinszenierung); Titelrolle in Victor Hugos ›Ruy Blas‹ (1954), Octave in Alfred de Mussets ›Les Caprices de Marianne‹ (1958, R. jeweils Vilar). Philipe arbeitete 1959 auch mit dem Regisseur René Clair, spielte in Mussets ›On ne badine pas avec l'amour‹. Gérard Philipe vertrat in seinem Spiel keinen Stil, keine Schule; er schuf die Rollen aus seiner Persönlichkeit, suchte nach Möglichkeiten der Identifikation. Seine Sprach- und Körperbeherrschung war außergewöhnlich.
Literatur: J. Cocteau: Hommage à Gérard Philipe. In: Spectacles. Paris 1960; A. Philipe: Gérard Philipe. Souvenirs. Paris 1960; G. Sadoul: Gérard Philipe. Berlin 1962; S. Melchinger/R. Clausen. Schauspieler. 36 Porträts. Velber 1965.

Picasso, Pablo, geb. 25. 10. 1881 in Malaga, gest. 8. 4. 1973 in Mougins. Maler, Bildhauer und Bühnenbildner. Arbeitete von 1917 an auch als Ausstatter für die Ballets Russes. In Rom schuf er die Kostüme für Cocteau/Saties ›Parade‹ (1917). Weitere Arbeiten: de Fallas ›Le Tricorne‹ (1919); Strawinskys ›Pulcinella‹ (1920); Cocteau/Honeggers ›Antigone‹ (1922); Saties ›Mercure‹ (1924); Sophokles' ›König Ödipus‹ (1947, Paris). Picasso schrieb surreal-poetische Texte, die von 1935 an in den ›Cahiers d'Art‹ erschienen, darunter

Piccoli

zwei Theatertexte. ›Wie man Wünsche beim Schwanz packt‹ wurde 1944 zum ersten Mal unter der Regie von Albert Camus und unter Mitwirkung von Jean-Paul Sartre, Simone de Beauvoir und Raymond Queneau privat bei Michel Leiris aufgeführt: »Natürlich handelt es sich um kein dramatisches Werk, aber um eine ganz ausgezeichnete Partitur mit lyrischen und szenischen Assoziationen, die sich sehr eindrucksvoll interpretieren läßt. Es gibt keine Logik, die Bilder folgen einander als willkürliche Ausgeburten der Phantasie, bizarr, witzig, mitunter voller zarter Poesie, und in jedem Fall aufregend und mit dem Glanz der Genialität. Man würde meinen, die Schöpfung eines großen Sprachkünstlers vor sich zu haben, der mit allen Raffinements und Abgründen der modernen Lyrik vertraut ist und außerdem das ›absurde Theater‹ virtuos beherrscht. Paul Celan hat den Text ins Deutsche übersetzt (...).« (Wolfgang Kraus, ›Hannoversche Allgemeine Zeitung‹, 7. 3. 1962)

Weiteres Stück: ›Les quatres petites filles‹ (1948).

Literatur: P. Picasso: Poetische Schriften 1935–1959. München 1989; D. Cooper: Picasso Théâtre. New York 1967; H. Rischbieter (Hrsg.): Bühne und bildende Kunst im XX. Jahrhundert. Velber 1968; D. Bablet: Les Révolutions Scéniques du XXe Siècle. Paris 1975; S. Vogel: Pablo Picasso als Bühnenbildner und Kostümentwerfer für die Ballets Russes. Diss. Köln 1983.

Piccoli, Michel, geb. 27. 12. 1925 in Paris. Schauspieler. Schauspielunterricht bei René Simon. Debüt 1948. Arbeitete in der Folgezeit an verschiedenen Pariser Bühnen. 1967 wurde er Mitglied der Compagnie von Madeleine Renaud und Jean-Louis Barrault, spielte aber als Gast auch am Théâtre National Populaire. Filmdebüt 1945 in ›Sortilège‹ (›Das Geheimnis der Berghütte‹). Obwohl er weiter vor allem als Filmschauspieler arbeitete, gelang ihm der große Durchbruch erst 1963 mit der Hauptrolle in Jean-Luc Godards ›Le mépris‹ (›Die Verachtung‹). Die wichtigsten der über hundert Filme, in denen er mit-

wirkte: ›Le journal d'une femme de chambre‹ (1963, ›Tagebuch einer Kammerzofe‹), ›Belle de jour‹ (1967, ›Schöne des Tages‹), ›La voie lactée‹ (1969, ›Die Milchstraße‹), ›Le charme discret de la bourgeoisie‹ (1972, ›Der diskrete Charme der Bourgeosie‹), ›Le Fantôme de la liberté‹ (1974, ›Das Gespenst der Freiheit‹) – alle von Luis Buñuel; ›Les demoiselles de Rochefort‹ (1967, ›Die Fräulein von Rochefort‹, R. Jacques Demy), ›Topaz‹ (1969, R. Alfred Hitchcock), ›La Décade prodigieuse‹ (1971, ›Der zehnte Tag‹), ›Les Noces rouges‹ (1973, ›Blutige Hochzeit‹, R. jeweils Claude Chabrol), ›La Grande Bouffe/La Grande Abuffata‹ (1973, ›Das große Fressen‹, R. Marco Ferreri), ›Eine Komödie im Mai‹ (1990, R. Louis Malle). Wichtige Rollen auf der Bühne u. a.: Gajew in Tschechows ›Der Kirschgarten‹ (1981, Bouffes du Nord, R. Peter Brook); Horn in Bernard-Marie Koltès' ›Combat de nègre et de chiens‹ (1983, Théâtre des Amandiers in Nanterre, R. Patrice Chéreau); Hofreiter in Arthur Schnitzlers ›Das weite Land‹ (1984, Nanterre, R. Luc Bondy, 1987 verfilmt); Leontes in Shakespeares ›Wintermärchen‹ (1988, Nanterre, R. Bondy); Titelrolle in Ibsens ›John Gabriel Borkman‹ (1993, Lausanne, R. Bondy). Diese Aufführung, die im selben Jahr auch auf dem Festival »Theater der Welt« in München zu sehen war, besprach nach der Premiere C. Bernd Sucher in der ›Süddeutschen Zeitung‹ (28. 1. 1993): »Michel Piccoli trifft einen Zauberton, in dem schamhaftes Sehnen sich mischt mit erotischer Erinnerung und verzweifelter Trauer. (...) Der dreistündige gefeierte Abend ist gewiß die schönste Aufführung dieser eher tristen Theatersaison.«

Pierwoß, Klaus, geb. 29. 8. 1942 in Berge, Niedersachsen. Dramaturg und Theaterleiter. Studium der Theaterwissenschaft und Germanistik in Köln, Berlin und Wien (1962–1970); 1970 Promotion bei Heinz Kindermann (Wien). 1971–1975 Dramaturg am Landestheater Tübingen während der Intendanz von Manfred Beilharz. 1975–1978 Dramaturg am Nationaltheater Mannheim; Zusammenarbeit mit Jürgen

Bosse, der dort die Uraufführung von Volker Brauns ›Che Guevara‹ inszenierte, die BRD-Erstaufführung von Brauns ›Tinka‹ und die deutsche Erstaufführung von Dario Fos ›Zufälliger Tod eines Anarchisten‹; 1978 Gründung der Mannheimer Schiller-Tage. 1978–1984 war Pierwoß Intendant des Landestheaters Tübingen. 1985 wurde er zum Intendanten des Schauspiels Köln berufen, wo er u. a. mit den Regisseuren Manfred Karge, Dimiter Gotscheff, Siegfried Bühr, Peter Löscher und Horst Siede zusammenarbeitete. Seine Kölner Zeit war eher glücklos. Nach Ablauf seines Vertrages 1990 ging Pierwoß als Chefdramaturg ans Maxim-Gorki-Theater in Berlin, wo er sich sehr für die Belange der ehemaligen DDR-Theater einsetzte (bis 1994). Im August 1993 wurde Klaus Pierwoß als Nachfolger von Hansgünther Heyme zum Generalintendanten des Bremer Theaters berufen. Pierwoß ist seit 1984 Vorsitzender der Dramaturgischen Gesellschaft.

Pinter, Harold (Pseud. David Baron), geb. 10. 10. 1930 in London. Dramatiker. Sohn eines Arbeiters. Pinter war von 1950 bis 1960 Schauspieler, danach freier Schriftsteller und Regisseur. Er ist einer der bedeutendsten lebenden englischen Dramatiker. Pinter versucht in genau dargestellten Alltagssituationen die Absurdität, im Gewöhnlichen das Unheimliche zu entdekken. Martin Esslin schrieb: »›Niemandsland‹ (. . .) liegt auf dem Kontinent, den Beckett bewohnt. Und darin eben liegt Pinters Virtuosität: Hinter den spitzen Bonmots, den bühnenwirksamen komischen Episoden wird die Landschaft der Verzweiflung allmählich sichtbar, eine Einöde von Einsamkeit und Altwerden, menschlichem Versagen und Tod. Wie Beckett weigert sich Pinter, über seine Stücke, geschweige denn in seinen Stücken philosophische Kommentare, allgemeine Nutzanwendungen von sich zu geben. (. . .) Aber gerade die Konkretheit der Situationen, die Weigerung, sich in Abstraktionen zu verlieren, eröffnet in allen Stücken Pinters (. . .) Ausblicke und Einsichten in einer Vielzahl von Richtungen: Hier wird viel über Altern und Tod gesagt, viel aber auch über die soziale Situation unserer Zeit, über Herr und Diener, Status und Außenseitertum in unserer Gesellschaft, über Literaten und ihre Prätentionen, über die sexuellen Mores der englischen Oberschicht und des englischen Proletariats. (. . .) Vor allem aber ist Pinters Drama Theater.« (›Theater heute‹, Heft 12, 1975) In Deutschland nahmen sich in den siebziger Jahren vor allem Boy Gobert in Hamburg, Hans Lietzau und Hans Schweikart in Berlin seiner Werke an. Zur deutschen Erstaufführung von ›Niemandsland‹ (Thalia Theater Hamburg, R. Boy Gobert) schrieb Georg Hensel (›FAZ‹, 2. 12. 1975): »Die Geschichte vom Eindringling ist eines von mehreren Lieblingsthemen, mit denen Pinter hier herumspielt, als probiere er aus, ob er ihnen noch einmal eine tragfähige Kombination abgewinnen kann. Ein anderes Lieblingsthema Pinters ist der Versuch, die Vergangenheit aufzuhellen. Es war sein Hauptthema in ›Alte Zeiten‹, seinem vorausgegangenen Stück, das im Hamburger Thalia-Theater vor drei Jahren von Hans Schweikart beklemmend und von Ingrid Andree, Ursula Lingen und Boy Gobert so kühl wie gespenstisch gespielt worden ist.«
Weitere Stücke: ›Der stumme Diener‹ (1960); ›Die Geburtstagsparty‹ (1960); ›Der Hausmeister‹ (1960); ›Die Heimkehr‹ (1965); ›Betrogen‹ (1978); ›Das Treibhaus‹ (1980).
Literatur: M. Esslin: The Theatre of the Absurd. New York 1968; P. Münder: H. Pinter und die Problematik des absurden Theaters. Bern 1976; E. Mengel: H. Pinters Dramen. Frankfurt a. M. 1978.

Piontek, Klaus, geb. 1935 in Schlesien. Schauspieler und Regisseur. Studium an der Theaterhochschule Leipzig. Erste Engagements am Volkstheater Halberstadt und am Staatstheater Dresden. 1960 erste Gastrolle am Deutschen Theater Berlin als Eugen Marchbanks in Shaws ›Candida‹; seit 1962 fest am Deutschen Theater. Eine Auswahl ihm wichtiger Rollen: Hermes in Aristophanes' ›Der Frieden‹ (R. Benno Besson); Wurm in Schillers ›Kabale und Liebe‹; Rudolf Höller in Bernhards ›Vor dem Ruhestand‹ (R. Michael Jurgons/ Friedo Solter); Angelo in Shakespeares

Piplits

›Maß für Maß‹ (R. Adolf Dresen); Orgon in Molières ›Tartuffe‹ (R Anselm Weber); Hubert Fängewisch in Klaus Chattens ›Unser Dorf soll schöner werden‹ (R. Johanna Schall). Rollen in Inszenierungen von Thomas Langhoff: Gerichtsrat Walter in Kleists ›Der zerbrochene Krug‹ und Otto von der Flühe in ›Das Käthchen von Heilbronn‹; Simon in Hofmannsthals ›Der Turm‹; Glasenapp in Hauptmanns ›Der Biberpelz‹; Markgraf Rüdiger in Hebbels ›Kriemhilds Rache‹. Eigene Inszenierungen u. a.: Hacks' ›Das Jahrmarktsfest zu Plundersweilern‹; Hauptmanns ›Die Ratten‹; Delaneys ›Bitterer Honig‹; Wildes ›Bunbury‹; Shaws ›Ländliche Werbung‹.

Piplits, Erwin, geb. 19. 7. 1939 in Wien. Bühnenbildner, Regisseur und Theaterleiter. Seit Ende der siebziger Jahre Leiter des Serapionstheaters in W en. Begann mit Puppenspielen und Pantomimen; danach arbeitete er mit einem eigenen Schauspielerensemble. Wichtige Produktionen (eigene Textcollagen) u. a.: ›Patt‹ (1984); ›Anima‹ (1986); ›Succubus‹ (1986); ›A Boa A Qu‹ (1987); ›Kispotlatsch‹ (1990); ›Nu‹ (1992); ›oui mon ami‹ (1992). 1993 gab Piplits, der bisher »ein Theater jenseits traditioneller Formen und Gewohnheiten« (Wolfgang Schreiber), Musik-Gebärden-Collagen gemacht hatte, sein Debüt als Opernregisseur: Er inszenierte bei den Salzburger Festspielen Mozarts ›Cosí fan tutte‹. Wolfgang Schreiber (›SZ‹, 31. 7. 1993) reagierte verärgert: »Enttäuschung empfindet der Zuschauer dieser Aufführung, oft Langeweile, fast das Gefühl des Verlustes von Dreidimensionalität. (. . .) Das Ganze wirkt eher wie zufällig, oder auch: wie bewußt verschlampt.«

Pirandello, Luigi, geb. 28. 6. 1867 in Agrigent, gest. 10. 12. 1936 in Rom. Dramatiker. Sohn eines Schwefelgrubenbesitzers. Pirandello studierte Jura und Philologie in Palermo, Rom und Bonn. Von 1892 an lebte er als freier Schriftsteller in Rom und war dort bis 1921 Dozent für italienische Literatur. 1925 Gründung des Teatro d'Arte, dort Leiter und Regisseur. 1934 Nobelpreis für Literatur. Pirandello behandelt in seinen Werken die Frage der

Relativität von Schein und Sein, Wahrheit und Lüge, Wirklichkeit und Illusion. Weltberühmt wurde er mit seinem Stück ›Sechs Personen suchen einen Autor‹ (1921), das in Deutschland seither immer wieder und vor allem in den achtziger Jahren viel gespielt wurde. Georg Hensel schrieb zur Aufführung an der Freien Volksbühne Berlin (R. Klaus Michael Grüber): »Vor sechzig Jahren, als das Stück (. . .) in Rom uraufgeführt wurde, durfte sein Autor Luigi Pirandello erwarten, daß man sich bei seinem tollkühnen Einfall etwas Tiefsinniges denke. Er hielt sich für einen philosophischen Schriftsteller und wollte sein Publikum zum Philosophieren anregen, meist über sein Lieblingsthema, über Sein und Schein. Was für die sechs Personen ihre Lebenswirklichkeit ist, ihr Sein, das ist für die Schauspieler auf der Probebühne nur eine Rolle, ein Schein, der sich für das Sein ausgibt (. . .). Das Scheitern des Theaters an der Wahrheit des Lebens: in diesem Punkt berühren sich Chargesheimer und Pirandello. Das Leben zerstört das Theater – dies meinte schon Pirandello. Grübers Vorstellung vom Leben zerstört den Pirandello – dies ist, schließlich doch, das Berliner Ergebnis. Pirandello arbeitet ausschließlich mit Schein-Improvisationen; sie sind bis in jede Einzelheit festgelegt (. . .). Pirandello will das Theater, weil er Theater will. Grüber will Theater, weil er Wahrheit will. Aus dem Sizilianer Pirandello hat Grüber einen nordischen Magus gemacht.« (›FAZ‹, 23. 3. 1981)
Weitere Stücke: ›So ist es – wie es Ihnen scheint‹ (1917); ›Das Vergnügen, anständig zu sein‹ (1917); ›Heinrich IV.‹ (1921); ›Jeder auf seine Weise‹ (1923); ›Heute abend wird aus dem Stegreif gespielt‹ (1929); ›Die Riesen vom Berge‹ (1936).
Literatur: A. Tilgher: Das Drama Pirandellos. Berlin 1926; F. Rauhut: Der junge Pirandello. München 1964; F. N. Mennemeier (Hrsg.): Der Dramatiker Pirandello. 22 Beiträge. Köln 1965; R. Matthaei: L. Pirandello. Hannover 1972.

Piscator, Erwin, geb. 17. 12. 1893 in Ulm, gest. 30. 3. 1966 in Hamburg. Schauspieler, Regisseur und Intendant. Studium der Kunstgeschichte, Philosophie und Ger-

Piscator

manistik in Marburg und München. 1914 wurde er Volontär am Münchner Volkstheater. Nach dem Krieg – 1916 spielte er in einem Fronttheater – gründete er (1919) eine kleine Bühne in Königsberg, das Tribunal, wo er sich für politisch und sozial engagiertes Theater einsetzte. 1920 gründete er in Berlin Das Proletarische Theater; 1923/24 übernahm er die Direktion des Centraltheaters in Berlin. Von 1924 bis 1927 war er an der Volksbühne Berlin Oberregisseur und inszenierte u.a. Alfons Paquets ›Fahnen‹ (1924) und ›Sturmflut‹ (1926); Gorkis ›Nachtasyl‹ (1926). Im selben Jahr inszenierte er am Preußischen Staatstheater, bei Leopold Jeßner, Schillers ›Die Räuber‹, wobei er die Politik in diesem Text herausarbeitete und Spiegelberg in einer Lenin-Maske als den wahren Revolutionär feierte. Diese Aufführung wurde ein Skandal; Piscator schied wegen Agitation für den Kommunismus aus der Volksbühne aus. 1927 gründete er die Piscator-Bühne im Theater am Nollendorfplatz. Inszenierte Tollers ›Hoppla, wir leben‹ (1927); Tolstois ›Rasputin‹ (1927); Ehm Welks ›Gewitter über Gottland‹ (UA 1927); Hašeks ›Der brave Soldat Schwejk‹ (1928). 1928 Zusammenbruch der Piscator-Bühne; 1929 zweite Piscator-Bühne (wieder am Nollendorfplatz), zweiter Zusammenbruch im selben Jahr. 1930 Gründung des Piscator-Kollektivs, das im Wallner-, im Apollo- und im Lessingtheater, sowie im Theater in der Königgrätzer Straße spielte. 1930 inszenierte Piscator Theodor Plieviers Text ›Des Kaisers Kuli‹, ein Stück über den Kieler Matrosenaufstand, und erhielt daraufhin eine Einladung der sowjetischen Produktionsfirma ›Meschrapom‹ nach Moskau, wo er das Stück verfilmen sollte; stattdessen inszenierte er 1934 Anna Seghers Erzählung ›Die Fischer von St. Barbara‹. Von 1931 bis 1936 arbeitete Piscator in der UdSSR, danach lehrte er in der Schweiz und in Paris an den germanistischen Fakultäten (1936–1938). 1938 emigrierte er in die USA, wo er sich für antifaschistische Gruppen engagierte. Von 1939 an leitete er in New York die Theaterschule und die Studiobühne Dramatic Workshop. Zu seinen Schülern zählten Tennessee Williams und Arthur Miller. An dieser Bühne, am President-Theatre und am Roof Top Theatre inszenierte Piscator u.a.: Shakespeares ›Lear‹, Lessings ›Nathan der Weise‹, Borcherts ›Draußen vor der Tür‹ und Millers ›Der Tod des Handlungsreisenden‹. 1951 kehrte Piscator nach Deutschland zurück, inszenierte als Gast u.a. am Deutschen Schauspielhaus Hamburg: Fritz Hochwälders ›Virginia‹ (UA 1951); am Nationaltheater Mannheim: Schillers ›Die Räuber‹ (1957); an den Staatlichen Schauspielbühnen Berlin: Tolstois ›Krieg und Frieden‹ (1957); am Hamburger Thalia Theater: Strindbergs ›Totentanz‹ (1957), an den Münchner Kammerspielen: Schillers ›Don Carlos‹ (1959); Sternheims ›1913‹ (1960). Von 1962 bis zu seinem Tod war Piscator Intendant der Freien Volksbühne Berlin (als Nachfolger von Günter Skopnik); inszenierte die Uraufführungen von Hochhuths ›Der Stellvertreter‹ (1963), Kipphardts ›In der Sache J. Robert Oppenheimer‹ (1964), Peter Weiss' ›Die Ermittlung‹ (1965) und Hans Helmut Kirsts ›Aufstand der Offiziere‹ (1966). Piscator vertrat ein kompromißlos politisches Theater; er arbeitete mit dokumentarischem Material auf der Bühne, mit dem Film, mit Projektionen, mit Trickzeichnungen (von George Grosz), mit Marionetten; er ließ sich von seinem Bühnenbildner Traugott Müller riesige Spielgerüste und symbolische Maschinen bauen (Etagen- und Globus-Bühne) und inszenierte große Massen auf der Bühne. Er inszenierte episches Theater, bevor Brecht seine Theorie ausgearbeitet hatte. In seiner Frühzeit gehörte Piscator zum radikalen Flügel der Linken und bekämpfte die Gemäßigten. In seiner Inszenierung von Paquets ›Fahnen‹ (1924) wurden die Sozialdemokraten als »die große Partei der Waschlappen« bezeichnet. Seit seinen ersten Inszenierungen stürmten häufig auf den Höhepunkt der Aufführung die gesamten Schauspieler auf die Bühne und sangen die Internationale, in die das Publikum dann einfiel. Piscator ist in seinen Inszenierungen das epische Ich, das die verschiedenen Teile der Aufführung (auch die Revue) zusammenhält und die Utopie von der neuen Gesellschaft vor dem Publikum wie ein politischer Redner vor-

Planchon

trägt. Brecht resümierte:»Ich habe die Literatur, Piscator das Theater dieses Jahrhunderts revolutioniert.«

Literatur: H. Ihering: Reinhardt, Jessner, Piscator oder Klassikertod? Berlin 1929; H.-J. Fiebach: Die Darstellung kapitalistischer Widersprüche und revolutionärer Prozesse in Erwin Piscators Inszenierungen von 1920–1931. Diss. Berlin 1965; Erwin Piscator 1893–1966. Akademie der Künste. Berlin 1971 (Katalog); H. Goertz: Erwin Piscator in Selbstzeugnissen und Bilddokumenten. Reinbek 1974; John Willett: Erwin Piscator. Die Eröffnung des politischen Zeitalters auf dem Theater. Frankfurt a. M. 1982; S. Wolle: Das Totaltheater. Berlin 1984; M. Brauneck: Klassiker der Schauspielregie. Reinbek 1988; M. Ley-Piscator: Der Tanz im Spiegel – Mein Leben mit Erwin Piscator. Hamburg 1989; H. Haarmann: Erwin Piscator und die Schicksale der Berliner Dramaturgie. München 1991; U. Amlung: Leben ist immer ein Anfang! Erwin Piscator 1893–1966. Marburg 1993.

Planchon, Roger, geb. 12. 9. 1931 in Saint-Chamond (Frankreich). Schauspieler, Regisseur, Autor und Theaterleiter. Zunächst Bankbeamter. Nahm Schauspielunterricht und gründete bereits 1949 eine kleine Thatergruppe, mit der er in katholischen Jugendheimen auftrat. 1951 gründete er in Lyon sein Théâtre de la Comédie. 1957 wurde Planchon die Leitung des Volkstheaters in Villeurbanne bei Lyon angeboten. Dieses Théâtre municipal (heute Théâtre de la Cité) leitete er, bis ihm 1972 die Leitung des Théâtre national populaire (TNP) angeboten wurde (zusammen mit Patrice Chéreau und Robert Gilbert). Wichtige Inszenierungen von Planchon u. a.: Planchon/Dumas' ›Die drei Musketiere‹ (1957/58), Brechts ›Der gute Mensch von Sezuan‹ (1958/59) und ›Schweyk im zweiten Weltkrieg‹ (1961/62); ferner die Uraufführungen eigener Stücke: ›La Remise‹ (1962), ›Patte blanche‹ (1967), ›Bleus, Blancs, Rouges ou les Libertins‹ (1967, Festival d'Avignon), ›La Contestation et la mise en pièces du Cid‹ (1969), ›Le cochon noir‹ (1973), ›Gilles de Rais‹ (1977). Außerdem wurde Armand Gattis ›Das imaginäre Leben des Straßenkehrers Auguste G.‹ uraufgeführt (1962, R. Jacques Rosner). Weitere Planchon-Inszenierungen: Molières ›Tartuffe‹ (1962/63); Shakespeares ›Troilus und Cressida‹ (1963/64); Racines: ›Bérénice‹ (1970); Molières ›Tartuffe‹ (1974, 1975 bei den Berliner Festwochen, Planchon in der Titelrolle); Pinters ›Niemandsland‹ (1979); Molières ›Dom Juan‹ (1980). 1988 zeigte Planchon Molières ›George Dandin‹ und ging mit dieser Produktion auf eine Ungarn-Tournee. Planchon versteht sein Theater, seine Inszenierungen, als politisches Theater, in dem er die marxistische Dialektik, die Psychoanalyse und die Erkenntnisse der Naturwissenschaft vereinigt. Bewußt hat er sich entschlossen, Volkstheater zu machen, und erklärte dazu (›FAZ‹, 1975): »Ich habe niemals ein Stück gewählt, weil ich mir sagte, das wird dem Publikum gefallen, sondern: Was in diesem Stück gesagt wird, kann das Publikum interessieren, es ist wichtig für die Leute, selbst wenn es schwierig ist. Ich finde es verachtenswert, wenn man der Dummheit der Leute schmeichelt.« Planchon spielte auch Filmrollen, u. a. in ›Danton‹ (1983), ›Camille Claudel‹ (1988); und er inszenierte Filme, u. a. ›Dandin‹ (1988) und ›Louis, enfant Roi‹ (1993).

Literatur: M. Corvin: Le théâtre nouveau en France. Paris 1969; E. Copfermann: Roger Planchon. Lausanne 1969; D. Kranz: Positionen. Gespräche mit Regisseuren des europ. Theaters. Berlin 1981.

Platt, Josefine, geb. 14. 7. 1955 in München. Schauspielerin. Ausbildung am Mozarteum in Salzburg. Stationen: Burgtheater Wien; Bayerisches Staatsschauspiel München; Württembergisches Staatstheater Stuttgart; Schauspielhaus Bochum; Burgtheater Wien. Rollen: Handschuhmacherin/Generalswitwe in Offenbachs ›Pariser Leben‹ (1982, München, R. Dieter Giesing); Wendla in Wedekinds ›Frühlings Erwachen‹ (1980, Burgtheater, R. Giesing); Tochter von Bruscon in Thomas Bernhards ›Der Theatermacher‹ (UA 1985, Salzburger Festspiele, R. Claus Peymann); Elmire in Molières ›Tartuffe‹ (1986, Stutt-

555

gart); Anna in Shakespeares ›Richard III.‹ (1987, Wien, R. Peymann), Nebenrolle in Botho Strauß' ›Die Zeit und das Zimmer‹ (1990, Wien, R. Cesare Lievi): immer die zierliche Platt. Sie spielte auch in Filmen, u. a. in Axel Cortis ›Herrenjahre‹ und in P. Mankers ›Schmutz‹. In ihren Rollen bewies die junge Josefine Platt, daß sie, obwohl zerbrechlich von Gestalt, sehr wohl herrischen Frauen Gestalt verleihen kann. Ihre Jugendlichkeit hat immer etwas damenhaft Mondänes.

Platte, Rudolf, geb. 12. 2. 1904 in Dortmund, gest. 18. 12. 1984 in Berlin. Schauspieler. Debütierte 1925 als Shylock in Shakespeares ›Der Kaufmann von Venedig‹ auf der Düsseldorfer Freilichtbühne, wo er auch zum ersten Mal Regie führte. Weitere Stationen: Bad Harzburg, Hildesheim, Hannover, Breslau. 1932 kam er nach Berlin, spielte zunächst im Charakterfach bei Max Reinhardt und Victor Barnowsky, wurde aber bald als Komiker entdeckt – auch im Film. 1940 war er Direktor seines eigenen Berliner Theaters, des Theaters in der Behrensstraße. 1945/46 war er am Theater am Schiffbauerdamm engagiert und gleichzeitig am Volkstheater Pankow, wo er Ralph Benatzkys ›Bezauberndes Fräulein‹ inszenierte und darin die männliche Hauptrolle spielte. Nach dem Krieg war er 1946/47 Intendant des Theaters am Schiffbauerdamm und arbeitete danach am Berliner Hebbeltheater. Rollen u. a.: in Pillau/Flatows ›Fenster zum Flur‹ (1960); Titelrolle in Pillaus ›Kaiser am Alexanderplatz‹ (1964); Flatows ›Das Geld liegt auf der Bank‹ (1968, 1970 in den Kleinen Komödie München); Theaterdirektor Striese in Schönthans ›Raub der Sabinerinnen‹ (1972); Edgar in Ibsens ›Wildente‹ (1979, Freie Volksbühne Berlin, R. Rudolf Noelte). Wichtigste Filmrollen u. a. ›Hitlerjunge Quex‹ (1933); ›Meisterdetektiv‹ (1944); ›Pension Schöller‹ (1952); ›Meine Schwester und ich‹ (1954); ›Ball im Savoy‹ (1955); ›Die Buddenbrooks‹ (1959); ›Professor Columbus‹ (1968). Sein größter Erfolg als Volksschauspieler war die Titelrolle in Zuckmayers ›Der Hauptmann von Köpenick‹ in der 1960 entstandenen Fernsehfassung:

»Er hat den ›Hauptmann von Köpenick‹ so authentisch rührend und provokant gespielt, wie sonst kaum einer die Rolle erfüllte.« (Friedrich Luft, ›Die Welt‹, 12. 11. 1974)

In seinem Nachruf schrieb Günther Rühle (›FAZ‹, 19. 12. 1984): »Komiker sind keine Helden, obwohl es keine unheldische Anstrengung ist, das Leben von der komischen Seite zu zeigen. Man braucht da viel Einsicht und Überlegenheit über die Fährnisse, die einen morgens bis abends von irgendwoher, die lieben Mitmenschen nicht ausgenommen, heimsuchen. Rudolf Platte hatte diese Überlegenheit (. . .), die Menschen aus menschlichem Verständnis nachzubilden und nachzudenken. (. . .) Was er wurde, hatte er aus einer tiefen Neigung für die Welt der kleinen Leute, denn Ersatz-Riesen gab es um ihn herum genug.«

Plautus, Titus Maccius, geb. 250 v. Chr. in Sarsina, gest. 184 v. Chr. in Rom. Komödiendichter. Von den angeblich 130 Komödien, die Plautus geschrieben haben soll, waren nur 21 von Varro als unbezweifelbar echt anerkannt worden. Seine Stücke kreisen um Intrigen und Verwechslungen und haben meist einen guten Ausgang. Oft sind die schlauen Sklaven die Herren der Situation. Plautus' Komödien erfreuten sich beim römischen Publikum äußerster Beliebtheit. Sie wurden später von Hans Sachs, Shakespeare, Goldoni, Molière u. a. bearbeitet.

Stücke: ›Miles Gloriosus‹ (204); ›Kasten-Komödie‹ (201); ›Der Kettenmann‹ (200); ›Pseudolus‹ (191); ›Amphitryon‹; ›Die Zwillingsbrüder‹; ›Eselskomödie‹; ›Der Goldtopf‹ (o. J.).

Literatur: H. Marti: Untersuchungen zur dramatischen Technik bei Plautus und Terenz. Winterthur 1959; J. Blänsdorf: Archaische Gedankengänge in den Komödien des Plautus. Wiesbaden 1967; F. Bubel: Bibliographie zu Plautus, 1976–1989. Bonn 1992; W. S. Anderson: Plautus' Roman Comedy. Toronto 1993.

Pleitgen, Ulrich, geb. 1945. Schauspieler. Schauspielstudium in Hannover (1966–1969). Erstes Engagement: Staatliche

Plenzdorf

Schauspielbühnen Berlin (Generalintendant Boleslaw Barlog). Hier spielte er u. a.: Enoch in Henry Livings' ›Es geht nichts über die Familie‹ (1972, R. Stefan Meuschel); Carlos in Goethes ›Clavigo‹ (1974, R. Achim Freyer). Nach einem kurzen Engagement in Basel gehörte er von 1975 an zum Ensemble der Städtischen Bühnen Frankfurt. Hier spielte er u. a.: Theseus in Shakespeares ›Sommernachtstraum‹ (1977, R. Wilfried Minks); Jason in Euripides' ›Medea‹ (1977, R. Hans Neuenfels). 1978 ging Pleitgen ans Württembergische Staatstheater Stuttgart zu Claus Peymann und spielte u. a.: Andrej in Tschechows ›Drei Schwestern‹ (1978, R. Peymann); Herzog von Ferrara in Goethes ›Torquato Tasso‹ (1980, R. Peymann). 1981 ging Pleitgen mit Peymann nach Bochum, wo er bis 1985 blieb. Wichtige Rollen hier u. a.: Hitler in Peter-Paul Zahls ›Johann Georg Elser‹ (UA 1982, R. Alfred Kirchner); Erich in Herbert Achternbuschs ›Der Frosch‹ (UA 1982, R. Walter Bockmayer); Varus in Kleists ›Hermannsschlacht‹ (1982, R. Peymann). Von 1985 an arbeitete Pleitgen am Hamburger Thalia Theater: Engländer in Ibsens ›Peer Gynt‹ (1985, R. Jürgen Flimm); Keith in Wedekinds ›Der Marquis von Keith‹ (1986, R. Thomas Langhoff); Brick in Tennessee Williams' ›Die Katze auf dem heißen Blechdach‹ (1987, R. Arie Zinger); über diese Rolle schrieb Werner Burkhardt (›SZ‹, 20. 1. 1987):»Immer schwerer fällt es, die Augen davor zu verschließen, daß Ulrich Pleitgen wohl ein hochkompetenter, aber kaum ein stücktragender Schauspieler ist.« Weitere Rolle: Major in J. M. R. Lenz' ›Hofmeister‹ (1989, R. Alexander Lang). Pleitgen arbeitete auch für das Fernsehen und den Film, u. a. in Reinhard Hauffs ›Stammheim – Baader-Meinhof vor Gericht‹ (1986).

Plenzdorf, Ulrich, geb. 26. 10. 1934 in Berlin. Schriftsteller. Plenzdorf arbeitete von 1955 bis 1958 als Bühnenarbeiter, von 1959 bis 1963 studierte er an der Filmhochschule Babelsberg, danach war er Szenarist bei der Defa. 1978 erhielt er den Ingeborg-Bachmann-Preis. Er schrieb Drehbücher und Erzählungen; sein größter Erfolg war das nach einer Filmerzählung verfaßte Theaterstück ›Die neuen Leiden des jungen W.‹ (1972), in dem er Goethes Werther-Thematik auf einen jungen DDR-Außenseiter transponierte: »Es ist diese Kluft zwischen Realität und Utopie, zwischen sozialistischem Alltag und kommunistischer Verheißung, aus der Plenzdorfs Geschichte ihre Spannung und ihre politische Wirkung bezieht. (. . .) Man tausche nur das Wort ›feudal‹ aus, und man weiß, warum in der DDR die ›Neuen Leiden‹ ein Aufsehen machen mußten wie 200 Jahre früher die alten.« (Heinz Klunker, 1975) **Weitere Stücke:** ›Buridians Esel‹ (1976, nach G. de Bruyn); ›Die Legende vom Glück ohne Ende‹ (1983); ›Ein Tag länger als das Leben‹ (1986, nach T. Aitmatov); ›Zeit der Wölfe‹ (1988, nach Aitmatov); ›Freiheitsberaubung‹ (1988, nach de Bruyn).
Literatur: H. Klunker: Zeitstücke und Zeitgenossen. Gegenwartstheater in der DDR. München 1975.

Pluhar, Erika, geb. 28. 2. 1939 in Wien. Schauspielerin. Ausbildung am Max-Reinhardt-Seminar in Wien (1957–1959). Seit 1959 ist Erika Pluhar Ensemblemitglied des Wiener Burgtheaters. Wichtige Rollen u. a.: Ismene in Sophokles' ›Antigone‹ (1961, R. Gustav Rudolf Sellner); Amalia in Schillers ›Die Räuber‹ (1965, R. Leopold Lindtberg); Titelrolle in Schillers ›Maria Stuart‹ (1974, R. Erwin Axer); Ruth in Harold Pinters ›Heimkehr‹ (1977); Titelrolle in Ibsens ›Hedda Gabler‹ (1978, R. jeweils Peter Palitzsch); Helene in Hofmannsthals ›Der Schwierige‹ (1978, R. Adolf Steinboeck); Esther in Vitracs ›Victor oder die Kinder an der Macht‹ (1978, R. Hans Neuenfels); Warwara in Gorkis ›Sommergäste‹ (1979, R. Achim Benning); Regine in Musils ›Die Schwärmer‹ (1981, R. Erwin Axer); über ihre Darstellung schrieb Reinhardt Stumm (›Theater heute‹, Jahrbuch 1981): »Die dunkle Stimme ist da, eine sehr gesammelte Energie ist in diesem Gesicht, die Bewegungen sind nicht herrisch, aber bestimmt, da sind Ausbrüche von kraftgeladener Heftigkeit und da ist die Überzeugung, daß man ›das Wesentliche nicht aussprechen

kann‹, daß im Theater nicht nur die Sprache, sondern auch die ›Nicht-Sprache‹ stimmen muß.« 1991 spielte Erika Pluhar die Mutter in Lars Noréns ›Nacht, Mutter des Tages‹ (R. Guy Joosten). Sie gastierte u. a. an den Münchner Kammerspielen (1973), bei den Festspielen in Bad Hersfeld, Bregenz, Jagsthausen, Klosterneuburg. Seit 1968 arbeitet sie für den Film, debütierte in Helmut Käutners Maupassant-Verfilmung ›Bel Ami‹ (1968); wurde bekannt in zahlreichen Fernsehrollen. 1974 stellte sie sich erstmals als Chanson-Sängerin vor und gab mehrere Tourneen mit ihren Liederabenden.
Literatur: E. Pluhar: Aus Tagebüchern. Ausgew. v. A. Praesent. Stuttgart, München u. a. 1983; dies.: Lieder. Hamburg 1986; dies.: Zwischen die Horizonte geschrieben: Lieder, Lyrik, kleine Prosa. Wien 1992; dies.: Als gehörte eins zum anderen. Roman. München 1993.

Podt, George Hendrik, geb. 27. 8. 1949 in Nijverdal (Niederlande). Theaterleiter. Besuch des Erasmus Lyceums Almelo; 1969–1971 Architekturstudium in Delft; 1971–1975 Studium der Politologie in Amsterdam; 1974–1977 Pädagogische Hochschule Amsterdam. Von 1977 bis 1989 war er Leiter des renommierten Nederzijds-Theaters in Amsterdam. Seit 1990 ist er Intendant am Münchner Theater der Jugend (Schauburg). Erfolgreich mit engagierten, ästhetisch anspruchsvollen Produktionen.

Poelzig, Hans, geb. 30. 4. 1869 in Berlin, gest. 14. 6. 1936 ebenda. Bühnenbildner und Architekt. Zunächst Architekt und Architekturtheoretiker in Breslau, Dresden und Berlin. Baute auf Anregung von Max Reinhardt den ehemaligen Zirkus Schumann um zum Großen Schauspielhaus, einem Arenatheater mit mehr als 5000 Plätzen. 1920 entwarf Poelzig einen Plan für das Salzburger Festspielhaus. In den zwanziger Jahren schuf er einige Bühnenbilder u. a. für Jessners Inszenierung von Sophokles' ›Ödipus‹ (1929, Staatliches Schauspielhaus Berlin).
Literatur: T. Heuss: Hans Poelzig. Bauten und Entwürfe. Berlin 1939; M. Schirren:

Hans Poelzig. Pläne und Zeichnungen. Berlin 1989.

Pohl, Klaus, geb. 30. 3. 1952 in Rothenburg ob der Tauber. Schauspieler und Dramatiker. 1973–1974 Ausbildung an der Berliner Max-Reinhardt-Schule. Debüt 1975 an der Freien Volksbühne in Berlin. 1976 holte ihn Ivan Nagel in das Ensemble des Deutschen Schauspielhauses nach Hamburg. Spielte u. a.: Chanan in As-Kis ›Dybbuk‹ (1979, R. Arie Zinger); später arbeitete er am Hamburger Thalia Theater, am Zürcher Schauspielhaus (1982, in Jürgen Flimms Inszenierung von Lessings ›Minna von Barnhelm‹, spielte er den Just), am Kölner Schauspiel (1984, Wladimir in Becketts ›Warten auf Godot‹, R. Jürgen Gosch).
Stücke: ›Da nahm der Himmel auch die Frau‹ (UA 1979, Münchner Kammerspiele, R. Edwin Noel), ›Das Alte Land‹ (UA 1984, Burgtheater Wien, R. Achim Benning), ›La Balkona Bar‹ (UA 1985, Schauspiel Köln, R. Wolf-Dietrich Sprenger), ›Der Spiegel‹ (UA 1986 in Münster, R. Karl Wesseler), ›Hunsrück‹ (UA 1987, Bremer Schauspielhaus, R. Sanda Weigl), ›Heißes Geld‹ (UA 1988, Thalia Theater Hamburg, R. Wolfgang Wiens), ›Die schöne Fremde‹ (UA 1991, Recklinghausen, R. Thomas Klaus), ›Karate-Billi kehrt zurück‹ (UA 1991, Deutsches Schauspielhaus Hamburg, R. der Autor); hierüber schrieb Werner Burkhardt: (›SZ‹, 17. 5. 1991): »Von den letzten Tagen der DDR-Menschheit wird also berichtet, doch kein Leitartikel ist entstanden. Die Figuren haben innerhalb der Welt-Geschichte ihre eigene Geschichte, schreien schon auf dem Papier danach, für die Bretter lebendig zu werden.« 1993 folgte die Uraufführung von Pohls ›Selbstmord in Madrid‹ am Zürcher Schauspielhaus (R. Sanda Weigl); dazu Wolfgang Höbel (›SZ‹, 9. 11. 1993): »Kein anderer Theaterautor hat sich in den vergangenen Jahren durch eine ähnliche Unverschämtheit im Umgang mit Stilen und Themen ausgezeichnet wie er: vom spätexpressionistischen Ton früher Stücke wie ›Hunsrück‹ über die sanfte Poesie seines Nachkriegs-Breitwandgemäldes ›Das Alte Land‹ bis hin zum wüsten Kolportage-

Polgar

Realismus seines Stasi-Dramas ›Karate-Billi kehrt zurück‹: Immer war Pohl ein kühner Arrangeur und geschickter Effekthascher. Seinen Figuren erging es dabei meist wie ihrem Autor – weil ihnen zur großen Tragödie die Statur abging, flüchteten sie in die turbulente Groteske. Franz Wassermann aber fehlen zur Turbulenz die Mitspieler. Er ist mit seiner Tragödienunfähigkeit allein. Was auch heißt: Der Dichter Pohl ist hier ganz bei sich. Und so ist es nur konsequent, wenn der Schauspieler (und begnadete Farcenheld) Klaus Pohl diesen Wassermann in der Zürcher Aufführung selber spielt.«

Polgar, Alfred, geb. 17. 10. 1875 in Wien, gest. 24. 4. 1955 ebenda. Kritiker, Essayist, Bühnenautor, Erzähler. Begann als Gerichtsreporter in Wien. Seit 1925 Theaterkritiker in Berlin, publizierte in der ›Weltbühne‹ und im ›Tagebuch‹. 1933 Rückkehr nach Österreich, 1938 Emigration in die USA. Verfasser von Satiren und Lustspielen: ›Goethe im Examen‹ (1908, zusammen mit Egon Friedell); ›Gestern und heute‹ (1922); ›An den Rand geschrieben‹ (1925); ›Die Defraudanten‹ (1930); ›Geschichten ohne Moral‹ (1942); ›Ja und Nein. Schriften des Kritikers‹ (1926/27, 4 Bde); ›Handbuch des Kritikers‹ (1938); ›Standpunkte‹ (1953). In seinem Nachruf schrieb Friedrich Torberg (›SZ‹, 26. 4. 1955):»Das Tor, das hinter ihm ins Schloß fällt, wird sich keinem Nachfolger mehr öffnen: Alfred Polgar war der letzte große Repräsentant jener absterbenden Kunstform des ›Wiener Feuilletons‹. Er war der letzte Theaterkritiker, dessen Kritiken einen eigenen Literaturwert besaßen (und manchmal einen höheren als ihr Gegenstand). Er war der letzte Kulturkritiker, den man getrost mit Karl Kraus in einem Atem nennen durfte (weil Karl Kraus das noch selbst getan hatte). Er schätzte es nicht besonders, wenn man ihn den ›Meister der kleinen Form‹ nannte. ›Kleine Prosa‹ ließ er sich als Bezeichnung für das, was er schrieb, schon eher gefallen, und am passendsten fand er eigentlich ›Prosa‹ ohne jeden Zusatz. (. . .) Mit Alfred Polgar starb der letzte Marschall des deutschen Sprachordens.«

Literatur: A. Polgar: Kleine Schriften. 5 Bde. Hrsg. v. M. Reich-Ranicki. Hamburg 1982–1985; H. Kirnig: A. Kerr – A. Polgar. Diss. Wien 1950; U. Weinzierl: Er war Zeuge. Alfred Polgar. Ein Leben zwischen Publizistik und Literatur. Wien 1978.

Polt, Gerhard, geb. 7. 5. 1942 in München. Kabarettist, Schauspieler und Regisseur. Studium der politischen Wissenschaft, Geschichte, Kunstgeschichte in München und Skandinavistik in Göteborg. Arbeitete zunächst als Dolmetscher und Übersetzer. 1976 Debüt als Kabarettist in der Münchner Kleinen Freiheit mit dem Programm ›Kleine Nachtrevue‹. 1979 wurde an den Münchner Kammerspielen (Werkraum) Polts und Hanns-Christian Müllers Faschings-Satire ›Kehraus‹ uraufgeführt. Polt erhielt diverse Preise, darunter den Adolf-Grimme-Preis (1983) und den Ernst-Lubitsch-Preis (1984). 1984 wurde Polt/Müllers Kabarett-Spektakel ›München leuchtet‹ an den Münchner Kammerspielen uraufgeführt (mit Polt und der Biermösl Blosn, R. Müller); 1985 kam am Bayerischen Staatsschauspiel eine Nachfolge-Produktion heraus, wiederum von Polt und Müller: ›Exoten‹; 1988 präsentierten Polt, Müller, Dieter Hildebrandt, Otto Grünmandl, Gisela Schneeberger und die Biermösl Blosn (die alle von Anfang an bei den Theaterproduktionen dabei waren) ihren neuesten Streich: ›DiriDari‹ (Münchner Kammerspiele); und 1993 zeigte das Team am selben Ort die Kabarett-Revue ›Tschurangrati‹. Im Sommer 1993 zeigte das Duo Polt/Müller im Münchner Volkstheater sein Stück ›Daheim, im Wirtshaus und im Amt‹. Polt arbeitet kontinuierlich für Funk und Fernsehen (›Scheibenwischer‹, 1981/83), spielte in Filmen (u. a. ›Doktor Faustus‹, 1982, R. Franz Seitz) und drehte eigene Filme: ›Kehraus‹ (1983, zusammen mit Hanns-Christian Müller); ›Man spricht deutsh‹ (1988, wieder mit Müller, Polt in der Rolle des Herrn Löffler); ›Herr Ober‹ (1992, Autor, Regisseur, Hauptdarsteller: Polt).

Ponnelle, Jean-Pierre, geb. 19. 2. 1932 in Paris, gest. 11. 8. 1988 in München. Büh-

559

nenbildner und Regisseur. Musikunterricht bei dem Dirigenten Hans Rosbaud; Studium der Philosophie und Kunstgeschichte an der Pariser Sorbonne; nebenher nahm er Malunterricht bei Fernand Léger. Arbeitete zunächst als Bühnenbildner für Carl Ebert an verschiedenen Theatern. 1952 schuf er seine erste selbständige Ausstattung für die Uraufführung von Hans Werner Henzes Oper ›Boulevard Solitude‹ (Hannover). Danach arbeitete er für kurze Zeit an den Münchner Kammerspielen und wurde dann von Karl Heinz Stroux ans Schauspielhaus Düsseldorf geholt. Dort entwarf er u. a. die Bühnenbilder für Calderóns ›Das große Welttheater‹, Giraudoux' ›Das kleine Teehaus‹, Shakespeares ›König Lear‹ und Ustinovs ›Romanoff und Julia‹. Es folgten Ausstattungsarbeiten an verschiedenen deutschen Bühnen. Mit Camus' ›Caligula‹ gab er 1961 am Düsseldorfer Schauspielhaus sein Regiedebüt. 1962 inszenierte er erstmals eine Oper: Wagners ›Tristan und Isolde‹ (Deutsche Oper am Rhein). In den folgenden Jahren wurde er einer der gefragtesten Opernregisseure der Welt; inszenierte an allen bedeutenden Opernhäusern. 1977 gelang ihm ein Welterfolg mit seinem Monteverdi-Zyklus am Zürcher Opernhaus: ›Orfeo‹, ›Die Krönung der Poppea‹ und ›Die Heimkehr des Odysseus ins Vaterland‹ (Dirigent: Nikolaus Harnoncourt). Weitere wichtige Inszenierungen u. a.: Wagners ›Ring des Nibelungen‹ (1977/78, Stuttgart); Mozarts ›Die Zauberflöte‹ (1978, Salzburger Festspiele); Aribert Reimanns ›Lear‹ (UA 1978, Münchner Opernfestspiele); Strauß' ›Die Frau ohne Schatten‹ (1979, Köln; 1986 an der Mailänder Scala); Verdis ›La Traviata‹ (1980, Straßburg); Offenbachs ›Hoffmanns Erzählungen‹ (1980, Salzburger Festspiele); Wagners ›Tristan und Isolde‹ (1981, Bayreuth); Mozarts ›Idomeneo‹ (1982, Metropolitan Opera New York, mit Pavarotti in der Titelrolle; 1983 in Salzburg); Wagners ›Das Liebesverbot‹ (1983, München); Beethovens ›Fidelio‹ (1984, Berlin); Hindemiths ›Cardillac‹ und Bergs ›Lulu‹ (beide 1985, München); Reimanns ›Troades‹ (UA 1986, ebenda); Puccinis ›Turandot‹ (1987, ebenda); Schönbergs ›Moses und Aron‹ (1987, Salzburger Festspiele);

Ponto

Mozart-Zyklus in Zürich (wieder mit Harnoncourt): ›Die Entführung aus dem Serail‹ (1985), ›Cosí fan tutte‹ (1986), ›Die Zauberflöte‹ (1986), ›Don Giovanni‹ (1987). Ponnelle war auch ein Meister der Fernsehfassungen seiner Inszenierungen; produziert wurden u. a. Puccinis ›Madame Butterfly‹ sowie mehrere Mozart-Opern: ›Die Zauberflöte‹, ›Figaros Hochzeit‹, ›Cosí fan tutte‹. Seine Arbeiten für das Musiktheater ließen ihm kaum noch Zeit für Schauspielinszenierungen. 1973 inszenierte er am Akademietheater in Wien Mussets ›Man spielt nicht mit der Liebe‹, 1981 am Zürcher Schauspielhaus Molières ›Tartuffe‹. Rolf Michaelis schrieb in seinem Nachruf: »Mit seiner Betriebsamkeit hat Ponnelle das deutsche Opernthaeter nach 1945 bereichert, in der Sucht nach kulinarischer Üppigkeit auch geprägt, stets mit Stilgefühl und sicherem Gespür für geschmackvolle Eleganz. Der Künstler von der anderen Seite des Rheins hat uns viel gelehrt.« (›Die Zeit‹, 19. 8. 1988)
Literatur: J.-P. Ponnelle: Arbeiten für Salzburg 1968–1988. Salzburg 1989 (Katalog).

Ponto, Erich Johannes Bruno, geb. 14. 12. 1884 in Lübeck, gest. 4. 2. 1957 in Stuttgart. Schauspieler. Debüt 1908 in Passau. Von 1914 bis 1947 arbeitete er am Dresdner Hof- (später Staats-)Theater, dessen Intendant er von 1945 bis 1947 war. Danach spielte er vor allem am Württembergischen Staatstheater Stuttgart, gastierte aber auch an anderen Häusern, u. a.: Göttingen (1950–1953), München, Wuppertal. Seinen Durchbruch als Schauspieler schaffte er 1928 als Peachum in Brechts/ Weills ›Dreigroschenoper‹ (Theater am Schiffbauerdamm, R. Erich Engel). Alfred Kerr schrieb in seiner Kritik (›Berliner Tageblatt‹, 1. 9. 1928): »Gleichfalls in der Mitte rührt sich ein Schauspieler aus Dresden. Ponto. Haupt einer Bettlergilde. Diese Kraft hat in Berlin zu bleiben.« Nach dem Krieg spielte Ponto u. a. Loman in Millers ›Der Tod des Handlungsreisenden‹ (DE 1950, Kammerspiele München). Richard Reimer schrieb über den Schauspieler: »Ponto war ein Charakterdarsteller, der seine schauspielerischen Mittel so sicher

Popow

und souverän einzusetzen verstand wie selten einer. Jeder schauspielerischen Übertreibung, jeder überflüssigen Geste abgeneigt, war seine überragende Darstellungskunst ganz aus dem philosophisch abgeklärten Innern gespeist.« (›Interpress‹, 23. 1. 1967) Er spielte in zahlreichen Filmen, u.a.: ›Schneider Wibbel‹; ›Die letzten Vier von Santa Cruz‹; ›Liebe 47‹; ›Der dritte Mann‹; ›Geliebter Lügner‹; ›Frauenarzt Dr. Prätorius‹; ›Das fliegende Klassenzimmer‹.

Literatur: W. E. Schäfer: Gedenkschrift der Württembergischen Staatstheater. Stuttgart 1957; S. Melchinger/R. Clausen: Schauspieler. 36 Porträts. Velber 1965.

Popow, Oleg, geb. 31. 7. 1930 in Witrubowo (UdSSR). Clown. Staatliche Zirkusschule. Begann seine Karriere als Schlappseiltänzer und Jongleur beim Zirkus von Tiflis, später in Saratow. 1952 improvisierte er (wegen Erkrankung eines Kollegen) in Saratow seine erste Clownsnummer. Von 1955 an war Popow Clown am Moskauer Staatszirkus und errang zahlreiche Preise. Gastspiele mit dem Staatszirkus in Belgien, Frankreich (hier taufte man ihn »Zirkus-Poeten«), Großbritannien (»Sunny Clown«). Marcel Marceau sieht in Popow einen naiven, sanften, verträumten Humoristen, »Bosheit oder Grausamkeit kennt er nicht«. Und Wolfgang Höbel schrieb über das letzte Deutschland-Gastspiel 1988 (›SZ‹, 20. 9. 1988): »Popow ist nicht nur der Star, sondern neuerdings auch der Chef im Staatszirkus. In Hamburg bestritt der Clown fast ein Drittel des Programms, gab meist rührend altmodische Kostproben eines leisen, verzwirbelten Humors. Der kleine Mann, der in zahlreichen Interviews seine Freude über Gorbatschows Neuerungen verkündet, ist kein Hauruck-Komiker, dafür ein überzeugender Protagonist der zirzensischen Glasnostalgie.«

Possart, Ernst von, geb. 11. 5. 1841 in Berlin, gest. 8. 4. 1921 ebenda. Schauspieler, Regisseur und Intendant. Debüt als Schauspieler in Breslau. Weitere Stationen: die Theater von Hamburg, München (Hoftheater). Spielte in München u. a.: Franz Moor in Schillers ›Die Räuber‹ (1864); Shylock in Shakespeares ›Der Kaufmann von Venedig‹; Jago in Shakespeares ›Othello‹ und die Titelrolle in ›Richard III.‹; Titelrolle in Lessings ›Nathan der Weise‹; Mephisto in Goethes ›Faust‹. 1872 Debüt als Regisseur; 1878 Schauspieldirektor des Hoftheaters München, 1895 Generalintendant des Theaters (bis 1905). In dieser Zeit Gründung des Münchner Prinzregententheaters, in dem er in den letzten Intendanz-Jahren Opern von Mozart und Wagner inszenierte (Eröffnung 1901 mit Wagners ›Die Meistersinger von Nürnberg‹). Nach 1905 erfolgreiche Tourneen, auch durch die USA (1911), wo er als Virtuose rhetorisch-pathetischer Deklamationen Triumphe feierte. Als Regisseur in der Nachfolge der Meininger, mit großer, auf Wirkung choreographierter Statisterie.

Literatur: E. v. Possart: Der Lehrgang des Schauspielers. Stuttgart 1901; ders.: Die Kunst des Sprechens. Berlin 1909 (2. Auflage); ders.: Erstrebtes und Erlebtes. Berlin 1916; Possart-Ausstellung zum 50-jähr. Bühnen-Jubiläum des Künstlers. München 1911 (Katalog); H. Koch: Ernst Possart als Opernregisseur. Diss. München 1953.

Pound, Ezra, geb. 30. 10. 1885 in Hailey, Idaho, gest. 1. 11. 1972 in Venedig. Amerikanischer Dichter und Kritiker. Pound studierte von 1901 bis 1905 vergleichende Literaturgeschichte an der University of Pennsylvania; 1908 nach Italien; 1909–1920 in London, dort Arbeit als Übersetzer und Redakteur; 1920–1924 in Paris; 1924–1945 in Rapallo. Er sympathisierte mit dem Faschismus, verfaßte anti-amerikanische Radiosendungen, weswegen er 1945 wegen Hochverrats verhaftet wurde. Er entging dem Prozeß durch Einlieferung in eine Irrenanstalt. Dort entstand sein einziges Stück, eine freie Nachdichtung von Sophokles': ›Die Frauen von Trachis‹ (1955; UA 1959, Schiller-Theater Berlin. R. Hans Lietzau). 1958 wurde er aus der Anstalt entlassen und lebte bis zu seinem Tod bei Meran.

Literatur: M. Korn (Hrsg.): E. Pound and History. o. O. 1985; E. Hesse: Die Achse Avantgarde–Faschismus: Reflexionen über

561

Filippo Tommaso Marinetti und Ezra Pound. Zürich 1991; J. D. Danzer: T. S. Eliot, E. Pound und der französische Symbolismus. Heidelberg 1992.

Praetorius, Friedrich-Karl, geb. 1952 in Hamburg. Schauspieler. Ausbildung an der Hamburgischen Hochschule für Musik und darstellende Künste (Diplom 1971). Erstes Engagement am Bochumer Schauspielhaus (bis 1977); hier Rosenkranz in Peter Zadeks Inszenierung von Shakespeares ›Hamlet‹ (1977). Danach: Deutsches Schauspielhaus Hamburg; Thalia Theater Hamburg, Städtische Bühnen Frankfurt a. M.; Staatliche Schauspielbühnen Berlin; Bayerisches Staatsschauspiel München; Württembergisches Staatstheater Stuttgart; Zürcher Schauspielhaus. Wichtige Rollen u. a.: Titelrollen in Shakespeares ›Hamlet‹ (1978, Thalia Theater) und in Sophokles' ›König Ödipus‹ (1979, Frankfurt a. M., R. jeweils Hans Neuenfels); über diese Arbeit schrieb Jens Wendland (›SZ‹, 12. 5. 1979): »Ödipus ist ein in der Spätpubertät verhafteter traumtänzerischer Königslümmel, den Friedrich-Karl Praetorius – wie schon in seinem inzestuös fixierten Hamburger Hamlet – mit großen Kulleraugen und lokkerem Mundwerk in meist launischem Gebaren gibt.« Weitere Rollen: Titelrolle in Schillers ›Don Carlos‹ (1979, Frankfurt, R. Peter Palitzsch); Mister Cronin in Brendan Behans ›Richards Korkbein‹ (1982, Berlin, R. Heinz Baumann); Edmund in Shakespeares ›Lear‹ (1984, München, R. Hans Lietzau); Titelrolle in David Mamets ›Edmond‹ (1984, Stuttgart, R. Gerd Böckmann); Titelrolle in Molières ›Tartuffe‹ (1989, ebenda, R. Dieter Giesing); Hauslehrer in Gerhart Hauptmanns ›Christiane Lawrenz‹ (UA 1990, Zürich, R. Palitzsch); Astrow in Tschechows ›Onkel Wanja‹ (1992, Frankfurt a. M., R. Jürgen Gosch). Praetorius spielte auch in Fernseh- und Filmproduktionen.
Literatur: F.-K. Praetorius: Reisebuch für den Menschenfeind: Die Freuden der Misanthropie. Frankfurt a. M. 1993.

Preetorius, Emil, geb. 21. 6. 1883 in Mainz, gest. Januar 1973 in München. Bühnenbildner. Jurastudium in München,

---

Priestley

Berlin, Gießen. Als Künstler Autodidakt. Vor dem Ersten Weltkrieg Illustrator beim ›Simplicissimus‹. Von 1923 an Bühnenbilder für Inszenierungen von Otto Falckenberg (Münchner Kammerspiele); 1933 – 1941 arbeitete er auch für die Bayreuther Festspiele. 1952 schuf er den Raum für die Uraufführung von Richard Strauss' ›Liebe der Danae‹ (Salzburger Festspiele).
Literatur: E. Preetorius: Das szenische Werk. Berlin 1941; ders.: Wagner. Bild und Vision. Berlin 1942; E. Hölscher: Emil Preetorius. Das Gesamtwerk. Berlin 1943; F. Hollwich (Hrsg.): Im Umkreis der Kunst. Eine Festschrift. Wiesbaden 1953.

Priestley, John Boynton, geb. 13. 9. 1894 in Bradford, Yorkshire, gest. 14. 8. 1984 in Stratford-upon-Avon. Englischer Schriftsteller. Sohn eines Lehrers. Priestley studierte Literatur, Politologie und Geschichte in Cambridge und lebte von 1922 an als freier Schriftsteller, Kritiker, Essayist und Schauspieler. 1936–1937 war er Präsident des PEN-Clubs. Während des Zweiten Weltkriegs war er wichtiger Rundfunkautor und -sprecher, danach arbeitete er für die UNESCO. Priestley war Sozialist, sagte sich aber nach 1952 von allen Systemen los. Er verfaßte zahlreiche Romane, Theaterstücke, Hörspiele und Essays. Bekannt wurde er 1929 mit dem Roman ›Die guten Gefährten‹, den er 1931 auch dramatisierte. Nach diesem ersten Bühnenerfolg folgten weitere Stücke, oft in kriminalistischer Spannungstechnik geschrieben, in denen gesellschaftskritische und moralische Themen – mit psychologischen Charakterstudien verbunden – den Zuschauer zum Nachdenken anregen sollten.
Stücke: ›Gefährliche Kurven‹ (1932); ›Hier war ich schon einmal‹ (1937); ›Musik zur Nacht‹ (1938); ›Das jüngste Gericht‹ (1938); ›Ein Inspektor kommt‹ (1945); ›Ein Sommertagstraum‹ (1949); ›Der Glaskäfig‹ (1957); ›Die Folter‹ (1959).
Literatur: E. Petrich: Die Dramentechnik der drei Zeitstücke Priestleys. Diss. 1950; A. A. De Vitis/A. E. Kalson: J. B. Priestley. Boston 1980; J. Atkins: J. B. Priestley. The Last of the Sages. London 1981.

Ptok, Friedhelm, geb. 7. 8. 1933 in Hamburg. Schauspieler und Regisseur. Buchdruckerlehre. 1957 erstes Engagement in Flensburg. 1959 spielte er in Ulm die Titelrolle in Schillers ›Don Carlos‹ (R. Kurt Hübner). Von 1960 bis 1962 spielte er an verschiedenen Häusern in Inszenierungen von Peter Zadek: Angelo in Shakespeares ›Maß für Maß‹ (1960, Ulmer Theater); Lesley in Brendan Behans ›Die Geisel‹ (1962, Bremer Theater); Titelrolle in John Osbornes ›Luther‹ (1962, ebenda). Weitere wichtige Rollen u.a.: Priester in Ludwig Thomas ›Magdalena‹ (1967, Münchner Kammerspiele, R. Hans Schweikart); Grenzsoldat in Carl Amerys ›Ich stehe zur Verfügung‹ (UA 1967, ebenda, R. Gerhard Klingenberg); Beaumarchais in Goethes ›Clavigo‹ (1969, Deutsches Schauspielhaus Hamburg, R. Fritz Kortner); Cléanthe in Molières ›Der Geizige‹ (1971, ebenda, R. Wilfried Minks); Kasimir in Horváths ›Kasimir und Karoline‹ (1971, Deutsches Schauspielhaus, R. Ensemble); hierüber schrieb Werner Burkhardt (›SZ‹, 25. 2. 1971): »Friedhelm Ptok und Maresa Hörbiger waren durchaus abendfüllend und stücktragend als Liebespaar. Er, des Münchner Idioms mächtig, überzeugte mit Tönen verstockter Wut und Aphorismen leiernder Resignation ...« Weitere Rollen u.a.: Leonhard in Hebbels ›Maria Magdalena‹ (1972, Staatliche Schauspielbühnen Berlin, R. Harald Clemen); Epeios in Hartmut Langes ›Aias‹ (1974, ebenda, R. Lietzau); Licht in Kleists ›Der zerbrochne Krug‹ (1980, ebenda, R. Lietzau); Felipe Menendez in Walter Serners ›Posada‹ (UA 1982, ebenda, R. Thomas Reichert); Clive in Caryl Churchills ›Der siebte Himmel‹ (DE 1982, ebenda, R. Clemen); Advokat in Strindbergs ›Ein Traumspiel‹ (1989, ebenda, R. Augusto Fernandes). Inszenierungen von Ptok u.a.: Kroetz' ›Furcht und Hoffnung der BRD‹ (1985, Württembergisches Staatstheater Stuttgart); Lars Noréns ›Dämonen‹ (1986, Theater im Zimmer, Hamburg); Christoph Heins ›Die wahre Geschichte des Ah Q‹ (1987, Staatliche Schauspielbühnen Berlin).

Puig, Manuel, geb. 28. 12. 1932 in General Villages, Buenos Aires. Argentinischer Autor. Puig studierte Film in Rom, arbeitete als Regieassistent beim Film und schaffte 1968 den Durchbruch mit seinem ersten Roman ›Verraten von Rita Hayworth‹. Er zeigt in seinen Werken die kulturelle Fremdbestimmung der argentinischen Jugend in der Provinz durch die Illusionswelt der Medien. Die Sprache seiner Texte denunziert die mit von Funk und Fernsehen geprägten Klischees durchsetzte Alltagssprache. International bekannt wurde Puig mit dem Roman ›Der Kuß der Spinnenfrau‹ (1976), der 1981 dramatisiert und später auch verfilmt wurde.
Weiteres Stück: ›Unter einem Sternenzelt‹ (1982).

Puschkin, Alexander Sergejewitsch, geb. 26. 5. 1799 in Moskau, gest. 29. 1. 1837 in Petersburg. Russischer Schriftsteller. Sohn aus verarmter Adelsfamilie. Puschkin stand von 1817 an im Staatsdienst. Wegen Verfassens politischer Gedichte wurde er 1820 nach Südrußland strafversetzt. Von 1826 an arbeitete er als freier Schriftsteller in Moskau und St. Petersburg. Puschkin war vor allem ein bedeutender Lyriker und Erzähler, der entscheidend zur Entwicklung der russischen Literatursprache beigetragen hat. Auf der Bühne ist er außerhalb Rußlands besonders in der Oper bekannt geworden: ›Eugen Onegin‹ (1831, als Oper 1879) und ›Pique Dame‹ (1833, als Oper 1890, beide von P. I. Tschaikowsky); und vor allem ›Boris Godunow‹ (1825, als Oper 1874 von M. P. Mussorgski).
Stücke: ›Die vier kleinen Tragödien‹; ›Der geizige Herr‹; ›Mozart und Salieri‹; ›Der steinerne Gast‹; ›Das Bankett zur Pestzeit‹ (1830).
Literatur: A. Luther (Hrsg.): Solange Dichter leben. Puschkin-Studien. o.O. 1949.

Q

Quadflieg, Christian, geb. 11. 4. 1945 in Växjö (Schweden). Schauspieler und Regisseur. Sohn von Will Quadflieg. Schauspielschule in Bochum (1965–1968). Erstes Engagement bei den Luisenburg-Festspielen in Wunsiedel. Weitere Stationen: Stadttheater Oberhausen (1968/69); Wuppertaler Bühnen (1969–1971); Stadttheater Basel (1972/73). Von 1974 an freier Schauspieler. Wichtige Rollen u. a.: Larry in David Rudkins ›Vor der Nacht‹ (1970, Wuppertal, R. Angela Hurwicz); Fernando in Goethes ›Stella‹ (1978, Theater in der Josefstadt Wien, R. Günther Rennert); Camille Desmoulins in Büchners ›Dantons Tod‹ (1981, Salzburger Festspiele, R. Rudolf Noelte); Francis Bacon in Ferdinand Bruckners ›Elisabeth von England‹ (1982, Freie Volksbühne Berlin, R. Noelte); Dominik in Honeggers ›Johanna auf dem Scheiterhaufen‹ (1984, Staatsoper München, R. August Everding). Seit 1980 arbeitet Christian Quadflieg auch als Regisseur, inszenierte u. a. Max Frischs ›Biografie‹; Peter Weiss' ›Marat/Sade‹; Shakespeares ›Was ihr wollt‹ (1987, Bad Hersfeld); Wildes ›Das Bildnis des Dorian Gray‹ (1987, Tournee-Bühne). Besonders erfolgreich war Quadfliegs Arbeit als Fernsehschauspieler u. a. in ›Die unfreiwilligen Reisen des M. A. Benjowsko‹ (1975); in den ›Tatort‹-Folgen ›Zwei Flugkarten nach Rio‹ (1975) und ›Reifezeugnis‹ (1977). Von 1986 bis 1989 drehte er vierzig Folgen in der ZDF-Serie ›Der Landarzt‹ (Titelrolle). 1991 spielte er in der ZDF-Serie ›Kleinstadtgeschichten‹.

Quadflieg, Will, geb. 15. 9. 1914 in Oberhausen. Schauspieler und Regisseur. Privater Schauspielunterricht. Debüt 1933 am Theater Oberhausen. Weitere Stationen: Theater in Gießen (1934/35); Gera (1935/36); Düsseldorf (1936/37); Berliner Volksbühne (1937–1940). Von 1940 bis 1944 spielte Quadflieg am Berliner Schiller-Theater; u.a.: Mortimer in Schillers ›Maria Stuart‹; Titelrolle in Goethes ›Clavigo‹ (R. Walter Felsenstein); Mephisto

und Faust in Goethes ›Urfaust‹ (alternierend mit Horst Caspar, R. Heinrich George). Nach dem Krieg arbeitete Quadflieg, der sich den Ruf eines Schauspielers mit exzellenter Sprechkultur erspielt hatte, zunächst in Lübeck. 1945 baute er die Junge Bühne in Hamburg mit auf; 1947 bekam er ein Engagement am Deutschen Schauspielhaus in Hamburg, wo er bis 1964 blieb. 1948 wurde er gleichzeitig ans Zürcher Schauspielhaus verpflichtet, dem er noch heute verbunden ist. Wichtige Rollen in dieser Zeit u. a.: Titelrolle in Shakespeares ›Hamlet‹ (1947); Orest in Goethes ›Iphigenie auf Tauris‹ (Salzburger Festspiele 1949, Zürich 1951); Mortimer in Schillers ›Maria Stuart‹ (1951); unter der Regie von Gustaf Gründgens: Eugene in Wolfes ›Herrenhaus‹ (1956, Hamburg); Titelrolle in ›Faust I‹ (1957, ebenda, 1961 bei den Salzburger Festspielen) und in ›Faust II‹ (1958, Hamburg); Don Juan in Grabbes ›Don Juan und Faust‹ (1959, ebenda, jeweils mit Gründgens als Mephisto); Marquis Posa in Schillers ›Don Carlos‹ (1962, ebenda); außerdem: Titelrolle in Shakespeares ›Othello‹ (1962, ebenda, R. Willi Schmidt, 1966 in eigener Inszenierung); Titelrolle in Shakespeares ›Macbeth‹ (1964, Burgtheater Wien, R. Günther Rennert); Prospero in Shakespeares ›Sturm‹ (1968, Salzburger Festspiele, R. Oscar Fritz Schuh); Charles in Charles Dyers ›Unter der Treppe‹ (1968, Renaissance Theater Berlin, dann Deutsches Schauspielhaus Hamburg, R. Harry Meyen); Julien in Jean Anouilhs ›Wecken Sie Madame nicht auf‹ (DE 1971, Hamburg, R. Willi Schmidt); Tod in Hofmannsthals ›Jedermann‹ (1973, Salzburger Festspiele, R. Ernst Haeusserman); Spielleiter in Shakespeare/Strehlers ›Das Spiel der Mächtigen‹ (1973, ebenda, R. Giorgio Strehler); Titelrolle in Molières ›Menschenfeind‹ (1975, Hamburg); James Tyrone in O'Neills ›Eines langen Tages Reise in die Nacht‹ (1975, ebenda); Hassenreuther in Hauptmanns ›Die Ratten‹ (1977, ebenda); Thomas Payne in Büchners

Quadflieg

›Dantons Tod‹ (1981, Salzburger Festspiele); Titelrolle in Hauptmanns ›Michael Kramer‹ (1983, Thalia Theater, Hamburg, R. jeweils Rudolf Noelte); über diese Darstellung schrieb Werner Burkhardt (›SZ‹, 9. 9. 1983): »Will Quadflieg ist Michael Kramer. Er nimmt der Figur, die ja ständig freie Rhythmen skandiert, irgendwie Daktylisches mit Auftakt von sich gibt und dadurch zu dröhnender Vollmundigkeit verleitet, alles deklamatorische Fett. Er gibt ihr aber auch nicht die starren, alles Leben rundum auslöschenden Züge eines Kortner-Vaters aus deutscher Vergangenheit. Ein Scheuer und Gebrochener auch er, muß er all die hohen oder auch nur hochtrabenden Worte wie abwesend und beiseite sprechen, während er in Schränken und Schubladen sucht, ständig Mäntel oder Jacketts an- und auszieht.« 1989 spielte Quadflieg in Wilfried Minks' Inszenierung von Botho Strauß' ›Besucher‹ den Karl Joseph (Thalia Theater, Hamburg). Darüber Werner Burkhardt (›SZ‹, 21. 11. 1989): »Will Quadflieg ist Karl Joseph. Ein großer Schauspieler gibt den in seine Größe vernarrten Schauspieler und weiß genau, worauf er sich da einläßt. Strauß hat ja keinen Hehl daraus gemacht, daß er einige Bemerkungen, die Karl Joseph über den Berufsstand der Theatermenschen macht, den Lebenserinnerungen Quadfliegs entnommen, in abgewandelter Form zitiert hat. Die Frage ›Spielt Quadflieg sich selbst?‹ liegt in der Luft – aber so einfach ist das nicht, zumindest in Hamburg nicht. (. . .) Es ist wolle er dem Publikum mitteilen: ›Man wird nicht Abgott, wenn man nur Popanz ist‹, und vielleicht ist das der virtuoseste Part der schauspielerischen Leistung.« 1992 spielte Quadflieg die Titelrolle in Shakespeares ›Lear‹ (Thalia Theater, R. Jürgen Flimm). 1972 führte Quadflieg Regie in Bad Hersfeld inszenierte er Büchners ›Dantons Tod‹ und spielte in dieser Produktion die Rolle des Robespierre. Sein Filmdebüt gab Quadflieg 1938 in ›Der Maulkorb‹ (R. Erich Engel); sein größter Film-Erfolg wurde der ›Faust‹ (1960, mit Gründgens als Mephisto, R. Gründgens). Seit 1964 arbeitet er auch für das Fernsehen. 1985 nahm er eine Schallplatte auf: Er las Thomas Manns ›Tod in Venedig‹; darüber C. Bernd Sucher in der ›Süddeutschen Zeitung‹ (6. 12. 1985): »Es geht dem Hörer bei Will Quadfliegs Lesung wie Aschenbach, für den ja Tadzios Worte, die er nicht verstand, zu Musik wurden. Wie viele verschiedene Töne, welche Rhythmen, welche Tempi stehen diesem Schauspieler zur Verfügung! Wenn Aschenbach Tadzio verfolgt: ein Accelerando. Der Trotz des Künstlers: ein Crescendo. Unterhaltung: ein Duett für eine Stimme. Frage und Repliken: Rezitative. Pausen von großer Spannung, die den Bogen nie unterbrechen, sondern weiterführen. Selbst das hörbare Atmen ist bei Quadflieg Gestaltung.«

Literatur: W. Quadflieg: Wir spielen immer. Erinnerungen. Frankfurt a. M. 1976; Will Quadflieg. Fotos von R. Clausen, Texte von W. Quadflieg. Hamburg 1957; S. Melchinger/R. Clausen: Schauspieler. 36 Porträts. Velber 1965; C. B. Sucher: Theaterzauberer. Schauspieler. 40 Porträts. München, Zürich 1988; J. Flimm: Will Quadflieg. Ein Leben für das Wort in Texten und Bildern. Zürich 1994.

Qualtinger, Helmut, geb. 8. 10. 1928 in Wien, gest. 29. 9. 1986 ebenda. Schauspieler, Regisseur, Autor und Kabarettist. Abgebrochenes Studium der Medizin und der Publizistik, danach Filmkritiker der ›Welt am Abend‹ in Wien. 1946 gründete er das Studio der Hochschule in Wien. An dieser Studentenbühne arbeitete er als Regisseur. Von 1953 an spielte er am Wiener Theater in der Josefstadt, wo er 1955 den Prinz of Wales in Sartres ›Kean‹ spielte, 1960 den Vetter vom Lande in Nestroys ›Eisenbahn-Heiraten‹ und 1965 den Knieriem in Nestroys ›Lumpazivagabundus‹. 1959 sah man Qualtinger als Wondrak in Fritz Hochwälders ›Donnerstag‹ bei den Salzburger Festspielen. Weitere wichtige Rollen, alle am Volkstheater Wien u. a.: Zauberkönig in Horváths ›Geschichten aus dem Wiener Wald‹ (1968); Habakuk in Raimunds ›Der Alpenkönig und der Menschenfeind‹ (1968); Porphyri in Leopold Ahlsens ›Raskolnikoff‹ (1969, nach Dostojewski); Titus Feuerfuchs in Nestroys ›Der Talisman‹ (1969); Dorfrichter Adam in Kleists ›Der zerbrochne Krug‹ (1970,

565

Thalia Theater Hamburg, R. Hanno Lunin); Robespierre in Wolfgang Bauers ›Silvester oder Das Massaker im Hotel Sacher‹ (UA 1971, Volkstheater Wien); 1984 gab er in einer Sprechtheater-Fassung von Hofmannsthals ›Rosenkavalier‹ den Baron Ochs (Schwetzinger Festspiele). Wichtige Theaterinszenierungen: Kroetz' ›Oberösterreich‹ (1973), Gert Hofmanns ›Tod in Miami‹ (1974), jeweils Thalia Theater Hamburg. 1962 erschien Qualtingers ›Der Herr Karl‹ (zusammen mit Carl Merz); mit diesem Monodram gastierte Qualtinger u. a. in Berlin und München, wobei es ihm gelang, das Dumpfe mit den feinsten Nuancen zu artikulieren. Dieser Monolog des alltäglichen, charakterlosen Opportunisten wurde sein größter Erfolg. 1965 wurde Qualtingers Stück ›Die Hinrichtung‹ am Wiener Volkstheater uraufgeführt, inszeniert vom Autor. Filme u. a.: ›Das Schloß‹ (1972, R. Rudolf Noelte); ›Das falsche Gewicht‹ (1973, R. Bernhard Wicki); ›Geschichten aus dem Wiener Wald‹ (1979, R. Maximilian Schell), ›Im Namen der Rose‹ (1986). Weit über Österreich bekannt wurde Qualtinger nicht nur durch seinen ›Herr Karl‹, sondern auch durch seine Lesungen, vor allem eigener Texte, aber auch aus Hitlers ›Mein Kampf‹ (1973). Qualtinger wirkte in vielen Fernsehproduktionen mit. In seinem Nachruf schrieb Ulrich Weinzierl (›FAZ‹, 1. 10. 1986): »Die Sternstunden des Wiener Kabaretts der fünfziger Jahre, ›Der g'schupfte Ferdl‹, ›Der Papa wird's scho richten‹ oder die Travnicek-Dialoge mit Gerhard Bronner, sind auf Schallplatte festgehalten, als heute und in Zukunft gültiger Maßstab dessen, was Populärsatire einst sein konnte und immer noch sein könnte. Die Fülle seiner Begabung, sein eigentliches Stimmwunder entfaltete Helmut Qualtinger jedoch erst als Rezitator von Karl Kraus, als dessen Reinkarnation ihn mancher sehen wollte.« Und Peter Turrini meinte: »Helmut Qualtinger hat österreichischen Figuren seinen Körper, seine Stimme, sein Gesicht ›geliehen‹, aber sein Geist war von ganz und gar unösterreichischer Art. Er war unfähig zu vergessen, unfähig zu verdrängen. Wer ihn näher kannte, weiß, wie sehr sein Kopf ein einziges Lexikon war:

Quecke

angefüllt seit Jahrzehnten mit all der Niedertracht und den Niederträchtigen dieses Landes, abrufbar in verzweifelten Tages- und Nachtstunden. (. . .) Helmut Qualtinger ist tot, und das ist mehr als traurig. Wenn wir den Schriftsteller Helmut Qualtinger wirklich leben lassen wollen, dann müssen wir endlich auf- und annehmen, wovon dieser Schriftsteller redet: das ganze Ausmaß jener politischen und menschlichen Schweinerei, die unter uns lebt und vielleicht auch in uns lebt.« (Rede für Helmut Qualtinger, 1986, abgedr. im Programmbuch Nr. 32, Burgtheater Wien 1988)

Stücke: ›Alles gerettet‹ (1963); ›Die Hinrichtung‹ (1965); ›An der lauen Donau‹ (1965); ›Kassel, ein Deutscher‹ (1971); ›Schwarze Wiener Messe‹ (1973); ›Der Mörder und andere Leut‹ (1975); ›Das letzte Lokal‹ (1978); ›Die rot-weiss-rote Rasse‹ (1979); ›Drei Viertel ohne Takt‹ (1980); ›Halbwelttheater‹ (1981).

Literatur: H. Qualtinger: Qualtingers beste Satiren. München 1973; K. Budzinski: Pfeffer ins Getriebe. Ein Streifzug durch 100 Jahre Kabarett. München 1984; M. Horowitz: Helmut Qualtinger. Wien 1987; A. Weiss-Gänger: Kleine Verwandlungen – die Sprach- und Körpermassen der Herrn Karl. Diss. Wien 1988.

Quecke, Else, geb. 1907. Schauspielerin. Von 1949 bis 1952 am Bayerischen Staatsschauspiel; von 1950 bis 1976 an den Münchner Kammerspielen. Spielte u. a. in Edward Albees ›Kiste-Mao-Kiste‹ (DE 1969, R. Ulrich Heising); Arnold Weskers ›Die Alten‹ (1973, R. der Autor); D. H. Lawrences ›Die Schwiegertochter‹ (1974, R. Horst Siede); Tankred Dorsts ›Auf dem Chimborazo‹ (1976, R. Harald Clemen); 1982 in der Uraufführung von Peter Handkes dramatischem Gedicht ›Über die Dörfer‹ (Salzburger Festspiele, R. Wenders). Zu Else Queckes 80. Geburtstag erinnerte C. Bernd Sucher (›SZ‹, 5. 9. 1987) an diese Darstellung: »›Und wo ist das Dorf? Wo die Mitte war, ist jetzt ein Schild aufgestellt: Dorfmitte. Auch die ehemaligen Feldwege sind inzwischen alle beschildert und heißen nach den reichen Zugezogenen, die dort ihre Landhäuser

Quest

haben und die großen Steuern bezahlen . . .
Ich möchte dieses Dorf verfluchen und
seine Bewohner, die nur noch auf das
Läuten der elektronischen Kegelbahnen
hören . . . Euch Kadavern fehlt nur noch
das deutliche Krepieren! Nicht Menschen
seid ihr, sondern deren Gegenteil: die
Seinsvergessenen! Vielleicht gibt es keine
Hölle, aber es gibt den Fluch!‹ – Else
Quecke 1982 in der Salzburger Felsenreitschule, als Alte in Peter Handkes ›Über die
Dörfer‹. Sie sprach die Klage- und die
Verwünschungstiraden ganz gelassen, aber
erfüllt von dem Glauben an die Wahrhaftigkeit dieser Sätze. (. . .) Mit nur wenigen
Körperzeichen kommt Else Quecke bei
ihrer Menschendarstellung aus. Sie bevorzugt die kleinen Gesten. Ihr Stil ist
schlicht.« Else Quecke spielte auch viel in
Fernsehproduktionen mit, zuletzt in der
ZDF-Serie ›Wie würden Sie entscheiden?‹
(1989).

Quest, Hans, geb. 20. 8. 1915 in Herford.
Schauspieler und Regisseur. 1933–1935
Schauspielunterricht bei Gustaf Gründgens
in Berlin. Erstes Engagement: Wuppertaler
Bühnen (1935–1937). Weitere Stationen:
Preußisches Staatstheater Berlin (1937–
1939); Stadttheater Hildesheim (1946/47);
Münchner Kammerspiele (1947–1955,
1971/72, 1982/83); Ruhrfestspiele Reck-
linghausen (1951–1953). 1972 wurde er
festes Ensemblemitglied des Bayerischen
Staatsschauspiels München. Wichtige
Rollen u. a.: Cherubin in Beaumarchais'
›Der tolle Tag oder Figaros Hochzeit‹
(1937, Berlin, R. Gustaf Gründgens);
Soemus in Hebbels ›Herodes und Mariam-

ne‹ (1952, Münchner Kammerspiele,
R. Fritz Kortner); Feldprediger in Brechts
›Mutter Courage und ihre Kinder‹ (1967,
Bad Hersfeld, R. Ulrich Erfurth); Domingo
in Schillers ›Don Carlos‹ (1969, Deutsches
Theater München, R. Christian Dorn);
Strasser in Horváths ›Zur schönen Aus-
sicht‹ (1973, Bayerisches Staatsschauspiel,
R. Ullrich Haupt); Vikar in Edward Bonds
›Die See‹ (1973, ebenda, R. Luc Bondy);
Banquo in Shakespeares ›Macbeth‹ (1977,
ebenda, R. Dietrich Haugk); Leonato in
Shakespeares ›Viel Lärm um nichts‹
(1983, ebenda, R. Kurt Meisel); Gött in
Tankred Dorsts ›Heinrich oder Die
Schmerzen der Phantasie‹ (1986, ebenda,
R. Volker Hesse). Seit 1941 wirkte er in
Spielfilmen mit und später in vielen Fern-
sehproduktionen. Er arbeitet auch als
Theater- und Fernsehfilm-Regisseur. Zu
Quests 75. Geburtstag schrieb Joachim
Kaiser (›SZ‹, 20. 8. 1990): »Er wich dem
Anspruchsvollen keineswegs aus – aber
man tut dem Künstler gewiß kaum Unrecht, wenn man feststellt, daß es ihm
hauptsächlich um solide und gehobene
Unterhaltung ging. An alledem wäre gewiß
nichts Außergewöhnliches. Bei Hans
Quest kommt nun aber ein Datum, ein Ereignis hinzu, welches das Leben dieses
Künstlers prägte oder auch überschattete
bis auf den heutigen Tag: Er hat nämlich
einst die Rolle des Heimkehrers Beckmann
gespielt in jener legendären Uraufführung
von Wolfgang Borcherts epochalem Nach-
kriegsdrama ›Draußen vor der Tür‹, die am
21. November 1947 an den Hamburger
Kammerspielen stattfand.«

R

Raben, Peer, geb. 1940 in Viechtafell. Komponist und Regisseur. Raben begann seine Arbeit 1967 am Münchner Action-Theater in der Müllerstraße, wo er ›Antigone – frei nach Sophokles‹ inszenierte. 1968 arbeitete er zusammen mit Rainer Werner Fassbinder am Münchner Büchner-Theater, wo sie Marieluise Fleißers ›Pioniere in Ingolstadt‹ bearbeiteten und unter dem Titel ›Zum Beispiel Ingolstadt‹ herausbrachten. Gegen diese Fassung verwahrte sich die Dichterin:»Ich kenne das Opus nicht, das Peer Raben zeigen will. Ich teile hierzu mit, daß ich Peer Raben auf sein Befragen nicht erlaubt habe, das von mir geschriebene Stück ›Pioniere in Ingolstadt‹ ganz oder in Szenenausschnitten zu zeigen.« (Nach einem Probenbesuch erlaubte die Fleißer die Aufführung dann doch noch.) Im Juli 1968 gründeten Fassbinder und Raben das antiteater, wo noch im selben Monat beider Inszenierung von Sophokles' ›Ajax‹ herauskam. 1969 inszenierte Raben die Uraufführung von Fassbinders ›Pre-Paradise sorry now‹. Im selben Jahr arbeitete Raben als Komponist für Fassbinders Bremer Inszenierung von Goldonis ›Kaffeehaus‹; Hellmuth Karasek schrieb darüber in der ›Süddeutschen Zeitung‹:»Peer Rabens Musik untermalt das, was die Leute für Gefühlsausbrüche halten, mit Fetzen von Musicboxklängen.« 1971 legte Raben ein eigenes Stück vor: ›La Mandragola‹ (nach Niccolò Machiavelli), uraufgeführt von Raben am Landestheater Darmstadt; Georg Hensel schwärmte in der ›Süddeutschen Zeitung‹:»Die Manieriertheit der Komik und die Komik der Manieriertheit vermischen sich in dieser Kopulationskomödie zur beglückenden Praxis, zum, wie der Küchenlateiner sagen könnte, beatus usus.« In der Folgezeit arbeiteten Raben und Fassbinder zusammen an mehreren Theatern, besonders häufig in Nürnberg. 1972 kam Rabens Film ›Adele Spitzeder‹ heraus; 1976 konzipierte und komponierte er den ersten Liederabend für Ingrid Caven, mit der er von nun an kontinuierlich zusammenarbeitete. 1978 komponierte er die Musik für einen Ballettabend von Hans Kresnik in Bremen. Von dieser Zeit an profilierte sich Raben vor allem als Komponist für Filme und Theateraufführungen, u. a. für Robert von Ackerens ›Das andere Lächeln‹, für Luc Bondys ›Die Ortliebschen Frauen‹, für Fassbinders ›Lili Marleen‹ und ›Querelle‹, für mehrere Inszenierungen von Hansgünther Heyme und Peter Zadek. Über Rabens Musik zu Zadeks Inszenierung von Tschechows ›Iwanow‹ am Wiener Akademietheater schrieb C. Bernd Sucher in der ›Süddeutschen Zeitung‹ (11. 6. 1990):»Zadek und Peter Pabst, der Bühnen- und Kostümbildner, verzichten auf russischen Klimbim; die Bühne bleibt bis auf wenige Möbel leer; nur Peer Raben darf mit seinen Musiken zwischen den Akten falsche Fährten legen, die die meisten Regisseure bei Tschechow-Inszenierungen fälschlich für die richtigen halten.« Im Mai 1992 kam Rabens Komposition (zusammen mit Charles Kalman) zu Peter Zadeks und Jérôme Savarys Berliner Inszenierung der Tankred Dorst-Version vom ›Blauen Engel‹ heraus – und wurde ein Flop, nicht zuletzt wegen Rabens Schlager-Seligkeit.

Racine, Jean Baptiste, geb. 21. 12. 1639 in La Ferté-Milon, gest. 21. (?) 4. 1699 in Paris. Französischer Dramatiker. Sohn eines Anwalts. Racine wurde mit drei Jahren Vollwaise. Von 1658 bis 1661 studierte er Philosophie. 1664 wurde seine erste Tragödie ›La Thébaïde ou les frères ennemis‹ durch Molière und dessen Truppe aufgeführt. 1673 Mitglied der Académie Française. Von Intrigen verfolgt, zog er sich von 1677 bis 1689 von der Bühne zurück. Racine galt zusammen mit Corneille als Begründer der klassischen französischen Tragödie, in der die Einheit von Zeit, Ort und Handlung genau eingehalten wurde. Die Konflikte waren klar, überschaubar und allgemeingültig und steuerten unvermeidlich auf die Katastrophe zu.»Racine wird in Deutschland nur selten gespielt. Lessings milde Abwertung hat

Raddatz

ihm so wenig geschadet wie Goethes Bewunderung genutzt. Er gehört zu den großen Unübersetzbaren wie auch Corneille oder Kleist.« (Georg Hensel, ›FAZ‹, 25. 10. 1987, Kritik zu ›Phädra‹, Schaubühne am Lehniner Platz Berlin, R. Peter Stein) In Deutschland setzte von 1986 an eine Wiederentdeckung der Tragödien Racines ein, dank der neuen Übersetzungen von Simon Werle.

Weitere Stücke: ›Alexander der Große‹ (1665); ›Andromache‹ (1667); ›Die Kläger‹ (1668); ›Britannicus‹ (1669); ›Bérénice‹ (1670); ›Bajazet‹ (1672); ›Iphigenie in Aulis‹ (1674); ›Phädra‹ (1677); ›Esther‹ (1689); ›Athalie‹ (1691).

Literatur: R. Schmid: Der dramatische Stil bei Racine. Aarau 1958; P. F. Butler: Classicisme et baroque dans l'œuvre de Racine. Paris 1959; G. Steiner: Der Tod der Tragödie. München, Wien 1962; R. Barthes: Racine. Paris 1963; J. v. Stakkelberg (Hrsg.): Das französische Theater vom Barock bis zur Gegenwart. Bd. 1. Düsseldorf 1968; W. Matzat: Dramenstruktur und Zuschauerrolle. Theater in der französischen Klassik. München 1982; L. Goldmann: Der verborgene Gott. Studie über die tragische Weltanschauung in den ›Pensées‹ Pascals und im Theater Racines. Frankfurt a. M. 1985; Starobinski: Racine und die Poetik des Blicks. In: Das Leben der Augen. Berlin 1984.

Raddatz, Carl, geb. 13. 3. 1912 in Mannheim. Schauspieler. Nach dem Abitur 1931 in Mannheim nahm Raddatz Schauspielunterricht bei Willy Birgel, dem damaligen Star des Mannheimer Theaters. Noch im selben Jahr debütierte er am Mannheimer Nationaltheater als Diener des Octavius in Shakespeares ›Julius Caesar‹. 1933/34 war er in Aachen engagiert, 1934–1937 in Darmstadt. Nach dem Krieg spielte er zunächst am Deutschen Theater in Göttingen unter Heinz Hilpert (1951–1955). 1957 band er sich fest an die Staatlichen Schauspielbühnen Berlin, bis 1986, als der damalige Intendant Heribert Sasse seinen Vertrag nicht verlängerte. In seinen großen Berliner Jahren machte sich Raddatz vor allem einen Namen als Zuckmayer-Spieler. Er spielte die Titelrollen im ›Hauptmann

von Köpenick‹ und in ›Des Teufels General‹; über diese Darstellung schrieb Karena Niehoff in der ›Süddeutschen Zeitung‹ (26. 1. 1967): »Carl Raddatz ist alles andere denn ein lebens-, liebes- und trinkfreudiger Teufelskerl. Diesem Harras fehlt der Anflug genialisch unbefangener Naivität, die Hingegebenheit ans Maßlose. (. . .) Er weiß mehr von seiner Schuld, als es zu Zuckmayers Harras paßt. Zu Raddatz, dem Melancholiker, paßt es. Schlecht ist das keineswegs: sogar sehr menschlich und taktvoll, nur verliert die breit und dröhnend und – als fast einzige – prall angelegte Figur an Volumen. Raddatz versucht eine Tragödie zu spielen, die nicht stattfindet: Es handelt sich nur um eine Sammelausstellung deutscher Wehwehchen.« Andere wichtige Aufgaben folgten, u. a.: Pozzo in Becketts Inszenierung von ›Warten auf Godot‹ (1975); Axel Radler in Boy Goberts Inszenierung von Arno Holz' Komödie ›Sozialaristokraten‹ (1980). Raddatz' Filmkarriere begann 1937. Häufig sah man ihn in Offiziersrollen, in denen er »den Nazis seinen Tribut zollte« (Munzinger-Archiv). Filme u. a.: ›Befreite Hände‹ (1939); ›Wunschkonzert‹ (1940); ›Immensee‹ (1941); ›Opfergang‹ (1942, mit Kristina Söderbaum); ›Unter den Brücken‹ (1945, R. Helmut Käutner). 1975, nach Alfred Vohrers Fallada-Verfilmung ›Jeder stirbt für sich allein‹, zog sich Raddatz von dem Medium zurück, weil ihn, wie er sich äußerte, »die Typen-Besetzung« und der »horrende Narzißmus der Regisseure« abstieß. In den siebziger Jahren übernahm der Schauspieler mehrere Rollen in Fernsehproduktionen.

Radtke, Peter, geb. 19. 3. 1943 in Freiburg. Autor, Schauspieler, Regisseur. Von Geburt an behindert (Knochenkrankheit Osteo genesis imperfecta). Nach dem Studium der Philosophie und der Promotion leitete Radtke zunächst das Behindertenprogramm der Münchner Volkshochschule. 1980 präsentierte er sich erstmals als Regisseur: Er inszenierte in München Michael Blenheims ›Licht am Ende des Tunnels‹ mit Behinderten und Berufsschauspielern. 1981 wurde Radtkes erstes Theaterstück ›Nachricht vom Grottenolm‹ uraufgeführt; in Werner Geifrigs Inszenierung am Münchner TamS spielte der Autor die Solorolle. Zwei Jahre später engagierte er sich (auch als Mitspieler) im Münchner Crüppel Cabaret. Ein Jahr später inszenierte George Tabori im Münchner Werkraumtheater mit Radtke in der Rolle des Kindes seine Version von Euripides' ›Medea‹, die den Titel ›M‹ trug. (Seine Erfahrungen beschreibt Radtke in dem Buch ›M – wie Tabori‹. München 1987.) 1986 besetzte Tabori in seiner Inszenierung von Becketts ›Glückliche Tage‹ Radtke als Willie (Werkraumtheater der Münchner Kammerspiele); dazu Joachim Kaiser in der ›Süddeutschen Zeitung‹ (15. 4. 1986): »Es ist eine Geschmacksfrage, ob Tabori richtig beraten war, für die Rolle des blutbefleckt hilflos herumliegenden, mühselig herumkriechenden Willie den tatsächlich schwer körperbehinderten Peter Radtke zu wählen. Meiner Ansicht nach hätte der Regisseur sich zu dieser Verdoppelung nicht hinreißen lassen sollen. (. . .) Doch über den Einsatz schwerer körperlicher Gebrechen hier ästhetisch zu urteilen (kam komisch heraus, war übertrieben, die Zwerghaftigkeit müßte so und so vorgeführt werden) ist platterdings unmöglich. Wahrscheinlich kann ein Behinderter alles vorführen und spielen auf dem Theater außer seiner Behinderung.« Noch im selben Jahr spielte Radtke am selben Ort Kafkas ›Bericht für eine Akademie‹ (R. Franz-Xaver Kroetz). 1989 spielte er (wiederum im Werkraumtheater) die Titelrolle in Gaston Salvatores ›Stalin‹-Stück (R. Eos Schopohl). 1991 wurde Radtkes zweites Stück in Regensburg uraufgeführt, inszeniert von Michael Bleiziffer, mit Peter Radtke: ›Hermann und Benedikt‹. 1992 spielte er nochmals Kafkas ›Bericht für eine Akademie‹, diesmal inszeniert von Tabori, und zwar an prominentem Ort: im Reichsrittersaal des Wiener Parlamentsgebäudes. Michael Frank schrieb anläßlich dieser einmaligen Aufführung, die später auch im Saal des Alten Münchner Rathauses zu sehen war und 1994 beim Pariser Festival d'Automne gezeigt wurde: »Peter Radtkes genialische Interpretation der Selbstreflektionen und Verweigerungen des ›Affenmenschen‹ ist wie echt. (. . .) Radtkes verkrüppelter Körper lebt eindringlich das unüberwindliche Anderssein und das verzweifelt spekulative Normalseinwollen des monologisierenden Geistesmutanten Rotpeter vor.« (›SZ‹, 17. 6. 1992) 1993 wagte sich Radtke als Regisseur an Taboris ›Goldberg Variationen‹ (im Regensburger Theater am Haidplatz). **Literatur:** P. Radtke: Auch ein Othello. Frankfurt a.M. 1984; ders.: Ein halbes Leben aus Glas. München 1985; ders.: Karriere mit 99 Brüchen. Vom Rollstuhl auf die Bühne. Freiburg 1993.

Raeck, Kurt, geb. 30. 7. 1903 in Berlin, gest. 10. 7. 1981. Dramaturg, Schauspieler und Regisseur. Nach dem Studium der Germanistik und Theaterwissenschaft in Erlangen und seiner Dissertation (1928) über ›Das deutsche Theater zu Berlin unter der Direktion Adolph L'Arronges‹ arbeitete Raeck zunächst als Schauspieler, danach als Dramaturg an verschiedenen Berliner Bühnen. 1945 wurde er zum geschäftsführenden Direktor des Schiller-Theaters berufen, und 1946 übernahm er das Renaissance-Theater in Berlin, das er bis 1979 leitete. Fünf Jahre lang (1964–1969) war er zugleich – als Nachfolger von Willy Maertens – Intendant des Hamburger Thalia Theaters.

Raimund, Ferdinand Jakob, geb. 1. 6. 1790 in Wien, gest. 5. 9. 1836 in Pottenstein (Freitod). Österreichischer Dramatiker. Sohn eines böhmischen Drechslermeisters. Raimund begann 1804 als Zuckerbäckerlehrling; von 1808 an war er Schauspieler an Wanderbühnen; von 1817 bis 1830 am Leopoldstädter Theater in Wien, das er von 1828 bis 1830 leitete. Seit 1823 auch schriftstellerische Tätigkeit. 1834 zog er sich auf sein Gut Gutenstein zurück, wo er sich, aus Angst vor den Folgen eines Hundebisses, 1836 das Leben nahm. Raimund war ein bedeutender Vertreter des Wiener Volkstheaters, der sich mit seinen Märchen- und Zauberstücken mit Musik noch heute großer Beliebtheit erfreut. »Den Stücken Raimunds fehlt die Utopie einer anderen Welt. Er ist kein Revolutionär, der die Lösung aller Schwie-

Rame

rigkeiten im Einreißen der bestehenden und im Aufbau einer neuen Wirklichkeit sieht. Seine Wirklichkeit ist traditionell, insofern als sie ein Oben und Unten kennt, eine Hierarchie von Gruppen und Klassen. Sie ist historisch insofern, als in seinen Stücken noch einmal das Welt- und Gesellschaftsbild des Barockzeitalters auflebt.« (Gerd Müller, Das Volksstück von Raimund bis Kroetz. München 1979)

Stücke: ›Der Barometermacher auf der Zauberinsel‹ (1823); ›Der Diamant des Geisterkönigs‹ (1824); ›Das Mädchen aus der Feenwelt oder Der Bauer als Millionär‹ (1826); ›Moisasurs Zauberfluch‹ (1827); ›Die gefesselte Phantasie‹ (1828); ›Der Alpenkönig und der Menschenfeind‹ (1828); ›Die unheilbringende Zauberkrone‹ (1829); ›Der Verschwender‹ (1834).

Literatur: G. Wiltschko: Raimunds Dramaturgie. München 1973; L. V. Harding: The Dramatic Art of F. Raimund and J. Nestroy. Den Haag 1974; J. Hein: Das Wiener Volkstheater. Darmstadt 1978; R. Wagner: F. Raimund. Wien 1985.

Rame, Franca, geb. 1929 in Mailand. Autorin und Schauspielerin. Sie wuchs in der Theater-Wandergruppe ihres Vaters auf, wo sie auch zu spielen begann: »Ich liebe diesen Beruf nicht, ich wurde als Kind einer Schauspielerfamilie in ihn hineingeboren, stand seit meinem achten Lebensmonat auf der Bühne und habe ihn übernommen, etwa so, wie ein Kind das Geschäft des Vaters übernimmt und weiterführt.« 1953 heiratete Franca Rame den Autor und Schauspieler Dario Fo. Sie wurde seine wichtigste Mitarbeiterin und spielte in allen seinen Stücken, z. B.: ›Nur Kinder, Küche, Kirche‹, einer Wort-Arie für eine Schauspielerin. Und sie schrieb mit ihm, u. a. die in Deutschland sehr beliebten Stücke: ›Offene Zweierbeziehung‹, ›Ein x-beliebiger Tag‹ und ›Il ratto della Francesca‹ (›Der Raub der Francesca‹). Befragt über Franca Rames Rolle in seinem Schaffen, sagte Fo (Münchner ›Abendzeitung‹, 5. 2. 1987): »Sie hilft meiner Phantasie auf die Sprünge, ist eine große Schauspielerin, die den Rollen Kraft, Tiefe und Schliff gibt. Sie manipuliert, streicht oder fügt Gags hinzu. Die Diskus-

sion reißt nicht ab.« 1990 zeigten Franca Rame und Fo in Mailand die Uraufführung ihres Stücks ›Der Papst und die Hexe‹ (das Schauspielerehepaar in den Titelrollen). Man erwartete einen Skandal, denn das Thema war heikel. Gefragt wurde: Wie soll der Staat auf den katastrophalen Anstieg der Todesopfer unter den Drogenabhängigen reagieren? Fo und Rame plädierten für die Freigabe der Drogen und die Kontrolle von Handel und Vertrieb durch den Staat. Das Stück ist anstößig und bizarr – und erregte kein Aufsehen. Wolfgang Prosinger hielt Text und Aufführung für »harmlos« (›SZ‹, 22. 3. 1990). 1991 kam Fos ›Ruhe, wir sind im Absturz‹ heraus, eine Satire auf den Terror der Aids-Angst und den Golfkrieg, in der Franca Rame wiederum eine Hauptrolle spielte. Sie engagierte sich auch für inhaftierte Terroristen, gehörte zu den Gründern der ›Roten Hilfe‹, die den italienischen Terroristen den Rechtsbeistand finanzierte. Über ihre künstlerische Rolle neben Fo befragt, äußerte sie in einem Interview: »Dario ist das Monument, ich bin der Sockel. Ich spiele, um meinen Diskurs über die Belange der Frauen voranzutreiben. In meinen Stücken beziehe ich mich immer auf reale Situationen und verarbeite sie komisch, zynisch, grotesk, absurd oder ernst. Da gleichen wir uns, außerdem schreibt Dario ja auch die Texte, ich arbeite sie während des Spielens aus. Allerdings könnte ich mir gut vorstellen, daß Dario mein Sockel ist, auf dem ich als Monument stehe.« (Münchner ›Abendzeitung‹, 5. 2. 1987)

Literatur: F. Rame/D. Fo: Kleines Handbuch des Schauspielers. Frankfurt a. M. 1989.

Raschig, Susanne, geb. 1941 in Potsdam. Kostüm- und Bühnenbildnerin. Nach dem Abitur Besuch der Hochschule der Künste in Hamburg (1961) und Berlin (1962–1965). Erste Bühnenbilder für die Berliner Schaubühne am Halleschen Ufer, u. a. 1965 für Claus Peymanns ›Antigone-Modell‹. Von 1966 bis 1969 arbeitete sie als Bühnen- und Kostümbildnerin am Bremer Theater. 1969/70 schuf sie die Kostüme für mehrere Inszenierungen am Schauspielhaus Zürich. Von 1970 bis 1976

Kostüm- und Bühnenbildnerin an der Schaubühne: Kostümentwürfe u. a. für Peter Steins Inszenierungen von Labiches ›Sparschwein‹ (1973), Gorkis ›Sommergäste‹ (1974) und ›Shakespeares Memory‹ (1976); für Klaus Michael Grübers Interpretationen der ›Bakchen‹ von Euripides (1974) und des ›Empedokles‹ von Hölderlin (1975); für Luc Bondys Inszenierung von Marivaux' ›Man spielt nicht mit der Liebe‹ (1977) schuf sie das Bühnenbild. Von 1977 an arbeitete sie frei für verschiedene Bühnen, band sich an die Regisseure Niels-Peter Rudolph, Frank-Patrick Steckel und Andrea Breth. Als sie 1981 für Steckels Schaubühnen-Inszenierung von Ernst Barlachs ›Der blaue Boll‹ das Bühnenbild schuf, schrieb Karena Niehoff in der ›Süddeutschen Zeitung‹ (28. 12. 1981): »Nun also zum ersten Mal Saal C. (. . .) Ein genius loci förmlich für das steinige Pathos dieses Stückes: Sie wehren einander nicht. Kein Ort zu wohnen. Das außerordentlich starke, radikal befremdliche Bühnenbild Susanne Raschigs tut da noch das Seinige; kein Gras unter den Füßen, kein Baum auf dem Marktplatz da oben im nebligen deutschen Norden, kein gestirnter Himmel über jenen, die des Nachts ihren besessenen Visionen nachschleichen; keine einladenden Fachwerkhäuser . . . Nur die Kirche, die ist noch wie eh und je eine aus der Barlach-Welt, und sie ragt denn auch backsteinig-herrschsüchtig und so schwer, als wollte sie eigentlich lieber breiter sein denn höher, in den Apsis-Himmel aus Wattewolken. Unerwartet erweist sie sich als praktisches Mehrzweck-Ungetüm.« 1989 entwarf Susanne Raschig (wiederum für Steckel) den Raum für Büchners ›Dantons Tod‹ (in Bochum); Frank Busch (›SZ‹, 17. 10. 1989) gefiel die »klassizistische Pappschachtel auf der Bühne«, in der »Leben und Tod nichts sind als Dekoration«.

Literatur: Schaubühne am Halleschen Ufer am Lehniner Platz 1962–1987. Frankfurt a. M. 1987.

Rasp, Fritz, geb. 13. 5. 1891 in Bayreuth, gest. 30. 11. 1976 in Gräfelfing. Schauspieler. Ausbildung in der Münchner Theaterschule von Otto König (1908/09). Debüt 1909 als Amandus in Halbes ›Jugend‹ am Schauspielhaus München. Weitere Stationen: Sommertheater in Swinemünde (1909), Stadttheater Tilsit (1909/10 und 1910/11), Sommertheater Detmold (1910), Stadttheater Bromberg (1911–1913). 1914 engagierte ihn Max Reinhardt ans Deutsche Theater in Berlin (bis 1916). Nach dem Krieg war er an verschiedenen Berliner Bühnen engagiert, u. a. am Deutschen Theater (1921–1924 und 1947–1950) und an der Volksbühne (1936–1944). 1951 wechselte er ans Residenztheater München (Bayerisches Staatsschauspiel, bis 1959). Schon sehr früh wandte sich Rasp dem Film zu: 1916 spielte er in Ernst Lubitschs ›Schuhpalast Pinkus‹; weitere Filme u. a.: ›Emil und die Detektive‹ (1931); ›Der Hexer‹ (1932); ›Judas von Tirol‹ (1933); ›Paracelsus‹ (1943, R. G. W. Pabst); ›Lina Braake‹ (1975, R. Bernhard Sinkel). Joachim Kaiser schrieb zu Rasps 80. Geburtstag (›SZ‹, 13. 5. 1971): »Er war im Film jener fabelhafte Kriminelle namens Grundeis, mit steifem Hut, den ›Emil und die Detektive‹ laut Kästner erjagen. (. . .) Rasps dünne, manchmal schneidende Stimme, seine zarte, genau abgezirkelte Abgründigkeit, seine Intelligenz: Alles das täte dem Münchner Theater seit seinem Ausscheiden 1959 auch heute noch not.«

Rasumowskaja, Ludmilla, geb. 2. 2. 1948 in Riga. Russische Dramatikerin. Ludmilla Rasumowskaja studierte Theaterwissenschaft am Staatlichen Leningrader Institut für Theater und Film, besuchte danach die höheren Theaterkurse in Moskau. 1976 begann sie Theaterstücke zu schreiben. Internationale Anerkennung fand sie 1981 mit der Aufführung ihres ersten Stückes ›Liebe Jelena Sergejewna‹, das am Jugendtheater Tallinn uraufgeführt worden war und seither auch in Deutschland viel nachgespielt wurde. »Das offen Tragische der Dramatik Ludmilla Rasumowskajas findet seinen Ausdruck in Extremsituationen, die sich ständig auf den Tod stützen, vorwiegend den gewaltsamen und schicksalhaften (. . .) Die nach Glück gierenden, aber endlos leidenden, bis zum Stumpfsinn liebenden, rebellierenden und verzeihenden Frauen sind zur Selbstverleugnung

Rath

fähig, sie sind im Verlauf eines Stückes fähig, die Distanz vom Haß bis zum Verzeihen und zur Reue zu durchmessen, ebenso natürlich und erklärlich aber auch in umgekehrter Richtung – von der Liebe bis zur tödlichen Zerstörung, diese unglücklichen, stolzen und bedingungslos ergebenen Frauen.« (Irina Mjagkowa, ›Sowjetisches Theater‹, 4/1988)
Weitere Stücke: ›Unter einem Dach‹; ›Medea‹; ›Der Garten ohne Boden‹ (1986); ›Meine kleine Schwester Rusalka‹; ›Maja‹ (alle o. J.).

Rath, Elisabeth, geb. 6. 7. 1948. Schauspielerin. Engagements: Deutsches Theater Göttingen (1970–1972); Staatstheater Darmstadt (1972–1974); Thalia Theater Hamburg (1974–1980); Staatliche Schauspielbühnen Berlin (1980–1985); Freie Volksbühne Berlin (1985/86); Theater in der Josefstadt Wien (1986–1988); Burgtheater Wien (1988/89); Staatstheater Hannover (1988–1993); Bayerisches Staatsschauspiel München (seit 1993). Wichtigste Rollen u. a.: Titelrolle in Lessings ›Emilia Galotti‹ (Hamburg, R. Gerd Heinz); Gesine in Marieluise Fleißers ›Tiefseefisch‹ (1980, Schloßparktheater Berlin, R. Thomas Reichert); Titelrolle in Goethes ›Stella‹ (1982, Berlin, R. Ernst Wendt); über diese Rolle schrieb Karena Niehoff in der ›Süddeutschen Zeitung‹ (28. 6. 1982): »Elisabeth Rath bringt diese Reinheit und Absolutheit, auch die Verlustangst, kaum daß ihr der Geliebte zurückgegeben, mit einer nie penetranten Innigkeit, mit einer gewissen, momentweise sogar witzigen Herzhaftigkeit zustande, auch mit einiger Sinnlichkeit.« Weitere Rollen u. a.: Titelrolle in Racines ›Phädra‹ (1984, Berlin; Mascha in Tschechows ›Drei Schwestern‹ (1986, Wien, R. jeweils Wendt); Olga in der Uraufführung von Thomas Bernhards ›Heldenplatz‹ (1988, Wien, R. Claus Peymann); Ranjewskaja in Tschechows ›Kirschgarten‹ (1993, München, R. Matthias Fontheim).

Rattigan, Terence, geb. 10. 6. 1911 in London, gest. 30. 11. 1977 in Hamilton (Bermuda). Englischer Dramatiker. Sohn eines englischen Diplomaten. Rattigan studierte in Oxford. Ausbildung zum Diplomaten. Im Zweiten Weltkrieg war er bei der Luftwaffe. Seit 1933 publizierte er geistreiche Gesellschaftskomödien und Problemstücke in der Art des konventionellen »well made play« und war, neben Coward, ein Hauptvertreter dieses Genres. Seinen Durchbruch hatte er mit dem Stück ›The Winslow Boy‹ (1946). Neben zahlreichen weiteren Stücken verfaßte er über 30 Drehbücher. »Rattigan war ein Meister des Konversationsstückes, der Komödie (...). Doch scheute er die Katastrophe. Begebenheiten, die er auf die Bühne brachte, erschienen immer moderiert. Nie himmelhoch jauchzend, nie zu Tode betrübt, nie zu intelligent, nie dumm, selten antiquiert, um keinen Preis der Welt modernistisch (...). Er wußte, wie man Szenen wirkungsvoll aufbaut, wie man mit Andeutungen arbeitet, versteckt und effektvoll offenlegt (...). So geriet er in den Grenzbereich des Boulevardtheaters; wobei man streiten kann, von welcher Seite her er an diese Grenze kam – von der Seite der Literatur oder von der Seite der Volksbelustigung.« (Jürgen Busche, ›FAZ‹, 2. 12. 1977)
Weitere Stücke: ›Schule ohne Tränen‹ (1937); ›Nach dem Tanz‹ (1939); ›Sonnenschein‹ (1943); ›Liebe – mäßig bewegt‹ (1944); ›Geschichte eines Abenteurers‹ (1949); ›Tiefe blaue See‹ (1952); ›An Einzeltischen‹ (1954); ›The Other Version‹ (1971); ›In Praise of Love‹, ›Before Dawn‹ (beide 1973); ›Cause célèbre‹ (1977).
Literatur: M. Bösch: T. Rattigans dramatische Werke. o. O. 1975.

Rau, Liselotte, geb. 22. 8. 1929 in Osnabrück. Schauspielerin. Sie besuchte von 1949 bis 1951 die Schauspielschule in Düsseldorf und wurde von Gustaf Gründgens ausgebildet. 1951 Debüt in Salzburg; von 1954 bis 1964 festes Engagement am Staatstheater Stuttgart, danach an den Staatlichen Schauspielbühnen Berlin, wo sie u. a. in Dieter Dorns Inszenierung von Thomas Bernhards ›Der Ignorant und der Wahnsinnige‹ die Königin der Nacht spielte (1973). 1974 und 1979 sah man sie an diesem Haus in zwei Aufführungen von

Texten des Dramatikers Hartmut Lange: ›Die Gräfin von Rathenow‹ und ›Pfarrer Koldehoff‹. 1982 spielte sie die Emilia in Hans Gratzers ›Othello‹-Inszenierung, 1989 die Mutter in Gorkis ›Kleinbürger‹ (R. Harald Clemen) und 1992 die Nachbarin in Colline Serreaus ›Hase Hase‹ (R. Benno Besson).

Raupach, Ernst (Pseud. Emil Leutner), geb. 21. 5. 1784 in Straupitz, gest. 18. 3. 1852 in Berlin. Autor. Sohn eines Predigers. Raupach studierte Theologie in Halle; von 1805 an war er Erzieher und Professor für Geschichte und Literatur in St. Petersburg; 1822 in Italien, 1824 in Weimar; später ging er nach Berlin. Raupach war zu seiner Zeit in Mode und ein erfolgreicher Dramatiker im Stile Kotzebues. Er verfaßte 117 Stücke, von denen heute nur noch ›Der Müller und sein Kind‹ (1835) gelegentlich gespielt wird.

Weitere Stücke: ›Isidor und Olga oder die Leibeigenen‹ (1825); ›Laßt die Toten ruhen‹ (1826); ›Tassos Tod‹ (1835); ›Die Hohenstaufen‹ (acht Dramen, 1837).
Literatur: E. Wolff: Raupachs Hohenstaufendramen. Diss. Leipzig 1912; C. Bauer: Raupach als Lustspieldichter. Diss. Breslau 1913.

Redgrave, Sir Michael, geb. 20. 3. 1908 in Bristol, gest. 21. 3. 1985 in London. Schauspieler. Nach dem Studium in Cambridge entschloß sich Redgrave, Schauspieler zu werden und debütierte in Liverpool, wo er von den Kritikern sofort als »literarischer Schauspieler« gefeiert wurde. Er fand sehr rasch Zugang zu den führenden Bühnen Großbritanniens, trat auf im Old Vic, im National Theatre, im Haymarket, im Globe, im Aldwych und in Stratford-upon-Avon. Schon sein Hamlet, 1950 am Old Vic, brachte ihm Ruhm als Shakespeare-Interpret, danach aber, in den gewaltigen Altmänner-Rollen – als Shylock, 1953 in ›Der Kaufmann von Venedig‹, als Antonius und König Lear – wurde er zum berühmtesten Shakespeare-Interpreten Englands, neben John Gielgud und Laurence Olivier. Bereits zu Beginn seiner Karriere wurde er vom Film entdeckt. 1938 holte ihn Alfred Hitchcock für ›The lady vanishes‹. Weitere Filme: ›Dead of night‹ (1945); ›The Browning Version‹ (1951, Redgrave wurde in Cannes zum besten Schauspieler gewählt); ›The Innocents‹ (1961, R. Jack Clayton); ›Oh! What a lovely war‹ (1969, R. Joan Littlewood). In seinem Nachruf schrieb F. Thorn (›SZ‹, 25. 3. 1985): »Mit der vielzitierten Bühnenpräsenz, die Redgrave zweifellos in allerhöchstem Maße hatte, ist das Phänomen nicht ganz erklärbar. Er war aber vielleicht der erste in der Gruppe englischer Darsteller, die ihre Rolle bis ins kleinste Detail durchdachten, er war, das Wort muß diesmal herhalten, der Inbegriff des intellektuellen Schauspielers. Er wurde seinerzeit allzu wohlfeil als ›Method-Actor‹ charakterisiert, also als einer von jenen, die Stanislawskis ursprüngliche Ideen, von ihm später selber revidiert, in der vergröberten amerikanischen Form durchführten. Er war aber viel mehr: Seine künstlerische Sensibilität, sein durchdringender Intellekt und das starke Talent ergaben die ersten wahrhaft modernen Auffassungen von Hamlet, Strindbergs ›Hauptmann‹ und den zwielichtigen Tschechow-Charakteren, die in seiner Darstellung jede subtile Schwingung und Schwankung sichtbar und hörbar machten.«
Literatur: M. Redgrave: Mask or Face. London 1958; ders.: The Actor's Ways and Means. London 1966.

Redgrave, Vanessa, geb. 30. 11. 1937 in London. Schauspielerin. 1954 trat sie in die Londoner Central School of Speech and Drama ein; erste Rollen 1957. 1959 Debüt in Stratford-upon-Avon als Helena im ›Sommernachtstraum‹. Am selben Ort spielte sie die Valeria im ›Coriolan‹ (1959) und die Titelrolle in Ibsens ›Frau vom Meer‹ (1960). 1961 wurde sie von der Öffentlichkeit entdeckt: Am Aldwych Theatre spielte sie die Rosalind in Shakespeares ›Wie es euch gefällt‹. Die englische Kritik feierte sie »als vollkommene Rosalind, die beste in der Geschichte des englischen Theaters«. Weitere wichtige Shakespeare-Rollen: Kätchen in ›Der Widerspenstigen Zähmung‹ (1961), Imogen in ›Cymbeline‹ (1962). 1991 war sie mit ihrer Schwester Lynn und ihrer Nichte Jemma in

Redl

574

Zürich zu sehen: Vanessa Redgrave spielte die Olga in Robert Sturuas Inszenierung von Tschechows ›Drei Schwestern‹; Ingrid Seidenfaden schwärmte in der Münchner ›Abendzeitung‹ (9. 3. 1991): »Das Wunder des Abends heißt naturgemäß Vanessa Redgrave. Das größte Wunder ist, wie sich ein Star, eine Schauspieler-Legende versteckt, sich geradezu unsichtbar macht in der Figur einer honetten Lehrerin.« 1966 arbeitete sie zum ersten Mal für den Film und erhielt für ihre Rolle in ›Morgan‹ – A Suitable Case for Treatment‹ sofort in Cannes die Auszeichnung »beste Schauspielerin«. Danach zog sich Vanessa Redgrave von der Bühne zurück, spielte in Fernseh- und Filmproduktionen, u. a. in ›Wetherby‹ (1985); ›Prick up your ears‹ (1987); ›The Ballad of the Sad Café‹ (1990); ›Howards End‹ (1991). Vanessa Redgrave, die Tennessee Williams als »die größte Schauspielerin unserer Zeit« feierte, ist seit 1973 Mitglied der britischen Trotzkisten, engagierte sich im Kampf gegen die Atomwaffen, propagierte in den sechziger Jahren im Nordirlandkonflikt die Ziele der IRA und griff vehement die Vietnam-Politik der Amerikaner an. Im Februar 1993 trat sie im Hamburger Thalia-Theater bei der Demonstration gegen Ausländerfeindlichkeit auf.
Literatur: V. Redgrave: An Autobiography. London 1991, dt. Ausgabe: Weinheim, Berlin 1992.

Redl, Christian, geb. 20. 4. 1948 in Schleswig. Schauspieler und Regisseur. Ausbildung an der Schauspielschule in Bochum. Erstes Engagement in Wuppertal, danach arbeitete er am Schauspiel Frankfurt a. M., wo er 1976 in Peter Palitzschs Inszenierung von Büchners ›Woyzeck‹ die Titelrolle spielte und 1978 in Wilfried Minks' ›Sommernachtstraum‹ (Shakespeare) den Bottom-Pyramus. 1980 ging Redl ans Deutsche Schauspielhaus Hamburg, zu Niels-Peter Rudolph, der das Haus im selben Jahr übernommen hatte. Wichtige Rollen: Baron Tusenbach in Tschechows ›Drei Schwestern‹ (1980, R. Rudolph); Mackie Messer in Brecht/Weills ›Dreigroschenoper‹ (1981, R. Christof Nel); Stanley in Tennessee Williams'

›Endstation Sehnsucht‹ (1982, R. Peter Löscher); Hans in Peter Handkes ›Über die Dörfer‹ (1982, R. Rudolph); die Titelrolle in David Mamets ›Edmond‹ (1986, R. Dieter Giesing); über Redls Edmond schrieb Werner Burkhardt (›SZ‹, 13. 10. 1986): »Im Ensemble gibt es zwei Lichtblicke: Susanne Lothar (. . .), die ihren Figuren (. . .) Gebärde und nicht zuletzt Stimme gibt. Und Christian Redl, einen Edmond von irreführender Ruhe und zurückgestauter Reizbarkeit! Ohne jeden Beigeschmack von dampfender Schauspielerei kriegt er auf der langen Reise dieser Nacht in den Tag die Kurve zu Gewalt und Frieden.« 1987 spielte Redl in Minks' Inszenierung von Shakespeares ›Macbeth‹ den Banquo; 1989 stand er im Schauspielhaus als König in Michael Bogdanovs ›Hamlet‹-Inszenierung auf der Bühne. 1988 sah man den Schauspieler in Uwe Schrades Film ›Sierra Leone‹.

Redl, Wolf R., Schauspieler. Debütierte an der Studentenbühne der Universität Hamburg. 1968 spielte er am Frankfurter Theater am Turm (TAT) in Peter Handkes ›Kaspar‹ die Titelrolle (UA, R. Claus Peymann) und am Münchner Residenztheater den Neoptolemos in Hans Lietzaus Uraufführungsinszenierung von Heiner Müllers ›Philoktet‹. Zwei Jahre später – Lietzau ist Intendant des Deutschen Schauspielhauses in Hamburg – sehen wir Redl als Boris in Thomas Bernhards ›Ein Fest für Boris‹ (UA, Deutsches Schauspielhaus, R. Claus Peymann); Botho Strauß schrieb über diese Leistung in ›Theater heute‹ (Heft 8, 1970): »Wolf R. Redl wacht über diesen Boris, den er spielt, den störrischen Kretin mit knapp akzentuierten Reaktionsweisen des für Augenblicke noch erhellten Verstands, des trotzigen Widerstands und schließlich der dumpfen Zerstörungswut, wenn er sich auf seiner Geburtstagstrommel die Seele aus dem Leib klöppelt.« Im selben Jahr spielte Redl in Arthur Kopits ›Indianer‹ (DE, R. Lietzau) den Geronimo. 1971–1984 ging er an der Berliner Schaubühne. Wichtige Rollen: Peer Gynt Nr. 6 in Peter Steins Inszenierung von Ibsens ›Peer Gynt‹ (1971); Kapitän Pierre in Hofmannsthals ›Das gerettete Venedig‹ (1971, R. Frank-

Patrick Steckel/Jan Kauenhoven); Feldmarschall Dörfling in ›Kleists Traum vom Prinzen Homburg‹ (1972, R. Peter Stein); Colladan in Labiches ›Sparschwein‹ (1973, R. Stein); Direktor in Heiner Müllers ›Der Lohndrücker‹ (1974, R. Steckel); Darry in O'Caseys ›Das Ende vom Anfang‹ (1975, R. Kollektiv); Titelrolle in Barlachs ›Der blaue Boll‹ (1981, R. Steckel); hierzu Karena Niehoff in der ›Süddeutschen Zeitung‹ (28. 12. 1981):»Wolf Redl war zwar, schien mir, noch nie so gut – ein Gebirge ist er indes nicht. Er ist nicht feist, nicht gebieterisch, kein Brocken; vielmehr zierlich, kleinbürgerlich (bis hin in die schlecht sitzende Kleidung), alles andere denn ein metaphysischer ›Turm‹.« 1982 spielte Redl den Signor Campese in Fred Berndts Inszenierung von Eduardo De Filippos ›Die Kunst der Komödie‹ und im selben Jahr einen Totengräber in Shakespeares ›Hamlet‹ (R. Klaus Michael Grüber); 1984 einen skeptischen Altkommunisten in Istvan Eörsis ›Das Verhör‹ (R. George Tabori). In den Jahren 1978 bis 1980 arbeitete Redl auch in Bremen, u. a. spielte er in Frank-Patrick Steckels Inszenierung von Hans Henny Jahnns ›Die Krönung Richards III.‹ den König (1978). In Bremen entstanden auch die ersten Inszenierungen des Schauspielers: 1980 inszenierte er sowohl Platons ›Phaidon‹ als auch Shakespeares ›Was ihr wollt‹. Von 1987 an arbeitete Redl kontinuierlich am Bochumer Schauspiel bei Frank-Patrick Steckel. Wichtige Rollen u. a.: Lepidus in Shakespeares ›Antonius und Cleopatra‹ (1987); Mann in Botho Strauß' ›Bagatellen‹ (1989); Titelrolle in Büchners ›Dantons Tod‹ (1989); Dorfrichter Adam in Kleists ›Der zerbrochne Krug‹ (1990, R. Valentin Jeker); Pandarus in Shakespeares ›Troilus und Cressida‹ (1993, R. Steckel). In Bochum arbeitete Redl verstärkt als Regisseur: 1987 inszenierte er glücklos Shakespeares ›Romeo und Julia‹ (er richtete auch den Text ein und schuf das Bühnenbild), 1989 Barlachs ›Der tote Tag‹, 1991 Brecht/Weills ›Dreigroschenoper‹.

Literatur: Schaubühne am Halleschen Ufer am Lehniner Platz 1962–1987. Frankfurt a. M. 1987.

Regenass, René, geb. 15. 5. 1935 in Basel. Schweizer Autor. Regenass studierte Germanistik, Romanistik und Geschichte in Basel; er arbeitete als Gärtner, Redakteur, Werbetexter und seit 1979 als freier Schriftsteller. Er gehört zur Autorengruppe Olten, deren Präsident er von 1982 bis 1985 war. Diverse Preise, u. a. Förderpreis Pro Helvetia 1976 und 1984. Viele seiner Werke drehen sich um Figuren, die sich auf der Flucht vor sich und ihrer Vergangenheit befinden, auf der Suche nach ihrer Identität. Bekannt wurde Regenass mit der Erzählung ›Porträt eines Portiers‹ (1979).

Stücke: ›Die Sitzung‹ (1974); ›Der Anschneider‹ (1976); ›Mein Tschechow‹ (1980); ›Arme, arme Bären‹ (1982); ›Schöne Zeiten‹ (1983); ›Wo liegt der Hund begraben?‹ (1984).

Rehberg, Hans Michael, geb. 2. 4. 1938 in Fürstenwalde. Schauspieler, Regisseur. 1956–1958 Besuch der Folkwang-Schule in Essen (bei Moje Forbach). Debüt an den Vereinigten Städtischen Bühnen Krefeld-Mönchengladbach. 1960 holte ihn Karl Vibach an das Landestheater Schleswig. 1963 wechselte er an das Bayerische Staatsschauspiel München, wo er 1966 in Kurt Meisels Inszenierung von Turgenjews ›Ein Monat auf dem Lande‹ den Alexej spielte. Urs Jenny schrieb über Rehbergs Leistung (›SZ‹, 14. 4. 1966): » Zu Hans Michael Rehbergs Vorzügen gehört die Ehrlichkeit, die Echtheit jedes Ausdruckes . . .« Weitere wichtige Rollen an diesem Haus u. a.: der Schweizer in Hans Lietzaus ›Räuber‹-Inszenierung (1968), Sergeant Fairchild in Brechts ›Mann ist Mann‹ (1969, R. Max Peter Ammann), Herzog Orsino in Shakespeares ›Was ihr wollt‹ (1970, R. Johannes Schaaf). 1971 führte Rehberg zum ersten Mal Regie. Er inszenierte Molières ›Tartuffe‹. 1972 spielte er in der Abschiedsinszenierung von Helmut Henrichs die Titelrolle in Goethes ›Urfaust‹; dazu Joachim Kaiser (›SZ‹, 25. 4. 1972):»Hans Michael Rehbergs Urfaust war überzeugender da, wo er sich hysterisch-fanatisch engagierte und aussetzte, als bei den leisen, zurückhaltenden Stellen. Sein Faust zerfiel in einen Professor, der entweder die Wissenschaft oder sich selbst oder den keineswegs allein schuldigen Teufel hemmungslos beschimpft – und in einen milden, blaßlyrischen Liebhaber.« Im selben Jahr spielte Rehberg den Robespierre in Büchners ›Dantons Tod‹ (R. Karl Heinz Stroux). In den folgenden Jahren arbeitete er zunächst an den Münchner Kammerspielen (1973–1975), dann am Deutschen Schauspielhaus in Hamburg (1975–1977). Wichtige Rollen u. a.: Sakristan in Valle-Incláns Tragikomödie ›Worte Gottes‹ (1974, R. Schaaf); Gregers Werle in Ibsens ›Die Wildente‹ (1975, Hamburg, R. Peter Zadek); Danton in Büchners ›Dantons Tod‹ (1976, R. Jürgen Flimm); Kunstvereinsdirektor in Botho Strauß’ ›Trilogie des Wiedersehens‹ (UA 1977, R. Dieter Giesing). 1979 inszenierte Rehberg am Deutschen Schauspielhaus in Hamburg Molières ›Der eingebildete Kranke‹. 1981 kehrte Rehberg nach München zurück und spielte am Bayerischen Staatsschauspiel die Titelrolle in Heinar Kipphardts ›In der Sache J. Robert Oppenheimer‹; ein Jahr später sah man ihn dort n der Titelrolle von Shakespeares ›Othello‹ (R. Peter Palitzsch); 1983 verkörperte er die Titelrolle in der Uraufführung von Heinar Kipphardts ›Bruder Eichmann‹; dazu C. Bernd Sucher (›SZ‹, 24. 1. 1983): »Rehbergs Leistungen sind außergewöhnlich. Bestimmt hat er den soldatischen Ton Eichmanns getroffen. Er ist beängstigend natürlich in den zunehmenden Verkrampfungen im körperlichen Ausdruck wie in der Artikulation. Aber brauchen wir ein Double von Eichmann, einen faszinierenden Eichmann-Imitator?« Weitere wichtige Rollen an diesem Haus: Titelrolle in Ibsens ›Baumeister Solness‹ (1983, R. Zadek); Stefan in Botho Strauß’ ›Bekannte Gesichter, gemischte Gefühle‹ (1983, R. Giesing). Von 1984 an spielte Rehberg als Gast am Wiener Burgtheater, am Württembergischen Staatstheater Stuttgart, am Deutschen Schauspielhaus in Hamburg, am Schauspiel Köln, am Schauspielhaus Zürich und an der Freien Volksbühne Berlin. 1990 war er in Peter Zadeks gefeierter Inszenierung von Tschechows ›Iwanow‹ der Graf Schabelskij; 1992 spielte er in Günter Krämers Inszenierung von Strindbergs ›Totentanz‹ den Edgar; im selben Jahr bei den Salzburger Festspielen in Peter Steins Massenspektakel ›Julius Caesar‹ (Shakespeare) den Cassius. Außerdem sah man ihn als Meister Anton in Hebbels ›Maria Magdalena‹ (1992/93), Köln, R. Torsten Fischer). 1993 spielte er den Mendel in Babels ›Sonnenuntergang‹ (Köln, R. Dieter Giesing) und – wiederum bei den Salzburger Festspielen – den Menenius Agrippa in Deborah Warners ›Coriolan‹-Inszenierung. Rehberg arbeitete auch immer wieder für den Film, u. a.: ›Die Konsequenz‹ (1977, nach Alexander Ziegler, R. Wolfgang Petersen); Soweit das Auge reicht‹ (1980, R. Erwin Keusch); ›Krieg und Frieden‹ (1983, Buch: Heinrich Böll, R. Tankred Dorst); ›Donauwalzer‹ (1985, R. Xaver Schwarzenberger).

Literatur: C. B. Sucher: Theaterzauberer. Schauspieler. 40 Porträts. München 1988.

Rehfisch, Hans José (Pseud. Georg Turner, René Kestner), geb. 10. 4. 1891 in Berlin, gest. 9. 6. 1960 in Schuls (Schweiz). Dramatiker und Theaterleiter. Rehfisch studierte Philologie, Volkswirtschaft, Rechts- und Staatswissenschaft in Berlin, Heidelberg und Grenoble, danach war er Richter und Anwalt. Von 1923 an leitete er zusammen mit Piscator das Zentraltheater in Berlin. Er wurde 1933 verhaftet; 1936 gelang ihm die Flucht über Wien, London nach New York, wo er Dozent für Soziologie war. Von 1950 an lebte er in Hamburg und München. In den zwanziger Jahren wurden seine Gesellschaftssatiren, szenischen Reportagen und Dokumentarstücke sehr viel gespielt. Internationalen Erfolg hatte er mit dem Stück ›Wer weint um Juckenack‹ (1924). 1930 folgte das Stück ›Brest-Litowsk‹. Herbert Ihering schrieb darüber: »(. . .) das neue Stück von Hans J. Rehfisch: ›Brest-Litowsk‹, das Drama des europäischen Friedens. Rehfisch ist ein außergewöhnlich begabter Szenenregisseur. Wo er fertig vorliegendes Material hat, wie für die Gerichtsszene des ›Dreyfus‹, wie für die Friedensverhandlung von ›Brest-Litowsk‹, da gruppiert er dieses Material bühnenmäßig wirksam, ja fortreißend. (...) Aber er konnte, in einer Zeit ohne bindende Weltanschauung, in einer desorientierten, verwirrenden Zeit, nicht den Punkt finden, von dem aus er diese Tragödie des europäischen Friedens hätte unzweideutig klarstellen können.« ›Berliner Börsen-Courier‹, 11. 10. 1930) **Weitere Stücke:** ›Die goldenen Waffen‹ (1913); ›Die Heimkehr‹ (1918); ›Das Paradies‹ (1919); ›Jakob der Teufel‹ (1924); ›Nickel und die 36 Gerechten‹ (1925/54); ›Der Frauenarzt‹ (1929); ›Die Affäre Dreyfus‹ (1929); ›Der Verrat des Hauptmanns Grisel‹ (1933); ›Dr. Semmelweis‹ (1934); ›Die eiserne Straße‹ (1952); ›Das ewig Weibliche‹ (1953); ›Oberst Chabert‹ (1955); ›Jenseits der Angst‹ (1962).

Rehm, Werner, geb. 1944 in Hannover. Schauspieler. Ausbildung an der Hochschule für Musik und Theater in Hannover. Debüt in seiner Heimatstadt, anschließend Engagements in Neuss, Luzern und Bremen (hier spielte er 1969 den Antonio in Peter Steins Inszenierung von Goethes ›Torquato Tasso‹). 1970 gehörte Rehm zu den Gründungsmitgliedern der Berliner Schaubühne. Diesem Haus blieb er verbunden. Die wichtigsten Rollen: Peer Gynt Nr. 7 in Ibsens ›Peer Gynt‹ (1971); Cordenbois in Labiches ›Das Sparschwein‹ (1973, R. jeweils Peter Stein); Vetter Otto in Barlachs ›Der blaue Boll‹ (1981, R. Frank-Patrick Steckel); Präfekt de Caro in Eduardo De Filippos ›Die Kunst der Komödie‹ (1982, R. Fred Berndt); Archibald in Jean Genets ›Die Neger‹ (1983); Kulygin in Tschechows ›Drei Schwestern‹ (1984, R. jeweils Stein); Gradobojew in Ostrowskis ›Ein heißes Herz‹ (1986, R. Luc Bondy); Long in O'Neills ›Der haarige Affe‹ (1986); Graf Waldstein in Marina Zwetajewas ›Phoenix‹ (1990, R. Klaus Michael Grüber); Antigonus in Shakespeares ›Wintermärchen‹ (1990, R. Bondy); Kreon in Sophokles' ›Antigone‹ (1991, R. Jean-Marie Straub/Danièle Huillet; 1992 auch als Film). **Literatur:** Schaubühne am Halleschen Ufer am Lehniner Platz 1962–1987. Frankfurt a. M. 1987.

Reichel, Käthe, geb. 3. 3. 1926 in Berlin. Schauspielerin. Ohne Schauspielerausbildung erste Engagements in Greiz, Gotha und Rostock. 1950–1961 Engagement am Berliner Ensemble, wo sie 1950 das Gustchen in Lenz/Brechts ›Der Hofmeister‹ spielte (R. Bertolt Brecht). Weitere wichtige Rollen an diesem Theater: Jeanne d'Arc in Anna Seghers' ›Der Prozeß der Jeanne d'Arc zu Rouen, 1431‹ (1952, R. Brecht); Shen Te in Brechts ›Der gute Mensch von Sezuan‹ (1957, R. Benno Besson). Von 1960 an arbeitete Käthe Reichel am Deutschen Theater in Berlin. Wichtige Rollen dort: Titelrolle in Lessings ›Minna von Barnhelm‹ (1960, R. Wolfgang Langhoff); Botin in Sophokles/Hölderlin/Heiner Müllers ›Oedipus Tyrann‹ (1976, R. Besson). 1974 spielte sie in der Uraufführung von Sarah Kirschs ›Lebensläufe‹ den Lebenslauf Nummer vier. Hierüber berichtete Marianne Eichholz in der ›Süddeutschen Zeitung‹ (5. 9. 1974): »Daß das Theatervergnügen bei der Uraufführung dann doch noch bedient wurde, ist vor allem Käthe Reichel zu danken. Sie spricht den Lebenslauf Nummer vier, die Geschichte einer 1944 geborenen Proletarierin, die nirgends auf der Butterseite des Staates zu liegen kam: (. . .) Wie die Reichel, die große Shen Te und Grusche der ersten (Nachkriegs-) Stunde, das macht, ist die Reise nach Ostberlin (beinahe) wert.« 1982 trat Käthe Reichel als Alte Frau in Peter Handkes ›Über die Dörfer‹ auf (R. Niels-Peter Rudolph). Und 1988 wirkte sie, die in der DDR schon viel für das Fernsehen gearbeitet hatte, in der ARD-Serie ›Florian‹ mit.

Reichert, Thomas, geb. 14. 1. 1948 in München. Regisseur. Sohn von Willy Reichert. Ausbildung an der Otto-Falckenberg-Schule in München (1972–1973). Assistenzen an den Münchner Kammerspielen und am Schauspiel Frankfurt (1973–1978). Regiedebüt in Frankfurt 1978. Erste Erfolge an den Staatlichen Schauspielbühnen Berlin (Intendant: Boy Gobert), wo er u. a. die deutsche Erstaufführung von Marieluise Fleißers ›Tiefseefisch‹ inszenierte (1980); außerdem Kleists ›Amphitryon‹ (1981) und Werner Serners ›Posada oder Der große Coup‹; hierüber schrieb Jörg Drews in der ›Süddeutschen Zeitung‹ (4. 2. 1982): »Regisseur Thomas Reichert legte die Inszenierung auf Tempo an, und dabei gelang ihm so was wie eine in Handlung umgesetzte Anthropologie, dargestellt mit einer ins Bösartig-Schäbige gerutschten Boulevarc-Raffinesse, die durchblitzt ist von Schüssen (. . .) und von Aphorismen.« Nach Bo Goberts Tod arbeitete Reichert als freier Regisseur in Frankfurt a.M., Freiburg und Zürich. 1989 ging er ans Niedersächsische Staatsschauspiel Hannover zu Eberhard Witt, wo er u.a. Schnitzlers ›Das weite Land‹ inszenierte, dabei akribisch genau Menschen und Situationen beschreibend (1991), und Horváths ›Glaube Liebe Hoffnung‹ (1992). Seit der Spielzeit 1993/94 gehört Reichert zu den Regisseuren des Bayerischen Staatsschauspiels in München (unter der Intendanz Witt), wo er 1993 Ibsens ›Die Wildente‹ und 1994 Molières ›Der eingebildete Kranke‹ inszenierte.

Reichert, Willy, geb. 30. 8. 1896 in Stuttgart, gest. 8. 12. 1973 in Grassau. Schauspieler und Kabarettist. Arbeitete zunächst als Zuckertechniker. Nach dem Krieg studierte er 1920 ein Jahr lang Schauspiel am Stuttgarter Staatstheater bei Max Bing. Danach Engagements am Stadttheater Landsberg, Warthe (1922); am Staatstheater Zwickau (1923); am Stadttheater Heilbronn (1924; hier auch als Danilo in der ›Lustigen Witwe‹ auf der Bühne); am Volkstheater München (1925). Von 1926 bis 1932 arbeitete er am Stuttgarter Schauspielhaus. Von 1932 bis 1941 leitete er die Komödie in Stuttgart und gab mehrere Solo-Tourneen als Komiker. Nach dem Krieg stand er zuweilen wieder auf der Bühne, war aber inzwischen so beliebt und begehrt von Film, Fernsehen, Radio und Kabarettbühnen, daß er sich fürs Theater kaum noch Zeit nahm. 1955 bot er in Stuttgart eine kabarettistische Revue, die, frei nach Schopenhauer, den Titel trug ›Die Welt als Willy und Vorstellung‹. Siegfried Melchinger kommentierte, daß der Schwabe Reichert das Nachdenkliche, das Besinnliche, jenes tiefe Staunen zeige, das Lachen und Lustigkeit in das Lächeln der Weisheit verwandle.
Literatur: H. Hartwig/W. Reichert: Versuch einer Beschreibung des Unbeschreiblichen. Stuttgart 1957.

Reichmann, Wolfgang, geb. 7. 1. 1932 in Beuthen, gest. 6. 5. 1991 in Waltalingen (Schweiz). Schauspieler. Studierte in Frankfurt a.M. Germanistik und Theaterwissenschaft, nahm gleichzeitig Gesangsunterricht (Baß). Er debütierte in Wiesbaden und spielte anschließend an den Bühnen von Frankfurt, Gießen, Düsseldorf und München, wo er 1959 in Barlachs ›Die Sündflut‹ den Noah gab. Von 1963 an trat Reichmann vor allem am Schauspielhaus Zürich auf. Wichtige Rollen u.a.: Arzt in Friedrich Dürrenmatts ›Der Meteor‹ (UA 1966, Zürich, R. Leopold Lindtberg); Faust in Karl Heinz Stroux' Goethe-Inszenierung (1967, Düsseldorfer Schauspielhaus); Albert in Edward Bonds ›Trauer zu früh‹ (1969, Zürich, R. Peter Stein); Titelrolle in Büchners ›Dantons Tod‹ (1970, Eröffnungsvorstellung im neuen Düsseldorfer Schauspielhaus, R. Stroux); Falstaff in Shakespeares ›König Heinrich IV.‹ (1971, Luisenburg-Festspiele, R. Christian Mettin). Über diese Darstellung schrieb Karl Schumann in der ›Süddeutschen Zeitung‹ (28. 7. 1971):»Reichmann füllt die riesige Szene, nicht weil man ihm etwa einen Wanst umgeschnallt hätte, sondern weil er über alle Augenblickskomik hinaus eine nur für verrannte Ideenakrobaten und Fanatiker höherer Ziele verachtenswerte Philosophie des Überlebens auf die Bretter wuchtet.« Weitere Rollen u.a.: Jack Cade in Shakespeare/Strehlers ›Spiel der Mächtigen‹ (1973, Salzburger Festspiele, R. Giorgio Strehler); Odoaker in Dürrenmatts ›Romulus der Große‹ (1981, Zürich, R. Gerhard Klingenberg); Moses in Schönbergs ›Moses und Aaron‹ (1982, Münchner Opernfestspiele, R. Giancarlo del Monaco); Bassa Selim in Mozarts ›Entführung aus dem Serail‹ (1985, Zürcher Opernhaus, R. Jean-Pierre Ponnelle); Conférencier in dem Musical ›Cabaret‹ nach Christopher Isherwood von Joe Masteroff (1987, Theater des Westens Berlin). 1990 entstand eine Schallplatte, auf der Reichmann jüdische Chansons singt und jüdische Geschichten erzählt. Über diese Produktion schrieb Eva-Elisabeth Fischer in der ›Süddeutschen Zeitung‹ (24. 11. 1990):»Wolfgang Reichmann gehört zu den Schauspielern, die das Regietheater der

70er Jahre empfindlich als ›Entwertung des Schauspielerstandes‹ empfunden haben. Die Musik schien ihm neue Möglichkeiten zu öffnen; er widmete sich dem Musical, der modernen Oper. (...) Wolfgang Reichmann jiddelt nicht. Er findet jeweils den Tonfall für Tewje, den hadernden Milchmann, und den gewichtigen Popen; trifft die bairische Klangfärbung des königlichen Hofphotographen Leo Rosenbach ebenso wie die erheiternde Klage des durstigen Juden. Aus dem Gefühl für das richtige Maß, aus Musikalität wächst Atmosphäre.« Reichmann spielte auch in vielen Filmen und Fernsehproduktionen. In seinem Nachruf schrieb Gerhard R. Koch (›FAZ‹, 10. 5. 1991): »Reichmann, eine imposante Figur mit markantem, fast kahlem Schädel und meist mit Vollbart, war einer der vielseitigsten deutschsprachigen Schauspieler. (...) Von der Statur tatsächlich ein schwerer Held, ein Meister dumpfer Bedrohlichkeit (...), hat er sich aber immer mehr ins bewegliche Zwischenfach entwickelt, komödiantische Züge ins Verschmitzte gesteigert.«

Reincke, Heinz, geb. 28. 5. 1925 in Kiel. Schauspieler. Nahm neben seiner Lehrlingsausbildung bei der Industrie- und Handelskammer in Kiel 1941 Schauspielunterricht und wirkte als Komparse bei Produktionen des Staatstheaters Kiel mit. Versuchte sich danach als Souffleur, Inspizient, Operettenbuffo und jugendlicher Komiker. Erste Engagements in Landsberg, Warthe und am Kurtheater in Zoppot. Stationen nach dem Krieg: Renaissancetheater in Schleswig; Stadttheater Bonn; Württembergisches Staatstheater Stuttgart (1950–1955); Deutsches Schauspielhaus Hamburg (1955–1964, engagiert von Gustaf Gründgens), wo er u. a. den Wolters in Carl Zuckmayers ›Das kalte Licht‹ spielte (UA 1955). Weitere Rollen u. a.: Möbius in Friedrich Dürrenmatts ›Die Physiker‹ (1962); Offizier in Strindbergs ›Traumspiel‹ (1963). Von 1964 bis 1968 arbeitete Reincke an verschiedenen Bühnen als Gast, u. a. auch bei den Salzburger Festspielen (1966, Puck in Leopold Lindtbergs Inszenierung von Shakespeares ›Sommernachtstraum‹). Von 1967 bis 1985 gehörte er zum Ensemble des Wiener Burgtheaters. Sein Debüt dort: Robespierre in Otto Schenks Inszenierung von Büchners ›Dantons Tod‹; Otto F. Beer schrieb hierzu in der ›Süddeutschen Zeitung‹: »... kluger Sprecher von erlesener Wortkultur, der zwischen dem Brio des ›Unbestechlichen‹ und der Demagogie des Tribünenstars einen weiten Bogen spannte.« Weitere Rollen u. a.: Titelrolle in Ionescos ›Macbett‹ (1972, R. Gerhard Klingenberg); Kottwitz in Kleists ›Prinz Friedrich von Homburg‹ (1978, R. Manfred Wekwerth); Titelrolle in Zuckmayers ›Der Hauptmann von Köpenick‹; es war Reinckes Wiener Abschiedsrolle (1985, R. Michael Kehlmann). Sigrid Löffler vertraute der Frühpensionist an (›Die Zeit‹, 3. 5. 1985): »Meine Traumrolle war schon immer der Pensionist.« Trotzdem arbeitete er weiter. Auf dem Theaterschiff am Hamburger Nicolaifleet zeigte er 1987 sein Ein-Mann-Programm ›Alles Theater‹; außerdem spielte er in mehreren Fernsehproduktionen.

Reinhard, Maria, geb. 1945, gest. 12. 4. 1988 in Bielefeld. Regisseurin. Sie begann ihre Theaterlaufbahn als Chefin der Münchner Studiobühne und zeigte dort 1965 ihre szenische Einrichtung von Panizzas ›Liebeskonzil‹. Später arbeitete sie am TiK (Theater in der Kreide, München), wo sie 1971 Gert Heidenreichs ›Aufstand der Kardinäle‹ uraufführte. Nach einer Regieassistenz an den Münchner Kammerspielen inszenierte sie am Deutschen Schauspielhaus in Hamburg (1973, Wolfgang Deichsels ›Frankenstein‹), in Braunschweig, Augsburg und immer wieder im TiK, wo 1978 ihr Monologstück ›Schlag auf Schlag‹ uraufgeführt wurde. 1984 zeigte die Regisseurin auf der Experimentierbühne des Bayerischen Staatsschauspiels, dem Marstall, William Mastrosimones Reißer ›Bis zum Äußersten‹ und 1986 in Darmstadt ›Die Troerinnen‹ von Euripides. Verena Auffermann rezensierte diese Aufführung für die ›Süddeutsche Zeitung‹ (8. 1. 1986): »Maria Reinhards Inszenierung ist hart und präzise gearbeitet. Sie verzichtet auf effektsuchende Dekoration. (...) Maria Reinhard formuliert ein Klagelied über das Schicksal der Frauen als

Reinhardt

Leibeigene der Männer. Sie zeigt die gefangenen Troerinnen als Personen mit eigener Sprache und eigenem Verstand.«
Literatur: L. Frank: Der Zauberer von Oos. Für die Bühne neu geschrieben von B. Wilms und M. Reinhardt. Hamburg 1975.

Reinhardt, Andreas, geb. 1937. Bühnenbildner. Reinhardt begann als Assistent an den Landesbühnen Sachsen. Ausbildung an der Akademie der Künste der DDR in Berlin. Bis 1964 Bühnenbildner in Zittau, danach (1964–1975) in gleicher Position am Berliner Ensemble. Schuf u. a. die Räume für Hans-Georg Simmgens Inszenierung von Sean O'Caseys ›Purpurstaub‹ (1966), Ruth Berghaus' Interpretation von Peter Weiss' ›Viet Nam Diskurs‹ (1967), Brechts ›Im Dickicht der Städte‹ (1971), Heiner Müllers ›Zement‹ (1973), Brechts ›Die Mutter‹ (1974). 1975 entschloß sich Reinhardt, im Westen zu bleiben, wo er schon erfolgreich gearbeitet hatte, z. B. für Ruth Berghaus' Münchner Inszenierung des ›Barbier von Sevilla‹ von Rossini (1974). Wichtige Arbeiten seit 1976 (Reinhardt wendet sich immer konsequenter dem Musiktheater zu): Büchners ›Woyzeck‹ (1976, Württembergisches Staatstheater Stuttgart, R. Alfred Kirchner); Josef Tals ›Die Versuchung‹ (1976, Münchner Opernfestspiele, R. Götz Friedrich); Mozarts ›Don Giovanni‹ (1977, Oper Frankfurt a. M., R. Hans Hollmann); Kleists ›Der zerbrochne Krug‹ (1980, Staatliche Schauspielbühnen Berlin); Strindbergs ›Der Vater‹ (1980, Bayerisches Staatsschauspiel München, R. jeweils Hans Lietzau); Wagners ›Parsifal‹ (1982, Bayreuther Festspiele, R. Friedrich); hierüber schrieb Marianne Reißinger in der Münchner ›Abendzeitung‹ (27. 7. 1982): »Andreas Reinhardt gelang es, den gesamten ›Parsifal‹ in einem einzigen Raum spielen zu lassen, in den sich die Komponente Zeit als wechselnder Horizont einfügt. Reinhardts und Götz Friedrichs Raum ist eine Ruine, ein umgestürzter Turm mit romanischen Rundbogenfenstern, der Boden, Decke und Seitenwände abgibt. Ein zerstörter Raum, der sich immer wieder zum erdrückenden Gefängnis zusammenzieht (sei's durch Wände oder durch Licht); ein Raum, der ganz plötzlich zu Klingsors hinterhältigem Zaubergarten wird (Licht!), am Karfreitag als Frühlingswiese erblüht, um dann fast brutal für Titurels Beerdigung in die Grals-Krypta aufzubrechen. Von hier aus wird der Weg in eine bessere Zukunft schwer – er ist wohl doch utopisch.« Weitere wichtige Arbeiten: Webers ›Freischütz‹ (1987, Deutsche Oper Berlin, R. Johannes Schaaf); Franz Schrekers ›Der Schatzgräber‹ (1989, Hamburgische Staatsoper); Brecht/Weills ›Aufstieg und Fall der Stadt Mahagonny‹ (1990, ebenda); Wagners ›Der Ring des Nibelungen‹, ›Rheingold‹ und ›Die Walküre‹ (1992, ebenda, R. jeweils Günter Krämer).

Reinhardt, Max, geb. 9. 9. 1873 in Baden bei Wien, gest. 30. 10. 1943 in New York. Schauspieler, Regisseur und Theaterleiter. Debütierte 1892 als Schauspieler in Rudolfsheim. Nächste Stationen: Preßburg und Salzburg. 1894–1902 war Reinhardt am Deutschen Theater (damals unter der Direktion von Otto Brahm) engagiert und spielte vor allem Altmänner-Rollen, u. a.: Pfarrer in Gerhart Hauptmanns ›Die versunkene Glocke‹ (1896); Foldal in Ibsens ›John Gabriel Borkman‹ (1897); Engstrand in Ibsens ›Gespenster‹ (1900); Luka in Gorkis ›Nachtasyl‹ (1903). In der Folgezeit wandte er sich ab von Brahms Naturalismus. Bereits 1898 hatte er mit anderen Mitgliedern des Brahm-Ensembles eine eigene Bühne gegründet (die Sezessionsbühne. 1901 gründete er die Kleinkunstbühne Schall und Rauch, die 1902 den Namen Kleines Theater erhielt. 1903 trennte er sich endgültig von Brahm und erwarb noch im selben Jahr das Neue Theater. Während der folgenden Jahre wurden dort Wildes ›Salome‹ (1903), Schillers ›Kabale und Liebe‹ (1904) und Gorkis ›Nachtasyl‹ (1904) mit großem Erfolg aufgeführt. Reinhardt wandte sich nun der Regie zu, inszenierte zunächst Hofmannsthals ›Elektra‹ und 1905 Shakespeares ›Sommernachtstraum‹ (den er bis 1934 zwölf Mal inszenierte und 1935 verfilmte). Im selben Jahr verkaufte er das Kleine Theater an Victor Barnowsky und kaufte das Deutsche Theater, das er zusammen mit seinem

Reinhardt

Bruder Edmund (als kaufmännischem Direktor) leitete. Er eröffnete sein Theater mit Kleists ›Käthchen von Heilbronn‹. 1906 eröffnete er die Kammerspiele des Deutschen Theaters mit Ibsens ›Gespenster‹ (Bühnenbild: Edvard Munch). 1910 begann der Regisseur mit seinen sog. Arenaspielen und entwickelte seinen Stil der Massenregie, u. a. Sophokles' ›König Oedipus‹ (in der Ausstellungshalle München, im Wiener Zirkus Renz, im Berliner Zirkus Schumann, im Londoner Covent Garden, Rußland-Tournee und Gastspiel in Stockholm); Vollmoellers ›Das Mirakel‹ (1914 in Berlin, danach in Wien, Budapest, London, New York). 1917 gründete Reinhardt die Versuchsbühne Das junge Deutschland, wo er zwei expressionistische Stücke inszenierte: ›Der Bettler‹ von Reinhard Johannes Sorge (1917) und Reinhard Goerings ›Seeschlacht‹ (1918). 1919 eröffnete er den von Hans Poelzig umgebauten Zirkus Schumann als Großes Schauspielhaus (später Friedrichstadt-Palast) mit Aischylos' ›Orestie‹. 1920 Eröffnung der von Reinhardt, Hofmannsthal und Richard Strauss initiierten Salzburger Festspiele, Reinhardt inszenierte Hofmannsthals ›Jedermann‹. Im selben Jahr gab er die Berliner Bühnen ab an Felix Hollaender, der sie in Reinhardts Sinn weiterführte. Der Regisseur, der verstört war von Leopold Jessners Erfolg und damit vom Siegeszug des Expressionismus auf der Bühne, eröffnete 1924 in Wien das renovierte Theater in der Josefstadt mit Goldonis ›Der Diener zweier Herren‹. Zwei Jahre später gab er dieses Haus wieder ab, um sich erneut um seine Berliner Bühnen zu kümmern (1924, 1929–1932). 1929 Gründung des Max-Reinhardt-Seminars in Wien-Schönbrunn. 1930 feierte Reinhardt 25jähriges Jubiläum als Direktor des Deutschen Theaters und hielt seine programmatische »Rede an die Schauspieler«: »Das Heil kann nur vom Schauspieler kommen, denn ihm und keinem anderen gehört das Theater. Alle großen Dramatiker waren geborene Schauspieler, gleichviel, ob sie diesen Beruf auch tatsächlich ausübten. (. . .) Das Theater kann, von guten Geistern verlassen, das traurigste Gewerbe, die armseligste Prosti-

tution sein. Aber die Leidenschaft, Theater zu schauen, Theater zu spielen, ist ein Elementartrieb des Menschen. Und dieser Trieb wird Schauspieler und Zuschauer immer wieder zum Spiel zusammenführen und jenes höchste, alleinseligmachende Theater schaffen. (. . .) Ich glaube an die Unsterblichkeit des Theaters. Es ist der seligste Schlupfwinkel für diejenigen, die ihre Kindheit heimlich in die Tasche gesteckt und sich damit auf und davon gemacht haben, um bis an ihr Lebensende weiterzuspielen. Die Schauspielkunst ist aber zugleich die Befreiung von der konventionellen Schauspielerei des Lebens, denn: Nicht Verstellung ist die Aufgabe des Schauspielers, sondern Enthüllung.« Im März 1933 (das Theater wird schon nicht mehr von ihm geleitet) kam Reinhardts letzte Inszenierung am Deutschen Theater heraus: Calderón/Hofmannsthals ›Das große Welttheater‹. Gleich danach reiste er nach Österreich; Beginn der Emigration. Gastinszenierungen in Europa und Nordamerika. 1937 letzte Inszenierung in Wien: Werfels ›In einer Nacht‹. 1938 Übersiedlung nach Hollywood, wo er eine Schauspielschule gründete. Diese Workshop-Gruppe gastierte 1939/40 in San Francisco. Einige Inszenierungen in Los Angeles und New York. Während seiner Berliner und Wiener Zeit arbeitete Reinhardt mit den bedeutendsten Schauspielern seiner Zeit zusammen: Tilla Durieux, Lucie Höflich, Gertrud Eysoldt, Alexander Moissi, Paul Wegener, Werner Krauß, Albert Bassermann. Wichtigste Inszenierungen: Shakespeares ›Der Kaufmann von Venedig‹ (1905, Deutsches Theater) und ›Was ihr wollt‹ (1908, ebenda); Goethes ›Faust I‹ (1909, ebenda); Gozzis ›Turandot‹ (1911, ebenda, 1926, Salzburger Festspiele); Schillers ›Wallenstein‹ (1914, ebenda, mit Bassermann); Strindbergs ›Traumspiel‹ (1921, Stockholm und Deutsches Theater); Shaws ›Die heilige Johanna‹ (1924, Deutsches Theater, mit Elisabeth Bergner); Shaws ›Der Kaiser von Amerika‹ (DE 1929, ebenda, mit Krauß); Wilders ›The Merchant of Yonkers‹ (1938, Guild Theatre New York). Obwohl sich Reinhardt mit dem Expressionismus beschäftigte (›Das junge Deutschland‹), blie-

Reinshagen

ben ihm diese neuen Werke in ihrer Ästhetik und auch in ihrem politischen Anspruch fremd. Er liebte Shakespeare (von 1905 bis 1930 gab es 2723 Shakespeare-Aufführungen an Reinhardts Berliner Bühnen!); er schätzte das illusionistische, sinnenbetörende Theater-Fest, das nichts mit dem Alltag, schon gar nichts mit Politik zu tun haben sollte: »Die Kunst ist ein neutrales Land.« Schon früh stieß Reinhardts Stil auf Kritiker. Vor allem Alfred Kerr lehnte seine eklektizistischen, sinnlichen Inszenierungen ab. Dennoch: Es war Reinhardt, der dem Regietheater zum endgültigen Durchbruch verhalf, nicht zuletzt, weil er seine Arbeit als Regisseur akribisch ernstnahm, wie die erhaltenen Regiebücher beweisen.

Literatur: M. Reinhardt: Briefe, Reden, Schriften und Szenen aus Regiebüchern. Wien 1963; H. Fetting (Hrsg.): Max Reinhardt. Schriften. Berlin 1974; J. Bab: Das Theater der Gegenwart. Leipzig 1928; G. Adler: Max Reinhardt – Sein Leben. Salzburg 1964; S. Melchinger: Das Theater von Max Reinhardt. Velber 1968; H. Kindermann: Max Reinhardts Weltwirkung. Wien, Köln 1969; W. Passow: Max Reinhardts Regiebuch zu ›Faust I‹. Untersuchungen zum Inszenierungsstil auf der Grundlage einer kritischen Edition. München 1971; L. M. Fiedler: Max Reinhardt und Molière. Salzburg 1972; G. Reinhardt: Der Liebhaber. Erinnerungen an meinen Vater Max Reinhardt. München, Zürich 1973; H. Thimig-Reinhardt: Wie Max Reinhardt lebte. Percha 1973; L. M. Fiedler: Max Reinhardt in Selbstzeugnissen und Bilddokumenten. Reinbek 1975; E. Fuhrich-Leisler/G. Prossnitz: Max Reinhardt in Amerika. Salzburg 1976; M. Kuschnia (Hrsg.): 100 Jahre Deutsches Theater Berlin 1883–1983. Berlin 1983; H. Huesmann: Welttheater Reinhardt. Bauten – Spielstätten – Inszenierungen. München 1983; E. Stern: Bühnenbildner bei Max Reinhardt. Berlin 1983; E. Fuhrich-Leisler/G. Prossnitz: Ein Theater, das den Menschen wieder Freude gibt. München 1987; M. Brauneck: Klassiker der Schauspielregie. Reinbek 1988; P. Sprengel (Hrsg.): Schall und Rauch. Erlaubtes und Verbotenes. Berlin 1991.

Reinshagen, Gerlind, geb. 4. 5. 1926 in Königsberg. Schriftstellerin und Dramatikerin. Gerlind Reinshagen studierte Pharmazie und machte 1949 ihr Staatsexamen in Braunschweig. Danach besuchte sie von 1954 bis 1957 die Hochschule der Künste in Berlin. Seit 1956 freie Schriftstellerin. Sie veröffentlichte zuerst Kinderbücher und Hörspiele mit realistischen Beschreibungen der Arbeitswelt und des Alltags. 1968 wurde das erste Theaterstück in Frankfurt aufgeführt, ›Doppelkopf‹, über Angestellte und Karrieren. 1977 erhielt sie den Mülheimer Dramatikerpreis. 1982 wurde ihr Stück, ›Eisenherz‹ am Schauspielhaus Bochum uraufgeführt (R. Andrea Breth). Jochen Schmidt schrieb darüber: »Das Büro und die Welt der Büroangestellten, für lange Zeit Stiefkinder der Literatur, sind in der vergangenen Dekade zu einem literarisch gut vermessenen Gelände geworden (. . .) Auch Gerlind Reinshagen, durch Stücke wie ›Leben und Tod der Marilyn Monroe‹, ›Himmel und Erde‹ oder ›Sonntagskinder‹ als Dramatikerin von Geblüt ausgewiesen, stößt in dieses Horn. Ihr sechstes Stück, ›Eisenherz‹, das nicht in einer mythischen Comicwelt spielt, sondern in einem Büro ›mit vier Arbeitsplätzen‹, beginnt mit einer Szene, deren dreimal fast identischer Ablauf die Monotonie des Bürolebens zeigen soll: jeden Montagmorgen derselbe Frust im Gefolge eines Wochenendes, das ebenso langweilig ist wie die Arbeitswoche. Ganz offensichtlich aber möchte Gerlind Reinshagen nicht einfach beschreiben; nach Literatur der Arbeitswelt steht ihr nur phasenweise der Sinn. Sie stilisiert ihr Büro zum Schuttabladeplatz der Gesellschaft und zum Elendsquartier der Welt und bevölkert diese Vorhölle der Banalität mit Menschen, die an mehr leiden als an Arbeitsstreß und Entfremdung. Sie tragen alle die Krankheit zum Tode in sich und begehren immer wieder einmal heroisch-tönern gegen das Schicksal auf.« (›FAZ‹, 16. 11. 1982)

Weitere Stücke: ›Leben und Tod der Marilyn Monroe‹ (1968/71); ›Himmel und Erde‹ (1974); ›Das Frühlingsfest‹ (1980); ›Sonntagskinder‹ (1976); ›Eisenherz‹ (1982); ›Die Clownin‹ (1985); ›Die Feuerblume‹ (1988); ›Tanz Marie‹ (1989).

Literatur: A. Roeder (Hrsg.): Autorinnen. Herausforderungen an das Theater. Frankfurt a. M. 1989; G. Reinshagen: Drei Wünsche frei. Chorische Stücke. Mit einem Nachwort von Anke Roeder. Frankfurt a. M. 1992.

Relin, Veit, geb. 24. 9. 1926 in Linz. Schauspieler, Regisseur, Theaterleiter, Maler. Nach dem Abitur besuchte er das Max-Reinhardt-Seminar in Wien und gleichzeitig die Wiener Kunstakademie. Debütierte 1945 am Landestheater Innsbruck als Spielansager in Hofmannsthals ›Jedermann‹. Weitere Engagements: Landestheater Linz (1945/46); die Insel Wien (1946/47); Burgtheater Wien (1947/48, 1960–1962); Theater in Chur und Sommertheater in Winterthur (1949/50); Scala Wien (1950–1952); Landestheater Salzburg (1953); Bayerisches Staatsschauspiel München (1953); Staatstheater Kassel (1953/54); Städtische Bühnen Frankfurt a. M. (1954–1958), hier entstehen auch seine ersten Bühnenbilder. 1960 gründete Relin das Wiener Ateliertheater am Naschmarkt, das er bis 1967 leitete; er inszenierte dort u. a. Oskar Kokoschkas ›Orpheus und Eurydike‹ und die Uraufführung von Picassos ›Wie man Wünsche am Schwanz packt‹. Von 1964 an ging Relin mit seiner späteren Frau, der Schauspielerin Maria Schell, auf Tourneen und arbeitete als Regisseur für das Fernsehen. 1976 eröffnete er mit der deutschen Erstaufführung von Victor Haims ›Wie man den Haifisch harpuniert‹ das eigene Torturm-Theater im fränkischen Sommerhausen, in dem sich Relin vor allem um zeitgenössische Autoren kümmert. Zugleich dient es ihm als Galerie für seine Bilder.

Renaud, Madeleine, geb. 21. 2. 1903 in Paris, gest. 23. 9. 1994 ebenda. Schauspielerin und Theaterleiterin. Studierte am Pariser Conservatoire und debütierte 1921 an der Comédie Française als Cécile in Marivaux' ›Il ne faut jurer de rien‹. Sie blieb an diesem renommierten Haus bis 1943, spielte dort in Claudels ›Der seidene Schuh‹ (1943), in einer Inszenierung von Jean-Louis Barrault, den sie 1940 geheiratet hatte. Mit ihm verließ sie 1946 die Comédie, und beide gründeten noch im selben Jahr die Compagnie Renaud-Barrault. Madeleine Renaud, die schon sehr früh zu den ersten Schauspielerinnen Frankreichs zählte, spielte u. a. in Molières ›Amphitryon‹ (1947) die Alkmene; in Camus' ›Belagerungszustand‹ (1948); Montherlants ›Malatesta‹ (1950); Claudels ›Der Tausch‹ (1952); Becketts ›Glückliche Tage‹ (1963, R. Roger Blin); Madame Verduret-Baldes in François Billetdoux' ›Durch die Wolken‹ (1964); die Mutter in Marguerite Duras' ›Ganze Tage in den Bäumen‹ (1965). 1967 gastierte sie mit der Roger Blin-Inszenierung von Becketts ›Glückliche Tage‹ in Berlin. Dazu Joachim Kaiser (›SZ‹, 27. 9. 1967): »Madeleine Renaud variierte ihr Leitmotiv. Immer fahler wurde der Trost. Jedesmal akzentuierte sie ihre wiederkehrenden Sätze anders.« 1986 zeigte Madeleine Renaud – und ihr zur Seite Barrault als Willie – beim Saarbrücker Theaterfestival Perspectives ihre Winnie noch einmal; C. Bernd Sucher in der ›Süddeutschen Zeitung‹ (22. 5. 1986): »Gewiß, wir alle waren beglückt, dem Mythos Renaud zu begegnen, der 86jährigen Frau. Aber begeistert, gerührt, fasziniert waren wir, weil die Renaud spielte, als sei sie fünfzig Jahre jünger. So schön, so wach, so kokett, so fröhlich, so konzentriert und aufmerksam hatte sie wohl niemand in dieser Rolle erwartet. Man erschrak über ein Wunder. Die Renaud lacht unverschämt, hell und laut. Sie artikuliert ›Oh, les beaux jours‹ mal, als könnte dieser Winnie nichts Besseres passieren, als nur noch mit dem Kopf über der Erde, dem nahen Untergang entgegenzureden; mal, als glaube sie nicht mehr an die alte Wahrheit, den alten Stil. (. . .) Die Renaud rast durch die Puppengeschichte, als ob dieser Text sie nun wirklich an. Dann wieder kostet sie Wort für Wort, als trenne sie sich nur ungern von den Vokalen und Konsonanten. Diese Schauspielerin hat Töne, Gesten, Haltungen für alle Alter: frech und unverdorben wie ein Schulmädchen, verführerisch wie ein Teenager, eine zerbrochene Frau schließlich. Sie ist Geliebte, Mutter, Hure – Greisin.« Und in seinem Nachruf schrieb er: »Wer sie gesehen hat auf der Bühne, in den

Renne

zahlreichen Filmen, begriff, was eine geniale Schauspielerin auszeichnet. Sie setzte mit ihrem Spiel Maßstäbe, und wenige reichten an sie heran. (. . .) Nach dem Tod von Barrault verlor Madeleine Renaud Lebensmut und Lebenswillen. Die glücklichen Tage waren vorbei.« (C. Bernd Sucher, ›SZ‹, 26. 9. 1994)
Literatur: J.-L. Barrault: Mein Leben mit dem Theater. Köln 1967; ders.: Erinnerungen für morgen. Frankfurt a. M. 1973.

Renne, Berndt, geb. 4. 12. 1943. Regisseur. Ausbildung an der Filmhochschule Potsdam-Babelsberg, bei Peter Kupke, B. K. Tragelehn und Fritz Marquardt (1964–1969). Erstes Engagement als Schauspieler an den Städtischen Bühnen Magdeburg. Dort entstand 1970 auch seine erste Inszenierung; O'Caseys ›Gutenachtgeschichte‹ und ›Das Ende vom Anfang‹. Danach Regieassistenz bei Benno Besson an der Volksbühne Berlin. Von 1975 an Inszenierungen an den Theatern von Frankfurt a. d. Oder und Meiningen: Lessings ›Nathan der Weise‹ (1979); am Württembergischen Staatstheater: Goethes ›Stella‹ (1982); Shakespeares ›Romeo und Julia‹ (1982); Thomas Hürlimanns ›Stichtag‹ (1984); am Wiener Volkstheater: Lessings ›Emilia Galotti‹ (1984); am Nürnberger Theater: Christoph Heins ›Die wahre Geschichte des Ah Q‹ (1986); am Theater Rostock: Harald Muellers ›Doppeldeutsch‹ (UA 1992); über diese Aufführung schrieb Werner Burkhardt (›SZ‹, 15. 10. 1992): »Die Rostocker Aufführung (. . .) beginnt etwas übereifrig verzappelt, findet im zweiten Teil einen dann doch überzeugenden Rhythmus zwischen Klamauk und Tiefsinn.« Im Oktober 1990 wurde Renne zum Generalintendanten des Rostocker Volkstheaters berufen, aber bereits im Februar 1993 wegen seiner Haushaltspolitik wieder gekündigt.

Rennert, Günther, geb. 1. 4. 1911 in Essen, gest. 31. 7. 1978 in Salzburg. Regisseur und Intendant. Studierte in Berlin, München und Halle Rechtswissenschaften. Danach Musikstudium und Schauspielunterricht in München. Seine Laufbahn als Regisseur begann er bei der Filmproduktionsfirma Tobis, er drehte Kulturfilme und war Assistent bei Spielfilmen. 1935 wurde er Regieassistent bei Walter Felsenstein an der Frankfurter Oper. Weitere Stationen: Wuppertal, Stuttgart, Königsberg (1939–1942 Oberspielleiter der Oper), Berlin (Städtische Oper, 1943). 1945 inszenierte er Beethovens ›Fidelio‹ aus Anlaß der Wiedereröffnung der Münchner Oper. 1946 (bis 1957) wurde er zum Intendanten der Hamburger Staatsoper berufen und inszenierte vor allem Werke, die im nationalsozialistischen Deutschland verpönt gewesen waren: Opern von Strawinsky, Honegger, Berg und Schönberg. Als Gastregisseur arbeitete er bei den Festspielen von Salzburg, Edinburgh, an den Opernhäusern von London, Buenos Aires und Mailand. 1956 ließ er sich als Intendant beurlauben, stand dem Haus aber als Spielplanberater und Regisseur weiter zur Verfügung. Von 1959 bis 1969 war Rennert als Nachfolger von Carl Ebert Artistic Adviser und Chief of Production der Festspiele von Glyndebourne. Von 1967 bis 1976 war er Intendant der Münchner Oper (Nationaltheater), inszenierte erfolgreich u. a. Wagners ›Der Ring des Nibelungen‹ (1969), Mozarts ›Die Hochzeit des Figaro‹ (1975). Außerdem arbeitete er kontinuierlich als Gast an der Metropolitan Opera in New York, an der Württembergischen Staatsoper Stuttgart und an der Mailänder Scala. Es gibt von Rennert auch einige wenige Schauspielinszenierungen (in Wien, Berlin, Stuttgart); sie bleiben aber eher unbedeutende Nebenarbeiten des renommierten Opernregisseurs. Rennerts letzte Inszenierung war Goethes ›Stella‹ am Wiener Theater in der Josefstadt (1978). In seinem Nachruf schrieb Reinhard Beuth (›Die Welt‹, 1. 8. 1978): »Neben Wieland Wagner und Walter Felsenstein war Günther Rennert der Dritte im Bunde derer, die in den fünfziger Jahren die Oper zu dem machten, was sie eigentlich ist: lebendiges Musiktheater. Mit den ausschweifenden Regie-Phantasien der jungen Generation der Opernregisseure hat dieses Musiktheater freilich nichts zu tun. Das Werk stand bei Rennert stets im Mittelpunkt aller Bemühung. Ihm pflegende Gerechtigkeit angedeihen zu lassen,

585

sah Rennert als Aufgabe des Regisseurs an.«

Literatur: G. Rennert: Opernarbeit. Inszenierungen 1963–1973. München 1974; W. E. Schäfer: Günther Rennert. Regisseur dieser Zeit. Bremen 1962; G. Rennert: Der Intendant und Regisseur Günther Rennert über ... (= Sonderdruck ›Blätter der Bayerischen Staatsoper‹, Heft 6). München 1970–71; Günther Rennert zum Abschied. Sonderdruck des Programmheftes Nr. 10. Hrsg. v. d. Bayerischen Staatsoper. München 1975; G. Rennert: 1911–1978. Hrsg. v. d. Direktion der Bayerischen Staatsoper anläßlich des 5. Todestages. München 1983; A. Backöfer: Günther Rennert. Faszination der Regie. Eine Ausstellung des Dt. Theatermuseums. München 1990; J. Schläder/H. Zehetmair (Hrsg.): Nationaltheater. Die Bayerische Staatsoper. München 1992; A. Backöfer: Günther Rennert. Regisseur und Intendant. Diss. München 1994.

Reyer, Walter, geb. 4. 9. 1922 in Hall, Tirol. Schauspieler. Studierte zunächst Medizin, nahm später Schauspielunterricht und debütierte 1948, an der Exl-Bühne in Innsbruck. Weitere Stationen: Landestheater Innsbruck (1948–1952); Vereinigte Bühnen Graz (1952–1955); Theater in der Josefstadt Wien (seit 1955); Burgtheater Wien (seit 1956). Reyer arbeitete seit 1953 auch für den Film und später – sehr erfolgreich – für das Fernsehen. Wichtige Bühnenrollen u. a.: Antonius in Shakespeares ›Antonius und Kleopatra‹ (1969, Burgtheater, R. Gerhard Klingenberg); Guter Gesell in Ernst Haeussermans Neuinszenierung von Hofmannsthals ›Jedermann‹ (1973, Salzburger Festspiele); Hofreiter in Schnitzlers ›Das weite Land‹ (1980, ebenda, R. Maximilian Schell); Titelrolle in Fritz Hochwälders ›Donadieu‹ (1980, Burgtheater, R. Leopold Lindtberg); Oberon in Botho Strauß' ›Der Park‹ (1985, Burgtheater, R. Hans Zankl); Ottokar von Horneck in Grillparzers ›König Ottokars Glück und Ende‹ (1991, Burgtheater, R. Wolfgang Engel). Zu Reyers 70. Geburtstag schrieb Ulrich Weinzierl in der ›FAZ‹ (4. 9. 1992): »Dem großen Publikum ist er derzeit vor allem aus der

Fernsehserie ›Insel der Träume‹ bekannt, einst aber vermochte er von der Bühne herab auch sehr unterschiedlich kritische Temperamente zu begeistern. ›Welch gedecktes Feuer!‹, jubelte Friedrich Luft über den ›glühendsten Mortimer‹, den er je erlebt. Und Hans Weigel machte diesem Max Piccolomini unter dem Titel ›Wallensteins Schlager‹ das Kompliment: ›Er beläßt dem Vers, der Poesie, dem Überschwang alles, was ihnen gebührt, und ist doch in keinem Augenblick ein Theaterheld.‹ (. . .) Auch im Film kam seine kultivierte Strahlkraft des öfteren zur Geltung, indes nicht unbedingt zur Reife. Erst als Walther Reyer sich für die problematischen Gestalten der Weltliteratur zu interessieren begann, wurde das Format dieses Menschendarstellers wieder offenkundig. Sein Friedrich Hofreiter in Schnitzlers Tragikomödie ›Das weite Land‹ besaß gefährlichen Charme, gab den Blick frei auf die Abgründe hinter der bürgerlichen Fassade.«

Literatur: V. Reimann: Die Adelsrepublik der Künstler. Schauspieler an der »Burg«. Düsseldorf, Wien 1963.

Reza, Yasmina, geb. 1. 5. 1957 in Paris. Tochter von iranisch-ungarisch-jüdischen Eltern. Französische Dramatikerin. Sie wurde zweimal am Konservatorium in Paris abgelehnt; daraufhin nahm sie Schauspielunterricht in der Compagnie de l'Elan. Ihr erstes Stück, eine Märchenadaption, verfaßte sie 1981 (›Marie die Wölfin‹); es folgte ›Bis zur Nacht‹ (1985 verfilmt, R. Didier Martiny). Mit der Uraufführung von ›Gespräche nach einer Beerdigung‹ (1987, Théâtre Paris-Villette; 1988 DE, Staatliche Schauspielbühnen Berlin, R. Harald Clemen) gelang ihr der Durchbruch; sie erhielt für dieses Stück den Theaterpreis der Johnson Foundation und den Prix Molière.

Weitere Stücke: ›Reise in den Winter‹ (1988, DE 1993, Staatstheater Karlsruhe, R. Wolf Seesemann); ›Jascha‹ (UA 1993, Schauspiel Bonn, R. Dieter Jendreyko); ›Der Mann des Zufalls‹ (o.J.); ›Art‹ (UA 1994, Comédie des Champs-Élysées Paris).

Rice

Rice, Elmer (eigtl. Elmer Reizenstein), geb. 28. 9. 1892 in New York, gest. 8. 5. 1967 in Southhampton (England). Amerikanischer Dramatiker. Rice studierte bis 1912 Jura in New York. Danach begann er Stücke zu schreiben; besonders sein Stück ›The Adding Machine‹ (1923) – eine vom Expressionismus beeinflußte Beschreibung des eintönigen Bürolebens – wurde erfolgreich. Rice schrieb ausgezeichnet gebaute Melodramen, Farcen und politisch engagierte soziale Dramen. Für sein Stück ›Street Scene‹ (1929; auch als Musical von Kurt Weill, 1947) erhielt er 1929 den Pulitzerpreis. 1938 Gründung der Playwrights Company, zusammen mit den Autoren S. N. Behrmann, Robert E. Sherwood und Maxwell Anderson, die die Stücke ihrer Autoren selbst produzierte.
Weitere Stücke: ›On Trial‹ (1914); ›The Subway‹ (1929); ›Der Rechtsanwalt‹ (1931); ›We, The People‹ (1933); ›Judgement Day‹ (1934); ›American Landscape‹ (1938); ›Dream Girl‹ (1945); ›Not For Children‹ (1951); ›The Winner‹ (1954); ›Cue For Passion‹ (1958).
Literatur: F. Durham: E. Rice. New York 1970; J. W. Krutch: The American Drama since 1918. London 1957.

Richter-Forgách, Thomas, geb. 1940. Bühnenbildner. Studium an der Staatlichen Kunstakademie Düsseldorf, bei Teo Otto. Erstes Engagement an den Düsseldorfer Kammerspielen als Chefausstatter (1962/63). Weitere Stationen: Theater Ulm (Ausstattungsleiter, 1963–1966), Staatstheater Kassel (1966–1972), Düsseldorfer Schauspielhaus (1972–1977). Danach als freier Bühnenbildner. Eine der ersten Arbeiten, der Raum zu Ulrich Brechts Version von Aristophanes' ›Der Frieden‹, gefiel Urs Jenny (›SZ‹, 19. 1. 1965): »Die zweistökkige Bühne, von Thomas Richter-Forgách phantasievoll und hindernisreich aufgebaut, zeigte unten einen Hofplatz, kreuz und quer Leinen mit baumelnder Wäsche, oben einen verkitschten Operettenolymp, zeitweise durch eine bonbonrosa Tüllgardine verhüllt.« Richter-Forgách arbeitete kontinuierlich mit den Regisseuren Ulrich Melchinger, Ulrich Brecht, Kai Braak und Hans Hollmann, für den er 1972 auch die Ausstattung zu dessen ›Julius Caesar‹-Inszenierung (Shakespeare) schuf. Andere wichtige Arbeiten: Wagners ›Ring des Nibelungen‹ (1970–1974, Kassel, R. Melchinger); Grabbes ›Herzog Theodor von Gothland‹ (1973, Düsseldorf, R. Kai Braak); Wagners ›Der fliegende Holländer‹ (1976, Kassel, R. Melchinger); Sternheims ›1913‹ (1976, Karlsruhe, R. Braak); Reinhard Baumgarts ›Wahlverwandtschaften‹ (UA 1980, Kassel, R. Peter Loschak); Ballettabend (1981, Augsburg, Choreographie: Günter Pick).

Rischbieter, Henning, geb. 1927 in Hannover. Kritiker. Studium der Geschichte, Soziologie und Germanistik in Göttingen. 1960 gründete er die Zeitschrift ›Theater heute‹, deren Mitherausgeber er nach wie vor ist. 1977 wurde er ordentlicher Professor am Institut für Theaterwissenschaft an der Freien Universität Berlin. Er veröffentlichte Bücher u. a. über Brecht, Gorki, Schiller, Peter Weiss, Gustaf Gründgens und den Schauspieler Klaus Kammer. Er ist (neben Siegfried Melchinger) Herausgeber des Werkes ›Welttheater‹ und ›Bühne und bildende Kunst im XX. Jahrhundert‹.

Ritter, Ilse, geb. 20. 6. 1944 in Schaumburg-Rinteln. Schauspielerin. Studium an der Hochschule für Musik und Theater in Hannover. Debütierte in Darmstadt, wo sie vier Jahre lang (bis 1967) engagiert war. Schon 1968 fiel sie auf: In Hans Bauers Wuppertaler Inszenierung von Else Lasker-Schülers ›Arthur Aronymus und seine Väter‹. Heinrich Vormweg schrieb in der ›Süddeutschen Zeitung‹ (2. 10. 1968): »Eine kaum zu überschätzende Leistung gelang Ilse Ritter. Sie spielt die Kindrolle, die sich oft nur in Plappern, Gesten und Bewegungen artikuliert, mit solch kunstvoller Natürlichkeit, daß die Traumfigur des Arthur Aronymus sich wie selbstverständlich materialisiert. Sie verwirklichte den vertrackten und einfachen Anspruch dieser Rolle makellos.« In Wuppertal blieb Ilse Ritter eine Spielzeit (1968/69) und wechselte dann ans Württembergische Staatstheater Stuttgart (1970). Weitere Stationen: Deutsches Schauspielhaus Hamburg (1971); Schauspielhaus Düsseldorf (1972); Schaubühne Berlin (1973–1977); hier spielte sie 1977 die Camille in Luc Bondys Inszenierung von Alfred de Mussets ›Man spielt nicht mit der Liebe‹. Danach sah man sie in Bochum als Ophelia in Peter Zadeks ›Hamlet‹-Inszenierung (1977); in Hamburg, wo sie am Deutschen Schauspielhaus engagiert war, spielte sie 1978 die Perdita in Zadeks ›Wintermärchen‹ (Shakespeare). Joachim Kaiser schwärmte (›SZ‹, 18. 9. 1978): »Und die schöne Ilse Ritter bezauberte als entzükkendes Vielzweck-Eroticum: Liebliche Perdita, süßfrecher kleiner Junge auch, nicht nur lustig, auch lecker.« Danach spielte sie an verschiedenen Häusern. Wichtige Rollen u. a.: Arsinoë in Molière/ Enzensbergers ›Menschenfeind‹ (1979, Freie Volksbühne Berlin, R. Zadek) – die Ritter als wundervolle Kunstfigur, Typ: unerreichbare Salonschlange; Lady Macbeth in Shakespeares ›Macbeth‹ (1982, Schauspiel Köln, R. Luc Bondy); Tochter der Gußwerkbesitzerswitwe in Thomas Bernhards ›Am Ziel‹ (1982, ebenda, R. Bondy); Ruth in John Hopkins' Verlorene Zeit‹ (1984, Deutsches Schauspielhaus Hamburg, R. Zadek); darüber Gert Gliewe in der Münchner ›Abendzeitung‹ (26. 11. 84): »Ilse Ritter, wunderbare fragile Kunstfigur«; Celia in Shakespeares ›Wie es euch gefällt‹ (1986, ebenda, R. Zadek); Ritter in Thomas Bernhards ›Ritter, Dene, Voss‹ (UA 1986, Salzburger Festspiele, R. Claus Peymann); Elisabeth in Schillers ›Maria Stuart‹ (1990, Deutsches Schauspielhaus Hamburg, R. Michael Bogdanov); über ihre Darstellung (neben Eva Mattes als Maria) schrieb C. Bernd Sucher in der ›Süddeutschen Zeitung‹ (9. 4. 1990): »Ilse Ritter machte sich gut am Vortragspult. Sie könnte Managern Erfolg lehren. Cool ist sie, arrogant. Die Ritter sucht, ihrer Kleidung angemessen, die zeitgenössische Politikerin in ihrer Rolle, Margaret Thatcher, die vielleicht bald wird Kurse geben müssen. Elisabeth als eiserne Queen. Sie regiert streng und ungerecht, mit britischem Understatement. (. . .) Elisabeth ist diesmal nicht bloß die klügere der beiden Königinnen, sie ist auch die erotischere, die schönere, die erfahrenere Verführe-

rin.« 1993 sah man sie am Hamburger Schauspielhaus u. a. in Ibsens ›Die Kronprätendenten‹ (Augusto Fernandes) und in Elfriede Jelineks ›Wolken. Heim.‹ (R. Jossi Wieler).

Literatur: C. B. Sucher: Theaterzauberer. Schauspieler. 40 Porträts. München 1988.

Ritzel, Annegret, Regisseurin. Nach dem Studium der Theaterwissenschaft in München, Besuch der Otto-Falckenberg-Schule. Danach 14 Jahre lang Dozentin an dieser Münchner Schauspielschule (Spracherziehung, Rollentraining, Psychotraining). Nebenbei kleine Inszenierungen an Münchner Privattheatern. 1980 holte Guido Huonder sie an sein Ulmer Theater, wo sie mit ihrer Einstandsinszenierung von Dario Fos ›Nur Kinder, Küche, Kirche‹ sofort auffiel. Ein Jahr später inszenierte sie an diesem Haus Mozarts ›Entführung aus dem Serail‹; Wolfgang Schreiber dazu in der ›Süddeutschen Zeitung‹ (31. 10. 1981): »Mit ›Vermenschlichung‹ könnte man auch das Konzept von Annegret Ritzel bei ihrer Arbeit an Mozarts ›Entführung‹ umschreiben. Diese schlägt sich auf alle Figuren nieder, die jetzt innerlich viel glaubwürdiger, individuell reicher angelegt dastehen als in den meisten Inszenierungen . . .« Weitere Arbeiten in Ulm: Domenico Cimarosas ›Die heimliche Ehe‹ (1984) und Mozarts ›Die Hochzeit des Figaro‹ (1984). Danach inszenierte sie an der Freiburger Oper und am Schauspiel der Bühnen Nürnberg. 1987 engagierte Guido Huonder – inzwischen Intendant in Dortmund – Annegret Ritzel für drei Inszenierungen pro Spielzeit. Ihre Dortmunder Inszenierung von Tschechows ›Platonow‹ (1987) wurde 1988 zum Theatertreffen nach Berlin eingeladen. Ihre weiteren Dortmunder Arbeiten, u. a. Shakespeares ›Der Kaufmann von Venedig‹ (1989), waren weniger erfolgreich. Seit der Spielzeit 1991/92 ist Annegret Ritzel Oberspielleiterin am Staatstheater Wiesbaden. Inszenierungen dort u. a. Tschechows ›Der Kirschgarten‹ (1991); Botho Strauß' ›Schlußchor‹ (1991); Shakespeares ›Was ihr wollt‹ (1993); Schnitzlers ›Professor Bernhardi‹ (1993); »Annegret Ritzels Sache ist die Zuspitzung nicht, eher das Entfalten eines Panoramas: Wie die

Regisseurin das personenreiche Ensemble mit- und gegeneinander in Spannung bringt, die Protagonisten mit den Mitläufern, Aufsteigern, guten Freunden, Sympathisanten verstrickt, die Eigenart und Problematik einzelner Gestalten aufblättert, macht einen Großteil der inneren Dynamik dieser Aufführung aus.« (Eckhard Franke, ›Theater heute‹, Heft 5, 1993)

Römer, Anneliese, geb. 24. 6. 1922 in Leipzig. Schauspielerin. Ausbildung an der neugegründeten Schauspielschule Bochum bei Saladin Schmitt. Debüt 1939 in Bochum als Hermia in Shakespeares ›Sommernachtstraum‹ (R. Schmitt). Erste Stationen: Theater in Münster (1942–1945); Neues Theater Stuttgart (1945–1947); Schauspielhaus Zürich, (1947–1951). Hier spielte sie u. a. die Jessica in Sartres ›Die schmutzigen Hände‹ (mit Will Quadflieg, R. Oskar Wälterlin); die Frau in Hans Henny Jahnns ›Armut, Reichtum, Mensch und Tier‹ (R. Leonard Steckel); Ines in Sartres ›Bei geschlossenen Türen‹ (R. Rolf Kutschera); Elvira in Molières ›Don Juan‹ (R. Giorgio Strehler). 1951 war Anneliese Römer am Deutschen Schauspielhaus in Hamburg engagiert; von 1955 an am Berliner Schiller-Theater, wo sie in Inszenierungen von Hans Lietzau, Erwin Piscator und Fritz Kortner spielte. Danach arbeitete sie an der Freien Volksbühne Berlin, wo sie in Claus Peymanns Inszenierung von Tschechows ›Kirschgarten‹ als Ranjewskaja auftrat. 1974 ging sie an Peymanns Stuttgarter Haus und spielte Gerlind Reinshagens ›Himmel und Erde‹-Monolog (R. Peymann); Reinhard Baumgart dazu in der ›Süddeutschen Zeitung‹ (18. 9. 1974): »Anneliese Römer riß aus einem Text, der sich eher fragil und wüst liest, eine geradezu saftige Rolle, drehte mal mit Berliner Schnauze auf, strahlte dann wieder zerknautscht aus gealtertem Backfischgemüt, schaukelte die Rolle irgendwo zwischen Grete Mosheim und Claire Waldow durch.« Weitere wichtige Rollen in Stuttgart: die Mutter in Friedrich Wolfs ›Cyankali‹ (1975, R. Niels-Peter Rudolph); die Generalin in Gerlind Reinshagens ›Sonntagskinder‹ (1976, R. Alfred Kirchner); Marthe in Goethes ›Faust‹ (1977,

R. Peymann); die Millionärin in Thomas Bernhards ›Immanuel Kant‹ (UA 1978, R. Peymann). 1979 wechselte Anneliese Römer mit Claus Peymann (und einem Großteil des Stuttgarter Ensembles) ans Schauspielhaus Bochum. Hier spielte sie u. a. die Daja in Lessings ›Nathan der Weise‹ (1981, R. Peymann) und Frau Meister in der Uraufführung von Bernhards ›Über allen Gipfeln ist Ruh‹ (Premiere bei den Ludwigsburger Festspielen 1982, R. Kirchner). Als Peymann in Wien Burgtheater-Direktor wurde (1986), zog Anneliese Römer mit ihm, spielte u. a. die Zittel in Bernhards ›Heldenplatz‹ (UA 1988, R. Peymann) und die Alte in Peter Handkes ›Spiel vom Fragen oder Die Reise zum sonoren Land‹ (UA 1990, R. Peymann). 1992 wechselte sie an die Staatlichen Schauspielbühnen Berlin, wo sie im selben Jahr als Haushälterin Assia in Volker Brauns ›Böhmen am Meer‹ zu war (R. Thomas Langhoff). Zu ihrem 70. Geburtstag schrieb Gerhard Stadelmaier in der ›Frankfurter Allgemeinen Zeitung‹ (24. 6. 1992): »Ihren Bühnenfrauen gehört nicht der Thron, nicht der Salon, nicht das Boudoir. Für sie taugen die Orte und Räume nicht, in denen das Leben überhöht wird. Anneliese Römers Figuren scheinen immer gerade aus Küchen, Nebenzimmern, Speisekammern oder Schlafgemächern zu kommen: aus Räumen, in denen das Leben organisiert wird. (. . .) Ihr Schatz an Menschlichkeiten scheint unerschöpflich.«

Roes, Michael, geb. 7. 8. 1960 in Rhede, Westfalen. Schriftsteller. Roes ging 1979 nach Berlin, studierte Philosophie, Psychologie und Germanistik an der Freien Universität. 1991 Promotion mit ›Jizchak. Versuch über das Sohnesopfer‹, das 1992 als seine erste Buchveröffentlichung erschien. Er arbeitete von 1987 bis 1989 als Protokollant und Regieassistent an der Schaubühne am Lehniner Platz und 1989 an den Münchner Kammerspielen. 1993 erhielt er den Förderpreis des Else-Lasker-Schüler-Dramatiker-Preises. 1993/94 Fellow am Collegium Budapest. Er lebt als freischaffender Schriftsteller in Berlin. Mit seinen Theatertexten verweigert sich Roes einer einfachen Vereinnahmung. Es sind musikalisch komponierte, thematisch kompliziert verschränkte, verstörende Texte über die Vergeblichkeit von Beziehungen, die in der gegenseitigen Zerstörung ihren verzweifelten Ausdruck finden. Neben seinen Theaterarbeiten schreibt er Lyrik und Prosa. Die Regisseurin Thirza Bruncken nahm sich seiner Stücke an: ›Aufriß‹ (UA 1991, Koblenz) und ›Cham‹ (UA 1993, Köln). »›Aufriß‹ von Michael Roes ist eine Liebesgeschichte, in der ein Mensch den anderen ›aufreißen‹, erwekken, mit ihm das Leben erkunden will. Was zunächst im Gespräch von zwei jungen Männern im Schlafsaal einer preußischen Kadettenanstalt zur Sprache kommt, hebt ab zu einem Lebensaufriß, der die Grenzen von geträumtem und gelebtem Leben bald verwischt, der Vergangenheit und Zukunft immer wieder vertauscht und ein Chaos als bessere Ordnung hervorbringt. Der wunderbar musikalisch dahinfließende Dialog evoziert ein ›noch nicht‹, das auf der Seele brennt. Da wird geredet, verschanzt man sich hinter Abenteuern, die Sprache aber bleibt immer offen, sie ist nur ›eine wunde Haut‹ (. . .). Die Nicht-Verständigung der lebenslänglich Eingeschlossenen wird zum lyrischen Monolog oder erweist sich als ein unfreiwilliger Schritt zur Selbsterkenntnis im Spiegel, der nicht das vertraute und erhoffte Doppel zeigt, sondern den Andern, der er gern gewesen wäre.« (Klaus Völker, Deutsches Drama der 80er Jahre. Frankfurt a. M. 1992, S. 378)

Stücke: ›Aufriß‹ (1983); ›Tischsitten‹ (1985); ›Cham‹ (1991).

Roggisch, Peter, geb. 1937 in Berlin. Jura-Studium in Hamburg. Danach Schauspieler; Debüt am Theater in Bern (1958). Weitere Stationen: Burgtheater Wien; Hamburger Kammerspiele; Basler Theater (1962–1964); Württembergisches Staatstheater Stuttgart, bei Peter Palitzsch (1964–1972); Schauspiel Frankfurt a. M. (1972–1980, hier kurzzeitig Mitglied des Direktoriums); danach freier Schauspieler, u. a. am Hamburger Thalia Theater; an der Freien Volksbühne Berlin; an den Staatlichen Schauspielbühnen Berlin: hier Titel-

rolle in Shakespeares ›Othello‹ (1982, R. Hans Gratzer); am Deutschen Schauspielhaus Hamburg: Adam in Kleists ›Der zerbrochne Krug‹ (1983, R. Ernst Wendt); bei den Salzburger Festspielen: Saladin in Lessings ›Nathan der Weise‹ (1984, R. Johannes Schaaf); an der Berliner Schaubühne. Seit 1986 gehört Roggisch zum Ensemble des Bochumer Schauspiels. Wichtige Rollen u. a.: König Heinrich in Shakespeares ›Krieg der Rosen‹ (1967, Stuttgart, R. jeweils Palitzsch); Fürst in Isaak Babels ›Marija‹ (1967, ebenda, R. jeweils Palitzsch); Trofimow in Tschechows ›Kirschgarten‹ (1968, ebenda, R. Peter Zadek); Titelrolle in Tankred Dorsts ›Toller‹ (UA 1968, ebenda); Herr Präparator in Horváths ›Glaube Liebe Hoffnung‹ (1969, ebenda); Prinz Heinrich in Shakespeares ›Heinrich IV.‹ (1970, ebenda, R. jeweils Palitzsch); über diese Rolle schrieb Volker Canaris in der ›Zeit‹ (27. 3. 1970): »Dieser Prinz ist äußerst liebenswürdig. Freundlich, locker, knabenhaft spielerisch turnt er durch die Kneipen- und Hurenwelt seines Kumpels Falstaff. Ein Lächeln auf dem Jungengesicht unter den schönen Locken ist der immer wiederkehrende Ausdruck – meist charmant, manchmal gespielt blöde, manchmal spöttisch. Da nimmt einer sich und die Welt nicht ernst, er kann es sich leisten, er ist der Kronprinz. Trotzdem erinnert dieser lächelnde Heinz (. . .) an Hamlet: das Lächeln, spürt man, könnte eine Maske sein, der Charme – gefährlich, die Lockerheit – die des Tigers vor dem Sprung. (. . .) Der Charme des Jungen Heinz und des Töters Heinz ist der gleiche – aber die Funktion dieses Charmes ist, bei veränderten Verhältnissen, eine andere. Der Primat der Umstände ist ganz spielerische, ganz ästhetische Bühnenwirklichkeit geworden. Roggisch zeigt: da ist einer – die Situation ändert sich: und da ist er noch derselbe und zugleich schon auch ein anderer.« Weitere Rollen u. a.: Estragon in Becketts ›Warten auf Godot‹ (1971, Stuttgart, R. Palitzsch); Desportes in J. M. R. Lenz’ ›Die Soldaten‹ (1971, ebenda, R. Wilfried Minks); Titelrolle in Peter Weiss’ ›Hölderlin‹ (UA 1971, ebenda, R. Palitzsch); Thersites in Shakespeares ›Troilus und Cressida‹

Rolland

(1972, Frankfurt a.M., R. Hans Neuenfels); Sigismund in Calderón/Augusto Fernandes' ›Traum und Leben des Prinzen Sigismund‹ (1973, Frankfurt a.M., R. Fernandes); Hassenreuther in Hauptmanns ›Die Ratten‹ (1973, ebenda, R. Neuenfels); Titelrolle in Brechts ›Baal‹ (1974, ebenda, R. Neuenfels); über Roggischs Darstellung schrieb Henning Rischbieter in ›Theater heute‹, Heft 8, 1974: »Peter Roggisch bringt in die Rolle die Kraft ein, die er in der Arbeit mit Fernandes gewonnen hat, aber auch seine Intelligenz und eine vulgärmaterialistische Sinnlichkeit, die es möglich macht, daß er sich auf fahlbeleuchteter, leerer Riesenbühne mit Peter Franke (Ekart) zusammen splitternackt im Schlammloch suhlt, im Wasserloch planscht, daß sie die nassen, nackten Leiber übereinander wälzen.« Danach spielte Roggisch u.a. den Kellner in Leopold Benatzkys Operette ›Im weißen Rößl‹ (1978, Frankfurt a.M., R. Alexander Wagner); Hamlet in Heiner Müllers ›Hamletmaschine‹ (1980, ebenda, R. Walter Adler). Rollen in Bochum (seit 1987) u.a.: Zauberer in Pirandellos ›Die Riesen vom Berge‹ (1986, R. Andrea Breth/Frank-Patrick Steckel); Titelrolle in Tschechows ›Onkel Wanja‹ (1988, R. Christof Nel); Papst in Jean Genets ›Sie‹ (DE 1991, R. Benjamin Korn); Hamm in Becketts ›Endspiel‹ (1991, R. Jürgen Gosch); Alceste in Molières ›Menschenfeind‹ (1993, R. Frank-Patrick Steckel). 1992 inszenierte Roggisch Ionescos ›Die Stühle‹. Er arbeitete auch viel für den Film (u.a. in Bernhard Wickis ›Das Spinnennetz‹, 1989) und das Fernsehen.
Literatur: G. Loschütz/H. Laube (Hrsg.): War da was? Theaterarbeit und Mitbestimmung am Schauspiel Frankfurt 1972–1980. Frankfurt a.M. 1980; R. Mennicken: Peter Palitzsch. Regie im Theater. Frankfurt a.M. 1993.

Rolland, Romain, geb. 29.1. 1866 in Clamecy, gest. 30.12. 1944 in Vézelay. Französischer Schriftsteller. Sohn eines Notars. Rolland studierte Geschichte und Musikwissenschaft in Paris, lehrte von 1891 bis 1912 Musik- und Kunstgeschichte an Pariser Hochschulen. 1916 erhielt er den Nobelpreis für Literatur. Bekanntschaften und Briefwechsel u.a. mit Richard Strauss, Hermann Hesse und Paul Claudel. Rolland schrieb Romane, Biographien und Dramen. Er wurde vor allem bekannt mit seinem umfangreichen Romanzyklus ›Jean Christophe‹ (1904–1912). Im Drama sah Rolland die beste und direkteste Möglichkeit, gesellschaftlichen Fortschritt propagieren zu können, wie er in seiner Schrift ›Théâtre du peuple‹ (1903) formulierte. Seine Stücke werden heute kaum mehr gespielt.
Stücke: ›Die Tragödien des Glaubens‹; ›Ludwig der Heilige‹ (1897); ›Die Wölfe‹ (1889); ›Aërt‹ (1898); ›Der Triumph der Vernunft‹ (1899); ›Danton‹ (1900); ›Palmsonntag‹ (1926); ›Das Spiel von Liebe und Tod‹ (1928); ›Die Leoniden‹ (1928); ›Robespierre‹ (1938).
Literatur: St. Zweig: R. Rolland. Der Mann und das Werk. Frankfurt a.M. 1921; E.R. Curtius: Die literarischen Wegbereiter des neuen Frankreich. Potsdam 1923.

Roller, Alfred, geb. 2.10. 1864 in Brünn, gest. 21.6. 1935 in Wien. Maler, Architekt und Bühnenbildner. Roller war Mitbegründer der Wiener Secession und Redakteur der Zeitschrift ›Ver Sacrum‹. Als Bühnenbildner entwickelte er die Ideen von Appia und Craig weiter. Er stattete u.a. Wagners ›Tristan und Isolde‹ (1903, Wiener Hofoper) und Mozarts ›Don Giovanni‹ (1905, ebenda) aus. Von 1909 an arbeitete er mit Max Reinhardt zusammen, entwarf die Räume für dessen Inszenierungen von Goethes ›Faust I und II‹ (1909 und 1911, Deutsches Theater Berlin); Sophokles' ›König Ödipus‹ (1910, Zirkus Schumann Berlin); und Aischylos' ›Orestie‹ (1911, Musikfesthalle München). Von 1920 an gehörte Roller neben Reinhardt, Hofmannsthal und Richard Strauß zum Direktorium der Salzburger Festspiele. Er baute das Podium für die Reinhardt-Inszenierung von Hofmannsthals ›Jedermann‹ in Salzburg. Zahlreiche Bühnenbilder auch für die Staatsoper in Wien und das Wiener Burgtheater. Rollers Verdienst als Bühnenbildner: variabel gegliederte Räume, Simultan-Bühne und die sog. »Roller-Türme«, die das feste Portal ersetzen und zugleich den Raum strukturieren und verändern.

Literatur: A. Roller: Gedächtnisausstellung. Landesmuseum Troppau. Troppau 1939; G. Pott: Die Spiegelung des Sezessionismus im österreichischen Theater. Wien, Stuttgart 1975; Alfred Roller und seine Zeit. Bearbeitet von E. Greisenegger. Wien, Köln 1991 (Katalog).

Ronconi, Luca, geb. 1933 in Susa (Tunesien). Schauspieler, Regisseur, Theaterleiter. Studium an der Accademia Nazionale d'Arte Drammatica in Rom; danach jahrelang Schauspieler in der Truppe von Vittorio Gassman. In den sechziger Jahren begann er zu inszenieren, arbeitete vor allem am Teatro Stabile Turin (u. a. Shakespeares ›Richard III.‹, 1967) und am Teatro Stabile Rom. 1969 erregte er internationales Aufsehen mit seiner Inszenierung von ›Orlando Furioso‹ (der Avantgarde-Poet Eduardo Sanguinetti hatte den Ariost-Text bearbeitet), die in den folgenden Jahren in New York, London, Paris, Berlin und Rom zu sehen war. 1972 gelang ihm mit seiner Inszenierung der ›Orestie‹ (Aischylos) ein ähnlicher Erfolg; seitdem wird er von europäischen Theaterdirektoren umworben. 1973 inszenierte Ronconi erstmals am Wiener Burgtheater: ›Die Bakchen‹ von Euripides. 1975 folgte am selben Haus Aristophanes' Stück ›Die Vögel‹. Ein Jahr zuvor war Ronconi zum Direktor der Theater-Biennale in Venedig gewählt worden, wo er 1975 seine aufwendige Aristophanes-Collage ›Utopia‹ zeigte. Ebenfalls im selben Jahr wagte der Regisseur sich erstmals, an eine Oper und inszenierte in Bologna Gounods ›Margarethe‹. 1977 eröffnete er ein Theaterlabor in der Toskana, um eine ganze Landschaft für das Medium Bühne zu erschließen. Als erste Inszenierung zeigte er in Prato Ibsens ›Wildente‹. Weitere wichtige Arbeiten: Aischylos' ›Orestie‹ (1976, Burgtheater Wien); Verdis ›Nabucco‹ (1977, Maggio-Musicale Florenz); Wagners ›Der fliegende Holländer‹ (1977, Bühnen Nürnberg); Verdis ›Don Carlos‹ (1977, Mailänder Scala); Verdis ›Macbeth‹ (1980, Deutsche Oper Berlin); Karlheinz Stockhausens ›Donnerstag‹ (1981, Mailänder Scala);

Euripides' ›Medea‹ (1981, Zürcher Schauspielhaus); Georg Hensel schrieb über diese Aufführung in der ›Frankfurter Allgemeinen Zeitung‹ (28. 11. 1981): »Seine ›Medea‹ im Zürcher Schauspielhaus sieht aus, als sei seine intensive Beschäftigung mit der Oper nicht ohne Folgen geblieben. Ronconi bringt seine Schauspieler nicht zum Spielen; er arrangiert sie zu bedeutungsvollen Bildern. Sogar die schlichte Arbeit der Frauen von Korinth spannt er ein in eine rechtwinklige Choreographie. Die Frage stellt sich: Warum singt Medea nicht? So banal die Frage sein mag, Ronconi legitimiert sie durch den Stil seiner Inszenierung. Sie ruft nach einer Musik, die freilich nur im Nachlaß des 19. Jahrhunderts zu entdecken wäre.«

Weitere Arbeiten: Puccinis ›Manon Lescaut‹ (1982, Bonn); Verdis ›Ernani‹ (1982, Mailänder Scala); Stockhausens ›Samstag‹ (1984, Mailänder Scala); Shakespeares ›Der Kaufmann von Venedig‹ (1987, Comédie Française Paris); Botho Strauß' ›Besucher‹ (1989, Teatro Eliseo Rom); Karl Kraus' ›Die letzten Tage der Menschheit‹ (1990, Teatro Stabile Turin); Verdis ›Der Troubadour‹ (1992, Nationaltheater München); Verdis ›Falstaff‹ (1993, Salzburger Festspiele). Ronconi, der manchen Kritikern als »konventioneller Arrangeur« gilt (Joachim Kaiser), andern als genialischer Bilderfinder, hat es sich zum Ziel gesetzt, den »kulturellen Kunden« – wie er die Zuschauer nennt – »den Dienst zu verweigern«: »Wenn die Leute aus dem Alltag in die Unterhaltung fliehen wollen, dann ist in diesem Leben etwas faul. Ich finde, man muß dem Publikum durch eine symbolische Handlung den Spiegel vorhalten: Schaut, ihr seid im Leben mittendrin und spielt, ohne es zu wissen, mit.« 1994 inszenierte Ronconi in Brüssel Rossinis ›Otello‹.

Literatur: F. Quadri: Il rito perduto. Luca Ronconi. Turin 1973; F. Quadri/L. Ronconi, G. Aulenti: Il Laboratorio di Prato. Mailand 1981.

Rosalie (eigtl. Gudrun Müller), geb. 1953 in Gemmrigheim. Bühnenbildnerin. Studium der Germanistik und Kunstgeschichte. 1977 Beginn des Bühnenbild- und Ko-

Rose

stümbildnerstudiums in Stuttgart, bei Jürgen Rose, dessen Namen sie für ihr Künstlerpseudonym benutzt. Schon während des Studiums erste Arbeiten für verschiedene Theater. Regelmäßige Zusammenarbeit mit Alfred Kirchner, dessen Inszenierungen sie ausstattete, u. a. Mozarts ›Idomeneo‹ (1990, Hamburger Staatsoper), Goethes ›Faust‹ (1990, Staatliche Schauspielbühnen Berlin), Wagners ›Der Ring des Nibelungen‹ (1994, Bayreuther Festspiele). Rosalies Bühnen- und Kostümrealisationen sind stets aufwendig, bunt und phantasiereich. Frank Busch schrieb nach der Festspielpremiere:»Das Schöne an ihren Schöpfungen ist allerdings: Man sieht ihnen den theoretischen Überbau nicht an. Bei aller Semiotik, die Rosalie bemüht und die dafür sorgt, daß die Bilder zu Wagners ›Ring‹-Zyklus einen geschlossenen Kosmos ergeben, sind sie doch in erster Linie auf ihre Bühnenwirksamkeit ausgerichtet. (...) ›Mein Stil ist die Neugierde‹, sagt Rosalie. ›Da kann man auch Dinge sehen, die mir Spaß machen, Situationen, die ich ironisch oder komisch finde.‹« (›Die Woche‹, 4. 8. 1994)

Rose, Jürgen, geb. 25. 8. 1937 in Bernburg, Saale. Bühnen- und Kostümbildner. Nach dem Abitur Assistent von Franz Mertz am Landestheater Darmstadt; 1958/59 Studium an der Akademie der bildenden Künste Berlin und der Schauspielschule Marlise Ludwig, ebenda. 1959 Gastengagement an den Städtischen Bühnen Ulm, wo Kurt Hübner u. a. mit Wilfried Minks, Peter Palitzsch und Johannes Schaaf arbeitete. 1960 dort festes Engagement. 1961 erste Arbeit für die Münchner Kammerspiele, denen er heute auch als Berater des Intendanten Dieter Dorn zur Verfügung steht. Bühnenbilder entwirft Rose auch für andere Regisseure und Häuser. Einige wichtige Arbeiten: Giraudoux' ›Das Lied der Lieder‹ (1961, Münchner Kammerspiele, R. Hans Schweikart) und ›Der Apollo von Bellac‹ (1961, ebenda, R. August Everding); Cranko/Prokofjews ›Romeo und Julia‹ (1962, Staatstheater Stuttgart, Choreographie: John Cranko); Ostrowskis ›Wölfe und Schafe‹ (1964, Münchner Kammerspiele, R. Rudolf Noelte); Tieck/Dorsts ›Der gestiefelte Kater‹ (1964,

Hamburger Schauspielhaus, R. Hans Lietzau); Edward Bonds ›Gerettet‹ (1967, Werkraum der Münchner Kammerspiele, R. Peter Stein); Richard Wagners ›Tannhäuser‹ (1972, Bayreuther Festspiele, R. Götz Friedrich); Neumeier/Tschaikowskis ›Der Nußknacker‹ (1973, Bayerische Staatsoper, Choreographie: Neumeier); Lessings ›Minna von Barnhelm‹ (1976, Münchner Kammerspiele, R. Dorn); Verdis ›Don Carlos‹ (1980, Staatstheater Kassel, R. Giancarlo del Monaco); Tschechows ›Platonow‹ (1981, Münchner Kammerspiele, R. Thomas Langhoff); Mozarts ›Cosí fan tutte‹ (1984, Ludwigsburger Festspiele); Shakespeares ›Troilus und Cressida‹ (1986, Münchner Kammerspiele); Goethes ›Faust I‹ (1987, ebenda, R. jeweils Dorn); Schnitzlers ›Der einsame Weg‹ (1987, ebenda, R. Thomas Langhoff); Wagners ›Der fliegende Holländer‹ (1990, Bayreuther Festspiele, R. Dorn); Shakespeares ›Viel Lärm um nichts‹ (1990, Münchner Kammerspiele, R. Christian Stückl); Mozarts ›Cosí fan tutte‹ (1993, Bayerische Staatsoper; R. Dorn); Shakespeares ›Der Sturm‹ (1994, Münchner Kammerspiele, R. Dorn). Über Roses Ausstattung zu Stückls ›Viel Lärm um nichts‹-Inszenierung schrieb C. Bernd Sucher (›SZ‹, 2. 10. 1992):»Jürgen Rose nimmt nicht nur mit dem schlichten Einheitsbühnenbild – das Spielpodest und bemalte Stellwände – seinen Raum zu Dieter Dorns ›Was ihr wollt‹-Inszenierung wieder auf, sondern erinnert auch mit den modernen Anzügen wieder an diese Arbeit. Sie werden falschherum getragen, also mit dem Futter nach außen, wenn das Durcheinander heillos scheint, sich alle an den Intrigen Beteiligten hinter Lügen verschanzen und doch ihr Denken und Fühlen nicht länger verheimlichen können.« Die Bühnenbildnerin Rosalie, Rose-Schülerin in Stuttgart, schrieb in ihrem Vorwort für den Katalog zur Rose-Ausstellung (1985, Galerie Valentin):»Auf der einen Seite liebt er wie kein anderer schöne Bilder, Farben, Landschaften, Arrangements – auf der anderen Seite sucht er ständig in seinen Arbeiten die Beziehung zur realen Situation und zum Alltag. ›Das ist ein schönes Bild! – Aber wo ist der Bruch zu heute?‹«

Literatur: H. R. Müller/D. Dorn/E. Wendt: Theater für München. Ein Arbeitsbuch der Kammerspiele 1973–1983. München 1983; Jürgen Rose: Theaterarbeiten. Galerie Valentin. Stuttgart 1985 (Katalog); H. P. Doll (Hrsg.): Mein erstes Engagement. Stuttgart 1988.

Rostand, Edmond, geb. 1. 4. 1868 in Marseille, gest. 2. 12. 1918 in Paris. Französischer Schriftsteller. Sohn eines Ökonomen. Rostand studierte Philosophie und Geschichte in Paris, veröffentlichte erstmals 1884 Gedichte und wurde 1901 Mitglied der Académie Française. Er galt als bedeutender Vertreter des romantischen Versdramas. Die Themen seiner Stücke umfassen romantisch-ritterliche Liebe und den heroischen Verzicht, geschrieben in der klassischen Tradition von Corneille, Molière und Hugo. Zu seiner Zeit wurden sie von den großen Schauspielern Sarah Bernhardt, Coquelin und L. Guitry gespielt. International bekannt wurde er mit dem Stück ›Cyrano de Bergerac‹ (1897), das auch mehrfach verfilmt wurde.
Weitere Stücke: ›Die Prinzessin aus dem Morgenland‹ (1895); ›Das Weib von Samarina‹ (1897); ›Der junge Adler‹ (1899); ›Der junge Aar‹ (1900); ›La dernière nuit de Don Juan‹ (1921).
Literatur: W. Grieve: L'œuvre dramatique de E. Rostand. o. O. 1931.

Roth, Friederike, geb. 6. 4. 1948 in Sindelfingen. Dramatikerin. Friederike Roth studierte Philosophie und Linguistik und arbeitete von 1979 an als Hörspieldramaturgin beim Süddeutschen Rundfunk. Sie erhielt diverse Preise, darunter den Gerhart-Hauptmann-Preis (1983), das Villa Massimo-Stipendium (1983) und den Ingeborg-Bachmann-Preis (1984). ›Ritt auf die Wartburg‹ wurde 1982 am Staatstheater Stuttgart, ›Das Ganze ein Stück‹ 1986 in Bremen uraufgeführt (R. jeweils Günter Krämer). C. Bernd Sucher schrieb über die Uraufführung von ›Ritt auf die Wartburg‹: »Krämer hat aus Friederike Roths Stück alles gestrichen, was ihn langweilt – und uns sicher auch langweilen würde: nämlich die Realität im Westen und im Osten. Was die Roth mühsam ihren Figuren ange-schrieben hat, um sie möglichst wirklichkeitsnah zu formen – Aussagen über ihre familiären Verhältnisse, ihre Bildung, ihre wirtschaftliche Lage und über ihre Erlebnisse in der DDR – fehlt. Den vier Frauen, die sich (. . .) langweilen, ist nur ein Frust geblieben: das Unverständnis füreinander, in wenigen Worten (. . .). Wir sahen in Stuttgart einen anderen ›Ritt auf die Wartburg‹, als ihn die Lektüre versprach. Und das war erfreulich. Die Roth hat zwar manch richtige Sprachbeobachtung gemacht und ihr Thema Reise von West nach Ost gradlinig verfolgt, aber das oberflächliche, meist besoffene Gerede über alles, und über alles nur ein bißchen; das Auswalzen von Vorurteilen über Frauen, Emanzipation, die DDR, über Ehe, Kinder und Familie, wird in dieser realistischen Ausführlichkeit schlicht unaufführbar.« (›SZ‹, 6. 10. 1982) Und Georg Hensel meinte (in: Spiel's noch einmal. Frankfurt 1991): »Ihre Spiele in der ›Einzigen Geschichte‹ sind die Spiele von Themen, nicht von Personen. Es sind die universalen lyrischen Themen: über Angst und Einsamkeit, über Abschied von den Männern, von den Frauen, von der Liebe, vom Leben, über Alles und Nichts. Sie küssen und sie schlagen sich, dies immerhin, aber zusammen können sie nicht kommen, ihre Sätze sind viel zu tief.«
Stücke: ›Klavierspiele‹ (1981); ›Ritt auf die Wartburg‹ (1981); ›Krötenbrunnen‹ (1984); ›Die einzige Geschichte‹ (1985); ›Das Ganze ein Stück‹ (1986); ›Fremde Tochter‹ (UA 1993); ›Wahnsieg‹ (UA 1994).
Literatur: A. Roeder: Autorinnen. Herausforderungen an das Theater. Frankfurt a. M. 1989.

Roth, Gerhard, geb. 24. 6. 1942 in Graz. Schriftsteller. Roth studierte zunächst Medizin, arbeitete dann als Organisationsleiter im Rechenzentrum in Graz. Seit 1972 Veröffentlichungen von Romanen und Erzählungen. 1983 Döblin-Preis. Ein zentrales Thema seines Schaffens ist die menschliche Einsamkeit. »Dieser Sehnsucht, sich verwandeln und zu dem werden zu können, der man eigentlich zu sein glaubt, dieser sehr normalen und üblicher-

Różewicz

weise unterdrückten Sehnsucht ist Roth von Anfang an nachgegangen und zuletzt, in seinem Leben wie in seinen Büchern, immer mehr. Und er macht wohl ähnlich wie Dalton die Erfahrung, daß derjenige, der seiner eigenen Identität zu folgen versucht, vereinsamt, sich ins Unrecht setzt gegen seine Umwelt.« (Ulrich Greiner: Spectaculum 26, 1977)
Stücke: ›Lichtenberg‹ (1973); ›Sehnsucht‹ (1976); ›Dämmerung‹ (1978); ›Erinnerungen an die Menschheit. Stück, zusätzliche Texte, Prosa‹ (1985).

Różewicz, Tadeusz, geb. 9. 10. 1921 in Radomsk. Polnischer Dramatiker, Erzähler und Lyriker. Arbeitete als Gelegenheitsarbeiter; während des Krieges war er Partisan; danach studierte er Kunstgeschichte in Krakau. 1947 Veröffentlichung zuerst von Gedichten, dann von Erzählungen. 1959 entstand das erste Theaterstück ›Die Kartothek‹, ein surrealistisch-poetisches Stück über Probleme der Kriegs- und Nachkriegsgeneration in Polen. Różewicz lebt in Gliwice. »Tadeusz Różewicz, Dichter, Prosaiker und Bühnenschriftsteller, nimmt in der zeitgenössischen polnischen Literatur eine in ihrer Besonderheit sehr interessante Stellung ein. Różewicz wurde oft der Dichter der Einsamkeit genannt – einer bitteren, machtlosen, tragischen, zynisch-intellektuellen und heroischen Einsamkeit. Und sicher ist es so. Wir finden das in seinen Gedichten, Erzählungen und Dramen bestätigt (. . .). Bei Różewicz verbinden sich oft die Erfahrungen der Kriegszeit mit Erinnerungen aus der fernliegenden Kindheit. (. . .) So geistert das Kriegsgrauen im gesamten Bereich der Erinnerung, umfaßt die ganze Wirklichkeit, gebiert Abscheu für das spießige Leben in der Provinz und für die trivialen Dinge des Alltags. Und da tritt bei Różewicz die Groteske auf den Plan, welche die philosophische Aussage seiner Werke noch vervielfacht.« (Waldemar Kiwilszo, ›POLEN‹. Illustrierte Monatszeitschrift. Warschau, 3, 1963)
Weitere Stücke: ›Die Laokoongruppe‹ (1961); ›Die Zeugen oder Unsere kleine Stabilisierung‹ (1962); ›Er ging aus dem Haus‹ (1964); ›Der unterbrochene Akt‹ (1965); ›Der komische Alte‹ (1965); ›Die alte Frau brütet‹ (1968); ›Polnisches Begräbnis‹ (1971); ›Weisse Ehe‹ (1975); ›Der Abgang des Hungerkünstlers‹ (1977).
Literatur: H. Vogler: T. Różewicz. Warschau 1972.

Ruckhäberle, Hans-Joachim, geb. 6. 9. 1947. Dramaturg und Regisseur. Studium der Germanistik, Geschichte, Politik und Philosophie. 1974 Promotion. Von 1976 bis 1980 Referendar, dann Studienrat. In der Spielzeit 1979/80 dramaturgischer Mitarbeiter der Münchner Kammerspiele; 1982/83 Dramaturg an diesem Haus; von 1983/84 bis 1993 Chefdramaturg und Mitglied der künstlerischen Leitung. Seit 1993 Professor an der Kunsthochschule Berlin-Weissensee. Während seiner Dramaturgenzeit inszenierte er Brechts ›Im Dickicht der Städte‹ (Spielzeit 1987/88), Heiner Müllers ›Wolokolamsker Chaussee I-V‹ (1988/89), Handkes ›Kaspar‹ (1989/90), Molières ›Don Juan‹ (1990/91) und einen Beckett-Abend (1991/92).

Rudolf, Leopold, geb. 3. 5. 1911 in Wien, gest. 4. 6. 1978 ebenda. Schauspieler. Debütierte 1937 am Landestheater Salzburg. Weitere Engagements: Fürth, Nürnberg und, ab 1945, Theater in der Josefstadt Wien. Er gastierte am Berliner Theater am Kurfürstendamm: Offizier in Strindbergs ›Traumspiel‹ (1955); am Hamburger Thalia Theater spielte er in Heinrich Schnitzlers Inszenierung von Arthur Schnitzlers ›Der einsame Weg‹ den Sala (1966); am Bayerischen Staatsschauspiel München: Titelrolle in Schnitzlers ›Professor Bernhardi‹ (1972, R. Kurt Meisel); bei den Salzburger Festspielen: in Fritz Hochwälders ›Lazaretti oder Der Säbeltiger‹ (UA 1975). Rudolf war ein Charakterspieler, der mit einer sehr wienerischen Grandezza und auf höchst intellektuelle, distanzierte Weise sich seiner Rollen annahm und vor allem für psychisch belastete Männer, für Schwierige (diese Hofmannsthal-Rolle spielte er 1954) den adäquaten Ausdruck fand.

Rudolph, Hans Christian, geb. 14. 12. 1943 in Metz. Schauspieler. 1963 bis 1966

Ausbildung (ohne Abschlußexamen) an der Max-Reinhardt-Schule in Berlin. Erstes Engagement am Theater in Essen (1966–1968). Weitere Stationen in der Zeit von 1968–1970: Kammerspiele Düsseldorf, Württembergisches Staatstheater Stuttgart, Freie Volksbühne Berlin. Von 1970 bis 1973 war er am Staatstheater Darmstadt, von 1974 bis 1977 am Thalia Theater in Hamburg (bei Boy Gobert). Wichtige Rollen dort u.a.: Gaveston in Marlowes ›Eduard II.‹ (R. Jürgen Flimm); Foster in Harold Pinters ›Niemandsland‹ (R. Gobert). 1977/78 war er am Schauspielhaus Düsseldorf und am Schauspiel Bochum engagiert; 1978–1980 an den Städtischen Bühnen Frankfurt a.M., wo er 1979 den Posa in Schillers ›Don Carlos‹ spielte (R. Peter Palitzsch). Von 1980 bis 1985 arbeitete er an Flimms Schauspiel Köln. 1981 sah man ihn in der Titelrolle von Brechts ›Baal‹ (R. Jürgen Flimm); hierüber schrieb C. Bernd Sucher in der ›Süddeutschen Zeitung‹ (28. 2. 1981): »Hans Christian Rudolph ist nicht das Brechtsche Tier, nicht das menschenverschlingende, ungeschlachte Monstrum, nicht der gefühllos unsensible Säufer – er ist weniger, kleiner, verständlicher. Rudolph, dem jungen Brecht nicht unähnlich, interpretiert diesen Menschen so modern, so treffend und deshalb beklemmend heutig, mit einer ungewöhnlichen schauspielerischen Präsenz und Intensität, daß plötzlich weniger die Frage interessiert, wer oder was diesen Menschen zu dieser zerstörerischen Haltung treibt, als vielmehr die Person Baal, das Individuum. Rudolph und Flimm schaffen in Köln eine Identifikationsfigur für die 18- bis 30jährigen. Sie bestätigen Brechts Vorspruch, der in der ersten Fassung gar ›Letzter Wille‹ heißt: ›Baal entstammt der Zeit, die dieses Stück aufführen wird.‹« Weitere Rollen in Köln: Titelrolle in Kleists ›Amphitryon‹ (1982); Titelrolle in Goethes ›Faust I‹ (1983); König Karl in Schillers ›Die Jungfrau von Orleans‹ (1985, R. jeweils Flimm). Mit Flimm geht Rudolph ans Hamburger Thalia Theater, wo er 1986 die Titelrolle in Molières ›Der Menschenfeind‹ (R. Jürgen Gosch) spielt. 1989 erspielt sich Rudolph einen Triumph als Platonow in Jürgen

Flimms Tschechow-Inszenierung; Werner Burkhardt schrieb in der ›Süddeutschen Zeitung‹ (16. 1. 1989):»Ganz anders als Manfred Zapatka in München, gelingt es Hans Christian Rudolph, sich als Platonow im Zentrum dieser erotischen und gesellschaftlichen Wirrnisse zu behaupten. Kein blonder (Schein?-)Sieger tritt vor uns hin. Ein eher dunkel umflorter Typ spielt uns und allen Beteiligten vor, daß der beste Freund des Menschen der Komödiant ist. Das ist ein Hochseilakt, mit den heimtückischsten Absturzgefahren in jeder Sekunde. Rudolph bleibt oben.« 1990 wechselte Rudolph ans Wiener Burgtheater zu Claus Peymann und debütierte dort in Taboris ›Weisman und Rotgesicht‹, inszeniert vom Autor.

Literatur: C. B. Sucher: Theaterzauberer. Schauspieler. 40 Porträts. München 1988; H.-J. Weitz: Klassiker auf dem Theater von heute. Festrede zur Vergabe des Gertrud Eysoldt-Rings an Hans C. Rudolph. Kulturamt Darmstadt 1991; A. Müry: Gespräch mit einem Verschlossenen. H. C. Rudolph. In: M. Bissinger (Hrsg.): Thalia Theater. Merian Sonderheft. Hamburg 1993.

Rudolph, Niels-Peter, geb. 2. 5. 1940 in Wuppertal. Regisseur und Intendant. Studium der Theater- und Kunstgeschichte in Berlin und Kiel (zwei Semester), danach Mitarbeit an der Kieler Studentenbühne, später Regieassistenz bei Hans Schalla in Bochum. 1963 erste Inszenierung in Bochum: Sternheims ›Bürger Schippel‹. 1968 inszenierte er an diesem Haus Fernando Arrabals ›Der Architekt und der Kaiser von Assyrien‹ (DE). Im selben Jahr zeigte er am Bayerischen Staatsschauspiel München Molières ›George Dandin‹. 1970 folgten dort noch Marieluise Fleißers ›Pioniere in Ingolstadt‹ und Lessings ›Minna von Barnhelm‹. In den folgenden Jahren inszenierte er an den Münchner Kammerspielen: ›Tingeltangel‹, eine Valentin-Montage (1971); am Württembergischen Staatsschauspiel Stuttgart: Kleists ›Amphitryon‹ (1971). 1972 wird Rudolph (für ein Jahr) Schauspieldirektor in Basel, inszenierte dort u.a. Wedekinds ›Frühlings Erwachen‹. Von 1973 an arbeitete er vorwie-

Rudolph

gend in Stuttgart und Hamburg. Wichtige Inszenierungen u. a.: Shakespeares ›Wie es euch gefällt‹ (1972, Deutsches Schauspielhaus Hamburg); Friedrich Wolfs ›Cyankali‹ (1975, Stuttgart); Botho Strauß' ›Bekannte Gesichter, gemischte Gefühle‹ (UA, 1975, ebenda); Goldonis ›Der Diener zweier Herren‹ (1976, ebenda); Botho Strauß' ›Trilogie des Wiedersehens‹ (1977, ebenda); im selben Jahr inszenierte er am Berliner Schiller-Theater erfolgreich Ibsens ›Hedda Gabler‹ und zwei Jahre später, am selben Haus, Hölderlins ›Antigonae‹. 1979 wird Rudolph zum Intendanten des Deutschen Schauspielhauses in Hamburg berufen. Er gab seinen Einstand mit Tschechows ›Drei Schwestern‹. Seine Intendanz (bis 1985) fiel zusammen mit umfangreichen Renovierungsarbeiten im Schauspielhaus, die den Theaterbetrieb erschwerten. Doch Rudolph nutzte seine Ausweichquartiere im Hamburger Operettenhaus und in der Kampnagelfabrik für vielbeachtete Experimente. Inszenierungen u. a.: Schillers ›Die Verschwörung des Fiesco zu Genua‹ (1981); Botho Strauß' ›Kalldewey, Farce‹ (UA 1982); Peter Handkes ›Über die Dörfer‹ (1982); Shakespeares ›Sommernachtstraum‹ (1983); Musils ›Die Schwärmer‹ (1984). 1984 erklärte Rudolph überraschend seinen Rücktritt als Intendant und bat um Auflösung seines bis 1988 verlängerten Vertrages. Er reagierte damit auf einen Brief des damaligen Hamburger Bürgermeisters Dohnanyi, der dem Intendanten vorgeworfen hatte, »leichtfertig mit den Interessen der Stadt« umgegangen zu sein. Von 1985 an arbeitete er wieder frei, inszenierte in Stuttgart: Molières ›Tartuffe‹ (1986); Tschechows ›Kirschgarten‹ (1986); Mozarts ›Die Entführung aus dem Serail‹ (1987); Schillers ›Don Carlos‹ (1988); Mozarts ›Cosí fan tutte‹ (1992); am Bayerischen Staatsschauspiel: Arthur Millers ›Im Palais des Erzbischofs‹ (1987); Eliots ›Cocktail Party‹ (1987); am Berliner Schiller-Theater: Shakespeares ›Maß für Maß‹ (1989); Thomas Bernhards ›Elisabeth II.‹ (UA 1989); am Nationaltheater München: Webers ›Freischütz‹ (1990); am Deutschen Theater in Berlin: Goldonis ›Der Diener zweier Herren‹ (1991). Über Niels-Peter Rudolphs Stutt-

garter ›Don Carlos‹-Inszenierung schrieb Wolfgang Höbel in der ›Süddeutschen Zeitung‹ (20. 5. 1988): »Rudolph arrangiert lauter unterhaltsame Schaueffekte, mal albern, mal geheimnisvoll, aber nie verletzend. Einfälle zuhauf. Doch so verdammt gut das alles aussieht, der melodramatische Budenzauber sabotiert die Arbeit der Schauspieler. So wunderbar sie sind – sie finden nicht zueinander. Man schaut diesen Menschen gerne zu und bewundert sie für ihre Kunst: Doch wie soll man sich für sie interessieren? Rudolphs Inszenierung, deren kalter Glanz und geschwinde Kunstfertigkeit verblüffen und bluffen, läßt auf diese Frage nur eine Antwort zu: Man soll ja gar nicht.« Acht Inszenierungen von Rudolph wurden zum Berliner Theatertreffen eingeladen: 1974: Wedekinds ›Frühlings Erwachen‹ (Basler Theater); 1976: Tschechows ›Onkel Wanja‹ (Schiller-Theater Berlin) und Strauß' ›Bekannte Gesichter, gemischte Gefühle‹ (Württembergische Staatstheater Stuttgart); 1977: Ibsens ›Hedda Gabler‹ (Schiller-Theater) und Goldonis ›Der Diener zweier Herren‹ (Württembergische Staatstheater Stuttgart); 1978: Strauß' ›Trilogie des Wiedersehens‹ (wieder Stuttgart); 1979: Hölderlins ›Die Antigonae des Sophokles‹ (Schiller-Theater); 1983: Handkes ›Über die Dörfer‹ (Deutsches Schauspielhaus Hamburg).

Rudolph, Sebastian, geb. 21. 10. 1968. Schauspieler. Nach dem Abitur kam er in der Spielzeit 1989/90 an die Staatlichen Schauspielbühnen Berlin. 1990/91 Engagement am Hamburger Schauspielstudio Frese. 1990 Gründung der freien Gruppe Notausgang, eine Kindertheatertruppe, die im Ruhrgebiet auftrat. Von 1992 bis 1994 an den Münchner Kammerspielen u. a. in Shakespeares ›Viel Lärm um nichts‹ (1992) und Christopher Marlowes ›Edward II.‹ (1993, R. jeweils Christian Stückl). Seit Sommer 1994 arbeitet Rudolph als freier Schauspieler; auch Fernseh- und Filmrollen, u. a. 1992 in ›Geboren 1999‹ (R. Beate Langmaack und Kai Wessel).

Rühaak, Siemen, geb. 16. 5. 1950 in Osteel, Ostfriesland. Schauspieler und Regisseur. Ausbildung an der Staatlichen Hochschule für darstellende Künste in Hannover. Erste Engagements am Staatstheater Braunschweig (1970), Theater Heidelberg (1971–1973), Theater am Neumarkt Zürich (Spielzeit 1974/75), Schauspielhaus Bochum (1975), Bühnen der Stadt Wuppertal (1976/77). Gleichzeitig studierte er von 1974 an Germanistik und Musikpädagogik in Bremen. 1978 nahm er einen Zwei-Jahres-Vertrag der Münchner Kammerspiele an, spielte in Dieter Dorns Inszenierung von Shakespeares ›Sommernachtstraum‹ (1978), in George Taboris Meditation über Shakespeares ›Der Kaufmann von Venedig‹ mit dem Titel ›Ich wollte, meine Tochter läge tot zu meinen Füßen und hätte die Juwelen in den Ohren‹ (Rolle: Jessica). Letzte Rolle an den Kammerspielen: Flaps in Hjalmar Söderbergs ›Gertrud‹ (1981, R. Günter Krämer). 1987 arbeitete er wieder mit George Tabori, spielte im »Kreis«, spielte in Peter Sichrovskys, von Tabori inszenierter Collage ›Schuldig geboren‹. Weitere Engagements: Gärtnerplatztheater München (1988: Clifford in dem Musical ›Cabaret‹); Deutsches Schauspielhaus Hamburg (1989: Titelrolle in Kleists ›Amphitryon‹, R. Michael Bogdanov); Frankfurter Schauspiel (1991). 1991 führte er zum ersten Mal Regie in Gießen, inszenierte Horváths ›Sladek oder Die schwarze Armee‹. 1993 inszenierte er dort Bernard-Marie Koltès' ›Der Kampf des Negers und der Hunde‹. Rühaak arbeitete auch für den Film und das Fernsehen, u. a. in zwei Filmen von Heidi Genée (›Grete Minde‹, 1977; ›Pfarrerin Lenau‹, 1990); in Vadim Glownas ›Desperado City‹ (1981); in Peter Beauvais' ›Verworrene Bilanzen‹ (1984) und in dem Fernsehfilm ›Die Stunde der Füchse‹ (1993, R. Jörg Richter).

Rühle, Günther, geb. 3. 6. 1924 in Gießen. Kritiker und Theaterleiter. Studierte Germanistik, Geschichte und Volkskunde an der Universität Frankfurt a. M. (1946–1952). Nach der Promotion (1953) begann er als Lokalreporter bei der ›Frankfurter Rundschau‹; 1954 trat er in die Feuilleton-Redaktion der ›Frankfurter Neuen Presse‹ ein; 1960 wechselte er zur ›Frankfurter Allgemeinen Zeitung‹, wo er sich zu einem der einflußreichsten deutschen Theaterkritiker entwickelte. 1974 übernahm er die Leitung der Feuilleton-Redaktion – und durfte in der Zeitung nicht mehr über Theater schreiben; ›Die Zeit‹ (23. 1. 1976) kommentierte: »Zum Chef degradiert«. Rühle publizierte nun mehrere Bücher und Dokumentationen. Im November 1984 gelang es dem Frankfurter Kulturdezernenten Hilmar Hoffmann, Rühle für die Nachfolge des im Sommer 1985 vorzeitig auf eigenen Wunsch ausscheidenden Frankfurter Schauspielintendanten Adolf Dresen zu gewinnen. Rühle begann seine Intendanz mit einem Eklat: Nach wochenlangen Kontroversen wurde Rainer Werner Fassbinders ›Der Müll, die Stadt und der Tod‹ in einer geschlossenen Aufführung für Kritiker uraufgeführt (4. November 1985, R. Dietrich Hilsdorf). Nach anhaltenden Protesten setzte Rühle die Produktion ab. C. Bernd Sucher kommentierte in der ›Süddeutschen Zeitung‹ (29. 11. 1985): »Wohl alle atmeten auf, als Günther Rühle die Uraufführung von Rainer Werner Fassbinders ›Der Müll, die Stadt und der Tod‹ absetzte. Es waren nicht nur die jüdische Gemeinde, nicht nur die Juden in der Welt, nicht nur die deutschen Politiker, die befürchteten, die Aufführung dieses Werkes könne einen neuen (und den alten) Antisemitismus schüren. Nein, selbst jene Kritiker, die nach einer geschlossenen Probe von Dietrich Hilsdorfs Inszenierung die Aufführung nicht für antisemitisch gehalten und für öffentliche Aufführungen plädiert hatten, begrüßten Rühles Entschluß.« Rühle verpflichtete für sein Frankfurter Haus die Regisseure Hilsdorf, Michael Gruner und Einar Schleef. 1989 gab er seinen Intendantenposten auf, verzichtete auf eine Verlängerung seines Vertrags und steht seit 1991 dem Berliner ›Tagesspiegel‹ als leitender Redakteur zur Verfügung.

Literatur: G. Rühle: Theater für die Republik, 1917–1933, im Spiegel der Kritik. 2 Bde. Frankfurt a. M. 1967; ders.: Materialien zum Leben und Schreiben der Marieluise Fleißer. Frankfurt a. M. 1973;

Rühmann

ders.: Theater in unserer Zeit. Essays. Frankfurt a. M. 1976; ders.: Zeit und Theater. 6 Bde. Frankfurt a. M. 1980; ders.: Anarchie in der Regie. Essays. Frankfurt a. M. 1982; ders. (Hrsg.): Bernhard Minetti. Erinnerungen eines Schauspielers. Stuttgart 1985; ders.: Fassbinder ohne Ende. Eine Dokumentation anläßlich der Uraufführung von R. W. Fassbinders Theaterstück ›Der Müll, die Stadt und der Tod‹, im Kammerspiel des Schauspiels Frankfurt am 31. Okt. 1985. Frankfurt a. M. 1985; ders.: Was soll das Theater. Frankfurt a. M. 1992.

Rühmann, Heinz, geb. 7. 3. 1902 in Essen, gest. 3. 10. 1994 in München. Schauspieler. Debütierte 1920 als jugendlicher Liebhaber am Breslauer Lobetheater. Weitere Stationen: Residenztheater Hannover (1921/22); Bremer Theater (1922); Schauspielhaus München (1923–1925); Münchner Kammerspiele (1925–1929). Hier entdeckte ihn Otto Falckenberg als »Komiker von höchsten Graden«. Max Reinhardt holte Rühmann nach Berlin, wo er am Deutschen Theater und am Theater am Schiffbauerdamm spielte (1938–1945). Wichtige Rollen u. a.: Schäfer Schädel in Shakespeares ›Liebes Leid und Lust‹ (1927, R. Otto Falckenberg); Junker Schmächtig in Shakespeares ›Die lustigen Weiber von Windsor‹ (1929); Zwirn in Nestroys ›Lumpazivagabundus‹ (1934, R. jeweils Heinz Hilpert); Professor Higgins in Shaws ›Pygmalion‹ (1940, R. Wolfgang Liebeneiner). Sein Filmdebüt gab Rühmann 1926 in ›Das deutsche Mutterherz‹ (R. Geza von Bolvary). Es folgten jene Filme, die ihn zum beliebtesten deutschen Filmkomiker machten, u. a.: ›Die Drei von der Tankstelle‹ (1930, R. Wilhelm Thiele); ›Bomben auf Monte Carlo‹ (mit Hans Albers, R. Hanns Schwarz); ›Der brave Sünder‹ (1931, R. Fritz Kortner); ›Die Finanzen des Großherzogs‹ (1933, R. Gustaf Gründgens); ›Wenn wir alle Engel wären‹ (1936, R. Carl Froelich); ›Der Mustergatte‹ (1937, R. Liebeneiner); ›Quax, der Bruchpilot‹ (1941, R. Kurt Hoffmann); ›Die Feuerzangenbowle‹ (1943, R. Helmut Weiß). Nach dem Krieg gründete Rühmann zusammen mit Alf Teich die Filmproduktion »Come-

dia«. Langsam fand er wieder Anschluß an seine frühere Popularität; er blieb bei seinem Image: Der kleine Mann meistert mit Herz und Pfiffigkeit tragikomische Schicksalsschläge. 1955 spielte er in dem Film ›Charley's Tante‹ (R. Hans Quest); 1959 sah man ihn in ›Ein Mann geht durch die Wand‹ (R. Ladislav Vajda); 1960 als ›Der brave Soldat Schwejk‹ (nach Hašek, R. Axel v. Ambesser). Weitere Filme u. a.: ›Wenn der Vater mit dem Sohne‹ (1955, R. Hans Quest); ›Der Pauker‹ (1958, mit Gert Fröbe, R. Axel von Ambesser); ›Es geschah am hellichten Tag‹ (1958, nach Dürrenmatt, mit Ewald Balser, R. Ladislav Vajda); ›Das Haus in Montevideo‹ (1963, R. Helmut Käutner); ›Dr. med. Hiob Prätorius‹ (1964, R. Hoffmann). Obwohl er nach 1967 auch in zahlreichen Fernsehfilmen und -serien auftrat, blieb er doch dem Theater verbunden, spielte an der Kleinen Komödie München: Elwood in Marie Chases ›Mein Freund Harvey‹ (1950); am Thalia Theater in Hamburg: dieselbe Rolle (1951); an den Münchner Kammerspielen: Estragon in Becketts ›Warten auf Godot‹ (1954, mit Ernst Schröder, R. Fritz Kortner); Schuster Voigt in Zuckmayers ›Der Hauptmann von Köpenick‹ (1962, R. August Everding; diese Rolle hatte er mit großem Erfolg schon 1956 in der Verfilmung von Helmut Käutner gespielt); Davies in Pinters ›Der Hausmeister‹ (1972, R. Everding); Willy Clark in Neil Simons ›Sunny Boys‹ (1974, R. Boleslaw Barlog); am Burgtheater Wien: Willy Loman in Arthur Millers ›Der Tod des Handlungsreisenden‹ (1961, R. Paul Hoffmann); an der Bayerischen Staatsoper München: Frosch in Strauß' ›Die Fledermaus‹ (1978/79). 1984 gastierte er als Erzähler in Prokofjews ›Peter und der Wolf‹. Zu seinem 90. Geburtstag gratulierte nicht nur der Bundeskanzler, die Glückwunschadressen in den Zeitungen bewiesen die Popularität dieses ungewöhnlichen Volksschauspielers: »Ein Deutscher wie Gott ihn träumt« überschrieb Joachim Kaiser seine Hommage (›SZ‹); Hans-Dieter Seidels Überschrift in der ›Frankfurter Allgemeinen Zeitung‹ lautete »Keine Angst vor großen Tieren«; und Armin Eichholz stellte Rühmann in der ›Welt‹ als »Jedermanns

guter Bekannter« vor. In seinem Nachruf schrieb August Everding:»Ein großer unserer Zunft, der leise war, ein braver Vertreter, ein Pechvogel, der aber letztendlich beweist, daß unsere schreckliche Welt liebenswert ist, der Briefträger Müller, der aufrechte kleine David, der Goliath besiegt. Ich kannte ihn auch anders: Penibel genau, exakt vorbereitet, keine Improvisationen, Klappdialoge mußten trainiert, Komik ausprobiert werden. Wenn Kortner zu sehr schrie und tobte, ging er leise weg und mußte zurückgeholt werden. (...) Er war kein Charakterheld, kein Bösewicht, kein père noble. Einmal, im ›Hausmeister‹ von Pinter, verlor er sein Lächeln, all seinen Charme, da keifte er egoistisch um seinen Schlafplatz, sein letztes Zuhause. Die »Fußmatte« im ›Köpenick‹ hatte tragische Anklänge, und nie habe ich so hoffnungslose Augen gesehen wie die Rühmanns, als Godot partout nicht kommen wollte. Rühmann war nicht immer versöhnlich, aber er wollte immer versöhnen. Er hat dem Namen Volksschauspieler eine neue Wertung gegeben.»Ridendo corrigo mores« – durch Lächeln hat er ein wenig die Welt verändert. Er hatte etwas, das man nicht kaufen, nicht erproben, nicht erben kann: eine Aura. Er hat Tragödie und Komödie vereint. Die Masken sind durch ihn deckungsgleich geworden. Er ist ein Beispiel für alle, die Theater ernst, aber nicht ideologisch nehmen, die wissen, daß Theaterspielen auch etwas mit Disziplin, mit Vorbereitung und Freude zu tun hat, ein Beispiel, wie schwer die Leichtigkeit des Seins herzustellen ist – ein Beispiel, das Spielen wie nebenbei betrieben werden kann. Darum ist er, von dem es so viele Bilder gibt, zum Vorbild geworden.« (›Theater heute‹, Heft 11, 1994)
Literatur: H. Rühmann: Das war's. München 1972; ders.: Wenn die Komödianten kommen. München 1986; W. Jensen: Heinz Rühmann auf der Bühne. München 1956; M. Barthel: Heinz Rühmann. Berlin 1958; S. Melchinger/R. Clausen: Schauspieler. 36 Porträts. Velber 1965; G. Ball/ E. Spiess: Heinz Rühmann und seine Filme. München 1982; M. Barthel (Hrsg.): Heinz Rühmann. Ein Leben in Bildern.

Frankfurt a.M., Berlin 1987; H. H. Kirst: Das große Heinz-Rühmann-Buch. Grünwald 1990.

Ruppel, K.H. (Karl Heinrich), geb. 5. 9. 1900, gest. 9. 9. 1980 in München. Kritiker. Studierte Literatur-, Kunst- und Musikwissenschaften an den Universitäten Frankfurt a.M., Freiburg und München. Schon während des Studiums schrieb er als Theater- und Kunstkritiker für den ›Hessischen Volksfreund‹ (1920–1926) und die in Mannheim erscheinende ›Neue Badische Landeszeitung‹. Von 1926 bis 1928 war Ruppel Redakteur an Stefan Grossmanns linksdemokratischem Berliner ›Tagebuch‹. Ab 1928 gehörte er als Feuilleton-Redakteur der ›Kölnischen Zeitung‹ an, dann der Wiener Redaktion dieser Zeitung, und von 1932 bis 1944 arbeitete er als erster Theaterkritiker (auch Oper) für diese Zeitung in Berlin. 1944 übernahm Ruppel die Gastspielleitung der Württembergischen Oper in Stuttgart. Von 1946 bis 1950 war er Schauspieldirektor der Württembergischen Staatstheater. Von 1950 bis zu seinem Tod schrieb er für die ›Süddeutsche Zeitung‹. Wolfgang Schreiber schrieb in seinem Nachruf (›SZ‹, 10. 9. 1980): »Dieser unbedingte Äußerungsdrang, ohne den ein Kritiker kein Kritiker ist, war bei ihm mit einem zweiten, doch nicht sekundären Drang verbunden: dem Interesse, aufklärend, gelinde erzieherisch, verbessernd auf das Kulturleben – Produzenten, Konsumenten – einzuwirken. (...) Sein alter Schweizer Kollege und Freund Willi Schuh machte ihm vor zwanzig Jahren wohl das größte Kompliment, als er schrieb: ›Ruppel hat einen festen Standort, von dem aus er ruhig und mit imponierender Überlegenheit die Welt der Musik ins Auge faßt. Dieser Standort befindet sich freilich nicht am Rand, sondern im Mittelpunkt des Geschehens.‹«
Literatur: K. H. Ruppel: Berliner Schauspiel. Dramaturgische Betrachtungen 1936–1942. Berlin 1943; ders.: Musik in Deutschland. München 1952; ders.: Musik in unserer Zeit. München 1960; ders.: Großes Berliner Theater. Velber 1962; ders.: Große Stunden der Musik. München 1975.

Sachs, Hans, geb. 5. 11. 1494 in Nürnberg, gest. 19. 1. 1576 ebenda. Dichter. Lateinschule und Schuhmacherlehrling, danach Wanderschaft und Meistersinger, später Schuhmachermeister und Krämer in Nürnberg. Sachs war ein äußerst produktiver Lyriker und Dramatiker: Er verfaßte 4275 Meisterlieder, 1800 Spruchgedichte und über 200 Dramen und trug damit entscheidend zur Enwicklung des deutschen Dramas bei. Die Dichter des Sturm und Drang und der Romantik haben Sachs wiederentdeckt. Richard Wagner verewigte ihn in seiner Oper ›Die Meistersinger‹ (1868).

Stücke: ›Lucretia‹ (1527); ›Der Teufel mit dem alten Weib‹ (Fastnachtsspiel 1545); ›Der fahrend Schüler im Paradeis‹ (1550); ›Die Enthauptung Johannis‹ (1550); ›Tristrant mit Isalde‹ (1553).

Literatur: E. Geiger: H. Sachs als Dichter in seinen Fastnachtsspielen. Halle 1904; ders.: H. Sachs als Dichter in seinen Fabeln und Schwänken. Halle 1908.

Sagerer, Alexeij, geb. in Plattling, Niederbayern. Schauspieler, Regisseur, Autor, Theaterleiter. Seit 1977 leitet er in München sein Prozessionstheater proT. Wichtige Stücke beziehungsweise Inszenierungen u. a.: ›Watt'n oda ois brenn' ma nida‹ (1974); ›Der Tieger von Äschnapur Eins oder Ich bin die letzte Prinzessin aus Niederbayern‹ (1977); ›Zahltag der Angst‹ (1981); ›Der Tieger von Äschnapur Zwei oder Ich bin das einzige Opfer eines Massenmords‹ (1982); ›Küssende Fernseher‹ (1983); ›Konzert einer Ausstellung – Der dauernd und überall beginnende Tieger von Äschnapur Unendlich‹ (1985); ›proT trifft Orff. Carmina Burana trifft den Tieger von Äschnapur . . .‹ (1985); ›Lauf, Othello, lauf!‹ (1985); ›Intercity‹ (1986); ›Tödliche Liebe – Comics I in Oper‹ (1986); ›proT für die Welt‹ (1986); ›Das stärkste TierSpielSpur‹ (1986). 1987 inszenierte Sagerer im Münchner Studiotheater (als Gast) Kroetz' ›Wunschkonzert‹. Darüber schrieb Wolfgang Höbel in der ›Süddeutschen Zeitung‹ (11. 3. 1987): »Wie hier ein Regisseur und seine Schauspielerin in heftigem Streit mit einem längst anerkannten Autor und seinem Theaterverständnis großes, sinnliches und auch verstörendes Theater machen – das gehört zum Aufregendsten, was sich in den letzten Jahren in der Privat-Theaterszene ereignet hat. Was nicht zuletzt daran liegt, daß sich der verdiente Bühnen-Wilde Alexeij Sagerer endlich einmal bezähmt hat, seine ebenso bizarre wie ausufernde Phantasie in eine überzeugende Form zwingt.« Und Helmut Schödel schrieb in der ›Zeit‹ (20. 3. 1987): »Sagerers ›Wunschkonzert‹, weder ein Augen- noch ein Ohrenschmaus, ist eine Rarität im Theater dieser Jahre. Sein Thema, seine Kraft ist die Polemik. Ist das nicht wunderbar?« Weitere Arbeiten: ›7 Exorzismen‹ (1988); ›Maiandacht‹ (1991); Inszenierung von Fassbinders ›Das Kaffeehaus‹ (1992). In einem großangelegten ›Nibelungen & Deutschland Projekt‹ beschäftigt sich Sagerer seit 1992 mit dem Nibelungenmythos, mit Wagners ›Ring des Nibelungen‹ und dem wiedervereinigten Deutschland: ›Der Nibelung am Viervideoturm‹ (1992, mit Sagerer und Zoro Babel); ›Trommeln in Strömen‹ (1992, einmalige Veranstaltung mit sieben Schlagzeugern); ›Göttin, Ärztin, Braut und Ziege‹ (1992); ›Mein Trost ist fürchterlich‹ (1993); ›Siegfrieds Tod‹ (1993, einmalige Veranstaltung in der Münchner Muffathalle, mit sieben Performerinnen); ›Recken bis zum Verrecken‹ (1994); ›Das Fest zum Mord‹ (1994, einmonatiger Aufführungszyklus mit internationalen Performerinnen). Über das Performance-Spektakel ›Siegfrieds Tod‹ schrieb Eva-Elisabeth Fischer: »Deutschland – ein Horrormärchen, mythenschwer. Alexeij Sagerer, der Lichtspender, wirft Schlagschatten über die sieben Thing-Plätze seines Theaterspiels, das auch Stadt, Land, Fluß heißen können. Sagerer, der Zauberer, zählt das Hexeneinmaleins, rechnet 7 × 7. Nach den deutschen Flüssen sind die deutschen Städte dran, Dresden, Berlin,

München, Hamburg, Stuttgart, Frankfurt, Düsseldorf, übereinandergeschichtet in Bildern auf je 7 Monitoren, gestapelt zu sieben Videotürmen. Sieben Frauen assoziieren simultan ›Siegfrieds Tod‹ – in sieben Phasen von sieben Minuten. (. . .) Sind es sieben Brünnhilden, die hier spielerisch, blutig, obszön die Quittung für Siegfrieds Betrug präsentieren? (. . .) Alexeij, wir folgen dir. Denn die Prozession durch das ›Nibelungen & Deutschland Projekt‹ ist aufrüttelnde Expedition mit viel Kommunikation: Deutschland, im Herbst, 1993, kompakt.« (›SZ‹, 29. 10. 1993).

Sagert, Horst, geb 13. 10. 1934. Bühnenbildner und Regisseur. Ausbildung zum Bühnenbildner in Berlin, bei H. Kilger. 1962 Engagement am Deutschen Theater Berlin, wo er u. a. die Räume schuf für O'Caseys ›Rote Rosen für mich‹ (1963); Molières ›Tartuffe‹ (1963, R. Benno Besson); Schwarz' ›Der Drache‹ (1965, R. Besson); Sophokles/Heiner Müllers ›Ödipus Tyrann‹ (1967). 1970 gab Sagert sein Debüt als Regisseur, zusammen mit Benno Besson inszenierte er in Zürich die Uraufführung von Brechts ›Turandot oder Der Kongreß der Weißwäscher‹; 1970 führte er zusammen mit Siegfried Höchst Regie bei García Lorcas ›Doña Rosita bleibt ledig‹ (Deutsches Theater).
Literatur: H. Sagert: Bühnenbilder und Figuren zu Jewgeni Schwarz' ›Der Drache‹. Leipzig 1971; ders.: Bühnenbilder und Bilder. Staatliche Museen zu Berlin. Berlin 1979 (Katalog); A. Müller: Der Regisseur Benno Besson. Berlin 1967.

Salvatore, Gaston, geb. 29. 9. 1941 in Valparaíso (Chile). Chilenischer Autor. Neffe von Salvador Allende. Salvatore studierte Jura in Chile, ging 1965 nach Berlin und studierte dort Soziologie und Politologie an der Freien Universität. Engagiert in der Studentenbewegung. 1969 wegen Landfriedensbruch zu neun Monaten Gefängnis verurteilt. Salvatore lebte danach in Italien, dort Zusammenarbeit mit dem Filmemacher Michelangelo Antonioni und dem Komponisten Hans Werner Henze. 1972 wude sein erstes Stück ›Büchners Tod‹ am Staatstheater Darmstadt uraufge-

führt. 1973 erhielt er für dieses Stück den Gerhart-Hauptmann-Preis. 1978 gründete er zusammen mit Hans Magnus Enzensberger die Zeitschrift ›TransAtlantik‹. 1991 erhielt er den Kleist-Preis. Das 1985 entstandene Stück ›Stalin‹ wurde in mehrere Sprachen übersetzt und seither viel nachgespielt. Über die Uraufführung des Stücks an den Staatlichen Schauspielbühnen Berlin (1987, R. Heribert Sasse) schrieb Georg Hensel:»Als Salvatore 1985 sein Stück ›Stalin‹ schrieb, hatte er sich längst von der Linken verabschiedet. Sein Stalin ist fast am Ende seines blutigen Wegs, ein Vierteljahr vor seinem Tod im Alter der Lebensbilanz (. . .) Salvatore erkennt die großen Möglichkeiten seines grandiosen Grundeinfalls nicht immer. Er häuft die Beispiele, anstatt sie zu konzentrieren. Er schüttet seine Themen zu, statt sie aus dem biographischen Material scharf herauszuarbeiten. Vieles bleibt im Ungefähren. Es fehlt an gedanklicher Genauigkeit, an psychischer Logik, an Sprache.« (›FAZ‹, 2. 11. 1987)
Weitere Stücke: ›Freibrief‹ (1977); ›Lektionen der Finsternis‹ (1990); ›King Kongo‹ (1991).

Samarovski, Branko, Schauspieler. Wichtige Bühnenstationen: Vereinigte Bühnen Graz (1970); Württembergisches Staatstheater Stuttgart (1972–1979); Schauspiel Bochum (1979–1985); Berliner Schaubühne (1985–1990); Burgtheater Wien. Er gehörte seit 1972 (mit kurzer Unterbrechung) zu Claus Peymanns Ensemble. Wichtige Rollen u. a.: Titelrolle in Büchners ›Woyzeck‹ (1972, R. Alfred Kirchner); Mephisto in Goethes ›Faust I und II‹ (1977), Thoas in ›Iphigenie auf Tauris‹ (1977); Titelrolle im ›Torquato Tasso‹ (1980, R. jeweils Peymann); Frosch in Johann Strauß' ›Fledermaus‹ (1980, R. Adolf Dresen); Lopachin in Tschechows ›Kirschgarten‹ (1981, R. Manfred Karge/ Matthias Langhoff); Dichter in Thomas Bernhards ›Am Ziel‹ (UA 1981, Salzburger Festspiele, R. Peymann); Titelrolle in Molières ›Der eingebildete Kranke‹ (1983, R. Kirchner); Autor in Herbert Achternbuschs ›Sintflut‹ (UA 1984, R. Axel Manthey); Knecht Matti in Brechts ›Herr Puntila und

Samel

sein Knecht Matti‹ (1985, R. Kirchner). Heinrich Vormweg schrieb über Samarovskis Darstellung (›SZ‹, 31. 1. 1985): »Knecht Matti hat die Rolle eines Punchingballs, und es ist sehr viel schwieriger – ohne Eigeninitiative zeigen zu dürfen –, doch selbstbewußt Figur zu machen. Branko Samarovski gelingt das vorzüglich. Stets in Knechtpositur, ist er doch jederzeit fähig, sich, ohne sie zu verändern, als Individuum aus ihr zu erheben und sie dadurch als das zu denunzieren, was sie ist: nicht Natur, sondern ein von außen auferlegter Zwang, eine von den Verhältnissen aufgezwungene Uniform.« 1985 spielte Samarovski an der Berliner Schaubühne Tom/Edgar in Shakespeares ›Lear‹ (R. Klaus Michael Grüber); 1986 den Kaufmann in Luc Bondys Inszenierung von Ostrowskis ›Ein heißes Herz‹; 1987 den Theseus in Racines ›Phädra‹ (R. Peter Stein) und 1990 den alten Mann in Bernard-Marie Koltès' ›Roberto Zucco‹ (UA, R. Stein). Zurück bei Peymann, trat Samarovski 1991 als Estragon auf: in Cesare Lievis Inszenierung von Becketts ›Warten auf Godot‹; über diese Rolle schrieb Wolfgang Höbel in der ›Süddeutschen Zeitung‹ (29. 10. 1991): »Zwei machen sich was vor. Und uns. Der Schauspieler Branko Samarovski und der Schauspieler Traugott Buhre haben einen verwegenen Job übernommen: Drei Stunden wollen sie, fast im Alleingang, das Publikum des Wiener Burgtheaters unterhalten. Und weil die beiden zwei bekannt große Darstellungskünstler sind, erledigen sie ihre Aufgabe mit links. Der zerknautschte Zappelkönig Samarovski und der klopsige Buhre – zwei rührende Clowns, ein famoses Liebespaar. Wie sie albern, tanzen, knutschen, feixen und auf dem Boden kugeln: Das komische Pausenaugust-Doppel feiert ein kleines Fest.« 1993 spielte Samarovski in Taboris Uraufführungsinszenierung seines Stücks ›Requiem für einen Spion‹ Brian Murdoch, den Major. Auch diese Rolle wurde ein Triumph für den Schauspieler. Samarovksi arbeitete auch für den Film: 1984 in Richard Blanks ›Friedliche Tage‹ und 1991 in Jo Baiers ›Wildfeuer‹.
Literatur: H. Beil (u.a.) (Hrsg.): Das Bochumer Ensemble. Ein deutsches Stadttheater 1979–1986. Königstein 1986; C. B. Sucher: Theaterzauberer. Schauspieler. 40 Porträts. München, Zürich 1988.

Samel, Udo, geb. 25. 6. 1953 in Eitelsbach, Trier. Schauspieler. Studierte Slawistik und Philosophie an der Universität Frankfurt a. M. (1973/74) und wechselte dann an die dortige Schauspielschule (bis 1976). Debüt am Staatstheater Darmstadt; von 1976 bis 1978 Engagement am Düsseldorfer Schauspielhaus. Von 1978 bis 1992 gehörte Samel zum Ensemble der Berliner Schaubühne. Wichtige Rollen u. a.: Kalldewey in Botho Strauß' ›Kalldewey, Farce‹ (1982, R. Luc Bondy); der Richter in Jean Genets ›Die Neger‹ (1983, R. Peter Stein); Hermes in Aischylos/ Handkes ›Prometheus, gefesselt‹ (1986, Salzburger Festspiele, R. Klaus Michael Grüber); Chylnikow in Ostrowskis ›Ein heißes Herz‹ (1986, R. Bondy); Oronte in Molières ›Misanthrop‹ (1987, R. Bondy). Über diese Darstellung schrieb C. Bernd Sucher (›SZ‹, 23. 11. 1987): »Oronte beginnt zu rezitieren, säuselnd, verliebt in die selbstverfaßten Zeilen. Dann wartet er auf die Kritik, die Beine in den rostroten Kniebundhosen übereinandergeschlagen, zuweilen eitel, kokett mit den herabhängenden Haaren spielend, hört er zu. Nach Alcestes verschlüsselter Philippika erhebt er sich, äußerlich gefaßt, aber das Gesicht spiegelt den inneren Aufruhr. Er will den Mantel anziehen, den Philinte ihm reicht. Kaum ist er mit einem Arm drinnen, da reißt ihn die Wut fort, es bricht aus ihm heraus, er prustet los. Ein wildgewordenes Männlein, ein lächerlicher Gnom. Udo Samel ist wundervoll gespreizt; ein Edelmann, der sich die Contenance bewahren will und dies nicht immer kann: ein Spaßvogel wider Willen, ein gefährlicher Gegner.« Weitere Rollen an der Schaubühne u. a.: Odysseus in Heiner Müllers ›Philoktet‹ (1988, R. Herbert König); Lenglumé in Labiches ›Die Affäre Rue de Lourcine‹ (1988, R. Grüber); Olaf in der Uraufführung von Strauß' ›Die Zeit und das Zimmer‹ (1989, R. Bondy); Trofimow in Tschechows ›Kirschgarten‹ (1989, R. Peter Stein); der Dichter in Marina Zwetajewas ›Phoenix‹ (1990, R. Grüber); H.-J. Krugger in Javier Tomeos ›Mütter und Söhne‹ (1990, R. Felix Prader); Sosias in Kleists ›Amphitryon‹ (1991, R. Grüber). Über diese Aufführung schrieb C. Bernd Sucher (›SZ‹, 22. 3. 1991):»Udo Samel sah ich so gelöst und zugleich diszipliniert und bewußt zuletzt in Grübers Schaubühnen-Labiche, 1988. Er ist großartig. Dieser Sosias, der rotznäsig sich vor seinem eigenen Schatten fürchtet, sich beleidigen und prügeln läßt, hat Witz und Kraft. (...) Udo Samel charakterisiert diesen Mann mit seiner Haltung und mit seinen Augen. In ihnen verbirgt sich viel, mit ihnen verrät er alle Typen, die in diesem Diener stecken: Knabe, Kerl und cleverer Clown.« 1993 und 1994 spielte er den Teufel in der ›Jedermann‹-Aufführung bei den Salzburger Festspielen. 1986 wurde er einer großen Öffentlichkeit bekannt durch seine Rolle des Franz Schubert in Fritz Lehners ZDF-Dreiteiler ›Mit meinen heißen Tränen‹. Schon zuvor hatte Samel in mehreren Fernseh- und Spielfilmen mitgewirkt.

Sander, Otto, geb. 30. 6. 1941 in Hannover. Schauspieler und Regisseur. Studium der Theaterwissenschaft, Germanistik und Kunstgeschichte in München, Schauspielunterricht an der dortigen Otto-Falckenberg-Schule. Während des Studiums Kabarettist am Rationaltheater. Erste Engagements: Düsseldorfer Schauspielhaus, Theater der Stadt Heidelberg, Freie Volksbühne Berlin. Von 1970 bis 1981 gehörte er zum Ensemble der Berliner Schaubühne am Halleschen Ufer. Wichtige Rollen dort u. a.: Emil Jannings in Peter Handkes ›Der Ritt über den Bodensee‹ (UA 1971, R. Claus Peymann/Wolfgang Wiens); Trollkönig in Ibsens ›Peer Gynt‹ (1971); der Heisere in Wischniewskis ›Optimistische Tragödie‹ (1972); Obrist Kottwitz in ›Kleists Traum vom Prinzen Homburg‹ (1972); Champbourcy in Labiches ›Das Sparschwein‹ (1973, R. jeweils Peter Stein); Spaak in Botho Strauß' ›Die Hypochonder‹ (1973, R. Wilfried Minks); Teiresias in Euripides' ›Die Bakchen‹ (1973, R. Klaus-Michael Grüber); Suslow in Gorkis ›Sommergäste‹ (1974, R. Stein); Wallbrecker in Else Lasker-Schülers ›Die Wupper‹ (1976, R. Luc Bondy); Richard in

Botho Strauß' ›Trilogie des Wiedersehens‹ (1978, R. Stein); beflügelte Hauptfigur in Robert Wilsons ›Death, Destruction & Detroit‹ (1979, R. Wilson). 1975 versuchte sich Sander erstmals als Regisseur und inszenierte zusammen mit Wolf Redl O'Caseys ›Das Ende vom Anfang‹ (Schaubühne). Es folgte der Beckett-Abend ›Mercier und Camier‹, den er zusammen mit Peter Fitz inszenierte und spielte (1982; sie nannten ihre Gruppe »rent-a-face«). Nach dem Gastspiel in den Münchner Kammerspielen schrieb Joachim Kaiser (›SZ‹, 25. 1. 1982): »Peter Fitz imponierte sehr, er schien betroffener als der glänzend trockene, fabelhaft mürrische Otto Sander.« 1983 inszenierte Sander am Schauspielhaus Zürich Frayns ›Der nackte Wahnsinn‹. Und er drehte zusammen mit Bruno Ganz den Kurzfilm ›Gedächtnis‹, der Curt Bois und Bernhard Minetti gewidmet ist. Auch nach 1981 kehrte Sander als Gast an die Berliner Schaubühne zurück. 1982 spielte er den Mann in Botho Strauß' ›Kalldewey, Farce‹ (mit Edith Clever, R. Bondy); C. Bernd Sucher schrieb in der ›Süddeutschen Zeitung‹ (21. 6. 1982): »Neben ihr [Edith Clever] Otto Sander. Welch ein Partner! Vorher noch Pantoffelheld, verschüchtert-täppisches HB-Männchen, wird er bald zum traurigen Modell einer fehlgeschlagenen Therapie. Er ist aggressionslos und stellt einen neuen Harmonierekord auf, doch das ›Täterätä‹ klingt tot. (...) Und schließlich Sanders Auftritt in der Therapie-Fernsehsendung ›Der Abend mit dem Erzfeind‹: Sander ist so perfekt, und er wirkt so spontan, daß wohl jeder, der ihn in der Premiere sah, denkt, so ein Augenblick wiederhole sich nicht.« 1984 spielte er in Steins Tschechow-Inszenierung der ›Drei Schwestern‹ den Werschinin; 1985 den Puntila in Brechts ›Herr Puntila und sein Knecht Matti‹ (Freie Volksbühne Berlin, R. Peter Fitz); 1991 die Titelrolle in Kleists ›Amphitryon‹ (R. Grüber); und 1992 den Lorenz in Luc Bondys Inszenierung von Botho Strauß' ›Schlußchor‹; darüber C. Bernd Sucher in der ›Süddeutschen Zeitung‹ (6. 2. 1992): »Otto Sander spielt Labiche. Hinreißend und gelenkig ist er. Er knautscht kummervoll die Visage und den

Sandrock

adretten Anzug; er zerrt und zurrt verzweifelt an dem Cellophan, in das die eine lachsfarbene Gladiole für Delia eingepackt ist; er stolpert, hechtet, fällt. Aber nicht irgendwie. (. . .) Strauß artikuliert ein tiefes Mißtrauen in die Sprache, Otto Sander brilliert mit Bravournummern der Sprachlosigkeit.« Sander arbeitet seit 1962 auch für den Film, u. a. in: ›Ludwig‹ (1962, R. Roland Klick); ›Einer von uns beiden‹ (1973, R. Wolfgang Petersen); ›Sommergäste‹ (1975, R. Peter Stein); ›Die Marquise von O‹ (1976, R. Eric Rohmer); ›Die Blechtrommel‹ (1979, R. Volker Schlöndorff); ›Das Boot‹ (1981, R. Wolfgang Petersen); ›Eine Liebe in Deutschland‹ (1984, R. Andrzej Wajda); ›Rosa Luxemburg‹ (1985, R. Margarethe von Trotta); ›Der Himmel über Berlin‹ (1987, R. Wim Wenders); ›In weiter Ferne, so nah‹ (1993, R. Wenders). Sander spielte auch in mehreren Fernsehproduktionen.

Literatur: P. Iden: Die Schaubühne am Halleschen Ufer 1970–1979. München 1979; S. Wirsing: Argos, der ganz Auge ist: Über Otto Sander. Theater heute, Jahrbuch 1979.

Sandrock, Adele (eigtl. Adele Feldern-Förster), geb. 19. 8. 1863 in Rotterdam, gest. 30. 8. 1937 in Berlin. Schauspielerin. Debüt 1879 in Berlin. Weitere Stationen: die Theater von Meiningen, Riga, Budapest, Moskau und Wien. In Wien spielte sie zunächst am Deutschen Volkstheater und von 1895 an am Burgtheater; sie war mit Arthur Schnitzler liiert, der für sie die Rolle der Christine in ›Liebelei‹ schrieb. Weitere Schnitzler-Rollen: Annie und Gabriele in ›Anatol‹; Schauspielerin im ›Reigen‹. Sie spielte auch in Budapest und ging 1898 mit einer ›Hamlet‹-Parodie auf Tournee. 1905 ging sie ans Deutsche Theater in Berlin zu Max Reinhardt, spielte in Goethes ›Faust‹ (1909); in Shakespeares ›Hamlet‹ (1910). Im selben Jahr verließ sie das Berliner Theater, spielte an verschiedenen Häusern als Gast. Als Eboli in Schillers ›Don Carlos‹, als Schillersche Maria Stuart. Als Lady Macbeth in Shakespeares gleichnamigem Schauspiel erspielte sie sich den Ruf einer großen Tragödin. Herbert Ihering sah in ihr »eine nuancierende

Darstellerin, eine Beherrscherin der Bretter und des Publikums«. Diese Kraft bewies die Sandrock auch (auf dem Theater und im Film) als genialische Komikerin. Bereits 1911 holte Oskar Meister sie ins Filmatelier; sie machte erst Karriere im Stumm- und später im Tonfilm.

Literatur: I. I. David: Adele Sandrock. Berlin 1898/99; H. Ihering: Von Josef Kainz bis Paula Wessely. Heidelberg, Berlin, Leipzig 1942; R. Wagner (Hrsg.): Adele Sandrock und Arthur Schnitzler. Dilly, Geschichte einer Liebe in Briefen, Bildern und Dokumenten. Wien, München 1975; J. Ahlemann: Adele Sandrock. Geschichte eines Lebens. München, Wien 1987; dies.: »Ich bleibe gern die große Adele«. Die Sandrock. Eine Biographie. Düsseldorf 1988.

Santanelli, Manlio, geb. 1938 in Neapel. Italienischer Dramatiker. Santanelli studierte Jura und arbeitete mehrere Jahre in der Rechtsabteilung des italienischen Fernsehens. Nach seinem ersten Theatererfolg 1980 mit dem Stück ›Uscita di emergenza‹ verließ er die RAI und lebt seither als freier Autor in Neapel. Mit seinem Stück ›König Mutter‹ (1985) wurde er auch in Deutschland bekannt.

Weitere Stücke: ›Bellavita Carolina‹ (1987); ›Camera con racconti affittasi‹ (1989); ›Aberratione delle stelle fisse‹ (1990).

Sardou, Victorien, geb. 7. 9. 1831 in Paris, gest. 8. 11. 1908 in Marly. Französischer Dramatiker. Sardou studierte Medizin, dann Literatur und Geschichte. Von 1860 an verfaßte er zahlreiche Dramen und Komödien in perfekter dramaturgischer Technik, mit denen er sein Publikum unterhalten wollte.

Stücke: ›Der letzte Liebesbrief‹ (1860); ›Die falschen guten Freunde‹ (1860); ›Die alten Junggesellen‹ (1862); ›Unsere guten Landleute‹ (1866); ›Lassen wir uns scheiden‹ (1880); ›Tosca‹ (1887, 1900 als Oper von G. Puccini).

Saroyan, William, geb. 31. 8. 1908 in Fresno, gest. 18. 5. 1981 ebenda. Amerikanischer Schriftsteller. Kindheit in ärmli-

605

chen Verhältnissen, Gelegenheitsarbeiter. Von 1920 an freier Schriftsteller. Saroyan hatte einen unerschütterlichen Glauben an das Gute und an den Menschen, den er mit seinen Schwächen und Enttäuschungen auf poetische und humorvolle Weise schilderte. Sein Stück ›The time of your life‹ ist international bekannt geworden.
Weitere Stücke: ›Mein Herz ist im Hochland‹ (1939); ›Fußtritt aus Liebe‹ (1951); ›The slaughter of the innocents‹ (1952); ›The cave dwellers‹ (1958); ›Tales from the Vienna tales‹ (1981).
Literatur: L. W. Petricek: Saroyan als Dramatiker. Diss. Wien 1949; R. Floan: W. Saroyan. New York 1966.

Sarraute, Nathalie, geb. 18. 7. 1902 in Ivanovo-Voznesensk (Rußland). Französische Erzählerin, Dramatikerin und Essayistin. 1904 Wegzug aus Rußland. In Frankreich studierte Sarraute Jura und Literatur. Bis 1939 arbeitete sie als Rechtsanwältin in Paris; nach ihrer Heirat nur noch Arbeit als Schriftstellerin. Sie gehört neben A. Robbe-Grillet und M. Butor zu den wichtigsten Autoren des Nouveau Roman. In ihren Romanen verzichtet sie auf Handlung und Charaktere im herkömmlichen Sinn. Vielmehr interessiert sie sich für die winzig kleinen Regungen (von ihr »tropismes« genannt), die ein Alltagsgespräch begleiten. In Frankreich häufig aufgeführt, auf deutschsprachigen Bühnen vernachlässigt.
Stücke: ›Das Schweigen‹, ›Die Lüge‹ (UA 1966/67 in Paris); ›Théâtre‹ (1978); ›Pour un oui ou pour un non‹ (1982).
Literatur: G. R. Besser: N. Sarraute. Boston 1979; W. Wehle (Hrsg.): Nouveau Roman. Darmstadt 1980.

Sartre, Jean-Paul, geb. 21. 6. 1905 in Paris, gest. 15. 4. 1980 ebenda. Französischer Philosoph, Essayist und Schriftsteller. Sohn eines Polytechnikers. Sartre studierte Philosophie; danach diverse Lehrtätigkeiten bis 1945. Er war einer der Begründer des Existentialismus. In seiner 1971/72 entstandenen Flaubert-Biographie ›L'idiot de la famille‹ vereinigten sich thematisch seine bisherigen literarischen, literaturkritischen und philosophischen Werke. Inter-

Sasse

nationale Aufmerksamkeit erhielt er mit seinen Romanen ›Der Ekel‹ (1938) und ›Die Mauer‹ (1939). Seine Dramen sind philosophische Thesenstücke, in denen es um die Untersuchung der Freiheit des Menschen geht. »Für die Bühne forderte Sartre (in einer Rede in Frankfurt a. M.), weil das klassische und bürgerliche Theater tot seien, ein zeitnahes Theater, das die sozialen Konflikte der Gegenwart darstelle, ohne dabei zum Thesentheater abzusinken, das Fragen beantworte. In seinen eigenen Bühnenwerken (. . .) hat Sartre diese Forderung erfüllt und seine philosophischen Thesen mit unerbittlicher Konsequenz in dramatische Aktionen umgesetzt.« (Franz Lennartz, Ausländische Dichter und Schriftsteller unserer Zeit. Stuttgart 1960) Seine Stücke wurden in den achtziger und neunziger Jahren in Deutschland nur noch selten gespielt.
Weitere Stücke: ›Die Fliegen‹ (1943); ›Geschlossene Gesellschaft‹ (1944); ›Die ehrbare Dirne‹ (1946); ›Tote ohne Begräbnis‹ (1946); ›Die schmutzigen Hände‹ (1948); ›Der Teufel und der liebe Gott‹ (1951); ›Kean oder Unordnung und Genie‹ (1954, nach Dumas); ›Nekrassow‹ (1955); ›Die Eingeschlossenen von Altona‹ (1959).
Literatur: S. de Beauvoir: La cérémonie des adieux. Paris 1981; Chr. Miething: Saint-Sartre, oder der autobiographische Gott. Heidelberg 1983; J. Colombel: Sartre. Paris 1985.

Sasse, Heribert, geb. 28. 9. 1945 in Linz. Schauspieler, Regisseur, Theaterleiter. Ausbildung zum Elektrotechniker, danach Musikstudium am Wiener Max-Reinhardt-Seminar, das er bald abbrach. 1968 erste kleine Rollen am Wiener Volkstheater; 1969 spielte er im Kellertheater München, bei Kelle Riedel. 1969 debütierte er als Regisseur: im Münchner Theater 44 inszenierte Sasse Jean Genets ›Unter Aufsicht‹. Von 1970 bis 1972 war er an den Staatlichen Schauspielbühnen Berlin engagiert, spielte dort u. a.: Blasi in Wolfgang Bauers ›Change‹ (1970); Prinz in Gombrowicz' ›Yvonne, Prinzessin von Burgund‹ (1970). Von 1972 bis 1975 arbeitete Sasse am Düsseldorfer Schauspielhaus, u. a.: Titelrolle in Brechts ›Der aufhaltsame Aufstieg des Arturo Ui‹ (1972); Stan in Pinters ›Geburtstagsfeier‹ (1974). Während dieser Zeit gastierte er weiterhin in Berlin. Von 1976 bis 1980 spielte er vor allem in Wien: am Theater in der Josefstadt, am Volkstheater, am Komödiantentheater. 1980 wurde er Intendant des Berliner Renaissancetheaters, das er bis zur Berufung als Intendant der Staatlichen Schauspielbühnen Berlin (1985) leitete. 1981 spielte er in Rudolf Noeltes Inszenierung von Büchners ›Danton‹ (Salzburger Festspiele) den Robespierre; im selben Jahr inszenierte er am Renaissancetheater Franz Molnárs ›Liliom‹. Weitere wichtige Inszenierungen an diesem Haus in der Spielzeit 1981/82: Kipphardts ›In der Sache J. Robert Oppenheimer‹; Feydeaus ›Wie man Hasen jagt‹; Patrick Süskinds ›Kontrabaß‹ (auch Hauptrolle); in der Spielzeit 1982/83: Schnitzlers ›Liebelei‹; Brechts ›Der aufhaltsame Aufstieg des Arturo Ui‹; Horváths ›Kasimir und Karoline‹; in der Spielzeit 1983/84: Tschechows ›Onkel Wanja‹. 1985 wurde Sasse Nachfolger von Boy Gobert an den Staatlichen Schauspielbühnen Berlin. Die überraschende Berufung zum Generalintendanten verdankte er wohl auch einem auf zehn Jahre projektierten Rahmenprogramm seines Dramaturgen Knut Boeser: Sasse wollte in Berlin seinen Traum vom neuen deutschen Nationaltheater verwirklichen. Seine erste Spielzeit an diesem Haus eröffnete er mit Nestroys Posse ›Der Talisman‹ (er inszenierte und spielte den Titus Feuerfuchs). Wichtige Inszenierungen u. a.: Hofmannsthals ›Der Unbestechliche‹ (1985); Marguerite Duras' ›Savannah Bay‹ (1986); Schnitzlers ›Das weite Land‹ (1986). Während seiner eher glücklosen und von der Kritik ziemlich negativ beurteilten Intendanz kümmerte sich Sasse um Gegenwartsautoren, band Regisseure wie Fred Berndt, Nicolas Brieger, Einar Schleef, Niels-Peter Rudolph und Harald Clemen an das Haus. Den Spekulationen um die Verlängerung seines Vertrages über 1990 hinaus, machte Sasse im März 1988 ein Ende: Er gab bekannt, die Arbeit an diesem Haus 1990 zu beenden. 1989 inszenierte er noch die Uraufführung von Rolf Hochhuths ›Unbefleckte Empfängnis‹ und Lee Blessings ›Ein Waldspaziergang‹. 1993 spielte Sasse am Münchner Gärtnerplatztheater den Haushofmeister in Richard Strauss' ›Ariadne auf Naxos‹ und bei Jürgen Flimm am Hamburger Thalia Theater in Horváths ›Glaube Liebe Hoffnung‹. 1994 übernahm er das geschlossene Berliner Schloßparktheater als Intendant, allerdings ohne Subventionen als Privattheater.

Sattmann, Peter, geb. 1947. Schauspieler, Regisseur und Bühnenautor. Debütierte am Deutschen Theater in Göttingen, wo er vor allem mit dem Regisseur Roberto Ciulli arbeitete. Von 1972 bis 1980 war er am Württembergischen Staatstheater in Stuttgart engagiert, spielte u. a. Romeo in Shakespeares ›Romeo und Julia‹ (1972, R. Alfred Kirchner); Goldie in Gerlind Reinshagens ›Himmel und Erde‹ (UA 1974, R. Claus Peymann); den Truffaldino in Goldonis ›Diener zweier Herren‹ (1976, R. Niels-Peter Rudolph); Kaiser und Proteus in Goethes ›Faust II‹ (1977, R. Peymann); den Rotter-Gegenspieler Lackner in Thomas Braschs ›Rotter‹ (1977); Clov in Becketts ›Endspiel‹ (1978, R. Kirchner); Titelrolle in Thomas Bernhards ›Immanuel Kant‹ (UA 1978, R. Peymann); hierüber schrieb Thomas Petz (›SZ‹, 3. 11. 1978): »Peter Sattmann spielt seinen Clov nicht als Clown und nicht als Knecht, sondern als einen engstirnigen, kindlichen Grübler, der bisweilen über seine schlauen Einfälle selig lächelt und dann wieder ratlos brüllt. Eine herrliche kurzsichtige Figur mit einem scharfen Blick für das Unwesentliche.« 1979 wurde in Stuttgart Sattmanns erstes Stück ›Open end‹ uraufgeführt, ein Jahr später kam in Bochum, wohin er Peymann gefolgt war, sein zweites Stück heraus: ›Der Erzbischof ist da‹, inszeniert vom Autor. An diesem Haus spielte Sattmann u. a.: Titelrolle in Herbert Achternbuschs ›Kuschwarda City‹ und Schreiber in Achternbuschs ›Susn‹ (UA 1980, R. Kirchner/Vera Sturm). 1981 wurde in Bochum Sattmanns Text ›BNM‹, 1982 in Freiburg sein Stück ›Fallschirmspringer‹ uraufgeführt. 1983 spielte er an der Freien Volksbühne Berlin den Hotelbesitzer Stefan in Botho Strauß' ›Bekannte Gesichter, gemischte Gefühle‹ (R. Fred Berndt); Alex in Yasmina Rezas ›Gespräche nach einer Beerdigung‹ (DE 1988, Staatliche Schauspielbühnen Berlin, R. Harald Clemen); Ferdinand in Labiches ›Der Florentinerhut‹ (1989, ebenda). Sattmann spielte auch in Filmen: u. a. in Wolf Gremms ›Tod oder Freiheit‹ nach Schillers ›Räubern‹ (1978) und in Doris Dörries ›Im Innern des Wals‹ (1985). Man sah ihn auch in den Fernsehserien ›Bastard‹ und ›Der Prins muß her‹ (1991).

Sauer, Oscar, geb. 11. 12. 1856 in Berlin, gest. 3. 4. 1918 ebenda. Schauspieler. Begann seine Laufbahn 1874 in Osnabrück und kam – nach mehreren Engagements in der Provinz – 1890 nach Berlin. Zunächst arbeitete er am Lessing-Theater, von 1897 an bei Otto Brahm, erst am Deutschen Theater, dann wieder am Lessing-Theater. Er war einer der führenden realistischen Schauspieler in Brahms Ensemble, prädestiniert für die Darstellung kleinbürgerlicher Figuren in ihrem Alltagskampf. Wichtige Rollen u. a.: Gregers Werle in Ibsens ›Wildente‹ und Brack in ›Hedda Gabler‹; Siebenhaar in Hauptmanns ›Fuhrmann Henschel‹ und Wehrhahn in ›Der Biberpelz‹; Pastor Manders in Ibsens ›Gespenster‹; Titelrolle in Hauptmanns ›Michael Kramer‹. Sauer galt vielen als der wahrhaftigste Schauspieler seiner Zeit. Alfred Kerr schätzte ihn als »leuchtenden Seelenschauspieler«, Herbert Ihering hielt Sauers Schauspielkunst für »zeitlos«.
Literatur: S. Jacobsohn (Hrsg.): Oskar Sauer. Ein Gedenkbuch. Berlin 1916; H. Ihering: Von Josef Kainz bis Paula Wessely. Heidelberg, Berlin, Leipzig 1942; P. Wellert: Oskar Sauer. Eine Untersuchung über Wesen und Wirkung seiner Schauspielkunst. Diss. Berlin 1963; M. Kuschnia (Hrsg.): 100 Jahre Deutsches Theater Berlin 1883–1983. Berlin 1983.

Saunders, James, geb. 8. 1. 1925 in Islington. Englischer Dramatiker. Saunders arbeitete nach dem Zweiten Weltkrieg in verschiedenen Berufen, u. a. als Chemielehrer. 1955 veröffentlichte er sein erstes Stück, das ihn später auch in Deutschland berühmt machte: ›Wirklich schade um Fred‹. 1974 wurde er Co-Direktor des Greenwich Theatre. Saunders schrieb in der Tradition von Pirandello und Ionesco mit den Mitteln des absurden Theaters Stücke, in denen er Figuren in absurde und hilflose Situationen stellte, um dann auf vielfältige Weise die Fragen nach dem Sinn des Lebens und der Identität des Menschen zu behandeln. Neben ›Wirklich schade um Fred‹ wurde auch sein Stück ›Leib und Seele‹ in Deutschland nachgespielt (DE 1978, Schauspielhaus Zürich, R. Gerhard Klingenberg). Eva-Elisabeth Fischer schrieb über die Aufführung des Stücks im Marstalltheater München (R. Klaus Löwitsch/Udo Schön): »Der Autor hielt sich ans Alltägliche, freilich an eine Alltäglichkeit, die das Denken und Erleben einer dünnen intellektuellen Bürgerschicht betrifft. Um ein simples Boulevardgeschichtchen – älteres Ehepaar treibt mit jüngerem befreundeten Ehepaar Partnertausch, man trennt sich, kehrt zu den rechtmäßigen Eheleuten zurück und trifft sich nach neun Jahren beim Dinner wieder – ranken sich Sinnfragen, Fragen um Lebens- und Über-Lebens-Strategien.« (›SZ‹, 29. 9. 1980).
Weitere Stücke: ›Die Arche‹ (1959); ›Ein unglücklicher Zufall‹ (1961); ›Wer war Hilary?‹ (1963); ›Ein Eremit wird entdeckt‹ (1963), ›Ein Duft von Blumen‹ (1965); ›Nachbarn‹ (1967); ›The Borage Piegeon Affair‹ (1970); ›Spiele‹ (1971); ›Hans Kohlhaas‹ (1972); ›Bye bye Blues and Other plays‹ (1980); ›Savoury Meringue and Other plays‹ (1980).

Savary, Jérôme, geb. 1942 in Buenos Aires. Schauspieler, Regisseur, Autor. Studierte an der Kunstschule Paris. Arbeitete zunächst als Comic-strip-Zeichner und Autor von Photo-Romanen. Nach ersten Regieerfahrungen an Theatern in Argentinien gründete er 1965 die Compagnie Jérôme Savary, aus der 1968 sein Grand Magic Circus hervorging. Wichtige Savary-Theater-Revuen u. a.: ›Zartan, Tarzans ungeliebter Bruder‹ (1970); ›Robinson Crusoes letzte Tage der Einsamkeit‹ (1970, eine ›Romantische Oper in 32 Bildern‹); ›Von Moses bis Mao‹ (1974); ›Good bye Mister Freud‹ (1975); ›Les grands sentiments‹ (1975); ›Les Mélodies

Savary

du Malheur‹ (1979); ›Weihnachten an der
Front‹ (1981, in Zusammenarbeit mit dem
Deutschen Schauspielhaus Hamburg).
1975 inszenierte Savary erstmals in
Deutschland: am Hamburger Schauspielhaus kam Büchners ›Leonce und Lena‹
heraus. Ivan Nagel, der Savary geholt hatte, schrieb anläßlich eines Münchner Gast-
spiels des Grand Magic Circus in München
(mit ›Les grands sentiments‹): »Das Schöne ist, daß Savary aus den ewigen Quellen
des Schmierentheaters schöpft. Diese
Truppe weiß, daß Schauspielerei nicht eine
Sache der Würde ist, sondern des Mutes,
bis an die Extreme zu gehen. Die Selbstbe-
freiung der Schauspieler greift auf den Zuschauerraum über und führt auch dort zur
Befreiung.« (Münchner ›AZ‹, 18. 5. 1976)
1978 inszenierte Savary wieder am Hamburger Schauspielhaus: Jules Vernes ›In 80
Tagen um die Welt‹; Werner Burkhardt
gab zu bedenken (›SZ‹, 29. 11. 1978):
»zum Atmen kommt man da nicht. Leider
auch nicht zum Denken. Die Gags treten
einander auf die Hühneraugen.« Weitere
Inszenierungen in Deutschland u. a.: Offenbachs ›Pariser Leben‹ (1978, Frankfurt
a. M.); Falladas ›Jeder stirbt für sich allein‹
(1981, Staatliche Schauspielbühnen Berlin,
Co-Regie Peter Zadek); Molières ›Der
Bürger als Edelmann‹ (1986, Hamburger
Schauspielhaus); die Savary-Revue ›Cocu
& Co‹ (1987, ebenda); Savarys ›Musketiere‹ (nach Dumas, 1989, Staatliche Schauspielbühnen Berlin); Tankred Dorsts ›Der
blaue Engel‹ (1992, Berliner Theater des
Westens, Co-Regie Zadek). 1982 inszenierte Savary erstmals ein Werk des Musiktheaters: Strawinskys ›Geschichte vom
Soldaten‹ (Mailänder Scala). Es folgten:
Mozarts ›Zauberflöte‹ (1985, Bregenzer
Festspiele); Offenbachs ›Hoffmanns Er-
zählungen‹ (1987, Bregenz); Lehárs ›Lustige Witwe‹ (1987, Volksoper Wien);
Camille Saint-Saëns' ›Samson und Delila‹
(1988, Bregenz); Bizets ›Carmen‹ (1991,
ebenda); Johann Strauß' ›Die Fledermaus‹
(1991, Grand Théâtre in Genf); Rossinis
›Italienerin in Algier‹ (1992, Deutsche
Oper Berlin). 1990 kreierte Savary eine
Revue für ›Holiday on Ice‹, und im selben
Jahr lud ihn Alain Crombecque, Direktor
des Festivals von Avignon, zu einer ersten
Inszenierung bei diesem renommierten Festival ein: Shakespeares ›Sommernachtstraum‹. C. Bernd Sucher schrieb über diese
Aufführung (›SZ‹, 26. 7. 1990): »Savary
verkitschte auf aufwendigste und perfekte
Weise Shakespeares ›Sommernachstraum‹
zu ›Holiday en Provence‹. (. . .) Der Kitsch
siegt über die Natur. Der Film über das
Theater. Savary und die Seinen sparen an
nichts, inszenieren Überfluß, Walt-Disney-
Bilder und Magic Circus. Sie scheren sich
im übrigen nicht sehr um Shakespeare.
(. . .) Pittoresk, lieb, nett ist die Aufführung
– und sehr oberflächlich. Kasperletheater
für Erwachsene. Die französische Kritik,
die immer eher einlenkend freundlich und
nur höchst selten eindeutig negativ Stellung bezieht, schimpfte diesmal im Chor.«
1988 übernahm Savary als Theaterdirektor
das Pariser Théâtre National du Chaillot;
stolz verkündete er vier Jahre später in einem Gespräch mit Eberhard Spreng (›SZ‹,
10. 8. 1992): »Wir haben jetzt doppelt so
viele Zuschauer im Vergleich zum Zeit-
raum der Intendanz von Antoine Vitez.
Wir haben genausoviel Publikum wie die
Comédie Française. (. . .) Im ganzen Haus
soll eine Atmosphäre des Spektakulären,
der Magie herrschen.« Und auf die Frage
von Brigitta Ashoff (Magazin der ›FAZ‹,
11. 5. 1990), ob Savary glaube, zum Club
der international angesehenen Regisseure
zu gehören, antwortete er: »Nein, das wäre
zu einfach. Ich akzeptiere es aber, ein Paria
zu sein, weil ich volksverbunden sein will.
Aber es sind die kleinen Gruppen – auch in
Deutschland –, die entscheiden. (. . .) Eine
Handvoll Leute befindet darüber, ob jemand im Theater ein Genie ist oder nicht.
Manchmal ist es nur ein einziger potenter
Kritiker oder eine einzige einflußreiche
Zeitung oder Zeitschrift.«

Literatur: J. Savary: La vie privée d'un
magicien ordinaire. Paris 1985; ders.: Ma
vie commence à 20h30. Paris 1991; ders.:
Album du Grand Magic Circus. Paris
1974; ders.: Die Abenteuer vom dicken
Schwein in Amazonien. Köln 1985; ders.:
Bye, bye, Show Biz. Köln 1985; ders.: Der
Witwer und das Waisenkind. Melodramen.
Köln 1986.

Schaaf, Johannes, geb. 7. 4. 1933 in Stuttgart-Bad Cannstatt. Regisseur. Studierte einige Semester Medizin in Tübingen und Berlin; arbeitete als Taxifahrer, bevor er am Stuttgarter Schauspielhaus als Schauspieler und Regieassistent anfing. 1958 Schauspieler am Ulmer Theater unter der Leitung von Kurt Hübner; dort erste Regiearbeiten. Danach wechselte er mit Hübner nach Bremen, wo er Weskers ›Tag für Tag‹ inszenierte (DE 1962). In Bremen begann er schließlich mit der Fernseh- und Filmarbeit; galt Ende der sechziger Jahre als große Hoffnung des jungen deutschen Films. Wichtigste Filmarbeiten: ›Tätowierung‹ (1967); ›Trotta‹ (1971, nach Joseph Roths ›Kapuzinergruft‹, Drehbuch: Maximilian Schell); ›Traumstadt‹ (1973). 1986 folgte die Verfilmung von Michael Endes Roman ›Momo‹. Mit Shakespeares ›Was ihr wollt‹ gelang ihm 1970 am Münchner Residenztheater (Bayerisches Staatsschauspiel) ein erfolgreiches Theater-Comeback; Ivan Nagel schrieb: »Man spürte die Persönlichkeit eines Regisseurs, der nicht mit einer sogenannten Konzeption, sondern mit einem vollen, bewegten Eindruck des Stückes an die Arbeit gegangen war – und der schließlich nicht bloß durchsichtige Masken und Kleider seiner Konzeption als Aufführung anbot, sondern widersprüchliche, schön belebte Wirklichkeit. (. . .) Die Einheit dieser Aufführung besteht darin, daß sie alle Themen des Stückes sich frei in die Details der farbigsten Launen entfalten läßt.« (›SZ‹, 20. 1. 1970) 1973 wurde er Hausregisseur an den Münchner Kammerspielen; Inszenierungen: Sternheims ›Die Kassette‹; Valle-Incláns ›Worte Gottes‹; Wedekinds ›Schloß Wetterstein‹ (alle 1974). 1976 schloß er einen mehrjährigen Gastregievertrag mit dem Wiener Burgtheater; debütierte dort 1977 mit der Inszenierung von Schnitzlers ›Ruf des Lebens‹. Erfolg bei den Salzburger Festspielen mit Büchners ›Leonce und Lena‹ (1975) und Beaumarchais’ ›Ein toller Tag oder Figaros Hochzeit‹ (1978, beide mit Klaus Maria Brandauer, jeweils im Bühnenbild von Wilfried Minks); später folgte dort Lessings ›Nathan der Weise‹ (1984, mit Hans Schulze). Im März 1978 wurde Schaaf zusammen mit Wilfried Minks in das Direktorium des Frankfurter Schauspiels gewählt. Er trat das Amt zu Beginn der Spielzeit 1980/81 an, schied jedoch nach Querelen um die Mitbestimmung am Ende der Spielzeit wieder aus. Inszenierungen in Frankfurt: Büchners ›Dantons Tod‹ und Tschechows ›Der Kirschgarten‹ (1981); Arbeiten in Düsseldorf: Kleists ›Das Käthchen von Heilbronn‹ (1979); Jörg Grasers ›Die buckelige Angelika‹ (UA 1983); Beaumarchais’ ›Ein toller Tag oder Figaros Hochzeit‹ (1983). In den folgenden Jahren verlegte er sich aufs Musiktheater und avancierte zum vielgefragten Opernregisseur. Zahlreiche Mozart-Opern: ›Die Entführung aus dem Serail‹ (1987, Salzburg; 1993, Hamburg); ›Idomeneo‹ (1987, Staatsoper Wien; 1989 auch in London); ›Die Hochzeit des Figaro‹ (1987), ›Così fan tutte‹ (1989) und ›Don Giovanni‹ (1992, alle an der Covent Garden Opera London); ›Die Zauberflöte‹ (1991, Salzburg). Ferner u. a.: Strauss’ ›Capriccio‹ (1985, Salzburg); Webers ›Der Freischütz‹ (1987, Berlin); Schostakowitschs ›Die Nase‹ (1990, Frankfurt) und ›Lady Macbeth von Mzensk‹ (1992, Stuttgart); Gottfried von Einems ›Dantons Tod‹ (1990) sowie Mussorgskys ›Boris Godunow‹ (1991, jeweils Nationaltheater München); Beethovens ›Fidelio‹ (1991, Amsterdam); Bergs ›Wozzeck‹ (1993, Stuttgart). Von 1968 bis 1970 war er Dozent an der Filmhochschule Berlin. Seine Inszenierung von Shakespeares ›Was ihr wollt‹ (Bayerisches Staatsschauspiel München) wurde 1970 zum Berliner Theatertreffen eingeladen. Schaaf ist mit der Schauspielerin Rosemarie Fendel verheiratet.

Schade, Doris, geb. 21. 5. 1924 in Frankenhausen, Thüringen. Schauspielerin. Aufgewachsen in der Sowjetunion und in Japan. 1942–1944 Schauspielausbildung am Alten Theater Leipzig; debütierte 1946 an den Städtischen Bühnen Osnabrück als Luise in Schillers ›Kabale und Liebe‹. Es folgten Engagements in Bremen (1947–1949), an den Städtischen Bühnen Nürnberg (1949–1954) und an den Städtischen Bühnen Frankfurt a. M. (1954–1961). 1961 wechselte sie an die Münchner Kammer-

Schade

spiele, wo sie bis 1972 zum Ensemble gehörte. Rollen in Inszenierungen von Fritz Kortner: Desdemona in Shakespeares ›Othello‹ (1962) und Lady Anna in ›Richard III.‹ (1963); Rosetta in Büchners ›Leonce und Lena‹ (1963); in Inszenierungen von Hans Schweikart: Else Reissner in Wedekinds ›Musik‹ (1965); Auguste in Dürrenmatts ›Der Meteor‹ (1966); Jenny in Albees ›Alles im Garten‹ (DE 1969); in Inszenierungen von August Everding: Hansi Brand in Kipphardts ›Joel Brand‹ (1965); Anna Sartorius in Lohmeyers ›Cautio Criminalis‹ (1966); Julia in Albees ›Empfindliches Gleichgewicht‹ (1967). Außerdem u. a.: Isabella in Shakespeares ›Maß für Maß‹ (1963) und Mrs. Foresight in Congreves ›Liebe für Liebe‹ (1965, R. jeweils Paul Verhoeven); Frau Chandebise in Feydeaus ›Floh im Ohr‹ (1968) und Jenny in Sternheims ›Bürger Schippel‹ (1971, R. jeweils Dieter Giesing; Königin Anna in Marlowe/Brechts ›Leben Eduards II. von England‹ (1970, R. Hans Hollmann). 1972–1977 Engagement am Deutschen Schauspielhaus Hamburg; wichtigste Rollen: Victors Mutter in Vitracs ›Victor oder Die Kinder an der Macht‹ (1972); Frau John in Hauptmanns ›Die Ratten‹ (1973); Jessica in Bonds ›Die See‹ (1974, R. Giesing); Frau in Heiner Müllers ›Die Schlacht‹ (1976, R. Ernst Wendt); Julie in Büchners ›Dantons Tod‹ (1977, R. Jürgen Flimm); Frau Alving in Ibsens ›Gespenster‹ (1977, R. Luc Bondy). Am Staatstheater Stuttgart gastierte sie als Frau Fröhlich in Bernhards ›Der Präsident‹ (1975, R. Claus Peymann). Seit 1977 gehört sie wieder zum Ensemble der Münchner Kammerspiele. Wichtige Rollen in Wendt-Inszenierungen: Jokaste in Sophokles' ›Ödipus‹ (1978); Elisabeth in Schillers ›Maria Stuart‹ (1979); Titelrolle in Jahnns ›Medea‹ (1981, mit Lambert Hamel); Diamante in Pirandellos ›Die Riesen vom Berge‹ (1981); Ranjewskaja in Tschechows ›Der Kirschgarten‹ (1983): »Doris Schade zeigte aristokratische Allüren, zeigte die Plötzlichkeit und Empfindsamkeit, auf welche wenig Verlaß ist, und auch einen faszinierenden Hauch lebensvoller Unseriosität. Nie sahen wir diese Schauspielerin reicher, ohne jene falsche Affektiertheit,

die hier so oft belästigt; nie sahen wir sie bestimmter, im Ausspielen ihrer Mittel genauer.« (Joachim Kaiser, ›SZ‹, 31. 5. 1983) Rollen in Inszenierungen von Dieter Dorn: Maria in Shakespeares ›Was ihr wollt‹ (1980); Hanne in Dorsts ›Merlin oder Das wüste Land‹ (1982); Marthe Rull in Kleists ›Der zerbrochne Krug‹ (1986). Außerdem u. a.: Marthe in Bonds ›Sommer‹ (DE 1983, R. Bondy); Erfolg als Marquise de Merteuil in Heiner Müllers ›Quartett‹ (1983, mit Romuald Pekny, R. Ulrich Heising); Claudia Galotti in Lessings ›Emilia Galotti‹ (1984, R. Thomas Langhoff); Heidnische Alte in García Lorcas ›Yerma‹ (1984, R. Peter Zadek); Erika Wubler in Bölls ›Frauen vor Flußlandschaft‹ (UA 1988, R. Volker Schlöndorff); Gunhild in Ibsens ›John Gabriel Borkman‹ (1989, R. Hans Lietzau); Die Frau in Kerstin Spechts Monolog ›Amiwiesen‹ (UA 1990, R. Kazuko Watanabe). Für ihre Darstellung der Hekabe in George Taboris Inszenierung ›Die Troerinnen‹ (1985/86, nach Euripides) wurde sie 1987 mit dem Gertrud-Eysoldt-Ring ausgezeichnet. Zuletzt feierte sie große Erfolge als Frau Grollfeuer in Werner Schwabs ›Volksvernichtung oder Meine Leber ist sinnlos‹ (UA 1991, R. Christian Stückl) und als Mutter in Bernhards ›Am Ziel‹ (1993, R. Martin Meltke). Filmrollen hatte sie u. a. in Margarethe von Trottas ›Die bleierne Zeit‹ (1981) und ›Rosa Luxemburg‹ (1986) sowie in Rainer Werner Fassbinders ›Die Sehnsucht der Veronika Voss‹ (1982). C. Bernd Sucher schrieb über die »Alleskönnerin« Schade: »Es ist, als begegnete man in jeder Rolle einer anderen Schauspielerin. Es gibt ihn nicht, den Schade-Ton, die Schade-Geste (. . .): Die Schade ist immer wieder anders, neu. Auf der Suche nach der Figur wird sie stets fündig, entdeckt die Rolle und damit zugleich an sich eine bisher unbekannte Facette, einen neuen gehörten Ton. Sie nimmt die Menschen, die sie darstellt, ein, okkupiert sie mit Körper und Geist und äußert dann das Innenleben dieser Kunstfigur ganz realistisch, in völliger Harmonie mit sich selber, ganz unkünstlich.« (›Theaterzauberer‹, S. 242 f.)

Literatur: H.-R. Müller/D. Dorn/E. Wendt: Theater für München. Ein Arbeitsbuch der Kammerspiele 1973–1983. München 1983; C. B. Sucher: Theaterzauberer. Schauspieler. 40 Porträts. München, Zürich 1988.

Schäfer, Helmut, geb. 9. 2. 1952 in Köln. Dramaturg, Regisseur und Ko-Intendant am Mülheimer Theater an der Ruhr. Studium der Philosophie und Soziologie. Seit 1977 Gastdramaturg in Köln, Frankfurt, Berlin, Düsseldorf und Stuttgart. Zusammen mit Roberto Ciulli gründete er 1980 in Mülheim das Theater an der Ruhr, wo er seither Dramaturg und künstlerischer Leiter ist. Ko-Regisseur zahlreicher Ciulli-Inszenierungen; Bearbeitung und Neuübertragung vieler antiker Texte (u. a. von Sophokles und Euripides); Essays und eigene Stücke.

Schäfer, Walter Erich, geb. 16. 3. 1901 in Hemmingen, Württemberg, gest. 28. 12. 1981 in Stuttgart. Schriftsteller, Dramaturg und Intendant. Studierte zunächst Landwirtschaft an der Hochschule in Hohenheim, dann Philosophie und Kunstgeschichte in Tübingen; 1926 Promotion. 1923–1933 Dramaturg am Staatstheater Stuttgart; 1934–1938 in Mannheim; 1938–1948 Chefdramaturg und Regisseur in Kassel; 1948/49 Dramaturg in Augsburg. Im Dezember 1949 wurde er Intendant der Württembergischen Staatstheater Stuttgart; 1950 Generalintendant. Er blieb bis zu seiner Pensionierung im Jahr 1972 im Amt; 1962/63 leitete er zudem neben Herbert von Karajan die Wiener Staatsoper. Schäfer führte das Stuttgarter Dreisparten-Haus zu internationalem Ansehen. Mit besonderer Vorliebe nahm er sich der Oper an. Unter seiner Obhut entwickelte sich das Stuttgarter Opernhaus zur renommierten Wagner- und Orff-Bühne, an der bedeutende Regisseure wie Günther Rennert und Wieland Wagner arbeiteten. Dem langjährigen Generalmusikdirektor Ferdinand Leitner folgten Vaclav Neumann und Carlos Kleiber. Das Schauspiel überließ Schäfer weitgehend seinen Schauspieldirektoren, zunächst Paul Hoffmann, später Günther Lüders und Peter Palitzsch. Mit der Verpflichtung John Crankos vom Royal Ballet London schaffte Schäfer die Voraussetzung für den bemerkenswerten Aufstieg des Stuttgarter Balletts in die Spitzenklasse. Auf eigene Inszenierungen hat Schäfer während seiner Amtszeit verzichtet. Wolfgang Ignée schrieb über den erfolgreichen Intendanten:»Er ist als Vaterfigur für den einzelnen Sänger oder Schauspieler interpretiert, als Schutzschild gegen die Kunstfeindlichkeit der Umwelt und der Kulturbürokratie gesehen, als schlauer Taktierer durchschaut und als genialer Überredungskünstler richtig erkannt worden: All das war er. (...) Die ›Ära‹ Schäfer an den Württembergischen Staatstheatern wurde zur ›Ära‹, weil ihr heimlicher Dirigent zur Toleranz, zum Ausgleich fähig war, seinen Künstlern Zeit zum Ausreifen einräumte und die Fühler in die eigene Gegenwart ausstreckte. Dieses ist vielleicht das einzige mögliche Fazit für die Epoche der Staatstheater unter Schäfer: Sie waren in der Gegenwart zu Hause, und die Gegenwart der darstellenden Kunst war damals in Stuttgart heimisch.« (›Stuttgarter Zeitung‹, 30. 12. 1981) Er erhielt mehrere Auszeichnungen, u. a.: Professorentitel (1959); John-Cranko-Preis (1977).

Stücke: ›Richter Feuerbach‹ (1928); ›Der 18. Oktober‹ (1932); ›Schwarzmann und die Magd‹ (1933); ›Die Reise nach Paris‹ (1936); ›Leutnant Vary‹ (1940); ›Claudia‹ (1942); ›Die Verschwörung‹ (1944).

Literatur: W. E. Schäfer: Bühne meines Lebens. Stuttgart 1975; ders.: Freilichttheater ist Urtheater. Berlin 1936; ders.: Günther Rennert. Regisseur in dieser Zeit. Bremen 1962; ders.: Martha Mödl. Velber 1968; ders.: Wieland Wagner. Persönlichkeit und Leistung. Tübingen 1971; ders.: Die Stuttgarter Staatsoper 1950–1972. Pfullingen 1972; ders.: Die Mutter des Schauspielers. Roman. Stuttgart 1981.

Schall, Ekkehard, geb. 29. 5. 1930 in Magdeburg. Schauspieler und Regisseur. 1946–1948 Ausbildung am Schauspielstudio Magdeburg; 1948–1951 erstes Engagement am Stadttheater Frankfurt a. d. Oder; 1951/52 an der Berliner Neuen Bühne. 1952 kam er an das Berliner Ensemble, wo er bedeutende Rollen erhielt und zum prominentesten Darsteller avancierte. Von 1977 bis Anfang der neunziger Jahre war

Schalla

er dort stellvertretender Intendant. Rollen u. a.: José in Brechts ›Die Gewehre der Frau Carrar‹ (1952, mit Helene Weigel); Hermann in Erwin Strittmatters ›Katzgraben‹ (1953); Johannes Hörder in Bechers ›Winterschlacht‹ (1955, R. Bertolt Brecht); Wu Tsan in Brecht/Palitzsch/Webers ›Der Tag des großen Gelehrten Wu‹ (1955); Shawn Keogh in Synges ›Der Held der westlichen Welt‹ (1956); Alexej in Wischnewskis ›Optimistische Tragödie‹ (1958, R. Peter Palitzsch/Manfred Wekwerth); Titelrolle in Brechts ›Der aufhaltsame Aufstieg des Arturo Ui‹ (erstmals 1959); Rigault in Brechts ›Die Tage der Commune‹ (1962) sowie Philosoph in ›Der Messingkauf‹ (1963); Coriolan in Shakespeare/Brechts ›Die Tragödie des Coriolan‹; Oppenheimer in Kipphardts ›In der Sache J. Robert Oppenheimer‹ (1965); Titelrolle in Büchners ›Woyzeck‹ (1970); in Inszenierungen von Ruth Berghaus: Shlink in Brechts ›Im Dickicht der Städte‹ (1971); Herakles in Hacks' ›Omphale‹ (1972); Iwagin in Gladkow/Heiner Müllers ›Zement‹ (1973). 1971/72 glänzte er als Papst Urban in Brechts ›Leben des Galilei‹ (mit Wolfgang Heinz als Galilei): »Wer den ›Arturo Ui‹ nicht gesehen hat, der erhält hier einen kleinen Einblick; denn Ekkehard Schall erinnert noch als Papst Urban an seine Hitler-Darstellung; seine mühsam beherrschte Energie, die sich in plötzlichen sprachlichen Eruptionen Luft machen muß, das stoßweise Bellen und unvermittelte Zurückfallen in heisere Freundlichkeit und Salbung der Stimme – Urban VIII. und Hitler (zwei sehr verschiedene Gestalten, auch bei Brecht) geraten in Schalls explosiver, expressionistischer Darstellung in beklemmende Verwandtschaft.« (Michael Skasa, ›SZ‹, 6. 9. 1972) Weitere Brecht-Rollen: Rektor der Kaiserlichen Universität in ›Turandot oder Der Kongreß der Weißwäscher‹ (1973 und 1981); Puntila in ›Herr Puntila und sein Knecht Matti‹ (1975); Azdak in ›Der kaukasische Kreidekreis‹ (1976); Titelrollen in ›Leben des Galilei‹ (1978) und ›Baal‹ (1987); Wasserverkäufer Wang in ›Der gute Mensch von Sezuan‹ (1991); ferner u. a.: Kurfürst in Kleists ›Prinz Friedrich von Homburg‹ (1990, R. Wekwerth/Joachim Tenschert).

Seine größten Erfolge feierte Schall als Arturo Ui (über 500mal) und als Coriolan. Auf Gastspielreisen fand er auch im Ausland große Anerkennung. 1974 gab er sein Regiedebüt mit Marlowe/Brechts ›Leben Eduards II. von England‹. 1986 gastierte er als Krapp in Becketts ›Das letzte Band‹ im Ostberliner Theater im Palast der Republik (TiP); 1990 übernahm er die Rolle des Teufels im Salzburger ›Jedermann‹ (mit Helmut Lohner in der Titelrolle). Auch Film- und Fernsehrollen. 1959 wurde er mit dem Kunstpreis, 1962 und 1979 mit dem Nationalpreis der DDR ausgezeichnet. 1980 wurde er Präsidiumsmitglied des Verbandes der Theaterschaffenden der DDR. Aus der Ostberliner Akademie der Künste trat er 1991 aus. Schall ist verheiratet mit Brechts Tochter Barbara.

Literatur: D. Kranz: Berliner Theater. 100 Aufführungen aus drei Jahrzehnten. Berlin 1990.

Schalla, Hans, geb. 1. 5. 1904 in Hamburg, gest. 23. 8. 1983 ebenda. Schauspieler, Regisseur und Intendant. Arbeitete nach der Schule in einer Import-Export-Firma. 1922 nahm er Schauspielunterricht bei Ernst Sattler und debütierte am Deutschen Schauspielhaus Hamburg. Es folgten Engagements in Breslau, Darmstadt, Kassel und 1932/33 in Essen; erste Regiearbeiten in Stettin, Gera, Aachen und Köln. 1940 war er Gastregisseur am Berliner Staatstheater, wo er Grillparzers ›König Ottokars Glück und Ende‹ inszenierte und erste Kontakte zu Gustaf Gründgens knüpfte. Nach dem Krieg arbeitete er zunächst in Weimar, dann in Köln (dort moderne Studioaufführungen auf nackter Bühne, ohne Kostüme, Masken, Requisiten). 1947 holte ihn Gründgens an das Düsseldorfer Schauspielhaus, wo er bis 1949 Oberspielleiter war. Wichtigste Inszenierungen dort: Grabbes ›Scherz, Satire, Ironie und tiefere Bedeutung‹ (1947); Gozzi/Schillers ›Turandot‹ (1948); Hasenclevers ›Der Sohn‹ und Borcherts ›Draußen vor der Tür‹ (1948, an zwei Tagen hintereinander). 1949 wurde Schalla als Nachfolger von Saladin Schmitt Intendant des Bochumer Schauspielhauses. Auf Kontinuität setzend, lehnte er zahlreiche

613

andere Intendanzangebote ab und blieb bis 1972 im Amt. Für Schalla war Theater eine »aktive geistige Waffe«. Schwerpunkt seines Spielplans war die Klassikerpflege (vor allem Shakespeare), wobei er – anders als Saladin Schmitt – die Klassiker aktualisierte und von allem Schwulst und Pathos befreite. Der feierlichen Heraldik seines Vorgängers setzte er ein emotionell expressives, bei aller Stilgebundenheit sehr komödiantisches Theater entgegen. Dabei ging es ihm nicht darum, »alte oder falsche Werte über den Haufen zu werfen«, sondern darum, sich neu mit ihnen auseinanderzusetzen: »Ich spiele keineswegs gegen das Publikum Theater. Denn ich will es überzeugen. Je aggressiver, je unbequemer ein Stück ist, je ungewöhnlicher in der Form, um so mehr spiele ich für das Publikum. Ich will es für neue Erkenntnisse und Ausdrucksmöglichkeiten gewinnen. Das gilt auch für unkonventionelle Inszenierungen von Stücken aus vergangenen Epochen.« Insgesamt brachte er in Bochum 114 Inszenierungen auf die Bühne, darunter mehr als 40 Shakespeare-Inszenierungen in enthistorisierten, verknappten Fassungen; ferner Stücke von Schiller, Kleist, Grabbe, Wedekind, Sartre, Büchner und Brecht. Die konsequent vereinfachte Ausstattung entwarfen in der Regel der Bühnenbildner Max Fritzsche und die Kostümzeichnerin Therese van Treeck. Einen triumphalen Erfolg hatte Schalla 1956 in Paris, wo er seine Inszenierung von Sartres ›Der Teufel und der liebe Gott‹ beim Theater der Nationen zeigte (mit Hannes Messemer, der als typischer Schalla-Schauspieler galt). Im Laufe seiner langjährigen Intendanz hat Schalla immer wieder sein Talent zur Ensemblebildung und Nachwuchsförderung bewiesen. Viele namhafte Schauspieler wie Rolf Boysen, Fritz Lichtenhahn, Hildegard Schmahl oder Claus Clausen haben an seinem Haus gearbeitet. Schallas Nachfolger wurde 1972 Peter Zadek. Auszeichnungen u. a.: Professorentitel (1967); Otto-Brahm-Medaille (1971). Schallas Inszenierung von Shakespeares ›Dreikönigsabend oder Was ihr wollt‹ (Bochum) wurde 1966 zum Berliner Theatertreffen eingeladen.

Literatur: A. Schulze-Vellinghausen: Theaterkritik 1952–1960. Hannover 1961; Bochumer Aspekte 69. Bochum 1969; H. P. Doll: H. Schalla. Hrsg. v. Schauspielhaus Bochum. Bochum 1983.

Schatrow, Michail, geb. 3. 4. 1932 in Moskau. Russischer Schriftsteller. Schatrow arbeitete zunächst als Bergbauingenieur, seit 1955 schriftstellerische Tätigkeit, vor allem als Dramatiker. Er schrieb Stücke über die Revolution und die Menschen, »die an der Spitze der ersten sozialistischen Revolution standen«, und behandelte Probleme sowjetischer Jugendlicher, indem er ihr Verhalten in Beziehung zum Leben historischer Persönlichkeiten setzte.
Stücke: ›Kinder der Gegenwart‹ (1962); ›Der 6. Juli‹ (1964); ›Bolschewiki‹ (1967); ›Campanella und der Kommandeur‹ (1972/73); ›Wetter für morgen‹ (1973); ›Das Ende‹ (1975); ›Blaue Pferde auf rotem Gras‹ (1979); ›So werden wir siegen‹ (1982).

Schaub, Urs, geb. 18. 4. 1951 in Basel. Regisseur. Nach dem Abitur an der Handelsschule (1971) arbeitete er als Korrektor, Redakteur und Buchhalter; von 1973 an Studium der Germanistik, Philosophie und Kunstgeschichte in Basel und Zürich. 1976–1979 Schauspielunterricht und Ausbildung zum Regisseur an der Schauspielakademie Zürich; seither freier Regisseur in Deutschland und der Schweiz. Erste Inszenierungen in Aarau, Kaiserslautern, Tübingen und Bern (Jahnns ›Medea‹, 1980). Seinen ersten größeren Erfolg hatte er 1981 mit Stefan Schütz' ›Heloisa und Abaelard‹ im Werkraum der Münchner Kammerspiele. Thomas Thieringer schrieb: »Schaub, der Schütz' Text von einigen allzu bildkräftig ausufernden Dialogen befreite, spielt nie die (doch mögliche) direkte Sinnlichkeit dieser Beziehung aus, er läßt sie als Vision, als nicht zu verwirklichende Möglichkeit, er zeigt nur die brutalen Reaktionen auf diesen Aufbruch in die Selbstverwirklichung. Und er findet wunderbare, einfache, sinnkräftige Bilder für die allmähliche Zerstörung dieser Liebe.« (›SZ‹, 23. 2. 1981) Regiearbei-

Schavernoch

ten in Basel (seit 1981) u. a.: Brechts ›Im Dickicht der Städte‹; Hürlimanns ›Großvater und Halbbruder‹; Goethes ›Torquato Tasso‹; Strauß' ›Kalldewey, Farce‹; Ibsens ›Gespenster‹. Seit 1982 Gastinszenierungen am Schauspielhaus Zürich, u. a.: Paul Hallers ›Marie und Robert‹; Heiner Müllers ›Quartett‹; Enquists ›Aus dem Leben der Regenwürmer‹ (1984); Heins ›Passage‹ (1987). Weitere Inszenierungen u. a.: Wedekinds ›Frühlings Erwachen‹ (1985, Schauspiel Köln); Shakespeares ›Ein Sommernachtstraum‹ (1987, Landesbühne Wilhelmshaven); Brechts ›Die Kleinbürgerhochzeit‹ (1990, Burgtheater Wien). Seither Arbeiten am Staatstheater Darmstadt, u. a.: Fleißers ›Fegefeuer in Ingolstadt‹ (1993); García Lorcas ›Yerma‹ (1994).

Schavernoch, Hans, geb. 1945 in Gmunden (Österreich). Bühnenbildner. 1963–1967 Studium an der Akademie für angewandte Kunst in Wien (Bühnenklasse Otto Niedermoser). 1967–1983 Engagements als Bühnenbildner in Bregenz, Osnabrück, Dortmund, Darmstadt, Krefeld und Gelsenkirchen; seit 1983 freischaffender Künstler. Am Bayerischen Staatsschauspiel München arbeitete er u. a. mit Kurt Meisel. An den Staatlichen Schauspielbühnen Berlin entwarf er u. a. die Bühnenbilder zu Shaffers ›Amadeus‹ (1981), Bernhards ›Die Schein trügt‹ (R. Boy Gobert) und Ibsens ›John Gabriel Borkman‹ (1982/83, mit Martin Held). Seither hauptsächlich Bühnenbilder für Operninszenierungen, u. a. für Strauss' ›Ariadne auf Naxos‹ (1983, Pariser Oper, R. Jean-Louis Martinoty; 1985 auch im Covent Garden London). Seit Mitte der achtziger Jahre regelmäßige und kongeniale Zusammenarbeit mit dem Regisseur Harry Kupfer; zu den wichtigsten gemeinsamen Arbeiten zählen: Pendereckis ›Die schwarze Maske‹ (UA 1986, Salzburger Festspiele); Janáčeks ›Das schlaue Füchslein‹ (1987, Oper Köln); Glucks ›Orpheus‹ (1987, Komische Oper Berlin); Wagners ›Der Ring des Nibelungen‹ (1988, Bayreuther Festspiele); Berlioz' ›La damnation de Faust‹ (1989, Amsterdam; 1992 auch bei den Bregenzer Festspielen); Strauss' ›Elektra‹ (1989, Wiener Staatsoper); Tschai-

kowskys ›Die Jungfrau von Orleans‹ (1989, Münchner Staatsoper); Wagners ›Tannhäuser‹ (1990, Hamburger Staatsoper) sowie ›Tristan und Isolde‹ und ›Parsifal‹ (beide 1990, Opéra de la Bastille Paris). Bühnenbilder für Inszenierungen von August Everding, u. a.: Strauss' ›Elektra‹ (1986, Teatro Comunale Florenz); Verdis ›Rigoletto‹ (1987, Oper Köln); Wagners ›Der fliegende Holländer‹ (1989, Metropolitan Opera New York). Häufig auch Zusammenarbeit mit Götz Friedrich, u. a. in: Verdis ›Die Macht des Schicksals‹ (1986, Staatsoper München); Janáčeks ›Katja Kabanowa‹ (1988, Pariser Oper); Strauss' ›Elektra‹ (1990, Covent Garden). Ferner u. a.: Bartóks ›Herzog Blaubarts Burg‹ und ›Erwartung‹ (1989, Metropolitan Opera, R. Göran Järvefelt); Mozarts ›Così fan tutte‹ (1989, Covent Garden, R. Johannes Schaaf).
Literatur: R. Lummer: Harry Kupfer. Regie im Theater. Frankfurt a. M. 1989.

Schediwy, Fritz, geb. 24. 2. 1943 in Prag. Schauspieler und Regisseur. Schauspielausbildung an der Otto-Falckenberg-Schule München; 1969–1973 Engagement in Bremen bei Kurt Hübner, unter dessen Regie er die Titelrolle in Schillers ›Don Carlos‹ spielte. Weitere Rollen u. a.: Ferdinand in Shakespeares ›Der Sturm‹ (R. Klaus Michael Grüber) und Malvolio in ›Was ihr wollt‹ (R. Alfred Kirchner); Prinz Philip in Gombrowicz' ›Yvonne, Prinzessin von Burgund‹ (R. Wilfried Minks); Johann in Fassbinders ›Bremer Freiheit‹ (R. der Autor). Von 1973 bis 1978 gehörte er zu Peter Zadeks Bochumer Ensemble; dort Zusammenarbeit mit dem Regisseur Augusto Fernandes: Neffe in García Lorcas ›Doña Rosita bleibt ledig‹; Aurelian in Calderóns ›Die große Zenobia‹; Nero in Racines ›Britannicus‹; Der Versucher in Strindbergs ›Der unerwartete Traum‹; Mitwirkung in den Gruppenprojekten ›Atlantis‹ und ›Der Admiral von der traurigen Gestalt‹. Außerdem u. a.: Edmund in Shakespeares ›König Lear‹ und Assessor Brack in Ibsens ›Hedda Gabler‹ (R. jeweils Zadek); Herzog von Este in Hugo/Büchners ›Lucrezia Borgia‹ (R. Werner Schroeter). 1978–1980 Engagement am Düsseldorfer Schauspielhaus unter der Leitung von Günther Beelitz. Dort sah man ihn in den Euripides-Inszenierungen von Roberto Ciulli als Admetos in ›Alkestis‹ und als Odysseus in ›Der Zyklop‹. 1980–1982 Engagement am Schauspiel Frankfurt unter Wilfried Minks und Johannes Schaaf. In Inszenierungen von Minks spielte er den Debuisson in Heiner Müllers ›Der Auftrag‹ und die Titelrolle in Shakespeares ›Richard III.‹; in Inszenierungen von B. K. Tragelehn den Orgon in Molières ›Tartuffe‹ und Valmont in Heiner Müllers ›Quartett‹ (UA 1982). In Frankfurt erste eigene Regiearbeit: Lessings ›Emilia Galotti‹. Gerd Heinz holte ihn 1982 an das Schauspielhaus Zürich, wo er bis 1985 zum Ensemble gehörte. Rollen u. a.: Merlin in Dorsts ›Merlin oder das wüste Land‹ (R. Hans Gratzer); Mesa in Claudels ›Mittagswende‹ (R. Werner Düggelin); Napoleon in Dürrenmatts ›Achterloo‹ (UA 1983, R. Heinz); Marinelli in Lessings ›Emilia Galotti‹ (R. Jürgen Flimm); Achill in Kleists ›Penthesilea‹ (R. Hans Hollmann). 1983 inszenierte er in Zürich seine Oscar-Wilde-Collage ›Salome oder Auf dem Dach der Welt‹. Reinhardt Stumm schrieb:»Fritz Schediwy ist ein hochbegabter, nervöser, sensibler Schauspieler, nicht ohne Gefährdungen, auch die Zürcher konnten das erkennen, wie sie ihn als Merlin sahen oder im Zentrum von Dürrenmatts ›Achterloo‹. Höchst reizbar und phantasievoll, wie er ist, mußte er Lust haben, selber zu erfinden. Das Ergebnis zeigt, daß Schediwy ein routinierter, erfahrener Theatermann ist, dem Bilder zufallen, die überraschend und neu sind, dicht und farbig.« (›SZ‹, 16. 12. 1983) 1985/86 gastierte er am Schauspielhaus Bochum u. a. als Valerio in Büchners ›Leonce und Lena‹ (R. Claus Peymann) und als John in Noréns ›Nachtwache‹ (DE 1986, R. Kirchner). 1986 wechselte er mit Peymann an das Wiener Burgtheater; spielte hier u. a. Theseus und Oberon in Shakespeares ›Ein Sommernachtstraum‹ (R. Kirchner) sowie Stephano in ›Der Sturm‹ (R. Peymann). Seit der Spielzeit 1991/92 gehört er zu Ciullis Mülheimer Ensemble. Wichtige Titelrollen: Helmut Schäfers ›König Oidipus‹ (1991, nach Sophokles); Tschechows ›Onkel Wanja‹ (1992, R. Jürgen Gosch); Shakespeares ›Macbeth‹ (1993, R. Ciulli).

Schell, Maria, geb. 5. 1. 1926 in Wien. Schauspielerin. Tochter des Schriftstellers Hermann Ferdinand Schell und der Schauspielerin Margarethe Noé von Nordberg; Schwester von Maximilian Schell. Wuchs seit 1938 in der Schweiz auf, wo sie eine kaufmännische Lehre begann. Sigfrit Steiner engagierte sie als Sechzehnjährige für seinen Film ›Der Steinbruch‹ (1942). Danach Schauspielunterricht in Zürich. Bereits nach vier Monaten erhielt sie ein erstes Theaterengagement in Bern; wenig später debütierte sie in Elmer Rices ›Dream Girl‹ in Wien. Mitte der vierziger Jahre ging sie als Gretchen mit Albert Bassermann in Goethes ›Faust‹ auf Europa-Tournee. Eine Nebenrolle in dem Film ›Der Engel mit der Posaune‹ (1948, R. Karl Hartl) verhalf ihr zu weiteren Filmengagements. Feierte im deutschen Film der fünfziger Jahre große Erfolge (häufig an der Seite von O. W. Fischer); drehte auch in England, Frankreich und Hollywood. Ihre größten Erfolge in den USA hatte sie im Fernsehen, vor allem als Maria in ›Wem die Stunde schlägt‹ (1959, nach Hemingway). Von Zeit zu Zeit kehrte sie auf die Bühne zurück; Rollen u. a.: Luise in Schillers ›Kabale und Liebe‹ (1955, Salzburger Festspiele); Titelrolle in Ibsens ›Nora‹ (1964/65, Deutschlandtournee); in Kohouts ›Armer Mörder‹ (1976/77, Broadway/New York); Titelrolle in Bruckners ›Elisabeth von England‹ (1982, Freie Volksbühne Berlin, R. Rudolf Noelte). Häufig spielte sie in Inszenierungen ihres Mannes Veit Relin, z. B. die Beatrice in Shakespeares ›Viel Lärm um nichts‹ (Tournee 1969). Zu ihren wichtigsten Filmen zählen: ›Dr. Holl‹ (1951, mit Dieter Borsche); ›Solange du da bist‹ (1952, mit O. W. Fischer); ›Die letzte Brücke‹ (1954); ›Die Ratten‹ (1955, nach Hauptmann, mit Curd Jürgens, R. Robert Siodmak); ›Gervaise‹ (1955, R. René Clément); ›Rose Bernd‹ (1956, nach Hauptmann, R. Wolfgang Staudte); ›Die Brüder Karamasow‹ (1957, nach Dostojewski, mit Yul Brunner); ›Schinderhannes‹ (1958, nach Zuckmayer, R. Helmut Käutner); ›Das Riesenrad‹ (1961); ›Die Reise der Verdammten‹ (1976, mit Orson Welles); ›The Twist‹ (1979, R. Claude Chabrol). Außerdem zahlreiche Fernsehrollen.

Literatur: M. Schell: Die Kostbarkeiten des Augenblicks. Gedanken, Erinnerungen. München, Wien 1985; H. Spaich: Maria Schell. Ihre Filme, ihr Leben. München 1986; H. P. Doll (Hrsg.): Mein erstes Engagement. Stuttgart 1988.

Schell, Maximilian, 8. 12. 1930 in Wien. Schauspieler und Regisseur. Sohn des Schriftstellers Hermann Ferdinand Schell und der Schauspielerin Margarethe Noé von Nordberg; Bruder von Maria Schell. 1938 Umzug der Familie in die Schweiz; Studium der Germanistik, Kunstgeschichte und Philosophie in Zürich, München und Basel. 1952/53 Engagement als Dramaturg, Schauspieler und Regisseur in Basel. Weitere Stationen waren die Städtischen Bühnen Essen (1953/54), die Städtischen Bühnen Bonn (1954/55) und Lübeck (1955/56), die Münchner Kammerspiele sowie das Theater am Kurfürstendamm Berlin, mit dem er 1957 ein Gastspiel in London gab. Wichtige Rollen an den genannten Bühnen: Kleists ›Prinz Friedrich von Homburg‹ (1954, Bonn; 1955, München); Leonce in Büchners ›Leonce und Lena‹; Titelrolle in Schillers ›Don Carlos‹ (Lübeck); Vizekönig in Claudels ›Der seidene Schuh‹; Simkins in Eliots ›Der Privatsekretär‹; Warwick in Anouilhs ›Jeanne oder Die Lerche‹; Claudio in Shakespeares ›Viel Lärm um nichts‹; Stefan in Frys ›Das Dunkel ist Licht genug‹; Gaveston in Marlowe/Brechts ›Leben Eduards II. von England‹. Bei den Salzburger Festspielen sah man ihn 1959 als Sigismund in Hofmannsthals ›Der Turm‹. Gustaf Gründgens verpflichtete ihn daraufhin an das Deutsche Schauspielhaus in Hamburg; dort großer Erfolg in Durrells ›Sappho‹ (UA 1959) und vor allem in der Titelrolle von Shakespeares ›Hamlet‹ (1963, Gründgens' Abschiedsinszenierung). 1965 Gastspiel am Londoner Royal Court Theatre als Oberst Redl in der Uraufführung von John Osbornes ›A Patriot for Me‹; 1969 gastierte er in derselben Rolle in New York (Schell hat das Stück auch ins Deutsche übertragen).

Von 1978 bis 1982 spielte er die Titelrolle in Hofmannsthals ›Jedermann‹ bei den Salzburger Festspielen; 1985 sah man ihn dort auch als Don Rodrigo in Hans Lietzaus Claudel-Inszenierung ›Der seidene Schuh‹. Außerdem u. a.: Titelrollen in Shakespeares ›Hamlet‹ (1968, Deutsches Theater München, in eigener Regie) und in Shaws ›Pygmalion‹ (1970, Düsseldorf); Deely in Pinters ›Alte Zeiten‹ (1972, Burgtheater Wien, R. Peter Hall); Kerschnetzew in Kohouts ›Armer Mörder‹ (1982, Renaissancetheater Berlin, R. Pavel Kohout). Eigene Inszenierungen u. a.: Pirandellos ›Alles zum Guten‹ (1966, Wien); Horváths ›Tales from the Vienna Wood‹ (›Geschichten aus dem Wiener Wald‹, 1977, London; erste Horváth-Aufführung in England); Matthus' ›Die Weise von Liebe und Tod des Cornets Christoph Rilke‹ (1985, Deutsche Oper Berlin); Horváths ›Glaube, Liebe, Hoffnung‹ (1989, Tabakow-Theater Moskau). Als Filmschauspieler hat Schell Weltruhm erlangt. Sein Debüt gab er 1955 in Laszlo Benedeks ›Kinder, Mütter und ein General‹. In Stanley Kramers US-Film ›Das Urteil von Nürnberg‹ (1961, mit Spencer Tracy und Marlene Dietrich) spielte er einen deutschen Verteidiger und erhielt für seine Darstellung einen Oscar sowie den New Yorker Kritikerpreis. Weitere Filme seither u. a.: ›Die Eingeschlossenen‹ (1962, nach Sartre, R. Vittorio de Sica); ›Topkapi‹ (1964, mit Melina Mercouri); ›Anruf für einen Toten‹ (1966, R. Sidney Lumet); ›Das Schloß‹ (1968, R. Rudolf Noelte); ›Papst Johanna‹ (1972); ›Die Akte Odessa‹ (1974); ›Der Mann im Glashaus‹ (1975); ›Steiner – Das eiserne Kreuz‹ (1976, R. Sam Peckinpah); ›Die Brücke von Arnheim‹ (1977, R. Richard Attenborough); ›Morgen in Alabama‹ (1984); ›Der Rosengarten‹ (1990, R. Fons Rademaker); ›Labyrinth‹ (1991, R. Jaromil Jires); ›Stalin‹ (1992, R. Ivan Passer); ›Justiz‹ (1993, nach Dürrenmatt, R. Hans W. Geissendörfer). Seit 1969 arbeitet er selbst als Filmregisseur und ist auch Produzent. Eigene Filme u. a.: ›Erste Liebe‹ (1970); ›Der Fußgänger‹ (1973); ›Der Richter und sein Henker‹ (1976, nach Dürrenmatt); ›Geschichten aus dem Wiener Wald‹ (1979, nach Horváth);

617

›Marlene‹ (1984, Filmdokumentation über Marlene Dietrich).

Schellow, Erich, geb. 27. 2. 1915 in Berlin. Schauspieler. Nach dem Abitur Ausbildung an der Schauspielschule des Preußischen Staatstheaters Berlin bei Walter Franck, Lothar Müthel, Hermine Körner und Maria Koppenhöfer (1935–1937). 1937–1940 Engagement am Deutschen Volkstheater in Hamburg-Altona, wo er als Mortimer in Schillers ›Maria Stuart‹ debütierte. Von 1940 bis 1944 gehörte er zum Ensemble des Berliner Staatstheaters; dort Zusammenarbeit mit Gustaf Gründgens, Jürgen Fehling, Lothar Müthel und Karl Heinz Stroux. Nach dem Krieg arbeitete er bis 1948 am Deutschen Schauspielhaus Hamburg. Hier sah man ihn u. a. in den Titelrollen von Goethes ›Faust‹ und ›Torquato Tasso‹ und als Tellheim in Lessings ›Minna von Barnhelm‹. Von 1949 bis zur Schließung des Theaters am Ende der Spielzeit 1992/93 gehörte er zum Ensemble der Staatlichen Schauspielbühnen Berlin. Zunächst ein glanzvoller Heldenspieler, entwickelte er sich nach 1960 zum differenzierten Darsteller bürgerlicher Figuren. Rollen in Inszenierungen von Gustav Rudolf Sellner: Troilus in Shakespeares ›Troilus und Cressida‹ (1954); Posa in Schillers ›Don Carlos‹ (1955); Wetter vom Strahl in Kleists ›Käthchen von Heilbronn‹ (1957); Titelrollen in Goethes ›Egmont‹ und in Marlowe/Brechts ›Leben Eduards II. von England‹ (1969); Ödipus in Sophokles' ›Ödipus Rex‹/›Ödipus auf Kolonos‹ (1965, Salzburger Festspiele). Unter der Regie von Fritz Kortner sah man ihn in der Titelrolle von Shakespeares ›Hamlet‹ (1957) und als Karl Moor in Schillers ›Die Räuber‹ (1959). Weitere Rollen am Schiller- und Schloßparktheater: Don Rodrigo in Claudels ›Der seidene Schuh‹ (1952); Orest in Giraudoux' ›Elektra‹ (1954); Möbius in Dürrenmatts ›Die Physiker‹ (1962); großer Erfolg als George in Albees ›Wer hat Angst vor Virginia Woolf?‹ (DE 1963, R. Boleslaw Barlog); Mephisto/Phorkyas in Goethes ›Faust II‹ (1966, R. Ernst Schröder): »Erich Schellow ist, mag auch die grüne Patina im Gesicht auf Jahrtausende deuten, ein junger Frech-

dachs, Quirl, Hinterhausteufel, kein bestrickender Bonvivant der Hölle, auch nicht ihr Fürst. Ein intellektueller Beatnik mit Charme, der es hinter den Ohren hat. Ein prächtiger Spießgeselle – indes nicht gerade für den humorlosen Faust. Erstaunlich: Plötzlich ist er manchmal einsamer als Faust.« (Karena Niehoff, ›SZ‹, 9. 5. 1966); ferner u. a.: Alceste in Molières ›Der Menschenfeind‹ (1966) und Kürmann in Frischs ›Biografie. Ein Spiel‹ (1968, R. jeweils Hans Schweikart); Marinelli in Lessings ›Emilia Galotti‹ (1969, R. Schröder); Richard in Joyces ›Verbannte‹ (1973, R. Willi Schmidt); Philipp II. in Schillers ›Don Carlos‹ (1975, R. Hans Lietzau); Mervin in Saunders' ›Leib und Seele‹ (1980); Borkhausen in Zadek/Greiffenhagens ›Jeder stirbt für sich allein‹ (1981, nach Fallada, R. Peter Zadek); General in Genets ›Der Balkon‹ (1983, R. Hans Neuenfels); Guggenheim in Bernhards ›Elisabeth II.‹ (UA 1989, R. Niels-Peter Rudolph); Sir Edmund in Brian Clarks ›Offener Brief‹ (1989/90); Hassenreuter in Hauptmanns ›Die Ratten‹ (1991, R. Alfred Kirchner). Gastspiele gab er u. a. am Schauspielhaus Zürich und am Wiener Burgtheater. 1990 sah man ihn bei den Salzburger Festspielen als Tod im ›Jedermann‹. Schellow zählt zu den bedeutenden deutschen Charakterdarstellern. Für Friedrich Luft war er »der beste Posa, den man je sah«, »der geborene Hamlet«, »der eindrucksvollste Karl Moor, dessen man je ansichtig wurde«, »der edelste Carlos« und nicht zuletzt »Berlins bester Mephisto« (›Die Welt‹, 27. 2. 1985). Schellow arbeitete auch für den Film, z. B. in ›Hotel Adlon‹ (1955), ›Der Hauptmann von Köpenick‹ (1956) oder in ›Vor Sonnenuntergang‹ (1956). Im Fernsehen spielte er u. a. die Titelrolle der Serie ›Sherlock Holmes‹. Auszeichnungen: Berliner Kunstpreis (1960, 1971); Ernennung zum Berliner Staatsschauspieler (1963); Deutscher Kritikerpreis (1966). Aus der Berliner Akademie der Künste, der er seit 1965 angehörte, trat er 1992 aus (wegen der umstrittenen »Enbloc«-Übernahme von Ostberliner Akademiemitgliedern auf einer außerordentlichen Mitgliederversammlung).

Schenk

Literatur: S. Melchinger/R. Clausen: Schauspieler. 36 Porträts. Velber 1965.

Schenk, Otto, geb. 12. 6. 1930 in Wien. Schauspieler, Regisseur und Intendant. Begann nach dem Abitur ein Jurastudium an der Wiener Universität; dann Ausbildung am Wiener Max-Reinhardt-Seminar. Seine Theaterkarriere begann er als Schauspieler am Wiener Volkstheater. 1953 machte er mit Kellertheater-Inszenierungen erstmals als Regisseur auf sich aufmerksam. Seit 1955 Regisseur und Schauspieler am Theater in der Josefstadt Wien. Zu seinen frühen Inszenierungen zählen Nestroys ›Umsonst‹ (1955) und Wittlingers ›Kennen Sie die Milchstraße?‹ (1958); Durchbruch mit O'Neills ›O Wildnis‹ (1960). An den Münchner Kammerspielen inszenierte er die Horváth-Stücke ›Kasimir und Karoline‹ (1964 und 1969) und ›Geschichten aus dem Wiener Wald‹ (1966); am Deutschen Schauspielhaus in Hamburg Shakespeares ›Viel Lärm um nichts‹ (1975). Regiearbeiten bei den Salzburger Festspielen u. a.: Shakespeares ›Was ihr wollt‹ (1973) und ›Wie es euch gefällt‹ (1980, mit Schenk als Probstein); Nestroys ›Der Talisman‹ (1976) und ›Der Zerrissene‹ (1982, mit Helmut Lohner in der Titelrolle und Schenk als Gluthammer); außerdem Inszenierungen am Wiener Burgtheater. Rollen u. a.: Kellner in Roncoronis ›Die Zeit der Kirschen‹ (1963); Wladimir in Becketts ›Warten auf Godot‹ (1963); Thisbe in Shakespeares ›Ein Sommernachtstraum‹ (1966, Salzburg); Titelrolle in Becher/Preses' ›Der Bockerer‹ (1984, Münchner Volkstheater; 1993 auch in der Josefstadt). Seine erste Oper, Mozarts ›Die Zauberflöte‹, inszenierte er 1957 am Salzburger Landestheater. Schon wenig später gelang ihm der Aufstieg in die internationale Spitzenklasse der Opernregisseure. Durchschlagenden Erfolg hatte er mit Bergs ›Lulu‹ an der Wiener Staatsoper (1962), wo er seit 1966 als ständiger Regisseur arbeitet. Es folgten dort u. a.: Wagners ›Tannhäuser‹ (1982; Neuinszenierung 1988); Kreneks ›Karl V.‹ (1984); Puccinis ›Manon Lescaut‹ (1986); Mozarts ›Die Zauberflöte‹ (1988). Inszenierungen am Nationaltheater München u. a.: R. Strauss'

›Der Rosenkavalier‹ (1972) und J. Strauß' ›Die Fledermaus‹ (1975); Dvoráks ›Rusalka‹ (1981); Cornelius' ›Der Barbier von Bagdad‹ (1984); Offenbachs ›Hoffmanns Erzählungen‹ (1986); an der Hamburger Oper u. a.: R. Strauss' ›Ariadne auf Naxos‹ (1979) und ›Arabella‹ (1983); Gounods ›Faust‹ (1985); ferner u. a.: Bergs ›Wozzeck‹ (1976, Berlin); Cerhas ›Baal‹ (UA 1981, Salzburger Festspiele); Webers ›Der Freischütz‹ (1983, Bregenzer Festspiele). Zahlreiche Inszenierungen an der Metropolitan Opera New York, darunter: Beethovens ›Fidelio‹ (1970); Strauß' ›Die Fledermaus‹ (1984); Wagners ›Tannhäuser‹ (1978) und ›Der Ring des Nibelungen‹ (1986/87). Häufig Zusammenarbeit mit dem Bühnenbildner Günther Schneider-Siemssen. 1986 wurde er – als Nachfolger für Boy Gobert – zum Intendanten des Josefstädter Theaters berufen. Schenk äußerte dazu:»Ich bin geprägt worden von diesem Theater. Ich habe in der Josefstadt die Natürlichkeit im Schauspiel gelernt. Dieses Theater hat meinen Stil geprägt, wo immer ich in der Welt gearbeitet habe. Ich habe es nie verraten.« Schenk trat das Amt 1988 an (Mitdirektor: Robert Jungbluth); zur Eröffnung inszenierte er Schnitzlers ›Professor Bernhardi‹ (mit Michael Degen). Es folgten u. a.: O'Neills ›Fast ein Poet‹ (1988/89); Schnitzlers ›Der Reigen‹ (1989) und ›Anatol‹ (1990); Shakespeares ›Der Widerspenstigen Zähmung‹ (1992); Tschechows ›Die Möwe‹ (1993); Esther Vilars ›Das Lächeln des Barrakuda‹ (UA 1994). Rollen im Josefstädter Theater u. a.: Nat in Herb Gardners ›Ich bin nicht Rappaport‹ (1989); Titelrolle in Ben Jonsons ›Volpone‹ (1989, R. Rudolf Noelte); Salieri in Shaffers ›Amadeus‹ (1991, R. Rosemarie Fendel); großer Erfolg in Eberhard Streuls Einpersonenstück ›Die Sternstunde des Josef Bieder‹ (1993, R. Dietmar Pflegerl). Von 1986 bis 1988 war er Mitglied im Direktorium der Salzburger Festspiele. Gefeiert wurde er in Salzburg vor allem als Fortunatus Wurzel in Jürgen Flimms Raimund-Inszenierung ›Der Bauer als Millionär‹ (1987): »Otto Schenk (...) sucht den gebrochenen Charakter, will den Raimund am Wurzel packen: den depressiven Künstler offenbaren, der noch im höchsten

Ruhm die ›Aschen‹ nicht verdrängen konnte, den Tod. (. . .) Dieser Mensch, der erst nach Champagner brüllt und dann um Kamillentee winselt, ist weder mopsfidel als Bauer noch als Edelmann von Wurzel. Sondern von Beginn an ein armer Kerl. (. . .) in Schenks matten Augen, seiner zerfurchten Stirn, seiner geduckten Haltung, der stockenden, keineswegs selbstbewußten Sprechweise, erkennen wir schon früh den Lebensüberdrüssigen, der sich verschwendet, weil er nicht mehr mag.« (C. Bernd Sucher, ›SZ‹, 13. 8. 1987) Weitere Rollen in Flimm-Inszenierungen: Schnoferl in Nestroys ›Das Mädl aus der Vorstadt‹ (1989); Ein berühmter Mann in Hofmannsthals ›Der Schwierige‹ (1991, jeweils Salzburg). Schenk ist das, was man unter einem Erzkomödianten und Publikumsliebling versteht. Mit Wiener Charme und leiser Melancholie versteht er es, die Menschen zum Lachen zu bringen. Seine Anhänger nennen ihn »Otti«, seine Feinde einen »Amüsieronkel«. Als Intendant und Regisseur strebt er ein »Theater der Herzensakustik« an, ein »Theater der Natürlichkeit«, ein »zwischentonreiches Menschen-Theater«. Schenk hat als Schauspieler und Regisseur auch viel für das Fernsehen gearbeitet; außerdem zahlreiche Soloabende als Kabarettist und Rezitator. Zwei Schenk-Inszenierungen wurden zum Berliner Theatertreffen eingeladen: 1965 Horváths ›Kasimir und Karoline‹ (Theater in der Josefstadt, Wien); 1967 Horváths ›Geschichten aus dem Wiener Wald‹ (Münchner Kammerspiele).

Schermuly, Ralf, geb. 20. 4. 1942 in Gelsenkirchen. Schauspieler und Regisseur. 1959–1962 Schauspielausbildung an der Folkwangschule Essen. 1962–1964 Engagement an den Wuppertaler Bühnen. Danach war er bis 1968 an den Staatlichen Schauspielbühnen Berlin engagiert, wo er häufig in Inszenierungen des Intendanten Boleslaw Barlog zu sehen war, u. a. als Lysander in Shakespeares ›Ein Sommernachtstraum‹, als Leon in Grillparzers ›Weh‹ dem, der lügt‹ und in Ustinovs ›Halb auf dem Baum‹ (UA 1967). In Inszenierungen von Ernst Schröder sah man ihn u. a. in Saunders' ›Ein Duft von Blu-

men‹ und als Wlazio in Gombrowicz' ›Die Trauung‹ (DE 1968). Boy Gobert holte ihn 1969 an das Hamburger Thalia Theater, wo er bis 1975 zum Ensemble gehörte. Rollen u. a.: Osvald in Ibsens ›Gespenster‹ (1969, mit Paula Wessely, R. August Everding); Fürst Myschkin in ›Der Idiot‹ (nach Dostojewski, R. Georgi A. Towstonogow); Volker in Henkels ›Eisenwichser‹; Onkel in Taboris ›Kannibalen‹ (R. der Autor); Nietzsche in Langes ›Gut und Böse oder Die letzten Stunden der Reichskanzlei‹ (UA 1975); außerdem Zusammenarbeit mit den Regisseuren Hans Hollmann, Tom Toelle, Ullrich Haupt. Seit 1975 arbeitet Schermuly freischaffend, häufig auch fürs Fernsehen. Als Gast sah man ihn weiterhin am Thalia Theater, u. a. als Ferdinand Vanek in Havels ›Protest‹ und Kohouts ›Attest‹ (Doppelpremiere 1980, R. Pavel Kohout) und als Banquo in Shakespeares ›Macbeth‹ (1984). Außerdem u. a.: Titelrolle in Goethes ›Faust‹ (1980, Festspiele Bad Hersfeld, R. Harry Buckwitz); Horst in Shermans ›Bent‹ (1981, Schiller-Theater Berlin, R. Hans Gratzer); Robert Had in Joyces ›Verbannte‹ (1985, Freie Volksbühne Berlin, R. Hans Neuenfels); Michel in Duras' ›La Musica Zwei‹ (1989, Schiller-Theater). Sein Regiedebüt gab er 1981 am Thalia Theater mit Václav Havels ›Audienz‹ und ›Vernissage‹. In beiden Stücken verkörperte er wieder die Rolle des Ferdinand Vanek.

Schertenleib, Hansjörg, geb. 4. 11. 1957 in Zürich. Schweizer Schriftsteller. Schertenleib absolvierte eine Schriftsetzerlehre. Er hielt sich längere Zeit in Norwegen, Dänemark und Österreich auf. Von 1980 bis 1984 war er Mitarbeiter einer Literaturzeitschrift und arbeitete als freier Autor für Zeitschriften und den Rundfunk. 1984 erhielt er den Conrad-Ferdinand-Meyer-Preis, 1989 den Hermann-Ganz-Preis. 1990/91 war er Hausautor am Basler Theater; 1992/93 mit einem Stipendium für ein Jahr in London. 1993 arbeitete er zusammen mit Johann Kresnik an ›Mars‹ (UA Basler Theater; Wiederaufnahme 1994 am Deutschen Schauspielhaus Hamburg). Er lebt in Zürich. Schertenleib veröffentlichte neben Lyrik, Hörspielen und Theaterstük-

Schildkraut

ken bisher vier Romane, in denen es um Enge und Flucht geht, u. a. ›Die Geschwister‹ (1988) und ›Der Antiquar‹ (1991). Er beschreibt Figuren, die sich in Nischen sicher eingerichtet fühlen, bis die Risse und Brüche ihres Lebens die Scheinsicherheit zum Zerbrechen bringen. In seinem Stück ›Rabenland‹ (1992) zeigt er eine Gruppe Jugendlicher, eine lost generation, die sich an ihrem Zufluchtsort – einem verlassenen Bahndamm – treffen, um dort von einem Neonazi organisiert und zu Angriffen auf ein Asylantenheim motiviert zu werden. Jean-Claude Kuner inszenierte das Stück an den Staatlichen Schauspielbühnen Berlin; hierüber Rüdiger Schaper (›SZ‹, 14. 4. 1993):»Hansjörg Schertenleib macht daraus ein Horrorstück, das durch seinen lakonischen, ja mitleidlosen Gestus bestickt und erschreckt. Nichts von Skinhead-Exotik, auch keine schalen soziologischen Erklärungsversuche. Gewalt provoziert Gegengewalt, die Friedlichen kopieren blindwütig ihre faschistoiden Altersgenossen. So unversehens kommt in Schertenleibs, in unser aller ›Rabenland‹, das Zivilisatorische abhanden.«
Weitere Stücke: ›Stoffmann und Herz‹ (1988); ›Schilten‹ (1991, nach Hermann Burger); ›Mars‹ (1993, nach Fritz Zorn); ›Gewölbe‹ (1994).

Schildkraut, Rudolf, geb. 27. 4. 1862 in Konstantinopel, gest. 15. 7. 1930 in Hollywood. Schauspieler. Aufgewachsen als Kind jüdischer Eltern in Rumänien; Ausbildung in Wien bei Friedrich Mitterwurzer. Erste Engagements am Raimund-Theater und am Carl Theater Wien; 1900 – 1905 am Deutschen Schauspielhaus Hamburg. 1905 wechselte er zu Max Reinhardt ans Deutsche Theater Berlin, wo er bis 1920 arbeitete. Seine bedeutendste Rolle war der Shylock in Reinhardts Shakespeare-Inszenierung ›Der Kaufmann von Venedig‹:»Shylock hatte keine böse Regung in der Darstellung dieses levantinischen Urjuden. Er war so lange ein weicher Dulder des ihm zugefügten Unrechts, bis es unerträglich geworden war und Shylock furchterregend ausbrach. In seiner Brachialgewalt und Wüstenwildheit (...) bleibt er ein Monument der Schauspiel-

kunst, demgegenüber die neuesten Shylockversuche (...) geradezu salonhaft wirken.« (Fritz Kortner) Den Shylock spielte er, ebenso wie Shakespeares ›König Lear‹, alternierend mit Albert Bassermann. Zu seinen weiteren großen Rollen zählte der Mephisto in Goethes ›Faust I‹ (1909, mit Friedrich Kayßler als Faust, Lucie Höflich als Gretchen, R. Reinhardt). 1920 emigrierte er in die USA, wo er zunächst am jiddischen People's Theatre arbeitete; ab 1922 spielte er auch in englischer Sprache. 1925 Gründung eines eigenen jiddischen Theaters.
Sein Sohn **Joseph Schildkraut** (geb. 22. 3. 1895 in Wien) wurde in Deutschland und Amerika zum Schauspieler ausgebildet und debütierte 1910 in New York. 1913 sah man ihn in Berlin an der Seite seines Vaters in Schmidtbonns ›Der verlorene Sohn‹. 1920 folgte er seinem Vater nach Amerika, wo er zahlreiche Theater- und Filmerfolge feierte, u. a. als Ibsens ›Peer Gynt‹ (1923) und als Vater Frank in Goodrich/Hacketts ›Das Tagebuch der Anne Frank‹ (1955, New York).
Literatur: S. Steinbach: Rudolf Schildkraut. Berlin 1911; A. Kerr: Mit Schleuder und Harfe. München 1985.

Schiller, Friedrich, geb. 10. 11. 1759 in Marbach, gest. 9. 5. 1805 in Weimar. Dichter. Sohn eines Arztes. Schiller verbrachte seine Kindheit in Marbach in ärmlichen Verhältnissen. Von 1766 an in Ludwigsburg. Er besuchte die Militär-Pflanzschule und studierte Jura, ab 1776 Medizin, 1780 machte er einen Abschluß als Regimentsmedicus. Er erhielt Arreststrafe wegen seiner Anwesenheit in Mannheim anläßlich der Uraufführung seines Stückes ›Die Räuber‹ (13. 1. 1782) und einer zweiten unerlaubten Reise dorthin; später Schreibverbot. 1782 Flucht aus Stuttgart, danach in Mannheim (1783/84) als Theaterdichter des Nationaltheaters; ab 1787 in Weimar und Jena. 1790 Heirat mit Charlotte von Lengefeld (gest. 1826). Seit Juli 1794 Freundschaft mit Goethe. Schiller war seit 1791 immer wieder schwer krank; er starb an akuter Lungenentzündung. Bedeutender Vertreter der Weimarer Klassik. Bekannt v. a. durch seine herausragenden Dramen. Schiller legte seine theoretischen Gedanken zum Theater in ›Die Schaubühne als eine moralische Anstalt betrachtet‹ (1784/1802) dar.

Stücke: ›Die Räuber‹ (1781); ›Die Verschwörung des Fiesco zu Genua‹ (1783); ›Kabale und Liebe‹ (1784); ›Don Carlos, Infant von Spanien (1787); ›Wallenstein‹ (1800); ›Maria Stuart‹ (1801); ›Die Jungfrau von Orleans‹ (1802); ›Die Braut von Messina‹ (1803); ›Wilhelm Tell‹ (1804); ›Demetrius‹ (Fragment 1805).
Literatur: P. Böckmann: Schillers Geisteshaltung als Bedingung seines dramatischen Schaffens. Dortmund 1925/1967; W. Muschg: Schiller. Die Tragödie der Freiheit. Bern 1959; B. v. Wiese: Friedrich Schiller. Stuttgart 1963; E. Müller: Schillers Dramaturgie. Stuttgart 1965; E. Staiger: Friedrich Schiller. Zürich 1967; F. Burschell: Schiller. Reinbek 1968; H. Koopman: Friedrich Schiller I: 1759–1794, II: 1794–1805. München 1969; I. Graham: Schiller's Drama. Talent and Integrity. London 1974; H. Koopmann: Schiller. Eine Einführung. München 1988; R. Kawa: Friedrich Schiller: Der Verbrecher aus verlorener Ehre. Frankfurt a. M. 1990; B. Waldmann: Schiller ist gut – Schiller muß sein. Grundlagen und Funktion der Schiller-Rezeption des westdeutschen Theaters der fünfziger Jahre. Frankfurt a. M. 1993; C. Albert (Hrsg.): Deutsche Klassiker im Nationalsozialismus: Schiller, Kleist, Hölderin, Stuttgart 1994.

Schinkel, Karl Friedrich, geb. 13. 3. 1781 in Neuruppin, gest. 9. 10. 1841 in Berlin. Bühnenbildner und Theaterarchitekt. Einer der bedeutendsten Baumeister und Maler des 19. Jahrhunderts. Begann in Berlin als Schüler des Baumeisters Friedrich Gilly; seit 1803 in Italien, von wo er über Paris (1805) nach Berlin zurückkehrte. Unter August Wilhelm Iffland arbeitete er an den Königlichen Theatern Berlin. Hier entwarf er die Bühnenbilder für rund 40 Inszenierungen, darunter: Mozarts ›Die Zauberflöte‹ (1816); Schillers ›Die Jungfrau von Orleans‹ (1817) und ›Don Carlos‹ (1819); Kleists ›Das Kätchen von Heilbronn‹ (1818); Goethes ›Iphigenie auf Tauris‹ (1821) und ›Faust‹ (1832); viele

Opern. Von 1818 bis 1824 erbaute er das klassizistische Schauspielhaus auf dem Berliner Gendarmenmarkt. Es folgten zahlreiche weitere Bauten in Berlin; auch Entwürfe für das Ausland. In dem Bestreben, Schönheit und Zweckmäßigkeit zu verbinden, entwickelte Schinkel einen Stil, der in der Baukunst die reifste Ausformung der deutschen Klassik darstellt. Sein Wirken in der Berliner Oberbaudeputation (zuletzt als Oberlandesbaudirektor) setzte architektonische Maßstäbe für das gesamte preußische Gebiet (Schinkel-Schule). Werke u. a.: ›Dekorationen an den beiden Königlichen Theatern in Berlin‹ (1819/1824); ›Sammlung von Theaterdekorationen‹ (1862); ›Lebenswerk‹ (hrsg. seit 1938 von der Akademie des Bauwesens, seit 1945 von P. O. Rave).
Literatur: P. Mahlberg: Schinkels Theaterdekorationen. Düsseldorf 1916; P. Zukker: Die Theaterdekoration des Klassizismus. Berlin 1925; K. v. Lorck: Karl Friedrich Schinkel. Berlin 1939; U. Harten: Die Bühnenbilder Schinkels. Diss. Kiel 1974; H. Börsch-Supan/L. Grisebach: Karl Friedrich Schinkel. Architektur, Malerei, Kunstgewerbe. Berlin 1981 (Katalog).

Schipenko, Alexej, geb. 3. 10. 1961 in Stavropol. Russischer Dramatiker. Schipenko besuchte die Schauspielschule Art Theater School in Moskau von 1979 bis 1983, danach Engagements als Schauspieler an verschiedenen Theatern (von 1983 bis 1987). Von 1987 bis 1989 Weiterbildung als Schauspieler in der Schule der dramatischen Kunst bei Anatolij Wassiljew. Seit 1989 arbeitet er als freier Autor. 1993 wurde sein Stück ›Archeologia‹ (1988) an der Schaubühne am Lehniner Platz in deutscher Sprache erstaufgeführt (R. Ernst Stötzner). »Dann konvertierte Alexej Schipenko ganz zum (schreibwütigen) Dramatiker; seit seinem dritten Stück, ›Der Tod Van Halens‹ (1987), ist alle fünf bis acht Monate ein neues Werk fertig. Zehn sind es bislang insgesamt (. . .), radikale und rüde Parabeln sowjetischer Wirklichkeit (. . .). Die emotionale Brutalität seiner Stoffe, die ungeschminkte Diktion, die bis zur Fäkalsprache reicht, gilt in den renommierten Moskauer Theatern derzeit

Schirmer

als ›unzumutbar‹, das Publikum, so wurde dem Autor bedeutet, will nicht auf der Bühne noch sehen, was ihm im alltäglichen Leben bedrängend genug begegnet: die Allgegenwart der sozialen Verelendung, Armut und Alkoholismus, den totalen Verfall der gesellschaftlichen Ideale und Utopien (. . .). Schipenko versteht sich nicht als sozialer Ankläger, eher ist er ein mystisch geprägter Fatalist, der die Dinge, wie sie eben sind, abschildert auf der Suche nach den existenziellen Untergründen des Menschen, eines Menschen, der sich längst abgenabelt hat von seiner Gesellschaft, an deren Veränderbarkeit er nicht mehr glauben kann.« (Eckhard Franke, ›Theater heute‹, Heft 12, 1990)
Weitere Stücke: ›Fünf in der Luft‹ (1988); ›Verona‹ (1989); ›Desert Dog‹ (1990); ›Moskau–Frankfurt, 9000 Meter über dem Erdboden‹ (1991); ›Aus dem Leben des Kamikaze‹ (1991).

Schirmer, Friedrich, geb. 7. 9. 1951 in Köln. Dramaturg und Intendant. 1970 Abitur in Bremen. 1970–1973 Assistent und Dramaturg am Westfälischen Landestheater Castrop-Rauxel; 1973/74 Dramaturg an der Freien Volksbühne Berlin. Im Januar 1975 wechselte er an die Städtischen Bühnen Nürnberg, wo er als Dramaturg und Regisseur und auch als Produktionschef tätig war (verantwortlich für die gesamte künstlerische Organisation und sämtliche Etats des Nürnberger Schauspiels). Im Januar 1976 übernahm er für ein Jahr die kommissarische Leitung des Schauspiels. Im Herbst 1977 schied er auf eigenen Wunsch aus und wechselte als Dramaturg an das Nationaltheater Mannheim. In der Spielzeit 1979/80 kehrte er nach Nürnberg zurück, nun als Chefdisponent und Leiter des künstlerischen Betriebsbüros im Musiktheater (bis 1982). 1982–1985 Chefdramaturg an den Städtischen Bühnen Dortmund. Von 1985 bis 1989 war er Intendant der Württembergischen Landesbühne Esslingen und machte sich mit einem ausgefallenen Spielplan (Konzept der Regionalität) überregional einen Namen. Thomas Thieringer schrieb: »In Esslingen überschätzt man sich nicht, aber man läßt sich auch nicht eingrenzen auf das, was gängig ist.

Diesem Theater haftet etwas von Unbekümmertheit an. Friedrich Schirmer schickt sein Publikum auf Entdeckungsreisen – in die eigene Geschichte. Er wartet nicht auf Angebote der Verlage, er sucht selbst nach alten Schätzen, nach Vergessenem. So hat er Friedrich Wolfs ›Der arme Konrad‹ wieder auf die Bühne gebracht und Heinrich Laubes ›Die Karlsschüler‹. (. . .) manchen größeren Theatern könnte Esslingen als Beispiel und Vorbild dienen, wie man herausfindet aus der ratlosen Beliebigkeit und die Bühne wieder zu einem Ort der Auseinandersetzung machen kann mit der eigenen Geschichte, der Wirklichkeit.« (›SZ‹, 26. 5. 1988) Von 1989 bis 1993 war er Intendant der Städtischen Bühnen Freiburg: arbeitete mit jungen Regisseuren und verschaffte dem Sprechtheater überregionales Renommee. Seit der Spielzeit 1993/94 ist er als Nachfolger von Jürgen Bosse Schauspieldirektor der Staatstheater Stuttgart. Schirmer führt nur in Ausnahmefällen selbst Regie.

Schisgal, Murray, geb. 25. 11. 1926 in New York. Amerikanischer Autor. Schisgal war im Zweiten Weltkrieg bei der Marine. Danach studierte er Jura in New York und arbeitete als Gelegenheitsarbeiter und Jazzmusiker; bis 1959 war er Anwalt. Er schrieb erfolgreich Komödien und Boulevardstücke mit den Mitteln des absurden Theaters, in denen er zeittypische Neurosen seiner Mitmenschen karikierte.
Stücke: ›Die Tipser‹ (1959); ›Liiiebe‹ (1963); ›Der alte Jude‹ (1966); ›Fragmente‹ (1966); ›Reflexionen‹ (1966); ›Rosa Zeiten‹ (1975); ›Twice around the Park‹ (1983); ›Closet, Madness and Other Plays‹ (1984); ›Pokins‹ (1984).

Schitthelm, Jürgen, geb. 29. 4. 1939 in Berlin. Direktor an der Berliner Schaubühne. 1958–1961 Studium der Theaterwissenschaft, Germanistik und Publizistik an der Freien Universität Berlin; Mitarbeit am dortigen Studententheater und beim Berliner Ensemble. 1962 Mitbegründer der Schaubühne am Halleschen Ufer Berlin und Mitglied der Direktion. Durch einen konsequent progressiven und linken Spielplan macht die Schaubühne in ganz

623

Schleef

Deutschland von sich reden. 1970 Neugründung der Schaubühne als kollektiv geführtes Ensembletheater unter der künstlerischen Leitung von Peter Stein; Schitthelm übernimmt zusammen mit Klaus Weiffenbach die Geschäftsführung. 1981 Umzug in den Mendelssohn-Bau am Kurfürstendamm (seither Schaubühne am Lehniner Platz). Nach dem Weggang Peter Steins im Sommer 1985 wechselnde Co-Direktoren, u. a. Luc Bondy (bis 1988) und Jürgen Gosch (bis 1989), zuletzt Andrea Breth. Schitthelm, der als kluger Planer und künstlerischer Intellektueller gilt, hat von der ersten Stunde an wesentlich zum Zusammenhalt und Erfolg der Schaubühne beigetragen.

Literatur: P. Iden: Die Schaubühne am Halleschen Ufer 1970–1979. München, Wien 1979; Schaubühne am Halleschen Ufer am Lehniner Platz 1962–1987. Frankfurt a. M. 1987.

Schlaf, Johannes, geb. 21. 6. 1862 in Querfurt, gest. 2. 2. 1941 ebenda. Schriftsteller. Sohn eines Kaufmanns. Schlaf studierte Philologie in Halle und Berlin. Im Winter 1888/89 begann die Freundschaft und Zusammenarbeit mit Arno Holz. Von 1893 an litt er an einem schweren Nervenleiden und mußte sich in verschiedenen Kliniken aufhalten. Seit 1904 lebte er als freier Schriftsteller in Weimar. Schlaf sympathisierte mit dem Nationalsozialismus. Von 1937 an lebte er wieder in Querfurt. Schlaf gilt zusammen mit Holz als theoretischer und praktischer Begründer des Naturalismus, von dem er sich nach der Jahrhundertwende jedoch distanzierte, was zum Bruch mit Holz und zu einem erbitterten, öffentlich ausgetragenen Streit führte. Sein späteres Prosawerk war gekennzeichnet von Naturschwärmerei, Nationalbewußtsein, Mystik und spekulativer Naturphilosophie. Seine Stücke sind von den Spielplänen der deutschsprachigen Theater verschwunden.

Stücke: ›Die Familie Selicke‹ (1890, mit A. Holz); ›Meister Oelze‹ (1892); ›Gertrud‹ (1898); ›Die Feindlichen‹ (1899); ›Weigand‹ (1906).

Literatur: L. Bäte (Hrsg.): Johannes Schlaf. Leben und Werk. o. O. 1933; H.-G.

Brands: Theorie und Stil des sogenannten ›konsequenten Naturalismus‹. Bonn 1978.

Schleef, Einar, geb. 17. 1. 1944 in Sangershausen, Thüringen. Bühnenbildner, Regisseur und Autor. 1964–1971 Studium an der Kunsthochschule Berlin-Weißensee (zunächst Malerei, dann Bühnenbild bei Heinrich Kilger); 1971–1973 Meisterschüler bei Karl von Appen an der Akademie der Künste. 1972 entwarf er das Bühnenbild zu Tirso de Molinas ›Don Gil von den grünen Hosen‹ an der Ostberliner Volksbühne (Kritikerpreis). Aufsehenerregende Zusammenarbeit mit B. K. Tragelehn am Berliner Ensemble (Bühnenbild und Ko-Regie): Strittmatters ›Katzgraben‹ (1972/73); Wedekinds ›Frühlings Erwachen‹ (1973/74); Strindbergs ›Fräulein Julie‹ (1974/75; die Inszenierung wurde abgesetzt). 1975 inszenierte er am Kindertheater Dresden sein Stück ›Der Fischer und seine Frau‹ (nach Grimm); außerdem Arbeiten an der Komischen Oper, der Staatsoper, am Deutschen Theater und den Kammerspielen Berlin sowie am Opernhaus Leipzig. Ausstellungen in der Tschechoslowakei, der Sowjetunion, in Finnland, Frankreich und Ungarn. 1976 übersiedelte er nach Westberlin, wo er zunächst fast ausschließlich als Autor arbeitete. Viel Beachtung fand sein monströser Muttermonolog ›Gertrud‹ (zwei Bände, 1980 und 1984). Von Günther Rühle ans Frankfurter Schauspiel geholt, inszenierte er dort sein Antikenprojekt ›Mütter‹ (UA 1986, nach Euripides und Aischylos, Co-Autor: Hans-Ulrich Müller-Schwefe, Ausstattung: Schleef). Michael Skasa schrieb darüber: »Schleef wollte sehr mutig sein, die Antike groß und exotisch, auf jeden Fall außergewöhnlich darstellen, als Zumutung, als Kunst, aber es wurde ein Kindergeburtstag daraus. (...) 50 Frauen skandieren ewiglich die Zeile ›Vorbei der Haß‹, bis unserer hochsteigt; sieben Mütter, als sterbende Schwäne kostümiert, rezitieren einen Spruch wörtlich bis zum Umfallen, und all dies in einer Weise, daß nichts zu verstehen ist. Sätze werden sinnentstellend zerrissen, Wörter falsch betont (...) – was geht hier vor?« (›SZ‹, 24. 2. 1986) In ähnlichem Stil inszenierte er auch seine Komödie ›Die Schauspieler‹ (UA 1988, Frankfurt, wieder in eigener Ausstattung). Die Kritik befand ziemlich einhellig, Schleef habe mit seiner wildwuchernden Inszenierung den eigenen Text verhackstückt. Anerkennung fand das Stück 1989 in der Bochumer Inszenierung von Valentin Jeker. Weitere Schleef-Arbeiten in Frankfurt, alle leidenschaftlich umstritten: Hauptmanns ›Vor Sonnenaufgang‹ (1987); Goethes ›Götz von Berlichingen‹ (1989); Feuchtwangers ›1918‹ (1990); Goethes ›Faust‹ (1990, eigenwilliger Verschnitt aus ›Faust I und II‹; Faust und Gretchen in Dutzendstärke). In allen diesen Inszenierungen (mit Martin Wuttke in tragenden Rollen) stets wiederkehrende Ausdrucksmittel: bildstarke Arrangements, laute Stakkato-Reden, Sprech- und Schreichöre, martialische Massenaufmärsche. Furore machte er 1993 mit der skandalträchtigen Uraufführung von Rolf Hochhuths ›Wessis in Weimar‹ am Berliner Ensemble. Hochhuth wollte die Aufführung wegen mangelnder Werktreue verbieten lassen; als es doch zur Premiere kam, distanzierte er sich in einer öffentlichen »Entgegnung« von Schleefs Inszenierung. Der Autor kritisierte, daß der Regisseur »nicht einen einzigen meiner Szenenanfänge oder Szenenschlüsse« inszeniert habe; vieles werde »skandierend und schreiend und jedenfalls total verfälschend« vorgetragen. Die Aufführung wurde trotzdem – oder gerade deshalb – von vielen gerühmt. Wolfgang Höbel schrieb:»Nie waren Schleefs Chorgesänge, Chorreden und Chormurmeleien so sinnvoll wie hier. (. . .) Es ist keine Uraufführung, die Schleef da angerichtet hat, sondern eine Unaufführung – aber eine, und das ist die furiose Kunstleistung dieses Abends, die dem politischen Auftrag der Vorlage gerechter wird als es jede Hochhuth-treue Inszenierung je könnte. ›Täter und Opfer‹ wollte der Dichter zeigen. Schleef tut nichts anderes. Und demonstriert, wenn er eine Horde von jungen Männern mit grotesk halbkahl geschorenen Köpfen, axtbewehrt auf die Bühne stürmen läßt, daß die Opfer (der Vereinigung) und die (Gewalt-)Täter ist genug ein und dieselben sind.« (›SZ‹, 12. 2. 1993) Nachdem ihm am Berliner Ensemble gekündigt wur-

de, unterzeichnete er im März 1993 einen mehrjährigen Regievertrag mit dem Berliner Schiller-Theater, das wenige Monate später jedoch geschlossen wurde. Schleefs Inszenierungen von Hauptmanns ›Vor Sonnenaufgang‹ (Schauspiel Frankfurt a.M.) und Hochhuths ›Wessis in Weimar‹ (Berliner Ensemble) wurden 1988 bzw. 1993 zum Berliner Theatertreffen eingeladen. Schleefs Arbeiten (inklusive seiner Malerei und Photographien) waren immer auch Sinnbilder seiner eigenen Biographie: Auseinandersetzungen mit dem DDR-Staat, aus dem er flüchtete; monomanische Einlassungen auf das geteilte, dann wiedervereinigte Deutschland; wutstampfende Erinnerungs- und Trauerarbeit. Veröffentlichungen u.a.: ›Die Bande‹ (1982, zehn Erzählungen); ›Arthur‹ (1986, Erzählung). Außerdem Kinderstücke, Hörspiele und Fototextbände sowie zahlreiche Ausstellungen (Malerei und Photographie). Auszeichnungen u.a.: Kritikerpreis (1986); Alfred-Döblin-Preis (1989); Kortner-Preis (1990, gemeinsam mit Tragelehn).
Weitere Stücke: ›Wezel‹ (1983); ›Berlin ein Meer des Friedens‹ (UA 1983 in Heidelberg); ›Die Nacht‹ (Oper nach Mozart, UA 1987 in Spoleto).
Literatur: E. Schleef: Schlangen. Die Geschichte der Stadt Theben. Frankfurt a.M. 1986; ders.: Republikflucht, Waffenstillstand, Heimkehr. Eine Ausstellung. Berlin 1992 (Katalog); Einar Schleef inszeniert. Ein Photo- und Textband. Berlin 1991.

Schlemmer, Oskar, geb. 4. 9. 1888 in Stuttgart, gest. 13. 4. 1943 in Baden-Baden. Maler, Tänzer, Bühnenausstatter und Theatertheoretiker. Ausbildung als Entwurfzeichner; Studium an der Kunstgewerbeschule und der Akademie der bildenden Künste in Stuttgart. 1911 freischaffender Maler in Berlin; 1912 Rückkehr nach Stuttgart, wo er Meisterschüler bei Adolf Hölzel wurde. Von 1920 bis 1929 lehrte er am Bauhaus in Weimar und Dessau, dann bis 1932 an der Breslauer Akademie. Nach Hitlers Machtübernahme fiel er unter das Verdikt der nationalsozialistischen Kulturpolitik. Er zog zunächst in die Schweiz, 1938 wieder nach Stuttgart; ab 1940 arbeitete er in einer Lackfabrik in Wuppertal.

Schlenther

Schon vor dem Ersten Weltkrieg hatte sich Schlemmer mit der Verbindung von Tanz und bildender Kunst beschäftigt und mehrere Studien zur Choreographie abstrahierter Körperformen im Raum entworfen. Ein erster Versuch, seine Ideen umzusetzen, gelang 1916 in Stuttgart, wo er eine Ballettstudie mit zwei Figurinen aufführte. Das Stück war eine Art Vorarbeit zum ›Triadischen Ballett‹, Schlemmers wichtigstem Bühnenwerk (entstanden zwischen 1919 und 1922). Erstmals aufgeführt wurde das ›Triadische Ballett‹ 1922 am Württembergischen Landestheater Stuttgart; 1923 folgte eine weitere Inszenierung in Weimar, die ein sensationeller Erfolg wurde (mit Schlemmer als Tänzer). Schlemmer schrieb 1926: »Ich für meinen Teil propagiere den körpermechanischen, den mathematischen Tanz. Und ich propagiere weiter, mit dem Einmaleins und ABC zu beginnen, weil ich in der Einfachheit eine Kraft sehe, in der jede wesenhafte Neuerung verwurzelt ist. (. . .) Einfachheit, verstanden als die tabula rasa und Generalreinigung von allem eklektizistischen Beiwerk aller Stile und Zeiten, müßte einen Weg verbürgen, der Zukunft heißt. (. . .) Als ein Anfang und in jene Richtung weisend, entstand das Triadische Ballett. (. . .) ›Triadisch‹ (von Trias) genannt wegen der Dreizahl der Tänzer und dem dreiteiligen symphonisch-architektonischen Aufbau des Ganzen und der Einheit von Tanz, Kostüm und Musik. Das Besondere des Balletts ist das farbig-formale raumplastische Kostüm, mit elementar-mathematischen Formgebilden umkleidete menschliche Körper und dessen entsprechende Bewegung im Raum. Das Triadische Ballett, das das eigentlich Mechanische, das eigentlich Groteske und Pathetisch-Heroische vermeidet, indem es eine gewisse harmonische Mitte hält, ist Teil einer größer gedachten Einheit – einer ›Metaphysischen Revue‹ –, auf welche auch die theoretische und praktische Arbeit der Bühnenabteilung des Bauhauses in Dessau bezogen ist: einer Einheit, für die ein komischgroteskes Ballett zu schaffen nächster Wunsch und Absicht ist.« Schlemmer hat auch Bühnenbilder für herkömmliche Theaterinszenierungen entworfen, so z. B.

für Kokoschkas Einakter ›Mörder, Hoffnung der Frauen‹ und Franz Bleis ›Nusch-Nuschi‹ (in der Vertonung von Paul Hindemith, 1921, Stuttgarter Landestheater). Ab 1923 stattete er mehrere Inszenierungen an der Berliner Volksbühne aus, u. a.: Leonid Andrejews ›König Hunger‹ und Friedrich Wolfs ›Der arme Vetter‹ (1923/24, R. jeweils Fritz Holl); Rehfischs ›Wer weint um Juckenack?‹ (UA 1925, R. Erwin Piscator); Shakespeares ›Hamlet‹ (1925). Am Weimarer Nationaltheater inszenierte er Grabbes ›Don Juan und Faust‹ (1925), an der Berliner Kroll-Oper Schönbergs ›Die glückliche Hand‹ (1930). Nach dem Umzug des Bauhauses nach Dessau (1925) entwickelte Schlemmer dort auf einer Versuchsbühne die spielerischen Bauhaustänze (Raum-, Formen-, Gesten-, Kulissen-, Metalltanz etc.); mehrere Gastspiele. Schlemmers Arbeit war am Bauhaus nicht unumstritten. Seine Kritiker, zu denen auch Piscator zählte, forderten eine stärkere Politisierung der künstlerischen Arbeit. Schlemmer war zusammen mit Laszlo Moholy-Nagy Autor des Buches ›Die Bühne im Bauhaus‹ (1925).

Literatur: L. Lang: Das Bauhaus 1919–1933. Idee und Wirklichkeit. Berlin 1965; H. Rischbieter: Bühne und bildende Kunst im XX. Jahrhundert. Velber 1968; D. Scheper: Oskar Schlemmer – Das Triadische Ballett und die Bauhausbühne. Diss. Wien 1970; K. Lazarowicz: Dilettantismus und »strenge Regularität«. Über Oskar Schlemmers Bühnentheorie und seine szenischen Experimente. In: Maske und Kothurn, 17/1971, S. 339–356; H. Beckmann: Oskar Schlemmer and the Experimental Theatre of the Bauhaus. Diss. Edmonton 1977; K. v. Maur: Oskar Schlemmer. München 1979; M. Brauneck: Theater im 20. Jahrhundert. Reinbek 1982.

Schlenther, Paul, geb. 20. 8. 1854 in Insterburg, Ostpreußen, gest. 30. 4. 1916 in Berlin. Kritiker und Intendant. Seine Beschäftigung mit dem Theater begann 1883, als er in die Redaktion der ›Deutschen Literatur-Zeitung‹ eintrat. 1886 wurde er als Nachfolger Fontanes Kritiker der ›Vossischen Zeitung‹ Berlin; setzte sich für die Stücke von Ibsen und Hauptmann ein.

Schlette

1889 war er neben Otto Brahm, Maximilian Harden und anderen Mitbegründer der Freien Bühne. Ziel dieses Theatervereins war die Aufführung zeitgenössischer Dramen unter Umgehung der Zensur (nach dem Vorbild des Pariser Théâtre Libre unter André Antoine). Von 1898 bis 1910 war Schlenther Direktor am Wiener Burgtheater. Er befreite das Theater weitgehend von althergebrachten Hoftheaterschablonen, stand dem modernen Regietheater allerdings ablehnend gegenüber. Nach 1910 arbeitete er wieder als Kritiker in Berlin (›Berliner Tageblatt‹). Schlenther war Herausgeber der Kritiken von Otto Brahm (1913). Veröffentlichungen: ›Frau Gottsched und die bürgerliche Komödie‹ (1886); ›Gerhart Hauptmann‹ (1897); ›Adolf von Sonnenthal‹ (1906). **Literatur:** E. Frank: Das Burgtheater unter der Direktion Paul Schlenthers. Diss. Wien 1931; K. Bohla: Paul Schlenther als Theaterkritiker. Dresden 1935.

Schlette, Klaus, geb. 19. 1. 1928 in Chemnitz. Regisseur, Bühnenbildner und Intendant. Von 1951 an Studium der Theaterwissenschaft, Kunstgeschichte und Germanistik in Mainz und Frankfurt; leitete an beiden Universitäten die Studiobühnen. 1959–1970 Leitung des Fränkisch-Schwäbischen Städtetheaters Dinkelsbühl; dort auch Schauspieler und Regisseur. Zahlreiche Klassiker-Inszenierungen mit jungem Ensemble; erfolgreiche Gastspiele in München. Gefeiert wurde vor allem seine Inszenierung von Shakespeares ›Troilus und Cressida‹. Seit 1970 ist er Intendant am Südostbayerischen Städtetheater Landshut-Passau-Straubing (noch bis 1996). In den ersten Jahren verhalf er dem Theater zu überregionalem Erfolg. Benjamin Henrichs schrieb:»Von allen Theaterreisen der vergangenen Saison waren mir die nach Landshut die liebsten. Von allen Theateraufführungen der vergangenen Saison waren die in Landshut keineswegs die besten. Das ist kein Widerspruch. (. . .) Als Klaus Schlette und seine junge Schauspielergruppe 1970 vom Theater in Dinkelsbühl an das Theater in Landshut wechselten, wurde aus dem vorher sehr im Verborgenen blühenden (und verblühenden) Provinz-

bühne rasch eine Art Wallfahrtsort. Ein Fluchtpunkt für Verbitterte: (. . .) In Landshut spielte man, als gingen einen die Revolten, die Moden der Theaterkunst nichts an. Heiter, asketisch und mit einer Leichtigkeit, die nur das Ergebnis von Nachdenklichkeit sein konnte, erzählte man die alten, schwierigen Stücke auf der Bühne nach – ohne dabei je die eigenen Kräfte zu überschätzen. Ein Provinztheater, das sich nicht genierte, provinziell zu sein: so wurde Landshut zur Legende, zum Mythos. Und natürlich wurde dieser Mythos bald entzaubert. Zunächst klangen die Berichte der in die Provinz geeilten Großstädter enttäuscht, dann verdrossen, dann verbittert. (. . .) Ich habe den Abgesängen auf Landshut immer mißtraut (. . .). Landshut ist noch immer eine Oase – um sie zu erhalten, muß freilich Schwerarbeit getan werden.« (›Die Zeit‹, 20. 6. 1980) Inszenierungen u. a.: Goethes ›Urfaust‹ (1971); Rostands ›Cyrano de Bergerac‹ (1971/72); Sophokles' ›König Ödipus‹ (1971/72); Brechts ›Dreigroschenoper‹ (1972); Marlowes ›Der Jude von Malta‹ (1972, in eigener Bearbeitung); Büchners ›Woyzeck‹ (1972) und ›Dantons Tod‹ (1975); Anouilhs ›Becket oder die Ehre Gottes‹ (1973); Brechts ›Der gute Mensch von Sezuan‹ (1974, Co-Regie: Horst Schäfer); Shakespeares ›Maß für Maß‹ (1974), ›Hamlet‹ (1978, in eigener Übersetzung) und ›Der Sturm‹ (1986); Kleists ›Das Käthchen von Heilbronn‹ (1980); Enzensbergers ›Der Untergang der Titanic‹ (1989); auch Opernregie. Schlette inszeniert zum Teil im eigenen Bühnenbild. Er verfaßte Übersetzungen und Kinderstücke.

Schlingensief, Christoph, geb. 1960 in Oberhausen. Film- und Theaterregisseur. Experimentierte bereits als Achtjähriger mit der Kamera; Studium der Philosophie, Kunstgeschichte und Germanistik in München. 1981 drehte er seinen ersten Kurzfilm, 1983 den ersten abendfüllenden Spielfilm (›Tunguska – Die Kisten sind da‹). Es folgten u. a.: ›Menu total‹ (1986); ›100 Jahre Hitler – Die letzte Stunde im Führerbunker‹ (1989, gedreht an einem Tag); ›Das deutsche Kettensägenmassaker‹

627

(1990; die erste Stunde der Wiedervereinigung als grausiges Blutbad); ›Terror 2000
– Intensivstation Deutschland‹ (1993; the-
matisiert wird die Gladbecker Geiselnah-
me). In seinen Filmen laufen die nationalen Gefühle Amok; wegen ihrer Gewalt-
szenen und Obszönitäten sind sie heftig
umstritten. Schlingensiefs Credo:»In einer
Zeit, in der alles möglich ist, wird es unwichtig, ob etwas gut ist oder schlecht.«
Von Frank Castorf an die Berliner Volksbühne geholt, debütierte er dort 1993 mit
seinem Projekt ›100 Jahre CDU – Spiel
ohne Grenzen‹ als Theaterregisseur; Joachim Kronsbein schrieb:»Die gnadenlose
Abrechnung mit einer nicht mehr faßbaren
Welt ist auf der Bühne als perfide Game-
Show getarnt, die sich unverzüglich in ein
Inferno aus Gewalt und Leidenschaft verwandelt. Ein just aus Bosnien eingeflog-
ner Nato-General (Alfred Edel) wettet beispielsweise, in zehn Minuten einen ›Juden-
stern‹ auf die Schaufensterscheibe eines
türkischen Gemüsehändlers malen zu können. Zwei Kandidaten aus Mölln, deren
Haus abgebrannt ist, besingen ein ›Herz
für Kinder‹, und der Gekreuzigte schwebt
als Skelett vom Bühnenboden.« (›Der
Spiegel‹, 26. 4. 1993) Gerhard Stadelmaier
sprach von einer »dilettantischen Mon-
strositäten-Show (...) entschlossen pu-
bertär – und unsäglich deutsch« (›FAZ‹,
26. 4. 1993). Schlingensiefs zweite Arbeit
an der Berliner Volksbühne war das Projekt ›Kühnen bringt dir den Kopf von
Adolf Hitler‹ (1993/94).

Schlöndorff, Volker, geb. 31. 3. 1939 in
Wiesbaden. Film- und Theaterregisseur.
Studierte in Paris Politische Wissenschaf-
ten und besuchte das Institut des Hautes
Études Cinématographiques, wo er Kon-
takt zu französischen Regisseuren der *nou-
velle vague* fand. Von 1960 an Mitarbeit
als Volontär und Regieassistent bei Filmen
von Louis Malle, Jean-Pierre Melville und
Alain Resnais. 1962 assistierte er Sascha
Pitoeff am Théâtre de Paris bei einer In-
szenierung von Musils ›Die Schwärmer‹.
Machte 1966 Furore mit seiner subtilen
Pubertätsstudie ›Der junge Törless‹ (nach
Musil); seither zahlreiche international erfolgreiche Literaturverfilmungen. Seine

Schlöndorff

Verfilmung des Romans ›Die Blechtrommel‹ von Günter Grass (1978) erhielt in
Cannes die Goldene Palme und in Hollywood – als erster deutscher Film seit 1927 –
den Oscar. Von 1985 bis 1990 lebte und
arbeitete er in Amerika. Filme u.a.: ›Die
verlorene Ehre der Katharina Blum‹ (1975,
nach Böll); ›Die Fälschung‹ (1981, nach
Nicolas Born); ›Eine Liebe von Swann‹
(1984, nach einem Kapitel aus Prousts
›Auf der Suche nach der verlorenen Zeit‹);
›Tod eines Handlungsreisenden‹ (1984,
nach Arthur Miller); ›Ein Aufstand alter
Männer‹ (1987, nach Ernest J. Gaines);
›Die Geschichte der Dienerin‹ (1990, nach
einem Roman von Margaret Atwood);
›Homo Faber‹ (1991, nach Max Frisch);
zahlreiche Auszeichnungen. Mit Janáčeks
›Katja Kabanowa‹ gab er 1974 in Frankfurt
sein Debüt als Opernregisseur. Weitere
Operninszenierungen: Henzes ›Wir erreichen den Fluß‹ (1976), Thomas Jahns
›Palazzo zoologico‹ und Puccinis ›La
Bohème‹ (1984, alle Frankfurt); Schostakowitschs ›Lady Macbeth von Mzensk‹
(1993, Nationaltheater München). 1988
brachte er an den Münchner Kammerspielen Heinrich Bölls letzten Roman ›Frauen
vor Flußlandschaft‹ auf die Bühne und gab
damit sein Debüt als Theaterregisseur (im
Bühnenbild der amerikanischen Malerin
Jennifer Bartlett): »Schlöndorff hat den
Böllschen Redefluß auf das Maß eines ordentlichen Theaterabends gerafft und mit
verlegener Diskretion szenisch arrangiert.
Er ist niemandem zu nahe getreten, schon
gar nicht Böll; er hat sich nicht ernstlich
auf Verrücktheit, Verzweiflung, anarchischen Furor des Texts eingelassen; falls da
eine ›Falle‹ war, hat er sie gar nicht gesehen; er hat für guten Geschmack und eine
gewisse Eleganz des Ganzen gesorgt. Das
ist, was man ehrenwert nennt, ein Theater
der edlen Absicht.« (Urs Jenny, ›Der Spiegel‹, 1. 2. 1988) Im August 1992 wurde
Schlöndorff Geschäftsführer der Babelsberger Filmstudios mit der Aufgabe, ein
Zentrum des europäischen Films aufzubauen. Er war mit der Schauspielerin und
Regisseurin Margarethe von Trotta verheiratet.
Literatur: V. Schlöndorff (u.a.) (Hrsg.):
Das andere Bayern. Lesebuch zu einem

Schmahl

Freistaat. München 1976; ders.: Die Blechtrommel. Tagebuch einer Verfilmung. Darmstadt, Neuwied 1979; ders./G. Grass: Die Blechtrommel als Film. Frankfurt a. M. 1981; ders. (u. a.`: Die Fälschung als Film und der Krieg im Libanon. Frankfurt a. M. 1981.

Schmahl, Hildegard, geb. 1940. Schauspielerin. Aufgewachsen in Hamburg, wo sie als Schauspielerin zu arbeiten begann; Engagements in Braunschweig und Bern. Hans Schalla engagierte sie ans Bochumer Schauspielhaus, wo man sie 1967 als Gretchen in Goethes ›Faust‹ und als Grete in Barlachs ›Der blaue Boll‹ sah. 1969/70 wechselte sie an die Staatlichen Schauspielbühnen Berlin, wo sie Lessings Titelheldinnen ›Emilia Galotti‹ (1969, R. Ernst Schröder) und ›Minna von Barnhelm‹ (1970) verkörperte. Unter der Regie ihres Ehemannes Niels-Peter Rudolph spielte sie 1976 mit großem Erfolg die Sonja in Tschechows ›Onkel Wanja‹. Henning Rischbieter schrieb:»Hildegard Schmahl wagt und gewinnt in dieser Rolle etwas Äußerstes und Seltenes: die Rückhaltlosigkeit *und* die Aussichtslosigkeit von Gefühlen in einem Alltag, der noch in jedem Gefühlsaufschwung die Oberhand behält.« (›Theater heute‹, Jahrbuch 1976) Weitere Rollen in Inszenierungen von Rudolph u. a.: Alkmene in Kleists ›Amphitryon‹ (1971) und Giacinta in Goldonis ›Trilogie der Ferienzeit‹ (1972, jeweils Stuttgart); Thea Elvsted in Ibsens ›Hedda Gabler‹ (1977) und Titelrolle in Sophokles/Hölderlins ›Antigonae‹ (1979, jeweils Schiller-Theater Berlin); Mascha in Tschechows ›Drei Schwestern‹ (1981) und Nova in Handkes ›Über die Dörfer‹ (1982, jeweils Deutsches Schauspielhaus Hamburg); Ranjewskaja in Tschechows ›Der Kirschgarten‹ (1986, Stuttgart). Seit 1987 Zusammenarbeit mit George Tabori in Wien (im Theater Der Kreis): Mitwirkung in Projekten wie ›Schuldig geboren‹ (1987/88, nach dem Report von Peter Sichrovsky) oder ›Verliebte und Verrückte‹ (1989, Shakespeare-Collage). In Taboris Produktion ›Masada‹ spielte sie an der Seite von Michael Degen die Verwandte des Eleazar (1988, nach Flavius Josephus, Bearbeitung: Ursula Voss). In Taboris Shakespeare-Bearbeitung ›Lears Schatten‹ übernahm sie die Rolle des Lear (Premiere 1989 in Bregenz; danach Fortentwicklung des Projekts in Wien). Anfang der neunziger Jahre wechselte sie an das Hamburger Thalia Theater; dort u. a.: Paulina in Dorfmans ›Der Tod und das Mädchen‹ (1992, R. Daniel Karasek); Wirtin in Pohls ›Die schöne Fremde‹ (1993, R. Jürgen Flimm): »Beängstigend in ihrer gemütvollen Stumpfheit, bis in Gang und Sprechweise genau« (Rolf Michaelis).

Schmaus, Cornelia, geb. 1946 in Frankfurt a. M. Schauspielerin. Tochter des Schriftstellers Stephan Hermlin; später adoptiert vom zweiten Ehemann der Mutter. Aufgewachsen in Ostberlin, wo ihre Mutter Dramaturgin am Deutschen Theater war. Nach dem Gymnasium Schauspielausbildung in Berlin. Von 1968 an war sie zehn Jahre lang festes Ensemblemitglied am Theater in Karl-Marx-Stadt (heute Chemnitz); danach war sie dort ständiger Gast. Mitte der achtziger Jahre arbeitete sie am Schauspiel Dresden; wurde als Protagonistin der Inszenierungen von Wolfgang Engel über die Grenzen der DDR hinaus bekannt, vor allem als Kleists ›Penthesilea‹ und als Brunhild in Hebbels ›Nibelungen‹. Michael Merschmeier schrieb: »Trotz ihrer Kampfkraft spielte Cornelia Schmaus immer jene Ambivalenz und Brüchigkeit mit, die tragische Figuren erst interessant macht. Ihre Siegesgewißheit war nicht gleich Selbstgewißheit, Überstehen war letztlich alles. So repräsentierte sie mit ihren starken geistesfeurigen Frauen – wie Engels starke Inszenierungen – auch ein Stückchen DDR-Wirklichkeit: Wo Fortschritt zur Floskel und als Zukunftsziel fadenscheinig geworden war, mußten die wahren Heldinnen und Helden wohl jene des Rückzugs sein. Penthesilea und Brunhild als frühe Schwestern Gorbatschows – so scheint es im Rückblick.« (›Theater heute‹, Heft 12, 1992) Anfang der neunziger Jahre wechselte sie an das Schauspiel Frankfurt a. M.; dort u. a.: Portia in Shakespeares ›Der Kaufmann von Venedig‹ (R. Engel); Genia Hofreiter in Schnitzlers ›Das weite Land‹ (R. Jürgen Gosch); Titelrolle in Ibsens ›Hedda Gabler‹ (1993, R. Jürgen Kruse).

Literatur: M. Raab: Wolfgang Engel. Regie im Theater. Frankfurt a. M. 1991; R. Ulrich: Mein Kapital bin ich selber. Gespräche mit Theaterfrauen in Berlin-Ost 1990/91. Berlin 1991; M. Merschmeier: »Ich bin in der Fremde«. Gespräch mit der Schauspielerin Cornelia Schmaus. In: Theater heute, Heft 2, 1992, S. 21–25.

Schmidinger, Walter, geb. 28. 4. 1933 in Linz. Schauspieler. Arbeitete nach der Schule als Verkäufer und Dekorateur in einem Linzer Tuchwarengeschäft; dann Schauspielausbildung am Wiener Max-Reinhardt-Seminar. Nach einem ersten Engagement am Wiener Theater in der Josefstadt kam er 1954 an die Bühnen der Stadt Bonn, denen er auch von 1960 bis 1969 angehörte. 1954–1960 Engagement am Schauspielhaus Düsseldorf. Von 1969 bis 1972 gehörte er zum Ensemble der Münchner Kammerspiele. Wichtigste Rollen dort: Commodore in Bonds ›Schmaler Weg in den tiefen Norden‹ (DE 1969, R. Peter Zadek); Petypon in Feydeaus ›Die Dame vom Maxim‹ (1970, R. Dieter Giesing); Amateurschauspieler in ›Tingeltangel‹ (1971, Valentin-Abend, R. Niels-Peter Rudolph); Kaiser Maximilian in Fortes ›Martin Luther & Thomas Münzer oder Die Einführung der Buchhaltung‹ (1971, R. Paul Verhoeven); Sganarell in Molières ›Don Juan‹ (1971, R. Oscar Fritz Schuh). Für seine virtuose Darstellung des Willy in Kroetz' ›Heimarbeit‹ (UA 1971, R. Horst Siede) wurde er von ›Theater heute‹ zum besten Schauspieler des Jahres gewählt. 1972 wechselte er an das Bayerische Staatsschauspiel, wo er zwölf Jahre lang zum Ensemble gehörte und als Star gefeiert wurde. Rollen u. a.: Titelrolle in Nestroys ›Der Zerrissene‹ (1972) und Weinberl in ›Einen Jux will er sich machen‹ (1973, R. Kurt Meisel); Hauptmann in Schillers ›Wallenstein‹ (1972, R. Walter Felsenstein); großer Erfolg als Tuchhändler Hatch in Bonds ›Die See‹ (1973/74, R. Luc Bondy): »Schmidinger, der sonst so gern auf der Bühne als Senkrechtstarter verglüht (immer gleich auf der schwindligsten Höhe seiner Mittel und Tricks),

baut nun diese Figur (. . .) mit geradezu wilder Geduld auf, in immer neuen Anläufen, mit immer neuen Ruhepausen. Er zeigt zunächst nur ein fahles, verletzlich offenes Gesicht, schon erschöpft, aber immer noch diensteifrig. Er fällt, wenn er dann zu seiner Eingeweihtentruppe spricht, nur kurz in ein Sportpalastgebell mitten im gejagten Parlando. Immer wieder, noch nach dem letzten, hemmungslos blubbernden Paranoia-Anfall, verklärt er sich mit dem Lächeln des Erleuchteten, alles Wissenden und Verzeihenden, eines Märtyrers der richtigen Sache.« (Reinhard Baumgart, ›SZ‹, 3. 12. 1973) Mit Kroetz' ›Globales Interesse‹ gab er 1972 sein Debüt als Regisseur. 1974 arbeitete er am Hamburger Schauspielhaus; spielte dort erneut Nestroys ›Zerrissenen‹ und den Malvolio in Shakespeares ›Was ihr wollt‹ (R. Wilfried Minks). Danach Rückkehr ans Münchner Residenztheater, wo er als Salieri in Shaffers ›Amadeus‹ glänzte (DE 1981, R. Kurt Meisel). Weitere Rollen in Meisel-Inszenierungen u. a.: Hohes Alter in Raimunds ›Der Bauer als Millionär‹ (1978); Dichter in Schnitzlers ›Der Reigen‹ (1982); Verleger in Bernhards ›Über allen Gipfeln ist Ruh‹ (1983); außerdem u. a.: Dauphin in Shaws ›Die heilige Johanna‹ (1975, R. Martin Fried); Arnold Kramer in Hauptmanns ›Michael Kramer‹ (1976, R. Karl Paryla); Titelrollen in Shakespeares ›König Richard II.‹ (1978, R. Dietrich Haugk) und in Molières ›Tartuffe‹ (1979, R. Ingmar Bergman); Gennadius in Ostrowskis ›Der Wald‹ (1981, R. Harald Clemen); Titelrolle in Hofmannsthals ›Der Schwierige‹ (1982, R. Hans Gratzer). Gastspiele u. a. in Bregenz als Stephan von Sala in Schnitzlers ›Der einsame Weg‹ (1980, R. Klaus Maria Brandauer) und an den Münchner Kammerspielen als Leonce in Büchners ›Leonce und Lena‹ (1981, R. Dieter Dorn). Seine letzte Rolle in München war der Shylock in Shakespeares ›Der Kaufmann von Venedig‹ (1984, R. Alfred Kirchner). 1984/85 wechselte er nach Berlin, wo er zunächst an der Schaubühne den Cyprian in Peter Steins Strauß-Inszenierung ›Der Park‹ spielte (mit Jutta Lampe). 1985–1993 Engagement am Berliner Schiller-Theater; dort u. a.: Lessings ›Nathan der

Schmidt

Weise‹ (1985, R. Bernard Sobel); Hofmannsthals ›Der Unbestechliche‹ (1985/86, R. Otto Schenk); Shakespeares ›Richard II.‹ (1987, R. Hans Peter Cloos) und Lucio in ›Maß für Maß‹ (1989, R. Niels-Peter Rudolph); Der Autor in Calderóns ›Das große Welttheater‹ (1988, R. Augusto Fernandes); Diener Richard in Bernhards ›Elisabeth II.‹ (UA 1989, R. Rudolph); Titelrolle in Molières ›Der eingebildete Kranke‹ (1991, R. Alexander Lang). Gastspiele u. a. an der Schaubühne als Fürst de Ligne in Zwetajewas ›Phoenix‹ (1990, mit Bernhard Minetti, R. Klaus Michael Grüber). 1993/94 am Berliner Ensemble; als Gast Mitwirkung in Robert Wilsons Produktion ›Der Mond im Gras‹ an den Münchner Kammerspielen (UA 1994); Cotrone in Pirandellos ›Die Riesen vom Berge‹ (1994, Salzburger Festspiele, R. Luca Ronconi). Zahlreiche Lesungen; auch einige Film- und Fernsehrollen. Gerhard Stadelmaier schrieb:»Der Schauspieler Walter Schmidinger, der hagere Hüne mit der sensibel beseelten Cholerik, ist unter den Königen der Schauspielkunst der große Narr und unter ihren Narren ein einsamer König. Er ist zu sehr schwerer Kobold, um als Tragiker unterzugehen, und zu sehr federnd leichter Trauerkloß, um als Scherzkeks aufzugehen. Er hält die Mittellage als Kippfigur auf des Messers Schneide. Auf dieser tänzelt er mit Eleganz und selten ohne Penetranz entlang. So zieht er auch alles Scheinwerferlicht auf sich. Er schlendert gerne alle übrigen an die Wand. Auf der Bühne wirkt er manchmal wie ein verzogenes Kind, das gleich loszuheulen droht, wenn ihm nicht alle Liebe geschenkt würde: ein großer Schau-Spieler mit Haut und Haar. Und dann wirkt er wieder wie die Selbstvergessenheit in Person. Ganz wunde Unnahbarkeit, großer Schmerzensmann.« (›FAZ‹, 28. 4. 1993)
Literatur: M. Faber/L. Weizert: . . .und dann spielten sie wieder. Das Bayerische Staatsschauspiel 1946–1986. München 1986; C. B. Sucher: Theaterzauberer. Schauspieler. 40 Porträts. München, Zürich 1988.

Schmidt, Jochen, geb. 2. 4. 1928 in Leipzig. Schauspieler, Regisseur und Intendant.

Nach dem Abitur Schauspiel- und Regiestudium bei Peter Lühr und Paul Smolny im Studio Smolny-Heerdt. Bühnenstationen: Städtische Bühnen und Volksbühne Leipzig (1946–1950); Städtische Bühnen Erfurt (1950–1956); Nordmark-Landestheater Schleswig (1956–1959); Staatstheater Braunschweig (1959–1961); Thalia Theater Hamburg (1961–1968); Städtische Bühnen Münster und Freiburg (1968–1970). Seit 1970 freier Schauspieler und Regisseur; auch Hörspielregie und Fernsehrollen. Von 1984 bis 1986 war er Oberspielleiter der Festspiele Bad Hersfeld, deren Direktion er 1987 übernahm. Wichtigste Rollen: Jago in Shakespeares ›Othello‹ (Schleswig) und Titelrolle in ›Heinrich VI.‹ (Münster); Striese in Schönthans ›Der Raub der Sabinerinnen‹ (Hannover und Essen); Salomon in Flatows ›Die Durchreise‹ (Hannover); Feldprediger in Brechts ›Mutter Courage und ihre Kinder‹ (Bad Hersfeld). Brachte in Hamburg, Lübeck und Schleswig Stücke von Ayckbourn auf die Bühne. In Bad Hersfeld inszenierte er u. a. Kotzebues ›Die deutschen Kleinstädter‹; auch Opern- und Märcheninszenierungen.

Schmidt, K. D., geb. 8. 11. 1955 in Düsseldorf. Schauspieler und Regisseur. Nach einem abgebrochenen Musikstudium nahm er Schauspielunterricht an der Folkwangschule Essen. Danach war er Schauspieler am Staatstheater Karlsruhe. 1983 wurde er Regieassistent an den Münchner Kammerspielen; gab dort 1985 mit Pohls ›La Balkona Bar‹ sein Regiedebüt. Es folgten Gastinszenierungen in Stuttgart, München, Berlin, Mainz, Köln, Nürnberg und Mannheim, darunter: Marivaux' ›Die Prüfung‹ (Köln); Keefees ›Barbaren‹ (Mannheim); Schillers ›Die Räuber‹ (Mainz); Lessings ›Nathan der Weise‹ (Nürnberg). In der Spielzeit 1991/92 wurde er Oberspielleiter am Ulmer Theater (Intendant: Bernd Wilms); Inszenierungen u. a.: Lenz' ›Der neue Menoza‹; Koltès' ›Roberto Zucco‹; Goethes ›Stella‹; Jungs ›Der verlorene Sohn‹; Schillers ›Kabale und Liebe‹: »K. D. Schmidt zeigt in Ulm ein konzentriert-analytisches (Kammer-)Spiel der Zwänge, mit sehr klarer, kraftvoller Figurierung.«

(Eckhard Franke, ›Theater heute‹, Heft 9, 1993); Ibsens ›Gespenster‹: »K. D. Schmidt läßt die ›Gespenster‹ heute spielen, hält sich im ganzen doch streng an Ibsens Text, obwohl ab und zu extemporiert wird. Die Schauspieler treten aus den Reihen der Zuschauer auf – *wir* sind gemeint. (. . .) Nicht die aktuellen Anspielungen auf Ulmer Umstände machen K. D. Schmidts ›Gespenster‹-Inszenierung spannend, sondern wie Ibsens Figuren in die lächerlichste Verzweiflung getrieben werden: darüber, daß sie selbst schuld an ihrem Unglück sind und das nicht akzeptieren können. (. . .) Theater, das wichtig ist – ›Gespenster‹ in Ulm.« (Thomas Thieringer, ›SZ‹, 20. 10. 1993); Kleists ›Amphitryon‹ (1994), Gastinszenierungen u. a. in Hannover. 1994 wechselte er mit Wilms an das Berliner Maxim-Gorki-Theater.

Literatur: F. Wille: »Ich bin kein Bademeister«. Ein Gespräch mit dem Regisseur K. D. Schmidt. In: Theater heute, Heft 8, 1992.

Schmidt, Willi, geb. 19. 1. 1910 in Dresden, gest. 30. 1. 1994 in Berlin. Bühnenbildner und Regisseur. 1929–1932 Studium der Philosophie, Germanistik, Kunstgeschichte und Theaterwissenschaft in Berlin (u. a. bei Max Dessoir, Nicolai Hartmann und Max Herrmann); gleichzeitig Assistent von Jürgen Fehling und dem Bühnenbildmeister Rochus Gliese am Preußischen Schauspielhaus. 1933–1938 Bühnenbildner bei Heinz Hilpert an der Berliner Volksbühne und am Deutschen Theater. Wichtige Arbeiten: Shakespeares ›Wie es euch gefällt‹ (1934/35) und Goethes ›Iphigenie auf Tauris‹ (1935/36, jeweils Deutsches Theater); Hauptmanns ›Kollege Crampton‹ und Shakespeares ›Der Widerspenstigen Zähmung‹ (beide 1938/39 an der Volksbühne). 1940 wechselte er an das Berliner Staatstheater, wo er bis 1944 als Bühnenbildner angestellt war (unter der Intendanz von Gustaf Gründgens). Nach dem Zweiten Weltkrieg setzte er sich mit klaren, ebenso werktreuen wie einem modernen Zeitgefühl verpflichteten Inszenierungen als Regisseur durch. Eine seiner ersten Inszenierungen war die deutsche Erstaufführung von Kaisers ›Soldat

Tanaka‹ (1946, Berliner Hebbeltheater). Schmidts besondere Liebe galt den französischen Autoren, vor allem Giraudoux und Anouilh. Er arbeitete an verschiedenen deutschsprachigen Bühnen, meist in der Doppelfunktion als Regisseur und Ausstatter (auch Kostümbildner). Zentrum seiner Arbeit blieb jedoch Berlin, wo er an fast allen Bühnen tätig war, u. a. am Deutschen Theater bei Max Reinhardt: Molières ›Tartuffe‹ (1946); Hauptmanns ›Die Ratten‹ (1946); Sternheims ›Die Hose‹ (1947); am Renaissancetheater Erfolg mit Anouilhs ›Einladung ins Schloß‹ (1959); Inszenierungen an den Staatlichen Schauspielbühnen (häufig in Zusammenarbeit mit dem Schauspieler Klaus Kammer) u. a.: Kafkas ›Der Prozeß‹ (1950); Claudels ›Der seidene Schuh‹ (1952); Jahnns ›Thomas Chatterton‹ (1957); Marceaus ›Das Ei‹ (1958); Giraudoux' ›Die Irre von Chaillot‹ (1959, mit Hermine Körner) und ›Amphitryon 38‹ (1961); Dostojewski/Ahlsens ›Raskolnikoff‹ (1960); Anouilhs ›Becket oder Die Ehre Gottes‹ (1961); Goethes ›Clavigo‹ (1962); Thomas ›Moral‹ (1973); an der Berliner Akademie der Künste: Kafkas ›Bericht für eine Akademie‹ und ›In der Strafkolonie‹ (1962, mit Kammer); Nelly Sachs' ›Eli‹ (1969). 1960 inszenierte er in New York Schillers ›Kabale und Liebe‹; 1963 brachte er das Stück auch bei den Ruhrfestspielen Recklinghausen auf die Bühne. Weitere Inszenierungen u.a: Giraudoux' ›Undine‹ (1964) und Shakespeares ›Hamlet‹ (1976, jeweils Residenztheater München); Williams' ›Die Glasmenagerie‹ (1965, Akademietheater Wien); Tschechows ›Die Möwe‹ (1966, Münchner Kammerspiele); Picard/Schillers ›Der Parasit‹ (1968, Burgtheater Wien); Büchner-Collage ›Woyzeck, Leonce und Lena‹ (1969, Ruhrfestspiele); Anouilhs ›Wecken Sie Madame nicht auf‹ (DE 1971, Deutsches Schauspielhaus Hamburg); Kleists ›Der zerbrochne Krug‹ (1979, Nürnberg); O'Neills ›Fast ein Poet‹ (1984, Thalia Theater Hamburg); auch Fernseh- und Hörspielregie. Von 1952 bis 1975 war er Professor für Bühnenbild an der Berliner Hochschule der Künste. Aus seiner Klasse sind wichtige jüngere Bühnenbildner wie Wilfried Minks und Karl Ernst Herrmann hervorgegangen. Friedrich Luft schrieb über Schmidt:»Er ist eine der raren, glücklichen Mehrfachbegabungen. Alle seine Arbeiten sind immer aus einem Guß gewesen. (...) Zu den Bühnenrevolutionären gesellte er sich nie. Er ist, wenn man so will, ein unruhig konservativer Geist. Was man von der Bühne verlangen darf, weiß er genau. Das zeigt er immer wieder ungeheuer bestechend. Was außerhalb ihres ästhetischen Bereiches ist, das meidet er mit gutem Instinkt.« (›Die Welt‹, 19. 1. 1985) Auszeichnungen u. a.: Preis des deutschen Kritikerverbandes (1952); Berliner Kunstpreis (1961). Er war seit 1958 Mitglied der Akademie der Künste Berlin.

Schmitt, Saladin, geb. 12. 9. 1883 in Bingen, gest. 14. 3. 1951 in Bochum. Schauspieler, Dramaturg, Regisseur und Intendant. Vetter von Stefan George. Nach dem Studium der Germanistik arbeitete er als Schauspieler und Dramaturg in Elberfeld. 1914 Oberspielleiter in Freiburg; 1917–1918 Leiter eines Fronttheaters. Von 1919 bis 1949 war er Intendant des Schauspielhauses Bochum. Schmitts strenge Kunstauffassung war vom George-Kreis geprägt. Im Zentrum seiner Theaterarbeit stand die Pflege der deutschen Klassiker und der Dramen Shakespeares; häufig repräsentative Klassiker-Zyklen: Shakespeare-Woche 1927 (Zyklus der Shakespeareschen Königsdramen einschließlich ›König Johann‹ und ›König Heinrich VIII.‹); Goethe-Woche 1928 (›Götz von Berlichingen‹; ›Egmont‹; ›Torquato Tasso‹; ›Faust I und II‹); Deutsche Schiller-Woche 1934; Kleist-Festwoche 1936; 2. Deutsche Shakespeare-Woche 1937 (Römerdramen); Hebbel-Woche 1939 (u. a. ›Die Nibelungen‹ an zwei Abenden); Grabbe-Woche 1941 (acht Abende, im Zentrum: ›Napoleon oder Die hundert Tage‹). Unter Schmitts Leitung war das Bochumer Schauspielhaus eine Art Weihetempel des Theaters. Hier wurde ein heraldischer, heroisch-pathetischer Monumentalstil gepflegt, wobei Schmitt viel Wert auf sprachliche Genauigkeit und schauspielerische Disziplin legte. Die opernhaft-pompöse Ausstattung besorgte in der Regel der Bühnenbildner Johannes Schröder (1883–

1973). Schmitt, dem der Ensemble-Gedanke sehr am Herzen lag, hatte ein Gespür für schauspielerische Talente. Er engagierte und förderte u. a. Horst Caspar und Ernst Schröder. Sein Nachfolger wurde 1949 Hans Schalla.
Literatur: S. Schmitt: Zehn Jahre Stadttheater Bochum. Bochum 1925; ders.: Blätter der Erinnerung. Hrsg. v. der Stadt Bochum. Bochum 1964; K. Dörnemann: Schauspiel in Bochum. Bochum 1966; Bochumer Aspekte 69, Bochum 1969; Saladin Schmitt der Theatergründer. Dokumentation. Gestaltung: H. Beil. Schauspielhaus Bochum 1983.

Schmückle, Hans Ulrich, geb. 15. 8. 1916 in Ulm, gest. Juni 1993. Bühnenbildner. 1932–1935 Volontär der Malabteilung am Staatstheater Stuttgart; Schüler des Malers Adolf Hölzel. 1935–1937 Ausbildung an der Akademie der bildenden Künste in München bei Karl Caspar; 1938–1945 Soldat. Nach dem Krieg war er bis 1949 Bühnenbildner am Schauspielhaus und an den Kammerspielen Stuttgart. Dort begann die enge Zusammenarbeit mit der Kostümbildnerin Sylta Busse, die er 1957 heiratete. 1950–1952 Gastbühnenbildner am Staatstheater Stuttgart (Intendant: Walter Erich Schäfer). Seine Arbeit wurde stark geprägt von der Theatertheorie Bertolt Brechts und dem Werk Caspar Nehers. 1954 wurde er Ausstattungsleiter der Städtischen Bühnen Augsburg, denen er – abgesehen von vielen Gastspielen – 30 Jahre lang treu blieb; 1954–1975 Zusammenarbeit mit Werner Egk bei mehreren Operninszenierungen. 1959 begegnete er Erwin Piscator, mit dem er an der Freien Volksbühne Berlin zusammenarbeitete: Rollands ›Robespierre‹ und Shakespeares ›Der Kaufmann von Venedig‹ (beide 1963); Kipphardts ›In der Sache J. Robert Oppenheimer‹ (UA 1964; 1965 auch in Brüssel); Weiss’ ›Die Ermittlung‹ (UA 1965); Hašeks ›Schwejk‹ (1965, Entwurfsarbeit); Kirsts ›Aufstand der Offiziere‹ (UA 1966); auch Opernarbeit mit Piscator. Von 1962 bis 1966 war er außerdem Mitarbeiter von Hermann Scherchen im Experimentalstudio Gravesano (Schweiz). Für Scherchens Inszenierungen schuf er mehrere Büh-

nenbilder und Entwurfsarbeiten, u.a. zu Mozarts ›Idomeneo‹ (1962, Teatro San Carlo Neapel) und Bergs ›Wozzeck‹ (1966, Teatro Bologna). In Augsburg entwarf er u.a. Bühnenbilder für Regiearbeiten von Karl Bauer: Dylan Thomas' ›Unter dem Milchwald‹ (1960); Mozarts ›Die Hochzeit des Figaro‹ (1962); Brechts ›Schweyk im Zweiten Weltkrieg‹ (1968). Weitere Ausstattungsarbeiten u.a.: Brecht/Weills ›Aufstieg und Fall der Stadt Mahagonny‹ (1967, Leipzig, R. Joachim Herz); Shakespeares ›Der Sturm‹ (1968, Schiller-Theater Berlin, R. Fritz Kortner); Berlioz' ›Die Trojaner‹ (1969, Scottish Opera Glasgow; 1971 auch bei den Festspielen Edinburgh); Hochhuths ›Guerillas‹ (1971, R. Harry Buckwitz) sowie ›Die Hebammen‹ (UA 1972, R. Helmut Kraut, jeweils Schauspielhaus Zürich); ferner am Wiener Burgtheater, bei den Salzburger Festspielen, am Gärtnerplatztheater München und an Berliner Opernhäusern. Seit den siebziger Jahren Zusammenarbeit mit dem Regisseur Manfred Wekwerth, u.a.: Shakespeares ›Richard III.‹ (1974) und Brechts ›Der gute Mensch von Sezuan‹ (1976, jeweils Schauspielhaus Zürich); Brechts ›Leben des Galilei‹ (1978) und Gorkis ›Jegor Bulytschow‹ (1979, jeweils Berliner Ensemble); Kleists ›Prinz Friedrich von Homburg‹ (1978) und Schillers ›Wallenstein‹-Trilogie (1983, jeweils Burgtheater Wien). Bühnenbild ist für Schmückle nicht Dekoration, sondern Funktionsraum für Sprache und Spiel: von einer Lichtregie unterstützt, die im Sinne Brechts »gesellschaftliche Zustände erhellen« soll. Schmückle plädierte für die »Entrümpelung« der Bühne ebenso wie für die historische Genauigkeit der Ausstattung. Durch seine kargen, häufig auch monumentalen Bühnenräume machte er sich international einen Namen.
Literatur: H. U. Schmückle/S. Busse: Theaterarbeit. Eine Dokumentation. Hrsg. v. E. Nölle. Theatermuseum München. München 1975.

Schneeberger, Gisela, geb. 3. 10. 1948 in Dollnstein bei Eichstätt. Kabarettistin und Schauspielerin. Studium der Psychologie in München; 1971–1974 Ausbildung an der Münchner Otto-Falckenberg-Schule. 1974 und 1976–1978 Verpflichtungen an die Staatlichen Schauspielbühnen Berlin (Schiller-Theater), u.a. in Kroetz' ›Maria Magdalena‹ und in dem Sketch-Programm ›Da schau her‹. Am Münchner Residenztheater gastierte sie als Lottchen in Raimunds ›Der Bauer als Millionär‹ (1978, R. Kurt Meisel). Seit 1975 künstlerische Zusammenarbeit mit Gerhard Polt und ihrem Mann, dem Regisseur und Texter Hanns-Christian Müller. Einen ersten großen Erfolg feierte das Team 1979 im Werkraum der Münchner Kammerspiele mit dem satirischen Stück ›Kehraus‹ (Schneeberger als Büroangestellte Annerose Waguscheit; 1983 als Spielfilm; 1986 als Fernsehfilm). Es folgten an den Kammerspielen drei umjubelte Kabarett-Stücke, alle mit Polt, Otto Grünmandl und dem musikalischen Trio Biermösl Blosn (R. jeweils Müller): ›München leuchtet‹ (1984) und ›DiriDari‹ (1988, beide mit Dieter Hildebrandt); ›Tschurangrati‹ (1993). In ›DiriDari‹ spielte sie insgesamt 13 Rollen: »Gisela Schneeberger, dieses Verwandlungswunder, stürmt als Ratschkatl auf die Bühne mit verhärmtem, bleichem Gesicht, mit kleinen fahrigen, wichtigtuerischen Gesten, die Hüften mollig, der Gang watschelnd, und im nächsten Moment ist sie eine elegante Dame, blond herausgeputzt und mit gravitätischer Haltung. Sie schnattert bayrisch und kölsch, gepflegt und ordinär, kümmert sich arrogant um die kleinen Fische und mit feinem Sekretärinnengespür um die großen Herren.« (Thomas Thieringer, ›SZ‹, 21. 3. 1988) Am Münchner Residenztheater sah man sie in Nancey/Armonts ›Théodore & Cie‹ und in Müller/Polts ›Exoten‹ (beide 1985, R. Müller). Fernseharbeit mit Müller/Polt: ›Da schau her‹ (1978); ›Fast wia im richtigen Leben‹ (11 Folgen, 1979–1984); ›Heimatabend‹ (1984). Weitere Fernsehrollen hatte sie u.a. in Franz Geigers ›Unruhiger Sommer‹ (1980) und in Helmut Dietls Serie ›Monaco Franze‹ (1983); gelegentlich Auftritte in Hildebrandts ›Scheibenwischer‹. Filmrollen: Frau Löffler in Müller/Polts ›Man spricht deutsh‹ (1988); Susi Herzog in Müllers ›Langer Samstag‹ (1992, mit Campino).

Schneider

Schneider, Hansjörg, geb. 27. 3. 1938 in Aarau (Schweiz). Schriftsteller und Schauspieler. Sohn eines Gewerbeschullehrers. Schneider studierte Germanistik, Geschichte und Psychologie in Basel, promovierte 1966 mit einer Arbeit über Jakob von Hoddis und arbeitete danach u. a. als Lehrer, Journalist, Regieassistent und Schauspieler. Mitglied der Gruppe Olten; lebt als freier Schriftsteller in Basel. Er erhielt diverse Preise, darunter den Welti-Preis (1976) und den Basler Literatur-Preis (1986). Er schrieb neben Prosawerken über 15 Theaterstücke. Sie gehören in das Genre des kritisch-realistischen Volksstückes, greifen aber weniger Alltagsgeschichten auf, als extreme Situationen, inspiriert von den Mythen des Alpenlandes. »Es sind die Katastrophen des Alltags, an denen sich die Phantasie des Dramatikers Schneider entzündet, das Aufbrechen der Grundmuster menschlichen Verhaltens, die ›hereinbrechenden Ränder‹ (Ludwig Hohl): das Eindringen des Ungeheuren und der Angst.« (Eckhard Franke, in: KLG, 27. Nlg., 1. 8. 1987)
Stücke: ›Sennentuntschi‹ (1972); ›Brod und Wein‹ (1973); ›Der Erfinder‹ (1973); ›Der Brand von Uster‹ (1975); ›Der liebe Augustin‹ (1979); ›Alpenrosatango‹ (1984); ›Die Schöne und das Tier‹ (1986); ›Die Theaterfalle‹ (1988); ›Herz und Leber, Hund und Schwein‹ (1990).

Schneider, Michael, geb. 4. 4. 1943 in Königsberg. Autor. Studierte Philosophie, Soziologie und Theologie in Freiburg, Berlin und Paris. 1973 Promotion mit ›Neurose und Klassenkampf‹, einer Arbeit über Marx und Freud. Schneider arbeitete als Journalist, von 1975 an als Dramaturg in Wiesbaden und seit 1978 als freier Schriftsteller.
Stücke: ›Die Freiheit stirbt zentimeterweise‹ (1976); ›Die Wiedergutmachung‹ (1977); ›Eine glatte Million‹ (1978); ›Theaterstück zum Radikalenerlaß‹ (1978); ›Luftschloß unter Tage‹ (1982); ›Die Wiedergutmachung oder wie man einen verlorenen Krieg gewinnt‹ (1985).

Schneider, Peter, geb. 21. 4. 1940 in Lübeck. Schriftsteller. Schneider studierte Germanistik und Geschichte in Freiburg und lebt seit 1961 als freier Schriftsteller. Er ist vor allem bekannt geworden mit zwei Büchern, die auch verfilmt worden sind: ›Messer im Kopf‹ (1979) und ›Der Mauerspringer‹ (1982). Schneider hat bisher nur ein Stück veröffentlicht: ›Totoloque‹, ein Stück über Montezuma und den Eroberer Cortés. In den Gesprächen der beiden treffen ihre unterschiedlichen Lebensanschauungen aufeinander, u. a. der Naturbegriff der Azteken gegen den der Christen.

Schneider, Siegmar, geb. 10. 12. 1916 in Berlin. Schauspieler und Regisseur. Nach dem Realgymnasium Ausbildung an der Schauspielschule Ackermann in Berlin; 1937 Debüt am Staatstheater Bremen; 1938/39 Engagement in Augsburg. Von 1939 bis 1942 gehörte er zum Staatstheater Stuttgart, wo er u. a. Kleists ›Prinz Friedrich von Homburg‹ spielte. 1942–1945 am Burgtheater Wien: Wetter vom Strahl in Kleists ›Das Käthchen von Heilbronn‹ und Achill in ›Penthesilea‹; Phaon in Grillparzers ›Sappho‹; Heinrich IV. in Kolbenheyers ›Gregor und Heinrich‹. 1944 war er Soldat; 1945/46 Schauspieldirektor in Göttingen; 1946–1949 Engagement am Deutschen Theater Berlin: Christian Theodor in Schwarz' ›Der Schatten‹ (R. Gustaf Gründgens); Pylades in Goethes ›Iphigenie auf Tauris‹ (R. Willi Schmidt). 1949–1953 freie Tätigkeit in Berlin; spielte in den Defa-Filmen ›Straßenbekanntschaft‹ (1947), ›Unser täglich Brot‹ (1948) und ›Martina‹ (1948). Unter der Regie von Giorgio Strehler spielte er die Titelrolle in Molières ›Don Juan‹ (1949, Freie Volksbühne). Von 1953 bis 1964 gehörte er zum Ensemble des neueröffneten Berliner Schiller-Theaters (Leitung: Boleslaw Barlog); später arbeitete er dort häufig als Gast. Wichtigste Rollen: Eugene in Wolfes ›Herrenhaus‹ (1954, R. Barlog); Andrej in Tolstoi/Piscators ›Krieg und Frieden‹ (1955, R. Erwin Piscator; auch Gastspiel bei den Internationalen Theaterfestwochen Paris); Karl Moor in Schillers ›Die Räuber‹ (1959, R. Fritz Kortner); Kammerherr in Gombrowicz' ›Yvonne, Prinzessin von Burgund‹ (1970) und König in ›Operette‹

(1972, R. jeweils Ernst Schröder). 1965/66 war er Chefdramaturg der Abteilung Fernsehspiel beim Südwestfunk Baden-Baden. 1966–1975 Gast am Thalia Theater und den Kammerspielen Hamburg. Regiearbeiten in Frankfurt, Karlsruhe, Baden-Baden, Bern und Berlin. Fernsehrollen u. a.: Siegfried Xanten in ›Siegfrieds Tod‹ (1961); Brutus in ›Die chinesische Mauer‹ (1965, nach Frisch); Flavus in ›Die Plebejer proben den Aufstand‹ (1969, nach Grass); in ›Wecken Sie Madame nicht auf‹ (1974, nach Anouilh, mit Elisabeth Flickenschildt). 1963 wurde er zum Berliner Staatsschauspieler ernannt. Als Synchronsprecher lieh er James Stewart seine Stimme.

Schneider-Siemssen, Günther, geb. 7. 6. 1926 in Augsburg. Bühnenbildner. Begann seine künstlerische Tätigkeit 1951 am Landestheater Salzburg; danach war er von 1954 bis 1962 Bühnenbildner am Bremer Theater. Seit 1962 arbeitet er schwerpunktmäßig in Wien und Salzburg, vor allem als Opernausstatter. Regelmäßige Zusammenarbeit mit Herbert von Karajan in dessen Inszenierungen bei den Salzburger Festspielen, u. a.: Wagners ›Ring‹-Zyklus (1967–1970), ›Die Meistersinger‹ (1974), ›Parsifal‹ (1980) und ›Der fliegende Holländer‹ (1983); Verdis ›Othello‹ (1970), ›Don Carlos‹ (1975) und ›Aida‹ (1979); R. Strauss' ›Salome‹ (1977); Puccinis ›Tosca‹ (1988). Zahlreiche Bühnenbilder für Inszenierungen von Otto Schenk, darunter: Bizets ›Carmen‹ (1966); Horváths ›Geschichten aus dem Wiener Wald‹ (1966, Kammerspiele München): »Das Bühnenbild heimste, schon vor dem ersten Dialogsatz, Applaus ein; und er wiederholte sich, als sichtbar wurde, wie raffiniert Schneider-Siemssen durch das Zusammenspiel rollender Dekorationsteile mit einer hohen Projektionswand, die jeweils kreisend die Szene leerfegte und eine neue hereinschob, Horváths rührende, brüchige und so entsetzlich gemütliche Welt auf die Bretter gebracht hatte. Dieser Apparat war keine bloß effektvolle, interessante Spielerei; er sicherte das Tempo und erlaubte, Horváths bedrängendes, von Widerständen schweres Universum in seiner ganzen Massivität zu vergegenwärtigen.« (Urs Jenny, ›SZ‹, 5. 12. 1966); Büchners ›Dantons Tod‹ (1967, Burgtheater Wien); Shakespeares ›Was ihr wollt‹ (1972) und ›Wie es euch gefällt‹ (1980, jeweils Salzburger Festspiele); J. Strauß' ›Die Fledermaus‹ (1975) und Dvořáks ›Rusalka‹ (1981, jeweils Nationaltheater München); Gottfried von Einems ›Kabale und Liebe‹ (UA 1976, Wien); Offenbachs ›Hoffmanns Erzählungen‹ (1986, München); Wagners ›Tannhäuser‹ (1988, Wien). Bei den Salzburger Festspielen u. a.: Orffs ›Spiel vom Ende der Zeiten‹ (UA 1973, R. August Everding); Hofmannsthal/R. Strauss' ›Die Frau ohne Schatten‹ (1974, R. Günther Rennert); K. H. Ruppel schrieb: »Schneider-Siemssen ist der einzige Bühnenbildner, der, soweit ich sehe, das monströse Szenengehäuse des Großen Festspielhauses vollkommen in den Griff bekommen hat (...). In die exotische Märchenwelt seines rasch und perfekt veränderbaren Szenariums spielen impressionistische und entfernt an Schinkel oder Quaglio erinnernde romantisch-klassizistische Elemente hinein (...); die räumlich ungreifbare Weite der Geisterwelt überwölbt, ohne daß man hier wie so oft in diesem Theater an eine Verlegenheits-›Ausrenkung‹ des Bühnenbildes denken müßte, das niedrige Werk- und Wohngelaß des Färberhauses.« (›SZ‹, 19. 8. 1974); Hochhuths ›Tod eines Jägers‹ (UA 1977, R. Ernst Haeusserman). In München stattete er mehrere Operninszenierungen von Dietrich Haugk aus: Bialas' ›Die Geschichte von Aucassin und Nicolette‹ (UA 1969); Wagners ›Parsifal‹ (1973); Verdis ›Maskenball‹ (1975); ferner u. a.: R. Strauss' ›Feuersnot‹ (1980, R. Giancarlo del Monaco). Arbeiten mit Götz Friedrich u. a.: Webers ›Freischütz‹ (1976, Hamburg); Wagners ›Meistersinger‹ (1977, Stockholm) und ›Tristan und Isolde‹ (1980, Deutsche Oper Berlin); Calvino/Berios ›Un re in ascolto‹ (UA 1984, Salzburg). Schneider-Siemssen bemüht sich um die Entwicklung neuer Bühnenbautechniken, experimentiert z. B. mit Holographie. 1980 gründete er den Verein »Die Bühne der Zukunft – Gesellschaft für zukunftsorientierte Bühnengestaltung«.

Schneyder

Literatur: G. Schneider-Siemssen: 30 Jahre Bühnenschaffen. Österreichisches Theatermuseum. Salzburg o. J. (Katalog).

Schneyder, Werner, geb. 25. 1. 1937 in Graz. Dramaturg, Autor, Kabarettist und Regisseur. Studium der Publizistik und Kunstgeschichte in Wien; 1959 Promotion. Während des Studiums arbeitete er als freier Journalist und Barmusiker, danach als Werbetexter. 1962–1964 Dramaturg und Disponent am Landestheater Salzburg (Intendant: Hellmuth Matiasek); 1964/65 Chefdramaturg in Linz; schrieb u. a. die Stücke ›Till bevor er hing‹ und ›Unsinn bei leiser Musik‹. Von 1965 an arbeitete er als freier Autor; verfaßte zahlreiche Fernseh-Drehbücher, Hörspielbearbeitungen (auch Regie), Chansontexte und Übersetzungen (z. B. deutsche Fassung von Musicals); schrieb Essays, Kritiken und Kolumnen für verschiedene Wiener Tageszeitungen. Seine Laufbahn als Kabarettist begann 1974 in der Münchner Lach- und Schießgesellschaft, wo er bis 1982 mit Dieter Hildebrandt ein Team bildete. Insgesamt brachte das erfolgreiche Duo fünf politisch-literarische Kabarettprogramme heraus: ›Talk täglich‹ (1974, ›Das öffentliche Leben als Talkshow‹); ›Lametta & Co‹ (1975); ›Wie abgerissen‹ (1977); ›Keine Fragen mehr‹ (1979); ›Ende der Spielzeit‹ (1981); zahlreiche Gastspiele. Daneben wurde Schneyder auch als Fernsehunterhalter, Moderator und Chansonsänger bekannt. 1981 stellte er mit ›Solo mit Trio‹ sein erstes Soloprogramm vor (erfolgreiches Gastspiel in der Leipziger Pfeffermühle). Es folgten weitere Soloprogramme, darunter: ›Solo mit Quartett‹ (1983); ›Bei näherer Bekanntschaft‹ (1985, Tucholsky-Programm zu dessen 100. Geburtstag; Schweden-Tournee); ›Doppelt besetzt‹ (1986); ›Schon wieder nüchtern‹ (1989); ›Absage und/oder Momente‹ (1991, zwei Abende: am ersten nur Chansons, am zweiten reines Wortkabarett); ›Solo '93‹; ›Abschiedsabend‹ (1994). Gastspiele u. a. am Akademietheater Wien, an den Münchner Kammerspielen, an den Schauspielhäusern Zürich und Hamburg. 1987 inszenierte er am Münchner Gärtnerplatztheater die Singspiel-Fassung der Operette ›Im Weißen Rößl‹.

Weitere Inszenierungen in München: Nestroys ›Traum in Krähwinkel‹ (1988, frei nach ›Freiheit in Krähwinkel‹, Bayerisches Staatsschauspiel, Cuvilliéstheater); Oscar Strauß' ›Walzertraum‹ (1993/94, Gärtnerplatztheater). Äußerlich eher grob wirkend (1,96 Meter groß, Bürstenhaarschnitt), ist Schneyder ein feinnerviger und geistreicher Künstler, balancierend zwischen bissiger Satire und leiser Melancholie. Schneyders Kabarett ist literarisch inspiriert; seine geistigen Väter sind Kurt Tucholsky und Erich Kästner. Er veröffentlichte Aphorismen, Erzählbände, Sportfeuilletons und den satirischen Roman ›Die Unternehmungen des Herrn Hans‹ (1976). Selbst ein leidenschaftlicher Sportler (Fußballtorwart, Eishockeyspieler, Boxkampfrichter), berichtete er für das Fernsehen von den internationalen Boxturnieren bei den Olympischen Spielen in Los Angeles, Seoul und Barcelona und war Gastmoderator im ZDF-›Sportstudio‹.
Literatur: K. Budzinski: Wer lacht denn da? Kabarett von 1945 bis heute. Braunschweig 1989.

Schnitzler, Arthur, geb. 15. 5. 1862 in Wien, gest. 21. 10. 1931 ebenda. Österreichischer Schriftsteller. Sohn eines Arztes. Schnitzler studierte Medizin (von 1879 bis 1885). 1886 wurde er Arzt am k.k. Allgemeinen Krankenhaus, gleichzeitig schrieb er. Schnitzler, der mit Sigmund Freud verkehrte, gilt als typischer Repräsentant des Wiener Impressionismus. Seine Themen kreisen um die Resignation und Melancholie der großbürgerlichen dekadenten Gesellschaft des fin de siècle in Wien, die sich in Duellen und oberflächlichem Treiben verliert, und die er mit einer ausgezeichneten psychologischen Beobachtungsgabe beschreibt. Er verfaßte neben Dramen zahlreiche Romane vor allem Novellen wie ›Leutnant Gustl‹ (1901) und ›Fräulein Else‹ (1924). Vor dem Ersten Weltkrieg gehörte er zu den meistgespielten deutschsprachigen Dramatikern. »Das Seelenbild Wiens, das Schnitzler gab, indem er sich selber gab, war reich an Zärtlichkeiten, Halbtönen, Ironien, Zwiespältigkeiten, spielerischen Mürbigkeiten und Müdigkeiten dieses östlichen Südens; aber hinein sprach etwas, zugrunde lag etwas, was nicht Anmut und lächelnde Schönheit, Zweifel und Güte war, sondern Unerbittlichkeit, etwas Männliches und Hartes, bitterletzter Lebensernst, ein Aug' in Aug' mit dem Tode, das nichts von Ästhetizismus, vielmehr von der Unerbittlichkeit des wissenden Arztes hatte.« (Thomas Mann, Frankfurt 1955) In den neunziger Jahren wurden seine Stücke wiederentdeckt: u. a. wurden ›Der einsame Weg‹, von Thomas Langhoff (Salzburg) und Andrea Breth (Berlin) inszeniert; ›Professor Bernhardi‹ von Volker Hesse (Düsseldorf und München).

Stücke: ›Anatol‹ (1893); ›Liebelei‹ (1896); ›Der grüne Kakadu‹ (1899); ›Reigen‹ (1900); ›Der einsame Weg‹ (1904); ›Zwischenspiel‹ (1906); ›Der Ruf des Lebens‹ (1906); ›Das weite Land‹ (1911); ›Professor Bernhardi‹ (1912); ›Im Spiel der Sommerlüfte‹ (1930).

Literatur: G. Baumann: Arthur Schnitzler. Die Welt von gestern eines Dichters von morgen. Frankfurt a. M. 1965; Ch. Melchinger: Illusion und Wirklichkeit im dramatischen Werk Arthur Schnitzlers. Heidelberg 1968; K. Kilian: Die Komödien Arthur Schnitzlers. Düsseldorf 1972; E. L. Offermanns: Arthur Schnitzler. Das Komödienwerk als Kritik des Impressionismus. München 1973; R. Urbach: Schnitzler-Kommentar zu den erzählenden Schriften und dramatischen Werken. München 1974; A. Fritsche: Dekadenz im Werk Arthur Schnitzlers. Bern, Frankfurt a. M. 1974; R.-P. Janz/K. Laermann: Arthur Schnitzler. Zur Diagnose des Wiener Bürgertums im Fin de siècle. Stuttgart 1977; R. Wagner: Arthur Schnitzler. Eine Biographie. Frankfurt a. M. 1984.

Schnitzler, Heinrich, geb. 9. 8. 1902 in Hinterbühl, Wien, gest. 14. 7. 1982. Schauspieler, Dramaturg und Regisseur. Sohn von Arthur Schnitzler. Studium der Philosophie und Kunstgeschichte in Wien; dort auch Schauspielausbildung. Debütierte 1921 an einem Wandertheater und arbeitete dann bis 1924 am Wiener Raimund-Theater. 1924–1932 Engagement am Staatstheater Berlin; dort Zusammenarbeit mit Regisseuren wie Leopold Jeßner, Jür-

gen Fehling und Erich Engel. Von 1932 bis 1938 war er Schauspieler, Regisseur und Dramaturg am Wiener Volkstheater. 1938 Emigration in die USA, wo er bis 1955 blieb; dort Lehrtätigkeit an der Universität Berkeley (Kalifornien); 1948 Professor für Theater in Los Angeles. Inszenierte in Amerika Stücke von Brecht, Molière, Gogol, Strindberg, Shaw u. a.; Gastinszenierungen in London und Vancouver (Kanada). 1955 war er Gastregisseur am Berliner Schiller-Theater, wo er Schnitzlers ›Professor Bernhardi‹ auf die Bühne brachte (1964 auch in Wien). Von 1958 bis Ende der siebziger Jahre war er Oberspielleiter am Theater in der Josefstadt Wien. Er inszenierte dort zahlreiche Stücke seines Vaters, u. a.: ›Der grüne Kakadu‹ (1960); ›Der einsame Weg‹ (1962); ›Lebendige Stunden‹, ›Gefährten‹ und ›Komtesse Mizzi‹ (1964). Weitere Regiearbeiten u. a.: Marceaus ›Das Ei‹ (1958); Anouilhs ›General Quixotte‹ (1959) und ›Der arme Bitos‹ (1961); Roussins ›Schule der Ehe‹ (1961); Reineckers ›Nachtzug‹ (1963); Ustinovs ›Das Leben in meiner Hand‹ (DE 1966); Nestroys ›Der Zerrissene‹ (1968); Schnitzlers ›Liebelei‹ (1968) und ›Die Narrenkappe‹ (1968, Renaissancetheater Berlin); Storeys ›Home‹ (1972, Schauspielhaus Zürich).

Schödel, Helmut, geb. 23. 7. 1950 in Hof, Saale. Kritiker und Autor. 1970–1976 Studium der Germanistik und Anglistik in Würzburg und München; ab 1975 freier Mitarbeiter bei ›Theater heute‹. Seit 1976 schreibt er für die Hamburger Wochenzeitung ›Die Zeit‹. Wandte sich in den letzten zehn Jahren von der Theaterkritik ab, um Feuilletonreportagen und Porträts zu schreiben. »Als er noch Theaterkritiker war, meistens für die ›Zeit‹, gehörte er zu den besten seines Fachs.« (Wolfgang Höbel) Veröffentlichung: ›Meine Wut seid ihr! Unter Dichtern, Huren & im Wald‹ (München 1993).

Schönemann, Johann Friedrich, geb. 21. 10. 1704 in Crossen a.d. Oder, gest. 16. 3. 1782 in Schwerin. Schauspieler und Theaterleiter. Von 1730 bis 1739 gehörte er zur Gesellschaft der Neuberin, wo er

Schönthan

den Harlekin spielte. Gründete 1740 eine eigene Truppe mit Konrad Ekhof, Sophie Schröder und Konrad Ernst Ackermann; Eröffnung am 15. 1. 1740 in Lüneburg mit Racines ›Mithridate‹; aufgeführt wurden auch Harlekinaden und Ballette. 1741 Aufführung der Lokalposse ›Der Bookesbeutel‹ in Hamburg. Die Schönemannsche Gesellschaft bereiste den Norden und Osten Deutschlands mit königlich Großbritanischem (1740), Preußischem (1743) und Mecklenburg-Schwerinischem Privileg (1751). Ihr Ziel war – entsprechend den Forderungen Gottscheds – die Verbesserung des Publikumsgeschmacks bei Verzicht auf den Harlekin. Das Repertoire, die »Schönemannsche Schaubühne«, ist in mehreren Bänden veröffentlicht (1748 ff.). Ackermann und Ekhof entwickelten den Truppe einen realistischen Schauspielstil; 1753 gründete Ekhof mit Mitgliedern der Truppe die »Akademie der Schönemannschen Gesellschaft«, was als Versuch einer ersten deutschen Schauspielakademie gelten kann. Schönemann selbst war ein hervorragender Schauspieler im komischen Fach; 1750–1756 Hofkomödiant des Herzogs Christian Ludwig in Schwerin. Nach dem Tod des Herzogs arbeitete er noch kurze Zeit in Hamburg; allmählicher Niedergang seines Unternehmens. 1757 Auflösung der Truppe; Ekhof wechselte mit den restlichen Schauspielern zur Gesellschaft von Gottfried Heinrich Koch in Lübeck. Schönemann wurde Gestütsmeister.

Literatur: H. Devrient: Schönemann und seine Schauspielergesellschaft. Hamburg, Leipzig 1895; P. A. v. Magnus: Geschichte des Theaters in Lüneburg bis zum Ende des 18. Jahrhunderts. Lüneburg 1961; E. Pies: Prinzipale. Zur Genealogie des deutschsprachigen Berufstheaters vom 17. bis 19. Jahrhundert. Düsseldorf 1973.

Schönthan, Edler von Pernwald, Franz, geb. 20. 6. 1849 in Wien, gest. 2. 12. 1913 ebenda. Österreichischer Dramatiker. Von 1867 bis 1871 war Schönthan Marineoffizier, danach Schauspieler, Regisseur und Autor in Dessau, am Wallnertheater und Residenztheater in Berlin und am Wiener Ringtheater. Er schrieb mit Erfolg Lustspiele und Schwänke, von denen vor allem ›Der Raub der Sabinerinnen‹ (1885) ihm damals ein Vermögen einbrachte. Auch heute noch wird dieses Stück oft gespielt.

Weitere Stücke: ›Das Mädchen aus der Fremde‹ (1880); ›Sodom und Gomorrha (1880); ›Die goldene Spinne‹ (1886).

Literatur: B. Wilms: Der Schwank. Diss. 1969; R. Flatz: Das Bühnenerfolgsstück des 19. Jahrhunderts. In: W. Hinck: Handbuch des deutschen Dramas. o. O. 1980.

Scholz, Wenzel, geb. 1787 in Brixen, gest. 5. 10. 1857 in Wien. Schauspieler. Begann mit der Schauspielerei bei der Wandertruppe seiner Mutter; 1814/15 Schauspieler am Wiener Burgtheater; 1819–1826 in Graz; seitdem wieder in Wien. Am Theater in der Josefstadt debütierte er 1826 als Truffaldino in Goldonis ›Diener zweier Herren‹; danach arbeitete er am Theater an der Wien und seit 1838 am Leopoldstädter Theater bzw. Carl-Theater. Von 1832 bis zu seinem Tod war er der Freund und Bühnenpartner Johann Nepomuk Nestroys. Wie dieser, war er durch einen lebenslangen Vertrag an den Direktor Karl Carl und dessen Theater gebunden. Angebote vom Burgtheater mußte er ablehnen. Scholz, dickbauchig, kurzbeinig und träge, war der geborene Komiker. Nestroy schrieb ihm in fast allen Stücken eine Rolle auf den fetten Leib: Zwirn in ›Der böse Geist Lumpazivagabundus‹; Gluthammer in ›Der Zerrissene‹; Holofernes in ›Judith‹; Faden in ›Die beiden Nachtwandler‹; Melchior in ›Einen Jux will er sich machen‹ und viele mehr. Seine wichtigste Raimund-Rolle war der Habakuk in ›Der Alpenkönig und der Menschenfeind‹. Häufig trat er in Schlabberhosen und zu engem Rock auf, die Wangen rotgeschminkt. »Scholz, der den echten alten Hans Wurst noch einmal wiederholte, wie er in Stranitzky, Prehauser, Laroche und Schuster die alte harmlose Volksposse getragen hatte, wirkte wie seine Vorgänger durch persönliche Lächerlichkeit, durch die ihm ganz eigentümliche phlegmatische, stille Drolligkeit, den trockenen Humor, den man an ihm immer wieder fand und der genau zusammenstimmte mit seiner feisten, untersetzten Gestalt, seinem dicken Gesichte von stumpfen Zügen, das er wie eine Kautschukmaske zusammendrücken und in die Länge ziehen konnte. Scholz mit seiner näselnden Sprache war immer derselbe, und doch lachte man sich niemals satt über ihn.« (Eduard Devrient) **Literatur:** F. C. Weidmann: W. Scholz. Erinnerungen. Wien 1857; O. Rommel: Wenzel Scholz und seine Komik. In: Nestroy: Werke. Bd. 15. 1934; K. Haffner: Scholz und Nestroy. Roman. Wien 1947.

Schomberg, Hermann, geb. 12. 8. 1907 in Unna, gest. 17. 11. 1975 in Hamburg. Schauspieler. Ausbildung bei Louise Dumont und Gustav Lindemann in Düsseldorf; dort auch erste Rollen. Es folgten Engagements in Osnabrück, Dortmund, Wien und Aachen. 1934 kam er ans Schauspiel Frankfurt, wo er bis 1944 zum Ensemble gehörte; spielte dort u. a. die Titelrollen in Schillers ›Wilhelm Tell‹ (1934) und Shakespeares ›Macbeth‹ (1943) sowie den Siegfried in Hebbels ›Nibelungen‹ (1939). 1945 ging er nach Hamburg, wo er bis 1949 an den Kammerspielen und 1949/50 am Deutschen Schauspielhaus arbeitete. 1951–1953 Engagement in Bochum; danach gehörte er bis 1955 zum Ensemble von Gustaf Gründgens in Düsseldorf; dort u. a.: Mulhammer in Eliots ›Der Privatsekretär‹ (1954); Selicour in Picard/Schillers ›Der Parasit‹ (1954); Belmann in Frys ›Das Dunkel ist Licht genug‹ (1955). 1955 wechselte er mit Gründgens ans Deutsche Schauspielhaus Hamburg, wo er bis zuletzt zum Ensemble gehörte. Spielte in Goethes ›Faust I‹ den Theaterdirektor, Gottvater und den Erdgeist sowie den Chiron in ›Faust II‹. Weitere Rollen u. a.: Molières ›Tartuffe‹ (1955); Mauler in Brechts ›Die heilige Johanna der Schlachthöfe‹ (UA 1959, mit Hanne Hiob, R. Gründgens); Leporello in Grabbes ›Don Juan und Faust‹ (1959, R. Gründgens); Falstaff in Shakespeares ›Die lustigen Weiber von Windsor‹ (1965) und Pandarus in ›Troilus und Cressida‹ (1966); Maximilian von Moor in Schillers ›Die Räuber‹ (1968, R. Egon Monk); Souffleur in Anouilhs ›Wecken Sie Madame nicht auf‹ (DE 1971, R. Willi Schmidt); Spaak I in Strauß' ›Die Hypochonder‹ (UA 1972, R. Claus Pey-

mann); Hassenreuther in Hauptmanns ›Die Ratten‹ (1973, mit Doris Schade, R. Hans Michael Rehberg); Mr. Balance in Farquhar/Brechts ›Pauken und Trompeten‹ (1974); Florent in Cocteaus ›Heilige Ungeheuer‹ (1975, mit Elisabeth Flickenschildt). Gastspiele am Wiener Burgtheater u. a. in seinen Paraderollen als Falstaff und als Goethes Götz von Berlichingen. Heinrich Schomberg, ein Mann von wuchtiger Leibesfülle, verkörperte den Typus des »schweren Helden« wie einst Heinrich George oder Emil Jannings. Er konnte poltern und dröhnen, verfügte aber auch über Grazie und Sensibilität für das Leise. Friedrich Luft nannte ihn »einen unserer intelligentesten Sprecher überhaupt«. Schomberg war auch Filmschauspieler. **Literatur:** S. Melchinger/R. Clausen: Schauspieler. 36 Porträts. Velber 1965.

Schreyvogel, Joseph, geb. 27. 3. 1768 in Wien, gest. 28. 7. 1832 ebenda. Dramaturg, Publizist und Theaterleiter. 1794–1796 Studium in Jena; danach Aufenthalt in Weimar; Bekanntschaft mit Goethe, Herder, Fichte, Wieland und Schiller; Mitarbeiter bei verschiedenen literarischen Zeitschriften wie z. B. Wielands ›Teutschem Merkur‹. Von 1802 bis 1804 war er Hoftheatersekretär am Wiener Burgtheater; gründete daraufhin in Wien ein Kunst- und Industriekomptoir; 1807–1808 Herausgeber des Wiener ›Sonntagsblattes‹. Von 1814 bis 1832 war er de facto Direktor des Wiener Burgtheaters (nominell: Dramaturg und Artistischer Sekretär). Begründete die klassische Tradition im Spielplan und in der Darstellungsweise und prägte eine der glanzvollsten Epochen des Burgtheaters. Schritt für Schritt, ohne das Publikum zu verschrecken, brachte er neben den gängigen Unterhaltungsstücken die großen Werke der Klassik auf die Bühne, darunter: Shakespeares ›Romeo und Julia‹, ›Othello‹, ›Hamlet‹ und ›König Lear‹; Goethes ›Götz von Berlichingen‹, ›Torquato Tasso‹ und ›Iphigenie auf Tauris‹; Schillers ›Wilhelm Tell‹, ›Maria Stuart‹ und ›Wallenstein‹; Lessings ›Nathan der Weise‹; Kleists ›Käthchen von Heilbronn‹ und ›Prinz Friedrich von Homburg‹; ferner Stücke von Calderón, Molière, Corneille.

Von Goethe übernahm er die Welttheater-Auffassung; durch die Aufführung der großen Dramen anderer Länder sollte das Burgtheater zum Welttheater erhoben werden. Schreyvogel war es auch, der Grillparzer entdeckte und zum Erfolg verhalf. Grillparzers erstes Trauerspiel ›Die Ahnfrau‹ wurde 1817 im Theater an der Wien mit großem Jubel angenommen. Es folgten die Uraufführungen aller weiteren Stücke; Grillparzer wurde zum Dichter des Hofes. Schreyvogel kümmerte sich sehr um die Ensemblebildung; engagierte Schauspieler wie Sophie Schröder, Sophie und Karoline Müller, Julie und Ludwig Löwe, Heinrich Anschütz, Friedrich Wilhelmi oder Karl Fichtner. Entwicklung eines spezifischen Burgtheaterstils, eine Mischung aus »gelockertem Pathos und Konversation, verbunden mit einem Übergleiten vom Lyrischen zum Tragischen unmittelbar ins Komische, zum Ausspielen aber vor allem auch des Unsagbaren und Unwägbaren«. (Heinz Kindermann) Mit kluger Taktik bewältigte Schreyvogel finanzielle und organisatorische Probleme; führte einen ständigen Kampf gegen die Theaterzensur in Metternichs absolutistischem Polizeistaat. Seine Tagebücher (1810–1823), ein wichtiges zeitgeschichtliches Dokument, wurden 1903 von Karl Glossy herausgegeben.
Literatur: H. Laube: Das Burgtheater. Leipzig 1868. L. Rudoloh: Das Wiener Burgtheater. Wien 1899; H. Kindermann: Schreyvogel und der Weg des Burgtheaters zum Weltruhm. In: ders.: Theatergeschichte Europas. Bd. 5, Salzburg 1902, S. 328–367; ders.: Schreyvogel und das deutsche Nationaltheater. In: W. Aurel (Hrsg.): Jahrbuch der Gesellschaft für Wiener Theaterforschung. Wien 1944, S. 23–40; E. Haeusserman: Das Wiener Burgtheater. Wien, München, Zürich 1975.

Schröder, Ernst, geb. 27. 1. 1915 in Wanne-Eickel, Westfalen, gest. 26. 7. 1994 in Berlin (Freitod). Schauspieler und Regisseur. Ausbildung bei Saladin Schmitt in Bochum; dort erstes Engagement als Schauspieler und Regieassistent (1934–1936). Es folgten Engagements in Bielefeld (1936/37) und Kiel (1937/38). Nach dem Reichsarbeitsdienst holte ihn Heinrich George 1938/39 an das Berliner Schiller-Theater. Dort war er auch von 1942 bis 1944 engagiert. 1940–1942 sowie 1944/45 Soldat. 1945–1948 Engagement am Hebbeltheater Berlin, wo man ihn als Karl Moor in Schillers ›Die Räuber‹ sah (1946, R. Walter Felsenstein). Gleichzeitig war er von 1946 bis 1948 Leiter der Hebbel-Theaterschule. 1948/49 leitete er das Rheingau-Theater Berlin; inszenierte dort Schillers ›Don Carlos‹ und spielte mit großem Erfolg Camus' ›Caligula‹. 1949–1951 Lehrbeauftragter für Regie an der Freien Universität Berlin; danach arbeitete er freischaffend als Schauspieler und Regisseur. Wichtigste Rollen in den fünfziger Jahren (alle Berlin): Domingo in Schillers ›Don Carlos‹ (1950, Hebbeltheater, R. Fritz Kortner); Mephisto in Goethes ›Urfaust‹ (1952, Tribüne); Marc Anton in Shakespeares ›Julius Cäsar‹ (1952) und Franz Moor in Schillers ›Die Räuber‹ (1953, jeweils Schiller-Theater); Croft in Shaws ›Frau Warrens Gewerbe‹ (1955, Renaissancetheater); am Theater am Kurfürstendamm bei Oscar Fritz Schuh: Hauptmann in Büchners ›Woyzeck‹ (1953); Titelrollen in Molières ›Tartuffe‹ (1953) und ›George Dandin‹ (1955); Dorfrichter Adam in Kleists ›Der zerbrochne Krug‹ (1954). An der Seite von Heinz Rühmann feierte er einen großen Erfolg als Wladimir in Bekketts ›Warten auf Godot‹ (1954, Münchner Kammerspiele, R. Kortner). Seit 1958 zahlreiche Gastrollen am Schauspielhaus Zürich, u. a. in Stücken von Max Frisch: Schmitz in ›Biedermann und die Brandstifter‹ (1958, R. Oskar Wälterlin); Lehrer in ›Andorra‹ (UA 1961); Staatsanwalt in ›Graf Öderland‹ (1962, R. Hans Lietzau); außerdem u. a.: Titelrolle in Shakespeares ›Richard III.‹ (1958, R. Leopold Lindtberg); Cesaro in Billetdoux' ›Tschintschin‹ (1964). Ferner sah man ihn in den Zürcher Dürrenmatt-Uraufführungen ›Herkules und der Stall des Augias‹ (mit Gustav Knuth) und ›Die Wiedertäufer‹ (1967, R. Werner Düggelin). Von 1961 bis 1975 gehörte er wieder fest zum Ensemble der Staatlichen Schauspielbühnen Berlin. Feierte einen triumphalen Erfolg als Marquis de Sade in Weiss' ›Marat/Sade‹ (UA 1964, Schiller-

Theater, R. Konrad Swinarski); Henning Rischbieter schrieb: »Die Faszination, die von diesem Schauspieler in dieser Rolle ausgeht, ist einzigartig. Er spricht aus der Tiefe der Trauer, eher leise, aber immer klar. Es gibt da keine Trübung, nichts Ungeklärtes. Gesten sind selten, schweres, in sich versacktes Stehen, Sitzen genügt. Einmal ein zeitlupenhaft langsamer, ausdrucksvoller Gang über die halbe Bühne: de Sades Vergötzung des Leibes wird Ereignis in diesen Bewegungen wie aus einem klaren Alptraum.« (›Theater heute‹, Heft 6, 1964) Außerdem am Schiller-Theater u. a.: der alte Sedemund in Barlachs ›Die echten Sedemunds‹ (1961, R. Lietzau); Maske in Sternheims ›1913‹; Prisipkin in Majakowskis ›Die Wanze‹ (1965, R. Swinarski); Mephisto in Goethes ›Faust II‹ (1966, in eigener Regie); Hamm in Becketts ›Endspiel‹ (1967, R. der Autor); Titelrolle in Bonds ›Lear‹ (1973, R. Lietzau). Bei den Salzburger Festspielen verkörperte er von 1969 bis 1972 Hofmannsthals ›Jedermann‹ (R. Lindtberg). Weitere Gastspiele u. a.: Churchill in Hochhuths ›Soldaten‹ (1968, Wiener Volkstheater); Titelrollen in Brechts ›Leben des Galilei‹ (1971, Nürnberg, R. Harry Buckwitz) und in Schillers ›Wallenstein‹-Trilogie (1972, Bayerisches Staatsschauspiel München, R. Felsenstein). Als Regisseur hat er vor allem mit seinen Gombrowicz-Inszenierungen von sich reden gemacht: ›Die Trauung‹ (DE 1968, Schröder als Vater); ›Yvonne, Prinzessin von Burgund‹ (1970); ›Operette‹ (1972, alle am Schiller-Theater). Weitere Regiearbeiten u. a.: Lessings ›Emilia Galotti‹ (1969) und Shakespeare/Hacks' ›König Heinrich IV.‹ (1970, jeweils Berlin); Dürrenmatts ›Besuch der alten Dame‹ (1975, Cuvilliéstheater München). 1975 verabschiedete er sich vom Theater und zog sich auf sein Landhaus in der Toskana zurück. Gelegentlich gab er noch Gastspiele, u. a. als Moritz Meister in Bernhards ›Über allen Gipfeln ist Ruh‹ (1983, Freie Volksbühne Berlin, R. Kurt Hübner) und in Lietzaus Claudel-Inszenierung ›Der seidene Schuh‹ (1985, Salzburger Festspiele, mit Lambert Hamel). In den fünfziger und sechziger Jahren wirkte er in zahlreichen Spielfilmen mit. Friedrich Luft schrieb über den Schauspieler: »[Heinrich] George blieb für ihn die künstlerische Vaterfigur. Schröder verwandelte seine eigene Erscheinung diesem Schauspieler der Kraft und gebrochenen Herrlichkeit nach. Er veränderte seinen schlanken Typ, wurde äußerlich kompakt, aus Vorsatz stämmig und breit. Jetzt konnte er Sternheim spielen oder Dürrenmatts drängende Gestalten. (...) Er hat einen dicken, tänzelnd-intensiven Mephisto dargestellt, hat Büchner und Molière geistvoll stämmig interpretiert, war ein geradezu triefender ›Caligula‹ bei Camus, hat Beckett in der persönlichen Regie des Rätselmeisters (›Endspiel‹) auf herrlich-schreckliche Weise ausgelebt. Er gehörte in die erste Reihe der eigenständigen deutschen Protagonisten.« (›Die Welt‹, 25. 1. 1985)

Literatur: E. Schröder: Die Arbeit des Schauspielers. Zürich 1966; ders.: Das Leben verspielt. Frankfurt a. M. 1978; ders.: Die Zikaden. Roman. Hamburg 1990; L. Berger: Ernst Schröder. Berlin 1958; S. Melchinger/R. Clausen: Schauspieler. 36 Porträts. Velber 1965.

Schröder, Friedrich Ludwig, geb. 3. 11. 1744 in Schwerin, gest. 3. 9. 1816 in Rellingen bei Pinneberg. Schauspieler und Theaterleiter. Sohn der berühmten Schauspielerin Sophie Charlotte Schröder, die 1749 in zweiter Ehe Konrad Ernst Ackermann heiratete und dessen Namen annahm. Schröder gilt als der bedeutendste Menschendarsteller im deutschen Theater des 18. Jahrhunderts. Stand bereits als Kind auf der Bühne und wollte lange Zeit Tänzer werden; kam 1759 zur Truppe seines Stiefvaters in die Schweiz und folgte diesem 1764 nach Hamburg. Dort war er zunächst als Tänzer tätig; entwickelte sich unter dem Einfluß Konrad Ekhofs, der ebenfalls in der Ackermannschen Truppe arbeitete, zum Schauspieler. Spielte anfangs komische Rollen, später wandte er sich den großen Charakterrollen zu. Nach dem Tod Ackermanns im Jahr 1771 übernahm er zusammen mit seiner Mutter die Direktion des Hamburger Theaters (zunächst bis 1780). Pflegte das zeitgenössische Drama und engagierte sich für die

Schröder

Dramatiker des Sturm und Drang. Aufführungen u. a.: Lessings ›Emilia Galotti‹ (1772, eigene Rolle: Marinelli); Goethes ›Clavigo‹ (1774, eigene Rolle: Carlos) und ›Goetz von Berlichingen‹ (1774, eigene Rolle: Lerse); Wagners ›Die Reue nach der Tat‹ (1776); Lenz' ›Der Hofmeister‹ (1778); mehrere Stücke von Schiller (›Die Räuber‹, ›Kabale und Liebe‹, ›Die Verschwörung des Fiesco zu Genua‹, ›Don Carlos‹). Er schrieb einen Dramatiker-Wettbewerb aus, den F. M. Klinger mit dem Stück ›Die Zwillinge‹ gewann (UA 1776). Seine bedeutendste Leistung während dieser ersten Hamburger Intendanz war die Durchsetzung Shakespeares auf dem deutschen Theater. Anfangs brachte er die Dramen stark bearbeitet auf die Bühne, um sie dem Publikumsgeschmack seiner Zeit anzupassen. Seine erste Shakespeare-Aufführung war 1776 der ›Hamlet‹ (mit Johann F. H. Brockmann als Hamlet und Schröder als Geist; 1778 spielte Schröder selbst den Hamlet). Der Schluß der Tragödie wurde versöhnlicher gestaltet: Hamlet bleibt am Leben und wird König von Dänemark. Es folgten: ›Othello‹ (1776, Schröder als Jago); ›König Richard II.‹ (1776, Schröder in der Titelrolle); ›Der Kaufmann von Venedig‹ (1778, Schröder als Shylock); ›Maß für Maß‹ (1778, Schröder als Herzog); ›König Lear‹ (1778, Schröder als Lear). Nach der Premiere von ›Heinrich IV.‹ (1777) trat er mit folgenden Worten vor das abgeneigte Publikum: »In der Hoffnung, daß dieses Meisterwerk Shakespeares, welches Sitten schildert, die von den unsrigen abweichen, immer besser wird verstanden werden, wird es morgen wiederholt.« Nach persönlichen Querelen gab er 1780 die Hamburger Direktion auf. Es folgten umjubelte Gastspiele in ganz Deutschland. In Mannheim triumphierte er als Hamlet und Lear, als Harpagon in Molières ›Der Geizige‹ und – neben Iffland als Marinelli – als Odoardo in Lessings ›Emilia Galotti‹. Die vielgerühmte Wahrhaftigkeit seiner Darstellung gab den Anstoß zur »Mannheimer Schule«. Von 1781 bis 1785 spielte er am Wiener Burgtheater, 1786 in Altona. Von 1786 bis 1798 leitete er erneut die Hamburger Bühne; nun weniger anspruchsvolles Repertoire (Zeitstücke von Iffland und Kotzebue; auch eigene Stücke wie ›Portrait der Mutter‹, ›Die unglückliche Heirat‹ oder ›Der Vetter von Lissabon‹); gründete eine Pensionsanstalt für Schauspieler. 1798 zog er sich auf sein Landgut in Rellingen zurück. Als das Hamburger Theater in eine Krise geriet, übernahm er 1811/12 noch einmal die Direktion. Als Schauspieler wie auch als Theaterleiter strebte Schröder auf der Bühne Wahrheit und Natürlichkeit an. Damit begründete er in Deutschland (neben Akkermann und Ekhof) die Tradition realistischer Schauspielkunst im Sinne der bürgerlichen Aufklärung. Schröder ließ für jeden Schauspieler individuelle Kostüme anfertigen und entwickelte für sein Ensemble eine Palette nuancierter Ausdrucksformen; Einfluß auf den Schauspielstil des Wiener Burgtheaters.

Literatur: F. L. W. Meyer: Friedrich Ludwig Schröder. 3 Bde. Hamburg 1819; E. Pfenninger: F. L. Schröder als Bearbeiter englischer Dramen. Diss. Zürich 1933; W. Drews: Die Großen des deutschen Schauspiels. Berlin 1941; K. F. Heise: F. L. Schröder als Organisator des Theaters. Diss. Göttingen 1955; D. Hoffmeier: Ästhetische und methodische Grundlagen der Schauspielkunst F. L. Schröders. Dresden 1955; D. Hadamczik: Friedrich Ludwig Schröder in der Geschichte des Burgtheaters. Berlin 1961.

Schröder, Sophie, geb. 23. 2. 1781 in Paderborn, gest. 25. 2. 1868 in München. Schauspielerin. Tochter des Schauspielers Gottfried Bürger. Debütierte 1795 in Petersburg und heiratete im selben Jahr den Theaterdirektor Stollmers. 1798 kam sie nach Wien, wo sie u. a. die Margarethe in Ifflands ›Die Hagestolze‹ spielte. 1799 Engagement in Breslau; 1801–1813 in Hamburg; nun Übergang vom naiven zum tragischen Rollenfach und Einübung eines zunehmend realistischen Schauspielstils. Spielte fast alle großen weiblichen Schiller- und Lessing-Rollen, auch viele Rollen in Stücken von Kotzebue; in Werken von Shakespeare: Beatrice in ›Viel Lärm um nichts‹; Ophelia in ›Hamlet‹; Portia in ›Der Kaufmann von Venedig‹. In Hamburg heiratete sie den Sänger E. F. L. Schröder (aus

Schroeter

dieser Ehe stammte die berühmte Schauspielerin und Sängerin Wilhelmine Schröder-Devrient). 1818–1829 Engagement am Wiener Burgtheater unter der Leitung von Joseph Schreyvogel: hier Wechsel ins Fach der Heldinnen und Heldenmütter; spielte u. a. die Titelrollen in Grillparzers ›Medea‹ und ›Sappho‹; längere Gastspielreisen. Von 1831 bis 1836 spielte sie am Münchner Hoftheater. Danach kehrte sie wieder ans Burgtheater zurück, wo sie bis zu ihrer Pensionierung 1840 blieb. Zu ihren großen Rollen zählten Ophelia, Orsina, Maria Stuart, Phädra und Lady Macbeth. Sie spielte die Isabella in Schillers ›Braut von Messina‹ und die Brunhild in Raupachs ›Nibelungen‹. Sophie Schröder war eine Meisterin des ideal-realistischen Burgtheaterstils. Max Martersteig schrieb: »(...) weil sie das Sentimentale haßte, war das Sentimentale in den Aufgaben, die ihre dramatischen Zeitgenossen ihr stellten, die Klippe und die Grenze ihres Vermögens. Sie war eine tragischere Sappho, als Grillparzer sie gewollt und vorgezeichnet hatte; unter ihrer Leidenschaft, unter Blitz und Donner ihrer seelischen Gewitter wandelte sich die milde, schmerzbewegte Schönheit der Dichterin von Lesbos zur finsteren Pracht einer Gorgo.«

Literatur: Das Wiener Burgtheater. Wien 1899; H. Kindermann: Theatergeschichte Europas. Bd. 5, Salzburg 1902; Burgtheater Wien 1776–1986. Hrsg. v. Österreich. Bundesverband. Wien 1986.

Schröder-Devrient, Wilhelmine, geb. 6. 12. 1804 in Hamburg, gest. 26. 1. 1860 in Coburg. Schauspielerin und Sängerin. Tochter von Sophie Schröder. In erster Ehe war sie mit dem Schauspieler Karl August Devrient verheiratet. Am Wiener Burgtheater, wo auch ihre Mutter engagiert war, debütierte sie 1819 als Arica in Schillers ›Phädra‹. Dort sah man sie u. a. auch als Luise in Schillers ›Kabale und Liebe‹ und als Ophelia in Shakespeares ›Hamlet‹. Fiel wegen ihrer Musikalität und ihrer schönen Stimme auf; nahm daraufhin Gesangsunterricht bei Mosatti in Wien. Ihr glanzvolles Debüt als Sängerin gab sie 1821 als Pamina in Mozarts ›Zauberflöte‹ (Kärntnertortheater Wien). In den folgenden Jahren wurde sie als die größte Sängerin des deutschen romantischen Musiktheaters gefeiert. In deutlicher Abgrenzung zum italienischen Belcanto verzichtete sie auf äußere Perfektion zugunsten einer sehr individuellen musikalischen und mimischen Interpretation. Zeitgenossen rühmten ihre Ausdruckspalette, ihre Spontaneität und Gefühlstiefe. Sie interpretierte Beethoven, Schubert, Weber, Mendelssohn, Meyerbeer, Schumann, Liszt und Wagner. Nach 1842 gab sie fast nur noch Konzerte.

Literatur: J. Bab: Kränze der Mimen. Emsdetten 1944.

Schröter, Corona, geb. 14. 1. 1751 in Gruben, gest. 23. 8. 1802 in Ilmenau. Schauspielerin und Sängerin. Wurde ab 1763 von J. A. Hiller in Leipzig ausgebildet; Auftritte als Konzertsängerin. Durch Goethes Vermittlung wurde sie 1776 als Kammersängerin der Herzogin Anna Amalia nach Weimar engagiert. Hier spielte sie auch junge Liebhaberinnen in Komödien sowie erste tragische Rollen. In der Uraufführung von Goethes ›Iphigenie auf Tauris‹ am Weimarer Liebhabertheater spielte sie die Titelrolle (1779, mit Goethe als Orest). Weitere Rollen in Stücken von Goethe: Sophie in ›Die Mitschuldigen‹ (UA 1777, mit Goethe als Alcest); Egle in ›Die Laune der Verliebten‹ (1779); Bätely in ›Jery und Bätely‹ (1780). Von vielen für ihre Schönheit und darstellerischen Leistungen gerühmt, war sie am Weimarer Liebhabertheater ein gefeierter Star.

Literatur: G. Sichardt: Das Weimarer Liebhabertheater unter Goethes Leitung. Weimar 1957; W. Flemming: Goethe und das Theater seiner Zeit. Stuttgart 1968.

Schroeter, Werner, geb. 7. 4. 1945 in Georgenthal, Thüringen. Film- und Theaterregisseur. Verließ mehrmals die Schule, um ins Ausland zu gehen. Nach dem Abitur (in Heidelberg) studierte er drei Semester Psychologie in Mannheim. Er bestand die Aufnahmeprüfung an der Filmhochschule München, brach die Ausbildung aber nach wenigen Wochen ab. 1968 drehte er in Heidelberg und Berlin seine ersten 8-mm-Filme (›Callas Portrait‹, ›La Morte d'Isotta‹); lernte Rosa von Praun-

Schroeter

heim kennen, mit dem er in den folgenden Jahren zusammenarbeitete. 1969 erste Erfolge als Filmregisseur, vor allem mit dem Opernfilm ›Eika Katappa‹. Weitere frühe Filme: ›Der Bomberpilot‹ (1970); ›Salome‹, ›Macbeth‹ und ›Der Tod der Maria Malibran‹ (alle 1971); ›Willow Springs‹ (1972/73); ›Der Schwarze Engel‹ (1973/74); ›Flocons d'Or‹ (1975/76); ›Regno di Napoli‹ (›Neapolitanische Geschwister‹, 1978). Schroeter zählt seither zu den umstrittensten deutschen Filmemachern. Rainer Werner Fassbinder nannte ihn den »wichtigsten, spannendsten, entscheidendsten sowie entschiedensten Regisseur eines alternativen Films«. Großer Erfolg mit dem Film ›Palermo oder Wolfsburg‹ (1980; auf der Berlinale ausgezeichnet mit dem Goldenen Bären). Es folgten u. a.: ›Liebeskonzil‹ (1981, nach Oskar Panizza); ›Das Gespenst‹ (1982); ›Der Rosenkönig‹ (1986); ›Malina‹ (1990, Drehbuch: Elfriede Jelinek, nach Ingeborg Bachmann). Karsten Witte schrieb: »Schroeters Radikalität liegt in der seit zwanzig Jahren kontinuierlich gelungenen Versöhnung von produktionstechnischer Armut und produktionsästhetischem Reichtum. Seine Filme haben einen Gestus, der sie allesamt kennzeichnet und über andere heraushebt. Das ist die große, ebenso heftige wie sehnsüchtige Bewegung in das Ekstatische. (. . .) dem musikalischen Material von Giuseppe Verdi bis Caterina Valente zaubert Schroeter ironische Visionen, die das Augenmerk der Zuschauer auf eine vielschichtige Wahrnehmung von Ton und Bild, von Gefühl und Wirklichkeit lenken. Was andere Regisseure mit falscher Prätention versuchen, gelingt Schroeter mit leichterer Hand: aus den Trümmern der Hochkultur mit seinen Filmen Modelle zu einer ruinösen, nie ruinierten Gegenkultur zu bauen. Darin herrscht keine Unterscheidung mehr zwischen erhabenen Gefühlen und dem Kitsch.« (›Frankfurter Rundschau‹, 5. 1. 1991) Ans Theater kam Schroeter 1972 durch das Angebot von Ivan Nagel, am Hamburger Schauspielhaus Lessings ›Emilia Galotti‹ zu inszenieren (Schroeter selbst nannte seine extrem stilisierte Inszenierung eine »Choreographie der kleinsten Bewegung«). Es folgten Inszenierungen am Schauspielhaus Bochum bei Peter Zadek: Wildes ›Salome‹ (1973, mit Christine Kaufmann); Hugos ›Lukrezia Borgia‹ (1974, mit Magdalena Montezuma); Strindbergs ›Fräulein Julie‹ (1977, mit Ingrid Caven); Kleists ›Käthchen von Heilbronn‹ (1978, mit Elisabeth Krejcir). Weitere Regiearbeiten u. a.: Pirandellos ›Heute abend wird aus dem Stegreif gespielt‹ (1982, Schauspiel Frankfurt); Shakespeares ›Komödie der Irrungen‹ (1983, Freie Volksbühne Berlin); Goldoni/Laubes ›Finale in Smyrna‹ (1985, Staatsschauspiel München); am Bremer Theater u. a.: Büchners ›Leonce und Lena‹ (1986); Strindbergs ›Rausch‹ (1987); Becketts ›Atem‹ (1989). Zahlreiche Inszenierungen am Schauspielhaus Düsseldorf, darunter: García Lorcas ›Doña Rosita bleibt ledig‹ (1986); Gorkis ›Kinder der Sonne‹ (1988); Jahnns ›Medea‹ (1989, mit Barbara Nüsse); Shakespeares ›König Lear‹ (1990, mit Hermann Lause als Lear; Theaterskandal wegen ausführlicher Sex-Szenen); Lessings ›Emilia Galotti‹ (1991); Strindbergs ›Totentanz‹ (1991); O'Neills ›Trauer muß Elektra tragen‹ (1993); am Schauspielhaus Köln u. a.: Lenz' ›Die Soldaten‹ (1992); Labiches ›Der Prix Martin‹ (1992); Genets ›Unter Aufsicht‹ (1992/93); Camus' ›Caligula‹ (1994). Hinzu kommen zahlreiche Operninszenierungen (auch im Ausland). Versuche, die Grenzen des konventionellen Spartentheaters aufzuheben mit Projekten wie ›Trauer Sehnsucht Rebellion‹ (Tango-Abend 1987) oder ›Wagner und . . .‹ (1989, jeweils Düsseldorf). Häufig Neuentdeckung vergessener Stücke wie Mishimas ›Der tropische Baum‹ (1987, Düsseldorf) oder Mussets ›Les Caprices de Marianne‹ (1991, Thalia Theater Hamburg). Werner Burkhardt schrieb über die Musset-Aufführung: »Werner Schroeter, der Regisseur und sehr eingeweihte, hochmusikalische Opernkenner, pfeift auf alle Kammermusik in dieser Dialog-Partitur. Er will nicht die Pastorale mit Trauerflor. Er entfesselt ein Furioso. Der Karneval ist eine einzige Orgie. Die ganze Welt ist Orgie, und keiner bleibt auch nur eine Sekunde allein. (. . .) Schroeters Musikalität gliedert den Abend durch Zäsuren,

durch ein subito piano nach dem con fuoco, durch Pausen: durch Rhythmus.« (›SZ‹, 12. 4. 1991) Schroeter ist ein Regisseur, der Schauspieler in Extreme treibt. Er arbeitet regelmäßig mit der französischen Bühnen- und Kostümbildnerin Alberte Barsacq zusammen.
Literatur: P. W. Jansen/W. Schütte (Hrsg.): Werner Schroeter. München, Wien 1980; Gérard Courant (Hrsg.): Werner Schroeter. Paris (Cinémathèque Française) 1982; S. Dhein: Werner Schroeter. Regie im Theater. Frankfurt a. M. 1991.

Schuch, Franz, geb. 1716 in Wien, gest. 1763 in Frankfurt, Oder. Schauspieler und Theaterleiter. Gründete 1741 eine eigene Schauspielergesellschaft, die vor allem in Norddeutschland auftrat; erhielt 1755 das Generalprivilegium für die preußischen Länder. Schuch spielte hauptsächlich Stegreifkomödien, in denen er selbst auftrat. Er galt als der beste deutsche Harlekin-Darsteller seiner Zeit; erfand die Szenarien zum Teil selbst. Die Schuchsche Gesellschaft bestand aus ca. 30 Schauspielern; aufgeführt wurden neben den Stegreifpossen auch Stücke von Voltaire, Gottsched, Molière, Holberg und Lessing. Zeitweise gehörten herausragende Schauspieler wie Konrad Ekhof, Carl Theophil Döbbelin oder Sophie Hensel zu der Truppe. Schuchs Sohn, **Franz Schuch der Jüngere** (1741–1771), wurde ebenfalls Schauspieler und übernahm 1764 die Leitung der Schuchschen Gesellschaft. Er errichtete in Berlin ein stehendes Theater in der Behrenstraße; engagierte wieder Döbbelin und schaffte mit dessen Hilfe 1766 den Hanswurst ab. Damit wurden die letzten Spuren der Stegreifposse in Norddeutschland ausgelöscht. Da sich das Theater in der Behrenstraße nicht halten konnte, verkaufte es Schuchs Witwe Johanna Caroline (geborene Zerger) 1771 an Gottfried Heinrich Koch. Danach führte sie als Prinzipalin die Truppe weiter (vorwiegend in Ostpreußen und Mitau).
Literatur: K. Liss: Das Theater des alten Schuch. Diss. Berlin 1925; E. Pies: Prinzipale. Zur Genealogie des deutschsprachigen Berufstheaters vom 17. bis 19. Jahrhundert. Düsseldorf 1973.

Schütz, Johannes, geb. 12. 2. 1950 in Frankfurt. Bühnenbildner und Regisseur. Bühnenbildstudium bei Wilfried Minks an der Akademie der bildenden Künste Hamburg. 1970–1972 Assistent, dann bis 1973 Bühnenbildner an den Staatlichen Schauspielbühnen Berlin; dort Zusammenarbeit mit Ernst Wendt in Becketts ›Nicht Ich‹ und Heiner Müllers ›Stille Nacht/Strandgut‹; außerdem Zusammenarbeit mit Harald Clemen in Hauptmanns ›Friedensfest‹ und Hebbels ›Maria Magdalena‹ sowie mit Hans Lietzau in Müllers ›Horatier‹ (UA 1973). 1976–1978 Engagement an den Münchner Kammerspielen, wo er wieder Bühnenbilder für Wendt-Inszenierungen entwarf: Genets ›Der Balkon‹ (1976); García Lorcas ›Doña Rosita bleibt ledig‹ (1977); Sophokles/Müllers ›Ödipus‹ (1977) und Müllers ›Germania Tod in Berlin‹ (1978). Für Clemens Dorst-Inszenierung ›Auf dem Chimborazo‹ pflanzte er einen Wald auf die Bühne: »Tonbandvögel zwitschern, künstlicher Laubduft reicht bis an die Zuschauernasen, die Ausmaße der Bühne vorn an der Rampe erinnern an Cinemascope, die Beleuchtung an Technicolor. Schütz schafft den Kunst-Rahmen, in den hinein ›lebendige Menschen‹ projiziert werden.« (Gerd Jäger, ›Theater heute‹, Heft 1, 1977) Weitere Arbeiten mit Clemen: Fleißers ›Fegefeuer in Ingolstadt‹ und Tschechows ›Die Möwe‹. An der Freien Volksbühne Berlin schuf er das Bühnenbild zu Christa Winsloes ›Mädchen in Uniform‹ (1976, R. Hartmut Gehrke). 1978/79 wechselte er an das Bremer Theater, wo er für Frank-Patrick Steckels Jahnn-Inszenierung ›Die Krönung Richards III.‹ eine hochgerühmte Raumlandschaft baute (in der Fleischmarkthalle des alten Schlachthofs). Weitere Arbeiten in Bremen u. a.: Goethes ›Stella‹ (1979, R. Peter Mussbach); Schillers ›Maria Stuart‹ (R. Nicolas Brieger); Shakespeares ›Richard II.‹ (1981, R. Steckel); Molières ›Tartuffe‹ (1981, R. Wendt); Horváths ›Geschichten aus dem Wiener Wald‹ (R. Valentin Jeker); am Bremer Tanztheater Zusammenarbeit mit Reinhild Hoffmann u. a. in den Stücken ›Hochzeit‹, ›Unkrautgarten‹ und ›Erwartung/Pierrot Lunaire‹. In Inszenierungen von Wendt

Schütz

arbeitete er weiterhin an den Münchner Kammerspielen: Brechts ›Trommeln in der Nacht‹ (1979); Kleists ›Käthchen von Heilbronn‹ (1979); Strindbergs ›Fräulein Julie‹ (1980); Pirandellos ›Die Riesen vom Berge‹ (1980); Jahnns ›Medea‹ (1981); Goethes ›Torquato Tasso‹ (1981/82); Shakespeares ›Wie es euch gefällt‹ (1982). Für Dieter Dorn entwarf er 1982 das Bühnenbild zu Dorsts ›Merlin oder Das wüste Land‹: »Johannes Schütz hat Bühnenbilder ersonnen, die neblig-trüb waren wie für die Geist-Szenen des ›Hamlet‹, er hat Schlachtentableaus angedeutet, in denen man Richard III. hätte krepieren sehen mögen, er hat märchenhaft gezaubert wie für Ballett und Puppenspiel. Wäre die Bühne staatstheaterhaft groß gewesen, das Mißverhältnis zwischen manchem bildlichen Visions-Anspruch (...) und dem Inhalt hätte sich überhaupt nicht mehr verbergen lassen.« (Joachim Kaiser, ›SZ‹, 3. 2. 1982) Mit Wendt arbeitete er wieder 1984 am Deutschen Schauspielhaus in Hamburg: Lessings ›Minna von Barnhelm‹. Weitere Ausstattungsarbeiten u. a.: Kipphardts ›Bruder Eichmann‹ (UA 1983, Residenztheater München, R. Dieter Giesing); Schönbergs ›Ein Überlebender aus Warschau‹/›Die glückliche Hand‹/›Die Jakobsleiter‹ (1983, Staatsoper Hamburg) und Mozarts ›Idomeneo‹ (1984, Kassel, R. jeweils Mussbach); Pirandellos ›Die Riesen vom Berge‹ (1986, Bochum, R. Andrea Breth/Steckel); Shakespeares ›Antonius und Cleopatra‹ (1987, Bochum, R. Steckel). Mit Glucks ›Iphigenie in Aulis‹ gab Schütz 1990 an der Rhein-Oper in Düsseldorf sein Debüt als Regisseur. Seither mehrere Inszenierungen in eigener Ausstattung, u. a. Brechts Fragment ›Fatzer‹ (1992, Bochum). Schütz hat als Bühnenbildner schon in jungen Jahren einen sehr eigenen, phantasievollen Stil entwickelt. Viele seiner Bühnenlandschaften entgrenzen den Guckkasten, sind Erlebnisräume, die das Innenleben der Figuren spiegeln. Seine Materialien bleiben in der Regel als Spielmaterialien erkennbar, haben hinweisende, nicht abbildende Funktion.

Literatur: H.-R. Müller/D. Dorn/E. Wendt: Theater für München. Ein Arbeitsbuch der Kammerspiele 1973–1983. München 1983; Bühnenbild heute Bühnenbild der Zukunft. Eine Ausstellung des Zentrums für Kunst und Medientechnologie Karlsruhe. Karlsruhe 1993 (Katalog).

Schütz, Stefan, geb. 19. 4. 1944 in Memel. Autor. Stammt aus einer Schauspielerfamilie. Schütz besuchte die Schauspielschule in Berlin, war danach Regieassistent am Berliner Ensemble, seit 1970 Dramatiker. 1971 kam er aus der DDR in die BRD und arbeitete 1981/82 als Dramaturg und Hausautor in Wuppertal. Seit 1982 lebt er als freier Schriftsteller in Berlin. »Unter den gegenwärtig schreibenden deutschen Dramatikern ist Stefan Schütz der vehementeste. Vierzehn Stücke in elf Jahren: Das läßt nicht nur auf eine große Energie, sondern auf einen großen inneren Druck schließen, der zum Sprechen bringt. (...) Schütz schreibt (...) aus einem großen Verlangen, sich gegen seine Umwelt zu wehren, gegen ihre Bedrängnisse, Bevormundungen, ihre Anforderungen, ihre unbefragten Normen. (...) Hinter allen Hauptfiguren der Schützschen Stücke, auch und gerade hinter den weiblichen, ist ein rastloses Ich wahrzunehmen, das sich an den Zuständen reibt und im Versuch, sie zu überschreiten, zu sprechen beginnt. Es sind Personen mit einer vulkanischen Disposition. Heißblütige, leidenschaftliche Personen, die sich rebellisch ins Ungewisse werfen – auf der Suche nach ihrem Recht, ihrer Aufgabe, nach dem Glück, nach ihrer Freiheit, nach ihrem Ich und dem Recht auf sich selbst.« (Günther Rühle, Rebellion und Verweigerung. Über den Dramatiker Stefan Schütz. In: Stefan Schütz, Sappa/Die Schweine. Frankfurt a. M. 1981)

Stücke: ›Odysseus' Heimkehr‹ (1974); ›Die Amazonen‹ (1976); ›Heloisa und Abaelard‹ (1976); ›Gloster‹ (1977); ›Stasch‹ (1978); ›Kohlhaas‹ (1978); ›Laokoon‹ (1979); ›Sappa/Die Schweine‹ (1981); ›Die Seidels‹ (1986); ›Monsieur X oder Die Witwe des Radfahrers. Urschweijk‹ (1988).

Schuh, Oscar Fritz, geb. 15. 1. 1904 in München, gest. 22. 10. 1984 in Großgmain bei Salzburg. Regisseur und Intendant.

Schuh

Nach dem Abitur (1921) begann er in München mit dem Studium der Theaterwissenschaft, Kunstgeschichte und Philosophie. Als Neunzehnjähriger kam er an die Bayerische Landesbühne Augsburg, wo er mit Hauptmanns ›Hanneles Himmelfahrt‹ sein Regiedebüt gab. Über Engagements in Oldenburg, Osnabrück, Darmstadt, Gera und am Deutschen Theater Prag kam er an die Hamburger Staatsoper, wo er von 1931 bis 1940 als Regisseur wirkte. Danach arbeitete er bis 1950 an der Staatsoper Wien, wo ihm zusammen mit dem Brecht-Bühnenbildner Caspar Neher und dem Dirigenten Karl Böhm herausragende Inszenierungen gelangen. Gastinszenierungen in Mailand, Rom, Neapel, Venedig, Florenz, London und Paris. Seine Mozart-Inszenierungen bei den Salzburger Festspielen, die wieder in Zusammenarbeit mit Neher entstanden, gelten als wegweisend und stilbildend für das moderne Musiktheater. Auch mehrere Opernuraufführungen, darunter: von Einems ›Dantons Tod‹ (1947) und ›Der Prozeß‹ (1952/53); Orffs ›Antigonae‹ (1949); Egks ›Irische Legende‹ (1955). 1951 wandte er sich wieder dem Sprechtheater zu: inszenierte mit großem Erfolg Pirandellos ›Sechs Personen suchen einen Autor‹ am Berliner Theater am Kurfürstendamm und wurde daraufhin Direktor dieser Bühne (1953–1958). Engagierte mehrere österreichische Schauspieler und gab dem Theater eine Wienerische Note; spielte Stücke von Hofmannsthal, Schnitzler, Nestroy und Raimund; ferner u. a.: Tschechows ›Die Möwe‹ (1954); Kleists ›Der zerbrochne Krug‹ (1954/55); Strindbergs ›Ein Traumspiel‹ (1955) und ›Der Scheiterhaufen‹ (1957); Stücke von O'Neill: ›Trauer muß Elektra tragen‹ (1955); ›Eines langen Tages Reise in die Nacht‹ (DE 1956); ›Fast ein Poet‹ (1957, Salzburg). 1959 wurde er Generalintendant der Städtischen Bühnen Köln; inszenierte dort u. a. Schillers ›Die Räuber‹ (im Bühnenbild von Neher); auch wieder Operninszenierungen. Ursprünglich bis Ende der Spielzeit 1963/64 verpflichtet, wurde er nach internen Querelen bereits 1962 aus seinem Vertrag entlassen. Im August 1963 übernahm er als Nachfolger von Gustaf Gründgens die schwierige Intendanz des Deutschen Schauspielhauses in Hamburg. Die Gründgens-Schauspieler kritisierten seine Ensemblepolitik; das Publikum warf ihm eine »Massierung düsterer Stoffe« vor (Inszenierungen wie Strindbergs ›Ein Traumspiel‹, Ionescos ›Der König stirbt‹ oder Barlachs ›Die echten Sedemunds‹). Schuh schied daraufhin 1968 vorzeitig aus seinem Vertrag aus. Seitdem arbeitete er als freier Regisseur, u. a. wieder bei den Salzburger Festspielen: Shakespeares ›Der Sturm‹ (1968); Schnitzlers ›Zum großen Wurstel‹ und Horváths ›Figaro läßt sich scheiden‹ (1970); ferner u. a.: Molières ›Die gelehrten Frauen‹ (1971, Schloßparktheater Berlin) und ›Don Juan‹ (1971, Münchner Kammerspiele); Strauss' ›Die Frau ohne Schatten‹ (1972, Nationaltheater München); Verdis ›Falstaff‹ (1972, Nürnberg). 1971 gründete er in Zusammenarbeit mit dem Goethe-Institut und dem Schweinfurter Theater das Ensemble Szene 71, mit dem er Schillers ›Kabale und Liebe‹ und Kafka/Großmanns ›Der Prozeß‹ einstudierte (Auslandstournee). Viel Anklang fand sein zur Salzburger Festspielzeit inszeniertes Straßentheater (seit 1970; im Repertoire viele Stücke von Nestroy). In Salzburg initiierte er Anfang der siebziger Jahre auch das »Fest in Hellbrunn«, für das er jahrelang als künstlerischer Leiter und Regisseur tätig war. Schuh zählt zu den prägenden Regisseuren des deutschen Nachkriegstheaters. In den fünfziger Jahren distanzierte er sich zunehmend vom Rationalismus. Die Bühne verstand er als »geistigen Raum«, als Ort psychischer Erkundungen. Hilde Spiel schrieb: »Daß Schuh, der bereits 1925 den frühen Brecht in den Himmel hob, später die Brecht-Welle links liegenließ und sich statt dessen Horváth zuwandte, bevor dieser auf den deutschen Bühnen allgegenwärtig war, ist nicht nur seinem oft eingestandenen Widerwillen gegen das allzu soziologische, didaktische Theater zuzuschreiben. Es lag wohl auch an seiner Unlust, im breiten Strom mitzuschwimmen, ein vorherrschendes Erfolgsschema sich zunutze zu machen. Im Grunde zog es ihn im Sprechtheater (. . .) zeitlebens zur Doppelbödigkeit, zur Überwirklichkeit, zu den Vorläufern, Vertretern und Erben des Ex-

pressionismus, von Strindbergs ›Traumspiel‹ – einer seiner schönsten Inszenierungen – über Georg Kaiser und den von ihm nie als puren Realisten mißverstandenen O'Neill zu Tennessee Williams' ›Camino Real‹ und schließlich Witold Gombrowicz. Als karger Intellektueller verschrien, weil er das Schlagwort von der ›Bühne als geistigem Raum‹ geprägt hat, strebte Schuh im Gegenteil stets zum theatralischen Gesamtkunstwerk, gemäß Cocteaus Ruf nach ›allen neun Musen‹, die dem Schauspiel zur Seite stehen.« (›FAZ‹, 15. 1. 1974) Schuhs Memoiren erschienen unter dem Titel ›So war es – war es so?‹ (Berlin, Frankfurt, Wien 1980).
Literatur: O. F. Schuh/F. W. Willnauer: Bühne als geistiger Raum. 1963; O. F. Schuh: Salzburger Dramaturgie. Salzburg 1969.

Schulte-Michels, Thomas, geb. 4. 11. 1944 in Straßburg. Schauspieler und Regisseur. 1966–1972 Studium der Germanistik, Geschichte und Philosophie in Bonn; daneben private Schauspielausbildung und Inszenierungen an der Studentenbühne. 1971–1975 Schauspieler und Regieassistent am Stadttheater Bonn; Inszenierungen in Moers, Dortmund, Krefeld, Bonn und Neuss. 1977–1979 Leitung des Schloßtheaters Moers (in Vertretung für Holk Freytag). Umstritten war seine revueartige Weiss-Inszenierung ›Die Ermittlung‹ an der Freien Volksbühne Berlin (1980). Heinz Galinski sprach in der ›Allgemeinen Jüdischen Wochenzeitung‹ (21. 3. 1980) von einer »frivolen Banalisierung der schlimmsten Verbrechen des nationalsozialistischen Regimes« und forderte die Absetzung der Inszenierung. 1979–1981 Regisseur am Stadttheater Mainz. Danach arbeitete er bis 1986 an den Württembergischen Staatstheatern Stuttgart, wo er u. a. Kipphardts ›Bruder Eichmann‹ inszenierte (1983). Gastinszenierungen am Thalia Theater Hamburg, am Düsseldorfer Schauspielhaus, an den Staatlichen Schauspielbühnen Berlin und der Deutschen Oper am Rhein Düsseldorf/Duisburg. Arbeiten an den Münchner Kammerspielen: Becketts ›Endspiel‹ (1985); Pinters ›Heimkehr‹ (1986, mit Thomas Holtzmann und

Jutta Hoffmann). Von 1985 bis 1992 war er fester Regisseur am Bayerischen Staatsschauspiel München; Inszenierungen u. a.: Gray/Petersons ›Billy Bishop steigt auf‹ (DE 1986); Jane Bowles' ›In the Summer House‹ (DE 1987, eingeladen zum Berliner Theatertreffen); Sartres ›Geschlossene Gesellschaft‹ (1988); Weiss' ›Marat/Sade‹ (1988): »Diese Inszenierung war eine Modenschau, eine Karnevalssitzung, ein Discovideo über die Vergeblichkeit der Revolution und eine grelle Farce: ein Theater-Deix über die Zustände in unserer Welt. Schulte-Michels trieb Mummenschanz, machte uns trunken mit Bildern, Musiken, er verdoppelte und brach mit szenischen Zeichen das Wort, ließ riesige Königsfiguren köpfen und den gallischen Hahn das Beil schwingen. (...) Diese Aufführung, ebenso wie ›Die Ermittlung‹ [in Berlin] und der ›Bruder Eichmann‹ [in Stuttgart], bewies, wie radikal dieser Regisseur mit Texten umgeht, will er sie für seine starken Bilderfindungen und sein Interpretationsziel benutzen. Dann arbeitet er wie der junge Hans Neuenfels, erfindet grobe Zeichen, zwingt Vergangenheit und Gegenwart zusammen.« (C. Bernd Sucher, ›Theaterzauberer‹, S. 189); ferner in München: Schnitzlers ›Der grüne Kakadu‹ (1989); Rostands ›Cyrano de Bergerac‹ (1990); Pirandellos ›Sechs Personen suchen einen Autor‹ (1990); Wedekinds ›Marquis von Keith‹ (1991); Schillers ›Maria Stuart‹ (1991); Greens ›Ein Morgen gibt es nicht‹ (1991); Flannerys ›Singer‹ (DE 1992); Shepards ›Schocks‹ (1993). Gastinszenierungen am Wiener Theater in der Josefstadt: Vitracs ›Victor oder Die Kinder an der Macht‹ (1991); Molières ›Tartuffe‹ (1992, mit Helmut Lohner); am Schauspiel Frankfurt: Stoppards ›Künstler, eine Treppe hinabsteigend‹ (1993). Auch Opernregie, u. a. Lombardis ›Faust, un travestimento‹ (UA 1991, Basel).
Literatur: C. B. Sucher: Theaterzauberer. Von Bondy bis Zadek. 10 Regisseure des Deutschen Gegenwartstheaters. München, Zürich 1990.

Schultes, Frank, geb. 27. 9. 1905 in Pilsen. Bühnen- und Kostümbildner. Architekturstudium in Prag, wo er 1933 in einer

Inszenierung von Shaws ›Cäsar und Cleopatra‹ als Bühnenbildner debütierte. Engagements u. a. in Nürnberg und Wien, an der Volksbühne Berlin (1940–1944) und an den Städtischen Bühnen Frankfurt (1945–1953); dann in Heidelberg, wo er erstmals Bühnenbilder für Inszenierungen von Hansgünther Heyme entwarf: García Lorcas ›Bernarda Albas Haus‹ (1958); Tollers ›Hinkemann‹ (1959); Sartres ›Die schmutzigen Hände‹ (1959) und ›Der Teufel und der liebe Gott‹ (1963); Camus' ›Die Besessenen‹ (1960); Porter/Spewacks ›Kiss me Kate‹ (1960); Brechts ›Der gute Mensch von Sezuan‹ (1961); Anouilhs ›Becket oder Die Ehre Gottes‹ (1961); Frischs ›Andorra‹ (1962); Walsers ›Eiche und Angora‹ (1962). Von 1963 bis 1968 arbeitete er als Heymes Hauptausstatter am Hessischen Staatstheater Wiesbaden. Er entwarf die Bühnenbilder und Kostüme u. a. für: Shakespeares ›Romeo und Julia‹ (1963); Ionescos ›Der König stirbt‹ (1963); Weiss' ›Marat/Sade‹ (1964); Jahnns ›Medea‹ (1964); Strindbergs ›Gustav Adolf‹ (1965); Sophokles' ›Antigone‹ (1965); Schillers ›Wilhelm Tell‹ (1965), ›Die Räuber‹ (1966) und ›Der Parasit‹ (1967, nach Picard); Ostrowskis ›Der Wald‹ (1966); Ibsens ›Ein Volksfeind‹ (1966) und ›Stützen der Gesellschaft‹ (1967; 1970 auch in Bern; 1971 in Köln); ›Der Aias des Sophokles‹ (1967, in der Übersetzung von Wolfgang Schadewaldt); Molières ›Tartuffe‹ (1967); Büchners ›Dantons Tod‹ (1968). In einigen Inszenierungen arbeitete er auch mit Karl Paryla zusammen, u. a. in Gorkis ›Die Kleinbürger‹ (1969, Köln). Für Claus Peymann entwarf er das Bühnenbild zu Rousseaus ›Die Rache einer russischen Waise‹ (1968, Heidelberg). Ende der sechziger Jahre Fortsetzung der Zusammenarbeit mit Heyme in Köln, u. a.: Sophokles' ›König Ödipus‹/›Ödipus auf Kolonos‹ (1968); Langes ›Die Gräfin von Rathenow‹ (1969); Aischylos' ›Sieben gegen Theben‹ und Sophokles' ›Antigone‹ (1970, an einem Abend); Schillers ›Die Verschwörung des Fiesco zu Genua‹ (1970; 1969 auch in Stuttgart) und ›Die Jungfrau von Orleans‹ (1974); Fortes ›Martin Luther & Thomas Münzer oder Die Einführung der Buchhaltung‹ (1971);

Ibsens ›Wildente‹ (1972); Euripides' ›Die Bakchen‹ und Aristophanes' ›Die Frösche‹ (1973, Doppelpremiere, Ausstattung gemeinsam mit Gralf-Edzard Habben); außerdem Bühnenbilder und Kostüme für Heymes Operninszenierungen in Nürnberg. In den siebziger Jahren lösten ihn Bert Kistner und Wolf Münzner als Heyme-Bühnenbildner ab. Heyme über seine Zusammenarbeit mit Schultes: »Er war, mit Brecht zu sprechen, ein Bühnenbauer, von Haus aus Architekt, der aber auch Szenenbilder von hoher malerischer Qualität und mit anregendem schauspielerischen Gestus entwarf, jede Figurine ein Kunstblatt. (. . .) Ja, Schultes war einer meiner großen Lehrmeister. Ich saß fast jeden Tag nach der Probe bei ihm und erzählte, wie es gelaufen war, während er bastelte, skizzierte, zeichnete und mir seine Entwürfe und Modelle zeigte. Er war ein großer Freund, ein Theatermann mit einem unglaublichen Instinkt und ein sehr redlicher Mensch.« (zit. nach Günther Erken, S. 55ff.)

Literatur: G. Erken: Hansgünther Heyme. Regie im Theater. Frankfurt a. M. 1989.

Schultz, Klaus, geb. 1947 in Kissingen. Dramaturg und Intendant. 1973–1977 Dramaturg an der Frankfurter Oper unter der Direktion von Christoph von Dohnányi; 1977–1982 Chefdramaturg und Pressesprecher am August Everding an der Bayerischen Staatsoper München; 1980–1984 Musikdramaturg des Berliner Philharmonischen Orchesters (Leitung: Herbert von Karajan und Peter Girth). Von 1984 bis 1992 war er Generalintendant in Aachen (Stadttheater und Musikdirektion); dort auch Operninszenierungen: Beethovens ›Fidelio‹ (1985); Strauss' ›Salome‹ (1988). Seit 1992/93 ist er Generalintendant am Nationaltheater Mannheim. Zahlreiche Vortragsreihen, Publikationen sowie Beiträge für Hörfunk und Fernsehen. Von 1975 bis 1978 hatte er Lehraufträge an der Universität und der Staatlichen Hochschule für Musik in Frankfurt sowie an der Akademie der bildenden Künste München.

Literatur: K. Schultz: Karl Böhm an der Bayerischen Staatsoper. München 1978; ders.: Münchener Theaterzettel 1807–

Schulze

1982. München u.a. 1982; ders.: Aribert Reimanns ›Lear‹. Weg einer neuen Oper. München 1984.

Schulze, Hans, geb. 1930 in Bochum. Schauspieler. 1950–1953 Ausbildung an der Schauspielschule Bochum; erste Engagements in Bonn, Münster, Oldenburg und Basel. 1963–1981 Zusammenarbeit mit Hansgünther Heyme, zuerst in Wiesbaden, dann in Köln (dort auch im Schauspieldirektorium) und in Stuttgart. Er galt als einer der besten Sprecher des Heyme-Ensembles. Rollen in den Wiesbadener Heyme-Inszenierungen u.a.: Mercutio in Shakespeares ›Romeo und Julia‹ (1963); Horn in Strindbergs ›Gustav Adolf‹ (1965); Stauffacher in Schillers ›Wilhelm Tell‹ (1965); Gennadius in Ostrowskis ›Der Wald‹ (1966); Odysseus in ›Der Aias des Sophokles‹ (1967); Robespierre in Büchners ›Dantons Tod‹ (1968, mit Wolfgang Robert). In Köln u.a.: Landauer in Dorsts ›Toller‹ (1969); Octavio in Schillers ›Wallenstein‹ (1969) und Verrina in ›Die Verschwörung des Fiesco zu Genua‹ (1970); Fugger in Fortes ›Martin Luther & Thomas Münzer oder Die Einführung der Buchhaltung‹ (1971, mit Götz George); Meister Anton in Hebbels ›Maria Magdalena‹ (1972, mit Barbara Nüsse) und Hagen in ›Die Nibelungen‹ (1973); Dionysos in Euripides' ›Die Bakchen‹/Aristophanes' ›Die Frösche‹ (1973): »Hervorragend Hans Schulze, der in beiden Inszenierungen den Dionysos darstellte, einmal als den sanften jugendlichen Verführer zu Rausch, Traum und Gewalttat, einmal als lüsternen und feigen alternden Mimen, der um jeden Preis am Leben bleiben und seine Rolle weiterspielen will. Liebreiz und Verkommenheit spiegelten sich, Erlöser und Scharlatan zeigten sich als die beiden Gesichter desselben Januskopfes. Das war so unaufdringlich wie unmißverständlich realisiert, mit gleichsam sensualistischen Wirkungen, die bei Heyme überraschten.« (Heinrich Vormweg, ›SZ‹, 22.3. 1973) Ferner u.a.: Macheath in Brecht/Weills ›Die Dreigroschenoper‹ (1975); Antonius in Shakespeares ›Antonius und Cleopatra‹ (1975, mit Nüsse) und Claudius in ›Hamlet‹ (1979); Mephisto in Goethes ›Faust II‹

(1977). In Heymes Stuttgarter Arbeiten sah man ihn u.a. als Philipp in Schillers ›Don Carlos‹ (1979) und als Theophil Sarder in Mnouchkines ›Mephisto‹ (1981, nach Klaus Mann). Danach arbeitete er eine Spielzeit lang bei Roberto Ciulli in Mülheim. 1983 wechselte er an das Düsseldorfer Schauspielhaus, wo er als Albert Einstein in Terry Johnsons ›Bedeutende Leute‹ gefeiert wurde (DE 1983, mit Gabriele Köstler, R. Arie Zinger; 1989 auch in München): »Könnte sein, daß Hans Schulze in der Rolle des Professors einen ersten Höhepunkt in einer durchaus neuen Phase seiner schauspielerischen Entwicklung erreicht hat. Mit äußerst sparsamen Mitteln spielt er den alten Einstein als einen leisen, anspruchslosen, seiner selbst unauffällig ganz sicheren Clown, der zum Mitspielen und Lachen immer spontan bereit ist, doch unerreichbar, unberührbar für die Gierigen, Eitlen, Dummen. Hans Schulze gibt dem Stück eine Dimension, die es von sich aus wohl kaum hat.« (H. Vormweg, ›SZ‹, 23.12. 1983) Ferner u.a.: Heinrich Mann in Hamptons ›Geschichten aus Hollywood‹ (1983, R. Peter Palitzsch); Titelrolle in Brechts ›Jakob Geherda‹. Bei den Salzburger Festspielen: Nathan in Lessings ›Nathan der Weise‹ (1984, R. Johannes Schaaf). Ab 1986 Engagement am Bayerischen Staatsschauspiel München; dort u.a.: Titelrolle in Dorsts ›Ich, Feuerbach‹ (1986, R. Volker Hesse); de Sade in Weiss' ›Marat/Sade‹ (1988, R. Thomas Schulte-Michels); Jacques in Shakespeares ›Wie es euch gefällt‹ (1988, R. Wolfgang Engel). Seit 1989 arbeitet er wieder bei Heyme (in Essen, seit 1992/93 in Bremen); spielte u.a. den Menelaos in Euripides' ›Helena‹ (1992/93, mit Margit Carstensen).
Literatur: G. Erken: Hansgünther Heyme. Regie im Theater. Frankfurt a.M. 1989.

Schumacher, Arnulf, geb. 1.4. 1940. Schauspieler. Engagements am Stadttheater Baden-Baden, an der Landesbühne Schleswig-Holstein in Rendsburg, an den Städtischen Bühnen Münster sowie am Stadttheater Bonn (1970–1978). Seit 1978 gehört er zum Ensemble der Münchner Kammerspiele; bewährte sich dort in zahlreichen kleineren Rollen, darunter in jün-

651 Schwab

gerer Zeit: Lucky in Becketts ›Warten auf Godot‹ (1984) und Cheker in Harald Muellers ›Totenfloß‹ (1986, R. jeweils George Tabori); Blutiger Fünfer in Brechts ›Mann ist Mann‹ (1987, R. Günther Gerstner); in Heiner Müllers ›Wolokolamsker Chaussee I-V‹ (1989, R. Hans-Joachim Ruckhäberle); Minister in Turrinis ›Die Minderleister‹ (1989, R. Anselm Weber); Alba in Dorsts ›Karlos‹ (1990) und Herzog von Cornwall in Shakespeares ›König Lear‹ (1992, R. jeweils Dieter Dorn); Christian Maul in Pohls ›Die schöne Fremde‹ (1992, R. Helmut Griem); Streetworker in Streeruwitz' ›New York, New York‹ (UA 1993, R. Jens-Daniel Herzog).

Schwab, Martin, geb. 9. 11. 1937 in Möckmühl, Württemberg. Schauspieler. Nach dem Wirtschaftsabitur besuchte er die Max-Reinhardt-Schule in Berlin und das Reinhardt-Seminar in Wien (1959– 1962). Sein Debüt gab er 1962 an der Landesbühne Rheinland-Pfalz in Neuwied. Es folgten Engagements am Staatstheater Oldenburg (1963–1968) und am Ulmer Theater (1968–1972). Von 1972 bis 1979 war er Ensemblemitglied am Staatstheater Stuttgart. Hier sah man ihn in Niels-Peter Rudolphs erfolgreichen Strauß-Inszenierungen ›Bekannte Gesichter, gemischte Gefühle‹ (UA 1975) und ›Trilogie des Wiedersehens‹ (1978). Rollen in Inszenierungen von Claus Peymann: Woinow in Camus' ›Die Gerechten‹ (1976); Orest in Goethes ›Iphigenie auf Tauris‹ (1977): »Den Verfolgungswahn des (. . .) Orest entwickelt Martin Schwab mit geschlossenen Augen, mit vibrierenden Lidern, als bebe sein ganzer Körper unter Selbstvorwürfen: Sein Wahn kommt nicht aus der Vorratskammer poetischer Symbole; er kommt aus der Psychiatrie – er ist klinisch, nicht klassisch.« (Georg Hensel, ›FAZ‹, 14. 11. 1977); Steward in Bernhards ›Immanuel Kant‹ (UA 1978); außerdem u. a.: Damis in Molières ›Tartuffe‹ (1978, R. Valentin Jeker); Gottfried Strohl in Sattmanns ›Open end‹ (UA 1979, R. Horst Zankl). 1979 wechselte er mit Peymann nach Bochum, wo er bis 1982 zum Ensemble gehörte. Wichtigste Rollen: Antonio in Goethes ›Torquato Tasso‹ (1980,

Peymanns Eröffnungsinszenierung); Titelrolle in Zahls ›Johann Georg Elser‹ (UA 1982, R. Alfred Kirchner): »(. . .) eine Idealbesetzung für den verschlossenen, tüfteligen schwäbischen Einzelgänger, der stur sein Ziel verfolgt. Wie Schwab schwäbisch herumdruckst, wenn er in Gefahr ist; wie er penibel seine Hosenbeine säubert, wenn er vom Fußboden aufsteht; (. . .) wie Schwab schlicht Schlichtheit trifft, in Ton und Geste, bringt diesem Mann Sympathie, das Mit-Leiden.« (C. Bernd Sucher, ›SZ‹, 1. 3. 1982) Von 1982 bis 1987 war er an den Städtischen Bühnen Frankfurt engagiert, wo man ihn u. a. als Willy Loman in Millers ›Der Tod des Handlungsreisenden‹ sah (1983). Rollen bei den Salzburger Festspielen u. a.: Gregor in Handkes ›Über die Dörfer‹ (UA 1982, R. Wim Wenders); Ferrucio in Bernhards ›Der Theatermacher‹ (UA 1985, R. Peymann); Doktor Reumann in Schnitzlers ›Der einsame Weg‹ (1987, mit Helmut Lohner, R. Thomas Langhoff); Gregor in Strauß' ›Das Gleichgewicht‹ (UA 1993, R. Luc Bondy). Seit 1987 gehört er zu Peymanns Ensemble am Wiener Burgtheater. Große Erfolge feierte er in der Titelrolle von Büchners ›Woyzeck‹ (1989) und als König Merops in ›Phaethon‹ (1991, nach Euripides, R. jeweils Achim Freyer). Weitere Rollen u. a.: Mauerschauer in Handkes ›Spiel vom Fragen oder Die Reise zum sonoren Land‹ (UA 1990, R. Peymann); Lebedew in Tschechows ›Iwanow‹ (1990, mit Gert Voss, R. Peter Zadek); Conférencier in André Hellers ›Sein und Schein‹ (UA 1993); Vater in Pirandellos ›Sechs Personen suchen einen Autor‹ (1993, R. Cesare Lievi); auch Operetten- und Musicalrollen.

Schwab, Werner, geb. 1958 in Graz, gest. am 1. 1. 1994 ebenda. Dramatiker. Nach Abschluß der Höheren Technischen Lehranstalt in Graz Studium (1978–1982) an der Akademie der bildenden Künste in Wien. Produzierte Skulpturen aus verderblichen Materialien und Prosa; beides stieß auf Ablehnung. Schwab versuchte es daraufhin mit dem Theater. Im Januar 1991 wurde sein erstes Theaterstück im Wiener Schauspielhaus uraufgeführt. Daraufhin wurde er die viel gespielte Neuheit unter

Schwaiger

den Dramatikern. Ausgangspunkt seines Schreibens war die Sprache, die von der Dekonstruktion lebte. »Er gilt als Stimme aus dem häßlichen Off unserer schönen neuen Kulturwelt, als Spezialist für die Verwandlung von grobem Rededreck in bizarre Kommunikationsrituale. Litaneihaft wie Bernhard, stumpf und bösartig wie die Jelinek, schreiintensiv wie Rainald Goetz und auf pervers-sentimentale Weise heimathäßlichkeitserfüllt wie früher Kroetz und Achternbusch. Böse Farcen sind seine Theaterstücke; die erste Sammlung, im vorigen Jahr erschienen, heißt ›Fäkaliendramen‹, und selten hat man das Verworfene und Gemeine so routiniert und maniert zur Form gepreßt erlebt. Die Dramen sind vom Sprachmaterial her gedacht und gemacht (. . .) Der Rest, die grob geschnitzten Figuren und Handlungsbrocken, klappert laut und häßlich hinterher. Ein Fall für das Theater, für stimmliche und szenische Animation.« (Helmut Schödel, ›Die Zeit‹, 31. 1. 1992). In seinem Nachruf schrieb C. Bernd Sucher (›SZ‹, 4. 1. 1994): »Schwabs Haltung war Verachtung und Haß. Er war gefährlich – und seine Texte werden es weiter sein. Er verdichtete die Banalität des Bösen zu Sprach-Kunstwerken, die verständlich, bildhaft erst wurden, wenn man sie sprach. Wenn sie gesprochen wurden. Dann konnte man die allerfürchterlichsten Entdeckungen machen. Die verstörende Künstlichkeit verkehrte sich in einen zerstörerischen Realismus. Plötzlich hörten wir, daß Schwabs Lemuren ihre Vokabeln aus dem Fernsehen geklaubt haben – und sie sabbern die Stammtischferkeleien. Sie bedienen sich fremder Worte. Doch die Sprecher haben die Macht längst verloren über die Substantive, die Verben, die Adjektive, die sie befallen und sie aussaugen wie Vampire. Die Worte malträtieren die Sprecher. Damit zog Schwab die Gewaltschraube noch fester an: Mit Sprache läßt sich nicht mehr kämpfen, weil sie denen, die sich ihrer bedienen, nicht länger gehorcht.« Schwabs Faust-Paraphrase ›Faust : : Mein Brustkorb : Mein Helm‹ erlebte 1994 postum ihre Uraufführung in Potsdam (R. Thomas Thieme).

Stücke: ›Übergewichtig Unwichtig Unform‹ (1991); ›Die Präsidentinnen‹ (1991); ›Volksvernichtung oder Meine Leber ist sinnlos‹ (1991); ›Mein Hundemund‹ (1992); ›Offene Gruben Offene Fenster Ein Fall von Ersprechen‹ (1992); ›Mesalliance‹ (1992); ›Der Himmel mein Lieb meine sterbende Beute‹ (1992); ›Endlich tot endlich keine Luft mehr‹ (1992).

Literatur: M. Merschmeier: Portrait W. Schwab. In: Theater heute, Heft 3, 1991.

Schwaiger, Brigitte, geb. 6. 4. 1949 in Freistadt (Oberösterreich). Schriftstellerin. Tochter eines Arztes. Brigitte Schwaiger studierte Germanistik, Romanistik und Psychologie in Wien, Madrid und Linz. Danach arbeitete sie als Englischlehrerin, Regieassistentin, Schauspielerin und Sekretärin. Seit 1975 lebt sie als freie Schriftstellerin. Erfolgreich mit dem Roman ›Wie kommt das Salz ins Meer‹ (1977). Weniger bekannt sind ihre Stücke.

Stücke: ›Nestwärme, Fünf Szenen‹ (1976); ›Büroklammern. Kleines Kammerspiel. Steirerkostüm‹ (1977); ›Liebesversuche‹ (1979).

Schwarz, Elisabeth, geb. 7. 11. 1938 in Stuttgart. Schauspielerin. Verließ das Gymnasium für eine Ausbildung an der Otto-Falckenberg-Schule München (1955–1957). Nach verschiedenen Provinzengagements kam sie 1964/65 ans Staatstheater Stuttgart, wo sie bis 1972 zum Ensemble gehörte. Rollen in Inszenierungen von Peter Palitzsch u. a.: Doreen in Ardens ›Leben und leben lassen‹ (1966); Toinette in Molières ›Der eingebildete Kranke‹ (1969, Ko-Regie: Valentin Jeker); Kattrin in Brechts ›Mutter Courage und ihre Kinder‹ (1971); Sänger in Weiss' ›Hölderlin‹ (UA 1971). Unter der Regie von Wolfgang Bauer spielte sie die Ala in Mrożeks ›Tango‹ und die Franziska in Lessings ›Minna von Barnhelm‹ (beide 1967). Ferner u. a.: Mascha in Tschechows ›Drei Schwestern‹ (1965, R. Rudolf Noelte); Luise in Sternheims ›Die Hose‹ (1968, R. Hans Hollmann); Esther in Vitracs ›Victor oder Die Kinder an der Macht‹ (1970, R. Hans Neuenfels). Von 1972 an arbeitete sie mit Unterbrechungen am Schauspiel Frankfurt. Dort spielte sie wie-

Schwarz

der in Inszenierungen von Palitzsch: Fontanelle in Bonds ›Lear‹ (1972); Beatrice in Shakespeares ›Viel Lärm um nichts‹ (1974); Frau Tschumalowa in Heiner Müllers ›Zement‹ (1975); Eboli in Schillers ›Don Carlos‹ (1979). Weitere Rollen u.a.: Flüchtlingsfrau in Laubes ›Der Dauerklavierspieler‹ (UA 1974, R. Luc Bondy); Narr in Shakespeares ›Was ihr wollt‹ (1977, R. Peter Löscher); Dirne in Horváths ›Glaube, Liebe, Hoffnung‹ (1977, R. Christof Nel); Prothoe in Kleists ›Penthesilea‹ (1978, R. Frank-Patrick Stekkel); Titelrolle in Gorkis ›Wassa Schelesnowa‹ (1983, R. Adolf Dresen). 1973/74 gastierte sie in Darmstadt als Cäcilie in Goethes ›Stella‹ (R. Bondy). Gastspiele an den Münchner Kammerspielen u.a.: Titania/Hippolyta in Shakespeares ›Ein Sommernachtstraum‹ (1978, R. Dieter Dorn); Anna Petrowna in Tschechows ›Platonow‹ (1980/81, R. Thomas Langhoff):»Elisabeth Schwarz, junge Generalswitwe, wirkte anfangs noch wie eine damenhaft überlegene, deutsche Aristokratin. Aber dann wurde die mit glänzend-sinnlicher Präsenz, Komik und einer verwirrend vielfältigen Ausdrucksskala begabte Künstlerin zum Mittelpunkt dieses Kosmos (...). Es war eine heitere und aufregende Erfahrung mitzuerleben, wie Elisabeth Schwarz es schaffte, daß sie zugleich heftig fixiert schien von Platonow und dabei doch immer Herrin ihrer selbst blieb. Eine Dame, die weiß, bis wohin sie zu weit gehen kann (und das auch vital tut).« (Joachim Kaiser, ›SZ‹, 17. 3. 1981) Weitere Gastspiele: Titelrolle in Söderbergs ›Gertrud‹ (1980, Deutsches Schauspielhaus Hamburg, R. Palitzsch); Maria in Musils ›Die Schwärmer‹ (1982, Schloßparktheater; 1988, Freie Volksbühne Berlin, R. jeweils Neuenfels); Natalja Petrowna in Turgenjews ›Ein Monat auf dem Lande‹ (1984, Freie Volksbühne Berlin, R. Fred Berndt); Jokaste/Hirte/Magd in Sophokles' ›Ödipus‹ (1984/85, R. Jürgen Gosch). Seit 1985 gehört sie zum Ensemble von Jürgen Flimm am Hamburger Thalia Theater; dort u.a.: Herzeloide in Dorst/Wilsons ›Parzival‹ (UA 1987, R. Robert Wilson); Gräfin Werdenfels in Wedekinds ›Marquis von Keith‹ (1986, R. Langhoff); Alice in Strindbergs ›Totentanz‹ (1986, R. Gosch). Große Erfolge feierte sie an der Seite von Christian Grashof als Mathilde in Koltès' ›Rückkehr in die Wüste‹ (UA 1988, R. Alexander Lang) und als Anna Petrowna in Tschechows ›Platonow‹ (1989, R. Flimm); Peter von Becker schrieb: »Und wieder, wie zu Anfang des ›Platonow‹, sieht man Elisabeth Schwarz, Thalias Erste Schauspielerin, und Christian Grashof als Partner, Paar und hier nun endlich Lieblingsfeinde. Jeder dabei brillant und durch die Unterschiedlichkeit der Mittel auch: einander spinnefremd. Elisabeth Schwarz, Dame und Tigerin, kühl, herb elegant – und immer auf dem Sprung über einen Abgrund (in einen Abgrund?) verdrängter Leidenschaften.« (›Theater heute‹, Jahrbuch 1989) Weitere Rollen u.a.: Edna in Strauß' ›Besucher‹ (1989, R. Wilfried Minks); Frau Rice in Osbornes ›Der Entertainer‹ (1991, mit Helmut Lohner, R. Flimm); Laura in Strindbergs ›Der Vater‹ (1993, R. Guy Joosten). Erfolg bei den Salzburger Festspielen als Ajaxerle in Flimms Raimund-Inszenierung ›Der Bauer als Millionär‹ (1987).

Literatur: R. Mennicken: Peter Palitzsch. Regie im Theater. Frankfurt a.M. 1993.

Schwarz, Jewgeni Lwowitsch, geb. 21. 10. 1896 in Kasan, gest. 15. 1. 1958 in Leningrad. Russischer Schriftsteller. Schwarz studierte von 1913 an Jura in Moskau, war danach Redakteur und Lektor und von 1930 an freier Schriftsteller. Er schrieb Kinder- und Jugendstücke und Dramen, in denen er Märchenmotive benutzte, um gegen Terrorherrschaft und Bürokratie zu protestieren und humanistische Wertvorstellungen zu vermitteln.

Stücke: ›Der Schatz‹ (1934); ›Der nackte König‹ (1934); ›Der Schatten‹ (1940); ›Der Drache‹ (1944); ›Geschichte einer jungen Ehe‹ (1955); ›Das gewöhnliche Wunder‹ (1956).

Literatur: E. Wiegand: J. Schwarz. Märchenkomödien für Erwachsene. Diss. Leipzig 1972; L. Debüser (Hrsg.): J. Schwarz, Mensch und Schatten. o.O. 1972.

Schwarz

Schwarz, Libgart, geb. 25. 1. 1941 in St. Veith, Kärnten. Schauspielerin. Mit 18 ging sie für ein Jahr ans Mozarteum nach Salzburg, danach besuchte sie drei Jahre lang das Max-Reinhardt-Seminar in Wien. Erstes Engagement in Graz bei Fritz Zecha. Wichtige Rollen: Shen-Te in Brechts ›Der gute Mensch von Sezuan‹; Ophelia in Shakespeares ›Hamlet‹; Gretchen in Goethes ›Urfaust‹; Charlotte Corday in Weiss' ›Marat/Sade‹ (1965). Karl Heinz Stroux holte sie 1965 an das Düsseldorfer Schauspielhaus, wo sie als Desdemona in Shakespeares ›Othello‹ debütierte (1966, R. Stroux). Weitere Rollen u. a.: Lavinia in Shakespeares ›Timon von Athen‹; Irina in Tschechows ›Drei Schwestern‹ (1968, R. Erwin Axer). Es folgten Verpflichtungen an verschiedenen Theatern, u. a. an der Freien Volksbühne Berlin: Anja in Tschechows ›Der Kirschgarten‹ (1969, R. Claus Peymann); Monika in Wolfgang Bauers ›Magic Afternoon‹ (1969, R. Wolfgang Bauer); 1973 am Frankfurter Theater am Turm (TAT): Titelrolle in Brechts ›Turandot‹ (R. Dieter Bitterli) und Narr in Büchners ›Woyzeck‹ (R. Michael Gruner); 1975 am Staatstheater Stuttgart: Marianne in Horváths ›Geschichten aus dem Wiener Wald‹ (R. Horst Zankl); Schauspielerin in Bernhards ›Der Präsident‹ (R. Peymann). Ihre größten Erfolge feierte sie an der Berliner Schaubühne, so z. B. als Susanne in Peter Steins Strauß-Inszenierung ›Trilogie des Wiedersehens‹ (1978). Peter von Becker nannte ihre Darstellung den »seit langem radikalsten Versuch (. . .), für die Worte eines Theatertextes in Tönen und Gebärden wieder eine Meta-Sprache zu finden. Oder: Aus dem Körper Parabeln, auch Allegorien, der Gedanken zu entwickeln.« (›Theater heute‹, Jahrbuch 1978) Weitere Rollen in Stein-Inszenierungen: Audrey in Shakespeares ›Wie es euch gefällt‹ (1977); Helen in Strauß' ›Der Park‹ (1984); Olga in Tschechows ›Drei Schwestern‹ (1984); Önome in Racines ›Phädra‹ (1987). 1976 spielte sie, ebenfalls an der Schaubühne, ihren selbstverfaßten Text ›Limes‹ (in eigener Regie). Rollen in Inszenierungen von Klaus Michael Grüber: Delia in Hölderlin/Grübers ›Empedokles – Hölderlin

lesen‹ (1976, Schaubühne); Erste Schauspielerin in Pirandellos ›Sechs Personen suchen einen Autor‹ (1981, Freie Volksbühne Berlin); Goneril in Shakespeares ›König Lear‹ (1985, Schaubühne); Chormitglied in Aischylos/Handkes ›Prometheus, gefesselt‹ (1986, mit Bruno Ganz, Salzburger Festspiele). In Salzburg sah man sie außerdem als Nova in Handkes ›Über die Dörfer‹ (UA 1982, R. Wim Wenders). In Bochum spielte sie an der Seite von Fritz Schediwy die Merteuil in Heiner Müllers ›Quartett‹ (UA 1982, R. B. K. Tragelehn). Rollen in den Schaubühnen-Inszenierungen von Luc Bondy: Berta in Lasker-Schülers ›Die Wupper‹ (1976); Leontine in Marivaux' ›Triumph der Liebe‹ (1985, mit Thomas Holtzmann); Paulina in Shakespeares ›Wintermärchen‹ (1990). Einen triumphalen Erfolg feierte sie als Marie Steuber in Bondys Strauß-Inszenierung ›Die Zeit und das Zimmer‹ (UA 1989, Schaubühne). Michael Merschmeier schrieb: »Wie damals als wirrweise Susanne, so irrlichtert auch diesmal Libgart Schwarz, einem solitären Kometen gleich, durch die Aufführung (. . .). Ihre virtuose Somnambulezza kontrastiert Libgart Schwarz mit kessem Jungmädchenliebreiz, die damenhafte Distinguiertheit einer vom Schneiderkostüm gestählten schneidigen Managerin folgt der spitzigen Insistenz einer bebrillten Sozialarbeiterin. Libgart Schwarz zieht Register, die man bislang nur ahnte bei ihr, entschlüpft dem schützenden Manierismus ihrer Mittel und landet mitten in der Wirklichkeit, mit beiden Beinen auf der Erde. Die Maestra in Metamorphosis ist ein Mitmensch von nebenan.« (›Theater heute‹, Jahrbuch 1989) Außerdem an der Schaubühne u. a.: Magd in Sophokles' ›Antigone‹ (1991, R. Jean-Marie Straub/Danièle Huillet); Gabriele Wegrat in Schnitzlers ›Der einsame Weg‹ (1991, R. Andrea Breth); Frau in Duras' ›Die Krankheit Tod‹ (1991/92, mit Peter Fitz, R. Robert Wilson); Silvia in Lievis ›Sommergeschwister‹ (UA 1992, R. Cesare Lievi); Alice in Susan Sontags ›Alice im Bett‹ (1993/94, R. Wilson). C. Bernd Sucher schrieb über die Schauspielerin: »Sie hat für sich einen Ton, einen Sprech-Stil gefunden, der sie von allen anderen

655 Schwarzkopf

Schauspielerinnen unterscheidet. (. . .) Libgart Schwarz (. . .) entwickelt mit ihrer Sprache und ihren Gebärden einen neuen Ausdruck, der un-realistisch, mythisch fern, nichts Äußerliches mehr hat, gerade weil sie das Innere ihrer Figuren extrem äußert.« (›Theaterzauberer‹, S. 257 f.) **Literatur:** P. v. Becker: »Den eigenen Schein im G'nack oder auch Das Theater von morgen«. Über Libgart Schwarz. In: Theater heute, Jahrbuch 1978, S. 20–22; Schaubühne am Halleschen Ufer am Lehniner Platz 1962–1987. Frankfurt a. M. 1987; C. B. Sucher: Theaterzauberer. Schauspieler. 40 Porträts. München, Zürich 1988.

Schwarzkopf, Klaus, geb. 18. 12. 1922 in Neuruppin, Mark Brandenburg, gest. 22. 6. 1991 in Bochum. Schauspieler. Aufgrund einer Wirbelsäulenerkrankung war er als Kind jahrelang bettlägerig. 1939–1941 Handelsschule Neuruppin; 1941–1943 Beamtenanwärter in Neuruppin und Potsdam. Als er bei seinem ersten Theaterbesuch in Berlin Marianne Hoppe in ›Turandot‹ sah, beschloß er, Schauspieler zu werden. 1943/44 Ausbildung an der Schauspielschule des Deutschen Theaters Berlin; danach Soldat. 1946/47 Ausbildung bei Ernst Schröder am Berliner Hebbeltheater; 1947–1953 erstes Engagement am Berliner Schloßparktheater: Hauptrolle in O'Neills ›O Wildnis‹ (R. Boleslaw Barlog); Dauphin in Shaws ›Heilige Johanna‹ (R. Willi Schmidt). Es folgten Engagements in Wiesbaden (1953–1957) und am Landestheater Hannover (1957–1960). Von 1960 bis 1967 gehörte er zum Ensemble des Bayerischen Staatsschauspiels (Residenztheater) in München; Rollen u. a.: Wurm in Schillers ›Kabale und Liebe‹; Titelrolle in Sternheims ›Bürger Schippel‹; König Ludwig in Anouilhs ›Becket oder die Ehre Gottes‹; Arzt in Büchners ›Woyzeck‹ (R. Hans Lietzau). 1967–1987 freischaffend; umfangreiche Fernsehtätigkeit. Populär wurde er vor allem als Kommissar Finke in der Krimireihe ›Tatort‹ (1972–1978) und als Synchronsprecher für Peter Falk in der amerikanischen Serie ›Columbo‹. Am Deutschen Schauspielhaus Hamburg feierte er einen großen Erfolg als homosexuel-

ler Friseur in Dyers ›Unter der Treppe‹ (1976, mit Will Quadflieg, R. Harry Meyen). Am Hamburger Thalia Theater u. a.: Sganarelle in Molières ›Don Juan‹ (1977, R. Peter Striebeck); in Coburns ›Gin Rommé‹ (1978, mit Edda Seippel); Willy Loman in Millers ›Der Tod des Handlungsreisenden‹ (1980, R. Tom Toelle). An den Staatlichen Schauspielbühnen Berlin sah man ihn in Mrożeks ›Der Botschafter‹ (DE 1982, mit Boy Gobert, R. Toelle) und in der Titelrolle von Zuckmayers ›Der Hauptmann von Köpenick‹ (1983, R. Gobert). 1987 wurde er Ensemblemitglied der Münchner Kammerspiele; dort u. a.: Schwarzen in Achternbuschs ›Linz‹ (UA 1987, R. Herbert Achternbusch); Pandarus in Shakespeares ›Troilus und Cressida‹ (1987, R. Dieter Dorn, Übernahme der Rolle von Peter Lühr); Hermann Wubler in Bölls ›Frauen vor Flußlandschaft‹ (UA 1988, R. Volker Schlöndorff): »Zarter, kleiner und bedeutungsloser war kein Spitzenpolitiker als der Spitzenpolitiker Hermann Wubler (. . .). In seiner Hilflosigkeit zwischen Intrigen, Niedertracht und verheerend Gutgemeintem war aber auch kein Spitzenpolitiker so groß wie Schwarzkopfs Wubler.« (Gerhard Stadelmaier, ›FAZ‹, 25. 6. 1991); Hilfsschreiber Foldal in Ibsens ›John Gabriel Borkman‹ (1989, R. Lietzau). Uwe Schmitt schrieb in einem Porträt: »Alles an diesem Mann vermeidet Aufsehen – auf den ersten Blick, und bis er zu sprechen beginnt. Klaus Schwarzkopfs Stimme ist die eines Riesen: wohltönend, klar und durchtrainiert. Sie ist ein eigener Körper in dem kleinen, rundlich schmächtigen Mann, auf den die meisten herabsehen können, wenn sie ihm gegenüberstehen. Aber nur dann. (. . .) Es ist Schwarzkopfs große bescheidene Kunst, nichts von sich herzumachen und alle zu bewegen. (. . .) Kaum einer spielt einfache Leute, Leute überhaupt, so glaubwürdig wie er, der sich niemals scheut, die Seele des Kleinmütigen, Ängstlichen, Mittelmäßigen zu durchwandern, einmal seine Abgründe aufzusprengen, meist jedoch Schicht um Schicht eines Innenlebens freizulegen.« (›FAZ‹, 27. 9. 1986) Auszeichnungen: Bayerischer Staatsschauspieler (1963); Bundesfilmpreis in Gold (1973).

Schweikart

Schweikart, Hans, geb. 1. 10. 1895 in Berlin, gest. 1. 12. 1975 in München. Schauspieler, Regisseur und Intendant. Die Eltern waren taubstumm. Ausbildung an der Marie-Seebach-Schule des Königlichen Schauspielhauses Berlin; debütierte 1915 in Wiesbaden. Es folgten Engagements in Görlitz, Magdeburg und Köln. Von 1918 bis 1923 gehörte er zum Ensemble von Max Reinhardt am Deutschen Theater Berlin; spielte u. a. Montezuma in Hauptmanns ›Der weiße Heiland‹. 1923 übersiedelte er nach München, wo er bis zu seinem Tod lebte. 1923–1929 Schauspieler und Regisseur an den Münchner Kammerspielen unter der Leitung von Otto Falckenberg. Rollen u. a.: Dr. Rank in Ibsens ›Nora‹; Alwa in Wedekinds ›Lulu‹; Baldock in Marlowe/Brechts ›Leben Eduards II. von England‹ (UA 1924); Titelrolle in Goethes ›Torquato Tasso‹ (1925); Camille in Büchners ›Dantons Tod‹ (1926). Inszenierungen u. a.: Büchners ›Woyzeck‹ (1925); Wedekinds ›Frühlings Erwachen‹ (1928); Brecht/Weills ›Die Dreigroschenoper‹ (1928); außerdem mehrere Stücke von Kaiser. Von 1929 bis 1934 arbeitete er als freier Schauspieler und Regisseur in München, Wien und Berlin. Von 1934 bis 1938 war er Oberspielleiter am Bayerischen Staatsschauspiel München, wo er einen vollendeten Shakespeare-Zyklus inszenierte. 1938–1942 Produktionschef und Regisseur der Bavaria-Filmgesellschaft; danach arbeitete er als freier Theater- und Filmregisseur. Schrieb neben Drehbüchern und Romanen auch vielgespielte Unterhaltungsstücke wie ›Lauter Lügen‹ (1937) oder ›Ich brauche Dich‹ (1942; 1944 als Film). Filme u. a.: ›Befreite Hände‹ (1939, mit Brigitte Horney); ›Fasching‹ (1939); ›Das Mädchen von Fanö‹ (1940, mit Horney und Gustav Knuth); ›Das Fräulein von Barnhelm‹ (1940, nach Lessing, mit Käthe Gold); ›In flagranti‹ (1944); ›Die Nacht der Zwölf‹ (1945); ›Geliebter Lügner‹ (1949); ›Ein Haus voll Liebe‹ (1954); ›An der schönen blauen Donau‹ (1954). Von 1947 bis 1963 war er Intendant der Münchner Kammerspiele (als Nachfolger von Erich Engel). Er knüpfte erfolgreich an die Tradition Falckenbergs an, bildete ein exzellentes Ensemble und erhielt den Kammerspielen ihren Rang als eine der führenden deutschsprachigen Bühnen. Zu seinen Schauspielern zählten Maria Nicklisch, Maria Wimmer, Friedrich Domin, Erich Ponto und Therese Giehse; Zusammenarbeit mit bedeutenden Regisseuren wie Bertolt Brecht (›Mutter Courage und ihre Kinder‹, 1950) und Fritz Kortner (12 Inszenierungen, 1949–1962). Schweikart selbst inszenierte vorwiegend realistische Stücke der Gegenwartsdramatik. Von Dürrenmatt brachte er insgesamt acht Werke auf die Bühne, darunter: ›Die Ehe des Herrn Mississippi‹ (UA 1952); ›Nächtlicher Besuch‹ (UA 1952); ›Ein Engel kommt nach Babylon‹ (UA 1953); ›Der Besuch der alten Dame‹ (1956); ›Der Meteor‹ (1966). Weitere Inszenierungen u. a.: Giraudoux' ›Die Irre von Chaillot‹ (1948); Camus' ›Der Belagerungszustand‹ (1950); Millers ›Der Tod des Handlungsreisenden‹ (1950) und ›Hexenjagd‹ (1955); Büchners ›Dantons Tod‹ (1951) und ›Woyzeck‹ (1952); Orffs ›Astutuli‹ (UA 1953); Wouks ›Meuterei auf der Caine‹ (1954); Hacks' ›Eröffnung des indischen Zeitalters‹ (UA 1955); Wilders ›Alkestiade‹ (1957); Roses ›Die zwölf Geschworenen‹ (UA 1958); Levitts ›Andersonville-Prozeß‹ (1960); Albees ›Wer hat Angst vor Virginia Woolf?‹ (1963); außerdem mehrere Stücke von Brecht. Er förderte August Everding, der 1963 sein Nachfolger wurde. Danach arbeitete Schweikart bis zu seinem Tod als freier Regisseur, u. a. am Berliner Schloßparktheater: Pinters ›Die Heimkehr‹ (1965); Molières ›Der Menschenfeind‹ (1966); Brechts ›Der gute Mensch von Sezuan‹ (1967); Ziems ›Die Einladung‹ (UA 1967); Frischs ›Biografie. Ein Spiel‹ (1968); Hamptons ›Der Menschenfreund‹ (DE 1971); ferner u. a.: Hochhuths ›Soldaten‹ (UA 1967, Freie Volksbühne Berlin); Molière/Brechts ›Don Juan‹ (1969, Darmstadt); am Schauspielhaus Hamburg: Pinters ›Schweigen‹/›Landschaft‹ (1970); Becketts ›Glückliche Tage‹ (1972, mit Marianne Hoppe); Shaffers ›Equus‹ (DE 1974); am Thalia Theater Hamburg: Pinters ›Alte Zeiten‹ (DE 1972, mit Boy Gobert). Als Gastregisseur kehrte er regelmäßig an die Münchner Kammerspiele

657

Schwientek

zurück; dort u. a.: Albees ›Alles im Garten‹ (DE 1969); Horváths ›Der jüngste Tag‹ (1970); Henkels ›Eisenwichser‹ (1971); Lessings ›Nathan der Weise‹ (1973, mit Peter Lühr); Grumbergs ›Dreyfus …‹ (DE 1974). Zuletzt inszenierte er am Münchner Residenztheater: Schillers ›Don Carlos‹ (1974); Turgenjews ›Das Gnadenbrot‹ (1975); Brechts ›Herr Puntila und sein Knecht Matti‹ (1975). Drei Einladungen zum Berliner Theatertreffen: 1964, Hugh Leonards ›Stephen Daedalus‹ (Deutsches Schauspielhaus Hamburg); 1966, Pinters ›Die Heimkehr‹ (Staatliche Schauspielbühnen Berlin); 1967, Molières ›Der Menschenfeind‹ (ebenda). Joachim Kaiser schrieb in seinem Nachruf: »Schweikart hat das deutsche Nachkriegstheater mitgeprägt, weil er eine Idee zu beschwören suchte: die Idee des einsichtigen, des sich selbst zart erhellenden, des unverlogenen und unprätentiösen Theaters. Er war der Antipode aller falschen Zauberer, gerade weil seine Bühnenwirklichkeit manchmal mit wahrem, wahrhaftigem Zauber überwältigte, ohne zu überrennen. In der Geschichte deutschen Schauspiels bedeutete Schweikart aber noch etwas anderes, Wichtigeres. Vielleicht war er der letzte, in dessen Leben und Kunst die *Fähigkeit,* brillant zu unterhalten, und die *Forderung,* sich den Anspruch der Kunstwahrheit durch nichts abkaufen zu lassen (durch kein nen Effekthunger, durch kein kommerzielles Kleinbeigeben) noch verbunden schienen.« (›SZ‹, 2. 12. 1975)

Literatur: Zum 65. Geburtstag eines Theatermannes. Ein Sonderheft der Kammerspiele. München 1960; W. Petzet: Theater. Die Münchener Kammerspiele. 1911–1972. München 1973.

Schwientek, Norbert, geb. 1942 in Opole (Polen). Schauspieler. Lehre als Bankkaufmann; 1964–1967 Ausbildung an der Staatlichen Hochschule für Musik und darstellende Kunst in Stuttgart. Erstes Engagement am Theater St. Gallen (1967/68); danach bis 1970 am Zimmertheater Tübingen, wo er mit dem Regisseur Salvatore Poddiné zusammenarbeitete. 1971–1975 Mitarbeit am Theater am Neumarkt Zürich (Mitbestimmungsmodell). Als prägend für diese Zeit bezeichnet er die Zusammenarbeit mit dem Regisseur Horst Zankl und den Dramaturgen Claus Bremer, Herbert Gamper und Klaus Völker. Wichtigste Rollen: George in Handkes ›Ritt über den Bodensee‹ (1971) und Quitt in ›Die Unvernünftigen sterben aus‹ (UA 1974); Arnholm in Ibsens ›Die Frau vom Meer‹ (1974, R. jeweils Zankl). 1975–1978 Engagement in Basel; dort Fortsetzung der Zusammenarbeit mit Zankl. Rollen u. a.: Meister Anton in Hebbels ›Maria Magdalena‹ (R. Valentin Jeker); Titelrolle in Molières ›Don Juan‹ (R. Bernard Sobel); Dorfrichter Adam in Kleists ›Der zerbrochne Krug‹ (R. Nicolas Brieger). Von 1978 bis 1981 arbeitete er am Bremer Theater, wo er in Inszenierungen von Ernst Wendt spielte: Kreon in Sophokles' ›Antigone‹ (1979); Orgon in Molières ›Tartuffe‹ (1981); weitere Arbeiten mit Wendt: Lopachin in Tschechows ›Der Kirschgarten‹ (1983, Münchner Kammerspiele); Theseus in Racines ›Phädra‹ (1985, Schiller-Theater Berlin); Louis in Claudels ›Das harte Brot‹ (1986, Schauspielhaus Zürich). Verpflichtungen hatte er auch am Hamburger Schauspielhaus. Wichtigste Rollen am Schauspielhaus Zürich, dem er seit Mitte der achtziger Jahre angehörte: Nero in Racines ›Britannicus‹ (R. Thomas Reichert); Damunt in Hürlimanns ›Stichtag‹ (R. Matthias Langhoff); Sosias in Kleists ›Amphitryon‹ (R. Inge Flimm); Narr in Shakespeares ›König Lear‹ (R. Bernard Sobel); Müller in Horváths ›Zur schönen Aussicht‹ (R. Werner Düggelin); 1988 inszenierte er Strindbergs ›Fräulein Julie‹. Seit 1989 gehört er wieder zum Ensemble des Basler Theaters; dort seither u. a.: Wladimir in Becketts ›Warten auf Godot‹ (1990) und Titelrolle in Ibsens ›Baumeister Solness‹ (1992/93, R. jeweils Düggelin).

Sein Bruder **Siggi Schwientek** (geb. 1952) ist ebenfalls Schauspieler. Er begann als Bühnentechniker am Zürcher Theater am Neumarkt und am Tübinger Zimmertheater. Sein erstes Engagement als Schauspieler erhielt er bei Manfred Beilharz in Freiburg. In Schillers ›Die Räuber‹ standen die Brüder 1977 erstmals gemeinsam auf der Bühne (Festspiele Schwäbisch Hall). Später sah man die beiden in Lasker-Schülers

Schwiers

›Die Wupper‹ (1988, Zürich, R. Gerd Heinz). Ende der achtziger Jahre wurde er an das Basler Theater engagiert. Rollen u. a.: Direktor in Schneiders ›Theaterfalle‹; Lorenzo in Shakespeares ›Romeo und Julia‹ und Puck im ›Sommernachtstraum‹. Gemeinsame Auftritte hatten die Schwientek-Brüder in Basel u. a. in Jandls ›Die Humanisten‹ (1989, R. Hansjörg Betschart) und in O'Caseys ›Purpurstaub‹ (1989); Christine Richard schrieb: »Ihre Kraft und Komik kommt aus der Distanz beim gemeinsamen Spiel. (...) Norbert, scheinbar realitätsmächtiger, steht in der Mitte und auf dem sicheren Boden der Tatsachen – und rumst dann in ›Purpurstaub‹ mit einer dicken Dampfwalze um die Kurve, daß die Wände krachend einstürzen. Siggi Schwientek spielt immer nebenbei und ein bißchen daneben – und steht doch plötzlich in einem geheimen Zentrum, das er sich selber geschaffen hat. Mächtiges stürzt, und Kleines wird ganz groß: Das ist die Dialektik im Spiel der Brüder Schwientek. Wo der große Bruder auch mal grob auf der Bühne poltern kann, da bleibt des spillerigen Siggi Schwienteks Spezialität die Feinmechanik – bis zur Überdrehung und Übertourtheit.« (›Theater heute‹, Heft 5, 1990) Seit 1993/94 gehört Siggi Schwientek zum Team von Frank Baumbauer am Deutschen Schauspielhaus Hamburg. Er spielte dort u. a. den Mephisto in Goethe/Marthalers ›Faust Wurzel aus 1 + 2‹ (1993, mit Sepp Bierbichler, R. Christoph Marthaler).
Literatur: C. Richard: »Wunderlich und wesentlich«. Ein Schauspieler-Doppelporträt. In: Theater heute, Heft 5, 1990, S. 40–42.

Schwiers, Ellen, geb. 11. 6. 1930 in Stettin. Schauspielerin, Regisseurin und Theaterleiterin. Tochter des Schauspielers Lutz Schwiers. War bereits als Kind mit einer Wanderbühne unterwegs (im norddeutschen Raum). Nach der Mittleren Reife war sie Souffleuse und Schauspielschülerin am Marburger Schauspielerring, dem neugegründeten Theater ihres Vaters. Es folgten Engagements in Koblenz, München und Frankfurt; 1953–1955 bei Heinz Hilpert am Deutschen Theater Göttingen. In den fünfziger und sechziger Jahren arbeitete sie vorwiegend als Filmschauspielerin, u. a. in: ›Anastasia, die letzte Zarentochter‹ (1956); ›Helden‹ (1958, nach Shaw); ›Aus dem Tagebuch eines Frauenarztes‹ (1959); ›Das Erbe von Björndal‹ (1960); ›Der Gauner und der liebe Gott‹ (1960, mit Gert Fröbe); ›Fedora‹ (1978, mit Hildegard Knef, R. Billy Wilder). Gastspiele am Schauspielhaus Zürich u. a.: Jennifer in Shaws ›Der Arzt am Scheideweg‹ (1958); Auguste in Dürrenmatts ›Der Meteor‹ (UA 1966) und Antoinette in Frischs ›Biografie: Ein Spiel‹ (UA 1968, R. jeweils Leopold Lindtberg). Bei den Salzburger Festspielen sah man sie als Buhlschaft im ›Jedermann‹ (1961/62). Ferner u. a.: Lady Macbeth in Shakespeares ›Macbeth‹ (1972, Tournee); Titelrollen in Anouilhs ›Medea‹ (1973, Tournee) und in Hochhuths ›Lysistrate und die Nato‹ (UA 1974, Essen). Mehrere Gastspiele bei den Burgfestspielen Jagsthausen, wo sie mit Shakespeares ›Was ihr wollt‹ ihr Regiedebüt gab (1972, in eigener Übersetzung und Bearbeitung). 1982 gründete sie zusammen mit ihrem Mann, dem Filmproduzenten und -regisseur Peter Jacob, das Tournee-Theater Das Ensemble. Von 1984 bis 1990 war sie künstlerische Leiterin der Burgfestspiele Jagsthausen; inszenierte dort mehrmals Goethes ›Götz von Berlichingen‹. Auf der Bühne wie in Film und Fernsehen glänzte sie vor allem in der Rolle des »verruchten Weibs«. Ihre Tochter, Katerina Jacob, ist ebenfalls Schauspielerin.

Schwitters, Kurt (Pseud. Kurt Merz Schwitters), geb. 20. 6. 1887 in Hannover, gest. 8. 1. 1948 in Ambleside, Westmoreland. Maler, Bildhauer, Dichter. Studierte von 1909 bis 1914 an der Kunstakademie in Dresden; danach wieder in Hannover; seit 1929 oft in Norwegen; 1937 Emigration dorthin; 1940 nach England. Gründer und Herausgeber der Zeitschrift ›Merz‹. Schwitters gehörte 1918 zum Sturm-Kreis, danach Begegnungen mit den wesentlichen Dada-Künstlern und den Konstruktivisten. Schwitters nannte seine Kunst ›Merzkunst‹. Seine Lyrik stand zu Beginn in der Nähe der dadaistischen Gedichtform, später Übergang zu konkreter Dichtung und

659

Scofield

vor allem zu den Lautgedichten, z. B. ›Ursonate‹ (1932). Er schrieb dramatische Szenen und Manifeste.

Stücke: ›Zusammenstoß. Groteske Oper‹ (1927); ›Die Familiengruft‹ (1946). **Literatur:** B. Scheffer: Anfänge experimenteller Literatur. o. O. 1978.

Schygulla, Hanna, geb. 25. 12. 1943 in Kattowitz, Oberschlesien. Schauspielerin. Aufgewachsen in München, wo sie von 1964 bis 1969 Germanistik und Romanistik studierte. Nebenbei besuchte sie das Schauspielstudio Fridl Leonhard, wo sie Rainer Werner Fassbinder kennenlernte. Fassbinder holte sie an das Münchner Action Theater, wo sie für eine ausgefallene Schauspielerin die Titelrolle in Anouilhs ›Antigone‹ übernahm. Danach Mitarbeit in Fassbinders antiteater; spielte dort u. a. die Polly in Gay/Fassbinders ›Bettleroper‹ (1968/69). 1969 hatte sie ihre erste Filmrolle in Fassbinders ›Liebe ist kälter als der Tod‹. In vielen weiteren Fassbinder-Filmen spielte sie die weibliche Hauptrolle und wurde als eine Art »Vorstadt-Marylin« gefeiert; Durchbruch als ›Effi Briest‹ in Fassbinders Fontane-Verfilmung (1974). Am Schauspielhaus Bochum spielte sie unter Fassbinders Regie die Julie in Molnárs ›Liliom‹ (1972) und die Monroe in Heinrich Manns ›Bibi‹ (1973). 1975 wandte sie sich von Fassbinders Gruppe ab und zog sich ins Privatleben zurück. 1977 nahm sie die Arbeit mit Fassbinder wieder auf; feierte ihren ersten großen internationalen Filmerfolg in der Titelrolle von Fassbinders Nachkriegsmelodram ›Die Ehe der Maria Braun‹ (1978). Zu ihren wichtigsten Filmen mit Fassbinder zählen außerdem: ›Katzelmacher‹ (1969); ›Warnung vor einer heiligen Nutte‹ (1970); ›Die bitteren Tränen der Petra von Kant‹ und ›Der Händler der vier Jahreszeiten‹ (beide 1971); ›Die dritte Generation‹ (1979); ›Lili Marleen‹ (1980; Fernsehfilme u. a.: ›Das Kaffeehaus‹ (1970, nach Goldoni); ›Pioniere in Ingolstadt‹ (1971, nach Fleißer); ›Berlin Alexanderplatz‹ (1980, 14 Teile, nach Döblin). 1972–1981 mehrere Theatergastspiele und Tourneen, u. a.: Titelrollen in Lessings ›Emilia Galotti‹ (1972, Schauspielhaus Hamburg) und in Hauptmanns ›Rose Bernd‹ (Tournee 1973); Elsa Tabori in Taboris ›My Mother's Courage‹ (UA 1979, Münchner Kammerspiele, R. der Autor); in ›Der Idiot‹ (Tournee 1980/81, nach Dostojewski). Nach Fassbinders Tod feierte sie als Filmschauspielerin vor allem im Ausland Erfolge. 1988 sah man sie in der weiblichen Hauptrolle des Stücks ›Zum zweiten Mal‹ ihres Lebensgefährten Jean-Claude Carrière (Theater Der Kreis Wien, R. Tabori). Seither kaum mehr Theatergastspiele. Filme u. a.: ›Die Fälschung‹ (1981, R. Volker Schlöndorff); ›Passion‹ (1982, mit Michel Piccoli, R. Jean-Luc Godard); ›Die Geschichte der Piera‹ (1983, mit Isabella Huppert, R. Marco Ferreri); ›Eine Liebe in Deutschland‹ (1983, nach Hochhuth, R. Andrzej Wajda); ›Heller Wahn‹ (1983, R. Margarethe von Trotta); ›Abrahams Gold‹ (1990, R. Jörg Graser); zahlreiche Filmpreise.

Literatur: H. Schygulla: Bilder aus Filmen von Rainer Werner Fassbinder. München 1981; L. Birnbaum: Vier Frauen. Porträts. Heidelberg 1993.

Scofield, Paul, geb. 21. 1. 1922 in Hurstpierpoint, Sussex. Schauspieler und Theaterleiter. Er begann seine Karriere 1944 bei Sir Barry Jackson am Birmingham Repertory Theatre. Von 1946 bis 1948 arbeitete er in Stratford-upon-Avon, am Shakespeare Memorial Theatre, spielte dort alle wichtigen Shakespeare-Rollen, u. a.: Malcolm in ›Macbeth‹; Lucio in ›Maß für Maß‹; Titelrolle in ›Hamlet‹; Clown in ›Das Wintermärchen‹; Troilus in ›Troilus und Cressida‹. 1952 spielte er unter John Gielguds Regie die Titelrolle in Shakespeares ›Richard II.‹ (London); 1955 war er in Peter Brooks Phoenix Theatre engagiert, spielte u. a. Hamlet (1955) und feierte 1963 einen Triumph in der Titelrolle von Shakespeares ›König Lear‹; Peter Brooks Inszenierung ging im folgenden Jahr auf Welttournee. Weitere wichtige Rollen u. a.: Chlestakow in Gogols ›Revisor‹ (1966, Aldwych, London, R. Peter Hall); Charlie in Dyers ›Staircase‹ (›Unter der Treppe‹); Titelrolle in Tschechows ›Onkel Wanja‹ (1970, Royal Court); Wilhelm Voigt in Zuckmayers ›Der Haupt-

Scribe

mann von Köpenick‹ (1971, National Theatre); Prospero in Shakespeares ›Sturm‹ (1974, Leeds Playhouse); Titelrolle in Shakespeares ›Othello‹ (1980, R. Hall). 1954 nahm Scofield seine erste Filmrolle an; 1967 erhielt er den Oscar als bester Hauptdarsteller für seine Darstellung in ›A man for all seasons‹ (›Ein Mann für alle Jahreszeiten‹, R. Fred Zinnemann). Von 1966 bis 1968 war Scofield Direktionsmitglied der Royal Shakespeare Company; von 1970 bis 1972 Co-Direktor am National Theatre. Arbeitete gelegentlich auch als Regisseur.
Literatur: S. Beauman: The Royal Shakespeare Company. A History of Ten Decades. London 1982; H. Lahrmann: Shakespeare-Inszenierungen in England. Die Royal Shakespeare Company (1960–1982). Frankfurt a. M. 1988.

Scribe, Eugène, geb. 24. 12. 1791 in Paris, gest. 20. 2. 1861 ebenda. Französischer Dramatiker und Librettist. Scribe studierte Jura. Nach Aufführung seines ersten Stükkes 1810 nur noch schriftstellerische Tätigkeit. Er schrieb von 1816 bis 1830 ungefähr 150 Stücke zusammen mit verschiedenen Mitarbeitern. Von 1830 an wandte er sich mehr politisch-satirischen Komödien und Lustspielen zu und hatte damit großen Erfolg. Außerdem verfaßte er mehr als 50 Opernlibretti, u. a. für Auber, Boieldieu und Meyerbeer. Außer ›Das Glas Wasser‹ (1840) werden seine Stücke in Deutschland nicht mehr gespielt.
Weitere Stücke: ›Die Kameradschaft‹ (1836); ›Die Verleumdung‹ (1840); ›Eine Kette‹ (1841); ›Der Frauenkampf‹ (1851).
Literatur: J. Rolland: Les comédies politiques de Scribe. Paris 1933.

Seebach, G. H., geb. 1943 in Karlsruhe. Regisseur. Zunächst Theaterkritiker und Feuilleton-Redakteur. 1969 Dramaturg und Regieassistent von Peter Palitzsch am Staatstheater Stuttgart. Erste wichtige Inszenierung: Helmut Eisendles ›A violation study‹ (UA 1972, Steirischer Herbst Graz). 1973–1976 Schauspieldirektor an den Vereinigten Bühnen Graz; 1976–1978 Regisseur am Hamburger Thalia Theater, u. a. Genets ›Die Zofen‹ und García Lorcas

›Doña Rosita bleibt ledig‹. Gastinszenierungen am Deutschen Theater Göttingen: Goethes ›Urfaust‹ (1976); in Saarbrücken: Tschechows ›Kirschgarten‹ (1977); in Kiel und Salzburg. 1979–1982 Regisseur am Staatstheater Hannover. 1983/84 arbeitete er in Darmstadt und Karlsruhe. Seit 1985 in Berlin, an den Staatlichen Schauspielbühnen u. a.: Gerlind Reinshagens ›Himmel und Erde‹ (1985); Sternheims ›Die Marquise von Arcis‹ (1986); Hebbels ›Judith‹ (1987); Strindbergs ›Fräulein Julie‹ (1988); J. M. R. Lenz' ›Der neue Menoza‹ (1988); Marguerite Duras' ›La Musica Zwei‹ (DE 1989).

Seibt, Tatja, geb. 3. 3. 1944 in Breslau. Schauspielerin. 1946 Flucht in den Westen. Sie arbeitete zunächst als Kindergärtnerin und Lehrerin. 1970–1974 Studium an der Hochschule für Musik und Theater in Hannover. Erste Engagements in Pforzheim (1974/75), Bielefeld (1975–1979) und Ulm (1979/80, Zusammenarbeit mit Guido Huonder); von 1980 an freischaffend. Häufig Zusammenarbeit mit Hans Gratzer am Schauspielhaus Wien, u. a.: Lotte in Strauß' ›Groß und klein‹ (1980/81); Narr in Shakespeares ›König Lear‹ (1980/81); Ilse in Pirandellos ›Die Riesen vom Berge‹ (1984/85); Rachel in Craig Lucas' ›Hemmungslos‹ (1993/94). Weitere Verpflichtungen u. a. in Basel: Célimène in Molières ›Der Menschenfeind‹ (1980, R. Volker Hesse); Erfolg als Regine in Musils ›Die Schwärmer‹ (1981, R. Friedrich Beyer; sie wurde dafür in ›Theater heute‹ zur Schauspielerin des Jahres gewählt); Marie in Shakespeares ›Was ihr wollt‹ (1983, R. Volker Hesse). Gastspiele in Zürich, Mannheim und am TAT Frankfurt; bei den Salzburger Festspielen: Apothekerin in Canettis ›Hochzeit‹ (1988, R. Axel Corti). Von 1986 bis 1993 arbeitete sie am Berliner Schiller-Theater; dort u. a.: Myra in Doris Lessings ›Jedem seine eigene Wildnis‹ (R. Fred Berndt); Königin in Shakespeares ›König Richard II.‹; Michaline in Hauptmanns ›Michael Kramer‹ (R. Harald Clemen); Hexe in Goethes ›Faust‹ (R. Alfred Kirchner); Frau Sorby in Ibsens ›Die Wildente‹ (R. Katja Paryla); auch Zusammenarbeit mit Rosemarie Fendel. Seither gastierte sie an verschiedenen Bühnen: Anita von Schastorf in Strauß' ›Schlußchor‹ (1991/92, Akademietheater Wien, R. Hans Hollmann); Ranjewskaja in Tschechows ›Der Kirschgarten‹ (1994, Schauspiel Bonn, R. Valentin Jeker). Sie spielte die Cosima in Peter Patzaks Wagner-Film ›Wahnfried‹. 1986 wurde sie mit der Kainz-Medaille ausgezeichnet (für die Darstellung der Ilse in ›Die Riesen vom Berge‹).

Seidel, Georg, geb. 28. 9. 1945 in Dessau, gest. 3. 6. 1990 in Berlin. Schriftsteller. Seidel absolvierte eine Ausbildung zum Werkzeugmacher, war von 1968 an Bühnenarbeiter in Dessau, ab 1973 Beleuchter bei der DEFA und 1975 am Deutschen Theater in Berlin. Von 1984 bis 1987 arbeitete er in der Dramaturgie. Erste Schreibversuche entstanden um 1980. Ein Jahr später fand die erste Aufführung eines seiner Stücke statt: ›Kondensmilchpanorama‹ in Schwerin. Seine Theaterstücke sind – für die DDR-Theaterliteratur ungewöhnlich – realistische Texte. Nach 1987 bis zu seinem Tod lebte er als freier Schriftsteller in Berlin. »›Jochen Schanotta‹, ›Carmen Kittel‹ und ›Villa Jugend‹, in der Endphase der zerfallenden DDR entstanden, lesen sich wie eine Trilogie des Abschieds (oder der Verabschiedung) der DDR (...). In ›Jochen Schanotta‹ wie in ›Carmen Kittel‹ – Einzelschicksale mit deutlicher Stellvertreterfunktion – wendet sich Seidel der Jugend der achtziger Jahre zu. Ihn muß zutiefst erschreckt haben der Unterschied zwischen der frustrierenden Befindlichkeit einer lost generation, die kein utopisches Potential mehr in sich trägt, und der (...) völlig desillusionierten Haltung seiner Generation in den späten fünfziger, frühen sechziger Jahren.« (Martin Linzer, ›Theater der Zeit‹, 3/1992)
Stücke: ›Jochen Schanotta‹ (1985); ›Carmen Kittel‹ (1987); ›Königskinder‹ (1988); ›Villa Jugend‹ (1990); ›Mehr Licht‹ (UA 1992); ›Zettels Traum‹ (UA 1992).

Seidler, Alma, geb. 18. 6. 1899 in Loeben, gest. 8. 12. 1977. Schauspielerin. Gehörte von 1918 bis zu ihrem Tod zum Ensemble des Burgtheaters in Wien. Wichtige Rollen u. a.: Sonja in André Roussins ›Die Lokomotive‹ (1967) und Edine in Hofmannsthals ›Der Schwierige‹ (1967, Salzburger Festspiele, R. jeweils Rudolf Steinboeck); Narbonne in Schillers ›Der Parasit‹ (1968, Burgtheater, R. Willi Schmidt). Auch in Luca Ronconis Inszenierung von Aristophanes' ›Die Vögel‹ spielte sie mit (1975).
Literatur: V. Reimann: Die Adelsrepublik der Künstler. Schauspieler an der »Burg«. Düsseldorf, Wien 1963; S. Melchinger/R. Clausen: Schauspieler. 36 Porträts. Velber 1965; B. Erbacher: Alma Seidler. Diss. Wien 1969.

Seiltgen, Ernst, geb. 4. 5. 1928 in Moers. Schauspieler, Regisseur, Intendant. Studium der Theaterwissenschaft, Literaturgeschichte und Psychologie in Köln und Bonn (1947–1950). Schauspielunterricht in Bonn. Erstes Engagement an den Städtischen Bühnen Ulm (1950–1954). 1954–1957 Assistent an den Münchner Kammerspielen, danach Lehrer an der Otto-Falckenberg-Schule in München (1957–1960). 1958 erste Inszenierungen an den Münchner Kammerspielen und am Nationaltheater Mannheim. Weitere Stationen: Städtische Bühnen Augsburg (1. Spielleiter, 1960–1962); Wuppertaler Bühnen (Oberspielleiter Schauspiel, 1963–1966); Landestheater Württemberg-Hohenzollern in Tübingen (Intendant, 1967–1970); Theater Oberhausen (Intendant, 1970–1973). Seit 1973 Intendant des Stadttheaters Ingolstadt. Wichtige Inszenierungen u. a. Heinrich Lautensacks ›Hahnenkampf‹ (1974); Axel Plogstedts ›Die frühen Dreißiger ...‹ (UA 1975); Rainer Behrends Revue ›Verbrannte Dichter‹ (1979, Musik: Jürgen Knieper); Paul Claudels ›Der seidene Schuh‹ (1980); Ibsens ›Peer Gynt‹ (1985); Lena Christs ›Hochzeiter‹ (UA 1987); Hans Heinrichs ›König Jakob‹ (1991). Als Gastregisseur arbeitete Seiltgen am Wiener Akademietheater: Wedekinds ›Liebestrank‹ (1977) und am Bayerischen Staatsschauspiel: Geneviève Serreaus ›Herzeleid einer englischen Katze‹ (1982). Seiltgen war 1984 im Gespräch als Intendant des Bayerischen Staatsschauspiels, als Nachfolger von Frank Baumbauer.

Seippel

Seippel, Edda, geb. 19. 12. 1919 in Braunschweig, gest. 12. 5. 1993 in München. Schauspielerin. Debütierte 1937 am Theater Neustrelitz; 1938 Engagement an der Wanderbühne Koblenz. Weitere Bühnenstationen: Deutsches Theater Göttingen (1939/40); Theater Breslau (1940–1942); Deutsches Schauspielhaus Hamburg (1942–1945 und 1952–1955); Hamburger Kammerspiele (1945/46 und 1948/49); Staatstheater Stuttgart (1948/49); Freie Volksbühne Berlin (1950/51); Städtische Bühnen Frankfurt a. M. (1956–1958); seit 1958 freischaffend; zahlreiche Gastspiele u. a. an den Kammerspielen und am Bayerischen Staatsschauspiel in München; umfangreiche Fernseharbeit. Berühmt wurde sie durch ihre Darstellung der Margarethe Kempowski in der Fernsehverfilmung von Walter Kempowskis Familienroman ›Tadellöser & Wolff‹ (1975, mit Karl Lieffen, R. Eberhard Fechner). Unvergessen der Tonfall, in dem sie als Mutter Kempowski ihre berühmt gewordenen Standardsätze ausrief: »Nein, wie isses nun bloß möchlich?«, »Wie isses aber auch zu und zu schön!«, »Man bittet, man fleht!« Wichtige Theaterrollen u. a.: Titelrolle in Shaws ›Die heilige Johanna‹ (R. Heinrich Koch); Klärchen in Goethes ›Egmont‹; Franziska in Lessings ›Minna von Barnhelm‹ (alle Göttingen); am Theater Breslau u. a.: Titelrolle in Kleists ›Das Käthchen von Heilbronn‹ und Eve in ›Der zerbrochne Krug‹; Christofferl in Nestroys ›Einen Jux will er sich machen‹; am Hamburger Schauspielhaus u. a.: Titelrollen in Schillers ›Maria Stuart‹ (R. Hermine Körner) und ›Die Braut von Messina‹; Ranjewskaja in Tschechows ›Der Kirschgarten‹; Gattin des Bürgermeisters in Zuckmayers ›Der Hauptmann von Köpenick‹ (mit Werner Krauß); Nathalia in Kleists ›Prinz Friedrich von Homburg‹; an den Hamburger Kammerspielen u. a.: Titelrolle in E. W. Schäfers ›Claudia‹; Braut in Gogols ›Die Heirat‹; an der Hamburgischen Staatsoper: Titelrolle in Claudel/Honeggers ›Johanna auf dem Scheiterhaufen‹ (1950, R. Günther Rennert); am Schauspiel Frankfurt u. a.: Marquise in Goethes ›Der Groß-Cophta‹; Alkmene in Kleists ›Amphitryon‹. An den Münchner Kammerspielen sah man sie in den Albee-Inszenierungen von August Everding: Edna in ›Empfindliches Gleichgewicht‹ (DE 1967) und Krankenschwester in ›Alles vorbei‹ (DE 1972, mit Grete Mosheim); ferner u. a.: Kapavina in Ostrowskis ›Wölfe und Schafe‹ (1964, R. Rudolf Noelte); Chirurgen-Gattin in Feydeaus ›Die Dame vom Maxim‹ (1970, R. Dieter Giesing); Joachim Kaiser nannte sie den »Star des Abends«: »Denn mit großen tragödinnenhaften Bewegungen, mit klagendem Matronenton litt sie aufs zwingendste darunter, daß man zwar ihren Aberglauben – also die Mentalität, die sie ins Unrecht setzte – ausnutzte, als ob es sich um Wahrheit handele, während sie aber umgekehrt beim völlig vernünftigen Argumentieren und Fragen in der entfesselten Farcenrealität immer wie eine Irre behandelt und zurückgestoßen wurde. Sie bot, unterstützt von ihrem norddeutschen Organ, eine komische Meisterleistung.« (›SZ‹, 8. 1. 1970) Am Hamburger Thalia Theater spielte sie u. a. die Frau in Coburns ›Gin-Rommé‹ (1982, mit Klaus Schwarzkopf, R. Tom Toelle). Rollen am Bayerischen Staatsschauspiel München u. a.: Gurmyzskaja in Ostrowskis ›Der Wald‹ (1963, R. Gerd Brüdern); Frau Linde in Ibsens ›Nora‹ (1967/68); Anne Meister in Bernhards ›Über allen Gipfeln ist Ruh‹ (1983, mit Kurt Meisel); Mutter Vockerat in Hauptmanns ›Einsame Menschen‹ (1989, R. Everding). Filme: ›Die Marquise von O‹ (1975, nach Kleist, mit Edith Clever und Bruno Ganz, R. Eric Rohmer); ›Der Pfingstausflug‹ (1979, mit Martin Held und Elisabeth Bergner, R. Michael Günther); ›Frühlingssinfonie‹ (1983, R. Peter Schamoni). »Es ist vor allem ihre Stimme, der unverwechselbare Tonfall, der einen wesentlichen Teil ihrer Schauspieler-Persönlichkeit ausmacht. Sie spricht gedehnt und kann auf einem Vokal bis zu drei Töne unterbringen. Das kann gelangweilt klingen oder auch larmoyant und naiv pikiert bis extrem verärgert. Die Wirkung ist belustigend, anrührend, auch vernichtend. Wenn sie lacht, sich freut, wird daraus übermütiges Erstaunen und die Stimme tiefer. Sie kann auch ganz hart sein, schneidend metallisch im Ton. Wenn

663

es die Stimmung erfordert, wechselt sie über zwei Oktaven innerhalb eines Satzes.« (Viola Roggenkamp, ›Die Zeit‹, 22. 5. 1987)

Selge, Edgar, geb. 27. 3. 1948. Schauspieler. Studium der Philosophie und Germanistik in München und Dublin (1968–1972). 1974 Besuch der Otto-Falckenberg-Schule in München. 1975 Debüt an den Staatlichen Schauspielbühnen Berlin, u. a.: Kil in de Boers ›Family‹ (1975), Roter Reiter in Mark Medoffs ›Wann kommst du wieder, Roter Reiter?‹ (1976, R. jeweils Harald Clemen). 1978 inszenierte Selge für das Theatre Festival in Dublin Tom Stoppards ›Every good boy deserves favour‹. Seit 1978 gehörte er zum Ensemble der Münchner Kammerspiele. Rollen u. a.: Mann im Parka in Botho Strauß' ›Groß und klein‹ (1979, R. Dieter Dorn); Andreas Kragler in Brechts ›Trommeln in der Nacht‹ (1979, R. Ernst Wendt); Bleichenwang in Shakespeares ›Was ihr wollt‹ (1980, R. Dorn); Saint Just in Büchners ›Dantons Tod‹ (1980, R. Dorn); Sekretär in Hebbels ›Maria Magdalena‹ (1981, R. Hans Lietzau); Arkas in Goethes ›Iphigenie auf Tauris‹ (1981, R. Dorn); Mann am Strang in Robert Wilsons ›Golden Windows‹ (1982, R. Wilson); der Mann in Strauß' ›Kalldewey, Farce‹ (1983, R. Dorn); Marinelli in Lessings ›Emilia Galotti‹ (1984, R. Thomas Langhoff); Georg in Strauß' ›Der Park‹ (1984, R. Dorn); Licht in Kleists ›Der zerbrochne Krug‹ (1986, R. Dorn); hierüber schrieb C. Bernd Sucher in der ›Süddeutschen Zeitung‹ (28. 7. 1986): »Edgar Selges Licht, in feinem Grau, mit einem Mützchen auf dem Kopf, bleibt der stumme Inszenator. Am Schluß erst greift er auch mit Worten ein, zuvor genügen ihm – oft zum Gerichtsrat gewandt – Gesten, Augen-Blicke. Erst beim Verhör der Brigitte fordert er mit Nachdruck Ruhe, damit rasch die Wahrheit ans Licht und Licht auf den Richterstuhl komme. Doch so nah schon am Ziel, bestallt als Adam-Vertreter auf Zeit, worauf Selge erleichtert das Gesicht entspannt und sich unverhohlen freut, wird er enttäuscht: Für Adam fände man wieder einen Platz, verheißt Walter. Selges

Sellars

Mundwinkel rutschen ab, die Miene verdüstert sich, während in Huisum die Sonne ganz hoch steht.« 1988 spielt Selge in Volker Schlöndorffs Inszenierung von Bölls ›Frauen vor Flußlandschaft‹ die Rolle des Ernst Grobsch; und im selben Jahr den George Garga in Brechts ›Im Dickicht der Städte‹ (R. Hans-Joachim Ruckhäberle). Thomas Langhoff wählt Selge 1989 zu seinem Oberlehrer Arnholm (in Ibsens ›Die Frau vom Meer‹). Weitere Rollen: Schriftsteller in Herbert Achternbuschs Revolutionsfarce ›Auf verlorenem Posten‹ (UA 1990, R. der Autor); Cal in Bernard-Marie Koltès' ›Kampf des Negers und der Hunde‹ (1992, R. Armin Petras). Diese Rolle spielte Selge als Gast der Münchner Kammerspiele, denn im August 1991 trennte er sich von dem Haus (bleibt ihm aber als Gast erhalten); er spielte beim Weilheimer Theatersommer von Cordula Trantow und am Zürcher Schauspielhaus, u. a. in der Uraufführung von Thomas Hürlimanns ›Der Gesandte‹ (1992, R. Achim Benning) und Mamets ›Oleanna‹ (1994, R. Jens-Daniel Herzog). Selge wirkte auch in Filmen und Fernsehspielen mit.

Sellars, Peter, geb. 27. 9. 1957 in Pittsburgh (USA). Regisseur. Studium der Literatur und der elektronischen Musik in Harvard; nebenbei Leiter der Experimentalbühne Explosives B Cabaret. Nach dem Harvard-Examen (1980) erste Regiearbeiten in New York: am American Repertory Theatre Shakespeares ›König Lear‹; am Broadway Gershwins ›My One and Only‹. 1984 wurde Sellars als Direktor und Schauspielleiter des American National Theatre (ANT) an das John F. Kennedy Center for Performing Arts in Washington D.C. berufen und gab dafür die Leitung der Boston Shakespeare Company (seit 1983) auf. Seine ›Ajax‹-Inszenierung (nach Sophokles) – 1987 beim Theater der Welt Festival in Stuttgart gezeigt – führte zur Absetzung als Direktor des ANT. In Stuttgart zeigte er auch seine Version von Mozarts ›Così fan tutte‹. Über beide Aufführungen schrieb C. Bernd Sucher in der ›Süddeutschen Zeitung‹ (24. 6. 1987): »Sellars' Inszenierungen (...) gehören jedenfalls zu den eigenwilligsten Theaterproduktionen der letzten Jahre. Sellars, kompromißlos, intelligent und ungewöhnlich musikalisch, scheut sich nicht zu vereinfachen, um zu demonstrieren, wogegen und wofür er ist. Ihn interessiert der Mensch der achtziger Jahre unseres Jahrhunderts. (...) Sellars reißt Mozart und Sophokles hemmungslos, ja gewaltsam in die Gegenwart. Aber er verkleidet die Figuren nicht bloß modern (das auch), setzt sie nicht nur in Räume, die wir aus der Tagesschau und aus Filmen kennen (...). Er gibt diesen Kunst-Menschen ein heutiges Lebensgefühl.« 1987 inszenierte Sellars in Houston die Uraufführung von John Adams' Oper ›Nixon in China‹ (1992 an der Frankfurter Oper); 1988 Händels ›Julius Caesar‹ in Brüssel. Anläßlich der Mozart-Sellars-Trilogie (›Così fan tutte‹, ›Figaros Hochzeit‹ und ›Don Giovanni‹) beim Purchase Festival schrieb Ivan Nagel (›Die Zeit‹, 8. 9. 1989): »Peter Sellars meint Mozart zweierlei zu schulden: seine ganze, akut eigene Erfahrung in die genaue Lektüre einzubringen – und neue, suggestiv beredte Zeichen für die Bühne zu finden.« Seit 1989 leitet Sellars das Festival in Los Angeles; 1990 übernahm er die Leitung des neugegründeten Boston Opera Theatre. Wichtige Inszenierungen: Mozarts ›Zauberflöte‹ (1990, Glyndebourne); John Adams' ›Der Tod des Klinghoffer‹ (1991, Brüssel); Oliver Messiaens ›Saint François d'Assise‹ (1992, Salzburger Festspiele); Debussys ›Pelléas und Mélisande‹ (1993, Amsterdam); Aischylos' ›Die Perser‹ (1993, Salzburger Festspiele); Strawinskys ›Oedipus Rex‹ (1994, Salzburger Festspiele).

Sellner, Gustav Rudolf, geb. 25. 5. 1905 in Traunstein, gest. 8. 5. 1990 in Königsfeld-Burgberg. Schauspieler, Dramaturg, Regisseur und Intendant. Begann seine Karriere als Schauspieler, Dramaturg und Regisseur an den Theatern in Gotha (1928/29), Coburg (1929–1931), Oldenburg (1931–1937). 1937 wurde er in Oldenburg zum Intendanten gewählt, dieselbe Position hatte er danach in Göttingen und Hannover inne. Von 1945 bis 1951 arbeitete er als freier Regisseur in Kiel, Essen und Hamburg, von 1951 bis 1962 In-

tendant in Darmstadt, von 1962 bis 1972 Generalintendant der Deutschen Oper in Berlin. Wichtige Inszenierungen u. a.: Aischylos' ›Die Perser‹ (1948, Kiel); Barlachs ›Der Graf von Ratzeburg‹ (UA 1951, Darmstadt); Shakespeares ›Troilus und Cressida‹ (1954, Staatliche Schauspielbühnen Berlin); Shakespeares ›Der Sturm‹ (1958, Ruhrfestspiele Recklinghausen; 1960, Deutsches Schauspielhaus in Hamburg); Ionescos ›Mörder ohne Bezahlung‹ (UA 1958, Darmstadt). Bevor er sich zu Beginn der sechziger Jahre der Opernregie zuwandte, war Sellner allgemein anerkannt als repräsentativer Klassiker-Regisseur. In Zusammenarbeit mit dem Bühnenbildner Franz Mertz versuchte er auf einer abstrahierten Bühne sein sogenanntes »instrumentales Theater« zu verwirklichen, in dem er auf Naturalismus und Psychologie verzichtete. Wichtige Opern-Inszenierungen: Mussorgskis ›Boris Godunow‹ (1971, Berlin); Aribert Reimanns ›Melusine‹ (UA 1971, Schwetzinger Festspiele); Bergs ›Wozzeck‹ (1971, Salzburger Festspiele); Mozarts ›Idomeneo‹ (1973, ebenda); Gottfried von Einems ›Besuch der alten Dame‹ (1975, Münchner Nationaltheater). 1974 spielte Sellner in Maximilian Schells Film ›Der Fußgänger‹. In seinem Nachruf schrieb Georg Hensel am 25. 5. 1990 in der ›Frankfurter Allgemeinen Zeitung‹: »Sellner verarbeitete die großen Werke der Vergangenheit mit theatralischen Mitteln der Gegenwart. Vieles von dem, was heute selbstverständlich ist, wurde von ihm systematisch ausprobiert in der Darmstädter Orangerie: die Tilgung der letzten Reste des Hoftheaters; die Abschaffung des Guckkastens; die Entrümpelung der Szene; der Bühnenraum, der für jede Inszenierung neu gebaut wird; die Schauspieler, die sich als Darsteller fühlen, nicht als Versteller; die Neigung der Szenerie und der Requisiten, sich in Zeichen und Signale zu verwandeln; die Bühne als begehbares Symbol, alias Environment, lange bevor es diesen Begriff gab. (...) Sellner brachte (...) sein Publikum mehr zum Nachdenken als zur Beglückung durch Spiel und Komödiantik. Von einem philosophischen Theater zu sprechen, wäre gewiß übertrieben, doch war Sellners Theater näher bei der Philo-

665

Serreau

sophie als jedes andere. In seinem Theater wurde der Mensch immer existentiell gesehen, nie soziologisch. Man suchte nicht die Veränderungen der Welt, man suchte das in allen Veränderungen gleichbleibende Sein. Der Hausgott der Darmstädter Orangerie war Heidegger, nicht Marx.«
Literatur: G. R. Sellner: Theatralische Landschaft. Bremen 1962; ders. (u. a.): Prometheus. Beiträge zu Carl Orffs Musikdrama nach Aischylos. Tübingen 1968; G. Hensel: Kritiken. Ein Jahrzehnt Sellner-Theater in Darmstadt. Darmstadt 1962.

Semper, Gottfried, geb. 29. 11. 1803 in Hamburg, gest. 15. 5. 1879 in Rom. Architekt. Seit 1834 Professor der Baukunst an der Dresdner Akademie. Nahm 1849 aktiv am Mai-Aufstand teil und floh deshalb nach Paris, London, Zürich. 1870 Berufung nach Wien als kaiserlicher Architekt. Neben Schinkel der bedeutendste Architekt des 19. Jahrhunderts. Sein Stil war beeinflußt von der italienischen Renaissance. 1838–1842 erbaute er das Dresdner Hoftheater (1869 abgebrannt, 1870–1878 nach seinen Plänen neu errichtet); 1870–1888 das Wiener Burgtheater (nach Sempers Plänen, zusammen mit Karl von Hasenauer). Pläne für Theaterbauten in London, München (Wagner-Festspielhaus) und Rio de Janeiro.
Literatur: G. Semper: Das Königliche Hoftheater zu Dresden. Braunschweig 1849; C. Z. v. Manteuffel: Die Baukunst Gottfried Sempers. Diss. Freiburg 1952; M. Fröhlich: Gottfried Semper. Zürich, München 1991.

Seneca, Lucius Annaeus, geb. 4 v. Chr. in Córdoba (Spanien), gest. um 65 n. Chr. in Rom (Freitod). Römischer Schriftsteller. Seneca übte verschiedene Ämter aus, bis er 41 bei Messalina in Ungnade fiel und von Claudius nach Korsika verbannt wurde. 49 Rückkehr nach Rom und Erzieher von Nero. Nach dessen Regierungsantritt wurde Seneca Konsul. 62 wandte er sich von Nero ab und brachte sich auf Befehl des Kaisers 65 um. Neben philosophischen Schriften schrieb Seneca neun vollständig erhaltene Tragödien, die als Überlieferungsträger griechischer Stoffe von großer

Bedeutung waren. Vor allem während der Renaissance und der französischen Klassik wurden seine Dramen geschätzt und mehrfach bearbeitet, vor allem von Racine.
Stücke: ›Der rasende Herkules‹; ›Die Troerinnen‹; ›Die Phoenizierinnen‹; ›Medea‹; ›Phaedra‹; ›Oedipus‹; ›Thyestes‹; ›Agamemnon‹; ›Der oetaeische Herkules‹.
Literatur: K. Heldmann: Untersuchungen zu den Tragödien Senecas. o. O. 1974; W.-L. Liebermann: Studien zu Senecas Tragödien. Hain 1974; E. Lefèbre (Hrsg.): Der Einfluß Senecas auf das europäische Drama. o. O. 1978; A. Bäumer: Die Bestie Mensch. Frankfurt a. M. 1982; J. D. Bishop: Senecas Daggered Stylus. Hain 1985.

Serreau, Coline, geb. 1947. Französische Autorin und Schauspielerin. Coline Serreau studierte Musikwissenschaft und Orgelspiel am Conservatoire National Supérieur in Paris und machte eine Schauspielerausbildung. Von 1970 an spielte sie Theater und in Filmen, 1974 entstand ihr erstes Drehbuch zu dem Film ›On s'est trompé d'histoire d'amour‹, in dem sie die Hauptrolle spielte (R. Jean-Louis Bertucelli). 1976 sah man sie in der Inszenierung von Benno Besson als Rosalinde in Shakespeares ›Wie es euch gefällt‹. 1982 entstand ihr zweiter Spielfilm ›Drei Männer und ein Baby‹, der ihr eine Oscar-Nominierung einbrachte. 1986 wurde ihr erstes Theaterstück ›Hase Hase‹ mit großem Erfolg in Paris uraufgeführt (R. Benno Besson, mit Serreau in der Rolle der Mama). Serreau schreibt hauptsächlich Drehbücher, die sie selber verfilmt. » ›Hase Hase‹ dürfte ein Renner werden. Man lacht sich den Frust vieler halbgarer Premierenflops von der Seele. Nur darf man sich wegen der knackigen Zubereitung über den Charakter dieses Bratens nicht täuschen. Er schmeckt bitter. Das Lachen bei Coline Serreau rührt aus den trostlosen Verhältnissen. ›Selten bin ich einem Autor begegnet, dessen Kunst so nah liegt der Kunst des Lebens (und des Sterbens?)‹, sagt Besson (. . .). Und Coline Serreau, ein richtiges Theatertier, hat bei ihm Brecht gespielt und Shakespeare.« (Rüdiger Schaper, ›SZ‹, 19. 5. 1992, Kritik zu ›Hase Hase‹, Staatli-

Serreau

che Schauspielbühnen Berlin, R. Benno Besson)
Weiteres Stück: ›Weißalles und Dickedumm‹ (1993).

Serreau, Jean-Marie, geb. 1915 in Poitiers, gest. 1973 in Paris. Schauspieler, Regisseur und Intendant. Arbeitete zunächst im Pariser Théâtre de Poche; 1949 gründete er eine eigene Compagnie und zeigte im Pariser Théâtre des Noctambules Brechts ›Die Ausnahme und die Regel‹. Von 1950 bis 1954 war er Direktor des Théâtre de Babylone und inszenierte dort u. a.: Adamovs ›La Grande et la Petite manoeuvre‹ (1954, ›Das große und das kleine Manöver‹) und Ionescos ›Amédée ou Comment s'en débarasser‹ (1954 ›Amédée oder Wie wird man ihn los?‹). Wichtige Inszenierungen nach 1954: Michel Vinavers ›Les Coréens‹ (1957, Théâtre de l'Alliance française); Max Frischs ›Biedermann und die Brandstifter‹ (1960, Théâtre de Lutèce); Aimé Césaires ›La Tragédie du roi Christophe‹ (1964, Salzburger Festspiele); Bernard Dadiés ›Béatrice du Congo‹ (1971, Festival d'Avignon).

Seyler, Abel, geb. 23. 8. 1730 in Liestal (Schweiz), gest. 25. 4. 1800 in Rellingen. Intendant. Seyler war beteiligt an der Gründung des Nationaltheaters in Hamburg (1767–1769); gastierte danach mit seiner eigenen Truppe bis 1781 in ganz Deutschland und wurde 1781 Schauspieldirektor in Mannheim, wo er sich für die Werke Shakespeares und die Sturm-und-Drang-Autoren Klinger und Wagner einsetzte.
Literatur: H. Moses: Die Geschichte d. Seylerschen Theatergesellschaft. Diss. Frankfurt a. M. 1921.

Shaffer, Peter (Levin), geb. 15. 5. 1926 in Liverpool. Englischer Dramatiker. Shaffer studierte in Cambridge, danach arbeitete er in der New York Public Library, dann beim Musikverlag Boosey and Hawkes und als Musikkritiker. Er lebt in New York. Bereits mit seinem ersten Stück ›Five Finger Exercise‹ (1958) gelang ihm der Durchbruch. Er erhielt dafür den Dramenpreis des London Evening Standard und den New Yorker Kritikerpreis. Danach folgten ›Equus‹ (1973) und vor allem ›Amadeus‹ (1980), dessen Verfilmung ein internationaler Erfolg wurde. »In einer Dreieckskonstellation, in der auf der Bühne die weibliche Mittelfigur zurücktritt, wobei ihr dennoch entscheidende ›sexualpsychologische‹ Funktionen zukommen, prallen (...) im Vordergrund stets zwei männliche Protagonisten kraß unterschiedlicher Statur und mentaler Gewandung aufeinander: Pizaro und Athahualpa, Dysart und Strang, Mozart und Salieri, Amnon und Absalon. Ein besonderes Dressing erhalten Figuren und Konflikte bei Shaffer in der Regel dadurch, daß es hintergründig um die letzten Fragen der Menschheit geht, um den Sinn der Existenz, die Suche nach Gott oder dem Göttlichen und um seine zwanghafte Zerstörung durch eine satanische Opposition.« (Christian W. Thomsen, ›Theater heute‹, Heft 4, 1986)
Weitere Stücke: ›The Private Ear‹, ›The Public Eye‹ (beide 1962); ›The Royal Hunt of The Sun‹ (1965); ›Black Comedy‹; ›The White Liars‹ (beide 1967); ›The Battle of Shrivings‹ (1970); ›Yonadab‹ (1985); ›Lettice and Lovage‹ (1987).
Literatur: J. R. Taylor: P. Shaffer. Harlow (Essex) 1974.

Shakespeare, William, getauft 26. 4. 1564 in Stratford-upon-Avon, gest. 23. 4. 1616 ebenda. Englischer Dramatiker. Sohn eines Weißgerbers und Handschuhmachers. Bis 1592 ist wenig bekannt über Shakespeares Leben. 1592 erste Erwähnung als Schauspieler und Autor in London. 1597 Mitinhaber des Globe-Theatre. 1610 kehrte er begütert an seinen Geburtsort zurück. Wichtigster Vertreter des Elisabethanischen Theaters. In Deutschland durch die Übersetzungen von Wieland, Schlegel und Tieck bekannt geworden. Shakespeare ist bis heute einer der bedeutendsten und meistgespielten Theaterautoren.
Stücke: ›Komödie der Irrungen‹ (1593?); ›König Richard III.‹ (1593); ›Der Widerspenstigen Zähmung‹ (1594); ›König Richard II.‹ (1595); ›Romeo und Julia‹ (1595); ›Ein Sommernachtstraum‹ (1595); ›Der Kaufmann von Venedig‹ (1597); ›Viel Lärmen um nichts‹ (1598); ›Julius

667

Cäsar‹ (1599); ›Wie es euch gefällt‹ (1599); ›Was ihr wollt‹ (1600?); ›Troilus und Cressida‹ (1600); ›Hamlet, Prinz von Dänemark‹ (1601); ›Maß für Maß‹ (1604); ›Othello‹ (1604); ›König Lear‹ (1605); ›Macbeth‹ (1605); ›Antonius und Cleopatra‹ (1607); ›Timon von Athen‹ (1607); ›Coriolanus‹ (1608); ›Das Wintermärchen‹ (1610); ›Der Sturm‹ (1611).
Literatur: J. Kott: Shakespeare heute. München 1970; I. Schabert (Hrsg.): Shakespeare Handbuch (darin Bibliographie, Literaturliste, Biographie und Interpretationen). Stuttgart 1972; P. Arnold: Esoterik im Werke Shakespeares. Berlin o.J.; P. Brook: Wanderjahre. S. 99ff. Berlin 1989; J.R. Brown: Shakespeare's plays in performance. New York 1993; H. Blinn: Der deutsche Shakespeare: eine annotierte Bibliographie zur Shakespeare-Rezeption des deutschsprachigen Kulturraums (Literatur, Theater, Film, Funk, Fernsehen, Musik und bildende Kunst). Berlin 1993; S. Bassnett: Shakespeare, the Elizabethan plays. New York 1993; F. Teague: Acting funny: Comic Theory and Practice in Shakespeare's Plays. London 1994.

Shaw, George Bernard, geb. 26.7. 1856 in Dublin, gest. 2.11. 1950 in Ayot St. Lawrence. Irischer Schriftsteller. Sohn eines Beamten und Kornhändlers. Shaw war von 1871 an kaufmännischer Angestellter in Dublin. Von 1876 an lebte er in London, zunächst in großer Armut. 1885 wurde er Musik- und Theaterkritiker. 1925 erhielt er den Nobelpreis für Literatur. Shaw schrieb mehr als 70 Dramen, zahlreiche Romane und Essays. Er war der Begründer des kritisch-realistischen Dramas in England.
»Solange sie [Johanna] dazu keineswegs reif ist, gibt sie wenigstens freien Geistern wie Shaw Gelegenheit, sie mit ihrem frommen Spott dichterisch zu bedenken. Er sagt, was er über Katholizismus und Protestantismus, über Junkertum und Diplomatie, über Eroberungsfeldzüge und Verständigungsfrieden, über Imperialismus und Pazifismus, über Monarchie und Inquisition, über Gewalt und Recht und Machtwahn und den Vorzug der Hölle vor dem Kriege und die Schönheit der unverwüsteten Erde und die Selbstbeschwind-

lungsgabe ihrer Bewohner – was er über all das und viel mehr auf seinem weisen, aber unberuhigten, unter der Eisdecke reiner Vernunft noch immer brennenden Herzen hat. Der Gesellschaftskritiker wird hier zu einem Religionsfanatiker mit umgekehrten Vorzeichen.« (Siegfried Jacobsohn über ›Die heilige Johanna‹, in: ›Die Weltbühne‹, Nr. 44, 30. 10. 1924)
Stücke: ›Frau Warrens Gewerbe‹ (1894); ›Helden‹ (1894); ›Candida‹ (1897); ›Cäsar und Cleopatra‹ (1898); ›Kapitän Brassbounds Bekehrung‹ (1900); ›Mensch und Übermensch‹ (1903); ›Major Barbara‹ (1905); ›Der Arzt am Scheideweg‹ (1906); ›Pygmalion‹ (1912; Vorlage zum Musical ›My fair Lady‹ von Lerner und Loewe; 1956 als Film); ›Androklus und der Löwe‹ (1912); ›Die heilige Johanna‹ (1923); ›Der Kaiser von Amerika‹ (1927; ›Zuviel Geld‹ (1948).
Literatur: R. Mander/J. Mitcheson: The theatrical compagnion to G. B. Shaw. o.O. 1954; F. Denninghaus: Die dramatische Konzeption G. B. Shaws. Stuttgart 1971; T. C. Davis: G. B. Shaw and the socialist theatre. Westport/Conn. 1994.

Shawn, Wallace, geb. 12.11. 1943 in New York. Amerikanischer Dramatiker und Schauspieler. Shawn studierte Geschichte an der Harvard University und erlangte drei weitere Bachelors of Arts in Philosophie, Politik und Wirtschaftswissenschaften am Magdalen College in Oxford. 1965/66 unterrichtete er in Indien, von 1968 bis 1970 in New York. 1974 inszenierte André Gregory Shawns erstes Theaterstück ›Our Late Night‹ in der Performing Garage in New York, für das Shawn 1975 einen Obie Award erhielt. In den folgenden Jahren entstanden weitere Stücke, in denen er zum Teil mitspielte. International bekannt wurde er durch den Film ›Mein Essen mit André‹, dessen Buch er zusammen mit André Gregory geschrieben hatte und in dem er auch mitspielt. Shawn, der in New York lebt, spielte außerdem in Filmen von Woody Allen, darunter ›Manhattan‹ und ›Radio Days‹, und in dem Film ›Saigon, the Year of the Cat‹.
»Shawn kümmert sich nicht um die hergebrachten Rezepturen. Die Stücke sind

Shepard

monströs in jeder Hinsicht. Sein ›Hotel Play‹ sieht eine Besetzungsliste mit 70 Mitspielern vor. 50 davon haben Text. Monströs sind sie vor allem aber, weil sie die Phrasen der Klasse, die im Parkett Platz nimmt, skelettieren und ihre bösen Seiten vorführen (. . .). Als Stückeschreiber ist er einer der wichtigsten dieser Tage, weil er die Ruhe stört. Eine Ruhe, an der das System krepieren wird, wenn es sich nicht selbst als Feind erkennt.« (Matthias Matussek, ›Der Spiegel‹, Heft 1, 1992) **Weitere Stücke:** ›Ein Gedanke in drei Teilen. Drei Szenen‹ (1976); ›Marie and Bruce‹ (1979); ›Aunt Dan & Lemon‹ (1985); ›Das Fieber‹ (1991).

Shepard, Sam, geb. 5. 11. 1943 in Fort Sheridan, Illinois. Amerikanischer Dramatiker und Schauspieler. Shepard arbeitete als Kellner, Stallbursche und Schauspieler. 1964 wurden zum ersten Mal zwei seiner Stücke in New York aufgeführt: ›Cowboys‹ und ›The Rock Garden‹. In den folgenden Jahren gab es zahlreiche Inszenierungen an Off- und Off-Off-Broadwaytheatern, unter anderem am La Mama Theatre und am Caffe Cino. Später arbeitete Shepard an Filmen und Drehbüchern mit, u. a. für ›Zabriskie Point‹ von Antonioni und ›Paris, Texas‹ von Wim Wenders. »Shepards Werk kann in drei Phasen eingeteilt werden. Die frühen Stücke, meist Einakter, von 1964 bis in die frühen siebziger Jahre, waren (. . .) abstrakte Collagen, (. . .) fragmentarisch und trotzdem mit Geschichten verbunden, charakterisiert durch lyrische Monologe, abrupte Wechsel in Ton und Richtung und erstaunliche visuelle Höhepunkte. (. . .) Die Stücke der zweiten Phase verfolgen, wie der Künstler seine Identität und Freiheit sucht, sogar wenn das Ergebnis davon Isolation und Verrat bedeutet, und wie ein Künstler wichtig und zugleich untragbar für die Gesellschaft wird. (. . .) Zur dritten Phase gehören die zwei großen ›Familien-Stücke‹ ›Fluch der verhungernden Klasse‹ und ›Vergrabenes Kind‹. (. . .) In diesen Stücken kehrt der Held, nach seiner visionären Suche, nach Hause zurück (. . .). Einer der amerikanischsten Aspekte in Shepards Sensibilität ist, daß er die Konventionen des Theaters so radikal verändert hat wie Brecht oder Beckett, ohne sie aber mit Theorien zu begleiten. Sein Werk beruht auf dem spontanen Ausdruck der Gefühle und der Verweigerung, in bestehende kulturelle oder intellektuelle Formen gepreßt zu werden.« (Ross Wetzsteon, in: Sam Shepard, Fool For Love and other plays. New York 1984; Übers. d. A.)
Weitere Stücke: ›Cowboy Mouth‹ (1971); ›Action‹ (1975); ›Angel City‹ (1976); ›Der Fluch der verhungernden Klasse‹ (1976); ›Goldener Westen‹ (1980); ›Fool For Love‹ (1983); ›Lügengespinst‹ (1987).
Literatur: R. Mottram: The Theatre of Sam Shepard. Columbia o. J.

Sheriff, Robert Cedric, geb. 6. 6. 1896 in Hampton Wick, gest. 13. 11. 1975 in London. Englischer Schriftsteller. Sohn eines Versicherungsangestellten. Sheriff arbeitete selbst in diesem Beruf, nebenher schrieb er Stücke für Amateurtheater. Internationalen Durchbruch fand er mit dem Stück ›Die andere Seite‹ (1929) über die erschütternde Wirklichkeit des Krieges, das nach Ablehnungen einiger Theater von George Bernard Shaw zur Aufführung empfohlen und auf anderen europäischen sowie amerikanischen Bühnen ein großer Erfolg wurde. Danach studierte Sheriff zwei Jahre in Oxford und ging dann nach Hollywood, dort Bearbeitungen für den Film, u. a. Remarques ›Der Weg zurück‹.
Weitere Stücke: ›Badereise im September‹ (1931); ›Windfall‹ (1933); ›Das neue Leben‹ (1936); ›Der Mond fällt auf Europa‹ (1939); ›Miss Mabel‹ (1949); ›The White Carnation‹ (1953); ›The Long Sunset‹ (1956); ›A Shred of Evidence‹ (1961).

Sherman, Martin, geb. in Philadelphia. Amerikanischer Dramatiker. Sherman studierte in Boston und war 1976/77 Hausautor am Playwrights Horizon in New York. Seinen internationalen Durchbruch fand er mit ›Bent‹ (1979), einem Stück über die Situation Homosexueller in den Konzentrationslagern Deutschlands. Seine Stücke wurden in England u. a. von Vanessa Redgrave und Ian McKellen gespielt.

Weitere Stücke: ›Cracks‹ (1975); ›Messiah‹ (1982); ›When She Danced‹ (1985); ›A Madhouse in Goa‹ (1989).

Sherwood, Robert Emmet, geb. 4. 4. 1896 in New Rochelle, New York, gest. 14. 11. 1955 in New York. Amerikanischer Dramatiker. Sherwood studierte in Harvard und war nach dem Ersten Weltkrieg Journalist und Filmkritiker. Von 1924 bis 1928 schrieb er für das Magazin ›Life‹. Er erhielt viermal den Pulitzerpreis. Seine ersten Arbeiten für die Bühne waren Komödien mit historischen Stoffen, später wandte er sich politischen Themen zu.
Stücke: ›Der steinerne Wald‹ (1935); ›Idiot's Delight‹ (1936); ›Abe Lincoln in Illinois‹ (1939); ›There Shall Be No Night‹ (1940); ›Small War on Murray Hill‹ (1959).
Literatur: R. B. Shuman: R. E. Sherwood. New York 1964; W. J. Meserve: R. E. Sherwood. Reluctant Moralist. New York 1970.

Siede, Horst, geb. 1936 in Hannover. Schauspieler und Regisseur. Studierte Wirtschaftswissenschaft, Philosophie und Literaturwissenschaft in Berlin; anschließend Schauspielerausbildung am Max-Reinhardt-Seminar in Berlin. Erste Engagements an den Theatern in Essen, Heidelberg, Salzburg, Ulm. Wichtige Inszenierungen u. a.: Michael Hatrys ›Brüderlein und Schwesterlein‹ (UA 1969, Ulm); Heinrich Henkels ›Eisenwichser‹ (UA 1970, Stadttheater Basel); Peter Weiss' ›Hölderlin‹ (1971, ebenda); die beiden Kroetz-Einakter ›Hartnäckig‹ und ›Heimarbeit‹ (UA 1972, Münchner Kammerspiele, Werkraum); Ulrich Plenzdorfs ›Die neuen Leiden des jungen W.‹ (1973, Staatliche Schauspielbühnen Berlin, mit Wolfgang Unterzaucher); David Herbert Lawrences ›Die Schwiegertochter‹ (1974, Münchner Kammerspiele); David Stroreys ›Der Gutshof‹ (DE 1974, Darmstadt); Heinrich Henkels ›Die Betriebsschließung‹ (UA 1975, Basel). Von 1975 bis 1979 war Siede Schauspieldirektor in Wiesbaden. Hier inszenierte er u. a.: Tschechows ›Kirschgarten‹ (1975), und Gerlind Reinshagens ›Sonntagskinder‹ (1976). Von 1979

bis 1982 war er Schauspieldirektor an den Wuppertaler Bühnen und zeigte u. a.: Shakespeares ›Romeo und Julia‹ (1979); Tollers ›Hoppla, wir leben‹ (1980); Karl Otto Mühls ›Die Reise der alten Männer‹ (UA 1980). Von 1982 an arbeitete er als freier Regisseur, u. a. am Frankfurter Schauspiel: Jahnns ›Trümmer des Gewissens‹ (1983); am Schauspiel Bochum: Kroetz' ›Furcht und Hoffnung der BRD‹ (1984). 1985/86 gehörte Siede zum Dreierdirektorium des Kölner Schauspielhauses (Intendant: Klaus Pierwoß), inszenierte u. a. Stefan Dähnerts ›Herbstball‹ (UA 1986). Danach arbeitete Siede wieder frei und inszenierte u. a. im Marstalltheater des Bayerischen Staatsschauspiels Felix Mitterers ›Die wilde Frau‹ (DE 1988).

Signoret, Simone (eigtl. Simone Kaminker), geb. 25. 3. 1921 in Wiesbaden, gest. 30. 9. 1985 in Paris. Schauspielerin. Tochter eines französischen Beamten, der in Deutschland für die damalige französische Besatzung arbeitete. Nach dem Baccalauréat wollte Simone Signoret Jura studieren. Während des Krieges floh sie mit ihrer Familie nach London; 1940 kehrte sie nach Paris zurück und tarnte sich, da sie Halbjüdin war, mit dem Namen ihrer Mutter (Signoret). 1942 erhielt sie – während sie als Sekretärin bei der Zeitung ›Le Petit Parisien‹ arbeitete – die erste kleine Nebenrolle in einem Film. Ihre zweite Rolle in Marcel Carnés ›Les Visiteurs du Soir‹ war bereits größer; 1944 spielte sie in Yves Allégrets ›Les démons de l'aube‹; 1946 in ›Macadam‹ (›Zur roten Laterne‹), wofür sie den Prix Suzanne Bianchetti erhielt; weitere Filmrollen u. a.: ›Les Portes de la nuit‹ (1947, R. Marcel Carné); ›La Ronde‹ (›Der Reigen‹, 1950, R. Max Ophüls); ›Casque d'or‹ (›Goldhelm‹, (1952, R. Jacques Becker); ›Room at the Top‹ (›Der Weg nach oben‹, 1958, R. Jack Clayton), für den sie mit einem Oscar ausgezeichnet wurde; ›The Seagull‹ (1969); ›L'Aveu‹ (›Das Geständnis‹, 1972) und ›La Vie devant soi‹ (›Madame Rosa‹, 1977): In diesem Film des israelischen Regisseurs Moshe Mizrahi – mit dem sie 1980 auch in ›Chère Inconnue‹ (›Liebe Unbekannte‹) zusammenarbeitete – spielte

Simon

Simone Signoret die alte Dirne Rosa, die in einem schäbigen Mietshaus einen Kindergarten für verlassene Dirnenkinder unterhält. Der Film erhielt einen Oscar, nicht zuletzt wegen Signorets ergreifender Darstellung. Als Bühnenschauspielerin feierte sie an der Seite ihres zweiten Ehemanns, Yves Montand, Triumphe, z. B. in Arthur Millers ›Hexenjagd‹ (1955) und in Shakespeares ›Macbeth‹ (1966, neben Alec Guiness, am Royal Court Theatre London). Simone Signoret setzte ihre Professionalität und ihre Prominenz auch im politischen Leben ein, etwa indem sie, wie 1980 in München, für die Polit-Aktion ›Charta 77‹ Theater spielte und Lesungen veranstaltete, um gegen das Unrecht in der Tschechoslowakei zu protestieren. Jean Améry schrieb in seiner ›Hommage à Simone Signoret‹: »Man hatte vordem so mancherlei Damen gesehen, die mühselig vampten, von der ganz frühen Garbo über Clara Bow, Marlene Dietrich, Jean Harlow bis zur Hayworth; man war nicht eben ein heuriger Hase und ließ so leicht sich nichts vormachen. Sie machte aber gar nichts vor, die junge Schauspielerin Simone Signoret. Sie war. Es genügte.« Und im Nachruf von ›Le Monde‹ (1. 10. 1985) war zu lesen, was die Franzosen an dieser außergewöhnlichen Schauspielerin schätzten: »Une femme de tête, une femme de cœur«.
Literatur: S. Signoret: La nostalgie n'est plus ce qu'elle était. Paris 1976; dies.: Adieu Wolodia. Zürich 1985.

Simon, Neil, geb. 4. 7. 1927 in New York. Amerikanischer Dramatiker. Simon wuchs in Brooklyn auf und verfaßte schon früh zusammen mit seinem Bruder Drehbücher und Sketche. Er gilt als einer der kommerziell erfolgreichsten Dramatiker Amerikas. Er schrieb auch Musicals, zum Beispiel ›Little Me‹ (1962) und ›Sweet Charity‹ (1966). Zur Aufführung von ›Sunny Boys‹ (1973, Staatliche Schauspielbühnen Berlin, R. Peter Matić, mit Martin Held und Bernhard Minetti) schrieb Friedrich Luft: »Neil Simon, sicherster Zulieferer für den lachenden Broadway, König der Kabbelkomödie, der, wenn hierher importiert, sonst immer von den Boulevardtheatern eilfertig aufgenommen wird – Neil Simon rückt, was seinen Empfang auf dem Theater Deutschlands betrifft, eins rauf mit Mappe. (...) Das Stück läßt zwei Protagonisten sich messen. Und das Stück gibt hämisch Kenntnis von der Bitterkeit des Leistungsprinzips auch am Broadway. Wie da Talente weggeschmissen werden, wenn sie nicht mehr brauchbar scheinen. Wie grausam der Verschleiß an Begabungen ist, wie schlimm der Druck von der Kasse. Und man sieht die Mühsal des Alterns.« (›Stimme der Kritik‹, Stuttgart 1979)
Weitere Stücke: ›Plaza Suite‹ (1969); ›Der letzte der feurigen Liebhaber‹ (1970); ›Pfefferkuchen und Gin‹ (1971); ›Dachlawine‹ (1972); ›Brighton Beach Memoires‹ (1982); ›Ein seltsames Paar‹ (1984); ›Broadway Bound‹ (1987).

Simonischek, Peter, geb. 6. 8. 1946 in Graz. Schauspieler. Architekturstudium und Zahntechnikerlehre; Schauspielunterricht an der Akademie in Graz. Erste Bühnenauftritte am Schauspielhaus Graz; erstes Engagement am Stadttheater St. Gallen; danach Schauspieler in Bern, Darmstadt und am Schauspielhaus Düsseldorf. Seit Ende der siebziger Jahre gehört er zum Ensemble der Berliner Schaubühne. Zusammenarbeit u. a. mit den Regisseuren Michael Gruner, Otomar Krejca, Rolf Stahl, Dieter Dorn, Luc Bondy, Peter Stein, Klaus Michael Grüber und Andrea Breth. Wichtige Rollen bei den Salzburger Festspielen: Titelrolle in Goethes ›Torquato Tasso‹ (1982, R. Dorn); Okeanos in Aischylos/Handkes ›Prometheus, gefesselt‹ (1986, mit Bruno Ganz, R. Grüber); Horch in Canettis ›Hochzeit‹ (1988, R. Axel Corti). Wichtige Rollen an der Schaubühne u. a.: Apoll in Aischylos' ›Die Orestie‹ (1980, mit Edith Clever); Edgar in Kroetz' ›Nicht Fisch nicht Fleisch‹ (1981, mit Michael König); in Strauß' ›Der Park‹ (1984, R. jeweils Stein); Mistingue in Labiches ›Die Affäre Rue de Lourcine‹ (1988, mit Udo Samel, R. Grüber): »Zwei Spießer, ein angesehener Rentier und ein heruntergekommener Koch, ein kleiner Dicker und ein großer Dünner, Lenglumé und Mistingue, der wundervolle Udo Samel und der nicht minder hinreißende Peter Simonischek, haben im Traum die Freuden und Abgründe der Spießerseelen (. . .) entdeckt, gelebt, genossen und gefürchtet: den Suff, die Vergewaltigung, den Mord und die Verzweiflung. Wecken wir Messieurs nicht auf, denn wenn sie schlafen, zeigen sie ihre Gier, ihre Leidenschaft, ihre Mordlust – und Samel und Simonischek tun dies, ohne zu exaltieren, ganz schlicht, alltäglich wahnsinnig. Aus den Biedermännern werden Ungeheuer.« (C. Bernd Sucher, ›SZ‹, 22. 6. 1988); Julius in Strauß' ›Die Zeit und das Zimmer‹ (UA 1989, mit Samel und Libgart Schwarz, R. Luc Bondy); Jupiter in Kleists ›Amphitryon‹ (1991, mit Jutta Lampe, R. Grüber); Kassierer in Kaisers ›Von morgens bis mitternachts‹ (1993, R. Breth); Scott in Genets ›Splendid's‹ (UA 1994, R. Grüber). Seine erste Filmrolle hatte er 1979 in Axel Cortis ›Das eine Glück und das andere‹. Weitere Filme: ›Herrenjahre‹ (mit Josephine Platt, R. Corti); ›Fürchten und lieben‹ (R. Margarethe von Trotta); ›Der Berg‹ (R. Markus Imhoff); ›Erfolg‹ (nach Feuchtwanger, R. Franz Seitz). 1989 wurde er mit dem deutschen Kritikerpreis für Theater ausgezeichnet.

Sinjen, Sabine, geb. 18. 8. 1942 in Itzehoe. Schauspielerin. Begann ihre Karriere als Filmschauspielerin; schon als 14jährige spielte sie in Arthur Brauners ›Die Frühreifen‹. Es folgten Rollen u. a. in den Filmen ›Das Glas Wasser‹ (1960, mit Gustaf Gründgens, R. Helmut Käutner); ›Sabine und die hundert Männer‹ (1960); ›Die Försterchristl‹ (1962); ›Es‹ (1965, R. Ulrich Schamoni). Als Bühnenschauspielerin debütierte sie 1961 an der Werkstatt der Staatlichen Schauspielbühnen Berlin in Wedekinds ›Frühlings Erwachen‹. Von 1967 bis 1971 arbeitete sie am Wiener Theater in der Josefstadt; 1972 spielte sie in Otto Schenks Inszenierung von Shakespeares ›Was ihr wollt‹ die Olivia (Salzburger Festspiele). Von 1976 bis 1980 gehörte Sabine Sinjen zum Ensemble des Hamburger Thalia Theaters, unter der Intendanz von Boy Gobert. Hier spielte sie u. a.: Edrita in Grillparzers ›Weh dem, der lügt!‹ (1976, R. Klaus Maria Brandauer); Titelrolle in Peter Hacks' ›Rosie träumt‹ (1986). Mit Gobert ging sie 1980 an die

Staatlichen Schauspielbühnen Berlin, wo sie als Frau Göring in Hans Falladas Revue ›Jeder stirbt für sich allein‹ zu sehen war (1981, R. Peter Zadek/Jérôme Savary). Weitere Rollen an diesem Haus u. a.: Kamilla Schlitten in Werner Serners ›Posada‹ (UA 1982, R. Thomas Reichert); Aricie in Racines ›Phädra‹ (1984, R. Ernst Wendt); Julia in Schnitzlers ›Komödie der Verführung‹ (1984, R. Hans Hollmann); Ellida in Ibsens ›Frau vom Meer‹ (1984, zuerst bei den Bregenzer Festspielen, R. Thomas Schulte-Michels). Über diese Aufführung schrieb C. Bernd Sucher in der ›Süddeutschen Zeitung‹ (31. 7. 1984): »Sabine Sinjen (. . .) spricht nicht wie eine verwirrte Norwegerin vor fast 100 Jahren. Sie spielt die Deutsche des späten 20. Jahrhunderts. Wie nebenher, den Sekt in der Champagnerflöte, erklärt diese Ellida ihrem Mann, dessen zweite Frau sie ist, den ganzen Frust ihrer Beziehung.« 1987 – nach schwerer Krankheit – spielte sie in Berlin, an ihrem Haus, die Solorolle in Jean Cocteaus ›Die geliebte Stimme‹. Friedrich Luft schrieb (›Die Welt‹, 11. 12. 1987): »Ein bedeutender Alleingang. Dietmar Pflegerl hatte Regie geführt in der kargen Art-deco-Zimmerbühne von Silvia Merlo und Ulf Stengl. Aber die Kraft und die traurige Herrlichkeit kamen nur von Sabine Sinjen.« 1988 spielte sie die Marquise von Merteuil in Heiner Müllers ›Quartett‹ (R. Hans Peter Cloos); 1989 das Fräulein Zallinger in der Uraufführung von Thomas Bernhards ›Elisabeth II.‹ (R. Niels-Peter Rudolph). Sabine Sinjen spielte vor ihrer Krankheit – sie verlor das rechte Auge – auch häufig in Fernsehspielen und -serien.

Sistig, Alfred Erich, geb. 18. 10. 1909 in Hagen, gest. 8. 9. 1980 in Wiesbaden. Dramaturg, Regisseur, Intendant. Stationen: Kammerspiele München (Dramaturg, 1946–1949 und 1955–1960); Landestheater Hannover (Dramaturg und Regisseur, 1949–1955); Münster (Generalintendant, 1960–1968) und Wiesbaden (Generalintendant 1968–1975). Wichtige Inszenierungen u. a. Grabbes ›Don Juan und Faust‹ (1966, Münster); Marguerite Duras' ›Ganze Tage in den Bäumen‹ (DE 1967, eben-

Skoda

da, mit Tilla Durieux); Wagners ›Rheingold‹ (1969, Wiesbaden); Grabbes ›Napoleon oder die 100 Tage‹ (1970, Wiesbaden). Seine Inszenierung von Thomas S. Eliots ›Sweeney Agonister – Sweeney's Kampf‹ (Städtische Bühnen Münster) wurde 1967 zum Berliner Theatertreffen eingeladen.

Skoda, Albin, geb. 29. 9. 1909 in Wien, gest. 22. 9. 1961 ebenda. Schauspieler. Studium an der Akademie für darstellende Kunst in Wien. Von 1924 bis 1926 Engagement am Wiener Volkstheater; von 1931 bis 1933 am Hamburger Thalia Theater, von 1933 bis 1945 am Deutschen Theater in Berlin, wo er u. a. in Inszenierungen von Heinz Hilpert spielte. Von 1946 bis zu seinem Tod gehörte Skoda zum Ensemble des Wiener Burgtheaters.
Literatur: O. M. Fontana: Albin Skoda. Genius zwischen Licht und Schatten. Wien 1962.

Sládek, Milan, geb. 23. 2. 1938 in Strezenice (Tschechoslowakei). Pantomime. Nach dem Abitur Studium an der Akademie der musischen Künste (Abteilung Schauspiel) in Bratislava und Prag. 1960 gründete er in Prag sein erstes Pantomimenensemble. Seit 1968 internationale Gastspiele. 1976 entstand unter Sládeks Direktion das Internationale Pantomimenfestival der Gaukler in Köln. Von 1974 bis 1987 leitete er das Kölner Theater Kefka. Seit 1987 unterrichtet der Pantomime an der Folkwang-Hochschule in Essen. Im Mai 1990 gastierte er – nach 21 Jahren Exil – erstmals wieder in seiner Heimat.

Slevogt, Max, geb. 8. 10. 1868 in Landshut, gest. 20. 9. 1932 in Neukastel. Maler. Erhielt seine Ausbildung bei Wilhelm von Diez an der Münchner Akademie für bildende Künste. 1889 und 1890 Aufenthalte in Paris und in Italien. Slevogt bekannte sich zwar ausdrücklich zum Impressionismus, enthielt sich aber weitgehend der Anwendung der für die französischen Impressionisten wesentlichen Zerlegung des Lichts in Komplementärfarben. Slevogt verstand unter Impressionismus vor allem die Entfesselung der Phantasie. Sein Interesse am Theater und an der Oper blieb von den Regisseuren nicht unentdeckt: 1904 entwarf Slevogt die Dekorationen für Max Reinhardts Shakespeare-Inszenierung der ›Lustigen Weiber von Windsor‹ und für Otto Brahms Inszenierung von Hauptmanns ›Florian Geyer‹; 1907 schuf er das Bühnenbild für Hebbels ›Gyges und sein Ring‹ (R. Reinhardt); 1924 stattete er in Dresden eine Aufführung von Mozarts ›Don Giovanni‹ aus. 1922 entstand sein Gemälde ›Der ›weiße‹ d'Andrade in der Rolle Don Giovannis‹.
Literatur: E. Diehl: Berliner Bühnenbildner. Berlin 1926; H.-J. Imiela: Max Slevogt. Karlsruhe 1968; J. Wirth: Slevogt, Orlik, Pankok. Berlin 1971.

Snajder, Slobodan, geb. 8. 7. 1948 in Zagreb. Kroatischer Schriftsteller. Snajder studierte Philosophie und Anglistik. Von 1967 an erste Veröffentlichungen von Novellen und Essays. 1968 gründete er die jugoslawische Theaterzeitschrift ›Prolog‹, deren langjähriger Redakteur er war. 1969 wurde ›Minigolf‹, sein erstes Stück, aufgeführt. Snajder bezeichnet sich selbst als nostalgischen Achtundsechziger, der seine philosophischen Grundlagen in der Frankfurter Schule gefunden habe, vor allem in Adornos Buch ›Jargon der Eigentlichkeit‹, das eine wichtige Quelle für sein Stück ›Der Kroatische Faust‹ (1982) wurde. Roberto Ciulli inszenierte in Mühlheim mit Erfolg dieses Stück als deutsche Erstaufführung.
Weitere Stücke: ›Kamov. Ein Todeslauf‹ (1978); ›Nonnenstille in Dubrovnik‹ (1987); ›Bauhaus‹ (1990).

Sobel, Bernard, geb. 1936 in Paris. Regisseur und Theaterleiter. Von 1957 bis 1960 war Sobel Assistent am Berliner Ensemble, wo er mit Benno Besson, Manfred Wekwerth und Peter Palitzsch zusammentraf. 1961 kehrte er nach Frankreich zurück und gründete zusammen mit Jacques Roussillon das Théâtre Gérard-Philipe in Saint-Denis. Wenig später ließ er sich mit einer Gruppe von Schauspielern in Gennevilliers nieder und gründete dort 1964 das Ensemble Théâtral de Gennevilliers (ETG), das 1977 von der Stadt übernommen wurde; 1983 wurde daraus ein »Centre dramatique national«. Wichtige Inszenierungen u. a.: Marlowes ›Eduard II.‹ (1981); Shakespeares ›Coriolan‹ (1983); Schillers ›Maria Stuart‹ (1983, in Zusammenarbeit mit der Comédie Française); Heiner Müllers ›Philoktet‹ (1984 und 1970); Lessings ›Nathan der Weise‹ (1987, französische EA); Ostrowskis ›Der Wald‹ (1989); Molières ›Tartuffe‹ (1990). 1985 inszenierte Sobel an den Staatlichen Schauspielbühnen Berlin Lessings ›Nathan der Weise‹. Seit 1970 arbeitet er auch für das französische Fernsehen.

Sobol, Joshua, geb. 1939 in Tel Aviv. Israelischer Dramatiker. Sobol lebte im Kibbuz, studierte Philosophie an der Pariser Sorbonne und kehrte nach seinem Abschluß 1970 nach Israel zurück. Beginn des dramatischen Schaffens, u. a. mit Dokumentarstücken, die soziale Probleme thematisierten. Gleichzeitig Arbeit als Journalist für die Zeitung ›Al Hamishar‹, für die er in Paris bereits als Korrespondent geschrieben hatte. Seit 1971 wurden über 17 seiner Stücke in Israel aufgeführt, meist Zeitstücke. Neben der schriftstellerischen Tätigkeit engagierte er sich politisch in der Linken und war jahrelang Mitdirektor des Municipal Theatre in Haifa. Sobol lebt heute in Tel Aviv. Internationale Anerkennung fand er mit seinen Stücken ›Ghetto‹ (1984; im selben Jahr DE, Freie Volksbühne Berlin, R. Peter Zadek) und ›Weiningers Nacht‹ (1982; DE 1985, Düsseldorfer Schauspielhaus, R.: Jean-Claude Kuner), einer Auseinandersetzung mit »negativen« jüdischen Figuren der Vergangenheit, an Hand derer er auf provokante Weise die Fragen des Antisemitismus und die Rolle der Juden in Israel und der Diaspora kritisch untersucht. »Die Themen seiner Theaterstücke entnimmt Joshua Sobol der jüdischen Geschichte und der israelischen Gegenwart: die Zerstörung Jerusalems durch die Römer und die unheilvolle Rolle eines fanatischen Nationalismus; die kritischen Tage unmittelbar vor der Gründung Israels; die Auseinandersetzung mit Mythen und Wertbegriffen des frühen Zionismus; das von Sobol satirisch angegriffene religiöse Establishment in Israel;

die Auflösung heroischer Begriffe in der Realität des Krieges. Nichts beschäftigt Joshua Sobol so intensiv wie die Frage, was das ist, ein Jude.« (Georg Hensel, ›Spiel's noch einmal‹. Frankfurt 1991)
Weitere Stücke: ›Die Palästinenserin‹ (1985); ›Das Jerusalem Syndrom‹ (1987); ›Adam‹ (1989); ›Solo für Spinoza‹ (1991); ›A und B‹ (1991); ›Untergrund‹ (1991); ›Auge in Auge‹ (1992); ›Befrei mich‹ (1992); ›Klezmers Reise‹ (1993).

Söhnker, Hans, geb. 11. 10. 1903 in Kiel, gest. 20. 4. 1981 in Berlin. Schauspieler. Nach dem Besuch einer Handelsschule und einer kaufmännischen Lehre entschloß sich Söhnker, zur Bühne zu gehen. Schauspielstudium bei Clemens Schubert in Kiel (1922/23). Debüt am Kieler Stadttheater 1923 als Zedlitz in Holz' ›Traumulus‹. Weitere Stationen: Frankfurt a. M. (1925–1926); Staatstheater Danzig (1926–1928 und 1930/31); Schauspielhaus Baden-Baden (1929/30); Stadttheater Chemnitz (1932/33); von 1934 an Schauspielhaus Bremen. Von 1945 bis 1948 gehörte er zum Ensemble der Staatlichen Schauspielbühnen Berlin und spielte u. a. den Jacques in Shakespeares ›Wie es euch gefällt‹. In den sechziger Jahren arbeitete er am Thalia-Theater Hamburg: Julian Fichtner in Arthur Schnitzlers ›Der einsame Weg‹ (1966, R. Heinrich Schnitzler); an der Kleinen Komödie in München: Graf Cesterfield in Françoise Sagans ›Das ohnmächtige Pferd‹ (1968, R. Gerhard Metzner). Bereits 1933 wurde Söhnker für den Film entdeckt: Viktor Jansen engagierte ihn für die Rolle des Zarewitsch in der Verfilmung der gleichnamigen Lehár-Operette. Wichtige Filmrollen u. a. in: ›Sie und die drei‹ (1935); ›Arzt aus Leidenschaft‹ (1936); ›Truxa‹ (1936); ›Der Mustergatte‹ (1937); ›Die Frau am Scheideweg‹ (1938); ›Auf Wiedersehen, Franziska‹ (1941); ›Der Strom‹ (1942); ›Große Freiheit Nr. 7‹ (1944, als Werftarbeiter, neben Hans Albers). 1947 spielte er in Helmut Käutners ›Film ohne Titel‹: »Wer ihn sah, wird nicht nur registriert haben, wie glatt ein solcher Schauspieler vom Film der NS-Zeit in den der Nachkriegszeit übergehen konnte. Söhnker verkörperte

Solf

etwas, was der Zuschauer im Film immer gerne gesucht hat und in der Katastrophe erst recht: den Mann, der gutmütig ist, zu dem man Vertrauen haben kann, der bergende Fähigkeiten hat und einem immer ein Lächeln vermittelt, wenn man eines Lächelns bedarf.« (Günther Rühle, Nachruf, ›FAZ‹, 22. 4. 1981) Große Erfolge feierte Söhnker in den sechziger und siebziger Jahren auch in Fernsehserien, u. a. ›Der Forellenhof‹ (1965), ›Salto mortale‹ (1969). Joachim Kaiser beschrieb Söhnker in seinem Nachruf (›SZ‹, 22. 4. 1981) als »heiteren Meister und hintergründigen Charmeur: Er war kein Tragöde, kein diabolisches Genie, kein Komiker, der eine Welt veränderte oder neu erschuf. Söhnker war etwas anderes. Er war sympathischer, menschlicher und vielleicht auch liebenswürdiger als viele jener ›Großen‹.«
Literatur: Hans Söhnker: ... und kein Tag zuviel. Hamburg 1974.

Solf, Reinhild, geb. in Haldensleben. Schauspielerin. Ausbildung an der Max-Reinhardt-Schule in Berlin. Erstes Engagement an der Landesbühne Hannover. Weitere Stationen: Bühnen der Hansestadt Lübeck; Staatliche Schauspielbühnen Berlin. Von 1974 bis 1987 freie Schauspielerin, u. a. an den Staatlichen Schauspielbühnen Berlin und dem Schauspielhaus Zürich. Seit 1988 im Ensemble des Basler Theaters. Arbeitete auch für das Fernsehen. Wichtige Rollen (v. a. in Inszenierungen von Hans Hollmann, mit dem sie verheiratet ist): Fontanelle in Bonds ›Lear‹ (1973, Staatliche Schauspielbühnen Berlin, R. Hans Lietzau); unter der Regie von Hollmann: Mrs. Frost in Scott Fitzgeralds ›Der Präsident oder Das Würstchen‹ (1973, ebenda); Titelrolle in Goethes ›Stella‹ (1983, Zürcher Schauspielhaus); Titelrolle in Kleists ›Penthesilea‹, (1984, ebenda); Frau Meinhold in Schnitzlers ›Das weite Land‹ (1988, ebenda); Lotte in Shaffers ›Laura und Lotte‹ (1989, ebenda); außerdem Schauspielerin in Elfriede Jelineks ›Die Klavierspielerin‹ (UA 1989, Basler Theater, R. Patricia Jünger); Marie Steuber in Botho Strauß' ›Die Zeit und das Zimmer‹ (1991, ebenda); Titelrolle in Victor Hugos ›Lucretia Borgia‹ (1993, ebenda, R.

jeweils Hollmann). In ihren letzten Rollen betonte Reinhild Solf stets die große Allüre, die Künstlichkeit, zelebrierte grandes dames, manchmal bis zur Manieriertheit.
Literatur: R. Solf: Leberwurst Käsebrot. Roman. Wien, München u. a. 1980.

Solter, Friedo, geb. 1933. Schauspieler und Regisseur. Zunächst Hospitant am Berliner Ensemble; 1955 Engagement in Senftenberg, 1956–1959 in Meiningen; 1959–1970 und wiederum von 1972 an Schauspieler und Regisseur am Deutschen Theater Berlin. Wichtige Inszenierungen u. a.: Hochhuths ›Der Stellvertreter‹ (1966, Ko-Regie Hans-Diether Meves); Lessings ›Nathan der Weise‹ (1966); Ariano Suassunas ›Das Testament des Hundes oder Das Spiel von unserer Lieben Frau, der Mitleidvollen‹ (1966); Hacks' ›Amphitryon‹ (1972); Goethes ›Tasso‹ (1975 und 1983); Schillers ›Wallenstein‹ (1979); Helmut Bez' ›Jutta oder Die Kinder von Damutz‹ (1980); Sophokles' ›Elektra‹ (1980); Tschechows ›Der Kirschgarten‹ (1984). 1985 inszenierte Solter am Darmstädter Theater Lessings ›Nathan der Weise‹; Verena Auffermann schrieb über diese Aufführung (›SZ‹, 15. 3. 1985): »Bei allen Hinweisen auf den heutigen Libanon-Konflikt begeht Solter nicht – wie viele Lessing-Interpreten vor ihm – den Fehler, den Text damit zu überfrachten. Leicht, und wenn es not tut auch ironisch, werden die phantastischen Verwicklungen von Herzensneigung und Glaubensschranken gelöst. (...) Auf die Frage, was Friedo Solter, der schon in Bonn und Bremen Regie geführt hat, an der westdeutschen Arbeit interessiere, antwortete er: ›Die andere Gesellschaft, die Westverhältnisse und wie die Menschen im Alltag hier leben.‹« Weitere Inszenierungen u. a.: Barlachs ›Die echten Sedemunds‹ (1988); Michail Schatrows ›Diktatur des Gewissens‹ (1988); Gorkis ›Nachtasyl‹ (1990); Lessings ›Philotas‹ (1991); Ibsens ›Peer Gynt‹ (1991).
Literatur: F. Solters Inszenierung ›Der Sturm‹ am Deutschen Theater Berlin 1974. Berlin 1977; M. Kuschnia (Hrsg.): 100 Jahre Deutsches Theater Berlin 1883– 1983. Berlin 1983.

Sophokles, geb. um 497 v. Chr. in Kolonos bei Athen, gest. um 406 v. Chr. ebenda. Dichter. Sophokles hat wichtige Neuerungen im Drama eingeführt: die Zahl der Schauspieler wurde von zwei auf drei, die Zahl der Chormitglieder von zwölf auf fünfzehn erhöht, wodurch eine größere Dramatik und eine komplexere Handlung erreicht wurden. Von seinen 123 Dramen sind nur sieben Tragödien und ein Satyrspiel erhalten geblieben. Seit dem 16. Jahrhundert haben die tragischen Schicksale seiner Figuren und seine großen Frauengestalten immer wieder zu neuen Bearbeitungen herausgefordert, im 20. Jahrhundert Anouilh, Brecht, O'Neill, Hofmannsthal (auch zu Libretti für Richard Strauss), Cocteau und viele andere.
Stücke: ›Aias‹; ›Philoktet‹; ›König Ödipus‹; ›Ödipus auf Kolonos‹; ›Antigone‹; ›Elektra‹; ›Die Trachinierinnen‹.
Literatur: H. Patzer: Die Anfänge der griechischen Tragödie. Wiesbaden 1962; B. Knox (u. a.): The Heroic Temper. Berkeley 1966; J. Kott: Gott-Essen. Interpretationen griechischer Tragödien. München 1970.

Sorge, Reinhard Johannes, geb. 29. 1. 1892 in Rixdorf bei Berlin, gest. 20. 7. 1916 bei Ablaincourt, Somme. Schriftsteller. Sorge Sohn eines Stadtbauinspektors. Sorge studierte Jura in Jena. Von 1910 an schriftstellerische Tätigkeit. 1913 zwei Italienreisen, dabei Konversion zum Katholizismus. 1914 Soldat, 1916 gefallen. Sorge schrieb mit seinem Stück ›Der Bettler‹ (1912) eines der frühesten expressionistischen deutschen Dramen, für das er den Kleistpreis erhielt. Es wurde erst nach seinem Tod von Max Reinhardt uraufgeführt. »Ganz mit dem berechtigten Ichgefühl der Jugend ist Sorge nur mit sich selbst beschäftigt, mit sich und der ›dramatischen Sendung‹, die er sich zuerkennt, und mit seiner nächsten Umwelt, die wiederum auf ihn zurückstrahlt. Wie jeder Jüngling hat er den faustischen Drang, für sich, ganz allein für sich die Welt zu erobern und seine, wie er glaubt, end- und allgemeingültige Meinung über Gott, über das Weib und die Kunst zu sagen. (. . .) Er aber ist, wenn kein ›Dramatiker‹, so doch ein Dichter, das heißt ein

Mensch, der voll großer Leidenschaft ist und Kraft besitzt, sie auszudrücken, ohne freilich schon ›Form‹ gefunden zu haben. Erdgebunden, phantasiert er sich in erdferne Räume hinauf. Nachdem er dieses Stück [›Der Bettler‹] geschrieben, trat er, wie einst Zacharias Werner, in Rom zur katholischen Kirche über, und seine späteren Arbeiten ›König David‹ und ›Guntwar‹ stehen sehr im Weihrauchdunst des Mysteriums.« (Fritz Engel, ›Berliner Tageblatt‹, 24. 12. 1917)
Weitere Stücke: ›Guntwar. Die Schule eines Propheten‹ (1914); ›Metanoeite. Drei Mysterien‹ (1915); ›König David‹ (1916); ›Der Sieg des Christos‹ (postum 1924).
Literatur: H. Denkler: Drama des Expressionismus. München 1979.

Sorma, Agnes (eigtl. Martha Karoline Zaremba), geb. 17. 5. 1865 in Breslau, gest. 10. 2. 1927 in Crowneking (USA). Schauspielerin. Nach Engagements an den Bühnen von Breslau, Liegnitz, Görlitz und Posen kam Agnes Sorma 1883 ans Deutsche Theater Berlin zu Adolf L'Arronge; von 1890 bis 1894 arbeitete sie am Berliner Theater bei Paul Barnay. Von 1894 bis 1898 spielte sie bei Otto Brahm am Deutschen Theater; danach war sie als freie Schauspielerin an mehreren Berliner Bühnen zu sehen. Wichtige Rollen u. a.: Titelrolle in Kleists ›Käthchen von Heilbronn‹ (1885); Ophelia in Shakespeares ›Hamlet‹ (1885); Franziska in Lessings ›Minna von Barnhelm‹ (1887); Titelrolle in Ibsens ›Nora‹ (1892); Rautendelein in Hauptmanns ›Armer Heinrich‹ (1903); Porzia in Shakespeares ›Der Kaufmann von Venedig‹ (1905). Zu ihren Bewunderern zählten Gerhart Hauptmann und Thomas Mann; Herbert Ihering schätzte an Agnes Sorma vor allem ihre Sprachbeherrschung.
Literatur: J. Bab: Agnes Sorma. Ein Gedenkbuch. Heidelberg 1927; W. Drews: Die Großen des deutschen Schauspiels. Berlin 1941; H. Ihering: Von Josef Kainz bis Paula Wessely. Heidelberg, Berlin, Leipzig 1942; J. Bab; Kränze der Mimen. Emsdetten 1944; K. Krause: Die Schauspielerin Agnes Sorma. Versuch zur Analyse und Wertung ihrer Darstellungskunst. Diss. Berlin 1969.

Soyfer

Soyfer, Jura Feder (Pseud. Jura), geb. 8. 12. 1912 in Charkov, gest. 16. 2. 1939 im KZ Buchenwald. Österreichischer Schriftsteller. Sohn eines Industriellen. Nach der Oktoberrevolution Flucht nach Wien mit seiner jüdischen Familie. Er studierte dort 1930 Germanistik und Geschichte, schrieb Texte für die Arbeiterzeitung der SPÖ, 1934 Eintritt in die KPÖ. Von 1934 an schrieb er Stücke, Lieder und Gedichte für Wiener Kleinkunstbühnen in der Tradition des Wiener Volkstheaters gegen den Faschismus und den österreichischen Staat. Bei einem Fluchtversuch in die Schweiz wurde er 1938 verhaftet, zunächst nach Dachau gebracht, dann nach Buchenwald, wo er ermordet wurde. Kurz vor seinem Tod entstand das ›Dachaulied‹.
Stücke: ›Weltuntergang‹ (1936); ›Der Lechner Edi schaut ins Paradies‹ (1936); ›Astoria‹ (1937); ›Vineta‹ (1937).
Literatur: W. Martin (Hrsg.): Von Paradies und Weltuntergang. 1962; P. Langmann: Sozialismus und Literatur. Jura Soyfer. Frankfurt a. M. 1986.

Soyinka, Wole, geb. 13. 7. 1934 in Abeokuta. Nigerianischer Dramatiker, Lyriker und Romancier. Soyinka studierte in England und Nigeria, danach Hochschullehrer. Er war politisch engagiert und von 1967 bis 1969, während des nigerianischen Bürgerkrieges, inhaftiert. Später gründete er zwei eigene Theatertruppen. In seinem Werk setzt er sich mit dem Verhältnis zwischen dem modernen Afrika und seiner kolonialen Vergangenheit auseinander und kritisiert u. a. die Korruptheit heutiger afrikanischer Machthaber. Seine Stücke verknüpfen Einflüsse von Brechts Theater mit Elementen der Yoruba-Mythologie. Er schreibt in englischer Sprache. 1986 erhielt er den Nobelpreis für Literatur.
Stücke: ›The Lion and The Jewel‹ (1963); ›A Dance of the Forests‹ (1963); ›The Bacchae‹ (1973); ›Opera Wonyosi‹ (1981); ›A Play of Giants‹ (1984).
Literatur: E. D. Jones: W. Soyinka. New York 1973; R. Böttcher-Wobcke: Komik, Ironie und Satire im dramatischen Werk von W. Soyinka. Hamburg 1976.

Specht, Kerstin, geb. 1956 in Kronach, Oberfranken. Dramatikerin. Kerstin Specht studierte Germanistik, Theologie und Philosophie in München, von 1985 an Studium an der Münchner Hochschule für Film und Fernsehen. Sie arbeitete als Regieassistentin beim Bayerischen Rundfunk, seit 1988 schreibt sie für das Theater. Sie erhielt diverse Preise, darunter den Else-Lasker-Schüler-Preis (1993). Specht erzählt Geschichten, die eng mit ihrer oberfränkischen Heimat verbunden sind. Ihre Stücke stehen in der Tradition des kritischen Volkstheaters, ihre Vorbilder sind Franz Xaver Kroetz und Rainer Werner Fassbinder. »Bei Kerstin Specht sprengt die aufsässige Dialekttönung ihrer Kunstsprache das Heimatstück von innen her. Die Sprache ihrer fränkischen Heimat wirkt tatsächlich wie bei Marieluise Fleißer – als ein Zauberstab, unter dessen Berührung die Wände zwischen den sozialen Gruppen und Klassen fallen und menschliche Urszenen erscheinen: die Begegnung Adams und Evas, der Haß des Kain und Abel, die Vertreibung aus dem Paradies. Die Provinz wird als ein Raum entdeckt, in dem die Erfahrung solcher Urszenen noch täglich möglich ist. Das unheimliche Doppelgesicht der Heimat, der Mutterliebe, der Geschlechterbeziehung, der erkauften Zuneigung, der Naturverbundenheit hat in den Stücken von Kerstin Specht Gestalt gewonnen.« (Wolfgang Frühwald, Laudatio zur Verleihung des Staatlichen Förderungspreises des Landes Bayern 1990)
Stücke: ›Lila‹ (1990); ›Das glühend Männla‹ (1990); ›Amiwiesen‹ (1990); ›Mond auf dem Rücken‹ (o.J.).

Spencer, Colin, geb. 17. 7. 1933 in Thornton Heath. Englischer Schriftsteller. Veröffentlichte neben Romanen mehrere Stücke, in denen psychologische Konflikte mit zum Teil grotesken Vorgaben behandelt werden, wie in seinem auch in Deutschland aufgeführten Stück ›Wie ein Ei dem andern‹ (1968): Zwei homosexuelle Männer entdecken, daß einer von ihnen ein Kind bekommt.
Weitere Stücke: ›The Ballad of the False Barman‹ (1966); ›The Trial of St. George‹ (1972); ›Lilith‹ (1979).

Spengler, Volker, geb. 1943. Schauspieler und Regisseur. Erste wichtige Rolle: der Hund in Wolf Biermanns ›Dra-Dra‹ (Münchner Kammerspiele 1971, R. Hansgünther Heyme). 1979 arbeitete er am Café-Theater in München; 1980 inszenierte er am Münchner Studiotheater Jean Genets ›Unter Aufsicht‹; 1982 am Bayerischen Staatsschauspiel (Spielstätte Marstall) Bodo Kirchhoffs ›An den Rand der Erschöpfung weiter‹. 1982/83 Engagement am Frankfurter TAT; 1987/88 Schauspieler am Frankfurter Schauspiel (u. a.: Hoffmann in Gerhart Hauptmanns ›Vor Sonnenaufgang‹ und Gaveston in Brechts ›Leben Eduards des Zweiten von England‹, R. Peter Palitzsch). 1990 inszenierte er am Nürnberger Schauspiel Lessings ›Emilia Galotti‹; seit 1993 als Schauspieler am Berliner Ensemble. Spengler spielte auch in Filmen von Fassbinder, u. a. in ›Die dritte Generation‹ (1979).

Sperr, Martin, geb. 14. 9. 1944 in Steinberg. Schauspieler, Regisseur und Autor. Zunächst kaufmännische Lehre. Ab 1962 Ausbildung am Max-Reinhardt-Seminar in Wien und an einer Schauspielschule in Wiesbaden. Erstes Engagement am Theater Bremen als Schauspieler und Regieassistent. Ersten Erfolg als Autor hatte er mit dem später auch verfilmten Text ›Jagdszenen aus Niederbayern‹ (UA 1966, Film 1969 von Peter Fleischmann).»Dabei beruht das Aufsehen, das dieses Stück erregte, nicht einmal auf der Neuartigkeit des Themas. Daß der Mensch der Wolf des Menschen ist, ist ja eine Vorstellung so alt wie die abendländische Geschichte. (. . .) Bei Sperr wurde diese allgemeine Formel jedoch auf zweifache Weise präzisiert, indem sie nämlich ausdrücklich auf die westdeutsche Gesellschaft angewendet wurde und indem mit der Landbevölkerung der Teil der Population ins Bild geriet, der auch von kritischen Autoren bisher am häufigsten wohlwollend bzw. romantisiert dargestellt worden ist. Sperr zeigt, daß sich der Dorfbewohner in bezug auf Hartherzigkeit, Egoismus und Brutalität durch nichts vom Städter unterscheidet.« (Gerd Müller, ›Das Volksstück von Raimund bis Kroetz‹. München 1979)

1967 wurde Sperr Hausautor und Schauspieler an den Münchner Kammerspielen. Im selben Jahr kam sein zweites Stück heraus: ›Landshuter Erzählungen‹ und 1969 der dritte Teil seiner Bayrischen Trilogie: ›Münchner Freiheit‹. 1970 folgte in Stuttgart die Uraufführung von ›Koralle Meier‹. 1971 drehte er zusammen mit Reinhard Hauff den Fernsehfilm ›Der Räuber Mathias Kneißl‹, in dem Sperr auch mitspielte; 1972 folgte, zuerst als Film, ›Adele Spitzeder‹ (R. Peer Raben). Nach einer schweren Krankheit kehrte Sperr 1974 auf die Bühne zurück, spielte in der deutschen Erstaufführung von Brendan Behans ›Borstal Boy‹ in Bochum; danach Auftritte in kleinen Privattheatern Münchens. 1982 spielte er die Titelrolle in Shakespeares ›Hamlet‹ (Theater Freiburg, R. Valentin Jeker). Seit den frühen achtziger Jahren überträgt er deutschsprachige Theatertexte ins Bairische, die meistens vom Münchner Volkstheater herausgebracht werden (u. a.: Otto Mühls ›Rheinpromenade‹, Fitzgerald Kusz' ›Schweig, Bub!‹); daneben immer wieder Auftritte in Aufführungen des Münchner Volkstheaters und bei den Volksschauspielen in Telfs, Tirol.

Spiel, Hilde, geb. 19. 10. 1911 in Wien, gest. 30. 11. 1990 ebenda. Kritikerin und Schriftstellerin. Studium der Philosophie an der Universität Wien; 1936 Promotion. Von 1933 bis 1935 Mitarbeiterin der Wirtschaftspsychologischen Forschungsstelle der Universität Wien. In dieser Zeit erschienen ihre ersten beiden Romane ›Kati auf der Brücke‹ (1933) und ›Verwirrung am Wolfgangsee‹ (1935). 1936 Emigration nach London, wo sie für den ›New Statesman‹ arbeitete. 1946 Rückkehr nach Wien. Von 1946 bis 1948 Theaterkritikerin der ›Welt‹ in Berlin; von 1948 bis 1955 wiederum in London, als Kulturkorrespondentin der ›Neuen Zeitung‹ und ›Süddeutschen Zeitung‹ und des Berliner ›Tagesspiegel‹. Endgültige Rückkehr nach Österreich 1963. Bis etwa 1970 Mitarbeiterin der ›Frankfurter Allgemeinen Zeitung‹, der ›Weltwoche‹ und des ›Guardian‹. Veröffentlichte zahlreiche Romane, Essay-Bände und zwei Erinnerungsbände: ›Die hellen und die finsteren Zeiten‹ (1989) und ›Welche Welt ist meine Welt‹ (1990). Daneben Tätigkeit als Übersetzerin. In seinem Nachruf schrieb Ulrich Weinzierl (›FAZ‹, 1. 12. 1990): »Was man von ihr lernen konnte – denn das ist keine Frage des Talents –, waren Unerschrokkenheit, Anstand und Würde. Hilde Spiel, eine femme de lettre par excellence, eine Frau von Welt, keine Feministin, sondern nur eine emanzipierte Dame.«

Sprenger, Wolf-Dietrich, geb. 1942 in Zeitz. Schauspieler und Theaterautor. Studium der Germanistik und der Theaterwissenschaft in Berlin. Debüt als Schauspieler 1966 am Forum Theater Berlin. Weitere Stationen: Flensburg, Krefeld, Deutsches Schauspielhaus Hamburg (1972–1979), Schauspiel Köln (1979–1985). Seit 1986 gehört Sprenger zum Ensemble des Thalia Theaters in Hamburg. Wichtige Rollen u. a.: Molvig in Ibsens ›Wildente‹ (1975, R. Peter Zadek); Oswald in Ibsens ›Gespenster‹ (1977, R. Luc Bondy); Zettel in Shakespeares ›Sommernachtstraum‹ (1978, R. Franz Marijnen); Knut in Peter Greiners ›Kiez‹ (UA 1980, R. Walter Bockmayer). Über seine Darstellung schrieb Heinrich Vormweg (›SZ‹, 21. 5. 1980): »Wolf-Dietrich Sprenger als Knut zeigt allein schon physisch eine Leistung, die Bewunderung verdient. Die Spannbreite der Rolle liegt zwischen leiser Zärtlichkeit und hohlem Geschrei, und Sprenger steht sie durch, es gelingt ihm auch, den Abstieg vom erfolgreichen Zuhälter über einen letzten Versuch, vom Kiez in eine Kleinbürgerexistenz auszubrechen, bis in die Wehr- und Haltlosigkeit anschaulich zu machen.« Weitere Rollen u. a.: Kammerherr in Gombrowicz’ ›Yvonne, Prinzessin von Burgund‹ (1990, R. Luc Bondy); Sosias in Kleists ›Amphitryon‹ (1982); Mephisto in Goethes ›Faust I‹ (1983); Thibault in Schillers ›Jungfrau von Orleans‹ (1985, R. jeweils Jürgen Flimm); Jon Kopitzke in Klaus Pohls ›La Balkona Bar‹ (UA 1985, R. Sanda Weigl); Frank Busch schrieb darüber (›SZ‹, 21. 5. 1985): »Wolf-Dietrich Sprenger macht Jon Kopitzke zur zentralen Figur dieser Inszenierung, weil er all die Widerstände gegen die ewig Gestrigen ver-

körpert und doch eine ganz einfache Geschichte spielt. Er verkörpert die Gebrochenheit des gescheiterten Jon Kopitzke und steht für das Scheitern in einer Welt des Scheins, in der auch noch die Erotik zum Theater gehört, das wir uns täglich vorspielen.« Sprenger spielte in Heiner Müllers ›Hamletmaschine‹ (1986, R. Robert Wilson); er spielte den Schauspieler in Tankred Dorsts ›Ich, Feuerbach‹ (1987, R. der Autor); den Schulmeister in J. M. R. Lenz’ ›Der Hofmeister‹ (1989, R. Alexander Lang); Malvolio in Shakespeares ›Was ihr wollt‹ (1991, R. Flimm); Titelrolle in Strindbergs ›Vater‹ (1993, R. Guy Joosten). Sprenger arbeitete auch als Regisseur, inszenierte Fleißers ›Fegefeuer in Ingolstadt‹ (1980, Köln) und Schillers ›Kabale und Liebe‹ (1991, Stuttgart). Er schrieb Kinderstücke: ›Die sieben Schwaben‹ (UA 1974, Thalia Theater Hamburg); ›Pinocchio‹ (UA 1974, Deutsches Schauspielhaus Hamburg); ›Die Schildbürger‹ (UA 1980, ebenda). 1982 wurde am Kölner Schauspiel seine Farce ›Null zu Null oder die Wiederbelebung des Angriffsspiels‹ uraufgeführt.

Stadelmaier, Gerhard, geb. 1950 in Stuttgart. Kritiker. Studium der Germanistik und Geschichte in Tübingen; Promotion mit der Arbeit ›Lessing auf der Bühne – Ein Klassiker im Theateralltag‹. 1978–1989 Feuilletonredakteur der ›Stuttgarter Zeitung‹; Mitarbeiter bei ›Theater heute‹, ›Die Zeit‹ und ›Der Spiegel‹; seit 1989 Redakteur und Theaterkritiker der ›Frankfurter Allgemeinen Zeitung‹. Er veröffentlichte die Aufsatzsammlung ›Letzte Vorstellung. Eine Führung durchs deutsche Theater‹ (Frankfurt a. M. 1993).

Stahl, Rolf, geb. in Limburg, Lahn. Regisseur. Schauspielausbildung an der Staatlichen Musikhochschule Frankfurt a. M.; gleichzeitig Studium der alten Geschichte, Germanistik und Soziologie (ohne Abschluß). Erstes Engagement an den Städtischen Bühnen Frankfurt; 1969 Schauspieler und Regisseur in Dortmund; seither arbeitet er nur noch als Regisseur. 1971 wechselte er zu Günther Beelitz an das Staatstheater Darmstadt, wo er 1974/75 auch Oberspielleiter war. Er inszenierte u. a. die Uraufführungen von Kroetz' ›Männersache‹ (1972) und Molière/Deichsels ›Menschenfeind‹ (1972). Seit 1975/76 freier Regisseur, u. a. in Düsseldorf und am Schauspielhaus Zürich. Inszenierungen am Staatsschauspiel München u. a.: ›Das Leben ist wie eine Lawine – einmal rauf und einmal runter‹ (Valentin-Abend 1978); Thomas ›Magdalena‹ (1978); Gorkis ›Die Kleinbürger‹ (1980); Goethes ›Stella‹ (1980); Brechts ›Mutter Courage und ihre Kinder‹ (1982, mit Ruth Drexel); Wedekinds ›Musik‹ (1983); Grasers ›Rabenthal‹ (UA 1992). Am Münchner Volkstheater: Molnárs ›Liliom‹ (1987); Goethes ›Die Mitschuldigen‹ (1988); Kroetz' ›Weitere Aussichten‹ und Mitterers ›Sibirien‹ (1990); ›Dreckats Gschirr‹ (1991, bayer. Fassung von Whitbys ›Dirty Dishes‹). Außerdem Gastinszenierungen in Hamburg, Berlin, Wien sowie im Ausland (u. a. Büchners ›Woyzeck‹ in Neu-Delhi, 1982); zahlreiche Kroetz-Inszenierungen.

Stanev, Ivan, geb. 29. 6. 1959 in Varna (Bulgarien). Autor. Sohn eines Bauingenieurs und einer Rechtsanwältin. Stanev wuchs als Kultur-Deutscher zweisprachig auf, er besuchte ein deutsches Internat. Er schreibt seit seiner Kindheit Lyrik, Prosa, Stücke und ästhetische Abhandlungen, die in Bulgarien nie veröffentlicht werden konnten. Von 1978 bis 1980 Militärdienst, danach Studium der Regie an der Hochschule für Schauspiel, Regie und Theaterwissenschaft in Sofia; gleichzeitig Studium der Philosophie. 1984 Engagement als Regisseur in der Provinz in Lowetsch, wo er erste Inszenierungen eigener Bearbeitungen nach Gozzi, Tschechow, Kroetz u. a. zeigte. Diese Aufführungen brachten ihm 1985 ein Berufsverbot ein. Stanev schrieb danach an einer Dissertation in Philosophie ›Der Exzeß und die Grenzüberschreitung‹, übersetzte Heiner Müller, Rilke, Horváth und Adorno. 1986 inszenierte er seine Bearbeitung von ›Woyzeck‹ mit dem Titel ›Die Wunde Woyzeck – Bildbeschreibung‹ am Staatstheater Sofia, mit der er 1988 nach Berlin eingeladen wurde, wo er seither lebt. Er arbeitete am Studiotheater München und inszenierte für das Hebbeltheater in Berlin in internationalen Koproduktionen mehrere eigene Stükke. 1993 erschien ›Lapsus Linguae – Theaterstücke, Theoretische Lähmungen, Ontologische Gesänge‹. Stanev schreibt seit 1988 in deutscher Sprache. »Stanev fordert das Publikum, er will es herausfordern. Seine Figuren wettern gegen Überbevölkerung, die Stadt, in der sie leben, versinkt in Fäkalien (. . .) Aber worin besteht das Wesensmerkmal seines Theaters, das – ähnlich wie die strengen Exerzitien eines Jan Fabre – Aggressionen auszulösen scheint? Sicher hängt es damit zusammen, daß der Autor und Regisseur (. . .) Stanev am letzten noch existierenden Tabu herumkratzt (. . .). Stanev arbeitet mit den alten europäischen Theaterformen. Beim ›Hermaphroditus‹ könnte man an eine Commedia dell'arte von einem anderen Stern denken, so fremdartig erscheinen die szenischen Rituale. Bei ›Schuld und Bühne‹ spielt er mit der Chor-Tradition der griechischen Tragödie.« (Rüdiger Schaper, in: ›Tip‹, 12/1991)
Weitere Stücke: ›Schuld und Bühne‹ (1991); ›Hermaphroditus‹ (1992); ›Klausens Zukunft‹ (1992); ›Brüderchen und Schwesterchen‹ (1992).

Stange, Helmut, geb. 20. 2. 1929 in Bremen. Schauspieler. Schauspielausbildung bei Dora-Maria Herwelly und Justus Ott in Bremen. Debütierte 1949 als Baumgarten in Schillers ›Wilhelm Tell‹ am Bremer Theater. Es folgten Gastspielreisen mit dem Bremer Zimmertheater; danach Engagements in Ingolstadt, Hannover, Hildesheim und Lübeck. Bis Ende der sechziger Jahre war er am Schauspielhaus Bochum engagiert (Intendant: Hans Schalla); danach arbeitete er am Nationaltheater Mannheim und gastierte bei den Ruhrfestspielen Recklinghausen. Seit 1973/74 gehört er zum Ensemble der Münchner Kammerspiele; spielt vor allem die komischen Typen und die Fieslinge. Über seinen Barmixer in Pohls ›La Balkona Bar‹ schrieb Michael Skasa: »In Helmut Stange ist der Teufel los, ein Schachtelteufel, der nicht mehr weiß, wo ihm der Kopf steht. Jahrzehntelang, vielleicht Jahrhunderte schon, wischt er die verdammten Flecken weg, bedient die Hereingeschneiten und Herausgekippten mit seinem Höhenflug, es ist zum Aus-der-Haut-Fahren. Stange fährt aus der Haut, rabiat, rot anlaufend, ein entfesselter Wotan, spotzend und schnaubend, ein Zornbinkel, ein Entertainer.« (›SZ‹, 23. 12. 1985) Weitere Rollen u. a.: Diener in Deichsels ›Loch im Kopf‹ (1978); Miller in Schillers ›Kabale und Liebe‹ (1978, R. Ernst Wendt); Rudolf in Bernhards ›Vor dem Ruhestand‹ (1980, R. Wolfgang Gropper); Fulbert in Schütz' ›Heloisa und Abaelard‹ (1981); Merkur in Kleists ›Amphitryon‹ (1982, R. Nicolas Brieger); Alain in Topors ›Leonardo hat's gewußt‹ (DE 1985, R. Roland Topor); Sam in Pinters ›Heimkehr‹ (1986, R. Thomas Schulte-Michels); Itsik Sager in Gaston Salvatores ›Stalin‹ (1989, mit Peter Radtke); Ballested in Ibsens ›Die Frau vom Meer‹ (1989, R. Thomas Langhoff); Hundsbeer in Shakespeares ›Viel Lärmens um nichts‹ (1992, R. Christian Stückl). In Inszenierungen von Dieter Dorn sah man ihn u. a. in Dorsts ›Merlin‹ (1982) und als Theaterdirektor in Goethes ›Faust‹ (1987).

Stanislawski, Konstantin Sergejewitsch (eigtl. Alexejew), geb. 5. 1. 1863 in Moskau, gest. 7. 8. 1938 ebenda. Schauspieler, Regisseur, Theaterdirektor und Theoretiker; bedeutendster Lehrer der Schauspielkunst. Aus großbürgerlicher, kunstliebender Familie stammend. Schauspiel- und Gesangsunterricht bei Fedor Komissarschewski. 1888 gründete er zusammen mit Freunden die »Gesellschaft für Kunst und Literatur«, in der mit zunehmendem Erfolg Theater gespielt wurde. Stanislawski war Hauptdarsteller und Regisseur; spielte u. a. den Ferdinand in Schillers ›Kabale und Liebe‹ (1889); Inszenierungen u. a.: Ostrowskis ›Die arme Braut‹ (1890); Gutzkows ›Uriel Acosta‹ (1895); Shakespeares ›Othello‹ (1896); Hauptmanns ›Hanneles Himmelfahrt‹ sowie ›Die versunkene Glocke‹ (beide 1896; 1898 auch am Künstlertheater). 1897 lernte er Wladimir I. Nemirowitsch-Dantschenko kennen, mit dem er im Oktober 1898 das Moskauer Künstlertheater (MChT, seit 1919 MChAT) gründete. Stanislawski war vor allem für Regie und Schauspielererzie-

hung zuständig, Nemirowitsch-Dantschenko für Dramaturgie und Organisation. Dem MChT gehörte bis 1902 auch Wsewolod E. Meyerhold an, der insgesamt 18 Rollen spielte und einige Stücke inszenierte. Eröffnung mit Tolstois ›Zar Fjodor Ivannowitsch‹; entscheidender Durchbruch mit der Inszenierung von Tschechows ›Die Möwe‹ (Dezember 1898), die zu einer Theaterlegende wurde. Von da an enge Zusammenarbeit des Künstlertheaters mit Anton Tschechow, dessen psychologischer Realismus die Entwicklung des illusionistischen Einfühlungstheaters Stanislawskis wesentlich beeinflußte. Wichtigste Tschechow-Inszenierungen: ›Onkel Wanja‹ (1899); ›Drei Schwestern‹ (UA 1901, auch 1928); ›Der Kirschgarten‹ (UA 1904), alle mit Stanislawski in tragenden Rollen. 1902 inszenierte er Gorkis ›Die Kleinbürger‹ und ›Nachtasyl‹. Ibsen-Inszenierungen u. a.: ›Hedda Gabler‹ (1899, eigene Rolle: Lövborg); ›Ein Volksfeind‹ (1900, eigene Rolle: Stockman); ›Die Wildente‹ (1901); ›Gespenster‹ (1905). Von Hauptmann inszenierte er u. a.: ›Einsame Menschen‹ und ›Fuhrmann Henschel‹ (1899). Ab 1904 Beschäftigung mit dem symbolistischen Theater; wichtigste Inszenierung in dieser Phase: Maeterlincks ›Der blaue Vogel‹ (1908). Seit 1901 Gastspiele; zunächst nur in Petersburg, dann auch im Ausland; u. a. Deutschland-Tournee 1906 (Begegnung mit Max Reinhardt). 1908 holte er Edward Gordon Craig nach Moskau, mit dem er gemeinsam Shakespeares ›Hamlet‹ erarbeitete (Premiere 1911). Weitere Inszenierungen in der Experimentierphase zwischen 1906 und 1917 u. a.: Gribojews ›Verstand schafft Leiden‹ (1906); Hamsuns ›Spiel des Lebens‹ (1907); Gogols ›Der Revisor‹ (1908); Tolstois ›Der lebende Leichnam‹ (1911); Turgenjews ›Die Provinzialin‹ und ›Ein Monat auf dem Lande‹ (1912); Molières ›Der eingebildete Kranke‹ (1913); Puschkins ›Mozart und Salieri‹ (1915); ›Das Dorf Stepantschikow‹ (1917, nach Dostojewski). Fast alle Inszenierungen Stanislawskis entstanden in Zusammenarbeit mit Co-Regisseuren (u. a. Nemirowitsch-Dantschenko, A. A. Sanin, V. V. Luschski, Leopold A. Sulerschitzki, Iwan M. Moskwin). Dem Künstlertheater wur-

681

Stankovski

den mehrere Studios angeschlossen: das erste Studio 1913 (Leiter: Sulerschitzki), das zweite 1916, das dritte 1920 (Leiter: Jewgeni B. Wachtangow); als viertes Studio wurde die 1917 in Moskau gegründete jüdische Theatergruppe Habima angegliedert (1922, Leiter war ebenfalls Wachtangow). Nach der Oktoberrevolution konzentrierte sich Stanislawski vor allem auf Opernregie; leitete das Opernstudio am Staatlichen Bolschoi Theater. 1922–1924 Tournee mit dem Künstlertheater durch Westeuropa und die USA. Nur noch wenige Schauspiel-Inszenierungen, darunter: Ostrowskis ›Ein heißes Herz‹ (1926); Beaumarchais' ›Der tolle Tag oder Figaros Hochzeit‹ (1927); Shakespeares ›Othello‹ (1932); Gogol/Bulgakows ›Tote Seelen‹ (1932); teilweise inszenierte er auch sozialistische Kampfdramatik wie Iwanos ›Panzerzug 14–69‹ (1927); zahlreiche Publikationen. Kurz vor seinem Tod wurde er mit dem Lenin-Orden ausgezeichnet. Stanislawskis weltberühmte Schauspieltheorie gründet auf dem Prinzip der Einfühlung des Schauspielers in die Rolle: »Meine Methode beruht darauf, die inneren und äußeren Vorgänge miteinander zu verbinden und das Gefühl für die Rolle durch das physische Leben des menschlichen Körpers hervorzurufen.« (›Die Arbeit des Schauspielers an der Rolle‹, S. 45) Durch Aktivierung des »affektiven Gedächtnisses« soll der Schauspieler seine Rolle mit Empfindungen und Emotionen aus der eigenen Lebenserfahrung füllen und so darstellen, »wie die Naturgesetze es fordern«. Um den Schauspielern diesen hohen Grad der Einfühlung zu erleichtern, entwickelte er eine Reihe von Techniken, u. a. Improvisationen, Rollenspiele und Konzentrationsübungen, die zusammen ein »System« bildeten, das Sulerschitzki, Wachtangow und andere Schüler systematisiert und weitergegeben haben (Lee Strasberg entwickelte daraus »The Method«). Zum Prinzip seiner Inszenierungen erhob er die »Wahrheit« des Spiels; detailgetreue, konsequent illusionistische Reproduktion der Realität auf der Bühne (historische Kostüme, originalgetreue Requisiten, zum Teil importiert aus den jeweiligen Ländern, in denen ein Stück spielt). Ende der zwanziger Jahre neues Theoriekonzept mit Betonung der »physischen Handlung« und der »Überaufgabe« (leitende Idee des Stücks). Stanislawskis Theorie beeinflußte die Schauspielausbildung in aller Welt; sie förderte auch gegensätzliche Auffassungen, vor allem bei Meyerhold und Bertolt Brecht.

Literatur: K. Stanislawski: Das Geheimnis des schauspielerischen Erfolges. Zürich 1938; ders.: Ethik. Berlin 1950; ders.: Mein Leben in der Kunst. Berlin 1951 u. 1987; ders.: Die Arbeit des Schauspielers an der Rolle. Hrsg. v. G. W. Kristi. Berlin 1955; ders.: Theater, Regie und Schauspieler. Hamburg 1958; ders.: Die Arbeit des Schauspielers an sich selbst. 2 Bde. Berlin 1961 u. 1963; ders.: Briefe 1886–1938. Hrsg. v. H. Hellmich. Berlin 1975; T. Cole (Hrsg.): Acting. A Handbook of the Stanislavski-Method. New York 1947 u. 1955; O. Gaillard: Das deutsche Stanislawski-Buch. Berlin 1948; K. Antarowa: Studioarbeit mit Stanislawski. Berlin 1951; N. Albakin: Das Stanislawski-System und das Sowjet-Theater. Berlin 1953; N. Gourfinkel: Stanislawski. Paris 1955; N. Gortschakow: Regie. Unterricht bei Stanislawski. Berlin 1959; J. Fiebach: Von Craig bis Brecht. Studien zu Künstlertheorien in der ersten Hälfte des 20. Jahrhunderts. Berlin 1975; F. Rellstab: Stanislawski-Buch. Einführung in das »System«. Wädenswil/Zürich 1976; E. J. Poljakowa: Stanislawski. Leben und Werk. Bonn 1981; M. Brauneck: Klassiker der Schauspielregie. Reinbek 1988; G. Ahrends: K. Stanislawski. Neue Aspekte und Perspektiven. Tübingen 1992; D. Hoffmeier: Stanislawskij. Auf der Suche nach dem Kreativen im Schauspieler. Stuttgart 1993; Entfesselt. Die russische Bühne 1900–1930. Hrsg. v. O. G. Bauer. Bayer. Akademie der Schönen Künste. München 1994 (Katalog).

Stankovski, Ernst (eigtl. Ernst Rudolf Stankovsky), geb. 16. 6. 1928 in Wien-Hernals. Schauspieler, Kabarettist und Regisseur. Nach dem Besuch des Gymnasiums machte er eine Friseurlehre und spielte bei einer Laientheatergruppe. 1945 nahm er Gesangs- und Tanzunterricht und besuchte das Max-Reinhardt-Seminar in

Stark

Wien. 1946–1950 Engagement am Wiener Theater in der Josefstadt; spielte u. a. Florizel in Shakespeares ›Das Wintermärchen‹ und Sebastian in Goldonis ›Das Kaffeehaus‹. 1950/51 am Schauspielhaus Zürich u. a.: Melchthal in Schillers ›Wilhelm Tell‹ (R. Leopold Lindtberg); Pylades in Bruckners ›Pyrrhus und Andromache‹ (R. Oskar Wälterlin). Von 1952 bis 1954 gehörte er zum Ensemble des Bayerischen Staatsschauspiels in München, wo man ihn u. a. als Decius Brutus in Shakespeares ›Julius Cäsar‹ sah (1952, R. Fritz Kortner). 1955 Engagement in Düsseldorf; 1956–1958 am Theater am Kurfürstendamm und am Renaissance-Theater in Berlin; dort u. a.: Fritz in Schnitzlers ›Liebelei‹ sowie Titelrolle in ›Anatol‹; Charly in Goetz' ›Der Lügner und die Nonne‹. Weitere Engagements: 1959 an den Kammerspielen und am Theater Die Kleine Freiheit München; 1960 an den Städtischen Bühnen Frankfurt; 1961–1970 u. a. an der Kleinen Komödie München, am Frankfurter Fritz-Rémond-Theater im Zoo und an der Freien Volksbühne Berlin. Seit 1970 Gastspiele am Theater an der Wien, u. a. Herr von Lips in Nestroys ›Der Zerrissene‹ und Oscar in Monnot/Brefforts ›Das Mädchen Irma la Douce‹. Weitere Gastspiele u. a. am Theater in der Josefstadt und am Volkstheater Wien, an der Landesbühne Hannover und am Berliner Theater des Westens; am Hamburger Thalia Theater: Samy Samuels in Griffiths' ›Komiker‹ (DE 1978, R. Peter Zadek). Eigene Inszenierungen u. a.: Shaffers ›Hören Sie zu, geben Sie acht‹ (1966, Düsseldorf); Hacks' ›Das Jahrmarktsfest zu Plundersweilern‹ (1981, Festspiele Jagsthausen). Seit 1973 tritt er als Kabarettist mit eigenen Soloprogrammen auf; Erfolg mit ›Das große Testament‹ von François Villon (eigene Übersetzung und Bearbeitung). Zahlreiche Fernsehauftritte (auch als Quizmaster); außerdem Filmrollen, Hörfunkarbeiten, Schallplatten- und Buchveröffentlichungen.

Stark, Günther, geb. 15. 1. 1889 in Berlin, gest. 1. 9. 1970. Schauspieler, Dramaturg, Regisseur und Intendant. Ausbildung am Sternschen Konservatorium Berlin; Studium und Promotion; Debüt als Schauspieler 1912 in Pforzheim; Soldat im Ersten Weltkrieg. 1917/18 Engagement an den Münchner Kammerspielen. 1919 ging er nach Berlin, wo er von 1926 bis 1932 als Dramaturg und Regisseur an der Volksbühne arbeitete; inszenierte u. a. Wolfs ›Die Matrosen von Cataro‹ (UA 1930) und war Mitarbeiter von Bertolt Brecht bei der Inszenierung ›Die Mutter‹ (1932, nach Gorki). 1933–1941 Oberspielleiter und Intendant in Wuppertal; 1943/44 Intendant in Posen; 1945–1947 Gründer und Intendant des Landestheaters Tübingen; 1948–50 Schauspieldirektor in Halle; 1953–1961 Intendant in Saarbrücken.

Statkus, Horst, geb. 12. 8. 1929 in Tilsit, Ostpreußen. Regisseur und Intendant. Während seiner Studienzeit in Erlangen leitete er die Studiobühne der Universität; später wurde er Präsident der Europäischen Studententheaterunion. Arbeitete als Dramaturg in Celle, Basel, Heidelberg und Stuttgart und war Oberspielleiter am Theater Braunschweig. Von 1973 bis 1978 leitete er mit großem Erfolg das Heidelberger Theater. Danach war er von 1978 bis 1987 Intendant in Basel (als Nachfolger von Hans Hollmann); erzielte hier vor allem im Bereich des Musiktheaters Erfolge. In der Spielzeit 1987/88 wurde er Direktor am Theater Luzern. Die ›Frankfurter Allgemeine Zeitung‹ bezeichnete ihn als einen Intendanten, »der quer steht zu den herrschenden Typen und Generationen. Kein selbstgefälliger Despot, kein smarter Manager; er versucht das Theater zu leiten wie ein Vater. Er inszeniert zwar auch selbst, läßt es aber, wenn er Regisseure hat, die es besser können. Nach innen vermag er stärker zu wirken als nach außen, und in jede neue Produktion stürzt er sich mit einer Neugier, als sei es die allererste.« (12. 8. 1989)

Steckel, Frank-Patrick, geb. 1943 in Hamburg. Regisseur und Intendant. Erste Berufserfahrungen am Studententheater in Hamburg, wo er u. a. Jahnns ›Straßenecke‹ inszenierte. Es folgten Anfang der siebziger Jahre Dramaturgie- und Regiearbeiten an der Berliner Schaubühne am Halleschen Ufer, zu deren Gründungsmitgliedern er

683

gehörte: Gorki/Brechts ›Die Mutter‹ (1970, in Zusammenarbeit mit Peter Stein u. a.); Hofmannsthals ›Das gerettete Venedig‹ (1972, zusammen mit Jan Kauenhoven); Heiner Müllers ›Lohndrücker‹ (1974, 1975 beim Berliner Theatertreffen); Brechts ›Die Ausnahme und die Regel‹ (1973) sowie ›Der Untergang des Egoisten Fatzer‹ (UA 1975): »Der Regisseur Frank-Patrick Steckel mutet uns, zum Beispiel, gleich die erste Szene (. . .) hintereinander in drei verschiedenen Fassungen zu, und auch später werden mehrmals mehrere Möglichkeiten, wenn nicht szenisch, so doch vom ›Leser‹ vorgetragen. (. . .) Es ist ein den Intellekt mehr als die Empfindung fesselndes Abenteuer, auch einmal ›work in progress‹ bei einem Drama mitzuerleben – eine Übung, an die wir uns bei den bildenden Künsten längst schon gewöhnt haben.« (Karena Niehoff, ›SZ‹, 15. 3. 1975) Gastinszenierungen in Frankfurt u. a.: Hebbels ›Maria Magdalena‹ (1975); Brecht/Seghers' ›Der Prozeß der Jeanne d'Arc zu Rouen‹ (1976); Barlachs ›Der arme Vetter‹ (1977, 1978 beim Berliner Theatertreffen). In der Spielzeit 1978/79 wurde er Oberspielleiter am Bremer Theater; entdeckte dort Jahnns ›Die Krönung Richard III.‹ wieder für die Bühne (1978); außerdem: Strindbergs ›Nach Damaskus‹ (1979); Shakespeares ›König Richard II.‹ (1981). 1981 kehrte er als freier Regisseur an die Berliner Schaubühne zurück; dort u. a.: Barlachs ›Der blaue Boll‹ (1981); Ostrowskis ›Der Wald‹ (1982); Hölderlins ›Empedokles‹ (1984). An den Münchner Kammerspielen inszenierte er 1983 Hebbels ›Judith‹ (mit Barbara Petritsch); Joachim Kaiser schrieb: »Frank-Patrick Steckel inszenierte (. . .) kein Bühnenspiel, sondern eher ein tragisches Denkspiel. Das heißt, es kam ihm auf genaues, Wort für Wort, Geste für Geste durchkalkuliertes Kunsttheater an in Johannes Schütz' schönem, dunklem, aber gefährlich abstraktem Bühnenbild, das mehr einer Versuchsanordnung als nahöstlicher Wirklichkeit glich. Und so wie Zadeks disziplinierte Ibsen-Inszenierung sich dem realistischen Theater früherer Jahrzehnte wieder annäherte, so hatte man beim kühlen und stolzen Psychologismus von Steckels Hebbel-

Steckel

Interpretation manchmal das Gefühl, französischer Schauspielkunst der fünfziger Jahre zu begegnen. Das ist seltsam, aber auch ein Kompliment.« (›SZ‹, 28. 4. 1983) In der Spielzeit 1986/87 übernahm er als Nachfolger von Claus Peymann die Intendanz des Schauspielhauses Bochum, wo er zu Beginn Hebbels ›Nibelungen‹ inszenierte. Weitere Arbeiten u. a.: Pirandellos ›Die Riesen vom Berge‹ (1986); Brechts ›Trommeln in der Nacht‹ (1987, Urfassung); Shakespeares ›Antonius und Cleopatra‹ (1987) und ›Timon von Athen‹ (1990, 1991 zum Berliner Theatertreffen eingeladen); Bechers ›Winterschlacht‹ (1988); Heiner Müllers ›Germania Tod in Berlin‹ (1988) und ›Zement‹ (1992); Büchners ›Dantons Tod‹ (1989); Strauß' ›Sieben Türen‹ (1989); Lasker-Schülers ›Die Wupper‹ (1991); Molières ›Der Menschenfeind‹ (1993, mit Peter Roggisch). Christian Thomas schrieb über Steckels Intendanz: »Das Bochumer Haus erzählt immer wieder von den sozioökonomischen Bedingungen der Menschen, ununterbrochen und undialektisch. Nicht der Dialektik der Kommunisten Brecht und Karl Korsch wird Glauben geschenkt, sondern die deterministische Geschichtsauffassung des Sozialdemokraten Karl Kautsky über die Theaterkunst verhängt – was am dem Haus unter Führung des Sozialisten Frank-Patrick Steckel mindestens bemerkenswert ist. (. . .) Mit diesem Theater haben wir eine Trutzburg wider den Zeitgeist des Flotten, des Unverbindlichen, des knallbunten Kunstgewerbes. Soweit das Positive. Die andere Seite – und das erklärt die sinkende Attraktivität –, das Haus wird zunehmend mit einem grauen Einheitsstil identifiziert.« (›SZ‹, 16. 2. 1993) Steckels Intendanz endete 1993.
Literatur: W. Kässens/W. Gronius: Theatermacher. Gespräche mit L. Bondy, J. Flimm u. a. Frankfurt a. M. 1987.

Steckel, Leonard, geb. 18. 1. 1901 in Kuihinin (Ungarn), gest. 9. 2. 1971 bei Aitrang, Marktoberdorf/Bayern. Schauspieler und Regisseur. Besuchte das Gymnasium in Berlin; danach arbeitete er als Schauspieler an fast allen Berliner Bühnen: Neues Volkstheater (1921–1923); Lust-

Stefanek

spielhaus (1923/24); Staatstheater (1924/25); Deutsches Theater (1925/26); Volksbühne (1926/27 und 1930–1932); Piscator-Bühne am Nollendorfplatz (1927/28 und 1929/30); Theater am Schiffbauerdamm (1928/29); arbeitete mit bedeutenden Regisseuren wie Berthold Viertel, Max Reinhardt, Leopold Jeßner und Heinz Hilpert. In Inszenierungen von Erwin Piscator, dessen künstlerische Prinzipien ihn begeisterten, spielte er u. a. den Shaak in Paquets ›Fahnen‹ (1924) und den Irrenarzt in Tollers ›Hoppla, wir leben!‹ (1927). Herbert Ihering schrieb: »Leonard Steckel ist eine seltene Ausnahme. Er spielt mit Leidenschaft kleine Rollen. (...) Er versucht, auch die kleinste Rolle in eine Form zu bringen. Er geht nicht von der Nachahmung, sondern von der Phantasie aus. Diese Phantasie hat zusammendrängende Kraft. Eine Kraft, die die Rolle auf einige wenige, aber einprägsame Grundlinien bringt. Komik und Tragik werden demselben Stilwillen untergeordnet.« (›Von Reinhardt bis Brecht‹, Bd. 3, S. 21) 1933 Emigration in die Schweiz. Von 1933 bis 1953 arbeitete er als Schauspieler und Regisseur am Schauspielhaus Zürich, an das er auch später regelmäßig zurückkehrte. Er spielte die Titelrolle in ›Richard III.‹, den Caliban in ›Der Sturm‹ und andere Shakespeare-Helden. Er war der Puntila in Brechts ›Herr Puntila und sein Knecht Matti‹ (1947; 1949 auch am Berliner Ensemble) und Willy Loman in Millers ›Der Tod des Handlungsreisenden‹ (1949/50; 1961 auch am Berliner Theater am Kurfürstendamm unter Piscator). Große Erfolge feierte er nach dem Krieg in Dürrenmatt-Stücken: als Einstein in ›Die Physiker‹ (UA 1962) und vor allem als Schwitter in ›Der Meteor‹ (UA 1963, R. Leopold Lindtberg). Zum künstlerischen Ruhm des Zürcher Schauspielhauses hat er mit zahlreichen Regiearbeiten beigetragen. Er inszenierte viele Stücke von Shakespeare und Hauptmann, brachte Molière, Goldoni und Strindberg auf die Bühne; außerdem wichtige Uraufführungen: Brechts ›Der gute Mensch von Sezuan‹ (1943) und ›Leben des Galilei‹ (1943, mit Steckel in der Titelrolle); Frischs ›Die chinesische Mauer‹ (1947) und ›Graf Oederland‹ (UA

der ersten Fassung 1951). Gefeiert wurde vor allem seine Steinbeck-Inszenierung ›Der Mond ging unter‹. Weitere Inszenierungen (alle in deutschsprachiger Erstaufführung): Giraudoux' ›Undine‹ (1940), ›Sodom und Gomorrha‹ (1944) und ›Die Irre von Chaillot‹ (1946); Sartres ›Die Fliegen‹ (1944). Seit 1953 Gastinszenierungen und Rollen in Bochum, Münster, Basel, Hamburg und vor allem in Berlin, wo er 1958/59 das Theater am Kurfürstendamm leitete. In späteren Jahren sah man ihn u. a. als Salomon in Millers ›Der Preis‹ (DE 1968, Schloßparktheater Berlin) und als Harry in Dyers ›Unter der Treppe‹ (DE 1968, Renaissancetheater Berlin, mit Will Quadflieg). Auch Film- und Fernsehrollen. **Literatur:** H. Ihering: Von Reinhardt bis Brecht. Kritiken von 1909–1932. 3 Bde. Berlin 1958–1961.

Stefanek, Lore, geb. 1943 in Bratislava (ČSSR). Schauspielerin und Regisseurin. Nach dem Abitur Schauspielausbildung am Max-Reinhardt-Seminar in Wien (1961–1964); erste Engagements am Landestheater Linz (1964–1966) und am Stadttheater Pforzheim (1966–1968). Von 1968 bis 1970 war sie an den Städtischen Bühnen Heidelberg engagiert, wo sie vor allem mit dem Regisseur Hans Neuenfels arbeitete, u. a. in Weiss' ›Marat/Sade‹ (1968), Tersons ›Zicke Zacke‹ (1969) und Strindbergs ›Fräulein Julie‹ (1970, auch im Fernsehen). 1970–1972 Verpflichtungen an die Staatstheater Braunschweig und Darmstadt; 1972–1979 Engagement am Schauspiel Frankfurt, wo sie 1979 mit Genets ›Die Zofen‹ ihr Regiedebüt gab (zusammen mit Gabriele Jakobi). Auf der Bühne sah man sie u. a. in Bonds ›Die See‹ (1974, R. Claus Peymann) und in Kleists ›Penthesilea‹ (1978, R. Frank-Patrick Steckel). Unter der Regie von Peter Palitzsch spielte sie die Cordelia in Bonds ›Lear‹ (1972) und Motja in Heiner Müllers ›Zement‹ (1975). In Inszenierungen von Neuenfels: Frau John in Hauptmanns ›Die Ratten‹ (1973) und Jokaste in Sophokles' ›Ödipus‹ (1979). Außerdem u. a.: Maria Concepta in Behans ›Richards Korkbein‹ (DE 1973); Antonia in Fos ›Bezahlt wird nicht‹ (DE 1976); Ismene in Sophokles' ›Antigone‹ (1979,

685

R. Christof Nel). Am Staatstheater Stuttgart gastierte sie 1976 als Smeraldina in Niels-Peter Rudolphs erfolgreicher Goldoni-Inszenierung ›Der Diener zweier Herren‹. Von 1979 bis 1984 stand sie am Schauspielhaus Bochum unter Vertrag; Rollen u. a.: Rosa Minelli in Fos ›Hohn der Angst‹ (DE 1981, R. Alfred Kirchner); Tante Oda in Reinshagens ›Das Frühlingsfest‹ (UA 1980, R. Peymann) sowie Ada in ›Eisenherz‹ (UA 1982, R. Andrea Breth). Außerdem sah man sie in der Uraufführung von Achternbuschs ›Susn‹/›Kuschwarda City‹ (Doppelpremiere 1980) sowie in Heiner Müllers ›Der Auftrag‹ (1982 in einer Inszenierung des Autors). Seit 1984 freischaffende Schauspielerin und Regisseurin; mehrere Inszenierungen an den Städtischen Bühnen Freiburg: Bruckners ›Krankheit der Jugend‹ (1984) und ›Die Rassen‹ (1985); Gorkis ›Nachtasyl‹ (1986); Sophokles/Hölderlins ›Antigone‹ (1988). Weitere Regiearbeiten u. a.: Churchills ›Top Girls‹ (1986, Dortmund); Strindbergs ›Der Pelikan‹ (1987, Freie Volksbühne Berlin); Raimunds ›Der Barometermacher auf der Zauberinsel‹ (1987, Akademietheater Wien). In ihrer Inszenierung von Reinshagens ›Tanz, Marie!‹ in Darmstadt (UA 1989, Co-Regie: Gabriele Jakobi) spielte sie selbst die Titelrolle. Verena Auffermann schrieb darüber: »Sie streckt ihre vollen Brüste hin und den zu vollen Bauch. Ihre Familie beachtet das nicht, nur das manierliche Publikum schickt Marie in Gedanken Pakete mit Kleidern, ihr ist das Wohlerzogene egal. Marie genießt egoistisch ihre Rache. (. . .) Der Darmstädter Abend gehört Lore Stefanek. Sie spielt ihre Rolle bis zum Äußersten. Sie läßt, das ist ihr Fehler, keinen anderen zu. Ein Solo mit fünf Personen.« (›SZ‹, 6. 12. 1989) Am Theater Basel sah man sie u. a. als Mutter Aase in Ibsens ›Peer Gynt‹ (1992/93, R. Jossi Wieler).
Literatur: L. Stefanek: ›Sei schlau, laß dich ein und verachte den Sieg‹. Ein Brief an NOVA. In: Theater heute, Jahrbuch 1988, S. 98–101.

Steffen, Manfred, geb. 28. 6. 1916 in Hamburg. Schauspieler. Nach dem Abitur Schauspielunterricht bei Willy Maertens in

Steffen

Hamburg; nebenher kleinere Rollen am Thalia Theater. Engagements in Oberhausen (1939–1941), Aachen (1941–1943) und am Schauspielhaus Dresden (1943–1945). 1945 kehrte er nach Hamburg zurück, zunächst als Nachrichtensprecher beim Hörfunk, dann als Schauspieler an der Interimsbühne und an der Jungen Bühne (bei Will Quadflieg). 1947 holte ihn Maertens ans Hamburger Thalia Theater, dessen Ensemble er bis heute angehört. Unter Boy Gobert spielte er mit großem Erfolg die Titelrolle in Zuckmayers ›Der Hauptmann von Köpenick‹ (1977). In Inszenierungen von Jürgen Flimm u. a.: Vater Wesener in Lenz' ›Die Soldaten‹ (1974); Raguenau in Rostands ›Cyrano de Bergerac‹ (1976). Insgesamt ca. 240 Bühnenrollen, darunter: Spitta in Hauptmanns ›Die Ratten‹ (1949); Tesman in Ibsens ›Hedda Gabler‹ (1949/50); Howard in Millers ›Tod eines Handlungsreisenden‹ (1950/51); Sperlin in Werner Fincks ›Die deutschen Kleinbürger‹ (1952); Adolphe in Strindbergs ›Der Rausch‹ (1953); Sir John in Wildes ›Frau ohne Bedeutung‹ (1957); Postmeister in Gogols ›Der Revisor‹ (1960); Probstein in Shakespeares ›Wie es euch gefällt‹ (1964/65) und Polonius in ›Hamlet‹ (1968); Mr. Brooker in Grays ›Kluges Kind‹ (1970); Titelrolle in Saunders' ›Ein Eremit wird entdeckt‹ (1975); Liszt in Langes ›Jenseits von Gut und Böse oder Die letzten Stunden der Reichskanzlei‹ (1975/76); Lauberjahn in Kornfelds ›Palme oder Der Gekränkte‹ (1978, auch im Fernsehen); Miller in Schillers ›Kabale und Liebe‹ (1978); Riccaut in Lessings ›Minna von Barnhelm‹ (1979); Titelrolle in Sternheims ›Der Kandidat‹ (1981); Heinz in Widmers ›Nepal‹ (1981/82); Dr. Petypon in Feydeaus ›Die Dame vom Maxim‹ (1983); Argan in Molières ›Der eingebildete Kranke‹ (1984); General Mokovnin in Babels ›Marija‹ (1987/88). Auch Arbeiten für Film und Hörfunk. Fernsehrollen u. a. in: ›Haben‹ (1963, nach Hay); ›Als wär' ein Stück von mir‹ (1976, nach Zuckmayer, R. August Everding); ›Die Gerechten‹ (1981, nach Camus, R. Frank Guthke); ›Die Lokomotive‹ (1987).

Stein

Stein, Gertrude, geb. 3. 2. 1874 in Allegheny, Pennsylvania, gest. 27. 7. 1946 in Paris. Amerikanische Schriftstellerin. Tochter deutsch-jüdischer Emigranten. Gertrude Stein verbrachte ihre Kindheit in Wien und Paris, ihre Jugendzeit in Oakland und San Francisco. 1893 Studium der Psychologie und Anatomie in Cambridge und Baltimore. Von 1903 an lebte sie in Paris und war dort u. a. befreundet mit den Malern Picasso, Matisse, Braque, Picabia und den Schriftstellern Apollinaire und Cocteau, die sich in ihrem Salon und dem ihrer Lebensgefährtin Alice B. Toklas trafen. Gertrude Stein hatte mit ihrem Werk und ihrer Philosophie der Komposition, die auf den ästhetischen Theorien von William James und dem Zeit-Konzept von Bergson beruhten, entscheidenden Einfluß auf die avantgardistische Literatur des 20. Jahrhunderts. Als ihre Hauptwerke gelten ›Three Lives‹ (1909) und ›The Making of Americans‹ (1925), neben zahlreichen Essays und ihrer Autobiographie ›The Autobiographie of Alice B. Toklas‹ (1933). Gertrude Stein verfaßte zwei Opernlibretti (Musik: Virgil Thomson): ›Four Saints in three acts‹ (1934) und ›The mother of us all‹ (1946). »Gertrude Stein schrieb ›Doctor Faustus lights the lights‹ 1938 als Libretto für den Komponisten Lord Gerald Berners, der in des keine Musik dazu schrieb. Die Uraufführung fand erst 1951 in New York im winzigen Cherry Lane Theatre statt. Zum ersten Mal in Europa wurde das Stück unter der phantasiearmen, grobschlächtigen Regie des Amerikaners Richard Foreman gespielt, in französischer Sprache – ›Faust ou la fête électrique‹ – bei den Berliner Festwochen 1982. Die erste Aufführung in deutscher Sprache – ›Doktor Faustus lichterloh‹ – inszenierte George Tabori 1983 in Köln. Robert Wilson hat die aktuelle Berliner Aufführung im Hebbeltheater in englischer Sprache realisiert, vorwiegend mit Theaterschülern aus Ost-Berlin, die meisten von der Hochschule ›Ernst Busch‹.« (Georg Hensel, ›FAZ‹, 18. 4. 1992, Kritik zu ›Doctor Faustus lights the lights‹, Hebbeltheater Berlin, R. Robert Wilson)

Weitere Stücke: ›Geography and Plays‹ (1922); ›Operas and Plays‹ (1932); ›Last Operas and Plays‹ (1949).
Literatur: M. J. Hoffman (Hrsg.): Critical Essays on G. Stein. Boston 1986.

Stein, Gisela, geb. 2. 10. 1935 in Swinemünde (Pommern, heute Polen). Schauspielerin. Aufgewachsen in Stettin und Warschau, nach dem Krieg in Hessen. 1952 Ausbildung an der Wiesbadener Schauspielschule; 1953 Engagement am Theater Koblenz, danach an den Bühnen Krefeld-Mönchengladbach und in Essen. 1960 wechselte sie an die Staatlichen Schauspielbühnen Berlin, wo Hans Lietzau ihr Lehrer und Mentor wurde. Unter seiner Regie spielte sie u. a.: Inge in Frischs ›Graf Öderland‹ (1961); Sarah in Tschechows ›Iwanow‹ (1974) und Ranjewskaja in ›Der Kirschgarten‹ (1979); Emma in Pinters ›Betrogen‹ (DE 1979). Unter Fritz Kortner spielte sie die Titelrolle in Hebbels ›Maria Magdalena‹ (1966), unter Dieter Dorn die Klara Hühnerwadel in Wedekinds ›Musik‹ (1973), unter Niels-Peter Rudolph u. a. Ibsens ›Hedda Gabler‹ (1977). 1979/80 wechselte sie an die Münchner Kammerspiele, deren Ensemble sie noch heute angehört. Sie ist die wichtigste Protagonistin in den Inszenierungen von Dieter Dorn: Olivia in Shakespeares ›Was ihr wollt‹ (1980); Titelrolle in Goethes ›Iphigenie‹ (1981) und Leonore Sanvitale in ›Torquato Tasso‹ (1982, Premiere bei den Salzburger Festspielen); Rosetta in Büchners ›Leonce und Lena‹ (1981); Königin Ginevra in Dorsts ›Merlin oder Das wüste Land‹ (1982); Lucette in Feydeaus ›Klotz am Bein‹ (1983); Winnie in Becketts ›Glückliche Tage‹ (1990); Anita von Schastorf in Strauß' ›Schlußchor‹ (1991); Atossa in Aischylos/Brauns ›Die Perser‹ (1993): »Gisela Stein, starr und schwarz, führt erlesenes, uneitles Tragödinnenhandwerk vor. Mit dem herben Charme eines preußischen Stiftsfräuleins, in ruheloser Konzentration, die Stirn von angespannten Falten umwölkt, Blitze in den Augen, arbeitet sie sich durch die Verse, nimmt Anläufe zu großen Emphasen, baut ökonomisch Steigerungen in ihre Gefühle, zwingt hölzerne Wechselreden in den Schein von Situatio-

nen.« (Franz Wille, ›Theater heute‹, Heft 7, 1993); Goneril in Shakespeares ›König Lear‹ (1992) und Ariel in ›Der Sturm‹ (1994). Außerdem u. a.: Titelrolle in Söderbergs ›Gertrud‹ (1981, R. Günter Krämer); Mutter in Achternbuschs ›Mein Herbert‹ (1985, R. George Tabori); Titelrollen in Racines ›Phädra‹/Kleists ›Penthesilea‹ (1986, Doppelprojekt, R. Alexander Lang); Kathrin in Ortons ›Seid nett zu Mr. Sloane‹ (1989, R. Helmut Griem); Reisende Dame in Ibsens ›Wenn wir Toten erwachen‹ (1991/92, R. Peter Zadek). Gastspiele u. a. in Stuttgart, Salzburg und am Schauspielhaus Zürich; viele Lesungen; nur wenige Film- und Fernsehrollen. C. Bernd Sucher schrieb über die große Tragödin: »Die Kunst der Stein ist es, sich nie in eine Figur einzufühlen. Sie schafft sie neu, indem sie sie analysiert und wieder zusammenfügt. Durch diesen Prozeß der Text-Interpretation nähert sich die Schauspielerin ihren Rollen, bevor sie sie annimmt. In ihrem Spiel werden deshalb auch die Widersprüche dieser Gestalten deutlich. (. . .) Und weil die Schauspielerin über all die Frauengestalten, die sie interpretiert, hoch denkt, sich ihnen, also auch denen, die vorschnell zu den Gescheiterten gezählt werden, mit Achtung nähert, gibt sie ihnen allen Größe.« (›Theaterzauberer‹, S. 270)
Literatur: H.-R. Müller/D. Dorn/E. Wendt: Theater für München. Ein Arbeitsbuch der Kammerspiele 1973–1983. München 1983; P. v. Becker: »Macht das alles noch Sinn?« Gesprächsporträt: G. Stein. In: Theater heute, Heft 6, 1987; C. B. Sucher: Theaterzauberer. Schauspieler. 40 Porträts. München, Zürich 1988.

Stein, Peter, geb. 1. 10. 1937 in Berlin. Regisseur und Intendant. Studium der Germanistik und Kunstgeschichte in Frankfurt a. M. (1956–1958) und München (1958–1964); Mitarbeit am Studententheater. 1964/65 war er Dramaturgie- und Regieassistent an den Münchner Kammerspielen (u. a. bei Fritz Kortner); gab dort 1967 mit Bonds ›Gerettet‹ das »überraschendste Debüt eines Regisseurs am deutschen Theater nach dem Krieg«. (Peter Iden) Es folgten Brechts ›Im Dickicht der Städte‹ (1968) und Weiss' ›Vietnam-Diskurs‹ (1968/69). 1969 wurde ihm von August Everding gekündigt, weil er im Anschluß an die Weiss-Vorstellung eine Geldsammlung zugunsten der vietnamesischen Befreiungsfront durchführen wollte. Am Bremer Theater, wo er 1967 bereits Schillers ›Kabale und Liebe‹ inszeniert hatte, erarbeitete er 1969 mit großem Erfolg Goethes ›Torquato Tasso‹: eine aufsehenerregend aktuelle Inszenierung, in der er den Tasso, gespielt von Bruno Ganz, als unfreiwilligen »Emotionalclown« (Stein) vorführte und in der er mit Hilfe einer radikalisierten Ästhetik den Konflikt zwischen Macht und Kunst deutlich herausstellte. Es folgten bemerkenswerte Arbeiten am Schauspielhaus Zürich: Bonds ›Early Morning‹ (DE 1969); O'Caseys ›Kikeriki‹ (1969); Middleton/Rowleys ›Changeling‹ (1970). Schon nach den ersten Inszenierungen wurde Stein als das herausragende Talent einer neuen Generation von Regisseuren gefeiert. Von Kortner übernahm er die exakte, nuancierte Spielweise, die suggestiven Darstellungstechniken, den Hang zu forcierter Gestik und Diktion. Stein verschärfte diese Mittel noch, formalisierte sie, setzte sie ein zur Politisierung des Theaters. 1970 übernahm er die künstlerische Leitung der Berliner Schaubühne am Halleschen Ufer (1981 Umzug an den Lehniner Platz), betrieben als Kollektiv-Theater auf der Basis einer festgeschriebenen Gleichberechtigung aller Mitarbeiter. Zum Leitungsteam gehörten der Dramaturg Dieter Sturm und (vorübergehend) Claus Peymann. Die Neugründung der Schaubühne als Ensembletheater ist die wichtigste institutionelle und künstlerische Konsequenz aus den Politisierungsprozessen Ende der sechziger Jahre. Die vom Mitbestimmungsmodell geprägte Inszenierungsarbeit setzte einen neuen Maßstab im bundesdeutschen Theater (umfassende Vorarbeit des ganzen Ensembles; ständige Diskussionen; genaue Aufzeichnung der Probenprozesse und dadurch Systematisierung der Theaterarbeit; Einsatz von Produktionsdramaturgen; ständiger Umbau des Theaterraums etc.). Schauspieler wie Bruno Ganz, Jutta Lampe, Edith Clever, Heinrich Giskes und Otto Sander,

Stein

mit denen Stein schon vorher gearbeitet hatte, folgten ihm nach Berlin und bildeten ein herausragendes Ensemble. Als Produktionsdramaturg übernahm Botho Strauß eine wichtige Funktion (bis 1975); ständiger Bühnenbildner: Karl Ernst Herrmann; Regisseure neben Stein: Frank-Patrick Steckel, Klaus Michael Grüber, Luc Bondy. In den siebziger Jahren primär politisches Theater (von Konservativen als »Kommunistenbühne« kritisiert); später eher literarisch orientiert. Steins programmatische Eröffnungsinszenierung war Brecht/Gorkis ›Die Mutter‹ (8. 10. 1970, mit Therese Giehse; Co-Regie Steckel/W. Schwiedrzik). Es folgten: Kellings ›Die Auseinandersetzung‹ (1971); Ibsens ›Peer Gynt‹ (1971, Entwicklungsgeschichte von »Peer Nr. 1« bis »Peer Nr. 8«, dargestellt von sechs verschiedenen Schauspielern); Wischnewskis ›Optimistische Tragödie‹ (1972; ›Kleists Traum vom Prinzen Homburg‹ (1972): »Man schluchzt lauthals und läßt die Gefühle flattern in Peter Steins schön traumhafter und traumhaft schöner Inszenierung, die aus Kleists Schauspiel eine große, humane Komödie macht. Unpolitisch ist sie dabei keineswegs ...« (Georg Hensel, ›Weltwoche‹, 15. 11. 1972); Fleißers ›Fegefeuer in Ingolstadt‹ (1972); Labiches ›Das Sparschwein‹ (1973); ›Antikenprojekt I: Übungen für Schauspieler‹ (1974, Hallenproduktion); Handkes ›Die Unvernünftigen sterben aus‹ (1974); Gorkis ›Sommergäste‹ (1974, Fassung: Stein/Strauß, auch als Film); ›Shakespeares Memory‹ (1976, Hallenproduktion); Shakespeares ›Wie es euch gefällt‹ (1977, Hallenproduktion); Strauß' ›Trilogie des Wiedersehens‹ (1978) und ›Groß und klein‹ (UA 1978); Aischylos' ›Die Orestie‹ (1980); Nigel Williams' ›Klassenfeind‹ (1981); Kroetz' ›Nicht Fisch nicht Fleisch‹ (1981); Marivaux' ›Der Streit‹ (1981); Genets ›Die Neger‹ (1983); Tschechows ›Drei Schwestern‹ (1984): »In den ›Drei Schwestern‹ beschränkte sich Stein auf die genaue Rekonstruktion einer möglichen historischen Realität, arrangierte kunstvoll scheinbar kunstlose Abläufe in den weiten, vielfältig bespielbaren Räumen Karl-Ernst Herrmanns. Im Cinemascope-Portalausschnitt entstand mit filmrealistischer Genauigkeit die Illusion des abwesenden Regisseurs.« (Franz Wille, ›Theater heute‹, Jahrbuch 1989); Strauß' ›Der Park‹ (1984): »Am Ende war es mehr als nur ein Ereignis: ein großes Epos über das Theater, das nun immer auch die Welt bedeutet (...). Bei Stein wird Strauß' ›Park‹ (...) zu einer lebensgefährlichen, höchst abenteuerlichen Unternehmung. Von jetzt an hat das Stück sein Stigma. (...) Die Akustik ist so wichtig wie das Bühnenbild. Ständig liegt die Wildnis im Kampf mit den Geräuschen der Zivilisation: Martinshörner von Rettungswagen und Polizeisirenen. Ein Hubschrauber fliegt auf uns zu. Dann wieder vibriert die Luft vor magischen Tönen.« (Helmut Schödel, ›Die Zeit‹, 9. 11. 1984) Von Steins Inszenierungen – die meisten (17!) wurden zum Berliner Theatertreffen eingeladen und bei Gastspielen auch im Ausland gefeiert – gingen wichtige Impulse für das europäische Theater aus; vor allem mit seinen Arbeiten aus den frühen siebziger Jahren ist er Theatergeschichte gemacht. Ende der Spielzeit 1984/85 verließ er die Schaubühne, inszenierte dort aber noch als Gast: O'Neills ›Der haarige Affe‹ (1986); Racines ›Phädra‹ (1987); Tschechows ›Der Kirschgarten‹ (1989); Koltès' ›Roberto Zucco‹ (UA 1990). 1992 kam es zum Bruch mit der Schaubühne. Wichtigste Operninszenierungen: Verdis ›Othello‹ (1986) und ›Falstaff‹ (1988); Debussys ›Pelléas et Mélisande‹ (1991/92, alle an der Welsh National Opera Cardiff). Seit der Spielzeit 1991/92 ist Stein Schauspielchef der Salzburger Festspiele (unter der Intendanz von Gérard Mortier). Zum Einstand inszenierte er 1992 Shakespeares ›Julius Cäsar‹ als Freilichtaufführung in der Felsenreitschule (u. a. mit Martin Benrath, Thomas Holtzmann und Gert Voss); Peter von Becker schrieb: »Er empfand den sonderbaren Ort als Herausforderung, er möchte an Traditionen des spektakulären Klassikertheaters von Max Reinhardt anknüpfen (...). ›Julius Caesar‹ in der Felsenreitschule ist mitunter auch: ›Ben Hur‹ für die Bühne.« (›Theater heute‹, Heft 9, 1992) 1994 inszenierte er im Moskauer Armeetheater Aischylos' ›Die Orestie‹ in russischer Sprache; die Aufführung wurde als europäisches Theaterereignis umjubelt. C. Bernd Sucher schrieb: »(...) gefeiert wurde eine große, pathetische Aufführung: 14 Jahre nach der Schaubühnen-Inszenierung der Aischylos-Trilogie, die damals von der Kritik eher verhalten-anerkennend angenommen, erst langsam zum Kulturereignis wurde. (...) Peter Stein hatte in Interviews immer wieder beteuert, daß dieser Text heute nach Rußland gehöre. Die Geburt des Rechtsstaats, die Geburt der Demokratie, hier müsse man sie zeigen. (...) Steins gegenwärtige Salzburger Shakespeare-Arbeit bestimmt diesen Aischylos. ›Die Orestie‹: ein monumentales, lebendes Gemälde. Perfekt und bombastisch. Wortgewaltiges Tragödien-Spiel aufs Feinste präsentiert. (...) Er schuf Wortmusiken von großer Schönheit und Gewalt. Arien, Duette, Fugen, Chöre, die sich verdichten zu einem beeindruckenden Stimmenorchester. Er vertraut dem Wort, was in einer Zeit der Bilderflut nicht gering geschätzt werden darf. Er wagt – und gewinnt – eine szenische Interpretation, die sich keiner Mode beugt und das Theater behauptet als Ort der Sprache.« (›SZ‹, 31. 1. 1994) Auszeichnungen u. a.: Mannheimer Schillerpreis (1976); Frankfurter Goethepreis (1988); Theaterpreis Berlin (1989); Ernennung zum Ritter der Französischen Ehrenlegion (1992); Erasmus Preis (1993).

Literatur: P. Iden: Die Schaubühne am Halleschen Ufer 1970–1979. München, Wien 1979; M. Patterson: Peter Stein. Germany's leading theatre director. London 1980; D. Kranz: Positionen. Gespräche mit Regisseuren des europäischen Theaters. Berlin 1981; J. Fiebach/H. Schramm (Hrsg.): Schaubühne am Halleschen Ufer. In: Kreativität und Dialog. Theaterversuche der 70er Jahre in Westeuropa. Berlin 1983; P. Iden: Theater als Widerspruch. München 1984; H. Mainusch: Regie und Interpretation. Gespräche mit Regisseuren. München 1986; Schaubühne am Halleschen Ufer am Lehniner Platz 1962–1987. Frankfurt a. M. 1987; I. Nagel: Kortner, Zadek, Stein. München, Wien 1989; »Das Theater ist eine geisterhafte Veranstaltung«. Ein Gespräch mit P. Stein. In: Theater heute, Jahrbuch 1993.

Steinbeck, John Ernst, geb. 27. 2. 1902 in Pacific Grove, Kalifornien, gest. 20. 12. 1968 in New York. Amerikanischer Romanschriftsteller. Steinbeck studierte von 1918 bis 1924 an der Stanford University. Er war mit seinen sozialkritischen Romanen äußerst erfolgreich. 1962 erhielt er den Nobelpreis für Literatur. Die wichtigsten Romane: ›Stürmische Ernte‹ (1936); ›Früchte des Zorns‹ (1939); ›Die Straße der Ölsardinen‹ (1945); ›Jenseits von Eden‹ (1952). Auf der Bühne wurde er durch Dramatisierungen seiner Romane bekannt.

Stücke: ›Von Mäusen und Menschen‹ (1937); ›Tortilla Flat‹ (1938); ›Der Mond ging unter‹ (1942); ›Die wilde Flamme‹ (1950).

Literatur: J. J. Benson: Looking for Steinbecks Ghost. University of Oklahoma 1984; R. J. DeMott: J. Steinbeck. Working Days. The Journals of the Grapes of Wrath. London 1984.

Steinboeck, Rudolf, geb. 7. 8. 1908 in Baden bei Wien. Schauspieler, Regisseur und Theaterleiter. Ausbildung am Konservatorium Wien; danach Schauspieler u. a. in Straßburg (1933/34) und Wien (1934–1938, Kabarett »Literatur am Naschmarkt«). 1938 wechselte er an das Theater in der Josefstadt Wien, wo er fortan als Schauspieler und Regisseur arbeitete. Von 1945 bis 1953 war er dort Direktor (als Nachfolger von Heinz Hilpert, als dessen Schüler er sich betrachtete). Er versammelte an seiner Bühne ein legendäres Ensemble, zu dem u. a. Paula Wessely, Attila Hörbiger und Adrienne Gessner gehörten. Ein großer Erfolg wurde seine Inszenierung von Hofmannsthals ›Der Schwierige‹ (1954; 1967 auch bei den Salzburger Festspielen, mit O. W. Fischer); außerdem Stücke von Wilder, Brecht, Anouilh und Giraudoux. Von 1957 bis 1984 inszenierte er kontinuierlich am Wiener Burgtheater, u. a. Stücke von Raimund: ›Moisasurs Zauberfluch‹ (1960); ›Die unheilbringende Krone‹ (1961); ›Der Bauer als Millionär‹ (1963); ›Der Alpenkönig und der Menschenfeind‹ (1965). Außerdem u. a.: Albees ›Empfindliches Gleichgewicht‹ (1967); Roussins ›Die Lokomotive‹ (DE

Steinrück

1967); Congreves ›Liebe für Liebe‹ (1969); Horváths ›Der jüngste Tag‹ (1969); Dorins ›Ein unausstehlicher Egoist‹ (1971, mit Theo Lingen); Molnárs ›Olympia‹ (1934). Nebenher arbeitete er als Gast in Berlin und Hamburg (vorwiegend an den Häusern von Oscar Fritz Schuh); auch Opernregie. Kritiker lobten seine subtile, sensible, kammermusikalisch zurückgenommene Inszenierungskunst.

Steinrück, Albert, geb. 20. 5. 1872 in Wetterburg, Waldeck, gest. 11. 2. 1929 in Berlin. Schauspieler, Regisseur und Intendant. Wollte ursprünglich Maler werden; begann in den neunziger Jahren mit der Schauspielerei. Erste Engagements in Mühlhausen, Wiesbaden, Breslau und Hannover. 1901 wurde er an das Berliner Schiller-Theater verpflichtet; dort u. a.: Präsident Walter in Schillers ›Kabale und Liebe‹ und Marquis Posa in ›Don Carlos‹; Wehrhahn in Hauptmanns ›Der Biberpelz‹ (1925 auch am Staatstheater); Hjalmar Ekdal in Ibsens ›Die Wildente‹ und Rosmer in ›Rosmersholm‹. Es folgten Engagements am Neuen und am Kleinen Theater Berlin; 1906–1908 am Deutschen Theater bei Max Reinhardt, wo er vor allem als Dr. Schön in Wedekinds ›Erdgeist‹ gefeiert wurde. Danach wechselte er nach München, wo er von 1908 bis 1920 am Hof- bzw. Staatstheater Schauspieler, Regisseur und Direktor war. Er war der erste Büchnersche ›Woyzeck‹ (UA 1913) und hatte weitere wichtige Titelrollen: Wedekinds ›Der Marquis von Keith‹ (Steinrück war Wedekinds Lieblingsdarsteller); Shakespeares ›König Lear‹ und ›Macbeth‹; Grabbes ›Hannibal‹ (UA 1918); Kleists ›Robert Guiskard‹ (alle München). Außerdem war er der erste deutsche Higgins in Shaws ›Pygmalion‹ (DE 1913, Lessing-Theater Berlin, R. Victor Barnowsky). 1921 wechselte er als Schauspieler an das Berliner Staatstheater, wo man ihn zunächst als Jago in Leopold Jeßners vielbeachteter ›Othello‹-Inszenierung sah (1921, mit Fritz Kortner). Außerdem am Staatstheater u. a.: Calan in Barlachs ›Die Sündflut‹ (1925, mit Heinrich George, R. Jürgen Fehling); Occe in Bronnens ›Rheinische Rebellen‹ (UA 1925, R. Jeßner); Va-

ter in Raynals ›Das Grabmal des unbekannten Soldaten‹ (1926, Kleines Theater, R. Berthold Viertel); Coste in Kaisers ›Oktobertag‹ (1928, Kammerspiele); Herzog in Franks ›Zwölftausend‹ (1928, Deutsches Theater, R. Heinz Hilpert): »Albert Steinrück ist ungewöhnlich gut; auf seinem verwitterten Gesicht spiegelt sich alles, Genußsucht, ordinäre Wut, Rachsucht und Feigheit.« (Herbert Ihering, ›Berliner Börsen-Courier‹, 20. 2. 1928) Steinrück, ein Mann von wuchtiger Gestalt, war einer der imposantesten Schauspielkünstler seiner Zeit. Nach seinem Tod kam es im Staatstheater zu einer berühmt gewordenen Gedächtnisfeier: Die führenden Schauspieler Berlins, darunter George, Elisabeth Bergner, Käthe Dorsch und Werner Krauß, traten dem großen Kollegen zu Ehren gemeinsam in Wedekinds ›Der Marquis von Keith‹ auf. Ihering schrieb darüber: »Albert Steinrücks reife, männliche, robuste und zarte Kunst wurde geehrt. Heinrich Mann sprach einige Worte. (. . .) Selten ist ein Schauspieler so geehrt worden wie Albert Steinrück. Seine Kunst hatte sich in den letzten Jahren nicht abgeschwächt. Sie war nicht müde geworden. Albert Steinrück war jetzt erst zu seiner Bedeutung gekommen. Seine Rollen hatten zugleich etwas Naives und Abgeklärtes, etwas Kräftiges und Mildes, etwas Gespenstisches und Sarkastisches.« (›Berliner Börsen-Courier‹, 30. 3. 1929)

Literatur: W. Drews: Die Großen des deutschen Schauspiels. Berlin 1941; H. Ihering: Von Josef Kainz bis Paula Wessely. Heidelberg, Berlin, Leipzig, 1942; ders.: Von Reinhardt bis Brecht. Kritiken von 1909–1932. Berlin 1958–1961; A. Bronnen: Begegnungen mit Schauspielern. Berlin 1967.

Steinwachs, Ginka, geb. 31. 10. 1942 in Göttingen. Autorin. Tochter eines Professors. Ginka Steinwachs studierte Literaturwissenschaft und Philosophie in München, Paris und Berlin bei Peter Szondi und Roland Barthes. 1970 Promotion an der Freien Universität Berlin über den französischen Surrealismus. Sie arbeitete als wissenschaftliche Assistentin von 1970 bis 1974 an der École Normale Supérieure

in Paris und lebt seit 1976 als freie Schriftstellerin in Berlin. Ihre Werke sind geprägt vom Surrealismus und der Beschäftigung mit Frauenthemen und -figuren.
Stücke: ›Tränende Herzen. Ein sentimentales Frauenstück‹ (1978); ›George Sand. Eine Frau in Bewegung‹ (1980); ›Sonnenauf – im Untergang‹ (1985); ›Das (F)rohe Ei‹ (1987); ›Geisterfahrt Himmelan‹; ›Lunagal bei den Terraücken‹; ›Erzherzog Johann‹ (alle o. J.).
Literatur: A. Roeder (Hrsg.): Autorinnen. Herausforderungen an das Theater. Frankfurt a. M. 1989.

Stern, Ernst, geb. 1876 in Bukarest, gest. 28. 8. 1954 in London. Bühnenausstatter. Kunststudium in München; arbeitete dort für die Zeitschriften ›Jugend‹ und ›Simplicissimus‹ und wirkte beim Kabarett »Elf Scharfrichter« mit (als »Tobias Loch, der Schnellmaler«). 1905 ging er nach Berlin, wo er Max Reinhardt kennenlernte, mit dem er von 1906 bis 1921 aufs engste zusammenarbeitete. Er entwarf die Ausstattung für Reinhardt und andere Regisseure (u. a. Felix Hollaender, Rudolf Bernauer, Eduard von Winterstein, Karl Heinz Martin) und überwachte die Arbeit von Kollegen wie Edvard Munch oder Alfred Roller. Am Deutschen Theater Berlin stattete er Reinhardts Shakespeare-Inszenierungen aus: ›Was ihr wollt‹ (1907); ›Hamlet‹ (1909); ›Heinrich IV.‹ (1912); ›Macbeth‹ (1916). Weitere Arbeiten mit Reinhardt u. a.: Offenbachs ›Orpheus in der Unterwelt‹ (1906, Neues Theater); Goethes ›Clavigo‹ (1908, Kammerspiele); Freksas ›Sumurun‹ (1910, Künstlertheater München); Vollmoellers ›Das Mirakel‹ (1911, Olympia Hall London); am Deutschen Theater Berlin u. a.: Schillers ›Don Carlos‹ (1909); Goethes ›Faust II‹ (1911); Büchners ›Dantons Tod‹ (1916); Ibsens ›John Gabriel Borkman‹ (1917); Hauptmanns ›Winterballade‹ (UA 1917); darüber Julius Hart im ›Berliner Tag‹ (19. 10. 1917): »Die szenische Malerei besiegte fast den Dichter. Die Sternsche Dekoration des im Eis wie ein hoher Sarg aufragenden Schiffes, das im Schnee vergrabene Bauernhaus atmen die stärkste Winterballaden-

luft«; Calderóns ›Dame Kobold‹ (1920). Stern war kein dramaturgisch denkender, das Stück mit- oder weitererzählender Ausstatter; in der Regel ging er von den praktischen Bedingungen der Bühne aus. Er schuf szenische Räume jeglicher Größe (vom Kammertheater bis zu Arena-Spielen); häufig Einsatz von Drehbühnentechnik; oft eklektizistische Bilder, auf Harmonie bedacht. Der Kritiker Herbert Ihering warf ihm in mehreren Kritiken »Buntheit«, »Manier« und »Verspieltheit« vor. Als Reinhardt 1921 Berlin verließ, verlegte sich Stern vor allem auf die Ausstattung von Opern und Operetten. Von 1929 an arbeitete er auch in London, das 1934 seine neue Heimat wurde; dort Zusammenarbeit u. a. mit Sir Noel Coward und Eric Charell; hauptsächlich im Bereich Musiktheater. Im Schauspiel u. a.: Shakespeare-Zyklus mit Donald Wolfit (London 1943–1945).
Literatur: E. Stern/H. Herald (Hrsg.): Reinhardt und seine Bühne. Bilder von der Arbeit des Deutschen Theaters. Berlin 1918; C. Niessen: Max Reinhardt und seine Bühnenbildner. Köln 1958; H. Huesmann: Welttheater Reinhardt. Bauten, Spielstätten, Inszenierungen. München 1983.

Sternheim, Carl, geb. 1. 4. 1878 in Leipzig, gest. 3. 11. 1942 in Brüssel. Dramatiker. Sohn eines Bankiers. Sternheim studierte Philosophie und Literatur (1897–1902) in München und Berlin. Danach reiste er um und arbeitete als freier Schriftsteller. In dritter Ehe war er mit Pamela Wedekind verheiratet (1930–1934). 1906 und 1928 Aufenthalt in psychiatrischen Kliniken, er starb nahezu vergessen. Sternheim gehörte zu den sozialkritischen Dramatikern des Expressionismus. Nach einer Epoche der Vergessenheit wurde er in den siebziger Jahren wieder viel gespielt. In seinem berühmt gewordenen Dramenzyklus ›Aus dem bürgerlichen Heldenleben‹ ging es ihm um das Aufzeigen von Mitteln, mit denen der einzelne die Macht der normierenden Gesellschaft durchbrechen konnte, um zu seinem eigenen Wesen zu gelangen. »Carl Sternheim ist der einzige Dramatiker unserer Epoche, der den unlösbar gewordenen Widerspruch zwischen gesellschaftlichem Zwang und personaler Freiheit radikal, das heißt bis in seine Wurzel durchschaut, gestaltet und bewältigt hat. Er hat den gordischen Knoten durchhauen, in den sich bis heute alle Dichter unserer Zeit – und nicht nur die Dichter – hoffnungslos verstrickt sehen, jenen gordischen Knoten, der in der Weise geschlungen ist, daß die Gesellschaft durch die Freisetzung ihrer Individuen diese gerade ausliefert dem Kräftespiel und Zwang ihrer Machtkämpfe, wie auch umgekehrt die ›freie Person‹ sich nur dadurch realisieren kann, daß sie bewußt oder unbewußt die gesellschaftlichen Prinzipien und Spielregeln in sich aufnimmt und damit sich selber preisgibt.« (Wilhelm Emrich, Vorwort zur Sternheim-Gesamtausgabe. Neuwied-Berlin 1963)

Stücke: ›Der Heiland‹ (1898); ›Judas Ischarioth‹ (1901); ›Auf Krugsdorf‹ (1902); ›Vom König und der Königin‹ (1905); ›Don Juan‹ (1905/09); ›Ulrich und Brigitte‹ (1907); ›Die Hose‹ (1911); ›Die Kassette‹ (1912); ›Bürger Schippel‹ (1913); ›Der Kandidat‹ (1914); ›Der Snob‹ (1914); ›1913‹ (1915); ›Der Scharmante‹ (1915); ›Das leidende Weib‹ (1915); ›Der Geizige‹ (1916); ›Tabula rasa‹ (1916); ›Die Marquise von Arcis‹ (1918); ›Der entfesselte Zeitgenosse‹ (1920); ›Manon Lescaut‹ (1921); ›Die Schule von Uznach‹ (1926); ›John Pierpont Morgan‹ (1930).
Literatur: K. Hagedorn: Carl Sternheim. Die Bühnengeschichte seiner Dramatik. Diss. Köln 1961; H. Karasek: Carl Sternheim. Velber 1965; J. Schönert: Carl Sternheim. Zur Textanalyse, Ideologiekritik und Rezeptionsgeschichte. Heidelberg 1975; M. Linke (Hrsg.): Sternheim in Selbstzeugnissen und Bilddokumenten. Reinbek 1979.

Stoltzenberg, Peter, geb. 16. 6. 1932 in Berlin. Dramaturg, Regisseur und Intendant. 1952–1958 Studium der Philosophie, Germanistik, Ethnologie und Theaterwissenschaft in München und Köln; 1958 Promotion mit einer Arbeit über Theaterbesucherorganisationen. Schauspielunterricht und Regieassistenzen in Köln und bei den Ruhrfestspielen, u. a. bei Hans Schwei-

kart und Gustav Rudolf Sellner. 1959/60 Dramaturg und geschäftsführender Direktor an den Kammerspielen Düsseldorf (Intendanz: Hansjörg Utzerath); 1960 – 1965 Chefdramaturg und Regisseur am Nationaltheater Mannheim (Intendanz: Hans Schüler, Ernst Dietz). 1966 wechselte er zu Erwin Piscator an die Freie Volksbühne Berlin, wo er bis 1968 stellvertretender Intendant, Chefdramaturg und Regisseur war (nach Piscators Tod im März 1966 kommissarischer Intendant). 1968 – 1970 Intendant der Städtischen Bühnen Heidelberg; förderte u. a. den Regisseur Hans Neuenfels. 1973–1978 Generalintendant des Bremer Theaters; gründete in dieser Zeit mit George Tabori das erste Deutsche Theaterlabor. 1978 wurde er erneut Intendant in Heidelberg; förderte junge Talente und neue Regisseure wie David Mouchtar-Samorai, Cesare Lievi, Jossi Wieler oder – zuletzt – Friederike Vielstich. Ungefähr 50 eigene Inszenierungen, darunter Shakespeares ›Ein Sommernachtstraum‹, ›Macbeth‹ und ›Hamlet‹; zuletzt in Heidelberg u. a.: Michels ›Der letzte Wähler‹ (UA 1989); Kroetz' ›Bauern sterben‹ (1992); Molières ›Der eingebildete Kranke‹ (1993).

Stolze, Lena, geb. 8. 8. 1956 in Berlin (Ost). Schauspielerin. Aufgewachsen in Wien. Ihre Ausbildung am Wiener Max-Reinhardt-Seminar brach sie ab, um am Ulmer Theater ein erstes Engagement einzugehen (1976/77). Danach spielte sie in Berlin u. a.: Recha in Lessings ›Nathan der Weise‹ (1977, Freie Volksbühne, R. Kurt Hübner); Walburga in Hauptmanns ›Die Ratten‹ (1977, ebenda, R. Rudolf Noelte) sowie Leontine in ›Der Biberpelz‹ (1978, Schiller-Theater, R. Hans Lietzau). 1978 – 1980 am Wiener Burgtheater u. a.: Avril in O'Caseys ›Purpurstaub‹ (1979); Hermia in Shakespeares ›Ein Sommernachtstraum‹ (1979); Marianne in Molières ›Tartuffe‹ (1979/80, R. Noelte). Anschließend gehörte sie bis 1985 zum Ensemble des Bayerischen Staatsschauspiels München, wo sie in Lietzaus Strindberg-Inszenierung ›Der Vater‹ die Berta spielte (1980). Weitere Rollen u. a.: Lavinia in O'Neills ›Trauer muß Elektra tragen‹ (1982, R. Klaus Löwitsch); Nina in Tschechows ›Die Möwe‹ (1984, R. Arie Zinger); Rosaura in Calderóns ›Das Leben ein Traum‹ (1984, R. Wilfried Minks); A. in Laubes ›Finale in Smyrna‹ (1985, R. Werner Schroeter); bei den Salzburger Festspielen: Doña Musica in Claudels ›Der seidene Schuh‹ (1985, R. Lietzau). Von 1985 bis Anfang der neunziger Jahre war sie festes Ensemblemitglied am Hamburger Thalia Theater, wo sie ihre Traumrolle spielte: Kleists ›Penthesilea‹ (1985, R. Jürgen Gosch); Werner Burkhardt schrieb:»Lena Stolze ist Penthesilea, und das ist eine nur auf den allerersten, den flüchtigsten Blick befremdliche Besetzung. Keine gestandene Tragödin röhrt übers Schlachtfeld. Aus der oft niedergeschriebenen Beobachtung, daß die Königin der Amazonen die Komplementärschwester des sanften Käthchens aus Heilbronn sei, wird auf der Bühne die Konsequenz gezogen. Ganz schmale Flamme, ganz mädchenhafte Unbeirrbarkeit ist diese Penthesilea, und auch die Stimme hat noch ungeahnte Reserven für das Lamentoso des Schlusses.« (›SZ‹, 10. 12. 1985) Großen Erfolg hatte sie außerdem mit dem Monolog ›Fräulein Else‹ (1987, nach Schnitzler, R. Norbert Skrovanek, ihr damaliger Ehemann). Rollen in Inszenierungen des Hausherrn Jürgen Flimm u. a.: Solveig in Ibsens ›Peer Gynt‹ (1985); Irma in Pohls ›Das alte Land‹ (1986); Lottchen in Raimunds ›Der Bauer als Millionär‹ (1987, Salzburger Festspiele); Christine in Schnitzlers ›Liebelei‹ (1988); ferner u. a.: Ophelia in Müllers ›Hamletmaschine‹ (1986, R. Robert Wilson); Julia in Albees ›Empfindliches Gleichgewicht‹ (1987, R. Achim Benning); Franziska in Pohls ›Heißes Geld‹ (1988, R. Wolfgang Wiens); Metella in Offenbachs ›Pariser Leben‹ (1990); Nina in Tschechows ›Die Möwe‹ (1992, R. Guy Joosten). Auch Film- und Fernsehrollen. Für ihre Darstellung der Sophie Scholl in Michael Verhoevens ›Die weiße Rose‹ (1981) und in Percy Adlons ›Fünf letzte Tage‹ (1982) erhielt sie den Bundesfilmpreis. Großen Erfolg hatte sie auch in der Titelrolle von Verhoevens Film ›Das schreckliche Mädchen‹ (1990, Filmband in Gold).

Stoppard, Tom, geb. 3. 7. 1937 in Zlin (Tschechoslowakei). Englischer Dramatiker. Sohn des jüdischen Arztes E. Straussler, der 1938 mit ihm ins Exil nach Singapur ging. Dort wurde er von dem englischen Major Stoppard adoptiert. 1946 gelangte er über Indien nach England und wurde Theater- und Filmkritiker. Seit 1963 arbeitet er als Dramatiker. Internationalen Erfolg fand er mit dem Stück ›Rosenkranz und Güldenstern sind tot‹ (1966). Mit absurder Komik und viel Witz stellen seine Stücke auch philosophische Fragen wie die nach der Relativität von Wahrheit oder dem Verhältnis von Kunst und Wirklichkeit.»Neil Simon ist Amerikas intelligentester Komödienschreiber, Alan Ayckbourn ist der Autor einer großen kleinen Comédie humaine der englischen Mittelklasse. Und dann gibt es noch ein paar andere, von Shaffer bis Whitemore. Aber so elegant und sophisticated wie Stoppard schreibt keiner. Bei seinen komödiantischen Travestien von Shakespeare bis Molnár scheinen Botho Strauß und Otto Waalkes in einem am Werke.« (Peter von Becker, ›Theater heute‹, Heft 12, 1986)
Weitere Stücke: ›Der wahre Inspektor Hound‹ (1968); ›After Magritte‹ (1970); ›Akrobaten‹ (1972); ›Travesties‹ (1974); ›Schmutzige Wäsche‹ (1976); ›Night and Day‹ (1978); ›Das einzig Wahre‹ (1984); ›Stürmische Überfahrt‹ (1985).
Literatur: T. Brassell: T. Stoppard: An Assessment. London 1985; A. Jenkins: The Theatre of T. Stoppard. Cambridge 1987.

Storey, David Malcolm, geb. 13. 7. 1933 in Wakefield, Yorkshire. Englischer Schriftsteller. Sohn eines Bergarbeiters. Storey konnte sich als Rugbyprofi ein Kunststudium in London finanzieren. Später arbeitete er als Kunsterzieher, Regisseur, Fernsehautor, Kritiker und Schriftsteller. Er veröffentlichte Romane und Dramen, die sich, von seiner eigenen Biographie inspiriert, um Sportler und Bergarbeiter drehen, um die Probleme im Alltag, um Identitätssuche in einer leistungsorientierten Gesellschaft.»Es geht bei ›Home‹ um ein Heim in der fragwürdigen Doppelbedeutung des Wortes. Erst soll man noch denken, zwei bessere Herren ruhen

Stramm

694

lässig und wohlerzogen von ihrem Leben irgendwo an der See oder in einem gehobenen Urlaubsort aus, sie seien dort daheim. Kurzsilbiges, englisches Palaver geht vonstatten. Die beiden etwas angeknacksten Ehrenmänner treten ein in den Gedankenaustausch ohne Gedanken. Der typisch lakonische, der geschwätzig nichtssagende britische Dialog wird in Gang gebracht. (. . .) Der Zuhörer wird inne, daß die beiden ältlichen Kavaliere in einem eher heiklen ›Heim‹ existieren. Sie sind in einer Klapsmühle. (. . .) Das ist Schauspielertheater, das immerhin (und das ist des Autors David Storey Trick und talentiertes Spiel mit der Mehrdeutigkeit) mehrfach ausgelegt werden kann. Ist das ganze England gemeint?« (Friedrich Luft, ›Stimme der Kritik‹. Stuttgart 1979)

Stücke: ›The Restoration of Arnold Middleton‹ (1967); ›Zur Feier des Tages‹ (1969); ›Das Festzelt‹ (1970); ›Home‹ (1970); ›Cromwell‹ (1973); ›Life Class‹ (1975); ›Mother's Day‹ (1977). **Literatur:** J. R. Taylor: D. Storey. Harlow (Essex) 1974.

Stramm, August, geb. 29. 7. 1874 in Münster, gest. 1. 9. 1915 bei Horodec (Rußland). Schriftsteller. Zunächst auf Wunsch des Vaters Laufbahn in der Postverwaltung. Von 1905 an studierte Stramm als Gasthörer Geschichte, Philosophie und Nationalökonomie in Berlin und Halle, 1909 Promotion. Seit 1913 Mitarbeiter bei der Zeitschrift ›Der Sturm‹. Er schrieb unter dem Eindruck der Kriegserlebnisse. Stramm fiel 1915 bei einem Sturmangriff in den Rokitno-Sümpfen. Er schrieb Lyrik und Dramen des Frühexpressionismus in verknappter Sprache, die zu stärkster Verdichtung und größter Ausdruckskraft auf kleinstem Raum tendieren. »Stramm wird am verständlichster als Lyriker: ein Peitschenlyriker. Sein Expressionismus dort heißt: Weglassen des Unwesentlichen. Er hämmert Hauptsachen ins Hirn. (. . .) Stramm ist, als weiland Postbeamter, ein Gegenstück zu dem Zollbeamten Henri Rousseau, ›le douanier‹. In den Dramen überrollt er anfangs den Maeterlinck, überschreit er den Hauptmann. (. . .) Dann erst findet er sich: als Dichter leibloser Schöp-

fungen. Er bringt nun statt des Einzelerlebnisses bloß noch (. . .) ein allgemeines Geschehen. Er gestaltet nicht mehr Gestalten; sondern bloß Regungen irgendeiner Dimension. Nicht Menschen: sondern Stimmungsteile. Nicht Umrisse, sondern Hauche. Er wird sozusagen ein Es-Dichter. Ein Sach-Poet, innengewendet. Jenseits von fast allem Sehbaren. Kurz: Luftregungsgebilde.« (Alfred Kerr, ›Mit Schleuder und Harfe‹. München 1985).
Stücke: ›Rudimentär‹ (1914); ›Die Haidebraut‹ (1914); ›Sancta Susanna‹ (1914); (vertont von P. Hindemith 1921); ›Erwachen‹ (1915); ›Kräfte‹ (1915); ›Die Unfruchtbaren‹ (1916); ›Geschehen‹ (1916).

Stranitzky, Joseph Anton, geb. um 1676 in Graz, gest. 1726 in Wien. Schauspieler und Intendant; Schöpfer des Wiener Hanswursts und Begründer des Wiener Volkstheaters. Trat seit 1699 als Wanderkomödiant in Süddeutschland auf; seit 1705 in Wien, wo er 1707 auch als Zahnarzt zugelassen wurde. Leitete seit 1706 eine eigene Truppe, mit der er 1712 das neugegründete Wiener Kärntnertor-Theater bezog, das zur Heimstätte des Wiener Hanswursts wurde. Aufgeführt wurden Stücke, die ihren Stoff meist den zeitgenössischen italienischen Opern entlehnten. In die Haupt- und Staatsaktionen dieser Opernlibretti führte Stranitzky die Gestalt des typisch wienerischen Hanswursts ein: einen verschmitzten, derb-komischen Tölpel aus dem einfachen Volk. Stranitzky spielte diesen pfiffigen »Wurstl« im Kostüm eines Salzburger Bauern (der »weltberühmte Kraut- und Sauschneider aus Salzburg«) und begründete mit seinen Stegreifpossen eine weitreichende volkstümliche Theatertradition. Umstritten ist in der Literatur, ob sich Stranitzkys Hanswurst vom »Pickelhering« der Englischen Komödianten oder vom Arlechino bzw. Arlequin der italienischen und französischen Tradition herleitet. Nach Stranitzkys Tod nahm sich Gottfried Prehauser (1699–1769) der Wiener Hanswurstiade an.
Literatur: O. Rommel: Die Alt-Wiener Volkskomödie. Wien 1952; H. Gromes: Vom Alt-Wiener Volksstück zur Wiener Operette. Diss. München 1967; J. Hein:

Das Wiener Volkstheater. Darmstadt 1978; H. G. Asper: Hanswurst. Emsdetten 1980.

Strasberg, Lee, geb. 17. 11. 1901 in Budzanow (damals Galizien), gest. 17. 2. 1982 in New York. Schauspieler, Regisseur und Theaterleiter. Kam mit seinen Eltern bereits 1909 in die USA. Schauspielausbildung am American Laboratory Theatre. 1925 debütierte er am Chrystie Street Settlement House in New York; danach Schauspieler und Regieassistent bei der avantgardistischen New Yorker Theatre Guild und bei Garrick Gaieties. 1930 gründete er zusammen mit Harold Clurman und Cheryl Crawford das Group Theatre, das er bis 1937 als Direktor leitete. In Abgrenzung zum Broadway und zum proletarisch-revolutionären Arbeitertheater wollte das Group Theatre einen »dritten Weg« gehen: den einer radikaldemokratisch engagierten sozialen Dramatik. Strasberg war der wichtigste Regisseur der Gruppe und verwirklichte viele der reformerischen Ideen seines künstlerischen Vorbilds Konstantin Stanislawski. Inszenierungen u. a.: Greens ›The House of Connelly‹ (1930); Kingsleys ›Men in White‹ (1933); Lawsons ›Gentlewomen‹ (1934); Green/Weills ›Jonny Johnson‹ (UA 1936, Anti-Kriegs-Oper). Bei einer Studienreise in die Sowjetunion lernte er 1934 W. E. Meyerhold kennen, dessen Prinzipien er in einer Inszenierung von Levys ›Eagle Guy‹ (1934) umsetzte. Von Clifford Odets inszenierte er u. a. die Stücke ›Waiting for Lefty‹, ›Awake and Sing‹ und ›Paradise Lost‹. Nach einem Zerwürfnis mit Clurman trennte er sich 1937 vom Group Theatre und arbeitete einige Jahre in Hollywood. Regiearbeiten u. a.: Odets' ›Clash by Night‹ (1941) sowie ›The Big Knife‹ (1949); de Hartogs ›Skipper Next to God‹ (1948); Ibsens ›Peer Gynt‹ (1951). Von 1951 bis zu seinem Tod war er künstlerischer Leiter des Actors Studio in New York (Institut zur Fortbildung von Schauspielern, 1947 gegründet von Cheryl Crawford, Elia Kazan und Robert Lewis). Hier entwickelte und praktizierte Strasberg seine berühmte Methode (»The Method«), eine auf dem System Stanislawskis aufbauende, von der Psychoanalyse beeinfluß-

te Schauspielpädagogik. Die Grundforderung dieser Methode ist die »glaubwürdige Darstellung« durch intensives Einfühlen des Schauspielers in seine Rolle. Durch Aktivierung des »affektiven Gedächtnisses« soll der Schauspieler dahin gelangen, sich an analoge Erlebnisse aus seinem eigenen Leben zu erinnern, um die dabei heraufbeschworenen Stimmungen und Gefühle für die Rolle nutzbar zu machen. Ziel ist die Fähigkeit, eine beliebige Figur auf Abruf mit eigenem Erleben zu füllen. Strasbergs Trainingsmethoden beeinflußten die Schauspielausbildung in den USA und in Westeuropa nachhaltig. Zu den Schülern zählten u. a. Hollywood-Stars wie Marlon Brando, James Dean, Paul Newman, Karl Malden, Julie Harris, Marilyn Monroe und Robert de Niro. 1964/65 betrieb das Institut eine Saison lang das Actors Studio Theatre; Strasberg inszenierte Tschechows ›Drei Schwestern‹. Neben dem Actors Studio leitete er ab 1971 eine herkömmliche Schauspielschule in Los Angeles. Zahlreiche Seminare im Ausland (u. a. 1978 am Schauspielhaus Bochum) sowie Publikationen. Nach Strasbergs Tod übernahmen Ellen Burstyn und Al Pacino die Leitung des Actors Studios.
Literatur: H. Clurman: The Fervent Years. New York 1945; R. H. Hethmon (Hrsg.): Strasberg at the Actors Studio. New York 1965; Schauspielhaus Bochum (Hrsg.): Lee Strasberg – Schauspielerseminar. Bochum 1979; D. Garfield: A Player's Place. New York 1980; W. Wermelskirch (Hrsg.): Lee Strasberg. Schauspielen und das Training des Schauspielers. Berlin 1988.

Strauß, Botho, geb. 2. 12. 1944 in Naumburg, Saale. Kritiker, Dramaturg und Autor. Schulbesuch im Ruhrgebiet und in Hessen; Studium der Germanistik, Theaterwissenschaft und Soziologie in Köln und München; intensive Auseinandersetzung mit Adorno. Die geplante Dissertation über »Thomas Mann und das Theater« brach er ab. 1967–1970 Redakteur und Kritiker der Zeitschrift ›Theater heute‹. 1970 holte ihn Peter Stein an die Schaubühne am Halleschen Ufer Berlin, wo er bis 1975 Produktionsdramaturg war. Für

Streeruwitz

Stein bearbeitete er Ibsens ›Peer Gynt‹ (1971), Labiches ›Das Sparschwein‹ (1973) und Gorkis ›Sommergäste‹ (1974; auch Drehbuch für die Filmfassung); dramaturgische Mitarbeit u. a. bei ›Kleists Traum vom Prinzen Homburg‹ (1972, R. Stein). Seit 1975 lebt er als freier Schriftsteller in Berlin. Er zählt zu den bedeutendsten zeitgenössischen Dramatikern deutscher Sprache. Seinen Bühnenerstling schrieb er bereits 1971: ›Die Hypochonder‹ (UA 1972, Deutsches Schauspielhaus Hamburg, R. Claus Peymann). Seither zahlreiche weitere, zum Großteil höchst erfolgreiche und vielgespielte Stücke: ›Bekannte Gesichter, gemischte Gefühle‹ (UA 1975, Stuttgart, R. Niels-Peter Rudolph); ›Trilogie des Wiedersehens‹ (UA 1977, Schauspielhaus Hamburg, R. Dieter Giesing); ›Groß und klein‹ (UA 1978, Schaubühne Berlin, R. Stein); ›Kalldewey, Farce‹ (UA 1982, Schauspielhaus Hamburg, R. Rudolph); ›Der Park‹ (UA 1984, Freiburg, R. Dieter Bitterli); ›Die Fremdenführerin‹ (UA 1986, Schaubühne Berlin, R. Luc Bondy); ›Besucher‹ (UA 1988, Münchner Kammerspiele, R. Dieter Dorn); ›Sieben Türen‹ (UA 1988, Stockholm; DE 1988, Münchner Kammerspiele, R. Dorn); ›Die Zeit und das Zimmer‹ (UA 1989, Schaubühne Berlin, R. Bondy); über die Aufführung schrieb C. Bernd Sucher: »Zwar will Strauß auch in dieser Szenenfolge viel bedeuten, schließlich zielt schon der Titel ›Die Zeit und das Zimmer‹ nicht bloß auf kurze Zimmerschlachten, sondern zugleich auf die Ewigkeit, aber dennoch ist dieses zweiteilige Stück wieder nicht mehr und nicht weniger als eine hübsche Aneinanderreihung böser, gesellschaftskritischer szenischer Aperçus, eine durch wenige durchgehende Figuren gebundene Folge von zuweilen glänzend formulierten Kabarettnummern. Es geht wieder um Beziehungen. Zwischen Frauen und Männern, Männern und ihresgleichen. Im Büro und zu Hause, in der Ehe, der Partnerschaft und, auch das noch, im Traum oder dem sich bestätigenden Orakel. Man nimmt einander, verliert einander, erinnert sich, zumindest an Gesichter. Man verpaßt Gelegenheiten oder nutzt sie. Ein Ringelpiez, wie gehabt. Wieder spielen die Strauß-

schen Menschen Leben und bemerken nicht, wie ihnen, während sie sich abmühen, ihre Gefühle, ihre Wünsche zu formulieren und zu verwirklichen, das Sein verlorengeht und die Zeit entrinnt.« (›SZ‹, 10. 2. 1989) Sein immer wiederkehrendes Thema ist zu zeigen, wie die Beziehungslosigkeit, die Unfähigkeit zur Kommunikation und die Angst vor Nähe die Sehnsucht der Menschen nach Kontakt zerstört. Prosawerke u. a.: ›Marlenes Schwester. Zwei Erzählungen‹ (1975); ›Die Widmung‹ (1977); ›Rumor‹ (1980); ›Paare, Passanten‹ (1981); ›Der junge Mann‹ (1984); ›Niemand anderes‹ (1987); ›Kongreß. Die Kette der Demütigungen‹ (1989); ›Beginnlosigkeit‹ (1992); ›Wohnen, Dämmern, Lügen‹ (1994). Auszeichnungen u. a.: Dramatikerpreis der Stadt Hannover (1975); Literaturpreis der Bayerischen Akademie der Schönen Künste (1981); Mühlheimer Dramatikerpreis (1982); Georg-Büchner-Preis (1989); Berliner Theaterpreis (1993).
Weitere Stücke: ›Schlußchor‹ (UA 1991, Münchner Kammerspiele, R. Dorn); ›Angelas Kleider‹ (UA 1991, Graz, R. Leander Haußmann); ›Das Gleichgewicht‹ (UA 1993, Salzburger Festspiele, R. Bondy).
Literatur: B. Strauß: Versuch, ästhetische u. politische Ereignisse zusammenzudenken. Texte über Theater 1967–1986. Frankfurt a. M. 1987; H. Schödel: Ästhetik des Verlustes. In: Theater heute, Jahrbuch 1976, S. 104–106; P. Iden: Die Schaubühne am Halleschen Ufer 1970–1979. München 1979; Text & Kritik: Botho Strauß. Heft 81, München 1984; V. Hage: »Schreiben ist eine Séance«. Botho Strauß – ein Porträt. In: ›Die Zeit‹, 16. 1. 1987; V. Kapitzka: Bewußtseinsspiele. Drama und Dramaturgie bei Botho Strauß. Diss. Frankfurt a. M. u. a. 1987; V. Plümer: Zur Entwicklung und Dramaturgie der Dramen von B. Strauß. Frankfurt a. M. 1987; M. Radix: Strauß lesen. München u. a. 1987; K. Kazubko: Spielformen des Dramas bei Botho Strauß. Diss. Hildesheim u. a. 1990; S. Berka: Mythos-Theorie und Allegorik bei Botho Strauß. Wien 1991.

Streeruwitz, Marlene, geb. 1950 in Baden bei Wien. Dramatikerin und Regisseu-

rin. Tochter eines Lehrers und ÖVP-Politikers. Studierte Jura, Kunstgeschichte und Slawistik. Arbeitete als Journalistin bei der ökologischen Zeitschrift ›Natur ums Dorf‹. Streeruwitz schrieb Prosa und Lyrik, die sie nicht veröffentlichte, daneben Hörspiele und Theaterstücke. Ihre ersten Stücke wurden vor allem in Köln (R. Torsten Fischer) in den neunziger Jahren uraufgeführt.»›New York, New York‹ aber ist der Kulminationspunkt: Höllenrevue, ein Panoptikum von Piefkes und Perversen. Die höchst plastische Poesie aus dem Schreiberinnen-Hirn verbindet sich mit Wortschrott von der Sondermülldeponie des Überalltags: Realitätsverschnitt – bis zum Detail runter, bis zum lyrischen Gipfel hoch (. . .) Die kleinteilige, alltägliche Apokalypse, die in diesem aberwitzig anmutenden, doch metaphorisch kräftigen, einleuchtenden Theaterhades stattfindet, ist ein Zerrbild der Wirklichkeit draußen.« (Michael Merschmeier, ›Theater heute‹, Heft 6, 1990) Zur Uraufführung von ›Elysian Park‹ (Deutsches Theater Berlin, R. Harald Clemen) schrieb Andreas Rossmann (›FAZ‹, 22. 6. 1993): »Doch das Stück wird selbst zum Ordnungsopfer. Aus Andeutungen und Versatzstücken puzzelt sich Marlene Streeruwitz in dreißig Kurzszenen das Bild einer Welt zusammen, in der für Moral ›keine Zeit‹ ist (. . .) Alle sind sie in eine wahnhaft falsche Existenz verstrickt – aber auch in die ausgetüftelte Konstruktion einer Dramaturgie, die sie zum Schräubchen degradiert. So bleiben die Figuren artifiziell wie das Stück, zusammengebastelt aus Zitaten, die von Sophokles bis Dürrenmatt, Büchner bis Bond reichen. Über ihre Hintergründe ist wenig zu erfahren: Personen aus Plastik.«
Stücke: ›New York, New York‹ (1988); ›Waikiki-Beach‹ (1989); ›Sloane Square‹ (1990); ›Ocean Drive‹ (1991); ›Elysian Park‹ (1992); ›Tolmezzo‹ (1994).

Strehler, Giorgio, geb. 14. 8. 1921 in Barcola, Triest (Italien). Schauspieler, Regisseur und Intendant. Ausbildung an der Mailänder Accademia dei Filodrammatici, die er 1940 mit dem ersten Preis der Schauspielklasse abschloß; Mitarbeit bei Theatergruppen. Während des Krieges war er zunächst im antifaschistischen Widerstand aktiv; dann politischer Flüchtling in Genf, wo er die Gruppe Compagnie des Masques gründete; erste Regiearbeiten: Eliots ›Mord im Dom‹ und Camus' ›Caligula‹. Nach dem Krieg Rückkehr nach Italien; Schauspieler und Regisseur bei verschiedenen Truppen; Theaterkritiker bei der Zeitung ›Milano sera‹. 1947 gründete er zusammen mit Paolo Grassi das Piccolo Teatro Mailand (erstes teatro stabile in Italien), wo er unter Grassis Direktion künstlerischer Leiter war; 1965–1968 gemeinsame Direktion. Ziel der beiden überzeugten Sozialisten war es, ein proletarisches, anti-elitäres »Volkstheater mit Weltniveau« zu schaffen. Zusammenarbeit mit den Bühnenbildnern Luciano Damiani und Ezio Frigerio. Zur Eröffnung inszenierte Strehler Gorkis ›Nachtasyl‹. Es folgte wenig später Goldonis ›Der Diener zweier Herren‹ (Titelrolle: Marcello Moretti, später Ferruccio Soleri), eine Aufführung, die er mehrmals neu einstudierte und die auf Tourneen zu Weltruhm gelangte. Weitere Goldoni-Inszenierungen u. a.: ›Das ehrbare Mädchen‹ (1950, Festival Venedig); ›Die Verliebten‹ (1950); ›Der verliebte Soldat‹ (1951); ›Trilogie der schönen Ferienzeit‹ (1954); ›Krach in Chioggia‹ (1964, im Chiozzotter Dialekt; 1968 umjubelte Europa-Tournee; Neuinszenierung 1992). In der Anfangszeit auch viele Shakespeare-Inszenierungen: ›Richard II.‹ (1948); ›Der Widerspenstigen Zähmung‹ (1949); ›Richard III.‹ (1950); ›Heinrich IV.‹ (1951, Verona); ›Macbeth‹ (1952); ›Julius Caesar‹ (1953); ›Coriolan‹ (1957); ›Spiele der Mächtigen‹ (1965, nach ›Heinrich VI.‹; 1973 auch in Salzburg; 1975 am Burgtheater Wien). Stücke von Tschechow u. a.: ›Die Möwe‹ (1948); ›Der Kirschgarten‹ (1955); ›Platonow‹ (1959). Von großer Bedeutung für das italienische Theater sind seine Brecht-Inszenierungen: ›Die Dreigroschenoper‹ (1956; nach der Premiere schrieb Brecht an Strehler: »Sie haben mein Werk zum zweitenmal geschaffen«); ›Der gute Mensch von Sezuan‹ (1958, mit Moretti); ›Schweyk im zweiten Weltkrieg‹ (1961, mit Tino Buazzelli); ›Die Ausnahme und die Regel‹ (1962); ›Leben des Galilei‹ (1963, mit Buazzelli); ›Maha-

Strehler

gonny‹ (1964). Sonstige Inszenierungen
am Piccolo Teatro 1947–1968 u. a.: Kaisers ›Soldat Tanaka‹ (1947); Pirandellos
›Die Riesen vom Berge‹ (1947 und 1966;
1951 auch in Zürich; 1958 in Düsseldorf);
Büchners ›Dantons Tod‹ (1950); Tollers
›Hoppla, wir leben!‹ (1951); Bertolazzis
›Lulù‹ (1953) sowie ›El nos Milan‹ (1955;
auch 1979/80); Dürrenmatts ›Der Besuch
der alten Dame‹ (1960). Ferner Stücke von
Gozzi, Squarzina, Betti u. a.; häufig auch
Opernregie, v. a. an der Mailänder Scala
(seit 1947) und an der Piccolo Scala; bei
den Salzburger Festspielen: Mozarts ›Die
Entführung aus dem Serail‹ (1965). 1968
verließ Strehler das Piccolo Teatro und
gründete das Theater-Kollektiv Gruppo
Teatro e Azione. Zur Truppe gehörten u. a.
die Schauspieler Marisa Fabbri, Milva,
Renato di Carmine und Franco Graziosi.
Großer Erfolg mit Brechts ›Die heilige Johanna der Schlachthöfe‹ (1970, mit Valentina Cortese, Co-Produktion Maggio Musicale Florenz/Piccolo Teatro); Siegfried
Melchinger schrieb begeistert: »Vor einem
Theater wie diesem müßten, wenn das
noch möglich ist, die Querelen verstummen. Es hat Brisanz, Überzeugungskraft,
den Elan des Engagements und die Qualitäten der Kunst: Rhythmus, Plastik,
Schönheit (nur italienisch sei hinzugefügt:
›poesia‹). Es zeigt viereinhalb Stunden
lang die Möglichkeiten des Herausragenden, das nicht kollektiv herstellbar ist: die
Genialität eines dichterischen Entwurfs,
die Einfallskraft eines großen Regisseurs,
die Suggestivität glänzender Schauspieler.
Es beweist die ungeschmälerten Möglichkeiten großen Theaters. (...) Das Totaltheater, das Strehler in Szene setzte,
rhythmisiert von der Musik F. Carpis, war
aufs strengste dramaturgisiert. Kein Effekt
zielte auf ›show‹. Niemals ließ der Regisseur vergessen, daß er nicht Strehler spielen ließ, sondern Brecht.« (›Theater heute‹,
Jahrbuch 1970) Außerdem u. a.: Weiss'
›Der Lusitanische Popanz‹ (1969, Teatro
Quirino Rom); Gorkis ›Nachtasyl‹ (1970,
Teatro Metastasio Prato; 1971 Deutschland-Tournee). Als Grassi 1972 die Intendanz der Mailänder Scala übernahm,
kehrte Strehler an das Piccolo Teatro zurück, das er seither als alleiniger Direktor

leitet. Internationales Aufsehen erregte
gleich zu Beginn seine Shakespeare-Inszenierung ›König Lear‹ (1972, mit Tino
Carraro, Ottavia Piccolo, Gabriele Lavia;
1974 Deutschland-Tournee). Ein Erfolg
wurde auch die Neuinszenierung der
›Dreigroschenoper‹ (1973, mit Giulia Lazzarini; 1986 auch in Paris mit Milva, Barbara Sukowa und Michael Heltau). Zur
Eröffnung der Ära Liebermann an der Pariser Oper inszenierte er Mozarts ›Le nozze
di Figaro‹ (1973, Versailles). An der Mailänder Scala war er von 1977 bis 1982
künstlerischer Berater; er inszenierte dort
u. a. Verdis ›Macbeth‹ (1976) und Wagners
›Lohengrin‹ (1981), später Mozarts ›Don
Giovanni‹ (1987). Regiearbeiten am Piccolo Teatro seit den siebziger Jahren u. a.:
Tschechows ›Der Kirschgarten‹ (1974);
Genets ›Der Balkon‹ (1976); ›La storia
della bambola abbandonata‹ (Strehler nach
Sartre und Brecht, 1977); Shakespeares
›Der Sturm‹ (1978, mit Carraro und Lazzarini); Strindbergs ›Wetterleuchten‹
(1980); Brechts ›Der gute Mensch von Sezuan‹ (Neuinszenierung 1981, mit seiner
Ehefrau Andrea Jonasson); Becketts
›Glückliche Tage‹ (1982, mit Lazzarini);
Lessings ›Minna von Barnhelm‹ (1983, mit
Jonasson); Triumph mit De Filippos ›La
grande magia‹ (1985; später in Berlin) und
Pirandellos ›Come tu mi vuoi‹ (1988; 1989
auch in Frankfurt und am Wiener Burgtheater). Sein ehrgeizigstes und langwierigstes Projekt am Piccolo Teatro ist
Goethes ›Faust I‹ (ab 1989) und ›Faust II‹
(1991 unter dem Titel ›Faust – Frammenti
parte seconda‹), beide Teile in Strehlers
eigener Übersetzung und mit ihm als
Faust-Darsteller (Mephisto: F. Graziosi;
Bühne: Josef Svoboda). C. Bernd Sucher
resümierte: »Wie auch immer einem Strehlers sehr passionierter, extrovertierter, zuweilen auch sentimentaler und pathetischmanierierter Vortrag gefallen oder mißfallen mag, sicher ist, daß er mit diesem
›Faust‹-Projekt die Summe seiner Kunst
präsentiert. Noch einmal zeigt er, dem in
seinem Leben Wunder gelungen sind, Inszenierungen, die fortan als Maßstab galten
für jede neue Interpretation – sein ›Lear‹,
›La grande magia‹, ›Come tu mi vuoi‹ –,
was ihm Theater ist: das Wort zuallererst,

dann das Licht, dann die Leere. Und ganz am Ende, wenn überhaupt je, interessiert ihn Dekoration.« (›SZ‹, 14. 8. 1991) Neben dem Piccolo Teatro leitete Strehler von 1983 bis 1989 das Pariser Théâtre de l'Europe; er inszenierte dort u. a. Corneilles ›L'Illusion comique‹ (1984). 1987 gründete er eine eigene Schauspielschule, 1989 eine europäische Theaterunion. Christine Wolter schrieb: »Strehler wird gern beschrieben als der hystrionische Theatermacher, als der temperamentvolle, pathetische, aufwallende Südländer, in dem fortwährend die Saiten des Instruments Theater vibrieren. Als der Mann der Donnerworte, der Kraftausdrücke, als der Über-Reder. Das ist zugleich wahr und falsch. (...) so, wie sich in seiner Triestiner Herkunft italienische und mitteleuropäische Elemente verbinden, so vereinen sich auch in seinem dramatischen Temperament, in seinem theatralischen Genie das südliche und das zentrale: das nach außen Gekehrte, das Vorzeigen mit dem nach innen Gewandten, mit dem Forschen und Suchen. In manchen Perioden mag das eine und dann wieder das andere Element überwogen haben, doch stets hat Strehler sein Theater als diese Dualität verstanden, als Spiel, Magie, die einem Auftrag dienen (...): Theater für das Publikum.« (›Neue Zürcher Zeitung‹, 9. 8. 1991) Auszeichnungen u. a.: Großer Dominique-Preis, Paris (1979); Erwin-Piscator-Preis (1987); Premio Europa (1990); Friedrich-Gundolf-Preis.

Literatur: G. Strehler: Für ein menschlicheres Theater. Hrsg. v. S. Kessler. Frankfurt a. M. 1977; P. Grassi/G. Strehler (Hrsg.): Piccolo Teatro 1947–58. Mailand 1958; E. Fechner: Strehler inszeniert. Velber 1963; E. Gaipa: Giorgio Strehler. Berlin 1963; R. Berry/C. Jauslin: Shakespeare inszenieren. Gespräche mit Regisseuren. Basel 1978; P. R. Maier-Schoen: Giorgio Strehlers Theater am Beispiel von ›Le Balcon‹. Diss. München 1980; D. Kranz: Positionen. Gespräche mit Regisseuren des europäischen Theaters. Berlin 1981; H. Mainusch: Regie und Interpretation. Gespräche mit Regisseuren. München 1986.

Striebeck, Peter, geb. 15. 3. 1938 in Frankfurt a. d. Oder. Schauspieler, Regisseur und Intendant. Sohn des Schauspielerehepaars Karl Striebeck und Mathilde Zedler. Nach dem Abitur Schauspielausbildung bei Eduard Marks an der Staatlichen Hochschule für Musik und darstellende Kunst in Hamburg (1958–1960; seit 1976 ist er dort selber Dozent). Erstes Engagement 1960/61 in Ulm; 1961–1964 am Hamburger Thalia Theater, unterbrochen durch Gastspiele (u. a. in Wuppertal, Frankfurt a. M., Berlin). Von 1964 bis 1968 gehörte er zum Ensemble des Wiener Burgtheaters; dort u. a.: Andrea Sarti in Brechts ›Leben des Galilei‹; Dr. Jura in Bahrs ›Das Konzert‹; Ajaxerle in Raimunds ›Der Bauer als Millionär‹; Holzapfel in Shakespeares ›Viel Lärm um nichts‹. Erfolgreich im Fernsehen als Iréné in ›Der Schpunz‹ (1967, nach Pagnol) und in der Titelrolle der Kohout-Verfilmung ›August August, August‹ (1967). Von 1968/69 an spielte er hauptsächlich wieder am Hamburger Thalia Theater; von 1980 bis 1985 war er dort Intendant (als Nachfolger von Boy Gobert). Der Erfolg, den er als Darsteller und teilweise auch als Regisseur hatte, blieb ihm als Direktor versagt. Nach vier glücklosen Spielzeiten übergab er das Haus an Jürgen Flimm; seither freischaffender Schauspieler (häufig auch im Fernsehen). Titelrollen am Thalia Theater: Shakespeares ›Hamlet‹ (Urfassung 1968/69, R. Leopold Lindtberg); Marlowe/Brechts ›Leben Eduards II. von England‹ (1975, R. Flimm); Tschechows ›Onkel Wanja‹ (1978, R. Dieter Giesing); Büchners ›Woyzeck‹ (1980, R. Michael Gruner). Außerdem u. a.: Stolzius in Lenz' ›Die Soldaten‹ (1974, R. Flimm); Wladimir in Becketts ›Warten auf Godot‹; Jerry in Pinters ›Betrogen‹ (1979); Chandebise/Poce in Feydeaus ›Der Floh im Ohr‹ (1981); Heinrich II. in Anouilhs ›Becket oder Die Ehre Gottes‹ (1983); Ragin in Tschechow/Fruchtmanns ›Krankenstation Nr. 6‹ (1985). In Rudolf Noeltes erfolgreicher Hauptmann-Inszenierung ›Michael Kramer‹ (1983) war er der Lachmann; Werner Burkhardt schrieb: »Peter Striebeck meisterte Schwierigstes: Er hielt einen durchschnittlichen Menschen mit

Strindberg

überdurchschnittlichen schauspielerischen Mitteln ständig präsent. Sein Maler Lachmann, unglücklich verheiratet und ohne Hoffnung liebend, hat eine Betriebsamkeit, die immer wieder versickert, schwankt zwischen fahrigem Lächeln und leerem Blick und findet erst ganz zu sich selbst, wenn er am Schluß nur noch zuhört, wenn er ganz fassungsloses Mitleid geworden ist.« (›SZ‹, 9. 9. 1983) Eigene Regiearbeiten seit Anfang der siebziger Jahre, u. a. in Frankfurt: Topols ›Katze auf dem Gleis‹; Sperrs ›Jagdszenen aus Niederbayern‹; am Staatsschauspiel München: Hacks' ›Polly‹ (1971); in Wuppertal: Schillers ›Kabale und Liebe‹; am Thalia Theater u. a.: Mühls ›Rheinpromenade‹ (1973/74); W. S. Voglers ›Die Gruschel von Mayntz‹ (UA 1975); Molières ›Don Juan‹ (1977/78) und ›Der eingebildete Kranke‹ (1984).

Strindberg, August, geb. 22. 1. 1849 in Stockholm, gest. 14. 5. 1912 ebenda. Schwedischer Dramatiker. Sohn eines Gewürzhändlers und Kommissionärs. 1867 begann Strindberg ein Medizinstudium in Uppsala; 1869 war er wenig erfolgreicher Schauspieleraspirant. Mißglückter Selbstmordversuch; erste dramatische Versuche; von 1870 bis 1872 studierte er Philosophie; danach arbeitete er als Journalist und von 1874 bis 1882 hatte er eine Anstellung an der Königlichen Bibliothek in Stockholm. Danach lebte er abwechselnd in Frankreich, der Schweiz, Dänemark und Berlin. 1899 ließ er sich endgültig in Stockholm nieder. Strindberg gehört zu den in Deutschland vielgespielten Autoren. In den achtziger Jahren bedeutende Aufführungen in München durch Ingmar Bergman am Residenztheater und Ernst Wendt an den Kammerspielen. »Als Strindberg durch seine naturalistischen Liebes- und Ehedramen schon zu Weltruhm gelangt war, erneuerte er mit seiner traumspielhaften Nach-Inferno-Dramatik das moderne Drama radikal. Radikaler als Ibsen. Seine Traumspieltechnik beeinflußte entscheidend das symbolistische, im gewissen Sinne auch das expressionistische Drama. Auch in der jüngeren Schriftstellergeneration bis zu den Absurden hat sie Folgen gezeitigt. Die Auflösung des Ich-Begriffs, die Doppeldeutigkeit, die Spaltung der Persönlichkeit, die Traumübergänge, das Unabgeschlossene, das Fixieren der Dämonie des Daseins und die Sprengung der Raum- und Zeitbegriffe – das alles wurde bahnbrechend für das moderne Theater.« (Gunnar Ollén, ›August Strindberg‹. Velber 1975)
Stücke: ›Kameraden‹ (1887); ›Der Vater‹ (1887); ›Fräulein Julie‹ (1888); ›Die Stärkere‹ (1889); ›Mit dem Feuer spielen‹ (1892); ›Nach Damaskus I-III‹ (1898/1901); ›Advent‹ (1898); ›Rausch‹ (1899); ›Totentanz‹ (1900); ›Ein Traumspiel‹ (1901); ›Ostern‹ (1901); ›Wetterleuchten‹ (1907); ›Gespenstersonate‹ (1907); ›Der Pelikan‹ (1907); ›Die große Landstraße‹ (1909).
Literatur: H. Taub: Strindberg als Traumdichter. Göteborg 1935; W. A. Berendsohn: August Strindberg, ein geborener Dramatiker. München 1956; A. Wirtanen: August Strindberg. Hamburg 1962; A. Gundlach (Hrsg.): Der andere Strindberg. o. O. 1981; G. Brandell: Strindberg. Stockholm 1983; M. Meyer: Strindberg. A Biography. London 1985.

Strittmatter, Erwin, geb. 14. 8. 1912 in Spremberg, Niederlausitz, gest. 31. 1. 1994 in Schulzendorf. Schriftsteller. Sohn eines Bäckers. Strittmatter arbeitete in verschiedenen Berufen, desertierte Ende des Zweiten Weltkriegs; danach Arbeit als Bäcker; 1947 Bürgermeister und gleichzeitig schriftstellerische Arbeit; 1959 1. Sekretär und von 1961 an Vizepräsident des Schriftstellerverbandes der DDR. Wurde auf der Bühne bekannt durch das in der Regie von Bertolt Brecht uraufgeführte Stück ›Katzgraben‹ (1953–1958).
Weiteres Stück: ›Die Holländerbraut‹ (1960).

Strittmatter, Thomas, geb. 18. 12. 1961 in St. Georgen, Schwarzwald. Schriftsteller. Studierte von 1981 an Malerei und Graphik an der Karlsruher Kunstakademie. 1985 drehte er gemeinsam mit Nico Hofmann seinen ersten Spielfilm ›Polenweiher‹ für den SWF; 1986 Hospitanz bei Werner Herzogs Inszenierung von ›Phädra‹ an den Münchner Kammerspielen, die

701

Stroux

nach vier Wochen Probenzeit abgebrochen wurde. Strittmatter schreibt neben Stücken auch Prosa, Hörspiele und Drehbücher (1994: ›Auf Wiedersehen Amerika‹, R. Jan Schütte) und beschäftigt sich mit Malerei und Rauminstallationen. Er lebte lange in München; seit 1993 in Berlin. Bekannt geworden ist er mit dem Stück ›Viehjud Levi‹ (1983), einem kargen Volksstück, das in der Zeit vor dem Zweiten Weltkrieg spielt. »Strittmatter läßt sich von seinen Stoffen packen, und die könnten unterschiedlicher kaum sein: angesiedelt in der italienischen Hochadel- und Künstlerwelt des beginnenden 17. Jahrhunderts wie in der heutigen ›Drückerszene‹, in Seele und Leben eines zeitgenössischen Jugendlichen, im ›Einfache-Leute-Milieu‹ irgendwann. Recherchen des Sachlichen und des Atmosphärischen, ›Eintauchen in visionäre Räume während des Schreibens, die stoffliche Eigendynamik sich entfalten lassen‹, die Wahl der Form entsprechend dem Gegenstand, das Feilen an sprachlich möglichst starker Annäherung an den Stoff: Daraus resultiert die faszinierende Vielfalt des bisher Vorgelegten: Theaterstücke, geschliffene Kurzprosa, Drehbücher, ein Roman (. . .) Markenzeichen seiner Texte: Düsteres, Groteskes, Absurdes neben Skurrilem, Derb-Drastischem, Kraß-Realistischem. Aber überall auch Momente von Zartheit; versteckt, mehr zwischen den Zeilen hervorschimmernd, mehr im Nicht-Gesagten, Nicht-Dargestellten. Strittmatter liebt das Offen-Lassen. Er bekennt sich entschieden zum künstlerischen Prinzip der Reduktion.« (Barbara Müller-Vahl, ›General Anzeiger Bonn‹, 15./16. 2. 1992) »Im engen Umkreis der heimatlichen Region Welthaltigkeit aufspüren; die Sünden der Vergangenheit mit dem genauen Blick des Unbefangenen aufdecken; den sanften Terror des Alltäglich-Zwischenmenschlichen lustvoll ausspielen: In Thomas Strittmatters frühen Stücken für ein modernes Volkstheater ist die Dimension des Welttheaters erahnbar.« (Michael Schmidt, ›Thomas Strittmatter, Erste Stücke‹. München 1985)

Stücke: ›Brach‹ (1983); ›Der Polenweiher‹ (1984); ›Der Kaiserwalzer‹ (1986); ›Die Liebe zu den drei Orangen‹ (1987); ›Gesualdo‹ (o.J.); ›Untertier‹ (1992); ›Irrlichter – Schrittmacher‹ (1992).

Strnad, Oskar, geb. 26. 10. 1879 in Wien, gest. 3. 9. 1935 in Bad Aussee. Bühnenbildner. Lehrte ab 1909 an der Wiener Kunstgewerbeschule und arbeitete als Architekt; seit 1919 Bühnenausstatter, u. a. bei Hasenclevers ›Antigone‹ an der Volksbühne Wien. Ab 1924 arbeitete er (als Nachfolger von Ernst Stern) eng mit Max Reinhardt zusammen, vor allem am Wiener Theater in der Josefstadt, wo Reinhardt neuer Direktor war; auch in Salzburg. Bühnenbilder entwarf er u. a. für: Shakespeares ›Der Kaufmann von Venedig‹ und Hofmannsthals ›Der Schwierige‹ (1924, Wien); Shaws ›Die heilige Johanna‹ (1924, Deutsches Theater Berlin, mit Elisabeth Bergner); Strauss' ›Ariadne auf Naxos‹ (1926, Salzburg); Shakespeares ›Ein Sommernachtstraum‹ (1927, Salzburg); Vollmöllers ›Das Mirakel‹ (1927, Zirkus Renz Berlin); Büchners ›Dantons Tod‹ (1929, Wiener Festwochen, mit Paul Hartmann und Gustaf Gründgens); Calderón/Hofmannsthals ›Das große Welttheater‹ (1933, Deutsches Theater Berlin). Außerdem Ausstattungsarbeiten an verschiedenen europäischen Bühnen; auch im Musiktheater (u. a. Mozarts ›Die Entführung aus dem Serail‹, Florenz 1935). Strnad unterschied zwischen ›atmosphärischen‹ und ›rhythmischen‹ Theaterstücken. Für erstere (z. B. ›Der Kaufmann von Venedig‹) baute er historisierende Szenerien; für letztere (z. B. Stücke von Schiller, Ibsen oder die meisten Shakespeare-Werke) schuf er symbolische Bühnenwelten (häufig von funktionaler Architektonik).

Literatur: C. Bauer: 100 Jahre Wiener Bühnenbild. Diss. Wien 1950; C. Niessen: Max Reinhardt und seine Bühnenbildner. Köln 1958; O. Niedermoser: Oskar Strnad. 1879–1935. Wien 1965.

Stroux, Karl Heinz, geb. 25. 2. 1908 in Hamborn, gest. 2. 8. 1985 in Düsseldorf. Schauspieler, Regisseur und Intendant. 1927–1930 Studium der Geschichte und Philosophie in Berlin und Ausbildung an der Schauspielschule der Volksbühne. 1928–1930 Regieassistent bei Karl Heinz

Stroux

Martin und Jürgen Fehling; in dieser Zeit erste Rollen an der Volksbühne; 1931 vielbeachtetes Regiedebüt mit Shakespeares ›Komödie der Irrungen‹. 1933/34 Spielleiter am Theater am Nollendorfplatz; danach wurde er wegen einer unliebsamen Billinger-Aufführung in die Provinz versetzt: 1934/35 in Erfurt; 1936–1938 in Wuppertal; 1938 bei den Heidelberger Festspielen: Shakespeares ›Der Widerspenstigen Zähmung‹. 1939–1944 Gastinszenierungen bei Lothar Müthel am Wiener Burgtheater, u. a. Grillparzers ›Ahnfrau‹ und Grabbes ›Don Juan und Faust‹. Von 1940 bis 1944 inszenierte er außerdem am Berliner Staatstheater bei Gustaf Gründgens, u. a.: Schillers ›Die Verschwörung des Fiesco zu Genua‹ (1940, mit Gründgens); Gozzi/ Schillers ›Turandot‹ (1941); Picard/Schillers ›Der Parasit‹ (1944; Wiederaufnahme 1945 im Deutschen Theater). Im August 1945 eröffnete er die von ihm mitgegründeten Heidelberger Kammerspiele mit einem ›Faust‹-Abend. 1946 Oberspielleiter in Darmstadt; er inszenierte hier die deutschen Erstaufführungen von Anouilhs ›Antigone‹ und Wilders ›Wir sind noch einmal davongekommen‹ (im Juni 1946 auch im Berliner Hebbeltheater). 1946–1948 Schauspieldirektor in Wiesbaden; Inszenierungen u. a.: Shakespeares ›Das Wintermärchen‹ (1947); Sophokles' ›Ödipus‹ (1947, Deutsches Theater Berlin, mit Gründgens); O'Neills ›Trauer muß Elektra tragen‹ (DE 1947, Frankfurt). 1949 kehrte er nach Berlin zurück, wo er bis 1951 Oberspielleiter am Hebbeltheater und anschließend bis 1955 Oberspielleiter am Schiller- und Schloßparktheater war. Wichtige Regiearbeiten in dieser Zeit u. a.: Giraudoux' ›Undine‹ (1949) und ›Die Irre von Chaillot‹ (1950, mit Hermine Körner); García Lorcas ›Bluthochzeit‹ (1950); Sartres ›Der Teufel und der liebe Gott‹ (DE 1951); Euripides' ›Medea‹ (1952); Becketts ›Warten auf Godot‹ (DE 1953); Millers ›Hexenjagd‹ (DE 1954). Gastinszenierungen am Schauspielhaus Hamburg, am Volkstheater Wien, in Bochum und bei Gründgens in Düsseldorf; bei den Ruhrfestspielen Recklinghausen u. a.: Schillers ›Don Carlos‹; Shakespeares ›Hamlet‹. Als Gründgens 1955 nach Hamburg ging, wurde Stroux sein Nachfolger am Düsseldorfer Schauspielhaus. Er blieb dort bis 1972 Generalintendant und prägte als Regisseur großen Schauspieler-Theaters die »Ära Stroux«. Zu seinem hervorragenden Ensemble gehörten u. a. Ernst Deutsch, Werner Krauß, Elisabeth Bergner und Bernhard Minetti. Insgesamt ca. 100 Inszenierungen, darunter: Lessings ›Nathan der Weise‹ (1956, mit Deutsch); O'Neills ›Eines langen Tages Reise in die Nacht‹ (1956); Shakespeares ›König Lear‹ (1956, mit Krauß) sowie ›Der Kaufmann von Venedig‹ (1957, mit Deutsch als Shylock); Schillers ›Maria Stuart‹ (1957), ›Wilhelm Tell‹ (1959, mit Attila Hörbiger) sowie ›Wallenstein‹ (1968, mit O. E. Hasse). Bedeutende Ionesco-Inszenierungen (in Zusammenarbeit mit dem Autor), darunter: ›Die Nashörner‹ (UA 1959); ›Fußgänger der Luft‹ (UA 1962); ›Der König stirbt‹ (DE 1963, 1964 zum Berliner Theatertreffen eingeladen); ›Hunger und Durst‹ (UA 1964); ›Der Triumph des Todes‹ (UA 1970). Dreimal hat er in Düsseldorf Goethes ›Faust‹ inszeniert (1972 beide Teile an einem Abend); außerdem engagierte er sich für das osteuropäische Theater (Stücke von Mrożek, Klima u. a.; Zusammenarbeit mit Regisseuren wie Erwin Axer und Konrad Swinarski). Am Ende war er nicht mehr unumstritten (kaum Auseinandersetzung mit neuen deutschen Autoren; Proteste wegen des teuren Theaterneubaus am Gründgensplatz etc.). Nach 1972 arbeitete er als freier Regisseur u. a. in Wien und bei Tourneetheatern; stand zuletzt auch wieder als Schauspieler auf der Bühne, z. B. als Striese in Schönthans ›Der Raub der Sabinerinnen‹. Hans Schwab-Felisch schrieb über Stroux: »Er erwarb sich rasch einen Ruf als ›Berserker‹. Aber er kannte ebenso die zarten, lyrischen Töne. Den Umschlag vom Apollinischen ins Dionysische, vom Rationalismus in den Irrationalismus, das war es, was Stroux von Anfang an zeigen wollte. Er kannte den ins Mystische übergreifenden Märchenton wie die nüchterne Analyse, das Rasende wie die Stille. (. . .) Er war ein Bewahrer und Erneuerer der Klassik. Doch machte ihn das nur zu einem Teil aus. Er war ebenso ein Entdecker. Er suchte nach

Neuem, aber es mußte, so verstand er die Rolle des Theaters, standhalten. Er suchte nicht den Zeitkommentar, sondern die tiefgreifende Analyse. Er wollte Dichter auf die Bühne bringen, nicht Pamphlete. (...) Man kann nicht verschweigen, daß seine künstlerischen Kräfte am Ende seiner Intendanz in Düsseldorf erlahmten. Sie standen mit der Zeit nicht mehr im Einklang. (...) Stroux lag quer. Aber manches, was damals gegen ihn stand, hat uns heute wieder eingeholt.« (›FAZ‹, 8. 8. 1985) **Literatur:** R. Biedrzynski: Schauspieler, Regisseure, Intendanten. Heidelberg, Berlin, Leipzig 1944; H. Schwab-Felisch: 75 Jahre Düsseldorfer Schauspielhaus. Düsseldorf 1980; H. Riemenschneider: Theatergeschichte der Stadt Düsseldorf. Bd. II. Düsseldorf 1987.

Stückl, Christian, geb. 1961 in Oberammergau. Regisseur. Besuchte das Gymnasium in Ettal und Garmisch-Partenkirchen. Seit 1979 freie Theaterarbeit mit Laien; Inszenierungen u.a.: Molières ›Der eingebildete Kranke‹ und ›Tartuffe‹; Büchners ›Woyzeck‹; Shakespeares ›Ein Sommernachtstraum‹ und ›Was ihr wollt‹. 1981–1984 Ausbildung zum Holzbildhauer in Oberammergau; 1987 Regieassistent bei Dieter Dorn an den Münchner Kammerspielen. 1990 inszenierte er mit Erfolg die Passionsspiele in Oberammergau. Seit 1991 ist er fester Regisseur an den Münchner Kammerspielen; großer Erfolg mit Werner Schwabs ›Volksvernichtung oder Meine Leber ist sinnlos‹ (UA 1991, mit Michael Tregor und Doris Schade); die Inszenierung wurde zum Berliner Theatertreffen eingeladen, Stückl in ›Theater heute‹ zum Nachwuchsregisseur des Jahres 1992 gewählt. Wolfgang Höbel schrieb: »Stückl suchte in diesem wilden, wuchernden Drama weder die bloß lachende Spießbürger-Farce noch das herzerweichende Sozialstück. Der junge Regisseur inszenierte einen bei aller Lautstärke verblüffend leisen, zum Lachen traurigen Theaterabend, ein kleines Wunderwerk des Schreckens (...).« (›SZ‹, 24. 3. 1992) Weitere Inszenierungen seither: Shakespeares ›Viel Lärmens um nichts‹ (1992): »Dieser junge, außerordentlich begabte Regisseur ist eine

Entdeckung (...). Stückl entdeckt das Lebensgefühl seiner Generation; und ihm gelingen damit Anmerkungen zu unserer Gesellschaft.« (C. Bernd Sucher, ›SZ‹, 2. 10. 1992); Marlowes ›Edward II.‹ (1993); Koltès' ›Quai West‹ (1994). **Literatur:** A. Roeder/S. Ricklefs: Junge Regisseure. Regie im Theater. Frankfurt a. M. 1994.

Sturm, Dieter, geb. 1936. Dramaturg. 1962 war er – neben Leni Langenscheidt, Jürgen Schitthelm und Klaus Weiffenbach – Mitbegründer der Berliner Schaubühne, wo er seither als Dramaturg arbeitet. Ende der sechziger Jahre ließ er die Theaterarbeit eine Zeitlang ruhen, um sich politisch zu engagieren (Mitglied des Berliner SDS). Ab 1970 gehörte er zum Leitungsteam von Peter Stein; sein Kollege war Anfang der siebziger Jahre Botho Strauß. Dramaturgische Zusammenarbeit mit Klaus Michael Grüber u.a. in: Horváths ›Geschichten aus dem Wiener Wald‹ (1972); Euripides' ›Die Bakchen‹ (Antikenprojekt 1973); ›Empedokles. Hölderlin lesen‹ (1975, nach Hölderlin); Hölderlins ›Winterreise‹ (1977); Shakespeares ›Hamlet‹ (1982). Zusammenarbeit mit Stein u.a. in Wischnewskis ›Optimistische Tragödie‹ (1972); ›Shakespeares Memory‹ (1976); Shakespeares ›Wie es euch gefällt‹ (1977). Mit Wilfried Minks: Strauß' ›Die Hypochonder‹ (1973); mit Felix Prader: Robert Walsers ›Familienszenen‹ (1979). Rainer Stephan schrieb: »Dieter Sturm (...) ist ein nicht genug zu rühmender Sonderfall unter den Dramaturgen. Es gibt keinen Schauspieler und keinen Regisseur in der 25jährigen Geschichte des Hauses, der nicht erst bei, mit und von Dieter Sturm wirklich gelernt hätte, was geistige Auseinandersetzung mit einem Theaterprojekt bedeutet – wieviel Spaß sie einem bereiten kann und welche Mühe sie bereiten muß, um Spaß zu machen.« (›SZ‹, 25. 8. 1987) 1993 wurde er mit dem Kortner-Preis ausgezeichnet. Die Jury ehrte ihn als einen »dialogischen Theaterdenker« und als einen »Mann des historischen Gedächtnisses für die Gegenwart des Theaters«. **Literatur:** P. Iden: Die Schaubühne am Halleschen Ufer 1970–1979. München

Sucher

1979; ders.: Theater als Widerspruch. München 1984; B. Strauß: ›Der Geheime‹. Über Dieter Sturm, Dramaturg an der Berliner Schaubühne. In: ›Die Zeit‹, 23. 5. 1986; L. Bondy: Der Theaterphilosoph. Laudatio auf den Kortner-Preisträger Dieter Sturm. In: Theater heute, Heft 12, 1993.

Sucher, C. Bernd, geb. in Bitterfeld. Kritiker. Studium der Romanistik, Germanistik und Theaterwissenschaft in Hamburg und München. 1976 Promotion, Dissertation über Martin Luther und die Juden. Von 1978 bis 1980 Feuilletonredakteur der ›Schwäbischen Zeitung‹. Seit 1980 verantwortlicher Redakteur für das Schauspiel und Theaterkritiker der ›Süddeutschen Zeitung‹. Dozent an der Deutschen Journalistenschule, der Universität München, der Universität Eichstätt. Mitarbeiter der Zeitschrift ›Theater heute‹. Fernsehfilme. Veröffentlichungen: Theaterzauberer. Schauspieler. 40 Porträts. München 1988; Theaterzauberer. Von Bondy bis Zadek. 10 Regisseure des deutschen Gegenwartstheaters. München, Zürich 1990; als Hrsg.: Nichts als Theater. München 1991.

Sudermann, Hermann, geb. 30. 9. 1857 in Matziken, Memelland, gest. 21. 11. 1928 in Berlin. Schriftsteller. Sohn eines Bauern. Sudermann studierte Geschichte und Philosophie in Königsberg und Berlin, danach Schriftleiter am ›Deutschen Reichsblatt‹, Hauslehrer und schließlich freier Schriftsteller. Er war ein erfolgreicher Dramatiker und Erzähler des Naturalismus, seine Dramen, in der Art französischer Konversationsstücke, verbanden oberflächliche Gesellschaftskritik mit bühnenwirksam gestalteten spannenden Handlungen. Sudermann wird heute nur noch selten gespielt.
Stücke: ›Heimat‹ (1893); ›Das Glück im Winkel‹ (1896); ›Johannisfeuer‹ (1900); ›Der Sturmgeselle des Sokrates‹ (1903); ›Strandkinder‹ (1909); ›Die entgötterte Welt‹ (1915); ›Die Raschhoffs‹ (1919); ›Der Hüter der Schwelle‹ (1921); ›Der Hasenfellhändler‹ (1927).
Literatur: L. Goldstein: Wer war Sudermann? o. O. 1929; E. Wellner: G. Hauptmann und H. Sudermann im Konkurrenzkampf. Diss. Wien 1949.

Süskind, Patrick, geb. 26. 3. 1949 in Ambach. Schriftsteller. Sohn des Publizisten W.E. Süskind. Studierte Geschichte in Aix-en-Provence. Danach verfaßte er zehn Jahre lang Drehbücher für das Fernsehen, u. a. zusammen mit Helmut Dietl die Serien ›Monaco-Franze‹ (1983) und ›Kir Royal‹ (1986). Sein Durchbruch als Dramatiker gelang ihm mit dem Einpersonen-Stück ›Der Kontrabaß‹. Sein Roman ›Das Parfüm‹, in mehrere Sprachen übersetzt, brachte ihm internationale Beachtung.

Sukowa, Barbara, geb. 2. 2. 1950 in Bremen. Schauspielerin. Studium am Berliner Max-Reinhardt-Seminar. 1971 Debüt an der Berliner Schaubühne in Peter Handkes ›Ritt über den Bodensee‹ (R. Claus Peymann). Weitere Stationen: Staatstheater Darmstadt (1971–1973); Theater Bremen (1973–1974); Städtische Bühnen Frankfurt a. M. (1975/76), hier: Pat in Bonds ›Hochzeit des Papstes‹ (1975, R. Luc Bondy); Deutsches Schauspielhaus Hamburg (1976–1980); hier spielte sie u. a. die Helena in Shakespeares ›Sommernachtstraum‹ (1978, R. Franz Marijnen). Von 1982 an arbeitete Barbara Sukowa am Bayerischen Staatsschauspiel. Rollen u. a.: Pauline in Offenbachs ›Pariser Leben‹ (1982, R. Dieter Giesing); Desdemona in Shakespeares ›Othello‹ (1982, R. Peter Palitzsch); Hilde in Ibsens ›Baumeister Solness‹ (1983, R. Palitzsch); über diese Aufführung schrieb C. Bernd Sucher (›SZ‹, 25. 4. 1983): »Solche Abende sind selten geworden, an denen wir Zeuge werden, daß Schauspielkunst nicht Textgestaltung unter Zuhilfenahme der Gliedmaßen und Gesichtsmuskeln ist. Selten sonst erleben wir wie bei Hans Michael Rehberg, Annemarie Düringer und Barbara Sukowa, daß Spannung entsteht, weil der Körper früher als der kontrollierende, vorsichtige Verstand Wünsche, Leid und Hoffnungen ungestüm und eben doch als zu verheimlichendes Zeichen scheu offenbart. Wieviel diese drei Schauspieler über die Menschen, die sie darstellen, verraten, während sie schweigen; welche Erregung in ihren Blik-

ken funkelt, welche Gereiztheit unter der erzwungenen Gelassenheit lodert; welche Gespanntheit mit Entspannung vortäuschenden Haltungen gebändigt wird, ist ungeheuer.« 1986 spielte die Sukowa in Brecht/Weills ›Die Dreigroschenoper‹ die Polly (Paris, Théâtre Musical, R. Giorgio Strehler). 1992 gab sie die Sprechstimme in Arnold Schönbergs ›Pierrot Lunaire‹ (München, Prinzregententheater); über ihre Leistung schrieb Manuel Brug (›SZ‹, 24. 11. 1992): »Der Engel heißt Barbara Sukowa. Doch ist das ein Engel? Kaum hat die Frage Gestalt angenommen, da wechselt die Sukowa schon wieder die Identität. Wird momentelang Melusine, schönes wildes Tier, Colombine, Sphinx, Göre, Irrlicht. In immer neuen Facetten schillert das irgendwie zwischen androgyn und Weiblichkeit. Ein wundersames Zwitterwesen, so steht sie da, ganz nah, ganz weit – und rezitiert Arnold Schönbergs dekadenztrunkenen Melodram-Zyklus.« Filmrollen u. a.: Mieze in ›Berlin Alexanderplatz‹ (1980, R. Rainer Werner Fassbinder); ›Lola‹ (1981, R. Fassbinder); ›Die bleierne Zeit‹ (1981, R. Margarethe von Trotta); ›Rosa Luxemburg‹ (1986, R. Trotta); ›Der Sizilianer‹ (1988, R. Michael Cimino); ›Die Rückkehr‹ (1990, R. Trotta); ›Homo Faber‹ (1991, R. Volker Schlöndorff); ›Europa‹ (1991, R. Lars von Trier). Barbara Sukowa spielte auch in vielen Fersehproduktionen.
Literatur: G. Loschütz/H. Laube (Hrsg.): War da was? Theaterarbeit und Mitbestimmung am Schauspiel Frankfurt 1972–1980. Frankfurt a. M. 1980; C. B. Sucher: Theaterzauberer. Schauspieler. 40 Porträts. München, Zürich 1988; L. Birnbaum: Vier Frauen. Porträts. Heidelberg 1993.

Suter, Lukas B., geb. 4. 11. 1957 in Zürich. Schweizer Dramatiker. Suter studierte einige Semester Kunstgeschichte in Zürich und arbeitete danach als Regieassistent in Basel und Zürich. Von 1980 bis 1983 lebte er in Köln und Bochum, zog dann nach Berlin; lebt dort und im Tessin als freier Schriftsteller und Regisseur seiner Stücke. 1984 erhielt er den Mülheimer Dramatikerpreis für ›Schrebers Garten‹, das im selben Jahr am Theater am Neumarkt in Zürich uraufgeführt worden war. 1984 wurde ›Spelterini hebt ab‹, ein Stück über den Ballonfahrer Spelterini, am Schiller-Theater in Berlin uraufgeführt. »In seinen beiden ersten Stücken versuchte Suter, von individuellen Defekten auf gesellschaftliche Zustände zu schließen. (. . .) beide 1984 uraufgeführt, verbanden Biographisches mit einem eigenwilligen Blick auf die Identitätskrisen des Bürgertums der Jahrhundertwende. Die Stücke (. . .) sind quellenlastig, aber das historische Material diente dem Autor auch als dramaturgisches Korsett.« (Hubert Spiegel, ›Theater heute‹, Heft 7, 1992)
Weitere Stücke: ›Erinnerungen an S.‹ (1984); ›Kreuz und Quer‹ (1988). ›Insel mit Schiffbrüchigen‹ (1990); ›Signatur‹ (1993).

Sutter, Sonja, geb. 17. 1. 1931 in Freiburg. Schauspielerin. 1950 Debüt am Stadttheater Freiburg. Von 1951 bis 1955 vor allem Darstellerin im Film, u. a. in Slatan Dudows ›Frauenschicksale‹ (1951); danach am Bayerischen Staatsschauspiel München (1955/56). Seit 1959 gehört sie zum Ensemble des Wiener Burgtheaters, gastierte aber auch an anderen Bühnen (Deutsches Schauspielhaus Hamburg, Salzburger Festspiele, Zürcher Schauspiel). Wichtige Rollen u. a.: Lady Milford in Schillers ›Kabale und Liebe‹ (1965); Helena in Goethes ›Faust II‹ (1966, R. jeweils Leopold Lindtberg); Emma in Harold Pinters ›Betrogen‹ (1978, R. Peter Wood); Gräfin Werdenfels in Wedekinds ›Der Marquis von Keith‹ (1982, R. Lindtberg); über diese Rolle schrieb Otto F. Beer (›SZ‹, 29. 12. 1982): »In Lindtbergs so musikalisch determinierter Partitur hat auch die Gräfin Werdenfels ihre eigene Melodie: Sie ist eine Lulu, die sich von ganz unten bis nach ganz oben durchhangelt. Sonja Sutter ist großartig in ihrer Mischung aus mondäner Eleganz und Talmi.« Weitere Rollen u. a.: Frau Tod in der Uraufführung von George Taboris ›Mein Kampf‹ (1987, R. der Autor); Armgard in Schillers ›Wilhelm Tell‹ (1989, R. Claus Peymann); Oberpriesterin Diana in Kleists ›Penthesilea‹ (1991, R. Ruth Berghaus).

Svevo

Svevo, Italo (eigtl. Ettore Schmitz), geb. 19. 12. 1861 in Triest, gest. 13. 9. 1928 in Motta di Livenza. Italienischer Dramatiker und Erzähler. Stammte aus einer deutsch-italienischen Familie. Nach einer kaufmännischen Ausbildung Bankangestellter in Triest wurde er selbständiger Unternehmer. Von 1904 an war er mit James Joyce befreundet, der ihn gefördert hat. Svevo veröffentlichte hauptsächlich Romane. Zu seinen Lebzeiten wurde nur ›Gemischtes Terzett‹ (1927) aufgeführt, in seinem Nachlaß jedoch fanden sich 13 weitere Komödien.»Das Altern ist Svevos Thema, lange bevor es im äußerlichen Sein seine Erfahrung war – autobiographisch ist sein Werk nur in sehr vermitteltem Sinn. Es hat mit einem besonderen Verhältnis zur ›kranken Zeit‹ zu tun. Der Greis, das ist abgeschnittene Zukunft, ständiges imaginäres Korrigieren und Neudeuten der Vergangenheit und eine Gegenwart ohne hektisches Tun, in der die Besinnung zu sich kommt. Es ist zugleich eine entsetzliche Beschleunigung. (. . .) Alter bedeutet für Svevo vielerlei und Gegensätzliches. Der Alte mag die Schopenhauersche erhellende Distanz zum Leben haben. Er ist aber auch der Überflüssige, gerade noch Geduldete, in einer Zeit, in der das Altwerden zum ersten Mal der Normalzustand ist.« (François Bondy, ›Italo Svevo. Schauspiele‹. Köln 1984)

Stücke: ›Die Wahrheit‹ (1927); ›Ein Ehemann‹; ›Marias Abenteuer‹; ›Der Diener‹; ›Alberta und Alice oder Die Unterwerfung‹; ›Ein Mann wird jünger‹.

Literatur: K. Wais: Der Erzähler I. Svevo. Krefeld 1965; N. Jonard: I. Svevo et la crise de la bourgeoisie européenne. Paris 1969.

Svoboda, Josef, geb. 10. 5. 1920 in Caslav (ČSSR). Bühnenbildner. Studium an der Kunstgewerbehochschule in Prag; erste Ausstattungsarbeiten 1943: Hölderlins ›Empedokles‹ und Strindbergs ›Die Kronbraut‹. Leitender Bühnenbildner der Prager Oper; seit 1948 Ausstattungsleiter am Prager Nationaltheater; international erfolgreich. Er hat einen Lehrstuhl für Architektur an der Kunstgewerbehochschule Prag und ist Erfinder des Polyvisions- und Dia-

polyecran-Systems, mit dem er die Prager Experimentierbühne Laterna Magica schuf (Ermöglichung von Simultanprojektionen und wechselnden Beleuchtungseffekten). Insgesamt ca. 500 Ausstattungsarbeiten für tschechische und ausländische Bühnen, u. a. in Moskau, Wien, Mailand, Venedig, München, Bayreuth, Berlin (Ost und West), Brüssel, London, Boston, New York. Häufig Zusammenarbeit mit dem Regisseur Otomar Krejča, u. a. in: Hrubins ›Ein Sonntag im August‹ (1958); Topols ›Ihre Tage‹ (1959); Tschechows ›Die Möwe‹ (1960). Für Krejča stattete er 1965 auch Shakespeares ›Hamlet‹ aus (Théâtre National de Belgique, Brüssel):»Im oberen Hintergrund ist ungenau spiegelndes Material so angebracht, daß Aufbauten, Spieler und Lichtquellen innerhalb eines begrenzten Bereichs reflektiert werden. (. . .) Die Spiegeleien schaffen immer wieder Irritation, man sieht oder ahnt Bewegung hinter der Szene, hört Schritte; es geht um im Staate Dänemark. Schwarze Podeste bilden die Szenerie, formen Treppen, Rahmen, Bänke, können durchschritten, überklettert, umgangen werden. (. . .) Die Szenerie fördert und fordert Bewegung, und sie ist selbst in Bewegung. Die Praktikabel können zusammenfahren, sie formieren dann eine dunkle Wand, sie können aber auch unabhängig voneinander nach vorn kommen. Die hängende Negativ-Form einer Treppe bietet sich dann als gestuftes Dach.« (Hans Daiber, ›Theater heute‹, Heft 3, 1965) Weitere Ausstattungsarbeiten u. a.: Sophokles' ›König Ödipus‹ (1963, Prag); Rosows ›Unterwegs‹ (1963, Deutsches Theater Berlin); Orffs ›Prometheus‹ (Nationaltheater München, R. August Everding); Shakespeares ›Der Sturm‹ (1966, Old Vic London); Tschechows ›Drei Schwestern‹ (1967, ebenda); Strauss' ›Die Frau ohne Schatten‹ (Covent Garden London). In Operninszenierungen arbeitete er häufig mit Václar Kaslik zusammen. Am Piccolo Teatro Mailand entwarf er die Bühnenbilder für das ›Faust‹-Projekt von Giorgio Strehler (1989 und 1991). Svoboda ist vor allem Techniker, arbeitet verstärkt mit Mechanik, Elektrotechnik, Licht und architektonischen Elementen. Er entwarf die tschechischen Pavillons für die Weltausstellungen in Brüssel und Montreal.

Swinarski, Konrad, geb. 1929 in Polen, gest. 1975 (bei einem Flugzeugabsturz). Regisseur. Entstammte einer adligen Offiziersfamilie. Regiestudium in Warschau bei Erwin Axer; danach am Berliner Ensemble, wo er Bertolt Brechts Co-Regisseur bei ›Furcht und Elend des Dritten Reiches‹ war (1957). Regiearbeiten in Warschau u. a.: Brecht/Weills ›Die Dreigroschenoper‹ (1958); Dürrenmatts ›Ein Engel kommt nach Babylon‹ (1961) und ›Frank V.‹ (1962). Bekannt wurde er in Deutschland durch seine Gastinszenierungen in Berlin, v. a. durch die erfolgreiche Uraufführungs-Inszenierung von Peter Weiss' ›Marat/Sade‹ (1964, Schiller-Theater, in Zusammenarbeit mit dem Autor, im selben Jahr zum Berliner Theatertreffen eingeladen): »Vielleicht eines der bedeutendsten Theaterereignisse der sechziger Jahre, szenische Vorwegnahme der Studentenbewegung, Re-Aktualisierung prämarxistischen und präfreudianischen Denkens. Die Aufführung entfesselte nicht die Emotion, sondern klärt sie, sie war ästhetisch zart und genau entwickelt, eine sinnliche Reflexion gewissermaßen über die dominanten Themen des Jahrzehnts.« (Henning Rischbieter, ›Theater heute‹, Heft 9, 1975) Inszenierungen an der Berliner Schaubühne am Halleschen Ufer u. a.: Suassunas ›Testament des Hundes‹ (zur Eröffnung der Bühne 1962); Suchowo-Kobylins ›Tarellkins Tod‹ (1964); am Schiller-Theater: Majakowskis ›Die Wanze‹ (1964, 1965 beim Theatertreffen; 1975 auch am Nationaltheater Warschau); Sillitoes ›Samstagnacht und Sonntagmorgen‹ (1965); an der Freien Volksbühne Berlin: Dürrenmatts ›Romulus der Große‹ (1967); an der Hamburger Staatsoper: Pendereckis ›Die Teufel von Loudun‹ (UA 1969); am Schauspielhaus Düsseldorf bei Karl Heinz Stroux u. a.: Shakespeares ›Ende gut, alles gut‹ (1969); Hildesheimers ›Mary Stuart‹ (UA 1970). Seit 1964 arbeitete er hauptsächlich am Alten Theater in Krakau; dort u. a.: Krasinskis ›Die ungöttliche Komödie‹ (1965); Slowackis ›Graf Fantasio‹; Mickiewicz' ›Die Ahnenfeier‹ (1972);

mehrere Stücke von Wyspianski: ›Der Fluch‹, ›Die Richter‹, ›Die Befreiung‹ (alle 1974). Seine am Wiener Burgtheater begonnene Inszenierung von Marlowes ›Eduard II.‹ führte 1972 (nach einem Mißtrauensvotum der Schauspieler) Gerhard Klingenberg zu Ende.

Syberberg, Hans Jürgen, geb. 8. 12. 1935 in Nossendorf, Pommern. Regisseur. Studium der Germanistik und Kunstgeschichte in München, Promotion. Nach dem Studium arbeitete er beim Fernsehen und drehte Kulturberichte und -filme für die Münchner Abendschau. Erste Anerkennung brachten ihm die Filme ›Fritz Kortner probt Kabale und Liebe‹ (1965) und ›Fritz Kortner spricht Monologe für eine Schallplatte‹ (1966). Seinen ersten Spielfilm drehte er 1965, ›Scarabea‹, nach einer Tolstoi-Novelle. Es folgten die Filme: ›Sex-Business – Made in Pasing‹ (1969); ›San Domingo‹ (1970); ›Ludwig II – Requiem für einen jungfräulichen König‹ (1972); ›Karl May‹ (1974); ›Winifred Wagner – Die Geschichte des Hauses Wahnfried von 1914 bis 1975‹ (1975); ›Hitler – Ein Film aus Deutschland‹ (1975). Seit 1982 enge Zusammenarbeit mit der Schauspielerin Edith Clever, mit der er nicht nur auf der Bühne arbeitet; sie ist von nun an auch Protagonistin in seinen Filmen: ›Parsifal‹ (1982); ›Die Nacht‹ (1985); ›Edith Clever liest Joyce-Molly‹ (1985); ›Fräulein Else‹ (1987); ›Penthesilea‹ (1988). Theaterarbeiten, d. h. Monologe für Edith Clever: ›Die Nacht‹ (1984, Festival d'Automne, Paris). Darüber schrieb Anna Mohal (›SZ‹, 2. 10. 1984): »Den Franzosen lieferte Syberbergs Hymnus an die Nacht das Romantisch-Innerliche, Mystifizierende und Forcierte, worauf sie deutsche Kultur allemal reduzieren. Da nimmt es folglich nicht wunder, wenn die kommunistische Zeitung und das konservative Blatt ausnahmsweise, wenn auch nicht aus den gleichen Gründen, einer Meinung sind. Diese ›Nacht‹ stellt einen ›künstlerischen Höhepunkt‹ dar (›L'Humanité‹). Unter der Überschrift ›Syberberg der Weltenschöpfer‹ huldigt ›Le Figaro‹ dem ›Mann mit den schönen müden Gesicht eines Aristokraten‹, der uns ›vom Ende der Kultur singt‹.« Weitere Theater-

Synge

arbeiten (immer mit Edith Clever): Kleists ›Penthesilea‹ (1987, Festival d'Automne, Paris); ›Die Marquise von O‹ (1989, Salzburg); ›Ein Traum, was sonst?‹ (1990, Hebbeltheater Berlin); darüber schrieb C. Bernd Sucher in der ›Süddeutschen Zeitung‹ (18. 12. 1990): »Die Clever: Hohepriesterin in einem schwarzen Saal. Ihr gab ihr Gott zu sagen, was er leidet: Hans Jürgen Syberberg. Er ist der Schöpfer dieser Weihestunden, die Tod, Verklärung und Protest unter dem Kleistschen Zitat ›Ein Traum, was sonst?‹ vereinen. (...) Clever und Syberberg machen grüne Vertriebenen- und konservative Kulturpolitik. (...) Ein gräßlicher Abend. Ein Abend mit dem höchsten Kunstanspruch. Die Clever und Furtwängler, Goethe und Beethoven, Faust und Pastorale. Eine Totenfeier (deshalb fehlt auch ein Wagnersches Parsifal-Zitat nicht) und ein Auferstehungsfest. Das Glück der Vergangenheit kehrt wieder. ›Die Teilung des Landes als Strafe für Auschwitz ist beendet‹, hatte Syberberg vor genau zwei Monaten in der Akademie im Osten Berlins verkündet. Niemand hatte widersprochen.«

Literatur: H. J. Syberberg: Zum Drama Friedrich Dürrenmatts. Zwei Modellinterpretationen. München 1962; ders.: Die freudlose Gesellschaft. Notizen aus dem letzten Jahr. München 1981; ders.: Parsifal. Ein Filmessay. München 1982; ders.: Hitler, a film from Germany. New York 1982; ders.: Der Wald steht schwarz und schweiget. Zürich 1984; ders.: Kleist. Penthesilea. Berlin 1988; ders.: Vom Unglück und Glück der Kunst in Deutschland nach dem letzten Kriege. München 1990; S. Sontag, C. Zimmer, J.-P. Oudart (u. a.): Syberbergs Hitler-Texte. München 1980; E. Bilder: Hans-Jürgen Syberberg. Amsterdam 1983; G. Förg (Hrsg.): Unsere Wagner. H. J. Syberberg u. a. Essays. Frankfurt a. M. 1984; A. Müller: Im Gespräch mit ... Hamburg 1989.

Synge, John Millington, geb. 16. 4. 1871 in Rathfarnham bei Dublin, gest. 24. 3. 1909 in Dublin. Irischer Dramatiker. Sohn eines Anwalts. Synge studierte in Dublin und reiste viel. Er war mit Yeats befreundet, auf dessen Rat er die Aran-Inseln besuchte, um die dortige Sprache zu studieren. Seine Stücke wurden von 1903 bis 1910 am Abbey Theatre in Dublin aufgeführt, dessen Direktor er ab 1904 war. Seine realistischen Werke waren mit der irischen Heimat stark verbunden und sind sprachliche Meister-Kompositionen. Er wurde vor allem mit dem Stück ›Der Held der westlichen Welt‹ (1907) international berühmt. Es ist das einzige Stück, das heute noch auf deutschsprachigen Bühnen gespielt wird (1990 Kammerspiele München, R. Helmut Griem).

Weitere Stücke: ›Der Schatten der Bergschlucht‹ (1903); ›Reiter ans Meer‹ (1904); ›Die Hochzeit des Kesselflickers‹ (1904); ›Der Brunnen der Heiligen‹ (1905); ›Deirdre of the Sorrows‹ (postum, Fragment 1910).

Literatur: D. Gerstenberger: J. M. Synge. New York 1964; R. Skelton: The Writings of J. M. Synge. Lewisburg 1972; K. Völker: Yeats und Synge. München 1972.

T

Tabori, George, geb. 24. 5. 1914 in Budapest. Schauspieler, Regisseur, Dramatiker und Romancier. Sohn eines Journalisten, der zusammen mit anderen jüdischen Familienangehörigen in Auschwitz umgebracht wurde. 1932/33 Studium in Berlin; danach Übersetzer und Journalist in Budapest; 1936 Emigration nach London; britische Staatsbürgerschaft. 1939–1941 Auslandskorrespondent in Bulgarien und der Türkei; 1941–1943 Mitarbeiter des Intelligence Office (Geheimdienst) in der britischen Armee; als Leutnant in Palästina stationiert; 1943–1947 Arbeit bei der BBC; 1945 erster Roman (›Beneath the Stone‹), danach weitere Prosawerke. Ab 1947 Aufenthalt in den USA; arbeitete bis 1950 in Hollywood und New York als Schriftsteller und Drehbuchautor; lernte dort 1947 Bertolt Brecht kennen, durch den er ans Theater kam; Mitarbeit an der englischen Fassung von Brechts ›Leben des Galilei‹, später Brecht-Übersetzungen ins Amerikanische. 1951/52 Filmarbeit in Italien und Frankreich; danach lebte er bis 1971 wieder in New York, wo er 1951 sein erstes Theaterstück schrieb: ›Flight into Egypt‹ (UA 1952, Broadway, R. Elia Kazan). Es folgten weitere Stücke und Dramenbearbeitungen; Filmdrehbücher u. a. für Alfred Hitchcock (›I confess‹, 1953) und Joseph Losey (›Secret Ceremony‹, 1968). Jährliche Rückkehr nach London. Für das Londoner Aldwych Theatre schrieb er ›Brouhaha‹ (1958, R. Peter Hall) und ›Brecht on Brecht‹ (1960). Ab 1956 eigene Theaterinszenierungen in New York, u. a. Strindbergs ›Fräulein Julie‹ (1956, Phoenix Theatre). 1966 Gründung der freien Theatergruppe The Strolling Players; 1968 erstes Theaterstück über Auschwitz: ›Die Kannibalen‹ (DE 1969, Schiller-Theater Berlin, auch Co-Regie). 1971 folgte das Anti-Vietnam-Stück ›Pinkville‹ (DE 1971, mit Schülern der Max-Reinhardt-Schule Berlin, in eigener Regie). Seither lebt und arbeitet er in Deutschland; zahlreiche Hörspiele, Prosawerke; meist Inszenierungen seiner eige-

nen Stücke und Stückbearbeitungen, in denen er sich mit Witz und Ironie vor allem mit der Geschichte der Deutschen und Juden auseinandersetzt. 1975–1979 Arbeit am Bremer Theater; dort Gründung und Leitung des Bremer Theaterlabors. Produktionen u. a.: ›Sigmunds Freude‹ (1975, nach Fritz Perls ›Gestalttherapie‹); ›Talk Show‹ (1976, Tabori-Satire über das Sterben); ›Troerinnen‹ (1976, nach Euripides); ›Hungerkünstler‹ (1977, nach Kafka); Shakespeares ›Hamlet‹ (1978); außerdem Regiearbeiten in Bonn, Tübingen, München. Meist work-in-progress-Produktionen: bei den Proben Konzentrations- und Meditationsübungen, Rollenspiele und Improvisationen. Von 1978 bis 1981 inszenierte er hauptsächlich an den Münchner Kammerspielen, u. a.: ›Ich wollte, meine Tochter läge tot zu meinen Füßen und hätte die Juwelen in den Ohren‹ (1978, Improvisationen über Shakespeares Shylock); ›My Mother's Courage‹ (UA 1979, autobiographisches Stück über Taboris Mutter, die der Deportation ins KZ entkam); ›Der Untergang der Titanic‹ (1980, Szenen nach Enzensberger). Danach Inszenierungen in Köln und Bochum, darunter seine eigenen Stücke ›Jubiläum‹ (UA 1983) und ›Peepshow‹ (UA 1984, beide Bochum). Ab 1985 wieder an den Münchner Kammerspielen (mit festem Regievertrag) u. a.: ›M‹ (1985, nach ›Medea‹ von Euripides, mit Peter Radtke); Euripides' ›Troerinnen‹ (1985, in der Bearbeitung von Walter Jens); Becketts ›Glückliche Tage‹ (1986); Harald Müllers ›Totenfloß‹ (1986). Ein triumphaler Erfolg wurde die Uraufführung seiner Hitler-Farce ›Mein Kampf‹ (1987, Akademietheater Wien, mit Tabori als Lobkowitz): »George Tabori schlug Jubel entgegen, eine Viertelstunde lang. Für sein Stück, seine Inszenierung, die nie ihre Spannung, den Zusammenhalt verliert, nicht auseinanderbricht, obwohl sie gefährlich hin- und herpendelt zwischen Witz und Erschrecken, Stille und Clownerie – und für seinen Lobkowitz. Wie Tabori den Kopf hinunterneigt, zu einem Hitler-Blatt,

Tabori

dessen Titel ›Hund im Zwielicht‹ heißt, wie er dann, nicht etwa arrogant, sondern mit kindlicher Freude, leise überrascht, ›da ist er ja!‹ nuschelt, das wird man kaum vergessen können. (. . .) ›Mein Kampf‹ ist ein Spiel gegen die Verzweiflung mit der Verzweiflung, ein Liebes-Spiel, ein Täuschungs-Spiel, ist Aufklärung. Und – auch dies! – George Taboris Glaubensbekenntnis.« (C. Bernd Sucher, ›SZ‹, 8. 5. 1987) Von 1987 bis Ende der Spielzeit 1989/90 war er Leiter des Wiener Theaters Der Kreis (im Schauspielhaus in der Porzellangasse; Vorgänger und Nachfolger war Hans Gratzer); betrieben als »Theaterlabor« im Sinne des Actors Studios von Lee Strasberg. Zusammenarbeit u. a. mit Leslie Malton, Hildegard Schmahl, Therese Affolter. Inszenierungen im Theater Der Kreis u. a.: ›Schuldig geboren‹ (1987, nach Peter Sichrovsky); Salvatores ›Stalin‹ (1988, mit Angelica Domröse und Hilmar Thate); Braschs ›Frauen-Krieg-Lustspiel‹ (UA 1988, Wiener Festwochen); ›Masada‹ (1988, Ursula Voss nach Flavius Josephus); ›Verliebte und Verrückte‹ (1989, Shakespeare-Collage); außerdem nach Shakespeare: ›Lears Schatten‹ (UA 1989 bei den Bregenzer Festspielen) und ›Hamlet‹ (1990). Sonstige Regiearbeiten u. a.: Franz Schmidts Oratorium ›Das Buch mit den sieben Siegeln‹ (1987, Universitätskirche Salzburg; Theaterskandal wegen »obszöner Szenen«); Ullmanns KZ-Oper ›Der Tod dankt ab‹ (1987, Hebbeltheater Berlin). Ein Triumph wurde seine ›Othello‹-Deutung am Wiener Akademietheater (1990, mit Gert Voss, Ignaz Kirchner, Anne Bennent); Rolf Michaelis schrieb: »Anders als Peter Zadek 1976 in Hamburg, der das Trauerspiel als wüsten Comic strip vorüberjagen ließ, spürt Tabori den Schrecken in der Normalität auf. Bei aller Wildheit ist die über vierstündige Aufführung immer wieder von einer gefährlich vibrierenden Ruhe, im Wechsel des Tempos, des Rhythmus, der Lautstärke, der Stimmung reich gegliedert – eine der besten Arbeiten des Regisseurs, der im 76. Lebensjahr eine majestätische Sicherheit erreicht hat. Er inszeniert einen Alptraum aus der Wirklichkeit.« (›Die Zeit‹, 19. 1. 1990) Seither fester Regievertrag mit dem Burg- bzw. Akademietheater; inszenierte dort mit durchschlagendem Erfolg seine eigenen Stücke ›Weisman und Rotgesicht‹ (UA 1990, »jüdischer Western«), ›Goldberg-Variationen‹ (UA 1991) und ›Requiem für einen Spion‹ (UA 1993, mit Voss und Branko Samarovski). Außerdem: ›Babylon-Blues‹ (UA 1991, Sketch-Collage); ›Unruhige Träume‹ (UA 1992, Kafka-Experiment); Kafkas ›Bericht für eine Akademie‹ (1992, mit Radtke). Am Münchner Residenztheater: ›Nathans Tod‹ (1991, Tabori nach Lessing; UA in Wolfenbüttel); ›Der Großinquisitor‹ (UA 1993, nach Dostojewskis ›Die Brüder Karamasow‹). Fünf Tabori-Inszenierungen wurden zum Berliner Theatertreffen eingeladen, zuletzt, 1994, seine Uraufführung des eigenen Textes ›Requiem für einen Spion‹ (Akademietheater Wien). C. Bernd Sucher schrieb über Tabori: »Seine Texte, seine Filme, seine Inszenierungen, oft peinlich direkt, oft grell und grotesk und gemein, sie haben ein gemeinsames Ziel: den Menschen zu entblößen, ihn in seiner Erbärmlichkeit zu zeigen, in seiner Suche nach einem Lebens-Sinn in einer Welt, die völlig meschugge (geworden) ist. Taboris Arbeiten sind magische Versuche, die Magie des Theaters zu beschwören; Bühne und Parkett, Schauspieler und Zuschauer zu einen, damit Erinnern möglich wird. (. . .) Taboris Schaffen ist ein Liebesangebot des Opfers an die Täter. Er macht es uns nicht leicht, es zu erwidern. Aber die Qual, die Erinnern auslöst, sie verheißt letztlich Heilung. Taboris grausam-witzige Sprach- und Bilderfindungen (. . .), jene verzweifelten Scherze über die Verzweiflung, schreien den Menschen ins Gesicht, doch endlich Augen, Ohren, Hirn *und* Seele zu öffnen, damit die Kunst eine Schneise schlagen kann ins Leben. Dann wird das Erinnern eine Zukunft haben.« (›SZ‹, 24. 5. 1989) Auszeichnungen u. a.: Mülheimer Dramatikerpreis (1983 und 1990); Kainz-Medaille (1988); Theaterpreis Berlin (1988); Peter-Weiss-Preis (1990); Georg-Büchner-Preis (1992). Tabori ist in dritter Ehe mit der Schauspielerin Ursula Höpfner verheiratet, die häufig in seinen Inszenierungen mitspielte.

711

Literatur: »George Tabori erzählt sein Leben«, in: Theater heute, Heft 5, 1994; A. Welker/T. Berger (Hrsg.): George Tabori. Ich wollte meine Tochter läge tot zu meinen Füßen und hätte die Juwelen in den Ohren. München, Wien 1979; W. Kässens/ J. W. Gronius (Hrsg.): Theatermacher. Frankfurt a. M. 1987; P. Radtke: M wie Tabori. Erfahrungen eines behinderten Schauspielers. Zürich 1987; J. W. Gronius/ W. Kässens: Tabori. Frankfurt a. M. 1989; G. Ohngemach: George Tabori. Regie im Theater. Frankfurt a. M. 1989; A. Welker (Hrsg.): George Tabori. Porträts. Dem Gedächtnis der Trauer und dem Lachen gewidmet. Weitra (Österreich) 1994.

Tagore, Rabindranath, geb. 6. 5. 1861 in Kalkutta, gest. 7. 8. 1941 in Santiniketan (Westbengalen). Indischer Dichter, Dramatiker, Lyriker, Komponist, Schauspieler und Regisseur. Tagore studierte 1878 – 1883 in Großbritannien englische Literatur. Einer der bedeutendsten Vertreter der modernen bengalischen Literatur. 1913 erhielt er den Nobelpreis für Literatur. Tagore setzte sich in seinen Werken sowohl für patriotische, als auch humanistische Ideen ein. 1921 inszenierte Jürgen Fehling das in Europa erfolgreichste Drama Tagores ›Das Postamt‹ (1912).
Weitere Stücke: ›Chitra‹ (1892); ›Der König der dunklen Kammer‹ (1910); ›Red Oleanders‹ (1924).
Literatur: H. Meyer-Benfey: R. Tagore. Berlin 1921.

Tairow, Alexander Jakowlewitsch (eigtl. Kornblit), geb. 24. 6. 1885 in Romny (Rußland), gest. 25. 9. 1950 in Moskau. Schauspieler und Regisseur; einer der großen Theatermacher Anfang des 20. Jahrhunderts. 1904/05 Studium der Rechtswissenschaften in Kiew; beginnt, Theater zu spielen. 1906 Engagement am Theater von Vera F. Komissarschewskaja in Petersburg; lernt dort Wsewolod E. Meyerhold kennen und spielt in dessen Inszenierungen von Maeterlincks ›Schwester Beatrix‹ und Bloks ›Balagantschik‹; 1907/08 bei einer Wandertruppe. Nach Abschluß seines Studiums läßt er sich 1912 in Moskau als Anwalt nieder; 1913 entschließt er sich endgültig für die Theaterarbeit und geht zum Freien Theater von Konstantin A. Mardschaniswili. 1914 gründete er das Kamerni Teatr (Kammertheater) Moskau, das er bis 1949 leitete (1950 Schließung der Bühne). Mitbegründerin und bedeutendste Protagonistin des Kammertheaters war seine spätere Ehefrau Alice Koonen. Eröffnung mit dem altindischen Mysterienspiel ›Sakuntala‹ von Kalidasa; die Bühne entwarf die Malerin Alexandra A. Exter, mit der Tairow künftig eng zusammenarbeitete (häufig Aufteilung der Bühne in Podien; inspiriert vom Kubismus). Tairow bevorzugte das Phantastische und Artistische, übernahm Elemente des indischen Theaters, der Operette und der Commedia dell'arte. Als Urform des Theaters galt ihm die Pantomime, daher v. a. komödiantisches, mimisch-dekoratives Theater mit Betonung des Spielcharakters. Sein Inszenierungsstil wandte sich sowohl gegen den psychologisierenden Naturalismus Konstantin Stanislawskis als auch gegen die Technifizierung und Stilisierung des Theaters durch Meyerhold, mit dem er allerdings die Idee vom universalen Schauspieler teilte. Am deutlichsten kamen seine Ideen in der Bearbeitung von Lecocqs Operette ›Giroflé-Giroflà‹ zum Tragen (1922; Gastspiel u. a. am Deutschen Theater Berlin). Weitere Inszenierungen u. a.: Goldonis ›Der Fächer‹ (1914); Wildes ›Salome‹ (1917); Lothars ›König Arlecchino‹ (1917); Claudels ›Der Tausch‹ (1918) und ›Mariä Verkündigung‹ (1920); Scribe/Legouvés ›Adrienne Lecouvreur‹ (1919); ›Prinzessin Brambilla‹ (1920, nach E. T. A. Hoffmann); Shakespeares ›Romeo und Julia‹ (1921) und ›Othello‹ (1927); Shaws ›Die heilige Johanna‹ (1924); Ostrowskis ›Das Gewitter‹ (1924); O'Neills ›Der haarige Affe‹ (1926), ›Gier unter Ulmen‹ (1926) sowie ›Alle Kinder Gottes haben Flügel‹ (1929); Brecht/Weills ›Die Dreigroschenoper‹ (1930, erste Brecht-Aufführung auf einer sowjetischen Bühne); Kulishs ›Sonate pathétique‹ (1931); Wischnewskis ›Optimistische Tragödie‹ (1933); großer Erfolg mit ›Madame Bovary‹ (1940, nach Flaubert). 1923, 1925 und 1930 aufsehenerregende Tourneen durch Westeuropa und Lateinamerika. En-

Tardieu

de der zwanziger Jahre sah er sich dem Vorwurf ausgesetzt, sein Theater sei reaktionär und zu abstrakt; Mitte der dreißiger Jahre mußte er zu konventionelleren Theaterformen übergehen. Nach 1945 inszenierte er u. a. Gorkis ›Der Alte‹ und Tschechows ›Die Möwe‹. Tairow betonte die Autonomie des Theaters gegenüber dem Autor und verlangte den »Meisterschauspieler«: »(...) damit das Theater seine eigenen Szenarien schaffen und verwirklichen kann, muß der neue Typus des Meisterschauspielers entstehen, der seine Kunst bis zur Vollendung beherrscht; denn dann geht das ganze Schwergewichtszentrum auf ihn und auf seine in sich selbst ruhende Kunst über; (...) Das Verhältnis des Theaters zur Literatur besteht (...) darin, daß es sie auf seiner gegenwärtigen Entwicklungsstufe als Material benutzt. Nur ein derartiges Verhältnis zur Literatur ist ein echt theatralisches, denn sonst hört das Theater unweigerlich auf, als auf sich selbst gestellte Kunst zu existieren, und verwandelt sich in einen besseren oder schlechteren Diener der Literatur, in eine Grammophonplatte, die die Idee des Autors wiedergibt.« (›Das entfesselte Theater‹, S. 123 f.)

Literatur: A. J. Tairow: Das entfesselte Theater. Hrsg. v. M. Kesting u. T. Dorst. Köln, Berlin 1964 (dt. Ersterscheinung: Potsdam 1923, 2. Aufl. m. e. Vorwort v. Tairow 1927); ders.: W. E. Meyerhold, J. B. Wachtangow: Theateroktober. Beiträge zur Entwicklung des sowjet. Theaters. Frankfurt a. M. 1972; J. Apuskin: Kamerni Teatr. Moskau 1927; A. Efros (Hrsg.): Kamerni Teatr. Moskau 1934; M. Bradshew (Hrsg.): Soviet Theatre 1917–1941. New York 1954; J. Rühle: Theater und Revolution. Von Gorki bis Brecht. München 1963; J. Paech: Das Theater der russischen Revolution. Kronberg/Ts. 1974; M. Brauneck: Klassiker der Schauspielregie. Reinbek 1988.

Tardieu, Jean (Pseud. Daniel Trevoux), geb. 1. 11. 1903 in Saint-Germain-de-Joux. Französischer Schriftsteller. Tardieu studierte in Paris, arbeitete als Verlagsangestellter, publizierte während des Zweiten Weltkriegs Gedichte unter seinem Pseud-

onym. Nach 1945 experimentierte er unter dem Einfluß von Jacques Prévert und Raymond Queneau mit der Sprache, auf der Suche nach den Grenzen theatralischer Ausdrucksmöglichkeiten. Seit 1947 verfaßte er experimentelle Stücke. »Hier ist das Prinzip genannt, das für alle Stücke Jean Tardieus gilt (...): der Ausgangspunkt der dramatischen Gestaltung sind ›Themen‹, nicht ›Gegenstände‹. Das Verweben verschiedener Themen, ihre Steigerung, Durchdringung, Variierung geschieht nach musischen Gesetzen, die – wie gesagt – musikalischen Vorbildern entsprechen, für die Poetik eine große inspirative Freiheit ergeben und sie der ›abstrakten Kunst‹ verbinden, ohne auf Personen, Situationen, Bedeutungen zu verzichten. Um einige Themen zu nennen, die mehrfach und in wechselnden Aspekten aufgenommen werden: Individuum und entindividualisierte Masse (...). Es ist die reich facettierte Gestalt des liebenswürdigen, hilflosen, entgeisterten Kleinbürgers, unter anderem die komische Figur des ›Kunden‹ (...). Die ›Gesellschaftskritik‹ ist satirisch, parodistisch (...). Schließlich ist ein Grundthema aller Stücke: die Zeit. Sie ist das Phänomen der Phänomene, formales und inhaltliches Prinzip zugleich.« (Paul Pörtner, ›Jean Tardieu. Kammertheater‹. Darmstadt 1960)

Stücke: ›Kammertheater I‹ (1955/67); ›Poèmes à jouer‹ (1960); ›Théâtre III.‹ (1974); ›Théâtre IV.‹ (1984).

Literatur: M. Esslin: Theatre of the Absurd. Garden City 1969; P. Vernois: La dramaturgie poétique de J. Tardieu. Paris 1981; J. Onimus: J. Tardieu. Un rire inquiet. Seyssel 1985.

Taub, Valter, geb. 18. 6. 1907 in Brünn, Mähren, gest. 30. 9. 1982 in Wien. Schauspieler. Erste Engagements am Deutschen Theater Mährisch-Ostrau und an deutschsprachigen Bühnen in der Tschechoslowakei; 1931–1938 Schauspieler und Regisseur am Neuen Deutschen Theater Prag. 1939–1945 Emigration nach Schweden, dort Journalist. 1953 Engagement in Pilsen; danach gehörte er zum Ensemble des Realistischen Theaters Prag; zahlreiche Rollen auch an anderen tschechischen

Bühnen. 1966/67 Gastspiel am Deutschen Schauspielhaus Hamburg: Pest in Camus' ›Belagerungszustand‹; großer Erfolg in der Titelrolle von Hašek/Kohouts ›Der brave Soldat Schwejk‹ (1967). Weitere Rollen an deutschsprachigen Bühnen u. a.: Hanswurst in Goethes ›Faust‹ (1971, Freilichtspiele Schwäbisch Hall, R. Kurt Hübner); Meister Anton in Hebbels ›Maria Magdalena‹ (1975, Schauspielhaus Frankfurt a. M., R. Frank-Patrick Steckel); Machiavelli in Goethes ›Egmont‹ (1982, Bregenzer Festspiele, R. Peter Palitzsch). Von 1978 an war er häufig am Wiener Burgtheater zu Gast, meist in kleineren Rollen; zuletzt in Benno Bessons Lenz-Inszenierung ›Der neue Menoza‹ (1982).

Tausig, Otto, geb. 13. 2. 1922 in Wien. Schauspieler und Regisseur. Nach dem Besuch der Mittelschule in Wien lebte er von 1939 bis 1945 in England; 1946–1948 Ausbildung am Wiener Max-Reinhardt-Seminar. Debütierte am Neuen Theater in der Scala Wien, wo er bis 1956 auch als Spielleiter und Chefdramaturg beschäftigt war. Rollen u. a.: Siggie in Odets' ›Golden Boy‹; Figaro in Beaumarchais' ›Der tolle Tag oder Figaros Hochzeit‹; Narr in Shakespeares ›Was ihr wollt‹. Von 1956 bis 1960 arbeitete er als Schauspieler in Ostberlin (Volksbühne und Deutsches Theater); an der Volksbühne spielte er u. a. den Titus Feuerfuchs in Nestroys ›Der Talisman‹ (1958) und inszenierte Goldonis ›Der Diener zweier Herren‹. Es folgten Engagements an den Städtischen Bühnen Münster (1960/61) und am Schauspielhaus Zürich (1962/63). Von 1962 bis 1970 arbeitete er vorwiegend als freier Regisseur, (u. a. Theater in der Josefstadt Wien, Komödie Basel, Staatstheater Wiesbaden, Städtische Bühnen Frankfurt a. M., Bühnen der Stadt Köln, Kleine Komödie München). 1971–1983 Schauspieler am Wiener Burgtheater; danach wieder freischaffend. Rollen am Schauspielhaus Zürich u. a.: Weinberl in Nestroys ›Einen Jux will er sich machen‹; Vinzenz in Hofmannsthals ›Der Schwierige‹; Truffaldino in Goldonis ›Der Diener zweier Herren‹; am Theater an der Wien: Zettel in Shakespeares ›Ein Sommernachtstraum‹ (1969); am Burg-

theater u. a.: George in Handkes ›Der Ritt über den Bodensee‹; Jacques in Molières ›Der Geizige‹; Derwisch in Lessings ›Nathan der Weise‹; Lynjajew in Ostrowskis ›Wölfe und Schafe‹; Kapuziner in Schillers ›Wallenstein‹; Titelrolle in Nestroys ›Kampl‹; an den Städtischen Bühnen Bonn: Herr von Ledig in Nestroys ›Unverhofft‹ (1982) und Herr von Lips in ›Der Zerrissene‹ (1984); an der Freien Volksbühne Berlin: Weißkopf in Sobols ›Ghetto‹ (1984, R. Peter Zadek); am Münchner Volkstheater: Titelrolle in Nestroys ›Häuptling Abendwind‹ (1987, R. Ruth Drexel); Der alte Mann in Mitterers ›Sibirien‹ (1990, R. Rolf Stahl): »Tausig erinnert in seiner quirligen Art in vielem an (den oft genial verschusselten) Karl Paryla, und er spielt den Alten mit seiner kräftig listigen Art als einen Verwandten von Herbert Achternbuschs ›Gust‹ und als Rappelkopf dazu. Tausig zieht in Stahls Inszenierung alle Register, um die Lebendigkeit des Alten zu demonstrieren. In seinen cholerischen Ausbrüchen läßt er ihn herrschsüchtig toben und zeigt dabei zugleich, wie er sich aufbäumt gegen das Verletztwerden durch seine Entmündigung. Dann wieder ist er wie ein widerborstiges Kind, verlegt sich aufs Charmieren, ist leise resigniert, nüchtern streng in der Anklage. Und immer zeigt er auch die komischen Seiten an diesem vergeblichen Überlebenskampf eines Ausgemusterten, Lästiggewordenen.« (Thomas Thieringer, ›SZ‹, 2. 4. 1990) Er inszenierte zahlreiche Nestroy-Stücke, darunter: ›Der böse Geist Lumpazivagabundus‹ (Neues Theater in der Scala Wien); ›Einen Jux will er sich machen‹ (Deutsches Theater Berlin); ›Der Zerrissene‹ (Burgtheater Wien); ferner u. a.: Rostands ›Cyrano de Bergerac‹ und Lope de Vegas ›Der Ritter vom Mirakel‹ (Köln); Shakespeares ›Komödie der Irrungen‹ (Burgtheater). Zahlreiche Fernsehrollen, u. a.: Salomon in ›Kean‹ (1964, nach Sartre); Dr. Adler in ›Professor Bernhardi‹ (1964, nach Schnitzler); Luka in ›Tragödie auf der Jagd‹ (1967, nach Tschechow); Füllmann in ›Fink und Fliederbusch‹ (1968, nach Schnitzler); Lope in ›Was kam denn da ins Haus?‹ (1969, nach Lope de Vega); auch Fernsehregie.

Taylor

Taylor, Cecil P., geb. 6. 11. 1929 in Glasgow, gest. 9. 12. 1981 in Newcastle-upon-Tyne. Englischer Dramatiker. Taylor war Dramaturg und literarischer Berater in verschiedenen Theatern und Organisationen, u. a. von 1967 bis 1979 in der Northumberland Youth Theatre Association; von 1971 bis 1973 am Everyman Theatre in Liverpool; von 1973 bis 1976 am Traverse Theatre. Er schrieb über 60 Stücke, Fernseh- und Hörspiele und drehte Dokumentarfilme. Sein Engagement galt besonders den Randgruppen der Gesellschaft. Seine Themen waren der Konflikt zwischen hochgesteckten sozialistischen Idealen und der mangelhaften Wirklichkeit sowie der Einfluß der Geschichte auf das Individuum, gezeigt an Figuren des jüdischen Milieus in Glasgow. **Stücke:** ›Allergie‹ (1966); ›Und Marx hat doch recht‹ (1966); ›The Black and White Minstrels‹ (1972); ›Operation Elvis‹ (1979); ›Good‹ (1981).

Terenz (Publius Terentius Afer), geb. 195 (?) v. Chr. in Karthago, gest. 159 v. Chr. Komödiendichter. Kam als Sklave nach Rom. Senator Terentius Lucanus ließ ihn ausbilden, gab ihm später die Freiheit und führte ihn in den vornehmen Scipionenkreis ein, der die griechische Sprache und Kultur in Rom förderte. Terenz benutzte griechische Vorlagen für seine Stücke. Themen waren: Erziehungsfragen, Liebesaffären und Eheprobleme. Seine Figuren: der gerissene Sklave, der prahlende Soldat, die Dirne, der Parasit, der betrogene Herr. Im Mittelalter wurden seine Werke viel gelesen, sie beeinflußten später auch Molière und Lessing. Sechs Stücke nur sind erhalten geblieben. **Stücke:** ›Andria‹ (166 v. Chr.); ›Hecyra‹ (165); ›Heautontimorumenos‹ (Der Selbstquäler‹, 163); ›Eunuchus‹ (161); ›Phormio‹ (161); ›Adelphoe‹ (160). **Literatur:** J. Strauss: Terenz und Menander. Zürich 1955; E. Lefèvre (Hrsg.): Die römische Komödie: Plautus und Terenz. Darmstadt 1973; K. Büchner: Das Theater des Terenz. o. O. 1974.

Terson, Peter (eigtl. Peter Patterson), geb. 24. 2. 1932 in Newcastle-upon-Tyne. Englischer Dramatiker. Sohn eines Tischlers. Terson schrieb über 50 Stücke, meist über die Probleme und den Alltag Jugendlicher aus der Mittel- und Unterschicht, die hauptsächlich im National Youth Theatre aufgeführt wurden. **Stücke:** ›Eine Nacht, daß Engel weinen‹ (1964); ›All Honour Mr. Todd‹ (1965); ›Zicke-Zacke‹ (1967); ›Mooneys Wohnwagen‹ (1968); ›Die Lehrlinge‹ (1970); ›Aber Fred, Freud ist tot‹ (1972); ›Georgies langer Marsch‹ (1973); ›Rattling the Railings‹ (1979); ›The Pied Piper‹ (1980).

Thalbach, Katharina, geb. 19. 1. 1954 in Berlin (Ost). Schauspielerin und Regisseurin. Tochter der Schauspielerin Sabine Thalbach (gest. 1966) und des Regisseurs Benno Besson. Kinderrollen im Theater, Fernsehen und Film. Helene Weigel verhalf ihr 1968 zu einem Ausbildungsvertrag am Berliner Ensemble; debütierte 1969 als Hure Betty in Brecht/Weills ›Die Dreigroschenoper‹; wenig später spielte sie vertretungsweise die Hauptrolle der Polly und wurde als die Entdeckung des Jahres gefeiert. 1972 wechselte sie an die Ostberliner Volksbühne, wo man sie u. a. in Inszenierungen von Manfred Karge und Matthias Langhoff sah: Desdemona in Shakespeares ›Othello‹ (1972); Mira in da Silvas ›Der Speckhut‹ (1974). 1976 ging sie mit ihrem damaligen Lebensgefährten Thomas Brasch nach Westberlin; war dort 1977/78 und 1981 am Schiller-Theater engagiert, wo sie die Titelrolle in Braschs ›Lovely Rita‹ spielte (UA 1977, R. Niels-Peter Rudolph) und Prothoe in Kleists ›Penthesilea‹ (1981, R. Hans Neuenfels). An den Städtischen Bühnen Köln: Titelrolle in Kleists ›Das Käthchen von Heilbronn‹ (1979/80, R. Jürgen Flimm). Von 1983 an arbeitete sie vorwiegend am Schauspielhaus Zürich, u. a.: Ophelia in Shakespeares ›Hamlet‹; Mädchen Oi in Braschs ›Mercedes‹ (UA 1983). Urs Jenny schrieb: »Sie ist eine jener Elementarschauspielerinnen, die, egal wie sie auftreten, sofort alle Aufmerksamkeit auf sich ziehen. Sie ist ein Magnet; wo sie steht, und sei es in der trübsten Ecke, ist es immer ganz hell. Wer sie nicht leiden kann, wirft ihr vor, daß sie zu gut sei, zu

toll, eine Überschauspielerin, und immer zu viel gebe; laue und halbe Sachen sind nichts für sie, sie steigt immer ganz ein und verausgabt sich ohne Rest.« (›Der Spiegel‹, 19. 6. 1989) Ihr Regiedebüt gab sie 1987 mit Shakespeares ›Macbeth‹ (Schiller-Theater-Werkstatt); Rüdiger Schaper schrieb: »Katharina Thalbachs Inszenierung steckt voller Überraschungen. Sie selbst mischt sich in Gestalt der griechischen Zaubergöttin Hekate ein, die in der Mythologie auch als Herrin der Unterwelt fungiert. Die Rolle ist bei Shakespeare freilich nicht vorgesehen. (...) Stark gekürzt und zugespitzt und ohne lange Reden auf den Punkt gebracht, ist der ›Macbeth‹ in zweieinviertel Stunden ohne Pause abgetan, als blutiges, schrilles, böskomisches Kasperltheater in der Tradition des Grand Guignol.« (›SZ‹, 12. 12. 1987) Es folgten Brechts ›Lux in Tenebris‹ (1988, drei Einakter, Münchner Volkstheater) und ›Mann ist Mann‹ (1989, Thalia Theater Hamburg, im selben Jahr zum Berliner Theatertreffen eingeladen). Von 1990 bis zur Schließung der Bühne gehörte sie fest zum Berliner Schiller-Theater, wo sie vor allem mit Lessings ›Minna von Barnhelm‹ (1991) einen großen Regie-Erfolg feierte. Weitere Inszenierungen: Braschs ›Liebe Macht Tod‹ (1990, nach Shakespeares ›Romeo und Julia‹); Shakespeares ›Wie es euch gefällt‹ (1993). Unter der Regie ihres Vaters spielte sie die Titelrolle in Serreaus ›Hase Hase‹ (DE 1992). Auch zahlreiche Filmrollen, u. a. in Volker Schlöndorffs ›Die Blechtrommel‹ (1979) sowie in Braschs ›Engel aus Eisen‹ (1981) und ›Domino‹ (1982).
Literatur: M. Merschmeier: Annäherung an ein Naturtalent. Die Schauspielerin Katharina Thalbach. In: Theater heute, Heft 4, 1985, S. 2–10; C. B. Sucher: Theaterzauberer. Schauspieler. 40 Porträts. München, Zürich 1988; L. Birnbaum: Vier Frauen. Porträts. Heidelberg 1993.

Thaler, Susanne, geb. in Wien. Bühnenbildnerin. Wollte eigentlich Pianistin werden; gab bis zum 14. Lebensjahr zahlreiche Konzerte, dann Hinwendung zur Malerei: erste Ausstellungen in Wien und Paris; langjährige Mitarbeit in einer französi-schen Schauspielgruppe. Nach dem Abitur Bühnenbildstudium an der Wiener Akademie der bildenden Künste. Bühnenbilder und Kostüme für Schauspiel und Oper u. a. in Bremen, Düsseldorf, Nürnberg, München, am Frankfurter TAT, am Hamburger Thalia Theater, an den Opernhäusern in Amsterdam und Genf sowie an verschiedenen Berliner Bühnen; in Wien am Burg- und am Volkstheater sowie am Theater in der Josefstadt. Seit 1976 kontinuierliche Zusammenarbeit mit dem Regisseur Thomas Schulte-Michels, u. a. in der umstrittenen Weiss-Inszenierung ›Die Ermittlung‹ (1980, Freie Volksbühne Berlin); darüber Karena Niehoff: »Der Zuschauerraum ist geschlossen; wir sitzen auf dem Bühnenrund, in einer schwarz ausstaffierten, mit farbigen Birnen schummerig beleuchteten Bar, die besseren Gäste an Tischchen mit Piccolo-Sektflaschen, die anderen ringsum auf einer Balustrade. Quer durch den schwülen Raum ein Laufsteg wie für Modeschauen, an den beiden Enden bequeme Sitzpolster, Getränke: Der Spielplatz? Die Männer im weißen Partydress, die Frauen in schrillen Abendroben, alle grellweiß geschminkt.« (›SZ‹, 22. 3. 1980) Weitere Arbeiten mit Schulte-Michels u. a. am Staatstheater Stuttgart: Kipphardts ›Bruder Eichmann‹ (1983); am Bayerischen Staatsschauspiel München: Jane Bowles' ›Im Gartenhaus‹ (DE 1987); Greens ›Ein Morgen gibt es nicht‹ (1991); Flannerys ›Singer‹ (DE 1992); in Basel: Lombardis Oper ›Faust, un travestimento‹ (UA 1991). Weitere Bühnenbilder u. a. am Berliner Schiller-Theater: Shakespeares ›Was ihr wollt‹ (1984, R. Ernst Wendt); an der Schaubühne Berlin: Brechts ›Trommeln in der Nacht‹ (1987, R. Herbert König); am Burgtheater Wien: Bonds ›Sommer‹ (1987, R. Harald Clemen); am Münchner Staatsschauspiel: Schnitzlers ›Professor Bernhardi‹ (1986, R. Volker Hesse); ›Shakespeare-Sonette‹ (1987) und ›Wie es euch gefällt (1988, R. jeweils Wolfgang Engel); Raimunds ›Der Verschwender‹ (1991, R. August Everding); in Mannheim: Shakespeares ›Komödie der Irrungen‹ (1993, R. Johannes Klaus); am Schauspiel Frankfurt a. M.: Schillers ›Don Carlos‹ (1993, R. Engel).

Thate

Thate, Hilmar, geb. 17. 4. 1931 in Dölau bei Halle. Schauspieler. Ausbildung an der Schauspielschule Halle; Debüt in Cottbus. 1953–1959 Engagement am Ostberliner Maxim-Gorki-Theater, wo man ihn u. a. als Oswald in Ibsens ›Gespenster‹ und als Goethes ›Clavigo‹ sah. 1959–1970 Engagement am Berliner Ensemble; wichtige Brecht-Rollen u. a.: Givola in ›Der aufhaltsame Aufstieg des Arturo Ui‹ (1959, R. Peter Palitzsch/Manfred Wekwerth); Aufidius in ›Coriolan‹ (1964, nach Shakespeare); Galy Gay in ›Mann ist Mann‹ (1967, R. Uta Birnbaum). 1966 Nationalpreis der DDR; zahlreiche DEFA-Filme. 1970 an der Volksbühne: Gennadi in Ostrowskis ›Der Wald‹ (R. Manfred Karge/Matthias Langhoff); Götz Kanten in Winterlichs ›Horizonte‹ (R. Benno Besson). Danach am Deutschen Theater Berlin u. a.: Titelrollen in Shakespeares ›Richard III.‹ (1972, R. Wekwerth) und in Goethes ›Götz von Berlichingen‹ (1974); Adam in Hacks' ›Adam und Eva‹ (1975, R. Wolfgang Heinz). Sympathisierte mit dem ausgebürgerten Wolf Biermann; als er daraufhin in der DDR keine akzeptablen Rollen mehr bekam, stellte er einen Ausreiseantrag. Seit 1980 in Westberlin; wichtigste Rollen am Schiller-Theater: Enno Kluge und Fallada in Zadek/Greiffenhagen/Falladas ›Jeder stirbt für sich allein‹ (1981, R. Peter Zadek); Titelrolle in Heiner Müllers ›Leben Gundlings Friedrich von Preußen Lessings Schlaf Traum Schrei‹ (1983, R. Klaus Emmerich); Mephisto in Goethes ›Faust‹ (1990, R. Alfred Kirchner). Außerdem u. a.: Titelrolle in Molières ›Tartuffe‹ (1982, Basel) sowie Sganarell in ›Dom Juan‹ (1983/84, Salzburger Festspiele und Münchner Residenztheater, R. Ingmar Bergman); Titus in Heiner Müllers ›Anatomie Titus Fall of Rome‹ (UA 1985, Bochum, R. Karge/Langhoff). Zusammenarbeit mit George Tabori an dessen Wiener Theater Der Kreis: Pandarus in Braschs ›Frauen – Krieg – Lustspiel‹ (UA 1988, Wiener Festwochen); Itsig Sager in Salvatores ›Stalin‹ (1988): »Thate hat die vereinnahmende Kraft des Tragöden, doch je länger die Konfrontation mit Stalin dauert, je näher auch Lears Ende kommt, desto zarter

läßt er des Bühnenkönigs Töne werden, desto mehr Stärke gibt er dem Schauspieler Sager; ohne Maske, nur noch mit Nickelbrille und Mütze und abgerissenem Mantel (...), wird er zu dem, was Stalin immer schon in ihm sah: einer dieser jüdischen Intellektuellen (...)« (Michael Merschmeier, ›Theater heute‹, Heft 4, 1988) In beiden Tabori-Inszenierungen stand er mit seiner Frau Angelica Domröse auf der Bühne. Am Berliner Schiller-Theater sah man ihn u. a. als Uhrmacher Jakowlew in Gorkis ›Die falsche Münze‹ (1992/93, R. Alexander Lang). Filmrollen hatte er u. a. in Braschs ›Engel aus Eisen‹ (1981) und in Fassbinders ›Die Sehnsucht der Veronika Voss‹ (1982). Fernsehrollen u. a.: Theobald Maske in ›Die Hose‹ (1985, nach Sternheim, R. Otto Schenk); Zuhälter in ›Hurenglück‹ (1991, mit Domröse).

Theobald, Heidemarie, geb. 29. 4. 1938 in Berlin. Schauspielerin. Ausbildung an der Max-Reinhardt-Schule Berlin; 1957–1959 Engagement in Bremen; 1959–1969 und 1972–1976 Ensemblemitglied der Staatlichen Schauspielbühnen Berlin. Rollen in Inszenierungen von Hans Lietzau u. a.: Leila in Genets ›Die Wände‹ (UA 1961, mit Berta Drews); Natalie in Kleists ›Prinz Friedrich von Homburg‹ (1972); in Inszenierungen von Fritz Kortner: Barblin in Frischs ›Andorra‹; Viola in Shakespeares ›Was ihr wollt‹ (beide 1962). Außerdem u. a.: Titelrolle in Shaws ›Die heilige Johanna‹; Putzi in Albees ›Wer hat Angst vor Virginia Woolf?‹ (DE 1963, R. Boleslaw Barlog); Lena in Büchners ›Leonce und Lena‹ (R. Roberto Ciulli); Leonore von Este in Goethes ›Torquato Tasso‹ (R. Willi Schmidt); Charly in Plenzdorfs ›Die neuen Leiden des jungen W.‹ (westdeutsche EA 1973, mit Wolfgang Unterzaucher, R. Horst Siede). Am Bayerischen Staatsschauspiel München 1969/70: Titelrolle in Schillers ›Maria Stuart‹ (R. Helmut Henrichs) und Warja in Rudolf Noeltes gefeierter Tschechow-Inszenierung ›Der Kirschgarten‹. Benjamin Henrichs schrieb: »Wie man einer Rolle einen ganz schmalen, fast monotonen Umriß gibt (...) und wie man diesen Umriß dann mit differenzierten, hochsensiblen Kunstmitteln ausfüllt – das hat am reinsten und herrlichsten Heidemarie Theobald verwirklicht. Die Theobald führt ihre Stimme ganz instrumental. Nur in Momenten der Empörung werden die Melodiebögen von kleinen Dissonanzen zerrissen. Unvorstellbar genau werden hier Reaktionen vorbereitet.« (›Theater heute‹, Jahrbuch 1970) Seit Mitte der siebziger Jahre ist sie freischaffend tätig, v.a. in Berlin; 1981/82 am Theater Bremen: Trude in Walsers ›Zimmerschlacht‹.

Thieme, Thomas, geb. 29. 10. 1948 in Weimar. Schauspieler und Regisseur. 1970–1973 Besuch der Schauspielschule Berlin; 1973–1982 Engagements an den Theatern Görlitz, Magdeburg und Anklam; spielte u. a. die Titelrollen in Goethes ›Egmont‹ (Görlitz) und Shakespeares ›König Heinrich V.‹ (Magdeburg, R. Gert Jurgons). 1984–1990 Engagement am Schauspiel Frankfurt a. M.; Rollen in Inszenierungen von Dietrich Hilsdorf: Dorfrichter Adam in Kleists ›Der zerbrochne Krug‹; John in Hauptmanns ›Die Ratten‹ (1987); Titelrolle in Sophokles' ›Oidipus‹ (1989). Rollen in Inszenierungen von Einar Schleef: Iphis in Schleefs ›Mütter‹ (UA 1986); Dr. Schimmelpfennig in Hauptmanns ›Vor Sonnenaufgang‹ (1987); Schulz in Feuchtwangers ›Neunzehnhundertachtzehn oder Sklavenkrieg‹ (1990); außerdem u. a.: Don Carlos in Molières ›Don Juan‹ (1985, R. Benjamin Korn); Mortimer in Marlowe/Brechts ›Leben Eduards II. von England‹ (R. Peter Palitzsch); Kent in Shakespeares ›König Lear‹ (1990, mit Marianne Hoppe als Lear, R. Robert Wilson). Am Schauspielhaus Bochum gastierte er als Leschtsch in Gorkis ›Die Letzten‹ (1989, R. Andrea Breth). Von 1990 bis 1993 war er am Wiener Burgtheater engagiert, wo man ihn in Inszenierungen von Claus Peymann sah: Guilbert in Goethes ›Clavigo‹; Platzherr in Handkes ›Die Stunde, da wir nichts voneinander wußten‹ (UA); Ali in Goldonis ›Der Impresario von Smyrna‹. Ferner u. a.: Titelrolle in Brechts ›Baal‹ (R. Manfred Karge): »Thomas Thieme (. . .) tritt hier mit mächtiger Raumverdrängung auf: dick und gewalttätig, mit Kulleraugen, spielt er das

Monstrum. Seine Wirkung auf Frauen begreift man nur schwer, aber sein Zynismus, seine Egozentrik kommen überzeugend über die Rampe. Neben ihm treten die anderen Figuren in den Schatten.« (›SZ‹, 27. 12. 1991); Nikifor in Babels ›Sonnenuntergang‹ (R. Dieter Giesing). Seit 1993 gehört er zum Ensemble der Berliner Schaubühne am Lehniner Platz; dort u. a.: Brack in Ibsens ›Hedda Gabler‹ (1994, R. Andrea Breth); Polizist in Genets ›Splendid's‹ (UA 1994, R. Klaus Michael Grüber): »Die darstellerische Glanzleistung liefert Thomas Thieme. (. . .) Ein mondgesichtiges, kugeläugiges Riesenkind, das auftritt in der Paradeuniform der Flics und mit einem Lied auf den Lippen (. . .). Der Uniformträger, der Machthaber – bei Thieme ist er vor allem komisch, fiepsstimmig und naiv, täppisch, neugierig, verwunderbar und verwundbar, fasziniert von der Männer-Gewalt-Welt, der er bislang nur auf der ordentlichen, der langweiligen Seite angehören durfte.« (Michael Merschmeier, ›Theater heute‹, Heft 4, 1994) Seit 1986 eigene Regiearbeiten: Fugards ›Die Insel‹ und Heiner Müllers ›Philoktet‹ (beide Schauspiel Frankfurt); Sophokles/Müllers ›Ödipus Tyrann‹ (Schauspielhaus Graz); O'Caseys ›Ein Pfund abheben‹ und Werner Schwabs ›Die Präsidentinnen‹ (beide Schauspielhaus Bochum).

Thimig, Hans, geb. 23. 7. 1900 in Wien, gest. 17. 2. 1991 ebenda. Schauspieler. Bruder der Schauspieler Helene und Hermann Thimig. Der Vater, Hofrat Hugo Thimig (1854–1944), war Schauspieler, Regisseur und von 1912 bis 1918 Direktor am Wiener Burgtheater. Thimig debütierte ohne vorherige Ausbildung unter dem Pseudonym Hans Werner am Wiener Volkstheater (1915); kam 1918 ans Wiener Burgtheater (nun unter seinem richtigen Namen); erster Erfolg als Küchenjunge Leon in Grillparzers ›Weh dem, der lügt‹. 1924 wechselte er ans Theater in der Josefstadt (unter der Leitung seines Schwagers Max Reinhardt; stand dort u. a. als Rochus in Nestroys ›Der Traum von Schale und Kern‹ auf der Bühne (1926, gemeinsam mit Vater, Bruder und Schwe-

Thimig

ster). Regiearbeiten an verschiedenen Bühnen und v.a. beim Film. 1949 Rückkehr ans Burgtheater, dessen Ensemble er bis zu seiner Pensionierung 1966 angehörte. Rollen u.a.: Tranio in Shakespeares ›Der Widerspenstigen Zähmung‹ (1950); Schlucker in Nestroys ›Zu ebener Erde und im ersten Stock‹ (1951) sowie Peter in ›Der Färber und sein Zwillingsbruder‹ (1951); Pristan in de Vegas ›Der Ritter vom Mirakel‹ (1952); Bates in Frys ›Venus im Licht‹ (1953); Alexander Petrowitsch in Tolstois ›Und das Licht scheint in der Finsternis‹ (1953, mit seiner Schwester); Barnabas in Herz' ›Die große Entscheidung‹ (1954); Eggerson in Eliots ›Der Privatsekretär‹ (1954/55); Klosterprior in Schillers ›Don Carlos‹ (1955/56). Filmrollen hatte er u.a. in ›Lumpencavaliere‹ (1932), ›Einen Jux will er sich machen‹ (1957, nach Nestroy) und ›Der brave Soldat Schwejk‹ (1960). Auch zahlreiche Hörfunkarbeiten. 1959 übernahm er in der Nachfolge seiner Schwester die Leitung des Wiener Max-Reinhardt-Seminars; wurde als Kammerschauspieler und mit dem Professorentitel ausgezeichnet. »Als lustige Person par excellence, als Komödiant reinsten Wassers erwies er sich auf dem Theater wie im Film. Doch seine Heiterkeit war vordergründig, blieb Schale ohne Kern; es fehlte ihr an der im Innersten verborgenen Tragik all der Raimund- und Nestroy-Figuren, in deren Maske er am liebenswürdigsten vor uns trat. Mit zunehmender Reife, und als der Schatten des Vaters, dann der Schwester und des Bruders von ihm gewichen war, gewann Hans Thimig auch diese Dimension hinzu. Er wurde stiller und leiser, er wurde geheimnisvoll.« (›FAZ‹, 23.7. 1990)
Literatur: H. Thimig: Neugierig wie ich bin. (Erinnerungen). Wien, München 1983; O. M. Fontana: Wiener Schauspieler. Wien 1948; F. Hadamovsky: Hugo Thimig erzählt von seinem Leben und dem Theater seiner Zeit. Graz 1962; R. Kern: Hans Thimig und das Theater. Diss. Wien 1967; E. Fuhrich-Leisler/G. Prossnitz: Die Thimigs. Salzburg 1977 (Katalog).

Thimig, Helene, geb. 5. 6. 1889 in Wien, gest. 7. 11. 1974 ebenda. Schauspielerin.

Tochter des Regisseurs, Intendanten und Charakterkomikers Hugo Thimig; Schwester von Hans und Hermann Thimig. Ausbildung bei ihrem Vater und bei Hedwig Bleibtreu, die der Schülerin sagte: »Liebe Lene, ich glaube, dein Talent reicht nur bis Brünn«, was sich nicht bewahrheiten sollte: Helene Thimig wurde eine der bedeutendsten Schauspielerinnen im deutschsprachigen Theaterraum. Ihr Debüt gab sie in Baden bei Wien; danach Engagements in Meiningen (1908–1911) und am Königlichen Schauspielhaus Berlin (1914–1917). Von 1917 bis 1933 arbeitete sie am Deutschen Theater Berlin bei Max Reinhardt, ihrem späteren Ehemann. Zu ihren Glanzrollen zählen: Hannele in Hauptmanns ›Hanneles Himmelfahrt‹ (1918); Rosalinde in Shakespeares ›Wie es euch gefällt‹ (1919) und Ophelia in ›Hamlet‹ (1920, mit Alexander Moissi); in Stücken von Goethe: Marie Beaumarchais in ›Clavigo‹ (1920); Gretchen im ›Urfaust‹ (1920); Titelrollen in ›Stella‹ (1920) und in ›Iphigenie auf Tauris‹ (1932). Wichtige Titelrollen waren auch Schillers ›Jungfrau von Orleans‹ (1921) und Hauptmanns ›Dorothea Angermann‹ (1927); Herbert Ihering schrieb begeistert: »Helene Thimig als Dorothea Angermann. Mit irren, suchenden, haltlosen Blicken, mit scharfer, vom Erlebnis gehärteter, angerauhter Stimme. Herrlich. Jeder Satz war gestaltet, durchleuchtet. Kein Zufall, keine Empfindsamkeit. Höchste Meisterschaft. Um der Thimig willen lohnte sich der Abend.« (›Berliner Börsen-Courier‹, 19. 10. 1927) 1933 wechselte sie an das ebenfalls von Reinhardt geleitete Theater in der Josefstadt Wien; 1924 hatte man sie dort bereits als Smeraldina in Goldonis ›Der Diener zweier Herren‹, als Luise in Schillers ›Kabale und Liebe‹ und als Helene Altenwyl in Hofmannsthals ›Der Schwierige‹ gesehen (Reinhardts Eröffnungs-Inszenierungen). 1937 Emigration in die USA, wo Reinhardt 1943 starb. Helene Thimig filmte in Hollywood und leitete dort eine Schauspielschule. 1946 Rückkehr nach Österreich. Sie inszenierte für die Salzburger Festspiele Hofmannsthals ›Jedermann‹ und spielte den Glauben. Von 1946 bis zu ihrem Tod war sie Ensemblemitglied am

Wiener Burgtheater. Rollen u. a.: Christine in O'Neills ›Trauer muß Elektra tragen‹ (1946); Mutter in García Lorcas ›Bluthochzeit‹ (1951); Mutter Maria in Bernanos' ›Die begnadete Angst‹ (1952); Fürstin in Tolstois ›Und das Licht scheint in der Finsternis‹ (1953; 1957 auch in Berlin); Frau Alving in Ibsens ›Gespenster‹ (1955); Frau Aja in dem Huisman-Lesestück ›Johann Wolfgang‹ (1968). Sie war Leiterin des Max-Reinhardt-Seminars (1948–1959) und Professorin für Schauspiel und Regie an der Akademie für Musik und darstellende Kunst in Wien. Auszeichnungen u. a.: Max-Reinhardt-Ehrenring (1955); Kainz-Medaille (1962).
Literatur: H. Thimig: Wie Max Reinhardt lebte. (Memoiren) Percha 1973; O. M. Fontana: Wiener Schauspieler. Wien 1948; H. Ihering: Von Reinhardt bis Brecht. Kritiken von 1909–1932. 3 Bde. Berlin 1958–1961; E. Fuhrich-Leisler/G. Prossnitz: Die Thimigs. Salzburg 1977 (Katalog); M. Bier: Schauspielerporträts. 24 Schauspieler um Max Reinhardt. Berlin 1989.

Thimig, Hermann, geb. 3. 10. 1890 in Wien, gest. 7. 7. 1982 ebenda. Schauspieler. Mitglied der berühmten österreichischen Schauspielerfamilie Thimig (siehe Hans und Helene Thimig). Nach einigen Amateuraufführungen debütierte er 1910 am Hoftheater Meiningen; gehörte dort bis 1914 zum Ensemble und spielte die jugendlichen Komiker und Naturburschen. 1914–1916 Kriegsdienst; danach holte ihn sein späterer Schwager Max Reinhardt ans Deutsche Theater Berlin, wo er sich in vielen klassischen Rollen als Charakterdarsteller und Liebhaber bewährte. Seit 1919 auch Filmrollen. 1924–1932 Engagement am Wiener Theater in der Josefstadt, wo anfangs auch sein Bruder unter Vertrag stand und ab 1933 auch seine Schwester. Seine Paraderolle war, ebenso wie die seines Vaters Hugo Thimig, der Truffaldino in Goldonis ›Der Diener zweier Herren‹, den er im Laufe seines Lebens rund vierhundertmal spielte (erstmals 1924 in Reinhardts Eröffnungsinszenierung in der Josefstadt, mit seiner Schwester als Smeraldina und seinem Vater als Pantalone). In Nestroys ›Traum von Schale und Kern‹

stand 1926 die ganze Thimig-Familie gemeinsam auf der Bühne. 1932–1934 Filmarbeit in Berlin. Seit 1934 gehörte er zum Wiener Burgtheater, wo er – seinem Vater in nichts nachstehend – ein herausragender Charakterkomiker wienerischer Prägung war. Glanzrollen waren vor allem der Zettel in Shakespeares ›Sommernachtstraum‹ und der Rappelkopf in Raimunds ›Alpenkönig und Menschenfeind‹. Weitere wichtige Rollen u. a.: Nachtigall in Raimunds ›Die gefesselte Phantasie‹ und Fortunatus Wurzel in ›Der Bauer als Millionär‹; Argan in Molières ›Der eingebildete Kranke‹ (1946); Polonius in Shakespeares ›Hamlet‹ (1947); Lelio in Goldonis ›Lügner‹ (1947); Crassus in Lingens ›Theophanes‹ (1948); Sebastian in Nestroys ›Die beiden Nachtwandler‹ (1949) sowie Damian in ›Zu ebener Erde und im ersten Stock‹ (1951) und Herr von Braus in ›Haus der Temperamente‹ (1965); Wirt in Lessings ›Minna von Barnhelm‹ (1954); Philemon in Goethes ›Faust II‹ (1967); Abschiedsrolle: Gobbo in Shakespeares ›Der Kaufmann von Venedig‹ (1967). Danach zog er sich ins Privatleben zurück; ausgezeichnet u. a. mit dem Titel eines Kammerschauspielers und mit dem Raimund-Ring. Wiener Kritiker nannten ihn den »Statthalter der Commedia dell'arte«. Otto F. Beer schrieb: »Etwas Herzerwärmendes war in seinen komischen Figuren zu erspüren, die Kasperliade bekam bei ihm menschliche Dimensionen, das wienerische Volkstheater hat in ihm einen letzten großen Vertreter gefunden, allerdings einen, der es in Burgtheaterqualität hinaufhob.« (›SZ‹, 3. 10. 1980)
Literatur: O. M. Fontana: Wiener Schauspieler. Wien 1948; V. Reimann: Die Adelsrepublik der Künstler. Schauspieler an der »Burg«. Düsseldorf, Wien 1963; G. Doublier/F. Fuhrich: Hermann Thimig. Wien 1972; E. Fuhrich-Leisler/G. Prossnitz: Die Thimigs. Salzburg 1977. (Katalog)

Thoma, Helge, geb. 30. 10. 1936 in Mannheim. Regisseur und Intendant. 1956/57 Musikstudium in Mannheim; danach Studium der Theaterwissenschaft in Wien und Ausbildung bei Dozenten des Max-Reinhardt-Seminars. 1960/61 Enga-

Thoma

gement an der Länderbühne Wien. 1962 wurde er Assistent des Intendanten Boleslaw Barlog am Berliner Schiller- und Schloßparktheater; Regieassistenzen u. a. bei Fritz Kortner, Heinz Hilpert und Ernst Schröder; ab 1964 erste Regiearbeiten in der Schiller-Theater-Werkstatt, u. a. Horváths ›Don Juan kommt aus dem Krieg‹ und ›Figaro läßt sich scheiden‹. Seit 1967 Schauspiel- und Operninszenierungen an verschiedenen Bühnen. 1968–1970 Spielleiter am Deutschen Theater Göttingen; inszenierte u. a. Hochhuths ›Die Soldaten‹ und Horváths ›Dorf ohne Männer‹ (DE). 1971–1975 Oberspielleiter des Schauspiels am Staatstheater Wiesbaden. Inszenierungen u. a.: Gorkis ›Die Kleinbürger‹; Feydeaus ›Floh im Ohr‹; Babels ›Sonnenuntergang‹; Schillers ›Maria Stuart‹; Walsers ›Kinderspiel‹; Kleists ›Käthchen von Heilbronn‹; Strawinskys ›Geschichte vom Soldaten‹. 1976–1981 Oberspielleiter der Wiener Staatsoper; dort mehrere Operninszenierungen. 1981 wurde er Intendant der Städtischen Bühnen Augsburg; daneben Gastinszenierungen (auch im Ausland).

Thoma, Ludwig, (Pseud. Peter Schlemihl), geb. 21. 1. 1867 in Oberammergau, gest. 26. 8. 1921 in Rottach am Tegernsee. Schriftsteller. Sohn eines Oberförsters. Thoma studierte Jura und war von 1893 bis 1899 Anwalt in Dachau und München. 1899 Redakteur und Mitherausgeber des ›Simplizissimus‹ und von 1907 an Mitherausgeber des ›März‹. Berühmt wurden seine ›Lausbubengeschichten‹ (1905). Seine Stücke sind satirische, nicht sehr tiefgründige Volksstücke, voller Komik und Witz. Die bekanntesten sind ›Die Lokalbahn‹ (1902), ›Moral‹ (1909) und ›Magdalena‹ (1912). »Der Bauernmaler Thoma steht weitab von dem dramatischen Satiriker Thoma. Großer Unterschied ... Thoma der Bauernmaler gibt Bleibendes; der Satiriker Thoma ... Heutiges. (...) Ich lese das Buch und weiß: Es ist nicht viel Gestaltung dran. Aber man lacht sich kaputt. (...) In Summa: Dieser starke Bauernmaler ist als Problemdichter ein bißchen dünn. Was er da spricht, ist wahr – jedoch nicht hervorragend. Aber zum Schreien ulkig. Ecco.« (Alfred Kerr zu ›Moral‹,

22. 11. 1908, in: Mit Schleuder und Harfe. München 1985)
Weitere Stücke: ›Die Medaille‹ (1901); ›Lottchens Geburtstag‹ (1911); ›Das Säuglingsheim‹ (1913); ›Die Sippe‹ (1913); ›Heilige Nacht‹ (1917); ›Gelähmte Schwingen‹ (1918).
Literatur: E. Cornelius: Das epische und dramatische Schaffen L. Thomas. Diss. Breslau 1939; H. Ahrens: L. Thoma. Sein Leben, sein Werk, seine Zeit. Pfaffenhofen 1983.

Thomas, Brandon, geb. 30. 11. 1856 in Liverpool, gest. 19. 6. 1914 in London. Englischer Schauspieler, der 1879 begann, Komödien zu schreiben. International bekannt wurde er mit seinem Stück ›Charleys Tante‹, das in der Uraufführungsinszenierung 1892 über 1500mal gespielt und mehrmals verfilmt wurde.
Weitere Stücke: ›The Gold Crace‹ (1889); ›The Lancashire Sailor‹ (1891); ›A Swordman's Daughter‹ (1895).

Thomas, Dylan, geb. 27. 10. 1914 in Swansea, Wales, gest. 9. 11. 1953 in New York. Englischer Dichter. Sohn eines Lehrers. Im Alter von 19 Jahren gewann Thomas ein Preisausschreiben für Lyrik. Danach arbeitete er als Reporter der ›South Wales Evening Post‹ und während des Zweiten Weltkrieges als Dokumentarfilmautor für das britische Informationsministerium. Danach freier Schriftsteller im walisischen Laugharne. Im Theater bekannt geworden ist Thomas mit seinem für die Bühne bearbeiteten Hörspiel ›Unter dem Milchwald‹ (1946), das in den frühen fünfziger Jahren auch in Deutschland als eine der großen poetischen Entdeckungen des Theaters galt. »Gegen seine Alpträume erfand er den ›Milchwald‹, einen Verklärungstraum seines walisischen Heimatstädtchens. Zum Glauben, daß ›der Himmel auf Erden ist‹, zum Wagnis der Idylle brauchte man damals, mit der frischen Erinnerung an den Krieg, nicht weniger Mut als heute. (...) Seit Shakespeare hat kein Dramatiker die gesprochene Dekoration so vollkommen beherrscht wie Dylan Thomas. Mit den aus seiner Sprache wachsenden Schauplätzen kann kein Bühnenbildner

konkurrieren.« (Georg Hensel, 16. 12. 1989, in: Spiel's noch einmal. Frankfurt a. M. 1991)
Literatur: C. Thomas/G. Tremlett: A Warring Absence. London 1986.

Tieck, Ludwig (Pseud. Peter Lebrecht, Gottlieb Färber), geb. 31. 5. 1773 in Berlin, gest. 28. 4. 1853 ebenda. Dramatiker und Dichter. Sohn eines Seilermeisters. Tieck studierte Theologie und Philologie in Halle, Göttingen und Erlangen. 1799 gehörte er zum Romantikerkreis in Jena mit Novalis, A.W. und F. Schlegel, Brentano, Schilling und Fichte. Bekanntschaft mit Schiller und Goethe. Tieck lebte 1804/05 in Italien, 1808 in Wien und München, danach in Baden-Baden, Prag, Frankreich, England und von 1819 an in Dresden, wo er 1825 Geheimer Hofrat und Dramaturg des Hoftheaters wurde. Von 1840 an lebte er in Berlin und Potsdam. Er übersetzte Shakespeare und Cervantes, bearbeitete Märchenstoffe für die Bühne und löste die Gattungen und Formen auf, indem er unter anderem den Dichter und das Publikum in die Handlung einbezog. Am bekanntesten wurde seine Literaturparodie ›Der gestiefelte Kater‹ (1797); von Tankred Dorst stammt eine gleichnamige Bearbeitung (1963).
Stücke: ›Ritter Blaubart‹ (1797); ›Alla-Moddin‹ (1798); ›Der Abschied‹ (1798); ›Prinz Zerbino‹ (1799); ›Leben und Tod der heiligen Genoveva‹ (1800); ›Kaiser Octavianus‹ (1804).
Literatur: J. Hienger: Romantik und Realismus. Spätwerk L. Tiecks. Diss. Köln 1955; H. M. Kemme: L. Tiecks Bühnenreformpläne. Diss. Berlin 1971; M. Thalmann: Komödie der Romantik. Berlin 1974.

Tietjen, Heinz, geb. 24. 6. 1881 in Tanger (Marokko), gest. 30. 11. 1967 in Berlin. Regisseur, Dirigent und Intendant. Sohn eines deutschen Diplomaten. Nach einer kaufmännischen Lehre in Bremen wurde er Musikschüler bei Arthur Nikisch. Arbeitete in Trier als Kapellmeister und Regisseur (1904–1907) und war dort von 1907 bis 1922 Intendant; 1922–1925 Operndirektor am Breslauer Stadttheater; 1925–1930 Intendant der Städtischen Oper Berlin-Charlottenburg; 1930–1945 Generalintendant aller Preußischen Staatstheater (Oper und Schauspiel); engagierte 1932 Gustaf Gründgens ans Staatstheater. Von 1931 bis 1944 leitete er zusammen mit Winifred Wagner die Bayreuther Festspiele. Nach dem Krieg wurde er wegen seiner bedeutenden Stellung im Dritten Reich scharf angegriffen; 1947 Rehabilitierung. 1948–1954 wieder Intendant an der Städtischen Oper Berlin; danach viele internationale Regiegastspiele. Von 1956 bis 1959 war er Intendant der Staatsoper Hamburg. Bedeutende Wagner-Inszenierungen; kontinuierliche Zusammenarbeit mit dem Bühnenmaler Emil Preetorius. Die ›Süddeutsche Zeitung‹ nannte ihn einen »klugen Diplomaten hinter den Kulissen«. (1. 12. 1967)

Tilden, Jane (eigtl. Marianne Tuch), geb. 16. 11. 1910 in Aussig (Altösterreich). Schauspielerin. Aufgewachsen in Aussig und Großbritannien; nach dem Gymnasium Gesangs- und Tanzausbildung. Debütierte 1928 in Aussig; danach Engagements an verschiedenen Provinztheatern (u. a. Teplitz) sowie an Bühnen in Prag und Hamburg; 1934 am Volkstheater Wien. Max Reinhardt holte sie 1934 an das Theater in der Josefstadt Wien, dem sie auch unter Heinz Hilpert bis 1944 angehörte; auch Rollen am Deutschen Theater Berlin und seit 1934 beim Film. 1945–1948 Gastspiele an den Münchner Kammerspielen. Von 1957 bis zu ihrer Pensionierung 1977 gehörte sie zum Wiener Burgtheater; Gastspiele u. a. am Schauspielhaus Zürich und bei den Salzburger Festspielen; zahlreiche Tourneen im In- und Ausland. Große Erfolge feierte sie als Tabak-Trafikantin Valerie in Horváths ›Geschichten aus dem Wiener Wald‹ (Münchner Kammerspiele, Zürich, Burgtheater sowie bei mehreren Festspielen und Tourneen; 1978 auch im Kinofilm von Maximilian Schell). Henning Rischbieter schrieb: »Jane Tilden (. . .) scheint sich ganz und gar mit der Figur der Valerie, der Witwe mit dem Tabak- und Jungmännerverschleiß, zu identifizieren: Sie entblößt mürbes Fleisch, kann für wenige Sätze spitz und kalt sein, verfällt dann

Tirso de Molina

wieder ihrer Herzlichkeit, die sonderbarerweise aus Lebensgier und Läßlichkeit entspringt.« (›Theater heute‹, Heft 4, 1967) Weitere wichtige Bühnenrollen u. a.: Titelrolle in Euripides' ›Helena‹ (Zürich); Claire in Albees ›Empfindliches Gleichgewicht‹ (Burgtheater); Antoinette von Hechingen in Hofmannsthals ›Der Schwierige‹ (Münchner Kammerspiele, Burgtheater und Tournee); zahlreiche Nestroy-Rollen, u. a. die Madame Knorr in ›Einen Jux will er sich machen‹. Filmrollen u. a. in: ›Der Blaufuchs‹ (1938, mit Zarah Leander und Willy Birgel); ›Spiel des Lebens‹ (1939, mit Attila Hörbiger und Paula Wessely, R. Geza von Bolvary); ›Ein Leben lang‹ (1940, R. Gustav Ucicky); ›Die kluge Marianne‹ (1943, mit Paula Wessely, R. Hans Thimig); ›Der brave Soldat Schwejk‹ (1960, mit Heinz Rühmann, R. Axel von Ambesser). Seit 1953 umfangreiche Fernseharbeit, zuletzt häufig in Oma-Rollen. Gerhard Stadelmaier schrieb: »Im wirklichen Leben gab es sie womöglich nie: die böhmische Köchin, Magd, Bedienerin, die im Wiener Herrschaftshaus den Ton angibt. Proletarischer Adel ›von vor der Haustür‹, der Etage um Etage erobert und das sich einfach nimmt, was Schwächere liegengelassen haben. Die Wiener Schauspielerin Jane Tilden hat diesen Typus immer mitgespielt, auch wenn es ihre Rolle nicht verlangte. (. . .) Eine Volksmadame mit derber Grazie und feinnerviger Robustheit.« (›FAZ‹, 16. 11. 1990)

Tirso de Molina (eigtl. Fray Gabriel Téllez), geb. 9. 3. 1584 (?) in Madrid, gest. 12. 3. 1648 in Soria. Dramatiker. Nach nicht abgeschlossenen Studien trat Tirso de Molina in den Orden der Barmherzigen Brüder in Toledo ein. Von 1616 bis 1618 war er im Auftrag des Ordens in Santo Domingo (Haiti); danach in verschiedenen Klöstern. Von seinen ungefähr 400 Dramen sind 80 erhalten geblieben, viele davon undatiert. Neben Lope de Vega und Calderón gilt Tirso de Molina als der wichtigste Vertreter des spanischen Theaters. Auf zwei alte spanische Sagen zurückgreifend, brachte er zum ersten Mal die Gestalt des Don Juan auf die Bühne, Vorbild aller späteren Stücke von Molière

bis Mozart: ›Der Betrüger von Sevilla oder Der steinerne Gast‹ (um 1630). Noch heute wird sein Stück ›Don Gil von den grünen Hosen‹ (1635) häufig gespielt.
Weitere Stücke: ›Die Rivalin ihrer selbst‹ (1627); ›Der Garten des Juan Fernandez‹ (1634); ›Ohne Gottvertrauen kein Heil‹ (1635).
Literatur: S. Horl: Leidenschaften und Affekte im dramatischen Werk T. de Molinas. Hamburg 1969; H. W. Sullivan: T. de Molina and the Drama of the Counter Reformation. Amsterdam 1981.

Toffolutti, Ezio, geb. 19. 2. 1944 in Venedig. Bühnen- und Kostümbildner. Ausbildung an der Accademia di Belle Arti in Venedig; arbeitete danach als Architekt; seit 1971 Bühnen- und Kostümbildner. Zusammenarbeit mit Benno Besson an der Volksbühne Berlin; stattete dort und am Deutschen Theater Berlin Stücke von Shakespeare, Brecht, Heiner Müller, Neruda, Hacks, Henkel u. a. aus. Seit Mitte der siebziger Jahre Ausstattungsarbeiten in ganz Europa, u. a. in Sofia, Athen, Helsinki, Wien, Paris, Avignon, Florenz. Anfang der achtziger Jahre Opernausstattungen in Berlin (bei Harry Kupfer) und in Genf. Seit 1983 Zusammenarbeit mit Hans Lietzau u. a.: Shakespeares ›König Lear‹ (1984, Residenztheater München); an den Münchner Kammerspielen: Tschechows ›Onkel Wanja‹ (1987); Bernhards ›Der Theatermacher‹ (1988). Seit 1985 Bühnenbilder für Gerd Heinz in Zürich (Goethe, Schiller, Philipp Engelmann). Lebt seit 1987 wieder in Venedig, kehrt aber regelmäßig für Ausstattungsarbeiten nach Deutschland und Österreich zurück. In Berlin entwarf er seit 1987 mehrere Bühnenbilder für Katharina Thalbach und Johannes Schaaf. Bei den Salzburger Festspielen u. a.: Mozarts ›Idomeneo‹ (1990, R. Nikolaus Lehnhoff); am Wiener Theater in der Josefstadt u. a.: Shaffers ›Amadeus‹ (1991, R. Rosemarie Fendel); an den Münchner Kammerspielen: Pohls ›Die schöne Fremde‹ (1992, R. Helmut Griem). Auszeichnungen u. a.: Kainz-Medaille (1982).

Toller, Ernst, geb. 1. 12. 1893 in Samotschin, Posen, gest. 22. 5. 1939 in New

York (Selbstmord). Schriftsteller. Sohn eines Kaufmanns. Toller studierte Jura in Grenoble, kehrte 1914 nach Deutschland zurück, wo er sich freiwillig in den Krieg meldete. 1916 wurde er zum Kriegsgegner. Nach einer Verwundung wurde er aus der Armee entlassen und setzte seine Studien in München und Heidelberg fort. Er engagierte sich politisch und nahm an der Novemberrevolution in München teil. Nach deren Niederwerfung wurde er zu fünf Jahren Festungshaft verurteilt. Toller verfolgte eine »Revolution der Liebe« und propagierte die Gewaltlosigkeit. Nach seiner Haftentlassung ging er nach Berlin und wurde Mitarbeiter der ›Weltbühne‹. Er emigrierte 1933 über die Schweiz, Frankreich und England in die USA. Die Erfolglosigkeit der gewaltlosen Bewegung trieb ihn in die Depression, Resignation und schließlich in den Selbstmord. Alfred Kerr schrieb über Tollers Stück ›Die Wandlung‹: »Es bleibt über dieses Stück nicht viel zu sagen. Höchstens, daß ein Dichter darin steckt, der vieles Vorausgegangene zwar nur ebenso empfindet wie viele, doch es kraft einer inneren Musik stärker empfinden macht als die Vorgänger. Das ist etwas. Toller zeigt einen jungen Menschen, der die Wandlung durchmacht (. . .) vom Groll zur Vaterlandsliebe; von der Vaterlandsliebe zur Arbeit für alle. (. . .) Das ganze Werk ist eine stärkste Anklage (. . .) nicht gegen den Krieg: sondern gegen eine Weltanschauung. Gegen eine Lebensführung, auch im Frieden. In der Tongebung erinnert manches an Sturm und Drang; an Büchner. Das meiste kurz gehalten. Kein wahlloses Geschwafel. (. . .) Spricht hier ein Demagoge? Das Gegenteil. Er wirft dem Volk verletzendste Wahrheiten ins Gesicht. So ehrlich wie gütig. Daß Toller (. . .) unter die keimvollen Erdkräfte zu rechnen bleibt, welche die Welt vorwärts stoßen; daß er zu uns Besten gehört: das ist gewiß.« (›Mit Schleuder und Harfe‹. München 1985)

Weitere Stücke: ›Masse Mensch‹ (1921); ›Die Maschinenstürmer‹ (1922); ›Der deutsche Hinkemann‹ (1923); ›Der entfesselte Wotan‹ (1923); ›Erwachen‹ (1924); ›Hoppla, wir leben!‹ (1927); ›Feuer aus den Kesseln‹ (1930); ›Wunder in Amerika‹ (1931); ›Die blinde Göttin‹ (1933); ›No more Peace‹ (1937); ›Pastor Hall‹ (1939).
Literatur: W. Frühwald/J. Spalek: Der Fall Toller. o. O. 1979; A. Lixl: E. Toller und die Weimarer Republik. Heidelberg 1986; R. Dove: Revolutionary Socialism in the Work of E. Toller. New York 1986.

Topor, Roland, geb. 7. 1. 1938 in Paris. Regisseur, Zeichner, Maler, Bühnenausstatter und Autor. Sohn eines polnischen Malers und Bildhauers. Ab 1957 Studium an der École des Beaux Arts; 1958 erste Cartoons in der Zeitschrift ›Bizarre‹; wurde bald als Karikaturist und Buch-Illustrator mit Hang zum Makabren berühmt. Seine Zeichnungen stehen in der Tradition der Surrealisten und beweisen alle schwarzen Humor. Zahlreiche Ausstellungen und Publikationen; mehrere Arbeiten als Bühnen- und Kostümbildner (u. a. für Ligetis Oper ›Le Grand Macabre‹). Schrieb u. a. die Kriminalparodie ›Vinci avait raison‹ (UA 1976, Brüssel), die er unter dem deutschen Titel ›Leonardo hat's gewußt‹ an den Münchner Kammerspielen inszenierte (DE 1985, im eigenen Bühnenbild). Helmut Schödel schrieb darüber: »Alain, von Beruf Polizist, macht Jagd auf die Wohnzimmerverschmutzer wie auf Mörder. Statt Leichen werden Fäkalien abtransportiert. (. . .) Topors Abend ist blitzsauberes, aalglattes Boulevardtheater. Nichts läßt mehr die Abgründe seiner Alptraumbilder ahnen.« (›Die Zeit‹, 15. 3. 1985) Weitere Arbeiten in München: Theaterplakate für die Kammerspiele; Ausstattung der Penderecki-Oper ›Ubu Rex‹ bei den Opernfestspielen 1991 (R. August Everding; als Dekor riesige Darm- und Hirnwindungen): »Die Aufführung verstopft sich selbst im Aufmarsch pausenlos gezeigter Symbole sogenannten Humors, kann sich mit ihrer Vorliebe für den visuellen Fäkal- oder Analwitz, wie ihn Roland Topor auf der Bühne gleich haufenweise verschleißt, kaum bremsen.« (Wolfgang Schreiber, ›SZ‹, 8. 7. 1991) Topor gestaltete u. a. die Kulissenentwürfe für Fellinis ›Casanova‹ und spielte selbst in Filmen mit, u. a. in Werner Herzogs ›Nosferatu‹ (1978) und in Volker Schlöndorffs ›Eine Liebe von Swann‹ (1983, nach Proust). Eigene Filme

u. a.: ›Le planète sauvage‹ (Trickfilm 1973); ›Marquis de Sade‹ (1990). Sein Roman ›Der Mieter‹ (1964) wurde von Roman Polanski verfilmt.
Weitere Stücke: ›Le bébé de Monsieur Laurent (1972); ›Portrait en pied de Suzanne‹ (1978).
Literatur: R. Topor: Die Masochisten. München 1972; ders.: Jokos Ehrentag oder der Kongreß reitet auf Joko. Frankfurt a. M. 1974; ders.: Der Mieter. Roman. Zürich 1976; ders.: Memoiren eines alten Arschlochs. Zürich 1977; ders.: Le Grand macabre. Entwürfe für Bühnenbilder und Kostüme zu G. Ligetis Oper. Zürich 1980; ders.: Therapien. Zeichnungen 1970–1981. Hrsg. v. Christian Strich. Zürich 1982; J. Sternberg: Topor. Paris 1977; G. Kehayoff/C. Stölzl: Topor, Tod und Teufel (Katalog) München 1985; G. Kehayoff (Hrsg.): Roland Topors theatralische Sendung. Entwürfe für Theater und Oper und das Stück ›Ein Winter unterm Tisch‹. München 1984.

Towstonogow, Georgi Alexandrowitsch, geb. 1915 in Tiflis (Georgien), gest. im Mai 1989 in Leningrad. Regisseur und Theaterleiter. Besuchte die deutsche Schule in Tiflis (Tbilissi) und war 1931 Schauspieler und Regieassistent an dortigen Jugendtheater; danach Regiestudium in Moskau. 1938–1945 Regisseur am Gribojedow-Theater Tiflis; 1946–1949 Regisseur am Zentralen Jugendtheater Moskau; 1950–1956 Regisseur und später auch künstlerischer Leiter am Komsomol-Theater Leningrad. Für seine Wischnewski-Inszenierung ›Optimistische Tragödie‹ (1955, Puschkin-Theater) erhielt er 1958 den Leninpreis. Von 1956 bis zu seinem Tod war er Leiter und Chefregisseur des Maxim-Gorki-Theaters in Leningrad, das er zur führenden Bühne der Sowjetunion machte. Gastinszenierungen an verschiedenen Bühnen der UdSSR sowie in der Tschechoslowakei, in Kuba und Rumänien. Stand in der Tradition Konstantin Stanislawskis, nach dessen System er bei der Probenarbeit vorging. Zu seinen wichtigsten Gorki-Inszenierungen zählen: ›Barbaren‹ (1960); ›Die Kleinbürger‹ (1966; 1974 auf Tournee in der Bundesrepublik);

›Sommergäste‹ (1978). Weitere Regiearbeiten u. a.: Dostojewskis ›Der Idiot‹ (1958, eigene Dramatisierung); Arbusows ›Irkutsker Geschichte‹ (1960); Millers ›Erinnerung an zwei Montage‹ (1961); Simonows ›Der Vierte‹ (1961); Gribojedews ›Verstand schafft Leiden‹ (1963); Aljoschins ›Das Krankenzimmer‹ (1964); ›Neuland unterm Pflug‹ (1964, eigene Bearbeitung des Romans von Scholochow); Tschechows ›Drei Schwestern‹ (1965); Örkénys ›Familie Tót‹ (1969); Wampilows ›Letzten Sommer in Tschulimsk‹ (1974); Tendrjakows ›Das tägliche Brot‹ (UA 1975); Schukschins ›Tüchtige Leute‹ (1975); Gelmans ›Protokoll einer Sitzung‹ (1977); großer Erfolg mit ›Geschichte eines Pferdes‹ (1977, nach Tolstois ›Leinwandmesser‹; Tournee durch Westeuropa). 1979 inszenierte er als Gast am Hamburger Thalia Theater (bei Boy Gobert) noch einmal mit großem Erfolg seine Dostojewski-Bearbeitung ›Der Idiot‹: »Towstonogow ist kein Asket der Szene, schert sich den Teufel um die Grenzen zwischen den Kunstgattungen. Um die verzweiflungsvolle Botschaft Dostojewskis zu übermitteln, nimmt er, was er brauchen kann, mischt er die Elemente des Dramatischen, des Epischen, des Filmischen, geizt auch nicht mit Musik. Doch was auf den ersten Blick (...) auf die Vermittlungstechniken des revolutionären Agitationstheaters zu deuten scheint, dem multimedialen Standard von heute angenähert, das entpuppt sich bei näherem Hinsehen und Hinhören als der besessene, durchaus der Tradition verpflichtete, sie nie denunzierende Versuch, das Wort des Dichters wirken zu lassen.« (Werner Burkhardt, ›SZ‹, 26. 3. 1979) 1984 inzenierte er als Gastregisseur am Berliner Schiller-Theater Ostrowskis ›Eine Dummheit macht auch der Gescheiteste‹. Towstonogow nannte sich einen »Realisten aus Überzeugung«. Befragt nach seinem Verhältnis zu experimentellem Theater und modernen Ausdrucksmitteln, antwortete er: »Ich bin für künstlerisches Experimentieren, ich bin für Synthese. (...) Aber es gibt auch Stücke, an denen man vieles nicht antasten darf. (...) Das Aktuelle eines klassischen Werks liegt nicht in äußeren Merkmalen, sondern in seiner inneren

725

Tragelehn

Verbindung mit den heutigen Problemen. Eben diesen Zusammenhang versuche ich herauszufinden (. . .).« (›Sowjetunion heute‹, 5/1984)

Literatur: J. Fiebach (Hrsg.): Sowjetische Regisseure über ihr Theater. Berlin 1976; H. Mainusch: Regie und Interpretation. Gespräche. München 1985.

Trafic, Carlos, geb. im August 1939 in Buenos Aires. Schauspieler, Regisseur und Autor. Begann als Laienschauspieler in Buenos Aires; studierte modernen Tanz, Pantomime und Theaterwissenschaft. 1966 war er Mitbegründer der Grupo Lobo; arbeitete dort bis 1970 als Regisseur, Autor und Schauspiellehrer. Produktionen u. a.: ›Accion-Espacio-Accion‹; ›Tiempo Lobo‹; ›Tiempo de Fregar‹; ›Conferencias‹; ›Casa una hora un cuarto‹. 1970–1973 Mitbegründer und Regisseur der Truppe Dharma Teatro; Gastspiele und Inszenierungen in Chile, Brasilien und Mexiko u. a.: ›Genoveva Negra‹; ›Los Cenci‹; ›Señor Retorcimientos‹ (Solo-Show); außerdem Dozent am Psicodrama Center São Paulo. 1974/75 Teilnahme an Festivals u. a. in Sizilien und Rom (mit ›Huija La Muerte‹). 1976 USA-Tournee mit der Solo-Show ›Okey Doc‹; auch Workshops. 1977–1987 Teilnahme an verschiedenen internationalen Theaterfestivals in Europa und Amerika, u. a. mit den Produktionen ›Okey Doc‹, ›Love Story‹ (mit Katie Duck), ›Iniciación‹ (mit Benito Gutmacher), ›Don Quijote‹ (mit Hector Malamud) und ›Bells Are Calling‹ (mit Maya Stolie). Trafic macht clowneskes Theater; häufig satirische, schnelle, irrwitzige Nummernrevuen mit Tanz und Pantomime. Seit Beginn der achtziger Jahre lebt er in Amsterdam; seither auch Gastinszenierungen an deutschen Bühnen, u. a. in Freiburg und Kassel: ›Alice im Wunderland‹ (nach Carroll); ›Nibelungen‹ (Sagen-Adaption); ›In Between‹ (frei nach Hesses ›Der Steppenwolf‹); ›Das Cabinet des Dr. Caligari‹ (nach Robert Wienes Film); Leroux' ›Phantom of the Opera‹; Becketts ›Warten auf Godot‹; Fos ›Offene Zweierbeziehung‹. Über seine Inszenierung ›Schöne neue Welt‹ in Freiburg (UA 1981, nach Huxley) schrieb Eva-Elisabeth Fischer:

»Trafics Arbeitsweise unterscheidet sich von gängiger Regiearbeit, ähnelt eher der Methode mancher Filmemacher, die den Dialog erst beim Drehen stellen. Er gibt seinen Schauspielern ein Konzept vor, stimmt sie auf die Atmosphäre ein und läßt sie dann Texte improvisieren. Im experimentierfreudigen Kammertheater war dann in der Tat ein schneller, pfiffiger Dialog zu hören. Und es durfte oft gelacht werden. (. . .) Ein Sack voller Ideen also, oft eben komisch und verblüffend, bald rührend naiv, aber nicht wirklich beängstigend. Trafic erlag seinen Einfällen.« (›SZ‹, 4. 2. 1981)

Tragelehn, B. K., geb. 1936 in Dresden. Regisseur und Übersetzer. Begann als Meisterschüler von Bertolt Brecht und Helene Weigel am Berliner Ensemble; 1955–1958 Studium an der Akademie der Künste der DDR; danach freier Regisseur und Übersetzer (v.a. Shakespeare). Zu seinen frühen Regiearbeiten zählen: Brechts ›Die Ausnahme und die Regel‹ (1957, Wittenberg); Heiner Müllers ›Die Korrektur‹ (1959) und ›Die Umsiedlerin oder das Leben auf dem Lande‹ (1961, die Aufführung wurde abgesetzt); Shakespeares ›Wie es euch gefällt‹ (1969, Potsdam, in der Übersetzung Müllers). Seit 1972/73 Inszenierungen am Berliner Ensemble in Zusammenarbeit mit Einar Schleef: Erwin Strittmatters ›Katzgraben‹ (1972); Wedekinds ›Frühlings Erwachen‹ (1973/74); Strindbergs ›Fräulein Julie‹ (1975); diese Inszenierung wurde nach zehn Aufführungen abgesetzt, was heftige Diskussionen auslöste; in ›Theater heute‹ (Jahrbuch 1976) beschrieb Tragelehn seinen Inszenierungsansatz: »Als inhaltlichen Hauptpunkt hatten wir uns notiert, vor Beginn der Arbeit: die Psychologie des Herr-Knecht-Verhältnisses; als Aufgabe die Darstellung der Strindbergschen Psychologie als politischen Inhalt; formal die Projizierung des Innenlebens nach außen. (. . .) Es war ein Versuch, Ideologie, Denken materiell faßlich zu machen; Gedanken anfaßbar, ansehbar, sinnlich wahrnehmbar zu machen.« Danach keine Inszenierungsangebote mehr in der DDR. 1979 erfolgreiches Regiedebüt im Westen

Trantow

mit Shakespeares ›Maß für Maß‹ (Schauspielhaus Bochum, 1980 zum Berliner Theatertreffen eingeladen). 1980 holten ihn Wilfried Minks und Johannes Schaaf als festen Regisseur ans Frankfurter Schauspiel, wo er Molières ›Tartuffe‹ inszenierte; 1981 Kündigung den Magistrat der Stadt (in Zusammenhang mit der Besetzung des Theaters durch RAF-Sympathisanten). Es folgten u. a. bedeutende Heiner-Müller-Inszenierungen: ›Die Schlacht‹ (1982, Düsseldorf, 1983 zum Berliner Theatertreffen eingeladen); ›Quartett‹ (UA 1982, Bochum); ›Macbeth‹ (1983, Düsseldorf); darüber Heinrich Vormweg (›SZ‹, 29. 9. 1983): »Müllers Stück, Tragelehns hervorragende Inszenierung muten viel zu, sind aber alles andere als eine Zumutung. Die Inszenierung ist eher ein Meilenstein. Außer Macbeth und Lady Macbeth hat jeder Schauspieler verschiedene Rollen. In diesem Mordspiel, heißt das, sind fast alle austauschbar. Frauen auch in Männerrollen. (...) Präzis reflektiert und nuanciert ausgespielt wird jedes Detail, und sei es noch so abstrus, jede Phase des Spiels. Und es enthüllt sich als ein Spiel von heute.« Gastinszenierungen am Bayerischen Staatsschauspiel München: Molières ›Der Menschenfeind‹ (1984); Müllers ›Philoktet‹ (1984) und ›Herakles 5‹ (1985); Shakespeares ›Hamlet‹ (1985, in Müllers Übersetzung); O'Caseys ›Das Ende vom Anfang‹ (1986). Zu Beginn der Spielzeit 1986/87 gehörte er zum Team von Frank-Patrick Steckel am Bochumer Schauspiel, wo er Stoppards ›Tragische Überfahrt‹ inszenierte. Kündigte nach wenigen Monaten. 1987/88 holte ihn Volker Canaris als Schauspieldirektor nach Düsseldorf. Inszenierungen u. a.: Shakespeares ›Was ihr wollt‹ (1987, eigene Übersetzung) und ›Der Sturm‹ (1988); Molières ›Don Juan‹ (1988, Übersetzung: Müller/Besson). Ende 1989 Rückkehr nach Berlin, wo er seither in beiden Teilen der Stadt inszeniert, u. a. wieder Stücke von Heiner Müller: ›Germania Tod in Berlin‹ (1990, Freie Volksbühne); ›Leben Gundlings Friedrich von Preußen Lessings Schlaf Traum Schrei‹ (1991, Maxim-Gorki-Theater); von Shakespeare: ›Troilus und Cressida‹ (1993, Bochum). 1990 erhielt er gemeinsam mit Schleef den Fritz-Kortner-Preis.

Literatur: C. Müller: Historizität und Aktualität. B. K. Tragelehn über sein Theater und das Theater. In: Theater heute. Jahrbuch 1976, S. 81–96; T. Girshausen (Hrsg.): B. K. Tragelehn: Theaterarbeiten. Shakespeare, Molière. Berlin 1980.

Trantow, Cordula, geb. 29. 12. 1942 in Berlin. Schauspielerin, Regisseurin und Theaterproduzentin. Tochter des Komponisten und Dirigenten Herbert Trantow. Nahm bereits als Schülerin Schauspielunterricht bei Marlise Ludwig; Ballettausbildung bis zur Meisterklasse bei Tatjana Gsovsky. Gab mit 14 Jahren ihr Filmdebüt. Bernhard Wicki sah sie in dem Fernsehspiel ›Die begnadete Angst‹ und engagierte sie 1959 für seinen Film ›Die Brücke‹; seither zahlreiche Film- und Fernsehrollen. Bühnenengagements hatte sie u. a. am Bayerischen Staatsschauspiel München: Adelheid in Hauptmanns ›Der Biberpelz‹ und Sidselill in ›Schluck und Jau‹; Cordelia in Shakespeares ›König Lear‹; Delfine in Bahrs ›Das Konzert‹; Marja in Gogols ›Der Revisor‹ (alle 1961/62); Anja in Tschechows ›Der Kirschgarten‹ (1970/71, R. Rudolf Noelte). Außerdem u. a.: Irina in Tschechows ›Drei Schwestern‹ (1964/65, Stuttgart, R. Noelte); Eve in Kleists ›Der zerbrochne Krug‹ (1966, Ruhrfestspiele Recklinghausen); Molly in Wedekinds ›Der Marquis von Keith‹ (1970/71, Münchner Kammerspiele, R. Dieter Giesing). Danach arbeitete sie freischaffend, u. a. wieder in Inszenierungen von Noelte, mit dem sie von 1963 bis 1981 verheiratet war: Titelrolle in Ibsens ›Nora‹ (1976, Renaissancetheater Berlin und Tournee); Frau John in Hauptmanns ›Die Ratten‹ (1977, Freie Volksbühne Berlin). 1988 initiierte sie den »Weilheimer Theatersommer«, den sie seither alljährlich als eigenverantwortliche Produzentin im oberbayerischen Weilheim ausrichtet. 1990 gab sie dort ihr Regiedebüt mit Tschechows ›Die Möwe‹. Es folgten Wilders ›Wir sind noch einmal davongekommen‹ (1991) und Shakespeares ›Romeo und Julia‹ (1992).

Trautmann, Lothar, geb. 1935. Regisseur und Intendant. Ausbildung an der Max-Reinhardt-Schule Berlin; 1960–1966 Regieassistent am Württembergischen Staatstheater Stuttgart, u. a. bei Heinz Hilpert, Günther Lüders, Rudolf Noelte, Peter Palitzsch, Werner Düggelin und Günther Rennert. 1966–1968 Spielleiter am Contra-Kreis-Theater Bonn; 1968–1974 Oberspielleiter an den Städtischen Bühnen Lübeck; 1974–1976 leitender Regisseur an den Städtischen Bühnen Essen; 1976–1981 Oberspielleiter am Staatstheater Darmstadt; seit 1981 Schauspieldirektor am Saarländischen Staatstheater Saarbrükken. Seit 1987 Professor an der Musikhochschule des Saarlandes (Abteilung Schauspiel). Wichtige Inszenierungen: Gorkis ›Barbaren‹; Jahnns ›Thomas Chatterton‹; Büchners ›Woyzeck‹ und ›Dantons Tod‹; Lenz' ›Die Soldaten‹; ›Tanz auf dem Vulkan‹ (Revue); Kipphardts ›März, ein Künstlerleben‹; Strauß' ›Groß und klein‹; Lasker-Schülers ›Die Wupper‹; Pohls ›Das alte Land‹. Gastinszenierungen u. a. in Freiburg, Recklinghausen, Darmstadt und Essen.

Tretjakow, Sergej Michailowitsch, geb. 20. 6. 1892 in Kuldiga, gest. 9. 8. 1939. Russischer Dramatiker. Sohn eines Lehrers. Tretjakow studierte Jura in Moskau. Von 1920 bis 1922 war er stellvertretender Volksbildungsminister der Fernöstlichen Republik. 1924 reiste er nach China, wo er unterrichtete. In den dreißiger Jahren kam er nach Deutschland; Bekanntschaft mit Brecht, Eisler, Wolf und Heartfield. 1937 wurde er verhaftet und im Gulag umgebracht. Tretjakow schrieb Agitationsstücke in der Absicht, die Menschen zur Veränderung und zum Eingreifen zu bewegen. Durch das Deutschland-Gastspiel des Meyerhold-Theaters 1930 hatte er Einfluß auf die deutsche Literatur der dreißiger Jahre. Er schrieb auch Drehbücher und arbeitete an Eisensteins Film ›Panzerkreuzer Potemkin‹ mit.
Stücke: ›Höre, Moskau!‹ (1923); ›Gasmasken‹ (1924); ›Brülle, China!‹ (1926); ›Ich will ein Kind haben‹ (1926/27).

Treusch, Hermann, geb. 13. 10. 1937 in Dortmund. Schauspieler, Regisseur und Intendant. Kurzes Studium der Kunstgeschichte und Germanistik in Marburg; Leiter der dortigen Studentenbühne. 1958 Ausbildung an der Berliner Max-Reinhardt-Schule; 1959 Gründung einer eigenen Theatergruppe in Berlin (studiokreis 59); Tournee mit Büchners ›Woyzeck‹ und Becketts ›Endspiel‹. Erste Engagements als Schauspieler am Theater in Oberhausen (1960) und am Staatstheater Stuttgart (1961); 1962–1965 Schauspieler und Regisseur an den Vereinigten Bühnen Graz. Von 1965 bis 1969 stand er am Staatstheater Hannover unter Vertrag, wo er sich u. a. als Hamlet und Marquis Posa bewährte und mit Handkes ›Publikumsbeschimpfung‹ als Regisseur auf sich aufmerksam machte. 1969 inszenierte er in Heidelberg Hacks' ›Amphitryon‹ (mit Elisabeth Trissenaar, Ulrich Wildgruber, Gottfried John). 1969/70 Regisseur und Schauspieler am Staatsschauspiel München; inszenierte Feydeaus ›Monsieur Chasse oder Wie man Hasen jagt‹ (DE 1969) und Molières ›Die Schule der Männer‹ (1970). 1970–1972 Regisseur am Frankfurter Theater am Turm (TAT); inszenierte u. a. Horváths ›Sladek, der schwarze Reichswehrmann‹ und Wolfgang Deichsels ›Frankenstein‹ (UA). Gastspiel am Hamburger Schauspielhaus als Dauphin in Schillers ›Die Jungfrau von Orleans‹ (1973, R. Wilfried Minks). 1974/75 war er am Schauspiel Frankfurt a. M. engagiert, wo er u. a. den Jörgen Tesman in Ibsens ›Hedda Gabler‹ spielte (1973, R. Hans Neuenfels); außerdem eigene Inszenierungen, in denen er meist selbst mitwirkte: Schillers ›Die Verschwörung des Fiesco zu Genua‹; Goethes ›Clavigo‹ (Theaterkollektiv, Treusch als Carlos); Oleschas ›Verschwörung der Gefühle‹ (DE 1974); F. K. Waechters ›Schule mit Clowns‹ (UA 1975). Von 1975 bis 1979 war er als Nachfolger von Rainer Werner Fassbinder künstlerischer Direktor des Frankfurter TAT, wo er ein ausgeprägtes Mitbestimmungsmodell praktizierte. Inszenierte u. a. Yaak Karsunkes ›USA-Revue‹ und schrieb 1976 das Stück ›Clown in der Klemme‹, das an vielen Theatern nachgespielt wurde. 1979–1981 Gastregisseur in Braunschweig und Freiburg: Goethes ›Faust I‹; Hölderlins ›Antigonae‹ (beide Braunschweig); Brechts ›Die heilige Johanna der Schlachthöfe‹; Peter Greiners ›Fast ein Prolet‹ (UA 1980, beide Freiburg). Seit 1980 lebt und arbeitet er in Berlin; gastierte am Schiller-Theater in Neuenfels-Inszenierungen: Achill in Kleists ›Penthesilea‹ und Thomas in Musils ›Die Schwärmer‹ (beide 1981). 1982–1985 festes Engagement als Schauspieler und Regisseur an den Staatlichen Schauspielbühnen (Intendant: Boy Gobert). Spielte u. a. den Fernando in Goethes ›Stella‹ (1982, R. Ernst Wendt); Inszenierungen: Williams' ›Endstation Sehnsucht‹ (1982, mit Nicole Heesters); Brechts ›Furcht und Elend des Dritten Reiches‹ (1983). Rollen in Neuenfels-Inszenierungen an der Freien Volksbühne Berlin u. a.: Schriftsteller in Joyces ›Verbannte‹ (1985); Ralf in Wedekinds ›Franziska‹ (1985, mit Trissenaar und Peter Roggisch); Prinz in Lessings ›Emilia Galotti‹ (1987). Außerdem sah man ihn in Neuenfels' Kleist-Filmen ›Heinrich Penthesilea von Kleist‹ (1983) und ›Die Familie oder Schroffenstein‹ (1984, TV). 1986/87 Gastregisseur am Staatstheater Hannover. Von April 1990 bis zur Schließung im Juli 1992 war er Intendant der Freien Volksbühne Berlin (als Nachfolger von Neuenfels). Spielte hier in Inszenierungen von Frank Hoffmann den Rosmer in Ibsens ›Rosmersholm‹ (1991), Gollwitz in Schönthans ›Der Raub der Sabinerinnen‹ (1992) und die Titelrolle in Kleists ›Robert Guiskard‹ (1992). Treusch arbeitet auch als Autor und Fernsehschauspieler.

Literatur: H. Treusch/R. Mangel (Hrsg.): Spiel auf Zeit. Theater der Freien Volksbühne 1963–1992. Berlin 1992.

Trissenaar, Elisabeth, geb. 13. 4. 1944 in Wien. Schauspielerin. 1962–1964 Ausbildung am Wiener Max-Reinhardt-Seminar, wo sie Hans Neuenfels kennenlernte, den sie wenig später heiratete. 1964–1966 Engagement am Stadttheater Bern; 1966–1968 an den Vereinigten Bühnen Krefeld-Mönchengladbach, wo sie erstmals mit Neuenfels zusammenarbeitete: Proëza in Claudels ›Der seidene Schuh‹. 1968–1970

am Heidelberger Theater: Alkmene in Kleists ›Amphitryon‹; Lady Macbeth in Shakespeares ›Macbeth‹; Titelrolle in Strindbergs ›Fräulein Julie‹ (R. Neuenfels). 1970/71 am Schauspiel Bochum: Beatrice in Middleton/Rowleys ›Changeling‹; Warja in Tschechows ›Der Kirschgarten‹. 1971/72 war sie am Staatstheater Stuttgart die ›Nora‹ in Neuenfels' Ibsen-Inszenierung; Reinhard Baumgart schrieb: »Diese Nora, eine endlose, eine Über-zwei-Stunden-Rolle, von Elisabeth Trissenaar mit einem Einsatz, mit einer Intelligenz gespielt, daß keine Minute leer, stumpf, unglaubwürdig blieb, sie war vom ersten Moment an eine Löwin eher als jenes ›Eichkätzchen‹ oder ›Singvögelchen‹, das sie für ihren Helmer (. . .) fortwährend spielen soll und auch spielt. (. . .) Sie beherrscht, je nach Gegenüber und Situation, ein ganzes Verhaltensrepertoire: das Imponiergehabe der Lady, die Singvögelchenallüren, eine ganz simple Freude an Macht, Geld, Makronen und auch das infantile Jetzt-kann-ich-nicht-mehr-Weiter oder So-schlimm-wird-und-darf-es-nicht-Werden.« (›SZ‹, 31. 1. 1972) Unter der Regie von Peter Palitzsch spielte sie die Gertrud in Shakespeares ›Hamlet‹. 1972–1978 Engagement am Schauspiel Frankfurt a. M.; Rollen in Neuenfels-Inszenierungen: Ibsens ›Hedda Gabler‹ (1973) und Regine in ›Gespenster‹ (1976); Cressida in Shakespeares ›Troilus und Cressida‹ (1973); Sophie Barger in Brechts ›Baal‹ (1974); Euripides' ›Medea‹ (1976); außerdem unter Neuenfels: Titelrollen in Wedekinds ›Lulu‹ (1977, Schauspielhaus Zürich) und ›Franziska‹ (1978, Burgtheater Wien) sowie in Goethes ›Iphigenie auf Tauris‹ (1980, Frankfurt a. M.; dann Berlin). Unter der Regie von Jürgen Flimm: Kunigunde in Kleists ›Das Käthchen von Heilbronn‹ (1979, Köln). 1980/81 kam sie nach Berlin an die Staatlichen Schauspielbühnen, wo sie in den Inszenierungen von Neuenfels als »Königin der Bühne« (Sibylle Wirsing) gefeiert wurde. Erfolgreich war sie vor allem als Kleists ›Penthesilea‹ (1981; auch in Neuenfels' Film ›Heinrich Penthesilea von Kleist‹); ferner als Regine in Musils ›Die Schwärmer‹ (1981; 1988 auch Freie Volksbühne) und als Irma in Genets ›Der

Balkon‹ (1983). Sibylle Wirsing schrieb: »Das einhellige Pathos der Heroine und Tragödin wird uns diese Schauspielerin schuldig bleiben. Ihre Frauengestalten sind helldunkel, flammenhaft-flatterhaft und bestehen aus der Unruhe im Leib und dem Drama in der Seele. (...) Ihre modernen, klassischen und antiken Mädchen- und Frauenfiguren sind im Mittelpunkt seiner [Neuenfels'] Inszenierungen immer auch die Behüterinnen der ekstatischen Regie-Arbeit und entwickeln insgeheim eine zweite Natur, jene mütterlich-schwesterliche Umsicht, die bei der Iphigenie unmittelbar zur Rolle gehört, aber auch einer Penthesilea oder Regine vollen Reiz verleiht.« (›FAZ‹, 8. 5. 1982) Von 1985 bis 1990 arbeitete sie mit Neuenfels an der Freien Volksbühne Berlin, u. a.: Bertha in Joyces ›Verbannte‹ (1985); wieder Wedekinds ›Franziska‹ (1985); Titelrolle in Euripides' ›Elektra‹ (1986); Gräfin Orsina in Lessings ›Emilia Galotti‹ (1987); Cleopatra in Shakespeares ›Antonius und Cleopatra‹ (1989); Dichterin/Frosch in Aristophanes/Lasker-Schülers ›Die Frösche und Ichundich‹ (1990); unter der Regie von Ruth Berghaus: Isabella in Schillers ›Die Braut von Messina‹ (1990). Seither u. a.: Martha in Albees ›Wer hat Angst vor Virginia Woolf?‹ (1991/92 Burgtheater Wien, mit Klaus Maria Brandauer, R. Neuenfels); Miranda in Barnes' ›Antiphon‹ (1992, Frankfurt a. M., R. Peter Eschberg); Titania in Shakespeares ›Sommernachtstraum‹ (1993, Schiller-Theater Berlin, R. Neuenfels). Filmarbeiten seit 1976, u. a. mit Rainer Werner Fassbinder: ›Bolwieser‹ (TV, 1977); ›In einem Jahr mit 13 Monden‹ (1978); ›Die Ehe der Maria Braun‹ (1978); ›Berlin Alexanderplatz‹ (TV, 1980); außerdem u. a.: ›Die Reinheit des Herzens‹ (1980, R. Robert von Ackeren); ›Eine Liebe in Deutschland‹ (1983, R. Andrzej Wajda); ›Bittere Ernte‹ (1984, R. Agniesca Holland).

Literatur: G. Loschütz/H. Laube (Hrsg.): War da was? Theaterarbeit und Mitbestimmung am Schauspiel Frankfurt 1972–1980. Frankfurt a. M. 1980; M. Merschmeier: Leidenschaftliche Kämpferin. Ein Porträt der Schauspielerin E. Trissenaar. In: Theater heute, Heft 1, 1984, S. 5–12.

Trixner, Heinz, geb. 1941 in Kärnten. Schauspieler und Regisseur. Ausbildung am Max-Reinhardt-Seminar Wien. 1966–1968 Engagement am Burgtheater Wien: Hamlet in Stoppards ›Rosenkranz und Güldenstern‹ (DE 1967, R. Kurt Meisel); Masham in Scribe/Kreisler/Goberts ›Das Glas Wasser‹ (1967, R. Boy Gobert); Prospero in Shakespeares ›Der Sturm‹ (1968, R. Bernhard Wicki); Mann aus Prag in Topols ›Fastnachtsende‹ (1968, R. Otomar Krejča). 1969 am Schauspielhaus Düsseldorf: Bastard in Dürrenmatts ›König Johann‹ (R. Jaroslav Dudek). 1969–1977 Engagement am Thalia Theater Hamburg; spielte u. a. in Jürgen Flimms Fassbinder-Inszenierung ›Bremer Freiheit‹ (1971) und in Langes ›Die Gräfin von Rathenow‹ (1972, UA der Neufassung). 1978 Gastspiel an der Freien Volksbühne Berlin: Rattengift in Grabbes ›Scherz, Satire, Ironie und tiefere Bedeutung‹ (R. Friedrich Beyer). Es folgten Verpflichtungen am Schauspiel Bonn, am Theater in der Josefstadt Wien und am Theater Basel. Am Wiener Volkstheater sah man ihn u. a. als Heydrich in Mommertz' ›Wannseekonferenz‹ (UA 1986) und als Alceste in Molières ›Der Menschenfeind‹. Zusammenarbeit mit David Mouchtar-Samorai am Schauspielhaus Düsseldorf u. a.: Offizier in Strindbergs ›Traumspiel‹ (1990); Oberon/Theseus in Shakespeares ›Ein Sommernachtstraum‹ (1993); Titelrolle in Ionescos ›Amédée oder wie wird man ihn los?‹ (1993). Auch Film- und Fernsehrollen. Seit Mitte der achtziger Jahre eigene Inszenierungen, u. a. in Basel: Bernhards ›Der Theatermacher‹ (1986/87); Molnárs ›Liliom‹ (1987/88); Sartres ›Die schmutzigen Hände‹ (1987/88). Am Volkstheater Wien u. a.: Goethes ›Die Mitschuldigen‹ (1987/88).

Trolle, Lothar, geb. 22. 1. 1944 in Brükken. Schriftsteller. Trolle verdiente nach dem Abitur 1963 u. a. als Transport- und Bühnenarbeiter seinen Unterhalt. Von 1966 bis 1970 studierte er Philosophie an der Humboldt-Universität in Berlin und arbeitete danach als freier Schriftsteller in Berlin. Zu DDR-Zeiten wurden seine Texte selten gespielt. 1991 wurde er Haus-

Tschechow

autor am Schauspiel Frankfurt; 1992 kam sein Stück ›Hermes in der Stadt‹ (1990) unter Frank Castorfs Regie an der Volksbühne in Berlin heraus: »Trolles Stenogramme über alltägliche Kriminalität, in anderen Teilen von ›Hermes in der Stadt‹ nach authentischen Fällen notiert, verfolgen keine Absicht, werten nicht, halten Dichtung fern von allen Zwängen der Botschaftsübermittlung. Moral fällt aus dem monologisch strukturierten Text heraus – er ist Herausforderung, aber auch Falle, für das Theater, für die Zuschauer (. . .) Heiner Müller charakterisierte seinen Freund als ›Statistiker von Fakten, ohne Meinung, ohne Stimmung, ohne Urteil darüber‹.« (Christoph Funke, ›Der Tagesspiegel‹, 9. 2. 1992)

Weitere Stücke: ›Papa Mama‹ (1967); ›Greikemeier‹ (1972/1974); ›Leben und Tod des Peter Göring‹ (1972, mit Thomas Brasch); ›34 Sätze über eine Frau‹ (1985); ›Weltuntergang Berlin – Szenen und Berichte aus der Geschichte einer Stadt‹ (1986); ›Ein Vormittag in der Freiheit‹ (1991); ›Wsdawatje, Lizzy, Wsdawatje‹ (1992).

Tschechow, Anton Pawlowitsch, geb. 29. 1. 1860 in Taganrog, gest. 29. 1. 1904 in Badenweiler, Schwarzwald. Russischer Dramatiker und Erzähler. Sohn eines Kaufmanns. Tschechow studierte in Moskau Medizin (von 1879 bis 1884). Nach kurzer Ausübung des Arztberufes lebte er als freier Schriftsteller und veröffentlichte 1879 seine erste Erzählung, 1887 sein erstes Drama ›Iwanov‹. 1884 brach erstmals eine Lungenkrankheit aus. Von 1892 bis 1897 hielt er sich vorwiegend auf seinem Gut Melichovo bei Moskau auf; von 1898 an in Jalta. 1901 Heirat mit der Schauspielerin Olga K. Knipper. 1904 ging er zur Kur nach Badenweiler, wo er an Lungenschwindsucht starb. Tschechow erlangte weltweit Anerkennung für seine Erzählungen und seine Dramen, die von Stanislawski am Moskauer Künstlertheater exemplarisch aufgeführt wurden. Seine Stücke sind Dialogstücke mit wenig äußerer Handlung, in denen die dramatischen Konflikte nur indirekt in den Alltagsgesprächen hervortreten. In ›Drei Schwestern‹ und ›Der Kirschgarten‹ zeichnet er eine melancholische Abschiedsstimmung: Eine historisch überlebte Gesellschaft wird gezeigt – der russische Landadel –, die den unerbittlichen Ansprüchen der Neuzeit zu weichen hat. »Tschechows Schreibweise ist extrem konzentriert, denn er kommt mit einem Minimum an Worten aus. In gewisser Weise ähnelt er darin Pinter oder Beckett. Wie bei ihnen, ist es das Gesamtgefüge, auf das es ankommt, der Rhythmus, die rein theatralische Poesie, die nicht durch schöne Worte entsteht, sondern durch das richtige Wort im richtigen Augenblick (. . .) Tschechow zeichnet Individuen und eine Gesellschaft im Zustand unablässiger Veränderung, er ist der Dramatiker der Bewegung des Lebens, lächelnd und ernst zugleich, erheiternd und bitter – vollkommen frei von der ›Musik‹, der slawischen ›Schwermut‹ (. . .) Er hat oft erklärt, seine Stücke seien Komödien – das war der Hauptgrund seiner Auseinandersetzungen mit Stanislawski. Er verabscheute den dramatischen Tonfall, die bleierne Langsamkeit, die der Regisseur den Stücken aufzwang. (. . .) Das Wesentliche ist, daß es in diesen Stücken nicht um lethargische Menschen geht. Es sind vielmehr übervitale Menschen in einer lethargischen Welt, die gezwungen sind, aus dem leidenschaftlichen Verlangen nach dem Leben das kleinste Ereignis zu dramatisieren. Sie haben nicht aufgegeben.« (Peter Brook, ›Wanderjahre‹. Berlin 1989. Aufsatz zum ›Kirschgarten‹, S. 215 ff.) Tschechows Stücke wurden von Anfang an viel gespielt. Wesentliche Aufführungen der jüngsten Zeit (in neuen Übersetzungen von Peter Urban und Thomas Brasch) u. a.: ›Drei Schwestern‹ (1984) und ›Der Kirschgarten‹ (1989), inszeniert von Peter Stein; ›An der großen Straße‹, inszeniert von Klaus Michael Grüber (alle an der Schaubühne am Lehniner Platz); ›Der Kirschgarten‹, inszeniert von Hans Lietzau in Hamburg (1970) und Berlin (1977), von Ernst Wendt an den Münchner Kammerspielen (1983).

Stücke: ›An der großen Straße‹ (1885); ›Der Bär‹ (1888); ›Die Hochzeit‹ (1889); ›Der Waldschrat‹ (1889); ›Platonow‹ (1896); ›Die Möwe‹ (1896); ›Onkel Wan-

731

ja‹ (1897); ›Drei Schwestern‹ (1901); ›Der Kirschgarten‹ (1904).
Literatur: G. Gruber: Das Stimmungsdrama A. Tschechows. Diss. Wien 1950; P. Urban: Chronik. Zürich 1981; A. P. Tschechow und das Ensemble K. S. Stanislawskis. Schaubühne am Lehniner Platz (Hrsg.). Berlin 1984.

Tüschen, Katharina, geb. 20. 9. 1927 in Köln. Schauspielerin. 1945–1948 Schauspielunterricht in Köln; Engagements am Deutschen Theater Berlin (1951/52) und in Dresden (1953/54). Von 1960 bis 1963 spielte sie in Ulm (unter der Intendanz von Kurt Hübner) u. a.: Shen Te/Shui Ta in Brechts ›Der gute Mensch von Sezuan‹ (1960, R. Peter Palitzsch); Meg in Behans ›Die Geisel‹ (1961, R. Peter Zadek; 1962 auch in Bremen). Von 1963 bis 1966 gehörte sie zu Hübners Bremer Ensemble; Rollen in Palitzsch-Inszenierungen: Mutter in Doris Lessings ›Jedem seine Wildnis‹ (DE 1963); Frau Rosa in Walsers ›Überlebensgroß Herr Krott‹ (UA 1963, Stuttgart); Grusche in Brechts ›Der Kaukasische Kreidekreis‹ (1964); in Inszenierungen von Zadek: Wirtin/Alice in Shakespeares ›König Heinrich V.‹ (1964); Lily Smith in Norman/Barts ›Die alten Zeiten sind vorbei‹ (1965, Musical); Frau Linde in Ibsens ›Nora‹ (1967, mit Edith Clever); außerdem u. a.: Abrams Mutter in Sperrs ›Jagdszenen aus Niederbayern‹ (UA 1966, R. Rolf Becker). Danach arbeitete sie vorwiegend an der Berliner Schaubühne am Halleschen Ufer, u. a. in Inszenierungen von Peter Stein: Mutter Aase in Ibsens ›Peer Gynt‹ (1971); Kurfürstin in Kleist/Strauß' ›Kleists Traum vom Prinzen Homburg‹ (1972, mit Jutta Lampe); in Inszenierungen von Klaus Michael Grüber: Mutter in Horváths ›Geschichten aus dem Wiener Wald‹ (1972); Chorführerin in Euripides' ›Die Bakchen‹ (1974); mit Frank-Patrick Steckel: HO-Verkäuferin in Heiner Müllers ›Lohndrücker‹ (1973). Später am Thalia Theater Hamburg u. a.: Ada in Horváths ›Zur schönen Aussicht‹ (1979). In den achtziger Jahren am Bochumer Schauspielhaus u. a.: Cécile in Koltès' ›Quai West‹ (1986, R. Nicolas Brieger); in Inszenierungen von Andrea Breth: Marthe in

Tukur

Bonds ›Sommer‹ (1987); Kinderfrau in Gorkis ›Die Letzten‹ (1989). Mit Breth arbeitete sie 1990 auch am Wiener Burgtheater: Frau Brigitte in Kleists ›Der zerbrochne Krug‹.

Tukur, Ulrich, geb. 29. 7. 1957 in Viernheim, Württemberg. Schauspieler. 1977 Abitur in Hamburg; 1978–1980 Studium der Germanistik, Anglistik und Geschichte in Tübingen; trat auch als Musiker auf (Klavier und Akkordeon) und war Mitbegründer der Floyd-Floodlight-Foyer-Band; 1980–1982 Schauspielausbildung an der Staatlichen Hochschule für Musik und darstellende Kunst in Stuttgart. 1983 erstes Engagement an den Städtischen Bühnen Heidelberg. 1984 engagierte Peter Zadek ihn als SS-Mann Kittel für seine Inszenierung von Joshua Sobols ›Ghetto‹ (Freie Volksbühne Berlin); mit dieser Rolle großer Durchbruch. Zusammenarbeit mit Arie Zinger: Angelo in Shakespeares ›Maß für Maß‹ (1985, Schauspielhaus Zürich) und Eddie in Shepards ›Fool for Love‹ (1986, Staatstheater Stuttgart, mit Susanne Lothar). Gerhard Jörder schrieb über seinen Angelo: »Er spielt von vornherein den klinischen Fall, den bleichen Neurotiker, der hinter einem aasigen Lächeln und fahrigen Gesten mühsam das innere Chaos tarnt; Fassade nur, die jäh zerbröckelt, als die schöne Isabella um das Leben ihres zum Tode verurteilten Bruders Claudio (. . .) fleht. In Sekundenschnelle jagt Tukur die Figur zu panischem Gezuck: ein fuchtelndes, schreiendes Nervenbündel, das sich wie von Sinnen über die Begehrte wälzt. Virtuos hochgepeitschte Theatralik, übertourt bis zur Lächerlichkeit, immer knapp an der Kippe – und wie um zu bestätigen, daß alles doch nur Theater sei, darf der gleiche Ulrich Tukur kurz darauf, in einem dazwischengeworfenen Klavier-Intermezzo, klimpernd, trällernd den Evergreen ›You are sixteen‹ zum besten geben.« (›Theater heute‹, Heft 5, 1985) Seit 1985 gehört er zum Ensemble des Deutschen Schauspielhauses Hamburg; dort wieder Rollen in Zadek-Inszenierungen: Orlando in Shakespeares ›Wie es euch gefällt‹ (1986); Alwa Schöning in Wedekinds ›Lulu‹ (1988, UA der Urfassung, mit Su-

Turgenjew

sanne Lothar); in Inszenierungen von Michael Bogdanov: Mark Anton in Shakespeares ›Julius Caesar‹ und Titelrolle in ›Hamlet‹. Großer Erfolg als Blaubart in der musikalischen Revue ›Blaubarts Orchester‹ (1993, zahlreiche Gastspiele): »Ulrich Tukur ist Alphonse de Bleu und er liebt es, den Charmeur zu spielen, den achsostrahlendmännlichen Helden des frühen deutschen Tonfilms, Nostalgie im Knopfloch, ein Zwinkern im Auge und die Rose zur Hand. Diese Rolle beherrscht er perfekt und abendfüllend (...). Tukur ist ein Showtalent, wie es weit und breit wenige gibt.« (Ulrike Kahle, ›Theater heute‹, Heft 2, 1993) In Christoph Marthalers Projekt ›Goethes Faust, Wurzel aus 1 + 2‹ spielte er einen von vier Mephistos (1993/94). Gastspiele in Wien: Hauptrolle in Eric Woolfsons Musical ›Freudiana‹ (UA 1990, Vereinigte Bühnen Wien, R. Peter Weck); Benzion in Babels ›Sonnenuntergang‹ (1993, Akademietheater, R. Dieter Giesing). Er wirkte in mehreren Filmen mit, darunter: ›Die weiße Rose‹ (R. Michael Verhoeven); ›Die Schaukel‹ (R. Percy Adlon); ›Stammheim‹ (R. Reinhard Hauff); ›Das letzte U-Boot‹ (R. Frank Beyer); ›Herbert Wehner‹ (R. Heinrich Breloer).

Turgenjew, Iwan Sergejewitsch, geb. 9. 11. 1818 in Orel, gest. 3. 9. 1883 in Bougival bei Paris. Russischer Schriftsteller. Sohn eines adligen Offiziers. Turgenjew studierte von 1833 bis 1837 in Moskau und St. Petersburg Literatur. Von 1838 bis 1841 lebte er im Ausland, unter anderem in Berlin, wo er Hegel begegnete und sich mit Flaubert, Heise, Freytag und Storm befreundete. Er gilt als einer der bedeutendsten Vertreter des russischen Realismus. Bis 1855 schrieb er Komödien und Dramen, die in ihrer wenig entwickelten äußeren Handlung als Vorläufer Tschechows gelten. In Deutschland werden sie mit Ausnahme von ›Ein Monat auf dem Lande‹ selten aufgeführt.
Stücke: ›Die Unvorsichtigkeit‹ (1843); ›Die Geldnot‹ (1846); ›Gnadenbrot‹ (1848); ›Der Parasit‹ (1849); ›Der Junggeselle‹ (1849); ›Ein Monat auf dem Lande‹ (1872); ›Die Provinzalin‹ (1853).
Literatur: P. Brang: I. S. Turgenjew. Sein Leben und sein Werk. Wiesbaden 1977.

Turrini, Peter, geb. 26. 9. 1944 in Maria Saal, Kärnten. Österreichischer Dramatiker. Bis 1971 Gelegenheitsarbeiten, darunter Hotelmanager in Italien. Seit 1971 lebt Turrini als freier Schriftsteller in Wien. Er erhielt zahlreiche Preise, u. a. den Gerhart-Hauptmann-Preis 1981. Er schreibt mit seinen Bühnenwerken eine moderne Art Volksstücke: sozialkritisch, derb und provokant, unter Verwendung der Dialektsprache. »Peter Turrini (...) ist ein tollkühner Autor: In seinen Gedichten, die oft von ihm selbst handeln, erzählt er, kunstvoll-kunstlos, von Dingen, die jeder andere lieber für sich behalten hätte, vom erniedrigenden, meist peinlichen Scheitern in vielen Lebenslagen, die horizontalen eingeschlossen. In seinen Stücken schreckt er weder vor hochtrabender Symbolik noch vor kleinteiligem Genital-Realismus zurück (...) Turrinis Dramen sind gefühlvolle Horrorgeschichten, ihr Erzähler einer jener unheimlichen Heimatdichter Österreichs, die ihre vertrauten Orte mit einfühlsamem Widerwillen studieren und ihre Menschen manchmal hassen, aber nie verlassen können.« (Franz Wille, ›Theater heute‹, Heft 4, 1993). Zur Uraufführung der ›Minderleister‹ (1988, Akademietheater Wien, R. Alfred Kirchner) schrieb Thomas Thieringer (›SZ‹, 4./5. 6. 1988): »›Die Minderleister‹ haben in Wien letztendlich gesiegt. In einer Aufführung, die Turrinis mutiges, radikal-pessimistisches Stück provozierend nahebrachte. Es gibt sicher wenig vergleichbare heutige Dramen, die unsere Geschichte so sinnkräftig und theaterwirksam auf die Bühne wuchten.«
Stücke: ›Rozznjogd‹ (1968); ›Sauschlachten‹ (1971); ›Der tollste Tag‹ (1972); ›Kindsmord‹ (1973); ›Die Wirtin‹ (1974); ›Josef und Maria‹ (1980); ›Die Bürger‹ (1981); ›Campiello‹ (1982); ›Die Minderleister‹ (1987); ›Tod und Teufel‹ (1990); ›Alpenglühen‹ (1993); ›Grillparzer im Pornoladen‹ (1993).

U

Uhlen, Gisela, geb.16. 5. 1919 in Leipzig. Schauspielerin. Mit fünf Jahren lernte sie Ausdruckstanz bei Mary Wigman in Dresden; 1935/36 privater Schauspielunterricht bei Lilly Ackermann in Berlin. Erstes Engagement bei Saladin Schmitt am Bochumer Schauspiel. Im Sommer 1936 erhielt sie in dem Ufa-Film ›Annemarie‹ die Titelrolle. 1938 spielte sie am Berliner Schiller-Theater die Luise in Schillers ›Kabale und Liebe‹. Stationen nach dem Krieg: Wiesbaden und Heidelberg (1945/46), Stuttgart (1946–1948), Schiller-Theater Berlin (1951–1954). 1954 wechselte sie mit Wolfgang Kieling, mit dem sie schon zuvor zusammengearbeitet hatte, nach Ostberlin, arbeitete am Deutschen Theater und spielte in mehreren DEFA-Filmen. 1960 kam sie zurück ans Schiller-Theater, die Staatlichen Schauspielbühnen Berlin (bis 1968). Danach als freie Schauspielerin u. a. an der Freien Volksbühne Berlin, am Zürcher Schauspielhaus: in Ostrowskis ›Der Wald‹ (1976, R. Manfred Karge/Matthias Langhoff); in Thomas Hürlimanns ›Der letzte Gast‹ (1990, R. Achim Benning); am Burgtheater Wien in Victor Hugos ›Maria Tudor‹ (1977, R. Gerhard Klingenberg). In ihrem Artikel zu Gisela Uhlens 70. Geburtstag schrieb Ingrid Seidenfaden (›Abendzeitung‹, München 16. 5. 1989): »Der Film machte sie berühmt (›Tanz auf dem Vulkan‹, ›Symphonie eines Lebens‹), blieb aber große Nebensache für die stets präsente Schauspielerin, die in 50 Bühnenjahren so ziemlich alles spielte – die Naiven, die tragisch Liebenden, Vamps und gewittrig alte Damen.«
Literatur: G. Uhlen: Mein Glashaus. Roman eines Lebens. Bayreuth 1978.

Ullrich, Luise, geb. 30. 10. 1911 in Wien, gest. 22. 1. 1985 in München. Schauspielerin. Ausbildung an der Akademie für Musik und Darstellende Kunst in Wien. Erstes Engagement am Wiener Volkstheater. Danach: Lessing-Theater und Volksbühne in Berlin. Von 1931 bis 1932 und von 1935 bis 1936 gehörte sie zum En-semble des Berliner Staatstheaters. Von 1932 an Arbeit für den Film: Debüt in Luis Trenkers ›Der Rebell‹. Nach dem Krieg spielte sie an verschiedenen Münchner Bühnen, widmete sich aber vor allem Filmrollen, u. a.: ›Nachtwache‹ (1949, R. Harald Braun); ›Regina Amstetten‹ (1953); ›Eine Frau von heute‹ (1954); ›Die Schatten werden länger‹ (1961). In den siebziger Jahren nahm sie auch mehrere Fernsehrollen an, spielte u. a. in der Rainer-Werner-Fassbinder-Serie ›Acht Stunden sind kein Tag‹ (1972/73). In seinem Nachruf schrieb H. G. Pflaum (›SZ‹, 24. 1. 1985): »Nach ihren Auftritten als lustiges, mitunter frivoles, aber nie besonders robustes Mädchen, begann der deutsche Film sie vor allem auf die Rolle gutherziger Bürgermütter festzulegen. Dabei wäre sie, vor allem auch dank ihrer sprachlichen Fähigkeiten, eine hinreißende Komödiantin gewesen. (. . .) Der neue deutsche Film hat Luise Ullrich, wie viele andere damals als ›Altstars‹ abgeschriebene Schauspieler, sträflich übergangen, mit der bezeichnenden Ausnahme von Fassbinders ›Acht Stunden sind kein Tag‹. Aber Spielen war für sie nicht alles. Schon 1941 erschien ihr erstes Buch (›Sehnsucht, wohin führst du mich?‹), weitere folgten, zuletzt ihr Erinnerungsband ›Komm auf die Schaukel Luise‹.«
Literatur: G. Rühle: Theater für die Republik im Spiegel der Kritik. Bd. II, 1926–1933. Frankfurt a. M. 1967.

Unruh, Fritz von (Pseud. Fritz Ernst), geb. 10. 5. 1885 in Koblenz, gest. 28. 11. 1970 in Diez a.d. Lahn. Dramatiker. Sohn eines Generals. Unruh wurde mit den Söhnen von Kaiser Wilhelm II. in der Kadettenschule Plön erzogen und war als Ulanenoffizier im Ersten Weltkrieg. Nach dem Krieg wandelte er sich zum Pazifisten und lebte auf dem Familiensitz Oranien bei Diez. 1932 emigrierte er über Italien, Frankreich nach New York. 1952 kehrte er nach Diez zurück, 1955 wieder New York und Atlantic City, New Jersey, wo er 1962

Unterzaucher

Haus und Besitz bei einer Flutkatastrophe verlor. Danach endgültige Rückkehr nach Diez. Unruh begann als Dramatiker mit Stücken über das Problem des militärischen Gehorsams im Stile Kleists: ›Vor der Entscheidung‹ (1914) und ›Offiziere‹ (1911). Nach dem Krieg schrieb er pazifistische Dramen (im expressionistischen Stil) voller Idealismus, in denen er proklamierte, die Harmonie der Welt mit Liebe und Menschlichsein wiederherzustellen. »Philosophiert Fritz v. Unruh oder dichtet er? Sein Werk ist jedenfalls auf der Grenze der beiden Reiche geboren und spielt aus dem einen in das andere hinüber. (. . .) Gerade einen Dichter wie Fritz von Unruh, mit so vielem echten Kleistischen Geblüt in den Adern möchte man diesmal am Rockzipfel ziehen: Du sei Natur und dichte, schaffe! Wolle dieses nur ganz allein! Und philosophiere, abstrahiere nicht. (. . .) Der Gedanke ist bei dem Dichter in Bewegung, aber die Gestalten stehen wie Statuen in versteinerter Ruhe, und wenn sein Denken zuckend unruhig hin- und herspringt und das eine Bild, die eine Situation des Dramas wechselnd, veränderlich neu und anders beleuchtet, das Geschehen und Dichten selber dreht sich im Kreis um die Idee herum.« (Julius Hart, zu ›Ein Geschlecht‹, in: ›Der Tag‹, 31. 12. 1918)

Weitere Stücke: ›Louis Ferdinand, Prinz von Preußen‹ (1913); ›Platz‹ (1920); ›Rosengarten‹ (1921); ›Stürme‹ (1922); ›Bonaparte‹ (1927); ›Phaea‹ (1930); ›Wilhelmus von Orleans‹ (1953); ›Duell an der Havel‹ (1954); ›17. Juni‹ (1954); ›Odysseus auf Ogygia‹ (1968).

Literatur: I. Götz: Tradition und Utopie. Bonn 1975; D. Kasang: Wilhelminismus und Expressionismus. Hamburg 1980.

Unterzaucher, Wolfgang geb. 7. 9. 1934 in Graz. Schauspieler. Aufgewachsen in Leverkusen. Nach dem Abitur Ausbildung zum Industriekaufmann bei Beyer (1953–1956). Studium der Theaterwissenschaft, Germanistik und Kunstgeschichte in München und Wien (1956–1958). 1958–1960 Ausbildung zum Schauspieler an der Max-Reinhardt-Schule Berlin. 1960–1962 erstes Engagement in Heilbronn, wo er mit der Titelrolle in Shakespeares ›Hamlet‹ debütierte (R. Walter Bison); weitere Rollen u. a.: Mephisto in Goethes ›Urfaust‹; Leonce in Büchners ›Leonce und Lena‹. Gastrollen im Stuttgarter Theater der Altstadt u. a.: Molière/H.D. Schwarzes ›Die Lästigen‹ (1962, R. Paul Vasil). Weitere Stationen: Berlin: 1965–1967 bei dem politischen Kabarett »Das Bügelbrett« von Hannelore Kaub; 1968 ›Kaspar‹ von Peter Handke (Forum-Theater am Kurfürstendamm, R. Günther Büch). Vier Semester Soziologie an der Freien Universität. Dann wieder Theater: Zusammenarbeit mit den Regisseuren Karl Paryla in Peter Weiss' ›Der Gesang vom Lusitanischen Popanz‹, (Schaubühne am Halleschen Ufer) und Hansjörg Utzerath in Dieter Fortes ›Martin Luther & Thomas Münzer oder Die Einführung der Buchhaltung‹ (1971, Freie Volksbühne Berlin); 1973–1977 Staatliche Schauspielbühnen Berlin, u. a.: Edgar Wibeau in Ulrich Plenzdorfs ›Die neuen Leiden des jungen W.‹ (westdeutsche EA 1973, Schloßparktheater, mit Heidemarie Theobald, R. Horst Siede); Ben Silverman in Neil Simons ›Sunny Boys‹ (1973, ebenda, mit Martin Held und Bernhard Minetti). Fernsehen, Rundfunk, ausgedehnte Reisen. 1982 Felix Fürst in Martin Walsers ›Zimmerschlacht‹ (Theater der Freien Hansestadt Bremen, mit Heidemarie Theobald, R. Peter Fitz); Luisenburg-Festspiele in Wunsiedel (1986 und 1988); Festspiele Bad Hersfeld (1989). Seit 1992 am Badischen Staatstheater Karlsruhe: Schlomo Herzl in George Taboris ›Mein Kampf‹ (1992, R. Wolf Seesemann); Edward Broderick in Julien Greens ›Süden‹ (1992, R. Horst Siede); Narr in Shakespeares ›Was ihr wollt‹ (1992, R. Lothar Trautmann); Titelrolle in Nestroys ›Häuptling Abendwind‹ (1993, R. Jörg Hube).

Urbancic, Elisabeth, geb. 13. 8. 1928 in Wien. Kostümbildnerin. Studium (Bühnenbildklasse) an der Akademie der Bildenden Künste in Wien, 1949–1950 Studium der Malerei bei Fernand Léger in Paris. 1950–1953 Bühnenbildassistenz an den Münchner Kammerspielen. Seit 1953 freiberuflich. Wichtige Arbeiten (Bühnenbild und Kostüme) für die Kammerspiele München, das Bayerische Staatsschauspiel 1955–

1970 (darunter viele Arbeiten für Inszenierungen von Rudolf Noelte), das Burgtheater Wien und die Salzburger Festspiele (Kostüme für Noeltes Inszenierung von Büchners ›Dantons Tod‹, 1981). Daneben Kostüme und Ausstattungen für viele Fernseh- und Filmproduktionen, darunter mehrere Kurt-Hoffmann-Filme wie ›Felix Krull‹ (1957), ›Das Wirtshaus im Spessart‹ (1957), ›Wir Wunderkinder‹ (1958), ›Lieselotte von der Pfalz‹ (1966) und Helmut Käutners ›Das Haus in Montevideo‹ (1963).

Ustinov, Sir Peter, geb. 16. 4. 1921 in London. Schauspieler, Regisseur, Schriftsteller, Maler und Bühnenbildner. Schauspielunterricht bei Michel Saint-Denis am Londoner Theater-Studio. 1939 debütierte er mit eigenen Sketchen im Player's Club; 1940 erhielt er seine erste Filmrolle; 1942 kam im Londoner Arts Theatre Club sein erstes Stück heraus: ›Haus des Kummers‹. Nach dem Dienst in der britischen Armee (1942–1946) begann der außergewöhnliche Aufstieg Ustinovs. Seit 1963 inszeniert er auch Opern (Covent Garden Opera House, Festspiele Edinburgh, Oper Paris, Deutsche Oper Berlin, Hamburgische Staatsoper). Er schrieb mehr als zwanzig Stücke und neun Drehbücher. Wichtige Filmrollen u. a. in: ›The Ghost of St. Michael's‹ (1941), ›Vice versa‹ (1947), ›Private Angelo‹ (1949, Hauptrolle, Regie, Co-Produktion und Drehbuch), ›Lola Montez‹ (1966), ›Spartacus‹ (1960, Oscar für die beste Nebenrolle), ›Un taxi mauve‹ (1977), ›Evil under the sun‹ (1981). Stücke u. a.: ›Blow Your Own Trumpet‹ (1943), ›Beyond‹ (1944), ›The Banbury Nose‹ (1944), ›The Tragedy of Good Intentions‹ (1945), ›The Indifferent Shephard‹ (1947), ›The Man in the Raincoat‹ (1949), ›The Love of four Colonels‹ (1951; DE 1952 in Berlin: ›Die Liebe der vier Obersten‹), ›Photo Finish‹ (1962; DE im selben Jahr in Berlin: ›Endspurt in Berlin‹), ›The Unknown Soldier and his Wife‹ (1973); ›Overheard‹ (1981; DE 1983 im Frankfurter Theater am Zoo: ›Abgehört‹). Anläßlich seiner Aufnahme in die Académie Française 1989 schrieb Gerhard R. Koch (›FAZ‹, 3. 2. 1989): »Die Zeiten, in denen Ustinov primär als nicht ganz dingfest zu machende komische Person, als allenfalls halbseriöses Vier-Fünftel-Genie galt, dürften vorbei sein. (...) Wer die gagverliebten, auch kalauernden Theaterstückchen nicht mag, wird vor allem den Filmschauspieler Ustinov schätzen können. Und wem Ustinovs unverwüstliche Selbstdarstellerei auf die Dauer eindimensional vorkommt, kann am Ende dem Schriftsteller etwas abgewinnen. Und den Alleinunterhalter und Talkmaster gibt es schließlich auch noch. Kurzum: Der Mann ist nicht zu fassen. (...) Im Zeitalter zunehmender Fachidiotie wirkt ein Wechselkauz wie Ustinov immerhin als Gegengift.«
Literatur: P. Ustinov: Ach du meine Güte. Unordentliche Memoiren. Wien 1978; ders.: »Ustinovs« Rußland. Düsseldorf u. a. 1988; ders.: Ich und Ich. Erinnerungen. Düsseldorf 1989; H. Bühler: Die Bühnenwerke von Peter Ustinov. Diss. Wien 1962; V. L. Stewart: Peter Ustinov and his world. Nashville 1988; Chr. Warwick: Schlitzohr und Gentleman. München 1992.

Utzerath, Hansjörg, geb. 20. 3. 1926 in Tübingen. Regisseur, Intendant und langjähriger Nürnberger Schauspieldirektor. Nach dem Abitur Kriegsdienst und Gefangenschaft; 1947 Ausbildung und Engagement als Schauspieler in Bonn; 1950 erste Inszenierungen in einer freien Gruppe in Düsseldorf. 1952 gründete er die Düsseldorfer Kammerspiele, deren Direktor er bis 1966 war. Die Bühne verstand sich als ein Theater der Avantgarde (Stücke von Beckett, Ionesco, Genet etc.) und erlangte überregionale Beachtung. Seit 1964 regelmäßige Gastinszenierungen am Schiller- und Schloßparktheater Berlin, darunter: Saunders' ›Ein Eremit wird entdeckt‹ (1964/65, mit Klaus Kammer); Havels ›Gartenfest‹ (1965); Brechts ›Leben des Galilei‹ (1965, mit Martin Held); Grass' ›Die Plebejer proben den Aufstand‹ (1965); Erfolg mit Vitracs ›Victor oder die Kinder an der Macht‹ (1966/67, Düsseldorf, 1967 zum Berliner Theatertreffen eingeladen). Von 1966/67 bis 1973 war er Intendant der Freien Volksbühne Berlin (als Nachfolger von Erwin Piscator; Interimsintendant war bis zu Utzeraths Amts-

Utzerath

antritt Peter Stoltzenberg): Bildung eines festen Ensembles mit Schauspielern wie Anneliese Römer, Ruth Drexel, Otto Sander, Hans-Dieter Zeidler, Stefan Wigger, Hans Brenner, Peter Fitz u. a.; Zusammenarbeit mit dem Bühnenbildner Heinz Balthes. Inszenierungen u. a.: Jewgeni Schwarz' ›Der Schatten‹ (1967); Horváths ›Italienische Nacht‹ (1968); Shakespeares ›Viel Lärm um nichts‹ (1969); Ibsens ›Nora‹ (1969, mit Elfriede Irrall); O'Caseys ›Kikeriki‹ (1969); Dürrenmatts ›Play Strindberg‹ (1970); Sternheims ›Tabula rasa‹ (1970); Hochhuths ›Guerillas‹ (1970); Fortes ›Martin Luther & Thomas Münzer oder Die Einführung der Buchhaltung‹ (1971); Mrożeks ›Tango‹ (1971); Strindbergs ›Der Vater‹ (1972); Hauptmanns ›Der Biberpelz‹ (1972, mit Anneliese Römer); Feydeaus ›Der Damenschneider‹ (1973). 1973–1977 freier Regisseur, vorwiegend am Schauspielhaus Düsseldorf: Rühmkorfs ›Was heißt hier Volsinii?‹ (UA 1973); Hauptmanns ›Die Weber‹ (1974, auch Schiller-Theater); Behans ›Richards Korkbein‹ (1975); Tolstois ›Macht der Finsternis‹ (1975); großer Erfolg mit Brecht/Weills ›Die Dreigroschenoper‹ (1976); außerdem Inszenierungen in Bonn und am Thalia Theater Hamburg; häufig Zusammenarbeit mit dem Bühnenbildner Karl Kneidl. 15 Jahre lang, von 1977 bis 1992, war er Schauspieldirektor in Nürnberg. Inszenierungen dort u. a.: Hauptmanns ›Rose Bernd‹ (1977, Kneidl baute eine Autoreifenlandschaft auf die Bühne): »Aus einem vielfältig schattierten Drama (. . .) wird eine antipatriarchalische, antiphallokratische Moritat – sie beglaubigt sich im szenischen, im schauspielerischen Vollzug.« (Henning Rischbieter, ›Theater heute‹, Heft 12, 1977); Paul Abrahams ›Victoria und ihr Husar‹ (1980); Becketts ›Warten auf Godot‹ (1980); Brechts ›Mutter Courage und ihre Kinder‹ (1981); Shakespeares ›Wie es euch gefällt‹ (1981) und ›König Lear‹ (1982); Tollers ›Hoppla, wir leben!‹ (1982); Ruges ›Der Stadtluther‹ (UA 1983, Co-Autor: Utzerath); Zuckmayers ›Der Hauptmann von Köpenick‹ (1986); Kornfelds ›Jud Süß‹ (1987); Oskar Panizzas ›Liebeskonzil‹ (1988, in der Ruine der Katharinenkirche); ›Hitlerjunge Quex – Mythos einer Jugend‹ (UA 1989, nach dem Roman von Karl Aloys Schenzinger, kritische Bühnenfassung von Utzerath und Klaus Mißbach); Shakespeares ›Richard III.‹ (1990, in der Tafelhalle); Bernhards ›Der Theatermacher‹ (1990); Kerstin Spechts ›Lila‹ (UA 1990). Regiearbeiten an anderen Bühnen u. a.: Schillers ›Wilhelm Tell‹ (1979, Thalia Theater Hamburg); Schnitzlers ›Der Reigen‹ (1982, Schiller-Theater Berlin). Seit 1993 ist er wieder freischaffend tätig; inszenierte am Düsseldorfer Schauspielhaus Brechts ›Herr Puntila und sein Knecht Matti‹: »Hansjörg Utzeraths Inszenierung (. . .) zieht alle Register der Komik und scheut sich nicht, Brechts Intentionen in ihr Gegenteil zu verkehren. Sie beginnt mit einem leise gesungenen ›Oh du lieber Augustin‹, dessen veränderte letzte Strophe als Motto der Inszenierung vorangestellt ist: ›Die Moral ist vertrieben/ Doch das Spiel ist geblieben/ Oh du lieber Augustin/ Ist alles hin?‹ Hier wird versucht, B. B. ohne seine Moral zu spielen, und so ist Matti (Ulrich Beseler) eher ein mickriger Miesmacher mit Brecht-Mütze als ein proletarischer Realist. (. . .) Die Inszenierung kann ihre Sympathie für Puntila auch mit eingestreuten Liedern Brechts aus seiner frühen Augsburger Zeit belegen, sie fügen sich thematisch und sprachlich genau in das spätere Stück ein. Puntila ist hier ein Mensch, der noch Träume hat (. . .), aber doch einer, der wenigstens noch rebelliert.« (Gerhard Preußer, ›Theater heute‹, Heft 8, 1993) Weitere Gastinszenierungen u. a. in Stuttgart und Halle.

V

Valentin, Karl (eigtl. Valentin Ludwig Fey), geb. 4. 6. 1882 in München, gest. 9. 2. 1948 ebenda. Schauspieler, Autor und Filmemacher. Der Sohn eines Möbelspediteurs absolvierte eine dreijährige Schreinerlehre; 1902 Besuch einer Münchner Varietéschule; Auftritte als Vereinskomiker. Baute sich einen Musikapparat, mit dem er 1907 als Musikclown auf Tournee ging (unter dem Pseudonym Charles Fey). Völlig erfolglos kehrte er nach einigen Monaten nach München zurück, wo er beim »Baderwirt« erstmals selbstverfaßte Couplets und Monologe vortrug; Durchbruch mit dem Stegreifsolo ›Das Aquarium‹. Seit 1908 Engagement im Münchner Volkssängerlokal »Frankfurter Hof«; lernte dort 1911 Liesl Karlstadt kennen, die zunächst seine Schülerin und später seine Partnerin wurde. Gemeinsam mit ihr schrieb und spielte Valentin weit mehr als 400 Sketche und Farcen, von denen er einige verfilmte. 1913 erste gemeinsame Vorstellung; seit 1915 Auftritte in allen bekannten Münchner Kabaretts, seit 1922 auch in den Münchner Kammerspielen. In den zwanziger Jahren mehrere auswärtige Gastspiele, vor allem in Berlin im Kabarett der Komiker. 1934 eröffnete Valentin in den Kellern des Münchner Hotels Wagner ein schaurig-skurriles Panoptikum, in das er sein und Liesl Karlstadts gesamtes Vermögen steckte. Das kostspielige Projekt scheiterte jedoch nach einem Jahr. 1937/38 zog Valentin mit seinem Kuriositätenkabinett in den Färbergraben 33 und betrieb dort bis 1940 seine »Ritterspelunke«: Panoptikum, Kneipe und Kabarett in einem. Zahlreiche Aufführungen des ›Ritter Unkenstein‹; Valentins Partnerin war nun die junge Schauspielerin Annemarie Fischer. In den vierziger Jahren versuchte Valentin vergeblich, an die früheren Erfolge anzuknüpfen. 1941–1946 keine Auftritte; er verfaßte jedoch noch zahlreiche Szenen, Monologe und Couplets. Letzter Auftritt im Januar 1948 im Münchner »Simpl«, nun wieder mit Liesl Karlstadt als Partnerin. Er starb an einem Rosenmontag an den Folgen einer Erkältung. Valentin, der sich selbst als »Volkssänger« verstand, war einer der bedeutendsten Komiker im deutschsprachigen Raum. Obwohl er zeitlebens in München wirkte und seine Sketche aus der bajuwarischen Volkstümlichkeit nährte, blieb seine Komik nicht regional fixiert, sondern ging weit darüber hinaus ins Sprachphilosophische. Valentins Helden sind ebenso dumpfe wie eigensinnige Umstandskrämer, die sich beim Kampf mit der Materie im Absurden verheddern. Bewußt naiv nahm Valentin die Worte beim Wort, zwängte sie mit hirnverbohrter Logik in neue Sinnzusammenhänge und betrieb auf diese Weise ganz nebenbei die Destruktion der Realität. Anton Kuh bezeichnete den Wortklauber als einen jener »merkwürdigen Käuze, deren Hirn Dialekt redet, dieweil ihr Herz hochdeutsch funktioniert«. Kurt Tucholsky erkannte in Valentins Texten einen »Höllentanz der Vernunft um beide Pole des Irrsinns« und formulierte die Diagnose: »Er denkt links«. Zu Valentins Bewunderern zählte auch Bertolt Brecht, der den Münchner Komiker auf eine Stufe mit Charlie Chaplin stellte und von ihm sagte: »Dieser Mensch ist ein durchaus komplizierter, blutiger Witz.« Valentins Stegreifkomödien beeinflußten durch ihren hintergründig-grotesken Humor u. a. das absurde Theater. Valentin trieb Dialoge und Figuren in Situationen von Kommunikationsstörungen und rechthaberischem Verhalten und steigerte sie dadurch ins Absurde und Surreale: »Ich weiß nicht mehr genau, war es gestern, oder war's im vierten Stock oben (. . .)«, beginnt der Monolog ›Im Gärtnertheater‹. Valentins Stücke sind abgedruckt u. a. in ›Panoptikum‹ (München 1952), ›Lachkabinett‹ (München 1958), ›Gesammelte Werke‹ (München 1961 u. 1981). Eine Auswahl der verfilmten Sketche: ›Die verkaufte Braut‹ (1932, mit Regisseur Max Ophüls), ›Im Photoatelier‹ (1932), ›Orchesterprobe‹ (1932), ›Im Schallplattenladen‹ (1934), ›Der verhexte Scheinwerfer‹ (1934), ›Der Firmling‹

Valentin 738

(1934), ›Beim Nervenarzt‹ (1936), ›Musik zu zweien‹ bzw. ›Die verhexten Notenständer‹ (1936), ›Die Erbschaft‹ (1936; wegen »Elendstendenzen« verboten). Nach Valentins Tod herrschte lange Zeit die Meinung vor, daß die Stücke Valentins ohne die Person Valentin nicht spielbar seien. Erste Wiederaufführung 1961 am Wiener Akademietheater: ›Der Firmling‹ (R. Axel von Ambesser; 1962 auch an den Münchner Kammerspielen mit Rudolf Vogei und Ruth Drexel); 1971 Valentin-Abend ›Tingel-Tangel‹ im Werkraum der Münchner Kammerspiele; dort zwei weitere Valentin-Programme im Herbst 1971 und 1973. Seither zahlreiche Inszenierungen in ganz Deutschland und auch im Ausland (v.a. in Frankreich). **Literatur:** K. Valentin: Das Karl Valentin Buch. München 1932; W. Hausenstein: Die Masken des Komikers Karl Valentin. München 1977; E. u. E. Münz (Hrsg.): Geschriebenes von und an Karl Valentin. Eine Materialiensammlung 1903 bis 1948. München 1978; M. Schulte/P. Syr: Karl Valentins Filme. München 1978; M. Schulte (Hrsg.): Alles von Karl Valentin. München, Zürich 1978; ders.: Das Valentin-Buch. Von und über Karl Valentin in Texten und Bildern. München 1978; A.-M. Fischer-Gubinger: Mein Leben mit Karl Valentin. Memoiren. Rastatt 1982; W. Till (Hrsg.): Karl Valentin – Volkssänger? Dadaist? München 1982 (Katalog); A. Seegers: Komik bei Karl Valentin. Diss. Köln 1983; D. Wöhrle: Die komischen Zeiten des Herrn Valentin. Rheinfelden 1985; M. Glasmeier: Karl Valentin. Der Komiker und die Künste. München, Wien 1987; Das kleinste Buch vom größten Komiker. Karl Valentin. Pfaffenhofen 1988; H. Bachmaier (Hrsg.): Kurzer Rede langer Sinn. Texte von und über Karl Valentin. München 1990; M. Biskupek: Karl Valentin. Bildbiographie. Köln 1993.

Valentin, Pierre-Jean, geb. 1950 in Vichy (Frankreich). Regisseur. Nach dem Abitur Ausbildung am Conservatoire de Musique et d'Art Dramatique in Clermont-Ferrand; dort auch Literaturstudium; Ausbildung zum Modefotografen in London. 1974–1977 Mitorganisator des Festival Mondial du Théâtre de Nancy (unter der Leitung von Jack Lang und Lew Bogdan); 1975 Assistent bei Peter Zadek in Bochum; 1976–1982 Stellvertreter des Intendanten Manfred Beilharz an den Städtischen Bühnen Freiburg und künstlerischer Leiter des Internationalen Theaterfestivals in Freiburg. Inszenierte in Freiburg sein Projekt ›Beaumarchais 89‹ und seine Marlowe-Bearbeitung ›Dr. Faustus‹; außerdem u.a: Becketts ›Warten auf Godot‹; Kleists ›Das Käthchen von Heilbronn‹. Es folgten Theater- und Operninszenierungen an verschiedenen deutschen Bühnen; an der Staatsoper Hamburg u.a.: Strawinskys ›Geschichte vom Soldaten‹ (1977); Henzes ›Wundertheater‹ (1980); an der Münchner Staatsoper: Monteverdi/Orffs ›Orpheus‹ (1980, mit Hermann Prey); an der Staatsoper Hannover: Henzes ›Die englische Katze‹ (1984); an den Städtischen Bühnen Nürnberg: Rostands ›Cyrano de Bergerac‹ (1987). 1982–1985 Leiter des Maison de la Culture in Rennes. 1987 wurde er als künstlerischer Berater und Regisseur an das Staatstheater Karlsruhe engagiert.

Valle-Inclán, Ramón María del (eigtl. Ramón del Valle y Peña), geb. 29. 10. 1866 in Villanueva de Arosa, Pontevedra, gest. 5. 1. 1936 in Santiago de Compostela. Dramatiker. Nach einem abgebrochenen Jura-Studium wurde Valle-Inclán 1892 Soldat und Journalist in Mexiko. Von 1895 an führte er ein Bohèmeleben in Madrid. 1910 leitete er eine Theatertruppe in Südamerika, wurde 1931 Direktor der spanischen Akademie der schönen Künste in Rom und verbrachte die letzten Lebensjahre zurückgezogen in Galicien. Valle-Inclán erfand die Technik des ›Esperpento‹, eine Art Farce in stilisierter Sprache, in der mehr Masken und Typen auftreten als Charaktere. In Deutschland wurden seine Stücke nur sehr selten gespielt. **Stücke:** ›Die barbarischen Komödien‹: ›Der Wappenadler‹ (1907), ›Wolfsromanze‹ (1908), ›Silbergesicht‹ (1922); ›Stimmen von Heldentaten‹ (1911); ›Rosalinda‹ (1913); ›Worte Gottes‹ (1920); ›Glanz der Bohème‹ (1920); ›Die Hörner des Don Friolera‹ (1921); ›Die Hauptmannstochter‹

(1927); ›Die Galakleider des Toten‹ (1926/1930).
Literatur: I. Doll: Stilwandel und Esperpento im Werk Valle-Incláns. Diss. Wien 1971.

Vega Carpio, Lope Félix de, geb. 25. 11. 1562 in Madrid, gest. 27. 8. 1635 ebenda. Spanischer Dramatiker. Sohn eines Stickers. Lope de Vega studierte in Alcalá de Henares, wurde aber 1588 wegen einer Liebesaffäre auf Jahre aus Madrid verbannt. Er begleitete die Expedition der Armada als offizieller Dichter. 1590 wurde er zum Hausdichter des Herzogs von Alba berufen. 1614 erhielt er die niedere Priesterweihe in Toledo; 1627 Mitglied des Johanniterordens. Vega hat über 1500 Stücke geschrieben, von denen etwa 470 erhalten geblieben sind. Die Produktivität seines Schaffens erklärt sich aus dem damals großen Bedarf an Stücken der zu jener Zeit seßhaft werdenden Theatertruppen. Das Publikum interessierte sich für nationalgeschichtliche und unterhaltende Themen. Lope de Vegas Stücke orientierten sich deshalb mehr an der Bühnenwirksamkeit als an einschränkenden Regeln. Er erneuerte die comedia durch Beschränkung auf drei Akte, durch freie Verwendung des Versmaßes und durch Einführung der »Gracioso«-Figur, eines Dieners und Vertrauten seines Herrn, der mit seiner Parodie für wirksamen Kontrast sorgte. »Lope, der Vater des Theaters, kommt mit seiner Tragödie ›Der Ritter von Olmedo‹ Shakespeare sehr nahe, und mit der ›Klugen Närrin‹ öffnet er die Tür der Luft von Spiegeln und gelben Violinen, in der Molière atmet; oder der Luft von Pfeffer, in der die Glocken von Goldoni klingen.« (Federico García Lorca, in: Fritz Rudolf Fries: Lope de Vega. Frankfurt 1979)
Weitere Stücke: ›Venus und Adonis‹ (vor 1603); ›Der Ritter vom Mirakel‹ (vor 1603); ›Die bezahlte Freundschaft‹ (1604); ›Die neue Welt entdeckt von Columbus‹ (1614); ›Das Reich Ottokars‹ (1616); ›Die Jüdin von Toledo‹ (1616); ›Capulet und Montague‹ (vor 1618); ›Die kluge Närrin‹ (o. J.).
Literatur: O. Jörder: Die Formen des Sonetts bei Lope de Vega. Halle 1936;

H. Tiemann: Lope de Vega in Deutschland nebst Versuch einer Bibliographie der deutschen Lope-Literatur, 1629–1935. Hamburg 1939; F. R. Fries: Lope de Vega. Frankfurt a. M. 1979.

Verhoeven, Lis, geb. 11. 3. 1931 in Frankfurt a. M. Schauspielerin und Regisseurin. Tochter von Paul Verhoeven und Doris Kiesow. Nach dem Abitur Ausbildung an der Otto-Falckenberg-Schule in München (1949–1951); erstes Engagement am Schauspiel Frankfurt (1951–1954). Von 1954 bis 1956 gehörte sie zu den Münchner Kammerspielen, wo sie u. a. in Inszenierungen von Hans Lietzau und ihrem Vater auftrat. Danach freie Schauspielerin an verschiedenen deutschen Bühnen (u. a. Berlin, Köln, München); häufig auch bei Tourneetheatern und im Fernsehen. 1962/63 spielte sie unter der Regie ihres Vaters die Stella in Williams' ›Endstation Sehnsucht‹ (Tournee-Inszenierung); 1966–1968 am Hamburger Schauspielhaus. Bei den Freilichtspielen Schwäbisch Hall spielte sie in Inszenierungen von Kurt Hübner: Julia in Shakespeares ›Romeo und Julia‹ (1969/70); Kunigunde in Kleists ›Das Käthchen von Heilbronn‹ (1972/73); Sittah in Lessings ›Nathan der Weise‹ (1980/81); außerdem u. a.: Lady Macbeth in Shakespeares ›Macbeth‹ (1978; R. Kai Braak). 1980 gab sie ihr Regiedebüt in der freien Theaterszene in München. Seither mehrere Regiearbeiten u. a.: Bronnens ›Vatermord‹ (1985, Teamtheater München); Schönherrs ›Josef und Maria‹ (1986, Volkstheater Wien); Bonds ›Sommer‹ (1988, Kammerspiele Düsseldorf); Tschechows ›Der Kirschgarten‹ (1989, Bregenz); Ionescos ›Die Nashörner‹ (1992, Landshut). Seit 1994 ist sie Leiterin der Kreuzgangspiele Feuchtwangen. Lis Verhoeven war mit Mario Adorf verheiratet. Sie wirkte in mehr als 50 Fernsehfilmen und in drei Spielfilmen mit, darunter ›Vergiß die Liebe nicht‹ (1952) von Paul Verhoeven.

Verhoeven, Paul, geb. 23. 6. 1901 in Unna, Westfalen, gest. 22. 3. 1975. Schauspieler, Regisseur und Intendant. Debütierte Anfang der zwanziger Jahre am Schauspielhaus Hermine Körners in München

Vian

(im heutigen Haus der Kammerspiele); danach Schauspieler und Regisseur in Dresden, Wien, Frankfurt a. M. und ab 1933 am Deutschen Theater Berlin. Arbeitete seit Ende der dreißiger Jahre auch als Filmregisseur (meist Gesellschaftskomödien und leichte Unterhaltungsfilme nach eigenem Drehbuch). 1943/44 Intendant des Berliner Theaters am Schiffbauerdamm; 1945–1949 Intendant am Staatsschauspiel München (Brunnenhoftheater); danach als Gast an verschiedenen Bühnen und im Fernsehen. Drehte den Großteil seiner mehr als 30 Filme in den fünfziger Jahren, u. a.: ›Das kalte Herz‹ (1950); ›Heidelberger Romanze‹ (1951); ›Eine Frau von heute‹ (1954); ›Wie einst Lili Marleen‹ (1956); ›Der Jugendrichter‹ (1959). 1963 wurde er Schauspieldirektor der Münchner Kammerspiele (Intendant: August Everding), Inszenierungen u. a.: Kipphardts ›In der Sache J. Robert Oppenheimer‹ (UA 1964); Weiss' ›Die Ermittlung‹ (1965); Shakespeares ›Liebes Leid und Lust‹ (1969); Fortes ›Martin Luther & Thomas Münzer oder Die Einführung der Buchhaltung‹ (1971). Rollen an den Kammerspielen u. a.: Präsident in Schillers ›Kabale und Liebe‹ (1965, R. Fritz Kortner); Schwitter in Dürrenmatts ›Der Meteor‹ (1966, R. Hans Schweikart); Otto Laiper in Sperrs ›Landshuter Erzählungen‹ (1967, R. Everding); Peachum in Brecht/ Weills ›Die Dreigroschenoper‹ (1968; R. Jan Grossman). Autor von Theaterstücken: ›Das kleine Hofkonzert‹, ›Eines Mannes Leben‹.
Literatur: Zur Erinnerung: Therese Giehse, Paul Verhoeven, Carl Wery. München, Kammerspiele 1975; M. Faber/L. Weizert: . . . dann spielten sie wieder. Das Bayerische Staatsschauspiel 1946–1986. München 1986.

Vian, Boris (Pseud. Vernon Sullivan), geb. 10. 3. 1920 in Ville-d'Avray, gest. 23. 6. 1959 in Paris. Schriftsteller. Vian stammte aus großbürgerlicher Familie. Von 1942 bis 1947 absolvierte er ein Ingenieur-Studium in Paris und Marseille. Gleichzeitig er sich in den existentialistischen Kreisen von Saint-Germain-des-Prés auf. Er war Jazzmusiker und schrieb Chansons

(für Serge Reggiani), Novellen, Erzählungen, Opernlibretti (Musik von Darius Milhaud und Georges Delerue) und Theaterstücke. Als bekanntestes Stück Vians gilt ›Die Reichsgründer oder Das Schmürz‹ (1959). Seine Werke konnten sich auf deutschen Bühnen nicht durchsetzen. Seine Lieder hingegen waren auch in Deutschland populär, neuerdings wieder durch Anne Bennent und ihre Liederabende.
Weitere Stücke: ›Schinderei für alle‹ (1948); ›Generäle‹ (postum 1965).
Literatur: J. Bens: B. Vian. Paris 1976; H. Dickhoff: Die Welt des B. Vian. Frankfurt a. M. 1977.

Viebrock, Anna, geb. 3. 8. 1951 in Frankfurt a. M. Bühnen- und Kostümbildnerin. Studium bei Karl Kneidl an der Düsseldorfer Kunstakademie; danach Engagement bei Peter Palitzsch am Schauspiel Frankfurt; Zusammenarbeit mit Hans Neuenfels bei Busonis ›Faust‹, Goethes ›Iphigenie auf Tauris‹ und Kleists ›Penthesilea‹. Es folgten Ausstattungsarbeiten an der Frankfurter Oper, an den Theatern in Bonn und Heidelberg, am Staatstheater Stuttgart, an der Volksbühne am Rosa-Luxemburg-Platz Berlin und erneut am Schauspiel Frankfurt. 1988–1993 feste Bühnen- und Kostümbildnerin in Basel. Seit 1983 regelmäßige Zusammenarbeit mit Jossi Wieler; häufig auch Zusammenarbeit mit Christoph Marthaler und der Opernregisseurin Renate Ackermann. Seit der Spielzeit 1993/94 ist sie Ausstattungsleiterin am Deutschen Schauspielhaus Hamburg. Sie entwarf dort u. a. die Bühne für Marthalers Goethe-Projekt ›Faust Wurzel aus 1 + 2‹ und für Wielers Jelinek-Inszenierung ›Wolken. Heim.‹; Franz Wille schrieb: »Die heimliche Hauptperson der Hamburger Eröffnungsrunde sind zwei Bühnenbilder von Anna Viebrock, einer detailwütigen Spezialistin für die muffige Pracht verblichener Größe. Ihre Räume geben präzise Zeitzeichen, die jede Kalendergewißheit in den Wahnsinn treiben; ihre liebevoll ausstaffierten Mentalitätsgefängnisse umarmen mit gespenstischer Geborgenheit – spielerisch und unentrinnbar. Täuschend echte Kunsträume überrumpeln durch abwegige Einzelheiten, die sich in zielsicherer Sinnlosigkeit paßgenau zusammenfügen. Ob in ihrem Wurzelfaustmuseum eine alte Küchenschranktür in drei Metern Höhe absolut unerreichbar über den Köpfen hängt, oder hinter den ausklappenden Gretchenbetten noch ein überzeugend blöder Blümchenvorhang flattert (...) – noch der ausgeprägteste Wirklichkeitssinn kapituliert sofort vor Anna Viebrocks beiläufig selbstverständlichen Unmöglichkeiten. Für Elfriede Jelineks ›Wolken. Heim.‹ hat sie die Wolken in ein Aquarium verwandelt und das Heim in einen Bunker. Vier monströse Schreibtische, klobige Eichenholzungetüme aus den dreißiger Jahren stehen im Karree. (...) Und hinten links das Natürlichste der Wohnwelt, ein rechteckiger Kasten mit Dauerhimmelprojektion: die Wolkenfreiheit, ein deutscher Zimmerschmuck.« (›Theater heute‹, Heft 12, 1993)

Viertel, Berthold, geb. 28. 6. 1885 in Wien, gest. 24. 9. 1953 ebenda. Kritiker, Schriftsteller und Regisseur. Studium der Philosophie und Geschichte in Wien; schrieb Kritiken und Essays für literarische Zeitschriften, u. a. für die ›Fackel‹ von Karl Kraus. Veröffentlichte expressionistische Lyrik, u. a. ›Die Spur‹ (1913) und ›Die Bahn‹ (1921); später folgten die Komödie ›Die schöne Seele‹ (1925) und der Roman ›Das Gnadenbrot‹ (1927) sowie mehrere Übersetzungen. Begann seine Theaterkarriere 1911 als Dramaturg und Regisseur der Wiener Volksbühne; von 1912 bis 1914 war er außerdem Autor und Darsteller beim Wiener Kabarett Simplizissimus. 1914 ging er als Kritiker nach Prag, wo er Franz Kafka kennenlernte und 1918 Feuilletonchef beim ›Prager Tageblatt‹ wurde. Von 1919 bis 1922 machte er sich als Regisseur am Dresdner Staatstheater einen Namen; Inszenierungen u. a.: Wolfs ›Das bist du‹ (UA 1919); Hamsuns ›Spiel des Lebens‹ (1919); Grillparzers ›Des Meeres und der Liebe Wellen‹ (1920); Kaisers ›Gas‹ (1920) und ›Von morgens bis mitternachts‹ (1922); Hasenclevers ›Jenseits‹ (UA 1920; 1921 auch an den Münchner Kammerspielen); Stramms ›Die Heidebraut‹ und ›Erwachen‹ (UA 1921); Shakespeares ›Ein Sommernachtstraum‹ und ›König Richard II.‹ (1921).

1922 wechselte er zu Max Reinhardt ans Deutsche Theater Berlin; dort künstlerischer Durchbruch mit Hebbels ›Judith‹ (mit Agnes Straub und Heinrich George) und vor allem mit Bronnens ›Vatermord‹ (Junge Bühne, mit Alexander Granach). Außerdem u. a.: Shakespeares ›König Richard II.‹ (1922, mit Alexander Moissi, Elisabeth Bergner, Granach und George); Ibsens ›John Gabriel Borkman‹ (1923, mit Fritz Kortner). 1923 gründete Viertel in Berlin sein eigenes Ensemble, das Kollektivtheater »Die Truppe«. Produktionen u. a.: Shakespeares ›Der Kaufmann von Venedig‹ (1923, mit Kortner als Shylock); Hamsuns ›Vom Teufel geholt‹ (1923); Kaisers ›Nebeneinander‹ (1923, mit Rudolf Forster, Bühne: George Grosz); Musils ›Vinzenz oder die Freundin bedeutender Männer‹ (UA 1923, mit Forster). Nach Auflösung der »Truppe« im März 1924 arbeitete Viertel als freier Regisseur; inszenierte u. a. am Kleinen Theater Berlin Raynals ›Das Grabmal des unbekannten Soldaten‹ (1926, mit Albert Steinrück; danach auch in Düsseldorf); Herbert Ihering war beeindruckt von der »tiefen, wahrhaft menschlichen Anständigkeit des Ganzen« und resümierte: »Es war vielleicht die beste Vorstellung, die er seit dem ›Vatermord‹ geschaffen hat. Ihm liegen ethische Werke und Stücke mit wenigen Personen. Es war ergreifend, weil alle Routine ausgeschaltet blieb.« (›Berliner Börsen-Courier‹, 20. 3. 1926) In der Spielzeit 1926/27 war Viertel am Düsseldorfer Schauspielhaus engagiert; dort u. a.: Schillers ›Maria Stuart‹; Sternheims ›Bürger Schippel‹ und ›Die Hose‹; Rehfischs ›Razzia‹. Mit Ibsens ›Peer Gynt‹ (1928, Berlin) verabschiedete er sich aus Deutschland; er emigrierte in die USA, wo er inszenierte und Drehbücher schrieb. 1933 Rückkehr nach Europa; Regiearbeiten in London; in Berlin Verfilmung des Fallada-Romans ›Kleiner Mann – was nun?‹ Nach Hitlers Machtergreifung lebte er vorübergehend in Wien, Prag, Paris und London; 1939 Emigration in die USA. Inszenierungen in New York u. a.: Brechts ›Furcht und Elend des Dritten Reiches‹ (1942); Bruckners ›Die Rassen‹ (1942); Kraus' ›Die letzten Tage der Menschheit‹ (1947, Leseaufführung); au-

Vilar

ßerdem Filmarbeit und Artikel für Exilzeitschriften. 1947 Rückkehr nach Europa; Arbeiten am Schauspielhaus Zürich u.a.: Shaws ›Zuviel Geld‹ (1948, mit Will Quadflieg); Ibsens ›Hedda Gabler‹ (1948, mit Maria Becker). Von 1949 bis zu seinem Tod war er Regisseur am Wiener Burgtheater; Inszenierungen u.a.: Williams' ›Die Glasmenagerie‹ (1949) und ›Endstation Sehnsucht‹ (1951); Strindbergs ›Die Kronbraut‹ (1949, mit Käthe Gold); Eliots ›Die Cocktail-Party‹ (1951, mit Attila Hörbiger); Hauptmann/ Zuckmayers ›Herbert Engelmann‹ (1952, mit O. W. Fischer); Tschechows ›Die Möwe‹ (1952); außerdem Shakespeare-Stücke. 1949/50 wieder Regiearbeiten in Berlin, u.a. Gorkis ›Wassa Schelesnowa‹ an Bertolt Brechts Berliner Ensemble (1949, mit Therese Giehse in der Titelrolle). Bei den Salzburger Festspielen: Kleists ›Der zerbrochne Krug‹ (1951, mit Oskar Homolka). Im Zentrum seiner Arbeit stand stets das dichterische Werk. In Bezug auf die »schöpferische Tätigkeit des Regisseurs« heißt es in seinen ›Schriften zum Theater‹: »Der Regisseur ist der Vereinheitlicher der verschiedenen Vitalitäten und Ideen, der verschiedenen Kunstgattungen, die auf der Bühne gegeneinander kämpfen und miteinander verschmelzen. (. . .) Der alle Geister aller Musen ruft und ruft, ist und bleibt der Dramatiker. Sein Wortwerk enthält bereits alle Intention: Bühne, Regie und Schauspielerei.«

Literatur: B. Viertel: Kindheit eines Cherub. Autobiographische Fragmente. Hrsg. v. S. Bolbecher. Wien 1990; ders.: Karl Kraus. Ein Charakter und die Zeit. Dresden 1921; ders.: Dichtungen und Dokumente. Gedichte, Prosa, autobiographische Fragmente. Hrsg. v. E. Ginsberg. München 1956; ders.: Schriften zum Theater. Hrsg. v. G. Heidenreich. München 1970; ders.: Daß ich in dieser Sprache schreibe. Gesammelte Gedichte. Hrsg. v. G. Fetzer. München 1981; ders.: Die Überwindung des Übermenschen. Exilschriften. 4 Bde. Wien 1989; ders.: Studienausgabe. Hrsg. v. K. Kaiser. 2 Bde, Wien 1989 u. 1990; H. Ihering: Von Reinhardt bis Brecht. 3 Bde., Berlin 1958–1961; S. Viertel: Das unbelehrbare Herz (Memoiren seiner Frau Salka). Hamburg, Düsseldorf 1970; J. Mayerhöfer (Hrsg.): Berthold Viertel. (Ausstellung ›Berthold Viertel und Wien‹ im Burgtheater, Mai bis Sept. 1975). Wien 1975; E. Haeusserman: Das Wiener Burg-Theater. Wien, München, Zürich 1980; B. Lesáz: Die Kulisse explodiert. Friedrich Kiebers Theaterexperimente und Architekturprojekte 1923–1925. Wien 1988.

Vilar, Esther, geb. 16. 9. 1935 in Buenos Aires. Schriftstellerin. Tochter eines Landwirts. Vilar studierte Medizin an der Universität von Buenos Aires. 1960 ging sie mit einem Stipendium nach Deutschland und studierte Psychologie und Soziologie in Wilhelmshaven und München. Sie arbeitete bis 1963 als Ärztin in einem bayerischen Krankenhaus. Danach lebte sie als freie Schriftstellerin und Übersetzerin. Ihren internationalen Durchbruch als Schriftstellerin fand sie 1971 mit ihrem Buch ›Der dressierte Mann‹. Sie hielt sich danach in Italien und Frankreich auf und lebt heute in London. Von ihren elf Stükken wurde vor allem ›Die amerikanische Päpstin‹ gespielt. »Man muß Ester Vilar wirklich bewundern. Vor fast einem Vierteljahrhundert hat sie auf dem weltweiten Boulevard mit ihrem Theslein vom ›Dressierten Mann‹ Furore gemacht. Für ihre alberne, aber zur Gesellschaftstheorie ausgewalzte Sottise über die müßiggehende Frau, die den armen Mann als Arbeitstier abrichtet und als Versorger ausbeutet, hat sie sich als anti-feministische Vorzeigerenegatin von der Männerwelt herzen lassen. Mit dem ›Lächeln des Barrakuda‹ (. . .) zeigt Esther Vilar aufs neue, was in ihr steckt: eine schlaue Schmarotzerin sämtlicher Zeitläufte, die sich mit somnambuler Cleverneß dort positioniert, wo sich mit der ›Political Correctness‹ ein Tauschgeschäft machen läßt.« (Sigrid Löffler, ›SZ‹, 15. 6. 1994, Kritik zur UA von ›Das Lächeln des Barrakuda‹, Werkstatt des Josefstädter Theaters. R. Otto Schenk)

Weitere Stücke: ›Helmer oder Ein Puppenheim‹ (1980); ›Ein deutscher Sommer‹ (1980); ›Der Tangotänzer‹ (1981); ›Liebeslied für einen ruhelosen Mann‹ (1983); ›Die Strategie der Schmetterlinge‹ (1983);

743

Vinaver

›Die Erziehung der Engel‹ (1990); ›Der Moskito‹ (1991); ›Das Lächeln des Barrakuda‹ (1994).

Vilar, Jean, geb. 25. 3. 1912 in Sète (Frankreich), gest. 28. 5. 1971 ebenda. Schauspieler, Regisseur und Intendant. Ausbildung bei Charles Dullin am Théâtre de l'Atelier; dort auch Schauspieler und Regisseur. Spielte 1941 in einem Wanderensemble und gründete 1943 das Théâtre de Poche, wo er u. a. Molières ›Don Juan‹ und Strindbergs ›Totentanz‹ herausbrachte. 1945 großer Erfolg mit der Inszenierung von Eliots ›Mord im Dom‹ am Théâtre du Vieux Colombier in Paris. 1947 gründete Vilar das Festival d'Avignon, das unter seiner Leitung zu internationalem Ruhm gelangte. In Avignon inszenierte er Stücke der Weltliteratur, u. a. Shakespeares ›König Richard II.‹, Corneilles ›Le Cid‹, Büchners ›Dantons Tod‹, Gides ›Oedipus‹ und – einer der größten Triumphe der Festspiele – Kleists ›Prinz Friedrich von Homburg‹ (1951, mit Gérard Philipe in der Titelrolle). Vilar blieb bis zu seinem Tod Festivaldirektor. Gleichzeitig leitete er von 1951 bis 1963 das Pariser Théâtre National Populaire (T.N.P.), wo er versuchte, das Volkstheater neu zu beleben. Sein Zielpublikum waren die einfachen Leute von der Straße, Arbeiter und Angestellte. Durch besondere Abonnementsregelungen, niedrige Eintrittspreise und besucherfreundliche Einrichtungen (preiswerte Mahlzeiten vor der Aufführung, kostenlose Garderobe, Transport mit Bussen, regelmäßige Diskussionsrunden) verwirklichte Vilar seine Vorstellung von der Volksbühne als »service public«. Die Inszenierungen am T.N.P. (im Palais de Chaillot) zeichneten sich durch karge Bühnenbilder, prächtige Kostüme, viel Musik und große Gesten aus. Vilar hatte mit repräsentativen, großangelegten Klassikeraufführungen begonnen, die mehr ästhetisch als engagiert schienen. Später benutzte er sein Theater entschiedener als politisches Instrument. Neben französischen Klassikern inszenierte er Stücke von Tschechow, Pirandello, Kipphardt und Brecht (›Mutter Courage und ihre Kinder‹, ›Der aufhaltsame Aufstieg des Arturo Ui‹). Zu seinen bekanntesten Schauspielern gehörten Maria Casarès, Gérard Philipe und Georges Wilson. Vilar selbst spielte Shakespeares ›Richard II.‹ und Molières ›Geizigen‹.

Literatur: J. Vilar: De la tradition théâtrale. Paris 1955; ders.: Le théâtre service public et autres textes. Prés. et notes d'Armand Delcampe. Paris 1975; C. Valogue: Jean Vilar. Paris 1954; Avignon: 20 ans de Festival. Paris 1966; C. Roy: Jean Vilar. Paris 1968; Jean Vilar: Théâtre et utopie. Colloque internat., Venise 16–18 nov. 1985. Louvain-la-Neuve 1986; Avignon: 40 ans de Festival. Paris 1986; S. Alfred: Jean Vilar. Qui êtes-vous? Lyon 1987; J.-C. Bardot: Jean Vilar – Jean Claude Bardot. Paris 1991.

Vinaver, Michel, geb. 31. 1. 1927. Französischer Schriftsteller. Vinaver studierte Geisteswissenschaften in Paris und in Middletown (USA). Zunächst arbeitete er von 1953 bis 1980 als Manager. 1983 wurde er Gastdozent für Theaterwissenschaft in Paris. Er veröffentlichte zahlreiche Romane und Theaterstücke, u. a. über die Sinnlosigkeit des Krieges. Sein Werk ist von Brecht beeinflußt. Seinem Figurenpersonal gehören Manager und Arbeiter an. In Deutschland ist er mit einer wenig gelungenen Aufführung seines Stückes ›Flug in die Anden‹ bekannt geworden, das den Unfall einer Verkehrsmaschine in den Anden im Jahre 1973 zur Grundlage hat; die überlebenden Rugby-Spieler berichteten damals, wie sie, indem sie die Toten aßen, sich retten konnten. Aus den Rugby-Spielern machte Vinaver Manager: »Das Stück, eine moderne Untergangsballade, weckt Interesse. Der Autor, in Deutschland bisher nur ganz peripher bekanntgemacht, ist offenkundig ein origineller Kopf (. . .) Am Ende aber blieb der Beifall im Rahmen des Höflichen. Nichts war danebengegangen, zum Schluß aber war der Abend fast – vertan. (. . .) Ein Katastrophenstück, ein Endspiel, eine Parabel auf den Untergang der Menschheit vielleicht sogar, Verhaltensstudie in einer Extremsituation. Der Ehrgeiz des Autors war es, mit diesem Stück ›etwas zu schaffen, was mir zuvor aller Anstrengung und Lust zum Trotz nie gelungen ist, nämlich eine richtig runde

Komödie zu schreiben‹. Eine schwarze Komödie der ins Extrem vorangetriebenen Banalität (...) Der Funke sprang nicht über ins Parkett. Die grausam-tragische Comédie humaine blieb ein – eindrucksvolles – Konstrukt.« (Hans Schwab-Felisch, ›FAZ‹, 17. 10. 1983, Kritik zur UA ›Flug in die Anden‹, Residenztheater München, R. Arie Zinger)

Weitere Stücke: ›Die Koreaner‹ (1956); ›Les Huissiers‹ (1958); ›La Fête du Cordonnier‹ (1959); ›Hotel Iphigenie‹ (1960); ›Par-dessus bord‹ (1972); ›L'Ordinaire‹ (1982).

Vincent, Jean-Pierre, geb. 1942. Regisseur und Intendant. Begann 1964 gemeinsam mit Patrice Chéreau in der Theatergruppe des Lycée Louis-Le-Grand in Paris; bis 1969 Mitarbeit am Théâtre de Sartrouville. Danach aufsehenerregende Zusammenarbeit mit Jean Jourdheuil; Inszenierungen an verschiedenen Pariser Theatern und beim Festival d'Avignon. 1974 wurde Vincent Direktor des Théâtre National de Strasbourg (TNS). Dort betrieb er – nach dem Vorbild der Berliner Schaubühne am Halleschen Ufer – ein Kollektiv-Theater, verpflichtete Dramaturgen (was in Frankreich unüblich ist) und sammelte namhafte Regisseure, Schauspieler und Bühnenbildner um sich. 1983 wechselte Vincent als Intendant an die Pariser Comédie Française. Mit zeitgenössischen Stücken, Koproduktionen und Gastspielen in den französischen Regionen wollte er dem künstlerisch verstaubten Haus zu neuem Ansehen verhelfen, stieß allerdings mit seinem Konzept auf Schwierigkeiten und schied deshalb 1986 vorzeitig aus der Direktion aus. Seit 1990 ist er Intendant am Théâtre des Amandiers in Nanterre (als Nachfolger von Chéreau). Anders als Chéreau, wollte er zunächst auf Stars und Großereignisse verzichten. Das hat sich geändert: In Zukunft soll es in Nanterre aufwendige Projekte und Koproduktionen mit dem Berliner Ensemble geben. Wichtige Regiearbeiten u. a.: Brechts ›Die Kleinbürgerhochzeit‹ (1968 und 1973) und ›Im Dickicht der Städte‹ (1972); Farquhar/Brechts ›Pauken und Trompeten‹ (1968/69); Goldonis ›Der Marquis von Montefosco‹ (1969/70); Labiches ›Das Sparschwein‹ (1971, Einfluß auf die Produktion von Peter Stein in Berlin); Rezvanis ›Capitaine Schelle, Capitaine Ecco‹ (1971/72); Büchners ›Woyzeck‹ (1972/73); Wischnewskis ›Optimistische Tragödie‹ (1974); Zolas ›Germinal‹ (1975, Fassung des Regie-Kollektivs am TNS); Molières ›Der Menschenfeind‹ (1977/78), ›Die Schule der Frauen‹ (1983) sowie ›Die Schelmenstreiche des Scapin‹ (1990, Festival d'Avignon); Projekt über Vichy-Frankreich (1979); TNS-Gruppenprojekt ›Palais de Justice‹ (1981/82); Shakespeares ›Verlorene Liebesmüh‹ (1982); Sophokles' ›Ödipus Tyrannos‹ und ›Ödipus auf Kolonos‹ (1989, Festival d'Avignon). Vincent, einer der wichtigsten Vertreter des modernen Theaters in Frankreich, wird oft als der »französischste unter den französischen Regisseuren« bezeichnet. Dazu Vincent in einem Interview mit der ›Süddeutschen Zeitung‹ (12. 11. 1992): »Meine Theaterkultur ist in ihren Grundzügen deutsch, ebenso wie meine dramaturgischen Konzepte. Meine Art und Weise, Texte zu lesen und ihren Entwicklungen zu folgen, hat überhaupt nichts Französisches.«

Vitali, Christoph, geb. 28. 9. 1940 in Zürich. Kulturmanager und Intendant. Jurastudium an der Universität Zürich; danach Anwaltstätigkeit und Promotion. Wechselte 1969 als Adjunkt ins Kulturreferat der Stadt Zürich und wurde dort 1971 verantwortlicher Leiter. Zuständigkeiten auf allen Gebieten der Kulturförderung und Kulturpolitik. Leitete verschiedene kulturelle Einrichtungen und Projekte, u. a. das Züricher Theater 11, wo bedeutende europäische Theatergruppen gastierten. 1979–1984 Verwaltungsdirektor der Städtischen Bühnen Frankfurt; 1985–1992 Direktor und Geschäftsführer des Frankfurter Theaters am Turm (TAT), des OFF-TAT und der Schirn-Kunsthalle (zusammengefaßt in der Kulturgesellschaft Frankfurt). Unter Vitalis Leitung zeigte das TAT wieder mehr Eigenproduktionen und experimentelles Theater. Seit 1993 leitet er das Münchner Haus der Kunst.

Vitez, Antoine, geb. 20. 12. 1930 in Paris, gest. 1990 ebenda. Schauspieler, Regisseur und Intendant. Schauspielausbildung bei Tanja Balachova; Russisch-Unterricht. 1960–1962 Sekretär von Louis Aragon für ›Histoire parallèle de l'URSS et des Etats-Unis‹; 1962/63 Schauspieler am Théâtre Quotidien de Marseille; 1964–1967 Schauspieler und Mitglied der Theaterleitung am Théâtre Maison de la Culture in Caen; 1966–1970 Dozent an der Pantomimenschule von Jacques Lecoq; außerdem Professor am Conservatoire National Supérieur d'Art Dramatique (1968–1981) und seit 1975 Mitherausgeber der Zeitschrift ›Europe‹. Von 1972 bis 1981 hatte er die Leitung des Théâtre des Quartiers d'Ivry; gleichzeitig war er von 1972 bis 1974 künstlerischer Co-Direktor des Nationaltheaters Chaillot in Paris (unter der Direktion von Jack Lang); 1981–1988 Direktor des Nationaltheaters Chaillot. Von 1988 bis zu seinem Tod war er Intendant (Administrateur) der Comédie Française. Inszenierungen seit 1966; am Theater in Caen u. a.: Sophokles' ›Elektra‹ (1966; 1971 auch am Théâtre des Amandiers in Nanterre); Majakowskis ›Schwitzbad‹ (1967/68); am Théâtre des Quartiers d'Ivry u. a.: Goethes ›Faust‹ (1972); Brechts ›Mutter Courage und ihre Kinder‹ (1973, auch in Nanterre); Kaliskys ›Clarettas Picknick‹ (1974, auch am Théâtre de Poche Brüssel); ›Das Treffen Georges Pompidous mit Mao Tsetung‹ (1979); Gogols ›Der Revisor‹ (1980). Weitere Regiearbeiten u. a.: Claudels ›Mittagswende‹ (1975, Comédie Française); Vinavers ›Hotel Iphigenie‹ (1977, Centre Georges Pompidou); Molières ›Tartuffe‹ (1977, Moskau, in russischer Sprache); Mozarts ›Die Hochzeit des Figaro‹ (1979, Teatro Comunale Florenz, mit Riccardo Muti am Pult). Am Théâtre National de Chaillot u. a.: ›Freitag oder das wilde Leben‹ (1973, nach Tournier); Goethes ›Faust‹ (1981/82, Vitez als Faust); T. B. Jellouns ›Gespräch mit Herrn Said Hammadi, algerischer Arbeiter‹ (1982); Shakespeares ›Hamlet‹ (1983); Marivaux' ›Le Prince Travesti‹ (1983). Für das Festival d'Avignon u. a.: Claudels ›Der seidene Schuh‹ (1987; Gastspiele in Paris, Barcelona, Berlin und Brüssel); Fernando de Rojas ›La Célestine‹ (1989); mehrere Stücke von Molière. Vitez, lange Jahre Mitglied der kommunistischen Partei und kulturpolitisch stark engagiert, zählte zu den wichtigsten Regisseuren des modernen französischen Theaters. Er übersetzte aus dem Deutschen, Russischen und Griechischen und legte mehrere theaterwissenschaftliche und theatergeschichtliche Werke vor.

Literatur: A. Vitez/E. Copfermann: De Chaillot à Chaillot. Paris 1981; J.-P. Leonardini: Profils perdus d'Antoine Vitez. Paris 1990; E. Recoing: Journal de bord: Le Soulier de Satin. Paris 1991.

Vitrac, Roger, geb. 17. 11. 1899 in Pinsac, gest. 22. 1. 1952 in Paris. Dramatiker. Vitrac kam 1910 nach Paris, wo er nach dem Ersten Weltkrieg die Gruppe und die Zeitschrift ›Aventure‹ gründete. 1922 Teilnahme am Dada-Manifest und Freundschaft mit Breton, Masson und Artaud. Vitracs Theaterstücke stehen dem Surrealismus nahe und sind vom Theater Alfred Jarrys beeinflußt. »Das ist aber schön garstig! – Wenn man bedenkt, daß Roger Vitrac dieses stachlig-komische Stück Theater schon vor vierzig Jahren geschrieben hat, dann kommen einem die modischen Meister des ›absurden‹ und des Schock-Theaters schier geringfügig vor. Dies ist so lustig, wie es böse, ist so scheinbar verworren, wie es eingängig klar ist. Vitrac, der Surrealist, stülpt die Welt der Kinder und die der Erwachsenen einfach um. Er ruft (. . .) die Unmündigen zur Anarchie auf. ›Die Kinder an die Macht!‹ Er geht dabei zu Werke mit Mitteln und im Gehäuse der geläufigen Gesellschaftsfarce. Er bedient sich der Tricks seines Zeitgenossen Feydeau. Aber er würzt sie mit dem Pfeffer des Absurden. Er setzt dem Spaß noch eine Elle der logischen Verrücktheit hinzu.« (Friedrich Luft, zu ›Victor oder die Kinder an der Macht‹, 12. 10. 1966. In: Stimme der Kritik. Stuttgart 1979)

Weitere Stücke: ›Der Coup von Trafalgar‹ (1934); ›Les demoiselles du large‹ (1938); ›Le camelot‹ (1938).

Literatur: J. Grimm: Vitrac, ein Vorläufer des Theaters des Absurden. München 1977; S. A. Heed: Le cocu du dada. Lund 1983.

Völker

Völker, Klaus, geb. 1938 in Frankfurt. Theaterwissenschaftler, Dramaturg und Kritiker. Studium der Germanistik, Philosophie, Kunstgeschichte und Theaterwissenschaft in Frankfurt und Berlin. 1958–1962 Mitarbeit an Studentenbühnen; 1969/70 Dramaturg am Schauspielhaus Zürich; danach Dramaturgenarbeit am Züricher Theater am Neumarkt, in Basel und Bremen; 1980–1985 Chefdramaturg der Staatlichen Schauspielbühnen Berlin. Langjähriger Mitarbeiter von ›Theater heute‹ (»Klaus Völkers Literaturumschau«). Schrieb zahlreiche Aufsätze, Biographien und sonstige theaterwissenschaftliche Werke. Veröffentlichungen u. a.: ›Frank Wedekind‹ (Velber 1965); ›Irisches Theater‹ – Bd. 1: ›Yeats u. Synge‹, Bd. 2: ›Sean O'Casey‹ (Velber 1967 u. 1968); ›Bertolt Brecht – Eine Biographie‹ (München 1976); ›Brecht-Kommentar zum dramatischen Werk‹ (München 1983); ›Brecht-Chronik. Daten zu Leben und Werk‹ (Neuausgabe München 1984); ›Beckett in Berlin: Zum 80. Geburtstag‹ (Hrsg.; Berlin 1986); ›Fritz Kortner: Schauspieler und Regisseur‹ (Berlin 1987); ›Elisabeth Bergner. Das Leben einer Schauspielerin, ganz und doch immer unvollendet‹ (Berlin 1990).

Vogt, Walter, geb. 31. 7. 1927 in Zürich, gest. 21. 9. 1988 in Muri bei Bern. Autor. Vogt studierte Medizin und arbeitete als Röntgenarzt und Psychiater. Er schrieb Romane und Erzählungen, in denen er satirisch und mit schwarzem Humor Geschichten aus dem Arzt- und Krankenhausmilieu schildert. Seine Texte für die Bühne hatten wenig Erfolg.
Stücke: ›Höhenluft‹ (1966); ›Typhus‹ (1973); ›Die Königin des Emmentals‹ (1983); ›Die Betroffenen‹ (1988).

Voigtländer, Nikol, geb. 1940 in München. Schauspieler, Regisseur und Bühnenbildner. 1961–1964 Studium der Theaterwissenschaft und Germanistik in München; 1962–1964 Ausbildung an der Neuen Münchner Schauspielschule und Bühnenbildner bei der Studentenbühne. 1964/65 Engagement in Hildesheim; 1965 an der Schaubühne am Halleschen Ufer

Berlin; 1966 an der Freien Volksbühne Berlin: Stefan in Waldbrunn/Winiewicz' ›Die Flucht‹ (1966, R. Hermann Kutscher). Mehrere Kurzfilme und Hörspiele; 1967–1974 Studium der Soziologie und Psychologie (Diplom-Abschluß). An der Berliner Schaubühne spielte er bis 1976 auch unter der neuen Leitung von Peter Stein, u. a. in Steins Ibsen-Inszenierung ›Peer Gynt‹ (1971); ferner in Müllers ›Der Lohndrükker‹. 1976–1980 Regiearbeiten u. a. in Wiesbaden, am Landestheater Tübingen, am Frankfurter TAT (Brechts ›Furcht und Elend des Dritten Reiches‹) und an den Münchner Kammerspielen (Achternbuschs ›Susn‹; die Endproben leiteten nach einem Streit Dieter Dorn und Ernst Wendt). 1981–1987 wieder Verpflichtungen an der Berliner Schaubühne (nun am Lehniner Platz). An der Freien Volksbühne sah man ihn als Arkadij S. Islajev in Turgenjews ›Ein Monat auf dem Lande‹ (1984/85, R. Fred Berndt). 1988–1990 Schauspieler in Bochum und Köln. Arbeiten als Bühnenbildner seit 1982, u. a. am Thalia Theater Hamburg, am Schauspiel Basel (Brentons ›Genius‹, Sternheims ›Die Kassette‹), am Theater am Neumarkt Zürich (Grabbes ›Don Juan und Faust‹), am Staatstheater Kassel (Taboris ›Mein Kampf‹) und am Residenztheater München. Seit 1990 ist er Schauspieler und Bühnenbildner am Schauspielhaus Bochum.

Voltaire (eigtl. François-Marie Arouet), geb. 21. 11. 1694 in Paris, gest. 30. 5. 1778 ebenda. Philosoph und Dramatiker. Sohn eines Notars. 1717 war Voltaire in Bastillehaft wegen einer Satire auf Ludwig XIV. Von 1726 bis 1729 lebte er im Exil in England. 1746 Mitglied der Académie Française. Von 1750 bis 1753 in Berlin am Hofe Friedrichs des Großen. 1755 kehrte er nach Frankreich auf seine Landgüter zurück. Voltaire war einer der wichtigsten Philosophen und Dichter der Aufklärung. Er schrieb 52 Theaterstücke, davon 27 Tragödien, die in Deutschland nur selten aufgeführt wurden und die auch im Vergleich zu seinem sonstigen Werk schwächer ausfielen. Bedeutung als Dramatiker hatte er dennoch für die französische Bühne, indem er die klassische Tragödie durch

Stofferweiterung und Humanisierung weiterentwickelte.

Stücke: ›Ödipus‹ (1718); ›Brutus‹ (1730); ›Zaïre‹ (1732); ›Cäsar‹ (1735); ›Alzire‹ (1736); ›Semiramis‹ (1748); ›Tancred‹ (1760); ›Irène‹ (1778).
Literatur: Th. Besterman (Hrsg.): Voltaire. Oxford 1976; P. Brockmeier (Hrsg.): Voltaire und Deutschland. o.O. 1979; W. Andrews: Voltaire. New York 1981.

Vosgerau, Karl-Heinz, geb. 16. 8. 1928 in Kiel. Schauspieler. Ausbildung an der Schauspielschule Kiel sowie privater Unterricht bei Bernhard Minetti. Debütierte 1948 als Jupiter in Molières ›Amphitryon‹ am Stadttheater Lüneburg (R. Hans Bauer). 1950–1952 in Lübeck u. a.: Mercutio in Shakespeares ›Romeo und Julia‹; 1952–1957 Buffo an der Deutschen Oper Düsseldorf; 1957–1962 Engagement am Staatstheater Braunschweig: Marinelli in Lessings ›Emilia Galotti‹; Robespierre in Büchners ›Dantons Tod‹; Danilo in Lehárs ›Die lustige Witwe‹; in Anouilhs ›Becket oder Die Ehre Gottes‹. 1962–1970 Engagement an den Wuppertaler Bühnen; spielte dort den Higgins in Lerner/Loewes ›My Fair Lady‹. Weitere Rollen u. a. in Wedekinds ›Schloß Wetterstein‹, in O'Caseys ›Der Preispokal‹ (R. Peter Zadek) und Gombrowicz' ›Yvonne, Prinzessin von Burgund‹ (R. Peter Löscher). 1970–1972 am Deutschen Schauspielhaus Hamburg; danach bis 1978 am Schauspielhaus Bochum (später als Gast). In Bochum Zusammenarbeit mit Zadek u. a.: Heilbutt in Fallada/Dorst/Zadeks ›Kleiner Mann, was nun?‹ (1972); Edgar in Shakespeares ›König Lear‹ (1974, mit Ulrich Wildgruber); wechselnde Rollen in Zadek/Greiffenhagens ›Professor Unrat‹ (1974, nach Heinrich Mann); Muleady in Behans ›Die Geisel‹ (1975, Freie Volksbühne Berlin; 1976 Bochum; 1977 als Fernsehfilm); Zusammenarbeit mit Rainer Werner Fassbinder in Heinrich Manns ›Bibi‹. Ferner sah man ihn als Higgins in Shaws ›Pygmalion‹. Seit 1978 freischaffend; zahlreiche Tourneen. Er gastierte häufig in der Kleinen Komödie München, u. a. in Samuel Taylors ›Unsere liebste Freundin‹ (1988, R. Harald Leipnitz): »›Ohne Grimassenschneiden und Gliederreißen, dafür aber verschmitzten Auges und eleganter Sohle präsentiert Karl-Heinz Vosgerau eine tatsächliche komische Figur: das Geiger-Genie Bach-Nielsen im selbstgewählt-eremitischen Vorruhestand. (. . .) ein ironischgelassener Glenn Gould der Violine. Ganz selbstverständlich (und gerade deshalb zwerchfellerschütternd) gehen dem graumelierten Maestro die egomanischen Eitelkeiten über die Lippen (. . .).« (Wolfgang Höbel, ›SZ‹, 5. 4. 1988) Bekannt wurde er v. a. durch seine Fernseharbeit, u. a.: ›Wie ein Blitz‹ (1970, nach Durbridge); ›Acht Stunden sind kein Tag‹ und ›Welt am Draht‹ (1972, R. jeweils Fassbinder); ›Die goldenen Schuhe‹ (1983, 5 Teile, R. Dietrich Haugk); ›Vor dem Sturm‹ (1984, nach Fontane, 5 Teile, R. Franz Peter Wirth). Spielfilme u. a.: ›Die verlorene Ehre der Katharina Blum‹ (1976, nach Böll, R. Volker Schlöndorff); ›Die wilden Fünfziger‹ (1983, nach Simmel, R. Zadek); ›Is' was Kanzler?!‹ (1984, R. Gerhard Schmidt).

Voss, Gert, geb. 10. 10. 1941 in Shanghai. Schauspieler. Nach einem abgebrochenen Studium der Germanistik und Anglistik nahm er privaten Schauspielunterricht bei Ellen Mahlke in München (1964–1966). Erste Bühnenengagements in Konstanz, Braunschweig (1968–1971) und München (1971/72 am Residenztheater). Von 1972 bis 1979 war er am Staatstheater Stuttgart engagiert, wo er in Inszenierungen von Alfred Kirchner auf sich aufmerksam machte: Melchior in Wedekinds ›Frühlings Erwachen‹ (1974); Titelrolle in Büchners ›Woyzeck‹ (1976); Puck in Shakespeares ›Ein Sommernachtstraum‹ (1977); Dorfrichter Adam in Kleists ›Der zerbrochne Krug‹ (1979). Außerdem sah man ihn in der Titelrolle von Molières ›Tartuffe‹ (R. Valentin Jeker) und als Dottore in Goldonis ›Der Diener zweier Herren‹ (R. Niels-Peter Rudolph). In Stuttgart begann 1974 die enge Zusammenarbeit und Freundschaft mit Claus Peymann. Unter Peymanns Regie spielte er den Karl Moor in Schillers ›Die Räuber‹ (1975), den Burggrafen in Kleists ›Käthchen von Heilbronn‹ (1976), den Wagner in Goethes

Voss

›Faust‹ (1977) sowie den Pylades in Goethes ›Iphigenie auf Tauris‹. 1979 wechselte Voss mit Peymann nach Bochum, wo er seine ersten großen Erfolge feierte. Rollen in Inszenierungen von Manfred Karge und Matthias Langhoff: Ballonflieger in Braschs ›Lieber Georg‹ (UA 1979); Firs in Tschechows ›Der Kirschgarten‹ (1981); unter der Regie von Kirchner: Zwinkervogel in Achternbuschs ›Kuschwarda City‹ (UA 1980); Antonio/Agnelli in Dario Fos ›Hohn der Angst‹ (1982); unter Peymann: Sultan Saladin in Lessings ›Nathan der Weise‹ (1981). 1982 bahnbrechender Erfolg als Hermann in Peymanns Kleist-Inszenierung ›Die Hermannsschlacht‹: »Voss, ein Mann in Schwarz, ein Che-Guevara-Mützchen auf dem Kopf. Ein Intellektueller, ein Gedankenspieler. (. . .) Er ist Machtmensch mit den gestischen Zeichen des Überlegenen; er ist Liebhaber und flirtet anmutig, ist alert, witzig, fürchterlich. Ein schlanker Mann im Schlabbermantel, ein undurchsichtiger, seltsam unterkühlter Bursche, der mit allen spielt und nie preisgibt, was er eigentlich vorhat, was er gewinnen will. (. . .) Voss spielte, was er wußte, und meinte, wie er zeigte. Er war heutig: skrupellos, menschenverachtend, intelligent. Ein gefährlicher Komiker – ein großartiger Spieler.« (C. B. Sucher, ›Theaterzauberer‹, S. 289 ff.) 1984 Gastspiel in Köln: Voss als Gajew in Tschechows ›Der Kirschgarten‹ (R. Jürgen Flimm); 1985 am Deutschen Schauspielhaus Hamburg: Voss als Ferdinand in Websters ›Die Herzogin von Malfi‹ (R. Peter Zadek); 1985/86 wieder in Stuttgart: als Platonow in Frayns ›Wilder Honig‹ (R. Arie Zinger) und als Loyal in Molières ›Tartuffe‹ (R. Rudolph). 1986 brillierte er bei den Salzburger Festspielen als Ludwig in Peymanns Inszenierung ›Ritter Dene Voss‹ (Thomas Bernhard hat diese Komödie für Voss und seine Kolleginnen Ilse Ritter und Kirsten Dene geschrieben). 1986 wechselte Voss mit Peymann ans Wiener Burgtheater, wo er als Shakespeares ›Richard III.‹ einen umjubelten Einstand gab (R. Peymann). Seither war Voss der Star vieler großer Burg-Inszenierungen, meist im kongenialen Zusammenspiel mit Ignaz Kirchner. 1988 sah man ihn als Prospero in Shakespeares ›Der Sturm‹ (R. Peymann) und als Shylock in ›Der Kaufmann von Venedig‹ (R. Zadek). 1990 brillierte er, wieder unter Zadeks Regie, in der Titelrolle von Tschechows ›Iwanow‹. Einen grandiosen Erfolg hatte er als ›Othello‹ in George Taboris herausragender Shakespeare-Inszenierung (1990, mit Kirchner als Jago): »Dieser Othello, der noch den Mord an seiner jungen nackten Frau als elegantes Ritual im Kerzenlicht zelebriert, er sucht die Liebe und die sie verzehrende Glut. Solch ein Feuer, solch ein Fieber von tief innen – und nicht das Blendwerk rhetorischer Gebärden und ›exotischen‹ Temperaments – war lange, lange auf keiner Bühne mehr zu sehen. Laurence Oliviers Othello ist die Legende der sechziger Jahre. Ein Klassiker. Ulrich Wildgruber in Peter Zadeks Hamburger Inszenierung war Deutschlands Othello der siebziger Jahre. Ein schwitzender Gorilla, eine mit den Rassismen aller Jagos und weißen Puritaner spielende Projektion des Sex-Niggers (. . .). Gert Voss, der Othello der neunziger Jahre, bringt nun beide wieder zusammen, das schwarze Monster und den edlen Mohren. Er macht aus ihnen einen wunderbaren, zur Liebe wie zum Mord verführenden, verführbaren Menschen.« (Peter von Becker, ›Theater heute‹, Jahrbuch 1990) Weitere Rollen am Burgtheater: Titelrolle in Shakespeares ›Macbeth‹ (1992, R. Peymann); Mr. Jay in Taboris ›Goldberg-Variationen‹ (UA 1992, mit Kirchner als Goldberg) und Heinrich Zukker in ›Requiem für einen Spion‹ (UA 1993, R. jeweils Tabori); Sigrid Löffler schrieb: »Vossens Raumverdrängungskapazität ist ja beträchtlich. Seiner virtuosen Mittel ist sich dieser behende und elegante Spieler inzwischen so sicher, daß er seine Register fast schon rascher wechselt als er sie zieht.« (›Theater heute‹, Heft 7, 1993) Bei den Salzburger Festspielen: Marc Anton in Shakespeares ›Julius Caesar‹ (1992, R. Peter Stein); bei den Wiener Festwochen: Antonius in ›Antonius und Cleopatra‹ (1994, auch am Berliner Ensemble, R. Zadek). Seit der Spielzeit 1993/94 arbeitet er mit Zadek am Berliner Ensemble. Voss ist einer der gefeiertsten Schauspielkünstler im deutschsprachigen Theaterraum. In der Zeitschrift ›Theater heute‹

wurde er viermal zum Schauspieler des Jahres gewählt: 1983 für seinen Hermann, 1987 für ›Richard III.‹, 1990 und 1992 gemeinsam mit Kirchner für die Leistungen in ›Othello‹ und ›Goldberg-Variationen‹. Für seine Darstellung des ›Richard III.‹ erhielt er außerdem den Gertrud-Eysoldt-Ring und die Kainz-Medaille. 1992 wurde ihm der Kortner-Preis verliehen. In seiner Laudatio rühmte George Tabori »Gerts Besessenheit, sich zu geben, geben, geben, wie nur große Liebhaber es tun, ohne Scham und ohne die bürgerlichen Tugenden des Anstandes und ohne die Verlogenheit mit den verheerenden Geboten der Kunst zu verwechseln. Er ist ein gefährlicher, nackter Schauspieler, ein unheimlicher Clown, ein wilder Stier . . .« (›Theater heute‹, Heft 12, 1992)

Literatur: H. Beil (u. a.) (Hrsg.): Das Bochumer Ensemble. Ein deutsches Stadttheater 1979–1986. Königstein 1986; C. B. Sucher: Theaterzauberer. Schauspieler. 40 Porträts. München, Zürich 1988; H. P. Doll (Hrsg.): Mein erstes Engagement. Theaterleute erinnern sich. Stuttgart 1980; P. v. Becker: »Willst du mich einen Virtuosen schimpfen?« Gert Voss und Ignaz Kirchner – ein freundschaftliches Streitgespräch über Kunst und Wahnsinn des Theaters. In: Theater heute, Jahrbuch 1992, S. 38–51.

W

Wachowiak, Jutta, geb. 13. 12. 1940 in Berlin. Schauspielerin. Besuchte die Berufsschule für Betriebswirtschaft und Verwaltung; arbeitete danach als Stenotypistin und Sekretärin. 1960–1963 Studium an der Filmhochschule Babelsberg; 1963–1968 Engagement am Hans-Otto-Theater Potsdam; 1968–1970 an den Städtischen Bühnen Karl-Marx-Stadt, wo sie als Luise in Schillers ›Kabale und Liebe‹ den Durchbruch schaffte. 1970 wechselte sie an das Deutsche Theater Berlin, wo sie bis heute zum Ensemble gehört. Wichtigste Rollen: Sonja in Tschechows ›Onkel Wanja‹ (1972, Kritikerpreis); Charly in Plenzdorfs ›Die neuen Leiden des jungen W.‹; Giacinta in Goldonis ›Die Sommerfrische‹; Frau John in Hauptmanns ›Die Ratten‹; Cordelia in Shakespeares ›König Lear‹; Die Elbe in Borcherts ›Draußen vor der Tür‹; Arkadina in Tschechows ›Die Möwe‹; Grete Grüntal in Barlachs ›Der blaue Boll‹. In Inszenierungen von Friedo Solter: Aase in Ibsens ›Peer Gynt‹ (1991, mit Daniel Morgenroth); Mumie in Strindbergs ›Gespenstersonate‹ (1993); in Inszenierungen von Thomas Langhoff u. a.: Titelrolle in Schillers ›Maria Stuart‹ (1980, Kritikerpreis); Hesione in Shaws ›Haus Herzenstod‹ (1990); Frau Wolff in Hauptmanns ›Der Biberpelz‹ (1993, mit Dieter Mann): »Jutta Wachowiak als Mutter Wolff baliniert maschinengewehrschnell, daß sich auch ortsansässige Ohren erst einmal umstellen müssen. Sie hantiert mit Töpfen und Tiegeln, Töchtern und Tassen, bis die kleine Wohnküche vollends zur Rappelkiste wird.« (Franz Wille, ›Theater heute‹, Heft 7, 1993); Marianne Abel in Strauß' ›Das Gleichgewicht‹ (1994). Unter Langhoffs Regie hat sie auch in mehreren Fernsehfilmen gespielt: ›Die Forelle‹ (1975); ›Die Befragung des Anna O.‹ (1977); ›Stine‹ (1978); ›Guten Morgen, du Schöne‹ (1980); ›Stella‹ (1982, nach Goethe). Weitere Fernsehrollen u. a.: Babka in ›Der Streit um den Sergeanten Grischa‹ (1968); Grusche in ›Der kaukasische Kreidekreis‹ (1973, nach Brecht); in ›Furcht und Elend des Dritten Reiches‹ (1981, nach Brecht). Sie wirkte in mehreren DEFA-Spielfilmen mit. Gefeiert wurde sie vor allem als Hella Lindau in dem Film ›Die Verlobte‹ (1980, Schauspielerpreis). 1979 wurde sie mit dem DDR-Kunstpreis ausgezeichnet.

Wachsmann, Jutta, geb. 5. 11. 1944 in Wien. Schauspielerin und Regisseurin. 1965–1967 Schauspielausbildung an der Otto-Falckenberg-Schule München. Nach Engagements in Oldenburg und Hamburg war sie drei Jahre lang bei Peter Zadek am Schauspielhaus Bochum verpflichtet. Erste Regieassistenzen bei Guido Huonder, Jochen Preen und Istvan Bödy; danach freischaffende Schauspielerin in München, Wiesbaden und Bonn. Erste Regiearbeit 1978/79 am Studiotheater München: Martin Sperrs ›Die Spitzeder‹ (mit dem Autor in der Titelrolle). Seit 1981 ist sie ausschließlich als Regisseurin tätig, u. a. an Wiener Bühnen (Jura Soyfer Theater, Schauspielhaus, Die Komödianten), am Schauspielhaus Graz, an den Stadttheatern Aachen und Ingolstadt, am Alten Schauspielhaus Stuttgart, am Goethe-Theater Frankfurt und an verschiedenen Münchner Theatern (Studio-Theater im Zelt/Schloß-Theaterzelt, Theater am Einlaß). 1987 wurde sie erste Spielleiterin und Stellvertreterin des Intendanten in künstlerischen Angelegenheiten am Rheinischen Landestheater Neuss. Inszenierungen u. a.: Walter Jens' ›Die Friedensfrau‹; Gorkis ›Nachtasyl‹; Horváths ›Don Juan kommt aus dem Krieg‹; Barbara Frischmuths ›Daphne und Io‹ (UA 1982, Schauspielhaus Wien); Kafka/Brods ›Das Schloß‹; Dürrenmatts ›Achterloo‹; Sternheims ›Bürger Schippel‹; Hebbels ›Maria Magdalena‹ (1988, Landestheater Coburg); Schnitzlers ›Leutnant Gustl‹ (1989); Sperrs ›Jagdszenen aus Niederbayern‹ (1993).

Wachsmann, Michael, geb. 1946 in Oldenburg, Holstein. Dramaturg und Übersetzer. Lebt seit 1948 in München. Studium der Germanistik, Anglistik und Ameri-

kanistik in Tübingen und München (1974 Promotion). 1974–1975 Dramaturg am Stadttheater Augsburg; 1976–1983 Dramaturg an den Münchner Kammerspielen; inszenierte dort 1980 Jandls ›Aus der Fremde‹. Seit 1983 ist er künstlerischer Direktor der Münchner Kammerspiele (unter der Intendanz von Dieter Dorn). Shakespeare-Übersetzungen für die Inszenierungen von Dorn: ›Ein Mittsommernachtstraum‹; ›Was ihr wollt‹; ›Troilus und Cressida‹; ›König Lear‹; ›Der Sturm‹. Ferner übersetzte er Robert Wilsons ›Die goldenen Fenster‹. 1987 wurde er mit dem Tukan-Preis ausgezeichnet.
Literatur: R. Wilson: Die goldenen Fenster. Aus dem Amerikanischen von M. Wachsmann. Mit Essays von M. Wachsmann und G. Lohnert. München/Wien 1982; H.-R. Müller/D. Dorn/E. Wendt: Theater für München. Ein Arbeitsbuch der Kammerspiele 1973–1983. München 1983.

Wachtangow, Jewgeni Bogrationowitsch, geb. 1. 2. 1883 in Wladikawkaz, gest. 29. 5. 1922 in Moskau. Schauspieler, Regisseur und Intendant. Begann 1903 ein naturwissenschaftliches Studium in Moskau, wechselte 1904 an die juristische Fakultät. 1904/05 spielte er bei verschiedenen Laientheatergruppen und führte erstmals Regie. 1906 gründete er an der Moskauer Universität eine Studentenbühne, die er mit Gorkis ›Sommergäste‹ eröffnete. 1909 entschied er sich für eine professionelle Theaterlaufbahn und nahm Schauspielunterricht an der Dramatischen Schule von Alexander J. Adaschew, wo Konstantin Stanislawskis »System« gelehrt wurde. Sein wichtigster Lehrer war Leopold A. Sulerschitzki, der an Stanislawskis Künstlertheater (MChT) engagiert war. 1910/11 war er Sulerschitzkis Assistent bei einer Regiearbeit in Paris: Maeterlincks ›Der blaue Vogel‹ am Théâtre Réjane (inszeniert nach dem Modell des MChT). 1911 Begegnung mit Stanislawski und dessen künstlerischem Partner Wladimir I. Nemirowitsch-Dantschenko. Noch im selben Jahr engagierte ihn Stanislawski als Assistent und Schauspieler an das MChT; 1911–1915 Vorlesungen über die Stanis-

lawski-Methode. 1913 wurde er neben Stanislawski und Sulerschitzki einer der Leiter des neueröffneten Ersten Studios am MChT; er inszenierte dort 1913 Hauptmanns ›Das Friedensfest‹. Mit einer Studentengruppe bildete er 1914 sein eigenes Studio (Studentisches Dramatisches Studio), das sich 1916 in Mansurow-Studio umbenannte. Im März 1917 ging daraus das Moskauer Dramatische Studio unter Leitung von Wachtangow hervor; 1920 wurde es als Drittes Studio dem Künstlertheater eingegliedert (seit 1926 selbständiges Theater mit Wachtangows Namen). 1918 inszenierte er am Ersten Studio Ibsens ›Rosmersholm‹ und an seinem eigenen Studio Maeterlincks ›Das Wunder des Heiligen Antonius‹ (auch 1921). 1918 Begegnung mit Wsewolod E. Meyerhold, dessen Auffassung von Theater ihn stark beeindruckte. Auf Stanislawskis Vorschlag hin übernahm Wachtangow auch die künstlerische Leitung des 1917 in Moskau gegründeten hebräischen Theater-Studios Habima. Zur Eröffnung inszenierte er 1918 einen Abend mit Einaktern von Asch, Peretz, Katznelson und Berkowitsch. Seine bedeutendsten Regiearbeiten stammen aus den letzten Jahren seines Schaffens: Tschechows ›Die Hochzeit‹ (1920 und 1921, Drittes Studio); Strindbergs ›Erik XIV.‹ (1921, Erstes Studio); Scholem An-Skis ›Der Dybbuk‹ (1922, Studio Habima). Die ›Dybbuk‹-Inszenierung war entscheidend für die endgültige Durchsetzung und den Ruhm der Habima; Gastspiele in vielen europäischen Ländern. Von einer der Reisen kehrte die Gruppe nicht mehr in die Sowjetunion zurück. Sie ließ sich als Habima-Theater in Tel Aviv nieder. Ein Triumph wurde Wachtangows letzte Inszenierung: Gozzis ›Prinzessin Turandot‹ (1922, Drittes Studio); Wachtangow, todkrank, hatte noch die Generalprobe geleitet, zur Premiere konnte er nicht mehr erscheinen. Er starb drei Monate später. In seiner Gedenkrede sagte Nemirowitsch-Dantschenko: »Er war im Begriff, ein neues Theater zu schaffen. Mit einer erstaunlichen Sensibilität hat er Züge des neuen Theaters aufgespürt. Er versuchte sie zu synthetisieren und mit dem Besten, was das Moskauer Künstlerische Theater hervorgebracht hat, zu vereini-

gen (. . .)« Wachtangow zählt zu den bedeutendsten Erneuerern des sowjetischen Theaters. Geschult im psychologischen Realismus Stanislawskis, meldete er im Laufe der Zeit Kritik an der Methode seines Lehrers und dessen Idee eines »Theaters des Lebens« an. Die wesentlichen Grundlagen der pädagogischen und künstlerischen Arbeit Stanislawskis zog er zwar nicht in Zweifel, doch wollte er zu einer neuen Ästhetik kommen und, ähnlich wie Meyerhold, die Theaterhaftigkeit des Theaters unterstreichen. 1921 schrieb er: »Das Theater des Lebens muß sterben. ›Charakter‹-Darsteller werden nicht mehr gebraucht. Alle, die zur Charakterdarstellung befähigt sind, müssen die Tragik (sogar die Komik) in jeder Charakterrolle aufspüren, und sie müssen lernen, auch grotesk gestalten zu können. (. . .) Der Naturalismus auf dem Theater muß sterben!« Das »theatergemäße Theater« fordernd, entwickelte er eine Art Synthese aus der Theaterkunst Stanislawskis und Meyerholds. In seinen Inszenierungen griff er Elemente der Commedia dell'arte und des chinesischen Theaters, des Märchens und des Stegreifspiels auf, auch Elemente der Romantik. Er verzichtete auf die Identifikation des Schauspielers mit seiner Rolle, betonte das Artistische und Burleske, verfremdete und ironisierte. Wachtangow selbst bezeichnete seine Art des Theaters als »phantastischen Realismus«: »Ich suche auf dem Theater nach zeitgenössischen Methoden, um der Inszenierung eine Form zu geben, die theatergemäß empfunden wird. (. . .) Man kann ein Stück realistisch oder nach der Methode des phantastischen Realismus inszenieren. Letzteres ist besser, denn es ist eine Schöpfung, die dem Verständnis aller Völker zugänglich ist.« (Siehe zu den zitierten Passagen: ›Schriften. Aufzeichnungen, Briefe, Protokolle‹. Hrsg. v. Dieter Wardetzky. Berlin (Ost) 1982).
Literatur: J. Gregor/R. Fülöp-Miller: Das russische Theater. Zürich, Leipzig, Wien 1928; N. N. Evreinov: Histoire du Théâtre Russe. Paris 1947; N. Gourfinkel: Stanislawski. Paris 1955; N. M. Gorchakov: The Theatre in Soviet Russia. New York 1957; N. M. Gortschakow: Vakhtangov, metteur en scène. Moskau 1959; W. E. Meyerhold/

A. J. Tairow/J. B. Wachtangow: Theateroktober. Hrsg. v. L. Hoffmann u. D. Wardetzky. Frankfurt a. M. 1972; C. Gray: Das große Experiment. Die russische Kunst 1863–1922. Köln 1974; J. Paech: Das Theater der russischen Revolution. Kronberg/Ts. 1974; M. Brauneck: Klassiker der Schauspielregie. Reinbek 1988; Entfesselt. Die russische Bühne 1900–1930. Hrsg. v. O. G. Bauer. Bayer. Akademie der Schönen Künste. München 1994 (Katalog).

Waechter, Friedrich Karl, geb. 3. 11. 1937 in Danzig. Karikaturist, Zeichner, Autor und Regisseur. Kam 1945 mit seiner Familie nach Schleswig-Holstein; besuchte bis 1956 die Lauenburgische Gelehrtenschule in Ratzeburg, anschließend die Kunstschule Alsterdamm in Hamburg. Seine Berufslaufbahn begann er bei einer Werbeagentur in Freiburg. 1962 wechselte er als Chefgraphiker zur Satire-Zeitschrift ›Pardon‹; Mitarbeiter der Zeitschriften ›Twen‹ und ›konkret‹ sowie der Wochenzeitung ›Die Zeit‹. 1981 war er Mitbegründer des Satiremagazins ›Titanic‹, für das er regelmäßig zeichnet. Als freier Autor wurde er v.a. durch seine Kinderbücher bekannt, darunter: ›Der Anti-Struwwelpeter‹ (1970); ›So dumm waren die Hebräer‹ (1973); ›Brülle ich zum Fenster raus‹ (1973); ›Wir können noch viel zusammen machen‹ (1973); ›Das Ungeheuerspiel‹ (1975); ›Die Mondtücher‹ (1988). Seit 1974 schreibt er Theaterstücke für Kinder- und Jugendtheater. ›Kiebich und Dutz‹ (UA 1979, Schauspiel Frankfurt; 1987 verfilmt in eigener Regie) inszenierte er mit großem Erfolg im Münchner Marstall-Theater (1983, mit Michael Altmann und Heinz Kraehkamp; Auszeichnung mit dem Brüder-Grimm-Preis 1983): »So wie er mit den Namen spielt, so frei und beziehungsreich geht er mit den Versatzstücken der Welt von Heranwachsenden um. Alles ist möglich in diesem Theater, groß und klein, Wirkliches und Traum werden wild durcheinandergewirbelt, um Mut zu machen, seiner Phantasie zu trauen und das eigene Ich wahrzunehmen. Eine Lehre?! – Nun ja, wie leicht, wie heiter Theater sein kann, wenn es auf genaue Beobachtungen setzt und sich dennoch die Freiheit nimmt, mit ihnen zu spielen.« (Thomas Thieringer, ›SZ‹, 10. 10. 1983) Weitere Inszenierungen eigener Stücke u. a.: ›Nach Aschenfeld‹ (UA 1984, Residenztheater München, mit Altmann und Kraehkamp); ›Die Eisprinzessin‹ (UA 1993, Staatstheater Hannover). Waechter veröffentlichte mehrere Cartoon-Bücher.

Weitere Stücke: ›Die Beinemacher‹ (1974); ›Pustekuchen‹ (1975); ›Schule mit Clowns‹ (1975); ›Die Bremer Stadtmusikanten‹ (1977); ›Der Teufel mit den drei goldenen Haaren‹ (1981, nach Grimm); ›Ixypsilonzett‹ (Clownstück); ›Die letzten Dinge‹ (Miniaturstücke).

Wälterlin, Oskar, geb. 30. 8. 1895 in Basel, gest. 4. 4. 1961 in Hamburg. Schauspieler, Regisseur und Intendant. Begann 1919 als Schauspieler und Regisseur am Theater Basel und war dort von 1925 bis 1932 Direktor. 1933 wechselte er an die Oper Frankfurt, wo er bis 1938 Oberspielleiter war. Von 1938 bis zu seinem Tod war er Intendant des Schauspielhauses Zürich. Das Zürcher Schauspielhaus, zwischen 1933 und 1945 ein Sammelbecken für emigrierte Schauspieler und Regisseure aus dem nationalsozialistischen Deutschland, hatte während der Intendanz Wälterlins einen herausragenden Ruf. Wälterlin verstand es, der Individualität der unterschiedlichen Künstlerpersönlichkeiten, die sich an seinem Haus versammelt hatten, Rechnung zu tragen; jedem ließ er seinen eigenen Ton. Zu seinem berühmten antifaschistischen Ensemble zählten Regisseure und Schauspieler wie Therese Giehse, Maria Becker, Ernst Ginsberg, Kurt Horwitz, Karl Paryla, Wolfgang Heinz, Wolfgang Langhoff, Leonard Steckel und Leopold Lindtberg. Wälterlin konzipierte in den dreißiger und vierziger Jahren einen am Welttheater orientierten Spielplan. Die großen Dramen Brechts erlebten in Zürich ihre Uraufführung (›Mutter Courage und ihre Kinder‹, ›Der gute Mensch von Sezuan‹, ›Leben des Galilei‹, ›Herr Puntila und sein Knecht Matti‹); wichtige zeitgenössische Stücke aus dem Ausland kamen hier zur deutschsprachigen Erstaufführung. Wälterlin inszenierte zahlreiche Stücke von Shakespeare; ferner u. a.: Molières

›Die Schule der Frauen‹ (1938); Sophokles' ›König Ödipus‹ (1938); Wilders ›Unsere kleine Stadt‹ (DE 1939) und ›Wir sind noch einmal davongekommen‹ (DE 1944, mit Giehse); Lessings ›Nathan der Weise‹ (1939); Goethes ›Egmont‹ (1944); T. S. Eliots ›Die Familienfeier‹ (DE 1945); Georges Bernanos' ›Die begnadete Angst‹ (UA 1951). In den fünfziger Jahren förderte er systematisch die deutschsprachige Dramatik der Schweiz und machte das Zürcher Schauspielhaus zur Uraufführungsbühne der Stücke von Frisch und Dürrenmatt. Er selbst inszenierte die Uraufführungen von Frischs ›Don Juan oder Die Liebe zur Geometrie‹ (1953) und ›Biedermann und die Brandstifter‹ (1958) sowie Dürrenmatts ›Der Besuch der alten Dame‹ (1956, mit Therese Giehse in der Titelrolle) und ›Frank V.‹ (1959). Insgesamt hat er in Zürich 125 Stücke inszeniert, davon etwa 100 im Bühnenbild von Teo Otto. Elisabeth Brock-Sulzer schrieb: »Eine Inszenierung Wälterlins hatte immer etwas Schwebendes, etwas Musikalisches, etwas erotisch Durchpulstes. (. . .) Die Schwierigkeiten, die er als Regisseur haben mußte wie jede andere wirkliche Persönlichkeit, sie kamen ihm immer aus seiner Grundtugend, der Achtung vor dem spielenden Menschen. Er gab lieber zu wenig als zu viel Anweisungen. Er sah bis zuletzt, daß seine Auffassung nicht die einzig mögliche war. (. . .) Die spektakulären Regietaten waren ihm eher versagt. Nicht aber die Inszenierungen von echtem poetischem Reiz, von spürsamer Aufmerksamkeit für den bezeichnenden Einzelzug. Er war ein zeitloser Impressionist, noch wo er kämpferisch auftrat.« (›Theater heute‹, Heft 5, 1961)

Literatur: O. Wälterlin: Schiller und das Publikum. Basel 1918; ders.: Adolphe Appia und die Inszenierung von Wagners ›Ring‹. Ein Vortrag. Basel 1924; ders.: Verantwortung des Theaters. Berlin 1947; ders.: Die Berufstheater in der Schweiz. Bern 1954; G. Schoop: Das Zürcher Schauspielhaus im 2. Weltkrieg. Zürich 1957; K. Hirschfeld/P. Löffler: Schauspielhaus Zürich 1938–1958. Zürich 1958; P. M. Loeffler: Oskar Wälterlin. Ein Profil. Basel u. a. 1979.

Wäscher

Wäscher, Aribert, geb. 1. 12. 1895 in Flensburg, gest. 14. 12. 1961 in Berlin. Schauspieler. Begann 1915 in Magdeburg und war danach in Köln engagiert. Von 1919 an arbeitete er in Berlin: zunächst am Kleinen Theater, dann von 1920 bis 1923 am Deutschen Theater; außerdem am Lustspielhaus, an der Volksbühne und den Barnowsky-Bühnen. Rollen u. a.: Philippeaux in Rollands ›Danton‹ (UA 1920, R. Max Reinhardt); Blinder in Barlachs ›Der tote Tag‹ (1923); Alphas Ehemann in Musils ›Vinzenz oder die Freundin bedeutender Männer‹ (UA 1923, Die Truppe Berlin, R. Berthold Viertel); in Bronnens ›Die Exzesse‹ (UA 1925, Die Junge Bühne im Lessingtheater, R. Heinz Hilpert). Von 1926 bis 1944 war er am Berliner Staatstheater engagiert; dort schaffte er den Durchbruch als Schigolch in Wedekinds ›Lulu‹ (1926, mit Gerda Müller, R. Erich Engel); Alfred Kerr schrieb:»Aribert Wäscher wird von allen Schigolchs der beste Schigolch bleiben: in flimmernd realer Abgebrühtheit.« (›Berliner Tageblatt‹, 23. 10. 1926) Rollen in Inszenierungen von Leopold Jeßner u. a.: König in Shakespeares ›Hamlet‹ (1926, mit Fritz Kortner); Wiesel in Fritz von Unruhs ›Prinz Louis Ferdinand‹ (1928); Marinelli in Lessings ›Emilia Galotti‹ (1931); ferner u. a.: Doktor in Büchners ›Woyzeck‹ (1927); Oberhexe in Goethes ›Faust I‹ (1932, mit Gustaf Gründgens als Mephisto, R. Lothar Müthel); Leporello in Grabbes ›Don Juan und Faust‹ (1936, R. Jürger Fehling); Dorfrichter Adam in Kleists ›Der zerbrochene Krug‹ (1938); Sir George Croft in Shaws ›Frau Warrens Gewerbe‹ (1938) und Beermann in Thomas ›Moral‹ (1941, R. jeweils Fehling). Nach dem Zweiten Weltkrieg spielte er zunächst am Deutschen Theater Berlin (1945–1949), dann am Schloßparktheater (seit 1950) und am Schiller-Theater (seit 1951). Rollen u. a.: Patriarch in Lessings ›Nathan der Weise‹ (1945); Molières ›Tartuffe‹ (1946); in Lope de Vegas ›Die Launen der Doña Belisa‹ (1950); Stadthauptmann in Gogols ›Der Revisor‹ (1950); Picard/Schillers ›Der Parasit‹ (1953); mehrere Molière- und Kafka-Rollen. Friedrich Luft schrieb über Wäscher:»Er war anzublicken wie eine intelligente Kröte. Er hatte natürlichen Humor aus der Häßlichkeit, Faszination aus einer unholden Körperlichkeit. Ein gedunsenes Gesicht. Überlange Arme. Ein gewaltiger Rumpf von einem Körper, getragen von Spinnenbeinen. Der Mann sah aus wie ein Kinderschreck mit seinen poggenartigen, kalten Augen. Die Stimme – wieder im grotesken Gegensatz zu diesem mächtigen Korpus – war hoch, ölig, von quengelnder Intensität. Ein solcher schien nur geschaffen, die Welt der Schlimmen und Unholde zu bevölkern, der Untiere, der Verfluchten, der Gequälten. Schob er sich auf die Szene, schob sich die Wäscherwelt heran. Jede falsche Gemütlichkeit floh. (. . .) Er wirkte stets, als schäme er sich seiner Unförmigkeit, seines herrlich häßlichen Äußeren. Auch wenn er szenisch aufzutrumpfen hatte, verließ ihn nie eine Art merkbarer Schüchternheit. Es war immer, als müsse er eine bürgerliche Schamhaftigkeit erst überwinden. Das gab so einen sonderbaren Reiz. Das schuf jedesmal Mitgefühl und etwas Rührung.« (›Theater heute‹, Heft 2, 1962)

Literatur: A. Wäscher: Gedanken nach zwei Uhr nachts. Berlin 1939.

Wagner, Daphne, geb. 13. 11. 1946 in Bayreuth. Schauspielerin. Ausbildung an der Berliner Max-Reinhardt-Schule; debütierte 1968 am Theater in der Josefstadt Wien in Anouilhs ›Die Probe‹. Weitere Bühnenstationen: Theater Essen (1969/70); Deutsches Schauspielhaus Hamburg (1970/71); Theater Basel (1971/72); Schiller-Theater Berlin (1973–1976); seit 1977 Ensemblemitglied der Münchener Kammerspiele. Arbeitete bereits in Hamburg und Berlin mit dem Regisseur Dieter Dorn, u. a. in Aristophanes' ›Die Vögel‹ (1973, Berlin). An den Münchner Kammerspielen spielte sie unter Dorns Regie in mehreren Stücken von Botho Strauß: Die Frau in ›Groß und klein‹ (1979); K in ›Kalldewey, Farce‹ (1983/84, mit Sunnyi Melles); Die Frau mit Hut in ›Schlußchor‹ (UA 1990); ferner in Dorn-Inszenierungen u. a.: Madeleine de Marelle in Wedekinds ›Die Büchse der Pandora‹ (1977/78); Marion in Büchners ›Dantons Tod‹ (1979/80) und die Gouvernante in ›Leonce und Lena‹ (1981);

Tod/Morgane le Fay/Orgelouse in Dorsts ›Merlin oder Das wüste Land‹ (1982); Andromache in Shakespeares ›Troilus und Cressida‹ (1985/86). Weitere Rollen an den Kammerspielen u. a.: Löwe/Wache in Heiner Müllers ›Germania Tod in Berlin‹ und Frau in Braschs ›Lovely Rita‹ (1978, R. jeweils Ernst Wendt); Jungfer in Sternheims ›Der Snob‹ (1982/83, R. Hans-Reinhard Müller); Josette in Topors ›Leonardo hat's gewußt‹ (DE 1985, R. der Autor); Helena in ›Die Troerinnen des Euripides‹ (in der Fassung von Franz Werfel, 1984, R. Ernst Wendt); Ärztin in Bölls ›Frauen vor Flußlandschaft‹ (UA 1988, R. Volker Schlöndorff); Personalchefin in Turrinis ›Die Minderleister‹ (1989, R. Anselm Weber); Diakonissin (und Abendregie) in Ibsens ›Wenn wir Toten erwachen‹ (1991/92, mit Gisela Stein und Ulrich Wildgruber, R. Peter Zadek); in Wilsons ›Der Mond im Gras‹ (1994, R. Robert Wilson). Sie spielte in Alexander Kluges Film ›Der starke Ferdinand‹ (1976). Fernsehrollen u. a. in ›Die Bekenntnisse des Hochstaplers Felix Krull‹ (1982, nach Thomas Mann, R. Bernhard Sinkel) und in ›Wagner‹ (1983, zehn Folgen, mit Richard Burton und Vanessa Redgrave, R. Tony Palmer).

Wagner, Elsa, geb. 24. 1. 1881 in Reval (Estland), gest. 17. 8. 1975 in Berlin. Schauspielerin. Ausbildung in Petersburg bei Maria Spettini; erstes Engagement beim Berliner Novitäten-Ensemble, das durch West- und Ostpreußen reiste. Es folgten Engagements in Heidelberg, Plauen und von 1907 bis 1911 in Hannover. Wichtige frühe Rollen: Gretchen in Goethes ›Faust‹; Rautendelein in Hauptmanns ›Die versunkene Glocke‹; Ibsens ›Nora‹. Von 1911 bis 1921 war sie bei Max Reinhardt am Deutschen Theater Berlin engagiert. Von 1921 bis 1944 gehörte sie zum Ensemble des Berliner Staatstheaters, wo sie in zahlreichen Inszenierungen von Leopold Jeßner spielte, darunter: Emilia in Shakespeares ›Othello‹ (1921, mit Fritz Kortner); Frau Stockmann in Ibsens ›Ein Volksfeind‹ (1923); Mutter in Hebbels ›Maria Magdalena‹ und Kupplerin in ›König Nicolo‹ (1924); Mutter in Bronnens

›Die rheinischen Rebellen‹ (1925): »Es war eine beziehungsreiche Kulturstudie: Sie spielte das entwurzelte Familienglück.« (Emil Faktor, ›Berliner Börsen-Courier‹, 18. 5. 1925); Charis in Kleists ›Amphitryon‹ (1926); Mutter in Kaisers ›Gas I‹ (1928). In Inszenierungen von Jürgen Fehling spielte sie 21 Rollen, darunter: Frau Keferstein in Barlachs ›Der arme Vetter‹ (1923); Frigga in Hebbels ›Die Nibelungen‹ (1924); Amme in Shakespeares ›Romeo und Julia‹ (1925); Käte in Büchners ›Woyzeck‹ (1927); Kupplerin in Gogols ›Die Heirat‹ (1930); Frau Linde in Ibsens ›Nora‹ (1930); Herzogin von York in Shakespeares ›Richard III.‹ (1937). Zweimal war sie die Marthe in Goethes ›Faust‹ (1932 mit Gustaf Gründgens als Mephisto; dann wieder 1949), dreimal die Aase in Ibsens ›Peer Gynt‹. Von 1945 bis 1951 spielte sie wieder am Deutschen Theater Berlin, u. a. Frau Maske in Sternheims ›Der Snob‹ (1946, R. Gründgens). Von 1950 an arbeitete sie am Schiller- und Schloßparktheater in Berlin. Rollen u. a.: La Poncia in García Lorcas ›Bernarda Albas Haus‹ (1952); Wirtin in Kafka/Brods ›Das Schloß‹ (1953, R. Rudolf Noelte); Urgroßmutter Rose in Saroyans ›Pariser Komödie‹ (1960); Oma in Albees ›Der amerikanische Traum‹ (1961); letzte Rolle: Haushälterin in Joyces ›Verbannte‹ (1972). Elsa Wagner spielte die kleineren, häufig komischen Charakterrollen mit großer Vitalität und Disziplin. Große Erfolge feierte sie vor allem im Rollenfach der komischen Alten. Sie wirkte in zahlreichen Filmen mit.
Literatur: E. Eckersberg: Diese volle Zeit. Zwei vom Theater. Frankfurt a. M. 1958; E. Donat: Elsa Wagner. Velber 1962; G. Rühle: Theater für die Republik (im Spiegel der Kritik). 1917–1925 und 1926–1933. 2 Bde. Frankfurt a. M. 1967.

Wajda, Andrzej, geb. 6. 3. 1926 in Suwalki (Polen). Regisseur. Begann 1946 ein Malereistudium an der Akademie der Schönen Künste in Krakau; wechselte 1949 an die staatliche Filmhochschule in Lodz. 1953 war er Regieassistent bei Aleksander Ford; 1954 debütierte er als Regisseur mit dem Widerstandsfilm ›Pokolenie‹

Waldau

(›Eine Generation‹). International berühmt wurde er bald danach mit den Filmen ›Der Kanal‹ (1956) und ›Asche und Diamant‹ (1958). Er hat seither wie kein anderer dem polnischen Film zu Weltgeltung verholfen. Als kritischer Intellektueller (und Anhänger der unabhängigen Gewerkschaft »Solidarität«) hatte Wajda häufig mit den polnischen Behörden zu kämpfen. So mußte er 1983 von seinem Posten als Leiter (seit 1972) der Filmgesellschaft Studio X zurücktreten. Neben seiner Filmarbeit hat er immer wieder am Theater gearbeitet. Wichtige Inszenierungen: Shakespeares ›Hamlet‹ (1960, Danzig; 1980 und 1989 auch in Krakau); am Alten Theater Krakau u.a.: Wyspianskis ›Die Hochzeit‹ (1963 und 1968) sowie ›Novembernacht‹ (1974); Dostojewski/Camus' ›Die Dämonen‹ (1971); Mrożeks ›Emigranten‹ (1976); Sophokles' ›Antigone‹ (1984); in Warschau u.a.: Dürrenmatts ›Play Strindberg‹ (1969, Zeitgenössisches Theater); Przybyszewskas ›Die Affäre Danton‹ (1975, Teatr Powszechny); Vallejos ›Der Traum der Vernunft‹ (1976). Inszenierungen im Westen u.a.: Dürrenmatts ›Der Mitmacher‹ (UA 1973, Schauspielhaus Zürich); Witkiewicz' ›Sie‹ (1980, Théâtre National Populaire Paris): »Die Fabel ist in starken, oft grotesken, erstaunlich einfachen Strichen gezeichnet, und entsprechend hat auch die Inszenierung Wajdas etwas Knappes, fast Plakatives. Jede Verfeinerung oder Ästhetisierung unterbleibt; der überaus zynische, kühle oder bewußt übersteigerte Text kommt dabei perfekt zur Geltung. Das ist politisches Theater! Unumwunden theatralisiert, versetzt es unzählige Schläge in den Magen professioneller Grübler, entzieht ihnen ruckartig und mit brutalem Humor den Boden für selbstgefällige ›Diskussion‹.« (Ruth Henry, ›SZ‹, 18.2.1980); Dostojewskis ›Schuld und Sühne‹ (1986/87, Schaubühne Berlin, mit Jutta Lampe, Stephan Bissmeier und Udo Samel); Wyspiańskis ›Wesele – Das Hochzeitsfest‹ (DE 1992, Salzburger Festspiele). 1989 wurde er künstlerischer Direktor des renommierten Warschauer Powszechny-Theaters. Im Juni 1989 wurde er in den polnischen Senat gewählt. Filme u.a.: ›Das gelobte Land‹ (1975); ›Der Mann aus Marmor‹ (1977); ›Der Dirigent‹ (1979, mit John Gielgud); ›Der Mann aus Eisen‹ (1981); ›Danton‹ (1982, nach Przybyszewska, mit Gérard Depardieu); ›Eine Liebe in Deutschland‹ (1983, nach Hochhuth, mit Hanna Schygulla); ›Die Dämonen‹ (1988, nach Dostojewski); ›Korczak‹ (1990). **Literatur:** A. Wajda: Meine Filme. Zürich 1987; M. Karpinski: The theatre of Andrzej Wajda. Cambridge u.a. 1989.

Waldau, Gustav (eigtl. Gustav Freiherr von Rummel), geb. 27.11.1871 in Piflas, Bayern, gest. 1958. Schauspieler. Debütierte 1897 in Köln. Ab 1898 spielte er – mit Unterbrechungen – am Hoftheater München (seit 1919 Residenztheater); seit 1924 vorwiegend am Theater in der Josefstadt Wien: Titelrollen in Schnitzlers ›Anatol‹ (1911) und in Molnárs ›Liliom‹ (1913); Sosias in Kleists ›Amphitryon‹ (1918); Fedja in Tolstois ›Der lebende Leichnam‹ (1918/19). Triumphaler Erfolg als Graf Bühl in Hofmannsthals ›Der Schwierige‹ (UA 1921, Residenztheater München, R. Kurt Stieler): »Was war das für eine tiefgefühlte, intellektuell erkannte und mit technischer Überlegenheit geformte Leistung! (...) Waldau wirkte so unmittelbar, daß, ganz geheimnisvoll und zugleich selbstverständlich, Spiel und Leben ineinanderflossen, daß dieser Bühl lebte, Waldau hieß und Waldau war. In ausgezeichneter Maske, seine technischen Mittel beherrschend, blendend in der Erscheinung: mit diesen äußeren Voraussetzungen trat er an die Rolle und erfüllte sie, ohne gewaltsam ins Komische zu gehen, sondern die Töne leiser Ironie anschlagend, mit der Lieblichkeit eines zarten, feinnervigen, im Grunde melancholischen Menschen.« (Wolf, München-Augsburger ›Abendzeitung‹, 9.11.1921) Der Graf Bühl wurde zu seiner Paraderolle; er spielte ihn unter der Regie von Max Reinhardt 1924 auch in Wien und 1930 an der Komödie Berlin (mit Helene Thimig). Weitere Rollen in Reinhardt-Inszenierungen u.a.: Dottore in Goldonis ›Der Diener zweier Herren‹ (1924, zur Eröffnung des Josefstädter Theaters sowie der Komödie Berlin); Kaiser Altoum in Gozzis ›Turandot‹ (1926,

Salzburger Festspiele): »Seine Komik war (...) um so viel feiner, hintergründiger, rührender, wie die der anderen derb und ausgesprochen war – ein altes Pergament, von dem sich grelle Buchstaben abhoben, eine wunderbare vergilbte Folie zu frechem Spiel und als Rolle und Leistung groß durch Entsagung.« (Hanns Braun, ›Münchener Zeitung‹, 18. 8. 1926); Titelrolle in Shaws ›Der Kaiser von Amerika‹ (1929, Wien). Weitere Rollen u. a.: Titelrolle in Wedekinds ›König Nicolo‹ (1927, München, mit Pamela Wedekind); Oliver in Kaisers ›Zweimal Oliver‹ (1928, München); Gregor in Grillparzers ›Weh dem, der lügt‹ (1954/55, Wien). Waldau galt als Bonvivant und *père noble* der alten Schule. Er hat auch in Filmen mitgewirkt. **Literatur:** W. Ziersch: Das Gustav Waldau Buch. München 1927; ders.: Ein Künstlerleben unserer Zeit. München 1942; M. Bier: Schauspielerporträts. 24 Schauspieler um Max Reinhardt. Berlin 1989.

Walden, Herwarth (eigtl. Georg Lewin), geb. 16. 9. 1878 in Berlin, gest. 31. 10. 1941 im Gefängnis in Saratow, Wolga. Schriftsteller und Kritiker. Studierte Musik und Klavier in Italien und Berlin; war von 1901 bis 1911 mit Else Lasker-Schüler verheiratet; gründete 1904 den Berliner Verein für Kunst, dem er bis 1909 angehörte. 1910 gründete er die Zeitschrift ›Der Sturm‹, eine der wichtigsten Publikationen des Expressionismus (erschienen bis 1932). Walden druckte Texte von Schwitters, Benn, Döblin und vielen anderen zeitgenössischen Autoren. Er setzte sich für Futurismus, Expressionismus und Kubismus ein und stellte Werke der modernen Kunst in seiner ›Sturm‹-Galerie aus. Bedeutendste Ausstellungen: ›Der blaue Reiter‹ (1912) und ›Herbstsalon 1913‹. Seit 1913 Zusammenarbeit mit August Stramm; 1918–1921 Sturm-Bühne (unter Leitung von Lothar Schreyer). Von 1921 bis 1923 war er Professor am Bauhaus. Emigrierte 1932 als Sympathisant in die Sowjetunion; 1941 verhaftet; er starb im Gefängnis. Walden schrieb rund ein Dutzend Stücke, die sich fast ausnahmslos um das Thema Liebe drehen und sich durch knappe Dialoge auszeichnen: ›Weib‹ (1917); ›Glaube‹ (1918); ›Die Beiden. Ein Spiel mit dem Tode‹ (1918); ›Erste Liebe. Ein Spiel mit dem Leben‹ (1918); ›Trieb. Eine bürgerliche Komitragödie‹ (1918); ›Letzte Liebe‹ (1918); ›Sünde‹ (1918); ›Kind‹ (1918); ›Menschen‹ (1918); ›Krise‹ (1931); ›Kulaken‹ (1931). Weitere Veröffentlichungen u. a.: ›Kunstkritiker und Kunstmaler‹ (1916); ›Einblick in die Kunst‹ (1917); ›Die neue Malerei‹ (1920); auch Romane und Gedichte. **Literatur:** H. Walden: Gesammelte Schriften. Berlin 1916; ders. (Hrsg.): Sturm-Bühne. Jahrbuch des Theaters der Expressionisten Berlin 1918–1919. Nachdruck: Nendeln 1973; L. Schreyer/N. Walden: Der Sturm. o. O. 1954; L. Schreyer: Erinnerungen an Sturm und Bauhaus. München 1957; G. Brühl: H. Walden und der Sturm. Leipzig 1983.

Walser, Franziska, geb. in Stuttgart. Schauspielerin. Nach dem Abitur (1972) besuchte sie die Otto-Falckenberg-Schule in München. Erstes Engagement 1974/75 am Staatstheater Stuttgart: Rebekke in Hermann Essigs ›Die Glückskuh‹ (R. Alfred Kirchner). 1975/76 am Deutschen Schauspielhaus Hamburg: Rosi in Walsers ›Das Sauspiel‹ (UA, R. Kirchner); Miranda in Shakespeares ›Der Sturm‹ (R. Wilfried Minks). Seit 1976 gehört sie zum Ensemble der Münchner Kammerspiele. Rollen in Inszenierungen von Dieter Dorn u. a.: Helena in Shakespeares ›Ein Sommernachtstraum‹ (1978) und Regan in ›König Lear‹ (1992); Marie Beaumarchais in Goethes ›Clavigo‹ (1979, mit Manfred Zapatka); Lena in Büchners ›Leonce und Lena‹ (1981). Weitere Rollen u. a.: Sarah in O'Neills ›Fast ein Poet‹ (1977, R. Harald Clemen); Anna Balicke in Brechts ›Trommeln in der Nacht‹ (1979, R. Ernst Wendt); Klara in Hebbels ›Maria Magdalena‹ (1981, mit Claus Eberth, R. Hans Lietzau): »Franziska Walser besitzt vollkommen reine Ausdrucksmittel. Kein Wunder, daß bedeutende Regisseure gern mit einem solchen Geschöpf, einer solchen Möglichkeit arbeiten.« (Joachim Kaiser, ›SZ‹, 19. 12. 1981); Keelin in O'Caseys ›Das Freudenfeuer für den Bischof‹ (1982, R. Thomas Langhoff); Emmi in Kroetz' ›Nicht Fisch

Walser

nicht Fleisch‹ (1983, R. der Autor); May in Shepards ›Fool for Love‹ (1986, mit Lambert Hamel, R. Günther Gerstner); Önone in Racines ›Phädra‹ und Oberpriesterin in Kleists ›Penthesilea‹ (1987, Doppelprojekt, R. Alexander Lang); Titelrolle in Pohls ›Die schöne Fremde‹ (1992, R. Helmut Griem); Jen in Beth Henleys ›Debütantinnenball‹ (1993, R. Jens-Daniel Herzog): »Franziska Walser ist eine glänzend tragödisierende Komödiantin. Sie spielt die ›Diva‹ Jen, bis in den kleinen Finger um Façon bemüht, die Augen weit aufgerissen; bei der kleinsten Störung bricht die Megäre aus ihr heraus.« (Thomas Thieringer, ›SZ‹, 27. 9. 1993); Hilde in Kroetz' ›Der Drang‹ (UA 1994, R. Kroetz). Im Fernsehen spielte sie u. a. die Julia in Franz Peter Wirths ›Romeo und Julia‹ (1975) und Genoveva in Bernhard Sinkels Thomas-Mann-Verfilmung ›Die Bekenntnisse des Hochstaplers Felix Krull‹ (1981). Für die Darstellung der Johanna Krain in Franz Seitz' Feuchtwanger-Verfilmung ›Erfolg‹ (1991) wurde sie mit dem Bayerischen Filmpreis ausgezeichnet.

Walser, Martin, geb. 24. 3. 1927 in Wasserburg, Bodensee. Schriftsteller. Sohn eines Gastwirts. Walser studierte Literatur, Geschichte und Philosophie in Regensburg und Tübingen; 1951 Dissertation über Kafka. Danach war er Mitarbeiter beim Süddeutschen Rundfunk (1949–1957). Seit 1957 lebt er als freier Schriftsteller am Bodensee. Mitglied der Gruppe 47. Zahlreiche Preise, darunter der Gerhart-Hauptmann-Preis (1961) und der Büchnerpreis (1981). 1973 war er Gastdozent in den USA, 1980 Gastdozent für Poetik in Frankfurt. Seinen Ruf verdankt Walser vor allem seinen Romanen. In seinen Dramen behandelt er politische Themen: Faschismus in der Gegenwart und Verdrängen der Vergangenheit. »Es ist, als sei dem Stückeschreiber Martin Walser der Knopf seiner Bühnenmöglichkeiten plötzlich aufgegangen. Er begann predigend, fabelspendend, didaktisch emsig. Seine drei großen Stücke bislang waren geschrieben, um Bewußtsein zu machen, politisch aufzuklären, den Zeitgeist zu packen. Theater als Menetekel. Das war merkbar begabt. Aber eigent-

lich gut und wirksam waren ›Eiche und Angora‹, ›Überlebensgroß Herr Krott‹ und ›Der schwarze Schwan‹ am Ende nicht. Walser dramatisierte mit dem Zeigefinger. Jetzt zieht er denselben ein. Keine symbolträchtige Fabel mehr. Nicht der moralische Nasenstüber wird von der Szene verabreicht, keine moralische Zurechtweisung.« (Friedrich Luft, zu ›Zimmerschlacht‹ 10. 2. 1968. In: Stimme der Kritik. Stuttgart 1979)

Stücke: ›Eiche und Angora‹ (1962); ›Überlebensgroß Herr Krott‹ (1964); ›Der schwarze Schwan‹ (1964); ›Der Abstecher‹, ›Die Zimmerschlacht‹ (1967); ›Ein Kinderspiel‹ (1970); ›Aus dem Wortschatz unserer Kämpfe‹ (1971); ›Das Sauspiel‹ (1975); ›Brandung‹ (1985, nach der Novelle ›Ein fliehendes Pferd‹); ›Die Ohrfeige‹ (1986); ›Säntis‹ (1986).
Literatur: Th. Beckermann: Martin Walser oder Die Zerstörung eines Musters. Bonn 1972; W. Brändle: Die dramatischen Stücke M. Walsers. Stuttgart 1978.

Walser, Robert, geb. 15. 4. 1878 in Biel, gest. 25. 12. 1956 in Herisau. Schweizer Schriftsteller. Sohn eines Buchbinders. Walser absolvierte von 1892 bis 1895 eine Banklehre in Biel; 1904 Bankangestellter in Zürich. Von 1905 bis 1913 arbeitete er als freier Schriftsteller in Berlin. Danach Rückkehr nach Biel; von 1921 bis 1929 als Archivar in Bern. 1929 wegen Schizophrenie Eintritt in die Heilanstalt Waldau, von 1933 bis zu seinem Tod in Herisau. Hier beendete er seine schriftstellerische Arbeit. Sein Hauptwerk besteht aus Romanen und Erzählungen, unter anderem ›Geschwister Tanner‹ (1907), ›Der Gehülfe‹ (1907) und ›Jakob von Gunten‹ (1909). Walser schrieb auch Dramolette für die Bühne, die selten aufgeführt wurden. 1979 entstand ein Abend mit verschiedenen Texten und Dramoletten unter dem Titel ›Familienszenen‹ (Schaubühne am Halleschen Ufer, R. Felix Prader).
Stücke: ›Die Knaben‹, ›Dichter‹, ›Aschenbrödel‹, ›Schneewittchen‹ (alle 1899/1900); ›Komödie‹, ›Der Taugenichts‹, ›Das Liebespaar‹, ›Dornröschen‹, ›Das Christkind‹ (1919/1920).

Literatur: E. Fröhlich/P. Hamm: R. Walser. Leben und Werk in Daten und Bildern. Frankfurt a. M. 1980.

Wampilow, Alexander, geb. 19. 8. 1937 in Kutilik (Sibirien), gest. 17. 8. 1972 im Baikalsee. Russischer Dramatiker. Sohn von Dorfschullehrern. Wampilow studierte von 1955 bis 1960 Philosophie in Irkutsk; danach Arbeit für die Zeitschrift ›Sowjetische Jugend‹, daneben verfaßte er Stücke. Kurz vor seinem 35. Geburtstag ertrank er im Baikalsee. Sein erstes Stück ›Abschied im Juni‹ (1965) wurde erfolgreich von vielen Theatern gespielt. 1978 fanden Aufführungen seines letzten Stückes ›Letzten Sommer in Tschulimsk‹ in Berlin und Bielefeld statt, 1992 nahm sich die Schaubühne am Lehniner Platz unter der Regie von Andrea Breth dieses Stückes wieder an; hierzu Maja Turowskaja (im Programmbuch, 16. 12. 1992, S. 39 ff.):»Erst allmählich wurde klar, daß mit diesem Autor eine neue Entwicklung begonnen hatte, die mit den eingefahrenen Dogmen des ›positiven Helden‹, des ›Produktionskonflikts‹ und mit dem offiziellen Optimismus brach. Alexander Wampilow ist jenem Zweig der russischen Literatur zuzurechnen, der aus der Provinz kommt, und die Provinz ist in seinen Stücken und Erzählungen nicht nur Ort der Handlung, sondern auch Thema (. . .) Für manch einen scheinen sie Anekdoten zu sein, dabei hat kaum jemand mit derart seismographischer Exaktheit die unterirdischen Erdstöße registriert, die die sowjetische Gesellschaft vor ihrem Ende von innen her erschütterten.«
Stücke: ›Zwanzig Minuten mit einem Engel‹ (1962); ›Das Haus mit den Fenstern zum Feld‹ (1964); ›Abschied im Juni‹ (1965); ›Der ältere Sohn‹ (1967); ›Entenjagd‹ (1967); ›Die Geschichte mit dem Metteur‹ (1970).
Literatur: H. Rischbieter: Druck und Öde. Wampilows ›Letzten Sommer in Tschulimsk‹ in Berlin und Bielefeld; G. Erbslöh: Keine Versöhnung. Wampilows ›Entenjagd‹ in Saarbrücken; Stückabdruck von ›Letzten Sommer in Tschulimsk‹. Alle in: Theater heute, Heft 7, 1978.

Wangel, Hedwig, geb. 23. 9. 1875 in Berlin, gest. 3. 9. 1961. Schauspielerin. Ausbildung bei Max Grube. War um die Jahrhundertwende an verschiedenen deutschen Theatern engagiert; danach in Berlin, zunächst am Lessingtheater, dann von 1904 bis 1909 bei Max Reinhardt am Kleinen und am Deutschen Theater. Sie spielte häufig ältere Frauen und galt mit ihrer tiefen Alt-Stimme als eine der besten Sprecherinnen. Rollen u. a.: Brigitte in Kleists ›Das Käthchen von Heilbronn‹ (1905); Frau Scholz in Hauptmanns ›Das Friedensfest‹ (1907); Amme in Shakespeares ›Romeo und Julia‹ (1906); Sophie in Goethes ›Clavigo‹ (1908). Nach einer beruflichen Unterbrechung – sie war von 1909 an karitativ tätig – spielte sie von 1925 bis 1933 wieder an Berliner Bühnen, um ein Heim für strafentlassene Mädchen zu finanzieren. Rollen u. a.: in Klabunds ›Der Kreidekreis‹ (1925, Deutsches Theater, R. Reinhardt); Zirkusartistin in Zuckmayers ›Katharina Knie‹ (UA 1928, Lessingtheater, R. Karl-Heinz Martin):»Wie die Wangel, als alte, ausgediente Artistin saß, ging, sprach und sich bewegte, das war erstaunlich und erquicklich und eine Leistung ganz in Zuckmayers Sinn.« (Kurt Pinthus); in Pirandellos ›Heute abend wird aus dem Stegreif gespielt‹ (1930, Lessing-Theater, R. Gustav Hartung). Von 1935 bis 1944 gehörte sie zum Ensemble der Münchner Kammerspiele, wo sie u. a. in Inszenierungen von Otto Falckenberg spielte: Witwe Joel Liebmann in Rehbergs ›Friedrich I.‹ (1936, mit Friedrich Domin); Millerin in Schillers ›Kabale und Liebe‹ (1938); Marthe Schwerdtlein in Goethes ›Urfaust‹ (1941, mit Domin als Mephisto, Hannes Keppler als Faust). Nach 1945 stand sie nur noch gelegentlich als Gast auf der Bühne (in München und Berlin): Titelrolle in Shaws ›Frau Warrens Gewerbe‹; Frau Wolff in Hauptmanns ›Der Biberpelz‹; Hekuba in Giraudoux' ›Der trojanische Krieg findet nicht statt‹ (1946/47, Hebbeltheater Berlin).
Literatur: H. Wangel zum 65. Geburtstage. Programm der Münchener Kammerspiele. München 1940; H. Ihering: Von Josef Kainz bis Paula Wessely. Heidelberg, Berlin, Leipzig 1942.

Wassiljew

Wassiljew, Anatolij, geb. 4. 5. 1942 bei Pensa (Rußland). Regisseur. Spielte seit dem 13. Lebensjahr im Kinder- und Jugend-Laientheater in Rostow am Don; inszenierte dort als Neunzehnjähriger A. Kuznecows ›Fortsetzung der Legende‹ (eigene Dramatisierung, Ausstattung und Musik). Ab 1962 Chemiestudium an der Universität Rostow und Leitung des Laientheaterkurses der chemischen Fakultät. Arbeitete nach dem Studium als Chemiker in Sibirien und war Seefahrer im Pazifik. 1967 inszenierte er als künstlerischer Leiter des Studententheaters Rostow die Pirandello-Collage ›Die Brücke kann überquert werden‹ (wegen ideologischer Differenzen nach zwei Vorstellungen abgesetzt). Ab 1968 Regiestudium am Staatlichen Theaterinstitut Moskau (GITIS); seine Lehrer waren die Stanislawski-Schüler Marija O. Knebel und Andrej A. Popow. 1973 inszenierte er am Moskauer Künstlertheater (MChAT) Zahradníks ›Solo für eine Pendeluhr‹; Beginn der Zusammenarbeit mit dem Architekten Igor Popow als Bühnen- und Kostümbildner. 1974–1976 verschiedene Arbeiten an Theatern in Ufa, Moskau und Rostow. 1977 wechselte er mit Andrej Popow an das Moskauer Stanislawski-Theater; inszenierte dort die Urfassung von Gorkis ›Wassa Schelesnowa‹ in einem Bühnenbild, das den traditionellen Guckkasten sprengte (1978; 1981 Wiederaufnahme am Moskauer Taganka-Theater); danach Erfolg mit Slavkins ›Die erwachsene Tochter eines jungen Mannes‹ (1979). Arbeit als Theaterpädagoge am Moskauer Theaterinstitut; 1982–1984 Suche nach neuen Formen im Arbeitsprozeß in der Slavkin-Inszenierung ›Cerceau‹, einer seiner größten Erfolge (Premiere 1985, Taganka-Theater Moskau): »Das Spiel entfaltet sich in einem ebenen, halbrunden Raum in und um eine zunächst vernagelte Datscha mit Dachterrasse, die rechter Hand von einer großen weißen Wand begrenzt wird. Von beiden Seiten haben die Zuschauer Einblick in die Seelenmetamorphosen der Protagonisten. Das Spiel kulminiert in der wunderbaren Metapher des altmodischen Cerceau-Spiels mit geworfenen Ringen, die aufgefangen werden müssen: ein Moment von Schönheit und Harmonie. (...) In ›Cerceau‹ hat Wassiljew in assoziativem Verfahren zur Synthese geführt, was er in früheren Etappen erarbeitet hat: die Überwindung des Realismus und die unmittelbare Sichtbarmachung seelischer und geistiger Vorgänge im Menschen, die sich durch visuelles Bild und Arbeit der Schauspieler im Zuschauer als Bild aktivieren.« (Ruth Wyneken-Galibin) 1985/86 Beginn der systematischen Erforschung der Prozesse des Improvisierens, die er als »Natürliches Theater« bezeichnet; Grundlage bildete Pirandellos ›Sechs Personen suchen einen Autor‹ (mit Studenten des GITIS). Er eröffnete mit diesem Stück 1987 sein eigenes Theater in einem Moskauer Keller: die »Schule für dramatische Kunst«, ein Laboratorium für Theaterforschung und -ausbildung; dort langwierige Arbeitsprozesse unter Ausschluß der Öffentlichkeit; Arbeiten im weißen Raum und ohne Rampe; Werkstattaufführungen nur für wenige ausgesuchte Zuschauer. Im Juni 1987 gastierte er erstmals im Westen; seine ›Cerceau‹-Inszenierung wurde ein großer Erfolg beim Festival »Theater der Welt« in Stuttgart; Tournee durch halb Europa. 1988 Gastspiele mit ›Sechs Personen suchen einen Autor‹ bei europäischen Festivals; C. Bernd Sucher über das Gastspiel in Avignon: »Bei Wassiljew gibt es die Trennung – hier Illusion, die Schauspielerei, dort die Wirklichkeit, das Leben – nicht mehr. Vielmehr okkupiert in seiner Inszenierung die Wirklichkeit zunehmend das Theater, das Leben die Kunst. (...) Wenn also in dieser Aufführung das Leben der Bühnenillusion aufsaugt, so hält die Wahrheit Einzug auf dem Theater. Nicht zuletzt, weil Wassiljew uns so verstört und immer wieder mit Pirandello – als sei dieser Text ein Diskurs über die Möglichkeiten und die Aufgaben des Theaters – auf die eigentliche Pflicht von (Schauspiel-)Kunst verweist: Sie muß ›weniger wirklich, vielleicht, aber wahrer!‹ sein.« (›SZ‹, 22. 7. 1988) 1987/88 Fortsetzung der Beschäftigung mit dem »Natürlichen Theater« anhand von Prosamaterial von Maupassant, Dumas und Dostojewski. 1988 entstand die Werkstatt-Collage ›Vis-à-vis‹ (nach Werken von Dostojewski; Neuaufnahme 1992 als Theaterprojekt für das Künstlerhaus Bethanien in Berlin). Weitere Werkstattaufführungen (alle an der Schule für dramatische Kunst): ›Dumas‹ (1988, nach Romanen von Alexandre Dumas père); ›Die Dämonen‹ (1988, nach Dostojewski); ›Platon‹ (1988 und 1990, Dialoge von Platon); ›Oscar Wilde‹ (1989, Collage aus kunstästhetischen Essays von Wilde); Wedekinds ›Frühlings Erwachen‹ (1990, Austauschprojekt mit der Werkstatt für Theater in Luzern); Pirandellos ›Jeder auf seine Weise‹ (1991); Thomas Manns ›Fiorenza‹ (1991). Gastinszenierungen: Pirandellos ›Heute abend wird aus dem Stegreif gespielt‹ (1990, Parma; auch in Salzburg und Hvar/Split); ›Ich – die Möwe‹ (1991, Tschechow-Collage, Festival in Volterra); Michail Lermontows ›Maskerade‹ (1992, Comédie Française Paris). Wassiljew griff den Ansatz der Theaterarbeit von Stanislawski, Wachtangow und Michail Cechov auf und entwickelte in langjähriger Laboratoriumsarbeit mit seinen Schülern einen asketisch-strengen Theaterstil (Improvisationen, szenische Kargheit, meist weiße Räume). In einem Gespräch mit Ruth Wyneken-Galibin sagte er:»Ich beschäftige mich mit Stücken, in denen philosophische Kategorien erörtert und verglichen werden. (. . .) ich habe immer die Stücke, die ich inszenierte, auf philosophischer Ebene analysiert, auch die zeitgenössischen. Ich habe immer in der Struktur sehr hoch gegriffen, die Ebene der philosophischen Weltanschauung. Seit ich aufgehört habe, mich mit Lebensproblemen zu beschäftigen, bin ich zu reinen Formen der Kunst übergegangen. (. . .) Jetzt möchte ich diesen Weg vervollkommnen und dem Theater die visuellen Mittel versagen. Ich finde überhaupt, daß visuelle Mittel wie ein gutes Essen sind. Ich möchte diese Leckereien weglassen. (. . .) Alle beliebigen visuellen Darstellungen der Phantasie sind für mich kein Genuß mehr, sondern nur noch die innere Welt, der Reichtum der inneren Welt, der als Improvisation erzählt wird, wie Etüden von Chopin.« (A. Wyneken-Galibin, ›Anatolij Wassiljew‹, S. 75 f.)

Literatur: B. Lehmann: Überleben im Keller der Kunst. In: Theater heute, Heft 10, 1990; B. Beumers: Anatoli Wasiljew. Zwischen Ästhetik und Askese. In: Du, Heft 2, 1992; R. Wyneken-Galibin: Anatolij Wassiljew. Regie im Theater. Frankfurt a. M. 1993.

Watanabe, Kazuko (geborene Oishi), geb. in Sendai (Japan). Bühnen- und Kostümbildnerin, Regisseurin. Aufgewachsen in Tokio, wo sie Soziologie studierte (Magister); danach Bühnenkostüm-Studium an der Hochschule für angewandte Kunst in Wien. 1972 erste Theaterpraxis bei den Salzburger Festspielen und an der Schaubühne am Halleschen Ufer Berlin; 1974 Kostüm-Assistentin bei Achim Freyer am Berliner Schiller-Theater in Bonds ›Lear‹ (R. Hans Lietzau); 1975/76 Kostümbildnerin bei mehreren Inszenierungen von Wilfried Minks: Fords ›Schade, daß sie eine Hure ist‹; Shakespeares ›Was ihr wollt‹ und ›Der Sturm‹ (alle Deutsches Schauspielhaus Hamburg); Schillers ›Kabale und Liebe‹ (Freie Volksbühne Berlin). Weitere Arbeiten als Kostümbildnerin: Büchners ›Woyzeck‹ (1976, R. Peter Palitzsch); Ibsens ›Gespenster‹ (1976, R. Hans Neuenfels, beide am Schauspiel Frankfurt); am Staatstheater Stuttgart u. a.: Brechts ›Trommeln in der Nacht‹ (R. Christof Nel); Hauptmanns ›Der Biberpelz‹. Seit 1978 ist sie auch als Bühnenbildnerin tätig, u. a. in Inszenierungen von George Tabori: Taboris ›Jubiläum‹ (UA 1983) und ›Peepshow‹ (UA 1984, jeweils Schauspielhaus Bochum); ›M‹ (1985, nach Euripides' ›Medea‹, Kammerspiele München); Bekketts ›Warten auf Godot‹ (1984) und ›Glückliche Tage‹ (1986, jeweils Kammerspiele München). Sie stattete mehrere Inszenierungen von B. K. Tragelehn aus, darunter: Wildes ›Bunbury‹ (1983, Schauspielhaus Düsseldorf); Heiner Müllers ›Quartett‹ (1981, Bochum), ›Macbeth‹ (1984 und 1987, Düsseldorf) sowie ›Herakles V‹ (1985, Bayerisches Staatsschauspiel München); Shakespeares ›Hamlet‹ (1985, ebenda), ›Was ihr wollt‹ (1987, Düsseldorf) sowie ›Troilus und Cressida‹ (1992/93, Bochum). Bühnenbilder für Inszenierungen von David Mouchtar-Samorai u. a.: Lessings ›Miss Sara Sampson‹ (1986, Bonn); Sobols ›Palästinenserin‹ (1987, Schauspielhaus Hamburg);

Schillers ›Die Räuber‹ (1987, Bonn): »Kazuko Watanabes Bühne ist, wie immer bei ihr, ein Einheitsraum, offen und breit hingelagert, vollgerümpelt mit Relikten von Wohnsituationen und mit Symbolen von Epochen: Da stehen klassizistisch weiße Säulenstümpfe (. . .), es drängeln sich ein Klavier, ein Spielzeugspinett, jede Menge Stühle, so werden Wege verstellt und rasche Gänge zu Hindernisläufen und der Lauf zum Slapstick (. . .).« (Michael Skasa, ›SZ‹, 17. 11. 1987) Weitere Ausstattungsarbeiten u. a.: Gorkis ›Nachtasyl‹ (1986, Freiburg) und Raimunds ›Der Barometermacher auf der Zauberinsel‹ (1987, Akademietheater Wien, R. jeweils Lore Stefanek); Reinshagens ›Die Clownin‹ (UA 1986, Düsseldorf, R. Ulrich Heising); Hürlimanns ›Stichtag‹ (1986, Düsseldorf, R. Thomas Schulte-Michels); außerdem Zusammenarbeit mit Wolf Seesemann, Herbert König, Peter Eschberg. Ende der achtziger Jahre wurde sie fest an das Bonner Schauspiel engagiert; eigene Regiearbeiten dort (in eigener Ausstattung) u. a.: Sobols ›Silvester ›72‹ (1988); Wedekinds ›Frühlings Erwachen‹ (1989/90): »Riskant schon ihre Raum-Lösung: ein heller Kasten aus leicht gemasertem Marmor, der schräg von einer Steinplatte, knapp einen Meter hoch, wie von einem Rasiermesser durchschnitten wird – kalt und klotzig, hart und ausweglos. (. . .) Die Aufführung beginnt grandios, fast wie aus einem Film von Fellini (›I Vitelloni‹), mit einem langen, stummen Bild: Während die Zuschauer noch ihre Plätze suchen, drücken sich die jungen Männer des Stücks an den kahlen Wänden entlang und rauchen – nervöse, halbstarke Typen mit blassen Gesichtern, die türkisfarbene Jacken und schwarze Hosen tragen. (. . .) Eine laute, monoton moderne Musik rückt sie in die Gegenwart: Einsame Menschen, Teenagerwracks, Raubtiere im Käfig. Die Intensität dieser Eröffnung kann die Aufführung nicht wieder erreichen.« (Andreas Roßmann, ›Theater heute‹, Heft 5, 1990) Weitere Inszenierungen u. a.: Kerstin Spechts ›Amiwiesen‹ (UA 1990, Werkraum der Münchner Kammerspiele, mit Doris Schade); Bonds ›Sommer‹ (1992, Karlsruhe); Wolfgang Rihms Oper ›Die Eroberung von Me-

xico‹ (1993, Ulm); García Lorcas ›Bernarda Albas Haus‹ (1993/94, Düsseldorf).

Weber, Anselm, geb. 1963 in München. Regisseur. Begann nach dem Abitur (1983) eine Ausbildung an der Staatlichen Fachakademie für Fotodesign in München; Assistent bei verschiedenen Filmprojekten; 1985 Aufenthalt in Berlin, dort Uraufführung des Kinderpuppenfilms ›Die Abenteuer des Tobias Schraube‹ während der Berlinale 1986; 1986–1989 Regieassistent bei Dieter Dorn und Hans Lietzau an den Münchner Kammerspielen; dort erste eigene Inszenierung im Werkraum: Turrinis ›Die Minderleister‹ (1989, Regiepreis der Bayerischen Theatertage). Seit 1989 freier Regisseur. Inszenierungen am Schauspiel Bonn: Bonds ›Die See‹ (1990); Weiss' ›Die Ermittlung‹ (1990); Brechts ›Die Kleinbürgerhochzeit‹ (1991); am Deutschen Theater Berlin: Molières ›Tartuffe‹ (1992); am Schauspiel Frankfurt: Schillers ›Die Jungfrau von Orleans‹ (1992); Werner Schwabs ›Präsidentinnen‹ (1992); Sophokles' ›Antigone‹ (1993); Ionescos ›Die Nashörner‹ (1993); am Deutschen Schauspielhaus Hamburg: Rainald Goetz' ›Kritik in Festung‹ (UA 1993). Anke Roeder schrieb in einem Porträt: »Anselm Weber entzieht sich dem Klischees von Jung-Sein, verweigert sich einem Tempo, das unsere Zeit prägt. Lustig, schnell, grell sind für ihn negative Zeitgeistbegriffe. Kunst ist für ihn ein Vorgang, der sperrig sein muß, und die Rezeption von Kunst ist für ihn genauso schwierig wie der künstlerische Prozeß des Herstellens selbst. (. . .) Es ist diese Verweigerungshaltung, die die Inszenierungen von Anselm Weber kennzeichnet: die Verweigerung gegenüber Erwartungen von Jung- und Revolutionär-Sein, die Abwehr von Klischeebildern, die der Massenkultur entspringen, der Widerstand gegen moralisch-ideologische Raster. In seinen Arbeiten steht der Einzelne im Mittelpunkt, der Denkende, Wünschende, Hoffende, Aufbegehrende. Lösungen bietet sein Theater nicht an. Es ist ein Theater des Fragens. In seiner Kargheit stellt es die Idee über das Spiel. Anselm Weber ist ein Denker auf der Bühne.« (›Junge Regisseure‹, S. 40 f.)

763

Literatur: A. Roeder/S. Ricklefs: Junge Regisseure. Regie im Theater. Frankfurt a. M. 1994.

Webster, John, geb. um 1578 in London, gest. um 1635. Englischer Dramatiker. Webster war Jurist. Über sein Leben ist nur wenig bekannt. Er war der begabteste Dichter in der Nachfolge Shakespeares. »John Webster war der letzte einer Zunft von Dramatikern, deren plötzliches Auftauchen eigentlich nicht zu erwarten gewesen war, bot sie doch der Welt zeitlich enggedrängt eine solche Fülle und Vielheit an Schauspielen wie es dies seit Äschylos, Sophokles, Euripides nicht wieder auf einmal und in einer Stadt gab. Noch im Erlöschen ließ dieses Dichtergeschlecht der Bühne Werke zurück, die jetzt gar nicht mehr wegzudenken sind und die die Menschen auch nie vergessen werden. Es war Webster, der dieses goldene Zeitalter abschloß; er kam, an dramatischer Macht und Sprachgewalt, Shakespeare am nächsten. Sie währte nicht lange, diese Zeit. Nach knapp dreißig Jahren war es mit dem großen Schaffen vorbei. Christopher Marlowe schrieb seinen ›Tamburlaine‹ 1587, als er 23 Jahre alt war; Shakespeares ›Sturm‹ dürfte als sein letztes Werk im Jahre 1612 vollendet worden sein. Websters Tragödie ›Die Herzogin von Malfi‹ entstand um 1613–1614.« (Alfred Marnau, in: J. Webster, Die Herzogin von Malfi. Nördlingen 1986). In Deutschland wurden hauptsächlich ›Die Herzogin von Malfi‹ und ›Der weiße Teufel‹ gespielt (auch als Bearbeitung von Dieter Forte 1972, unter dem Titel ›Weiße Teufel‹).
Stücke: ›Der weiße Teufel‹ (1611/1612); ›The Devil's Law Case‹ (1623).
Literatur: S. H. McLeod: Dramatic Imagery in the Plays of Webster. o. O. 1977; J. Pearson: Tragedy and Tragicomedy in the Plays of Webster. Manchester 1980; S. Schuman: J. Webster: A Reference Guide. Boston 1985.

Weck, Peter, geb. 12. 8. 1930 in Wien. Schauspieler, Regisseur und Intendant. Gehörte zu den Wiener Sängerknaben und besuchte nach dem Gymnasium zwei Jahre lang die Dirigentenklasse der Hochschule für Musik und darstellende Kunst in Wien. 1951–1953 Ausbildung am Wiener Max-Reinhardt-Seminar; 1953 erstes Engagement am Stadttheater Klagenfurt; debütierte als Truffaldino in Goldonis ›Der Diener zweier Herren‹. Weitere Bühnenstationen: Theater am Kurfürstendamm Berlin (1953/54); Theater in der Josefstadt Wien (1954–1959); Münchner Kammerspiele (1955); Deutsches Schauspielhaus Hamburg (1956); Burgtheater Wien (1959–1970); Schauspielhaus Zürich (1965–1976, dort auch einige Regiearbeiten). Rollen am Burgtheater u. a.: Stani in Hofmannsthals ›Der Schwierige‹; Bleichenwang in Shakespeares ›Was ihr wollt‹; Bluntschli in Shaws ›Helden‹; Dr. Jura in Bahrs ›Das Konzert‹; Schneider Zwirn in Nestroys ›Lumpazivagabundus‹; Rosenkranz in Stoppards ›Rosenkranz und Güldenstern‹; ferner u. a.: Cosme in Calderóns ›Dame Kobold‹ (Salzburger Festspiele); in Molières ›Tartuffe‹ und in Nestroys ›Der Talisman‹ (jeweils Zürich); Titelrolle in Schnitzlers ›Anatol‹ (1967, Bühne 64 Zürich und Münchner Kammerspiele; 1968 auch im Fernsehen); seit Mitte der fünfziger Jahre zahlreiche Film- und Fernsehrollen. Bei vielen Fernsehproduktionen führte er selbst Regie. Große Popularität erlangte der »Wiener Goldjunge« als Regisseur und Hauptdarsteller der Fernsehserie ›Ich heirate eine Familie‹ (1983 ff.). Im Januar 1983 wurde Weck Direktor und künstlerischer Leiter des Theaters an der Wien; 1987 übernahm er außerdem die Leitung des Raimund-Theaters und des zum Theater umgebauten Varietés Ronacher (Generalintendant der Vereinigten Bühnen Wien). Wecks Ziel war es, in Wien ein Musical-Imperium aufzubauen. Ein sensationeller Erfolg wurde gleich zu Beginn die deutschsprachige Erstaufführung von Andrew Lloyd Webbers ›Cats‹ (1983, R. Gillian Lynne, acht Jahre lang im Programm). Weitere Musical-Produktionen u. a.: Claude Michel Schönbergs ›Les Misérables‹ (DE 1988, R. Gale Edwards); Webbers ›Phantom der Oper‹ (1988/89); Eric Woolfsons ›Freudiana‹ (UA 1990, in eigener Regie, mit Ulrich Tukur); Silvester Levay/Michael Kunzes ›Elisabeth‹ (UA 1992, R. Harry Kupfer). Ende 1992 gab er

Wedekind

seinen Posten als Generalintendant auf, um wieder »mehr kreativ zu arbeiten«. Auszeichnungen u. a.: Professorentitel (1980); Kammerschauspieler (1990); Henri-Abelé-Preis (1990).

Wedekind, Frank, geb. 24. 7. 1864 in Hannover, gest. 9. 3. 1918 in München. Dichter und Dramatiker. Sohn eines Arztes und einer Schauspielerin. Wedekind verbrachte seine Kindheit in der Schweiz; er studierte Germanistik und französische Literatur in Lausanne. Auf Wunsch des Vaters studierte er von 1884 an Jura in München; daneben bereits erste schriftstellerische Arbeit. 1890 begann Wedekind sein Stück ›Frühlings Erwachen‹ (UA 1906) zu schreiben. Er lebte in Berlin und München. Seine zum Teil satirischen Werke stehen stilistisch zwischen Naturalismus und Expressionismus. Die Themen kreisen wesentlich um die Befreiung der sinnlichen natürlichen Liebe und den Kampf gegen das verklemmte pseudo-moralische Verhalten des Bürgertums. »Wedekind ist einer der lebendigsten Verwirklicher der Moralkritik Nietzsches, für dessen Umwertung er auch dramatisch ›umgewertete‹ Formen suchte. Aufreizende Formen, empörte Ausbrüche, Ausdruck einer glücklosen kritischen Leidenschaft (. . .) Wedekind (. . .) stand in ebenso tiefem Gegensatz zum Milieu-Naturalismus, der dem Menschen den Geist austrieb, wie zum Symbolismus Ibsens, der ihm die menschliche Gestalt zum Intellekt verdunsten ließ.« (Bernhard Diebold, in: ›Frankfurter Zeitung‹, 24. 6. 1924) 1988 inszenierte Peter Zadek mit großem Erfolg die Urfassung von ›Die Büchse der Pandora‹ (1893) am Schauspielhaus Hamburg (mit Susanne Lothar). Hierüber schrieb C. Bernd Sucher (›SZ‹, 15. 2. 1988): »Schließlich liegt es nahe, Wedekinds frühes unbearbeitetes Drama über die Sexualität, über die Mechanismen des Geschlechtstriebes und die bürgerlichen Unterdrückungscodes und -konzepte so darzustellen, schlägt sich ein Regisseur wie Zadek ganz uneingeschränkt auf die Seite jener, die nicht fragen, was die anderen wohl zu ihrem Lebens- und Liebesentwurf meinen könnten, sondern rücksichtslos ihren Trieb ausleben. Ihr Be-

gehren ist Sucht, Suche nach dem Absoluten. Zadek stimmt einen Song auf die Sexualität an – keinen Minnesang.«

Weitere Stücke: ›Der Erdgeist‹, auch unter dem Titel ›Lulu‹ (1895); ›Der Kammersänger‹ (1899); ›Der Liebestrank‹ (1900); ›Der Marquis von Keith‹ (1901); ›König Nicolo oder So ist das Leben‹ (1902); ›Die Büchse der Pandora‹ (1904); ›Hidalla oder Sein und Haben‹ (1904); ›Totentanz‹ (1904); ›Musik‹ (1908); ›Die Zensur‹ (1908); ›Schloß Wetterstein‹ (1910); ›Franziska‹ (1912); ›Simson oder Scham und Eifersucht‹ (1914); ›Bismarck‹ (1916); ›Herakles‹ (1917).

Literatur: A. Kutscher: Frank Wedekind. Sein Leben und seine Werke. Drei Bände. München 1922–1931; W. Duwe: Zur dramatischen Form Frank Wedekinds in ihrem Verhältnis zur Ausdruckskunst. Diss. Bonn 1936; R. Baucken: Bürgerlichkeit, Animalität und Existenz im Drama Wedekinds und des Expressionismus. Diss. Kiel 1950; G. Seehaus: Frank Wedekind und das Theater. München 1964; ders. (Hrsg.): F. Wedekind in Selbstzeugnissen und Bilddokumenten. Reinbek 1974; H. J. Irmer: Der Theaterdichter Frank Wedekind. Berlin 1975.

Wegener, Paul, geb. 11. 12. 1874 in Bischdorf, Ostpreußen, gest. 13. 9. 1948 in Berlin. Schauspieler. Studierte Jura in Leipzig und nahm nebenher Schauspielunterricht; 1895 erstes Engagement in Rostock. Danach spielte er in Berlin, Magdeburg, Wiesbaden und von 1903 bis 1906 in Hamburg. 1906 holte ihn Max Reinhardt an das Deutsche Theater Berlin, wo er bis 1913 und dann wieder ab 1915 zum Ensemble gehörte. Von 1913 bis 1915 arbeitete er am Berliner Theater in der Königgrätzer Straße; spielte dort u. a. Shakespeares ›Macbeth‹ und ›König Richard III.‹. In der Nazizeit spielte er bei Heinrich George am Berliner Schiller-Theater (1937–1941) und bei Gustaf Gründgens am Staatstheater (ab 1942). Zu seinen wichtigsten Rollen am Deutschen Theater zählen: Titelrolle in Leo Greiners ›Der Liebeskönig‹ (1906); Mercutio in Shakespeares ›Romeo und Julia‹ (1907); Obrist Kottwitz in Kleists ›Prinz Friedrich von

Homburg‹ (1907 und 1932; 1939 auch am
Schiller-Theater); Kandaules in Hebbels
›Gyges und sein Ring‹ (1907) und Holo-
fernes in ›Judith‹ (1909, R. Reinhardt);
Präsident in Schillers ›Kabale und Liebe‹
(1908); Gloster in Shakespeares ›König
Lear‹ (1908) und Titelrolle in ›König
Heinrich IV.‹ (1912); Mephisto in Goethes
›Faust‹ (1909); Titelrolle in Sophokles/
Hofmannsthals ›König Ödipus‹ (1910, al-
ternierend mit Alexander Moissi). In
Shakespeares ›Othello‹ spielte er zunächst
den Jago, später die Titelrolle; ferner u. a.:
Franz Moor in Schillers ›Die Räuber‹ und
Philipp II. in ›Don Carlos‹; Titelrolle in
Ibsens ›John Gabriel Borkman‹; Joachimo
in Shakespeares ›Cymbeline‹ und Richter
in Strindbergs ›Advent‹ (beide 1919,
R. Ludwig Berger). In den expressionisti-
schen Aufführungen von Reinhardts »Jun-
gem Deutschland« sah man ihn als Vater in
Sorges ›Der Bettler‹ (UA 1917) und als
Matrosen in Goerings ›Seeschlacht‹
(1918). In Reinhardts Inszenierungen am
neueröffneten Großen Schauspielhaus
spielte er u. a. den König in Shakespeares
›Hamlet‹ (1920, mit Moissi als Prinz und
Agnes Straub als Königin) und die Titelrolle in Rollands ›Danton‹ (UA 1920, mit
Werner Krauß als Robespierre); Paul
Fechter schrieb: »(. . .) und als nun dieser
Danton als Antwort auf die Anklage einfach ein Lachen anstimmt, ein dröhnendes,
immer lauter werdendes Lachen: einen
Augenblick ist Stille, dann lacht zuerst
unten die rotbemützte Menge in der Arena
mit, Wegener lacht weiter, schlägt sich die
Schenkel rot vor Anstrengung und Vergnügen – und plötzlich lacht und klatscht
auf einmal die ganze riesige Masse der Zuschauer mit, eine Woge von Zusammenge-
hörigkeit reißt alles für Augenblicke hin –
auf den einen überragenden Mann dort
unten. Was die kluge Regie des klugen Regisseurs vergeblich zu erreichen versucht
hatte, gelingt dem Einzelnen, der hinreißenden Kraft eines großen Künstlers.«
(›Deutsche Allgemeine Zeitung‹, 16. 2.
1920) In den zwanziger Jahren distanzierte
er sich zunehmend vom Berliner Theaterbetrieb und unternahm mehrere Provinz-
tourneen. In Erwin Piscators Eröffnungs-
Inszenierung der Piscator-Bühne am Nol-

lendorfplatz spielte er die Titelrolle in
Tolstoi/Schtschegolews ›Rasputin‹; Herbert Ihering nörgelte: »Älteste Schule. Mit
tiefen Theatertönen. Hoftheater auf der
revolutionären Bühne. Man muß die beziehungsreiche Pause vor dem Wort ›Judas-
kuß‹ gehört haben, um zu spüren, welch
ein veralteter Schauspieler Wegener ist.«
(›Berliner Börsen-Courier‹, 11. 11. 1927);
Alfred Kerr dagegen: »wie Wegener (. . .)
ihn hinlegt, nein: hinstellt; mit Backenknochen; mit einem tierischen Bauerngeblüt:
das ist etwas.« (›Berliner Tageblatt‹,
11. 11. 1927) Rollen am Berliner Schiller-
Theater u. a.: Präsident in Schillers ›Kabale
und Liebe‹ (1937) und Philipp II. in ›Don
Carlos‹ (1939); Shakespeares ›König
Heinrich IV.‹ (1938); Ibsens ›John Gabriel
Borkman‹ (1940, R. Walter Felsenstein);
Reinhold Ulrichs in Halbes ›Der Strom‹
(1940, R. Jürgen Fehling); in Fehling-Inszenierungen am Preußischen Staatstheater: Trahanache in Caragiales ›Ein verlorener Brief‹ (1943); Vogelreuter in Sudermanns ›Johannisfeuer‹ (1944). Nach dem
Zweiten Weltkrieg übertrug man ihm die
Leitung der »Kammer der Kunstschaffen-
den« in Berlin. Bei der Spielzeiteröffnung
des Deutschen Theaters im September
1945 war er Lessings ›Nathan der Weise‹
(mit Eduard von Winterstein, R. Fritz Wisten); bis zu einem Schwächeanfall auf der
Bühne im Sommer 1948 spielte er die
Rolle mehr als 60mal. Weitere Rollen nach
1945: Polonius in Shakespeares ›Hamlet‹
(R. Gustav von Wangenheim); Titelrolle in
Hauptmanns ›Kollege Crampton‹; Polesha-
jew in Rachmanows ›Stürmischer Lebens-
abend‹. Wegener war als Schauspieler,
Drehbuchautor und Regisseur sehr früh
schon für den Film tätig. In Stellan Ryes
Stummfilm-Klassiker ›Der Student von
Prag‹ spielte er 1913 die Titelrolle. Sein
eigener Film ›Der Golem – Wie er in die
Welt kam‹ wurde künstlerisch wie kom-
merziell einer der größten Erfolge der
deutschen Stummfilmproduktion (1920,
Wegener als Co-Autor, Regisseur und
Darsteller in Personalunion, mit Albert
Steinrück und Ernst Deutsch). Zur Zeit der
Hitler-Diktatur wirkte er in nationalsozia-
listisch geprägten Filmen wie ›Der große
König‹ (1942) oder ›Kolberg‹ (1945) mit,

Wegner

stellte sich ansonsten jedoch nicht in den Dienst faschistischer Kulturpolitik. Seine Erlebnisse aus dem Ersten Weltkrieg veröffentlichte er unter dem Titel ›Flandrisches Tagebuch 1914‹ (1932). Herbert Ihering schrieb über den vielseitig begabten Künstler:»Er war immer ein Mann, der aufs Ganze ging. Er sah das Theater niemals isoliert und zog als Schauspieler seine Anregungen aus dem ganzen Umkreis des Lebens und der Kunst. (...) Seinen Ruhm (...) hatten die großen Charakterrollen wie Franz Moor, Jago und Holofernes gegründet, besonders Franz Moor, den er mit rotem, wie von Bosheit brennendem Haarschopf spielte, mit häßlichem Maul und bleckender Zunge. Seine künstlerische Entwicklung aber nahm ihren Ausgang von jenen anderen Gestalten, (...) den gedeckten, überschatteten Charakteren oder den einfachen, kernigen, festen Kerlen. Meistens waren es Menschen, die gezeichnet schienen: durch Erfahrung oder Schicksal, das sie gebrochen oder hart gemacht hatte. So vermochte Wegener den treuen Gloster König Lears, den adligen Lehnsmann mit derselben Kraft zu spielen wie den einsam hausenden, von den Furien einer zerstörten Ehe gejagten Leuchtturmkommandanten in Strindbergs ›Totentanz‹. (...) Aber die Erfüllung war der Amtmann in Strindbergs ›Kronbraut‹. (...) Er ging durch das Stück wie der liebe Gott durch den schwedischen Wald. Ruhig, fern und doch realistisch nah, eingehüllt in einen riesigen blauen Mantel. Bildnerische und schauspielerische Intuition vereinigten sich.« (›Von Josef Kainz bis Paula Wessely‹, S. 108 ff.)
Literatur: A. Polgar: Ja und Nein. Schriften des Kritikers. Bd. 1–3 Berlin 1926; W. Martini: Das Filmgesicht. München 1928; H. Ihering: Von Josef Kainz bis Paula Wessely. Heidelberg, Berlin, Leipzig 1942; A. Hindermann-Wegener: Lied eines Lebens. München 1950; K. Möller: Paul Wegener. Sein Leben und seine Rollen. Hamburg 1954; H. Pfeiffer: Paul Wegener. Berlin 1957; W. Noa: Paul Wegener. Berlin 1964; R. S. Joseph: Der Regisseur und Schauspieler Paul Wegener. Münchener Stadtmuseum 1965; A. Bronnen: Paul Wegener. Berlin 1977; M. Bier: Schauspieler-

porträts. 24 Schauspieler um Max Reinhardt. Berlin 1989.

Wegner, Sabine, Schauspielerin. 1976–1979 Ausbildung an der Folkwangschule Essen. Ihr erstes Engagement erhielt sie 1979 am Staatstheater Stuttgart, wo sie in mehreren Inszenierungen von Hansgünther Heyme spielte: Elisabeth in Schillers ›Don Carlos‹ (1979); Titelrolle in Lessings ›Minna von Barnhelm‹ (1980); Carola Martin in Mnouchkines ›Mephisto‹ (DE 1981, nach Klaus Mann, mit Hans Falár); Rosetta in Büchners ›Leonce und Lena‹ und Lucile in ›Dantons Tod‹ (1981, an einem Abend). Weitere Rollen u. a.: Julia in Shakespeares ›Romeo und Julia‹ und Titelrolle in Goethes ›Stella‹ (R. jeweils Bernd Renne); Strindbergs ›Fräulein Julie‹ (R. Peter Löscher); Mascha in Tschechows ›Die Möwe‹ (1983, R. Günter Krämer). 1984/85 am Schauspiel Frankfurt u. a.: Eve in Kleists ›Der zerbrochne Krug‹ (R. Holger Berg); Amalia in Schillers ›Die Räuber‹ (R. Thomas Reichert). Von 1985 bis 1988 gehörte sie zum Ensemble des Hamburger Thalia Theaters. Erfolg als Célimène in Molières ›Der Menschenfeind‹ (1986, mit Hans Christian Rudolph, R. Jürgen Gosch):»Diese Célimène ist vor allem eines: Sie ist jung, und Sabine Wegner nutzt diese Tatsache als Ausgangspunkt für die Erkundungsreise ins facettenreiche Innere der Figur. Sie hat den Selbstbehauptungswillen einer noch jungen Frau, die sich in dieser Männergesellschaft durchsetzen will, aber auch die Heimtücke eines verzogenen Kindes. Manchmal wirkt sie so unschuldig, so unerfahren, als wisse sie noch gar nichts von der Macht der Worte, mit denen sie ihre Mitmenschen so virtuos verletzt. Dann wieder durchschaut sie alles (...). Ein unvergeßlicher Moment: Wenn Alceste verlangt, sie möge sich entscheiden, ob sie ihm folgen will oder nicht, fragt sie: ›Jetzt gleich?‹ ... ganz, ganz leise, wie mädchenhaft erstaunt, fast ein wenig glucksend, aber schon wild entschlossen, das nicht zu opfern, was sie erst noch erleben will: ihre Freiheit.« (Werner Burkhardt, ›SZ‹, 10. 4. 1986) Außerdem u. a.: Molly in Wedekinds ›Der Marquis von Keith‹ (R. Thomas Lang-

hoff); Beatrice in Goldonis ›Der Diener zweier Herren‹ (R. Jürgen Flimm). In Reinhard Hauffs ›Stammheim‹-Film spielte sie die Rolle der Gudrun Ensslin; dieselbe Rolle übernahm sie auch in George Taboris ›Stammheim-Projekt‹ in der Hamburger Kampnagelfabrik (1986). 1988–1991 Engagement an der Berliner Schaubühne am Lehniner Platz; dort u. a.: Camille in Corneilles ›Horace‹ (1989, R. Gosch); Schlaffrau in Strauß' ›Die Zeit und das Zimmer‹ (UA 1989, R. Luc Bondy); Die ältere Schwester in Koltès' ›Roberto Zucco‹ (UA 1990, R. Peter Stein). 1991/92 drehte sie den Film ›Die ungewisse Lage des Paradieses‹ unter der Regie von Franziska Buch. Zuletzt sah man sie am Deutschen Schauspielhaus Hamburg u. a. als Orsina in Lessings ›Emilia Galotti‹ (1992, R. Löscher) und in Rainald Goetz' ›Kritik in Festung‹ (UA 1993, R. Anselm Weber).
Literatur: M. Merschmeier: »Ihr Wunderkinder?« Sieben junge Schauspieler der Saison. In: Theater heute, Jahrbuch 1986, S. 16–33.

Weiffenbach, Klaus, geb. 8. 12. 1934 in Berlin, gest. 30. 1. 1987 ebenda. Bühnenbildner; Mitbegründer und einer der Direktoren der Berliner Schaubühne am Halleschen Ufer (seit 1981 am Lehniner Platz). Gegründet wurde die Bühne 1962 als Privattheater ohne festes Ensemble. Zu den Gründungsmitgliedern zählten neben Weiffenbach Leni Langenscheidt, Waltraud Mau und Jürgen Schitthelm. Als das Theater 1970 in ein Ensembletheater unter künstlerischer Leitung von Peter Stein umgewandelt wurde, übernahm Weiffenbach gemeinsam mit Schitthelm die Geschäftsführung. Weiffenbach war von 1962 bis Mitte der siebziger Jahre auch als Bühnenbildner tätig und hatte mit seinen Ausstattungen wesentlichen Anteil an der künstlerischen Arbeit der Schaubühne. Mit den Bildern für Gorki/Brechts ›Die Mutter‹ (1970) und Wischnewskis ›Optimistische Tragödie‹ (1972, R. jeweils Stein) hat er neben Karl Ernst Herrmann die Raumbühnen der Schaubühne mitgeprägt.
Literatur: P. Iden: Die Schaubühne am Halleschen Ufer 1970–1979. München,

Wien 1979; Schaubühne am Halleschen Ufer am Lehniner Platz 1962–1987. Frankfurt a. M. 1987; J. Fiebach/H. Schramm (Hrsg.): Schaubühne am Halleschen Ufer. In: Kreativität und Dialog. Theaterversuche der 70er Jahre in Westeuropa. Berlin 1983.

Weigel, Helene, geb. 12. 5. 1900 in Wien, gest. 6. 5. 1971 in Ostberlin. Schauspielerin und Theaterleiterin. Frau von Bertolt Brecht, mit dem sie das Berliner Ensemble gründete. Verließ mit 16 Jahren das Lyzeum und nahm Schauspielunterricht in Wien. Nach kurzen Engagements an kleineren Bühnen arbeitete sie von 1919 bis 1921 bei Arthur Hellmer am Neuen Theater Frankfurt; Rollen u. a.: Marie in Büchners ›Woyzeck‹ (1919); Greisin in Kaisers ›Gas II‹ (UA 1920); Piperkarcka in Hauptmanns ›Die Ratten‹ (1921). 1921/22 Engagement bei Richard Weichert am Schauspielhaus Frankfurt; spielte dort u. a. Meroe in Kleists ›Penthesilea‹. 1922 übersiedelte sie nach Berlin, wo Leopold Jeßner sie ans Staatstheater engagierte; dort u. a.: Adeline in Grabbes ›Napoleon oder Die hundert Tage‹ (1922, R. Jeßner); Claudine und Lucinde in Molières ›George Dandin‹ und ›Arzt wider Willen‹ (1922, R. Jürgen Fehling); Lieschen in Goethes ›Faust I‹ (1923, mit Carl Ebert und Eugen Klöpfer, R. Jeßner). 1924 Bekanntschaft mit Brecht, 1928 Heirat. Von 1923 bis 1928 war sie an verschiedenen Berliner Bühnen engagiert, u. a. am Deutschen Theater (1924/25), an der Jungen Bühne (1926/27) und an der Volksbühne (1928/29). 1929 erhielt sie erneut ein Engagement am Staatstheater, danach bis 1933 wieder an verschiedenen Berliner Theatern. Rollen u. a.: Klara in Hebbels ›Maria Magdalena‹ (1925, Renaissancetheater); Salome in Hebbels ›Herodes und Mariamne‹ (1926, Staatstheater, mit Fritz Kortner und Lina Lossen, R. Jeßner): »Wie eine Frau da die rechte Mitte trifft, tut Helene Weigel dar: Salome wird ohne Vordringlichkeit aus der zweiten in die erste Reihe gespielt und hält sich dort dank Elektrisiertheit und Farbigkeit.« (Siegfried Jacobsohn, ›Die Weltbühne‹, Berlin 1926); Clementine in Fleißers ›Fegefeuer in Ingol-

Weigel 768

stadt‹ (UA 1926, Junge Bühne, R. Paul Bildt); erste größere Brecht-Rolle: Witwe Begbick in ›Mann ist Mann‹ (1928, Volksbühne, mit Heinrich George als Galy Gay, R. Erich Engel; 1931 auch am Staatstheater, mit Peter Lorre, R. der Autor); Grete Hinkemann in Tollers ›Hinkemann‹ (1927, Volksbühne, mit George, R. der Autor); Dienerin in Sophokles' ›Ödipus‹ (1929, Staatstheater, mit Kortner und Walter Franck, R. Jeßner); Konstanze in Shakespeares ›König Johann‹ (1929, Staatstheater, mit Rudolf Forster, R. Jeßner), darüber Alfred Kerr: »Am stärksten ist hier Helene Weigel. Durch Sprechkraft und Bildkraft wie auf ein besonderes Eiland gehoben. Ihre Zunge hat sich bei Hebbel in einer Schmerzensfrau bewährt. Im Zusammenguß von Redenkönnen und Gefühl. Von Technik und Innenmacht. Jetzt ist alles gesteigert: in einer die Welt schwärzlichschmerzlich sehenden Mutter. Erliegendes Wild vor abwendbarem Grauen. Im Gang, im erschlaffenden Blick, im Absterben der Wesenheit, im vorschattenden Wahnsinn . . .: große Kunst.« (›Berliner Tageblatt‹, 4. 5. 1929) Bei der Uraufführung von Brechts ›Die Mutter‹ (nach Gorki) spielte sie die Titelrolle (1932, Gruppe Junger Schauspieler, Komödienhaus Berlin, R. Brecht/Emil Burri). Kerr, der das Stück ablehnte, schrieb: »Helene Weigel macht beinah die schlappen Inhaltslosigkeiten wett. Sie ist einfach herrlich: in Mildheit, Zähheit, dazwischen Freundlichkeit; rechtens entfernt von allem Heldentum, eine Arbeiterfrau, irgendeine Hoffnung aus der Masse, bloß eine Nummer . . . und doch, im hervorragenden Sinn, eine Nummer. Es gibt kaum Schöneres.« (›Berliner Tageblatt‹, 18. 1. 1932) Weitere Brecht-Rollen vor der Emigration: Fliege in ›Happy End‹ (UA 1929, nach Lane, Theater am Schiffbauerdamm, R. Engel/Brecht); Agitator in ›Die Maßnahme‹ (UA 1930, Großes Schauspielhaus). 1933 ging sie zusammen mit Brecht in die Emigration; zunächst über Prag, Wien und Carona (Schweiz) nach Dänemark; 1939 Übersiedlung nach Stockholm, 1940 nach Finnland; 1941 Aufenthalt in der Sowjetunion, dann Emigration in die USA, wo sie sich in Santa Monica, Kalifornien, niederließen.

Nur wenige Rollen im Exil: Teresa Carrar in Brechts ›Die Gewehre der Frau Carrar‹ (1937 in Paris; 1938 in Kopenhagen); Judith Keith in ›Die jüdische Frau‹ (Szenen aus Brechts ›Furcht und Elend des Dritten Reiches‹, 1938 in Paris). 1947 Übersiedlung in die Schweiz; dort: Titelrolle in Sophokles/Hölderlin/Brechts ›Antigone‹ (1948, Stadttheater Chur, R. Brecht/Caspar Neher). 1948 Rückkehr nach Ostberlin. 1949 gründete sie zusammen mit Brecht das Berliner Ensemble (BE), das sie bis zu ihrem Tod leitete. Wichtigste Brecht-Rollen am BE: Mutter Courage in ›Mutter Courage und ihre Kinder‹ (1949–1961, R. Brecht/Engel); Titelrolle in ›Die Mutter‹ (1951–1971, R. der Autor; 1953 auch an der Neuen Scala Wien); Frau Carrar in ›Die Gewehre der Frau Carrar‹ (1952–1955); Gouverneursfrau und Mütterchen Grusinien in ›Der kaukasische Kreidekreis‹ (DE 1954, R. der Autor); Volumnia in Shakespeare/Brechts ›Coriolan‹ (1964/65, R. Manfred Wekwerth/Joachim Tenschert). Weitere Rollen u. a.: Frau Großmann in Strittmatters ›Katzgraben‹ (1953, R. Brecht); Wassilissa in Ostrowskis ›Die Ziehtochter‹ (1955, R. Angelika Hurwicz); Titelrolle in Baierls ›Frau Flinz‹ (UA 1961, R. Wekwerth/Peter Palitzsch). Zahlreiche Rezitationsabende und Auslandstourneen. Helene Weigel war die kongeniale Protagonistin Brechts, eine Meisterin realistischer Schauspielkunst, berühmt vor allem als ›Die Mutter‹ und als ›Mutter Courage‹. Brecht hat 1929 seine Frau beschrieben: »Sie ist von kleinem Wuchs, ebenmäßig und kräftig. Ihr Kopf ist groß und wohlgeformt. Ihr Gesicht schmal, weich, mit hoher, etwas gehobener Stirn und kräftigen Lippen (. . .). Ihre Bewegungen sind bestimmt und weich. Sie ist gutartig, schroff, mutig und zuverlässig. Sie ist unbeliebt.« Als Intendantin des Berliner Ensembles war sie nicht unumstritten. Kritiker warfen ihr vor, aus der Bühne ein Brecht-Museum gemacht zu haben. Sie wurde mehrmals mit dem Nationalpreis der DDR ausgezeichnet. **Literatur:** H. Weigel (Hrsg.): Theaterarbeit. Berlin 1953; W. Pintzka (Hrsg.): Die Schauspielerin Helene Weigel. Ein Fotobuch. Text von B. Brecht. Berlin 1959;

W. Hecht/S. Unseld: Helene Weigel zu ehren. Frankfurt a. M. 1970; V. Teuschert: Die Weigel. Berlin 1981.

Weis, Heidelinde, geb. 17. 9. 1940 in Villach, Kärnten. Schauspielerin. 1957–1959 Ausbildung am Max-Reinhardt-Seminar in Wien; erstes Engagement 1959/60 am Theater in der Josefstadt Wien. 1960 heiratete sie den Theaterleiter Hellmuth Duna, mit dessen Theatergruppe sie häufig auf Tournee ging. Gastspiele u. a. am Theater am Kurfürstendamm Berlin (seit 1962), in Hamburg, Düsseldorf und am Theater in der Brienner Straße München unter Hellmuth Duna (bis 1981); hauptsächlich Film- und Fernseharbeit. Eine ihrer erfolgreichsten Rollen war Anouilhs ›Colombe‹, die sie mehrmals spielte, u. a. 1980 in München: »Ideal besetzt (...): Ein zartes braves Geschöpf, das mit liebeslustiger Neugier aufbricht und sich durch alle Affären ihre ›reine Naivität‹ bewahrt. Sie beherrscht das ganze den Spiel und gewinnt der zentralen Szene – der Liebes-Probe – den Reiz der Irritation ab.« (Thomas Thieringer, ›SZ‹, 11. 1. 1980) Ferner u. a.: Isabella in Shakespeares ›Maß für Maß‹ und Olivia in ›Was ihr wollt‹; Sophie in Wiemanns ›General Quichotte‹, Alkmene in Hacks' ›Amphitryon‹; bei den Salzburger Festspielen: Rosetta in Büchners ›Leonce und Lena‹ (1976, Übernahme der Rolle von Sylvia Manas) und Gräfin in Beaumarchais' ›Der tolle Tag oder Figaros Hochzeit‹ (1978, R. jeweils Johannes Schaaf); am Theater an der Wien: Königin in Scribes ›Ein Glas Wasser‹ (1977/78); am Theater in der Brienner Straße München: Doris in Slades ›Nächstes Jahr – gleiche Zeit‹ (1977); Susy in Knotts ›Warte bis es dunkel ist‹ (1978); Bella in Hamiltons ›Gaslicht‹ (1981); an der Kleinen Komödie München: Jane in Krasnas ›Ein netter Herr‹ (1989); Lisa in Barillet/Grédys ›Vierzig Karat‹ (1992). Gert Gliewe nannte sie eine »Künstlerin, mädchenhaft fragil, die es versteht, selbst in wenig tiefschürfenden Boulevardtexten leise schwingende Zwischentöne zu entdecken.« (›Abendzeitung‹, München, 27. 10. 1983) Filme u. a.: ›Ich heirate Herrn Direktor‹ (1960, mit Hans Söhnker);

›Die Tote von Beverly Hills‹ (1961, nach Curt Goetz, R. Michael Pfleghar); ›Verdammt zur Sünde‹ (1962); Cora in ›Lausbubengeschichten‹ (1964, nach Thoma, R. Helmut Käutner); ›Rheinsberg‹ (1967, nach Tucholsky, mit Cornelia Froboess); ›Der Lügner und die Nonne‹ (1968, nach Goetz). Im Fernsehen u. a.: Anouilhs ›Antigone‹ (1965) und ›Colombe‹ (1981); Titelrolle in ›Die Frau in Weiß‹ (1971, Asmodi nach Collins); Großfürstin in ›Die Gerechten‹ (1981, nach Camus, R. Frank Guthke); Regina Fuchs in ›Umwege nach Venedig‹ (1989, nach eigenem Drehbuch). Auch Sängerin und Liedtexterin.

Weise, Klaus, geb. 9. 12. 1951 in Gera, Thüringen. Regisseur und Intendant. Zog 1958 mit seiner Familie in die Bundesrepublik. Schulbesuch in Aachen, Frankfurt, Wuppertal und Mülheim a.d. Ruhr. Nach dem Abitur besuchte er die Hochschule für Fernsehen und Film in München (1970–1973). 1974 Studium der Philosophie, Germanistik und Theaterwissenschaft in München; 1974/75 Hospitant und Regieassistent am Stadttheater Ingolstadt; 1975–1978 Regieassistent am Deutschen Schauspielhaus Hamburg bei Ulrich Heising, Dieter Giesing, Alfred Kirchner, Luc Bondy und Peter Zadek; 1977 erste eigene Inszenierung in Kiel: ›Frankenstein‹ von W. Deichsel. Es folgten u. a.: Fos ›Bezahlt wird nicht‹ (1978, Tübingen); Wildes ›Bunbury‹ (1979, Gießen); Alan Browns ›Rollstuhl Willi‹ (1982) und Horváths ›Kasimir und Karoline‹ (1984, jeweils Modernes Theater München); Ibsens ›Hedda Gabler‹ (1983) und Dorsts ›Ameley‹ (1984, jeweils Karlsruhe); Deichsels ›Loch im Kopf‹ (1985, Volkstheater München); Becketts ›Endspiel‹ (1986, Karlsruhe); am Nationaltheater Mannheim inszenierte er Horváths ›Der jüngste Tag‹ (1985) und ›Don Juan kommt aus dem Krieg‹ (1986), ferner Brecht/Weills ›Die Dreigroschenoper‹ (1986). Christoph Müller schrieb über die ›Don Juan‹-Inszenierung: »Kein Wort Horváths soll verloren gehen. Jede Szenen- und Personenbeschreibung wird sicht- und hörbar. Der Regisseur läßt den Don Juan alles vorstellen, was der Autor zur Charakterisierung knapp und pointiert

Weisenborn

beigesteuert hat (. . .). Ist das die vielzitierte ›Werktreue‹ eines nur ›dienenden‹ Regisseurs, dessen Handschrift hinter der Inszenierung ganz verschwindet? In der Tat, wenn diese Aufführung eine Handschrift aufweist, dann die des Ödön von Horváth. Seine (Lebenssinn-)Tiefen, (Abschieds-)Stimmungen, (Symbol-)Chiffren und (Metaphysik-)Botschaften stecken ganz offen an der Oberfläche des Stückes und nisten in den ›Stille‹-Anweisungen der nach musikalischen Baugesetzen entworfenen Dialogstruktur. Klaus Weise beläßt sie dort, ruft sie von dort ab, vertraut sich bis zur letzten Silbe(nbetonung) dem Text an – und siegt auf der ganzen Linie!« (›Theater heute‹, Heft 4, 1986) 1986 ging Weise als leitender Regisseur am Düsseldorfer Schauspielhaus; Inszenierungen u. a.: Ibsens ›Nora‹ (1986) und ›Gespenster‹ (1988); Millers ›Hexenjagd‹ (1987); Anthony Minghellas ›Made in Bangkok‹ (DE 1989). In der Spielzeit 1989/90 wurde er Schauspieldirektor am Staatstheater Darmstadt, wo er u. a. Gabriel Dagans ›Die Verabredung‹ (UA 1990) und Ibsens ›Die Frau vom Meer‹ (1991) inszenierte. Seit der Spielzeit 1991/92 ist er Intendant des Theaters Oberhausen; Eröffnungsinszenierung: Kleists ›Prinz Friedrich von Homburg‹; 1993 folgte Shakespeares ›Othello‹. Weise drehte mehrere Fernsehfilme nach eigenem Drehbuch: ›Die Zeit dazwischen‹ (1981); ›Rauhnacht‹ (1984, nach Billinger); ›Freitreppe‹ (1987); ›Peter Eschbachs Herz‹ (1991).
Literatur: C. Müller: Treffer eines Schützen. Gesprächs-Portrait eines (fast) jungen Regisseurs. In: Theater heute, Heft 4, 1986, S. 46–48.

Weisenborn, Günther (Pseud. Eberhard Foerster, Christian Munk), geb. 10. 7. 1902 in Velbert, gest. 26. 3. 1969 in Berlin. Schriftsteller. Weisenborn studierte Medizin und Germanistik in Köln und Bonn. 1928 Übersiedlung nach Berlin, 1930 als Farmer nach Argentinien. Von 1935 bis 1939 arbeitete er als Lokalreporter in New York. 1940 Rückkehr nach Deutschland. Er wurde Dramaturg in Berlin, arbeitete 1941/42 beim Rundfunk und wurde Widerstandskämpfer. Von 1942 bis 1945 saß er im Zuchthaus. Nach der Befreiung gründete Weisenborn mit Karl-Heinz Martin das Hebbeltheater. 1951 wurde er Chefdramaturg der Kammerspiele Hamburg. 1956 und 1961 Reisen nach China. Er lebte zuletzt in Berlin und im Tessin. Seine Dramen verarbeiteten autobiographische Themen wie Krieg, Widerstand, Kapitalismus. Seine Texte sind vergleichbar den Stücken Brechts, mit dem er zusammen an ›Die Mutter‹ gearbeitet hatte. Insgesamt aber sind Weisenborns Werke unpolitischer. »Günther Weisenborn hat die ›Amerikanische Tragödie der sechs Matrosen von S4‹ geschrieben, das Trauerspiel der sechs Matrosen, die, um Weihnachten 1927, im Torpedoraum von S4 erstickten, als ihr Boot vom Alkoholjäger ›Pouling‹ gerammt worden war. Ein Stück, von einem Theatermenschen geschrieben, unter dem unmittelbaren Eindruck des Vorganges. Weniger dichterisch als dramaturgisch. Dramaturgisch in der Einordnung in die Zusammenhänge. Die Welt wird aufgerissen im Film. Dieser Film ist von vornherein in das Stück hineinkomponiert. Er zeigt die Hintergründe auf: Rüstungsindustrie, unverbindliche Friedenspakte und Pressesensationen. Die sechs Matrosen ersticken. Sie übernehmen die Verantwortung mit ihrem Leben. Die Teilnahme der Welt ist unverbindlich. Eine brüchige Ordnung wird am Einzelfall aufgezeigt. Ob Günther Weisenborn ein Gestalter ist, bleibt unentschieden. Er ist sprachlich oft schwach und blaß. Aber er ist ein Theatermensch, der mit szenischen Mitteln seinen Stoff arrangieren kann. Ein Gebrauchstalent, deshalb notwendig.« (Herbert Ihering, zu ›U-Boot S4‹, in: ›Berliner Börsen-Courier‹, 17. 10. 1928)
Weitere Stücke: ›SOS oder die Arbeiter von Jersey‹ (1929); ›Die Mutter‹ (1931, zus. mit Brecht, nach Gorki); ›Barbaren‹ (1931); ›Die Neuberin‹ (1935); ›Die Illegalen‹ (1946); ›Babel‹ (1947); ›Das verlorene Gesicht‹ (1956); ›Die Familie von Nevada‹ (1958); ›15 Schnüre Geld‹ (1959); ›Das Glück der Konkubinen‹ (1965).
Literatur: I. Brauer: G. Weisenborn. Hamburg 1971.

Weiser, Grethe (eigtl. Grethe Nowka), geb. 27. 2. 1903 in Hannover, gest. 2. 10. 1970 in der Nähe von Bad Tölz (Autounfall). Schauspielerin. Aufgewachsen in Dresden. Schauspielausbildung an der Theaterschule der Volksbühne Berlin; dort engagiert von 1928 bis 1930. Von 1930 bis 1933 arbeitete sie in Berlin als Kabarettistin. Danach war sie vor allem als Filmschauspielerin tätig, kehrte aber immer wieder auf die Bühne zurück. Nach dem Zweiten Weltkrieg lebte und spielte sie zunächst in Hamburg. Erfolgreich war sie vor allem als Frau Wolff in Hauptmanns ›Der Biberpelz‹ (1953, Hamburger Kammerspiele; 1960 Komödie Berlin). 1954 kehrte sie nach Berlin zurück, wo man sie u. a. als Frau Nomsen in Dürrenmatts ›Der Meteor‹ sah (1966, Renaissancetheater). Häufig trat sie in Boulevardstücken auf (auch in Hamburg und München); viele Tourneen. Sie zählte aufgrund ihrer Schlagfertigkeit und ihres warmherzigen Humors zu den beliebtesten deutschen Filmschauspielerinnen der dreißiger und vierziger Jahre.

Literatur: H. Borgelt: Grethe Weiser. Herz mit Schnauze. Berlin 1971.

Weisgerber, Antje, geb. 17. 5. 1922 in Königsberg, Ostpreußen. Schauspielerin. 1939–1941 Ausbildung an der Schauspielschule des Berliner Staatstheaters; übernahm während ihrer Ausbildungszeit Rollen am Staatstheater, wo Gustaf Gründgens ihr Mentor wurde. 1941 spielte sie an den Münchner Kammerspielen die Laura in Laubes ›Die Karlsschüler‹ (R. Karl Heinz Kaspar) und das Gretchen in Goethes ›Urfaust‹ (R. Otto Falckenberg). Sie lernte dort Horst Caspar kennen, den sie heiratete. 1941–1943 Engagement bei Gründgens am Staatstheater Berlin. Von 1943 bis zur Theaterschließung 1944 arbeitete sie am Wiener Burgtheater; Antrittsrolle: Thekla in Schillers ›Wallenstein‹. 1945–1948 Engagement am Deutschen Theater und an den Kammerspielen Berlin; dort u. a.: Julia in Shakespeares ›Romeo und Julia‹ (mit Caspar, R. Willi Schmidt); Marianne von Palen in Sternheims ›Der Snob‹ (mit Gründgens als Christian Maske); Luise Maske in Sternheims ›Die Hose‹ (mit Ari-

bert Wäscher als Theobald Maske); Mariane in Molières ›Tartuffe‹ (R. Schmidt); Gastspiel am Berliner Hebbeltheater als Andromache in Giraudoux' ›Der trojanische Krieg findet nicht statt‹ (1947, R. O. E. Hasse). Es folgten Verpflichtungen an verschiedenen Theatern: Anne Eilers in Zuckmayers ›Des Teufels General‹ (1948, R. Hasse) und Braut in García Lorcas ›Bluthochzeit‹ (1950, R. Karl Heinz Stroux, jeweils Schloßparktheater Berlin); Gretchen in Goethes ›Faust‹ (1949, Schauspielhaus Düsseldorf, mit Gründgens als Mephisto und Paul Hartmann als Faust, R. Gründgens); Julia in Anouilhs ›Romeo und Jeanette‹ (1951, Theater am Kurfürstendamm Berlin, R. Ulrich Erfurth); bei den Ruhrfestspielen Recklinghausen: Königin in Schillers ›Don Carlos‹ (1951) und Titelrolle in ›Die Jungfrau von Orleans‹ (1953, R. jeweils Stroux). Von 1951 bis 1954 arbeitete sie bei Gründgens am Schauspielhaus Düsseldorf; dort u. a.: Amalia in Schillers ›Die Räuber‹ und Perpetua in Frys ›Venus im Licht‹ (1951, R. jeweils Gründgens); Rosaura in Calderóns ›Das Leben ein Traum‹ (1952, mit Caspar als Sigismund, R. Erfurth); Lucile in Büchners ›Dantons Tod‹ (1952, R. Hans Schalla); Titelrolle in Lessings ›Minna von Barnhelm‹ (1953, R. Lothar Müthel); Thekla in Schillers ›Wallenstein‹ (1953, mit Gründgens, R. Erfurth; 1955 auch in Hamburg); Margaret in Wolfes ›Herrenhaus‹ (UA 1953, mit Gründgens als General Ramsay, R. Gründgens; 1956 auch in Hamburg). 1955 wechselte sie mit Gründgens an das Deutsche Schauspielhaus Hamburg. In Gründgens' berühmter ›Faust I‹-Inszenierung von 1957 spielte sie das Gretchen, in ›Faust II‹ (1958) die Helena (zahlreiche internationale Gastspiele). Weitere Rollen in Gründgens-Inszenierungen: Donna Anna in Grabbes ›Don Juan und Faust‹ (1959); Titelrolle in Schillers ›Maria Stuart‹ (1959, mit Elisabeth Flickenschildt) und Königin in ›Don Carlos‹ (1962/63). Häufig gastierte sie bei den Salzburger Festspielen: Glaube in Hofmannsthals ›Jedermann‹ (1952–1956, R. Ernst Lothar); Portia in Shakespeares ›Julius Cäsar‹ (1953, mit Werner Krauß, R. Josef Gielen); Sarah in Archibald Mac-

Weiss

leishs ›Spiel um Job (Hiob)‹ (1958, R. Oscar Fritz Schuh). 1961/62 arbeitete sie an den Münchner Kammerspielen. 1963 sah man sie in einer Inszenierung der Schauspieltruppe (Will Quadflieg, Maria Becker, Robert Freitag) als Rhodope in Hebbels ›Gyges und sein Ring‹ (Tournee). Weitere Rollen u. a.: Doña Proëza in Claudels ›Der seidene Schuh‹ (1965, Festspiele Bad Hersfeld); Iphigenie in Goethes ›Iphigenie auf Tauris‹ (1969, Junges Theater Hamburg); Titelrolle in Rattigans ›Olivia‹ (1970, Tournee). Nach einer langjährigen Theaterpause (1971–1979) kehrte sie 1980 in einer Tournee-Inszenierung von Oswald Döpke auf die Bühne zurück: als Frau Alving in Ibsens ›Gespenster‹. Boy Gobert holte sie danach an die Staatlichen Schauspielbühnen Berlin; dort u. a.: Big Mama in Williams' ›Die Katze auf dem heißen Blechdach‹ (1980/81, R. Gobert) und Amanda Wingfield in ›Die Glasmenagerie‹ (1984/85); Deborah in O'Neills ›Fast ein Poet‹ (1982, R. Dietmar Pflegerl); in Bekketts ›Rockaby‹ und ›Katastrophe‹ (DE 1983, R. Klaus Engeroff); Linda in Millers ›Der Tod des Handlungsreisenden‹ (1985). **Literatur:** H. Ihering: Junge Schauspieler. München 1948.

Weiss, Peter, geb. 18. 11. 1916 in Nowawes bei Berlin, gest. 10. 5. 1982 in Stockholm. Schriftsteller. Sohn eines jüdischen Kaufmanns. Weiss verbrachte seine Jugendzeit in Berlin und Bremen. 1934 emigrierte er über England nach Prag. Dort Besuch der Kunstakademie. 1939 über die Schweiz nach Schweden. Er arbeitete als Maler und Filmregisseur und lebte seit 1960 als freier Schriftsteller in Stockholm. Schwedischer Staatsbürger seit 1945. Auf der Bühne gelang ihm der internationale Durchbruch mit ›Die Verfolgung und Ermordung Jean Paul Marats, dargestellt durch die Schauspielgruppe des Hospizes zu Charenton unter Anleitung des Herrn de Sade‹ (1964/65). Sein späteres Theater war zeitkritischer Appell in Form von Lehrstücken. »Vom Titel angefangen (...) dient alles in diesem Stück dem Ziel, dem Zuschauer einen Faustschlag zu versetzen, ihn dann mit kaltem Wasser zu übergießen, ihn dann zu zwingen, das, was ihm passiert ist, mit dem Verstand zu bewerten, ihm dann in den Magen zu treten und ihn erneut zur Besinnung zu bringen. Es ist nicht genau Brecht, und es ist auch nicht Shakespeare, doch ist es sehr elisabethanisch und zugleich sehr zeitgemäß. Weiss benutzt nicht nur das totale Theater, jenes altehrwürdige Konzept, das alle erdenklichen Bühnenelemente in den Gebrauch eines Stückes stellen will. Seine Stärke liegt nicht allein in der Quantität der Instrumente, die er verwendet; sie liegt vor allem in den schrillen Mißtönen, die das Aufeinanderprallen der verschiedenen Stile erzeugt (...) Wie bei Genet entsteht ein Spiegelsaal oder ein Korridor der Echos – und die ganze Zeit muß man vor- und zurückblicken, um die Absicht des Autors zu verstehen.« (Peter Brook zu ›Marat/Sade‹, in: Wanderjahre. Berlin 1989, S. 71 f.)

Weitere Stücke: ›Der Turm‹ (1948); ›Nacht mit Gästen‹ (1963); ›Die Ermittlung‹ (1965); ›Gesang vom lusitanischen Popanz‹ (1967); ›Diskurs über die Vorgeschichte und den Verlauf des lang andauernden Befreiungskrieges in Vietnam‹ (1968); ›Wie dem Herrn Mockinpott das Leiden ausgetrieben wird‹ (1968); ›Trotzki im Exil‹ (1970); ›Hölderlin‹ (1971); ›Der Prozeß‹ (1975); ›Der neue Prozeß‹ (1982). **Literatur:** V. Canaris (Hrsg.): Über Peter Weiss. Frankfurt a. M. 1971; M. Durzak: Dürrenmatt, Frisch, Weiss. Stuttgart 1972; I. Schmitz: Dokumentartheater bei P. Weiss. Frankfurt a. M. 1981.

Wekwerth, Manfred, geb. 3. 12. 1929 in Köthen, Sachsen-Anhalt. Regisseur und Intendant. Besuchte die Oberschule und ließ sich nach dem Zweiten Weltkrieg zum »Neulehrer« ausbilden (zur Ablösung nationalsozialistisch vorbelasteter Pädagogen); engagierte sich in einer Antifa-Agitationsgruppe. 1948 schloß er sich einem antifaschistisch gesinnten Amateurtheater an. 1951 kam er nach Ostberlin und wurde Schüler und Regieassistent von Bertolt Brecht am Berliner Ensemble. Erste selbständige Regie: Gorki/Brechts ›Die Mutter‹ (1953, Theater an der Scala Wien, mit Helene Weigel in der Titelrolle). 1954 inszenierte er am Berliner Ensemble das chinesische Volksstück ›Hirse für die

Achte‹. Es folgten: Brechts ›Der kaukasische Kreidekreis‹ (1954) und J. R. Bechers ›Winterschlacht‹ (1955, jeweils Co-Regie mit Brecht); Brechts ›Die Tage der Commune‹ (UA 1956, Karl-Marx-Stadt, Co-Regie mit Benno Besson). Nach Brechts Tod im Jahr 1956 berief ihn dessen Witwe Helene Weigel an die Spitze des Regiekollektivs am Berliner Ensemble; von 1960 bis 1969 war er Chefregisseur. Gemeinsame Inszenierungen mit Peter Palitzsch: Synges ›Der Held der westlichen Welt‹ (1956); Wischnewskis ›Die optimistische Tragödie‹ (1958, Wiederaufnahme 1961 und 1967); Brechts ›Der aufhaltsame Aufstieg des Arturo Ui‹ (1959, mit Ekkehard Schall); Baierls ›Frau Flinz‹ (1961, Wiederaufnahme 1964); gemeinsame Inszenierungen mit Joachim Tenschert: Brechts ›Die Tage der Commune‹ (1962) und Shakespeare/Brechts ›Coriolan‹ (1964/65, 1966 zum Berliner Theatertreffen eingeladen, aber nicht aufgeführt); Kipphardts ›In der Sache J. Robert Oppenheimer‹ (1965, mit Schall); Brechts ›Flüchtlingsgespräche‹ (1966) und ›Die heilige Johanna der Schlachthöfe‹ (1968, mit Hanne Hiob); Baierls ›Johanna von Döbeln‹ (1969, auch Mitautor). Nach Differenzen mit Helene Weigel schied er 1969 aus dem Berliner Ensemble aus. 1970 promovierte er an der Ostberliner Humboldt-Universität mit der vielbeachteten Dissertation ›Theater und Wissenschaft – Überlegungen für eine Theorie des Theaters‹. Es folgten Regiearbeiten am Deutschen Theater Berlin: Enzensbergers ›Das Verhör von Habana‹ (1970); Shakespeares ›König Richard III.‹ (1972, mit Hilmar Thate; 1974 auch in Zürich mit Helmut Lohner). Am National Theatre London inszenierte er Shakespeares ›Coriolan‹ (1973, Co-Regie mit Tenschert); am Schauspielhaus Zürich u. a.: Gorkis ›Jegor Bulytschow und andere‹ (1973, mit Traugott Buhre); Brechts ›Der gute Mensch von Sezuan‹ (1975, mit Helmut Lohner und Renate Richter). Von 1974 bis 1977 war er Direktor des neugegründeten Instituts für Schauspielregie in Ostberlin. 1977 wurde er Intendant des Berliner Ensembles (als Nachfolger von Ruth Berghaus); dort wieder Inszenierungen in Zusammenarbeit mit Tenschert:

Brechts ›Leben des Galilei‹ (1978) und ›Turandot oder der Kongreß der Weißwäscher‹ (1981); Brauns ›Großer Frieden‹ (UA 1979); Brechts Fragment ›Der Untergang des Egoisten Fatzer‹ (1987); Kleists ›Prinz Friedrich von Homburg‹ (1990, mit Schall); ferner u. a.: Brecht/Weills ›Die Dreigroschenoper‹ (1981, Regiekollektiv); Shakespeares ›Troilus und Cressida‹ (1985); Erdmanns ›Der Selbstmörder‹ (1989). Inszenierungen am Wiener Burgtheater: Kleists ›Prinz Friedrich von Homburg‹ (1978): »Manfred Wekwerth kommt Kleists strengem Gedanken, sprachlichem und ethischem Bau mit den Mitteln eines psychologischen Realistikers bei. Die Brecht-Schule mag man allenfalls merken, wenn er Schlachtenberichte ›episch‹ zur Rampe hin sprechen läßt. Ansonsten bezieht er eine Art Gegenposition zur Interpretation Peter Steins, indem er das Drama des Siegers von Fehrbellin fast als antike Tragödie abrollen läßt.« (Otto F. Beer, ›SZ‹, 8. 5. 1978); Schillers ›Wallenstein‹-Trilogie (1983, mit Michael Heltau). Als Intendant des Berliner Ensembles war er bestrebt, das Erbe Brechts zu pflegen. Wekwerth in einem Interview mit Ursula Meves: »Brecht ist für Theaterleute immer von neuem ein unerschlossenes Gebiet, besonders da, wo man ihn zu kennen glaubt. Wir müssen seine Idee von einem Theater weiterdenken, welches auf zwei Ebenen stattfindet: der Ebene des Schauspielers und der des Zuschauers. Das heißt, wir wollen erreichen, daß der Zuschauer mitfabuliert. Wir streben ein Theater an, das den Zuschauer nicht nur in den Bann zieht, sondern auch seine eigenen Gedanken freisetzt, eine kritische Haltung bei ihm erzeugt (...). Dazu ist die Erhellung des Publikums über sich selbst nötig, über Bekanntes, Normales, Alltägliches. Dazu ist Verfremdung – allen Gerüchten zum Trotz – nötig, damit die Menschen mehr über sich erfahren, kritisch, also genußvoll.« (›Neues Deutschland‹, 10. 9. 1988) Als Präsident der Akademie der Künste der DDR (seit 1982) und Mitglied des Zentralkomitees der SED (seit 1986) war Wekwerth eine der Schlüsselfiguren der DDR-Kulturpolitik. Er geriet deswegen nach dem Fall der Mauer und der damit einhergehenden politischen Wende ins Kreuzfeuer der Kritik. 1990 löste ihn Heiner Müller als Akademiepräsident ab. Den Forderungen, er solle als Intendant des Berliner Ensembles zurücktreten, kam er 1991 nach. Er verabschiedete sich mit einer Inszenierung von Brechts ›Schweyk im zweiten Weltkrieg‹. Schriften u. a.: ›Theater in Veränderung‹ (1960); ›Notate: Zur Arbeit des Berliner Ensembles 1956–1966‹ (1967); ›Theater und Wissenschaft‹ (1971); ›Brecht? – Berichte, Erfahrungen, Polemiken‹ (1976); ›Brecht-Theater in der Gegenwart‹ (1980); ›Theater in der Diskussion‹ (1982). Wekwerth ist seit 1963 mit der Schauspielerin Renate Richter verheiratet.

Literatur: M. Wekwerth: La Mise en scène dans le théâtre d'amateurs. Paris 1971; I. Pietzsch: Werkstatt Theater. Gespräche mit Regisseuren. Berlin 1975; D. Kranz: Berliner Theater. 100 Aufführungen aus drei Jahrzehnten. Berlin 1990.

Weller, Jeremy, geb. 6. 8. 1958 in Wokingham (England). Regisseur. Abgebrochenes Studium der bildenden Kunst an der Goldsmith Art School, anschließend Philosophiestudium in London. 1987 erhielt er ein Stipendium bei Tadeusz Kantor, an dessen Stück ›Je ne rentrerai plus jamais‹ er mitarbeitete. 1990 gründete er in Edinburgh das Grassmarket Project, benannt nach einer heruntergekommenen Gegend, in der Menschen in Elendsquartieren hausen. Mit einer Gruppe obdachloser Laiendarsteller erarbeitete er das Projekt ›Glad‹ (UA 1990): ein Stück über das Problem der Obdachlosigkeit, erzählt und gespielt von den Betroffenen, so daß die Grenze zwischen Spiel und Wirklichkeit verschwamm. Das Projekt, uraufgeführt 1990, wurde bei den Festspielen in Edinburgh ein ungeahnter Erfolg und weitete sich zu einer vielbeachteten Outlaw-Trilogie aus: 1991 erregte ›Bad‹ Aufsehen, ein Stück mit jungen Strafgefangenen über das Leben im Gefängnis; 1992 folgte ›Mad‹, ein Projekt, in dem psychisch kranke Frauen ihre Leidensgeschichte spielten. Die Stücke wurden mit dem Fringe First und dem Edinburgh Evening News Capital Preis ausgezeichnet; europaweite Gastspie-

le mit ›Glad‹ und ›Mad‹. Thomas Thieringer schrieb:»Weller interessieren nicht die vorgegebenen Emotionen, mit denen man sich eher verstellt, sondern die existentielle Wahrheit der Gefühle. An den Rändern der Gesellschaft: Dort, wo sie am entschiedensten verschüttet werden, wo mit Demütigungen, Gewalt, Aggression und Selbstzerstörung auf diese Lebensverhinderung reagiert wird, sind sie am klarsten zu finden. Die Schmerzen, die Emotionen bei körperlichen, seelischen Verletzungen, stellen sich immer wieder ein, so Wellers Theateransatz; wenn sie ›erlaubt‹ sind, lassen sie sich auf Abruf (eben auch auf dem Theater) immer wieder herstellen. (. . .) Weller will ›das Leben in die Kunst bringen‹, will ›die Wahrheit über das Leben herausfinden mit den Mitteln des (Theater-) Spiels‹, will ›den Verlust an Identität‹ bewußt machen. Psychologisches Schock-Theater, aufklärerisch engagierter Realismus – man kann ›Mad‹ so abtun, aber seiner irritierenden, aufwühlenden Wirkung kann man sich nicht entziehen. ›Mad‹ ist eine Reise ins Innere, ein Horrortrip, ein Wechselbad zwischen Erschrecken und befreiendem Lachen, und eigentlich doch gar nicht mehr, als ein Erfahrungsbericht von Frauen unterschiedlicher sozialer und regionaler Herkunft über das Leben in dieser Gesellschaft.« (›SZ‹, 12./13. 9. 1992) Von Frank Castorf nach Berlin eingeladen, inszenierte Weller dort zusammen mit Berliner Obdachlosen und Schauspielern aus dem Ensemble ›Die Pest‹ frei nach Camus (1992, Volksbühne am Rosa-Luxemburg-Platz); als Grundlage für diese heftig kritisierte Inszenierung dienten ihm die Ereignisse rund um den Fall der Berliner Mauer. 1993 folgte am Schauspiel Bonn ›14 Hamlets‹; wieder ließ Weller Laiendarsteller und professionelle Schauspieler gemeinsam auftreten: Sie alle wollen den Hamlet spielen; während ihrer Improvisationen entdecken sie, wie unterschiedlich sie die Figur des Hamlet empfinden, wie sehr sich ihre Vorstellungen von dieser Rolle unterscheiden. Weitere Arbeiten: ›Fabian‹, ein Stück über verwaiste Straßenkinder (UA 1993, Festival of Perth/Australien); ›One moment‹, ein Projekt mit Altenheimbewohnern (UA 1993,

Festspiele Edinburgh); Erfolg an den Münchner Kammerspielen mit dem Stück ›Der dumme Junge‹ (UA 1994), für das er Münchner Jugendliche aus einem Streetworker-Projekt auf die Bühne holte.
Literatur: »Wie ein Schrei aus den Eingeweiden«. Jeremy Weller im Gespräch über sein Reality-Theater. In: Theater heute, Heft 9, 1994.

Wendt, Ernst, geb. 12. 7. 1937 in Hannover, gest. 12. 8. 1986 in München. Kritiker, Dramaturg und Regisseur. Studium der Volkswirtschaft und Soziologie in Wien und Hamburg. 1960–1967 Redakteur bei ›Theater heute‹; außerdem Kritiker der Zeitschrift ›Film‹ (1965–1967). Seit 1967 Tätigkeit als Dramaturg: am Bayerischen Staatsschauspiel München (1967–1969); am Deutschen Schauspielhaus Hamburg (ab 1969); an den Staatlichen Schauspielbühnen Berlin (1972–1975). Bis 1975 war er enger Mitarbeiter von Hans Lietzau. 1976 wechselte er als Chefdramaturg an die Münchner Kammerspiele, deren künstlerische Arbeit er bis 1983 entscheidend mitprägte. Sein Regiedebüt gab er 1973 in Berlin mit Becketts Monolog ›Nicht ich‹ (mit Hanne Hiob). Weitere Inszenierungen in Berlin: Heiner Müllers ›Herakles 5/ Die Befreiung des Prometheus‹ (1974); Harald Muellers ›Strandgut/Stille Nacht‹ (UA 1975); am Burgtheater Wien: Bernhards ›Der Präsident‹ (1975, 1976 zum Berliner Theatertreffen gewählt); am Hamburger Schauspielhaus: Heiner Müllers ›Die Schlacht‹ (1975). An den Münchner Kammerspielen debütierte er 1976 mit Wedekinds ›Frühlings Erwachen‹. Es folgten dort u. a.: Genets ›Der Balkon‹ (1976); Becketts ›Damals/Tritte‹ (1977); García Lorcas ›Doña Rosita bleibt ledig‹ (1977); Sophokles/Hölderlin/Müllers ›Ödipus‹ (1977); Müllers ›Germania Tod in Berlin‹ (UA 1978); Braschs ›Lovely Rita‹ (1978, 1979 beim Berliner Theatertreffen); Schillers ›Kabale und Liebe‹ (1978); Kleists ›Das Käthchen von Heilbronn‹ (1980, mit Lisi Mangold); Shakespeares ›Hamlet‹ (1980, mit Lambert Hamel) und ›Wie es euch gefällt‹ (1982); Pirandellos ›Die Riesen vom Berge‹ (1981); Goethes ›Torquato Tasso‹ (1981, mit Markus Boysen, 1982

beim Berliner Theatertreffen); letzte Inszenierung an den Kammerspielen: Tschechows ›Der Kirschgarten‹ (1983). 1979 inszenierte er am Bremer Theater Hölderlins ›Antigonae‹ (eingeladen zum Berliner Theatertreffen). 1983 kehrte er fest an das Deutsche Schauspielhaus Hamburg zurück. Inszenierungen dort: Hebbels ›Gyges und sein Ring‹ (1982); Kleists ›Der zerbrochne Krug‹ (1983); Schillers ›Die Räuber‹ (1983, mit Traugott Buhre und Markus Boysen); Euripides' ›Die Troerinnen‹ (1984, in der Fassung Werfels); Lessings ›Minna von Barnhelm‹ (1984, mit Lisi Mangold); Shakespeares ›Was ihr wollt‹ (1984/85). Gastinszenierungen am Berliner Schloßparktheater: Racines ›Phädra‹ (1984, mit Elisabeth Rath); Ibsens ›Gespenster‹ (1985); am Schauspiel Köln: Ibsens ›Gespenstersonate‹ (1985); am Schauspielhaus Zürich: Claudels ›Das harte Brot‹ (1986). Im Herbst 1985 nahm er das Angebot Boy Goberts an, von der Spielzeit 1986/87 an als Chefdramaturg und Hausregisseur am Wiener Theater in der Josefstadt zu arbeiten. Er inszenierte dort 1986 Tschechows ›Drei Schwestern‹ bis zur Generalprobe. Kurz vor der Premiere erlag er einem Herzversagen. Wendt war ein sehr schweigsamer Mensch, ein »intellektueller Arrangeur« (Georg Hensel), der in seinen Regiearbeiten – vor allem in den Klassiker-Inszenierungen – nach neuen Deutungen und Sichtweisen suchte. Er stieß damit häufig auf Ablehnung; so schrieb z. B. Günther Rühle: »Wendts Klassiker-Inszenierungen sind gezeichnet von der Verwischung der dramatischen Struktur, was bei einem Regisseur, der Dramaturg ist, doch nur in der Hoffnung geschehen kann, er könne so dem Stück Neues abgewinnen. Wendts Verwischungen qualifizieren sich aber nur durch zweierlei, durch ›intensive Augenblicke‹ und die Absonderlichkeit der Einrichtung – aber, und das zählt auf dem Theater das meiste, nicht durch Einsichten in die dramatisch-menschlichen Zusammenhänge noch durch Erkenntnis, noch durch die Erregung des Stoffs.« (›Theater heute‹, Jahrbuch 1979) Henning Rischbieter konstatierte in seinem Nachruf: »Der Regisseur Wendt war da am meisten überzeugend (und das nicht immer für das gan-

Werfel 776

ze Publikum, er spaltete die Mitdenkenden und -Fühlenden von den Sich-Sperrenden), wo er radikal formulierte, wo er einen, seinen Grund der Stücke bloßlegte. Sein Grund: Das war die Trauer und die Wut über die Heillosigkeit, über die Leere des Himmels und die sinnlose wimmelnde Fülle der Welt.« (›Theater heute‹, Heft 9, 1986) Veröffentlichungen u.a.: ›Deutsche Dramatik in West und Ost‹ (in Zusammenarbeit mit H. Rischbieter, Velber 1964); ›Eugène Ionesco‹ (Velber 1967); ›Moderne Dramaturgie‹ (Frankfurt 1974); ›Wie es euch gefällt geht nicht mehr. Meine Lehrstücke und Endspiele‹ (München 1985). Auszeichnungen: Deutscher Kritikerpreis (1980); Ernst-Hoferichter-Preis (1983). **Literatur:** H.-R. Müller/D. Dorn/E. Wendt: Theater für München. Ein Arbeitsbuch der Kammerspiele 1973–1983. München 1983; P. Iden: Theater als Widerspruch. München 1984.

Werfel, Franz, geb. 10. 9. 1890 in Prag, gest. 26. 8. 1945 in Beverly Hills. Österreichischer Schriftsteller. Sohn eines jüdischen Kaufmanns. Werfel arbeitete als Lektor von 1911 bis 1914 für den Verlag Kurt Wolff in Leipzig und München. Von 1917 an lebte er als freier Schriftsteller in Wien. 1918 Heirat mit Alma Mahler. Reisen nach Italien, Ägypten und Palästina. 1933 aus der Preußischen Dichterakademie ausgeschlossen. 1938 Emigration nach Frankreich, dann auf abenteuerliche Weise Flucht über die Pyrenäen nach Spanien, Portugal und schließlich nach Kalifornien. Neben Lyrik und Romanen schrieb Werfel zahlreiche Texte für die Bühne, teils mythische Erlösungsdramen, teils psychologisch-historische Stücke, die heute kaum mehr gespielt werden. **Stücke:** ›Die Troerinnen‹ (1915); ›Die Mittagsgöttin‹ (1919); ›Der Besuch aus dem Elysium‹ (1920); ›Spiegelmensch‹ (1920); ›Bocksgesang‹ (1921); ›Schweiger‹ (1923); ›Juarez und Maximilian‹ (1924); ›Paulus unter den Juden‹ (1926); ›Das Reich Gottes in Böhmen‹ (1930); ›Der Weg der Verheißung‹ (1935); ›In einer Nacht‹ (1937); ›Jacobowsky und der Oberst‹ (1944).

Literatur: E. Hunna: Die Dramen von F. Werfel. Diss. Wien 1947; H. Meister: F. Werfels Dramen. Diss. Köln 1964; H. Rück: Werfel als Dramatiker. Diss. Marburg 1965; P. S. Jungk (Hrsg.): F. Werfel: eine Lebensgeschichte. Frankfurt a. M. 1986.

Werner, Oskar (eigtl. Oskar Josef Bschließmayer), geb. 13. 11. 1922 in Wien, gest. 23. 10. 1984 in Marburg. Schauspieler. Besuchte die Realschule bis zur Oberprima, danach Ausbildung an einem Technikum. Schauspielunterricht bei Hellmuth Krauß. 1941 holte ihn Lothar Müthel ans Wiener Burgtheater, wo er – mit kurzen Unterbrechungen – bis 1949 zum Ensemble gehörte (gleichzeitig war er seit 1941 Soldat, meist in Wien stationiert und für die Bühne beurlaubt). 1947 trat er auch am Wiener Raimund-Theater, bei den Salzburger Festspielen und am Wiener Volkstheater auf. Sein Filmdebüt gab er 1948 in Karl Hartls ›Der Engel mit der Posaune‹ (mit Paula Wessely); seither zahlreiche Filmrollen. Ab 1950 gehörte er dem Ensemble des Wiener Theaters in der Josefstadt an, von 1952 bis 1954 dem des Schauspielhauses Zürich. Von 1955 bis 1960 arbeitete er wieder vorwiegend am Burgtheater. Werner wurde als Genieschauspieler und Wunderknabe gefeiert. In den fünfziger Jahren spielte er mit Bravour die jugendlichen Liebhaber, später konzentrierte er sich auf die Darstellung gebrochener, sensibler Charaktere (oft mit neurotischem Einschlag). Seine größten Bühnenerfolge feierte er als ›Prinz Friedrich von Homburg‹ und vor allem als ›Hamlet‹ (1952/53 in Frankfurt unter Müthel; 1956 am Burgtheater; 1958 auf Tournee; 1970 bei den Salzburger Festspielen in eigener Regie). In den fünfziger Jahren spielte er an der Seite von Werner Krauß in Cocteaus ›Bacchus‹. Weitere Rollen (alle Burgtheater): Leporello in Calderóns ›Über allem Zauber Liebe‹ (1946); Clitandre in Molières ›Der Misanthrop‹ (1946); Kinderkönig in Hofmannsthals ›Der Turm‹ (1948); Brackenburg in Goethes ›Egmont‹ (1948); Louis in Zuckmayers ›Der Gesang im Feuerofen‹ (1951); Becket in Anouilhs ›Becket oder die Ehre Gottes‹ (1961).

1959/60 ging er mit dem von ihm gegründeten Oskar-Werner-Ensemble auf Tournee: mit Grillparzers ›Weh dem, der lügt‹ und Schillers ›Kabale und Liebe‹. Danach feierte er Erfolge als Oswald in Ibsens ›Gespenster‹ und als Goethes ›Torquato Tasso‹ (1960). Nachdem er sich 1961 mit der Leitung des Burgtheaters überworfen hatte, trat er jahrelang nicht mehr in Österreich auf. Erst 1968 wirkte er als ›Jedermann‹ wieder bei den Salzburger Festspielen mit. In den siebziger Jahren nur noch wenige Auftritte bei Rezitationsabenden; er verfiel zunehmend dem Alkohol. Der Versuch eines Comebacks als Prinz von Homburg bei den selbstinitiierten Oskar-Werner-Festspielen in der Wachau endete 1983 in einem Debakel. Als Filmschauspieler brachte es der Wiener mit dem weichen Pathos in der Stimme zu Weltruhm. François Truffaut drehte mit ihm zwei seiner bekanntesten Filme: ›Jules und Jim‹ (1961, mit Henri Serre und Jeanne Moreau) und ›Fahrenheit 451‹ (1966). Für die Rolle des Schiffsarztes in Stanley Kramers Film ›Das Narrenschiff‹ (1964) wurde er mit mehreren Preisen ausgezeichnet. Gerhard Rohde schrieb in seinem Nachruf: »Oskar Werner war immer ein Gefährdeter, ein Gratwanderer, ein Egozentriker, ein nervlich aufs äußerste angespannter Künstler. (...) Werners früher Hamlet: kein, wie manche heute vielleicht vermuten könnten, zuckendes Nervenbündel, kein neurasthenischer Zögerer, vielmehr ein ›junger Herr aus großem Hause‹, wie Hofmannsthals Octavian, federnd, kraftvoll, glänzend sprechend. So war auch sein Homburger, in seinen besten Jahren, ein sensibler, feuriger Jüngling, der fürchterlich abzustürzen droht (...). Als das Theater sich änderte, hat Oskar Werner, wie manche andere Stars, den Anschluß verloren. Sein manieristischer Stil prägte nicht mehr eine Aufführung, sondern verlor sich in narzißtischen Soloauftritten. Sein Salzburger ›Hamlet‹ von 1970 markierte in gewisser Weise die Wende. Man spürte förmlich physisch den Absturz. Da spielte sich einer blindwütig ins Abseits, einer, der nur sich noch gelten lassen wollte.« (›FAZ‹, 24. 10. 1984)

Literatur: M. Mazura: Oskar Werner. Maske, Mythos, Mensch. Biographie. Wien 1986; O. Werner: Ein Nachklang. Robert Dachs. Wien 1988.

Werner, Zacharias, geb. 18. 11. 1768 in Königsberg, gest. 17. 1. 1823 in Wien. Dramatiker. Sohn eines Geschichtsprofessors. Werner studierte von 1784 bis 1789 Jura und Philosophie in Königsberg (bei Kant). Danach Anstellung als Beamter in Warschau und Berlin. Zahlreiche Reisen, unter anderem zu Goethe nach Weimar. 1810 konvertierte er zum Katholizismus, studierte Theologie und erhielt 1814 die Priesterweihe in Aschaffenburg. Werner schrieb Dramen, in denen Lebensläufe durch die schicksalhafte Erfüllung unabänderlich vorbestimmt waren und zu Schuld und Untergang führten, wie z. B. in seinem Drama ›Der vierundzwanzigste Februar‹ (1815). Mit diesem Stück initiierte er die romantische Schicksalstragödie.

Weitere Stücke: ›Das Kreuz an der Ostsee‹ (1806); ›Martin Luther oder die Weihe der Kraft‹ (1807); ›Attila, König der Hunnen‹ (1808); ›Wanda, Königin der Sarmaten‹ (1810); ›Die Weihe der Urkraft‹ (1814); ›Die Mutter der Makkabäer‹ (1820). **Literatur:** F. Stuckert: Das Drama Z. Werners. Diss. Göttingen 1926; U. Beuth: Romantisches Schauspiel. Diss. München 1979.

Wernicke, Herbert, geb. 24. 3. 1946 in Auggen, Schwarzwald. Bühnenbildner und Regisseur. Begann 1965 im Musikstudium in Braunschweig; 1967–1971 Ausbildung zum Bühnenbildner an der Kunstakademie München. 1971 Hospitant in Landshut; 1972–1974 Engagement in Wuppertal, dort erste Bühnenbilder: Bronnens ›Exzesse‹ (R. Jürgen Bosse); Brauns ›Die Kipper‹; Gorkis ›Kinder der Sonne‹. Seit 1975 ist er freiberuflich tätig. Bühnenbilder schuf er u. a. für Bosses Bronnen-Inszenierung ›Vatermord‹ am Nationaltheater Mannheim sowie für Operninszenierungen in Wiesbaden, München und Berlin; Zusammenarbeit u. a. mit Kurt Horres. Sein Regiedebüt gab er 1978 in Darmstadt mit Händels ›Belsazar‹. Es folgten barocke

Wernicke

Opern und Oratorien wie Händels ›Judas Maccabäus‹ (1980, Staatsoper München), Rameaus ›Hippolyt und Aricia‹ (1980, Schwetzinger Festspiele) oder Vivaldis ›Die triumphierende Julia‹ (1981, Schwetzingen/Darmstadt). Wandte sich als Opernregisseur bald auch den großen Werken der Klassik und Romantik zu; häufig umstrittene und überraschende Neudeutungen (in der Regel in eigener Ausstattung). Inszenierungen u. a.: Wagners ›Der fliegende Holländer‹ (1981, Staatsoper München) und ›Die Meistersinger von Nürnberg‹ (1984, Staatsoper Hamburg); Bergs ›Lulu‹ (1983, Staatstheater Hannover); Zemlinskys ›Der Kreidekreis‹ (1983, Hamburg); Rossinis ›Der Barbier von Sevilla‹ (1983, Darmstadt); Lullys ›Phaeton‹ (1985, Kassel); Offenbachs ›Hoffmanns Erzählungen‹ (1985, Frankfurt); Webers ›Oberon‹ (1986, Berlin); Glucks ›Orfeo ed Euridice‹ (1987/88, Kassel); Bartóks ›Herzog Blaubarts Burg‹ (1988, Amsterdam):»Herbert Wernicke, (...), einer der phantasievollsten Bilderstürmer im Metier und als Buhmann der orthodoxen Opern-Klientel seit langem in Ehren verschrien, hat (...) das Bartók-Stück an einem Abend gleich zweimal inszeniert: ein meisterliches Bubenstück. (...) Statt, wie es üblich ist und stets Notbehelf bleibt, die knappe Bartók-Oper mit ähnlich Kurzgeratenem von Strawinsky, Schönberg oder Orff zu koppeln, splittet er das Zwei-Personen-Stück in zwei Stücke: Wenn Judith dem Blaubart auf die seelischen Schliche kommen will, tappt jeder der beiden im dunkeln und fühlt sich auf seine Weise anders ertappt. Zu denselben Noten machen zwei Menschen unterschiedliche Erfahrungen. Wernicke treibt mit dieser Konstruktion ein glänzendes Doppelspiel. (...) Ein anstrengender und deshalb packender Abend, keine Minute Konsumware. Opernregie mit Fingerspitzengefühl, eine karge Szene von hohem Anschauungswert, aber ohne die Materialschlacht, die der Musik sonst so oft zusetzt. Nicht alles ist plausibel, nicht alles gelungen. Aber die Schwächen belegen bloß die Stärke dieser neuartigen Doppel-Regie.« (Klaus Umbach, ›Der Spiegel‹, 12. 9. 1988) Ferner u. a.: Strauss' ›Elektra‹ (1988, Frankfurt); Steffanis ›En-rico Leone‹ (1989, Hannover); Schönbergs ›Moses und Aron‹ (1990, Frankfurt); Mozarts ›Don Giovanni‹ (1992, Basel); Cavallis ›La Calistro‹ (1993, Brüssel); auch Operetten. Viel Beifall erhielt seine unkonventionelle Inszenierung von Wagners ›Der Ring des Nibelungen‹ in Brüssel (1991). Bei den Salzburger Festspielen inszenierte er mit großem Erfolg Monteverdis ›L'Orfeo‹ (1993) und Mussorgskys ›Boris Godunow‹ (1994).

Wernicke, Otto, geb. 30. 9. 1893 in Osterode, Harz, gest. 7. 11. 1965. Schauspieler. Erste Engagements in Erfurt (1909–1913), Eisenach und Bonn. Von 1921 bis 1937 war er am Staatstheater München engagiert, seit 1934 außerdem am Deutschen Theater Berlin (bis 1941); auch zahlreiche Filmrollen. Von 1941 bis 1944 arbeitete er in Berlin am Staatstheater; von 1945 an gehörte er wieder zum Münchner Staatsschauspiel. In der Uraufführung von Brechts ›Im Dickicht der Städte‹ spielte er den Shlink (1923, München, R. Erich Engel). Eine seiner Paraderollen war der Mollfels in Grabbes ›Scherz, Satire, Ironie und tiefere Bedeutung‹ (er hat ihn mehrmals gespielt, z. B. in den zwanziger Jahren in München unter Engels Regie): »Er spielte wundervoll den Melancholiker, den Einsamen, der sich abschließt, einen Hamlet der Häßlichkeit, einen umgekehrten Narziß, der sich in seiner Mißgewachsenheit spiegelt.« (Herbert Ihering, ›Von Josef Kainz bis Paula Wessely‹, S. 196) Am Deutschen Theater spielte er mit großem Erfolg den Hilding Markurell in Hjalmar Bergmans ›Markurell‹ (1935/36, R. Heinz Hilpert). Rollen in Shakespeare-Stücken u. a.: Caliban in ›Der Sturm‹ (1938); Narr in ›Was ihr wollt‹ (1939); Gloster in ›König Lear‹ (1940, R. Hilpert). Herbert Ihering schrieb: »Viele Rollen spielte Wernicke am Deutschen Theater, viele Rollen im Film. Aber, wie oft auf der Höhe der Erfolge: Der Schauspieler wurde festgelegt und typisiert. Es gab nun Wernicke-Rollen, die nur die eine Seite seiner Natur herausbildeten: brave Kerle, die das Herz auf dem rechten Fleck haben, wetterfeste, breite Männer, mit dem weichen Kern in der rauhen Schale, treue Diener

ihrer Herren, also die Justs in allen Spielarten. Wernicke entwickelte hier einen deftigen Humor und einen volkstümlichen Witz. Er spielte – bildlich gesprochen – fast immer einen kleinen Beamten oder Bürovorsteher, einen Angestellten oder Unternehmer, einen (aktiven oder pensionierten) Unteroffizier: ein hervorragender Handwerksmeister seiner Kunst, ein Hans Sachs des Realismus, wie es früher Arthur Kraußneck im klassischen Bezirke war.« (›Von Josef Kainz bis Paula Wessely‹, S. 198 f.) Am Berliner Staatstheater sah man ihn u. a. als Fluth in Shakespeares ›Die lustigen Weiber von Windsor‹ (1941). In Inszenierungen von Jürgen Fehling: Heinrich VIII. in Rehbergs ›Heinrich und Anna‹ (1942, Berlin); Meister Anton in Hebbels ›Maria Magdalena‹ (1949, München). Ferner u. a.: Dorfrichter Adam in Kleists ›Der zerbrochne Krug‹ (1947/48); Mr. Antrobus in Wilders ›Wir sind noch einmal davongekommen‹ (um 1950); Shlink in Brechts ›Im Dickicht der Städte‹ (1951).
Literatur: H. Ihering: Von Josef Kainz bis Paula Wessely. Heidelberg, Berlin, Leipzig 1942.

Wertmüller, Lina, geb. 14. 8. 1928 in Rom. Italienische Filmemacherin und Dramatikerin. Lina Wertmüller studierte an der Theaterakademie in Rom, arbeitete als Regieassistentin, Schauspielerin und Bühnenbildnerin und gründete 1951 die Theatergruppe Harlequin. 1962 assistierte sie Federico Fellini bei seinem Film ›Achteinhalb‹ (1963). 1963 drehte sie ihren ersten Film ›I Baselischi‹. Seither arbeitet sie als Regisseurin und Autorin für den Film und das Theater. 1972 erhielt sie eine Palme in Cannes für den Film ›Die Versuchung der Mimi‹ und 1976 vier Oscar-Nominierungen für ›Sieben Schönheiten‹. Mit ihrem Stück ›Liebe und Magie in Mammas Küche‹ gelang ihr der Durchbruch auf deutschen Bühnen. Zur deutschen Erstaufführung (1987, Freie Volksbühne Berlin, R. Peter Palitzsch) schrieb Karena Niehoff (›SZ‹, 26. 11. 1987): »Frau Wertmüller, die in ihren Filmen (. . .) zwar auch zu grellen Exaltationen neigt, diese indes meist im Sieb von Spott und Zynismus filtert, hat sich hier, entgegen ihrer eigenen Ratio, einem Muttertier verschrieben; einem, das aus überdimensionaler Mutterliebe mordet (. . .) In einer grenzenlosen Gewissenlosigkeit (. . .) Diese vegetativ handelnde Frau weiß gar nicht, was Gewissen, was Hemmungen sind, wenn es den Sohn zu retten gilt. Dabei kommt ihr eine zweite, noch weit abstrusere Obsession wahrhaft gnädig zustatten: Sie liebt ihre Opfer. Man habe doch auch in archaischen Zeiten den Menschenopfern immer Hilfe bieten, ihnen Gutes tun wollen, hatte sich hierzu Frau Wertmüller geäußert. Da muß sie sich in Küchenmythen, Küchendünsten gewaltig verlaufen haben.« Das Stück wurde seither auf deutschen Bühnen mehrfach gespielt.
Stücke: ›Liebe und Magie in Mammas Küche‹ (1980); ›Liebe und Anarchie‹ (o.J.).

Wesker, Arnold, geb. 24. 5. 1932 in London. Englischer Dramatiker. Wesker stammt aus einer russisch-ungarisch-jüdischen Familie. Zunächst arbeitete er in verschiedenen Berufen, u. a.: als Konditor, Schreiner, Buchhändler, in London und Paris. Besuch der School of Film Technique in London. Von 1961 bis 1970 leitete er dort das von Gewerkschaften finanzierte Kulturzentrum Centre 42, mit dem Ziel, die Kunst dem Volk näher zu bringen. Wesker gehörte anfangs zu der Bewegung der »zornigen jungen Männer«; später wandte er sich in seinen Werken einer sozialistischen Gesellschaftskritik zu. »Der Dramatiker Wesker stellt die Wahrheit seiner Charaktere über die Tendenz, die der Theoretiker Wesker seinen Dramen geben möchte. Bitterer als er kann man die Enttäuschung durch Kommunismus und Sozialismus und das Scheitern idealistischer Lehren kaum darstellen. Bei ihm scheitern die Ideen am Stumpfsinn der kleinen Leute, für die sie bestimmt sind, und an der eigenen Unzulänglichkeit, die der Verwirklichung der Ideen nicht gewachsen ist. Seine dramatischen Angriffe richten sich weniger gegen die bestehende Ordnung, das ›Establishment‹, als gegen die Menschen, deren Resignation, Trägheit und Lieblosigkeit diese Ordnung hervorge-

Wessely

bracht haben und sie noch immer ermöglichen. Er ist ein undogmatischer, humaner Sozialist.« (Georg Hensel, ›Spielplan‹. Frankfurt 1978). Wichtigstes Werk in Deutschland war ›Die Küche‹, das 1967 in Freiburg erstaufgeführt wurde (R. Claus Leininger).

Stücke: ›Die Küche‹ (1958); ›Die Trilogie‹: ›Hühnersuppe mit Graupen‹ (1958), ›Tag für Tag‹ (1959), ›Nächstes Jahr in Jerusalem‹ (1960); ›Der kurze Prozeß‹ (1962); ›Der Kapitän von Nottingham‹ (1962); ›Goldene Städte‹ (1964); ›Die vier Jahreszeiten‹ (1965); ›Die Freunde‹ (1969); ›Die Alten‹ (1972/73); ›Love Letters on Blue Paper‹ (1974); ›The Merchant‹ (1980).
Literatur: G. Klotz: Individuum und Gesellschaft im englischen Drama der Gegenwart. Berlin 1973; K. und V. Lindemann: A. Wesker. München 1985.

Wessely, Paula, geb. 20. 1. 1907 in Wien. Schauspielerin. 1922/23 Studium an der Wiener Akademie für Musik und darstellende Kunst; danach Ausbildung am Max-Reinhardt-Seminar in Wien. 1924–1926 sowie 1927–1929 Engagement am Deutschen Volkstheater Wien; 1926/27 am Deutschen Theater Prag. 1929 wechselte sie an das Theater in der Josefstadt Wien, wo sie bis 1945 arbeitete; von 1932 bis 1945 spielte sie außerdem am Deutschen Theater Berlin (oft in Inszenierungen von Heinz Hilpert). 1935 heiratete sie den Schauspieler Attila Hörbiger, mit dem sie häufig gemeinsam auf der Bühne oder vor der Kamera stand. Seit 1936 gab sie Gastspiele am Wiener Burgtheater, wo sie 1953 festes Ensemblemitglied wurde. Zu ihren frühen Bühnenrollen zählen: Annchen in Halbes ›Jugend‹ (1925); Titelrolle in Gaus ›Toni‹ (1927); Wendla in Wedekinds ›Frühlings Erwachen‹ (1928). Einen ihrer ersten größeren Erfolge feierte sie 1930 bei den Salzburger Festspielen als Luise in Schillers ›Kabale und Liebe‹ (R. Max Reinhardt). Der eigentliche Durchbruch gelang ihr bei ihrem Debüt am Deutschen Theater als Hauptmanns ›Rose Bernd‹ (1932); Herbert Ihering nannte ihre Darstellung ein »Elementarereignis«. Weitere wichtige Rollen: Christine in Schnitzlers ›Liebelei‹ (1933); Gretchen in Goethes ›Faust‹ (1933, Salzburger Festspiele, R. Reinhardt); Titelrolle in Shaws ›Die heilige Johanna‹ (1934 und zur Olympiade 1936); Hero in Grillparzers ›Hero und Leander‹ (1937); Titelrolle in Lessings ›Minna von Barnhelm‹ (1938); Liesel Hübner in Anzengrubers ›Die Trutzige‹ (1939); Katharina in Shakespeares ›Der Widerspenstigen Zähmung‹ (1939/40); Titelrolle in Hauptmanns ›Dorothea Angermann‹ (1939): »Paula Wessely bemitleidete sich nicht selbst und verlangte auch kein Mitleid vom Zuschauer. Sie, die Wienerin, ging hart durch eine verhärtete Welt. Kein Schrei entrang sich ihr. Kein Schmerz trat nach außen. (. . .) Sie nahm ihr Gefühl nach innen. Auch wenn sie sprach, enthüllte sie sich nicht. Sie schien neben sich herzugehen und sich selbst mit Schweigen zu strafen. Paula Wessely erreichte diesen Eindruck durch eine letzte Einfachheit. Ihre reichen Mittel, die Vielfalt ihrer Töne, die Kraft ihrer Gebärden, die sinnliche Fülle ihres Ausdrucks hielt sie zurück und spielte mit der stillen Größe der klassischen Tragödin. Oder besser: Sie spielte den Naturalismus in klassischer Zusammenfassung. Sie verleugnete nicht ihr volkstümliches Temperament, nicht die realistisch gesunde Grundlage ihrer Kunst. Aber sie führte den Naturalismus der Jahrhundertwende weiter, sie löste ihn aus dem Milieu, sie gab ihm Sparsamkeit und wenige andeutende Linien.« (Ihering, ›Von Josef Kainz bis Paula Wessely‹, S. 239 f.); Mascha in Tschechows ›Drei Schwestern‹ (1940); Eliza in Shaws ›Pygmalion‹ (1942); Titelrolle in Zuckmayers ›Barbara Blomberg‹ (1949); Ellida in Ibsens ›Die Frau vom Meer‹ (1953); Titelrollen in Shaws ›Candida‹ (1955) und in Schillers ›Maria Stuart‹ (1956); Nora in O'Neills ›Fast ein Poet‹ (1957); Frau Hofreiter in Schnitzlers ›Das weite Land‹ (1959) und Gabriele in ›Anatol‹ (1960); mehrere Tourneen. In Inszenierungen von Fritz Kortner sah man sie als Ella Rentheim in Ibsens ›John Gabriel Borkman‹ (1965) und als Emilia in Shakespeares ›Othello‹ (1966). Weitere Rollen seit Mitte der sechziger Jahre u. a.: Amanda Wingfield in Williams' ›Die Glasmenagerie‹ (1965/66);

Frau Alving in Ibsens ›Gespenster‹ (1969, R. August Everding); Deborah Harford in O'Neills ›Alle Reichtümer dieser Welt‹ (1969); Agnes in Albees ›Empfindliches Gleichgewicht‹ (1967) und Die Frau in ›Alles vorbei‹ (1972/73); Louise Rafi in Bonds ›Die See‹ (1974); Lady Bracknell in Wildes ›Bunbury‹ (1976); Juno Boyle in O'Caseys ›Juno und der Pfau‹ (1977); Titelrolle in Langes ›Frau von Kauenhofen‹ (1978); Germaine Lescot in Bouchauds ›Wie war das damals?‹ (1981); Baronin in Hofmannsthals ›Der Unbestechliche‹ (1983); letzte Rolle am Burgtheater: Hoffnung in Raimunds ›Der Diamant des Geisterkönigs‹ (1984, R. Hans Hollmann). Schon zu Lebzeiten eine Legende, zählt Paula Wessely zu den berühmtesten und beliebtesten Schauspielerinnen Österreichs. Große Popularität erlangte sie durch ihre erste Filmrolle in Willi Forsts Melodram ›Maskerade‹ (1934). Weitere Filme u. a.: ›So endete eine Liebe‹ (1934, mit Gustaf Gründgens, R. Karl Hartl); ›Episode‹ (1935); ›Der Engel mit der Posaune‹ (1948, R. Hartl); ›Vagabunden‹ (1949); ›Der Bauer als Millionär‹ (1961, nach Raimund, mit Hans Moser); ›Jedermann‹ (1961, nach Hofmannsthal, mit Ewald Balser, R. Gottfried Reinhardt). Daß sie 1941 in Gustav Ucickys Nazi-Propagandafilm ›Heimkehr‹ mitwirkte, tat ihrer Beliebtheit in späteren Jahren (seltsamerweise) kaum Abbruch. Joachim Kaiser schrieb über die Künstlerin: »(...) ohne viel zu ›spielen‹, ohne das Gesicht emphatisch zu verzerren oder gar im Bewußtsein sicheren Effekts zu grimassieren, brachte Paula Wessely mit bloßer Sprachmelodie und purer Ausdruckskraft Wahrheitswirkungen hervor, die weit hinausreichen über das, was gute, wohlerworbene Bühnenkunst sonst vermag. Unvergeßlich, wie sie in Schnitzler-Rollen oder in großen Ibsen-Partien – ganz rückhaltlos, ganz ohne Mache – ein Lebens-Unglück, eine melancholische Schicksalsverkettung zu verdeutlichen wußte. Sprechend rührte sie da an Bezirke, die sonst großer Musik vorbehalten sind. Keineswegs aber spielte sie immer bloß schöne, erlesene, traurige Seelen. Die kollektive Kraft, aus der ihre differenzierte Kunst sich speiste, kam durchaus

vom Wiener Volkstheater (...).« (›SZ‹, 20. 1. 1987) Auszeichnungen u. a.: Max-Reinhardt-Ring (1949); Kammerschauspielerin (1957); Josef-Kainz-Medaille (1960); Ehrenmitglied des Wiener Burgtheaters (seit 1967); Ehrenmedaille in Gold (1967) und Ehrenring der Stadt Wien (1983); Bundesfilmpreis/Filmband in Gold (1984); Ehrenring der Kollegenschaft des Burgtheaters (1991). Ihre Töchter Elisabeth Orth, Christiane und Maresa Hörbiger sind ebenfalls Schauspielerinnen.
Literatur: P. Wessely/A. Hörbiger: Ihr Leben – ihr Spiel. München, Wien 1985; F. Horch: Paula Wessely. Wien 1937; H. Ihering: Von Josef Kainz bis Paula Wessely. Heidelberg, Berlin, Leipzig 1942; A. Ibach: Die Wessely. Skizze ihres Werdens. Wien 1943; O. M. Fontana: Wiener Schauspieler. Wien 1948; ders.: Paula Wessely. Berlin 1959; V. Reimann: Die Adelsrepublik der Künstler. Schauspieler an der ›Burg‹. Düsseldorf, Wien 1963; S. Melchinger/R. Clausen: Schauspieler. 36 Porträts. Velber 1965; E. Orth: Märchen ihres Lebens. Meine Eltern Paula Wessely u. Attila Hörbiger. Wien, München 1975.

Wessely, Rudolph, geb. 19. 1. 1925 in Wien. Schauspieler und Regisseur. Nach Abitur und Kriegsdienst besuchte er 1945/46 das Max-Reinhardt-Seminar in Wien. Engagements: 1946–1948 am Wiener Künstlertheater (auch als Dramaturg); 1948–1950 am Wiener Theater Die Insel; 1950–1958 Schauspieler und Regisseur am Deutschen Theater Berlin; außerdem Lehrer an der Staatlichen Schauspielschule der DDR; 1959–1960 am Schauspielhaus Düsseldorf; 1960–1962 an den Städtischen Bühnen Wuppertal; 1962–1965 Direktor des Atelier-Theaters in Bern; 1965–1967 Schauspieler am Bayerischen Staatsschauspiel München. Von 1967 bis 1970 war er Direktor der Kammerspiele Düsseldorf. Nach einem kurzen Engagement am Schauspielhaus Zürich (1970/71) kam er 1972 an das Wiener Burgtheater, dem er bis 1987 angehörte. Seither ist er festes Mitglied der Münchner Kammerspiele, wo er bereits seit 1975 regelmäßig gastiert hatte. Er spielte häufig die Shakespeare-Narren und O'Casey-Figuren. Am Deut-

Wessely

schen Theater Berlin sah man ihn u. a. als Doktor in Büchners ›Woyzeck‹ und als Androklus in Shaws ›Androklus und der Löwe‹. Weitere Rollen u. a.: Herr Stech in Ionescos ›Die Nashörner‹ (Düsseldorf); Titelrollen in Kipphardts ›Die Stühle des Herrn Szmil‹ und in Picard/Schillers ›Der Parasit‹ (jeweils Wuppertal); am Staatsschauspiel München: Derwisch in Lessings ›Nathan der Weise‹; Ansager in Anouilhs ›Antigone‹; Kuligin in Tschechows ›Drei Schwestern‹ (R. Heinz Hilpert); Edmund in O'Neills ›Eines langen Tages Reise in die Nacht‹; ferner u. a.: Zettel in Purcells ›Die Feenkönigin‹ (Staatstheater am Gärtnerplatz München, R. Jean-Pierre Ponnelle); Mr. Peachum in Brecht/Weills ›Die Dreigroschenoper‹ (als Gast am Basler Theater); Mephisto in Goethes ›Urfaust‹ (1967, Düsseldorfer Kammerspiele); Sosias in Hacks' ›Amphitryon‹ (1969/70, Zürich). In der Uraufführung von Bernhards ›Die Berühmten‹ spielte er den Verleger (1976, Theater an der Wien). Rollen am Wiener Burgtheater u. a.: Der alte Moor in Schillers ›Die Räuber‹; Chombert in Ionescos ›Opfer der Pflicht‹; Arzt in Schnitzlers ›Der Ruf des Lebens‹; Er in Jandls ›Aus der Fremde‹; Tuchhändler in Bonds ›Die See‹; Titelrollen in Molières ›Der Misanthrop‹ und in Jarrys ›Alceste‹; Schriftsteller in Václav Havels ›Berghotel‹ (UA 1981) und Teufel in ›Versuchung‹ (UA 1986); Eckermann in Walsers ›In Goethes Hand‹ (UA 1982, mit Paul Hartmann). An den Münchner Kammerspielen sah man ihn in mehreren Inszenierungen von Ernst Wendt: Richter in Genets ›Der Balkon‹ (1976); Der Mann in Becketts ›Damals‹ (1976); Teiresias in Sophokles/Hölderlin/Müllers ›Ödipus‹ (1977); Claudius in Shakespeares ›Hamlet‹ (1980, mit Lambert Hamel); Bote in Jahnns ›Medea‹ (1981, mit Doris Schade). Außerdem an den Kammerspielen u. a.: Titelrolle in Ionescos ›Der Mann mit den Koffern‹ (DE 1978, R. Peter Lotschak); Glagoljew in Tschechows ›Platonow‹ (1981) und Reiligan in O'Caseys ›Das Freudenfeuer für den Bischof‹ (1982, R. jeweils Thomas Langhoff); Dr. Peter Jäckel in Ernst-Jürgen Dreyers ›Die goldene Brücke‹ (UA 1985, R. Harald Clemen); Hamm in Becketts ›Endspiel‹ (1985, mit Claus Eberth, R. Thomas Schulte-Michels); in Bölls ›Frauen vor Flußlandschaft‹ (UA 1988, R. Volker Schlöndorff); Shlink in Brechts ›Im Dickicht der Städte‹ (1988, R. Hans-Joachim Ruckhäberle); Shakespeare in Turrinis ›Die Minderleister‹ (1989, R. Anselm Weber): »Rudolf Wessely spielt ihn, im groben Mantel eines Heimkehrers, mit hektischer Unruhe und einer komischen Verzweiflung, die aus der Hilflosigkeit kommt.« (Thomas Thieringer); Willie in Becketts ›Glückliche Tage‹ (1990, mit Gisela Stein, R. Dieter Dorn); Vater in Synges ›Der Held der westlichen Welt‹ (1990, R. Helmut Griem); in Strauß' ›Schlußchor‹ (UA 1991, R. Dorn); Bruder in Ulla Berkéwicz' ›Nur wir‹ (UA 1991, mit Maria Wimmer, R. Urs Troller). Wessely überzeugte immer wieder in der Rolle der traurigen Clowns, zuletzt als Herbert in Achternbuschs ›Der Stiefel und sein Socken‹ (UA 1993, mit Rolf Boysen als Fanny, R. der Autor); Renate Schostack schrieb in der ›Frankfurter Allgemeinen Zeitung‹: »Er ist eine hübsche Mischung von guter Laune, Langeweile und Ergebenheit, ein Mann, der sein Weib nicht ganz für voll nimmt und trotzdem ohne die bessere Hälfte nicht leben kann. In kleinen Einlagen zeigen die beiden Clowns ihr Können. Mal ist Wessely der dumme August, der mit dem Hut auch gleich den Haarkranz abnimmt, mal Boysen der Hackebeilchenmann aus dem Räuberfilm. (...) Sie könnten usbekisch plaudern oder das Register des Einwohnermeldeamtes aufsagen – man sähe ihnen gerne zu. Was Boysen und Wessely aus dem unsäglichen Stück machen, besticht durch seine Liebenswürdigkeit.« Arbeiten als Regisseur u. a.: Gogols ›Die Heirat‹ und Sartres ›Die Eingeschlossenen‹ (1960, Stadttheater Mainz); Mrożeks ›Die Polizei‹ (Atelier-Theater Bern); Bréals ›Das große Ohr‹ (Theater in der Josefstadt Wien); Hays ›Haben‹ (Staatsschauspiel München und Burgtheater Wien); ferner Stücke von Shakespeare, Molière, Goldoni, Goethe, Schiller, Strindberg, Shaw, Nestroy und Dürrenmatt. Er arbeitet auch für Film, Fernsehen und Hörfunk.

Weyh, Florian Felix, geb. 8. 2. 1963 in Düren, Rheinland. Autor. Aufgewachsen in Ulm. Weyh war von 1979 bis 1981 Statist am Ulmer Theater und 1981/82 Kulturberichterstatter für die ›Schwäbische Zeitung‹. Danach studierte er Psychologie in Köln und schrieb gleichzeitig als Theaterkritiker für den ›Kölner Stadtanzeiger‹. Von 1987 bis 1990 arbeitete er für den Deutschlandfunk. Seit 1988 lebt er in Hamburg. 1987 erhielt er den Gerhart-Hauptmann-Förderpreis für sein Stück ›Fondue‹. »Doch vor allem geht's Weyh um die moderne Sittenkomödie, um das Festnageln des Zeitgeists und seiner gruppendynamischen Prozesse – im Dialog. Darin hat er es inzwischen zu ziemlicher Meisterschaft gebracht. Er ist unserer Zeit dichter auf den Fersen als mancher Dramatikerkollege, der sich damit begnügt, Dichter zu sein. Weyh hat vielleicht das Zeug zu einem Botho Strauß seiner Generation (...). Schon jetzt ist Weyh fürs deutsche Theater ein seltener Fall: versierter U-Autor mit aktuellen E-Themen.« (Michael Merschmeier, in: ›Theater heute‹, Heft 10, 1990).
Stücke: ›Massbach‹ (1986); ›Fondue‹ (1987); ›Haben Sie ein I? oder Der schwere Gang der Zeuginnen von M.‹ (1989); ›Ludwigslust‹ (1990).

Whitemore, Hugh, geb. 1936. Englischer Dramatiker. Whitemore studierte Schauspiel und Regie an der Royal Academy of Arts in London. Danach schrieb er Stücke, Fernsehspiele und Drehbücher, u. a. ›The return of the Soldier‹, in dem Julie Christie, Alan Bates, Glenda Jackson und Ann-Margret spielten, und ›84 Charing Cross Road‹ für Mel Brooks. Einer breiteren Öffentlichkeit wurde er durch seine Stücke ›Pack of Lies‹ (1983) und ›Breaking the Code‹ (1986) bekannt, die erfolgreich in England und am Broadway liefen.
Weitere Stücke: ›Stevie‹ (1977); ›Die besten Freunde‹ (o.J.).

Wicki, Bernhard, geb. 28. 10. 1919 in St. Pölten (Österreich). Schauspieler und Regisseur. Ausbildung an der Staatlichen Schauspielschule Berlin (1938/39) und am Max-Reinhardt-Seminar in Wien (1939/40); debütierte 1940 am Schönbrunner Schloßtheater Wien in der Titelrolle von Goethes ›Urfaust‹. 1941–1943 Engagement am Stadttheater Bremen; spielte dort u. a. den Ferdinand in Schillers ›Kabale und Liebe‹. 1943/44 am Residenztheater München; gastierte bei den Salzburger Festspielen als Pylades in Goethes ›Iphigenie auf Tauris‹ (1943, R. Otto Falckenberg). 1945 heiratete er die Schauspielerin Agnes Fink. 1945–1948 Engagement am Schauspielhaus Zürich; dort u. a.: Harry in Eliots ›Der Familientag‹ (1945); Pierre in Giraudoux' ›Die Irre von Chaillot‹ (1946, mit Therese Giehse); Goethes ›Clavigo‹ (1946). 1948–1950 am Stadttheater Basel u. a.: Orest in Goethes ›Iphigenie auf Tauris‹ (1949, mit Agnes Fink) und Aemilian in Dürrenmatts ›Romulus der Große‹ (UA 1949, R. jeweils Ernst Ginsberg). Von 1950 bis 1954 arbeitete er erneut am Münchner Residenztheater (Bayerisches Staatsschauspiel); Rollen u. a.: Neffe in García Lorcas ›Doña Rosita bleibt ledig‹ (1950) und Leopold in Tiecks ›Ritter Blaubart‹ (1951, R. jeweils Jürgen Fehling); Dauphin in Shaws ›Die heilige Johanna‹ (1951/52, R. Ginsberg); Orsino in Shakespeares ›Was ihr wollt‹ (1952); Titelrolle in Kleists ›Amphitryon‹ (1952, mit Agnes Fink); Leutnant in Greens ›Süden‹ (1954, R. Ginsberg). Seither nur noch wenige Theaterrollen: Lucky in Bekketts ›Warten auf Godot‹ (1970, Salzburger Festspiele, R. Otomar Krejča); Hemingway in Hochhuths ›Tod eines Jägers‹ (UA 1977, Salzburger Festspiele, R. Ernst Haeusserman; auch Theater in der Josefstadt Wien und Münchner Kammerspiele). Eigene Theater-Inszenierungen: Shakespeares ›Antonius und Cleopatra‹ (1968, Schauspielhaus Zürich, mit Agnes Fink) und ›Der Sturm‹ (1968, Burgtheater Wien, mit Ewald Balser); Albees ›Winzige Alice‹ (1971, Akademietheater Wien); Giraudoux' ›Die Irre von Chaillot‹ (1978, Theater in der Josefstadt Wien, mit Joana Maria Gorvin). Filmrollen seit 1950 u. a. in: ›Die letzte Brücke‹ (1954, mit Maria Schell, R. Helmut Käutner); ›Kinder, Mütter und ein General‹ (1954/55); ›Es geschah am 20. Juli‹ (1955, Rolle: Stauffenberg, R. G. W. Pabst); ›La Notte‹ (1960, R. Michel-

Widmer

angelo Antonioni); ›Die linkshändige Frau‹ (1978, mit Edith Clever, R. Peter Handke); ›Der gekaufte Tod‹ (1979, mit Romy Schneider, R. Bertrand Tavernier); ›Eine Liebe in Deutschland‹ (1983, nach Hochhuth, mit Hanna Schygulla, R. Andrzej Wajda). Assistierte 1957 bei Helmut Käutner und arbeitet seither selbst als Filmregisseur; großer Erfolg mit dem Film ›Die Brücke‹ (1959, mit Volker Lechtenbrink und Cordula Trantow). Weitere Filme u. a.: ›Das Wunder des Malachias‹ (1960/61); ›Der längste Tag‹ (deutscher Teil, USA 1961, mit Curd Jürgens und Hans Christian Blech); ›Der Besuch‹ (1963, nach Dürrenmatts ›Der Besuch der alten Dame‹, mit Ingrid Bergman); ›Das falsche Gewicht‹ (1971, nach Joseph Roth, mit Helmuth Qualtinger und Agnes Fink); ›Karpfs Karriere‹ (1971/72, nach Kunert, mit Agnes Fink); ›Die Eroberung der Zitadelle‹ (1976/77, nach Günter Herburger, mit Andras Fricsay); ›Die Grünstein-Variante‹ (1985, nach Wolfgang Kohlhaase); ›Sansibar oder der letzte Grund‹ (1986, nach Andersch); ›Das Spinnennetz‹ (1988/89, nach Roth, mit Ulrich Mühe und Klaus Maria Brandauer); zahlreiche Auszeichnungen. Hans-Dieter Seidel: »Welch ein Charakter, keine Frage! (...) Während andere sich, um vorwärts zu kommen, in der Anpassung beugten, bestand er stets auf seiner ureigenen Sicht der Dinge – als Schauspieler, der mehr Rollen ablehnte, als er übernahm, und trotzdem noch manche spielen mußte, die er lieber nicht gespielt hätte; als Regisseur noch strenger, der sich nie als Autor aufspielte, aber seine vornehmlich literarischen Stoffe so lange eigenem anverwandelte, bis sie seinem Verständnis entsprachen, die Dinge ernst zu nehmen. Die Aura von Maßlosigkeit, Wut, Tragik ist stets um diesen Mann, der niemals und niemanden blenden will.« (›FAZ‹, 27. 10. 1989)

Literatur: B. Wicki: Zwei Gramm Licht. Hrsg. v. G. Ramseger. Zürich 1960; ders./J. Haase (Hrsg.): Schauplatz Spinnennetz. Texte, Bilder u. Dokumente zum Film ›Das Spinnennetz‹. Berlin 1989.

Widmer, Urs, geb. 21. 5. 1938 in Basel. Schweizer Autor. Sohn eines Lehrers.

Widmer studierte Germanistik und Romanistik in Basel, Montpellier und Paris. 1966 Promotion. Verlagslektor in Olten und Frankfurt, dort auch Lehrbeauftragter. Seit 1968 als freier Schriftsteller in Basel. Diverse Preise, darunter den Hörspielpreis der Kriegsblinden (1977). Neben skurrilen Kurzromanen und Erzählungen schrieb Widmer eine Reihe phantasievoller Hörspiele und Theaterstücke. »In Widmers Stücken gibt es viele traurige Personen. Und als Gegengift: Humor, Witz, Esprit. Daß seine desolaten Männerlieben in sein menschenfreundliches Theater passen, erreicht Widmer nicht über das Gefühl, sondern über den Intellekt: Es ist Widmers Ironie, die das Eis in diesen Beziehungen schmelzen läßt.« (Helmut Schödel, ›Die Zeit‹, 10. 3. 1981)

Stücke: ›Die lange Nacht der Detektive‹ (1973); ›Nepal‹ (1977); ›Stan und Olli in Deutschland‹ (1979); ›Züst oder Die Aufschneider‹ (1981); ›Der neue Noah‹ (1984); ›Alles klar‹ (1987); ›Jeanmaire‹ (1992).

Wiegenstein, Sigrid, geb. in Nürnberg. Dramaturgin und Regisseurin. Nach dem Abitur Ausbildung an der Otto-Falckenberg-Schule München (1957–1959); arbeitete im Anschluß als Script- und Produktionsassistentin beim Film; Management für Film und Fernsehen bei Münchner Agenturen; Aufbau einer Fernsehvermittlung bei der Bundesanstalt für Arbeit (ZBF) in Frankfurt a. M.; Dramaturgin an der Freien Volksbühne Berlin; danach Studium der Germanistik und Geschichte an der Freien Universität Berlin; Mitarbeiterin bei den Berliner Festspielen (u. a. beim Berliner Stückemarkt); 1985–1987 künstlerische Direktorin an den Staatlichen Schauspielbühnen Berlin. Regiearbeiten u. a.: Einar Schleefs ›Berlin, ein Meer des Friedens‹ (UA 1983, Theater Heidelberg); Fugards ›Aloen‹ (1986, Schloßparktheater Berlin).

Wieler, Jossi, geb. 6. 8. 1951 in Kreuzlingen (Schweiz). Regisseur. Regiestudium an der Universität Tel Aviv; inszenierte nach dem Studium am Habima Nationaltheater Tel Aviv. 1980 wurde er Regieas-

Wieman

sistent am Düsseldorfer Schauspielhaus; führte dort ab 1982 Regie. 1983–1985 Hausregisseur am Theater Heidelberg; inszenierte u. a. Bruckners ›Die Rassen‹, Shakespeares ›Was ihr wollt‹ und Becketts ›Endspiel‹. Seine Inszenierung von Kleists ›Amphitryon‹ am Schauspiel Bonn (1985) wurde 1986 zum Berliner Theatertreffen eingeladen. Es folgten Regiearbeiten am Staatstheater Stuttgart: Becketts ›Katastrophe‹ (1986); Büchners ›Woyzeck‹ (1986); Michael Zochows ›Kambek‹ (UA 1987); am Schauspiel Bonn u. a.: Molières ›Don Juan‹ (1987); Corneilles ›L'illusion comique‹ (1988); Kleists ›Der zerbrochne Krug‹ (1989); Brechts ›Herr Puntila und sein Knecht Matti‹ (1990). Von 1988 bis 1993 war er Hausregisseur am Theater Basel (unter der Intendanz von Frank Baumbauer); insgesamt zehn Inszenierungen, darunter: Tschechows ›Iwanow‹ (1989); Shakespeares ›Ein Sommernachtstraum‹ (1990); Gozzis ›Turandot‹:»Wieler inszeniert dieses Rätselspiel als grellen Comicstrip im Mafiamilieu: die Commedia dell'arte ist ins Gangstermilieu geholt, das mit vielen köstlichen, aber auch ausufernden Einfällen parodiert wird.« (Thomas Thieringer, ›SZ‹, 10. 11. 1990); Lessings ›Nathan der Weise‹ (1990/91, mit Norbert Schwientek); Ibsens ›Peer Gynt‹ (1992); Bearbeitungen von Burgers ›Schilten‹ und McCoy/ Mürys ›They Shoot Horses, don't they?‹. Seit Beginn der Spielzeit 1993/94 ist er am Deutschen Schauspielhaus Hamburg engagiert (wieder bei Baumbauer). Er inszenierte dort zum Einstand Elfriede Jelineks ›Wolken. Heim.‹ (1994 beim Berliner Theatertreffen): »Mit hellwachem Sinn für Timing und Rhythmus, mit großem Mut für die langen, die sprechenden Pausen führt Jossi Wieler sein Sextett durch die Welt des Trittfassens auf neuem Boden, der Verzagtheit, auch der leisen Komik. (. . .) Großer, mehr als verdienter Beifall.« (Werner Burkhardt, ›SZ‹, 26. 10. 1993) 1994 folgte die Uraufführung von Dorsts ›Herr Paul‹. Seit 1983 arbeitet Wieler mit der Bühnenbildnerin Anna Viebrock zusammen.

Wieman, Mathias, geb. 23. 6. 1902 in Osnabrück, gest. 8. 12. 1969 in Zürich.

Schauspieler. Studium der Philosophie in Berlin. Schauspielausbildung bei der Holtorf-Truppe. Spielte ab 1924 an verschiedenen Berliner Bühnen, meist am Deutschen Theater; auch Filmschauspieler. Rollen am Deutschen Theater u. a.: Sohn in Pirandellos ›Sechs Personen suchen einen Autor‹ (1924, R. Max Reinhardt); Oberlehrer Bruck in Bronnens ›Geburt der Jugend‹ (1925); Leutnant von Scharnhorst in Wolfgang Goetz' ›Gneisenau‹ (1926, mit Werner Krauß, R. Heinz Hilpert); Herbert Pfannschmidt in Hauptmanns ›Dorothea Angermann‹ (1927, R. Reinhardt); Pylades in Goethes ›Iphigenie auf Tauris‹ (1932); Wolfgang in Hauptmanns ›Vor Sonnenuntergang‹ (UA 1932, R. Reinhardt); an den Kammerspielen Berlin u. a.: Leutnant in Kaisers ›Oktobertag‹ (1928, mit Oskar Homolka); in Inszenierungen mit Hilpert am Deutschen Künstlertheater Berlin: Stanhope in Sheriffs ›Die andere Seite‹ (1929): »Auch Wieman, Stanhope, die führende Gestalt, hat hier und da einen Überton. Im Ganzen ist er ein großes, durch menschliche Züge ergreifendes, durch Kunst beglückendes Bild letzter Zerwühltheit.« (Fritz Engel, ›Berliner Tageblatt‹, 30. 8. 1929); Gatte in O'Neills ›Seltsames Zwischenspiel‹ (DE 1929, mit Elisabeth Bergner). Herbert Ihering schrieb 1932: »Mathias Wiemans Gebiet liegt zwischen dem ›George Dandin‹ und dem Wehrhahn in Hauptmanns ›Biberpelz‹. Auch er vertritt einen Typ des norddeutschen Menschen auf der Bühne. In seinen Rollen und in seiner Arbeitsmethode. Mathias Wieman hat Werkbeziehung zur Kunst. Er ist ein Schauspieler, der wie ein mittelalterlicher Handwerksmeister wirkt (obwohl gerade sein Können, hier also seine Sprechtechnik, zweitrangig ist). Wieman ist ein Werkmeister seiner Kunst vor dem Zeitalter der Technik (. . .). Wieman – man glaubte: ein sehnsüchtiger Romantiker des Gefühls. Wieman in Wahrheit: ein unermüdlicher Bosseler seiner Rollen, der sich die Technik noch hinzuerobern muß.« (›Von Reinhardt bis Brecht‹, S. 23) Spätere Rollen u. a.: Hephaistion in Baumanns ›Alexander‹ (1941, Staatliches Schauspielhaus Berlin); Prospero in Shakespeares ›Der Sturm‹ (1950, Schloßparktheater

Wiens

Berlin; 1964 auch Schauspielhaus Zürich); Octavio Piccolomini in Schillers ›Wallenstein‹ (1961, Ruhrfestspiele Recklinghausen); am Schauspielhaus Zürich u.a.: König Behringer in Ionescos ›Der König stirbt‹ (1964); Bischof von Münster in Dürrenmatts ›Die Wiedertäufer‹ (1967); Gregory Salomon in Millers ›Der Preis‹ (1968). Filme u.a.: ›Feme‹ (1927); ›Mata Hari‹ (1927, mit Greta Garbo); ›Tagebuch einer Kokotte‹ (1929); ›Mensch ohne Namen‹ (1932); ›Der Schimmelreiter‹ (1933, nach Storm, mit Marianne Hoppe); ›Anna Favetti‹ (1938); ›Ich klage an‹ (1941, Nazi-Propagandafilm zur »Euthanasiefrage«, mit Heidemarie Hatheyer und Paul Hartmann, R. Wolfgang Liebeneiner); ›Herz der Welt‹ (1951, mit Hilde Krahl und Werner Hinz).

Literatur: A. Heic: Der Maskenwagen der Holtorf-Truppe. Flensburg 1951; H. Ihering: Von Reinhardt bis Brecht. Vier Jahrzehnte Theater und Film. Bd. 3. 1930–1932. Berlin 1961; M. Bier: Schauspielerporträts. 24 Schauspieler um Max Reinhardt. Berlin 1989.

Wiens, Wolfgang, geb. 3. 4. 1941 in Stettin. Dramaturg und Regisseur. 1960–1964 Studium der Theaterwissenschaft und Germanistik in Frankfurt a.M., Berlin und Wien; Inszenierungen am Frankfurter Studententheater; 1965 Regieassistent am Frankfurter Theater am Turm (TAT) und Volontär im Theaterverlag Suhrkamp; 1966–1969 Dramaturg und Regisseur am TAT, dort Zusammenarbeit mit Claus Peymann. 1969/70 Lektor und Geschäftsführer bei dem neugegründeten Verlag der Autoren in Frankfurt. 1971 Ko-Regie mit Peymann bei Handkes ›Der Ritt über den Bodensee‹ an der Berliner Schaubühne. 1971–1974 Direktoriumsmitglied (zusammen mit Wolfgang Deichsel) und Regisseur am TAT (Mitbestimmungsmodell). 1974–1977 Dramaturg am Deutschen Schauspielhaus Hamburg (Intendant: Ivan Nagel), Zusammenarbeit mit den Regisseuren Luc Bondy, Jürgen Flimm, Ulrich Heising, Ernst Wendt. 1977/78 Dramaturg bei Peter Palitzsch am Schauspiel Frankfurt, Zusammenarbeit mit Wilfried Minks und Frank-Patrick Steckel. 1978–1981 am

Bremer Theater (Intendant: Arno Wüstenhöfer), Zusammenarbeit mit Jürgen Gosch, Steckel, Wendt; 1981 Gastdramaturgie an der Berliner Schaubühne: Barlachs ›Der blaue Boll‹ (R. Steckel). Dramaturg bei Jürgen Flimm am Schauspiel Köln (1981–1985) und am Hamburger Thalia Theater (1985–1989); Gastdramaturgien an der New Yorker Universität bei Robert Wilsons Inszenierung von Heiner Müllers ›Hamletmaschine‹ (1986) und bei Wilsons ›Salome‹-Inszenierung an der Mailänder Scala (1987). Eigene Inszenierungen: meist Kinderstücke in eigenen Dramatisierungen bekannter Stoffe (Märchen von Grimm und Andersen, ›Tom Sawyer‹, ›Ein Weihnachtslied‹ nach Dickens u.a.). 1989–1994 Dramaturg und Mitglied der künstlerischen Leitung an der Berliner Schaubühne am Lehniner Platz. Wiens hat mehrere Dramen aus dem Englischen und Französischen übersetzt (Stücke von Shakespeare, Wesker, Jellicoe, Campell, Molière, Corneille).

Wigger, Stefan, geb. 26. 3. 1932 in Leipzig. Schauspieler. Kam 1949 mit seiner Familie nach Hannover, wo er von 1951 bis 1953 die Schauspielschule besuchte. Erste Engagements in Lüneburg, Kiel und Baden-Baden; spielte u.a. den Urban in Wouks ›Meuterei auf der Caine‹ (1955, Kiel). Von 1958 bis 1978 war er am Staatlichen Schauspielbühnen Berlin engagiert (mit zwei Jahren Unterbrechung durch Engagements am Schauspielhaus Düsseldorf und an den Münchner Kammerspielen). Rollen u.a.: Bleichenwang in Shakespeares ›Was ihr wollt‹ (1962, R. Fritz Kortner); Ausrufer in Weiss' ›Marat/Sade‹ (UA 1964, mit Peter Mosbacher und Ernst Schröder; R. Konrad Swinarski): »Stefan Wigger (...) zieht aus der ironischen Untertreibung elegante, leichte Wirkungen.« (Henning Rischbieter); Estragon in Becketts ›Warten auf Godot‹ (1965, R. Deryk Mendel/Samuel Beckett); Doktor in Bernhards ›Der Ignorant und der Wahnsinnige‹ (1971, R. Dieter Dorn); in Inszenierungen von Hans Lietzau u.a.: Güldenstern in Stoppards ›Rosenkranz und Güldenstern sind tot‹ (1967); Titelrolle in Tschechows ›Iwanow‹ (1974); Neoptolemos in Langes ›Aias‹ (UA 1974); in Inszenierungen von Günter Krämer: AA in Mrożeks ›Emigranten‹ (1975); Horch in Canettis ›Hochzeit‹ (1977). Seinen größten Erfolg feierte er als Wladimir in Becketts ›Warten auf Godot‹ in der Inszenierung des Autors (1975, mit Horst Bollmann). Seit 1978 ist er ohne festes Engagement. Gastrollen u. a.: Titelrolle in Esther Vilars ›Helmer oder ein Puppenheim‹ (1980, Bonn, R. Hans-Joachim Heyse); Shylock in Shakespeares ›Der Kaufmannn von Venedig‹ (1981, Düsseldorf, R. Peter Palitzsch); Alonzo P. Goodhue in dem Cole-Porter-Musical ›Wodka Cola‹ (1988, Stuttgart, Libretto: Bella und Samuel Spewack, R. Dietrich Hilsdorf); am Bayerischen Staatsschauspiel München: Titelrolle in Gray/Petersons ›Billy Bishop steigt auf‹ (DE 1986, R. Thomas Schulte-Michels): »Billy Bishop als Entertainer im Dinnerjacket, als City-Charmeur, singt und plaudert als leicht angewelkter Gentleman über einen eigentlich schmutzigen Krieg. Stefan Wigger, ein Schauspieler und feiner Komiker von Rang, macht das mit Eleganz und Grazie. Er leistet sich durchaus Augenblicke von ekliger Widerlichkeit (als ältliche Stripmieze, als Casino-Säufer, der den letzten Abschuß feiert).« (Ingrid Seidenfaden, Münchner ›Abendzeitung‹, 10. 10. 1986); Indianer in Taboris ›Weisman und Rotgesicht‹ (1991, R. Martin Fried); Patriarch in Lessing/Taboris ›Nathans Tod‹ (1991, R. George Tabori). Weitere Gastspiele u. a. in Hannover und bei den Salzburger Festspielen; auch Fernsehengagements und eigene Regiearbeiten.

Wilde, Oscar Fingal O'Flahertie Wills, geb. 16. 10. 1854 in Dublin, gest. 30. 11. 1900 in Paris. Englisch-irischer Dramatiker. Sohn eines Arztes und einer Dichterin. Wilde studierte in Dublin und Oxford und lebte als Dandy seit 1879 in London. 1895 wurde er wegen Homosexualität angeklagt und für zwei Jahre ins Zuchthaus in Reading gesperrt. 1897, nach der Entlassung, war er finanziell und gesellschaftlich ruiniert und lebte bis zu seinem Tode unter dem Namen Sebastian Melmoth in Frankreich. Wilde gehörte zu den führenden Vertretern des l'art-pour-l'art und hatte mit

seinen äußerst geistreichen Konversationskomödien großen Erfolg. Bekannt wurde er auch durch seinen Roman: ›Das Bildnis des Dorian Gray‹ (1891). Richard Strauss vertonte 1905 sein Stück ›Salome‹.

Stücke: ›Lady Windermers Fächer‹ (1893); ›Salome‹ (1893); ›Eine Frau ohne Bedeutung‹ (1894); ›Ein idealer Gatte‹ (1895); ›Bunbury oder Die Bedeutung ernst zu sein‹ (1895).

Literatur: P. Funke (Hrsg.): Oscar Wilde in Selbstzeugnissen und Bilddokumenten. Reinbek 1969; R. Croft-Cooke: The unrecorded Life of Oscar Wilde. London 1972; R. Glocke: Oscar Wildes Gesellschaftskomödien. Diss. Münster 1973; N. Kohl (Hrsg.): Oscar Wilde. Leben und Werk in Daten und Bildern. Frankfurt a. M. 1976; R. Ellmann: O. Wilde. München 1991.

Wildenbruch, Ernst von, geb. 3. 2. 1845 in Beirut (Syrien), gest. 15. 1. 1909 in Berlin. Dramatiker. Sohn eines preußischen Generalkonsuls. Wildenbruch war von 1859 bis 1862 Kadett in Berlin. Danach studierte er Jura (bis 1870). Nach seiner Teilnahme an den Kriegen 1866 und 1870/71 arbeitete er zunächst als Richter in Eberswalde und von 1877 an im Auswärtigen Amt in Berlin. Wildenbruch schrieb patriotische und historische Dramen, die in seiner Zeit viel gespielt wurden, auch von den Meiningern, die aber heute alle vergessen sind.

Stücke: ›Väter und Söhne‹ (1882); ›Die Quitzows‹ (1888); ›Die Haubenlerche‹ (1891); ›Heinrich und Heinrichs Geschlecht‹ (1896); ›Die Rabensteinerin‹ (1907).

Literatur: J. Röhr: Wildenbruch als Dramatiker. o. O. 1908; P. Blumenthal: Erinnerungen an Wildenbruch. Frankfurt a. d. Oder 1924.

Wilder, Thornton, geb. 17. 4. 1897 in Madison, Wisconsin, gest. 7. 12. 1975 in New Haven, Connecticut. Amerikanischer Dramatiker. Sohn eines Zeitungsverlegers und Konsuls in China, wo Wilder 1905–1909 aufwuchs. Er studierte in Yale, Princeton und Rom. Danach arbeitete er von 1921 bis 1928 als Lehrer und von 1931 bis 1936 als Literaturdozent in Chicago. Er

Wildgruber

erhielt dreimal den Pulitzerpreis (1927, 1938 und 1942). Seine Themen sind das Erstreben sinnvoller Erfüllung im Leben und das Verändern und Vervollkommnen der Lebensumstände. Der internationale Durchbruch als Dramatiker gelang ihm mit dem Stück ›Unsere kleine Stadt‹ (1938). »Wilder selbst ist das Gegenteil eines Romantikers: Er nimmt jede Gelegenheit wahr, darauf hinzuweisen, daß sich auch inmitten der stürmischen Veränderungen die eigentlichen Aufgaben des Menschseins nicht verändern. Allerdings müssen wir, um heute das ›Abenteuer unseres Daseins‹ zu bestehen, unser Bewußtsein sehr energisch umformen. Wir müssen, meint er, unsere Phantasie anstrengen, um herauszubekommen, was uns die Veränderung unserer Lebensgewohnheiten an neuen Aufgaben zur Pflicht macht.« (Gerhard Sanden, in: ›Thornton Wilder: Unsere kleine Stadt‹. Frankfurt 1974)

Weitere Stücke: ›Das lange Weihnachtsmahl‹ (1931); ›Die Heiratsvermittlerin‹ (1938); ›Wir sind noch einmal davongekommen‹ (1942); ›A Life in the Sun‹ (1955).

Literatur: E. Häberle: Das szenische Werk Thornton Wilders. o. O. 1967; G. A. Harrison: The Enthusiast: a Life of T. Wilder. New Haven, Conn. 1983.

Wildgruber, Ulrich, geb. 18. 11. 1937 in Bielefeld. Schauspieler. Verließ das Gymnasium vor dem Abitur, um die Schauspielschule in Hamburg zu besuchen; flog dort hinaus und wechselte als Eleve an das Bielefelder Theater; brach das Engagement mitten in der Spielzeit ab und lebte drei Jahre lang von Gelegenheitsarbeiten. 1959–1962 Schauspielausbildung am Wiener Max-Reinhardt-Seminar. 1963 spielte er am Volkstheater Wien den Schweizerkas in Brechts ›Mutter Courage und ihre Kinder‹ (R. Gustav Manker). Nach einem Engagement an der Komödie Basel wechselte er an die Städtischen Bühnen Heidelberg, wo er seine ersten größeren Rollen spielte: Ulrich Bräker in Hacks' ›Die Schlacht bei Lobositz‹ (1967, R. Claus Peymann); Marquis de Sade in Weiss' ›Marat/Sade‹ (1968) und Danton in Büchners ›Dantons Tod‹ (1969, R. jeweils Hans

Neuenfels); am Theater Oberhausen: Titelrolle in Handkes ›Kaspar‹ (1968, R. Günter Büch). Es folgten Gastspiele an verschiedenen Bühnen, u. a.: Alexej in Wischnewskis ›Optimistische Tragödie‹ (1972, Schaubühne Berlin, R. Peter Stein); Vater in Bernhards ›Der Ignorant und der Wahnsinnige‹ (UA 1972, Salzburger Festspiele, R. Peymann). Seit 1975 arbeitet er am Deutschen Schauspielhaus Hamburg. Bekannt wurde er durch die Zusammenarbeit mit Peter Zadek, dessen wichtigster und radikalster Protagonist er jahrelang war. Wildgruber ist umstritten wie kaum ein anderer Schauspieler. Die einen feiern ihn als genialischen Bühnen-Berserker und zärtlichen Clown mit der »Fähigkeit, permanent und konzentriert Energie auszustrahlen« (Volker Canaris). Die anderen werfen ihm Manierismus, fehlende Sprechkultur und mangelnde Professionalität vor. Rollen in den Bochumer Zadek-Inszenierungen: Lanzelot Gobbo in Shakespeares ›Der Kaufmann von Venedig‹ (1972/73, mit Hans Mahnke als Shylock) und Titelrolle in ›König Lear‹ (1974); Oswald in Dorsts ›Eiszeit‹ (UA 1973; 1974 an der Freien Volksbühne Berlin); Trigorin in Tschechows ›Die Möwe‹ (1973, mit Lola Müthel); Lövborg in Ibsens ›Hedda Gabler‹ (1977, mit Rosel Zech; 1979 in Hamburg); Titelrolle in Shakespeares ›Hamlet‹ (1977). Am Hamburger Schauspielhaus machte er 1976 als ›Othello‹ Furore (mit Heinrich Giskes als Jago und Eva Mattes als Desdemona); Hellmuth Karasek schrieb: »In Zadeks Shakespeare-Inszenierung rackerte, schwitzte, stöhnte und schrie Wildgruber als Othello, halb King Kong, halb tragischer Clown; das Publikum schrie und tobte mit. (. . .) die Szene, in der ein abfärbender Mohrenkoloß in wilder Rage eine in Todesangst Zappelnde über die Bühne jagte, wurde zu einer der anrührendsten des modernen Theaters; Schluß war es mit dem schönen Klassiker-Tod auf der Bühne.« (›Der Spiegel‹, 5. 3. 1976) Weitere Rollen unter Zadek: Gerd Murray in Griffiths' ›Komiker‹ (1978, Thalia Theater Hamburg); an der Freien Volksbühne Berlin: Alceste in Enzensbergers ›Molières Menschenfeind‹ (UA 1979) und Petruchio in Shakespeares ›Der Widerspenstigen Zähmung‹ (1981); Karena Niehoff kritisierte: »Aber der Petruchio des Ulrich Wildgruber … Man wird es langsam müde, dem Zadek immer wieder ins Ohr zu posaunen, daß dieser schwammige, schwitzende, hampelnde, jede Rolle im gleichen Blubberbrei herausspeiende Anti-Schauspieler auch ein Anti-Liebhaber ist, sofern man darunter ganz altmodisch die wenigstens entfernte Möglichkeit erotischer Verführung versteht und nicht bellende proletarische Kraftmeierei.« (›SZ‹, 5. 9. 1981) In Zadek-Inszenierungen am Schauspielhaus Hamburg: Hjalmar Ekdal in Ibsens ›Die Wildente‹ (1975); Leontes in Shakespeares ›Das Wintermärchen‹ (1978); Wally in Hopkins' ›Verlorene Zeit‹ (1984); Bosola in Websters ›Die Herzogin von Malfi‹ (1985, mit Jutta Hoffmann); Dr. Franz Schöning in Wedekinds ›Lulu‹ (1988, UA der Urfassung, mit Susanne Lothar); an den Münchner Kammerspielen: Professor Rubek in Ibsens ›Wenn wir Toten erwachen‹ (1991, mit Gisela Stein). In Inszenierungen von Niels-Peter Rudolph: Werschinin in Tschechows ›Drei Schwestern‹ (1980); Titelrolle in Schillers ›Die Verschwörung des Fiesco zu Genua‹ (1981); Gregor in Handkes ›Über die Dörfer‹ (1982); Theseus/Oberon in Shakespeares ›Ein Sommernachtstraum‹ (1983, alle Schauspielhaus Hamburg); Titelrolle in Molières ›Tartuffe‹ (1986, Staatstheater Stuttgart); ferner u. a.: Titelrolle in Sophokles' ›Ödipus‹ (1984, Köln, R. Jürgen Gosch); Gesandter in Genets ›Der Balkon‹ (1989, Düsseldorf, R. Axel Manthey); Bassa in Mozarts ›Die Entführung aus dem Serail‹ (1988, Salzburg, R. Johannes Schaaf). Am Schauspielhaus Hamburg u. a.: Titelrollen in Shakespeares ›Macbeth‹ (1987, R. Wilfried Minks) und in Goethes ›Torquato Tasso‹ (1990, R. Neuenfels); Hausknecht und Versicherungsagent in Feydeaus ›Der Floh im Ohr‹ (1993, R. Peter Löscher). Einen triumphalen Erfolg feierte er als Bruscon in Bernhards ›Der Theatermacher‹ (1990, R. Löscher); Benjamin Henrichs schrieb in der ›Zeit‹: »Der Theatermacher tritt auf. Wildgruber ist da. Der Satyr ist los. (…) Wildgruber rast – doch irgendwie ruht er sich dabei auch aus. So triumphiert in seinen Auftritten ein Thomas Bernhardsches Paradox: die geniale Routine. Selbst die Schreckens- und Schmerzenssätze holt Herr Bruscon mit hexerhafter Behendigkeit aus den Hosentaschen – nicht aus der geschundenen Seele. Die Tobsucht bleibt Aktion, Spektakel – sie haust nicht in der Figur. Und so sehen und bejubeln wir eher eine Gesamtausgabe aller Wildgruberischen Herrlichkeiten als einen neuen, fremden Menschen auf der Bühne. Vor mehr als einem Jahrzehnt betrat Ulrich Wildgruber das Hamburger Theater: ein Fremdling, ein Kannibale, ein Schrecken fürs Abonnement. Jetzt ist er der König des Schauspielhauses.« Er wirkte in mehreren Filmen mit: ›Eiszeit‹ (1977) und ›Die wilden Fünfziger‹ (1983, R. jeweils Zadek); ›Die Hamburger Krankheit‹ (1979, R. Peter Fleischmann); ›Super‹ (1984, R. Adolf Winkelmann); ›Drachenfutter‹ (1988, R. Jan Schütte); auch in Fernsehproduktionen.

Literatur: P. v. Becker: Passion Komik, Schwermut Glück … Über Ulrich Wildgruber. In: Theater heute, Heft 6, 1985, S. 16–26; H. P. Doll (Hrsg.): Mein erstes Engagement. Stuttgart 1988; C. B. Sucher: Theaterzauberer. Schauspieler. 40 Porträts. München, Zürich 1988; M. Lange: Peter Zadek. Regie im Theater. Frankfurt a. M. 1989.

Wilhelm, Kurt, geb. 8. 3. 1923 in München. Schauspieler, Autor und Regisseur. Ausbildung am Wiener Max-Reinhardt-Seminar; 1942/43 kleine Rollen am Burgtheater und am Theater in der Josefstadt in Wien; 1943/44 Schauspieler, Dramaturg und Regieassistent am Schauspielhaus Stuttgart; 1944 Gestapohaft, Berufsverbot und Flucht. Von 1945 bis zu seiner Pensionierung im Jahr 1988 war er Abteilungsleiter und Regisseur beim Bayerischen Rundfunk in München. Bekannt wurde er mit frühen Hörfunkserien wie ›Brummelg'schichten‹ und ›Fleckerlteppich‹. Seit 1953 umfangreiche Fernseharbeit (in leitender Position). Aufsehen erregten in den fünfziger Jahren seine fernsehgerechten Opern- und Operetteninszenierungen im Playback-Verfahren (darunter Werke von Mozart, deren Texte er neu bearbeitete);

Williams 790

insgesamt ca. 230 Hörfunk- und 345 Fernsehinszenierungen. Erste Theaterinszenierungen in München (Neues Theater, später auch Volkstheater) und in Bamberg. Seinen größten Erfolg feierte er als Autor und Regisseur des Bühnenrenners ›Der Brandner Kaspar und das ewig' Leben‹ (nach einer Novelle von Franz von Kobell). Wilhelms Inszenierung des Volksstücks am Bayerischen Staatsschauspiel wurde die meistgespielte Aufführung in München und steht noch heute auf dem Spielplan (Premiere 1975 im Cuvilliéstheater, Titelrolle: Hans Baur, später Fritz Strassner; mit Toni Berger als Tod, Gustl Bayrhammer als Petrus und Heino Hallhuber als Erzengel Michael). Weitere Bühneninszenierungen u. a.: Hans Schuberts ›Mit den besten Empfehlungen‹ (1978, Theater an der Brienner Straße München, mit Maxl Graf); Shakespeares ›Romeo und Julia‹ (1982, Schloßfestspiele Ettlingen); ›Wolf im Nerz‹ (eigenes Stück, UA 1984, Kleine Komödie München, mit Toni Berger); Herbert Rosendorfers ›Zeit zu reden, Zeit zu schweigen‹ (UA 1986, Augsburg); ferner Stücke von Anouilh, Scribe, Krasna, Schnitzler sowie sämtliche Einakter von Ludwig Thoma. Auch mehrere Operninszenierungen, darunter Richard Strauss' ›Intermezzo‹ (1988, Cuvilliéstheater München). Buchveröffentlichungen u. a.: ›Alle sagen Dickerchen‹ (1956, heiterer Roman, Neuauflagen 1979 und 1986); ›O Maria hilf ... und zwar sofort‹ (1977, Essays über Bayern); ›Paradies – Paradies‹ (1980, utopischer Roman); ›Richard Strauss – persönlich‹ (1984, Biographie); ›Lob der Frauen‹ (1986, Erzählungen); ›Fürs Wort brauche ich Hilfe‹ (1988, über die Entstehung der Strauss-Oper ›Capriccio‹). Wilhelm ist Präsident der Münchner Turmschreiber; zahlreiche Auszeichnungen (u. a. elf Kritikerpreise für beste Sendungen des Jahres).

Williams, Clifford, geb. 30. 12. 1926 in Cardiff, Wales. Regisseur. Begann seine Theaterlaufbahn 1945 als Schauspieler am Chanticleer Theatre und an anderen Londoner Bühnen. Gründete 1950 eine Pantomimegruppe (Mime Theatre Company), für die er selbst Stücke verfaßte. 1956 Spielleiter am Marlowe Theatre Canterbury; 1957 am Queen's Theatre Hornchurch. Machte 1957 mit seiner Inszenierung von García Lorcas ›Yerma‹ am Londoner Arts Theatre auf sich aufmerksam. Weitere Inszenierungen am Arts Theatre u. a.: Dürrenmatts ›Die Ehe des Herrn Mississippi‹ (1959); O'Neills ›Ein Mond für die Beladenen‹ (1960); Ionescos ›Opfer der Pflicht‹ (1960). Als Regisseur der Royal Shakespeare Company (RSC) wurde er international bekannt mit seiner Inszenierung der ›Komödie der Irrungen‹ (1962, London und Stratford). Weitere Shakespeare-Inszenierungen an der RSC: ›Der Sturm‹ (1963); ›König Richard II.‹ (1964, Ko-Regie); ›Der Kaufmann von Venedig‹ (1965); ›Der Widerspenstigen Zähmung‹ (1973); ›Cymbeline‹ (1974); außerdem u. a.: Hochhuths ›Der Stellvertreter‹ (1963); Marlowes ›Der Jude von Malta‹ (1964); Websters ›Die Herzogin von Malfi‹ (1971, alle RSC). Am National Theatre London inszenierte er 1969 Shakespeares ›Wie es euch gefällt‹ ausschließlich mit Männern (auch in Frauenrollen, wie zu Shakespeares Zeiten üblich). Weitere Inszenierungen u. a.: Shakespeares ›Was ihr wollt‹ (1966, Stratford-upon-Avon) und ›Othello‹ (1968, Bulgarisches Nationaltheater); Shaws ›Zurück zu Methusalem‹ (1969, National Theatre London); Pirandellos ›Heinrich IV.‹ (1974, London und New York). Gastspiele und Inszenierungen u. a. beim Edinburgh Festival, in Finnland, Paris und New York. Er ist Autor mehrerer Theaterstücke, darunter: ›The Sleeping Princess‹; ›The Goose Girl‹; ›The Secret Kingdom‹; ›Stephen Dedalus‹.
Literatur: C. Chambers: Other Spaces. New Theatre and the Royal Shakespeare Company. London 1980; S. Beauman: The Royal Shakespeare Company: A History of Ten Decades. London 1982.

Williams, Nigel, geb. 20. 1. 1948 in Cheadle, Cheshire. Englischer Dramatiker. Studium am Oriel College in Oxford. Mit seinem Stück ›Klassenfeind‹ (1978) gelang ihm der internationale Durchbruch; er wurde mit dem Preis für das erfolgreichste Bühnenstück in London ausgezeichnet (1978). In diesem Stück beschreibt Williams die Gewalt und Wechselbeziehungen, die sich in einer isolierten Schülergemeinschaft im Südlondoner Armenviertel Brixton entluden. 1981 fand die deutsche Erstaufführung in einer Bearbeitung von Peter Stein statt (Schaubühne Berlin), der die Handlung nach Berlin-Kreuzberg verlagerte; hierzu Sibylle Wirsing (›FAZ‹, 27. 4. 1981):»Peter Steins Inszenierung ist ästhetische Gipfelkunst, wie man sie sich vollendeter nicht wünschen kann. Die dreieinhalb Stunden verstreichen ohne eine leere Minute. Man sieht das faszinierende Drama einer langsam schwellenden und sich immer komprimierter stauenden Kraft bis hin zur kolossalen Explosion. Der steigende Emotionsdruck treibt die Einzelgänger zu artistischen Höchstleistungen, drängt die Spieler auf einen Haufen, scheucht sie quer über die Bühne in die Ecke, gibt dann einen Augenblick lang nach, sinkt, fällt und sammelt sich neu mit verdoppelter Vehemenz, läßt Puls und Atem fliegen, stockt, pendelt sich auf einer maximalen Höhe ein und hat, ehe er sich im Chaos entfesselt, die sechs Glieder der Gruppe so rasend mit- und gegeneinander bewegt, daß einem selbst beim Zuschauen die Luft wegbleibt: welch ein Wunderwerk der choreographischen Phantasie und inszenatorischen Ökonomie beim Bändigen und Entlassen der Elemente!«

Weitere Stücke: ›Line'em‹ (1980); ›Sugar and Spice, and Trial Run‹ (1981); ›Meines Bruders Hüter‹ (1985); ›W.C.P.C.‹ (o.J.).

Williams, Tennessee, geb. 26. 3. 1911 in Columbus, Mississippi, gest. 25. 2. 1983 in New York. Amerikanischer Dramatiker. Sohn eines Angestellten. Williams studierte von 1931 bis 1938 an der Iowa University. Nach anfänglich schweren Jahren als Dramatiker setzte er sich 1944 mit seinem Stück ›Die Glasmenagerie‹ am Broadway durch. Sein Leben war von Alkohol und Drogen belastet. In seinen Stücken, die hauptsächlich in den Südstaaten spielen, beschreibt er labile Menschen, anfällig für Zerstörung und Selbstzerstörung, und spiegelt damit die Krisenerscheinungen der Gesellschaft, die verborgenen Sehnsüchte und Ängste seiner Zeitgenossen wider.»In dem Essay, der einer der Ausgaben der

›Katze auf dem heißen Blechdach‹ beigefügt ist, spreche ich sehr offen darüber, was ich mit meiner Arbeit erreichen will, was ich überhaupt eigentlich will. Mein Ziel ist, auf irgendeine Weise das sich einem immer wieder entziehende ›Eigentliche‹ des Daseins in den Griff zu kriegen. Wenn mir das gelingt, dann habe ich etwas geleistet, doch ich fürchte, es ist mir nur verhältnismäßig selten gelungen, gemessen an den vielen mißglückten Versuchen (...). Und als ich die ›Glasmenagerie‹ schrieb, wußte ich nicht, daß ich dieses eine Mal mein Ziel erreicht hatte (...).« (Tennessee Williams: ›Memoiren‹. Frankfurt a. M. 1972, S. 113)

Weitere Stücke: ›Endstation Sehnsucht‹ (1945); ›Die Katze auf dem heißen Blechdach‹ (1955); ›Plötzlich letzten Sommer‹ (1958); ›Süßer Vogel Jugend‹ (1959); ›Die Nacht des Leguan‹ (1961); ›Vieux Carré‹ (1977).

Literatur: E. M. Jackson: The Broken World of Tennessee Williams. Madison 1966; U. Siefken: Die Dramen Tennessee Williams auf der deutschsprachigen Bühne. Diss. Wien 1971; I. Koepsel: Der amerikanische Süden im dramatischen Werk von Tennessee Williams. Bern 1974; C. von Schelling: Die Bedeutung der Violence bei Tennessee Williams. Diss. München 1975.

Wilms, Bernd, geb. 1. 11. 1940 in Solingen. Dramaturg und Intendant. Studium der protestantischen Theologie in Wuppertal und Tübingen; 1962 Wechsel in die Fachbereiche Theaterwissenschaft, Philosophie und Germanistik an der Universität Köln; 1969 Promotion an der Freien Universität Berlin. 1968–1972 Dramaturg in Wuppertal; danach bis 1979 Dramaturg und Pressereferent am Deutschen Schauspielhaus Hamburg (Intendant: Ivan Nagel); 1980/81 geschäftsführender Direktor des Festivals Theater der Welt '81 in Köln; 1981/82 Dramaturg und persönlicher Referent bei Arno Wüstenhöfer in Bremen; 1983–1986 Dramaturg an den Münchner Kammerspielen; 1986–1991 Direktor der Münchner Otto-Falckenberg-Schule. 1991 wurde er Intendant am Ulmer Theater, beendete jedoch seinen Vertrag vorzeitig

Wilson

zum Ende der Spielzeit 1993/94. Im November 1993 übernahm er erneut die Direktion der Otto-Falckenberg-Schule, allerdings nur für einen Monat, da ihn die Leitung der Münchner Kammerspiele aufforderte zurückzutreten. Grund der Mißstimmung waren Wilms' Vertragsverhandlungen mit dem Berliner Maxim-Gorki-Theater, dessen Intendanz er mit Beginn der Spielzeit 1995/96 übernimmt (ab 1994/95 bereits kommissarische Leitung). Wilms hat Kinderstücke bearbeitet und Operettentexte übersetzt. Er führt nur selten selber Regie. In Ulm inszenierte er Becketts ›Das letzte Band‹ und ›Rockaby‹ an einem Abend. Thomas Thieringer schrieb über Wilms' Ulmer Intendanz: »Er erinnerte an die legendäre Zeit Kurt Hübners, dem es in kurzer Zeit gelungen war, mit einem jungen, weitgehend unbekannten Ensemble dem Ulmer Theater überregionale und lange nachwirkende Bedeutung zu verschaffen. (...) Joachim Schlömers Tanztheater wurde schnell sogar für internationale Gastspiele empfohlen; die Oper unter Alicja Mounks Leitung fand für ihre ›gar nicht provinziellen‹ Aufführungen weithin Anerkennung, und das Sprechtheater wurde für seine engagierten, ästhetisch konsequenten Inszenierungen gerühmt (...).« (›SZ‹, 31. 3. 1993)
Literatur: »In der Provinz ist der Lack ab«. Der Ulmer Intendant im Gespräch über die Gründe seines Rücktritts. In: Theater heute, Heft 5, 1993.

Wilson, Robert, 4. 10. 1941 in Waco, Texas. Amerikanischer Autor, Designer, Produzent, Bühnenbildner und Regisseur. War bis zu seinem 17. Lebensjahr sprach- und verhaltensgestört; wurde durch die Bewegungstherapeutin Byrd Hoffman geheilt, die ihm beibrachte, sich ganz langsam und konzentriert zu bewegen und zu sprechen. Entwickelte schon früh eine Vorliebe für reines Bildertheater und verfaßte noch während der Schulzeit erste nonverbale Stücke. Begann Ende der fünfziger Jahre ein Studium der Betriebswirtschaft an der University of Texas; wechselte 1962 an das New Yorker Pratt Institute, wo er Malerei und Architektur studierte (Abschluß 1965). In New York therapeutische Arbeit mit hirnverletzten und behinderten Kindern; 1966 Assistent des Architekten Paolo Soleri in Arizona. Arbeitete Ende der sechziger Jahre als Bühnenbildner für Off-Off-Broadway-Theater. Gründete 1969 in New York die »Byrd Hoffman School of Byrds«, eine Gruppe für intermediale Zusammenarbeit verschiedenster Künstler (und Laien). Zusammenarbeit mit der Tänzerin Lucinda Childs, dem Komponisten Phil Glass und dem autistischen Jungen Christopher Knowles. Es entstanden enthusiastisch gefeierte, von der Performance Art beeinflußte Produktionen: Stücke ohne lineare Erzählstruktur; visionäre Bildercollagen mit zeitlupenhaft langsamen, oft autistisch anmutenden Sequenzen, technisch präzis umgesetzt (strenge Bewegungschoreographie, Einsatz raffinierter Licht- und Toneffekte). Wilsons Inszenierungen signalisierten Anfang der siebziger Jahre »das Ende des robust politischen und den Beginn eines introvertierten, ästhetischen Theaters« (Georg Hensel). Stücke u. a.: ›The King of Spain‹ (1969); ›The Life and Times of Sigmund Freud‹ (1969/70); ›Deafman Glance‹ (1970); ›The Life and Times of Joseph Stalin‹ (1973, Dauer: zwölf Stunden); ›Letters to Queen Victoria‹ (1974, Paris, auch am Broadway); ›A Mad Man‹ (1974). Wilson nennt seine Stücke, die fast ohne Handlung und Psychologie auskommen, Opern (»operas« – im Sinne von »Opus«). Internationale Beachtung fand 1972 seine einwöchige theatralische Landschaftserkundung ›Ka Mountain and Guardenia Terrace‹ beim Festival der Künste in Schiraz (Iran). Mit seinem Projekt ›Einstein on the Beach‹ gastierte er 1976 erstmals in Deutschland (Schauspielhaus Hamburg, auch Venedig und Metropolitan Opera New York, Musik: Phil Glass). Benjamin Henrichs schrieb: »(...) es passiert extrem wenig in den fünf Stunden, aber was dann passiert, und das kann eine einzige Geste sein, wächst ins Hochdramatische. In der äußersten Monotonie der Geschehnisse (einige Bilder und Situationen bleiben minuten-, ja manchmal viertelstundenlang fast unverändert stehen) wird jedes Ereignis zu einer Art Sensation. Profane Vorgänge können wie sakrale wirken, lauter ge-

Wilson

heimnislose Aktionen wie das tiefste Geheimnis.« (›Die Zeit‹, 15. 10. 1976) Es folgten u. a.: ›I was sitting on my patio this guy appeared I thought I was hallucinating‹ (1977, New York); ›Death Destruction & Detroit‹ (Teil I: 1979, Teil II: 1987, jeweils Schaubühne Berlin); C. Bernd Sucher schrieb über den zweiten Teil: »Ein Triumph der Technik, der Effekte. Die Geschichten aber, die Wilson bisher so ausufernd und dennoch stringent, gespannt zu erzählen vermochte, sie sind geschrumpft zu einem Filmbilderbuch: bunt, beliebig, belanglos. Nur Sequenzen zum Thema Gewalt, keine Dichte, keine Einheit.« (›SZ‹, 2. 3. 1987); ferner u. a.: ›Edison‹ (1979, Lyon); ›The Man in the Raincoat‹ (1981 beim Festival Theater der Welt, Köln); ›Die goldenen Fenster‹ (1982, Münchner Kammerspiele, mit Peter Lühr und Maria Nicklisch). Aufsehen erregte sein Mammutprojekt ›the CIVIL warS‹, bestehend aus fünf Akten und 15 Spielszenen, die untereinander austauschbar sind und in fünf verschiedenen Städten produziert werden sollten. Grundthema: Eine Familie erlebt in verschiedenen Ländern zu verschiedenen Zeiten verschiedene Katastrophen. Aufführung einzelner Teile in Rotterdam (1983), Köln (Januar 1984, mit Ilse Ritter), Tokio (Februar 1984) und Rom (März 1984). Das Vorhaben, das Spektakel bei den Olympischen Spielen 1984 in Los Angeles in voller Länge aufzuführen (geschätzte Dauer: 20–24 Stunden), scheiterte aus finanziellen und bürokratischen Gründen. Die 13 kurzen Zwischenstücke, die die einzelnen Teile der ›CIVIL warS‹ verbinden sollten, brachte er 1985 unter dem Titel ›Knee Plays‹ als eigenständige Theaterproduktion auf die Bühne (Theater der Welt, Frankfurt, Musik: David Byrne). Seit Mitte der achtziger Jahre adaptiert und inszeniert er auch Stücke anderer Autoren, u. a.: Euripides' ›Alkestis‹ (mit Sequenzen von Heiner Müller, 1986, Boston; 1987 auch in Stuttgart); Heiner Müllers ›Hamletmaschine‹ (1986, Thalia Theater Hamburg) sowie ›Quartett‹ (1987, Theater der Welt, Stuttgart); Dorsts ›Parzifal‹ (1987, Thalia Theater Hamburg); an der Schaubühne Berlin: Virginia Woolfs ›Orlando‹ (1989, mit Jutta

Lampe; 1993 auch am Théâtre Vidy Lausanne, mit Isabelle Huppert); Marguerite Duras' ›Die Krankheit Tod‹ (1991/92, mit Libgart Schwarz und Peter Fitz); am Schauspiel Frankfurt: Shakespeares ›König Lear‹ (1990, mit Marianne Hoppe als Lear); am Hebbeltheater Berlin: Gertrude Steins ›Doctor Faustus Lights the Lights‹ (1992). Sein Debüt als Choreograph gab er mit D'Annunzio/Debussys ›Le Martyre de Saint Sébastien‹ (1988, Bobigny, mit Sylvie Guillem). Operninszenierungen u. a.: Glucks ›Alceste‹ (1986/87, Stuttgart); Strauss' ›Salome‹ (1987, Mailand); Mozarts ›Die Zauberflöte‹ (1991, Bastille-Oper Paris); Wagners ›Parsifal‹ (1991, Staatsoper Hamburg) und ›Lohengrin‹ (1991, Zürich). Weitere Wilson-Projekte: ›Cosmopolitan Greetings‹ (1988, Hamburger Kampnagelfabrik, Jazz-Oper von Wilson, Allen Ginsberg, George Gruntz und Rolf Liebermann); ›The Forest‹ (1988, Freie Volksbühne Berlin, Gilgamesch-Fassung von Wilson und David Byrne, mit Martin Wuttke). Große Publikumserfolge feierte er mit seinen märchenhaften Bühnenspektakeln am Hamburger Thalia Theater: ›The Black Rider‹ (1990, frei nach Webers ›Freischütz‹, Text: William Burroughs, Musik: Tom Waits) und ›Alice‹ (1992, nach Lewis Carroll, Musik: Tom Waits). B. Henrichs schrieb über den ›Black Rider‹: »Die Aufführung hat alles, was Theater nur haben kann: Reichtum, Farben, Ironie und Witz und alle Arten von Zauber. Natürlich auch das verblüffendste Licht und die kostbarsten Kostüme (Frida Parmeggiani). Aber das ganze Spektakel hat keinen Kern, und weil es hier um ein deutsches Märchen geht, darf man wohl sagen: Es hat keine Seele. Allenfalls ein kaltes Herz. (...) An wen hat Robert Wilson seine Seele verkauft? An seine Gefallsucht. Etwas schöner gesagt: an seinen Kinderdrang, von allen, aber auch allen geliebt zu werden. Einstmals herrschte in Wilsons Theater die Leere, heute die Fülle. Heute wird der Zuschauer glänzend bedient, ›damals‹ wurde er leise gelockt. Einst hatte Wilson den Stolz des Propheten (eines Propheten ohne Botschaft), jetzt hat er die charmante Beflissenheit des großen Showmasters. (...) Wilsons Theater ›frü-

Wimmer

her‹ hatte manchmal das Zeitmaß einer anderen Welt. ›The Black Rider‹ ist kein Spiel mehr von Fragen, sondern eines der glitzernden Höhepunkte.« (›Die Zeit‹, 6. 4. 1990) An den Münchner Kammerspielen inszenierte er zuletzt die Stücke ›Schwanengesang‹ (1989/90, nach Tschechow, mit Romuald Pekny und Richard Beek) und ›Der Mond im Gras‹ (1994, nach Grimms Märchen). Wilson, der »vielseitigste Theatermann der Welt« (Georg Hensel), ist auch als Video-Künstler, Zeichner, Objekt- und Möbel-Designer hervorgetreten. Das Bühnenbild und Mobiliar für seine Inszenierungen entwirft er in der Regel selbst. Fünf Einladungen zum Berliner Theatertreffen: 1979: ›Death Destruction & Detroit‹; 1983: ›Die goldenen Fenster‹; 1984: ›the CIVIL warS‹ (Köln); 1987: ›Hamletmaschine‹; 1991: ›The Black Rider‹.

Literatur: R. Wilson: The Golden Windows – Die goldenen Fenster. München, Wien 1982; ders.: the CIVL warS: Die Kölner Aufführung. Frankfurt a.M. 1984; ders.: Die lithographischen Zyklen 1984–1986. Medea, Parsifal, Alceste. München: Galerie Fred Jahn 1986; ders.: Death Destruction & Detroit II. Schaubühne am Lehniner Platz Berlin. 1987; ders.: The Forest. Theater der Freien Volksbühne Berlin 1988; ders.: Monuments. Hrsg. v. C. Haenlein. Hannover 1991; ders.: Robert Wilson's vision. Museum of Fine Arts, Boston. New York 1991 (Katalog); F. Quadri: Il Teatro di Robert Wilson. Venedig 1976; P. Glass/W. M. H. Kaiser: Performance. Theatre, dance, music by R. Wilson, L. Childs, A. Degroat, Ph. Glass. Amsterdam, New York 1977; St. Brecht: The original theatre of the City of New York from the mid-60s to the mid-70s. Book I. New York 1978; R. Kostelanetz: American imagination. Berlin 1983; The Contemporary Arts Center Cincinnati (Hrsg.): Robert Wilson. The Theater of Images. New York 1984; P. Olivier: Médée. Mise en scène: Bob Wilson. Paris u.a. 1988; Die Aufführung: ›Black Rider‹. Mit Beiträgen von A. Kilb, L. v. Otting. U. Kahle. In: Theater heute, Heft 6, 1990; G. Albrecht: Der Hamburger ›Parzifal‹, eine Provokation? Hamburg 1992;

H. Müller: Der Zauberer aus Waco. Über die Kultfigur Robert Wilson. In: M. Bissinger (Hrsg.): Thalia Theater. Merian Sonderheft. Hamburg 1993; U. Richterich: Die Sehnsucht zu sehen. Der filmische Blick auf dem Theater; Robert Wilsons ›the CIVIL warS‹. Frankfurt a.M., Berlin u.a. 1993.

Wimmer, Maria, geb. 27. 1. 1914 (nach anderen Angaben 1910) in Dresden. Schauspielerin. Nahm nach dem Abitur Schauspielunterricht in Leipzig. Erstes Engagement am Stadttheater Stettin (1930–1933), wo sie als Marei in Hauptmanns ›Florian Geyer‹ debütierte. Es folgte ein Engagement an den Städtischen Bühnen Frankfurt a.M. (1934–1937); dort u.a.: Gretchen in Goethes ›Faust‹; Kunigunde in Kleists ›Das Käthchen von Heilbronn‹; Marianne in Hebbels ›Herodes und Mariamne‹. 1937–1947 am Deutschen Schauspielhaus Hamburg u.a.: Titelrolle in Goethes ›Stella‹; Rhodope in Hebbels ›Gyges und sein Ring‹ und Titelrolle in ›Agnes Bernauer‹; Amalia in Schillers ›Die Räuber‹ und Titelrolle in ›Maria Stuart‹; Titelrolle in Lessings ›Minna von Barnhelm‹; Alkmene in Kleists ›Amphitryon‹; Titelrollen in Moretos ›Donna Diana‹, in Goethes ›Iphigenie auf Tauris‹ sowie in Sophokles' ›Antigone‹; Lady Macbeth in Shakespeares ›Macbeth‹; Lia in Giraudoux' ›Sodom und Gomorrha‹. 1947/48 am Münchner Residenztheater: Elisabeth in Schillers ›Don Carlos‹ und Königin in Cocteaus ›Der Doppeladler‹. Von 1949 bis 1957 gehörte sie zum Ensemble der Münchner Kammerspiele; danach arbeitete sie dort als Gast. Rollen in Inszenierungen von Fritz Kortner: Laura in Strindbergs ›Der Vater‹ (1949, mit Kortner als Rittmeister; 1950 auch Hebbeltheater Berlin; 1967 wieder am Schauspielhaus Hamburg); Titelrolle in Lessings ›Minna von Barnhelm‹ (1951, mit Horst Caspar); Marianne in Hebbels ›Herodes und Mariamne‹ (1952); Serafina in Williams' ›Die tätowierte Rose‹ (1953); in Inszenierungen von Hans Schweikart u.a.: Frau des Richters in Camus' ›Der Belagerungszustand‹ (1950); Elisabeth Proctor in Millers ›Hexenjagd‹ (1955); Isé in Claudels ›Mittagswende‹ (1960); Amelia in McCullers/Albees ›Die Ballade vom traurigen Café‹ (1965). Weitere Rollen an den Kammerspielen u.a.: Barbara in Zuckmayers ›Barbara Blomberg‹ (R. Friedrich Domin); Mary in Booth-Luces ›Frauen in New York‹ (R. Harry Buckwitz); Lavinia in Eliots ›Die Cocktail Party‹ (R. Peter Lühr); Marion Castle in Odets' ›Das große Messer‹ (R. Fritz Peter Buch); Elvira in Frischs ›Don Juan oder Die Liebe zur Geometrie‹ (R. Leonard Steckel); Helene in Wedekinds ›Der Kammersänger‹ (R. Paul Verhoeven); am Theater am Kurfürstendamm Berlin: Indras Tochter in Strindbergs ›Ein Traumspiel‹ und Christine in O'Neills ›Trauer muß Elektra tragen‹ (beide 1955). Seit 1957 ist sie freischaffend tätig. Einen triumphalen Erfolg feierte sie bei den Ruhrfestspielen Recklinghausen in der Titelrolle von Goethes ›Iphigenie auf Tauris‹ (1959, R. Gustav Rudolf Sellner). Albert Schulze Vellinghausen: »Was (. . .) Frau Wimmer damals so heraushob und allen, die es hören durften, gleichsam propädeutisch machte, war das Sprechen in Kadenzen. Nicht in weicher, nur eben melodiöser Musikalität; sondern in einer untadelig objektivierten, so klaren wie intelligenten Stufung, die uns Modernen auf einmal auch das Element von Konstruktion greifbar machte, um nicht zu sagen: Konstruktivismus – wie er in aller großen Kunst (. . .) als kompositorisches Grundelement bereit, je nachdem auch verborgen liegt –, wartend gleichsam, daß ein klarer Geist durch anrufende Evokation dieses Sachverhältnis zutage fördere, indem er zugleich es in Klang verwandele. Nicht in die Subjektivität des Ausbruchs, sondern in die Objektivität einer sonoren Partitur. (. . .) ich kann mir auf der Bühne keinen legitimen Kunstvollzug vorstellen ohne ein gewisses Maß von Intellektualität. Dieses Grundmaß so zu verwandeln, daß es noch spürbar – und gleichwohl schon in die Geste, die Gebärde, die Magie einer ›Figur‹ übergegangen – ist: Mir scheint, etwa in diesen Bezirken liegen die Wurzeln der Bedeutung, der Unmittelbarkeit, der außerordentlichen ›Präsenz‹, von welchen Frau Wimmer begnadet ist.« (Laudatio, gehalten bei der Verleihung des Louise-Dumont-Goldtopas

1961; zit. nach ›Theater heute‹, Heft 6, 1961) Die Iphigenie, ihre Lieblingsrolle, spielte sie 1964 auch in Düsseldorf unter der Regie von Leopold Lindtberg. Am Schauspielhaus Düsseldorf feierte sie viele große Erfolge in Inszenierungen von Karl Heinz Stroux. Rollen u.a.: Alice in Strindbergs ›Totentanz‹ (1958); Ilse in Pirandellos ›Die Riesen vom Berge‹ (1958, R. Giorgio Strehler); Proëza in Claudels ›Der seidene Schuh‹ (1959); Racines ›Phädra‹ (1959); Adelheid von Walldorf in Goethes ›Götz von Berlichingen‹ 1961); Mutter in O'Neills ›Trauer muß Elektra tragen‹ (1961). Umjubelt wurde sie 1962 als Winnie in Becketts ›Glückliche Tage‹ und in der Titelrolle von Euripides' ›Medea‹ (R. jeweils Stroux). Es folgten (wieder unter Stroux in Düsseldorf): Frau John in Hauptmanns ›Die Ratten‹ (1963); Titelrolle in Aristophanes' ›Lysistrate‹ (1966); bei den Salzburger Festspielen: Jokaste in Sophokles' ›Ödipus‹ (1965, R. Sellner); am Schiller-Theater Berlin: Cleopatra in Shakespeares ›Antonius und Cleopatra‹ (1969, R. Kortner); am Hamburger Schauspielhaus: Agnes in Albees ›Empfindliches Gleichgewicht‹ (1969, R. Oscar Fritz Schuh). Rollen in Inszenierungen von Rudolf Noelte: Ranjewskaja in Tschechows ›Der Kirschgarten‹ (1970, Bayerisches Staatsschauspiel München); Mary Tyrone in O'Neills ›Eines langen Tages Reise in die Nacht‹ (1975, Schauspielhaus Hamburg); ferner u.a.: Ada Freifrau von Stetten in Horváths ›Zur schönen Aussicht‹ (1972, Tournee, R. Michael Kehlmann); Racines ›Phädra‹ (1973, Tournee). In den letzten Jahren spielte sie wieder an den Münchner Kammerspielen: Marty Martins Monolog ›Gertrude Stein Gertrude Stein Gertrude Stein‹ (ab 1984, R. Klaus Emmerich); Titelrolle in Manlio Santanellis ›Regina Madre‹ (DE 1990, mit Manfred Zapatka, R. Christian Pade); Sie in Ulla Berkéwicz' ›Nur wir‹ (UA 1991, mit Rudolf Wessely, R. Urs Troller); auch Lesungen. Bei den Salzburger Festspielen 1993 gastierte sie als Volumnia in Shakespeares ›Coriolan‹ (R. Deborah Warner). Maria Wimmer zählt zu den bedeutendsten Tragödinnen des deutschsprachigen Theaters.

»Die Menschen, die sie spielt, erwachen zu Leben durch ihre Hände und durch ihre Stimme. Sie wird die ›Callas des Wortes‹ genannt, weil sie in einer Aufführung von kalter Brillanz, einer sehr äußerlichen Präzision, sekundenschnell wechseln kann zu den innigsten, den zärtlichsten Tönen: Maria Wimmer ist ein Orchester! Ihre Monolog-Abende, ihre Lesungen sind Sternstunden des deutschsprachigen Theaters.« (C. Bernd Sucher, ›SZ‹, 27. 1. 1994) **Literatur:** A. Schulze Vellinghausen: Maria Wimmer. Velber 1962; S. Melchinger/ R. Clausen: Schauspieler. 36 Porträts. Velber 1965.

Winkler, Angela, geb. 22. 1. 1944 in Templin, Uckermark. Schauspielerin. Besuchte das Gymnasium in Erlangen; ab 1964 Schauspielunterricht in Stuttgart und bei Hanna Burgwitz und Ernst Fritz Fürbringer in München. Über die Studiobühne Erlangen und ein erstes Engagement am Staatstheater Kassel (1967) kam sie an das Westfälische Landestheater Castrop-Rauxel; dort u. a.: Julia in Shakespeares ›Romeo und Julia‹ und Titelrolle in Sartres ›Die ehrbare Dirne‹ (1969/70). Von 1971 bis 1978 war sie an der Berliner Schaubühne am Halleschen Ufer engagiert. Rollen u. a.: Drittes junges Mädchen/Dritte Sennerin/Jungtrollin in Ibsens ›Peer Gynt‹ (1971, R. Peter Stein); Olga in Fleißers ›Fegefeuer in Ingolstadt‹ (1972, R. Stein); Lieschen in Lasker-Schülers ›Die Wupper‹ (1976, R. Luc Bondy). Seit den achtziger Jahren ist sie freischaffend tätig, vorwiegend als Filmschauspielerin. Auf der Bühne sah man sie u. a. in Inszenierungen von Klaus Michael Grüber: Stieftochter in Pirandellos ›Sechs Personen suchen einen Autor‹ (1981, Freie Volksbühne Berlin); Göttertochter Io in Aischylos/Handkes ›Prometheus, gefesselt‹ (1986, Salzburger Festspiele und Schaubühne Berlin, mit Bruno Ganz). Vielgerühmt wurde ihre Anna Petrowna in Peter Zadeks umjubelter Inszenierung von Tschechows ›Iwanow‹ (1990, Akademietheater Wien, mit Gert Voss). Peter von Becker schrieb: »Angela Winkler huscht wie ein südschwarzer Schatten durch das Stück, obwohl, das gehört zu den poetischen Paradoxien dieser fabelhaften Aufführung, obwohl sie nur in ein dünnes weißes Nachtgewand/Krankenkleid/Totenhemd gehüllt ist. Bisweilen aber wirft sie sich eine wärmende bunte Stola wirr oder hochfahrend stolz um sich, dann glänzt in ihrem erlöschenden Blick nicht nur das Fieber, sondern ein frühes Feuer, etwas Zigeunerhaftes. Angela Winkler: ›Wie von der fliegenden Hitze der Lungenkranken wird sie auf die Bühne geweht.‹« ›Theater heute‹, Heft 7, 1990); »(...) als Moribunde und als Liebende hochnotpeinlich, eine Nervensäge, aber mit jedem Zahn (und Zähneklappern) erzeugt sie eine betörende, abgründige Musik. (...) Angela Winkler spielt diese Mischung aus Märchenweib und Todesengel jenseits der Grenze des Berechenbaren, mit einem kunstvollen Autismus und einer unergründlichen Aura (...).« (›Theater heute‹, Jahrbuch 1990) Im Film war sie lange Zeit auf das Rollenfach der depressiven, an ihrer Sensibilität zerbrechenden Frau festgelegt; Rollen u. a.: Titelrolle in ›Die verlorene Ehre der Katharina Blum‹ (1976, nach Böll, R. Volker Schlöndorff); in ›Die linkshändige Frau‹ (1978, Buch und R. Peter Handke); in ›Deutschland im Herbst‹ (1978, R. Autorenteam); Oskars Mutter in ›Die Blechtrommel‹ (1979, nach Grass, R. Schlöndorff); Ruth in ›Heller Wahn‹ (1982/83, mit Hanna Schygulla, R. Margarethe von Trotta); Edith in ›Ediths Tagebuch‹ (1983, nach Patricia Highsmith, R. Hans W. Geissendörfer); Lucile Desmoulins in ›Danton‹ (1983, mit Gérard Depardieu, R. Andrzej Wajda).

Winterstein, Eduard von (eigtl. Eduard Freiherr von Wangenheim), geb. 1. 8. 1871 in Wien, gest. 22. 7. 1961 in Berlin. Schauspieler. Aufgewachsen im Wandertheater; Schauspielunterricht bei seiner Mutter; erstes Engagement in Gera, wo er 1889 debütierte. Es folgten Engagements in Stralsund, Gelsenkirchen, Hanau, Göttingen, Annaberg und Wiesbaden. Seit 1895 in Berlin: zunächst am Schiller-Theater (1895–1898), dann am Deutschen Theater bei Otto Brahm (1898–1901) und am Lessingtheater (1901–1903). 1903 schloß er sich dem Ensemble von Max Reinhardt an (bis 1905 Kleines Theater; 1905–1938 Deutsches Theater). Von 1938 bis 1944 spielte er bei Heinrich George am Schiller-Theater; zwischendurch auch am Berliner Staatstheater bei Leopold Jeßner. Von 1945 bis zu seinem Tod arbeitete er erneut am Deutschen Theater; 1911–1958 umfangreiche Filmtätigkeit. Winterstein spielte vorwiegend die lauteren, redlichen Figuren. Am Theater in Annaberg u.a.: Goethes ›Egmont‹; Shakespeares ›Hamlet‹; Tellheim in Lessings ›Minna von Barnhelm‹ (auch 1895 am Schiller-Theater und 1904 am Neuen Theater). In der Uraufführung von Hauptmanns ›Fuhrmann Henschel‹ spielte er 1898 den Franz (Deutsches Theater), später übernahm er die Titelrolle (1900, Lessingtheater; auch 1916). Am Kleinen Theater sah man ihn u.a. in Stücken von Gorki: Nil in ›Die Kleinbürger‹ und Pepel in ›Nachtasyl‹; am Neuen Theater u.a.: Golaud in Maeterlincks ›Pelleas und Melisande‹; Demetrius in Shakespeares ›Ein Sommernachtstraum‹; Ferdinand in Schillers ›Kabale und Liebe‹; Kroll in Ibsens ›Rosmersholm‹. Rollen am Deutschen Theater u.a.: Scholz in Wedekinds ›Der Marquis von Keith‹ (1907); Kent in Shakespeares ›König Lear‹ (1908) und Horatio in ›Hamlet‹ (1912); Guter Gesell in Hofmannsthals ›Jedermann‹ (1911); Octavio in Schillers ›Wallenstein‹ (1914); Belarius in Shakespeares ›Cymbeline‹ (1919, R. Ludwig Berger); Innenminister in Shaws ›Der Kaiser von Amerika‹ (DE 1929, R. Reinhardt); in Zuckmayers ›Der Hauptmann von Köpenick‹ (UA 1931, mit Werner Krauß, R. Heinz Hilpert); Sanitätsrat in Hauptmanns ›Vor Sonnenuntergang‹ (UA 1932, mit Krauß und Helene Thimig, R. Reinhardt); außerdem u.a.: John in Hauptmanns ›Die Ratten‹ (1916, Volksbühne, mit Lucie Höflich, R. Felix Hollaender); Titelrolle in O'Neills ›Der haarige Affe‹ (1924, Tribüne, R. Eugen Robert): »Dabei hat Winterstein den wirklich ernsthaften Ruhm: als ein Gorillatier das ›Incipit tragoedia‹ nicht gehemmt, sondern mit menschlichen Schauern aus der Tiefe gepackt zu haben.« (Alfred Kerr, ›Berliner Tageblatt‹, 1.11.

1924); Vater in Zuckmayers ›Der fröhliche Weinberg‹ (UA 1925, Theater am Schiffbauerdamm). Rollen in Jeßner-Inszenierungen am Staatstheater: Stauffacher in Schillers ›Wilhelm Tell‹ (1919); Lord Hastings in Shakespeares ›Richard III.‹ (1920, beide mit Fritz Kortner). Nach 1945 feierte er seine größten Erfolge in Lessings ›Nathan der Weise‹: als Klosterbruder (1945, mit Paul Wegener in der Titelrolle, R. Fritz Wisten) und als Nathan (1955, jeweils Deutsches Theater). Winterstein hat in vielen Klassikerverfilmungen der Stummfilmzeit mitgewirkt. 1951 und 1953 wurde er mit dem Nationalpreis der DDR ausgezeichnet. Seine theatergeschichtlich interessanten Memoiren erschienen unter dem Titel ›Mein Leben und meine Zeit‹ (2 Bde, 1942 und 1947; 1961). **Literatur:** H. Ihering: Eduard von Winterstein. Berlin 1961; ders./E. Wisten: Eduard von Winterstein. Berlin 1968; A. Bronnen: Eduard von Winterstein. Berlin 1977; M. Bier: Schauspielerporträts. 24 Schauspieler um Max Reinhardt. Berlin 1989.

Wischnewski, Wsewolod, geb. 21.12. 1900 in St. Petersburg, gest. 28.2.1951 in Moskau. Russischer Dramatiker. Sohn eines Professors für Photographie und Filmwesen. Wischnewski nahm als Vierzehnjähriger freiwillig am Ersten Weltkrieg teil, 1917 kämpfte er für die kommunistische Partei. Diese Erlebnisse nahmen in seinem literarischen Werk Gestalt an, besonders in seinen Dramen ›Gericht über die Meuterer von Kronstadt‹ (1921), ›Die erste Reiterarmee‹ (1929) und ›Die optimistische Tragödie‹ (1932). Während des Zweiten Weltkriegs war er Frontberichterstatter für die ›Prawda‹. Nach der Befreiung Berlins nahm er als Beobachter an den Nürnberger Prozessen teil. Seine Stücke wurden in der Bundesrepublik selten gegeben. 1972 inszenierte Peter Stein an der Schaubühne am Halleschen Ufer ›Die optimistische Tragödie‹, die zuvor 1961 und 1967 am Berliner Ensemble unter der Regie von Peter Palitzsch und Manfred Wekwerth herausgekommen war: »Die Schaubühnenfassung arbeitet frühere Fassungen des Stücks ebenso ein wie ›andere Texte‹ von

Wissotzki

Wischnewski und historisches Material und literarische Zeugnisse aus dem Bürgerkrieg. Klug lenken die dramaturgischen Zuschneider der Schaubühne den Blick von der Kommissarin, die in ostdeutschen Aufführungen rasch zur Ikone kommunistischen Kitsches erstarrt, auf die Masse der unentschiedenen Matrosen, vor allem auf deren Führungskern, das ›Anarchisten-Trio‹.« (Rolf Michaelis, ›FAZ‹, 20. 4. 1972)

Weitere Stücke: ›Wie weit wogt das Meer‹ (1942); ›Vor den Mauern Leningrads‹ (o.J.); ›Das unvergeßliche Jahr 1919‹ (UA 1949).

Wissotzki, Wladimir, gest. 25. 7. 1980 in Moskau. Volksdichter, Sänger und Schauspieler. Einer der wichtigsten Protagonisten des Theaters an der Taganka in Moskau; spielte in zahlreichen Inszenierungen von Juri Ljubimow. Wichtigste Rollen: Flieger in Brechts ›Der gute Mensch von Sezuan‹ (1964) und Titelrolle in ›Leben des Galilei‹ (1966); Titelrolle in Shakespeares ›Hamlet‹ (1968); Lopachin in Tschechows ›Der Kirschgarten‹ (1977, R. Anatoli W. Efros). Wissotzki war der populärste und aufmüpfigste Liedermacher der Sowjetunion. Jewgenij Jewtuschenko nannte ihn in seiner Grabrede den »singenden Nerv der Epoche«. Unter dem Titel ›Wladimir Wissotzki‹ brachte das Taganka-Theater im Juli 1981 eine Hommage an den Künstler auf die Bühne (Wiederaufnahme 1990). Die Schauspielerin Alla Demidowa schrieb:»Ich bin überzeugt, im Schaffen von Wissotzki steckt ganz Rußland. Das ewig Russische an der Grenze des Hysterischen. (. . .) Er hatte ein absolutes Gehör für die Sprache der Straße. Das Wort kam zu Wissotzki von der Straße und ging, durch sein Talent gereinigt, auf die Straße zurück.«

Wisten, Fritz, geb. 25. 3. 1890 in Wien, gest. 1962 in Berlin. Schauspieler, Regisseur und Intendant. Ausbildung an der Akademie für Musik und darstellende Kunst in Wien. Debütierte 1912 am Märkischen Wandertheater Berlin; 1913–1915 verschiedene Engagements (häufig als Kleindarsteller). Nach einer kurzen Unterbrechung durch den Krieg war er von 1915 bis 1918 in Eisenach engagiert; 1919 am Residenztheater Berlin (bei Eugen Robert); 1920–1933 in Stuttgart (Deutsches Theater, dann Württembergisches Landestheater); 1933 aus politischen und rassistischen Gründen entlassen. 1933–1941 Engagement am Theater des Jüdischen Kulturbundes Berlin; dort auch Regisseur und von 1935 an Oberspielleiter. 1941–1945 Verfolgung und Haft (u. a. im KZ Sachsenhausen). 1945 inszenierte er am Deutschen Theater Berlin Lessings ›Nathan der Weise‹ (zur Eröffnung der ersten Nachkriegsspielzeit, mit Paul Wegener in der Titelrolle). Von 1946 bis 1954 war er Intendant des Theaters am Schiffbauerdamm in Ostberlin, danach übernahm er die Leitung der Ostberliner Volksbühne (1954–1962); 1956 Gründung des Theaters im 3. Stock. Wisten spielte vor 1920 die jugendlichen Helden des klassischen Repertoires. Rollen in Stuttgart u. a.: Franz Moor in Schillers ›Die Räuber‹ und Domingo in ›Don Carlos‹; Titelrollen in Strindbergs ›Gustav III.‹ und in Wedekinds ›Der Marquis von Keith‹; Dauphin in Shaws ›Die heilige Johanna‹; Vater in Pirandellos ›Sechs Personen suchen einen Autor‹; Mephisto in beiden Teilen von Goethes ›Faust‹ und Metzler in ›Götz von Berlichingen‹; in Stücken von Shakespeare: Jago in ›Othello‹ (später auch am Theater des Jüdischen Kulturbundes); Titelrolle in ›Richard III.‹ (1927); Caliban in ›Der Sturm‹; Puck im ›Sommernachtstraum‹; Lucio in ›Maß für Maß‹; Shylock in ›Der Kaufmann von Venedig‹ (1931); ferner u. a.: Titelrollen in Sophokles' ›Ödipus‹ (1928) und in Schillers ›Die Verschwörung des Fiesco zu Genua‹ (1929); Schuster Voigt in Zuckmayers ›Der Hauptmann von Köpenick‹ (1932). Am Theater des Jüdischen Kulturbundes u. a.: Derwisch in Lessings ›Nathan der Weise‹; Kreon in Sophokles' ›Antigone‹; Titelrolle in Zweigs ›Jeremias‹. Inszenierungen u. a.: Wolfs ›Professor Mamlock‹ (1946, Hebbeltheater Berlin); Sternheims ›Der Snob‹ (1946, Deutsches Theater Berlin, mit Gustaf Gründgens); am Theater am Schiffbauerdamm u. a.: Nestroys ›Der böse Geist Lumpazivagabundus‹ (1949); Moretos ›Donna Diana‹ (1949); Ibsens ›Stützen

der Gesellschaft‹ (1950); Schillers ›Die Verschwörung des Fiesco zu Genua‹ (1951; 1955 an der Volksbühne); Gorkis ›Die Feinde‹ (1952); Wolfs ›Der arme Konrad‹ (1952); Zinners ›Der Teufelskreis‹ (1953). Regiearbeiten an der Volksbühne u. a.: Schillers ›Wilhelm Tell‹ (1954); Goethes ›Götz von Berlichingen‹ (1955); U. Bechers ›Feuerwasser‹ (1955); Shakespeares ›Ein Sommernachtstraum‹ (1956); Tolstois ›Die Macht der Finsternis‹ (1957); Euripides/Brauns ›Die Troerinnen‹ (1960); Pogodins ›Mein Freund‹ (1962). Wisten war ein Schauspieler-Regisseur, der sich dem »komödiantischen Volkstheater« verschrieben hatte. Zu seinen wichtigsten Protagonisten zählte Franz Kutschera.
Literatur: H. Goertz/R. Weyl (Hrsg.): Komödiantisches Theater. Fritz Wisten und sein Ensemble. Berlin 1957; H. Freeden: Jüdisches Theater im Nazideutschland. Tübingen 1964 (Neuauflage: Frankfurt a. M. 1985); F. Wisten: 3 Leben für das Theater. Hrsg. v. der Akademie der Künste Berlin. Berlin 1990.

Witkiewicz, Stanislaw Ignacy (Pseud. Witkacy), geb. 24. 2. 1885 in Krakau, gest. 18. 9. 1939 in Jeziory (Freitod). Polnischer Maler und Autor. Sohn eines Kritikers und Malers. 1904/05 unternahm er mit dem Komponisten Karol Szymanowski eine Reise nach Italien. Danach studierte er an der Kunstakademie in Krakau. 1914 Teilnahme als Zeichner und Photograph an einer ethnologischen Expedition nach Neu-Guinea. Von 1914 bis 1918 war er russischer Soldat. Nach seiner Rückkehr nach Polen gründete er 1918 ein avantgardistisches Theater und verfaßte eigene Kunsttheorien. Nach dem Einmarsch der sowjetischen und deutschen Truppen in Polen nahm er sich 1939 das Leben. Sein Werk stand – geprägt von seinen Reisen nach Asien – westlicher Kultur, Zivilisation und Fortschrittsglauben skeptisch gegenüber. Seine experimentell-absurden Dramen wurden international erst nach 1945 bekannt. Sie wurden auf den westeuropäischen Bühnen aber nur selten gespielt. »Neben der Malerei und der Musik hielt Witkacy das Theater für den besten Ort,

um seine Ideen zu verwirklichen (...) Seine eigenen vierzig Dramen verdanken (...) der Theorie ihre entscheidenden Impulse. Um den Zuschauer in ›eine andere Dimension‹ zu versetzen, löste Witkacy die konventionellen Bühnenelemente in Anlehnung an die Sehweise der Kubisten auf. Selbst in den ›gemäßigten‹ Stücken gibt es kaum eine nacherzählbare Fabel. Statt dessen erfindet Witkacy die unglaublichsten Situationen.« (Lisaweta von Zitzewitz, ›Die Zeit‹, 10. 1. 1986)
Stücke: ›Tumor Gehirnsohn‹ (1921); ›Das Wasserhuhn‹ (1922); ›Narr und Nonne‹ (1924); ›Metaphysik des zweiköpfigen Kalbes‹ (1928); ›Der Tintenfisch‹ (1933).
Literatur: J. Harten u. a. (Hrsg.): Hommage à Stanislaw Ignacy Witkiewicz. Düsseldorf 1980; A. Wirth (Hrsg.): Stanislaw Ignacy Witkiewicz: Verrückte Lokomotive – Ein Lesebuch mit Bildern des Autors. Frankfurt a. M. 1985.

Witt, Eberhard, geb. 14. 3. 1945 in Stralsund. Intendant. Gymnasium in Baden-Baden und Hamburg, danach journalistische Ausbildung; Feuilleton-Redakteur bei den ›Harburger Anzeigen und Nachrichten‹. Boy Gobert holte ihn 1974 als künstlerischen Leiter an das kleine Haus am Hamburger Thalia Theater (Tik). 1980–1985 künstlerischer Direktor an den Staatlichen Schauspielbühnen Berlin (wieder bei Gobert). 1986 wechselte er mit Gobert und Ernst Wendt nach Wien, wo er leitender Dramaturg und stellvertretender Intendant am Theater in der Josefstadt wurde. Nach dem plötzlichen Tod von Gobert und Wendt wechselte er als künstlerischer Direktor an die Vereinigten Bühnen Wien (Theater an der Wien, Raimund-Theater, Etablissement Ronacher). 1989–1993 Intendant des Niedersächsischen Staatsschauspiels Hannover; er verhalf dem Haus zu überregionaler Anerkennung; vorwiegend Klassiker-Inszenierungen; Zusammenarbeit mit den Regisseuren Thomas Reichert, Matthias Fontheim und Matthias Hartmann. »Mit diesen Hausregisseuren (...), mit einem von Anfang an erstaunlich homogenen Ensemble aus altgedienten Hannoveranern und neuen, jungen Akteuren und mit dem dadurch ent-

wickelten Repertoiretheater hatte Eberhard Witt bewirkt, was die zuvor ferngebliebenen Theatergänger wieder lockte und die auswärtige Presse gar von einem niedersächsischen ›Theaterwunder‹ sprechen ließ. (...) Eberhard Witt war zwischen allen immer die Integrationsfigur, konnte das auch sein, weil er offenbar eine kühle, knallharte Hauspolitik mit sensibler Reaktion aufs Künstlerische zu verbinden weiß, ohne sich selbst als Regisseur oder Person angreifbar zu machen.« (Ludwig Zerull, ›Theater heute‹, Heft 7, 1993) Seit der Spielzeit 1993/94 ist er Intendant des Bayerischen Staatsschauspiels München (als Nachfolger von Günther Beelitz).
Literatur: G. Blasche/E. Witt: Boy Gobert. Hamburger Thalia Theater. Hamburg 1980.

Wittlinger, Karl, geb. 17. 5. 1922 in Karlsruhe. Sohn eines Tischlers. Schauspieler und Autor. Wittlinger studierte Anglistik in Freiburg, Promotion 1950. Danach arbeitete er als Schauspieler und Bühnenautor, leitete eine Studentenbühne und verfaßte erfolgreiche Lustspiele, in denen über soziale Probleme philosophiert wird. Erfolgreichstes Stück war ›Kennen Sie die Milchstraße?‹ (1956). Seit 1971 schrieb er fast nur noch Fernsehspiele.
Weitere Stücke: ›Der Himmel der Besiegten‹ (1956); ›Junge Liebe auf Besuch‹ (1956); ›Seelenwanderung‹ (1963); ›Zum Frühstück zwei Männer‹ (1963); ›Warum ist es am Rhein so schön‹ (1970).

Wohlbrück, Adolf (in England: Anton Walbrook), geb. 19. 11. 1900 in Wien, gest. 9. 8. 1967 bei München. Schauspieler (seit 1947 englische Staatsangehörigkeit). Ausbildung am Max-Reinhardt-Seminar in Wien. Spielte nach dem Ersten Weltkrieg zuerst in Wien, dann in Berlin. Von 1920 bis 1926 arbeitete er in München (bei Hermine Körner am Schauspielhaus und bei Otto Falckenberg an den Kammerspielen). Rollen in Falckenberg-Inszenierungen u. a.: Paris in Shakespeares ›Troilus und Cressida‹ und Demetrius in ›Ein Sommernachtstraum‹ (beide 1925); in Verneuils ›Kopf oder Schrift‹ (1926, mit Heinz Rühmann und Maria Bard). 1927–1930 in

Dresden u. a.: Leguerche in Kaisers ›Oktobertag‹ (1928). Von 1930 bis 1935 arbeitete er in Berlin an den Barnowsky-Bühnen. Emigrierte 1936 nach London, wo er 1937 am Haymarket Theatre als Otto in Cowards ›Design for Living‹ debütierte. Ferner u. a.: Kurt Müller in Hellmans ›Watch on the Rhine‹ (1942); großer Erfolg als Hjalmar Ekdal in Ibsens ›Die Wildente‹ (1948). Spielte nach dem Zweiten Weltkrieg abwechselnd in London, Düsseldorf, München und Westberlin. Wichtigste Rollen am Düsseldorfer Schauspielhaus: Titelrolle in Curt Goetz' ›Dr. med. Hiob Prätorius‹ und Hektor in Frys ›Venus im Licht‹ (beide 1951); in London u. a.: Han van Maasdijk in Ward/Russells ›Masterpiece‹ (1961); in Berlin und München 1967: Sir Hugo Latymer in Cowards ›Duett im Zwielicht‹; häufig in Musicals. Wohlbrück, elegant und kultiviert wirkend, war ein exzellenter Boulevard-Schauspieler. International bekannt wurde er durch die Filme ›Der Reigen‹ (1950) und ›Lola Montez‹ (1955) von Max Ophüls. Weitere Filmrollen u. a. in: ›Viktor und Viktoria‹ (1933, mit Renate Müller und Hermann Thimig, R. Reinhold Schünzel); ›Maskerade‹ (1934, mit Paula Wessely, R. Willi Forst); ›Port Arthur‹ (1936, R. Nikolas Farkas/Josef Gielen); ›Pique Dame‹ (1949, R. Thorold Dickinson); ›König für eine Nacht‹ (1950, R. Paul May); ›Die heilige Johanna‹ (1957, nach Shaw, mit Jean Seberg und John Gielgud, R. Otto Preminger).
Literatur: W. Holl: Das Buch von Anton Wohlbrück. Berlin 1935; K. Loup: Die Wohlbrücks. Eine deutsche Theaterfamilie. Düsseldorf 1975.

Wolf, Friedrich, geb. 23. 12. 1888 in Neuwied, gest. 5. 10. 1953 in Lehnitz bei Berlin. Dramatiker. Wolf studierte Malerei in München, später Medizin und Philosophie in Berlin und Bonn. 1913/14 war er Schiffsarzt, danach Militärarzt. 1928 trat er in die KPD ein. 1933 Emigration in die Schweiz, nach Skandinavien und Frankreich. Danach kämpfte er auf der kommunistischen Seite im Spanischen Bürgerkrieg. 1941 ging er in die UdSSR und arbeitete für die Propaganda im Rundfunk. 1945 Rückkehr nach Deutschland und von

801

1949 bis 1951 Botschafter der DDR in Warschau. Wolf schrieb sozialistische Dramen nach dem Muster bürgerlicher Familiendramen, mit dem Ziel, durch die kathartische Wirkung der dargestellten Leidenschaften die Zuschauer zum Handeln aufzufordern. Seine bekanntesten Theaterwerke sind ›Cyankali. § 218‹ (1929) und ›Professor Mamlock‹ (1934, ein Stück über die Judenverfolgung der Nationalsozialisten).»Friedrich Wolf ist Arzt, war Kassenarzt im Ruhrgebiet, lebt jetzt in Stuttgart. Aus seiner Berufserfahrung schrieb er dies Stück gegen den Abtreibungsparagraphen. Aus dieser Kenntnis heraus klagte er an. Aus dieser Kenntnis heraus stellte er die Not der Frauen in einem Proletarierhaus dar. Aus dieser Kenntnis heraus rüttelte er auf. ›Cyankali‹, nur als graues Milieustück, als naturalistische Elendsschilderung würde niemanden interessieren. ›Cyankali‹ als Stück mit einem Ziel, mit einem Änderungswillen, der alle Szenen spannt und richtet, packt jeden, welchem Beruf, welcher Schicht er angehören mag.« (Herbert Ihering 1929, in: Theater in Aktion. Berlin 1987)

Weitere Stücke: ›Der arme Konrad‹ (1924); ›Kolonne Hund‹ (1927); ›Die Matrosen von Cattaro‹ (1930); ›Thomas Münzer‹ (1953).

Literatur: W. Polatschek: Das Bühnenwerk Friedrich Wolfs. o. O. 1958; W. Jehser: Friedrich Wolf. Leben und Werk. o. O. 1968; U. R. Sacksofsky: Friedrich Wolfs Dramatik 1924–1931. Diss. Köln 1972.

Wonder, Erich, geb. 30. 3. 1944 in Jennersdorf, Burgenland. Bühnenbildner und Regisseur. Begann seine Ausbildung 1960 an der Kunstgewerbeschule Graz; 1964–1968 Studium an der Akademie der bildenden Künste Wien. Seine Lehrer waren u. a. Fritz Wotruba und Caspar Neher. 1968–1971 Bühnenbild-Assistent bei Wilfried Minks in Bremen; erste eigene Bühnenbilder u. a.: Verdis ›Othello‹ (1970); Hill/ Hawkins' ›Canterbury Tales‹ (1970, Musical, R. Alfred Kirchner). 1972 baute er die Bühne für die Uraufführung des Stücks ›Die Hypochonder‹ von Botho Strauß (Deutsches Schauspielhaus Hamburg, R. Claus Peymann):»eine düstere

Wonder

Bühne wie eine gefütterte Schatulle mit einem großen Fenster, hinter dessen Gardinen mörderische Silhouetten erscheinen; mit einem Zugang durch einen tiefen, hallenden Flur mit langen Schatten und knatterndem Absatzstakkato der auftretenden Personen. Die Bühne hatte etwas von der Traulichkeit eines Detektivs im Havelock und etwas von der Unheimlichkeit des alptraumatischen Holzstich-Collagen Max Ernsts. Zum erstenmal gab es zwei von Wonders Spezialitäten: Zwielicht und phantomistische Geräusche.« (Georg Hensel, ›FAZ‹, 5. 11. 1977) Weitere Arbeiten u. a.: Gorkis ›Die falsche Münze‹ (1972, Bochum, R. Kirchner); Shakespeares ›Was ihr wollt‹ (1973, Köln) und Goethes ›Stella‹ (1973, Darmstadt, R. jeweils Luc Bondy); am Thalia Theater Hamburg: Horváths ›Geschichten aus dem Wiener Wald‹ (1973) und Lenz/Kipphardts ›Die Soldaten‹ (1974, R. jeweils Jürgen Flimm). 1974 wurde er an das Frankfurter Schauspiel engagiert, wo er die Ausstattungsabteilung leitete. Bühnenbilder entwarf er dort u. a. für Brechts ›Baal‹ (1974) und Gorkis ›Nachtasyl‹ (1975, R. jeweils Hans Neuenfels); Laubes ›Der Dauerklavierspieler‹ (1974) und Bonds ›Die Hochzeit des Papstes‹ (1975, R. jeweils Bondy); Shakespeares ›Was ihr wollt‹ (1977, R. Peter Löscher); Dorst/Laubes ›Goncourt oder Die Abschaffung des Todes‹ (UA 1977, R. Peter Palitzsch); Pirandellos ›Heinrich IV.‹ (1978, R. Augusto Fernandes); Sophokles' ›Antigone‹ (1979, R. Christof Nel). Weitere Ausstattungsarbeiten u. a.: Kleists ›Das Käthchen von Heilbronn‹ (1979, Düsseldorf, R. Johannes Schaaf); Heiner Müllers ›Der Auftrag‹ (1982, Bochum, R. Heiner Müller); Strauß' ›Kalldewey, Farce‹ (UA 1982, Schauspielhaus Hamburg, R. Niels-Peter Rudolph); in Inszenierungen von Löscher u. a.: Becketts ›Damals‹ (1976, Düsseldorf) und ›Endspiel‹ (1981, Schauspielhaus Hamburg); in Inszenierungen von Dieter Giesing u. a.: Horváths ›Geschichten aus dem Wiener Wald‹ (1978, Residenztheater München); Bruckners ›Krankheit der Jugend‹ (1981, Burgtheater Wien); in Inszenierungen von Nel u. a.: Heiner Müllers ›Mauser‹ (1980, Köln); Shakespeares ›Titus Andronicus‹ (1982, Schau-

Wood

spielhaus Hamburg, Spielort: Fabrikhalle); in Inszenierungen von Neuenfels an der Freien Volksbühne Berlin: Joyces ›Verbannte‹ (1985); Dorsts ›Der verbotene Garten‹ (1988). Zusammenarbeit mit Flimm u. a. in: Babels ›Marija‹ (1976, Bayerisches Staatsschauspiel München); Büchners ›Dantons Tod‹ (1976, Schauspielhaus Hamburg); Tschechows ›Onkel Wanja‹ (1980, Köln); Shakespeares ›Macbeth‹ (1981, Köln) und ›König Lear‹ (1982, Köln; 1992 auch Hamburg); Goethes ›Faust I‹ (1983, Köln); Kleists ›Familie Schroffenstein‹ (1989, Thalia Theater Hamburg); Hofmannsthals ›Der Schwierige‹ (1991, Salzburger Festspiele). Außerdem regelmäßige Zusammenarbeit mit Bondy: Bonds ›Sommer‹ (DE 1983, Münchner Kammerspiele); Schnitzlers ›Das weite Land‹ (1984, Théâtre des Amandiers Nanterre); Shakespeares ›Wintermärchen‹ (1990, Schaubühne Berlin); Ibsens ›John Gabriel Borkman‹ (1993, Lausanne, mit Michel Piccoli); zusammen mit Ruth Berghaus u. a.: Büchners ›Dantons Tod‹ (1989, Thalia Theater Hamburg); Kleists ›Penthesilea‹ (1991) und Brechts ›Der kaukasische Kreidekreis‹ (1993/94, jeweils Burgtheater Wien). Bühnenbilder für Opern u. a.: Beethovens ›Fidelio‹ (1978, Staatsoper München, R. Götz Friedrich; 1983 auch in Bonn, R. Nikolaus Lehnhoff); Händels ›Julius Caesar‹ (1978, Frankfurt, R. Horst Zankl); Janáčeks ›Die Sache Makropulos‹ (1982, Frankfurt, R. Berghaus); Wagners ›Der Ring des Nibelungen‹ (1987, Staatsoper München, R. Lehnhoff; Wonder baute eine Art Science-fiction-Weltraumlandschaft in immer neuen Bildern); Verdis ›La Traviata‹ (1993, Stuttgart, R. Berghaus); Wagners ›Tristan und Isolde‹ (1993, Bayreuther Festspiele, R. Heiner Müller). Sein Regiedebüt gab er 1984 in Hamburg mit Francesco Canallis Barock-Oper ›Ormindo‹. Ferner inszenierte er die musiktheatralischen Aktionen ›Maelstromsüdpol‹ (1987/88, Kassel, Berlin, Linz) und ›Das Auge des Taifun‹ (1992 auf der Wiener Ringstraße, mit der Band »Einstürzende Neubauten«). Wonder zählt zu den wichtigsten Bühnenbildnern des deutschen Theaters. Er versteht sich als »Kameramann, der

Räume baut«. Er baut magische Räume, Räume aus Licht, die Geheimnisse wahren und dramaturgisch sinnfällige Assoziationen wecken. Seit 1978 ist er Professor für Bühnenbild an der Wiener Akademie der bildenden Künste. Gerhard R. Koch: »(. . .) zwei naheliegenden Versuchungen hat er widerstanden: Weder hat er sich als Maler verstanden (wie Achim Freyer oder Eduardo Arroyo), noch hat es ihn je ernsthaft gereizt, sich im Film zu versuchen. Dies freilich verwundert: Denn kaum ein zweiter Bühnenbildner ist so filmversessen wie Wonder (. . .), dem man aber auch anmerken kann, daß er die Perspektive der Kamera förmlich internationalisiert hat: die Welt ein einziger, riesiger ›Zoom‹. Die Kälte der Moderne durchzieht seinen bühnenbildnerischen Kosmos, am postmodernen Zierat, an wohligem Atmosphärismus liegt ihm wenig. Doch die barocke Tradition hat ihn womöglich stärker geprägt, als er selber ahnt. Manche seiner inszenierten Lichträume kann man in den Altarräumen einiger Wallfahrtskirchen (Weltenburg) förmlich vorgebildet finden. Andererseits gibt es bei ihm Bilderfindungen, die Filmeinstellungen assoziieren lassen. Streng und ungemütlich wirken seine Intérieurs. (. . .) So unterschiedlich die Regisseure sind, für deren Regie er die Bildräume schafft, so eigensinnig, keineswegs demütig, beharrt er auf seiner eigenen Optik, die keineswegs markenzeichenhaft einheitlich ist.« (›FAZ‹, 24. 7. 1993)

Literatur: Inszenierte Räume. Kunstverein Hamburg. Hamburg 1979 (Katalog); E. Schweeger (Hrsg.): Erich Wonder. Raum-Szenen / Szenen-Raum. Stuttgart 1986; H. Klotz (Hrsg.): Bühnenbild heute Bühnenbild der Zukunft. Eine Ausstellung des Zentrums für Kunst und Medientechnologie Karlsruhe. Karlsruhe 1993 (Katalog).

Wood, Peter, geb. 1927. Englischer Regisseur. Studierte in Cambridge und arbeitete dort bei einer Amateurtheatergruppe mit. 1955 Regisseur am Oxford Playhouse, 1956 am Arts Theatre in London; später Regiearbeiten am Old Vic, am Royal Court Theatre und bei der Royal Shakespeare

Company. Gast-Inszenierungen bei den Festspielen in Stratford-upon-Avon und in Edinburgh; außerdem zahlreiche Theater- und Operninszenierungen in Wien, New York, Santa Fe, Glyndebourne, Los Angeles, Köln, Zürich und Chichester. Von 1978 bis 1989 war er Associate Director am National Theatre London. Wichtige Regiearbeiten u. a.: Ionescos ›Der neue Mieter‹ und ›Die kahle Sängerin‹ (1955/56); Schillers ›Maria Stuart‹ (1958); O'Neills ›Der Eismann kommt‹ (1958); Shakespeares ›Das Wintermärchen‹ und ›Hamlet‹ (1960/61); Shaffers ›Hören Sie zu, geben Sie acht‹ (UA 1962); Gays ›Die Bettleroper‹ (1963). Häufig inszenierte er Stücke von Tom Stoppard, darunter: ›Akrobaten‹ (UA 1972, National Theatre London, mit Diana Rigg als Dottie; 1973 am Wiener Burgtheater, mit Erika Pluhar); ›Die Springer‹ (1973/74); ›Travesties‹ (UA 1974, Royal Shakespeare Company London; auch in New York und 1976 am Wiener Burgtheater); ›Night and Day‹ (1979, Phoenix Theatre London; 1980 am Wiener Burgtheater); ›On the Razzle‹ (nach Nestroys ›Einen Jux will er sich machen‹, 1982, London); ›Das einzig Wahre‹ (UA 1982, Strand Theatre London; DE 1984, Burgtheater Wien); ›Rough Crossing‹ (nach Molnárs ›Spiel im Schloß‹, UA 1984, London); ›Arkadien‹ (DE 1993, Schauspielhaus Zürich). Ferner am Wiener Burgtheater u. a.: Pinters ›Betrogen‹ (DE 1978); Shaffers ›Amadeus‹ (DE 1981); Pinters ›Das Treibhaus‹ (1983): »Am Wiener Akademietheater war nun Peter Wood der Regisseur, (...) ein sehr kompetenter Sachwalter schwarzen Humors in der britischen Dramatik, als Stoppard-Interpret fast ein Offiziosus und bei diesem spätgeborenen Pinter beinahe ein Lebensretter. Dem zähen Text, seinen skelettierten Dialogen, den zu Schemen reduzierten Figuren haucht Wood komödiantisches Leben ein, zuweilen Slapstick-Komik. Das erwünschte ›Lachen, das einem im Halse steckenbleibt‹, stellt sich ein, zumal Wood im Burgtheater schon so etwas wie eine Stamm-Mannschaft hat, die er auch diesmal sicher einsetzt: Kurt Sowinetz, Gertraud Jesserer, Hannes Siegl und Wolfgang Hübsch.« (Otto F. Beer, ›SZ‹, 7. 2. 1983) Am Schauspielhaus Zürich inszenierte er in der Spielzeit 1992/93 Shakespeares ›Ein Sommernachtstraum‹. Wood arbeitet regelmäßig mit dem Bühnenbildner Carl Toms zusammen.

Wotruba, Fritz, geb. 23. 4. 1907 in Wien, gest. 28. 8. 1975 ebenda. Bildhauer und Bühnenbildner. War nach Abschluß der Handelsschule als Metallarbeiter und Graveur tätig. 1925/26 begann er als Bildhauer zu arbeiten (bei Anton Hanak); wurde Mitglied der Kunstschau der Wiener Secession und des österreichischen Werkbundes (1930–1936). Die erste Kollektivausstellung seiner Skulpturen gab es 1931 im Folkwang-Museum Essen; 1932 erste internationale Anerkennung auf der Biennale Venedig. Nach Hitlers Machtübernahme galten seine Arbeiten als »entartete Kunst«. 1938 Emigration in die Schweiz; dort Freundschaft mit Marino Marini und Robert Musil; seit 1945 wieder in Österreich; lehrte als Professor an der Kunstakademie Wien. Wotruba, bekannt für seine Steinskulpturen, sah den Menschen als visionären Baumeister, die Architektur als Mittler zwischen Mensch und Natur. In seinen steinernen »Figuren« (Sitzende, Liegende, Hockende, Stehende) reduzierte er den Menschen immer mehr auf geometrisch-architektonische Grundformen. In den sechziger Jahren entwarf er Bühnenbauten und Kostüme für Inszenierungen von Gustav Rudolf Sellner: Sophokles-Zyklus am Wiener Burgtheater: ›König Ödipus‹ (1960, Kostüme und Vorhang), ›Antigone‹ (1961) und ›Elektra‹ (1963); ferner: Sophokles' ›König Ödipus‹ und ›Ödipus auf Kolonos‹ (1965, an einem Abend, Salzburger Festspiele); Wagners ›Ring des Nibelungen‹ (1967, Berliner Festwochen, Dirigent: Lorin Maazel); Wolfgang Schimming schrieb über das Bühnenbild zur ›Rheingold‹-Aufführung: »Die mythische Urwelt, in der Wotan das große Wort führt, besteht bei Wotruba aus eckigen Felsblöcken, Quadern und Würfeln vor einem Horizont, der jedes Gewölk und Licht reflektiert. Dieser Aspekt hat Weite und oft auch Größe. Walhall löst sich, rechts von einem halben Regenbogen flankiert, zuletzt hell aus den Nebelwol-

Wüstenhöfer 804

ken; ist es Absicht, daß es hoch aufragend, doch ohne sichtbares Fundament, wie eine Fata morgana in die Luft gezaubert wirkt?« (›SZ‹, 28. 1. 1967)
Literatur: O. Breicha (Hrsg.): Um Wotruba. Aufsätze. Wien, Frankfurt a. M., Zürich 1967; H. Rischbieter (Hrsg.): Bühne und bildende Kunst im XX. Jahrhundert. Velber 1968.

Wüstenhöfer, Arno, geb. 9. 10. 1920 in Karlsruhe. Schauspieler, Regisseur und Intendant. Nahm bereits als Gymnasiast Schauspielunterricht bei Hans Joachim Recknitz in Essen; nach dem Abitur (1938) Arbeitsdienst; 1939–1941 Jurastudium in Bonn und Köln; 1941–1945 Soldat bei der Kriegsmarine (Marine-Flak) in Holland und Saint-Nazaire; gründete eine Soldatenbühne; 1945/46 in französischer Kriegsgefangenschaft. In der Spielzeit 1946/47 wurde er Schauspieler an den Wuppertaler Bühnen, war dort auch dramaturgischer Lektor (ab 1947), Regieassistent (ab 1948) und Regisseur (ab 1952). Erste Inszenierungen: Hauptmanns ›Der Biberpelz‹; Schillers ›Kabale und Liebe‹; verschiedene Märchen. Wichtigste Rollen: Tellheim in Lessings ›Minna von Barnhelm‹; Ruprecht in Kleists ›Der zerbrochne Krug‹; Spitta in Hauptmanns ›Die Ratten‹; Horatio in Shakespeares ›Hamlet‹. 1955 wurde er erster Spielleiter des Wuppertaler Schauspiels und persönlicher Referent des neuen Intendanten Helmut Henrichs. Wichtigste Inszenierungen in dieser Zeit: Ibsens ›Stützen der Gesellschaft‹; O'Neills ›Jenseits vom Horizont‹ (DE) und ›O Wildnis‹; Bohlands ›Das Verhör‹ (DE, mit Horst Tappert). 1959–1964 Intendant in Lübeck: Zusammenarbeit mit den Regisseuren Carl Maria Weber, Hansjörg Utzerath, Hansgünther Heyme, Ulrich Brecht und Günter Ballhausen; Oberspielleiter der Oper war Kurt Horres. 1964–1975 Generalintendant der Wuppertaler Bühnen; holte 1973 Pina Bausch an das Ballett. Inszenierungen u. a.: Hacks' ›Moritz Tassow‹ (1967) und Gattis ›V wie Vietnam‹ (DE 1968, Co-Regie jeweils G. Ballhausen); Wedekinds ›Lulu‹ und ›Schloß Wetterstein‹; Karl Otto Mühls ›Rheinpromenade‹ (UA 1973). Bernd Wilms, damals Regieassistent und Dramaturg in Wuppertal, schrieb:»Ich habe das Wuppertaler Schauspiel sehr stark als ein Theater der Schauspieler empfunden. Daß ebenso häufig von einer Wuppertaler Dramaturgie die Rede war, hat seinen Grund darin, daß auch hier [ebenso wie im Musiktheater] die Stücke wichtiger waren als der szenische Einfall. Es war ein ›literarischer‹ Spielplan, nicht einer der Regisseure. Autoren wurden (wieder) vorgestellt, die anderswo keinen Kurs hatten, Lenz und Babel, Barlach, Bronnen, dann Dramatiker aus der DDR, die angeblich Probleme abhandeln, die uns nicht betreffen. (. . .) Er holte nicht berühmte Regisseure, sondern solche, von denen er sich Ungewöhnliches versprach. Die kühnen Unternehmen sollten nicht verlieren durch eine flaue, unentschiedene Verwirklichung. (. . .) Günter Ballhausen, der Oberspielleiter, inszenierte das ›Fegefeuer‹ der Marieluise Fleißer, und das war, Anfang der 70er Jahre, eine Entdeckung. Peter Zadek inszenierte O'Casey, ebenso Hans Neuenfels. Peymann inszenierte (mit Minetti) ›König Lear‹, Luc Bondy ›Was ihr wollt‹. Und Hans Bauer die Stücke der wundersamen Else Lasker-Schüler, auch ›Arthur Aronymus und seine Väter‹, jene Chronik einer jüdischen Familie, die danach nie wieder aufs Theater kam.« (›Die Zeit‹, 12. 7. 1985) Seine Berufung an das Basler Theater (als Nachfolger von Werner Düggelin) lehnte Wüstenhöfer 1974 wegen einschneidender Etatkürzungen ab. 1975–1978 freier Regisseur; 1978–1985 Generalintendant des Bremer Theaters (als Nachfolger von Peter Stoltzenberg): 1981 Schauspielkrise wegen existenzbedrohender Kürzungen (Theaterleute aus der ganzen Bundesrepublik protestierten erfolgreich gegen den »Bremer Theatertod«); danach Neuaufbau des Schauspiels mit Frank-Patrick Steckel und Nicolas Brieger. An das Tanztheater engagierte er Gerhard Bohner und Reinhild Hoffmann. Seit 1985 freischaffend (auch wieder als Schauspieler); Opern-Inszenierungen u. a. in Bremen und Wuppertal. Seine Inszenierung von Peter Hacks' ›Moritz Tassow‹ (Co-Regie: Günther Ballhausen, Wuppertaler Bühnen) wurde 1968 zum Berliner Theatertreffen eingeladen.

Wuttke, Martin, geb. in Gelsenkirchen. Schauspieler. 1981–1984 Ausbildung an der Schauspielschule Bochum. Erstes Engagement am Schauspiel Frankfurt a. M., wo er mit Unterbrechungen bis 1990 arbeitete. Wichtigste Rollen dort: Shakespeares ›Hamlet‹ (1985, R. Holger Berg); Leonce in Büchners ›Leonce und Lena‹ (1986); Mitwirkung in Einar Schleefs Projekten ›Mütter‹ und ›Die Schauspieler‹; außerdem in Schleef-Inszenierungen: Götz in Goethes ›Götz von Berlichingen‹ (1989): »Martin Wuttke, ein wildes, zu Manierismen neigendes Talent, ist das Gegenbild zum wuchtigen Raubritter. Er ist ein Hilfesuchender, klein, schmächtig, mit feurigen Augen (. . .).« (Verena Auffermann, ›SZ‹, 21. 4. 1989); Thomas Wendt in Feuchtwangers ›Neunzehnhundertachtzehn‹ (1990); Mephisto/Faust/Gretchen in Goethes ›Faust‹ (1990). Gastspiele u. a. an der Freien Volksbühne Berlin: Prinz Sigismund in Calderóns ›Das Leben ein Traum‹ (1986, R. Kurt Hübner); König Gilgamesch in Wilson/Byrnes ›The Forest‹ (UA 1988): »Martin Wuttke, in einen blutroten Bratenrock gezwängt, spielt ihn als grandiosen Unglückswurm: ein gekrümmtes Männlein, von einem unaufhörlichen Kopfzucken und Gliederreißen gequält. Eine Spukgeburt, wie von E. T. A. Hoffmann erfunden – plötzlich springt das Kerlchen auf die Orgel, macht auf den Tasten den Veitstanz.« (Benjamin Henrichs, ›Die Zeit‹, 28. 10. 1988); am Staatstheater Stuttgart: Titelrolle in Schillers ›Don Carlos‹ (1988, R. Niels-Peter Rudolph). Seit 1991 arbeitet er am Hamburger Thalia Theater; Rollen u. a.: Valerio in Büchners ›Leonce und Lena‹ (1991); George Garga in Brechts ›Im Dickicht der Städte‹ (1991, R. Ruth Berghaus); Kostja in Tschechows ›Die Möwe‹ (1992, R. Guy Joosten). Er spielte in Rebecca Horns Film ›Buster's Bedroom‹ (1991).

Y

Yeats, William Butler, geb. 13. 6. 1865 in Sandymount bei Dublin, gest. 28. 1. 1939 in Roquebrune Cap Martin (Frankreich). Irischer Schriftsteller. Sohn eines Rechtsanwaltes und Malers. Yeats studierte von 1883 bis 1886 Kunst in Dublin. 1899 begründete er mit Lady Gregory das Abbey Theatre, das er bis zu seinem Tod leitete. 1923 erhielt er den Nobelpreis für Literatur. 1922–1928 war er Senator des Irischen Freistaates. 1917 heiratete er ein spiritistisches Medium und lebte zurückgezogen in einem Turm. Yeats neigte zum französischen Symbolismus; um die Jahrhundertwende nahm diese l'art pour l'art-Haltung ab. Unter dem Einfluß japanischer Nô-Spiele und irisch-keltischer Mythen und Märchen entstanden lyrische, mythische und national-irische Stücke. Großen Einfluß hatte Yeats auf das Werk und die Förderung von O'Casey und Synge. Yeats schrieb an die dreißig Stücke, fast alle für das Abbey Theatre; sie werden auf deutschsprachigen Bühnen nicht gespielt.

Stücke: ›Die Gräfin Katlin‹ (1892); ›Das Land der Seele‹ (1899); ›Das Einhorn von den Sternen‹ (1907); ›Der Kater und der Mond‹ (1924); ›Die Worte auf der Fensterscheibe‹ (1934).

Literatur: M. Haerdter: Das dramatische Werk William Butler Yeats'. Diss. Wien 1965; K. Völker: William Butler Yeats, J. M. Synge. München 1972; I. Fletcher: William Butler Yeats and his Contemporaries. Brighton 1987.

Z

Zadek, Peter, geb. 19. 5. 1926 in Berlin. Regisseur und Theaterleiter. 1933 Emigration mit den Eltern nach London; Deutsch- und Französisch-Studium in Oxford; 1946 Ausbildung an der Old-Vic-School für Regie in London (bei Tyrone Guthrie); dort auch erste Inszenierungen: Wildes ›Salome‹ und Eliots ›Sweeney Agonistes‹ (an einem Abend). 1952/53 inszenierte er ›Die Zofen‹ von Genet. In den fünfziger Jahren arbeitete er beim BBC-Fernsehen und in der englischen Provinz, u. a. 1954/55 in Swansea (Wales), wo er pro Woche ein Stück inszenierte. Erster Sensationserfolg mit Genets ›Der Balkon‹ (UA 1957, Arts Theatre Club London, gegen den Protest Genets). 1958 Rückkehr nach Deutschland, wo er in den folgenden Jahrzehnten Theatergeschichte machte. »Drei frühe Prägungen brachte er aus England mit: seine Liebe zu Shakespeare, seine Sehnsucht nach dem Boulevard; seine Lust an der aktuellen Provokation. Diese drei Eigenarten lebte er in der Bundesrepublik lustvoll aus, manchmal alle gleichzeitig . . .« (Georg Hensel, ›FAZ‹, 21. 3. 1991) Erste Inszenierungen in Deutschland: Vauthiers ›Kapitän Bada‹; Ionescos ›Die kahle Sängerin‹ und ›Die Unterrichtsstunde‹ (1958, alle am Kölner Theater am Dom). 1960 engagierte ihn Kurt Hübner an das Ulmer Theater, wo auch Peter Palitzsch arbeitete. Mit ›Maß für Maß‹ (1960) begann Zadeks langjährige Auseinandersetzung mit dem Werk Shakespeares; auch Beginn der Zusammenarbeit mit dem Bühnenbildner Wilfried Minks und der Schauspielerin Hannelore Hoger. Weitere Arbeiten in Ulm u. a.: Leo Lehmans ›Der Spielverderber‹ (UA 1960, Fassung: Zadek/Jörg Wehmeier); O'Caseys ›Der Rebell, der keiner war‹ (1960; 1961 am Thalia Theater Hamburg); Shakespeares ›Der Kaufmann von Venedig‹ und ›Was ihr wollt‹ (1961); Behans ›Die Geisel‹ (DE 1961; 1962 Wiederaufnahme in Bremen). 1962 wechselte Zadek mit Hübner nach Bremen, wo er bis 1967 Schauspieldirektor war; viele provokative, dem bürgerlichen Bildungstheater entgegengesetzte Inszenierungen. Stücke von zeitgenössischen englischen Autoren: Osbornes ›Luther‹ (DE 1962; 1963 auch an der Freien Volksbühne Berlin) und ›Ein Patriot für mich‹ (DE 1966); Jellicoes ›Was ist an Tolen so sexy?‹ (DE 1963); Behans ›Der Spaßvogel‹ (1964); Donleavys ›Ein sonderbarer Mann‹ (DE 1967); Stücke von bzw. nach Shakespeare: ›Ein Sommernachtstraum‹ (1963); ›Held Henry‹ (1964, nach ›Heinrich V.‹); ›Maß für Maß‹ (1967); erstmals auch Musicals: Meredith Willsons ›Music Man‹ (DE 1963) und Norman/Barts ›Die alten Zeiten sind vorbei‹ (DE 1965); deutsche Stücke: Wedekinds ›Frühlings Erwachen‹ (1965); Schillers ›Die Räuber‹ (1966). Außerdem u. a.: Wildes ›Bunbury‹ (1964); Molières ›Der Geizige‹ (1964); Ibsens ›Nora‹ (1967); Regiearbeiten auch in Hannover und Ulm. 1967–1970 Gastinszenierungen: ›Der Pott‹ nach O'Caseys ›Preispokal‹ (1967 in Wuppertal; 1970 in Stuttgart; auch verfilmt); Tschechows ›Der Kirschgarten‹ (1968, Stuttgart); Bonds ›Gerettet‹ (1968, Freie Volksbühne Berlin) und ›Schmaler Weg in den tiefen Norden‹ (DE 1969, Münchner Kammerspiele). 1972–1977 Intendant in Bochum; Zusammenarbeit mit dem Produktionsdramaturgen Gottfried Greiffenhagen und mit Schauspielern wie Ulrich Wildgruber und Rosel Zech. Eröffnung 1972 mit der von Zadek und Tankred Dorst geschriebenen Revue ›Kleiner Mann, was nun?‹ (nach dem Roman von Hans Fallada). Vier bedeutende Shakespeare-Inszenierungen: ›Der Kaufmann von Venedig‹ (1972, Hans Mahnke als Shylock, Günther Lüders als Antonio); ›König Lear‹ (1974, Wildgruber als Lear, Zech als Cordelia); ›Othello‹ (1976, Schauspielhaus Hamburg, Wildgruber als Othello, Eva Mattes als Desdemona, Heinrich Giskes als Jago); ›Hamlet‹ (1977, Wildgruber als Hamlet, Ilse Ritter als Ophelia, Eva Mattes als Gertrud, Rosel Zech als Polonius/Osrick). Weitere Inszenierungen in Bochum (zeitgenössischer

Zadek

Realismus): Dorsts ›Eiszeit‹ (UA 1973, mit O. E. Hasse; 1974 auch an der Freien Volksbühne Berlin); Tschechows ›Die Möwe‹ (1973); ›Professor Unrat‹ (1974, nach Heinrich Mann, Bühnenfassung: Zadek/ Greiffenhagen); Ibsens ›Die Wildente‹ (1975) und ›Hedda Gabler‹ (1977; 1979 auch in Hamburg). 1975 gab er die Bochumer Intendanz auf, blieb aber bis 1977 Mitglied des neugeschaffenen Direktoriums. Mechthild Lange schrieb rückblickend: »Zadek-Inszenierungen waren in den sechziger und den siebziger Jahren fast immer Skandale, nicht nur, weil sie obszön und vulgär gegen sittliche und moralische Prinzipien und Gewohnheiten verstießen, sondern weil sie dem Zuschauer den sicheren Boden für Orientierung und Wertung entzogen. Zadek scheute nie drastische Mittel, um seine Sicht auf das dramatische Geschehen deutlich zu machen, wobei sicherlich manchmal deren Penetranz die Schärfe seiner Einstellung für den Zuschauer vernebelte.« (›Peter Zadek‹, S. 10) 1978–1985 Arbeiten als freier Regisseur, u. a. am Deutschen Schauspielhaus Hamburg: Shakespeares ›Das Wintermärchen‹ (1978); Ayckbourns ›Spaß beiseite‹ (DE 1979); Hopkins' ›Verlorene Zeit‹ (1984, europäische EA). An der Freien Volksbühne Berlin: Enzensbergers ›Molières Menschenfeind‹ (UA 1979); Wildes ›Bunbury‹ (1980); Shakespeares ›Der Widerspenstigen Zähmung‹ (1981); Sobols ›Ghetto‹ (1984, europäische EA). Am Berliner Schiller-Theater: Zadek/Greiffenhagens ›Jeder stirbt für sich allein‹ (UA 1981, aufsehenerregende Revue nach Falladas Roman, erstmals im Bühnenbild von Johannes Grützke). In München: Ibsens ›Baumeister Solness‹ (1983, Residenztheater; C. Bernd Sucher rühmte »aufregendes Schauspielertheater, psychologisches Virtuosentum«); García Lorcas ›Yerma‹ (1984, Kammerspiele, mit Jutta Hoffmann). Von 1985 bis 1989 war er Intendant am Deutschen Schauspielhaus in Hamburg (als Nachfolger von Niels-Peter Rudolph). Er trat an mit dem Anspruch, »populäres Theater« zu machen, »Theater für ein Publikum, das viel oder überhaupt nicht ins Theater geht«. Eröffnung mit der Münchner ›Yerma‹-Produktion und mit John Websters ›Die Herzogin von Malfi‹. Es folgten Shakespeares ›Wie es euch gefällt‹ (1986) und ›Andi‹ (1987, Musical von Zadek, Burkhard Driest und Peer Raben mit der Band ›Einstürzende Neubauten‹). Ein Triumph wurde Wedekinds ›Lulu‹ (1988, UA der Urfassung, mit Susanne Lothar). Als Regisseur gefeiert, wurde Zadek in seiner Funktion als Intendant mehr und mehr angegriffen, zumal er sein Haus vernachlässigte und v.a. auswärts inszenierte: am Wiener Burgtheater mit großem Erfolg Shakespeares ›Der Kaufmann von Venedig‹ (1988, mit Gert Voss), in Berlin Ayckbourns ›Ab jetzt‹ (DE 1989, Theater am Kurfürstendamm, eigene Übersetzung). Gerhard Stadelmaier bezeichnete Zadeks Intendanz als ein »gigantisches Chaos, ein aufwendiges, an Aktionen, Technik, Gags erstickendes langweiliges Durcheinander« (›FAZ‹, 13. 6. 1990). Nachfolger wurde 1989/90 Michael Bogdanov. Bis 1992 arbeitete Zadek als freier Regisseur; triumphaler Erfolg mit Tschechows ›Iwanow‹ am Wiener Akademietheater (1990, mit Voss und Angela Winkler). Seit Anfang 1993 leitet er zusammen mit Fritz Marquardt, Heiner Müller und Peter Palitzsch das Berliner Ensemble. Seine Einstandsinszenierung ›Das Wunder von Mailand‹ (nach dem Film von Vittorio de Sica) zählt zu den – nicht wenigen – Flops in Zadeks Karriere. Weitere Inszenierungen seither: Brechts ›Der Jasager und der Neinsager‹ (1993/94, Berliner Ensemble); Shakespeares ›Antonius und Cleopatra‹ (1994, Wiener Festwochen, mit Schauspielern vom Berliner Ensemble). Zadek ist eine der schillerndsten Persönlichkeiten unter den deutschen Theaterregisseuren, ein Entertainer und »Verderber« (Ivan Nagel), im Stil keineswegs festlegbar. Seine unkonventionellen Shakespeare-Interpretationen waren wegweisend für die Klassiker-Rezeption auf deutschen Bühnen. Neben schockierenden Inszenierungen, neben den lärmenden Spektakeln und bunten Revuen stehen jene leisen, unaufwendigen Arbeiten, die Zadek als einen Meister der psychologischen Menschenzeichnung ausweisen. C. Bernd Sucher: »Zadeks Arbeiten sind chaotisch, aber dieser Zustand, den er auf der Bühne herstellt, ist nicht Selbstzweck. Zadek provoziert nicht um der Provokation willen. (...) Er zerstört unsere Erwartungshaltung. Er sucht die Wahrheit der Worte, indem er die Unwahrheit, die Lüge hinter den Sprach- und Sprechfassaden entdeckt. Er will die Risse zeigen, die Verderbtheit. Doch sein Ziel ist nicht die Destruktion. Er will gleichfalls aufklären. (...) Zadek interessieren zuallererst Menschen, ihn reizt es, psychologische Prozesse auf der Bühne darzustellen. Aber nicht etwa realistisch. Er sucht nach einer Form, die künstlich sein muß, damit die Vorgänge überwirklich werden, einen starken Zeichencharakter bekommen.« (›Theaterzauberer‹, S. 196 f.) Kinofilme: ›Ich bin ein Elefant, Madame‹ (1968); ›Piggies‹ (1970) und ›Eiszeit‹ (1974, beide nach Dorst); ›Die wilden Fünfziger‹ (1982, nach Simmels Roman ›Hurra, wir leben noch‹); Fernsehfilme u. a.: ›Rotmord‹ (1969/70); Ionescos ›Die Stühle‹ (1971); ›Schwiegertochter‹ (1973, nach D. H. Lawrence); ›Die Geisel‹ (1977, nach Behan). Auszeichnungen u. a.: Kortner-Preis (1988); Piscator-Preis (1989); Kainz-Medaille (1989). In der ›Theater heute‹-Kritikerumfrage wurde er 1983, 1988 und 1990 zum Regisseur des Jahres gewählt. 17 Zadek-Inszenierungen wurden von 1964–1994 zum Berliner Theatertreffen eingeladen (ebenso viele von Stein und 15 – 3. Platz – von Peymann). **Literatur:** P. Zadek (Hrsg.): Yerma. Programmbuch des Deutschen Schauspielhauses in Hamburg. Reinbek 1985; ders. (Hrsg.): Die Herzogin von Malfi. Programmbuch des Deutschen Schauspielhauses in Hamburg. Reinbek 1985; ders. (Hrsg.): Wie es euch gefällt. Programmbuch des Deutschen Schauspielhauses in Hamburg. Reinbek 1986; ders./J. Grützke: Lulu – eine deutsche Frau. Frankfurt a. M. 1988; ders.: Das wilde Ufer. Ein Theaterbuch. Köln 1990; B. Mauer/B. Krauss (Hrsg.): Spielräume – Arbeitsergebnisse. Theater Bremen 1962–1973. Theater der Freien Hansestadt Bremen. Programmheft Nr. 15, 1972/73; R. Berry/C. Jauslin: Shakespeare inszenieren. Gespräche mit Regisseuren. Basel 1978; G. Scheidler: Das Wintermärchen 1978. Bremen o. J.;

V. Canaris: Peter Zadek. Der Theatermann und Filmemacher. München 1979; P. Iden: Theater als Widerspruch. München 1984; W. Kässens/J. W. Gronius: Theatermacher. Frankfurt a. M. 1987; M. Lange: Peter Zadek. Regie im Theater. Frankfurt 1989; I. Nagel: Kortner, Zadek, Stein. München, Wien 1989; C. B. Sucher: Theaterzauberer. Von Bondy bis Zadek. 10 Regisseure des deutschen Gegenwartstheaters. München, Zürich 1990.

Zankl, Horst, geb. 1944 in Graz, gest. 4. 12. 1987 in Österreich. Regisseur und Theaterleiter. 1962–1965 Studium der Theaterwissenschaft und Regie in Wien; 1966–1970 Regieassistent und Regisseur am Staatstheater Hannover, wo er u. a. Bauers ›Magic Afternoon‹ und Weiss' ›Mockinpott‹ inszenierte (beide UA 1968). 1971–1975 Direktor des Theaters am Neumarkt in Zürich; großer Erfolg mit Handkes ›Ritt über den Bodensee‹ (1971, alle Hauptdarsteller hatten kahlgeschorene Köpfe, 1972 zum Berliner Theatertreffen eingeladen). Weitere Regiearbeiten: Handkes ›Die Unvernünftigen sterben aus‹ (UA 1974); Horváths ›Die Unbekannte aus der Seine‹ (1973); Gerhard Roths ›Lichtenberg‹ (1974); Ibsens ›Die Frau vom Meer‹ (1974); Tretjakows ›Brülle China‹ (1975). Danach freier Regisseur; nahm sich mit Vorliebe der Gegenwartsdramatik und des Wiener Volksstücks an. Inszenierungen u. a. in Stuttgart: Horváths ›Geschichten aus dem Wiener Wald‹ (1975) und ›Zur schönen Aussicht‹ (1976); Sattmanns ›Open end‹ (UA 1979); am Theater Basel u. a.: Schnitzlers ›Das weite Land‹ (1976); Enquists ›Nacht der Tribaden‹ (1977); G. Roths ›Sehnsucht‹ (1977); an der Freien Volksbühne Berlin: Baumgarts ›Jettchen Geberts Geschichte‹ (UA 1978); in Düsseldorf: Offenbachs ›Pariser Leben‹ (1979); am Wiener Burgtheater: Raimunds ›Mädchen aus der Feenwelt‹ (1979); Schnitzlers ›Komödie der Verführung‹ (1980); Strauß' ›Der Park‹ (1985). Erfolg als Opernregisseur mit Händels ›Julius Cäsar‹ (1978, Frankfurt). 1980/81 gehörte er zusammen mit Wilfried Minks, Johannes Schaaf und B. K. Tragelehn zum Regiequartett des Frankfurter Schauspiels. Da-

Zapatka

nach arbeitete er u. a. in Bonn, wo er Elfriede Jelineks ›Burgtheater‹ inszenierte (UA 1985).

Zapatka, Manfred, geb. 2. 10. 1942 in Bremen. Schauspieler. Ausbildung an der Westfälischen Schauspielschule Bochum. Erste Engagements in Freiburg (1966–1968) und Essen (1968–1972); 1970 bei den Ruhrfestspielen Recklinghausen: Varona in Enzensbergers ›Das Verhör von Habana‹ (UA). Von 1972 bis 1976 war er am Staatstheater Stuttgart engagiert, wo man ihn in Inszenierungen von Claus Peymann sah: Franz Moor in Schillers ›Die Räuber‹ (1975); Fjodorow in Camus’ ›Die Gerechten‹ (1976). In Inszenierungen von Niels-Peter Rudolph: Paul in Wolfs ›Cyankali‹ (1975); Günther in Strauß’ ›Bekannte Gesichter, gemischte Gefühle‹ (UA 1975). Außerdem u. a.: Staschek in Langes ›Staschek oder Das Leben des Ovid‹ (UA 1974, R. Wolf Seesemann); Kragler in Brechts ›Trommeln in der Nacht‹ (1976, R. Christof Nel). 1977 gastierte er in Düsseldorf in der Titelrolle von Shakespeares ›Hamlet‹ (R. Otomar Krejca). 1982/83 arbeitete er am Schauspiel Frankfurt bei Adolf Dresen, unter dessen Regie er u. a. die Titelrolle in Kleists ›Amphitryon‹ und den George Garga in Brechts ›Im Dickicht der Städte‹ spielte. Seit 1984 ist er festes Ensemblemitglied der Münchner Kammerspiele, denen er bereits von 1976 bis 1981 angehört hatte. Einer seiner frühen Triumphe in München war der Leicester in Schillers ›Maria Stuart‹ (1979, R. Ernst Wendt); Peter von Becker schrieb damals: »Ganz Günstling und Schwächling nur, denkt man, tritt er neben Elisabeth auf wie ein Tennislehrer zum Feierabend, in saloppem hellem Freizeitdreß mit Schal und Ordenstüchlein. Doch dieser Dandy ist smart und hart zugleich; ein lauernd Berechnender, sein opportunistisches Kalkül dabei nie ganz zur Gleichung bringend mit dem erotischen Interesse. Zapatka, den ich in München noch nie besser gesehen habe, macht sogar denkbar, daß Leicester für *beide*, Maria und Elisabeth, zuweilen und zuweilen gleichzeitig eine ihm selbst nicht recht geheure Verliebtheit empfinden mag.« (›SZ‹, 5. 7. 1979) Großen Erfolg

hatte er auch in den Titelrollen von Tschechows ›Platonow‹ (1981) und de Mussets ›Lorenzaccio‹ (1985, R. jeweils Thomas Langhoff). In Alexander Langs Münchner Doppelinszenierung von Racines ›Phädra‹ und Kleists ›Penthesilea‹ sah man ihn als Hippolytos und Achilles (1987). Zahlreiche Rollen in Inszenierungen von Dieter Dorn: Alwa in Wedekinds ›Erdgeist‹/ ›Büchse der Pandora‹ (1977); Titelrollen in Goethes ›Clavigo‹ (1979) und ›Torquato Tasso‹ (1984); Robespierre in Büchners ›Dantons Tod‹ (1980); Wolf in Strauß’ ›Der Park‹ (1984) und Er in ›Sieben Türen‹ (DE 1988); Hektor in Shakespeares ›Troilus und Cressida‹ (1986) und Herzog von Albany in ›König Lear‹ (1992); Architekt Lorenz in Strauß’ ›Schlußchor‹ (UA 1991); Jerry in Kopits ›Road to Nirvana‹ (1992/93); Stephano in Shakespeares ›Der Sturm‹ (1994). Kaum Filmarbeit, dafür mehrere Fernsehrollen, u. a. Wetter vom Strahl in ›Das Käthchen von Heilbronn‹ (1981, nach Kleist, R. Peter Beauvais) und Titelrolle in ›Egmont‹ (1982, nach Goethe, R. Franz Peter Wirth).

Zaum, Ulrich, geb. 12. 11. 1954 in Wuppertal. Dramaturg und Autor. Zaum studierte Geschichte, Germanistik und Theaterwissenschaft in Köln. Danach arbeitete er als Regieassistent und Dramaturg am Wuppertaler Theater und war von 1979 bis 1983 freier Mitarbeiter beim Hörspiel des WDR. Von 1984 bis 1986 arbeitete er als Dramaturg am Landestheater Tübingen. Seit 1987 schreibt er Stücke. Er lebt im Elsaß. Zur Uraufführung seines Stücks ›Die müde Jagd‹ (1993, Heilbronn, R. Ralf Nürnberger) schrieb Hubert Spiegel (›FAZ‹, 18. 1. 1993): »Der Dramatiker Ulrich Zaum versucht sich in seinem vierten Stück (. . .) an der Beschreibung des Terrorismus als gesamtgesellschaftlichem Phänomen, das die Bundesrepublik seit 1968 in unterschiedlicher Weise begleitet hat. In zwölf, lediglich thematisch verklammerten Szenen spannt Zaum einen historischen Bogen von der achtundsechziger Revolte über den deutschen Herbst bis zum Mauerfall und zu den jüngsten Schaukämpfen mediengewandter Altlinker in unzähligen Talkshows. Er zeigt Täter, Op-

811

fer und Beobachter einer müden Jagd, die dem Einhorn der gesellschaftlichen Utopie galt. Aber die Fährte wurde allzufrüh verloren (. . .). Zaums ›Müde Jagd‹ (. . .). ist dem politischen Kabarett näher als dem Drama; als szenische Revue, die Ironie und Reflexion verbindet, wäre sie durchaus denkbar.«

Stücke: ›Blattgold‹ (1987); ›Liebfrauenmilch‹ (1988); ›Tür und Tor‹ (1990); ›Die müde Jagd‹ (1992); ›Der letzte Flug des Drachen‹ (1993).

Zech, Rosel, geb. 7. 7. 1942 in Berlin. Schauspielerin. Brach die Ausbildung an der Berliner Max-Reinhardt-Schule ab, um in Landshut ein erstes Engagement einzugehen (1962–1965). 1965–1970 Engagement in Wuppertal, wo sie erstmals mit Peter Zadek zusammenarbeitete: Susie in O'Casey/Zadeks ›Der Pott‹ (1967/68). Von 1970 bis 1972 war sie am Staatstheater Stuttgart engagiert, wo sie u. a. Kleists ›Penthesilea‹ spielte (1970, R. Klaus Michael Grüber):»keine deklamierende Heroine, sondern eine mädchenhaft-sinnliche, von heftigsten, verworrensten Gefühlen bewegte Gestalt«. (Benjamin Henrichs, ›SZ‹, 10. 11. 1970) Von 1972 bis 1977 arbeitete sie bei Zadek am Schauspielhaus Bochum. Rollen in Zadeks berühmten Shakespeare-Inszenierungen: Porzia in ›Der Kaufmann von Venedig‹ (1972); Cordelia in ›König Lear‹ (1974); Polonius/Osrick in ›Hamlet‹ (1977). Außerdem unter Zadek: Nina in Tschechows ›Die Möwe‹ (1973); Miss Gilchrist in Behans ›Die Geisel‹ (1975/76); Titelrolle in Ibsens ›Hedda Gabler‹ (1977; 1979 auch in Hamburg); Joachim Kaiser rühmte ihre Darstellung der Hedda als »schwindelerregend großartig« (›SZ‹, 18. 2. 1977); sie wurde dafür in ›Theater heute‹ zur besten Schauspielerin des Jahres gewählt. Rollen in den Bochumer Regiearbeiten von Augusto Fernandes: Amme in García Lorcas ›Doña Rosita bleibt ledig‹ (1974); Titelrolle in Calderóns ›Die große Zenobia‹ (1975); unter Wilfried Minks: Irma in Genets ›Der Balkon‹ (1976). 1978/79 arbeitete sie mit Zadek am Deutschen Schauspielhaus in Hamburg: Hermione in Shakespeares ›Das Wintermärchen‹; Anthea in Ayckbournes

Zeffirelli

›Spaß beiseite‹ (DE 1979). 1979/80 Engagement an der Freien Volksbühne Berlin; wieder in Zadek-Inszenierungen: Célimène in Enzensbergers ›Molières Menschenfeind‹ (UA 1979); Miss Prism in Wildes ›Bunbury‹ (1980); unter der Regie von Luc Bondy: Woinitzewa in Tschechows ›Platonow‹ (1979). Es folgten Verpflichtungen an verschiedenen Bühnen, u. a. am Bayerischen Staatsschauspiel München: Laura in Strindbergs ›Der Vater‹ (1980, R. Hans Lietzau); Doris in Strauß' ›Bekannte Gesichter, gemischte Gefühle‹ (1983/84, R. Dieter Giesing). 1985/86 war sie erneut am Schauspielhaus Hamburg tätig (unter der Intendanz Zadeks); danach u. a. am Theater in der Josefstadt Wien: Mutter in O'Neills ›Eines langen Tages Reise in die Nacht‹ (1989, R. Dietmar Pflegerl); Königsjuliane in Hamsuns ›Vom Teufel geholt‹ (1990, R. Thomas Schulte-Michels); Ranjewskaja in Tschechows ›Der Kirschgarten‹ (1992, R. Pflegerl); in München: Elisabeth in Schillers ›Maria Stuart‹ (1991, Residenztheater, R. Schulte-Michels); Anne in Bernhards ›Über allen Gipfeln ist Ruh‹ (1993, Kammerspiele, R. Alexander Lang). Filme u. a.: ›Eiszeit‹ (1977, R. Zadek); Titelrolle in Rainer Werner Fassbinders ›Die Sehnsucht der Veronika Voss‹ (1982); ›Der Angriff der Gegenwart auf die übrige Zeit‹ (1985, R. Alexander Kluge); Roswitha in Percy Adlons ›Salmonberries‹ (1991). C. Bernd Sucher schrieb über die Schauspielerin: »Sie kratzt an der Fassade der Schwachen, und wenn der Putz bröckelt, sehen wir das morsche Mauerwerk, sehen die Risse. Rosel Zech tüncht sie mit ihrem Spiel nicht wieder zu, sie zeigt sie – selbstbewußt. Ihre Interpretationen suchen die Wahrheit dahinter. Nicht selten gelingt es Rosel Zech, sie auch zu finden und zu offenbaren. Dann ist sie echt, stark.« (›Theaterzauberer‹, S. 307 f.)

Literatur: C. B. Sucher: Theaterzauberer. Schauspieler. 40 Porträts. München, Zürich 1988.

Zeffirelli, Franco (eigtl. Franco Corsi), geb. 12. 2. 1923 in Florenz. Italienischer Bühnenbildner und Regisseur (Oper, Theater und Film). Architekturstudium in Florenz; Leiter der Studentenbühne. 1943

Zeidler

kämpfte er als Partisan gegen die deutsche Besatzung, später schlug er sich zu den britischen Truppen durch. Nach dem Krieg ging er nach Rom und schloß sich 1946 der Morelli-Stoppa-Gruppe von Luchino Visconti an, der sein wichtigster Lehrmeister wurde. Arbeitete als Schauspieler, Regieassistent und seit 1948 als Bühnenbildner. Gemeinsam mit Salvador Dali entwarf er 1948/49 aufsehenerregende Bühnenbilder für Shakespeares ›Wie es euch gefällt‹ und ›Troilus und Cressida‹ sowie für Williams' ›Endstation Sehnsucht‹. Es folgten Opernausstattungen an der Mailänder Scala: Rossinis ›L'Italiana in Algeri‹ (1952) und ›La Cenerentola‹ (1953, auch Regie); seither eigene Operninszenierungen. Durchbruch mit Verdis ›La Traviata‹ (1958, mit Maria Callas); viele große Erfolge als Gastregisseur an der Covent Garden Opera London, an der New Yorker Met, in Wien und Salzburg. Seine Inszenierung von Shakespeares ›Romeo und Julia‹ am Londoner Old Vic (im eigenen Bühnenbild) machte ihn 1960 auch als Theaterregisseur berühmt. Weitere Shakespeare-Inszenierungen u. a.: ›Othello‹ (1961, Stratford-upon-Avon); ›Hamlet‹ (1963); ›Viel Lärm um nichts‹ (1965, Old Vic); ferner u. a.: Albees ›Wer hat Angst vor Virginia Woolf?‹ (1963, Rom); Wertmüllers ›Due più due non fa più quattro‹ (1969); de Filippos ›Saturday, Sunday, Monday‹ (1973, Old Vic); D'Annunzios ›Die tote Stadt‹ (1975). International bekannt wurde er auch als Filmregisseur. Er verfilmte Shakespeares ›Romeo und Julia‹ (1967) und ›Hamlet‹ (1991). Weitere Filmarbeiten u. a.: ›Bruder Sonne, Schwester Mond‹ (1973); ›Jesus von Nazareth‹ (1976); ›The Champ‹ (1979); ›Endlose Liebe‹ (1981); Opernfilme: Verdis ›La Traviata‹ (1983) und ›Otello‹ (1986, mit Placido Domingo). »War der junge Zeffirelli ein ungebärdiger Revoluzzer, einfach weil er sich gegen das herrschende Stilideal eines d'annunzianischen Pathos stemmte, so wurde er später, nicht minder gegen den Strom schwimmend, ein Konservativer, dessen Liebe zur Vitalität und zu einer Ästhetik der sinnlichen Schönheit bisweilen in eine lukullische Freude am opulenten Theater, auch am opulenten Vermarktung um-

schlug.« (Dietmar Polaczek, ›FAZ‹, 12. 2. 1983)
Literatur: F. Zeffirelli: Autobiographie. München 1987.

Zeidler, Hans Dieter, geb. 19. 1. 1926 in Bremen. Schauspieler. Ausbildung an der Schauspielschule Bremen. 1946–1948 Engagement in Oldenburg; 1948–1951 am Schauspielhaus Hamburg, u. a. als Ibsens ›Peer Gynt‹. Von 1951 bis 1957 arbeitete er in Berlin v. a. am Schiller-Theater, wo man ihn in Fritz Kortners O'Casey-Inszenierung ›Der Preispokal‹ sah (1953). Außerdem u. a.: Pierre in Tolstoi/Piscators ›Krieg und Frieden‹ (1955, R. Erwin Piscator). Von 1957 bis 1967 arbeitete er an verschiedenen Bühnen. Großes Aufsehen erregte der wuchtige Schauspieler 1961 in Frankfurt als Brechts ›Galilei‹ (R. Harry Buckwitz), eine Rolle, die er danach noch öfters spielte. Außerdem am Schauspiel Frankfurt: Byrons ›Kain‹ (1958); Büchners ›Woyzeck‹ (1961); Langes ›Marski‹ (UA 1966); unter der Regie von Heinrich Koch: Herodes in Hebbels ›Herodes und Mariamne‹ (1963); Mephisto in Goethes ›Faust I und II‹ (1964). Auch Gastspiele in München und Düsseldorf. Bedeutend waren seine Darstellungen von Brechts ›Baal‹ und Barlachs ›Der blaue Boll‹ in Darmstadt (1963/64, R. Hans Bauer). 1967/68 kehrte er nach Berlin zurück, wo man ihn zunächst wieder am Schiller-Theater (Staatliche Schauspielbühnen Berlin) sah: Titelrolle in Büchners ›Dantons Tod‹ (1967, R. Liviu Ciulei); Säufer in Gombrowicz' ›Die Trauung‹ (DE 1968, R. Ernst Schröder); Caliban in Shakespeares ›Der Sturm‹ (1968, R. Kortner); am Schloßparktheater: Mrs. Artminister in Grays ›Kluges Kind‹ (1969, R. Hans Schweikart). 1969–1973 Engagement an der Freien Volksbühne Berlin, wo er in mehreren Inszenierungen von Hansjörg Utzerath spielte; außerdem: Lopachin in Tschechows ›Der Kirschgarten‹ (1969, R. Claus Peymann); Bessjemenow in Gorkis ›Die Kleinbürger‹ (1971); Adam in Kleists ›Der zerbrochne Krug‹ (1971, R. Gerhard F. Hering); Theobald Maske in Sternheims ›Die Hose‹ (1972, R. Horst Balzer); Titelrolle in Shakespeares ›Othello‹ (1973, R. Leopold Lindtberg). Bei den Salzburger Festspielen u.a.: Rülp in Shakespeares ›Was ihr wollt‹ (1972, R. Otto Schenk). Seit Mitte der siebziger Jahre arbeitet er am Schauspielhaus Zürich, wo er Publikumsliebling und Stütze des Ensembles ist. Über seinen Gennadi in Ostrowskis ›Der Wald‹ (1976, R. Manfred Karge/Matthias Langhoff) schrieb Reinhard Baumgart: »Man sah zu, wie Heinrich-Georgehaft Zeidler seine schauspielerischen Mittel sozusagen abrief, wie gekonnt ernst und ernst gekonnt er spielte, mit verlogensten Tönen einen wahren Menschen, bald schnurrend eitel, dann wieder bis zu Schweißausbrüchen echt. (...) mittendrin eben dieser Vollblutmime Zeidler, der wie aus ganz anderen Rollen, als Galilei oder Puntila oder aus Hauptmanns ›Ratten‹, in dieses forcierte Kunststück hineingeraten schien.« (›SZ‹, 16. 2. 1976) In Inszenierungen von Hans Hollmann war er der Verrina in Schillers ›Die Verschwörung des Fiesco zu Genua‹ (1981) und der Falstaff in Shakespeares ›Die lustigen Weiber von Windsor‹ (1986). Weitere Rollen u.a.: Stauffacher in Schillers ›Wilhelm Tell‹ (1978); Käpt'n Boyle in O'Caseys ›Juno und der Pfau‹ (1982, R. Hans Lietzau); Schmelzer in Turrinis ›Die Minderleister‹ (1989); Hamsun in Dorst/Ehlers ›Eiszeit‹ (1990, R. Tankred Dorst/Ursula Ehler); Vater in Hürlimanns ›Der Gesandte‹ (UA 1991). Gastspiele gab er u.a. in Bonn: Jau in Hauptmanns ›Schluck und Jau‹ (1983/84, R. Rudolf Noelte, auch im Fernsehen). Fernsehrollen hatte er u.a. in ›Schinderhannes‹ (1967, nach Zuckmayer) und in ›Heinrich VIII. und seine Frauen‹ (1968).

Ziegler, Clara, geb. 27. 4. 1844 in München, gest. 19. 12. 1909 ebenda. Schauspielerin. Debütierte 1862 in Bamberg. Von 1865 an spielte sie am späteren Gärtnerplatztheater in München (Direktor war Adolf Christen, den sie 1876 heiratete). 1867/68 war sie in Leipzig engagiert, wo sie zur Eröffnung des neuen Stadttheaters mit großem Erfolg die Titelrolle in Goethes ›Iphigenie auf Tauris‹ spielte. 1868 – 1875 Engagement am Königlichen Hof- und Nationaltheater München; danach dort als Gast. Zu ihren Glanzrollen zählten: Orsina in Lessings ›Emilia Galotti‹; Kleists ›Penthesilea‹; Gräfin Terzky in Schillers ›Wallenstein‹ und Isabella in ›Die Braut von Messina‹; Medea in Grillparzers ›Argonauten‹. Die Rolle der Brunhild spielte sie sowohl in Hebbels ›Nibelungen‹ als auch in Geibels ›Brunhild‹. Gastspiele bei Ludwig Barnay in Berlin und erfolgreiche Tourneen durch Europa. Clara Ziegler gilt als die letzte herausragende Vertreterin des klassischen deutschen Hoftheater-Stils: feierliches Rezitieren; große, pathetische Monologe; absolute Schönheit von Sprache und Gestik als oberstes Gebot.
Literatur: H. G. Eschweiler: Clara Ziegler. Ein Beitrag zur Theatergeschichte des 19. Jahrhunderts. Diss. Berlin 1935; C. Balk: Theatergöttinnen. Inszenierte Weiblichkeit. Clara Ziegler, Sarah Bernhardt, Eleonore Duse. Basel, Frankfurt a. M. 1994.

Zimmermann, Jörg, geb. 27. 5. 1933 in Zürich. Bühnenbildner und Regisseur. 1949 Ausbildung bei Teo Otto am Schauspielhaus Zürich. 1952 Ausstattungsarbeit am Schauspielhaus Hamburg; danach am Berliner Schiller-Theater bei Boleslaw Barlog und Hans Lietzau. 1954 – 1968 Bühnenbildner und seit 1961 Ausstattungschef an den Münchner Kammerspielen, zunächst unter dem Intendanten Hans Schweikart, ab 1963 unter dessen Nachfolger August Everding. Außer für Schweikart und Everding entwarf er Bühnenbilder für Fritz Kortner (auch in Berlin und Wien), Paul Verhoeven, Axel von Ambesser, Hans Reinhard Müller u.a.; von 1956 bis 1961 arbeitete er außerdem bei Helmut Henrichs am Münchner Residenztheater. 1969 wechselte er an das Basler Theater, wo er u.a. mit Werner Düggelin, Hans Hollmann, Hans Bauer und Friedrich Dürrenmatt zusammenarbeitete. Opernausstattungen u.a. in Berlin, Hamburg, Köln, Düsseldorf, Bayreuth, Salzburg, Zürich, Paris, Stockholm, Mailand und San Francisco. Unter der Direktion von Gerhard Klingenberg war er von 1977 bis 1982 Ausstattungschef am Schauspielhaus Zürich; dort auch eigene Opernszenierungen. 1983 wurde er vom Generalintendanten Everding zum »Bühnenbildner der Bayerischen Staatstheater« berufen; damit war er (bis 1992) Chefausstatter des Münchner Nationaltheaters, des Gärtnerplatztheaters und des Staatsschauspiels. Seit der Spielzeit 1992/93 ist er Ausstattungsleiter am Stadttheater Augsburg.

Zinger, Arie, geb. 1952 in Tel Aviv. Regisseur. Studium in Tel Aviv; seit 1976 lebt und arbeitet er in Deutschland. 1977–1979 Engagement bei Ivan Nagel am Deutschen Schauspielhaus in Hamburg, wo er mit Salvatores ›Freibrief‹ sein Regiedebüt gab (1977). Es folgten Osbornes ›Blick zurück im Zorn‹ (1978, mit Ilse Ritter und Heinrich Giskes) und An-Skis ›Der Dybbuk‹ (1979, mit Eva Mattes, Hans Michael Rehberg), alle im Bühnenbild von Rolf Glittenberg, mit dem er seitdem häufiger zusammenarbeitete. 1979/80 Inszenierungen am Kölner Schauspiel (bei Jürgen Flimm): Shakespeares ›Der Kaufmann von Venedig‹ und Clarks ›Ist das nicht mein Leben‹; 1984 folgte die Ibsen-Inszenierung ›Gespenster‹ (mit Ingrid Andree und Ignaz Kirchner). 1981–1983 Arbeiten in Israel. Seit 1983 Gastinszenierungen u. a. am Bayerischen Staatsschauspiel München: Vinavers ›Flug in die Anden‹ (DE 1983): »Zinger nähert sich dem Stück ohne Vorbehalte, kritiklos. Er inszeniert Vinavers Katastrophentheater, das sich stark anlehnt an die Filme, die wir in den vergangenen Jahren gesehen haben: perfekt, reißerisch. Er sucht nicht die Menschen, er sucht Bilder.« (C. Bernd Sucher, ›SZ‹, 17. 10. 1983); Tschechows ›Die Möwe‹ (1984, mit Christa Berndl); in Düsseldorf: Terry Johnsons ›Bedeutende Leute‹ (DE 1983; 1989 auch in München). Erfolgreiche Inszenierungen am Schauspielhaus Zürich: Tschechows ›Iwanow‹ (1983, Einladung zum Berliner Theatertreffen); Shakespeares ›Maß für Maß‹ (1985); Gerhard Jörder schrieb: »Von Moll nach Dur, vom epischen Singsang zum dramatischen Tremolo, vom Märchenton zum Theaterdonner: ein Stimm- und Stimmungswechsel, der typisch sein wird für diesen Abend. An rasanten Wendemanövern, überraschenden Pirouetten wird kein Mangel herrschen. Zwei Jahre zuvor hatte Arie Zinger im Zürcher Schauspielhaus Tschechows ›Iwanow‹ einstudiert: als eine ruppige, schrille Komödie der verkorksten Aufbrüche und zerborstenen Hoffnungen: ein Wechselbad von Trauer und Gelächter, von wüstem Lärm und stummem Entsetzen, von Beobachtungskälte und theatralischer Hitze. Und auch jetzt wieder, bei Shakespeares (. . .) ›vielleicht modernstem Stück‹, hat sich der Regisseur von den Bruchstellen und Rissen in einem Text angezogen gefühlt, spürt er lustvoll den Widersprüchen dieser Menschen nach, dem Abstand von Gesagtem und Gemeintem, bedeutet ihm die Logik der Vorgänge weit weniger als deren Ungereimtheiten. (. . .) Verglichen allerdings mit der Verwegenheit des ›Iwanow‹, wirkt hier alles abgemilderter, verträglicher, weniger aggressiv.« (›Theater heute‹, Heft 5, 1985) Außerdem in Zürich: Osbornes ›Der Entertainer‹ (1987). Seit 1985 mehrere Regiearbeiten am Staatstheater Stuttgart, darunter: William M. Hoffmans Aids-Stück ›Wie du‹ (1985); Frayns ›Wilder Honig‹ (DE 1985, nach Tschechows ›Platonow‹, mit Gert Voss); Shepards ›Fool for Love‹ (1986, mit Susanne Lothar, Ulrich Tukur); Odets' ›Wachet auf und rühmet‹ (1987). Von 1987/88 bis 1989 war er Oberspielleiter bei Peter Zadek am Deutschen Schauspielhaus Hamburg. Seither Gastinszenierungen, u. a. am Bayerischen Staatsschauspiel München: Strindbergs ›Totentanz‹ (1989, mit Margit Carstensen, Helmut Lohner); am Schauspielhaus Hamburg: Shawns ›Das Fieber‹ (DE . 1992); Ilan Hatsors ›Die Vermummten‹ (DE 1992).

Zirner, August, geb. 7. 1. 1956 in Urbana, Illinois. Schauspieler. Sohn österreichischer Emigranten. Sein Vater war Leiter der Opernschule Urbana. 1973 kam er ans Max-Reinhardt-Seminar in Wien. 1976 debütierte er am Wiener Volkstheater als Prinz in Strindbergs ›Schwanenweiß‹. 1977–1979 Engagement am Staatstheater Hannover; dort u. a.: Willy in Bonds ›Die See‹; George in Wilders ›Unsere kleine Stadt‹; Karl VII. in Schillers ›Die Jungfrau von Orleans‹ (R. Alois Heigl). 1979 wechselte er an das Hessische Staatstheater Wiesbaden; dort u. a.: Crespino in Goldonis ›Der Fächer‹ (R. Heigl); Clitandre in Molières ›George Dandin‹ (R. Mario Gonzalez); Answald in Botho Strauß' ›Trilogie des Wiedersehens‹ (R. Frank Günther); Enoch in H. Livings' ›Es geht nichts über die Familie‹. Von 1981 bis 1988 gehörte er zum Ensemble der Münchner Kammerspiele. Rollen u. a.: Der jüngere Sohn in Jahnns ›Medea‹ und Silvius in Shakespeares ›Wie es euch gefällt‹ (R. jeweils Ernst Wendt); Karl in Kroetz' ›Maria Magdalena‹; Ephraim in Hebbels ›Judith‹ (1983, R. Frank-Patrick Steckel); in Inszenierungen von Thomas Langhoff: Daniel in O'Caseys ›Das Freudenfeuer für den Bischof‹ (1982); Maler in de Mussets ›Lorenzaccio‹ (1985); unter der Regie von Alexander Lang: Marquis Posa in Schillers ›Don Carlos‹ (1985) und Diomedes in Kleists ›Penthesilea‹ (1987). Außerdem Zusammenarbeit mit K. D. Schmidt (Pohls ›La Balkona Bar‹), Volker Schlöndorff (Bölls ›Frauen vor Flußlandschaft‹) und Hans-Joachim Ruckhäberle (Brechts ›Im Dickicht der Städte‹). Fernseharbeit u. a. mit Peter Beauvais.

Znamenacek, Wolfgang, geb. 4. 2. 1913 in Köln, gest. 23. 5. 1953 in Mirandola, Modena. Bühnenbildner. 1931–1933 Ausbildung zum Maler und Bühnenbildner an der Werkschule Köln; 1933–1935 erste Arbeiten am Neuen Theater Frankfurt bei Arthur Hellmer; 1935–1937 in Stolp (Pommern). Von 1937 bis 1944 war er Bühnenbildner am Rose-Theater Berlin. Wichtige Ausstattungsarbeiten u. a.: Sudermanns ›Ehre‹ (1937); Shakespeares ›Hamlet‹ (1938) und ›Der Kaufmann von Venedig‹ (1942); Goethes ›Egmont‹ (1939); Schillers ›Maria Stuart‹ (1940); Hauptmanns ›Peter Brauer‹ (1943). Nach dem Krieg arbeitete er zunächst in Düsseldorf (v. a. im Musiktheater). Von 1946/47 bis zu seinem Tod war er Ausstatter an den Münchner Kammerspielen. Zusammenarbeit mit renommierten Regisseuren wie Erich Engel, Paul Verhoeven und Heinz Hilpert. Bühnenbilder für Inszenierungen von Fritz Kortner u. a.: Kortners ›Donauwellen‹ (1949); Strindbergs ›Der Vater‹ (1949); Lessings ›Minna von Barnhelm‹ (1951). In Zusammenarbeit mit Bruno Hübner u. a.: Frischs ›Nun singen sie wieder‹ (1946); Horváths ›Kasimir und Karoline‹ (1952). In Zusammenarbeit mit Hans Schweikart u. a.: Millers ›Der Tod des Handlungsreisenden‹ (1950); Dürrenmatts ›Die Ehe des Herrn Mississippi‹ (UA 1952); Büchners ›Woyzeck‹ (1952); Hauptmanns ›Die Ratten‹ (1952). Am Münchner Staatsschauspiel entwarf er die Bühne für Jürgen Fehlings Altersinszenierungen von Hebbels ›Maria Magdalena‹ und Ibsens ›Nora‹ (1950). Znamenacek war einer der führenden Bühnenbildner seiner Zeit, der je nach Stück und Regisseur an verschiedene Traditionen anknüpfte, etwa an die expressive Bühnenmalerei eines Edvard Munch oder an Stilrichtungen wie Surrealismus und Biedermeier. **Literatur:** W. Znamenacek: Kulissen, Bühne und Bild. Mit Aufsätzen über W. Znamenacek. Augsburg 1957; A. Camus: Belagerungszustand. Mit Zeichnungen von W. Znamenacek. Wien, München u. a. 1955.

Zochow, Michael, geb. 7. 8. 1954 in Prag, gest. 24. 3. 1992 in Berlin. Schriftsteller. 1968 emigrierte Zochow mit seiner Mutter aus der Tschechoslowakei in die Schweiz. Er machte das Abitur in Zürich und arbeitete danach als Journalist. 1979 zog er nach Berlin und lebte dort als freier Schriftsteller vom Verkauf von Kinokarten. 1990 erhielt er den Gerhart-Hauptmann-Preis. Sein bekanntestes Stück wurde ›Kambek‹ (1987), das Jossi Wieler in Stuttgart uraufführte. Zochow starb 1992 an den Folgen von Aids. »Es ist viel Nacht in Zochows Theater. Und Sehnsucht. Zochows Nächte sind märchenhaft leicht, mondsüchtig und somnambul. Wie Nachtfalter flattern die Menschen durch die Welt (. . .). Wenn man ihn fragte, was das nun eigentlich für Stücke seien – diese irrlichternden Dialoge, dieser helle Aberglaube, diese magische Poesie –, sagte er: ›Sommernachtsträume‹ (. . .). Zochows Literatur: Lagergeschichten. Geisterauftritte. Sternengefunkel. Aschenregen. Dramatische Rätsel, die sich nicht lösen. Rätsel wie er selber.« (Helmut Schödel, ›Theater heute‹, Heft 5, 1992)

Zschokke

Weitere Stücke: ›Die Reise zum Mond‹ (1986); ›Ein Neger mit Gazelle‹ (1990); ›Traiskirchen‹ (1990); ›Aus böhmischen Dörfern‹; ›Drei Sterne über dem Baldachin‹; ›Die Reise zum Mond‹; ›Die Kastraten‹; ›Die Einweihung des öffentlichen Waisenhauses‹; ›Das Glockenspiel im schwarzen Palast‹; ›Sterns Stunden‹; ›Zwischen dem Kuß und Wiedersehen‹ (alle o. J.).

Zschokke, Matthias, geb. 29. 10. 1954 in Bern. Schweizer Schriftsteller. Nach einer Schauspielausbildung war Zschokke bei Peter Zadek in Bochum und in Stuttgart als Schauspieler engagiert (von 1977 bis 1980). Seit 1980 lebt er als freischaffender Autor und Filmemacher in Berlin. Für seinen ersten Roman ›Max‹ (1982) erhielt er den Robert-Walser-Preis. 1985 drehte er seinen ersten Spielfilm ›Edvige Scimitt‹, für den er den Preis der Deutschen Filmkritik für den besten Spielfilm 1985 erhielt. Als Bühnenautor machte er 1986 auf sich aufmerksam mit dem Stück ›Elefanten können nicht in die Luft springen, weil sie zu dick sind – oder wollen sie nicht‹ (1983). Das Theater tat sich mit den phantasievoll-versponnenen Texten Zschokkes schwer. Er entwirft eine eigene, märchenhafte Welt, in der es verschlüsselt um »Chiffren für Utopie und Unterwegssein, für Scheitern, schlimmer noch: für Ankommen« geht (Theater Rundschau, Juni 1991).
Weitere Stücke: ›Brut‹ (1986); ›Die Alphabeten‹ (1990).

Zuckmayer, Carl, geb. 27. 12. 1896 in Nackenheim, gest. 18. 1. 1977 in Visp (Schweiz). Schriftsteller. Sohn eines Fabrikanten. Zuckmayer studierte von 1918 an Jura, Nationalökonomie, Literatur- und Kunstgeschichte, Philosophie, Soziologie und Biologie in Heidelberg und Frankfurt. 1920 zog er als Schriftsteller nach Berlin und wurde 1922 Dramaturg in Kiel, danach in München. 1924 arbeitete er zusammen mit Brecht bei Max Reinhardt am Deutschen Theater in Berlin. 1925 gelang ihm ein erster großer Erfolg mit seinem Stück ›Der fröhliche Weinberg‹, für das er den Kleist-Preis erhielt. 1933 Aufführungsverbot. Zuckmayer ging nach Henndorf bei Salzburg und emigrierte 1938 über die Schweiz und Kuba nach Amerika, wo er als Farmer und Schriftsteller in Vermont lebte. 1958 kehrte er nach Europa zurück und lebte bis zu seinem Tod in der Schweiz. Zuckmayer schrieb nach anfänglich expressionistischen Versuchen vor allem Volksstücke, in denen er gegen Militarismus, Unterdrückung und Bürokratie vorging und in denen er den Verlust von Heimat als einen Zustand der Unsicherheit und Ungeborgenheit beschrieb. Seine berühmtesten Stücke wurden ›Der Hauptmann von Köpenick‹ (1931) und ›Des Teufels General‹ (1946). »Zuckmayers Erfolg wird und soll eine Jugend ermutigen, die das Dichten noch nicht mit einer Mathematikaufgabe und das Theater nicht mit einer Volksversammlung verwechselt. Ihm ist nämlich ein Bühnenwerk gelungen, das die Luft unserer Zeit umfängt, das angreift und Klarheit schafft, ohne nüchtern, lehrhaft oder verbohrt zu werden. Sein Geheimnis heißt ganz einfach: Können und Humor. Zuckmayer nimmt sich die Freiheit, auf das ›Formulieren‹, auf die Zuflucht doktrinärer Geister, zu pfeifen. Er kann es sich leisten. Denn er kann ja etwas, was die armseligen Formulierer nicht vermögen, er kann nämlich die Zuschauer zum Formulieren zwingen.« (Monty Jacobs, zu ›Der Hauptmann von Köpenick‹, ›Vossische Zeitung‹, 6. 3. 1931)
Weitere Stücke: ›Kreuzweg‹ (1921); ›Pankraz erwacht‹ (1925); ›Schinderhannes‹ (1927); ›Katharina Knie‹ (1929); ›Barbara Blomberg‹ (1949); ›Ulla Windblad‹ (1953); ›Das kalte Licht‹ (1955); ›Die Uhr schlägt eins‹ (1961); ›Das Leben des Horace A. W. Tabor‹ (1964); ›Der Rattenfänger‹ (1975).
Literatur: I. Engelsing-Malek: Amor fati in Zuckmayers Dramen. Konstanz 1960; A. J. Jacobius: Motive und Dramaturgie im Schauspiel Carl Zuckmayers. Frankfurt a. M. 1971; B. Glauert (Hrsg.): Carl Zuckmayer. Das Bühnenwerk im Spiegel der Kritik. Frankfurt a. M. 1977; G. Müller: Das Volksstück von Raimund bis Kroetz. Oldenburg 1979; H. Kieser (Hrsg.): C. Zuckmayer. Materialien zu Leben und Werk. Frankfurt a. M. 1986.

817

Zurmühle, Mark, geb. 22. 2. 1953 in Zürich. Schauspieler und Regisseur. Abgebrochenes Studium der Theaterwissenschaft und Kunstgeschichte in Wien; Ausbildung zum Schauspieler und Regisseur am Wiener Max-Reinhardt-Seminar. Unter der Regie von Rudolf Noelte hatte er seine erste wichtige Rolle: Spitta in Hauptmanns ›Die Ratten‹ (1977, Freie Volksbühne Berlin). Danach Verpflichtungen an den Münchner Kammerspielen und am Schiller-Theater Berlin. Unter der Regie von Hans Lietzau spielte er den Trofimow in Tschechows ›Der Kirschgarten‹ (1979, Berlin). Gründete eine eigene Theatergruppe in Paris, mit der er zwei Produktionen erarbeitete. Anfang der achtziger Jahre erste Inszenierung in Deutschland: Sternheims ›Die Kassette‹ am Theater Konstanz. Es folgten Regiearbeiten in Bern, Luzern, Basel und Wuppertal, u. a. Lessings ›Nathan der Weise‹ und Shakespeares ›Hamlet‹. 1985 wurde er Oberspielleiter des Basler Schauspiels. Zuletzt inszenierte er am Nationaltheater Mannheim u. a. wieder Lessings ›Nathan‹ (1993).

Zweig, Arnold, geb. 10. 11. 1887 in Glogau, Niederschlesien, gest. 26. 11. 1968 in Berlin. Schriftsteller. Sohn eines Sattlermeisters. Zweig studierte von 1907 bis 1915 Philosophie, Germanistik, Psychologie, Kunstgeschichte und Nationalökonomie u. a. in München und Berlin. Schriftsteller. Im Ersten Weltkrieg war er Soldat. Von 1919 bis 1923 lebte er als freier Schriftsteller in Starnberg und Berlin. 1933 ging er ins Exil, über die Tschechoslowakei, Schweiz, Frankreich nach Palästina. 1948 kehrte er nach Ostberlin zurück und war von 1950 bis 1953 Präsident der Deutschen Akademie der Künste (Ost) als Nachfolger Brechts Präsident des PEN-Zentrums der DDR. Zweig schrieb Romane und Dramen, in denen er sich mit der militärisch-preußischen Tradition auseinandersetzte, und, geprägt durch seine Erfahrungen im Weltkrieg, den Konflikt zwischen Individuum und Gesellschaft zu zeichnen suchte. Am bekanntesten wurde sein Roman ›Der Streit um den Sergeanten Grischa‹ (1927), als Stück unter dem Titel ›Das Spiel vom Sergeanten Grischa‹ (1949).
Weitere Stücke: ›Abigail und Nabal‹ (1909); ›Die Sendung Semaels‹ (1918); ›Bonaparte in Jaffa‹ (1955); ›Soldatenspiele‹ (1956).
Literatur: G. V. Davis: Arnold Zweig in der DDR. Bonn 1977; G. Wenzel (Hrsg.): A. Zweig 1887–1968. Berlin und Weimar 1978; R. L. White: Arnold Zweig in den USA. New York 1986.

Zweig, Stefan, geb. 28. 11. 1881 in Wien, gest. 23. 2. 1942 in Petropolis bei Rio de Janeiro (Freitod). Österreichischer Schriftsteller. Sohn eines Industriellen. Zweig studierte Germanistik, Philosophie und Romanistik in Berlin und Wien. Bis zum Ausbruch des Ersten Weltkriegs reiste er durch Europa, Indien, Amerika und Nordafrika. 1917 ging er als Kriegsgegner nach Zürich, danach lebte er bis 1934 in Salzburg. 1935 ging er nach England, 1941 nach Brasilien. Aus Resignation über den Zusammenbruch des geistigen Europas nahm er sich zusammen mit seiner Frau 1942 das Leben. Zweig schrieb anfangs Lyrik und Dramen im Stil der deutschen Neoromantik, beeinflußt von der Psychoanalyse Sigmund Freuds. Bekannt wurde er durch ›Die Schachnovelle‹ (1941) und durch seine Biographien: unter anderem ›Joseph Fouché‹ (1929), ›Marie-Antoinette‹ (1932) und ›Maria Stuart‹ (1935). Seine Stücke werden heute selten gespielt.
Stücke: ›Tersites‹ (1907); ›Das Haus am Meer‹ (1912); ›Der verwandelte Komödiant‹ (1912); ›Jeremias‹ (1917); ›Legende eines Lebens‹ (1919); ›Volpone‹ (1925); ›Das Lamm des Armen‹ (1929); ›Die schweigsame Frau‹ (1935, Libretto zur gleichnamigen Oper von Richard Strauss).
Literatur: H. Arens (Hrsg.): Stefan Zweig im Zeugnis seiner Freunde. München 1968; R. Dumont: Le théâtre de Stefan Zweig. Paris 1976.

Zwetajewa, Marina Iwanowna, geb. 26. 9. 1892 in Moskau, gest. 1. 8. 1941 in Jelabuga (Freitod). Russische Schriftstellerin. Tochter eines Professors, der das Puschkin-Museum für Bildende Kunst begründete, und einer Pianistin. 1912 Heirat

Zwetajewa

mit Sergej Jakovlevic Efron. 1922 ging Marina Zwetajewa ins Exil, über Berlin nach Prag, wo sie bis 1925 lebte. Von 1925 bis 1939 lebte sie in Paris, danach Rückkehr in die Sowjetunion. Sie schrieb vor allem Lyrik, nach 1918 aber auch mehrere Theaterstücke, die bis auf ›Das Ende Casanovas‹ zu ihren Lebzeiten nicht erschienen sind. »Nicht am individuellen Lebenslauf, nicht an der linearen ›Fabel‹ ist Zwetajewa interessiert, sondern am magischen Moment und an der schicksalhaften Fügung. Statt Psychologie – Mythologie, statt Logik – Offenbarung. ›Das ganze Werk der Zwetajewa‹, schreibt Susan Sontag mit besonderem Bezug auf deren Prosa, ›ist eine Aufforderung zur Verzückung und zur genialen Besonderheit, das heißt zur Hierarchie: eine Poetik des Prometheischen‹.« (Ilma Rakusa, in: Marina Zwetajewa, Mutter und die Musik. Frankfurt 1987) Zur Uraufführung von ›Phoenix‹ (1990, Schaubühne Berlin, R. Klaus Michael Grüber) schrieb C. Bernd Sucher (›SZ‹, 7. 3. 1990): »Die Zwetajewa hat dieses Stück in nur einem Monat 1919 geschaffen (. . .). Es beschreibt den letzten Tag im Leben Giacomo Casanovas (. . .) Grüber interessiert allein die Geschichte des alten Mannes, der seinen nahen Tod ahnt, noch einmal, das letzte Mal, die Briefe der einstigen Geliebten liest, sie sodann zerreißt, zerknüllt und plötzlich überrascht wird von einem Kind, das in seine Studierstube hineinschneit wie ein Engel und verkündet, daß es ihn liebe (. . .) Die Dichterin, die nach einem schmerzlichen, entbehrungsreichen Dasein sich selbst das Leben nahm, schrieb ihre sechs Theaterstücke für Schauspieler, die sie verehrte, gar liebte, und die ihre Zuneigung nicht erwiderten (. . .) ›Ich begann Stücke zu schreiben; wie eine Notwendigkeit kam es über mich, die Stimme wuchs über die Gedichte hinaus, es waren der Seufzer zuviel in der Brust für die Flöte‹, notierte die Zwetajewa im Entstehungsjahr von ›Phoenix‹ in ihr Tagebuch. Zwar reichen diese dramatischen Werke nicht an ihre Lyrik heran, aber das jetzt uraufgeführte Drama ist wahrlich ein Seufzer, ein großer Klagegesang und eine Liebeserklärung.«

Stücke: ›Das Ende Casanovas‹; ›Der Schneesturm‹; ›Das Abenteuer‹; ›Der steinerne Engel‹; ›Fortuna‹ (alle 1918/19 entstanden und postum erschienen); ›Phoenix‹.

Literatur: A. Zwetajewa: Erinnerungen. Leipzig und Weimar 1979; J. Brodsky: Der Dichter und die Prosa. In: Marina Zwetajewa. New York 1979; M. Razumovsky: Marina Zwetajewa. Wien 1981 (mit Bibl.); S. Sontag: Marina Zwetajewa. Die Prosa einer Dichterin. In: Akzente, Heft 3, Juni 1984.

Man hört nur, was man weiß

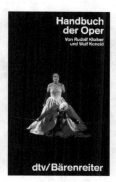

Alain Pâris:
Lexikon der Interpreten klassischer Musik im 20. Jahrhundert
dtv/BVK 3291

Ein umfassendes, zuverlässiges und aktuelles Lexikon für alle Liebhaber klassischer Musik: 2352 Biographien von Sängern, Instrumentalisten und Dirigenten, 615 Einträge zu Opernhäusern, Chören, Symphonieorchestern und Kammermusikensembles. Register mit rund 6000 Musikernamen, geordnet nach Instrument oder Stimmlage. Register der Orchester und Ensembles.

Rudolf Kloiber
Wulf Konold:
Handbuch der Oper
dtv/BVK 3297

Ein unentbehrliches Nachschlagewerk für alle Opernfreunde: das klassische Opernrepertoire in 270 ausführlichen Werkbeschreibungen, nach Komponisten geordnet. Es informiert über Handlung, Schauplätze und Spieldauer, über Solisten, Stimmfächer und Orchesterbesetzung, über die Textdichtung und den historischen Hintergrund. Anhang: Besetzungsfragen, historisch-stilistische Entwicklung der Oper, Literaturhinweise, Titelregister

Gerhard Dietel:
Musikgeschichte in Daten
dtv 3321/BVK 1174

Die ›Musikgeschichte in Daten‹ ist ein einzigartiges Nachschlagewerk: Die Werke der abendländischen Musikgeschichte werden in chronologischer Reihenfolge dargestellt. Die rund 3000 Einträge reichen vom 2. Jahrhundert bis 1993 und erläutern Entstehung, Überlieferung, Stil und Kompositionen. Mit Einführungen in die Epochen der Musikgeschichte und Personenregister.

Literaturgeschichte als Lesestoff

Deutsche Literaturgeschichte vom Mittelalter bis zur Gegenwart in 12 Bänden

Daß Literaturgeschichte nicht abstrakt und theoretisch sein muß, daß sie lebendig, erzählerisch und unterhaltend sein kann – nicht weniger will diese Geschichte der deutschen Literatur: Die bedeutendsten Dichtungen jeder Epoche werden ausführlich nacherzählt und interpretiert. Eingeflochten ist außerdem eine stattliche Zahl von Zitaten, dazu gedacht, den besonderen Stil, die Tonlage und Atmosphäre der Werke zu belegen. Dergestalt entsteht ein Bild der geistigen Bewegungen, in dem beides – Erklärung und Original, Kommentar und Kommentiertes – zusammenwirkt, um den Leser auf anschaulichste Weise durch die verschiedenen Epochen der deutschen Literatur zu führen.

Bereits erschienen:

Ernst und Erika von Borries
(Band 1 - 4)

Mittelalter, Humanismus, Reformationszeit, Barock
dtv 3341

Aufklärung und Empfindsamkeit, Sturm und Drang
dtv 3342

Die Weimarer Klassik, Goethes Spätwerk
dtv 3343

Zwischen Klassik und Romantik: Hölderlin, Kleist, Jean Paul
dtv 3344

Annemarie und Wolfgang van Rinsum
(Band 6, 7)

Frührealismus 1815 – 1848
dtv 3346

Realismus und Naturalismus
dtv 3347

In Vorbereitung:

Ernst und Erika von Borries
(Band 5)

Romantik

Ingo Leiß und Hermann Stadler
(Band 8 - 10)

Wege in die Moderne: 1900 – 1918

Weimarer Republik: 1918 – 1933

Drittes Reich und Exil: 1933 – 1945

Heinz Forster und Paul Riegel
(Band 11, 12)

Die Nachkriegszeit: 1945 – 1968

Die Gegenwart: 1969 – 1985

Das 20bändige dtv-Lexikon

bietet alles, was zu einem großen Lexikon gehört – auf 6872 Seiten, mit über 130.000 Stichwörtern, Werks- und Literaturangaben, über 6000 Abbildungen und 120 Farbtafeln.

20 Bände im Taschenbuch-Großformat 12,4 x 19,2 cm. In einer praktischen Klarsichtkassette stets griffbereit am Schreibtisch, im Büro und zu Hause. Ein universales Nachschlagewerk für Beruf, Schule und Studium. Und das alles zum Taschenbuchpreis.

dtv 5998
DM **198,–**